In de reeks Prisma Woordenboeken
zijn de volgende delen verschenen:
Nederlands*
Nederlands-Engels*
Engels-Nederlands*
Nederlands-Duits*
Duits-Nederlands*
Nederlands-Frans*
Frans-Nederlands*
Nederlands-Spaans*
Spaans-Nederlands*
Nederlands-Italiaans
Italiaans-Nederlands
Nederlands-Portugees
Portugees-Nederlands
Nederlands-Nieuwgrieks
Nieuwgrieks-Nederlands
Latijn-Nederlands
Grieks-Nederlands

* *Ook verkrijgbaar met cd-rom*

PRISMA WOORDENBOEK

Engels
Nederlands

drs. M.E. Pieterse-van Baars

Uitgeverij Het Spectrum B.V.
Postbus 2073
3500 GB Utrecht

Eerste tot en met de 35e druk 1955-2004
36e herziene druk 2005
© 1955 © 2005

Oorspronkelijke auteurs: drs. F.J.J. van Baars en drs. J.G.J.A. van der Schoot
Redactionele bijdragen: drs. C. de Knegt-Bos en J.G. Zonnenberg
Database: Librios Ltd., Londen/Spectrum DBB
Omslagontwerp: Kees Hoeve
Typografie: Chris van Egmond bNO, Studio PlantijnCasparie Heerhugowaard
Zetwerk: Spectrum DBP en PlantijnCasparie Data Amsterdam B.V.
Druk: Bercker, Kevelaer

De uitspraak in dit boek is afkomstig van Oxford University Press en bewerkt door dr. J.M. Mees en dr. B.S. Collins

ISBN 90 274 9298 0
ISBN 90 274 9099 6 (boek + cd-rom)
NUR 627

www.prismawoordenboeken.nl

This edition © 2005 by Het Spectrum B.V.
Alle rechten voorbehouden. Niets uit deze uitgave mag worden verveelvoudigd, opgeslagen in een geautomatiseerd gegevensbestand, of openbaar gemaakt, in enige vorm of op enige wijze, hetzij elektronisch, mechanisch, door fotokopieën, opnamen, of enige andere manier, zonder voorafgaande schriftelijke toestemming van de uitgever.

Voor zover het maken van kopieën uit deze uitgave is toegestaan op grond van artikel 16B Auteurswet 1912, juncto het Besluit van 20 juni 1974, Stb. 351, zoals gewijzigd bij het Besluit van 23 augustus 1985, Stb. 471 en artikel 17 Auteurswet 1912, dient men de daarvoor wettelijk verschuldigde vergoedingen te voldoen aan de Stichting Reprorecht (Postbus 882, 1180 AW Amstelveen). Voor het overnemen van gedeelte(n) uit deze uitgave in bloemlezingen, readers en andere compilatiewerken (artikel 16 Auteurswet 1912) dient men zich tot de uitgever te wenden.

Opneming van een woord in dit woordenboek prejudiceert niet ten aanzien van het al of niet bestaan van merkenrechten op dat woord. De uitgever heeft er naar gestreefd alle merknamen die in de Prisma Woordenboeken voorkomen te voorzien van een handelsmerksymbool ®.

All rights reserved. No part of this book may be reproduced, stored in a database or retrieval system, or published, in any form or in any way, electronically, mechanically, by print, photoprint, microfilm or any other means without prior written permission from the publisher.

Ondanks al de aan de samenstelling van de tekst bestede zorg, kan noch de redactie noch de uitgever aansprakelijkheid aanvaarden voor eventuele schade die zou kunnen voortvloeien uit enige fout die in deze uitgave zou kunnen voorkomen.

Voorwoord bij de 36e druk

De Prisma woordenboeken verschijnen elk voorjaar in bijgewerkte en aangepaste vorm.
Auteurs, bewerkers en redactie hebben honderden nieuwe woorden toegevoegd, ontleend aan de zich voortdurend ontwikkelende wereld om ons heen in al haar facetten: techniek, media, onderwijs, bedrijfsleven enzovoorts. Verder heeft de redactie ook voor deze editie kritisch gekeken naar de bestaande informatie en deze, waar mogelijk, verbeterd; betekenisprofielen, voorbeeldzinnen, idiomen en hun vertalingen zijn door auteurs en experts getoetst, verouderde informatie is geschrapt. Zo blijven de Prisma woordenboeken actueel.

Een belangrijk criterium bij de keuze voor nieuwe trefwoorden en het bijwerken van bestaande informatie is de relevantie voor die sectoren waarin veel mensen Prisma woordenboeken gebruiken: het middelbaar onderwijs, het volwassenenonderwijs en het bedrijfsleven.

De uiterlijke vernieuwingen die bij de vorige editie werden geïntroduceerd – een nieuw omslag, een breder formaat, een tweede kleur in het binnenwerk en de 'letterliniaal' op de achterkant – zijn enthousiast ontvangen. Ze maken de Prisma woordenboeken toegankelijker en handiger in gebruik.

Voor op- en aanmerkingen houden wij ons graag aanbevolen.
Mail deze naar: *redactie@prismawoordenboeken.nl*

Prisma Lexicografie
april 2005

Aanwijzingen voor het gebruik

Informatie over de vreemde taal
Bij het samenstellen van de Prisma Woordenboeken is rekening gehouden met het feit dat deze voornamelijk door Nederlandstaligen worden gebruikt. Om deze reden zijn de onregelmatige werkwoorden als trefwoord opgenomen, evenals onregelmatige meervoudsvormen. Bij deze trefwoorden wordt verwezen naar respectievelijk de infinitief van het werkwoord en naar de vormen in het enkelvoud.
Verder zijn als aparte trefwoorden opgenomen: woorden die in het meervoud een afwijkende vertaling hebben of uitsluitend als meervoud voorkomen; eigennamen en geografische namen die vertaalproblemen kunnen opleveren; onregelmatige vormen van de overtreffende trap en afkortingen.

De uitspraak van de trefwoorden wordt gegeven in fonetisch schrift tussen ronde haakjes. Van de samengestelde trefwoorden - met een koppelteken of een spatie - is de uitspraak te vinden onder de samenstellende delen. Van afkortingen wordt de uitspraak alleen vermeld als deze anders is dan de opeenvolgende losse letters. Een verklaring van de uitspraaktekens is afgedrukt op pagina 10.

Vaste combinaties van werkwoord en voorzetsel zijn vet gedrukt en staan tussen haakjes. Het komt vaak voor dat de combinatie bij verschillende grammaticale subcategorieën hoort, waardoor één en dezelfde combinatie op twee of meer plaatsen voorkomt. Bij het werkwoord *pass* bijvoorbeeld, staat **pass away** in de betekenis 'heengaan, sterven' bij de categorie onovergankelijk werkwoord en in de betekenis 'verdrijven' bij overgankelijk werkwoord. Bij het zoeken naar deze combinaties moet hiermee rekening worden gehouden.

Informatie over het Nederlands
Aangezien de gebruikers hoofdzakelijk Nederlandstaligen zijn, is zo weinig mogelijk informatie over de Nederlandse vertalingen van trefwoorden en voorbeelden opgenomen. Grammaticale informatie wordt derhalve niet gegeven. Wel is er uitleg in de vorm van een label (fig., techn.) of een restrictie (afgedrukt tussen 'vishaken': tussenstop <v. vliegtuig>), wanneer vertalingen anders onduidelijk of dubbelzinnig zouden zijn.

Grammaticaal compendium
Achter in dit woordenboek is een beknopte grammatica van het Engels toegevoegd.

Bijzondere tekens

Voorbeelden van het gebruik van onderstaande tekens worden gegeven op pagina 9.

Trefwoorden (met eventuele varianten en aanvullingen daarop) zijn vet gedrukt. De vertaling in het Nederlands van betekenissen en voorbeeldzinnen is cursief gezet. Alle informatie die romein (niet cursief) gezet is, heeft betrekking op het Engels, tenzij het tussen geknikte haken achter de vertaling staat.

I, II enz. Als een trefwoord meerdere woordsoorten heeft (bv. overgankelijk én onovergankelijk werkwoord), worden deze voorafgegaan door blauw gedrukte romeinse cijfers.

• Als een trefwoord meerdere betekenissen heeft, worden deze voorafgegaan door een blauw bolletje. Ook vaste combinaties van het trefwoord met een voorzetsel worden gezien als een aparte betekenis.

★ Na een blauwe ster volgt een voorbeeldzin.

(...) Tussen ronde haken staat uitspraakinformatie. Voor een verklaring van de tekens zie pagina 10.

[...] Tussen rechte haken staat extra grammaticale informatie.

‹...› Tussen geknikte haken staat extra uitleg over de betekenis of de vertaling daarvan.

~ Een tilde vervangt vaak het trefwoord in voorbeeldzinnen en zegswijzen.

/ Een schuine streep scheidt woorden die onderling verwisselbaar zijn.

≈ Een equivalentieteken geeft aan dat de vertaling een benadering is van het vertaalde. Een exactere vertaling is in dat geval niet te geven.

→ Een pijl verwijst voor meer informatie naar het erop volgende trefwoord.

Lijst van gebruikte afkortingen

AANW VNW	aanwijzend voornaamwoord	OMSCHR.	omschrijvend
AARDK.	aardrijkskunde	ONB TELW	onbepaald telwoord
ADMIN.	administratie	ONB VNW	onbepaald voornaamwoord
AFK	afkorting	ONOV WW	onovergankelijk werkwoord
AGRAR.	agrarisch, landbouw	ONP WW	onpersoonlijk werkwoord
ANAT.	menselijke anatomie	onr.	onregelmatig
ANGL.	anglicaans	ONV WW	onvervoegbaar werkwoord
ARCH.	architectuur	o.s.	oneself
AUS.	Australisch-Engels	OUD.	ouderwets
AUTO.	auto's en motoren	OV WW	overgankelijk werkwoord
A-V	audiovisueel	p.	person
BETR VNW	betrekkelijk voornaamwoord	PERS VNW	persoonlijk voornaamwoord
BEZ VNW	bezittelijk voornaamwoord	PLANTK.	plantkunde
BIJW	bijwoord	PLAT	plat, ordinair
BIOL.	biologie, milieu	POL.	politiek
BNW	bijvoeglijk naamwoord	PSYCH.	psychologie
CAN.	Canadees, Canada	REG.	regionaal
CHEM.	chemie	REL.	religie
COMM.	communicatie, voorlichting, reclame	samentr.	samentrekking
		s.b.	somebody
COMP.	computer	SCHEEPV.	scheepvaart
CUL.	culinaria, voeding	SCHEIK.	scheikunde
DIERK.	dierkunde	SL.	slang, boeventaal
DRUKK.	drukkerij- en uitgeverijwezen	s.o.	someone
ECON.	economie	SPORT	sport, lichamelijke oefening
ELEK.	elektronica	STERRENK.	sterrenkunde
EUF.	eufemistisch	s.th.	something
ev	enkelvoud	TAALK.	taalkunde
FIG.	figuurlijk	TECHN.	techniek, mechanica
FILOS.	filosofie	TELW	telwoord
FORM.	formeel	TON.	toneel, theater
G-B	Brits-Engels, in Groot-Brittannië	TW	tussenwerpsel
GEO.	geografie	UITR VNW	uitroepend voornaamwoord
GESCH.	geschiedenis	USA	Amerikaans-Engels, Verenigde Staten
HER.	heraldiek		
HUMOR.	humoristisch	v.	van
HWW	hulpwerkwoord	v.d.	van de
id.	identiek	v.e.	van een
iem.	iemand	v.h.	van het
infin.	infinitief	VISS.	visserij
INFORM.	informeel	VOETB.	voetbal
IRON.	ironisch	VOORV.	voorvoegsel
JEUGDT.	jeugdtaal	VR VNW	vragend voornaamwoord
JUR.	juridisch, recht	VULG.	vulgair
KUNST	beeldende kunst	VW	voegwoord
KWW	koppelwerkwoord	VZ	voorzetsel
LANDB.	landbouw	WERKWOORD	
LETT.	letterlijk	WERKWOORD	
LIT.	literatuur, letterkunde	WISK.	wiskunde
LUCHTV.	luchtvaart	WKD VNW	wederkerend voornaamwoord
LW	lidwoord	WKD WW	wederkerend werkwoord
MED.	medisch, geneeskunde	WKD	wederkerig en wederkerend
MEDIA	media: televisie, radio, tijdschriften	WKG VNW	wederkerig voornaamwoord
		WW	werkwoord
		WWW	internet
MIL.	militair	z.	zich
MIN.	minachtend	ZN	zelfstandig naamwoord
MUZ.	muziek		
mv	meervoud		
MYTH.	mythologie		
NATK.	natuurkunde		

Voorbeeldpagina

liberal ('lıbərəl) **I** zn *liberaal* **II** bnw • *liberaal* • *overvloedig*; *royaal* • *ruimdenkend*; *onbevooroordeeld* ★ ~ of *royaal met* ★ ~ arts *vrije kunsten*; *alfawetenschappen* ⟨in de VS⟩ ★ ~ education *brede ontwikkeling* — trefwoorden, met eventuele varianten, zijn blauw gedrukt

liberalism ('lıbərəlızəm) zn *liberalisme* — tussen ronde haken wordt uitspraakinformatie gegeven

libertinage ('lıbətınıdʒ) zn • *vrijdenkerij* • *losbandigheid*

libertine ('lıbəti:n) **I** zn • *vrijdenker* • *losbol* **II** bnw • *vrijdenkend* • *losbandig* — romeinse cijfers gaan vooraf aan een woordsoort

liberty ('lıbətı) zn • *vrijheid* ★ be at ~ *vrij/onbezet zijn* ★ set at ~ *in vrijheid stellen* ★ liberties (mv) *rechten*; *privileges* ★ take liberties *zich (ongepaste) vrijheden (met iem.) veroorloven* — tussen rechte haken wordt extra grammaticale informatie gegeven - zie p. 8

Liberty Hall zn FIG. *een vrijgevochten bende*

librate (laı'breɪt) onov ww • *z. in evenwicht houden* • *schommelen*; *trillen* — bolletjes gaan vooraf aan verschillende betekenissen van een trefwoord

libriosic (lıbrı'əʊsık) bnw ⟨te⟩ *vrijmoedig*

Libyan ('lıbıən) **I** zn *Libiër* **II** bnw *Libisch* — woordsoorten zijn in kleinkapitaal gezet - zie p. 8

lice (laıs) zn mv → louse

licence ('laısəns), USA license zn • *verlof*; *vergunning* ⟨vnl. om drank te verkopen⟩ • *licentie* • *diploma* • *concessie* • *vrijheid*; *losbandigheid* • *bewijs v. voorwaardelijke invrijheidstelling* ★ poetic ~ *dichterlijke vrijheid* ★ driving ~ *rijbewijs* — pijlen verwijzen naar een ander trefwoord voor meer informatie

licence number zn *kenteken*

licence-plate zn USA *nummerbord* — labels zijn in kleinkapitaal gezet en geven informatie over stijl, herkomst of vakgebied – zie p. 8

life raft zn *reddingsboot/-vlot*

life sentence zn *levenslange gevangenisstraf*

life-size(d) ('laıfsaız(d)) bnw *levensgroot*

life term zn *levenslange gevangenisstraf* — schuine strepen staan tussen verwisselbare varianten

lifetime ('laıftaım) zn • *mensenleven* • *levensduur* ★ a ~ career *een beroep voor het leven* ★ the chance of a ~ *de kans van je leven*

life vest zn USA *reddingsvest* — sterretjes gaan vooraf aan voorbeeldzinnen

lifework (laıfwɜ:k) zn *levenswerk*

lift (lıft) **I** zn • *hulp*; *steun* • *laagje haar* • G-B *lift* • *(terrein)verhoging* • *opwaartse druk*; *stijgkracht* ⟨v. vliegtuigvleugel⟩ • *het (iem. laten) meerijden* ★ give s.o. a lift *iem. een lift geven* **II** ov ww • *verheffen* • *in de lucht slaan* ⟨v. bal⟩ • *stelen*; *wegvoeren* ⟨v. vee⟩ • *opbreken* ⟨vnl. van kamp⟩ • *rooien* ⟨v. aardappelen⟩ • *aflossen* ⟨v. lening⟩ • *opheffen*; *hijsen* • *opslaan* ⟨v. ogen⟩ • *omhoog steken* ★ lift s.o. down *iem. v. d. wagen aftillen/uit de auto helpen* ★ lift a hand *een hand uitsteken* ⟨om iets te doen⟩ ★ lift one's hand *een eed afleggen* ★ lift up one's heel *schoppen*; *trappen* ★ lift up one's horn *eerzuchtig of trots zijn* ★ lifting power *hefvermogen* **III** onov ww • *omhoog getild worden* • *zich verheffen* • *wegtrekken*; *optrekken* ⟨v. mist⟩ • *kromtrekken* ⟨v. vloer⟩ • ~ off *opstijgen* ⟨v. vliegtuig⟩ — tussen geknikte haken wordt extra uitleg gegeven

liquorice ('lıkərıs) zn • *zoethout* • *drop* ★ ~ allsorts ≈ *Engelse drop* — equivalentietekens (≈) geven aan de volgende vertaling een benadering is

liquor store zn USA *slijterij*

Uitspraak

ɑː	als a	in father /ˈfɑːðə/
æ	als a	in man /mæn/
aɪ	als i	in time /taɪm/
aɪə	als ire	in fire /ˈfaɪə/
aʊ	als ou	in house /haʊs/
aʊə	als our	in sour /ˈsaʊə/
ã	als an	in seance /ˈseɪãs/
ʌ	als u	in cup /kʌp/
b	als b	in but /bʌt/
d	als d	in day /deɪ/
e	als e	in bed /bed/
eə	als ai	in fair /feə/
eɪ	als ay	in day /deɪ/
ɜː	als er	in service /ˈsɜːvɪs/
ə	als a	in ago, villa /əˈgəʊ/ /vɪlə/
f	als f	in father /ˈfɑːðə/
g	als g	in gun /gʌn/
h	als h	in hat /hæt/
iː	als ee	in three /θriː/
ɪ	als i	in it /ɪt/
ɪə	als ear	in near /nɪə/
j	als y	in you /juː/
k	als c	in come /kʌm/
l	als l	in late, mile /leɪt/ /maɪl/
m	als m	in man /mæn/
n	als n	in no /nəʊ/
ŋ	als ng	in song /sɒŋ/
əʊ	als o	in so /səʊ/
ɔː	als or	in sport /spɔːt/
ɒ	als o	in not /nɒt/
ɔɪ	als oy	in boy /bɔɪ/
p	als p	in park /pɑːk/
r	als r	in right /raɪt/
s	als s	in song /sɒŋ/
ʃ	als sh	in fish /fɪʃ/
t	als t	in take /teɪk/
θ	als th	in thing /θɪŋ/
ð	als th	in the /ðɪ/
uː	als oe	in shoe /ʃuː/
ʊ	als oo	in good /gʊd/
ʊə	als oor	in boor /ˈbʊə/
v	als v	in very /ˈverɪ/
w	als w	in way /weɪ/
x	als ch	in het Nederlands toch, Schots loch /lɒx/
z	als z	in zero /ˈzɪərəʊ/
ʒ	als s	in measure /ˈmeʒə/

ˈ betekent dat de volgende lettergreep beklemtoond is
ː betekent dat de klank lang is

A

a (ə, eɪ) **I** ZN letter *a* ★ A as in Abel *de a van Anton* **II** LW • *een* • *een zekere* ★ twice a day *twee keer per dag* ★ a mr Hobbs *een zekere meneer Hobbs* **III** AFK acre / ampere / answer

a- (eɪ) VOORV *a-; on-; niet* ★ amoral *amoreel* ★ atypical *atypisch*

A (eɪ) ZN • MUZ. *A* • USA ≈ *10* 〈schoolcijfer〉 ★ A1 *eerste klas;* INFORM. *geweldig*

AA AFK • G-B Automobile Association ≈ *ANWB; Wegenwacht* • Alcoholics Anonymous *Anonieme Alcoholisten* • Anti-Aircraft *luchtafweer*

aardvark (ˈɑːdvɑːk) ZN *aardvarken*

ab (æb) **I** ZN INFORM. → **abdomen II** BIJW INFORM. → **absolutely**

aback (əˈbæk) BIJW • *terug; achteruit* • *door de wind tegen de mast geslagen* 〈v. zeil〉 ★ be taken ∼ *onthutst zijn*

abacus (ˈæbəkəs) ZN • *telraam* • GESCH. *abacus*

abandon (əˈbændən) **I** ZN ★ do s.th. with ∼ *iets met overgave doen* **II** OV WW • *in de steek laten; verlaten* • *afbreken* 〈v. spel〉 • *opgeven* 〈v. hoop〉 ★ ∼ o.s. to *zich overgeven aan*

abandoned (əˈbændənd) BNW • *verlaten* • *losbandig; verdorven*

abandonment (əˈbændənmənt) ZN • *verlating* • *verwaarlozing* • *ongeremdheid / overgave*

abase (əˈbeɪs) OV WW *vernederen*

abasement (əˈbeɪsmənt) ZN *vernedering*

abash (əˈbæʃ) OV WW • *verlegen maken* • *beschamen*

abate (əˈbeɪt) **I** OV WW *verlagen* 〈v. prijs〉; *doen afnemen; luwen; verzachten; verminderen* **II** ONOV WW *afnemen; minder worden*

abatement (əˈbeɪtmənt) ZN *verzachting; vermindering; reductie*

abattoir (ˈæbətwɑː) ZN *abattoir; slachthuis*

abbess (ˈæbes) ZN *abdis; moeder-overste*

abbey (ˈæbɪ) ZN *abdij(kerk)*

abbot (ˈæbət) ZN *abt*

abbr. AFK • abbreviation *afk.* 〈afkorting〉 • abbreviated *afgekort*

abbreviate (əˈbriːvɪeɪt) OV WW *af-/be-/verkorten*

abbreviation (əbriːvɪˈeɪʃən) ZN *afkorting*

ABC (eɪbiːˈsiː) AFK *abc* • (as) easy as ABC *kinderlijk eenvoudig*

abdicate (ˈæbdɪkeɪt) OV WW *afstand doen van troon; aftreden* ★ ∼ all responsabilities *alle verantwoordelijkheid afstoten/afschuiven*

abdication (æbdɪˈkeɪʃən) ZN *(het) aftreden; troonsafstand*

abdomen (ˈæbdəmən) ZN • *(onder)buik* • *achterlijf* 〈v. insect〉

abdominal (æbˈdɒmɪnl) BNW *in/van de onderbuik*

abduct (əbˈdʌkt) OV WW *ontvoeren*

abduction (æbˈdʌkʃən) ZN *ontvoering*

abductor (æbˈdʌktə) ZN *ontvoerder*

aberrant (əˈberənt) BNW *abnormaal;* OOK BIOL. *afwijkend; afdwalend*

aberration (æbəˈreɪʃən) ZN • *storing* • BIOL. *afwijking* • NATK. *aberratie* • *misstap*

abet (əˈbet) OV WW *ophitsen; aanstoken; (mee)helpen (aan iets slechts)* ★ JUR. accused of aiding and abetting *beschuldigd van medeplichtigheid*

abeyance (əˈbeɪəns) ZN ★ in ∼ *latent; hangende; onbeslist*

abhor (əbˈhɔː) OV WW *verafschuwen*

abhorrence (əbˈhɒrəns) ZN *afschuw (of van)*

abhorrent (əbˈhɒrənt) BNW *weerzinwekkend*

abidance (əˈbaɪdns) ZN → **abide**

abide (əˈbaɪd) **I** OV WW • *verdragen* • *af-/verwachten* ★ I cannot ∼ him *ik kan hem niet uitstaan* **II** ONOV WW • *blijven* • ∼ by *trouw blijven aan; z. schikken naar; z. houden aan* 〈de regel〉

abiding (əˈbaɪdɪŋ) BNW *duurzaam; blijvend*

ability (əˈbɪlətɪ) ZN • *bekwaamheid; bevoegdheid* • *solvabiliteit* ★ to the best of one's ∼ *naar beste kunnen*

abject (ˈæbdʒekt) BNW • *rampzalig* • *verachtelijk* ★ ∼ misery *diepe ellende* ★ ∼ poverty *bittere armoede*

abjuration (æbdʒʊˈreɪʃən) ZN *afzwering*

abjure (æbˈdʒʊə) OV WW *afzweren*

ablation (æbˈleɪʃən) ZN • *amputatie* • *erosie* ★ ∼ shield *hitteschild* 〈ruimtevaart〉

ablative (ˈæblətɪv) ZN *ablatief* 〈6e naamval〉

ablaze (əˈbleɪz) BIJW • *in vlammen / in lichterlaaie* • FIG. *opgewonden* ★ ∼ with excitement *gloeiend van opwinding* ★ set ∼ *in vuur en vlam zetten*

able (eɪbl) BNW • *bekwaam; in staat* • JUR. *bevoegd; gerechtigd* ★ be able to ... *in staat zijn om ...; ... kunnen*

able-bodied (ˈeɪbl-bɒdɪd) BNW ★ G-B ∼ seaman *volmatroos*

abloom (əˈbluːm) BNW *in bloei*

ablution (əˈbluːʃən) ZN *reiniging; (rituele) wassing; zuivering* ★ IRON. have you finished your ∼s? *ben je klaar met je toilet?*

ably (ˈeɪblɪ) BIJW → **able**

abnegation (æbnɪˈgeɪʃən) ZN • *weigering* • *(zelf)verloochening*

abnormal (æbˈnɔːml) BNW • *abnormaal; afwijkend* • *uitzonderlijk*

abnormality (æbnɔːˈmælətɪ) ZN • *afwijking* • *uitzonderlijkheid*

aboard (əˈbɔːd) BIJW + VZ • *aan boord (v.)* • *langszij* ★ all ∼! *iedereen instappen!* ★ close/hard ∼ *vlak langszij*

abode (əˈbəʊd) **I** ZN FORM. *verblijf; woonplaats* ★ of/with no fixed ∼ *zonder vaste woon- of verblijfplaats* **II** WW [verl. tijd + volt. deelw.] → **abide**

abolish (əˈbɒlɪʃ) OV WW *afschaffen*

abolishment ZN *afschaffing*

abolition (æbəˈlɪʃən) ZN *afschaffing*

abolitionist (æbəˈlɪʃənɪst) ZN *voorstander v. afschaffing* 〈v. wet, systeem, slavernij enz.〉

abominable (əˈbɒmɪnəbl) BNW *afschuwelijk* ★ the Abominable Snowman *de verschrikkelijke sneeuwman*

abominate (əˈbɒmɪneɪt) OV WW *verafschuwen*

abomination (əbɒmɪˈneɪʃən) ZN *gruwel; afschuw* ★ hold s.th. in ∼ *iets verafschuwen*

aboriginal (æbəˈrɪdʒɪnl) **I** ZN *oorspronkelijke bewoner* 〈v. Australië〉 **II** BNW *oorspronkelijk;*

inheems; autochtoon

aborigine (æbəˈrɪdʒəni:) ZN *oorspronkelijke bewoner v. Australië*

abort (əˈbɔːt) I OV WW • *aborteren* • COMP./LUCHTV. *(voortijdig) afbreken; stoppen* • *doen mislukken* II ONOV WW • *ontijdig bevallen* • *mislukken*

abortion (əˈbɔːʃən) ZN • *(het) vroegtijdig afbreken* • *abortus (provocatus)* • *mislukking*

abortive (əˈbɔːtɪv) BNW • *ontijdig* • *mislukt* ★ prove ~ *verkeerd uitvallen; falen*

abound (əˈbaʊnd) ONOV WW • *overvloedig aanwezig zijn* • ~ in/with *rijk zijn aan; wemelen van*

about (əˈbaʊt) BIJW + VZ • *over; om(trent)* • *bijna; ongeveer* • *overal; in het rond* • *om(heen)* • *aanwezig; in de buurt* • *andersom; omgekeerd* ★ I haven't any money ~ me *ik heb helemaal geen geld bij me* ★ there's s.th. strange ~ it *er is iets vreemds mee/aan* ★ be ~ to *op het punt staan om* ★ not be ~ to *niet van plan zijn om* ★ can you do s.th. ~ it? *kun je er iets aan doen?* ★ how ~ going for a walk? *zullen we een eindje gaan lopen?* ★ out and ~ *op de been; in de weer* ★ up and ~ *op de been*

about-face BIJW MIL. *rechtsomkeert*

about-turn ZN OOK FIG. *totale ommekeer; ommezwaai*

above (əˈbʌv) I ZN *bovengenoemde(n); bovenstaande(n)* II BNW *bovengenoemd; bovenstaand; hier boven* III BIJW • *boven; over* • *meer dan* IV VZ • *boven; over; hoger dan* • *vrij van* ★ ~ all *vooral; bovenal* ★ ~ yourself *met een te hoge dunk van jezelf* ★ rise ~ o.s. *boven zichzelf uitstijgen*

abrade (əˈbreɪd) OV WW • *afschaven/-schuren* ⟨v. rots, huid⟩ • *afrijden* ⟨v. band⟩

abrasion (əˈbreɪʒən) ZN • *schaafwond* • *afschuring*; AARDK. *abrasie*

abrasive (əˈbreɪsɪv) I ZN *schuurmiddel* II BNW • *krassend; schurend* • *ruw; scherp*

abreast (əˈbrest) BIJW *naast elkaar* ★ keep ~ of *op de hoogte blijven van; gelijke tred houden met*

abridge (əˈbrɪdʒ) OV WW *be-/in-/verkorten*

abridg(e)ment (əˈbrɪdʒmənt) ZN • *be-/in-/verkorting* • *verkorte uitgave/versie; uittreksel*

abroad (əˈbrɔːd) BIJW • *in/naar het buitenland* • *in omloop* • *in het rond*

abrogate (ˈæbrəgeɪt) OV WW *afschaffen; intrekken*

abrogation (æbrəˈgeɪʃən) ZN *afschaffing; intrekking*

abrupt (əˈbrʌpt) BNW • *abrupt; plotseling* • *kortaf; bruusk* • *steil* • PLANTK. *geknot*

abscess (ˈæbsɪs) ZN *abces; ettergezwel*

abscond (əbˈskɒnd) ONOV WW • *stil er tussenuit trekken* • ~ from *vluchten voor*

abseil (ˈæbseɪl) WW SPORT *abseilen*

absence (ˈæbsəns) ZN • *afwezigheid; absentie* ★ ~ of *afwezigheid van; gebrek aan*

absence rate ZN *afwezigheidspercentage; verzuimpercentage*

absent[1] (æbˈsent) WKD WW ★ ~ o.s. *zich verwijderen; niet gaan*

absent[2] (ˈæbsənt) BNW *afwezig*

absentee (æbsənˈtiː) ZN • *afwezige* • *iem. die niet in zijn land of huis verblijft*

absenteeism (æbsənˈtiːɪz(ə)m) ZN *werk-/schoolverzuim*

absent-minded (æbsəntˈmaɪndɪd) BNW *verstrooid; afwezig*

absolute (ˈæbsəluːt) BNW • *absoluut; geheel; volkomen* • *onbetwistbaar* • *onvoorwaardelijk* • *onbeperkt* ⟨vnl. pol.⟩ ★ MUZ. ~ pitch *absoluut gehoor* ★ I ~ly agree! *ik ben het volkomen met je eens!*

absolutely (æbsəˈluːtli) BIJW → **absolute**

absolution (æbsəˈluːʃən) ZN *absolutie* ⟨kwijtschelding⟩

absolve (əbˈzɒlv) OV WW • *de absolutie geven; vergeven* • ~ from/of *vrijspreken van*

absorb (əbˈsɔːb) OV WW • *absorberen; geheel in beslag nemen* • *in z. opnemen* • *opslorpen* ★ ~ed in thought *in gedachten verzonken*

absorbent (əbˈsɔːbənt) BNW *absorberend* ★ USA ~ cotton *verbandwatten*

absorbing(ly) (əbˈsɔːbɪŋ(li)) BNW *boeiend*

absorption (əbˈsɔːpʃən) ZN • *absorptie(vermogen); opslorping* • *(het) opgaan (in in)*

abstain (əbˈsteɪn) ONOV WW ~ from *afzien van; z. onthouden van*

abstainer (əbˈsteɪnər) ZN • *iemand die niet wil stemmen* • *geheelonthouder*

abstemious (æbˈstiːmɪəs) BNW *matig; zich onthoudend van*

abstention (əbˈstenʃən) ZN ★ ~ (from voting) *(stem)onthouding*

abstinence (ˈæbstɪnəns) ZN *onthouding*

abstinent (ˈæbstɪnənt) BNW *z. onthoudend van*

abstract[1] (ˈæbstrækt) I ZN • *abstract kunstwerk* • *abstractum; abstract begrip* • *samenvatting* ★ in the ~ *in theorie; in abstracto* II BNW • *abstract* • *theoretisch*

abstract[2] (æbˈstrækt) OV WW • *eruit halen; onttrekken* • *afleiden; abstraheren;* ⟨*schriftelijk*⟩ *samenvatten*

abstracted (əbˈstræktɪd) BNW *verstrooid; in gedachten verzonken*

abstraction (əbˈstrækʃən) ZN • *abstractie* • *verstrooidheid* • TECHN. *onttrekking*

abstruse (əbˈstruːs) BNW *duister; cryptisch*

absurd (əbˈsɜːd) BNW *absurd; dwaas; ongerijmd; zinloos*

absurdity (əbˈsɜːdətɪ) ZN *absurditeit; dwaasheid; ongerijmdheid; zinloosheid*

abundance (əˈbʌndəns) ZN *overvloed*

abundant (əˈbʌndənt) BNW • *overvloedig* • ~ in/with *rijk aan; wemelend van*

abuse[1] (əˈbjuːs) ZN • *misbruik* ⟨ook seksueel⟩ • *geweldpleging* • *scheldwoorden*

abuse[2] (əˈbjuːz) OV WW • *misbruiken* ⟨ook seksueel⟩ • *aanranden* • *uitschelden* ★ ~ o.s. *masturberen*

abusive (əˈbjuːsɪv) BNW *beledigend; gewelddadig*

abut (əˈbʌt) OV+ONOV WW ~ on/onto *grenzen aan*

abutment (əˈbʌtmənt) ZN • *aanrakingspunt* • *steunpunt*; GESCH. *(steun)beer; schoor*

abysmal (əˈbɪzml) BNW *bodemloos; hopeloos* ★ an ~ failure *een gruwelijke mislukking*

abyss (əˈbɪs) ZN • *afgrond* • FIG. *hel; bodemloze put*

AC, ac AFK • alternating current *wisselstroom* • USA *airconditioning*
acacia (ə'keıʃə) ZN *acacia*
academic (ækə'demık) **I** ZN *academicus* **II** BNW • *academisch* • *theoretisch*; *speculatief* • *nuchter* • *leergierig*; *studieus* ★ it was all ~ anyway *in de praktijk deed het niet ter zake*
academy (ə'kædəmı) ZN • *academie*; *genootschap* • *instituut v. speciale opleiding* ⟨in Schotland⟩ *gymnasium* • USA *particuliere middelbare school*
ACAS AFK Advisory, Conciliation and Abstration Service *Bemiddelingsbureau voor arbeidsconflicten*
accede (æk'si:d) ONOV WW ~ **to** *toestemmen in*; *toetreden tot* ★ ~ to the throne *de troon bestijgen*
accelerate (ək'seləreıt) OV+ONOV WW *versnellen*; *bespoedigen*
acceleration (əkselə'reıʃən) ZN *versnelling*; *bespoediging*
acceleration lane ZN *invoegstrook*
accelerator (ək'seləreıtə) ZN • *gaspedaal* • NATK. *deeltjesversneller*
accent[1] ('æksənt) ZN • *accent*; *uitspraak* • *accent(teken)* • *nadruk*
accent[2] (æk'sent) OV WW *nadruk leggen op*
accentuate (æk'sentʃʊeıt) OV WW *accentueren*; *beklemtonen*
accentuation (æksentʃʊ'eıʃən) ZN *accentuering*; *beklemtoning*
accept (ək'sept) OV+ONOV WW • *accepteren*; *aannemen* • *toelaten*; *aanvaarden*
acceptable (ək'septəbl) BNW • (algemeen) *aanvaardbaar* • *aannemelijk* • *acceptabel*
acceptance (ək'septns) ZN • *aanvaarding*; *acceptatie* • *gunstige ontvangst* • *instemming*; *goedkeuring* • ECON. *accept* ★ without ~ of persons *zonder aanzien des persoons*
access ('ækses) **I** ZN • *toegang* (**to** tot) • *aanval*; *vlaag* **II** OV WW • z. *toegang verschaffen tot* • *ontsluiten*
accessary (ək'sesərı) ZN → **accessory**
access code ZN *toegangscode*
accessible (ək'sesıbl) BNW *toegankelijk*
accession (ək'seʃən) ZN • *troonsbestijging* • *toetreding*; *toelating* • *toevoeging*; *aanwinst* • *vermeerdering*; *vergroting*
accessory (ək'sesərı) **I** ZN [meestal mv] *accessoire*; *iets bijkomstigs*; *medeplichtige* ★ an ~ before/after the fact *medeplichtige door aansporing / door steun achteraf* **II** BNW • *bijkomstig* • *ondergeschikt* • *medeplichtig* ★ be ~ to *(be)horen bij*
access road ZN *toegangsweg*
accident ('æksıdnt) ZN • *ongeluk* • *toeval* ★ by ~ *toevallig* / G-B ~ and emergency (A&E) *eerste hulp* ★ FIG. ~s will happen ≈ *een ongeluk zit in een klein hoekje*
accidental (æksı'dentl) BNW *toevallig*
accident-prone BNW *geneigd tot ongelukken*
acclaim (ə'kleım) **I** ZN • *gejuich* • *acclamatie* **II** OV WW • *toejuichen* • *uitroepen tot* ★ a highly ~ed work of art *een hooggeprezen kunstwerk*
acclamation (æklə'meıʃən) ZN • *gejuich* • *acclamatie* ★ by ~ *bij acclamatie*; *door algemene luide instemming*
acclimatization (əklaımətaı'zeıʃn) ZN *acclimatisering*
acclimatize (ə'klaımətaız) OV+ONOV WW *acclimatiseren*; *wennen* (**to** aan)
accommodate (ə'kɒmədeıt) OV WW • *huisvesten*; *onderbrengen* • *verzoenen* • *van dienst zijn* ★ ~ s.o.'s wishes *aan iemands wensen tegemoet komen* ★ ~ s.o. with s.th. *iem. met iets van dienst zijn* • ~ **to** *aanpassen aan* • ~ **with** *voorzien van*
accommodating (ə'kɒmədeıtıŋ) BNW *inschikkelijk*; *coulant*
accommodation (əkɒmə'deıʃən) ZN • *logies*; *onderdak* • *schikking* • *aanpassing* • *plaats (in voertuig)*
accommodation address ZN *correspondentieadres*
accommodation credit ZN *overbruggingskrediet*
accommodation seeker ZN *woningzoekende*
accommodation train ZN USA *stoptrein*
accompaniment (ə'kʌmpənımənt) ZN • *begeleiding* • *gezelschap*
accompanist (ə'kʌmpənıst) ZN *begeleider*
accompany (ə'kʌmpənı) OV WW • *vergezellen*; *begeleiden* • *gepaard gaan met* • ~ **with** *vergezeld doen gaan van* ★ the food was accompanied with excellent wine *het eten ging vergezeld van een uitstekende wijn*
accomplice (ə'kʌmplıs) ZN *medeplichtige*
accomplish (ə'kʌmplıʃ) OV WW • *tot stand brengen* • *volbrengen* • *nakomen* ⟨v. contract⟩ • *bereiken*
accomplished (ə'kʌmplıʃt) BNW • *begaafd*; (veelzijdig) *getalenteerd* • *volleerd*; *deskundig* • *volbracht*; *voltooid* ★ an ~ fact *een voldongen feit*
accomplishment (ə'kʌmplıʃmənt) ZN • *prestatie* • *bekwaamheid*; *talent* • *voltooiing*; *(het) tot stand brengen* ★ a sense of ~ *het gevoel iets volbracht te hebben*
accord (ə'kɔ:d) **I** ZN • *akkoord* ★ in ~ with (s.th., s.b.) *in overeenstemming met* ★ of one's own ~ *uit eigen beweging* ★ with one ~ *eenstemmig* **II** OV WW • *verlenen* • *(doen) overeenstemmen*
accordance (ə'kɔ:dns) ZN ★ in ~ with *in overeenstemming met*
accordingly (ə'kɔ:dıŋlı) BIJW *dienovereenkomstig*; *derhalve*
according to (ə'kɔ:dıŋ'tʊ) VZ *volgens*
accordion (ə'kɔ:dıən) ZN *accordeon*
accost (ə'kɒst) OV WW *aanklampen*; *lastig vallen*
account (ə'kaʊnt) **I** ZN • *verslag*; *beschrijving* • *rekening* • *verklaring* • *(vaste) klant*; *opdrachtgever* ★ ~s *boekhouding* ★ by/from all ~s *volgens veel mensen* ★ by your own ~ *volgens eigen zeggen* ★ of no/little ~ *van geen/ weinig belang* ★ on s.b.'s ~ *ten behoeve van iem.* ★ on ~ of ... *vanwege* ... ★ on no ~ / not on any ~ *in geen geval* ★ on your own ~ *voor eigen rekening*; *uit eigener beweging* ★ on this/that ~ *om deze reden / daarom* ★ give a good / poor ~ of yourself *je van je goede / slechte kant laten zien* ★ put/turn s.th. to good ~ *zijn voordeel doen met* ★ take ~ of s.th. / take s.th. into ~ *rekening houden met* ★ leave s.th. out of ~ *iets buiten beschouwing laten* ★ terminal ~

accountability – acquit

driemaandelijkse rekening II ov ww • rekenen • beschouwen als III onov ww ~ for veroorzaken; verklaren; uitleggen; vormen; uitmaken; verantwoorden * be called / brought to ~ for ter verantwoording worden geroepen * our antiaircraft guns ~ed for three enemy bombers ons luchtdoelgeschut heeft drie vijandelijke bommenwerpers uitgeschakeld * there's no ~ing for taste over smaak valt niet te twisten

accountability (əkaʊntə'bɪləti) zn • verantwoordelijkheid; aansprakelijkheid • verklaarbaarheid

accountable (ə'kaʊntəbl) bnw • verantwoordelijk; aansprakelijk • verklaarbaar

accountancy (ə'kaʊntənsɪ) zn • (het) boekhouden • comptabiliteit • beroep v. (hoofd)boekhouder/ accountant

accountant (ə'kaʊntənt) zn boekhouder * chartered ~ beëdigd acountant; hoofdboekhouder

accounting (ə'kaʊntɪŋ) zn • boekhouding • verrekening

accredit (ə'kredɪt) ov ww • officieel erkennen; accrediteren; van geloofsbrieven voorzien • (uit)zenden ‹gezant, ambassadeur› • ~ to toeschrijven aan; geloof hechten aan

accreditation (əkredɪ'teɪʃən) zn (officiële) erkenning

accretion (ə'kriːʃən) zn aangroei; aanslibbing; aanwas

accrual (ə'kruːəl) zn groei; toename

accrue (ə'kruː) I ov ww doen aangroeien; kweken II onov ww • aangroeien • ~ from voortkomen uit • ~ to toekomen ‹vnl. v. rente›

accumulate (ə'kjuːmjʊleɪt) I ov ww verzamelen II onov ww ‹z.› ophopen

accumulation (əkjuːmjʊ'leɪʃən) zn op(een)hoping; verzameling

accumulative (ə'kjuːmjʊlətɪv) bnw opstapelend; aangroeiend

accuracy ('ækjʊrəsɪ) zn nauwkeurigheid

accurate ('ækjʊrət) bnw nauwkeurig; stipt

accursed (ə'kɜːsɪd, ə'kɜːst) bnw vervloekt

accusal (ə'kjuːzəl) zn • beschuldiging • aanklacht

accusation (əkjuː'zeɪʃən) zn beschuldiging * bring an ~ (of murder) against een aanklacht (wegens moord) indienen tegen

accusatory (ə'kjuːzətərɪ) bnw beschuldigend

accuse (ə'kjuːz) ov ww beschuldigen; aanklagen

accused (ə'kjuːzd) bnw * the ~ de verdachte(n)

accusing (ə'kjuːzɪŋ) bnw beschuldigend; verwijtend

accustom (ə'kʌstəm) ov ww wennen * ~ o.s. to s.th. wennen aan iets.

accustomed (ə'kʌstəmd) I bnw gebruikelijk * grow ~ to s.th. gewend zijn/raken aan iets II ww [volt. deelw.] → accustom

AC/DC ('eɪsiː'diːsiː) bnw • Alternating Current/ Direct Current wisselstroom/gelijkstroom • biseksueel

ace (eɪs) zn • aas ‹kaartspel› • uitblinker ‹in competitie› • sport ace * G-B an ace up your sleeve een troef achter de hand * usa an ace in the hole een troef achter de hand * hold all the aces alle troeven in handen hebben * he was/ came within an ace of losing het scheelde maar een haartje of hij had verloren

acerbic (ə'sɜːbɪk) bnw scherp; cynisch

acerbity (ə'sɜːbətɪ) zn wrangheid; bitterheid

acetic (ə'siːtɪk) bnw azijn- * ~ acid azijnzuur

ache (eɪk) I zn • (voortdurende, hevige) pijn * aches and pains allerlei pijntjes II onov ww • pijn doen; pijn lijden • hunkeren (for naar) * I am aching all over alles doet me pijn * she ached to see him zij verlangde er hevig naar hem te zien

achievable (ətʃiːvəbl) bnw • uitvoerbaar • bereikbaar; met kans van slagen

achieve (ə'tʃiːv) ov ww volbrengen; bereiken ‹v. doel›; behalen ‹v. succes›

achievement (ə'tʃiːvmənt) zn succes; prestatie

achievement test zn schoolvorderingentest

achy ('eɪkɪ) bnw * I feel achy all over het doet overal pijn

acid ('æsɪd) I zn • zuur • plat LSD * lactic acid melkzuur * cyanic acid blauwzuur II bnw • zuur • scherp

acidity (ə'sɪdətɪ) zn zuurtegraad; zuurheid

acid test zn • scheik. zuurproef • fig. lakmoesproef

acknowledge (ək'nɒlɪdʒ) ov+onov ww • toegeven ‹v. fout e.d.› • erkennen; bevestigen • beantwoorden ‹v. groet enz.› • blijk geven van • ontvangst bevestigen ‹v. bericht› • dank betuigen

acknowledgement (ək'nɒlɪdʒmənt) zn • erkenning; bevestiging • bericht v. ontvangst • beantwoording ‹v. groet›

acme ('ækmɪ) zn toppunt

acne ('æknɪ) zn acne; jeugdpuistjes

acolyte ('ækəlaɪt) zn • volgeling • assistent • misdienaar; acoliet

acorn ('eɪkɔːn) zn plantk. eikel

acorn shell zn zeepok

acoustic(al) (ə'kuːstɪk(l)) bnw gehoor/geluid betreffend; akoestisch

acoustics (ə'kuːstɪks) zn mv geluidsleer; akoestiek

acquaint (ə'kweɪnt) ov ww * ~ o.s. with zich vertrouwd maken met; zich op de hoogte stellen van * ~ s.o. with iem. in kennis stellen van

acquaintance (ə'kweɪntəns) zn • kennis ‹persoon› • kennismaking • bekendheid * make s.o.'s ~ kennis maken met iem.

acquainted (ə'kweɪntɪd) bnw • bekend; vertrouwd • op de hoogte

acquiesce (ækwɪ'es) onov ww • berusten • ~ in z. neerleggen bij

acquiescence (ækwɪ'esəns) zn berusting

acquiescent (ækwɪ'esənt) bnw • berustend • inschikkelijk

acquire (ə'kwaɪə) ov ww • verwerven ‹vnl. v. kennis›; verkrijgen • aanleren • ~d taste iets wat men moet/heeft léren waarderen

acquirements (ə'kwaɪəmənts) zn mv verworvenheden; verworven kennis

acquisition (əkwɪ'zɪʃən) zn verwerving ‹ook v. kennis›; aanwinst ‹v. voorwerpen enz.›

acquisition cost zn aanschafkosten

acquisitive (ə'kwɪzətɪv) bnw hebzuchtig; kooplustig

acquit (ə'kwɪt) ov ww jur. vrijspreken * ~ o.s.

well / badly het er goed / slecht afbrengen
acquittal (əˈkwɪtl) ZN JUR. vrijspraak
acre (ˈeɪkə) ZN acre ‹4047 m²› ⋆ FIG. acres
massa's; stapels
acreage (ˈeɪkərɪdʒ) ZN oppervlakte
acrid (ˈækrɪd) BNW • OOK FIG. bijtend; scherp
• penetrant
acrimonious (ækrɪˈməʊnɪəs) BNW • bitter • bits;
fel
acrimony (ˈækrɪmənɪ) ZN • bitterheid; boosheid
• bitsheid
acrobat (ˈækrəbæt) ZN acrobaat
acrobatic (ækrəˈbætɪk) BNW acrobatisch
acrobatics (ækrəˈbætɪks) ZN MV acrobatiek
acronym (ˈækrənɪm) ZN acroniem; letterwoord
across (əˈkrɒs) VZ • van de ene naar de andere
kant; overdwars • in een bepaalde richting;
naar • tegenover; aan de overkant • op/over
‹deel van lichaam› • overal • horizontaal ‹in
denksport› ⋆ he walked ~ the street hij liep
naar de overkant (van de straat) ⋆ the crater
was 30 yards ~ de krater had een doorsnee van
30 meter ⋆ her children are scattered ~ the
world haar kinderen zitten overal in de wereld
⋆ he parked ~ from the station hij parkeerde
tegenover het station ⋆ she sat down ~ from
him zij ging tegenover hem zitten
across-the-board BNW algemeen geldend
acrylic (əˈkrɪlɪk) I ZN acryl II BNW acryl-
act (ækt) I ZN • handeling; daad • wet • bedrijf
‹toneel› • nummer ‹variété› ⋆ JUR. act of God
natuurramp; force majeure ⋆ in the act op
heterdaad ⋆ INFORM. get in on the act
meedoen; zorgen dat je erbij bent ⋆ INFORM. get
one's act together de boel op orde brengen; zijn
zaakjes voor elkaar krijgen ⋆ put on an act zich
aanstellen; komedie spelen ⋆ JUR. Municipal
Corporation Act gemeentewet ⋆ licensing act
drankwet II ONOV WW • optreden; iets doen;
handelen • zich gedragen • doen alsof • acteren
• effect hebben op ⋆ act for/on behalf of s.b.
optreden namens iemand ⋆ INFORM. act the
goat ongein trappen ⋆ ~ **up** slecht functioneren;
lastig zijn ⋆ my VCR is acting up again mijn
videorecorder doet weer vreemd ⋆ ~ (up)on
handelen volgens
acting (ˈæktɪŋ) I ZN (het) acteren II BNW
waarnemend
action (ˈækʃən) I ZN • handeling; daad • JUR.
proces • actie • werking; effect • mechaniek
⋆ take ~ iets doen; handelend optreden; stappen
ondernemen ⋆ ~s speak louder than words
geen woorden maar daden ⋆ want a piece/slice
of the ~ een graantje willen mee pikken ⋆ New
York is where the ~ is In New York (daar) moet
je zijn II ONOV WW actie ondernemen
actionable (ˈækʃnəbl) BNW JUR. strafbaar
action replay ZN herhaling ‹v. beelden v.
sportwedstrijden›
activate (ˈæktɪveɪt) OV WW aanzetten; activeren
active (ˈæktɪv) I ZN TAALK. bedrijvende vorm II BNW
• actief; werkzaam; werkend • levendig • in
dienst; dienstdoend
actively (ˈæktɪvlɪ) BIJW actief; bedrijvig; levendig
activist (ˈæktɪvɪst) ZN activist
activity (ækˈtɪvətɪ) ZN • werk(zaamheid);

bedrijvigheid • [meestal mv] activiteiten;
bezigheden
actor (ˈæktə) ZN acteur; toneelspeler
actress (ˈæktrəs) ZN actrice; toneelspeelster
actual (ˈæktʃʊəl) BNW (daad)werkelijk; feitelijk ⋆ in
~ fact in feite ⋆ ~ly, I quite liked her eigenlijk
vond ik haar best aardig ⋆ I saw him, but didn't
~ly talk to him ik heb hem wel gezien, maar
niet echt met hem gesproken ⋆ he ~ly refused!
hij weigerde nota bene/zowaar!; hij waagde 't te
weigeren!
actuality (æktʃʊˈælətɪ) ZN werkelijkheid
actualize (ˈæktʃʊəlaɪz) OV WW • verwezenlijken
• als werkelijkheid beschrijven
actually (ˈæktʃʊəlɪ) BIJW • eigenlijk; feitelijk
• trouwens
actuary (ˈæktʃʊərɪ) ZN actuaris;
verzekeringswiskundige
actuate (ˈæktʃʊeɪt) OV WW • veroorzaken; in
beweging zetten • drijven
acuity (əˈkjuːətɪ) ZN • scherpheid • OOK FIG.
scherpzinnigheid
acumen (ˈækjʊmən) ZN scherpzinnigheid; inzicht
acupuncture (ˈækjuːpʌŋktʃə) ZN acupunctuur
acute (əˈkjuːt) BNW • acuut ‹v. ziekte, pijn›
• scherpzinnig • dringend • scherp ‹v. gehoor,
hoek› ⋆ TAALK. an ~ accent een accent aigu
acutely (əˈkjuːtlɪ) BIJW zeer ⋆ ~ embarrassed erg
verlegen; in hevige geldnood ⋆ be ~ aware of
zich sterk bewust zijn van
ad (æd) ZN INFORM. → **advertisement**
AD AFK Anno Domini na Christus; A.D.; in het
jaar onzes Heren
adage (ˈædɪdʒ) ZN gezegde
adamant (ˈædəmənt) BNW onvermurwbaar;
keihard
adapt (əˈdæpt) I OV WW aanpassen; bewerken
II ONOV WW z. aanpassen
adaptability (ədæptəˈbɪlətɪ) ZN
• aanpassingsvermogen • souplesse
adaptable (əˈdæptəbl) BNW • aanpasbaar • soepel;
flexibel
adaptation (ædæpˈteɪʃən) ZN • bewerking
• aanpassing
adapter ZN → **adaptor**
adaption ZN → **adaptation**
adaptor (əˈdæptə, əˈdæptər), **adapter** ZN • TECHN.
tussenstuk; verdeel-/verloopstekker • bewerker
add (æd) I OV WW • toevoegen (**to** aan) • optellen
• verder zeggen ⋆ add insult to injury de ene
belediging op de andere stapelen II ONOV WW
• bijdragen; optellen ⋆ ~ **to** vergroten;
verhogen; bijdragen tot • INFORM. ~ **up**
kloppen; optellen; neerkomen op ⋆ this doesn't
add up dit klopt niet
added (ˈædɪd) BNW toegevoegd; extra ⋆ ~ value
toegevoegde waarde ⋆ for ~ protection of the
skin voor extra beveiliging van de huid
adder (ˈædə) ZN adder
addict (ˈædɪkt) ZN verslaafde
addicted (əˈdɪktɪd) BNW verslaafd ⋆ become ~ to
drugs verslaafd raken aan drugs
addiction (əˈdɪkʃən) ZN verslaving; verslaafdheid
addictive (əˈdɪktɪv) BNW verslavend
addition (əˈdɪʃən) ZN • optelling; bijvoegsel
• aanwinst • vermeerdering; toevoeging ⋆ in ~

bovendien ★ in ~ to *behalve*; *naast* ★ an ~ to the family *gezinsuitbreiding*

additional (əˈdɪʃənl) BNW *additioneel*; *bijkomend*; *extra*

additionally (əˈdɪʃənəlɪ) BIJW *bovendien*

addition sign ZN *plusteken*

additive (ˈædɪtɪv) I ZN *toevoeging*; *additief* ★ *preservatives and* ~s *conserveringsmiddelen en andere toevoegingen* II BNW *toevoegend*; *toevoegings-*; *additief*

addled (ˈædld) BNW ● *bedorven* ● *verward*

add-on ZN *uitbreidingsmogelijkheid*; *extra*

address (əˈdres) I ZN ● *adres* ● *toespraak* ● *form / mode of* ~ *correcte manier van aanspreken / aanschrijven* ★ in case of change of ~ *indien verhuisd* II OV WW ● *adresseren* ● *toespreken*; *aanspreken* ● *behandelen*; *aan de orde stellen*

addressee (ædreˈsiː) ZN *geadresseerde*

adduce (əˈdjuːs) OV WW *aanvoeren*; *leveren* ⟨v. bewijs⟩

adept (ˈædept) I ZN *deskundige* II BNW *deskundig* (at, in *in*); *bedreven*

adequacy (ˈædɪkwəsɪ) ZN *geschiktheid*; *adequaatheid*

adequate (ˈædɪkwət) BNW ● *voldoende* ● *geschikt*; *adequaat*

adhere (ədˈhɪə) ONOV WW ● *(zich) houden* (to *aan*) ● *trouw blijven aan*; *aanhangen* ● *(vast)plakken aan*

adherence (ədˈhɪərəns) ZN ● *(het) kleven* ● *aanhankelijkheid*; *trouw*

adherent (ədˈhɪərənt) I ZN *aanhanger*; *volgeling* II BNW *eigen* (to *aan*)

adhesion (ədˈhiːʒən) ZN ● *aankleving*; *(het) vastkleven* ● *trouw*; *adhesie*; *instemming* ★ *track* ~ *vaste wegligging*

adhesive (ədˈhiːsɪv) I ZN *kleefmiddel* II BNW *(zelf)klevend*

ad hoc (æd ˈhɒk) BNW *ad hoc*

adieu (əˈdjuː) I ZN OUD. *afscheid* II TW OUD. *vaarwel*

adjacent (əˈdʒeɪsənt) BNW ● *aangrenzend* (to *aan*); *belendend* ● *aanliggend* ⟨hoek⟩

adjectival (ˈædʒɪktaɪvəl) BNW *bijvoeglijk*

adjective (ˈædʒɪktɪv) ZN *bijvoeglijk naamwoord*; *adjectief*

adjoin (əˈdʒɔɪn) I OV WW *samenvoegen* II ONOV WW ~ to *grenzen aan*

adjourn (əˈdʒɜːn) I OV WW *verdagen* ★ *the meeting was* ~ed *de vergadering werd geschorst* II ONOV WW *op reces gaan*

adjournment (əˈdʒɜːnmənt) ZN ● *verdaging* ● *onderbreking*

adjudge (əˈdʒʌdʒ) OV WW ● *beslissen* ● *oordelen over* ● *toekennen*

adjudicate (əˈdʒuːdɪkeɪt) OV WW ● *oordelen* ● *arbitreren*; *jureren* ★ ~ in a dispute *over een geschil oordelen*

adjudication (ədʒuːdɪˈkeɪʃən) ZN ● *toekenning* ● *beslissing*

adjudicator (əˈdʒuːdɪkeɪtə) ZN *scheidsrechter*; *arbiter*; *jurylid*

adjunct (ˈædʒʌŋkt) ZN ● *toevoegsel* ● *onderdeel* ● TAALK. *bepaling*; *attribuut*

adjure (əˈdʒʊə) OV WW ● *bezweren* ● *aanmanen*

adjust (əˈdʒʌst) OV+ONOV WW ● *schikken*; *regelen* ● *instellen* ⟨v. instrument⟩; *afstellen* ⟨v. apparatuur⟩; *afregelen* ★ ~ed for inflation *gecorrigeerd voor inflatie* ● ~ to *aanpassen aan*; *afstemmen op*

adjustable (əˈdʒʌstəbl) BNW *verstel-/regelbaar*

adjustment (əˈdʒʌstmənt) ZN ● *regeling* ● *instelling* ● *aanpassing*

adjutant (ˈædʒʊtnt) ZN *adjudant*

ad-lib (ædˈlɪb) I ZN *kwinkslag*; *geestigheid* II BNW *spontaan*; *geïmproviseerd* III OV+ONOV WW *improviseren* ★ he ~bed his entire speech *hij verzon zijn gehele toespraak ter plekke* IV BIJW ● *vrijelijk*; *onbeperkt* ● *ongedwongen*

adman (ˈædmæn) ZN INFORM. *reclameman*

admass (ˈædmæs) ZN ● MIN. *(het) grote publiek*; *(de) grote massa* ● MIN. *massareclame*

admin (ˈædmɪn) ZN INFORM. → **administration**

administer (ədˈmɪnɪstə) OV WW ● *beheren*; *besturen* ● *toedienen* ⟨v. medicijn⟩ ● *uitvoeren* ⟨v. wet⟩ ● *opleggen* ⟨v. straf⟩ ● *toebrengen* ⟨v. schade, schop, stomp⟩ ★ ~ help *hulp verlenen* ★ ~ justice *recht spreken*

administration (ədmɪnɪˈstreɪʃən) ZN ● *administratie*; *bestuur*; *beheer* ● *regering* ● *regeerperiode*; *ambtstermijn* ● *toediening* ⟨v. medicijn enz.⟩

administrative (ədˈmɪnɪstrətɪv) BNW ● *administratief* ● *beheers-*; *bestuurs-*

administrator (ədˈmɪnɪstreɪtə) ZN ● *administrateur*; *beheerder* ● *executeur*; *curator*

admirable (ˈædmərəbl) BNW *bewonderenswaardig*

admiral (ˈædmərəl) ZN *admiraal* ★ G-B the Admiralty ≈ *het ministerie van marine*

admiration (ædmɪˈreɪʃən) ZN *bewondering* (for *voor*) ★ *gaze in* ~ *vol bewondering aanstaren* ★ be in ~ of *vol bewondering zijn voor*

admire (ədˈmaɪə) OV WW *bewonderen* (for *om*)

admirer (ədˈmaɪərə) ZN *aanbidder*; *bewonderaar* ★ a secret ~ *een stille aanbidder*

admissibility (ədmɪsəˈbɪlətɪ) ZN *toelaatbaarheid*

admissible (ədˈmɪsəbl) BNW *geoorloofd*; JUR. *toelaatbaar*

admission (ədˈmɪʃən) ZN ● *toegang(sgeld)*; *toelating* ● *erkenning* ● *opname* ⟨in ziekenhuis, inrichting⟩ ★ by his own ~ *volgens eigen zeggen*

admit (ədˈmɪt) OV WW ● *toegeven*; *erkennen* ● *toelaten*; *opnemen*; *erkennen*; *toegeven* ★ he ~ted defeat *hij gaf zich gewonnen* ● ~ to *toelaten* ★ be ~ted to hospital *in het ziekenhuis opgenomen worden* ★ she was ~ted to the club *zij mocht tot de club toetreden*

admittance (ədˈmɪtns) ZN *toegang*

admittedly (ədˈmɪtɪdlɪ) BIJW ● *toegegeven*; *zoals algemeen erkend wordt* ● *weliswaar*

admixture (ədˈmɪkstʃə) ZN → **mixture**

admonish (ədˈmɒnɪʃ) OV WW ● *waarschuwen* (of, against *voor, tegen*); *berispen* ● *aanmanen*; *aansporen*

admonition (ædməˈnɪʃən) ZN ● *waarschuwing* ● *aanmaning*

admonitory (ədˈmɒnɪtərɪ) BNW *waarschuwend*; *vermanend*

ado (əˈduː) ZN *drukte* ★ much ado about nothing *veel geschreeuw en weinig wol*

adobe (ə'dəʊbɪ) ZN *adobe*; *in de zon gedroogde bouwsteen*

adolescence (ædə'lesəns) ZN *puberteit*; *adolescentie*

adolescent (ædə'lesənt) **I** ZN *puber*; *adolescent* **II** BNW *opgroeiend*

adopt (ə'dɒpt) OV WW • *adopteren* • *aannemen*; *overnemen* • *aanvaarden*; *goedkeuren* ★ *my* ~ed *country mijn tweede vaderland*

adoption (ə'dɒpʃən) ZN • *adoptie* • *aanneming* • *aanvaarding*

adoptive (ə'dɒptɪv) BNW ★ *an* ~ *parent een adoptiefouder*

adorable (ə'dɔːrəbl) BNW *aanbiddelijk*; *schattig*

adoration (ædə'reɪʃən) ZN • *aanbidding* • *liefde*; *verering*

adore (ə'dɔː) OV WW • *aanbidden*; *adoreren* • *dol zijn op*

adorn (ə'dɔːn) OV WW *versieren*

adornment (ə'dɔːnmənt) ZN *versiering*

adrenalin(e) (ə'drenəlɪn) ZN *adrenaline* ★ *the* ~ *was going de adrenaline stroomde*

adrift (ə'drɪft) BIJW *stuurloos*; OOK FIG. *op drift*; *losgeslagen* ★ *cast/set s.b.* ~ *iemand de woestijn in sturen*

adroit (ə'drɔɪt) BNW *handig* (at in)

adroitness (ə'drɔɪtnəs) ZN *handigheid*

ADSL AFK COMP. *Asymmetrical Digital Subscriber Line ADSL*

adulate ('ædjʊleɪt) OV WW *overdreven vleien*

adulation (ædjʊ'leɪʃən) ZN • *overdreven gevlei* • FIG. *bewieroking* • *hielenlikkerij*

adult ('ædʌlt, ə'dʌlt) **I** ZN *volwassene* **II** BNW • *volwassen* • EUF. *pornografisch*; *porno-*

adulterate (ə'dʌltəreɪt) OV WW • *vervalsen* • *aanlengen*; *versnijden* ★ *un*~d *nonsense klinkklare onzin*

adulteration (ədʌltə'reɪʃən) ZN • *vervalsing* • *versnijding*

adulterer (ə'dʌltərə) ZN *overspelige man*

adulteress (ə'dʌltərəs) ZN *overspelige vrouw*

adulterous (ə'dʌltərəs) BNW *overspelig*

adultery (ə'dʌltərɪ) ZN *overspel*

adulthood ('ædʌlthʊd) ZN *volwassenheid*

advance (əd'vɑːns) **I** ZN • *opmars* ⟨V. *leger*⟩ • OOK FIG. *vooruitgang* • *voorschot* ⟨V. *geld*⟩ • *toenadering* ⟨seksueel⟩ • *ontwikkeling* • *in* ~ *van tevoren*; *bij voorbaat*; *vooruit* ★ *make* ~s *avances maken* **II** BNW ★ *an* ~ *booking een reservering (vooraf)* ★ ~ *notice vooraankondiging* ★ ~ *party/group vooruitgestuurde groep* ★ ~ *payment vooruitbetaling* **III** OV+ONOV WW • *oprukken* ⟨V. *leger*⟩ • *vooruitgaan*; *ontwikkelen* • *bevorderen* • *voorschieten* • *naar voren brengen* ⟨V. *plan*⟩ • *vervroegen*

advanced (əd'vɑːnsəd) BNW • *modern*; *geavanceerd* • *(ver)gevorderd* ★ ~ *English Engels voor gevorderden* ★ *of* ~ *years / ~ in age op gevorderde leeftijd* • G-B *Advanced Level* ≈ *vwo-eindexamen*

advancement (əd'vɑːnsmənt) ZN • *bevordering*; *promotie* • *vooruitgang*; *verbetering*

advance payment ZN *vooruitbetaling*

advantage (əd'vɑːntɪdʒ) ZN *gunstige omstandigheid*; *voordeel* ★ *take* ~ *of s.o./s.th.* *misbruik maken van iem./iets* ★ *turn s.th. to one's* ~ *zijn voordeel doen met* ★ *to s.b.'s (good/best)* ~ *in iemands voordeel*

advantaged (əd'vɑːntɪdʒd) BNW *bevoorrecht*; *geprivilegieerd*

advantageous (ædvən'teɪdʒəs) BNW *voordelig*; *gunstig*

advent ('ædvent), **Advent** ZN *advent*; *komst (van de Heer)*

adventure (əd'ventʃə) ZN • *avontuur* • *risico* • *speculatie*

adventurer (əd'ventʃərə) ZN • *avonturier*; *gelukzoeker* • *speculant*

adventuresome (əd'ventʃəsʌm) BNW USA → **adventurous**

adventuress (əd'ventʃərəs) ZN *avonturierster*

adventurous (əd'ventʃərəs) BNW *avontuurlijk*

adverb ('ædvɜːb) ZN *bijwoord*

adverbial (əd'vɜːbɪəl) BNW *bijwoordelijk*

adversarial (ædvəsˈerɪəl) BNW *vijandig*; *conflictueus* ★ ~ *system of justice conflictmodel in de rechtspraak*

adversary ('ædvəsərɪ) ZN *tegenstander*

adverse ('ædvɜːs) BNW • *ongunstig* (to voor) • *vijandig* ★ ~ *balance of trade passieve handelsbalans*

adversity (əd'vɜːsətɪ) ZN *tegenspoed*

advert ('ædvɜːt) ZN INFORM. → **advertisement**

advertise ('ædvətaɪz) **I** OV WW • *adverteren* • *aankondigen*; *ruchtbaarheid geven* **II** ONOV WW • *reclame maken*; *adverteren* • ~ *for vragen om* ⟨via advertentie⟩

advertisement (əd'vɜːtɪsmənt) ZN • *advertentie*; *reclame* • *aankondiging* ★ *poor* ~ *slechte reclame* ★ *the adverts reclameblok* ⟨televisie⟩

advertiser (əd'vətaɪzə) ZN • *adverteerder* • *advertentieblad*

advertising ('ædvətaɪzɪŋ) ZN *reclame*; *publiciteit*

advertising campaign ZN *reclame-/promotiecampagne*

advice (əd'vaɪs) ZN • *advies*; *raad* • *bericht* ★ *a piece/bit of* ~ *een advies* ★ ~ *column vragenrubriek* ⟨in krant, tijdschrift⟩

advisable (əd'vaɪzəbl) BNW *raadzaam*

advise (əd'vaɪz) OV+ONOV WW • *van advies dienen*; *aanraden*; *raad geven* • *informeren*; *inlichten* ★ *be well* ~d *verstandig doen* • ~ *against af-/ontraden*

advisedly (əd'vaɪzɪdlɪ) BIJW *weloverwogen*; *opzettelijk*

adviser (əd'vaɪzə) ZN *adviseur*; *raadgever*

advisory (əd'vaɪzərɪ) **I** ZN USA *officiële waarschuwing* **II** BNW *adviserend*; *advies-*

advocacy ('ædvəkəsɪ) ZN • *advocatuur* • *voorspraak*; *verdediging*; *steun*

advocate[1] ('ædvəkət) ZN • *advocaat* • *verdediger* • *voorstander*

advocate[2] ('ædvəkeɪt) OV WW *voorstaan*; *aanbevelen*

aegis ('iːdʒɪs) ZN ★ *under the* ~ *of onder auspiciën van*

aeon ('iːɒn) ZN G-B FIG. *eeuwigheid*

aerate ('eəreɪt) OV WW • *met koolzuur verzadigen* • *aëreren*; *(be)luchten* ★ ~d *water spuitwater*

aerial ('eərɪəl) **I** ZN *antenne* **II** BNW • *lucht-*; *luchtig* • *bovengronds* ★ ~ *reconnaissance*

luchtverkenning
aerie ('ɪərɪ) ZN → **eyrie**
aerobatics (eərə'bætɪks) ZN MV *(het) stuntvliegen; luchtacrobatiek*
aerobic (eə'rəʊbɪk) BNW *aerobic; aërobisch* ★ ~ *dancing aerobic dansen*
aerobics (eə'rəʊbɪks) ZN MV *aerobics*
aerodrome ('eərədrəʊm) ZN OUD. *(klein) vliegveld*
aerodynamic (eərəʊdaɪ'næmɪk) BNW *aërodynamisch*
aerodynamics (eərəʊdaɪ'næmɪks) ZN MV *aërodynamica*
aeronautic(**al**) (eərəʊ'nɔ:tɪk(l)) BNW *luchtvaartkundig; luchtvaart-*
aeronautics (eərəʊ'nɔ:tɪks) ZN MV *luchtvaartkunde*
aeroplane ('eərəpleɪn) ZN G-B *vliegtuig*
aerosol ('eərəsɒl) ZN • *spray; spuitbus* • *drukgas*
aerospace ('eərəʊspeɪs) ZN • *wereldruim; heelal* • *ruimtevaarttechnologie/-industrie*
aerotrain ('eərəʊtreɪn) ZN *luchtkussentrein*
aesthete ('i:sθi:t), **esthete** ZN *estheet; liefhebber van schoonheid*
aesthetic(**al**) (i:s'θetɪk(l)), **esthetic**(**al**) BNW *esthetisch*
aesthetics (i:s'θetɪks), **esthetics** ZN MV *esthetica; schoonheidsleer*
afar (ə'fɑ:) BIJW *in de verte* ★ *from afar van verre*
affability (æfə'bɪlətɪ) ZN *vriendelijkheid; welwillendheid; innemendheid*
affable ('æfəbl) BNW *vriendelijk; welwillend; innemend*
affair (ə'feə) ZN • *zaak; kwestie* • *ding* • *verhouding* ★ *a state of ~s situatie* ★ *a current ~s programme een actualiteitenrubriek* ★ *have ~s on the side vreemdgaan*
affect (ə'fekt) OV WW • *beïnvloeden* • *aantasten* • *(ont)roeren* • *voorwenden* • *bij voorkeur dragen/gebruiken, enz.* ★ *~ed by famine getroffen door hongersnood*
affectation (æfek'teɪʃən) ZN *aanstellerij*
affected (ə'fektɪd) BNW *aanstellerig; gemaakt* ★ *~ mannerisms aanstellerige maniertjes* ★ *an ~ style een gekunstelde stijl*
affecting (ə'fektɪŋ) BNW *aangrijpend; ontroerend*
affection (ə'fekʃən) ZN • *genegenheid* • *tederheid* • MED. *aandoening* ★ *play on s.o.'s ~s met iemands gevoelens spelen*
affectionate (ə'fekʃənət) BNW *hartelijk; warm* ★ *puppies are very ~ jonge hondjes zijn erg aanhankelijk* ★ *yours ~ly veel liefs ‹in informele correspondentie›*
affective (ə'fektɪv) BNW *affectief*
affidavit (æfɪ'deɪvɪt) ZN *beëdigde schriftelijke verklaring*
affiliate[1] (ə'fɪlɪət) ZN *filiaal*
affiliate[2] (ə'fɪlɪeɪt) OV+ONOV WW *(zich) aansluiten (to, with bij)*
affiliated (ə'fɪlɪeɪtɪd) BNW • *aangesloten (to bij); lid (van)* • *verbonden (with met)* ★ *~ society aangesloten vereniging*
affiliation (əfɪlɪ'eɪʃən) ZN • *connectie; band* • *filiaal; afdeling*
affinity (ə'fɪnətɪ) ZN *affiniteit; verwantschap; overeenkomst*
affirm (ə'f3:m) OV WW • *verklaren; verzekeren* • *bevestigen; bekrachtigen*
affirmation (æfə'meɪʃən) ZN *bevestiging* ★ *she nodded in ~ ze knikte instemmend*
affirmative (ə'f3:mətɪv) **I** ZN *bevestiging* ★ *reply in the ~ bevestigend antwoorden* **II** BNW *bevestigend* ★ USA ~ *action voorkeursbehandeling; positieve discriminatie*
affix[1] ('æfɪks) ZN TAALK. *achter-/in-/voorvoegsel*
affix[2] (ə'fɪks) OV WW • *on/to aanhechten; (vast)plakken aan/op*
afflict (ə'flɪkt) OV WW *teisteren; kwellen; treffen* ★ *~ed with a disease lijdend aan een ziekte*
affliction (ə'flɪkʃən) ZN • *kwelling; aandoening* • *nood*
affluence ('æfluəns) ZN • *rijkdom* • *toevloed*
affluent ('æfluənt) **I** ZN *zijrivier* **II** BNW • *rijk* • *overvloedig* ★ *the ~ society de welvaartsstaat*
afflux ('æflʌks) ZN *toestroming; toevloed*
afford (ə'fɔ:d) OV WW • *z. veroorloven* • *verschaffen; bieden*
afforest (ə'fɒrɪst) OV WW *bebossen*
afforestation (əfɒrɪ'steɪʃn) ZN *bebossing; aanplanting v. bomen*
affray (ə'freɪ) ZN *opstootje; vechtpartij; rel*
affront (ə'frʌnt) **I** ZN *belediging* **II** OV WW *beledigen*
Afghan ('æfgæn) **I** ZN • *Afghaan(se)* • *Afghaan(se windhond)* • *Afghaan(s tapijt)* **II** BNW *Afghaans*
aficionado (əfɪʃə'nɑ:dəʊ) ZN *liefhebber; supporter; fan*
afield (ə'fi:ld) BIJW *op het veld* ★ *far ~ ver van huis; ver weg*
afire (ə'faɪə) BIJW • OOK FIG. *in brand; in vuur en vlam* • *zeer enthousiast*
aflame (ə'fleɪm) BIJW *in vuur en vlam; vlammend* ★ *cheeks ~ (met) wangen vuurrood van opwinding*
afloat (ə'fləʊt) BNW • *drijvend; vlot* • *op zee* • *op gang* • *onzeker* • PLAT *dronken* ★ *set ~ in omloop brengen; op touw zetten* ★ *stay/keep ~ het hoofd boven water houden*
afoot (ə'fʊt) BNW OUD. *te voet* ★ *the game is ~ het spel is begonnen* ★ *what is ~? wat is er aan de hand?*
aforementioned (ə'fɔ:menʃənd) BNW *voornoemd*
aforesaid (ə'fɔ:sed) BNW *voornoemd(e)*
afoul (ə'faʊl) BIJW ★ *fall/run ~ of the law in botsing komen met de wet*
afraid (ə'freɪd) BNW • *bang* ★ *I'm ~ we cannot help you wij kunnen u helaas niet helpen* • *~ for bezorgd om* • *~ of bang voor iets*
afresh (ə'freʃ) BIJW • *opnieuw* • *v. voren af aan*
Africa ('æfrɪkə) ZN *Afrika*
African ('æfrɪkən) **I** ZN *Afrikaan(se)* **II** BNW *Afrikaans*
Afro ('æfrəʊ) ZN *afro (kapsel/look)*
aft (ɑ:ft) BIJW *achterdeks; bij/naar/op het achterschip/-dek*
after ('ɑ:ftə) **I** BIJW • *nadat* • *daarna; later* **II** VZ • *na; achter; achterna* • *naar ‹volgens›* ★ *all tenslotte; toch nog* ★ *day ~ day dag in dag uit* ★ *~ time steeds weer* ★ *be ~ money op geld uit zijn*
after- VOORV *na-*
afterbirth ('ɑ:ftəb3:θ) ZN *nageboorte*
afterburner ('ɑ:ftəb3:nə) ZN *naverbrander*

aftercare ('ɑːftəkeə) ZN *nazorg*
aftereffect ('ɑːftərɪfekt) ZN *nawerking*
after-hours BNW *na (winkel)sluitings-/kantoortijd*
afterlife ('ɑːftəlaɪf) ZN • *leven na de dood* • *latere periode van het leven*
aftermath ('ɑːftəmæθ) ZN • FIG. *naweeën* • *naspel*; *nasleep* ★ in the ~ of the war *in de nasleep van de oorlog*
afternoon (ɑːftə'nuːn) ZN *(na)middag*
afterpains ('ɑːftəpeɪnz) ZN MV *naweeën*
afters ('ɑːftəz) ZN MV *toetje* ★ what's for ~? *wat krijgen we toe?*
after-sales service ZN *(klanten)service*; *serviceafdeling*
aftersun lotion ZN *aftersun*
aftertaste ('ɑːftəteɪst) ZN *nasmaak*
afterthought ('ɑːftəθɔːt) ZN • *latere/nadere overweging* • INFORM. *nakomertje*
afterwards ('ɑːftəwədz) BIJW *naderhand*; *daarna*
again (ə'geɪn) BIJW • *weer* • *daarentegen* • *bovendien*; *trouwens* • *ook (al) weer* ★ ~ and ~ *herhaaldelijk* ★ all over ~ *weer opnieuw* ★ as much ~ *tweemaal zoveel* ★ now and ~ *nu en dan* ★ every now and ~ *telkens weer* ★ once ~ *alweer* ★ then/there ~ *aan de andere kant* ★ what was her name ~? *hoe heette ze ook (al) weer?*
against (ə'geɪnst) vz • *tegen(over)* • *ongunstig* ★ over ~ *(recht) tegenover*
agape (ə'geɪp) BIJW *met open mond* ⟨v. verbazing⟩
agate ('ægət) ZN *agaat*
age (eɪdʒ) I ZN • *leeftijd* • *ouderdom* • *tijdperk* • *eeuw(igheid)* ★ come of age *meerderjarig worden* ★ of an age *van dezelfde leeftijd* ★ under age *minderjarig* ★ age-conscious *bang om oud te worden* II OV WW *doen verouderen*; *laten rijpen* III ONOV WW *ouder worden*; *verouderen* ★ he's aged so well! *wat ziet hij er goed uit voor zijn leeftijd!*
aged ('eɪdʒɪd) BNW *bejaard* ★ the aged *mensen op leeftijd*; *de bejaarden* ★ a boy aged five *een jongen van vijf jaar*
ageless ('eɪdʒləs) BNW *(leef)tijdloos*; *eeuwig*
agency ('eɪdʒənsɪ) ZN • *bureau*; *agentschap* • *bemiddeling* ★ by/through the ~ of *door toedoen van* ★ matrimonial ~ *huwelijksbureau*
agenda (ə'dʒendə) ZN • *agenda* ⟨v. vergadering⟩ • *werkprogramma* ★ hidden ~ *geheime agenda*; *verborgen motieven en doelstellingen*
agent ('eɪdʒənt) ZN • *agent*; *zaakwaarnemer* • *tussenpersoon* • *impresario* • *(geheim)agent* • *middel* ★ SCHEIK. *agens* ★ a free ~ *iem. die aan niemand rekenschap verschuldigd is*
age-old BNW *eeuwenoud*
agglomerate[1] (ə'glɒmərət) I ZN *agglomeraat* II BNW *opeengehoopt/-gestapeld*
agglomerate[2] (ə'glɒməreɪt) OV+ONOV WW *opeenhopen*
agglomeration (əglɒmə'reɪʃən) ZN *opeenhoping*; *(ongeordende) verzameling*
agglutinate[1] (ə'gluːtɪnət) BNW • *(vast)gelijmd* • BIOL. *agglutinerend*
agglutinate[2] (ə'gluːtɪneɪt) OV+ONOV WW • *(doen) samenklonteren* • *aan elkaar lijmen*
agglutination (əgluːtɪ'neɪʃən) ZN *aaneenhechting*; *samenklontering*
aggrandize (ə'grændaɪz) OV WW • *vergroten* ⟨v. zaak⟩ • *indrukwekkend(er) maken* • *verheerlijken*; *verheerlijking*
aggrandizement (ə'grændɪzmənt) ZN • *vergroting* • *verheerlijking*
aggravate ('ægrəveɪt) OV WW • *verergeren* • *ergeren*
aggravating ('ægrəveɪtɪŋ) BNW • *verzwarend*; *verergerend* • *ergerlijk*
aggravation ('ægrəveɪʃən) ZN • *verergering* • *ergernis*; *irritatie*
aggregate[1] ('ægrɪgət) I ZN • *totaal*; *geheel* • BOUW *zand*; *grint* ★ in (the) ~ *in totaal* ★ SPORT on ~ *totaalscore* II BNW *gezamenlijk*
aggregate[2] ('ægrɪgeɪt) OV WW *zich ophopen*; *verzamelen*; *samenvoegen*
aggregation (ægrɪ'geɪʃən) ZN *verzameling*; *samenvoeging* • *aggregatie*
aggression (ə'greʃən) ZN • *agressie* • *aanval*; *strijdlust*
aggressive (ə'gresɪv) BNW • *agressief*; *strijdlustig* • *ondernemend*; *dynamisch*; *ambitieus*
aggressiveness (ə'gresɪvnəs) ZN *agressiviteit*
aggressor (ə'gresə) ZN *aanvaller*; *agressor*
aggrieved (ə'griːvd) BNW • *gekrenkt*; *gekwetst* • JUR. *aangetast in eer en goede naam*
aggro ('ægrəʊ) ZN • PLAT *(het) ruzie zoeken* • *agressie* • *irritatie*
aghast (ə'gɑːst) BNW + BIJW *verbijsterd*; *ontzet*
agile ('ædʒaɪl) BNW • *vlug en lenig* • *alert*; *waakzaam*
agility (ə'dʒɪlətɪ) ZN • OOK FIG. *lenigheid* • *waakzaamheid*
agio ('ædʒɪəʊ) ZN *agio*; *opgeld*
agitate ('ædʒɪteɪt) I OV WW • *verontrusten* • *schudden*; *roeren* ⟨v. vloeistof⟩ • *opruien* II ONOV WW *ageren* ★ ~ for/against *actie voeren voor/tegen*
agitated ('ædʒɪteɪtɪd) BNW *opgewonden*; *geërgerd*
agitation (ædʒɪ'teɪʃən) ZN • *opwinding*; *agitatie* • *actie* • *(het) schudden/roeren* ⟨v. vloeistof⟩
agitator ('ædʒɪteɪtə) ZN *onruststoker*; *agitator*
aglow (ə'gləʊ) BIJW *gloeiend*; *stralend*
AGM AFK annual general meeting *jaarvergadering*
agnomen (æg'nəʊmen) ZN *bijnaam*
ago (ə'gəʊ) BIJW *geleden*
agog (ə'gɒg) BNW *opgewonden* ★ agog for *belust op*; *happig op/naar*
agonize ('ægənaɪz) ONOV WW • *kwellen* • *gekweld worden* • *in doodsangst verkeren* • ~ **about/over** z. *het hoofd breken over*
agonized ('ægənaɪzd) BNW • *gekweld* • *doodsbenauwd* ★ ~ cries *wanhoopskreten*
agonizing ('ægənaɪzɪŋ) BNW *kwellend*; *hartverscheurend* ★ an ~ death *een smartelijke dood* ★ an ~ decision *een pijnlijke/moeilijke beslissing*
agony ('ægənɪ) ZN • *(ondraaglijke) pijn* • *foltering* • *(doods)angst*; *doodsstrijd* ★ be/lie in ~ *creperen van de pijn* ★ pile on the ~ *het er dik bovenop leggen* ★ mortal ~ *doodsangst*
agony aunt ZN *Lieve Lita*
agony column ZN *brievenrubriek over persoonlijke problemen*

agrarian (ə'greəriən) BNW *m.b.t. grondbezit/ landbouw; agrarisch*

agree (ə'gri:) ONOV WW • *het eens zijn; akkoord gaan* • *toestemmen; instemmen* • *afspreken* • *goedkeuren* • *overeenstemmen; kloppen* ★ TAALK. *overeenkomen* ★ ~d! *afgesproken!* ★ ~ to differ / dis~ *zich bij een meningsverschil neerleggen* ★ this food doesn't ~ with me *dit eten valt niet goed* ★ life here certainly ~s with you! *het leven hier doet je goed!*

agreeable (ə'gri:əbl) BNW • *aangenaam; prettig* • *aanvaardbaar* ★ be ~ to *bereid zijn iets te doen / te aanvaarden*

agreement (ə'gri:mənt) ZN • *afspraak; overeenkomst* • JUR. *contract; verdrag* • *instemming; goedkeuring* • *bestemming* ★ as per ~ *volgens contract*

agricultural (ægrɪ'kʌltʃərəl) BNW *landbouw-*

agriculture ('ægrɪkʌltʃə) ZN *landbouw*

aground (ə'graʊnd) BIJW *aan de grond*

ahead (ə'hed) BIJW • *voor; vooruit* • *van tevoren* ★ straight ~ *rechtdoor* ★ weeks ~ *weken van te voren* ★ we are ~ of schedule *we lopen vóór op ons schema* ★ go ~! *ga je gang!* ★ be ~ *voor liggen / lopen / staan / zijn*

ahead of VZ • *voor (tijd en plaats)* • *vroeger; eerder* • *verder dan* ★ he was way ~ his time *hij was vijftig jaar ver vooruit*

AI AFK • Artificial Intelligence KI; *kunstmatige intelligentie* • Artificial Insemination KI; *kunstmatige inseminatie*

aid (eɪd) I ZN • *hulp; bijstand* • *hulpmiddel* • *helper; naaste medewerker* ★ come to s.o.'s aid *iem. helpen* ★ in aid of *ten dienste van* II OV WW • *helpen* • *bevorderen* ★ accused of aiding and abetting *beschuldigd van medeplichtigheid*

aid agency ZN *hulporganisatie*

aide (eɪd) ZN *assistent; naaste medewerker* (vooral pol.) ★ MIL. aide-de-camp *adjudant (te velde)*

Aids (eɪdz) ZN Acquired Immune Deficiency Syndrome *aids*

Aids inhibitor ZN *aidsremmer*

ail (eɪl) OV WW *mankeren*

ailing ('eɪlɪŋ) BNW • FORM. OOK FIG. *ziekelijk* • *noodlijdend*

ailment ('eɪlmənt) ZN *(niet zo ernstige) kwaal*

aim (eɪm) I ZN • *doel* • *bedoeling* • *(het) richten* ★ have an excellent aim *uitstekend kunnen schieten* ★ take aim at *richten op* II ONOV WW • *mikken; FIG. richten* ★ ~ at/for/to *streven naar; gericht zijn op; richten op*

aimless ('eɪmləs) BNW *doelloos; zinloos*

ain't (eɪnt) SAMENTR am/are/is not, has/have not → be → have

air (eə) I ZN • *(de) lucht; het luchtruim* • *houding* • *melodie* • *voorkomen; sfeer* ★ airs and graces *verwaandheid* ★ by air *per vliegtuig* (luchtpost) ★ float/walk on air *in de wolken zijn* ★ on/off the air *uitgezonden/niet uitgezonden* ★ up in the air *onbeslist; onzeker* ★ air conditioned *met luchtbehandeling* ★ make the air blue *vloeken als een ketter* ★ hot air *gebakken lucht; poeha* II OV WW • *drogen* • *luchten* • *lucht geven aan* • USA *uitzenden* ★ air grievances *klachten uiten* ★ his new program aired yesterday *zijn nieuwe programma is gisteren uitgezonden*

air bag ZN *airbag*

airborne ('eəbɔ:n) BNW *in de lucht* ★ ~ troops *luchtlandingstroepen*

airbrush ('eəbrʌʃ) I ZN *verfspuit* II OV+ONOV WW • *iets verven m.b.v. een verfspuit* • *retoucheren v.e. foto*

airbus ('eəbʌs) ZN *luchtbus*

air cargo ZN *luchtvracht*

airco ('eəkəʊ) ZN *airco*

air conditioning ZN *(systeem van) luchtbehandeling*

aircraft ('eəkrɑ:ft) ZN [MV: aircraft, aircrafts] *vliegtuig* ★ ~ carrier *vliegdekschip*

airdrome ('eədrəʊm) ZN → **aerodrome**

airer ('eərə) ZN G-B *droogrekje*

airfield ('eəfi:ld) ZN • *vliegveld* • *landingsbaan*

airforce ('eəfɔ:s) ZN *luchtmacht* ★ Airforce 1 *Airforce 1* (het vliegtuig van de president van de V.S.)

airing ('eərɪŋ) ZN • *(het) luchten; (het) drogen* (v. textiel) • *(het) uiten;* OOK FIG. *(het) ventileren*

airing cupboard ZN • *geventileerde kast* (voor geisers e.d.) • FIG. *plek om je hart te luchten*

airlane ('eəleɪn) ZN *luchtcorridor*

airless ('eəlɪs) BNW • *bedompt* • *windstil*

airlift ('eəlɪft) I ZN *luchtbrug* II OV WW *per luchtbrug vervoeren*

airline ('eəlaɪn) ZN *luchtvaartmaatschappij*

airliner ('eəlaɪnə) ZN *lijnvliegtuig*

airlock ('eəlɒk) ZN *luchtsluis*

airmail ('eəmeɪl) ZN *luchtpost*

airman ('eəmən) ZN *vlieger*

air marshall ZN • MIL. *luchtmaarschalk* ★ *politiebeambte* (in vliegtuig)

airplane ('eəpleɪn) ZN USA *vliegtuig*

air pollution ZN *luchtvervuiling*

airport ('eəpɔ:t) ZN *luchthaven*

air-raid (eəreɪd) ZN *luchtaanval*

airship ('eəʃɪp) ZN *luchtschip*

airsick ('eəsɪk) BNW *luchtziek*

airspace ('eəspeɪs) ZN *luchtruim* (v. land)

airstrip ('eəstrɪp) ZN *landingsbaan/-terrein*

airtight ('eətaɪt) BNW *luchtdicht*

air-traffic controller ZN *(lucht)verkeersleider*

air trap ZN *stankafsluiter* (in riool)

airway ('eəweɪ) ZN • *luchtkanaal* • *luchtroute*

airworthy ('eəwɜ:ðɪ) BNW *luchtwaardig* (v. vliegtuig)

airy ('eərɪ) BNW • *fris* (v. ruimte enz.) • *luchtig; zorgeloos* • *vluchtig; oppervlakkig* ★ airy promises *loze beloften* ★ airy fairy *wazig*

aisle (aɪl) ZN • *zijbeuk* (v. gebouw) • *gangpad* (in kerk); *pad tussen schappen* (in supermarkt) ★ go/walk down the ~ *trouwen* ★ INFORM. rolling in the ~s *in een deuk liggen* (v. het lachen)

aitch (eɪtʃ) ZN *(de letter) h* ★ drop one's ~es *de H niet uitspreken* (Cockney)

ajar (ə'dʒɑ:) BIJW *op een kier*

akimbo (ə'kɪmbəʊ) BIJW ★ (with) arms ~ *(met de) handen in de zij*

akin (ə'kɪn) BIJW ★ akin to *verwant aan; lijkend op*

à la ('ælə/'ɑ:lɑ:) VZ *in dezelfde stijl als*

alacrity (ə'lækrətɪ) ZN • *enthousiasme* • *bereidwilligheid*

alarm (ə'lɑ:m) **I** ZN • schrik; ontsteltenis • alarm ⟨ook van auto, brand enz.⟩ ★ there is no cause for ~ er is geen reden tot paniek ★ sound the ~ alarm slaan **II** OV WW • alarmeren • verontrusten **III** ONOV WW alarm slaan
alarm bell ZN noodklok
alarm clock ZN wekker
alarmed (ə'lɑ:md) BNW • verschrikt • beveiligd
alarming (ə'lɑ:mɪŋ) BNW alarmerend; verontrustend
alarmist (ə'lɑ:mɪst) BNW onrust zaaiend
alas (ə'læs) TW helaas!; ach!
Albanian (æl'beɪnɪən) **I** ZN (het) Albanees **II** BNW Albanees
albatross (ælbətrɒs) ZN • albatros • albatros ⟨slag bij golf⟩ • zware last ★ an ~ around o.'s neck een zware last; een ernstige handicap
albeit (ɔ:l'bi:ɪt) BIJW zij het; al is het dan; ofschoon
albino (æl'bi:nəʊ) ZN albino
album ('ælbəm) ZN • album • langspeelplaat; cd
albumen ('ælbjʊmɪn) ZN eiwit; albumine
albuminous (æl'bju:mɪnəs) BNW eiwithoudend
alchemist ('ælkəmɪst) ZN alchemist
alchemy ('ælkəmɪ) ZN alchemie • toverkunst
alcohol ('ælkəhɒl) ZN alcohol
alcoholic (ælkə'hɒlɪk) **I** ZN alcoholist ★ Alcoholics Anonymous Anonieme Alcoholisten **II** BNW alcoholhoudend; alcoholisch
alcoholism ('ælkəhɒlɪzəm) ZN alcoholisme; drankzucht
alcopop ('ælkəʊpɒp) ZN mixdrankje ⟨v. frisdrank en alcohol⟩
alcove ('ælkəʊv) ZN • alkoof; nis • prieel
alder ('ɔ:ldə) ZN elzenboom
alderman ('ɔ:ldəmən) ZN wethouder
ale (eɪl) ZN bier
alec ('ælɪk) ZN ★ smart alec wijsneus
alee (ə'li:) BIJW aan/naar de lijzijde
alembic (ə'lembɪk) ZN distilleerkolf
alert (ə'lɜ:t) **I** ZN (luchtalarm ★ red ~ hoogste alarmfase ★ on red ~ extra waakzaam ★ on the ~ op zijn hoede ★ on (full) ~ een en al waakzaamheid **II** BNW waakzaam; op z'n hoede **III** OV+ONOV WW alarmeren; alarm slaan
A level ('eɪlevəl) AFK G-B advanced level hoogste eindexamenniveau van de middelbare school
A-level ZN Advanced level ≈ vwo-eindexamen ★ pass one's ~s ≈ zijn eindexamen vwo halen
al fresco (ælfreskəʊ) BNW + BIJW in de open lucht; buiten
alga ('ælgə) ZN alg(e); zeewier
algae ('ældʒi:) ZN MV → alga
algebra ('ældʒəbrə) ZN algebra
Algerian (æl'dʒɪərɪən) **I** ZN Algerijn **II** BNW Algerijns
alias ('eɪlɪəs) **I** ZN alias; schuilnaam **II** BIJW alias; anders genoemd
alibi ('ælɪbaɪ) ZN • alibi • uitvlucht; excuus
alien ('eɪlɪən) **I** ZN • buitenlander • buitenaards wezen **II** BNW • vreemd • buitenlands • buitenaards ★ ~ to strijdig met; vreemd aan
alienate ('eɪlɪəneɪt) OV WW vervreemden
alienation (eɪlɪə'neɪʃən) ZN vervreemding
alight (ə'laɪt) **I** ONOV WW • afstijgen • uitstappen • landen; neerstrijken ★ ~ on/upon s.th. iets toevallig aantreffen; op iets komen ★ this stop is for ~ing only dit is een uitstaphalte **II** BIJW • verlicht • brandend
align (ə'laɪn) ONOV WW • op één lijn brengen/zetten; uitlijnen ⟨v. wielen⟩ • aanpassen ★ ~ o.s. with zich aansluiten bij ★ non-~ed countries niet-gebonden landen
alignment (ə'laɪnmənt) ZN • (het) in één lijn staan (met); opstelling in een rechte lijn • (het) richten; richting • rooilijn • FIG. politieke steun ★ out of ~ uitstekend
alike (ə'laɪk) BIJW • hetzelfde • gelijk; gelijkend op • op dezelfde wijze ★ men and women ~ zowel mannen als vrouwen
alimentary (ælɪ'mentərɪ) BNW voedings- ★ ~ canal spijsverteringskanaal
alimentation (ælɪmen'teɪʃən) ZN voeding; alimentatie
alimony ('ælɪmənɪ) ZN alimentatie; onderhoud
alive (ə'laɪv) BIJW • in leven; levend • levendig ★ ~ and kicking springlevend ★ be ~ to zich bewust zijn van • OOK FIG. be ~ with vol zijn van; wemelen van ★ she was ~ with happiness ze straalde van geluk ★ look ~! schiet op!
alkaline ('ælkəlaɪn) BNW alkalisch
all (ɔ:l) **I** BNW • al(le) • geheel • een en al ★ INFORM. of all people/things! uitgerekend ...!; nota bene ...! ★ is he as clever as all that? is hij inderdaad zo knap? ★ she was all smiles zij was een en al glimlach **II** ONB VNW • alle(n) • alles; allemaal • het enige/alles wat ★ he jumped into the pool, clothes and all hij sprong in het zwembad met kleren en al 'I'm starving.' 'Yeah, me and all.' 'Ik rammel van de honger.' 'Ja, ik ook.' ★ in all in totaal ★ I wonder if he'll come at all ik vraag me af of hij überhaupt wel komt ★ not at all helemaal niet; niets te danken ★ after all tenslotte; toch nog; per slot van rekening **III** BIJW • helemaal ★ all along vanaf het begin ★ all the better/faster etc. veel beter/sneller enz. ★ all but bijna ★ all but one alles/allen op één na ★ all in doodmoe/uitgeput; in totaal ★ IRON. it must be all of 100 meters het is zeker 100 meter ★ all over overal ★ that's him all over net iets voor hem ★ all (a)round in elk opzicht; voor iedereen ★ INFORM. he's not all there hij heeft ze niet allemaal op een rijtje ★ be all for s.th. / for doing s.th. sterk vóór iets zijn ★ INFORM. be all over s.b. zichtbaar dol op iem. zijn
all-American BNW echt / typisch Amerikaans
allay (ə'leɪ) OV WW • verminderen • tot bedaren brengen
all-clear ZN • toestemming; verlof • goedkeuring ⟨gezondheid⟩
allegation (ælɪ'geɪʃən) ZN bewering; aantijging
allege (ə'ledʒ) OV WW beweren
alleged (ə'ledʒd) BNW zogenaamd; zogeheten; zogenoemd
allegedly (ə'ledʒɪdlɪ) BIJW zogezegd; naar verluidt ★ the objects ~ stolen de voorwerpen waarvan beweerd wordt dat zij gestolen zijn
allegiance (ə'li:dʒəns) ZN (eed v.) trouw ★ swear ~ to trouw zweren aan
allegorical (ælɪ'gɒrɪkl) BNW allegorisch
allegory ('ælɪgərɪ) ZN allegorie
all-embracing BNW allesomvattend
allergen ('ælədʒ(ə)n) ZN allergeen

allergic (ə'lɜ:dʒɪk) BNW • *allergisch* • *afkerig*
allergy ('ælədʒɪ) ZN • *allergie* • *afkeer* ⟨**to** *van*⟩
alleviate (ə'li:vɪeɪt) OV WW *verzachten; verlichten*
alleviation (əli:vɪ'eɪʃən) ZN • *verlichting* • *verzachtend/kalmerend middel*
alley ('ælɪ) ZN • *steeg* • *kegelbaan* • *pad* • *extra vak* ⟨bij tennis⟩ ★ blind ~ *doodlopende steeg; dood spoor* ★ FIG. be up a blind ~ *vastgelopen zijn* ★ INFORM. right up your ~ *precies in je straatje*
alley cat ZN *zwerfkat*
alliance (ə'laɪəns) ZN • *verdrag; verbond* • *verwantschap* ★ in ~ with *geallieerd met*
allied ('ælaɪd) BNW • *geallieerd* • *verbonden* ⟨**to** *met*⟩ ★ the ~ forces/the Allies *de geallieerden*
alligator ('ælɪgeɪtə) ZN *alligator*
all-in BNW *allen/alles inbegrepen; totaal*
Allinson ('ælɪnsʌn) ZN CUL. *allinson* ⟨brood⟩
all-night BNW *de hele nacht durend/geopend*
all-nighter ZN *evenement dat de bezigheid die de hele nacht duurt* ★ pull an ~ *de hele nacht doorgaan; nachtbraken*
allocate ('æləkeɪt) OV WW *toewijzen*
allocation (ælə'keɪʃən) ZN *toewijzing*
allocution (ælə'kju:ʃən) ZN *formele toespraak*
allot (ə'lɒt) OV WW • *toewijzen; toebedelen* • *bestemmen* ⟨**to**, **for** *voor*⟩ ⟨v. geld enz.⟩ ★ within the time ~ted *binnen de beschikbare tijd*
allotment (ə'lɒtmənt) ZN • *volkstuintje* • *toegewezen deel; contingent* • *toewijzing*
all-out BNW *volledig; intensief; krachtig; met volle kracht*
allow (ə'laʊ) OV WW • *toelaten; toestaan* • *mogen* • *mogelijk maken* • *uittrekken* ⟨geld⟩ • USA *beweren* • *toekennen* • *erkennen; toegeven* ★ ~ o.s. *zich veroorloven* ★ ~ of s.th. *mogelijk maken* ★ ~ me *staat u mij toe* ★ ~ **for** *rekening houden met*
allowance (ə'laʊəns) ZN • *toelage* • *vergoeding; tegemoetkoming* ⟨kosten⟩ • *belastingvrije som* • USA *zakgeld* • *vergunning* ★ family ~ *kinderbijslag* ★ make ~(s) for *rekening houden met; in aanmerking nemen dat*
alloy ('ælɔɪ) I ZN • *legering* • *allooi; gehalte* II OV WW *legeren; mengen*
all-purpose BNW *voor alle doeleinden*
all right, alright BNW • *goed* • *gezond en wel; veilig* • *voldoende* • *geoorloofd* ★ oh yes, it's him ~ *dat is 'm zonder enige twijfel* ★ she's crazy ~ *ze is écht gek* ★ it's ~ for some *sommige mensen hebben alles*
all-round BNW *allround; veelzijdig*
all-rounder ZN *allrounder; veelzijdig persoon*
all-terrain BNW *voor elk terrein geschikt* ★ ~ vehicle *terreinwagen* ★ ~ bike *all terrain bike*
all-time ('ɔ:l'taɪm) BNW *beste/beroemdste/grootste, enz. v. alle tijd; onovertroffen* ★ an ~ favourite ≈ *een tijdloze klassieker* ★ an ~ low *een dieptepunt*
allude (ə'lu:d) ONOV WW ~ **to** *zinspelen op*
allure (ə'ljʊə) I ZN *aantrekkingskracht* II OV WW *aanlokken; aantrekken*
allurement (ə'lʊəmənt) ZN • *aantrekkingskracht* • *verleiding*
alluring (ə'lʊərɪŋ) BNW *verleidelijk*
allusion (ə'lu:ʒən) ZN *toespeling; zinspeling*
allusive (ə'lu:sɪv) BNW • *zinspelend* • *dubbelzinnig*
all-weather pitch ZN SPORT *kunststofveld*
ally[1] ('ælaɪ) ZN *bondgenoot; medestander*
ally[2] (ə'laɪ) OV WW *(zich) verenigen* ★ ~ (o.s.) with *een verbond sluiten met* • ~ **to**/**with** *verwant zijn aan*
almanac ('ɔ:lmənæk) ZN *almanak*
almighty (ɔ:l'maɪtɪ) BNW *almachtig* ★ the Almighty *God*
almond ('ɑ:mənd) ZN *amandel*
almost ('ɔ:lməʊst) BIJW *bijna*
alms (ɑ:mz) ZN MV GESCH. *aalmoes; aalmoezen*
aloft (ə'lɒft) BIJW *(om)hoog*
alone (ə'ləʊn) BIJW • *alleen* • *eenzaam* ★ leave/let him ~ *laat hem met rust* ★ let ~ the danger *nog afgezien v.h. gevaar* ★ leave/let well ~ *wees ermee tevreden* ★ go it ~ *iets in z'n eentje doen* ★ you are not ~ in ...ing *je bent niet de enige die ...*
along (ə'lɒŋ) I BIJW • *(er)langs; door* • *met ... mee; vergezeld van* ★ get ~ with *a person met iemand kunnen opschieten* ★ go ~ with s.th. *in iets meegaan* ⟨vnl. argument⟩ ★ I knew all ~ *ik heb het al die tijd geweten* ★ all ~ *altijd wel* ★ take ~ *meenemen* ★ we walked happily ~ *we liepen vrolijk door/verder* ★ why didn't you come ~? *waarom ging je niet mee?* ★ the work's coming ~ fine *het werk schiet lekker op* ★ she was sacked ~ with 200 others *ze werd samen met 200 anderen ontslagen* II VZ *langs*
alongside (əlɒŋ'saɪd) VZ • *langszij* • *naast*
aloof (ə'lu:f) BNW + BIJW *op een afstand; gereserveerd*
aloud (ə'laʊd) BIJW *hardop*
alp (ælp) ZN • *alpenweide* • *alp; bergtop* ★ the Alps *de Alpen*
alphabet ('ælfəbet) ZN *alfabet; ABC* ★ manual ~ *handalfabet*
alphabetic(al) (ælfə'betɪk(l)) BNW *alfabetisch*
alpine ('ælpaɪn) I ZN *alpenplant* II BNW *alpen-; berg-* ★ ~ horn *alpenhoorn*
already (ɔ:l'redɪ) I BIJW *reeds; al; nu al* II TW INFORM. *verdomme; nou eens* ★ shut up ~! *houd nou eens je kop!*
alright BIJW INFORM. → **right**
Alsace ('ælsæs) ZN *Elzas*
Alsatian (æl'seɪʃən) ZN • *Duitse herder(shond)* • *Elzasser*
also ('ɔ:lsəʊ) BIJW *ook; bovendien*
also-ran ('ɔ:lsəʊræn) ZN *verliezer* ⟨v. wedstrijd, verkiezingen⟩
altar ('ɔ:ltə) ZN *altaar* ★ ~ boy *misdienaar*
alter ('ɔ:ltə) OV WW • *wijzigen* • *vermaken* ⟨v. kleding⟩
alterable ('ɔ:ltərəbl) BNW *veranderbaar; veranderlijk*
alteration (ɔ:ltə'reɪʃən) ZN • *wijziging; verandering* • *verbouwing* ⟨v. huis enz.⟩
altercation (ɔ:ltə'keɪʃən) ZN *woordenwisseling; gekrakeel*
alternate[1] (ɔ:l'tɜ:nət) BNW • *af-/verwisselend; beurtelings* • USA *alternatief; vervangend* ★ on ~ days *om de dag*
alternate[2] ('ɔ:ltəneɪt) ONOV WW *afwisselen* ★ alternating current *wisselstroom* ★ ~ between hope and despair *heen en weer*

geslingerd worden tussen hoop en wanhoop
alternation (ɔːltəˈneɪʃən) ZN *afwisseling*
alternative (ɔːlˈtɜːnətɪv) I ZN *andere/tweede mogelijkheid* ‹bij keuze›; *alternatief* II BNW *alternatief*
alternatively (ɔːlˈtɜːnətɪvlɪ) BIJW *anders*; *in het andere/tweede geval*
although (ɔːlˈðəʊ) BIJW *hoewel*; *ofschoon*
altimeter (ˈæltɪmiːtə) ZN *hoogtemeter*
altitude (ˈæltɪtjuːd) ZN *hoogte*
alto (ˈæltəʊ) ZN *alt(stem)*; *altpartij*; *altinstrument*
altogether (ɔːltəˈgeðə) BIJW • *helemaal*; *in alle opzichten* • *in totaal* • *bij elkaar genomen* ★ *that is not* ~ *true dat is niet helemáál waar* ★ IRON. *in the* ~ *in adams-/evakostuum*
altruism (ˈæltruːɪzəm) ZN *onbaatzuchtigheid*; *altruïsme*
altruistic (æltrʊˈɪstɪk) BNW *onbaatzuchtig*; *altruïstisch*
aluminium (æl(j)ʊmɪnɪəm), USA **aluminum** ZN *aluminium*
alumni (əˈlʌmniː) ZN MV → **alumnus**
alumnus (əˈlʌmnəs) ZN *oud-leerling*
always (ˈɔːlweɪz) BIJW • *altijd*; *steeds* • *altijd nog*
Alzheimer's Disease ZN *(ziekte van) alzheimer*
am (æm) WW → **be**
a.m. AFK ante meridiem *voor de middag*; *'s ochtends*
amalgam (əˈmælɡəm) ZN • *mengsel* • *amalgaam*
amalgamate (əˈmælɡəmeɪt) OV+ONOV WW • *een fusie aangaan*; *fuseren* • *verenigen*; *integreren* • TECHN. *amalgameren*
amalgamation (əmælɡəˈmeɪʃən) ZN *fusie*; *samensmelting*
amass (əˈmæs) OV WW *vergaren*
amateur (ˈæmətə) ZN *amateur*; *liefhebber*
amateurish (ˈæmətərɪʃ) BNW *amateuristisch*
amatory (ˈæmətərɪ) BNW *verliefd*; *erotisch*
amaze (əˈmeɪz) OV WW *verbazen*
amazed (əˈmeɪzd) BNW • *verbaasd* (at *over*) • *verbijsterd*
amazement (əˈmeɪzmənt) ZN *verbazing* ★ *she looked at me in* ~ *zij keek mij verbaasd / verbijsterd aan*
amazing (əˈmeɪzɪŋ) BNW *verbazingwekkend*
amazon (ˈæməz(ə)n) I ZN *amazone* II BNW *van/uit het Amazonegebied*
ambassador (æmˈbæsədə) ZN *ambassadeur*; *afgezant*
amber (ˈæmbə) I ZN *barnsteen*; *gele amber* II BNW • *vaalgeel* • *oranje* ‹v. verkeerslicht›
ambiance (ˈæmbɪəns) ZN → **ambience**
ambidextrous (æmbɪˈdekstrəs) BNW *links- en rechtshandig*
ambience (ˈæmbɪəns) ZN • *sfeer*; *ambiance* • *omgeving*
ambient (ˈæmbɪənt) BNW *omringend* ★ ~ *temperature omgevingstemperatuur*
ambiguity (æmbɪˈɡjuːətɪ) ZN *ambiguïteit*; *dubbelzinnigheid*
ambiguous (æmˈbɪɡjʊəs) BNW • *ambigu*; *dubbelzinnig* • *vaag*; *onduidelijk*
ambit (ˈæmbɪt) ZN *omvang*; *gebied*
ambition (æmˈbɪʃən) ZN • *eerzucht*; *ambitie* • *streven*; *ideaal*
ambitious (æmˈbɪʃəs) BNW • *eerzuchtig*; *ambitieus*

• *groots*; *grootscheeps* ★ *isn't this a bit* ~? *is dit niet te hoog gegrepen?*
ambivalence (æmˈbɪvələns) ZN *ambivalentie*; *dubbelwaardigheid*
ambivalent (æmˈbɪvələnt) BNW *ambivalent*
amble (ˈæmbl) I ZN • *(rustige) wandeling* • *telgang* II ONOV WW *kuieren*; *in telgang lopen*
ambulance (ˈæmbjʊləns) ZN • *ambulance*; *ziekenwagen* • *veldhospitaal* ‹verplaatsbaar›
ambulant (ˈæmbjʊlənt) BNW *in beweging*; *rondtrekkend*
ambulatory (ˈæmbjʊlətərɪ) I ZN *kloostergang*; *wandelplaats* II BNW *rondtrekkend*
ambuscade (æmbəˈskeɪd) ZN → **ambush**
ambush (ˈæmbʊʃ) I ZN *hinderlaag* II OV WW *in hinderlaag laten lopen/vallen* III ONOV WW *in hinderlaag liggen*
ameliorate (əˈmiːlɪəreɪt) OV+ONOV WW • *verbeteren* • *beter worden*
amen (ˈɑːmen/ˈeɪmen) ZN *amen* ★ *amen to that daar ben ik het zeker mee eens*
amenable (əˈmiːnəbl) BNW *handelbaar*; *volgzaam* ★ ~ *to ontvankelijk/vatbaar voor*
amend (əˈmend) OV WW • *wijzigen* • z. *(ver)beteren*; *amenderen*
amendment (əˈmendmənt) ZN *amendement* ★ USA POL. *the First Amendment het recht op vrijheid v. meningsuiting*
amends (əˈmendz) M MV ★ *make* ~ *het weer goedmaken*
amenity (əˈmiːnətɪ) ZN [meestal mv] *voorziening*; *faciliteit* [meestal mv] *aantrekkelijke kant*; *goede ligging*
America (əˈmerɪkə) ZN *Amerika*
American (əˈmerɪkən) I ZN *Amerikaan* ★ *African* ~ *Amerikaan met Afrikaanse voorouders* II BNW *Amerikaans* ★ *as* ~ *as apple pie typisch Amerikaans* ★ *African* ~ *Afro-Amerikaans*
Americanism (əˈmerɪkənɪzəm) ZN *amerikanisme*
Americanize (əˈmerɪkənaɪz) WW • *veramerikaniseren* • z. *van amerikanismen bedienen*
amiability (eɪmɪəˈbɪlətɪ) ZN *beminnelijkheid*; *vriendelijkheid*
amiable (ˈeɪmɪəbl) BNW *beminnelijk*; *vriendelijk*
amicability (æmɪkəˈbɪlətɪ) ZN *vriend(schapp)elijkheid*
amicable (ˈæmɪkəbl) BNW *vriendschappelijk*
amicably (ˈæmɪkəblɪ) BNW *op vriendschappelijke toon* ★ *part* ~ *in goede verstandhouding uit elkaar gaan*
amidships (əˈmɪdʃɪps) BIJW USA *midscheeps*
amid(st) (əˈmɪd(st)) VZ • *te midden van* • *tussen*
amiss (əˈmɪs) BNW + BIJW *verkeerd*; *te onpas* ★ *take s.th.* ~ *iets kwalijk nemen*; *iets verkeerd begrijpen/opvatten* ★ *not come/go* ~ *welkom zijn*
amity (ˈæmətɪ) ZN *vriendschappelijke verhouding*
ammeter (ˈæmɪtə) ZN *ampèremeter*
ammo (ˈæməʊ) ZN INFORM. *(am)munitie*
ammonia (əˈməʊnɪə) ZN *ammoniak*
ammunition (æmjʊˈnɪʃən) ZN *(am)munitie*
amnesia (æmˈniːzɪə) ZN *geheugenverlies*
amnesty (ˈæmnɪstɪ) ZN *amnestie*
amniocentesis (ˈæmnɪəˈsentəsɪs) ZN *vruchtwaterpunctie*

amok (ə'mɒk) BIJW ★ run amok *amok maken; als een bezetene tekeer gaan*
among(st) (ə'mʌŋ(st)) VZ *te midden van; onder* ★ let's keep it among ourselves *laten we het onder ons houden* ★ talk ~ yourselves *iets in een besloten groep bespreken*
amoral (eɪ'mɒrəl) BNW *amoreel*
amorous ('æmərəs) BNW • *verliefd* (of op) • *liefdes-*
amorphous (ə'mɔ:fəs) BNW *amorf; vormloos*
amortization (ə'mɔ:taɪ'zeɪʃn) ZN *amortisatie; delging* ⟨v. schuld⟩
amortize (ə'mɔ:taɪz) OV WW *amortiseren; delgen* ⟨v. schuld⟩
amount (ə'maʊnt) I ZN • *bedrag* • *grootte; hoeveelheid; mate; omvang* ★ any amount of s.th. *een berg; heleboel* ★ no ~ of s.th. *geen enkel(e)* ★ to the ~ of *ten bedrage van* II ONOV WW ~ to *bedragen; neerkomen op* ★ it ~s to *het komt neer op*
amp (æmp) ZN • *ampère* • INFORM. *versterker* ⟨= amplifier⟩
ampersand ('æmpəsænd) ZN *en-teken* ⟨&⟩
amphetamine (æm'fetəmi:n) ZN *amfetamine*
amphibian (æm'fɪbɪən) I ZN • *amfibie; tweeslachtig dier* • *amfibievliegtuig/-voertuig* II BNW *tweeslachtig; amfibieachtig*
amphibious (æm'fɪbɪəs) BNW *tweeslachtig; amfibisch; amfibie-*
amphitheater ZN USA → **amphitheatre**
amphitheatre ('æmfɪθɪətə), USA **amphitheater** ZN G-B *amfitheater*
ample ('æmpl) BNW • *ruim; ampel* • *uitvoerig* • *overvloedig* • *gezet* ⟨v. figuur⟩
amplification (æmplɪfɪ'keɪʃən) ZN • *versterking* ⟨geluidstechniek⟩ • *uitweiding; nadere verklaring*
amplifier ('æmplɪfaɪə) ZN *versterker*
amplify ('æmplɪfaɪ) OV+ONOV WW • *versterken* • *vergroten* • *uitbreiden; uitweiden*
amplitude ('æmplɪtju:d) ZN • *omvang* • *amplitude; uitgestrektheid*
amply ('æmplɪ) BIJW *ruim; royaal; uitvoerig* ★ ~ rewarded *rijkelijk beloond*
amputate ('æmpjʊteɪt) OV+ONOV WW *amputeren; afzetten*
amputation (æmpjʊ'teɪʃən) ZN *amputatie*
amuck (ə'mʌk) BIJW → **amok**
amulet ('æmjʊlət) ZN *amulet; talisman*
amuse (ə'mju:z) OV WW • *amuseren; vermaken* • *aangenaam bezig houden* ★ I am not ~d *ik vind het niet leuk*
amusement (ə'mju:zmənt) ZN *amusement; plezier*
amusement arcade ZN *gokhal; automatenhal*
amusement park ZN *amusementspark*
amusing (ə'mju:zɪŋ) BNW *amusant; vermakelijk*
an (æn) LW → **a**
anabolic ('ænə'bɒlɪk) I ZN *anabool* II BNW *anabolisch* ★ ~ steroid *anabolicum*
anachronism (ə'nækrənɪzəm) ZN *anachronisme*
anachronistic (ənækrə'nɪstɪk) BNW *anachronistisch; ouderwets*
anaemia (ə'ni:mɪə) ZN • *bloedarmoede; anemie* • *lusteloosheid*
anaemic (ə'ni:mɪk) BNW • *bloedarm; anemisch* • *lusteloos* ★ an ~ performance *een bloedeloze voorstelling*
anaesthesia (ænɪs'θi:zɪə) ZN • *anesthesie* • *narcose; verdoving*
anaesthetic (ænɪs'θetɪk) I ZN *verdovingsmiddel* II BNW *verdovend*
anaesthetist (ə'ni:sθətɪst) ZN *anesthesist*
anaesthetize (ə'ni:sθətaɪz) OV WW *verdoven; onder narcose brengen*
anal ('eɪnl) BNW *anaal; aars-*
analgesic ('ænəl'dʒi:sɪk) I ZN *analgeticum; pijnstillend middel* II BNW *pijnstillend*
analog ('ænəlɒg) USA → **analogue**
analogical (ænə'lɒdʒɪkl) BIJW *analoog; overeenkomstig*
analogous (ə'næləgəs) BNW *analoog* (to met); *overeenkomstig*
analogue (ə'næləlɒg), USA **analog** I ZN • *analoog* • *parallel* II BNW • *analoog* • *met wijzerplaat* ⟨v. klok, horloge⟩
analogy (ə'nælədʒɪ) ZN *analogie; overeenkomst* ★ on the ~ of/by ~ with *naar analogie van*
analyse ('ænəlaɪz) OV WW • *ontbinden; ontleden* • *aan psychoanalyse onderwerpen*
analysis (ə'næləsɪs) ZN • *analyse* • *(psycho)analyse* ★ in the final/last ~ *in laatste instantie; uiteindelijk*
analyst ('ænəlɪst) ZN • *analist* • *(psycho)analyticus*
analytic(al) (ænə'lɪtɪk(l)) BNW *analytisch*
anarchic(al) (æn'ɑ:kɪk(l)) BNW • *anarchistisch; ordeloos*
anarchism ('ænəkɪzəm) ZN *anarchisme*
anarchist ('ænəkɪst) ZN *anarchist*
anarchistic (ænə'kɪstɪk) BNW *anarchistisch*
anarchy ('ænəkɪ) ZN *anarchie*
anathema (ə'næθəmə) ZN • *banvloek* • *vervloekt iets of iemand* • *gruwel*
anatomical (ænə'tɒmɪkl) BNW *anatomisch*
anatomist (ə'nætəmɪst) ZN *anatoom*
anatomize (ə'nætəmaɪz) OV WW *ontleden*
anatomy (ə'nætəmɪ) ZN • *anatomie* • *bouw; structuur* ⟨v. lichaam⟩ • *analyse; onderzoek* ★ human ~ *menselijk lichaam* ★ morbid ~ *pathologische anatomie*
ancestor ('ænsestə) ZN • *voorvader* • *oertype; prototype*
ancestral (æn'sestrəl) BNW • *voorouderlijk* • *prototypisch*
ancestry ('ænsestrɪ) ZN • *voorouders* • *afkomst*
anchor ('æŋkə) I ZN • *anker; steun* ★ drop ~ *het anker uitwerpen* ★ weigh ~ *het anker lichten* II OV+ONOV WW *(ver)ankeren*
anchorage ('æŋkərɪdʒ) ZN • *verankering* • *ligplaats* • FIG. *steun*
anchorite ('æŋkəraɪt) ZN *kluizenaar*
anchorman ('æŋkəmən) ZN [V: **anchorwoman**] *tv-presentator* ⟨vast⟩
anchovy ('æntʃəvɪ) ZN *ansjovis*
ancient ('eɪnʃənt) BNW *(zeer) oud; uit de (klassieke) Oudheid* ★ FIG. ~ history *oude koeien*
Ancients ('eɪnʃənts) ZN MV ★ the ~ *de Ouden* ⟨i.h.b. Grieken en Romeinen⟩
ancillary (æn'sɪlərɪ) I ZN *assistent* II BNW • *ondergeschikt; bijkomend* • *hulp-; ondersteunend* ★ ~ industries *toeleveringsbedrijven*
and (ænd) VW *en* ★ try and come *probeer te*

komen
anecdotal ('ænɪk'doʊtl) BNW *anekdotisch*
anecdote ('ænɪkdoʊt) ZN *anekdote*
anemia (ə'niːmɪə) ZN → **anaemia**
anemic (ə'niːmɪk) BNW → **anaemic**
anemone (ə'nemənɪ) ZN *anemoon*
anesthesia ZN USA → **anaesthesia**
anesthetic ZN USA → **anaesthetic**
anesthetist ZN USA → **anaesthetist**
anesthetize OV WW USA → **anaesthetize**
anew (ə'njuː) BIJW • *opnieuw* • *anders*
angel ('eɪndʒəl) I • OOK FIG. *engel* • *schat*
• INFORM. *sponsor* ★ guardian ~ *beschermengel*
angelic(al) (æn'dʒelɪk(l)) BNW *engelachtig*
anger ('æŋɡə) I ZN • *woede* II OV+ONOV WW *boos maken/worden*
angle ('æŋɡl) I ZN • *hoek* • *gezichtspunt* ★ a right ~ *een hoek van 90 graden* ★ at an ~ (to) *schuin (op)* ★ at right ~s *to haaks op* ★ ~ parking *schuin parkeren* ★ dead ~ *dode hoek* ★ blind ~ *dode hoek; blinde vlek* II OV WW • *ombuigen; schuin zetten* • *een vertekend beeld geven*
• ~ **towards** *richten op* III ONOV WW • *zich kronkelen; buigen* • *hengelen* ★ ~ **for** *compliments vissen naar complimentjes*
angler ('æŋɡlə) ZN *hengelaar*
Anglican ('æŋɡlɪkən) BNW *anglicaan(s)*
Anglicise ZN → **Anglicize**
Anglicism ('æŋɡlɪsɪzəm) ZN *anglicisme*
Anglicize ('æŋɡlɪsaɪz), **Anglicise** OV+ONOV WW *verengelsen*
angling ('æŋɡlɪŋ) ZN *hengelsport*
Anglo- ('æŋɡləʊ) VOORV • *Engels* • *van Britse/Engelse oorsprong*
Anglo-American BNW *Anglo-Amerikaans*
anglophile ('æŋɡləʊfaɪl) ZN *anglofiel*
Anglo-Saxon (æŋɡləʊ'sæksən) I ZN • *Angelsakser*
• *(typische) Engelsman* II BNW • *Oud-Engels; Angelsaksisch* ★ USA *Engels*
angry ('æŋɡrɪ) BNW • *boos (at, with op; about, at over)* • *dreigend* • *pijnlijk; ontstoken* ★ ~ clouds *dreigende wolken* ★ ~ wound *ontstoken wond*
anguish ('æŋɡwɪʃ) ZN • *(zielen)smart* • *angst*
• *pijn; lijden* ★ be in ~ *angsten uitstaan*
anguished ('æŋɡwɪʃt) BNW *vol smart; vol angst; gekweld*
angular ('æŋɡjʊlə) BNW • *hoekig; benig; knokig*
• *onbehouwen; ruw*
animal ('ænɪml) I ZN • *dier* • *dierlijk wezen* II BNW *dierlijk* ★ ~ desires *vleselijke lusten* ★ ~ spirits *levenslust, -kracht* ★ ~ magnetisme *sex-appeal*
animality (ænɪ'mælətɪ) ZN • *dierlijke natuur*
• *vitaliteit* • *dierenwereld*
animal shelter ZN USA *dierenasiel*
animate ('ænɪmeɪt) I BNW *levend* II OV WW
• *bezielen; tot leven brengen* • *animeren* • *een animatiefilm maken*
animated ('ænɪmeɪtɪd) BNW *levend(ig); bezield* ★ ~ cartoon *tekenfilm*
animation (ænɪ'meɪʃən) ZN • *levendigheid; enthousiasme* • *(het maken v.e.) tekenfilm*
animosity (ænɪ'mɒsətɪ) ZN *vijandigheid*
animus ('ænɪməs) ZN • *vijandigheid* • *bezielende kracht*
anise ('ænɪs) ZN *anijs*
aniseed ('ænɪsiːd) ZN *anijszaad(je)*

ankle ('æŋkl) ZN *enkel*
anklet ('æŋklət) ZN • *enkelstuk; enkelkettinkje*
• USA *sok*
annalist ('ænəlɪst) ZN *kroniekschrijver*
annals ('ænlz) ZN MV *annalen; jaarboeken*
anneal (ə'niːl) OV WW • *temperen* ⟨v. metaal⟩
• *louteren*; FIG. *harden*
annex[1] ('æneks) ZN • *aanhangsel* ⟨v. document⟩
• *bijgebouw; dependance*
annex[2] (ə'neks) OV WW • *annexeren* • *aanhangen* ⟨toevoegen als bijlage⟩
annexation ('ænek'seɪʃn) ZN *annexatie; inlijving*
annexe ('æneks) ZN G-B → **annex**[1]
annihilate (ə'naɪəleɪt) OV WW • *vernietigen*
• *(volledig) verslaan*
annihilation (ənaɪə'leɪʃən) ZN *vernietiging*
anniversary (ænɪ'vɜːsərɪ) ZN *verjaardag; (jaarlijkse) gedenkdag*
annotate ('ænəʊteɪt) OV+ONOV WW *annoteren; aantekeningen maken*
annotation (ænə'teɪʃən) ZN *annotatie; aantekening*
announce (ə'naʊns) OV WW *aankondigen; bekendmaken; omroepen*
announcement (ə'naʊnsmənt) ZN *aankondiging; bekendmaking*
announcer (ə'naʊnsə) ZN *aankondiger; omroeper*
annoy (ə'nɔɪ) OV+ONOV WW • *ergeren* • *lastig vallen*
annoyance (ə'nɔɪəns) ZN • *ergernis; irritatie* • *last; hinder*
annoyed (ə'nɔɪd) BNW *geïrriteerd* ★ ~ with someone *geïrriteerd over iemand* ★ ~ with s.th. *geïrriteerd over iets*
annoying (ə'nɔɪɪŋ) BNW *hinderlijk; vervelend*
annual ('ænjʊəl) I ZN • *jaarboekje* • *éénjarige plant* II BNW *jaar-; jaarlijks* ★ ~ income *jaarinkomen*
annuity (ə'njuːətɪ) ZN *lijfrente; jaargeld*
annul (ə'nʌl) OV WW • *tenietdoen* • *ongeldig/nietig verklaren*
annular ('ænjʊlə) BNW *ring-; ringvormig*
annulment (ə'nʌlmənt) ZN • *tenietdoening*
• *ongeldig-/nietigverklaring*
annunciate (ə'nʌnʃɪeɪt) OV WW *aankondigen*
annunciation (ənʌnsɪ'eɪʃən) ZN *aankondiging*
Annunciation (ənʌnsɪ'eɪʃən) ZN ★ ~ (day) *Maria-Boodschap* ⟨25 maart⟩
anode ('ænəʊd) ZN *anode*
anodyne ('ænədaɪn) I ZN *pijnstillend / kalmerend middel* II BNW • *pijnstillend* • *kalmerend; sussend*
anoint (ə'nɔɪnt) OV WW • *insmeren; zalven* ⟨vooral rel.⟩ • INFORM. *aftuigen*
anomalous (ə'nɒmələs) BNW *abnormaal; onregelmatig; uitzonderings-* ★ the ~ expansion of water *de buitengewone toename van water*
anomaly (ə'nɒməlɪ) ZN *anomalie; onregelmatigheid*
anon. (ə'nɒn) AFK anonymous *anon.* ⟨anoniem⟩
anonymity (ænə'nɪmətɪ) ZN *anonimiteit; naamloosheid*
anonymous (ə'nɒnɪməs) BNW *anoniem; naamloos* ★ a dull and ~ landscape *een saai, karakterloos landschap*

anorak ('ænəræk) ZN • *anorak*; *parka* • INFORM. *freak*
anorectic (ænə'rektɪk) BNW *anorectisch*
anorexia (ænə'reksɪə) ZN *anorexia (nervosa)*; *magerzucht*
another (ə'nʌðə) ONB VNW • *nog een* • *een ander* • *een tweede* ★ one ~ *elkaar* ★ for one reason or ~ *om de een of andere reden*
answer ('ɑ:nsə) **I** ZN *antwoord* ★ have/know all the ~s *van alle markten thuis zijn*; IRON. *denken dat men alles weet* **II** OV WW • *antwoorden op*; *beantwoorden (aan)* • *reageren op* ★ ~ the door *opendoen* ⟨na kloppen/bellen⟩ ★ ~ the phone *de telefoon opnemen* ★ does this ~ your requirements? *voldoet dit aan je eisen?* **III** ONOV WW • *antwoorden* • *voldoende zijn* ★ ~ back *een brutaal antwoord geven* • ~ for *instaan voor*; *boeten voor* ★ have a lot to ~ for *heel wat op zijn geweten hebben* • ~ to *luisteren naar*; *reageren op*; *verantwoorden tegenover*; *beantwoorden aan* ★ ~ to the name of *luisteren naar de naam*
answerable ('ɑ:nsərəbl) BNW • *verantwoording verschuldigd*; *aansprakelijk* • *te beantwoorden*
answering machine ZN *antwoordapparaat*
answering service ZN *(tel.) boodschappendienst*
answerphone ('ɑ:nsəfəʊn) ZN *antwoordapparaat*
ant (ænt) ZN *mier* ★ have ants in one's pants *geen rust in zijn kont hebben*
antagonism (æn'tægənɪzəm) ZN • *antagonisme* • *tegenstrijdig principe* • *vijandschap* ★ his proposal met with a lot of ~ *zijn voorstel riep veel verzet op*
antagonist (æn'tægənɪst) ZN *antagonist*; *tegenstander*
antagonistic (æntægə'nɪstɪk) BNW *antagonistisch*; *tegenwerkend*; *vijandig*
antagonize (æn'tægənaɪz) OV WW • *tegen zich in het harnas jagen* • *tegengaan/-werken*
Antarctic (ænt'ɑ:ktɪk) **I** ZN • *Antarctica*; *zuidpoolgebied* • *Zuidelijke IJszee* **II** BNW *m.b.t. Antarctica*
ante ('ænti) **I** ZN • *raise/up the ante z'n eisen opschroeven* **II** OV WW ~ up *ophoesten* ⟨v. geld⟩
ante- ('ænti) VOORV *voor-*; *vooraf*
antebellum (æntɪ'beləm) BNW *vooroorlogs* ⟨vnl. van vóór de Amerikaanse burgeroorlog⟩
antecedence (æntɪ'si:dəns) ZN *(het) voorafgaan*
antecedent (æntɪ'si:dənt) **I** ZN • *(het) voorafgaande*; *voorgeschiedenis* • OOK TAALK. *antecedent* ★ ~s [mv] *voorouders*; *verleden* **II** BNW *voorafgaand*
antedate (æntɪ'deɪt) **I** ZN • *antidatering* **II** OV WW • *antidateren*; *te vroeg dateren* • *voorafgaan aan* • *vervroegen*
antelope ('æntɪləʊp) ZN *antilope*; *leer van antilope*
antenatal (æntɪ'neɪtl) BNW *prenataal* ★ ~ clinic *kliniek voor a.s. moeders* ★ ~ exercises *zwangerschapsgymnastiek*
antenna (æn'tenə) ZN [MV: **antennae**] • *voelspriet* • OOK FIG. *antenne*
antepenultimate (æntɪpɪ'nʌltɪmət) **I** ZN *op twee na de laatste lettergreep* **II** BNW *op twee na laatste*; *voorvoorlaatst*

anterior (æn'tɪərɪə) BNW • *voor-*; *voorste* • *voorafgaand* (to *aan*); *vroeger*
anteroom ('æntɪru:m) ZN • *wachtkamer* • *voorvertrek*
ant heap ZN *mierenhoop*
anthem ('ænθəm) ZN *religieuze koorzang* ★ national ~ *volkslied*
anther ('ænθə) ZN *helmknop* ★ ~ dust *stuifmeel*
ant hill ZN *mierenhoop*
anthology (æn'θɒlədʒɪ) ZN *bloemlezing*
anthrax ('ænθræks) ZN *antrax*; *miltvuur*
anthropoid ('ænθrəpɔɪd) **I** ZN *mensaap* **II** BNW *mens-*; *mensachtig*
anthropologist (ænθrə'pɒlədʒɪst) ZN *antropoloog*
anthropology (ænθrə'pɒlədʒɪ) ZN *antropologie*; *leer v.d. mens*
anthropomorphic (ænθrəpə'mɔ:fɪk) BNW *antropomorf*; *mensachtig*
anti ('ænti/'æntaɪ) **I** ZN *tegenstander* **II** VZ *tegen*
anti- ('ænti/'æntaɪ) VOORV *tegen-*; *anti-* ★ anti-abortionist *anti-abortusactivist*
anti-aircraft (æntɪ'eəkrɑ:ft) BNW ★ ~ guns *luchtafweergeschut*
antibiotic (æntɪbaɪ'ɒtɪk) **I** ZN *antibioticum* **II** BNW *antibiotisch*; *bacteriebestrijdend*
antibody ('æntɪbɒdɪ) ZN *antilichaam*; *antistof*
anticipate (æn'tɪsɪpeɪt) OV WW • *verwachten*; *tegemoetzien* • *anticiperen*; *vooruitlopen op* • *vóór zijn* • *voorvoelen/-zien*
anticipation (æntɪsɪ'peɪʃən) ZN • *voorgevoel* • *verwachting* ★ in ~ *bij voorbaat* ★ in ~ of *in afwachting van*
anticipatory (æn'tɪsɪpətərɪ) BNW *anticiperend*
anticlimax (æntɪ'klaɪmæks) ZN *anticlimax*
anticlockwise (æntɪ'klɒkwaɪz) BNW + BIJW *tegen de wijzers v.d. klok in*; *linksom draaiend*
anticorrosive (æntɪkə'rəʊsɪv) BNW *anticorrosief*; *antiroest-*
antics ('æntɪks) ZN MV • *capriolen* • *potsierlijk gedrag*
anticyclical (æntɪ'sɪklɪkəl) BNW *anticyclisch*; *tegen de cyclus ingaand*
anticyclone (æntɪ'saɪkləʊn) ZN *gebied met hoge luchtdruk*; *anticycloon*
antidotal (æntɪ'dəʊtl) BNW *als tegengif*
antidote ('æntɪdəʊt) ZN *tegengif* (against, for *tegen*)
antifreeze (æntɪ'fri:z) ZN *antivries*
anti-globalism (æntɪ'gləʊbəlɪzəm) ZN POL. *antiglobalisme*
anti-lock BNW ★ ~ braking system *antiblokkeersysteem*
antinuclear (æntɪ'nju:klɪə) BNW *anti-kernwapen(s)*; *tegen kernenergie*
antipathetic (æntɪpə'θetɪk) BNW *antipathiek* ★ ~ to new ideas *niet openstaand voor nieuwe ideeën*
antipathy (æn'tɪpəθɪ) ZN *antipathie*; *afkeer*
anti-personnel (æntɪpɜ:sə'nel) BNW *tegen personen gericht*
antipode ('æntɪpəʊd) ZN *antipode*; *tegenvoeter*
Antipodes (æn'tɪpədi:z) ZN MV ★ the ~ *Australië en Nieuw-Zeeland*
antipollution ('æntɪpə'lu:ʃən) BNW *milieubeschermend*

antiquarian (ˌæntɪˈkweərɪən) **I** ZN
• oudheidkundige • antiquaar; antiquair **II** BNW
oudheidkundig

antiquary (ˈæntɪkwərɪ) ZN • oudheidkundige
• antiquaar; antiquair

antiquated (ˈæntɪkweɪtɪd) BNW verouderd;
achterhaald

antique (ænˈtiːk) **I** ZN antiek voorwerp **II** BNW
antiek; oud

antique dealer ZN antiquair

antiquity (ænˈtɪkwətɪ) ZN • (de) oudheid
• ouderdom • [meestal mv] oudheden

anti-Semitic BNW antisemitisch

anti-Semitism ZN anti-semitisme

antiseptic (ˌæntɪˈseptɪk) **I** ZN ontsmettend middel
II BNW antiseptisch; ontsmettend

antisocial (ˌæntɪˈsəʊʃəl) BNW • asociaal • ongezellig

anti-terrorist BNW ★ ~ organization
anti-terreurorganisatie

antithesis (ænˈtɪθəsɪs) ZN antithese; tegenstelling;
contrast

antithetic(al) (ˌæntɪˈθetɪk(l)) BNW antithetisch;
tegengesteld

antitoxin (ˌæntɪˈtɒksɪn) ZN tegengif; antitoxine

anti-virus program ZN antivirusprogramma

antler (ˈæntlə) ZN [meestal mv] gewei

antonym (ˈæntənɪm) ZN antoniem; tegengestelde

anus (ˈeɪnəs) ZN anus; aars(opening)

anvil (ˈænvɪl) ZN OOK ANAT. aanbeeld

anxiety (æŋˈzaɪətɪ) ZN • angst • bezorgdheid
(about, for om) • verlangen (for naar)

anxious (ˈæŋkʃəs) BNW • bezorgd (about over);
nerveus • verontrust • verlangend (for naar) ★ ~
moments angstige ogenblikken ★ he was ~ to
leave hij stond te popelen om te vertrekken; hij
wilde graag vertrekken

any (ˈenɪ) ONB VNW • enig(e) • ieder • soms ook
★ at any time steeds; altijd ★ any time! graag
gedaan!; geen dank! ★ not just any person niet
zo maar iemand; een bijzonder iemand
★ INFORM. I'm not having any (of it) ik wil (...)
absoluut niet; er komt niets van in! **II** BIJW [met
ontkenning] niet(s); USA helemaal niet ★ I'm
afraid I'm not any the wiser after that class ik
ben bang dat ik van die les niets heb opgestoken

anybody (ˈenɪbɒdɪ) ONB VNW → anyone

anyhow (ˈenɪhaʊ) BIJW • hoe dan ook; in ieder
geval • nonchalant; ongeregeld ★ she dresses ~
ze kleedt zich slordig

anymore (ˌenɪˈmɔː) BIJW niet meer

anyone (ˈenɪwʌn), **anybody** ONB VNW • iemand
• wie dan ook; iedereen ★ ~ who is ~ iedereen
die iets te betekenen heeft ★ it could happen to
~ het kan iedereen overkomen

anyplace (ˈenɪpleɪs) BIJW waar dan ook; overal

anything (ˈenɪθɪŋ) ONB VNW • iets • wat dan ook;
(van) alles ★ ~ but allesbehalve ★ not for ~ voor
niets ter wereld ★ as fast as ~ zo snel als wat ★ if
~ this is better dit is mogelijk nog beter

anyway (ˈenɪweɪ) BIJW • bovendien • in ieder
geval; toch • hoe dan ook

anywhere (ˈenɪweə) BIJW • ergens • waar dan
ook; overal ★ miles from ~ mijlenver van alles
verwijderd ★ there weren't ~ near enough
chairs er waren bij lange niet genoeg stoelen
★ we are not getting ~ (with this) zo komen we

(hiermee) geen klap verder

AOB AFK any other business wat verder ter tafel
komt

aorta (eɪˈɔːtə) ZN aorta; hoofdslagader

apace (əˈpeɪs) BIJW snel

apart (əˈpɑːt) BNW + BIJW • apart; los • uit elkaar;
gescheiden ⟨v. tijd, plaats⟩ • behalve ★ ~ from
afgezien van ★ poles/worlds ~ hemelsbreed van
elkaar verschillend ★ set ~ scheiden ★ take ~ uit
elkaar halen; demonteren; kritisch analyseren;
afkraken ★ tell ~ onderscheiden ★ joking ~
zonder dollen/gekheid ★ John ~, not one of
them is suitable behalve John is niemand
geschikt

apartment (əˈpɑːtmənt) ZN • USA appartement;
flat • vertrek ★ ~ block flatgebouw ★ USA ~
house klein flatgebouw

apathetic (ˌæpəˈθetɪk) BNW apathisch; lusteloos

apathy (ˈæpəθɪ) ZN apathie; lusteloosheid

ape (eɪp) **I** ZN mensaap; staartloze aap ★ USA go
ape(shit) razend / knettergek worden **II** OV WW
na-apen

aperture (ˈæpətʃə) ZN opening; spleet

apery (ˈeɪpərɪ) ZN • apenstreek • naäperij

apex (ˈeɪpeks) ZN OOK FIG. top(punt)

aphorism (ˈæfərɪzəm) ZN aforisme; kernachtig
gezegde

aphrodisiac (ˌæfrəˈdɪzɪæk) ZN afrodisiacum
⟨libidoverhogend middel⟩

apian (ˈeɪpɪən) BNW bijen-

apiculture (ˈeɪpɪkʌltʃə) ZN FORM. bijenteelt

apiece (əˈpiːs) BIJW per stuk

apish (ˈeɪpɪʃ) BNW • aapachtig • aanstellerig

aplomb (əˈplɒm) ZN zelfverzekerdheid; aplomb

apnea ZN → apnoea

apnoea (apˈniːə), **apnea** ZN apnoe;
ademstilstand/-onderbreking

apocalypse (əˈpɒkəlɪps) ZN • openbaring;
onthulling • einde/vernietiging v.d. wereld

apocrypha (əˈpɒkrəfə) ZN apocriefe boeken ⟨v. het
Oude Testament⟩

apocryphal (əˈpɒkrɪfəl) BNW • REL. apocrief
• onecht • twijfelachtig

apodictic (ˌæpəˈdɪktɪk) BNW onweerlegbaar;
apodictisch

apogee (ˈæpədʒiː) ZN • apogeum • hoogste punt

apologetic (əˌpɒləˈdʒetɪk) BNW verontschuldigend

apologize (əˈpɒlədʒaɪz) ONOV WW zich
verontschuldigen

apology (əˈpɒlədʒɪ) ZN verontschuldiging

apoplectic (ˌæpəˈplektɪk) BNW • OUD. apoplectisch
• licht ontvlambaar

apoplexy (ˈæpəpleksɪ) ZN OUD. beroerte;
apoplexie

apostasy (əˈpɒstəsɪ) ZN afvalligheid

apostate (əˈpɒsteɪt) **I** ZN afvallige **II** BNW afvallig

apostle (əˈpɒsəl) ZN • apostel • aanhanger

apostolate (əˈpɒstəlɪt) ZN apostolaat ⟨r.-k. kerk⟩

apostolic (ˌæpəˈstɒlɪk) BNW apostolisch ★ the
Apostolic See de Heilige Stoel

apostrophe (əˈpɒstrəfɪ) ZN TAALK. apostrof;
weglatingsteken

apotheosis (əˌpɒθɪˈəʊsɪs) ZN • vergoddelijking;
apotheose • (vergoddelijkt) ideaalbeeld

appal (əˈpɔːl), **appall** OV WW ontstellen; ontzetten

appall OV WW USA → appal

appalling (ə'pɔ:lɪŋ) BNW • *ontstellend*; *verbijsterend* • INFORM. *heel slecht*

apparatus (æpə'reɪtəs) ZN • *apparaat*; *apparatuur* • *organisatie*; *inrichting* • *hulpmiddelen* • ANAT. *organen*

apparent (ə'pærənt) BNW • *duidelijk* • *blijkbaar* • *ogenschijnlijk* ★ with no ~ reason *zonder aanwijsbare reden*

apparition (æpə'rɪʃən) ZN *spook(verschijning)*

appeal (ə'pi:l) I ZN • *aantrekkingskracht* • JUR. *beroep* • *oproep*; *smeekbede* ★ lodge an ~ *beroep aantekenen* ★ Court of Appeal *Hof van Appèl* ★ have a wide ~ *in brede kring gehoor vinden* II ONOV WW • *in beroep gaan* • *dringend verzoeken* ★ ~ against a decision *beroep aantekenen tegen een beslissing* ★ ~ for calm *verzoeken om stilte* • ~ to *beroep doen op*; *z. beroepen op*; *aantrekkingskracht uitoefenen*; *aanspreken*

appealing (ə'pi:lɪŋ) BNW • *aantrekkelijk* • *smekend*

appear (ə'pɪə) I ONOV WW *verschijnen* II HWW • *blijken* • *schijnen*

appearance (ə'pɪərəns) ZN • *uiterlijk*; *schijn* • *verschijning*; *(het) optreden* • *verschijnsel* ★ make an ~ *optreden* ★ put in an ~ *zich even laten zien* ★ keep up ~s *de schijn redden*; *stand ophouden* ★ to all ~s *zo te zien*; *kennelijk* ★ ~s are deceptive *schijn bedriegt*

appease (ə'pi:z) OV WW • *verzoenen* • *sussen* • *bevredigen*

appeasement (ə'pi:zmənt) ZN • *verzoening* • *kalmering*

appellant (ə'pelənt) ZN *eiser in hoger beroep*; *appellant*

appellate (ə'pelət) BNW *met appelrecht* ★ USA ~ court *hof v. appel/beroep*

appellation (æpə'leɪʃən) ZN • *titel*; *benaming* • *nomenclatuur*

append (ə'pend) OV WW *bijvoegen*; *aanhechten*

appendage (ə'pendɪdʒ) ZN *bijvoegsel*; *aanhangsel* ⟨ook biol.⟩

appendectomy (æpɪn'dektəmi) ZN *blindedarmoperatie*

appendices (ə'pendɪsi:z) ZN MV → **appendix**

appendicitis (əpendɪ'saɪtɪs) ZN *blindedarmontsteking*

appendix (ə'pendɪks) ZN • *aanhangsel*; *appendix* • MED. *appendix*; *blindedarm*

apperception (æpə'sepʃən) ZN PSYCHOLOGIE/FILOSOFIE *bewuste waarneming*; *apperceptie*

appertain (æpə'teɪn) ONOV WW ~ to *behoren aan/bij/tot*; *betreffen*

appetite ('æpɪtaɪt) ZN • *eetlust* • *begeerte* (for *naar*)

appetizer ('æpɪtaɪzə) ZN • *aperitief* • *voorgerecht*

appetizing ('æpɪtaɪzɪŋ) BNW • *de eetlust opwekkend* • *smakelijk*

applaud (ə'plɔ:d) I OV WW *toejuichen* II ONOV WW *applaudisseren*

applause (ə'plɔ:z) ZN *applaus*; *bijval*

apple ('æpl) ZN *appel* ★ ~ dumpling *appelbol* ★ the Big Apple *New York* ★ ~ of s.o.'s eye *iem.s oogappel*

applecart ('æplkɑ:t) ZN ★ to upset the ~ *iemands plannen verijdelen*

apple-pie ZN *appeltaart* ★ as American as ~ *typisch Amerikaans* ★ left in ~ order *keurig netjes achtergelaten*

applesauce ('æpl'sɔ:s) ZN *appelmoes*

appliance (ə'plaɪəns) ZN • *toestel*; *apparaat* • *toepassing* • *hulpstuk* • *brandweerwagen*

applicability (əplɪkə'bɪlətɪ) ZN • *toepasselijkheid* • *doelmatigheid*

applicable ('æplɪkəbl) BNW • *toepasselijk* • *doelmatig* ★ ~ to *van toepassing op*

applicant ('æplɪkənt) ZN *sollicitant* ★ ~ for shares *inschrijver op aandelen*

application (æplɪ'keɪʃən) ZN • *toepassing*; *gebruik* • *sollicitatie* • *aanvraag(formulier)*; *verzoek* • *toewijding* • COMP. *applicatie* • *versiersel* *applicatie* ★ for outward ~ only *alleen voor uitwendig gebruik*

application program ZN COMP. *toepassingsprogramma*

applied (æ'plaɪd) BNW *toegepast*

apply (ə'plaɪ) I OV WW • *aanbrengen* • *toepassen*; *gebruiken* ★ ~ o.s. (to) *zich toeleggen (op)*; *zich inspannen (voor)* ★ ~ the brakes *remmen* ★ ~ pressure *druk uitoefenen* ★ applied art *kunstnijverheid* II ONOV WW • *van toepassing zijn*; *gelden* ★ ~ for *solliciteren naar*; *aanvragen* • ~ to *z. wenden tot*

appoint (ə'pɔɪnt) OV WW • *aanstellen* • *vaststellen*

appointment (ə'pɔɪntmənt) ZN • *afspraak* • *benoeming* ★ by ~ only *alleen volgens afspraak*

apportion (ə'pɔ:ʃən) OV WW *toebedelen*

apportionment (ə'pɔ:ʃənmənt) ZN *toebedeling*

apposite ('æpəzɪt) BNW • *passend*; *toepasselijk* (to *op*) • *ad rem* ★ an ~ answer *een gevat antwoord*

apposition (æpə'zɪʃən) ZN • TAALK. *bijstelling* • *aanhechting*

appraisal (ə'preɪzəl) ZN • *schatting*; *waardebepaling* • *beoordeling* ★ staff / performance ~ *beoordeling*; *evaluatie*

appraise (ə'preɪz) OV WW • *schatten* • *evalueren*

appraisement (ə'preɪzmənt) ZN → **appraisal**

appraiser (ə'preɪzə(r)) ZN • *taxateur* • *veilingmeester*

appreciable (ə'pri:ʃəbl) BNW • *schatbaar* • *merkbaar* • *aanzienlijk* ★ an ~ amount *een aanzienlijke hoeveelheid*

appreciate (ə'pri:ʃɪeɪt) I OV WW • *appreciëren*; *waarderen* • *beoordelen* • *inzien* • *verhogen in koers/prijs* II ONOV WW *in waarde stijgen*

appreciation (əpri:ʃɪ'eɪʃən) ZN • *appreciatie*; *waardering* • *beoordeling* • *waardevermeerdering*

appreciative (ə'pri:ʃətɪv) BNW • *waarderend* • *erkentelijk*

apprehend (æprɪ'hend) OV WW • LIT. *begrijpen* • *arresteren* • *vrezen* ★ the thief was ~ed at the border *de dief werd aan de grens aangehouden*

apprehension (æprɪ'henʃən) ZN • *ongerustheid* • *arrestatie* • *begrip* • *vrees*

apprehensive (æprɪ'hensɪv) BNW *ongerust*

apprentice (ə'prentɪs) I ZN *leerjongen* II OV WW • *in de leer doen/nemen* • ~ to *in de leer doen bij*

apprenticeship (ə'prentɪsʃɪp) ZN • *leerlingschap* • *leerjaren*

apprise (ə'praɪz) OV WW *informeren* ★ ~d of the facts *op de hoogte van de feiten*

approach (ə'prəʊtʃ) **I** ZN • *(be)nadering*
• *toegang(sweg)* • *aanpak* **II** OV WW • *aanpakken*
• *(be)naderen*
approachable (ə'prəʊtʃəbl) BNW *toegankelijk*
approbation (æprə'beɪʃən) ZN *(officiële) goedkeuring*
appropriate¹ (ə'prəʊprɪət) BNW • *geschikt* ⟨**to, for** voor⟩ • *passend*
appropriate² (ə'prəʊprɪeɪt) OV WW • *z. toe-eigenen*
• *toewijzen*; *bestemmen*
appropriation (əprəʊprɪ'eɪʃən) ZN • *toe-eigening*
• *bestemming*
approval (ə'pru:vəl) ZN *goedkeuring* ★ **on** ∼ *op zicht* ★ **meet with** ∼ *bijval vinden*
approve (ə'pru:v) ONOV WW • *akkoord gaan* ★ **an** ∼**d method** *een beproefde methode* • ∼ **of** *goedkeuren*
approx. AFK approximate(ly) *ongeveer*; *bij benadering*
approximate¹ (ə'prɒksɪmət) BNW *bij benadering (aangegeven)*
approximate² (ə'prɒksɪmeɪt) OV WW • *(be)naderen*
• *schatten*
approximately (ə'prɒksɪmətlɪ) BIJW *bij benadering*; *ongeveer*
approximation (əprɒksɪ'meɪʃn) ZN *benadering*; *schatting*
appurtenance (ə'pɜ:tɪnəns) ZN *bijvoegsel* ★ ∼**s** [mv] *toebehoren*
Apr AFK April *april*
APR AFK annual percentage rate *percentage per jaar*
apricot ('eɪprɪkɒt) **I** ZN *abrikoos* **II** BNW *abrikooskleurig*
April ('eɪprɪl) ZN *april* ★ ∼ **Fools' Day/All Fools' Day** *één april* ★ ∼ **fool** *slachtoffer v. aprilgrap*
apron ('eɪprən) ZN • *schort* • *voortoneel* • *verhard deel van vliegveld* ★ **be tied to s.o.'s** ∼ **strings** *aan iem.s leiband lopen*
apse (æps) ZN *apsis* ⟨koor-/altaarnis⟩
apt (æpt) BNW • *geschikt*; *passend* • *geneigd*
• *gevat*; *kien*
APT AFK advanced passenger train *hogesnelheidstrein*
aptitude ('æptɪtju:d) ZN • *aanleg* • *neiging*
• *geschiktheid* ★ ∼ **test** *geschiktheidsonderzoek*
aquaplane ('ækwəpleɪn) **I** ZN *waterskiplank*
II ONOV WW • *waterskiën* • *over een glad oppervlak glijden*; *planeren*
aquarium (ə'kweərɪəm) ZN *aquarium*
Aquarius (ə'kweərɪəs) ZN *Waterman*
aquatic (ə'kwætɪk) BNW *water-*
aqueduct ('ækwɪdʌkt) ZN *aquaduct*; *waterleidingbuis*
aqueous ('eɪkwɪəs) BNW *water-*; *waterachtig*
aquiline ('ækwɪlaɪn) BNW *arends-* ★ ∼ **nose** *haviksneus*
A & R AFK MUZ. Artist and Repertoire *A&R* ⟨artiest en repertoire⟩
Arab ('ærəb) **I** ZN *Arabier* **II** BNW *Arabisch*
Arabia (ə'reɪbɪə) ZN *Arabië*
Arabian (ə'reɪbɪən) BNW *Arabisch* ★ ∼ **Nights** *duizend-en-een-nacht*
Arabic ('ærəbɪk) **I** ZN *(het) Arabisch* **II** BNW *Arabisch*
arable ('ærəbl) BNW *bebouwbaar* ★ ∼ **land**

(land)bouwgrond ★ ∼ **farming** *akkerbouw*
arbiter ('ɑ:bɪtə) ZN • *scheidsrechter*; *arbiter* • *iem. die de toon aangeeft* ⟨in smaak, mode, stijl⟩
arbitral award ZN *scheidsrechterlijke uitspraak*
arbitrariness (ɑ:bɪ'trərɪnəs) ZN *willekeur*
arbitrary ('ɑ:bɪtrərɪ) BNW *willekeurig*; *arbitrair*
arbitrate ('ɑ:bɪtreɪt) OV+ONOV WW
• *scheidsrechterlijk (laten) regelen* • *als scheidsrechter / arbiter optreden*
arbitration (ɑ:bɪ'treɪʃən) ZN *arbitrage* ★ **go to** ∼ *voorleggen aan een arbitragecommissie*
arbitrator ('ɑ:bɪtreɪtə) ZN *scheidsrechter* ⟨bij geschillen⟩; *arbiter*; *bemiddelaar*
arboreous (ɑ:'bɔ:rɪəs) BNW *bomen-*; *met bomen beplant*
arbour ('ɑ:bə), USA **arbor** ZN *prieel*
arc (ɑ:k) **I** ZN *(cirkel)boog* **II** ONOV WW • *een boog vormen/beschrijven* • *een vonkenbrug vormen*
ARC AFK • Aids-related complex • American Red Cross *Amerikaanse Rode Kruis* • Automobile Racing Club *Autorensportvereniging*
arcade (ɑ:'keɪd) ZN • *galerij* • *speelautomatenhal* ★ **shopping** ∼ *winkelgalerij*
arcane (ɑ:'keɪn) BNW *geheimzinnig*; *mysterieus*
arch (ɑ:tʃ) **I** ZN • *boog* • *gewelf* • *voetholte* **II** BNW *ondeugend*; *schalks* **III** ONOV WW *(zich) welven*
arch- (ɑ:tʃ) VOORV *aarts-*
archaeological (ɑ:kɪə'lɒdʒɪkl) BNW *archeologisch*; *oudheidkundig*
archaeologist (ɑ:kɪ'ɒlədʒɪst) ZN *archeoloog*; *oudheidkundige*
archaeology (ɑ:kɪ'ɒlədʒɪ) ZN *archeologie*; *oudheidkunde*
archaic (ɑ:'keɪɪk) BNW *archaïsch*; *verouderd*
archaism ('ɑ:keɪɪzəm) ZN *verouderd(e) gebruik/ uitdrukking/woord*
archangel ('ɑ:keɪndʒəl) ZN *aartsengel*
archbishop (ɑ:tʃ'bɪʃəp) ZN *aartsbisschop*
archdeacon (ɑ:tʃ'di:kən) ZN *aartsdiaken*
archdiocese (ɑ:tʃ'daɪəsɪs) ZN *aartsbisdom*
archduke (ɑ:tʃ'dju:k) ZN *aartshertog*
archer ('ɑ:tʃə) ZN • *boogschutter* • STERRENK./OCC. *Boogschutter*
archery ('ɑ:tʃərɪ) ZN • *(het) boogschieten* • *pijl en boog*
archetype ('ɑ:kɪtaɪp) ZN *archetype*; *oorspronkelijk model*
archiepiscopal (ɑ:kɪɪ'pɪskəpl) BNW *aartsbisschoppelijk*
archipelago (ɑ:kɪ'pelɪgəʊ) ZN *archipel*
architect ('ɑ:kɪtekt) ZN *architect*; *ontwerper*; *maker*
architectural (ɑ:kɪ'tektʃərəl) BNW *bouwkundig*; *architectonisch*
architecture ('ɑ:kɪtektʃə) ZN *architectuur*; *bouwkunde*
archive ('ɑ:kaɪv(z)) **I** ZN *archief* **II** OV WW *archiveren*
archivist ('ɑ:kɪvɪst) ZN *archivaris*
archway ('ɑ:tʃweɪ) ZN *overwelfde/overdekte (in)gang*; *poort*
arctic ('ɑ:ktɪk) **I** ZN *noordpoolgebied* ★ **the Arctic (Ocean)** *Noordelijke IJszee* **II** BNW • *noordpool-*
• *ijskoud*
ardent ('ɑ:dnt) BNW • *vurig* • *ijverig* ★ ∼ **spirits** *sterkedrank*; *gedestilleerd*

ardour ('ɑ:də) ZN • gloed • bezieling

arduous ('ɑ:djuːəs) BNW • steil • inspannend; lastig

are (ɑ:) WW → **be**

area ('eərɪə) ZN • oppervlakte • gebied ★ built-up area bebouwde kom ★ wooded area bosgebied

area code ZN netnummer; kengetal

arena (ə'riːnə) ZN • arena; strijdperk • FIG. toneel

aren't (ɑːnt) SAMENTR are not → **be**

Argentinian (ɑːdʒən'tɪnɪən) I ZN Argentijn II BNW Argentijns

argle-bargle ('ɑːglbɑːgl) ZN → **argy-bargy**

argot ('ɑːgəʊ) ZN slang; Bargoens; jargon

arguable ('ɑːgjʊəbl) BNW • aantoonbaar • aanvechtbaar

argue ('ɑːgjuː) ONOV WW • ruzie maken • betogen • debatteren • bewijzen ★ ~ a point een kwestie bespreken ★ ~ the toss een onherroepelijk besluit aanvechten ★ ~ s.b. into/out of s.th. iem. overhalen iets (niet) te doen ★ she is successful, you can't ~ with that ze is succesvol, dat is gewoon een feit/dat is buiten kijf

argufy ('ɑːgjʊfaɪ) ONOV WW INFORM. kibbelen

argument ('ɑːgjʊmənt) ZN • betoog • woordentwist; woordenwisseling; ruzie • argument

argumentation (ɑːgjʊmen'teɪʃən) ZN • discussie • bewijsvoering; argumentatie

argumentative (ɑːgjʊ'mentətɪv) BNW • twistziek • logisch

argy-bargy (ɑːdʒɪ'bɑːdʒɪ) ZN INFORM. gekibbel

aria ('ɑːrɪə) ZN aria

arid ('ærɪd) BNW dor; OOK FIG. droog

aridity (ə'rɪdətɪ) ZN • dorheid; droogheid • saaiheid

Aries ('eəriːz) ZN ⟨dierenriem⟩ Ram

arise (ə'raɪz) ONOV WW • zich voordoen • tot gevolg hebben • opstaan; verrijzen ★ when the need ~s indien nodig • ~ from/out of voortkomen uit; ontstaan uit

arisen (ə'rɪzən) WW [volt. deelw.] → **arise**

aristocracy (ærɪ'stɒkrəsɪ) ZN aristocratie; adel

aristocrat ('ærɪstəkræt) ZN aristocraat

aristocratic(al) (ærɪstə'krætɪk(əl)) BNW aristocratisch

arithmetic (ærɪθ'metɪk) ZN rekenkunde ★ mental ~ hoofdrekenen

arithmetical (ærɪθ'metɪkəl) BNW rekenkundig ★ ~ progression rekenkundige reeks

ark (ɑːk) ZN • ark • toevluchtsoord • REG. kist; mand; doos ★ Ark of the Covenant/of Testimony Ark des Verbonds ★ Noah's ark de ark van Noach ★ out of the ark uit het jaar nul

arm (ɑːm) I ZN • arm • tak ⟨v. organisatie⟩ • [vaak mv] wapen • cost/pay an arm and a leg je blauw betalen • keep s.b. at arm's length iem. op afstand houden ★ twist s.b.'s arm iem. het mes op de keel zetten ★ make a long arm for s.th. reiken naar iets ★ upper/lower arm boven-/onderarm II OV WW bewapenen III ONOV WW z. wapenen

armadillo (ɑːmə'dɪləʊ) ZN gordeldier

armament ('ɑːməmənt) ZN • bewapening; wapentuig • krijgsmacht ★ nuclear ~ kernbewapening

armature ('ɑːmətjʊə) ZN • armatuur • anker ⟨magneet⟩ • BIOL. bepantsering

armband ('ɑːmbænd) ZN mouwband; rouwband

armchair (ɑːm'tʃeə) ZN leunstoel ★ MIN. ~ socialist salonsocialist ★ ~ traveller iemand die alleen over reizen leest

armed (ɑːmd) BNW • gewapend • uit-/toegerust • met armen ★ ~ forces/services strijdkrachten

armful ('ɑːmfʊl) ZN armvol

armhole ('ɑːmhəʊl) ZN armsgat

armistice ('ɑːmɪstɪs) ZN wapenstilstand ★ Armistice Day (verjaar)dag v.d. wapenstilstand ⟨11 november 1918⟩

armlet ('ɑːmlət) ZN • band om de arm • armband • rivier-/zeearm

armlock ('ɑːmlɒk) ZN houdgreep

armorial (ɑː'mɔːrɪəl) BNW heraldisch

armour ('ɑːmə), USA **armor** ZN • bepantsering • pantservoertuigen • wapenrusting • harnas • duikerpak

armoured, USA **armored** BNW • gepantserd • gewapend • bewapend

armourer ('ɑːmərə), USA **armorer** ZN • wapensmid • wapenmeester

armour-plated, USA **armor-plated** BNW gepantserd

armoury ('ɑːmərɪ), USA **armory** ZN • (wapen)arsenaal • wapenzaal, -depot, magazijn

armpit ('ɑːmpɪt) ZN oksel

arms (ɑːmz) ZN MV wapens; wapenen ★ take up arms against de wapenen opnemen tegen ★ up in arms gevechtsklaar ★ ~ up in arms about s.th. verontwaardigd over iets; gealarmeerd door iets

arms race ZN bewapeningswedloop

arms talks ZN MV ontwapeningsonderhandelingen

army ('ɑːmɪ) ZN • leger • menigte ★ army of bees zwerm bijen

army store ZN dump ⟨v. leger⟩; opslagplaats

A-road ZN ≈ rijksweg

aroma (ə'rəʊmə) ZN aroma; (lekkere) geur

aromatherapy (ə'rəʊmə'θerəpɪ) ZN aromatherapie

aromatic (ærə'mætɪk) BNW geurig; aromatisch

arose (ə'rəʊz) WW [verleden tijd] → **arise**

around (ə'raʊnd) I BIJW • ongeveer; omstreeks • OOK FIG. rond • in het rond • in de buurt ★ the news got ~ het nieuws verbreidde zich ★ they sat ~ looking bored ze hingen verveeld rond ★ the other way ~ omgekeerd ★ have been ~ het klappen van de zweep kennen II VZ • rond(om); (in het) rond • om ... heen • ongeveer; omstreeks ★ this team is better all ~ dit team is in elk opzicht beter

arousal (ə'raʊzəl) ZN • opwinding ⟨ook seksueel⟩ • geprikkeldheid

arouse (ə'raʊz) OV WW • opwinden ⟨ook seksueel⟩ • prikkelen • uitlokken

arr. AFK • arranged gearrangeerd • arrival aankomst

arraign (ə'reɪn) OV WW • beschuldigen; JUR. aanklagen • berispen

arraignment (ə'reɪnmənt) ZN • beschuldiging • JUR. formele aanklacht

arrange (ə'reɪndʒ) OV WW • schikken; ordenen • regelen; afspreken • MUZ. arrangeren

arrangement (ə'reɪndʒmənt) ZN • regeling;

afspraak • *ordening* • MUZ. *arrangement*; *bewerking* ★ make ~s *voorzorgsmaatregelen nemen*

array (ə'reɪ) **I** ZN • *serie*; *reeks*; *rits*; *stoet* • WISK. *matrix* • *mars-/slagorde* **II** OV WW • *opstellen* • *uitdossen*

arrear (ə'rɪə) ZN → **arrears**

arrearages (ə'rɪərɪdʒɪz) ZN MV *achterstallige schulden*

arrears (ə'rɪəs) ZN MV *achterstallige schuld* ★ pay in ~ *achteraf betalen*

arrest (ə'rest) **I** ZN • *arrest(atie)* • *stilstand* ★ MED. cardiac ~ *hartstilstand* ★ under ~ *aangehouden/gearresteerd zijn* ★ under house ~ *onder huisarrest* **II** OV WW • *arresteren* • *tegenhouden*; *stuiten* • *treffen*; *boeien* ★ ~ed development *tot stilstand gekomen ontwikkeling* ★ ~ (the) attention *de aandacht boeien*

arresting (ə'restɪŋ) BNW • *boeiend* • *opvallend*; *verrassend*

arrival (ə'raɪvəl) ZN • *(aan)komst* • *aangekomene*

arrive (ə'raɪv) ONOV WW *aankomen*; *arriveren* ★ she has ~d *zij heeft het gemaakt* ⟨succes⟩

arrogance ('ærəgəns) ZN *arrogantie*; *aanmatiging*

arrogant ('ærəgənt) BNW *arrogant*; *aanmatigend*

arrow ('ærəʊ) ZN *pijl*

arrowhead ('ærəʊhed) ZN • *pijlpunt* • PLANTK. *pijlkruid*

arse (ɑːs) **I** ZN • VULG. *reet*; *kont* • VULG. *klootzak* ★ shift your arse! *verdwijn!*; *rot op!* ★ get off your arse! *schiet toch eens op!* ★ my arse! *m'n reet!*; *ga toch weg!* ★ work one's arse off *zich in het zweet werken* **II** ONOV WW ~ **about/around** *(aan/rond)klooien*

arsenal (ɑːsənl) ZN OOK FIG. *arsenaal*; *wapendepot*

arsenic ('ɑːsnɪk) ZN *arsenicum*

arson ('ɑːsən) ZN *brandstichting*

arsonist ('ɑːsənɪst) ZN *brandstichter*

art (ɑːt) **I** ZN [vaak MV] *kunst* • *vaardigheid* • *list* ★ arts and crafts *kunst en ambacht* ★ fine arts *schone kunsten* ★ get s.th. down to a fine art *iets perfect leren beheersen* ★ black arts *zwarte kunst* ★ martial arts *(oosterse) vechtsporten* ★ visual arts *beeldende kunst* **II** WW → **be**

art. AFK *article artikel*

artefact (ɑːtɪfækt, ɑːtɪfækt), **artifact** ZN • *artefact* • *kunstproduct*; *kunstvoorwerp*

arterial (ɑːˈtɪərɪəl) BNW v.d. *slagader* ★ ~ road *hoofdverkeersweg*

artery ('ɑːtəri) ZN • *slagader* • *verkeersader*

artful ('ɑːtfʊl) BNW • *listig* • *gekunsteld* • *kundig*

arthritic (ɑːˈθrɪtɪk) BNW *jichtig*; *artritisch*

arthritis (ɑːˈθraɪtɪs) ZN *artritis*; *gewrichtsontsteking*

artichoke ('ɑːtɪtʃəʊk) ZN *artisjok* ★ Jerusalem ~ *topinamboer*; *aardpeer*

article ('ɑːtɪkl) ZN • *artikel* ⟨ook v. contract⟩ • *deel v.e. set* • TAALK. *lidwoord* ★ ~s *spullen*; *zaken* ★ ~ of faith *geloofsartikel* ★ ~s of association *statuten* ⟨v. bedrijf enz.⟩ ★ ECON./JUR. he's in ~s *hij is jurist/accountant in de leer* ★ the whisky was the genuine ~ *de whisky was van uitstekende kwaliteit / je van het*

articled ('ɑːtɪkld) BNW *in de leer* (**to** *bij*)

articulate¹ (ɑːˈtɪkjʊlət) BNW • *welbespraakt*; z. *gemakkelijk uitdrukkend* • *articuleren*; *duidelijk gearticuleerd* • *geleed*

articulate² (ɑːˈtɪkjʊleɪt) OV+ONOV WW • *zich duidelijk uitdrukken* • *articuleren*; *duidelijk uitspreken* • *aaneenkoppelen* ⟨met gewricht enz.⟩ ★ ~d bus *gelede bus*; *harmonicabus* ★ ~d lorry *truck met aanhanger/oplegger*

articulation (ɑːˌtɪkjʊˈleɪʃən) ZN *articulatie*

artifact ('ɑːtɪfækt) ZN → **artefact**

artifice ('ɑːtɪfɪs) ZN *list*; *kunstgreep*

artificer (ɑːˈtɪfɪsə) ZN • *handwerksman* • MIL. *geschoold mecanicien/technicus*

artificial (ɑːtɪˈfɪʃəl) BNW • *kunst-*; *namaak-* • *kunstmatig* • *gekunsteld*; *onnatuurlijk* ★ ~ fibres *kunstvezels* ★ ~ limb *kunstledemaat*

artillery (ɑːˈtɪləri) ZN *artillerie*; *geschut* ★ mounted ~ *veldartillerie*

artisan (ɑːtɪˈzæn) ZN *handwerksman*

artist ('ɑːtɪst) ZN • *kunstenaar* ⟨vnl. beeldend⟩ • *artiest(e)*

artiste (ɑːˈtiːst) ZN *(variété) artiest*

artistic (ɑːˈtɪstɪk) BNW *artistiek*; *kunst-*

artistry ('ɑːtɪstri) ZN *artisticiteit*; *kunstenaarstalent*; *kunstzinnigheid*

artless ('ɑːtləs) BNW • *ongekunsteld* • *naïef* • *onhandig*

arts cinema ZN *filmhuis*

artsy ZN USA → **arty**

artwork ('ɑːtwɜːk) ZN *artwork*; *(reclame)tekeningen*

arty ('ɑːti), USA **artsy** BNW *quasi-artistiek*

arum ('eərəm) ZN *aronskelk*

as (æz) **I** BIJW *zo* ★ as ... as *even ... als*; *(net) zoals* ★ as against/opposed to *in tegenstelling tot / tegenover* ★ as it is *op zichzelf* ★ as it were *als het ware* ★ it was as much as I could do *meer kon ik niet doen* ★ as much as 20 euros *maar liefst 20 euro* ★ as soon as *zodra* ★ as yet *alsnog / tot nu toe* ★ as you please/wish *zoals u wilt/wenst*; *zo je wenst / wat je maar wil(t)* ★ MIL. as you were! *doorgaan!* **II** VZ *als* ★ as for/to/regards *wat betreft* ★ he inquired as to what it was all about *hij vroeg waar het allemaal om ging* ★ as from/of *vanaf / met ingang van* ★ as such *als zodanig* **III** VW • *(zo)als* • *aangezien* • *naarmate* • *terwijl* ★ as if/though *alsof* ★ old as I am, ... *hoe oud ik ook ben, ...*; *ook al ben ik oud, ...* ★ so as to *teneinde*; *om*

AS AFK *Anglo-Saxon Angelsaksisch*

ASA AFK USA , A-V *Advertising Standards Authority Amerikaanse normalisatiecommissie*

asap AFK *as soon as possible z.s.m.* ⟨*zo spoedig mogelijk*⟩

asbestos (æzˈbestɒs) ZN *asbest*

ascend (əˈsend) OV OOK WW MUZ. *stijgen* • *bestijgen*; *beklimmen* • *teruggaan* ⟨in de tijd⟩ ★ Queen Elisabeth II ~ed the throne in 1952 *Koningin Elisabeth II besteeg de troon in 1952* ★ in ~ing order *van klein naar groot (opklimmend)*

ascendancy (əˈsendənsi), **ascendency** ZN *overwicht* ★ in the ~ *in opkomst*

ascendant (əˈsendənt), **ascendent** **I** ZN • *overwicht* • ⟨dierenriem⟩ *ascendant* ★ in the

ascendency – assessable

~ *in opkomst* ∥ BNW • *stijgend* • *dominant*
ascendency ZN → **ascendancy**
ascendent ZN → **ascendant**
ascension (ə'senʃən) ZN • *beklimming; bestijging* • *hemelvaart* ★ Ascension Day *hemelvaartsdag*
ascent (ə'sent) ZN • *be-/opstijging* • *helling; klim* • *trap* • *opkomst*
ascertain (æsə'teɪn) OV WW • *vaststellen* • *te weten komen*
ascertainable (æsə'teɪnəbl) BNW *vast te stellen*
ascetic (ə'setɪk) I ZN *asceet* II BNW *ascetisch*
asceticism (ə'setɪsɪzəm) ZN *ascese*
ASCII (æskɪ) AFK American Standard Code for Information Interchange *ASCII*
ascorbic ZN *ascorbine-* ★ ~ acid *ascorbinezuur; vitamine C*
ascribable (ə'skraɪbəbl) BNW *toe te schrijven (to aan)*
ascribe (ə'skraɪb) OV WW *toeschrijven (to aan)*
ascription (ə'skrɪpʃən) ZN • *toeschrijving (to aan)* • *lofbetuiging (aan God)*
aseptic (eɪ'septɪk) BNW *aseptisch;* OOK FIG. *steriel* ★ ~ gauze *verbandgaas*
asexual (eɪ'seksjʊəl) BNW *geslachtloos; aseksueel*
ash (æʃ) ZN • *as* • *es* 〈boom〉 ★ the town was reduced to ashes *de stad werd in de as gelegd* ★ Ash Wednesday *Aswoensdag*
ashamed (ə'ʃeɪmd) BNW *beschaamd* ★ be ~ for *zich schamen voor* ★ be ~ of *zich schamen over*
ashbin (æʃbɪn) ZN USA *vuilnisbak/-vat*
ashen (æʃən) BNW • *asgrauw* • *doodsbleek* ★ ~ faced *lijkbleek*
ashore (ə'ʃɔː) BIJW *aan land/wal*
ashtray (æʃtreɪ) ZN *asbak*
ashy (æʃɪ) BNW *asachtig* ★ ashy grey *asgrauw*
Asia (eɪʃə) ZN *Azië*
Asian (eɪʃən) I ZN *Aziaat* II BNW *Aziatisch*
Asiatic (eɪʃɪ'ætɪk) BNW *Aziatisch*
aside (ə'saɪd) I ZN • *terzijde* 〈toneel〉 • *terloops gemaakte opmerking* II BIJW *terzijde* ★ ~ from *afgezien van* • brush/sweep ~ *terzijde schuiven* ★ leaving ~ *afgezien van* ★ set ~ *reserveren* ★ take/draw ~ *apart nemen*
asinine (æsɪnaɪn) BNW OOK FIG. *ezelachtig*
ask (ɑːsk) OV+ONOV WW • *vragen* ★ ask a question *een vraag stellen* ★ don't drop that, I ask you! *laat dat alsjeblieft niet vallen!* ★ PLAT ask me another *ik zou 't niet weten* ★ that's asking *dat gaat je niets aan; ik ga 't je niet vertellen* ★ it is yours for the asking *je hoeft het maar te vragen en je hebt/krijgt het* ★ asked price *laat-, verkoopkoers* ★ don't ask! *daar kunnen we 't beter niet over hebben* • ~ **after/about** *vragen naar* • ~ **for** *vragen om/naar; uitlokken* • ~ **out** *uitnodigen* • ~ **round** *thuis uitnodigen*
askance (ə'skæns) BIJW • *van terzijde* • *achterdochtig* • *dubbelzinnig* ★ look ~ at a person *iem. wantrouwend/kritisch aankijken*
askew (ə'skjuː) BIJW *scheef*
aslant (ə'slɑːnt) BNW *schuin*
asleep (ə'sliːp) BNW + BIJW *in slaap* ★ be ~ *slapen* ★ fast/sound ~ *in (een) diepe slaap* ★ drop/fall ~ *in slaap vallen*
aslope (ə'sləʊp) BNW *hellend*
asp (æsp) ZN *aspis; adder*
asparagus (ə'spærəgəs) ZN *asperge*

aspect (æspekt) ZN • *aspect* 〈ook taalk.〉; *gezichtspunt* • *aanblik* • *ligging* • *zijde*
aspen (æspən) ZN • *esp* • *ratelpopulier*
asperity (æ'sperətɪ) ZN • *strengheid* • *guurheid; bittere kou* • *scherpheid* ★ say s.th. with some ~ *op wat strenge/onvriendelijke toon iets zeggen* ★ asperities [mv] *narigheid; misère*
asperse (ə'spɜːs) OV WW • *bekladden* • *belasteren*
aspersion (ə'spɜːʃən) ZN *laster* ★ to cast ~s on s.o. *iem. belasteren/bekladden*
asphalt (æsfælt) I ZN *asfalt* II OV WW *asfalteren*
asphyxia (æsˈfɪksɪə) ZN *verstikking(sdood)*
asphyxiate (æsˈfɪksɪeɪt) OV+ONOV WW *(ver)stikken*
aspirant (æspɪrənt) I ZN *kandidaat; gegadigde* II BNW *strevend; eerzuchtig*
aspirate[1] (æspərət) ZN TAALK. *geaspireerde klank*
aspirate[2] (æspəreɪt) OV+ONOV WW TAALK. *aspireren; met aanblazing uitspreken*
aspiration (æspɪ'reɪʃən) ZN • *streven* • TAALK. *geaspireerde klank*
aspire (ə'spaɪə) ONOV WW • *streven (to, after naar)* • *(ver)rijzen*
aspiring (ə'spaɪərɪŋ) BNW • *strevend; verlangend* • *eerzuchtig* • *hoog*
Aspirin ® (æspɪrɪn) ZN *aspirine*
asquint (ə'skwɪnt) BIJW • *vanuit een ooghoek* • *loensend*
ass (æs) ZN • G-B AND USA/VULG. *kont; reet* → **arse** G-B/MIN. *kluns* ★ INFORM. kick ass *geweldig zijn*
assail (ə'seɪl) OV WW *bestormen; aanvallen*
assailant (ə'seɪlənt) ZN *aanvaller*
assassin (ə'sæsɪn) ZN *sluip-/huurmoordenaar*
assassinate (ə'sæsɪneɪt) OV WW *vermoorden*
assassination (əsæsɪ'neɪʃən) ZN *sluip-/huurmoord*
assault (ə'sɔːlt) I ZN • *geweldpleging* • *aanval* • MIL. *bestorming* • *(seksuele) aanranding* ★ JUR. ~ and battery *mishandeling; geweldpleging* ★ criminal / indecent ~ *aanranding; ontuchtige handeling* II OV WW • *aanvallen* • MIL. *bestormen*
assault course ZN *stormbaan*
assay (ə'seɪ) I ZN *analyse* II OV WW *toetsen; analyseren; essayeren* 〈metaal〉
assemblage (ə'semblɪdʒ) ZN • *assemblage* • *verzameling; groep*
assemble (ə'sembl) I OV WW • *assembleren* • *monteren; in elkaar zetten* II ONOV WW *bijeenkomen; z. verzamelen*
assembly (ə'semblɪ) ZN • *montage* • *vergadering* • *verzameling* ★ ~ line *lopende band* ★ ~ shop *montagehal, -werkplaats*
assent (ə'sent) I ZN *instemming* ★ Royal Assent *koninklijke bekrachtiging* 〈v. wet〉 II ONOV WW *instemmen (to met)*
assert (ə'sɜːt) OV WW • *beweren* • *laten/doen gelden* ★ ~ yourself *voor jezelf opkomen*
assertion (ə'sɜːʃən) ZN • *bewering; bevestiging* • *handhaving*
assertive (ə'sɜːtɪv) BNW • *stellig; beslist* • *zelfverzekerd; aanmatigend*
assess (ə'ses) OV WW • *vaststellen* • *waarderen; beoordelen* • *(in)schatten* • *belasten* ★ ~ed work *(school)werk dat cijfermatig beoordeeld zal worden*
assessable (ə'sesəbl) BNW • *belastbaar*

- *beoordeelbaar*
assessment (ə'sesmənt) ZN • *(in)schatting*
• *waardering; beoordeling* ⟨v. (school)werk⟩
• *aanslag*
assessor (ə'sesə) ZN • *expert* • *taxateur* ★ external ~ *gecommitteerde* ⟨bij examen⟩
asset ('æset) ZN • *aanwinst* • ECON. *creditpost*
• *voordeel; pluspunt* • *goed; bezit* ★ be a great ~ *veel waard zijn*
assets ('æsets) ZN MV *activa; bezit* ★ ~ and liabilities *activa en passiva*
asshole ('ɑ:shəʊl) ZN VULG. *klootzak; lul*
assiduity (æsɪ'dju:əti) ZN • *vlijt* • *volharding*
assiduous (ə'sɪdjʊəs) BNW • *volhardend; vlijtig*
• *toegewijd*
assign (ə'saɪn) OV WW • *toewijzen; toekennen*
• *indelen*; OOK MIL. *detacheren* • JUR. *overdragen (to aan)* • *vaststellen* ★ ~ homework *huiswerk opgeven*
assignable (ə'saɪnəbl) BNW • *toewijsbaar* • *vast te stellen; aanwijsbaar* • JUR. *overdraagbaar*
assignation (æsɪg'neɪʃən) ZN • *taak* • *afspraak; rendez-vous* • *toewijzing*
assignee (æsaɪ'ni:) ZN *gevolmachtigde; curator* ⟨bij faillissement⟩
assignment (ə'saɪnmənt) ZN • *opdracht; taak*
• *toewijzing* • JUR. *overdracht* • USA *benoeming* ★ be on ~ *uitgezonden zijn (met opdracht)*
assimilate (ə'sɪmɪleɪt) I OV WW • *assimileren*
• *opnemen; zich eigen maken* II ONOV WW • *zich assimileren* • *opgenomen / gelijk worden*
assimilation (əsɪmə'leɪʃən) ZN *assimilatie; opneming*
assimilation rate ZN *opnamecapaciteit/-snelheid*
assist (ə'sɪst) OV WW • *bijstaan; assisteren* • *hulp verlenen* • ~ at *deelnemen aan*
assistance (ə'sɪstəns) ZN • *hulp; steun* • INFORM. *sociale bijstand* ★ be of ~ to s.o. *iem. helpen/van dienst zijn* ★ lend ~ *hulp verlenen*
assistant (ə'sɪstnt) I ZN • *assistent* • *bediende* II BNW *adjunct-* • USA/CAN. ~ professor ≈ *universitair docent*
assize (ə'saɪz) ZN SCHOTS *(rechtszitting met) jury*
associate[1] (ə'səʊʃɪət) ZN • *compagnon; partner*
• *metgezel; collega* II BNW • *verbonden*
• *begeleidend* • *mede-* ★ USA/CAN. ~ professor ≈ *universitair hoofddocent*
associate[2] (ə'səʊʃɪeɪt) ONOV WW • *(z.) verenigen; zich associëren* • ~ with *omgaan met* ★ ~ yourself with *je aansluiten bij*
associated (ə'səʊʃɪeɪtɪd) BNW • *gepaard gaand met* • *banden hebbend met; gerelateerd zijnd aan*
association (əsəʊsɪ'eɪʃən) ZN • *vereniging*
• *samenwerking* • *associatie* • *verband* ★ by ~ *door samenwerking* ★ in ~ with *in samenwerking met* ★ wrecking ~ *bergingsmaatschappij* ★ buying ~ *inkoopcombinatie*
Association football ZN FORM. *voetbal*
assort (ə'sɔ:t) OV WW • *sorteren; groeperen*
• *voorzien* • ~ with *passen bij*
assorted (ə'sɔ:tɪd) BNW • *bij elkaar passend*
• *gemengd; gesorteerd* • ill-~ *slecht bij elkaar passend* ★ ~ toffees *gemengde toffees*
assortment (ə'sɔ:tmənt) ZN • *assortiment*

• *sortering*
assuage (ə'sweɪdʒ) OV WW • *verzachten; lenigen; kalmeren* • *bevredigen*
assume (ə'sju:m) OV WW • *aannemen; veronderstellen* • *op zich nemen* • z. *aanmatigen*
• *veinzen* ★ let's ~ *stel dat* ★ always assuming (that) *ervan uitgaand (dat)*
assumed (ə'sju:md) BNW • *aangenomen; verzonnen* • *verondersteld* ★ under an ~ name *onder een valse naam*
assumedly (ə'sju:mɪdli) BIJW *vermoedelijk*
assumption (ə'sʌmpʃən) ZN • *veronderstelling; vermoeden* • *aanvaarding* • *overname* ⟨v. macht⟩ ★ with an ~ of modesty *met gespeelde bescheidenheid* ★ Assumption (Day) *Maria-Hemelvaart*
assumptive (ə'sʌmptɪv) BNW • *aangenomen*
• *geneigd om aan te nemen* • *aanmatigend; zelfverzekerd*
assurance (ə'ʃɔ:rəns) ZN • *verzekering; belofte*
• *zelfvertrouwen* • *(levens)verzekering*
• *zekerheid*
assure (ə'ʃɔ:ə) OV WW • *verzekeren* • *zekerheid verschaffen* ★ I can ~ you *je kunt gerust zijn; ik beloof je*
assured (ə'ʃɔ:d) BNW • *zelfverzekerd* • *zeker; stellig* ★ you may rest ~ that *u kunt ervan op aan dat* ★ be on ~ *uitgezonden zijn (met opdracht)*
asterisk ('æstərɪsk) ZN *asterisk; sterretje*
astern (ə'stɜ:n) BIJW *achter(uit)*
asthma ('æsmə) ZN *astma*
asthmatic (æs'mætɪk) I ZN *astmapatiënt; astmaticus* II BNW *astmatisch*
astir (ə'stɜ:) BNW + BIJW • *in de weer; opgewonden*
• *op de been*
astonish (ə'stɒnɪʃ) OV WW *verbazen* ★ be ~ed at *zich verbazen over*
astonishing (ə'stɒnɪʃɪŋ) BNW *verbazingwekkend*
astonishment (ə'stɒnɪʃmənt) ZN *(stomme) verbazing*
astound (ə'staʊnd) OV WW • *zeer verbazen*
• *ontstellen* ★ be ~ed by *ontzet zijn door*
astounding (ə'staʊndɪŋ) BNW *verbazingwekkend*
astral ('æstrəl) BNW *astraal; de sterren betreffend*
astray (ə'streɪ) BNW *op een dwaalspoor; op het slechte/verkeerde pad* ★ go ~ *verdwalen* ★ lead s.o. ~ *iem. op een dwaalspoor/het slechte pad brengen*
astride (ə'straɪd) BIJW *schrijlings*
astringent (ə'strɪndʒənt) I ZN *stelpend/ samentrekkend middel; adstringens* II BNW
• *streng; scherp* • *stelpend* • MED. *samentrekkend* ★ ~ comment *scherpe kritiek*
astrologer (ə'strɒlədʒə) ZN *astroloog; sterrenwichelaar*
astrologic(al) (æstrə'lɒdʒɪk(l)) BNW *astrologisch*
astrology (ə'strɒlədʒɪ) ZN *astrologie; sterrenwichelarij*
astronaut ('æstrənɔ:t) ZN *astronaut; ruimtevaarder*
astronautics ('æstrən'ɔ:tɪks) ZN *ruimtevaart*
astronomer (ə'strɒnəmə) ZN *astronoom; sterrenkundige*
astronomic(al) (æstrə'nɒmɪk(l)) BNW • OOK FIG. *astronomisch* • *fabelachtig* • *enorm*
astronomy (ə'strɒnəmɪ) ZN *astronomie; sterrenkunde*

astute (ə'stju:t) BNW *scherpzinnig; slim; schrander*
astuteness (ə'stju:tnəs) ZN *scherpzinnigheid; slimheid; geslepenheid*
asunder (ə'sʌndə) BIJW *van/uit elkaar* ★ rent/torn ~ *in stukken gescheurd*
asylum (ə'saɪləm) ZN OOK POL. *asiel;* OUD. *gesticht* ★ MIN. lunatic ~ *gekkenhuis*
asylum seeker ZN *asielzoeker*
asymmetric(al) (eɪsɪ'metrɪk(l)) BNW *asymmetrisch*
asymmetry (eɪ'sɪmətri) ZN *asymmetrie*
at (æt) VZ • *op; in; bij; aan* ⟨plaats⟩ • *om; in; tijdens* ⟨tijd⟩ • *op* ⟨leeftijd⟩ • *naar* ⟨richting⟩ • *op; vanaf* ⟨afstand⟩ • *in* ⟨situatie⟩ • *met* ⟨snelheid⟩ • *vanwege; met* ⟨oorzaak⟩ • *op* ⟨reactie⟩ • *voor* ⟨in ruil voor⟩ ★ he must be at lunch *hij is vermoedelijk aan het lunchen* ★ I'm good at French *ik ben goed in Frans* ★ she was at her best/worst *zij was op haar best/slechtst* ★ I've got a new help and good one at that *ik heb een nieuwe hulp en (nog) een goeie ook* ★ that's where it's at! *daar is het te doen!/daar moet je zijn!*
ATC AFK Automatic Train Control *ATB* ⟨Automatische Treinbeïnvloeding⟩
ate (et, eɪt) WW [verleden tijd] → **eat**
atheism ('eɪθiɪzəm) ZN *atheïsme*
atheist ('eɪθiɪst) ZN *atheïst*
atheistic(al) (eɪθi'ɪstɪk(l)) BNW *atheïstisch*
Atheneum (æθɪ'ni:əm) ZN • *Atheneum* • *literaire of wetenschappelijke vereniging* • *leeszaal*
athlete ('æθli:t) ZN *atleet* ★ ~'s foot *zwemmerseczeem; voetschimmel*
athletic (æθ'letɪk) BNW *atletisch*
athletics (æθ'letɪks) ZN MV *atletiek; sport*
Atlantic (ət'læntɪk) I ZN *Atlantische Oceaan* II BNW *Atlantisch*
atlas ('ætləs) ZN *atlas*
ATM AFK USA Automated Teller Machine *geld-/pinautomaat* ★ ATM-card *pinpas*
atmosphere ('ætməsfɪə) ZN • *atmosfeer; dampkring* • *sfeer*
atmospheric(al) (ætməs'ferɪk(l)) BNW *atmosferisch*
atmospherics (ætməs'ferɪks) ZN MV • *atmosferische storingen* • *luchtstoringen* • *sfeerbepalende elementen*
atom ('ætəm) ZN • *atoom* • *greintje*
atomic (ə'tomɪk) BNW *atoom-; kern-* ★ Atomic Age *atoomtijdperk*
atomize ('ætəmaɪz) OV WW • *verstuiven* • *versplinteren* • *vernietigen door atoomwapens*
atomizer ('ætəmaɪzə) ZN *verstuiver; sproeier; vaporisator*
atone (ə'təʊn) OV+ONOV WW ~ for *weer goedmaken; boeten voor*
atonement (ə'təʊnmənt) ZN *verzoening* ★ make ~ for *weer goedmaken; boeten voor* • Day of Atonement *Grote Verzoendag*
atop (ə'top) VZ USA *boven; boven op*
atrocious (ə'trəʊʃəs) BNW • *gruwelijk* • *monsterachtig; wreed*
atrocity (ə'trosəti) ZN *gruweldaad; wreedheid*
atrophy ('ætrəfi) I ZN • *atrofie; verschrompeling* II OV+ONOV WW *(doen) wegkwijnen; (doen) verschrompelen; verkommeren*

attaboy ('ætəbɔɪ) TW USA, INFORM. *goed zo!*
attach (ə'tætʃ) ONOV WW • *aanhechten; aansluiten; verbinden* ★ no strings ~ed FORM. *zonder beperkende bepalingen; zonder kleine lettertjes; onvoorwaardelijk* • ~ to *vastmaken aan* • be ~ed to s.o. *aan iemand gehecht zijn* ★ ~ importance to s.th. *belang aan iets toekennen* ★ ~ yourself to s.b. *je aan iem. vastklampen*
attachable (ə'tætʃəbl) BNW • *bevestigbaar* • *toe te schrijven*
attaché case (ə'tæʃeɪ keɪs) ZN *attachékoffertje*
attached (ə'tætʃt) BNW • *(aan)gehecht* • *verbonden (to met)*
attachment (ə'tætʃmənt) ZN • *binding; verbinding* • PSYCH. *hechting* • TECHN. *hulpstuk* • COMP. *attachment* • JUR. *arrestatie*
attack (ə'tæk) I ZN • *aanval* • MUZ. *inzet* ★ play in ~ *in een aanvallende positie spelen* II OV WW • *aanvallen* • *beschadigen; aantasten* • *(fel) bekritiseren*
attacker (ə'tækə) ZN *aanvaller*
attain (ə'teɪn) OV+ONOV WW • FORM. *bereiken* • *verwerven*
attainable (ə'teɪnəbl) BNW • *bereikbaar* • *verkrijgbaar*
attainment (ə'teɪnmənt) ZN *verworvenheid* • *kundigheid* • *prestatie*
attaint (ə'teɪnt) OV WW *aantasten; besmetten;* OOK FIG. *bezoedelen*
attempt (ə'tempt) I ZN • *poging* • SPORT *recordpoging* • *aanslag* ★ an ~ on the minister's life *een (moord)aanslag op de minister* II OV WW • *pogen* • *aanvallen* ★ ~ed rape/murder *poging tot verkrachting/moord*
attend (ə'tend) OV WW • *bijwonen; aanwezig zijn* • *begeleiden* ★ our children ~ the same school *onze kinderen zitten op dezelfde school* ★ ~ a machine *een machine bedienen* • ~ to *zorgen voor; verzorgen; oppletten* ★ are you being ~ed to? *wordt u al geholpen?*
attendance (ə'tendəns) ZN • *aanwezigheid; opkomst* • *verzorging; bediening* ★ be in ~ on s.b. *iem. begeleiden/bedienen* ★ dance ~ on s.o. *iem. op zijn wenken bedienen* ★ USA take ~ *absenten opnemen*
attendance book/list ZN *presentielijst*
attendant (ə'tendənt) I ZN • *bediende* • *begeleider* II BNW • *aanwezig* • *begeleidend* • *bedienend* ★ ~ circumstances *bijkomende omstandigheden*
attention (ə'tenʃən) ZN *aandacht; attentie* ★ MIL. ~! *geef acht!* ★ (for the) ~ of *ter attentie van* ★ attract/catch s.o.'s ~ *iem.s aandacht trekken* ★ bring to s.o.'s ~ *onder iem.s aandacht brengen* ★ call ~ to *aandacht vragen voor* ★ MIL. stand at ~ *in de houding staan* ★ pay ~ to *aandacht schenken aan* ★ pay close ~! *let goed op!*
attention span ZN *concentratieduur*
attentive (ə'tentɪv) BNW *aandachtig; attent*
attenuate (ə'tenjʊeɪt) OV WW • *verzachten* • *ver-/afzwakken* • *verdunnen*
attenuation (ətenjʊ'eɪʃən) ZN • *verzachting* • *verdunning*
attest (ə'test) OV WW • *plechtig verklaren*

• *getuigen van* • JUR. *waarmerken* ★ ~ to s.th. *getuigenis afleggen van*
attestation (ˌæteˈsteɪʃən) ZN • *getuigenis* • *bekrachtiging* • *beëdiging*
attic (ˈætɪk) ZN *zolder(kamer)*
attire (əˈtaɪə) ZN • *kledij; gewaad • tooi* ★ *suitable* ~ *gepaste kledij*
attired (əˈtaɪəd) BNW *uitgedost*
attitude (ˈætɪtjuːd) ZN • *houding; attitude* • *zienswijze* ★ *what is your* ~ *to ...? hoe staat u tegenover ...?*
attitudinal (ˌætɪˈtjuːdɪnl) BNW *gedrags-* ★ ~ *changes in society gedragsveranderingen in de samenleving*
attitudinize (ˌætɪˈtjuːdɪnaɪz) ONOV WW • *poseren* • *houding aannemen*
attn(.) AFK USA *for the attention of t.a.v.* ⟨ter attentie van⟩
attorney (əˈtɜːnɪ) ZN • USA *advocaat* • *procureur; gevolmachtigde* ★ USA Attorney General *procureur-generaal; minister van justitie*
attract (əˈtrækt) OV WW *(aan)trekken; boeien* ★ *it has* ~ed *much criticism het heeft veel kritiek uitgelokt/losgemaakt*
attraction (əˈtrækʃən) ZN • *aantrekking(skracht)* • *attractie*
attractive (əˈtræktɪv) BNW *aantrekkelijk; bekoorlijk*
attributable (əˈtrɪbjʊtəbl) BNW *toe te schrijven (to aan)*
attribute[1] (ˈætrɪbjuːt) ZN *kenmerk; eigenschap; attribuut*
attribute[2] (əˈtrɪbjuːt) OV WW *toeschrijven (to aan); plaatsen*
attribution (ˌætrɪˈbjuːʃən) ZN • *toekenning; toeschrijving* • *plaatsing*
attributive (əˈtrɪbjʊtɪv) I ZN TAALK. *bijvoeglijke bepaling* II BNW • *toekennend* • TAALK. *attributief*
attrition (əˈtrɪʃən) ZN • *uitputting* • *natuurlijk verloop* • *studie-uitval* • REL. *berouw* ★ *war of* ~ *uitputtingsslag*
attune (əˈtjuːn) OV WW • MUZ. *stemmen* • *afstemmen* • ~ **to** *aanpassen aan*
ATV AFK *all-terrain vehicle terreinwagen*
atypical (eɪˈtɪpɪk(ə)l) BNW *atypisch; afwijkend*
aubergine (ˈəʊbədʒiːn) ZN G-B *aubergine*
auburn (ˈɔːbən) BNW *kastanjebruin* ⟨vnl. v. haar⟩
auction (ˈɔːkʃən) I ZN • *veiling; vendutie • bieding* ⟨bridge⟩ ★ Dutch ~ *veiling bij afslag* II OV WW • *veilen; openbaar bij opbod verkopen* • ~ **off** *bij opbod uit-/verkopen*
auctioneer (ˌɔːkʃəˈnɪə) I ZN • *veiling-, vendumeester* II OV WW *veilen*
audacious (ɔːˈdeɪʃəs) BNW • *dapper; vermetel* • *onbeschaamd*
audacity (ɔːˈdæsətɪ) ZN • *dapperheid; vermetelheid* • *onbeschaamdheid*
audibility (ˌɔːdəˈbɪlətɪ) ZN *hoorbaarheid*
audible (ˈɔːdɪbl) BNW *hoorbaar*
audience (ˈɔːdɪəns) ZN • *toehoorders* • *publiek* • *audiëntie*
audio (ˈɔːdɪəʊ) BNW *audio-; geluids-; gehoor-*
audioconferencing (ˈɔːdɪəʊˌkɒnfərensɪŋ) ZN *(het) telefonisch vergaderen*
audio-visual BNW *audiovisueel* ★ ~ *aids/materials audiovisuele middelen*
audit (ˈɔːdɪt) I ZN *accountantsonderzoek* II ONOV WW *de boekhouding controleren*
audition (ɔːˈdɪʃən) I ZN • *gehoor* • *auditie* II ONOV WW *auditie doen*
auditor (ˈɔːdɪtə) ZN • *accountant* • USA *toehoorder; auditor*
auditorium (ˌɔːdɪˈtɔːrɪəm) ZN *gehoorzaal; aula*
auditory (ˈɔːdɪtərɪ) BNW *gehoor-; auditief*
Aug. AFK August *augustus*
aught (ˈɔːt) ONB VNW ★ OUD. *for* ~ *I know voor zover ik weet*
augment (ɔːɡˈment) OV+ONOV WW *(doen) toenemen*
augmentation (ˌɔːɡmenˈteɪʃən) ZN *toename*
augur (ˈɔːɡə) I ZN *waarzegger* II OV WW *voorspellen* ★ ~ *well/ill iets goeds/kwaads voorspellen; een goed/slecht voorteken zijn van*
augury (ˈɔːɡjərɪ) ZN • *voorspelling* • *voorteken*
august (ɔːˈɡʌst) BNW *verheven; doorluchtig* ★ *an* ~ *figure een indrukwekkend personage*
August (ˈɔːɡəst) ZN *augustus*
aunt (ɑːnt) ZN *tante* ★ aunt Sally *werpspel*; FIG. *mikpunt* ⟨v. spot/kritiek⟩
auntie (ˈɑːntɪ) ZN INFORM. *tante(tje)*
aupair (əʊˈpeə) I BNW ★ ~ *girl au pair(meisje)* II ONOV WW *als au pair werken*
aura (ˈɔːrə) ZN • *aura; sfeer; uitstraling* • *aroma; geur*
aural (ˈɔːrəl) BNW • *oor-* • *akoestisch*
auricle (ˈɔːrɪkl) ZN • ANAT. *oorschelp* • ANAT. *hartboezem* • PLANTK. *oortje*
auricular (ɔːˈrɪkjʊlə) BNW • *oor-* • *hartboezem-*
aurist (ˈɔːrɪst) ZN *oorspecialist*
auscultation (ˌɔːskəlˈteɪʃn) ZN *auscultatie; onderzoek door beluistering*
auspices (ˈɔːspɪsɪz) ZN MV *auspiciën* ★ *under the* ~ *of onder auspiciën/bescherming van*
auspicious (ɔːˈspɪʃəs) BNW *veelbelovend; gunstig*
Aussie (ˈɒzɪ, ˈɒsɪ) I ZN INFORM. *Australiër* II BNW INFORM. *Australisch*
austere (ɒˈstɪə) ZN • *sober* • *grimmig; streng*
austerity (ɒˈsterətɪ) ZN • *soberheid* • *strengheid*
Australasian (ˌɒstrəˈleɪʒən) I ZN *bewoner van Austraal-Azië* II BNW *m.b.t. Australië en de naburige eilanden*
Australia (ɒˈstreɪlɪə) ZN *Australië*
Australian (ɒˈstreɪlɪən) I ZN *Australiër* II BNW *Australisch*
Austria (ˈɒstrɪə) ZN *Oostenrijk*
Austrian (ˈɒstrɪən) I ZN *Oostenrijker* II BNW *Oostenrijks*
authentic (ɔːˈθentɪk) BNW • *authentiek; echt; origineel* • *betrouwbaar* • *oprecht* • *rechtsgeldig*
authenticate (ɔːˈθentɪkeɪt) OV WW • *de authenticiteit bevestigen/staven* • *de rechtsgeldigheid bevestigen/staven; legaliseren*
authenticity (ˌɔːθenˈtɪsətɪ) ZN • *authenticiteit; echtheid* • *betrouwbaarheid*
author (ˈɔːθə) ZN • *schrijver; auteur* • *schepper; bedenker* • JUR. *dader*
authoritarian (ɔːˌθɒrɪˈteərɪən) BNW *autoritair; eigenmachtig*
authoritative (ɔːˈθɒrɪtətɪv) BNW *gezaghebbend*
authority (ɔːˈθɒrətɪ) ZN • *autoriteit; gezag • expert* ★ *have it on good* ~ *iets uit betrouwbare bron*

authorization – aware

hebben ★ under the ~ of *op gezag van* ★ written ~ *schriftelijke toestemming*
authorization (ɔ:θəraɪ'zeɪʃən) ZN • *machtiging*; *volmacht*; *autorisatie* • *goedkeuring*
authorize ('ɔ:θəraɪz) OV WW • *machtigen* • *goedkeuren*
authorship ('ɔ:θəʃɪp) ZN *auteurschap*
autism ('ɔ:tɪzm) ZN *autisme*
autistic (ɔ:'tɪstɪk) BNW *autistisch*
auto ('ɔ:təʊ) ZN USA *auto*
auto- (ɔ:təʊ-) VOORV *auto-*; *automatisch*
autobiographical (ɔ:təʊbaɪə'græfɪkl) BNW *autobiografisch*
autobiography (ɔ:təʊbaɪ'ɒgrəfɪ) ZN *autobiografie*
autochthonous (ɔ:'tɒkθənəs) BNW *autochtoon*
autocracy (ɔ:'tɒkrəsɪ) ZN *alleenheerschappij*
autocrat ('ɔ:təkræt) ZN *alleenheerser*
autocue (ɔ:'təʊkju:) ZN *teleprompter*; *afleesapparaat*
autograph ('ɔ:təgrɑ:f) I ZN • *handtekening* • *eigen handschrift* II OV WW • *ondertekenen*; *signeren* • *eigenhandig tekenen* ★ ~ed book/copy *door de schrijver gesigneerd boek*
automate ('ɔ:təmeɪt) I OV WW *automatiseren* II ONOV WW *automatisch werken*; *geautomatiseerd zijn* ★ ~d teller machine *geld-/pinautomaat*
automatic (ɔ:tə'mætɪk) I ZN • *automaat* ⟨auto/apparaat⟩ • *automatisch wapen* II BNW • *automatisch* • *werktuiglijk*; *zonder nadenken* • *noodzakelijk* • *on-/onderbewust* ★ be on ~ pilot *op de automatische piloot vliegen / gaan*
automation (ɔ:tə'meɪʃən) ZN *automatisering*
automatism (ɔ:'tɒmətɪzəm) ZN *automatisme*; *automatische handeling*
automaton (ɔ:'tɒmətən) ZN *automaat*; *robot*
automobile ('ɔ:təʊmoʊ'bi:l) ZN USA *auto*
autonomous (ɔ:'tɒnəməs) BNW *autonoom*; *met zelfbestuur*
autonomy (ɔ:'tɒnəmɪ) ZN *autonomie*; *zelfbestuur*
auto pilot ZN *automatische piloot*
autopsy ('ɔ:tɒpsɪ) ZN *autopsie*; *lijkschouwing*
autosearch ('ɔ:təʊsɜ:tʃ) ZN COMP. *automatische zoekfunctie*
autoteller ('ɔ:təʊtelə) ZN *geldautomaat*
autotransfusion ('ɔ:təʊtræns'fju:ʒən) ZN *bloedtransfusie met eigen bloed*
autumn ('ɔ:təm) ZN OOK FIG. *herfst*
autumnal (ɔ:'tʌmnl) BNW *herfstachtig*
auxiliary (ɔ:g'zɪljərɪ) I ZN • *hulpstuk* • *helper* • TAALK. *hulpwerkwoord* II BNW • *hulp-* • *aanvullend*; *reserve-*
Av. AFK USA → **Ave.**
avail (ə'veɪl) I ZN *baat*; *nut* ★ of/to no ~ *nutteloos*; *vergeefs* ★ of little ~ *van weinig nut* II ONOV WW *baten* ★ ~ o.s. of *gebruik maken van*
availability (əveɪlə'bɪlətɪ) ZN • *beschikbaarheid* • *bruikbaarheid* ★ this offer is subject to ~ *dit aanbod geldt zolang de voorraad strekt*
available (ə'veɪləbl) BNW • *beschikbaar* • *geldig*
avalanche ('ævəlɑ:nʃ) ZN OOK FIG. *lawine*
avarice ('ævərɪs) ZN • *hebzucht* • *gierigheid*
avaricious (ævə'rɪʃəs) BNW • *hebzuchtig* • *gierig*
Ave., USA **Av.** AFK *Avenue* str. ⟨straat⟩
avenge (ə'vendʒ) OV WW *wreken*

avenger (ə'vendʒə) ZN *wreker*
avenue ('ævənju:) ZN • *straat* • *laan* • FIG. *weg* ⟨manier⟩
aver (ə'vɜ:) OV WW • *(met klem) beweren*; *verzekeren* • *bewijzen*
average ('ævərɪdʒ) I ZN • *gemiddelde* • JUR./SCHEEPVAART *averij* ★ above ~ *meer dan gemiddeld* ★ on ~ *doorgaans* ★ by the law of ~s *naar alle waarschijnlijkheid* ★ Mr Average *Jan Modaal* II BNW *gemiddeld*; *middelmatig*; *gewoon* III OV WW • *het gemiddelde berekenen / halen* • *schatten* • ~ **out** *gemiddeld op hetzelfde neerkomen*
averse (ə'vɜ:s) BNW *afkerig* ⟨to van⟩; *afwijzend* ★ not ~ to a pint of stout *niet afkerig van een biertje*
aversion (ə'vɜ:ʃən) ZN *afkeer* ⟨to, for, from van⟩
avert (ə'vɜ:t) OV WW *afwenden* ★ ~ one's eyes/gaze *de blik afwenden*
avian ('eɪvɪən) BNW *vogel-*; *ornithologisch*
aviary ('eɪvɪərɪ) ZN *volière*; *vogelverblijf* ⟨in dierentuin⟩
aviation (eɪvɪ'eɪʃən) ZN • *vliegsport*; *luchtvaart* • *vliegkunst* ★ ~ medicine *medicijn tegen luchtziekte*
avid ('ævɪd) BNW • *begerig* ⟨for naar⟩ • *gretig* • *fervent* ★ avid for revenge *wraakzuchtig* ★ an avid reader *een fervent lezer*
avidity (ə'vɪdətɪ) ZN • *begeerte* • *gretigheid*
avionics (eɪvɪ'ɒnɪks) ZN MV *vliegtuigelectronica*
avocado, G-B **avocado pear** ZN *avocado*
avocado pear ZN G-B → **avocado**
avocation (ævə'keɪʃ(ə)n) ZN • OUD. *bijbaantje* • OUD. *nevenwerkzaamheid* ⟨vnl. ter ontspanning⟩
avoid (ə'vɔɪd) OV WW *vermijden* ★ ~ s.o./s.th. like the plague *iem./iets mijden als de pest*
avoidable (ə'vɔɪdəbl) BNW *vermijdbaar*; *te vermijden*
avoidance (ə'vɔɪdəns) ZN • *vermijding* • *ontwijking*
avoirdupois ('ævədə'pɔɪz, 'ævwɑ:dju:'pwɑ) ZN *Engels gewichtstelsel*
avow (ə'vaʊ) OV WW • *erkennen* • *bekennen*
avowal (ə'vaʊəl) ZN *(openlijke) bekentenis*
avowed (ə'vaʊd) BNW *openlijk*; *erkend*; *verklaard*
avuncular (ə'vʌŋkjʊlə) BNW • *(als) v.e. oom* • *vaderlijk*
AWACS AFK MIL. Airborne Warning And Control System *Awacs*
await (ə'weɪt) OV WW *(af)wachten*
awake (ə'weɪk) I BNW *wakker* ★ wide ~ *klaarwakker* II OV WW *wekken*; *wakker maken* ★ ~ s.o. to s.th. *iemand bewust maken van iets* III ONOV WW *wakker worden* ★ ~ to s.th. *zich bewust worden van iets*
awaken (ə'weɪkən) WW → **awake**
awakening (ə'weɪkənɪŋ) ZN • *(het) ontwaken* • *bewustwording* ★ rude ~ *ontgoocheling*
award (ə'wɔ:d) I ZN • *bekroning*; *prijs* • *toekenning* ⟨v. schadevergoeding enz.⟩ • *uitspraak* ⟨via arbitrage⟩ • *toelage* ★ an ~-winning TV-programme *een bekroond tv-programma* II OV WW • *belonen* • *toekennen* • JUR. *opleggen*; *beslissen*
aware (ə'weə) BNW • *bewust* • *gewaar* ★ be ~ of

zich bewust zijn van ● as far as I'm ~ *voor zover mij bekend*
awareness (ə'weənəs) ZN *bewustzijn*
awash (ə'wɒʃ) BNW ● *onder water; overspoeld* ● *ronddrijvend* ● PLAT *aangeschoten; tipsy* ★ FIG. ~ with *vol van*
away (ə'weɪ) I ZN SPORT *(gewonnen) uitwedstrijd* II BNW + BIJW ● *weg; niet aanwezig; op afstand; van huis* ● *ver* ● *op een andere plaats* ● SPORT *uit(-)* ★ away from *op een afstand van* ★ far / miles away *ver hiervandaan* ★ hide / put s.th. away *iets ver-/opbergen* ★ play away *(een) uit(wedstrijd) spelen* ★ talk away *maar raak praten*
awe (ɔ:) I ZN *ontzag* ★ be / stand in awe of *groot respect / ontzag hebben voor* ★ in awed silence *(vol ontzag) tot (stil)zwijgen gebracht* II OV WW *ontzag inboezemen*
awe-inspiring ('ɔ:ɪnspaɪərɪŋ) BNW *ontzagwekkend*
awesome ('ɔ:səm) BNW ● *ontzagwekkend; vreselijk* ● USA *fantastisch*
awestricken ('ɔ:strɪkən) BNW *vol ontzag*
awestruck BNW → **awestricken**
awful ('ɔ:ful) I BNW *afschuwelijk* ★ an ~ lot of trouble *een hoop ellende* II BIJW USA ★ John is ~ clever *John is erg/uiterst slim*
awhile (ə'waɪl) BIJW *een poosje; even*
awkward ('ɔ:kwəd) BNW ● *pijnlijk; gênant* ● *lastig* ● *opgelaten* ● *gevaarlijk* ● *onhandig*
awl (ɔ:l) ZN *priem; els*
awning ('ɔ:nɪŋ) ZN *zonnetent; markies; luifel*
awoke (ə'wəʊk) WW [verleden tijd] → **awake**
awoken (ə'wəʊkən) WW [volt.deelw.] → **awake**
AWOL ('eɪwɒl) AFK MIL. absent without leave *afwezig zonder verlof* ★ INFORM. go AWOL *er tussenuit knijpen*
awry (ə'raɪ) BNW + BIJW ● *scheef* ● *verkeerd*
axe (æks) I ZN *bijl* ★ apply the axe *de botte bijl hanteren* ⟨bezuinigen⟩ ★ INFORM. get the axe *de zak krijgen; gestopt / stilgelegd worden* ⟨v. project⟩ ★ have an axe to grind *uit eigen belang handelen* II OV WW ● *afschaffen wegens bezuiniging* ● *ontslaan* ● *vermoorden (met bijl)*
axe-man, USA **axman** ZN ● *iem. die met een bijl aanvalt* ● *iem. die de botte bijl hanteert* ⟨bij ontslagen e.d.⟩
axes ('æksəs) ZN MV → **axis**
axiom ('æksɪəm) ZN *axioma; grondwaarheid*
axiomatic (æksɪə'mætɪk) BNW *axiomatisch; vanzelfsprekend*
axis ('æksɪs) ZN ● TECHN. *as* ● WISK. *as* ● POL. *as* ● ANAT. *draaier* ★ POL. axis of evil *as van het kwaad*
axle ('æksl) ZN TECHN. *(draag)as*
axman ZN USA → **axe-man**
ay(e) (aɪ) I ZN ★ the ~s and the noes *de voor- en tegenstemmers* ★ the ~s have it *de meerderheid is ervóór* II TW *inderdaad; ja*
azalea (ə'zeɪlɪə) ZN *azalea*
azure ('æʒə) BNW *hemelsblauw* ★ ~ stone *lapis lazuli*

B

b (bi:) ZN *letter b* ★ B as in Benjamin *de b van Bernard*
B ZN ● MUZ. *B* ● USA ≈ *8 à 9* ⟨schoolcijfer⟩
B2B AFK Business-to-Business *B2B* ⟨v. bedrijf naar bedrijf⟩
BA, USA **B.A.** AFK Bachelor of Arts *bachelor in de letteren/sociale wetenschappen*
B.A. ZN USA → **BA**
baa (bɑ:) I ZN *geblaat* II ONOV WW *blaten*
babble ('bæbl) I ZN ● *gekakel; gesnater* ● *geleuter* ● *(baby)gebrabbel* II ONOV WW ● *babbelen; leuteren* ● *kabbelen* ● *verklappen*
babbler ('bæblər) ZN ● *leuteraar; babbelkous* ● *klikspaan*
babe (beɪb) ZN INFORM. *aantrekkelijk meisje; babe*
babel ('beɪbl) ZN ● *(spraak)verwarring* ● *rumoer*
baboon (bə'bu:n) ZN *baviaan*
baby ('beɪbɪ) I ZN ● *baby; zuigeling* ● *de jongste* ● PLAT *schatje* ★ throw the baby out with the bathwater *het kind met het badwater weggooien* ★ leave s.o. holding the baby *iem. met de gebakken peren laten zitten* II OV WW *als (een) kind behandelen*
babybattering ('beɪbɪ'bætərɪŋ) ZN *babymishandeling*
baby blues ZN INFORM. *postnatale depressie*
baby boom ZN *geboortegolf*
baby boomer ZN *iem. van de geboortegolfgeneratie*
baby carriage ZN *kinderwagen*
baby grand ZN *kleine vleugel* ⟨piano⟩
Babygro ('beɪbɪgrəʊ) ZN *boxpakje*
babyhood ('beɪbɪhʊd) ZN *(eerste) kindsheid*
babyish ('beɪbɪʃ) BNW *kinderachtig; kinderlijk*
babyminder ZN *kinderoppas*
babysit ('beɪbɪsɪt) I ZN *babysit; oppas* II OV+ONOV WW *babysitten*
babysitter ('beɪbɪsɪtə) ZN → **babysit**
baby tooth ZN USA *melktand*
baccalaureate (‚bækə'lɔ:rɪət) ZN *eindexamen vwo* ⟨o.a. in Frankrijk, op internationale scholen⟩ ★ International Baccalaureate *Internationaal Baccalaureaat* ⟨internationaal erkend schooldiploma⟩
bachelor ('bætʃələ) ZN ● *vrijgezel* ● *bachelor* ⟨laagste academische graad⟩ ★ a confirmed ~ *een verstokte vrijgezel; een homoseksueel* ★ Bachelor of Arts ≈ *bachelor in de letteren en wijsbegeerte*
bacillus (bə'sɪləs) ZN *bacil*
back (bæk) I ZN ● *rug* ● *achterkant* ● *onderblad* ⟨v. strijkinstrument⟩ ● SPORT *achterspeler* ★ at/in the back of your mind *in je achterhoofd* ★ the back of beyond *een verloren uithoek* ★ back to back *rug aan rug* ★ back to front *achterstevoren* ★ INFORM. be glad to see the back of s.b./s.th. *blij van iem./iets af te zijn; iem./iets liever zien gaan dan komen* ★ FIG. off the back of a lorry *van de vrachtwagen gevallen* ⟨gestolen⟩ ★ behind s.b.'s back *achter iemands rug (om)* ★ FIG. be on s.b.'s back *iem. jennen* ★ FIG. break the back of s.th. *het grootste deel v. iets af/klaar*

hebben ★ FIG. get/put s.b.'s back up *iem. irriteren* ★ FIG. get off s.b.'s back *iem. met rust laten* ★ INFORM. (flat) on one's back *ziek in bed* ★ FIG. put your back in to s.th. *erg zijn/haar best doen voor iets* ★ turn one's back *zich omdraaien* ★ turn one's back on s.b./s.th. *iem. of iets de rug toekeren* ★ FIG. scratch my back and I'll scratch yours *de ene dienst is de andere waard* ★ FIG. have your back against the wall *met je rug tegen de muur staan* **II** BNW • *achter* • *oud* ‹v. tijdschriften, enz.› • *achterstallig* **III** OV WW • *steunen* • *garanderen* • *wedden op* ★ our house is backed by a park *ons huis grenst aan een park* ★ OOK FIG. back the wrong/right horse *op het verkeerde/goede paard wedden* ★ back a loan *een lening garanderen* • ~ **onto** *grenzen aan* ‹v. gebouw› • ~ **up** *steunen*; COMP. *een reservekopie maken* **IV** ONOV WW • *achteruit gaan/rijden* ★ back off! *donder op!; schei uit!* • ~ **away (from)** *terugdeinzen (voor); zich terugtrekken (van/uit); achteruit weglopen (van)* • ~ **down (on/from)** *terugkrabbelen (van/voor); toegeven (aan)* • ~ **off** z. *terugtrekken; intrekken* ‹steun, bewering enz.› • ~ **out** *zich achterwaarts verwijderen; terugkrabbelen; achteruit wegrijden* • ~ **up** *achteruitrijden* **V** BIJW • *achter(uit)* • *op afstand* • *terug* ★ as far back as 1950 *reeds in 1950* ★ back and forth *heen en weer* ★ USA back of s.th. *achter iets* ★ be back where one started *terug zijn bij af*
backache ('bækeɪk) ZN *rugpijn*
backbencher (bæk'bentʃə) ZN *gewoon Lagerhuislid*
backbiting ('bækbaɪt) ZNW *roddel; achterklap*
backbone ('bækbəʊn) ZN • *ruggengraat* • *wilskracht; pit*
back-breaking ('bækbreɪkɪŋ) BNW ★ ~ work *zeer zwaar werk*
backchat ('bæktʃæt) ZN *brutaal antwoord; brutaliteit*
back-door (bækdɔ:) **I** ZN *achterdeur* ★ FIG. come in through the ~ *via een achterdeurtje binnenkomen* **II** BNW *geheim; achterbaks*
backdrop ('bækdrɒp) ZN *doek/scherm* ‹toneel›; OOK FIG. *achtergrond*
backer (bækə) ZN *financier; sponsor* ★ government-backed loans *leningen met overheidsgarantie*
backfire ('bækfaɪə) ONOV WW • *terugslaan* ‹v. motor› • *averechts werken; mislopen; de mist in gaan*
backgammon ('bækgæmən) ZN *backgammonspel*
background ('bækgraʊnd) ZN *achtergrond*
backhand ('bækhænd) ZN SPORT *slag met de rug v.d. hand naar voren*
backhanded ('bækhændɪd) BNW • *met de rug v.d. hand naar voren* • *dubbelzinnig* • *indirect* • *achterbaks*
backhander ('bækhændə) ZN USA/INFORM. *smeergeld*
backhoe ('bækhəʊ) ZN *graafmachine*
backing ('bækɪŋ) ZN • *steun* • *achterban* • MUZ. *begeleiding*
backlash ('bæklæʃ) ZN • *verzet; reactie* • TECHN. *speling*
backlog ('bæklɒg) ZN • *achterstallig werk* • USA *reserve(voorraad/orders)*
backmost ('bækməʊst) BNW *achterst(e)*
backpack ('bækpæk) ZN USA *rugzak*
backpacker ('bækpækə) ZN *trekker met rugzak*
back-pedal (bæk'pedl) WW • *terugtrappen* ‹fiets› • *terugkrabbelen*
backrest ('bækrest) ZN *rugleuning*
backscratching ('bækskrætʃɪŋ) ZN • *vriendjespolitiek* • INFORM. *handjeklap*
backseat (bæk'si:t) ZN *zitplaats achterin* ★ take a ~ *zich op de achtergrond houden*
backseat driver ZN IRON. *meerijder* ‹betweterige passagier›; *betweter*
backside ('bæksaɪd) ZN INFORM. *achterste* ★ INFORM. get off your ~! *kom eens van je luie kont!*
backslapping ('bækslæpɪŋ) ZN *joviaal gedrag*
backslash ('bækslæʃ) ZN COMP. *achterwaarts deeltteken* ‹schuine streep naar links: \›
backsliding ('bækslaɪdɪŋ) ZN *het vervallen in oude fout(en)*
backstabber ('bækstæbə) ZN *onderkruiper; onbetrouwbaar sujet*
backstage (bæk'steɪdʒ) BIJW *achter het toneel; achter de schermen/coulissen*
backstairs (bæk'steəz) **I** ZN MV *achtertrap* **II** BNW *heimelijk; achterbaks*
backstairs gossip ZN *roddel en achterklap*
backstreet ('bækstri:t) **I** ZN *achterafstraatje* **II** BNW • *illegaal* • *clandestien* ★ ~ abortion *illegale abortus*
backstroke ('bækstrəʊk) ZN *rugslag*
backtrack ('bæktræk) WW • *op zijn schreden terugkeren* ‹bv. in denkproces› • *terugkrabbelen*
back-up ('bækʌp) **I** ZN • COMP. *reservekopie* • *steun* • *invaller* **II** BNW *reserve-* ★ ~ copy *reservekopie*
backward ('bækwəd) BNW • *achterwaarts; achteruit; terug* • FIG. *achterlijk* ‹ongunstige ontwikkeling› • *achterlijk* ‹w.b. ontwikkeling› ★ a ~ step *een stap achteruit*
backwards ('bækwədz) **I** BNW USA → **backward** **II** BIJW • *achterwaarts; achteruit; terug* • *achterstevoren; van achter naar voren* • *achteruit* ‹ongunstige ontwikkeling› ★ ~ and forwards (*herhaaldelijk*) *van achteren naar voren* ★ bend over ~ (to help s.o.) *zich uit de naad werken (om iem. te helpen)* ★ FIG. know one's lines ~ *zijn tekst van achter naar voren kennen* ‹grondig› ★ take a step ~ *een stap naar achteren doen*
backwash ('bækwɒʃ) ZN *terugloop v. golf; terugslag; nasleep*
backwater ('bækwɔ:tə) ZN • *nauwelijks stromend binnenwater* • FIG. *achtergebleven/-blijvend gebied* ★ he lives in a cultural ~ *hij woont in een cultureel achterlijk gebied*
backwoods ('bækwʊdz) ZN MV *binnenlanden*
backyard (bæk'jɑ:d) ZN *achtererf;* USA *achtertuin* ★ I know it like my own ~ *ik ken het als mijn broekzak*
bacon ('beɪkən) ZN *spek* ★ INFORM. bring home the ~ *ergens in slagen; de kost verdienen* ★ save s.b.'s ~ *iem. uit de puree halen*
bacteria (bæk'tɪərɪə) ZN MV → **bacterium**
bacterial (bæk'tɪərɪəl) BNW *bacterie-*

bacteriology (bæktɪərɪˈɒlədʒɪ) ZN *bacteriologie*
bacterium (bækˈtɪərɪəm) ZN *bacterie*
bad (bæd) BNW • *slecht; ondeugdelijk • hevig; ernstig • ondeugend • schadelijk •* PLAT *geweldig; gaaf* ★ *bad feet pijnlijke voeten* ★ *feel bad about s.th. zich schuldig voelen over iets* ★ *feel bad for s.b. medelijden hebben met iem.* ★ *be a bad lot voor geen cent deugen* ★ *from bad to worse v. kwaad tot erger* ★ *go bad bederven* ⟨v. eten⟩ ★ *not bad! niet gek!* ★ *too bad wat jammer!; wat een pech!* ★ *take the bad with the good iets op de koop toe nemen* ★ *we were £50 to the bad we waren er £50 op achteruit gegaan* ★ USA/INFORM. *want s.th. real bad iets heel graag willen*
baddie (ˈbædɪ) ZN INFORM. *slechterik; schurk*
bade (bæd) WW [verleden tijd] → **bid**
badge (bædʒ) ZN • *badge; embleem • (politie)penning; insigne • symbool* ★ ~ *of office kenmerk van functie*
badger (ˈbædʒə) I ZN *das* ⟨dier⟩ II OV WW *lastig vallen; zeuren om iets* ★ *she* ~*ed him into going ze zeurde net zolang totdat hij ging*
badinage (ˈbædɪnɑːʒ) ZN *scherts*
badly (ˈbædlɪ) BNW + BIJW • *slecht • erg; zeer* ★ ~ *off arm; slecht af zijn* ★ *be* ~ *off for s.th. iets tekort komen; te weinig hebben van iets*
badminton (ˈbædmɪntən) ZN *badminton*
badmouth (ˈbædmaʊθ) OV WW USA *kwaadspreken; lasteren*
bad-tempered (bædˈtempəd) BNW *slechtgehumeurd*
baffle (ˈbæfəl) I ZN TECHN. *scherm* ⟨om stroming van licht, geluid of vloeistof te regu⟩ II OV WW • *verbijsteren • verijdelen; verhinderen*
baffle board ZN TECHN. LETT. *klankbord*
baffling (ˈbæflɪŋ) BNW *verbijsterend; ongelooflijk* ★ *a* ~ *problem een probleem dat onoplosbaar lijkt*
bag (bæg) I ZN • *zak; tas • wal* ⟨onder oog⟩ • *vangst* ★ *bag and baggage met zijn hele hebben en houden* ★ INFORM. *it's in the bag dat zit (wel) goed; dat is kat in 't bakkie* ★ *that's (not) my bag daar ben ik (niet) goed in* ★ INFORM. *bags of room plek genoeg* ★ *be a bag of bones vel over been zijn* ★ *pack one's bags z'n biezen pakken; vertrekken* ★ MIN. *old bag oud wijf* ★ *mixed bag ratjetoe* ★ *lucky bag grabbelton* ★ *overnight bag weekendtas* ★ *sleeping bag slaapzak* II OV WW • *in een tas doen* • INFORM. *vangen; schieten* ⟨wild⟩ • SPORT *scoren* • *bemachtigen; inpikken • doen opzwellen/ uitpuilen* ★ *bag the best seats de beste plaatsen inpikken* III ONOV WW *(op)zwellen; uitpuilen*
bagel (beɪgl) ZN USA *rond broodje*
baggage (ˈbægɪdʒ) ZN USA *bagage*
baggage room ZN *bagagedepot*
baggy (ˈbægɪ) BNW *uitgezakt; flodderig* ★ ~ *trousers flodderige broek*
bag lady ZN *zwerfster*
bagman (ˈbægmən) ZN • PLAT *handelsreiziger* • *koerier die zwart geld witwast; man met smeergeld*
bagpipe (ˈbægpaɪp) ZN *doedelzak*
bail (beɪl) I ZN • *borgtocht • voorhof* ⟨v. kasteel⟩ • *afsluitboom; dwarsboom* ⟨in paardenstal⟩ • *klosje op wicket* ⟨bij cricket⟩ • *hengsel* ⟨v. ketel⟩ • *(plein omgeven door) buitenmuur* ★ *stand bail / put up bail for s.b. borg staan voor iem.* ★ *jump/skip bail ertussenuit knijpen nadat vrije borgtocht is verleend* II OV WW • *hozen* • ~ **out** *door borgtocht vrij krijgen; uit de puree helpen*
bailey (ˈbeɪlɪ) ZN *(plein omgeven door) buitenmuur*
bailiff (ˈbeɪlɪf) ZN • *deurwaarder • rentmeester* • USA *gerechtsdienaar* • GESCH. *drost; baljuw*
bait (beɪt) I ZN *(lok)aas* ★ FIG. *rise to/take the bait happen* II OV WW • *van aas of voer voorzien* • *sarren*
baize (beɪz) ZN *groen (biljart)laken*
bake (beɪk) OV+ONOV WW *bakken* ★ *baked beans witte bonen in tomatensaus*
baker (ˈbeɪkə) ZN *bakker* ★ *I'm going to the* ~*'s Ik ga naar de bakker(swinkel)*
bakery (ˈbeɪkərɪ) ZN *bakkerij; bakkerswinkel*
baking (ˈbeɪkɪŋ) BNW • *bak-* • *snikheet*
balaclava (ˌbæləklɑːˈvɑː) ZN *bivakmuts*
balance (ˈbæləns) I ZN • *balans; weegschaal* • *evenwicht • saldo; rest* ★ *be / hang in the* ~ *onzeker zijn* ★ *hold the* ~ *of power de beslissing kunnen nemen* ★ *on* ~ *alles in aanmerking genomen* ★ ~ *off* ~ *uit evenwicht* ★ *shift/turn the* ~ *de schaal doen doorslaan* ★ ~ *of trade handelsbalans* II OV WW • *wegen • wikken • in evenwicht houden of brengen* ★ ECON. ~ *the books boeken afsluiten* III ONOV WW ★ ~ **out** *elkaar compenseren*
balcony (ˈbælkənɪ) ZN *balkon*
bald (bɔːld) BNW • *kaal • sober; onopgesmukt*
balderdash (ˈbɔːldədæʃ) ZN • *wartaal • onzin*
bald-headed (bɔːldˈhedɪd) BNW *kaalhoofdig*
balding (ˈbɔːldɪŋ) BNW *kalend*
baldly (ˈbɔːldlɪ) BIJW *gewoonweg; zonder omwegen*
baldy (ˈbɔːldɪ) ZN *kale*
bale (beɪl) I ZN • *baal • onheil* II OV WW • *in balen pakken • hozen* III ONOV WW ★ ~ **out** *met parachute uit vliegtuig springen; ophouden*
baleful (ˈbeɪlfʊl) BNW • *onheilspellend* • *verderfelijk*
ball (bɔːl) I ZN • SPORT *bal • bol* ⟨vorm⟩ • *bal* ⟨dansfeest⟩ • BIOL. *bal* ⟨v. voet⟩; *muis* ⟨v. hand⟩ • SPORT *wijd* ⟨honkbal⟩ ★ *the ball is now in your court het initiatief is aan jou* ★ *get/set/ start the ball rolling de zaak aan het rollen brengen* ★ *keep the ball rolling de zaak gaande houden* ★ INFORM. *have a ball zich vermaken; een leuke tijd hebben* ★ FIG. *have s.o. by the balls iemand bij zijn ballen hebben* ★ *have (a lot of) balls (veel) lef hebben* ★ *balls! onzin!* ★ INFORM. *play ball* USA *honkbal spelen; meehelpen; meedoen; beginnen* ★ *(be) on the ball bij de les (zijn)* ⟨gespitst⟩ ★ *ball and socket joint kogelgewricht* ★ *masked ball gemaskerd bal* ★ *fancy dress ball gemaskerd bal* ★ *wrecking ball sloopkogel* ★ IRON. *(the old) ball and chains mijn liefhebbende echtgenote* ★ SPORT *wide ball wijd* ⟨bij honkbal e.d.⟩ ★ *wrecking ball sloopkogel* ★ INFORM. *balls* [mv] *ballen; kloten* II OV+ONOV WW • *(samen)ballen* • USA, VULG. *neuken* • ~ **up** *verkloten*
ballad (ˈbæləd) ZN *ballade*

ballast ('bæləst) I ZN *ballast* II OV WW *bezwaren*
ball-bearings (bɔːl'bearɪŋz) ZN MV *kogellagers*
ballet ('bæleɪ) ZN *ballet*
ball game ZN • *balspel* • USA *honkbalwedstrijd* ★ FIG. a new ~ *een nieuwe situatie*
ballistic (bə'lɪstɪk) BNW *ballistisch* ★ ~ missile *ballistisch projectiel* ★ go ~ *barsten van woede*
ballistics (bə'lɪstɪks) ZN *ballistiek*
ball lightning ZN *bolbliksem*
balloon (bə'luːn) I ZN *ballon; bol* ★ go down like a lead ~ *mislukken* ★ when the ~ goes up *als de ellende begint* II ONOV WW • *bol staan* • *opzwellen* • *zweven*
balloonist (bə'luːnɪst) ZN *ballonvaarder*
ballot ('bælət) I ZN • *stemming* • *stembriefje* • *loting* II ONOV WW • *stemmen* • *loten* • *balloteren*
ballot-box ('bælətbɒks) ZN *stembus*
ballot-paper ZN *stembiljet/-briefje*
ballpark ('bɔːlpɑːk) ZN USA *honkbalstadion* ★ be in the same ~ *niet veel verschillen*
ballpark figure ZN INFORM. *grove schatting*
ballroom ('bɔːlruːm) ZN *balzaal* ★ ~ dancing *stijldansen*
balls-up ZN ★ make a ~ of s.th. *iets helemaal verpesten*
bally ('bælɪ) BNW + BIJW EUF. *verdomd*
ballyhoo (bælɪ'huː) ZN • USA *trammelant* • USA *tamtam*
balm (bɑːm) ZN *balsem* ⟨ook fig.⟩
balmoral (bæl'mɒrəl) ZN *schotse baret*
balmy ('bɑːmɪ) BNW • *zacht; mild* • *stapelgek*
baloney (bə'ləʊnɪ) ZN *nonsens; flauwekul*
balsam ('bɔːlsəm) ZN *balsem* ⟨ook fig.⟩
Baltic ('bɔːltɪk) BNW *Baltisch* ★ ~ Sea *Oostzee*
balustrade (bælə'streɪd) ZN • *balustrade* • *reling*
bamboo (bæm'buː) ZN *bamboe*
bamboozle (bæm'buːzəl) OV WW *beetnemen*
ban (bæn) I ZN • *ban(vloek)* • *verbod* ★ put a ban upon *verbieden* II OV WW *verbieden*
banal (bə'nɑːl) BNW *banaal*
banality (bə'nælətɪ) ZN *banaliteit*
banana (bə'nɑːnə) ZN *banaan* ★ ~ split *roomijs met banaan en slagroom* ★ PLAT go ~s *boos/gek worden*
band (bænd) I ZN • MUZ. *band; orkestje; kapel* • *groep(je)* • *band; lint • rand; strook* ★ band saw *lintzaag* ★ brass band *fanfarekorps* ★ military band *militaire kapel* II OV WW • *strepen* • *naar niveau/tariefgroep indelen* ★ band together *zich tot groep verenigen*
bandage ('bændɪdʒ) I ZN • *verband; zwachtel* • *blinddoek* II OV WW • *verbinden* • *blinddoeken* • ~ up *verbinden*
band-aid ZN • *pleister* • FIG. *noodverbandje*
bandit ('bændɪt) ZN • *(struik)rover* • LUCHTV. PLAT *vijandelijk vliegtuig* ★ one-armed ~ *gokautomaat*
banditry ('bændɪtrɪ) ZN *roverij*
bandmaster ('bændmɑːstə) ZN *kapelmeester*
bandoleer (bændə'lɪə) ZN → **bandolier**
bandolier (bændə'lɪə), **bandoleer** ZN *patroongordel*
bandstand ('bændstænd) ZN • *muziekkoepel* • *podium*
bandwagon ('bændwægən) ZN *muziek-/reclamewagen* ★ INFORM. climb/jump on the ~ *met de massa meedoen; aan de kant v.d. winnaar gaan staan*
bandy ('bændɪ) I ZN • *op hockey lijkend balspel* • *bendie* ⟨rijtuig⟩ II BNW *o-vormig* ★ AUSTR./ INFORM. knock (s.b.) ~ *iem. versteld doen staan* III OV WW *uitwisselen* ★ his name is being bandied about as... *zijn naam wordt genoemd/ circuleert als...*
bandy-legged BNW *met o-benen*
bane (beɪn) ZN • *vloek; pest* • *vergif* ★ the bane of o.'s life *een nagel aan iem.'s doodkist*
bang (bæn) I ZN • *klap; smak; knal* • STERRENK. the Big Bang *de oerknal* ★ INFORM. the party went with a bang *het was een knalfeest* ★ go out with a bang *eindigen met een knal; een grootse apotheose hebben* ★ USA more bang for the buck *meer waar voor je geld* II OV+ONOV WW • *hard slaan* • *smakken; dichtslaan* • *knallen* • VULG. *neuken* ★ bang o.'s head against a brick wall *met het hoofd tegen de muur lopen; zichzelf verwijten maken* ★ bang out a tune *een melodie luid en onzuiver spelen* • ~ **about**/ **around** *stommelen* • ~ **into** *aanlopen tegen* • ~ **on about** *doordrammen over* III TW *pats!; boem!* ★ bang goes that! *dat kunnen we wel vergeten!* ★ bang on target! *precies raak/goed!* ★ go bang *uit elkaar klappen*
banger ('bæŋə) ZN • *rammelkast* ⟨auto⟩ • *worstje* • *vuurwerk* • USA *klopper* ⟨v. eieren, mat enz.⟩ • USA *drijver* ⟨jacht⟩
bangle ('bæŋgl) ZN • *armband* • *enkelband*
bang-up (bæŋ ʌp) BNW USA/INFORM. *piekfijn; prima*
banish ('bænɪʃ) OV WW *verbannen*
banishment ('bænɪʃmənt) ZN *verbanning; ballingschap*
banister ('bænɪstə(z)), **bannister** ZN *trapleuning*
bank (bæŋk) I ZN • *oever* • *zand-/wolkenbank* • *berm* • ECON. *bank* ★ it won't break the bank! *zó duur is het nu ook weer niet!* II OV+ONOV WW • *storten* ⟨bij bank⟩ • *bankrekening hebben* • *doen hellen; schuin gaan* • *indammen* ★ bank up a fire *veel kolen op het vuur gooien; opbanken* ★ bank up earth *aarde ophopen* ★ bank on s.th./s.b. *op iets/iem. hopen*
bankable ('bæŋkəbl) BNW • *betrouwbaar* ★ a ~ star *een ster die veel publiek trekt*
bank account ZN *bankrekening*
bank balance ZN *saldo*
bank card ZN *bankpasje*
banker ('bæŋkə) ZN *bankier*
banker's card ZN *bankpasje*
bank holiday ZN *officiële vrije dag*
banking ('bæŋkɪŋ) ZN *bankwezen*
banknote ('bæŋknəʊt) ZN *bankbiljet*
bank rate ZN *bankdisconto*
bank roll (bæŋk rəʊl) I ZN *fonds(en)* II WW USA/ INFORM. *financieel steunen*
bankrupt ('bæŋkrʌpt) I BNW *failliet* II OV WW *failliet doen gaan*
bankruptcy ('bæŋkrʌptsɪ) ZN *faillissement*
bank statement ZN *bankafrekening*
banner ('bænə) ZN • *banier* • *spandoek* • COMP. *banner* ⟨internet⟩ ★ under the ~ of *onder de*

vlag van
banner headline ZN *kop over hele pagina v. krant*
bannister ZN → **banister**
banns (bænz) ZN MV ★ publish/read the ~ *huwelijk kerkelijk afkondigen*
banquet ('bæŋkwɪt) I ZN *banket; feestmaal* II OV WW *feestelijk onthalen* III ONOV WW *feesten; smullen*
banshee ('bænʃiː) ZN *vrouwelijke geest die dood aankondigt*
bantam ('bæntəm) ZN • *bantammer* • *strijdlustig kereltje* ★ ~weight *boxer bantamgewicht boxer*
banter ('bæntə) I ZN • *scherts* • *badinage* ★ they engaged in some friendly ~ *zij plaagden wat over en weer* II OV+ONOV WW • *schertsen* • *badineren*
Bap. AFK Baptist *baptist*
Bapt. AFK → **Bap.**
baptism ('bæptɪzəm) ZN *doop*
baptismal (bæp'tɪzməl) BNW *doop-* ★ ~ name *doopnaam*
baptist ('bæptɪst) ZN • *doopsgezinde* • *doper*
baptize (bæp'taɪz) OV WW *dopen*
bar (bɑː) I ZN • *bar* ⟨horeca⟩ • *reep* ⟨chocolade⟩; *stuk* ⟨zeep⟩ • *balk; tralie* • *staaf; stang* • *slagboom* • *zandbank* ⟨voor haven- of riviermonding⟩ • *belemmering; bezwaar* • MUZ. *maat* • NATK. *millibaar* ★ *lounge bar (nette) bar* ★ *public bar bar; café* ★ INFORM. *behind bars achter de tralies* II OV WW • *versperren; beletten* • *grendelen* ★ *bar s.o.'s way iemand de weg versperren* ★ *no holds barred alles is toegestaan* ⟨in gevecht, wedstrijd⟩ III VZ *behalve* ★ *bar none zonder uitzondering* ★ *bar two op twee na*
Bar (bɑː) ZN *balie; advocatuur* ★ *call to the Bar toelaten als advocaat*
barb (bɑːb) ZN • *weerhaak* • *steek onder water* • *baarddraad* ⟨v. vis⟩
barbarian (bɑː'beərɪən) ZN *barbaar*
barbaric (bɑː'bærɪk) BNW *barbaars*
barbarity (bɑː'bærəti) ZN *barbaarsheid; wreedheid*
barbarous ('bɑːbrəs) BNW *barbaars; wreed*
barbecue ('bɑːbɪkjuː) I ZN • *barbecue; feest* • *groot braadrooster* • *voedsel bereid op barbecue* II OV WW *barbecueën*
barbed ('bɑːbd) BNW • *met weerhaken* • *scherp kritisch/sarcastisch*
barbel ('bɑːbl) ZN • *barbeel* • *voelspriet*
barbell ('bɑːbel) ZN *halter*
barber ('bɑːbə) ZN *herenkapper* ★ *the ~'s de kapper(swinkel)*
barbie ('bɑːbɪ) ZN INFORM. → **barbecue**
bar code *streepjescode*
bare (beə) I BNW • *naakt; bloot* • *onbedekt; kaal* • FIG. *naakt* ⟨v. alle overbodigheid ontdaan⟩; *essentieel* ★ *the bare bones de belangrijkste elementen* ★ *the bare essentials het allernoodzakelijkste* ★ *the bare minimum het absolute minimum* ★ *lay bare blootleggen* ★ *with one's bare hands met zijn blote handen* II OV WW *blootleggen; ontbloten* ★ *bare all alle kleren uitdoen; niets verbergen* ★ *bare one's soul zijn ziel en zaligheid blootleggen* ★ *bare one's teeth de tanden laten zien*
bareback ('beəbæk) BNW *zonder zadel*

barefaced ('beəfeɪst) BNW ★ ~ *lie onbeschaamde leugen*
barefoot(ed) (beə'fʊt(ɪd)) BNW *blootsvoets*
bareheaded (beə'hedɪd) BNW *blootshoofds*
barely ('beəlɪ) BIJW *nauwelijks; amper; ternauwernood*
bareness ('beənəs) ZN *naaktheid; kaalheid*
barf ('bɑːf) WW USA INFORM. *kotsen*
barfly ('bɑːflaɪ) ZN INFORM. *kroegloper*
bargain ('bɑːgɪn) I ZN • *afspraak* • *koopje* ★ *drive a hard ~ iem. het vel over de oren halen* ★ *into the ~ op de koop toe* ★ *keep one's side of the ~ zich aan zijn afspraak houden* ★ *make/strike a ~ with s.o. het eens worden met iemand; een overeenkomst sluiten* ★ *make the best of a bad ~ zich zo goed mogelijk in iets schikken* ★ *a blind ~ een kat in de zak* ★ *a wet ~ een overeenkomst die met een borrel beklonken wordt* II ONOV WW • *overeenkomen* • *marchanderen* ★ ~ *for s.th. verwachten dat iets gebeurt*
barge (bɑːdʒ) I ZN • *aak; praam* • *officierssloep; staatsiesloep* • *oude schuit* II ONOV WW ★ *he is always barging in hij bemoeit zich overal mee* ★ ~ *in/into* INFORM. *binnenvallen*
baritone ('bærɪtəʊn) ZN *bariton*
bark (bɑːk) I ZN • *schors; bast* • *geblaf* • USA → **barque** • FIG. *his bark is worse than his bite* ≈ *blaffende honden bijten niet* II OV WW • *afschillen* • *schaven* ⟨v. huid⟩ III ONOV WW *blaffen* ★ *bark up the wrong tree aan het verkeerde adres zijn* ★ *bark at s.o. blaffen tegen iem.*; FIG. *iem. afblaffen*
barker ('bɑːkə) ZN *klantenlokker*
barley ('bɑːlɪ) ZN *gerst* ★ ~ *water gerstewater*
barmaid ('bɑːmeɪd) ZN *barmeisje*
barman ('bɑːmən) ZN *barman; barkeeper*
barmy ('bɑːmɪ) BNW INFORM. *getikt*
barn (bɑːn) ZN *schuur* ★ *a barn of a house een kast van een huis* • FIG. *close the barn door after the horse has escaped de put dempen als het kalf verdronken is* ★ *Dutch barn open schuur*
barnacle ('bɑːnəkl) ZN *eendenmossel; zeepok* ★ ~ (goose) *brandgans*
barn dance ZN *boerendans; boerenbal*
barn owl ZN *kerkuil*
barnstorm ('bɑːnstɔːm) ONOV WW USA *op tournee gaan* ⟨v. acteurs, politici⟩
barnstorming ('bɑːnstɔːmə) BNW USA *sensationeel*
barnyard ('bɑːnjɑːd) ZN *boerenerf*
barometer (bə'rɒmətə) ZN *barometer*
baron ('bærən) ZN • *baron* • GESCH. *edelman*
baroness ('bærənɪs) ZN *barones*
baronet ('bærənɪt) ZN G-B *baronet* ⟨laagste erfelijke rang⟩
baronetcy ('bærənɪtsɪ) ZN *titel van baronet*
baronial (bə'rəʊnɪəl) BNW • *van een baron* • *statig*
baroque (bə'rɒk) BNW *barok*
barque (bɑːk) ZN, USA **bark** ZN *bark*
barrack(s) ('bærək(s)) I ZN • *kazerne* • *barak; keet* II OV WW • *uitjouwen* ⟨cricket⟩; *joelen; jouwen* • *in kazerne onderbrengen*
barrage ('bæraːʒ) ZN • *stuwdam; versperring* • OOK FIG. *spervuur* • SPORT *barrage*

barrage balloon ZN *versperringsballon*

barrel ('bærəl) ZN • *vat* • *cilinder* • *romp* ‹v. paard› • *loop* ‹v. geweer/kanon› • *vat* ‹als inhoudsmaat voor olie: 159 liter› ★ INFORM. *life's not a ~ of fun/laughs het leven is geen lolletje* ★ INFORM. *have/get s.o. over a ~ iemand in de tang hebben* ★ *scrape the (bottom of the) ~ de laatste reserves verbruiken*

barrel-organ ('bærəl:gən) ZN *draaiorgel*

barren ('bærən) ZN *onvruchtbaar; dor*

barricade (bærɪ'keɪd) I ZN *barricade* ★ *man the ~s op de barricades staan* II OV WW *barricaderen*

barrier ('bærɪə) ZN • *dranghek* • *blokkade; hinderpaal; slagboom*

barrier reef ZN *barrièrerif*

barring ('baːrɪŋ) VZ *behalve; behoudens*

barrister ('bærɪstə) ZN *advocaat; pleiter*

barrow ('bærəʊ) ZN • *handkar* • *grafheuvel* • *kruiwagen* • *berrie*

bartender ('baːtendə) ZN USA *barman/-keeper*

barter ('baːtə) I ZN *ruilhandel* II OV+ONOV WW *ruilhandel drijven*

barterer ('baːtərə) ZN *sjacheraar*

basal ('beɪsəl) BNW • *basis-; grond-* • *fundamenteel*

base (beɪs) I ZN • *basis; voetstuk* • *grondgetal* • SCHEIK. *base* • SPORT *honk* ★ USA/INFORM. *off base bij het verkeerde eind* II BNW *laag; gemeen* III OV WW *baseren; als basis gebruiken; vestigen*

baseball ('beɪsbɔːl) ZN *honkbal; baseball*

base board ZN USA *plint*

baseless ('beɪsləs) BNW *ongegrond*

baseline ('beɪslaɪn) ZN • *grondlijn* • SPORT *achterlijn* • TECHN. *basis; uitgangspunt*

basement ('beɪsmənt) ZN *souterrain*

base metal ZN *onedel metaal*

base rate ZN *basistarief*

bases ('beɪsiːz) ZN MV → **basis**

bash (bæʃ) I ZN *slag* ★ *have a bash at het (maar) eens proberen* II OV WW • *(in elkaar) rammen;* FIG. *uithalen naar* • *inslaan; kapot slaan* • *scherp kritiseren* • ~ *on/away doordouwen* • ~ *up* INFORM. *in elkaar slaan*

bashful ('bæʃfʊl) BNW *bedeesd; verlegen*

bashing ('bæʃɪŋ) ZN • *afranselen* • *afkraken* ★ *Bible-~ het fanatiek propageren van de Bijbel* ★ *union-~ het fel uithalen naar de vakbonden*

basic ('beɪsɪk) BNW • *fundamenteel; basis-* • SCHEIK. *basisch* ★ *get/go back to ~s terug gaan naar de basis* ‹elementair uitgangspunt›

basically ('beɪsɪklɪ) BIJW *in de grond; eigenlijk; voornamelijk*

basil ('bæzəl) ZN *basilicum*

basin ('beɪsən) ZN • *wastafel/-bak* • *kom* • AARDK. *stroomgebied; laagte; bekken* • *haven; dok* • *bassin* ‹kom van havens, dokken›

basis ('beɪsɪs) ZN [MV: **bases**] *basis; grondslag* ★ ~ *of/for s.th. centrale, belangrijkste deel van iets*

bask (baːsk) ONOV WW *z. koesteren*

basket ('baːskɪt) ZN *mand; korf* ★ ECON. ~ *of currencies pakket verschillende valuta* • *mending ~ werkmandje*

basketball ('baːskɪtbɔːl) ZN *basketbal*

basket case ZN • ECON. *aantal verschillende goederen of valuta* • INFORM. *halve gare*

basket chair ZN *rieten stoel*

basketry ('baːskɪtrɪ) ZN *mandenwerk*

Basque (baːsk) I ZN • *Bask(ische)* • *Baskisch* ‹de taal› II BNW *Baskisch*

bass¹ (beɪs) I ZN • *baspartij; lage tonen* • *bas(stem)* • INFORM. *basgitaar* II BNW *bas-* ‹v. stem of instrument›

bass² (bæs) ZN • *(zee)baars* • *bast*

bass clef ZN MUZ. *bassleutel*

bassoon (bəˈsuːn) ZN *fagot*

bastard ('baːstəd) ZN • *bastaard* ‹onecht kind› • *rotzak* • INFORM. *rotding; kreng* ★ *a ~ of a problem een hels probleem* ★ *lucky ~! bofkont!* ★ *poor ~! arme ziel!*

bastardise OV WW → **bastardize**

bastardize ('baːstədaɪz), **bastardise** OV WW *verlagen; verbasteren; tot bastaard verklaren*

baste (beɪst) OV WW • *met vet overgieten tijdens braden; bedruipen* • *rijgen* ‹naaiwerk›

bastion ('bæstɪən) ZN *bastion; bolwerk*

bat (bæt) I ZN • *slaghout; bat* • *vleermuis* ★ *have bats in the belfry kierewiet zijn* ★ *like a bat out of hell razendsnel* ★ *off one's own bat op eigen houtje* ★ USA/INFORM. (right) *off the bat* INFORM. *ogenblikkelijk* ★ FIG. (as) *blind as a bat zo blind als een mol* II OV+ONOV WW *batten* ★ *bat your eyes/eyelashes knipperen met de ogen* ★ USA/INFORM. *bat a thousand zeer succesvol zijn* ★ USA/INFORM. *go to bat for s.b. iem. helpen* ★ *without batting an eye(lid) zonder een spier te vertrekken*

batch (bætʃ) ZN • *partij; groep; stel* • *baksel*

bate (beɪt) OV WW *verminderen* ★ *with bated breath met ingehouden adem*

bath (baːθ) I ZN • *bad* • *badkuip* ★ *run a bath een bad laten vollopen* ★ *take a bath een bad nemen;* USA *zwaar verlies lijden* II OV WW *een bad geven*

bathe (beɪð) OV+ONOV WW • *baden* • *natmaken* • *in licht baden* ★ *go for a ~ in the sea een bad nemen in zee*

bather ('beɪðə) ZN • *bader; zwemmer* • AUS. *zwempak/-broek*

bathing ('beɪðɪŋ) ZN *het baden; het zwemmen*

bathing cap ZN *badmuts*

bathing-pool ZN *zwembad*

bathing suit ZN *badpak*

bathing-trunks ZN MV *zwembroek*

bathrobe ('baːθrəʊb) ZN • *badjas* • USA *kamerjas*

bathroom ('baːθruːm) ZN • *badkamer* • USA *wc*

bathroom spray ZN *toiletverfrisser*

bathtub ('baːθtʌb) ZN *badkuip*

batman ('bætmən) ZN *oppasser* ‹v. officier›

baton ('bætn) ZN • *dirigeerstok* • *gummistok* • *staf* • *estafettestokje*

batsman ('bætsmən) ZN • SPORT *batsman; slagman* • MIL. *deklandingsofficier*

battalion (bəˈtælɪən) ZN *bataljon*

batten ('bætn) I ZN *vloerplank* II OV WW ★ ~ *down the hatches scheepsluiken met schalmen afsluiten;* FIG. *veiligheidsmaatregelen nemen* III ONOV WW • *z. te goed doen aan* • *vet worden* ★ ~ *on s.b. parasiteren op iem.*

batter ('bætə) I ZN • *beslag* • *slagman* • *helling* II OV+ONOV WW • *beuken* • *rammen* • *deuken; havenen* ★ ~ *away at s.th. ergens tegenaan rammen/beuken* ★ ~ *down the door de deur inrammen*

battering ZN *mishandeling*
battering-ram ('bætərɪŋ ræm) ZN *stormram*
battery ('bætərɪ) ZN • *batterij; accu* • MIL. *batterij*
• *legbatterij* • JUR. *aanranding* ★ FIG. recharge one's ∼ *zijn batterij weer opladen*
battery charger ZN *batterijlader*
battery farm ZN *legbatterij*
battle ('bætl) I ZN *strijd; veldslag* ★ do ∼ *strijd leveren* ★ it's half the ∼ *hiermee is de strijd al voor de helft gewonnen* II OV+ONOV WW *strijden*
battle array ZN *slagorde*
battle-axe ZN • *strijdbijl* • INFORM. *kenau*
battle-cruiser ZN *slagkruiser*
battle-cry ZN *strijdkreet*
battledress ('bætldres) ZN *veldtenue*
battlefield ('bætlfi:ld) ZN *slagveld; strijdtoneel*
battleground ('bætlgraund) ZN *gevechtsterrein; slagveld*
battlements ('bætlmənt) ZN *kantelen*
battle royal ZN OOK FIG. *strijd tot het bittere einde; algemeen gevecht*
battleship ('bætlʃɪp) ZN *slagschip*
batty ('bætɪ) BNW G-B INFORM. *gek*
bauble ('bɔ:bl) ZN *snuisterij; prul*
baud (baud) ZN *baud; snelheidsmaat voor overbrenging van informatie*
baulk (bɔ:k) OV WW • *terugschrikken* • *weigeren* • FORM. *verijdelen*
bawdy ('bɔ:dɪ) BNW ★ ∼ talk *schuine grappen*
bawl (bɔ:l) OV+ONOV WW • *brullen; schreeuwen* • INFORM. ∼ out *de mantel uitvegen; uitkafferen*
bay (beɪ) I ZN • *baai* • *vak* • *nis; erker* • *bruin paard met zwarte manen en staart* • *geblaf* • *laurierboom* ★ at bay *in het nauw gedreven* ★ bring to bay *in het nauw drijven* ★ hold/keep at bay *in bedwang houden* II OV+ONOV WW *blaffen*
bay leaf ZN *laurierblad*
bayonet ('beɪənet) ZN *bajonet*
bayonet catch ZN *bajonetsluiting*
bayou ('baɪu:) ZN USA *moerassige rivierarm*
bay window ZN *erker;* PLAT *buikje*
bazaar (bə'zɑ:) ZN • *oosterse markt* • *bazaar; fancy-fair*
bazooka (bə'zu:kə) ZN *bazooka*
b & b AFK bed and breakfast *logies met ontbijt*
BBC AFK British Broadcasting Corporation *Britse Radio en Televisie Omroep*
BBQ AFK INFORM. barbecue *bbq*
BC AFK Before Christ *vóór Christus*
BCE AFK Before the Common Era *vóór Christus*
be (bi:) I ONOV WW [onregelmatig] • *zijn; bestaan* • *liggen; staan* • *plaatsvinden* • *(ver)blijven* • *bezoeken; langskomen* ★ as/that was *voormalig* ★ INFORM. s.o.'s been and ruined the lawn *ze hebben het gazon verpest!* ★ leave/let s.b./s.th. be *iem./iets met rust laten* ★ ...-to-be ... *in wording* ★ she was to be a great author *zij zou een groot auteur worden* ★ he is to be married next month *hij gaat volgende maand trouwen* ★ you are to be home by midnight *je moet (uiterlijk) om middernacht thuis zijn* ★ it is nowhere to be found *het is nergens te vinden* • ∼ for *zijn voor; voorstander zijn van* ★ be all for it *er helemaal vóór(stander van) zijn* • ∼ from *van(daan) komen* • ∼ in *aan slag zijn;* aan het bewind zijn; erbij/in de mode/opgenomen zijn; aanwezig/binnen/er zijn ★ he's in with my neighbour *hij is goede maatjes met mijn buurman* ★ you're in for a nasty surprise *er staat je een onaangename verrassing te wachten* ★ be in for a job *kandidaat zijn voor een betrekking* ★ you're in for it *er zwaait wat voor je;* je bent erbij ★ SPORT John is in *John is aan slag* ★ he is not in on it *hij is er niet bij betrokken; hij weet er niets van* ★ he is not in *hij is niet thuis* ★ there is nothing in it *het is niet van belang; er is niets van aan* ★ the Tories are in *de Tories zijn aan de regering* ★ the tide is in *het is vloed* ★ PLAT he's in for murder *hij zit gevangen wegens moord* ★ be in on it *van de partij zijn* ★ be in a secret *van een geheim op de hoogte zijn* ★ you're not in with him *je haalt het niet bij hem* • ∼ off *afgesloten zijn* ⟨elektra/gas/water⟩; *niet in orde zijn; verwijderd zijn; niet doorgaan; afgelast zijn; weg zijn; starten; ervandoor gaan/zijn* ★ he's off *hij staat klaar om weg te gaan; hij is weg; hij zit op zijn stokpaardje; hij slaapt* ★ when they saw the police, the hooligans were off *toen ze de politie zagen, namen de herrieschoppers gauw de benen* ★ I'm off smoking *ik rook niet meer* ★ his guess was far off *hij sloeg de plank helemaal mis* ★ how far off is it? *hoe ver is het?* ★ the meat is a bit off *het vlees is niet helemaal fris* ★ he's off his head *hij is de kluts kwijt* ★ the gas is off *het gas is afgesloten* ★ how are you off for money? *hoeveel geld heb je nog?* ★ be badly off *er slecht voorstaan* ★ they are well off *ze zitten er warmpjes bij* ★ they are well off for *ze zijn goed voorzien van* • ∼ on *tipsy zijn; aan/op zijn* ⟨v. kledingstuk⟩; *doorgaan; in behandeling zijn; bezig zijn; aan de gang zijn; aan de beurt zijn; meedoen; gevorderd zijn* ★ the light is still on *het licht is nog aan* ★ the kettle is on *het water staat op* ★ what's on? *wat is er aan de hand?* ★ what's on at the cinema? *welke film draait er?* ★ there's a heavy sea on *er staat een zware zee* ★ the drinks are on me *ik trakteer* ★ are you on? *doe je mee?* ★ he's on the staff *hij hoort bij de staf* ★ INFORM. that just isn't on *daar is geen sprake van* ★ the work is well on *het werk schiet goed op* ★ he is well on in his sixties *hij is ver over de zestig* ★ be on to someone *iemand door hebben* ★ what's he on about? *waar heeft hij het over?* ★ he's always on at/to me *hij heeft altijd wat op me aan te merken* • ∼ out *gepubliceerd zijn; (er)buiten/eruit zijn; om/weg zijn; in staking zijn; werkloos zijn; onmogelijk zijn* ★ you are far out *je zit er ver naast* ★ I am ten pounds out *ik kom 10 pond tekort* ★ he is out in A *hij zit helemaal in A* ★ the results are out *de resultaten zijn bekendgemaakt* ★ Labour is out *Labour is niet (meer) aan de macht* ★ my arm is out *mijn arm is uit de kom* ★ the girl is out *het meisje heeft haar debuut gemaakt* ★ he is out and about *hij is weer hersteld* ★ the invitations are out *de uitnodigingen zijn verzonden* ★ the book will be out in March *het boek zal in maart verschijnen* ★ the teachers are out *de leraren staken* ★ the river is out *de rivier is buiten haar oevers*

be

getreden ★ hot pants are out *hot pants zijn uit de mode* ★ the secret is out *het geheim is uitgelekt* ★ driving home was out *naar huis rijden was uitgesloten* ★ the stars are out *de sterren staan aan de hemel* ★ the tide is out *het is eb* ★ be out with a person *ruzie hebben met iem.* ★ be out of ... *zonder ... zitten*; *geen ... meer hebben* ★ they are out for blood *ze willen bloed zien* ★ I'm all out for his plan *ik voel er alles voor* ★ this book is always out *dit boek is altijd uitgeleend* ★ he's out for himself *hij heeft zijn eigen voordeel op het oog* ● ~ **over** *over/uit/voorbij zijn*; *op bezoek zijn*; *overschieten* ★ that's over and done with *dat is helemaal voorbij* ● ~ **through** *het niet meer zien zitten*; *klaar zijn*; *er doorheen zijn* ● ~ **up** *hoger/gestegen zijn*; *op/wakker zijn*; *op/over/voorbij zijn*; *aan de gang/hand zijn*; *ter discussie staan* ★ petrol is up again *de benzine is weer duurder* ★ his blood is up *zijn bloed kookt* ★ the road is up *de weg is opengebroken* ★ his spirit was up *hij was opgewekt* ★ be full up *geheel bezet/uitverkocht zijn* ★ the game is up *het spel is voorbij* ★ the House is up *het Parlement is met reces* ★ what's up with him? *wat is er met hem aan de hand?* ★ Mr. X is up *meneer X is aan het woord* ★ be up in arms *onder de wapenen zijn* ★ her name was up *ze ging over de tong* ★ she's up for election *zij stelt zich kandidaat* ★ be up to s.th. *iets in zijn schild voeren* ★ I'm up to his tricks *ik doorzie zijn streken* ★ she's up to anything *ze is voor alles te vinden* ★ it's up to you *het (initiatief) is aan u* ★ be well up in *goed op de hoogte zijn van* ★ be up against *in conflict komen met*; *staan tegenover* ★ be up to a task *opgewassen zijn tegen een taak* ★ be up and about *in de weer zijn*; *op de been zijn* **II** KWW [onregelmatig] ● *zijn* ● *bestaan* ● *worden* ● *liggen*; *staan* ★ he is to send it *hij moet het verzenden* ★ be that as it may *hoe dan ook* ★ be onto s.th. *iets op het spoor zijn* ★ as happy as can be *zo blij als maar kan* ★ how are you? *hoe maakt u het?*; *hoe gaat het met je?* ★ how is it that ... *hoe komt het dat ...* ★ it was a long time before ... *het duurde lang voordat ...* ★ be about to... *op het punt staan om...* ★ don't be long! *blijf niet lang weg!* ★ the bride to be *de aanstaande bruid* ★ how much is it? *hoeveel kost het?* ★ how much are these books? *wat kosten deze boeken?*

beach (bi:tʃ) **I** ZN ● *strand* **II** OV WW *op het strand zetten* ★ ~ed whale *gestrande walvis*

beach-ball ZN ● *strandbal* ⟨voorwerp⟩ ● *beachball* ⟨sport⟩

beach bum ZN *strandliefhebber*; *jonge vent die op het strand rondhangt*

beachcomber ('bi:tʃkəʊmə) ZN *strandjutter*

beachfront (bi:tʃ frʌnt) BNW *aan/vlakbij het strand* ⟨v. pand enz.⟩

beachhead ('bi:tʃhed) ZN ● *bruggenhoofd* ● FIG. *voet aan de grond*

beacon ('bi:kən) **I** ZN ● *baken*; *vuurtoren* ● *bakenzender* ● FIG. *lichtend voorbeeld* ★ (Belisha) ~ *knipperbol* **II** OV WW *verlichten*; *bebakenen*

bead (bi:d) **I** ZN ● *kraal* ● *parel* ⟨v. zweet⟩ ● *vizierkorrel* ★ beading/beadwork *met kralen versierd handwerk*; *kraalwerk* ⟨lijstwerk⟩ ★ say one's beads *rozenkrans bidden* **II** OV WW *van kralen voorzien*; *kralen rijgen*

beadle ('bi:dl) ZN ● *bode*; *pedel* ⟨universiteit⟩ ● *koster*

beadledom ('bi:dldəm) ZN *bekrompen bemoeizucht*

beady ('bi:dɪ) BNW ● *kraalvormig*; *kraal-* ● *parelend* ★ keep a ~ eye on s.b./s.th. *iem./iets strak in de gaten houden*; *iem./iets geen seconde uit het oog verliezen*

beagle ('bi:gl) **I** ZN *beagle*; *brak* ⟨drijfhond⟩ **II** ONOV WW *met brakken jagen*

beak (bi:k) ZN ● *(scherpe) snavel* ● PLAT *neus* ● *tuit*

beaker ('bi:kər) ZN *beker(glas)*

be-all ZN *essentie* ★ the ~ and end-all *de alfa en de omega*; *de gehele zaak*

beam (bi:m) **I** ZN ● *straal*; *stralenbundel* ● *balk*; *evenwichtsbalk* ● *stralende glimlach* ● *drijfstang* ● SCHEEPV. *dekbalk* ● *grootste breedte v. schip* ● *radiosignaal* ★ be off beam *ernaast zitten* ★ broad in the beam *log gebouwd* ⟨v. schip⟩; *met brede heupen* ★ on full beam *met groot (ongedimd) licht* ★ INFORM. on one's beam-ends *blut zijn* **II** OV+ONOV WW ● *stralen*; *glunderen* ● *uitzenden* ⟨op tv⟩ ● *schijnen* ● ~ **up** *omhoogstralen* ⟨sciencefiction⟩

beamer ('bi:mə) ZN *beamer* ⟨projector⟩

beam-wind ZN *zijwind*

bean (bi:n) ZN *boon* ★ full of beans *in een opgewekte stemming* ★ not have a bean *platzak zijn* ★ baked beans *witte bonen in tomatensaus*

beanbag (bi:n bæg) ZN *zitzak*

bean curd (bi:n kɜ:d) ZN *tofoe*; *tahoe*

beanie (bi:ni:) ZN *(wollen) muts*

beanpole (bi:npəʊl) ZN ● *bonenstaak* ● *lange slungel*

bean sprouts (bi:n spraʊts) ZN MV *taugé*

bear (beə) **I** ZN ● *beer* ● *baissier* ⟨op beurs⟩ ★ INFORM. like a bear with a sore head *met het verkeerde been uit bed gestapt* ★ white bear *ijsbeer* **II** OV WW ● *(ver)dragen* ● *dulden* ● *uitstaan* ● *opbrengen*; *opleveren* ● *baren*; *voortbrengen* ● *gaan* ⟨een zekere richting op⟩ ★ bear fruit *vruchten dragen*; FIG. *vruchten afwerpen* ★ bear a hand *een handje helpen* ★ bear down hard on s.b. *zwaar op iemand drukken* ★ bear in mind *in gedachten houden* ★ bear o.s. well *zich goed gedragen/houden* ★ bear left/right *link/rechts aanhouden*; *naar links/rechts afslaan* ★ be borne in on s.b. *tot iemand doordringen* ★ bring one's influence to bear *zijn invloed laten gelden* ★ bring to bear *toepassen*; *laten gelden* ★ bear witness to *getuige zijn van* ● ~ **down** (up)on *afkomen op* ● ~ **out** *bevestigen* ● ~ **up against/under** *het hoofd bieden aan*; *zich goed houden onder* ● ~ **with** *geduld hebben met* ● ~ (up)on *betrekking hebben op*

bearable ('beərəbl) BNW *te (ver)dragen*

bear-baiting ZN *berengevecht* ⟨waarbij pitbulls worden losgelaten op beren⟩

beard ('bɪəd) **I** ZN ● *baard* ★ to ~ the lion in his den *zich in het hol van de leeuw wagen* **II** OV WW *tarten*

bearded ('bɪədɪd) BNW ● *met een baard* ● *met een*

weerhaak • met een staart ⟨komeet⟩
beardless ('bɪədləs) BNW • *baardeloos* • FIG. *onvolwassen*
bearer ('beərə) ZN • *drager* • *brenger* ⟨v. boodschap⟩ • *houder* • *toonder* • *stut* • *hoeder*
bear hug ZN *houdgreep; stevige omhelzing*
bearing ('beərɪŋ) ZN • *invloed* • *gedrag; houding* • *verband* • *richting* ⟨kompas⟩ • TECHN. *lager* ★ get/find/take your ∼s *zich oriënteren; poolshoogte nemen* ★ lose your ∼s *verdwalen; in verwarring geraken* ★ take a ∼ *een peiling nemen* ★ have ∼ on *betrekking hebben op*
bearings ('beərɪŋz) ZN MV • TECHN. *lager* • *druk* • *(familie)wapen*
bearish ('beərɪʃ) BNW • *lomp* • *nors* • *dalend* ⟨v. effectenbeurs⟩ • *pessimistisch*
bearskin ('beəskɪn) ZN • *berenhuid* • *berenmuts* • *ruige wollen stof*
beast (bi:st) ZN • OOK FIG. *beest* • *viervoeter* ★ the exam was a real ∼ *het was echt een rotexamen* ★ his new bike is a very expensive ∼ *die nieuwe fiets van hem is een heel duur beestje* ★ ∼ of burden *lastdier* ★ ∼ of prey *roofdier*
beastly ('bi:stlɪ) BNW • *beestachtig* • *gemeen* ★ ∼ weather *hondenweer*
beat (bi:t) I ZN • *slag; tik* • MUZ. *maat* • *ronde* ⟨v. politie⟩ • *wijk* • *(jacht)terrein* • *beatmuziek* ★ more police officers on the beat *meer politie/ blauw op straat* ★ MUZ. out of beat *uit de maat* II BNW INFORM. *uitgeteld; (dood)op* III OV+ONOV WW • *slaan* • *verslaan* • *bestrijden* • *verbeteren* ⟨record⟩ • *ontkomen aan; voor zijn* • *kloppen* ⟨ook van metaal⟩ • *klutsen* ⟨ei⟩ • *zich een weg banen* ★ beat s.b. at his own game *iem. een koekje van eigen deeg geven* ★ INFORM. beat one's brains out *zich de hersens afpijnigen; iem. de hersens inslaan* ★ beat one's breast *misbaar maken over* ⟨verdriet, schuld⟩ ★ FIG. beat the clock *iets doen binnen de gegeven tijd* ★ beat it! *donder op!* ★ beat a path to s.b.'s door *de deur bij iem. plat lopen* ★ beat a retreat *zich terugtrekken* ★ beat time *de maat slaan* ★ INFORM. beat s.b. to the punch *iem. te snel af zijn* ★ can you beat that? *heb je ooit zoiets gehoord/gezien?* ★ FIG. if you can't beat them, join them *als je ze niet kunt verslaan, kun je ze maar beter te vriend houden* ★ a rod/stick to beat s.b. with *een stok om de hond mee te slaan* ★ that beats everything! *dat is het toppunt!; dat slaat alles!* ★ beats me! *het is me een raadsel!* ★ USA beat s.b. out of s.th. *iem. iets listig afhandig maken* ★ beat s.b. to s.th. *met iets van iemand winnen* ★ FIG. beat about (the bush) *eromheen draaien* • ∼ **down** *intrappen* ⟨deur enz.⟩; *neertrappen* ⟨iem.⟩ ★ beat down the price *de prijs drukken* • ∼ **down on** *branden op* ⟨v. zon⟩ • ∼ **off** PLAT *aftrekken* ⟨masturberen⟩; *afweren; afslaan* ⟨aanval enz.⟩ • ∼ **out** *doven* ⟨vuur⟩; *uitdeuken* • ∼ **up** *aftuigen; opjagen; optrommelen*
beatbox ('bi:tbɒks) I ZN *beatbox* II ONOV WW *beatboxen*
beaten ('bi:tn) BNW • *verslagen* • *veel betreden/ gebaand; gedreven* ⟨v. goud⟩
beater ('bi:tə) ZN • *klopper* ⟨eieren, mat, etc.⟩ • *drijver* ⟨bij jacht⟩

beat generation ZN *beat generation* ⟨groep schrijvers rond 1960⟩
beatify (bɪ'tɪfaɪ) WW *zalig verklaren* ⟨r.-k.⟩
beating ('bi:tɪŋ) ZN *pak slaag* ★ take some ∼ *moeilijk te overtreffen zijn*
beatitude (bi:'ætɪtju:d) ZN *zaligheid* ★ the Beatitudes *de acht zaligheden*
beat-up (bi:t ˌʌp) BNW *aftands*
beaut (bju:t) I ZN USA/AUSTR. *prachtexemplaar* II BNW USA/AUSTR. *fantastisch*
beautician (bju:'tɪʃən) ZN *schoonheidsspecialist*
beautiful ('bju:tɪfʊl) BNW *mooi; knap*
beautify ('bju:tɪfaɪ) OV WW *verfraaien*
beauty ('bju:tɪ) ZN *schoonheid* ★ ∼ is in the eye of the beholder ≈ *over smaak valt niet te twisten* ★ ∼ is only skin deep *schoonheid is maar uiterlijk* ★ Sleeping Beauty *Schone Slaapster; Doornroosje*
beauty contest ZN *schoonheidswedstrijd*
beauty mark ZN *schoonheidsvlekje*
beauty parlour ZN *schoonheidssalon*
beauty queen ZN *schoonheidskoningin*
beauty salon ZN *schoonheidssalon*
beauty sleep ZN *schoonheidsslaapje*
beauty spot ZN *schoonheidsvlekje*
beaver ('bi:və) I ZN • *bever* • *hoed v. bevervilt* • *vizier* • VULG. *kut* II ONOV WW ★ ∼ away at s.th. INFORM. *ergens hard aan werken*
bebop ('bi:bɒp) ZN *bebop; jazzstijl* ⟨ca. 1940-'50⟩
became (bɪ'keɪm) WW [verleden tijd] → **become**
because (bɪ'kɒz) VW *omdat* ★ ∼ of *vanwege*
beck (bek) ZN ★ be at a s.b.'s beck and call *klaar staan voor iem.; te wachten staan; iem. op zijn wenken bedienen*
beckon ('bekən) OV WW *wenken*
become (bɪ'kʌm) I KWW *worden* II OV WW • *goed staan* • *passend zijn* ★ that suit ∼s you well *dat pak staat jou goed*
becoming (bɪ'kʌmɪŋ) BNW • *betamelijk* ⟨v. kleding etc.⟩; *passend* • *flatterend*
bed (bed) I ZN • *bed* • *leger* ⟨v. dier⟩ • *bedding* • *(onder)laag; bed* ⟨planten⟩ ★ a bed of roses *rozengeur en maneschijn* ★ INFORM. get out of bed on the wrong side *met het verkeerde been uit bed stappen* ★ INFORM. go to bed with s.o. *met iemand naar bed gaan* ★ you've made your bed, and now you must lie on it *wie zijn billen brandt, moet op de blaren zitten* ★ make the bed *het bed opmaken* ★ take to one's bed *ziek worden* ★ USA separate/divorce from bed and board *scheiden van tafel en bed* ★ bed and breakfast *(pension voor) overnachting met ontbijt* ★ wet the bed *bedplassen* II OV WW • *inbedden* • *in bed krijgen* ⟨voor seks⟩ • ∼ **down** *naar bed brengen; een slaapplaats geven* ⟨dieren⟩; *ergens gaan slapen* ★ we'll bed down in the attic *wij zoeken wel een plaatsje op zolder*
bedaub (bɪ'dɔ:b) OV WW • *bekladden* • *opdirken*
bedazzle (bɪ'dæzəl) OV WW *verblinden*
bedbug ('bedbʌg) ZN *wandluis; bedwants*
bedclothes ('bedkləʊðz) ZN MV *beddengoed*
bedding ('bedɪŋ) ZN • *beddengoed* • *ligstro* • *onderlaag*
bedding plants ZN *tuinplanten*
bedeck (bɪ'dek) OV WW *(op)tooien; versieren*
bedevil (bɪ'devəl) OV WW • *mishandelen*

• uitschelden • beheksen • bederven • in de war brengen
bedfellow ('bedfeləʊ) ZN • bedgenoot/-genote • slapie • verbonden/verwante persoon of zaak
bedlam ('bedləm) ZN gekkenhuis ‹ook fig.›
bedraggled (bɪ'dræɡld) BNW • doorweekt • sjofel; gehavend • besmeurd
bedridden ('bedrɪdn) BNW bedlegerig
bedrock ('bedrɒk) ZN • basis; fundament • vast gesteente • laagste punt; minimum ★ ~ principles vaste grondbeginselen
bedroom ('bedru:m) ZN slaapkamer
bedroom town ZN slaapstad
bedside ('bedsaɪd) ZN ★ she remained at his ~ ze week niet van zijn bed
bedside manner ZN gedrag (van dokter etc.) t.o.v. patiënten
bedside table ZN nachtkastje
bedsit (bed'sɪt) ZN zitslaapkamer
bedsitter (bed'sɪtə) ZN → **bedsit**
bedsore (bed'sɔ:) ZN doorligplek
bedspread ('bedspred) ZN sprei
bedstead ('bedsted) ZN ledikant
bee (bi:) ZN • bij • USA bijeenkomst van buren ‹voor gezelligheid en werk› ★ she thinks she's the bee's knees ze denkt dat ze heel wat is ★ have a bee in one's bonnet (about s.th.) (door iets) geobsedeerd zijn ★ FIG. busy bee bezige bij
beech (bi:tʃ) ZN beuk
beef (bi:f) I ZN • rundvlees • INFORM. klacht II OV WW INFORM. ~ up versterken; opvoeren; opkalefateren; groter/beter/interessanter maken III ONOV WW ★ INFORM. beef about s.th. ergens over klagen
beefcake (bi:fkeɪk) ZN PLAT krachtpatser; FIG. klerenkast
Beefeaters ('bi:fi:təz) ZN MV wacht bij de Tower of London
beefsteak ('bi:fsteɪk) ZN runderlapje; biefstuk
beefsteak tomato ZN vleestomaat
beeftea (bi:f'ti:) ZN bouillon
beefy ('bi:fɪ) BNW stevig; gespierd
beehive ('bi:haɪv) ZN • bijenkorf • hoogopgestoken haar
beekeeper ('bi:ki:pə) ZN imker
beeline ('bi:laɪn) ZN rechte lijn ★ make a ~ for/to regelrecht afgaan op
been (bi:n) WW [volt. deelw.] → **be**
beep (bi:p) I ZN • getoeter • pieptoon; piep(je) II ONOV WW • toeteren • piepen
beer (bɪə) ZN • bier; biertje
beery ('bɪərɪ) BNW • beneveld • naar bier ruikend
beeswax ('bi:zwæks) I ZN boenwas II OV WW boenen
beet (bi:t) ZN biet; kroot
beetle ('bi:tl) I ZN • tor • stamper • heiblok ★ black ~ kakkerlak II OV WW • stampen • uitsteken • ~ off wegglippen
beetle-browed ('bi:tlbraʊd) BNW + BIJW • met borstelige wenkbrauwen • fronsend
beetroot (bi:tru:t) ZN beetwortel
befall (bɪ'fɔ:l) I OV WW overkomen; gebeuren met II ONOV WW voorvallen; gebeuren
befit (bɪ'fɪt) OV WW betamen; passen
befog (bɪ'fɒɡ) OV WW • in de war brengen • in mist hullen

before (bɪ'fɔ:) I BIJW • voorop/aan • vroeger; eerder II VZ • voor • tevoren ★ ~ long weldra; spoedig ★ not ~ time geen moment te vroeg III VW • voor • voordat
beforehand (bɪ'fɔ:hænd) BIJW van tevoren
befriend (bɪ'frend) OV WW ★ be ~ed by bevriend raken met
befuddled (bɪ'fʌdld) BNW beneveld; in de war
beg (beɡ) OV+ONOV WW • smeken; bedelen; verzoeken ★ beg leave to do s.th. FORM. permissie vragen iets te doen ★ go begging uit bedelen gaan; ongewild zijn ★ I beg your pardon pardon; wat zegt u? ★ beg the question ontwijkend antwoorden; iets als bewezen veronderstellen ★ I beg to differ ik ben het er niet mee eens ★ I'll have that last piece of cake if it's going begging ik wil dat laatste stuk taart wel als niemand het wil • ~ off z. (laten) verontschuldigen; het laten afweten
began (bɪ'ɡæn) WW [verleden tijd] → **begin**
beget (bɪ'ɡet) OV WW • verwekken; voortbrengen • veroorzaken
beggar ('beɡə) I ZN • bedelaar • (arme) kerel • schooier(tje) ★ FIG. ~s can't be choosers je mag een gegeven paard niet in de bek kijken ★ lucky ~! bofkont! II OV WW • tot bedelstaf brengen • buiten de grenzen vallen van ★ ~ belief/description niet te geloven/beschrijven zijn
beggarly ('beɡəlɪ) BNW arm; armoedig; armzalig
begin (bɪ'ɡɪn) OV+ONOV WW beginnen ★ I couldn't (even) ~ to understand her ik begreep haar absoluut niet ★ to ~ with ten eerste; om te beginnen; in het begin
beginner (bɪ'ɡɪnə) ZN beginneling ★ ~'s luck beginnersgeluk
beginning (bɪ'ɡɪnɪŋ) ZN oorsprong; begin ★ the ~ of the end het begin van het einde ★ in the ~ was the Word ... in den beginne was er het Woord ... ★ build up from small ~s klein beginnen
begot (bɪ'ɡɒt) WW [verleden tijd.] → **beget**
begotten (bɪ'ɡɒtn) WW [volt. deelw.] → **beget**
begrudge (bɪ'ɡrʌdʒ) OV WW • misgunnen • met tegenzin iets doen/betalen/geven
beguile (bɪ'ɡaɪl) OV WW • verleiden • bekoren • ~ into verleiden tot
beguiling (bɪ'ɡaɪlɪŋ) BNW verleidelijk; bekoorlijk
beguine[1] (beɡi:n) ZN begijn
beguine[2] (bɪ'ɡi:n) ZN beguine
begum ('beɪɡəm) ZN Indiase vorstin of voorname dame
begun (bɪ'ɡʌn) WW [volt. deelw.] → **begin**
behalf (bɪ'hɑ:f) ZN ★ USA in ~ of ten behoeve van ★ on ~ of namens ★ in that ~ in dat opzicht
behave (bɪ'heɪv) I ONOV WW z. gedragen ★ ~! gedraag je fatsoenlijk! II WKD VNW z. gedragen ★ ~ yourself! gedraag je fatsoenlijk!
behaviour (bɪ'heɪvjə) ZN • gedrag • werking ★ be on your best ~ je zo netjes mogelijk gedragen
behead (bɪ'hed) OV WW onthoofden
beheld (bɪ'held) WW [verl. tijd + volt. deelw.] → **behold**
behind (bɪ'haɪnd) I ZN achterste II BIJW (er)achter; achteraan; achter de rug III VZ • achter • ten achter • na ★ we're right ~ you we staan pal achter je; we komen meteen achter je aan ★ be ~

behindhand – beneath

with *achter zijn met* ⟨werk enz.⟩
behindhand (bɪ'haɪndhænd) BNW + BIJW • *te traag; te laat* • *achter(op)*
behold (bɪ'həʊld) OV WW *waarnemen; zien* ★ IRON. lo and ∼, *there it was! en zie, daar was het!*
beholden (bɪ'həʊldən) BNW *verschuldigd; verplicht*
beholder (bɪ'həʊldə) ZN *aanschouwer*
beige (beɪʒ) I ZN *beige* II BNW *beige*
being ('biːɪŋ) I ZN *bestaan; wezen* ★ come into ∼ *ontstaan* II WW [tegenw. deelw.] → **be**
belabour (bɪ'leɪbə) OV WW *te uitvoerig behandelen* ★ ∼ a point *blijven hangen bij een onderwerp*
belated (bɪ'leɪtɪd) BNW • *laat* • *te laat* ★ ∼ travellers *door de duisternis overvallen reizigers*
belay (bɪ'leɪ) OV WW • *vastsjorren* • *zekeren* ⟨met touw⟩
belch (beltʃ) I ZN *boer* II OV+ONOV WW *boeren* ★ ∼ forth smoke *rook uitbraken*
beldam(e) ('beldəm) ZN *oud wijf; heks*
beleaguered (bɪ'liːgə) BNW *belegerd*
belfry ('belfrɪ) ZN *klokkentoren*
Belgian ('beldʒən) I ZN *Belg* II BNW *Belgisch*
Belgium ('beldʒəm) ZN *België*
belie (bɪ'laɪ) OV WW • *verkeerde indruk geven; verloochenen* • *tegenspreken*
belief (bɪ'liːf) ZN *geloof* ★ beyond ∼ *niet te geloven*
believable (bɪ'liːvəbl) BNW *geloofwaardig*
believe (bɪ'liːv) OV+ONOV WW *geloven* ★ ∼ it or not *of je het gelooft of niet* ★ ∼ (you) me *daar kun je van op aan* ★ don't you ∼ it! *echt niet!* ★ I don't ∼ it! *niet te geloven!* ★ you'll ∼ that, you'll ∼ anything *ze kunnen jou ook alles wijs maken* ★ make ∼ *doen alsof; wijsmaken* ★ seeing is believing *zien is geloven* ★ would you ∼ (it)? *je houdt het niet voor mogelijk* ★ you('d) better ∼ it! *dat is zeker waar!*
believer (bɪ'liːvə) ZN • *gelovige* • *aanhanger*
belittle (bɪ'lɪtl) OV WW • *verkleinen* • *kleineren*
bell (bel) I ZN • *bel* • *klok* ★ answer the bell ⟨de deur⟩ *opendoen* ★ that rings a bell *dat klinkt bekend* ★ bells and whistles *toeters en bellen* II OV WW *de bel aanbinden* III ONOV WW *brullen* ⟨v. mannetjeshert⟩
bellboy ('belbɔɪ) ZN *piccolo*
bell-founder ZN *klokkengieter; klokkengieterij*
bellhop ('belhɒp) ZN USA *piccolo*
bellicose ('belɪkəʊz) BNW • *agressief* • *oorlogszuchtig*
belligerence (bə'lɪdʒərəns) ZN • *agressiviteit; vijandigheid* • *status v. oorlogvoerende*
belligerent (bə'lɪdʒərənt) I ZN *oorlogvoerende partij* II BNW • *agressief; vijandig* • *oorlogvoerend*
bellow ('beləʊ) I ZN *gebrul* II OV+ONOV WW *loeien; brullen*
bellows ('beləʊz) ZN MV • (a pair of) ∼ *(blaas)balg*
bell pepper ZN USA *paprika*
bell-push ZN *belknop*
bell ringer ZN *klokkenluider*
belly ('belɪ) I ZN • *buik* • *schoot* • *ronding; bolle deel* II OV+ONOV WW *bol (laten) staan*
bellyache ('belɪeɪk) ZN *buikpijn*
belly-button ('belɪ bʌtn) ZN INFORM. *navel*
belly-dancer ZN *buikdanseres*

bellyflop ('belɪflɒp) WW INFORM. *een buiklanding maken*
bellyful ('belɪfʊl) ZN • have had a ∼ of *de buik vol hebben van*
belly-laugh ZN *daverende lach*
belong (bɪ'lɒŋ) ONOV WW • *horen bij iets; thuishoren* ★ he does not quite ∼ *hij voelt zich niet echt/helemaal thuis* • ∼ to *behoren aan/tot; lid zijn van*
belongings (bɪ'lɒŋɪŋz) ZN MV • *eigendom(men)* • *bagage*
beloved (bɪ'lʌvɪd) I ZN *geliefde* II BNW *geliefd*
below (bɪ'ləʊ) I BIJW • *beneden; onder(aan)* • *ten zuiden van* • *stroomafwaarts* II VZ *onder; (naar) beneden* ★ it's three degrees ∼ *het is drie graden onder nul* ★ go ∼ *benedendeks gaan*
belt (belt) I ZN • *gordel; riem* • *zone* • *opdonder* • SPORT *band* ⟨als onderscheiding⟩ ★ SPORT black belt *zwarte band* ★ belt and braces *dubbele veiligheidsmaatregelen* ★ have s.th. under o.'s belt *iets achter de kiezen hebben; iets ervaren hebben* ★ below the belt *onder de gordel* ⟨ook fig.⟩; *niet eerlijk* II OV WW • *aangorden; ringen* • *afranselen* ★ belt out a song *een lied brullen* III ONOV WW • *racen* ★ she belted down the stairs *ze kwam de trap afstormen* ★ belt down the motorway *over de snelweg racen* • ∼ up *zijn veiligheidsriem omdoen* ★ INFORM. belt up! *hou je kop!*
bemoan (bɪ'məʊn) OV WW *bejammeren; beklagen*
bemused (bɪ'mjuːzd) BNW • *verbijsterd* • *verstrooid*
bench (bentʃ) I ZN • *bank* • *rechtbank* • G-B [meestal mv] *zetel in het parlement* • SPORT *bank; reserve* • *werkbank* ★ back ∼ *bank voor gewone leden* ⟨in het parlement⟩ ★ front ∼ *bank voor ministers en oppositieleiders* ⟨in het parlement⟩ ★ government/opposition ∼ *bank v.d. regeringsfractie/oppositie* ⟨in het parlement⟩ ★ serve/sit on the ∼ *rechter zijn* ★ Queen's/King's Bench Division *afdeling v.h. hooggerechtshof* II OV WW *tentoonstellen* ⟨honden⟩
benchmark ('bentʃmɑːk) ZN • *vast punt* • *maatstaf; criterium*
bend (bend) I ZN • *bocht; buiging* • INFORM. [meestal mv] *caissonziekte* • SCHEEPV. *knoop* • HER. *balk* ★ drive s.b. round the bend *iem. stapelgek maken/irriteren; iem. over zijn toeren jagen* II OV+ONOV WW • *(zich) buigen* • NATK. *breken* ⟨v. licht⟩ • *richten* ⟨v. ogen, stappen, aandacht⟩ ★ INFORM. bend s.b.'s ear *aan iemands hoofd zeuren; zijn hart luchten bij iem.* ★ bend over backwards *zich tot het uiterste inspannen* ★ FORM. bend your mind/efforts to s.th. *diep over iets nadenken; alles doen wat je kunt* ★ bend the rules *de regels naar je hand zetten* ★ bend the truth *de waarheid verdraaien* ★ on bended knees *op de knieën* ★ FORM. bend s.o. to s.th. *iemand aan zijn wil onderwerpen*
bender ('bendə) ZN *zuippartij* ★ INFORM. go on a ∼ *het op een zuipen zetten; flink drugs gaan gebruiken*
bendy ('bendɪ) BNW • G-B *buigzaam; flexibel* • *bochtig*
beneath (bɪ'niːθ) I BIJW *(er)onder; ondergeschikt*

II vz *onder*; *beneden*
benediction (benɪˈdɪkʃən) ZN • *zegen* • *lof* ⟨r.-k.⟩
benefaction (benɪˈfækʃən) ZN • *goede daad* • *schenking* • *liefdadigheid*
benefactor (ˈbenɪfæktə) ZN *weldoener*
benefactress (ˈbenɪfæktrəs) ZN *weldoenster*
benefice (ˈbenɪfɪs) ZN • *predikantsplaats* • GESCH. *leengoed*
beneficent (bɪˈnefɪsənt) BNW *liefdadig*; *weldadig*
beneficial (benɪˈfɪʃəl) BNW *heilzaam*
beneficiary (benɪˈfɪʃərɪ) ZN • *begunstigde* • *erfgenaam* • *predikant* • NIEUW-ZEELAND *uitkeringstrekker* • GESCH. *vazal*
benefit (ˈbenɪfɪt) **I** ZN • *voordeel*; *baat* • *toelage* • *uitkering* • *benefiet* ⟨wedstrijd/concert⟩ ★ *supplementary/unemployment ~ aanvullende/werkloosheidsuitkering* ★ *for s.b.'s ~ ten bate van iemand*; *ten voordele van iemand* ★ *give s.o. the ~ of the doubt iem. het voordeel van de twijfel gunnen* ★ *be on the ~ bijstand trekken* **II** OV+ONOV WW • *baten* • *~ by/from s.th. voordeel trekken uit iets*
benevolence (bəˈnevələns) ZN • *welwillendheid* • *vriendelijkheid* • *weldadigheid*
benevolent (bəˈnevələnt) BNW • *welwillend* • *weldadig* ★ *~ fund ondersteuningsfonds*
benighted (bɪˈnaɪtɪd) BNW • *ouderwets* ⟨v. plaatsen⟩ • *achterlijk* • *onverlicht*
benign (bɪˈnaɪn) BNW • *vriendelijk* • *heilzaam* • *goedaardig* ⟨v. ziekte⟩ ★ *~ despot verlicht despoot* ★ *~ tumour goedaardig gezwel* ★ *~ climate zacht/heilzaam klimaat*
benignant BNW → **benign**
bent (bent) **I** ZN • *aanleg*; *voorliefde*; *zwak* • *overtuiging*; *neiging* **II** BNW • *gebogen* • *krom* • G-B/INFORM. *corrupt*; *omkoopbaar* ★ *~ on vastbesloten om*; *geconcentreerd op* **III** WW [verl. tijd + volt. deelw.] → **bend**
benumb (bɪˈnʌm) OV WW *verstijven*; *verkleumen*
Benzedrine (ˈbenzɪdriːn) ZN *benzedrine*
benzene (ˈbenziːn) ZN *benzeen*
benzine (ˈbenziːn) ZN *wasbenzine*
bequeath (bɪˈkwiːð) OV WW *nalaten*; *vermaken*
bequest (bɪˈkwest) ZN *legaat*
berate (bɪˈreɪt) OV WW • *hekelen* • *uitschelden* • *uitvaren tegen*
bereave (bɪˈriːv) OV WW *beroven* ⟨figuurlijk⟩ ★ *the ~d de nabestaanden*
bereavement (bɪˈriːvmənt) ZN • *verlies* • *sterfgeval* ★ *~ counselling psychiatrische hulp voor nabestaanden*
bereft (bɪˈreft) **I** BNW *beroofd* ⟨fig.⟩ ★ *~ of hope van iedere hoop verstoken* ★ *~ diep bedroefd* ⟨door overlijden⟩ **II** WW [verl. tijd + volt. deelw.] → **bereave**
beret (ˈbereɪ) ZN *baret*; *alpinomuts*
berk (bɜːk) ZN *eikel*; *sukkel*
Berks. (bɜːks) AFK *Berkshire*
Berlin (bɜːˈlɪn) ZN *Berlijn*
Bermudas (bəˈmjuːdəz) ZN MV • *Bermuda(-eilanden)* • → **Bermuda shorts**
Bermuda shorts ZN MV *korte broek*
berry (ˈberɪ) **I** ZN • *bes* • *ei* ⟨v. vis of kreeft⟩ • *(koffie)boon* **II** ONOV WW • *bessen vormen* • *bessen plukken*
berserk (bəˈsɜːk) BNW ★ *go ~ woest worden*

berth (bɜːθ) **I** ZN • *lig-/ankerplaats* • *slaapplek*; *kooi* ⟨op schip⟩; *couchette* ⟨in trein⟩ ★ *give s.o. a wide ~ iem. uit de weg gaan* **II** OV WW *afmeren*
beseech (bɪˈsiːtʃ) OV WW *(af)smeken*
beseem (bɪˈsiːm) WW *betamen*
beset (bɪˈset) OV OV WW • *omringen*; *bestoken*; *omsingelen* • *van alle kanten aanvallen* ★ *~ting sin zonde waarin men vervalt*; *slechte gewoonte* ★ *~ with problems met problemen overladen*
beside (bɪˈsaɪd) VZ *naast*; *in vergelijking* ★ *~ o.s.with grief buiten zichzelf van verdriet* ★ *that is ~ the point dat heeft er niets mee te maken*
besides (bɪˈsaɪdz) **I** BIJW • *bovendien* • *daarnaast* • *trouwens* **II** VZ *behalve*; *naast*
besiege (bɪˈsiːdʒ) OV WW • *belegeren* • *bestormen* ★ *~ s.b. with s.th. iemand overstelpen met iets*
besmear (bɪˈsmɪə) OV WW • *besmeuren* • FIG. *bezoedelen* ⟨reputatie e.d.⟩
besmirch (bɪˈsmɜːtʃ) OV WW • *besmeuren* • FIG. *bezoedelen* ⟨reputatie e.d.⟩
besom (ˈbiːzəm) **I** ZN *bezem* **II** OV WW *vegen*
besotted (bɪˈsɒtəd) BNW • *dronken* • *stapelverliefd* • *verdwaasd*
besought (bɪˈsɔːt) WW [verl. tijd + volt. deelw.] → **beseech**
bespatter (bɪˈspætə) OV WW *bespatten*; *bekladden*
bespeak (bɪˈspiːk) OV WW • *bespreken*; *reserveren* • *getuigen van*
bespectacled (bɪˈspektəkld) BNW *met bril*
bespoke (bɪˈspəʊk) BNW G-B *op maat gemaakt* ⟨v. kleren⟩ ★ *~ suit maatkostuum*
besprinkle (bɪˈsprɪŋkl) OV WW *besprenkelen*
best (best) **I** ZN *de/het beste* ★ *all the best! het allerbeste!* ⟨groet⟩ ★ *do/mean s.th. for the best de beste bedoelingen hebben* ★ *have/get the best of s.b. iemand te slim af zijn* ★ *make the best of it/a bad job/things het beste ervan maken* ★ *to the best of my knowledge/belief voor zover ik weet/op de hoogte ben* ★ *with the best (of them) met de besten*; *met wie dan ook* ★ *it's all for the best het is het beste zo* ★ *hope for the best het beste ervan hopen* **II** BNW + BIJW *best(e)* ★ *at best op zijn best*; *hoogstens* ★ *the best part het beste deel* ★ *we'll manage as best we can we zullen er het beste van maken* ★ *as best one can/may zo goed mogelijk* ★ *he had best leave hij kan beter weggaan* **III** OV WW • *overtreffen* • *te slim af zijn*
bestial (ˈbestɪəl) BNW *beestachtig*
bestiality (bestɪˈælətɪ) ZN *beestachtigheid*
bestiary (ˈbestɪərɪ) ZN *middeleeuws dierenboek*
bestir (bɪˈstɜː) OV WW • FORM. *~ o.s. zich haasten*; *zich bejiveren*
bestow (bɪˈstəʊ) OV WW *~ upon schenken aan*
bestowal (bɪˈstəʊəl) ZN • *schenking* • *gift*
bestride (bɪˈstraɪd) OV WW *schrijlings (gaan) staan over/zitten op*
best-seller (bestˈselə) ZN *goed verkopend boek*; *populaire roman*
bet (bet) **I** ZN • *weddenschap* • *inzet* • INFORM. *inschatting* ★ *one's best bet z'n beste kans* ★ *a good/safe bet een veilige weddenschap/belegging* ★ *make a bet een weddenschap aangaan* ★ *a long bet tien tegen één* **II** OV+ONOV WW *(ver)wedden* ★ *I/I'll bet! nogal wiedes!*; IRON. *zal wel!* ★ *I wouldn't bet on it!/don't bet*

betel – bigamy

on it! *daar zou ik maar niet op rekenen!* ★ you bet(cha/-ya)! *nou en of!* ★ you can bet your life/ your bottom dollar/on it *daar kun je gif op innemen* ★ wanna bet? *wedden van niet?*
betel ('bi:tl) ZN *sirihpruim*
betide (bɪ'taɪd) WW • *gebeuren* • *overkomen*
betimes (bɪ'taɪmz) BIJW *vroeg; tijdig*
betoken (bɪ'təʊkən) OV WW • *betekenen* • *voorspellen*
betray (bɪ'treɪ) OV WW • *verraden* • *bedriegen; verleiden*
betrayal (bɪ'treɪəl) ZN *verraad*
betrayer (bɪ'treɪə) ZN *verrader*
betroth (bɪ'trəʊð) OV WW • *verloven*
betrothal (bɪ'trəʊðəl) ZN *verloving*
betrothed (bɪ'trəʊðd) ZN *verloofde*
better ('betə) I BNW *beter* ★ the ∼ (of the two) *de beste (van de twee)* ★ ∼ off *beter af* ★ you'd ∼! *dat is je geraden!* ★ had ∼ *ga je moest maar liever gaan* ★ for ∼ or worse *in voorspoed en tegenspoed* ★ all the ∼ *des te beter/meer* ★ get the ∼ of s.b. *iem. de baas worden; iem. te slim af zijn* ★ little/no ∼ than *weinig/nauwelijks beter dan* ★ that's (much) ∼ *dat is al (heel wat) beter* ★ the sooner/bigger/more/etc., the ∼ *hoe sneller/groter/meer/etc., hoe beter* ★ so much the ∼ *des te beter* II OV WW • *verbeteren* • *overtreffen* ∼ o.s. *zich beteren; zijn positie verbeteren*
betterment ('betəmənt) ZN *verbetering*
between (bɪ'twi:n) I BIJW *ertussen; tussendoor* II VZ *tussen* ★ ∼ ourselves *tussen ons* ★ in ∼ *tussenin; tussendoor* ★ few and far ∼ *zeldzaam* ★ ∼ whiles *zo nu en dan; tussen de bedrijven door* ★ ∼ you and me/ourselves *samen; onder ons gezegd en gezwegen*
betwixt (bɪ'twɪkst) I BIJW OUD. *ertussen* ★ ∼ and between *noch het één, noch het ander* II VZ *tussen*
bevel ('bevəl) I ZN • *afschuining; schuine rand* • *zwaaihaak* II OV+ONOV WW *afschuinen*
beverage ('bevərɪdʒ) ZN *drank*
bevy ('bevɪ) ZN • INFORM. *troep* • *vlucht* ⟨vogels⟩
bewail (bɪ'weɪl) OV WW FORM. *bewenen*
beware (bɪ'weə) OV+ONOV WW • *oppassen; op de hoede zijn* ★ ∼ of the dog! *pas op voor de hond!*
bewilder (bɪ'wɪldə) OV WW *verbijsteren*
bewildering (bɪ'wɪldərɪŋ) BNW *verbijsterend*
bewilderment (bɪ'wɪldəmənt) ZN *verbijstering*
bewitch (bɪ'wɪtʃ) OV WW • *betoveren; beheksen*
bewitching (bɪ'wɪtʃɪŋ) BNW *betoverend*
beyond (bɪ'jɒnd) I ZN *onbekende; hiernamaals* ★ the back of ∼ *diep in het binnenland* ★ the great ∼ *het grote onbekende* II BIJW *verder; bovendien; meer* III VZ • *verder dan* • *aan de andere kant (van)* • *boven* • *behalve* ★ it was ∼ him *hij kon het zich niet voorstellen; het ging hem boven de pet*
bi- (baɪ) VOORV *bi-; twee-* ★ bilingual *tweetalig*
biannual (baɪ'ænjʊəl) BNW *halfjaarlijks*
bias ('baɪəs) I ZN • *vooroordeel* • *voormagnetisatie* • *diagonaal* ⟨v.e. stof⟩ • *afwijking* ⟨v. richting⟩; *effect* ★ cut on the bias *scheef geknipt* ★ a practical bias *een praktijkgerichte instelling* II OV WW • *scheef knippen* • *richting of neiging geven aan*

biased ('baɪəst) BNW *bevooroordeeld; vooringenomen/tendentieus* ★ be ∼ towards *veel aandacht hebben voor*; een vooroordeel *hebben jegens*
biassed ('baɪəst) BNW → **biased**
biathlon (baɪ'æθlən) ZN *biathlon*
bib (bɪb) ZN • *slabbetje; bef(je)* • G-B *rugnummer* ★ best bib and tucker HUMOR *paasbest* ★ AUS. stick one's bib in s.th. *zich bemoeien met iets*
bibber ('bɪbə) ZN *pimpelaar*
Bible ('baɪbl) ZN *bijbel*
biblical ('bɪblɪkl) BNW *bijbels*
bibliographer (bɪblɪ'ɒɡrəfə) ZN *bibliograaf*
bibliography (bɪblɪ'ɒɡrəfɪ) ZN *bibliografie*
bibliophile ('bɪblɪəʊfaɪl) ZN *bibliofiel; boekenliefhebber*
bib overalls ZN *tuinbroek; salopette*
bibulous ('bɪbjʊləs) BNW *drankzuchtig*
bicameral (baɪ'kæmrəl) BNW *bestaand uit 2 kamers / huizen* ⟨v. parlement⟩
bicarbonate (baɪ'kɑ:bənɪt) ZN ★ ∼ (of soda) *dubbelkoolzuurzout; zuiveringszout*
bicentenary (baɪsen'ti:nərɪ), USA **bicentennial** I ZN *200-jarige gedenkdag* II BNW *200-jarig*
bicentennial (baɪsen'tenɪəl) I ZN USA → **bicentenary** II BNW USA → **bicentenary**
biceps ('baɪseps) ZN *biceps*
bicker ('bɪkə) ONOV WW • *kibbelen* • *kletteren* ⟨v. regen⟩; *snel stromen* ⟨v. rivier⟩ • *flikkeren* ⟨v. vuur⟩
bickering ('bɪkərɪŋ) ZN *gekibbel*
bicycle ('baɪsɪkl) ZN *rijwiel*
bid (bɪd) I ZN • *bod* • USA *prijsopgave; offerte* • *uitnodiging; aanbod* • *poging* ★ make a bid for *een poging doen om*; *een gooi doen naar* ★ no bid *(ik) pas* ⟨bij bridge⟩ II OV+ONOV WW • *bieden* ⟨ook: kaartspel⟩ • *offerte / prijsopgave indienen* • *pogen* • *bevelen* • *verzoeken* ★ bid welcome / farewell *welkom heten; vaarwel zeggen* ★ what am I bid? *wie biedt?* ⟨veiling⟩
bidden ('bɪdn) WW [volt. deelw.] → **bid**
bidder ('bɪdə) ZN *bieder; gegadigde*
bidding ('bɪdɪŋ) ZN • *het bieden* ⟨veiling, kaartspel⟩ • *aanbieding* ★ FORM. do s.o.'s ∼ *iem. gehoorzamen* ★ at s.o.'s ∼ *op iemands bevel*
biddy ('bɪdɪ) ZN *wijf; muts*
bide (baɪd) OV+ONOV WW ★ bide one's time *zijn tijd/kans afwachten*
bidet (bi:'deɪ) ZN *bidet*
biennial (baɪ'enɪəl) I ZN *tweejarige plant* II BNW *tweejarig*
bier (bɪə) ZN *(lijk)baar; katafalk*
biff (bɪf) I ZN INFORM. *mep* II OV WW INFORM. *een klap geven*
bifocals (baɪ'fəʊklz) ZN MV *dubbelfocusbril*
bifold ('baɪfəʊld) BNW *tweevoudig; dubbel*
bifurcate[1] (baɪ'fɜ:keɪt) BNW *gaffelvormig*
bifurcate[2] (baɪfəkeɪt) OV+ONOV WW ⟨z.⟩ *splitsen; vertakken*
bifurcation (baɪfə'keɪʃən) ZN *splitsing*
big (bɪg) I BNW + BIJW • *groot; omvangrijk* • *belangrijk* • *groots* • *populair* • *groot(moedig); gul* II BIJW *op indrukwekkende wijze* ★ go over big (with s.b.) *er in gaan als koek (bij iem.)* ★ make it big *veel succes hebben*
bigamy ('bɪɡəmɪ) ZN *bigamie*

biggie ('bɪgi:) ZN INFORM. *belangrijke zaak/ persoon* ★ INFORM. *no ~! maakt niet uit!*

biggish ('bɪgɪʃ) I BNW *nogal dik / groot* II BIJW *op indrukwekkende wijze*

big-head ZN • *blaaskaak; verwaande kwast*

big-headed BNW *verwaand*

big-hearted BNW *ruimhartig*

bight (baɪt) ZN • *bocht; baai* • *lus*

bigot ('bɪgət) ZN • *dweper* • *kwezel*

bigoted ('bɪgətɪd) BNW *dweepziek; onverdraagzaam*

bigotry ('bɪgətrɪ) ZN • *dweepzucht* • *kwezelarij*

big-ticket BNW USA *duur*

big-timer ZN *top* ‹artiest, speler, atleet, etc.›

bigwig ('bɪgwɪg) ZN INFORM. *hoge ome; hoge piet*

bijou (bi:ʒu:) BNW *klein maar fijn*

bike (baɪk) I ZN • *fiets* • USA *motorfiets* ★ PLAT *on your bike! wegwezen!* II ONOV WW *fietsen*

biker ('baɪkə) ZN • *motorrijder* • *mountainbiker*

bikini (bɪ'ki:nɪ) ZN *bikini*

bilateral (baɪ'lætərəl) BNW *bilateraal; tweezijdig*

bilberry ('bɪlbərɪ) ZN *blauwe bosbes*

bile (baɪl) ZN *gal*

bilge (bɪldʒ) ZN • *buik* ‹v. vat› • *ruim* ‹v. schip› • *lenswater* • INFORM. *onzin*

bilge-water ('bɪldʒwɔ:tə) ZN *lenswater*

bilharzia (bɪl'hɑ:tsɪə) ZN *bilharzia*

bilingual (baɪ'lɪŋgwəl) BNW *tweetalig*

bilious ('bɪljəs) BNW • *misselijk* • *walgelijk* • *humeurig*

bilk (bɪlk) I ZN • *zwendel* • *zwendelaar* II OV WW *bezwendelen*

bill (bɪl) I ZN • *rekening* • USA *bankbiljet* • *wet; wetsontwerp* • *aanplakbiljet* • *document* • *lijst* • *snavel* • *snoeimes* • *bill of exchange wissel* ★ *bill of fare menu* • *bill of fares tarieflijst* ‹in bus, tram enz.› ★ *bill of indictment akte van beschuldiging* ★ *bill of lading cognossement* ★ G-B *Bill of Rights grondwet van 1689* ★ *bill of sale koopbrief* ★ *fill/fit the bill aan het doel beantwoorden* II OV WW • *op de rekening zetten* • *aankondigen* • *volplakken met biljetten* • *boeken* ★ *bill and coo minnekozen*

billboard ('bɪlbɔ:d) ZN *reclamebord*

bill broker ZN *wisselmakelaar*

billet ('bɪlɪt) I ZN • MIL. *kwartier* • INFORM. *baantje* II OV WW • ~ *on inkwartieren bij*

billfold ('bɪlfəʊld) ZN USA *portefeuille*

billhook ('bɪlhʊk) ZN *kapmes; snoeimes*

billiard ('bɪljəd) BNW *biljart-*

billiards ('bɪljədz) ZN MV *biljart, biljartspel* ★ *play ~ biljarten*

billion ('bɪljən) ZN • *biljoen* • USA *miljard*

billow ('bɪləʊ) I ZN *(vloed)golf* II WW *golven; bollen*

billowy ('bɪləʊɪ) BNW *golvend*

billposter ('bɪlpəʊstə) ZN *aanplakker*

billsticker ('bɪlstɪkə) ZN *aanplakker*

billy goat ('bɪlɪgəʊt) ZN *bok*

bimbo ('bɪmbəʊ) ZN • MIN. *dom blondje* • MIN. *sukkel*

bimonthly (baɪ'mʌnθlɪ) I ZN *tweemaandelijks tijdschrift* II BNW *tweemaandelijks*

bin (bɪn) I ZN • *bak; bus; trommel; mand* • *vuilnisbak* • SCHEEPV. *voorraadruimte* II WW INFORM. *weggooien*

binary ('baɪnərɪ) I ZN • WISK. *binair getal* • STERRENK. *dubbelster* II BNW *binair; tweevoudig; tweedelig*

bind (baɪnd) I ZN • *band; binding; gebondenheid* • INFORM. *vervelende situatie/zaak; moeilijkheid* ★ *ironing is such a bind strijken is zo vervelend* ★ *in a bind in de knoei* II OV WW • *binden* ‹ook van saus, beslag›; *inbinden; verbinden; vastbinden* • *verplichten; dwingen* • *bekrachtigen* • *omboorden* ‹naaiwerk› • JUR. ~ *over dagvaarden; onder curatele plaatsen* ‹i.v.m. openbare orde› III ONOV WW • *binden* ‹v. saus› • *pakken* ‹v. sneeuw›

binder ('baɪndə) ZN • *(boek)binder* • *omslag; band* • *bindmiddel* • *bint* • *verbindingssteen* • AGRAR. *maaibinder*

binding ('baɪndɪŋ) I ZN • *(boek)band* • *boordsel* • SPORT *binding* II BNW *bindend*

bind weed ZN *woekerkruid; winde*

bine (baɪn) ZN *rank; loot; winde*

binge (bɪndʒ) I ZN *braspartij; drinkgelag; fuif* ★ *go on a ~ gaan stappen; de bloemetjes buiten zetten* ★ *a chocolate ~ een bui waarin men veel chocola eet* ★ *a shopping ~ een koopvlaag* II WW *z. te buiten gaan*

bingo ('bɪŋgəʊ) ZN *bingo*

bin liner ZN *vuilniszak*

bin man ZN INFORM. *vuilnisman*

binoculars (bɪ'nɒkjʊləz) ZN MV *verrekijker; veldkijker; toneelkijker*

binominal (baɪ'nəʊmɪnl) BNW *binominaal; tweenamig*

bio- ('baɪəʊ) VOORV *bio-; biologisch*

biochemistry (baɪəʊ'kemɪstrɪ) ZN *biochemie*

biodegradable (baɪəʊdɪ'greɪdəbl) BNW *biologisch afbreekbaar*

bio engineering ZN *biotechniek*

biographer (baɪ'ɒgrəfə) ZN *biograaf*

biographic(al) (baɪə'græfɪk(l)) BNW *biografisch*

biography (baɪ'ɒgrəfɪ) ZN *levensbeschrijving*

biological (baɪə'lɒdʒɪkl) BNW *biologisch*

biologist (baɪ'ɒlədʒɪst) ZN *bioloog*

biology (baɪ'ɒlədʒɪ) ZN *biologie*

bionic (baɪ'ɒnɪk) BNW *bionisch*

biopic ('baɪəʊpɪk) ZN INFORM. *filmbiografie*

biopsy ('baɪɒpsɪ) ZN *biopsie*

biosphere ('baɪəʊsfɪə) ZN TECHN. *biosfeer*

biotechnology (baɪəʊtek'nɒlədʒɪ) ZN *biotechnologie*

bipartisan (baɪpɑ:tɪ'zæn) BNW *twee partijen-*

bipartite (baɪ'pɑ:taɪt) BNW *tweedelig; tweeledig*

biped ('baɪped) ZN *tweevoeter* ‹vogel, mens›

biplane ('baɪpleɪn) ZN *tweedekker*

birch (bɜ:tʃ) I ZN • *berk* • *roede* II OV WW *met de roede kastijden*

bird (bɜ:d) ZN • *vogel* • *meisje* • *vogel; snuiter; type* ★ INFORM. *be (strictly) for the birds onbenullig/oninteressant zijn* ★ *the bird has flown de vogel is gevlogen* ★ *a bird in the hand is worth two in the bush beter één vogel in de hand dan tien in de lucht* ★ *the birds and the bees de bloemetjes en de bijtjes* ★ *birds of a feather (flock together) soort zoekt soort* ★ INFORM. *give s.b. / get the bird iem. uitjouwen / uitfluiten; de middelvinger opsteken* ★ *a little bird told me, that ... ≈ een kaboutertje*

heeft me ingefluisterd dat ... ★ bird of passage *trekvogel* ★ bird of prey *roofvogel* **II** ONOV WW • *vogels observeren* • *vogels vangen* ★ go birding *vogelnestjes gaan uithalen*
birdbanding ('bɜːdbændɪŋ) ZN *ringen van vogels*
bird brain ZN *onnozele hals*
birdcage ('bɜːdkeɪdʒ) ZN *vogelkooi*
bird dog ZN *jachthond*; *speurhond*
bird flu ZN INFORM. *vogelgriep*
birdie ('bɜːdɪ) ZN • INFORM. *vogeltje* • GOLFSPORT *birdie*
bird's-eye ZN • PLANTK. *gewone ereprijs* • *soort tabak* ★ ~ view *vogelperspectief*
bird's-foot ZN • PLANTK. *klaver*; *wikke* • BIOL. *zeester*
bird table ZN *voederplank* ‹v. vogels›
bird-watcher ZN *vogelwaarnemer*
biretta (bɪˈretə) ZN *bonnet* ‹v. r.-k. priester›
Biro ® ('baɪrəʊ) ZN *balpen*
birth (bɜːθ) ZN • *geboorte* • *afkomst* • *ontstaan* ★ by ~ *van geboorte* ★ give ~ to s.b *baren* ★ give ~ to s.th. *iets doen ontstaan* ★ THEOLOGIE new ~ *wedergeboorte*
birth certificate ZN *geboorteakte*
birth control ZN *geboorteregeling*
birthday ('bɜːθdeɪ) ZN *verjaardag*
birthday honours ZN MV ≈ *lintjesregen*
birthday suit ZN IRON. *adamskostuum*
birthmark ('bɜːθmɑːk) ZN *moedervlek*
birthplace ('bɜːθpleɪs) ZN *geboorteplaats*
birth rate ZN *geboortecijfer*
birthright ('bɜːθraɪt) ZN *geboorterecht*
biscuit ('bɪskɪt) **I** ZN • *beschuit*; *biscuit*; *koekje* • *ongeglazuurd porselein* ★ INFORM. take the ~ *alles overtreffen/slaan* **II** BNW *lichtbruin*
bisect (baɪˈsekt) OV WW *in tweeën delen*
bisector (baɪˈsektə) ZN *bissectrice*
bisexual (baɪˈseksjʊəl) BNW *biseksueel*
bisexuality (baɪseksjʊˈælɪtɪ) ZN *biseksualiteit*
bishop ('bɪʃəp) ZN • *bisschop* • *loper* ‹v. schaakspel›
bishopric ('bɪʃəprɪk) ZN • *bisdom* • *ambt v. bisschop*
bison ('baɪs(ə)n) ZN *bizon*
bistro ('biːstrəʊ, 'bɪs-) ZN *bistro*; *petit-restaurant*
bit (bɪt) **I** ZN • *beetje*; *stukje*; *kleinigheid* • G-B, INFORM. *heel wat* • COMP. *bit* • *bit* ‹v. hoofdstel› • *schaafbeitel* • *boorijzer* • *baard* ‹v. sleutel› • *bek* ‹v. tang› ★ INFORM. the (whole) ... bit *gedoe*; *praktijken* ★ bit by bit *beetje bij beetje* ★ INFORM. a bit much *wat te veel (gevraagd)* ★ a bit of ... *een beetje* ... ★ INFORM. have a bit on the side *vreemdgaan* ★ G-B, INFORM. bits and pieces / bobs *spulletjes* ★ INFORM. do one's bit *zijn steentje bijdragen*; *zijn ding doen* ★ every bit as good as ... *zeker zo goed als* ... ★ take the bit between one's teeth *op hol slaan* ‹ook fig.› ★ not a bit / not one (little) bit *helemaal niet* ★ to bits *aan stukken*; *heel veel* ★ not a blind bit *geen greintje* ‹niets, geen› ★ not a bit of it *helemaal niet*; *geen sprake van* **II** WW [verleden tijd] → **bite** OV WW *bit aandoen*; *beteugelen*
bitch (bɪtʃ) **I** ZN • *teef* • MIN. *wijf*; *hoer* • PLAT *groot probleem* **II** OV+ONOV WW • *hatelijk doen* • *kankeren*
bitchy ('bɪtʃɪ) BNW *kattig*; *hatelijk*; *boosaardig*

bite (baɪt) **I** ZN • *beet*; *hap* • *greep* • *scherpte* • *pittige smaak* • *vinnige kou* ★ have a bite (at) *een hap nemen (van)* ★ have a quick bite *snel even iets eten* ★ have no bite to it *oninteressant zijn* ★ G-B a bite at / of the cherry *een kans* ★ I have had no bite nor sup *ik heb nog niets te eten of te drinken gehad* **II** OV+ONOV WW • *(uit)bijten*; *happen* • *voelbaar worden* • *steken* • PLAT *bedriegen* ★ be bitten by sth *gegrepen zijn/worden door iets* ★ INFORM. bite the bullet *de tanden op elkaar zetten* ★ bite the dust *het loodje leggen* ★ bite one's lip *z. verbijten* ★ bite off more than one can chew *teveel hooi op zijn vork nemen* ★ bite one's tongue *zijn tong afbijten* ★ once bitten, twice shy *een ezel stoot zich geen tweemaal aan dezelfde steen* ★ what's biting you? *wat is er met jou aan de hand?* ★ bite someone's head off *iemand afsnauwen* • ~ **back** *inslikken* ‹v. woorden, opmerking›
biter ('baɪtə) ZN ★ the ~ bit *de bedrieger bedrogen*
bite-sized BNW *hapklaar*
biting ('baɪtɪŋ) BNW • *bijtend* ‹koud› • *scherp* ‹opmerking›
bit part ZN *rolletje* ‹in film, etc.›
bitten ('bɪtn) WW [volt. deelw.] → **bite**
bitter ('bɪtə) **I** ZN • *bitter (bier)* • *(maag)bitter* • *bitterheid* ★ gin and ~s *bittertje* **II** BNW *bitter*; *scherp* ★ a ~ blow *een zware slag* ★ be a ~ pill to swallow *een bittere pil zijn* ★ to/until the ~ end *tot het bittere eind*
bittern ('bɪtn) ZN • *roerdomp* • *bitter loog*
bitterness ('bɪtənəs) ZN *bitterheid*
bitty ('bɪtɪ) BNW *samengeraapt*
bitumen ('bɪtjʊmɪn) ZN *bitumen*; *asfalt*
bituminous (bɪˈtjuːmɪnəs) BNW ★ ~ coal *vetkolen*
bivalve ('baɪvælv) **I** ZN *tweeschalig dier* **II** BNW BIOL. *tweeschalig*
bivouac ('bɪvʊæk) **I** ZN *bivak* **II** ONOV WW *bivakkeren*
biz (bɪz) ZN INFORM. → **business**
bizarre (bɪˈzɑː) BNW *bizar*; *grillig*
blab (blæb) **I** ZN • *kletskous* • *flapuit* **II** OV WW • *kletsen* • *eruit flappen*; *verklappen*
blabber ('blæbə) WW • *kletsen* • *eruit flappen*; *verklappen*
blabbermouth ('blæbəmaʊθ) ZN *kletskous*
black (blæk) **I** ZN • *zwart* • *zwarte*; *neger* • *rouwkleding* • *brand (korenziekte)* ★ be in the ~ *uit de rode cijfers zijn* **II** BNW • *zwart* • *donker* • *donker* ‹v. huidskleur› • *zonder melk* ‹v. koffie, thee› • *vuil* • *somber* • *boosaardig* ★ not be as ~ as one is painted *niet zo kwaad zijn als wordt beweerd* ★ be in a p.'s ~ books *slecht aangeschreven staan bij iem.* ★ ~ and white *zwart-wit* ★ in ~ and white *zwart op wit* ★ ~ and blue *bont en blauw* ★ ~ and tan *manchesterterriër*; *black-and-tan* ‹soort bier› **III** OV WW • *zwart maken* • *poetsen* • ~ **out** *onleesbaar maken*; *verduisteren* **IV** ONOV WW ★ ~ out *tijdelijk het bewustzijn verliezen*
blackball ('blækbɔːl) OV WW *deballoteren*
blackberry ('blækbərɪ) ZN *braam*
blackberrying ('blækbərɪŋ) WW *bramenpluk*
blackbird ('blækbɜːd) ZN *merel*
blackboard ('blækbɔːd) ZN *schoolbord*
blackcurrant (blækˈkʌrənt) ZN *zwarte bes*

blacken ('blækən) OV+ONOV WW OOK FIG. *zwart maken/worden*
blackguard ('blægɑ:d) ZN *schurk*
blackhead ('blækhed) ZN • *kokmeeuw* • *mee-eter*
blacking ('blækɪŋ) ZN OUD. *schoensmeer*
blackjack ('blækdʒæk) ZN • *ploertendoder* • *eenentwintigen* ⟨kaartspel⟩ • *(zwarte) zeeroversvlag*
blacklead ('blækled) ZN *grafiet*
blackleg ('blækleg) ZN *stakingsbreker*
blacklist ('blæklɪst) I ZN *zwarte lijst* II OV WW *op de zwarte lijst plaatsen*
blackmail ('blækmeɪl) I ZN *chantage* II OV WW *chanteren*
blackmailer ('blækmeɪlə) ZN *afperser; chanteur*
black-market ZN *zwarte handel*
blackout ('blækaʊt) ZN • *verduistering* • *black-out; tijdelijke bewusteloosheid/blindheid*
blacksmith ('blæksmɪθ) ZN *(hoef)smid*
blackthorn ('blækθɔ:n) ZN *sleedoorn*
bladder ('blædə) ZN • BIOL. *blaas* • SPORT *binnenbal*
blade (bleɪd) ZN • *lemmet* • *platte scherpe kant v. allerlei werktuigen; scheermesje* • *blad* ⟨v. roeiriem, propeller enz.⟩ • *(gras)spriet; halm* ★ ~ *of grass grasspriet*
blah (blɑ:) I ZN INFORM. *bla* ⟨kletspraat⟩ II BNW • MIN. *beoerd* • INFORM. *onprettig* ⟨v. gevoel⟩
blame (bleɪm) I ZN • *schuld* • *berisping* ★ *put the* ~ *on s.o. iem. de schuld geven* II OV WW • *de schuld geven aan; verwijten* • *veroordelen; berispen* ★ *you are to* ~ *het is uw schuld* • ~ *for de schuld geven van*
blameless ('bleɪmləs) BNW *onberispelijk; vrij van blaam*
blameworthy ('bleɪmwɜ:ðɪ) BNW *laakbaar; afkeurenswaardig*
blanch (blɑ:ntʃ) OV+ONOV WW • *(doen) verbleken* • *bleken* • *blancheren*
blancmange (blə'mɒndʒ) ZN *(gelatine)roompudding*
bland (blænd) BNW • *saai; nietszeggend* • *flauw* ⟨v. voedsel⟩; *middelmatig* • *laconiek* • *vriendelijk* • *minzaam; poeslief*
blandish ('blændɪʃ) OV WW *strelen; vleien*
blandishment ('blændɪʃmənt) ZN • *streling* • *vleierij*
blandness ('blændnəs) ZN • *eentonigheid; saaiheid* • *flauwheid* ⟨v. voedsel⟩ • *koelheid* • *vriendelijkheid* • *minzaamheid*
blank (blæŋk) I ZN • *open ruimte* ⟨op formulier⟩ • *leegte* • *losse flodder* • *niet* ⟨in loterij⟩ • *onleesbaar gemaakt woord* ★ *draw a* ~ *buiten de prijzen vallen*; FIG. *bot vangen* ★ *my mind is a* ~ *ik heb geen flauw idee* II BNW • *blanco; leeg* • *bot* • *vruchteloos* • *wezenloos; verbijsterd; stom* ⟨v. verbazing⟩ III OV WW • ~ *out leeg worden* IV ONOV WW • ~ *out wissen; uit de gedachten bannen*
blanket ('blæŋkɪt) I ZN • *deken* ⟨v. wol⟩ • FIG. *(dikke) laag* ★ ~ *of snow een dik pak sneeuw* ★ FIG. *wet* ~ *domper; spelbreker* II BNW • *allesomvattend; insluitend* III OV WW • *met een deken bedekken* • *sussen* • *jonassen* • *monopoliseren*
blankety-blank ZN *onleesbaar gemaakt woord*

blare (bleə) I ZN *geschal; gebrul* II OV+ONOV WW *schallen; brullen*
blarney ('blɑ:nɪ) ZN *vleierij; geslijm* ★ *he has kissed the Blarney Stone hij kan goed vleien*
blaspheme (blæs'fi:m) OV+ONOV WW *godslasterlijk spreken* ⟨*over*⟩; *spotten* ⟨*met*⟩
blasphemous ('blæsfəməs) BNW *(gods)lasterlijk*
blasphemy ('blæsfəmɪ) ZN *blasfemie; godslastering*
blast (blɑ:st) I ZN • *explosie* • *windstoot* • *stoot* ⟨op koperinstrument, fluit⟩ • *felle terechtwijzing* • USA *dikke pret* • *vloek* • *plaag* ★ *at full* ~ *in volle gang; voluit* II OV WW • *opblazen; laten springen* • *blèren; tetteren; schetteren* • *fel bekritiseren* • *poeieren* ⟨bal⟩ ★ INFORM. ~ *it! verdomme!* III ONOV WW • ~ *off opstijgen* ⟨v. ruimteschip⟩; *brullend wegrijden* ⟨v. auto enz.⟩
blasted ('blɑ:stɪd) BNW *vervloekt*
blast furnace ('blɑ:stfɜ:nɪs) ZN *hoogoven*
blast-off ZN *lancering*
blatant ('bleɪtnt) BNW • *schaamteloos* • *lawaaierig; opvallend*
blather ('blæðə) I ZN *gekle ts* II ONOV WW *dom kletsen*
blaze (bleɪz) I ZN • *vlam(men); vuur(zee)* • *gloed* • *uitbarsting* • *bles; merk* ⟨op boom⟩ ★ *go to* ~*s! loop naar de hel!* II OV WW *rondbazuinen* ★ ~ *a trail een spoor aangeven met tekens; een weg banen* III ONOV WW • *(op)vlammen; fel branden* • *schitteren; fel schijnen* • *uitbarsten* • ~ *away losbarsten; oplaaien* ⟨v. vuur⟩; *er op los schieten* ⟨met vuurwapens⟩ • ~ *up oplaaien; opvliegen*
blazer ('bleɪzə) ZN *blazer; sportjasje*
blazing ('bleɪzɪŋ) BNW • *(fel) brandend; verblindend* • *woedend* • INFORM. *overduidelijk* ★ *a* ~ *fool een verdomde idioot* ★ ~ *hot gloeiend heet* ★ *a* ~ *row slaande ruzie*
blazon ('bleɪzən) I ZN *blazoen* II OV WW • *blazoeneren* • *rondbazuinen*
blazonry ('bleɪzənrɪ) ZN • *blazoeneerkunst* • *wapenstukken* • *pracht; praal*
bleach (bli:tʃ) I ZN *bleekmiddel* II OV+ONOV WW *bleken*
bleachers ('bli:tʃəz) ZN MV USA *(open) tribune (goedkope plaatsen)*
bleak (bli:k) BNW • *somber; troosteloos* • *guur* • *kaal*
blear (blɪə) I BNW • *wazig* • *uitgeput* • *dof; onduidelijk* II OV WW *wazig maken; doen tranen*
bleary ('blɪərɪ) BNW *wazig* ⟨v. blik⟩; *waterig* ⟨v. ogen⟩; *onduidelijk*; PLAT *dronken*
bleary-eyed (blɪərɪ'aɪd) BNW • *met wazige blik* • *kortzichtig*
bleat (bli:t) I ZN *geblaat* II OV+ONOV WW *blaten*
bleb (bleb) ZN *blaasje*
bled (bled) WW [verl. tijd + volt. deelw.] → **bleed**
bleed (bli:d) I OV WW • *laten bloeden; aderlaten* • FIG. *uitzuigen; afpersen* ★ ~ *s.o. dry / white iem. volledig uitzuigen* II ONOV WW *bloeden* ★ ~ *to death doodbloeden*
bleeder ('bli:də) ZN • G-B/PLAT *rotzak* • *lijder aan bloederziekte*
bleeding ('bli:dɪŋ) BNW PLAT *verdomd*
bleep (bli:p) I ZN *piep* II ONOV WW • *piepen* • *oproepen; oppiepen*

bleeper ('bli:pə) ZN *pieper* ‹om iem. op te roepen›

blemish ('blemɪʃ) I ZN *smet*; *klad* II OV WW *bevlekken*; *bekladden*

blench (blentʃ) ONOV WW • *(ver)bleken* • *terugdeinzen* ‹uit angst of van pijn›

blend (blend) I ZN *melange*; *mengsel* II OV+ONOV WW *(zich) vermengen*

blender ('blendə) ZN *mixer*; *mengbeker*

blent (blent) WW [verl. tijd + volt. deelw.] → **blend**

bless (bles) OV WW *zegenen* ★ ~ me! *lieve hemel!* ★ ~ o.s. *een kruis slaan*; *z. gelukkig achten* ★ ~ you! *gezondheid!* ★ ~ my soul! *lieve hemel!*

blessed ('blesɪd) BNW • *zalig*; *gezegend* • INFORM. *vervloekt* ★ the whole ~ day *de godganse dag*

blessing ('blesɪŋ) ZN *zegen* ★ a ~ in disguise *een geluk bij een ongeluk* ★ ask a ~ *bidden* ‹aan tafel› ★ a mixed ~ *geen onverdeeld genoegen*

blether ('bleðə) I ZN → **blather** *geklets* II ONOV WW *wauwelen*

blew (blu:) WW [verleden tijd] → **blow**

blight (blaɪt) I ZN • *plantenziekte*; *meeldauw*; *brand*; *soort bladluis* • *vernietigende invloed* ★ cast a ~ on sth *een vernietigende uitwerking hebben op / vergallen* ★ urban ~ *afzichtelijke verwaarloosde toestand waarin delen van de stad z. bevinden* II OV WW • *doen verdorren* • *vernietigen*; *ruïneren* ★ ~ed hopes *verwoeste hoop*

blighted ('blaɪtɪd) BNW • *ellendig* • *verpest*

blimey ('blaɪmi) TW G-B/PLAT *verdraaid!*; *verrek!*

blimp (blɪmp) ZN *klein soort luchtschip*

blind (blaɪnd) I ZN • *blinde* • *rolgordijn* • *oogklep* • *camouflage* • *blinde granaat* ★ (venetian) ~s *jaloezieën*; *luxaflex* ★ FIG. the ~e leading the ~e *de ene blinde leidt de andere* ‹onbetrouwbaar advies› II BNW • *blind* • *doodlopend* • *onbetrouwbaar* ★ in one eye *aan één oog blind* ★ bake ~ *zonder vulling bakken* ★ LUCHTV. fly ~ *vliegen op de automatische piloot* III OV WW • *verblinden*; *blind maken* • *blinderen* ★ ~ to ~ s.o. with science *iemand met feiten overdonderen* IV ONOV WW G-B, PLAT *woest rijden*; *rauzen*

blindfold ('blaɪndfəʊld) I ZN *blinddoek* II BNW + BIJW *geblinddoekt* III OV WW *blinddoeken*

blinding ('blaɪndɪŋ) BNW *verblindend*; *spectaculair* ★ a ~ headache *zware hoofdpijn*

blindingly ('blaɪndɪŋli) BIJW *heel erg*; *extreem* ★ ~ obvious *zonneklaar*

blindside ('blaɪndsaɪd) WW *overrompelen*

blind-worm ('blaɪnd-wɜːm) ZN *hazelworm*

blink (blɪŋk) I ZN • *knippering* ‹v. oog› • *glimp* • *ijsblink* ★ in the ~ of an eye *in 'n oogwenk* ★ INFORM. on the ~ *defect* II OV+ONOV WW • *knipperen* ‹v. ogen of licht› • *negeren* ★ ~ at the facts *de ogen sluiten voor de feiten*

blinkered ('blɪŋkəd) BNW *met oogkleppen*; *kortzichtig*

blinkers ('blɪŋkəz) ZN MV • *oogkleppen* • *knipperlichten*; *richtingaanwijzers* ★ wear ~ *oogkleppen ophebben*

blinking ('blɪŋkɪŋ) BNW INFORM. *verdraaid*

blip (blɪp) ZN • *echo* ‹op radarscherm› • *tijdelijke verslechtering*; *dip*

bliss (blɪs) ZN *geluk*; *gelukzaligheid*

blissful ('blɪsfʊl) BNW *(geluk)zalig*

blister ('blɪstə) I ZN • *blaar* • *trekpleister* II OV+ONOV WW • *blaren (doen) krijgen* • *bladderen* ‹v. verf› ★ in the ~ing heat *in de verschroeiende hitte* ★ ~ing criticism *vernietigende kritiek*

blister pack ZN *doordrukverpakking*

blithe (blaɪð) BNW • *(afkeurend) blij*; *onbezorgd* • LIT. *vreugdevol*

blithering ('blɪðərɪŋ) BNW • *bazelend*; *zwammerig* • MIN. *stom*; *aarts-*; *ongelofelijk* ★ ~ idiot *enorme sufferd*

blitz (blɪts) I ZN • *blitzkrieg* • *Duitse bomaanvallen op Londen in 1940* • *(overrompelende) actie* II WW *bomaanval*; *bliksemoorlog*

blizzard ('blɪzəd) ZN *hevige sneeuwstorm*

bloated ('bləʊtɪd) BNW *opgeblazen*; *pafferig*

bloater ('bləʊtə) ZN *bokking*

blob (blɒb) ZN *klodder*; *vlek*; *druppel*

bloc (blɒk) ZN *blok*; *coalitie*

block (blɒk) I ZN • *blok* • *huizenblok* • USA *groot stuk land* • *hoeveelheid* ‹aandelen, tijd, enz.› • *blokkade* • go on the ~ *tentoongesteld worden*; *geveild worden* ★ put/lay one's head on the ~ *zijn reputatie op het spel zetten* ★ ~ and tackle *takelblok* ★ a ~ of *een flinke hoeveelheid* II OV WW • *blokkeren*; *versperren* • *afsluiten* ★ ~ a bill *een wetsontwerp blokkeren* ★ ~ a ball *niet slaan* ‹bij cricket›; *bal stoppen* • ~ in *insluiten* • ~ in/out *in ruwe trekken schetsen/opzetten* • ~ off *afsluiten* • ~ out *buitensluiten* • ~ up *dichtmaken/-metselen*

blockade (blɒ'keɪd) I ZN *blokkade* II OV WW • *blokkeren* • *afzetten*

blockage ('blɒkɪdʒ) ZN • *verstopping* • *stagnatie*

blockbuster ('blɒkbʌstə) ZN • INFORM. *kassucces*; *bestseller* • *bom die een heel huizenblok verwoest*

block-calendar ZN *scheurkalender*

blockhouse ('blɒkhaʊs) ZN *bunker*

blog ('blɒg) ZN COMP. *blog* ‹weblog›

bloke (bləʊk) ZN INFORM. *kerel*; *vent*

blond (blɒnd) BNW *blond*

blonde (blɒnd) I ZN *blondine* II BNW *blond*

blood (blʌd) I ZN • *bloed* • *bloedverwantschap*; *familie* • *temperament* ★ be after/out for s.b.'s ~ *iem.s bloed willen zien* ★ it is/runs in your ~ *het zit je in het bloed* ★ ~ is thicker than water *het bloed kruipt waar het niet gaan kan* ★ his ~ is up *hij is razend* ★ have s.b.'s ~ on one's hands *iem.'s bloed aan zijn handen hebben* ★ in cold ~ *in koelen bloede* ★ get ~ from/out of a stone *ijzer met handen breken* ★ make s.b.'s ~ boil *iem.'s bloed doen koken* ★ make s.b.'s ~ run cold *iem. koude rillingen bezorgen* ★ FIG. new/fresh ~ *vers bloed* II OV WW • *bloed aftappen* • *inwijden*; *kennis laten maken met*

blood bank ZN *bloedbank*

bloodbath ('blʌdbɑːθ) ZN *bloedbad*

blood brother ZN *bloedbroeder*

blood clot ZN *bloedstolsel*

blood count ZN *bloedonderzoek*

blood-curdling BNW *bloedstollend*

blood donor ZN *bloeddonor*

blood group ZN *bloedgroep*

blood heat ZN *lichaamswarmte*

bloodhound ('blʌdhaʊnd) ZN *bloedhond*
bloodied ('blʌdɪd) BNW *met bloed bevlekt(e)*
bloodless ('blʌdləs) BNW • *bloedeloos* • *bleek* • *saai* • *ongevoelig*
bloodletting ('blʌdletɪŋ) ZN *aderlating*
bloodlust ('blʌdlʌst) ZN *bloeddorst*
blood money ZN *bloedgeld*
blood poisoning ZN *bloedvergiftiging*
blood pressure ZN *bloeddruk*
blood-red BNW *bloedrood*
blood relation ZN *bloedverwant(e)*
blood sausage ZN *bloedworst*
bloodshed ('blʌdʃed) ZN *bloedvergieten*
bloodshot ('blʌdʃɒt) BNW *bloeddoorlopen*
blood sport ZN *jacht; bloedige sport*
bloodstain ('blʌdsteɪn) ZN *bloedvlek*
bloodstained ('blʌdsteɪnd) BNW *met bloed bevlekt*
bloodstock ('blʌdstɒk) ZN ≈ *stamboekvee*
bloodstream ('blʌdstriːm) ZN *bloedstroom*
bloodsucker ('blʌdsʌkə) ZN *bloedzuiger*
blood test ZN *bloedtest*
bloodthirsty ('blʌdθɜːstɪ) BNW *bloeddorstig*
blood tranfusion ZN *bloedtransfusie*
blood type ZN *bloedgroep*
blood vessel ZN *bloedvat; ader*
bloody ('blʌdɪ) I BNW • *bloedig; bloederig* • *bloeddorstig* • *verdomd* ★ INFORM. ~ *nonsense verdomde onzin* ★ *you can* ~ *well keep your money! houd dat verdomde geld maar!* II OV WW *met bloed bevlekken*
bloody-minded BNW • *wreed* • *dwars; obstinaat*
bloom (bluːm) I ZN • *bloei* • *blos* • *waas* • *fleur* • *bloem* ★ *in* (full) ~ *in (volle) bloei* II ONOV WW • *(op)bloeien* • *floreren; gedijen* • *prijken*
blooming ('bluːmɪŋ) BNW *vervloekt*
blooper ('bluːpə) ZN USA *blunder; flater*
blossom ('blɒsəm) I ZN *bloesem; bloei* II ONOV WW *tot bloei komen*
blot (blɒt) I ZN *vlek; smet* ★ *a blot on the landscape een lelijk gebouw* II OV+ONOV WW • *vloeien* • *(be)vlekken* • ~ *out aan het gezicht onttrekken; verduisteren; uit-/wegstrepen; uitwissen* • ~ *up absorberen*
blotch (blɒtʃ) I ZN *vlek* II OV+ONOV WW *(be)vlekken; (be)kladden*
blotched (blɒtʃt) BNW *met vlekken; vlekkerig*
blotchy (blɒtʃiː) BNW → **blotched**
blotter ('blɒtə) ZN *vloeiblok*
blotting-paper ('blɒtɪŋpeɪpə) ZN *vloei(papier)*
blouse (blaʊz) ZN *bloes*
blow (bləʊ) I ZN • *klap; slag* • *windvlaag; rukwind* ★ *blow by blow v. moment tot moment* ★ *come to blows* (over s.th.) *slaags raken* ★ *have a good blow zijn neus eens goed snuiten* ★ *soften/cushion the blow de klap verzachten* ★ *without striking a blow zonder slag of stoot* ★ *smart blow gevoelige slag* II WW • *snuiten* ⟨v. neus⟩ • *toewerpen* ⟨v. handkus⟩ • *verklikken* • *verkwisten* • TECHN. *doen doorbranden/-slaan* ⟨v. zekering⟩ • *verspelen* ⟨v. kans⟩; *verprutsen* • VULG. *pijpen* ★ PLAT *I'll be blowed ik mag hangen* ★ *blow s.b.'s brain(s) out iem. voor de kop schieten* ★ FIG. *blow a fuse uit elkaar spatten van woede* ★ G-B/INFORM. *blow the gaff zijn mond voorbijpraten; klikken* ★ INFORM. *blow one's mind verbijsteren; onthutsen; in extase brengen* ★ *blow one's own horn/trumpet opscheppen* ★ *blow one's top in woede uitbarsten* ★ *blow the whistle on verklikken* ⟨v. misstand enz.⟩; *verraden* ⟨persoon⟩ • ~ *up opblazen* ⟨lucht toevoegen⟩; *opblazen* ⟨doen ontploffen⟩; *vergroten* ⟨v. foto⟩; *opblazen* ⟨groter doen lijken⟩ III ONOV WW • *blazen* • *waaien* ★ TECHN. *doorbranden/-slaan* ⟨v. zekering⟩ • *ontploffen* • USA *er vandoor gaan* • *blowen* ★ *blow hot and cold* (about s.th.) *weifelen* (over iets) • ~ *in binnenwaaien* • ~ *over overwaaien* ⟨ook fig.⟩ • ~ *up ontploffen*
blow-dry WW *föhnen*
blower ('bləʊə) ZN • *aanjager; ventilator* • INFORM. *telefoon; spreekbuis*
blow-hard ZN USA/INFORM. *opschepper*
blow job ('bləʊ dʒɒb) ZN VULG. *pijpbeurt* ★ *give s.o. a* ~ *iemand pijpen*
blowlamp ('bləʊlæmp) ZN *soldeerlamp*
blow-out ('bləʊaʊt) ZN • *lek* ⟨in band⟩ • *(ongewilde) uitstroming* ⟨bij oliewinning⟩ • *lekker etentje; schranspartij* • USA *groot feest* • *makkelijke zege*
blowsy (blaʊzd) BNW • *slordig* • *rood* ⟨v. gezicht⟩
blowtorch ('bləʊtɔːtʃ) ZN *soldeerlamp*
blow-up ('bləʊ ʌp) ZN • *ontploffing* • USA *ruzie* • INFORM. *vergroting*
blowy ('bləʊɪ) BNW *winderig*
blowzy BNW → **blowsy**
BLT AFK *Bacon, Lettuce and Tomato bacon, sla en tomaat*
blubber ('blʌbə) I ZN • *walvisspek* • *gegrien* II BNW *dik* ⟨v. lippen⟩ III OV+ONOV WW *grienen*
bludgeon ('blʌdʒən) I ZN *knuppel* II OV WW • *ranselen; aftuigen* • *afdwingen*
blue (bluː) I ZN • *blauw* • *blauwe hemel/lucht* • *zee* ★ *out of the blue als bij toverslag* ★ *dark blue donkerblauw* ⟨kleur v. universiteit van Oxford⟩ ★ *light blue lichtblauw* ⟨kleur v. universiteit van Cambridge⟩ II BNW • *blauw* • *neerslachtig; somber* • INFORM. *until you are blue in the face tot je blauw ziet* III OV WW • *blauw maken* • *erdoor jagen* ⟨v. geld⟩
bluebell ('bluːbel) ZN *wilde hyacint; grasklokje*
blueberry ('bluːberɪ) ZN *bosbes*
blue-blooded BNW *met blauw bloed* ⟨adellijk⟩
bluebottle ('bluːbɒtl) ZN • *korenbloem* • *bromvlieg*
blue-collar BNW ≈ *blauweboorden-* ⟨i.v.m. personeel 'op de werkvloer'⟩
blue-eyed BNW ★ *s.b.'s* ~ *boy iemands lievelingetje*
bluegrass ('bluːɡrɑːs) ZN • MUZ. *bluegrass* ⟨soort snelle country⟩ • *beemdgras*
bluejay ('bluːdʒeɪ) ZN *blauwe gaai*
blueprint ('bluːprɪnt) ZN *blauwdruk*
blues (bluːz) ZN MV MUZ. *blues* ★ *have the* ~ *in de put zitten*
bluestocking ('bluːstɒkɪŋ) ZN *blauwkous*
bluff (blʌf) I ZN • *steile oever; rots of kaap* • *bluffen* ⟨poker⟩ • *grote woorden* ★ *call s.o.'s* ~ *iem. zijn beweringen waar laten maken* II BNW • *steil* • *stomp* • *openhartig* • *joviaal* III OV+ONOV WW *(over)bluffen; intimideren* ★ *he* ~*ed him into signing the contract hij wist hem te*

overdonderen en het contract te laten tekenen
bluish ('blu:ɪʃ) BNW *blauwachtig*
blunder ('blʌndə) I ZN • *stommiteit* • ~ **about/around** *stommelen; strompelen* • ~ **on** *voortsukkelen; doorklunzen* II ONOV WW • *een flater begaan* • ~ **into** *onbeholpen ergens tegenaan lopen* • ~ **on** *doorsukkelen; de ene na de andere blunder begaan* • ~ **upon** *toevallig ontdekken*
blunderer ('blʌndərə) ZN *klungel; kluns*
blunt (blʌnt) I BNW • *bot* • *dom* • *openlijk; direct; recht voor z'n raap* II OV WW *bot maken*
blur (blɜː) I ZN • *klad; veeg* • *waas* • *vage omtrekken* II OV WW • *uitwissen* • *bekladden; bezoedelen* III ONOV WW *vervagen*
blurb (blɜːb) ZN *flaptekst* ‹op omslag van boek›; *reclametekst*
blurt (blɜːt) OV WW ~ **out** *eruit flappen*
blush (blʌʃ) I ZN • *blos; rode gloed* • *schaamrood* II ONOV WW *blozen; z. schamen*
bluster ('blʌstə) I ZN • *opschepperij; poeha* • *geraas; gebulder; getier* • *storm* II ONOV WW • *snoeven; brallen* • *te keer gaan; razen* • *loeien; bulderen* ‹v. wind›
blusterer ('blʌstərə) ZN • *lawaaischopper* • *opschepper*
blustery ('blʌstərɪ) BNW *stormachtig*
blvd. AFK *boulevard*
BM AFK • Bachelor of Medicine *bachelor in de medicijnen* ‹in Londen› • British Museum *Brits Museum*
BMI AFK MED. Body-Mass-Index *BMI*
BO AFK body odour *lichaamsgeur* • have BO *stinken*
boar (bɔː) ZN • *wild zwijn* • *beer* ‹varken›
board (bɔːd) I ZN • *bord; plank; paneel* • *aanplakbord* • *schakelpaneel* • *bestuur* ‹lichaam›; *commissie* • *kost* • *karton* ★ SCHEEPV. *boord* ★ across the ~ *voor iedereen* (geldend); *zonder aftrek; niemand uitgezonderd* ★ be above ~ *eerlijk zijn* ★ go by the ~ *overboord slaan/vallen;* FIG. *overboord gegooid worden* ★ on ~ *aan boord* ★ take s.th. on ~ *overnemen; accepteren* (v. idee/suggestie) ★ ~ and lodging *kost en inwoning* ★ ~ of directors *raad. van commissarissen* ★ Board of Trade *ministerie van handel;* USA *Kamer van Koophandel* II OV WW • *aan boord gaan van* ‹schip› • *instappen in* • *inbinden* • FIG. *aanklampen* • ~ **out** *uitbesteden* ★ ~ out s.b. *iem.in de kost doen* • ~ **with** *in de kost doen bij* III ONOV WW • *laveren* • ~ **out** *buitenshuis eten* • ~ **with** *in de kost zijn bij*
boarder ('bɔːdə) ZN • *kostganger* • *leerling v. kostschool*
board game ZN *bordspel*
boarding ('bɔːdɪŋ) ZN • *betimmering; schutting* • *het inschepen; het aan boord gaan*
boarding card ZN LUCHTV. *instapkaart*
boarding house ('bɔːdɪŋhaʊs) ZN *kosthuis; pension*
boarding kennel ZN *dierenpension*
boarding school ('bɔːdɪŋskuːl) ZN *kostschool*
board meeting ZN *bestuursvergadering*
boardroom ('bɔːdruːm) ZN *bestuurskamer; directiekamer*

boardwalk ('bɔːdwɔːk) ZN *plankier*
boast (bəʊst) I ZN • *grootspraak; bluf* • *trots* II OV WW *(kunnen) bogen op* III ONOV WW • *pochen; opscheppen* • ~ **about/of** *opscheppen over*
boaster ('bəʊstə) ZN *opschepper*
boastful ('bəʊstfʊl) BNW *pocherig; opschepperig*
boat (bəʊt) I ZN • *boot* • *saus-/juskom* ★ be in the same boat *in hetzelfde schuitje zitten* ★ miss the boat *de boot missen* ★ push the boat out *het breed laten hangen* ★ rock the boat *dwarsliggen* ★ Venetian boat *gondel* II OV WW *per boot/schip vervoeren* ★ boat the oars *de riemen binnenhalen* III ONOV WW • *met een boot varen* • *roeitochtje maken*
boat bridge ZN *schipbrug*
boater ('bəʊtə) ZN *strooien hoed*
boathouse ('bəʊthaʊs) ZN *botenhuis*
boating ('bəʊtɪŋ) ZN • *roeitochtje* • *roeisport; zeilsport*
boatman ('bəʊtmæn) ZN • *botenverhuurder* • *roeier*
boat people ZN *bootvluchtelingen*
boat race ZN *roeiwedstrijd*
boatswain ('bəʊsən) ZN *bootsman*
boatyard ('bəʊtjɑːd) ZN *scheepswerf*
bob (bɒb) I ZN • *buiging* ‹kort›; *hoofdknik* • *bob* ‹kapsel› • *gecoupeerde staart* • *bobslee* • INFORM. *shilling* II OV WW • *knippen* ‹in bobmodel› • *couperen* (staart) III ONOV WW • *dobberen; op en neer bewegen* • *knikken; buigen* • *tikken* ★ bob for apples *appelhappen* • ~ **under** *onderduiken; naar beneden gaan* • ~ **up** *opduiken; omhoog komen*
bobbery ('bɒbərɪ) I ZN *drukte; lawaai* II BNW • *lawaaierig* • *lastig*
bobbin ('bɒbɪn) ZN *klos; spoel*
bobble ('bɒbl) ZN *pompoen* ‹v. muts›
bobby ('bɒbɪ) ZN G-B *agent* ‹v. politie›
bobcat ('bɒbkæt) ZN USA *lynx*
bobs (bɒbz) ZN MV → **bit**
bobsleigh ('bɒbsleɪ) ZN *bobslee*
bobtail ('bɒbteɪl) ZN *gecoupeerde staart*
bobtailed ('bɒbteɪld) BNW • *gecoupeerd* • *met korte slippen* ‹v. jas›
bode (bəʊd) ZN *voorspellen* ★ bode well / ill for s.b./s.th. *(niet) veel goeds voor iem. / iets voorspellen*
bodge (bɒdʒ) ZN → **botch**
bodice ('bɒdɪs) ZN • *keurslijf* • *onderlijfje*
bodiless ('bɒdɪləs) BNW *zonder lichaam*
bodily ('bɒdəlɪ) I BNW *lichamelijk* ★ in ~ fear *in doodsnood* II BIJW • *lichamelijk* • *in levenden lijve* • *in zijn geheel*
bodkin ('bɒdkɪn) ZN • *rijgnaald* • *priem*
body ('bɒdɪ) I ZN • *lichaam* • *lijk* • *persoon* • *romp* • *carrosserie* • *voornaamste deel* • *groep* • *corporatie* • *volume* • *volheid* ‹v. wijn› ★ body and soul *met hart en ziel* ★ keep body and soul together *(net) in leven blijven* ★ in a body *gezamenlijk; als één geheel* II OV WW • *body forth voorstellen; belichamen*
body armour ZN *kogelvrij vest*
body bag ZN *lijkzak*
body blow ZN • *zware tegenslag* • *stoot op het lichaam* ‹boksen›
body clock ZN *biologische klok*

body-cloth ZN *paardendeken*
body colour ZN *dekkleur*
body double ZN A-V *stand-in*
bodyguard ('bɒdɪgɑ:d) ZN *lijfwacht*
body language ZN *lichaamstaal*
body mass index ZN MED. *body-mass-index* ⟨index voor het meten van overgewicht⟩
body odour ZN *lichaamsgeur*
body politic ZN *de staat*
body search ZN *fouillering*
body shop ZN *carrosserie; autowerkplaats*
bodywork ('bɒdɪwɜ:k) ZN *carrosserie*
Boer (bʊə, bɔə) ZN *Zuid-Afrikaan van Nederlandse afkomst*
B of E AFK • *Bank of England Bank van Engeland* • *Board of Education onderwijsraad*
boffin ('bɒfɪn) ZN G-B/INFORM. *expert*
B. of T. AFK *Board of Trade ministerie van handel; handelskamer*
bog (bɒg) I ZN • *moeras; veen* • INFORM. *plee* II OV WW ★ be bogged *vastzitten; geen uitweg weten* III ONOV WW ~ **down** *vastlopen*
bogey ('bəʊgɪ), **bogy** I ZN • *boze geest; boeman* • *spook; iets dat men vreest* • *(balletje) droge snot* • *niet geïdentificeerd vliegtuig* • SPORT *score van één slag boven par* ⟨golf⟩ II WW SPORT *een bogey slaan* ⟨golf⟩
bogeyman ('bəʊgɪmæn), **bogyman**, **boogeyman** ZN *boeman*
boggle ('bɒgl) I ZN • *scrupule* • *warboel* II OV WW *verprutsen* III ONOV WW • *terugschrikken* • *aarzelen* ★ it ~s the mind / the mind ~s at it *het gaat je verstand te boven*
boggy ('bɒgɪ) BNW *moerassig; drassig*
bogie ('bəʊgɪ) ZN • *karretje; (draaibaar) onderstel* ⟨v.e. trein⟩
bog roll ZN INFORM. *pleepapier*
bog standard BNW *gemiddeld; gewoon(tjes)*
bogus ('bəʊgəs) BNW • *pseudo* • *vals* • *gefingeerd*
bogy ZN → **bogey**
bogyman ZN → **bogeyman**
Bohemian (bəʊ'hi:mɪən) I ZN • *Bohemer* • *bohémien* II BNW • *Boheems* • *bohémien*
boil (bɔɪl) I ZN • *kookpunt; kook* • *steenpuist* ★ off the boil *minder goed* ★ on the boil *aan de gang; lopend* II OV WW *(uit)koken; aan de kook brengen* III ONOV WW • *koken; zieden* (**with** *van*) ★ boil with anger *koken van woede* • ~ **down** *inkoken* ★ it boils down to this *het komt hierop neer* • ~ **over** *overkoken*; INFORM. *zieden van woede; exploderen, tot een uitbarsting komen* • ~ **up** *broeien; ontstaan*
boiler ('bɔɪlə) ZN *boiler; (stoom)ketel*
boiler suit ZN *overall; ketelpak*
boiling-point ('bɔɪlɪŋ'pɔɪnt) ZN *kookpunt*
boisterous ('bɔɪstərəs) BNW • *luidruchtig* • *onstuimig*
bok choy ZN *paksoi*
boko ('bəʊkəʊ) ZN PLAT *neus; kokkerd*
bold (bəʊld) BNW • *moedig* • *brutaal* • *krachtig* • *fors* • DRUKK. *vet* ★ bold type *vette letter* ★ make bold *zo vrij zijn* ★ If I may be so bold as to... *Als ik zo vrij mag zijn om...* • G-B/INFORM. (as) bold as brass *(honds)brutaal*
boldface ('bəʊldfeɪs) ZN DRUKK. *vet gedrukte letter*

bold-faced (bəʊld 'feɪst) BNW • *brutaal* • DRUKK. *vet gedrukt*
bole (bəʊl) ZN *(boom)stam*
Bolivian (bə'lɪvɪən) I ZN • *Boliviaans* ⟨de taal⟩; *Boliviaan(se)* II BNW *van/uit Bolivia*
bollard ('bɒlɑ:d) ZN • *bolder; meerpaal* • *verkeerszuiltje*
bollocking ('bɒləkɪŋ) ZN *uitbrander*
bollocks ('bɒləks) ZN • *gelul* • INFORM. *kloten*
boloney (bə'ləʊnɪ) BNW USA → **baloney**
bolshie ('bɒlʃɪ), **bolshy** BNW G-B/ INFORM./MIN. *obstinaat; dwars*
bolshy BNW → **bolshie**
bolster ('bəʊlstə) I ZN • *peluw* • *kussen* ⟨techniek⟩ II WW *(onder)steunen; schragen* III OV WW ~ **up** *versterken; (kunstmatig) in stand houden*
bolt (bəʊlt) I ZN • *grendel* • *bout* • *pin* • *rol* ⟨stof⟩ • *sprong* • *bliksemschicht* ★ a bolt from the blue *een donderslag bij heldere hemel* ★ make a bolt for it/s.th. *de benen nemen* ★ shoot one's bolt *zijn kruit verschieten* II OV WW • *grendelen* • *vastschroeven* • *op hol slaan* • *de benen nemen* • *schrokken* • *een groep/partij plotseling verlaten* • *zeven* ★ bolt down *food eten opschrokken* III ONOV WW • *op hol slaan* • *er vandoor gaan* • *doorschieten* IV BIJW ★ bolt upright *kaarsrecht* ★ sit/stand bolt upright *kaarsrecht zitten/staan*
bolt-hole ('bəʊlthəʊl) ZN • *uitweg* • *schuilplaats*
bolus ('bəʊləs) ZN • *kleine ronde zachte massa* • *grote pil*
bomb (bɒm) I ZN • *bom* • G-B, INFORM. *veel geld* • USA/INFORM. *flop* • *go (down/like) a bomb lopen als een trein; scheuren* ⟨razendsnel gaan⟩ ★ make a bomb *een bom maken; een bom geld verdienen* ★ MIL. *smart bomb slimme bom* II OV WW *bombarderen* III ONOV WW • *scheuren; racen* • USA/INFORM. *volledig afgaan; totaal mislukken*
bombard (bɒm'bɑ:d) OV WW *bombarderen* ⟨ook fig.⟩
bombardier (bɒmbə'dɪə) ZN • *bommenrichter* • *korporaal bij de artillerie*
bombardment (bɒm'bɑ:dmənt) ZN *bombardement*
bombastic (bɒm'bæstɪk) BNW *bombastisch; hoogdravend*
bomber ('bɒmə) ZN • *bommenwerper* • *iem. die een bom plaatst*
bombproof ('bɒmpru:f) BNW *bomvrij*
bomb scare ZN *bomalarm*
bombshell ('bɒmʃel) ZN FIG. *bom* ★ like a ~ *als een bom* ★ a blond(e) ~ *een blonde stoot* ⟨vrouw⟩
bomb site ZN *gebombardeerde plek*
bona fide ('bəʊnə 'faɪdɪ) BIJW *bona fide* ⟨betrouwbaar⟩
bonanza (bə'nænzə) I ZN • USA *voorspoed* • *grote voorraad* ⟨in mijn⟩; *groot aanbod* II BNW *voorspoedig*
bond (bɒnd) I ZN • *band* • *contract* • *overeenkomst* • *obligatie* • *opslag in entrepot* • *hechting* • *verband* ⟨in metselwerk⟩ • SCHEIK. *verbinding* ★ in bonds [mv] *in de boeien; geboeid* II OV WW • *hechten; vastmaken* • *in verband metselen* • *in entrepot opslaan*

• verhypothekeren; borg/garant staan voor ★ bonded goods goederen in entrepot **III** ONOV WW • *(zich) verbinden; (zich) hechten* • *een band opbouwen* • ~ with *(zich) verbinden met; (zich) hechten aan*
bondage ('bɒndɪdʒ) ZN *slavernij*
bondholder ('bɒndhəʊldə) ZN *obligatiehouder*
bonding ('bɒndɪŋ) **I** ZN • PSYCH. *hechtingsproces* • SCHEIK. *verbinding* **II** BNW
bondings pads ZN COMP. *aansluitpuntjes aan chip*
bondsman ('bɒndzmən) ZN • *borg* • *lijfeigene; slaaf*
bone (bəʊn) **I** ZN • *bot; been* • *graat* • *kluif* ★ bones *dobbelstenen* ★ bred in the bone *erfelijk; aangeboren* ★ bone of contention *twistappel* ★ make no bones about/of *open en eerlijk zijn over* ★ no bones broken! *even goede vrienden!* ★ what is bred in the bone will come out in the flesh *een vos verliest wel zijn haren maar niet zijn streken* ★ make old bones *oud worden* ★ have a bone to pick with *een appeltje te schillen hebben met* ★ to the (bare) bone *tot op het bot; uitermate* ★ close / near to the bone *op het randje* ⟨gewaagd⟩ **II** BNW *benen; van been* ★ bone idle *aartslui* ★ bone dry *gordroog* **III** WW • *uitbenen* • *ontgraten* • PLAT *gappen* • INFORM. ~ up on *zwoegen op* ⟨werk, studie⟩
bonehead ('bəʊnhed) ZN *sufferd*
boneheaded ('bəʊnhedɪd) BNW *stom; idioot*
boneless ('bəʊnləs) BNW • *graatloos; zonder bot(ten)* • FIG. *slap*
boner ('bəʊnə) ZN VULG. *stijve* ⟨penis⟩
bonfire ('bɒnfaɪə) ZN *(vreugde)vuur*
bonkers ('bɒŋkəz) BNW *idioot* ★ go ~ *gek worden*
bon mot ZN *bon mot*
bonnet ('bɒnɪt) ZN • *bonnet* ⟨damesschoed met strik onder kin⟩ • *(Schotse) baret* • *motorkap*
bonny ('bɒnɪ) BNW *gezond uitziend; knap*
bonus ('bəʊnəs) ZN • *bonus* • ECON. *tantième; extra dividend* • ECON. *bijslag; premie*
bony ('bəʊnɪ) BNW *benig; knokig; mager*
boo (buː) **I** ZN *boegeroep* ★ he couldn't say boo to a goose *hij is zo bang als een wezel* **II** OV WW *uitjouwen*
boob (buːb) ZN • INFORM. *tiet* • PLAT *domoor; ezel* • *blunder*
boob tube ZN ≈ *naveltruitje*
booby ('buːbɪ) ZN • *klungel* • *uilskuiken* • INFORM. *tiet(je)*
booby prize ZN *poedelprijs*
booby-trap ('buːbɪtræp) ZN *valstrikbom*
boogeyman ('buːɡɪmæn) ZN USA → **bogeyman**
boogie ('buːɡɪ) ONOV WW *dansen op snelle popmuziek*
boohoo (buːˈhuː) **I** ZN *geblèr* **II** ONOV WW *blèren; huilen*
book (bʊk) **I** ZN • *boek* • *mapje* ⟨postzegels, lucifers, enz.⟩ • *libretto* ★ books [mv] *boekhouding* ★ without book *zonder gezag; uit het hoofd* ★ bring to book *ter verantwoording roepen; zijn gerechte straf doen ondergaan* ★ by the book *volgens het boekje* ★ on the books *ingeschreven* ★ suit s.o.'s books *in iemands kraam te pas komen* • INFORM. throw the books at s.b. *iem. flink de mantel uitvegen* ★ be in s.o.'s good/bad books *bij iemand in een goed/ slecht blaadje staan* ★ in my book *volgens mij* **II** OV WW • *boeken* • *bespreken* • *noteren* • *bekeuren* ★ booked up *vol; bezet; besproken*
bookable ('bʊkəbl) BNW *bespreekbaar; te reserveren*
bookbinding ('bʊkbaɪndɪŋ) ZN *het (boek)binden*
bookcase ('bʊkkeɪs) ZN *boekenkast*
bookend ('bʊkend) ZN *boekensteun*
bookie ('bʊkɪ) ZN → **bookmaker**
booking ('bʊkɪŋ) ZN *bespreking; reservering*
booking clerk ZN *kaartjesverkoper*
booking-office ('bʊkɪŋɒfɪs) ZN *reserverings-/ ticketbureau; kassa*
bookish ('bʊkɪʃ) BNW • *geleerd* • *pedant*
bookkeeper ('bʊk kiːpə) ZN *boekhouder*
book-keeping ZN *boekhouding*
booklet ('bʊklɪt) ZN *boekje*
bookmaker ('bʊkmeɪkə) ZN *bookmaker; beroepsgokker*
bookmark ('bʊkmɑːk) **I** ZN • *boekenlegger* • COMP. *bookmark* ⟨markering van een internetpagina⟩ **II** OV WW COMP. *bookmarken*
bookplate ('bʊkpleɪt) ZN *ex-libris*
bookseller ('bʊkselə) ZN *boekhandelaar*
bookshelf ('bʊkʃelf) ZN *boekenplank*
bookshop ('bʊkʃɒp) ZN *boekhandel*
bookstall ('bʊkstɔːl) ZN *boekenstalletje*
bookstore ('bʊkstɔː) ZN USA *boekwinkel*
book token ZN *boekenbon*
bookworm ('bʊkwɜːm) ZN *boekenwurm*
boom (buːm) **I** ZN • *dreun; donder* • *hausse* • *versperring* • *hefboom; laadboom* • TECHN. *statief* ⟨v. camera, microfoon⟩ ★ sonic boom *supersone knal* **II** OV WW *pousseren; bevorderen* **III** ONOV WW • *dreunen* • *grote vlucht nemen* • *plotseling stijgen* ⟨v. prijzen⟩
boomerang ('buːməræŋ) **I** ZN *boemerang* **II** WW *een boemerangeffect hebben*
boom town ZN *snel gegroeide stad*
boon (buːn) **I** ZN *zegen* **II** BNW
boon companion ZN *boezemvriend(in)*
boon docks ZN MV USA, INFORM. *rimboe*
boondoggle (buːˈndɒɡl) ZN • USA/INFORM. *zinloze onderneming* • USA/INFORM. *bedrog*
boonies ('buːnɪz) ZN MV → **boon docks**
boor (bʊər) ZN *lomperik*
boost (buːst) **I** ZN • USA *duw (omhoog); kontje; zetje* • *aanmoediging* • *verhoging* • *het opvoeren* ⟨v. motor⟩ **II** OV WW • USA *(op/omhoog) duwen; kontje/zetje geven* • *verhogen* • *stimuleren; oppeppen* • *opvoeren* ⟨v. motor⟩
booster ('buːstə) ZN • TECHN. *booster* ⟨extra krachtbron⟩ • *stimulerend middel* • *stimulans; oppepper* • LUCHTV. *hulp-/aanjaagraket* • USA *aanprijzer; supporter*
booster seat ZN *kinderzitje*
boot (buːt) **I** ZN • *laars; hoge schoen* • *laadbak; bagageruimte* ⟨v. auto⟩ • SPORT *loeier; poeier* • USA *wielklem* ★ get the boot / be given the boot *ontslagen worden* ★ the boot is on the other foot *het is precies andersom* ★ G-B, INFORM. put/stick the boot in *in elkaar trappen* ★ die with one's boots on *in het harnas sterven; zijn vak beoefenen tot aan zijn dood* ★ FIG. grow/get too big for one's boots *naast zijn*

schoenen gaan lopen ★ INFORM. to boot *op de koop toe; bovendien* II OV WW • *trappen* • COMP. **booten** ⟨systeem opstarten⟩ ★ USA/INFORM. be/get booted *een wielklem hebben/krijgen*
bootblack ('buːtblæk) ZN *schoenpoetser*
boot camp ZN • *trainingskamp voor militairen* • *tuchtkamp*
bootee (buːˈtiː), **bootie** ZN • *(gebreid) schoentje* ⟨v. baby's⟩ • *kort dameslaarsje*
booth (buːð) ZN • *telefooncel; hokje* • *tent; kraam* • *zithoek* ⟨in restaurant⟩
bootie ZN → **bootee**
bootlace ('buːtleɪs) ZN *veter*
bootleg ('buːtleg) I ZN *illegaal product* ⟨m.n. geluidsopname⟩ II BNW *illegaal; zwart* III OV+ONOV WW • *smokkelen* ⟨v. drank⟩ • *clandestien stoken*
bootlegger ('buːtlegə) ZN *smokkelaar* ⟨v. drank⟩*; clandestiene stoker; iemand die illegale geluidsopnamen maakt/verspreidt*
boot tree ZN *leest*
booty ('buːtɪ) ZN *buit*
booze (buːz) I ZN • INFORM. *drank* • INFORM. *zuippartij* II ONOV WW INFORM. *zuipen*
boozer ('buːzə) ZN INFORM. *zuiplap*
booze-up ('buːzʌp) ZN G-B/INFORM. *zuippartij*
boozy ('buːzɪ) BNW • *bezopen* • *drankzuchtig* • *met veel drank*
bop (bɒp) I ZN G-B, INFORM. *dans op popmuziek* II WW • *dansen op popmuziek* • *'n tik geven*
boracic (bəˈræsɪk) BNW *boor-* ★ ~ acid *boorzuur*
borax ('bɔːræks) ZN *boorzure soda*
border ('bɔːdə) I ZN • *grens(streek)* • *rand; zoom* • *border* ★ the Border *grensstreek tussen Engeland en Schotland* II OV+ONOV WW • *grenzen, omzomen* • ~ on *grenzen aan; gelijkenis vertonen met*
borderland ('bɔːdəlænd) ZN • *grensgebied* • *overgangsgebied*
borderline ('bɔːdəlaɪn) I ZN *grens(lijn)* II BNW *grens-*
bore (bɔː) I ZN • *vervelende persoon/zaak* • *kaliber* • *vloedgolf* • *boorgat* • *diameter* ⟨v. pijp⟩; *kaliber* ⟨v. vuurwapen⟩ ★ a frightful bore *wat een vreselijke ouwehoer* ★ what a bore! *wat een zeurpiet!* II WW [verleden tijd] → **bear** OV WW • *vervelen, boren* ★ be bored stiff *zich kapot vervelen* ★ be bored to death/tears *zich dood vervelen* ★ bore into s.b. *iem. indringend aankijken*
boredom ('bɔːdəm) ZN *verveling*
borehole ('bɔːhəʊl) ZN *boorgat*
borer ('bɔːrə) ZN • *boor* • *boorder* ⟨ook insect⟩
boric ('bɔːrɪk) BNW *boor-* ★ ~ acid *boorzuur*
boring ('bɔːrɪŋ) BNW *vervelend; saai*
born (bɔːn) I BNW *geboren* ★ he was born to be (a great poet) *hij zou (een groot dichter) worden* ★ born and bred *geboren en getogen* ★ be born with a silver spoon in o.'s mouth *van goede komaf zijn* ★ I wasn't born yesterday! *ik ben niet van gisteren!* ★ a born driver *een uitstekende chauffeur* ★ born of *geboren uit* ★ a born loser *een geboren verliezer* II WW [volt. deelw.] → **bear**
born-again BNW *herboren; fanatiek*
borne (bɔːn) WW [volt. deelw.] → **bear**

borough ('bʌrə) ZN • *stad* • *gemeente* • *kiesdistrict*
borrow ('bɒrəʊ) OV+ONOV WW • *lenen* • *ontlenen* ★ FIG. be living on ~ed time ≈ *op zijn laatste benen lopen* ⟨niet lang meer te leven hebben⟩ • ~ from *lenen van; ontlenen aan*
borrowing ('bɒrəʊɪŋ) ZN *iets dat geleend is*
borstal ('bɔːstl) ZN G-B *jeugdgevangenis; tuchthuis*
bosom ('bʊzəm) ZN • *boezem; borst* • *schoot* ⟨v. familie⟩ ★ a ~ pal/friend *een boezemvriend(in)*
boss (bɒs) I ZN • *baas* • *kopstuk* • *uitsteeksel; knop* ★ be o.'s own boss *eigen baas zijn* II OV WW • *de baas spelen* • *commanderen*
bossy ('bɒsɪ) BNW • *bazig* • *eigenzinnig*
bosun ('bəʊsən) ZN *bootsman*
botanic(al) (bəˈtænɪk(l)) BNW *botanisch* ★ botanical gardens *botanische tuin*
botanist ('bɒtənɪst) ZN *plantkundige*
botanize ('bɒtənaɪz) ONOV WW *botaniseren*
botany ('bɒtənɪ) ZN *plantkunde*
botch (bɒtʃ) I ZN INFORM. *knoeiwerk* II OV+ONOV WW • INFORM. *verknoeien* ★ a ~ed job *knoeiwerk* • ~ up *verknallen*
botcher ('bɒtʃə) ZN INFORM. *knoeier; beunhaas*
both (bəʊθ) VNW *allebei; beide(n)* ★ both ... and ... *zowel ... als ...*
bother ('bɒðə) I ZN • *last; moeite* • *gezeur* • *drukte* ★ it's no ~ *het is een kleine moeite* ★ go to the ~ (of) *de moeite nemen (om)* II OV WW *lastigvallen; hinderen* III ONOV WW *z. drukmaken* ★ I can't be ~ed *dat is me te veel moeite* ★ don't ~ *doe geen moeite; laat maar* ★ don't ~ yourself/your head with/about it *maak je er maar niet druk over* ★ I'm not ~ed about it *ik maak me er niet druk over* IV TW *verdorie*
bothersome ('bɒðəsəm) BNW *ergerlijk; vervelend*
bothie ZN → **bothy**
bothy ('bɒθɪ), **bothie** ZN SCHOTS *(schuil)hut*
bottle ('bɒtl) I ZN • *fles* • G-B, INFORM. *moed; lef* • *bos; bundel* ⟨v. hooi⟩ ★ hit the ~ *het op een drinken zetten* ★ take to the ~ *naar de fles grijpen* ★ break a ~ *een fles (drank) aanbreken* II OV WW • *bottelen* • ~ up *oppotten; opkroppen* III ONOV WW ~ out G-B/INFORM. *ergens op het laatste moment van afzien*
bottle bank ZN *glasbak*
bottle-feed ('bɒtlfiːd) OV WW *met de fles grootbrengen*
bottle-green (bɒtlˈgriːn) BNW *donkergroen*
bottleneck ('bɒtlnek) ZN • *bottleneck* • *wegversmalling; knelpunt*
bottle opener ZN *flesopener*
bottom ('bɒtəm) I ZN • *bodem* • *onderkant; eind* ⟨v. straat enz.⟩ • *zitvlak; slipje; broek* • SCHEEPV. *kiel* ★ from the ~ of my heart *vanuit het diepst v. mijn hart* ★ ~ of a hill *voet v.e. heuvel* ★ at the ~ of ... *onderaan ...* ★ at the ~ of the page *onderaan de pagina* ★ the ~ fell out of his world *zijn wereld stortte in* ★ lie/be at the ~ of s.th. *de oorzaak zijn van iets* ★ get to the ~ of s.th. *iets tot op de bodem uitzoeken* ★ ~ up *ondersteboven* ★ ~s up! *proost!* ★ at ~ *in wezen; eigenlijk* ★ the ~ drops/falls out of s.th. *iets stort helemaal in* ★ knock the ~ out of s.th. *iets versjteren* II BNW • *onderste* • *laatste* • *fundamenteel* III OV WW • *v. bodem/zitting*

bottomless – boy

voorzien • *peilen* • *doorgronden* **IV** ONOV WW • ~ **out** *het laagste punt bereiken*
bottomless ('bɒtəmləs) BNW • *ongegrond* • *bodemloos; onbeperkt*
bottom line ZN • *kern; essentie* • *(bedrijfs)resultaat* • *bodemprijs*
bottommost ('bɒtəmməʊst) BNW *onderste; laagste*
botulism ('bɒtjʊlɪzm) ZN *botulisme*
bouffant ('buːfɑ̃ː) ZN *wijduitstaand* ⟨v. haar⟩
bough (baʊ) ZN *grote dikke tak*
bought (bɔːt) WW [verl. tijd + volt. deelw.] → **buy**
boulder ('bəʊldə) ZN • *grote steen* • *kei*
boulder period ZN *ijstijd*
boulevard ('buːləvɑː) ZN *boulevard*
bounce (baʊns) **I** ZN • *stuit; plotse sprong* • *plotse toename* • *veerkracht* • INFORM. *levendigheid; energie* • *opschepperij* • INFORM. **give/get the ~** *de bons krijgen/geven; de zak krijgen/geven* **II** OV+ONOV WW • *stuiteren* • *kaatsen* • *retourneren* ⟨v. post⟩ ★ **~ a p. into s.th.** ≈ *iem. tot iets overreden* ★ *a cheque* een *cheque retourneren* ⟨wegens saldotekort⟩ ★ **~ ideas off s.b.** *ideeën loslaten op iem.* • **~ back/off** *terugkaatsen* **III** ONOV WW • *stuiteren; kaatsen* • *springen* • *wegstuiven* • **~ back** *terugkaatsen*
bouncer ('baʊnsə) ZN • *uitsmijter* ⟨in bar of disco⟩ • *leugenaar* • *geweigerde cheque*
bouncing ('baʊnsɪŋ) BNW • *flink; stevig* • *luidruchtig* ★ **a ~ baby** *een levendige baby*
bouncy ('baʊnsɪ) BNW • *levendig; druk* • *goed stuiterend*
bound (baʊnd) **I** ZN • *sprong* ⟨naar voren/omhoog⟩ • *stuitering* • *grens* • WISK. *limiet* ★ **(progress) by leaps and ~s** *met sprongen (vooruitgaan)* ★ **out of ~s** *verboden toegang*; FIG. *onacceptabel*; FIG. *onredelijk* **II** BNW *gebonden* ⟨v. boek⟩ ★ **~ for ...** *op weg naar ...*; *met bestemming* ... ★ **homeward ~** *op thuisreis* **III** WW [verl. tijd + volt. deelw.] → **bind** *gebonden* ★ **I'm ~ to say that ...** *het moet gezegd worden dat ...* ★ **he is ~ to come** *hij komt vast* ★ **duty ~** *verplicht* ★ **all ~ up with s.th.** *ergens nauw bij betrokken zijn* **I** OV WW *beperken; begrenzen* **II** ONOV WW • *springen* • *stuiteren*
boundary ('baʊndəri) ZN *grens*
boundless ('baʊndləs) BNW *onbegrensd*
bounteous ('baʊntɪəs) BNW *mild; gul; overvloedig*
bountiful BNW → **bounteous**
bounty ('baʊntɪ) ZN • *gulheid* • *geschenk; premie; beloning*
bouquet (buːˈkeɪ) ZN • *ruiker; boeket* • *bouquet* ⟨v. wijn⟩
bourbon ('bɜːbən) ZN *bourbon* ⟨Am. whiskey⟩
bourgeois ('bʊəʒwɑː) BNW • *bourgeois* • *(klein)burgerlijk; bekrompen*
bourgeoisie (bʊəʒwɑːˈziː) ZN *bourgeoisie*
bout (baʊt) ZN • *tijdje; korte periode*; *vlaag* • *aanval* ★ **drinking ~** *drinkgelag* ★ **bout of fever** *koortsaanval*
bovine ('bəʊvaɪn) BNW • *als 'n rund; runderachtig* • *sloom; dom*
bovver ('bɒvə) ZN PLAT *knokpartij; agressief gedrag* ★ **~ boys** *herrieschoppers; randgroepjongeren*

bow¹ (baʊ) **I** ZN • *boeg* • *buiging* **II** OV+ONOV WW • *buigen* • *knielen* ★ **be bowed down by** *gebukt gaan onder* ★ FIG. **bow and scrape** *hielen likken* • **~ out** *beleefd uitlaten* • **~ (down) to** *toegeven aan; zich schikken naar* ★ **bow to the inevitable** *zich neerleggen bij het onvermijdelijke*
bow² (bəʊ) **I** ZN • *boog* • *strijkstok* • *strik; beugel; hengsel* ★ **bow and arrow** *pijl en boog* ★ **draw the long bow** *overdrijven* ★ **take a bow** *een buiging maken* ⟨op het toneel⟩ **II** OV WW • *buigen* • MUZ. *strijken*
bowdlerize ('baʊdləraɪz) OV WW *kuisen*
bowel (baʊəlz) ZN *darm* ★ FIG. **the ~s of the earth** *'t binnenste der aarde* ★ **~s darmen; ingewanden** ★ MED. **move/open one's ~** *zich ontlasten*
bowel movement ZN *ontlasting*
bower ('baʊə) ZN OUD. *prieel; schaduwrijk plekje in tuin*
bowie-knife ('baʊnaɪf) ZN *lang dolkmes*
bowl (bəʊl) **I** ZN • *kom; schaal* • *holle, ronde deel v.e. voorwerp* ⟨b.v. lepel⟩ • *bal* ⟨bij bowling, kegelen⟩ • *pijpenkop* • USA *groot rond openluchttheater; stadion* **II** OV WW • *gooien*; *opgooien* ⟨bij cricket⟩ • **~ out** *uitgooien* ⟨bij cricket⟩ **III** ONOV WW • *bowlen; snel rijden* • **~ over** *omverrijden; van zijn stuk brengen*
bow-legged (bəʊˈlegɪd) BNW *met o-benen*
bow legs ZN MV *o-benen*
bowler ('bəʊlə) ZN • *werper* ⟨bij cricket⟩ • *bolhoed*
bowler hat ZN *bolhoed*
bowling ('bəʊlɪŋ) ZN *bowlen; kegelen*
bowling alley ('bəʊlɪŋælɪ) ZN *bowlingbaan*
bowling green ZN *bowlingveld* ⟨voor het spelen van bowls⟩
bowls (bəʊlz) ZN MV *spel met houten bal; kegelspel*
bowsprit ('bəʊsprɪt) ZN *boegspriet*
bow tie (bəʊˈtaɪ) ZN *vlinderdas*
bow-window (bəʊˈwɪndəʊ) ZN *erkerraam*
bow wow ZN *woef*
box (bɒks) **I** ZN • *bus; doos* • *hokje; loge* • *bok* ⟨v. rijtuig⟩ • *jachtverblijf* • G-B, INFORM. *buis* ⟨tv⟩ ★ LUCHTV. **black box** *zwarte doos* ★ **wooden box** *kist(je)* • *musical box* *speeldoos* **II** OV WW • *in doos verpakken* • **~ in** *insluiten; in-/opsluiten* • **~ off** *afschermen* • **~ up** *opeenpakken* **III** OV+ONOV WW • *boksen* ★ **box s.o.'s ears** *iemand om de oren slaan*
box calf ZN *boxcalf* ⟨leer⟩
boxcar ('bɒkskɑː) ZN USA *gesloten goederenwagon*
boxer ('bɒksə) ZN • SPORT *bokser* • *hond bokser*
boxing ('bɒksɪŋ) ZN *boksen*
Boxing Day ('bɒksɪŋdeɪ) ZN *tweede kerstdag*
box junction ZN *kruispunt* ⟨afgekruist, waar men niet mag stilstaan⟩
box number ZN *antwoordnummer*
box office ZN *reserveringsbureau; (theater)bespreekbureau; kassa* ★ **~ take** *bruto opbrengst*
boxroom ('bɒksruːm) ZN *opberghok*
boxwood ('bɒkswʊd) ZN *palmhout; buxushout*
boy (bɔɪ) **I** ZN • *jongen* • INFORM. *man; vent* • *bediende* ★ MIN. **boys will be boys** ≈ *het zijn nou eenmaal jongens/mannen* ★ MIN. **be one of the boys** ≈ *bij de club van stoere mannen horen*

boycott-brazier 60

★ the boys in blue *de politie* II TW *tjonge*
boycott ('bɔɪkɒt) I ZN *boycot* II OV WW *boycotten*
boyfriend ('bɔɪfrend) ZN *vriendje* ⟨partner⟩
boyhood ('bɔɪhʊd) ZN *jongensjaren*
boyish ('bɔɪɪʃ) BNW *jongensachtig*
boyscout (bɔɪ'skaʊt) ZN *padvinder; verkenner*
bozo ('bəʊzəʊ) ZN MIN. *sukkel*
B.R. AFK British Railways *Britse Spoorwegen*
bra (brɑː) ZN INFORM. *beha*
brace (breɪs) I ZN • *klamp; beugel; (muur)anker*
• TECHN. *kraag* • *booromslag* • SCHEEPV. *bras*
• *klamp; steun* • TECHN. ~ *and bit booromslag*
II OV WW • *steunen; versterken* • *spannen*
• *opwekken* • *brassen* ★ ~ o.s. for *z. schrap zetten voor;* z. *voorbereiden op* ★ ~ o.s. against z. *schrap zetten tegen*
bracelet ('breɪslət) ZN *armband* ★ PLAT [mv] *handboeien*
braces ('breɪsɪz) ZN MV • *bretels* • *(gebits)beugel*
bracing ('breɪsɪŋ) BNW *verkwikkend; versterkend* ⟨v. klimaat⟩
bracken ('brækən) ZN *(adelaars)varen(s)*
bracket ('brækɪt) I ZN • *muurplank* • *console*
• *klamp* • TAALK. *haakje* • GESCH. *karbeel* • *groep; klasse; categorie* • TAALK. *tussen haakjes zetten* in ~s *tussen haakjes* II OV WW • *tussen haakjes zetten* • *in één adem noemen* • *gelijkstellen; koppelen*
brackish ('brækɪʃ) BNW *brak*
bract (brækt) ZN PLANTK. *schutblad*
brad (bræd) ZN • *stift* • *koploze spijker*
bradawl ('brædɔːl) ZN *priem; els*
brae (breɪ) ZN SCHOTS *steile helling / heuvel*
brag (bræg) I ZN • *opschepperij; bluf* • *blufpoker*
• *opschepper* II OV+ONOV WW *opscheppen*
braid (breɪd) I ZN • *vlecht* • *tres* II OV WW
• *vlechten* • *omboorden*
Braille (breɪl) ZN *braille*
brain (breɪn) I ZN *hersenen; verstand; brein* ★ pick s.o.'s ~s *hulp vragen aan iemand die er meer van weet* ★ the ~s of the organisation *de knappe kop(pen) v.d. organisatie* ★ have s.th. on the ~ *ergens voortdurend aan denken* ★ turn s.o.'s ~ *iem. het hoofd op hol brengen* ★ rack/ beat o.'s ~s *zich het hoofd breken* II OV WW *de hersens inslaan*
brainchild ('breɪntʃaɪld) ZN *geesteskind*
brain damage ZN *hersenbeschadiging*
brain-dead BNW • *hersendood* • MIN. *stompzinnig; oerstom*
brain death ZN *hersendood*
brain drain ZN *braindrain* ⟨uittocht van intellectuelen⟩
brain fever ZN *hersenvliesontsteking*
brainless ('breɪnləs) BNW *dom; stom*
brain power ZN *intelligentie; intellectueel vermogen*
brainstorm ('breɪnstɔːm) ZN • *brainstormsessie* ⟨gelegenheid om spontaan ideeën te genereren⟩ • *vlaag* ⟨v. verstandsverbijstering⟩
brainstorming ('breɪnstɔːmɪŋ) ZN *het brainstormen*
brain teaser ZN *hersenbreker; moeilijke puzzel / vraag*
brain trust ZN *commissie v. deskundigen*
brainwash ('breɪnwɒʃ) OV WW *hersenspoelen*
brainwave ('breɪnweɪv) ZN • *hersengolf* ⟨activiteit in de hersenen⟩ • *ingeving*
brainy ('breɪnɪ) BNW INFORM. *intelligent*
braise (breɪz) OV WW *stoven; smoren* ⟨v. vlees⟩
brake (breɪk) I ZN • *rem* ⟨ook fig.⟩ • *varens*
• *kreupelhout* • *zware eg* II WW *remmen; vlas braken* ★ ~ to a halt *remmend tot stilstand komen*
brake fluid ZN *remvloeistof*
brake horsepower ZN *rempaardenkracht*
brake lights ZN *remlichten*
bramble ('bræmbl) ZN *braamstruik*
bran (bræn) ZN *zemelen*
branch (brɑːntʃ) I ZN • *(zij)tak* • *filiaal*
• *departement* • *branche* II ONOV WW • z. *vertakken; z. splitsen* • ~ off *afslaan* • ~ out z. *uitbreiden* ⟨v. zaken⟩
branch manager ZN *vestigingsdirecteur*
brand (brænd) I ZN • *fabrikaat; merk* • *brandmerk*
• *fakkel; brandend stuk hout* II OV WW *brandmerken* ⟨ook fig.⟩ ★ be ~ed upon o.'s memory *in het geheugen gegrift staan*
brandish ('brændɪʃ) OV WW *(dreigend) zwaaien met*
brand name ZN *merknaam*
brand new (brænd'njuː) BNW *splinternieuw*
brandy ('brændɪ) ZN • *cognac* • *brandewijn*
brandy snap ZN *opgerold koekje met gember en crèmevulling*
brandy snifter ZN *cognacglas*
brash (bræʃ) I ZN • *steenslag* • *oprisping van (maag)zuur* II BNW • *onverschrokken; brutaal*
• *schreeuwerig* ⟨dingen en plaatsen⟩
brass (brɑːs) I ZN • *geelkoper; messing* • *koperen herdenkings-/grafplaat* • INFORM. *centen* • MUZ. *koperen instrumenten* • *brutaliteit* ★ as bold as ~ *zo brutaal als de beul* ★ top ~ *hoge pieten* II BNW *koperen* ★ INFORM. get down to ~ tacks *spijkers met koppen slaan; tot de kern v/d zaak komen*
brassed off BIJW G-B, INFORM. *spuugzat*
brasserie ('bræsərɪ) ZN *brasserie*
brassie ('bræsɪ) ZN *houten golfclub met koperen zool*
brassière ('bræzɪə) ZN *bustehouder*
brassy ('brɑːsɪ) BNW • *koperachtig* • *schetterend*
• *ordinair; brutaal; onbeschaamd*
• *aanmatigend; opdringerig*
brat (bræt) ZN *blaag; jochie*
bravado (brə'vɑːdəʊ) ZN *vertoon van moed/lef*
brave (breɪv) I BNW *dapper; flink* II OV WW *tarten; trotseren* ★ ~ (it) out *geen krimp geven; zich er doorheen slaan* ★ ~ a difficult situation *een moeilijke situatie doorstaan*
bravery ('breɪvərɪ) ZN *dapperheid*
brawl (brɔːl) I ZN *ruzie* II ONOV WW *ruziën*
brawn (brɔːn) ZN • *spieren* • G-B *zult; hoofdkaas*
brawny ('brɔːnɪ) BNW *gespierd*
bray (breɪ) I ZN • *gebalk* • *geschetter* II OV WW *fijnstampen* III ONOV WW • *balken* • *schetteren / schallen* ⟨v. trompet⟩
braze (breɪz) OV WW *(hard) solderen*
brazen ('breɪzən) I BNW • *koperen; koperkleurig*
• *schel* ⟨v. klank⟩ • *brutaal* II OV WW ★ ~ out *zich ergens brutaal doorheen slaan*
brazen-faced (breɪzən'feɪst) BNW *onbeschaamd*
brazier ('breɪzɪə) ZN *komfoor; stoof*

Brazil (brə'zɪl) ZN *Brazilië*
Brazilian (brə'zɪlɪən) I ZN *Braziliaan(se)* II BNW *Braziliaans*
breach (bri:tʃ) I ZN • *bres* • *breuk* • *het breken* ‹v. golven›; *branding* • *sprong* ‹v. walvis› ★ ~ of the peace *ordeverstoring* ★ ~ of promise/faith *trouwbeloftebreuk; woordbreuk* ★ step into the ~ *te hulp komen* II OV WW *bres slaan; verbreken* III ONOV WW *springen* ‹v. walvis›
bread (bred) ZN • *brood* • *voedsel* • PLAT *poen* ★ ~ and butter *besmeerde boterham; belangrijkste inkomstenbron* ★ make o.'s ~ *zijn brood verdienen* ★ his ~ is buttered on both sides *'t gaat hem zeer goed* ★ INFORM. the best thing since sliced ~ *de beste uitvinding sinds het wiel*
bread-and-butter BNW *essentieel; basis-* ★ ~ issue *belangrijke kwestie*
bread basket ZN • *broodmand* • PLAT *maag*
breadcrumb ('bredkrʌm) ZN *broodkruimel* ★ ~s *paneermeel*
breaded ('bredɪd) BNW *gepaneerd*
breadfruit ('bredfru:t) ZN [MV: **breadfruit**] *broodvrucht*
breadline ('bredlaɪn) ZN ★ on the ~ *zeer arm*
breadroll ('bredrəʊl) ZN *broodje*
breadth (bredθ) ZN • *breedte; breedheid* • *baan* ‹v. stof› ★ ~ of vision *ruimdenkendheid*
breadwinner ('bredwɪnə) ZN *kostwinner*
break (breɪk) I ZN • *breuk* • *opening; gat* • *onderbreking* • MUZ. *intermezzo* • *korte vakantie* • *verandering* • *kans* • *serie* ‹bij biljarten› • *effect* ‹bij cricket› • *servicedoorbraak* ‹bij tennis› • ECON. *plotselinge prijsdaling* ★ ~ of day/dawn *dageraad* ★ have/take a ~ *even pauzeren* ★ INFORM. give me a ~! *houd toch op!; laat me met rust!* ★ INFORM. make a ~ for it *proberen te ontsnappen* ★ ~ in the weather *weersomslag* II OV WW • *breken; verbreken* ‹wet, regel› • *kapotmaken* • *onderbreken* • *kleinmaken* ‹bankbiljet› • ~ **down** *afbreken; specificeren;* SCHEIK. *afbreken* • ~ **in** *africhten; inlopen* ‹v. schoenen› • ~ **into** *inbreken in; losbarsten in; aanspreken* ‹voorraad›; *kleinmaken* ‹bankbiljet› • ~ **off** *afbreken; onderbreken; beëindigen* • ~ **out** *uitbreken* • ~ **through** *dóórbreken; doorbréken* ★ ~ through the wall *door de muur breken* ★ ~ through so.'s defences *iemands verdediging doorbreken* • ~ **up** *in stukken breken; beëindigen* III ONOV WW • *breken* • *kapotgaan* ★ ~ even *quitte spelen* ★ ~ free/loose/out from z. *losrukken van* • ~ **away from** *ontsnappen aan; z. losmaken van* • ~ **down** *ineenstorten; kapotgaan; uiteenvallen* ‹in delen›; *instorten* ‹geestelijk› ★ ~ down in tears *in tranen uitbarsten* • ~ **for** *afstormen op* • ~ **in** *interrumperen* • ~ **off** *afbreken; eindigen* • ~ **out** *uitbreken; ontsnappen* • ~ **up** *in stukken breken; kapotgaan; eindigen; uit elkaar gaan* ‹relatie›; *schaterlachen* ★ John and I broke up *John en ik zijn uit elkaar gegaan* • ~ **up with** *het uitmaken met* ‹relatie›
breakable ('breɪkəbl) BNW *breekbaar*
breakage ('breɪkɪdʒ) ZN • *breuk* • *(vergoeding voor) gebroken waar*

breakaway ('breɪkəweɪ) ZN *afscheiding; afgescheiden groep*
break-dancing ZN *break-dancing*
breakdown ('breɪkdaʊn) ZN • *instorting* • *defect; storing* • *specificatie* ★ mental/nervous ~ *zenuwinzinking*
breakdown lane ZN USA *vluchtstrook*
breakdown truck ZN *takelwagen*
breaker ('breɪkə) ZN • *vaatje* • *stortzee*
breakers ('breɪkəz) ZN MV *branding*
break-even I ZN *rentabiliteitsdrempel* II VOORV • *omslag-* • ECON. *break-even-*
break-even point ZN • *omslagpunt; evenwichtspunt* • ECON. *break-evenpunt*
breakfast ('brekfəst) I ZN *ontbijt* ★ have ~ *ontbijten* ★ what's for ~? *wat hebben we bij het ontbijt?* II ONOV WW *ontbijten*
break-in ZN *inbraak*
breakneck ('breɪknek) BNW *halsbrekend* ★ at ~ speed *met razende snelheid*
breakout ('breɪkaʊt) ZN *uitbraak*
breakthrough ('breɪkθru:) ZN *doorbraak*
break time ZN *pauze*
break-up ZN • *opheffing; beëindiging* • INFORM. *scheiding* ‹v. partner›
breakwater ('breɪkwɔ:tə) ZN • *golfbreker* • *havendam*
bream (bri:m) ZN *brasem*
breast (brest) I ZN • *borst; boezem* • *voorkant* ★ make a clean ~ of s.th. *iets opbiechten* II OV WW • *worstelen tegen* • *bestijgen* • *trotseren* • *doorklieven*
breastbone ('brestbəʊn) ZN *borstbeen*
breast-feed OV+ONOV WW *borstvoeding geven*
breastplate ('brestpleɪt) ZN *borstschild*
breast pocket ZN *borstzak*
breaststroke ('breststrəʊk) ZN *schoolslag*
breastwork ('brestwɜ:k) ZN *borstwering*
breath (breθ) ZN • *adem* • *zuchtje; zweempje* ★ get a ~ of (fresh) air *een luchtje scheppen* ★ get one's ~ (back/again) *(weer) op adem komen* ★ hold one's ~ *zijn adem inhouden* ★ IRON. don't hold your ~! *ik zou er maar niet op wachten!* ★ in the same ~ *in één adem(teug)* ★ one's dying / last ~ *de laatste adem* ★ out of ~ *buiten adem* ★ under one's ~ *fluisterend* ★ take away one's ~ *de adem benemen* ★ FIG. a ~ of fresh air *een frisse wind* ★ the ~ of life *noodzaak*
breathalyze ('breθəlaɪz) OV WW INFORM. *ademproef afnemen* ‹alcoholcontrole›
breathalyzer ('breθəlaɪzə) ZN INFORM. *blaaspijpje* ‹voor alcoholcontrole›
breath-catching BNW *adembenemend*
breathe (bri:ð) OV+ONOV WW • *ademen; ademhalen* • *ruisen* • *blazen* • *fluisteren* ★ ~ (easily / freely) again *weer (vrijuit) kunnen ademen* ★ INFORM. ~ down s.o.'s neck *iem. op de vingers kijken* ★ ~ one's last *de laatste adem(tocht) uitblazen* ★ don't ~ a word *geen woord erover* ★ ~ new life into s.th. *iets nieuw leven inblazen* • ~ **in** *inademen* • ~ **out** *uitademen*
breather ('bri:ðə) ZN • *flinke lichaamsbeweging* • *korte rustpauze*
breathing ('bri:ðɪŋ) ZN *ademhaling*

breathing-space ('bri:ðɪŋspeɪs) ZN *adempauze*
breathless ('breθləs) BNW • *ademloos; buiten adem* • *bladstil*
breathtaking ('breθteɪkɪŋ) BNW *adembenemend; wonderschoon*
breath test ZN *ademproef* ⟨alcoholcontrole⟩
breathy ('breθɪ) BNW *hijgerig*
bred (bred) WW [verl. tijd + volt. deelw.] → **breed**
breech (bri:tʃ) ZN • *achterste; stuit* • *kulas* • *staartstuk* ⟨v. geweer⟩ • FIG. grow/get too big for one's ∼es *naast zijn schoenen gaan lopen*
breech birth ZN *stuitligging*
breech-block ZN • *(geweer)grendel* • *sluitstuk* ⟨v. kanon⟩
breechcloth ('bri:tʃklɒθ) ZN *lendendoek*
breech delivery ZN *stuitligging*
breeches ('brɪtʃɪz) ZN MV *(rij)broek*
breed (bri:d) I ZN *ras; soort* II OV+ONOV WW • *voortbrengen; kweken; fokken* • *opvoeden* ★ ∼ bad blood *kwaad bloed zetten* ★ bred in the bone *aangeboren* ★ ∼ s.th. into s.b. *iem. iets met de paplepel ingeven*
breeder ('bri:də) ZN *fokker* ★ ∼ reactor *kweekreactor*
breeder reactor ZN *kweekreactor*
breeding ('bri:dɪŋ) ZN • *het fokken* ⟨v. paarden, enz.⟩*; het kweken* • *opvoeding; manieren*
breeding ground ZN *kweekplaats; broedplaats*
breeze (bri:z) ZN • *bries* • *makkie; simpel karweitje* • *ruzie*
breeze block ZN BOUW *B2-blok*
breezy ('bri:zɪ) BNW • *winderig; fris* • *joviaal*
brethren ('breðrən) MV FORM. → **brother**
breve (bri:v) ZN • MUZ. *noot met lengte van twee hele noten* • TAALK. *boogje boven korte klinker*
breviary ('bri:vɪərɪ) ZN REL. *brevier*
brevity ('brevətɪ) ZN • *kortheid* • *bondigheid*
brew (bru:) I ZN *brouwsel* II OV WW • *brouwen* ⟨bier⟩ • *zetten* ⟨thee/koffie bereiden⟩ • FIG. *broeien op* ⟨plan e.d.⟩ • ∼ up *zetten* ⟨thee/koffie⟩ III ONOV WW • *trekken* ⟨thee⟩*; doorlopen* ⟨koffie⟩ • FIG. *broeien; op til zijn* ★ a storm is brewing *er is storm op komst* ★ FIG. s.th. is brewing *er broeit iets*
brewer ('bru:ə) ZN *brouwer*
brewery ('bru:ərɪ) ZN *brouwerij*
briar ('braɪə), **brier** ZN • *doornstruik; wilde roos* • *boomheide* • sweet briar *egelantier*
bribe (braɪb) I ZN *steekpenning* II OV WW *omkopen*
bribery ('braɪbərɪ) ZN *omkoping*
bric-à-brac ZN *bric-à-brac*
brick (brɪk) I ZN • *baksteen* • *blok* ⟨v. bouwdoos⟩ ★ FIG. drop a ∼ *zijn mond voorbijpraten; een blunder begaan* ★ FIG. make ∼s without straw *ijzer met handen willen breken* ★ Dutch ∼ *baksteen* II BNW *van bakstenen* III OV WW • ∼ in/up *dichtmetselen* • ∼ off *ommuren*
brickbat ('brɪkbæt) ZN *schimpscheut*
bricklayer ('brɪkleɪə) ZN *metselaar*
brick-red (brɪk'red) BNW *steenrood*
brickwork ('brɪkwɜ:k) ZN *metselwerk*
brickworks ('brɪkwɜ:ks) ZN MV *steenbakkerij*
brickyard ('brɪkjɑ:d) ZN USA *steenbakkerij; steenhandel*
bridal ('braɪdl) BNW *bruids-*
bride (braɪd) ZN *bruid* ★ ∼-to-be *aanstaande bruid*

bridegroom ('braɪdgru:m) ZN *bruidegom*
bridesmaid ('braɪdzmeɪd) ZN *bruidsmeisje*
bridge (brɪdʒ) I ZN • *brug* • *dek* *rug* ⟨v. neus⟩ • *kam* ⟨v. snaarinstrument⟩ • *bridge* ⟨kaartspel⟩ II OV WW *overbruggen*
bridgedrive ('brɪdʒdraɪv) ZN *bridgewedstrijd*
bridgehead ('brɪdʒhed) ZN *bruggenhoofd*
bridle ('braɪdl) I ZN • *toom* • *hoofdstel en bit* • *beteugeling* II OV WW *beteugelen* III ONOV WW *gepikeerd/geïrriteerd zijn/reageren* ★ ∼
bridle path ZN *ruiterpad*
bridleway ('braɪdlweɪ) ZN G-B *ruiterpad*
brief (bri:f) I ZN • *taakomschrijving* ⟨met bevoegdheden en plichten⟩ • JUR. *dossier* • JUR. *instructie* ⟨voor advocaat⟩ • INFORM., JUR. *advocaat* ★ JUR. hold no ∼ for s.b./s.th. *iem./iets niet steunen* ★ FIG. stick to one's ∼ *zijn boekje niet te buiten gaan* II BNW *kort; bondig* ★ in ∼ *kortom; in het kort* III OV WW *instrueren*
briefcase ('bri:fkeɪs) ZN *aktetas*
briefing ('bri:fɪŋ) ZN • *instructie(s)* • *voorlichting*
briefless ('bri:fləs) BNW ★ ∼ barrister *advocaat zonder cliënten*
briefs (bri:fs) ZN MV *slip(je)* ⟨v. man/vrouw⟩
brier ('braɪə) ZN → **briar**
brig (brɪg) ZN • *brik* • USA *scheepsgevangenis*
brigade (brɪ'geɪd) ZN *brigade*
brigadier (general) ZN *brigadegeneraal*
bright (braɪt) BNW • *helder; stralend* ⟨ook fig.⟩*; hoopvol* • *pienter* • *levendig* ★ ∼ and early *voor dag en dauw* ★ as ∼ as a button *zo helder als glas* ★ the ∼ lights *het uitgaanscentrum* ★ IRON. ∼ spark *slimmerik* ★ a ∼ spot *lichtpuntje* ★ look on the ∼ side *de dingen van de zonzijde bezien*
brighten ('braɪtn) I OV WW • *helder/licht maken* • ∼ (up) *opvrolijken* ⟨vrolijk maken⟩*; opfleuren* II ONOV WW • *helder/licht worden* • ∼ (up) *opvrolijken* ⟨vrolijk worden⟩*; opfleuren*
bright-eyed BNW *met heldere/stralende ogen*
brill (brɪl) BNW G-B, INFORM. brilliant *briljant*
brilliance ('brɪlɪəns) ZN *schittering; glans*
brilliant ('brɪlɪənt) I ZN *briljant* II BNW *briljant; schitterend*
brim (brɪm) I ZN • *boord* • *rand* ★ to the brim *tot(aan) de rand* II ONOV WW ∼ over (with) *bruisen/overlopen (van)*
brimful(l) (brɪm'fʊl) BNW *boordevol*
brindle(d) ('brɪndl(d)) BNW *bruingeel met strepen* ⟨v. dieren⟩
brine (braɪn) I ZN • *pekel* • *het zilte nat* II OV WW *pekelen*
bring (brɪŋ) I OV WW • *(binnen-/in-/mee)brengen; aanvoeren* • *indienen* • ∼ to mind *voor de geest halen* • ECON. ∼ forward *an amount transporteren* ★ ∼ down the house *geweldig applaus veroorzaken* • ∼ influence to bear *invloed uitoefenen* • ∼ into play *erbij betrekken* ★ ∼ home to *doen beseffen* ★ he will ∼ it of *hij komt er wel* ★ ∼ it home to a p. *iem. iets inpeperen* ★ they brought up the rear *zij vormden de achterhoede* ★ ∼ low *aan lager wal brengen; vernederen* • ∼ about *veroorzaken; wenden* ⟨v. schip⟩ • ∼ along *meebrengen; stimuleren* ⟨in groei/bloei⟩ • ∼ back *terugbrengen; meenemen; in de herinnering terugbrengen; herinvoeren* • ∼ down

neerleggen; neerhalen; verlagen; verslaan; doen landen ⟨een vliegtuig⟩ ★ **~ the** house down *het publiek inpakken* • **~ forth** *opleveren; voortbrengen; baren* • **~ forward** *naar voren brengen;* ADMIN. *transporteren; vervroegen* • **~ in** *binnenhalen/-brengen; inbrengen; erbij halen; introduceren; indienen* ⟨v. wetsontwerp⟩; JUR. *uitspraak doen* • **~ on** *veroorzaken* • **~ out** *naar buiten brengen; tot uiting laten komen; uitbrengen, in de handel brengen* ★ **~** s.b. out of himself *iem. helpen zich te ontplooien* • **~ over** *laten (over)komen* • **~ through** *er doorheen slepen* • **~ to** *brengen tot; bijbrengen* ⟨uit bewusteloosheid⟩; SCHEEPV. *tot stilstand brengen;* SCHEEPV. *doen bijdraaien* • **~ under** *brengen onder; onderdrukken* • **~ up** *naar voren brengen;* JUR. *voorleiden; opvoeden; opgeven* ⟨slijm, braaksel⟩ • **~** up to date *moderniseren; bijwerken* ⟨v. boeken⟩ • **~ (a)round** *meebrengen; bijbrengen* ⟨uit bewusteloosheid⟩; *overreden* II ONOV WW SCHEEPV. **~ to** *tot stilstand komen; bijdraaien*
brink (brɪŋk) ZN *rand*
brinkmanship ('brɪŋkmənʃɪp) ZN *politieke koorddanserij*
briny ('braɪnɪ) I ZN PLAT *zee* II BNW *zilt*
brio ('briːəʊ) ZN *levendigheid; vuur*
brioche (briːˈɒʃ) ZN *luxe broodje*
brisk (brɪsk) I BNW • *levendig; kwiek* • *fris; verkwikkend* II OV+ONOV WW ★ **~ (up)** *levendig worden; opfleuren*
brisket ('brɪskɪt) ZN *borststuk* ⟨v. rundvlees⟩
bristle ('brɪsəl) I ZN • *borstel* ⟨v. haar⟩ • *stoppel* • *borstelhaar* ★ make s.o. **~** *iem. nijdig maken* II OV+ONOV WW • *overeind gaan staan* • *nijdig worden* • **~ with** *vol zitten met; wemelen van*
bristly ('brɪslɪ) BNW • *borstelig* • *stoppelig*
Britain ('brɪtn) ZN *Brittannië*
Britannic (brɪˈtænɪk) BNW *Brits*
British I ZN • **~** [mv] *de Britten* II BNW *Brits*
Britisher ('brɪtɪʃə) ZN USA/INFORM. *Engelsman/ Engelse*
Briton ('brɪtn) ZN *Brit*
Brittany ('brɪtənɪ) ZN *Bretagne*
brittle ('brɪtl) BNW • *bros; broos* • *kil*
broach (brəʊtʃ) I ZN • *braadspit* • *boorstift* II OV WW • *aanbreken* • *aansnijden* ⟨v. onderwerp⟩
broad (brɔːd) I ZN • USA/SLANG/PEJORATIEF *vrouw/ meisje* • *hoer* II BNW • *breed; wijd* • *algemeen* • *uitgestrekt* • *(over)duidelijk* • *vrijzinnig* ⟨v. opvatting⟩ • *plat* ⟨v. taalgebruik⟩ ★ it's as **~** as it's long *'t is zo lang als 't breed is; 't maakt niet uit*
broadband ('brɔːdbænd) ZN TECHN. *breedband*
broad-based ('brɔːd beɪst) BNW *v. draagvlak*
broadbrush ('brɔːdbrʌʃ) BNW *globaal*
broadcast ('brɔːdkɑːst) I ZN *uitzending* ⟨radio/tv⟩ II BNW • *verspreid gezaaid* • *uitgezonden* ⟨radio/tv⟩ III OV+ONOV WW • *uitzenden* ⟨radio/ tv⟩ • *omroepen; rondbazuinen* • *uitzaaien*
broaden ('brɔːdn) OV+ONOV WW • *breder worden/ maken* ★ travel **~s** the mind *door reizen verruimt men de blik* • **~ out** *verbreden; verruimen*
broad-minded (brɔːdˈmaɪndɪd) BNW *ruimdenkend*
broadsheet ('brɔːdʃiːt) ZN • *kwaliteitskrant; krant (groot formaat)* • *aan één kant bedrukt groot blad papier*
brocade (brəˈkeɪd) ZN *brokaat*
broccoli ('brɒkəlɪ) ZN *broccoli*
brochure ('brəʊʃə) ZN *brochure*
brogue (brəʊɡ) ZN • *accent* ⟨vnl. Iers/Schots⟩ • [meestal mv] *zware schoen met gaatjes*
broil (brɔɪl) I ZN USA *geroosterd vlees* II OV+ONOV WW • USA *op rooster braden* • *braden/liggen bakken* ⟨in de zon⟩ • *krakelen; ruziën* ★ USA **~ing** day *snikhete dag*
broiler ('brɔɪlə) ZN • *braadkip; kuiken* • USA *gril* • *braadrooster* • *snikhete dag*
broke (brəʊk) ZN *platzak; bankroet* ★ be flat **~** *volkomen platzak zijn* ★ INFORM. go for **~** *alles op één kaart zetten*
broken ('brəʊkən) I BNW • *gebroken* ⟨ook v. pers.⟩; *kapot* • *geaccidenteerd* ⟨terrein⟩; *oneffen* ★ **~** marriage *stukgelopen huwelijk* II WW [volt. deelw.] → **break**
broken-down BNW • *vervallen; kapot* • *uitgeput; op*
broken-hearted BNW *geslagen; gebroken* ⟨v. verdriet⟩
broken home ZN *éénoudergezin*
broken-winded BNW *dampig* ⟨v. paard⟩
broker ('brəʊkə) ZN • *(effecten)makelaar* • *pandjesbaas*
brokerage ('brəʊkərɪdʒ) ZN • *makelaardij* • ECON. *courtage*
bromide ('brəʊmaɪd) ZN • SCHEIK. *bromide* • *gemeenplaats; banaliteit*
bromine ('brəʊmiːn) ZN *broom*
bronchial ('brɒŋkɪəl) BNW *bronchiaal; bronchiën-*
bronchitis (brɒŋˈkaɪtɪs) ZN *bronchitis*
bronze (brɒnz) I ZN • *brons* • *kunstwerk in brons* • *bronskleur* • *derde prijs* II BNW • *bronzen* • *bronskleurig* III OV+ONOV WW • *bronzen* • *bruin worden*
Bronze Age ZN *bronstijd*
brooch (brəʊtʃ) ZN *broche*
brood (bruːd) I ZN • *broedsel*; HUMOR *gebroed* II ONOV WW • *broeden* • **~ on/over** *tobben over*
broodmare ('bruːdmeə) ZN *fokmerrie*
broody ('bruːdɪ) BNW • *broeds* • *bedrukt; somber*
brook (brʊk) I ZN *beek* II OV WW *dulden* ★ **~** no nonsense *geen flauwekul dulden*
brooklet ('brʊklət) ZN *beekje*
broom (bruːm) I ZN • *bezem, brem* ★ marry over the **~**stick *ongehuwd samenwonen* II OV WW *bezemen*
Bros, Bros. AFK Brothers *gebr.* ⟨gebroeders⟩
Bros. AFK → **Bros**
broth (brɒθ) ZN *bouillon* ★ Scotch **~** *Schotse maaltijdsoep*
brothel ('brɒθəl) ZN *bordeel*
brother ('brʌðə) ZN • *broer; broeder* ⟨rel.⟩ • *collega* ★ big **~** *instantie of autoriteit die teveel macht uitoefent*
brotherhood ('brʌðəhʊd) ZN *broederschap*
brother-in-law ('brʌðərɪnlɔː) ZN *zwager*
brotherly ('brʌðəlɪ) BNW + BIJW *broederlijk*
brought (brɔːt) WW [verl. tijd + volt. deelw.] → **bring**

brow (braʊ) ZN • voorhoofd • wenkbrauw • top ⟨v. heuvel⟩ • uitstekende rand • SCHEEPV. loopplank • knit o.'s brows het voorhoofd fronsen
browbeat ('braʊbi:t) OV WW intimideren
brown (braʊn) I ZN bruin II BNW bruin • as ~ as a berry zeer bruin ★ in a ~ study in gepeins verzonken III OV+ONOV WW bruin worden/maken; bruineren ★ INFORM. ~ed off het spuugzat zijn
brownie ('braʊni) ZN • goede elf/kabouter • kabouter ⟨padvindster (tussen 7-11 jaar)⟩ • chocoladecakeje
brownie point ZN IRON. [meestal mv] schouderklopje
brown-nose WW PLAT, VULG. kontlikken; in iem.s kont kruipen
brownstone ('braʊnstəʊn) ZN roodbruine zandsteen, gebruikt als bouwsteen; (voornaam) huis van roodbruine zandsteen
browse (braʊz) I ZN • het rondneuzen • twijgen; scheuten ⟨voedsel voor dieren⟩ II OV+ONOV WW • rondneuzen; grasduinen • doorbladeren • naar informatie zoeken ⟨vooral op het internet⟩ • (af)grazen
browser ('braʊzə) ZN • COMP. browser; zoekmachine • snuffelaar ⟨in winkel⟩
BRS AFK British Road Services Britse Wegenwacht
bruise (bru:z) I ZN blauwe plek; (gekneusd) plekje ⟨op fruit⟩ II OV WW • fijnstampen • kneuzen • kwetsen
bruiser ('bru:zə) ZN INFORM. rouwdouwer
bruising ('bru:zɪŋ) BNW uitputtend
Brummie ('brʌmi) ZN G-B, INFORM. inwoner v. Birmingham
brunch (brʌntʃ) ZN ontbijt en lunch ineen
brunt (brʌnt) ZN piek; grootste klap ⟨v. schok/aanval⟩ ★ bear/take the ~ het 't hardst te verduren hebben
brush (brʌʃ) I ZN • borstel • kwast; penseel • veeg • confrontatie; onaangename ontmoeting • PLANTK. kreupelbos • BIOL. vossenstaart ★ give a ~ lichtjes afborstelen ★ with a broad ~ in grote lijnen II OV WW • (af-/weg)borstelen; (af-/weg)vegen • FIG. ~ aside opzijschuiven; negéren • ~ down afborstelen; schoonvegen; FIG. de mantel uitvegen • ~ off afborstelen; FIG. de bons geven; afschepen • FIG. ~ up opfrissen ⟨v. kennis⟩ III ONOV WW • licht aanraken • aanstrijken • ~ past licht aanraken in het voorbijgaan
brush-off ZN afscheping ★ INFORM. give s.o. the ~ iem. eruit kegelen; iem. bot afwijzen
brush stroke ZN penseelstreek
brushwood ('brʌʃwʊd) ZN • kreupelhout • sprokkelhout
brusque (brʊsk) BNW bruusk; kortaf
brusqueness ('brʊsknəs) ZN bruuskheid
Brussels sprout ZN spruit
brutal ('bru:tl) BNW • wreed; beestachtig • grof
brutality (bru:'tælətɪ) ZN • wreedheid • beestachtigheid
brutalize ('bru:təlaɪz) OV WW • onmenselijk behandelen • verwilderen; verdierlijken
brute (bru:t) I ZN • bruut • beest II BNW • redeloos • woedend • wreed

brutish ('bru:tɪʃ) BNW dierlijk; liederlijk
BS AFK • British Standard Britse Standaard ⟨normalisatie-instituut⟩ • → BSc
BSc AFK Bachelor of Science ≈ bachelor in de natuurwetenschappen
BSE (bi:es:i:) AFK bovine spongiform encephalopathy BSE
BST AFK British Summer Time Britse zomertijd
btw AFK by the way trouwens
bubble ('bʌbl) I ZN • (lucht)bel • zeepbel ⟨ook fig.⟩ ★ the ~ burst de zeepbel spatte uiteen; men kwam bedrogen uit II ONOV WW • borrelen; bruisen • ~ over with overlopen van • ~ over with excitement zijn mond niet kunnen houden van opwinding • ~ up opborrelen
bubble bath ZN • badschuim • schuimbad
bubble gum ZN klapkauwgom
bubbly ('bʌblɪ) I ZN INFORM. champagne II BNW • bruisend; sprankelend • goedgemutst
bubonic (bju:'bɒnɪk) BNW ★ ~ plague builenpest
buccaneer (bʌkə'nɪə) I ZN • boekanier • gladde zakenman II ONOV WW zeeroverij plegen
buck (bʌk) I ZN • USA/AUSTR. dollar • (ree)bok; ram(melaar) ⟨konijn⟩ • verantwoordelijkheid; schuld • aalfuik • USA/INFORM. jongen ★ the buck stops here de uiteindelijke verantwoordelijkheid ligt bij mij ★ INFORM. make a fast/quick buck snel binnenlopen; je slag slaan ★ pass the buck verantwoordelijkheid op iem. anders afschuiven ★ big bucks een boel geld; goeie handel II OV+ONOV WW • bokken • afwerpen • INFORM. tegenwerken; z. verzetten ★ G-B, INFORM. buck your ideas up ga er aan staan! • INFORM. ~ up moed houden/inspreken
bucket ('bʌkɪt) I ZN • emmer • schoep ★ INFORM. ~s [mv] grote hoeveelheden ★ she cried ~s de huilde tranen met tuiten ★ ~ seat kuipstoel ⟨in auto/vliegtuig⟩ II OV+ONOV WW doorjakkeren; afjakkeren ⟨v. paard⟩ ★ INFORM. rain is ~ing down de regen komt met bakken naar beneden
bucketful ('bʌkɪtfʊl) ZN emmer (vol)
bucket seat ZN kuipstoel ⟨in auto/vliegtuig⟩
bucket-shop ZN • kantoor voor beursspeculanten • G-B, INFORM. reisbureau voor goedkope vliegtickets
buckle ('bʌkl) I ZN gesp; gordel II OV WW • vastgespen • kromtrekken; verbuigen • ~ down to z. storten op III ONOV WW • kromtrekken; verbuigen • wankelen • in elkaar zakken • ~ up (veiligheids)riem omdoen
buckler ('bʌklə) ZN • GESCH. schild • PLANTK. beukelaar
buckram ('bʌkrəm) I ZN • buckram; grof, stijf linnen • stijfheid II BNW stijf
buckshot ('bʌkʃɒt) ZN grove hagel
buckskin ('bʌkskɪn) ZN • hertenleer • geitenleer
buck-teeth (bʌk'tu:θ) ZN vooruitstekende boventanden
buckwheat ('bʌkwi:t) ZN boekweit
bucolic (bju:'kɒlɪk) I ZN LIT. herdersgedicht II BNW • landelijk • pastoraal
bud (bʌd) I ZN • knop • kiem II OV+ONOV WW • uitbotten • ontluiken • z. ontwikkelen • enten
Buddhism ('bʊdɪzəm) ZN boeddhisme
Buddhist ('bʊdɪst) I ZN boeddhist II BNW boeddhistisch

budding ('bʌdɪŋ) BNW *aankomend; ontluikend* ★ a ~ artist *een aankomend kunstenaar*

buddy ('bʌdɪ) ZN • *maat; kameraad* • *partner* • *buddy* ⟨v. aidspatiënt⟩

budge (bʌdʒ) ONOV WW *z. verroeren* ★ don't ~ *geef niet toe* • G-B/INFORM. ~ up a bit! *schuif eens wat op!*

budgerigar ('bʌdʒərɪɡɑː) ZN *grasparkiet*

budget ('bʌdʒɪt) I ZN *budget; begroting* II OV+ONOV WW ~ for *post opnemen in de begroting; geld uittrekken voor*

budgetary ('bʌdʒɪtrɪ) BNW *budgettair*

budgie ('bʌdʒɪ) ZN INFORM. → **budgerigar**

buff (bʌf) I ZN • *bruingeel* • *bruingeel leer* • *enthousiasteling; fan* ★ in the buff *naakt* ★ blind man's buff *blindemannetje* II BNW *bruingeel* III OV WW *polijsten*

buffalo ('bʌfələʊ) ZN *bizon; buffel*

buffer ('bʌfə) ZN • *buffer; stootkussen* • *tussengeheugen* • old ~ *malloot*

buffet[1] ('bʌfɪt) I ZN • *klap* ⟨hand/vuist⟩ II OV WW • *worstelen* • *slaan; stompen* • *z. een weg banen* ★ a ~ing wind *harde windstoten*

buffet[2] ('bʊfeɪ) ZN • *(lopend) buffet* • *restauratie(wagon)* • USA *buffet(kast)*

bug (bʌɡ) I ZN • USA *insect* • *ziektekiem; bacil*; OOK FIG. *virus* • *wandluis* • INFORM. *verborgen microfoon* • COMP. *storing* ~ *obsessie* ★ big bug *grote piet* ★ be bitten by a bug *ergens enthousiast voor worden* ★ USA bug off *lazer op* II OV WW • *afluisteren* • *hinderen; dwars zitten* • USA *irriteren* III ONOV WW • *uitpuilen* • USA PLAT *kwaad zijn*

bugaboo ('bʌɡəbuː) ZN • *spook(beeld); schrikbeeld* • *oorzaak van overlast*

bugbear ('bʌɡbeə) ZN • *spook(beeld); schrikbeeld* • *oorzaak van overlast*

bug-eyed BIJW *met uitpuilende ogen*; USA *stomverbaasd*

bugger ('bʌɡə) I ZN • MIN. *klootzak* • PLAT *rotding* ★ INFORM. poor ~ *arme drommel* ★ INFORM. tough ~ *taaie rakker* II OV WW • PLAT ~ it! *verdomme!* • PLAT ~ about/around *sollen met* • PLAT ~ up *verpesten* III ONOV WW ★ ~ off! *donder op* • PLAT ~ about *donderjagen; rondklooien* • PLAT ~ off *opdonderen; wegwezen* IV TW *verdomme* ⟨bij (onaangename) verrassing⟩ ★ PLAT ~ all *geen sodemieter* ⟨niets⟩

buggered ('bʌɡəd) BNW MIN. *afgepeigerd; naar de kloten* ★ I'll be ~! *(verrast) verdomme!* ★ I'm ~ if I know *ik heb Godverdomme geen idee*

buggery ('bʌɡərɪ) ZN *anaal geslachtsverkeer*

buggy ('bʌɡɪ) ZN • *sportieve open auto* • *licht rijtuigje* • *wandelwagen* ⟨kind⟩

bugle ('bjuːɡl) I ZN • *signaalhoorn* • PLANTK. *zenegroen* II OV+ONOV WW *signaal blazen*

bugle-call ZN *hoornsignaal*

bugler ('bjuːɡlə) ZN *hoornblazer*

build (bɪld) I ZN *(lichaams)bouw* II OV WW • *bouwen* • *samenstellen* • *ontwikkelen* ★ Rome was not built in a day *Keulen en Aken zijn niet op één dag gebouwd* • ~ in *inbouwen; opnemen in* • ~ on *aan-/bijbouwen; baseren op; vertrouwen op* • ~ onto *aanbouwen* • ~ up to *voorbereiden op; ontwikkelen; ophemelen/ prijzen* ⟨iemand⟩; *voorbereiden op* III ONOV WW • *groter/meer worden* ★ tension is ~ing *de spanning stijgt* • ~ up *groter/meer worden*

builder ('bɪldə) ZN • *bouwer* • *aannemer*

building ('bɪldɪŋ) ZN *gebouw*

building block ZN *bouwsteen* ⟨ook fig.⟩

building line ZN *rooilijn*

building site ZN *bouwterrein; perceel*

building society ZN *bouwfonds; hypotheekbank*

build-up ('bɪldʌp) ZN • *toename* • *publiciteit; campagne* • *opbouw; ontwikkeling*

built (bɪlt) WW [verl. tijd + volt. deelw.] → **build**

built-in BNW *ingebouwd* ⟨ook fig.⟩

built-up BNW ★ ~ area *bebouwde kom*

bulb (bʌlb) I ZN • *knol; (bloem)bol* • *gloeilamp* II ONOV WW *bolvormig opzwellen*

bulb farm ZN *bollenkwekerij*

bulb grower ZN *bollenkweker*

bulbous ('bʌlbəs) BNW • *bolvormig* • *uitpuilend* ⟨v. ogen⟩ ★ ~ nose *dikke ronde neus*

Bulgarian (bʌl'ɡeərɪən) I ZN *Bulgaar* II BNW *Bulgaars*

bulge (bʌldʒ) I ZN • *bobbel; bolling* • INFORM. *vetlaag* • *piek; golf* II OV+ONOV WW *(doen) uitpuilen*

bulgy ('bʌldʒɪ) BNW • *uitpuilend* • *opgezwollen*

bulk (bʌlk) I ZN • *partij* • *het grootste deel* • *lading* • *massa; omvang* ★ bulk *goods goederen die in grote hoeveelheden verhandeld worden* ★ bulk buying *in grote hoeveelheden kopen* ★ load in bulk *met stortgoederen laden* ★ bulk cargo *lading stortgoederen* II OV WW ~ up *opstapelen* III ONOV WW ★ bulk large *van groot belang/ grote omvang lijken*

bulk cargo ZN *lading stortgoederen*

bulk goods ZN MV *bulkgoederen*

bulkhead ('bʌlkhed) ZN • LUCHTV. *scheidingswand* • SCHEEPV. *waterdicht schot*

bulky ('bʌlkɪ) BNW *omvangrijk*

bull (bʊl) I ZN • *stier* ⟨ook van olifant, walvis⟩ • ECON. *haussier* • *pauselijke bul* • USA *smeris* ★ PLAT (a load of) bull! *(een hoop) onzin!* ★ (Irish) bull *lachwekkende ongerijmdheid* ★ a bull of a man *grote, sterke, agressieve kerel* ★ like a bull in a china shop *als een olifant in een porseleinkast* ★ FIG. take the bull by the horns *de stier bij de horens vatten* II OV+ONOV WW *à la hausse speculeren* ★ bull the market *de markt opdrijven*

bulldog ('bʊldɒɡ) ZN *bulldog*

bulldog clip ZN *papierklem*

bulldoze ('bʊldəʊz) OV WW • *platwalsen* ⟨ook fig.⟩ • *intimideren* ★ ~ s.b. into s.th. *iem. dwingen tot iets*

bulldozer ('bʊldəʊzə) ZN *bulldozer*

bullet ('bʊlɪt) ZN • *geweerkogel; patroon* • *loodkogeltje*

bulletin ('bʊlətɪn) ZN *bulletin*

bulletin board ZN USA *mededelingenbord*

bulletproof ('bʊlɪtpruːf) BNW *kogelvrij*

bullfight ('bʊlfaɪt) ZN *stierengevecht*

bullfighter ('bʊlfaɪtə) ZN *stierenvechter*

bullfinch ('bʊlfɪntʃ) ZN *goudvink*

bullfrog ('bʊlfrɒɡ) ZN *(brul)kikvors*

bullhead ('bʊlhed) ZN INFORM. *stommerd*

bull-headed (bʊl'hedɪd) BNW • *onbesuisd* • *stom*

• koppig
bullion ('bʊliən) ZN • ongemunt goud of zilver • franje v. goud of zilverdraad
bullish ('bʊlɪʃ) BNW • stierachtig • ECON. met neiging tot oplopen ⟨v. o.a. effecten⟩
bullock ('bʊlək) ZN os
bullring ('bʊlrɪŋ) ZN arena voor stierengevechten
bull session ZN USA/INFORM. groepsdiscussie
bullseye ('bʊlzaɪ) I ZN • roos ⟨v. schietschijf⟩ • schot in de roos II TW in de roos; raak
bullshit ('bʊlʃɪt) ZN VULG. gelul; gezeik
bully ('bʊlɪ) I ZN • pestkop; kwelgeest; bullebak • tiran • scheidsrechterbal ⟨bij hockey⟩ II BNW reuze ★ IRON. ~ for you! uitstekend! III OV WW • pesten • tiranniseren • koeioneren
bully boy ZN zware jongen
bully proofing ZN ≈ project tegen pesten op school
bulrush ('bʊlrʌʃ) ZN • mattenbies • lisdodde
bulwark ('bʊlwək) ZN • verschansing ⟨ook fig.⟩ • bolwerk • golfbreker
bum (bʌm) I ZN • achterste • USA/INFORM. zwerver; nietsnut II BNW waardeloos ★ INFORM. a bum deal een waardeloze overeenkomst III OV WW bedelen; bietsen IV ONOV WW • rondzwerven • ~ about/around nutteloos rondhangen
bumbag ('bʌmbæg) ZN heuptasje
bumble ('bʌmbl) ONOV WW • zoemen • mompelen • aanrommelen; stuntelen
bumblebee ('bʌmblbi:) ZN hommel
bumf (bʌmf), **bumph** ZN • MIN. paperassen; papierrommel • PLAT pleepapier
bummer ('bʌmə) I ZN tegenslag; vervelend iets II TW klote!
bump (bʌmp) I ZN • bons • botsing • buil • hobbel ★ bumps [mv] bumps ⟨verjaardagsspelletje⟩ II OV WW • ~ up opkrikken; opschroeven; opvijzelen III OV+ONOV WW • bonzen • botsen • stoten • hobbelen • INFORM. ~ into bij toeval ontmoeten; botsen tegen • PLAT ~ off vermoorden • INFORM. ~ up verhogen ⟨v. prijs⟩; omhoogvallen • ~ up against s.o. iem. tegen het lijf lopen
bumper ('bʌmpə) I ZN • bumper • buffer ⟨v. spoorwagen⟩ • vol glas ★ ~ to ~ bumper aan bumper II BNW zeer groot ★ ~ crop zeer grote oogst
bumper car ZN USA botsautootje
bumph ZN → bumf
bumpkin ('bʌmpkɪn) ZN ★ ⟨country⟩ ~ boerenpummel/-kinkel
bumptious ('bʌmpʃəs) BNW verwaand
bumpy ('bʌmpɪ) BNW bultig; hobbelig ★ have/give s.b. a ~ ride het iemand moeilijk maken
bun (bʌn) ZN • broodje • haarwrong ★ IRON. have a bun in the oven in verwachting zijn
bunch (bʌntʃ) I ZN • bos • tros • troep; stel ★ in ~es in twee staartjes ⟨haardracht⟩ ★ the best of a bad ~ de minst kwade v.h. stel II OV+ONOV WW • een bos vormen • ~ together/up samenklitten ⟨v. mensen⟩
bundle ('bʌndl) I ZN • bundel; bos; pak ★ INFORM. a ~ of joy een baby ★ a ~ of fun/joy iem. die een hoop lol/plezier heeft ★ INFORM. go a ~ on s.th. enthousiast worden over iets ★ a ~ of nerves een zenuwpees II OV WW • bundelen; samenvoegen

• wegmoffelen; wegwerken ⟨persoon⟩ • ~ up bundelen; warm aankleden III ONOV WW • zich bewegen ⟨snel, als groep⟩ • ~ up zich warm aankleden
bung (bʌŋ) I ZN • stop • G-B, INFORM. smeergeld II OV WW • dichtstoppen; verstoppen • smijten • G-B, INFORM. (weg)keilen ★ INFORM. just bung a pizza in the oven gooi maar een pizza in de oven • INFORM. ~ up verstoppen
bungee jumping WW bungeejumpen
bunghole ('bʌŋhəʊl) ZN spongat
bungle ('bʌŋgl) I ZN prutswerk II OV+ONOV WW (ver)prutsen
bungler ('bʌŋglə) ZN prutser
bunion ('bʌnjən) ZN eeltknobbel op grote teen
bunk (bʌŋk) I ZN • kooi; couchette ★ INFORM. do a bunk er tussenuit knijpen II ONOV WW • ~ off INFORM. naar bed gaan, slapen; er tussenuit knijpen, spijbelen
bunk bed ZN stapelbed
bunker ('bʌŋkə) I ZN • kolenruim • zandkuil als hindernis ⟨bij golf⟩ • MIL. bunker II OV WW brandstof innemen
bunkum ('bʌŋkəm) ZN onzin
bunny ('bʌnɪ) ZN konijntje
bunting ('bʌntɪŋ) ZN • vink; gors ⟨vogel⟩ • gekleurde vlaggetjes/vaantjes
buoy (bɔɪ) I ZN ton; boei II OV WW ~ (up) aanmoedigen; drijvende houden; kracht geven
buoyancy ('bɔɪənsɪ) ZN • opgewektheid • levendigheid • drijfvermogen • veerkracht
buoyant ('bɔɪənt) BNW • drijvend • opgewekt; vrolijk ★ a ~ economy een gezonde economie
burble ('bɜ:bl) ONOV WW • snateren; kwebbelen • borrelen; bubbelen
burden ('bɜ:dn) I ZN • last; taak; verplichting • vracht • tonnage • refrein • hoofdthema ★ JUR. ~ of proof bewijslast II OV WW • belasten • drukken
burdensome ('bɜ:dnsəm) BNW • FORM. drukkend • FORM. loodzwaar
burdock ('bɜ:dɒk) ZN PLANTK. klis
bureau ('bjʊərəʊ) ZN • schrijfbureau • kantoor
bureaucracy (bjʊə'rɒkrəsɪ) ZN bureaucratie
bureaucrat ('bjʊərəkræt) ZN bureaucraat
bureaucratic (bjʊərə'krætɪk) BNW bureaucratisch
burgee (bɜ:'dʒi:) ZN SCHEEPV. eigenaars-/clubwimpel
burgeon ('bɜ:dʒən) I ZN knop II ONOV WW snel groeien; uitbotten
burger ('bɜ:gə) ZN USA/INFORM. hamburger
burgess ('bɜ:dʒɪs) ZN burger
burglar ('bɜ:glə) ZN inbreker
burglar alarm ZN alarminstallatie
burglar-proof ('bɜ:gləpru:f) ZN inbraakvrij
burglary ('bɜ:glərɪ) ZN inbraak
burgle ('bɜ:gl) OV+ONOV WW inbreken bij/in
burgomaster ('bɜ:gəmɑ:stə) ZN burgemeester ⟨vooral m.b.t. Nederland en Duitsland⟩
burial ('berɪəl) ZN begrafenis
burial grounds ZN begraafplaats
burial service ZN uitvaartplechtigheid/-dienst
burin ('bjʊərɪn) ZN burijn; graveerstift
burl (bɜ:l) I ZN nop II OV WW noppen
burlap ('bɜ:læp) ZN jute
burlesque (bɜ:'lesk) I ZN • klucht • parodie ★ USA

~ house *revuetheater* II BNW *burlesk; boertig; plat* III OV WW *parodiëren*
burly ('bɜːlɪ) BNW *zwaar; stevig*
burn (bɜːn) I ZN • *brandwond* • SCHOTS *rivier* II OV WW • *verbranden* • *verstoken* • *verteren* ★ FIG. burn one's bridges *zijn schepen achter zich verbranden* ★ FIG. burn the candle at both ends *zichzelf overbelasten* ★ FIG. burn the midnight oil *tot diep in de nacht werken* • burn to a crisp/cinder *volledig verbranden* • ~ **away** *wegbranden* • ~ **down** *tot de grond toe verbranden* • ~ **up** *geheel verbranden* III ONOV WW • *(ver)branden* • *aanbranden* ★ you are burning! *je bent warm!* ⟨bij raad-/zoekspelletje⟩ ★ be burning to... *branden van verlangen om te...* • ~ **down** *tot de grond toe verbranden* • ~ **out** *uitbranden; opbranden* ⟨ook fig.⟩ • ~ **up** *geheel verbranden; opvlammen; hoge koorts hebben*
burner ('bɜːnə) ZN *pit* ⟨v. fornuis⟩; *brander* ★ FIG. on the back ~ *op een laag pitje*
burnet ('bɜːnɪt) ZN PLANTK. *pimpernel*
burning ('bɜːnɪŋ) BNW • *gloeiend* • *vurig* ★ ~ hot *gloeiend heet* ★ a ~ problem *een urgent/cruciaal probleem*
burnish ('bɜːnɪʃ) OV WW • *glanzen* • *polijsten* • *bruineren* • ~ed brass/copper *gepolijst/gepoetst koper*
burnout ('bɜːnaʊt) BNW • *burn-out* ⟨inzinking⟩ • *het uitgebrand zijn*
burnt (bɜːnt) WW [verl. tijd + volt. deelw.]→burn
burp (bɜːp) OV+ONOV WW INFORM. *boeren; een boer laten*
burqa ('bɜːkə) ZN *burqa*
burr (bɜː) I ZN • TAALK. *brouw-r; keel-r* • *brom* • PLANTK. OOK FIG. *klit* • *braam* ⟨in metaal⟩ II OV+ONOV WW • *brommen* • *brouwen; met keel-r spreken*
bur(r) (bɜː) ZN *klit* ⟨ook fig.⟩
burrow ('bʌrəʊ) I ZN *hol; tunnel* II OV+ONOV WW • *een hol maken* • *wroeten* ⟨ook fig.⟩; *zoeken* • FIG. z. *begraven; nestelen*
bursar ('bɜːsə) ZN • *thesaurier* ⟨v. universiteit⟩ • *beursstudent*
bursary ('bɜːsərɪ) ZN • *thesaurie* • *studiebeurs*
burst (bɜːst) I ZN • *barst; scheur* • *vlaag* • *opwelling* ★ ~ of fire *salvo* II ONOV WW • *(door/open)breken* ★ the river ~ its banks *de rivier is buiten haar oevers getreden* ★ ~ so.'s bubble *iemands hoop de bodem in slaan* • ~ **upon** *doordringen tot* ⟨plotseling⟩ ★ the truth ~ upon us *de waarheid drong plots tot ons door* III OV WW • *barsten; (door)breken; (open)springen* ★ be ~ing to do s.th. *popelen om iets te doen* ★ the door ~ open *de deur vloog open* ★ ~ing at the seams *with ... barstensvol ...* • ~ **in (up)on** *(ruw) onderbreken* • ~ **into** *uitbarsten in; binnenvallen/-stormen* ⟨een pand enz.⟩ ★ ~ into tears/laughter/song *uitbarsten in tranen/gelach/gezang* ★ ~ into blossom *in bloei schieten* ★ ~ into flames *in brand vliegen* ★ ~ into sight/view *opduiken; tevoorschijn komen* • ~ **out** *uitbarsten; uitbreken; naar buiten dringen* • ~ **with** *barsten van* ★ ~ with health *blaken van gezondheid* ★ ~ with joy *dolgelukkig zijn* ★ ~ with pride *apetrots zijn*

bury ('berɪ) OV WW • *begraven* • *verbergen* ★ bury the hatchet/your differences *de strijdbijl begraven; geschillen bijleggen*
bus (bʌs) I ZN • *bus* • INFORM. *kist* ⟨vliegtuig⟩ • INFORM. *wagen* ⟨auto⟩ II ONOV WW • *met de bus gaan* • USA *borden ophalen* ⟨in restaurant⟩
busboy ('bʌsbɔɪ) ZN USA *hulpkelner*
busby ('bʌzbɪ) ZN *berenmuts*
bush (bʊʃ) ZN • *struik* • *haarbos* • *oerwoud; rimboe* ★ FIG. beat about the bush *om de hete brei heen draaien*
bushed (bʊʃt) BNW *bekaf*
bushel ('bʊʃəl) ZN *schepel* ★ USA/INFORM. ~s [mv] *massa's stapels*
bush-league ZN USA *waardeloos*
Bushman ('bʊʃmən) ZN *Bosjesman*
bush-ranger ZN AUS *struikrover*
bushy ('bʊʃɪ) BNW • *ruig* • *met struikgewas begroeid* ★ a ~ tail *een volle staart* ★ ~ eyebrows *borstelige wenkbrauwen*
business ('bɪznəs) ZN • *handel; zaken* • *bedrijf; zaak* • *klandizie; omzet* • *beroep* • *taak* • *kwestie* ★ any other ~ *wat verder ter tafel komt* ⟨agendapunt⟩ ★ INFORM. be in ~ *startklaar zijn*; *aan de slag zijn* ★ ~ is ~ *zaken zijn zaken* ★ get down to ~ *ter zake komen* ★ I mean ~ *het is mij ernst* ★ have no ~ to ... *niet het recht hebben om ...* ★ go about one's ~ *met de dagelijkse dingen bezig zijn* ★ send s.o. about his ~ *iem. de laan uitsturen* ★ INFORM. like nobody's ~ *als geen ander* ⟨heel snel of goed⟩ ★ INFORM. big ~ *(grote) zaken; flinke handel* ★ that's none of your ~ *dat gaat je niet aan* ★ on ~ *voor zaken* ★ out of ~ *zonder werk; buiten bedrijf* ⟨wegens faillissement⟩ ★ I am not in the ~ of doing s.th. *ik ben niet van plan om iets te doen* ★ INFORM. take care of ~ *zijn zaakjes goed regelen* ★ ~ as usual *de gewone gang van zaken* ★ unfinished ~ *nog niet afgehandelde kwesties*
business card ZN • *visitekaartje; adreskaartje*
business end ZN FIG. *essentie* ⟨v.e. kwestie⟩
business hours MV *kantooruren* ★ during ~ *tijdens kantooruren*
businesslike ('bɪznəslaɪk) BNW *zakelijk*
businessman ('bɪznəsmæn) ZN *zakenman*
business park ZN *bedrijvenpark*
business studies ZN MV *commerciële economie; bedrijfskunde*
businesswoman ('bɪznəswʊmən) ZN *zakenvrouw*
busk (bʌsk) ONOV WW G-B *optreden als straatmuzikant*
busker ('bʌskə) ZN G-B *straatmuzikant*
buslane ('bʌsleɪn) ZN *busbaan*
busman ('bʌsmən) ZN *buschauffeur*
busman's holiday ZN *vakantie/vrije tijd waarin men doorwerkt*
bus shelter ZN • *bushokje; abri* • *wachthuisje*
bus-stop ZN *bushalte*
bust (bʌst) I ZN • *buste; boezem* • PLAT *inval* ⟨door de politie⟩ II BNW • *kapot* • INFORM. *failliet* ★ go bust *failliet gaan* ★ INFORM. Hollywood or bust! ≈ *alles of niets!* III OV WW • *kapotmaken* ★ FIG. bust a gut *zich uit de naad werken* • INFORM. ~ up *in de war sturen* ⟨iets⟩; *verknallen* IV ONOV WW • *kapotgaan* • INFORM. ~ out *met*

geweld ontsnappen • ~ *up trammelant hebben; uit elkaar gaan*
buster ('bʌstə) ZN • USA/INFORM./MIN. *kerel* • [als tweede lid] *bestrijder van iets* ★ *crime ~ misdaadbestrijder*
bustle ('bʌsəl) I ZN • *drukte* • *queue* ★ *the hustle and ~ of city life de drukte van het stadsleven* II OV WW • *opjagen* • ~ *about druk in de weer zijn*
bustling ('bʌstlɪŋ) BNW *bedrijvig*
bust-up ZN • G-B, INFORM. *bonje* • G-B, INFORM. *einde*
busty ('bʌstɪ) BNW *rondborstig; met zware borsten*
busy ('bɪzɪ) I ZN *detective* II BNW • *(druk) bezig* • *rusteloos* • *bemoeiziek* ★ *as busy as a bee zo bezig als een bij* • PLANTK. *busy Lizzie vlijtig Liesje* III OV WW • *busy o.s. zich bezighouden; zich bemoeien*
busybody ('bɪzɪbɒdɪ) ZN *bemoeial*
busywork ('bɪzɪwɜːk) ZN USA *tijdverdrijf*
but (bʌt) I ZN • *no buts! geen gemaar!* II BIJW *slechts* ★ *I'm but 16 years old ik ben nog maar 16 jaar* III VZ *behalve; zonder* ★ *but for you we would have lost zonder jou hadden we verloren* ★ *but for this als dit niet gebeurd was* ★ *the last but one op één na de laatste* ★ *who but you? wie anders dan jij?* ★ *anyone but me iedereen behalve ik* ★ *anything but this alles behalve dit* ★ *nothing but this uitsluitend dit* ★ *all but dead bijna dood* IV VW • *maar* • *behalve* • *slechts* ★ *we cannot but try wij kunnen het slechts proberen* ★ *one cannot but like him je moet hem wel aardig vinden* ★ *not but that ... ondanks (het feit) dat ...* ★ *but then (again) echter; daarentegen; maar ja*
butane ('bjuːteɪn) ZN *butaan(gas)*
butch (bʊtʃ) ZN • *macho ⟨man⟩* • MIN. *manwijf ⟨lesbisch⟩*
butcher ('bʊtʃə) I ZN *slager* ★ *~'s slagerij* II OV WW • *slachten* • *verknallen*
butchery ('bʊtʃərɪ) ZN *slachting*
butler ('bʌtlə) ZN *butler*
butt (bʌt) I ZN • *(dik) achtereinde* • VULG. *achterste; reet* • *peuk* • *geweerkolf* • *doelwit;* FIG. *mikpunt* ⟨v.e. grap enz.⟩ ★ *get off your lazy butt! kom van je luie reet!* II OV WW *stoten* ⟨met hoofd of hoorns⟩ III ONOV WW • ~ *in (on) interrumperen (in); z. indringen (in)* ★ *butt in on s.th. zijn kont ergens indraaien* • USA ~ *out ophoepelen*
butt-end ('bʌt'end) ZN • *dik uiteinde* • *peukje*
butter ('bʌtə) I ZN • *boter* • *vleierij* • FIG. *~ wouldn't melt in her mouth ze ziet er uit als de geboren onschuld* II OV WW • *beboteren* • ~ *up* INFORM. *slijmen*
buttercup ('bʌtəkʌp) ZN *boterbloem*
butterfingers ('bʌtəfɪŋɡəz) ZN MV INFORM. *brokkenmaker*
butterfly ('bʌtəflaɪ) ZN • BIOL. *vlinder* • SPORT *vlinderslag* ★ INFORM. *butterflies in your stomach vlinders in je buik*
buttermilk ('bʌtəmɪlk) ZN *karnemelk*
butterscotch ('bʌtəskɒtʃ) ZN • *boterbabbelaar* • USA *butterscotch saus*
buttery ('bʌtərɪ) I ZN • *provisiekamer* II BNW • *als boter; met boter (besmeerd)* • FIG. *slijmerig; kruiperig*
buttock ('bʌtək) ZN *bil; bilspier*
button ('bʌtn) I ZN • *knoop* • *knop* • *button* II OV+ONOV WW • *(dicht)knopen* ★ ~ *it! kop dicht!* • ~ *(up) dichtknopen; afronden*
buttonhole ('bʌtnhəʊl) I ZN • *knoopsgat* • *corsage* II OV WW *knoopsgaten maken* ★ ~ *s.o. iem. aanklampen*
buttress ('bʌtrɪs) I ZN • GESCH. *steunbeer; stut* • FIG. *steun* II OV WW • GESCH. *ondersteunen; stutten* • FIG. *steunen; onderbouwen* ⟨een bewering enz.⟩
butts (bʌts) ZN MV *schietbaan*
butty ('bʌtɪ) ZN G-B, INFORM. *boterham*
buxom ('bʌksəm) BNW • *weelderig* • *mollig*
buy (baɪ) I ZN *(aan)koop* II OV WW • *(in)kopen* • *omkopen* • FIG. *slikken; geloven; pikken* ★ *buy time tijd winnen* ★ *buy o.s. into z. inkopen in* • ~ *in inkopen* ⟨in grote hoeveelheden⟩ • ~ *off afkopen; uitkopen* • ~ *out uitkopen* • ~ *up opkopen*
buyer ('baɪə) ZN • *(in)koper* • *klant*
buyer's market ('baɪəs 'mɑːkɪt) ZN ECON. *kopersmarkt*
buy out ZN *opkoop; bedrijfsovername*
buzz (bʌz) I ZN • *gezoem* • *geroezemoes* • INFORM. *belletje* ⟨telefoontje⟩ • INFORM. *roddel* ★ *a buzz of excitement een opgewonden sfeer* ★ INFORM. *give s.o. a buzz iem. bellen* II OV WW • *oppiepen* ⟨oproepen met een 'buzzer'⟩ • ~ *about/around rondfluisteren* III ONOV WW • *zoemen* • *gonzen* • ~ *off opdonderen* • ~ *with gonzen van; duizelen van; trillen van*
buzzard ('bʌzəd) ZN *buizerd*
buzzer ('bʌzə) ZN *zoemer*
buzz word ZN *stopwoord*
by (baɪ) I BIJW *langs; nabij* ★ *drive by langs rijden* ★ *by and by langzamerhand; straks; weldra* ★ INFORM. *by the by/way overigens; tussen twee haakjes* II VZ • *bij* • *aan* • *door* • *met; per* • *tegen* ⟨een bep. tijd⟩ • *van* • *volgens* ★ INFORM. *by and large over het algemeen* ★ *know s.o. by ... iem. herkennen aan ...* ★ *a play by Shakespeare een toneelstuk van Shakespeare* ★ *by o.s. geheel op eigen krachten; alleen* ★ *by the river aan de rivier* ★ *by my watch volgens mijn horloge* ★ *by 10 o'clock tegen tienen* ★ *by the hour uren achtereen; per uur* ★ *north-east by east noordoost ten oosten*
bye (baɪ) I ZN • *extra run voor bal die wicketkeeper passeert* ⟨bij cricket⟩ • SPORT *een ronde vrijgesteld bij wedstrijden* II TW *tot ziens*
bye-bye (baɪ'baɪ) TW *tot ziens* ★ JEUGDT. *go to ~s naar bed(je) gaan*
bye-law ('baɪlɔː) ZN → **by-law**
by-election ('baɪlekʃən) ZN *tussentijdse verkiezing*
bygone ('baɪɡɒn) BNW *vroeger* ★ *let ~s be ~s geen oude koeien uit de sloot halen*
by-law ('baɪlɔː), **bye-law** ZN • *(plaatselijke) verordening* • USA *regel* ⟨club/bedrijf⟩
by-line ZN ADMIN. *naamregel*
bypass ('baɪpɑːs) I ZN • *rondweg* • *omleiding* • MED. *bypass* II OV WW • *omleiden* • *gaan langs; voorbijgaan aan* • *mijden* • *negeren*
by-product ('baɪprɒdʌkt) ZN *bijproduct*
bystander ('baɪstændə) ZN *omstander*

byte (baıt) ZN *byte*
byway ('baıweı) ZN *binnenweg* ★ FIG. ~s *minder bekende gebieden*
byword ('baıwɜ:d) ZN *spreekwoord; zegswijze* ★ his name is a ~ for laziness *zijn luiheid is spreekwoordelijk*

C

c (si:) ZN letter *c* ★ C as in Charley *de c van Cornelis*
C ZN • MUZ. *C* • USA ≈ 7 à 8 ⟨schoolcijfer⟩
ca. AFK circa *ongeveer*
cab (kæb) I ZN • *taxi* • *kap* • *cabine* ★ cab rank/stand *taxistandplaats* ★ let's go by cab *laten we een taxi nemen* II ONOV WW ★ cab (it) *met het huurrijtuig of de taxi gaan*
cabal (kə'bæl) I ZN *intrige; kliek* II ONOV WW *complotteren*
cabaret ('kæbəreı) ZN *cabaret*
cabbage ('kæbıdʒ) ZN *kool* ★ ~ butterfly *koolwitje*
cabbage worm ZN *koolrups*
cabbie ZN INFORM. → **cabbie**
cabby ('kæbi), **cabbie** ZN INFORM. *taxichauffeur*
caber ('keıbə) ZN *paal*
cabin ('kæbın) ZN *hut*
cabined ('kæbınd) BNW *opeengepakt*
cabinet ('kæbınət) ZN *kabinet; ministerraad* ★ ~ council *ministerraad* ★ ~ edition *luxe-editie* ★ filing ~ *archiefkast*
cabinet-maker ('kæbınətmeıkə) ZN *meubelmaker*
cable ('keıbl) I ZN • *kabel; (anker)ketting* • *kabellengte* ⟨185,31 meter⟩ • *(kabel)telegram* ★ ~ railway *kabelspoor(weg); kabelbaan* II OV+ONOV WW *telegraferen*
cable-car ZN *kabelwagen*
cablegram ('keıblgræm) ZN *telegram*
caboodle (kə'bu:dl) ZN • PLAT *troep* • PLAT *groep* ★ the whole ~ *de hele zwik*
caboose (kə'bu:s) ZN • *scheepskeuken* • *veldkeuken* • USA *remwagen* ⟨v. spoorwegen⟩
cacanny (kɔ:'kænı) I ZN *lijntrekkerij* II BNW *langzaam aan* III ONOV WW *een langzaam-aan-actie voeren*
cacao (kə'kau) ZN • *cacaoboom* • *cacaoboon*
cache (kæʃ) I ZN *verborgen (voedsel)voorraad* II OV WW *verbergen*
cachet ('kæʃeı) ZN *zegel; merk* • *capsule* • *stijl; distinctie*
cachinnate ('kækıneıt) ONOV WW *luid lachen*
cacique (kə'si:k) ZN *indiaans opperhoofd*
cackle ('kækl) I ZN *gekakel; gesnater* ★ cut the ~! *ter zake!* II OV+ONOV WW • *snoeven* • *zwammen*
cacophony (kə'kɒfənı) ZN • *kakofonie* • *wanklank*
cactaceous (kæk'teıʃəs) BNW *cactusachtig*
cactus ('kæktəs) ZN *cactus*
cad (kæd) ZN MIN. *schoft; ploert*
cadaver (kə'deıvə) ZN *lijk*
cadaverous (kə'dævərəs) BNW *lijkachtig; lijkkleurig*
caddie ('kædı) I ZN *caddie* ★ ~ car *(trek)wagentje voor tas met golfclubs* II ONOV WW *als caddie optreden*
caddish ('kædıʃ) BNW *schofterig; ploertig*
caddy ('kædı) ZN • *theebusje* • → **caddie**
cadence ('keıdns) ZN *cadans; ritme*
cadenza (kə'denzə) ZN *cadens*
cadet (kə'det) ZN • *jongere zoon* • *cadet*
cadge (kædʒ) I OV WW G-B, INFORM. *afbedelen* II ONOV WW • G-B, INFORM. *bedelen* • G-B, INFORM. *klaplopen*

cadger ('kædʒə) ZN G-B, INFORM. *klaploper; bedelaar*

cadre ('ka:də) ZN *kader(lid)*

caducity (kə'dju:sətɪ) ZN *vergankelijkheid*

caducous (kə'dju:kəs) BNW • *vergankelijk* • *afvallend*

cafe ('kæfeɪ) ZN • *restaurantje; eethuisje* • USA *café; bar*

cafeteria (kæfɪ'tɪərɪə) ZN *cafetaria*

cage (keɪdʒ) I ZN • *kooi* • *gevangenis* II OV WW *opsluiten* ⟨in een kooi⟩

cagey ('keɪdʒɪ) BNW • *voorzichtig; omzichtig* • *gesloten; stiekem* ★ a ~ *devil stiekemerd*

cahoot (kə'hu:t) ZN ★ USA *be in* ~(s) *with onder een hoedje spelen met*

caiman ('keɪmən) ZN → **cayman**

Cain (keɪn) ZN • *Kaïn* • *broedermoordenaar* ★ *raise Cain de boel op stelten zetten*

cairn (keən) ZN • *steenhoop* ⟨als grens- of grafteken⟩ • *cairn terriër*

cairngorm ('keəŋɡɔ:m) ZN *rookkwarts; cairngorm*

cajole (kə'dʒəʊl) OV WW *door vleien ompraten*

cajolery (kə'dʒəʊlərɪ) ZN *vleierij*

cake (keɪk) I ZN • *gebak(je)* • SCHOTS *haverbrood* • *veekoek* ★ *that takes the cake dat slaat alles* ★ *a cake of soap een stuk zeep* ★ *cakes and ale pret; het goede des levens* ★ *you can't have your cake and eat it je kunt niet alles tegelijk hebben* ★ *take the cake de kroon spannen* ★ *sell like hot cakes als zoete broodjes over de toonbank gaan* ★ *a piece of cake een makkie* II OV+ONOV WW *samenkoeken*

cal. AFK • *calibre kaliber* • *calorie(s) calorie(ën)*

calabash ('kæləbæʃ) ZN • *kalebas; pompoen* • *pijp gemaakt van kalebas*

calaboose ('kæləbu:s) ZN USA *nor*

calamitous (kə'læmɪtəs) BNW • *rampzalig*

calamity (kə'læmətɪ) ZN *ramp(spoed); ellende*

calash (kə'læʃ) ZN • *calèche* • *rijtuigkap*

calcareous (kæl'keərɪəs) BNW *kalkhoudend*

calcification (kælsɪfɪ'keɪʃən) ZN *verkalking*

calcify ('kælsɪfaɪ) OV+ONOV WW *verkalken*

calcination (kælsɪ'neɪʃən) ZN *verkalking(sproces)*

calcine ('kælsɪn) OV WW *calcineren; tot kalk maken*

calculable ('kælkjʊləbl) BNW • *berekenbaar* • *betrouwbaar*

calculate ('kælkjʊleɪt) I OV WW • *berekenen; uitrekenen* • USA *menen; geloven* ★ *calculating machine rekenmachine* II OV+ONOV WW ~ (**up**)**on** *rekenen op*

calculated ('kælkjʊleɪtɪd) BNW *bewust; opzettelijk* ★ ~ *for geschikt voor; berekend op*

calculating ('kælkjʊleɪtɪŋ) BNW *weloverwogen; berekend*

calculation (kælkjʊ'leɪʃən) ZN *berekening*

calculative ('kælkjʊlætɪv) BNW *berekenend*

calculator ('kælkjʊleɪtə) ZN • *(be)rekenaar* • *rekenmachine* • *berekeningstafel*

calculus ('kælkjʊləs) ZN • *graveel; steen* ⟨in het lichaam⟩ • *berekening* ★ *differential* ~ *differentiaalrekening*

caldron ('kɔ:ldrən) ZN USA → **cauldron**

calendar ('kæləndə) I ZN • *kalender* • *register* • JUR. *rol* II OV WW *registreren*

calender ('kæləndə) I ZN • *glansmachine* • *stoommangel* • *oosterse bedelmonnik* II OV WW *kalanderen*

calends ('kæləndz) ZN MV *calendae* ★ *on/till the Greek* ~ *met sint-juttemis*

calf (ka:f) ZN • *kalf* • *jong* • *kalfsleer* • *kuit* ⟨v. been⟩ ★ *in/with calf drachtig* ★ *calf's teeth melktanden* ★ *calf love kalverliefde*

calf-bound BNW *in kalfsleren band*

calfskin ('ka:fskɪn) ZN *kalfsleer*

caliber ('kælɪbə) ZN → **calibre**

calibrate ('kælɪbreɪt) OV WW • *het kaliber bepalen van* • *van schaalverdeling voorzien; kalibreren*

calibration (kælə'breɪʃən) ZN *schaalverdeling*

calibre ('kælɪbə), USA **caliber** ZN G-B *kaliber*

calico ('kælɪkəʊ) I ZN • *katoen* • USA *bedrukte katoen* II BNW • *katoenen* • USA *bont* ★ *a* ~ *cat een lapjeskat*

calif ('keɪlɪf) ZN → **caliph**

caliph ('keɪlɪf), **calif** ZN *kalief*

caliphate ('kælɪfeɪt) ZN *kalifaat*

calk (kɔ:k) I ZN *ijsnagel* II OV WW • *calqueren* • *op scherp zetten* • *dichtstoppen* ⟨v. naden⟩

call (kɔ:l) I ZN • *kreet* • *(op)roep; (oproep tot) telefoongesprek* • *bod* ⟨kaartspel⟩ • *aanmaning* • *beroep* • *aanleiding; noodzaak* • *vraag* • *kort bezoek* • *aandelenoptie* ⟨recht tot koop⟩ ★ *take the call de telefoon beantwoorden* ★ *you had no call to interfere jij had er buiten moeten blijven* ★ *he was within call hij was binnen gehoorsafstand* ★ *pay a call een bezoek brengen* ★ *on call direct opvorderbaar* ★ *vote by call hoofdelijk stemmen* ★ USA *long-distance call interregionaal telefoongesprek* • FIG. *that was a close call dat was op het kantje af / op het nippertje* ★ *call waiting wisselgesprek* • *wind a call een (fluit)signaal geven* II OV WW • *(aan/af/op/toe)roepen; noemen; inviteren* ⟨kaartspel⟩; *bieden* ⟨kaartspel⟩; *opbellen* ★ *call to witness als getuige oproepen* ★ *call to the bar als procureur toelaten* ★ *call to account ter verantwoording roepen* ★ *call a p. names iem. uitschelden* ★ *call into being in het leven roepen* ★ *call attention to onder de aandacht brengen* ★ *call the tune de wet voorschrijven* ★ *call it a day het welletjes vinden* (voor vandaag); *ophouden* ★ *call a halt besluiten halt te houden* ★ USA *call long-distance interregionaal bellen* • ~ **down** *on* USA *uitkafferen; afsmeken* • ~ **forth** *te voorschijn roepen* • ~ **in** *binnenroepen; inroepen; opvragen; opzeggen* ⟨v. hypotheek⟩ ★ *call in question in twijfel trekken* ★ *call in the doctor de dokter laten komen* • ~ **off** *wegroepen; afgelasten; uitmaken* ⟨v. verloving⟩ • ~ **out** *uitdagen; uitlokken* • ~ **over** *afroepen; appel houden* • ~ **up** *oproepen; wekken; doen denken aan; in (zijn) herinnering roepen; opbellen* III ONOV WW • *(aan)komen* ★ *call at bezoeken; aandoen* • ~ **for** *roepen; vragen om; vereisen* • ~ **out** *uitroepen* • ~ **round** *eens aankomen* • ~ (**up**)**on** *beroep doen op; bezoeken; aanmanen* IV OV+ONOV WW • ~ **back** *terugbellen*

callable ('kɔ:ləbl) BNW *opvorderbaar*

call-bird ZN *lokvogel*

call-box ('kɔ:lbɒks) ZN *telefooncel*

call-boy ZN • *jongen die acteurs waarschuwt*

- *boodschappenjongen* • *piccolo*
call center ZN USA → **call centre**
call centre, USA **call center** ZN *callcenter;* *telefonisch informatiecentrum*
call day ZN *promotiedag*
caller ('kɔ:lə) ZN • *bezoeker* • *beller*
call-girl ('kɔ:lgɜ:l) ZN *callgirl* ⟨v. klasse⟩
calligrapher (kə'lıgrəfə) ZN *kalligraaf*
calligraphic (kælı'græfık) BNW *kalligrafisch*
calligraphy (kə'lıgrəfı) ZN • *kalligrafie* • *schoonschrift*
calling ('kɔ:lıŋ) ZN • *roeping* • *beroep*
calling credit ZN *beltegoed*
callisthenics (kælıs'θenıks) ZN MV • *ritmische gymnastiek* • *heilgymnastiek*
call loan ZN *lening die onmiddellijk opvorderbaar is*
call money ZN *geleend geld dat onmiddellijk opvorderbaar is*
callosity (kə'lɒsətı) ZN • *eelt(knobbel)* • *ongevoeligheid*
callous ('kæləs) BNW *ongevoelig*
call-over ('kɔ:ləʊvə) ZN *appel*
callow ('kæləʊ) BNW • *kaal* • *groen* ⟨fig.⟩; *onervaren*
call-sign ('kɔ:lsaın) ZN *roepletters; zendercode*
call-up ZN *oproep*
callus ('kæləs) ZN *eelt(plek)*
calm (kɑ:m) I ZN *windstilte; kalmte* ★ the calm before the storm *de stilte voor de storm* II BNW • *kalm* • *vrijpostig* III OV WW *kalmeren; bedaren* IV ONOV WW ~ **down** *kalmeren*
calorie ('kælərı) ZN *calorie*
calotte (kə'lɒt) ZN *kalotje*
calumet ('kæljʊmet) ZN *vredespijp*
calumniate (kə'lʌmnıeıt) OV WW *belasteren*
calumny ('kæləmnı) ZN *laster*
calvary ('kælvərı) ZN • *kruisbeeld* • *kruisweg*
calve (kɑ:v) OV+ONOV WW *(af)kalven*
calves (kɑ:vz) ZN MV → **calf**
calx (kælks) ZN *metaalkalk*
calyces (keılısi:z) ZN MV → **calyx**
calyx ('keılıks) ZN *bloemkelk*
cam (kæm) ZN • *kam* • *tand* ⟨v. wiel⟩
camber ('kæmbə) I ZN • *welving; rondte* • *klein dok* • *wielvlucht* ⟨v.e. motorvoertuig⟩ II OV+ONOV WW *schuin oplopen*
cambric ('kæmbrık) I ZN *batist* II BNW *batisten*
Cambs. AFK *Cambridgeshire*
came (keım) WW [verleden tijd] → **come**
camel ('kæml) ZN • *kameel* • *scheepskameel*
cameleer (kæmə'lıə) ZN *kameeldrijver*
cameo ('kæmıəʊ) ZN • LIT. *karakterschets* • *camee*
camera ('kæmrə) ZN *fotocamera; filmcamera; televisiecamera* ★ in ~ *met gesloten deuren*
camion ('kæmıən) ZN • *platte wagen* • *vrachtauto*
camomile ('kæməmaıl) ZN *kamille*
camouflage ('kæməflɑ:ʒ) I ZN *camouflage* II OV WW *camoufleren*
camp (kæmp) I ZN • *kamp* • INFORM. *nichterig gedrag* ★ camp stool *vouwstoeltje* ★ break camp (tenten) opbreken II BNW • *homoseksueel* • INFORM. *bizar; overdreven; opzettelijk kitscherig* • INFORM. *verwijfd* III ONOV WW • (z.) *legeren* • *kamperen*
campaign (kæm'peın) I ZN • MIL. *veldtocht* • *campagne* II ONOV WW • *een campagne voeren; op campagne zijn* • MIL. *een veldtocht voeren; op veldtocht zijn*
campaigner (kæm'peınə) ZN *campagnevoerder* ★ an old ~ *een oudgediende*
campanile (kæmpə'ni:lı) ZN *klokkentoren*
camp-bed (kæmp'bed) ZN *veldbed*
camp-chair (kæmp'tʃeə) ZN *vouwstoel*
camper ('kæmpə) ZN • *kampeerder* • *kampeerwagen*
camp fever ZN *vlektyfus*
campfire ('kæmpfaıə) ZN *kampvuur*
camp follower ZN *aanhanger; naloper; marketent(st)er*
campground ('kæmpgraʊnd) ZN *kampeerterrein; camping*
camphor ('kæmfə) ZN *kamfer*
camp meeting ZN *godsdienstige bijeenkomst in tenten of open lucht*
campsite ('kæmpsaıt) ZN *kampeerterrein; camping*
campus ('kæmpəs) ZN • *universiteitsterrein* • *de academische wereld*
camshaft ('kæmʃɑ:ft) ZN *nokkenas*
can (kæn) I ZN • *kan* • *inmaakblik* • USA/INFORM. *bajes* • USA/INFORM. *wc* ★ INFORM. carry/take the can *ervoor opdraaien* II OV WW • *inblikken* • USA/INFORM. *afdanken* • USA/INFORM. *in de gevangenis zetten* • USA/INFORM. *ophouden* III HWW *kunnen* ★ you cannot but know it *u moet het wel weten*
Canadian (kə'neıdıən) I ZN *Canadees* II BNW *Canadees*
canal (kə'næl) I ZN • *kanaal* • *vaart; gracht* II OV WW • *van kanalen voorzien* • *kanaliseren*
canalize ('kænəlaız) OV WW *kanaliseren*
canary (kə'neərı) I ZN • *kanarie* • *ouderwetse dans* • *kanariewijn* II BNW *kanariegeel*
cancel ('kænsəl) I ZN • *annulering* • *doorhaling; het doorgehaalde; vervanging* II OV WW • *schrappen; doorhalen* • *afstempelen* • *opheffen; intrekken* • *afgelasten; annuleren; teniet doen; afbestellen* III ONOV WW ~ **out** *tegen elkaar wegvallen* ⟨v. factoren⟩
cancellate ('kænsılət) BNW • *netvormig* • *poreus*
cancellation (kænsə'leıʃən) ZN → **cancel**
cancellous ('kænsıləs) BIJW *poreus*
cancels ('kænsəlz) ZN MV ★ (a pair of) ~ *kaartjestang*
cancer ('kænsə) ZN *kanker*
Cancer ('kænsə) ZN *Kreeft*
cancerous ('kænsərəs) BNW *kankerachtig*
candelabra(s) (kændə'lɑ:brə(z)) ZN MV → **candelabrum**
candelabrum (kændı'lɑ:brəm) ZN *kroonkandelaar*
candid ('kændıd) BNW • *oprecht* • *onpartijdig* ★ ~ photo *ongedwongen foto* ★ ~ camera *verborgen camera*
candidacy ('kændıdəsı) ZN *kandidatuur*
candidate ('kændıdeıt) I ZN *kandidaat* II ONOV WW USA *kandidaat zijn*
candidature ('kændıdətʃə) ZN → **candidacy**
candied ('kændıd) BNW • *geglaceerd* • *gekonfijt*
candle ('kændl) ZN *kaars* ★ he isn't fit to hold a ~ to *hij kan het niet halen bij* ★ burn the ~ at

both ends *zijn energie verkwisten* ★ he can't hold a ~ to *hij kan het niet halen bij* ★ not worth the ~ *de moeite niet waard*
candle-berry ZN • *mirtebes* • *bosbes*
candle-end ZN *stompje v.e. kaars* ★ ~s *waardeloze rommel*
candlelight ('kændllaɪt) ZN • *kaarslicht* • *schemering*
Candlemas ('kændlməs) ZN *Maria-Lichtmis*
candlestick ('kændlstɪk) ZN *kandelaar*
candlewick ('kændlwɪk) ZN *kaarsenpit*
candour ('kændə) ZN *oprechtheid; openheid*
candy ('kændɪ) I ZN • *kandij* • USA *snoepgoed* • *chocola* ★ ~ store *snoepwinkel* ★ USA cotton ~ *suikerspin* ★ ~ floss *suikerspin* • *mager beleid* II OV WW • *konfijten; glaceren* • *kristalliseren*
candy-floss ZN USA *suikerspin*
candytuft ('kændɪtʌft) ZN *scheefbloem*
cane (keɪn) I ZN • *rotan; riet; suikerriet; Spaans riet* • *wandelstok* • *smalle pijp/cilinder* • *stengel* • *scheut* ★ cane chair *rieten stoel* II OV WW • *ranselen* • *(stoel)matten*
cane-sugar ZN *rietsuiker*
canine ('keɪnaɪn) BNW *honds-* ★ ~ (tooth) *hoektand* ★ ~ appetite/hunger *geeuwhonger*
canister ('kænɪstə) I ZN • *trommel; bus; vat* • *spuitbus* II OV WW *in een trommel of blik doen*
canker ('kæŋkə) I ZN • PLANTK. *kanker* • *bladrups* • *slechte invloed; kanker (figuurlijk)* • *mondkanker* • *voetzeer* • ~-rose *hondsroos* II OV WW *aantasten met kanker; wegvreten*
cankered ('kæŋkəd) BNW • *aangetast* • *kwaadaardig* • *kankerachtig*
cankerous BNW → **cankered**
cannabis ('kænəbɪs) ZN • *hennep* • *marihuana; hash(ies)*
canned (kænd) BNW • *ingeblikt* • USA *dronken* ★ ~ laughter *ingeblikt/ van tevoren opgenomen gelach*
cannery ('kænərɪ) ZN *conservenfabriek*
cannibal ('kænɪbl) ZN *kannibaal*
cannibalism ('kænɪbəlɪzəm) ZN *kannibalisme*
cannibalistic (kænɪbə'lɪstɪk) BNW *kannibaals*
cannibalize ('kænɪbəlaɪz) OV WW *kannibaliseren (machine, voertuig)*
cannikin ('kænɪkɪn) ZN *kannetje*
canning ('kænɪŋ) ZN *inmaak; het inblikken*
cannon ('kænən) I ZN • *kanon(nen)* • *carambole* II ONOV WW *kanon(nen) afschieten* III OV+ONOV WW • *caramboleren* • ~ **into** *opbotsen tegen*
cannonade (kænə'neɪd) I ZN • *beschieting; trommelvuur* II OV WW *kanonneren*
cannon-ball ('kænənbɔːl) ZN *kanonskogel*
cannoneer (kænə'nɪə) ZN *kanonschutter*
cannon-fodder ('kænənfɒdə) ZN *kanonnenvlees*
cannon-shot ('kænənʃɒt) ZN • *kanonskogel(s)* • *kanonschot(safstand)*
cannot ('kænɒt) SAMENTR can not → **can**
canny ('kænɪ) BNW • *slim; handig; verstandig* • *zuinig* • *bedaard*
canoe (kə'nuː) I ZN *kano* II ONOV WW *kanoën*
canon ('kænən) ZN • *canon* • *kanunnik*
canonic (kə'nɒnɪk) BNW • *canoniek; kerkelijk* • *gezaghebbend*
canonicals (kə'nɒnɪklz) ZN MV *priestergewaad* ★ in full ~ *pontificaal*

canonization (kænənaɪ'zeɪʃən) ZN *heiligverklaring*
canonize ('kænənaɪz) OV WW *heilig verklaren*
canon law ZN *kerkelijk recht*
canoodle (kə'nuːdl) OV+ONOV WW INFORM. *knuffelen*
can-opener ZN *blikopener*
canopy ('kænəpɪ) I ZN • *baldakijn; (troon)hemel* • *bedekking* • *stuurhutdak* ★ USA under God's ~ *op aarde* II OV WW *overhuiven*
canorous (kə'nɔːrəs) BNW *melodieus; zangerig*
cant (kænt) I ZN • *schuine kant; helling* • *stoot* • *kanteling* • *jargon; boeventaal* • *sentimenteel of huichelachtig gepraat* II OV WW *op zijn kant zetten; kantelen* III ONOV WW • *keutelen* • *huichelachtige of boeventaal spreken*
can't (kɑːnt) SAMENTR can not → **can**
cantankerous (kæn'tæŋkərəs) BNW *nors; knorrig*
cantata (kæn'tɑːtə) ZN *cantate*
canteen (kæn'tiːn) ZN • *kantine* • *eetketeltje* • *veldfles* • *cassette* ⟨v. bestek⟩ • *set kookgerei*
canter ('kæntə) I ZN • *kwezelaar; huichelaar* • *handgalop* ★ win in a ~ *op zijn gemak winnen* II OV WW *in handgalop laten gaan* III ONOV WW *in handgalop gaan*
canterbury ('kæntəbərɪ) ZN *standaard* ⟨voor muziek, tijdschriften⟩; *rek*
canticle ('kæntɪkl) ZN *lofzang* ★ Canticles *Hooglied*
cantilever ('kæntɪliːvə) ZN • *console* • *modillon* ★ ~ bridge *cantileverbrug* ★ LUCHTV. ~ wing *vrijdragende vleugel*
cantle ('kæntl) ZN • *stuk; brok* • *achterboog*
canton ('kæntɒn) I ZN *kanton* II OV WW *in kantons verdelen; kantonneren*
cantonal ('kæntɒnəl) BNW *kantonnaal*
cantonment (kæn'tuːnmənt) ZN • *kantonnement* • *kampement*
canvas ('kænvəs) ZN • *zeildoek; tentdoek* • *linnen* ⟨schildersdoek⟩ • *schilderij* • *zeil* ★ USA ~ and rubber shoes *gymnastiekschoenen* ★ under ~ *onder zeil; in tenten*
canvass ('kænvəs) I ZN • *opinieonderzoek* ⟨bij verkiezingen⟩ • *werving* II OV+ONOV WW • *colporteren; werven; bewerken* • *stemmen verwerven (bij verkiezingen)* • *onderzoeken; uitpluizen* • *bespreken* ★ ~ for subscribers *rondgaan om abonnees te werven* ★ ~ing *disqualifies sollicitanten wordt verzocht niet langs te komen*
canvasser ('kænvəsə) ZN • *colporteur; acquisiteur;* • *werver* • *propagandist*
cany ('keɪnɪ) BNW *vol riet; rieten; rietachtig*
canyon ('kænjən) ZN *diep ravijn*
cap (kæp) I ZN • *muts; pet* • INFORM. *pessarium* • *hoed* ⟨v. paddestoel⟩ • *kap(je); dop(je);* • *slaghoedje* • *wieldop* • *klappertje* • *speler in 1e elftal* ★ cap in hand *nederig* ★ set one's cap at *hengelen naar* ★ cap and bells *narrenkap* ★ let him who the cap fits wear it *wie de schoen past trekke hem aan* II OV WW • *een muts opzetten* • *promotiegraad verlenen* • *van slaghoedje voorzien* • *beslaan* • *(be)dekken* • *voorzien v.e. dop* • *overtreffen; iets nog beter doen* ★ cap an anecdote *overtroeven met een betere anekdote* ★ cap verses *aanhaken; verzen beantwoorden met een ander dat begint met de laatste*

letter(greep) van het voorafgaande
capability (keɪpə'bɪləti) ZN *bekwaamheid*
capable ('keɪpəbl) BNW • *bekwaam* • *begaafd* • *vatbaar* ★ ~ *of geschikt voor; in staat om*
capacious (kə'peɪʃəs) BNW *ruim*
capacitate (kə'pæsɪteɪt) OV WW • *geschikt maken* • *in staat stellen* • *kwalificeren*
capacity (kə'pæsəti) ZN • *capaciteit* • *volume* • *hoedanigheid* • *bevoegdheid* • *inhoud*; *vermogen* • *(berg)ruimte* ★ *diminished* ~ *verminderde toerekeningsvatbaarheid* ★ *filled/full to* ~ *(stamp)vol* ★ ~ *house stampvolle zaal*
cap-à-pie (kæpə'piː) BIJW *van top tot teen*
cape (keɪp) ZN • *kaap* • *pelerine; cape; kap*
caper ('keɪpə) I ZN • *bokkensprong; gril* • *(kwajongens)streek* • *kapperstruik* II ONOV WW *bokkensprongen maken*
capers ('keɪpəz) ZN MV *kappertjes*
capful ('kæpfʊl) BNW • *vleugje* • *petvol; mutsvol* ★ ~ *of wind licht briesje*
capias ('keɪpiæs) ZN ★ *writ of* ~ *arrestatiebevel*
capillary (kə'pɪləri) I ZN *haarvat* II BNW *capillair; haarvormig*
capital ('kæpɪtl) I ZN • *hoofdletter* • *kapiteel* • *kapitaal* • *hoofdstad* ★ ~ *gains sharing vermogensaanwasdeling* ★ ~ *expenditure (kapitaal)investering* II BNW • *voornaamste; hoofd-; zeer belangrijk* • *prachtig; magnifiek* ★ ~ *error fatale fout* ★ ~ *offence/crime halsmisdaad* ★ ~ *punishment doodstraf* ★ ~ *ship slagschip* ★ ~ *sin hoofdzonde* ★ ~ *levy heffing ineens* ★ ~ *stock aandelenkapitaal* III TW *prima!*
capitalism ('kæpɪtəlɪzəm) ZN *kapitalisme*
capitalist ('kæpɪtəlɪst) I ZN *kapitalist* II BNW *kapitalistisch*
capitalization (kæpɪtəlaɪ'zeɪʃən) ZN *kapitalisatie*
capitalize ('kæpɪtəlaɪz) OV+ONOV WW • *kapitaliseren* • *munt slaan uit*
capitation (kæpɪ'teɪʃən) ZN • *hoofdelijke belasting* • *premie per hoofd*
Capitol ('kæpɪtəl) ZN *Capitool; zetel van het Amerikaanse congres*
capitulate (kə'pɪtjʊleɪt) ONOV WW *capituleren*
capitulation (kəpɪtjʊ'leɪʃən) ZN *capitulatie*
capon ('keɪpən) ZN *kapoen*
caponize ('keɪpənaɪz) OV WW *castreren* ⟨v. pluimvee⟩
capote (kə'pəʊt) ZN • *kapotjas* • *lange mantel*
capping ('kæpɪŋ) ZN • *dop* ⟨v. auto⟩ • *beslag*
caprice (kə'priːs) ZN *gril(ligheid)*
capricious (kə'prɪʃəs) BNW *grillig*
Capricorn ('kæprɪkɔːn) ZN *Steenbok*
capriole ('kæprɪəʊl) ZN *bokkensprong*
capsicum ('kæpsɪkəm) ZN *Spaanse peper*
capsize (kæp'saɪz) I ZN *het omslaan; het omwerpen* II OV WW *omwerpen* III ONOV WW *omslaan*
capstone ('kæpstəʊn) ZN *deksteen*
capsular ('kæpsjuːlə) BNW • *m.b.t. capsule* • *doosvruchtvormig*
capsule ('kæpsjuːl) ZN • *capsule* • PLANTK. *doosvrucht; zaaddoos* • *omhulsel* • SCHEIK. *schaaltje*
capsulize ('kæpsjʊlaɪz) OV WW • *isoleren* • *in een capsule opsluiten* • *samenvatten*

Capt. AFK *Captain kapitein*
captain ('kæptɪn) I ZN • *aanvoerder; leider* • *eerste piloot* • SCHEEPV. *kapitein* • *ploegbaas* • USA *conducteur* • LUCHTV. *gezagvoerder* ★ ~ *of industry grootindustrieel* II OV WW *aanvoeren*
caption ('kæpʃən) I ZN • *arrestatie* • *inleiding* ⟨v. document⟩ • *opschrift; onderschrift* II OV WW *voorzien van onder-/opschrift*
captious ('kæpʃəs) BNW • *bedrieglijk* • *listig* • *vitterig*
captivate ('kæptɪveɪt) OV WW *boeien; betoveren*
captive ('kæptɪv) I ZN *gevangene* II BNW • *gevangen; geboeid* ★ ~ *balloon kabelballon* ★ ~ *audience aan hun stoelen gekluisterd publiek; zeer geboeid publiek*
captivity (kæp'tɪvəti) ZN *gevangenschap*
captor ('kæptə) ZN • *vanger* • *kaper*
capture ('kæptʃə) I ZN *buit; prijs* II OV WW • *innemen; veroveren* • *gevangen nemen*
capuchin ('kæpjʊtʃɪn) ZN *capuchon* ★ ~ (monkey) *kapucijner aap* ★ ~ (pigeon) *kapucijner duif*
Capuchin ('kæpjʊtʃɪn) ZN *kapucijn*
car (kɑː) ZN • *auto* • *wagen; kar(retje)* • USA *liftkooi* • *schuitje; gondel* • USA *spoorwagen; tram* ★ USA *car tracks tramrails* ★ *car park parkeerterrein; parkeerplaats* ★ *car bomb bomauto* ★ *car ferry overzetdienst voor auto's* ⟨per schip of vliegtuig⟩ ★ *sleeping-car slaapwagen*
carabine ('kærəbaɪn) ZN → *carbine*
caracol ('kærəkɒl) I ZN • *halve zwenking* ⟨v. paard⟩ • *wenteltrap* II OV+ONOV WW *een halve zwenking (laten) maken*
carafe (kə'ræf) ZN *karaf*
caramel ('kærəmel) I ZN *karamel* II BNW *karamelkleurig*
carat ('kærət) ZN *karaat*
caravan ('kærəvæn) I ZN • *woonwagen* • *kampeerwagen* • *karavaan* II ONOV WW *rondtrekken met een caravan*
caravanning ('kærəvænɪŋ) ZN *het trekken met de caravan*
caravanserai (kærə'vænsəraɪ) ZN • *karavanserai* • *woonkazerne*
caraway ('kærəweɪ) ZN *karwij*
carbide ('kɑːbaɪd) ZN *carbid*
carbine ('kɑːbaɪn) ZN *karabijn*
carbohydrate (kɑːbə'haɪdreɪt) ZN *koolhydraat*
carbolic (kɑː'bɒlɪk) BNW *carbol-* ★ ~ *acid carbol(zuur)*
carbon ('kɑːbən) ZN • SCHEIK. *kool(stof)* • *carbonpapier* • *koolspits* ★ ~ *paper carbonpapier; carbonpapier* ★ A-V *kooldrukpapier* ★ ~ (copy) *doorslag* ★ ~ *monoxide koolmonoxide*; *kolendamp*
carbonaceous BNW *koolstofhoudend*
carbonate ('kɑːbəneɪt) I ZN *carbonaat* II OV WW *carboniseren*
carbonated ('kɑːbəneɪtɪd) BNW *koolzuurhoudend*
carbonic (kɑː'bɒnɪk) BNW ★ ~ *acid koolzuur*
carboniferous (kɑːbə'nɪfərəs) BNW *koolstofhoudend* ★ ~ *age/period het Carboon*
carbonization (kɑːbənaɪ'zeɪʃən) ZN *carbonisatie*
carbonize ('kɑːbənaɪz) OV WW • *verkolen* • *carboniseren*
carboy ('kɑːbɔɪ) ZN *mandfles*
carbuncle ('kɑːbʌŋkl) ZN • *karbonkel* • *(steen)puist*

carburettor (kɑːbəˈretə) ZN *carburator*
carcase ZN → **carcass**
carcass (ˈkɑːkəs), **carcase** ZN • *lijk* • *geraamte*
• *geslacht dier* ★ *save one's carcase zijn hachje redden*
carcinogen (kɑːˈsɪnədʒən) ZN *kankerverwekkende stof*
carcinoma (ˌkɑːsɪˈnoʊmə) ZN *carcinoom; kankergezwel*
card (kɑːd) **I** ZN • *kaart(je)* • *programma*
• *kompasroos* • INFORM. *vent; snoeshaan*
• *(wol)kaarde* ★ *card vote referendum* ★ *leading card troefkaart; steracteur* ★ *get o.'s cards ontslag krijgen* ★ *knowing card gehaaide kerel* ★ *have a card up o.'s sleeve nog iets in petto hebben* ★ *it's in/on the cards het zit erin; het is niet uitgesloten* ★ *speak by the card zich zeer nauwkeurig uitdrukken* ★ *card index kaartregister* ★ *ID card identiteitskaart* ★ *card punch ponsmachine* ★ *smart card chipkaart*
II OV WW *kaarden* ★ *card-index een kaartregister aanleggen*
cardboard (ˈkɑːdbɔːd) **I** ZN *karton* **II** BNW *kartonnen*
card-game ZN *kaartspel*
cardholder (ˈkɑːdhəʊldə) ZN *bezitter van creditcard*
cardiac (ˈkɑːdɪæk) **I** ZN *hartversterkend middel* **II** BNW • *hart-* • *maagmond-*
cardigan (ˈkɑːdɪɡən) ZN *wollen vest*
cardinal (ˈkɑːdɪnl) **I** ZN • *kardinaal*
• *kardinaalvogel* • *(schouder)manteltje* **II** BNW
• *voornaamst; essentieel; belangrijk(st)*
• *donkerrood* ★ ~ *points hoofdwindstreken* ★ ~ *numbers hoofdtelwoorden* ★ ~ *sin doodzonde*
cardiologist (ˌkɑːdɪˈɒlədʒɪst) ZN *cardioloog*
cardiology (ˌkɑːdɪˈɒlədʒɪ) ZN *cardiologie*
card-table (ˈkɑːdteɪbl) ZN *speeltafeltje*
care (keə) **I** ZN *zorg; bezorgdheid* ★ (handle) *with care voorzichtig (behandelen)* ★ *take care pas op* ★ *have a care pas op* ★ *care of per adres* ★ *take care of zorgen voor; passen op* ★ *take care! doei!; groetjes!* ★ *take care of yourself! hou je taai!* ★ *care killed the cat geen zorgen voor morgen* ★ *medical care gezondheidszorg*
II ONOV WW • *geven om* • *(wel) willen; (graag) willen* ★ *I don't care if you do ik heb er niets op tegen; dat is mij best* ★ *I couldn't care less het zal me een zorg zijn* ★ *who cares! wat zou dat?; wat kan mij dat schelen?* ★ *I don't care a damn/ pin/rap/straw dat kan mij geen steek schelen*
• ~ *about z. bekommeren om* • ~ *about/for houden van; geven om* ★ *more than you care for meer dan je lief is* ★ ~ *for zorgen voor*
careen (kəˈriːn) ONOV WW • SCHEEPV. *overhellen*
• USA *voortdenderen*
career (kəˈrɪə) **I** ZN • *carrière* • *snelle vaart* **II** ONOV WW *snellen*
career coach ZN *loopbaanbegeleider*
career day ZN OMSCHR. *open dag voor beroepsoriëntatie* ⟨op de middelbare school⟩
career diplomat ZN *beroepsdiplomaat*
careerism (kəˈrɪərɪzəm) ZN *bezetenheid met carrière*
careerist (kəˈrɪərɪst) ZN • *carrièrejager* • *streber*
careers officer ZN *beroepskeuzeadviseur;*
schooldecaan
career woman ZN *carrièrevrouw*
carefree (ˈkeəfriː) BNW *zorgeloos*
careful (ˈkeəfʊl) BNW • *voorzichtig* • *zorgvuldig*
• *nauwkeurig*
careladen (ˈkeələɪdn) BNW *door zorgen gekweld*
careless (ˈkeələs) BNW • *onvoorzichtig*
• *nonchalant; zorgeloos* • *onnauwkeurig*
caress (kəˈres) **I** ZN *liefkozing* **II** OV WW *liefkozen; strelen*
caressing (kəˈresɪŋ) BNW *liefdevol; teder*
caressive (kəˈresɪv) BNW *aanhalig*
caretaker (ˈkeəteɪkə) ZN • *conciërge*
• *huisbewaarder* • *toezichthouder*
careworn (ˈkeəwɔːn) BNW *door zorgen gekweld*
cargo (ˈkɑːɡəʊ) ZN • *vracht* • *scheepslading* ★ ~ *boat vrachtboot* ★ ~ *hold laadruim* ★ ~ *plane transportvliegtuig*
Caribbean (ˌkærɪˈbiːən) **I** ZN ★ *the* ~ *het Caribisch gebied* **II** BNW *Caribisch*
caricature (ˈkærɪkətʃə) **I** ZN *karikatuur* **II** OV WW *tot een karikatuur maken*
caricaturist (ˈkærɪkətʃʊərɪst) ZN *karikatuurtekenaar*
caries (ˈkeəriːz) ZN *cariës; tandbederf*
carillon (kəˈrɪljən) ZN • *carillon* • *beiaard*
carious (ˈkeərɪəs) BNW *aangevreten*
carkit (ˈkɑːkɪt) ZN COMM., AUTO. *carkit*
carmelite (ˈkɑːməlaɪt) ZN • *fijne (grijze) wollen stof*
Carmelite (ˈkɑːməlaɪt) ZN *karmeliet*
carmine (ˈkɑːmaɪn) **I** ZN *karmijn* **II** BNW *karmijnrood*
carnage (ˈkɑːnɪdʒ) ZN *slachting; bloedbad*
carnal (ˈkɑːnl) BNW *vleselijk; zinnelijk* ★ JUR. ~ *knowledge vleselijke gemeenschap*
carnation (kɑːˈneɪʃən) **I** ZN • *vleeskleur* • *anjer* **II** BNW *vleeskleurig*
carnet (ˈkɑːneɪ) ZN • *carnet* • *internationaal vliegpaspoort*
carnival (ˈkɑːnɪvəl) ZN • *carnaval* • *kermis*
• *zwelgpartij*
carnivore (ˈkɑːnɪvɔː) ZN *carnivoor; vleeseter*
carnivorous (kɑːˈnɪvərəs) BNW *vleesetend*
carol (ˈkærəl) **I** ZN • *(kerst)lied; zang* **II** OV+ONOV WW *zingen; kwinkeleren*
caroller (ˈkærələ) ZN • *zanger* ⟨v. kerstliederen⟩
• *zangvogel*
carotid (kəˈrɒtɪd) **I** ZN *halsslagader* **II** BNW *halsslagaderlijk*
carousal (kəˈraʊzəl) ZN • *braspartij* • *drinkgelag*
carouse (kəˈraʊz) ONOV WW *zwelgen; brassen*
carousel (ˌkærəˈsel) ZN • USA *draaimolen* • LUCHTV. *draaiende bagageband*
carp (kɑːp) **I** ZN *karper* **II** ONOV WW • *zeuren*
• *vitten*
carpenter (ˈkɑːpəntə) **I** ZN *timmerman* ★ *the* ~ *'s son Jezus* **II** OV+ONOV WW *(in elkaar) timmeren*
carpentry (ˈkɑːpəntrɪ) ZN • *timmerwerk* • *het timmerambacht*
carpet (ˈkɑːpɪt) **I** ZN • *tapijt; loper* ★ *bring/have on the* ~ *ter tafel brengen; op het matje roepen* ★ ~ *slipper pantoffel* ★ ~ *night salonsoldaat* ★ ~ *rods traproeden* ★ *magic* ~ *vliegend tapijt* **II** OV WW • *met tapijt bedekken* • *een uitbrander geven*
carpet-bag (ˈkɑːpɪtbæɡ) ZN *valies*

carpet-bagger ('kɑ:pɪtbægə) ZN • *avonturier* • *verkiezingskandidaat van buiten het district*
carpeting ('kɑ:pɪtɪŋ) ZN *tapijt*
carpet-sweeper ZN *rolveger*
car pool ZN *groep carpoolers*
carriage ('kærɪdʒ) ZN • *rijtuig* • *koets* • TECHN. *slede* • *affuit* • *vervoer*; *vracht(prijs)* • *gedrag* • *houding* ★ ~ drive *(op)rijlaan* ★ ~ free/paid *franco* ★ ~ and pair/four *twee-/vierspan* ★ ~ road *rijweg*; *brugdek* ★ dual ~ road *weg met gescheiden rijbanen* ★ ~ work *carrosserie* ★ ~ sleeping *slaapwagen*
carriage-dog ZN *dalmatiër*
carriageway ('kærɪdʒweɪ) ZN *rijweg*; *brugdek* ★ dual ~ *vierbaansweg*
carrier ('kærɪə) ZN • *mitrailleurwagen* • *vliegdekschip* • *postduif* • *vrachtrijder*, *expediteur*; *bode* • *vrachtvaarder* • MED. *drager v.e. ziekte* • *patroonhouder* • *bagagedrager* • A-V *platenraampje*; *chassis* ★ ~ bag *boodschappentas* ★ ~ pigeon *postduif*
carriole ('kærɪəʊl) ZN • *rijtuigje* • *Canadese slee*
carrion ('kærɪən) I ZN *kadaver* ★ ~ crow *zwarte kraai* ★ ~ beetle *aaskever* II BNW *rottend*; *weerzinwekkend*
carrot ('kærət) ZN • *wortel(tje)* • *lokmiddel*
carrots ('kærəts) ZN MV • *rood haar* • 'rooie'
carroty ('kærətɪ) BNW *met rood haar*
carry ('kærɪ) I ZN • *draagwijdte* • *saluut met de sabel* II OV WW • *(ver)voeren*; *mee-/wegvoeren*; *(mee/over)brengen*; *bij z. hebben/dragen*; *dragen* • *verdragen*; *houden* • *(be)halen*; *erdoor halen* ★ ~ing agent *expediteur* ★ ~ing capacity *laadvermogen* ★ ~ing trade *goederenvervoer*; *expeditiebedrijf* ★ ~ into effect *ten uitvoer brengen* ★ ~ forward *transporteren*; *overbrengen* ★ ~ all before one *een totale overwinning behalen* ★ ~ weight *gewicht in de schaal leggen* ★ ~ a tune *wijs houden* ★ ~ things too far *de zaak te ver drijven* ★ ~ x to the 3rd power *x tot de 3e macht verheffen* ★ ~ a motion *een motie aannemen/steunen* ★ ~ a meeting *een vergadering met zich meekrijgen* ★ ~ it *het 'halen'* ★ ~ an election *een verkiezing winnen* ★ ~ the day *zegevieren* ★ ~ authority *invloedrijk zijn* ★ ~ o.s. *zich gedragen*; *optreden* • ~ about *ronddragen*; *met z. meedragen* • ~ along *meedragen*; *meeslepen* • ~ away *wegvoeren*; *wegdragen*; *meeslepen* • *verliezen*; *verspelen* ★ let's not get carried away! *laten we niet zo hard van stapel lopen!*; *kalm aan!* • ~ back *terugvoeren* ⟨ook fig.⟩ • ~ off *wegdragen*; *af-/wegvoeren*; *ten grave slepen*; *(prijs) behalen*; *het eraf brengen* • ~ on *doorzetten*; *volhouden*; *uitoefenen*; *(actie) voeren* • ~ out *uitvoeren*; *volbrengen*; *vervullen* • ~ over *overhalen*; *transporteren*; *laten liggen* • ~ through *volhouden*; *volvoeren*; *tot een goed einde brengen* III ONOV WW • *dragen*; *reiken* • *pakken* ⟨v. sneeuw⟩ • ~ on *zich aanstellen*; *het aanleggen met*; *doorgaan*
carry-cot ('kærɪkɒt) ZN *reiswieg*
carrying ('kærɪɪŋ) BNW *verdragend*
carryings-on (kærɪŋz'ɒn) ZN MV INFORM. *verdachte praktijken*
carry-on ZN • *handtasje*; *koffertje* • *aanstellerij*; *drukte*
carry-out ('kærɪ-aʊt) BNW USA/SCHOTS *om mee te nemen* ★ ~ restaurant *afhaalrestaurant*
carsick ('kɑ:sɪk) BNW *wagenziek*
cart (kɑ:t) I ZN • *kar* • *winkelwagentje* ★ cart rut *karrenspoor* ★ have s.o. in the cart *iem. met de gebakken peren laten zitten* ★ put the cart before the horse *het paard achter de wagen spannen* II OV WW *per kar vervoeren*
cartage ('kɑ:tɪdʒ) ZN • *sleeploon* • *vervoer per as*
cartcover ('kɑ:tkʌvə) ZN *huif*
carte (kɑ:t) ZN ★ ~ blanche *blanco volmacht*
cartel (kɑ:'tel) ZN • *(overeenkomst tot) uitwisseling v. gevangenen* • ECON. *kartel* • *uitdaging* ⟨tot tweegevecht⟩
carter ('kɑ:tə) ZN *voerman*
cartilage ('kɑ:tɪlɪdʒ) ZN *kraakbeen*
cart-load ('kɑ:tləʊd) ZN *karrenvracht*
cartographer (kɑ:'tɒgrəfə) ZN *kaarttekenaar*
cartography (kɑ:'tɒgrəfɪ) ZN *cartografie*
cartomancy ('kɑ:təmænsɪ) ZN *het kaartleggen*
carton ('kɑ:tn) I ZN • *karton(nen doos)* • *witte stip in roos op schietschijf* ★ a ~ of 200 cigarettes *een slof met 200 sigaretten* II OV WW *in karton verpakken*
cartoon (kɑ:'tu:n) I ZN • *modelblad* • *spotprent* • *tekenfilm* II OV WW *karikaturiseren* III ONOV WW *tekenen van spotprent of tekenfilm*
cartoonist (kɑ:'tu:nɪst) ZN *spotprenttekenaar*
cartridge ('kɑ:trɪdʒ) ZN • *patroon* • *cassette*; *cartridge* ★ MIL. live ~ *scherpe patroon* ★ blank ~ *losse patroon*
cart-track ('kɑ:ttræk) ZN *karrenspoor*
cartwheel ('kɑ:twi:l) ZN *wagenrad* ★ turn ~s *radslagen maken*
cartwright ('kɑ:traɪt) ZN *wagenmaker*
carve (kɑ:v) I OV WW • *kerven*; *splijten* • *beeldhouwen*; *beeldsnijden* • *graveren* ★ ~ o.'s way *zich een weg banen* ★ ~ o.'s way up *zich opwerken* ★ carving knife *voorsnijmes* ★ ~ out *uitsnijden*; *bevechten* ★ ~ out one's fortune *zijn eigen fortuin scheppen* II OV+ONOV WW • *(voor)snijden* • ~ up *verdelen*
carver ('kɑ:və) ZN • *houtsnijder*; *beeldhouwer* • *graveur* • *voorsnijder* • *voorsnijmes* • *armstoel*
carvers ('kɑ:vəz) ZN MV *voorsnijmes en -vork*
carving ('kɑ:vɪŋ) ZN *beeldhouwwerk*; *snijwerk*
car-wash ('kɑ:wɒʃ) ZN USA *autowasplaats*
cascade (kæs'keɪd) I ZN *(kleine) waterval* II ONOV WW *bruisend/golvend neerstorten*
case (keɪs) I ZN • *huls*; *overtrek*; *foedraal*; *tas(je)*; *etui*; *kist*; *koffer*; *kast*; *bus*; *bakblik*; *cakevorm*; *trommel*; *koker*; *schede* • *geval* • *staat*; *toestand* • *zaak* • *(rechts)zaak*; *proces*; *geding* • *naamval* • *patiënt* ★ no case to *geen aanleiding/(rechts)grond om* ★ there is a good case to *er is heel wat voor te zeggen om* ★ make out o.'s case for *zich sterk maken voor* ★ in case *in geval dat* ★ in any case *in ieder geval* ★ just in case *enkel voor het geval dat*; ~ INFORM. *je weet maar nooit* ★ be in good/bad case *er goed/slecht aan toe zijn* ★ writing case *schrijfmap* ★ packing case *pakkist* ★ DRUKK. upper case *hoofdletter* ★ DRUKK. lower case *kleine letter* II OV WW • *in een huls of andere verpakking doen* • *overtrekken*

casebook ('keɪsbʊk) ZN *register met verslagen van rechtszaken; patiëntenregister*
case clock ZN *staande klok*
case history ZN *praktijkgeval; ziektegeschiedenis*
case law ZN JUR. *jurisprudentie*
case-load ZN *het aantal te behandelen cliënten/patiënten; de totale praktijk van advocaat/arts*
casemate ('keɪsmeɪt) ZN *kazemat*
casement ('keɪsmənt) ZN *(klein) raam*
caseous ('keɪsɪəs) BNW *kaasachtig*
case-sensitive (keɪs-'sensətɪv) BNW *hoofdlettergevoelig*
case-study ('keɪsstʌdɪ) ZN *casestudy; beschrijving ⟨v.e. praktijkgeval⟩*
casework ('keɪswɜːk) ZN *sociaal werk ⟨vnl. psychologisch gericht⟩*
caseworker ('keɪswɜːkə) ZN *maatschappelijk werker ⟨vnl. psychologisch gericht⟩*
cash (kæʃ) I ZN • *kassa; kas • (gereed) geld • contant(en)* ★ *short of cash slecht bij kas* ★ *cash desk kassa* ★ *cash discount korting voor contant* ★ *cash expenditure betaling in contanten* ★ *hard cash baar geld* ★ *ready cash contanten* ★ *for cash (à) contant* ★ *cash on delivery onder rembours* ★ *cash down (à) contant* ★ *cash with order vooruitbetaling* ★ *in cash bij kas* ★ *out of cash niet bij kas* ★ *cash register kasregister* ★ *cash account kasrekening* ★ *cash resources kasmiddelen* ★ *cash till kasregister* ★ *cash crop marktgewas* ★ *cash dispenser geldautomaat* II OV WW • *incasseren* • ~ *up opdokken* III ONOV WW • ~ *in sterven* • ~ *in on munt slaan uit*
cashew ('kæʃuː) ZN *cashewnoot*
cashier (kæ'ʃɪə) I ZN *kassier; caissière* II OV WW *afdanken*
cashmere ('kæʃmɪə) ZN • *kasjmier • sjaal*
cashpoint ('kæʃpɔɪnt) ZN *geldautomaat*
casing ('keɪsɪŋ) ZN *omhulsel; overtrek; verpakking; bekleding; bekisting*
casino (kə'siːnəʊ) ZN *casino ⟨gokhuis⟩*
cask (kɑːsk) I ZN *vat; fust* II OV WW *op fust doen*
casket ('kɑːskɪt) I ZN • *kistje; cassette* • USA/PLAT *doodskist* II OV WW *in een kistje doen*
casserole ('kæsərəʊl) ZN *braadpan*
cassette ('kæset, kə'set) ZN *cassette*
cassock ('kæsək) ZN • *soutane • toog*
cast (kɑːst) I ZN • *worp • berekening; optelling • rolbezetting • afgietsel; vorm • aard; type; soort • tint(je); zweem(pje) • hengelplaats • uitbraaksel ⟨v. vogels⟩* ★ *casting vote beslissende stem* II OV WW ★ *cast a skin huid afstoten* ★ *cast in one's lot with zich scharen aan de kant van* ★ *cast a shoe een hoefijzer verliezen* ★ *cast votes stemmen uitbrengen* ★ *cast concrete beton storten* ★ *cast a shadow slagschaduw werpen* • ~ *aside aan de kant zetten; afdanken; wegwerpen* • ~ *away verwerpen; verkwisten* ★ *be cast away schipbreuk lijden* • ~ *down neerslaan ⟨v. ogen⟩; terneerdrukken* • ~ *off verstoten; (van z.) afwerpen* ★ *cast off copy omvang van kopij uitrekenen* • ~ *out verjagen; verdrijven* • ~ *up optellen; berekenen; (iem.) opnemen; aan land werpen* III ONOV WW • *af-/neer-/wegwerpen • afdanken; verwerpen; afwijzen; wegsturen*
• *veroordelen • uitbraken • opwerpen ⟨v. twijfels⟩* • TECHN. *gieten • rangschikken; indelen; toewijzen ⟨v. rollen⟩ • werpen ⟨v. hengel⟩* • ~ **about** *wenden* • ~ **about for** *omzien naar* • ~ **back** *teruggaan* IV OV+ONOV WW • *rekenen; optellen* • ~ **off** *losgooien* • ~ **on** *opzetten ⟨v. breiwerk⟩*
castanet (kæstə'net) ZN *castagnet*
castaway ('kɑːstəweɪ) I ZN • *schipbreukeling • verstotene* II BNW • *gestrand • verworpen*
caste (kɑːst) ZN *kaste* ★ *lose* ~ *in stand achteruitgaan*
castellated ('kæstəleɪtɪd) BNW • *kasteelachtig • gekanteeld*
castellation (kæstə'leɪʃən) ZN *kanteel*
caster ('kɑːstə) ZN • *werper • gieter • rekenaar • rolverdeler • afgedankt dienstpaard • (zout)strooibus • wielstand ⟨v. auto⟩* ★ *a set of* ~*s peper-en-zoutstel; olie-en-azijnstel* ★ ~ *sugar poedersuiker*
castigate ('kæstɪgeɪt) OV WW • *kastijden • corrigeren*
castigation (kæstɪ'geɪʃən) ZN • *kastijding • correctie*
casting ('kɑːstɪŋ) ZN • *gietstuk • braaksel • wormhoopje*
cast-iron (kɑːst'aɪən) BNW • *van gietijzer • ijzersterk • meedogenloos • onomstotelijk ⟨v. bewijs⟩*
castle ('kɑːsəl) I ZN *kasteel* ★ *bouncy* ~ *groot springkussen ⟨in de vorm van een kasteel⟩* II OV+ONOV WW *rokeren ⟨met schaken⟩*
castle-builder ZN *fantast*
cast-off ('kɑːstɒf) I ZN • *afdankertje • afgedankt persoon* II BNW *afgedankt*
castor ('kɑːstə) ZN • *(zout)strooibus • wieltje ⟨onder meubel⟩ • wielstand ⟨v. auto⟩* ★ ~ *oil wonderolie* ★ ~ *sugar strooisuiker*
castrate (kæ'streɪt) OV WW *castreren*
castration (kæ'streɪʃən) ZN *castratie*
casual ('kæʒʊəl) I ZN • *tijdelijke kracht • toevallige gast • zwerver* II BNW • *nonchalant • toevallig; terloops • zonder vast plan* • ~ *labourer tijdelijke kracht* ★ ~ *clothes gemakkelijke kleren* ★ *a* ~ *acquaintance een oppervlakkige kennis*
casualty ('kæʒʊəltɪ) ZN • *ongeluk; ramp • gesneuvelde; getroffene* ★ *casualties doden en gewonden* ★ ~ *list verlieslijst* ★ ~ *ward zaal voor gewonden*
casuist ('kæzjuːɪst) ZN • *casuïst • muggenzifter*
cat (kæt) I ZN • *kat • kraanbalk • karwats* • INFORM. *jongen; vent; knul* ★ *see which way the cat jumps/wait for the cat to jump de kat uit de boom kijken* ★ *enough to make a cat laugh erg grappig* ★ *it's raining cats and dogs het regent pijpenstelen* ★ *cats and chicks jongens en meiden* ★ *like a cat on hot bricks gejaagd; zenuwachtig* ★ *cat's paw kattenpoot; dupe; briesje* ★ *cat burglar geveltoerist* ★ *look like s.th. the cat (has) brought in er ellendig uitzien* ★ *turn cat in pan overlopen naar de vijand* ★ *bell the cat de kat de bel aanbinden* ★ *a cat may look at the king/queen kijken staat vrij* ★ *no(t) room to swing a cat bijna geen ruimte* ★ *let the cat out of the bag het geheim verklappen* ★ *cat's foot hondsdraf* ★ *cat's tail*

lisdodde ★ copy cat *imitator* ⟨m.n. iem. die beroemde misdadigers navolgt⟩ **II** OV WW • SCHEEPV. *katten* ⟨v. anker⟩ • PLAT *overgeven*

cataclysm ('kætəklızəm) ZN • *overstroming* • *aardbeving* • *geweldige beroering*; *omwenteling*

cataclysmic (kætə'klızmık) BNW *enorme beroering teweeg brengend*

catacomb ('kætəku:m) ZN *catacombe*

catafalque ('kætəfælk) ZN • *katafalk* • *open lijkkoets*

catalogue ('kætəlɒg) **I** ZN • *catalogus* • *lijst* • *reeks* **II** OV WW *catalogiseren*

catalyst ('kætəlıst) ZN *katalysator*

catamount(ain) (kætə'maʊnt(ın)) ZN • *lynx* • *ruziezoeker*

catapult ('kætəpʌlt) **I** OV WW *met een katapult af-/ beschieten* **II** ONOV WW *afgeschoten worden*

cataract ('kætərækt) ZN • *waterval* • MED. *grauwe staar*

catarrh (kə'tɑ:) ZN *ontsteking v.h. slijmvliezen*; *neusloop*

catastrophe (kə'tæstrəfı) ZN • *ramp* • *ontknoping* ⟨v. tragedie⟩

catastrophic (kætə'strɒfık) BNW *rampzalig*

catbird ('kætbɜ:d) ZN *spotlijster*

catcall ('kætkɔ:l) **I** ZN *(afkeurend) gejoel*; *schel gefluit* **II** OV+ONOV WW *uitfluiten*

catch (kætʃ) **I** ZN • *vangst* • *vangbal* • *strikvraag*; *valstrik* • *haak* • *aanwinst* • *goede partij* • *lokmiddel* • *het stokken* ⟨v.d. stem⟩ • MUZ. *canon* • *het vangen*; *vang* ★ ~ drain *afwateringssloot* **II** OV WW • *(op)vangen* • *(aan-/vast)grijpen*; *(vast)pakken* • *treffen* ⟨v. gelijkenis⟩ • *aansteken* ⟨ziekte⟩ • *halen* ⟨trein⟩ • *vatten*; *betrappen* • *aantreffen* • *(weg)grissen* • *'door hebben'*; *begrijpen*; *snappen* • *boeien*; *treffen* ★ ~ cold *kou vatten* ★ ~ me! *dat kun je begrijpen!* ★ he caught his breath *zijn adem stokte/bleef steken* ★ I caught him on the nose *ik gaf hem een klap/er een op zijn neus* ★ ~ it *er flink van langs krijgen* ★ ~ fire *vlam vatten* ★ ~ a person's eye *iem.'s aandacht op zich vestigen* • ~ out *betrappen*; *met een vangbal uit spelen* **III** ONOV WW • *haken* ⟨aan een spijker⟩ • *pakken*; *sluiten* ⟨v. grendel⟩ • *ontbranden* • *(beginnen te) bevriezen* • *om z. heen grijpen* • *aanstekelijk zijn* • *populair worden*; *erin gaan* • ~ at *grijpen naar*; *aangrijpen*; *betrappen op* • ~ in *betrappen op* • ~ on *aanslaan*; *snappen* **IV** OV+ONOV WW • ~ up *op-/overnemen*; *in de rede vallen*; *gelijk komen met*; *inhalen* ★ ~ up with *(iem.) inhalen*; *(iem.) te pakken krijgen*

catchall ('kætʃɔ:l) ZN *vergaarbak*; *verzamelplaats*

catch-as-catch-can ZN • *'vrij' worstelen* • *grijp wat je (maar) kunt*

catcher ('kætʃə) ZN *grijper*; *vanger*; *knip*

catching ('kætʃıŋ) BNW • *besmettelijk* • *pakkend*; *aanlokkelijk*

catchment ('kætʃmənt) ZN *afwateringsreservoir* ★ ~ area *neerslag-/stroomgebied*

catchpole ('kætʃpəʊl), **catchpoll** ZN *deurwaarder*

catchpoll ZN → **catchpole**

catchup ('kætʃʌp) ZN → **ketchup**

catchword ('kætʃwɜ:d) ZN • *trefwoord* • *wachtwoord* • DRUKK. *bladwachter* • *leuze*

catchy ('kætʃı) BNW • *pakkend*; *aantrekkelijk* • *goed in het gehoor liggend* • *misleidend*; *bedrieglijk* • *onregelmatig bewegend* ⟨v. wind, ademhaling⟩

catechism ('kætıkızəm) ZN *catechismus*

catechumen (kætı'kju:mən) ZN *geloofsleerling*

categorical (kætı'gɒrıkl) BNW • *categorisch* • *stellig*

categorize ('kætıgəraız) OV WW *categoriseren*

category ('kætıgərı) ZN *categorie*

catena (kə'ti:nə) ZN *reeks*; *aaneenschakeling*

catenary (kə'ti:nərı) BNW *ketting-*

cater ('keıtə) ONOV WW • *provianderen*; *voedsel verschaffen/leveren* • ~ for *zorgen voor*; *leveren aan* ★ ~ for the press *voor de pers werken*

caterer ('keıtərə) ZN • *leverancier* ⟨v. maaltijden⟩ • *cuisinier* • *proviandmeester*

catering ('keıtərıŋ) ZN *catering*; *proviandering*; *receptie-/dinerverzorging* ★ ~ corps *intendance*

caterpillar ('kætəpılə) ZN • *rups* • *rupsband*

caterwaul ('kætəwɔ:l) **I** ZN *kattengejank* **II** ONOV WW *krollen*

catfish ('kætfıʃ) ZN • *meerval* • *katvis*

catgut ('kætgʌt) ZN • *darmsnaar* • *snaarinstrumenten* • *stramien*

Cath. AFK • Cathedral *kathedraal* • Catholic *katholiek*

cathedra (kə'əʊi:drə) ZN ★ ex ~ *ex cathedra*; *met gezag*; *officieel*

cathedral (kə'θi:drə) ZN *kathedraal*

Catherine wheel ('kæθrınwi:l) ZN • *roosvenster* • *vuurrad* ⟨ook als martelwerktuig⟩ ★ turn a ~ *een radslag maken*

cathode ('kæθəʊd) ZN *kathode*

catholic ('kæθəlık) BNW • *alles omvattend*; *algemeen* • *veelzijdig* • *ruimdenkend*

Catholic ('kæθəlık) ZN *katholiek* ★ ~ Church *Algemene Christelijke Kerk*; *r.-k. Kerk*

Catholicism (kə'tɒlısızm) ZN *katholicisme*

catholicity (kæθə'lısətı) ZN • *ruimdenkendheid* • *algemeenheid* • *veelzijdigheid*

catkin ('kætkın) ZN *katje* ⟨aan wilg, hazelaar⟩

catnap ('kætnæp) ZN *hazenslaapje*

cat's-eye ('kætsaı) ZN *kattenoog*

catsleep ZN *hazenslaapje*

catsuit ('kætsu:t) ZN *jumpsuit*; *bodystocking*

catsup ('kætsəp) ZN → **ketchup**

cattle ('kætl) ZN *(rund)vee* ★ black ~ *hufters*; *zwart rundvee* ★ ~ leader *neusring* ★ ~ lifter *veedief* ★ USA ~ puncher *veedrijver* ★ ~ runner *veesmokkelaar*

cattle-breeder ('kætlbri:də) ZN *veefokker*

cattle-grid ('kætlgrıd) ZN ≈ *wildrooster*

catty ('kætı) BNW *kattig*

catwalk ('kætwɔ:k) ZN • *loopgang* ⟨bij modeshows etc.⟩ • *catwalk* ⟨bij modeshows⟩; *lang, smal podium* ⟨bij modeshows etc.⟩

Caucasian (kɔ:'keızən) **I** ZN • *blanke* • *Indo-Europeaan* **II** BNW *blank*; *Indo-Europees*

caucus ('kɔ:kəs) **I** ZN • *verkiezingsbijeenkomst van een partij* • *kliek* ★ the ~(dom) *het kiesstelsel* **II** ONOV WW *het kiessysteem gebruiken*

caudal ('kɔ:dl) BNW ★ ~ fin *staartvin*

caught (kɔ:t) WW [verl. tijd + volt. deelw.] → **catch**

caul (kɔ:l) ZN *achterstuk v. vrouwenmuts* ★ born with a caul *met de helm geboren*

cauldron ('kɔːldrən), USA **caldron** ZN • *grote ketel* • *heksenketel*
cauliflower ('kɒlɪflaʊə) ZN *bloemkool*
caulk (kɔːk) OV WW *breeuwen; dichtstoppen*
causal ('kɔːzəl) BNW *causaal; oorzakelijk*
causality (kɔːˈzælətɪ) ZN *causaliteit*
causation (kɔːˈzeɪʃən) ZN • *veroorzaking* • *oorzakelijkheidsleer*
causative ('kɔːzətɪv) I ZN *causatief* ‹werkwoord› II BNW • *veroorzakend* • *causatief* ‹v. werkwoord›
cause (kɔːz) I ZN • *reden* • *rechtszaak; proces* • *oorzaak* • *motief* ★ to make common ~ *gemene zaak maken* ★ to show ~ *(rechts)gronden naar voren brengen* II OV WW • *veroorzaken; teweegbrengen* • *laten* • *zorgen dat* ★ s.o. pain *iem. pijn doen*
'cause (kəz) VW INFORM. →**because**
causeless ('kɔːzləs) BNW *ongemotiveerd*
causeway ('kɔːzweɪ) ZN • *verhoogde weg* • *straatweg* • *dam* • *oeververbinding*
caustic ('kɔːstɪk) I ZN *bijtmiddel* II BNW • *brandend* • *bijtend* • *sarcastisch*
cauterize ('kɔːtəraɪz) OV WW • *schroeien* • *uit-/dichtbranden* ‹vnl. van wond› • *verharden*
cautery ('kɔːtərɪ) ZN • *brandijzer; schroei-ijzer* • *het (uit-/dicht)branden*
caution ('kɔːʃən) I ZN • *voorzichtigheid; omzichtigheid* • *waarschuwing(scommando)* • *berisping* • PLAT *iets geks; afschrikwekkend voorbeeld* • PLAT *een rare snoeshaan* ★ ~ money *borgtocht* II OV WW *waarschuwen*
cautionary ('kɔːʃənərɪ) BNW *waarschuwend*
cautious ('kɔːʃəs) BNW *omzichtig; voorzichtig*
cavalcade (kævəlˈkeɪd) ZN • *ruiterstoet* • *(bonte) optocht*
cavalier (kævəˈlɪə) I ZN • *begeleider* ‹v. dame› • *(galante) heer; cavalier* • *ruiter* • *royalist* ‹in de 17e eeuw› • *cavalier* II BNW • *arrogant* • *nonchalant* • *onhoffelijk* • *koningsgezind* III ONOV WW *zich arrogant gedragen*
cavalry ('kævəlrɪ) ZN *cavalerie*
cavalryman ('kævəlrɪmən) ZN *cavalerist*
cave (keɪv) I ZN • *hol; grot* • *deuk* • POL. *afgescheidenen v. partij* II OV+ONOV WW • *uithollen; uitgraven* • *z. afscheiden* • ~ **in** *afkalven; instorten; bezwijken; het opgeven; indeuken*
caveat ('kævɪæt) ZN • USA *patentaanvraag* • *protest* • *voorbehoud*
cave-in ZN *instorting; verzakking*
caveman ('keɪvmæn) ZN • *holbewoner* • *primitief/ onbeschaafd persoon*
cavendish ('kævəndɪʃ) ZN *geperste tabak*
cavern ('kævən) ZN *hol; spelonk*
cavernous ('kævənəs) BNW • *vol holen; spelonkachtig*
caviar(e) ('kævɪɑː) ZN *kaviaar* ★ ~ to the ignorant *paarlen voor de zwijnen*
cavil ('kævɪl) I ZN *onbenullige tegenwerping* II ONOV WW *vitten*
cavity ('kævətɪ) ZN • *holte* • *gaatje in tand/kies*
cavort (kəˈvɔːt) ONOV WW USA *steigeren; springen*
cavy ('keɪvɪ) ZN *cavia*
caw (kɔː) I ZN *gekras* ‹v. raaf/kraai› II ONOV WW *krassen* ‹v. raaf, kraai›

cay (keɪ) ZN • *zandbank* • *koraalrif*
cayenne (keɪˈen) ZN ★ ~ (pepper) *cayennepeper*
cayman (ˈkeɪmən), **caiman** ZN *kaaiman*
C.B.E. AFK Commander of the Order of the British Empire *Commandeur in de Orde van het Britse Rijk*
CD AFK compact disc *cd*
CD-R AFK *cd-r*
CD-ROM AFK *cd-rom*
CDT AFK Central Daylight Time *Centrale Daglichttijd* ‹tijdzone in oostelijk-centraal USA›
cease (siːs) OV+ONOV WW • *ophouden* • ~ **from** *ophouden met*
ceasefire ('siːsfaɪə) ZN *staakt-het-vuren; wapenstilstand*
ceaseless ('siːsləs) BNW *onophoudelijk*
cedar ('siːdə) I ZN *ceder* ‹boom›; *cederhout* II BNW *ceder(houten)*
cede (siːd) OV WW *afstaan*
Ceefax ('siːfæks) ZN *teletekst* ‹v. BBC›
ceil (siːl) OV WW *plafond aanbrengen*
ceiling ('siːlɪŋ) ZN • *plafond* • *maximale hoogte* • *prijslimiet; loonlimiet* ★ hit the ~ *ontploffen van woede*
celeb (səˈleb) ZN INFORM. →**celebrity**
celebrant ('selɪbrənt) ZN *priester die de mis opdraagt*
celebrate ('selɪbreɪt) OV+ONOV WW • *vieren* • *verheerlijken* • *loven* • *de mis opdragen*
celebrated ('selɪbreɪtɪd) BNW *gevierd; beroemd*
celebration (selɪˈbreɪʃən) ZN • *viering* • *feestelijke herdenking* • *huldiging* • *het opdragen v.d. mis* ★ lustral ~ *lustrumviering*
celebrity (sɪˈlebrətɪ) ZN • *roem* • *beroemdheid* ‹persoon›; *vip*
celerity (sɪˈlerətɪ) ZN *snelheid*
celery ('selərɪ) ZN *selderie*
celeste (sɪˈlest) BNW *hemelsblauw*
celestial (sɪˈlestɪəl) I ZN *Chinees* II BNW • *hemels* • *goddelijk* ★ ~ body *hemellichaam* ★ the Celestial City *de hemel* ★ the Celestial Empire *het Hemelse Rijk; China*
celibacy ('selɪbəsɪ) ZN *celibaat; ongehuwde staat*
celibate ('selɪbət) ZN • *ongehuwde* • *ongehuwde staat*
cell (sel) ZN • *cel* • *kluis* ★ cells *celstraf* ★ condemned cell *cel voor ter dood veroordeelde*
cellar ('selə) I ZN *kelder* ★ ~ flap/plate *kelderluik* II OV WW *in kelder opbergen/stoppen*
cellarage ('selərɪdʒ) ZN • *kelderruimte* • *kelderhuur*
cellaret (seləˈret) ZN *likeurkast*
cellist ('tʃelɪst) ZN *cellist*
cello ('tʃeləʊ) ZN *cello*
cellophane ('seləfeɪn) ZN *cellofaan*
cell-phone ZN *mobiele telefoon*
cellular ('seljʊlə) BNW *celvormig; met cellen* ★ ~ shirt *nethemd* ★ ~ tissue *celweefsel*
cellulose ('seljʊləʊz) I ZN *cellulose* II BNW • *celvormig* • *uit cellen bestaand*
celt (kelt) ZN *voorhistorische beitel*
Celt (kelt) ZN *Kelt*
Celtic ('keltɪk) BNW *Keltisch*
cement (sɪˈment) I ZN • *cement* • *bindmiddel* • *iets*

dat verbindt ⟨figuurlijk⟩★ ~ mixer *betonmolen* **II** OV WW • *met cement verbinden* • *bevestigen* • *één worden*
cementation (si:men'teɪʃən) ZN *het cementeren*
cemetery ('semɪtərɪ) ZN *begraafplaats*
cenotaph ('senəta:f) ZN *monument voor elders begravene(n)*★ the Cenotaph *monument voor de gesneuvelden in WO I te Londen*
censer ('sensə) ZN *wierookvat*
censor ('sensə) **I** ZN • *censor* • *zedenmeester* • *criticus* **II** OV WW *censuur uitoefenen over*; *censureren*
censorious (sen'sɔ:rɪəs) BNW • *bedillerig* • *vol kritiek*
censorship ('sensəʃɪp) ZN • *ambt v. censor* • *censuur*
censure ('senʃə) **I** ZN • *berisping* • *afkeuring* **II** OV WW • *berispen* • *afkeuren* • *kritiseren*
census ('sensəs) ZN *volkstelling*
cent (sent) ZN *cent*; *eurocent*★ per cent *procent*
cent. (sent) AFK *centigrade Celsius* • *century eeuw*
cental ('sentl) ZN *100 pond* ⟨Engels gewicht⟩
centaur ('sentɔ:) ZN *centaur*
centenarian (sentɪ'neərɪən) **I** ZN *100-jarige* **II** BNW *100-jarig*
centenary (sen'ti:nərɪ), USA **centennial I** ZN *eeuw(feest)* **II** BNW *100-jarig*
centennial (sen'tenɪəl) USA → **centenary**
center ('sentə) ZN USA → **centre**
center- ('sentə-) VOORV USA → **centre-**
centerboard ZN USA → **centreboard**
center court ZN USA → **centre court**
centerfold ZN USA → **centrefold**
centermost ZN USA → **centremost**
centerpiece ZN USA → **centrepiece**
centigrade ('sentɪɡreɪd) BNW *met/op schaal v. 100 graden Celsius*
centimetre ('sentɪmi:tə) ZN *centimeter*
centipede ('sentɪpi:d) ZN *duizendpoot*
central ('sentrəl) **I** ZN • USA *centrale* • *centraal geheugen* ⟨v. computer⟩ **II** BNW • *centraal*; *midden-* • *voornaamste*; *hoofd-*★ ~ heating *centrale verwarming*★ ~ reservation *wachtstrook in middenberm*
centrality (sen'trælətɪ) ZN *centrale ligging*
centralization (sentrəlaɪ'zeɪʃən) ZN *centralisatie*
centralize ('sentrəlaɪz) OV+ONOV WW *centraliseren*
centre ('sentə), USA **center I** ZN • *voorzet* • *plaats v. samenkomst* • *basis* • *hoofdkwartier* • *centrum* • *kern*; *bron*; *haard* ⟨fig.⟩★ ~ of gravity *zwaartepunt*★ ~ of the stage *middelpunt v.d. belangstelling*★ ~ (forward) *midvoor*★ day-care ~ *kindercrèche* **II** OV WW • *concentreren* • *in het midden plaatsen* • *het midden zoeken/bepalen van* • SPORT *voorzetten*; *naar het midden spelen* **III** ONOV WW *z. concentreren*
centre- ('sentə-), USA **center-** VOORV *midden-*; *centraal*
centreboard ('sentəbɔ:d), USA **centerboard** ZN *middenzwaard* ⟨v. zeiljacht⟩
centre court, USA **center court** ZN SPORT *centercourt*
centrefold ('sentəfəʊld), USA **centerfold** ZN ≈ *pin-up*
centremost ('sentəməʊst), USA **centermost** ZN

middelste
centrepiece ('sentəpi:s), USA **centerpiece** ZN • *middenstuk* • *belangrijkste ding*
centricity (sen'trɪsətɪ) ZN *centrale ligging*
centrifugal (sentrɪ'fju:ɡl) BNW *middelpuntvliedend*
centripetal (sen'trɪpɪtl) BNW *middelpuntzoekend*
centrist ('sentrɪst) **I** ZN *iemand met gematigde politieke opvattingen* **II** BNW *centrum-*; *gematigd*
centuple I ZN → **centuplicate**[1] **II** BNW → **centuplicate**[1] **III** OV WW → **centuplicate**[2]
centuplicate[1] (sen'tju:plɪkət) **I** ZN *honderdvoud* **II** BNW *honderdvoud(ig)*
centuplicate[2] (sen'tju:plɪkeɪt) OV WW *verhonderdvoudigen*
centurion (sen'tjʊərɪən) ZN *honderdman*
century ('sentʃərɪ) ZN • *eeuw* • *100 runs* ⟨bij cricket⟩
CEO AFK ECON. Chief Executive Officer *directeur* ⟨v. een groot bedrijf⟩
cephalic (sɪ'fælɪk) BNW • *van het hoofd* • *hoofd-*; *hersen-*
ceramic (sɪ'ræmɪk) BNW *pottenbakkers-*
ceramics (sɪ'ræmɪks) ZN MV *keramiek*
cere (sɪə) ZN *washuid*
cereal ('sɪərɪəl) **I** ZN *graan* **II** BNW *graan-*
cereals ('sɪərɪəlz) ZN MV *graanproduct* ⟨als ontbijt⟩
cerebellum (serɪ'beləm) ZN *kleine hersenen*
cerebral ('serɪbrəl) BNW *hersen-*
cerebrum ('serɪbrəm) ZN *grote hersenen*
cerement ('sɪəmənt) ZN *lijkwade*
ceremonial (serɪ'məʊnɪəl) **I** ZN *ceremonieel*; *ritueel* **II** BNW *plechtig*; *ceremonieel*
ceremonious (serɪ'məʊnɪəs) BNW • *plechtstatig* • *vormelijk*
ceremony ('serɪmənɪ) ZN • *ceremonie*; *plechtigheid* • *vormelijkheid* • *formaliteit(en)*★ master of ceremonies *ceremoniemeester*★ without ~ *zonder plichtplegingen*
CERN (sə:n) AFK European Organisation for Nuclear Research *Europese Raad voor Kernonderzoek*
ceroplastics (sɪərəʊ'plæstɪks) ZN MV • *wasboetseerkunst* • *modellen/beelden in was*
cert (sɜ:t) **I** ZN INFORM. → **certainty II** BNW INFORM. → **certain**
cert. AFK • certificate *certificaat* • certified *gewaarmerkt*
certain ('sɜ:tn) BNW *zeker*★ for ~ *zeker*; *met zekerheid*★ he is ~ to come *hij komt zeker*
certainty ('sɜ:tntɪ) ZN *zekerheid*★ for a ~ *stellig*
certifiable (sɜ:tɪ'faɪəbl) BNW • *certificeerbaar* • *krankzinnig* ⟨verklaard⟩
certificate[1] (sə'tɪfɪkət) ZN • *certificaat*; *verklaring*; *bewijs*; *attest*; *akte* • *diploma*★ ~ of bankruptcy *verklaring v. opheffing/faillissement*★ be married by ~ *huwen voor de ambtenaar v.d. burgerlijke stand*
certificate[2] (sə'tɪfɪkeɪt) OV WW • *een verklaring e.d. afgeven*; *certificeren*; *met een verklaring e.d. machtigen*
certification (sɜ:tɪfɪ'keɪʃən) ZN • *verklaring*; *bevoegdheid* • *verlening van diploma*
certify ('sɜ:tɪfaɪ) OV WW • *verzekeren*; *verklaren* • *getuigen* • *waarmerken*; *een diploma uitreiken*

• *krankzinnig verklaren* ★ certified institution *krankzinnigengesticht* ★ certified school *erkende school* ★ certified teacher *gediplomeerd leraar*
certitude ('sɜːtɪtjuːd) ZN *zekerheid*
cerulean (səˈruːliən) BNW *diep (hemels)blauw*
cerumen (səˈruːmen) ZN *oorsmeer*
ceruse ('sɪəruːs, sɪˈruːs) ZN *loodwit*
cervical ('sɜːvɪk(ə)l) BNW • *hals-*; *nek-* • *baarmoederhals-* ★ ~ smear *uitstrijkje* ★ ~ cancer *baarmoederhalskanker*
cessation (seˈseɪʃən) ZN • *het ophouden* • *stilstand*
cession ('seʃən) ZN *cessie*; *het afstand doen* ★ ~ of rights *overdracht van rechten*
cesspit ('sespɪt), **cesspool** ZN *beerput* ★ ~ of iniquity *poel v. ongerechtigheid*
cesspool ZN → *cesspit*
C.E.T. AFK Central European Time *Midden-Europese tijd*
cetacean (sɪˈteɪʃən) I ZN *walvis*; *walvisachtig zoogdier* II BNW *walvisachtig*
cf. AFK LAT. confer *vergelijk*
chad (tʃæd) ZN *ponsafval* 〈computer〉
chador ('tʃʌdə) ZN *chador*
chafe (tʃeɪf) I ZN • *schaafwond* • *ergernis* II OV+ONOV WW • *(warm) wrijven* • *schuren* • *(stuk)schaven* • *sarren* • *z. dood ergeren* • *koken* 〈v. woede〉
chafer ('tʃeɪfə) ZN *(mei)kever*
chaff (tʃɑːf) I ZN • *kaf* • *haksel* • *waardeloos spul* • *scherts* • *plagerij* • *stroken aluminiumfolie* 〈tegen radardetectie〉 ★ caught with ~ *gemakkelijk om de tuin geleid* II OV WW *kort hakken* III OV+ONOV WW • *voor de gek houden*; *plagen* • *gekheid maken*
chaffer ('tʃæfə) I ZN *het loven en bieden* II OV+ONOV WW • *sjacheren*; *loven en bieden* • *dingen*
chafing-dish ('tʃeɪfɪŋdɪʃ) ZN • *komfoor* • *schotelverwarmer*
chagrin ('ʃægrɪn) I ZN • *teleurstelling* • *verdriet* II OV WW • *verdriet doen* • *ergeren* • *kwellen*
chain (tʃeɪn) I ZN • *ketting* • *reeks*; *keten* • *lengtemaat* 〈20,12 meter〉 • *kettingkogel* • *schering* • *syndicaat* ★ ~ of office *ambtsketen* ★ ~ reaction *kettingreactie* ★ ~ store *filiaal(zaak)* ★ ~ cable *ankerketting* II OV WW • *(aaneen)ketenen*; *aan de ketting leggen* • *schakelen*
chain-armour ZN *maliënkolder*
chain gang ZN *ploeg geketende dwangarbeiders* ★ work on the ~ *dwangarbeid verrichten*
chain-letter ZN *kettingbrief*
chain-mail ZN *maliënkolder*
chainsaw ZN *kettingzaag*
chain-smoker ZN *kettingroker*
chair (tʃeə) I ZN • *zetel*; *stoel* • *voorzittersstoel*; *voorzitterschap* • *leerstoel* • *professoraat* • *burgemeesterschap* • *railschoen* • USA de *elektrische stoel* ★ appeal to the ~ *beroep doen op de voorzitter* ★ take/leave the ~ *de vergadering openen/sluiten* ★ ~! ~! *orde!* ★ be in the ~ *voorzitter zijn* ★ musical ~s *stoelendans* II OV WW • *in triomf ronddragen* • *installeren als voorzitter* • *vóórzitten*; *presideren*
chairman ('tʃeəmən) ZN • *voorzitter* • *drager v.*
draagstoel • *stoelenverhuurder*; *stoelenzetter*
Chairman ('tʃeəmən) ZN ★ ~ of Directors *president-commissaris*
chairmanship ('tʃeəmənʃɪp) ZN *voorzitterschap*
chairperson ('tʃeəpɜːsən) ZN *voorzitter*; *voorzitster*
chairwoman ('tʃeəwʊmən) ZN *voorzitster*
chaise (ʃeɪz) ZN *sjees*; *vierwielig rijtuigje*
chalet ('ʃæleɪ) ZN • *chalet* • *vakantiehuisje*
chalice ('tʃælɪs) ZN *kelk*
chalk (tʃɔːk) I ZN • *krijt* • *kleurkrijt*; *kleurstift* ★ as like as ~ and cheese *hemelsbreed verschillend* ★ by (a) long ~(s) *verreweg* ★ not by a long ~ *op geen stukken na* II OV WW • *met krijt inwrijven* • *tekenen*; *merken* • *(be)schrijven* • ~ out *schetsen*; *aangeven* • ~ up *opschrijven*; *krijten* 〈keu〉
chalk-stripe(d) ('tʃɔːkstraɪp(t)) BNW *(met een) krijtstreepje* 〈m.b.t. een kostuum, stof〉
chalky ('tʃɔːkɪ) BNW • *krijtachtig* • *krijtwit* • *vol krijt*
challenge ('tʃælɪndʒ) I ZN • *uitdaging* • *opwekking* • *aanroeping* • JUR. *wraking* • *handicap* ★ USA physical/mental ~ *lichamelijke/geestelijke handicap* II OV WW • *eisen*; *vragen* • *uitdagen* • *aanroepen* 〈door schildwacht〉 • *betwisten* • *ontkennen* • JUR. *wraken*
challenge cup ZN SPORT *wisselbeker*
challenged ('tʃælɪndʒd) BNW *gehandicapt* ★ USA physically/mentally ~ *lichamelijk/geestelijk gehandicapt*
challenger ('tʃælɪndʒə) ZN *uitdager*
challenging ('tʃælɪndʒɪŋ) BNW *een uitdaging vormend*
chamber ('tʃeɪmbə) ZN *kamer* ★ ~ music *kamermuziek* ★ ~ orchestra *kamerorkest* ★ Chamber of Commerce *Kamer v. Koophandel* ★ ~ of horrors *gruwelkamer*
chamberlain ('tʃeɪmbəlɪn) ZN • *kamerheer* • *penningmeester*
chambermaid ('tʃeɪmbəmeɪd) ZN *kamermeisje*
chamber-pot ('tʃeɪmbəpɒt) ZN *po*
chambers ('tʃeɪmbəz) ZN MV • *vertrekken* • *(advocaten)kantoor* • *raadkamer*
chameleon (kəˈmiːlɪən) ZN • *kameleon* • *onstandvastig iemand*; *draaier*
chamfer ('tʃæmfə) I ZN • *schuine kant* • *groef* II OV WW • *afschuinen* • *groeven*
chamois[1] ('ʃæmɪ) ZN *gemzenleer*; *zeemleer*
chamois[2] ('ʃæmwɑː) ZN *gems*
chamomile ('kæməmaɪl) ZN *kamille*
champ (tʃæmp) I ZN • *gekauw* • INFORM. *kampioen* II BNW + BIJW INFORM. *fantastisch*; *prima* III OV+ONOV WW • *(hoorbaar) kauwen* • *knagen* • *bijten* ★ ~ at the bit *zich verbijten*
champaign (ʃæmˈpeɪn) ZN *open veld*; *vlakte*
champion ('tʃæmpɪən) I ZN • *kampioen* • *voorvechter* II BNW + BIJW *prima* III OV WW *verdedigen*; *krachtig opkomen voor*
championship ('tʃæmpɪənʃɪp) ZN • *kampioenschap* • *verdediging*; *krachtige steun*
chance (tʃɑːns) I ZN • *toeval* • *geluk* • *kans*; *mogelijkheid*; *gelegenheid* ★ the ~s are against it *er is niet veel kans* ★ the ~s are that *er is veel kans dat* ★ stand a fair ~ *kans hebben* ★ take one's ~ *het erop wagen*; *de gelegenheid*

aangrijpen ★ by ~ *toevallig* ★ by any ~ *soms; misschien; toevallig* ★ the main ~ *eigen voordeel* ★ a long ~ *een zeer kleine kans* **II** BNW *toevallig* **III** OV WW *wagen; riskeren* **IV** ONOV WW ★ *gebeuren* ★ I ~d to see it *ik zag het toevallig* ● ~ **across/upon** *toevallig tegenkomen*

chancel ('tʃɑ:nsəl) ZN *(priester)koor*
chancellery ('tʃɑ:nsələrɪ) ZN ● *kanselierschap* ● *kanselarij*
chancellor ('tʃɑ:nsələ) ZN ● *kanselier* ● *titulair hoofd v.e. universiteit* ★ G-B Lord Chancellor ≈ *minister van justitie, voorzitter v.h. Hogerhuis en opperste rechter* ★ G-B Chancellor of the Exchequer *minister v. financiën* ★ Chancellor of bishop/diocese *officiaal*
chancellorship ('tʃɑ:nsələʃɪp) ZN *kanselierschap*
chancery ('tʃɑ:nsərɪ) ZN ● *kanselarij* ● *hof v.d. Lord Chancellor* ★ (Court of) ~ *afdeling v.h. hooggerechtshof* ★ Chancery division of the High Court of Justice *afdeling v.h. hooggerechtshof*
chancy ('tʃɑ:nsɪ) BNW *gewaagd; riskant*
chandelier (ʃændɪ'lɪə) ZN *kroonluchter*
chandler ('tʃɑ:ndlə) ZN ● *kaarsenhandelaar; kaarsenmaker* ● *kruidenier*
change (tʃeɪndʒ) **I** ZN ● *verandering* ● *verwisseling; (ver)ruiling* ● *variatie* ● *overgang* ● *overstap* ● *kleingeld; wisselgeld* ★ ~ of heart *verandering van inzicht; bekering* ★ ~ for the better/worse *verandering ten goede/kwade* ★ get no ~ out of him *bij hem aan het verkeerde adres zijn* ★ ~ of life *menopauze* ★ Change de Beurs ★ ~ for the better *verbetering* ★ loose ~ *kleingeld* **II** OV+ONOV WW ● *veranderen* ● *(ver)wisselen; verruilen; omruilen; ruilen* ● *omschakelen* ● *overstappen* ● *z. verkleden; z. verschonen* ● *z. bekeren* ★ ~ gear *overschakelen* ★ ~ front *ander standpunt innemen* ★ ~ hands *in andere handen overgaan; verhandeld worden* ★ ~ one's linen *zich verschonen* ★ ~ one's mind *zich bedenken* ★ ~ one's note/tune *een toontje lager (gaan) zingen* ★ ~ step/foot/feet *de pas veranderen* ★ ~ one's clothes *zich verkleden* ★ ~ colour *verschieten v. kleur* ● ~ **down** *terugschakelen* ● ~ **into** *overgaan in; z. verkleden* ★ ~ into shorts *een korte broek aantrekken* ● ~ **over** *omschakelen; omzwaaien* ● ~ **up** *naar hogere versnelling schakelen*
changeability (tʃeɪndʒə'bɪlətɪ) ZN *veranderlijkheid*
changeable ('tʃeɪndʒəbl), **changeful** BNW *veranderlijk*
changeful ZN *veranderlijk*
changeless ('tʃeɪndʒləs) BNW *onveranderlijk*
change-over ('tʃeɪndʒəʊvə) ZN ● *ommezwaai; omschakeling* ● *overgang* ★ ~ switch *omschakelaar*
channel ('tʃænl) **I** ZN ● *kanaal* ● *waterloop* ● *stroombed; vaargeul* ★ through the usual ~s *via de gebruikelijke kanalen; langs de gewone weg* ★ the Channel *Het Kanaal* ★ the Channel Islands *de Kanaaleilanden* ★ ~ of distribution *distributiekanaal* **II** OV WW ● *groef maken; uithollen* ● *kanaliseren*
chant (tʃɑ:nt) **I** ZN ● *lied; melodie* ● *koraal; psalm* ● *deun; zangerige toon* **II** OV+ONOV WW *zingen; reciteren* ★ ~ the praises of *voortdurend prijzen* ★ INFORM. ~ (a horse) *met bedrog (een paard) verkopen*
chanter ('tʃɑ:ntə) ZN ● *voorzanger* ● *schalmeipijp* ⟨v. doedelzak⟩ ● *straatzanger* ● *paardensjacheraar*
chanticleer (tʃæntɪ'klɪə) ZN *haan; kantekleer*
chanty ('ʃæntɪ) ZN *matrozenlied*
chaos ('keɪɒs) ZN *chaos*
chaotic (keɪ'ɒtɪk) BNW *chaotisch*
chap (tʃæp) **I** ZN ● *kloof; spleet* ● *kaak; kinnebak* ● *kerel; vent* **II** OV+ONOV WW *splijten; scheuren*
chap. AFK chapter *hoofdstuk*
chapbook ('tʃæpbʊk) ZN *volksboek*
chape (tʃeɪp) ZN ● *haak* ● *beugel* ● *ring; lus*
chapel ('tʃæpl) ZN ● *kapel* ● *kerk* ● *kerkdienst* ★ he's ~ *hij hoort niet tot de Engelse staatskerk* ★ ~ of ease *hulpkerk*
chaperon ('ʃæpərəʊn) **I** ZN *chaperon(ne)* **II** OV WW *chaperonneren*
chap-fallen BNW ● *met een lang gezicht* ● *ontmoedigd*
chaplain ('tʃæplɪn) ZN ● *veldprediker; aalmoezenier* ● *huiskapelaan*
chaplet ('tʃæplɪt) ZN ● *(bloemen)krans* ● *rozenkrans; rozenhoedje* ● *halssnoer* ● BIOL. *eierstreng*
chapman ('tʃæpmən) ZN *marskramer*
chapped ('tʃæpd) BNW *gespleten; vol barsten*
chapter ('tʃæptə) **I** ZN ● *hoofdstuk* ● *kapittel* ● USA *afdeling v.e. studentenvereniging* ★ ~ of accidents *reeks tegenslagen* ★ ~ and verse *tekst en uitleg* ★ ~ house USA *studentenhuis* ★ to end of ~ *eeuwig* **II** OV WW *kapittelen*
char (tʃɑ:) **I** ZN ● *bergforel* ● *werkster* ● *klusje* ★ INFORM. a cup of char *thee* **II** OV+ONOV WW *(doen) verkolen; branden; schroeien*
character ('kærəktə) ZN ● *reputatie; goede naam* ● *getuigschrift* ● *hoedanigheid; rol* ● *karakter* ● *kenmerk* ● *merkteken* ● *aard* ● *type* ● *persoon* ● *teken; letter* ● *(hand)schrift* ★ ~ actor *karakterspeler; karakterkomiek* ★ in ~ *natuurlijk* ★ he's quite a ~ *hij is me er eentje* ★ public ~ *bekend persoon/type* ★ out of ~ *onnatuurlijk* ★ in ~ with *passend bij*
characteristic (kærəktə'rɪstɪk) **I** ZN ● *kenmerk* ● WISK. *index v. logaritme* **II** BNW *kenmerkend*
characterization (kærəktəraɪ'zeɪʃən) ZN *karakterisering*
characterize ('kærəktəraɪz) OV WW *kenmerken*
characterless ('kærəktələs) BNW *karakterloos*
charade (ʃə'rɑ:d) ZN *schertsvertoning* ★ ~s *hints* ⟨spelletje⟩
charcoal ('tʃɑ:kəʊl) ZN *houtskool*
chare (tʃeə) **I** ZN ● *dagelijks werk in huis* ● *werkster* ★ ~s *karweitjes* **II** ONOV WW *als werkster werken*
charge (tʃɑ:dʒ) **I** ZN ● *uitgave(n); (on)kosten* ● *prijs* ● *belasting* ● *taak; plicht; hoede; zorg* ● *pleegkind; pupil* ● *mandement; opdracht; instructie* ● *parochie; kerk; gemeente* ● *vermaning* ● JUR. *beschuldiging; tenlastelegging* ● *last; lading* ● *aanval* ★ at my uncle's ~ *op kosten van mijn oom* ★ no ~ *gratis* ★ first ~ *preferente schuld* ★ be in ~ of *onder zijn hoede hebben; onder toezicht staan van*

chargeability – checked

* official in ~ *dienstdoend beambte* • give in ~ *toevertrouwen; laten arresteren* • take in ~ *op zich nemen; in hechtenis nemen* • lay s.th. to a person's ~ *iem. iets ten laste leggen* • ~ sheet *politieregister; strafregister* **II** ov+onov ww • *in rekening brengen; heffen* • *gelasten; opdragen* • *een mandement richten tot* • *aanvallen; losstormen op* • *laden* • *vullen* • *stoppen* ⟨v. pijp⟩ • *verzadigen* • ~ bayonets *de bajonet vellen* • ~ to a (person's) account *(iemands) rekening debiteren voor* • ~ into a p. *op iem. losstormen* • ~ with *bezwaren met; beschuldigen; ten laste leggen* • ~ a p. with liability *iem. aansprakelijk stellen* • ~ o.s. with *z. belasten met; op z. nemen*

chargeability (tʃɑːdʒəˈbɪlətɪ) zn *toerekenbaarheid; verwijtbaarheid*

chargeable (ˈtʃɑːdʒəbl) bnw • *schuldig* • *in rekening te brengen*

charge-account zn usa *klantenrekening*

charge card zn *klanten(krediet)kaart; klantenpas*

charged (ˈtʃɑːdʒd) bnw • *geladen* • *emotioneel*

charger (ˈtʃɑːdʒə) zn • *acculader* • *dienstpaard*

chariness (ˈtʃɛərɪnəs) zn *voorzichtigheid*

chariot (ˈtʃærɪət) zn *zegekar*

charioteer (ˌtʃærɪəˈtɪə) zn • *wagenmenner* • *koetsier*

charitable (ˈtʃærɪtəbl) bnw • *liefdadig; welwillend* • *mild*

charity (ˈtʃærɪtɪ) zn • *liefdadigheid* • *liefdadigheidsinstelling* • *aalmoes* • *(naasten)liefde* • *mildheid* • out of ~ *uit liefdadigheid* • ~ begins at home *het hemd is nader dan de rok* • ~ boy *gestichtsjongen* • ~ concert *liefdadigheidsconcert* • ~ school *armenschool* • in ~ *uit liefdadigheid*

charivari (ˌʃɑːrɪˈvɑːrɪ) zn *kabaal; ketelmuziek*

charlady (ˈtʃɑːleɪdɪ) zn *werkster*

charlatan (ˈʃɑːlətən) zn • *kwakzalver* • *charlatan*

Charles (tʃɑːlz) zn • ~'s Wain *de Grote Beer*

charlotte (ˈʃɑːlɒt) zn *vruchtenpudding*

charm (tʃɑːm) **I** zn • *bedeltje* • *betovering; bekoring; charme* • *tovermiddel; toverwoord; toverspreuk* • *amulet* • lucky ~ *talisman* **II** ov ww • *betoveren; bekoren* • ~ s.th. out of a person *iem. iets (weten te) ontlokken* • ~ away *wegtoveren*

charmer (ˈtʃɑːmə) zn • *tovenaar* • *charmeur* • *verlokker*

charming (ˈtʃɑːmɪŋ) bnw *betoverend; charmant; allerliefst*

charnel-house (ˈtʃɑːnlhaʊs) zn *knekelhuis*

chart (tʃɑːt) **I** zn • *zeekaart* • *grafiek* • *tabel* • the ~ s *de hitparade* **II** ov ww • *in kaart brengen* • *grafisch voorstellen/nagaan*

charter (ˈtʃɑːtə) **I** zn • *contract* • *octrooi* • *voorrecht; charter; oorkonde; handvest* • Great Charter *Magna Carta* • ~ (party) *chertepartij; bevrachtingscontract* **II** ov ww • *octrooi/privilege/recht verlenen aan* • *charteren; huren* • ~ing agent/broker *erkend scheepsbevrachter*

chartered (ˈtʃɑːtəd) bnw • ~ accountant *beëdigd accountant* • ~ libertine *losbol die men wel mag*

chartreuse (ʃɑːˈtrɜːz) zn • *lichtgroen* • *kartuizerklooster* • *chartreuse* ⟨likeur⟩

charwoman (ˈtʃɑːwʊmən) zn *werkster*

chary (ˈtʃɛərɪ) bnw *voorzichtig* • of *huiverig voor; karig met*

chase (tʃeɪs) **I** zn • *jacht* • *vervolging; achtervolging* • *jachtterrein* • *bejaagd wild* • *(vervolgd) schip* drukk. *vormraam* • *mondstuk* ⟨v. kanon⟩ • *groef* • in ~ of *op jacht naar* • give ~ *achterna zitten* **II** ov ww • *jagen* • *achtervolgen; vervolgen* • *drijven; ciseleren* • *zetten* ⟨v. juwelen⟩

chaser (ˈtʃeɪsə) zn • *jager* • *achtervolger* • *ciseleur; drijver*

chasm (ˈkæzəm) zn *afgrond; kloof* ⟨ook fig.⟩

chassis (ˈʃæsɪ) zn *chassis*

chaste (tʃeɪst) bnw *kuis*

chasten (ˈtʃeɪsən) ov ww *kuisen*

chastise (tʃæˈstaɪz) ov ww *kastijden; tuchtigen*

chastity (ˈtʃæstɪtɪ) zn *kuisheid*

chasuble (ˈtʃæzjʊbl) zn *kazuifel*

chat (tʃæt) **I** zn • *back; gekeuvel* • *roddel* • chats *ongedierte* • chat show *discussieprogramma; praatprogramma op tv* **II** ov+onov ww *keuvelen; babbelen* • ~ up a girl *een meisje met een vlotte babbel proberen te versieren*

château (ˈʃætəʊ) zn *kasteel; landhuis*

chatelaine (ˈʃætəleɪn) zn • *burchtvrouwe* • *stel kettinkjes aan ceintuur*

chattel (ˈtʃætl) zn • *goed* • ~s and ~s *have en goed*

chatter (ˈtʃætə) **I** zn • *geklets* • *geklapper* **II** onov ww • *kakelen; snateren* • *klapperen; rammelen*

chatterbox (ˈtʃætəbɒks) zn *babbelkous*

chatty (ˈtʃætɪ) bnw *babbelziek*

chauffeur (ˈʃəʊfə) zn *chauffeur*

chaw (tʃɔː) **I** zn *(tabaks)pruim* **II** ov ww • *knauwen* • ~ up *klop geven; mollen*

cheap (tʃiːp) bnw + bijw • *goedkoop* • *waardeloos* • ~ and nasty *prullerig* • feel ~ *zich niet lekker voelen; zich schamen* • on the ~ *voor een habbekrats* • Cheap Jack *venter* • hold ~ *verachten; geringschatten*

cheapen (ˈtʃiːpən) ov+onov ww • *in prijs verminderen* • *kleineren* • *afdingen; pingelen*

cheaptripper (ˈtʃiːptrɪpə) zn *iem. die van goedkope tarieven gebruik maakt*

cheat (tʃiːt) **I** zn • *bedrog; zwendel; afzetterij* • *bedrieger; afzetter; valse speler* **II** ov+onov ww • *beetnemen* • *afzetten* • *vals spelen* • *spieken* • *bedriegen* inform. • ~ on *ontrouw zijn* • ~ (out) of *beroven van; door de neus boren*

check (tʃek) **I** zn • *beteugeling; belemmering* • *fiche* • *cheque* • *schaak* ⟨v. koning⟩ • *ruit(patroon); geruite stof* • *(plotselinge) stilstand* • *remmende factor* • *terechtwijzing* • *controle(merk)* • *reçu* • usa *rekening* • keep ~ on *iets controleren* • keep in ~ *in toom houden* • usa hand in o.'s ~s *het hoekje om gaan* **II** ov+onov ww • *beteugelen; intomen* • *belemmeren* • *stopzetten* • *inhouden; tegenhouden; ophouden* • mil. *staande houden en berispen* • *het spoor bijster raken en blijven staan* • *schaak zetten* • *controleren; verifiëren* • usa *afgeven/ophalen tegen reçu* • ~! *akkoord!* • usa ~ with *kloppen met* • ~ in *aankomen; z. melden* • ~ out *vertrekken* • ~ up *controleren*

checked (tʃekt) bnw *geruit*

checker ('tʃekə) ZN controleur
checkerboard ('tʃekəbɔ:d) ZN USA dambord
checkers ('tʃekəs) ZN MV USA damspel
check-in ZN controle(post)
check-list ('tʃeklɪst) ZN controlelijst
checkmate ('tʃekmeɪt) ZN schaakmat
check-out point ZN kassa
checkpoint ('tʃekpɔɪnt) ZN • controlepost; controlepunt • doorlaatpost
check-till ZN kasregister
check-up ('tʃekʌp) ZN controle(beurt); algeheel onderzoek
Cheddar ('tʃedə) ZN CUL. cheddarkaas
cheek (tʃi:k) I ZN • wang • kaak ⟨v. tang⟩ • brutaliteit★ tongue-in-~ remark ironische opmerking★ ~ by jowl broederlijk naast elkaar ★ give ~ brutaal zijn★ to o.'s own ~ voor zich alleen★ ~ tooth kies II OV WW brutaal zijn tegen
cheek-bone ('tʃi:kbəʊn) ZN jukbeen
cheeky ('tʃi:kɪ) BNW brutaal
cheep (tʃi:p) I ZN getjilp II ONOV WW tjilpen
cheer (tʃɪə) I ZN • hoera(atje) • stemming • vrolijkheid • onthaal • aanmoediging; bijval ★ ~s proost★ what ~? hoe gaat het?★ make good ~ het zich laten smaken II OV+ONOV WW • opvrolijken • aanmoedigen • (toe)juichen • ~ up moed scheppen★ ~ up! kop op!
cheerful ('tʃɪəfʊl) BNW vrolijk; opgeruimd
cheerfulness ('tʃɪəfʊlnəs) ZN vrolijkheid
cheerio (h) (tʃɪərɪ'əʊ) TW • dag; tot ziens! • succes! • proost!
cheerless ('tʃɪələs) BNW triest; somber
cheery ('tʃɪərɪ) BNW vrolijk; opgewekt
cheese (tʃi:z) I ZN kaas★ INFORM. big ~ hoge piet ★ that's the ~ dat is je ware!★ ~ dairy kaasmakerij★ ~ scoop/taster kaasboor★ ~ straw kaasstengel II OV WW★ ~ it! schei uit!★ be ~d off de pest in hebben
cheeseburger ('tʃi:zbɜ:gə) ZN CUL. kaasburger
cheesecake ('tʃi:zkeɪk) ZN kwarktaart
cheese-paring ('tʃi:zpeərɪŋ) I ZN • kaaskorst • schrielheid II BNW schriel
cheesy ('tʃi:zɪ) BNW • kaasachtig • USA/PLAT chic
chef (ʃef) ZN chef-kok
chemical ('kemɪkl) I ZN scheikundige stof★ ~s chemicaliën II BNW scheikundig ★ ~ engineering chemische technologie★ ~ warfare chemische oorlogvoering
chemise (ʃə'mi:z) ZN dameshemd
chemist ('kemɪst) ZN • scheikundige • apotheker • drogist
chemistry ('kemɪstrɪ) ZN scheikunde
cheque (tʃek) ZN cheque★ blank ~ blanco cheque
cheque card ZN betaalpas
chequer ('tʃekə) OV WW • in ruiten/blokken verdelen; blokken • afwisseling brengen in
chequered ('tʃekəd) BNW geblokt★ ~ life veelbewogen leven
chequers ('tʃekəz) ZN MV schaakbord als uithangbord aan herberg
cherish ('tʃerɪʃ) OV WW • koesteren • liefhebben
cherry ('tʃerɪ) I ZN • kersenboom; kersenhout • kers ★ take two bites at a ~ iets half doen; knoeien ★ ~ bob twee kersen aan één steeltje★ ~ stone kersenpit II BNW kerskleurig; cerise
cherub ('tʃerəb) ZN • cherub(ijn) • engel

cherubic (tʃə'ru:bɪk) BNW engelachtig
cherubim ('tʃerəbɪm) ZN MV cherub
chervil ('tʃɜ:vɪl) ZN kervel
chess (tʃes) ZN schaakspel
chessboard ('tʃesbɔ:d) ZN schaakbord
chessman ('tʃesmæn) ZN schaakstuk
chest (tʃest) I ZN • koffer; kist • kas • borstkas ★ military ~ oorlogskas II OV WW in een kist of koffer doen ★ ~ of drawers ladekast★ get sth. off one's ~ iets opbiechten; zijn hart uitstorten
chesterfield ('tʃestəfi:ld) ZN • soort overjas • soort gestoffeerde bank
chestnut ('tʃesnʌt) I ZN • kastanje • bruin paard • ouwe mop★ ~ tree kastanjeboom II BNW kastanjebruin
chevalier (ʃevə'lɪə) ZN ridder
chevron ('ʃevrən) ZN (V-vormige) streep ⟨op mouw⟩
chew (tʃu:) I ZN tabakspruim II OV+ONOV WW • kauwen; pruimen • overdenken ★ chew the cud herkauwen; overpeinzen★ chew the rag kankeren★ chewing gum kauwgom
chic (ʃi:k) I ZN stijl; elegance II BNW chic
chicane (ʃɪ'keɪn) I ZN chicane II OV+ONOV WW chicaneren
chicanery (ʃɪ'keɪnərɪ) ZN chicane(s)
chichi ('ʃi:ʃi:) BNW gewild chic; opzichtig; protserig
chick (tʃɪk) ZN • INFORM. jong grietje • kuiken(tje); jong vogeltje★ the ~s de kinderen; de meisjes
chickabiddy (tʃɪkə'bɪdɪ) ZN schatje ⟨gezegd van kind⟩
chicken ('tʃɪkɪn) I ZN • kuiken • kip • INFORM. lafaard★ she is no ~ ze is niet zo jong meer ★ count one's ~s before they are hatched de huid verkopen voor de beer geschoten is II ONOV WW★ ~ out of s.th. iets uit angst niet durven
chicken-feed ('tʃɪkɪnfi:d) ZN • USA kippenvoer • kleingeld
chicken-hearted (tʃɪkɪn'hɑ:tɪd) BNW laf; bang
chickenpox ('tʃɪkɪnpɒks) ZN waterpokken
chicken-wire ('tʃɪkɪnwaɪə) ZN kippengaas
chickling ('tʃɪklɪŋ) ZN PLANTK. lathyrus
chickpea ('tʃɪkpi:) ZN keker; kikkererwt
chicory ('tʃɪkərɪ) ZN • cichorei • Brussels lof; witlof
chide (tʃaɪd) OV+ONOV WW • berispen • tekeergaan
chief (tʃi:f) I ZN leider; hoofd; chef; commandant ★ in ~ in de eerste plaats; voornamelijk ★ commander in ~ opperbevelhebber II BNW voornaamste; leidend(e)★ ~ constable (hoofd)commissaris v. politie★ ~ mate eerste stuurman
chiefly ('tʃi:flɪ) I BNW van of als een leider II BIJW voornamelijk
chieftain ('tʃi:ftn) ZN aanvoerder; hoofdman; opperhoofd
chiffon ('ʃɪfɒn) ZN dun gaas★ ~ velvet velours chiffon
chiffons ('ʃɪfɒnz) ZN MV garneringen
chilblain ('tʃɪlbleɪn) ZN winter(aandoening)★ ~ed feet/hands wintervoeten/-handen
child (tʃaɪld) ZN kind★ the burnt ~ dreads the fire een ezel stoot zich geen twee keer aan dezelfde steen ★ with ~ zwanger ★ ~ benefit kinderbijslag★ ~ prodigy wonderkind★ ~'s play kinderspel★ from a ~ van kindsbeen af ★ this ~ ondergetekende★ ~ battering

kindermishandeling
childbearing ('tʃaɪldbeərɪŋ) ZN *het baren*
childbed ('tʃaɪldbed) ZN *kraambed*
childbirth ('tʃaɪldbɜːθ) ZN *bevalling*
childhood ('tʃaɪldhʊd) ZN *kinderjaren* ★ second ~ *kindsheid*
childish ('tʃaɪldɪʃ) BNW *kinderachtig*
childless ('tʃaɪldləs) BNW *kinderloos*
childlike ('tʃaɪldlaɪk) BNW *kinderlijk*
childminder ('tʃaɪldmaɪndə) ZN *kinderoppas*
childproof ('tʃaɪldpruːf) BNW *veilig voor kinderen*
children ('tʃɪldrən) ZN MV → **child**
child soldier ZN *kindsoldaat*
chill (tʃɪl) I ZN • *verkoudheid; kou* • *kilte; koelheid* • *koude rilling* • cast a ~ over s.th. *als een koude douche werken* ★ catch a ~ *kouvatten* II BNW *kil; koel* III OV WW • *afkoelen* • *ontmoedigen* IV ONOV WW • *afkoelen* • *beslaan* ⟨v. ruit e.d.⟩ • ~ **out** *chillen*
chilli ('tʃɪlɪ) ZN • *Spaanse peper* • *chili* ⟨gerecht⟩ ★ ~ con carne *chili con carne*
chilling (tʃɪlɪŋ) BNW *huiveringwekkend*
chilly ('tʃɪlɪ) BNW • *kil* • *huiverig*
chim(a)era (kaɪ'mɪərə) ZN *hersenschim; schrikbeeld*
chime (tʃaɪm) I ZN • *klokkenspel* • *samenklank; harmonie* II OV+ONOV WW • *luiden* • *samenklinken; harmoniëren* • ~ **in with** *overeenstemmen met*
chimerical (kaɪ'merɪkl) BNW *hersenschimmig*
chimney ('tʃɪmnɪ) ZN • *schoorsteen* • *lampenglas* • *uitgang v.e. vulkaan* • *rotskloof*
chimney-jack ZN *gek* ⟨op schoorsteen⟩
chimney-piece ('tʃɪmnɪpiːs) ZN *schoorsteenmantel*
chimney-pot ZN *schoorsteenpijp* ★ ~ hat *hoge hoed*
chimney-stack ZN *groep schoorstenen*
chimney-stalk ZN *(fabrieks)schoorsteen*
chimney-sweep(er) ZN *schoorsteenveger*
chimp ZN INFORM. → **chimpansee**
chimpansee (tʃɪmp) ZN *chimpansee*
chin (tʃɪn) I ZN *kin* II ONOV WW USA *kletsen*
china ('tʃaɪnə) ZN • *porselein* • *Chinese thee* ★ ~ clay *porseleinaarde* ★ bone ~ *fijn porselein* ⟨met gemalen been⟩
chinaware ('tʃaɪnəweə) ZN *porselein(werk)*
chinch (tʃɪntʃ) ZN USA *wandluis*
chine (tʃaɪn) ZN • *ravijn* • *rugwervel(s); ruggengraat* • *bergrug*
Chinese (tʃaɪ'niːz) I ZN • *Chinees* ⟨inwoner van China⟩ • *Chinees* (de taal) II BNW *van/uit China* ★ ~ lantern *lampion* ★ ~ ink *Oost-Indische inkt*
chink (tʃɪŋk) I ZN • *spleet* • *gerinkel* II OV+ONOV WW *rinkelen*
Chink(y) ('tʃɪŋk(ɪ)) ZN MIN. *spleetoog; Chinees*
chintz (tʃɪnts) ZN *chintz; bedrukte katoenen stof*
chip (tʃɪp) I ZN • COMP. *chip* • *plakje; schijfje* • *fiche* • *spaan(der); schilfer; splintertje* • *werptruc* ⟨bij worstelen⟩ ★ a chip off the old block *'n aardje naar zijn vaartje* ★ have a chip on one's shoulder *lichtgeraakt zijn* ★ as dry as a chip *uiterste saai of droog* ★ you've had your chips! *niet zeuren, je hebt je kans gehad!* ★ bargaining chip *troef* ⟨bij onderhandelingen⟩ ★ blue chip *goed aandeel; veilige investering* II OV WW • *(af)hakken;* *(af)bikken; (af)kappen* • *stukjes breken uit* • *inkerven* • *stukje van schaal breken* • *iem. plagen* • REG. *beentje lichten* III ONOV WW • *schilferen* • ~ **in** *in de rede vallen; meebetalen*
chipboard ('tʃɪpbɔːd) ZN *spaanplaat*
chipmunk ('tʃɪpmʌŋk) ZN USA *soort eekhoorntje*
chipping ('tʃɪpɪŋ) ZN *scherfje*
chippings ('tʃɪpɪŋz) ZN MV *steenslag*
chippy ('tʃɪpɪ) BNW • *katterig* • *prikkelbaar* • *saai; droog*
chips (tʃɪps) ZN MV • *scheepstimmerman* • G-B *patat* • USA *chips* • *duiten* • *houtkrullen*
chiropodist (kɪ'rɒpədɪst) ZN *pedicure*
chiropody (kɪ'rɒpədɪ) ZN *pedicure*
chirp (tʃɜːp) I ZN *getjilp* II OV+ONOV WW • *tjilpen; kwelen* • *opgewekt praten* • ~ **up** *opmonteren*
chirpy ('tʃɜːpɪ) BNW *vrolijk*
chirr (tʃɜː) I ZN *gesjirp* II ONOV WW *sjirpen* ⟨v. insecten⟩
chirrup ('tʃɪrəp) I ZN *getjilp* II ONOV WW • *tjilpen* • *aanmoedigen door met de tong te klakken*
chisel ('tʃɪzəl) I ZN *beitel* II OV WW • *beitelen; beeldhouwen* • *bedriegen; beetnemen* ★ ~ o.'s style *z'n stijl polijsten*
chit (tʃɪt) ZN • *hummel* • *getuigschrift; briefje; bonnetje* • *kattebelletje* ★ chit of a girl *jong ding*
chit-chat ('tʃɪttʃæt) ZN *gebabbel; gekeuvel*
chitty ('tʃɪtɪ) I ZN *getuigschrift; briefje; bonnetje* II BNW *klein; nietig*
chivalric ('ʃɪvəlrɪk) BNW → **chivalrous**
chivalrous ('ʃɪvəlrəs), **chivalric** BNW *ridderlijk; hoofs*
chivalry ('ʃɪvəlrɪ) ZN • *ridderschap* • *ridderlijkheid*
chive(s) ('tʃaɪv(z)) ZN *bieslook*
chivvy ('tʃɪvɪ) OV WW INFORM. *opjagen* ★ ~ s.b. into ... *iem. aanzetten tot* ...
chlorate ('klɔːreɪt) ZN ★ ~ of potash *kaliumchloraat*
chloride ('klɔːraɪd) ZN ★ ~ of lime *chloorkalk* ★ ~ of soda *natriumchloride*
chlorine ('klɔːriːn) ZN *chloor*
chlorophyll ('klɒrəfɪl) ZN *bladgroen*
choc (tʃɒk) ZN INFORM. → **chocolate**
choc-ice ('tʃɒkaɪs) ZN *ijsje met laagje chocola erop*
chock (tʃɒk) I ZN • *blok; klamp; klos* • *startblok* II OV WW • *vastzetten* • *volproppen*
chock-full (tʃɒk'fʊl) BNW *propvol*
chocolate ('tʃɒkələt) I ZN • *bonbon* • *chocolaatje; chocolade* II BNW *chocoladebruin*
choice (tʃɔɪs) I ZN • *keuze* • *voorkeur* • *het puikje; het beste* ★ for ~ *bij voorkeur* ★ he had no ~ but to leave *hij moest wel weggaan* ★ at ~ *naar keuze* ★ Hobson's ~ *graag of niet* ★ multiple ~ *meerkeuze-* II BNW • *uitgelezen* • *kieskeurig*
choir ('kwaɪə) I ZN *koor* II OV+ONOV WW *in koor zingen*
choirboy ('kwaɪəbɔɪ) ZN *koorknaap*
choirmaster ('kwaɪəmɑːstə) ZN *koordirigent*
choir-stall ('kwaɪəstɔːl) ZN *koorbank*
choke (tʃəʊk) I ZN • TECHN. *smoorklep* • *verstikking(sgevoel)* • *snik* • *verstopping* • *vernauwing* • *baard v. artisjok* II OV WW • *smoren; doen stikken; verstikken; verstoppen; afsluiten* • *onderdrukken* • *vernauwen* • *geen lucht of licht geven* • ~ **down** *onderdrukken; inslikken; met moeite verwerken* • ~ **off** (iem.)

dwingen iets op te geven; (iem.) de mond snoeren • ~ **up** *verstoppen* III ONOV WW • *verstopt raken* • *zich verslikken*
choke-damp ('tʃəʊkdæmp) ZN *mijngas*
choker ('tʃəʊkə) ZN • *wurger* • *dooddoener* • *hoge stijve boord* • *(strop)das* • *lefdoekje* • *nauw sluitende halsketting*
choky ('tʃəʊkɪ) I ZN *gevangenis; nor* II BNW *benauwd; verstikkend*
choleric ('kɒlərɪk) BNW *opvliegend*
choose (tʃuːz) OV+ONOV WW *kiezen; uitverkiezen* ★ *nothing to* ~ *between them nagenoeg hetzelfde* ★ *I couldn't* ~ *but ik moest wel*
chooser ('tʃuːzə) ZN ★ *beggars must not be* ~s *men mag een gegeven paard niet in de bek zien*
choos(e)y ('tʃuːzɪ) BNW *kieskeurig*
chop (tʃɒp) I ZN • *slag; houw* • *kotelet* • *korte golfslag* ★ *chops and changes wisselingen* ★ *first chop eerste keus* ★ *chops* [mv] *kaken* ★ *chops* [mv] *truukjes* ⟨virtuositeit⟩ II OV+ONOV WW • *kappen; (fijn)hakken* • *ruilen* • *draaien* ⟨v. wind⟩ ★ *chop and change steeds veranderen* • ~ **about/round** *omslaan* • ~ **back** *rechtsomkeert maken* • ~ **in** *ook wat zeggen* • ~ **out** *plotseling aan de oppervlakte komen; knippen* ⟨in film⟩ • ~ **up** *knippen* ⟨in film⟩; *fijnhakken*
chophouse ('tʃɒphaʊs) ZN *eethuis*
chopper ('tʃɒpə) ZN • *hakker* • *hakmes* • *helikopter*
chopping ('tʃɒpɪŋ) BNW • *kort* • *woelig* ⟨v. golven e.d.⟩ • *springerig* ⟨onvast⟩
choppy ('tʃɒpɪ) BNW → **chopping**
chops (tʃɒps) ZN MV → **chop**
chopstick ('tʃɒpstɪks) ZN MV *eetstokje*
chopsuey (tʃɒp'suːɪ) ZN *tjaptjoi*
choral ('kɔːrəl) I ZN → **chorale** II BNW ★ ~ *service gezongen kerkdienst* ★ ~ *society zangvereniging*
chorale (kɔː'rɑːl) ZN *kerkgezang*
chord (kɔːd) ZN • *snaar* • *streng* • *koorde* • MUZ. *akkoord* ★ *vocal* ~s *stembanden*
chordal ('kɔːdl) BNW *v.e. snaar*
chore (tʃɔː) ZN *karweitje*
chorea (kɒˈrɪə) ZN *sint-vitusdans*
choreographer (kɒrɪ'ɒgrəfə) ZN *choreograaf*
choreography (kɒrɪ'ɒgrəfɪ) ZN *choreografie*
chorister ('kɒrɪstə) ZN *koorzanger; koorknaap*
chortle ('tʃɔːtl) ONOV WW • *schateren* • *grinniken*
chorus ('kɔːrəs) ZN • *koor; rei* • *refrein* ★ ~ *girl danseres* ⟨in musical⟩
chose (tʃəʊz) WW [verleden tijd] → **choose**
chosen ('tʃəʊzən) WW [volt. deelw.] → **choose**
chough (tʃʌf) ZN *kauw*
chow (tʃaʊ) ZN • PLAT *eten* • *chow-chow*
chowder ('tʃaʊdə) ZN *stoofpot met vis*
Christ (kraɪst) ZN *Christus*
christen ('krɪsn) OV WW *dopen*
Christendom ('krɪsndəm) ZN *de christenheid*
christening ('krɪsnɪŋ) ZN *doop; het dopen*
Christian ('krɪstɪən) I ZN *christen* ★ ~ *Democratic christen-democratisch* II BNW *christelijk*
Christianity (krɪstɪ'ænətɪ) ZN • *christelijkheid* • *het christendom*
christianize ('krɪstʃənaɪz) OV+ONOV WW *kerstenen*
Christmas ('krɪsməs) ZN *Kerstmis* ★ ~ *carol kerstlied* ★ ~ *Eve 24 december* ★ ~ *tree kerstboom*

Christmas-box ZN • *fooi met Kerstmis* • *kerstgeschenk*
chromatic (krə'mætɪk) BNW *chromatisch*
chrome (krəʊm) ZN *chroom*
chromium ('krəʊmɪəm) ZN *chroom* ★ ~ *plated verchroomd* ★ ~ *tape chroomdioxide cassettebandje*
chromosome (krəʊmə'səʊm) ZN *chromosoom*
chronic ('krɒnɪk) BNW • *chronisch* • PLAT *verschrikkelijk*
chronicle ('krɒnɪkl) I ZN *kroniek; geschiedenis* II OV WW *te boek stellen*
chronicler ('krɒnɪklə) ZN *kroniekschrijver*
chronograph ('krɒnəgrɑːf) ZN • *precisietijdmeter* • *stopwatch*
chronologic(al) (krɒnə'lɒdʒɪk(l)) BNW *chronologisch*
chronology (krə'nɒlədʒɪ) ZN *chronologie*
chrysalis ('krɪsəlɪs) ZN • *pop* ⟨insect⟩ • *onvolgroeid stadium*
chrysanthemum (krɪ'sænθəməm) ZN *chrysant*
chubby ('tʃʌbɪ) BNW *mollig*
chuck (tʃʌk) I ZN • *aai; streek* ⟨onder kin⟩ • *worp; gooi; het van z. afsmijten* • *klem; klauwplaat* ⟨aan draaibank⟩ • *geklik* ⟨met tong⟩ • *schat* • INFORM. *eten* ★ *the* ~ *de bons* ★ *hard* ~ *scheepsbeschuit* II OV WW • *onder de kin strijken/ aaien* • *gooien; smijten* • *de bons geven* • *klikken* ⟨met tong⟩ ★ ~ *it! hou op!; hou je mond!* • ~ **away** *weggooien* • ~ **out** *eruit smijten* • ~ **up** *er de brui aan geven*
chucker-out (tʃʌkər'aʊt) ZN *uitsmijter*
chuckle ('tʃʌkl) I ZN • *lachje* • *getok* II ONOV WW • *gniffelen; grinniken* • *z. verkneuteren* • *tokken*
chucklehead ('tʃʌklhed) ZN *uilskuiken*
chuffed (tʃʌft) BNW *verrast*
chug (tʃʌg) I ZN *geronk* II ONOV WW • *ronken* • *puffen* ⟨v. motor⟩; *draaien* ⟨v. moter⟩
chum (tʃʌm) I ZN *goede vriend; gabber; maat* ★ *new chum pas aangekomen immigrant* ⟨in Australië⟩ II ONOV WW • *bij elkaar op kamer(s) wonen* • *dikke vrienden zijn* ★ *chum up with bevriend raken met; gaan samenwonen met*
chummy ('tʃʌmɪ) BNW *intiem*
chump (tʃʌmp) ZN • *stomkop* • *blok hout* • *dik einde* ⟨v. lendenstuk⟩ • *kop* ★ ~ *off o.'s* ~ *half gek*
chunk (tʃʌŋk) I ZN *homp; blok; bonk; stuk* II OV WW USA *gooien naar*
chunky ('tʃʌŋkɪ) BNW • *bonkig* • *gezet*
church (tʃɜːtʃ) I ZN *kerk* ★ *go into the* ~ *geestelijke worden* ★ *Established Church staatskerk* ★ *Church of England anglicaanse Kerk* ★ *enter the* ~ *geestelijke worden* ★ ~ *rate kerkbelasting* ★ ~ *text gotische letters* ★ *Low Church calvinistische richting in de anglicaanse Kerk* II OV WW *de kerkgang laten doen* ★ *be* ~ed *de kerkgang doen*
churchgoer ('tʃɜːtʃgəʊə) ZN *kerkganger*
churching ('tʃɜːtʃɪŋ) ZN *kerkgang*
churchman ('tʃɜːtʃmən) ZN *lid v.e. kerkgenootschap*
churchmouse ('tʃɜːtʃmaʊs) ZN ★ *as poor as a* ~ *zo arm als een kerkrat*
churchwarden (tʃɜːtʃ'wɔːdn) ZN • *kerkmeester; kerkvoogd* • *lange Goudse pijp*
churchy ('tʃɜːtʃɪ) BNW *kerks*

churchyard ('tʃɜ:tʃjɑ:d) ZN *kerkhof* ★ ~ *cough hoest die naderende dood aankondigt*
churl (tʃɜ:l) ZN • *vrek* • *boerenkinkel*
churlish ('tʃɜ:lɪʃ) BNW *lomp*
churn (tʃɜ:n) I ZN • *karn* • *melkbus* • *schuimen* • *zieden* ⟨v. zee⟩ • *stampen* ⟨v. scheepsmotor⟩ II OV WW• *omwoelen* • *kwaad maken* • *karnen* • *doen schuimen*
churr (tʃɜ:) I ZN *gesnor* II ONOV WW *snorren*
chute (ʃu:t) ZN • *stroomversnelling* • *glijbaan* • *schudgoot* • *helling* • *parachute*
C.I.A. AFK USA Central Intelligence Agency *Centrale Inlichtingendienst*
ciborium (sɪ'bɔ:rɪəm) ZN *ciborie*
cicada (sɪ'kɑ:də) ZN *krekel*
cicatrice ('sɪkətrɪs) ZN *litteken*
cicatrix ZN →*cicatrice*
C.I.D. AFK Criminal Investigation Department *opsporingsdienst* ⟨politie⟩
cider ('saɪdə) ZN *cider*
C.I.F., c.i.f. AFK cost, insurance, freight *kosten, verzekering, vracht*
cigar (sɪ'gɑ:) ZN *sigaar* ★ close, but no ~ *bijna goed, maar geen prijs* ⟨antwoord, gok enz.⟩
cigar case ZN *sigarenkoker*
cigarette (sɪgə'ret) ZN *sigaret* ★ ~ end *peuk* ★ ~ lighter *aansteker* ★ ~ paper *vloei* ★ ~ case *sigarettenkoker*
cigarillo (sɪgə'rɪləʊ) ZN *sigaartje*
cilia ('sɪlɪə) ZN • *oogharen* • *trilharen*
cinch (sɪntʃ) I ZN • USA *zadelriem* • *iets dat zeker is* • *makkie* II OV WW• *singelen* ⟨v. paard⟩ • *te pakken krijgen*
cinder ('sɪndə) ZN *sintel*
Cinderella (sɪndə'relə) ZN *Assepoester*
cinders ('sɪndəz) ZN MV *as*
cinder track ZN SPORT *sintelbaan*
cinema ('sɪnɪmɑ:) ZN *bioscoop*
cinematic (sɪnɪ'mætɪk) BNW *film-*
cinnamon ('sɪnəmən) I ZN *kaneel(boom)* II BNW *geelbruin*
cipher ('saɪfə), **cypher** I ZN • *nul* • *cijfer* • *monogram* • *geheimschrift*; *code* • *aanhouden van orgeltoon* ★ he is a mere ~ *hij is een grote nul* II OV+ONOV WW • *cijferen* • *coderen*
circle ('sɜ:kl) I ZN • *cirkel*; *(k)ring* • *(omme)zwaai* ★ dress/upper ~ *balkon 1e/2e rang* ⟨in schouwburg⟩ ★ come full ~ *op het beginpunt terugkeren* ★ Arctic Circle *noordpoolcirkel* II OV WW *omcirkelen* III ONOV WW *rondgaan*; *ronddraaien*; *rondzwaaien*
circlet ('sɜ:klɪt) ZN • *cirkeltje*; *ring* • *band*
circuit ('sɜ:kɪt) ZN • *omtrek*; *omsloten gebied* • *tournee*; *rondgang*; *rondreis* • *kringloop* • *omweg* • *ronde baan* • TECHN. *stroombaan* • *schakeling* ★ closed ~ *gesloten tv-systeem* ★ put in/out the ~ *stroom in-/uitschakelen* ★ ~ short-*kortsluiting*
circuitous (sɜ:'kju:ɪtəs) BNW *omslachtig* ★ ~ route *omweg*
circuitry ('sɜ:kɪtrɪ) ZN *elektriciteitsnet*; *elektrische installatie*; *bedrading*
circular ('sɜ:kjʊlə) I ZN • *circulaire* • *rondweg* II BNW *cirkelvormig*; *rond(gaand)* ★ ~ letter *circulaire* ★ ~ note *reiskredietbrief* ★ ~ tour *rondreis* ★ ~ ticket *rondreisbiljet*

circularize ('sɜ:kjʊləraɪz) OV WW *circulaires zenden aan*
circulate ('sɜ:kjʊleɪt) OV+ONOV WW *circuleren*; *laten circuleren*; *in omloop brengen*
★ circulating decimal *repeterende breuk*
★ circulating library *uitleenbibliotheek*
★ circulating medium *ruilmiddel*
circulation (sɜ:kjʊ'leɪʃən) ZN • *(bloeds)omloop* • *circulatie* • *oplage* • *omzet* • *betaalmiddel*
circum- ('sɜ:kəm) VOORV *om-*; *cirkel-*
circumcise ('sɜ:kəmsaɪz) OV WW *besnijden*
circumcision (sɜ:kəm'sɪʒən) ZN *besnijdenis*
★ female ~ *vrouwenbesnijdenis*; *clitoridectomie*
circumference (sɜ:'kʌmfərəns) ZN WISK. *omtrek* ⟨v. cirkel⟩
circumjacent (sɜ:kəm'dʒeɪsənt) BNW *(er)omheen liggend*; *in de omtrek liggend*
circumlocution (sɜ:kəmlə'kju:ʃən) ZN *omhaal v. woorden*
circumlocutory (sɜ:kəmlə'kju:tərɪ) BNW *omslachtig*
circumscribe ('sɜ:kəmskraɪb) OV WW • *omschrijven* • *begrenzen*
circumscription (sɜ:kəm'skrɪpʃən) ZN • *omschrijving* • *begrenzing*
circumspect ('sɜ:kəmspekt) BNW *omzichtig*
circumspection (sɜ:kəm'spekʃən) ZN *omzichtigheid*
circumstance ('sɜ:kəmstns) ZN • *omstandigheid* • *bijzonderheid* • *praal*; *drukte* ★ without ~ *zonder complimenten*
circumstantial (sɜ:kəm'stænʃəl) BNW *uitvoerig*
circumvent (sɜ:kəm'vent) OV WW• *omsingelen* • *te slim af zijn*
circumvention (sɜ:kəm'venʃən) ZN • *omsingeling* • *misleiding*
circus ('sɜ:kəs) ZN • *circus* • *rond plein*
cirrocumulus (sɪrəʊ'kju:mjʊləs) ZN *schapenwolkje(s)*
cirrus ('sɪrəs) ZN • *vederwolk* • PLANTK. *hechtrank*
CIS AFK Commonwealth of Independent States *GOS* ⟨Gemenebest van Onafhankelijke Staten⟩
cissy ZN →*sissy*
cistern ('sɪstn) ZN • *waterreservoir* • *stortbak*
citadel ('sɪtədl) ZN *fort*; *citadel*
citation (saɪ'teɪʃən) ZN • *dagvaarding* • *eervolle vermelding*
cite (saɪt) OV WW • *dagvaarden* • *aanhalen*
citizen ('sɪtɪzən) ZN • *burger* • *stedeling* ★ ~ of the world *kosmopoliet*
citizenry ('sɪtɪzənrɪ) ZN *burgerij*
citizenship ('sɪtɪzənʃɪp) ZN *burgerschap*
citric ('sɪtrɪk) BNW *citroen-* ★ ~ acid *citroenzuur*
citron ('sɪtrən) ZN *soort citroen(boom)*
city ('sɪtɪ) ZN *(grote) stad* ★ G-B city hall *stadhuis*; *gemeentehuis* ★ city council *gemeenteraad*
City ('sɪtɪ) ZN ★ City man *zakenman* ★ the City *het centrum v. Londen*; *de Beurs*; *de effectenbeurs*
★ City article *financieel artikel* ★ City editor *financieel redacteur* ★ City news *financieel nieuws*; *nieuws v.d. beurs*
cityscape ('sɪtɪskeɪp) ZN • *aanblik v.e. stad* • *stadsbeeld*
civic ('sɪvɪk) BNW *stads-*; *burger-*
civics ('sɪvɪks) ZN *burgerlijk recht*; *staatsbestel*
civies ('sɪvɪz) ZN MV PLAT *burgerkloffie*

civil - clean

civil ('sɪvəl) BNW • *burgerlijk; burger-* • *privaatrechtelijk* • *beschaafd; beleefd* ★ ~ *servant burgerambtenaar* ★ ~ *law burgerlijk recht*
civil code ZN *Burgerlijk Wetboek*
civilian (sɪ'vɪliən) I ZN *burger* II BNW *burger-*
civility (sɪ'vɪləti) BNW *beleefdheid*
civilization (sɪvɪlaɪ'zeɪʃən) ZN • *beschaving* • *beschaafde wereld*
civilize ('sɪvɪlaɪz) OV WW *beschaven*
civvy ('sɪvi) BNW★ *in civvies in burger(kleding)*★ ~ *street de burgermaatschappij*
C.J. AFK Chief Justice *opperrechter*
cl. AFK • *centilitre centiliter* • *class klas*
clack (klæk) I ZN • *klap* • *geratel; gekletter* II ONOV WW *ratelen; kletteren*
clad (klæd) WW [volt. deelw.] → **clothe**
claim (kleɪm) I ZN • *aanspraak; recht; eis; vordering* • *claim* • *concessie* ⟨in mijnbouw⟩ ★ *have a* ~ *on recht hebben op; een vordering hebben op*★ *lay* ~ *to aanspraak maken op* II OV WW • *vorderen* • *beweren* • *aanspraak maken op; (op)eisen*
claimant ('kleɪmənt) ZN • *eiser* • *pretendent*
clairvoyance (kleə'vɔɪəns) ZN *helderziendheid*
clairvoyant (kleə'vɔɪənt) I ZN *helderziende* II BNW *helderziend*
clam (klæm) I ZN ≈ *mossel* II ONOV WW ~ *up je mond houden*
clamant ('kleɪmənt) BNW★ *luidruchtig* • *dringend*
clambake ('klæmbeɪk) ZN • *picknick aan zee* • *fuif; festijn*
clamber ('klæmbə) I ZN *zware beklimming* II ONOV WW *klauteren*
clammy ('klæmi) BNW • *klam* • *kleverig; klef*
clamorous ('klæmərəs) BNW *luidruchtig; schreeuwerig*
clamour ('klæmə) I ZN • *geschreeuw; misbaar* • *luid protest* • *eis* II ONOV WW • *schreeuwen* • *protesteren* • *eisen*
clamp (klæmp) I ZN • *klamp; klem; kram* • *(muur)anker* • *stapel bakstenen* • *voorraad ingekuilde aardappelen* II OV WW • *klampen; vastzetten; krammen* • *ophopen* • *inkuilen* III ONOV WW *clamp down on onderdrukken; de kop indrukken*
clan (klæn) ZN • *stam* ⟨in Schotse Hooglanden⟩ • *familie* • *kliek*
clandestine (klæn'destɪn) BNW *clandestien*
clang (klæŋ) I ZN • *metalige klank* • *klokgelui; belgerinkel* II OV+ONOV WW • *(laten) klinken* • *bellen; rinkelen*
clanger ('klæŋə) ZN PLAT *blunder*★ *drop a* ~ *een flater slaan*
clangour ('klæŋgə) ZN *(voortdurend) gekletter*
clank (klæŋk) I ZN *metaalgerinkel* II OV+ONOV WW *rammelen; kletteren*
clap (klæp) I ZN • *klap; slag* • *dondersslag* • *applaus* • VULG *druiper* II WW • *klappen; klapperen* ⟨met vleugels⟩ • *applaudiseren; toejuichen* ★ *clap in prison in de gevangenis zetten*★ *clap on all sail alle zeilen bijzetten*★ *clap on a hat haastig een hoed opzetten*★ *clap eyes on zien* ★ *clap spurs to a horse het paard de sporen geven* • ~ *up gauw even voor elkaar boksen*
clapped-out (klæpt'aʊt) BNW • INFORM. *doodop;*
uitgeteld • INFORM. *gammel*
clapper ('klæpə) ZN • *klepel* • *ratel* ★ *run like the* ~*s als een haas ervandoor gaan*
clapping ('klæpɪŋ) ZN *applaus*
claptrap ('klæptræp) I ZN • *bombast* • *goedkope show* • *geleuter; klets* II BNW *bombastisch*
claret ('klærət) I ZN • *rode bordeaux(wijn)* • *bloed* ★ *tap a p.'s* ~ *iem. een bloedneus slaan* II BNW *wijnrood; bordeauxrood*
clarification (klærəfɪ'keɪʃən) ZN • *opheldering* • *zuivering*
clarify ('klærəfaɪ) I OV WW • *opehelderen; verhelderen* • *helder/zuiver maken* II ONOV WW *helder/zuiver worden*
clarion ('klærɪən) ZN *klaroen*
clari(o)net (klærə'net) ZN *klarinet*
clarity ('klærəti) ZN *zuiverheid; klaarheid*
clash (klæʃ) I ZN • *botsing; conflict* • *tegenstrijdigheid* II OV+ONOV WW • *botsen; kletteren*★ *these colours* ~ *deze kleuren vloeken* • ~ *with in botsing komen met*
clasp (klɑ:sp) I ZN • *gesp; broche* • *slot* • *beugel* • *omhelzing* • *handdruk* II OV+ONOV WW • *sluiten* • *(aan)haken; pakken* • *omhelzen*★ ~ *hands de hand drukken*
clasp-knife ('klɑ:spnaɪf) ZN *knipmes*
class (klɑ:s) I ZN • *klas(se)* • *stand* • *stijl* • *klassestelsel* • *les(uur); cursus* • *lichting* II BNW *van stand; superieur*★ *my* ~ *van mijn stand*★ *no* ~ *niet veel zaaks; burgerlijk*★ *take a* ~ *cum laude slagen*
class-conscious BNW *klassebewust*
classic ('klæsɪk) I ZN *klassiek werk; klassieke schrijver*★ *the* ~*s klassieke (oude) talen* II BNW *klassiek*
classical ('klæsɪkl) BNW *klassiek*
classicism ('klæsɪsɪzəm) ZN *classicisme*
classicist ('klæsɪsɪst) ZN *classicus*
classifiable (klæsɪ'faɪəbl) BNW *classificeerbaar*
classification (klæsɪfɪ'keɪʃən) ZN *classificatie*
classified ('klæsɪfaɪd) BNW • *geclassificeerd* • USA *geheim*★ ~ *advertisements kleine annonces*★ ~ *information geheime informatie*
classify ('klæsɪfaɪ) OV WW *rangschikken; classificeren; in systeem onderbrengen*
classman ('klɑ:smən) ZN *cum laude geslaagde*
classmate ('klɑ:smeɪt) ZN *klasgenoot*
classroom ('klɑ:sru:m) ZN *leslokaal*
classy ('klɑ:si) BNW *superieur*
clatter ('klætə) I ZN *gekletter; geratel* II OV+ONOV WW *kletteren; ratelen*
clause (klɔ:z) ZN • *clausule* • *passage* • *bijzin*
claustrophobia (klɔ:strə'fəʊbɪə) ZN *claustrofobie*
claustrophobic (klɔ:strə'fəʊbɪk) BNW *claustrofobisch*
clavicle ('klævɪkl) ZN *sleutelbeen*
claw (klɔ:) I ZN • *klauw; poot* • *schaar* ⟨v. kreeft⟩ • *(klem)haak* • *nagel* ⟨v. bloemblad⟩ II OV+ONOV WW • *krabben* • *grissen; grijpen*
claw-hammer ('klɔ:hæmə) ZN *klauwhamer*
clay (kleɪ) I ZN • *klei; leem* • *stof* • *stenen pijp*★ *a yard of clay lange stenen pijp*★ *long clay Goudse pijp* II BNW *van klei* III OV WW *met klei of leem bedekken*
clayey ('kleɪɪ) BNW *kleiachtig*
clean (kli:n) I BNW • *schoon; zuiver; rein* • *zindelijk*

• welgevormd • handig • glad; zonder oneffenheden • van de drugs/drank af ★ ~ bill of health verklaring v. goede gezondheid II OV WW ★ ~ing lady werkster III OV+ONOV WW • schoonmaken; reinigen • ~ out schoonmaken; leegmaken; opmaken; blut maken • ~ up schoonmaken; opruimen; winst maken IV BIJW • totaal • schoon ★ keep it ~! hou 't netjes! ★ come ~ bekennen ★ keep/stay ~ geen verdovende middelen meer gebruiken

clean-bred ZN volbloed; ras-
clean-cut (kli:n'kʌt) BNW scherp omlijnd
cleaner ('kli:nə) ZN • schoonmaker • stofzuiger • wasserij ★ take s.o. to the ~'s iem. van al zijn geld af helpen
clean-handed ZN integer
cleaning ('kli:nɪŋ) ZN schoonmaak
cleanliness ('klɛnlɪnəs) ZN zindelijkheid
cleanly ('kli:nlɪ) BNW zindelijk
cleanse (klɛnz) OV WW zuiveren; reinigen
cleanser ('klɛnzə) ZN reinigingsmiddel
clean-shaven BNW gladgeschoren
cleansing ('klɛnzɪŋ) ZN (het) schoonmaken ★ ethnic ~ etnische zuivering
clean-up ('kli:nʌp) ZN schoonmaak
clear (klɪə) I BNW + BIJW • duidelijk; klaar; helder • zuiver; onbezwaard • vrij • veilig • netto • totaal; helemaal ★ three ~ days drie volle dagen ★ the coast is ~ de kust is veilig ★ ~ soup heldere soep ★ in ~ niet in code ★ I am quite ~ about it het is mij duidelijk ★ I am ~ that ... het is mij duidelijk dat ... ★ ~ of vrij van; buiten (bereik van) ★ keep ~ of doors niet tegen de deuren gaan staan ★ stand ~! uit de weg! II OV+ONOV WW • verhelderen; ophelderen; opklaren; verduidelijken • wegnemen • vrijspreken; zuiveren • opruimen; afruimen ⟨v. tafel⟩ • ledigen • verdwijnen • nemen ⟨v. hindernis⟩ • verrekenen • (schoon) verdienen ★ ~ a dish/plate een bord leegeten ★ ~ land terrein vrijmaken ★ ~ the land in volle zee blijven ★ ~ one's throat de keel schrapen ★ ~ inward/outward inklaren/uitklaren ★ • ~ away opruimen; afruimen ⟨v. mist⟩ • ~ off afdoen; wegtrekken; verdwijnen • ~ out wegdoen; opruimen; uitmesten; er tussenuit knijpen • ~ up opklaren; ophelderen; opruimen
clearance ('klɪərəns) ZN • ontruiming • vergunning; toestemming • opheldering • verrekening • speling; ruimte ★ ~ sale opruiming
clear-cut (klɪə'kʌt) BNW scherp omlijnd
clear-headed BNW helder denkend; verstandig
clearing ('klɪərɪŋ) ZN • open plek in bos • ontginning ★ Clearing House verrekenkantoor ★ ~-house doorgangshuis
clearly ('klɪəlɪ) BIJW zonder twijfel
clear-sighted (klɪə'saɪtɪd) BNW • scherpzinnig • scherp v. gezicht
clearway ('klɪəweɪ) ZN USA autoweg ⟨met stopverbod⟩
cleat (kli:t) ZN • wig • klamp; klimblok • SCHEEPV. kikker
cleavage ('kli:vɪdʒ) ZN • kloof; kloving • INFORM. ≈ decolleté
cleave (kli:v) I ONOV WW trouw blijven;

(aan)kleven II OV+ONOV WW kloven; splijten
cleaver ('kli:və) ZN hakmes
cleavers ('kli:vəz) ZN kleefkruid
clef (klɛf) ZN sleutel
cleft (kleft) I ZN spleet; barst II BNW ★ in a ~ stick in de knel III WW [verl. tijd + volt. deelw.] → **cleave**
cleg (klɛg) ZN • paardenvlieg • daas
clemency ('klɛmənsɪ) ZN • zachtheid • clementie
clement ('klɛmənt) BNW • zacht • mild • tegemoetkomend
clench (klɛntʃ) I ZN omklemming II OV WW • omklinken ⟨v. spijker⟩ • opeenklemmen ⟨v. tanden⟩ • ballen ⟨v. vuist⟩ • vastmaken met ankersteek • vastpakken
clergy ('klɜ:dʒɪ) ZN geestelijkheid; geestelijken
clergyman ('klɜ:dʒɪmən) ZN geestelijke; dominee
cleric ('klɛrɪk) I ZN geestelijke II BNW geestelijk
clerical ('klɛrɪkl) BNW • geestelijk • van dominee • administratief ★ ~ error schrijffout ★ ~ collar priesterboord
clerk (klɑ:k) I ZN • kantoorklerk • secretaris; griffier • USA winkelbediende • koster en voorlezer ★ ~ of the works opzichter ★ Town Clerk gemeentesecretaris ★ managing ~ procuratiehouder ★ filing ~ archiefmedewerker II ONOV WW als klerk/secretaris optreden ★ ~ (it) voor klerk spelen
clever ('klɛvə) BNW • slim • handig • USA aardig ★ ~ ~ eigenwijs ★ too ~ by half veel te eigenwijs ★ ~ Dick eigenwijs ventje
cleverness ('klɛvənəs) ZN • slimheid • handigheid
clew (klu:) I ZN • kluwen • draad ⟨v. Ariadne⟩ • touwen aan uiteinden van hangmat • SCHEEPV. schoothoorn II OV WW SCHEEPV. ~ up opgeien
cliché ('kli:ʃeɪ) ZN cliché
click (klɪk) I ZN • klik; tik • INFORM. kilometer/mijl ⟨op kilometerteller⟩ II OV+ONOV WW • verliefd worden • het samen goed kunnen vinden • klikken; klakken • aanslaan ⟨v. paard⟩ • boffen ★ it ~s het werkt; het gaat goed!
click fund ZN ECON. clickfonds
clickthrough ('klɪkθru:) ZN COMP. aantal hits ⟨op een website⟩
client ('klaɪənt) ZN • cliënt • klant • COMP. client
clientele (kli:ɒn'tɛl) ZN • clientèle • aanhang
cliff (klɪf) ZN steile rots(wand) aan zee; klif
cliffhanger ('klɪfhæŋə) ZN MEDIA cliffhanger ⟨spannende situatie die pas later wordt opgelost⟩
cliff-hanging ('klɪfhæŋɪŋ) BNW • met onzekere afloop • sensatie-
climacteric (klaɪ'mæktərɪk) ZN climacterium
climactic (klaɪ'mæktɪk) BNW wat een climax vormt; v.e./de climax
climate ('klaɪmɪt) ZN klimaat
climatic (klaɪ'mætɪk) BNW klimaat-
climax ('klaɪmæks) I ZN • toppunt • orgasme II OV WW • een hoogtepunt bereiken • klaarkomen
climb (klaɪm) I ZN • klim • helling • stijgvermogen II OV+ONOV WW • (be)klimmen; stijgen • ~ **down** omlaag klimmen; een toontje lager zingen
climb-down ('klaɪmdaʊn) ZN • vernedering • stap terug
climber ('klaɪmə) ZN • (bergbe)klimmer • klimplant • streber

clime (klaɪm) ZN → climate
clinch (klɪntʃ) **I** ZN • *het vastgrijpen* • *klinknagel* **II** OV WW • *klinken* • *beklinken* • *vastmaken met ankersteek* ★ ~ it *doorzetten* **III** ONOV WW *elkaar vastgrijpen*
clincher ('klɪntʃər) ZN *afdoend argument*
cling (klɪŋ) ONOV WW • *(aan)kleven* • *nauw aansluiten* • *(blijven) aanhangen* • ~ to z. *vastklampen aan*
cling film ZN *krimpfolie*
clinging ('klɪŋɪŋ) **I** BNW • *klevend*; *nauwsluitend* • *aanhankelijk* **II** WW → cling
cling-wrapped BNW *in folie verpakt*
clinic ('klɪnɪk) ZN *kliniek*; *verpleeginrichting*
clinical ('klɪnɪkl) BNW • *klinisch*; *geneeskundig* • *aan het ziekbed* ★ ~ thermometer *koortsthermometer*
clink (klɪŋk) **I** ZN • *het klinken* • *gevangenis*; *nor* **II** OV WW *doen klinken* **III** ONOV WW *klinken*
clinker ('klɪŋkə) ZN • *klinker (steen)* • *sintel* • *slak* • *mislukking*; *fiasco*
clinking ('klɪŋkɪŋ) BNW *denderend* (figuurlijk)
clip (klɪp) **I** ZN • *klem* • *knip* • *(video)clip* • *(broek)veer* • *patroonhouder* • *hoeveelheid geschoren wol* **II** OV WW • *afknippen*; *kort knippen*; *uitknippen*; *knippen* • *scheren* (v. schapen) • *half uitspreken* (v. woorden) • *klemmen* • *hechten* • *een draai om de oren geven* ★ clip a p.'s wings *iem. kortwieken*
clipboard ('klɪpbɔːd) ZN *klembord*
clip joint ZN *peperdure nachtclub*
clip-on **I** ZN *oorbel* (die je aan je oor klemt) **II** BNW *met een klem* ★ a ~ tie *een nepdasje*
clipper ('klɪpə) ZN • *knipper* • *schaar* • *snel paard* • SCHEEPV. *klipper* • *prachtexemplaar* • *patente kerel*
clippers ('klɪpəz) ZN MV • *tondeuse* • *kniptang*
clippie ('klɪpɪ) ZN *conductrice*
clipping ('klɪpɪŋ) **I** ZN *(kranten)knipsel* **II** BNW *prima*
clique (kliːk) ZN *kliek*
cliquish ('kliːkɪʃ) BNW *kliekjesachtig*
cliquism ('kliːkɪzm) ZN *kliekjesgeest*
clitoridectomy (klɪtərɪ'dektəmɪ) ZN *clitoridectomie*; *vrouwenbesnijdenis*
clitoris ('klɪtərɪs) ZN *clitoris*; *kittelaar*
cloak (kləʊk) **I** ZN *mantel* **II** OV WW *omhullen*
cloak-and-dagger BNW ★ ~ story *mysterieus spionageverhaal*
cloakroom ('kləʊkruːm) ZN • *bagagedepot* • *garderobe*
clobber ('klɒbə) **I** ZN • *spullen*; *boeltje*; *zootje* • *kloffie*; *kleren* **II** OV WW • *een pak rammel geven* • *hard aanpakken* • *volkomen verslaan*
cloche (klɒʃ) ZN *stolp*
clock (klɒk) **I** ZN • *klok* • *kaars* (v. paardenbloem) • *ingebreid patroon* (in kous) ★ six o'~ *6 uur* ★ what o'~ *hoe laat* ★ ~ radio *wekkerradio* **II** OV WW • SPORT *klokken* ★ ~ up *laten noteren* (v. tijd/afstand); *halen* (v. snelheid) **III** ONOV WW ~ in/out *in-/uitklokken* (op prikklok)
clockwise ('klɒkwaɪz) BIJW *met de wijzers v.d. klok mee* • *tijdbewust*
clockwork ('klɒkwɜːk) ZN *uurwerk* ★ ~ toys *speelgoed met uurwerkmechanisme* ★ like a ~ *met de regelmaat v.d. klok*

clod (klɒd) **I** ZN • *klont*; *kluit* • *boerenpummel* • *rundvlees* (v. nek) ★ the clod *de materie* **II** OV WW *met kluiten gooien*
clodhopper ('klɒdhɒpə) ZN *boerenpummel*
clodpole ('klɒdpəʊl) ZN *lummel*; *boerenkinkel*
clog (klɒɡ) **I** ZN • *klompschoen*; *klomp* • *blok* (aan been) **II** OV WW • *aan het blok leggen* • *belemmeren* **III** OV+ONOV WW • *verstoppen*; *verstopt raken* • *klonteren*; *vastkoeken*
cloggy ('klɒɡɪ) BNW • *klonterig* • *kleverig*
cloister ('klɔɪstə) **I** ZN • *klooster* • *kloostergang*; *kruisgang* ★ the ~ *het kloosterleven* **II** OV WW *in een klooster (doen) opnemen*
clone (kləʊn) ZN *kloon*
close¹ (kləʊs) **I** ZN • *binnenplaats* • *speelveld* • *erf* • *terrein* • *hofje* • *doodlopende straat* **II** BNW • *dichtbij* • *gesloten*; *dicht* • *nauw* • *nauwsluitend* • *samenhangend* • *bondig* • *benauwd* • *geheim*; *verborgen* • *gierig* • *nauwkeurig* • *innig*; *intiem* ★ live at ~ quarters *kleinbehuisd zijn* ★ be at ~ quarters *handgemeen zijn* ★ at ~ quarters *van dichtbij*; *in gesloten gelederen* ★ by/to/(up)on *dichtbij*; *vlakbij* ★ ~ argument/reasoning *waterdichte redenering* ★ ~ attention *gespannen aandacht* ★ ~ contest *gelijkopgaande strijd*; *vinnige twist* ★ ~ resemblance *sprekende gelijkenis*
close² (kləʊz) **I** ZN • *besluit*; *einde* • *handgemeen* **II** OV WW • *besluiten*; *(af)sluiten* • *langszij komen* ★ ~ one's days *sterven* ★ ~ ranks *de gelederen sluiten*; *slaags raken* ★ ~ up *verstoppen*; *afsluiten* **III** ONOV WW • *het slot vomen van* ★ closing price *slotkoers* ★ closing time *sluitingstijd* • ~ in *insluiten*; *naderen*; *korten* (v.d. dagen) ★ ~ in upon *omsingelen* • ~ up *dichtgaan* ★ he ~d up *hij zei geen woord meer* • ~ with *naderen*; *handgemeen worden*; *akkoord gaan met* • ~ (up)on *omsluiten*; *sluiten achter*; *het eens worden* **IV** OV+ONOV WW ~ down *sluiten*; *eindigen*
close-clipped BNW *kort geknipt*
close-cropped ZN → close-clipped
closed-circuit BNW *via een gesloten circuit* ★ ~ television *bewaking d.m.v. camera's*
closedown ('kləʊzdaʊn) ZN *sluiting*; *stopzetting*
close-fisted (kləʊs'fɪstɪd) BNW *gierig*
close-fitting BNW *nauwsluitend*
close-knit BNW *hecht*
close-set BNW *dicht bij elkaar*
closet ('klɒzɪt) ZN • *kast* • *(privé)kamertje*; *kabinet* ★ ~ play *leesdrama* ★ ~ strategist *kamerstrateeg* ★ FIG. come out of the ~ *uit de kast komen* (zijn (homo)seksuele aard bekendmaken)
close-up ('kləʊsʌp) ZN *(film)opname v. dichtbij*
closing date ZN *sluitingsdatum*
closure ('kləʊʒə) **I** ZN • *slot* • *sluiting* **II** OV WW *afsluiten*
clot (klɒt) **I** ZN *kluit*; *klont(er)* ★ clot of blood *trombose* **II** OV+ONOV WW ★ clotted cream *dikke room* ★ clotted nonsense *klinkklare onzin*
cloth (klɒθ) ZN • *laken*; *stof* • *tafellaken* • *doek*; *stofdoek*; *dweil* ★ cut your coat according to your ~ *tering naar de nering* ★ the ~ *de geestelijkheid* ★ American ~ *kunstleer*; *zeildoek* ★ ~ bound *in linnen band* ★ ~ boards *linnen*

omslag
clothe (kləʊð) ov ww • *(om)hullen*; *kleden*; *bekleden*; *inkleden*; *omkleden*
clothes (kləʊðz) zn mv • *kleding*; *kleren* • *wasgoed*
clothes hanger zn *klerenhanger*
clothes horse zn *droogrek* ⟨voor kleren⟩
clothes line zn *waslijn*
clothes peg zn *wasknijper*
clothes pin zn usa → **clothes peg**
clothier ('kləʊðɪə) zn *handelaar in kleding*
clothing ('kləʊðɪŋ) zn *kleding*
cloud (klaʊd) I zn • *wolk* • *menigte* • *bedekking* ★ ~ *of words gedaan in de ruimte* ★ *every* ~ *has a silver lining achter de wolken schijnt de zon* II ov+onov ww • *bewolken*; *verduisteren*; *een schaduw werpen over* • *vlammen* ⟨v. hout/stof⟩ • ~ *over somber worden*; *betrekken*
cloudburst ('klaʊdbɜːst) zn *wolkbreuk*
cloud-capped bnw *met de top in de wolken*
cloud-castle zn *luchtkasteel*
Cloud-cuckoo-land zn *droomwereld*
cloud-land ('klaʊdlənd) zn *droomwereld*
cloudless ('klaʊdləs) bnw *onbewolkt*
cloudscape ('klaʊdskeɪp) zn *wolkenpartij*
cloudy ('klaʊdɪ) bnw • *bewolkt* • *somber* • *troebel* • *duister*; *vaag* • *verward*
clough (klʌf) zn *ravijn*
clout (klaʊt) I zn • *lap*; *doek* • *kleren* • *invloed* • *slag*; *mep* II ov ww *een klap geven*; *slaan*
clove (kləʊv) I zn • *kruidnagel* • *anjer* • *bijbol* II ww [verleden tijd] → **cleave**
cloven ('kləʊvən) ww [volt. deelw.] → **cleave** ★ *show the* ~ *foot zijn ware aard tonen*
clover ('kləʊvə) zn *klaver* ★ *be/live in* ~ *een prinsheerlijk leven leiden*; *op rozen zitten*
cloverleaf ('kləʊvəliːf) zn • *klaverblad* • *verkeersknooppunt*
clown (klaʊn) I zn • *clown* • *boerenkinkel* II onov ww *de clown spelen*
clownish ('klaʊnɪʃ) bnw → **clown**
cloy (klɔɪ) ov ww • *(over)verzadigen* • *doen walgen* ★ *cloyed with overladen* ★ *cloying misselijk makend*
club (klʌb) I zn • *klaverkaart* • *knuppel* • *golfstick* • *club*; *sociëteit* ★ *in the club in verwachting* ★ *club moss wolfsklauw* II ov ww • *met knuppel slaan* • *zijn steentje bijdragen* III onov ww *(z.) verenigen*
clubfoot ('klʌbfʊt) zn *horrelvoet* ★ ~ed *met een horrelvoet*
clubs ('klʌbz) zn mv *klaver* ⟨v. speelkaart⟩
cluck (klʌk) I zn • *geklok* ⟨als v.e. hen⟩ • *stommeling* II onov ww *klokken* ⟨als een hen⟩
clue (kluː) I zn • *(lei)draad* • *aanwijzing* • *sleutel tot oplossing* II ov ww *een tip geven* ★ *clue in/ up informeren*; *een aanwijzing geven*
clueless ('kluːləs) bnw inform. *stom*
clump (klʌmp) I zn • *groep* ⟨v. bomen⟩ • *dubbele zool* II ov ww • *bij elkaar doen/planten* • *van dubbele zolen voorzien* III onov ww *klossen*
clumsiness ('klʌmzɪnəs) zn *klungeligheid*; *onhandigheid*
clumsy ('klʌmzɪ) bnw *klungelig*; *onhandig*
clung (klʌŋ) ww [verl. tijd + volt. deelw.] → **cling**
clunk (klʌŋk) zn *bons*; *klap*
cluster ('klʌstə) I zn • *cluster*; *groep* • *bos*; *tros*

• *zwerm*; *troep* II ov ww *groeperen* ★ ~ed *column zuilenbundel* III onov ww • *z. groeperen* • *in trossen/bosjes groeien*
cluster bomb zn mil. *clusterbom*
clutch (klʌtʃ) I zn • techn. *koppeling*; *koppelingspedaal* • *greep*; *macht* • *bosje*; *groepje* • *broedsel* II ov ww • *stevig vasthouden* • *stevig vastgrijpen* III onov ww ~ *at grijpen naar*
clutter ('klʌtə) I zn • *bende*; *rommel* • *verwarring* II ov ww ~ *up rommelig maken* ★ ~ *up with volstoppen met*
cmdr afk commander *commandant*
cmdre afk commodore *commodore*
c/o afk care of *p/a*
co- (kəʊ) voorv *co-*; *mede-*
C.O. afk Commanding Officer *bevelvoerend officier*
coach (kəʊtʃ) I zn • *koets*; *rijtuig* • *bus*; *touringcar* • *diligence* • *tweedeursauto* • *(kapiteins)hut* • *coach* • *repetitor* ★ ~ *box bok* ⟨voor koetsier⟩ ★ ~ *dog dalmatiër* II ov ww • *coachen* • *repetitor zijn* III onov ww ~ *(it) in koets/ diligence rijden* ★ *old* ~*ing days dagen v.d. diligence*
coachman ('kəʊtʃmən) zn *koetsier*
coachwork ('kəʊtʃwɜːk) zn *carrosserie*
coadjutor (kəʊ'ædʒʊtə) zn • *coadjutor* • *helper*
coagulant (kəʊ'æɡjʊlənt) zn *stollingsmiddel*; *stremmingsmiddel*
coagulate (kəʊ'æɡjʊleɪt) onov ww *stremmen*; *stollen*
coagulation (kəʊæɡjʊ'leɪʃən) zn *stremming*; *stolling*
coal (kəʊl) I zn *(steen)kool*; *kolen* ★ *blow the coals aanwakkeren* ⟨v. ruzie⟩ ★ *heap coals of fire on s.o. iemand berouw laten voelen door kwaad met goed te vergelden* ★ *carry coals to Newcastle water naar de zee dragen* ★ *haul/call over the coals geducht de waarheid zeggen* ★ *living coal gloeiend kooltje* II ov ww *kolen laden*
coalesce (kəʊə'les) onov ww *samensmelten*; *samenvallen*
coal gas zn *lichtgas*
coal heaver zn *kolendrager*
coalition (kəʊə'lɪʃən) zn *coalitie*; *verbond*
coal measure zn *kolenmaat*; *kolenbedding*
coalmine ('kəʊlmaɪn) zn *kolenmijn*
coalminer ('kəʊlmaɪnə) zn *mijnwerker*
coalmining ('kəʊlmaɪnɪŋ) zn *kolenwinning*
coalmouse ('kəʊlmaʊs) zn *koolmees*
coal-pit zn *kolenmijn*
coal-scuttle ('kəʊlskʌtl) zn *kolenkit*
coal tar zn *koolteer*
coaltit ('kəʊltɪt) zn *koolmees*
coalworks ('kəʊlwɜːks) zn *kolenmijn*
coarse (kɔːs) bnw *grof*; *ruw* ★ ~ *fish zoetwatervis* ⟨behalve zalm en forel⟩ ★ ~ *remark grove opmerking*
coarsen ('kɔːsən) I ov ww *ruw maken* II onov ww *ruw worden*
coast (kəʊst) I zn • *kust* • *het freewheelen* • usa *bobsleebaan* • usa *het glijden* II onov ww • *langs de kust varen* • *glijden* • *freewheelen*
coastal ('kəʊstl) bnw *kust-*
coaster ('kəʊstə) zn • *kustvaartuig* • *kustbewoner*

• *bierviltje; onderzetter* • *voetrust* ‹aan fiets› ★ ~ brake *terugtraprem*
coastline ('kəʊstlaɪn) ZN *kustlijn*
coat (kəʊt) **I** ZN • *jas; mantel* • *huid; pels* • *laag; bedekking* ★ coat armour *familiewapen* ★ coat of arms *wapen* ★ coat and skirt *mantelpak* ★ dust a p.'s coat *iem. een pak slaag geven* ★ wear the King's coat *het vaderland dienen* **II** OV WW • *(be)dekken* • *bekleden* • *vernissen* • *van een laag(je) voorzien*
coatee (kəʊ'tiː) ZN *(kort) manteltje*
coat-hanger ZN *kleerhanger*
coating ('kəʊtɪŋ) ZN • *overtrek; bekleding* • *laag(je)* • *jasstof*
coat-tail ('kəʊtteɪl) ZN *jaspand* ★ trail o.'s ~s *provoceren*
co-author ZN *medeauteur*
coax (kəʊks) OV+ONOV WW • *vleien* • ~ (in)to *vleiend overhalen om/tot*
cob (kɒb) ZN • *mannetjeszwaan* • *zware hit* • *klomp* • *rond brood* • *grote hazelnoot* • *maïskolf* • *mengsel van klei, grind en stro*
cobalt ('kəʊbɔːlt) ZN *kobalt(blauw)*
cobble ('kɒbl) **I** ZN • *kinderkopje* ★ ~(stone) *(straat)kei* **II** OV WW • *bestraten* ‹met keien› • *lappen* ‹vnl. van schoenen› • *samenflansen* • ~ up *oplappen*
cobbler ('kɒblə) ZN • *schoenlapper* • *knoeier* • *cobbler* ‹gekoelde drank› ★ ~'s wax *schoenmakerspek*
cobbles ('kɒblz) ZN MV *grote steenkool*
cobby ('kɒbɪ) ZN *kort; gezet*
cobweb ('kɒbweb) **I** ZN *spinnenweb; rag* **II** BNW *ragfijn* ★ blow away the ~s *zich eens laten uitwaaien*
cocaine (kə'keɪn) ZN *cocaïne*
cock (kɒk) **I** ZN • *haan* • *mannetje* • *haantje de voorste; leider* • *belhamel* • *opwaartse buiging* • *schuine stand* • *opgezette rand* • *(hooi)opper* • *tuit; kraan* • *tong v. weegschaal* • VULG. *penis; pik* ★ cock-and-bull story *kolderverhaal* ★ old cock *ouwe jongen* ★ cock of the walk *bazig persoon* ★ every cock crows on his own dunghill *in het land der blinden is ééneoog koning* ★ cock crow(ing) *dageraad* ★ go off half cock *overijld iets doen/zeggen* ★ at half cock *met half overgehaalde haan* ★ that cock won't fight *die vlieger gaat niet op* **II** OV WW • *scheef zetten/houden* • *(op)steken* • *(op)zetten* • *de haan spannen* • *hooi op oppers zetten* ★ cock one's nose *zijn neus optrekken* ★ cock an eye knipogen ★ cock one's hat *hoed scheef (op)zetten; de rand v.d. hoed opslaan* ★ knock s.o. into a cocked hat *iem. ver achter zich laten; iem. volledig inmaken*
cock-a-doodle-doo (kɒkədu:dl'du:) ZN *kukeleku*
cock-a-hoop (kɒkə'hu:p) BNW *juichend*
cock-a-leekie (kɒkə'li:kɪ) ZN *kippensoep met prei*
cockalorum (kɒkə'lɔ:rəm) ZN *potentaatje*
cockatoo (kɒkə'tu:) ZN *kaketoe*
cockchafer ('kɒktʃeɪfə) ZN *meikever*
cocker ('kɒkə) **I** ZN • *hanenfokker* • *cockerspaniël* **II** OV WW • ~ up *vertroetelen*
cockerel ('kɒkərəl) ZN *jonge haan*
cock-eyed ('kɒkaɪd) BNW • *scheel* • USA *dronken*
cock-fighting ('kɒkfaɪtɪŋ) ZN *het houden van hanengevechten* ★ that beats cockfighting *dat is buitengewoon aardig*
cockle ('kɒkl) **I** ZN • *roest* ‹in koren› • *rimpel; ribbel* • *kokkelschelp* • *straalkachel* • *dolik* **II** ONOV WW • *opbollen* • *krullen; rimpelen*
cockney ('kɒknɪ) **I** ZN • *geboren Londenaar* • *Londens dialect* **II** BNW *cockney*
cockpit ('kɒkpɪt) ZN • *cockpit* • *stuurhut* • *hanenmat* • *strijdtoneel* • *ziekenboeg*
cockroach ('kɒkrəʊtʃ) ZN *kakkerlak*
cockshot ('kɒkʃɒt) ZN *mikpunt*
cockshy ZN → **cockshot**
cocksure (kɒk'ʃɔ:) BNW • *stellig* • *zelfbewust* • *pedant*
cocktail ('kɒkteɪl) ZN *cocktail* ★ ~ stick *cocktailprikker*
cock-up ('kɒkʌp) ZN *rotzooi; bende*
cocky ('kɒkɪ) BNW *verwaand; eigenwijs*
coco ('kəʊkəʊ) ZN *kokospalm*
cocoa ('kəʊkəʊ) ZN • *cacao* • *chocolademelk* ★ ~ powder *(bruin) buskruit; cacaopoeder*
coconut ('kəʊkənʌt) ZN *kokosnoot* ★ that accounts for the milk in the ~ *dat verklaart alles* ★ ~ matting *kokosmat* ★ ~ palm *kokospalm*
cocoon (kə'ku:n) **I** ZN *cocon* **II** OV WW *inspinnen* **III** ONOV WW • z. *inspinnen* • *knus thuis zitten*
cod (kɒd) **I** ZN *kabeljauw* ★ cod-liver oil *levertraan* **II** OV+ONOV WW *bedotten*
C.O.D., c.o.d. AFK cash/collect on delivery *rembours; betaling bij ontvangst*
coddle ('kɒdl) **I** ZN • *troetelkindje* ★ *iem. die zichzelf in de watten legt* **II** OV WW • *vertroetelen* • *zacht koken*
code (kəʊd) **I** ZN • *code* • *wet(boek)* • *reglement; gedragslijn* ★ Highway Code *verkeersvoorschriften* ★ break the code *de code ontcijferen* **II** OV WW • *coderen* • *als wet of regel stellen*
codger ('kɒdʒə) ZN *ouwe baas; ouwe knar*
codification (kəʊdɪfɪ'keɪʃən) ZN *codificatie*
codify ('kəʊdɪfaɪ) OV WW *codificeren*
codswallop ('kɒdzwɒləp) ZN *gezwam in de ruimte; kletskoek*
co-ed ('kəʊed) ZN USA/INFORM. *meisjesstudent*
coeducation (kəʊedju:'keɪʃən) ZN *co-educatie; gemengd onderwijs*
coeducational (kəʊedju:'keɪʃənəl) BNW *co-educatie*
coefficient (kəʊɪ'fɪʃənt) ZN *coëfficiënt*
coequal (kəʊ'i:kwəl) BNW *gelijk*
coerce (kəʊ'ɜ:s) OV WW *(af)dwingen*
coercion (kəʊ'ɜ:ʃən) ZN *dwang*
coeval (kəʊ'i:vəl) **I** ZN *tijdgenoot; leeftijdsgenoot* **II** BNW • *even oud* • *van gelijke duur*
coexist (kəʊɪg'zɪst) ONOV WW *naast elkaar leven; gelijktijdig bestaan*
coexistence (kəʊɪg'zɪstəns) ZN *coëxistentie*
coexistent (kəʊɪg'zɪstənt) BNW *coëxistent*
C. of E. AFK Church of England *anglicaanse Kerk*
coffee ('kɒfɪ) ZN *koffie* ★ Irish ~ *Irish coffee* ‹koffie met whisky en slagroom› ★ white ~ *koffie met melk*
coffee bar ZN *koffiebar*
coffee bean ZN *koffieboon*
coffee break ZN *koffiepauze*

coffee grounds ZN MV *koffiedik*
coffee-shop ZN *café; koffiewinkel*
coffee-table ZN *salontafel(tje)*
coffer ('kɒfə) ZN *(geld)kist*
coffers ('kɒfəz) ZN *schatkist*
coffin ('kɒfɪn) I ZN *doodskist* II OV WW *kisten*
cog (kɒg) I ZN *tand* (v. wiel) II ONOV WW ★ *cog dice met vervalste dobbelstenen dobbelen*
cogency ('kəʊdʒənsɪ) ZN *overtuigingskracht*
cogent ('kəʊdʒənt) BNW *overtuigend*
cogged (kɒgd) BNW *getand*
cogitate ('kɒdʒɪteɪt) OV+ONOV WW *overdenken*
cogitation (kɒdʒɪ'teɪʃən) ZN *overdenking*
cognac ('kɒnjæk) ZN *cognac*
cognate ('kɒgneɪt) ZN *(bloed)verwant*
cognition (kɒg'nɪʃən) ZN *het (bewust) kennen*
cognizance ('kɒgnɪzəns) ZN • *kennis* • *competentie* • *onderscheidingsteken*
cognizant ('kɒgnɪzənt) BNW ★ ~ of *bekend met; op de hoogte van*
cognomen (kɒg'nəʊmen) ZN • *familienaam* • *bijnaam*
cog-wheel ('kɒgwiːl) ZN *tandwiel; kamwiel*
cohabit (kəʊ'hæbɪt) ONOV WW *samenwonen*
cohere (kəʊ'hɪə) ONOV WW *samenhangen*
coherence (kəʊ'hɪərəns) ZN *samenhang*
coherent (kəʊ'hɪərənt) BNW *samenhangend*
cohesion (kəʊ'hiːʒən) ZN • *cohesie; samenhang* • *binding*
cohesive (kəʊ'hiːsɪv) BNW • *samenhangend; coherent* • *bindend; verbindend*
coif (kɔɪf) ZN *kap(je)*
coign (kɔɪn) ZN ★ ~ of vantage *geschikt(e) hoekje/waarnemingspost*
coil (kɔɪl) I ZN • *spiraal(veer)* • *tros* • *kronkel* • *rol* • *inductie(klos); spoel* (v. radio) II OV WW *oprollen; in bochten leggen* III ONOV WW *(z.) kronkelen*
coin (kɔɪn) I ZN • *munt* • *geld* ★ pay s.o. in his own coin *iem. met gelijke munt betalen* II OV WW • *munten* • *verzinnen* ★ coin money *geld verdienen als water* ★ coin words *nieuwe woorden maken*
coinage ('kɔɪnɪdʒ) ZN • *munt(stelsel)* • *het munten*
coincide (kəʊɪn'saɪd) ONOV WW • *samenvallen* • *overeenstemmen*
coincidence (kəʊ'ɪnsɪdns) ZN *toeval*
coincident (kəʊ'ɪnsɪdnt) BNW *samenvallend*
coincidental (kəʊɪnsɪ'dentl) BNW *toevallig*
coiner ('kɔɪnə) ZN *(valse)munter*
coition (kəʊ'ɪʃən) ZN *coïtus*
coitus ('kəʊɪtəs) ZN *geslachtsdaad*
coke (kəʊk) I ZN • *cokes* • INFORM. *cocaïne* • *cola* ★ coke head *verslaafde* II OV WW *tot cokes maken*
col (kɒl) ZN *(nauwe) bergpas*
colander ('kʌləndə) I ZN *vergiet* II OV WW *door vergiet laten lopen*
cold (kəʊld) I ZN • *kou* • *verkoudheid* ★ catch (a) cold *verkouden worden* ★ be left out in the cold *aan zijn lot overgelaten worden* II BNW *koud; koel* ★ cold pig *een straal koud water op iem. die slaapt* ★ cold sore *koortsuitslag* ★ cold store *koelhuis* ★ cold front *kou(de)front* ★ cold snap *'n paar koude dagen* ★ throw cold water on a plan *een plan (be)kritiseren* ★ give the cold shoulder to *met de nek aankijken* ★ inch of cold steel *dolksteek* ★ cold comfort *schrale troost* ★ have cold feet *'m knijpen* ★ cold news *ontmoedigend nieuws*
cold-blooded (kəʊld'blʌdɪd) BNW *koelbloedig*
cold-hearted (kəʊld'hɑːtɪd) BNW *harteloos*
cold-livered BNW *onverstoorbaar*
cold-shoulder OV WW *de rug toekeren; negéren*
coleslaw ('kəʊlslɔː) ZN *koolsalade*
colic ('kɒlɪk) ZN *(darm)koliek*
coll. (kə'læbəreɪt) I ONOV WW • *collaboreren* • *samenwerken* II AFK *college college*
collaborate (kə'læbəreɪt) ONOV WW • *meewerken* • MIN. *collaboreren* ★ ~ on s.th. *meewerken aan iets*
collaboration (kəlæbə'reɪʃən) ZN • *medewerking* • MIN. *collaboratie* ★ ~ on s.th. *medewerking aan iets*
collaborator (kə'læbəreɪtə) ZN • *medewerker* • MIN. *collaborateur*
collapse (kə'læps) I ZN • *ineenstorting* • *mislukking* II ONOV WW • *invallen; in elkaar zakken* • *mislukken*
collapsible (kə'læpsəbl) BNW *opvouwbaar*
collar ('kɒlə) I ZN • *kraag; boord* • *(hals)ketten; (hals)band* • *sigarenbandje* • *haam* • *zwaar werk* • *rollade* ★ ~ stud *boordenknoopje* ★ pull against the ~ *zwoegen* ★ ~ beam *dwarsbalk* II OV WW • *een halsband aandoen* • *bij de kraag pakken* • *tot rollade maken* • *inpikken*
collar-bone ('kɒləbəʊn) ZN *sleutelbeen*
collate (kə'leɪt) OV WW *collationeren; vergelijken* • *in geestelijk ambt benoemen* • *invoegen* ⟨op computer⟩
collateral (kə'lætərəl) I ZN • *bloedverwant in zijlinie* • *zakelijk onderpand* II BNW • *zij aan zij* • *zijdelings; bijkomend* → **damage** → **guarantee**
colleague ('kɒliːg) ZN *collega*
collect (kə'lekt) I OV WW • *verzamelen* • *innen* • *innemen; ophalen* • *inpikken* ★ ~ o.s. *moed verzamelen; zijn gedachten ordenen* ★ ~ed *bedaard* ★ a horse en een paard in toom houden II ONOV WW *z. verzamelen*
collection (kə'lekʃən) ZN • *zelfbeheersing* • *buslichting* • *verzameling*
collective (kə'lektɪv) I BNW • *samengesteld* • *verzamelend* • *collectief* ★ ~ bargaining *collectieve arbeidsonderhandelingen; overleg tussen vakbond en werkgever* II ZN *collectief; groepsverband*
collectivize (kə'lektɪvaɪz) OV WW *tot collectief bezit maken*
collector (kə'lektə) ZN • *verzamelaar* • *collectant* • *controlebeambte* • *ontvanger* ★ ~'s item *gezocht (verzamel)object*
colleen (kɒ'liːn) ZN IERS *meisje*
college ('kɒlɪdʒ) ZN • *college* • *zelfstandig universiteitsinstituut* • *grote kostschool*
colleger ('kɒlɪdʒə) ZN *beursleerling*
collegiate (kə'liːdʒɪət) I BNW *als college ingesteld* II OV WW *als college instellen*
collet ('kɒlɪt) ZN • *ring* • *beugel* • *kas*
collide (kə'laɪd) ONOV WW *botsen*
collie ('kɒlɪ) ZN *Schotse herdershond*
collier ('kɒlɪə) ZN *mijnwerker*
colliery ('kɒlɪərɪ) ZN *kolenmijn*

collision (kəˈlɪʒən) ZN *botsing* ★ ~ *course dreigende conflictsituatie*
collocate (ˈkɒləkeɪt) OV WW *ordenen; plaatsen*
collocation (kɒləˈkeɪʃən) ZN TAALK. *verbinding*
colloid (ˈkɒlɔɪd) ZN *lijmachtig; lijm-*
collop (ˈkɒləp) ZN • *lapje vlees* • *schnitzel*
colloquial (kəˈləʊkwɪəl) BNW *tot de spreektaal behorend*
colloquialism (kəˈləʊkwɪəlɪzəm) ZN *alledaagse uitdrukking*
colloquy (ˈkɒləkwɪ) ZN • *gesprek* • *onderhoud*
collusion (kəˈluːʒən) ZN *geheime verstandhouding*
collywobbles (ˈkɒlɪwɒblz) ZN MV *buikpijn* ⟨v. zenuwen/angst⟩
colon (ˈkəʊlən) ZN • *dikke darm* • *dubbele punt*
colonel (ˈkɜːnl) ZN • *kolonel* • *overste*
colonial (kəˈləʊnɪəl) BNW *koloniaal* ★ Colonial Office *ministerie v. koloniën* ★ Colonial Secretary *minister v. koloniën*
colonialism (kəˈləʊnɪəlɪzəm) ZN *kolonialisme*
colonist (ˈkɒlənɪst) ZN *kolonist*
colonization (kɒlənaɪˈzeɪʃən) ZN *kolonisatie*
colonize (ˈkɒlənaɪz) OV+ONOV WW *koloniseren*
colonnade (kɒləˈneɪd) ZN *zuilengalerij*
colony (ˈkɒlənɪ) ZN *kolonie*
colophon (ˈkɒləfɒn) ZN *colofon* ★ from title page to ~ *van A tot Z*
color (ˈkʌlə) USA → **colour**
colossal (kəˈlɒsəl) BNW *kolossaal*
colossus (kəˈlɒsəs) ZN *kolos*
colour (ˈkʌlə), USA **color** I ZN • *kleur* • *verf* • *blos* • *timbre* • *schijn; voorwendsel* • *aard; soort* • *stijl* • *insigne* ★ man of ~ *kleurling;* neger ★ lose ~ *bleek worden* ★ gain ~ *weer kleur krijgen* ★ give no ~ for (saying) *geen aanleiding geven voor* ★ local ~ *couleur locale* ★ to be/look off ~ *niet lekker zijn; er niet goed uitzien* II OV WW • FIG. *kleuren* ⟨verkeerd voorstellen⟩ • *kleuren; verven*
colour bar ZN *rassenonderscheid; rassendiscriminatie*
colourblind (ˈkʌləblaɪnd) BNW • *kleurenblind* • USA *onpartijdig t.o.v. rassenonderscheid*
coloured (ˈkʌləd) BNW ★ ~ person *kleurling*
colourfast (ˈkʌləfɑːst) BNW *kleurecht*
colourful (ˈkʌləfʊl) BNW *kleurrijk* ★ ~ personality *interessante persoonlijkheid*
colouring (ˈkʌlərɪŋ) ZN • *kleur(sel)* • *schijn*
colourless (ˈkʌlələs) BNW • *kleurloos* • *oninteressant*
colours (ˈkʌləz) ZN MV • *vaandel* • *clubkleuren* ★ with the ~ *bij het leger* ★ show one's ~ *kleur bekennen; zijn ware aard tonen* ★ sail under false ~ *huichelen* ★ stick to one's ~ *voet bij stuk houden* ★ with flying ~ *met vlag en wimpel*
colour wash ZN *muurverf*
colt (kəʊlt) ZN • *(hengst)veulen* • *robbedoes* • *beginneling*
coltish (ˈkəʊltɪʃ) BNW *dartel*
column (ˈkɒləm) ZN • *kolom; zuil* • *colonne* • *column*
colza (ˈkɒlzə) ZN *koolzaad* ★ ~ oil *raapolie*
coma (ˈkəʊmə) ZN • *coma* • *zaadpluisje* • *nevelkring*
comatose (ˈkəʊmətəʊs) BNW • *diep bewusteloos; comateus* • *slaperig*

comb (kəʊm) I ZN • *kam* • *honingraat* ★ cut a p.'s comb *iem. op zijn nummer zetten* ★ comb honey *raathoning* II OV WW • *kammen* • *hekelen* ⟨v. vlas⟩ ★ comb a p.'s hair/head *iem. de mantel uitvegen* • ~ **out** *uitkammen* ⟨ook fig.⟩; *zuiveren*
combat (ˈkɒmbæt) ZN *gevecht* ★ single ~ *duel*
combatant (ˈkɒmbətnt) ZN *strijder*
combative (ˈkɒmbətɪv) BNW *strijdlustig*
combe (kuːm) ZN • *diepe vallei* • *kloof*
comber (ˈkəʊmə) ZN • *omkrullende golf* • *kam(mer)*
combination (kɒmbɪˈneɪʃən) ZN *combinatie* ★ (motorcycle) ~ *motor met zijspan* ★ ~ lock *combinatieslot*
combinations (kɒmbɪˈneɪʃənz) ZN MV *hemdbroek*
combine¹ (ˈkɒmbaɪn) ZN *syndicaat* ★ ~ (harvester) *oogstmachine*
combine² (kəmˈbaɪn) I OV WW • *verenigen* • *combineren* II ONOV WW • *z. verenigen* • *samenwerken; samenspelen*
combo (ˈkɒmbəʊ) ZN *combo*
comb-out (ˈkəʊmaʊt) ZN *nauwkeurig onderzoek*
combust (kəmˈbʌst) OV WW *verbranden*
combustible (kəmˈbʌstɪbl) I ZN *brandbare stof* II BNW *brandbaar*
combustion (kəmˈbʌstʃən) ZN *verbranding* ★ spontaneous ~ *zelfontbranding*
combustion engine ZN *verbrandingsmotor*
come (kʌm) ONOV WW • *(aan/neer/op)komen; erbij komen; terechtkomen* • *naderen* • *worden* • *meegaan* • *afleggen* ⟨v. afstand⟩ • VULG. *klaarkomen* ★ complaining comes natural to the Dutch *klagen zit de Nederlanders in het bloed* ★ he has come into a fortune *hij heeft een fortuin geërfd* ★ come into s.th. *in bezit komen van* ★ come into being/existence *ontstaan* ★ come into money *aan geld komen* ★ come of age *meerderjarig worden* ★ come near *dicht(er)bij komen* ★ come true *uitkomen* ★ USA come Christmas *a.s. Kerstmis* ★ I have come to believe *ik ben tot het besef gekomen* ★ in days to come *in de toekomst* ★ come short *te kort schieten* ★ how come? *hoe zo? hoe zit dat (dan)?* ★ come what may *wat er ook gebeure* • ~ **about** *gebeuren; tot stand komen; richting veranderen;* SCHEEPV. *overstag gaan* • ~ **across** *tegenkomen; aantreffen* • ~ **after** *komen na; achterna komen* • ~ **along** *eraan komen; voortmaken* • ~ **apart** *losgaan; uit elkaar vallen* • USA ~ **around** *langs komen; bijkomen* ⟨na flauwte⟩; *bijtrekken* ⟨na ruzie⟩; *overlopen; draaien* ⟨v. wind⟩ • ~ **at** *aanvallen; verkrijgen* • ~ **away** *losgaan; vandaan komen* • ~ **back** *terugkomen; weer voor de geest komen;* USA *iets terugzeggen* • ~ **between** *tussenbeide komen* • ~ **by** *(ver)krijgen; voorbijkomen; komen aan* • ~ **down** *naar beneden komen; kalmeren; rustig worden* • come down in the world *aan lager wal raken* • ~ **down on** *neerkomen op; straffen; krachtig eisen; uitvaren tegen* • ~ **down to** *z. uitstrekken tot* • ~ **down with** *krijgen* ⟨v. ziekte⟩; *dokken* • ~ **for** *komen om; afhalen; (dreigend) afkomen op* • ~ **forth** *te voorschijn komen* • ~ **forward** *z. aanmelden; naar voren komen* • ~ **from** *komen van/uit; het*

resultaat zijn van • **~ home to** *duidelijk worden*
• **~ in** *binnenkomen; thuiskomen; erin komen; aankomen* ⟨v. post⟩; *opkomen* ⟨getij⟩; *beginnen; eraan te pas komen; aan de macht komen* ★ *where do I come in? waar blijf ik (dan)?* ★ *this comes in useful/handy dit komt me van pas* • **~ in for** *(als aandeel) krijgen*
• **~ off** *eraf gaan/komen; afgeven; uitkomen; uit de strijd komen; lukken* • **~ on** *opkomen; naderen; gedijen; vorderen; op gang komen; komen opzetten* ★ *come on strong het er dik bovenop leggen* • **~ out** *(er) uitkomen; te voorschijn komen; aan 't licht komen; blijken; in staking gaan; debuteren* • **~ over** *komen over; overkómen; óverkomen; oversteken*
• **~ round** *aankomen; vóórkomen; draaien* ⟨wind⟩; *bijkomen; weer goed worden* ★ *come round again weer verschijnen* • **~ through** *doorkomen; overleven; over de brug komen*
• **~ to** *bijkomen; bijdraaien* ★ *it comes to the same thing het komt op hetzelfde neer* ★ *it comes to 5,99 het komt op 5,99* ★ *come to one's senses tot bezinning komen* • **~ under** *vallen onder* • **~ up** *opkomen; bovenkomen; aankomen* ⟨als student⟩; *ter sprake komen* • **~ up to** *erop af komen; de hoogte bereiken van; voldoen aan* • **~ up with** *inhalen; gelijk komen met* • **~ upon** *overvallen; tegen 't lijf lopen; te binnen schieten; ten laste komen van; opkomen bij*

comeback ('kʌmbæk) ZN *terugkeer*

comedian (kə'mi:dɪən) ZN • *blijspelspeler*
• *blijspelschrijver* ★ MIN. *low ~ komiek; kluchtspeler*

comedienne (kəmi:dɪ'en) ZN • *blijspelspeelster*
• *blijspelschrijfster*

comedown ('kʌmdaʊn) ZN • *val; vernedering; achteruitgang* • *tegenvaller*

comedy ('kɒmɪdɪ) ZN *blijspel* ★ *musical ~ operette/musical*

comely ('kʌmlɪ) BNW *knap; keurig*

come-on ('kʌmɒn) ZN *voorwendsel; smoes* ★ *give the ~ avances maken*

comer ('kʌmə) ZN • *aangekomene; bezoeker*
• *uitdager* INFORM./USA *veelbelovend iemand*
★ *all ~s iedereen*

comet ('kɒmɪt) ZN *komeet*

comeuppance (kʌm'ʌpəns) ZN USA/INFORM. *verdiende loon; straf*

comfit ('kʌmfɪt) ZN • *(vruchten)bonbon* • *suikertje*

comfort ('kʌmfət) I ZN • *troost; bemoediging*
• *gemak; gerief; comfort* • *welstand* ★ *Dutch ~ schrale troost* II OV WW *troosten*

comfortable ('kʌmftəbl) BNW *geriefelijk; gemakkelijk*

comforter ('kʌmfətə) ZN • *trooster* • *fopspeen*
• *wollen sjaal* ★ *the Comforter de Heilige Geest*

comfortless ('kʌmfətləs) BNW *troosteloos*

comfrey ('kʌmfrɪ) ZN *smeerwortel*

comfy ('kʌfɪ) BNW INFORM. → **comfortable**

comic ('kɒmɪk) I ZN • *komiek* • *stripverhaal; stripboek* II BNW *komisch* ★ *~ book/strip stripboek; stripverhaal*

comical ('kɒmɪkl) BNW *komisch*

comic strip ZN *stripverhaal*

coming ('kʌmɪŋ) I ZN *komst* II BNW • *veelbelovend*
• *komend; aanstaand*

coming-out (kʌmɪŋ-'aʊt) ZN • *het uitkomen; het openbaar worden* • *het openbaar maken; coming-out* ⟨zijn (homo)seksuele aard bekendmaken⟩

comity ('kɒmətɪ) ZN • *wederzijds respect*
• *beleefdheid*

comma ('kɒmə) ZN *komma*

command (kə'mɑ:nd) I ZN • *bevel; order*
• *commando* • *afdeling v.d. RAF* • *beheersing*
• *beschikking* • *gezichtsveld; uitzicht* ★ *great ~ of language grote vaardigheid in taal* ★ *at ~ ter beschikking* ★ *in ~ of met commando belast* ★ *~ post commandopost* II OV WW • *bevelen; commanderen* • *het commando voeren over*
• *beheersen* • *beschikken over* • *bestrijken*
• *opbrengen* ⟨v. prijs⟩ • *bedingen; vragen* ⟨prijs⟩
★ *yours to ~ uw dienstwillige* ★ *this spot ~s a splendid view of vanhier ziet men prachtig uit over*

commandeer (kɒmən'dɪə) OV WW *vorderen*

commander (kə'mɑ:ndə) ZN • *commandant*
• *gezagvoerder* ★ *~ in chief opperbevelhebber*

commanding (kə'mɑ:ndɪŋ) BNW • *bevelvoerend*
• *indrukwekkend* • *met goed uitzicht*

commandment (kə'mɑ:ndmənt) ZN *gebod*

commando (kə'mɑ:ndəʊ) ZN *commando; stoottroep(er)*

commemorate (kə'meməreɪt) OV WW *herdenken*

commemoration (kəmemə'reɪʃən) ZN *herdenking*

commemorative (kə'memərətɪv) BNW *herdenkings-*

commence (kə'mens) OV WW • *beginnen*
• *promoveren*

commencement (kə'mensmənt) ZN • USA *plechtige opening v. schooljaar of collegejaar*
• G-B *plechtige diploma-uitreiking*

commend (kə'mend) OV WW *prijzen; aanbevelen*

commendable (kə'mendəbl) BNW *prijzenswaardig; aanbevelenswaardig*

commendation (kɒmen'deɪʃən) ZN *aanbeveling; lof*

commendatory (kə'mendətərɪ) BNW *aanbevelend*
★ *~ prayer(s) gebed(en) voor de stervenden*

commensurable (kə'menʃərəbl) BNW • *onderling meetbaar* • *deelbaar* • *evenredig*

commensurate (kə'menʃərət) BNW
→ **commensurable** • *evenredig* • *samenvallend*
• *vergelijkbaar*

comment ('kɒment) I ZN *commentaar; kritiek* II ONOV WW • *van commentaar voorzien* • *aan- of opmerkingen maken*

commentary ('kɒməntərɪ) ZN • *uiteenzetting; commentaar* • *reportage* ★ *running ~ ooggetuigenverslag*

commentate ('kɒmənteɪt) I OV WW *een verslag geven van* II ONOV WW *commentaar leveren*

commentator ('kɒmənteɪtə) ZN • *commentator*
• *verslaggever* ⟨v. radio/tv⟩

commerce ('kɒmɜːs) ZN *handel; verkeer*

commercial (kə'mɜːʃəl) I ZN • *reclameboodschap* ⟨op radio⟩; *reclamefilm/-spot* ⟨op tv⟩ • INFORM. *verzoeknummer* II BNW • *voor de (klein)handel bestemd* • *handels-; commercieel*

commercialism (kə'mɜːʃəlɪzəm) ZN *handelsgeest*

commercialize (kə'mɜːʃəlaɪz) OV WW *tot*

handelsobject maken
commie ('kɒmɪ) ZN INFORM./PEJORATIEF *communist*
commingle (kə'mɪŋgl) I OV WW *vermengen* II ONOV WW *z. vermengen*
comminute ('kɒmɪnjuːt) OV WW *verbrijzelen*
commiserate (kə'mɪzəreɪt) WW *medelijden hebben/betuigen met*
commiseration (kəmɪzə'reɪʃən) ZN *medeleven*
commissariat (kɒmɪ'seərɪət) ZN • *intendance* • *voedselvoorziening*
commissary ('kɒmɪsərɪ) ZN • *commissaris; gedelegeerde* • *verplegingsofficier* • *kantine*
commission (kə'mɪʃən) I ZN • *opdracht; last(geving); taak; ambt* • *commissie* • *provisie* • *het plegen* ⟨v. misdaad⟩ ★ in ~ *in actieve dienst* ★ get one's ~ *officier worden* ★ lose/resign one's ~ *ontslagen worden; ontslag nemen als officier* ★ out of ~ *buiten dienst* II OV WW • *opdragen* • *machtigen* • *bestellen* • *aanstellen*
commission-agent ZN *commissionair*
commissionaire (kəmɪʃə'neə) ZN • *besteller* • *portier*
commissioned (kə'mɪʃənd) BNW ★ ~ officer *officier*
commissioner (kə'mɪʃənə) ZN • *gevolmachtigde* • *commissaris* • *gecommitteerde*
commit (kə'mɪt) OV WW • *toevertrouwen* • *plegen; bedrijven* • (z.) *compromitteren* • *verwijzen* ⟨naar commissie⟩ ★ ~ *binden* ★ ~ for trial *naar terechtzitting verwijzen* ★ ~ to *prijsgeven aan* ★ I wouldn't ~ myself to *ik zou mij niet wagen aan* ★ ~ to memory *van buiten leren* ★ ~ to prison *gevangen zetten*
commitment (kə'mɪtmənt) ZN • *verbintenis* • *aangegane verplichting*
committal (kə'mɪtl) ZN • *gevangenzetting* • *bijzetting* ⟨v. overledene⟩
committed (kə'mɪtɪd) BNW • *toegewijd* • *geëngageerd*
committee (kə'mətɪ) ZN • *commissie; comité* • *bestuur*
commode (kə'məʊd) ZN • *commode* • *ladekast* • *haarstrik* • *stiletje*
commodious (kə'məʊdɪəs) BNW *ruim en geriefelijk*
commodity (kə'mɒdətɪ) ZN • *(handel)sartikel; product* • *basisproduct; grondstof* • *koopwaar*
commodore ('kɒmədɔː) ZN • *commodore* • *kapitein ter zee; divisiecommandant* • SCHEEPV. *oudste kapitein* • LUCHTV. *gezagvoerder* • *president v. zeilclub*
common ('kɒmən) I ZN • *onbebouwd (stuk) land* • *gemeenschappelijke wei* • (right of) ~ *weiderecht* ★ ~ of pasturage *weiderecht* ★ ~ of piscary *visrecht* ★ in ~ *gezamenlijk* ★ in ~ with *evenals* ★ out of the ~ *ongewoon* II BNW • *gemeenschappelijk* • *algemeen* • *openbaar* • *gewoon* • *vulgair; ordinair* ★ make ~ cause *gemene zaak maken* ★ ~ council *gemeenteraad* ★ ~ crier *stadsomroeper* ★ ~ divisor/factor/measure *gemene deler* ★ ~ ground *iets waarover men het eens is* ★ ~ law *gewoonterecht* ★ ~ measure *twee- of vierkwartsmaat* ★ ~ multiple *kleinste gemene veelvoud* ★ Common Prayer *anglicaanse eredienst* ★ ~ room *docentenkamer; gelagkamer* ★ ~ sense *gezond verstand* ★ ~ land *meent; gemeenschapsgrond* ★ ~weal *algemeen welzijn* ★ ~ or garden *huis-, tuin-, en keuken-; gewoon*
commoner ('kɒmənə) ZN • *rechthebbende op gemeenschappelijke wei* • (gewoon) *burger* • *lid v. House of Commons* • *niet-beursstudent*
commonly ('kɒmənlɪ) BIJW • *gewoonlijk; gebruikelijk* • *ordinair*
commonplace ('kɒmənpleɪs) I ZN • *treffende passage* • *gemeenplaats* II BNW *afgezaagd; banaal* III OV WW *een treffende passage noteren* IV ONOV WW *clichés gebruiken*
commons ('kɒmənz) ZN MV • *gewone volk; burgerij* • *gemeenschappelijke maaltijd* • *portie* ★ (House of) Commons *Lagerhuis*
commonwealth ('kɒmənwelθ) ZN • *gemenebest* • *rijk* ★ the Commonwealth *Australië* ★ the (British) Commonwealth (of Nations) *Britse Gemenebest; Britse Rijk*
commotion (kə'məʊʃən) ZN *opschudding*
communal ('kɒmjʊnl) BNW *gemeente-; gemeenschaps-* ★ ~ spirit *gemeenschapszin*
commune[1] ('kɒmjuːn) ZN • *gemeente* • *commune*
commune[2] (kə'mjuːn) ONOV WW • USA *de communie ontvangen* • ~ with *z. onderhouden met*
communicant (kə'mjuːnɪkənt) ZN • *communicant* • *deelnemer aan Avondmaal* • *zegsman*
communicate (kə'mjuːnɪkeɪt) I OV WW • *het Avondmaal bedienen* • ~ to *mededelen aan* II ONOV WW • *communiceren* • *het Avondmaal ontvangen* • ~ with *een goede relatie aanknopen/hebben met; in verbinding staan met*
communication (kəmjuːnɪ'keɪʃən) ZN • *mededeling; het mededelen* • *verbinding(sweg)* ★ ~ cord *noodrem*
communicative (kə'mjuːnɪkətɪv) BNW *mededeelzaam*
communion (kə'mjuːnɪən) ZN • *gemeenschap* • *verbinding* • *omgang* • *kerkgenootschap* ★ Holy Communion *heilige communie*
communiqué (kə'mjuːnɪkeɪ) ZN *communiqué; bekendmaking*
communism ('kɒmjʊnɪzəm) ZN *communisme*
communist ('kɒmjʊnɪst) I ZN *communist* II BNW *communistisch*
communistic (kɒmjʊ'nɪstɪk) BNW *communistisch*
community (kə'mjuːnətɪ) ZN *genootschap; gemeenschap* ★ ~ lawyers *wetswinkel* ★ ~ singing *samenzang* ★ ~ centre *buurthuis; wijkcentrum*
communize ('kɒmjʊnaɪz) OV WW *tot gemeenschappelijk bezit maken*
commutability (kəmjuːtə'bɪlətɪ) ZN *verwisselbaarheid*
commutable (kə'mjuːtəbl) BNW *verwisselbaar*
commutation (kɒmjuː'teɪʃən) ZN ★ USA ~ ticket *trajectkaart*
commutative (kə'mjuːtətɪv) BNW ★ ~ fine *boete i.p.v. hechtenis*
commutator ('kɒmjuːteɪtə) ZN *stroomwisselaar*
commute (kə'mjuːt) I OV WW • *veranderen;*

verwisselen • *afkopen en omzetten* ⟨v. schuld of verplichting⟩ • *verzachten* ⟨v. straf⟩ **II** ONOV WW *forenzen*
commuter (kə'mju:tə) **I** ZN • *pendelaar; forens* • *houder van treinabonnement* ⋆ cross-border ∼ *economische migrant* **II** BNW ⋆ ∼ train *forenzentrein*
compact¹ ('kɒmpækt) ZN • *verdrag; overeenkomst* • *poederdoos* ⋆ USA ∼ car *middelgrote auto*
compact² (kəm'pækt) **I** BNW • *compact; vast; stevig* • *bondig, gedrongen* **II** OV WW • *condenseren* • *samenstellen* • *samenpakken* • *stevig verbinden* ⋆ ∼ed *of bestaand uit*
companion (kəm'pænjən) **I** ZN • *makker; metgezel; deelgenoot* • *laagste graad in een ridderorde* • *gezelschapsdame* • *bijbehorende deel* • SCHEEPV. *kampanje* **III** ONOV WW ∼ with *omgaan met*
companionable (kəm'pænjənəbl) BNW *gezellig*
companionship (kəm'pænjənʃɪp) ZN *kameraadschap*
companionway (kəm'pænjənweɪ) ZN *trap naar kajuit*
company ('kʌmpənɪ) **I** ZN • *gezelschap* • *vennootschap; maatschappij* • *bedrijf* • *genootschap* • *compagnie* ⋆ bear/keep ∼ *gezelschap houden* ⋆ ∼ manners *gelegenheidsmanieren* ⋆ keep ∼ with *(om)gaan met* ⋆ see little ∼ *weinig visite ontvangen* ⋆ part ∼ *uiteengaan* ⋆ weep for ∼ *van de weeromstuit meehuilen* ⋆ joint-stock ∼ *maatschappij op aandelen* **II** ONOV WW ⋆ ∼ with *omgaan met*
company car ZN *auto van de zaak*
comparable ('kɒmpərəbl) BNW *vergelijkbaar*
comparative (kəm'pærətɪv) **I** ZN TAALK. *vergrotende trap* **II** BNW *vergelijkend* ⋆ he was ∼ly small *hij was betrekkelijk klein*
compare (kəm'peə) **I** OV WW *vergelijken* ⋆ nobody can ∼ with *niemand kan de vergelijking doorstaan met*
comparison (kəm'pærɪsən) ZN *vergelijking* ⋆ bear/ stand ∼ with *de vergelijking kunnen doorstaan met* ⋆ degrees of ∼ *trappen v. vergelijking*
compartment (kəm'pɑ:tmənt) ZN • *afdeling* • *coupé*
compartmentalize (kɒmpɑ:t'mentəlaɪz) OV WW *in vakken verdelen; onderverdelen*
compass ('kʌmpəs) **I** ZN • *kompas* • *omtrek* • *gebied; terrein* • *omvang; draagwijdte* ⟨v. stem⟩ • MUZ. *toonomvang* • *omweg* ⋆ ∼ bearing *kompaspeiling* ⋆ ∼ window *ronde erker* **II** OV WW • *beramen* • *omvatten; insluiten* • *begrijpen* • *vooren* • *gaan om*
compasses ('kʌmpəsɪz) ZN MV ⋆ (pair of) ∼ *passer*
compassion (kəm'pæʃən) ZN *medelijden*
compassionate (kəm'pæʃənət) **I** BNW *meelevend; medelijdend* **II** OV WW *medelijden hebben*
compatibility (kəmpætə'bɪlətɪ) ZN • *verenigbaarheid* • *uitwisselbaarheid*
compatible (kəm'pætəbl) BNW • *verenigbaar* • COMP. *compatible* ⋆ ∼ with *aangepast aan; verenigbaar met*
compatriot (kəm'pætrɪət) ZN *landgenoot*
compel (kəm'pel) OV WW *(af)dwingen; verplichten*
compelling (kəm'pelɪŋ) BNW *onweerstaanbaar; boeiend; fascinerend*

compendium (kəm'pendɪəm) ZN *samenvatting*
compensate ('kɒmpenseɪt) OV WW *goedmaken; vergoeden*
compensation (kɒmpen'seɪʃən) ZN *compensatie*
compere ('kɒmpeə) **I** ZN *presentator* **II** WW *presenteren; als presentator optreden*
compete (kəm'pi:t) ONOV WW • *wedijveren; concurreren* • *mededingen* ⋆ ∼ for *mededingen naar*
competence ('kɒmpɪtns) ZN • *bevoegdheid* • *competentie* • *welstand*
competent ('kɒmpɪtnt) BNW • *geoorloofd* • *bekwaam; bevoegd*
competition (kɒmpə'tɪʃən) ZN • *concurrentie* • *competitie* ⋆ stiff ∼ *fikse competitie*
competitive (kəm'petɪtɪv) BNW • *concurrerend* • *prestatiegericht* ⋆ John and his older brother are very ∼ *John en zijn oudere broer wedijveren sterk met elkaar* ⋆ ∼ prices *scherpe prijzen* ⋆ ∼ examination *vergelijkend examen*
competitor (kəm'petɪtə) ZN *concurrent; mededinger*
compilation (kɒmpɪ'leɪʃən) ZN *samenstelling; verzameling*
compile (kəm'paɪl) OV WW *compileren; bijeenbrengen*
compiler (kəm'paɪlə) ZN *compilator*
complacence ZN → **complacency**
complacency (kəm'pleɪsənsɪ) ZN *(zelf)voldaanheid*
complacent (kəm'pleɪsnt) BNW *(zelf)voldaan*
complainant (kəm'pleɪnənt) ZN *eiser; aanklager; reclamant*
complaint (kəm'pleɪnt) ZN *kwaal; (aan)klacht*
complaisance (kəm'pleɪzəns) ZN *minzaamheid; inschikkelijkheid*
complaisant (kəm'pleɪzənt) BNW *minzaam; inschikkelijk*
complement ('kɒmplɪmənt) **I** ZN *aanvulling; complement; vereist aantal* **II** OV WW *aanvullen*
complementary (kɒmplɪ'mentərɪ) BNW *aanvullend*
complete (kəm'pli:t) **I** BNW *compleet; volkomen; voltallig* **II** OV WW *maken; afmaken; invullen*
completion (kəm'pli:ʃən) ZN *voltooiing*
complex ('kɒmpleks) **I** ZN *complex; samenstel; geheel* **II** BNW *samengesteld; ingewikkeld*
complexion (kəm'plekʃən) ZN • *aard* • *gelaatskleur* • *voorkomen*
complexity (kəm'pleksətɪ) ZN *complexiteit*
compliance (kəm'plaɪəns) ZN *toestemming; nakoming; inwilliging* ⋆ in ∼ with *overeenkomstig*
compliance officer ZN *controleur* ⟨v. regelgeving⟩
compliant (kəm'plaɪənt) BNW *meegaand; soepel*
complicate ('kɒmplɪkeɪt) OV WW *ingewikkeld maken*
complicated ('kɒmplɪkeɪtɪd) BNW *ingewikkeld*
complication (kɒmplɪ'keɪʃən) ZN *complicatie*
complicity (kəm'plɪsətɪ) ZN *medeplichtigheid*
compliment ('kɒmplɪmənt) **I** ZN *compliment* ⋆ ∼s *complimenten; plichtplegingen* **II** OV WW • *complimenteren* ⋆ ∼ on *gelukwensen met; vereren met* ⟨geschenk⟩
complimentary (kɒmplɪ'mentərɪ) BNW *gratis* ⋆ ∼

copy *presentexemplaar* ★ ~ ticket *vrijkaart*
compline ('komplın) ZN *completen*
comply (kəm'plaı) ONOV WW ~ **with** *handelen overeenkomstig; inwilligen; toestaan*
component (kəm'pəʊnənt) I ZN *bestanddeel* II BNW *samenstellend*
comport (kəm'pɔ:t) ONOV WW • **in** *overeenstemming zijn* ★ ~ o.s. *zich gedragen* • ~ **with** *z. voegen naar*
comportment (kəm'pɔ:tmənt) ZN *gedrag*
compose (kəm'pəʊz) OV+ONOV WW • *samenstellen* • *zetten* ⟨drukwerk⟩ • *schikken* • *kalmeren* • *componeren* ★ ~ o.s. *bedaren* ★ ~ o.s. to write *zich zetten om te gaan schrijven*
composed (kəm'pəʊzd) BNW *beheerst; bedaard*
composer (kəm'pəʊzə) ZN *componist*
composite ('kompəzıt) BNW *gezamenlijk; samengesteld*
composition (kompə'zıʃən) ZN • *samenstelling* • *compositie* • *mengsel* • *schrijfvaardigheid; het stellen; opstel* • *aard* • *schikking* ★ ~ billiard balls *synthetische biljartballen*
compositive (kom'pozətıv) BNW *samengesteld; synthetisch*
compositor (kəm'pozıtə) ZN *(letter)zetter*
compost ('kompost) I ZN *compost; mengmest* II OV WW *bemesten met compost; mengen*
compost heap ZN *composthoop*
composure (kəm'pəʊʒə) ZN *bedaardheid; kalmte; (zelf)beheersing*
compote ('kompəʊt) ZN *vruchten op sap; compote*
compound[1] ('kompaʊnd) I ZN • *kamp* • *samenstelling; mengsel* II BNW *samengesteld; gecompliceerd* ★ ~ animal feeds *mengvoeders*
compound[2] (kəm'paʊnd) I OV WW • *afkopen* • *samenstellen; (ver)mengen* II ONOV WW *schikken; tot een akkoord komen*
comprehend (komprı'hend) OV WW • *insluiten* • *begrijpen*
comprehensibility (komprıhensə'bılətı) ZN *begrijpelijkheid*
comprehensible (komprı'hensıbl) BNW *mentaal te bevatten; begrijpelijk*
comprehension (komprı'henʃən) ZN • *omvang* • *begrip* • *toelating v. diverse richtingen in één kerkgenootschap of partij*
comprehensive (komprı'hensıv) I ZN *middenschool; scholengemeenschap* II BNW *veelomvattend; uitgebreid* ★ ~ faculty *bevattingsvermogen* ★ ~ school *scholengemeenschap*
comprehensive insurance ZN *all-riskverzekering*
compress[1] ('kompres) ZN *kompres*
compress[2] (kəm'pres) OV WW *samendrukken; comprimeren*
compression (kəm'preʃən) ZN • *bondigheid* • *samenpersing; compressie*
compressor (kəm'presə) ZN • *drukverband* • *compressor*
comprise (kəm'praız) OV WW *be-/om-/samenvatten* • ~ **of** *bestaan uit*
compromise ('komprəmaız) I ZN *compromis; overeenkomst; middenweg* II OV WW *compromitteren* III ONOV WW *tot een akkoord komen*

comptroller (kən'trəʊlə) ZN → **controller**
compulsion (kəm'pʌlʃən) ZN • *dwangneurose* • *dwang*
compulsive (kəm'pʌlsıv) BNW *dwingend* ★ ~ habit *dwangmatige gewoonte*
compulsory (kəm'pʌlsərı) BNW *verplicht*
compunction (kəm'pʌŋkʃən) ZN *wroeging; spijt*
computation (kompju:'teıʃən) ZN *berekening*
compute (kəm'pju:t) OV+ONOV WW *(be)rekenen; calculeren*
computer (kəm'pju:tə) ZN *computer; elektronisch brein* ★ ~ science *informatica*
computerate (kəm'pju:tərət) BNW COMP. ⟨computer-literate⟩ *goede kennis van computers bezittend*
computer game ZN *computerspelletje*
computerization (kəmpju:təraı'zeıʃən) ZN *automatisering*
computerize (kəm'pju:təraız) I OV WW *met computer verwerken; in computer opslaan* II OV+ONOV WW *op de computer overgaan; automatiseren*
comrade ('komreıd) ZN *kameraad*
comradely ('komreıdlı) BNW + BIJW *kameraadschappelijk*
comsat ('komsæt) ZN *communication satellite communicatiesatelliet*
con (kon) I ZN • *verlakkerij; zwendel* • *oplichter* ★ pros and cons *voor en tegen* ★ mod cons [mv] *modern comfort* ⟨modern conveniences⟩ II OV WW ★ con man *zwendelaar; oplichter* ★ conned into signing *met mooie praatjes overgehaald om te tekenen* ★ con s.o. out of his/her money *iem. geld aftroggelen m.b.v. bedrog* ★ con a ship *roercommando's geven* III ONOV WW ★ conning tower *commandotoren*
concatenate (kən'kætıneıt) OV WW *aaneenschakelen*
concave ('konkeıv) I ZN *(hemel)gewelf* II BNW *hol*
conceal (kən'si:l) OV WW *verbergen; geheim houden* ★ ~ed lighting *indirecte verlichting*
concealment (kən'si:lmənt) ZN *het verborgen houden; verschuiling*
concede (kən'si:d) I OV WW *toegeven; toestaan* ★ ~ a game *verliezen* II ONOV WW z. *gewonnen geven*
conceit (kən'si:t) ZN • LIT. *stijlfiguur* • *eigendunk; verwaandheid* ★ I am out of ~ with *ik vind er niets meer aan*
conceited (kən'si:tıd) BNW *een hoge dunk v. zichzelf hebbend; verwaand*
conceivable (kən'si:vəbl) BNW *denkbaar*
conceive (kən'si:v) I ONOV WW *zwanger worden* II OV+ONOV WW • *ontvangen* • *een idee vormen v. iets; z. voorstellen; bevatten* ⟨mentaal⟩; *begrijpen* ★ ~d in plain terms *onomwonden uitgedrukt*
concentrate ('konsəntreıt) I ZN *geconcentreerde stof* II OV WW *samen laten komen* III ONOV WW • *samenkomen* • *(z.) concentreren*
concentrated ('konsəntreıtıd) BNW • *geconcentreerd; onverdund* • *intens*
concentration (konsən'treıʃən) ZN *concentratie* ★ ~ camp *concentratiekamp*
concentric (kən'sentrık) BNW *concentrisch*
concept ('konsept) ZN *begrip*

conception (kən'sepʃən) ZN • bevruchting • conceptie; voorstelling ⟨mentaal⟩ ★ immaculate ~ onbevlekte ontvangenis

conceptual (kən'septʃʊəl) BNW conceptueel; begrips-

conceptualize (kən'septʃʊəlaɪz) OV WW zich een beeld vormen van

concern (kən'sɜ:n) I ZN • zaak; firma • bezorgdheid • deelneming • betrekking • (aan)deel ★ have no ~ with niets te maken hebben met ★ have no ~ for zich niet bekommeren om ★ the whole ~ de hele zaak; het hele spul II OV WW betrekking hebben op; aangaan ★ be ~ed betrokken zijn; bezorgd zijn III WKD WW ★ ~ o.s. zich interesseren; zich inlaten; zich ongerust maken

concerning (kən'sɜ:nɪŋ) BIJW betreffende

concert¹ ('kɒnsət) ZN • concert • overeenstemming ★ work in ~ samenwerken ★ ~ grand concertvleugel ★ in ~ with overeenkomstig; in overleg met

concert² (kən'sɜ:t) OV WW op touw zetten; arrangeren

concerted (kən'sɜ:tɪd) BNW gezamenlijk

concertgoer ('kɒnsətgəʊə) ZN concertganger

concertina (kɒnsə'ti:nə) ZN harmonica

concerto (kən'tʃeətəʊ) ZN concert

concession (kən'seʃən) ZN toestemming; inwilliging; concessie

concessionary (kən'seʃənəri) BNW concessionair

concessive (kən'sesɪv) BNW toegevend

conch (kɒŋk) ZN schelp(dier)

conciliate (kən'sɪlɪeɪt) OV WW verzoenen; gunstig stemmen; winnen

conciliation (kənsɪlɪ'eɪʃən) ZN verzoening

conciliator (kən'sɪlɪeɪtə) ZN bemiddelaar

conciliatory (kən'sɪlɪətrɪ) BNW verzoeningsgezind

concinnity (kən'sɪnətɪ) ZN sierlijkheid

concise (kən'saɪs) BNW beknopt

concision (kən'sɪʒən) ZN mutilatie

conclave (kɒnkleɪv) ZN conclaaf

conclude (kən'klu:d) I OV WW • (be)sluiten; concluderen; beëindigen ★ to be ~d slot volgt • ~ from opmaken uit II ONOV WW ten einde komen; aflopen

conclusion (kən'klu:ʒən) ZN besluit; conclusie ★ in ~ tenslotte ★ try ~s with zich meten met

conclusive (kən'klu:sɪv) BNW beslissend; overtuigend ★ JUR. ~ evidence doorslaggevend bewijs

concoct (kən'kɒkt) OV WW • verzinnen; beramen • bereiden; brouwen

concoction (kən'kɒkʃən) ZN • brouwsel • samenstelling

concomitant (kən'kɒmɪtnt) I ZN begeleidend verschijnsel II BNW bijbehorend; samengaand

concord ('kɒnkɔ:d) ZN • verdrag • eendracht; overeenstemming

concordance (kən'kɔ:dns) ZN overeenstemming; concordantie

concordant (kən'kɔ:dnt) BNW harmonieus

concordat (kən'kɔ:dæt) ZN concordaat

concourse ('kɒnkɔ:s) ZN • trefpunt • op-/samen-/toeloop; menigte

concrete¹ (kən'kri:t) I ZN concreet ding/woord II BNW • concreet • vast • hard III OV WW hard/vast doen worden IV ONOV WW hard/vast worden

concrete² ('kɒnkri:t) I ZN beton II BNW v. beton III OV WW v.e. laag beton voorzien; concretiseren

concrete-mixer ('kɒŋkri:tmɪksə) ZN betonmolen

concubine ('kɒŋkjʊbaɪn) ZN bijzit

concupiscence (kən'kju:pɪsəns) ZN wellust

concupiscent (kən'kju:pɪsənt) BNW wellustig

concur (kən'kɜ:) ONOV WW • samenvallen • mee-/samenwerken • 't eens zijn

concurrence (kən'kʌrəns) ZN overeenstemming

concurrent (kən'kʌrənt) BNW • samenwerkend • gelijktijdig • overeenkomstig • gelijkzijdig ★ ~ lease aansluitende pacht ⟨overeenkomst⟩

concuss (kən'kʌs) OV WW schudden; intimideren; schokken ⟨ook fig.⟩

concussion (kən'kʌʃən) ZN • botsing • schok • hersenschudding ★ ~ of the brain hersenschudding

condemn (kən'dem) OV WW • afkeuren • veroordelen • onbruikbaar verklaren; onbewoonbaar verklaren

condemnation (kɒndem'neɪʃən) ZN • veroordelingsgrond • veroordeling

condemnatory (kɒndem'neɪtərɪ) BNW afkeurenswaardig

condemned (kən'demd) BNW veroordeeld; gedoemd ★ ~ cell dodencel

condensation (kɒnden'seɪʃən) ZN condensatie

condense (kən'dens) OV+ONOV WW condenseren; concentreren; bekorten

condenser (kən'densə) ZN condens(at)or

condescend (kɒndɪ'send) ONOV WW afdalen; z. verwaardigen

condescending (kɒndɪ'sendɪŋ) BNW minzaam; neerbuigend

condescension (kɒndɪ'senʃən) ZN neerbuigendheid; minzaamheid

condign (kən'daɪn) BNW verdiend ⟨vnl. straf⟩

condiment ('kɒndɪmənt) ZN kruiderij; bijspijs

condition (kən'dɪʃən) I ZN • staat; toestand • bepaling • voorwaarde • conditie • rang; stand ★ ~s omstandigheden ★ change one's ~ trouwen ★ in/out of ~ in goede/slechte staat II OV WW • in goede staat brengen • naar zijn/haar hand zetten; manipuleren • als voorwaarde stellen; vereist zijn voor • bepalen • z. verbinden • keuren ★ it is ~ed by het hangt af van

conditional (kən'dɪʃənl) BNW voorwaardelijk

condo ('kɒndəʊ) ZN • flatgebouw • koopflat

condole (kən'dəʊl) ONOV WW • de deelneming betuigen • ~ on/with condoleren met

condolence (kən'dəʊləns) ZN condoleantie ★ my ~s! gecondoleerd!

condom ('kɒndɒm) ZN condoom

condominium (kɒndə'mɪnɪəm) ZN USA → condominium (gebouw met) koopflat(s) JUR. (gebied onder) gemeenschappelijk bestuur

condonation (kɒndə'neɪʃən) ZN oogluiking

condone (kən'dəʊn) OV WW • goedmaken • vergeven • gedogen; door de vingers zien

conduce (kən'dju:s) ONOV WW • leiden • ~ to bijdragen tot

conducive (kən'dju:sɪv) BNW bevorderlijk

conduct¹ ('kɒndʌkt) ZN • optreden; gedrag • leiding • behandeling

conduct² (kən'dʌkt) I OV WW • *(aan)voeren; leiden* • *dirigeren* II OV+ONOV WW *geleiden* ‹v. elektriciteit› III WKD WW ★ ~ o.s. *zich gedragen*

conductibility (kəndʌktə'bılətı) ZN *geleidingsvermogen*

conduction (kən'dʌkʃən) ZN *geleiding*

conductive (kən'dʌktıv) BNW *geleidend*

conductivity ZN → **conductibility**

conductor (kən'dʌktə) ZN • *dirigent* • *conducteur* • *gids; leider* • *bliksemafleider* • *geleider* ★ ~ rail *stroomrail*

conductress (kən'dʌktrəs) ZN *conductrice*

conduit ('kɒndjʊıt) ZN *leiding; geleidingsbuis; kanaal*

cone (kəʊn) I ZN • *kegel* • USA *ijshoorn* • *sparappel; dennenappel; vrucht v. cederboom* II OV WW *tot 'n kegel maken* III ONOV WW *dennen-/pijnappels dragen*

coney ('kəʊnı), **cony** ZN *konijn(enbont)*

confab(ulate) (kən'fæb(jʊleıt)) ONOV WW *keuvelen*

confection (kən'fekʃən) I ZN • *suikergoed; snoepgoed* • *stijlvol kledingstuk; creatie* • *(dames)confectie* II OV WW *bereiden*

confectioner (kən'fekʃənə) ZN *suikerbakker; banketbakker; snoepgoedfabrikant*

confectionery (kən'fekʃənərı) ZN *suikergoed; snoepgoed; banket; suikerbakkerij*

confederacy (kən'fedərəsı) ZN • *complot* • *(ver)bond; statenbond; federatie*

confederate¹ (kən'fedərət) I ZN • *bondgenoot* • *medeplichtige* II BNW *in een federatie verenigd*

confederate² (kən'fedəreıt) ONOV WW *(z.) verbinden; samenspannen*

confederation (kənfedə'reıʃən) ZN *(con)federatie*

confer (kən'fɜː) I OV WW *verlenen* II ONOV WW *beraadslagen*

conference ('kɒnfərəns) ZN *conferentie* ★ Mr. Jones is in ~ *de heer Jones is in bespreking*

conferment (kən'fɜːmənt) ZN *verlening*

confess (kən'fes) I ONOV WW • *biechten* • *(de) biecht horen* II OV+ONOV WW • *bekennen* • *erkennen* ★ to ~ *bekennen*

confessed (kən'fest) BNW *openlijk; erkend*

confession (kən'feʃən) ZN • *(geloofs)belijdenis* • *biecht; bekentenis*

confessional (kən'feʃənl) I ZN *biechtstoel* ★ ~ box/stall *biechtstoel* II BNW *confessioneel; biecht-*

confessor (kən'fesə) ZN *belijder; biechtvader*

confetti (kən'fetı) ZN *confetti*

confidant (kɒnfı'dænt) ZN • *vertrouweling* • *deelgenoot* ‹v. een geheim›

confidante (kɒnfı'dænt) ZN *vertrouwelinge*

confide (kən'faıd) OV WW • *vertrouwen* • ~ in *vertrouwen op* • ~ to *toevertrouwen aan*

confidence ('kɒnfıdns) ZN • *vertrouwelijke mededeling* • *(zelf)vertrouwen; vrijmoedigheid* ★ ~ trick *oplichterij; oplichterstruc* ★ ~ man *oplichter*

confident ('kɒnfıdnt) BNW *vol zelfvertrouwen; vertrouwend; vrijmoedig*

confidential (kɒnfı'denʃəl) BNW *vertrouwelijk* ★ ~ clerk *procuratiehouder*

confiding (kən'faıdıŋ) BNW *vertrouwend; vol vertrouwen*

configuration (kənfıgjʊ'reıʃən) ZN • *formatie* • *gedaante; vorm*

confine¹ ('kɒnfaın) ZN *grens* ★ ~s *grenzen*

confine² (kən'faın) OV WW • *opsluiten* • *begrenzen; beperken* ★ be ~d *bevallen; in het kraambed liggen* ★ be ~d to one's bed *het bed moeten houden*

confined (kən'faınd) BNW *krap* ‹ruimte›; *nauw* ‹ruimte› ★ a ~ space *een besloten ruimte*

confinement (kən'faınmənt) ZN • *beperking* • *bevalling; kraambed* • *opsluiting* ★ solitary ~ *eenzame opsluiting*

confirm (kən'fɜːm) OV WW • *bevestigen* • *bekrachtigen* • *vormen* • *het Heilig Vormsel toedienen*

confirmation (kɒnfə'meıʃən) ZN *bevestiging*

confirmatory (kən'fɜːmətərı) BNW *bevestigend*

confirmed (kən'fɜːmd) BNW *overtuigd* ★ ~ invalid *chronisch zieke* ★ ~ bachelor *verstokte vrijgezel*

confiscate ('kɒnfıskeıt) OV WW • *afnemen* • *in beslag nemen; verbeurd verklaren*

confiscation (kɒnfı'skeıʃən) ZN *confiscatie*

conflagration (kɒnflə'greıʃən) ZN *grote brand*

conflate (kən'fleıt) OV WW *één maken; samensmelten*

conflation (kən'fleıʃən) ZN *samenvoeging; smelting*

conflict¹ ('kɒnflıkt) ZN *ruzie; strijd; conflict*

conflict² (kən'flıkt) ONOV WW • *botsen* • ~ with *in tegenspraak zijn met*

conflicting (kɒn'flıktıŋ) BNW *(tegen)strijdig*

confluence ('kɒnflʊəns) ZN • *toeloop* • *samenvloeiing*

confluent ('kɒnflʊənt) I ZN *zijrivier* II BNW *samenstromend/-vloeiend*

conform (kən'fɔːm) I OV WW • *aanpassen* • ~ to *in overeenstemming brengen met* ★ ~ o.s. to z. *aanpassen bij* II ONOV WW • *inschikkelijk zijn* • ~ to z. *voegen naar; z. richten naar*

conformable (kən'fɔːməbl) BNW • *gelijk(vormig)* • *meegaand* • *overeenkomend; overeenkomstig*

conformation (kɒnfɔː'meıʃən) ZN • *gesteldheid* • *aanpassing* • *vorm; structuur*

conformist (kən'fɔːmıst) ZN • *lid v.d. anglicaanse staatskerk* • *iem. die z. schikt naar regels*

conformity (kən'fɔːmətı) ZN • *overeenstemming* • *gelijkvormigheid* • *onderwerping aan de anglicaanse ritus*

confound (kən'faʊnd) OV WW • *verwarren* • *beschamen; verijdelen* ★ ~ed *verduiveld* ★ ~ it! *verrek!*

confraternity (kɒnfrə'tɜːnətı) ZN • *broederschap* • *kliek; bende*

confront (kən'frʌnt) OV WW • *het hoofd bieden* • *confronteren* • *tegenover elkaar staan/stellen*

confrontation (kɒnfrʌn'teıʃən) ZN *confrontatie*

confuse (kən'fjuːz) OV WW • *in de war brengen* • *verwarren*

confused (kən'fjuːzd) BNW • *verward; beduusd* • *rommelig*

confusion (kən'fjuːʒən) ZN • *verwarring* • *ondergang* • *verlegenheid*

confutation (kɒnfjʊ'teıʃən) ZN *weerlegging*

confute (kən'fjuːt) OV WW • *weerleggen* • *(iem.) tot zwijgen brengen*

conga ('kɒŋgə) ZN MUZ. *conga*

congeal (kən'dʒiːl) OV+ONOV WW • *stremmen*

• *bevriezen* • *(doen) stollen*
congenial (kənˈdʒiːnɪəl) BNW • *gezellig* • *sympathiek; geschikt* ★ ~ to *(geest)verwant met*
congenital (kənˈdʒenɪtl) BNW *aangeboren*
congest (kənˈdʒest) I OV WW *verstoppen* ⟨v. wegen⟩ II ONOV WW *verstopt raken* ★ ~ed *overvol; verstopt; overbevolkt*
congestion (kənˈdʒestʃən) ZN • *verstopping* ⟨v. wegen⟩ • *ophoping* • *verkeersopstopping*
conglomerate (kənˈglɒməreɪt) I ZN *conglomeraat* II BNW *opeengepakt* III OV+ONOV WW *conglomereren*
conglomeration (kənglɒməˈreɪʃən) ZN *conglomeraat*
congrats (kənˈgræts) TW INFORM. *gefeliciteerd*
congratulate (kənˈgrætʃʊleɪt) OV WW • *feliciteren* • ~ on *gelukwensen met*
congratulation (kəngrætʃʊˈleɪʃən) ZN *felicitatie; gelukwens* ★ ~s! *gefeliciteerd!*
congratulatory (kəngrætʃʊˈleɪtərɪ) BNW ★ ~ telegram *gelukstelegram*
congregate (ˈkɒŋgrɪgeɪt) I OV WW *verzamelen* II ONOV WW *vergaderen; (z.) verzamelen*
congregation (kɒŋgrɪˈgeɪʃən) ZN *gemeente* ⟨v. kerk⟩; *congregatie*
congress (ˈkɒŋgres) ZN *congres*
Congress (ˈkɒŋgres) ZN *Het Congres* ⟨Senaat en Huis v. Afgevaardigden in U.S.A.⟩
congressional (kənˈgreʃənəl) BNW *v.h. congres*
Congressman (ˈkɒŋgresmən) ZN [V: -woman] *Congreslid*
congruence (ˈkɒŋgrʊəns) ZN *harmonie; overeenstemming*
congruent (ˈkɒŋgrʊənt) BNW *congruent; passend; overeenstemmend*
congruity ZN → **congruence**
congruous (ˈkɒŋgrʊəs) BNW *overeenstemmend*
conic (ˈkɒnɪk) I ZN *kegelsnede* II BNW *kegelvormig* ★ ~ section *kegelsnede*
conical (ˈkɒnɪkl) BNW *kegelvormig*
conifer (ˈkɒnɪfə) ZN *conifeer*
coniform (ˈkəʊnɪfɔːm) ZN *kegelvormig*
conjectural (kənˈdʒektʃərəl) BNW *gegist*
conjecture (kənˈdʒektʃə) I ZN *gissing; vermoeden* II ONOV WW *gissen; vermoeden*
conjoin (kənˈdʒɔɪn) OV+ONOV WW *(z.) verenigen*
conjoint (kənˈdʒɔɪnt) BNW *verenigd*
conjugal (ˈkɒndʒʊgl) BNW *echtelijk* ★ ~ rights *huwelijksrechten*
conjugate[1] (ˈkɒndʒʊgət) I ZN *woord v. dezelfde stam* II BNW • TAALK. *v. dezelfde stam* ⟨woord⟩ • *verenigd*
conjugate[2] (ˈkɒndʒʊgeɪt) I OV WW *vervoegen* II ONOV WW BIOL. *z. verbinden*
conjugation (kɒndʒʊˈgeɪʃən) ZN *vervoeging*
conjunct (kənˈdʒʌŋkt) I ZN *toegevoegde; bijvoegsel* II BNW *toegevoegd*
conjunction (kənˈdʒʌŋkʃən) ZN • *samenstand* ⟨v. sterren⟩ • *samenloop* • TAALK. *voegwoord* • *vereniging; verbond* ★ in ~ with *in samenwerking met*
conjunctive (kənˈdʒʌŋktɪv) I ZN *verbindend woord; conjunctivus* II BNW *verbindend* ★ ~ tissue *bindweefsel*
conjunctivitis (kəndʒʌŋktɪˈvaɪtɪs) ZN *bindvliesontsteking*
conjuncture (kənˈdʒʌŋktʃə) ZN • *crisis* • *samenloop* ⟨v. omstandigheden⟩
conjure[1] (kənˈdʒʊə) I OV WW *bezweren* II OV+ONOV WW *aanroepen* ⟨v. geest⟩
conjure[2] (ˈkʌndʒʊə) OV+ONOV WW • *toveren; goochelen* ★ a name to ~ with *een beroemde naam* • ~ up *voor de geest roepen*
conjurer (ˈkʌndʒərə), **conjuror** ZN • *slimmerik* • *goochelaar*
conjuror ZN → **conjurer**
conk (kɒŋk) I ZN • *kokkerd; harses* • *stomp; dreun* II OV WW *een opdonder geven* III ONOV WW *'t opgeven*
connect (kəˈnekt) I OV WW *in verband brengen; aansluiten* II ONOV WW *in verband staan; (z.) verbinden*
connected (kəˈnektɪd) BNW • *aangesloten* ⟨v. apparatuur⟩ • *samenhangend* ★ well-~ *van goede familie*
connecting-rod ZN *drijfstang*
connection (kəˈnekʃən), **connexion** ZN • *verbinding; aansluiting* • *koppeling* • *omgang* • *(familie)relatie; familielid* • *klandizie* • *(dokters)praktijk*
connective (kəˈnektɪv) I ZN *verbindingswoord* II BNW *verbindend* ★ ~ tissue *bindweefsel*
connexion ZN → **connection**
connivance (kəˈnaɪvəns) ZN *samenspanning*
connive (kəˈnaɪv) ONOV WW • *oogluikend toezien* • ~ at *oogluikend toelaten* • ~ with *in geheime verstandhouding staan met*
connoisseur (kɒnəˈsɜː) ZN *fijnproever; kenner*
connotation (kɒnəˈteɪʃən) ZN *bijbetekenis*
connotative (ˈkɒnəteɪtɪv) BNW ★ ~ sense *bijbetekenis*
connote (kəˈnəʊt) OV WW • *insluiten* • *(ook nog) betekenen* • *associaties oproepen aan*
connubial (kəˈnjuːbɪəl) BNW *echtelijk; huwelijks-*
conquer (ˈkɒŋkə) OV+ONOV WW • *veroveren* • *overwinnen*
conqueror (ˈkɒŋkərə) ZN *veroveraar; overwinnaar* ★ William the Conqueror *Willem de Veroveraar*
conquest (ˈkɒŋkwest) ZN *verovering* ★ GESCH. the Norman Conquest *de verovering v. Engeland door de Normandiërs (1066)*
Cons. AFK • Conservative *conservatief* • Consul *consul*
consanguinity (kɒnsæŋˈgwɪnətɪ) ZN *bloedverwantschap*
conscience (ˈkɒnʃəns) ZN *geweten* ★ upon my ~ *waarachtig* ★ have the ~ to *de onbeschaamdheid hebben om* ★ in all ~ *waarachtig* ★ for ~(') sake *in geweten; uit moreel plichtsgevoel* ★ ~ clause *bepaling krachtens welke gewetensbezwaren worden gerespecteerd*
conscientious (kɒnʃɪˈenʃəs) BNW *gewetensvol; nauwkeurig; scrupuleus* ★ ~ objector *principiële dienstweigeraar*
conscious (ˈkɒnʃəs) BNW • *bij kennis* • *(z.) bewust*
consciousness (ˈkɒnʃəsnəs) ZN *bewustzijn*
conscript[1] (ˈkɒnskrɪpt) I ZN *dienstplichtige* II BNW *dienstplichtig* ★ Conscript Fathers *de vroede vaderen*

conscript² (kən'skrɪpt) ov ww *oproepen voor militaire dienst*
conscription (kən'skrɪpʃən) zn *dienstplicht*
consecrate ('kɒnsɪkreɪt) ov ww *heiligen; consacreren; wijden*
consecration (kɒnsɪ'kreɪʃən) zn *wijding*
consecutive (kən'sekjʊtɪv) bnw • *(opeen)volgend* • *gevolgaanduidend*
consensus (kən'sensəs) zn *consensus; eenheid v. gevoelens; overeenstemming*
consent (kən'sent) I zn *toestemming* ★ age of ~ *leeftijd waarop iem. wettelijk beslissingsbekwaam is* ★ by common/with one ~ *éénstemmig* II onov ww • *inwilligen* ★ ~ing adults *mensen die voor de wet volwassen en beslissingsbevoegd zijn* • ~ to *toestemmen in*
consequence ('kɒnsɪkwəns) zn *(logisch) gevolg* ★ in ~ *dientengevolge* ★ in ~ of *ten gevolge van* ★ of no ~ *van geen belang* ★ man of ~ *man van gewicht/invloed*
consequent ('kɒnsɪkwənt) I zn • wisk. *volgende term* • *gevolg* II bnw • *consequent* • *daaruit volgend/voortvloeiend*
consequential (kɒnsɪ'kwenʃəl) bnw • *consequent* • *gewichtig(doend); verwaand*
consequently ('kɒnsɪkwentlɪ) bijw *dus; derhalve*
conservation (kɒnsə'veɪʃən) zn *milieubescherming; natuurbehoud*
conservationist (kɒnsə'veɪʃənɪst) zn *natuur-/milieubeschermer*
conservatism (kən'sɜ:vətɪzəm) zn *conservatisme*
conservative (kən'sɜ:vətɪv) I zn *lid v.e. conservatieve partij; conservatief* II bnw *conservatief*
conservatoire (kən'sɜ:vətwɑ:) zn *conservatorium*
conservator (kən'sɜ:vətə) zn • *bewaarder* ‹i.h.b.v. museum› • *milieubeheerder* • jur. *curator*
conservatory (kən'sɜ:vətərɪ) I zn • *broeikas; serre* • *conservatorium* II bnw *conserverend*
conserve (kən'sɜ:v) ov ww *bewaren; behouden; in stand houden; goed houden* ‹v. voedsel›
conserves (kən'sɜ:vz) zn mv *conserven; ingemaakte groente/fruit; jam*
consider (kən'sɪdə) I ov ww • *overwegen* • *bedenken* • *in aanmerking nemen* • v. mening zijn • *beschouwen (als)* II onov ww *nadenken*
considerable (kən'sɪdərəbl) bnw • *belangrijk* • *aanzienlijk; veel*
considerate (kən'sɪdərət) bnw *attent*
consideration (kənsɪdə'reɪʃən) zn • *inachtneming* • *overweging* • *consideratie* • *beloning; compensatie* • *welwillendheid* • *achting* ★ out of ~ for *met het oog op* ★ on no ~ *in geen geval* ★ it was sold for a ~ *het werd verkocht met een zeer kleine winst* ★ in ~ of *ter vergoeding van; met 't oog op* ★ take into ~ *in aanmerking nemen*
considered (kən'sɪdəd) bnw *geacht; weloverwogen* ★ all things ~ *alles in aanmerking genomen*
considering (kən'sɪdərɪŋ) bijw *in aanmerking genomen/nemend*
consign (kən'saɪn) ov ww • *overleveren; overdragen; zenden* • *deponeren; storten* ‹v. geld› • ~ to *toevertrouwen aan* ★ ~ to oblivion *aan de vergetelheid prijsgeven*
consignation (kɒnsɪg'neɪʃən) zn • *consignatie*
• *overdracht; storting* ★ to the ~ of *geadresseerd aan*
consignee (kɒnsaɪ'ni:) zn *geadresseerde*
consignment (kən'saɪnmənt) zn ★ ~ note *vrachtbrief*
consignor (kən'saɪnə) zn *afzender*
consist (kən'sɪst) onov ww • ~ in *bestaan in* • ~ of *bestaan uit* • ~ with *overeenkomen met*
consistence (kən'sɪstəns) zn • *consequentie* • *vaste lijn* • *dichtheid; vastheid*
consistency zn → **consistence**
consistent (kən'sɪstnt) bnw • *bestaanbaar* • *samengaand* • *consequent*
consistory (kən'sɪstərɪ) zn *consistorie; kerkenraad*
consolable (kən'səʊləbl) bnw *troostbaar*
consolation (kɒnsə'leɪʃən) zn *troost*
consolatory (kən'sɒlətərɪ) bnw *troostend*
console¹ ('kɒnsəʊl) zn • *console; bedieningspaneel* • *speeltafel van orgel*
console² (kən'səʊl) ov ww *troosten*
consolidate (kən'sɒlɪdeɪt) I ov ww • *bevestigen; consolideren* • *hecht maken* ★ ~d annuities *Engelse staatsobligaties* II onov ww • *hechter worden* • *samengaan; fuseren*
consolidation (kənsɒlɪ'deɪʃən) zn *consolidatie*
consolidator (kən'sɒlɪdeɪtə) zn *consolideerder*
consols ('kɒnsɒlz) zn mv *Engelse staatsobligaties*
consommé (kɒn'sɒmeɪ) zn *heldere soep*
consonance ('kɒnsənəns) zn • lit. *halfrijm* • *gelijkluidendheid; harmonie; overeenstemming*
consonant ('kɒnsənənt) I zn *medeklinker* II bnw *welluidend* ★ ~ to *in overeenstemming met*
consonantal (kɒnsə'næntl) bnw *consonantisch*
consort¹ ('kɒnsɔ:t) zn • *gemalin; gemaal* • scheepv. *meeligger*
consort² (kən'sɔ:t) I ov ww *verenigen* ★ he ruled in ~ with his father *hij regeerde samen met zijn vader* II onov ww • *omgaan* • ~ with *(goed) passen bij; optrekken met; overeenstemmen*
consortium (kən'sɔ:tɪəm) zn *consortium; syndicaat*
conspicuous (kən'spɪkjʊəs) bnw *in het oog springend; opvallend* ★ he was ~ by his absence *hij schitterde door afwezigheid*
conspiracy (kən'spɪrəsɪ) zn *samenzwering*
conspirator (kən'spɪrətə) zn *samenzweerder*
conspire (kən'spaɪə) onov ww • *samenwerken* • *samenzweren; beramen*
constable ('kʌnstəbl) zn *politieagent* ★ Chief Constable *(hoofd)commissaris v. politie*
constabulary (kən'stæbjʊlərɪ) I zn *politiekorps/-macht* II bnw *politie-*
constancy ('kɒnstənsɪ) zn *standvastigheid*
constant ('kɒnstnt) bnw • *voortdurend* • *standvastig; trouw* ★ ~ly *steeds (maar); dikwijls*
constellation (kɒnstə'leɪʃən) zn • *sterrenbeeld* • *constellatie*
consternation (kɒnstə'neɪʃən) zn *consternatie; ontsteltenis*
constipate ('kɒnstɪpeɪt) onov ww *verstopt raken; last van constipatie hebben*
constipation (kɒnstɪ'peɪʃən) zn *verstopping* ‹darm›
constituency (kən'stɪtjʊənsɪ) zn • pol.

kiesdistrict; de kiezers • *de clientèle*
constituent (kən'stɪtjʊənt) **I** ZN • POL. *kiezer* • *lastgever* • *bestanddeel* **II** BNW • *constituerend* • *afvaardigend* • *samenstellend*
constitute ('kɒnstɪtju:t) OV WW • *stichten* • *samenstellen; vormen; uitmaken* • *instellen* • *aanstellen (tot)* ★ ~ o.s. *zich opwerpen als*
constitution (kɒnstɪ'tju:ʃən) ZN • *gestel* • *staatsbestel; grondwet; reglement*
constitutional (kɒnstɪ'tju:ʃənl) **I** ZN INFORM. *wandeling(etje) voor de gezondheid* **II** BNW *m.b.t. de grondwet*
constitutionalize (kɒnstɪ'tju:ʃənəlaɪz) OV WW *grondwettelijk maken*
constitutive ('kɒnstɪtju:tɪv) BNW • *wetgevend* • *essentieel* • *samenstellend*
constrain (kən'streɪn) OV WW • *gevangen zetten* • *af-/bedwingen* • *noodzaken*
constrained (kən'streɪnd) BNW *geremd; geforceerd; onnatuurlijk*
constraint (kən'streɪnt) ZN • *(zelf)beheersing* • *dwang* • *verlegenheid* • *beperking*
constrict (kən'strɪkt) OV WW *samentrekken*
constriction (kən'strɪkʃən) ZN *samentrekking*
construct (kən'strʌkt) OV WW *construeren; (op)bouwen; aanleggen*
construction (kən'strʌkʃən) ZN *constructie; opbouw; aanleg* ★ he put a good ~ upon his refusal *hij gaf een goede reden/uitleg voor zijn weigering* ★ under ~ *in aanleg/aanbouw*
constructional (kən'strʌkʃənl) BNW *constructief*
constructive (kən'strʌktɪv) BNW • *opbouwend* ⟨vnl. van kritiek⟩ • *af te leiden; niet rechtstreeks*
constructor (kən'strʌktə) ZN • *technisch opzichter* • *constructeur; bouwer*
construe (kən'stru:) OV WW • *construeren* • *af-/uitleiden*
consuetude ('kɒnswɪtju:d) ZN *gewoonterecht*
consul ('kɒns(ə)l) ZN *consul*
consular ('kɒnsjʊlə) BNW *consulair*
consulate ('kɒnsjʊlət) ZN *consulaat*
consulship ('kɒnsəlʃɪp) ZN *consulaat*
consult (kən'sʌlt) OV WW • *raadplegen* • *rekening houden met* **II** ONOV WW *beraadslagen; overleggen* ★ ~ with one's pillow *er een nachtje over slapen*
consultant (kən'sʌltnt) ZN • *consulterend geneesheer* • *raadpleger; adviseur* ★ ~ engineer *technisch adviseur*
consultation (kɒnsəl'teɪʃən) ZN • *consult* ⟨bij arts⟩ • *beraadslaging*
consultative (kən'sʌltətɪv) BNW ★ Joint Consultative Committee *ondernemingsraad*
consulting room ZN *spreekkamer*
consumable (kən'sju:məbl) BNW *eetbaar*
consume (kən'sju:m) **I** OV WW *verbruiken; nuttigen* **II** ONOV WW *ver-/wegteren*
consumedly (kən'sju:mədlɪ) BIJW *buitengewoon*
consumer (kən'sju:mə) ZN *verbruiker; consument* ★ ~s' association *consumentenbond* ★ ~s' panel *geselecteerde groep consumenten voor marktonderzoek e.d.* ★ ~ goods *consumptie-verbruiksgoederen; consumptieartikelen*
consumerism (kən'sju:mərɪzəm) ZN • *maatschappelijke trend naar consumptiegericht zijn* • *opkomen voor de consument; bescherming van consumentenbelangen*
consummate¹ (kən'sʌmət) BNW • *doortrapt* ⟨vooral leugen⟩ • *volkomen; volmaakt*
consummate² ('kɒnsəmeɪt) OV WW *voltooien; de laatste hand leggen aan* ★ ~ a marriage *een huwelijk consumeren*
consumption (kən'sʌmpʃən) ZN • *verbruik; consumptie* • *tuberculose; tering* ★ ~ goods *verbruiksgoederen*
consumptive (kən'sʌmptɪv) **I** ZN *tbc-patiënt* **II** BNW • *consumerend* • *teringachtig*
cont. AFK • **contents** *inhoud* • **continued** *voortgezet*
contact ('kɒntækt) **I** ZN • *contact; aanraking; raakpunt* • *bacillendrager* ★ ~ lens *contactlens* **II** OV WW • *in contact komen met; z. in verbinding stellen met* • *aanklampen*
contagion (kən'teɪdʒən) ZN • *verderf* • *besmetting; besmettelijke ziekte*
contagious (kən'teɪdʒəs) BNW *besmettelijk* ⟨m.b.t. ziekte⟩
contain (kən'teɪn) OV WW • *bevatten* • *z. beheersen; bedwingen* • *vasthouden* • *binden* ⟨vijand⟩ ★ 24 ~s 3 *24 is deelbaar door 3*
contained (kən'teɪnd) BNW *beheerst; ingehouden*
container (kən'teɪnə) ZN • *voorwerp dat iets be-/omvat* • *laadkist* • *bus* • *(plastic) fles* • *doos* • *reservoir* • *vat* • *(diepvries)kast*
contaminate (kən'tæmɪneɪt) OV WW *bevuilen; besmetten* ★ ~d fish *bedorven vis*
contamination (kəntæmɪ'neɪʃən) ZN • *besmetting* • *contaminatie*
contemn (kən'tem) OV WW *min-/verachten*
contemplate ('kɒntəmpleɪt) **I** OV WW • *beschouwen; overpeinzen; overwegen* **II** ONOV WW *bespiegelen; peinzen*
contemplation (kɒntəm'pleɪʃən) ZN • *overdenking; bespiegeling* • *overweging* • *overpeinzing* • *(religieuze) bespiegeling*
contemplative (kən'templətɪv) BNW • *beschouwend; bespiegelend* • *contemplatief*
contemporaneous (kəntempə'reɪnɪəs) BNW *gelijktijdig*
contemporary (kən'tempərərɪ) **I** ZN • *tijdgenoot* • *leeftijdgenoot* • *krant van deze/die tijd* **II** BNW *van deze/dezelfde tijd; even oud*
contempt (kən'tempt) ZN *min-/verachting* ★ beneath ~ *beneden alle peil* ★ hold in ~ *min-/verachten*
contemptible (kən'temptɪbl) BNW *verachtelijk*
contemptuous (kən'temptjʊəs) BNW *minachtend*
contend (kən'tend) **I** OV WW *beweren* **II** ONOV WW *strijden; twisten; wedijveren*
contender (kən'tendə) ZN *mededinger*
content¹ (kən'tent) **I** ZN *tevredenheid* ★ to one's heart's ~ *naar hartenlust* **II** BNW *tevreden* **III** OV WW *tevredenstellen*
content² ('kɒntent) ZN *inhoud* ★ ~s *inhoud; gehalte*
contented (kən'tentɪd) BNW *tevreden*
contention (kən'tenʃən) ZN *geschil* ★ bone of ~ *twistappel*
contentious (kən'tenʃəs) BNW • *betwistbaar* • *twistziek*

contentment (kən'tentmənt) ZN *tevredenheid*
contest[1] ('kɒntest) ZN • *wedstrijd* • *(woorden)twist*; *geschil*
contest[2] (kən'test) OV WW • *dingen naar* • *betwisten*; *debatteren* ★ ~ a borough *zich kandidaat stellen voor* • ~ **for** *wedijveren om*; *strijden om*
contestant (kən'testnt) ZN *deelnemer* ⟨aan wedstrijd⟩
contestation (kɒnte'steɪʃən) ZN • *dispuut* • *bewering* • *twist*
context ('kɒntekst) ZN *samenhang*
contextual (kən'tekstju:əl) BNW *contextueel*; *contextgebonden*
contiguity (kɒntɪ'gju:ətɪ) ZN *naburigheid*
contiguous (kən'tɪgjʊəs) BNW *aangrenzend*; *naburig*
continence ('kɒntɪnəns) ZN • *(seksuele) onthouding* • *continentie* • *zelfbeheersing*
continent ('kɒntɪnənt) I ZN • *werelddeel* • *Europese vasteland* II BNW • *kuis* • *z. beheersend* • *continent*
continental (kɒntɪ'nentl) I ZN *bewoner v.h. Europese vasteland* ★ USA not worth a ~ *geen cent waard* II BNW *continentaal*
contingency (kən'tɪndʒənsɪ) ZN • *samenloop* • *onvoorziene uitgave* • *toevallige omstandigheid*; *onzekere gebeurtenis* ★ ~ plan *rampenplan*
contingent (kən'tɪndʒənt) I ZN • *bijkomendheid* • *eventualiteit* • *aandeel*; *bijdrage* II BNW • *bijkomend* • *onzeker*; *toevallig* ★ ~ to *als voorwaarde verbonden aan* ★ ~ on *afhankelijk van*
continual (kən'tɪnjʊəl) BNW • *herhaaldelijk* • *voortdurend*
continuance (kən'tɪnjʊəns) ZN *verblijf*
continuation (kəntɪnjʊ'eɪʃən) ZN *voortzetting*; *vervolg*; *prolongatie* ★ ~ rate *prolongatierente* ★ ~ school *avondschool*
continuative (kən'tɪnjʊətɪv) I ZN *verbindende tekst* II BNW *voortzettend*
continue (kən'tɪnju:) I OV WW *door (laten) gaan met*; *voortzetten* II ONOV WW *blijven (bestaan)*
continuity (kɒntɪ'nju:ətɪ) ZN *continuïteit*; *doorlopend verband*
continuous (kən'tɪnjʊəs) BNW *onafgebroken* ★ ~ current *gelijkstroom*
contort (kən'tɔ:t) OV WW *(ver)draaien*
contortion (kən'tɔ:ʃən) ZN *(ver)draaiing*
contortionist (kən'tɔ:ʃənɪst) ZN *slangenmens*
contour ('kɒntʊə) I ZN *contour* ★ ~ line *hoogtelijn* ★ ~ map *kaart met hoogtelijnen* II OV WW • AARDRIJKSKUNDE *v. hoogtelijnen voorzien* • *om een heuvel aanleggen* ⟨v.e. weg⟩
contra ('kɒntrə) ZN *tegendeel* • per ~ *in tegenvordering*
contra- ('kɒntrə) VOORV *contra-*; *tegen-*
contraband ('kɒntrəbænd) I ZN *smokkelhandel/-waar* II BNW *smokkel-*
contrabass ('kɒntrəbeɪs) ZN *contrabas*
contraception (kɒntrə'sepʃən) ZN *anticonceptie*
contraceptive (kɒntrə'septɪv) I ZN *voorbehoedmiddel* II BNW *anticonceptioneel*
contract[1] ('kɒntrækt) ZN • *contract*; *verdrag*; *overeenkomst* • USA *opdracht om iemand te vermoorden* ⟨georganiseerde misdaad⟩ • *verloving* ★ by private ~ *onderhands* ★ ~ work *aangenomen werk*
contract[2] (kən'trækt) I OV WW • *aangaan* • *sluiten* • *beperken* • *contracteren*; *aannemen* • *oplopen* ⟨v. ziekte⟩ • ~ **for** *z. verbinden tot*; *aannemen*; *overeenkomen* II ONOV WW *inkrimpen*; *z. samentrekken* ★ ~ed ideas *bekrompen ideeën*
contractible (kən'træktɪbl) BNW *samentrekbaar*
contractile (kən'træktaɪl) BNW *samentrekbaar/-trekkend*
contraction (kən'trækʃən) ZN • *samentrekking* ⟨ook in grammatica⟩ • *(barens)wee*
contractor (kən'træktə) ZN • ECON. *leverancier* • ANAT. *sluitspier* • *aannemer*
contractual (kən'træktʃʊəl) BNW *m.b.t. contract*; *contractueel*
contradict (kɒntrə'dɪkt) OV WW *ontkennen*; *tegenspreken*
contradiction (kɒntrə'dɪkʃən) ZN • *tegenstrijdigheid* • *tegenspraak*
contradictory (kɒntrə'dɪktərɪ) BNW *tegenstrijdig* ★ ~ to *in tegenspraak met*
contradistinction (kɒntrədɪ'stɪŋkʃən) ZN *tegenstelling*
contradistinguish (kɒntrədɪ'stɪŋgwɪʃ) OV WW *onderscheiden door tegenstellingen*
contralto (kən'træltəʊ) ZN *alt*
contraposition (kɒntrəpə'zɪʃən) ZN *tegenstelling*
contraption (kən'træpʃən) ZN *raar apparaat/ toestel*; *uitvindsel*
contrariety (kɒntrə'raɪətɪ) ZN • *onenigheid* • *inconsequentie* • *tegenstelling*
contrary[1] ('kɒntrərɪ) I ZN *tegengestelde* ★ on the ~ *integendeel* ★ to the ~ *van het tegenovergestelde* II BNW *tegen(gesteld)* III BIJW ★ ~ to *tegen(gesteld aan)*
contrary[2] (kən'treərɪ) BNW • *ongunstig* • *tegen de draad in*; *dwars*
contrast[1] ('kɒntrɑ:st) ZN *contrast*
contrast[2] (kən'trɑ:st) I OV WW *laten contrasteren* II ONOV WW • *contrasteren* • ~ **with** *afsteken bij/met*
contrastive (kən'trɑ:stɪv) BNW *contrasterend*
contravene (kɒntrə'vi:n) OV WW • *overtreden* • *in strijd zijn met*
contravention (kɒntrə'venʃən) ZN *overtreding*
contribute (kən'trɪbju:t) OV+ONOV WW • *bijdragen* • ~ **to** *bevorderen*
contribution (kɒntrɪ'bju:ʃən) ZN *bijdrage*
contributor (kən'trɪbjʊtə) ZN *bijdrager*; *medewerker*
contributory (kən'trɪbjʊtərɪ) I ZN • *medewerker* • ECON. *medeaansprakelijke aandeelhouder* ⟨bij liquidatie⟩ II BNW *secundair*
contrite ('kɒntraɪt) BNW *berouwvol*
contrition (kən'trɪʃən) ZN *berouw*
contrivance (kən'traɪvəns) ZN • *overleg* • *middel*; *toestel* • *vindingrijkheid*; *vernuft*; *list*
contrive (kən'traɪv) I OV WW *het klaarspelen*; *uitdenken* II ONOV WW • *rondkomen* • *intrigeren*
contrived (kən'traɪvd) BNW *onnatuurlijk*; *gekunsteld*
contriver (kən'traɪvə) ZN • *uitvinder* • *intrigant* ★ he is a good ~ *hij weet zich goed te redden*
control (kən'trəʊl) I ZN • *controle* • *macht*

• toezicht; beheer • bediening ⟨v. apparaat⟩; besturing ⟨v. voertuig⟩ • bedwang ★ ~s stuurinrichting ★ remote ~ afstandsbediening ★ out of ~ onbestuurbaar ⟨machine e.d.⟩; onhandelbaar ⟨persoon e.d.⟩; chaotisch ⟨situatie⟩ ★ under ~ onder controle **II** OV WW • controleren • beheersen • beheren; leiden; besturen
control freak ZN controlefreak
controllable (kənˈtrəʊləbl) BNW • beheersbaar • controleerbaar
controller (kənˈtrəʊlə) ZN • controleur • regelaar
control lever ZN LUCHTV. stuurknuppel
control panel ZN bedieningspaneel
control room ZN controlekamer
control stick ZN LUCHTV. stuurknuppel
control tower ZN LUCHTV. verkeerstoren
controversial (kɒntrəˈvɜːʃəl) BNW controversieel
controversy (ˈkɒntrəvɜːsɪ) ZN • controverse • geschil; twistpunt; polemiek ★ beyond ~ buiten kijf
contumacious (kɒntjuːˈmeɪʃəs) BNW weerspannig; ongehoorzaam
contumacy (ˈkɒntjʊməsɪ) ZN ongehoorzaamheid
contumelious (kɒntjuːˈmiːlɪəs) BNW onbeschaamd
contumely (ˈkɒntjʊmlɪ) ZN smaad; hoon
contuse (kənˈtjuːz) OV WW kneuzen
contusion (kənˈtjuːʒən) ZN kneuzing
conundrum (kəˈnʌndrəm) ZN woordraadsel
conurbation (kɒnɜːˈbeɪʃən) ZN agglomeratie
convalesce (kɒnvəˈles) ONOV WW herstellende zijn
convalescence (kɒnvəˈlesəns) ZN herstel(periode)
convalescent (kɒnvəˈlesənt) **I** ZN herstellende zieke **II** BNW herstellend ⟨v. ziekte⟩ ★ ~ hospital sanatorium; herstellingsoord
convection (kənˈvekʃən) ZN convectie; warmtestuwing
convene (kənˈviːn) OV WW oproepen; bijeenroepen
convener (kənˈviːnə) ZN iem. die vergaderingen uitschrijft
convenience (kənˈviːnɪəns) **I** ZN gerief ★ public ~ openbaar toilet ★ at your earliest ~ zo spoedig als het u schikt ★ ~ foods kant-en-klaarmaaltijden ★ consult your own ~ doe zoals u het beste uitkomt ★ make a ~ of a p. iem. overal voor gebruiken; misbruik maken v. iem.'s goedheid **II** OV WW gerieven
convenient (kənˈviːnɪənt) BNW • geschikt ⟨v. moment/plaats/tijdstip⟩ • gemakkelijk; geriefelijk ★ if it is ~ to you als het u gelegen komt
convent (ˈkɒnvənt) ZN klooster ★ ~ school zustersschool
convention (kənˈvenʃən) ZN • afspraak • akkoord • conventie; gebruik • bijeenroeping; vergadering • (partij)congres
conventional (kənˈvenʃənl) BNW • vormelijk • (stilzwijgend) overeengekomen; gebruikelijk
conventionality (kənvenʃəˈnælətɪ) ZN • vormelijkheid • gebruikelijkheid
conventionalize (kənˈvenʃənəlaɪz) OV WW aanpassen aan gebruikelijke ideeën/vormen
converge (kənˈvɜːdʒ) **I** OV WW in één punt laten samenkomen **II** ONOV WW in één punt samenkomen

convergence (kənˈvɜːdʒəns) ZN convergentie
convergent (kənˈvɜːdʒənt) BNW convergerend
conversant (kənˈvɜːsənt) BNW bedreven ★ ~ with goed op de hoogte van
conversation (kɒnvəˈseɪʃən) ZN het praten; gesprek ★ ~ piece gesprekstof; KUNST genrestuk
conversational (kɒnvəˈseɪʃənl) BNW gespreks-
converse[1] (ˈkɒnvɜːs) **I** ZN (het) omgekeerde **II** BNW omgekeerd
converse[2] (kənˈvɜːs) ONOV WW converseren
conversion (kənˈvɜːʃən) ZN • conversie • bekering ★ fraudulent ~ verduistering ⟨v. gelden⟩
convert[1] (ˈkɒnvɜːt) ZN bekeerling
convert[2] (kənˈvɜːt) **I** OV WW • bekeren • omzetten; converteren **II** ONOV WW veranderen
converter (kənˈvɜːtə) ZN omvormer
convertible (kənˈvɜːtɪbl) **I** ZN cabriolet **II** BNW omkeerbaar; in-/verwisselbaar ★ ~ bed opklapbed ★ ~ top linnen kap ⟨v. cabriolet⟩
convex (ˈkɒnveks) BNW bol
convexity (kɒnˈveksətɪ) ZN bolheid
convey (kənˈveɪ) OV WW • mededelen; uitdrukken • vervoeren
conveyance (kənˈveɪəns) ZN • (huur)rijtuig • (akte van) overdracht
conveyer (kənˈveɪə), **conveyor** ZN ★ ~ (belt) lopende band; transportband; vervoerder
conveyor ZN → **conveyer**
convict[1] (ˈkɒnvɪkt) **I** ZN • dwangarbeider • gevangene **II** BNW straf-
convict[2] (kənˈvɪkt) OV WW • overtuigen ⟨v. dwaling⟩ • schuldig bevinden; veroordelen
conviction (kənˈvɪkʃən) ZN • veroordeling • overtuiging
convince (kənˈvɪns) OV WW overtuigen
convincing (kənˈvɪnsɪŋ) BNW overtuigend
convivial (kənˈvɪvɪəl) BNW feestelijk; gezellig
convocation (kɒnvəˈkeɪʃən) ZN • bijeenkomst • oproep; convocatie • senaat; synode
convoke (kənˈvəʊk) OV WW bijeenroepen
convolution (kɒnvəˈluːʃən) ZN winding; kronkel(ing)
convoy (ˈkɒnvɔɪ) **I** ZN konvooi; escorte **II** OV WW begeleiden
convulse (kənˈvʌls) **I** OV WW in beroering brengen **II** ONOV WW (krampachtig) samentrekken; stuiptrekken
convulsion (kənˈvʌlʃən) ZN stuiptrekking
convulsive (kənˈvʌlsɪv) BNW ★ ~ twitch zenuwtrekking; driftaanval; lachbui
cony (ˈkəʊnɪ) ZN → **coney**
coo (kuː) ONOV WW kirren ⟨v. baby⟩ ★ bill and coo tortelen
cook (kʊk) **I** ZN kok; keukenmeid **II** OV WW • verzinnen; vervalsen • ~ up bekokstoven; verzinnen **III** OV+ONOV WW • koken; bereiden • ~ up verwarmen
cooker (ˈkʊkə) ZN • fornuis; kookplaat • vervalser • stoofpeer; moesappel
cookery (ˈkʊkərɪ) ZN kookkunst ★ ~ book kookboek
cookie (ˈkʊkɪ) ZN • USA koekje • schat(je) • PLAT/USA individu; vent • broodje
cooking (ˈkʊkɪŋ) ZN het koken; kookkunst ★ French ~ de Franse keuken
cool (kuːl) **I** ZN koelte ★ keep your cool houd je

kalm **II** BNW • *koel; kalm • ongeïnteresseerd • brutaal* • **cool** ⟨prachtig⟩ ★ *a cool hundred een slordige £100* **III** OV+ONOV WW • *bekoelen* ★ *cool it, man rustig, kerel* ★ *cool one's heels lang staan wachten* • **~ down/off** *afkoelen* **IV** TW *cool* ⟨prachtig⟩
coolant ('ku:lənt) ZN *koelmiddel*
cooler ('ku:lə) ZN • *koeler; koelkan/-kuip/-vat* • PLAT *nor* • *koeldrank*
cool-headed (ku:l'hedɪd) BNW *koel*
coolie ('ku:lɪ) ZN *koelie*
coolish ('ku:lɪʃ) BNW *vrij koel*
coon (ku:n) ZN PEJORATIEF/USA *nikker* ★ *you're a gone coon je bent de sigaar* ★ *a coon's age een eeuwigheid*
coop (ku:p) **I** ZN • *fuik • kippenhok/-mand* **II** OV WW • *opsluiten* • **~ in/up** *opsluiten*
co-op ZN → **cooperation**
cooper ('ku:pə) **I** ZN • *kuiper • soort bier* **II** OV+ONOV WW • *beslaan • inkuipen • knoeien met*
cooperage ('ku:pərɪdʒ) ZN • *kuiploon • kuiperij*
cooperate (kəʊ'ɒpəreɪt) ONOV WW *mede-/samenwerken*
cooperation (kəʊɒpə'reɪʃən) ZN • *samenwerking • coöperatie*
cooperative (kəʊ'ɒpərətɪv) BNW *meewerkend* ★ ~ *store coöperatiewinkel*
coopery ('ku:pərɪ) ZN *kuiperij*
coordinate¹ (kəʊ'ɔ:dɪnət) **I** ZN *coördinaat* **II** BNW • *gelijkwaardig; van dezelfde rang* • *nevengeschikt*
coordinate² (kəʊ'ɔ:dɪneɪt) OV WW • *coördineren • gelijk stellen; op één lijn stellen • ordenen*
coot (ku:t) ZN • *meerkoet* • INFORM./USA *uilskuiken*
cop (kɒp) **I** ZN • *smeris • kluwen garen* • *(laf) gebrek aan doortastendheid; uitvlucht* **II** OV WW • *op de kop tikken • pakken; inrekenen* ★ *cop it ervanlangs krijgen* **III** ONOV WW • Z. *terugtrekken* • **~ out** *er tussenuit knijpen; weglopen (van); terugkrabbelen*
copartner (kəʊ'pɑ:tnə) ZN *compagnon*
copartnership (kəʊ'pɑ:tnəʃɪp) ZN • *medezeggenschap • vennootschap*
cope (kəʊp) **I** ZN • *koorkap • mantel; bedekking* ★ *cope of heaven gewelf* **II** OV WW • *van muurkap voorzien • bedekken* **III** ONOV WW • *'t aankunnen* • **~ with** *het hoofd bieden aan*
copestone ('kəʊpstəʊn) ZN • *deksteen • kroon op 't werk*
copier ('kɒpɪə) ZN *kopieerapparaat*
co-pilot ZN *tweede piloot*
copious ('kəʊpɪəs) BNW *overvloedig; (woorden)rijk*
copiousness ('kəʊpɪəsnəs) ZN *overvloed*
copper ('kɒpə) **I** ZN • *koperen ketel • koperen geldstuk • smeris • (rood) koper* ★ *(cool one's) hot ~s (zijn) nadorst (lessen)* ★ **~ beech** *bruine beuk* **II** BNW *koperen* **III** OV WW *verkoperen*
copperas ('kɒpərəs) ZN *ijzervitriool; koperrood*
copper-bit ZN *soldeerbout*
copperplate ('kɒpəpleɪt) ZN *koperplaat; kopergravure* ★ ~ *writing schoonschrift*
coppersmith ('kɒpəsmɪθ) ZN *koperslager*
coppery ('kɒpərɪ) BNW *koperachtig*

coppice ('kɒpɪs) ZN *kreupelbosje*
copse (kɒps) ZN *kreupelbosje*
copsewood ('kɒpswʊd) ZN *hakhout*
copter ('kɒptə) ZN *heli(kopter)*
copula ('kɒpjʊlə) ZN • *verbinding; koppeling* • TAALK. *koppel(werk)woord*
copulate ('kɒpjʊleɪt) ONOV WW • *paren* • Z. *koppelen*
copulation (kɒpjʊ'leɪʃən) ZN *geslachtsdaad; paring*
copulative ('kɒpjʊlətɪv) **I** ZN *verbindingswoord* **II** BNW *parings-*
copy ('kɒpɪ) **I** ZN • *kopie; afschrift • exemplaar • reclame-inhoud; kopij • model* ★ *back copy oud nummer* ⟨v. tijdschrift⟩ **II** OV WW • *kopiëren; overnemen; overschrijven • nabootsen* ★ *do you copy?* ⟨vraag om bevestiging in luchtverkeer enz.⟩ • **~ out** *volledig kopiëren*
copybook ('kɒpɪbʊk) ZN *schoonschrift met voorbeelden* ★ ~ *maxims afgezaagde spreuken*
copyboy ('kɒpɪbɔɪ) ZN *jongste bediende* ⟨bij een krant⟩
copycat ('kɒpɪkæt) ZN • *na-aper • overschrijver* ⟨schoolterm⟩
copyhold ('kɒpɪhəʊld) ZN *(land in) erfpacht*
copyright ('kɒpɪraɪt) **I** ZN *auteursrecht* **II** OV WW *(z.) verzekeren van het auteursrecht*
copywriter ('kɒpɪraɪtə) ZN *tekstschrijver; kopijschrijver*
coracle ('kɒrəkl) ZN *boot van met waterdicht materiaal overtrokken latten*
coral ('kɒrəl) **I** ZN • *kreeftenkuit • bijtring voor kind • koraal* • ~ *reef koraalrif* **II** BNW • *koraalrood • koralen*
coralline ('kɒrəlaɪn) **I** ZN *koraalmos* **II** BNW *koraalrood*
corbie ('kɔ:bɪ) ZN SCHOTS *raaf; kraai* ★ ~-*steps trapgevel*
cord (kɔ:d) **I** ZN • *streng; koord • vadem* ⟨inhoudsmaat v. hout⟩ • → **corduroy** ★ *cords* [mv] *ribfluwelen broek* **II** OV WW *(vast)sjorren; (vast)binden*
cordage ('kɔ:dɪdʒ) ZN *touwwerk*
cordate ('kɔ:deɪt) BNW *hartvormig*
corded ('kɔ:dɪd) BNW *gerib*
cordelier (kɔ:dɪ'lɪə) ZN *franciscaan*
cordial ('kɔ:dɪəl) **I** ZN • *likeur • hartversterkend middel* **II** BNW *hartelijk; hartversterkend*
cording ('kɔ:dɪŋ) ZN *touwwerk*
cordite ('kɔ:daɪt) ZN *cordiet*
cordon ('kɔ:dn) **I** ZN • *kordon • leiboom • muurrand • ordelint; sierkoord* **II** OV WW • *met een kordon afzetten* • **~ off** *met een kordon afzetten*
corduroy ('kɔ:dərɔɪ) ZN *ribfluweel* ★ ~s *ribfluwelen broek*
core (kɔ:) **I** ZN • *binnenste; kern;* COMP. *kerngeheugen • klokhuis* ⟨v. appel⟩ ★ *rotten to the core door en door rot* ★ *be at the core of ten grondslag liggen aan* ★ *hard core harde kern* **II** OV WW *boren* ⟨klokhuis/pit/zaadlijst uit fruit⟩
corer ('kɔ:rə) ZN *fruitboor*
co-respondent (kəʊrɪ'spɒndənt) ZN *als medeplichtige gedaagde* ⟨bij

echtscheidingsproces〉
corf (ko:f) ZN • *mand* • *beun*; *viskaar*
cork (ko:k) I ZN *kurk(eik)* II BNW *kurken-* III OV WW • *kurken*; *met gebrande kurk zwart maken* ★ cork jacket *zwemvest* ★ ~ up *(dicht)kurken*
corkage ('ko:kɪdʒ) ZN • *het (ont)kurken* • *kurkengeld*
corker ('ko:kə) ZN • *prachtexemplaar* • *afdoend argument* • *enorme leugen* ★ that's a ~! *dat doet de deur dicht!*
corking ('ko:kɪŋ) BNW *reuze*; *enorm*
corkscrew ('ko:kskru:) I ZN *kurkentrekker* ★ ~ stairs *wenteltrap* II ONOV WW z. *spiraalvormig bewegen*
corky ('ko:kɪ) BNW • *jolig* • *kurkachtig*; *naar de kurk smakend*
corm (ko:m) ZN *knol*
cormorant ('ko:mərənt) ZN • *veelvraat* • *aalscholver*
corn (ko:n) I ZN • USA *maïs* • *korrel* • USA *whisky* • *likdoorn* • *koren*; *graan* ★ corn starch *fijn maïsmeel* ★ USA acknowledge the corn *ongelijk/schuld bekennen* ★ tread upon a p.'s corns *iem. op de tenen trappen* ★ corn poppy/ rose *klaproos* ★ corn salad *veldsla* ★ Indian corn *maïs* II OV WW *zouten*
corn-chandler ZN *graanhandelaar*
corn-cob ZN USA *maïskolf* 〈gebruikt als pijpenkop〉
cornea ('ko:nɪə) ZN *hoornvlies*
corned (ko:nd) BNW • *gezouten*; *ingemaakt* • USA/ INFORM. *dronken* ★ ~ beef *blikvlees*
cornel ('ko:nl) ZN *kornoelje*
corner ('ko:nə) I ZN • *hoek* • *hoekschop* ★ ~ man ECON. *hoekman* ★ turn the ~ *de hoek omgaan*; *over het kritieke punt heenkomen* ★ between/ within the four ~s *binnen (de perken v.)* ★ in a ~ *in het geheim* ★ hole and ~ *heimelijk* II OV WW • *v. hoek voorzien* • *in de hoek drijven/ zetten* • *opkopen om prijzen op te drijven* III ONOV WW *de hoek nemen/omslaan*
cornerstone ('ko:nəstəʊn) ZN • *hoeksteen* • *essentieel deel* • *fundament*
cornet ('ko:nɪt) ZN • *puntzakje* • *witte nonnenkap* • *cornet* ★ ice cream-~ *ijshoorn*
cornfield ('ko:nfi:ld) ZN *koren-/maïsveld*
cornflower ('ko:nflaʊə) ZN *korenbloem*
cornice ('ko:nɪs) ZN • *overhangende sneeuwrand* • *(kroon)lijst*; *lijstwerk*
Cornish ('ko:nɪʃ) I ZN *taal v. Cornwall* II BNW *m.b.t. Cornwall*
cornstarch ('ko:nsta:tʃ) ZN USA *maïzena*
cornucopia (ko:nju'kəʊpɪə) ZN *hoorn des overvloeds*
corny ('ko:nɪ) BNW • *sentimenteel* • *oubollig* • *primitief* • *als koren*; *rijk aan koren*
corolla (kə'rɒlə) ZN *bloemkroon*
corollary (kə'rɒlərɪ) ZN *gevolg(trekking)*
corona (kə'rəʊnə) ZN • *kring om zon of maan* • *kroon* • *tonsuur*
coronary ('kɒrənərɪ) I ZN INFORM. *hartinfarct* II BNW *kroonvormig* ★ ~ artery *kransslagader*
coronation (kɒrə'neɪʃən) ZN *kroning*
coroner ('kɒrənə) ZN • ≈ *rechter v. instructie* • *lijkschouwer* ★ ~'s inquest *gerechtelijk(e) lijkschouwing/vooronderzoek*

coronet ('kɒrənɪt) ZN *kroontje*; *diadeem*
Corp. AFK • Corporation *vennootschap* • Corporal *korporaal*
corpora ('ko:pərə) ZN MV → **corpus**
corporal ('ko:prəl) I ZN *korporaal*; *corporale* II BNW *lichamelijk* ★ ~ punishment *lijfstraf*
corporality (ko:pə'rælətɪ) ZN • *stoffelijk bestaan* • *lichaam* ★ corporalities *stoffelijke behoeften*
corporate ('ko:pərət) BNW *gemeenschappelijk*; *gezamenlijk* ★ ~ body *rechtspersoonlijk lichaam* ★ ~ spirit *teamgeest* ★ ~ town *stedelijke gemeente* ★ ~ identity *bedrijfsidentiteit*; *huisstijl*
corporation (ko:pə'reɪʃən) ZN • *rechtspersoon(lijk lichaam)* • USA *bedrijf* • *onderneming*; *corporatie*; *maatschappij* • INFORM. *burgemeestersbuikje* ★ municipal ~ *gemeentebestuur/-raad*
corporation tax ZN *vennootschapsbelasting*
corporeal (ko:'po:rɪəl) BNW *stoffelijk*; *lichamelijk*
corposant ('ko:pəzənt) ZN *sint-elmsvuur*
corps (ko:) ZN *(leger)korps*; *wapen*; *corps*
corpse (ko:ps) ZN *lijk*
corpse-candle ZN *dwaallicht*
corpulence ('ko:pjʊləns) ZN *zwaarlijvigheid*
corpulent ('ko:pjʊlənt) BNW *zwaarlijvig*
corpus ('ko:pəs) ZN *corpus*; *lichaam* 〈fig.〉 ★ Corpus Christi *Sacramentsdag*
corpuscle ('ko:pʌsəl) ZN • *atomair deeltje* • *(bloed)lichaampje*
corral (kə'rɑ:l) I ZN • *wagenkamp* • *omheining* • *kraal* II OV WW • z. *meester maken van* • *in kraal drijven* • *wagens in kring opstellen*
correct (kə'rekt) I BNW • *goed*; *juist* • *correct*; *netjes*; *keurig*; *verzorgd* II OV WW • *verbeteren* • *terechtwijzen*; *afstraffen* • *verhelpen*; *reguleren*
correction (kə'rekʃən) ZN *verbetering* ★ I speak under ~ *ik spreek onder voorbehoud*
corrective (kə'rektɪv) I ZN *verbeterend middel* II BNW *verbeterend* ★ ~ surgery *plastische chirurgie*
correlate ('kɒrəleɪt) I ZN *wisselbegrip* II OV+ONOV WW *in onderling verband brengen/staan*
correlation (kɒrə'leɪʃən) ZN *onderlinge/ wederkerige verhouding*
correlative (kə'relətɪv) I ZN • *correlatief* • TAALK. *wederzijds betrekkelijk woord* II BNW *wederzijds betrekkelijk*; *correlatief*
correspond (kɒrɪ'spɒnd) ONOV WW • *corresponderen* • ~ to *beantwoorden aan*
correspondence (kɒrɪ'spɒndəns) ZN • ~ course *schriftelijke cursus* • ~ school *instituut voor schriftelijk onderwijs*
correspondent (kɒrɪ'spɒndənt) I ZN • *correspondent* • *zakenrelatie* II BNW *overeenkomend*
corresponding (kɒrɪ'spɒndɪŋ) BNW *corresponderend*; *overeenkomstig*
corridor ('kɒrɪdo:) ZN *corridor*; *gang*
corrigendum (kɒrɪ'gendəm) ZN *(druk)fout*
corrigible ('kɒrɪdʒɪbl) BNW • *verbeterbaar* • *meegaand*
corroborate (kə'rɒbəreɪt) OV WW *bekrachtigen*; *bevestigen*
corroboration (kərɒbə'reɪʃən) ZN *bekrachtiging*;

bevestiging
corroborative (kəroba'reɪtɪv) BNW *bevestigend*
corrode (kə'rəʊd) I OV WW *aan-/wegvreten* II ONOV WW *wegteren; (ver)roesten; oxideren*
corrosion (kə'rəʊʒən) ZN *roest; corrosie*
corrosive (kə'rəʊsɪv) I ZN • *corrosie vormende stof* • *ondermijning* II BNW • *corrosief* • *ondermijnend*
corrugate ('kɒrʊgeɪt) OV+ONOV WW *rimpelen* ★ ~d iron *golfijzer*
corrugation (kɒrə'geɪʃən) ZN *rimpeling*
corrupt (kə'rʌpt) I BNW • *corrupt; be-/verdorven; omkoopbaar* • *verknoeid; vervalst* ★ ~ text *(vaak oude) tekst die na verschillende redacties en bewerkingen afwijkt van het manuscript* II OV WW • *omkopen* • *be-/verderven* III ONOV WW *ontaarden*
corruptible (kə'rʌptəbl) BNW • *corrumpeerbaar* • *omkoopbaar* • *bederfelijk*
corruption (kə'rʌpʃən) ZN *corruptie; omkoping*
corsage (kɔ:'sɑ:ʒ) ZN • *lijfje* • *corsage*
corsair ('kɔ:seə) ZN • *kaperschip* • *zeerover*
corselet ('kɔ:slət), **corslet** ZN • *corselet* • *borstharnas; borststuk*
corset ('kɔ:sɪt) ZN *korset*
corslet ZN → **corselet**
cortege (kɔ:'teɪʒ) ZN *(rouw)stoet*
cortex ('kɔ:teks) ZN • *nierschors* • *hersenschors* • *schors*
cortical ('kɔ:tɪkl) BNW *m.b.t. de schors*
coruscate ('kɒrəskeɪt) ONOV WW *flikkeren; schitteren*
corvine ('kɔ:vaɪn) BNW *raafachtig*
'cos (kəs) VW INFORM. → **because**
cosh (kɒʃ) I ZN *ploertendoder; knuppel* II OV WW *slaan met een ploertendoder*
cosher ('kɒʃə) I OV WW *vertroetelen* II ONOV WW *klaplopen*
co-signatory (kəʊ'sɪgnətəri) I ZN *medeondertekenaar* II BNW *medeondertekenend*
cosine ('kəʊsaɪn) ZN *cosinus*
cosmetic (kɒz'metɪk) I ZN *schoonheidsmiddel* II BNW *schoonheids-* ★ ~ surgery *plastische chirurgie*
cosmetician (kɒzmə'tɪʃən) ZN *schoonheidsspecialist(e)*
cosmic(al) ('kɒzmɪk(l)) BNW *kosmisch*
cosmographer (kɒz'mɒgrəfə) ZN *kosmograaf*
cosmography (kɒz'mɒgrəfɪ) ZN *kosmografie*
cosmonaut ('kɒzmənɔ:t) ZN *ruimtevaarder*
cosmopolitan (kɒzmə'pɒlɪtn) I ZN *wereldburger* II BNW *kosmopolitisch*
cosmos ('kɒzmɒs) ZN *kosmos; heelal*
cosset ('kɒsɪt) OV WW *verwennen*
cost (kɒst) I ZN • *schade* • *prijs; kosten; uitgaven* ★ at all costs *tot elke prijs* ★ count the cost *de voor- en nadelen overwegen* ★ I know it to my cost *ik heb leergeld betaald* ★ cost price *kostende prijs; kostprijs* ★ prime cost *inkoopsprijs* II OV WW [onregelmatig] • *kosten* • *begroten* ★ it cost him dearly *het kwam hem duur te staan*
costal ('kɒstl) BNW *van de ribben*
co-star ('kəʊstɑ:) I ZN *tegenspeler/-speelster* ⟨in film/theater⟩ II ONOV WW *eveneens spelen* ⟨in film/theater⟩
cost-effective (kɒstɪ'fektɪv) BNW *rendabel*

costermonger ('kɒstəmʌŋɡə) ZN *fruit-/visventer; marktkoopman*
costing ('kɒstɪŋ) ZN *(kost)prijsberekening*
costive ('kɒstɪv) BNW • *krenterig* • *traag* • *hardlijvig*
costly ('kɒstlɪ) BNW *kostbaar; duur*
cost reduction ZN *kostenverlaging*
costume ('kɒstju:m) I ZN *kostuum; klederdracht* ★ ~ jewellery *namaakjuwelen* II OV WW *kleden*
cosy ('kəʊzɪ) I ZN *theemuts; eierwarmer* II BNW *gezellig; knus* III OV WW • *sussen* • ~ **up to** z. *nestelen bij*
cot (kɒt) I ZN • *(licht) ledikant(je); krib* • SCHEEPV. *kooi* • *schaapskooi* II OV WW *in-/opsluiten*
cot-death ZN *wiegendood*
cote (kəʊt) ZN *hok; kooi*
coterie ('kəʊtəri) ZN MIN. *kliek*
cottage ('kɒtɪdʒ) ZN *huisje; villaatje; hut* ★ ~ loaf *boerenbrood* ★ ~ cheese *Hüttenkäse; kwark* ★ ~ industry *huisnijverheid* ★ ~ pie *soort jachtschotel*
cottager ('kɒtɪdʒə) ZN *(boeren)arbeider; dorpeling*
cottar ('kɒtə), **cotter** ZN *keuterboer*
cotter ('kɒtə) ZN • *spie* • → **cottar** ★ ~ pin *splitpen*
cotton ('kɒtn) I ZN • *katoen* • *garen* ★ ~s *katoenstoffen* II ONOV WW *katoenen; van katoen* III ONOV WW • ~ **on** *(het) snappen* • ~ **together** *het goed kunnen vinden met*; 't eens zijn met • ~ **up to** z. *bemind maken bij*
cotton candy ZN G-B *suikerspin*
cottontail ('kɒt(ə)nteɪl) ZN USA *konijn*
cotton wool ZN • G-B *watten* • USA *ruwe katoen* ★ medicated ~ *verbandwatten*
couch (kaʊtʃ) I ZN • *sofa* • *(rust)bed; divan* ★ FIG. to be on the ~ *in therapie zijn* II OV WW • *verwoorden; formuleren* • *neerleggen* ★ ~ s.o.('s eye)/a cataract *bij iemand de staar lichten* III ONOV WW *gaan liggen; klaar liggen voor de sprong*
couchette (ku:'ʃet) ZN *couchette*
couch potato ZN IRON. *tv-verslaafde*
cougar ('ku:gə) ZN USA *poema*
cough (kɒf) I ZN *hoest; kuch* ★ ~ drop *hoesttablet; keelpastille* ★ ~ lozenge *hoestbonbon* ★ ~ mixture *hoestdrank* II OV WW • *ophoesten* • ~ **up** *bloed opgeven; over de brug komen* ⟨fig.⟩ III ONOV WW *hoesten; kuchen*
could (kəd) WW [verleden tijd] → **can**
coulée ('ku:lɪ) ZN • *lavastroom* • USA *ravijn*
coulisse (ku:'li:s) ZN • *sponning v. sluisdeur* • *coulisse*
couloir ('ku:lwɑ:) ZN *bergspleet*
coulter ('kəʊltə), USA **colter** ZN *ploegijzer*
council ('kaʊnsl) ZN • *raad(svergadering)* • *concilie* ★ hold ~ with *beraadslagen met* ★ ~ school *openbare lagere school*
council-house ZN • *raadhuis* • *gemeentewoning*
councillor ('kaʊnsələ) ZN *raadslid*
counsel ('kaʊnsəl) I ZN • *advocaat* • *adviseur* • *plan* • *beraadslaging; overleg; raad(geving)* ★ Crown ~ *ambtenaar OM* ★ ~ of perfection *moeilijk op te volgen raad; moeilijk te verwezenlijken ideaal* ★ ~ for the prosecution *ambtenaar OM* ★ ~ for the defence *verdediger* ★ King's/Queen's Counsel *titel voor uitmuntende advocaten* ★ keep one's

own/s.o.'s ~ *een geheim bewaren* ★ take ~ with *te rade gaan bij; raadplegen* II OV+ONOV WW *adviseren*

counselling ('kaʊnsəlɪŋ) ZN *therapie* ⟨psychiatrie⟩; *counseling* ⟨psychiatrie⟩

counsellor ('kaʊnsələ) ZN • *raadgever* • *welzijnswerker*

count (kaʊnt) I ZN • JUR. *punt v. aanklacht* • *graaf* • *tel(ling); aantal* ★ Counts *de (afdeling) boekhouding* ★ he had lost all ~ of time *hij was elk besef van de tijd kwijt; hij had geen idee (meer) hoe laat het was* ★ out of ~ *ontelbaar* ★ JUR. guilty on all ~s *op alle punten schuldig bevonden* II OV WW • *(mee-/op)tellen; rekenen* ★ ~ sheep *schaapjes tellen* • ~ **down** *aftellen* • ~ **in** *meerekenen* • ~ **out** *uittellen; aftellen* ★ ~ me out! *op mij hoef je niet te rekenen!; ik doe niet mee!* III ONOV WW • *meetellen; gelden* • ~ **for** *meetellen als* • ~ **on** *rekenen op*

countable ('kaʊntəbl) BNW *telbaar*

count-down ('kaʊntdaʊn) ZN *het aftellen*

countenance ('kaʊntɪnəns) I ZN • *gelaat(suitdrukking)* • *steun; aanmoediging* • *kalmte* ★ he kept his ~ *hij hield zich goed; hij bewaarde zijn kalmte* ★ put a p. out of ~ *iem. van zijn stuk brengen* ★ his ~ fell *zijn gezicht betrok* II OV WW • *billijken; sanctioneren* • *steunen; aanmoedigen*

counter ('kaʊntə) I ZN • *tegendeel* • *toonbank; loket; balie* • *damsteen; fiche* • *teller* • *contrefort* ⟨v. schoen⟩ • SCHEEPV. *wulf* • *boeg* ⟨v. paard⟩ ★ sell under the ~ *onder de toonbank verkopen* ★ sell over the ~ *in het klein verkopen* ★ bargaining ~ *troef* ⟨bij onderhandelingen⟩ II BNW *tegen(over)gesteld* III OV WW • *weerleggen* • *weerstreven* IV ONOV WW *met tegenstoot/-zet beantwoorden* V BIJW *in tegengestelde richting; op tegengestelde wijze* ★ go/hunt/run ~ *spoor in tegengestelde of verkeerde richting volgen* ★ go ~ to *indruisen tegen*

counter- ('kaʊntə) VOORV *tegen-; contra-*

counteract (kaʊntə'rækt) OV WW *tegenwerken; neutraliseren*

counteraction (kaʊntə'rækʃən) ZN *tegenactie*

counter-agent ZN *tegenwerkend of neutraliserend middel*

counter-attack ('kaʊntərətæk) I ZN *tegenaanval* II ONOV WW *een tegenaanval doen*

counterbalance ('kaʊntəbæləns) I ZN *tegenwicht* II OV WW *opwegen tegen*

counterblast ('kaʊntəblɑːst) ZN • *heftige reactie tegen* • *tegenstoot*

countercharge ('kaʊntətʃɑːdʒ) I ZN *tegenaanklacht; tegenbeschuldiging* II ONOV WW *tegen(aan)klacht indienen*

counterclaim[1] ('kaʊntəkleɪm) ZN JUR. *tegeneis; tegenklacht; wedereis; reconventie*

counterclaim[2] (kaʊntə'kleɪm) ONOV WW JUR. *een tegeneis inbrengen*

counter-clockwise (kaʊntə'klɒkwaɪz) BIJW *linksom; tegen de wijzers v.d. klok in*

counterespionage (kaʊntər'espɪənɑːʒ) ZN *contraspionage*

counterexample (kaʊntər'ɪɡzɑːmpl) ZN *tegenvoorbeeld*

counterfeit ('kaʊntəfɪt) I ZN *namaak* II BNW *nagemaakt; vals* III OV WW *vervalsen* IV ONOV WW *huichelen*

counterfeiter ('kaʊntəfɪtə) ZN *valsemunter*

counterfoil ('kaʊntəfɔɪl) ZN *bewaarstrookje* ⟨v. cheque⟩

counterintelligence (kaʊntərɪn'telɪdʒəns) ZN *contraspionage*

countermand (kaʊntə'mɑːnd) I ZN *tegenbevel* II OV WW • *afbestellen; annuleren* • *een tegenbevel geven*

countermeasure ('kaʊntəmeʒə) ZN *tegenmaatregel*

countermove ('kaʊntəmuːv) ZN *tegenzet*

counteroffensive (kaʊntərə'fensɪv) ZN *tegenoffensief*

counterpane ('kaʊntəpeɪn) ZN *gestikte deken; sprei*

counterpart ('kaʊntəpɑːt) ZN • *bijbehorend deel* • *duplicaat* • *tegenhanger*

counterpoint ('kaʊntəpɔɪnt) ZN *contrapunt*

counterpoise ('kaʊntəpɔɪz) I ZN *tegenwicht* II OV WW *in evenwicht houden*

counterproductive (kaʊntəprə'dʌktɪv) BNW *averechts werkend*

countersign ('kaʊntəsaɪn) I ZN *wachtwoord; teken* II OV WW *medeondertekenen*

countersink ('kaʊntəsɪŋk) I ZN *freesboor; verzinkboor* II OV WW • *verzinken* • TECHN. *inlaten*

counter-tenor ('kaʊntətenə) ZN *hoge tenor*

countervail (kaʊntə'veɪl) I OV WW *compenseren* II ONOV WW *een tegenwicht vormen*

counterweight ('kaʊntəweɪt) ZN *tegenwicht*

countess ('kaʊntɪs) ZN *gravin*

counting-house ('kaʊntɪŋhaʊs) ZN *boekhoudafdeling*

countless ('kaʊntləs) BNW *talloos*

countrified ('kʌntrɪfaɪd) BNW • *boers* • *landelijk*

country ('kʌntrɪ) ZN • *land* • *streek* • *platteland; de provincie* ★ Low Countries *Lage Landen; Nederlanden* ★ in the ~ *op het platteland; buiten; ver van de wickets* ⟨bij cricket⟩ ★ POL. appeal/go to the ~ *het parlement ontbinden* ★ USA ~ 'n' western *music country-en-westernmuziek*

country club ZN *buitensociëteit*

countryman ('kʌntrɪmən) ZN • *landgenoot* • *provinciaal; buitenman*

country seat ZN *landgoed*

countryside ('kʌntrɪsaɪd) ZN *platteland; landstreek* ★ the ~ *de provincialen; plattelandsbevolking*

countrywoman ('kʌntrɪwʊmən) ZN • *landgenote* • *plattelandsvrouw*

county ('kaʊntɪ) ZN • USA *provincie* • *graafschap* ★ ~ council ≈ *Provinciale Staten; graafschapsraad* ★ ~ town *hoofdstad v.e. graafschap/provincie* ★ ~ borough *gemeente boven 50.000 inwoners* ★ ~ court ≈ *arrondissementsrechtbank* ★ ~ family *deftige landelijke familie*

coup (kuː) ZN • *coup* • *goede slag/zet*

coupé ('kuːpeɪ) ZN • *tweedeursauto* • *coupé* • *tweepersoonsrijtuig*

couple ('kʌpl) I ZN *paar(tje); tweetal* ★ a ~ of *twee; een paar* II OV WW • *koppelen* • ~ **with** *paren*

aan III ONOV WW • *paren* • *paren vormen*
couplet ('kʌplɪt) ZN • *twee rijmende versregels*
coupling ('kʌplɪŋ) ZN • *koppeling* ★ TECHN. *universal* ~ *kruiskoppeling*
coupon ('ku:pɒn) ZN • *coupon* • *(waarde)bon* • *(toto)formulier*
courage ('kʌrɪdʒ) ZN *moed* ★ Dutch ~ *dronkemansmoed*
courageous (kə'reɪdʒəs) BNW *moedig*
courgette (kʊə'ʒet) ZN G-B *courgette*
courier ('kʊrɪə) ZN *koerier*
course (kɔ:s) I ZN • *loop; (be-/ver)loop* • *kuur* • *laag* ⟨stenen⟩ • *reeks* • *cursus* • *gang* ⟨v. maaltijd⟩ • *weg; (ren)baan* • *gedragslijn; koers* ⟨ook fig.⟩ ★ SCHEEPV. *onderzeil* ★ ~ *of exchange wisselkoers* ★ *let things take their* ~ *het op zijn beloop laten* ★ *by* ~ *of volgens* ★ *in due* ~ *te zijner tijd; in goede orde* ★ *in the* ~ *of gedurende* ★ *of* ~ *natuurlijk* II OV WW *jagen op; najagen* III ONOV WW *snellen; stromen*
court (kɔ:t) I ZN • *hof* • JUR. *rechtszitting; rechtbank; gerechtshof* • *ontvangst aan het hof* • *hofhouding* • *vergadering; college* ★ ~ *of justice/law gerechtshof* ★ *pay* ~ *to het hof maken* ★ *at* ~ *aan 't hof* ★ *in* ~ *voor het gerecht* ★ *out of* ~ *niet gerechtigd zijn gehoord te worden; erbuiten staan* ★ *settle s.th. out of* ~ *in der minne schikken* ★ ~ *capital residentie* ★ ~ *day zittingsdag; ontvangdag aan het hof* ★ ~ *fool hofnar* ★ ~ *plaster (Engelse) wondpleister* ★ ~ *roll pachtregister* ★ *High Court (of Justice) Hoge Raad* II OV WW • *streven naar* • *uitlokken* • *het hof maken* ★ ~ *danger het gevaar tarten* III ONOV WW *verkering hebben; vrijen*
court card ('kɔ:t kɑ:d) ZN *heer/boer/vrouw in kaartspel*
courteous ('kɜ:tɪəs) BNW *hoffelijk*
courtesan (kɔ:tɪ'zæn) ZN *courtisane*
courtesy ('kɜ:təsɪ) ZN *hoffelijkheid* ★ ~ *title uit hoffelijkheid (en niet rechtens) verleende titel*
courthouse ('kɔ:thaʊs) ZN *gerechtsgebouw*
courtier ('kɔ:tɪə) ZN *hoveling*
courtly ('kɔ:tlɪ) BNW *hoofs; vleierig*
court-martial (kɔ:t'mɑ:ʃəl) I ZN *krijgsraad* II OV WW *voor de krijgsraad brengen*
court order ZN *rechterlijk bevel/vonnis; gerechtelijk bevel*
courtroom ('kɔ:tru:m) ZN *rechtszaal*
courtship ('kɔ:tʃɪp) ZN • *gunstbejag* • *hofmakerij; vrijerij; verkering*
courtyard ('kɔ:tjɑ:d) ZN *binnenplaats*
couscous (ku:s'ku:s) ZN *couscous*
cousin ('kʌzən) ZN • *neef* ⟨zoon v. oom en tante⟩; *nicht* ⟨dochter v. oom en tante⟩ ★ *second* ~ *achterneef/-nicht* ★ ~ *german volle neef/nicht* ★ *call* ~s *with beweren familie te zijn van* ★ *he would not call the King his* ~ *hij was de koning te rijk*
cove (kəʊv) I ZN • GESCH. *welving langs plafondrand* • *kreek* • *inham* • INFORM. *kerel; vent* II OV WW • *schuin doen lopen* • GESCH. *welving maken tussen muur en plafond*
covenant ('kʌvənənt) I ZN *verbond; verdrag* II OV+ONOV WW *overeenkomen*
covenanter ('kʌvənəntə) ZN *verbondene*
Coventry ('kɒvəntrɪ) ZN *Coventry* ★ *send s.o. to* ~

iem. negeren; doen of iem. lucht is
cover ('kʌvə) I ZN • *bedekking; deksel* • *buitenband* • *couvert* • *dekmantel* • *envelop* • *boekomslag* • *schuilplaats; bescherming* ★ *from* ~ *to* ~ *van kaft tot kaft; van A tot Z* ★ *under* ~ *of beschut door; onder het mom van* ★ *break* ~ *tevoorschijn komen* ⟨uit schuilplaats⟩ ★ *run for* ~! *ren voor je leven!* II OV WW • *v. toepassing zijn op* • *overstelpen met* • *bestrijken* ⟨v. geschut⟩ • *z. uitstrekken over* • *be-/overdekken* • *(z.) dekken* • *beschermen* • *insluiten* • *verbergen* ★ ~ *a meeting een vergadering verslaan* ★ ~ed *car huifkar* ★ ~ *in v.e. dak voorzien; een graf dichtgooien* ★ ~ *over geheel bedekken* ★ ~ *up verbergen; toedekken; in de doofpot stoppen* III ONOV WW • *invallen* ★ ~ing *letter begeleidende brief* ★ ~ *for invallen voor*
coverage ('kʌvərɪdʒ) ZN *(pers)verslag*
cover charge ZN *couvert(kosten)*
cover girl ZN *fotomodel* ⟨op omslag v.e. tijdschrift⟩
covering ('kʌvərɪŋ) ZN *dekking*
coverlet ('kʌvəlɪt) ZN • *bedekking* • *gestikte deken; sprei*
cover story ZN *omslagartikel*
covert ('kʌvət) I ZN • *dek* • *schuilplaats; struikgewas* II BNW • *impliciet* • *heimelijk*
coverture ('kʌvətʃə) ZN *bedekking; beschutting*
covet ('kʌvɪt) OV WW *begeren*
covetous ('kʌvɪtəs) BNW *begerig; hebzuchtig*
covey ('kʌvɪ) ZN *troep(je)* • *vlucht patrijzen*
cow (kaʊ) I ZN • *koe* • *wijfje* ⟨bij zoogdieren⟩ ★ *till the cows come home tot sint-juttemis* ★ *holy cow! asjemenou!* II OV WW *intimideren*
coward ('kaʊəd) ZN *lafaard*
cowardice ('kaʊədɪs) ZN *lafheid*
cowardly ('kaʊədlɪ) BNW + BIJW *lafhartig*
cowboy ('kaʊbɔɪ) ZN • *cowboy; veedrijver* • *beunhaas* • PLAT *dolleman*
cower ('kaʊə) ONOV WW • *(neer)hurken; ineenkrimpen*
cowfish ('kaʊfɪʃ) ZN *zeekoe*
cowgrass ('kaʊgrɑ:s) ZN *wilde klaver*
cowherd ('kaʊhɜ:d) ZN *koeherder*
cowhide ('kaʊhaɪd) I ZN *(zweep van) runderhuid* II OV WW *afranselen*
cowl (kaʊl) ZN • *watervat* • *schoorsteengek* • *monnikskap/-pij*
cowlick ('kaʊlɪk) ZN *spuuglok*
cowling ('kaʊlɪŋ) ZN *motorkap*
cowman ('kaʊmən) ZN • *USA veeboer* • *veehoeder*
co-worker (kəʊ'wɜ:kə) ZN • *medewerker* • *collega* • *teamgenoot* • *maat*
cowpox ('kaʊpɒks) ZN *koepokken*
cowshed ('kaʊʃed) ZN *koestal*
cowslip ('kaʊslɪp) ZN *sleutelbloem*
cox (kɒks) I ZN → **coxswain** II OV WW *(be)sturen*
coxcomb ('kɒkskəʊm) ZN *verwaande kwast*
coxswain ('kɒkswein) ZN *stuurman* ⟨vnl. v. roeiboot⟩
coy (kɔɪ) BNW • *afgezonderd* • *bedeesd; zedig* ★ *coy of karig met*
coyness ('kɔɪnəs) ZN *bedeesdheid; zedigheid*
coyote (kɔɪ'əʊtɪ) ZN USA *prairiewolf*
cozen ('kʌzən) I OV WW • *bedriegen; misleiden* • ~ *into verleiden om te/tot* II ONOV WW

konkelen
cozy ('kəʊzɪ) BNW → **cosy**
cp. AFK compare *vergelijk*
crab (kræb) I ZN • *krab* • *platluis* • *zuurpruim* • *laagste worp* ⟨bij dobbelspel⟩ • *lier* ★ catch a crab *verkeerde manoeuvre maken met roeiriem* ★ it turned out crabs *het liep op niets uit* II OV WW • *afkammen* • *in de war sturen* III ONOV WW • *mopperen* • SCHEEPV. *krabben*
crab-apple ZN *wilde appel*
crabbed ('kræbɪd) BNW • *kriebelig* ⟨handschrift⟩ • *gewrongen* ⟨stijl⟩ • *kribbig*; *nors*
crabby ('kræbɪ) BNW • *krabachtig* • → **crabbed**
crack (kræk) I ZN • *inbraak* • *gekraak*; *(ge)knal*; *klap* • *kier*, *spleet*; *scheur*; *barst* • *eersteklas paard/schutter/speler, enz.* • *inbreker* ★ have a ~ at s.th. *een poging wagen iets voor elkaar te krijgen* ★ ~ of doom *Laatste Oordeel* ★ do a ~ *een kraak zetten* ★ in a ~ *in een wip* II BNW *prima*; *eersteklas* III OV WW • *doen barsten* • *laten knallen* • *kraken* ⟨v. codes⟩; *ontcijferen*; *een oplossing vinden* ★ ~ a crib *ergens inbreken* ★ ~ a joke *een mop vertellen* • ~ up *ophemelen*; *het afleggen* IV ONOV WW • *knallen* • *breken/overslaan* ⟨v. stem⟩ • *geestelijk instorten* ⟨onder druk⟩ • *snoeven*; *scheuren*; *barsten*; *kraken* V BIJW ★ ~ in the eye *recht in zijn oog* VI TW *krak!*
crackajack ('krækədʒæk) ZN → **crackerjack**
crack-brained ('krækbreɪnd) ZN *getikt*
cracked (krækt) BNW *getikt*; *maf*
cracker ('krækə) ZN • *spetter* ⟨aantrekkelijk persoon⟩ • *giller* • *cracker*; *dun biskwietje* • *voetzoeker*; *knaller* • *knalbonbon* • *leugen*
crackerjack ('krækədʒæk), **crackajack** I ZN USA *eersteklas speler* II BNW USA *eersteklas*
crackers ('krækəz) ZN MV *notenkraker* ★ be ~ *stapelgek zijn*
cracking ('krækɪŋ) BNW • PLAT *uitstekend*; *geweldig* • PLAT snel ★ ~ pace *stevige vaart*
crack-jaw ('krækdʒɔː) BNW *tongbrekend* ★ ~-word *moeilijk uit te spreken woord*
crackle ('krækl) I ZN • *geknetter* • *craquelé* II BNW *craquelé* III OV WW *craquelé veroorzaken in* IV ONOV WW *knetteren*; *knappen*
crackleware ('kræklweə) ZN *craquelé* ⟨porselein⟩
crackling ('kræklɪŋ) ZN • *geknetter* • *gebraden zwoerd*
cracklings ('kræklɪŋz) ZN MV *kaantjes*
cracknel ('kræknl) ZN *krakeling*
crackpot ('krækpɒt) ZN INFORM. *zonderling*
cracksman ('kræksmən) ZN *inbreker*
cracky ('krækɪ) BNW • *gebarsten* • *breekbaar* • *getikt*
cradle ('kreɪdl) I ZN • *wieg*; *bakermat* • *haak* ⟨v. telefoon⟩ • *goudwastrog* • *slede* ⟨v. scheepshelling⟩ • *onderstel* • *stellage* • *spalk* II OV WW • *wiegen* • *op de haak leggen* ⟨hoorn v. telefoon⟩
craft (krɑːft) I ZN • *vaartuig(en)* • *sluwheid*; *list* • *vak*; *(kunst)vaardigheid*; *ambacht* II OV WW *maken*; *wrochten*
craftsman ('krɑːftsmən) ZN *vakman*; *handwerksman*
craftsmanship ('krɑːftsmənʃɪp) ZN • *vakmanschap* • *(vak)bekwaamheid*
crafty ('krɑːftɪ) BNW *listig*

crag (kræɡ) ZN • *steile rots* • *schelpzand*
cragged ('krægɪd) BNW • *steil* • *onregelmatig*
craggy ('krægɪ) BNW • *rotsig* • *woest* • *verweerd* ⟨fig.⟩
crake (kreɪk) I ZN *(schreeuw v.d.) kwartelkoning* II ONOV WW *schreeuwen*
cram (kræm) I ZN • *gedrang* • *ingepompte kennis* II OV WW *volproppen*; *inpompen* ⟨kennis⟩ ★ cram s.th. down s.o.'s throat *iem. iets met geweld opdringen* III ONOV WW • *(z.) volstoppen* • *blokken* ⟨op leerwerk⟩
cram course ZN *stoomcursus*
crammer ('kræmə) ZN • *repetitor* • *volstopper*
cramp (kræmp) I ZN • *kramp* • *muuranker*; *klemhaak* II OV WW • *kramp veroorzaken (in)* • *verankeren* • *belemmeren*; *vastklemmen* • ~ **up** *in nauwe ruimte opsluiten*
cramped (kræmpt) BNW • *bekrompen* • *met kramp* • *kriebelig*; *gewrongen*
crampon ('kræmpən) ZN *kram*; *ijsspoor*
cranberry ('krænbərɪ) ZN *veenbes*
crane (kreɪn) I ZN • *hevel* • *kraanvogel* • *(hef)kraan* ★ ~ fly *langpootmug* II OV WW • *met kraan ophijsen* • *(reikhalzend) uitstrekken* III ONOV WW • *uitstrekken* ⟨v.d. hals⟩ • ~ **at** *terugdeinzen voor*
cranesbill ('kreɪnzbɪl) ZN *ooievaarsbek*
cranium ('kreɪnɪəm) ZN *schedel*
crank (kræŋk) I ZN • *zonderling* • *woordspeling* • *tuimelaar* ⟨aan bel⟩ • *kruk(stang)* • *slinger* ★ ~ call *telefoontje v.e. gek* II BNW *zwak*; *wankel* III OV WW • *v. slinger voorzien* • *rechthoekig buigen* • ~ **up** *aanslingeren* ⟨v. auto⟩
crankaxle ('kræŋkæksəl) ZN *trapas*
crankcase ('kræŋkkeɪs) ZN *carter*
crankle ('kræŋkl) I ZN *kronkel* II OV+ONOV WW *(z.) kronkelen*
crankshaft ('kræŋkʃɑːft) ZN *krukas*
cranky ('kræŋkɪ) BNW • *excentriek* • *humeurig* • *wankel* • *kronkelend*
cranny ('krænɪ) ZN *scheur*; *spleet*
crap (kræp) I ZN • VULG. *gelul* • VULG. *stront* • VULG. *rotzooi*; *troep* ★ have a crap *schijten* II ONOV WW • VULG. *schijten* • ~ **out** *voor gezien houden*; *verliezen*
crape (kreɪp) ZN • *crêpe* • *(rouw)floers*; *rouwband*
crapulent ('kræpjʊlənt) BNW • *onmatig* • *katterig*
crash (kræʃ) I ZN • ECON. *krach* • *botsing* • *klap* • *grof linnen* ★ ~ helmet *veiligheidshelm*; *valhelm* ★ ~ barrier *vangrail* ★ ~ course *stoomcursus* II OV WW *verbrijzelen* III ONOV WW • *te pletter vallen* • *daveren* • *failliet gaan* • *galmen* ★ go/fall ~ *te pletter vallen* • ~ **against/into** *aanbotsen tegen* • ~ **out** *daveren*; *schetteren* IV BIJW ★ ~ dive *snel (doen) duiken*
crash dive ('kræʃdaɪv) I ZN *snelle duik* ⟨v.e. onderzeeboot of vliegtuig⟩ II OV+ONOV WW *snel (doen) duiken* ⟨v.e. onderzeeboot of vliegtuig⟩
crashing ('kræʃɪŋ) BNW INFORM. *verpletterend*; *ongelofelijk*
crash-land ('kræʃlænd) ONOV WW • *snel naar dieper water duiken* ⟨duikboot⟩ • *recht naar beneden storten* ⟨vliegtuig⟩
crass (kræs) BNW *grof*; *lomp*

cratch (krætʃ) ZN *ruif; trog*
crate (kreɪt) ZN • INFORM. *gammel vliegtuig* • *krat* • *tenen mand*
crater ('kreɪtə) ZN • *krater* • *bomtrechter*
cravat (krə'væt) ZN *halsdoek; das; choker*
crave (kreɪv) I OV WW *smeken; verzoeken* II ONOV WW • *hunkeren* ★ ~ **for** *vurig verlangen naar*
craven ('kreɪvən) I ZN *lafaard* ★ *cry* ~ *zich overgeven* II BNW *lafhartig*
craving ('kreɪvɪŋ) ZN • *onweerstaanbare trek in een bepaalde soort voedsel* • *verzoek; smeekbede*
craw (krɔː) ZN *krop*
crawfish ('krɔːfɪʃ) ZN *rivierkreeft; langoest*
crawl (krɔːl) I ZN • *schildpadvijver* • *crawl* • *viskaar* II OV WW *een uitbrander geven* III ONOV WW • *crawlen* • *(de) hielen likken* • *kruipen* • *langzaam bewegen/voortgaan; niet opschieten* • ~ **with** *krioelen van*
crawler ('krɔːlə) ZN • *kruippakje* • *luis* • *crawl* • *taxi/rijtuig op zoek naar een vrachtje*
crawly ('krɔːlɪ) BNW *griezelig*
crayfish ('kreɪfɪʃ) ZN → **crawfish** *rivierkreeft*
crayon ('kreɪən) I ZN • *koolspits* • *kleurpotlood; tekenkrijt* • *pastel(tekening)* II OV WW *tekenen met crayon*
craze (kreɪz) I ZN *manie; rage* II OV WW • *krankzinnig maken* • *craqueleren* III ONOV WW *gecraqueleerd zijn*
crazy ('kreɪzɪ) BNW • *gek; krankzinnig* • *bouwvallig; onsolide* • *grillig; met onregelmatig patroon* ★ USA ~ *bone telefoonbeentje* ★ ~ **about** *gek op*
creak (kriːk) I ZN *geknars* II ONOV WW *piepen; knarsen*
creaky ('kriːkɪ) BNW *knarsend*
cream (kriːm) I ZN • *room* • *crème* • *gerecht met room* • *roomkleurig paard* • *crème de la crème; het puikje; de bloem* ★ ~ *of lime kalkmelk* ★ ~ *of the jest/joke het fijne/de kern van de grap* ★ *moisturizing* ~ *vochtregulerende crème* II OV WW • *tot room maken* • *afromen* ⟨ook fig.⟩ • *room doen bij* III ONOV WW *room/schuim vormen*
creamer ('kriːmə) ZN • *koffiemelkpoeder* • *roomcentrifuge; ontromer* • *roomkan(netje)*
creamery ('kriːmərɪ) ZN • *melksalon* • *zuivelfabriek*
cream puff ZN *roomsoes*
cream tea ZN *thee met scones, jam en dikke room*
creamy ('kriːmɪ) BNW • *smeuïg* • *zacht; vol*
crease (kriːs) I ZN • *streep* ⟨bij cricket⟩ • *vouw; kreukel* II OV+ONOV WW *vouwen; kreukelen*
create (kriː'eɪt) I OV WW • *scheppen; creëren; teweegbrengen* • *verheffen tot* • *benoemen* II ONOV WW *drukte maken*
creation (kriː'eɪʃən) ZN • *schepping* • COMP. *aanmaken v.e. informatiebestand*
creative (kriː'eɪtɪv) BNW *creatief* • *scheppend* ★ ~ *director artistiek leider*
creativity (kriːeɪ'tɪvətɪ) ZN *creativiteit*
creator (kriː'eɪtə) ZN *schepper*
creature ('kriːtʃə) ZN • *voortbrengsel* • *schepsel; dier* ★ INFORM. *the* ~ *whisky* ★ ~ *comforts geneugten des levens*
crèche (kreʃ, kreɪʃ) ZN *crèche*
credence ('kriːdns) ZN • *geloof* • *credens(tafel)*
credentials (krə'denʃəlz) ZN MV *geloofsbrieven*

credibility (kredə'bɪlətɪ) ZN *geloofwaardigheid*
credibility gap ZN *vertrouwenscrisis; gebrek aan vertrouwen*
credible ('kredɪbl) BNW *geloofwaardig*
credit ('kredɪt) I ZN • *krediet* • *credit(zijde)* • *geloof; vertrouwen* • *verdienste; eer* • *goede naam* • *invloed* ★ *be a* ~ *to tot eer strekken* ★ ~ *where* ~ *is due ere wie ere toekomt* ★ *take* ~ *for het zich als een verdienste aanrekenen* ★ *do* ~ *to tot eer strekken* ★ *give a p.* ~ *for ... iem. erop vertrouwen dat ...; iem. de eer geven voor ...* II OV WW • *geloven* • *crediteren* ★ ~ *a p. with iem. iets nageven*
creditable ('kredɪtəbl) BNW *eervol; achtenswaardig; fatsoenlijk*
credit card ZN *creditcard*
credit note ZN *tegoedbon*
creditor ('kredɪtə) ZN *crediteur; schuldeiser*
credits ('kredɪts) ZN MV *aftiteling met vermelding v. medewerkers aan film/tv-productie* ⟨aan film/tv-productie⟩
creditworthy ('kredɪtwɜːðɪ) BNW *kredietwaardig*
credulity (krə'djuːlətɪ) ZN *lichtgelovigheid*
credulous ('kredjʊləs) BNW *lichtgelovig*
creed (kriːd) ZN • *geloof(sbelijdenis)*
creek (kriːk) ZN • *kreek* • *inham* • USA *riviertje*
creel (kriːl) ZN *visfuik/-mand*
creep (kriːp) I PLAT *griezel* ★ *the* ~*s de kriebels; kippenvel; kruipgat* II ONOV WW • *dreggen* • *sluipen; kruipen* ★ *make a person's flesh* ~ *iem. kippenvel bezorgen*
creeper ('kriːpə) ZN • *dreg* • *kruiper* • *kruipdier/-plant* • *bodembedekker*
creepy ('kriːpɪ) BNW *griezelig*
creese (kriːs) ZN *kris*
cremate (krɪ'meɪt) OV WW *cremeren*
cremation (krɪ'meɪʃən) ZN *crematie; lijkverbranding*
crematorium (kremə'tɔːrɪəm) ZN *crematorium*
crematory ZN → **crematorium**
crenel(le) ('krenl) ZN *schietgat*
crenel(le)lated (krenə'leɪtɪd) BNW *met schietgaten; gekanteeld*
creole ('kriːəʊl) I ZN *creool* II BNW *creools*
crepe (kreɪp) ZN • *crêpe; krip* • *flensje* • *rouwband*
crepitate ('krepɪteɪt) ONOV WW *knetteren*
crept (krept) WW [verl. tijd + volt. deelw.] → **creep**
crescendo (krɪ'ʃendəʊ) BNW MUZ. *crescendo*
crescent ('krezənt) I ZN • *maansikkel; halve maan* • *halve cirkel* • *rij huizen in halve cirkel* II BNW • *wassend* ⟨v. maan⟩ • *halvemaanvormig*
cress (kres) ZN *tuinkers; waterkers*
cresset ('kresɪt) ZN *bakenlicht*
crest (krest) I ZN • *hoogtepunt; top* • *(schuim)kop op golf* • *pluim* • *kuif; kam* • HER. *helm* II OV WW • *kronen* • *v.e. pluim voorzien* III ONOV WW • *koppen vormen* ⟨v. golven⟩
crested ('krestɪd) BNW *met een kam/pluim/kuif*
crestfallen ('krestfɔːlən) BNW *terneergeslagen*
cretin ('kretɪn) ZN • *idioot* • *gedrochtje*
cretinism ('kretɪnɪzəm) ZN • MED. *kropziekte* • *stompzinnigheid*
crevasse (krə'væs) ZN • *gletsjerspleet* • *dijkdoorbraak*
crevice ('krevɪs) ZN *spleet; scheur*
crew (kruː) I ZN • *bemanning; personeel* • *zootje;*

troep **II** ONOV WW [verleden tijd] → **crow**
crew cut ZN *stekeltjeskapsel* ⟨zoals verplicht in militaire dienst⟩
crewel ('kru:əl) ZN *borduur-/tapijtwol*
crewman ('kru:mən) ZN *bemanningslid*
crib (krɪb) **I** ZN • *combinatie bij cribbage (kaartspel)* • *plagiaat; gespiekte vertaling*; *spiekbriefje* • *zoutbak* • USA *maïsbak* • *mijnhout* • *zalmfuik* • *hut* • *krib*; *kinderledikantje* **II** OV WW • *gappen* • *opsluiten* • *van kribben voorzien* **III** ONOV WW • *spieken* • *plagiaat plegen*
crib-biter ZN *kribbebijter*
crick (krɪk) ZN *kramp* ★ ~ *in the back spit* ★ ~ *in the neck stijve nek*
cricket ('krɪkɪt) **I** ZN • *krekel* • *cricket(spel)* ★ *it's not* ~ *dat is niet eerlijk* **II** ONOV WW *cricketen*
cricketer ('krɪkɪtə) ZN *cricketspeler*
crier ('kraɪə) ZN • *huiler* • *omroeper*; *schreeuwer* ★ *town* ~ *stadsomroeper*
crikey ('kraɪkɪ) TW *allemachtig!*
crime (kraɪm) **I** ZN *misdaad* **II** OV WW MIL. *aanklagen*
criminal ('krɪmɪnl) **I** ZN *misdadiger* **II** BNW • *crimineel* • JUR. *strafrechtelijk* • *misdadig* ★ ~ *connection/conversation overspel* ★ Criminal Investigation Department *recherche* ★ ~ *law strafrecht*
criminality (krɪmɪ'nælətɪ) ZN *criminaliteit*
criminate ('krɪmɪneɪt) OV WW • *beschuldigen* • *laken*
criminology (krɪmɪ'nɒlədʒɪ) ZN *criminologie*
crimp (krɪmp) **I** ZN • *ronselaar* • *plooi* • *krulhaar* • USA *hinderpaal* **II** BNW *bros* **III** OV WW • *krimp snijden* • *ronselen* • *krullen* ⟨v. haar⟩; *plooien* • USA/INFORM. *dwarszitten* • *degraderen*
crimson ('krɪmzən) **I** ZN *karm(oz)ijnrood* **II** BNW *karm(oz)ijnrood* **III** OV WW *rood kleuren* **IV** ONOV WW *rood worden*
cringe (krɪndʒ) **I** ZN *slaafse buiging* **II** ONOV WW • *ineenkrimpen* • ~ *to kruipen voor*
crinite ('kraɪnaɪt) BNW *behaard*
crinkle ('krɪŋkl) **I** ZN • *kronkel* • *kreuk*; *rimpel* **II** OV+ONOV WW • *(doen) kronkelen* • *rimpelen*; *kreukelen*; *(ver)frommelen*
crinkly ('krɪŋklɪ) BNW • *kronkelend* • *verkreukt*; *rimpelig*
crinoline ('krɪnəlɪn) ZN • *hoepelrok* • *paardenharen stof* • *torpedonet*
cripple ('krɪpl) **I** ZN • *kreupele* • *stellage* **II** OV WW • *verminken* • *mank gaan*; *verlammen* ⟨ook fig.⟩; *belemmeren*
crises ('kraɪsəz) ZN MV → **crisis**
crisis ('kraɪsɪ:z) ZN *crisis* ★ midlife ~ *midlife crisis* ⟨moeilijke periode op middelbare leeftijd⟩
crisp (krɪsp) **I** ZN *bankbiljet(ten)* **II** BNW • *netjes en verzorgd* ⟨v. kleding en/of kapsel⟩ • *levendig* • *kroes*; *gekruld* • *kort en bondig* • *pittig*; *krachtig* • *fris bros*; *knappend*; *krokant* • *knapperig*; *stevig* **III** OV WW • *doen krullen* • *krokant maken* **IV** ONOV WW • *krokant worden* • *kroezen*
crispate ('krɪspeɪt) BNW • *gekruld* • *golvend*
crispbread ('krɪspbred) ZN *knäckebröd*
crisps (krɪsps) ZN MV *chips*
crispy ('krɪspɪ) BNW • *knapperig* • *bondig*
criss-cross ('krɪskrɒs) **I** ZN *wirwar*; *warnet* **II** BNW + BIJW *kriskras door elkaar* **III** OV WW *kriskras door elkaar doen gaan*; *doorkruisen* **IV** ONOV WW *kriskras door elkaar gaan*
criterion (kraɪ'tɪərɪən) ZN *criterium*; *maatstaf*
critic ('krɪtɪk) ZN • *vitter* • *criticus*; *beoordelaar* ★ everybody's a ~ *iedereen heeft een oordeel klaar*
critical ('krɪtɪkl) BNW • *hachelijk*; *kritiek* • *vitterig* • *kritisch*
criticism ('krɪtɪsɪzəm) ZN • *kritiek* • *kritische bespreking*
criticize ('krɪtɪsaɪz) OV WW • *bespreken* • *beoordelen* • *aanmerkingen maken op*
critique (krɪ'ti:k) ZN *kunstkritiek*
croak (krəʊk) **I** OV WW PLAT *mollen* **II** ONOV WW • VULG. *creperen* • *ongeluk voorspellen* • *krassen*; *kwaken*
croaker ('krəʊkə) ZN *onheilsprofeet*
croaky ('krəʊkɪ) BNW *schor*
crochet ('krəʊʃeɪ) **I** ZN *haakwerk* ★ ~ hook *haaknaald* **II** OV+ONOV WW *haken* ⟨met wol of garen⟩
crock (krɒk) **I** ZN • *oud meubelstuk* • *oude knol* • *sukkel* • *pot(scherf)* **II** OV WW • *onderuit halen* • *mollen* **III** ONOV WW *aftakelen*
crockery ('krɒkərɪ) ZN *aardewerk*; *serviesgoed*
crocket ('krɒkɪt) ZN *versiering in de vorm van een gekruld blad*
crocodile ('krɒkədaɪl) ZN *krokodil* ★ ~ tears *krokodillentranen*
croft (krɒft) ZN *perceeltje bouwland*; *kleine pachtboerderij* ⟨vnl. in Schotland⟩
crofter ('krɒftə) ZN *keuterboer*; *pachtboertje*
cromlech ('krɒmlek) ZN *hunebed*
crone (krəʊn) ZN • *oude ooi* • *oud wijf*
crony ('krəʊnɪ) ZN *boezemvriend(in)*
crook (krʊk) **I** ZN • *kromstaf* • *oplichter*; *boef* • *kromte*; *bocht*; *haak* ★ by hook or by ~ *oneerlijk* ★ on the ~ *oneerlijk* **II** BNW → **crooked** **III** ONOV WW *buigen*; *z. krommen*
crookback ('krʊkbæk) ZN *bochel*
crookbacked ('krʊkbækt) BNW *gebocheld*
crooked ('krʊkɪd) BNW • *oneerlijk*; *onoprecht* • *krom*; *gebogen* • *bochtig* • *met krom handvat*
croon (kru:n) **I** ZN • *liedje* • *zacht stemgeluid* **II** OV+ONOV WW • MUZ. *croonen*; *zwoel zingen* • *neuriën*
crooner ZN MUZ. *crooner* ⟨zwoel zingende zanger⟩
crop (krɒp) **I** ZN • *gewas*; *oogst*; *krop* • *gelooide dierenhuid* • *zeer kort geknipt haar* • *rijzweepje*; *zweepstok* • *het knippen*; *knipsel* ★ in/under crop *bebouwd* ★ out of crop *onbebouwd* ★ crop dusting *gewasbespuiting* **II** OV WW • *bebouwen*; *oogsten* • *bijsnijden*; *couperen* • *afknippen*; *afsnijden* **III** ONOV WW • *opbrengen* • ~ out/up *vóórkomen*; *aan de dag treden*; *(plotseling) opduiken*
cropper ('krɒpə) ZN • *productieve boom/plant* • *val* • *kropduif* ★ come a ~ *over de kop gaan*; *op niets uitlopen*
croquet ('krəʊkeɪ) ZN *croquetspel*
cross (krɒs) **I** ZN • *kruis(ing)*; *kruisteken* • *bedrog*; *zwendel* ★ it was a ~ between *het hield het midden tussen* ★ on the ~ *overhoeks*; *diagonaal* ★ ~ wind *tegenwind*; *dwarswind* ★ FIG. come

home by Weeping Cross *bedrogen uitkomen* **II** BNW • *oneerlijk* • *gekruist* • *tegengesteld*; *dwars* • *uit zijn humeur* ★ ~ with *boos op* **III** OV WW • *strepen* ⟨v. cheque⟩ • *dwarsbomen* • *dwars over elkaar leggen* ★ ~ o.s. *een kruis maken* ★ ~ with silver *geld geven* ★ ~ a horse *een paard berijden* ★ ~ a saddle *op een zadel zitten* ★ ~ one's t's *de puntjes op de i zetten* • ~ out *doorhalen* **V** ONOV WW *(elkaar) kruisen* **IV** OV+ONOV WW *oversteken*; *dwars gaan door* ★ it ~ed my mind *het kwam bij me op*
crossbar ('krɒsbɑ:) ZN *dwarslat*
crossbeam ('krɒsbi:m) ZN *dwarsbalk*
cross-bench ('krɒsbentʃ) ZN ★ ~ mind *onafhankelijke of lauwe mentaliteit*
cross-bencher ZN *onafhankelijk parlementariër*
cross-border BNW *over de grens*; *grens overschrijdend*
crossbow ('krɒsbəʊ) ZN *kruisboog*
cross-breed ('krɒsbri:d) **I** ZN *gekruist ras*; *kruising*; *bastaard* **II** OV WW *kruisen* ⟨genetisch⟩ **III** ONOV WW *z. kruisen* ⟨genetisch⟩
cross-buttock **I** ZN *heupworp* ⟨worstelen⟩ **II** OV WW *met heupworp vloeren*
cross-country (krɒs'kʌntrɪ) BNW *over heg en steg* ★ ~ race *veldloop* ★ ~ ride *terreinrit*
cross-examination ZN *kruisverhoor*
cross-examine (krɒsɪɡ'zæmɪn) OV+ONOV WW *een kruisverhoor afnemen*
cross-eyed (krɒs'aɪd) BNW *scheel*
cross-fertilization (krɒsfɜ:təlaɪ'zeɪʃən) ZN *kruisbevruchting*
cross-fertilize (krɒs'fɜ:təlaɪz) OV WW *kruisen*
crossfire ('krɒsfaɪə) ZN *kruisvuur*
cross-grained (krɒs'ɡreɪnd) BNW *tegen de draad in*; *dwars*
crossing ('krɒsɪŋ) ZN • *oversteekplaats* • *overtocht* • *kruising*; *kruispunt* ★ G-B level ~ *gelijkvloerse kruising* ⟨tussen autoweg en spoorlijn⟩
crossing guard ZN *klaarover*; *verkeersbrigadier*
cross-legged (krɒs'leɡd) BNW *met gekruiste benen*
crosslight ('krɒslaɪt) ZN • *kruiselings vallend licht* • *belichting v.e. onderwerp vanuit ander standpunt*
crossness ('krɒsnəs) ZN • *slecht humeur* • *dwars-/koppigheid*
crossover ('krɒsəʊvə) ZN • *oversteekplaats* • *kruising*; *mengeling*
crosspatch ('krɒspætʃ) ZN *nijdas*
cross-ply ('krɒsplaɪ) BNW *met karkas van scheringkoorden* ★ ~ tyres *diagonaalbanden*
cross-purpose (krɒs'pɜ:pəs) ZN *misverstand* ★ be at ~s *elkaar misverstaan*; *langs elkaar heen werken of praten*
cross-question (krɒs'kwestʃən) **I** ZN *strikvraag* ★ ~s and crooked answers *protocollen* ⟨spel⟩ **II** OV WW *met strikvragen ondervragen*
cross-reference ('krɒsrefərəns) ZN *verwijzing*
crossroad ('krɒsrəʊd) ZN *zijweg* ★ ~s *wegkruising*
crossruff ('krɒsrʌf) ZN *over en weer introeven* ⟨bridge⟩
cross-section ('krɒs'sekʃən) ZN *dwarsdoorsnede*
cross-stitch ('krɒsstɪtʃ) ZN *kruissteek*
crosstalk ('krɒstɔ:k) ZN • *overspraak* • *flitsend woordenspel*
crosswalk ('krɒswɔ:k) ZN USA *(gemarkeerde) voetgangersoversteekplaats*
crossways ('krɒsweɪz) BNW *kruiselings*; *dwars over*
crossword ('krɒswɜ:d) ZN *kruiswoordpuzzel*; *cryptogram*
crotch (krɒtʃ) ZN • *kruis* ⟨v. menselijk lichaam⟩ • *vertakking*
crotchet ('krɒtʃɪt) ZN • MUZ. *kwartnoot* • *haakje* • *gril*
crotcheteer (krɒtʃɪ'tɪə) ZN *fantast*
crotchety ('krɒtʃətɪ) BNW *grillig*; *nukkig*
crouch (kraʊtʃ) **I** OV WW *(doen) buigen* **II** ONOV WW • *neerhurken*; z. *bukken* • *kruipen*; *het lichaam tegen de grond drukken*
croup (kru:p) ZN • *kruis* ⟨v. paard⟩ • *kroep*
crow (krəʊ) **I** ZN • *koevoet* • *kraai*; *gekraai* ★ in a crow line *hemelsbreed* ★ as the crow flies *hemelsbreed* ★ I have a crow to pluck with you *ik heb een appeltje met jou te schillen* ★ USA eat crow *zoete broodjes bakken* ★ FIG. white crow *witte raaf* **II** ONOV WW • *kraaien* • ~ over *victorie kraaien*
crowbar ('krəʊbɑ:) ZN *koevoet*
crowd (kraʊd) **I** ZN • *menigte*; *gedrang*; *troep*; *gezelschap*; *hoop* ★ the ~ *de grote massa* ★ that would pass in a ~ *dat kan er mee door* ★ the madding ~ *het jachtige leven*; *de jachtige maatschappij* **II** OV WW • *volproppen*; *samenpakken in* ★ ~ sail *alle zeilen bijzetten* • ~ into/out *naar binnen/buiten dringen* **III** ONOV WW *(z. ver)dringen*
crowded ('kraʊdɪd) BNW *druk*; *gedrongen*; *vol*; *overladen*
crowfoot ('krəʊfʊt) ZN • MIL. *voetangel* • *ranonkel* • *boterbloem*
crown (kraʊn) **I** ZN • *kroon* • *papiermaat van 51x38 cm* • *bol* ⟨v. hoed⟩ • OUD. *vijfshillingstuk* • *krans*; *kruin*; *hoogste punt* ★ ~ imperial *keizerskroon* ★ ~ cases *strafzaken* ★ ~ land *kroondomein* ★ ~ law *strafrecht* ★ ~ jewels *kroonjuwelen* **II** OV WW • *kroon zetten op*; *(be)kronen*; *alles overtreffen* • *een dam halen* ⟨bij damspel⟩
crow's-foot ('krəʊzfʊt) ZN • *kraaienpootje* • MIL. *voetangel* • *scheerrijn*
crucial ('kru:ʃəl) BNW *cruciaal*; *beslissend*; *kritiek* ★ ~ test *vuurproef*
crucible ('kru:sɪbl) ZN • *vuurproef* ⟨fig.⟩ • *smeltkroes*
crucifix ('kru:sɪfɪks) ZN *kruisbeeld*
crucifixion (kru:sɪ'fɪkʃən) ZN *kruisiging*
crucify ('kru:sɪfaɪ) OV WW • *kruisigen* • *kastijden*
crude (kru:d) BNW *onrijp*; *ruw*; *onafgewerkt*; *grof*; *rauw* ★ ~ oil *ongeraffineerde/ruwe olie*
crudeness ('kru:dnəs) ZN → **crude**
crudity ZN → **crudeness**
cruel ('kru:əl) BNW *wreed*
cruelty ('kru:əltɪ) ZN *wreedheid*
cruet ('kru:ɪt) ZN • *ampul* • *azijn-/olieflesje*
cruise (kru:z) **I** ZN • *cruise* • *tocht* • *kruisvaart/-vlucht* ★ ~ missile *kruisraket* ★ cruising speed *kruissnelheid* **II** OV WW *bevaren* **III** ONOV WW • *kruisen* • *varen* • *patrouilleren*
cruiser ('kru:zə) ZN • USA *patrouilleerwagen*; *politieauto* • *kruiser*

cruiserweight ('kru:zəweɪt) ZN *middelgewicht*
crumb (krʌm) I ZN *kruim(el)* II OV WW *paneren* III OV+ONOV WW *kruimelen*
crumble ('krʌmbl) I OV WW *afkruimelen; (ver)kruimelen; (ver)brokkelen* II ONOV WW *afbrokkelen; vergaan*
crumbly ('krʌmblɪ) BNW *kruimelig*
crummy ('krʌmɪ) ZN • *waardeloos* • *armoedig* • *mollig* • *rijk*
crump (krʌmp) I ZN • *zware bom/granaat* • *knal* • *mep* II OV WW *meppen* III ONOV WW *dreunen*
crumpet ('krʌmpɪt) ZN • *bol* • *kop* • *plaatkoek* • *a nice piece of ~ een lekker stuk* ‹vrouw›
crumple ('krʌmpl) I OV WW *kreuk(el)en; (op)frommelen* II ONOV WW *in elkaar schrompelen; zakken*
crumple zone ZN TECHN. *kreukelzone*
crunch (krʌntʃ) I ZN *geknars* ★ *when it comes to the ~ als het erop aan komt* II OV WW • *doen knerpen* • *kapotkauwen; knauwen op* III ONOV WW *knerpen; knarsen*
crunchy ('krʌntʃɪ) BNW • *bijtgaar; krokant* • *knappend*
crusade (kru:'seɪd) I ZN *kruistocht* II ONOV WW *een kruistocht voeren*
crusader (kru:'seɪdə) ZN *kruisvaarder* ‹ook fig.›
crush (krʌʃ) I ZN • *grote fuif* • *kooi om vee in te merken* ‹Australisch› ★ *have a ~ on a p. verliefd zijn op iem.* II OV WW • *verpletteren; in elkaar persen; stampen; pletten; de kop indrukken* • *~ out uitroeien* III OV+ONOV WW • *dringen; verfomfaaien* • *~ into* (z.) *dringen in*
crush-barrier ('krʌʃbærɪə) ZN *dranghek*
crusher ('krʌʃə) ZN • PLAT *mooie jongen* • *pletter; plethamer* • *stamper* • *iets verpletterends* • *kranig stuk werk* • PLAT *politieagent*
crushing ('krʌʃɪŋ) BNW *verpletterend; vernietigend*
crush-room ZN *foyer*
crushy ('krʌʃɪ) BNW *propvol*
crust (krʌst) I ZN *korst* ★ INFORM. *upper ~ aristocratie* II OV WW *met een korst bedekken* III ONOV WW *aankoeken; een koek vormen*
crustacean (krʌ'steɪʃən) I ZN *schaaldier* II BNW *m.b.t. schaaldieren*
crusted ('krʌstɪd) BNW • *met een korst* • *met droesem* ‹v. wijn› • *verstokt* • *respectabel* ★ ~ *old port belegen port*
crusty ('krʌstɪ) BNW • *knapperig* • *korzelig* ★ ~ *bread brood met een knapperige korst*
crutch (krʌtʃ) I ZN *kruk; steun* II OV WW *steunen*
crutched ('krʌtʃt) BNW *met een krukvormig handvat*
crux (krʌks) ZN *moeilijkheid; probleem*
cry (kraɪ) I ZN • *kreet; roep* • *huilbui* • *(ge)schreeuw; gehuil; geblaf; gejank; geluid* ‹v. dier› • *gerucht* • *publieke opinie* ★ *a far cry een heel eind* • *follow in the cry meelopen met de massa* ★ *within cry binnen gehoorsafstand* II OV+ONOV WW • *schreeuwen; (uit)roepen* • *huilen, venten* • *omroepen* ★ *it's no use crying over spilt milk gedane zaken nemen geen keer* ★ *cry halves zijn aandeel opeisen* ★ *cry stinking fish zijn eigen zaak bederven* ★ *cry craven zich laf tonen* ★ *cry for the moon het onmogelijke willen hebben* • ~ *down naar beneden halen* • ~ *for schreeuwen om/van*
• ~ *off er van afzien* • ~ *out (het) uitschreeuwen; luid protesteren* • ~ *up ophemelen*
crybaby ('kraɪbeɪbɪ) ZN *huilebalk*
crying ('kraɪɪŋ) BNW *dringend; ten hemel schreiend*
crypt (krɪpt) ZN *crypte*
cryptical ('krɪptɪkəl) BNW *geheim(zinnig)*
cryptogram ('krɪptəgræm) ZN *in geheimschrift geschreven stuk; cryptogram*
cryptography (krɪp'tɒgrəfɪ) ZN *geheimschrift*
crystal ('krɪstl) I ZN *kristal* II BNW *kristal-*
crystal-gazing ('krɪstlgeɪzɪŋ) ZN *waarzeggerij* ‹met glazen bol›
crystalline ('krɪstəlaɪn) BNW *kristallijn*
crystallize ('krɪstəlaɪz) I OV WW • *doen kristalliseren* • *vaste vorm geven* II ONOV WW • *kristalliseren* • *vaste vorm aannemen*
crystals ('krɪstlz) ZN MV PLAT *heroïne*
C.S.E. AFK *Certificate of Secondary Education* ≈ *MVBO-diploma*
C.S.T. AFK AUS *Central Standard Time Centrale Standaardtijd* ‹tijdzone in centraal Australië›
ct. AFK • *cent cent* • *county graafschap; provincie* • *carat karaat*
cu. AFK *cubic kubiek*
cub (kʌb) I ZN • *welp; jong* ‹v. beer, vos, grote kat› • *ongelikte beer* • USA *beginner* • *cub reporter leerling-journalist* II ONOV WW *jongen werpen*
cubage ('kju:bɪdʒ) ZN *inhoud(sberekening)*
Cuban ('kju:bən) I ZN *Cubaan* II BNW *Cubaans*
cubature ZN → **cubage**
cubby ('kʌbɪ) ZN • *gezellig hoekje* • *huisje* • *hok* • *krot* ★ ~ *hole gezellig hoekje*
cube (kju:b) I ZN • *blok(je)* • *dobbelsteen* • *kubus* ★ *cube root derde machtswortel* II OV WW • *bestraten met kubussen* • WISK. *tot de derde macht verheffen*
cubic(al) ('kju:bɪk(l)) BNW • *kubiek* • *kubusvormig*
cubicle ('kju:bɪkl) ZN • *hokje; stemhokje; slaaphokje* • *chambrette*
cubism ('kju:bɪzəm) ZN *kubisme*
cubist ('kju:bɪst) I ZN *kubist* II BNW *kubistisch*
cubit ('kju:bɪt) ZN *el* (± 51 cm)
cuckold ('kʌkəʊld) ZN *bedrogen echtgenoot*
cuckoo ('kʊku:) I ZN • *koekoek* • *sul* ★ ~ *clock koekoeksklok* II BNW *gek; sullig* ★ *go ~ niet meer weten hoe je 't hebt* III OV WW *uitentreuren herhalen* IV ONOV WW *koekoek roepen*
cuckoopint ('kʊku:paɪnt) ZN *aronskelk*
cucumber ('kju:kʌmbə) ZN *komkommer*
cud (kʌd) ZN ★ *chew the cud nog eens overdenken*
cuddle ('kʌdl) I ZN *knuffel* II OV WW *knuffelen* III ONOV WW *z. nestelen; knus tegen elkaar gaan liggen*
cuddly ('kʌdlɪ) BNW *van knuffelen houdend; aanhalig* ★ ~ *toy knuffel(dier)*
cuddy ('kʌdɪ) ZN • *kast* • *kamertje* • *kajuit; hut* • *ezel* ‹dier› • *jonge koolvis* • *stenenlichter*
cudgel ('kʌdʒəl) I ZN *knuppel* ★ *take up the ~s for het opnemen voor* II OV WW *(neer)knuppelen* ★ ~ *one's brains zich het hoofd breken*
cue (kju:) I ZN • *signaal* • TON. *wachtwoord* • *keu* • *take one's cue from... het voorbeeld volgen van...* ★ *on cue precies op het goede moment*

II ov ww *een signaal geven*
cuff (kʌf) **I** zn • *manchet* • USA *broekomslag* • *tik ⟨zachte klap⟩* ★ **off the cuff** *voor de vuist weg ⟨onvoorbereid⟩* ★ INFORM. **cuffs** [mv] *handboeien* **II** ov ww *een tikje geven*
cufflink zn *manchetknoop*
cuirass (kwɪˈræs) **I** zn *kuras* **II** ov ww *pantseren*
cuisine (kwɪˈziːn) zn *cuisine ⟨kookstijl⟩*
cul-de-sac (ˈkʌldəsæk) zn *doodlopende steeg/straat*
culinary (ˈkʌlɪnərɪ) zn *culinair; keuken-; kook-*
cull (kʌl) **I** zn *het afmaken ⟨v. dieren⟩* **II** ov ww • *afmaken ⟨v. dieren⟩* • **~ from** *selecteren uit*
culling (ˈkʌlɪŋ) zn *selectie; keuze*
culm (kʌlm) zn • *grashalm; stengel* • *kolengruis*
culminate (ˈkʌlmɪneɪt) onov ww *culmineren; het toppunt bereiken*
culmination (kʌlmɪˈneɪʃən) zn *hoogtepunt; toppunt*
culottes (kjuːˈlɒts) mv *broekrok*
culpability (kʌlpəˈbɪlətɪ) zn JUR. *(verwijtbare) schuld*
culpable (ˈkʌlpəbl) bnw • *schuldig* • JUR. *verwijtbaar*
culprit (ˈkʌlprɪt) zn • *schuldige* • *boosdoener* • JUR. *beschuldigde; beklaagde*
cult (kʌlt) **I** zn • *cultus* • *eredienst* • *rage* • *sekte* **II** bnw *cult-* ★ *cult movie cultfilm* ★ *cult figure idool*
cultivable (ˈkʌltɪvəbl) bnw *bebouwbaar; ontginbaar*
cultivate (ˈkʌltɪveɪt) ov ww • AGRAR. *cultiveren; bebouwen; ontginnen* • *verbouwen; kweken* • *cultiveren; beschaven* • FIG. *cultiveren ⟨gevoelens e.d.⟩* • *trachten te verkrijgen* ★ **~ a p.('s friendship)** *iem.s vriendschap zoeken*
cultivated (ˈkʌltɪveɪtɪd) bnw • *gecultiveerd; bebouwd; ontgonnen* • *beschaafd; ontwikkeld*
cultivation (kʌltɪˈveɪʃən) zn • AGRAR. *cultivering; bebouwing; ontginning* • *beschaving; ontwikkeling*
cultivator (ˈkʌltɪveɪtə) zn • *kweker* • AGRAR. *kleine ploeg*
cultural (ˈkʌltʃərəl) bnw *cultureel*
culture (ˈkʌltʃə) **I** zn • *cultuur* • *beschaving; algemene ontwikkeling* • MED. *kweek* ★ **~ of confession** *sorrycultuur* **II** ov ww MED. *kweken*
cultured (ˈkʌltʃəd) bnw *beschaafd; ontwikkeld*
culture shock zn *cultuurschok*
culvert (ˈkʌlvət) zn *buis ⟨onder een weg door⟩*
cum (kʌm) vz • *met; inclusief* • *tevens* ★ *bed-cum-sitting room zit-slaapkamer*
cumber (ˈkʌmbə) **I** zn *hindernis; belasting* **II** ov ww *belasten; hinderen*
cumbersome (ˈkʌmbəsəm) bnw • *moeilijk hanteerbaar; log* • *moeizaam*
cumbrous bnw → **cumbersome**
cumin (ˈkʌmɪn) zn *komijn*
cum laude (kʌm ˈlɔːdɪ, kʌm ˈlaʊdɪ) bnw *cum laude*
cummerbund (ˈkʌməbʌnd) zn *cummerband ⟨brede ceintuur bij smoking⟩*
cummin zn → **cumin**
cumulate (ˈkjuːmjʊlət) **I** bnw *op(een)gehoopt* **II** ov ww *ophopen* **III** onov ww *zich ophopen*
cumulative (ˈkjuːmjʊlətɪv) bnw • *cumulatief; aangroeiend* • *op(een)hopend*

cumuli (ˈkjuːmjʊlaɪ) zn mv → **cumulus**
cumulus (ˈkjuːmjʊləs) zn *cumulus; stapelwolk*
cuneate (ˈkjuːnɪət) bnw *wigvormig*
cuneiform (ˈkjuːnɪfɔːm) **I** zn • *spijkerschrift* • *wiggebeentje* **II** bnw • *wigvormig* • *m.b.t. spijkerschrift*
cunnilingus (kʌnɪˈlɪŋɡəs) zn *cunnilingus*
cunning (ˈkʌnɪŋ) **I** zn • *slimheid* • *sluwheid* **II** bnw • *slim* • *sluw*
cunt (kʌnt) zn • VULG. *kut* • MIN. *klootzak; kutwijf*
cup (kʌp) **I** zn • *kop(je) ⟨drinkgerei⟩* • *beker; kelk* • *kop ⟨inhoudsmaat: plm. 250 ml⟩* • *cup ⟨v. bh⟩* ★ *cup of coffee kopje koffie* ★ *that's not my cup of tea dat is niets voor mij* ★ *my cup was full ik kon mijn geluk niet op/mijn verdriet niet aan* **II** ov ww *tot een kom vormen* • *cupped palm holle hand* ★ *cup one's ear de hand achter het oor houden*
cupboard (ˈkʌbəd) zn *kast* ★ FIG. *the ~ is bare de koek is op* ★ *~ love geveinsde liefde ⟨om iets te verkrijgen⟩*
cup final zn SPORT *bekerfinale*
cupful (ˈkʌpfʊl) zn *kop(je) ⟨inhoudsmaat: plm. 250 ml⟩* ★ *a ~ of flour een kopje meel*
cupidity (kjuːˈpɪdətɪ) zn *hebzucht*
cupola (ˈkjuːpələ) zn *koepel*
cuppa (ˈkʌpə) zn INFORM. *cup of... koppie; bakkie ⟨thee, koffie⟩*
cupreous (ˈkjuːprɪəs) bnw *koper-; koperachtig*
cup tie zn *bekerwedstrijd*
cupule (ˈkjuːpjuːl) zn • *putje* • *napje* • *(eikel)dopje*
cur (kɜː) zn *straathond*
curable (ˈkjʊərəbl) bnw *geneeslijk; te genezen*
curate (ˈkjʊərət) zn *hulppredikant; kapelaan*
curative (ˈkjʊərətɪv) **I** zn *geneesmiddel* **II** bnw *geneeskrachtig*
curator (kjʊəˈreɪtə) zn *curator; conservator ⟨in museum⟩*
curb (kɜːb) **I** zn • *teugel; toom* • *bit ⟨v. paard⟩* • FIG. *beteugeling; beperking* **II** ov ww FIG. *beteugelen; beperken* ★ *curb your dogs! hond in de goot!*
curbstone (ˈkɜːbstəʊn) zn *trottoirband*
curd (kɜːd) zn *stremsel; gelei*
curdle (ˈkɜːdl) **I** ov ww *doen stremmen* **II** onov ww *stremmen*
cure (kjʊə) **I** zn • *geneesmiddel; remedie; kuur* • *genezing* • FIG. *middel ⟨oplossing voor probleem enz.⟩* • *behandeling ⟨tegen bederf, rot enz.⟩* ★ *the cure is worse than the disease het middel is erger dan de kwaal* ★ *a cure for cancer een middel tegen kanker* **II** ov ww • *genezen; beter maken* • FIG. *verhelpen ⟨probleem enz.⟩* • *behandelen ⟨tegen bederf, rot enz.⟩* ★ *cure s.b. of a disease iem. genezen van een ziekte*
cure-all zn *wondermiddel*
curfew (ˈkɜːfjuː) zn *avondklok*
curio (ˈkjʊərɪəʊ) zn *rariteit*
curiosity (kjʊərɪˈɒsətɪ) zn • *nieuwsgierigheid* • *rariteit* ★ *~ killed the cat nieuwsgierigheid kan je de das omdoen*
curious (ˈkjʊərɪəs) bnw • *nieuwsgierig* • *merkwaardig; eigenaardig* ★ *~ about nieuwsgierig naar* ★ *be ~ to find out s.th. iets graag te weten willen komen* ★ *be ~ as to what*

curl (kɜːl) **I** ZN • krul • PLANTK. krulziekte **II** OV WW • doen krullen • smalend optrekken ⟨v.d. mondhoeken⟩ • ~ **up** oprollen; omkrullen; opkrullen • ~ **up** ineen doen krimpen • ~ **up** in elkaar doen zakken; tegen de vlakte slaan **III** ONOV WW • krullen; kronkelen • ~ **over** omkrullen • ~ **up** oprollen; omkrullen; opkrullen • ~ **up** ineenkrimpen • ~ **up** in elkaar zakken; tegen de vlakte gaan • ~ **up** zich nestelen
curler ('kɜːlə) ZN krulspeld
curlew ('kɜːljuː) ZN DIERK. wulp
curling ('kɜːlɪŋ) ZN curling ⟨balspel⟩
curly ('kɜːlɪ) BNW gekruld; met krullen
curmudgeon (kəˈmʌdʒən) ZN OUD. zuurpruim
currant ('kʌrənt) ZN • krent • bes
currency ('kʌrənsɪ) ZN • valuta; munteenheid • geldigheid • paper ~ papiergeld ★ foreign currencies vreemde valuta
currency union ZN monetaire unie
current ('kʌrənt) **I** ZN • stroming ⟨v. lucht, water enz.⟩ • ELEK. stroom • FIG. stroming; tendens **II** BNW • actueel; lopend; huidig • (algemeen) gangbaar • geldig; geldend
current account ZN lopende rekening; salarisrekening
currently ('kʌrəntlɪ) BIJW tegenwoordig; thans
curriculum (kəˈrɪkjʊləm) ZN leerplan; onderwijsprogramma
curriculum vitae (kəˈrɪkjʊləm ˈviːtaɪ) ZN curriculum vitae
curry ('kʌrɪ) **I** ZN • specerij kerrie • Indiaas gerecht curry **II** OV WW • met kerrie kruiden • bereiden ⟨v. leer⟩ • roskammen • afrossen ★ MIN. ~ favour with s.o. bij iem. in de gunst trachten te komen
curry powder ZN kerriepoeder
curry sauce ZN currysaus
curse (kɜːs) **I** ZN • vloek ⟨ruw woord⟩ • vloek ⟨(tover)spreuk⟩ • ramp; plaag ★ INFORM. the ~ menstruatie ★ I don't care a ~ het kan me geen donder schelen ★ not worth a ~ geen donder waard **II** OV WW • uitvloeken • vervloeken • plagen; kwellen • be ~d with s.th. gebukt gaan onder iets; opgezadeld zitten met iets ★ ~ it! vervloekt! **III** ONOV WW vloeken
cursed ('kɜːsɪd) BNW vervloekt
cursive ('kɜːsɪv) **I** ZN cursief ⟨v. schrift⟩ **II** BNW cursief ⟨v. schrift⟩
cursor ('kɜːsə) ZN COMP. cursor
cursorily ('kɜːsərəlɪ) BIJW cursorisch; vluchtig; oppervlakkig
cursory ('kɜːsərɪ) BNW cursorisch; vluchtig; oppervlakkig
curt (kɜːt) BNW kortaf; bits
curtail (kɜːˈteɪl) OV WW • beperken • inkorten • ~ **of** beroven van
curtailment (kɜːˈteɪlmənt) ZN • beperking • inkorting
curtail step ZN onderste traptrede
curtain ('kɜːtn) **I** ZN • gordijn; scherm • USA vitrage • TON. doek ★ draw the ~ het gordijn sluiten ★ draw back the ~ het gordijn openen ★ FIG. bring down the ~ on s.th. een einde maken aan iets ★ FIG. draw the ~ on ... het hoofdstuk ... sluiten ★ FIG. this is ~s for me ik ben mijn einde nabij ★ TON. ~ is at 8:30 de voorstelling begint om 8.30 ★ TON. drop the ~ het doek laten zakken **II** OV WW • bekleden ⟨met gordijn of scherm⟩ • ~ **off** afschermen
curtain call ZN TON. ovatie ⟨waarmee artiest door publiek wordt teruggeroepen⟩
curtain-raiser ('kɜːtn-ˌreɪzə) ZN TON. voorprogramma
curtness ('kɜːtnəs) ZN kortafheid; bitsheid
curtsey ('kɜːtsɪ) → **curtsy**
curtsy ('kɜːtsɪ) **I** ZN révérence curvcurve ★ drop/make a ~ to een révérence maken voor **II** ONOV WW een revérence maken
curvaceous (kɜːˈveɪʃəs) BNW INFORM. met goed gevormde rondingen ⟨v. (vrouwelijk) lichaam⟩; welgevormd
curvature ('kɜːvətʃə) ZN kromming; kromte; (ver)buiging
curve (kɜːv) **I** ZN • curve; gebogen lijn • bocht • ronding; welving • SPORT effectbal ★ French ~ tekenmal; curvemal ★ blind ~ gevaarlijke bocht ⟨weg⟩ **II** ONOV WW (z.) buigen; (z.) krommen
cushion ('kʊʃən) **I** ZN • kussen • FIG. buffer • band ⟨biljart⟩ **II** OV WW dempen ⟨val, schok⟩ ★ ~ the blow de klap verzachten
cushy ('kʊʃɪ) BNW INFORM. ⟨vaak minachtend⟩ gemakkelijk; fijn; lekker ★ a ~ number een luizenbaantje; een makkie
cusp (kʌsp) ZN puntig uiteinde
cuss (kʌs) INFORM. → **curse**
cussed ('kʌsɪd) BNW koppig
custard ('kʌstəd) ZN custard ⟨warme vla⟩
custard pie ZN vlaai ⟨met zachte vulling⟩
custodial (kʌˈstəʊdɪəl) BNW • bevoogdend • JUR. → **sentence**
custodian (kʌˈstəʊdɪən) ZN • bewaarder; bewaker • voogd(es) • USA conciërge
custody ('kʌstədɪ) ZN • beheer • voogdij • JUR. bewaring; hechtenis; detentie ★ take someone into ~ iemand in hechtenis nemen
custom ('kʌstəm) **I** ZN • gewoonte • klandizie ★ ~s [mv] douane; invoerbelasting **II** BNW op maat; aangepast ⟨aan de wensen v.d. gebruiker⟩ ★ ~ racing car aangepaste racewagen
custom- VOORV op bestelling; op maat ★ ~made op bestelling/maat gemaakt
customary ('kʌstəmərɪ) BNW gebruikelijk
customer ('kʌstəmə) ZN • klant • type; gast ⟨persoon⟩ ★ a tough ~ een ruwe gast
customize ('kʌstəmaɪz) OV WW aanpassen ⟨aan de wensen v.d. gebruiker⟩
customs ('kʌstəmz) ZN MV → **custom**
customs-house ZN douanekantoor
customs officer ZN douanebeambte
cut (kʌt) **I** ZN • snee; snede • (snij)wond • iets dat uit-/afgesneden; (uit-/afgesneden) stuk ★ a cut of lamb een stuk lamsvlees • verlaging; vermindering • a cut in pay een loonsverlaging • ⟨v. haar⟩ coupe; knipbeurt • ⟨v. kleding⟩ snit • (aan)deel • A-V coupure; montage ★ director's cut montage van de regisseur • FIG. short cut kortere weg; efficiëntere werkwijze ★ a cut above the rest een stuk beter dan de rest **II** OV WW • snijden; door-/af-/wegsnijden; versnijden;

stuksnijden • *knippen*; *af-/bij-/wegknippen* • *uit-/weghakken* ⟨v. kleding, haar⟩ *couperen* • *slijpen* • A-V *monteren* ⟨v. flim⟩ • *verwonden*; *pijn doen* • *verlagen*; *verminderen*; *inkorten* • *afsluiten* ⟨v. toevoer⟩ • cut a record *een plaat opnemen* ★ cut an engine *een motor afzetten* ★ cut it fine *precies afpassen* ★ cut and run! *smeer 'm!* ★ it cuts no ice *het is nutteloos/haalt niets uit* ★ cut short *onderbreken; de mond snoeren* • FIG. I cut my eye *mij ging een lichtje op* • ~ **across** *dwars doorsnijden* • ~ **back** *snoeien; verlagen; verminderen* • ~ **down** *omhakken; ombrengen* ⟨doden⟩; *verlagen; verminderen* ★ FIG. cut someone down to size *iemand op zijn nummer zetten* • ~ **in** *laten meedelen* ★ cut someone in on the profit *iemand laten meedelen in de winst* • ~ **off** *afsnijden; stopzetten; afsluiten; onderbreken; uitsluiten; blokkeren* • ~ **out** *uitsnijden; uitknippen; verwijderen; uitschakelen; verdringen; blokkeren* ★ cut it out! *houd op!; schei uit!* ★ be cut out for s.th. *geschikt zijn voor iets* • ~ **up** *(ver)snijden; kapotsnijden*; PSYCH. *erg aangrijpen* ★ I was cut up about his death *zijn dood greep me erg aan* III ONOV WW • cut loose from *zich (met moeite) losmaken van* ★ cut and run *ineens ontsnappen* ★ ~ **back** *snoeien; verlagen; verminderen* • ~ **down** *minderen* ★ cut down on smoking *minder gaan roken* • ~ **in** *aanslaan* ⟨v. motor⟩; *snijden* ⟨met auto⟩; *interrumperen* ★ cut in on a conversation *een gesprek interrumperen* • ~ **into** *aansnijden; onderbreken; een aanslag doen op* • ~ **out** *weigeren; afslaan* ⟨v. motor⟩ ★ FIG. cut and dried *klaar en afgehandeld*
cutaway ('kʌtəweɪ) BNW *opengewerkt*
cutback ('kʌtbæk) ZN *bezuiniging*
cute (kjuːt) BNW • *schattig* • INFORM., USA *leuk; sexy* • *bijdehand*
cuticle ('kjuːtɪkl) ZN *nagelriem*
cutie ('kjuːtɪ) ZN INFORM., USA *schatje; lekker ding*
cutlass ('kʌtləs) ZN GESCH. *hartsvanger* ⟨kort zwaard⟩
cutlery ('kʌtlərɪ) ZN *bestek* ⟨messen, scharen e.d.⟩
cutlet ('kʌtlɪt) ZN *kotelet*
cut-off ('kʌtɒf) ZN *grens; limiet* ★ ~s [mv] *spijkerbroek met afgeknipte pijpen*
cut-out ('kʌtaʊt) ZN • *uitsnede* • *knipsel* • ELEK. *stroomonderbreker*
cut-price ('kʌt-praɪs) BNW *uitverkoop-* ★ ~ articles *uitverkoopartikelen*
cutter ('kʌtə) ZN • *snijder; snijmachine* • A-V *montagetechnicus* • *kotter* • *sloep* ★ ~s [mv] *schaar; tang*
cut-throat ('kʌtθrəʊt) BNW *meedogenloos* ★ ~ competition *meedogenloze concurrentie*
cutting ('kʌtɪŋ) I ZN • *knipsel* ⟨uit krant e.d.⟩ • *stek* ⟨v. plant⟩ • *holle weg* II BNW • *snijdend* ⟨opmerking⟩ • *snijdend* ⟨wind⟩
cuttle ZN → **cuttlefish**
cuttlefish ('kʌtlfɪʃ) ZN *inktvis*
cutup ('kʌtʌp) ZN INFORM., USA *pias*
CV AFK curriculim vitae *cv* ⟨curriculum vitae⟩
c.w.o. AFK cash with order *vooruitbetaling*
cyan (saɪ'ænɪk) ZN DRUKK. *cyaan* ⟨groen-blauw⟩
cyanide (saɪə'naɪd) ZN *cyanide; cyaankali*

cybercafe ('saɪbəkæfeɪ) ZN *internetcafé*
cybernaut ('saɪbənɔːt) ZN *cybernaut*
cybernetics (saɪbə'netɪks) ZN MV *cybernetica*
cyberspace ('saɪbəspeɪs) ZN COMP. *cyberspace*
cyborg ('saɪbɔːrg) ZN *cyborg* ⟨mens-robot⟩
cycle ('saɪkl) I ZN • *fiets* • USA *motorfiets* • *cyclus* • *omwenteling* • ELEK. *periode* • NATK. *hertz* II ONOV WW • *fietsen* • in kring *ronddraaien*
cycle track ZN *fietspad*
cyclic ('sɪklɪk), **cyclical** BNW *cyclisch; tot een cyclus behorend*
cyclist ('saɪklɪst) ZN *fietser*
cyclone ('saɪkləʊn) ZN *cycloon*
cyclopaedia (saɪklə'piːdɪə) ZN *encyclopedie*
Cyclops ('saɪklɒps) ZN *cycloop*
cygnet ('sɪgnɪt) ZN *jonge zwaan*
cylinder ('sɪlɪndə) ZN *cilinder; rol*
cylindrical (sə'lɪndrɪkl) BNW *cilindrisch*
cymbal ('sɪmbl) ZN *bekken*
cynic ('sɪnɪk) I ZN *cynicus* II BNW *cynisch*
cynical ('sɪnɪkl) BNW *cynisch*
cynicism ('sɪnɪsɪzəm) ZN *cynisme*
cypher ('saɪfə) I ZN → **cipher** II OV+ONOV WW → **cipher**
cypress ('saɪprəs) ZN *cipres*
Cypriot ('sɪprɪət) I ZN *Cyprioot* II BNW *Cyprisch*
cyst (sɪst) ZN • *cyste* • *vruchtvlies* • *blaas* • *abces*
czar (zɑː) ZN *tsaar*
czarevitch ('zɑːrɪvɪtʃ) ZN *zoon v.d. tsaar*
czarina (zɑː'riːnə) ZN *tsarina*
Czech (tʃek) I ZN *Tsjech* II BNW *Tsjechisch*
Czechoslovak (tʃekə'sləʊvæk) I ZN *Tsjecho-Slowaak* II BNW *Tsjecho-Slowaaks*

D

d (di:) ZN letter *d* ★ D as in David *de d van Dirk*
'd (d) ww had → **have** would → **will**
D ZN • MUZ. *D* • USA ≈ *6* ⟨schoolcijfer⟩
D.A. AFK District Attorney *officier van justitie* ⟨bij arrondissementsrechtbank⟩
dab (dæb) **I** ZN • *veeg(je)*; *likje* ⟨verf⟩ • *tik(je)* • *schar* ★ PLAT dabs *vingerafdrukken* **II** OV+ONOV WW • *betten* • *zachtjes tikken/kloppen tegen/op* • ~ **at** *een tikje geven*
dabble ('dæbl) ONOV WW • *plassen* • *ploeteren* • ~ **at/in** *liefhebberen in*
dabbler ('dæblə) ZN • *dilettant* • *beunhaas*
dachshund ('dækshʊnd) ZN *tekkel*; *taks*⟨hond⟩
daddy ('dædɪ) ZN *papa* ★ ~ **longlegs** *langpootmug; hooiwagen* ⟨spin⟩
dado ('deɪdəʊ) ZN • *voetstuk* • *lambrisering*
daffodil ('dæfədɪl) ZN *gele narcis*
daft (dɑ:ft) BNW VULG. *dwaas; dol* ★ don't be daft! *doe niet zo raar!*
dagger ('dægə) ZN • *dolk* • *(het teken) †* ★ double ~ *(het teken) ††* ★ at ~s drawn *op gespannen voet* ★ look ~s *vernietigend kijken; venijnig kijken*
dago ('deɪɡəʊ) ZN MIN. *Zuid-Europeaan*
Dáil ('dɔɪl) ZN ★ Dáil Eireann *Ierse Lagerhuis*
daily ('deɪlɪ) **I** ZN • *dagblad* • *dagmeisje*; ≈ *hitje* **II** BNW + BIJW *dagelijks*
dainty ('deɪntɪ) **I** ZN *lekkernij* **II** BNW • *kostelijk* • *fijn; tenger* • *kieskeurig* • *verwend*
dairy ('deərɪ) ZN • *zuivelfabriek* • *zuivelwinkel* • *melkschuur*
dairying ('deərɪɪŋ) ZN *zuivelbereiding*
dairymaid ('deərɪmeɪd) ZN • *melkmeid* • *zuivelbereidster*
dairyman ('deərɪmən) ZN • *zuivelbereider* • *zuivelverkoper*
dairy produce ZN *zuivelproduct*
dais ('deɪɪs) ZN *podium*
daisy ('deɪzɪ) ZN • *madeliefje* • *prachtexemplaar* ★ as fresh as a ~ *zo fris als een hoentje* ★ push up daisies *onder de groene zoden liggen* ★ pop up like daisies *als paddestoelen uit de grond schieten*
daisywheel ('deɪzɪwi:l) ZN DRUKK. *margrietwiel; drukwiel*
dale (deɪl) ZN *dal*
dalliance ('dælɪəns) ZN • *getreuzel* • *tijdverspilling*
dally ('dælɪ) ONOV WW • *dartelen; gek doen; spelen* • *treuzelen; talmen* ★ ~ over one's food *met lange tanden eten; kieskauwen* • *verbeuzelen* ⟨v. tijd⟩ • ~ **with** OUD. *flirten/spelen met*
dam (dæm) **I** ZN • *dam; dijk* • *opgestuwd water* • *moer* ⟨v. dier⟩ **II** OV WW ~ **up** *afdammen; indijken; stuiten*
damage ('dæmɪdʒ) **I** ZN *schade* ★ to pay ~s *schadevergoeding betalen* ★ INFORM. what's the ~? *wat kost 't?* ★ EUF. collateral ~ *burgerslachtoffers* ⟨v. militaire aanval⟩ **II** OV WW • *beschadigen* • *in diskrediet brengen* ★ a damaging report *een vernietigend rapport*
damage report ZN *schaderapport*
damask ('dæməsk) **I** ZN *damast* **II** BNW *damasten* **III** OV WW • *figuren weven in* • *damasceren* • *rood kleuren*
dame (deɪm) ZN • *moedertje* • *vrouwe* • USA *griet*
Dame (deɪm) ZN *dame* ⟨adellijke titel⟩
dammit ('dæmɪt) TW *verdomme* ★ as near as ~ *zo goed als*
damn (dæm) **I** ZN ≈ *donder*; ≈ *moer* ★ I don't give a damn *het kan me geen donder schelen* **II** BNW + BIJW *vervloekt* ★ you know damn well *je weet verrekte goed* ★ that damn cat! *die rotkat!* **III** OV WW • *verdoemen* • *vervloeken* • *ruïneren*; *afmaken* ★ damn with faint praise *door schampere lof afkraken* ★ damn it! *(wel) verdomd!* ★ damn the fellow *die vervloekte kerel* **IV** ONOV WW *vloeken*
damnable ('dæmnəbl) BNW *vervloekt*
damnation (dæm'neɪʃən) ZN • *vervloeking* • *verdoemenis*
damned (dæmd) **I** ZN ★ the ~ *de verdoemden* **II** BNW • *uiterst; totaal* • *verdomd* ★ I'll be ~ if I know *ik mag hangen als ik 't weet*
damnify ('dæmnɪfaɪ) OV WW • *benadelen* • *beschadigen*
damp (dæmp) **I** ZN • *vocht(igheid)* • *neerslachtigheid* • black damp *mijngas* **II** BNW *vochtig; klam* ★ damp course *vochtwerende laag* ⟨bouwkunde⟩ **III** OV WW • *bevochtigen* • *de kracht/moed eruit halen; doen verflauwen* • *smoren* • *dempen* ⟨v. (geluids)trilling⟩ **IV** ONOV WW ~ **off** *(ver)rotten en afvallen*
dampen ('dæmpən) OV WW • *bevochtigen* • *ontmoedigen* • *dempen*
damper ('dæmpə) ZN • *domper* ⟨figuurlijk⟩ • *ontmoediging* • *bevochtiger* • *demper* • *regelklep* ⟨v. kachel⟩; *sleutel* ⟨v. kachel⟩ • *ongezuurd brood* ⟨Australisch⟩ ★ put a ~ on *het zette een domper op* ★ it acts as a ~ on *het zet een domper op*
dampish ('dæmpɪʃ) BNW *ietwat vochtig*
damp-proof BNW *bestand tegen vocht*
damsel ('dæmzl) ZN LIT. *jongedame*
damson ('dæmzən) **I** ZN • *kwets* ⟨soort pruim⟩ • *donkere tint paars* **II** BNW *donkerpaars*
dance (dɑ:ns) **I** ZN • *dans* ⟨beweging⟩ • *bal* ⟨dansfeest⟩ • *dans* ⟨muziekstuk⟩ ★ lead s.o. a merry/pretty ~ *iem. het leven zuur maken; iem. voor de gek houden* **II** OV WW *dansen* ★ ~ a tango *een tango dansen* **III** ONOV WW • *dansen* • *wiegen* ★ ~ in the dark *een (geheime) verhouding hebben; de kat in het donker knijpen* • ~ **to** *dansen op*
dancehall ('dɑ:nshɔ:l) ZN *danszaal; dansgelegenheid; dancing*
dancer ('dɑ:nsə) ZN *danser*
dancing ('dɑ:nsɪŋ) ZN *discotheek*
dandelion ('dændɪlaɪən) ZN *paardenbloem*
dander ('dændə) ZN *kwaadheid* ★ get one's ~ up *kwaad worden; zich kwaad maken*
dandify ('dændɪfaɪ) OV WW *opsmukken*
dandle ('dændl) OV WW • *laten dansen op de knie* • *vertroetelen*
dandruff ('dændrʌf) ZN *hoofdroos*
dandy ('dændɪ) **I** ZN • *fat* • *draagstoel* ⟨in India⟩ • *soort sloep* • USA *prachtkerel* **II** BNW • *fatterig* • *chic* • *keurig; prima* ★ ~-fever *knokkelkoorts*

∗ ~-cart *handwagen* ∗ IRON. *well, that's just ~! dat is fraai!*
dandy-brush ZN *roskam*
Dane (deɪn) ZN • *Deen* • *Noorman* • *Deense dog*
danger ('deɪndʒə) ZN *gevaar* ∗ ~ *money gevarengeld* ∗ *be in* ~ *in gevaar zijn; onveilig zijn*
dangerous ('deɪndʒərəs) BNW *gevaarlijk*
dangle ('dæŋgl) I OV WW *laten bengelen* ∗ ~ s.th. before/in front of a p. *iem. iets voorspiegelen; valse hoop wekken met een lokkertje* ∗ *keep s.o. dangling iem. in het onzekere laten* II ONOV WW *bengelen*
Danish ('deɪnɪʃ) BNW *Deens* ∗ ~ *pastry koffiebroodje*
dank (dæŋk) BNW *vochtig*
dap (dæp) I OV WW *even onderdompelen; laten stuiten* II ONOV WW • *even onderduiken; stuiten* • *vissen met dobberend aas*
dapper ('dæpə) BNW *parmantig; kwiek*
dapple ('dæpl) I OV WW *(be)spikkelen* II ONOV WW *spikkels krijgen*
dapple-grey I ZN *appelschimmel* II BNW *appelgrijs; appelgrauw* ⟨paard⟩
darbies ('dɑ:bɪz) ZN PLAT *handboeien*
Darby ('dɑ:bi) ZN ∗ INFORM. ~ and Joan *verknocht bejaard echtpaar; oudjes* ∗ ~ and Joan club *bejaardensociëteit*
dare (deə) I ZN ∗ *do s.th. for a dare zich niet laten kennen; iets doen omdat men wordt uitgedaagd* II OV WW *iem. uitdagen; iem. tarten* III ONOV WW *iets durven* ∗ I dare say *dat zal wel; ik geloof zeker*
daredevil ('deədevəl) ZN *waaghals*
daring ('deərɪŋ) I ZN *vermetelheid* II BNW • *gedurfd* • *gewaagd; uitdagend*
dark (dɑ:k) I ZN *(het) donker* II BNW • *donker* • *somber* • *duister; geheim(zinnig)* ∗ *dark lantern dievenlantaarn* ∗ Dark Ages *vroege Middeleeuwen* ∗ Dark Continent *Afrika* ∗ *keep dark geheim houden; (z.) verborgen houden* ∗ *dark horse persoon van wie men geen hoogte krijgt*
darken ('dɑ:kən) OV WW *donker maken; verduisteren* ∗ *never ~ my door again! je komt bij mij de deur niet meer in!*
dark(e)y ('dɑ:kɪ) ZN MIN. *neger(in)*
darkish ('dɑ:kɪʃ) BNW *nogal donker*
darkness ('dɑ:knəs) ZN *het donker; duisternis*
darkroom ('dɑ:kru:m) ZN *donkere kamer; doka*
darling ('dɑ:lɪŋ) I ZN *lieveling* ∗ INFORM. he is such a ~ *'t is toch zo'n lieverd!* II BNW *geliefd* ∗ INFORM. that's a ~ dress! *wat een snoezig jurkje!*
darn (dɑ:n) I ZN *stop* ∗ *darning ball maasbal* II ONOV WW *stoppen* ⟨v. sokken⟩
darned (dɑ:nd) BNW EUF. *verdomd*
darning ('dɑ:nɪŋ) ZN *stopwerk* ⟨v. textiel⟩
dart (dɑ:t) I ZN • *dartpijltje; dart* ⟨bij dartsspel⟩ • *plotselinge sprong* • PSYCH. *aanval; opwelling* ∗ SPORT darts [mv] *darts; darten* ∗ SPORT play darts *darten* II ONOV WW *plotseling en snel bewegen* ∗ *dart off wegsnellen* ∗ *dart across the room door de kamer rennen*
dartboard ('dɑ:tbɔ:d) ZN SPORT *dartbord*
dash (dæʃ) I ZN • *gedachtestreepje* • *streep*

• *pennenstreek* • *zwier* • *het smijten/slaan/ smakken* • *scheutje; tintje; tikje* • *onstuimige aanval; vaart* ∗ with a dash of brandy *met een scheutje cognac* ∗ *make a dash for met één slag trachten te krijgen of bereiken* II OV WW • *de bodem inslaan* ⟨v. hoop⟩; *ontmoedigen; verijdelen* • *besprenkelen; bespatten* • *(ver)mengen* • *onderstrepen* ∗ dash away tears *haastig tranen wegpinken/-vegen* ∗ *dash to the ground de bodem inslaan; vernietigen* ∗ *dash to pieces verpletteren* • ~ **down** *haastig opschrijven* • ~ **in** *inslaan; binnenstuiven* • ~ **off** *wegsnellen* III ONOV WW • *snellen* • *branie schoppen* • ~ **at** *(los)stormen op* • ~ **away** *wegschieten; zich uit de voeten maken* • ~ **off** *vlug weg wezen* • ~ **out** *naar buiten snellen; (het huis) uit stuiven* • ~ **up** *aan komen snellen; druk doen* IV OV+ONOV WW • *smijten; smakken; kletsen; slaan* • ~ **against** *(ergens) tegenaan smijten*
dashboard ('dæʃbɔ:d) ZN • *spatscherm* • *instrumentenpaneel*
dashing ('dæʃɪŋ) BNW • *onstuimig* • *kranig; kloek* • *zwierig; chic*
dashy ('dæʃɪ) BNW *zwierig; chic*
data ('deɪtə) ZN MV • *informatie* • *gegevens; data* ∗ data bank *databank; informatiebank* ∗ data flow *informatiestroom* ∗ data processing *informatieverwerking* ⟨op computer⟩ ∗ data transmission *informatieoverdracht*
data entry ZN *gegevensinvoer*
date (deɪt) I ZN • *datum* • USA *afspraak(je)* • *vriendin* ⟨partner⟩ • *dadel(palm)* ∗ at an early date *binnenkort* ∗ out of date *verouderd; achterhaald; verlopen* ∗ up to date *modern; bij(gewerkt); tot heden bijgewerkt* ∗ to date *tegenwoordig; huidig* ∗ lower date *v. meer recente datum* ∗ use-by date *houdbaarheidsdatum* ∗ date of expiry *afloopdatum; uiterste houdbaarheidsdatum* ∗ blind date *blind date* ⟨afspraakje tussen twee wederzijds onbekenden⟩ II OV WW • *dateren* • *ouderdom vaststellen van* • *afspraakjes hebben met* • *dagtekenen* III ONOV WW • *dateren; uit de tijd raken* • *de kenmerken van de tijd dragen* • USA *afspraakjes hebben* ∗ date back to *dateren van*
dated ('deɪtɪd) BNW *gedateerd; ouderwets*
dateless ('deɪtləs) BNW *ongedateerd*
date-line ('deɪtlaɪn) ZN • *datumgrens* • *dagtekening* ⟨v. krantenartikel⟩
date palm ZN *dadelpalm*
date rape (deɪt reɪp) ZN *verkrachting* ⟨na avondje stappen⟩
dative ('deɪtɪv) ZN *dativus*
datum ('deɪtəm) ZN • *gegeven* • *uitgangspunt* • *nulpunt* • *aanvaardbare begroting*
datumline ('deɪtəmlaɪn) ZN *peil; nullijn*
daub (dɔ:b) I ZN *pleisterkalk* II OV WW • *bepleisteren* • *bekladden; besmeren* III ONOV WW *kliederen*
daubery ('dɔ:bərɪ) ZN *broddelwerk*
daubster ('dɔ:bstə) ZN *kladschilder*
daughter ('dɔ:tə) ZN *dochter*
daughter-in-law ('dɔ:tərɪnlɔ:) ZN *schoondochter*
daughterly ('dɔ:təlɪ) BNW *dochterlijk*

daunt (dɔ:nt) ov ww *ontmoedigen; bang maken* ★ FORM. *nothing* ~*ed onversaagd; resoluut*
dauntless ('dɔ:ntləs) BNW *onversaagd; resoluut*
davenport ('dævənpɔ:t) ZN • USA *soort divan* • *schrijfbureautje*
Davy ('deɪvɪ) ZN ★ *go to Davy Jones's locker naar de haaien gaan* ★ *Davy lamp mijnlamp; daviaan*
daw (dɔ:) ZN *kauw*
dawdle ('dɔ:dl) I ov ww ~ *away verbeuzelen* (v. tijd) II ONOV WW • *beuzelen; lummelen* • *talmen*
dawdler ('dɔ:dlə) ZN *beuzelaar*
dawn (dɔ:n) I ZN • *dageraad; (het) aanbreken* • *de eerste tekenen van* II ONOV WW • *dagen; licht worden* • *aanbreken* • *ontluiken* (figuurlijk) ★ *it dawned (up)on me het begon me te dagen; het werd me duidelijk*
dawning ('dɔ:nɪŋ) ZN *'t oosten* ★ *first* ~*s begin v.d. dageraad; de (aller)eerste tekenen van*
day (deɪ) ZN • *dag* • *jour; ontvangdag* • *overwinning* ★ *win the day de slag winnen* ★ *lose the day de slag verliezen* ★ *evil day ongeluksdag* ★ *it's (just) one of those days het is een rotdag* ★ *day of the Lord dag des Heren* ★ *a day per dag* ★ *every other/second day om de andere dag* ★ *all (the) day de hele dag* ★ *by day overdag* ★ *day by day dag aan dag* ★ *call it a day het welletjes vinden (voor vandaag)* ★ *carry the day de overwinning behalen* ★ *he has had his day hij heeft zijn beste tijd gehad* ★ *one day op zekere dag; op een goede dag* ★ *the other day onlangs* ★ *these days tegenwoordig* ★ *one of these days vandaag of morgen; ooit* ★ *in days of old in vroeger tijd* ★ *the day is young de dag is nog jong* ★ *holy day kerkelijke feestdag* ★ *make one's day iemands dag helemaal goed maken*
Day (deɪ) ZN ★ *Boxing Day 2e kerstdag* ★ USA *Thanksgiving Day dankdag* (4e donderdag van november) ★ *Poppy/Remembrance Day oorlogsherdenkingsdag* (11 nov) ★ *All Souls' Day Allerzielen* ★ *All Saints' Day Allerheiligen* ★ USA *Memorial Day gedenkdag voor de gevallenen in actieve dienst* ★ *Midsummer('s) Day midzomerdag* ★ REL. *Day of Judgement Dag des Oordeels* ★ REL. *Great/Latter Day de Dag des Oordeels*
day-boarder ZN *half-interne leerling*
daybook ('deɪbʊk) ZN • *dagboek* • *memoriaal*
daybreak ('deɪbreɪk) ZN *het aanbreken v.d. dag*
day-dream ('deɪdri:m) I ZN *dagdroom* II ONOV WW *mijmeren*
daylight ('deɪlaɪt) ZN *daglicht* ★ ~*s levenslicht* ★ *let* ~ *into nieuw licht werpen op; zich bezinnen* ★ USA ~ *saving time zomertijd* ★ ~ *strip tl-buis* ★ *scare the (living)* ~*s out of s.o. iem. de stuipen op het lijf jagen* ★ *in broad* ~ *op klaarlichte dag*
daylong ('deɪlɒŋ) BNW + BIJW *de hele dag durend*
day nursery ZN • *kleuterschool* • *crèche*
day return ZN *dagretour*
day-school ZN *dagschool*
day shift ZN • *dienst overdag* • *dagploeg*
daystar ('deɪstɑ:) ZN *Morgenster*
daytime ('deɪtaɪm) ZN ★ *in the* ~ *overdag*
day-to-day BNW *dagelijks*
day-trippers ZN MV *dagjesmensen*

daze (deɪz) I ZN *verbijstering* ★ *the day went by in a daze de dag ging als een waas aan me voorbij* II OV WW • *verbijsteren; doen duizelen* • *verblinden*
dazzle ('dæzl) I ZN *schittering; pracht* ★ ~ *lamp/ light schijnwerper(s)* ★ ~ *paint camouflageverf* II OV WW • *verbijsteren* • *verblinden* ★ *he* ~*d her with his charm zijn charme deed haar duizelen*
dazzled ('dæzəld) BNW *verbijsterd*
D.B.E. AFK *Dame Commander of the British Empire Dame-Commandeur van het Britse Rijk*
D.C.[1] AFK • *District of Columbia District Columbia* • MUZ. *Da Capo D.C.*
D.C.[2], **d.c.** AFK *direct current DC* (gelijkstroom)
D.C.F. AFK *discounted cash flow berekende kapitaalwaarde; berekende contante waarde*
D.C.L. AFK *Doctor of Civil Law doctor in het burgerlijk recht*
D-day ('di:deɪ) AFK • GESCH. *dag van invasie* (WO II) • *kritische begindag*
D.D.S. AFK *Doctor of Dental Surgery tandarts*
de- (dɪ) VOORV *de-; ont-; af-*
deacon ('di:kən) ZN • *diaken* • *ouderling*
deaconess (di:k'nes) ZN *diacones*
deaconry ('di:kənrɪ) ZN *ambt v. diaken*
deactivate (di:'æktɪveɪt) OV WW *onschadelijk maken; demonteren* (v. bom)
dead (ded) I ZN ★ *the dead de dode(n)* ★ *at the dead of night in het holst v.d. nacht* ★ *in the dead of winter midden in de winter* II BNW • *dood* • *dof; mat* • *uitgedoofd* • *strikt; totaal; volstrekt* ★ *dead beat platzak; doodop;* TECHN. *zonder terugwerking* ★ *drop dead dood neervallen* ★ *play dead* FIG. *doodliggen* (v. hond) ★ *dead wood dood hout; ballast; brandhout* ★ *dead men lege flessen* ★ *dead to ongevoelig voor* ★ *dead calm volstrekte kalmte* ★ *dead centre dood punt; middelpunt* ★ *dead duck fiasco* ★ *dead as a doornail dood als een pier* ★ *dead earnest dodelijke ernst* ★ *dead and gone dood en begraven* ★ MIL. *dead ground dode hoek* ★ *dead heat ronde met gelijke uitslag* ★ *flog a dead horse energie verspillen aan iets nutteloos* ★ *dead hours nachtelijke uren* ★ *dead letter onbestelbare brief; dode letter* ★ *dead level volkomen vlak (land)* ★ *dead loss 100% verlies* ★ *waiting for dead men's shoes op opvolging zitten wachten* ★ LIT. *dead men tell no tales doden spreken niet* ★ *dead shot trefzeker(e) schot/schutter* ★ *dead stop (plotselinge) volkomen stilstand* ★ *dead stock improductieve voorraad; dood kapitaal* ★ *dead water stilstaand water; kielwater* ★ *dead weight inerte (trage) massa; blok aan het been* (figuurlijk) ★ *dead to the world in diepe slaap; bewusteloos* III BIJW • *dodelijk; dood* • *uiterst* • *volkomen* ★ *dead drunk stomdronken* ★ *dead against mordicus tegen; vlak tegen* ★ *dead slow zeer langzaam*
dead-(and-)alive BNW *doods; saai*
dead-beat ZN USA *klaploper*
dead-colour I ZN *grondverf* II OV WW *in de grondverf zetten*
deaden ('dedn) I OV WW • *van leven(skracht) beroven* • *geestelijk doden* • *krachteloos maken* II ONOV WW • *glans verliezen* • *krachteloos*

worden
dead end I ZN • *slop; doodlopende straat* • *dood punt* **II** BNW *doodlopend* ★ *a dead-end job een uitzichtloze baan*
deadhead ('dedhed) ZN • *houder v. vrijkaart*
dead-heat ONOV WW *gelijk eindigen*
deadline ('dedlaın) ZN • *uiterste datum* • *grens; limiet* ⟨v. veilige zone⟩
deadlock ('dedlɔk) ZN • *dood punt* • *impasse*
deadly ('dedlı) BNW + BIJW *dodelijk; fataal* ★ *the seven* ~ *sins de zeven hoofdzonden*
dead-nettle ZN *dovenetel*
deadpan ('dedpæn) ZN *met uitgestreken/stalen gezicht*
deaf (def) BNW *doof* ★ *deaf to doof voor* ★ *deaf to his left (side) doof aan/in zijn linkeroor* ★ *deaf and dumb* FORM. *doofstom* ★ *deaf mute doofstomme* ★ *deaf nut loze moer*
deaf-aid ZN *gehoorapparaat*
deafen ('defən) OV WW • *doof maken* • *overstemmen* • *geluiddicht maken*
deafening ('defənıŋ) BNW *oorverdovend*
deal (di:l) **I** ZN • *transactie* • *(vuil) zaakje* • *'t geven; gift* ⟨kaartspel⟩ • *vurenhout(en plank)* ★ *fair/square deal eerlijke behandeling* ★ *a great deal heel wat* ★ *a good deal aardig wat* ★ *my deal ik moet geven* ⟨bij kaartspel⟩ ★ *big deal!* IRON. *geweldig!* ★ *no big deal niets belangrijks* ★ POL. *New Deal economisch herstelplan v.d. VS (1932)* ★ *raw deal onheuse behandeling* **II** OV WW • *handelen* • *uitdelen; bedélen* • *geven* ⟨bij kaartspel⟩ ★ *deal a blow to s.o. iem. een slag toebrengen* • ~ *with behandelen; afhandelen* • ~ *with handelen over; kopen bij; klant zijn bij*
dealer ('di:lə) ZN • *dealer* • *handelaar* • *gever* ⟨bij kaartspel⟩
dealing ('di:lıŋ) ZN • *behandeling; aanpak* • *manier v. zakendoen* ★ *have* ~s *with zaken doen met*
dealt (delt) WW [verl. tijd + volt. deelw.] → **deal**
dean (di:n) ZN • *decaan* • REL. *deken* • JUR. *deken* • *hoofd v. universitaire faculteit*
deanery ('di:nərı) ZN • *decanaat* • *ambtsgebied of woning v. deken*
dear (dıə) **I** ZN *liefste* **II** BNW • *duur; kostbaar* • *lief; dierbaar* ★ *dear me! hemeltjelief!* ★ *Dear Sir geachte heer* ★ IRON. *my dear sir waarde heer* ★ *he ran for dear life hij liep alsof zijn leven ervan afhing* **III** TW ★ *dear, dear! goeie hemel!* ★ *oh dear! goeie hemel!; wel, wel!*
dearest ('dıərıst) **I** ZN *liefste* ★ *s.o.'s nearest and* ~ *iem.s naaste familie- en vriendenkring* **II** BNW • *meest geliefd; meest dierbaar* • *het duurst*
dearie ('dıərı), **deary** ZN *lieveling*
dearly ('dıəlı) BIJW • *duur* • *zeer; dolgraag*
dearness ('dıənəs) ZN • *duurte* • *dierbaarheid*
dearth (dɜ:θ) ZN • *schaarste* • *gebrek*
deary ZN → **dearie**
death (deθ) ZN • *dood* • *(het) sterven* • *sterfgeval* ★ *be the* ~ *of s.o. iem. zich dood laten lachen; iem.s dood zijn* ★ *do/put to* ~ *ter dood brengen* ★ *it is punishable by* ~ *er staat de doodstraf op* ★ *be in at the* ~ *het einde meemaken* ★ *flog to* ~ *tot vervelens toe herhalen* ★ *fight to the* ~ *een gevecht op leven en dood* ★ ~ *duties*

successierechten ★ ~ *rate sterftecijfer* ★ ~ *sentence doodvonnis* ★ USA ~ *tax successierechten* ★ ~ *certificate overlijdensakte* ★ ~ *penalty doodstraf* ★ USA ~ *row cel(len) voor ter dood veroordeelden* ★ ~ *roll lijst van sterfgevallen/gesneuvelden* ★ ~ *squad doodseskader* ★ ~ *toll dodental*
deathbed ('deθbed) ZN *doodsbed* ★ ~ *repentance berouw als het te laat is*
deathblow ('deθbləʊ) ZN • *nekslag* ⟨figuurlijk⟩ • *doodklap; coup de grâce*
death-grips ZN MV ★ *at* ~ *in strijd op leven en dood gewikkeld*
deathless ('deθləs) BNW *onsterfelijk*
deathlike ('deθlaık) BNW *doods; lijk-*
deathly ('deθlı) BNW • *dodelijk* • *doods*
death's-head ZN *doodshoofd*
death throes ZN *doodsstrijd; agonie*
death-trap ('deθtræp) ZN • *val* • *levensgevaarlijke plaats*
death-warrant ('deθwɔrənt) ZN *executiebevel*
death-watch ZN ★ ~ *beetle doodskloppertje*
deb (deb) ZN INFORM. *debutante*
débâcle (deɪ'bɑ:kl) ZN • *ijsgang* • *instorting* • *debacle*
debar (dɪ'bɑ:) OV WW • *uitsluiten* • *verhinderen*
debark (di:'bɑ:k) **I** OV WW *ontschepen* **II** ONOV WW *z. ontschepen*
debarkation (di:bɑ:'keɪʃən) ZN *ontscheping*
debase (dɪ'beɪs) OV WW • *vernederen* • *vervalsen*
debasement (dɪ'beɪsmənt) ZN • *vervalsing* • *ontering* • *ontwaarding*
debatable (dɪ'beɪtəbl) BNW • *betwistbaar* • *omstreden*
debate (dɪ'beɪt) **I** ZN *debat* **II** OV WW • *bespreken* • *overwegen* **III** ONOV WW • *debatteren* • *overleggen*
debauch (dɪ'bɔ:tʃ) **I** ZN • *liederlijkheid* • INFORM. *zuippartij* **II** OV WW *op 't slechte pad brengen*
debauched (dɪ'bɔ:tʃt) BNW *liederlijk*
debauchery (dɪ'bɔ:tʃərı) ZN *losbandigheid*
debenture (dɪ'bentʃə) ZN *obligatie* ★ ~ *stock obligatiekapitaal*
debilitate (dɪ'bılıteıt) OV WW *verzwakken*
debility (dɪ'bılətı) ZN *zwakte; zwakheid*
debit ('debıt) **I** ZN *debetpost; debetzijde* **II** OV WW ★ ~ *(a sum) against a person iem. (voor een bedrag) debiteren* • ~ *against debiteren* • ~ *with debiteren voor*
debonair (debə'neə) BNW *joviaal; voorkomend*
debouch (dɪ'baʊtʃ) ONOV WW • *deboucheren* • ~ *in(to) uitkomen in; uitkomen op; uitmonden in*
debrief (di:'bri:f) OV WW *debriefen*
debris ('debri:, də'bri:) ZN • *puin* • *resten*
debt (det) ZN *schuld* ⟨v. lening⟩ ★ *run into/up debt(s) schulden maken* ★ *debt of nature tol der natuur; de dood* ★ *owe a debt to a person bij iem. in 't krijt staan* ★ *be in debt to verplichtingen hebben aan* ★ *bad debt niet-inbare schuld*
debt-collector ('detkəlektə) ZN *incasseerder*
debtor ('detə) ZN *schuldenaar; debiteur*
debug (di:'bʌg) OV WW • *fouten opsporen en verwijderen* ⟨in computerprogramma⟩ • *afluisterapparatuur weghalen*

debunk – decomposition

debunk (di:'bʌŋk) OV WW • *ontmaskeren; van zijn voetstuk stoten* • USA *tot ware proporties terugbrengen* ⟨figuurlijk⟩
debut ('deɪbju:) I ZN *debuut* II ONOV WW *debuteren*
decad(e) ('dekeɪd) ZN • *tiental* • *decennium* • REL. *tientje* ⟨v. rozenkrans⟩
decadence ('dekədns) ZN *decadentie*
decadent ('dekədnt) I ZN *decadent* II BNW • *decadent* • *in verval*
decalcify (di:'kælsɪfaɪ) OV WW *ontkalken*
Decalogue ('dekəlɒg) *de 10 geboden*
decamp (dɪ'kæmp) ONOV WW *opbreken; ervandoor gaan*
decant (dɪ'kænt) OV WW • *voorzichtig uitschenken* ⟨v. wijn⟩; *overschenken* • *overdragen*
decanter (dɪ'kæntə) ZN *wijnkaraf*
decapitate (dɪ'kæpɪteɪt) OV WW *onthoofden*
decarbonization (di:kɑ:bənaɪ'zeɪʃən) ZN *het ontkolen*
decarbonize (di:'kɑ:bənaɪz) OV WW *ontkolen; van koolaanslag ontdoen*
decathlete (də'kæθli:t) ZN *tienkamper*
decathlon (dɪ'kæθlən) ZN *tienkamp*
decay (dɪ'keɪ) I ZN • *bederf* • *verval* II OV WW • *bederven* • *doen vervallen* III ONOV WW *vervallen; bederven; rotten*
decease (dɪ'si:s) I ZN *het overlijden* II ONOV WW *overlijden*
deceased (dɪ'si:st) BNW *overleden; pas gestorven* ★ the ~ *de overledene(n)*
decedent (dɪ'si:dnt) ZN USA *overledene*
deceit (dɪ'si:t) ZN • *bedrog* • *bedrieglijkheid*
deceitful (dɪ'si:tfʊl) BNW *bedrieglijk*
deceive (dɪ'si:v) OV WW *bedriegen* ★ ~ o.s. *zichzelf voor de gek houden; zich vergissen*
deceiver (dɪ'si:və) ZN *bedrieger*
decelerate (di:'seləreɪt) I OV WW *vaart doen verminderen* II ONOV WW *vaart minderen*
deceleration (di:selə'reɪʃən) ZN *snelheidsvermindering*
deceleration lane ZN *uitrijstrook*
decency ('di:sənsɪ) ZN *fatsoen* ★ the decencies *goede vormen; eisen v.e. behoorlijk bestaan*
decent ('di:sənt) BNW • *behoorlijk; fatsoenlijk* • INFORM. *geschikt; aardig* ★ you can't come in, I'm not ~ *je kunt niet binnenkomen, ik ben niet aangekleed*
decentralize (di:'sentrəlaɪz) OV+ONOV WW *decentraliseren*
deception (dɪ'sepʃən) ZN *bedrog; misleiding*
deceptive (dɪ'septɪv) BNW *bedrieglijk*
decide (dɪ'saɪd) I OV WW *beslissen; uitmaken* II ONOV WW • *beslissen* • ~ on *besluiten tot*
decided (dɪ'saɪdɪd) BNW • *beslist* • *uitgesproken*
deciduous (dɪ'sɪdjʊəs) BNW • *regelmatig afvallend* • *regelmatig uitvallend* • *vergankelijk* ★ ~ tooth *melktand* ★ ~ tree *loofboom*
decimal ('desɪml) I ZN • WISK. *tiendelige breuk* • *decimaal* II BNW • *tientallig* • *decimaal* • WISK. *tiendelig* ⟨v. breuk⟩ • ECON. go ~ *overgaan op het decimale stelsel* ★ ~ point *komma/punt in decimale breuk*
decimalize ('desɪmələɪz) OV WW *tiendelig maken*
decimate ('desɪmeɪt) OV WW *decimeren*
decipher (dɪ'saɪfə) I ZN *ontcijferd document* II OV WW *ontcijferen*
decision (dɪ'sɪʒən) ZN • *beslissing; besluit* • *vastberadenheid*
decisive (dɪ'saɪsɪv) BNW • *beslissend* • *beslist*
deck (dek) I ZN • *dek* • PLAT *de grond* • *spel kaarten* ★ USA/INFORM. on deck *klaar; volgende* ★ upper deck *bovenverdieping* ⟨v. bus, tram⟩ ★ main deck *eerste tussendek* ⟨op schip⟩ ★ lower deck *benedendek* ⟨op schip⟩ II OV WW • PLAT *vloeren* • *van dek voorzien* • ~ out *versieren*
deck-chair ('dektʃeə) ZN *dekstoel; opvouwbare ligstoel*
deck-hand ('dekhænd) ZN *dekmatroos*
deckle ('dekl) ZN ★ ~edge(d) *(met) kartel-/ scheprand*
declaim (dɪ'kleɪm) I OV WW *declameren* II ONOV WW • *uitvaren; luid protesteren* • *declameren*
declamation (deklə'meɪʃən) ZN • *voordracht* ⟨v. poëzie⟩ • *hoogdravende rede*
declamatory (dɪ'klæmətərɪ) BNW *gezwollen; hoogdravend*
declaration (deklə'reɪʃən) ZN *verklaring* ★ G-B/ GESCH. Declaration of Rights *grondwet van 1689* ★ GESCH. Universal Declaration of Human Rights *Universele Verklaring van de Rechten van de Mens*
declarative (dɪ'klærətɪv) BNW *verklarend*
declaratory BNW → **declarative**
declare (dɪ'kleə) OV WW • *verklaren* • *vaststellen* • *aangeven* ⟨bij douane⟩ ★ ~ o.s. (to be s.th.) *zich nader verklaren; zijn aard tonen* ★ well, I ~! *heb je nou ooit van je leven!* • ~ off *afbreken; niet door laten gaan*
declared (dɪ'kleəd) BNW *verklaard; erkend; overtuigd*
declaredly (dɪ'kleərɪdlɪ) BIJW *openlijk*
declarer (dɪ'kleərə) ZN *leider* ⟨bij bridge⟩
declassify (di:'klæsɪfaɪ) OV WW *vrijgeven*
declension (dɪ'klenʃən) ZN • *helling; afwijking* • *verval* • *verbuiging*
declinable (dɪ'klaɪnəbl) BNW *verbuigbaar*
declination (deklɪ'neɪʃən) ZN • USA *weigering* • *buiging; helling* • *declinatie*
decline (dɪ'klaɪn) I ZN *afname* ★ moral ~ *moreel verval* ★ be on the ~ *afnemen* ★ ~ of life *levensavond; oude dag* II OV WW • *verbuigen* • *afwijzen; weigeren* III ONOV WW • *weigeren; afwijzen* • *afnemen tot* • *vervallen tot* • *achteruitgaan* • *hellen* • *buigen; neerhangen* ★ declining years *levensavond; oude dag*
declivity (dɪ'klɪvətɪ) ZN *hellend terrein*
declutch (di:'klʌtʃ) ONOV WW *ontkoppelen*
decoction (dɪ'kɒkʃən) ZN • *afkooksel* • *het afkoken*
decode (di:'kəʊd) OV WW *omzetten uit code; decoderen*
decoder (di:'kəʊdə) ZN *decoder; (geluids)kanalensplitser*
décolletage (deɪkɒl'tɑ:ʒ) ZN *decolleté*
décolleté(e) (deɪ'kɒlteɪ) BNW *gedecolleteerd*
decolonize (di:'kɒlənaɪz) OV WW • *dekoloniseren* • *onafhankelijk maken*
decolorant (di:'kʌlərənt) ZN *bleekmiddel*
decompose (di:kəm'pəʊz) I OV WW *ontleden* II ONOV WW • *rotten* • *ontbinden*
decomposition (di:kɒmpəzɪʃən) ZN • *ontbinding; afbraak; desintegratie* • *ontleding*

decompress (di:kəm'pres) ov ww *druk verlagen; druk wegnemen*
decongestant (di:kən'dʒestnt) zn *anticongestiemiddel*
deconstructivism (di:kən'strʌktɪvɪzəm) zn *deconstructivisme*
decontaminate (di:kən'tæmɪneɪt) ov ww *ontsmetten*
decorate ('dekəreɪt) ov ww • *versieren* • *decoreren* • *schilderen; behangen*
decoration (dekə'reɪʃən) zn *decoratie* ★ Christmas ~ *kerstversiering*
decorative ('dekərətɪv) bnw *decoratief*
decorator ('dekəreɪtə) zn • *decorateur* • *huisschilder; behanger* ★ interior ~ *binnenhuisarchitect*
decorous ('dekərəs) bnw *waardig; fatsoenlijk*
decorum (dɪ'kɔːrəm) zn • *decorum* • *waardigheid; fatsoen*
decoy¹ ('diːkɔɪ) zn • *lokeend; lokvogel* • *lokmiddel* ★ ~ man *kooiker*
decoy² (dɪ'kɔɪ) ov ww • *lokken* • *in de val lokken*
decrease¹ ('diːkriːs) zn *afname*
decrease² (diː'kriːs) I ov ww *doen afnemen; doen dalen* II onov ww *afnemen; dalen*
decree (dɪ'kriː) I zn • *bevel; decreet; gebod* • *vonnis* II ov ww *bepalen; verordenen*
decrement ('dekrɪmənt) zn *vermindering*
decrepit (dɪ'krepɪt) bnw *vervallen; afgeleefd*
decrepitude (dɪ'krepɪtjuːd) zn • *afgeleefdheid* • *bouwvalligheid; verval* • *gebrekkigheid*
decretal (dɪ'kriːtl) I zn *pauselijk decreet* II bnw *een decreet betreffend*
decry (dɪ'kraɪ) ov ww *in diskrediet brengen; afkeuren* ★ ~ as *uitmaken voor*
decussate (dɪ'kʌseɪt) I bnw • *X-vormig; snijdend* • biol. *kruisstandig* II onov ww *kruisen; elkaar snijden*
dedicate ('dedɪkeɪt) ov ww ~ to *opdragen aan; wijden aan*
dedicated ('dedɪkeɪtɪd) bnw • *toegewijd* • *hardnekkig*
dedication (dedɪ'keɪʃən) zn • *toewijding* • *opdracht*
deduce (dɪ'djuːs) ov ww • *nagaan* • ~ **from** *afleiden uit*
deducible (dɪ'djuːsəbl) bnw *deduceerbaar*
deduct (dɪ'dʌkt) ov ww • *aftrekken* • *in mindering brengen*
deductible (dɪ'dʌktɪbl) bnw • *aftrekbaar* ⟨v.h. belastbaar inkomen⟩ • *logisch afleidbaar* • *concludeerbaar*
deduction (dɪ'dʌkʃən) zn • *aftrek; korting* • *deductie*
deductive (dɪ'dʌktɪv) bnw *deductief*
deed (diːd) I zn • *daad* • *akte* ★ deed of conveyance/transfer *akte v. overdracht* ★ deed of arms *wapenfeit* ★ deed poll *eenzijdige akte* II ov ww jur./usa *bij akte overdragen*
deem (diːm) I ov ww *achten* II onov ww *oordelen*
deep (diːp) I zn *diepte; zee* II bnw • *diepzinnig; verdiept* • *diep; hoog* ⟨sneeuw⟩; *diepliggend* • *laag; snood* • *zwaar* ⟨drinker⟩ ★ jump in at the deep end *iets leren door zich er in te storten* ★ he is a deep one *hij is moeilijk te doorgronden* ★ throw in at the deep end *voor het blok zetten* ★ go off the deep end *uit zijn slof schieten; een onberaden stap doen* ★ in deep water *in moeilijkheden* ★ still waters run deep *stille wateren hebben diepe gronden*
deep-drawn bnw ★ ~ sigh *diepe zucht*
deepen ('diːpən) I ov ww • *dieper maken* • *lager stemmen* • *doen toenemen* II onov ww • *dieper worden* • *lager worden* • *toenemen*
deepfreeze (diːp'friːz) I zn *diepvries; diepvrieskist; diepvriesvak* II ov ww *diepvriezen; invriezen*
deep-fry ov ww *frituren*
deep-laid bnw *listig bedacht*
deep-mouthed bnw *met zwaar, hol geluid*
deepness ('diːpnəs) zn *diepte*
deep-read bnw *zeer belezen*
deep-rooted bnw *diep (in)geworteld*
deep-sea bnw *diepzee-*
deep-seated bnw *diepgeworteld; diepliggend*
deep-set bnw *diepliggend*
deer (dɪə) zn *hert(en)*
deer-forest zn *jachtgebied v. hertenjacht*
deer-hound zn *ruwharige windhond*
deerskin ('dɪəskɪn) zn *hertenhuid*
deerstalker ('dɪəstɔːkə) zn • *hertenjager* • *jachtpet met klep voor en achter*
deerstalking ('dɪəstɔːkɪŋ) zn *sluipjacht op herten*
de-escalate (diː'eskəleɪt) I ov ww *doen afnemen* II onov ww • *verminderen* • *verkleinen*
de-escalation zn *deëscalatie*
deface (dɪ'feɪs) ov ww • *schenden; ontsieren* • *krassen* • *uitwissen*
defacement (dɪ'feɪsmənt) zn • *schending* • *bekladding*
defamation (defə'meɪʃən) zn *smaad*
defamatory (dɪ'fæmətərɪ) bnw *lasterlijk*
defame (dɪ'feɪm) ov ww *belasteren; iem.s reputatie benaden*
default (dɪ'fɔːlt) I zn • *gebrek* • *nalatigheid* • *verzuim* • *wanbetaling* • *wanprestatie* • comp. *standaard instelling bij afwezigheid van alternatief* ★ in ~ of *bij ontstentenis van* ★ judgment went by ~ *vonnis werd gewezen bij verstek* II ov ww *bij verstek veroordelen* III onov ww • *verstek laten gaan* • *in gebreke blijven; nalatig zijn* • *niet verschijnen*
defaulter (dɪ'fɔːltə) zn • *wanbetaler* • mil. *gestrafte* • jur. *niet verschenen partij*
defeasance (dɪ'fiːzəns) zn *nietigverklaring*
defeat (dɪ'fiːt) I zn *nederlaag* ★ oud. own one's ~ *zich gewonnen geven* II ov ww • *verslaan* • *verijdelen* • *nietig verklaren* • *verwerpen* ★ ~ one's own ends *zijn doel voorbijstreven*
defeatism (dɪ'fiːtɪzəm) zn *defaitisme*
defeatist (dɪ'fiːtɪst) zn *defaitist*
defeature (dɪ'fiːtʃə) ov ww *onherkenbaar maken*
defecation (defə'keɪʃən) zn *ontlasting*
defect¹ ('diːfekt) zn • *gebrek; tekort* • *mankement* ★ he has the ~s of his qualities *hij heeft de gebreken van zijn deugden*
defect² (dɪ'fekt) onov ww *overlopen* ⟨naar tegenpartij⟩
defection (dɪ'fekʃən) zn • *afval(ligheid); ontrouw* • *desertie*
defective (dɪ'fektɪv) I zn • *zwakzinnige* • *defectief* II bnw • *defect; half; gebrekkig* • *zwakzinnig*

defector (dɪˈfektə) ZN *overloper/overloopster; verrader/verraadster*

defence (dɪˈfens), USA **defense** ZN • *verdediging* • *afweermiddel* • *de verdedigers; de verdediging* • *verweer* ★ ~s *verdedigingswerken*

defenceless (dɪˈfensləs) BNW *weerloos*

defend (dɪˈfend) OV WW *verdedigen; beschermen* ★ God ~! *God verhoede!*

defendant (dɪˈfendənt) ZN *gedaagde*

defender (dɪˈfendə) ZN *verdediger*

defense (dɪˈfens) ZN USA → **defence**

defensible (dɪˈfensɪbl) BNW *verdedigbaar; houdbaar* ⟨figuurlijk⟩

defensive (dɪˈfensɪv) BNW *verdedigend; defensief* ★ on the ~ *in verdedigende houding*

defer (dɪˈfɜː) I OV WW USA *uitstel v. militaire dienst verlenen; uitstellen* II ONOV WW • *dralen* ★ ~ to *z. onderwerpen aan*

deference (ˈdefərəns) ZN • *eerbied* • *eerbiediging*

deferential (defəˈrenʃəl) BNW *eerbiedig; onderdanig*

deferment (dɪˈfɜːmənt) ZN *uitstel*

defiance (dɪˈfaɪəns) ZN • *verzet* • *trotsering; uitdaging* ★ bid ~ to *tarten* ★ set at ~ *uitdagen* ★ in ~ of *in strijd met; in weerwil van*

defiant (dɪˈfaɪənt) BNW • *uitdagend; tartend* • *trotserend*

deficiency (dɪˈfɪʃənsɪ) ZN • *tekort*

deficient (dɪˈfɪʃənt) BNW • *gebrekkig; onvoldoende* • *zwakzinnig* ★ be ~ in *te kort schieten in; arm zijn aan*

deficit (ˈdefɪsɪt) ZN • *tekort* • *achterstand* ★ ~ spending *overbesteding*

defile[1] (ˈdiːfaɪl) ZN • *(berg)pas* • *défilé*

defile[2] (dɪˈfaɪl) I OV WW *defileren* II ONOV WW • *besmetten; bevuilen* • *onteren; ontwijden*

definable (dɪˈfaɪnəbl) BNW *definieerbaar*

define (dɪˈfaɪn) I OV WW • *afbakenen; bepalen* • *beschrijven; omschrijven* II ONOV WW *definiëren*

definite (ˈdefɪnɪt) BNW • *bepaald; (duidelijk) omschreven* • *precies* • ~ly! *absoluut!; beslist!*

definition (defɪˈnɪʃən) ZN • *(beeld)scherpte* • *definitie*

definitive (dɪˈfɪnɪtɪv) BNW *beslissend; onherroepelijk; definitief*

deflate (dɪˈfleɪt) I OV WW *laten ontsnappen* ⟨v. gas⟩; *leeg laten lopen* ★ ~d tyre *lege/platte band* II ONOV WW *deflatie bewerken/veroorzaken*

deflation (dɪˈfleɪʃən) ZN *deflatie*

deflationary (diːˈfleɪʃənrɪ) BNW ★ ~ policy *deflatiepolitiek*

deflect (dɪˈflekt) I OV WW • *opzij buigen; doen afwijken* • ~ from *afketsen/schampen van; afbrengen van* II ONOV WW *afwijken*

deflection (dɪˈflekʃən) ZN *afbuiging*

defloration (diːflɔːˈreɪʃən) ZN *ontmaagding*

deflower (dɪˈflaʊə) OV WW • LIT. *ontmaagden* • *onteren; schenden* • *van bloemen ontdoen*

defoliant (diːˈfəʊlɪənt) ZN *ontbladeringsmiddel*

defoliate (diːˈfəʊlɪeɪt) OV+ONOV WW *ontbladeren*

defoliation (diːfəʊlɪˈeɪʃən) ZN *ontbladering*

deforest (diːˈfɒrɪst) OV WW *ontbossen*

deforestation (diːfɒrɪˈsteɪʃən) ZN *ontbossing*

deform (dɪˈfɔːm) OV WW • *ontsieren* • *deformeren* • *misvormen* • *mismaken*

deformation (diːfɔːˈmeɪʃən) ZN • *verbastering* • *misvorming* ★ professional ~ *beroepsdeformatie*

deformed (dɪˈfɔːmd) BNW *misvormd; mismaakt*

deformity (dɪˈfɔːmətɪ) ZN • *mismaaktheid* • *perversiteit* • *wangedrocht*

defraud (dɪˈfrɔːd) OV WW • *beroven* • ~ of *(onrechtmatig) onthouden van*

defray (dɪˈfreɪ) OV WW • *bekostigen* • *bestrijden* ⟨v. uitgaven⟩ ★ ~ a person's expenses *iem. vrijhouden*

defrayal (dɪˈfreɪəl) ZN *betaling; bekostiging*

defrayment ZN → **defrayal**

defrock (diːˈfrɒk) OV WW • *van pij of jurk ontdoen* • *uit ambt ontzetten*

defrost (diːˈfrɒst) OV+ONOV WW *ontdooien*

defroster (diːˈfrɒstə) ZN *voorruitverwarmer*

deft (deft) BNW • *handig; behendig* • *vlug*

deftness (ˈdeftnəs) ZN *behendigheid*

defunct (dɪˈfʌŋkt) I ZN JUR. *overledene* II BNW *niet meer bestaand*

defuse (diːˈfjuːz) OV WW • *demonteren* ⟨v. explosieven⟩ • *onschadelijk maken*

defy (dɪˈfaɪ) OV WW *trotseren; uitdagen (tot)*

deg. AFK *degree(s) gra(a)d(en)*

degauss (diːˈgaʊs) OV WW *demagnetiseren*

degenerate[1] (dɪˈdʒenərət) I ZN *gedegenereerde; ontaarde* II BNW *gedegenereerd; ontaard*

degenerate[2] (dɪˈdʒenəreɪt) ONOV WW *degenereren; ontaarden*

degradable (dɪˈgreɪdəbl) BNW *(chemisch) afbreekbaar*

degradation (degrəˈdeɪʃən) ZN • *degradatie* • *ontaarding*

degrade (dɪˈgreɪd) OV WW • *z. verlagen; ontaarden* • *degraderen* • *verlagen*

degrading (dɪˈgreɪdɪŋ) BNW *vernederend*

degree (dɪˈgriː) ZN • *graad* ⟨in maatverdeling⟩ • *graad; niveau* • WISK. *hoek* • *graad* ⟨kwalificatie⟩ • by ~s *langzamerhand* ★ third ~ burn *derdegraads brandwond* ★ to a ~ *in zekere mate; tot op zekere hoogte* ★ to a high ~ *in hoge mate* ★ take one's ~ *afstuderen; promoveren* ★ 32 ~s Fahrenheit *32 graden Fahrenheit* ★ have a ~ in physics *een graad hebben in natuurkunde*

degression (dɪˈgreʃən) ZN *teruggang; daling*

dehumanize (diːˈhjuːmənaɪz) OV WW • *ontmenselijken* • *van menselijkheid ontdoen*

dehydrate (diːˈhaɪdreɪt) I OV WW • *(uit)drogen* • *ontwateren* ⟨v. olie⟩ ★ ~d milk *poedermelk* II ONOV WW • *vocht verliezen* • *drogen*

de-icer (diːˈaɪsə) ZN *ijsbestrijder* ⟨vliegtuig⟩

deify (ˈdiːɪfaɪ) OV WW *vergoddelijken*

deign (deɪn) I OV WW *z. verwaardigen te geven* II ONOV WW *z. verwaardigen*

deism (ˈdiːɪzəm) ZN *deïsme*

deity (ˈdiːətɪ) ZN *godheid*

deject (dɪˈdʒekt) OV WW • *terneerslaan* • *ontmoedigen*

dejected (dɪˈdʒektɪd) BNW • *terneergeslagen* • *ontmoedigd*

dejection (dɪˈdʒekʃən) ZN *neerslachtigheid*

delate (dɪˈleɪt) OV WW *aanbrengen; aangeven*

delay (dɪˈleɪ) I ZN *vertraging* ★ serious ~s on the roads *ernstige vertragingen op de wegen*

★ without ~ *onverwijld* ‖ ov ww *uitstellen; talmen*
delectable (dɪˈlektəbl) bnw *verrukkelijk*
delectation (diːlekˈteɪʃən) zn *genot*
delegacy (ˈdelɪɡəsɪ) zn • *volmacht* • *afvaardiging*
delegate[1] (ˈdelɪɡət) zn • *afgevaardigde* • *gemachtigde*
delegate[2] (ˈdelɪɡeɪt) ov ww *delegeren; overdragen*
delegation (delɪˈɡeɪʃən) zn • *delegatie* • *machtiging*
delete (dɪˈliːt) ov ww *wissen; schrappen*
deletion (dɪˈliːʃən) • *coupure* • *doorhaling*
deliberate[1] (dɪˈlɪbərət) bnw • *opzettelijk* • *weloverwogen* • *bedachtzaam*
deliberate[2] (dɪˈlɪbəreɪt) onov ww *overwegen; overleggen*
deliberation (dɪlɪbəˈreɪʃən) zn • *behoedzaamheid* • *bedachtzaamheid* • *overleg; afweging; overweging*
deliberative (dɪˈlɪbərətɪv) bnw *beraadslagend*
delicacy (ˈdelɪkəsɪ) zn • *fijngevoeligheid* • *delicatesse* • *teerheid*
delicate (ˈdelɪkət) bnw • *kies; fijn(gevoelig)* • *zwak; teer; tenger* • *netelig; moeilijk* • *(kies)keurig* • *lekker* ★ it is a ~ *matter het is een netelige zaak; deze kwestie ligt gevoelig*
delicious (dɪˈlɪʃəs) bnw *lekker; heerlijk*
delight (dɪˈlaɪt) Ⅰ zn • *genot; vreugde; genoegen* • *lust* ★ take ~ in *genoegen scheppen in; zich amuseren met* ‖ onov ww *vermaak of behagen scheppen in; verheugen* ★ I shall be ~ed *het zal mij een waar genoegen zijn*
delightful (dɪˈlaɪtfʊl) bnw *verrukkelijk*
delimit (dɪˈlɪmɪt) ov ww → delimitate
delimitate (dɪˈlɪmɪteɪt) ov ww *afbakenen*
delimitation (dɪlɪmɪˈteɪʃən) zn *grensregeling*
delimiter (dɪˈlɪmɪtə) zn • *scheidingsteken* • comp. *sluitteken*
delineate (dɪˈlɪnɪeɪt) ov ww • *omlijnen • schetsen; tekenen*
delineation (dɪlɪnɪˈeɪʃən) zn *omlijning*
delinquency (dɪˈlɪŋkwənsɪ) zn • *vergrijp* • *misdadig gedrag; misdaad* • *schuld* ⟨m.b.t. wetsovertreding⟩ ★ jur. juvenile ~ *jeugdcriminaliteit*
delinquent (dɪˈlɪŋkwənt) Ⅰ zn *delinquent* ‖ bnw • *geneigd tot misdadigheid* • *schuldig* ⟨aan wetsovertreding⟩
delirious (dɪˈlɪrɪəs) bnw • *ijlend • uitzinnig* • *razend*
delirium (dɪˈlɪrɪəm) zn • *delirium* • *het ijlen* • *razernij*
deliver (dɪˈlɪvə) Ⅰ ov ww • *overhandigen; overdragen; leveren; afleveren; opleveren* • *bestellen; indienen; aanbieden* • *verlossen; bevrijden* ★ ~ a sermon *een preek houden* ★ ~ battle *slag leveren* ★ ~ a blow *een slag toebrengen* ★ ~ed price *prijs franco huis* ★ ~ a speech *een rede houden* ★ be ~ed of *bevallen van; het licht doen zien* • ~ up *afstaan; overgeven* ‖ onov ww • *afkomen* • *bevallen*
deliverance (dɪˈlɪvərəns) zn • jur. *vonnis* • *bevrijding* • *uiting*
delivery (dɪˈlɪvərɪ) zn • *'t werpen* ⟨v. bal⟩ • *bestelling • het afleveren • verlossing • (het houden v.e.) toespraak* ★ take ~ of *in ontvangst nemen van* ★ ~ room *verloskamer* ★ ~ truck *bestelwagen* ★ ~-van *bestelwagen*
delivery costs zn *(af)leveringskosten*
delivery note zn *afleveringsbon; vrachtbrief*
dell (del) zn *nauw bebost dal*
delouse (diːˈlaʊs) ov ww *ontluizen*
delta (ˈdeltə) zn *delta* ★ ~ wing *deltavleugel* ★ ~ (exam) mark ≈ *zes min* ⟨(examen)cijfer⟩
delude (dɪˈluːd) ov ww • *misleiden* • ~ into *verleiden tot*
deluge (ˈdeljuːdʒ) Ⅰ zn • *(zond)vloed* • *(woorden)stroom* • *wolkbreuk* ‖ ov ww *overstromen; overstelpen*
delusion (dɪˈluːʒən) zn • *bedrog; valse voorspiegeling* • *(zins)begoocheling; waanidee*
delusive (dɪˈluːsɪv) bnw *bedrieglijk; misleidend*
delve (delv) onov ww *grondig doorvorsen*
demagnetize (diːˈmæɡnɪtaɪz) ov ww *ontmagnetiseren*
demagogic (deməˈɡɒɡɪk) bnw *demagogisch*
demagogical (deməˈɡɒdʒɪkl) bnw *demagogisch*
demagogue (ˈdeməɡɒɡ) zn *volksmenner*
demagogy (ˈdeməɡɒdʒɪ) zn *demagogie*
demand (dɪˈmɑːnd) Ⅰ zn • *eis; verlangen* • econ. *vraag* ★ payable on ~ *op zicht* ★ supply and ~ *vraag en aanbod* ★ in great ~ *zeer in trek* ★ much in ~ *zeer in trek* ★ make ~s on *beslag leggen op* ⟨figuurlijk⟩ ★ ~ note *aanslagbiljet* ★ second ~-note *aanmaning* ‖ ov ww • *willen weten* • *eisen; verlangen*
demanding (dɪˈmɑːndɪŋ) bnw *veeleisend*
demarcate (ˈdiːmɑːkeɪt) ov ww • *demarqueren* • *afbakenen* • *(onder)scheiden*
demarcation (diːmɑːˈkeɪʃən) zn • *grens* • *afbakening*
dematerialize (diːməˈtɪərɪəlaɪz) Ⅰ ov ww *onstoffelijk maken* ‖ onov ww *onstoffelijk worden*
demean (dɪˈmiːn) Ⅰ ov ww • *verlagen • vernederen* ★ that joke is ~ing to women *die grap is vrouwonvriendelijk* • ~ o.s. *zich vernederen*
demeanour (dɪˈmiːnə) zn • *houding; gedrag*
demented (dɪˈmentɪd) bnw • *krankzinnig* • *dement*
dementia (dɪˈmenʃə) zn • *dementie* • *zwakzinnigheid*
demerara (deməˈreərə) zn *bruine (riet)suiker*
demerit (diːˈmerɪt) Ⅰ zn • *gebrek; tekortkoming* • *strafpunt; fout • slechte aantekening; minpunt* ‖ ov ww *een strafpunt geven; een slechte aantekening geven*
demeritorious (diːmerɪˈtɔːrɪəs) bnw *afkeurenswaardig*
demesne (dɪˈmiːn) zn • *domein* • *gebied* ⟨in eigendom⟩ ★ Royal ~ *kroondomein* ★ hold in ~ jur. *in eigendom bezitten*
demigod (ˈdemɪɡɒd) zn *halfgod*
demilitarization (diːmɪlɪtərɪˈzeɪʃən) zn *demilitarisering*
demilitarize (diːˈmɪlɪtəraɪz) ov ww *demilitariseren*
demise (dɪˈmaɪz) Ⅰ zn • *het vermaken; overdraging* • jur. *overlijden* ‖ ov ww • *overdragen • vermaken* Ⅲ onov ww • *overerven • overlijden; ter ziele gaan*

demission (dɪˈmɪʃən) ZN • *ontslag* • *het afstand doen (van)*
demist (diːˈmɪst) OV WW *ontwasemen*
demit (dɪˈmɪt) I OV WW *neerleggen* ⟨v. ambt⟩ II ONOV WW *ontslag nemen*; *aftreden*
demo (ˈdeməʊ) ZN INFORM. → **demonstration**
demob (ˈdiːmɒb) I ZN II OV+ONOV WW
demobilization (diːməʊbəlaɪˈzeɪʃən) ZN *demobilisatie*
demobilize (diːˈməʊbɪlaɪz) OV+ONOV WW MIL. *afzwaaien*; *demobiliseren*
democracy (dɪˈmɒkrəsi) ZN *democratie*
democrat (ˈdeməkræt) ZN • *democraat* • USA *lid v.d Democratische Partij* ★ Christian ~ *christen-democraat* ★ G-B , POL. Liberal Democrats *liberaal-democraten*
democratic (deməˈkrætɪk) BNW *democratisch*
democratize (dɪˈmɒkrətaɪz) OV+ONOV WW *democratiseren*
demolish (dɪˈmɒlɪʃ) OV WW • *slopen* • *omverwerpen* • *veroberen*
demolition (deməˈlɪʃən) ZN • *vernieling* • *vernietiging* • *het slopen*
demon (ˈdiːmən) ZN • *boze geest*; *duivel bezetene*; *fanatiekeling* ★ drown the ~ *vergetelheid zoeken in drank* ★ a ~ for work *een echte werkezel*
demoniac (dɪˈməʊnɪæk) ZN *bezetene*
demonic (dɪˈmɒnɪk) BNW • *duivels* • *(door hogere machten) bezield*; *geïnspireerd*
demonstrable (deˈmɒnstrəbl) BNW *aantoonbaar*
demonstrate (ˈdemənstreɪt) I OV WW • *demonstreren*; *bewijzen* • *aan de dag leggen* II ONOV WW *demonstreren*; *betoging houden*
demonstration (demənˈstreɪʃən) ZN • *demonstratie* • *actie* • *protestmars* • *vertoon* • *betoging* ★ to ~ *overtuigend*; *onweerlegbaar*; *afdoend*
demonstrative (dɪˈmɒnstrətɪv) I ZN *aanwijzend voornaamwoord* II BNW • *aanwijzend*; *bewijzend* • *z. uitend* • *demonstratief*
demonstrator (ˈdemənstreɪtə) ZN • *demonstrator* • *assistent* • *betoger*
demoralize (dɪˈmɒrəlaɪz) OV WW • *demoraliseren* • MIL. *het moreel ondermijnen*
demote (dɪˈməʊt) OV WW *degraderen*
demotic (dɪˈmɒtɪk) BNW *volks-*
demur (dɪˈmɜː) I ZN • *bedenking* • *aarzeling* ★ without ~ INFORM. *zonder tegenstribbelen* II ONOV WW • *bezwaar maken*; *protesteren* • JUR. *excepties opwerpen*
demure (dɪˈmjʊə) BNW • *zedig*; *ingetogen* • *preuts*
demurrage (dɪˈmʌrɪdʒ) ZN *(over)liggeld*; *(kosten v.h.) overliggen*
demurral (dɪˈmʌrəl) ZN • *bezwaar*; *bedenking* • *uitstel*
demurrer (dɪˈmʌrə) ZN *exceptie*
den (den) ZN • *hol* • *hok* • *(werk)kamer*
denary (ˈdiːnəri) BNW *tientallig*
denationalization (diːnæʃənəlaɪˈzeɪʃən) ZN • *privatisering* • *denaturalisering*
denationalize (diːˈnæʃənəlaɪz) OV WW • *privatiseren* • *vervallen verklaren v. nationaliteit*
denature (diːˈneɪtʃə) OV WW *ongeschikt maken voor consumptie* ★ ~d alcohol *schoonmaakalcohol*; *gedenatureerde alcohol*
dene (diːn) ZN ★ dene hole *kalkgrot*
deniable (dɪˈnaɪəbl) BNW • *ontkenbaar* • *loochenbaar*
denial (dɪˈnaɪəl) ZN • *ontkenning* • *zelfverloochening*
denigrate (ˈdenɪgreɪt) OV WW • *denigreren* • *zwart maken* • *belasteren*
denigration (denɪˈgreɪʃən) ZN • *kleinering* • *laster*
denim (ˈdenɪm) I ZN *denim* II BNW *van denim vervaardigd*
denims (ˈdenɪmz) ZN MV *spijkerkleding*; *spijkerbroek*
denizen (ˈdenɪzən) I ZN • *bewoner* • *ingeburgerde* • *ingeburgerd gebruik*; *ingeburgerd woord* II OV WW *semi-naturaliseren*; *burgerrechten verlenen*
Denmark (ˈdenmɑːk) ZN *Denemarken*
denominate (dɪˈnɒmɪneɪt) OV WW • *noemen*; *betitelen* • *benoemen*
denomination (dɪnɒmɪˈneɪʃən) ZN • *coupure*; *(munt)eenheid* • *benaming* • *gezindte*; *kerkgenootschap* ★ coin of the lowest ~ *kleinste munteenheid* ★ reduce to the same ~ *onder één noemer brengen*; *gelijknamig maken* ★ ~al education *confessioneel onderwijs*
denominational (dɪnɒmɪˈneɪʃnəl) BNW • *confessioneel*; *denominatief*
denominative (dɪˈnɒmɪnətɪv) I ZN *van zelfstandig naamwoord afgeleid werkwoord* II BNW • *benoemend* • *van zelfstandig naamwoord afgeleid*
denominator (dɪˈnɒmɪneɪtə) ZN WISK. *noemer* ⟨in breuk⟩ ★ lowest common ~ *kleinste gemene veelvoud*
denotation (diːnəʊˈteɪʃən) ZN • *teken* • *betekenis*
denotative (dɪˈnəʊtətɪv) BNW • *aanduidend* • *expliciet*
denote (dɪˈnəʊt) OV WW • *aanduiden* • *wijzen op*
dénouement (deɪˈnuːmənt) ZN *ontknoping* ⟨v. verhaal⟩
denounce (dɪˈnaʊns) OV WW • *openlijk beschuldigen* • *aanklagen* • *aan de kaak stellen* • *afkeuren* • *opzeggen* ⟨v. overeenkomst⟩ ★ he publicly ~d his son *hij heeft zijn zoon in het openbaar verstoten*
denouncement (dɪˈnaʊnsmənt) ZN • *aanklacht* • *openlijke beschuldiging* • *afkeuring*
dense (dens) BNW • *dicht* ⟨compact⟩ • INFORM. *dom* ★ a ~ly populated area *een dichtbevolkt gebied*
denseness (ˈdensnəs) ZN → **density**
density (ˈdensəti) ZN • *dichtheid* • *opeenhoping*
dent (dent) I ZN *deuk* II OV WW *deuken* ★ he dented his car *hij reed een deuk in zijn auto*
dental (ˈdentl) I ZN TAALK. *dentaal* II BNW *tand-* ★ ~ plate *tandprothese* ★ ~ surgeon *tandheelkundige*; *tandarts* ★ ~ surgery *tandheelkunde* ★ ~ preparations *tandverzorgingsmiddelen*
dentifrice (ˈdentɪfrɪs) ZN *tandpoeder*; *tandpasta*
dentine (ˈdentiːn) ZN *tandbeen*
dentist (ˈdentɪst) ZN *tandarts*
dentistry (ˈdentɪstri) ZN *tandheelkunde*
dentures (ˈdentʃəz) ZN MV *kunstgebit*
denuclearize (diːˈnjuːklɪəraɪz) OV WW *kernvrij maken*

denudation (dɪ:'njʊ'deɪʃən) ZN • *erosie* • *ontbossing*
denude (dɪ'nju:d) OV WW • *blootleggen* • *leegroven* • *ontbossen* ⋆ ~ **of** *ontdoen van*
denunciation (dɪnʌnsɪ'eɪʃən) ZN → **denounce**
deny (dɪ'naɪ) OV WW • *ontkennen* • *(ver)loochenen* • *ontzeggen*; *weigeren* • INFORM. *niet thuis geven*
deodorize (di:'əʊdəraɪz) OV WW *reuk/stank verdrijven*
dep. AFK • *departure vertrek* • *deputy plaatsvervanger*
depart (dɪ'pɑ:t) I OV WW ~ **from** *afwijken van*; *verlaten* II ONOV WW • *vertrekken* • *heengaan*; *doodgaan* ⋆ ~ed greatness *vergane glorie*
departed (dɪ'pɑ:tɪd) BNW • *overleden* • *voorbijgegaan* ⋆ the ~ *de overledene*
department (dɪ'pɑ:tmənt) ZN • *sectie*; *vakgroep* • *afdeling* • *departement* ⋆ ~ store *warenhuis* ⋆ USA Department of State *ministerie v. buitenlandse zaken*
departmental (di:pɑ:t'mentl) BNW • *afdelings*- • USA *ministerieel*
departure (dɪ'pɑ:tʃə) ZN *vertrek* ⋆ new ~ *nieuwe koers*
depauperate (dɪ'pɔ:pəreɪt) ONOV WW *verarmen*
depauperize (di:pɔ:pəraɪz) OV WW *uit de armoede halen*; *saneren*
depend (dɪ'pend) ONOV WW • *(ervan op) aankunnen*; *vertrouwen* ⋆ ~ upon it! *reken er maar op!* ⋆ that ~s *dat ligt eraan* • ~ **(up)on** *afhangen van*
dependable (dɪ'pendəbl) BNW *betrouwbaar*
dependant (dɪ'pendənt) ZN *afhankelijke*; *onzelfstandige* ⋆ my ~s *de mij toevertrouwden*
dependence (dɪ'pendəns) ZN *afhankelijkheid*
dependency (dɪ'pendənsɪ) ZN • *dependance*; *bijgebouw* • *afhankelijkheid* • *aanhangsel*
dependent (dɪ'pendənt) I ZN → **dependant** II BNW *afhankelijk*
depict (dɪ'pɪkt) OV WW • *uitbeelden*; *afbeelden* • *afschilderen*
depiction (dɪ'pɪkʃən) ZN *afschildering*
depilate ('depɪleɪt) OV WW *ontharen*
depilatory (dɪ'pɪlətərɪ) I ZN *ontharingsmiddel* II BNW *ontharend*
deplane (di:'pleɪn) I OV WW *uitladen* ⟨uit vliegtuig⟩ II ONOV WW *uitstappen* ⟨uit vliegtuig⟩
deplenish (dɪ'plenɪʃ) OV WW *leegmaken*; *leeghalen*
deplete (dɪ'pli:t) OV WW • *ledigen* • *uitputten* ⟨v. voorraad⟩ • *ontlasten* ⋆ ~d uranium *verarmd uranium*
depletion (dɪ'pli:ʃən) ZN *het ledigen*
deplorable (dɪ'plɔ:rəbl) BNW *betreurenswaardig*
deplore (dɪ'plɔ:) ONOV WW *betreuren*
deploy (dɪ'plɔɪ) I OV WW • *deployeren*; *opstellen* • *ontplooien* II ONOV WW *z. ontplooien*
deployment (dɪ'plɔɪmənt) ZN *opstelling*
deplume (di:'plu:m) OV WW *de veren uittrekken*; *plukken*
depolarize (di:'pəʊləraɪz) OV WW • *depolariseren* • *schokken* ⟨figuurlijk⟩
depopulate (di:'pɒpjʊleɪt) OV WW *ontvolken*
deport (dɪ'pɔ:t) I OV WW • *verbannen* • *deporteren*
• *uitzetten* II WKD WW *(zich) gedragen*
deportation (di:pɔ:'teɪʃən) ZN *deportatie*
deportee (di:pɔ:'ti:) ZN *gedeporteerde*
deportment (dɪ'pɔ:tmənt) ZN • *houding* • *gedrag*
depose (dɪ'pəʊz) I OV WW • *afzetten* • *(onder ede) verklaren* II ONOV WW JUR. ~ **to** *onder ede getuigen*
deposit (dɪ'pɒzɪt) I ZN • *deposito* • *waarborgsom* • *storting* • *afzetting*; *aanslibbing*; *geologische laag* ⋆ a ~ bottle *een statiegeldfles* ⋆ on ~ *in deposito* ⋆ ~ account *depositorekening* II OV WW • *deponeren*; *in bewaring geven* • *als waarborg storten* • *(neer)leggen* • *afzetten* III ONOV WW *neerslaan*
depositary (dɪ'pɒzɪtərɪ) ZN • *bewaarplaats* • *bewaarder*
deposition (di:pə'zɪʃən) ZN • *het deponeren* • *bewaargeving* • *storting als waarborg* • *afzetting* • *onttroning* • *(aflegging v.) verklaring* • *kruisafneming*
depositor (dɪ'pɒzɪtə) ZN • *inlegger* • *bewaargever*
depository (dɪ'pɒzɪtərɪ) ZN • *opslagplaats* • *schatkamer* • *bewaarder*
depot ('depəʊ) ZN • USA *station* • *depot*
depravation (deprɪ'veɪʃən) ZN *ontaarding*
deprave (dɪ'preɪv) OV WW *slecht maken*; *bederven*
depravity (dɪ'prævətɪ) ZN • *verdorvenheid* • *corrupte daad* • *slechtheid*
deprecate ('deprɪkeɪt) OV WW • *afkeuren* • *kleineren* • *protesteren tegen*
deprecation (deprə'keɪʃən) ZN • *protest* • *smeekbede*
deprecatory ('deprəkeɪtərɪ) BNW *(z.) verontschuldigend*
depreciate (dɪ'pri:ʃɪeɪt) I OV WW • *in waarde doen verminderen* • *afprijzen* • *kleineren* II ONOV WW *devalueren*; *in waarde verminderen*
depreciation (dɪpri:ʃɪ'eɪʃən) ZN • *het afprijzen* • *waardevermindering* • *kleinering* • *devaluatie*; *ontwaarding* • *afschrijving(ssom)*
depreciatory (dɪ'pri:ʃɪətrɪ) BNW *minachtend*
depredation (deprɪ'deɪʃən) ZN *plundering*
depredations (deprə'deɪʃənz) ZN MV *rooftochten*; *verwoestingen*
depress (dɪ'pres) OV WW • *neerslachtig maken* • *(neer)drukken* • *verlagen* • *indrukken* ⋆ ~ed classes *onderdrukte klassen*
depressant (dɪ'presənt) I ZN *kalmerend middel* II BNW *kalmerend*
depressing (dɪ'presɪŋ) BNW *deprimerend*
depression (dɪ'preʃən) ZN • *het neerdrukken* • *inzinking* • *gedruktheid* • *slapte*; *malaise*; *depressie* • *neerslachtigheid* • *gebied van lage luchtdruk*
depressive (dɪ'presɪv) BNW *depressief*
deprival (dɪ'praɪvəl) ZN • *beroving* • *verlies*
deprivation (deprɪ'veɪʃən) ZN • *ontbering* • *verlies*
deprive (dɪ'praɪv) OV WW • *beroven* • *ontzetten* ⟨uit (geestelijk) ambt⟩ ⋆ ~ s.o. of s.th. *iem. iets ontnemen*; *iem. iets onthouden*
deprived (dɪ'praɪvd) BNW *arm*; *achtergesteld*; *achtergebleven*
dep(t). AFK • *deputy plaatsvervanger* • *department departement*
depth (depθ) ZN • *diepte* • *intensiteit* • *depths*; *aspecten* • *toppunt* • *diepst*; *diepte* ⋆ be out of

one's ~ er niets (meer) van snappen ★ go beyond one's ~ geen grond meer onder de voeten voelen (figuurlijk) ★ in ~ diepgaand ● in the ~s of the night in het holst van de nacht
deputation (depjʊ'teɪʃən) ZN afvaardiging
depute (dɪ'pju:t) OV WW ● overdragen; (vol)machtigen ● afvaardigen
deputise OV+ONOV WW → **deputize**
deputize ('depjʊtaɪz), **deputise** I OV WW aanstellen als waarnemer II ONOV WW waarnemen
deputy ('depjʊtɪ) I ZN ● USA hulpsheriff ● plaatsvervanger II BNW ● waarnemend; plaatsvervangend ● gevolmachtigd ● afgevaardigd
derail (dɪ'reɪl) OV WW doen ontsporen ★ the train was ~ed de trein ontspoorde
derailment (di:'reɪlmənt) ZN ontsporing
derange (dɪ'reɪndʒ) OV WW in de war sturen; (ver)storen
deranged (dɪ'reɪndʒd) BNW (geestelijk) gestoord
derangement (dɪ'reɪndʒmənt) ZN ● waanzin ● verwarring
deration (di:'ræʃən) OV WW de distributie opheffen van; 'van de bon' doen
derby ('dɑ:bɪ) ZN ● wedstrijd tussen ploegen uit dezelfde stad ● USA bolhoed
Derby ('dɑ:bɪ) ZN jaarlijkse paardenrennen ⟨in Epsom⟩
deregulate (di:'regjʊleɪt) OV WW dereguleren
derelict ('derəlɪkt) I ZN ● INFORM. zwerver ● onbeheerd eigendom ● verlaten schip II BNW ● verlaten ● vervallen ● USA plichtvergeten
dereliction (derɪ'lɪkʃən) ZN ● plichtsverzuim ● het onbeheerd laten ● verval
deride (dɪ'raɪd) OV WW uitlachen
derision (dɪ'rɪʒən) ZN spot ★ hold in ~ bespotten ★ be in ~ bespot worden ● bring into ~ belachelijk maken
derisive (dɪ'raɪsɪv) BNW ● spottend ● bespottelijk
derisory (dɪ'raɪsərɪ) BNW ● spottend ● bespottelijk
derivation (derɪ'veɪʃən) ZN ● afleiding; ontlening ● afkomst
derivative (də'rɪvətɪv) I ZN ● derivaat ● afgeleid woord II BNW afgeleid; niet oorspronkelijk
derive (dɪ'raɪv) I OV WW ~ from afleiden van; ontlenen aan II ONOV WW ● voortkomen ★ well-~d van goede afkomst ● ~ from voortkomen uit; afstammen van
dermatologist (dɜ:mə'tɒlədʒɪst) ZN MED. huidarts; dermatoloog
dermatology (dɜ:mə'tɒlədʒɪ) ZN dermatologie; leer van de huidziekten
derogate ('derəgeɪt) I OV WW kleineren II ONOV WW ● afwijken v.d. juiste weg ⟨figuurlijk⟩; verdwalen ● ~ from afbreuk doen aan
derogation (derə'geɪʃən) ZN ● afbreuk ● afwijking
derogatory (dɪ'rɒgətərɪ) BNW ● afbreuk doend(e) aan ● vernederend ● geringschattend
derrick ('derɪk) ZN ● kraan; bok ● boortoren
derv (dɜ:v) ZN dieselolie
desc. AFK descendant afstammeling
descale (di:'skeɪl) OV WW ontkalken
descant ('deskænt) I ZN ● melodie ● uitweiding ● bovenstem; sopraan II ONOV WW ● MUZ. improviseren ● zingen; kwelen ● ~ (up)on uitweiden over
descend (dɪ'send) I OV WW ● afgaan; afkomen; afdalen ● neerdalen II ONOV WW ● neerkomen ● uitstappen ● afstammen ★ a deep depression ~ed on him hem overviel een diep gevoel van depressie ● ~ on overgaan op ⟨volgende generatie⟩ ● ~ to overgaan op; z. verlagen tot ● ~ upon neerdalen op/over; overvallen
descendant (dɪ'sendənt) I ZN afstammeling II BNW afstammend
descent (dɪ'sent) ZN ● inval; aanval ● het neerdalen; afdaling ● helling ● afkomst; geslacht
describe (dɪ'skraɪb) OV WW beschrijven
description (dɪ'skrɪpʃən) ZN ● klasse; soort ● beschrijving
descriptive (dɪ'skrɪptɪv) BNW beschrijvend
descry (dɪ'skraɪ) OV WW bespeuren
desecrate ('desɪkreɪt) OV WW ontwijden; profaneren
desegregate (di:'segrɪgeɪt) OV WW rassenscheiding opheffen
desegregation (di:segrɪ'geɪʃən) ZN → **desegregate**
deselect (di:sɪ'lekt) OV WW deselecteren
desensitize (di:'sensɪtaɪz) OV WW ongevoelig(er) maken
desert[1] ('dɪ'zɜ:t) I ZN ● verdienste ● verdiende loon II OV WW in de steek laten; verlaten III ONOV WW MIL. deserteren
desert[2] ('dezət) I ZN woestijn II BNW woest; woestijn- ★ ~ island onbewoond eiland
deserter (dɪ'zɜ:tə) ZN deserteur
desertion (dɪ'zɜ:ʃən) ZN ● desertie ● verlatenheid
desertscape ('dezətskeɪp) ZN woestijnlandschap; woestijngebied
deserve (dɪ'zɜ:v) OV WW verdienen ★ ~ well of zich verdienstelijk gemaakt hebben voor
deservedly (dɪ'zɜ:vɪdlɪ) BIJW verdiend; terecht
deserving (dɪ'zɜ:vɪŋ) BNW waardig ★ ~ of a better cause een betere zaak waardig ★ he is ~ of hij verdient
desiccant ('desɪkənt) I ZN droogmiddel II BNW drogend
desiccate ('desɪkeɪt) OV WW drogen
desiderata (dɪ'zɪdərɑ:tə) ZN MV → **desideratum**
desiderate (dɪ'zɪdəreɪt) OV WW het gemis voelen van
desideratum (dɪzɪdə'rɑ:təm) ZN ● verlangen ● gemis
design (dɪ'zaɪn) I ZN ● schets; ontwerp(tekening) ● vormgeving ● aanzien ● plan; opzet ★ have ~s (up)on iets in zijn schild voeren tegen ★ without ~ zonder bijbedoeling II OV WW ● bestemmen ● van plan zijn; konkelen ● schetsen III OV+ONOV WW ontwerpen
designate ('dezɪgneɪt) I BNW benoemd maar nog niet in functie II OV WW ● (be)noemen; aanduiden ● bestemmen
designation (dezɪg'neɪʃən) ZN ● benoeming ● bestemming
designedly (dɪ'zaɪnɪdlɪ) BIJW opzettelijk
designer (dɪ'zaɪnə) ZN ● ontwerper ● intrigant
designing (dɪ'zaɪnɪŋ) BNW intrigerend; sluw
desirability (dɪzaɪərə'bɪlətɪ) ZN ● begeerlijkheid ● wenselijkheid

desirable (dɪ'zaɪərəbl) BNW • *begeerlijk* • *wenselijk*
desire (dɪ'zaɪə) I ZN • *verlangen; wens* • *begeerte* II OV WW • *wensen* • *begeren*
desirous (dɪ'zaɪərəs) BNW • *verlangend* • *begerig*
desist (dɪ'zɪst) ONOV WW • *stoppen* • ~ **from** *afzien van; ophouden met*
desk (desk) ZN • *schrijftafel; schrijfbureau; lessenaar* • *balie* • USA *preekstoel* • *afdeling* ★ writing desk *bureau;* lessenaar
desk clerk ZN *receptionist(e)*
desk copy ZN *recensie-exemplaar*
desk pad ZN *sousmain*
desktop ('desktɒp) ZN • *bureaublad* • COMP. *desktop; bureaublad*
desktop publishing ZN *dtp* ‹elektronisch publiceren›
deskwork ('deskwɜːk) ZN *kantoorwerk*
desolate[1] ('desələt) BNW • *eenzaam* • *verwaarloosd* • *troosteloos*
desolate[2] ('desəleɪt) OV WW • *verwoesten* • *ontvolken*
desolation (desə'leɪʃən) ZN • *eenzaamheid; verlatenheid* • *verwoesting*
despair (dɪ'speə) I ZN *wanhoop* II ONOV WW *wanhopen*
despairing (dɪ'speərɪŋ) BNW *wanhopig*
despatch (dɪ'spætʃ) ZN → **dispatch**
desperado (despə'rɑːdəʊ) ZN *bandiet* ‹in het Wilde Westen›
desperate ('despərət) BNW • *hopeloos* • *wanhopig* • *onberaden* ★ I'm ~ for a cigarette *ik doe een moord voor een sigaret*
desperation (despə'reɪʃən) ZN *wanhoop; vertwijfeling*
despicable ('despɪkəbl) BNW *verachtelijk*
despise (dɪ'spaɪz) OV WW *verachten*
despite (dɪ'spaɪt) VZ *ondanks; in weerwil van*
despoil (dɪ'spɔɪl) OV WW *beroven; plunderen*
despond (dɪ'spɒnd) ONOV WW *wanhoop* ★ slough of ~ *moeras der vertwijfeling*
despondence (dɪ'spɒndəns) ZN • *wanhoop; vertwijfeling* • *melancholie*
despondent (dɪ'spɒndənt) BNW • *wanhopig* • *vertwijfeld* • *zwaarmoedig*
despot ('despɒt) ZN *despoot*
despotic (dɪ'spɒtɪk) BNW *despotisch*
despotism ('despətɪzəm) ZN *despotisme; tirannie*
dessert (dɪ'zɜːt) ZN *dessert;* INFORM. *toetje*
destabilize (diː'steɪbɪlaɪz) OV WW *destabiliseren*
destination (destɪ'neɪʃən) ZN *bestemming*
destine ('destɪn) OV WW *bestemmen*
destiny ('destɪnɪ) ZN *(nood)lot*
destitute ('destɪtjuːt) I ZN *noodlijdende* II BNW *behoeftig; noodlijdend* ★ ~ of *verstoken van*
destitution (destɪ'tjuːʃən) ZN *behoeftigheid* • *gebrek; armoede*
destroy (dɪ'strɔɪ) OV WW • *vernietigen; vernielen* • *afmaken* ‹v. dier› • *ruïneren*
destroyer (dɪ'strɔɪə) ZN • *vernietiger; vernieler* • MIL. *torpedojager*
destructible (dɪ'strʌktɪbl) BNW *vernietigbaar*
destruction (dɪ'strʌkʃən) ZN • *ondergang* • *vernieling; vernietiging*
destructive (dɪ'strʌktɪv) I ZN • *vernielende kracht* • *anarchist* II BNW • *afbrekend* • *vernielzuchtig*
destructor (dɪ'strʌktə) ZN *vuilverbrandingsoven*

desuetude (dɪ'sjuːɪtjuːd) ZN *onbruik* ★ fall into ~ *in onbruik raken*
desultory ('desəltərɪ) BNW • *zonder vaste lijn* • *onsamenhangend* • *vluchtig*
detach (dɪ'tætʃ) OV WW • *detacheren* • *eraf halen; losmaken* • *los raken*
detachable (dɪ'tætʃəbl) BNW *afneembaar*
detached (dɪ'tætʃt) BNW • *objectief; onbevooroordeeld* • *los* • *emotieloos; afstandelijk* • *vrijstaand* ‹v. huis›
detachment (dɪ'tætʃmənt) ZN • *het losmaken* • *detachement* • *gereserveerdheid*
detail[1] ('diːteɪl) ZN • *detail* • *onderdeel* • *puntsgewijze opsomming* • MIL. *kleine afdeling* • MIL. *uitgifte v. dagelijkse orders* • *bijzaak* ★ a matter of ~ *bijzaak* ★ go into ~s
detail[2] ('diːteɪl) OV WW • *uitvoerig vertellen; in bijzonderheden vertellen* • MIL. *voor speciale dienst aanwijzen* ★ ~ed account *uitvoerig verslag*
detain (dɪ'teɪn) OV WW • *vasthouden* • *ophouden; aanhouden; tegenhouden* • *laten schoolblijven*
detainee (diː'teɪ'niː) ZN *gevangene*
detainer (dɪ'teɪnə) ZN JUR. *(bevel tot) gevangenhouding*
detect (dɪ'tekt) OV WW • *opsporen; detecteren* • *betrappen* • *bespeuren*
detection (dɪ'tekʃən) ZN • *waarneming* • *speurwerk* ★ Hercule Poirot is a master of ~ *Hercule Poirot is een meesterspeurder*
detective (dɪ'tektɪv) I ZN • *detective* • *rechercheur* II BNW *recherche-*
détente ('deɪtɒnt) ZN *ontspanning*
detention (dɪ'tenʃən) ZN • *het voor straf moeten schoolblijven; strafuur* • *het vasthouden* • *oponthoud* ★ House of Detention *Huis v. Bewaring* ★ ~ centre *jeugdgevangenis*
deter (dɪ'tɜː) OV WW *afschrikken*
detergent (dɪ'tɜːdʒənt) I ZN • *schoonmaakmiddel; chemisch reinigingsmiddel* • *(af)wasmiddel* • *oplosmiddel* II BNW • *zuiverend* • *(chemisch) reinigend; oplossings-; reinigings-*
deteriorate (dɪ'tɪərɪəreɪt) I OV WW *slechter maken* II ONOV WW *slechter worden; ontaarden*
deterioration (dɪtɪərɪə'reɪʃən) ZN *verslechtering*
determinable (dɪ'tɜːmɪnəbl) BNW *bepaalbaar*
determinant (dɪ'tɜːmɪnənt) ZN • *beslissende factor* • *determinant*
determinate (dɪ'tɜːmɪnət) BNW *vast; bepaald*
determination (dɪtɜːmɪ'neɪʃən) ZN • *bepaling; besluit* • *vastberadenheid* • *richting* ★ the ~ of s.th. *het vaststellen van iets*
determinative (dɪ'tɜːmɪnətɪv) BNW *beslissend*
determine (dɪ'tɜːmɪn) I OV WW • *doen besluiten* • *beslissen* • *vaststellen; bepalen* II ONOV WW • JUR. *eindigen; besluiten*
determined (dɪ'tɜːmɪnd) BNW *vastberaden*
determiner (dɪ'tɜːmɪnə) ZN *determinant; bepalende factor*
determinism (dɪ'tɜːmɪnɪzəm) ZN • *determinisme* • *ontkenning v.d. vrije wil*
determinist (dɪ'tɜːmɪnɪst) ZN • *determinist* • *iem. die de vrijheid v.d. wil ontkent*
deterrence (dɪ'terəns) ZN *afschrikking*
deterrent (dɪ'terənt) I ZN *afschrikwekkend middel* II BNW *afschrikwekkend*

detest (dɪ'test) ov ww *verafschuwen; haten*
detestable (dɪ'testəbl) bnw *afschuwelijk*
detestation (di:te'steɪʃən) zn *(voorwerp v.) afschuw*
dethrone (di:'θrəʊn) ov ww oud. *onttronen*
dethronement (dɪ'θrəʊnmənt) zn *onttroning; afzetting*
detonate ('detəneɪt) I ov ww *doen ontploffen* II onov ww *ontploffen*
detonator ('detəneɪtə) zn • *ontstekingsmechanisme; detonator* • *klappertje* • *mistsignaal*
detour ('di:tʊə) zn • *omweg* • *omleiding*
detract (dɪ'trækt) onov ww ~ from *afbreuk doen aan; kleineren*
detraction (dɪ'trækʃən) zn *geringschatting*
detrain (di:'treɪn) I ov ww *uitladen* ‹uit trein› II onov ww • *uitstappen* ‹uit trein› • sport *aftrainen*
detriment ('detrɪmənt) zn • *nadeel* • *schade*
detrimental (detrɪ'mentl) bnw *schadelijk*
detrital (dɪ'traɪtl) bnw *erosie-*; aardrijkskunde *puin-; afgeschuurd*
detrition (dɪ'trɪʃən) zn aardrijkskunde *afslijting*
detritus (dɪ'traɪtəs) zn • *afgeschuurd gesteente* • *gruis* • *bezinksel* • *drab*
detruncate (di:'trʌŋkeɪt) ov ww *afknotten*
deuce (dju:s) zn • *twee* ‹op dobbelstenen, speelkaarten› • *40 gelijk* ‹tennis› • *du(i)vel; de donder* ★ there's the ~ to pay *dan heb je de poppen aan 't dansen* ★ ~ of a mess *heidense bende*
deuced ('dju:sɪd) bnw *donders; verduveld*
devaluate (di:'væljʊeɪt) ov+onov ww *devalueren; depreciëren*
devaluation (di:vælju:'eɪʃən) zn *waardevermindering*
devalue (di:'vælju:) ov+onov ww *in waarde (doen) dalen*
devastate ('devəsteɪt) ov ww *verwoesten* ★ I was ~d when I heard the news inform. *toen ik het nieuws vernam, was ik er kapot van*
devastating ('devəsteɪtɪŋ) bnw • *verwoestend* • *ontzettend*
devastation (devə'steɪʃən) zn *verwoesting*
develop (dɪ'veləp) I ov ww • *ontginnen* • *aan de dag komen* • *ontwikkelen* ‹ he ~ed pneumonia *hij kreeg longontsteking* ★ ~ing country *ontwikkelingsland* II onov ww • z. *ontwikkelen* • *aan de dag leggen*
developer (dɪ'veləpə) zn • A-v *ontwikkelaar* • *uitwerker*
development (dɪ'veləpmənt) zn *ontwikkeling*
developmental (dɪveləp'mentl) bnw *ontwikkelings-*
deviance ('di:vɪəns) zn *afwijking; afwijkend gedrag*
deviant ('di:vɪənt) I zn *afwijkend persoon* II bnw *afwijkend; abnormaal*
deviate ('di:vɪeɪt) I ov ww *doen afwijken* II onov ww • *afwijken* • *afdwalen*
deviation (di:vɪ'eɪʃən) zn *afwijking*
deviationist (di:vɪ'eɪʃənɪst) zn *gematigd communist*
device (dɪ'vaɪs) zn • *middel; hulpmiddel* • *opzet; plan* • *list* • *uitvinding; toestel; apparaat*
• *ontwerp* • *devies; motto* ★ left to his own ~s *aan zijn lot overgelaten* ★ nuclear ~ *atoombom*
devil ('devəl) zn • *duivel* • *boze geest* ★ inform. *mens* ★ better the ~ you know than the ~ you don't *je weet wat je hebt, niet wat je krijgt* ★ poor ~ *arme donder* ★ the ~! *donders!* ★ ~ a one *geen donder* ★ the ~ and all *alle mogelijke ellende* ★ between the ~ and the deep (blue) sea *tussen twee vuren* ★ give the ~ his due *ieder het zijne geven* ★ talk of the ~ (and he is sure to appear) *als je over de duivel spreekt (trap je 'm op zijn staart)* ★ ~ take the hindmost! *ieder voor zich (en God voor ons allen)!* ★ there's the ~ to pay *daar heb je de poppen aan het dansen* ★ when you sleep with the ~, there's always hell to pay *wie z'n gat (ver)brandt moet op de blaren zitten* ★ lucky ~ *geluksvogel*
devilfish ('devəlfɪʃ) zn *zeeduivel*
devilish ('devəlɪʃ) bnw • *duivels* • *buitensporig*
devilism ('devəlɪzm) zn *duivelcultus*
devil-may-care bnw inform. *onverschillig; zorgeloos*
devilment ('devəlmənt) zn • *duivels onheil* • *baldadigheid*
devilry ('devɪlrɪ) zn • *duivelskunst* • *boosheid* • *baldadigheid*
devil's advocate zn *advocaat v.d. duivel*
devious ('di:vɪəs) bnw • *slinks* • *dwalend; afwijkend* • *kronkelend* ★ ~ course/path/way *omweg; slinkse wegen*
devise (dɪ'vaɪz) I zn *legaat* II ov ww • *bedenken; beramen* • *legateren*
devisee (devɪ'zi:) zn *legataris*
deviser (dɪ'vaɪzə) zn *plannenmaker*
devisor (dɪ'vaɪzə) zn *legator; erflater*
devitalize (di:'vaɪtəlaɪz) ov ww *de levenslust ontnemen*
devoid (dɪ'vɔɪd) bnw *verstoken* ★ ~ of *ontbloot van*
devolution (di:və'lu:ʃən) zn • *verbastering* • *overdracht* • *delegatie* • *decentralisatie v. bestuur; overdracht van bestuur(sbevoegdheden)*
devolve (dɪ'vɒlv) I ov ww *overdragen; afwentelen* II onov ww *te beurt vallen* ★ it ~s on me *het komt op mij neer*
devote (dɪ'vəʊt) ov ww *besteden* ‹v. tijd, aandacht›; *(toe)wijden; geheel geven* ★ ~d to *toegewijd aan; verknocht aan*
devoted (dɪ'vəʊtɪd) bnw • *toegewijd* • *gehecht*
devotee (devə'ti:) zn • *dweper; kwezel* • *enthousiast liefhebber; ijveraar*
devotion (dɪ'vəʊʃən) zn • *toewijding* • *godsvrucht* ★ ~s *gebeden; godsdienstplichten*
devotional (dɪ'vəʊʃənl) bnw • *godsdienstig* • *devoot*
devour (dɪ'vaʊə) ov ww • *verteren* ‹figuurlijk›; *verkroppen* • *verslinden* ★ she ~ed him with kisses *zij smoorde hem met kussen*
devout (dɪ'vaʊt) bnw • *vroom* • *toegewijd* ★ I ~ly hope *ik hoop van ganser harte*
dew (dju:) I zn *dauw* II ov ww *bedauwen* III onov ww *dauwen*
dew-claw zn *rudimentaire teen*
dewdrop ('dju:drɒp) zn • *dauwdrop(pel)* • iron. *druppel aan de neus*
dewlap ('dju:læp) zn *halskwab* ‹bij runderen,

honden›
dewy ('dju:ɪ) BNW • *vochtig* • *dauwachtig*
dewy-eyed BNW *jong en onschuldig*
dexterity (dek'sterətɪ) ZN • *handigheid* • *rechtshandigheid*
dext(e)rous ('dekstərəs) BNW *handig*
dextrose ('dekstrəʊs) ZN *druivensuiker*
diabetes (daɪə'bi:ti:z) ZN *suikerziekte; diabetes*
diabetic (daɪə'betɪk) I ZN *iem. die aan suikerziekte lijdt; diabeticus/-ca* II BNW *m.b.t. suikerziekte*
diabolic (daɪə'bɒlɪk) BNW → **diabolical**
diabolical (daɪə'bɒlɪkl) BNW • *ergerlijk* • *kwaadaardig; duivels*
diachylon ('daɪədem) ZN *trekpleister*
diaconate (daɪ'ækəneɪt) ZN • *dekenaat* • *diakenschap* ★ the ∼ *de deacons*
diadem ('daɪədem) ZN *diadeem*
diagnose ('daɪəgnəʊz) OV WW • *constateren* • *de diagnose opmaken van*
diagnosis (daɪəg'nəʊsɪs) ZN *diagnose*
diagnostic (daɪəg'nɒstɪk) BNW *diagnostisch; constaterend* ★ a ∼ *test een test om iets mee vast te stellen*
diagnostics (daɪəg'nɒstɪks) ZN MV *diagnostiek*
diagonal (daɪ'ægənl) I ZN *diagonaal* II BNW *diagonaal*
diagram ('daɪəgræm) ZN • *diagram* • *figuur* • *grafiek*
diagrammatic (daɪəgrə'mætɪk) BNW *schematisch*
dial ('daɪəl) I ZN • *zonnewijzer* • *wijzerplaat* • *kiesschijf* ‹v. telefoon› • TECHN. *(afstem)schaal* • PLAT *smoel; snuit* II OV WW • *aangeven* ‹op wijzerplaat› • COMM. *draaien; kiezen* ★ dialling code *kengetal* ★ dialling tone *kiestoon*
dialectal (daɪə'lektl) BNW *m.b.t. dialect(en)*
dialectical (daɪə'lektɪkl) BNW *dialectisch*
dialectics (daɪə'lektɪks) ZN MV *dialectiek*
dialogue ('daɪəlɒg) ZN *dialoog*
diameter (daɪ'æmɪtə) ZN *middellijn*
diametric(al) (daɪə'metrɪk(l)) BNW *lijnrecht*
diamond ('daɪəmənd) I ZN • *diamant* • *ruit* • SPORT/USA *honkbalveld* ★ ∼ *jubilee diamanten/zestigjarig jubileum* ★ ∼ wedding *diamanten bruiloft* II BNW *diamanten*
diamond-cutting ZN *diamantslijpen*
diamonds ('daɪəməndz) BNW *ruiten* ‹v. speelkaart› ★ ace of ∼ *ruitenaas*
diamond-shaped BNW *ruitvormig*
diaper ('daɪəpə) I ZN • *(hand)doekenstof* • *handdoek; servet* • USA *luier* II OV WW • USA *een luier omdoen* • *ruitpatroon inweven*
diaper rash ZN *luieruitslag*
diaphanous (daɪ'æfənəs) BNW *doorschijnend*
diaphragm ('daɪəfræm) ZN • *membraan* • *pessarium* • *middenrif* • A-V *diafragma*
diarist ('daɪərɪst) ZN *dagboekschrijver*
diarrh(o)ea (daɪə'rɪə) ZN *diarree*
diary ('daɪərɪ) ZN • *dagboek* • *agenda*
diatribe ('daɪətraɪb) ZN *felle aanval* ‹met woorden›
dib (dɪb) ZN *bikkel* ★ dibs *bikkelspel; poen* ★ have dibs on s.th. *ergens recht op hebben*
dibble ('dɪbl) I ZN • *pootijzer* II OV WW • *planten; poten* • *met pootijzer bewerken* ‹v. grond›
dice (daɪs) I ZN • *muntstempel* • *dobbelspel; dobbelstenen* ★ USA no dice *vergeet het maar;*

dat gaat (mooi) niet door ★ loaded dice *doorgestoken kaart* II ONOV WW • *dobbelen* • *in blokjes snijden*
dicey ('daɪsɪ) BNW INFORM. *link; riskant* ★ it looks a bit ∼ to me! *ik vertrouw het voor geen meter!*
dichotomy (daɪ'kɒtəmɪ) ZN *tweedeling*
dick (dɪk) ZN • *politieagent* • PLAT *lul; penis* ★ PLAT private dick *privédetective* ★ up to dick *in de puntjes*
dickens ('dɪkɪnz) ZN ★ INFORM. what the ∼ are you up to? *wat voor de donder voer jij in je schild?* ★ INFORM. it hurts like the ∼ *'t doet verdomd veel pijn*
dicker ('dɪkə) I ZN *ruilhandel; gesjacher* II ONOV WW *handelen; sjacheren*
dick(e)y ('dɪkɪ) I ZN • *vogeltje* • *ezel* • *front(je)* • *kattenbak* ‹v. rijtuig› • *dickeyseat* ‹v. auto› ★ not say a ∼ *z'n mond houden* II BNW *niet solide; wankel; 'maar zozo'*
dicta ('dɪktə) ZN MV → **dictum**
dictaphone ('dɪktəfəʊn) ZN *dicteerapparaat*
dictate (dɪk'teɪt) OV+ONOV WW • *dicteren* • *voorschrijven*
dictation (dɪk'teɪʃən) ZN • *het dicteren* • *dictee; dictaat* • *voorschrift; wet*
dictatorial (dɪktə'tɔ:rɪəl) BNW *dictatoriaal*
dictatorship (dɪk'teɪtəʃɪp) ZN *dictatuur*
diction ('dɪkʃən) ZN • *zegging; voordracht* • *manier v. uitdrukken*
dictionary ('dɪkʃənrɪ) ZN *woordenboek*
dictum ('dɪktəm) ZN • *gezegde* • *uitspraak*
did (dɪd) WW [verleden tijd] → **do**[1]
didactic (daɪ'dæktɪk) BNW *didactisch*
didactics (daɪ'dæktɪks) ZN MV *didactiek*
diddle ('dɪdl) OV WW • INFORM. *bedotten; afzetten* • INFORM. *inpikken*
didgeridoo (dɪdʒərɪ'du:) ZN MUZ. *didgeridoo*
die (daɪ) I ZN *dobbelsteen* ★ the die is cast *de teerling is geworpen* II ONOV WW • *sterven; omkomen* • *kwijnen* • VULG. z. *doodlachen* ★ never say die! *moed verloren, al verloren* ★ dying oath *laatste wens; dure eed* ★ die in one's bed *natuurlijke dood sterven* ★ die in one's shoes *gewelddadige dood sterven* ★ die in the last ditch *zich tot het uiterste verzetten* • ∼ away/down *wegsterven; wegkwijnen; bedaren* • ∼ for *hevig verlangen naar* • ∼ off/out *uitsterven; wegsterven* • ∼ to *ongevoelig worden voor*
diehard ('daɪhɑ:d) I ZN • *aartsconservatief* • *doorzetter; diehard* II BNW *onverzettelijk* ‹v. persoon›
diesel ('di:z(ə)l) ZN *diesel*
diesel engine ZN *dieselmotor*
diesel oil ZN *dieselolie*
diet ('daɪət) I ZN • *dieet* • *menu* • *voedsel* II OV WW *op dieet stellen* III ONOV WW *op dieet leven*
dietary ('daɪətrɪ) BNW *dieet-*
dietetic (daɪə'tetɪk) BNW • *dieet-* • *diëtetisch*
dietetics (daɪə'tetɪks) ZN MV *diëtetiek; voedselleer*
dietician (daɪə'tɪʃən) ZN • *diëtist(e)* • *voedingsexpert*
differ ('dɪfə) ONOV WW *verschillen*
difference ('dɪfrəns) ZN *verschil* ★ it makes no ∼ *het maakt geen verschil; het maakt niet uit* ★ split the ∼ *het verschil delen* ★ ∼ of degree

gradueel verschil
different ('dɪfrənt) BNW • *ander(e)* • *verschillend* ★ ~ from/to *anders dan*
differential (dɪfə'renʃəl) I ZN • *differentiaal* • *loonklasseverschil* II BNW • *kenmerkend* • *differentieel* ★ ~ duties *differentiële rechten* ★ ~ calculus *differentiaalrekening*
differentiate (dɪfə'renʃɪeɪt) I OV WW • *onderscheiden; onderscheid maken; diferentiëren* • *doen verschillen* II ONOV WW • *z. onderscheiden* • *z. anders ontwikkelen*
differentiation (dɪfərənʃɪ'eɪʃən) ZN • *onderscheid* • *differentiatie*
difficult ('dɪfɪkəlt) BNW *moeilijk*
difficulties ('dɪfɪkltɪz) ZN MV • *moeilijkheden* • *bezwaren*
difficulty ('dɪfɪkəltɪ) ZN • *probleem; moeilijkheid* • *moeite*
diffidence ('dɪfɪdns) ZN *gebrek aan zelfvertrouwen*
diffident ('dɪfɪdnt) BNW *bedeesd; verlegen*
diffract (dɪ'frækt) OV+ONOV WW *buigen; breken* ⟨v. licht⟩
diffraction (dɪ'frækʃən) ZN *breking* ⟨v. licht⟩; *buiging*
diffuse[1] (dɪ'fju:s) BNW • *diffuus* • *verspreid; verstrooid* • *omslachtig*
diffuse[2] (dɪ'fju:z) I OV WW *verspreiden; uitstralen* II ONOV WW *z. verspreiden* ★ ~d light *diffuus licht*
diffuseness (dɪ'fju:snəs) ZN • *verstrooidheid* • *verspreidheid*
diffusion (dɪ'fju:ʒən) ZN • *verspreiding* • *uitstraling*
dig (dɪg) I ZN • *por, stoot* • *steek onder water* II OV WW • *uitgraven; opgraven* • PLAT/USA *iets/iem. leuk vinden; iets snappen; iets/iem. zien zitten* • *duwen; porren* ★ USA I can't dig that *dat gaat mij boven de pet* ★ PLAT/USA now, dig this! *nou moet je 't goed luisteren!* ★ dig potatoes *aardappelen rooien* ★ PLAT/USA I didn't dig it at all *ik vond het maar niks* ★ ~ in ★ dig in one's feet *z. schrap zetten* ★ dig in o.s. *zich ingraven; zijn positie versterken* ⟨figuurlijk⟩ • ~ up *ondergraven; ondermijnen* III ONOV WW • *ploeteren; blokken* • ~ in *zich ingraven; aanvallen* ⟨op eten⟩ • ~ into *graven in; onderspitten; boren/prikken/slaan in; diepgaand onderzoeken* • ~ out *opgraven; uitgraven; opbreken; oprakelen* IV OV+ONOV WW • *graven* • *(om)spitten* • ~ down *ondergraven; ondermijnen* • ~ for *graven naar* ⟨ook fig.⟩; *zoeken naar*
digest[1] ('daɪdʒest) ZN • *compendium* • *overzicht*
digest[2] (daɪ'dʒest) I OV WW • *verteren; slikken* ⟨figuurlijk⟩; *verkroppen; verwerken* • *in z. opnemen* • *rangschikken; ordenen* II ONOV WW • *voedsel opnemen* • *verteren*
digestibility (daɪdʒestə'bɪlətɪ) ZN • *verteerbaarheid* • *verwerkbaarheid*
digestible (daɪ'dʒestəbl) BNW • *verteerbaar* • *aanvaardbaar*
digestion (daɪ'dʒestʃən) ZN *spijsvertering* →digest[2]
digestive (daɪ'dʒestɪv) I ZN *spijsvertering bevorderend middel* II BNW *de spijsvertering*

bevorderend ★ ~ biscuits *volkorenkoekjes*
digger ('dɪgə) ZN *graafmachine*
digging(s) ('dɪgɪn(z)) ZN • *opgraving(sterrein)* • USA *plek waar men naar goud zoekt*
digit ('dɪdʒɪt) ZN • *vinger* • *teen* • *cijfer; geheel getal onder de tien* • *vingerbreedte*
digital ('dɪdʒɪtl) BNW *digitaal* ★ ~ watch *digitaal horloge*
digitalis (dɪdʒɪ'teɪlɪs) ZN • *vingerhoedskruid* • *digitalis; van vingerhoedskruid gemaakt medicijn tegen hartkwalen*
dignified ('dɪgnɪfaɪd) BNW *deftig; waardig*
dignify ('dɪgnɪfaɪ) OV WW • *waardigheid toekennen* • *vereren* • *opluisteren* • *adelen* ★ I won't ~ this remark with a reply ≈ *deze lage opmerking is geen antwoord waardig*
dignitary ('dɪgnɪtərɪ) ZN *kerkelijk waardigheidsbekleder*
dignity ('dɪgnətɪ) ZN • *waardigheid* • *deftigheid*
digress (daɪ'gres) ONOV WW • *afdwalen* • ~ on *uitweiden over*
digression (daɪ'greʃən) ZN *uitweiding*
digressive (daɪ'gresɪv) BNW *uitweidend*
digs (dɪgz) ZN MV PLAT *kamers; kast* ⟨figuurlijk⟩
dike (daɪk) ZN → dyke
dilapidate (dɪ'læpɪdeɪt) ONOV WW *vervallen; in verval raken*
dilapidation (dɪlæpɪ'deɪʃən) ZN • *verval* • *puin*
dilatation ZN →dilation
dilate (daɪ'leɪt) I OV WW *wijder maken* II ONOV WW • *wijder worden* • *uitweiden* • *(z.) uitzetten*
dilation (daɪ'leɪʃən) ZN • *verwijding* • *uitweiding*
dilatory ('dɪlətərɪ) BNW • *traag* • *vertragend*
dildo ('dɪldəʊ) ZN *dildo*
dilettantism (dɪlə'tæntɪzəm) ZN *dilettantisme*
diligence ('dɪlɪdʒəns) ZN • *toewijding; ijver* • *postkoets*
diligent ('dɪlɪdʒənt) BNW *ijverig*
dill (dɪl) ZN *dille*
dilly-dally (dɪlɪ'dælɪ) ONOV WW INFORM. *treuzelen; zeuren*
diluent ('dɪljʊənt) ZN *verdunnend middel* II BNW *verdunnend*
dilute (daɪ'lju:t) I BNW *waterig* II OV WW *met water verdunnen*
dilution (daɪ'lu:ʃən) ZN *verdunning* ★ ~ of labour *verzwakt arbeidspotentieel; vervanging van geschoolde arbeiders door ongeschoolden*
dim (dɪm) I BNW • *mat* • *donker; schemerig* • *flauw; vaag* II OV WW • *donker/mat/schemerig maken* • *ontluisteren; doen bedaren* ★ dim the lights *de lichten dimmen* III ONOV WW *beslaan*
dime (daɪm) ZN USA *dubbeltje* ⟨munt van 10 dollarcent⟩
dimension (daɪ'menʃən) ZN • *dimensie* • *afmeting* • *omvang*
dimensional (daɪ'menʃnl) BNW *dimensionaal* ★ three-~ *driedimensionaal; stereoscopisch* ⟨optiek⟩
diminish (dɪ'mɪnɪʃ) I OV WW *verminderen; verkleinen* II ONOV WW *verminderen; afnemen*
diminution (dɪmɪ'nju:ʃən) ZN • *verkleining* • *afname*
diminutive (dɪ'mɪnjʊtɪv) I ZN *verkleinwoord* II BNW • *verkleinend* • *miniatuur*
dim-out ZN *verduistering*

dimple ('dɪmpl) I ZN • kuiltje • rimpeltje II OV WW • rimpelen • kuiltje maken in ★ ~d met kuiltje of rimpeltje III ONOV WW • rimpelen • kuiltjes vertonen

dimwit ('dɪmwɪt) ZN INFORM. sufferd; onbenul

dimwitted (dɪm'wɪtɪd) BNW traag van begrip

din (dɪn) I ZN • lawaai • gekletter II OV WW • din s.th. into a p.('s ears) ergens op blijven hameren; iem. iets in het hoofd stampen III ONOV WW dreunen; weerklinken

dine (daɪn) I OV WW een (middag)maal verschaffen II ONOV WW • dineren ★ PLAT dine with Duke Humphrey het zonder middageten stellen ★ dining table eettafel • ~ in thuis dineren • ~ off/on zijn (middag)maal doen met • ~ out buitenshuis dineren

diner ('daɪnə) ZN • restauratiewagen • USA klein (weg)restaurant • eter

ding-dong ('dɪŋdɒŋ) I ZN INFORM. bimbam «(geluid van) klok of bel» II BNW • INFORM. a ~ fight een vinnig gevecht III ONOV WW INFORM. zaniken; iets uitentreuren herhalen

dinghy ('dɪŋɪ) ZN • jol • roeiboot • rubberboot

dinginess ('dɪndʒɪnəs) ZN smerigheid

dingle ('dɪŋɡl) ZN vallei

dingo ('dɪŋɡəʊ) ZN Australische wilde hond

dingy ('dɪndʒɪ) BNW smerig; vuil

dining-car ('daɪnɪŋkɑː) ZN restauratierijtuig

dining-room ('daɪnɪŋruːm) ZN eetkamer; eetzaal

dinky ('dɪŋkɪ) I ZN double income, no kids dinky «één van stel tweeverdieners zonder kinderen» II BNW • leuk; aardig • USA klein

dinner ('dɪnə) ZN diner; middagmaal ★ what's for ~? wat eten we vandaag? ★ have ~ dineren; het middagmaal gebruiken

dinner-jacket ('dɪnədʒækɪt) ZN smoking

dinner party ZN dineetje

dinner service ZN eetservies

dinner set ZN eetservies

dinner table ZN eettafel

dinosaur ('daɪnəsɔː) ZN dinosaurus

dint (dɪnt) I ZN deuk; indruk ★ by dint of hard work door hard werken II OV WW deuken

diocesan (daɪ'ɒsɪsən) I ZN • bisschop • diocesaan II BNW m.b.t. een bisdom

diocese ('daɪəsɪs) ZN bisdom

dioptre (daɪ'ɒptə) I ZN dioptrie II BNW optisch

dioptric (daɪ'ɒptrɪk) I ZN → **dioptric** II BNW → **dioptric**

dioptrics (daɪ'ɒptrɪks) ZN MV optiek

dioxide (daɪ'ɒksaɪd) ZN SCHEIK. dioxide

dip (dɪp) I ZN • het (onder)dompelen • bad • buiging • vetkaars • zakkenroller • zakkenrollerij • (dip)saus ★ lucky dip grabbelton II OV WW • onderdompelen; (in)dompelen • even neerlaten ‹v. vlag› • dimmen ‹v. koplampen› • soppen • middels dompelbad verven ★ dip snuff snuiven ‹v. tabak› ★ dip sheep schapen middels dompelbad v. parasieten ontdoen ★ dip candles kaarsen maken • ~ out of scheppen • ~ up opvissen III ONOV WW • (even) duiken ★ dip into a book een boek vluchtig inzien/doorkijken ★ dip into one's pocket in de zak tasten • ~ in toetasten • ~ into putten uit

diphtheria (dɪf'θɪərɪə) ZN difterie

diphthong ('dɪfθɒŋ) ZN tweeklank

diploma (dɪ'pləʊmə) ZN • diploma • oorkonde; document

diplomacy (dɪ'pləʊməsɪ) ZN diplomatie

diplomat ('dɪpləmæt) ZN diplomaat

diplomatic (dɪplə'mætɪk) BNW diplomatisch ★ ~ corps corps diplomatique ★ ~ immunity diplomatieke onschendbaarheid

diplomatist ZN OUD. diplomaat

dip-net ZN schepnet

dipper ('dɪpə) ZN • dompelaar • waterspreeuw • pollepel • wederdoper • USA klein zwembad ★ USA Big Dipper achtbaan; Grote Beer

dippy ('dɪpɪ) BNW getikt

dipsomania (dɪpsə'meɪnɪə) ZN drankzucht; alcoholisme

dipsomaniac (dɪpsə'meɪnɪæk) ZN alcoholist

dipstick ('dɪpstɪk) ZN peilstok

dip-switch ZN dimschakelaar ‹v. auto›

diptych ('dɪptɪk) ZN tweeluik

dire (daɪə) BNW gruwelijk ★ dire necessity droeve noodzaak

direct (daɪ'rekt) I BNW • rechtstreeks • zonder omwegen • oprecht ★ ~ grant school door de regering rechtstreeks gesubsidieerde school ★ ~ hit voltreffer ★ TAALK. ~ object lijdend voorwerp ★ ~ action directe actie ★ ~ current gelijkstroom ★ ~ access directe toegang II OV WW • regisseren • richten; adresseren ‹v. post› • aanwijzingen geven ★ ~ s.o. to the station iem. de weg wijzen naar het station III ONOV WW • regisseren • leiden

direction (daɪ'rekʃən) ZN • richting • bestuur • regie • adres; adressering ★ ~ indicators richtingaanwijzers ★ ~ post wegwijzer

directional (də'rekʃənl) BNW richtings- ★ ~ aerial richtantenne

directions (də'rekʃənz) ZN MV instructies; aanwijzingen

directive (də'rektɪv) I ZN richtlijn II BNW leidend

directly (daɪ'rektlɪ) BIJW • rechtstreeks • meteen; dadelijk

directness (də'rektnəs) ZN directheid; openhartigheid

director (daɪ'rektə) ZN • regisseur • commissaris ‹v. NV› • bestuurder • adviseur • directeur; hoofd ‹v. afdeling› ★ managing ~ directeur

directorate (daɪ'rektərət) ZN • directeurschap • raad v. commissarissen

directorial (daɪrek'tɔːrɪəl) BNW • leidinggevend; leidend • directeurs- • regie-

directorship (də'rektəʃɪp) ZN directeurschap

directory (daɪ'rektərɪ) I ZN • gids; adresboek • COMP. map; directory II BNW adviserend

Directory (də'rektərɪ) ZN directoraat ‹Franse Revolutie›

direful ('daɪəfʊl) BNW verschrikkelijk

dirge (dɜːdʒ) ZN klaagzang

dirigible ('dɪrɪdʒɪbl) I ZN bestuurbaar luchtschip II BNW bestuurbaar

dirk (dɜːk) ZN lange dolk; ponjaard

dirt (dɜːt) ZN • vuil • drek • modder; drab • grond; aarde • PLAT/USA cut dirt 'm smeren ★ INFORM. eat dirt kreperen; slikken ‹belediging› ★ treat s.o. like dirt iemand als oud vuil behandelen ★ dirt cheap spotgoedkoop ★ PLAT yellow dirt

het slijk der aarde ⟨goud⟩
dirt farmer ZN *zelfstandig werkende boer*
dirt road ZN *onverharde weg*
dirt track ZN SPORT *sintelbaan*
dirty (dɜːtɪ) I ZN ★ G-B do the ~ on s.o. *iemand een streek leveren* II BNW ● *vies; smerig* ● *vies* ⟨v. grap enz.⟩ ● *gemeen; laag-bij-de-gronds* ★ ~ look *afkeurende blik* ★ ~ trick *gemene streek* ★ ~ work *vuil werk; knoeierij* III OV WW *bevuilen* IV ONOV WW *smerig worden*
dis (dɪs) OV WW STRAATT *dissen* ⟨beledigen⟩
dis- (dɪs) VOORV *dis-; af-; on-; ont-* ★ disfavour *afkeuren; afkeer*
disability (dɪsəˈbɪlətɪ) ZN ● *onbekwaamheid* ● *belemmering; handicap* ● *invaliditeit* ★ ~ to work *arbeidsongeschiktheid*
disability insurance ZN *arbeidsongeschiktheidsverzekering*
disable (dɪsˈeɪbl) OV WW ● *onbekwaam maken; onbevoegd maken; onklaar maken* ● *buiten gevecht stellen* ● *diskwalificeren*
disabled (dɪsˈeɪbld) BNW *invalide; lichamelijk gehandicapt* ★ ~ person *mindervalide*
disabuse (dɪsəˈbjuːz) OV WW ● FORM. *uit de droom helpen* ★ ~ of *genezen van* ⟨waanidee⟩
disaccustom (dɪsəˈkʌstəm) OV WW *ontwennen*
disadvantage (dɪsədˈvɑːntɪdʒ) I ZN *nadeel* ★ at a ~ *in het nadeel* ★ take s.o. at a ~ *iem. overrompelen* ★ sell to ~ *met verlies verkopen* II OV WW *benadelen*
disadvantaged (dɪsədˈvɑːntɪdʒd) BNW *minder bevoorrecht*
disadvantageous (dɪsædvənˈteɪdʒəs) BNW *nadelig*
disaffected (dɪsəˈfektɪd) BNW ● *vervreemd* ● *afvallig* ● *ontevreden* ● *oproerig*
disaffection (dɪsəˈfekʃən) ZN ● POL. *afvalligheid* ● *ontrouw*
disaffiliate (dɪsəˈfɪlɪeɪt) ONOV WW *relaties verbreken* ★ ~ from an organisation *de relaties met een organisatie verbreken*
disaffirm (dɪsəˈfɜːm) OV WW ● *verwerpen* ● *herroepen*
disafforest (dɪsəˈfɒrɪst) OV WW → **deforest**
disagree (dɪsəˈɡriː) ONOV WW ● *het oneens zijn* ● *verschillen* ● *niet passen bij* ★ fish ~s with me *ik kan geen vis verdragen*
disagreeable (dɪsəˈɡriːəbl) BNW *onaangenaam*
disagreement (dɪsəˈɡriːmənt) ZN ● *meningsverschil* ● *verschil*
disallow (dɪsəˈlaʊ) OV WW *niet toestaan*
disappear (dɪsəˈpɪə) ONOV WW *verdwijnen*
disappearance (dɪsəˈpɪərəns) ZN *verdwijning*
disappoint (dɪsəˈpɔɪnt) OV WW ● *teleurstellen* ● *verijdelen; tenietdoen* ★ his expectations of success were ~ed *het succes dat hij verwachtte bleef uit* ★ agreeably ~ed *blij dat vrees ongegrond bleek*
disappointing (dɪsəˈpɔɪntɪŋ) BNW *teleurstellend; tegenvallend*
disappointingly (dɪsəˈpɔɪntɪŋlɪ) BIJW *teleurstellend* ★ ~, he didn't turn up *tot onze teleurstelling kwam hij niet opdagen*
disappointment (dɪsəˈpɔɪntmənt) ZN *teleurstelling*
disapprobation ZN → **disapproval**

disapproval (dɪsəˈpruːvəl) ZN *afkeuring*
disapprove (dɪsəˈpruːv) OV+ONOV WW ● *afkeuren; afwijzen* ● ~ of *afkeuren*
disapprovingly (dɪsəˈpruːvɪŋlɪ) BIJW *afkeurend*
disarm (dɪsˈɑːm) I OV WW *ontmantelen* II OV+ONOV WW *ontwapenen*
disarmament (dɪsˈɑːməmənt) ZN *ontwapening*
disarrange (dɪsəˈreɪndʒ) OV WW *in de war brengen*
disarrangement (dɪsəˈreɪndʒmənt) ZN *verwarring; wanorde*
disarray (dɪsəˈreɪ) I ZN *wanorde* II OV WW *in wanorde brengen*
disassociate (dɪsəˈsəʊʃɪeɪt) I OV WW ● *scheiden; afscheiden* ● *ontbinden* II ONOV WW *scheiden; uiteengaan*
disaster (dɪˈzɑːstə) ZN ● *ramp* ● *narigheid*
disastrous (dɪˈzɑːstrəs) BNW *rampzalig*
disavow (dɪsəˈvaʊ) OV WW ● *ontkennen; loochenen* ● *verwerpen*
disavowal (dɪsəˈvaʊəl) ZN ● *verloochening; ontkenning*
disband (dɪsˈbænd) I OV WW *ontbinden* II ONOV WW ● *z. ontbinden* ● *ontbonden worden*
disbandment (dɪsˈbændmənt) ZN *ontbinding*
disbelief (dɪsbɪˈliːf) ZN *ongeloof*
disbelieve (dɪsbɪˈliːv) OV+ONOV WW *niet geloven*
disbeliever (dɪsbɪˈliːvə) ZN *ongelovige*
disburden (dɪsˈbɜːdn) I OV WW ● *ontdoen* ● *uitstorten* II ONOV WW *z. ontdoen; ontlasten*
disburse (dɪsˈbɜːs) OV+ONOV WW ● *(uit)betalen* ● *uitgeven*
disbursement (dɪsˈbɜːsmənt) ZN *uitgave*
disc (dɪsk) ZN ● *discus* ● *schijf* ● *grammofoonplaat* ● *parkeerschijf* ● *rond bord* ● *schotelantenne* ★ slipped disc *hernia; discusprolaps* ★ disc brake *schijfrem*
discant (dɪˈskænt) ZN → **descant**
discard[1] (ˈdɪskɑːd) ZN ● *het afdanken* ● *afgedankte zaken* ● *bijgespeelde kaart(en)*
discard[2] (dɪsˈkɑːd) OV WW ● *opzij zetten* ● *verwerpen* ● *afdanken; afleggen* ● *ontslaan* ● *bijspelen* ⟨v. kaart⟩
discern (dɪˈsɜːn) OV WW ● *bespeuren; waarnemen* ● *onderscheiden*
discernible (dɪˈsɜːnəbl) BNW *waarneembaar*
discerning (dɪˈsɜːnɪŋ) BNW *scherpzinnig*
discernment (dɪˈsɜːnmənt) ZN ● *vermogen om te onderscheiden* ● *inzicht*
discharge[1] (ˈdɪstʃɑːdʒ) ZN ● *ontlading* ● *schot* ● *ontslag*
discharge[2] (dɪsˈtʃɑːdʒ) I OV WW ● *afschieten* ● *ontlasten; lossen* ● *betalen* ● *ontheffen; loslaten; ontslaan* ● *lozen* ● *etteren* ● *vervullen* ⟨v. plicht⟩ ● *kwijten* II ONOV WW ● *z. ontladen* ● *z. ontlasten; uitbarsten* ● *lossen*
discharger (dɪsˈtʃɑːdʒə) ZN *ontlaadtang; ontlader*
disciple (dɪˈsaɪpl) ZN *leerling; volgeling*
disciplinarian (dɪsɪplɪˈneərɪən) ZN *tuchtmeester*
disciplinary (ˈdɪsɪplɪnərɪ) BNW *disciplinair*
discipline (ˈdɪsɪplɪn) I ZN ● *afdeling* ● *discipline; zelfbeheersing* ● *tucht(iging); handhaving v. orde* ● *tak v. wetenschap; studierichting* II OV WW ● *onder discipline brengen* ● *tuchtigen*
disclaim (dɪsˈkleɪm) OV WW ● *niet erkennen; afwijzen* ● *afstand doen van*

disclaimer (dɪsˈkleɪmə) ZN *ontkenning; afwijzing;* JUR. *disclaimer*
disclose (dɪsˈkləʊz) OV WW *onthullen*
disclosure (dɪsˈkləʊʒə) ZN *onthulling; openbaring*
discolour (dɪsˈkʌlə) I OV WW *doen verkleuren* II ONOV WW *verkleuren; verschieten*
discomfit (dɪsˈkʌmfɪt) OV WW • *in verlegenheid brengen* • *storen; hinderen*
discomfiture (dɪsˈkʌmfɪtʃə) ZN *verwarring*
discomfort (dɪsˈkʌmfət) I ZN • *onbehaaglijkheid* • *ongemak* II OV WW • *onbehagen veroorzaken* • *hinderen*
discompose (dɪskəmˈpəʊz) OV WW • *(ver)storen* • *verontrusten*
discomposure (dɪskəmˈpəʊʒə) ZN • *wanorde* • *verwarring*
disconcert (dɪskənˈsɜːt) OV WW • *in de war sturen* • *ontstellen*
disconcerting (dɪskənˈsɜːtɪŋ) BNW *verontrustend*
disconnect (dɪskəˈnekt) OV WW • *verbinding verbreken* • *verband verbreken* • *uitschakelen* ★ ~ed *onsamenhangend*
disconsolate (dɪsˈkɒnsəlɪt) BNW • *troosteloos* • *ontroostbaar*
discontent (dɪskənˈtent) I ZN *ontevredenheid* II OV WW • *mishagen* • *teleurstellen*
discontented (dɪskənˈtentɪd) BNW *ontevreden*
discontentment (dɪskənˈtentmənt) ZN *ontevredenheid*
discontiguous (dɪskənˈtɪgjʊəs) BNW *niet aansluitend*
discontinuance (dɪskənˈtɪnjuːəns) ZN *beëindiging*
discontinue (dɪskənˈtɪnjuː) I OV WW • *opzeggen* • *opheffen* • *niet voortzetten* II ONOV WW *ophouden*
discontinuity (dɪskɒntɪˈnjuːətɪ) ZN • *onderbreking* • *discontinuïteit*
discontinuous (dɪskənˈtɪnjʊəs) BNW *onderbroken; niet doorgaand*
discord (ˈdɪskɔːd) I ZN • *tweedracht* • *wanklank* II ONOV WW • *van mening verschillen* • *afwijken*
discordance ZN → **discord**
discordant (dɪsˈkɔːdnt) BNW • *strijdig* • *wanklanken producerend*
discotheque (ˈdɪskətek) ZN *discotheek; disco*
discount[1] (ˈdɪskaʊnt) ZN • *disconto* • *korting* • *rabat* • *disagio* ★ ~ *house discountzaak* ★ at a ~ *voor een lagere prijs; beneden pari; niet in tel* ★ ~ *broker wisselmakelaar*
discount[2] (dɪsˈkaʊnt) OV WW • *(ver)disconteren* • *korten* • *buiten beschouwing laten* • *weinig geloof/belang hechten aan* • *het effect (enigszins) bederven* • *vooruitlopen op* ★ ~ed *cash flow berekende kapitaalwaarde; berekende contante waarde*
discountable (dɪsˈkaʊntəbl) BNW • *verdisconteerbaar* • *te verwaarlozen*
discountenance (dɪˈskaʊntɪnəns) OV WW • *niet steunen* • *ontmoedigen* • *verlegen maken*
discourage (dɪˈskʌrɪdʒ) OV WW • *ontmoedigen* • *er van afhouden; afschrikken*
discouragement (dɪˈskʌrɪdʒmənt) ZN *moedeloosheid*
discourse[1] (ˈdɪskɔːs) ZN • *verhandeling* • *rede* • *preek*
discourse[2] (dɪsˈkɔːs) ONOV WW *converseren*

discourteous (dɪsˈkɜːtɪəs) BNW *onhoffelijk*
discourtesy (dɪsˈkɜːtəsɪ) ZN *onbeleefdheid*
discover (dɪsˈkʌvə) OV WW *ontdekken*
discoverer (dɪˈskʌvərə) ZN *ontdekker; uitvinder*
discovery (dɪˈskʌvərɪ) ZN *ontdekking* ★ USA Discovery Day *Columbusdag (12 okt)*
discredit (dɪsˈkredɪt) I ZN • *schande; diskrediet* • *opspraak* II OV WW • *niet geloven* • *in diskrediet brengen*
discreditable (dɪsˈkredɪtəbl) BNW *schandelijk*
discreet (dɪˈskriːt) BNW • *wijs; met tact* • *discreet; kies; wetende te zwijgen* • *stemmig*
discrepancy (dɪsˈkrepənsɪ) ZN *discrepantie*
discrete (dɪˈskriːt) BNW • *afzonderlijk* • *zonder samenhang*
discretion (dɪˈskreʃən) ZN • *discretie* • *geheimhouding* • *wijsheid; beleid; tact; voorzichtigheid* ★ use one's own ~ *naar eigen goedvinden handelen* ★ it is at your own ~ *het wordt aan uw inzicht overgelaten* ★ surrender at ~ *zich op genade of ongenade overgeven*
discretional (dɪˈskreʃənl) BNW • *overgelaten aan iem.s oordeel* • *willekeurig*
discretionary BNW → **discretional**
discriminate (dɪˈskrɪmɪneɪt) I OV WW • *onderscheiden; herkennen* • *discrimineren* II ONOV WW • *onderscheid in acht nemen* • ~ against *onderscheid maken (ten nadele van); discrimineren*
discriminating (dɪˈskrɪmɪneɪtɪŋ) BNW *scherpzinnig* ★ ~ *duties/rates differentiële rechten*
discrimination (dɪskrɪmɪˈneɪʃən) ZN • *onderscheidingsvermogen* • *inzicht; doorzicht* • *discriminatie*
discriminatory (dɪˈskrɪmɪnətrɪ) BNW • *discriminerend* • *scherpzinnig*
discursive (dɪˈskɜːsɪv) BNW • *logisch* • *uitweidend*
discus (ˈdɪskəs) ZN *discus*
discuss (dɪˈskʌs) OV WW *bespreken*
discussion (dɪˈskʌʃən) ZN *discussie*
disdain (dɪsˈdeɪn) I ZN *minachting* II OV WW *verachten*
disdainful (dɪsˈdeɪnfʊl) BNW *minachtend; hooghartig*
disease (dɪˈziːz) ZN *ziekte; kwaal* ★ Parkinson's ~ *ziekte van Parkinson*
diseased (dɪˈziːzd) BNW • *ziek(elijk)* • *verziekt* ★ ~ *mind/tree verziekte geest/boom*
disembark (dɪsɪmˈbɑːk) I OV WW *ontschepen* II ONOV WW *z. ontschepen*
disembarkation (dɪsembɑːˈkeɪʃən) ZN *ontscheping*
disembarrass (dɪsɪmˈbærəs) OV WW • *bevrijden* ‹v. lastig of overbodig iets› • *ontwarren*
disembarrassment (dɪsɪmˈbærəsmənt) ZN *bevrijding* ‹v. lastig of overbodig iets›
disembodiment (dɪsɪmˈbɒdɪmənt) ZN *bevrijding van het lichaam*
disembody (dɪsɪmˈbɒdɪ) OV WW *van lichaam of materie ontdoen*
disembowel (dɪsɪmˈbaʊəl) OV WW • *ontweien; de ingewanden halen uit* • *openrijten*
disembroil (dɪsɪmˈbrɔɪl) OV WW *ontwarren*
disenchant (dɪsɪnˈtʃɑːnt) OV WW *ontgoochelen*
disenchantment (dɪsɪnˈtʃɑːntmənt) ZN *desillusie*

• het verbreken v.e. betovering
disencumber (dısın'kʌmbə) ov ww *vrijmaken*
disendow (dısın'dau) ov ww *(kerkelijke) goederen afnemen*
disenfranchise (dısın'fræntʃaız) ov ww *het kiesrecht/de burgerrechten ontnemen*
disengage (dısın'geıdʒ) I ov ww *vrijmaken; bevrijden* II onov ww z. *vrijmaken* ★ ~d *vrij; onbezet*
disengagement (dısın'geıdʒmənt) zn • scheik. *vrijkoming* • *ongedwongenheid* • *verbreking v. verloving* • *bevrijding*
disentail (dısın'teıl) ov ww *opheffen of beëindigen van een fideï-commis*
disentangle (dısın'tæŋgl) I ov ww *ontwarren; bevrijden* II onov ww z. *ontwarren*
disentanglement (dısın'tæŋglmənt) zn *ontwarring*
disentomb (dısın'tu:m) ov ww • *opgraven* ‹uit een graf› • *aan 't licht brengen*
disestablish (dısı'stæblıʃ) ov ww *ontbinden* ★ ~ the Church *de Kerk van de Staat scheiden*
disfavour (dıs'feıvə) I zn • *ongenade* • *afkeer; tegenzin* II ov ww • *ongunstig gezind zijn* • *afkeuren*
disfeature ov ww → **disfigure**
disfigure (dıs'fıgə) ov ww • *lelijk maken; ontsieren* • *misvormen*
disfigurement (dıs'fıgəmənt) zn *misvorming; wanstaltigheid*
disforest (dıs'fɒrıst) ov ww *ontbossen*
disfranchise (dıs'fræntʃaız) ov ww *vervallen verklaren van burgerrechten*
disfranchisement (dıs'fræntʃızmənt) zn *ontzetting uit een recht*
disfrock (dıs'frɒk) ov ww *uit de orde stoten*
disgorge (dıs'gɔ:dʒ) I ov ww • *overgeven* • *teruggeven* • *uitbraken; uitstorten* II onov ww z. *uitstorten*
disgrace (dıs'greıs) I zn • *ongenade* • *schande* II ov ww • *in ongenade doen vallen* • *degraderen* • *te schande maken* • *ontsieren* ★ ~ o.s. *zich schandelijk gedragen*
disgraceful (dıs'greısful) bnw *schandelijk*
disgruntled (dıs'grʌntld) bnw *knorrig; ontevreden*
disguise (dıs'gaız) I zn *vermomming* II ov ww *vermommen; onherkenbaar maken* ★ ~d voice *verdraaide stem* ★ ~ one's feelings *zijn gevoelens verbergen*
disgust (dıs'gʌst) I zn *afschuw* II ov ww *doen walgen*
disgusted (dıs'gʌstıd) bnw *walgend; vol afkeer*
disgusting (dıs'gʌstıŋ) bnw *weerzinwekkend*
dish (dıʃ) I zn • *schaal; schotel* • *schotelantenne* • *gerecht; maaltijd* • plat *lekker ding* ‹aantrekkelijk persoon› ★ standing dish *vast onderdeel* ‹v.e. maaltijd› ★ dishes [mv] *afwas* ★ do the dishes *de afwas doen* II ov ww • *opdienen* • *te slim af zijn; vloeren* • ~ out *opscheppen; uitdelen* • ~ up *opdienen*
disharmony (dıs'hɑ:mənı) zn *disharmonie*
dishcloth ('dıʃklɒθ) zn *vaatdoek*
dishearten (dıs'hɑ:tn) ov ww *ontmoedigen*
dished (dıʃt) bnw • plat *scheef* • plat *naar de maan*

dishevel (dı'ʃevəl) ov ww *in de war brengen* ★ ~led *slordig; haveloos*
dishevelled ('dı'ʃevld), usa **disheveled** bnw [volt. deelw.] → **dishevel** *slonzig; onverzorgd*
dishonest (dıs'ɒnıst) bnw *oneerlijk*
dishonesty (dıs'ɒnıstı) zn *oneerlijkheid*
dishonour (dıs'ɒnə) zn *oneer; schande* II ov ww *onteren*
dishonourable (dıs'ɒnərəbl) bnw *schandelijk*
dishouse (dıs'hauz) ov ww *dakloos maken*
dishtowel ('dıʃtauəl) zn *thee-/droogdoek*
dishwasher ('dıʃwɒʃə) zn *vaatwasmachine*
dishwater ('dıʃwɔ:tə) zn • *afwaswater* • fig. *slootwater*
dishy ('dıʃı) bnw plat *zeer aantrekkelijk* ‹v. persoon›
disillusion (dısı'lu:ʒən) I zn *ontgoocheling* II ov ww *ontgoochelen*
disillusionment (dısı'lu:ʒənmənt) zn *ontgoocheling*
disinclination (dısınklı'neıʃən) zn *tegenzin*
disincline (dısın'klaın) ov ww *afkerig maken*
disinclined (dısın'klaınd) bnw *afkerig*
disincorporate (dısın'kɔ:pəreıt) ov ww *ontbinden*
disinfect (dısın'fekt) ov ww *ontsmetten*
disinfectant (dısın'fektnt) I zn *ontsmettend middel* II bnw *ontsmettend*
disinfection (dısın'fekʃən) zn *ontsmetting*
disinfest (dısın'fest) ov ww • *van ongedierte zuiveren* • *ontluizen*
disingenuous (dısın'dʒenjuəs) bnw *onoprecht*
disinherit (dısın'herıt) ov ww *onterven*
disinheritance (dısın'herıtəns) zn *onterving*
disintegrate (dıs'ıntıgreıt) I ov ww *doen ontbinden; doen uiteenvallen* II onov ww *uiteenvallen; ontbinden*
disintegration (dısıntı'greıʃən) zn *ontbinding; desintegratie*
disinter (dısın'tɜ:) ov ww • *opgraven* • iron. *(weer) aan het licht brengen; (weer) oprakelen*
disinterest (dıs'ıntrəst) zn • *belangeloosheid* • *ongeïnteresseerdheid*
disinterested (dıs'ıntrəstıd) bnw • *belangeloos* • *onbevooroordeeld* • *ongeïnteresseerd*
disinterment (dısın'tɜ:mənt) zn • *opgraving* • *herontdekking*
disinvest (dısın'vest) onov ww *investeringen terugtrekken*
disjoint (dıs'dʒɔınt) ov ww *ontwrichten; uit elkaar nemen*
disjointed (dıs'dʒɔıntıd) bnw *onsamenhangend*
disjunction (dıs'dʒʌŋkʃən) zn *scheiding*
disk (dısk) zn usa → **disc** comp. *disk*
dislike (dıs'laık) I zn *afkeer* ★ take a ~ to *een hekel krijgen aan* II ov ww *een hekel hebben aan; niet mogen*
dislocate ('dısləkeıt) ov ww • *ontwrichten* • *verplaatsen*
dislocation (dıslə'keıʃən) zn • *dislokatie* • *ontwrichting*
dislodge (dıs'lɒdʒ) I ov ww • *loswrikken* • *opjagen; (ver)drijven* II onov ww z. *losmaken*
disloyal (dıs'lɔıəl) bnw *trouweloos*
disloyalty (dıs'lɔıəltı) zn • *trouweloze daad* • *trouweloosheid*
dismal ('dızml) bnw *akelig; naar; triest*

dismals ('dızməlz) ZN MV★ the ~ *neerslachtigheid*
dismantle (dıs'mæntl) OV WW • *ontmantelen; aftakelen • ontwapenen* ★ ~ *of ontdoen van*
dismay (dıs'meı) I ZN *ontzetting; verslagenheid* II OV WW *totaal ontmoedigen; ontstellen*
dismayed (dıs'meıd) BNW *onthutst*
dismember (dıs'membə) OV WW • *aan stukken hakken • scheuren • versnipperen*
dismiss (dıs'mıs) OV WW • *wegzenden • ontslaan • van z. afzetten • niet ontvankelijk verklaren* ★ ~ ! *inrukken!* ★ ~ *a subject van een onderwerp afstappen*
dismissal (dıs'mısəl) ZN • *verwerping • ontslag • wegzending • verklaring van onontvankelijkheid*
dismount (dıs'maʊnt) I OV WW • *doen afstijgen • demonteren • uit zadel lichten* II ONOV WW *afstijgen; afstappen*
disobedience (dısə'bi:dıəns) ZN *ongehoorzaamheid*
disobedient (dısə'bi:dıənt) BNW *ongehoorzaam*
disobey (dısə'beı) OV+ONOV WW *ongehoorzaam zijn*
disoblige (dısə'blaıdʒ) OV WW • *weigeren v. dienst te zijn • onheus bejegenen*
disorder (dıs'ɔ:də) I ZN • *oproer • wanorde • ongesteldheid; kwaal • ontregeling* II OV WW • *in de war brengen • van streek maken*
disorderly (dıs'ɔ:dəlı) BNW • *wanordelijk • aanstootgevend • oproerig • bandeloos*
disorders (dıs'ɔ:dəz) ZN MV *ongeregeldheden*
disorganization (dısɔ:gənaı'zeıʃən) ZN • *verstoring van de orde • wanorde*
disorganize (dıs'ɔ:gənaız) OV WW • *ontwrichten • ontredderen*
disorientate (dıs'ɔ:rıənteıt) OV WW *het gevoel voor richting ontnemen; stuurloos maken*
disown (dıs'əʊn) OV WW • *(ver)loochenen • verwerpen • ontkennen • niet erkennen*
disparage (dı'spærıdʒ) OV WW • *kleineren • afgeven op*
disparaging (dı'spærıdʒıŋ) BNW *geringschattend; kleinerend*
disparate ('dıspərət) BNW • *wezenlijk verschillend • onvergelijkbaar*
disparity (dı'spærətı) ZN *(essentieel) verschil*
dispassionate (dı'spæʃənət) BNW • *onpartijdig • bedaard; koel*
dispatch (dı'spætʃ) I ZN • *bericht* ⟨m.b.t. krijgsverrichtingen⟩ • *nota • spoed • sterfgeval* ★ ~ *goods ijlgoederen* ★ *happy* ~ *harakiri* II OV WW • *uit de weg ruimen • goed en snel afdoen • vlug opeten • (met spoed) verzenden*
dispatch-bag ZN *aktetas*
dispatch-box (dı'spætʃbɒks) ZN *aktemap*
dispatch-case ZN *aktetas*
dispatcher (dı'spætʃə) ZN *afzender; verzender*
dispatch-rider (dı'spætʃraıdə) ZN *motorordonnans; koerier*
dispel (dı'spel) OV WW *verdrijven*
dispensable (dı'spensəbl) BNW • *waarin vrijgesteld kan worden • niet noodzakelijk*
dispensary (dı'spensərı) ZN *(fonds-/huis)apotheek; eerste hulppost*
dispensation (dıspen'seıʃən) ZN • *dispensatie • distributie • (Gods)beschikking*

dispense (dı'spens) ONOV WW • *uitdelen • toedienen • klaarmaken* ⟨v. recept⟩ ★ ~ *s.o. from an obligation iemand van een plicht ontslaan* • ~ *from vrijstellen van* • ~ *with het (kunnen) stellen zonder; niet eisen; overbodig maken*
dispenser (dı'spensə) ZN • *apotheker • automaat • doseerbuisje; houder*
dispeople (dıs'pi:pl) OV WW *ontvolken*
dispersal (dı'spɜ:səl) ZN★ the ~ *of the crowd het uiteendrijven van de menigte* ★ ~ *of effort versnippering v. energie*
disperse (dı'spɜ:s) I OV WW • *verspreiden • uiteen doen gaan • verjagen* II ONOV WW • *z. verspreiden • uiteen gaan*
dispersion (dı'spɜ:ʃən) ZN • *verspreiding • het uiteenjagen* ★ *the Dispersion (of the Jews) diaspora* ⟨v.d. joden⟩
dispirit (dı'spırıt) OV WW • *ontkrachten • ontmoedigen*
dispirited (dı'spırıtıd) BNW *moedeloos*
displace (dıs'pleıs) OV WW • *verplaatsen • verdringen • afzetten • vervangen* ★ ~ d *persons ontheemden*
displacement (dıs'pleısmənt) ZN • *verplaatsing • vervanging* ★ ~ *ton ton waterverplaatsing* ⟨v. schip⟩
display (dı'spleı) I ZN • *beeldtoestel • beeldscherm • uitstalling • visueel hulpmiddel • toonstuk • beeld • on* ~ *te zien* ★ ~ *piece toonstuk* ★ ~ *value uitstallingswaarde* II OV WW • *(ver)tonen • ontplooien • aan de dag leggen*
displease (dıs'pli:z) OV WW *mishagen*
displeased (dıs'pli:zd) BNW *ontevreden*
displeasing (dıs'pli:zıŋ) BNW *onaangenaam*
displeasure (dıs'pleʒə) ZN OUD. *misnoegen*
disport (dı'spɔ:t) OV WW *vermaken* ★ ~ *o.s. zich vermaken*
disposable (dı'spəʊzəbl) I ZN *wegwerpartikel* II BNW • *beschikbaar • wegwerp-* ★ ~ *income besteedbaar/netto inkomen*
disposal (dı'spəʊzəl) ZN *regeling; stemming* ★ *at your* ~ *te uwer beschikking*
dispose (dı'spəʊz) I OV WW • *regelen • rangschikken; plaatsen • stemmen* ★ *be* ~ d *for a walk (wel) zin hebben in een wandeling* II ONOV WW • *beschikken* ★ ~ *of by will vermaken bij testament* • ~ *of verkopen; beschikken over; afdoen (met); teniet doen* ★ ~ *of a problem een moeilijkheid uit de weg ruimen* • ~ *of someone iemand uit de weg ruimen; iemand doden* ★ ~ *of a daughter een dochter uithuwelijken* • ~ *of s.th. iets van de hand doen; iets weg doen*
disposition (dıspə'zıʃən) ZN • *voorbereiding; maatregel • neiging; aard; gezindheid* ★ *the* ~ *of the furniture de opstelling van de meubels* ★ *at your* ~ *te uwer beschikking*
dispossess (dıspə'zes) OV WW • *afnemen • onterven • onteigenen •* USA *dakloos maken*
disproof (dıs'pru:f) ZN *weerlegging*
disproportion (dısprə'pɔ:ʃən) I ZN • *wanverhouding • onevenredigheid* II OV WW *onevenredig maken*
disproportionate (dısprə'pɔ:ʃənət) BNW *onevenredig; disproportioneel*

disprovable (dɪs'pru:vəbl) BNW *weerlegbaar; te weerleggen*
disprove (dɪs'pru:v) OV WW *weerleggen*
disputable (dɪ'spju:təbl) BNW *betwistbaar*
disputant (dɪ'spju:tnt) I ZN *redetwister; partij* ⟨in dispuut⟩ II BNW *twistend*
disputation (dɪspju:'teɪʃən) ZN *disputit; twistgesprek; discussie • het disputeren*
disputatious (dɪspju:'teɪʃəs) BNW *twistziek*
disputative (dɪ'spju:tətɪv) BNW *twistziek*
dispute (dɪ'spju:t) I ZN *geschil* ★ a ~ about/over/ with *een geschil over/om/met* ★ the matter in ~ *het geschilpunt; de kwestie* ★ beyond/past/ without ~ *buiten kijf* II OV WW *betwisten* III ONOV WW *redetwisten*
disqualification (dɪskwɒlɪfɪ'keɪʃən) ZN • *belemmering • diskwalificatie*
disqualify (dɪs'kwɒlɪfaɪ) OV WW • *uitsluiten • diskwalificeren • onbevoegd verklaren*
disquiet (dɪs'kwaɪət) I ZN • *ongerustheid • onrust* II BNW *onrustig* III OV WW *onrustig maken*
disquietude (dɪs'kwaɪətju:d) ZN • *onrust • bezorgdheid*
disquisition (dɪskwɪ'zɪʃən) ZN *relaas; uiteenzetting; verhandeling*
disrate (dɪs'reɪt) OV WW *degraderen*
disregard (dɪsrɪ'gɑ:d) I ZN • *veronachtzaming; verwaarlozing* II OV WW • *veronachtzamen; verwaarlozen*
disregulate (dɪs'regjʊleɪt) OV WW *ontregelen*
disrelish (dɪs'relɪʃ) I ZN • *afkeer • onbehagen* II OV WW • *afkeer hebben van • niet houden van*
disrepair (dɪsrɪ'peə) ZN *vervallen staat*
disreputable (dɪs'repjʊtəbl) BNW • *berucht; schandelijk • onfatsoenlijk*
disrepute (dɪsrɪ'pju:t) ZN *diskrediet* ★ bring into ~ *in opspraak brengen* ★ fall into ~ *in diskrediet raken*
disrespect (dɪsrɪ'spekt) ZN *gebrek aan eerbied*
disrespectful (dɪsrɪ'spektfʊl) BNW *oneerbiedig; onbeschaamd*
disrobe (dɪs'rəʊb) I OV WW • *van het ambtsgewaad ontdoen • ontkleden* II ONOV WW • *z. ontkleden • het ambtsgewaad afleggen*
disroot (dɪs'ru:t) OV WW *ontwortelen*
disrupt (dɪs'rʌpt) OV WW • *ontwrichten • breuk of scheuring bewerken*
disruption (dɪs'rʌpʃən) ZN • *ontwrichting • scheuring*
disruptive (dɪs'rʌptɪv) BNW *ontwrichtend*
diss OV WW → **dis**
dissatisfaction (dɪssætɪs'fækʃən) ZN *ontevredenheid*
dissatisfy (dɪs'sætɪsfaɪ) OV WW • *niet tevreden stellen • niet voldoen • teleurstellen*
dissect (dɪ'sekt) OV WW *ontleden* ★ ~ a book/ theory *een boek/theorie grondig onderzoeken/ analyseren*
dissecting-room ZN *snijkamer*
dissection (dɪ'sekʃən) ZN • *ontleding • sectie*
dissector (dɪ'sektə) ZN *anatoom*
dissemble (dɪ'sembl) I OV WW • *verhullen • veinzen • verbergen* II ONOV WW *huichelen*
dissembler (dɪ'semblə) ZN • *veinzer • huichelaar*
disseminate (dɪ'semɪneɪt) OV WW *(uit)zaaien* ⟨figuurlijk⟩; *verspreiden*
dissemination (dɪsemɪ'neɪʃən) ZN • *verspreiding • uitzaaiing*
dissension (dɪ'senʃən) ZN *onenigheid*
dissent (dɪ'sent) I ZN • *verschil v. inzicht • afscheiding* II ONOV WW • *verschillen v. mening • z. afscheiden v.d. staatskerk* ★ ~ing minister *afgescheiden dominee*
dissenter (dɪ'sentə) ZN *andersdenkende*
dissentient (dɪ'senʃənt) I ZN *andersgezinde; andersdenkende* II BNW *andersgezind; andersdenkend*
dissertation (dɪsə'teɪʃən) ZN *verhandeling*
disservice (dɪs'sɜ:vɪs) ZN *slechte dienst*
dissever (dɪ'sevə) OV WW *scheiden; verdelen*
dissidence ('dɪsɪdns) ZN *onenigheid*
dissident ('dɪsɪdnt) I ZN • *andersdenkende • afvallige* II BNW • *andersdenkend • onenig • een andere mening toegedaan*
dissimilar (dɪ'sɪmɪlə) BNW *ongelijk*
dissimilarity (dɪsɪmɪ'lærəti) ZN • *verschil • ongelijkheid*
dissimilitude ZN → **dissimilarity**
dissimulate (dɪ'sɪmjʊleɪt) OV+ONOV WW • *huichelen • verbergen*
dissimulation (dɪsɪmjʊ'leɪʃən) ZN *huichelarij*
dissipate ('dɪsɪpeɪt) I OV WW • *verdrijven • doen verdwijnen • verspillen; verkwisten* II ONOV WW *verdwijnen*
dissipated ('dɪsɪpeɪtɪd) BNW *liederlijk*
dissipation (dɪsɪ'peɪʃən) ZN *losbandigheid*
dissociate (dɪ'səʊʃɪeɪt) OV WW ★ ~ o.s. from *zich distantiëren van iets* ★ ~ from *los maken/zien van*
dissolubility (dɪsɒljʊ'bɪləti) ZN *oplosbaarheid*
dissoluble (dɪ'sɒljʊbl) BNW • *oplosbaar • ontbindbaar*
dissolute ('dɪsəlu:t) BNW *losbandig*
dissolution (dɪsə'lu:ʃən) ZN • *ontbinding • dood*
dissolvable (dɪ'zɒlvəbl) BNW *oplosbaar*
dissolve (dɪ'zɒlv) I ZN *in elkaar overgaande filmbeelden* II OV WW • *oplossen • ontbinden; opheffen* ★ ~ a problem *een probleem laten verdwijnen* ★ ~ into tears *in huilen uitbarsten* ★ dissolving views *in elkaar overgaande lichtbeelden* III ONOV WW • *z. oplossen • z. ontbinden*
dissolvent (dɪ'zɒlvənt) I ZN *oplossend middel* II BNW *oplossend*
dissonance ('dɪsənəns) ZN • *wanklank • onenigheid*
dissonant ('dɪsənənt) BNW • *schel; niet samenklinkend • niet overeenstemmend*
dissuade (dɪ'sweɪd) OV WW • *afraden* ★ ~ from *afbrengen van; weerhouden van*
dissuasion (dɪ'sweɪʒən) ZN *ontrading*
dissuasive (dɪ'sweɪsɪv) BNW *ontradend*
distaff ('dɪstɑ:f) ZN • *spinrok • vrouwenwerk* ★ ~ side of the family *vrouwelijke linie*
distance ('dɪstns) I ZN • *verte • afstand* ★ at a ~ *op afstand* ★ from a ~ *van een afstand* ★ at this ~ *of/in time zo lang daarna* ★ go the ~ *de hele wedstrijd uitspelen/-vechten; het tot het einde volhouden* ★ keep one's ~ *afstand bewaren* II OV WW • *ver achter z. laten • op afstand plaatsen* ★ ~ o.s. from *afstand nemen van*
distant ('dɪstnt) BNW • *ver (weg) • op een afstand*

- *afstandelijk* • *zwak*; *gering*
distaste (dɪsˈteɪst) ZN • *afkeer* • *tegenzin*
distasteful (dɪsˈteɪstfʊl) BNW • *onaangenaam* • *onsmakelijk*
distemper (dɪˈstempə) ZN • *kwaal*; *ziekte* • *dierenziekte* • *tempera* • *muurverf*
distempered (dɪsˈtempəd) BNW *bedekt met muurverf*
distend (dɪˈstend) I OV WW *doen opzwellen* II ONOV WW *opzwellen*
distension (dɪˈstenʃən) ZN *zwelling*
distil (dɪˈstɪl) I OV WW • *distilleren* • *concentreren* • *zuiveren* II ONOV WW *sijpelen*; *druppelen*
distillation (dɪstɪˈleɪʃən) ZN *distillatie*
distiller (dɪˈstɪlə) ZN • *distillateur* • *distilleertoestel*
distillery (dɪˈstɪləri) ZN *distilleerderij*; *stokerij*
distinct (dɪˈstɪŋkt) BNW • *duidelijk* • *apart* • *onderscheiden* • *as* ~ *from in tegenstelling tot* ★ *be* ~ *from niet hetzelfde zijn*
distinction (dɪˈstɪŋkʃən) ZN • *onderscheid(ing)* • *aanzien*; *voornaamheid* • *apartheid* ★ *a writer of* ~ *een vooraanstaand schrijver*
distinctive (dɪˈstɪŋktɪv) I ZN *kenteken* II BNW • *onderscheidend* • *kenmerkend*
distinguish (dɪˈstɪŋgwɪʃ) I OV WW • *onderscheiden* • *be* ~ed *by zich onderscheiden door* • ~ *from onderscheiden van* II ONOV WW • *onderscheid maken* • ~ *among/between onderscheid maken tussen* III WKD WW • *zich onderscheiden* • ~ *by onderscheiden door*
distinguishable (dɪˈstɪŋgwɪʃəbl) BNW • *goed te onderscheiden* • *duidelijk waarneembaar* • *te onderscheiden*
distinguished (dɪˈstɪŋgwɪʃt) BNW • *voortreffelijk* • *voornaam*; *gedistingeerd*
distort (dɪˈstɔ:t) OV WW • *vertrekken* (v. gezicht) • *vervormen*; *verwringen* • *verdraaien* • ~ed *face verwrongen gezicht* ★ ~ing *mirror lachspiegel*
distortion (dɪˈstɔ:ʃən) ZN *vervorming*
distract (dɪˈstrækt) OV WW • *afleiden* • *verwarren*; *verbijsteren*
distracted (dɪˈstræktɪd) BNW • *afgeleid* • *verward* • *radeloos*; *gek*
distraction (dɪˈstrækʃən) ZN • *afleiding* • *ontspanning* • *waanzin* • *verwarring* • *to* ~ *tot in 't absurde*
distrain (dɪˈstreɪn) OV WW ~ *on beslag leggen op*
distraint (dɪˈstreɪnt) ZN *beslag(legging)*
distraught (dɪˈstrɔ:t) BNW *uitzinnig*; *radeloos* ★ ~ *with grief radeloos van verdriet*
distress (dɪˈstres) I ZN • *leed* • *pijn* • *angst* • *nood*; *ellende* • *uitputting* • JUR. *beslaglegging* ★ ~ *sale executoriale verkoop* II OV WW • *benauwen* • *smart veroorzaken aan*
distressed (dɪˈstrest) BNW ★ ~ *area noodlijdend gebied*; *gebied waar veel werkloosheid is*
distressful (dɪˈstresfʊl) BNW *pijn/angst veroorzakend*
distressing (dɪˈstresɪŋ) BNW • *pijn/angst veroorzakend* • *verontrustend*
distress-signal ZN *noodsignaal*
distribute (dɪˈstrɪbju:t) OV WW • *rangschikken* • *uitdelen*; *verdelen*; *distribueren* • *verspreiden*
distribution (dɪstrɪˈbju:ʃən) ZN *distributie*; *verspreiding*

139 distaste – diversity

distributive (dɪˈstrɪbjʊtɪv) BNW ★ ~ *trade handel met wederverkopers*
distributor (dɪˈstrɪbjʊtə) ZN • *groothandelaar* • TECHN. *verdeler*
district (ˈdɪstrɪkt) I ZN • *district*; *streek*; *gebied* • *wijk* ★ ~ *nurse wijkverpleegster* ★ USA ~ *attorney officier v. justitie* ⟨bij arrondissementsrechtbank⟩ II OV WW *in districten verdelen*
distrust (dɪsˈtrʌst) I ZN *wantrouwen* II OV WW *wantrouwen*
distrustful (dɪsˈtrʌstfʊl) BNW *wantrouwig*
disturb (dɪˈstɜ:b) OV WW • *(ver)storen* • *in beroering brengen* ★ a ~ed *mind een gestoorde geest* ★ ~ed *zichzelf niet meer*; *uit het lood geslagen*
disturbance (dɪˈstɜ:bəns) ZN *verstoring*
disunion ZN → **disunity**
disunite (dɪsjʊˈnaɪt) I OV WW *scheiden* II ONOV WW *z. scheiden*; *uiteengaan*
disunity (dɪsˈju:nətɪ) ZN *onenigheid* ★ *political* ~ *politieke verdeeldheid*
disuse¹ (dɪsˈju:s) ZN ★ *fall into* ~ *in onbruik raken*
disuse² (dɪsˈju:z) OV WW *niet meer gebruiken*
disused (dɪsˈju:zd) BNW *niet meer gebruikt*; *oud*
ditch (dɪtʃ) I ZN • *sloot*; *greppel* ★ *die in the last* ~ *vechten tot de laatste snik* II OV WW • *achterlaten*; *in de steek laten* • *afdanken*; *z. ontdoen van* • *de bons geven*; *dumpen* III ONOV WW • *graven* ⟨sloot, greppel⟩ • *uitdiepen* ⟨sloot, greppel⟩ • *draineren*
dither (ˈdɪðə) I ZN ★ *be in a* ~ *van streek zijn* ★ *be all of a* ~ *van slag zijn* II ONOV WW • *treuzelen* • *beven*; *trillen* • ~ *about aarzelen*
dithers (ˈdɪðəz) ZN MV ★ *the* ~ *de zenuwen*
ditto (ˈdɪtəʊ) ZN *dezelfde*; *hetzelfde*; *(idem) dito* ★ *say* ~ *to s.th. iets beamen*
ditto mark ZN TAALK. *aanhalingsteken*
ditty (ˈdɪtɪ) ZN *deuntje*; *wijsje*
diurnal (daɪˈɜ:nl) BNW • *overdag* • *gedurende de dag* • *dagelijks*
divagate (ˈdaɪvəgeɪt) ONOV WW *afdwalen*
divagation (daɪvəˈgeɪʃən) ZN *(af)dwaling*
divan (dɪˈvæn) ZN • *divan* • *oosterse raad(kamer)*
divaricate (daɪˈværɪkeɪt) ONOV WW *z. vertakken*
dive (daɪv) I ZN • *duik* • SPORT *schwalbe* • INFORM. *kroeg* ⟨louche⟩ ★ *make a dive for duiken naar*; *grijpen naar* ★ SPORT *take a dive een schwalbe maken* II ONOV WW • *duiken* • *z. verdiepen in* ★ *dive in! aanvallen!* ⟨bij maaltijd⟩ ★ *dive into one's pocket in de zak tasten*
dive-bomb OV WW *in duikvlucht bombarderen*
diver (ˈdaɪvə) ZN *duiker*
diverge (daɪˈvɜ:dʒ) ONOV WW • *uiteenlopen* • *afwijken*
divergence (daɪˈvɜ:dʒəns) ZN *divergentie*
divergency ZN → **divergence**
divergent (daɪˈvɜ:dʒənt) BNW • *divergent* • *afwijkend*
diverse (daɪˈvɜ:s) BNW *verschillend*
diversification (daɪvɜ:sɪfɪˈkeɪʃən) ZN *diversificatie*
diversify (daɪˈvɜ:sɪfaɪ) OV WW • *variëren*; *afwisselen* • *wijzigen*
diversion (daɪˈvɜ:ʃən) ZN • *afleidingsmanoeuvre* • *omlegging* • *verstrooiing*
diversity (daɪˈvɜ:sətɪ) ZN • *variatie*

divert – doctrinarian

• verscheidenheid
divert (daɪ'vɜːt) OV WW • een andere richting of wending geven • afleiden • vermaken
divest (daɪ'vest) OV WW • ontkleden • afstand doen van; ontdoen
divide (dɪ'vaɪd) **I** ZN • USA waterscheiding • scheidslijn ★ the Great Divide (between life and death) de dood **II** OV WW • verdelen; (in)delen • scheiden ★ ~ the House de Kamer laten stemmen ★ 15 ~ d by 3 is 5 15 gedeeld door 3 is 5 ★ 2 ~ s into 12 6 times 2 past 6 maal in 12 ★ USA ~ d roadway vierbaansweg **III** ONOV WW z. verdelen
dividend ('dɪvɪdend) ZN • dividend • deeltal
divider (dɪ'vaɪdə) ZN • kamerscherm • (ver)deler
dividers (dɪ'vaɪdəz) ZN MV verdeelpasser
divination (dɪvɪ'neɪʃən) ZN • voorspelling • waarzeggerij
divine (dɪ'vaɪn) **I** ZN • theoloog • geestelijke **II** BNW • goddelijk • godsdienstig • gewijd ★ ~ service kerkdienst; godsdienstoefening **III** OV WW • raden • een voorgevoel hebben van **IV** ONOV WW • voorspellen • waarzeggen • een voorgevoel hebben ★ divining-rod wichelroede
diviner (dɪ'vaɪnə) ZN • helderziende • waarzegger ★ (water) ~ wichelroedeloper
diving-bell ZN duikerklok
diving-board ZN duikplank
divining-rod (dɪ'vaɪnɪŋrɒd) ZN wichelroede
divinity (dɪ'vɪnətɪ) ZN • god(heid) • goddelijkheid • godgeleerdheid
divisible (dɪ'vɪzɪbl) BNW (ver)deelbaar
division (dɪ'vɪʒən) ZN • deling • afdeling • groep • branche • district; wijk • stemming ⟨voor of tegen⟩
divisional (dɪ'vɪʒənl) BNW • deel- • divisie-
divisive (dɪ'vaɪsɪv) BNW tot ongelijkheid leidend
divisor (dɪ'vaɪzə) ZN deler
divorce (dɪ'vɔːs) **I** ZN • echtscheiding **II** OV WW • scheiden van • z. laten scheiden van
divorcee (dɪvɔː'siː) ZN gescheiden vrouw
divulge (daɪ'vʌldʒ) OV WW openbaar (bekend) maken
divulgence (daɪ'vʌldʒəns) ZN onthulling
divvy ('dɪvɪ) OV WW PLAT (ver)delen
Dixieland ('dɪksɪlænd) ZN MUZ. dixieland
DIY AFK do-it-yourself doe-het-zelf
dizzy ('dɪzɪ) **I** BNW duizelig ★ ~ peak duizelingwekkend hoge bergtop ★ ~ height duizelingwekkende hoogte **II** OV WW duizelig maken
D.J. AFK Disc Jockey dj ⟨diskjockey⟩
D.Litt. AFK Doctor of Letters doctor in de letterkunde
DNA AFK deoxyriboneucleic acid DNA ★ DNA profile/fingerprint DNA-profiel
do[1] (duː) **I** ZN feest; vrolijke bende; beetnemerij; zwendel ★ a big 'do' een grote partij ★ fair do's! eerlijk delen! ★ the do's and don'ts wat wel en wat niet mag **II** OV WW • doen • maken • (gaar) koken; bereiden • spelen (voor) • uitputten; moe maken • ertussen nemen ★ we don't do lunches now we serveren nu geen lunch ★ it isn't done dat doet men niet ★ these things do credit to deze zaken strekken tot eer ★ and so I did en dat deed ik ook ★ do the polite thing beleefd willen zijn ★ he did 6 months hij zat 6 maanden ★ we do them at $ 5 each wij brengen ze voor $ 5 per stuk ★ PLAT he did me for £ 20 hij boorde me £ 20 door de neus ★ PLAT ~ for ruïneren/doden ★ INFORM. he is done for het is met hem gedaan • INFORM. ~ in ruïneren; te pakken nemen; van kant maken ★ PLAT done in doodmoe • ~ up opknappen; opkalefateren; opruimen; inpakken; uitputten **III** ONOV WW • doen • deugen; genoeg zijn; (ermee door) gaan ★ that's done with dat is afgedaan • have nothing to do with it je hebt er niets mee te maken ★ it won't do to tell het heeft geen zin als je het zegt ★ that won't do dat is niet genoeg; dat gaat niet ★ how do you do? hoe maakt u het? ★ let's have done with it laten we er (nu maar) mee ophouden ★ have done! schei uit! ★ PLAT I'm done ik ben klaar (met) ★ he is well-to-do hij is welgesteld/rijk • ~ away with afschaffen; wegdoen; eraf zien te komen; van kant maken • ~ by/to behandelen • ~ for dienen als • ~ with nodig hebben • ~ without ontberen; niet nodig hebben **IV** HWW ★ but I did knock maar ik hèb wel geklopt ★ I do wish she would ik zou toch zo graag willen dat ze ... ★ and so did I en ik ook ★ he sees it as clearly as I do hij ziet het even duidelijk als ik ★ I don't mind if I do! dat laat ik me geen twee keer zeggen! ⟨bij aanbod⟩
do[2] (dəʊ) ZN MUZ. do
doat OV WW → **dote**
dobbin ('dɒbɪn) ZN werkpaard
doc (dɒk) ZN INFORM. → **doctor**
doc. AFK document document
docile ('dəʊsaɪl) BNW • gedwee • makkelijk te vormen • volgzaam
docility (dəʊ'sɪlətɪ) ZN gedweeheid; meegaandheid
dock (dɒk) **I** ZN • dok • haven • beklaagdenbank • zuring • staartwortel ★ SCHEEPV. wet dock drijvend dok **II** OV WW • korten • dokken; binnengaan **III** ONOV WW meren; dokken
dockage ('dɒkɪdʒ) ZN dokgeld; havengeld
docker ('dɒkə) ZN dokwerker; havenarbeider
docket ('dɒkɪt) **I** ZN • korte inhoudsaanduiding ⟨op document⟩ • kanttekening • bon; (geleide)briefje • opdrachtformulier • dossier • USA/JUR. rol **II** OV WW labelen ★ ~ a parcel een pakje voorzien van etiket
dockhand ('dɒkhænd) ZN dokwerker; havenarbeider
dockland ('dɒklənd) ZN havengebied/-kwartier
dockyard ('dɒkjɑːd) ZN scheepswerf
doctor ('dɒktə) **I** ZN • dokter • doctor; geleerde • PLAT scheepskok • kunstvlieg • USA ~'s office spreekkamer **II** OV WW • de graad van doctor verlenen • behandelen • dokteren (aan) **III** ONOV WW dokteren
doctoral ('dɒktərəl) BNW ★ ~ degree doctorsgraad
doctorate[1] ('dɒktərət) ZN doctoraat
doctorate[2] ('dɒktərət) OV WW promoveren
doctrinaire (dɒktrɪ'neə) **I** ZN theoreticus **II** BNW strikt; doctrinair
doctrinal (dɒk'traɪnl) BNW leerstellig
doctrinarian (dɒktrɪ'neərɪən) ZN theoreticus

doctrine ('dɒktrɪn) ZN • *leer(stuk)* • *dogma*
document ('dɒkjʊmənt) I ZN *document*; *bewijsstuk* II OV WW *documenteren*
documentary (dɒkjʊ'mentərɪ) I ZN *documentaire* II BNW • *feitelijk* • *gedocumenteerd* • ~ *film documentaire*
documentation (dɒkjʊmen'teɪʃən) ZN *documentatie*
dodder ('dɒdə) I ZN *warkruid* II ONOV WW • *beven* • *(voort)sukkelen*
doddering ('dɒdərɪŋ) BNW *moeilijk lopend*; *schuifelend*; *strompelend*
doddle ('dɒdl) ZN *makkie*
dodge (dɒdʒ) I ZN • *ontwijkende beweging* • *smoesje*; *truc*; *foefje* • *vernuftig toestel*; *apparaat* II OV WW • *ontwijken* • *handig ontduiken* • *heimelijk nagaan* III ONOV WW • *uitwijken* • *(z.) heen en weer bewegen* • *er omheen draaien* • *slenteren*
dodgem ('dɒdʒəm) ZN *botsauto*
dodger ('dɒdʒə) ZN • *slimme vos* • USA *strooibiljet* ★ *tax* ~ *belastingontduiker*
dodgy ('dɒdʒɪ) BNW *gehaaid*; *slinks* • ~ *plan riskant plan*
dodo ('dəʊdəʊ) ZN *dodo* ★ *as dead as a dodo zo dood als een pier*
doe (dəʊ) ZN • *hinde* • *wijfje* ⟨v. haas, konijn, hert⟩
doer ('du:ə) ZN • *dader* • *man van de daad* • *degene die het werk doet*
does (dʌz) WW → **do**¹
doff (dɒf) OV WW *afnemen* ⟨v. hoed⟩
dog (dɒɡ) I ZN • *hond* • *mannetjeswolf*; *mannetjesvos*; *kerel* • *vuurbok* ⟨open haard⟩ ★ *lead a dog's life een ellendig bestaan hebben* ★ *go to the dogs naar de haaien gaan* ★ *throw to the dogs opofferen*; *weggooien* ★ *every dog has his day het zit iedereen wel eens mee* ★ *not a dog's chance geen schijn van kans* ★ *like a dog's dinner opgedirkt* ★ *love me, love my dog laat mijn vrienden de uwe zijn* ★ *dog in the manger iem. die de zon niet in het water kan zien schijnen* ★ *give a dog a bad name (and hang him) Barbertje moet hangen* ★ *put on the dog opscheppen*; *airs aannemen* ★ *it takes a dog's age het duurt een eeuwigheid* ★ *lucky dog geluksvogel* ★ *top dog sterkste partij*; *winnaar* ⟨i.t.t. *underdog*⟩ • *hot dog hotdog*; *worstenbroodje* II OV WW • *ezelsoren maken in* • *iem.s gangen nagaan* • *vervolgen* • *achtervolgen*
dog biscuit ZN *hondenkoekje*
dogcart ('dɒɡkɑ:t) ZN • *hondenkar*
dog-cheap BNW *spotgoedkoop*
dog-collar ZN • *halsband* • *hoge boord* • *priesterboord*
dog days MV *hondsdagen*
dog-eared ZN *met ezelsoren*
dogfight ('dɒɡfaɪt) ZN • *hondengevecht* • *luchtgevecht*
dogfish ('dɒɡfɪʃ) ZN *hondshaai*
dog-fox ZN *mannetjesvos*
dogged ('dɒɡɪd) BNW • *hardnekkig*; *koppig* • *nors*
dogger ('dɒɡə) ZN *dogger*; *vissersboot*
doggerel ('dɒɡərəl) I ZN *kreupel vers*; *rijmelarij* II BNW *kreupel* ⟨v. rijm⟩

doggie ('dɒɡɪ) ZN *hondje*
doggie style BIJW *op z'n hondjes*
doggo ('dɒɡəʊ) BIJW ★ INFORM. *lie* ~ *zich gedekt/koest houden*
doggone (dɒɡɒn) I BNW EUF. *verdomme* II BIJW EUF. *verdomd* ★ *I'll be* ~! *wel verdomd!*
doghouse ('dɒɡhaʊs) ZN • *hondenhok* • *kennel*
dogie ('dəʊɡɪ) ZN USA *moederloos kalf*
dog Latin ZN *potjeslatijn*
dogleg ('dɒɡleɡ) ZN *scherpe bocht*
dogma ('dɒɡmə) ZN *dogma*
dogmatic (dɒɡ'mætɪk) BNW • *dogmatisch* • *autoritair*
dogmatism ('dɒɡmətɪzəm) ZN *dogmatisme*; *dogmatiek*
dogmatize ('dɒɡmətaɪz) OV+ONOV WW *dogmatiseren*
do-gooder (du:'ɡʊdə) ZN IRON. *wereldverbeteraar*
dog-paddle ONOV WW *op zijn hondjes zwemmen*; *rondspartelen*
dogsbody ('dɒɡzbɒdɪ) ZN • *duvelstoejager* • *jongste officier* ⟨aan boord⟩
dog's ear ZN *ezelsoor* ⟨omgeslagen hoek⟩
dogsleep ('dɒɡsli:p) ZN *hazenslaapje*
dog-star ZN *Sirius*
dog-tired BNW *doodmoe*
dogtrot ('dɒɡtrɒt) ZN *soepel drafje*; *sukkeldrafje*
dogwatch ('dɒɡwɒtʃ) ZN SCHEEPV. *platvoetwacht*; *korte wacht van 4-6 en van 6-8 namiddag*
doh (dəʊ) ZN MUZ. *do*
doily ('dɔɪlɪ), **doyley** ZN • ⟨*decoratief*⟩ *onderleggertje* ⟨onder kopje, gebakje⟩ • OUD. *vingerdoekje*
doing ('du:ɪŋ) ZN ★ INFORM. *nothing* ~ '*t haalt niets uit*
doings ('du:ɪŋz) ZN MV ★ *there are to be great* ~ *here next week er is hier volgende week heel wat te doen* ★ *s.o.'s* ~ *iemands doen en laten*
do-it-yourself BNW *doe-het-zelf*
dolby (dɒlbɪ) ZN *ruisonderdrukker*
doldrums ('dɒldrəmz) ZN MV ★ *be in the* ~ *in de put zitten* ★ *the* ~ *windstille streken*
dole (dəʊl) I ZN • *bedeling*; *steun* • *aalmoes* ★ *be on the dole steun trekken* II OV WW • *uitdelen* • ~ *out* ⟨*karig*⟩ *uitdelen*
doleful ('dəʊfʊl) BNW • *somber*; *akelig* • *smartelijk*
doll ('dɒl) I ZN *pop* ★ *doll's house poppenhuis* ★ *wax doll wassen beeld* II WKD WW ~ *up z. opdirken*
dollar ('dɒlə) ZN • *dollar* • GESCH. *5 shillingstuk*; *daalder* ★ ~ *area dollargebied*
dollar cent ZN *dollarcent*
dollop ('dɒləp) ZN • *homp*; *brok* • *kwak* • *scheut*
dolly ('dɒlɪ) I ZN • *dolly* ⟨cameragwagen⟩ • INFORM. *schatje* II ONOV WW ★ ~ *in/up to camera naar onderwerp toe bewegen* ★ ~ *out from camera van onderwerp weg bewegen*
dollybird ('dɒlɪbɜ:d) ZN INFORM. *schatje*
dolmen ('dɒlmən) ZN ≈ *hunebed*
dolorous ('dɒlərəs) BNW *treurig*; *droevig*
dolphin ('dɒlfɪn) ZN • *dolfijn* • *dukdalf*
dolt (dəʊlt) ZN *dommerd*; *stommeling*
doltish ('dəʊltɪʃ) BNW *dom*

domain (də'meɪn) ZN *gebied*; *domein*
dome (dəʊm) ZN • *koepel* • *gewelf*
domed (dəʊmd) BNW *koepelvormig*
Domesday Book ('du:mzdeɪ bʊk) ZN GESCH. ⟨historisch kadaster van Willem de Veroveraar⟩
domestic (də'mestɪk) I ZN *huisbediende* II BNW • *huiselijk* • *binnenlands* • *tam* ★ ~ politics *binnenlandse politiek* ★ ~ animal *huisdier* ★ ~ economy/science *huishoudkunde* ★ ~ market *binnenlandse markt* ★ ~ trade *binnenlandse handel*
domesticate (də'mestɪkeɪt) OV WW • *aan huiselijk leven wennen*; *beschaven* • *temmen* • ~d animal *huisdier*; *getemd dier*
domesticity (doma'stɪsətɪ) ZN *het huiselijke leven*
dome tent ZN *koepeltent*
domicile ('domɪsaɪl) I ZN *woonplaats*; *woonadres*; *domicilie*; *vestiging* ★ free ~ *franco huis* ⟨gratis thuis afgeleverd⟩ II OV WW *vestigen* III ONOV WW z. *vestigen*
domiciliary (domɪ'sɪlɪərɪ) BNW *huis-*; *thuis-*; *woon-* ★ ~ visit *huisbezoek*
domiciliate I OV WW *vestigen* II ONOV WW z. *vestigen*
dominance ('domɪnəns) ZN *dominantie*
dominant ('domɪnənt) I ZN MUZ. *dominant* II BNW *dominant*
dominate ('domɪneɪt) I OV WW *domineren*; *beheersen*; *overheersen* II ONOV WW • *heersen*; *domineren* • *de overhand hebben*
domination (domɪ'neɪʃən) ZN *overheersing*
domineer (domɪ'nɪə) I OV WW *overheersen*; *tiranniseren* II ONOV WW ~ over *heersen over*
domineering (domɪ'nɪərɪŋ) BNW *bazig*
dominical (də'mɪnɪkl) BNW ★ ~ prayer *het onzevader* ★ ~ year *jaar na Christus*
dominion (də'mɪnɪən) ZN • *heerschappij* • *eigendomsrecht*
Dominion (də'mɪnɪən) ZN *deel v. Britse Rijk met zelfbestuur*
domino ('domɪnəʊ) ZN *domino(steen)* ★ set of ~es *dominospel*
dominoes ('domɪnəʊz) ZN MV → **domino**
don (don) I ZN • *Spaanse edelman* • *Spanjaard* • *docent aan een universiteit* II OV WW FORM. *aandoen* ⟨v. kleren⟩; *aantrekken*
donate (dəʊ'neɪt) OV WW • *schenken* • *begiftigen*
donation (dəʊ'neɪʃən) ZN *schenking*; *gift*
done (dʌn) WW [volt. deelw.] → **do**[1]
donjon ('dondʒən) ZN *slottoren*
donkey ('doŋkɪ) ZN *ezel* ★ ~'s years *heel lang*; *eeuwen*; *jaren* ★ ~ jacket *jekker*
donkey-engine ZN SCHEEPV. *hulpmachine*
donkey-work ('doŋkɪwɜːk) ZN *slavenwerk*
donor ('dəʊnə) ZN • *donor* • *donateur*; *schenker* ★ blood ~ *bloeddonor* ★ kidney ~ *nierdonor*
don't (dəʊnt) SAMENTR do not → **do**[1]
doodle ('du:dl) I ZN *krabbel* II ONOV WW *poppetjes tekenen*
doom (du:m) I ZN • *Laatste Oordeel* • *lot* • *ondergang* II OV WW *doemen*; *veroordelen* ★ doomed *ten dode opgeschreven*
Doomsday ('du:mzdeɪ) ZN *dag des oordeels*
door (dɔː) ZN *deur* ★ it lies at his door *het is zijn schuld* ★ show s.o. the door *iemand de deur wijzen*; *iemand uitlaten* ★ get in by the back door *op oneigenlijke wijze binnenkomen of een baan krijgen* ★ two or three doors down *twee of drie huizen verderop* ★ from door to door *van deur tot deur*; *huis aan huis* ★ answer the door *opendoen* ★ at death's door *in stervensgevaar* ★ lay s.th. at a p.'s door *iem. iets in de schoenen schuiven* ★ open the door (to) *mogelijk maken* ★ out of doors *buiten* ★ front/back door *voor-/achterdeur* ★ FIG. by/through the back door *via een achterdeurtje*
doorbell ('dɔːbel) ZN *huisbel*
door-case ZN *deurkozijn*
do-or-die BNW *erop of eronder*
door-frame ('dɔːfreɪm) ZN *deurkozijn*
door-keeper ('dɔːkiːpə) ZN *portier*
doorknob ('dɔːnɒb) ZN *deurknop*
doorman ('dɔːmən) ZN *portier*
doormat ('dɔːmæt) ZN *(voor)deurmat*
doorpost ('dɔːpəʊst) ZN *deurstijl*
doorscraper ('dɔːskreɪpə) ZN *voetenschrapper*
doorstep ('dɔːstep) ZN • *stoep* • *dikke pil*; *snee brood*
door-to-door BNW *huis-aan-huis*
doorway ('dɔːweɪ) ZN • *deuropening* • *ingang*
dope (dəʊp) I ZN • *sufferd* • PLAT *dope* ⟨verdovend middel⟩ • PLAT/USA *verslaafde* • INFORM. *info* II OV WW • *drogeren*; *bedwelmen* • *een verdovend middel toevoegen aan*
dopey ('dəʊpɪ) BNW • *suf*; *versuft* • *dom*
dork (dɔːk) ZN *sukkel*; *sufferd*
dorm (dɔːm) ZN INFORM. → **dormitory**
dormancy ('dɔːmənsɪ) ZN *slaaptoestand*; *tijdelijke inactiviteit*
dormant ('dɔːmənt) BNW • *latent* • *slapend*; *ongebruikt* ★ ~ partner *stille vennoot*
dormer ('dɔːmə) ZN *dakkapel*; *koekoek(venster)* ★ ~ (window) *dakkapel*; *koekoek(venster)*
dormitory ('dɔːmɪtərɪ) ZN *slaapzaal* ★ ~ town *slaapstad*
dormobile ('dɔːməbiːl) ZN *kampeerauto*
dormouse ('dɔːmaʊs) ZN [MV: **dormice**] *relmuis*
dorsal ('dɔːsəl) BNW *van/aan de rug*; *rug-*
dosage ('dəʊsɪdʒ) ZN • *dosering* • *dosis*
dose (dəʊs) I ZN *dosis* II OV WW • *doseren* • *een dosis geven*; *mengen*; *vervalsen*
doss (dɒs) I ZN INFORM. *bed* ★ doss-house *(volks)logement* II ONOV WW • *overnachten in een (volks)logement* • PLAT ~ down *slapen*; *pitten*
dossal ('dɒsəl) ZN *kleed achter altaar/kansel*
dosser ('dɒsə) ZN G-B *logementsklant*
dossier ('dɒsɪə) ZN *dossier* ★ a ~ on s.o. *een dossier over iemand*
dot (dɒt) I ZN *stip*; *punt* ★ on the dot of three *om drie uur precies* II OV WW • *stippen/punten zetten op*; *bestippelen* • *bezaaien* • MUZ. *punteren* ★ FIG. dot your i's and cross your t's *de puntjes op de i zetten* ★ WISK. dot and carry one *opschrijven, één onthouden* ★ MUZ. dotted eighth *gepunteerde achtste (noot)* ★ INFORM. dot someone one *iemand een lel geven* ★ a lake dotted with boats *een meer, bezaaid met boten*
dotage ('dəʊtɪdʒ) ZN ★ in his ~ *kinds*
dotard ('dəʊtəd) ZN • *kindse oude man* • *sufferd*
dotcom (dɒt'kɒm) ZN ECON. *dotcom*;

internetbedrijf
dote (dəʊt), **doat** onov ww • *kinds zijn* • ~ *on dol zijn op*
doting ('dəʊtɪŋ) bnw • *overdreven gesteld op; dwepend* • *dement; seniel*
dottle ('dɒtl) zn *propje halfverbrande tabak* ‹in pijp›
dotty ('dɒti) bnw • *gespikkeld* • *niet goed snik* ★ ~ about horses *gek op paarden*
double ('dʌbl) I zn • *'t dubbele* • *dubbelganger; duplicaat; doublure* • *doublet* ‹bij bridge› • *dubbelspel* • *looppas* • *scherpe draai* ★ at the ~ *onmiddellijk* • on the ~ *in looppas; zo snel mogelijk* II bnw ★ ~ feature *bioscoopprogramma met twee hoofdfilms* ★ ~ meaning *dubbelzinnig(heid)* III bnw + bijw • *dubbel* • *niet oprecht* ★ ~ Dutch *koeterwaals* ★ (ride) ~ *met z'n tweeën op één paard/fiets rijden* ★ ~ room *tweepersoonskamer* ★ play ~s or singles *dubbel of enkel spelen* ‹bij tennis› ★ ~ bind *dilemma* ★ ~ figures *getal van twee cijfers* ★ ~ chin *onderkin* ★ see ~ *dubbel zien* ★ ~ vision *dubbel zicht* ★ do a ~ take *een late reactie vertonen* ★ ~ bed *tweepersoonsbed* ★ sleep ~ *met z'n tweeën in één bed slapen* ★ ~ quick *snel* ★ in ~ quick time *snel; in looppas* ★ ~ the size *tweemaal zo groot* ★ ~ entry *dubbele boekhouding* ★ ~ entendre *dubbelzinnigheid* IV ov ww • *verdubbelen* • *dubbelslaan; dubbelvouwen* • *dubleren* • *een dubbelrol spelen* ‹v. vuist› • scheepv. *omvaren* • ~ up *in elkaar (doen) krimpen; dubbel (doen) slaan* V onov ww • *plotseling v. richting veranderen* • *in de looppas gaan* • ~ back *omdraaien en terugkomen* • ~ up *ineenkrimpen* ‹v. pijn›; *een kamer delen*
double-barrelled bnw • *dubbelloops* • *dubbelzinnig* • *met dubbele naam*
double-bass zn *contrabas*
double-breasted zn *met 2 rijen knopen* ‹v. kledingstuk›
double-check ov ww *tweemaal controleren*
double-cross I zn *bedriegerij* II ov ww *dubbelspel spelen; bedriegen*
double-crosser zn *bedrieger*
double-dealer zn *huichelaar; oplichter*
double-dealing I zn *oplichterij* II bnw *oneerlijk*
double-decker zn *dubbeldekker; bus met bovenverdieping*
double-declutch onov ww *tussengas geven*
double-digit bnw *met twee cijfers; in tientallen*
double-dyed bnw *door de wol geverfd*
double-edged bnw *tweesnijdend*
double-faced bnw • *huichelachtig* • *aan 2 kanten te dragen* ‹v. stof›
double-hearted bnw *gemeen; vals*
double-jointed bnw *dubbelgeleed; bijzonder lenig*
double-line zn *dubbel spoor*
double-lock ov ww *op nachtslot doen*
double-minded bnw *weifelend*
double-over (dʌbl'əʊvə) ov ww *dubbelvouwen*
double-park ov+onov ww *dubbel parkeren*
double-quick (dʌbl'kwɪk) bnw *als de gesmeerde bliksem*
double-spread bnw *over twee pagina's*

‹advertentie›
doublet ('dʌblɪt) zn • *duplicaat* • *wambuis*
double-talk zn *dubbelzinnigheden*
doubleton ('dʌbəltn) zn *tweekaart*
double-tongued bnw *onoprecht*
doubly ('dʌblɪ) bijw *dubbel; extra*
doubt (daʊt) I zn • *twijfel* • *onzekerheid* ★ no/without ~ *ongetwijfeld* ★ beyond ~ *ongetwijfeld* ★ have no ~ *that er niet aan twijfelen of/dat* II ov+onov ww *twijfelen* ★ ~ing Thomas *ongelovige Thomas*
doubtful ('daʊtfʊl) bnw • *weifelend* • *bedenkelijk; precair*
doubtless ('daʊtləs) bijw *ongetwijfeld*
douche (du:ʃ) I zn • *douche* II ov ww *een douche geven* III onov ww *een douche nemen*
dough (dəʊ) zn • *deeg* • plat *geld; poen*
doughboy ('dəʊbɔɪ) zn • *knoedel* • usa *soldaat*
doughnut ('dəʊnʌt) zn *donut; soort oliebol*
doughty ('daʊtɪ) bnw *flink*
doughy ('dəʊɪ) bnw • *deegachtig; klef* • *pafferig*
dour (dʊə) bnw *hard; koel; ongenaakbaar; streng*
douse (daʊs) ov ww → **dowse**
dove (dʌv) zn *duif(je)*
dovecote ('dʌvkɒt) zn *duiventil* ★ flutter the ~s *de knuppel in het hoenderhok gooien*
dove-house zn *duiventil*
dovetail ('dʌvteɪl) I zn *zwaluwstaart* ‹in timmervak› II ov+onov ww • *met zwaluwstaarten verbinden* • *in elkaar sluiten* ★ ~ed *gezwaluwstaart; zwaluwstaartvormig*
dovish ('dʌvɪʃ) bnw *vredelievend*
dowager ('daʊədʒə) zn *douairière*
dowdy ('daʊdɪ) I zn • *smakeloos geklede vrouw* II bnw *smakeloos gekleed*
dowel ('daʊəl) zn *deuvel*
dower ('daʊə) I zn • *meestal land of huis; voor weduwe bestemd goed* • *bruidsschat* • *gave; talent* II ov ww *een bruidsschat geven* ★ ~ed with talent *begaafd*
down (daʊn) I zn • *hooggelegen land* • *dons* • *tegenslag* ★ have a down on *de pik hebben op* II bnw • *down* ‹depressief› • techn. *down* ‹niet operationeel› III ov ww • *eronder krijgen/houden* • *laten kelderen; laten zinken* • *naar beneden doen gaan* ★ down tools *in staking gaan* IV bijw • *(naar) beneden; af; neer; onder* • *stroomafwaarts* ★ it suits me down to the ground *'t komt me reuzegoed uit* ★ down in the mouth *neerslachtig* ★ be down for *ingeschreven zijn voor; op de agenda staan* ★ be down on one's luck *pech hebben* ★ be down on a person *iemand niet mogen* ★ a long way down *een heel eind weg* ★ down with fever *met koorts in bed* ★ from ... down to ... *van ... tot (aan) ...* ★ down with ...! *weg met ...!* V vz *van ... af; langs; (naar beneden) in* ★ throw s.th. down the well *iets in de put gooien* ★ down the river *stroomafwaarts* ★ down the road *verderop op de weg* ★ go down the road *de weg afgaan*
down-and-out(er) (daʊnən'aʊt(ə)) zn *mislukkeling*
downcast ('daʊnka:st) bnw *terneergeslagen*
downer ('daʊnə) zn • *depressieve bui* • *kalmerend middel* • *tegenslag*
downfall ('daʊnfɔ:l) zn • *ondergang; val* • *stortbui*

downgrade ('daʊngreɪd) I ZN • achteruitgang ⟨in status e.d.⟩ • helling ⟨bij spoorwegen⟩ II OV WW • demoveren; op een lagere status plaatsen • COMP. downgraden

downhearted (daʊn'hɑːtɪd) BNW moedeloos

downhill (daʊn'hɪl) I ZN helling I BNW hellend III BIJW naar beneden ★ go ~ bergafwaarts gaan ⟨ook fig.⟩

Downing ('daʊnɪŋ) ZN ★ ~ Street no. 10 ⟨ambtswoning v.⟩ de minister-president

download ('daʊnləʊd) I ZN COMP. download II OV WW COMP. downloaden

downpour ('daʊnpɔː) ZN stortbui

downright ('daʊnraɪt) BNW + BIJW • bepaald • oprecht • echt • bot(weg); vierkant • door en door; absoluut

Downs ('daʊnz) ZN MV • the (North/South) ~ heuvelruggen in Kent en Sussex

downstage (daʊn'steɪdʒ) BNW + BIJW • vóór op het toneel

downstairs (daʊn'steəz) BNW + BIJW • (naar) beneden • in de keuken

downstream (daʊn'striːm) BNW + BIJW stroomafwaarts

down-to-earth BNW praktisch; realistisch

downtown (daʊn'taʊn) I ZN binnenstad II BNW + BIJW naar de binnenstad; de (binnen)stad in

downtrodden ('daʊntrɒdn) BNW + BIJW • onderdrukt • vertrapt

downturn ('daʊntɜːn) ZN • neergang • daling; achteruitgang

downward ('daʊnwəd) BIJW naar beneden

downwards ('daʊnwədz) BNW + BIJW benedenwaarts

downwind ('daʊnwɪnd) BNW + BIJW met de wind mee

downy ('daʊnɪ) BNW donzig

dowry ('daʊərɪ) ZN • bruidsschat • gave; talent

dowse (daʊz, daʊs) I OV WW • strijken ⟨v. zeil⟩ • uitdoen ⟨v. licht⟩ • natgooien ★ ~ o.s. with perfume rijkelijk parfum opdoen II ONOV WW met de wichelroede lopen

dowser ('daʊzə) ZN wichelroedeloper

dowsing-rod ZN wichelroede

doxology (dɒk'sɒlədʒɪ) ZN lofzang

doyen ('dɔɪən) ZN nestor; oudste

doyley ('dɔɪlɪ) ZN → doily

doz. AFK dozen dozijn

doze (dəʊz) I ZN sluimering II ONOV WW • dutten; soezen • ~ off indutten

dozen ('dʌzən) ZN dozijn ★ talk nineteen to the ~ honderduit praten ★ baker's ~ dertien ★ long ~ dertien • INFORM. daily ~ ochtendgymnastiek

dozy ('dəʊzɪ) BNW INFORM. soezerig; loom; slaperig

DP. AFK displaced person ontheemd persoon

DPhil AFK Doctor of Philosophy doctor in de wijsbegeerte

dpt. AFK department departement

Dr., dr. AFK Doctor doctor

drab (dræb) I ZN slet I BNW • vaalbruin • saai; eentonig III ONOV WW Z. met sletten inlaten

draconian (drə'kəʊnɪən) BNW draconisch

draff (dræf) ZN • grondsop • uitschot

draft (drɑːft) I ZN • ECON. trekking ⟨v. wissel⟩ • MIL. detachement • schets; ontwerp; concept; klad • USA dienstplicht • ECON. wissel; cheque • tocht ⟨luchtstroom⟩ ★ USA feel the ~ nattigheid voelen • USA beer on ~ bier van 't vat II OV WW • ontwerpen; opstellen • MIL. detacheren • MIL. oproepen ⟨voor militaire dienst⟩ • schetsen

draftee (drɑːf'tiː, dræf-) ZN USA dienstplichtige

draft-horse ZN trekpaard

draftsman ('drɑːftsmən) ZN ontwerper; opsteller

drafty ('drɑːftɪ) BNW tochtig

drag (dræg) I ZN • dreg • sleepnet • eg • rem(schoen) • FIG. blok aan het been • groot rijtuig • zware slee • trekje ⟨aan sigaret⟩ • peuk • travestie • zeur; zeikerd ★ in drag als vrouw verkleed II OV WW • trekken • dreggen • eggen • afremmen ★ FIG. drag in s.th. (by the head and shoulders) iets er met de haren bijslepen • ~ down omlaaghalen ⟨ook fig.⟩; deprimeren • ~ out rekken; eruit trekken; opdreggen • ~ up erbij slepen ⟨iets onaangenaams⟩ III ONOV WW • niet opschieten • remmen • dreggen ★ drag one's feet/heels (met opzet) treuzelen • ~ on (z.) voortslepen; moeizaam voortgaan

draggle ('drægl) I OV WW bemodderen II ONOV WW • over de grond of door de modder slepen • achteraankomen • rekken

draggy ('drægɪ) BNW vervelend; saai; langdradig

dragnet ('drægnet) ZN sleepnet

dragoman ('drægəmən) ZN tolk/gids ⟨m.n. in het Midden-Oosten⟩

dragon ('drægən) ZN draak ★ ~'s teeth antitankversperring

dragonfly ('drægənflaɪ) ZN waterjuffer; libel

dragoon (drə'guːn) I ZN dragonder; huzaar II OV WW aan soldatenterreur overlaten ★ ~ s.o. into s.th. iemand dwingen iets te doen

drag queen ('drægkwiːn) ZN mannelijke travestiet

drain (dreɪn) I ZN • afvoerbuis; afvoerpijp; riool • sloot • slokje ★ down the ~ naar de maan ★ it is a great ~ on my purse het vergt veel van mijn beurs II OV WW • afwateren; droogleggen; draineren; rioleren • leegmaken; opmaken • uitputten • doen wegtrekken • aftappen • afgieten ★ ~ing board afdruiprek III ONOV WW • leeglopen • afdruipen • wegtrekken • afwateren

drainage ('dreɪnɪdʒ) ZN afgevoerd water; rioolwater

drainer ('dreɪnə) ZN • afdruiprek • vergiet

drainpipe ('dreɪnpaɪp) ZN rioolbuis ★ ~ slacks/ trousers broek met nauwe pijpen

drake (dreɪk) ZN • woerd • eendagsvlieg

dram (dræm) I ZN • drachme; ± 1.8 gram • borrel(tje) ★ not a dram geen greintje II ONOV WW pimpelen

drama ('drɑːmə) ZN • toneel • toneelstuk • drama

dramatic (drə'mætɪk) BNW • veelzeggend; aangrijpend • indrukwekkend • toneelachtig

dramatics (drə'mætɪks) ZN MV dramatiek

dramatis personae ('dræmətɪs pɜː'səʊniː) M MV TON. dramatis personae ⟨lijst van personages⟩

dramatist ('dræmətɪst) ZN toneelschrijver

dramatization (dræmətaɪ'zeɪʃən) ZN • toneelbewerking • dramatisering • aanstellerij

dramatize ('dræmətaɪz) I OV WW • voor toneel bewerken • dramatiseren II ONOV WW z.

aanstellen
dram-drinker ZN *pimpelaar*
dram-shop ZN *kroeg*
drank (dræŋk) ww [verleden tijd] →**drink**
drape (dreɪp) OV WW • *bekleden* • *draperen* • *omfloersen*
draper ('dreɪpə) ZN *manufacturier*
drapery ('dreɪpərɪ) ZN *manufacturen(zaak)*
drastic ('dræstɪk) BNW • *drastisch; doortastend* • *ingrijpend* • ~ measures/changes *ingrijpende maatregelen/veranderingen* ★ ~ medicine *paardenmiddel*
draught (drɑːft) I ZN • *tocht; trek; zucht* • *teug; slok; drankje; vangst* ‹in één keer› • SCHEEPV. *diepgang* II OV WW *ontwerpen; opstellen; schetsen*
draughtboard ('drɑːftbɔːd) ZN *dambord*
draughts (drɑːfts) ZN MV G-B *damspel*
draughtsman ('drɑːftsmən) ZN • *tekenaar* • *damschijf*
draughty ('drɑːftɪ) BNW *tochtig*
draw (drɔː) I ZN • *trekking* ‹v. lot, winnaar, kandidaat e.d.› • *publiekstrekker* • *gelijkspel* • *trekje* ‹aan sigaret e.d.› II OV WW • *klanten trekken* • *uit hol trekken* • *aftappen* • *uithoren* • *aan het praten krijgen* • *de ingewanden eruit halen* • *doorzoeken op wild* • *rekken* • *opstellen* • *diepgang hebben* • *aan/uittrekken* • *aftrekken* • *aandacht trekken* ★ draw a game/battle *een spel/strijd onbeslist laten* • ~ forth *te voorschijn halen* III ONOV WW *z. zetten rond* • *pistool/zwaard trekken* • ~ apart *uiteendrijven* • ~ away *terugwijken; op voorsprong komen; wegtrekken; winnen op* • ~ back *terugdeinzen; terugwijken* • ~ in *overhalen; ten einde lopen; korten* • ~ near *naderen* • ~ off *de aftocht blazen;* (z.) *terugtrekken* IV OV+ONOV WW • *putten uit; tekenen; schetsen; trekken; open-/dichttrekken* ‹v. gordijnen› • *(op)halen; binnenhalen; uithalen; slepen; sleuren* • *met z. meebrengen* • *lot trekken; winnen* ★ draw the longbow *overdrijven* ★ draw the line at *ophouden bij; de grens trekken bij* ★ draw the winner *het winnend lot trekken* ★ draw one's sword against *te lijf gaan* ‹figuurlijk› ★ draw a blank *niet in de prijzen vallen; niets vinden* ★ draw a bead on *mikken op* • ~ out *(uit)rekken; (een) contract opmaken; uithoren; lengen* ‹v.d. dagen› • ~ up *vóórrijden; optrekken; opstellen; tot staan brengen/komen* ★ draw o.s. up *z. oprichten* • ~ (up)on *gebruik maken van*
drawback ('drɔːbæk) ZN • *nadeel; schaduwzijde* • *gebrek* • *restitutie v. invoerrechten*
drawbridge ('drɔːbrɪdʒ) ZN *ophaalbrug*
drawee (drɔːˈiː) ZN *betrokkene* ‹v. wissel›
drawer ('drɔːə) ZN • *lade* • ECON. *trekker* ★ bottom ~ *kastlade* ‹voor uitzet›
drawers (drɔːz) ZN MV *ladekast; commode*
drawing ('drɔːɪŋ) ZN *tekening*
drawing-board ZN *tekenplank* ★ go back to the ~ *(weer) van voren af aan beginnen*
drawing-pin ('drɔːɪŋpɪn) ZN *punaise*
drawing-room ('drɔːɪŋruːm) ZN • *salon* • *ontvangkamer* • *receptie aan het hof* • USA *privécompartiment voor 3 personen* ‹in trein›

drawl (drɔːl) I ZN *lijzige manier van praten* II ONOV WW *lijzig spreken*
drawn (drɔːn) I BNW ★ FIG. ~ face *afgetobd gezicht* II WW [volt. deelw.] →**draw**
dray (dreɪ) ZN *sleperswagen*
drayage ('dreɪədʒ) ZN *sleeploon*
dread (dred) I ZN • *ontzetting* • *angst* II BNW *geducht* III OV WW *vrezen; duchten*
dreadful ('dredfʊl) BNW *vreselijk* ★ penny ~ *sensatieroman; sensatieverhaal*
dream (driːm) I ZN *droom* II OV+ONOV WW *dromen* ★ I never ~ t it was you *ik had totaal geen idee dat jij het was*
dreamer ('driːmə) ZN *dromer*
dreamland ('driːmlænd) ZN • *droomwereld* • *dromenland*
dreamlike ('driːmlaɪk) BNW *onwezenlijk*
dreamy ('driːmɪ) BNW *vaag; dromerig*
drear(y) ('drɪə(rɪ)) BNW *somber; akelig*
dredge (dredʒ) I ZN • *sleepnet* • *dreg* • *baggermachine* II OV WW *bestrooien* III OV+ONOV WW • *dreggen* • *baggeren*
dredger ('dredʒə) ZN • *strooibus* • *baggermachine* • *oestervisser*
dreggy ('dregɪ) BNW • *drabbig* • *troebel*
dregs (dregz) ZN MV • *grondsop* • *bezinksel* ★ the ~ *heffe (des volks)*
drench (drentʃ) I ZN • *drank* ‹voor een dier› • *stortbui* • *nat pak* II OV WW • *drenken* • *te drinken geven* ‹aan dier› • *doorweken; kletsnat maken*
drenching ('drentʃɪŋ) ZN *plensbui*
dress (dres) I ZN • *kleding* • *avondkleding; rok* • *japon; jurk* ★ ~ clothes *avondkleding* ★ ~ guard *jasbeschermer* ★ ~ suit *rokkostuum* ★ ~ coat *rok* • ~ circle *1e balkon* ‹in schouwburg› ★ ~ rehearsal *generale repetitie* II OV WW • *kleden* • *kostumeren* • *opmaken* ‹v. haar› • *optuigen* • *pavoiseren* • *etaleren* • *bewerken* • *aanmaken* ‹v. etenswaren› • *bereiden* • *schoonmaken; vlakmaken; gladmaken* • *verbinden* ‹v. wond› • *snoeien* • *bemesten* • MIL. (z.) *richten* • ~ out (z.) *uitdossen* • ~ down *roskammen; een aframmeling/schrobbering geven* • ~ out *uitdossen* • ~ up *opsmukken* III ONOV WW • MIL. z. *richten* • *toilet maken* • z. *(aan)kleden* • ~ down z. *zeer eenvoudig kleden* • ~ out z. *uitdossen* • ~ up z. *verkleden;* z. *opdirken*
dressage ('dresɑːʒ) ZN *dressuur*
dresser ('dresə) ZN • *verple(e)g(st)er die wond verbindt bij operatie* • *aanrecht* • USA *toilettafel*
dressing ('dresɪŋ) ZN • *appretuur* • *pak slaag; schrobbering* • *(sla)saus* • *(op)vulsel* • *verband(stoffen)* • *mest* ★ hair ~ *haarcrème; haarolie; brillantine*
dressing-gown ('dresɪŋgaʊn) ZN *peignoir; kamerjas*
dressing-room ('dresɪŋruːm) ZN *kleedkamer*
dressing-table ('dresɪŋteɪbl) ZN *toilettafel*
dressmaker ('dresmeɪkə) ZN *naaister*
dressmaking ('dresmeɪkɪŋ) ZN *kleermakerij*
dressy ('dresɪ) BNW • *chic* • *pronkziek*
drew (druː) WW [verleden tijd] →**draw**
dribble ('drɪbl) I ZN • *stroompje* • *dribbel* ‹bij voetbal› II OV WW • *druppelen* • SPORT

dribbelen *(met)* III ONOV WW • *druppelen* • *kwijlen* • *dribbelen* ⟨bij voetbal⟩ • *net nog de zak halen* ⟨v. biljartbal⟩
driblet ('drɪblɪt) ZN *druppeltje*
dribs (drɪbz) ZN MV *met stukjes en beetjes* ★ the food came in ∼ and drabs *het eten kwam mondjesmaat*
dried (draɪd) I BNW • *gedroogd* ★ ∼ milk *melkpoeder* ★ ∼ up *opgedroogd* [volt. deelw.] II → **dry**
drier ('draɪə) I ZN *droger* II BNW [vergrotende trap] → **dry**
driest ('draɪɪst) BNW [overtreffende trap] → **dry**
drift (drɪft) I ZN • *stroom; koers* • SCHEEPV. *drift* • *bedoeling; strekking* • *neiging; hang* • *afwijking* • *opeenhoping; drijvende massa* • *Diluvium* • *doorwaadbare plaats* • *passieve, besluiteloze houding* ★ INFORM. catch my ∼? *vat je 'm?; snap je de hint?* II OV WW • *door de wind op een hoop geblazen worden* • *op zijn beloop laten* • *doen afdrijven* III ONOV WW • *afdrijven* • *afwijken* • *z. laten meeslepen* • (*z.*) *ophopen; stampen* • (*z.*) *laten rondzwalken* • ∼ by *ongemerkt voorbijgaan* • ∼ **apart** *van elkaar vervreemden*
drifter ('drɪftə) ZN • *iem. die doelloos rondzwalkt* • *patrouillevaartuig* • *mijnenveger*
drift-ice ('drɪftaɪs) ZN *drijfijs*
drift-net ZN *drijfnet*
driftwood ('drɪftwʊd) ZN *drijfhout*
drill (drɪl) I ZN • *drilboor* • *schelpdiertje* • *exercitie; het africhten* • *oefening* • *voor* • *zaaimachine* • *dril* ⟨stof⟩ • *drilaap* ★ Swedish ∼ *heilgymnastiek* ★ ∼ master *instructeur; gymnastiekleraar* II OV WW • *drillen; africhten* • *doorboren* • ∼ **in(to)** *erin stampen* III ONOV WW • *boren* • *stampen* ⟨v. leerstof⟩ • *oefenen*
drily ('draɪlɪ) BIJW → **dry**
drink (drɪŋk) I ZN • *drank* • *borrel* • *dronk* ★ in ∼ *dronken* ★ soft ∼ *frisdrank* II OV WW • *(op)drinken* ★ ∼ing bout *drinkpartij* ★ ∼ing fountain *drinkfonteintje* ★ ∼ing water *drinkwater* ★ ∼ away one's money *zijn geld verdrinken* ★ ∼ one's sorrows away *zijn verdriet verdrinken* ★ ∼ deep *een grote slok nemen* ★ ∼ hard *stevig aan de drank zijn* ★ ∼ a person's health *op iemands gezondheid drinken* ★ ∼ to s.o. *op iemands gezondheid drinken* • ∼ **down** *ineens opdrinken; onder de tafel drinken* • ∼ **in** *gretig in z. opnemen* • ∼ **off** *ineens opdrinken; ineens uitdrinken* • ∼ **up** *opdrinken* III ONOV WW • *drinken* • ∼ like a fish *drinken als een tempelier* • ∼ **down** *verdrinken* • ∼ **to** *drinken op* • ∼ **up** *leegdrinken*
drinkable ('drɪŋkəbl) BNW ★ ∼s *dranken*
drinker ('drɪŋkə) ZN • *drinker* • *alcoholist* ★ a hard ∼ *een stevige drinker*
drip (drɪp) I ZN • *druppel* • *infusie* II OV WW *laten druppelen* III ONOV WW • *druppelen* • ∼ **with** *druipen van*
drip-dry I BNW ★ a ∼ shirt *een 'no-iron' overhemd* II OV WW *kletsnat te drogen hangen* III ONOV WW *drogen* ⟨zonder kreuken⟩
dripping ('drɪpɪŋ) ZN *braadvet*
drippings ('drɪpɪŋz) ZN MV *afdruipend water of vet*

drive (draɪv) I ZN • *rit; tocht* • *drijfjacht* • *slag* • *energie; drang* • *rijweg; oprijlaan* • *wedstrijd* ⟨kaartspel⟩ • USA *(liefdadigheids)actie* ★ driving test *rijexamen* ★ USA all-wheel ∼ *vierwielaandrijving* II OV WW • *slaan* ⟨v. bal, paal⟩ • *drijven; aandrijven; voortdrijven; (aan)jagen* • *(be)sturen; mennen* • *(aan)jagen; brengen tot* ★ ∼ a tunnel *een tunnel boren* ★ ∼ crazy/mad *gek maken* ★ ∼ home *doorzetten; (iets) duidelijk maken* ★ ∼ the quill *de pen voeren; schrijven* ★ ∼ a bargain *een transactie sluiten* • ∼ **in(to)** *aanzetten tot/om te* III ONOV WW • *drijfjacht houden* • *rijden* ★ ∼ to the last minute *'t op de laatste minuut aan laten komen* ★ let ∼ at *slaan naar; schieten naar* ★ ∼ away! *toe maar!* • ∼ **at** *bedoelen* ★ what is he driving at? *waar wil hij naar toe?* • ∼ **up** *vóórrijden; oprijden*
drive-in I ZN *drive-in* ⟨restaurant/bioscoop⟩ II BNW *drive-in-*
drivel ('drɪvəl) ONOV WW • *kwijlen* • *kletspraat verkopen* ★ ∼ on *verbeuzelen*
driven ('drɪvən) WW [volt. deelw.] → **drive** ★ hard ∼ *gejaagd*
driver ('draɪvə) ZN • *koetsier; voerman; chauffeur; bestuurder* • *machinist* • *soort golfstick* • *drijfwiel*
driveway ('draɪvweɪ) ZN • USA *rijweg* • G-B *oprijlaan; inrit*
driving ('draɪvɪŋ) I ZN *het (auto)rijden* II BNW *energiek; stimulerend* ★ ∼ door *portier/deur aan de kant v.d. chauffeur* ★ ∼ seat *plaats/stoel achter het stuur* ★ ∼ school *autorijschool*
driving-licence ('draɪvɪŋlaɪsəns) ZN *rijbewijs*
driving-mirror ZN *achteruitkijkspiegel*
drizzle ('drɪzəl) I ZN *motregen* II ONP WW *motregenen*
drizzly ('drɪzlɪ) BNW *druilerig; miezerig*
drogue (drəʊg) ZN • SCHEEPV. *zeeanker* • *boei* • *windzak* • *doel voor schietoefeningen* ⟨aan vliegtuig⟩ ★ ∼ parachute *stabilisatiescherm bij schietstoel; stabiliseerparachute*
droll (drəʊl) I ZN *komiek; grapjas* II BNW *grappig* III ONOV WW *grappen maken*
drollery ('drəʊləri) ZN *grap(pigheid)*
dromedary ('drɒmɪdəri) ZN *dromedaris*
drone (drəʊn) I ZN • *gegons; gedreun* • *dar* • *luilak* • *zeurpiet* • *baspijp* II OV WW *opdreunen* III ONOV WW • *dreunen; gonzen; brommen* • *luieren* • ∼ **on** *steeds maar blijven zeuren; dreinen; leuteren*
drool (druːl) ONOV WW USA *kwijlen*
droop (druːp) I ZN • *het (laten) hangen* • *mismoedigheid* II OV WW ★ ∼ one's eyelids *de ogen neerslaan* III ONOV WW • *(neer)hangen; kwijnen* • *de moed verliezen*
droopy BNW • *mismoedig* • *hangend* ⟨bv. snor⟩
drop (drɒp) I ZN • *druppel* • *valluik* ⟨v. galg⟩ • *zuurtje* • *borreltje; slokje* • *helling naar beneden; (ver)val; daling; achteruitgang* • *scherm* ⟨v. toneel⟩ ★ have had a drop too much *te diep in het glaasje gekeken hebben* ★ INFORM. get the drop on a p. *zich snel in een betere positie plaatsen dan iemand* II OV WW • *druppelen* • *laten vallen* • *droppen* • *vergieten* • *niet doorzetten; laten verlopen* • *verliezen*

• *afzetten* • *afgeven* ★ drop one's eyelids *de ogen neerslaan* ★ drop one's h's *de h niet uitspreken* ★ drop (up)on *een uitbrander geven* ★ drop me a line *schrijf me eens* ★ drop it! *schei uit!* ★ drop a curtsey *een buiging of revérence maken* ★ drop anchor *ankeren* ★ drop a hint *een wenk geven* ★ drop a remark *zich een opmerking laten ontvallen* ★ drop one's voice *zijn stem laten zakken* III ONOV WW • *druppelen* • *vallen* • *verlopen* • *niet doorzetten* • *verliezen* • ~ **away** *afvallen; één voor één weggaan* • ~ **behind** *achter(op) raken* • ~ **by** *even langskomen; binnenwippen* • ~ **in** *eens komen aanlopen* • ~ **off** *in slaap komen; insluimeren* • ~ **out** *uitvallen; wegraken*
drop-head ZN • *linnen kap* ⟨v. auto⟩ • *cabriolet*
droplet ('drɒplət) ZN *druppeltje*
drop-out ZN • *uitval; korte onderbreking* ⟨v. weergave op computer⟩ • *uitvaller* • *gesjeesde student* • *iem. die geen deel uitmaakt van de maatschappij*
droppings ('drɒpɪŋz) ZN MV • *afdruipsel* • *uitwerpselen* • *uitgeworpen wapens of goederen* ⟨uit vliegtuig⟩
drop-shot ZN *dropshot; bal die loodrecht naar beneden komt*
dropsical ('drɒpsɪkl) BNW • *waterzuchtig* • *gezwollen*
dropsy ('drɒpsɪ) ZN *waterzucht*
dross (drɒs) ZN • *metaalslak(ken)* • *verontreiniging* • *verontreinigingen*
drought (draʊt) ZN *droogte*
drove (drəʊv) I ZN • *samengedreven kudde; menigte* • *steenhouwersbeitel* II WW [verleden tijd] → drive
drover ('drəʊvə) ZN *veedrijver; veehandelaar*
drown (draʊn) I OV WW • *verdrinken* • *overstromen* • *overstemmen* ★ be ~ed *verdrinken* ★ ~ one's sorrows *zijn verdriet/zorgen verdrinken* • ~ **out** *overstemmen; met water verdrijven/uitdrijven; overschreeuwen* II ONOV WW • *verdrinken* • *overstromen*
drowse (draʊz) I ZN *lichte slaap* II ONOV WW *dutten; soezen*
drowsy ('draʊzɪ) BNW • *slaperig* • *slaapverwekkend*
drub (drʌb) OV WW *ranselen; afrossen*
drubbing ('drʌbɪŋ) ZN *pak slaag*
drudge (drʌdʒ) I ZN *werkezel; zwoeger* II ONOV WW *zwoegen*
drudgery ('drʌdʒərɪ) ZN • *'t zwoegen* • *saai werk*
drug (drʌg) I ZN • *kruid; drogerij* • *medicijn; drankje* • *drug* ⟨verdovend middel⟩ ★ drug in/on the market *onverkoopbaar artikel* ★ hard drug *harddrug* ★ soft drug *softdrug* ★ do drugs *bedwelmende middelen gebruiken* ★ smart drug *smartdrug* II OV WW • *een drug mengen in* • *bedwelmende middelen toedienen* III ONOV WW *bedwelmende middelen gebruiken*
drug addict ZN *drugsverslaafde*
drugget ('drʌgɪt) ZN *grofwollen vloerbedekking*
druggist ('drʌgɪst) ZN • USA *apotheker; drogist* • USA *handelaar in drugs*
drug pusher ZN *drugshandelaar*
drugs squad ZN USA *narcoticabrigade*
drugstore ('drʌgstɔ:) ZN USA *drugstore*

⟨combinatie van apotheker en drogist⟩
drug traffic ZN • *drugssmokkel* • *drugshandel*
drug user ZN *drugsgebruiker*
drum (drʌm) I ZN • *(metalen) vat* • *olievat* • *grote bus* • *trom* • *tamboer* • *getrommel* • *cilinder* • *draadklos* ★ drums *drumstel* ★ drum major *tamboer-majoor* ★ drum majorette *majorette* ★ eardrum *trommelvlies* ★ beat the drum *de trom roeren* ⟨figuurlijk⟩ ★ steel drum *steeldrum* ⟨bewerkt olievat als instrument⟩ II ONOV WW *gonzen*
drumbeat ('drʌmbi:t) ZN *drumbeat; (ritmisch) tromgeroffel*
drumfire ('drʌmfaɪə) ZN *trommelvuur*
drumhead ('drʌmhed) ZN *trommelvel; trommelvlies* ★ ~ court martial *krijgsraad te velde*
drummer ('drʌmə) ZN • *drummer; tromslager; tamboer* • USA *handelsreiziger*
drumstick ('drʌmstɪk) ZN • *drumstok* • *bout van gevogelte*
drunk (drʌŋk) I ZN *dronkaard* II BNW *dronken* ★ ~ and disorderly *in (kennelijke) staat v. dronkenschap* ★ dead/blind ~ *stomdronken* III WW [volt. deelw.] → drink
drunkard ('drʌŋkəd) ZN *dronkaard*
drunken ('drʌŋkən) BNW *dronken*
dry (draɪ) I BNW • *droog* • *sec; niet zoet* • *nuchter* • *saai* ★ dry rot *gezwam* ★ the U.S. used to be dry *in de VS bestond een drankverbod* ★ dry battery/cell *batterij* ★ dry light *onpartijdigheid* ★ dry dock *droogdok* ★ dry goods manufacturen; droge waren II OV WW • ~ out *door en door droog laten worden; laten afkicken; uitdrogen* III ONOV WW • *drogen; droog worden* • ~ **out** *uitdrogen; door en door droog worden; afkicken* • ~ **up** *verdrinken; verdorren; vastzitten* ⟨v. toneelspeler⟩ ★ dry up! *hou je mond!*
dryasdust ('draɪəzdʌst) I ZN *droogstoppel; droge geleerde* II BNW *gortdroog; saai; dor*
dry-clean OV WW *chemisch reinigen*
dry-cleaner ZN *stomerij; inrichting voor chemische reiniging*
dry-cure OV WW *droog inmaken*
dryer ('draɪə) ZN *droger; (haar)droogkap*
dry-eyed BNW *met droge ogen*
dry-nurse ZN *baker*
dry-salt OV WW *droog inmaken*
dry-shod BNW *droogvoets*
D.S. AFK Doctor of Science *doctor in de natuurwetenschappen*
D.Sc. AFK → D.S.
D.S.O. AFK Distinguished Service Order *ridderorde voor bijzondere verrichtingen*
D.S.T. AFK Daylight Saving Time *zomertijd*
Du. AFK Dutch *Ned.; Nederlands*
dual ('dju:əl) BNW *tweevoudig; tweeledig* ★ dual citizenship/nationality *het hebben van twee nationaliteiten* ★ dual carriageway *vierbaansweg* ★ dual control *dubbele bediening* ⟨v. auto⟩
dub (dʌb) I ZN • SCHOTS *plas* • *uilskuiken* II OV WW • *tot ridder slaan* • *betitelen (met)* • *tweede geluidsband maken* ⟨in filmindustrie⟩ • *nasynchroniseren* • *invetten* ⟨v. leer⟩

du

du

dubbing ('dʌbɪŋ) ZN *(leer)vet; leerwas*
dubiety (dju:'baɪətɪ) ZN • *dubieuze zaak* • *onzekerheid*
dubious ('dju:bɪəs) BNW *twijfelachtig*
dubitable ('dju:bɪtəbl) BNW *twijfelachtig*
ducal ('dju:kl) BNW *hertogelijk*
duchess ('dʌtʃɪs) ZN *hertogin*
duchy ('dʌtʃɪ) ZN *hertogdom*
duck (dʌk) I ZN [MV: id.] *eend* • *lieveling* • *duik* ★ like a (dying) duck in a thunderstorm *de wanhoop nabij*★ play ducks and drakes *keilen; geld verspillen* ★ duck's egg *nul* ⟨in cricket⟩ ★ SPORT break one's duck *zijn eerste punt scoren*★ lame duck *sukkelaar; zwakkeling; wanbetaler* ⟨op beurs⟩; USA *niet herkiesbare ambtenaar; invalide*★ like a duck to water *vlot; zonder moeite*★ sitting duck *gemakkelijk doelwit; eenvoudige prooi* II OV WW *onderdompelen* III ONOV WW • *duiken* • *z. bukken* • *ontwijken* • ~ out *er onderuit komen; ontkomen (aan)* • ~ out of *er onderuit komen; ontduiken* • ~ with *danig in de war sturen*
duckboard ('dʌkbɔ:d) ZN *loopplank* ⟨over modder, drassige grond⟩
ducker ('dʌkə) ZN • *duiker* ⟨vogel⟩ • *eendenhouder*
ducking ('dʌkɪŋ) ZN *het onder water duwen*
duckling ('dʌklɪŋ) ZN *jonge eend*
ducks (dʌks) ZN MV *linnen broek*
ducky ('dʌkɪ) I ZN *schatje* II BNW • *geweldig fijn* • *schattig*
duct (dʌkt) ZN *(afvoer)kanaal; afvoerbuis* ★ ductless gland *endocriene klier*
ductile ('dʌktaɪl) BNW • *smeedbaar* • *handelbaar*
ductility (dʌk'tɪlətɪ) ZN *handelbaarheid*
dud (dʌd) I ZN • PLAT *blindganger* • PLAT *vogelverschrikker* • PLAT *prul; fiasco* • *valse cheque; vals bankbiljet* II BNW ★ PLAT a dud note *vals bankbiljet*
dude (du:d) ZN USA *kerel* ★ dude ranch *vakantieboerderij*
dudgeon ('dʌdʒən) ZN • *kwaadheid* • *wrok* ★ in (high) ~ *nijdig*
duds (dʌdz) ZN MV *vodden; kleren*
due (dju:) I ZN • *het (iemand) toekomende deel* • *schuld* • *recht*★ to give her due, she worked hard *om haar recht te doen/om eerlijk te zijn, ze werkte hard* II BNW • *gepast; juist* • *schuldig* • *verwacht* • *verplicht* • in due time *(precies) op tijd; te zijner tijd* ★ due to *vanwege; door* ★ the car is due for repairs *de auto is aan reparatie toe* III BIJW *precies*★ sail due east *pal oost varen*
due date ZN *vervaldatum, -dag*
duel ('dju:əl) I ZN *duel* II ONOV WW *duelleren*
dues (dju:z) ZN MV *gelden; rechten*
duet (dju:'et) ZN • *duet* • *paar*
duff (dʌf) OV WW • *vee stelen en brandmerk vervalsen* ⟨in Australië⟩ • *missen* ⟨bij golf⟩ • *als nieuw maken; oplappen*
duffel ('dʌfəl), **duffle** ZN *duffel*
duffer ('dʌfə) ZN • *sufferd; stomkop* • *bedrieger* • *veedief* ⟨in Australië⟩
duffle ZN → **duffel**
dug (dʌg) I ZN • *uier* ⟨v. zoogdier⟩ • MIN. *tepel* ⟨v. vrouw⟩ II WW [verl. tijd + volt. deelw.] → **dig**
dugout ('dʌgaʊt) ZN • SPORT *dug-out* • *(uitgegraven) schuilplaats* • *uitgeholde boomstam als kano*

duke (dju:k) ZN • *hertog* • PLAT *vuist*
dukedom ('dju:kdəm) ZN *hertogdom*
dulcimer ('dʌlsɪmə) ZN *hakkebord*
dull (dʌl) I BNW • *saai* • *dom* • *stompzinnig; idioot* • *bot; stomp* • *lusteloos* • *somber* • *dof* ★ dull grey *dofgrijs*★ dull weather *bewolkt*★ dull ache *doffe pijn*★ dull blade *bot lemmet*★ never a dull moment *je verveelt je geen seconde*★ a dull boy *een domme jongen*★ as dull as ditchwater *oersaai*★ dull season *slappe tijd* II OV WW *somber maken*★ to dull pain *de pijn verzachten* III ONOV WW *somber worden*
dullard ('dʌləd) ZN *botterik*
dullness ('dʌlnəs) ZN *saaiheid*
dull-witted BNW *stom*
dulse (dʌls) ZN *(eetbaar) zeewier*
duly ('dju:lɪ) BIJW • *behoorlijk; naar behoren* • *op tijd* • *terecht; dan ook*★ construction duly began in March *de constructie begon in maart zoals gepland*★ FORM the matter will be duly dealt with *de kwestie zal naar behoren worden afgehandeld* → **due**
dumb (dʌm) I BNW • *dom* • *stom; sprakeloos* • *zwijgzaam*★ dumb blonde *dom blondje* ★ dumb waiter *serveertafel; etenslift*★ to be struck dumb *met stomheid geslagen zijn* ★ dumb animal *(hulpeloos) dier*★ USA dumb actor *pantomimespeler; stomme clown*★ dumb key *lamme toets*★ dumb millions *de grote massa*★ dumb show *pantomime* II OV WW OUD. *doen verstommen*
dumb-bell ('dʌmbel) ZN • *halter* • *stommerik*
dumbfound (dʌm'faʊnd) OV WW *sprakeloos doen staan*
dumbness ('dʌmnəs) ZN *stilte*
dummy ('dʌmɪ) I ZN • *lege verpakking* • *fopspeen* • *pop* ⟨op schietbaan⟩ • *pop; modepop; kostuumpop* • *blinde* ⟨bij kaartspel⟩ • *figurant; stroman* • *stommerd* • *exercitiepatroon* II BNW *namaak-*★ ~ run *oefening; repetitie*
dump (dʌmp) I ZN • *opslagplaats* • *vuilnisbelt* • PLAT *huis; kamer*★ the place is a real dump! *wat een hok is dit!* II OV WW • *dumpen* ⟨(en masse) exporteren beneden binnenlandse prijs⟩ • *neergooien; storten* ⟨v. vuil⟩ • *de bons geven; dumpen; afserveren*★ dump goods *goederen dumpen op buitenlandse markt* ★ dump computer data *computerdata overzetten van één informatiedrager naar een andere*• dumping ground *stortplaats*
dumper ('dʌmpə) ZN • ~ (truck) *stortwagen*
dump(ing)-cart ZN *stortkar*
dumpling ('dʌmplɪŋ) ZN • *(appel)bol* • *dikkerdje*
dumps (dʌmps) ZN MV *neerslachtige bui*★ INFORM. down in the ~ *in een neerslachtige bui*
dumpy ('dʌmpɪ) BNW • *kort; gezet* • *dwars* • *verdrietig*
dun (dʌn) I ZN • *lastige schuldeiser* • *aanmaning* • *grijsbruin paard* • *kunstvlieg* II BNW *grijsbruin; vaal* III OV WW • *bruinzouten* ⟨v. vis⟩ • *manen*
dunce (dʌns) ZN *domkop; uilskuiken; stommeling*
dunderhead ('dʌndəhed) ZN *stommeling*
dune (dju:n) ZN *duin*
dung (dʌŋ) I ZN *mest* II OV WW *bemesten*
dungarees (dʌŋgə'ri:z) ZN MV *(grof linnen)*

werkpak; werkbroek
dungeon ('dʌndʒən) ZN *kerker*
dunghill ('dʌŋhɪl) ZN *mesthoop* ★ *cock on his own ~ de baas in huis*
Dunglish ('dʌŋglɪʃ) ZN TAALK. *Dunglish* ⟨hybride taal: Engels/Nederlands⟩
dunk (dʌŋk) OV WW • *soppen; dopen* • SPORT *van bovenaf inwerpen* ⟨bij basketbal⟩
dunno (də'nəʊ) SAMENTR *do not know* →**know**
duo ('djuːəʊ) ZN • *duo; paar* • *duet*
duodecimal (djuːəʊ'desɪml) BNW *twaalftallig*
duodenal (djuːəʊ'diːnl) BNW *m.b.t. de twaalfvingerige darm*
duodenum (djuːəʊ'diːnəm) ZN *twaalfvingerige darm*
dupe (djuːp) ZN I • *dupe; gedupeerde* • *onnozele hals* II OV WW *beetnemen*
dupery ('djuːpəri) ZN *bedriegerij*
duplex ('djuːpleks) BNW *tweevoudig; dubbel*
duplicate¹ ('djuːplɪkət) I ZN • *viertallen* ⟨bij bridge⟩ • *duplicaat; kopie* ★ *in ~ in duplo* II BNW *dubbel; in duplo*
duplicate² ('djuːplɪkeɪt) OV WW *kopiëren; dupliceren*
duplication (djuːplɪ'keɪʃən) ZN • *het kopiëren* • *duplicaat*
duplicator ('djuːplɪkeɪtə) ZN *kopieermachine*
duplicity (djuː'plɪsəti) ZN *onbetrouwbaarheid*
durability (djʊərəbɪlɪti) ZN *duurzaamheid*
durable ('djʊərəbl) BNW *duurzaam*
duration (djʊə'reɪʃən) ZN *duur* ★ *for the ~ voorlopig*
duress(e) (djʊə'res) ZN • *vrijheidsberoving* • *dwang*
during ('djʊərɪŋ) VZ *gedurende*
dusk (dʌsk) ZN *schemering*
dusky ('dʌski) BNW *duister; donker* ⟨v. kleur⟩; *schemerig*
dust (dʌst) I ZN • *stof* • *stuifmeel* • *pegels; geld* ★ USA *dust bowl verdorde streek; erosiegebied* ★ *kick up/raise a dust about stof doen opwaaien over* ⟨figuurlijk⟩ ★ *let the dust settle afwachten* ★ *dust bath zandbad* ⟨v. vogel⟩ ★ *throw dust into a p.'s eyes iem. zand in de ogen strooien* ★ *wait till the dust has settled als de rust is weergekeerd* ★ *bite the dust in het zand bijten* ★ *dust cart vuilniskar* ★ *dust cover stofomslag* ★ *dust brand roest* ⟨in koren⟩ II OV WW • *afstoffen; afkloppen* • *bestuiven; stoffig maken* ★ *dust lightly* (*with powder*) *licht met poeder bestuiven* • INFORM. *dust a p.'s jacket iem. op zijn huid geven* • *~ down/off afkloppen; afstoffen* • *~ off afstoffen; afranselen*
dustbin ('dʌstbɪn) ZN *vuilnisbak*
dust cover ZN *stofomslag*
duster ('dʌstə) ZN • *stofjas* • *stofdoek*
dusting ('dʌstɪŋ) ZN • *pak slaag* • *het slaan van een boot bij ruw weer op zee*
dusting-powder ZN *talkpoeder*
dust-jacket ZN *stofomslag*
dustman ('dʌstmən) ZN G-BR *vuilnisman*
dustpan ('dʌstpæn) ZN *blik*
dust-sheet ZN *stoflaken*
dust-shot ZN *fijne hagel*
dust-trap ZN *stofnest*

dust-up ZN *handgemeen; rel; herrie*
dusty ('dʌsti) BNW • *stoffig* • *dor* ★ *~ answer vaag antwoord* ★ PLAT *not so ~ nog zo gek niet*
Dutch (dʌtʃ) I BNW *Nederlands* • *go ~ with s.b. de kosten delen met iemand* II ZN TAALK. *Nederlands* • IRON. *double ~ wartaal* III MV *Nederlanders* ★ *that beats the ~! dat slaat alles!; asjemenou!*
Dutchman ('dʌtʃmən) ZN [V: **Dutchwoman**] *Nederlander* ★ *I am a ~ (if ...) ik mag een boon zijn (als ...)*
duteous ('djuːtɪəs) BNW • *plichtsgetrouw; onderdanig* • *plichtmatig*
dutiable ('djuːtɪəbl) BNW *belastbaar; onderhevig aan rechten*
duties ('djuːtɪz) ZN MV *rechten; invoerrechten; uitvoerrechten; accijnzen*
dutiful ('djuːtɪfl) BNW *plichtmatig; plichtsgetrouw*
duty ('djuːtɪ) ZN • *plicht* • *functie; dienst* ★ *duty-bound moreel verplicht* ★ *act out of (a sense of) duty uit plichtsbesef handelen* ★ *heavy duty extra sterk; zware uitvoering* ★ *on duty in dienst* ★ *off duty buiten dienst* ★ *do duty for fungeren als* ★ *pay one's duty to zijn opwachting maken bij* ★ *duty call beleefdheidsbezoek* ★ *duty roster dienstrooster*
duty-free BNW *belastingvrij; vrij van rechten* ★ *~ shop winkel met belastingvrije artikelen*
duty-paid ZN ★ *~ goods goederen in consumptie*
duvet ('duːveɪ) ZN *donzen dekbed*
DVD (diːviːˈdiː) I ZN COMP. *dvd* ⟨schijf⟩ II AFK COMP. *digital versatile disc dvd* ⟨technologie⟩
DVD player ZN COMP. *dvd-speler*
dwarf (dwɔːf) I ZN *dwerg* II OV WW • *in groei belemmeren* • *nietig doen lijken*
dwarfish ('dwɔːfɪʃ) BNW *dwergachtig*
dwell (dwel) ONOV WW • *wonen* • *verblijven* ★ *~ (up)on uitweiden over*
dwelling ('dwelɪŋ) ZN *woning* ★ *~ place woonplaats*
dwelling-house ZN *(woon)huis*
dwelt (dwelt) WW [verl. tijd + volt. deelw.] →**dwell**
dwindle ('dwɪndl) ONOV WW *afnemen; kwijnen; achteruitgaan*
dwt. AFK *pennyweight pennyweight* • *dead weight tonnage bruto tonnage*
dyad ('daɪæd) ZN *twee(tal)* • BNW *2-waardig*
dye (daɪ) I ZN • *kleur; tint* • *verf(stof)* II OV WW *verven* • *dyed-in-the-wool door en door; onbuigzaam* ★ *it dyes well het laat zich goed verven*
dyeworks ('daɪwɜːks) ZN MV *textielververij*
dying ('daɪɪŋ) BNW *stervend; sterf-*
dyke (daɪk), **dike** I ZN • *dam; wal; dijk* • *obstakel* • *rotsader* • VULG. *pot* ⟨lesbienne⟩ • *wetering; sloot* II OV WW *indijken; omwallen*
dynamic (daɪ'næmɪk) I ZN *stuwkracht* II BNW *dynamisch; energiek*
dynamics (daɪ'næmɪks) ZN MV • *dynamica* • MUZ. *dynamiek*
dynamism ('daɪnəmɪzəm) ZN • *dynamisme* • *dynamiek*
dynamite ('daɪnəmaɪt) I ZN *dynamiet* II OV WW *met dynamiet vernielen*
dynamiter ('daɪnəmaɪtə) ZN *iemand die dynamiet*

gebruikt om iets op te blazen
dynamo ('daɪnəməʊ) ZN *dynamo*
dynasty ('dɪnəstɪ) ZN *dynastie*
dysentery ('dɪsəntərɪ) ZN *dysenterie*
dyslexia (dɪs'leksɪə) ZN *dyslexie; woordblindheid*
dyspepsia (dɪs'pepsɪə) ZN *spijsverteringsstoornis*
dyspeptic (dɪs'peptɪk) I ZN *lijder aan indigestie* II BNW • *met spijsverteringsklachten* • *chagrijnig*

E

e (iː) ZN letter *e* • E as in Edward *de e van Eduard*
E, e I ZN • MUZ. *E* • USA ≈ *4 à 5* ⟨schoolcijfer⟩ II AFK • east(ern) *oost(elijk)* • Egyptian *Egyptisch* • Engineering *Techniek*
each (iːtʃ) ONB VNW *elk* ★ each other *elkaar* ★ 5 dollar each *5 dollar per stuk*
eager ('iːgə) BNW *vurig; enthousiast* ★ ~ after/for *begerig naar*
eagerness ('iːgənəs) ZN *enthousiasme*
eagle ('iːgl) ZN • *adelaar* • USA *tiendollarstuk* ★ ~ owl *oehoe*
eagle-eyed BNW *met arendsogen*
eaglet ('iːglɪt) ZN *adelaarsjong*
ear (ɪə) ZN • *oor* • *gehoor* • *aar* ★ it brought a storm about our ears *het verwekte veel kritiek* ★ prick up one's ears *de oren spitsen* ★ give ear to *luisteren naar* ★ I had his ear *hij luisterde naar mij* ★ I would give my ears to *ik heb er alles voor over om* ★ set by the ears *tegen elkaar in het harnas jagen* ★ play by ear *op het gehoor spelen* ★ FIG. play it by ear *improviseren*
earache ('ɪəreɪk) ZN *oorpijn*
eardrum ('ɪədrʌm) ZN *trommelvlies*
earful ('ɪəfʊl) ZN ★ he'll get an ~ from me *ik zal 'm eens even de waarheid vertellen*
earl (ɜːl) ZN *graaf* ★ Earl Marshal *opperceremoniemeester*
earldom ('ɜːldəm) ZN • *graafschap* • *rang v. graaf*
ear lobe ZN *oorlel*
early ('ɜːlɪ) BNW + BIJW • *vroeg* • *spoedig* ★ at an ~ date *spoedig* ★ he was an hour ~ *hij was een uur te vroeg* ★ the ~ bird catches the worm *de morgenstond heeft goud in de mond* ★ ~ closing day *dag waarop de winkels 's middags dicht zijn* ★ keep ~ hours *vroeg naar bed gaan en vroeg opstaan*
earmark ('ɪəmɑːk) I ZN • *ezelsoor* • *eigendomsmerk* II OV WW • *merken* • *een bepaalde bestemming geven*
earn (ɜːn) OV WW • *verdienen* • *behalen* ★ earning power *rentabiliteit*
earnest ('ɜːnɪst) I ZN • *ernst* • *handgeld* • *voorproefje* ★ be in ~ *het menen* II BNW *ijverig; ernstig*
earnings ('ɜːnɪŋz) ZN MV *verdiensten* ★ actual ~ *reëel/werkelijk loon*
earnings-related BNW *op basis v.h. inkomen; inkomensgebonden; inkomensafhankelijk*
earphones ('ɪəfəʊnz) ZN MV *koptelefoon*
earpiece ('ɪəpiːs) ZN • *oorklep* • *oorschelp* ⟨v. koptelefoon⟩ • *brilveer*
earplug ('ɪəplʌg) ZN *oordopje*
earring ('ɪərɪŋ) ZN *oorbel*
earshot ('ɪəʃɒt) ZN *gehoorsafstand* ★ within ~ *binnen gehoorsafstand*
ear-splitting ('ɪəsplɪtɪŋ) BNW *oorverdovend*
earth (ɜːθ) I ZN • *aarde; grond* • *hol* ⟨v. dieren⟩ ★ down to ~ *eerlijk; ronduit* ★ why on ~ *waarom in 's hemelsnaam; waarom toch eigenlijk* II OV WW • TECHN. *aarden* • *met aarde bedekken* • *in hol jagen* • ~ **up** *poten; planten*
earthborn ('ɜːθbɔːn) BNW • *sterfelijk* • *uit de aarde*

geboren
earth-bound ('ɜ:θbaʊnd) BNW • *gehecht aan materiële zaken* • *aan de aarde gebonden*
earthen ('ɜ:θən) BNW *van aarde(werk)*
earthenware ('ɜ:θənweə) ZN *aardewerk*
earthling ('ɜ:θlɪŋ) ZN *aardbewoner*
earthly ('ɜ:θlɪ) BNW *aards* ★ he hadn't an ~ chance *hij had geen schijn van kans* ★ no ~ reason *absoluut geen reden*
earthquake ('ɜ:θkweɪk) ZN *aardbeving*
earthwork ('ɜ:θwɜ:k) ZN • *aarden wal* • *grondwerk*
earthworm ('ɜ:θwɜ:m) ZN *aardworm*
earthy ('ɜ:θɪ) BNW • *vuil* 〈door aarde〉 • *laag-bij-de-gronds*; *platvloers*
earwax ('ɪəwæks) ZN *oorsmeer*
earwig ('ɪəwɪɡ) I ZN *oorworm* II OV WW • *beïnvloeden door kwaadsprekerij* • *beïnvloeden door iets in het oor te fluisteren/blazen*
ease (i:z) I ZN *gemak* ★ at one's ease *op zijn gemak* ★ ill at ease *niet op zijn gemak* ★ stand at ease *op de plaats rust* II OV WW • *op zijn gemak stellen*; *vergemakkelijken* • *verlichten* • *losser maken* • *vieren* ★ ease a p. of his purse *iem. van zijn geld afhelpen* ★ SCHEEPV. ease her! *halve kracht!* III ONOV WW ~ off *gemakkelijker worden*; *afnemen* 〈in ernst〉
easel ('i:zəl) ZN *(schilders)ezel*
easement ('i:zmənt) ZN *erfdienstbaarheid*
easily ('i:zəlɪ) BIJW → **easy**
easiness ('i:zɪnəs) ZN → **easy**
east (i:st) I ZN *het oosten* • *oostenwind* II BNW *oost* ★ east by north *oost ten noorden* 〈op kompas〉
Easter ('i:stə) ZN *Pasen* ★ ~ eve *paaszaterdag*
easterly ('i:stəlɪ) BNW + BIJW *oostelijk*
eastern ('i:stn) BNW • *oosters* • *oostelijk*
easterner ('i:stənə) ZN • *oosterling* • *Amerikaan(se) uit het oosten v.d. VS*
easting ('i:stɪŋ) ZN *oostelijke richting*
eastward(s) ('i:stwəd(z)) BIJW *oostwaarts*
easy ('i:zɪ) BNW + BIJW • *gemakkelijk* • *meegaand* • *ongedwongen* • *op zijn gemak* • *gerieflijk* ★ easy come, easy go *zo gewonnen, zo geronnen* ★ in easy circumstances *in goeden doen* ★ easy on the eye *leuk om te zien* ★ easy does it *kalm aan (dan breekt 't lijntje niet)* ★ free and easy *aardig in de omgang* ★ of easy virtue *van lichte zeden* ★ take it easy *het gemakkelijk opnemen*; *je niet druk maken*
easy-going (i:zɪ'ɡəʊɪŋ) BNW • *gemakzuchtig* • *makkelijk*; *laconiek*
eat (i:t) I ONOV WW • ~ away *wegteren*; *verteren* • ~ into *wegvreten*; *invreten*; *uitbijten* • ~ out *buitenshuis eten* II OV+ONOV WW • *eten*; *opeten* • *verteren* • FIG. *knagen aan*; *verdriet doen*; *ergeren* • FIG. eat one's heart out *zich opvreten* 〈v. ergernis, verdriet enz.〉 ★ the horse eats his head off *het paard kost meer dan het opbrengt* ★ eat one's words *zijn woorden terugnemen* ★ eat one's terms *rechten studeren* • ~ up *helemaal opeten*; *verslinden* 〈ook fig.〉 ★ be eaten up with pride *vergaan van trots*
eatable ('i:təbl) BNW *eetbaar*
eatables ('i:təblz) ZN MV *etenswaren*
eater ('i:tə) ZN • *handappel/-peer* • *gast aan tafel* • *eter* ★ a big ~ *iem. die goed kan eten*

eating-house ('i:tɪŋhaʊs) ZN *restaurant*
eats (i:ts) ZN MV *hapjes*; *eten*
eaves (i:vz) ZN MV *onderste dakrand*
eavesdrop ('i:vzdrɒp) ONOV WW *(heimelijk) afluisteren*
eavesdropper ('i:vzdrɒpə) ZN *luistervink*
ebb (eb) I ZN • *eb* • *verval*; *afname* ★ at a low ebb *in de put* 〈figuurlijk〉 II ONOV WW *vervallen*; *afnemen*
Ebola (i:'bəʊlə) ZN MED. *ebola*
ebonite ('ebənaɪt) ZN *eboniet*
ebony ('ebənɪ) I ZN • *ebbenhout*; *ebbenboom* • *neger(slaaf)* II BNW • *van ebbenhout* • *zwart*
ebullience (ɪ'bʌlɪəns) ZN • *het koken* • *uitbundigheid*
ebullient (ɪ'bʌlɪənt) BNW *kokend*; *(op)bruisend*
EC AFK • European Community *Europese Gemeenschap* • East Central *postdistrict in Londen* • Established Church *de staatskerk*
eccentric (ɪk'sentrɪk) I ZN *zonderling*; *excentriekeling* II BNW • *excentrisch* • *onregelmatig* • *zonderling*
eccentricity (eksen'trɪsətɪ) ZN *excentriciteit*
ecclesiastic (ɪkli:zɪ'æstɪk) ZN *geestelijke*
ecclesiastical (ɪkli:zɪ'æstɪkl) BNW *kerkelijk*
E.C.G. AFK electrocardiogram *elektrocardiogram*
echelon ('eʃəlɒn) ZN • *echelon* • *rang*; *niveau*; *laag* • *(min of meer zelfstandig opererende) legergroepering*
echo ('ekəʊ) I ZN *echo*; *weerklank* II ONOV WW *weerkaatsen* III OV+ONOV WW *napraten* ★ echo a call *op openingsbod ingaan* 〈bij bridge〉
éclair (ɪ'kleə) ZN *langwerpig roomtaartje* ★ chocolate ~ *moorkop*; *toffee met chocolade kern*
éclat ('eɪklɑ:) I ZN • *éclat* • *luister* • *aanzien*
eclectic (ɪ'klektɪk) BNW *eclectisch*; *een keuze makend*; *keus-*
eclipse (ɪ'klɪps) I ZN • *verduistering* • *verdwijning* ★ lunar/solar ~ *maans-/zonsverduistering* II OV WW • *verduisteren* • *overschaduwen*
ecliptic (ɪ'klɪptɪk) I ZN *schijnbare baan v. de zon* II BNW *m.b.t. een eclips*
ecological (i:kə'lɒdʒɪkl) BNW *ecologisch*
ecologist (ɪ'kɒlədʒɪst) ZN *milieubeschermer*
ecology (ɪ'kɒlədʒɪ) ZN *ecologie*
e-commerce ZN *e-commerce* 〈handel via internet〉
economic (i:kə'nɒmɪk) BNW • *economisch* • *lonend* ★ ~ growth *economische groei* ★ ~ policy *economische politiek*; *economisch beleid* ★ ~ upturn *economische opleving*
economical (i:kə'nɒmɪkl) BNW • *spaarzaam* • *voordelig*
economics (i:kə'nɒmɪks) ZN MV *economie*
economist (ɪ'kɒnəmɪst) ZN • *econoom* • *spaarzaam beheerder*
economize (ɪ'kɒnəmaɪz) OV WW • *spaarzaam beheren* • *bezuinigen (op)*
economy (ɪ'kɒnəmɪ) ZN • *economie*; *huishoudkunde* • *(zuinig) beheer* • *spaarzaamheid* • *besparing* • *stelsel*; *gestel* ★ ~ size *(groot) voordeelpak* ★ ~ of truth *halve waarheid* ★ ~ class/ticket *goedkoop tarief/ kaartje* ★ black ~ *zwartgeldcircuit*
eco-tourism ZN *ecotoerisme*

ecstasy ('ekstəsɪ) ZN • *extase* • *xtc* ⟨drug⟩
ecstatic (ɪk'stætɪk) BNW *extatisch*
ecumenical (i:kju:'menɪkl) BNW *oecumenisch*
eczema ('eksɪmə) ZN *eczeem; huiduitslag*
ed. AFK • *edited uitgegeven* • *edition uitgave* • *editor redacteur*
edacious (ɪ'deɪʃəs) BNW *vraatzuchtig*
eddy ('edɪ) I ZN • *draaikolk* • *dwarreling* • *opkringelende rook* II OV+ONOV WW *dwarrelen*
edge (edʒ) I ZN • *scherpe kant* • *rand* • *snee; snede* • *kant* ⟨onderscheidende eigenschap⟩ ★ *this knife has no edge dit mes is bot* ★ *take the edge off an argument een argument ontzenuwen* ★ *give a p. the edge of one's tongue iem. flink op zijn nummer zetten* ★ *set a p.'s teeth on edge iem. doen griezelen* ★ *be on edge gespannen zijn; ongedurig zijn* ★ USA *have the edge on vóór liggen op* ★ *be at the cutting edge of s.th. geavanceerd/hypermodern zijn* ★ *competitive edge competitieve kant* II OV WW • *scherpen; slijpen* • *begrenzen* • *(in-/tussen-/ver)dringen* • ∼ **out** *verdringen* III ONOV WW • *zich in (schuine) richting bewegen* • *langzaam vorderen* • SCHEEPV. ∼ **away** *afhouden* • ∼ **on** *langzaam vooruitkomen; aanzetten*
edging ('edʒɪŋ) ZN *rand; franje; border*
edging shears ZN MV *tuinschaar*
edgy ('edʒɪ) BNW • *scherp* • *met scherpe contouren* • *zenuwachtig* • *ongedurig* • *prikkelbaar*
edible ('edɪbl) I ZN ★ ∼s *etenswaren* II BNW *eetbaar* ★ ∼ *fats spijs-/voedingsvetten*
edict ('i:dɪkt) ZN *edict; bevelschrift*
edifice ('edɪfɪs) ZN *gebouw*
edify ('edɪfaɪ) OV WW *geestelijk verheffen*
edifying (edɪ'faɪɪŋ) BNW *stichtelijk; verheffend*
edit ('edɪt) OV WW • *bewerken en doen uitgeven* • *redactie voeren* • *monteren* ⟨v. film of geluidsband⟩ • *verfraaien; aanpassen* • ∼ **out** *schrappen*
edition (ɪ'dɪʃən) ZN *editie* ★ *third* ∼ *3e druk*
editor ('edɪtə) ZN • *bewerker* • *redacteur*
editorial (edɪ'tɔ:rɪəl) I ZN *hoofdartikel* II BNW *redactioneel*
editorialize (edɪ'tɔ:rɪəlaɪz) ONOV WW *in een hoofdartikel behandelen* ★ ∼ *on kritisch beschouwen (in een hoofdartikel)*
editorship ('edɪtəʃɪp) ZN • *bewerking* • *redacteurschap*
E.D.P. AFK *electronic data processing elektronische informatieverwerking*
EDT AFK *Eastern Daylight Time Oostelijke Daglichttijd* ⟨tijdzone in oostelijk USA⟩
educate ('edjʊkeɪt) OV WW • *opleiden; scholen; onderwijzen* • *opvoeden* • *ontwikkelen* • *trainen; dresseren*
education (edjʊ'keɪʃən) ZN *opleiding; scholing; onderwijs*
educational (edjʊ'keɪʃənl) BNW • *m.b.t. de opleiding* • *leerzaam*
educationalist (edjʊ'keɪʃənəlɪst) ZN *onderwijsdeskundige*
educative ('edjʊkətɪv) BNW *opvoedend*
educator ('edjʊkeɪtə) ZN *opvoeder*
educe (ɪ'dju:s) OV WW • *naar buiten brengen* • *ontwikkelen*
eel (i:l) ZN *paling; aal(tje)* ★ *eel buck/pot palingfuik*
eely ('i:lɪ) BNW *kronkelend*
eerie ('ɪərɪ) BNW • *angstig* • *luguber*
efface (ɪ'feɪs) OV WW • *uitwissen* • *uit het geheugen bannen* • *in de schaduw stellen* ★ ∼ *o.s. zich wegcijferen*
effacement (ɪ'feɪsmənt) ZN *uitwissing*
effect (ɪ'fekt) I ZN • *effect* • *gevolg; resultaat* • *uitwerking* • *invloed* ★ ∼*s bezittingen* ★ *it was of no* ∼ *het was tevergeefs* ★ *it had no* ∼ *het was tevergeefs* • *bring/carry into* ∼ *ten uitvoer brengen* • *give* ∼ *to ten uitvoer brengen* • *in* ∼ *van kracht* • *take* ∼ *uitwerking hebben;* v. *kracht worden* ★ ∼ *date datum* v. *ingang* II OV WW • *teweeg brengen* • *tot stand brengen* ★ ∼ *an insurance een verzekering sluiten*
effective (ɪ'fektɪv) I ZN USA *soldaat in werkelijke dienst* II BNW *doeltreffend; werkzaam* ★ ∼ *range draagwijdte*
effectively (ɪ'fektɪvlɪ) BIJW *feitelijk; eigenlijk; in feite*
effectiveness (ɪ'fektɪvnəs) ZN • *doeltreffendheid* • *uitwerking*
effectual (ɪ'fektʃʊəl) BNW • *doeltreffend* • *bindend*
effectuate (ɪ'fektʃʊeɪt) OV WW *bewerkstelligen*
effeminacy (ɪ'femɪnəsɪ) ZN *verwijfdheid*
effeminate[1] (ɪ'femɪnət) BNW *verwijfd*
effeminate[2] (ɪ'femɪneɪt) OV WW *verwijfd maken*
effervesce (efə'ves) ONOV WW *opbruisen*
effervescence (efə'vesəns) ZN • *het borrelen* • *het bruisen*
effervescent (efə'vesənt) BNW • *borrelend* • *bruisend*
effete (ɪ'fi:t) BNW *uitgeput; versleten*
efficacious (efɪ'keɪʃəs) BNW • *werkzaam* • *probaat* • *krachtdadig*
efficacy ('efɪkəsɪ) ZN • *uitwerking* • *kracht* • *doeltreffendheid*
efficiency (ɪ'fɪʃənsɪ) ZN *efficiëntie*
efficient (ɪ'fɪʃənt) I ZN MIL. *geoefend soldaat* II BNW • *doeltreffend; doelmatig* • *krachtig* • *economisch* • *bekwaam* • *voortvarend* ★ ∼ *cause werkelijke oorzaak*
effigy ('efɪdʒɪ) ZN *(af)beeld(ing); beeldenaar*
effloresce (eflɔ:'res) ONOV WW • *bloeien* • SCHEIK. *verweren* • *uitslaan* ⟨v. muur⟩
efflorescence (eflə'resəns) ZN *bloei*
efflorescent (eflə'resənt) BNW *bloeiend*
effluence ('eflʊəns) ZN • *het uitstromen; uitstraling* • *uitvloeisel*
effluent ('eflʊənt) I ZN • *zijtak* • *uitstromend water* II BNW *uitstromend*
efflux(ion) (e'flʌkʃən) ZN • *uitstroming; wegvloeiing* • *verloop*
effort ('efət) ZN • *inzet* • *prestatie* • *poging* • *(krachts)inspanning*
effortless ('efətləs) BNW *moeiteloos; ongedwongen*
effrontery (ɪ'frʌntərɪ) ZN *onbeschaamdheid*
effulgence (ɪ'fʌldʒəns) ZN *pracht*
effulgent (ɪ'fʌldʒənt) ZN *stralend*
effuse (ɪ'fju:s) I OV WW *uitgieten; uitstorten* II ONOV WW *z. verspreiden; uitstromen*
effusion (ɪ'fju:ʒən) ZN *uitstorting; ontboezeming*
effusive (ɪ'fju:sɪv) BNW • *(z.) uitstortend* • *overdreven hartelijk*

E.F.T.A. AFK European Free Trade Association
EVA; *Europese Vrijhandelsassociatie*

e.g. AFK exempli gratia *bijvoorbeeld*

egalitarian (ˌɪgælɪˈteərɪən) **I** ZN *gelijke* **II** BNW *m.b.t. het gelijk zijn v. allen*

egg (eg) **I** ZN • *ei* • PLAT *bom* • PLAT *vent* ★ egg timer *zandloper* ★ in the egg *in de kiem* ★ bad egg *persoon die/plan dat niet deugt* ★ put all one's eggs in one basket *alles op één kaart zetten* ★ egg whisk *eiergarde* **II** OV WW ~ on *aanzetten; ophitsen*

eggbeater (ˈegbiːtə) ZN • *eierklopper* • INFORM. *helikopter* • *buitenboordmotor*

eggcup (ˈegkʌp) ZN *eierdopje*

egg-flip ZN *eierpunch*

egghead (ˈeghed) ZN *intellectueel*

egg-nog ZN *eierpunch*

eggplant (ˈegplɑːnt) ZN USA *aubergine*

eggshell (ˈegʃel) ZN *eierschaal* ★ ~ china *zeer dun porselein*

ego (ˈiːgəʊ) ZN • *ego* • *ik-bewustzijn* ★ ego trip *egotrip*

egocentric (iːgəʊˈsentrɪk) BNW • *egocentrisch* • *egoïstisch*

egoism (ˈiːgəʊɪzəm) ZN *zelfzucht*

egoist (ˈiːgəʊɪst) ZN *egoïst*

egoistic (iːgəʊˈɪstɪk) BNW *egoïstisch*

egotism (ˈiːgətɪzəm) ZN • *egocentrisme* • *egoïsme*

egotist (ˈegətɪst) ZN • *egocentrisch persoon* • *egoïst*

egotistic (egəˈtɪstɪk) BNW *egocentrisch; egoïstisch*

egregious (ɪˈgriːdʒəs) BNW MIN. *kolossaal*

egress (ˈiːgres) ZN • *(recht van) uitweg* • *uitgang*

egret (ˈiːgrət) ZN *aigrette*

Egypt (ˈiːdʒɪpt) ZN *Egypte*

Egyptian (ɪˈdʒɪpʃən) **I** ZN *Egyptenaar* **II** BNW *Egyptisch*

eider (ˈaɪdə) ZN *eidereend* ★ ~ duck *eidereend*

eiderdown (ˈaɪdədaʊn) ZN *(dekbed van) eiderdons*

eidolon (aɪˈdəʊlən) ZN *spook(sel)* • *ideaalbeeld*

eight (eɪt) **I** ZN *roeiploeg van acht* ★ he had one over the ~ *hij had er eentje te veel op* **II** TELW *acht*

eighteen (eiˈtiːn) TELW *achttien*

eighteenth (eiˈtiːnθ) TELW *achttiende*

eightfold (ˈeɪtfəʊld) BNW + BIJW *achtvoud(ig)*

eighth (eɪtθ) TELW *achtste*

eightieth (ˈeɪtɪəθ) TELW *tachtigste*

eighty (ˈeətɪ) TELW *tachtig* ★ the eighties *de jaren tachtig*

Éire (ˈeərə) ZN *Ierland*

eisteddfod (aɪˈstedfəd) ZN *zang- en poëziefestival* ⟨in Wales⟩

either (ˈaɪðə) BNW + BIJW • *elk (v. beide)* • *(één van) beide(n)* ★ ... or of ... of; *hetzij* ... *hetzij* ★ it's an ~-or decision *het is of het één of het ander* ★ if you don't go, I shan't ~ *als jij niet gaat, dan ga ik ook niet*

ejaculate (ɪˈdʒækjʊleɪt) OV WW • *ejaculeren* • *uitroepen* • *eruit gooien* • *uitstorten*

ejaculation (ɪdʒækjʊˈleɪʃən) ZN • *uitroep* • *schietgebedje* • *ejaculatie*

ejaculatory (ɪdʒækjʊˈleɪtərɪ) BNW • *uitroepend* • *ejaculatie-*

eject (ɪˈdʒekt) OV WW • *per schietstoel verlaten* • *uitwerpen* • *verdrijven* • *uitwijzen* • *uitstralen*

ejection (ɪˈdʒekʃən) ZN • *verdrijving* • *uitwerping*

ejector (ɪˈdʒektə) ZN ★ ~ seat *schietstoel*

eke (iːk) OV WW • *aanvullen* • ~ out *rekken* ★ eke out one's livelihood *zich met moeite in leven kunnen houden*

el (el) ZN USA elevated railroad *metro* ⟨boven de begane grond⟩

elaborate[1] (ɪˈlæbərət) BNW • *nauwgezet* • *met zorg uitgewerkt; uitgebreid*

elaborate[2] (ɪˈlæbəreɪt) ONOV WW *uitweiden; nader bespreken*

elaboration (ɪlæbəˈreɪʃən) ZN *verfijnde uitwerking; precisering; detaillering*

élan (eɪˈlɑːn) ZN *elan; vuur* ⟨figuurlijk⟩; *enthousiasme*

elapse (ɪˈlæps) ONOV WW *verstrijken* ⟨v. tijd⟩

elastic (ɪˈlæstɪk) **I** ZN *elastiek* ★ ~-sides *rijglaarzen* **II** BNW • *rekbaar* • *ruim* • *veerkrachtig*

elasticity (iːlæˈstɪsətɪ) ZN *elasticiteit*

elate (ɪˈleɪt) **I** BNW *opgetogen* **II** OV WW *in verrukking brengen*

elated (ɪˈleɪtɪd) BNW *opgetogen*

elation (ɪˈleɪʃən) ZN *opgetogenheid*

elbow (ˈelbəʊ) **I** ZN • *elleboog* • *scherpe bocht* ★ at one's ~ *vlakbij* ★ up to the ~s *tot over de oren* **II** ONOV WW • *(met de elleboog) dringen* • *een bocht maken* ★ ~ one's way *zich een weg banen*

elbow-grease (ˈelbəʊgriːs) ZN *zwaar werk*

elbow-room (ˈelbəʊruːm) ZN *bewegingsruimte; armslag*

elder (ˈeldə) **I** ZN • PLANTK. *vlier* • *oudere; oudste* • *ouderling* ★ my ~s *degenen die ouder zijn dan ik* **II** BNW • *ouder; oudste* • *wijs en ervaren*

elderberry (ˈeldəberɪ) ZN *vlierbes*

elderly (ˈeldəlɪ) BNW *op leeftijd*

eldest (ˈeldɪst) BNW *oudste*

elect (ɪˈlekt) **I** ZN *uitverkorene* **II** BNW *uitverkoren* ★ the President ~ *gekozen president, die nog niet in functie is* **III** OV WW *(ver)kiezen*

election (ɪˈlekʃən) ZN *verkiezing*

electioneer (ɪlekʃəˈnɪə) ONOV WW *verkiezingsactie voeren*

elective (ɪˈlektɪv) BNW • *gekozen* • *kies-* • *met kiesrecht* • USA *facultatief*

elector (ɪˈlektə) ZN • *kiezer; kiesman* • GESCH. *keurvorst*

electoral (ɪˈlektərəl) BNW ★ ~ college *kiescollege*; USA *college van kiesmannen*

electorate (ɪˈlektərət) ZN • *alle kiezers* • *keurvorstendom*

electric (ɪˈlektrɪk) **I** ZN • *stof die door wrijving elektrisch wordt* • USA *elektrische auto* **II** BNW *elektrisch* ★ blue *staalblauw* ★ ~ charge *elektrische lading* ★ ~ eel *sidderaal* ★ ~ eye *fotocel* ★ ~ jar *Leidse fles* ★ ~ sign *lichtreclame* ★ ~ torch *zaklantaarn*

electrical (ɪˈlektrɪkl) BNW → **electric**

electrician (ɪlekˈtrɪʃən) ZN *elektricien*

electricity (ɪlekˈtrɪsətɪ) ZN *elektriciteit* ★ ~ works *elektriciteitscentrale*

electrify (ɪˈlektrɪfaɪ) OV WW • *elektrificeren* • *onder stroom zetten* • *schokken* ⟨fig.⟩

electrocute (ɪˈlektrəkjuːt) OV WW *elektrocuteren; terechtstellen op elektrische stoel*

electrocution (ɪlektrəˈkjuːʃən) ZN *elektrocutie*

electrode (ɪˈlektrəʊd) ZN *elektrode*

electrolier (ɪlektrəˈlɪə) ZN *elektrische kroonluchter*

electrolyse (ɪ'lektrəlaɪz) OV WW *ontleden door elektriciteit*
electrolysis (ɪlek'trɒləsɪs) ZN *elektrolyse*
electromagnet (ɪlektrəʊ'mægnɪt) ZN *elektromagneet*
electronic (ɪlek'trɒnɪk) BNW *elektronisch* ★ ~ data processing *verwerking v. gegevens of informatie per computer*
electronics (ɪlek'trɒnɪks) ZN MV *elektronica*
electroplate (ɪ'lektrəplett) I ZN • *pleetzilver* • *verchroomd voorwerp* II OV WW *elektrolytisch verchromen/verzilveren*
electroshock (ɪ'lektrəʊʃɒk) ZN ★ ~ therapy *shocktherapie*
elegance ('elɪɡəns) ZN *elegantie*
elegant ('elɪɡənt) I ZN *fat* II BNW • *sierlijk*; *smaakvol* • *elegant* • PLAT *prima*
elegiac (elɪ'dʒaɪək) BNW *elegisch* ★ ~ poetry *klaagzangen*
elegy ('elədʒɪ) ZN *treurdicht/-zang*
elemental (elɪ'mentl) BNW • *m.b.t. de elementen* • *natuur-* • *enorm* • *essentieel*
elementary (elɪ'mentərɪ) BNW *eenvoudig*; *elementair* ★ ~ school *lagere school*
elements ('elɪmənts) ZN MV *beginselen*
elephant ('elɪfənt) ZN *olifant* ★ see pink ~s *schimmen zien* ★ white ~ *kostbaar maar nutteloos bezit of cadeau*
elephantiasis (elɪfən'taɪəsɪs) ZN *elefantiasis* ⟨huidziekte⟩
elephantine (elɪ'fæntaɪn) BNW • *als een olifant* • *plomp*
elevate ('elɪveɪt) OV WW • *(op-/ver)heffen* • *veredelen* ★ ~ a gun *een kanon hoger richten* ★ ~d *verheven*; *aangeschoten* ★ ~d railway *luchtspoorweg*
elevated ('elɪveɪtɪd) BNW • *verhoogd* • *verheven*
elevation (elɪ'veɪʃən) ZN • *verhoging* • *hoogte*
elevator ('elɪveɪtə) ZN • *hoogteroer* • USA *lift* • *elevator*; *silo*
eleven (ɪ'levən) I ZN *elftal* II TELW *elf*
eleven-plus ZN *toelatingsexamen voor voortgezet onderwijs*
elevenses (ɪ'levənzɪz) ZN *hapje en/of koffie rond elf uur*; *elfuurtje*
eleventh (ɪ'levənθ) TELW *elfde*
elf (elf) ZN • *elf* • *kabouter* • *dwerg* ★ elf lock(s) *verward haar*
elfin ('elfɪn) BNW → **elfish**
elfish ('elfɪʃ) BNW • *elfachtig* • *ondeugend*
elicit (ɪ'lɪsɪt) OV WW • *ontlokken* • *aan 't licht brengen*
elide (ɪ'laɪd) OV WW *weglaten*
eligibility (elɪdʒə'bɪlətɪ) ZN *geschiktheid*
eligible ('elɪdʒəbl) BNW • *verkiesbaar*; *verkieslijk* • *wenselijk* ★ an ~ bachelor *een begeerd vrijgezel*
eliminate (ɪ'lɪmɪneɪt) OV WW • *uit-/verdrijven* • *verwijderen* • *elimineren* • *terzijde stellen*
elimination (ɪlɪmɪ'neɪʃən) ZN *eliminatie*
elision (ɪ'lɪʒən) ZN *weglating*
elite (ɪ'liːt) ZN *elite*
elitism (ɪ'liːtɪzəm) ZN *elitisme*; *voorkeur voor leiding door selecte groep*
elitist (ɪ'liːtɪst) I ZN *elitist*; *voorstander van elitisme* II BNW *elitair*

elixir (ɪ'lɪksɪə) ZN • *toverdrank* • *elixer*; *bitter* ⟨drank⟩
Elizabethan (ɪ'lɪzəbiːθn) BNW *Elizabethaans*; *laat-zestiende-eeuws*
elk (elk) ZN • *eland* • USA *wapitihert*
ell (el) ZN *el* ★ give him an inch and he'll take an ell *geef 'm de vinger en hij neemt de hele hand*
ellipse (ɪ'lɪps) ZN *ellips*; *ovaal*
ellipsis (ɪ'lɪpsɪs) ZN • *ellips* • TAALK. *weglating*
elliptic (ɪ'lɪptɪk) BNW *elliptisch*
elm (elm) ZN *iep* ★ Dutch elm disease *iepziekte*
elocution (elə'kjuːʃən) ZN *voordracht*
elocutionist (elə'kjuːʃənɪst) ZN • *voordrachtskunstenaar* • *spraakleraar*
elongate ('iːlɒŋɡeɪt) OV+ONOV WW • *(uit)rekken* • *(z.) verlengen*
elongation (iːlɒŋ'ɡeɪʃən) ZN *verlenging*
elope (ɪ'ləʊp) ONOV WW *(van huis) weglopen om te trouwen*
elopement (ɪ'ləʊpmənt) ZN → **elope** *schaking*
eloquence ('eləkwəns) ZN *welsprekendheid*
eloquent ('eləkwənt) BNW *welbespraakt*; *welsprekend*
else (els) BNW *anders*
elsewhere ('elsweə) BIJW *elders*
elucidate (ɪ'luːsɪdeɪt) OV WW *ophelderen*; *toelichten*
elucidation (ɪluː'sɪdeɪʃən) ZN • *opheldering* • *toelichting*
elucidatory (ɪ'luːsɪdeɪtərɪ) BNW • *ophelderend* • *toelichtend*
elude (ɪ'luːd) OV WW *ontwijken*; *ontgaan*
elusive (ɪ'luːsɪv) BNW • *onvindbaar* • *ontwijkend*
elves (elvz) ZN MV → **elf**
elvish ('elvɪʃ) BNW → **elfish**
em- (ɪm) VOORV *em-*; *ver-*; *be-*; *in-* ★ empower *machtigen*
emaciate (ɪ'meɪsɪeɪt) OV WW *doen vermageren*; *uitmergelen* ★ ~d *uitgeteerd*
email ('iːmeɪl) I OV WW *per e-mail sturen* II ZN *e-mail*
e-mail I ZN → **email** II OV WW → **email**
emanate ('eməneɪt) I OV WW *uitstralen* II ONOV WW ~ from *(voort)komen uit*
emanation (emə'neɪʃən) ZN *uitstraling*
emancipate (ɪ'mænsɪpeɪt) OV WW • *emanciperen* • *vrij maken*
emancipation (ɪmænsɪ'peɪʃən) ZN • *emancipatie* • *vrijmaking v. slavernij*
emasculate[1] (ɪ'mæskjʊlət) BNW • *gecastreerd* • *machteloos*
emasculate[2] (ɪ'mæskjʊleɪt) OV WW • *castreren* • *machteloos maken*
embalm (ɪm'bɑːm) OV WW • *balsemen* • *geurig maken*
embalmment (ɪm'bɑːmmənt) ZN *balseming*
embankment (ɪm'bæŋkmənt) ZN • *kade* • *spoordijk* • *opgehoogde weg*
embargo (em'bɑːɡəʊ) I ZN • *belemmering* • *embargo* • *verbod v. in- of uitvoer* II OV WW *beslag leggen op*
embark (ɪm'bɑːk) I OV WW *aan boord nemen* II ONOV WW • *aan boord gaan* • ~ in/upon z. *begeven/wagen in*
embarkation (embɑː'keɪʃən) ZN *inscheping*
embarrass (ɪm'bærəs) OV WW *in verlegenheid brengen*; *hinderen*

embarrassing (ɪmˈbærəsɪŋ) BNW *lastig; pijnlijk*
embarrassment (ɪmˈbærəsmənt) ZN *verlegenheid*
embassy (ˈembəsɪ) ZN *gezantschap; ambassade*
embattled (ɪmˈbætld) BNW • *omringd door vijand(en)* • *belaagd; in moeilijkheden* • *met kantelen; gekanteeld*
embed (ɪmˈbed) OV WW *(vast)leggen; insluiten* ★ be ~ded in *vastzitten in*
embellish (ɪmˈbelɪʃ) OV WW *verfraaien; versieren*
embellishment (ɪmˈbelɪʃmənt) ZN *verfraaiing*
ember (ˈembə) ZN *gloeiend kooltje* ★ ~s *sintels* ★ ~ days *vastendagen*
embezzle (ɪmˈbezəl) OV WW *verduisteren* ⟨v. geld⟩
embitter (ɪmˈbɪtə) OV WW • *verbitteren* • *verergeren*
emblazon (ɪmˈbleɪzən) OV WW *verheerlijken*
emblem (ˈembləm) ZN • *symbool* • *embleem*
emblematic (embləˈmætɪk) BNW ★ be ~ of *symboliseren*
emblematize (ɪmˈblemətaɪz) OV WW *zinnebeeldig voorstellen*
embodiment (ɪmˈbɒdɪmənt) ZN *belichaming*
embody (ɪmˈbɒdɪ) OV WW • *belichamen* • *vorm geven* • *uitdrukken* • *omvatten*
embolden (ɪmˈbəʊldn) OV WW *aanmoedigen*
embolism (ˈembəlɪzəm) ZN *embolie*
embolus (ˈembələs) ZN *bloedprop*
embosom (ɪmˈbʊzəm) OV WW • *omgeven* • *omarmen*
emboss (ɪmˈbɒs) OV WW • *drijven* ⟨v. metaal⟩ • *in reliëf maken*
embowed (ɪmˈbəʊd) BNW *gewelfd*
embowel (ɪmˈbaʊəl) OV WW *van de ingewanden ontdoen*
embower (ɪmˈbaʊə) OV WW • *omgeven* • *beschutten*
embrace (ɪmˈbreɪs) I ZN *omhelzing* II OV WW • *omvatten* • *(elkaar) omhelzen* ★ ~ an opportunity *een gelegenheid aangrijpen* ★ ~ a party *zich aansluiten bij een partij*
embrasure (ɪmˈbreɪʒə) ZN • *schietgat* • GESCH. *neg*
embrocation (embrəʊˈkeɪʃən) ZN *smeersel; wrijfmiddel*
embroider (ɪmˈbrɔɪdə) OV WW • *borduren* • *opsmukken; versieren* ⟨v. verhaal⟩
embroidery (ɪmˈbrɔɪdərɪ) ZN *borduurwerk*
embroil (ɪmˈbrɔɪl) OV WW • *in de war brengen* • *verwikkelen; betrekken*
embroilment (ɪmˈbrɔɪlmənt) ZN *twist*
embryo (ˈembrɪəʊ) ZN *embryo; kiem* ★ in ~ *in de dop; nog niet ontwikkeld*
embryology (embrɪˈɒlədʒɪ) ZN *embryologie*
embryonic (embrɪˈɒnɪk) BNW *nog niet ontwikkeld*
embus (ɪmˈbʌs) I OV WW *inladen* II ONOV WW *instappen*
emend (ɪˈmend) OV WW *verbeteren*
emendation (iːmɜːnˈdeɪʃən) ZN • *verbetering* • *verbeterde tekst*
emerald (ˈemərəld) I ZN *smaragd* II BNW • *smaragden* • *smaragdgroen* ★ Emerald Isle *Ierland*
emerge (ɪˈmɜːdʒ) ONOV WW • *(naar) boven komen* • *naar buiten komen* • *z. vertonen* • *z. voordoen* • *blijken*
emergence (ɪˈmɜːdʒəns) ZN • *uitwas* • *het verschijnen*

---

155   **embarrassing – employ**

emergency (ɪˈmɜːdʒənsɪ) ZN • *onverwachte/ onvoorziene gebeurtenis* • *nood(toestand)* ★ in an ~ *in geval van nood* ★ ~ force *noodleger* ★ ~ meeting *spoedvergadering*
emergent (ɪˈmɜːdʒənt) BNW *z. los- of vrijmakend*
emeritus (ɪˈmerɪtəs) BNW *rustend*
emery (ˈemərɪ) ZN *amaril* ★ ~ cloth/paper *schuurlinnen/-papier* ★ ~ board *nagelvijl*
emetic (ɪˈmetɪk) I ZN *braakmiddel* II BNW *braakwekkend*
E.M.F. AFK • *electromotive force elektromotorische kracht* • *European Monetary Fund Europees Monetair Fonds*
emigrant (ˈemɪɡrənt) ZN *emigrant* ★ ~ bird *trekvogel*
emigrate (ˈemɪɡreɪt) ONOV WW *emigreren*
emigration (emɪˈɡreɪʃən) ZN *emigratie*
eminence (ˈemɪnəns) ZN • *hoge positie* • *eminentie* • *heuvel* ★ éminence grise *wijze oud-staatsman*
eminent (ˈemɪnənt) BNW *eminent; verheven; uitstekend*
eminently (ˈemɪnəntlɪ) BIJW • *in hoge mate* • *bij uitstek*
emirate (ˈemɪərət) ZN *emiraat*
emissary (ˈemɪsərɪ) ZN • *(geheim)agent* • *spion* • *handlanger*
emission (ɪˈmɪʃən) ZN • *afgifte; uitstraling* • *uitlaatgas* ⟨v. auto⟩ • *uitgifte* ⟨v. aandelen⟩ • *ejaculatie; zaadlozing* • *uiting*
emit (ɪˈmɪt) OV WW • *uiten* • *uitgeven/-zenden*
emollient (ɪˈmɒlɪənt) ZN *verzachtend middel*
emolument (ɪˈmɒljʊmənt) ZN *emolumenten; (bij)verdienste*
emote (ɪˈməʊt) ONOV WW *vreselijk tekeergaan*
emoticon (ɪˈməʊtɪkɒn) ZN COMP. *emoticon*
emotion (ɪˈməʊʃən) ZN *emotie; ontroering; gemoedsbeweging*
emotional (ɪˈməʊʃənl) BNW • *emotioneel; gevoels-* • *ontvankelijk; licht geroerd*
emotionalist (ɪˈməʊʃənəlɪst) ZN *gevoelsmens*
emotive (ɪˈməʊtɪv) BNW *roerend*
empanel (ɪmˈpænl) OV WW *samenstellen* ⟨v. jury⟩
empathize (ˈempəθaɪz) ONOV WW • *meeleven* • *zich inleven* ★ ~ with *meeleven met; zich kunnen inleven in*
empathy (ˈempəθɪ) ZN *het invoelen; medeleven*
emperor (ˈempərə) ZN *keizer*
emphasis (ˈemfəsɪs) ZN • *nadruk* • *overwicht*
emphasize (ˈemfəsaɪz) OV WW *nadruk leggen op*
emphatic (ɪmˈfætɪk) BNW *nadrukkelijk*
emphysema (emfɪˈsiːmə) ZN MED. *emfyseem* ★ pulmonary ~ *longemfyseem*
empire (ˈempaɪə) ZN • *keizerrijk; wereldrijk* • *heerschappij*
empiric (emˈpɪrɪk) I ZN *empiricus* II BNW *empirisch*
empirical (emˈpɪrɪkl) BNW *empirisch*
empiricism (ɪmˈpɪrɪsɪzəm) ZN *empirisme*
emplane (ɪmˈpleɪn) I OV WW *inladen* ⟨in vliegtuig⟩ II ONOV WW *instappen* ⟨in vliegtuig⟩
employ (ɪmˈplɔɪ) I ZN • *bezigheid* • *dienst(betrekking)* ★ out of ~ *werkloos* II OV WW • *gebruiken; aanvaarden* • *in dienst hebben* ★ ~ed *in dienstbetrekking* ★ be ~ed on *bezig zijn aan* ★ capital ~ed *geïnvesteerd kapitaal/ vermogen*

employable (ɪmˈplɔɪəbl) BNW *bruikbaar*
employee (emplɔɪˈiː) ZN *werknemer*
employer (ɪmˈplɔɪə) ZN *werkgever* ★ ~'s liability act *ongevallenwet*
employment (ɪmˈplɔɪmənt) ZN *werk; beroep*
employment agency ZN *uitzendbureau*
employment exchange ZN *arbeidsbureau*
employment office ZN *arbeidsbureau*
employment package ZN *arbeidsvoorwaarden*
emporium (emˈpɔːrɪəm) ZN • *handelscentrum* • *markt* • *grootwinkelbedrijf; warenhuis*
empower (ɪmˈpaʊə) OV WW • *machtigen* • *in staat stellen*
empress (ˈemprɪs) ZN *keizerin*
emptiness (ˈemptɪnəs) ZN *leegheid; leegte*
empty (ˈemptɪ) I ZN *lege kist of wagen* II BNW • *leeg* • *nietszeggend* • *met lege maag* III OV WW • *leeg worden* • *zich ontlasten van* IV ONOV WW *leeg maken/raken*
empty-handed BNW *met lege handen*
empty-headed BNW *leeghoofdig; dom; stompzinnig; onnozel*
emu (ˈiːmjuː) ZN *emoe*
emulate (ˈemjʊleɪt) OV WW • *trachten voorbij te streven* • *wedijveren met* • *navolgen*
emulation (emjʊˈleɪʃən) ZN • *wedijver* • *rivaliteit*
emulous (ˈemjʊləs) BNW *wedijverend*
emulsify (ɪˈmʌlsɪfaɪ) OV WW *emulgeren*
emulsion (ɪˈmʌlʃən) ZN *emulsie* ★ ~ paint *mat opdrogende lak*
enable (ɪˈneɪbl) OV WW • *in staat stellen* • *machtigen* ★ JUR. enabling legislation *wetgeving die toetreding regelt*
enact (ɪˈnækt) OV WW • *bepalen* • *spelen* ⟨v. rol op toneel⟩ • *tot wet verheffen*
enactment (ɪˈnæktmənt) ZN *verordening*
enamel (ɪˈnæml) I ZN • *vernis* • *email* • *lak* II OV WW *emailleren*
enamour (ɪˈnæmə) OV WW • *verliefd maken* • *bekoren* ★ ~ed of *verliefd op*
enamoured (ɪˈnæməd) BNW *verliefd*
encage (ɪnˈkeɪdʒ) OV WW *kooien*
encamp (ɪnˈkæmp) ONOV WW • *(zich) legeren* • *kamperen*
encampment (ɪnˈkæmpmənt) ZN *kamp(ement)*
encase (ɪnˈkeɪs) OV WW *omhullen; omsluiten*
encaustic (ɪnˈkɔːstɪk) I ZN *brandschilderwerk* II BNW *ingebrand*
encephalitis (enkefəˈlaɪtɪs) ZN *hersenontsteking*
enchain (ɪnˈtʃeɪn) OV WW • *ketenen* • *boeien* ⟨ook fig.⟩
enchant (ɪnˈtʃɑːnt) OV WW • *betoveren* • *verrukken*
enchanter (ɪnˈtʃɑːntə) ZN *tovenaar*
enchanting (ɪnˈtʃɑːntɪŋ) BNW *aantrekkelijk; verrukkelijk; charmant; betoverend*
enchantment (ɪnˈtʃɑːntmənt) ZN *betovering*
enchantress (ɪnˈtʃɑːntrəs) ZN • *toverkol* • *verleidster*
enchilada (entʃɪˈlɑːdə) ZN CUL. *enchilada* ★ IRON. big ~ *hoge pief*
encircle (ɪnˈsɜːkl) OV WW *omringen; insluiten; omsingelen*
encirclement (ɪnˈsɜːklmənt) ZN • *omsingeling* • *insluiting*
enclasp (ɪnˈklɑːsp) OV WW *omvatten*
enclose (ɪnˈkləʊz) OV WW • *omgeven; omheinen* • *insluiten* ⟨bij brief⟩ ★ please find ~d *ingesloten moge u aantreffen*
enclosure (ɪnˈkləʊʒə) ZN • *eigen terrein; omheind gebied* • *bijlage*
encode (ɪnˈkəʊd) OV WW *coderen*
encomium (enˈkəʊmɪəm) ZN *lof(tuiting)*
encompass (ɪnˈkʌmpəs) OV WW • *omgeven* • *omsingelen* • *omvatten; insluiten*
encore (ˈɒŋkɔː) I ZN *toegift* II OV WW *bisseren* III TW *bis*
encounter (ɪnˈkaʊntə) I ZN • *ontmoeting* • *confrontatie* II OV WW • *ontmoeten; treffen* • *slaags raken* • *het hoofd bieden* III ONOV WW *elkaar ontmoeten*
encourage (ɪnˈkʌrɪdʒ) OV WW • *aanmoedigen; stimuleren* • *bemoedigen*
encouragement (ɪnˈkʌrɪdʒmənt) ZN *aanmoediging*
encouraging (ɪnˈkʌrɪdʒɪŋ) BNW *bemoedigend*
encroach (ɪnˈkrəʊtʃ) ONOV WW • *zich indringen* • ~ (up)on *inbreuk maken op*
encroachment (ɪnˈkrəʊtʃmənt) ZN • *aantasting* • *overschrijding*
encrust (ɪnˈkrʌst), **incrust** I OV WW *bedekken met korst* II ONOV WW *korst vormen*
encumber (ɪnˈkʌmbə) OV WW • *belemmeren; versperren* • *belasten*
encumbrance (ɪnˈkʌmbrəns) ZN • *last* ⟨ook fig.⟩ • *hypotheek* ★ without ~ *zonder kinderen*
encyclop(a)edia (ensaɪkləˈpiːdɪə) ZN *encyclopedie*
encyclop(a)edical (ensaɪkləˈpiːdɪkl) BNW *encyclopedisch*
encyclop(a)edist (ensaɪkləˈpiːdɪst) ZN *encyclopedist*
end (end) I ZN • *eind(je)* • *doel* • USA *afdeling; filiaal* ★ in the end *tenslotte; op den duur* ★ for that end *te dien einde* ★ go for end *omslaan* ★ end to end *in de lengte achter elkaar* ★ from end to end *van het begin tot het eind; helemaal* ★ at one's wits' end *ten einde raad* ★ keep one's end up *zich handhaven; zich kranig weren* ★ make both ends meet *rondkomen* ★ to no end *vruchteloos; tevergeefs* ★ come to a bad end *er slecht afkomen* ★ go off the deep end *kwaad worden* ★ end table *bijzettafeltje* ★ end product *eindproduct* ★ no end of nonsense *daverende onzin* ★ end result *eindresultaat* ★ no end of money *hopen geld* ★ on end *rechtop; overeind* ★ for 3 weeks on end *3 weken achter elkaar* ★ be at loose end *niets om handen hebben* ★ leave at a loose end *onbeslist/onafgemaakt laten* II OV WW • *beëindigen* • *eind maken aan* • ~ off *goed beëindigen; afronden* • ~ up *eindigen* III ONOV WW • *eindigen* • ~ in *eindigen in; uitlopen op*
endamage (ɪnˈdæmɪdʒ) WW → **damage**
endanger (ɪnˈdeɪndʒə) OV WW *in gevaar brengen*
endear (ɪnˈdɪə) OV WW *zich bemind maken*
endearing (ɪnˈdɪərɪŋ) BNW *sympathiek; vertederend*
endearment (ɪnˈdɪəmənt) ZN *liefkozing* ★ terms of ~ *liefkozende woorden; koosnaampjes*
endeavour (ɪnˈdevə) I ZN *poging* ★ ~ at *poging tot* II ONOV WW • *proberen* • ~ after *streven naar*
endemic (enˈdemɪk) I ZN *inheemse ziekte* II BNW *inheems*

ending ('endɪŋ) ZN • *einde* • TAALK. *uitgang* ⟨v. woord⟩

endive ('endaɪv) ZN *andijvie*

endless ('endləs) BNW *eindeloos*

endlong ('endlɒŋ) BIJW *in de lengte*

endocrinology (endəʊkrɪ'nɒlədʒɪ) ZN *hormonenleer*

endorse (ɪn'dɔːs) OV WW • *endosseren* • *op de achterzijde van aantekening voorzien* • *onderschrijven* • *steunen; steun betuigen* ★ ~ a (driver's) licence *achterop rijbewijs de overtreding(en) vermelden*

endorsee (endɔː'siː) ZN *geëndosseerde; gemachtigde*

endorsement (ɪn'dɔːsmənt) ZN • *onderschrijving* • *steun; steunbetuiging*

endorser (ɪn'dɔːsə) ZN • *endossant* • *sympathisant*

endow (ɪn'daʊ) OV WW • *subsidiëren* • *begiftigen*

endowment (ɪn'daʊmənt) ZN *talent; gave* ★ ~ insurance *kapitaalverzekering*

endpaper ('endpeɪpə) ZN *schutblad*

endue (ɪn'djuː) OV WW • *voorzien van* • *bekleden*

endurable (ɪn'djʊərəbl) BNW *draaglijk*

endurance (ɪn'djʊərəns) ZN • *lijdzaamheid; geduld* • *uithoudingsvermogen* • *duur(zaamheid)*

endure (ɪn'djʊə) I OV WW *verdragen; uithouden* II ONOV WW *(voort)duren; in stand blijven*

enduring (ɪn'djʊərɪŋ) BNW *blijvend*

endways ('endweɪz) BIJW • *met einde naar voren* • *met einden tegen elkaar; in de lengte; achter elkaar* • *haaks*

endwise BIJW → **endways**

enema ('enɪmə) ZN *klysma; darmspoeling*

enemy ('enəmɪ) I ZN *vijand* ★ INFORM. how goes the ~? *hoe laat is het?* II BNW *vijandelijk*

energetic (enə'dʒetɪk) BNW • *krachtig* • *energiek*

energetics (enə'dʒetɪks) ZN MV *leer v.h. arbeidsvermogen*

energize ('enədʒaɪz) OV WW *bezielen*

energumen (enɜː'gjuːmen) ZN *streber*

energy ('enədʒɪ) ZN *energie; werkkracht* ★ speak with ~ *met nadruk spreken*

enervate[1] (ɪ'nɜːvət) BNW *slap; zwak*

enervate[2] ('enəveɪt) OV WW *ontkrachten*

enervation (enə'veɪʃən) ZN *ontkrachting*

enfeeble (ɪn'fiːbl) OV WW *zwak maken*

enfeeblement (ɪn'fiːblmənt) ZN *verzwakking*

enfold (ɪn'fəʊld) OV WW • *in-/omwikkelen; hullen in* • *omhelzen* • *plooien*

enforce (ɪn'fɔːs) OV WW • *(af)dwingen (tot)* • *kracht bijzetten* • *streng handhaven* • ~ upon *opleggen* ⟨v. wil⟩; *dwingen tot*

enforceable (ɪn'fɔːsəbl) BNW *af te dwingen*

enforcement (ɪn'fɔːsmənt) ZN • *handhaving* • *dwang*

enfranchise (ɪn'fræntʃaɪz) OV WW • *bevrijden; vrijlaten* • *kies-/stemrecht verlenen*

engage (ɪn'geɪdʒ) I OV WW • *bespreken* ⟨v. plaatsen⟩ • *in dienst nemen* • *op z. nemen* • *voor zich innemen* • *in het gevecht brengen* ★ ~ a p.'s attention *iem.s aandacht voor zich opeisen* II ONOV WW • *(zich) verbinden* • *zich verloven* • *slaags raken met* ★ be ~d in/on *bezig zijn met* ★ are you ~d? *bent u bezet/bezig?* ★ ~d couple *verloofd paar* ★ number ~d *in gesprek* ⟨v. telefoon⟩ ★ engaging innemend • ~ for *garanderen; instaan voor* • ~ in *z. begeven in* • ~ upon *beginnen met* • ~ with *in dienst gaan bij*

engagement (ɪn'geɪdʒmənt) ZN • *afspraak* • *verloving* • ~s *(geldelijke) verplichtingen* ★ under an ~ *gebonden* ★ without ~ *vrijblijvend* ★ ~ ring *verlovingsring*

engaging (ɪn'geɪdʒɪŋ) BNW *charmant; aantrekkelijk*

engarland (ɪn'gɑːlənd) OV WW *bekransen; omkransen*

engender (ɪn'dʒendə) OV WW *teweeg brengen; verwekken* ★ be ~ed *ontstaan*

engine ('endʒɪn) ZN • *machine; motor; locomotief* • *brandspuit* • *werktuig; middel* ★ ~ driver *machinist* ★ twin-~d *tweemotorig* ★ caloric ~ *heteluchtmotor* ★ locomotive ~ *locomotief*

engineer (endʒɪ'nɪə) I ZN • *ingenieur* • *technicus* • SCHEEPV. *machinist* • USA *(trein)machinist* • *geniesoldaat* • *aanstichter* II OV WW • *construeren* • *op touw zetten; bewerken* III ONOV WW *ingenieur zijn*

engineering (endʒɪ'nɪərɪŋ) ZN • *(machine)bouwkunde* • *techniek* ★ ~ department *ingenieursbureau; technische dienst* ★ ~ development *apparatuurontwikkeling* ★ ~-works *machinefabriek*

engird OV WW → **engirdle**

engirdle (ɪn'gɜːdl) OV WW *omgorden; omringen*

English ('ɪŋglɪʃ) I ZN • TAALK. *Engels* • *Engelsen* ★ the King's/Queen's ~ *Standaardengels* ★ in plain ~ *in klare taal* II BNW *Engels*

Englishman ('ɪŋglɪʃmən) ZN • *Engelsman* • *Engels schip*

English-speaking BNW *Engelstalig*

Englishwoman ('ɪŋglɪʃwʊmən) ZN *Engelse*

engorge (ɪn'gɔːdʒ) OV WW *verslinden; volproppen*

engraft (ɪn'grɑːft) OV WW • *enten* • *inprenten* • *aaneen laten groeien*

engrain (ɪn'greɪn) OV WW • *in de wol verven; diep doen doordringen in* ★ ~ed rogue *aartsschelm*

engrave (ɪn'greɪv) OV WW • *graveren* • *inprenten*

engraver (ɪn'greɪvə) ZN *graveur*

engraving (ɪn'greɪvɪŋ) ZN *gravure*

engross (ɪn'grəʊs) OV WW • *grosseren* ⟨v. akte⟩ • *voor zich opeisen; beslag leggen op* • ~ in *verdiept in*

engrossing (en'grəʊsɪŋ) BNW *imposant*

engrossment (en'grəʊsmənt) ZN *het verdiept zijn in*

engulf (ɪn'gʌlf) OV WW *verzwelgen*

enhance (ɪn'hɑːns) OV WW • *verhogen* • *versterken* • *vermeerderen* • *groter maken of voorstellen*

enigma (ɪ'nɪgmə) ZN *raadsel*

enigmatic(al) (enɪg'mætɪk(l)) BNW *raadselachtig*

enjoin (ɪn'dʒɔɪn) OV WW • *voorschrijven; bevelen* • JUR. *verbieden*

enjoy (ɪn'dʒɔɪ) I OV WW *genieten (van)* II WKD WW ★ ~ o.s. *zich vermaken; zich amuseren*

enjoyable (ɪn'dʒɔɪəbl) BNW *prettig*

enjoyment (ɪn'dʒɔɪmənt) ZN *plezier*

enkindle (ɪn'kɪndl) OV WW *aan-/ontsteken; in vuur en vlam zetten*

enlace (ɪn'leɪs) OV WW *omstrengelen;*

ineenstrengelen
enlarge (ɪnˈlɑːdʒ) **I** OV WW *vergroten; verruimen* **II** ONOV WW • *groter worden* • ~ **(up)on** *uitweiden over*
enlargement (ɪnˈlɑːdʒmənt) ZN *vergroting*
enlarger (ɪnˈlɑːdʒə) ZN *vergrotingsapparaat*
enlighten (ɪnˈlaɪtn) OV WW • *toe-/verlichten* • ~ **about/on** *inlichten over*
enlightened (ɪnˈlaɪtnd) BNW *verlicht*
enlightenment (ɪnˈlaɪtnmənt) ZN *verlichting* ★ the Enlightenment *de Verlichting*
enlist (ɪnˈlɪst) **I** OV WW • MIL. *inlijven* • *voor z. winnen* • *te hulp roepen; gebruik maken van* ★ USA ~ed man *gewoon dienstplichtige* **II** ONOV WW *(z. laten) inschrijven*
enlistment (ɪnˈlɪstmənt) BNW *dienst*
enliven (ɪnˈlaɪvən) OV WW *verlevendigen*
enmesh (ɪnˈmeʃ) OV WW *verwarren; verstrikken* ★ be ~ed *verstrikt raken*
enmity (ˈenməti) ZN *vijandschap*
ennead (ˈenɪæd) ZN *negental; serie v. 9*
ennoble (ɪˈnəʊbl) OV WW • *adelen* • *veredelen*
enormity (ɪˈnɔːməti) ZN • *enormiteit; geweldige blunder* • *gruweldaad* • *gruwelijkheid* • *enorme omvang*
enormous (ɪˈnɔːməs) BNW *enorm; kolossaal*
enough (ɪˈnʌf) BNW + BIJW *genoeg* ★ fair ~ *akkoord; dat is niet onredelijk* ★ ~ is as good as a feast *genoeg is genoeg!* ★ she sang well ~ *zij zong heel aardig* ★ sure ~ *zo goed als zeker; inderdaad*
enounce (ɪˈnaʊns) OV WW *uiten; verkondigen*
enquire (ɪnˈkwaɪə), **inquire** OV+ONOV WW • *navragen; informeren* ★ ~ **within** *inlichtingen binnen/alhier* • ~ **about/after** *informeren naar* • ~ **into** *onderzoeken* • ~ **of** *bij iem. informeren*
enquiry (ɪnˈkwaɪərɪ), **inquiry** ZN • *'t vragen • (aan-/na-)vraag* • *onderzoek* ★ make enquiries *inlichtingen inwinnen* ★ court of ~ *onderzoekscommissie; militair gerechtshof*
enrage (ɪnˈreɪdʒ) OV WW *woedend maken*
enrapture (ɪnˈræptʃə) OV WW *in verrukking brengen*
enravish (ɪnˈrævɪʃ) OV WW *in verrukking brengen*
enrich (ɪnˈrɪtʃ) OV WW *rijk(er) maken; verrijken*
enrichment (ɪnˈrɪtʃmənt) ZN *verrijking* ★ ~ plant *(uranium)verrijkingsfabriek*
enrobe (ɪnˈrəʊb) OV WW *hullen; kleden in; tooien*
enrol (ɪnˈrəʊl), USA **enroll I** OV WW • *inschrijven* • MIL. *inlijven* • *registreren* • ~ **in** *opnemen in* **II** WKD WW • ~ o.s. *lid worden; dienst nemen*
enroll I OV WW USA → **enrol II** WKD WW
enrol(l)ment (ɪnˈrəʊlmənt) ZN *register; lijst*
ensconce (ɪnˈskɒns) OV WW *verschansen* **II** WKD WW ★ ~ o.s. *zich (behaaglijk) nestelen*
ensemble (ɒnˈsɒmbl) ZN *ensemble; groep*
enshrine (ɪnˈʃraɪn) OV WW • *(als heiligdom) bewaren* • *in-/omsluiten* • *bevatten*
enshroud (ɪnˈʃraʊd) OV WW *omhullen*
ensign[1] (ˈensaɪn) ZN • *vaandel* • *vlag* ⟨met Union Jack in linker bovenhoek⟩ • *teken; symbool* ★ white ~ *Britse marinevlag* ★ red ~ *Britse koopvaardijvlag*
ensign[2] (ˈens(ə)n) ZN • *vaandrig* • USA *luitenant-ter-zee derde klasse*
ensilage (ˈensɪlɪdʒ) ZN *ingekuild (vee)voer*
ensile (ɪnˈsaɪl) OV WW *inkuilen; opslaan*
enslave (ɪnˈsleɪv) OV WW • *(doen) verslaven* • *tot slaaf maken*
enslavement (ɪnˈsleɪvmənt) ZN *slavernij*
enslaver (ɪnˈsleɪvə) ZN *charmeuse; bekoorlijke vrouw*
ensnare (ɪnˈsneə) OV WW *verstrikken*
ensphere (ɪnˈsfɪə) OV WW *omsluiten*
ensue (ɪnˈsjuː) ONOV WW • *volgen* • *intreden* • ~ **from** *het gevolg zijn van*
ensure (ɪnˈʃɔː) OV WW • *verzekeren (van)* • *waarborgen* • ~ **from** *vrijwaren van*
enswathe (ɪnˈsweɪð) OV WW *hullen in; inbakeren*
E.N.T. AFK *ear, nose and throat keel-, neus- en oor-*
entail (ɪnˈteɪl) **I** ZN • *onvervreemdbaar erfgoed* • *erfenis* **II** OV WW • *tot gevolg hebben; met zich meebrengen* • *tot onvervreemdbaar erfgoed maken*
entangle (ɪnˈtæŋgl) OV WW *verwikkelen* ★ be ~d *verstrikt/verward zitten*
entanglement (ɪnˈtæŋglmənt) ZN • *intrige* • MIL. *(prikkel)draadversperring*
enter (ˈentə) **I** OV WW • *zadelmak maken* ⟨v. paard⟩ • *boeken* ★ ~ protest *protest indienen* ★ ~ vote *stem uitbrenging* • ~ **into** *beginnen; aangaan; aanknopen; ingaan op; deelnemen aan* ★ ~ into a p.'s feelings *meevoelen met iemand* • ~ **(up)on** *aannemen; beginnen; ter hand nemen; ingaan; aanvaarden* **II** ONOV WW • *opkomen* ⟨op toneel⟩ • *(zich laten) inschrijven* **III** OV+ONOV WW • *binnendringen/-gaan/-komen* • ~ **for** *gaan deelnemen aan*
enteric (enˈterɪk) BNW *m.b.t. de ingewanden* ★ ~ fever *buiktyfus*
enteritis (entəˈraɪtɪs) ZN *ingewandsontsteking*
enterprise (ˈentəpraɪz) ZN • *onderneming(sgeest); initiatief* • *waagstuk*
enterprising (ˈentəpraɪzɪŋ) BNW *ondernemend*
entertain (entəˈteɪn) OV WW • *onderhouden* • *aangenaam bezig houden; vermaken* • *gastvrij onthalen/ontvangen* ★ ~ a hope *hoop koesteren* ★ ~ a proposal *ingaan op een voorstel*
entertainer (entəˈteɪnə) ZN *conferencier; kleinkunstenaar*
entertaining (entəˈteɪnɪŋ) BNW *amusant*
entertainment (entəˈteɪnmənt) ZN *amusement*
enthral (ɪnˈθrɔːl), USA **enthrall** OV WW • *tot slaaf maken* • *boeien* ⟨figuurlijk⟩
enthrall OV WW USA → **enthral**
enthralling (ɪnˈθrɔːlɪŋ) BNW *betoverend*
enthrone (ɪnˈθrəʊn) OV WW • *op de troon zetten; kronen* ★ ~ a bishop *bisschop wijden*
enthronement (ɪnˈθrəʊnmənt) ZN • *kroning* • *installering*
enthuse (ɪnˈθjuːz) **I** OV WW *enthousiast maken* **II** ONOV WW *enthousiast zijn; dwepen*
enthusiasm (ɪnˈθjuːzɪæzəm) ZN *enthousiasme; geestdrift*
enthusiast (ɪnˈθjuːzɪæst) ZN *enthousiasteling; geestdriftig bewonderaar*
enthusiastic (ɪnθjuːzɪˈæstɪk) BNW *enthousiast*
entice (ɪnˈtaɪs) OV WW *(aan-/ver)lokken*
enticement (ɪnˈtaɪsmənt) ZN *lokmiddel*
enticing (ɪnˈtaɪsɪŋ) BNW *verlokkelijk*
entire (ɪnˈtaɪə) BNW • *(ge)heel* • *compleet* • *zuiver* • *niet gecastreerd*

entirely (ɪn'taɪəlɪ) BIJW *helemaal; totaal*
entirety (ɪn'taɪərətɪ) ZN *geheel*
entitle (ɪn'taɪtl) OV WW • *betitelen* • ~ **to** *het recht geven te/op* ★ be ~d to *recht hebben op*
entitlement (ɪn'taɪtlmənt) ZN *betiteling*
entity ('entətɪ) ZN • *iets bestaands* • *wezen*
entomb (ɪn'tu:m) OV WW • *begraven* • *tot graf dienen voor*
entombment (ɪn'tu:mmənt) ZN *begrafenis*
entomologist (entə'mɒlədʒɪst) ZN *insectenkundige*
entomology (entə'mɒlədʒɪ) ZN *insectenleer*
entourage (ɒntuə'ra:ʒ) ZN • *gevolg; begeleiding* • *omgeving*
entrails ('entreɪlz) ZN MV *ingewanden; binnenste*
entrain (ɪn'treɪn) I OV WW *inladen* ‹in trein› II ONOV WW *instappen* ‹in trein›
entrance[1] ('entrəns) ZN • *intocht* • *toegang; ingang* • *entree* • *aanvaarding* • *binnenkomst* ★ ~ exam(ination) *toelatingsexamen* ★ ~ fee *entreegeld*
entrance[2] (ɪn'trɑ:ns) OV WW *in trance brengen*
entrant ('entrənt) ZN • *binnenkomende* • *deelnemer; inschrijver* • *nieuweling*
entrap (ɪn'træp) OV WW • *vangen* ‹in val› • *in de val laten lopen*
entreat (ɪn'tri:t) OV WW *dringend verzoeken*
entreaty (ɪn'tri:tɪ) ZN *smeekbede*
entrench (ɪn'trentʃ) ONOV WW *verschansen*
entrenchment (ɪn'trentʃmənt) ZN *verschansing*
entrepôt ('ɒntrəpəʊ) ZN *entrepot; goederenopslagplaats*
entrepreneur (ɒntrəprə'nɜ:) ZN *ondernemer*
entrepreneurship (ɒntrəprə'nɜ:ʃɪp) ZN *ondernemerschap*
entrust (ɪn'trʌst) OV WW *toevertrouwen* ★ ~ a p. with s.th. *iem. iets toevertrouwen* ★ ~ s.th. to a p. *iem. iets toevertrouwen*
entry ('entrɪ) ZN • *(binnen)komst* • *intocht* • *ingang* • *inschrijving; boeking; post* ‹in boekhouding›; *intekening; naam op lijst* • *notitie* ‹in dagboek› ★ ~ visa *inreisvisum* ★ by double/single ~ *dubbel/enkel* ‹bij boekhouden›
entwine (ɪn'twaɪn) OV WW *ineenvlechten; ineenstrengelen*
E-number ZN *E-nummer*
enumerate (ɪ'nju:məreɪt) OV WW *opnoemen/-sommen*
enumeration (-'reɪʃən) ZN *opsomming*
enunciate (ɪ'nʌnsɪeɪt) OV WW • *(duidelijk) uitspreken* • *verkondigen* • *formuleren*
enunciation (ɪnʌnsɪ'eɪʃən) ZN *formulering*
enure (ɪ'njʊə) OV+ONOV WW → **inure**
envelop (ɪn'veləp) OV WW • MIL. *omsingelen* • *(in-/om-)hullen; omgeven*
envelope ('envələʊp) ZN *enveloppe*
envelopment (ɪn'veləpmənt) ZN • *omvatting* • *verpakkingsmateriaal*
envenom (ɪn'venəm) OV WW • *vergiftigen* • *verbitteren*
enviable ('envɪəbl) BNW *benijdenswaardig*
envious ('envɪəs) BNW ★ ~ of *jaloers op*
environ (ɪn'vaɪərən) OV WW *omgeven; insluiten*
environment (ɪn'vaɪərənmənt) ZN • *omgeving* • *milieu*
environmental (ɪnvaɪərən'mentl) BNW *milieu-*

environmentalist (ɪnvaɪərən'mentəlɪst) ZN *milieudeskundige*
environs (ɪn'vaɪərənz) ZN MV • *omstreken* • *omgeving*
envisage (ɪn'vɪzɪdʒ) OV WW • OUD. *onder ogen zien; trotseren* • *beschouwen*
envoy ('envɔɪ) ZN *(af)gezant*
envy ('envɪ) I ZN *(voorwerp van) afgunst* II OV WW *benijden*
enwrap (ɪn'ræp) OV WW *omwikkelen*
enzyme ('enzaɪm) ZN *enzym*
eon ('i:ən) ZN FIG. *eeuwigheid*
E.P. AFK extended play *(grammofoonplaat)* met verlengde speelduur
ephemeral (ɪ'femərəl) BNW *van één dag; kortstondig*
epic ('epɪk) I ZN *episch gedicht; epos* II BNW *episch*
epicene ('epɪsi:n) I ZN • *gemeenslachtig wezen; hermafrodiet* • *geslachtloos wezen* • *verwijfde kerel* II BNW • *hermafrodiet* • *zonder geslachtskenmerken; halfslachtig; ongedefinieerd* • *verwijfd*
epicentre ('epɪsentə) ZN *epicentrum*
epicure ('epɪkjʊə) ZN *lekkerbek*
epicurean (epɪ'kjʊərɪən) I ZN *lekkerbek* II BNW *genotzuchtig*
epidemic (epɪ'demɪk) I ZN *epidemie* II BNW *epidemisch*
epidermis (epɪ'dɜ:mɪs) ZN *opperhuid*
epiglottis (epɪ'glɒtɪs) ZN *strotklep*
epigram ('epɪgræm) ZN *puntdicht*
epilepsy ('epɪlepsɪ) ZN *epilepsie; vallende ziekte*
epileptic (epɪ'leptɪk) I ZN *epilepsiepatiënt* II BNW *epileptisch*
epilogue ('epɪlɒg) ZN *slotwoord; naschrift*
epiphany (ɪ'pɪfənɪ) ZN *goddelijke openbaring*
episcopacy (ɪ'pɪskəpəsɪ) ZN *bisschoppelijke hiërarchie/regering* ★ the ~ *de bisschoppen*
episcopal (ɪ'pɪskəpl) BNW *m.b.t. bisschoppelijke hiërarchie*
episcopalian (ɪpɪskə'peɪlɪən) I ZN *lid van episcopale Kerk* II BNW *onder bisschoppelijke hiërarchie*
episcopate (ɪ'pɪskəpət) ZN • *bisdom* • *bisschoppelijke waardigheid* ★ the ~ *de bisschoppen*
episode ('epɪsəʊd) ZN • *episode* • *aflevering* ‹uit een serie›
episodic (epɪ'sɒdɪk) BNW *episodisch; nu en dan voorkomend; sporadisch*
epistle (ɪ'pɪsəl) ZN *epistel; brief*
epistolary (ɪ'pɪstələrɪ) BNW ★ ~ style *briefstijl*
epitaph ('epɪtɑ:f) ZN *grafschrift*
epithet ('epɪθet) ZN *scheldwoord*
epitome (ɪ'pɪtəmɪ) ZN • *toonbeeld* • *korte samenvatting*
epitomize (ɪ'pɪtəmaɪz) OV WW • *het toonbeeld zijn van* • *in het klein zijn* • *samenvatten; beknopt weergeven*
epoch ('i:pɒk) ZN • *tijdvak* • *tijdstip*
epochal ('epɒkl) BNW *gewichtig; baanbrekend*
epoch-making ('i:pɒkmeɪkɪŋ) BNW *baanbrekend; gewichtig*
eponym ('epənɪm) ZN *naamgever*
eponymous (ɪ'pɒnɪməs) BNW *naamgevend*
epos ('epɒs) ZN *epos; heldendicht*

epoxy (ɪˈpɒksɪ) ZN *epoxy*
epoxy resin ZN *epoxyhars*
equability (ekwəˈbɪlətɪ) ZN • *gelijkvormigheid* • *evenwichtigheid*
equable (ˈekwəbl) BNW • *gelijkvormig* • *evenwichtig*
equal (ˈiːkwəl) I ZN *gelijke* II BNW • *gelijk* • *dezelfde; hetzelfde* ★ ~ *to opgewassen tegen; in staat om* ★ ~ *fight gelijk opgaand gevecht* ★ *on* ~ *terms op voet van gelijkheid* III OV WW • *gelijk zijn aan* • *evenaren*
equality (ɪˈkwɒlətɪ) ZN ★ *on an* ~ *op gelijke voet*
equalization (iːkwəlaɪˈzeɪʃən) ZN • *het gelijkmaken* • *het evenredig verdelen*
equalize (ˈiːkwəlaɪz) OV WW *gelijk maken/stellen*
equalizer (ˈiːkwəlaɪzə) ZN • SPORT *gelijkmaker* • A-V *equalizer*
equally (ˈiːkwəlɪ) BIJW *even*
equanimity (ekwəˈnɪmətɪ) ZN • *evenwichtigheid* • *berusting*
equate (ɪˈkweɪt) OV WW • ~ *to gelijkstellen aan* • ~ *with gelijkstellen met*
equation (ɪˈkweɪʒən) ZN • *gelijkmaking; evenwicht* • WISK. *vergelijking* • *correctie* ★ *linear* ~ *vergelijking v.d. 1e graad*
equator (ɪˈkweɪtə) ZN *evenaar*
equatorial (ekwəˈtɔːrɪəl) BNW *equatoriaal*
equestrian (ɪˈkwestrɪən) I ZN *ruiter* II BNW *ruiter-*
equiangular (iːkwɪˈæŋgjʊlə) BNW *met gelijke hoeken*
equidistant (iːkwɪˈdɪstnt) BNW *op gelijke afstand*
equilateral (iːkwɪˈlætərəl) BNW *gelijkzijdig*
equilibrate (ɪˈkwɪlɪbreɪt) I OV WW *in evenwicht brengen* II ONOV WW *in evenwicht zijn*
equilibrist (ɪˈkwɪlɪbrɪst) ZN *koorddanser*
equilibrium (iːkwɪˈlɪbrɪəm) ZN *evenwicht*
equine (ˈiːkwaɪn) BNW *paarden-*
equinoctial (iːkwɪˈnɒkʃəl) BNW ★ ~ *gale tropische storm*
equinox (ˈiːkwɪnɒks) ZN *nachtevening*
equip (ɪˈkwɪp) OV WW • *uit-/toerusten* • *installeren* ⟨v. machines⟩
equipage (ˈekwɪpɪdʒ) ZN • *equipage* • *benodigdheden*
equipment (ɪˈkwɪpmənt) ZN *uitrusting*
equipoise (ˈekwɪpɔɪz) I ZN • *evenwicht* • *tegenwicht* ⟨ook fig.⟩ II OV WW • *in evenwicht houden* • *opwegen tegen*
equitable (ˈekwɪtəbl) BNW *billijk*
equitation (ekwɪˈteɪʃən) ZN *rijkunst*
equities (ˈekwətɪz) ZN MV *gewone aandelen*
equity (ˈekwətɪ) ZN • *billijkheid* • *aandelenkapitaal* • *(netto) vermogen*
equivalence (ɪˈkwɪvələns) ZN *gelijkwaardigheid*
equivalent (ɪˈkwɪvələnt) I ZN *equivalent* II BNW *gelijkwaardig*
equivocal (ɪˈkwɪvəkl) BNW *twijfelachtig; dubbelzinnig; verdacht*
equivocate (ɪˈkwɪvəkeɪt) ONOV WW *dubbelzinnig spreken; om de hete brij draaien*
equivocation (ɪkwɪvəˈkeɪʃən) ZN • *dubbelzinnigheid* • *het eromheen draaien*
ER AFK MED. Emergency Room ≈ *Eerste Hulpafdeling*
E.R. AFK • Elizabeth Regina *koningin Elizabeth* • Edwardus Rex *koning Edward*

era (ˈɪərə) ZN • *jaartelling* • *tijdperk*
eradicate (ɪˈrædɪkeɪt) OV WW • *ontwortelen* • *uitroeien*
eradication (ɪrædɪˈkeɪʃən) ZN • *het ontwortelen* • *het uitroeien*
erase (ɪˈreɪz) OV WW • *doorhalen; raderen* • *uitvegen* • *uitwissen* ★ ~ *head wiskop*
eraser (ɪˈreɪzə) ZN • *radeermesje* • *vlakgum; radeergum* • *bordenwisser*
erasure (ɪˈreɪʒə) ZN *uitwissing*
ere (eə) I BNW + BIJW *vooruit; voorafgaand; eerder* II VZ *vóór* ★ ~ *long weldra* III VW *voordat*
erect (ɪˈrekt) I BNW *omhoog-/opgericht; overeind* II OV WW • *oprichten* • *stichten*
erection (ɪˈrekʃən) ZN • *erectie* • *gebouw* • *het oprichten*
erectness (ɪˈrektnəs) ZN *kaarsrechte houding*
erector (ɪˈrektə) ZN • *stichter* • *oprichtende spier*
eremite (ˈerɪmaɪt) ZN *kluizenaar*
ergotherapy (ɜːgəʊˈθerəpɪ) ZN *ergotherapie*
eristic (eˈrɪstɪk) I ZN *polemicus* II BNW *polemisch*
ermine (ˈɜːmɪn) ZN • *hermelijn* • *embleem van waardigheid*
erode (ɪˈrəʊd) I OV WW • *uitbijten* ⟨door zuur⟩ • *uitschuren* • *wegvreten* • *uithollen* II ONOV WW • *wegspoelen* • *verslechteren*
erogenous (ɪˈrɒdʒɪnəs) BNW *erogeen; seksueel gevoelig* ⟨v. lichaamsdelen⟩ ★ ~ *zone erogene zone*
erosion (ɪˈrəʊʒən) ZN *erosie*
erosive (ɪˈrəʊsɪv) BNW • *erosief* • *uitschurend*
erotic (ɪˈrɒtɪk) BNW *erotisch*
erotica (ɪˈrɒtɪkə) ZN MV *erotische literatuur*
eroticism (ɪˈrɒtɪsɪzəm) ZN *erotiek*
err (ɜː) OV WW • *dwalen* • *z. vergissen* • *zondigen*
errand (ˈerənd) ZN *boodschap* ★ *run* ~*s boodschappen doen/rondbrengen*
errand-boy (ˈerəndbɔɪ) ZN *loopjongen*
errant (ˈerənt) I ZN *dolende ridder* II BNW *dolend*
errata (ɪˈrɑːtə) ZN MV → **erratum**
erratic (ɪˈrætɪk) BNW • *onwetend* • *onevenwichtig* • *grillig*
erratum (ɪˈrɑːtəm) ZN *fout; vergissing*
erroneous (ɪˈrəʊnɪəs) BNW *onjuist*
error (ˈerə) ZN • *fout; vergissing* • *dwaling* • *overtreding* ★ ~*s excepted fouten voorbehouden*
error message ZN COMP. *foutmelding*
ersatz (ˈeəzæts) ZN *surrogaat*
erstwhile (ˈɜːstwaɪl) BIJW *voorheen*
eructation (iːrʌkˈteɪʃən) ZN *oprisping; boer*
erudite (ˈeruːdaɪt) BNW *erudiet*
erudition (erʊˈdɪʃən) ZN *eruditie*
erupt (ɪˈrʌpt) ONOV WW • *uitbarsten* • *oplaaien* • *dóórbreken*
eruption (ɪˈrʌpʃən) ZN • *uitbarsting* • *(huid)uitslag*
escalate (ˈeskəleɪt) ONOV WW • *opvoeren* • *toenemen* • *escaleren*
escalation (eskəˈleɪʃən) ZN *verheviging* ⟨v. geweld of spanning⟩
escalator (ˈeskəleɪtə) ZN *roltrap*
escalope (ˈeskəlɒp) ZN *schnitzel* ★ ~ *of veal kalfsoester*
escapade (ˈeskəpeɪd) ZN *dolle streek*
escape (ɪˈskeɪp) I ZN • *ontsnapping* • *brandladder* ★ *near* ~ *ontsnapping op het nippertje* II OV WW

ontgaan ❙❙❙ ONOV WW *ontsnappen; ontkomen*
escape clause ZN *ontsnappingsclausule*
escapee (ɪskeɪˈpiː) ZN *ontsnapte gevangene*
escapism (ɪˈskeɪpɪzəm) ZN *escapisme*
escapist (ɪˈskeɪpɪst) BNW *escapistisch*
escarp (ɪˈskɑːp) ❙ ZN • *steile rotswand* • MIL. *steile glooiing onder wal* ❙❙ OV WW *afschuiven v.e. wal*
escarpment (ɪˈskɑːpmənt) ZN *glooiing; talud*
eschalot (ˈeʃəlɒt) ZN *sjalot*
eschew (ɪsˈtʃuː) OV WW *schuwen; mijden*
escort[1] (ˈeskɔːt) ZN *escorte; geleide*
escort[2] (ɪˈskɔːt) OV WW *escorteren; begeleiden*
escutcheon (ɪˈskʌtʃən) ZN *wapenschild; blazoen* ★ blot on a p.'s ~ *smet op iem.s naam; spiegel* ⟨v. schip⟩
Eskimo (ˈeskɪməʊ) ❙ ZN • *persoon eskimo* • *taal Eskimo* ❙❙ BNW • *van eskimo's* • *van/uit het Eskimo*
esophagus (iːˈsɒfəgəs) ZN *slokdarm*
esoteric (iːsəʊˈterɪk) BNW *esoterisch; geheim; vertrouwelijk; voor ingewijden*
esp. AFK *especially speciaal*
espalier (ɪˈspælɪə) ZN *leiboom*
especial (ɪˈspeʃəl) BNW *bijzonder*
especially (ɪˈspeʃlɪ) BIJW *vooral*
espial (ɪˈspaɪəl) ZN *bespieding*
espionage (ˈespɪənɑːʒ) ZN *spionage*
esplanade (espləˈneɪd) ZN *esplanade* • *terras*
espousal (ɪˈspaʊzəl) ZN *hulp; steun* ⟨aan een zaak⟩
espouse (ɪˈspaʊz) OV WW • *huwen* • *uithuwelijken* ★ ~ a cause *geloof hechten aan een zaak*
espy (ɪˈspaɪ) OV WW *bespeuren*
Esq. AFK Esquire *de Weledele Heer* ★ Jack Collins Esq. *de Weledele Heer Jan Klaassen*
esquire (ɪˈskwaɪə) ZN • *Weledele Heer* • USA *rechter*
E.S.R.O. AFK European Space Research Organisation *Europese Organisatie voor Ruimteonderzoek*
essay (ˈeseɪ) ❙ ZN • *essay; korte studie* • *poging* ❙❙ OV WW • *beproeven* • *op de proef stellen*
essayist (ˈeseɪɪst) ZN *essayschrijver*
essence (ˈesəns) ZN • *wezen; kern* • *extract* • *parfum* ★ of the ~ *van (wezens)belang*
essential (ɪˈsenʃəl) ❙ ZN • *het wezenlijke* • *het onontbeerlijke* ❙❙ BNW • *wezenlijk* • *onontbeerlijk* ★ ~ oil *etherische olie*
essentially (ɪˈsenʃəlɪ) BIJW *in wezen; essentieel*
E.S.T. AFK AUS Eastern Standard Time *Oostelijke Standaardtijd* ⟨tijdzone in oostelijk Australië⟩
establish (ɪˈstæblɪʃ) OV WW • *oprichten* • *vestigen* • *instellen; vaststellen* • *bewijzen* ★ ~ a card *een kaart vrijspelen* ★ Established Church *staatskerk*
establishment (ɪˈstæblɪʃmənt) ZN • *instelling; organisatie* • *personeel* • *handelshuis; grote zaak* ★ peace/war ~ *vredes-/oorlogssterkte* ★ the Establishment *de staatskerk; de gevestigde orde*
estate (ɪˈsteɪt) ZN • *onroerend goed* • *boedel; nalatenschap* • *landgoed* • *plantage* • *plaats/ rang in de maatschappij* • *stationcar* ★ the Three Estates *geestelijke en wereldlijke Lords in het Lagerhuis* ★ real ~ *onroerend goed* ★ third ~ *derde stand; burgerij* ★ fourth ~ *de pers* ★ ~ agent *makelaar in onroerend goed; rentmeester* ★ ~ agency *makelaarskantoor* ★ landed ~ *grondbezit*

esteem (ɪˈstiːm) ❙ ZN *achting* ❙❙ OV WW • *achten* • *beschouwen*
esthete (ˈiːsθiːt) ZN USA → *aesthete*
esthetic(al) BNW USA → *aesthetic(al)*
esthetics ZN MV USA → *aesthetics*
estimable (ˈestɪməbl) BNW *achtenswaardig*
estimate[1] (ˈestɪmət) ZN *raming; schatting* ★ the Estimates *de Rijksbegroting*
estimate[2] (ˈestɪmeɪt) OV WW • *taxeren* • ~ at *schatten op; begroten op*
estimation (estɪˈmeɪʃən) ZN • *oordeel* • *mening* • *achting*
estimator (ˈestɪmeɪtə) ZN *schatter; taxateur*
estrange (ɪˈstreɪndʒ) OV WW *vervreemden*
estrangement (ɪˈstreɪndʒmənt) ZN *vervreemding*
estrogen (ˈiːstrədʒən) ZN *oestrogeen*
estuary (ˈestjʊərɪ) ZN *trechtermonding* ⟨v. rivier⟩
et (et) WW • et cetera *enzovoort* ★ et al. *en anderen* ★ et seq. *en volgende*
e.t.a. AFK estimated time of arrival *geschatte aankomsttijd*
etch (etʃ) OV+ONOV WW *etsen*
etching (ˈetʃɪŋ) ZN *ets*
e.t.d. AFK estimated time of departure *geschatte vertrektijd*
eternal (ɪˈtɜːnl) BNW *eeuwig*
eternity (ɪˈtɜːnətɪ) ZN *eeuwigheid*
ether (ˈiːθə) ZN *ether*
ethereal (ɪˈθɪərɪəl) BNW • *etherisch* • *vluchtig* • *hemels*
ethic (ˈeθɪk) ❙ ZN [meestal mv] *ethiek* ❙❙ BNW *ethisch*
ethical (ˈeθɪkl) BNW *ethisch*
ethnic (ˈeθnɪk) BNW • *etnisch* • *volkenkundig*
ethnically (ˈeθnɪklɪ) BIJW *etnisch* ★ ~ divided *etnisch verdeeld*
ethnography (eθˈnɒgrəfɪ) ZN *volkerenbeschrijving*
ethnologist (eθˈnɒlədʒɪst) ZN *etnoloog*
ethnology (eθˈnɒlədʒɪ) ZN *volkenkunde*
ethos (ˈiːθɒs) ZN *karakter* ⟨v. persoon⟩
etiquette (ˈetɪket) ZN *etiquette*
etna (ˈetnə) ZN *spiritusbrander*
etymologist (etɪˈmɒlədʒɪst) ZN *etymoloog*
etymology (etɪˈmɒlədʒɪ) ZN *etymologie; (studie v.) woordafleiding*
eucalyptus (juːkəˈlɪptəs) ZN *eucalyptus(boom)*
Eucharist (ˈjuːkərɪst) ZN • de *Eucharistie* • *Avondmaal*
euchre (ˈjuːkə) OV WW *te slim af zijn*
eugenic (juːˈdʒenɪk) BNW *eugenetisch*
eugenics (juːˈdʒenɪks) ZN MV *eugenetiek*
eulogize (ˈjuːlədʒaɪz) OV WW *prijzen*
eulogy (ˈjuːlədʒɪ) ZN *lof(rede)*
eunuch (ˈjuːnək) ZN *eunuch*
euphemism (ˈjuːfɪmɪzəm) ZN *eufemisme*
euphemistic (juːfəˈmɪstɪk) BNW *eufemistisch*
euphonic (juːˈfɒnɪk) BNW *welluidend*
euphonious BNW → *euphonic*
euphony (ˈjuːfənɪ) ZN *welluidendheid*
euphoria (juːˈfɔːrɪə) ZN *euforie; gelukzalig gevoel*
euphoric (juːˈfɒrɪk) BNW *euforisch*
euphuism (ˈjuːfjuːɪzəm) ZN *hoogdravende stijl*
Eurasian (jʊəˈreɪʒən) ❙ ZN *Eurazïer* ❙❙ BNW *Europees-Aziatisch*

eureka (juəˈriːkə) TW *eureka*
euro (ˈjʊərəʊ) ZN *euro*
eurocent (ˈjʊərəʊsent) M *eurocent*
Eurocrat (ˈjʊərəʊkræt) ZN POL. *eurocraat* ⟨hoge ambtenaar van de EU⟩
eurocurrency (ˈjʊərəʊkʌrənsɪ) ZN *Europese munt/ valuta*
European (jʊərəˈpɪən) I ZN *Europeaan* II BNW *Europees*
Euro-sceptic (jʊərəʊˈskeptɪk) ZN POL. *iemand die sceptisch tegenover de EU staat*
Eurovignette (ˈjʊərəʊvɪnjet) ZN *eurovignet*
euthanasia (juːθəˈneɪzɪə) ZN *euthanasie*
evacuant (ɪˈvækjʊənt) I ZN *laxerend middel* II BNW *laxerend*
evacuate (ɪˈvækjʊeɪt) OV WW • *ledigen* • *evacueren* • *ontruimen*
evacuation (ɪvækjʊˈeɪʃən) ZN • *evacuatie* • *ontruiming*
evacuee (ɪvækjuːˈiː) ZN *evacué*
evade (ɪˈveɪd) OV WW • *ontduiken/-wijken* • *vermijden* • *te boven gaan*
evaluate (ɪˈvæljʊeɪt) OV WW *de waarde bepalen van*
evaluation (ɪvæljʊˈeɪʃən) ZN • *waardebepaling* • *nabeschouwing*
evanesce (iːvəˈnes) ONOV WW *verdwijnen*
evanescence (iːvəˈnesəns) ZN *verdwijning*
evanescent (iːvəˈnesənt) BNW *voorbijgaand*
evangelic(al) (iːvænˈdʒelɪk(l)) I ZN *aanhanger van evangelische leer* II BNW *evangelisch*
evangelicalism (iːvænˈdʒəlɪkəlɪzəm) ZN → **evangelism**
evangelism (iːvænˈdʒəlɪzəm) ZN • *evangelische leer* • *evangelieprediking*
evangelist (ɪˈvændʒəlɪst) ZN *evangelist*
evangelize (ɪˈvændʒəlaɪz) OV WW • *het evangelie prediken* • *kerstenen*
evaporate (ɪˈvæpəreɪt) OV+ONOV WW • *(doen) verdampen* • *drogen* • *uitwasemen* ★ ~d milk *melkpoeder*
evaporation (ɪvæpəˈreɪʃən) ZN *uitwaseming*
evaporator (ɪˈvæpəreɪtə) ZN *verdampingstoestel; droogtoestel*
evasion (ɪˈveɪʒən) ZN *ontwijking*
evasion of taxes ZN *belastingontduiking*
evasive (ɪˈveɪsɪv) BNW *ontwijkend*
eve (iːv) ZN • *vóóravond* • *dag vóór*
even (ˈiːvən) I BNW • *effen* • *even* • *vlak* • *gelijk-/ regelmatig* ★ I'll be/get even with you *ik zal het je betaald zetten* ★ of even date *van dezelfde datum* ★ even-tempered *kalm* ★ break even *quitte spelen* II OV WW • *gelijk maken; gelijkstellen* • ~ out *gelijkmatig verdelen/-spreiden* • ~ up *gelijk maken* III ONOV WW ~ up *gelijk worden* IV BIJW *zelfs* ★ even as *op 't zelfde ogenblik (dat)* ★ even so *maar dan nog*
even-handed (iːvənˈhændɪd) BNW *onpartijdig*
evening (ˈiːvnɪŋ) ZN *avond* ★ ~ dress *avondkleding; smoking* ★ ~ star *Avondster*
evenings (ˈiːvnɪŋz) BIJW USA *'s avonds*
evenly (iːvənlɪ) BIJW • *gelijkmatig* • *rustig*
evens (ˈiːvənz) ZN • *gelijke kansen* • *lood om oud ijzer*
evensong (ˈiːvənsɒŋ) ZN *avonddienst*

event (ɪˈvent) ZN • *gebeurtenis* • *geval* • *evenement* • SPORT *nummer; wedstrijd* • *afloop* ★ at all ~s *wat er ook moge gebeuren; in elk geval* ★ in any/ either ~ *wat er ook moge gebeuren; in elk geval*
eventful (ɪˈventfʊl) BNW *veelbewogen*
eventual (ɪˈventʃʊəl) BNW • *uiteindelijk* • *mogelijk te gebeuren*
eventuality (ɪventʃʊˈælətɪ) ZN *mogelijke gebeurtenis*
eventually (ɪˈventʃʊəlɪ) BIJW *ten slotte*
eventuate (ɪˈventʃʊeɪt) ONOV WW • *aflopen* • ~ in *uitlopen op*
ever (ˈevə) BIJW *ooit* ★ for ever (and ever and a day) *eeuwig* ★ ever since *sindsdien* ★ ever yours/yours ever *voor altijd de jouwe; je ...* ⟨onder brief⟩ ★ as quick as you ever can *zo vlug als je maar kunt* ★ he may be ever so rich *al is hij nog zo rijk* ★ ever so much *heel veel* ★ ever and anon *nu en dan* ★ did you ever! *heb je ooit van je leven!* ★ never ever *nooit van mijn leven!* ★ ever after *sindsdien*
everglade (ˈevəɡleɪd) ZN USA *moerassteppe*
evergreen (ˈevəɡriːn) ZN • *altijd groene plant* • *liedje dat populair blijft*
everlasting (evəˈlɑːstɪŋ) I ZN • *eeuwigheid* • *immortelle* ⟨plant⟩ • *wollen stof* ★ the Everlasting *God* II BNW *eeuwig(durend)*
evermore (evəˈmɔː) BIJW *voor eeuwig*
every (ˈevrɪ) TELW *ieder* ★ ~ other day *om de andere dag* ★ ~ three days *om de 3 dagen* ★ ~ now and then/again *telkens* ★ ~ so often *nu en dan* ★ he's his father, ~ bit *hij is precies/ volkomen zijn vader*
everybody (ˈevrɪbɒdɪ) ONB VNW *iedereen*
everyday (ˈevrɪdeɪ) BNW • *alledaags* • *dagelijks*
everyone (ˈevrɪwʌn) ONB VNW *ieder(een)*
everything (ˈevrɪθɪŋ) ONB VNW *alles*
everywhere (ˈevrɪweə) BNW + BIJW *overal*
evict (ɪˈvɪkt) OV WW *uitwijzen/-zetten*
eviction (ɪˈvɪkʃən) ZN *uitzetting; ontruiming*
evidence (ˈevɪdns) I ZN • *aanwijzing; teken* • *bewijs; bewijsstuk/-materiaal* • *getuige(nis)* ★ in ~ *opvallend* ★ be called in ~ *als getuige worden opgeroepen* ★ give ~ *getuigenis afleggen* II OV WW • *bewijzen* • *tonen* • *getuigen (van)*
evident (ˈevɪdnt) BNW *duidelijk* ★ it was ~ that *het lag voor de hand, dat* ★ ~ly *blijkbaar; klaarblijkelijk*
evil (ˈiːvl) I ZN • *het kwade* • *zonde* • *onheil* • *euvel* • *boosdoener* ★ evildoer *boosdoener* ★ evil-tempered *humeurig; boos(aardig)* ★ he had fallen on evil days *hij maakte een slechte tijd door* ★ the Evil one *de duivel* II BNW *slecht; boos(aardig)*
evil-minded BNW *kwaadaardig; slecht*
evil-smelling BNW *stinkend; kwalijk riekend*
evince (ɪˈvɪns) OV WW *bewijzen; (aan)tonen*
eviscerate (ɪˈvɪsəreɪt) OV WW *v. ingewanden ontdoen*
evocation (iːvəʊˈkeɪʃən) ZN • *evocatie* • *oproeping*
evocative (ɪˈvɒkətɪv) BNW • *oproepend* • *beeldend* ⟨v. taalgebruik⟩
evoke (ɪˈvəʊk) OV WW • *aanhalen* • *oproepen*
evolution (iːvəˈluːʃən) ZN • *evolutie* • *het worteltrekken* • *zwenking*

evolutionary (i:və'lu:ʃənərı) BNW *evolutie-*
evolutionism (i:və'lu:ʃənızm) ZN *evolutieleer*
evolve (ı'vɒlv) I OV WW *ontwikkelen* II ONOV WW
• *zich ontplooien* • *geleidelijk ontstaan*
evulsion (ı'vʌlʃən) ZN *het uitrukken/uittrekken*
ewe (ju:) ZN *ooi*
ewer ('ju:ə) ZN • *kruik* • *lampetkan*
ex (eks) I ZN *ex* II AFK *example vb.* ‹voorbeeld›
ex- (eks-) VOORV *ex-*; *voormalig*
exacerbate (ıg'zæsəbeıt) OV WW • *verergeren*
• *prikkelen*
exacerbation (ıg'zæsə'beıʃən) ZN • *irritatie*
• *verergering*
exact (ıg'zækt) I BNW • *precies*; *nauwkeurig* • *juist*
★ ~*ly (so)! precies!* ★ *what is the ~ reason wat is de reden eigenlijk* II OV WW *eisen*
exacting (ıg'zæktıŋ) BNW *veeleisend*
exaction (ıg'zækʃən) ZN *afpersing*
exactitude (ıg'zæktıtju:d) ZN *nauwkeurigheid*
exaggerate (ıg'zædʒəreıt) OV WW *overdrijven*
exaggerated (ıg'zædʒəreıtıd) BNW *overdreven*
exaggeration (ıgzædʒə'reıʃən) ZN *overdrijving*
exalt (ıg'zɔ:lt) OV WW *verheffen* ★ ~*ed verheerlijkt*; *verheven*; *in vervoering*
exaltation (egzɔ:l'teıʃən) ZN • *verheerlijking*
• *verrukking*
exalted (ıg'zɔ:ltıd) I BNW • *verheven* • *opgetogen*
II WW → **exalt**
exam (ıg'zæm) ZN INFORM. → **examination**
examination (ıgzæmı'neıʃən) I ZN • *examen*
• *onderzoek* • *verhoor* ★ ~ *paper examenopgave*
★ *sit for an ~ examen doen* ★ *take one's ~ examen doen* ★ *under ~ nog in onderzoek*
★ *terminal ~ examen aan het eind v.e. trimester*
examine (ıg'zæmın) I OV WW ★ *examining judge rechter v. instructie* II OV+ONOV WW
• *ondervragen/-zoeken* • *examineren* • *visiteren*
★ *have your head ~d je moet je eens laten nakijken*; *je bent niet goed snik*
examinee (ıgzæmı'ni:) ZN *examenkandidaat*
examiner (ıg'zæmınə) ZN *examinator* ★ *medical ~ patholoog-anatoom*; *lijkschouwer*
example (ıg'zɑ:mpl) ZN *voorbeeld* ★ *make an ~ of een voorbeeld stellen* ★ *for ~ bij voorbeeld*
exasperate (ıg'zæspəreıt) OV WW • *ergeren*
• *kwaad maken*
exasperating (ıg'zæspəreıtıŋ) BNW *ergerlijk*
exasperation (ıgzæspə'reıʃən) ZN • *ergernis*
• *verbittering*
excavate ('ekskəveıt) OV WW *op-/uitgraven*
excavation (ekskə'veıʃən) ZN *opgraving*
excavator ('ekskəveıtə) ZN *excavateur*; *graafmachine*
exceed (ık'si:d) OV WW • *(zich) te buiten gaan*
• *overschrijden/-treffen* • *uitmunten*
exceeding(ly) (ık'si:dıŋ(lı)) BNW *buitengewoon*
excel (ık'sel) I OV WW *overtreffen* II ONOV WW *uitmunten*
excellence ('eksələns) ZN *uitmuntende eigenschap*
excellency ('eksələnsı) ZN *excellentie*
excellent ('eksələnt) BNW *uitstekend*
excelsior (ık'selsıɔ:) I ZN USA *houtwol* II TW *hoger op!*
except (ık'sept) I OV WW *uitzonderen* ★ ~*ing behalve*; *uitgezonderd* II ONOV WW *bezwaar maken* III VZ *uitgezonderd*; *behalve* ★ ~ *for behalve*; *uitgezonderd*
exception (ık'sepʃən) ZN *uitzondering* ★ *the ~ to the rule de uitzondering op de regel* ★ *take ~ to zich ergeren aan*; *protesteren*
exceptionable (ık'sepʃənəbl) BNW • *verwerpelijk*
• *afkeurenswaard* • *betwistbaar*
exceptional (ık'sepʃənl) BNW *uitzonderlijk*
excerpt¹ ('eksɜ:pt) ZN *uittreksel*
excerpt² (ek'sɜ:pt) OV WW • *ontlenen* • *aanhalen*
excess (ık'ses) ZN • *overmaat* • *exces*
• *buitensporigheid* • *uitspatting* • *surplus* ★ ~ *(weight) overgewicht* ★ ~ *(postage) strafport*
★ ~ *profits tax overwinstbelasting* ★ ~ *in drink overmaat aan drank* ★ *in ~ overmatig* ★ *in ~ of meer dan*
excessive (ık'sesıv) BNW *buitensporig*
exchange (ıks'tʃeındʒ) I ZN • *uitwisseling*
• *wisselkoers* • *beurs* • *telefooncentrale* ★ *foreign ~ deviezen* II OV WW • *(ver-/uit-/om)wisselen*
• *ruilen*
exchangeability (ıkstʃeındʒə'bılətı) ZN *omwisselbaarheid*
exchangeable (ıks'tʃeındʒəbl) BNW *omwisselbaar*
exchange broker ZN *wisselmakelaar*
exchange rate ZN *wisselkoers*
exchequer (ıks'tʃekə) ZN • *schatkist* • *kas*
★ *Chancellor of the Exchequer Minister v. Financiën*
excise ('eksaız) I ZN *accijns* ★ ~ *duties accijnzen*
II OV WW • *uitsnijden*; *wegnemen* • *accijns laten betalen*
exciseman ('eksaızmæn) ZN *commies*
excision (ık'sıʒən) ZN *uitsnijding*
excitable (ık'saıtəbl) BNW *prikkelbaar*
excite (ık'saıt) OV WW • *(op)wekken* • *prikkelen*
• *opwinden* ★ *don't get ~d! maak je niet druk!*
excited (ık'saıtıd) BNW *opgewonden*
excitement (ık'saıtmənt) ZN • *opwinding* • *roes*
exciting (ık'saıtıŋ) BNW *opwindend*; *spannend*
exclaim (ık'skleım) OV WW *uitroepen*
exclamation (eksklə'meıʃən) ZN *uitroep* ★ DRUKK.
~ *mark uitroepteken*
exclamatory (ık'sklæmətərı) BNW *uitroepend*
exclude (ık'sklu:d) OV WW *uitsluiten*; *onmogelijk maken*
excluding (ık'sklu:dıŋ) BNW *met uitsluiting van*; *niet inbegrepen*
exclusion (ık'sklu:ʒən) ZN *uitsluiting*
exclusive (ık'sklu:sıv) I ZN *primeur* ‹journalistiek›; *exclusief artikel/interview*
II BNW • *apart* • *kieskeurig* ★ ~ *of exclusief*; *met uitsluiting van*
exclusively (ık'sklu:sıvlı) BIJW *uitsluitend*
excogitate (eks'kɒdʒıteıt) OV WW • *uitdenken*
• *verzinnen*
excogitation (ekskɒdʒı'teıʃən) ZN • *uitdenking*
• *plan*
excommunicate (ekskə'mju:nıkeıt) OV WW *in de kerkelijke ban doen*
excommunication (ekskəmju:nı'keıʃən) ZN *excommunicatie*
ex-con AFK ex-convict *voormalig gevangene*
excoriate (eks'kɔ:rıeıt) OV WW • *schaven van de huid*; *ontvellen* • *afmaken* ‹figuurlijk› • *villen*
excrement ('ekskrımənt) ZN *uitwerpsel*; *ontlasting*

excrements ('ekskrımənts) ZN MV • afscheiding(sstoffen) • uitwerpselen

excrescence (ık'skresəns) ZN uitwas

excreta (ık'skri:tə) ZN MV afscheidingsproducten; excreten

excrete (ık'skri:t) OV WW afscheiden

excretion (ık'skri:ʃən) ZN uitscheiding

excretory (ık'skri:təri) BNW uitscheidings-

excruciating (ık'skru:ʃıeıtıŋ) BNW folterend; ondraaglijk

exculpate ('ekskʌlpeıt) OV WW • rehabiliteren • vrijspreken

excursion (ık'skɜ:ʃən) ZN • excursie • uitstapje • STERRENK. afwijking ★ ~ train pleziertrein

excursionist (ık'skɜ:ʃənıst) ZN deelnemer aan excursie

excursive (ık'skɜ:sıv) BNW afdwalend

excuse (ıks'kju:z) I ZN • verontschuldiging • uitvlucht II OV WW • excuseren; verontschuldigen • vrijstellen ★ ~ me for neemt u me niet kwalijk dat

ex-directory (eksdaı'rektərı) BNW geheim ⟨v. telefoonnummer⟩

execrable ('eksıkrəbl) BNW afschuwelijk

execrate ('eksıkreıt) OV WW verafschuwen

execration (eksı'kreıʃən) ZN • vloek • gehaat iets • afschuw

execute ('eksıkju:t) OV WW • uitvoeren; ten uitvoer brengen • vervullen • ter dood brengen ★ a deed een akte passeren ★ ~ an estate een boedel overdragen

execution (eksı'kju:ʃən) ZN • voordracht • (dodelijke) uitwerking • beslag(legging) ★ carry/put into ~ ten uitvoer brengen

executioner (eksı'kju:ʃənə) ZN beul

executive (ıg'zekjutıv) I ZN • directeur • topambtenaar • USA gouverneur • President v.d. VS • uitvoerende macht • lid v.d. directie • hoofd v. afdeling • bewindsman ★ ~ plane directievliegtuig II BNW uitvoerend; verantwoordelijk ★ ~ order decreet v.d. President v.d. VS

executor (ıg'zekjutə) ZN executeur-testamentair

executrix (ıg'zekjutrıks) ZN executrice

exegesis (eksı'dʒi:sıs) ZN • exegese • bijbeluitleg

exemplar (ıg'zemplə) ZN toon-/voorbeeld; model

exemplary (ıg'zemplərı) BNW • voorbeeldig • kenschetsend

exemplification (ıgzemplıfı'keıʃən) ZN • voorbeeld • toelichting • gewaarmerkte kopie

exemplify (ıg'zemplıfaı) OV WW • als voorbeeld dienen • met voorbeeld toelichten • gewaarmerkt afschrift maken van

exempt (ıg'zempt) I ZN vrijgestelde II BNW vrijgesteld III OV WW vrijstellen

exemption (ıg'zempʃən) ZN ★ ~ from taxation vrijstelling v. belasting

exequies ('eksıkwız) ZN uitvaartplechtigheden; begrafenis(plechtigheden)

exercise ('eksəsaız) I ZN • oefening • (lichaams)beweging • thema ★ winding-down ~ ontspanningsoefening II OV WW • (be-/uit)oefenen • beweging laten nemen • in acht nemen • gebruik maken van • MIL. (laten) exerceren • bezighouden • op de proef stellen ★ ~ the mind(s) de gemoederen verontrusten III ONOV WW • oefeningen doen/maken • sporten

exercise book ZN schrift

exert (ıg'zɜ:t) OV WW inspannen; uitoefenen

exertion (ıg'zɜ:ʃən) ZN • inspanning • krachtige poging

exeunt ('eksıʌnt) WW TON. →exit

exhalation (ekshə'leıʃən) ZN • uitademing • damp

exhale (eks'heıl) OV WW • uitademen • uitwasemen • OUD. luchten ⟨figuurlijk⟩

exhaust (ıg'zɔ:st) I ZN • uitlaatgassen • uitlaat ⟨v. motor⟩ ★ ~ fumes uitlaatgassen ★ ~ pipe uitlaatpijp II OV WW • uitputten • verbruiken • luchtledig maken

exhaustible (ıg'zɔ:stəbl) BNW eindig

exhaustion (ıg'zɔ:stʃən) ZN • uitstoting • lediging • uitputting

exhaustive (ıg'zɔ:stıv) BNW volledig; grondig

exhibit (ıg'zıbıt) I ZN • bewijsstuk • inzending ⟨op tentoonstelling⟩ • vertoon; vertoning II OV WW • aan de dag leggen • (ver)tonen • indienen • tentoonstellen

exhibition (eksı'bıʃən) ZN • tentoonstelling • studiebeurs ★ make an ~ of o.s. zich aanstellen

exhibitioner (eksı'bıʃənə) ZN beursstudent

exhibitionism (eksı'bıʃənızəm) ZN exhibitionisme

exhibitor (ıg'zıbıtə) ZN exposant

exhibitory (ıg'zıbıtrı) BNW spectaculair

exhilarate (ıg'zıləreıt) OV WW opvrolijken

exhilarating (ıg'zıləreıtıŋ) BNW opwekkend; opbeurend

exhilaration (ıgzılə'reıʃən) ZN opvrolijking; verlevendiging; blijdschap; hart onder de riem

exhort (ıg'zɔ:t) OV WW aansporen; vermanen

exhortation (egzɔ:'teıʃən) ZN vermaning

exhume (eks'hju:m) OV WW opgraven

exigence ('eksıdʒəns) ZN • dringende nood(zaak) • noodtoestand • eis

exigency ('eksıdʒənsı) ZN → exigence

exigent ('eksıdʒənt) BNW • dringend • veeleisend

exiguity (eksı'gju:ətı) ZN schaarste

exiguous (eg'zıgjuəs) BNW gering

exile ('eksaıl) I ZN • verbanning • ballingschap • balling II OV WW verbannen

exist (ıg'zıst) ONOV WW • bestaan • ~ on bestaan van

existence (ıg'zıstns) ZN het bestaan

existent (ıg'zıstnt) BNW bestaand

existential (egzı'stenʃəl) BNW existentieel

existentialism (egzı'stenʃəlızəm) ZN existentialisme

exit ('eksıt) I ZN • uitgang ⟨v. gebouw, voertuig enz.⟩ • vertrek ⟨het weggaan⟩ • afslag ⟨v. e. snelweg⟩ ★ exit visa uitreisvisum II ONOV WW • weggaan; verlaten ⟨gebouw, voertuig enz.⟩; gaan uit • TON. afgaan ★ TON. exit A. A. gaat af

exodus ('eksədəs) ZN uittocht

exonerate (ıg'zɒnəreıt) OV WW • ontlasten • vrijstellen • zuiveren

exoneration (ıgzɒnə'reıʃən) ZN • vrijspraak; zuivering; verontschuldiging • vrijstelling; ontlasting

exorbitance (ıg'zɔ:bıtns) ZN buitensporigheid

exorbitant (ıg'zɔ:bıtnt) BNW buitensporig

exorcism ('eksɔ:sızəm) ZN duivelbezwering

exorcist ('eksɔ:sıst) ZN duivelbezweerder

exorcize ('eksɔ:saız) OV WW • uitdrijven ⟨v. duivel⟩

- *bevrijden*
- **exoteric** (eksəʊ'terɪk) **I** ZN *niet-ingewijde* **II** BNW *voor niet-ingewijden; populair*
- **exotic** (ɪɡ'zɒtɪk) **I** ZN *uitheemse plant* **II** BNW *uitheems*
- **expand** (ɪk'spænd) **I** OV WW • *uitbreiden/-spreiden* • *uitwerken* ‹v. aantekeningen› **II** ONOV WW • *zich laten gaan* • *toenemen* • *uitzetten* • PLANTK. *opengaan* ‹v. bloemen› • *(z.) ontwikkelen* • ~ **on** *uitweiden over*
- **expanse** (ɪk'spæns) ZN *uitgestrektheid; uitgestrekt oppervlak*
- **expansion** (ɪk'spænʃn) ZN • *uitbreiding* • *uitgestrektheid*
- **expansive** (ɪk'spænsɪv) BNW • *uitzettings-* • *wijd* • *open* ‹v. karakter›
- **expatiate** (ɪk'speɪʃɪeɪt) ONOV WW ~ **on** *uitweiden over*
- **expatiatory** (ek'speɪʃɪeɪtərɪ) BNW *breedvoerig*
- **expatriate** (eks'pætrɪeɪt) **I** OV WW *verbannen* **II** WKD WW ★ ~ *o.s. het land verlaten; uitwijken*
- **expect** (ɪk'spekt) OV WW *verwachten* ★ ~*ing (a baby) in verwachting*
- **expectancy** (ɪk'spektənsɪ) ZN *verwachting; afwachting; kans* ★ **in** ~ *in het verschiet*
- **expectant** (ɪk'spektnt) **I** ZN *vermoedelijke opvolger; erfgenaam* **II** BNW *vermoedelijk* ★ ~ **of** *in afwachting van* ★ ~ **mother** *aanstaande moeder*
- **expectation** (ekspek'teɪʃən) ZN *vooruitzicht* ★ ~ **of life** *vermoedelijke levensduur* ★ **have** ~s *wat te erven hebben*
- **expectorant** (ek'spektərənt) **I** ZN *slijmoplossend middel* **II** BNW *slijmoplossend*
- **expectorate** (ek'spektəreɪt) OV WW *opgeven; spuwen*
- **expedience** (ɪk'spiːdɪəns) ZN • *middeltje* • *geschiktheid* • *opportunisme*
- **expediency** (ɪks'piːdɪənsɪ) ZN → **expedience**
- **expedient** (ɪk'spiːdɪənt) **I** ZN *(red)middel* **II** BNW • *doelmatig; raadzaam* • *opportunistisch*
- **expedite** ('ekspɪdaɪt) OV WW • *bespoedigen; voorthelpen* • *vlot afdoen*
- **expedition** (ekspɪ'dɪʃən) ZN • *expeditie* • *vlotheid*
- **expeditionary** (ekspɪ'dɪʃənərɪ) BNW ★ ~ **forces** *expeditieleger*
- **expeditious** (ekspɪ'dɪʃəs) BNW *vlot*
- **expel** (ɪk'spel) OV WW *verdrijven; verjagen; verwijderen*
- **expend** (ɪk'spend) OV WW *besteden; uitgeven*
- **expendable** (ɪk'spendəbl) BNW • *te verwaarlozen; waardeloos* • *bestemd*
- **expenditure** (ɪk'spendɪtʃə) ZN *uitgaven*
- **expense** (ɪk'spens) ZN *uitgave(n); (on)kosten* ★ ~ **account** *onkostenrekening* ★ **a joke at s.o.'s** ~ *een grapje ten koste van iem.* ★ **at the** ~ **of** *ten koste van; op kosten van*
- **expensive** (ɪk'spensɪv) BNW *duur*
- **experience** (ɪk'spɪərəns) **I** ZN • *ervaring* ‹kennis, kunde› • *ervaring* ‹gebeurtenis›; *bevinding* **II** OV WW • *ervaren* ‹gebeurtenis›; *ondervinden; meemaken* • *ervaren* ‹kunde, kennis verwerven›
- **experienced** (ɪk'spɪərɪənst) **I** BNW • *ervaren* ‹veel beleefd hebbend› • *ervaren* ‹kundig, wijs› [volt. deelw.] **II** → **experience**

- **experiential** (ɪkspɪərɪ'enʃəl) BNW *empirisch*
- **experiment¹** (ɪk'sperɪmənt) ZN *experiment*
- **experiment²** (ɪk'sperɪment) ONOV WW *proeven nemen*
- **experimental** (ɪksperɪ'mentl) BNW ★ ~ **philosophy** *ervaringsfilosofie*
- **experimentation** (eksperɪmen'teɪʃən) ZN *proefneming*
- **expert** ('ekspɜːt) **I** ZN *deskundige* **II** BNW *deskundig; bedreven*
- **expertise** (ekspɜː'tiːz) ZN • *expertise* • *deskundigheid*
- **expiate** ('ekspɪeɪt) OV WW *boeten (voor)*
- **expiation** (ekspɪ'eɪʃən) ZN *boetedoening*
- **expiatory** ('ekspɪətərɪ) BNW *boetend*
- **expiration** (ekspɪ'reɪʃən) ZN • *uitademing; expiratie; afloop*
- **expire** (ɪk'spaɪə) **I** ONOV WW • *de laatste adem uitblazen; sterven* • *aflopen; vervallen* **II** OV+ONOV WW *uitademen*
- **expiry** (ɪk'spaɪərɪ) ZN • *einde* • *afloop*
- **explain** (ɪk'spleɪn) **I** OV WW • *uitleggen; verklaren* • ~ **away** *wegredeneren; goedpraten* **II** WKD WW ★ ~ *o.s. zich nader verklaren*
- **explanation** (eksplə'neɪʃən) ZN *uitleg; verklaring*
- **explanatory** (ɪk'splænətərɪ) BNW *verklarend*
- **expletive** (ɪk'spliːtɪv) **I** ZN • *stopwoord* • *verwensing* • *vloekwoord; krachtterm* **II** BNW • *aanvullend* • *overtollig*
- **explicable** (ɪk'splɪkəbl) BNW *verklaarbaar*
- **explicate** ('eksplɪkeɪt) OV WW *ontvouwen; uiteenzetten*
- **explication** (eksplɪ'keɪʃən) ZN *uiteenzetting*
- **explicit** (ɪk'splɪsɪt) BNW • *expliciet* • *nauwkeurig omschreven* • *uitdrukkelijk* • *stellig* • *duidelijk*
- **explode** (ɪk'spləʊd) **I** OV WW *doen ontploffen* ★ ~ **a theory** *een theorie omverwerpen* **II** ONOV WW *ontploffen*
- **exploit¹** ('eksplɔɪt) ZN • *heldendaad* • *prestatie*
- **exploit²** (ɪk'splɔɪt) OV WW • *exploiteren* • *uitbuiten*
- **exploitation** (eksplɔɪ'teɪʃən) ZN *exploitatie*
- **exploiter** (ɪks'plɔɪtə) ZN *uitbuiter*
- **exploration** (eksplə'reɪʃən) ZN *verkenning*
- **exploratory** (ɪk'splɒrətərɪ) BNW *verkennend; onderzoekend*
- **explore** (ɪk'splɔː) OV WW • *onderzoeken* • *verkennen*
- **explorer** (ɪk'splɔːrə) ZN *ontdekkingsreiziger; verkenner*
- **explosion** (ɪk'spləʊʒən) ZN *explosie*
- **explosive** (ɪk'spləʊsɪv) **I** ZN *springstof* **II** BNW • *ontplofbaar* • *ontploffend* • *opvliegend*
- **exponent** (ɪk'spəʊnənt) ZN • *exponent* ‹bij algebra› • *vertolker; drager; type; vertegenwoordiger* • *vertolking*
- **exponential** (ekspə'nenʃəl) BNW *exponentieel*
- **export¹** ('ekspɔːt) ZN • *export* • *exportartikel*
- **export²** (ɪk'spɔːt) OV WW *exporteren*
- **exportation** (ekspɔː'teɪʃən) ZN • *export(handel)* • *het exporteren*
- **export documents** ZN *uitvoerpapieren; exportpapieren*
- **export duty** ZN *uitvoerrecht*
- **exporter** (ɪk'spɔːtə) ZN *exporteur*
- **expose** (ɪk'spəʊz) OV WW • *tentoonstellen* • *ontmaskeren* • *uiteenzetten* ★ ~ **a child** *een*

kind te vondeling leggen ★ ~ a film *een film belichten* ★ ~d *onbeschut* ★ ~ to *blootstellen aan*

exposé (ek'spəʊzeɪ) ZN • *ontmaskering* • *uiteenzetting*

exposition (ekspə'zɪʃən) ZN • *uiteenzetting* • *(handels)beurs*

expositor (ɪk'spɒzɪtə) ZN • *(verklarend) woordenboek* • *tolk*

expository (ɪks'pɒzɪtərɪ) BNW *verklarend*

expostulate (ɪk'spɒstjʊleɪt) ONOV WW • *protesteren* • *opwerpingen maken*

expostulation (ɪkspɒstjʊ'leɪʃən) ZN *vermaning*

exposure (ɪk'spəʊʒə) ZN → **expose** ★ *death by* ~ *dood door kou en ellende*

expound (ɪk'spaʊnd) OV WW *uiteenzetten; verklaren*

express (ɪk'spres) I ZN • *expresse* • *sneltrein* • USA *expeditiebedrijf* II BNW + BIJW • *expresse* ⟨post⟩ • *uitdrukkelijk, stellig* • *met opzet* ★ ~ly *bepaald* ★ ~ delivery *expresbrief* III OV WW • USA *per expeditiebedrijf versturen* • *uitdrukken* • *uitpersen* ★ ~ one's sympathy *zijn deelneming betuigen*

expression (ɪk'spreʃən) ZN *uitdrukking* ★ beyond ~ *onuitsprekelijk*

expressionism (ɪk'spreʃənɪzəm) ZN *expressionisme*

expressionless (ɪk'spreʃənləs) BNW *wezenloos; uitdrukkingsloos*

expressive (ɪk'spresɪv) BNW • *expressief* • *veelzeggend* ★ ~ of *uitdrukking gevend aan; uitdrukkend*

express letter ZN *expresbrief*

expressly (ɪk'sprеsli) BIJW • *uitdrukkelijk; met nadruk* • *speciaal*

expressway (ɪk'spresweɪ) ZN USA *autosnelweg*

expropriate (eks'prəʊprɪeɪt) OV WW • *onteigenen* • *afnemen*

expropriation (ɪksprəʊprɪ'eɪʃən) ZN *onteigening*

expulsion (ɪk'spʌlʃən) ZN *verdrijving; uitwijzing* ★ ~ order *bevel tot uitwijzing*

expunge (ɪk'spʌndʒ) OV WW *schrappen*

expurgate ('ekspəgeɪt) OV WW • *zuiveren* • *kuisen* ⟨v. tekst⟩ • *schrappen*

expurgation (ekspə'geɪʃən) ZN *zuivering*

expurgatory (ek'spɜ:gətərɪ) BNW ★ ~ index *kerkelijke index*

exquisite ('ekskwɪzɪt) I ZN *fat* II BNW • *voortreffelijk; (ver)fijn(d)* • *intens*

ex-serviceman (eks'sɜ:vɪsmən) ZN *oudgediende*

extant (ek'stænt) BNW *(nog) bestaand*

extemporaneous (ɪkstempə'reɪnɪəs), **extemporary** BNW *geïmproviseerd*

extempore (ɪk'stempərɪ) BNW + BIJW *voor de vuist weg*

extemporize (ɪk'stempəraɪz) OV WW *improviseren*

extend (ɪk'stend) I OV WW • *uitbreiden/-strekken* • *uitsteken* • *rekken; verlengen* ★ ~ (shorthand) notes *steno uitwerken* ★ ~ lands *land taxeren* ★ ~ a favour *een gunst bewijzen* II ONOV WW • *doen rekken* • *zich uitstrekken*

extensible (ɪk'stensəbl) BNW *(uit)rekbaar*

extensile (ɪk'stensaɪl) BNW *uitzetbaar; rekbaar*

extension (ɪk'stenʃən) ZN • *uitgebreidheid* • *omvang* • *bijkantoor; dependance* ★ ~ 132 *toestel 132* ★ ~ ladder *uitschuifladder* ★ ~ telephone *neventoestel*

extensive (ɪk'stensɪv) BNW • *groots opgezet* • *veelomvattend*

extent (ɪk'stent) ZN • *omvang; mate* • *schatting; beslaglegging* ★ to such an ~ that *zoozeer dat* ★ to a certain ~ *in zekere mate*

extenuate (ɪk'stenjʊeɪt) OV WW *verzachten*

extenuation (ɪkstenjʊ'eɪʃən) ZN *vergoelijking*

exterior (ɪk'stɪərɪə) I ZN *buitenkant* II BNW • *uiterlijk* • *uitwendig* • *buiten-*

exteriorize (ɪk'stɪərɪəraɪz) OV WW *uiterlijke vorm geven*

exterminate (ɪk'stɜ:mɪneɪt) OV WW *uitroeien; verdelgen*

extermination (ɪkstɜ:mɪ'neɪʃən) ZN • *uitroeiing* • *verdelging*

exterminator (ɪk'stɜ:nl) I ZN • *verdelger* • *uitroeier* II BNW • *uitwendig* • *van buiten af* • *uiterlijk* • *buitenlands* ★ ~ external student *extraneus*

externalize (ɪk'stɜ:nəlaɪz) OV WW *uiting geven aan*

externals (ɪk'stɜ:nlz) ZN MV *uiterlijkheden*

extinct (ɪk'stɪŋkt) BNW *uitgestorven* ★ ~ family *uitgestorven geslacht*

extinction (ɪk'stɪŋkʃən) ZN *(het) uitsterven*

extinguish (ɪk'stɪŋgwɪʃ) OV WW • *(uit)blussen; (uit)doven* • *in de schaduw stellen; overtroeven* • *tot zwijgen brengen* • *teniet doen* ★ ~ a debt *een schuld delgen*

extinguisher (ɪk'stɪŋgwɪʃə) ZN • *blusapparaat* • *doofdoener* • *domper*

extirpate ('ekstɜ:peɪt) OV WW *uitroeien; verdelgen*

extirpation (ekstɜ:'peɪʃən) ZN *uitroeiing; verdelging*

extirpator ('ekstɜ:peɪtə) ZN *wiedmachine*

extol (ɪk'stəʊl) OV WW *prijzen; ophemelen*

extort (ɪk'stɔ:t) OV WW *afdwingen/-persen*

extortion (ɪk'stɔ:ʃən) ZN • *afpersing* • *afzetterij*

extortionate (ɪk'stɔ:ʃənət) BNW *buitensporig*

extortioner (ɪk'stɔ:ʃənə) ZN *afperser; uitzuiger*

extra ('ekstrə) I ZN • *extra nummer* • *extra leervak* • *extraatje* • *figurant* ⟨in film⟩ ★ (special) ~ *laatste editie v. avondblad* II BNW *extra* III VOORV *buiten-*

extract[1] ('ekstrækt) ZN • *extract* • *passage* ⟨uit boek⟩

extract[2] (ɪk'strækt) OV WW • *(uit)trekken* • *afdwingen* • *uitpersen; aftrekken* • *een passage aanhalen* ★ have a tooth ~ed *een kies/tand laten trekken*

extraction (ɪk'strækʃən) ZN *afkomst*

extracurricular (ekstrəkə'rɪkjʊlə) BNW *buitenschools*

extraditable ('ekstrədaɪtəbl) BNW *uitleverbaar*

extradite ('ekstrədaɪt) OV WW *uitleveren*

extradition (ekstrə'dɪʃən) ZN *uitlevering*

extrajudicial (ekstrədʒu:'dɪʃəl) BNW • *buiten het gerecht* • *wederrechtelijk*

extramarital (ekstrə'mærɪtl) BNW *buitenechtelijk*

extramundane (ekstrəmʌn'deɪn) BNW *niet v. deze wereld*

extramural (ekstrə'mjʊərəl) BNW • *(van) buiten de stad* • *buiten de universiteit*

extraneous (ɪk'streɪnɪəs) BNW *buiten de zaak staand*

extraordinary (ɪk'strɔ:dɪnərɪ) BNW *buitengewoon*

extrapolate (ɪkˈstræpəleɪt) OV+ONOV WW
• *extrapoleren* • *een berekening afleiden uit gegevens*

extrasensory (ekstrəˈsensərɪ) BNW *buitenzintuiglijk* ★ ~ perception *buitenzintuiglijke waarneming*

extraterrestrial (ekstrətɪˈrestrɪəl) BNW *buitenaards*

extraterritorial (ekstrəterɪˈtɔːrɪəl) BNW *buiten de landswet(ten) vallend*

extravagance (ɪkˈstrævəgəns) ZN • *extravagantie* • *buitensporigheid*

extravagant (ɪkˈstrævəgənt) BNW • *buitensporig*; *overdreven* • *verkwistend* • *ongerijmd*

extravaganza (ɪkstrævəˈgænzə) ZN *fantastisch stuk*; *spectaculaire theater-/televisieproductie*

extreme (ɪkˈstriːm) I ZN • *(uit)einde* • WISK. *uiterste term* • *hoogste graad* ★ in the ~ *uitermate* II BNW • *uiterst*; *laatst*; *hoogst* • *buitengemeen/-gewoon* • *hevig* ★ Extreme Unction H. Oliesel; *ziekenzalving*

extremely (ɪkˈstriːmlɪ) BIJW *buitengewoon*; *uitermate*

extremism (ɪkˈstriːmɪzəm) ZN *extremisme*

extremist (ɪkˈstriːmɪst) I ZN *extremist* II BNW *extremistisch*

extremity (ɪkˈstremətɪ) ZN • *uiterste nood* • *uiterste maatregel* • *uiterste* • *uitsteeksel* • *a tingling sensation in the extremities tintelende vingers en tenen*

extricable (ɪkˈstrɪkəbl) BNW *ontwarbaar*

extricate (ˈekstrɪkeɪt) OV WW • *uit de knoop halen* • *bevrijden*

extrication (ekstrɪˈkeɪʃən) ZN • *het ontwarren* • *bevrijding*

extrovert (ˈekstrəvɜːt) BNW • *extrovert* • *op de buitenwereld gericht*

extrude (ɪkˈstruːd) OV WW *uitstoten/-werpen*

extrusion (ɪkˈstruːʒən) ZN *uitwerping*

exuberance (ɪgˈzjuːbərəns) ZN • *overdaad* • *uitbundigheid*

exuberant (ɪgˈzjuːbərənt) BNW • *overvloedig*; *weelderig*; *kwistig* • *overdreven*; *hoogdravend* • *uitbundig*

exude (ɪgˈzjuːd) OV WW *uitzweten*

exult (ɪgˈzʌlt) ONOV WW • *juichen* • ~ at *toejuichen* • ~ over *triomferen over*

exultant (ɪgˈzʌltənt) BNW • *juichend* • *opgewonden* • *dol van blijdschap*

exultation (egzʌlˈteɪʃən) ZN *opgetogenheid*

exurb (ˈeksɜːb) ZN *villawijk*

exurbanite (eksˈɜːbənaɪt) ZN *villabewoner*

eye (aɪ) I ZN • *oog* ★ (all) my eye! *onzin!* ★ MIL. eyes left/right! *hoofd links/rechts!* ★ clap/set eyes on *zien* ★ do a p. in the eye *iem. een loer draaien* ★ have an eye for *oog hebben voor* ★ have an eye to *op het oog hebben*; *letten op* ★ have an eye on *in het oog houden* ★ one in the eye *pech* ★ see eye to eye with *het geheel eens zijn met* ★ make eyes at *lonken naar* ★ up to the eyes *tot over de oren* ★ my eye(s)! *wel verdorie!* ★ black eye *blauw oog* ★ turn a blind eye to s.th. *net doen of je iets niet ziet* II OV WW *na-/aankijken*

eyeball (ˈaɪbɔːl) ZN • *oogappel* • *oogbal*

eyebrow (ˈaɪbraʊ) ZN *wenkbrauw* ★ up to one's ~s *tot over de oren*

eye-catcher ZN *blikvanger*

eye-catching (ˈaɪkætʃɪŋ) BNW *opvallend*

eyeful (ˈaɪfʊl) ZN • *lust voor het oog* • *iets in je oog* ★ an ~ of mud *een spatje modder in je oog* ★ get an ~ of *heel goed bekijken*

eyeglass (ˈaɪglɑːs) ZN *monocle*

eyeglasses (ˈaɪglɑːsɪz) ZN MV *bril*

eyehole (ˈaɪhoʊl) ZN *oogkas*; *kijkgat*

eyelash (ˈaɪlæʃ) ZN *wimper*

eyelet (ˈaɪlət) ZN *oogje*; *vetergaatje* ★ ~ hole *kijk-/schietgat*

eyelid (ˈaɪlɪd) ZN *ooglid*

eye-opener (ˈaɪəʊpənə) ZN • *openbaring* • *verrassing*

eyepiece (ˈaɪpiːs) ZN *oculair*

eyeshot (ˈaɪʃɒt) ZN ★ out of ~ *niet meer te zien* ★ within ~ *nog te zien*

eyesight (ˈaɪsaɪt) ZN • *gezichtsvermogen* • *zicht* ⟨zintuig⟩

eyesore (ˈaɪsɔː) ZN *onooglijk iets*; *doorn in 't oog*

eyestrain (ˈaɪstreɪn) ZN *vermoeidheid v.h. oog/de ogen*; *pijn aan de ogen*

eye test ZN MED. *oogonderzoek*

eye tooth (ˈaɪtuːθ) ZN *hoek-/oogtand* ★ cut one's eye teeth *van wanten weten* ★ give one's eye teeth for s.th. *alles overhebben voor iets*

eyewash (ˈaɪwɒʃ) ZN *oogwater* ★ all ~ *allemaal smoesjes*

eyewitness (ˈaɪwɪtnɪs) ZN *ooggetuige*

eyrie (ˈɪərɪ) ZN • USA *roofvogelnest* • USA *gebroed*

F

f (ef) ZN *f* ⟨letter⟩ * F as in Frederic *de f van Ferdinand*
F (ef) **I** ZN * MUZ. *F* * USA ≈ *1 à 3* ⟨schoolcijfer⟩ **II** AFK *Fahrenheit*
F.A. AFK *Football Association Voetbalbond*
fab (fæb) BNW INFORM. → **fabulous** * the Fab Four *The Beatles*
Fabian ('feɪbɪən) BNW * ~ tactics *voorzichtige (uitputtings)tactiek*
fable ('feɪbl) ZN * *fabel* * *leugen*; *praatje*
fabled ('feɪbld) BNW * *legendarisch* * *verzonnen*
fabric ('fæbrɪk) ZN * *maaksel* * *gebouw* * *weefsel*; *geweven stof*
fabricate ('fæbrɪkeɪt) OV WW * *verzinnen* * *maken*
fabrication (fæbrɪ'keɪʃən) ZN * *verzinsel* * *namaak*
fabulist ('fæbjʊlɪst) ZN * *fabeldichter* * *leugenaar*
fabulous ('fæbjʊləs) BNW *wonderbaarlijk*; *fabelachtig*
façade (fə'sɑːd) ZN BOUW *façade*; *voorgevel* * FIG. *façade*
face (feɪs) **I** ZN * *gelaat*; *gezicht* * *voorkomen* * *beeldzijde*; *voorkant* * *oppervlakte* * *zelfbeheersing* * *brutaliteit* * *prestige* * *oorsprong*; *bron* * *wijzerplaat* * accept at its face value *zonder nader onderzoek aanvaarden* * wear two faces *met twee monden spreken* * make faces *rare gezichten trekken* * pull a long face *een ongelukkig/lang gezicht trekken* * save one's face *zijn figuur redden* * set one's face against *ondanks* * face up *met beeldzijde zichtbaar* ⟨kaartspel⟩ * face down *gedekt* ⟨kaartspel⟩ * in face of *tegenover* * in (the) face of *ondanks* * he flies in the face of his superiors *hij trotseert zijn meerderen* * I threw it in her face *ik gooide het haar voor de voeten* * in the face of day *op klaarlichte dag* * it was on the face of it *'t lag er dik bovenop* * I told him to his face *ik zei 'm ronduit* * he praised her to her face *hij prees haar in haar bijzijn* * I was face to face with him *ik stond tegenover hem* * he had the face to *hij had de onbeschaamdheid om* * put on a brave face *zich sterk houden* * face of woe *begrafenisgezicht* **II** OV WW * *uitzicht geven op* * *onder ogen (durven) zien* * *liggen/staan tegenover* * *openleggen* ⟨kaart bij kaartspel⟩ * *afzetten* ⟨kledingstuk met stof⟩ * face the music *de consequenties aanvaarden*; *door de zure appel heen bijten* * face it out! *sla je er brutaal doorheen!* * he was faced with the man *hij werd geconfronteerd met de man* * **~ about** (doen) *omdraaien* * about face! *rechtsomkeert!* * **~ round** *z. omkeren* * **~ up to** *flink aanpakken*; *onder ogen zien*
face card ZN *boer/vrouw/heer* ⟨v. kaartspel⟩
face-cloth ('feɪsklɒθ) ZN *washandje/-lapje*
face-flannel ZN → **face-cloth**
face guard ZN *masker*
faceless ('feɪsləs) BNW *anoniem*
face-pack ('feɪspæk) ZN *schoonheidsmasker*
facer ('feɪsə) ZN * *klap in gezicht* * *plotselinge lastige situatie*
face-saving BNW *zonder gezichtsverlies*; *zonder prestigeverlies*
facet ('fæsɪt) **I** ZN *facet* **II** OV WW *facet slijpen aan*
facetiae (fə'siːʃiː) ZN MV * *geestigheden* * *boeken v. humoristisch of obsceen karakter*
facetious (fə'siːʃəs) BNW *schertsend*
face value ZN *nominale waarde*
facia ('feɪʃə) ZN → **fascia**
facial ('feɪʃəl) **I** ZN *gezichtsmassage* **II** BNW *gelaats-*
facile ('fæsaɪl) BNW * *oppervlakkig* * *gemakkelijk*; *vlot* * *meegaand*
facilitate (fə'sɪlɪteɪt) OV WW *vergemakkelijken*
facility (fə'sɪlɪtɪ) ZN * *gemak* * *voorziening*; *faciliteit*
facing ('feɪsɪŋ) **I** ZN * *revers* * *(aanbrenging van) buitenlaag/dek* ⟨op muur en metaal⟩ * *garneersel*; *bekleding* * MIL. *het exerceren*; *zwenking* * he went through his ~s *hij werd zwaar aan de tand gevoeld* **II** VZ ⟨staande⟩ *tegenover*
facings ('feɪsɪŋz) ZN MV *boorden en manchetten*
facsimile (fæk'sɪmɪlɪ) **I** ZN * *facsimile* * *kopie* **II** OV WW *nauwkeurig kopiëren*
fact (fækt) ZN * *feit*; *gebeurtenis* * *werkelijkheid* * *daad* * in fact *in feite*; *inderdaad* * the fact of the matter *de ware toedracht v.d. zaak* * fact-finding *onderzoekend* * as a matter/in point of fact *werkelijk*; *echt* * the brute facts *de naakte feiten*
faction ('fækʃən) ZN * *(politieke) groepering* * *partijruzie* * *fictie*; *gebaseerd op feiten*
factious ('fækʃəs) BNW * *partijzuchtig* * *oproerig*
factitious (fæk'tɪʃəs) BNW *nagebootst*; *kunstmatig*; *onecht*
factor ('fæktə) ZN * *factor* * *commissionair* * SCHOTS *rentmeester*
factorage ('fæktərɪdʒ) ZN *commissieloon*
factor analysis ZN ECONOMIE/WISK. *factoranalyse*
factorize ('fæktəraɪz) OV WW *ontbinden in factoren*
factory ('fæktərɪ) ZN * *fabriek* * GESCH. *factorij* * ~ hand *fabrieksarbeider* * ~ farming *veeteelt op industriële basis*
factotum (fæk'təʊtəm) ZN *manusje-van-alles*
factual ('fæktjʊəl) BNW *feitelijk*; *feiten-*
facture ('fæktʃə) ZN *de uitvoering van iets* ⟨m.b.t. schilderij⟩; *makelij*
faculty ('fækəltɪ) ZN * *vermogen* * *faculteit* * USA *wetenschappelijk personeel* * *dispensatie* * *handigheid* * mental faculties *verstandelijke vermogens*
fad (fæd) ZN * *liefhebberij* * *rage*; *gril*
faddish ('fædɪʃ) BNW * *grillig* * *kieskeurig*
faddy ('fædɪ) BNW *met bepaalde grillen of liefhebberijen*
fade (feɪd) **I** OV WW * *doen verbleken* * *doen verwelken* **II** ONOV WW * *wegzakken* ⟨v. radio-ontvangst⟩ * *verwelken* * *kwijnen*; *geleidelijk verdwijnen* * *afnemen* ⟨v. remkracht⟩ * **~ away/out** *wegkwijnen*; (doen) *verbleken* * **~ into** *overgaan in* * **~ in/up** *langzaam zichtbaar worden* ⟨v. beeld in film⟩; *volume regelen*; *inregelen* ⟨v. beeld⟩ * **~ out** *uitregelen* ⟨v. beeld/film⟩
fadeless ('feɪdləs) BNW *onvergankelijk*
fading ('feɪdɪŋ) ZN * *fading*; *sluiereffect* ⟨v. radio⟩

• **wegvallen** ‹v. remkracht›
faeces ('fi:si:z) ZN • uitwerpselen • bezinksel
fag (fæg) Ⅰ ZN • vermoeiend en onaangenaam werk • afmatting • werkezel • INFORM. sigaret • MIN. homo • jongere leerling die diensten verricht voor oudere Ⅱ OV WW afmatten Ⅲ ONOV WW • z. afbeulen • diensten doen v. jongere voor oudere leerlingen op school
fag-end (fæg'end) ZN • rafelkant • peuk
fagged (fægd) BNW doodop
faggot ('fægət) Ⅰ ZN • takkenbos • slons • bal gehakt • USA, MIN. homo Ⅱ OV WW samenbinden
Fahrenheit ('færənhaɪt) ZN Fahrenheit
fail (feɪl) Ⅰ ZN ★ without fail zonder mankeren Ⅱ OV WW • verzuimen ‹v. verplichtingen›; in gebreke blijven • teleurstellen • laten zakken ‹bij examen› Ⅲ ONOV WW • mislukken • zakken ‹bij examen› • failliet gaan • mankeren; falen • op raken • uit-/wegsterven ★ I fail to see this ik zie dit niet in
failing ('feɪlɪŋ) Ⅰ ZN gebrek; zwak(te) Ⅱ VZ bij gebrek aan ★ ~ this als dit niet gebeurt
fail-safe ('feɪlseɪf) BNW uitgerust met noodbeveiliging
failure ('feɪljə) ZN • mislukking • faillissement • gebrek • storing ‹v. elektriciteit›
faint (feɪnt) Ⅰ ZN flauwte ★ ~ heart lafaard Ⅱ BNW • zwak • vaag • bedeesd; laf • zwoel ‹lucht› • wee ‹v.d. honger› ★ he hasn't the ~est (idea) hij heeft er geen flauw benul van Ⅲ ONOV WW • flauwvallen ★ ~ing fit flauwte • ~ away flauwvallen
fainthearted (feɪnt'hɑ:tɪd) BNW laf
fair (feə) Ⅰ ZN • beurs • kermis • jaarmarkt ★ the day after the fair te laat Ⅱ BNW • eerlijk • zuiver • mooi • blond • duidelijk • gunstig ★ it bids fair to be a success het belooft een succes te worden ★ fair and square eerlijk ★ set fair op mooi weer staan ‹barometer› ★ the fair sex het schone/zwakke geslacht ★ fair readers lezeressen ★ a fair field and no favour allen evenveel kans ★ in a fair way to fail mooi op weg om te mislukken ★ fair enough! oké, jij gelijk!; prima!; nou goed! ★ FIG. through fair and foul door dik en dun Ⅲ OV WW in 't net schrijven Ⅳ ONOV WW opklaren ‹v.h. weer› Ⅴ BIJW ★ fair and softly! kalm aan! ★ copy it out fair schrijf het in 't net
fair-faced (feə'feɪst) BNW • met mooi gezicht • z. mooi voordoend
fairground ('feəgraʊnd) ZN kermisterrein
fair-haired (feə'heəd) BNW blond
fairish ('feərɪʃ) BNW tamelijk goed
fairly ('feəlɪ) BIJW • eerlijk • tamelijk • totaal • werkelijk
fair-minded (feə'maɪndɪd) BNW eerlijk
fairness ('feənəs) ZN eerlijkheid
fair-spoken ZN hoffelijk; innemend
fairway ('feəweɪ) ZN • SCHEEPV. vaargeul; vaarwater • verzorgde golfbaan
fair-weather ('feəweðə) BNW ★ ~ friends mensen die alleen in voorspoed vrienden zijn; vrienden die in nood niet helpen
fairy ('feərɪ) Ⅰ ZN fee ★ ~ tale sprookje Ⅱ BNW feeachtig; tover-
fairyland ('feərɪlænd) ZN sprookjesland; sprookjeswereld

faith (feɪθ) ZN • geloof; vertrouwen • erewoord • leer(stelling) ★ the ~ het ware geloof ★ in ~ op m'n woord ★ in good ~ te goeder trouw ★ ~ healer gebedsgenezer
faithful ('feɪθfʊl) BNW • gelovig • trouw; betrouwbaar • nauwgezet ★ the ~ de gelovigen
faithfully ('feɪθfʊlɪ) BIJW eerlijk; oprecht ★ G-B yours ~ hoogachtend
faithless ('feɪθləs) BNW • trouweloos • ongelovig • onbetrouwbaar
fake (feɪk) Ⅰ ZN • namaak • bedrog; voorwendsel • slag v. touw Ⅱ BNW vals; nep Ⅲ OV WW • SCHEEPV. ronde tros v. touw maken • vervalsen; fingeren • opknappen; oplappen Ⅳ ONOV WW simuleren; doen alsof
faker ('feɪkə) ZN • vervalser enz. • USA venter v. snuisterijen
fakir ('feɪkɪə) ZN fakir
falcon ('fɔ:lkən) ZN valk
falconer ('fɔ:lkənə) ZN valkenier
falconet ('fɔ:lkənɪt) ZN • soort klauwier • oud licht kanon
falconry ('fɔ:lkənrɪ) ZN • valkenjacht • valkendressuur
faldstool ('fɔ:ldstu:l) ZN • bidstoel • bisschopsstoel
fall (fɔ:l) Ⅰ ZN • val; 't vallen • daling • helling • verval; ondergang • waterval • worp ‹v. dieren› • USA herfst • gehakt hout • voile ★ take a fall vallen Ⅱ ONOV WW • vallen • worden • neerslaan ‹v.d. ogen› • bouwvallig worden • afnemen ‹v. wind› • betrekken ‹v. gezicht› • jongen werpen • afdalen ★ fall flat mislukken ★ fall foul of slaags raken met; SCHEEPV. in aanvaring komen met ★ fall short te kort schieten; op raken ★ fall short of niet beantwoorden aan ★ fall to pieces uiteenvallen ★ fall in love verliefd worden ★ falling sickness vallende ziekte ★ fall from grace in zonde vervallen; uit de gratie raken • ~ away weg-/uit-/afvallen; vermageren; verminderen; verlaten; hellen; achteruitgaan; verdwijnen ★ fall away from ontrouw worden aan • ~ back terugvallen; achteruit raken ★ fall back upon zijn toevlucht nemen tot; achter de hand hebben • ~ behind achterop raken • ~ down neervallen; falen • ~ for verliefd worden op • ~ from ontvallen • ~ in instorten; laten aantreden; binnenkomen; z. aansluiten • ~ in with aantreffen; toevallig in aanraking komen met; in overeenstemming zijn met • ~ into vervallen tot; raken in; z. schikken naar ★ fall into disrepair bouwvallig raken ★ fall into line aantreden • ~ off niet naar het roer luisteren; achteruitgaan; afvallen; z. verwijderen • ~ on zich storten op • ~ out uitvallen; ruzie krijgen; gebeuren; blijken (te zijn) • ~ out of komen zonder; verleren • ~ over omvallen; vallen over • ~ through in duigen vallen; mislukken • ~ to toetasten; slaags raken; z. toeleggen op; beginnen met; vervallen aan ★ fall to work aan 't werk gaan • ~ upon vallen op; aanvallen ★ fall upon evil days slechte tijden beleven • ~ within binnen het kader vallen
Fall (fɔ:l) ZN ★ the Fall de zondeval
fallacious (fə'leɪʃəs) BNW bedrieglijk
fallacy ('fæləsɪ) ZN • bedrog • drogreden

fall-back ('fɔːlbæk) ZN *uitwijkmogelijkheid*
fallen ('fɔːlən) WW [volt. deelw.] → **fall**
fallibility (fælə'bɪlətɪ) ZN *feilbaarheid*
fallible ('fæləbl) BNW *feilbaar*
fallout ('fɔːlaʊt) ZN • *onenigheid* • *radioactieve neerslag* • *uitvallers* • *(naar, ongewenst) bijverschijnsel*
fallow ('fæləʊ) **I** ZN *braakland* **II** BNW • *braak(liggend)* • *vaalrood; geelbruin* ★ ~ *deer damhert* **III** OV WW *omploegen*
false (fɔːls) BNW • *vals; onjuist* • *onrechtvaardig; ontrouw* • *onecht* ★ ~ *alarm loos alarm* ★ *play s.o.* ~ *iem. bedriegen*
falsehood ('fɔːlshʊd) ZN *leugen(s)*
falsie (fɔːlsɪ) ZN • INFORM. *nepper* ⟨onecht ding⟩ • *voorgevormde beha* • *schoudervulling* ★ ~s [MV] *behavullingen*
falsification (fɔːlsɪfɪ'keɪʃən) ZN • *vervalsing* • *verkeerde voorstelling*
falsify ('fɔːlsəfaɪ) OV WW • *vervalsen; verkeerd voorstellen* • *teleurstellen* ⟨v. hoop⟩
falsity ('fɔːlsətɪ) ZN • *valsheid* ⟨in geschrifte⟩ • *oneerlijkheid* • *bedrog* • *onjuistheid*
falter ('fɔːltə) ONOV WW • *struikelen; wankelen* • *stotteren* • *weifelen*
fame (feɪm) ZN • *reputatie* • *faam, vermaardheid*
famed (feɪmd) BNW *beroemd*
familiar (fə'mɪlɪə) **I** ZN • *intieme vriend; huisgeest; goede kennis* • *huisbediende* ⟨v. hooggeplaatste geestelijken⟩ **II** BNW • *familiair* • *vertrouwd; bekend*
familiarity (fəmɪlɪ'ærətɪ) ZN • *vertrouwdheid* • *familiariteit*
familiarization (fəmɪlɪərəɪ'zeɪʃən) ZN *het vertrouwd maken*
familiarize (fə'mɪlɪəraɪz) OV WW *bekend/ vertrouwd maken met*
family ('fæməlɪ) ZN • *familie; gezin* • *kinderen* • *geslacht* ★ *he has a* ~ *of four hij heeft vier kinderen* ★ *we are four in* ~ *ons gezin bestaat uit vier personen* ★ ~ *circle huiselijke kring; tweede rang* ⟨in theater⟩ ★ ~ *doctor huisdokter* ★ ~ *man huiselijke man; huisvader* ★ ~ *planning geboorteregeling* ★ ~ *tree stamboom* ★ *in a* ~ *way eenvoudig; onder ons* ★ *in the* ~ *way in verwachting* ★ ~ *allowance kinderbijslag* ★ ~ *benefit gezinsuitkering* ⟨v. Sociale Zaken⟩ ★ *young* ~ *gezin met jonge kinderen*
famine ('fæmɪn) ZN • *hongersnood* • *schaarste* ★ ~ *prices woekerprijzen* ⟨door schaarste⟩
famish ('fæmɪʃ) **I** OV WW *laten verhongeren* **II** ONOV WW *verhongeren* ★ *I'm* ~ed/~ing *ik rammel van de honger*
famous ('feɪməs) BNW *beroemd*
fan (fæn) **I** ZN • *waaier; ventilator; blaasbalg* • *fan; bewonderaar* • *schroefblad* ⟨v. schip⟩ **II** OV WW • *wannen* • *aanwakkeren* • *koelte toewaaien* • PLAT *fouilleren* **III** ONOV WW *z. waaiervormig verspreiden*
fanatic (fə'nætɪk) **I** ZN *fanatiekeling* **II** BNW *fanatiek*
fanatical (fə'nætɪkl) BNW *fanatiek*
fanaticism (fə'nætɪsɪzəm) ZN *fanatisme; dweepzucht*
fan belt ZN *ventilatorriem*

fancier ('fænsɪə) ZN • *liefhebber* • *kweker* ⟨v. bloemen en planten⟩; *fokker* ⟨v. vogels⟩
fanciful ('fænsɪfʊl) BNW • *ingebeeld; fantastisch* • *kieskeurig*
fancy ('fænsɪ) **I** ZN • *in-/verbeelding(skracht)* • *gril; zin; voorliefde; liefhebberij* • *schatje* • *'t fokken v. honden, enz.* ★ *the* ~ *sportenthousiastelingen* ★ *catch/take the* ~ *of aantrekken; behagen* ★ *catch/take a* ~ *to een voorliefde ontwikkelen voor; gaan houden van* **II** BNW • *fantastisch* • *uitbundig versierd* • *luxe* ⟨brood e.d.⟩ • *chic* • *veelkleurig* ⟨bloem⟩ • *willekeurig; grillig* ★ ~ *articles/goods galanterieën; modeartikelen* ★ ~ *needlework fraaie handwerken* ★ ~ *price buitensporige prijs* ★ ~ *woman minnares* ★ ~ *man minnaar; souteneur* ★ ~ *dress ball gekostumeerd bal* ★ ~ *fair liefdadigheidsbazaar* **III** OV WW • *z. inbeelden; verbeelden* • *kweken; fokken* ★ *just* ~! *stel je (toch) eens voor!* ★ ~ *o.s. hoge dunk van zichzelf hebben*
fancy-free (fænsɪ'friː) BNW *ongebonden* • *footloose and* ~ *zorgeloos en ongebonden*
fang (fæŋ) ZN • *tandwortel* • *slagtand; giftand* • *klauw* ⟨v. werktuig⟩
fanion ('fænjən) ZN *vlaggetje; vaantje*
fanlight ('fænlaɪt) ZN *waaiervormig raam boven een deur*
fanny ('fænɪ) ZN • PLAT *kut* • USA/PLAT *kont*
fantasize ('fæntəsaɪz) OV+ONOV WW *fantaseren*
fantastic (fæn'tæstɪk) BNW • *fantastisch* • *grillig; vreemd*
fantasy ('fæntəsɪ), **phantasy** ZN *fantasie; inval*
fanzine ('fænziːn) ZN ⟨fan + magazine⟩ *fanclubblad*
F.A.O. AFK Food and Agricultural Organization *Wereldvoedsel- en Landbouworganisatie*
far (fɑː) BNW + BIJW • *ver; afgelegen* • *veel* ★ *by far verreweg* ★ *as far as tot (aan)* ★ *the far side of the river de overkant v.d. rivier* ★ *so far zover; tot nog/nu toe* ★ *so far so good tot zover gaat/is 't goed* ★ *houses were few and far between er stond hier en daar een huis* ★ *far off ver weg* ★ *far different heel anders* ★ *far out afgelegen* ★ *a far cry ver weg* ★ *go far succes hebben* ★ *go far towards veel bijdragen tot* ★ *far and near overal* ★ *far and wide wijd en zijd* ★ *far out! helemaal te gek!* ⟨prachtig⟩
far-away (fɑːrə'weɪ) BNW • *afgelegen* • *afwezig* ⟨v. blik⟩
farce (fɑːs) **I** ZN • *klucht; paskwil* • *gehakt* **II** OV WW *kruiden*
farcical ('fɑːsɪkl) BNW *bespottelijk*
fare (feə) **I** ZN • *vrachttarief* • *vrachtje* ⟨taxi⟩ • *kost* ⟨eten⟩ **II** ONOV WW • *gaan* ★ *you may go further and fare worse 't zou je nog wel eens slechter kunnen vergaan* ★ *fare well 't goed maken; goed eten* ★ ~ *on z. voeden met*
farewell (feə'wel) ZN *vaarwel* ★ ~ *dinner afscheidsdiner*
far-fetched (fɑː'fetʃt) BNW *vergezocht*
far-flung (fɑː'flʌŋ) BNW *uitgebreid*
farina (fə'riːnə) ZN • *bloem v. meel* • *stuifmeel* • *zetmeel*
farinaceous (færɪ'neɪʃəs) BNW *zetmeelhoudend* • *meel-*
farm (fɑːm) **I** ZN • *boerderij* • *landerijen* • *kwekerij;*

fokkerij • kindertehuis • pacht ★ INFORM. the funny farm het gekkenhuis II OV WW • (ver)pachten • bebouwen • verzorgen tegen betaling ⟨vooral kind⟩ • ~ out uitbesteden ⟨werk⟩ III ONOV WW boerenbedrijf uitoefenen
farmer ('fɑ:mə) ZN boer; pachter
farm-hand ('fɑ:mhænd) ZN boerenknecht
farmhouse ('fɑ:mhaʊs) ZN boerderij; boerenhoeve
farming ('fɑ:mɪŋ) I ZN landbouw II BNW landbouw-
farmland ('fɑ:mlænd) ZN bouwland
farmstead ('fɑ:msted) ZN boerderij
farmyard ('fɑ:mjɑ:d) ZN boerenerf ★ ~ manure stalmest
far-off (fɑ:r'ɒf) BNW • afgelegen • afwezig ⟨v. blik⟩
farrago (fə'rɑ:gəʊ) ZN mengelmoes
far-reaching (fɑ:'ri:tʃɪŋ) BNW vérstrekkend
farrier ('færɪə) ZN • hoefsmid • paardenarts
farrow ('færəʊ) I ZN worp ★ in/with ~ drachtig II OV+ONOV WW biggen werpen
far-seeing BNW vooruitziend
far-sighted (fɑ:'saɪtɪd) BNW verziend
fart (fɑ:t) I ZN scheet II ONOV WW een scheet laten
farther ('fɑ:ðə) BNW + BIJW [vergrotende trap] → **far**
farthest ('fɑ:ðɪst) BNW [overtreffende trap] → **far** verst ★ at (the) ~ op z'n hoogst/laatst/meest/verst
farthing ('fɑ:ðɪŋ) ZN • OUD. 1/4 penny • allerkleinste hoeveelheid
fascia ('feɪʃə), **facia** ZN • instrumentenpaneel • naambord ⟨v. winkel⟩ • strip • band
fascinate ('fæsɪneɪt) OV WW • betoveren; bekoren • fascineren; biologeren
fascinating ('fæsɪneɪtɪŋ) BNW fascinerend; boeiend; pakkend
fascination (fæsɪ'neɪʃən) ZN • fascinatie • betovering
fascinator ('fæsɪneɪtə) ZN tovenaar; charmeur
fascine (fæ'si:n) I ZN takkenbos II BNW ★ ~ dwelling paalwoning
fascism ('fæʃɪzəm) ZN fascisme
fascist ('fæʃɪst) ZN fascist; nationaal-socialist
fashion ('fæʃən) I ZN • fatsoen • mode • aard; wijze • vorm ★ the ~ mode; grote wereld ★ he succeeded after a ~ hij slaagde tot op zekere hoogte ★ set the ~ de toon aangeven ★ man of ~ een man v. standing ★ ~ designer modeontwerper ★ ~ plate modeplaat II OV WW vormen; pasklaar maken
fashionable ('fæʃnəbl) I ZN chic persoon II BNW • deftig • modieus ★ the ~ world de grote wereld
fast (fɑ:st) I ZN vastentijd II BNW + BIJW • snel • onbeweeglijk; vast • getrouw • wasecht • los ⟨v. zeden⟩ • vóór ⟨v. klok⟩ • geëmancipeerd ★ play fast and loose (with) 't niet zo nauw nemen ⟨vooral met iem.s gevoelens⟩ ★ fast food snacks ★ they are fast friends zij zijn dikke vrienden ★ fast goods ijlgoederen ★ a fast one snelle bal ★ pull a fast one gemene streek uithalen; (iem.) een loer draaien ★ fast lane inhaalstrook ⟨v. snelweg⟩ ★ life in the fast lane een snel en roekeloos leven ★ live fast maar raak leven; snel leven III ONOV WW vasten
fast-dyed BNW wasecht
fasten ('fɑ:sən) OV WW • bevestigen; sluiten; vastmaken • vestigen op ⟨ogen⟩ • geven ⟨naam⟩ • z. meester maken van ★ the door will not ~ de deur gaat niet dicht • ~ in opsluiten • ~ off afhechten ⟨draad⟩ • ~ on vasthouden aan; uitkiezen ⟨vor kritiek e.d.⟩; overnemen ⟨plan⟩ • ~ out buitensluiten • ~ up vastmaken ⟨japon⟩
fastener ('fɑ:snə) ZN bevestigingsmiddel; sluiting
fastening ZN → **fastening**
fastidious (fæ'stɪdɪəs) BNW • kieskeurig • moeilijk te voldoen; veeleisend
fastidiousness (fæ'stɪdɪəsnəs) ZN • kieskeurigheid • veeleisendheid
fastness ('fɑ:stnɪs) ZN → **fast** bolwerk
fat (fæt) I ZN vet ★ then the fat was in the fire toen had je de poppen aan 't dansen II BNW • vet • vruchtbaar • dik ★ fat chance! weinig kans! ★ a fat lot you know! en jij zou dat weten! ★ fat guts dikkerd; vetzak ★ he cut up fat hij liet veel geld na ★ IRON. a fat lot of money praktisch geen geld
fatal ('feɪtl) BNW • noodlottig; rampspoedig • fataal; dodelijk • onvermijdelijk ★ ~ thread levensdraad ★ Fatal Sisters schikgodinnen
fatalism ('feɪtəlɪzəm) ZN fatalisme
fatality (fə'tælətɪ) ZN • noodlot; voorbeschikking • ongeluk met dodelijke afloop; ramp
fatally ('feɪtlɪ) BIJW fataal; dodelijk
fate (feɪt) ZN dood; (nood)lot ★ the Fates schikgodinnen
fated ('feɪtɪd) BNW • voorbestemd • gedoemd
fateful ('feɪtfʊl) BNW • profetisch noodlottig • belangrijk
fat-head (fæthed) ZN dwaas
father ('fɑ:ðə) I ZN • vader • voorvader • nestor • pater; biechtvader • kerkvader • leider • God ★ the child is ~ to the man in 't kind is de volwassene reeds aanwezig ★ Father Christmas de kerstman ★ Holy Father Heilige Vader ⟨paus⟩ II OV WW • voortbrengen • z. opwerpen als maker/vader van • vaderschap op z. nemen • een vader zijn voor • ~ on auteurschap toeschrijven aan; verantwoordelijk stellen voor
father-figure ZN vaderfiguur
fatherhood ('fɑ:ðəhʊd) ZN vaderschap
father-in-law (fɑ:ðərɪnlɔ:) ZN schoonvader
fatherly ('fɑ:ðəlɪ) BNW vaderlijk
fathom ('fæðəm) I ZN vadem; 6 voet (ca. 1.80 m) II OV WW doorgronden; peilen
fathomable ('fæðəməbl) BNW peilbaar
fathomless ('fæðəmləs) BNW peilloos; ondoorgrondelijk
fathom-line ZN dieplood
fatigue (fə'ti:g) I ZN • vermoeidheid • vermoeiend werk • corvee • politiemuts ★ ~ duty corvee ★ ~ party corveeploeg ★ metal ~ metaalmoeheid ★ ~ dress werkpak ⟨v. soldaat⟩ II OV WW vermoeien
fatstock ('fætstɒk) ZN slachtvee
fatten ('fætn) I OV WW mesten II ONOV WW dik/vet worden
fatty ('fætɪ) I ZN INFORM. dikke(rd) II BNW vet(tig) ★ ~ acids vetzuren
fatuity (fə'tju:ətɪ) ZN domheid
fatuous ('fætjʊəs) BNW sullig; idioot
faucet ('fɔ:sɪt) ZN USA kraan
fault (fɔ:lt) I ZN • fout • gebrek • schuld

fault-finding – feel

- overtreding • verlies v.h. spoor bij de jacht
- breuk in aardlaag • verkeerd geserveerde bal ⟨tennis⟩ ★ find ~ (with) aanmerking maken (op) ★ to a ~ buitengewoon; al te ... ★ ECON. with all ~s op risico v. koper ★ he is at ~ hij is 't spoor bijster ★ he is in ~ hij is schuldig ‖ OV WW • breuk maken in aardlaag • aanmerking maken ‖‖ ONOV WW breuk vertonen in aardlaag
fault-finding ('fɔːltfaɪndɪŋ) I ZN muggenzifterij ‖ BNW muggenzifterig
faultless ('fɔːltləs) BNW onberispelijk
faulty ('fɔːltɪ) BNW • gebrekkig • onjuist
faun (fɔːn) ZN faun; bosgod
fauna ('fɔːnə) ZN fauna; dierenwereld
favour ('feɪvə) I ZN • gunst; begunstiging • brief • aandenken • achting • genade; vriendelijkheid ★ by ~ of/~ed by per vriendelijke gelegenheid ⟨op brief⟩ ★ in ~ of ten gunste van ★ ~s don't come easily voor wat hoort wat ‖ OV WW • (willen) begunstigen; bevoordelen • goedkeuren; steunen • vereren • INFORM. ontzien • bij voorkeur dragen ⟨v. kleren⟩ • verkiezen • lijken op
favourable ('feɪvərəbl) BNW gunstig ★ be ~ to ... te verkiezen zijn boven ...
favourite ('feɪvərɪt) I ZN gunsteling; lieveling ‖ BNW lievelings-
favouritism ('feɪvərɪtɪzəm) ZN (oneerlijke) bevoorrechting
fawn (fɔːn) I ZN • jong hert • geelbruin ★ in fawn drachtig ⟨v. hinde⟩ ‖ ONOV WW • jongen werpen ⟨v. herten⟩ • kwispelstaarten ⟨v. hond⟩ • vleien; kruipen voor
faze (feɪz) OV WW van zijn stuk brengen
FBI AFK Federal Bureau of Investigation Federale Recherche
F.C. AFK Football Club voetbalvereniging
fealty ('fiːəltɪ) ZN trouw ⟨v. leenman aan heer⟩
fear (fɪə) I ZN vrees; angst ★ for fear of uit vrees voor ★ for fear that uit vrees dat ‖ OV WW • vrezen; duchten; bang zijn voor ★ never fear! geen nood! • ~ for bang zijn voor; bezorgd zijn over
fearful ('fɪəfʊl) BNW • vreselijk • bang • eerbiedig
fearless ('fɪələs) BNW onbevreesd
fearsome ('fɪəsəm) BNW vreselijk
feasibility (fiːzɪ'bɪlətɪ) ZN • uitvoerbaarheid • waarschijnlijkheid
feasible ('fiːzɪbl) BNW • uitvoerbaar; geschikt • waarschijnlijk
feast (fiːst) I ZN • kerkelijk feest • feest(maal) ★ movable ~ veranderlijke feestdag; op ongeregelde tijden gebruikte maaltijd ‖ OV WW trakteren ‖‖ ONOV WW • feest vieren • ~ on z. te goed doen aan; z. verlustigen in ★ ~ one's eyes on s.th. genieten v.d. aanblik v. iets
feat (fiːt) ZN heldendaad; prestatie
feather ('feðə) I ZN • veer; pluimen; kuif • pluimvee • kop ⟨v. golf⟩ ★ show the white ~ laf zijn ★ in fine ~ in uitstekende conditie ★ ~ bed veren bed ★ ~ duster plumeau ★ in full ~ in gala ★ in high ~ gezond; opgewekt ★ birds of a ~ flock together soort zoekt soort ‖ OV WW • met veren bedekken; voorzien v. veren • roeiriem platleggen • veren v. vogel in vlucht afschieten ★ ~ one's nest zijn schaapjes op 't droge brengen ‖‖ ONOV WW markeren ⟨v. jachthond⟩
featherbed ('feðəbed) I OV WW in de watten leggen ‖ ONOV WW onnodig werk creëren om overbodig personeel aan te kunnen houden
featherbrained ('feðəbreɪnd) BNW leeghoofdig
feathered ('feðəd) BNW gevederd; gevleugeld
feather-hearted BNW leeghoofdig
featherweight ('feðəweɪt) ZN • onbeduidend iets/ persoon • SPORT vedergewicht
feathery ('feðərɪ) BNW • veer- • zeer licht • gevederd
feature ('fiːtʃə) I ZN • gelaatstrek • (hoofd)eigenschap; kenmerk(ende trek); karakteristiek • 't meest opvallende v. iets • hoofdartikel in krant • hoofdfilm ★ ~ film hoofdfilm ‖ OV WW • kenmerken; schetsen • vertonen ⟨v. film⟩ • op de voorgrond laten treden; speciaal onder de aandacht brengen
featureless ('fiːtʃələs) BNW • saai; vervelend • niet interessant
febrile ('fiːbraɪl) BNW koortsig; koorts-
February ('febrʊərɪ) ZN februari ★ ~ fill-dike de natte februari
feckless ('fekləs) BNW • hulpeloos • zwak; ijdel
feculence ('fekjʊləns) ZN vuil(igheid)
fecund ('fekənd) BNW overvloedig; vruchtbaar
fecundate ('fekəndeɪt) OV WW vruchtbaar maken
fecundity (fɪ'kʌndətɪ) ZN vruchtbaarheid
fed (fed) I ZN INFORM. detective ⟨v. de FBI⟩ ‖ WW [verl. tijd + volt. deelw.] → feed
Fed. AFK Federal federaal
federal ('fedərəl) BNW federaal; bonds-
federalize ('fedərəlaɪz) OV WW verenigen
federate[1] ('fedərət) BNW verbonden
federate[2] ('fedəreɪt) OV+ONOV WW (z.) tot (staten)bond verenigen
federation (fedə'reɪʃən) ZN statenbond
federative ('fedərətɪv) BNW verbonden; bonds-
fee (fiː) I ZN • fooi • schoolgeld • goed gehouden als onbeperkt eigendom • goed gehouden als onvervreemdbare erfenis • honorarium; loon ‖ OV WW • betalen; honoreren • SCHOTS huren ⟨v. dienstbode⟩
feeble ('fiːbl) BNW futloos; zwak
feeble-minded (fiːbl'maɪndɪd) BNW zwakzinnig
feed (fiːd) I ZN • veevoer • 't voeren • INFORM. maaltijd ★ 't aangevoerde materiaal ★ be off one's feed geen trek in eten hebben ★ feed loader vreetzak; uitvreter ‖ OV WW voeden; voederen; instoppen ⟨computer⟩ ★ feeding stuffs veevoeders ‖‖ ONOV WW • eten; z. voeden • weiden ⟨v. vee⟩ ★ feed one's eyes on zich verlustigen in ★ I'm fed up with it ik heb er (schoon) genoeg van ★ he feeds on potatoes hij leeft van aardappelen ★ ~ off/~ up mesten
feedback ('fiːdbæk) ZN • TECHN. terugkoppeling • feedback; reactie • marktinformatie van de klant aan bedrijf
feeder ('fiːdə) ZN • voederbak • mestdier • slabbetje • zijlijn/-tak • zuigfles • aanvoerapparaat
feeding ('fiːdɪŋ) BNW • voedend • in kracht toenemend ⟨storm⟩ • PLAT vervelend; hinderlijk; lastig
feeding-bottle ZN zuigfles; flesje
feel (fiːl) I ZN gevoel ★ it is firm to the feel het voelt

vast aan ★ get the feel of *gewend raken aan* **II** OV WW *voelen; gewaarworden* **III** ONOV WW •*gevoelens hebben; voelen; gevoel/tastzin hebben* •*(be)tasten; verkennen* • ~ after *zoeken naar* • ~ for *zoeken naar; voelen voor; voeling trachten te krijgen met* ⟨vijand⟩ • ~ like *zin hebben om te; zin hebben in* ★ I feel like going to school *ik heb zin om naar school te gaan* ★ I feel like chocolate *ik heb zin in chocolade* •USA ~ of *betasten* • ~ out *aan de tand voelen* • ~ with *meevoelen met* **IV** KWW z. *(ge)voelen*

feeler('fi:lə) ZN •*voelhoorn/-spriet* •*verkenner* ★ ~ gauge *voelmaat(je); voelstrip*

feeling('fi:lɪŋ) **I** ZN •*gevoel(en)* •*medeleven; vriendelijkheid* •*ergernis; opwinding; ontstemming* •*af-/goedkeuring* • ~s *emoties* ★ bad ~s/*wrok; bitterheid* ★ INFORM. no hard ~s! *even goede vrienden!* **II** BNW *meevoelend; gevoelig; diep gevoeld*

feelingly('fi:lɪŋli) BIJW *gevoelvol*

feet(fi:t) ZN MV → **foot**

feign(feɪn) ONOV WW *veinzen; doen alsof* ★ a ~ed name *valse naam; schuilnaam*

feint(feɪnt) **I** ZN •*schijnbeweging* •*voorwendsel* **II** ONOV WW *doen alsof*

felicitous(fə'lɪsɪtəs) BNW *goed (gevonden) en toepasselijk*

felicity(fə'lɪsəti) ZN •*groot geluk; zegen(ing)* •*gelukkige vondst* •*toepasselijkheid*

feline('fi:laɪn) **I** ZN *katachtige* ★ the cougar is a ~ *de poema behoort tot de katachtigen* **II** BNW *katachtig*

fell(fel) **I** ZN •*vel; huid* •*berg* •*heidevlakte* ⟨N.-Engeland⟩ •*hoeveelheid gehakt hout* •*zoom* **II** BNW *wreed; dodelijk; woest* **III** OV WW •*vellen* •*plat naaien* **IV** ONOV WW [verleden tijd] → **fall**

felloe('feləʊ) ZN *velg*

fellow('feləʊ) **I** ZN •*makker* •*kerel; vrijer; vent* •*lid v. universiteitsbestuur of wetenschappelijk genootschap* •*afgestudeerde met toelage voor onderzoekingswerk* ★ a shoe and its ~ *een schoen en die er bij hoort* **II** BNW •*gelijke* •*-genoot; mede-* ★ ~ citizen *medeburger* ★ ~ countryman *landgenoot* ★ ~ creature *medemens* ★ ~ soldier *wapenbroeder*

fellowship('feləʊʃɪp) ZN •*kameraadschappelijke omgang; collegialiteit* •*broederschap; genootschap* •*studiebeurs; betrekking van wetenschapper*

felly('feli) ZN → **felloe**

felon('felən) **I** ZN •*misdadiger* •MED. *fijt* **II** BNW *wreed* ⟨dichterlijk⟩

felonious(fɪ'ləʊnɪəs) BNW *misdadig*

felonry('felənri) ZN *misdadigersklasse*

felony('feləni) ZN *zware misdaad*

felt(felt) **I** ZN *vilt* **II** BNW *vilten* **III** OV WW *samenpersen* **IV** ONOV WW [verl. tijd + volt. deelw.] → **feel**

felt-tip ZN ★ ~ (pen) *viltstift*

fem(fem) **I** ZN JUR. *vrouw* **II** BNW USA *vrouwelijk*

female('fi:meɪl) **I** ZN *wijfje; vrouw(spersoon)* **II** BNW *vrouwelijk; wijfjes-* ★ ~ screw *moer*

feminality(femɪ'næləti) ZN *vrouwelijke aard; vrouwelijke snuisterij*

feminine('femɪnɪn) BNW •*vrouwelijk; vrouwen-* •*verwijfd*

femininity(femə'nɪnəti) ZN •*vrouwelijkheid* •*verwijfdheid* •*de vrouwen* ⟨als bevolkingsgroep⟩

femur('fi:mə) ZN *dij(been)*

fen(fen) ZN *moeras; ondergelopen land* ★ the Fens *lage gebieden in Cambridgeshire* ★ fen berry *veenbes*

fenagle(fɪ'nægl) OV+ONOV WW → **finagle**

fence(fens) **I** ZN •*hek; omheining* •*schutting* •*'t schermen* •INFORM. *heler(shuis)* ★ he is/sits on the ~ *hij blijft neutraal* ★ just over the ~ *informeel; slechts oriënterend* ★ ~ season *gesloten jachttijd; gesloten vistijd* **II** OV WW •*beschutten; omheinen* • ~ off *afschermen* **III** ONOV WW •SPORT *schermen* •*hindernissen nemen* ⟨door paard⟩ •*handelen in gestolen goed* ★ fencing cully *heler; opslagplaats v. gestolen goed* ★ fencing foil *schermdegen* ★ fencing pad *borstleder*

fenceless('fensləs) BNW •*niet omsloten* •LIT. *weerloos*

fencer('fensə) ZN •*schermer* •*paard dat hindernis neemt*

fencing('fensɪŋ) ZN •*omheining* •*schermkunst/-sport*

fend(fend) WW • ~ for *zorgen voor* ★ fend for o.s. *voor zichzelf opkomen/zorgen* • ~ off *afweren*

fender('fendə) ZN •*bescherming; haardhekje* •*bumper* •USA *spatbord* ⟨v. auto⟩

fender bender ZN INFORM. *auto-ongelukje*

fend-off ZN *stootmat*

fen-fire ZN *dwaallicht*

Fenian('fi:nɪən) **I** ZN *lid van Amerikaans-Iers nationalistisch genootschap* **II** BNW *van de Fenians*

fennel('fenl) ZN *venkel*

fen-pole ZN *polsstok*

feoff(fi:f), **fief** ZN *leengoed*

feoffment('fi:fmənt) ZN •*overdracht v. leengoed* •*belening*

feral('ferəl) BNW •*noodlottig* •*verwilderd; wild; dierlijk* •*mistroostig*

feretory('ferɪtəri) ZN •*reliekschrijn;* ⟨*relikwieën*⟩ *kapel* •*graftombe* •*baar*

ferine('fɪəraɪn) BNW → **feral**

ferment¹ ('fɜːmənt) ZN *gist; gisting*

ferment² (fə'ment) **I** OV WW *doen fermenteren/ gisten* **II** ONOV WW *fermenteren; gisten*

fermentation(fɜːmen'teɪʃən) ZN *gisting*

fern(fɜːn) ZN *varen(s)*

fern-owl('fɜːnaʊl) ZN *nachtzwaluw*

ferocious(fə'rəʊʃəs) BNW •*woest; wild* •*wreed*

ferocity(fə'rɒsəti) ZN •*woestheid;* •*wreedheid*

ferreous('ferɪəs) BNW *ijzerhoudend*

ferret('ferɪt) **I** ZN •*fret* •PLAT *detective* •*katoenen/ zijden lint* **II** OV WW •*met fretten verdrijven* •*opsporen* • ~ out *nagaan; uitvissen* **III** ONOV WW •*snuffelen* ⟨fig.⟩ •*met fretten jagen*

ferriage('ferɪdʒ) ZN •*overvaart* •*veergeld*

ferric('ferɪk) BNW *ijzer-* ★ ~ tape *ijzeroxide (geluids)band* ★ ~ chrome tape *ferrochroomband*

ferriferous(fe'rɪfərəs) BNW *ijzerhoudend*

Ferris wheel('ferɪswiːl) ZN *reuzenrad* ⟨op kermis⟩

ferroconcrete(ferəʊ'kɒŋkriːt) ZN *gewapend beton*

ferro-type('ferəʊtaɪp) ZN *foto op ijzeren plaat*

ferrous ('ferəs) BNW • TECHN. *ijzerhoudend* • SCHEIK. *ferro-*
ferruginous (fə'ru:dʒɪnəs) BNW • *ijzerhoudend* • *roestkleurig*
ferrule ('feru:l) ZN *metalen dop/ring om eind v. stok*
ferry ('feri) I ZN *veer(boot/-geld)* II OV WW • *overzetten* • *vliegtuig v. fabriek naar basis brengen* III ONOV WW *oversteken*
ferryboat ('feribəʊt) ZN *veerboot*
ferryman ('ferimən) ZN *veerman*
fertile ('fɜ:taɪl) BNW *vruchtbaar; rijk (in/aan)*
fertility (fɜ:'tɪləti) ZN *vruchtbaarheid*
fertilization (fɜ:tɪlaɪ'zeɪʃən) ZN *bevruchting*
fertilize ('fɜ:tɪlaɪz) OV WW • *bevruchten* • *vruchtbaar maken* • *met kunstmest behandelen*
fertilizer ('fɜ:təlaɪzə) ZN *(kunst)mest*
ferule ('feru:l) I ZN *plak* II OV WW *met de plak geven*
fervent ('fɜ:vənt) BNW *heet; vurig*
fervid ('fɜ:vɪd) BNW *vurig; gloeiend*
fervour ('fɜ:və) ZN *hitte; drift*
fescue ('feskju:) ZN • *aanwijsstok* • *zwenkgras*
festal ('festl) BNW • *feestelijk; feest-* • *vrolijk*
fester ('festə) I ZN *woekering* II OV WW *doen zweren* III ONOV WW *zweren*
festive ('festɪv) BNW *feest-; feestelijk*
festivity (fe'stɪvəti) ZN *feestelijkheid; feestvreugde*
festoon (fe'stu:n) I ZN • *guirlande* II OV WW • *versieren met slingers* • *festonneren*
fetch (fetʃ) I ZN • *grote inspanning* • *truc* • *dubbelganger* II OV WW • *indruk maken op; aantrekken; charmeren* • *slaken* ⟨zucht⟩ • *toebrengen* ⟨slag⟩ • *halen* • *opbrengen* ⟨prijs⟩ ★ ~ *and carry bediende zijn*; *apporteren* ★ *go and* ~ *gaan halen* ★ ~ *round/to bijkomen; er bovenop komen; bijbrengen* • INFORM. ~ *to bijbrengen; bijkomen* ★ ~ *up braken; tot staan brengen/komen*
fetching ('fetʃɪŋ) BNW • *innemend* • *aantrekkelijk* • *pakkend*
fête (feɪt) I ZN • *feest* • *naamdag* II OV WW *fêteren; feestelijk onthalen*
fetid ('fi:tɪd) BNW *stinkend*
fetish ('fetɪʃ) ZN *fetisj*
fetishism ('fetɪʃɪzəm) ZN *fetisjisme*
fetor ('fi:tə) ZN *stank*
fetter ('fetə) I ZN • *voetboei* • *belemmering* II OV WW *boeien; belemmeren*
fettle ('fetl) I ZN • *conditie* II OV WW • *schoonkrabben; in orde maken* • *pak slaag geven* III ONOV WW *z. druk maken*
fetus ('fi:təs) ZN *foetus; vrucht; ongeboren kind*
feud (fju:d) ZN • *vete* • GESCH. *leen* ★ *at feud with in vijandschap met*
feudal ('fju:dl) BNW *leen-* ★ ~ *system leenstelsel*
feudalism ('fju:dlɪzəm) ZN *leenstelsel*
feudatory ('fju:dətəri) I ZN • *leenman* II BNW *leenroerig; leenplichtig* ★ ~ *state vazalstaat*
fever ('fi:və) I ZN • *koorts* • *(koortsachtige) opwinding* ★ *pitch hoogtepunt; kookpunt* ★ *military* ~ *buiktyfus* II OV WW *koortsachtig maken*
fevered ('fi:vəd) BNW *koortsig*
feverish ('fi:vərɪʃ) BNW *koorts(acht)ig*

fever-ridden BNW *geteisterd door koorts*
few (fju:) I ONB VNW *weinige(n); een beperkt aantal* ★ *quite a few een behoorlijk aantal* ★ *a few enkele(n); een kleine minderheid* ★ *not a few velen* ★ INFORM. *a good few 'n behoorlijk aantal* ★ *a smart few een behoorlijk aantal* ★ *the happy few de jetset* II TELW *weinig* ★ *every few days om de zoveel dagen*
fewness ('fju:nəs) ZN *het kleine aantal*
fey (feɪ) BNW • SCHOTS *ten dode opgeschreven* • *grillig* • *eigenaardig* • *geëxalteerd*
ff. AFK • *following (pages) volgende (pagina's)* • *folios folio's*
fiancé (fɪ'ɒnseɪ, fɪ,a:nseɪ) ZN *verloofde* ⟨man⟩
fiancée (fɪ'ɒnseɪ, fɪ,a:nseɪ) ZN *verloofde* ⟨vrouw⟩
fiasco (fɪ'æskəʊ) ZN *fiasco; afgang*
fiat ('faɪæt) I ZN • *fiat; goedkeuring* • *(regerings)besluit* • USA *fiat money ongedekt papiergeld* II OV WW *goedkeuren*
fib (fɪb) I ZN • *leugentje* • *slag* ★ *tell fibs jokken* II ONOV WW • *jokken* • *afrossen*
fibber ('fɪbə) ZN *jokkebrok*
fibre ('faɪbə) ZN • USA *vezel(s)* • *vezelachtige stof* • *karakter* • *worteltje; twijgje* ★ ~ *silk kunstzijde* ★ *man-made* ~ *kunstvezel* ★ ~ *optics vezeloptiek*
fibreboard ('faɪbəbɔ:d) ZN *vezelplaat*
fibreglass ('faɪbəgla:s) ZN *fiberglas; glaswol*
fibril ('faɪbrɪl) ZN • *vezeltje* • ANAT. *trilhaar*
fibrillose ('faɪbrɪləʊs) BNW • *met vezels* • *fijn gestreept*
fibrin ('faɪbrɪn) ZN *vezelstof*
fibroid ('faɪbrɔɪd) BNW *vezelachtig*
fibrosis (faɪ'brəʊsɪs) ZN ★ *cystic* ~ *taaislijmziekte*
fibrous ZN → **fibroid**
fibster ZN → **fibber**
fibula ('fɪbjʊlə) ZN *kuitbeen*
fichu ('fiʃu:) ZN *omslagdoek*
fickle ('fɪkl) BNW *wispelturig; grillig*
fictile ('fɪktaɪl) BNW • *aarden* • *kneedbaar* ★ ~ *art pottenbakkerskunst*
fiction ('fɪkʃən) ZN • *fictie* • *verdichtsel; verdichting*
fictional ('fɪkʃənl) BNW *gefingeerd*
fictitious (fɪk'tɪʃəs) BNW • *onecht; aangenomen* ⟨bijv. naam⟩ • *verdicht*
fid (fɪd) ZN • SCHEEPV. *slothout* • *wig*
fiddle ('fɪdl) I ZN • FORM. *viool; vedel* • *knoeierij; bedrog; geklungel* • SCHEEPV. *slingerlat* ★ *a face as long as a* ~ *gezicht als 'n oorwurm* ★ *as fit as a* ~ *kiplekker* ★ ~ *bow/stick strijkstok* ★ ~ *-bows nonsens; flauwekul; smoesjes* ★ ~ *string snaar* II OV WW PLAT *knoeien* ⟨vooral met de boekhouding⟩; *bedriegen* III ONOV WW • *vioolspelen* • *beuzelen; knoeien*
fiddle-faddle ('fɪdlfædl) ZN *onzin*
fiddler ('fɪdlə) ZN • *vedelaar* • BIOL. *kleine krab* • *knoeier* • *bedrieger* ★ ~s! *larie!*
fiddlesticks ('fɪdlstɪks) ZN MV *nonsens; flauwekul; smoesjes*
fiddling ('fɪdlɪŋ) BNW • *onbetekenend* • *prullerig*
fidelity (fɪ'deləti) ZN (*ge)trouw(heid)*
fidget ('fɪdʒɪt) I ZN • *druk en nerveus persoon* • *zenuwachtige toestand* ★ *he had the* ~s *hij was erg gejaagd; hij kon niet stil zitten* II ONOV WW • *(z.) zenuwachtig bewegen* • *z. niet op z'n*

gemak voelen • ~ *about niet stil kunnen zitten*
fidgety ('fɪdʒətɪ) BNW *druk; gejaagd*
fiduciary (fɪ'dju:ʃərɪ) I ZN *vertrouweling* II BNW *vertrouwens-*
fie (faɪ) TW *foei!* ★ *fie (up)on you! schaam je!*
fief (fi:f) ZN → **feoff**
field (fi:ld) I ZN • *veld* • *gebied; terrein* • *slagveld* • *akker* • *spelers* (v.e. wedstrijd) • *jachtstoet* • *partij die niet aan wicket is* (bij cricket) ★ ~ *ordnance veldgeschut* ★ ~ *sports vnl. jagen en vissen* ★ ~ *hockey veldhockey* ★ *lead the ~ voorop rijden* (bij jacht) ★ *take the ~ optrekken tegen* (als vijand) ★ *bet against the ~ op de favoriet wedden* ★ ~ *events technische nummers* (in atletiek) ★ ~ *dressing noodverband* ★ ~ *kit velduitrusting* ★ ~ *master jagermeester* ★ ~ *officer hoofdofficier* II OV WW • *bal vangen* (bij cricket) • *veldspeler zijn* • *in 't veld brengen* (v. team) • *terugspelen* • *pareren* (v. vraag)
field day ZN • *grote dag* (figuurlijk) • *sportdag* • *manoeuvredag*
fielder ('fi:ldə) ZN *veldspeler* (bij cricket)
fieldfare ('fi:ldfeə) ZN *kramsvogel*
field-glass(es) ('fi:ldɡlɑ:sɪz) ZN *veldkijker*
fieldsman ('fi:ldzmən) ZN *balvanger* (bij cricket, baseball.)
field trip ZN *excursie*
fieldwork ('fi:ldwɜ:k) ZN *veldwerk; praktijk*
fiend (fi:nd) ZN • *duivel* • *maniak* ★ *an opium ~ een opiumverslaafde*
fiendish ('fi:ndɪʃ) BNW *duivels*
fiendlike BNW → **fiendish**
fierce ('fɪəs) BNW • *woest; onstuimig; hevig* • *erg*
fiery ('faɪərɪ) BNW • *vurig; opvliegend* • *gloeiend* • *ontbrandbaar*
fife (faɪf) I ZN • *fluit* • *pijper* II ONOV WW *pijpen*
fifteen (fɪf'ti:n) I ZN *vijftiental* (bij rugby) II TELW *vijftien*
fifteenth (fɪf'ti:nθ) I ZN *vijftiende deel* II TELW *vijftiende*
fifth (fɪfθ) TELW *vijfde*
fiftieth ('fɪftɪəθ) TELW *vijftigste*
fifty ('fɪftɪ) TELW *vijftig*
fig (fɪɡ) I ZN • *vijgenboom* • *kleding* • *conditie* ★ *under one's vine and fig-tree veilig en wel thuis* ★ *I don't care/give a fig het interesseert me geen laars* ★ *in full fig in vol ornaat* ★ *in good fig in goede conditie* II OV WW ★ *fig out a person iem. uitdossen* ★ *fig out/up a horse opkikkeren*
fight (faɪt) I ZN • *gevecht; strijd* • *vechtlust* ★ *there is ~ in him hij weert zich flink* ★ *show ~ de tanden laten zien* II OV WW • *vechten tegen* • *laten vechten* ★ ~ *a battle slag leveren* ★ ~ *a duel duelleren* ★ ~ *shy of zich niet inlaten met; terugschrikken voor* • ~ *off verdrijven* (vrees); *terugtrekken* III ONOV WW *vechten*
fightback ('faɪtbæk) ZN *tegenaanval*
fighter ('faɪtə) ZN • *vechtersbaas* • LUCHTV. *jachtvliegtuig*
fighting ('faɪtɪŋ) BNW ★ ~ *chance met grote inspanning kans op succes*
fig-leaf ZN *vijgenblad*
figment ('fɪɡmənt) ZN *verzinsel*
figurant (fɪɡjʊrənt) ZN [v: **figurante**] *figurant*

figuration (fɪɡə'reɪʃən) ZN • *versiering* • *vorm(ing); voorstelling*
figurative ('fɪɡərətɪv) BNW • *figuurlijk; zinnebeeldig* • *beeld-*
figure ('fɪɡə) I ZN • *figuur; vorm; gestalte* • *persoon* • *patroon* • *vogelverschrikker* • *beeld* • *prijs* • *cijfer* ★ *cut a poor ~ 'n armzalig figuur slaan* ★ *do ~s cijferen* ★ *she made a ~ of herself ze takelde zich danig toe* ★ *bad at ~s slecht in rekenen* ★ *it runs into three ~s 't loopt in de duizenden* II OV WW • (z.) *voorstellen* • USA *geloven* • *versieren in patroon* • *prijzen* ★ ~ *as de functie vervullen van; doorgaan voor* • ~ *on rekenen op; vertrouwen op* • ~ *out uitrekenen; bedenken* III ONOV WW • *cijferen* • *dansen* • *verschijnen; voorkomen*
figurehead ('fɪɡəhed) ZN • SCHEEPV. *boegbeeld* • *stroman* • IRON. *gezicht*
figure-skating ('fɪɡəskeɪtɪŋ) ZN *kunstrijden*
figurine (fɪɡjʊ'ri:n) ZN *beeldje*
filament ('fɪləmənt) ZN • *gloeidraad* • *vezel* • PLANTK. *helmdraad*
filamentous (fɪlə'mentəs) BNW *vezelig*
filbert ('fɪlbət) ZN • *hazelaar* • *hazelnoot*
filch (fɪltʃ) OV WW *gappen*
file (faɪl) I ZN • *gelid; rij* • *dossier* • COMP. *bestand; document; file* • *archief* • *vijl* ★ *in Indian/single file achter elkaar* ★ *in file in de rij* ★ *file on s.th. dossier over iets* II OV WW • *archiveren; opbergen* (in dossier) • *indienen* (eis, klacht, verzoek) • *vijlen* III ONOV WW • *achter elkaar lopen* • ~ *for indienen* (eis, klacht, verzoek) ★ *file for divorce een verzoek tot echtscheiding indienen*
file name ZN *bestandsnaam*
filial ('fɪlɪəl) BNW • *v. dochter/zoon* • *kinderlijk*
filiation (fɪlɪ'eɪʃən) ZN *kindschap; afstamming; verwantschap; tak*
filibuster ('fɪlɪbʌstə) I ZN • *vrijbuiter* • *obstructievoerder* • *vertragingstactiek* (in parlementair debat) II ONOV WW • *vrijbuiterij bedrijven* • *obstructie voeren*
filings ('faɪlɪŋz) ZN *vijlsel*
Filipino (fɪlɪ'pi:nəʊ) ZN *Filippijn*
fill (fɪl) I ZN • *vulling; bekomst* ★ *have one's fill of s.o./s.th. iem./iets grondig zat zijn* ★ *gaze one's fill de ogen uitkijken* II OV WW • *vullen* • *uitvoeren* (order) • *plomberen; stoppen* (pijp) • *verzadigen* • *bekleden* (ambt) ★ *filling station tankstation* • ~ *in de plaats innemen/vervangen; invullen; dempen; bij de lurven pakken; op z'n donder geven; inlichten* • ~ *out opvullen;* (z.) *vullen; inschenken* • ~ *up volproppen; invullen* (formulier); *tanken; voltekenen* (lening); *innemen* (positie); *dempen; stoppen* III ONOV WW *z. vullen*
filler ('fɪlə) ZN • *(op)vulsel* • SCHOTS *trechter*
fillet ('fɪlɪt) I ZN • *haar-/hoofdband* • *strook* • GESCH. *lijst* • *(ver)band* • *filet* • *opstand; verhoging* • *lendestuk* II OV WW • *binden/versieren met band* • *fileren*
fill-in ('fɪlɪn) ZN *noodmaatregel*
filling ('fɪlɪŋ) ZN *vulling*
fillip ('fɪlɪp) I ZN • *aansporing; prikkel; knip* (met duim en vinger) • *tikje* • *nietigheid* II OV WW • *wegknippen/-schieten* • *aanzetten; opfrissen* (geheugen); *tikje geven*

fill-up ('fɪlʌp) ZN • *bladvulling* • *tijdpassering*
filly ('fɪlɪ) ZN • *merrieveulen* • *levenslustig meisje*
film (fɪlm) I ZN • *film* • *vlies*; *waas* • *dunne draad*
  II OV WW *(als) met vlies bedekken* • *(ver)filmen*
film star ZN *filmster*
filmy ('fɪlmɪ) BNW • *fijn* • *wazig*
filter ('fɪltə) I ZN • *filter* • *frequentiezeef* ⟨v. radio⟩
  ★ ~ tip *filter(sigaret)* II OV WW *filtreren*;
  zuiveren III ONOV WW • *filtreren*; *doorsijpelen*
  • *voorsorteren* • ~ through *door-/uitlekken*
filter-tipped BNW *met filter*
filth (fɪlθ) ZN • *vuile taal* • *vuiligheid*
filthy ('fɪlθɪ) BNW *vuil* ★ ~ rich *stinkend rijk* ★ IRON.
  ~ lucre *slijk der aarde*
filtrate ('fɪltreɪt) I ZN *filtraat* II OV WW *filtreren*
filtration (fɪl'treɪʃən) ZN *het filtreren*
fin (fɪn) I ZN • *vin* • PLAT *poot* • LUCHTV. *kielvlak*
  • USA/PLAT *vijfdollarbiljet* II OV WW *vinnen
  verwijderen* III ONOV WW *zwemmen als een vis*
finagle (fɪ'neɪgl) OV+ONOV WW *knoeien*; *bedriegen*
final ('faɪnl) I ZN • *eindwedstrijd* • INFORM. *laatste
  editie v. krant op de dag* • *voornaamste noot in
  toonschaal* II BNW • *definitief*; *afdoend* • *eind-*;
  slot-; *laatste*
finalist ('faɪnəlɪst) ZN • *eindexamenkandidaat*
  • *speler in eindwedstrijd*
finality (faɪ'nælətɪ) ZN • *eindoordeel* • *laatste
  daad/toestand/uitspraak* • *doelleer* ⟨v.d. natuur⟩
  • *het afgelopen zijn* ★ he spoke with ~ *hij sprak
  op besliste toon*
finalize ('faɪnəlaɪz) OV WW *besluiten*; *afmaken*
finally ('faɪnəlɪ) BIJW • *ten slotte* • *afdoend*;
  voorgoed
finals ('faɪnəlz) ZN MV *eindexamen*
finance ('faɪnæns) I ZN *financiën*; *financieel
  beheer*; *financiewezen* ★ ~s [mv] *financiën*;
  geldmiddelen II OV WW *financieren* III ONOV
  WW *geldzaken doen*
financial (faɪ'nænʃəl) BNW *financieel* ★ ~ year
  boekjaar
financier (faɪ'nænsɪə) I ZN *financier* II ONOV WW
  • *financieren* ⟨gewoonlijk ongunstig⟩
  • *zwendelen*
finch (fɪntʃ) ZN *vink*
find (faɪnd) I ZN *vondst* ★ a sure find *plaats waar
  iets beslist gevonden wordt* ⟨vooral vos⟩ II OV
  WW • *(be)vinden* • *zien*; *ontdekken* • *(gaan)
  halen* • *verschaffen*; *bekostigen* ★ find o.s. *zich
  bevinden*; *zich zelf bekostigen* ★ he finds me in
  pocket-money *hij voorziet me van zakgeld* ★ he
  will find his way to escape 't zal 'm wel lukken
  te ontsnappen* ★ go and find it *ga het zoeken*
  ★ you'll find out later *je komt er later wel achter*
  ★ you'll find him out one day *eens zul je 'm
  betrappen*; *eens zul je 'm niet thuis aantreffen/
  vinden* ★ all found *alles inbegrepen* III OV+ONOV
  WW *oordelen*; *uitspreken* ★ find a verdict of
  guilty *het schuldig uitspreken*
finder ('faɪndə) ZN • *vinder* • *zoeker* ⟨op
  fototoestel⟩ ★ ~s, keepers! *eerlijk gevonden!*
finding ('faɪndɪŋ) ZN • *vondst*; *resultaat*;
  uitspraak ★ ~ is keeping *wat men vindt mag
  men houden*
fine (faɪn) I ZN • *geldboete* • *goed weer* ★ in fine
  tenslotte; *kort gezegd* II BNW • *fijn*; *mooi*
  • *verfijnd*; *subtiel*; *zuiver* • *mager* • *hard*
  ⟨potlood⟩ • *scherp* ⟨pen⟩ • *uitstekend* ⟨conditie⟩
  • *goed*; *gelukkig*; *schoon*; *waardig* • *helder of
  droog* ⟨weer⟩ • *opzichtig* ⟨kleding⟩
  • *complimenteus* ★ one fine day *op 'n goede dag*
  ★ fine feathers make fine birds *de kleren
  maken de man* ★ it's all fine and large *alles
  goed en wel* III OV WW • *verfijnen*; *zuiveren*
  • *beboeten* • *betalen voor recht of benoeming*
  • ~ away/ down/ off *geleidelijk verminderen*
  ★ fine down to *beperken tot* IV BIJW *mooi*
fine-drawn BNW *zeer dun*
fineness ('faɪnnəs) ZN *zuiverheid*
finery ('faɪnərɪ) ZN • *opschik* • TECHN. *frishaard*
fine-spoken BNW *glad v. tong*
finesse (fɪ'nes) I ZN • *handigheid*; *spitsvondigheid*
  • *'t snijden* ⟨bij kaartspel⟩ II WW • *snijden*; *sluw
  te werk gaan* • ~ away *weggoochelen* • ~ into
  op listige wijze brengen tot
fine-tooth BNW ★ ~ comb *stofkam*
finger ('fɪŋgə) I ZN • *vinger* ★ little ~ *pink* ★ she has
  a ~ in the pie *ze weet iets van de zaak af* ★ his
  ~s are all thumbs *hij is erg onhandig* ★ I have
  it at my ~'s ends/ ~tips *ik ken 't op m'n
  duimpje* ★ keep your ~s crossed *duim er maar
  voor* ★ FIG. I wind you round my little ~ *ik
  wind je zo om mijn vinger* ★ have sticky ~s
  rappe handjes hebben ⟨stelen⟩ II OV WW • *met de
  vingers aanraken/bespelen*
  ⟨muziekinstrument⟩ • MUZ. *van vingerzetting
  voorzien*
finger-board ZN *klavier*; *toets(enbord)*
finger bowl ZN *vingerkommetje*
finger disk ZN *kiesschijf* ⟨v. telefoon⟩
fingering ('fɪŋgərɪŋ) ZN • *vingerzetting* • *breiwol*
fingernail ('fɪŋgəneɪl) ZN *vingernagel*
fingerprint ('fɪŋgəprɪnt) ZN *vingerafdruk*
finial ('fɪnɪəl) ZN *bekroning* ⟨op iets⟩
finicky ('fɪnɪkɪ) BNW *pietepeuterig*; *overdreven
  precies*
finis ('fɪnɪs) ZN *einde* ⟨v. boek/film⟩
finish ('fɪnɪʃ) I ZN • *laatste laag*; *afwerkingslaag*;
  glanslaag • *vernis* • PLAT *nachtkroeg* • *finish*;
  einde; *afwerking* ★ be in at the ~ *bij 't doden
  v.d. vos zijn*; *tegenwoordig zijn bij 't slot v. iets*
  ★ a fight to the ~ *gevecht tot één v.d. partijen
  verloren heeft* II OV+ONOV WW • *voltooien*;
  eindigen, *beëindigen* • *opeten/-drinken/-roken,
  enz.* • *garneren* • *uitlekken* • *afwerken*; *lakken* ★ v.
  kant maken ★ that ~es it all *dat doet de deur toe*
  ★ I am ~ed *ik ben doodop*; *ik ben klaar* • ~ off
  eindigen, *beëindigen*; *afmaken* • ~ up *afwerken*
  • ~ with *afmaken*
finishing ('fɪnɪʃɪŋ) BNW ★ put the ~ touch to
  laatste hand leggen aan ★ ~ coat *bovenste laag*
  ⟨bijv. van lak⟩ ★ ~ stroke *genadeslag* ★ ~ line
  eindstreep
finishing-school ZN *eindonderwijs*
finite ('faɪnaɪt) BNW *begrensd*; *eindig* ★ TAALK. ~
  verb *persoonsvorm*
fink (fɪŋk) I ZN • USA, PLAT *verklikker* • *detective*
  • *lokkertje* II ONOV WW • USA, PLAT *doorslaan*
  • ~ out *terugkrabbelen*
Finn (fɪn) ZN *Fin*
finner ('fɪnə) ZN *vinvis*
Finnish ('fɪnɪʃ) BNW *Fins*
fiord (fjɔːd) ZN *fjord*

fir (fɜ:) ZN *den(nenboom); dennenhout; spar*
fir-cone ZN *pijnappel*
fire (faɪə) I ZN •*vuur; brand; gloed; hitte* •*(vuur)haard* •*het vuren; beschieting* •*inspiratie* ★ set fire to *in brand steken* ★ strike fire (from) *vuur slaan (uit)* ★ on fire *in brand; brandend v. verlangen* ★ he won't set the Thames on fire *hij heeft 't buskruit niet uitgevonden* ★ catch fire *vlam vatten* ★ fire and brimstone! *wel alle duivels!* ★ hang fire *slecht afgaan* ⟨geweer⟩; *traag zijn; vertragen; uitstellen* ★ EUF. friendly fire *beschieting door eigen troepen* II OV WW •*in brand steken; aansteken* •*aanvuren* •*bakken* ⟨stenen⟩ •*drogen* ⟨thee⟩ •*stoken afvuren uitbranden* ⟨bij paarden⟩ •*ontslaan; de laan uitsturen* ★ fire a salute *saluutschoten lossen* ★ ~ away *er op los schieten; v. leer trekken;* INFORM. *beginnen* ★ fire away! *brand maar los!* •~ off *afvuren; afsteken* ⟨redevoering⟩; *in zee sturen* ⟨brief⟩ •~ up *in vuur geraken; vuur aanmaken*
fire-alarm ('faɪərəlɑ:m) ZN *brandalarm*
firearm ('faɪərɑ:m) ZN *vuurwapen*
fireball ('faɪəbɔ:l) ZN *vuurbal; vuurbol*
firebrand ('faɪəbrænd) ZN •*brandend stuk hout* •*ruziestoker*
fire-break ('faɪəbreɪk) ZN *brandgang*
fire brigade ZN *brandweerkorps*
fire-bug ('faɪərbʌg) ZN •*glimworm* •*brandstichter*
fire call ZN *brandalarm*
fire chief ZN *brandweercommandant*
fire company ZN *brandweer(afdeling); brandverzekeringsmaatschappij*
firecracker ('faɪəkrækə) ZN *voetzoeker*
fire curtain ZN *brandscherm*
firedamp ('faɪədæmp) ZN *mijngas*
fire department ZN *brandweerkorps*
fire-dogs ZN MV *haardijzer; steun* ⟨onder liggend haardstel⟩
fire-drill ZN *brandweeroefening*
fire-eater ZN *vuurvreter*
fire engine ZN *brandweerwagen*
fire-engine ('faɪərendʒɪn) ZN *brandspuit*
fire-escape ('faɪərɪskeɪp) ZN *brandtrap; reddingstoestel bij brand*
fire extinguisher ZN *brandblusapparaat*
fire-fighter ZN *brandweerman; brandbestrijder*
fire-fighting BNW *brandbestrijdings-*
firefly ('faɪəflaɪ) ZN •*glimworm* •*soort vliegtuig*
fireguard ('faɪəgɑ:d) ZN *haardscherm*
fire hydrant ZN *brandkraan*
fire insurance ZN *brandverzekering*
fire irons ZN MV *haardstel*
firelight ('faɪəlaɪt) ZN *vuurgloed*
firelighter ('faɪəlaɪtə) ZN *aanmaakblokje*
fireman ('faɪəmən) ZN •*brandweerman* •*stoker*
firepan ('faɪəpæn) ZN *komfoor*
fireplace ('faɪəpleɪs) ZN *open haard*
fireproof ('faɪəpru:f) I BNW *brandvrij; vuurvast* II OV WW *brandvrij maken*
fire-raising ('faɪəreɪzɪŋ) ZN *brandstichting*
fireside ('faɪəsaɪd) ZN *(hoekje bij de) haard*
fire station ZN *brandweerkazerne*
fire-trap ZN *brandgevaarlijk gebouw*
fire tube ZN *vlampijp*
firewall ('faɪəwɔ:l) ZN •*brandvrij schot* •COMP. *firewall*
firewater ('faɪəwɔ:tə) ZN IRON. *vuurwater* ⟨sterkedrank⟩
firewire® ('faɪəwaɪə) ZN COMP. firewire®
fireworks ('faɪəwɜ:ks) ZN MV *vuurwerk*
firing ('faɪərɪŋ) ZN •*brandstof* •*beschieting*
firing-line ('faɪərɪŋlaɪn) ZN *vuurlinie*
firing-party ZN *vuurpeloton*
firing-squad ZN *vuurpeloton*
firing-trench ZN *gevechtsloopgraaf*
firm (fɜ:m) I ZN *firma* II BNW •*vast; hard* •*vastberaden; standvastig* •*vast in hand* ⟨v. bod⟩ III OV WW •*bevestigen; versterken* •~ up *vaster worden* ⟨v. prijzen⟩
firmament ('fɜ:məmənt) ZN *firmament; uitspansel*
firmness ('fɜ:mnəs) ZN → **firm**
first (fɜ:st) I ZN *eerste* ★ ~s *prima kwaliteit* ★ at ~ *in 't begin; aanvankelijk* ★ from the ~ *van meet af* ★ from ~ to last *v. begin tot einde* ★ BNW *eerst; belangrijkst* ★ ~ aid *EHBO* ★ ~-foot *eerste bezoeker v.h. nieuwe jaar* ★ First Cause *God* ★ ~ cousin *volle neef* ★ ~ floor USA *parterre; eerste verdieping* ★ First Lady *vrouw v.d. president v.d. VS* ★ ~ night *première* III BIJW •*voor 't eerst* •*ten eerste* •*liever* ★ ~ come, ~ go/served *die 't eerst komt, 't eerst maalt* ★ ~ in, ~ out *nieuw-voor-oudmethode* ★ ~ of all *allereerst* ★ ~ and foremost *allereerst* ★ ~ and last *over het algemeen* ★ ~ or last *vroeg of laat; eens*
first-born ('fɜ:stbɔ:n) ZN *eerstgeborene*
first-class BNW + BIJW *eersteklas; prima* ★ ~ postage ≈ *expressepost*
first-degree BNW *eerstegraads* ★ ~ burn *eerstegraads verbranding*
firsthand (fɜ:st'hænd) BNW *uit de eerste hand*
firstly ('fɜ:stlɪ) BIJW *ten eerste*
first-rate (fɜ:st'reɪt) BNW *eersteklas; prima*
firth (fɜ:θ) ZN •SCHOTS *zeearm* •SCHOTS *riviermond*
fisc (fɪsk) ZN *fiscus; schatkist*
fiscal ('fɪskl) BNW *fiscaal; belasting-*
fish (fɪʃ) I ZN •*vis* •*fiche* •*fiche* ★ poor fish *stumper* ★ he drinks like a fish *hij zuipt als 'n ketter* ★ IRON. a pretty kettle of fish *'n mooie boel* ★ loose fish *losbol* ★ neither fish, nor flesh(, nor good red herring) *vis noch vlees* ★ I've other fish to fry *ik heb nog meer/wel wat anders te doen* ★ all is fish that comes to his net *hij kan alles gebruiken* ★ INFORM. feed the fishes *overgeven* ⟨in het water⟩ ★ fish eaters *viscouvert* ★ FIG. a big fish (in a small pond) *een beroemdheid (maar zeer plaatselijk)* ★ wet fish *verse vis* II OV+ONOV WW •*vissen* •*lassen* •~ out *leegvissen* •~ up *opvissen*
fish auction ZN *visafslag*
fish bone ZN *vissengraat*
fisher ('fɪʃə) ZN •*visser; vissersboot* •BIOL. *Canadese marter*
fisherman ('fɪʃəmən) ZN •*visser* •*vissersschuit*
fishery ('fɪʃərɪ) ZN •*visserij* •*visgrond/-plaats* •*visrecht*
fish finger ZN *visstick*
fishing ('fɪʃɪŋ) ZN •*het vissen* •*visrecht* •*visplaats* ★ ~ grounds *visgronden*
fishing-line ('fɪʃɪŋlaɪn) ZN *vissnoer*

fishing-rod ('fɪʃɪŋrɒd) ZN *hengel*
fishing-tackle ('fɪʃɪŋtækl) ZN *vistuig*
fish-knife ZN *vismes*
fish maw/sound ZN *zwemblaas*
fishmonger ('fɪʃmʌŋgə) ZN *visverkoper*
fish oil ZN *vistraan*
fish-plate ZN *lasplaat*
fishpond ('fɪʃpɒnd) ZN *visvijver*
fishpot ('fɪʃpɒt) ZN *tenen fuik*
fish-slice ('fɪʃslaɪs) ZN *vismes*
fish story ZN *ongeloofwaardig verhaal*
fishwife ('fɪʃwaɪf) ZN *viswijf*
fishy ('fɪʃɪ) BNW • *naar vis smakend* • *visachtig* • *vol vis* • *ongeloofwaardig* • INFORM. *niet helemaal pluis*; *verdacht* ⋆ ~ *eye schelvisoog* (fig.)
fissile ('fɪsaɪl) BNW *splijtbaar* ⟨ook v. atoom⟩
fission ('fɪʃən) ZN *splijting*; *celdeling*; *splitsing v. atoom* ⋆ nuclear ~ *atoomsplitsing*
fissure ('fɪʃə) I ZN *splijting*, *kloof*; *spleet* ⋆ ~ needle *hechtnaald* II OV WW *splijten*
fist (fɪst) I ZN *vuist* ⋆ make a fist *het verknoeien* II OV WW • *slaan met de vuist* • SCHEEPV. *aanpakken* ⟨v. riemen/zeil⟩
fistful ('fɪstful) ZN • *hele handvol* • USA/PLAT *bom duiten* ⋆ ~ of letters *heel pak brieven*
fist law ZN *het recht van de sterkste*
fistula ('fɪstjʊlə) ZN • *fistel* • *stoma* • *buis*
fit (fɪt) I ZN • *bui* • *aanval*; *stuip* • *beroerte* • *'t passen/zitten* ⋆ it's a tight fit *'t zit nauw*; *'t kan (er) nog net (in)* ⋆ she gave me a fit *ze joeg me 'n beroerte op 't lijf* ⋆ INFORM. throw a fit *boos/verontrust worden* • he went into fits *hij kreeg 't op z'n zenuwen* ⋆ by/in fits and starts *bij vlagen* II BNW • *geschikt*; *gepast* • *gezond*; *in goede conditie* • *think fit 't raadzaam oordelen* ⋆ I ran till I was fit to drop *ik liep tot ik er bijna bij neerviel* ⋆ as fit as a fiddle *kiplekker* III OV+ONOV WW • *passen (bij)*; *geschikt maken* • *monteren* ⋆ fitted basin *vaste wastafel* ⋆ it fits me to a T *'t past me precies* ⋆ things don't fit together *de zaken kloppen niet met elkaar* • ~ **in** *inlassen* • ~ **in with** *kloppen met* • ~ **on** *(aan)passen* • ~ **out** *uitrusten* ⟨bijv. schip⟩ • ~ **up** *monteren*; *uitrusten* • ~ **with** *voorzien van*
fitch (fɪtʃ) ZN • *(vacht v.) bunzing* • *penseel van bunzinghaar*
fitchew ('fɪtʃu:) ZN *bunzing*
fitful ('fɪtful) BNW *afwisselend*; *bij vlagen* ⋆ ~ winter *kwakkelwinter*
fitment ('fɪtmənt) ZN • *meubel* • *inrichting* • *onderdeel*
fitness ('fɪtnəs) ZN • *fitness* • *geschiktheid, enz.* ⋆ the ~ of things *de fatsoenlijkheid van zaken*; *wat gepast is*
fitter ('fɪtə) ZN • *monteur* • *bankwerker* • *fitter*
fitting ('fɪtɪŋ) I ZN • *pasbeurt* • *armatuur* II BNW *passend*
fitting-room ZN *paskamer*
fittings ('fɪtɪŋz) ZN MV • *bekleding* • *uitrusting* • *onderdelen* • *installatie*
fitting-shop ZN *monteerwerkplaats*
five (faɪv) I ZN • *bankbiljet v. vijf dollar/pond* • *maat vijf* • *5% papieren* II TELW *vijf* ⋆ five o'clock shadow *(stoppel)baard, die tegen de avond verschijnt*

fivefold ('faɪvfəʊld) BNW *vijfvoudig*
fiver ('faɪvə) ZN INFORM. *bankbiljet v. vijf pond*
fix (fɪks) I ZN • *moeilijkheid*; *dilemma* • *doorgestoken kaart* • SCHEEPV. *kruispeiling* • PLAT shot ⟨drugs⟩; *(heroïne)spuit* • USA/PLAT *omkoperij* II OV WW • *vastleggen/-maken*; *bevestigen*; *vaststellen* ⟨v. datum⟩ • *monteren* • *installeren* • *fixeren* • *omkopen* ⟨jury⟩ • *straffen* • *dronken maken* • *thuisbrengen* (fig.) • *repareren* • *opmaken* ⟨v. haar⟩ • *aanleggen* ⟨vuur⟩ • *klaarspelen* • *genezen* ⋆ you've fixed it *je hebt het gerepareerd/voor elkaar*; *je hebt 't verknoeid* ⋆ I've fixed him with it *ik heb 'm eraan geholpen* • ~ **in** *inprenten* • ~ **on** *besluiten tot* • ~ **up** *regelen*; *organiseren* ⋆ I can't fix you up *ik kan je niet te logeren hebben* ⋆ we are fixed up *we zijn bezet* ⋆ fix up with *voorzien van* III ONOV WW *concentreren*; *stollen*
fixation (fɪk'seɪʃən) ZN • *obsessie* • *vastheid*; *vaststelling*
fixative ('fɪksətɪv) I ZN *fixeer* II BNW *fixerend*
fixature ('fɪksətʃə) ZN *haargel*
fixed (fɪkst) BNW • *niet vluchtig* ⟨stof⟩; *vast* • *bewezen* ⟨feit⟩ ⋆ ~ charge *vastrecht*
fixed income ZN *vast inkomen*
fixedly ('fɪksɪdlɪ) BIJW *vast*
fixer ('fɪksə) ZN • *reparateur*; *monteur* • *tussenpersoon* ⟨vnl. m.b.t. onwettige zaken⟩
fixings ('fɪksɪŋz) ZN MV *apparaat*; *uitrusting*
fixity ('fɪksətɪ) ZN *vastheid*; *stabiliteit*
fixture ('fɪkstʃə) ZN • *wat vast is* • *iem. die/iets dat men geregeld ergens aantreft* • *datum v. wedstrijd*
fizz (fɪz) I ZN • INFORM. *gesis* • INFORM. *fut* • *champagne* II ONOV WW *sissen*
fizzle ('fɪzəl) I ZN *mislukking* II ONOV WW • *sissen*; *sputteren* • ~ **out** *met een sisser aflopen*; *mislukken*; *zakken voor examen*
fizzy ('fɪzɪ) BNW *mousserend* ⋆ ~ drink *koolzuurhoudende frisdrank*
flabbergast ('flæbəga:st) OV WW *verstomd doen staan*; *overdonderen*
flabby ('flæbɪ) BNW • *slap*; *zwak* • *willoos*
flaccid ('flæksɪd) BNW • *slap* • *week*
flaccidity (flæk'sɪdətɪ) ZN • *zwakheid* • *willoosheid*
flack (flæk) ZN • *perscheef* • *(steeds herhaalde) reclame*
flag (flæg) I ZN • *vlag* • flag of truce *witte vlag* ⋆ FIG. show the flag *komen kijken*; *je gezicht laten zien* ⋆ fly the flag *de vlag laten wapperen*; *de vlag zwaaien* II OV WW • *van een vlag voorzien* • *merken*; *een merk aanbrengen op* • ~ **down** *teken geven om te stoppen* ⟨aan auto⟩ III ONOV WW • *verzwakken* • *verflauwen*
flag-day ('flægdeɪ) ZN *speldjesdag*
flagellant ('flædʒələnt) ZN *flagellant*
flagellate ('flædʒəleɪt) OV WW *kastijden*; *geselen*
flagellation (flædʒə'leɪʃən) ZN *geseling*; *kastijding*
flag feather ZN *slagveer*
flagged (flægd) BNW • *voorzien van vlaggen* • *voorzien van merkteken*
flaggy ('flægɪ) BNW • *vol vlaggen* • *grootbladig* • *geplaveid* • *rietachtig* • *lusteloos*; *hangend*
flagitious (flə'dʒɪʃəs) BNW *misdadig*; *schandelijk*
flagman ('flægmən) ZN • *vlagseiner* • *baanwachter*

flagon ('flægən) ZN • schenkkan • fles
flagpole ('flægpəʊl) ZN vlaggenstok
flagrant ('fleɪgrənt) BNW • flagrant • opvallend • schandelijk ⟨belediging⟩
flagship ('flægʃɪp) ZN vlaggenschip
flagstaff ('flægstɑːf) ZN vlaggenstok
flag-station ZN halte op verzoek
flagstone ('flægstəʊn) ZN • plavuis • soort zandsteen
flag stop ZN halte ⟨op verzoek⟩
flag-waving ZN vlagvertoon
flail (fleɪl) I ZN dorsvlegel II OV+ONOV WW dorsen; ranselen
flair (fleə) ZN • flair • fijne neus ⟨fig.⟩; bijzondere handigheid
flak (flæk) ZN • luchtafweergeschut • kritiek • meningsverschil
flake (fleɪk) I ZN • gestreepte anjelier • (droog)rek • PLAT/USA excentriekeling • vlok • wegspringend vuurdeeltje • schilfer • plakje • laag • ijsschots ★ ~ white loodwit II OV WW doen afschilferen III ONOV WW • als vlokken vallen • afschilferen • ~ out 't bewustzijn verliezen; weggaan
flaky ('fleɪkɪ) BNW • vlokkig • schilferachtig • PLAT/USA excentriek • onconventioneel
flam (flæm) ZN verzinsel; bedotterij
flamboyant (flæm'bɔɪənt) I ZN gevlamde bloem II BNW • flamboyant; opzichtig • al te uitbundig
flame (fleɪm) I ZN • vlam; vuur • hel licht • felle kleur(en) • soort nachtvlinder II ONOV WW • schitteren • ontvlammen; uitbarsten • uitgloeien • ~ up vuurrood worden
flame-thrower ZN vlammenwerper
flaming ('fleɪmɪŋ) BNW • zeer heet • felgekleurd • overdreven ★ a ~ sun een verzengende zon
flammable ('flæməbl) BNW brandbaar
flan (flæn) ZN vlaai; jamgebak
Flanders ('flɑːndəz) I ZN Vlaanderen II BNW Vlaams
flange (flændʒ) I ZN flens II OV WW voorzien v. flens
flank (flæŋk) I ZN zijde; flank ★ in ~ van terzijde II OV WW • aan de flank gelegen zijn/staan; flankeren; in de flank bedreigen; omtrekken • ontduiken; stelen
flannel ('flænl) I ZN • flanel • flanellen wrijflap; dweil; washandje • PLAT bedotterij • smoesjes ★ ~s flanel; flanellen broek II BNW flanellen III OV WW • met flanellen lap (uit)wrijven • z. ergens uitredden
flannelette (flænə'let) ZN katoenflanel
flap (flæp) I ZN • klep • neerhangend deel ⟨v. tafelblad⟩ • slip ⟨jas⟩ • kieuwdeksel • oorlel • bakvis • klap; tik • paniek; zenuwachtigheid • omslag ⟨v. boek of envelope⟩ ★ be in a flap gejaagd/nerveus doen/zijn ★ flap table klaptafel II OV+ONOV WW • klapperen; fladderen • schommelen • klapwieken • INFORM. in paniek raken • slaan • ~ away/off wegvliegen; wegjagen • ~ down neersmijten
flapdoodle (flæp'duːdl) ZN INFORM. onzin; klets
flapjack ('flæpdʒæk) ZN • ≈ drie-in-de-pan • stevig koekje met haver en stroop • poederdoosje
flapper ('flæpə) ZN • vliegenmepper • klepper • omslag • loshangend deel • vin; staart • PLAT hand • geheugenopfrisser • jonge wilde eend • INFORM. bakvis
flare (fleə) I ZN • helle vlam • lichtkogel ⟨met parachute⟩; signaalvlam • ronding v. kiel v. schip • 't uitstaan v. rok II ONOV WW • flikkeren; gloeien • z. buitenwaarts bollen; uitstaan ⟨v. rok⟩ • ~ up oplaaien; opstuiven; fuiven
flared (fleəd) BNW wijd uitlopend ★ ~ trousers broek met wijd uitlopende pijpen ★ ~ nostrils opengesperde neusgaten
flare-path ('fleəpɑːθ) ZN verlicht landingsterrein
flares (fleəz) ZN MV broek met wijd uitlopende pijpen
flare-up ('fleərʌp) ZN • opflikkering; vlaag; korte maar grote populariteit • knalfuif
flash (flæʃ) I ZN • flits; flikkering • A-V flitser • signaal • vlaag • MIL. streep ⟨op uniform⟩ ★ in a ~ in 'n oogwenk ★ ~ in the pan ketsschot; fiasco ★ ~ of lightning bliksemstraal II BNW opzichtig III OV WW • doen flitsen; laten schijnen • seinen ★ get ~ed geflitst worden ⟨gefotografeerd bij verkeersovertreding⟩ IV ONOV WW • flitsen; flikkeren; opvlammen • vliegen; voortsnellen ⟨v. water⟩ • ~ out/up opvliegen • ~ upon doordringen tot; opkomen bij
flashback ('flæʃbæk) ZN terugblik; flashback
flashbulb ('flæʃbʌlb) ZN flitslampje
flashcube ('flæʃkjuːb) ZN flitsblokje
flasher ('flæʃə) ZN • knipperlicht ⟨auto⟩ • exhibitionist; potloodventer
flashing ('flæʃɪŋ) BNW ★ ~ indicator richtingaanwijzer
flashlamp ('flæʃlæmp) ZN flitslamp • zaklantaarn
flashlight ('flæʃlaɪt) ZN • flitslicht • zaklantaarn
flashpoint ('flæʃpɔɪnt) ZN • ontbrandingspunt • FIG. kookpunt
flashy ('flæʃɪ) BNW opzichtig; fatterig; poenig
flask (flɑːsk) ZN • (metalen of lederen) kruithoorn • veldfles; flacon
flat (flæt) I ZN • moeras • flat(gebouw); appartement • platboomd vaartuig • platte mand • vlak scherm ⟨op toneel⟩ • lekke band • schoen met platte hak • MUZ. mol • PLAT sul • platte zijde • vlakke renbaan • vlak land ★ on/from the flat op/v.d. tekening (tegenover reliëf) II BNW + BIJW • vlak; plat • gelijkmatig • klinkklaar • bot • vierkant ⟨figuurlijk⟩ • verschraald ⟨wijn⟩ • saai • mat ⟨v. stem⟩ • gedrukt ⟨markt⟩ • dom • MUZ. mol; verlaagd; te laag ★ flat tyre lekke band ★ PLAT in a flat spin in de war ★ flatware tafelgerei ★ flat rate uniform tarief ★ fall flat mislukken; lek worden ★ sing flat vals zingen • INFORM. and that's flat! en daarmee uit! ★ to be flat broke platzak zijn ★ MUZ. A flat As III OV WW vlak maken IV ONOV WW te laag/vals zingen
flat-bottomed BNW platboomd
flatfish ('flætfɪʃ) ZN platvis
flat-footed (flæt'fʊtɪd) BNW • met platvoeten • INFORM. bot; vastberaden
flat-iron ('flætaɪən) ZN strijkijzer
flatlet ('flætlət) ZN flatje
flatly ('flætlɪ) BIJW • uitdrukkingsloos • plat; botweg
flat-racing ZN paardenrennen ⟨op de vlakke baan⟩

flatten ('flætn) I ov ww •*plat maken* •*pletten* •*klein krijgen* •*met de grond gelijk maken* •*verschalen* ⟨v. toon⟩ • ~ *out plat maken; horizontaal trekken* ⟨v. vliegtuig⟩; *uiteenrafelen* II onov ww •*plat/vlak worden* • ~ *out horizontaal gaan liggen; plat worden*

flatter ('flætə) I zn *pletter; plethamer* II ov ww *vleien; strelen* ⟨v. ego/ijdelheid⟩; *flatteren*

flatterer ('flætərə) zn *vleier*

flattering ('flætərɪŋ) bnw *vleiend; geflatteerd*

flattery ('flætərɪ) zn *vleierij*

flattie ('flætɪ) zn •INFORM. *schoen met platte hak* •*platvis*

flatulence ('flætjʊləns) zn •*winderigheid* •*aanmatiging*

flatulent ('flætjʊlənt) bnw •*winderig; met een opgeblazen gevoel* •*aanmatigend*

flatways ('flætweɪz) bnw + bijw *met/op de platte kant*

flatwise bnw + bijw → **flatways**

flaunt (flɔ:nt) I zn *vertoon* II ov ww •*doen wapperen* •*te koop lopen met* III onov ww •*pronken* •*wapperen* IV wkd ww *pralen*

flaunty ('flɔ:ntɪ) bnw *pronkziek; opzichtig*

flautist ('flɔ:tɪst) zn *fluitist*

flavor I zn USA → **flavour** II ov ww

flavoring zn USA → **flavouring**

flavorless bnw USA → **flavourless**

flavorous bnw USA → **flavoursome**

flavour ('fleɪvə), USA **flavor** I zn •*aroma; smaak en geur* •*tintje* ★ ~*s smaakstoffen* ★ *there is an unpleasant* ~ *about it er zit een (onaangenaam) luchtje aan* ★ ~ *of the month (tijdelijk) populair iets of iemand* II ov ww *smakelijk maken; kruiden*

flavouring ('fleɪvərɪŋ), USA **flavoring** zn *'t kruiden; kruiderij*

flavourless ('fleɪvələs), USA **flavorless** bnw *zonder kraak of smaak; smakeloos*

flavoursome ('fleɪvəsəm) bnw *smakelijk; geurig*

flaw (flɔ:) I zn •*leemte* •*barst; scheur* •*onvolkomenheid; fout* •*regen-/windvlaag* ★ LIT. *fatal flaw karakterfout in tragische held(in) die zijn/haar ondergang veroorzaakt* II ov ww *doen barsten; ontsieren* III onov ww *barsten*

flawless ('flɔ:ləs) bnw *perfect; onberispelijk; smetteloos*

flax (flæks) zn *vlas*

flax-comb zn *vlashekel*

flax-dressing zn *vlasbereiding*

flaxen ('flæksən) bnw •*v. vlas* •*vaal geelbruin* ★ ~ hair *vlasblond haar*

flax-seed zn *lijnzaad*

flay (fleɪ) ov ww •*bekritiseren* •*villen* •*plunderen* •*schillen*

flea (fli:) zn *vlo* ★ *to send off someone with a flea in his ear iemand met een botte weigering/ standje afschepen* ★ *flea louse bladluis* ★ *flea market vlooienmarkt*

fleabag ('fli:bæg) zn •INFORM. *slaapzak* •*hangmat* •FIG. *vlooienbaal*

fleabite ('fli:baɪt) zn •*vlooienbeet* •*rood puntje* •*onbenulligheid*

fleam (fli:m) zn *lancet; vlijm*

flea-pit zn INFORM. *vuil(e), smerig(e) bioscoop/ theater*

fleck (flek) I zn *vlek; sproet; spat; spikkel* II ov ww *bevlekken; bespikkelen*

fled (fled) ww [verl. tijd + volt. deelw.] → **flee**

fledged ('fledʒd) bnw •*kunnende vliegen* ⟨v. vogel⟩ •*volwassen*

fledgeling ('fledʒlɪŋ) zn •*vogel die pas kan vliegen* •*jong/onervaren persoon*

flee (fli:) I ov ww *vluchten* II onov ww *ontvluchten*

fleece (fli:s) I zn •*vacht* •*schapenwolkjes* •*kop met haar* II ov ww •*scheren* ⟨schapen⟩ •*plukken; uitkleden* •*bedekken*

fleecy ('fli:sɪ) bnw *wollig; vlokkig*

fleer (flɪə) I zn *spotlach* II onov ww *spottend lachen*

fleet (fli:t) I zn •*vloot; schare* •*wagenpark* ⟨auto's⟩ •*inham* II bnw •*snel; vergankelijk* •*ondiep* III onov ww *voorbijsnellen*

Fleet (fli:t) bnw ★ ~streeter *journalist* ★ ~ *Street de Engelse dagbladpers*

fleeting ('fli:tɪŋ) bnw *snel; vergankelijk; vluchtig* ★ catch a ~ glimpse of *een glimp opvangen van*

Fleming ('flemɪŋ) zn *Vlaming*

Flemish ('flemɪʃ) bnw *Vlaams*

flesh (fleʃ) I zn *vlees* ★ ~ and fell *met huid en haar* ★ put on/lose ~ *dik/mager worden* ★ in ~ *goed in 't vlees* ★ in the ~ *in levenden lijve; in leven* II ov ww •*aan bloed gewennen* •*aanvuren* •*belichamen* •*voor 't eerst iem. doden met zwaard* •*zijn eerste kritiek schrijven* • ~ out *nader preciseren; uitwerken*

flesh-fly zn *aasvlieg*

fleshings ('fleʃɪŋz) zn MV *vleeskleurig maillot*

fleshly ('fleʃlɪ) bnw *zinnelijk*

fleshy ('fleʃɪ) bnw •*vlezig* •*lichamelijk*

flew (flu:) ww [verleden tijd] → **fly**

flex (fleks) I zn •(*elektrisch*) *snoer* II ov ww *buigen*

flexibility (fleksə'bɪlətɪ) zn *flexibiliteit*

flexible ('fleksɪbl) bnw *buigzaam; handelbaar*

flexion ('flekʃən) zn *(ver)buiging; bocht*

flexional ('flekʃənl) bnw *buigings-*

flexitime ('fleksɪtaɪm) zn *systeem met variabele werktijden*

flexor ('fleksə) zn *buigspier*

flexuose ('fleksjʊəs), **flexuous** bnw *kronkelend*

flexuous bnw → **flexuose**

flexure ('flekʃə) zn *buiging; bocht*

flibbertigibbet (flɪbətɪ'dʒɪbɪt) zn •*roddelaar(ster); kletskous* •*rusteloos iemand*

flick (flɪk) I zn *tik(je); rukje; knip* ⟨met nagel⟩ II ov ww *tikken; rukken; knippen*

flicker ('flɪkə) I zn •*getril enz.* •*opflikkering* •*film* •*specht* II ov ww *doen flikkeren* III onov ww *trillen; flikkeren; fladderen*

flick-knife zn *stiletto*

flier ('flaɪə) zn → **flyer**

flies (flaɪz) zn MV •*gulp* •*dekstuk boven voortoneel*

flight (flaɪt) I zn •*vlucht* •*zwerm* •*formatie* ⟨vliegtuigen⟩ •*haverkaf* ★ ~ of stairs *trap* ★ three ~s up *drie trappen hoog* ★ ~ of steps *bordes* ★ ~ of wit *geestige zet* ★ put to ~ *op de vlucht drijven* ★ take to ~ *op de vlucht slaan* ★ ~ lieutenant *kapitein-vlieger* II ov ww *vluchtende schieten* III onov ww *in zwermen vliegen*

flight-deck zn *vliegdek*

flight-feather ZN *slagpen*
flight-recorder ZN *vluchtregistrator; zwarte doos*
flighty ('flaɪtɪ) BNW • *grillig* • *wispelturig* • *niet goed in 't hoofd*
flimsy ('flɪmzɪ) I ZN • *kopij* • *dun papier* • PLAT *bankbiljet(ten)* II BNW *ondeugdelijk; zwak; nietig* ★ a ~ *dress een dunne jurk die weinig bedekt*
flinch (flɪntʃ) ONOV WW • *wijken* • *ineenkrimpen* ⟨v.d. pijn⟩ ★ he never ~ed *hij vertrok geen spier* • ~ from *terugdeinzen voor*
flinders ('flɪndəz) ZN MV *brokstukken; flinters*
fling (flɪŋ) I ZN • *worp* • *hatelijkheid* • *liefdesaffaire* • *uitspatting* ★ a bit of a ~ *verzetje* ★ have a ~ *fuiven; uitrazen* ★ have a ~ at it *doe er eens een gooi naar* ★ at full ~ *met topsnelheid* II OV WW • *smijten* • *gooien* • *neerwerpen* ⟨v. tegenstander bij gevecht⟩ III ONOV WW • *vliegen* ⟨de kamer in of uit⟩ • *trappen* ⟨v. paard⟩ • *(laten aan)stormen* ★ ~ o.s. upon *beroep doen op* • ~ off *de bons geven; v. 't spoor brengen* • ~ out *er uit gooien; uitspreiden* ⟨v. armen⟩; *trappen* ⟨v. paard⟩; *uitvaren tegen*
flint (flɪnt) ZN *keisteen; vuursteen* ★ skin a ~ *zeer gierig zijn*
flinty ('flɪntɪ) BNW • *steenachtig* • *hard*
flip (flɪp) I ZN • *knip; tik* • *(vlieg)tochtje* • *salto* • *advocaat* ⟨drank⟩ II OV WW • *(weg)knippen; tikken* • *klappen* ⟨zweep⟩ • *(om) laten kantelen* • *(snel) omdraaien* • ~ through *doorbladeren* III ONOV WW • INFORM. *(vlieg)tochtje maken* • *flippen* ⟨door drugs⟩; *ongunstig reageren op; wild enthousiast worden; door het dolle heen raken* • *een salto maken* IV OV+ONOV WW ~ over *omdraaien*
flip-flap ('flɪpflæp) ZN • *buiteling* • *voetzoeker* • *draaimolen met schuitjes* • *tochtje* • *salto* ★ side *achterkant* ★ *v.* grammofoonplaat⟩
flippancy ('flɪpənsɪ) ZN • *spot* • *oneerbiedige opmerking*
flippant ('flɪpənt) BNW *ongepast luchthartig; zonder de nodige ernst; spottend*
flipper ('flɪpə) ZN • *zwemvlies* • PLAT *poot* • PLAT *vliegtuig* • *vin* • *zwempoot*
flipping ('flɪpɪŋ) BNW INFORM. *verdraaid; verdomd*
flirt (flɜːt) I ZN • *ruk; zwaai* • *flirt* II ONOV WW • *fladderen; zwaaien; rukken* • *flirten* • ~ with *flirten met spelen met* ⟨gedachte⟩ ★ ~ with danger *met vuur spelen*
flirtation (flɜːˈteɪʃən) ZN • *een affaire die niet verder gaat dan geflirt* • *geflirt*
flirtatious (flɜːˈteɪʃəs) BNW *koket(terend)*
flit (flɪt) I ZN • *verhuizing* • *gefladder* II ONOV WW • *verhuizen* • *fladderen* ⟨v. vleermuis⟩ • *voorbijgaan* ⟨v. tijd⟩
flitch (flɪtʃ) I ZN *zij; spek; snee* II OV WW *aan plakken snijden* ⟨vlees en vis⟩; *hakken* ⟨blok hout⟩
flitter ('flɪtə) I ZN *verhuizer* II ONOV WW *fladderen*
flivver ('flɪvə) ZN • *goedkope auto* • *mislukking*
float (fləʊt) I ZN • *vlotter* ⟨v. stoomketel⟩ • *wat iets drijvende houdt; drijvende massa* • *dobber* • *vlot* • *voetlicht* ⟨theater⟩ • *schoep* • *lage wagen* ⟨in optocht⟩ • *vijl met één snede* II OV WW • *laten drijven; doen zweven* • *uitschrijven* ⟨lening⟩ • *oprichten* ⟨maatschappij⟩ • *inunderen; overstromen* • *in omloop brengen* ⟨gerucht⟩ III ONOV WW • *vlot komen* • *drijven; zweven* • *doelloos rondtrekken*
floatage ('fləʊtɪdʒ) ZN • *stuwkracht* • *schip boven de waterlijn* • *'t drijven* • *aangespoelde goederen* • *totaal aantal schepen*
floatation (fləʊˈteɪʃən) ZN → **flotation**
float-board ZN *scheprad*
floating ('fləʊtɪŋ) BNW *drijvend; vlottend* ⟨kapitaal⟩ ★ ~ bridge *pontonbrug; schipbrug* ★ ~ goods *goederen per schip onderweg zijnde* ★ ~ light *lichtschip; lichtboei* ★ ~ ribs *zwevende ribben*
flock (flɒk) I ZN • *schare; kudde; troep* • *vulling* II ONOV WW *samenstromen*
floe (fləʊ) ZN *drijvende ijsschots(en)*
flog (flɒg) OV WW • *slaan* • PLAT *verslaan* • *organiseren* • *(in)pikken* • *versjacheren* • *verpatsen* ★ flog a dead horse *zich vergeefs inspannen*
flogging ('flɒgɪŋ) ZN *pak slaag*
flood (flʌd) I ZN • *vloed* • *stroom; overstroming* ★ the Flood *de zondvloed* ★ at the ~ *op zijn gunstigst* II OV WW • *(doen) overstromen* • *overvoeren* ⟨v.d. markt⟩ III ONOV WW *overstromen*
floodgate ('flʌdgeɪt) ZN *sluisdeur* ★ ~s *sluizen* ⟨ook v. welsprekendheid⟩ ★ INFORM. the ~s were opened *de waterlanders kwamen*
floodlight ('flʌdlaɪt) I ZN • *spreidlicht* • *schijnwerper* II OV WW *verlichten met spreidlicht*
flood-lit BNW *verlicht met spreidlicht*
floodtide ('flʌdtaɪd) ZN *vloed*
floor (flɔː) I ZN • *vloer; bodem* • *verdieping* • *minimum(loon)* • *vergaderzaal* ⟨v. parlement⟩ ★ ~ cloth *vloerzeil; dweil* ★ first ~ *eerste verdieping;* USA *begane grond* ★ he got the ~ *hij kreeg het woord* ★ take to the ~ *ten dans leiden* ★ take the ~ INFORM. *een dans beginnen; het woord nemen* ★ from the ~ *uit het publiek* ★ the ~ is yours *je kunt beginnen; ga je gang maar* ★ ~ manager *afdelingschef* ⟨in warenhuis⟩; *opnameleider* ⟨op televisie⟩ ★ ~ plan *grondplan* ★ ~ show *nachtcluboptreden* ★ cross the ~ *van partij/mening veranderen* II OV WW • *bevloeren; vloeren; neerslaan* • *naar z'n plaats terugsturen* ⟨v. leerling die les niet kent⟩ • *overdonderen; te machtig zijn* • PLAT he got ~ed *hij zakte; hij werd gevloerd* ★ he ~ed his car *hij gaf plankgas*
floorboard ('flɔːbɔːd) ZN *vloerplank*
floorer ('flɔːrə) ZN • *slag die iem. vloert* • *ontstellende berichten* • *lastige kwestie; opgave*
flooring ('flɔːrɪŋ) ZN *vloer(materiaal)*
floor-leader ZN USA *fractievoorzitter; woordvoerder van politieke partij*
floor price ZN *minimum prijs; bodemprijs*
floor-walker ('flɔːwɔːkə) ZN *afdelingschef* ⟨warenhuis⟩
floozy ('fluːzɪ) ZN MIN. *meisje/vrouw van lichte zeden; slet; publieke vrouw*
flop (flɒp) I ZN • *plof; plons* • INFORM. *flop; fiasco* • *bed* II ONOV WW • *klossen* • *onhandig gaan*

liggen/zitten, enz. • *neerploffen/-smijten* • *mislukking worden* • *overlopen* • *klapwieken* **III** BIJW *ineens* ★ *it came flop down het kwam pardoes omlaag*

floppy ('flɒpɪ) BNW *flodderig; zwak* ★ *~ disc floppydisk; (flexibele) diskette*

flora ('flɔːrə) ZN *flora; plantenrijk*

floral ('flɔːrəl) BNW *m.b.t. bloemen* ★ *~ parade bloemencorso* ★ *~ tribute bloemstuk*

Florentine ('flɒrəntaɪn) **I** ZN • *Florentijn* • *Florentijnse zijde* **II** BNW *Florentijns*

florescence (flɔː'resəns) ZN • *bloeitijd* • *'t bloeien*

floriculture ('flɒrɪkʌltʃə) ZN *'t bloemen kweken*

florid ('flɒrɪd) BNW • *bloemrijk; bloeiend* • *opzichtig* • *blozend*

florin ('flɒrɪn) ZN • *florijn* • GESCH. *tweeshillingstuk*

florist ('flɒrɪst) ZN • *bloemist; bloemenkweker* • *bloemenkenner*

floss (flɒs) ZN • *vlaszijde* • *borduurzijde* ★ *~ (silk) vloszijde* ★ *dental ~ tandzijde*

flossy ('flɒsɪ) BNW • *zijdeachtig* • INFORM. *opzichtig*

flotation (fləʊ'teɪʃən), **floatation** ZN *oprichting bedrijf* 〈door uitgifte van aandelen〉; *flotatie* ★ *~ device hulpmiddel om te blijven drijven*

flotilla (flə'tɪlə) ZN *flottielje*

flotsam ('flɒtsəm) ZN • *aanspoelende wrakgoederen; rommel* • *zwervers* ★ *~ and jetsam rommel* 〈vooral na ondergang〉

flounce (flaʊns) **I** ZN • *ruk* • *strook* **II** OV WW *voorzien v. stroken* **III** ONOV WW • *wegstuiven* • *z. wringen; rukken; spartelen*

flounder ('flaʊndə) **I** ZN • *geploeter/-sukkel* • *bot* **II** ONOV WW • *ploeteren* 〈door modder〉 • *fouten maken* • *in de war raken* • *steigeren*

flour (flaʊə) **I** ZN • *bloem; meel* ★ *baking ~ zelfrijzend bakmeel* **II** OV WW • *bestrooien met meel* • *malen tot meel*

flourish ('flʌrɪʃ) **I** ZN • *krul* 〈als versiering〉 • *stijlbloem* • *zwierig gebaar* • *fanfare* • *preludium* ★ *~ of trumpets trompetgeschal; drukte* **II** OV WW • *geuren met* • *wuiven met; gebaren* **III** ONOV WW • *gedijen; in de bloeitijd leven/zijn* • *decoratieve krullen maken* 〈in handschrift〉 • *in beeldrijke taal spreken*

floury ('flaʊərɪ) BNW *melig; bedekt met meel*

flout (flaʊt) **I** ZN *spot* **II** OV WW *bespotten; geen acht slaan op* 〈advies〉

flow (fləʊ) **I** ZN • *overvloed* • *stroming; golving* ★ *flow chart stroomschema* ★ *go with the flow iets ontspannen over zich heen laten komen* ★ *flow sheet processchema; stroomschema; organogram* **II** ONOV WW • *stromen; golven* • *opkomen* 〈v. getij〉 ★ *~ from (voort)vloeien uit*

flower ('flaʊə) **I** ZN • *bloem* • *bloei* • *keur* ★ *~ dust stuifmeel* ★ *~ plot bloemperk* ★ *~ garden bloementuin* ★ *~ people hippies* ★ *~ of speech stijlbloempje* **II** OV WW • *met bloemen versieren* • *in bloei trekken* **III** ONOV WW • *(op)bloeien*

flowerbed ('flaʊəbed) ZN *bloembed/-perk*

flowered ('flaʊəd) BNW *gebloemd; versierd met bloemen*

flowery ('flaʊərɪ) BNW *bloemrijk; gebloemd; bloemen-*

flowing ('fləʊɪŋ) BNW • *vloeiend* • *loshangend*

flown (fləʊn) **I** BNW *opgeblazen* 〈v. trots〉 **II** WW [volt. deelw.] → *fly*

fluctuate ('flʌktʃʊeɪt) ONOV WW • *aarzelen* • *golven; op en neer gaan*

fluctuation (flʌktʃʊ'eɪʃən) ZN • *fluctuatie* • *schommeling*

flue (fluː) **I** ZN • *soort net* • *pluis* • *rookkanaal; vlampijp* **II** OV WW 〈z.〉 *verwijden*

flu(e) (fluː) ZN INFORM. *griep*

fluency ('fluːənsɪ) ZN • *spreekvaardigheid* • *welbespraaktheid*

fluent ('fluːənt) BNW • *vaardig* 〈vnl. spreekvaardigheid〉; *welbespraakt* • *vloeiend; sierlijk* • *veranderlijk*

fluff (flʌf) **I** ZN • *pluis; donzig spul* • PLAT *blunder; verspreking* • *onhandige slag* **II** OV WW • *donzig maken; opschudden* 〈v. bed〉 • *rol verknoeien* ★ *~ out/up laten uitstaan* 〈haar〉

fluffy ('flʌfɪ) BNW • *donzig* 〈v. kussen〉; *pluizig* • PLAT *dronken*

fluid ('fluːɪd) **I** ZN *vloeistof* **II** BNW *vloeibaar; beweeglijk*

fluidity (flʊ'ɪdətɪ) ZN *vloeibaarheid*

fluke (fluːk) **I** ZN • *bot* 〈vis〉 • *ankerhand* • *spits* 〈v. lans〉 ★ *by a ~ door stom geluk* **II** ONOV WW *boffen*

flukes (fluːks) ZN MV • *staart v. walvis* • *bof*

fluky ('fluːkɪ) BNW • *onzeker* • *geluks-*

flume (fluːm) **I** ZN • *waterloop; ravijn* ★ *he was up the ~ hij was de sigaar* **II** OV WW *vervoeren door waterloop* **III** ONOV WW *aanleggen v. waterloop*

flummox ('flʌməks) OV WW *versteld doen staan*

flump (flʌmp) **I** OV WW *neersmijten* **II** ONOV WW *(neer)ploffen*

flung (flʌŋ) WW [verl. tijd + volt. deelw.] → *fling*

flunk (flʌŋk) **I** ZN INFORM. *fiasco* **II** OV WW INFORM. *laten zakken* 〈bij examen〉 **III** ONOV WW • INFORM. *zakken* 〈bij examen〉 • USA ★ *~ out weggestuurd worden* 〈v. school/universiteit〉

flunkey ('flʌŋkɪ) ZN • *lakei* • *vleier; stroopplikker*

fluorescent (flʊə'resənt) BNW *fluorescerend*

fluoridate ('flʊərɪdeɪt) OV WW *fluorideren*

fluoride ('flʊəraɪd) ZN *fluoride*

fluorine ('flʊəriːn) ZN *fluor*

flurry ('flʌrɪ) **I** ZN • *(wind)vlaag* • *vlucht* 〈vogels〉 • *gejaagdheid* • *doodsstrijd* 〈v. walvis〉 **II** OV WW *zenuwachtig maken*

flush (flʌʃ) **I** ZN • *roes* • *jong opschietend gras enz.* • *opgejaagde vogels* • *kracht; frisheid* • *gesloten serie* 〈poker〉 • *doorspoeling* 〈v. toilet e.d.〉 • *plotselinge stroom* • *opwinding; koortsgloed; blos* • *opvlieger* ★ *hot ~ opvlieger* **II** BNW • *overvloedig; boordevol* • *in één vlak liggend* • *goed bij kas zijnde* **III** OV WW • *doorspoelen* • *doen uitlopen* • *doen blozen* • *aanvuren* • *voegen* 〈v. muur〉 • *opjagen* 〈v. vogels〉 **IV** ONOV WW • *wegvliegen* • *uitlopen* • *blozen* ★ *~ed blozend; opgewonden; bedwelmd*

Flushing ('flʌʃɪŋ) ZN *Vlissingen*

fluster ('flʌstə) **I** ZN *gejaagdheid; zenuwachtigheid* **II** OV WW • *benevelen* 〈door drank〉 • *gejaagd maken*

flute (fluːt) **I** ZN • *fluit* • *fluitist* • *groef* **II** ONOV WW • *fluit spelen; fluiten* 〈v. vogel〉 • GESCH. *canneleren*

flutist ('fluːtɪst) ZN *fluitist*

flutter ('flʌtə) I ZN • trilling; gefladder • sensatie • gokkerij • zweving; vervorming ⟨geluidstechniek⟩ II OV WW zenuwachtig maken III ONOV WW fladderen; trillen; vlug heen en weer bewegen

fluvial ('flu:vɪəl) BNW rivier-

flux (flʌks) I ZN • stroom; voortdurende verandering • bloeding • buikloop ★ flux and reflux eb en vloed ⟨ook fig.⟩ II ONOV WW • vloeien • smelten

fly (flaɪ) I ZN • vlieg • 't vliegen • klep ⟨v. kledingstuk⟩; gulp • vigilante • lengte van vlag • onrust ⟨v. uurwerk⟩ ★ a fly in the ointment iets wat de zaak bederft ★ on the fly in beweging; snel en gedachteloos ★ there are no flies on him hij is een slimme vent II BNW PLAT slim; glad; handig; geslepen; vlug III OV WW • oplaten ⟨vlieger⟩ • besturen ⟨vliegtuig⟩ • losgooien ★ fly off the handle kwaad worden IV ONOV WW • vliegen • vluchten • springen over • voeren ⟨v. vlag⟩ ★ flying squad mobiele politiepatrouille ★ let fly afschieten ★ fly high hoge aspiratie hebben ★ he will fly at/upon you hij zal op je aanvliegen; hij zal tegen je uitvaren ★ fly into a rage woedend worden ★ fly-over junction bovenkruising ⟨verkeer⟩ ★ flying display vliegdemonstratie ★ flying dog kalong ★ flying range actieradius ⟨v. vliegtuig⟩ ★ flying boat vliegboot ★ ~ off v. koers veranderen • ~ out at uitvaren tegen

flyaway ('flaɪəweɪ) BNW • loshangend ⟨v. haar, kleding⟩ • wispelturig

fly-blow ('flaɪbləʊ) I ZN vliegenei/-larve II OV WW besmetten; bederven

flyblown ('flaɪbləʊn) BNW besmet; vuil

fly-by-night ZN • voortvluchtige debiteur • onverantwoordelijk mens

flycatcher ('flaɪkætʃə) ZN • vliegenvanger • snel gevechtsvliegtuig

flyer, **flier** ('flaɪə) ZN • iem. die/iets dat vliegt; piloot • (hoog)vlieger • bliksemtrein • snelvarend schip • wiek v. molen • vliegwiel • sprong met aanloop

flying ('flaɪɪŋ) BNW vliegend

flyleaf ('flaɪli:f) ZN schutblad

flypaper ('flaɪpeɪpə) ZN vliegenvanger

flypast ('flaɪpɑ:st) ZN defilé v. vliegtuigen

flysheet ('flaɪʃi:t) ZN (reclame)blaadje

fly-spray ('flaɪspreɪ) ZN spuitbus ⟨tegen insecten⟩

flyweight ('flaɪweɪt) ZN vlieggewicht

flywheel ('flaɪwi:l) ZN vliegwiel

F.M. AFK frequency modulation frequentiemodulatie ⟨radio⟩

foal (fəʊl) ZN veulen ★ in (with) foal drachtig

foam (fəʊm) I ZN • schuim ★ foam rubber schuimrubber II ONOV WW schuimen ★ foam at the mouth schuimbekken

foamy ('fəʊmɪ) BNW schuimend

fob (fɒb) I ZN horlogezakje II OV WW • in de zak steken • ~ off (met smoesjes) afschepen

focal ('fəʊkl) BNW brandpunt(s)- ★ ~ point brandpunt

foci ('fəʊsaɪ) ZN MV → **focus**

focus ('fəʊkəs) I ZN • brandpunt; haard ⟨v. ziekte⟩ • scherpstelling ★ out of ~ verdraaid ★ in ~ duidelijk II OV+ONOV WW • (zich) concentreren

⟨v. gedachten⟩ • vestigen op ⟨v. ogen⟩ • scherp stellen ⟨v. camera⟩; instellen

fodder ('fɒdə) I ZN stalvoer II OV WW voederen

foe (fəʊ) ZN vijand ⟨dichterlijk⟩

foetid ('fetɪd) BNW stinkend

foetus ('fi:təs) ZN vrucht; foetus; ongeboren kind

fog (fɒg) I ZN • mist • sluier ⟨op foto⟩ • nagroen; lang wintergras ★ murky fog dichte mist II OV WW • in mist hullen • sluieren ⟨foto⟩ • vertroebelen; benevelen • voederen met nagroen III ONOV WW mistsignalen uitzetten

fog-bank ZN mistbank

fog-bound ('fɒgbaʊnd) BNW in mist gehuld; door mist opgehouden

fog(e)y ('fəʊgɪ) BNW ouderwets ★ old ~ ouwe zeur

foggy ('fɒgɪ) BNW • mistig • vaag • gesluierd ⟨foto⟩ ★ not the foggiest idea helemaal geen idee

foghorn ('fɒghɔ:n) ZN misthoorn

fog-lamp ZN mistlamp

fog-signal ZN mistsignaal

foible ('fɔɪbl) ZN zwakke zijde

foil (fɔɪl) I ZN • folie ⟨v. spiegel, onder juweel⟩ • zilverpapier • achtergrond • spoor ⟨v. wild⟩ • schermdegen II OV WW ★ 't spoor uitwissen ⟨jacht⟩ • verijdelen; in de war brengen • overtreffen

foist (fɔɪst) OV WW • iets ergens ongemerkt tussenschuiven • ~ on/upon z. opdringen bij ★ ~ s.th. upon a s.o. iem. iets aansmeren

fold (fəʊld) I ZN • vouw; kronkel • schaapskooi • kudde • schoot der Kerk II OV WW • vouwen • opsluiten; sluiten ⟨in de armen⟩; drukken ⟨aan de borst⟩ ★ folding money papiergeld • INFORM. ~ up failliet gaan

foldaway ('fəʊldəweɪ) BNW in-/opklapbaar; opvouwbaar ★ ~ table klaptafel

folder ('fəʊldə) ZN • folder; vouwblad • map ⟨voor documenten⟩ • COMP. map; directory

folding ('fəʊldɪŋ) BNW vouw-; klap-; opvouwbaar ★ ~ stool vouwbankje

fold-over ZN omslag

foliage ('fəʊlɪdʒ) ZN gebladerte; loof

foliate[1] ('fəʊlɪət) BNW • als 'n blad • met bladeren

foliate[2] ('fəʊlɪeɪt) I OV WW met loofwerk/ bladmotieven versieren II ONOV WW z. verdelen in bladen

folio ('fəʊlɪəʊ) I ZN • folio(vel) • foliant II OV WW foliëren

folk (fəʊk) ZN INFORM. volk; luitjes; ouders; familieleden ★ the old folks de oudjes ★ the little folks 't jonge volkje ★ folk music volksmuziek

folk-dance ZN volksdans

folklore ('fəʊklɔ:) ZN folklore

folks ZN → **folk**

folk-singer ZN zanger(es) van volksliedjes

folksy ('fəʊksɪ) BNW gezellig; platteland-; eenvoudig

folk-tale ZN volksverhaal

follicle ('fɒlɪkl) ZN • PLANTK. kokervrucht • blaasje • MED. (haar)zakje • cocon

follow ('fɒləʊ) I ZN • doorstoot ⟨biljart⟩ • tweede (kleinere) portie ⟨in restaurant⟩ • volgende zet II OV WW uitoefenen ⟨v. ambacht⟩ III ONOV WW • volgen (op/uit) • najagen • begrijpen ★ ~ the sea matroos zijn ★ ~ the plough boer zijn ★ ~

follower – for

suit *kleur bekennen* ★ ~*ing up ours of ... in vervolg op ons schrijven van* ● ~ **after** *volgen op* ● ~ **on** *blijven volgen; laten volgen; doorspelen* ⟨cricket⟩ ● ~ **out** *opvolgen* ⟨bevelen⟩; *volledig uitvoeren* ⟨plan⟩ ● ~ **up** *nagaan; benutten; werk maken van* ⟨meisje⟩

follower ('fɒləʊwə) ZN ● *volgeling* ● *vrijer*

following ('fɒləʊwɪŋ) I ZN ● *aanhang* ● *volgelingen* ● *(het) volgende* II BNW *volgend* ★ ~ *wind wind in de rug*

follow-through ZN ● *nabehandeling* ● *vervolg(actie)* ● *nazorg* ● *nadere uitwerking*

follow-up ZN → **follow-through**

folly ('fɒlɪ) ZN ● *dwaasheid* ● *duur maar nutteloos gebouw*

foment (fə'ment) OV WW ● *warm betten* ● *koesteren* ● *aanstoken/-vuren*

fomentation (fəʊmen'teɪʃən) ZN ● *stimulering* ● *warme omslag*

fond (fɒnd) BNW ● *dwaas* ● *innig; (al te) teder* ★ *be fond of veel houden van; verzot zijn op*

fondle ('fɒndl) I OV WW *liefkozen* II ONOV WW *spelen (met)*

fondness ('fɒndnəs) ZN → **fond** *genegenheid*

font (fɒnt) ZN ● *doopvont* ● *wijwaterbakje* ● DRUKK. *lettertype* ● *oliereservoir* ⟨v. lamp⟩

fontal ('fɒntl) BNW ● *oorspronkelijk* ● *doop-*

food (fu:d) ZN ● *voedsel; eten; voedingsartikel* ★ *food dressing saus* ★ *food for thought stof tot nadenken* ★ *food poisoning voedselvergiftiging* ★ *food value voedingswaarde*

foodhoarder ('fu:dhɔ:də) ZN PLAT *hamsteraar*

foodstuff ('fu:dstʌf) ZN *voedingsmiddel*

fool (fu:l) I ZN ● *dwaas; gek; nar* ● *(kruisbessen)vla* ★ *be a fool to niet kunnen halen bij* ★ *no fool like an old fool hoe ouder, hoe gekker* ★ *he is a fool for his pains hij doet vergeefse moeite* ★ *April Fools' day 1 april* ★ *make a fool of o.s. zichzelf belachelijk maken* ★ *fool's errand dwaze onderneming* ● *fool's paradise droomwereld* ★ *be a fool for gek zijn op* II BNW USA/INFORM. *dwaas* III OV WW *bedriegen* IV ONOV WW ● *klungelen* ● *gek doen* ★ *fool away one's time zijn tijd verdoen* ● ~ **about**/ **around** *rondhangen* ● ~ **into** *wijsmaken* ● ~ **out of** *(iets) aftroggelen*

foolery ('fu:lərɪ) ZN *dwaas gedoe*

foolhardy ('fu:lhɑ:dɪ) BNW *roekeloos*

foolish ('fu:lɪʃ) BNW ● *belachelijk* ● *dwaas*

foolproof ('fu:lpru:f) BNW *betrouwbaar; bedrijfszeker* ★ *it is ~ 't is onfeilbaar; vergissingen zijn uitgesloten; kinderlijk eenvoudig*

foolscap ('fu:lskæp) ZN ● *narrenkap; papieren muts* ● *schrijfpapier* ⟨17 x 13,5 inch⟩

fool's gold ZN *geel mineraal waarvan vaak wordt gedacht dat het goud is* ⟨pyriet⟩

foot (fʊt) I ZN ● *voet; pas; tred* ● *infanterie* ● *voeteneinde* ● *versvoet* ● *voet* ⟨± 30 1/2 cm⟩ ● *bezinksel* ● *ruwe suiker* ★ *she happy? my foot! zij gelukkig? kom nou!* ★ *found his feet begon te staan* ⟨v. kind⟩; *begon z'n draai te vinden* ★ *I know the length of his foot ik weet wat hij waard is* ★ *he has put his foot in it hij heeft zich lelijk vergaloppeerd* ★ *at foot onder aan* ⟨brief⟩ ★ *he was carried off his feet hij werd meegesleept* ★ *he was on foot hij was te voet; hij was bezig* ★ *be on one's feet een bestaan hebben; 't woord voeren; gezond zijn* ★ *get to one's feet gaan staan* ★ *put one's feet down krachtig optreden* II OV WW ● *aanbreien* ⟨voet aan kous⟩ ● *optellen* ● *betalen* ⟨rekening⟩ ★ INFORM. *foot it de benenwagen nemen; dansen* ● ~ **up** *bedragen* III OV+ONOV WW ● *lopen* ● *dansen*

footage ('fʊtɪdʒ) ZN ● *gefilmd materiaal; lengte* ⟨v. film⟩

foot-and-mouth disease ZN *mond- en klauwzeer*

football ('fʊtbɔ:l) ZN ● *voetbal* ● *rugby* ★ ~ *pools toto; voetbalpool*

footballer ('fʊtbɔ:lə) ZN ● *(prof)voetballer* ● *rugbyspeler*

footboard ('fʊtbɔ:d) ZN *treeplank*

footboy ('fʊtbɔɪ) ZN *livreiknechtje*

footbridge ('fʊtbrɪdʒ) ZN *voetbrug*

footer ('fʊtə) ZN PLAT *voetbal*

footfall ('fʊtfɔ:l) ZN *(geluid v.) voetstap*

footgear ('fʊtgɪə) ZN *schoeisel*

foothill ('fʊthɪl) ZN *heuvel onder aan berg*

foothold ('fʊthəʊld) ZN ● *steunpunt* ● *steun voor voeten*

footing ('fʊtɪŋ) ZN ● *totaal* ● *voet* ● *'t plaatsen der voeten* ● *voetsteun* ● *vaste betrekking; vaste voet* ● *verhouding* ● *entreegeld* ⟨als lid⟩

footle ('fu:tl) ONOV WW ● PLAT *beuzelen* ● *leuteren* ● *onhandig; dwaas doen*

footless ('fʊtləs) BNW *nutteloos*

footlights ('fʊtlaɪts) ZN MV *voetlicht*

footling ('fu:tlɪŋ) I ZN INFORM. *dwaasheid* II BNW INFORM. *onbetekenend; dom*

footloose ('fʊtlu:s) BNW *vrij (om te doen wat men wil)*

footman ('fʊtmən) ZN ● *infanterist* ● *lakei*

footmark ('fʊtmɑ:k) ZN *voetafdruk*

footnote ('fʊtnəʊt) ZN *voetnoot*

footpace ('fʊtpeɪs) ZN ● *wandelpas* ● *soort podium*

footpad ('fʊtpæd) ZN ● *steun(punt)* ● GESCH. *struikrover*

footpath ('fʊtpɑ:θ) ZN *voetpad; trottoir*

footprint ('fʊtprɪnt) ZN *voetspoor*

foot-race ZN *wedstrijd in hardlopen*

footsie ('fʊtsɪ) ZN ★ *play ~ voetjevrijen*

footslog ('fʊtslɒg) ONOV WW *voortsjokken*

footsore ('fʊtsɔ:) BNW *met pijnlijke voeten*

foot-stall ZN ● *onderstuk/voet v.e. zuil* ● *stijgbeugel voor vrouw*

footstep ('fʊtstep) ZN *voetstap* ★ *follow in s.o.'s ~s in iem.s voetspoor treden*

footstool ('fʊtstu:l) ZN *voetenbankje*

footway ('fʊtweɪ) ZN *trottoir; voetpad*

footwear ('fʊtweə) ZN *schoeisel*

footwork ('fʊtwɜ:k) ZN *voetenwerk*

foot-worn BNW *met pijnlijke voeten*

fop (fɒp) ZN *fat*

foppish ('fɒpɪʃ) BNW *fatterig*

for (fə) I ZN *voorstemmer* II VZ ● *om; wegens* ● *wat aangaat* ● *naar* ● *gedurende* ● *niettegenstaande* ★ INFORM. *be for it in moeilijkheden raken* ★ INFORM. *go for it aanvallen* ★ *now for it! er op los!* ★ *they sent for the doctor zij lieten de dokter halen* ★ *so much for that zo ver wat dat aangaat* ★ *for all his learning al is hij nog zo*

geleerd * there was nothing for it but *er zat niets anders op dan* * for people to believe all he says is ... *dat men maar alles gelooft wat hij zegt is ...* * he was hanged for a spy *hij werd gehangen als spion* * I for one *ik voor mij* * for fear of *uit vrees voor* * for shame! *'t is schande!* * for all I know *voor zover ik weet* * he wants for nothing *'t ontbreekt hem aan niets* * for all that *toch* * for all he had come *al was hij dan ook gekomen* * there's a book for you! *dat is nog eens een boek* * oh, for a garden! *had ik maar een tuin!* **III** vw *want; aangezien*
forage ('fɒrɪdʒ) **I** ZN • *voer* • *'t foerageren*
• *plundering* **II** OV WW *plunderen* **III** ONOV WW
• *foerageren* • *snuffelen in*
foray ('fɒreɪ) **I** ZN *rooftocht* **II** OV WW *plunderen*
forbad(e) (fə'bæd) WW [verleden tijd] → **forbid**
forbear (fɔː'beə) **I** ZN → **forebear II** ONOV WW • *z. onthouden van* • *geduld hebben*
forbearance (fɔː'beərəns) ZN • *onthouding*
• *verdraagzaamheid* * ~ is no acquittance *uitstel is geen afstel*
forbearing (fɔː'beərɪŋ) BNW *verdraagzaam*
forbid (fə'bɪd) OV WW *voorkómen; verbieden* * God ~! *God verhoede!*
forbidden (fə'bɪdn) **I** BNW • *verboden*
• *onheilspellend* • *dreigend* **II** WW [volt. deelw.]
→ **forbid**
forbidding (fə'bɪdɪŋ) BNW • *weerzinwekkend*
• *onaanlokkelijk*
forbore (fɔː'bɔː) WW [verleden tijd] → **forbear**
forborne (fɔː'bɔːn) WW [volt. deelw.] → **forbear**
force (fɔːs) **I** ZN • *kracht; macht* • *invloed*
• *strijdkrachten* • *overtuigingskracht* • *noodzaak*
• *ploeg werklui* • *waterval* • *stoot* * in great ~ *in groten getale; vol vuur* * the ~s *de legermacht* * the ~ *de politie* * by ~ of *krachtens* * by main ~ *uit alle macht; met geweld* * ~ of habit *macht der gewoonte* * in ~ *van kracht* ⟨wet⟩
* put in ~ *in werking stellen* * moving ~ *drijvende kracht* * brute ~ *bruut geweld*
* superior ~ *overmacht* **II** OV WW * *tot 't uiterste inspannen* * *forceren; doorbreken* * *klaarstomen* ⟨v. leerling⟩; *trekken* ⟨planten⟩ • *noodzaken; dwingen tot* * *geweld aandoen; overweldigen*
• *(voort)drijven; iem. iets opdringen* * *met geweld nemen* * he ~d my hand *hij dwong me het te doen* * she ~d a smile *ze glimlachte gedwongen* * ~ down one's bread *eten met moeite naar binnen werken* * ~ the game *op risico spelen* • ~ **from** *afdwingen; ontwringen*
forced (fɔːst) BNW *gedwongen* * a ~ march *een geforceerde mars* * ~ landing *noodlanding* * ~ lubrication *smering onder druk*
force-feed OV WW *dwingen te eten*
forceful (fɔːsfʊl) BNW *krachtig*
forcemeat ('fɔːsmiːt) ZN *gehakt*
forceps ('fɔːseps) ZN *tang* ⟨v. chirurg⟩
forcible ('fɔːsəbl) BNW *krachtig; gedwongen*
forcibly ('fɔːsəblɪ) BIJW *met geweld*
forcing ('fɔːsɪŋ) BNW * ~-bed *broeibak* * ~-house *broeikas*
ford (fɔːd) **I** ZN *doorwaadbare plaats* **II** OV WW *doorwaden*
fordable ('fɔːdəbl) BNW *doorwaadbaar*
fore (fɔː) **I** ZN *voorschip* **II** BNW *voor* **III** BIJW

voor(aan) **IV** VZ * fore George! *bij George!* ⟨eed⟩
* be to the fore *nog in leven; beschikbaar zijn; van zich doen spreken* * come to the fore *op de voorgrond treden*
fore- (fɔː) VOORV *voor-*
forearm ('fɔːrɑːm) **I** ZN *voorarm* **II** OV WW *vooraf (be)wapenen*
forebear ('fɔːbeə), **forbear** ZN *voorzaat; voorouder* * for(e)bears *voorvaderen*
forebode (fɔː'bəʊd) OV WW • *profeteren; aankondigen* • *'n voorgevoel hebben van*
foreboding (fɔː'bəʊdɪŋ) ZN • *aankondiging*
• *(slecht) voorgevoel*
forecast ('fɔːkɑːst) **I** ZN • *(weers)voorspelling*
• *prognose* **II** OV WW *voorspellen*
forecastle ('fəʊksəl) ZN SCHEEPV. *vooronder* ⟨v. schip⟩
foreclose (fɔː'kləʊz) OV WW • *verhinderen; uitsluiten* • *v. tevoren regelen*
forecourt ('fɔːkɔːt) ZN *voorhof/-terrein*
forefather ('fɔːfɑːðə) ZN *voorvader* * USA Forefathers Day *Voorvadersdag* ⟨21 dec⟩
forefinger ('fɔːfɪŋɡə) ZN *wijsvinger*
forefoot ('fɔːfʊt) ZN • *voorpoot* • *voorsteven*
forefront ('fɔːfrʌnt) ZN • *voorgevel* • *voorste deel; voorste gelederen*
foregather (fɔː'ɡæðə) ONOV WW → **forgather**
forego (fɔː'ɡəʊ) OV WW *voorafgaan (aan)* * ~ne conclusion *uitgemaakte zaak*
foregoing (fɔː'ɡəʊɪŋ) BNW • *bovenvermeld*
• *voorafgaand*
foreground ('fɔːɡraʊnd) ZN *voorgrond*
forehand ('fɔːhænd) **I** ZN • *voorhand* ⟨v. paard⟩
• SPORT *slag met de palm v.d. hand naar voren*
II BNW *vooraf gedaan*
forehead ('fɒrɪd) ZN *voorhoofd*
forehold ('fɔːhəʊld) ZN SCHEEPV. *voorruim*
foreign ('fɒrɪn) BNW • *vreemd; buitenlands* • *niet ter zake dienende* • *uitwendig*
foreigner ('fɒrɪnə) ZN • *buitenlander* • *artikel uit 't buitenland*
forejudge (fɔː'dʒʌdʒ) OV WW *vooruit oordelen over*
foreknow (fɔː'nəʊ) OV WW *vooraf weten*
foreknowledge (fɔː'nɒlɪdʒ) ZN *voorkennis*
foreland ('fɔːlænd) ZN • *kaap* • *vóórliggend land*
• *uiterwaard*
foreleg ('fɔːleɡ) ZN *voorpoot/-been*
forelock ('fɔːlɒk) **I** ZN • *lok haar op voorhoofd*
• *spie* * take occasion/time by the ~ *de gelegenheid aangrijpen* **II** OV WW *bevestigen met spie*
foreman ('fɔːmən) ZN • *voorzitter v. jury*
• *meesterknecht; ploegbaas*
foremast ('fɔːmɑːst) ZN *fokkenmast*
foremost ('fɔːməʊst) BNW *voorste; eerste; voornaamste*
forename ('fɔːneɪm) ZN *voornaam*
forenoon ('fɔːnuːn) ZN *voormiddag*
forensic (fə'rensɪk) BNW *gerechtelijk; rechts-*
foreordain (fɔːrɔː'deɪn) OV WW *voorbeschikken*
forepart ('fɔːpɑːt) ZN *voorste deel*
foreplay ('fɔːpleɪ) ZN *voorspel* ⟨in de liefde⟩
fore-reach OV+ONOV WW *de loef afsteken*
forerunner (fɔːrʌnə) ZN • *voorloper* • *voorteken*
• *voorvader*

foresee (fɔːˈsiː) OV WW *voorzien; verwachten*
foreseeable (fɔːˈsiːəbl) BNW *te voorzien; afzienbaar*
foreshadow (fɔːˈʃædəʊ) OV WW *aankondigen; voorspellen*
foreshore (ˈfɔːʃɔː) ZN • *strand* ⟨tussen eb en vloed⟩ • *waterkant*
foreshorten (fɔːˈʃɔːtn) OV WW *in perspectief afbeelden; verkort weergeven*
foresight (ˈfɔːsaɪt) ZN *vooruitziendheid*
foreskin (ˈfɔːskɪn) ZN *voorhuid*
forest (ˈfɒrɪst) I ZN *woud; bos* II OV WW *bebossen*
forestall (fɔːˈstɔːl) OV WW • *vooruitlopen op* • *voorkómen*
forester (ˈfɒrɪstə) ZN • *houtvester; bosbewoner; bosdier*
forest-ranger (ˈfɒrɪst-reɪndʒə) ZN • *houtvester* • *bosbewoner* ⟨mens en dier⟩
forestry (ˈfɒrɪstrɪ) ZN • *boscultuur* • *bosgrond*
foretaste[1] (ˈfɔːteɪst) ZN *voorsmaak*
foretaste[2] (fɔːˈteɪst) OV WW *voorsmaak hebben van*
foretell (fɔːˈtel) OV WW *voorspellen*
forethought (ˈfɔːθɔːt) ZN *overleg*
foretoken (ˈfɔːtəʊkn) I ZN *voorteken* II OV WW *voorspellen*
forever (fəˈrevə) I BIJW • *voor eeuwig/altijd; voortaan* • *de hele tijd; steeds maar (door)* II TW *leve; hiep hiep hoera* ★ Arsenal ∼ *leve Arsenal*
forewarn (fɔːˈwɔːn) OV WW *van te voren waarschuwen* ★ ∼ed is forearmed *een gewaarschuwd man telt voor twee*
forewoman (ˈfɔːwʊmən) ZN • *presidente v. jury* • *opzichteres* ⟨in bedrijf⟩
foreword (ˈfɔːwɜːd) ZN *voorwoord*
forfeit (ˈfɔːfɪt) I ZN • *boete;* 't *verbeurde; pand* ★ play at ∼s *pand verbeuren* II BNW *verbeurd verklaard* III OV WW *verspelen*
forfeiture (ˈfɔːfɪtʃə) ZN • *boete* • *verlies* • *verbeurdverklaring*
forgather (fɔːˈgæðə) ONOV WW • *vergaderen* • *omgaan (met)*
forgave (fəˈgeɪv) WW [verleden tijd] → **forgive**
forge (fɔːdʒ) I ZN • *smidse; smidsvuur; smeltoven; smelterij* • *vervalsing* II ONOV WW *langzaam/ met moeite vorderen* III OV+ONOV WW • *smeden* • *verzinnen; vervalsen*
forger (ˈfɔːdʒə) ZN *vervalser; falsaris; valsemunter*
forgery (ˈfɔːdʒərɪ) ZN *valsheid in geschrifte*
forget (fəˈget) OV+ONOV WW *vergeten* ★ I ∼ *ik ben vergeten*
forgetful (fəˈgetfʊl) BNW *vergeetachtig*
forgetfulness (fəˈgetfʊlnəs) ZN *vergeetachtigheid*
forget-me-not ZN *vergeet-mij-nietje*
forgivable (fəˈgɪvəbl) BNW *vergeeflijk*
forgive (fəˈgɪv) OV WW *vergeven; kwijtschelden*
forgiven (fəˈgɪvən) WW [volt. deelw.] → **forgive**
forgiveness (fəˈgɪvnəs) ZN *vergeving; vergevingsgezindheid*
forgiving (fəˈgɪvɪŋ) BNW *vergevingsgezind*
forgo (fɔːˈgəʊ) OV WW • *z. onthouden van* • *opgeven; afstand doen van*
fork (fɔːk) I ZN • *vork; gaffel* • *vertakking* • *splitsing* ⟨in weg⟩ • *zigzag bliksem* ★ toasting fork *roostervork* II OV WW ∼ **out** *dokken; over de brug komen* III ONOV WW *z. vertakken*
★ forked road *zich splitsende weg*
forks (fɔːks) ZN MV PLAT *vingers*
forlorn (fəˈlɔːn) BNW • *wanhopig; hopeloos* • *verlaten; troosteloos* • *ellendig uitziend* ★ ∼ hope *stormtroep; wanhopige onderneming*
forlornness (fəˈlɔːnəs) ZN • *wanhoop* • *hopeloosheid*
form (fɔːm) I ZN • *vorm; gedaante* • *schoolbank* • *schoolklas* • *formaliteit* • *formulier* • SPORT *conditie* • *gedrag* • *strafregister* • *leger* ⟨v. haas⟩ ★ it's bad form *het is niet gepast* ★ in form *in goede conditie; in de klas; formeel* ★ a form of marriage *een zgn. huwelijk* II OV WW *vormen* III ONOV WW • *zich vormen* • ∼ **after** (z.) *vormen naar* • ∼ **into** (z.) *vormen tot* • MIL. ∼ **up** (z.) *opstellen; (doen) aantreden*
formal (ˈfɔːml) BNW *formeel; nadrukkelijk* ★ ∼ call *beleefdheidsbezoek*
formalism (ˈfɔːməlɪzəm) ZN *formalisme; vormelijkheid*
formality (fɔːˈmælətɪ) ZN *formaliteit*
formalize (ˈfɔːməlaɪz) OV WW *formeel maken*
format (ˈfɔːmæt) I ZN • *formaat* • *invoering in computerprogramma* II OV WW *invoeren* ⟨in computer⟩
formation (fɔːˈmeɪʃən) ZN *formatie; vorming*
formative (ˈfɔːmətɪv) I ZN *achter-/voorvoegsel* II BNW • *vormend* • *buigings-; afleidings-*
former (ˈfɔːmə) I ZN • *vormer; schepper* • *leerling v.e. klas* II BNW • *vroeger; voormalig* • *eerstgenoemde*
formerly (ˈfɔːməlɪ) BIJW *eertijds; vroeger*
formidable (ˈfɔːmɪdəbl) BNW *ontzagwekkend; geducht*
formless (ˈfɔːmləs) BNW *vormloos*
formula (ˈfɔːmjʊlə) ZN • *formulier* ⟨bij doopsel⟩ • *regel* • *recept* • USA *babyvoeding* • *formule* • *cliché*
formulae (ˈfɔːmjuːliː) ZN MV → **formula**
formulate (ˈfɔːmjʊleɪt) OV WW *formuleren*
formulation (fɔːmjʊˈleɪʃən) ZN *formulering*
fornicate (ˈfɔːnɪkeɪt) ONOV WW *ontucht plegen*
fornication (fɔːnɪˈkeɪʃən) ZN • *ontucht* • *overspel* ⟨bijbels⟩
fornicator (fɔːnɪˈkeɪtə) BNW *ontuchtige; overspelige*
forsake (fəˈseɪk) OV WW *in de steek laten; verlaten*
forsaken (fəˈseɪkən) WW [volt. deelw.] → **forsake**
forsook (fəˈsʊk) WW [verleden tijd] → **forsake**
forswear (fɔːˈsweə) OV WW *afzweren* ★ ∼ o.s. '*n meineed doen*
fort (fɔːt) ZN • *fort* • GESCH. *factorij*
forte (ˈfɔːteɪ) ZN • *fort; sterke kant* • *bovenkling v. schermdegen* • MUZ. *forto*
forth (fɔːθ) BIJW *voort; uit; weg; buiten* ★ from this time ∼ *van nu af aan* ★ and so ∼ *enzovoorts*
forthcoming (fɔːθˈkʌmɪŋ) BNW • *aanstaande; komend* • *tegemoetkomend* ⟨v. personen⟩
forthright (ˈfɔːθraɪt) BNW • *open; eerlijk; oprecht* • *direct; onmiddellijk*
forthwith (fɔːθˈwɪθ) BIJW *onmiddellijk*
fortieth (ˈfɔːtɪɪθ) TELW *veertigste*
fortification (fɔːtɪfɪˈkeɪʃən) ZN *versterking*
fortify (ˈfɔːtɪfaɪ) OV WW • *versterking aanbrengen; (ver)sterken* • *bevestigen* ⟨bewering⟩

fortitude ('fɔːtɪtjuːd) ZN *vastberadenheid*
fortnight ('fɔːtnaɪt) ZN *twee weken* ★ a ~ today *vandaag over veertien dagen*
fortnightly ('fɔːtnaɪtlɪ) I ZN *veertiendaags tijdschrift* II BIJW *iedere twee weken*
fortress ('fɔːtrɪs) ZN *vesting*
fortuitous (fɔːˈtjuːɪtəs) BNW • *toevallig* • *fortuinlijk*
fortuitousness (fɔːˈtjuːɪtəsnəs) ZN *toevalligheid*
fortunate ('fɔːtʃənət) BNW *gelukkig*
fortune ('fɔːtʃən) I ZN *geluk; lot; fortuin* ⟨geld⟩ ★ ~s *lotgevallen* ★ by good ~ *gelukkigerwijs* ★ tell ~s *waarzeggen* ★ ~ favours the bold *wie waagt, die wint* II ONOV WW I ~d upon him *ik trof hem toevallig*
fortune-hunter ZN *gelukzoeker*
fortune-teller ZN *waarzegger; waarzegster*
forty ('fɔːtɪ) TELW *veertig* ★ take ~ winks *'n dutje doen*
forum ('fɔːrəm) ZN • *forum; discussiegroep* • *tribunaal; rechtbank*
forward ('fɔːwəd) I ZN SPORT *voorspeler* II BNW • *voorwaarts; naar voren* • *vooruitstrevend* • *vroegrijp; vroegtijdig; brutaal* III OV WW • *bevorderen; vooruithelpen* • *doorsturen; forwarden* ⟨e-mail⟩ IV BIJW *voorwaarts; vooruit* ★ look ~ to *verlangen naar* ★ bring ~ *onder de aandacht brengen* ★ come ~ to *zich aanbieden voor* ⟨betrekking⟩
forwarder ('fɔːwədə) ZN *expediteur*
forwarding ('fɔːwədɪŋ) I ZN *expeditie* ★ ~ agent *expediteur* II BNW ★ ~ address *nieuw adres, waar de post voortaan heen moet; tijdelijk adres*
forward-looking BNW *(met) vooruitziend(e blik); op de toekomst gericht*
forwardness ('fɔːwədnəs) ZN → **forward**
forwards ('fɔːwədz) BIJW → **forward**
forwent (fɔːˈwent) WW [verleden tijd] → **forego**
fossick ('fɒsɪk) ONOV WW • INFORM. *rondscharrelen; snuffelen in* • *goudzoeken* ⟨Australisch⟩
fossil ('fɒsəl) I ZN *fossiel* II BNW • *versteend* • *opgedolven* ★ ~ fuel *fossiele brandstof*
fossilization (fɒsəlaɪˈzeɪʃən) ZN *verstening*
fossilize ('fɒsəlaɪz) ONOV WW *verstenen*
foster ('fɒstə) I ZN ★ ~ brother *pleegbroer* ★ ~ mother *pleegmoeder*; *broedmachine; couveuse* II OV WW *koesteren*
fosterage ('fɒstərɪdʒ) ZN • *koestering* • *gebruik v. zoogmoeders*
fosterer ('fɒstərə) ZN • *voedster* • *pleegvader*
fought (fɔːt) WW [verl. tijd + volt. deelw.] → **fight**
foul (faʊl) I ZN • *iets dat ongeoorloofd is* • *botsing; aanvaring* • SPORT *foutslag* ⟨honkbal⟩ II BNW • *verstopt* ⟨buis⟩ • *in de war* ⟨touw⟩ • INFORM. *beroerd* ⟨gevoel⟩ • *vuil; bedorven* ⟨lucht⟩ • *walgelijk; stinkend* • *onrein; gemeen*; *oneerlijk* • *smerig* ⟨weer⟩ ★ foul play *vals spel; boze opzet; moord* ★ the foul fiend *duivel* III OV WW • *bezoedelen* • *in de war maken* • *versperren* • *opbotsen tegen* ★ the train fouled the points *de trein liep uit de wissel* ★ ~ up *verknoeien; verprutsen* IV ONOV WW • *vuil worden* • *verstopt raken* • *in de war raken* V BIJW *oneerlijk* ★ fall foul of *in aanvaring/conflict komen met*
foully ('faʊlɪ) BIJW *op 'n gemene manier*
foul-mouthed BNW *vuile praat sprekend*

foulness ('faʊlnəs) ZN • *vuilheid* • *bedorvenheid*
foul-up ZN *zootje; janboel*
foumart ('fuːmɑːt) ZN *bunzing*
found (faʊnd) WW [verl. tijd + volt. deelw.] → **find** OV WW *stichten* ★ ~ing father *stichter* ★ Founding Fathers *grondleggers van de Amerikaanse Republiek*
foundation (faʊnˈdeɪʃən) ZN • *basis; fundering* • *fonds* • *oprichting* • *stichting die inkomsten uit legaten trekt* ★ on the ~ *uit beurs studerende*
foundationer (faʊnˈdeɪʃənə) ZN *beursstudent*
foundation-stone ZN *eerste steen*
founder ('faʊndə) I ZN • *oprichter* • *gieter* ⟨v. metaal⟩ ★ ~ member *medeoprichter* II OV WW • *in elkaar doen zakken* • *doen vergaan* ⟨schip⟩ • *kreupel maken* III ONOV WW • *verzakken; (in elkaar) zakken* • *mislukken* • *vergaan* ⟨schip⟩ • *kreupel worden*
foundling ('faʊndlɪŋ) ZN *vondeling*
foundry ('faʊndrɪ) ZN *metaalgieterij*
fount (faʊnt) ZN *bron* ⟨dichterlijk⟩
fountain ('faʊntɪn) ZN • *waterstraal; fontein* • *bron* • *reservoir*
fountain-head ('faʊntɪnhed) ZN *bron*
fountain-pen ('faʊntɪnpen) ZN *vulpen*
four (fɔː) I ZN • *viertal* • *boot met 4 riemen* II TELW *vier* ★ within the four seas *in Groot-Brittannië*
four-in-hand ZN • *vierspan* • *strikdas*
four-letter-word ('fɔːletəwɜːd) ZN EUF. *drieletterwoord*
four-part BNW *vierstemmig*
four-poster ZN • *hemelbed; ledikant met vier stijlen* • *viermaster*
fours (fɔːz) ZN MV *handen en voeten* ★ be/go on all ~ *op handen en voeten kruipen*
foursome ('fɔːsəm) ZN • SPORT *dubbelspel* ⟨golf⟩ • INFORM. *gezelschap v. vier personen*
four-square BNW • *vierkant; potig; stevig*
four-star BNW *met vier sterren*
fourteen(th) (fɔːˈtiːn(θ)) TELW *veertien(de)*
fourth (fɔːθ) TELW • *vierde (man)* • *kwart*
fourthly ('fɔːθlɪ) BIJW *ten vierde*
four-wheel drive ZN *vierwielaandrijving*
fowl (faʊl) I ZN • *gevogelte* ⟨ook 't vlees⟩ • *kip; haan* ★ fowl pest *hoenderpest* II ONOV WW *vogels vangen*
fowler ('faʊlə) ZN *vogelaar*
fowling-piece ZN *licht geweer; ganzenroer*
fowl-run ZN *kippenren*
fox (fɒks) I ZN • *vos* • *sluwaard* ★ set the fox to keep the geese *de kat op 't spek zetten* ★ fox bat *vliegende hond* ★ fox hole *schutterspuitje; schuilplaats in de grond* II OV WW • *bedriegen* • *bevlekken* ⟨boek⟩ • *zuur maken* • *dronken voeren* III ONOV WW • *listig te werk gaan* • *doen alsof* • *zuur worden*
fox glove ('fɒksɡlʌv) ZN PLANT. *vingerhoedskruid*
foxhound ('fɒkshaʊnd) ZN *jachthond* ⟨afgericht voor de vossenjacht⟩
fox-hunting ZN *vossenjacht*
foxtrot ('fɒkstrɒt) ZN • *foxtrot* • *sukkeldraf*
foxy ('fɒksɪ) BNW • *sluw* • *rossig* • *zuur* ⟨bier⟩ • *te warm v. kleur* ⟨v. schilderij⟩ • *schimmelig* ★ INFORM./USA a foxy lady *een vlotte en aantrekkelijke dame*
foyer ('fɔɪeɪ) ZN *foyer*

fracas ('fræka:) ZN *herrie; vechtpartij*
fraction ('frækʃən) ZN • *breuk* • *onderdeel* • REL. *'t breken v. 't brood* ★ *vulgar ~ gewone breuk*
fractional ('frækʃənl) BNW • *gebroken; gedeeltelijk* • *onbeduidend*
fractionate ('frækʃəneɪt) OV WW *kraken* ⟨v. ruwe olie⟩
fractionize ('frækʃənaɪz) OV WW *verdelen*
fractious ('frækʃəs) BNW • *dwars; lastig* • *humeurig*
fracture ('fræktʃə) I ZN • *barst* • *botbreuk* II OV WW *breken*
fragile ('frædʒaɪl) BNW *broos; bros; zwak; teer; breekbaar*
fragility (frə'dʒɪləti) ZN *broosheid; breekbaarheid*
fragment¹ ('frægmənt) ZN • *fragment* • *scherf;* *(brok)stuk*
fragment² (fræg'ment) OV+ONOV WW • *verdelen in (brok)stukken* • *versplinteren*
fragmental (fræg'mentl) BNW *fragmentarisch*
fragmentary BNW → **fragmental**
fragmentation (frægmən'teɪʃən) ZN *fragmentatie* ★ ~ *bomb splinterbom*
fragrance ('freɪɡrəns) ZN *geur*
fragrant ('freɪɡrənt) BNW *geurig*
frail (freɪl) I ZN • *biezen mand(je)* • USA/PLAT *meisje; vrouw* II BNW • *broos; zwak* • *wuft* ⟨v. vrouwen⟩
frailty ('freɪlti) ZN *zwakheid*
frame (freɪm) I ZN • *montuur* ⟨v. bril⟩; *lijst; raam; gestel; geraamte* • *bouw* • *orde; plan; stelsel* • *broeibak* • *houten gebouw* • *beeldlijnkader* ⟨televisie⟩ ★ ~ *of mind gemoedstoestand* ★ ~ *of reference onderling verband* ★ ~ *aerial raamantenne* II OV WW • *vormen; in de goede stemming brengen* • *er voor staan* • *aanpassen* • *vals beschuldigen* • *omkopen* ⟨v. getuigen⟩ • *'n complot smeden tegen*
framer ('freɪmə) ZN → **frame**
frame-saw ZN *spanzaag*
frame-up ZN *complot*
framework ('freɪmwɜːk) ZN • *geraamte; omlijsting; kader* • *bouw*
France (frɑːns) ZN *Frankrijk*
franchise ('fræntʃaɪz) ZN • *burgerrecht* • *stemrecht* • ECON. *concessie; franchise* • *vrijstelling* • *recht* • *vergunning*
Franciscan (fræn'sɪskən) I ZN *franciscaan* II BNW *franciscaans*
Franco-German (fræŋkəʊ'dʒɜːmən) BNW *Franco-Duits*
Franconian (fræŋ'kəʊnɪən) BNW *Frankisch*
francophile ('fræŋkəfaɪl) ZN *francofiel*
frangible ('frændʒɪbl) BNW *breekbaar; bros*
frank (fræŋk) I BNW *openhartig* II OV WW *frankeren* ⟨brief⟩
Frank (fræŋk) ZN *westerling* ⟨in de Levant⟩
frankfurter ('fræŋkfɜːtə) ZN *knakworstje*
frankincense ('fræŋkɪnsens) ZN *wierook*
Frankish ('fræŋkɪʃ) BNW *Frankisch*
frankly ('fræŋklɪ) BIJW • *eerlijk gezegd* • *oprecht*
frankness ('fræŋknəs) ZN *openhartigheid*
frantic ('fræntɪk) BNW *krankzinnig; razend*
fraternal (frə'tɜːnl) BNW *broederlijk*
fraternity (frə'tɜːnətɪ) ZN • *broederschap* • USA *studentenclub/-corps*
fraternization (frætənaɪ'zeɪʃən) ZN *verbroedering*

fraternize ('frætənaɪz) ONOV WW *z. verbroederen*
fratricidal (frætrɪ'saɪdl) BNW *als een broedermoord*
fratricide ('frætrɪsaɪd) ZN • *broeder/ zustermoordenaar* • *broeder/zustermoord*
fraud (frɔːd) ZN • *fraude; bedrog* • *bedrieger* ★ ~ *belastingfraude*
fraudulence ('frɔːdjʊləns) ZN *bedrog; bedrieglijkheid*
fraudulent ('frɔːdjʊlənt) BNW • *frauduleus* • *bedrieglijk*
fraught (frɔːt) BNW *beladen; vol van* ★ ~ *with danger vol gevaar*
fray (freɪ) I ZN • *gekrakeel; strijd* • *rafel; kale plek* ⟨in kleed⟩ II OV WW • *verslijten* • *gewei afschaven* ⟨v. hert⟩ • *aantasten*
frazzle ('fræzəl) I ZN *rafel; flard* ★ *worn to a ~ tot op de draad versleten; volslagen uitgeput* II OV WW *rafelen; aan flarden scheuren*
freak (friːk) I ZN • *gril* • *gedrocht; rariteit* • *zonderling; hippie* • USA *verslaafde* • *fanaat* • *homo; flikker* ★ ~ *accident bizar en onwaarschijnlijk ongeluk* ★ ~ *of nature speling der natuur* II BNW *grillig* III ONOV WW ~ *out hallucinaties krijgen* ⟨bij drugs⟩
freaked (friːkt) BNW • *grillig* • *gevlekt*
freaking ('friːkɪŋ) BNW + BIJW EUF. *verrekt; verdomd; klote-*
freakish ('friːkɪʃ) BNW *grillig; vreemd*
freak-out ZN *trip* ⟨v. druggebruiker⟩
freaky ('friːkɪ) BNW → **freakish**
freckle ('frekl) I ZN *sproet* II ONOV WW *met sproeten bedekt worden*
freckled ('frekld) BNW *sproeterig*
free (friː) I BNW • *vrij; onbelemmerd* • *gratis* • SCHEIK. *zuiver* • *onafhankelijk* • *toegestaan* • *gunstig* ⟨wind⟩ • *vrijwillig* • *openhartig* • *plat* ⟨gepraat⟩ • *franco* ★ *free domicile franco huis* ★ *free grace (onverdiende) genade v. God* ★ *free pardon gratie* ★ *free quarters vrije huisvesting* ★ *free speech 't vrije woord* ★ *free of charge franco* ★ *be free of the house vrij mogen ingaan en uitgaan* ★ *free on rail franco wagon* ★ *he is free of French hij is op de hoogte met de Franse taal* ★ *he made free with hij veroorloofde zich (te grote) vrijheden met* ★ *he is free of that company hij is lid van dat genootschap* ★ *Free Church Kerk zonder staatsbemoeiing* ★ *free concert gratis concert* ★ *free of royaal met* II OV WW • *bevrijden; los/vrij maken* • *ontslaan* ⟨v. belofte⟩ ★ *free your mind stort je hart uit*
freebie ('friːbɪ) ZN *weggevertje; wat je cadeau krijgt*
freedom ('friːdəm) ZN • *vrijheid* • *te grote familiariteit* • *gemakkelijkheid* • *onbeperkt gebruik* • *rondborstigheid* • *ereburgerschap* ⟨v. stad⟩ • *lidmaatschap* ⟨v. vereniging⟩ ★ ~ *of speech vrijheid van meningsuiting*
free-floating BNW • *vrij rondzwervend* • *ongebonden* • *ongecontroleerd* • *niet te vangen* ⟨figuurlijk⟩ • *vaag; zweverig*
free-for-all ZN *algemene ruzie*
freehand ('friːhænd) BNW + BIJW *uit de vrije hand*
freehold ('friːhəʊld) I ZN *vrij bezit* II BNW *vrij*
freeholder ('friːhəʊldə) ZN *volle eigenaar*
freehouse ('friːhaʊs) ZN *onafhankelijke slijter*
freelance ('friːlɑːns) BNW *onafhankelijk; freelance*

freelancer ('fri:la:nsə) ZN *iem. die freelance werkt*
free-liver ZN *levensgenieter*
freeloader ('fri:ləʊdə) ZN *klaploper; profiteur*
freely ('fri:lɪ) BIJW *overvloedig • vrijelijk; openlijk*
freeman ('fri:mən) ZN • *ereburger • lid v. vereniging • vrije/stemgerechtigde burger*
freemason ('fri:meɪsən) ZN *vrijmetselaar*
freemasonry ('fri:meɪsənrɪ) ZN *vrijmetselarij*
free-range BNW *scharrel-* ★ ~ *eggs scharreleieren*
free-spoken BNW *vrijmoedig*
freestyle ('fri:staɪl) I ZN *vrije slag/stijl* II BNW + BIJW *in/met vrije slag/stijl*
freethinker (fri:'θɪŋkə) ZN *vrijdenker*
freeway ('fri:weɪ) ZN USA *(auto)snelweg*
freewheel (fri:'wi:l) ONOV WW *rustig aan doen; je niet uitsloven*
freeze (fri:z) I ZN • *vorst • bevriezing* ⟨v. loon⟩ II OV WW • *(doen) bevriezen* ⟨ook fig.⟩ • *laten stilstaan* ⟨beeldband of film⟩ • *stabiliseren* ⟨prijzen of lonen⟩ • *(doen) stollen* ★ *(quick)frozen foods diepvriesartikelen* • ~ *out uitsluiten; boycotten;* USA *afgelasten vanwege de kou; uitschakelen* III ONOV WW • *bevriezen* ⟨plotseling onbeweeglijk worden⟩ • *vriezen* ★ USA ~! *blijf staan of ik schiet!* • ~ *over dichtvriezen*
freeze-dry OV WW *vriesdrogen*
freezer ('fri:zə) ZN *diepvries*
freeze-up ZN • *lange vorstperiode • het door kou bevangen zijn*
freezing ('fri:zɪŋ) BNW *ijskoud* ★ ~ *mixture koudmakend mengsel*
freezing-point ('fri:zɪŋpɔɪnt) ZN *vriespunt*
freight (freɪt) I ZN • *vracht(prijs); lading* • USA *goederentrein* ★ USA ~ *car goederenwagon* II OV WW • *verzenden • laden; bevrachten*
freightage ('freɪtɪdʒ) ZN • *vrachtprijs • lading*
freighter ('freɪtə) ZN • *bevrachter • vrachtboot/-vliegtuig*
freight goods ZN *vrachtgoederen*
French (frentʃ) I ZN TAALK. *Frans* II BNW *Frans* ★ ~ *bean sperzieboon* ★ ~ *curve tekenmaal; curvemal* ★ ~ *kiss tongzoen* ★ *take* ~ *leave de plaat poetsen* ⟨wegvluchten⟩ ★ ~ *roof gebroken dak* ★ ~ *window openslaande glazen deur* ★ ~ *horn waldhoorn* ★ ~ *polish wrijfwas* III MV *Fransen*
Frenchify ('frentʃɪfaɪ) OV+ONOV WW *verfransen*
Frenchman ('frentʃmən) ZN *Fransman*
Frenchwoman ('frentʃwʊmən) ZN *Française*
frenetic (frə'netɪk) BNW *dwaas; waanzinnig*
frenzied ('frenzɪd) BNW *dol*
frenzy ('frenzɪ) I ZN *vlaag (v. waanzin); (aanval v.) razernij* II OV WW *gek maken*
frequency ('fri:kwənsɪ) ZN • *herhaling; 't veelvuldig gebeuren • snelheid* ⟨v.d. pols⟩ • *trillingsgetal; frequentie*
frequent[1] ('fri:kwənt) BNW *veelvuldig*
frequent[2] (frɪ'kwent) OV WW *regelmatig/vaak bezoeken*
frequenter (frɪ'kwentə) ZN *geregelde bezoeker*
frequently ('fri:kwəntlɪ) BIJW *herhaaldelijk*
fresh (freʃ) I ZN • *koelte • onervarenheid • vloed in rivier* II BNW • *nieuw; anders; vers • onervaren • zoet* ⟨water⟩ • *tipsy • brutaal* ★ ~ *paint! nat!; geverfd!* ★ *as* ~ *as a daisy zo fris als 'n hoentje* ★ ~ *herring panharing*

fresh- BNW • *vers-* • *fris-* • *nieuw*
freshen ('freʃən) OV WW • *opfrissen; aanzetten • ontzouten* • ~ *up (z.) opfrissen*
freshener ('freʃnə) ZN *opfrissertje* ★ *breath* ~ *ademverfrissend middel/snoepje*
fresher ('freʃə) ZN INFORM. → **freshman**
freshly ('freʃlɪ) BIJW • *fris; krachtig • pas; zoëven*
freshman ('freʃmən) ZN *eerstejaars (student)*
freshwater ('freʃwɔ:tə) BNW • *zoetwater- • onbevaren* ⟨matroos⟩
fret (fret) I ZN • *(open) lijst(werk); Griekse rand • ergernis • toets* ⟨v. snaarinstrument⟩ ★ *on the fret verdrietig* II OV WW • *versieren met snijwerk • knagen; in-/wegvreten • irriteren • (z.) ergeren • verdrietig zijn; kniezen • (doen) rimpelen* ⟨beek⟩ ★ *fret o.s. piekeren*
fretful ('fretfʊl) BNW • *verdrietig; gemelijk • gerimpeld* ⟨water⟩ • *stormachtig* ⟨weer⟩
fretsaw ('fretsɔ:) ZN *figuurzaag*
fretty ('fretɪ) BNW *ontstoken* ⟨wond⟩
fretwork ('fretwɜ:k) ZN • *figuurzaagwerk; snijwerk • Griekse rand*
Freudian ('frɔɪdɪən) BNW *Freudiaans*
friability (fraɪə'bɪlətɪ) ZN *brosheid*
friable ('fraɪəbl) BNW *bros*
friar ('fraɪə) ZN • *monnik • broeder* ★ ~'s *lantern dwaallicht* ★ *mendicant* ~ *bedelmonnik* ★ *Black Friar dominicaan* ★ *White Friar karmeliet*
friary ('fraɪərɪ) ZN *klooster*
fribble ('frɪbl) I ZN *beuzelarij* II ONOV WW *zijn tijd verdoen; beuzelen*
fribbler ('frɪblə) ZN *frivool figuur; beuzelaar*
fricative ('frɪkətɪv) I ZN TAALK. *spirant* II BNW *wrijvend*
friction ('frɪkʃən) ZN *wrijving* ⟨ook fig.⟩
Friday ('fraɪdeɪ) ZN *vrijdag* ★ *man* ~ *trouwe dienaar*
fridge (frɪdʒ) ZN *koelkast*
fridge-freezer ZN *koelkast met diepvriesvak*
fried (fraɪd) WW [verl. tijd + volt. deelw.] → **fry**
friend (frend) ZN • *vriend(in); kennis • relatie • secondant* ★ *my honourable* ~ *de geachte afgevaardigde* ★ *a* ~ *in need is a* ~ *indeed in de nood leert men zijn vrienden kennen* ★ *make* ~s *vrienden maken; (weer) vrienden worden*
friendless ('frendləs) BNW *zonder vrienden*
friendly ('frendlɪ) I ZN • *inboorling v. bevriende stam • vriendschappelijke wedstrijd* II BNW • *welwillend • vriendschappelijk; bevriend* ⟨naties⟩ ★ MIL. *killed by* ~ *fire door vuur van eigen troepen (per abuis) gedood*
friendship ('frendʃɪp) ZN *vriendschap*
frier ('fraɪə) ZN → **fryer**
fries ZN MV → **fry**
Friesian ('fri:zɪən) I ZN *Friese koe* II BNW *Fries* ⟨vee⟩
frieze (fri:z) ZN *fries* ⟨rand v. versiering⟩
frig (frɪg) ONOV WW • VULG. *neuken* • VULG. (z.) *aftrekken* ★ *frigging! verrekt(e)!* • ~ *around/about rondhangen*
frigate ('frɪgɪt) ZN *fregat*
fright (fraɪt) ZN *schrik; vrees* ★ *take* ~ *bang worden* ★ *you look a* ~ *je ziet er verschrikkelijk uit*
frighten ('fraɪtn) OV WW • *doen schrikken* ★ ~ed *of bang voor* ★ ~ed *into surrender door vrees tot*

onderwerping brengen ★ ~ed *at verschrikt bij*
• ~ **away** *verjagen*
frightening ('fraɪtnɪŋ) BNW *angstaanjagend*
frightful ('fraɪtfʊl) BNW • *afschuwelijk* • INFORM. *ontzaglijk*
frightfulness ('fraɪtfʊlnəs) ZN • *afschuwelijkheid* • *angstaanjagendheid*
frigid ('frɪdʒɪd) BNW • *frigide* • *koud; ijzig; kil* • *smakeloos*
frigidity (frɪ'dʒɪdətɪ) ZN • *koude* • *frigiditeit*
frill (frɪl) ZN • *geplooide strook* • *krans v. veren* • USA/PLAT *meisje* • *put on ~s zich airs geven* ★ ~s *liflafjes; opschepperig gedoe; opschik*
frilly ('frɪlɪ) BNW *met kantjes/strookjes/prullaria*
fringe (frɪndʒ) I ZN • *franje; zoom; buitenkant; zelfkant* • *ponyhaar* II OV WW • *met franje versieren* • *omzomen*
fringe benefits MV *secundaire arbeidsvoorwaarden*
frippery ('frɪpərɪ) ZN *opschik; snuisterijen*
frippet ('frɪpɪt) ZN *opzichtig meisje* ★ *a (nice) bit of ~ een lekker stuk*
Frisian ('frɪzɪən) I ZN • *Fries* • *Friese koe* II BNW *Fries*
frisk (frɪsk) I ZN • *sprong* • *gril* II OV WW • *fouilleren* • USA *zakkenrollen* III ONOV WW • *springen* • *dartelen*
frisky ('frɪskɪ) BNW *dartel; vrolijk*
frith (frɪθ) ZN → **firth**
fritillary (frɪ'tɪlərɪ) ZN • PLANTK. *kievietsbloem* • *keizerskroon* • *paarlemoervlinder*
fritter ('frɪtə) I ZN *(appel)beignet* II OV WW • ~ **away** *verklungelen*
frivol ('frɪvəl) ONOV WW • *beuzelen* • ~ **away** *verkwisten*
frivolity (frɪ'vɒlətɪ) ZN *lichtzinnigheid*
frivolous ('frɪvələs) BNW • *dwaas; beuzelachtig* • *lichtzinnig; wuft*
frizz (frɪz) ONOV WW • *sissen* ⟨bij braden⟩ • *krullen* ⟨haar⟩
frizzle ('frɪzəl) I ZN *gekroesd haar* II OV WW • *friseren; krullen* • *(doen) sissen* ⟨bij braden⟩ • *braden*
frizzly ('frɪzlɪ) BNW *krullend*
fro (frəʊ) BIJW ★ *to and fro heen en weer*
frock (frɒk) I ZN • MIL. *lange uniformjas* • *pij* • *kiel* • *japon; jurkje* • *geklede jas* • *priesterambt* II OV WW *met het priesterambt bekleden*
frock-coat (frɒk'kəʊt) ZN *geklede jas*
frog (frɒg) ZN • MIN. *fransoos* • *kruisstuk* ⟨bij kruising v. spoorrails⟩ • *kikker; kikvors* ★ *frog in the throat kikker in de keel; heesheid*
frogman ('frɒgmən) ZN *kikvorsman*
frog-march OV WW *hardhandig opbrengen met de armen stevig in de greep* ⟨gevangene⟩
frogspawn ('frɒgspɔːn) ZN *kikkerdril*
frolic ('frɒlɪk) I ZN *grap; fuif* II ONOV WW *rondspringen; pret maken*
frolicsome ('frɒlɪksəm) BNW *dartel; vrolijk*
from (frəm) VZ • *naar; volgens* • *als gevolg van; wegens; door* • *van; weg van; van ... af; uit*
frond (frɒnd) ZN *varenblad*
frondage ('frɒndɪdʒ) ZN • *varenbladeren* • *loof*
front (frʌnt) I ZN • *front* • *gezicht* • *voorgevel* • *brutaliteit* • *voorhoofd* ⟨dichterlijk⟩ • *strandboulevard* • *vals haar* ⟨op voorhoofd⟩

• *overhemdsfront* • *camouflage* • in ~ *vooropʒ; vooraan; en face* ⟨v. foto⟩ ★ in ~ of *vóór* • in the ~ of *the house vóór in het huis* ★ *he came to the ~ hij trad op de voorgrond* ★ *with a firm ~ vastberaden* ★ *put a bold ~ on s.th. iets moedig het hoofd bieden* II BNW *voorste; voor-* ★ ~ *bench bank (in Parlement) voor ministers en oppositieleiders* III OV WW • z. *geplaatst zien voor* • *staan tegenover*; *'t hoofd bieden aan* • ~ **upon/to/towards** *uitzien op* IV ONOV WW • ~ **about** z. *omkeren*
frontage ('frʌntɪdʒ) ZN • *vóórgelegen terrein* • *front*
frontal ('frʌntl) I ZN *voorgevel; frontaal* ⟨v. altaar⟩ II BNW *front(en)-; voorhoofds-* ★ ~ *barrier crash frontale botsing* ⟨tegen stilstaand obstakel⟩
front-door ('frʌntdɔː) ZN *voordeur*
frontier ('frʌntɪə) ZN *grens*
frontiersman ('frʌntɪəzmən) ZN • *grensbewoner* • USA *pionier*
frontispiece ('frʌntɪspiːs) ZN • *plaat tegenover titelblad* ⟨in boek⟩ • GESCH. *van een gebouw*
frost (frɒst) I ZN • *vorst* • *ijsbloemen* • *koelheid* • INFORM. *mislukking* ★ *hard ~ strenge vorst* II OV WW • *doen bevriezen* ⟨planten⟩ • *glaceren* ⟨gebak⟩ • *berijpen* • *mat maken* ⟨glas⟩ • *op scherp zetten* ⟨paard⟩ ★ ~ed *glass matglas* ★ ~ed *head grijs hoofd*
frostbite ('frɒstbaɪt) ZN *(beschadiging/ verwonding als gevolg v.) bevriezing*
frostbitten ('frɒstbɪtn) BNW • *bevroren* • *koud* ⟨figuurlijk⟩; *ongevoelig*
frostbound ('frɒstbaʊnd) BNW *bevroren; ingevroren*
frosting ('frɒstɪŋ) ZN • *glazuur* ⟨voor gebak⟩ • *mat oppervlak*
frostwork ('frɒstwɜːk) ZN *ijsbloemen* ⟨op ramen⟩
frosty ('frɒstɪ) BNW *vriezend; ijzig* • *berijpt* • *grijs*
froth (frɒθ) ZN • *geklets* • *schuim*
frothy ('frɒθɪ) BNW • *leeg* • *schuimend* • *oppervlakkig*
frown (fraʊn) I ZN *frons; afkeurende blik* II OV WW *afkeuren* ★ ~ **upon** *s.o./s.th. iem./iets afkeurend bekijken* III ONOV WW • *dreigend kijken*; *'t voorhoofd fronsen* ★ ~ing *somber* • ~ **down** *de ogen doen neerslaan* ⟨door strenge blik⟩
frowst (fraʊst) I ZN INFORM. *benauwde warmte in kamer* II ONOV WW *bij 't vuur zitten te broeien*
frowster ('fraʊstə) ZN *koukleum*
frowsty ('fraʊstɪ) BNW *bedompt; benauwd*
frowzy ('fraʊzɪ) BNW *bedompt*; *vuil*
froze (frəʊz) WW [verleden tijd] → **freeze**
frozen ('frəʊzən) I BNW *bevroren; ijzig* ★ ~ **foods** *diepvriesartikelen* ★ ~ **zones** *poolstreken* II WW [volt. deelw.] → **freeze**
fructification (frʌktɪfɪ'keɪʃən) ZN *bevruchting*
fructify ('frʌktɪfaɪ) I OV WW *bevruchten* II ONOV WW *vruchtdragen*
frugal ('fruːgl) BNW *matig; sober*
frugality (fruː'gælətɪ) ZN • *soberheid* • *matigheid*
fruit (fruːt) I ZN • *fruit; vrucht* • *vrucht* ⟨*(geestelijk) voortbrengsel*⟩ • BNW *nicht* ⟨*verwijfde man*⟩ ★ ~ **machine** *gokautomaat* ★ ~ **drop** *zuurtje* ★ ~ **stand** *fruitschaal* ★ ~ **knife** *fruitmesje* ★ ~ **salad** *vruchtensalade* II OV WW *vruchten doen dragen* III ONOV WW

vruchten dragen
fruiter ('fru:tə) ZN • *kweker* • *fruitboom* • *schip dat fruit vervoert*
fruiterer ('fru:tərə) ZN *fruithandelaar*
fruitful ('fru:tful) BNW *vruchtbaar; resultaat gevend*
fruition (fru:'ıʃən) ZN • *genot* • *verwezenlijking* • *vervulling*
fruitless ('fru:tləs) BNW • *onvruchtbaar* • *vruchteloos*
fruity ('fru:tı) BNW • *vrucht-* • *smakend naar druiven; geurig; pikant; pittig* • *rijp; klankrijk; al te luid* ⟨stem⟩ • PLAT *wulps; wellustig*
frump (frʌmp) ZN *slons*
frumpish ('frʌmpıʃ) BNW *slordig*
frustrate (frʌ'streıt) OV WW *teleurstellen; verijdelen*
frustration (frʌ'streıʃən) ZN *teleurstelling; frustratie*
fry (fraı) I ZN • *frietje* • *jonge vissen* • *gebraden vlees* • *opwinding* ★ *the lesser fry de mindere goden* ★ *small fry jong volkje; onbetekenende mensen* ★ *french fries patates frites* ⟨dun gesneden⟩ II OV WW *braden; bakken* III ONOV WW INFORM./USA *op de elektrische stoel ter dood worden gebracht*
fryer ('fraıə), **frier** ZN • *braadpan* • *bakvis; braadkuiken*
frying-pan ('fraıŋpæn) ZN *braadpan* ★ FIG. *out of the ~ into the fire van de regen in de drup*
fry-up ZN *frituurgerecht*
ft. AFK *feet/foot voet*
FTC AFK *Federal Trade Commission Federale Handelscommissie*
fubsy ('fʌbzı) BNW *dik; mollig*
fuchsia ('fju:ʃə) ZN *fuchsia*
fuck (fʌk) I ZN VULG. *het neuken; neukpartij* ★ *not a fuck geen reet* II OV+ONOV WW • VULG. *neuken* ★ *fuck off! rot op!* ★ VULG. *fuck you! krijg de pest!* • ~ **about/around** *rotzooien; aanklooien*
fuck-all ZN *geen ruk; geen flikker; niks* ★ *she knows ~ about it zij weet er geen ruk van af*
fucking ('fʌkıŋ) BNW + BIJW *verrekt; verdomd; klote-*
fuddle ('fʌdl) I ZN ★ USA *on the ~ aan de zwier* II OV WW *benevelen* III ONOV WW *z. bedrinken; drinken*
fuddled ('fʌdld) BNW *beneveld* ★ *a ~ idea een vaag idee*
fuddy-duddy ('fʌdıdʌdı) ZN INFORM. FIG. *fossiel* ⟨ouderwets persoon⟩
fudge (fʌdʒ) I ZN • *zachte karamel* • *laatste nieuws* • *onzin; bedotterij* II OV WW *in elkaar flansen* III ONOV WW • *bedriegen* • *onzin verkopen* • *er omheen draaien*
fuel ('fju:əl) I ZN • *brandstof* ★ *add fuel to the fire olie op 't vuur gooien* ★ *fuel oil stookolie* ★ *fuel gas kookgas* ★ *fuel injection brandstofinjectie* ★ *fuel tank brandstof-/benzinetank* II OV WW *voorzien v. brandstof* ★ *fuel for thought stof tot nadenken* III ONOV WW *tanken*
fug (fʌg) I ZN • *stof* ⟨in hoeken⟩ • *bedompte atmosfeer* ⟨in kamer⟩ II ONOV WW *in bedompte atmosfeer zitten*
fuggy ('fʌgı) BNW • *muf* • *stoffig*

fugitive ('fju:dʒətıv) I ZN • *voortvluchtige* • *vluchteling* II BNW • *kortstondig* • *voortvluchtig*
fugue (fju:g) ZN *fuga*
fulcrum ('fulkrəm) ZN • *steunpunt; draaipunt* ⟨v. hefboom⟩ • PLANTK. *aanhangsel*
fulfil (fʊl'fıl) OV WW • *vervullen; beantwoorden aan* ⟨doel⟩ • *uitvoeren*
fulfilment (fʊl'fılmənt) ZN *bevrediging*
fulgency ('fʌldʒənsı) ZN *schittering*
fulgent ('fʌldʒənt) BNW *prachtig* ⟨dichterlijk⟩
full (fʊl) I ZN ★ *in full ten volle* ★ *to the full ten volle* ★ *the full of s.th. alle details over* II BNW • *vol*⟨*ledig*⟩*; verzadigd; overvloedig* ⟨v. maal⟩ • *uitstaande* ⟨kleren⟩ • *volslank* • *volmaakt; duidelijk* ★ INFORM. *dronken* ★ *a full house full house* ⟨bij poker⟩*; uitverkochte zaal* ★ INFORM. *full up vol* ★ *full stop punt* ⟨leesteken⟩ ★ *full age meerderjarigheid* ★ *full of years v. hoge leeftijd* ★ *in full swing in volle gang* ★ *in full blast zeer actief* III OV WW • *doen uitstaan* ⟨v. kledingstuk⟩ • *vollen* ⟨laken⟩ IV BIJW *ten volle* ★ *she looked me full in the face ze keek me vlak in 't gezicht* ★ *full out uit alle macht* ★ *it's full high zeer hoog*
fullback ('fʊlbæk) ZN *achterspeler; verdediger*
full-blooded (fʊl'blʌdıd) BNW • *volbloed(ig)* • *krachtig* • *luidruchtig*
full-blown BNW *in volle bloei; ontwikkeld; volledig*
full-bodied BNW *zwaar* ⟨vooral wijn⟩
full-born BNW *voldragen* ⟨kind⟩
full-bottomed BNW • *lang* ⟨pruik⟩ • *met veel laadruimte* ⟨m.b.t. een schip⟩
full-colour BNW *veelkleuren; vierkleuren*
full-dress I ZN *avondtoilet* II BNW *gala-* ★ *~ rehearsal generale repetitie*
fuller ('fʊlə) ZN *voller* ⟨ook v. laken⟩
full-face BNW + BIJW *van voren*
full-fledged BNW • *geheel met veren bedekt* • *volledig ontwikkeld*
full-grown BNW *volwassen*
full-hearted BNW • *gevoelvol* • *moedig*
full-length BNW *levensgroot* ★ *~ portrait levensgroot schilderij; portret ten voeten uit*
full-mouthed BNW • *met volledig gebit* ⟨m.b.t. vee⟩ • *luid blaffend; luid klinkend*
fullness ('fʊlnəs) ZN *vol*⟨*ledig*⟩*heid*
full-page BNW *over een hele pagina*
full-scale BNW • *op ware grootte* • *volledig*
full-time BNW *voltetijds* ★ *~ job volledige dagtaak*
fully ('fʊlı) BIJW • *volledig* • *v. ganser harte*
fully-fledged BNW • *volwassen* • *volleerd*
fulminate ('fʌlmıneıt) I OV WW • *uitvaren tegen* • *met banvloek treffen* II ONOV WW *ontploffen*
fulmination (fʊlmı'neıʃən) ZN • *ontploffing* • *afkondiging v. banvloek*
fulminatory ('fʊlmıneıtərı) BNW *donderend*
fulsome ('fʊlsəm) BNW • *walgelijk door overlading* • *kruiperig vleiend* • *oververzadigd* • *vol*
fumble ('fʌmbl) I OV WW • *~* **after/for** *zoeken naar* • *~* **up** *verfrommelen* II ONOV WW *knoeien; prutsen*
fumbler ('fʌmblə) ZN *kluns; onhandig iemand*
fume (fju:m) I ZN • *damp; uitwaseming* • *vlaag v.*

fumigate – fussbox

woede; opwinding ‖ OV WW *bewieroken* ‖‖ ONOV WW. *opstijgen* ⟨v. damp⟩; *uitwasemen* • *donker kleuren met ammonia* • *koken* ⟨v. woede⟩

fumigate ('fju:mɪgeɪt) OV WW • *ontsmetten* • *doorgeuren*

fumigation (fju:mɪ'geɪʃən) ZN *(wie)rook*

fun (fʌn) I ZN *grap; pret* ★ *make fun of s.o. iem. voor de gek houden* ★ *poke fun at voor de gek houden* ★ *for/in fun voor de grap* ★ *like fun van je weten* ★ *what fun! wat aardig!* ‖ ONOV WW *gekheid maken*

function ('fʌŋkʃən) I ZN • *functie; beroep* • *plechtigheid; feest* ‖ ONOV WW *functioneren*

functional ('fʌŋkʃənl) BNW *doelmatig; functioneel*

functionary ('fʌŋkʃənərɪ) I ZN • *ambtenaar; beambte* • *functionaris* ‖ BNW → **functional**

fund (fʌnd) I ZN *fonds; voorraad* ★ *in funds contanten* ★ *the funds staatsfondsen* ★ *his funds were low hij was slecht bij kas* ‖ OV WW • *consolideren* ⟨schuld⟩ • *funderen* • *beleggen* ⟨in staatspapieren⟩

fundamental (fʌndə'mentl) I ZN *basis; grondbeginsel; grondtoon* ★ *let's get down to* ∼*s laat ons ter zake komen* ‖ BNW *fundamenteel; wezenlijk; grond-*

fundamentalist (fʌndə'mentəlɪst) I ZN *fundamentalist* ‖ BNW *fundamentalistisch*

fundamentally (fʌndə'mentlɪ) BIJW *fundamenteel; in wezen*

funeral ('fju:nərəl) I ZN • *begrafenis* • USA *rouwdienst* ★ *that's your* ∼*! dat is jouw pakkie-an!* ‖ BNW *begrafenis-; lijk-* ★ ∼ USA ∼ *contractor/director begrafenisondernemer* ★ ∼ *oration lijkrede* ★ ∼ *parlo(u)r rouwkamer* ★ ∼ *pile/pyre brandstapel* ⟨bij lijkverbranding⟩ ★ ∼ *train begrafenisstoet*

funerary ('fju:nərərɪ) BNW *begrafenis-; lijk-*

funereal (fju:'nɪərɪəl) BNW • *begrafenis-* • *treur-; somber* • *diepzwart*

fun-fair ZN *kermis*

fungi ('fʌŋgi:) ZN MV → **fungus**

fungicide ('fʌŋgɪsaɪd) I ZN *fungicide; schimmeldodend middel* ‖ BNW *fungicide schimmeldodend*

fungus ('fʌŋgəs) ZN • *paddestoel* • *zwam* • *uitwas*

funicular (fju:'nɪkjʊlə) I ZN *kabelspoor* ‖ BNW *kabel-*

funk (fʌŋk) I ZN • MUZ. *funk* • PLAT *angst; bangerd* ★ *be in a blue funk lelijk in de rats zitten* ‖ OV WW • *ontwijken* ⟨uit angst⟩ • *bang maken* ‖‖ ONOV WW *bang zijn*

funk hole ZN • *schuilplaats* • *uitvlucht*

funky ('fʌŋkɪ) BNW • MUZ. *funky* • PLAT *reuzegoed; geweldig* • *schijterig* ⟨bang⟩ • *stinkend*

funnel ('fʌnl) I ZN • *trechter* • *lichtkoker; luchtkoker* • *schoorsteen* ‖ OV WW *afvoeren door schoorsteen, enz.*

funnies ('fʌnɪz) ZN MV *stripverhaal* ⟨in krant⟩

funnily ('fʌnəlɪ) BIJW *vreemd; eigenaardig*

funny ('fʌnɪ) I ZN *bootje* ‖ BNW • *grappig; raar* • *bedrieglijk*

funny-bone ('fʌnɪbəʊn) ZN • *ellebogknokkel* • *telefoonbotje*

fur (fɜː) I ZN • *bont; bontwerk* • *aanzetsel* ⟨v. wijn⟩; *beslag* ⟨op de tong⟩; *ketelsteen* ★ *fur and*

feather pelsdieren en gevogelte ‖ BNW *bonten; bont-* ‖‖ OV WW • *met bont afzetten* ⟨voeren⟩ • *schoonmaken* ⟨stoomketel⟩ ‖V ONOV WW *aanslaan; beslaan* ⟨v. tong⟩

furbish ('fɜːbɪʃ) OV WW • ∼ **up** *oppoetsen; opknappen; vernieuwen*

furcate ('fɜːkeɪt) I BNW *gevorkt* ‖ ONOV WW z. *vertakken*

furious ('fjʊərɪəs) BNW • *woedend* • *wild*

furl (fɜːl) OV WW • *oprollen en vastbinden* ⟨zeil⟩; *opvouwen* • *laten varen* ⟨hoop⟩

furlong ('fɜːlɒŋ) ZN *1/8 Engelse mijl* ⟨201 m.⟩

furlough ('fɜːləʊ) I ZN *verlof* ‖ OV WW *verlof geven* ‖‖ ONOV WW USA *met verlof zijn*

furnace ('fɜːnɪs) I ZN • *oven; vuurhaard* ⟨ook fig.⟩ • *vuurproef* ‖ OV WW *verhitten*

furnish ('fɜːnɪʃ) OV WW • *leveren* • *meubileren* • ∼ **with** *voorzien van*

furnishing ('fɜːnɪʃɪŋ) ZN • *levering* • *het meubileren* ★ ∼s *stoffering*

furnishment ('fɜːnɪʃmənt) ZN *meubilering*

furniture ('fɜːnɪtʃə) ZN • *meubilair; huisraad* • *hang- en sluitwerk; beslag* ⟨op kist⟩ • *inhoud* ⟨v. de zakken⟩ ★ ∼ *van verhuiswagen* ★ ∼ *broker uitdrager*

furore (fjʊə'rɔːrɪ) ZN *furore; opwinding*

furrier ('fʌrɪə) ZN *bontwerker; bonthandelaar*

furring ('fɜːrɪŋ) ZN • *pelswerk* • *aanzetsel* • SCHEEPV. *spijkerhuid*

furrow ('fʌrəʊ) I ZN *voor; groef; rimpel* ‖ OV WW *een voor maken* • *plough a lonely* ∼ *het alleen opknappen*

furry ('fɜːrɪ) BNW • *met bont bekleed* • *zacht*

further ('fɜːðə) I BNW ★ *until* ∼ *notice tot nadere aankondiging* ★ *the* ∼ *side overkant* ‖ OV WW *bevorderen* ‖‖ BIJW • *verder* • *meer* ★ *I'll see you* ∼ *first! dat kun je net denken!* ★ *I wish you* ∼ *duvel op!*

furtherance ('fɜːðərəns) ZN *hulp*

furthermore (fɜːðə'mɔː) BIJW *bovendien*

furthermost ('fɜːðəməʊst) BNW *verst (verwijderd)*

furthest ('fɜːðɪst) BNW *verst(e)*

furtive ('fɜːtɪv) BNW *heimelijk; diefachtig*

furtively ('fɜːtɪvlɪ) BIJW *heimelijk*

furuncle ('fjʊərʌŋkl) ZN *zweer; steenpuist*

fury ('fjʊərɪ) ZN • *woeste vrouw; feeks; furie* • *woede* ★ *in a fury woedend* ★ *like fury als 'n bezetene* ★ *a fury of impatience vreselijk ongeduldig*

fuse (fju:z), **fuze** I ZN • *zekering* ⟨v. elektra⟩ • *lont* ‖ OV WW • *v. lont voorzien* • *(samen)smelten* ‖‖ ONOV WW *doorslaan* ⟨v. zekeringen⟩

fuselage ('fju:zəlɑːʒ) ZN *romp v. vliegtuig*

fusible ('fju:zɪbl) BNW *smeltbaar*

fusil ('fju:zɪl) ZN *musket*

fusilier (fju:zɪ'lɪə) ZN *fuselier*

fusillade (fju:zɪ'leɪd) I ZN *fusillade* ‖ OV WW *fusilleren*

fusion ('fju:ʒən) ZN *smelting; fusie* ★ ∼ *bomb waterstofbom*

fuss (fʌs) I ZN • *drukte; ophef* • *zenuwachtig persoon* ‖ ONOV WW *druk maken* • *zenuwachtig maken* • *he was fussing about hij liep met veel drukte rond* • ∼ **over** z. *druk maken over*

fussbox ('fʌsbɒks) ZN *drukmaker*

fussed ('fʌst) BNW • *bemoeiziek* • *opgedirkt* • *gejaagd*; *druk* • *pietluttig*
fusspot ('fʌspɒt) ZN • *druktemaker* • *zenuwpees* • *bemoeial*
fussy ('fʌsɪ) BNW • *gejaagd; druk* • *pietluttig* • *bemoeiziek* • *opgedirkt*
fustian ('fʌstɪən) I ZN • *bombast* • *bombazijn* II BNW • *bombastisch* • *bombazijnen*
fustigate ('fʌstɪɡeɪt) OV WW HUMOR *afrossen; ranselen*
fusty ('fʌstɪ) BNW *muf*
futile ('fju:taɪl) BNW *nutteloos; waardeloos; doelloos*
futility (fju'tɪlətɪ) ZN • *nutteloosheid* • *futiliteit*
future ('fju:tʃə) I ZN • *toekomst; toekomende tijd* II BNW *toekomstig; aanstaand*
futures ('fju:tʃəz) ZN MV *termijnzaken*
futuristic (fju:tʃə'rɪstɪk) BNW *futuristisch*
fuze (fju:z) ZN USA → **fuse**
fuzz (fʌz) I ZN • *dons* • PLAT *politie* II OV WW *rafelen*
fuzzy ('fʌzɪ) BNW • *beneveld; wazig* • *vlokkig kroes*
FWD AFK Front Wheel Drive *voorwielaandrijving*
F-word ZN EUF. ≈ *k-woord* ⟨scheldwoord, vies woord⟩
fylfot ('fɪlfət) ZN *swastika; hakenkruis*

G

g (dʒi:) ZN letter *g* ★ G as in George *de g van Gerard*
G ZN MUZ. *G*
gab (ɡæb) I ZN ★ he has the gift of the gab *hij kan praten als Brugman* II ONOV WW *praten; kletsen*
gabble ('ɡæbl) I ZN *geraffel; gekakel* II OV+ONOV WW • *opdreunen* • *rebbelen; zwammen*
gabby ('ɡæbɪ) I ZN USA *sprekende film* II BNW USA *praatziek*
gable ('ɡeɪbl) ZN *gevelspits* • ~ roof *zadeldak*
gabled ('ɡeɪbld) BNW *met puntgevel*
gad (ɡæd) I ZN ★ on the gad *op pad* II ONOV WW ~ about/around *(rond)dolen; (rond)zwerven* III TW *wel verdorie!*
gadabout ('ɡædəbaʊt) ZN MIN. *uithuizig persoon*
gadfly ('ɡædflaɪ) ZN *steekvlieg, horzel; paardenvlieg*
gadget ('ɡædʒɪt) ZN • *machine-onderdeel(tje); instrument(je)* • *truc; foefje*
gadgetry ('ɡædʒɪtrɪ) ZN *allerlei snufjes*
Gael (ɡeɪl) ZN *(Ierse/Schotse) Kelt*
Gaelic ('ɡeɪlɪk) I ZN *de Keltische taal* II BNW *Keltisch*
gaff (ɡæf) I ZN • *visspeer* • SCHEEPV. *gaffel* • *derderangs toneelzaaltje* II OV+ONOV WW *vangen met de visspeer*
gaffe (ɡæf) ZN *blunder; ongepaste daad/opmerking*
gaffer ('ɡæfə) ZN • INFORM. *ploegbaas* • A-V *lichttechnicus* ⟨bij filmopname⟩
gag (ɡæɡ) I ZN • *prop* • *door toneelspeler ingelast(e) woord(en)* • POL. *vaststelling v. tijd waarop de stemming over (gedeelten v.) een wetsontwerp moet plaatshebben* • *leugen; bedriegerij* • *grap* ★ running gag *zich herhalende grap* II OV WW • *knevelen; de mond snoeren* • *bedriegen* III ONOV WW • *kokhalzen* • *woorden inlassen*
gaga ('ɡɑ:ɡɑ:) BNW *kinds; dement*
gage (ɡeɪdʒ) I ZN • *onderpand* • *(handschoen als) uitdaging* • → **gauge** ★ have the gage of *profiteren van* II OV WW *op 't spel zetten*
gaggle ('ɡæɡl) I ZN • *het snateren* • *vlucht ganzen* II ONOV WW *snateren*
gaiety ('ɡeɪətɪ) ZN • *vrolijkheid* • *opschik* ★ gaieties *pret*
gaily ('ɡeɪlɪ) BIJW • *vrolijk* • *fleurig*
gain (ɡeɪn) I ZN *winst; voordeel* II OV WW • *winnen; behalen; krijgen; verwerven* • *toenemen* ⟨v. lichaamsgewicht⟩ • *bereiken* ★ the clock gains *de klok loopt vóór* ★ gain ground *terrein winnen* • ~ over *overhalen* • ~ (up)on *inhalen*
gainful ('ɡeɪnfʊl) BNW *winstgevend*
gainings ('ɡeɪnɪŋz) ZN MV *winst*
gainsay (ɡeɪn'seɪ) OV WW *tegenspreken; ontkennen*
'gainst ('ɡeɪnst, ɡenst) VZ → **against**
gait (ɡeɪt) ZN *manier v. lopen; pas* ★ ambling gait *telgang*
gaiter ('ɡeɪtə) ZN • *slobkous* • USA *bottine*
gal (ɡæl) ZN INFORM. *meisje*

galactic (gə'læktık) BNW • v.d. melkweg • schitterend ⟨figuurlijk⟩
galaxy ('gæləksı) ZN • de Melkweg • schitterende groep/schare/stoet
gale (geıl) ZN • storm • PLANTK. gagel • periodieke betaling v. huur
gall (gɔ:l) I ZN • gal • puist • bitterheid • USA arrogantie • schaafwond • (oorzaak v.) verdriet • kale/onvruchtbare plek II OV WW • schaven • verbitteren; kwetsen; pijn doen
gallant¹ (gə'lænt) I ZN • fat • galante ridder ⟨figuurlijk⟩; minnaar II OV WW • het hof maken • begeleiden; chaperonneren III ONOV WW koketteren
gallant² (gælənt) BNW • statig; fier • dapper • galant • amoureus
gallantry ('gæləntrı) ZN • dapperheid • hoffelijkheid • minnarij
gall-bladder ('gɔ:lblædə) ZN galblaas
galleon ('gælıən) ZN galjoen
gallery ('gælərı) ZN • galerij • (schilderijen)museum • toonzaal • schellinkje • USA veranda ★ play to the ~ populariteit najagen; (goedkoop) effect najagen
galley ('gælı) ZN • galei • sloep • scheepskeuken
Gallic ('gælık) BNW • Gallisch • Frans
gallicism ('gælısızəm) ZN gallicisme
gallicize ('gælısaız) OV+ONOV WW verfransen
gallimaufry (gælı'mɔ:frı) ZN • ragout • allegaartje
gallipot ('gælıpɒt) ZN zalfpot
gallivant ('gælıvænt) ONOV WW • flaneren • flirten • ~ about lanterfanten
gallon ('gælən) ZN • 4,5 liter • USA 3,7 liter ★ 30 (miles) to the ~ één op tien
gallop ('gæləp) I ZN galop ★ at a ~ in galop II OV+ONOV WW (laten) galopperen
gallows ('gæləʊz) ZN MV galg
gallstone ('gɔ:lstəʊn) ZN galsteen
galop ('gæləp) ZN galop ⟨dans⟩
galore (gə'lɔ:) BIJW in overvloed
galosh (gə'lɒʃ) ZN overschoen
galvanic (gæl'vænık) BNW galvanisch
galvanism ('gælvənızəm) ZN galvanisme
galvanize ('gælvənaız) OV WW • galvaniseren • opzwepen
gambade (gæm'bɑ:d) ZN • luchtsprong • dolle streek
gambado ZN → gambade
gambit ('gæmbıt) ZN • gambiet • listige zet
gamble ('gæmbl) I ZN gok II OV+ONOV WW gokken; speculeren; dobbelen
gambler ('gæmblə) ZN gokker
gambling ('gæmblıŋ) I ZN het gokken ★ ~ den speelhol II BNW gok-; op de gok
gambol ('gæmbl) I ZN kuitenflikker; capriool II ONOV WW dartelen
game (geım) I ZN • spel; spelletje; COMP. game • manche ⟨kaartspel⟩ • stand; score • pret • wild ★ the game is up het spel is uit/voorbij ★ the game is not worth the candle het sop is de kool niet waard ★ is that your little game? zo, dus dát voer jij in je schild? ★ none of your games! geen kunsten! ★ he is fair game pak hem maar gerust aan ★ forbidden game wild dat niet geschoten mag worden ★ make game of voor de gek houden ★ what a game! wat een mop! ★ be off/on one's game in slechte/goede vorm zijn ★ play the game eerlijk spel spelen; sportief zijn ★ FIG. two can play that game! ik zal je met gelijke munt terugbetalen! ★ it's all in the game dat hoort er nu eenmaal bij; zo gaat dat (nu eenmaal) ★ fair game wild dat geschoten mag worden ★ big game groot wild II BNW • moedig • kreupel; lam ★ I'm game! ik doe mee!; ik durf wel!; je kunt op mij rekenen! III ONOV WW spelen ⟨een spelletje⟩; COMP. gamen
game act ZN jachtwet
game bag ZN weitas
game cock ZN vechthaan
game fowl ZN vechthaan
gamekeeper ('geımki:pə) ZN jachtopziener
gamer ('geımə) ZN COMP. gamer
gamesmanship ('geımzmənʃıp) ZN gehaaidheid
gamester ('geımstə) ZN speler; dobbelaar
gam(e)y ('geımı) BNW • naar wild geurend; met wildgeur • USA pikant; schandalig
gamma ('gæmə) ZN ★ ~ ray gammastraal
gammer ('gæmə) ZN vrouwtje; moedertje
gammon ('gæmən) I ZN • gerookte ham • achterstuk van zij spek • bedriegerij; onzin ★ ~ and spinach nonsens; smoesjes ★ ~ steak hamlap II OV WW • zouten en roken • smoesjes verkopen; bedotten • verslaan ⟨bij triktrakspel⟩
gamut ('gæmət) ZN • het hele register • toonladder; toonschaal • (toon)omvang ★ run the whole ~ of s.th. het volledige gamma/spectrum van iets doorlopen
gander ('gændə) ZN • gent • INFORM. stomme idioot ★ INFORM. have a ~ een kijkje nemen
gang (gæŋ) I ZN • troep; bende • ploeg ⟨werklui⟩ • stel ⟨gereedschappen⟩ II ONOV WW • een bende vormen • ~ up samenklitten; een bende vormen • ~ up against/on z. collectief keren tegen; samenspannen tegen III OV+ONOV WW SCHOTS gaan
gang bang ('gæŋbæŋ) ZN VULG. gangbang
ganger ('gæŋə) ZN voorman; ploegbaas
gangling ('gæŋglıŋ) BNW slungelig
gangplank ('gæŋplæŋk) ZN loopplank
gangrene ('gæŋgri:n) I ZN • gangreen; koudvuur • verrotting ⟨ook fig.⟩ II OV+ONOV WW gangreen (doen) krijgen
gangrenous ('gæŋgrınəs) BNW gangreneus
gangsta rap ZN MUZ. gangstarap
gangster ('gæŋstə) ZN gangster; bendelid
gangway ('gæŋweı) ZN • doorgang • loopplank; loopbrug • dwarspad ⟨in Lagerhuis⟩ ★ ~! opzij!
gannet ('gænıt) ZN jan-van-gent
gantry ('gæntrı) ZN stellage; seinbrug; rijbrug ⟨onder kraan⟩
gaol (dʒeıl) ZN → jail
gaoler (dʒeılə) ZN → jailer
gap (gæp) ZN • gat; bres • opening • hiaat • kloof ★ mind the gap pas op voor de opening ⟨als waarschuwing bij roltrappen e.d.⟩
gape (geıp) I ZN • geeuw • scheur; opening II ONOV WW • gapen; geeuwen • openstaan • ~ after snakken naar ★ ~ at aangapen
gapes (geıps) ZN MV gaapziekte
gap-toothed BNW met uit elkaar staande tanden; met een diasteem
garage ('gærɑ:dʒ) I ZN garage II OV WW

binnenzetten
garage sale ZN *rommelmarkt* ⟨door particulier die garage opruimt⟩

garb (gɑːb) I ZN • *kledij* • *klederdracht* ★ in Nature's garb *in adamskostuum* II OV WW *kleden*

garbage ('gɑːbɪdʒ) ZN *afval; vuilnis* ★ USA ~ can *vuilnisemmer*

garble ('gɑːbl) OV WW *onvolledig/verkeerd weergeven; verminken* ⟨v. feiten⟩

garden ('gɑːdn) I ZN *tuin* ★ lead s.o. up the ~ path *iem. om de tuin leiden* ★ ~ party *tuinfeest* ★ ~ engine *tuinsproeier* ★ ~ frame *broeibak* ★ ~ white *koolwitje* ★ the Garden of England *Kent* II ONOV WW *tuinieren*

gardener ('gɑːdnə) ZN *tuinman; tuinier*

gardening ('gɑːdnɪŋ) ZN *tuinbouw; tuinieren*

gargantuan (gɑːˈgæntjʊən) BNW *reusachtig*

gargle ('gɑːgl) I ZN *gorgeldrank* II OV+ONOV WW *gorgelen*

gargoyle ('gɑːgɔɪl) ZN *waterspuwer*

garibaldi (gærɪˈbɔːldɪ) ZN • *garibaldihoed/-bloes* • *krentenkoekje*

garish ('geərɪʃ) BNW *opzichtig; bont*

garland ('gɑːlənd) I ZN • *bloemslinger; bloemkrans* • *bloemlezing* II OV WW *bekransen*

garlic ('gɑːlɪk) ZN *knoflook*

garlicky ('gɑːlɪkɪ) BNW *knoflookachtig*

garment ('gɑːmənt) ZN *kledingstuk; gewaad*

garner ('gɑːnə) I ZN • *vergaarsel* • *vergaarbak* • *graanschuur* II OV WW *vergaren; oogsten*

garnet ('gɑːnɪt) I ZN *granaat(steen)* II BNW *granaatrood*

garnish ('gɑːnɪʃ) I ZN *versiering; garnering* II OV WW • *versieren; opmaken* • JUR. *beslag leggen op* • *dagvaarden*

garnishee (gɑːnɪˈʃiː) ZN • *gedaagde* • *executoriaal beslag*

garniture ('gɑːnɪtʃə) ZN • *garnering; opmaak* • *garnituur* • *toebehoren*

garret ('gærɪt) ZN • *zolderkamer(tje)* • FIG. *bovenkamer* ⟨brein⟩ ★ wrong in the ~ *niet helemaal goed snik*

garrison ('gærɪsən) I ZN *garnizoen* ★ ~ artillery *vestingartillerie* II OV WW • *garnizoen leggen in; bezetten* • *in garnizoen leggen*

gar(r)otte (gəˈrɒt) ZN USA *wurging; wurgsnoer*

garrulity (gəˈruːlətɪ) ZN • *praatzucht* • *omslachtigheid*

garrulous ('gærələs) BNW *praatziek*

garter ('gɑːtə) I ZN *kousenband* ★ the Garter *Orde v.d. Kousenband* ★ ~ belt *jarretellegordel* II OV WW *met kousenband vastmaken*

gas (gæs) I ZN • *gas* • USA *benzine* • *bluf; gezwam* ★ step on the gas *gas geven; voortmaken; een schepje erop doen* ★ gas cooker *gasfornuis* ★ gas fire *gaskachel* ★ gas main *hoofdgasleiding* ★ USA gas station *benzinepompstation* ★ gas chamber *gaskamer* ★ gas fitter *gasfitter* ★ gas tap *gaskraan* ★ gas ring *gasstel* ★ gas burner *gaspit;* USA *automobilist* ★ gas helmet *gasmasker* ★ gas range *gasfornuis* ★ USA/INFORM. it's a gas! *da's hartstikke gaaf!* II OV WW *gas uitstrooien over; met gas behandelen; vergassen* III ONOV WW *zwammen; bluffen* IV OV+ONOV WW USA *tanken*

gasbag ('gæsbæg) ZN • *gasreservoir* • INFORM. *branieschopper; windbuil*

gaseous ('gæsɪəs) BNW *gasachtig*

gash (gæʃ) I ZN *diepe snede; jaap* II OV WW *een jaap toebrengen*

gasholder ('gæshəʊldə) ZN *gashouder*

gasket ('gæskɪt) ZN • *pakking* • SCHEEPV. *beslagseizing*

gaslight ('gæslaɪt) ZN *gaslicht* ★ A-V ~ paper *gaslichtpapier*

gasman ('gæsmən) ZN *meteropnemer*

gas-mask ('gæsmɑːsk) ZN *gasmasker*

gasolene ZN → **gasoline**

gasoline ('gæsəliːn), **gasolene** ZN • *gasoline* • *benzine*

gasometer (gæˈsɒmɪtə) ZN *gashouder*

gasp (gɑːsp) I ZN ★ at his last gasp *bij zijn laatste snik* II OV WW ~ out *hijgend uiten* ★ gasp life out *de laatste adem uitblazen* III ONOV WW • *hijgen* • *naar adem snakken*

gassy ('gæsɪ) BNW • *gasachtig* • *pocherig*

gastric ('gæstrɪk) BNW *v.d. maag; maag-*

gastritis (gæˈstraɪtɪs) ZN *maagcatarre; gastritis*

gastro-enteritis (gæstrəʊentəˈraɪtɪs) ZN *gastro-enteritis; maag-darmcatarre*

gastrology (gæˈstrɒlədʒɪ) ZN *kookkunst*

gastronome ('gæstrənəʊm) ZN *gastronoom; fijnproever; lekkerbek*

gastronomy (gæˈstrɒnəmɪ) ZN *gastronomie*

gasworks ('gæswɜːks) ZN MV *gasfabriek*

gate (geɪt) I ZN • *poort* • *hek* • *deur* ⟨ook v. sluis⟩ • *afsluitboom* ★ gate money *aantal betalende bezoekers; recette* II OV WW • *huisarrest geven* • USA *de laan uit sturen*

gatecrash ('geɪtkræʃ) ONOV WW *komen binnenvallen* ⟨als ongenode gast⟩

gatecrasher ('geɪtkræʃə) ZN • *ongenode gast* • *klaploper*

gatehouse ('geɪthaʊs) ZN • *portierswoning* • GESCH. *gevangenpoort*

gatekeeper ('geɪtkiːpə) ZN • *portier* • *baanwachter*

gateleg table ('geɪtleg teɪbl) ZN *uittrektafel*

gatepost ('geɪtpəʊst) ZN *deurpost*

gatesman ('geɪtsmən) ZN • *portier* • *baanwachter*

gateway ('geɪtweɪ) ZN *poort*

gather ('gæðə) OV+ONOV WW • (z.) *verzamelen* • *oogsten; plukken; oprapen* • *rimpelen; plooien* • *rijp worden* • *afleiden* ★ ~ o.s. up *ineenkrimpen; moed verzamelen* ★ ~ force/ momentum/speed *vaart krijgen* ★ be ~ed to one's fathers *sterven* • ~ from *besluiten; v. iets afleiden*

gathering ('gæðərɪŋ) ZN • *vergadering* • *bijeenkomst* • *verzwering*

gathers ('gæðəz) ZN MV *plooien; smokwerk*

gauche (gəʊʃ) BNW *onhandig; lomp*

gaud (gɔːd) ZN • *opschik* • *kitsch*

gaudy ('gɔːdɪ) I ZN *reüniediner* II BNW *opzichtig*

gauge (geɪdʒ) I ZN • *standaard (inhouds)maat* • *omvang; inhoud* • *kaliber; mal* • *spoorwijdte* • *diepgang* • *regenmeter; oliedrukmeter* ★ take the ~ of *schatten* ★ broad ~ *breedspoor* II OV WW • *meten; peilen* • *normaliseren; ijken*

gaugeglass ('geɪdʒglɑːs) ZN *peilglas*

gauge-rod ZN *peilstok*

Gaul (gɔːl) ZN • *Gallië* • *Galliër*

gaunt (gɔːnt) BNW • *mager; ingevallen* • *naar*

gauntlet ('gɔ:ntlɪt) ZN • *motorhandschoen; sporthandschoen* • *ijzeren handschoen* ★ run the ~ *spitsroeden lopen*
gauze (gɔ:z) ZN • *tule; gaas* • *waas*
gauzy ('gɔ:zɪ) BNW *wazig*
gave (geɪv) WW [verleden tijd] → **give**
gavel ('gævəl) ZN *(voorzitters)hamer*
gawk (gɔ:k) I ZN *lomperd* II ONOV WW *staan gapen*
gawky ('gɔ:kɪ) BNW *onhandig; klungelig*
gawp (gɔ:p) ONOV WW *(aan)gapen*
gay (geɪ) BNW • *homoseksueel* • *vrolijk* • *luchtig* • *los* • *fleurig*
gaze (geɪz) I ZN *starende blik* II ONOV WW *staren*
gazelle (gə'zel) ZN *gazelle*
gazette (gə'zet) ZN *Staatscourant*
gazetteer (gæzə'tɪə) ZN *aardrijkskundig woordenboek*
gazump (gə'zʌmp) OV+ONOV WW *zwendelen* ⟨meestal met onroerend goed⟩
G.B. AFK Great Britain *Groot-Brittannië*
GCE AFK General Certificate of Education ≈ *diploma vwo*
GCSE AFK General Certificate of Secondary Education ≈ *diploma havo of mavo*
G.D.R. AFK German Democratic Republic *Duitse Democratische Republiek*
gear (gɪə) I ZN • *gereedschappen; spullen* • *raderwerk; tandwieloverbrenging; versnelling(smechanisme)* • *tuig* • *vlotte kledij; snelle kleren* • in/out of gear *in-/uitgeschakeld* ★ throw into/out of gear *in-/uitschakelen* ★ gear case *kettingkast; tandwielkast* ★ gear wheel *tandwiel; kettingwiel* ★ get into gear *op gang komen* ★ bottom/top gear *laagste/hoogste versnelling* II ov ww • *(op)tuigen* • v. *versnelling voorzien* • *inschakelen* • ~ **down/up** *naar een lagere/hogere versnelling schakelen* • ~ **to** *aanpassen aan; afstemmen op* III ONOV WW ~ **into** *grijpen in*
gearbox ('gɪəbɒks) ZN *versnellingsbak*
gearing ('gɪərɪŋ) ZN • ECON. *verhouding geleend geld en kapitaal* • *tandwieloverbrenging*
gear lever ZN *versnellingshendel; versnellingspook*
gearstick ('gɪəstɪk) ZN → **gear lever**
gee (dʒi:) TW *goh!* • USA *gee whiz! tjemig!; wauw!*
geek (gi:k) ZN • *sukkel; slome* • *freak; fanaat*
geese (gi:s) ZN MV → **goose**
geezer ('gi:zə) ZN • INFORM. *gozer; vent* • INFORM. *ouwe sul*
gel (dʒel) I ZN *gel* II ONOV WW *(meer) vaste vorm krijgen*
gelatine ('dʒelətɪn) ZN *gelatine* ★ ~ paper *fotografisch papier*
gelatinous (dʒɪ'lætɪnəs) BNW *gelatineachtig*
geld (geld) OV WW *castreren* ⟨vnl. hengsten⟩
gelding ('geldɪŋ) ZN *ruin*
gelid ('dʒelɪd) BNW *(ijs)koud*
gelt (gelt) WW [verl. tijd + volt. deelw.] → **geld**
gem (dʒem) I ZN *edelsteen; kleinood; juweel* II OV WW *met edelstenen tooien*
geminate[1] ('dʒemɪnət) BNW • *gepaard* • *dubbel* • *paarsgewijs*
geminate[2] ('dʒemɪneɪt) OV WW • *verdubbelen* • *twee bij twee zetten*

Gemini ('dʒemɪnaɪ) ZN *Tweelingen*
gemma ('dʒemə) ZN *bladknop*
gen (dʒen) I ov ww ~ **up** *grondig van informatie voorzien* II ONOV WW ~ **up** *zich volledig laten inlichten*
gender ('dʒendə) ZN *geslacht; gender*
gender bender ZN *androgyn persoon*
gene (dʒi:n) ZN *gen*
genealogic(al) (dʒi:nɪə'lɒdʒɪk(l)) BNW *genealogisch*
genealogist (dʒi:nɪ'ælədʒɪst) ZN *genealoog*
genealogy (dʒi:nɪ'ælədʒɪ) ZN • *stamboom* • *genealogie*
genera ('dʒenərə) ZN MV → **genus**
general ('dʒenərəl) I ZN • *generaal* • *strateeg* ★ caviare to the ~ *parels voor de zwijnen* II BNW *algemeen; gewoon(lijk)* ★ ~ cargo *stukgoederen* ★ ~ delivery *poste restante* ★ in a ~ way *in algemene zin* ★ ~ knowledge *algemene ontwikkeling* ★ ~ practice *huisartsenpraktijk* ★ ~ practitioner *huisarts*
generality (dʒenə'rælətɪ) ZN *algemeenheid*
generalization (dʒenərəlaɪ'zeɪʃən) ZN *generalisatie*
generalize ('dʒenərəlaɪz) OV+ONOV WW *generaliseren*
generally ('dʒenərəlɪ) BIJW • in 't algemeen • *meestal*
general-purpose BNW *voor algemeen gebruik; voor alles geschikt*
generalship ('dʒenərəlʃɪp) ZN • *generaalsrang* • *strategie; tactiek*
generate ('dʒenəreɪt) OV WW • *genereren* • *voortbrengen* • *verwekken; opwekken* • *ontwikkelen*
generation (dʒenə'reɪʃən) ZN • *het genereren; ontwikkeling; wording* • *voortplanting* • *generatie*
generation gap ZN *generatiekloof*
generative ('dʒenərətɪv) BNW • *generatief; vruchtbaar* • *voortplantings-*
generator ('dʒenəreɪtə) ZN • *dynamo; stoomketel* • *generator*
generic (dʒɪ'nerɪk) BNW • *algemeen; generisch; kenmerkend voor de soort*
generosity (dʒenə'rɒsətɪ) ZN *vrijgevigheid*
generous ('dʒenərəs) BNW • *rijk; overvloedig; ruim* • *vruchtbaar* • *gul* • *aardig; mild; edelmoedig*
genesis ('dʒenɪsɪs) ZN *ontstaan; oorsprong*
gene therapy ZN *gentherapie*
genetic (dʒɪ'netɪk) BNW *genetisch*
genetics (dʒɪ'netɪks) ZN MV *erfelijkheidsleer*
geneva (dʒɪ'ni:və) ZN *jenever*
genial ('dʒi:nɪəl) BNW • *groeizaam; mild* • *vriendelijk; gezellig; joviaal*
geniality (dʒi:nɪ'ælətɪ) ZN *hartelijkheid*
genie ('dʒi:nɪ) ZN *geest*
genii ('dʒi:nɪaɪ) ZN MV → **genius**
genital ('dʒenɪtl) BNW *m.b.t. de geslachtsdelen; voortplantings-*
genitalia (dʒenɪ'teɪlɪə) ZN MV *geslachtsdelen*
genitals ('dʒenɪtlz) ZN MV *genitaliën; geslachtsdelen*
genitive ('dʒenɪtɪv) ZN *genitief*
genius ('dʒi:nɪəs) ZN • *genialiteit; talent; genie*

• *genius*; *geest*
genocide ('dʒenəsaɪd) ZN *rassenmoord; genocide*
genre ('ʒɑ̃nrə) ZN • *genre* • KUNST *naar het leven*
gent (dʒent) ZN INFORM. *meneer*
genteel (dʒen'tiːl) BNW IRON. *chic; deftig*
gentile ('dʒentaɪl) I ZN *niet-jood; heiden* II BNW *niet-joods; heidens*
gentility (dʒen'tɪlətɪ) ZN *deftigheid*
gentle ('dʒentl) I ZN *made* ⟨visaas⟩ II BNW • *zacht; rustig; matig* • *vriendelijk* • *van goede afkomst* ★ *gently does it!* *rustig/kalmpjes aan!* ★ *the ~ sex* *het zwakke geslacht* ★ *~ art/craft* *edele kunst*
gentlefolk(s) ('dʒentlfəʊk(s)) ZN MV *mensen v. goede familie*
gentleman ('dʒentlmən) ZN *heer* ★ *~-at-arms* *lid v. Koninklijke lijfwacht*
gentleman farmer ZN *herenboer*
gentlemanlike ('dʒentlmənlaɪk) BNW *zoals een heer betaamt*
gentlemanly BNW → **gentlemanlike**
gentleman's agreement ZN *herenakkoord*
gentleman's gentleman ZN *bediende v.e. heer alleen*
gentleman usher ZN *kamerheer*
gentlewoman ('dʒentlwʊmən) ZN *dame*
gentrification (dʒentrɪfɪ'keɪʃən) ZN *sociale opwaardering v.e. woonwijk door vestiging van nieuwe bewoners uit een beter milieu*
gentry ('dʒentrɪ) ZN • *lagere adel* • *deftige burgerstand beneden adel* • *ridders en baronets* ★ *landed ~* *grondbezittende klasse*
gents (dʒents) ZN MV ★ *the ~* *herentoilet* ★ *join the ~* *zich even absenteren*
genuflect ('dʒenjʊflekt) ONOV WW *de knie buigen*
genuflection (dʒenjʊ'flekʃən), **genuflexion** ZN *kniebuiging*
genuflexion ZN → **genuflection**
genuine ('dʒenjʊɪn) BNW • *onvervalst; echt* • *oprecht*
genus ('dʒiːnəs) ZN *geslacht; soort; klasse*
geo- ('dʒiːəʊ) VOORV *geo-; aard-* ★ *geopolitical geopolitiek*
geodesy (dʒiː'ɒdəsɪ) ZN *landmeetkunde*
geodetic (dʒiːəʊ'detɪk) BNW *landmeetkundig*
geographer (dʒɪ'ɒgrəfə) ZN *aardrijkskundige*
geographic(al) (dʒiːə'græfɪk(l)) BNW *geografisch*
geography (dʒɪ'ɒgrəfɪ) ZN *aardrijkskunde*
geological (dʒiːə'lɒdʒɪkl) BNW *geologisch*
geologist (dʒɪ'ɒlədʒɪst) ZN *geoloog*
geology (dʒɪ'ɒlədʒɪ) ZN *geologie*
geometrical (dʒiːə'metrɪkl) BNW *meetkundig*
geometry (dʒɪ'ɒmətrɪ) ZN *meetkunde*
geophysical (dʒiːəʊ'fɪzɪkl) BNW *geofysisch*
geophysics (dʒiːəʊ'fɪzɪks) ZN *geofysica*
Georgian (dʒɔːdʒən) I ZN • *Georgiër* • *inwoner van Georgia* II BNW • *Georgisch* • *18e-eeuws*
geothermal (dʒiːəʊ'θɜːml) BNW *geothermisch; m.b.t. aardwarmte*
geranium (dʒə'reɪnɪəm) ZN *geranium*
geriatric (dʒerɪ'ætrɪk) BNW *geriatrisch*
geriatrics (dʒerɪ'ætrɪks) ZN MV *geriatrie*
germ (dʒɜːm) I ZN • *(ziekte)kiem* ★ *germ warfare bacteriologische oorlogvoering* II OV WW *doen ontkiemen*
german ('dʒɜːmən) BNW ★ *cousin ~* *volle neef/nicht*
German ('dʒɜːmən) I ZN *Duitser* II BNW *Duits*
germane (dʒɜː'meɪn) BNW *verwant*
Germanic (dʒɜː'mænɪk) BNW *Germaans*
Germany ('dʒɜːmənɪ) ZN *Duitsland*
germicide ('dʒɜːmɪsaɪd) ZN *germicide; kiemendodend middel*
germinal ('dʒɜːmɪnl) BNW *germinaal; ontluikend; in de kiem*
germinate ('dʒɜːmɪneɪt) OV+ONOV WW *(doen) ontkiemen*
germination (dʒɜːmɪ'neɪʃən) ZN *ontkieming*
gerontology (dʒerɒn'tɒlədʒɪ) ZN *gerontologie*
gerrymander (dʒerɪ'mændə) I ZN *knoeierij bij verkiezingen* II OV WW *vervalsen* III ONOV WW *knoeien* ⟨met de indeling in kiesdistrict⟩
gerund ('dʒerənd) ZN • *gerundium* • *zelfstandige ing-vorm v.e. ww*
gestation (dʒe'steɪʃən) ZN • *dracht* • *groeiperiode*
gesticulate (dʒe'stɪkjʊleɪt) ONOV WW *gebaren maken*
gesticulation (dʒestɪkjʊ'leɪʃən) ZN *het gebaren*
gesture ('dʒestʃə) I ZN • *gebaar* • *geste* II ONOV WW *gebaren maken*
get (get) I OV WW • *krijgen* • *(te) pakken (krijgen)* • *(be)halen* • *verdienen* • *bezorgen* • *laten* • *ertoe brengen* • *snappen* • *laten worden* ★ *he got his arm broken hij brak zijn arm* ★ *get the worst of it er heel slecht afkomen* ★ *it has got to be done het moet gedaan worden* ★ *what have you got to say? wat heb jij te zeggen?* ★ *I haven't got a penny ik heb geen cent* ★ *you got it! jij hebt het begrepen!* ★ *you've got it jij hebt 't in je; jij kunt het* ★ *get it ervanlangs krijgen* • *~ across* *get across an idea een idee ingang doen vinden* • *~ back* *terugkrijgen* • *~ down* *deprimeren; terneerdrukken; doorslikken; noteren* • *~ in* *erin/ertussen komen; instappen* • *~ into* *krijgen in* • *~ on* *aantrekken* • *~ out* *uitbrengen; aan het licht brengen* • *~ out of* *krijgen/halen uit* • *~ over* *te boven komen; afleggen; afdoen* ★ *let's get it over soon laten we gauw zorgen dat we het achter de rug hebben* • *~ through* *erdoor krijgen* • *~ together* *bijeenbrengen* • *~ up* *opwekken; op touw zetten; opmaken* ⟨v. haar⟩; *bestuderen* II ONOV WW • *(ge)raken* • *bereiken* • *worden* • *terechtkomen* • *als gewoonte aannemen* ★ *get there er komen; succes hebben* ★ *get to ... al doende ...; gaandeweg ...* • *~ about z. verspreiden; rondlopen* • *~ across slagen; ergeren* ★ *get across to overkomen bij/op* • *~ ahead vooruitkomen* ★ *get ahead of a p. iemand voorbij streven; voor komen te liggen op iemand* • *~ along vorderen; opschieten* ★ INFORM. *get along with you loop heen!; schiet op!* • *~ around to ertoe komen om; tijd vinden om* • *~ at bereiken; er komen; ertussen nemen* • *~ away wegkomen; er onderuit komen* ★ *get away with erdoor komen; het halen* • *~ back terugkomen* • *~ down naar beneden komen* ★ *get down to business tot zaken komen* ★ *get down to work aan het werk gaan* • *~ in binnenkomen* • *~ into komen/belanden in* • *~ off afstijgen; ophouden; er afkomen; vertrekken; uitstappen* ★ *get off with aanpappen met; het*

get-at-able (get'ætəbl) BNW *bereikbaar*
getaway ('getəweɪ) ZN *ontsnapping* ★ make o.'s ~ *ertussenuit knijpen*
get-together ('gettəgeðə) ZN • *samenkomst* • *reünie*
get-up ZN *opmaak*
get-up-and-go ZN *fut; enthousiasme*
gewgaw ('gju:gɔː) ZN *prul; snuisterij*
geyser¹ ('gaɪzə) ZN *natuurlijke hete bron; geiser*
geyser² ('giːzə) ZN *geiser; heetwatertoestel*
ghastly ('gɑːstlɪ) BNW • *gruwelijk; afgrijselijk* • *doodsbleek*
ghee (giː) ZN *boter van buffelmelk*
gherkin ('gɜːkɪn) ZN *augurk*
ghetto ('getəʊ) ZN *getto*
ghost (gəʊst) I ZN • *geest; spook* • *werker achter de schermen • schijntje; zweem* ★ you haven't got the ~ of a chance *je hebt geen schijn van kans* ★ ~ town *spookstad* II OV WW *werk doen voor een ander* ★ ~-(write) *anoniem schrijven voor iem. anders*
ghostly ('gəʊstlɪ) BNW *spookachtig*
ghost-writer ('gəʊstraɪtə) ZN *eigenlijke auteur v.e. werk waar iem. anders de eer van krijgt*
ghoul (guːl) ZN • *(lugubere) geest; monster* • *lijkeneter; grafschender*
ghoulish ('guːlɪʃ) BNW *walgelijk; gruwelijk*
G.H.Q. AFK General Headquarters *centraal hoofdkwartier*
G.I. AFK General Issue *soldaat* ⟨Amerikaans leger⟩
giant ('dʒaɪənt) I ZN *reus* II BNW *reusachtig*
giantess ('dʒaɪəntəs) ZN *reuzin*
gibber ('dʒɪbə) I ZN *gebrabbel* II ONOV WW *brabbelen*
gibberish ('dʒɪbərɪʃ) ZN *brabbeltaal*
gibbous ('gɪbəs) BNW • *bol • met een bochel* • *tussen half en vol* ⟨v.d. maan⟩
gibe (dʒaɪb) I ZN → *jibe* II OV WW → *jibe* III ONOV WW → *jibe* IV OV+ONOV WW
giblets ('dʒɪblɪts) ZN MV *ingewanden* ⟨v. gevogelte⟩
giddy ('gɪdɪ) I BNW • *duizelig • duizelingwekkend • wispelturig; onbezonnen; dwaas* ★ play the ~ goat/ox *de dwaas uithangen* II OV+ONOV WW *duizelig (doen) worden*
gift (gɪft) I ZN • *gave; talent • geschenk* ★ have a gift for s.th. *talent voor iets hebben* ★ at a gift *voor niets* ★ appointment is in his gift *hij heeft het recht v. benoeming* II OV WW *begiftigen; schenken*
gifted ('gɪftɪd) BNW *begaafd*
gift token ZN *cadeaubon*

gift voucher ZN *cadeaubon*
gig (gɪg) ZN • *kortlopend project; schnabbel; (kort) contract • sjees • sloep; giek*
gigantic (dʒaɪ'gæntɪk) BNW *reusachtig*
giggle ('gɪgl) I ZN *giechel* II ONOV WW *giechelen*
gigolo ('dʒɪgələʊ) ZN *gigolo*
gigot ('dʒɪgət) ZN *schapenbout* ★ ~ (sleeve) *pofmouw*
gild (gɪld) I ZN → *guild* II OV WW *vergulden*
gilded ('gɪldɪd) BNW *verguld; rijk; luxueus* ★ ~ youth *toonaangevende jongelui; jeunesse dorée*
gill¹ (gɪl) I ZN • *lel • ravijn • kaak; kieuw* ★ be green/pale/white about the ~s *witjes om de neus zien* II OV WW *kaken; schoonmaken* ⟨v. vis⟩
gill² (dʒɪl) ZN *1/4 pint* ⟨0,14 l⟩
gillyflower ('dʒɪlɪflaʊə) ZN • *anjer • muurbloem*
gilt (gɪlt) I OV OUD. *jonge zeug* ★ gilt-edged *goud op snee* ★ the gilt is off the gingerbread *de aardigheid is er af* II BNW *verguld* III WW [verl. tijd + volt. deelw.] → *gild*
gimcrack ('dʒɪmkræk) I ZN *prul; snuisterij* II BNW *prullerig*
gimlet ('gɪmlət) ZN *handboor(tje)*
gimme ('gɪmɪ) SAMENTR give me → *give*
gimmick ('gɪmɪk) ZN *truc; foefje; vondst*
gimmicky ('gɪmɪkɪ) BNW *handig/met handigheidjes inspelend op het publiek*
gimp (gɪmp) ZN • *gimp • vissnoer* ⟨v. met metaal versterkte zijde⟩
gin (dʒɪn) I ZN • *jenever • val(strik) • kraan; lier • ontkorrelmachine* ⟨katoenindustrie⟩ ★ gin (rummy) *rummy* ⟨kaartspel⟩ ★ mature gin *oude jenever* II OV WW • *vangen • ontkorrelen*
ginger ('dʒɪndʒə) I ZN • *gember; fut; spirit • rooie* ⟨figuurlijk⟩ ★ POL. ~ group *actiegroep* ★ ~-ale/-beer *gemberbier* ⟨niet alcoholisch⟩ II BNW *rood* ⟨v. haarkleur⟩ ★ ~ (tom)cat *rooie kater* III OV WW • *animeren; stimuleren; opjutten • met gember kruiden* ★ ~ up *verlevendigen; wat leven in de brouwerij brengen; animeren*
gingerbread ('dʒɪndʒəbred) I ZN • *gemberkoek(je) • peperkoek • prullerij* ★ ~ nut *pepernoot* II BNW *opzichtig; prullig*
gingerly ('dʒɪndʒəlɪ) BIJW *behoedzaam*
gingivitis (dʒɪndʒɪ'vaɪtɪs) ZN *gingivitis; tandvleesontsteking*
ginseng ('dʒɪnseŋ) ZN *ginseng*
gipsy ('dʒɪpsɪ) I ZN • *zigeuner(in) • zigeunertaal* II ONOV WW *kamperen; trekken*
giraffe (dʒə'rɑːf) ZN *giraffe*
girandole ('dʒɪrəndəʊl) ZN • *draaiende fontein • (kroon)kandelaar • (oor)hanger met diamanten bezet*
gird (gɜːd) I ZN *hatelijkheid* II OV WW • *een gordel omdoen; (aan)gorden • insluiten* ★ gird o.s./up one's loins *zich vermannen* ★ ~ with *uitrusten met* III ONOV WW ~ at *honen/spotten met*
girder ('gɜːdə) ZN *dwarsbalk*
girdle ('gɜːdl) I ZN • *gordel; ring* • REL. *singel* II OV WW • *omsingelen • ringvormig ontschorsen*
girl (gɜːl) ZN *meisje* ★ girl guide/scout *gids; padvindster* ★ dancing girl *danseres*
girlfriend (gɜːlfrend) ZN *vriendin* ⟨partner⟩
girlhood ('gɜːlhʊd) ZN *meisjesjaren; meisjestijd*
girlie ('gɜːlɪ) I ZN *meisje* II BNW *met veel vrouwelijk*

naakt ★ ~ magazine *pin-upblaadje*
girlish ('gɜːlɪʃ) BNW *meisjesachtig*
giro ('dʒaɪrəʊ) ZN *giro*
girt (gɜːt) WW [verl. tijd + volt. deelw.] → **gird**
OV+ONOV WW *meten*
girth (gɜːθ) I ZN • *buikriem; gordel • omvang* II OV WW • *omgeven • singelen • meten*
gist (dʒɪst) ZN • *kern; hoofdzaak • strekking*
gittern ('gɪtn) ZN *citer*
give (gɪv) I ZN *'t meegeven; elasticiteit* II OV WW • *geven • opleveren* ★ give as good as one gets *v. zich afpraten* ★ give birth to *voortbrengen; bevallen van* ★ give chase *er achteraan gaan* ★ give ear to *luisteren naar* ★ give rise to *veroorzaken; doen ontstaan* ★ give ground *zich terugtrekken; terugkrabbelen* ★ give me the old times anyday! *geef mij maar die goeie oude tijd!* ★ give a sigh of relief *een zucht v. verlichting slaken* ★ give or take a minute *het kan een minuutje schelen* ★ give me the facts *ik wil de feiten horen* ★ give him my regards *doe hem de groeten van mij* ★ give way *bezwijken; wijken; zwichten; losgaan; goedkoper worden* ★ not give s.o. the time of day *weigeren met iem. te praten* ★ give judgment *een oordeel vellen* ★ give s.o. a piece of one's mind *iem. geducht de waarheid zeggen* • ~ **away** *verklappen; weggeven; verraden* ★ give away the bride *de bruid ten huwelijk geven* • ~ **back** *teruggeven* • ~ **forth** *afgeven; verspreiden; bekend maken* • ~ **in** *inleveren; erbij geven* • ~ **off** *afgeven* • ~ **out** *aankondigen; bekend maken; opgeven; afgeven* • ~ **over** *opgeven; laten varen* ★ be given over to *verslaafd zijn aan; last hebben van* • ~ **up** *overleveren; ophouden met; afleveren; opleveren* ★ give o.s. up *z. overgeven* ★ give up the ghost *de geest geven* III ONOV WW • *geven • toegeven; meegeven • het begeven* ★ come on, give! *vertel op!* • ~ **in** *toegeven; zwichten; z. gewonnen geven* • ~ **onto/to** *uitkomen op* • ~ **out** ★ provisions began to give out *de proviand begon op te raken* • ~ **up** *'t opgeven*
give-and-take ZN *geven en nemen; compromis* ★ the ~ of conversation *het woord en wederwoord van de conversatie*
giveaway ('gɪvəweɪ) ZN • *cadeautje; geschenk* • *onthulling; (ongewild) verraad*
given ('gɪvən) I BNW *gegeven* II BNW *bepaald* ★ ~ name *voornaam* III WW [volt. deelw.] → **give** ★ ~ that *aangenomen dat*
giver ('gɪvə) ZN *schenker; gever*
gizzard ('gɪzəd) ZN *spiermaag* ★ fret one's ~ *zich verbijten* ★ it sticks in my ~ *het zit me dwars*
glacé ('glæseɪ) BNW • *gekonfijt; geglaceerd* ⟨v. fruit⟩ • *glad • geglansd*
glacial ('gleɪʃəl) BNW • *m.b.t. ijs; m.b.t. gletsjers* • *gekristalliseerd* ★ ~ epoch/era/period *ijstijd*
glaciated ('gleɪsɪeɪtɪd) BNW *met ijs bedekt*
glaciation (gleɪsɪ'eɪʃən) ZN *ijswerking*
glacier ('glæsɪə) ZN *gletsjer*
glacis ('glæsɪs) ZN *glooiing*
glad (glæd) BNW *blij* ★ I should be glad to come *ik zou graag komen* ★ we shall be glad to *met genoegen zullen wij* ★ give the glad eye *toelonken* ★ glad rags *zondagse kloffie/plunje*

gladden ('glædn) OV WW *blij maken*
glade (gleɪd) ZN • *open plek in bos* • USA *wak in ijs*
gladiator ('glædɪeɪtə) ZN *zwaardvechter; gladiator*
gladly ('glædlɪ) BIJW *graag; met alle plezier*
glair (gleə) I ZN *eiwit* II OV WW *met eiwit bestrijken*
glamorize ('glæməraɪz) OV WW *verheerlijken; vergulden* ⟨fig.⟩
glamorous ('glæmrəs) BNW *zeer aantrekkelijk; aanlokkelijk*
glamour ('glæmə) I ZN • *betovering • schone schijn* II OV WW *begoochelen; betoveren*
glance (glɑːns) I ZN *(vluchtige) blik* ★ at a ~ *in één oogopslag* II ONOV WW • *(vluchtig) kijken* • *afschampen • schitteren; blinken* • ~ **aside/off** *afschampen* • ~ **at** *een blik werpen op; even aanroeren* • ~ **down** *de ogen neerslaan* • ~ **over/through** *dóórkijken*
glancing ('glɑːnsɪŋ) BNW *afschampend* ⟨in cricket⟩
glancingly ('glɑːnsɪŋlɪ) BIJW *vluchtig*
gland (glænd) ZN *klier*
glanders ('glændəz) ZN MV *droes* ⟨paardenziekte⟩
glandiform ('glændɪfɔːm) BNW • *eikelvormig* • *klierachtig*
glandular ('glændjʊlə) BNW *m.b.t. klier; klierachtig* ★ ~ fever *ziekte van Pfeiffer*
glare (gleə) I ZN • *felle gloed; schittering; fel licht* • *woeste blik* II ONOV WW • *wild/woest kijken* • *zinderen; fel schijnen of stralen* ★ glaring blunder *enorme fout*
glass (glɑːs) I ZN • *glas • raam; ramen • spiegel* • *monocle • lens; kijker • barometer • broeikas* • *zandloper* ★ ~ fibre *glasvezel* ★ leaded ~ *glas-in-lood* ★ magnifying ~ *vergrootglas* ★ cut ~ *geslepen glas* II BNW *glazen* ★ ~ bell *stolp* ★ ~ paper *schuurpapier* III OV WW • *weerkaatsen; spiegelen • glazig maken*
glasscase ('glɑːskeɪs) ZN *vitrine*
glasses ('glɑːsɪz) ZN MV *bril; lorgnet* ★ smoked ~ *zonnebril*
glasshouse ('glɑːshaʊs) ZN • *broeikas* • nor
glassware ('glɑːsweə) ZN *glaswerk*
glassworks ('glɑːswɜːks) ZN MV *glasfabriek*
glassy ('glɑːsɪ) BNW • *glazen • spiegelglad*
glaucoma (glɔː'kəʊmə) ZN *glaucoom*
glaucous ('glɔːkəs) BNW • *zeegroen • bedauwd*
glaze (gleɪz) I ZN • *glans; vernis; glacé; glazuur* • *waas* II OV WW • *van glas voorzien • verglazen; glazuren; glaceren* ⟨v. gebak⟩; *vernissen • glazig maken* ★ ~d frost *ijzel* ★ ~d print *hoogglansdruk* III ONOV WW *glazig worden*
glazed (gleɪzd) BNW [volt. deelw.] → **glaze**
glazer ('gleɪzə) ZN • *verglazer • polijstschijf*
glazier ('gleɪzɪə) ZN *glazenmaker*
glazing ('gleɪzɪŋ) ZN • *glazuur • glaswerk* ⟨v. ramen⟩
gleam (gliːm) I ZN *glans; schijnsel* ★ ~ of hope *sprankje hoop* II ONOV WW *glimmen; glanzen; schijnen*
glean (gliːn) OV WW *lezen; bijeengaren*
gleanings ('gliːnɪŋz) ZN MV • *het (moeizaam) bijeengegaarde • sprokkelingen*
glebe (gliːb) ZN • *land; aarde; grond • pastorieland*
glee (gliː) ZN • *vrolijkheid • meerstemmig lied* ★ glee club *zangvereniging*

gleeful ('gli:fʊl) BNW *vrolijk*
gleeman ('gli:mən) ZN *minstreel*
gleet (gli:t) I ZN *etter* II ONOV WW *etteren*
glen (glen) ZN *nauw dal*
glengarry (glen'gærɪ) ZN *Schotse muts*
glib (glɪb) BNW *vlot; rad v. tong; welbespraakt*
glide (glaɪd) I ZN • *glijvlucht* • TAALK. *overgangsklank* II OV WW *doen glijden* III ONOV WW *glijden; sluipen*
glider ('glaɪdə) ZN *zweefvliegtuig*
gliding ('glaɪdɪŋ) ZN *het zweefvliegen; zweefvliegsport*
glim (glɪm) ZN PLAT *licht; kaars*
glimmer ('glɪmə) I ZN *zwak licht* ★ not a ~ of understanding *geen greintje benul* ★ ~ of hope *sprankje hoop* II ONOV WW *flikkeren; (zwak) schijnen*
glimmering ('glɪmərɪŋ) ZN *zwak licht*
glimpse (glɪmps) I ZN • *glimp; vluchtige blik; kijkje* • *schijn(sel)* ★ catch a ~ of s.o./s.th. *iem./iets even zien* II OV+ONOV WW *even vluchtig zien/kijken*
glint (glɪnt) I ZN *schijnsel* II ONOV WW *glinsteren; blinken*
glisten ('glɪsən) I ZN *glinstering; glans* II ONOV WW *glinsteren; fonkelen*
glitch (glɪtʃ) ZN FIG. *hobbel* ⟨probleem⟩
glitter ('glɪtə) I ZN *glans* II ONOV WW *schitteren; flikkeren; flonkeren; blinken*
glittering ('glɪtərɪŋ) BNW *schitterend* ⟨ook fig.⟩
gloaming ('gləʊmɪŋ) ZN *avondschemering*
gloat (gləʊt) I ZN • *wellustige/wrede blik* II ONOV WW ~ on/over *met wellust/duivels vermaak bekijken*
global ('gləʊbl) BNW • *globaal; wereldomvattend*
globe (gləʊb) ZN • *aarde* • *globe* • *(aard)bol* • *hemellichaam* • *rijksappel* • *viskom*
globetrotter ('gləʊbtrɒtə) ZN *globetrotter; wereldreiziger*
globular ('glɒbjʊlə) BNW • *bolvormig* • *uit bol bestaand*
globule ('glɒbju:l) ZN • *bolletje* • *pil* • *bloedlichaampje*
gloom (glu:m) I ZN • *duisternis* • *somberheid; sombere* II OV+ONOV WW • *donker/somber maken/worden/zijn* • *betrekken* ⟨v. lucht⟩
gloomy ('glu:mɪ) BNW • *donker* • *somber* • *dreigend*
glorify ('glɔ:rɪfaɪ) OV WW *verheerlijken*
gloriole ('glɔ:riəʊl) ZN *aureool*
glorious ('glɔ:rɪəs) BNW • *roemrijk* • *heerlijk; prachtig* ★ a ~ mess *een zalige bende*
glory ('glɔ:rɪ) I ZN • *glorie; roem; luister; heerlijkheid* • *aureool* ★ go to ~ *de eeuwigheid ingaan* ★ send to ~ *naar de andere wereld helpen* II ONOV WW ~ in *prat gaan op; z. beroemen op*
gloss (glɒs) I ZN • *glans* • *valse schijn* • *kanttekening; glosse; tekstuitleg* • *verkeerde uitleg* ★ ~ paint *glansverf* II OV WW • *glanzend maken* • *commentariëren* • *wegredeneren* • ~ over *met de mantel der liefde bedekken; verbloemen*
glossarial (glɒsˈeərɪəl) BNW *verklarend*
glossary ('glɒsərɪ) ZN *verklarende woordenlijst*
glossographer (glɒˈsɒgrəfə) ZN *commentator*

glossology (glɒˈsɒlədʒɪ) ZN *terminologie*
glossy ('glɒsɪ) BNW *glanzend* ★ A-V ~ print *afdruk op glanzend papier* ★ ~ magazine *duur uitgevoerd geïllustreerd tijdschrift*
glottis ('glɒtɪs) ZN *stemspleet*
Gloucs. AFK *Gloucestershire*
glove (glʌv) I ZN • *handschoen* ★ throw down the ~ *de handschoen toewerpen*; *uitdagen* ★ take up the ~ *de uitdaging aanvaarden* ★ it fits like a ~ *het zit als gegoten* ★ take off the ~s *in ernst beginnen* ★ ~ compartment *handschoenenkastje* II OV WW • *van handschoen voorzien* • *met handschoen bedekken*
glow (gləʊ) I ZN *gloed* II ONOV WW *gloeien; stralen*
glower ('glaʊə) ONOV WW ~ at *woedend kijken naar*
glowing ('gləʊɪŋ) BNW • *gloeiend; vlammend* • *geestdriftig; levendig*
glowworm ('gləʊwɜ:m) ZN *glimworm*
glucose ('glu:kəʊs) ZN *glucose; druivensuiker*
glue (glu:) I ZN *lijm* II OV WW *lijmen* ★ with his ear glued to the keyhole *met zijn oor onafgebroken aan het sleutelgat*
glue-sniffing ZN *het lijmsnuiven*
gluey (glu:ɪ) BNW • *kleverig* • *met lijm bedekt*
glum (glʌm) BNW • *somber; triest* • *nors*
glut (glʌt) I ZN ★ there is a glut of oil on the market *de markt is met olie overvoerd* II OV WW *verzadigen; overladen* ★ glut one's eyes *gretig/wellustig bekijken*
gluten ('glu:tn) ZN • *kleefstof* • *gluten*
glutinous ('glu:tɪnəs) BNW *lijmachtig; kleverig*
glutton ('glʌtn) ZN *gulzigaard; veelvraat*
gluttonous ('glʌtnəs) BNW *vraatzuchtig; gulzig*
gluttony ('glʌtənɪ) ZN *vraatzucht*
glycerol ('glɪsərɒl) ZN *glycerol; glycerine*
G-man ('dʒi:mæn) ZN • USA *agent v.d. FBI* • *detective*
G.M.T. AFK Greenwich Mean Time *Greenwichtijd*
gnarl (nɑ:l) ZN *knoest*
gnarled (nɑ:ld) BNW • *knoestig* • *misvormd*
gnash (næʃ) OV+ONOV WW ★ ~ (one's teeth) *knarsetanden*
gnat (næt) ZN *mug* ★ strain at a gnat *muggenziften*
gnaw (nɔ:) OV+ONOV WW • *knabbelen (aan); knagen (aan)* • *(uit)bijten*
gnawing ('nɔ:ɪŋ) BNW *knagend; kwellend*
gnome (nəʊm) ZN • *zinspreuk* • *kabouter; aardmannetje* ★ garden ~ *tuinkabouter* ★ the ~s of Zürich *de grote Zwitserse bankiers*
gnomic ('nəʊmɪk) BNW *gnomisch; in spreukvorm*
G.N.P. AFK Gross National Product *bnp; Bruto Nationaal Product*
gnu (nu:) ZN *gnoe; wildebeest*
go (gəʊ) I ZN • *gang* • *energie* • PLAT *zaak* • *poging* • *beurt* ★ it's all the go *dat doet iedereen tegenwoordig* ★ on the go *in volle actie* ★ it's all go (today) *we moeten (hard) aanpoten (vandaag)* ★ have a go *'t proberen; zijn gang gaan* ★ have a go at a p. *iem. te lijf gaan* ★ PLAT no go *'t gaat (toch) niet* II OV WW ★ go it *er tegenaan gaan* ★ go it! *toe maar!* ★ go it strong *flink aanpakken; overdrijven* ★ go the whole hog *doorzetten* ★ go the pace *met flinke vaart*

gaan ★ go it alone *op zijn eigen houtje handelen; het alleen doen* III ONOV WW • **gaan** • *vertrekken* • *lopen* • *eropuit gaan; reizen* • *in elkaar zakken; eraan gaan* • **gelden** ★ FIG. go west *sneuvelen* ★ go behind a person's words *iets achter iemands woorden zoeken* ★ go behind a person's back *achter iemands rug handelen* ★ all systems go *alles is in orde* ★ still be going strong *nog steeds in orde zijn*; *nog steeds naar behoren functioneren* ★ go one better *méér bieden*; *overtroeven* ★ go halves *delen*; *ieder de helft krijgen* ★ go fetch! *zoek!* ★ go far *het ver brengen* ★ go cheap *weinig kosten*; *weinig opbrengen* ★ go a long way *lang toereikend zijn*; *lang meegaan* ★ go to all lengths *zich niet laten weerhouden* ★ as the phrase goes *zoals het heet* ★ how does the proverb go? *hoe luidt het spreekwoord?* ★ where do the forks go? *waar moeten de vorken liggen?* ★ go armed *(altijd) gewapend zijn* ★ go and fetch it *ga het eens halen* ★ go for a walk *een wandeling maken* ★ the rest can go *de rest kan vervallen* ★ go back on s.o. *iemand in de steek laten* ★ USA (coffee) to go *(koffie) om mee te nemen* ★ go by/under the name of *bekend staan als; heten* ★ FIG. go over big *erin gaan als koek* • **~ about** *rondgaan; aanpakken; ter hand nemen* • **~ after** *achterna gaan; achter (iets/iemand) aangaan* • **~ against** *tegenin gaan; indruisen tegen; niet stroken met* • **~ ahead** *voortgaan; niet versagen* ★ go ahead! *ga uw/je gang!* • **~ along** *gaan; heengaan* • go along with *stroken met; gelijk opgaan met; akkoord gaan met; horen bij* • **~ at** *aanvliegen; aanpakken* • **~ away** *weggaan; er vandoor gaan; op reis gaan* ★ go away! *dat meen je niet!; ga weg!; loop heen!* • **~ back** *teruggaan; teruglopen* ★ go back to the Normans *teruggaan tot op de Normandiërs* • **~ back from** *terugkomen op; niet houden* • **~ beyond** *overschrijden; verder gaan dan; te boven gaan* • **~ by** *voorbijgaan; afhangen van; afgaan op* ★ it is not much to go by *je hebt er niet veel aan; je kunt er niet veel uit opmaken* • **~ down** *ondergaan; verslagen worden; slinken* ★ that won't go down with me *dat wil er bij mij niet in* ★ go down in history *in de geschiedenis vermeld worden als* • **~ far** *toereikend zijn; goed blijven; het uithouden; kunnen volstaan met* • **~ for** *te lijf gaan; halen; geteld worden* • **~ in** *mee gaan doen; schuilgaan (v. zon)* • **~ in at** *lostrekken op* • **~ in for** *gaan doen aan; z. ten doel stellen; doen in* ★ go in for an examination *opgaan voor een examen* ★ go in for holy orders *voor geestelijke (gaan) studeren* • **~ into** *ingaan (op); deelnemen (aan); WISK. gaan op* • **~ off** *weggaan; niet doorgaan; achteruitgaan; afnemen* ★ go off well *goed verlopen* • **~ on** *doorgaan (met); volhouden; z. aanstellen* ★ he goes on the parish *hij komt ten laste van de parochie* ★ going on for six *tegen zessen lopen* • **~ on at** *tekeer gaan tegen* • **~ out** *(er) uitgaan; heengaan; staken* ★ the water goes out *het water loopt af* ‹eb› • **~ over** *dóórlopen* ‹v. thema/huis›*; nakijken; overlopen*; *omkantelen* ★ go over the top *overstag gaan* ‹figuurlijk› • **~ round** *voldoende zijn (voor allen)* • **~ through** *nagaan; doorzoeken; doorstaan; beleven* • **~ through with** *doorgaan (met); volhouden* • **~ to** *gaan naar/tot* ★ go to seed *verleppen* ★ go to blazes *naar de haaien gaan* ★ go to Bath/Jericho! *loop naar de maan!* • **~ together** *(bij elkaar) passen; samengaan; met elkaar gaan* • **~ under** *ten onder gaan; te gronde gaan* • **~ up** *opgaan; stijgen* ★ go up the line *naar 't front gaan* • **~ upon** *afgaan op* • **~ with** *passen bij; overeenkomen met; samengaan; het eens zijn met* • **~ without** *het stellen zonder* IV KWW *worden* • **go dry** *een alcoholverbod opgelegd krijgen* ★ go mad *gek worden* • go bad *bederven; zuur worden* ★ go hungry *honger krijgen*

goad (gəʊd) I ZN *prikkel* II OV WW *prikkelen*
go-ahead ('gəʊəhed) I ZN *verlof; vergunning* ★ give the ~ *het startsein geven* II BNW *voortvarend*
goal (gəʊl) ZN • *doel* • *doelpunt* • *bestemming*
goalie ('gəʊlɪ) ZN INFORM. *doelverdediger*
goal-line ZN *doellijn*
goalmouth ('gəʊlmaʊθ) ZN *doelmond*
goal-post ('gəʊlpəʊst) ZN *doelpaal*
go-as-you-please (gəʊəzjʊ'pli:z) BNW *zonder regels; vrij*
goat (gəʊt) ZN *geit; bok* ★ old goat *oude bok* ‹figuurlijk› ★ act/play the (giddy) goat *zich aanstellen* ★ it gets my goat *'t maakt me kregel*
goatee (gəʊ'ti:) ZN *sik(je)*
goatherd ('gəʊthɜːd) ZN *geitenhoeder*
gobbet ('gɒbɪt) ZN • *brok; homp*
gobble ('gɒbl) I ZN *gekakel; geklok* ‹v. kalkoen› II OV WW *naar binnen schrokken* III ONOV WW • *schrokken* • *klokken* ‹v. kalkoen›
gobbledegook ('gɒbldɪguːk) ZN *stadhuistaal; protserige taal*
gobbler ('gɒblə) ZN • *schrokker* • *kalkoen*
go-between ('gəʊbɪtwiːn) ZN *tussenpersoon*
goblet ('gɒblət) ZN • *glas met hoge voet* • *drinkbeker*
goblin ('gɒblɪn) ZN *kabouter; plaaggeest*
gobsmacked ('gɒbsmækt) BNW ★ be ~ *met de mond vol tanden staan*
go-by ('gəʊbaɪ) ZN ★ give s.o. the go-by *iem. links laten liggen*
go-cart ZN • *karretje* • *wandelwagentje* • *skelter*
god (gɒd) ZN *god* ★ a (little) tin god *potentaatje*
God (gɒd) ZN *God* • USA God's own country *de VS*
godchild ('gɒdtʃaɪld) ZN *petekind*
goddaughter ('gɒdɔːtə) ZN *peetdochter*
goddess ('gɒdɪs) ZN *godin*
godfather ('gɒdfɑːðə) ZN *peter; peetoom*
God-fearing ('gɒdfɪərɪŋ) ZN *godvrezend*
god-forsaken ('gɒdfəseɪkən) BNW • *van God verlaten* • *ellendig*
godhead ('gɒdhed) ZN *godheid; het goddelijke*
godless ('gɒdləs) BNW *goddeloos*
godlike ('gɒdlaɪk) BNW *goddelijk*
godliness ('gɒdlɪnəs) ZN *godsvrucht*
godly ('gɒdlɪ) BNW • *godvruchtig* • *goddelijk*
godmother ('gɒdmʌðə) ZN *peettante; meter*
godown ('gəʊdaʊn) ZN • *pakhuis* • *souterrain*
godparent ('gɒdpeərənt) ZN *peet*

gods (gɒdz) ZN MV ★ the gods *engelenbak; schellinkje*
godsend ('gɒdsend) ZN *meevaller; buitenkansje*
godson ('gɒdsʌn) ZN *peetzoon*
goer ('gəʊə) ZN ● *iem. die gaat* ● *doorzetter* ★ theatre-goer *theaterbezoeker* ★ slow goer *treuzelaar* ★ church-goer *kerkganger*
go-getter ('gəʊgetə) ZN *doorzetter; doordouwer*
goggle ('gɒgl) I ZN *draaiziekte* ⟨v. schapen⟩ II BNW *rollend* ⟨v. ogen⟩; *uitpuilend* ⟨v. ogen⟩ III ONOV WW *rollen* ⟨v. ogen⟩; *uitpuilen* ⟨v. ogen⟩
goggle-box ('gɒglbɒks) ZN *kijkkast; buis; t.v.*
goggles ('gɒglz) ZN MV *duik-/motor-/ski-/stofbril*
go-go ZN *het discodansen* ★ go-go girls *discomeisjes*
going ('gəʊɪŋ) I ZN ● *het vooruitkomen* ● *het gaan* ★ you should go when the ~ is good *je kunt beter weggaan nu het nog kan* II BNW *voorhanden* ★ be ~ *gaan/zullen (doen); voornemens zijn; van plan zijn* ★ at the ~ rate *als het zo doorgaat* ★ the best fellow ~ *de beste kerel die er is* ★ he is ~ on 15 *hij wordt 15 jaar* ★ ~ concern *gevestigde zaak* ★ she has got everything ~ for her *ze heeft alles mee* ★ this will keep you ~ for a while *hier kun je weer eventjes mee toe* ★ set ~ *aan (de gang) zetten* ★ ~, ~, gone! *éénmaal, andermaal, verkocht!*
going-over ZN *nacontrole; controlebeurt* ● *pak rammel*
goings-on ZN *wederwaardigheden; voorvallen; gedoe* ★ there are some strange ~ *het gaat daar (wat) raar toe*
goitre ('gɔɪtə) ZN ● *kropgezwel* ● USA *bierbuik*
go-kart ('gəʊkɑ:t) ZN *skelter*
gold (gəʊld) I ZN *goud* ★ beaten gold *bladgoud* II BNW *gouden* ★ gold tipped *met gouden mondstuk* ★ gold lace *goudgalon* ★ gold foil *bladgoud* ★ gold dust *stofgoud*
goldbrick ('gəʊldbrɪk) ZN *zwendeltruc*
gold-digger ('gəʊlddɪgə) ZN ● *goudgraver* ● *vrouw die het op geld (v.e. man) heeft gemunt*
golden ('gəʊldn) BNW ★ ~ cup *boterbloem* ★ three ~ balls *lommerd* ★ ~ key *geld* ⟨waarmee men een doel bereikt⟩ ★ ~-mouthed *welsprekend* ★ ~ fleece *gulden vlies* ★ ~ mean *gulden middenweg* ★ ~ rule *gulden regel*
goldfinch ('gəʊldfɪntʃ) ZN *puttertje*
goldfish ('gəʊldfɪʃ) ZN *goudvis*
gold-mine ZN *goudmijn*
gold-plate(d) BNW ● *verguld* ● *doublé*
gold-rush ('gəʊldrʌʃ) ZN *trek naar de goudvelden*
goldsmith ('gəʊldsmɪθ) ZN *goudsmid*
gold vein ZN *goudader*
golf (gɒlf) I ZN *golf(spel)* ★ USA golf ball *golfbal; rotje* ★ golf club *golfstok; golfclub* II ONOV WW *golfen*
golf-course ('gɒlfkɔ:s) ZN *golfbaan*
golfer ('gɒlfə) ZN ● *golfspeler* ● *wollen vest*
golf-links ZN *golfterrein*
golliwog ('gɒlɪwɒg) ZN ● *boeman* ● *lappen pop met zwart gezicht en kroeshaar*
gondola ('gɒndələ) ZN ● *gondel* ● USA *lichter*
gondolier ('gɒndə'lɪə) ZN *gondelier*
gone (gɒn) I BNW ● *weg; dood* ● *bedorven* ● *verloren; op* ★ be gone! *maak dat je wegkomt!* ★ stay gone *niet meer terugkomen* ★ just gone twelve *net 12 uur geweest;* even over 12 ★ 6 months gone (with child) *6 maanden zwanger* II ww [volt. deelw.] → **go**
gonna ('gɒnə) SAMENTR going to → **go**
goo (gu:) ZN ● *slijmerig spul* ● *slijmerij*
good (gʊd) I ZN ● *goed; welzijn* ● *voordeel; nut* ★ bestwil ★ no good *van geen nut; niets waard* ★ he is up to no good *hij heeft niets goeds in de zin* ★ £5 to the good *£5 tegoed (hebben); £5 voordeel* ★ what's the good of it? *wat heeft het voor zin?* ★ for good (and all) *voorgoed* II BNW ● *goed* ● *braaf; zoet* ● *flink; best* ● *vriendelijk; aardig* ★ good breeding *welgemanierdheid* ★ good debts *solvabele schulden* ★ good at English *goed in Engels* ★ a good deal *aardig wat* ★ good for you *goed zo* ★ that holds good for *dat gaat op voor* ★ it is good for another 5 years *'t gaat nog wel 5 jaar mee* ★ good gracious/God/heavens! *goede genade!; goede hemel!* ★ as good as gold *zo zoet als suiker* ★ good looks *aantrekkelijkheid* ★ good life *gemakkelijk te verzekeren* ⟨op het leven⟩ ★ your good lady *mevrouw* ★ make good *vergoeden; zich houden aan; slagen in; 't er afbrengen* ★ have a good mind to *veel zin hebben om* ★ he had the good sense to *hij had de tegenwoordigheid van geest om te* ★ she has a good temper *ze is altijd goed gemutst* ★ good thing *goed zaakje; goede inval* ★ all in good time *alles op zijn tijd* ★ good turn *goede dienst* ★ good! *goed zo!*
good-bye (gʊd'baɪ) ZN *vaarwel; (goeden)dag* ★ say ~ *afscheid nemen*
good-for-nothing (gʊdfə'nʌθɪŋ) I ZN *nietsnut; deugniet* II BNW *ondeugdelijk*
good-humoured (gʊd'hju:məd) BNW *goedgehumeurd*
goodish ('gʊdɪʃ) BNW ● *goedig* ● *tamelijk veel/ver*
good-looker (gʊd'lʊkə) ZN *knap ding*
good-looking (gʊd'lʊkɪŋ) BNW *knap* ⟨v. uiterlijk⟩
goodly ('gʊdlɪ) BNW ● *knap; mooi* ● *flink*
good-natured (gʊd'neɪtʃəd) BNW *goedhartig; aardig*
goodness ('gʊdnəs) ZN ★ thank ~! *Goddank!* ★ (my) ~! *goeie genade!* ★ ~ (gracious)! *goeie hemel!* ★ ~ knows! *de hemel mag 't weten* ★ for ~' sake *in 's hemelsnaam*
goods (gʊdz) ZN MV *goederen* ★ feel the ~ *zich uitstekend voelen* ★ a nice bit/piece of ~ *aardige verschijning; een lekker stuk*
goods train ZN *goederentrein*
goods wagon ZN *goederenwagon*
good-tempered (gʊd'tempəd) BNW *met goed humeur*
goodwill (gʊd'wɪl) ZN ● *goede verstandhouding* ● *clientèle; welwillendheid; goodwill* ● *goede reputatie*
goody ('gʊdɪ) I ZN *bonbon* ★ MIN. ~-~ *sul; kwezel; brave ziel* II BNW ● *sullig* ● *sentimenteel* ● *braaf*
goody-goody ZN *sul*
gooey ('gu:ɪ) BNW ● *klef; kleverig* ● *mierzoet* ● *sentimenteel*
goof (gu:f) ZN *sufferd; dwaas*
go-off ZN *start; begin*

goofy ('gu:fɪ) BNW • *dwaas* • *klunzig*
goon (gu:n) ZN • *sul*; *sukkel* • *boeman*
goose (gu:s) ZN • *gans* • *uilskuiken* • *persijzer* ★ ~ quill *ganzenveer*; *ganzenpen* ★ kill the ~ that lays the golden eggs *de gans met de gouden eieren slachten* ★ wild ~ chase *een vergeefse zoektocht* ★ all his geese are swans *hij ziet alles door een roze bril* ★ he can't say boo to a ~ *hij is ontzettend verlegen* ★ cook s.o.'s ~ *iem. een spaak in 't wiel steken* ★ get the ~ *uitgefloten worden* ★ POLITIEK/USA be sound on the ~ *zuiver/vast in de leer zijn*
gooseberry ('gʊzbərɪ) ZN • *kruisbes* ★ play ~ *chaperonneren*; *hinderlijke derde zijn* ★ ~ fool *kruisbessenvla*
goose-egg ZN *nulscore*
goose-flesh ZN • *kippenvel* • *ganzenvlees*
goose-flesher ZN *griezelromannetje*
gooseneck ('gu:snek) ZN *zwanenhals* ⟨v. afvoerbuis⟩
goose-pimples ZN MV *kippenvel*
goose-step ('gu:sstep) ZN *ganzenpas*; *paradepas*
gopher ('gəʊfə) I ZN • *grondeekhoorn* • *landschildpad* • INFORM. *loopjongen* • USA *buidelrat* II ONOV WW *wroeten*
gore (gɔ:) I ZN • *geer*, *spie* • *(geronnen) bloed* II OV WW • *een geer zetten in*; *geren* • *doorboren*; *priemen*
gorge (gɔ:dʒ) I ZN • *keel*; *strot* • *brok eten* • *zwelgpartij* • *maaginhoud* • *visaas* • *bergengte* ★ my ~ rises at it *ik walg ervan* II OV+ONOV WW (z.) *volproppen*; *gulzig (op)eten*
gorgeous ('gɔ:dʒəs) BNW *prachtig*; *schitterend*
gorget ('gɔ:dʒɪt) ZN • *halsketting* • *halsstuk* ⟨v. harnas⟩ • *kraag* • *keelvlek* ⟨v. vogel⟩
gorgon ('gɔ:gən) ZN • *Gorgoon* • *ijzingwekkend persoon*
gormandize ('gɔ:məndaɪz) I ZN *gulzigheid* II OV+ONOV WW • *(op)schrokken*; *gulzig (op)eten*
gormless ('gɔ:mləs) BNW • *onnozel*; *stom* • *rot*
gorse (gɔ:s) ZN *gaspeldoorn*
gory ('gɔ:rɪ) BNW *bloedig*
gosh (gɒʃ) TW *gossiemijne!*; *tjemig!*
gosling ('gɒzlɪŋ) ZN *jonge gans*
go-slow (gəʊ'sləʊ) ZN *langzaam-aan-actie*
gospel ('gɒspl) ZN • USA *gospelmuziek* • *evangelie* ★ take a thing as ~ *iets voor waar aannemen*
gossamer ('gɒsəmə) I ZN • *herfstdraad/-draden* • *ragfijn weefsel* II BNW *vluchtig*; *ragfijn*; *teder*
gossip ('gɒsɪp) I ZN • *roddelaar* • *geroddel*; *roddel* ★ a juicy bit of ~ *een sappige roddel* ★ ~ column *roddelrubriek* II ONOV WW *roddelen*
gossip-monger ZN *kletskous*
gossipy ('gɒsɪpɪ) BNW *roddelachtig*; *praatziek* ★ ~ book *boek vol roddel*
gossoon (gɒ'su:n) ZN • *jongen* • *bediende*
got (gɒt) WW [verl. tijd + volt. deelw.] → **get**
Goth (gɒθ) ZN • *Goot* • *barbaar*
Gothic ('gɒθɪk) I ZN • KUNST *gotiek* • *subcultuur gothic* II BNW *gotisch* ★ ~ novel *griezelverhaal* ⟨vnl. 19e eeuws⟩
gotta ('gɒtə) SAMENTR got to → **get**
gouge (gaʊdʒ) I ZN • *groef* • INFORM./USA *oplichterij* • *guts* II OV WW • *gutsen*; *uithollen* • USA/INFORM. *bedriegen*
goulash ('gu:læʃ) ZN *goulash*

gourd (gʊəd) ZN *kalebas*; *pompoen*
gourmand ('gʊəmənd) I ZN • *gulzigaard* • *Bourgondiër*; *fijnproever*; *lekkerbek* II BNW *Bourgondisch* ⟨figuurlijk⟩; *gulzig*
gourmet ('gʊəmeɪ) ZN *fijnproever*
gout (gaʊt) ZN • *jicht* • *kleine hoeveelheid*; *bloeddruppel/-spat*
gouty ('gaʊtɪ) BNW *jichtig*
govern ('gʌvən) OV WW • *leiden* • *bepalen* • *regeren* • *beheersen*
governable ('gʌvənəbl) BNW • *bestuurbaar* • *handelbaar*
governance ('gʌvənəns) ZN *bestuur*; *heerschappij*
governess ('gʌvənəs) ZN *gouvernante*
governess-cart ZN *brik*
government ('gʌvənmənt) ZN • *overheid*; *regering* • *ministerie* ★ Government paper *staatsobligatie*
governmental (gʌvən'mentl) BNW *van overheidswege*; *regerings-*; *m.b.t. de regering*
government grant ZN *overheidssubsidie*
governor ('gʌvənə) ZN • *gouverneur* • INFORM. *ouwe heer* • *patroon* • *meneer* • *regulateur*
Governor-General ZN *Gouverneur-Generaal*
gown (gaʊn) I ZN • *japon* • *toga* ⟨ambtsgewaad⟩ ★ gowns man *burger* ⟨tegenover militair⟩; *student* II OV WW *kleden* ★ gowned *in toga*
goy (gɔɪ) ZN *niet-jood*
goyim ('gɔɪɪm) ZN MV → **goy**
G.P. AFK general practitioner *huisarts*
GPS AFK Global Positioning System *GPS*
grab (græb) I ZN • *greep* • *roof* • *vanghaak* • *lijkenrover* • *smeris* • *kaartspel voor kinderen* ★ have the grab on *in zijn macht hebben*; *ver vóór zijn op*; *eronder hebben* ★ up for grabs *voor het grijpen* II OV WW • *grissen* • *inpikken* ★ how does that grab you? *hoe lijkt je dat?* III ONOV WW ~ at *grijpen naar*
grabble ('græbl) ONOV WW • *(rond)tasten* • ~ for *grabbelen naar*
grace (greɪs) I ZN • *genade* • *gratie*; *elegantie* • *gepastheid*; *fatsoen* • *gunst* • *versiering* • *speling*; *uitstel*; *respijt* ★ he had the ~ to *hij was zo beleefd om te* ★ say ~ *bidden* ⟨aan tafel⟩ ★ with (a) good ~ *graag*; *van harte* ★ with (a) bad ~ *met tegenzin* ★ act of ~ *gunst*; *amnestie* ★ year of ~ 1950 *jaar onzes Heren 1950* ★ Her/His/Your Grace *aanspreektitel v. hertog(in) of aartsbisschop* II OV WW • *(ver)sieren*; *opluisteren* • ~ with *vereren met*
graceful ('greɪsfʊl) BNW *elegant*; *sierlijk*; *gracieus*
graceless ('greɪsləs) BNW • *onbeschaamd* • *slecht*; *snood* • *lomp*
gracious ('greɪʃəs) BNW • *genadig* • *goedgunstig* • *minzaam*; *hoffelijk* ★ ~ me! *goeie genade!*
grad (græd) ZN INFORM./USA *graduate afgestudeerde*
grad. (græd) AFK • *graduate(d) afgestudeerd(e)* • USA *student(e)*
gradate (grə'deɪt) OV WW • *trapsgewijs schikken* • *graderen*
gradation (grə'deɪʃən) ZN • *gradatie*; *onmerkbare overgang* • *nuance*; *trap*; *stadium* • TAALK. *ablaut*
grade (greɪd) I ZN • *graad* • *klasse* • USA *klas* • *cijfer* ⟨op school⟩ • *centigraad* • *gekruist ras*

• helling • loonschaal ★ USA make the ~ slagen ★ USA ≈ school *lagere school* ★ USA ~ crossing *overweg* II OV WW • sorteren; rangschikken • veredelen ⟨door kruising⟩ • nivelleren ⟨v. weg⟩ • inschalen ⟨loonschaal⟩ • USA *beoordelen met cijfer.* • ~ **down** degraderen; *(geleidelijk) beperken; verlagen* • ~ **up** *verbeteren; veredelen*

grader ('greɪdə) ZN • nivelleerder • bulldozer • sorteerder • sorteermachine • USA *leerling uit de ... klas* ★ third ~ *leerling uit de derde klas*

gradient ('greɪdɪənt) ZN • helling • gradiënt

grading ('greɪdɪŋ) ZN *classificatie*

gradual ('grædʒʊəl) BNW *geleidelijk*

gradually ('grædʒʊəlɪ) BIJW *geleidelijk; langzamerhand*

graduate[1] ('grædʒʊət) I ZN • afgestudeerde • gediplomeerde II BNW • USA *gediplomeerd* • gegradueerd; afgestudeerd ★ USA ~ school *middelbare school* ★ ~ student *student voor een postacademische graad*

graduate[2] ('grædʒʊeɪt) I OV WW • graad verlenen; diplomeren • geleidelijk doen opklimmen; in graden/klassen verdelen • indammen • ~ **to** *aanpassen bij* II ONOV WW • graad behalen • geleidelijk opklimmen

graduation (grædʒʊ'eɪʃən) ZN • schaalverdeling • promotie • progressie • buluitreiking; *het afstuderen*

graduator ('grædʒʊeɪtə) ZN *graadmeter*

graffiti (grə'fiːtɪ) ZN MV *graffiti*

graffito (grə'fiːtəʊ) ZN *tekening; tekst; leuze*

graft (grɑːft) I ZN • entspleet • transplantatie • entloot • enting • USA *(opbrengst van) politiek gekonkel* II OV WW *enten* III ONOV WW • corruptie bedrijven • hard werken

grafter ('grɑːftə) ZN • enter • chirurg die transplanteert • USA *corrupte politicus*

Grail (greɪl) ZN *Graal*

grain (greɪn) I ZN • korrel • graan • greintje • korrelstructuur; ruwe kant v. leer • nerf; draad ⟨v. hout⟩ • aard; natuur ★ against the ~ *tegen de draad in* ★ it goes against the ~ with me *'t stuit me tegen de borst* II OV WW • *(tot) korrels maken; granuleren* • aderen; vlammen; marmeren • ontharen ⟨v. leer⟩

grains (greɪnz) ZN MV *afgewerkte mout*

grainy ('greɪnɪ) BNW • korrelig • geaderd

gram (græm) ZN • gram • kikkererwt • peulvruchten

graminaceous (græmɪ'neɪʃəs) BNW *grasachtig*

grammar ('græmə) ZN • grammatica • spraakkunst ★ bad ~ *onjuist taalgebruik* ★ G-B ~ school ≈ *gymnasium*; middelbare school

grammarian (grə'meərɪən) ZN *spraakkunstenaar; taalkundige*

grammatical (grə'mætɪkl) BNW *grammaticaal*

gramme (græm) ZN *gram*

Grammy ('græmɪ) ZN *Grammy* ⟨muziekprijs in USA⟩

gramophone ('græməfəʊn) ZN *grammofoon*

grampus ('græmpəs) ZN • stormvis • *puffende/ snuivende persoon*

gran (græn) ZN *oma(atje)*

granary ('grænərɪ) ZN *graanschuur* ⟨ook fig.⟩

grand (grænd) BNW • voornaam • groot(s); weids; imposant • prachtig; prima ★ ~ total *eindtotaal; uiteindelijk resultaat* ★ ~ staircase *staatsietrap* ★ do the ~ *de grote meneer uithangen* ★ Grand Old Man *vereerde man* ★ the ~ tour *rondreis* ⟨langs voorname cultuurcentra in Europa⟩ ★ ~ aunt *oudtante* ★ ~ duchess *groothertogin* ★ ~ (piano) *vleugel*

grandchild ('græntʃaɪld) ZN *kleinkind*

grand(d)ad ('grændæd) ZN *opa(atje)*

granddaughter ('grændɔːtə) ZN *kleindochter*

grandee (græn'diː) ZN OUD. *hooggeplaatst persoon; grande*

grandeur ('grændʒə) ZN *pracht; staatsie*

grandfather ('grænfɑːðə) ZN *grootvader* ★ ~ clock *(grote) staande klok*

grandiloquence (græn'dɪləkwəns) ZN *grootspraak*

grandiloquent (græn'dɪləkwənt) BNW *bombastisch; hoogdravend*

grandiose ('grændɪəʊs) BNW *grandioos; groots*

grand(ma)ma ('græn(mə)mɑː) ZN *oma*

grandmother ('grænmʌðə) I ZN *grootmoeder* II OV WW *bemoederen* ★ ~ the cups *op de schoteltjes morsen*

grand-nephew ('grænnefjuː) ZN *achterneef*

grand-niece ('grænniːs) ZN *achternicht*

grandpapa ('grænpəpɑː) ZN *opa*

grandparents ('grænpeərənts) ZN MV *grootouders*

grandsire ('grænsaɪə) ZN *voorvader* ⟨vnl. v. dier⟩

grandson ('grænsʌn) ZN *kleinzoon*

grandstand ('grænstænd) ZN *overdekte tribune* ★ make a ~ *indruk willen maken*

grange (greɪndʒ) ZN *landhuis met boerderij*

granite ('grænɪt) ZN *graniet* ★ bite on ~ *door de muur heen willen*

granny ('grænɪ) ZN *omaatje; opoe; oudje* ⟨vrouw⟩ ★ ~ dress *opoejurk* ★ ~'s bend/knot *oud wijf* ⟨verkeerde steek⟩

grant (grɑːnt) I ZN *subsidie; concessie; uitkering; toelage; (studie)beurs; rijksbijdrage* ★ home improvement ~ *subsidie voor het opknappen v.d. woning* II OV WW • vergunnen; toestaan; verlenen • toegeven • schenken ★ God ~ God geve ★ take for ~ed *als vanzelfsprekend/waar aannemen* ★ she takes everything for ~ed *ze gelooft het wel*

grantee (grɑːn'tiː) ZN *begiftigde*

grantor (grɑːn'tə) ZN *schenker*

granular ('grænjʊlə) BNW *korrelig*

granulate ('grænjʊleɪt) OV WW • korrelen • granuleren ⟨v. wond⟩ ★ ~d sugar *kristalsuiker*

granule ('grænjuːl) ZN *korreltje*

grape (greɪp) ZN *druif* ★ juice of the ~ *wijn* ★ ~ house *druivenkas* ★ ~ stone *druivenpit* ★ sour ~s *hatelijke opmerking uit afgunst en nijd*

grapery ('greɪpərɪ) ZN *druivenkwekerij; druivenkas*

grapes (greɪps) ZN MV *gezwel op paardenhiel*

grapevine ('greɪpvaɪn) ZN *wijnstok* ★ hear s.th. on/through/via the ~ *iets langs een omweg horen*

graph (grɑːf) ZN *grafiek* ★ ~ paper *millimeterpapier*

graphic ('græfɪk) BNW *grafisch* ★ ~ description *levendige beschrijving*

graphics ('græfɪks) ZN MV *grafiek*

graphite ('græfaɪt) ZN *grafiet*

graphology (grəˈfɒlədʒɪ) ZN *handschriftkunde*
grapnel (ˈgræpnl) ZN • *klein anker* • *enterhaak* • *dreg*
grapple (ˈgræpl) I ZN • *klein anker* • *(worstel)greep* • *worsteling* II OV WW • *enteren* • *aanpakken*; *beetpakken* ★ ~ with a problem *een probleem aanpakken*
grappling-iron ZN *werpanker*; *dreg*
grasp (grɑːsp) I ZN • *vat*; *houvast* • *bereik*; *volledig begrip* • *bevattingsvermogen* II OV WW • *aangrijpen*; *vasthouden* • *begrijpen*; *inzien* ★ ~ the nettle *de koe bij de hoorns vatten* ★ ~ all, lose all *wie het onderste uit de kan wil, hebben krijgt het lid op de neus* III ONOV WW ~ **at** *grijpen naar*
grasping (ˈgrɑːspɪŋ) BNW *hebberig*; *inhalig*
grass (grɑːs) I ZN • *gras* • *weiland* • *maaiveld* • PLAT *marihuana*; *hasjiesj* ★ be at ~ *niets te doen hebben* ★ put out of one's ~ *van streek* ★ send to ~ *de laan uitsturen*; *tegen de vlakte slaan* ★ go to ~ *het onderspit delven*; USA *doodgaan* ★ ~ cutter *grasmaaimachine* ★ ~ widower *onbestorven weduwnaar* ★ ~ widow *onbestorven weduwe* ★ ~ snake *ringslang* II OV WW • *met gras(zoden) bedekken* • *tegen de grond slaan* • *aan land halen* ⟨v. vis⟩ • *neerschieten* ⟨v. vogel⟩ III ONOV WW • *bleken* • PLAT *verklikken* • *met gras bedekt worden*
grasshopper (ˈgrɑːshɒpə) ZN *sprinkhaan*
grassland (ˈgrɑːslænd) ZN *grasland*
grassroots (grɑːsˈruːts) ZN • *het gewone volk* • *de achterban* • *het kiezersvolk* • *het elementaire*; *de basis*
grassy (ˈgrɑːsɪ) BNW *grasachtig*
grate (greɪt) I ZN • *rooster* • *open haard* II OV WW • *raspen* • *knarsen* ★ ~ one's teeth *met zijn tanden knarsen* III ONOV WW *knarsen*
grateful (ˈgreɪtfʊl) BNW • *dankbaar* • *weldadig*
grater (ˈgreɪtə) ZN *rasp*
gratification (grætɪfɪˈkeɪʃən) ZN • *voldoening* • *gratificatie*
gratify (ˈgrætɪfaɪ) OV WW • *bevredigen* • *voldoening schenken*; *voldoen* • *belonen* ⟨met gratificatie⟩ ★ ~ing *aangenaam*
grating (ˈgreɪtɪŋ) ZN *tralies*; *traliewerk*
gratitude (ˈgrætɪtjuːd) ZN *dankbaarheid*
gratuitous (grəˈtjuːɪtəs) BNW • *kosteloos* • *ongegrond* • *nodeloos*
gratuity (grəˈtjuːətɪ) ZN • *fooi* • *gratificatie*
grave (greɪv) I ZN • *graf* • *watery* ~ *zeemansgraf* II BNW *ernstig*; *gewichtig*; *somber* III OV WW • *schoonmaken van scheepsromp* • *snijden*; *beitelen* • *graveren* • *griffen* ★ *graving dock droogdok* ★ ~n image *gesneden beeld*
grave-digger ZN *doodgraver*
gravel (ˈgrævəl) I ZN • *grind*; *kiezel* • *graveel* II OV WW • *met grind bedekken* • *van zijn stuk brengen*; *vastzetten* ⟨figuurlijk⟩
gravel-blind BNW *zo goed als blind*
gravelly (ˈgrævəlɪ) BNW • *grindachtig* • *grindhoudend*
grave mound ZN *grafheuvel*
graven (ˈgreɪvən) WW [volt. deelw.] → **grave**
grave slab ZN *grafsteen*
gravestone (ˈgreɪvstəʊn) ZN *grafsteen*; *zerk*
graveyard (ˈgreɪvjɑːd) ZN *kerkhof*

gravid (ˈgrævɪd) BNW *zwanger*
gravitate (ˈgrævɪteɪt) ONOV WW • *aangetrokken worden* • *(over)hellen*; *neigen* • *(be)zinken*
gravitation (grævɪˈteɪʃən) ZN • *neiging* • *zwaartekracht*
gravitational (grævɪˈteɪʃənl) BNW *gravitatie-* ★ ~ force *zwaartekracht*
gravity (ˈgrævətɪ) ZN • *gewicht(igheid)* • *zwaartekracht*
gravy (ˈgreɪvɪ) ZN • *jus* • PLAT/USA *mazzeltje*; *gauw verdiend geld*
gravy-boat (ˈgreɪvɪbəʊt) ZN *juskom*
gray (greɪ) ZN USA → **grey**
grayish (ˈgreɪɪʃ) BNW USA → **greyish**
graze (greɪz) I ZN *schaafwond*; *schram*; *schampschot* II OV+ONOV WW • *grazen* • *weiden* • *rakelings langs gaan* • *schaven*; *schampen*
grazier (ˈgreɪzɪə) ZN *vetweider*
grease (griːs) I ZN *vet* ★ ~ gun *vetspuit* ★ in ~ *geschikt voor de jacht* II OV WW *insmeren*; *invetten* ★ ~ a p.'s hand/palm *iem. omkopen*
greasepaint (ˈgriːspeɪnt) ZN *schmink*
greaseproof (ˈgriːspruːf) BNW *vetvrij*
greaser (ˈgriːsə) ZN • *smeerder* • PLAT/USA *Mexicaan*; *Zuid-Amerikaan*
greasy (ˈgriːsɪ) BNW *vettig*
great (greɪt) BNW • *groot* • *gewichtig*; *voornaam* • *prachtig* ★ that's ~! *prima!* ★ ~ friends *dikke vrienden* ★ ~ unwashed *het plebs* ★ the ~ *de voorname mensen*; *de groten der aarde* ★ ~ age *hoge leeftijd* ★ the ~ beyond *het hiernamaals*
great- VOORV *over-*; *achter-*; *oud-*
great-aunt ZN *oudtante*
greatcoat (ˈgreɪtkəʊt) ZN *(militaire) overjas*
great-grandfather ZN *overgrootvader*
great-grandson ZN *achterkleinzoon*
great-hearted BNW *grootmoedig*
greatly (ˈgreɪtlɪ) BIJW *zeer*; *grotelijks*
greatness (ˈgreɪtnəs) ZN *grootheid*
greaves (griːvz) ZN • *scheenbeenplaten* • *kanen*
grebe (griːb) ZN *fuut*
Grecian (ˈgriːʃən) BNW *Grieks-*
Greece (griːs) ZN *Griekenland*
greed (griːd) ZN *begerigheid*; *hebzucht*
greedy (ˈgriːdɪ) BNW ★ ~ guts *gulzigaard*
Greek (griːk) I ZN • *Griek* • *sluwe vos* II BNW *Grieks*
green (griːn) I ZN • *groenheid* • *grasveld* ★ ~s *(blad)groente(n)* ★ in the ~ of his youth *in de bloei v. zijn jeugd* ★ do you see any ~ in my eye? *zie je me voor (zo) onnozel aan?* ★ give a p. the ~ (light) *iem. verlof geven om te beginnen/door te gaan* ★ ~ wave *'groene golf'*; *ononderbroken verkeersstroom* II BNW • *groen* • *onrijp* • *vers* ★ ~ old age *krasse oude dag* ★ ~ eye *jaloezie*; *'schele ogen'* III OV WW • *groen maken* • *bij de neus nemen* IV ONOV WW *groen worden*
greenback (ˈgriːnbæk) ZN *bankbiljet v.d. VS*
green card ZN USA *werk- en woonvergunning voor buitenlanders*
greenery (ˈgriːnərɪ) ZN *plantentuin*
green-eyed BNW *jaloers*
greenfly (ˈgriːnflaɪ) ZN *bladluis*
greengage (ˈgriːngeɪdʒ) ZN *reine-claude*
greengrocer (ˈgriːngrəʊsə) ZN *groenteman*
greengrocery (ˈgriːngrəʊsərɪ) ZN *groente- en*

fruithandel

greenhorn ('gri:hɔ:n) ZN *nieuweling; broekje*
greenhouse ('gri:nhaʊs) ZN *broeikas*
greenish ('gri:nɪʃ) BNW *groenachtig*
Greenland ('gri:nlənd) ZN *Groenland*
green-pea (gri:npi:) ZN *doperwt*
greenroom ('gri:nru:m) ZN *artiestenkamer*
greensickness ('gri:nsɪknəs) ZN *bleekzucht*
greensward ('gri:nswɔ:d) ZN *grasveld*
Greenwich ('grenɪtʃ/grɪnɪdʒ) ZN ★ ~ Mean Time *Greenwichtijd*
greenwood ('gri:nwʊd) ZN *loofbos(sen)*
greeny ('gri:nɪ) BNW *groenachtig*
greet (gri:t) OV WW *(be)groeten*
greeting ('gri:tɪŋ) ZN *groet*
gregarious (grɪ'geərɪəs) BNW • *in kudden levend* • *(op) gezellig(heid gesteld)*
grenade (grɪ'neɪd) ZN *handgranaat*
grenadier (grenə'dɪə) ZN *grenadier*
grew (gru:) WW [verleden tijd] → **grow**
grey (greɪ), **gray** I ZN *grijze schimmel* II BNW • *grijs* • *somber* • *vergrijsd*; *met rijpe ervaring* ★ grey friars *franciscanen* ★ the grey mare is the better horse *de vrouw heeft de broek aan* ★ grey topper *grijze hoge hoed* III OV+ONOV WW *grijs maken/worden*
grey-haired BNW *grijs; met grijs haar* ★ go ~ *grijze haren krijgen*
greyhound ('greɪhaʊnd) ZN *hazewind* ★ ~ racing *windhondenrennen* ★ USA Greyhound *langeafstandsbus*
greyish ('greɪɪʃ), USA **grayish** BNW *grijsachtig*
grid (grɪd) ZN • *rooster* • *net(werk)* • *bagagerek* • *accuplaat*
griddle ('grɪdl) I ZN • *bakplaat* • *kolenzeef* II OV WW *zeven*
gride (graɪd) I ZN *gekras* II ONOV WW *krassen; knarsen*
gridiron ('grɪdaɪən) ZN • *(braad)rooster* • USA *rugby(veld)* • *traliewerk* • *takelwerk* • *compensatieslinger*
grief (gri:f) ZN *verdriet* ★ bring to ~ *in 't ongeluk storten; ten val brengen* ★ come to ~ *verongelukken*
grievance ('gri:vəns) ZN *grief*
grieve (gri:v) ONOV WW • *bedroeven* • ~ at/for *treuren om/over*
grievous ('gri:vəs) BNW • *pijnlijk; smartelijk* • *ernstig; afschuwelijk* ★ ~ bodily harm *ernstig lichamelijk letsel*
grig (grɪg) ZN • *palinkje* • *krekel*
grill (grɪl) I ZN • *rooster* • *grill* • *traliewerk* • *geroosterd vlees* • *front* ⟨v. auto⟩ II OV WW *stevig aan de tand voelen* III OV+ONOV WW *grillen; roosteren*
grille (grɪl) ZN • *traliewerk* • *radiatorscherm* ⟨v. auto⟩
grill-room ZN *grillroom; eetzaal* ⟨in restaurant⟩
grim (grɪm) BNW • *grimmig; akelig* • *streng; meedogenloos; onverbiddelijk* ★ the Grim Reaper *magere Hein*
grimace ('grɪməs) I ZN • *grijns* • *grimas* II ONOV WW *grijnzen*
grime (graɪm) I ZN *(vettig) vuil; goorheid* II OV WW *vuil maken*
grimy ('graɪmɪ) BNW *goor; vies*

grin (grɪn) I ZN *brede glimlach* II ONOV WW • *grijnzen* • *grimas maken*; '*t gezicht vertrekken* ★ grin and bear it *zich goedhouden*
grind (graɪnd) OV WW ~ out *opdreunen; eruit draaien*
grinder ('graɪndə) ZN • *kies* • *slijpmachine* • *repetitor*
grindstone ('graɪndstəʊn) ZN *slijpsteen* ★ keep a p.'s nose on the ~ *iem. afbeulen*
gringo ('grɪŋgəʊ) ZN • *gringo* • *(Engelssprekende) vreemdeling*
grip (grɪp) I ZN • *greep* • *handvat* • *macht* • *beheersing* • *handdruk* ★ come to grips *handgemeen worden; aanpakken (geval)* ★ he lost grip of his audience *hij kon zijn gehoor niet meer boeien* II ONOV WW *vat hebben op; boeien* III OV+ONOV WW *grijpen; pakken*
gripe (graɪp) I ZN • *greep; houvast* • *vat* • *klacht* ★ ~s *buikkramp* II OV WW *onderdrukken; kwellen* III ONOV WW USA *klagen; jammeren*
grippe (grɪp) ZN *griep*
griseous ('grɪzɪəs) BNW *blauwgrijs*
grisly ('grɪzlɪ) BNW *griezelig*
grist (grɪst) ZN • *koren* • *mout* ★ bring ~ to the mill *voordeel opleveren* ★ all is ~ that comes to his mill *hij kan alles gebruiken*
gristle ('grɪsəl) ZN *kraakbeen*
gristly ('grɪslɪ) BNW *kraakbeenachtig*
grit (grɪt) I ZN • *zand(korreltje)* • *(steen)gruis* • *structuur* ⟨v. steen⟩ • *pit; durf* ★ grits *grutten* ★ throw grit into the machine *roet in 't eten gooien* ★ grit (stone) *grove zandsteen* ★ grit blasting *zandstralen* II OV WW *met zand bestrooien* ★ grit slippery roads *gladde wegen met zand bestrooien* III OV+ONOV WW *knarsen*
gritty ('grɪtɪ) BNW • *korrelig* • *kranig*
grizzle ('grɪzl) OV+ONOV WW • *grienen* • *(klagend) zeuren; lamenteren*
grizzled ('grɪzəld) BNW • *grijs* • *'peper en zout'; grijzend*
grizzly ('grɪzlɪ) I ZN *grijze beer* II BNW *grijsachtig*
groan (grəʊn) I ZN *gekreun* II ONOV WW • *kreunen* • ~ for *verlangen naar* • ~ under *zuchten onder*
groat (grəʊt) ZN ★ I don't care a ~ '*t kan me geen zier schelen*
groats (grəʊts) ZN *havergrutten*
grocer ('grəʊsə) ZN *kruidenier* ★ the ~'s *de kruidenierswinkel*
groceries ('grəʊsərɪz) ZN MV *kruidenierswaren*
grocery ('grəʊsərɪ) ZN • USA *kruidenier* • *het kruideniersvak*
groggy ('grɒgɪ) BNW • *beneveld; dronken* • *niet vast op de benen*
groin (grɔɪn) ZN • *lies* • *kruis* • GESCH. *graatrib* • *golfbreker*
groom (gru:m) I ZN • *stalknecht* • *kamerheer* • *bruidegom* II OV WW *verzorgen* ★ well ~ed *gesoigneerd; goed verzorgd*
groomsman ('gru:mzmən) ZN *bruidsjonker*
groove (gru:v) I ZN • *sleuf; sponning* • *trek* ⟨v. loop⟩ • *sleur* • PLAT in the ~ *moeiteloos uitgevoerd* ⟨jazz⟩; *in de stemming; in (top)vorm* II OV WW *een sleuf maken in*
groovy ('gru:vɪ) BNW PLAT *gaaf; in (de mode); tof; blits*

grope (grəʊp) OV+ONOV WW ~ **after/for** (rond)tasten naar

gropingly ('grəʊpɪŋlɪ) BIJW op de tast

gross (grəʊs) I ZN gros ★ USA by the ~ in 't groot; in zijn geheel ★ ~ income bruto-inkomen ★ ~ pay brutoloon II BNW • grof; lomp; walgelijk; monsterlijk • vet • bruto ★ ~ national product bruto nationaal product ★ ~ lease bruto verhuur ★ ~ tonnage/weight bruto gewicht III OV WW verdienen ★ USA/INFORM. ~ s.o. out iem. laten walgen

grotesque (grəʊ'tesk) I ZN groteske II BNW potsierlijk

grotto ('grɒtəʊ) ZN grot

grotty ('grɒtɪ) BNW • akelig; beroerd • rot; gammel

grouch (graʊtʃ) I ZN • gemopper • mopperaar II ONOV WW mopperen

grouchy ('graʊtʃɪ) BNW humeurig

ground (graʊnd) I ZN • grond • ondergrond • terrein; park • grondkleur/-toon/-verf • reden ★ FIG. break (fresh) ~ nieuw terrein ontginnen ★ touch ~ de grond raken ★ down to the ~ geheel en al ★ cover much ~ een lange afstand afleggen; een groot terrein bestrijken ★ stand one's ~ voet bij stuk houden ★ shift one's ~ v. standpunt veranderen ★ go to ~ in zijn hol kruipen ‹v. vos, das›; FIG. in zijn schulp kruipen II WW [verl. tijd + volt. deelw.] → **grind** I ov ww • gronden; baseren • (grondig) onderleggen • aan/op de grond zetten • aarden ‹v. elektriciteit› II ONOV WW aan de grond lopen

ground-colour ZN • grondverf • grondkleur

ground control ZN LUCHTV. vluchtleiding

ground crew ZN grondpersoneel

ground floor ZN begane grond; benedenverdieping

groundfrost ('graʊndfrɒst) ZN nachtvorst

groundgame ('graʊndgeɪm) ZN klein wild

grounding ('graʊndɪŋ) ZN basis; vooropleiding; grondbeginselen

groundless ('graʊndləs) BNW ongegrond

groundling ('graʊndlɪŋ) ZN • kruipplant • bodemvis; modderkruiper

groundlings ('graʊndlɪŋz) ZN MV ★ the ~ het schellinkje

groundnut ('graʊndnʌt) ZN pinda; aardnoot

ground-plan ('graʊndplæn) ZN plattegrond

ground-rent ('graʊndrent) ZN grondpacht

ground rule ZN grondregel

grounds ('graʊndz) ZN MV • terrein • drab; bezinksel

groundsheet ('graʊndʃiːt) ZN grondzeil

groundsman ('graʊndzmən) ZN • tuinman • terreinknecht

ground staff ZN grondpersoneel

groundwork ('graʊndwɜːk) ZN • ondergrond • grondslag

group (gruːp) I ZN groep ★ ~ captain kolonel v.d. luchtmacht ★ ~ practice groepspraktijk ★ ~ therapy groepstherapie II OV+ONOV WW (z.) groeperen

groupie ('gruːpɪ) ZN groupie

grouping ('gruːpɪŋ) ZN groepering

grouse (graʊs) I ZN • korhoen(deren) • gemopper; gekanker II ONOV WW • kankeren; mopperen • op korhoenders jagen

grout (graʊt) I ZN dunne mortel II OV WW • omwroeten • voegen III ONOV WW wroeten

grove (grəʊv) ZN bosje

grovel ('grɒvəl) ONOV WW z. vernederen; kruipen ‹figuurlijk›

groveller ('grɒvələ) ZN kruiper

grovelling ('grɒvəlɪŋ) BIJW laag-bij-de-gronds

grow (grəʊ) I OV WW • laten groeien • verbouwen; kweken ★ grow a beard zijn baard laten staan II ONOV WW • groeien • worden ★ it grows on you je went eraan ★ grow into one één worden; aaneengroeien • ~ **away from** vervreemden van • ~ **downward** afnemen; kleiner worden • ~ **up** opgroeien; volwassen worden ★ grown-up volwassen(e) • ~ **upon** vat krijgen op

grower ('grəʊə) ZN kweker; verbouwer

growing ('grəʊɪŋ) BNW m.b.t. de groei; groei- ★ ~ pains groeistuipen

growl (graʊl) I ZN • gegrom • snauw II ONOV WW • grommen • rommelen • ~ **out** snauwen

growler ('graʊlə) ZN • brompot • USA bierkruik • huurrijtuigje

grown (grəʊn) WW [volt. deelw.] → **grow**

growth (grəʊθ) ZN • groei • gewas • product • gezwel

groyne (grɔɪn) ZN golfbreker

grub (grʌb) I ZN • larve; engerling; made • zwoeger • slodservos • eten ★ his grub and his bub zijn natje en droogje II OV WW • opgraven; uitgraven • wieden III ONOV WW • graven; wroeten; schoffelen • zwoegen; ploeteren • schransen • ~ **on** z. voeden met

grubby ('grʌbɪ) BNW • vol maden • smerig; slonzig; smoezelig • verachtelijk

grudge (grʌdʒ) I ZN wrok ★ bear/owe s.o. a ~ wrok koesteren jegens iem. ★ hold/have a ~ against someone wrok koesteren jegens iem. II OV WW misgunnen ★ he ~s no effort geen werk is hem te veel

grudging ('grʌdʒɪŋ) BNW onwillig; schoorvoetend; met tegenzin

grudgingly ('grʌdʒɪŋlɪ) BIJW met tegenzin

gruel ('gruːəl) ZN • watergruwel • strenge straf ★ get one's ~ er van langs krijgen

gruelling ('gruːəlɪŋ) I ZN afstraffing II BNW hard; meedogenloos

gruesome ('gruːsəm) BNW ijzingwekkend; akelig

gruff (grʌf) BNW • bars; nurks; nors • grof

grumble ('grʌmbl) I ZN aanmerking II ONOV WW • mopperen; grommen • ~ **about/at/over** z. beklagen over

grumbler ('grʌmblə) ZN mopperaar

grumpy ('grʌmpɪ) I ZN brompot II BNW knorrig; gemelijk

Grundyism ('grʌndɪɪzəm) ZN kleinburgerlijkheid

grunt (grʌnt) I ZN • geknor • knorvis II ONOV WW • knorren • grommen

grunter ('grʌntə) ZN • varken • knorhaan ‹vis›

gruntle ('grʌntl) ONOV WW grommen

G-string ('dʒiːstrɪŋ) ZN • MUZ. g-snaar • tanga(slipje)

guarantee (gærən'tiː) I ZN • borg • waarborg; garantie • aval ‹v. wissel› • wie iets gegarandeerd is/wordt • ECON. collateral ~

aanvullende garantie II ov ww *garanderen* ★ ~ a bill *een wissel avaleren*
guarantor (gærən'tɔ:) zn *borg* ‹persoon›
guaranty ('gærənti:) zn *borgtocht*
guard (ga:d) I zn • *bescherming; wacht • hoede; waakzaamheid • garde; beschermer; bewaker* • USA *cipier • conducteur • verdediging(sstand)* ‹bij boksen en schermen› ★ *catch s.o. off* ~ *iem. ergens mee overvallen* ★ *be on/off one's* ~ *(niet) op zijn hoede zijn* ★ ~ *boat patrouilleboot* ★ ~ *dog waakhond* ★ *on* ~ *op wacht* ★ *Swiss* ~s *Zwitserse garde* ‹pauselijke lijfwacht› II ov ww • *beschermen; bewaken; hoeden • de controle hebben • niet uit het oog verliezen* ★ ~ *one's steps behoedzaam lopen/te werk gaan* • ~ *against/from behoeden voor; beschermen tegen* III onov ww • *z. hoeden* • ~ *against/from z. hoeden voor*
guarded ('ga:dɪd) bnw *voorzichtig* ★ ~ *terms bedekte termen*
guardhouse ('ga:dhaʊs) zn *wachtlokaal*
guardian ('ga:dɪən) zn • *beschermer • voogd* • *curator • gardiaan* ★ *Guardian (of the poor) armvoogd* ★ ~ *angel engelbewaarder; beschermengel*
guardianship ('ga:dɪənʃɪp) zn *voogdij; bescherming*
guard-rail ('ga:dreɪl) zn *balustrade; leuning*
guardsman ('ga:dzmən) zn *gardesoldaat; lid v.e. garderegiment*
gudgeon ('gʌdʒən) I zn • *grondeling; aasvisje* • *sul; lichtgelovige • roerhaak • pen* II ov ww *bedotten*
gudgeon-pin zn *zuigerpen*
guerrilla (gə'rɪlə), **guerilla** zn *guerrillastrijder*
guess (ges) I zn *gok; gissing* ★ *educated* ~ *goed onderbouwde gok* ★ *it's anybody's* ~ *dat weet geen mens* ★ *near* ~ *bijna juiste gok* II ov ww ★ USA *I* ~ *ik denk/geloof* III ov+onov ww ~ *at raden naar*
guesstimate (gestɪmət) zn *ongefundeerde schatting*
guesswork ('gesw3:k) zn *gegis; veronderstelling*
guest (gest) zn • *gast • introducé • parasiet* ★ *paying* ~ *betalend logé*
guest-house ('gesthaʊs) zn *pension*
guest-room ('gestru:m) zn *logeerkamer*
guff (gʌf) zn inform. *gelets*
guffaw (gʌ'fɔ:) I zn *schaterlach* II onov ww *schaterlachen*
guidable ('gaɪdəbl) bnw *bestuurbaar; volgzaam*
guidance ('gaɪdns) zn • *(bege)leiding* • *voorlichting* ★ *spiritual* ~ *geestelijke bijstand*
guide (gaɪd) I zn • *gids • (reis)leider • leidraad* ★ ~ *board wegwijzer* II ov ww • *(bege)leiden* • *besturen* ★ ~d *missile radiografisch bestuurd projectiel*
guidebook ('gaɪdbʊk) zn *reis-/stadsgids*
guide-dog zn *(blinden)geleidehond*
guideline ('gaɪdlaɪn) zn *richtlijn*
guidepost ('gaɪdpəʊst) zn *handwijzer; wegwijzer*
guiding ('gaɪdɪŋ) zn ★ ~ *stick steunstok* ‹v. schilder›
guild (gɪld) zn *gilde*
guilder ('gɪldə) zn *gulden*
guildhall (gɪld'hɔ:l) zn • *gildehuis • stadhuis*

guile (gaɪl) zn *bedrog; list*
guileful ('gaɪlfʊl) bnw • *bedrieglijk • arglistig*
guileless ('gaɪlləs) bnw *argeloos*
guillemot ('gɪlɪmɒt) zn *zeekoet*
guillotine ('gɪləti:n) I zn • *guillotine • snijmachine* • pol. *vaststelling van tijd waarop stemming over (gedeelten v.) wetsontwerp moet plaatshebben* II ov ww *onthoofden*
guilt (gɪlt) zn *schuld(gevoel)*
guiltless ('gɪltləs) bnw *schuldloos* ★ ~ *of onschuldig aan*
guilty ('gɪlti) bnw *schuldig* ★ ~ *of schuldig aan*
guinea ('gɪni) zn *munt ter waarde van 21 shilling*
guinea-pig zn • *proefkonijn • cavia*
guise (gaɪz) zn • *schijn; voorwendsel • uiterlijk; gedaante*
guitar (gɪ'ta:) zn *gitaar*
guitarist (gɪ'ta:rɪst) zn *gitarist*
gulch (gʌltʃ) zn *ravijn*
gulf (gʌlf) I zn • *golf • afgrond; kloof* • *maalstroom* II ov ww *(mee)sleuren*
gull (gʌl) I zn • *zeemeeuw • onnozele hals* II ov ww *bedotten*
gullet ('gʌlɪt) zn *slokdarm*
gull(e)y ('gʌli) I zn • *ravijn • geul; goot; afwatering • groot mes* ★ ~ *trap stankafsluiter* ★ ~ *drain rioolbuis* ★ ~ *hole rioolgat* II ov ww *geul(en) maken in*
gullible ('gʌlɪbl) bnw *goedgelovig; onnozel*
gullish ('gʌlɪʃ) bnw *onnozel*
gulp (gʌlp) I zn • *slikbeweging • slok* II onov ww *bijna stikken* III ov+onov ww • *(in)slikken; (op)slokken* • ~ *down in één keer achteroverslaan/opslokken*
gum (gʌm) I zn • *gom(boom) • kauwgom* • *afscheiding aan oog; slaap* ‹in ooghoeken› • *tandvlees* II ov+onov ww • *gom afscheiden; met gom plakken* • ~ *down met gom vastplakken*
gumboot ('gʌmbu:t) zn • *gummilaars* • USA *politieman*
gumboots ('gʌmbu:ts) zn *rubberlaarzen*
gumdrop ('gʌmdrɒp) zn *gomballetje*
gummy ('gʌmi) bnw • *gomachtig • kleverig* • *gezwollen*
gumption ('gʌmpʃən) zn *gehaaidheid*
gums (gʌmz) zn mv • *tandvlees* • USA *overschoenen*
gum-tree ('gʌmtri:) zn *gomboom* ★ *be up a* ~ *in de knoei zitten*
gun (gʌn) I zn • *geweer • draagwijdte; schot* • *kanon • revolver • jager • sproeier* ‹met insecticide› ★ *bring up one's big guns met grof geschut beginnen* ★ *jump the gun valse start maken; vóór z'n beurt beginnen* ★ *stand/stick to one's guns voet bij stuk houden* ★ *blow great guns stormen* ★ FIG. *the smoking gun het onomstotelijke bewijs* ★ *gun case foedraal v. geweer; kraag v. Engelse rechter* ★ *gun room wapenkamer* ★ *gun dog jachthond* ★ *sten gun stengun; automatisch machinepistool* II ov ww • USA *schieten; jagen* • ~ *down dood-/neerschieten*
gunboat ('gʌnbəʊt) zn *kanonneerboot* ★ ~ *law recht v. het geweld; sabelgekletter*
gunfight ('gʌnfaɪt) zn *vuurgevecht*

gunfire ('gʌnfaɪə) ZN *kanonvuur; kanonschot(en)*
gunge (gʌndʒ) ZN *kleeftroep; viezigheid*
gung-ho BNW *overdreven enthousiast en onstuimig* ⟨met betrekking tot geweld⟩
gunk ZN → **gunge**
gunman ('gʌnmən) ZN • *geweerdrager; infanterist* • *bandiet*
gunnel ('gʌnl) ZN *dolboord*
gunner ('gʌnə) ZN • *artillerist* • *boordschutter* • *konstabel* ⟨marine⟩ • *jager*
gunnery ('gʌnəri) ZN • *ballistiek* • *artillerie(vuur)* ★ ~ school *artillerieschool*
gunny ('gʌni) BNW *jute* ★ ~ sack *jutezak*
gunpoint ('gʌnpɔɪnt) ZN *uiteinde v. vuurwapen* ★ at ~ *met het geweer/pistool (op zich) gericht*
gunpowder ('gʌnpaʊdə) ZN *buskruit*
gunrunner ('gʌnrʌnə) ZN *wapensmokkelaar*
gunrunning ('gʌnrʌnɪŋ) ZN *wapensmokkelarij*
gunshot ('gʌnʃɒt) ZN • *geweer-/pistoolschot* • *draagwijdte; schootsafstand* ★ out of/within ~ *buiten/binnen schootsbereik*
gunsmith ('gʌnsmɪθ) ZN *geweermaker*
gunter ('gʌntə) ZN • *logaritmeliniaal* • SCHEEPV. *topmast; maststeng* ★ Gunter' scale *logaritmeliniaal*
gunwale ('gʌnl) ZN → **gunnel**
gurgle ('gɜːgl) I ZN • *gekir* • *geklok* • *gemurmel* II ONOV WW • *kirren* • *klokken* • *rochelen* • *murmelen*
guru ('gʊruː) ZN *goeroe*
gush (gʌʃ) I ZN • *stroom* • *opwelling* • *sentimentaliteit* II OV WW *doen gutsen* III ONOV WW • *gutsen; stromen* • *dwepen; sentimenteel doen*
gusher ('gʌʃə) ZN • *dweper* • *petroleumbron*
gushing ('gʌʃɪŋ) I ZN *golf; stroom* II BNW • *gutsend* • *dweperig*
gushy ('gʌʃi) BNW *overdreven*
gusset ('gʌsɪt) ZN • *geer; spie* • *okselstuk*
gust (gʌst) ZN *(wind)vlaag*
gusto ('gʌstəʊ) ZN *smaak; genot; animo*
gusty ('gʌsti) BNW *stormachtig*
gut (gʌt) I ZN • *darm; geul; engte* • MIN. *pens* II OV WW • *kaken* ⟨v. vis⟩; *uithalen* • *leeghalen; uitbranden* ⟨v. huis⟩ • *schrokken*
gutless ('gʌtləs) BNW *laf; zonder ruggengraat* ⟨fig.⟩
guts (gʌts) ZN MV • *pit; fut* • *ingewanden* ★ have the guts *het lef hebben; de brutaliteit/moed hebben*
gutsy ('gʌtsi) BNW • *dapper* • *gewaagd; gedurfd*
gutter ('gʌtə) I ZN • *goot* ★ ~ press *riooljournalistiek; rioolpers* ★ pick s.o. up out of the ~ *iem. uit de goot oprapen* II OV WW *groeven* III ONOV WW • *stromen* • *druipen* ⟨v. kaars⟩
guttle ('gʌtl) OV+ONOV WW *(op)schrokken*
guttural ('gʌtərəl) I ZN TAALK. *keelklank* II BNW *keel-*
guv AFK INFORM. governor *meneer; (de) ouwe heer; (de) baas; meester*
guvnor ('gʌvnə) ZN INFORM. governor *chef; baas*
guy (gaɪ) I ZN • USA *vent; kerel* • G-B *Guy Fawkes-pop; vogelverschrikker* • *stormlijn* ⟨v. tent⟩ • SCHEEPV. *topreep* ★ INFORM. bad guy *boef* ★ INFORM. good guy *goeie vent* II OV WW

• *in afbeelding laten zien* • *voor de gek houden* • *de plaat poetsen*
guzzle ('gʌzəl) I ZN *keel* II OV+ONOV WW *(op)schrokken; (op)zuipen*
guzzler ('gʌzlə) ZN *zuiplap*
gybe (dʒaɪb) ONOV WW *gijpen*
gym (dʒɪm) ZN • *gymzaal* • *gymnastiekles*
gymkhana (dʒɪm'kɑːnə) ZN *gymkana; ruiterwedstrijd/-show*
gymnasium (dʒɪm'neɪzɪəm) ZN • *gymnastiekzaal; gymnastiekschool* • *gymnasium* ⟨buiten GB⟩
gymnast ('dʒɪmnæst) ZN *gymnast*
gymnastic (dʒɪm'næstɪk) BNW *m.b.t. gymnastiek*
gymnastics (dʒɪm'næstɪks) ZN MV *gymnastiek*
gymslip ('dʒɪmslɪp) ZN *overgooier*
gynaecologist (gaɪnɪ'kɒlədʒɪst) ZN *gynaecoloog*
gynaecology (gaɪnɪ'kɒlədʒi) ZN *gynaecologie*
gyp (dʒɪp) I ZN *bediende* ★ give s.o. gyp *iem. er flink van langs geven* II OV WW *oplichten; belazeren*
gypsum ('dʒɪpsəm) ZN *gips*
gypsy ('dʒɪpsi) ZN *zigeuner* ★ ~ cart *woonwagen* ★ ~ table *rond tafeltje op drievoet*
gyrate ('dʒaɪəreɪt) ONOV WW *(rond)draaien; wentelen*
gyration (dʒaə'reɪʃən) ZN *(spiraal)winding*
gyratory (dʒaɪə'reɪtərɪ) BNW ★ ~ traffic *in één richting rondgaand verkeer*
gyroplane ('dʒaɪərəʊpleɪn) ZN *helikopter*
gyroscope ('dʒaɪərəskəʊp) ZN *gyroscoop*

H

h (eitʃ) ZN letter *h* ★ H as in Harry *de h van Hendrik*
ha (hɑː) I ZN *kuchje* II ONOV WW *kuchen*
habeas corpus ('heɪbɪəs 'kɔːpʌs) ZN JUR. OMSCHR. *wet op maximum aan voorarrest* ★ writ of ~ *bevelschrift tot voorgeleiding*
haberdasher ('hæbədæʃə) ZN
• *fournituurhandelaar* • USA *verkoper van herenmode(artikelen)*
haberdashery ('hæbədæʃərɪ) ZN
• *fournituren(zaak/-afdeling)* • USA *herenmodezaak/-afdeling*
habit ('hæbɪt) I ZN • *gewoonte* • *gesteldheid* • *pij; habijt* II OV WW *kleden*
habitable ('hæbɪtəbl) BNW *bewoonbaar*
habitat ('hæbɪtæt) ZN *verspreidingsgebied* ⟨v. dier/plant⟩; *woongebied*
habitation (hæbɪ'teɪʃən) ZN • *woning* • *bewoning*
habitual (hə'bɪtʃʊəl) I ZN *vaste klant; stamgast*
II BNW *gewoon(lijk)* ★ ~ *smoker gewoonteroker*
habitually (hə'bɪtʃʊəlɪ) BIJW *gewoonlijk; doorgaans*
habituate (hə'bɪtʃʊeɪt) OV WW FORM. *(ge)wennen*
hack (hæk) I ZN • *schop tegen de schenen* • *houweel* • *huurpaard; rijpaard* • *knol* • *loonslaaf* • USA *taxi; huurrijtuig* • *broodschrijver* II BNW *afgezaagd* III OV WW *tot vervelens toe herhalen* IV ONOV WW • *computerkraken; met computer spelen* • *(paard)rijden* V OV+ONOV WW *(af-/fijn)hakken*
hacker ('hækə) ZN *computerkraker; hacker; computerfreak*
hacking ('hækɪŋ) BNW ★ ~ *cough droge kuch/hoest*
hackle ('hækl) I ZN • *hekel* • *kunstvlieg* ★ ~s *nekharen; nekveren* ★ my ~s *rose de haren rezen mij te berge* II OV WW *hekelen* III ONOV WW *hackelen*
hackly ('hæklɪ) BNW *hoekig; ongelijk*
hackney ('hæknɪ) I ZN • *rijpaard; huurpaard* • *loonslaaf* II BNW ★ ~ *cab/carriage huurrijtuig*
hackney(ed) ('hæknɪ(d)) BNW *afgezaagd*
hacksaw ('hæksɔː) ZN *ijzerzaag*
had (hæd) WW [verl. tijd + volt. deelw.] → **have**
haddock ('hædək) ZN *schelvis*
hadn't ('hædnt) SAMENTR had not → **have**
haemo- ('hiːm), **hemo-** VOORV *bloed-*
haemoglobin (hiːmə'gləʊbɪn) ZN *hemoglobine*
haemophilia (hiːmə'fɪlɪə) ZN *hemofilie; bloederziekte*
haemophiliac (hiːmə'fɪlɪæk) I ZN *hemofiliepatiënt* II BNW *bloeder-*
haemorrhage ('hemərɪdʒ) ZN *bloeding*
haemorrhoids ('hemərɔɪdz) ZN *aambeien*
haft (hɑːft) I ZN *handvat* II OV WW *van een handvat voorzien*
hag (hæg) ZN *heks; oud wijf*
haggard ('hægəd) I ZN *ongetemde havik/valk* II BNW *verwilderd uitziend; wild*
haggis ('hægɪs) ZN SCHOTS *haggis* ⟨soort worst, in schapenmaag met havermout gekookt⟩
haggle ('hægl) I ZN • *gemarchandeer* • *gekibbel*
II ONOV WW • *(af)pingelen* • *kibbelen*
hagiography (hægɪ'ɒgrəfɪ) ZN *hagiografie*
hagridden ('hægrɪdn) BNW *door nachtmerrie(s) gekweld*
Hague (heɪg) ZN ★ The ~ *Den Haag*
ha-ha (hɑː'hɑː) ZN *droge sloot rond tuin of park*
hail (heɪl) I ZN • *hagel* • *welkom; groet* ★ be hail-fellow-well-met *goede maatjes zijn* II OV WW • *begroeten; aanroepen; praaien* • *hagelen* ⟨figuurlijk⟩ ★ hail a taxi *een taxi aanroepen* ★ he hails from ... *hij komt van/uit ...* III ONOV WW *hagelen* IV TW *heil!; hoezee!*
hailstone ('heɪlstəʊn) ZN *hagelsteen*
hailstorm ('heɪlstɔːm) ZN *hagelbui*
hair (heə) ZN *haar; haren* ★ tear one's hair out *zich de haren uit het hoofd trekken* ★ s.o. gets in your hair *iemand ergert je* ★ it makes your hair stand on end *het maakt dat je haren te berge rijzen* ★ let your hair down *laat je gaan* ★ not a hair out of place *bijzonder netjes gekleed* ★ not turn a hair (in a difficult situation) *geen spier vertrekken (in een moeilijke situatie)* ★ keep your hair on! *maak je niet dik!* ★ to a hair *haarfijn* ★ have a hair of the dog that bit you *een borrel nemen om een kater te verdrijven* ★ IRON. bad hair day *dag waarop alles misgaat* ★ big hair *een grote bos haar* ★ bobbed hair *pagekop*
hairbreadth ('heəbredθ) ZN *haarbreedte* ★ it was a ~ *escape 't scheelde maar een haar*
hairbrush ('heəbrʌʃ) ZN *haarborstel*
haircloth ('heəklɒθ) ZN *haardoek*
haircut ('heəkʌt) ZN • *het knippen* • *coupe*
hairdo ('heəduː) ZN • *het kappen* • *kapsel*
hairdresser ('heədresə) ZN *kapper*
hairless ('heələs) BNW *onbehaard; kaal*
hairline ('heəlaɪn) ZN • *zeer dunne lijn* • *ophaal bij het schrijven* • *meetlijn op lens*
hairpiece ('heəpiːs) ZN *haarstukje; toupet*
hairpin ('heəpɪn) ZN • *haarspeld* • *scherpe bocht* ★ ~ bend *haarspeldbocht*
hair-raiser ('heəreɪzə) ZN *iets huiveringwekkends*
hair-raising BNW *huiveringwekkend; angstaanjagend*
hair-slide ZN *haarspeld(je)*
hair-splitting ('heəsplɪtɪŋ) ZN *haarkloverij*
hairspray ('heəspreɪ) ZN *haarlak*
hairstyle ('heəstaɪl) ZN *kapsel*
hairstylist ('heəstaɪlɪst) ZN *(dames)kapper/-kapster*
hairy ('heərɪ) BNW • *harig* • *hachelijk*
hake (heɪk) ZN *heek; stokvis*
halberd ('hælbəd) ZN *hellebaard*
halcyon ('hælsɪən) I ZN *Alcyone; ijsvogel* II BNW *voorspoedig; kalm* ★ ~ *days vredige tijden*
hale (heɪl) I BNW *gezond; kras* ★ hale and hearty *fris en gezond* II OV WW *trekken; sleuren*
half (hɑːf) I ZN • *de helft* • *een halve* ★ a ... and a half *een flinke ...* ★ one's better half *iemands wederhelft* ⟨partner⟩ II BNW *half* ★ two and a half pounds *tweeëneenhalve pond* ★ half measures *halve maatregelen* III BIJW *half* ★ not half! *en of!* ★ I half wish *ik zou haast wensen* ★ half as much again *anderhalf maal zoveel* ★ go halves *de kosten delen* ★ do things by halve *half werk leveren* ★ he didn't half swear *hij vloekte danig* ★ not half a bad fellow *lang*

geen kwade kerel ★ not half bad *nog zo kwaad/ gek niet* ★ he is too clever by half *hij heeft meer hersens dan goed voor hem is* ★ cut in half *doormidden snijden* ★ half (past) three *half vier* ★ half a minute *een halve minuut*

half-baked (hɑːfˈbeɪkt) BNW *halfbakken; halfgaar*
half-board ZN *halfpension*
half-breed (ˈhɑːfbriːd) I ZN *halfbloed* II BNW *halfbloed*
half-caste (ˈhɑːfkɑːst) ZN *halfbloed*
half-hearted (hɑːfˈhɑːtɪd) BNW *halfslachtig; lauw*
half-holiday (hɑːfˈhɒlədeɪ) ZN *vrije middag*
half-hourly BNW + BIJW *om het halfuur; ieder halfuur*
half-length (hɑːfˈleŋθ) I ZN KUNST *kniestuk* II BNW *tot aan de knieën* ⟨v. portret⟩
half-life ZN *halveringstijd*
half-light ZN *schemering*
half-mast (hɑːfˈmɑːst) I ov ww *halfstok hangen* II BIJW *halfstok*
half-moon ZN *halvemaan*
half-pay (hɑːfˈpeɪ) ZN *non-activiteitssalaris • wachtgeld*
halfpenny (ˈheɪpnɪ) ZN ★ FIG. ~ worth *voor een grijpstuiver*
halfpipe (ˈhɑːfpaɪp) ZN *halfpipe*
half-term (hɑːfˈtɜːm) ZN *korte vakantie*
half-timbered BNW GESCH. *vakwerk-*
half-time (hɑːfˈtaɪm) ZN *rust*
half-tone (hɑːfˈtəʊn) ZN *halftoon • halftint*
half-truth ZN *halve waarheid*
halfway (hɑːfˈweɪ) I ZN *compromis; middenweg; tussenstadium* II BIJW *halfweg; halverwege*
half-wit ZN *domoor; stommeling; halve gare*
half-witted (hɑːfˈwɪtɪd) BNW *niet goed wijs*
half-yearly BNW + BIJW *om het halfjaar; halfjaarlijks*
halibut (ˈhælɪbət) ZN *heilbot*
hall (hɔːl) ZN *• zaal; eetzaal • hal; vestibule; gang • groot huis; gildehuis; stadhuis; kasteel • klein college* ★ music hall *het variététheater* ★ hall man *portier* ★ hall stand *kapstok*
hallmark (ˈhɔːlmɑːk) I ZN *keur; waarmerk* II ov ww *stempelen; waarmerken*
hallo(a) (həˈləʊ) I ho-geroep II ov ww *aanhitsen* III ONOV ww *hallo roepen* ★ don't ~ before you are out of the wood *men moet geen hei roepen voor men over de brug is* IV TW *hallo; ho*
halloo (həˈluː) I ZN *ho-geroep* II ov ww *hallo; ho*
hallow (ˈhæləʊ) I ZN OUD. *heilige* ★ All Hallows *Allerheiligen* II ov ww *heiligen; wijden*
hallowed (ˈhæləʊd) BNW *gezegend; geheiligd*
Halloween (hæləʊˈiːn) ZN *allerheiligenavond*
hallstand (ˈhɔːlstænd) ZN *• staande kapstok • stander*
hallucinate (həˈluːsɪneɪt) OV+ONOV ww *hallucineren*
hallucination (həluːsɪˈneɪʃən) ZN *hallucinatie*
hallucinatory (həluːsɪˈneɪtərɪ) BNW *hallucinair*
hallucinogenic (həluːsɪnəˈdʒenɪk) BNW *hallucinogeen*
hallway (ˈhɔːlweɪ) ZN *portaal*
halo (ˈheɪləʊ) I ZN *• halo • lichtkring • krans; stralenkrans; nimbus* II ov ww *met een halo omgeven*

halogen (ˈhælədʒən) ZN *halogeen*
halt (hɔːlt) I ZN *• halt(e) • rust* II ov ww *halt (laten/doen) houden* III ONOV ww *• weifelen • mank gaan • met horten en stoten gaan* ★ halting French *gebrekkig Frans*
halter (ˈhɔːltə) I ZN *• halster • bovenstukje* ⟨v. bikini⟩; *topje • strop* II ov ww *• halster/strop aan-/omdoen • opknopen*
halterneck (ˈhɔːltənek) BNW *in halterlijn* ★ ~ dress *halterjurk*
haltertop (ˈhɔːltətɒp) ZN *haltertop*
halting (ˈhɔːltɪŋ) BNW *aarzelend; weifelend*
halve (hɑːv) ov ww *halveren*
halves (ˈhɑːvz) ZN MV → **half**
ham (hæm) I ZN *• ham • dij; bil • amateur* II OV+ONOV ww *• slecht acteren* ★ ~ up z. *aanstellen*
hamburger (ˈhæmbɜːgə) ZN *hamburger*
ham-fisted (hæmˈfɪstɪd) BNW *lomp*
hamlet (ˈhæmlət) ZN *gehucht*
hammer (ˈhæmə) I ZN *hamer* ★ ~ and tongs *uit alle macht* II ov ww *• hameren* ★ ~ s.th. into a p. *iets bij iem. erin hameren* ★ ~ out *ontwerpen; verzinnen; uitwerken; (met moeite) bereiken/tot stand doen komen* III ONOV ww *• hameren • smeden • diskwalificeren* ⟨op effectenbeurs⟩ *• klop geven* ★ ~ (away) at *erop los kloppen; zwoegen op*
hammock (ˈhæmək) ZN *hangmat*
hamper (ˈhæmpə) I ZN *• pakmand; sluitmand • belemmering* II USA *wasmand* II ov ww *• in een mand doen • belemmeren; verwarren*
hamstring (ˈhæmstrɪŋ) I ZN *• kniepees • hakpees* ⟨v. paard⟩ II ov ww *• de hakpees doorsnijden • lamleggen*
hand (hænd) I ZN *• hand • voorpoot • arbeider • handtekening • handschrift • wijzer* ⟨v. klok⟩ *• handvol • vijf • tros* ⟨bananen⟩ *• bundel* ⟨tabaksbladeren⟩ *• speler • beurt • handbreedte* ⟨4 inch⟩ ★ be dealt a bad hand *een slechte kaart krijgen* ★ seconds hand *secondewijzer* ★ go hand in hand *samengaan* ★ take in hand *aanpakken; zich belasten met* ★ time in hand *nog ter beschikking staande tijd* ★ keep one's hand in *zijn vaardigheid onderhouden; bijblijven* ★ lay hands on *de hand leggen op; de hand slaan aan* ★ hands off! *handen thuis!; niet aankomen!* ★ an old hand *een ouwe rot* ★ on hand *voorhanden; ter beschikking* ★ subject on hand *onderwerp dat aan de orde is* ★ work on (one's) hand(s) *nog te verrichten werk* ★ on the one/other hand *aan de ene/andere kant* ★ I had him on my hands *ik had hem onder mijn hoede; ik heb hem onder handen gehad* ★ give s.o. a hand *iem. een handje helpen* ★ out of hand *direct; op staande voet* ★ it got out of hand *ik kon het niet meer aan; 't groeide me boven 't hoofd* ★ his hand is out *zijn hand staat er niet meer naar; hij kan (het) niet meer* ★ second hand *tweedehands; uit de tweede hand* ★ take a hand in (z.) *gaan bemoeien met; aanpakken* ★ to hand *binnen bereik; ter beschikking; klaar* ★ to one's hand *klaar* ★ come to hand *ter hand komen; ontvangen worden* ★ hand to hand *man tegen man* ★ hand to mouth *van de hand in de tand* ★ under his

hand met zijn handtekening bekrachtigd; *onder zijn verantwoordelijkheid* ★ hands up! *handen omhoog!* ★ brought up by hand *met de fles grootgebracht* ★ hand-reared *met de fles grootgebracht* ★ all hands on deck *alle hens aan dek* ★ at hand *dichtbij; bij de hand; ophanden* ★ by your hand *uit uw hand; van u* ★ by hand *met de hand* ★ by the hand of *door* ★ bear a hand in *meewerken aan* ★ change hands *in andere handen overgaan* ★ clean hands *onschuld* ★ hands down *op zijn dooie gemak; moeiteloos* ★ first hand *uit de eerste hand* ★ at first hand *rechtstreeks* ★ serve hand and foot *slaafs dienen* ★ be a dab hand at... *bekwaam zijn in...* ★ for one's own hand *voor eigen rekening* ★ get a hand *applaus krijgen* ★ give s.o. a (big) hand *iem. een (hartelijk) applaus geven* ★ give one's hand to *in een huwelijk toestemmen met* ★ be in glove with *nauw verbonden zijn met* ★ a good hand at *vaardig in* ★ be no hand at *geen verstand hebben van* ★ with a heavy hand *moeilijk; drukkend* ★ with a high hand *uit de hoogte; aanmatigend* ★ in hand *in de hand; in handen; onder handen; in bedwang; contant* ★ the matter in hand *de zaak in behandeling* ★ off hand *voor de vuist weg; zomaar; ineens* ★ hand over hand/fist *gestadig; snel* ★ a cool hand *een gladde vent* ★ get the upper hand *de overhand krijgen* **II** OV WW • *overhandigen; aangeven* • *toezenden; overmaken* • ~ **down** *aan/doorgeven;* *overleveren* • ~ **in** *inleveren; erin helpen; aanbieden* • ~ **on** *doorgeven* • ~ **out** *aanreiken; uitdelen; eruit helpen* • ~ **over** *overhandigen; overleveren; overdragen* • ~ **round** *uitdelen*
handbag ('hændbæg) ZN *handtas(je)*
handbill ('hændbɪl) ZN *(strooi)biljet; pamflet*
handbook ('hændbʊk) ZN *handboek*
handbrake ('hændbreɪk) ZN *handrem*
hand-canter ZN *korte galop*
handcart ZN ('hændkɑːt) ZN *handkar*
handcuff ('hændkʌf) **I** ZN *handboei* **II** OV WW *de handboeien aandoen*
handful ('hændfʊl) ZN • *hand(je)vol* • *lastig kind*
hand-gallop ZN *korte galop*
handglass ('hændglɑːs) ZN • *handspiegel* • *loep*
handhold ('hændhəʊld) ZN *houvast*
handicap ('hændɪkæp) **I** ZN • *handicap* • *extra belasting* • *belemmering* **II** OV WW • *nadelige invloed hebben op* • *belemmeren; hinderen*
handicapped ('hændɪkæpt) BNW • *gehandicapt* • SPORT *met een handicap*
handicraft ('hændɪkrɑːft) ZN *handarbeid; handwerk*
handiness ('hændɪnəs) ZN → **handy**
handiwork ('hændɪwɜːk) ZN *werk; handwerk; schepping*
handkerchief ('hæŋkətʃɪf) ZN *zakdoek*
hand-knitted (hænd'nɪtɪd) BNW *met de hand gebreid*
handle ('hændl) **I** ZN • *handgreep; handvat; kruk* • *knop* • *oor; heft* • *stuur* ★ give a ~ to *aanleiding geven tot; iemand de kans geven om* ★ PLAT have a ~ to one's name *een titel hebben* ★ fly off the ~ *niet meer te houden zijn* **II** OV WW

• *hanteren* • *bevoelen* • *onder handen nemen* • *behandelen* • *bedienen* • *aanraken* • *van handgreep enz. voorzien*
handlebars ('hændlbɑːz) ZN MV *stuur* ⟨v. fiets⟩
handler ('hændlə) ZN • *africhter; trainer* ⟨v. honden⟩ • *afhandelaar* ⟨v. bagage⟩
handling ('hændlɪŋ) ZN • *(af)handeling; behandeling* • *het hanteren*
hand-luggage ZN *handbagage*
handmade (hænd'meɪd) BNW *met de hand gemaakt* ★ ~ paper *geschept papier*
handmaid(en) ('hændmeɪd(ən)) ZN *dienares*
hand-me-down **I** ZN *afdankertje* **II** BNW *afgedankt; gedragen kleding*
hand-out ('hændaʊt) ZN • *gift* • *communiqué*
hand-picked ('hænd-pɪkt) BNW INFORM. *zorgvuldig gekozen*
handrail ('hændreɪl) ZN *leuning*
handsel ('hænsəl) **I** ZN • *handgeld* • *geschenk; nieuwjaarsgeschenk* • *voorproefje* **II** OV WW • *handgeld geven* • *inwijden*
handshake ('hændʃeɪk) ZN *handdruk*
handsome ('hænsəm) BNW • *flink* • *mooi; knap* • *royaal; overvloedig*
hands-on BNW *praktijk-; uit ervaring* ★ ~ expert *ervaringsdeskundige*
handspike ('hændspaɪk) ZN • *koevoet* • *handspaak*
handstand ('hændstænd) ZN *handstand*
handwork ('hændwɜːk) ZN • *handwerk* • *handenarbeid*
handwriting ('hændraɪtɪŋ) ZN *handschrift*
handwritten ('hænd'rɪtn) BNW *met de hand geschreven*
handy ('hændɪ) BNW • *handig* • *bij de hand* ★ come in ~ *(goed) te pas komen* ★ ~man *manusje-van-alles; klusjesman; hulp; matroos*
handyman ('hændɪmæn) ZN *klusjesman; manusje-van-alles*
hang (hæŋ) **I** ZN • *wijze waarop iets hangt* • *helling* ★ get the hang of s.th. *iets onder de knie krijgen* ★ I don't care a hang *het kan me geen zier schelen* **II** OV WW • *hangen; ophangen; behangen* • *hung over katterig; met een kater* ★ hang fire *te laat afgaan; niet opschieten* ⟨fig.⟩ ★ hang o.'s head *het hoofd laten hangen* ★ hang it (all)! *verdikkeme!* ★ I'll be hanged if *ik mag hangen als* • ~ **out** *uithangen* • ~ **up** *op de lange baan schuiven* **III** ONOV WW • *hangen* • *niet opschieten* ★ time hangs heavy *de tijd valt lang* • ~ **about** *(doelloos) rondhangen* ★ hang about! *wacht 'ns even!* • ~ **back** *dralen; niet mee willen komen* • ~ **behind** *achterblijven* • ~ **from/onto** *hangen aan* • ~ **on** *hangen aan; met aandacht luisteren naar; volhouden* ★ hang on! *wacht even!* ★ COMM. hang on a minute *blijf even aan het toestel* ★ hang on by the eye-brows *er maar bij hangen* • ~ **on/onto** *z. vastklampen aan* • ~ **out** *uithangen* • ~ **together** *érin trekken; samenhangen* • ~ **up** *(telefoon) ophangen* ★ she hung up on me *ze liet me niet uitspreken* • ~ **upon** *steunen op; afhangen van* ★ the case hangs upon ... *de zaak is afhankelijk van ...*
hangar ('hæŋə) ZN *hangar*
hangdog ('hændɒg) **I** ZN *gluiperd* ★ ~ look *gluiperige blik; boeventronie* **II** BNW *gluiperig*

★ look ~ beschaamd kijken
hanger ('hæŋə) ZN • *lus*; *haak*; *pothaak*; *spekhaak* • *kleerhanger* • *hartsvanger* • *bos* ⟨langs helling⟩
hangglider ('hæŋglaɪdə) ZN *deltavlieger*
hanging ('hæŋɪŋ) **I** ZN • *death by* ~ *dood door ophanging* ★ ~(s) *wandtapijt(en)*; *behang* **II** BNW *onopgelost* ★ ~ *matter halszaak* ★ ~ *question/issue onopgeloste vraag/zaak*
hangman ('hæŋmən) ZN *beul*
hangout ZN → **hang-out**
hang-out ('hæŋaʊt), **hangout** ZN *verblijf(plaats)*; *stamkroeg*
hangover ('hæŋəʊvə) ZN *kater*
hang-up ('hæŋʌp) ZN PLAT *complex*; *obsessie* ★ *have a* ~ *about flying vliegangst hebben*
hank (hæŋk) ZN *streng* ⟨garen⟩
hanker ('hæŋkə) ONOV WW *hunkeren* ★ ~ *after hunkeren naar*
hankering ('hæŋkərɪŋ) ZN *hunkering*; *hang* ★ ~ *for/after hang/hunkering naar*
hanky ('hæŋkɪ) ZN INFORM. *zakdoek*
hanky-panky (hæŋkɪ'pæŋkɪ) ZN INFORM. *hocus-pocus*; *slinksheid*; *kunsten*
hansom(cab) ('hænsəm(kæb)) ZN *tweewielig huurrijtuig*
Hants. AFK *Hampshire*
haphazard (hæp'hæzəd) **I** ZN *toeval* **II** BNW + BIJW *ongeorganiseerd*; *op goed geluk*
hapless ('hæpləs) BNW *ongelukkig*; *onfortuinlijk*
happen ('hæpən) ONOV WW • *gebeuren*; *voorvallen* ★ *it so* ~ed *that het toeval wilde, dat* ★ *I* ~ed *to meet him ik ontmoette hem toevallig* • ~ *(up)on toevallig aantreffen*
happening ('hæpənɪŋ) ZN • *gebeurtenis* • *manifestatie*
happily ('hæpəlɪ) BIJW • *gelukkig(erwijs)* • *met (veel) genoegen*
happiness ('hæpɪnəs) ZN *geluk*
happy ('hæpɪ) BNW • *gelukkig* • *tevreden* • *blij* ★ *I shall be* ~ *to het zal mij een genoegen zijn (te)* ★ ~ *medium gulden middenweg*
happy-go-lucky (hæpɪgəʊ'lʌkɪ) BNW • *op goed geluk af* • *onbekommerd*
harangue (hə'ræŋ) **I** ZN • *(heftige) rede*; *filippica* **II** ONOV WW *een heftige toespraak houden*
harass ('hærəs) OV WW *teisteren*; *bestoken*; *lastig vallen*
harassment (hæ'rəsmənt) ZN • *moedwillige overlast* • *pesterij* • *aanranding* • *terreur* ★ JUR. *sexual* ~ *ontucht*; *aanranding*; *verkrachting*
harbinger ('ha:bɪndʒə) ZN *voorbode*
harbour ('ha:bə) **I** ZN • *haven* • *(veilige) schuilplaats* **II** OV WW *voor anker gaan* **III** ONOV WW • *herbergen* • *koesteren*
harbourage ('ha:bərɪdʒ) ZN *schuilplaats*
harbour dues ZN *havengeld*; *havenkosten*; *havenrechten*
hard (ha:d) BNW + BIJW • *hard* • *moeilijk* • *moeizaam* • *streng* • *onbuigzaam* • *ruw* • *sterk* ⟨v. drank en drugs⟩ ★ *hard facts nuchtere feiten* ★ *hard-and-fast rule regel waar niet v. afgeweken wordt* ★ *hard labour dwangarbeid* ★ *hard luck pech*; *tegenslag* ★ *it's hard going het valt niet mee* ★ *hard frost strenge vorst* ★ *hard cover ingebonden* ★ *hard up for money slecht bij kas*; *verlegen om geld* ★ *hard nut to crack moeilijke zaak* ★ *hard core harde kern* ★ *hard cash klinkende munt* ★ *hard swearing meineed* ★ *hard set vast/gestold*; *hongerig*; *bebroed* ★ *hard (up)on hard/meedogenloos voor*; *vlakbij*; *naderend* ★ *hard of hearing hardhorend* ★ *hard row to hoe een moeilijke zaak* ★ *hard court gravelbaan* ★ *hard tack scheepsbeschuit* ★ *hard-hearted hardvochtig* ★ *hard case moeilijk geval*; *netelig punt* ★ *drive a hard bargain onderhandelen met 't mes op tafel* ⟨figuurlijk⟩ ★ *hard by vlakbij*
hardback (ha:dbæk) ZN *gebonden boek*
hardbake ('ha:dbeɪk) ZN *toffee*
hard-bitten (ha:d'bɪtn) BNW *taai*; *hardnekkig*
hard-boiled (ha:d'bɔɪld) BNW • *hardgekookt* • *nuchter*; *zakelijk* • *ongevoelig*; *hard*
hard-core BNW • *hard* ⟨drug/porno⟩ • *verstokt*; *fanatiek*
hard-earned (ha:d'ɜ:nd) BNW *zuurverdiend*
harden ('ha:dn) ONOV WW *hard of vast worden*; *stollen*
hard-favoured BNW *afstotend*; *met norse trekken*
hard-featured BNW → **hard-favoured**
hard-headed (ha:d'hedɪd) BNW • *zakelijk*; *nuchter* • *koppig* ★ *a* ~ *man een stijfkop*
hard-hearted (ha:d'ha:tɪd) BNW *hardvochtig*
hardihood ('ha:dɪhʊd) ZN *onversaagdheid*; *gehardheid*
hardiness ('ha:dɪnəs) ZN → **hardihood**
hard-liner ZN *voorstander v.d. harde lijn*
hardly ('ha:dlɪ) BIJW • *met moeite* • *nauwelijks*; *bijna niet*; *zelden* ★ ~ *had he finished when ... hij was amper klaar of ...* ★ IRON. *I need* ~ *remind you ... ik hoef je toch niet te herinneren aan ...* ★ *they* ~ *looked at her zij keken nauwelijks naar haar* ★ ~ *an hour passed without ... er ging geen uur voorbij zonder ...*
hard-mouthed BNW • *hard in de bek* ⟨v. paard⟩ • *koppig*; *onhandelbaar*
hardness ('ha:dnəs) ZN *hardheid*
hard-pressed (ha:d'prest) BNW • *in 't nauw gedreven in verlegenheid* ★ *be* ~ *for time in tijdnood zitten*
hardship ('ha:dʃɪp) ZN *last*; *tegenspoed*; *ongemak*; *ontbering* ★ *the* ~ *he has suffered de ontberingen die hij doorstaan heeft*
hardware ('ha:dweə) ZN • *wapens* • *ijzerwaren* • *apparatuur*; *hardware*
hard-wearing (ha:d'weərɪŋ) BNW *duurzaam*
hardwood ('ha:dwʊd) ZN *hardhout*
hardy ('ha:dɪ) BNW • *stoutmoedig* • *sterk*; *gehard*
hare (heə) **I** ZN *haas* ★ *hare and hounds snipperjacht* ★ *run with the hare and hunt with the hounds schipperen* ★ *as mad as a March hare stapelgek* **II** ONOV WW *rennen* ★ *hare away/off hard wegrennen*
hare-brained ('heəbreɪnd) BNW *onbesuisd*
harelip ('heəlɪp) ZN *hazenlip*
harem ('ha:ri:m) ZN *harem*
haricot ('hærɪkəʊ) ZN *schapenragout* ★ ~ *(bean) snijboon*; *witte boon*
hark (ha:k) ONOV WW • *luisteren* • ~ *at met verbijstering/ongeloof luisteren* • ~ *back in herinnering brengen*; *doen herinneren*
harken ('ha:kən) ONOV WW → **hearken**

harlequin ('hɑːlɪkwɪn) ZN *harlekijn*

harlot ZN OUD. *hoer*

harm (hɑːm) **I** ZN • *kwaad*; *letsel* ★ *out of harm's way in veiligheid* **II** OV WW *kwaad doen*; *benadelen*; *letsel toebrengen*

harmful ('hɑːmfʊl) BNW *schadelijk*; *nadelig*

harmless ('hɑːmləs) BNW • *argeloos* • *onbeschadigd* • *onschadelijk*

harmonic (hɑːˈmɒnɪk) **I** ZN *flageolettoon* **II** BNW *harmonisch* ★ ~ *progression harmonische reeks* ★ ~ *tone flageolettoon*

harmonica (hɑːˈmɒnɪkə) ZN • *harmonica* • *mondharmonica*

harmonics (hɑːˈmɒnɪks) ZN MV *harmonieleer*

harmonious (hɑːˈməʊnɪəs) BNW • *eensgezind* • *harmonisch* • *welluidend*

harmonize ('hɑːmənaɪz) **I** OV WW *harmoniseren* **II** ONOV WW *harmoniëren*

harmony ('hɑːmənɪ) ZN • *harmonie* • *overeenstemming* • *eensgezindheid*

harness ('hɑːnɪs) **I** ZN • *paardentuig* • *babytuigje* ★ *get back in* ~ *weer aan het werk gaan* **II** OV WW • *inspannen* • *benutten*

harp (hɑːp) **I** ZN *harp* **II** ONOV WW • *op harp spelen* • ~ *on* (about) *doorzeuren* (over) ★ *harp on the same string op hetzelfde aambeeld hameren*

harper ('hɑːpə) ZN → **harpist**

harpist ('hɑːpɪst) ZN *harpist*

harpoon (hɑːˈpuːn) **I** ZN *harpoen* **II** OV WW *harpoeneren*

harpsichord ('hɑːpsɪkɔːd) ZN *klavecimbel*

harpy ('hɑːpɪ) ZN • *harpij* • *boze vrouw*; *feeks*

harridan ('hærɪdn) ZN *feeks*; *oud wijf*

harrier ('hærɪə) ZN • *drijfhond* • *veldloper* • *kiekendief* • *plunderaar*

harrow ('hærəʊ) **I** ZN *eg* ★ *be under the* ~ *diep bedroefd zijn* **II** OV WW • *eggen* • *openrijten* • FIG. *pijnigen*; *kwellen*

harrowing ('hærəʊɪŋ) BNW *aangrijpend*; *schokkend*

harry ('hærɪ) OV WW • *plunderen* • *teisteren* • *martelen* • SCHOTS *nesten uithalen*

harsh (hɑːʃ) BNW • *hard(vochtig)* • *ruw* • *krassend* • *wrang*

hart (hɑːt) ZN *mannetjeshert*

hartshorn ('hɑːtshɔːn) ZN • *hertshoorn* • *ammonia*

harum-scarum **I** ZN *onbesuisd persoon*; *dolleman* **II** BNW + BIJW *onbesuisd*; *dol*

harvest ('hɑːvɪst) **I** ZN *oogst* ★ ~ *festival oogstfeest*; *dankdienst voor oogst* ★ ~ *home eind van oogsttijd* ★ ~ *moon volle maan omstreeks 22 sept* ★ ~ *spider hooiwagen* ⟨insect⟩ **II** OV WW • *oogsten* • *bijeenbrengen*

harvester ('hɑːvɪstə) ZN • *oogster* • *oogstmachine*

has (hæz, əz) WW → **have**

has-been ('hæzbiːn) ZN *iem. die heeft afgedaan*; *iets wat verleden tijd is*

hash (hæʃ) **I** ZN • *hachee* • *hasj(iesj)* ★ *make a hash of verknoeien* ★ USA *hash house eethuis* **II** OV WW • *fijn hakken* • ~ *out doorpraten*; *uitpraten* • ~ *up in de war gooien*

hashish ('hæʃiːʃ) ZN *hasj(iesj)*

hasp (hɑːsp) **I** ZN • *knip*; *klamp*; *beugel* ⟨v. hangslot⟩ • *grendel* **II** OV WW *op de knip doen*

hassle ('hæsəl) ZN *herrie*; *ruzie*

hassock ('hæsək) ZN • *knielkussen* • *graspol* • *zachte zandsteen*

haste (heɪst) ZN *haast* ★ *more* ~, *less speed haastige spoed is zelden goed* **II** OV WW *verhaasten* **III** ONOV WW z. **haasten**

hasten ('heɪsən) **I** OV WW *verhaasten* **II** ONOV WW z. **haasten**

hasty ('heɪstɪ) BNW • *haastig* • *overhaast*

hat (hæt) ZN • *hoed* • MIL. *helm* ★ *hard hat veiligheidshelm*; *honkbalhelm*; *bouwvakker* ★ *I'll eat my hat if ... ik mag doodvallen als ...* ★ *keep s.th. under your hat iets geheim houden* ★ *take off one's hat to s.o. voor iem. zijn hoed afnemen* ★ OUD. *my hat! nu breekt mijn klomp!* ★ *hat in hand onderdanig* ★ *pass the hat round met de pet rondgaan* ★ INFORM. *brass hat hoge piet* ★ *out of the hat willekeurig*

hatband ('hætbænd) ZN *lint*; *band om hoed*

hatch (hætʃ) **I** ZN • *onderdeur* • *luikgat* • *5e deur* ⟨v. auto⟩ • *het broeden*; *broedsel* • *arceerstreepje* ★ *down the* ~! *proost!* ★ *under* ~*es onderdeks*; *goed opgeborgen*; *aan lager wal*; *dood* ★ PLAT ~*es, matches and dispatches familieberichten in de krant* **II** OV WW • *(uit)broeden* • *arceren* **III** ONOV WW *uitkomen*

hatchback ('hætʃbæk) ZN ⟨auto met⟩ *vijfde deur*

hatchery ('hætʃərɪ) ZN *kwekerij* ⟨vnl. vis⟩

hatchet ('hætʃɪt) ZN *bijl(tje)* ★ ~ *face smal, scherp getekend gelaat* ★ *bury the* ~ *de strijdbijl begraven* ★ *take up the* ~ *de wapens opnemen*

hatchway ('hætʃweɪ) ZN *luik*

hate (heɪt) **I** ZN *haat* **II** OV WW • *een hekel hebben aan* • *haten* ★ *I hate to trouble you het spijt me dat ik u moet lastig vallen*

hateful ('heɪtfʊl) BNW • *erg vervelend*; *akelig* • *hatelijk* • *haatdragend*

hat guard ZN *stormband*; *hoedenkoord*

hat rack ZN *hoedenplank*

hatred ('heɪtrɪd) ZN *haat* ★ ~ *for haat jegens*

hatter ('hætə) ZN *hoedenmaker/-maakster* ★ *as mad as a* ~ *stapelgek*

hat-trick ('hættrɪk) ZN SPORT *hattrick* ⟨drie punten door één speler in één wedstrijd⟩; *hattrick* ⟨bij cricket⟩

haugh (hɔː) ZN • SCHOTS *strook rivierbezinking* • *uiterwaard*

haughtiness ('hɔːtɪnəs) ZN *hoogmoed*; *arrogantie*

haughty ('hɔːtɪ) BNW *uit de hoogte*; *arrogant*

haul (hɔːl) **I** ZN • *haal*; *trek* • *illegale vangst*; *buitenkansje* **II** OV WW • *(op)halen*; *slepen* • *vervoeren* • *draaien* ⟨v. wind⟩ ★ *haul s.o. over the coals iem. een uitbrander geven* • ~ *up dagvaarden*; *aan boord halen* ★ *be hauled up before a court of law voor de rechter moeten verschijnen* ★ *haul a p. up iem. een uitbrander geven* **III** ONOV WW • SCHEEPV. *wenden* • *trekken* ★ *haul (up)on the wind bij de wind brassen/oploeven*

haulage ('hɔːlɪdʒ) ZN • *het slepen* • *sleeploon* • *transport* • *vrachtvervoer*

haulier ('hɔːlɪə) ZN *transportbedrijf*; *vrachtrijder*

ha(u)lm (hɑːm) ZN • *halm* • *loof*

haunch (hɔːntʃ) ZN *lende(stuk)*; *schoft*; *bil*

haunt (hɔːnt) **I** ZN • *veel bezochte plaats* • *verblijf(plaats)* • *hol* **II** OV WW • *(veelvuldig) bezoeken* • *rondspoken in/om* • z. *ophouden in* ★ ~ *a p.'s house de deur platlopen bij iem.* ★ *the*

idea ~s me *het idee laat me niet los* ★ ~ed house *spookhuis* **III** ONOV WW ● *rondwaren* ● *z. ophouden in*
haunter ('hɔ:ntə) ZN *trouwe bezoeker*
hautboy ('əʊbɔɪ) ZN *hobo*
have (hæv) **I** ZN *iemand met veel geld* ★ *the haves and the have-nots de rijken en de armen* **II** OV WW [onregelmatig] ● *hebben* ● *houden* ● *kennen* ● *krijgen* ● *te pakken hebben* ● *beetnemen* ● *nemen* ⟨eten, drinken enz.⟩ ★ *have a look (eens) kijken* ★ *is this to be had here? is dit hier te krijgen?* ★ *he will have it that hij beweert dat* ★ *as Jones has it zoals bij Jones staat* ★ *have a smoke? roken?* ★ *have a try! probeer het eens!* ★ *have a go at s.o. iemand te lijf gaan* ★ *what have you en wat al niet* ★ *I'll let you have it! ik zal je er van langs geven!* ★ *you've had it! nu is het te laat; je hebt de boot gemist* ★ *he's had it hij greep ernaast; 't ging hem langs de neus* ★ *have it your own way! zoals je wilt!* ★ *he had a house built hij liet een huis bouwen* ★ *he had me build a house hij liet mij een huis bouwen* ★ *I won't have you smoking here ik wil niet hebben dat je hier rookt* ★ *I wouldn't have had it happen to me for all the world ik had voor geen geld gewild dat het mij gebeurd was* ★ *have no money about one geen geld bij zich hebben* ★ *have it off with a p. een nummertje maken met iem.* ★ *I had rather be sent to the North Pole ik zou nog liever naar de noordpool gestuurd worden* ★ *have to go moeten gaan* ★ *not have to go niet hoeven gaan* ★ *have tea/coffee een kopje thee/koffie drinken* ● *~ in* ★ *have s.o. in iem. binnenhalen/-laten* ★ *have s.th. in iets in voorraad hebben; iets laten komen* ● *~ on belasten; plagen; aanhebben* ★ *he has nothing on me hij kan me niets maken* ★ *you're having me on! je neemt me in de maling!* ★ *he had on his best suit hij had zijn beste pak aan* ● *~ out uitvechten; verwijderen* ★ *have it out with him het uitvechten/afrekenen met hem* ★ *have a tooth out een tand laten trekken* ● *~ over beëindigen* ★ *have s.th. over with ergens vanaf zijn* ● *~ up boven laten komen; voor laten komen* ★ *have the wind up in de rats zitten* ★ *have s.o. up to court iem. voor laten komen* **III** HWW [onregelmatig] *hebben* ★ *he has got it in him to ... hij is in staat om ...* ★ *you had better go je moest maar liever gaan* ★ *you've been had je bent beetgenomen*
havelock ('hævlɒk) ZN *witte doek aan kepie* ⟨om nek te beschermen tegen zon⟩
haven ('heɪvən) ZN *haven; toevluchtsoord*
have-nots (hævˈnɒts) ZN MV *armen*
haven't ('hævənt) SAMENTR *have not* → **have**
haver ('heɪvə) **I** ZN ★ ~s *kletspraat* **II** ONOV WW *zwetsen; zwammen*
haversack ('hævəsæk) ZN *broodzak*
haves (hævz) ZN MV ★ *the ~ de rijken*
havoc ('hævək) ZN *verwoesting; schade* ★ *wreak ~ on s.th. iets totaal verwoesten* ★ *play ~ with s.th flinke schade aanrichten onder iets*
haw (hɔ:) **I** ZN *hagendoorn* **II** ONOV WW *hm zeggen* **III** TW *hm; ahum*
Hawaiian (həˈwaɪən) **I** ZN ● *Hawaïaan*

● *Hawaïaans* ⟨taal⟩ ● *Hawaïaanse muziek* **II** BNW *Hawaïaans*
haw-haw ('hɔ:hɔ:) **I** ZN *schaterlach* **II** ONOV WW *schaterlachen* **III** TW *haha*
hawk (hɔ:k) **I** ZN ● *havik* ⟨ook fig.⟩; *valk* ● *haai* ⟨figuurlijk⟩ ★ *know a hawk from a handsaw niet (zo) stom zijn* **II** OV WW *leuren met; venten* **III** ONOV WW ● *met valken jagen* ● *op roof uit zijn* ● *de keel schrapen* ● *hawk at jagen op*
hawker ('hɔ:kə) ZN ● *valkenier* ● *venter*
hawking ('hɔ:kɪŋ) ZN ● *valkenjacht* ● *het venten*
hawse (hɔ:z) ZN SCHOTS *kluis* ● *boeg*
hawser ('hɔ:zə) ZN *kabel*
hawthorn ('hɔ:θɔ:n) ZN *hagendoorn*
hay (heɪ) **I** ZN ● *hooi* ● INFORM. *poen* ● INFORM. *hit the hay gaan pitten* ★ *make hay hooien* ★ *make hay while the sun shines het ijzer smeden als het heet is* **II** ONOV WW *hooien*
haycock ('heɪkɒk) ZN *hooiopper*
hay fever ZN *hooikoorts*
haymaker ('heɪmeɪkə) ZN ● *hooier* ● *opstopper*
haymaking ('heɪmeɪkɪŋ) ZN *hooibouw*
hayrick ('heɪrɪk) ZN *hooiberg*
haystack ('heɪstæk) ZN *hooiberg*
hayward ('heɪwɔ:d) ZN *opzichter v. landerijen*
haywire ('heɪwaɪə) BNW *in de war* ★ *go ~ van streek raken*
hazard ('hæzəd) **I** ZN ● *gevaar* ● *kans* ● *risico* ● *hazardspel* ● *at ~ in gevaar* ★ *choking ~ verstikkingsgevaar* **II** OV WW *riskeren; wagen*
hazardous ('hæzədəs) BNW ● *onzeker* ● *gewaagd*
haze (heɪz) **I** ZN ● *nevel; waas* ● *zweem* **II** OV WW ● *benevelen; in nevel hullen* ● SCHEEPV. *het leven zuur maken; met rotklussen opzadelen* ● USA *treiteren*
hazel ('heɪzəl) **I** ZN ● *hazelaar* ● *(stok v.) hazelnotenhout* **II** BNW *lichtbruin*
hazelnut ('heɪzəlnʌt) ZN *hazelnoot*
hazy ('heɪzɪ) BNW ● *vaag* ● *aangeschoten* ● *heiig*
H-bomb ('eɪtʃbɒm) ZN *waterstofbom*
H.C. AFK *House of Commons Lagerhuis*
h.c.f. AFK *highest common factor grootste gemene deler*
he (hi:) PERS VNW ● *hij* ● *mannetjes-*
H.E. AFK ● *His/Her Eminence Zijne/Hare Eminentie* ● *His/Her Excellency Zijne/Hare Excellentie*
head (hed) **I** ZN ● *hoofd; kop* ● *chef; directeur* ● *rector* ● *top* ● *bovenstuk; bovenkant* ● *hoofdeinde* ● *voorste stuk; voorkant* ● *voorgebergte* ● *schuimkraag* ● *beeldenaar* ● *room* ⟨op melk⟩ ● *gewei* ● *hoogtepunt* ● *hoofdpunt; kern* ● *categorie; rubriek; post* ● *mijngang* ● *waterreservoir* ● *stroomdruk* ● *stuk* ⟨vee⟩ ★ *heads or tails kruis of munt* ★ *I can't make head or tail of it ik kan er geen touw aan vastknopen* ★ *head over heels hals-over-kop* ★ *give a horse his head een paard de vrije teugel geven* ★ *give s.o. his head iem. de vrije hand geven* ★ *put s.th. into a p.'s head iem. iets aanpraten* ★ *lose one's head de kluts kwijtraken* ★ *make head vooruitkomen* ★ *not have a head for figures slecht kunnen rekenen* ★ *have a good head on one's shoulders een goed stel hersenen hebben* ★ *an old head on young shoulders zeer wijs voor zijn leeftijd* ★ *off one's*

head *niet goed bij zijn hoofd* ★ I could do it standing on my head *ik kon 't op mijn sloffen af* ★ promote a p. over another's head *iem. passeren bij bevordering* ★ over one's head *tot over de oren* ★ talk one's head off *veel praten/praatziek zijn* ★ two heads are better than one *twee weten meer dan een* ★ PLAT beat a p.'s head in *iem. totaal verslaan* ★ head first/foremost *vooroven* ★ by the head SCHEEPV. *koplastig; aangeschoten* ★ raw head and bloody bones *boeman; zeeroversdoodskop* ★ VULG. give head *pijpen* **II** OV WW • *de leiding geven/nemen/hebben* • *vóór-/bovenaan staan* • *van kop voorzien* • *het hoofd bieden aan* • SPORT *koppen* • *aftoppen* • ~ off *de pas afsnijden; verhinderen* **III** ONOV WW • *gaan* • PLANTK. *krop zetten* • USA *ontspringen* • ~ for *aangaan op; onderweg zijn naar*
headache ('hedeɪk) ZN *hoofdpijn* ★ have a ~ *hoofdpijn hebben*
headband ('hedbænd) ZN *hoofdband*
headboard ('hedbɔ:d) ZN *(plank/schot aan het) hoofdeinde*
head-dress ('heddress) ZN *hoofdtooi; kapsel*
headed ('hedɪd) BNW *met hoofd/kop*
header ('hedə) ZN • *duik met hoofd voorover* • *kopbal* • *kopsteen*
headgear ('hedgɪə) ZN *hoofddeksel; paardenhoofdstel; hoofdtooi*
head-hunter ('hedhʌntə) ZN • *koppensneller* • *headhunter*
headiness ('hedɪnəs) ZN → **heady** *koppigheid*
heading ('hedɪŋ) ZN *opschrift; titel; kop; rubriek*
headlamp ('hedlæmp) ZN → **headlight**
headland ('hedlənd) ZN • *voorgebergte* • *kaap*
headless ('hedləs) BNW *zonder hoofd/kop*
headlight ('hedlaɪt) ZN *koplamp*
headline ('hedlaɪn) ZN *krantenkop; voornaamste nieuws*
headlong ('hedlɒŋ) BNW • *languit vooroven* • *onbesuisd*
headman ('hedmən) ZN • *opperhoofd; dorpshoofd; hoofdman* • *voorman*
headmaster (hed'mɑ:stə) ZN • *directeur* • *rector* • *hoofd v.e. school*
headmistress (hed'mɪstrəs) ZN • *directrice* • *rectrix*
head-on BNW *frontaal*
headphones ('hedfəʊnz) ZN MV *koptelefoon*
headpiece ('hedpi:s) ZN • *helm* • *bovenstuk* • *titelvignet*
headquarters (hed'kwɔ:təz) ZN MV *hoofdkwartier*
headrest ('hedrest) ZN *hoofdsteun(tje)*
headroom ('hedru:m) ZN *vrije hoogte*
headset ('hedset) ZN *koptelefoon en microfoon; hoor-/spreekset*
headshrinker ('hedʃrɪŋkə) ZN *koppensneller*
headsman ('hedzmən) ZN *beul*
head start ZN *voorsprong* 〈bij aanvang〉
headstone ('hedstəʊn) ZN • *hoeksteen* • *grafzerk*
headstrong ('hedstrɒŋ) BNW *koppig*
head voice ZN *kopstem*
headway ('hedweɪ) ZN • *vaart; vooruitgang* • *doorvaarthoogte* ★ make ~ *vooruitkomen; vooruitgang boeken*
headwind ('hedwɪnd) ZN *tegenwind*
headwork ('hedwɜ:k) ZN *hersenwerk*
heady ('hedɪ) BNW • *onstuimig* • *koppig*
heal (hi:l) OV+ONOV WW *genezen*
heal-all ZN *wondermiddel*
healer ('hi:lə) ZN *genezer*
health (helθ) ZN *gezondheid* ★ ~ resort *herstellingsoord* ★ G-B National Health Service *Nationale Gezondheidszorg;* ≈ *ziekenfonds* ★ drink (to) s.o.'s ~ *drinken op iemands gezondheid* ★ your ~! *op je gezondheid!* ★ ~ centre *gezondheidscentrum; consultatiebureau* ★ ~ foods *natuurvoeding* ★ ~ service *gezondheidsdienst* ★ ~ officer *ambtenaar v.d. gezondheidsdienst* ★ ~ visitor *wijkverpleegster*
health care ZN *gezondheidszorg*
health food ZN *natuurvoeding* ★ ~ shop *natuurvoedingswinkel*
healthful ('helθfʊl) BNW → **healthy**
health insurance ZN *ziektekostenverzekering*
healthy ('helθɪ) BNW *gezond*
heap (hi:p) **I** ZN *hoop* **II** OV WW • *ophopen* • *laden; beladen; overladen*
hear (hɪə) **I** OV WW • *horen; vernemen* • *luisteren naar; overhoren; verhoren* ★ hear things *stemmen horen* • ~ of *horen over* ★ I won't hear of ... *daar wil ik niets over horen ...* • ~ out *aanhoren tot het einde* **II** OV+ONOV WW • *horen* ★ hear, hear! *bravo!* • ~ of
hearer ('hɪərə) ZN *toehoorder*
hearing ('hɪərɪŋ) ZN • *hoorzitting* • *publiek* • *gehoor* ★ give a fair ~ *onpartijdig aanhoren/luisteren naar* ★ ~-aid *(ge)hoorapparaat* ★ hard of ~ *hardhorend* ★ in the ~ of s.o. *binnen gehoorsafstand van iem.* ★ good ~ *een goed gehoor*
hearken ('hɑ:kən), **harken** ONOV WW *luisteren*
hearsay ('hɪəseɪ) ZN *praatjes* ★ by/from ~ *v. horen zeggen*
hearse (hɜ:s) ZN *lijkkoets; lijkauto*
heart (hɑ:t) ZN • *hart* • *gemoed* • *moed* • *kern* ★ wear o.'s ~ on o.'s sleeve *het hart op de tong dragen* ★ ~ and soul *met hart en ziel* ★ in o.'s ~ of ~s *in het diepst v. zijn hart* ★ have o.'s ~ in o.'s mouth *het hart in de keel voelen kloppen* ★ OUD. out of ~ *ontmoedigd; ontevreden; in slechte conditie* ★ take ~ *moed vergaren* ★ find it in o.'s ~ to *het hart hebben om; over zijn hart verkrijgen* ★ OUD. SCHEEPV. my ~ies! *mannen!* ★ at ~ *in de grond (v. zijn hart)* ★ have at ~ *warm hart toedragen* ★ have s.th. by ~ *iets v. buiten kennen* ★ learn by ~ *v. buiten leren* ★ give/lose o.'s ~ to *verliefd worden op* ★ have the ~ to *over zijn hart verkrijgen; het hart hebben om* ★ a ~-to-~ talk *openhartig gesprek* ★ my ~ bleeds for you! *wat heb ik een medelijden met jou!* ★ FIG. bleeding ~ ≈ *watje* 〈zachtaardig persoon〉
heartache ('hɑ:teɪk) ZN *hartzeer*
heart attack ZN *hartaanval*
heartbeat ('hɑ:tbi:t) ZN *hartslag*
heartbreak ('hɑ:tbreɪk) ZN → **heartache**
heartbreaking ('hɑ:tbreɪkɪŋ) BNW *hartverscheurend*
heartbroken ('hɑ:tbrəʊkən) ZN *met gebroken hart; verpletterd*
heartburn ('hɑ:tbɜ:n) ZN *(brandend maag)zuur*

heartburning ('hɑ:tbɜ:nɪŋ) ZN *afgunst; wrok*
hearten ('hɑ:tn) I OV WW *bemoedigen* II ONOV WW *moed vatten*
heart failure ZN *hartstilstand*
heartfelt ('hɑ:tfelt) BNW *innig; hartgrondig*
hearth (hɑ:θ) ZN *haard*
hearthrug ('hɑ:θrʌg) ZN *haardkleedje*
hearthstone ('hɑ:θstəʊn) ZN *haardsteen; schuursteen*
heartily ('hɑ:tɪlɪ) BIJW • *hartgrondig* • *van harte* • *flink*
heartiness ('hɑ:tɪnəs) ZN • *hartelijkheid* • *vuur*
heartless ('hɑ:tləs) BNW • *harteloos* • *flauw* • *moedeloos*
heart-rending ('hɑ:trendɪŋ) BNW *hartverscheurend*
heart seizure ZN *hartverlamming*
heartsick ('hɑ:tsɪk) BNW *moedeloos*
heartsore ('hɑ:tsɔ:) I ZN *hartzeer* II BNW *diep bedroefd*
heartstrings ('hɑ:tstrɪŋz) ZN MV *diepste; innigste gevoelens*
heart-throb ('hɑ:tθrɒb) ZN • *hartslag* • INFORM. *hartenbreker*
heart-whole BNW • *niet verliefd* • *onversaagd* • *oprecht*
hearty ('hɑ:tɪ) BNW • *hartelijk* • *grondig* • *stevig* • *gezond*
heat (hi:t) I ZN • *bronst* • *uitslag* • *pikantheid* • *onderdeel v. wedstrijd; loop; manche* • *hitte; warmte* • *drift* ★ in/on heat *tochtig*; *loops* ★ white heat *het witheet zijn* ★ be at white heat *witheet zijn* (v. woede) II OV WW ~ **up** ★ heated/het up *opgewonden* II ONOV WW • *heet/warm maken/worden; warmlopen* • *broeien* • *opgewonden worden*
heated ('hi:tɪd) BNW *verhit; razend; woest*
heater ('hi:tə) ZN • *verwarmer* • *kacheltje* • *vóórwarmer* • *strijkbout*
heath (hi:θ) ZN *heide* ★ ~ cock *korhaan* ★ ~ hen *korhoen*
heath-berry ZN *bosbes*
heathen ('hi:ðn) I ZN *heiden* II BNW *heidens*
heathenish ('hi:ðənɪʃ) BNW *heidens*
heather ('heðə) I ZN *heide(struik)* II BNW *heidekleurig*
heating ('hi:tɪŋ) ZN *verwarming(sinstallatie)*
heat rash ZN MED. *uitslag* 〈op huid, door hitte〉
heat-seeking BNW *hittezoekend* ★ ~ missile *hittezoekende raket*
heatspot ('hi:tspɒt) ZN *zomersproet; puistje*
heatstroke ('hi:tstrəʊk) ZN *zonnesteek; hitteberoerte*
heave (hi:v) I ZN *hijs; ruk* II OV WW • *(op)heffen; optillen* • *gooien* • *ophijsen* • *slaken* • *verplaatsen* 〈v. aardlaag〉 ★ ~ anchor *het anker lichten* ★ ~ down *kielen* III ONOV WW • *op (en neer) gaan; deinen* • *trekken* ★ the ship hove in sight *het schip kwam in zicht* • ~ **about** *overstag gaan* • ~ **at** *trekken aan* ★ SCHEEPV. ~ **to** *stil gaan liggen; bijdraaien* • ~ **up** *moeizaam omhoog brengen; overgeven; braken*
heaven ('hevən) ZN *hemel* ★ ~-born *goddelijk; hemels* ★ for ~'s sake *ach, kom nou toch; toe nou, zeg*; in 's hemelswil
heavenly ('hevənlɪ) BNW *hemels*

heaven-sent BNW *uit de hemel; door de hemel gezonden*
heaves ('hi:vz) ZN MV *dampigheid*
heavies ('hevɪz) ZN MV *zware artillerie/cavalerie*
heavy ('hevɪ) I BNW + BIJW • *zwaar* • *moeilijk* • *saai* • *somber; zwaarmoedig* • *lomp* • *droevig* • *slaperig* • *klef* ★ with a ~ heart *droevig* ★ ~ humour *lompe humor* ★ make ~ weather of s.th. *zwaar aan iets tillen* II BIJW ★ time hangs ~ on his hands *de tijd valt hem lang* ★ find s.th. ~ going *iets saai/moeilijk vinden*
heavy-duty (hevɪ'dju:tɪ) BNW • *bestand tegen hoge belasting* • *zeer duurzaam*
heavy-handed (hevɪ'hændɪd) BNW • *onhandig* • *lomp*
heavy-hearted (hevɪ'hɑ:tɪd) BNW *zwaarmoedig*
heavy-laden BNW • *zwaarbeladen* • *onder zorgen gebukt*
heavyweight ('hevɪweɪt) I ZN SPORT *zwaargewicht*; INFORM. *belangrijk persoon* II BNW *zwaargewicht-*
Hebrew ('hi:bru:) I ZN • *Hebreeër* • *Hebreeuws* 〈taal〉 II BNW *Hebreeuws*
heck (hek) TW *verdomme!*
heckle ('hekl) OV WW • *hekelen* • *(luidruchtig) interrumperen*
heckler ('heklə) ZN *querulant*
hectare ('hekteə) ZN *hectare*
hectic ('hektɪk) I ZN *teringlijder* II BNW • *koortsachtig; opgewonden; hectisch* • *tering-*
hector ('hektə) I ZN • *bullebak* • *schreeuwer* II OV WW • *intimideren; overdonderen* • *afblaffen*
he'd (hi:d) SAMENTR he had, he would → **have** → **will**
hedge (hedʒ) I ZN *heg; haag* ★ hedging one's bet *z'n risico's spreiden* ★ buying a house will be a ~ against inflation *door een huis te kopen, heb je een waarborg tegen inflatie* II OV WW • *omheinen* • *belemmeren* III ONOV WW • *z. gedekt houden* • *z. dekken* • *een heg snoeien* • *heg; haag* • *belemmering*
hedgehog ('hedʒhɒg) ZN • *egel* • USA *stekelvarken* • MIL. *egelstelling*
hedgehop ('hedʒhɒp) ONOV WW *laagvliegen*
hedge priest ZN *hagenprediker*
hedgerow ('hedʒrəʊ) ZN *haag*
hedge school ZN *slechte school*
heebie-jeebies (hi:bɪ'dʒi:bɪz) ZN MV *de zenuwen; de griezels*
heed (hi:d) I ZN • *aandacht* • *zorg* ★ give/pay heed to *zich bekommeren om; aandacht schenken aan* ★ take heed *oppassen* II OV WW z. *bekommeren om; aandacht schenken aan*
heedful ('hi:dfʊl) BNW *behoedzaam*
heedless ('hi:dləs) BNW *achteloos* ★ ~ of *zonder te letten op*
hee-haw ('hi:hɔ:) I ZN • *ia* • *luide lach* II ONOV WW • *balken* 〈v. een ezel〉 • *luid lachen*
heel (hi:l) I ZN • *hiel* 〈v. voet〉 • *hak* 〈v. schoeisel〉; *hiel* 〈v. sokken e.d.〉 • *rotzak* ★ bring s.o. to heel *iem. in het gareel krijgen* ★ drag o.'s heels *opzettelijk treuzelen* ★ click o.'s heels *met de hakken klikken* ★ dig o.'s heels in *zijn poot stijf houden* 〈zich verzetten〉 ★ heels *hooggehakte schoenen* ★ be at s.o.'s heels *iem. op de hielen zitten* ★ clap/lay s.o. by the heels *iem. gevangen*

heelball – hereabout(s) 218

nemen/zetten ★ down at heel *(met) afgetrapt(e hakken)* ★ take to o.'s heels *er vandoor gaan* **II** OV WW ★ *de hak repareren* ⟨v. schoeisel⟩ • *doen hellen* ★ SPORT heel back *met de hakken trappen* ⟨bij rugby⟩ ★ heel over *doen overhellen* **III** ONOV WW *hellen* ★ heel over *overhellen*

heelball ('hi:lbɔ:l) ZN • *was; schoenmakerswas* • *(gekleurde) wasstift*

heelprick ('hi:lprɪk) ZN MED. *hielprik*

heeltap ('hi:ltæp) ZN • *hakstuk* • *staartje wijn* ★ no ∼s! *ad fundum!*

heft (heft) OV WW *optillen*

hefty ('heftɪ) BNW • USA *zwaar* • *stoer* • *log*

hegemony (hɪ'dʒeməni) ZN *hegemonie; suprematie; overwicht*

heifer ('hefə) ZN *vaars*

height (haɪt) ZN *hoogte(punt)*

heighten ('haɪtn) OV WW • *verhogen* • *overdrijven*

Heimlich manoeuvre ('haɪmlɪk mə'nu:və) ZN *heimlichmanoeuvre*

heinous ('heɪnəs) BNW *afschuwelijk*

heir (eə) ZN *erfgenaam* ★ heir apparent *(troon)opvolger* ★ heir presumptive *vermoedelijke (troon)opvolger*

heir-at-law ZN *wettige erfgenaam*

heiress ('eərɪs) ZN *erfgename*

heirloom ('eəlu:m) ZN *erfstuk*

held (held) WW [verl. tijd + volt. deelw.] → **hold**

heliport ('helɪpɔ:t) ZN *helihaven*

helium ('hi:lɪəm) ZN *helium*

helix ('hi:lɪks) ZN • *schroef* • *rand v.d. oorschelp* • *huisjesslak* • *spiraal*

hell (hel) ZN • *hel* • *speelhol* • USA *dronkenmanslol* ★ come hell or high water *wat er ook gebeurt* ★ for the hell of it *zomaar; voor de gein* ★ give hell to *op z'n falie geven* ★ hell of a mess *heidense bende* ★ go to hell! *loop naar de bliksem!* ★ there was hell to pay! *daar had je het gedonder!* ★ ride hell for leather *in vliegende vaart*

he'll (hi:l) SAMENTR he shall, he will → **shall** → **will**

hellbent (hel'bent) BNW *vastbesloten*

hell-cat (helkæt) ZN *helleveeg*

hellhag ('helhæg) ZN → **hell-cat**

hellish ('helɪʃ) BNW *hels*

hello (hə'ləʊ) TW *hallo* ★ ∼girl *telefoniste*

helm (helm) ZN *roer*

helmet ('helmɪt) ZN *helm*

helmsman ('helmzmən) ZN *roerganger*

help (help) **I** ZN *portie* ★ there's no help for it *er is niets aan te doen* **II** OV+ONOV WW • *helpen; bijstaan* • *(be)dienen* ★ I couldn't help seeing it *ik moest 't wel zien* ★ don't be any longer than you can help *blijf niet langer weg dan werkelijk nodig is* ★ I couldn't help it *ik kon er niets aan doen* ★ if I can help it *als ik er iets aan kan doen* • ∼ **along** *voorthelpen* • ∼ **in** *er in helpen* • ∼ **out** *uit de brand helpen* • ∼ **to** *helpen aan; bedienen van*

helpful ('helpfʊl) BNW • *behulpzaam* • *handig; nuttig*

helping ('helpɪŋ) ZN *portie*

helpless ('helpləs) BNW *hulpeloos*

helter-skelter (heltə'skeltə) **I** ZN G-B *roetsjbaan; glijbaan* **II** BNW *onbesuisd; verward* **III** BIJW *halsoverkop*

helve (helv) ZN *steel*

hem (hem) **I** ZN *zoom* **II** OV WW • *omzomen* • ∼ **in** *insluiten; omsingelen; beletten*

he-man ('hi:mæn) ZN *stoere kerel; bink*

hemi- ('hemi) VOORV *half-*

hemicrania (hemi'kreɪnɪə) ZN *migraine*

hemisphere ('hemɪsfɪə) ZN *halve bol*

hemline ('hemlaɪn) ZN *zoom*

hemlock ('hemlɒk) ZN *dolle kervel* ★ ∼ fir/spruce *Canadese den*

hemo- ('hi:məʊ) VOORV → **haemo-**

hemp (hemp) ZN • *hennep* • *strop*

hempen ('hempən) BNW *van hennep*

hemstitch ('hemstɪtʃ) **I** ZN *(open) zoomsteek* **II** OV WW *(om)zomen*

hen (hen) ZN • *kip* • *wijfje* ⟨bij vogels⟩ ★ hen canary *wijfjeskanarie* ★ FIG. like a hen with one chicken *zenuwachtig druk*

hence (hens) BIJW • *van hier; vandaar* • *weg* ★ ∼ it appears *hieruit volgt*

henceforth (hens'fɔ:θ) BIJW *voortaan*

henceforward (hens'fɔ:wəd) BIJW → **henceforth**

henchman ('hentʃmən) ZN • *edelman; page* • *volgeling; trawant*

hen-coop ZN • *hoenderhok* • *kippenmand*

hen-hearted BNW *laf*

hen-house ('henhaʊs) ZN *kippenhok*

henna ('henə) **I** ZN *henna* **II** OV WW *met henna verven*

hen party ZN *geitenfuif* ⟨vrijgezellenfeest voor bruid⟩

henpecked ('henpekt) BNW *onder de plak zittend* ★ ∼ husband *pantoffelheld*

hepatitis (hepə'taɪtɪs) ZN *hepatitis; geelzucht*

hepta- ('heptə) VOORV *zeven-*

her (hɜ:) PERS VNW *haar*

herald ('herəld) **I** ZN • *heraut; (voor)bode* • *functionaris van Herald's College* ★ Herald's College *Hoge Raad v. Adel* **II** OV WW *aankondigen*

heraldic (he'rældɪk) BNW *heraldisch*

heraldry ('herəldrɪ) ZN *heraldiek*

herb (hɜ:b) ZN • *kruid* • USA, INFORM. *hasj*

herbaceous (hɜ:'beɪʃəs) BNW *kruidachtig; met kruiden* ★ ∼ border *border met vaste planten*

herbage ('hɜ:bɪdʒ) ZN • *kruiden* • JUR. *recht van weide*

herbal ('hɜ:bl) **I** ZN *kruidenboek* **II** BNW *kruiden-*

herbalist ('hɜ:bəlɪst) ZN • *kruidenkenner* • *kruidendokter*

herbivorous (hɜ:'bɪvərəs) BNW *plantenetend*

herborize ('hɜ:bəraɪz) ONOV WW *botaniseren*

herd (hɜ:d) **I** ZN • *kudde* • *hoeder; herder* ★ the herd *de grote massa* **II** OV WW • *hoeden; bijeendrijven* ⟨v. kudde⟩ • ∼ **together** *samendrijven* **III** ONOV WW • *in kudde/samen leven* • ∼ **together** *samendrommen* • ∼ **with** *z. aansluiten bij; omgaan met*

herd-book ('hɜ:dbʊk) ZN OUD. *stamboek* ⟨v. vee⟩

herdsman ('hɜ:dzmən) ZN *veehoeder*

here (hɪə) BIJW *hier(heen)* ★ here's to you! *op je gezondheid!* ★ here's luck! *op je gezondheid!* ★ here you are! *alstublieft!* ★ neither here nor there *'t raakt kant noch wal; 't heeft er niets mee te maken*

hereabout(s) (hɪərə'baʊt(s)) BIJW *hier in de buurt*

hereafter (hɪərˈɑːftə) I ZN *het hiernamaals* II BIJW *hierna; in het hiernamaals*
hereby (hɪəˈbaɪ) BIJW *hierdoor*
hereditable (hɪˈredɪtəbl) BNW → **hereditary**
hereditary (hɪˈredɪtərɪ) BNW *erfelijk*
heredity (hɪˈredətɪ) ZN *erfelijkheid; overerving*
herein (hɪəˈrɪn) BIJW *hierin*
hereinafter (hɪərɪnˈɑːftə) BIJW JUR. *in het vervolg*
heresy (ˈherəsɪ) ZN *ketterij*
heretic (ˈherətɪk) ZN *ketter*
heretical (həˈretɪkl) BNW • *ketters* • *onrechtzinnig*
hereto (hɪəˈtuː) BIJW *hiertoe; hieraan*
heretofore (hɪətʊˈfɔː) BIJW *eertijds*
hereupon (hɪərəˈpɒn) BIJW *hierop*
herewith (hɪəˈwɪð) BIJW *hiermee; bij deze*
heritable (ˈherɪtəbl) BNW • *erfgerechtigd* • *erfelijk*
heritage (ˈherɪtɪdʒ) ZN *erfenis; erfgoed; erfdeel*
hermaphrodite (hɜːˈmæfrədaɪt) ZN *hermafrodiet*
hermetic (hɜːˈmetɪk) BNW *hermetisch*
hermit (ˈhɜːmɪt) ZN *kluizenaar*
hermitage (ˈhɜːmɪtɪdʒ) ZN *kluis*
hernia (ˈhɜːnɪə) ZN *(ingewands)breuk*
hero (ˈhɪərəʊ) ZN • *held* • *halfgod*
heroic (həˈrəʊɪk) BNW *heldhaftig*
heroics (həˈrəʊɪks) ZN MV • *gezwollen taal* • *valse pathos* • *heldhaftigheid/-heden*
heroin (ˈherəʊɪn) ZN *heroïne*
heroine (ˈherəʊɪn) ZN • *halfgodin* • *heldin*
heroism (ˈherəʊɪzəm) ZN *heldenmoed*
heron (ˈherən) ZN *reiger*
herpes (ˈhɜːpiːz) ZN • *huiduitslag* • *gordelroos*
herring (ˈherɪŋ) ZN *haring* ★ red ∼ *afleidingsmanoeuvre*
herringbone (ˈherɪŋbəʊn) I ZN • *haringgraat* • *visgraatpatroon* II OV WW (in) *visgraatpatroon weven/bouwen*
herring-gull ZN *zilvermeeuw*
herring-pond (ˈherɪŋpɒnd) ZN • *haringvijver* • *de Atlantische Oceaan*
hers (hɜːz) BEZ VNW • *van haar* • *het/de hare*
herself (həˈself) WKD VNW *haar(zelf); zich(zelf)*
Herts. AFK *Hertfordshire*
he's (hiːz) SAMENTR -he is, he has → **be** → **have**
hesitancy (ˈhezɪtənsɪ) ZN *aarzeling*
hesitant (ˈhezɪtnt) BNW *aarzelend*
hesitate (ˈhezɪteɪt) ONOV WW • *aarzelen* • *weifelen*
hesitation (hezɪˈteɪʃən) ZN *aarzeling*
hessian (ˈhesɪən) I ZN *zakkengoed; grove jute* II BNW *Hessisch* ★ ∼ boot *hoge laars* ⟨met kwastjes⟩
hetero (ˈhetərəʊ) I ZN *hetero* II BNW *hetero*
heterodox (ˈhetərəʊdɒks) BNW *andersdenkend; ketters*
heterodoxy (ˈhetərədɒksɪ) ZN *ketterij*
heterogeneity (hetərədʒəˈniːətɪ) ZN *heterogeniteit; ongelijksoortigheid*
heterogeneous (hetərəʊˈdʒiːnɪəs) BNW *heterogeen; ongelijksoortig*
heterosexual (hetərəʊˈsekʃʊəl) BNW *heteroseksueel*
hew (hjuː) OV+ONOV WW • *kappen; houwen* • *hakken* ★ hew one's way through a forest *zich een weg door een bos banen* • ∼ **down** *omhakken; vellen* ★ hew down a tree *een boom omhakken* • ∼ **off** *afhakken* ★ hew off a branch *een tak afhakken*

hewer (ˈhjuːə) ZN *hakker* ★ ∼s of wood and drawers of water *zwoegers*
hewn (hjuːn) WW [volt. deelw.] → **hew**
hexa- (ˈheksə) VOORV *zes-*
hexagon (ˈheksəgən) ZN *zeshoek*
hexagonal (hekˈsægənl) BNW *zeshoekig*
hexahedron (heksəˈhiːdrən) ZN *zesvlak*
hexameter (hekˈsæmɪtə) ZN *zesvoetig vers*
hey (heɪ) TW *hei; hoera* ★ hey there! *hee daar!* ★ hey presto! *hocus pocus pilatus pas!*
heyday (ˈheɪdeɪ) ZN *bloei; fleur*
hiatus (haɪˈeɪtəs) ZN *leemte; hiaat*
hibernate (ˈhaɪbəneɪt) ONOV WW • *winterslaap doen* • *winter doorbrengen*
hibernation (haɪbəˈneɪʃən) ZN *winterslaap*
Hibernia (haɪˈbɜːnɪə) ZN *Ierland*
hiccough I ZN → **hiccup** II OV+ONOV WW → **hiccup**
hiccup (ˈhɪkʌp) I ZN *hik* II OV+ONOV WW *hikken*
hick (hɪk) I ZN USA/INFORM. *boer* II BNW *boers*
hickory (ˈhɪkərɪ) ZN • *Noord-Amerikaanse notenboom* • *notenhout* • *notenhouten stok*
hid (hɪd) WW [verleden tijd] → **hide**
hide (haɪd) I ZN • *huid* • *hachje* • *oppervlaktemaat* (120 acres) • *schuilplaats* II OV WW • *op zijn huid geven* • ∼ **from** *verbergen voor* III ONOV WW (z.) *verbergen* ★ hide o.'s light under a bushel *zijn talenten voor anderen verbergen*
hide-and-seek ZN *verstoppertje*
hideaway (ˈhaɪdəweɪ) ZN *geheime schuilplaats*
hidebound (ˈhaɪdbaʊnd) BNW • *met nauwsluitende huid/schors* • *bekrompen*
hideous (ˈhɪdɪəs) BNW *afschuwelijk*
hideout (ˈhaɪdaʊt) ZN *schuilplaats*
hiding (ˈhaɪdɪŋ) ZN *pak rammel* ★ a good ∼ *flink pak slaag* ★ in ∼ *ondergedoken*
hiding-place ZN *schuilplaats*
hierarchic(al) (haɪəˈrɑːkɪk(l)) BNW *hiërarchisch*
hierarchy (ˈhaɪərɑːkɪ) ZN *hiërarchie*
hieroglyph (ˈhaɪərəglɪf) ZN *hiëroglief*
hieroglyphic (haɪərəˈglɪfɪk) BNW *hiëroglifisch*
hi-fi (ˈhaɪfaɪ) ZN • *hifi geluidsinstallatie* • *(met) getrouwe geluidsweergave*
higgle (ˈhɪgl) ONOV WW • *marchanderen* • *afdingen*
higgledy-piggledy (ˈhɪgldɪˈpɪgldɪ) I ZN *rommel* II BNW + BIJW *schots en scheef; overhoop*
high (haɪ) I ZN • *hogedrukgebied* • *record; hoogtepunt* • *climax* ★ on high *omhoog; in de hoogte; in de hemel* ★ hit a high *een climax bereiken* II BNW ★ high jinks *dolle pret* ★ high spot *hoogtepunt* ★ high street *hoofdstraat* III BNW + BIJW • *hoog* • *verheven* • *duur* • *op 't kantje van bederf* • *adellijk* ⟨v. vlees/wild⟩ • *opgewekt* • *dronken* • *bedwelmd* ★ how is that for high! *wat zeg je daarvan!* ★ high words *'woorden'; ruzie* ★ high water mark *hoogtepunt; hoogwaterpeil* ★ high tea *uitgebreide theemaaltijd* ⟨met warme gerechten⟩ ★ on the high seas *in volle zee* ★ LIT. high noon *midden v.d. dag* ★ high-handed *autoritair* ★ with a high hand *autoritair* ★ high day *klaarlichte dag; hoogtijdag; feestdag* ★ high life/society *('t leven van) de beau monde* ★ high art *kunst met een grote K* ★ high and mighty *aanmatigend; autoritair* ★ high and low *overal; hoog en laag* ★ high and dry *verlaten; alleen;*

buitenspel
highborn ('haɪbɔ:n) BNW *van adellijke geboorte*
highbrow ('haɪbraʊ) **I** ZN *(pedante) intellectueel* **II** BNW • *intellectueel* • *superieur*
high-chair ZN *kinderstoel*
high-class (haɪ'klɑ:s) BNW *uitstekend; voornaam*
highfalutin(g) (haɪfə'lu:tɪn(ŋ)) ZN *hoogdravend*
high-fidelity (haɪfɪ'delətɪ) BNW *hifi; getrouwe (geluids)weergave*
high-flier ZN *iem. met aspiraties; hoogvlieger*
high-flown (haɪ'fləʊn) BNW *hoogdravend*
high-grade BNW *(v.) uitstekende kwaliteit*
highhanded (haɪ'hændɪd) BNW • *laatdunkend* • *autoritair*
high-heeled BNW *met hoge hakken*
high-jump ('haɪdʒʌmp) ZN ★ *he will be for the high jump hij zal er van lusten*
Highlands ('haɪləndz) ZN MV *Schotse Hooglanden* ★ *Highlander Hooglander*
high-level BNW *op hoog niveau*
highlights ('haɪlaɪts) ZN MV *hoogtepunten*
highly ('haɪlɪ) BIJW ★ *zeer; hoogst* • *met lof*
high(ly)-strung BNW • *hooggespannen; opgewonden* • *geëxalteerd*
high-minded (haɪ'maɪndɪd) BNW • *edelmoedig* • *hoogmoedig*
highness ('haɪnəs) ZN • *hoogheid* • *hoogte*
high-pitched BNW • *hoog; schel* • *steil; verheven*
high-powered (haɪ'paʊəd) BNW • *(zeer) krachtig; met groot vermogen* • *hooggekwalificeerd*
high-pressure **I** BNW *hoge druk-* **II** OV WW *onder hoge druk zetten*
high-ranking BNW *hoog(staand)*
high-rise ('haɪraɪz) BNW *hoog* ★ ~ *office wolkenkrabber* ★ ~ *flat torenflat*
highroad ('haɪrəʊd) ZN *hoofdweg*
high-sounding BNW • *hoogdravend* • *holklinkend*
high-speed BNW *met grote snelheid; snel-*
high-stepper ZN • *trots persoon* • *hoogbenig paard*
hightail ('haɪteɪl) ONOV WW • PLAT *'m smeren* • PLAT *pal achter iemand rijden* • PLAT *racen*
high tech AFK *high technology geavanceerd*
high-tension BNW *hoogspannings-*
high-toned BNW • *hoog* ⟨v. toon⟩ • *hooggespannen* • *verheven* • USA *deftig*
high-up ZN *hoge piet*
highway ('haɪweɪ) ZN *grote weg; verkeersweg* ★ ~ *code verkeersreglement*
highwayman ('haɪweɪmən) ZN *struikrover*
hijack ('haɪdʒæk) **I** ZN • *kaping* • *beroving* **II** OV WW • *kapen* • *stelen* • *buitmaken* • *roven* ⟨v. smokkeldrank⟩
hijacker ('haɪdʒækə) ZN *kaper*
hike (haɪk) **I** ZN *trektocht* **II** OV WW *ophijsen* **III** ONOV WW *rondtrekken*
hiker ('haɪkə) ZN *wandelaar; trekker*
hilarious (hɪ'leərɪəs) BNW *vrolijk*
hilarity (hɪ'lærətɪ) ZN *hilariteit*
hill (hɪl) **I** ZN • *heuvel* • *hoop* • USA *over the hill over zijn hoogtepunt heen* **II** OV WW ★ *hill (up) ophogen; aanaarden*
hill-billy ('hɪlbɪlɪ) ZN USA *boertje; heikneuter*
hillock ('hɪlək) ZN *heuveltje*
hillside ('hɪlsaɪd) ZN *helling*
hilltop ('hɪltɒp) ZN *heuveltop* ★ ~ *village hooggelegen dorp*
hilly ('hɪlɪ) BNW *heuvelachtig*
hilt (hɪlt) ZN *gevest* ★ *support s.o. (up) to the hilt iem. volledig ondersteunen* ★ *up to the hilt in debts tot over zijn oren in de schuld*
him (hɪm) PERS VNW *hem*
himself (hɪm'self) WKD VNW • *zich(zelf)* • *zelf* ★ *all by* ~ *helemaal alleen* ★ *he's quite* ~ *again hij is weer helemaal de oude*
hind (haɪnd) **I** ZN • *hinde* • *boer(enknecht)* • *rentmeester* **II** BNW *achter(ste)* ★ *talk the hind legs off a donkey iem. de oren van het hoofd praten*
hinder ('hɪndə) **I** BNW *achter(ste)* **II** OV WW *(ver)hinderen; beletten*
Hindi ('hɪndɪ) ZN *Hindi*
hindmost (haɪndməʊst) BNW *achterste*
hindquarters (haɪnd'kwɔ:təz) ZN *achterdeel; achterste*
hindrance ('hɪndrəns) ZN *obstakel; belemmering*
hindsight ('haɪndsaɪt) ZN • *vizier* • *beschouwing achteraf* ★ *with* ~ *achteraf bekeken*
Hindu ('hɪndu:) **I** ZN *hindoe* **II** BNW • *hindoes* • *van het hindoeïsme*
Hinduism ('hɪndu:ɪzəm) ZN *hindoeïsme*
hinge (hɪndʒ) **I** ZN • *scharnier* • *spil* ⟨figuurlijk⟩ ★ *off the* ~s *in de war* **II** OV WW *met scharnier vastmaken* **III** ONOV WW ~ *on rusten op* • *draaien*
hinny ('hɪnɪ) ZN • *muilezel* • SCHOTS *honing*
hint (hɪnt) **I** ZN *hint; zinspeling* ★ *drop a hint een hint geven* ★ *take a hint een hint oppikken/ begrijpen* **II** OV WW *in bedekte termen te kennen geven* **III** ONOV WW ~ *at zinspelen op*
hinterland ('hɪntəlænd) ZN *achterland*
hip (hɪp) **I** ZN • *heup* • *rozenbottel* • *zwaarmoedigheid* ★ *smite hip and thigh meedogenloos slaan* **II** BNW *hip* **III** OV WW *zwaarmoedig maken* **IV** TW ★ *hip, hip, hooray! hiep hiep hoera!*
hip-bath ZN *zitbad*
hip hop ZN MUZ. *hip-hop*
hippie ('hɪpɪ), **hippy** ZN *hippie; hippe vogel*
hippo ('hɪpəʊ) ZN *nijlpaard*
hip-pocket ZN *achterzak*
hippodrome ('hɪpədrəʊm) ZN • *renbaan* • *circus*
hippopotami (hɪpə'pɒtəmɪ) ZN MV → **hippopotamus**
hippopotamus (hɪpə'pɒtəməs) ZN *nijlpaard*
hippy ('hɪpɪ) ZN → **hippie**
hipster ('hɪpstə) ZN *hippie* ★ *wear* ~ *trousers een heupbroek dragen*
hire ('haɪə) **I** ZN • *huur* • *loon* ★ *on hire te huur* ★ *hire purchase huurkoop* **II** OV WW • *huren* • ~ *out verhuren*
hireling ('haɪəlɪŋ) ZN *huurling*
hirsute ('hɜ:sju:t) BNW • *harig; ruig; borstelig* • *(met) onverzorgd(e) baard/haar*
his (hɪz) BEZ VNW *'t zijne; zijn; van hem*
hiss (hɪs) **I** ZN *sissend geluid* **II** OV WW • *(uit)fluiten* • ~ *off van het podium fluiten* **III** OV+ONOV WW *sissen*
hist (hɪst) TW *pst!; sst!*
histology (hɪ'stɒlədʒɪ) ZN *weefselleer*
historian (hɪ'stɔ:rɪən) ZN • *geschiedschrijver* • *geschiedkundige*
historic(al) (hɪ'stɒrɪk(l)) BNW • *historisch*

• *geschiedkundig*
history ('hɪstərɪ) ZN *geschiedenis* ★ make ~ *geschiedenis maken*
histrionic (hɪstrɪ'ɒnɪk) I ZN *acteur* ★ ~s *toneelkunst; theatraal gedoe* II BNW • *toneel-* • *huichelachtig*
hit (hɪt) I ZN • *slag; stoot* • *voltreffer* • *hit* ⟨iets populairs⟩ • COMP. *hit* ⟨keer dat een internetpagina wordt geraadpleegd⟩ II OV WW • *slaan* • *treffen; raken* • *teisteren* • *(aan)komen (bij/op)* • *raden* ★ hit it off *'t goed kunnen vinden met iem.* ★ hard hit *zwaar getroffen/geteisterd* ★ hit the road *(op) weg gaan* ★ hit the headlines *de voorpagina halen* ★ USA hit the hay/sack *onder de wol kruipen* ★ hit home *zijn doel treffen* ★ hit the roof *barsten van woede* ★ hit the nail on the head *de spijker op zijn kop slaan* ★ hit and run *doorrijden na aanrijding* ★ hit below the belt *onder de gordel slaan* ⟨ook fig.⟩ • ~ back *terugslaan* • ~ off *precies treffen* III ONOV WW • ~ out *slaan naar; van z. afslaan* • ~ (up)on *toevallig aantreffen; stuiten op*
hitch (hɪtʃ) I ZN • *hapering; kink in de kabel* • SCHEEPV. *knoop* ★ without a ~ *zonder onderbreking* II OV WW • *rukken* • *(z.) even verplaatsen* • *vastmaken; ter sprake brengen* ★ PLAT get ~ed *trouwen* ★ ~ a horse to a cart *een paard voor een wagen spannen* • ~ up *optrekken* ⟨met een rukje⟩ ★ ~ up o.'s trousers *z'n broek ophijsen* III ONOV WW • USA *goed samen opschieten* • *liften*
hitch-hike ('hɪtʃhaɪk) ONOV WW *liften; liftend trekken door*
hither ('hɪðə) BIJW *hierheen* ★ ~ and t~ *her en der*
hitherto (hɪðə'tu:) BIJW *tot dusver*
hit list ZN INFORM. *dodenlijst* ⟨lijst van te vermoorden personen⟩
hit man ZN INFORM. *huurmoordenaar*
hit-or-miss BNW *lukraak*
HIV AFK human immunodeficiency virus *hiv* ⟨aidsvirus⟩
hive (haɪv) I ZN • *bijenkorf* • *bijenzwerm* II OV WW • *korven* • *huisvesten* • ~ off *uitbesteden* III ONOV WW • *samenwonen/-huizen* • ~ off *uitzwermen*
hives (haɪvz) ZN MV *huiduitslag*
H.L. AFK House of Lords *Hogerhuis*
H.M. AFK Her/His Majesty *Hare/Zijne Majesteit*
hoar (hɔ:) I ZN *rijp* II BNW *grijs; wit*
hoard (hɔ:d) I ZN • *voorraad* • *spaargeld* • *schat* II OV WW *vergaren* III OV+ONOV WW *hamsteren* ★ ~ up *in one's heart koesteren; bewaren*
hoarding ('hɔ:dɪŋ) ZN • *het hamsteren* • *schutting; aanplakbord*
hoar-frost (hɔ:'frɒst) ZN *rijp*
hoarse (hɔ:s) BNW *schor, hees*
hoary ('hɔ:rɪ) BNW • *grijs* • *eerbiedwaardig*
hoax (həʊks) I ZN • *grap; poets;* WWW *hoax* II OV WW *foppen; een poets bakken*
hob (hɒb) ZN *haardplaat* • *pin*
hobble ('hɒbl) I ZN • *strompelgang* • *boei* • *vervelende situatie* II OV WW • *(doen) strompelen* • *kluisteren* III ONOV WW ★ ~ skirt *nauwe rok*
hobby ('hɒbɪ) ZN • *liefhebberij* • *boomvalk* ★ ~-horse *stokpaardje; hobbelpaard*
hobgoblin (hɒb'gɒblɪn) ZN • *kabouter* • *kwelgeest*
hobnail ('hɒbneɪl) ZN *schoenspijker*
hobnob ('hɒbnɒb) ONOV WW *babbelen met* • *samen een glaasje drinken* ★ ~ with s.o. *als dikke vrienden met iem. omgaan*
hobo ('həʊbəʊ) ZN USA *zwerver; landloper*
hock (hɒk) I ZN • *hielgewricht* ⟨v. paard⟩ • *Rijnwijn* • USA *pand* ★ USA in hock *in de lommerd; in de gevangenis* II OV WW • USA *verpanden* • *de hakpees doorsnijden van*
hocus ('həʊkəs) OV WW • *voor de gek houden* • *bedwelmen*
hocus-pocus (həʊkəs'pəʊkəs) I ZN *hocus-pocus* II OV WW *voor de gek houden* III ONOV WW *goochelen*
hod (hɒd) ZN *kalkbak*
Hodge (hɒdʒ) ZN *boerenarbeider*
hodgepodge ('hɒdʒpɒdʒ) ZN USA → **hotchpotch**
hodman ('hɒdmæn) ZN • *opperman* • *broodschrijver*
hoe (həʊ) I ZN • *schoffel* • PLAT, USA *hoer* II OV+ONOV WW *schoffelen*
hog (hɒg) I ZN • *(slacht)varken* • *jong schaap* • *zwijn* ⟨fig.⟩ II OV WW • *krommen* ⟨de rug⟩ • *kort knippen* • *zich inhalig gedragen*
hogget ('hɒgɪt) ZN *éénjarig schaap*
hoggish ('hɒgɪʃ) BNW *zwijnachtig*
Hogmanay (hɒgmæneɪ) ZN SCHOTS *oudejaarsavond; oudejaarsdag*
hogpen ('hɒgpen) ZN *varkenskot*
hogshead ('hɒgzhed) ZN *okshoofd*
hogwash ('hɒgwɒʃ) ZN • *nonsens; larie* • *varkensvoer*
hoi polloi (hɔɪ 'pɒlɔɪ) M MV ★ (the) ~ *de grote massa; het (gewone/domme) volk*
hoist (hɔɪst) I ZN • *hijstoestel; lift* • *hijsinrichting* II OV WW *(op)hijsen*
hoity-toity (hɔɪtɪ'tɔɪtɪ) BNW • *hooghartig* • *lichtgeraakt* • *uitgelaten* • *snobistisch* • USA *lichtzinnig*
hokum ('həʊkəm) ZN *kitsch* ⟨m.b.t. toneel/film⟩
hold (həʊld) I ZN • *houvast; vat; greep* • SCHEEPV. *ruim* ★ take/get/catch hold of *vastpakken; aangrijpen* ★ keep hold of *vasthouden* ★ hold on/to *macht over; vat op* II OV WW • JUR. *beslissen* • *in bezit/pacht hebben/houden* • USA *gevangen houden* • hold at bay *op een afstand houden* • *(be)houden* • *in-/tegen-/vasthouden* • *eropna houden* • *(kunnen) bevatten* • v. *mening zijn* • *beledigende taal bezigen* ★ that story doesn't hold water *dat verhaal houdt geen steek/klopt niet* ★ hold cheap *geen hoge dunk hebben van* ★ he can hold with the best *hij kan met de besten wedijveren* ★ hold s.o. to an opinion *iemand op zijn mening vastpinnen* ★ hold a p. to a promise *iem. aan zijn belofte houden* ★ hold s.th. over a p. iem. *dreigen met iets* ★ be left holding the baby *met de gebakken peren blijven zitten* ★ hold in hand *aan 't lijntje houden* ★ hold one's head high *zich fier gedragen* ★ hold it! stop! *blijf staan!* ★ hold in esteem/repute *hoogachten* ★ hold your tongue! *hou je mond!* ★ hold a place *een betrekking bekleden* ★ hold one's own *stand houden; zich goed houden; niet toegeven* ★ hold

your noise! *hou je gemak!* ★ hold one's hand *zich er niet mee bemoeien* ★ hold it good to *het raadzaam vinden om* • ~ **against** *kwalijk nemen; verwijten* • ~ **back** *aarzelen; z. onthouden* • USA ~ **down** *bekleden; onderdrukken* • ~ **in** (z.) *inhouden* • ~ **off** *uitstellen; op een afstand houden; aanhouden* • ~ **on** *niet loslaten* • ~ **out** *uitsteken* ★ hold out an olive branch *vrede sluiten* • ~ **over** *uitstellen; aanhouden* • ~ **up** *ophouden; tegenhouden; omhooghouden; aanhouden; vóórhouden; opsteken; overvallen* ★ hold up one's head with *niet onderdoen voor* ★ hold up one's head *moed houden; nieuwe moed scheppen* **III** ONOV WW • *het (uit)houden* • *v. kracht zijn* • *aanhouden* ★ hold to one's course *doorzetten* ★ hold true *blijken waar te zijn* • ~ **aloof** *z. afzijdig houden* • ~ **back** *achterhouden; tegenhouden; geheim houden; in bedwang houden* • ~ **by** *blijven bij; z. houden aan* • ~ **forth** *betogen; oreren* • ~ **off** *wegblijven; z. op een afstand houden* • ~ **on** *z. vasthouden; doorgaan; aanblijven* ★ hold on a minute! *wacht even!* • ~ **on to** *vasthouden aan; niet opgeven; niet loslaten; niet loskomen van* • ~ **out** *het uithouden; toereikend zijn;* USA *achterhouden* • ~ **with** *het houden bij/met; goedkeuren*
holdall ('həʊldɔ:l) ZN • *plunjezak* • *reistas*
holder ('həʊldə) ZN • *huurder; pachter* • *sigarenpijpje; houder; sigarettenpijpje*
holding ('həʊldɪŋ) ZN • *pachthoeve* • *goudvoorraad* ★ ~(-company) *houdstermaatschappij*
hold-up ZN • *stremming; vertraging* • *overval*
hole (həʊl) **I** ZN • *hok; gat; holte; kuil* • SPORT *hole* ★ need s.th. like you need a hole in the head *iets kunnen missen als kiespijn* ★ be in a hole *in de knoei zitten* ★ pick holes in an argument/theory *spijkers op laag water zoeken* ★ STERRENK. black hole *zwart gat* **II** OV WW • *gaten maken in* • *graven* • *(door)boren* • *in hole plaatsen* ‹bij golf› **III** OV+ONOV WW ~ **up** (zich) *verbergen; (zich) verschuilen*
hole-and-corner BNW *heimelijk; steels; schalks; geheim*
holiday ('hɒlədeɪ) ZN *vakantie(dag)* ★ go on ~ *op vakantie gaan*
holidaymaker ('hɒlədeɪmeɪkə) ZN *vakantieganger*
holiness ('həʊlɪnəs) ZN *heiligheid*
holler ('hɒlə) OV+ONOV WW *schreeuwen*
hollow ('hɒləʊ) **I** ZN • *holte* • *dal; laagte* **II** BNW + BIJW • *hol* • *voos; slap; geveinsd; ijdel* ★ beat a p. ~ *iem. totaal verslaan* **III** OV WW *(uit)hollen; hol maken*
hollow-hearted BNW *vals*
hollowness ('hɒləʊnəs) ZN • *holheid* • *leegheid*
hollowware ('hɒləʊweə) ZN *potten en pannen*
holly ('hɒlɪ) ZN *hulst*
hollyhock ('hɒlɪhɒk) ZN *stokroos*
holm (həʊm) ZN • *eilandje* • *(uiter)waard* ★ holm-oak *steeneik*
holocaust ('hɒləkɔ:st) ZN • *holocaust* • *slachting*
holster ('həʊlstə) ZN *(pistool)holster*
holt (həʊlt) ZN • *bosje* • *beboste heuvel*

holy ('həʊlɪ) BNW *heilig*
holystone ('həʊlɪstəʊn) **I** ZN *schuursteen* **II** OV WW *schuren*
homage ('hɒmɪdʒ) **I** ZN *hulde* ★ pay/do ~ *hulde betuigen* **II** OV WW *huldigen*
hombre ('ɒmbreɪ) ZN USA *man; kerel*
homburg ('hɒmbɜ:g) ZN *gleufhoed* ‹met omgekrulde rand›
home (həʊm) **I** ZN • *t(e)huis* • *huis* • *geboortegrond; vaderland* • *verblijf* • *honk* ★ home ground *van eigen bodem* ★ bring s.th. closer to home *iets tastbaarder maken* ★ a home from a home *als thuis* ★ long/last home *laatste rustplaats* ★ make a home *zich vestigen* ★ home sweet home *oost, west, thuis best* ★ at home *thuis; in 't (vader)land; hier te lande* ★ be at home with/in *op de hoogte zijn van; goed bekend zijn met* ★ make yourself at home *doe alsof je thuis bent* ★ charity begins at home *het hemd is nader dan de rok* ★ home truth *harde waarheid* ★ go to one's long home *de eeuwige rust ingaan* **II** BNW • *huis(houd)elijk* • *eigen* • *binnenlands* • *raak* ★ homematch *thuiswedstrijd* ★ a home thrust *rake zet; 1-0* **III** OV WW • *naar huis sturen/geleiden* • *huisvesten* **IV** ONOV WW *naar huis gaan* ‹v. duif› **V** BIJW • *naar huis; thuis* • *naar/op z'n plaats; raak* • *vast; dicht* ★ drive a nail home *een spijker vastslaan* ★ nothing to write home about *nauwelijks de moeite waard* ★ come home to *duidelijk worden* ★ it's coming home to me *daar staat me iets van voor* ★ bring s.th. home to a p. *iem. iets aan zijn verstand brengen*
Home (həʊm) ZN ★ Home Office *ministerie v. binnenlandse zaken* ★ Home Rule *zelfbestuur* ★ Home Secretary *Minister v. Binnenlandse Zaken* ★ Home Counties *de graafschappen rondom Londen*
home-bird ('həʊmbɜ:d) ZN *huismus* ‹figuurlijk›
home brew ZN *eigen brouwsel*
home-brewed (həʊm'bru:d) **I** ZN *zelfgebrouwen bier* **II** BNW *zelfbrouwen*
homecoming ('həʊmkʌmɪŋ) ZN • *thuiskomst* • *repatriëring*
home-felt BNW *innig*
home-grown BNW • *eigen bouw/teelt* • *inlands*
homeland ('həʊmlænd) ZN • *geboorteland* • *thuisland* ‹in Zuid-Afrika›
homely (həʊmlɪ) BNW • *simpel; eenvoudig* • *alledaags* • USA *lelijk*
home-made BNW • *eigengemaakt* • *inlands*
homeopath ('həʊmɪəʊpæθ), **homoeopath** ZN *homeopaat*
homeopathic (həʊmɪə'pæθɪk), **homoeopathic** BNW *homeopathisch*
homeopathy (həʊmɪ'ɒpəθɪ), **homoeopathy** ZN *homeopathie*
home page ('həʊmpeɪdʒ) ZN COMP. *homepage; indexpagina*
homer ('həʊmə) ZN *duif op thuisreis*
homespun ('həʊmspʌn) BNW • *zelf gesponnen* • *onopgesmukt; eenvoudig*
homestead ('həʊmsted) ZN *hofstede*
homeward(s) ('həʊmwəd(z)) BIJW *huiswaarts* ★ ~ bound *op thuisreis*
homework ('həʊmwɜ:k) ZN *huiswerk*

homey ('həʊmɪ) BNW → **homy**
homicidal (hɒmɪ'saɪdl) BNW *moord-; moorddadig*
homicide ('hɒmɪsaɪd) ZN • *doodslag* • *pleger v. doodslag* ★ *culpable ~ dood door schuld*
homily ('hɒmǝlɪ) ZN *preek; homilie; leerrede*
homing ('həʊmɪŋ) ZN *het naar huis gaan* ★ *~ device stuurorgaan v. geleide projectielen* ★ *~ instinct instinct dat de weg naar huis wijst* ★ *~ pigeon postduif*
homo ('həʊməʊ) ZN *homo*
homoeopath ZN → **homeopath**
homoeopathic BNW → **homeopathic**
homoeopathy ZN → **homeopathy**
homogeneity (həʊmǝʊdʒǝ'ni:ǝtɪ) ZN *gelijksoortigheid; homogeniteit*
homogeneous (həʊmǝʊ'dʒi:nɪǝs) BNW *gelijksoortig; homogeen*
homologous (hǝ'mɒlǝgǝs) BNW *overeenkomend; overeenkomstig*
homonym ('hɒmǝnɪm) ZN *gelijkluidend woord; homoniem*
homosexual (həʊmǝʊ'seksjʊǝl) I ZN *homoseksueel* II BNW *homoseksueel*
homy ('həʊmɪ), **homey** BNW *huiselijk*
Hon. AFK • *Honourable* ≈ *hooggeboren* • *Honorary ere-*
hone (həʊn) I ZN *wetsteen*; *oliesteen* II OV WW *aanzetten; slijpen*
honest ('ɒnɪst) BNW • *rechtschapen; braaf* • *eerlijk* • *onvervalst; deugdelijk* ★ *make an ~ woman of trouwen na eerst verleid te hebben*
honestly ('ɒnǝstlɪ) BIJW *eerlijk* ★ *~ speaking eerlijk gezegd*
honest-to-goodness I BNW *ongecompliceerd; zuiver* II TW *echt*
honesty ('ɒnɪstɪ) ZN • *eerlijkheid; oprechtheid* • PLANTK. *judaspenning* ★ *~ is the best policy eerlijk duurt het langst*
honey ('hʌnɪ) ZN • *honing* • *schat; liefje*
honeybee ('hʌnɪbi:) ZN *honingbij*
honeycomb ('hʌnɪkəʊm) I ZN • *honingraat* • *raatvormige gietfout* ⟨in metaal⟩ II OV WW • *gaatjes maken in; doorboren* • *ondermijnen* • *bewerken met honingraatpatroon*
honeydew ('hʌnɪdju:) ZN • *gesausde tabak* • *honingdauw*
honeyed ('hʌnɪd) BNW *(honing)zoet* ★ *~ words lieve woordjes* ★ *~ voice lieve stem*
honeymoon ('hʌnɪmu:n) I ZN • *huwelijksreis; wittebroodsweken* II ONOV WW *de huwelijksreis/ wittebroodsweken doorbrengen*
honeysuckle ('hʌnɪsʌkl) ZN *kamperfoelie*
honk (hɒŋk) I ZN • *getoeter* • *gesnater* II ONOV WW • *toeteren* • *snateren*
honkie ('hɒŋkɪ), **honky** ZN USA/PLAT *blanke*
honky ('hɒŋkɪ) ZN → **honkie**
honky-tonk ('hɒŋkɪtɒŋk) BNW *tingeltangel*
honorary ('ɒnǝrǝrɪ) BNW • *ere-* • *onbezoldigd*
honour ('ɒnǝ) I ZN • *eer; eergevoel* • *eerbewijs; woord van eer* ★ *do s.o. the ~ of ... iem. vereren met ...* ★ *~s cum laude; onderscheidingen; honneurs* ★ *~s degree graad na gespecialiseerde studie* ★ *Honours List lijst van personen die koninklijk onderscheiden worden;* ~ *lintjesregen* ★ *Your Honour Edelachtbare* ★ *be on one's ~ to*

aan zijn eer verplicht zijn om ★ *bound in ~ to aan zijn eer verplicht zijn om* ★ *in ~ of ter ere van* ★ *meet with due ~ behoorlijk gehonoreerd worden* ★ *put a p. on his ~ op zijn eergevoel werken* II OV WW • *eren* • *honoreren*
honourable ('ɒnǝrǝbl) BNW • *eervol* • *rechtschapen* ≈ *edelachtbaar*
hooch (hu:tʃ) ZN • USA, PLAT *whisky* • USA, PLAT *sterkedrank*
hood (hʊd) I ZN • *kap; capuchon* • *huif* • USA *motorkap* • PLAT *gangster* II OV WW *met kap bedekken; van kap voorzien* ★ *hooded crow bonte kraai*
hooded ('hʊdɪd) BNW *bedekt* ⟨met kap⟩
hoodie ('hʊdɪ) ZN *bonte kraai*
hoodlum ('hu:dlǝm) ZN *vandaal; relschopper; vechtersbaas*
hoodoo ('hu:du:) I ZN *ongeluk* II BNW *ongeluks-* III OV WW *ongeluk brengen*
hoodwink ('hʊdwɪŋk) OV WW *misleiden; zand in de ogen strooien*
hooey ('hu:ɪ) TW USA *waardeloze nonsens*
hoof (hu:f) I ZN • *hoef* • *poot* ★ *on the hoof levend; (nog) niet geslacht* II OV WW *trappen; slaan* ⟨door paard⟩ III OV+ONOV WW ★ PLAT *hoof (it) te voet gaan*
hook (hʊk) I ZN • *haak; vishaak* • *sikkel; snoeimes; kram* • SCHEEPV. *bocht* ★ *take the receiver off the hook de hoorn van de haak nemen* ★ *by hook or by crook eerlijk of oneerlijk; hoe dan ook* ★ PLAT *let s.o. off the hook iem. uit de narigheid halen* ★ *on one's own hook op z'n eigen houtje* ★ *sling o.'s hook 'm smeren* II OV WW • *(z.) vasthaken; aanhaken* • *aan de haak slaan* • *inpikken* • *tot verslaafdheid brengen* ★ *~ on aanhaken; in elkaar haken* ★ *~ up vasthaken; aan de haak slaan* III ONOV WW *blijven haken*
hookah ('hʊkǝ) ZN *waterpijp*
hooked (hʊkt) BNW • *haakvormig* • *met haak* ★ *~ on verslaafd aan*
hooker ('hʊkǝ) ZN USA/PLAT *hoer*
hook-up ZN *onderlinge verbinding v. radiostations*
hooky ('hʊkɪ) ZN USA *het spijbelen* ★ *play ~ spijbelen*
hooligan ('hu:lɪgǝn) ZN *vandaal; relschopper; vechtersbaas*
hooliganism ('hu:lɪgǝnɪzǝm) ZN *vandalisme*
hoop (hu:p) I ZN • *hoepel* • *hoepelrok* • SPORT *basket* ⟨bij basketbal⟩; *poortje* ⟨bij croquet⟩ ★ *go/be put through the hoops het zwaar te verduren hebben* II OV WW • *hoepelen* • *met hoepels beslaan*
hooper ('hu:pǝ) ZN *kuiper*
hooray (hʊ'reɪ) TW *hoera*
hoot (hu:t) I ZN • *gekras* • *getoeter* ★ *not care a hoot about s.th. ergens geen snars om geven* II OV WW *uitjouwen* III ONOV WW • *krassen* ⟨v. uil⟩ • *toeteren; claxonneren* • *jouwen* • *(hard) lachen* • *loeien* ★ *~ at na-/uitjouwen*
hooter ('hu:tǝ) ZN • *stoomfluit* • *sirene* • INFORM. *tiet* ⟨groot⟩
hoover ('hu:vǝ) I ZN *stofzuiger* II OV+ONOV WW *stofzuigen*
hooves ('hu:vz) ZN MV → **hoof**

hop (hɒp) **I** ZN • PLANTK. *hop* • *etappe* • *dansje* • *sprong(etje)* ★ on the hop *druk in de weer* **II** OV WW *hoppen* ⟨v. bier⟩ ★ hopping mad *pisnijdig* ★ PLAT hop it! *hoepel op!* **III** ONOV WW • *springen (op)*; *hinken*; *huppelen* • *hop dragen/plukken* • ~ **off** *ophoepelen*; *afspringen (van)*; *opstijgen*

hope (həʊp) **I** ZN *hoop* ★ hope of *hoop op* **II** OV+ONOV WW • *hopen* ★ hope against hope *hopen tegen beter weten in* ★ I should hope so! *dat zou ik wel denken!* • ~ **for** *hopen op*

hopeful ('həʊpfʊl) BNW *hoopvol*
hopefully ('həʊpfʊlɪ) BIJW *hopelijk*
hopeless ('həʊpləs) BNW *hopeloos*
hop-o'-my-thumb (hɒpəmaɪˈθʌm) ZN *kleinduimpje*; *ukkepuk*
hopper ('hɒpə) ZN • *hopplukker/-ster* • *springend beest/insect* • *(graan)schudder*
hopple ('hɒpl) OV WW *kluisteren* ⟨v. paard⟩
hopscotch ('hɒpskɒtʃ) ZN *hinkelspel*; *het hinkelen*
horde (hɔːd) ZN *horde*; *bende*
horizon (həˈraɪzən) **I** ZN *horizon*; *einder* ★ visible ~ *schijnbare horizon* **II** OV WW *begrenzen*
horizontal (hɒrɪˈzɒntl) **I** ZN *horizontale lijn*; *rekstok* **II** BNW *horizontaal* ★ ~ bar *rekstok*
hormone ('hɔːməʊn) ZN *hormoon*
horn (hɔːn) **I** ZN • *hoorn* • *horen*; *voelhoorn* • *trompet*; *kornet* • *claxon* • *punt v. maansikkel* • *riviertak* ★ take the bull by the horns *de koe bij de hoorns vatten* ★ draw in o.'s horns ⟨z.⟩ *matigen*; *in zijn schulp kruipen* ★ English horn *althobo*; *Engelse hoorn* ★ French horn *waldhoorn* **II** OV WW *van hoorns voorzien* **III** ONOV WW • *in z. opdringen* ★ horn in on a conversation *een gesprek onderbreken*
horned (hɔːnd) BNW *met hoorns*
hornet ('hɔːnɪt) ZN *horzel* ★ stir up a ~'s nest *zich in een wespennest steken*
hornpipe ('hɔːnpaɪp) ZN *horlepijp*
horn-rimmed (hɔːnˈrɪmd) BNW *met hoornen montuur*
horny ('hɔːnɪ) BNW • *hoornachtig*; *vereelt* • PLAT *heet*; *geil*
horoscope ('hɒrəskəʊp) ZN *horoscoop*
horrendous (həˈrendəs) BNW *gruwelijk*; *afgrijselijk*
horrible ('hɒrɪbl) BNW *afschuwelijk*
horrid ('hɒrɪd) BNW → **horrible**
horrific (həˈrɪfɪk) BNW *afschuwelijk*; *weerzinwekkend*
horrify ('hɒrɪfaɪ) OV WW • *met afschuw vervullen* • *ergernis wekken*
horror ('hɒrə) ZN *afgrijzen*; *gruwel* ★ ~-stricken/struck *v. dodelijke angst vervuld*
horrors ('hɒrəz) ZN MV • *angstaanval* • *delirium tremens*
horse (hɔːs) **I** ZN • *paard* • *rek*; *schraag* • PLAT *heroïne* ★ flog a dead ~ *oude koeien uit de sloot halen* ★ hold your ~s! *rustig aan!* ★ dark ~ *onbekende mededinger* ★ ride a dark ~ *iets in zijn schild voeren* ★ mount/ride the high ~ *hoog van de toren blazen* ★ you can lead a ~ to water, but you can't make it drink *met onwillige honden is het slecht hazen vangen* ★ back the right/wrong ~ *op 't goede/verkeerde paard wedden* ★ straight from the ~'s mouth *uit de eerste hand* ★ FIG. hold your ~! *kalm aan!*

★ break a ~ *een paard africhten* ★ a gift ~ *een gegeven paard* ★ FIG. stalking ~ *dekmantel*; *voorwendsel* **II** ONOV WW ~ **about/around** *ravotten*

horse-artillery ZN *bereden artillerie*
horseback ('hɔːsbæk) ZN *paardenrug* ★ on ~ *te paard*
horse-block ZN *stijgblok*
horse-box ZN • *box* ⟨v. paard⟩ • IRON. *grote kerkbank*
horse-breaker ZN *pikeur*
horse car ZN *paardentram*
horse chestnut ZN PLANTK. *wilde kastanje*
horse-cloth ZN *paardendeken*
horseflesh ('hɔːsfleʃ) ZN *paardenvlees*; *paarden*
horsefly ('hɔːsflaɪ) ZN *daas*; *paardenvlieg*
horsehair ('hɔːsheə) ZN *paardenhaar*
horse-laugh ZN *ruwe schaterlach*
horseleech ('hɔːsliːtʃ) ZN • *grote bloedzuiger* • *uitzuiger*
horseman ('hɔːsmən) ZN *ruiter*
horsemanship ('hɔːsmənʃɪp) ZN *rijkunst*
horseplay ('hɔːspleɪ) ZN *dollen*; *ruw gestoei*
horsepower ('hɔːspaʊə) ZN *paardenkracht*
horse-race ZN *wedren*
horse-racing ZN *het paardenrennen*
horse-radish ZN *mierikswortel*
horse-sense ZN *boerenverstand*
horseshoe ('hɔːʃuː) ZN *hoefijzer*
horse track ZN *ruiterpad*
horse trading ZN FIG. *sluwe onderhandelingswijze*
horsewhip ('hɔːswɪp) **I** ZN *rijzweep* **II** OV WW *er van langs geven*; *met rijzweep afranselen*
horsewoman ('hɔːswʊmən) ZN *paardrijdster*
horsey ('hɔːsɪ), **horsy** BNW • *paardachtig* • *jockeyachtig*; *lomp*; *ongepast* ★ ~ people *paardenliefhebbers*
horsy ('hɔːsɪ) BNW → **horsey**
hortative ('hɔːtətɪv) BNW • *aansporend* • *aanmoedigend*
horticulture ('hɔːtɪkʌltʃə) ZN *tuinbouw*
horticulturist (hɔːtɪˈkʌltʃərɪst) ZN *hovenier*; *tuinbouwer*
hortus ('hɔːtəs) ZN ★ ~ siccus *herbarium*
hose (həʊz) **I** ZN • *sokken*; *maillot*; *kousen* • *slang*; *tuinslang*; *brandslang* **II** OV WW • *(schoon)spuiten* • ~ **down** *schoonspuiten* • ~ **out** *uitspuiten*
hosepipe ('həʊzpaɪp) ZN *brand-/tuinslang*
hosier ('həʊzɪə) ZN *verkoper v. kousen/ondergoed*
hosiery ('həʊzɪərɪ) ZN *kousen en gebreide artikelen*
hospice ('hɒspɪs) ZN *gastenkwartier*; *gastenhuis*
hospitable ('hɒspɪtəbl) BNW *gastvrij*
hospital ('hɒspɪtl) ZN • *ziekenhuis* • *hospitaal*
hospitality (hɒspɪˈtælətɪ) ZN *gastvrijheid*
hospitalize ('hɒspɪtəlaɪz) OV WW *in ziekenhuis opnemen* ★ be ~d in *het ziekenhuis liggen*
hospital(l)er ('hɒspɪtlə) ZN • *geestelijke in ziekenhuis* • *liefdebroeder*; *liefdezuster*
host (həʊst) **I** ZN • *gastheer* ⟨ook biologisch⟩ • *waard* • *hostie* • *menigte* • COMP. *host* ★ host-country *ontvangend land* ★ reckon without o.'s host *buiten de waard rekenen* **II** OV WW • *gastheer/-vrouw zijn bij* • COMP. *hosten*

hostage ('hɒstɪdʒ) ZN • *gijzelaar* • *onderpand*
hostel ('hɒstl) ZN *tehuis; jeugdherberg*
hostess ('həʊstɪs) ZN • *gastvrouw* • *waardin* • *stewardess*
hostile ('hɒstaɪl) BNW *vijandig; vijandelijk*
hostility (hɒ'stɪlətɪ) ZN • *vijandigheid* • *vijandelijke daad*
hostler ('ɒslə) ZN *stalknecht*
hot (hɒt) I BNW • *heet; warm • driftig; heftig* • *pikant* ‹erotisch› • *kersvers; gloednieuw* • PLAT *gestolen; illegaal • actueel; 'in'; populair* ★ hot and bothered *geërgerd* ★ be hot on *gebrand zijn op* ★ be hot on s.o.'s trail/track *iem. op de hielen zitten* ★ make it/the place too hot for a p. *iem. het leven onmogelijk maken* ★ hot and strong *hevig* II OV WW ~ up *opvoeren* ‹v. motor›; *op laten lopen* ★ hot up a car *een auto opvoeren* III ONOV WW ~ up *verhit raken*
hotbed ('hɒtbed) ZN • *broeibak* • *broeinest*
hot-blooded (hɒt'blʌdɪd) BNW *heetgebakerd; driftig*
hotchpotch ('hɒtʃpɒtʃ), USA **hodgepodge** • *hutspot; ratjetoe* • *mengelmoes* • *warboel*
hotelier (həʊ'telɪə) ZN *hotelhouder*
hotfoot ('hɒtfʊt) I ONOV WW *zich haasten* II BIJW *in (grote) haast*
hothead ('hɒthed) ZN *heethoofd*
hotheaded (hɒt'hedɪd) BNW *onbesuisd; driftig*
hothouse ('hɒthaʊs) ZN *broeikas*
hotline ('hɒtlaɪn) ZN *hotline; directe telefoonlijn tussen staatshoofden*
hotly ('hɒtlɪ) BIJW *vurig; fel*
hotpot ('hɒtpɒt) ZN *jachtschotel*
hotspur ('hɒtspɜː) ZN *driftkop*
hot-tempered BNW *opvliegend; heetgebakerd*
hot-water BNW ★ ~ bottle *bedkruik*
hound (haʊnd) I ZN • *(jacht)hond* • *hond van een vent* II OV WW • *vervolgen* • *aanhitsen* • ~ out *verjagen; wegjagen*
hour (aʊə) ZN *uur* ★ after hours *na sluitings-/kantoortijd* ★ peak/rush hour *spitsuur* ★ on the hour *op het hele uur/de hele uren* ★ s.o.'s hour of need *moment waarop de nood het hoogst is* ★ till all hours *tot diep in de nacht* ★ hours on end *uren achtereen* ★ the small hours *de kleine uurtjes* ★ keep early/late hours *vroeg/laat naar bed gaan/opstaan* ★ zero hour *uur nul* ★ keep regular hours *op gezette tijden naar bed gaan/opstaan*
hourglass ('aʊəɡlɑːs) ZN *zandloper*
hour hand ZN *kleine wijzer* ‹v. klok, die uren aangeeft›
hour-hand ('aʊəhænd) ZN *kleine wijzer*
hourly ('aʊəlɪ) BNW + BIJW • *per uur* • *van uur tot uur; voortdurend*
hourly wage ZN *uurloon*
house[1] (haʊs) ZN • *huis* • *schouwburg(zaal)* • *firma* ★ House *(effecten)beurs*; USA *Huis v. Afgevaardigden*; G-B *Hoger-/Lagerhuis* ★ G-B House of Lords *Hogerhuis* ★ G-B Lower House *Lagerhuis* ★ owner occupied ~ *koopwoning* ★ keep open ~ *zeer gastvrij zijn* ★ drinks are on the ~ *rondje van de zaak* ★ they get on like a ~ on fire *ze zijn meteen de beste vrienden* ★ bring down the ~ *stormachtig applaus verwekken* ★ keep ~ *huishouden* ★ meeting ~ *bedehuis* ★ ~ of wax *wassenbeeldenmuseum* ★ terraced ~ *rijtjeshuis; eengezinswoning*
house[2] (haʊz) OV WW • *huisvesten; herbergen; stallen* • *binnenhalen*
house-agent ('haʊseɪdʒənt) ZN *makelaar* ‹in onroerend goed›
house arrest ZN *huisarrest*
houseboat ('haʊsbəʊt) ZN *woonboot*
housebound ('haʊsbaʊnd) BNW *aan huis gebonden*
housebreaker ('haʊsbreɪkə) ZN • *huizensloper* • *inbreker*
housebreaking ('haʊsbreɪkɪŋ) ZN • *inbraak* • *sloop*
housecoat ('haʊskəʊt) ZN *duster*
housecraft ('haʊskrɑːft) ZN *huishoudkunde*
household ('haʊshəʊld) I ZN *gezin; huishouden* II BNW *huis-* ★ Household brigade/troops/cavalry *koninklijke lijfwacht* ★ ~ word *bekend gezegde*
householder ('haʊshəʊldə) ZN • *hoofd v.h. gezin* • *hoofdbewoner* • *bewoner v. een eigen huis*
housekeeper ('haʊskiːpə) ZN *huishoudster*
housekeeping ('haʊskiːpɪŋ) ZN *het huishouden*
housemaid ('haʊsmeɪd) ZN *werkmeid* ★ MED. ~'s knee *kruipknie*
houseman ('haʊsmən) ZN • *(intern) assistent-arts* • *(huis)knecht*
housemaster ('haʊsmɑːstə) ZN *mentor van (afdeling van) internaat*
housemistress ('haʊsmɪstrəs) ZN • *vrouwelijke huismeester • lerares* ‹op (afdeling v.e.) kostschool›; *surveillante*
house party ZN *partij; feest*
house physician ZN USA *intern geneesheer*
houseproud ('haʊspraʊd) BNW *gesteld op een keurig huis*
houseroom ('haʊsruːm) ZN • *woonruimte* • *onderdak* ★ I would not give it ~ *ik zou het niet cadeau willen hebben*
house rule ZN *huisregel*
house surgeon ZN USA *intern chirurg*
house-to-house BIJW *huis-aan-huis*
housetop ('haʊstɒp) ZN *dak* ★ proclaim/shout from the ~s *van de daken schreeuwen*
house-warming ('haʊswɔːmɪŋ) ZN *huisinwijdingsfeestje*
housewife ('haʊswaɪf) ZN *huisvrouw*
housewifely ('haʊswaɪflɪ) BNW • *huishoudelijk* • *spaarzaam*
housework ('haʊswɜːk) ZN *huishoudelijk werk*
housing ('haʊzɪŋ) ZN • *behuizing* • *bijgebouwen* • *huisvesting* • TECHN. *(metalen) kast/ombouw* ★ ~ estate *bouwproject* ★ ~ problem *huisvestingsprobleem* ★ ~ association *bouwvereniging*
hove (həʊv) WW [verl. tijd + volt. deelw.] → **heave**
hovel ('hɒvəl) ZN *hut; krot*
hover ('hɒvə) I ZN *onzekere spanning* II ONOV WW • *rondhangen; zwerven; zweven* • *bidden* ‹v. roofvogel›
hovercraft ('hɒvəkrɑːft) ZN *hovercraft*
how (haʊ) BIJW • *hoe* • *wat* ★ how about ...? *hoe staat 't met ...?; wat zeg je van ...?* ★ how come? *hoe komt dat?; hoe komt 't dat ...?* ★ how much

is corn selling at? *hoeveel doet het graan?*
howdy ('haʊdi) TW USA *hoi* ⟨zuidelijke staten van de V.S.⟩; *hallo*
however (haʊ'evə) BIJW • *echter* • *hoe ... ook*
howl (haʊl) I ZN *gehuil* II ONOV WW *brullen; huilen; janken*
howler ('haʊlə) ZN • *huilebalk* • *brulaap* • *enorme blunder*
howling ('haʊlɪŋ) I ZN *gebrul* II BNW *enorm* ★ a ~ success *een enorm succes* ★ ~-shame *grof schandaal*
hoy (hɔɪ) I ZN *sloep; boeier* II TW *hola!*
hoyden ('hɔɪdn) ZN • *robbedoes* • *stoeipoes*
H.P., h.p. AFK • *high pressure hoge druk* • *horse power pk; paardenkracht*
H.Q. AFK Headquarters *hoofdkwartier*
H.R. AFK House of Representatives *Huis van Afgevaardigden*
H.R.H. AFK Her/His Royal Highness *Hare/Zijne Koninklijke Hoogheid*
hr(s). AFK hour(s) *uur*
h.t. AFK high tension *hoogspanning*
hub (hʌb) ZN • *naaf* • *middelpunt* • *manlief*
hubbub ('hʌbʌb) ZN *kabaal; herrie*
hubby ('hʌbɪ) ZN INFORM. *echtgenoot; manlief*
hub-cap ('hʌbkæp) ZN *wieldop*
hubris ('hju:brɪs) ZN *overmoed*
huckaback ('hʌkəbæk) ZN *badstof*
huckle ('hʌkl) ZN *heup* ★ ~-backed *met een bochel* ★ ~-bone *heupbeen*
huckleberry ('hʌkəlbərɪ) ZN *bosbes*
huckster ('hʌkstə) I ZN • *venter* • *sjacheraar* • USA *schrijver van reclameteksten* ⟨voor radio/tv⟩ II OV WW • *leuren met* • *vervalsen* • *scharrelen in* III ONOV WW *pingelen*
huddle ('hʌdl) I ZN • *dicht opeengepakte groep* • *samenraapsel* ★ go into a ~ *een menigte vormen* II OV WW • (*slordig*) *op een hoop gooien* • ~ **up** *haastig tot stand brengen; in elkaar flansen* III ONOV WW • *in elkaar duiken* ★ ~ together/up *bijeen kruipen* • ~ **up** *zich zo klein mogelijk maken*
hue (hju:) ZN *tint; kleur* ★ hue and cry *geschreeuw* ⟨bijv 'houd de dief'⟩ ★ raise the hue and cry *misbaar maken*
huff (hʌf) I ZN • *nijdige bui; lichtgeraaktheid* • *razernij* • OUD. *het blazen* ⟨bij damspel⟩ ★ PLAT take the huff *verontwaardigd zijn over* ★ take huff *zich boos maken* ★ be in a huff *gepikeerd zijn over* II OV WW • *treiteren* • *razen/tieren tegen* III ONOV WW z. *nijdig maken*
huffy ('hʌfɪ) BNW *lichtgeraakt*
hug (hʌg) I ZN *omhelzing* II OV WW • *omhelzen* • *omknellen* • *knuffelen* ★ hug o.s. *met zichzelf ingenomen zijn* ★ hug the shore/coast *dicht bij de kust blijven* • hug a prejudice *een vooroordeel koesteren*
huge (hju:dʒ) BNW *reusachtig*
hugeness (hju:dʒnəs) ZN *reusachtigheid*
hugger-mugger ('hʌgəmʌgə) I ZN • *warboel* • *heimelijkheid* II BNW + BIJW • *heimelijk; in 't geniep* • *verward;* III BWW *rommelig* ★ ~ in de doofpot stoppen IV ONOV WW *konkelen*
hulk (hʌlk) ZN • *bonk* ⟨grote man⟩ • *romp* ⟨v. afgetuigd schip⟩ • *joekel*
hulking ('hʌlkɪŋ) BNW *log; lomp*

hull (hʌl) I ZN • *peul; schil* • *omhulsel* • (*scheeps*)*romp* II OV WW • *pellen* • *torpederen*
hullabaloo (hʌləbə'lu:) ZN *rumoer; drukte; kabaal*
hum (hʌm) I ZN • *gezoem; gebrom* • *aarzelende toon; gehum* II ONOV WW • *zoemen; brommen* • *stinken* ★ hum and haw *aarzelen* ⟨zijn mening te zeggen⟩ ★ the office was humming with activity *het kantoor gonsde van activiteit* ★ make things hum *de zaak op dreef helpen; leven in de brouwerij brengen* III OV+ONOV WW *neuriën* IV TW *tja; hm*
human ('hju:mən) BNW *menselijk*
humane (hju:'meɪn) BNW *humaan; menslievend* ★ ~ killer *slachtmasker* ★ ~ studies *humaniora*
humanism ('hju:mənɪzəm) ZN *humanisme*
humanist ('hju:mənɪst) ZN *humanist*
humanitarian (hju:mænɪ'teərɪən) I ZN *filantroop* II BNW • *filantropisch* • *humanitair*
humanities (hju:'mænətɪz) ZN MV *humaniora*
humanity (hju:'mænətɪ) ZN • *menselijkheid* • *mensdom* • *het mens zijn* • *menslievendheid*
humanize ('hju:mənaɪz) I OV WW *beschaven* II ONOV WW *beschaafd*(*er*) *worden*
humankind (hju:mən'kaɪnd) ZN (*de*) *mensheid*
humanly ('hju:mənlɪ) BIJW *menselijkerwijs gesproken*
humble ('hʌmbl) I BNW • *nederig; onderdanig* • *bescheiden* ★ eat ~ pie *zoete broodjes bakken* II OV WW *vernederen*
humbug ('hʌmbʌg) I ZN • *zwendel* • *kouwe drukte* • *nonsens* • *branieschopper* II OV WW *bedriegen* III ONOV WW *zwendelen*
humdinger ('hʌmdɪŋə) ZN • *kei* ⟨fig.⟩; *geweldenaar* • *meesterstukje* • *knaller*
humdrum ('hʌmdrʌm) I ZN • *alledaagsheid; saaiheid* • *sleur* II BNW *alledaags; saai* III ONOV WW *in de oude sleur voortgaan*
humid ('hju:mɪd) BNW *vochtig*
humidify (hju:'mɪdɪfaɪ) OV WW *vochtig maken*
humidity (hju:'mɪdətɪ) ZN *vochtigheid*
humiliate (hju:'mɪlɪeɪt) OV WW *vernederen*
humiliation (hju:mɪlɪ'eɪʃən) ZN *vernedering*
humility (hju:'mɪlətɪ) ZN *nederigheid*
humming ('hʌmɪŋ) I ZN *gezoem* II BNW *krachtig*
hummingbird ('hʌmɪŋbɜ:d) ZN *kolibrie*
humming-top ('hʌmɪŋtɒp) ZN *bromtol*
hummock ('hʌmək) ZN *heuveltje*
humorist ('hju:mərɪst) ZN *humorist*
humorous ('hju:mərəs) BNW *geestig*
humour ('hju:mə) I ZN • *humeur* • *humor* • *stemming* ★ out of ~ *ontstemd* ★ black ~ *zwarte humor* II OV WW • *zijn zin geven* • *toegeven* (*aan*)
humoursome ('hju:məsəm) BNW *nukkig*
hump (hʌmp) I ZN • *bult* • FIG. *het land; de pest* ★ PLAT it gives me the hump *ik heb er de balen van* II ONOV WW *krommen* • USA z. *inspannen* • *krommen* • *iemand ergeren*
humpback ('hʌmpbæk) ZN *gebochelde*
humpbacked ('hʌmpbækt) BNW *met een bochel*
humpty-dumpty (hʌmptɪ'dʌmptɪ) ZN *kort dik ventje*
humus ('hju:məs) ZN *teelaarde*
hunch (hʌntʃ) I ZN • *bult* • *homp* • *voorgevoel* II OV WW ~ **up** *optrekken* ★ don't sit with your shoulders ~ed up! *zit niet met je schouders*

opgetrokken! **III** ONOV WW *krommen; krombuigen*
hunchback ('hʌntʃbæk) ZN *bochel*
hunchbacked ('hʌntʃbækt) BNW *met een bochel*
hundred ('hʌndrəd) TELW *honderd; honderdtal* ★ a ~ to one (chance) *(kans van) een op honderd* ★ ~s *een heleboel* ★ still a ~ and one things to do *nog duizend en een dingen te doen*
hundredfold ('hʌndrədfəʊld) BNW *honderdvoud(ig)*
hundredth ('hʌndrədθ) TELW *honderdste*
hundredweight ('hʌndrədweɪt) ZN *centenaar* ⟨ongeveer 50 kg⟩
hung (hʌŋ) WW [verl. tijd + volt. deelw.] → **hang**
Hungarian (hʌŋ'geərɪən) **I** ZN • *Hongaar(se)* • *het Hongaars* **II** BNW *Hongaars*
Hungary ('hʌŋgərɪ) ZN *Hongarije*
hunger ('hʌŋgə) **I** ZN • *honger* • *verlangen* ★ ~ strike *hongerstaking* ★ ~ march *hongeroptocht; protestmars* **II** ONOV WW ★ ~ for/after s.th. *hunkeren naar iets*
hungry ('hʌŋgrɪ) BNW • *hongerig* • *hongerig makend* ★ be ~ *trek hebben* ★ go ~ *honger lijden; niet te eten krijgen*
hunk (hʌŋk) ZN *brok; homp*
hunker ('hʌŋkə) **I** ZN ★ on one's ~s *op de hurken* **II** ONOV WW *hurken*
hunks (hʌŋks) ZN • *zuurpruim* • *vrek*
hunky-dory (hʌŋkɪ'dɔ:rɪ) BNW PLAT/USA *prima*
hunt (hʌnt) **I** ZN • *jacht* • *zoektocht* • *jachtstoet* • *jachtclub* • *jachtgebied* **II** OV WW • *najagen* • *jagen op* • *afzoeken* ★ ~ down *in 't nauw drijven; achterna zitten* ★ ~ out *opsporen; achterhalen* **III** ONOV WW • *jagen* ⟨met honden/paard⟩ • *zoeken*
hunter ('hʌntə) ZN *jager* ⟨ook fig.⟩
hunting ('hʌntɪŋ) ZN • *jacht* • *zoektocht* ★ ~-box/-lodge/-seat *jachthuis* ★ ~-crop *jachtzweep* ★ ~ ground *(jacht)terrein* ★ the happy ~ ground(s) *de eeuwige jachtvelden*
huntsman ('hʌntsmən) ZN *jager*
hurdle ('hɜ:dl) ZN *horde* ★ ~s *hordeloop*
hurdler ('hɜ:dlə) ZN *hordelo(o)p(st)er*
hurdy-gurdy ('hɜ:dɪgɜ:dɪ) ZN *draailier; buik-/draaiorgel(tje)*
hurl (hɜ:l) **I** ZN *worp* **II** OV WW *werpen; smijten*
hurly-burly ('hɜ:lɪbɜ:lɪ) ZN *rumoer*
hurrah (hʊ'rɑ:) **I** ZN *hoera(atje)* **II** ONOV WW *hoera roepen* **III** TW *hoera!*
hurray (hʊ'reɪ) **I** ZN → **hurrah** **II** ONOV WW → **hurrah** **III** TW → **hurrah**
hurricane ('hʌrɪkən) ZN *orkaan* ★ ~-deck *stormdek* ★ ~ lamp *stormlamp*
hurried ('hʌrɪd) BNW *gehaast*
hurry ('hʌrɪ) **I** ZN *haast* ★ be in a ~ *haast hebben* ★ you won't beat that in a ~ *dat doe je niet zo gemakkelijk beter* ★ I shall not ask again in a ~ *ik zal het niet zo snel een tweede keer vragen* **II** OV WW • *overhaasten* • *tot haast aanzetten* • ~ along/on *voortjagen; opjagen* • ~ away in haast *wegbrengen* **III** ONOV WW • *z. haasten* • *haast maken met* • ~ along/on *voortijlen* • ~ away *wegsnellen* • ~ up *haast maken; voortmaken*
hurry-scurry (hʌrɪ'skʌrɪ) BNW • OUD. *gehaast* • OUD. *paniekerig*

hurst (hɜ:st) ZN • *beboste heuvel* • *zandbank* ⟨in rivier⟩
hurt (hɜ:t) **I** ZN • *pijn* • *letsel* • *krenking* • *schade* **II** OV WW • *beschadigen* • *kwetsen* ★ it doesn't hurt to try *baat het niet, dan schaadt het niet* **III** ONOV WW *ov+onov ww pijn doen*
hurtful ('hɜ:tfʊl) BNW • *nadelig* • *grievend*
hurtle ('hɜ:tl) **I** ZN *geslinger* **II** OV WW *slingeren; smakken* **III** ONOV WW *snorren; kletteren*
husband ('hʌzbənd) **I** ZN *man; echtgenoot* **II** OV WW *zuinig beheren*
husbandry ('hʌzbəndrɪ) ZN • *landbouw en veeteelt* • *(zuinig) beheer*
hush (hʌʃ) **I** ZN • *stilte* • *gesus* **II** OV WW • *sussen* • *doen stilhouden; tot zwijgen brengen* • ~ up *in de doofpot stoppen; verzwijgen* **III** ONOV WW *zwijgen; stilhouden* **IV** TW *sst!*
hushaby ('hʌʃəbaɪ) TW OUD. *sst!* ⟨tegen kind⟩
hush-money ('hʌʃmʌnɪ) ZN *zwijggeld*
husk (hʌsk) **I** ZN *schil; peul; kaf; dop* **II** OV WW *v. schil enz. ontdoen; pellen*
husky ('hʌskɪ) **I** ZN • *poolhond* • USA *potige vent* **II** BNW • *vol peulen/schillen, enz.* • *schor* • *potig*
hussar (hʊ'zɑ:) ZN *huzaar*
hussy ('hʌsɪ) ZN *brutale meid; feeks*
hustings ('hʌstɪŋz) ZN MV • *verkiezingen* • *rechtbank in de Guildhall, Londen*
hustle ('hʌsəl) **I** ZN *gedrang* ★ ~ and bustle *drukte;* ('t) *jachten en jagen* **II** OV WW • *haastig verwerken* • *door elkaar schudden* • USA *hoereren* **III** ONOV WW • *dringen* • *stompen* • *jachten*
hustler ('hʌslə) ZN • *doorzetter* • USA *voortvarend mens* • *oplichter* • INFORM. *hoer*
hut (hʌt) **I** ZN • *hut* • *barak* **II** OV WW *in hut/barak onderbrengen* **III** ONOV WW *in hut/barak verblijven*
hutch (hʌtʃ) ZN • *(konijnen)hok* • *hut* • *kolenkarretje*
hutment ('hʌtmənt) ZN *barakkenkamp*
hyacinth ('haɪəsɪnθ) ZN *hyacint*
hyaena (haɪ'i:nə) ZN *hyena*
hybrid ('haɪbrɪd) **I** ZN *bastaard(vorm)* **II** BNW *bastaard-; hybridisch*
hybridism ('haɪbrɪdɪzəm) ZN *verbastering*
hybridize ('haɪbrɪdaɪz) OV WW *kruisen*
hydra ('haɪdrə) ZN *waterslang*
hydrangea (haɪ'dreɪndʒə) ZN *hydrangea; hortensia*
hydrant ('haɪdrənt) ZN *brandslang; standpijp*
hydrate ('haɪdreɪt) ZN *hydraat*
hydraulic (haɪ'drɔ:lɪk) BNW *hydraulisch*
hydraulics (haɪ'drɔ:lɪks) ZN MV *hydraulica*
hydro- ('haɪdrəʊ) VOORV *hydro-; water-*
hydrocarbon (haɪdrəʊ'kɑ:bən) ZN *koolwaterstof*
hydroelectric (haɪdrəʊɪ'lektrɪk) BNW *hydro-elektrisch*
hydrofoil ('haɪdrəfɔɪl) ZN *(draag)vleugelboot*
hydrogen ('haɪdrədʒən) ZN *waterstof* ★ ~ bomb *H-bom* ★ ~ peroxide *waterstofperoxide*
hydrophobia (haɪdrə'fəʊbɪə) ZN • *watervrees* • *hondsdolheid*
hydroplane ('haɪdrəpleɪn) ZN • *raceboot* • *watervliegtuig* • *horizontaal roer* ⟨v. duikboot⟩
hydroponics (haɪdrə'pɒnɪks) ZN MV *hydrocultuur*

hygiene ('haɪdʒiːn) ZN *hygiëne*
hygienic (haɪ'dʒiːnɪk) BNW *hygiënisch*
hymen ('haɪmən) ZN *maagdenvlies*
hymn (hɪm) I ZN *lofzang; hymne* II OV WW *(de lof) bezingen (van)* III ONOV WW *hymnen zingen*
hymnal ('hɪmnl) I ZN *hymneboek; gezangenboek* II BNW *hymnisch*
hype (haɪp) I ZN • *heroïnespuiter/-ster; heroïnespuit* • *truc* • *foefje* • *(misleidende) reclamestunt* • *tamtam* • *(vals) sensatiebericht* • *nepfiguur* II OV WW • USA/PLAT *belazeren* • *opzwepen; opwinden; opjutten* ★ hype up *opzwepen*
hyper- ('haɪpə) VOORV *hyper-; over-*
hyperaesthesia (haɪpəriːs'θiːzɪə) ZN *overgevoeligheid*
hyperbole (haɪ'pɜːbəlɪ) ZN *hyperbool*
hypercritical (haɪpə'krɪtɪkl) BNW *overkritisch*
hyperlink ('haɪpəlɪŋk) ZN COMP. *hyperlink*
hypermarket ('haɪpəmɑːkɪt) ZN *grote supermarkt*
hypersensitive (haɪpə'sɛnsɪtɪv) BNW *overgevoelig*
hypertension (haɪpə'tɛnʃən) ZN *verhoogde bloeddruk*
hyperventilate (haɪpə'vɛntɪleɪt) ONOV WW MED. *hyperventileren*
hyperventilation (haɪpəvɛntɪ'leɪʃən) ZN MED. *hyperventilatie*
hyphen ('haɪfən) I ZN *verbindingsstreepje* II OV WW *met streepje verbinden*
hyphenate ('haɪfəneɪt) OV WW *met streepje verbinden* ★ ∼d name *dubbele naam* ★ ∼d American *import-Amerikaan* ⟨v. buitenlandse afkomst⟩
hypnosis (hɪp'nəʊsɪs) ZN *hypnose*
hypnotic (hɪp'nɒtɪk) I ZN *slaapwekkend middel* II BNW *slaapverwekkend*
hypnotism ('hɪpnətɪzəm) ZN *hypnotisme*
hypnotist ('hɪpnətɪst) ZN *hypnotiseur*
hypnotize ('hɪpnətaɪz) OV WW *hypnotiseren*
hypo ('haɪpəʊ) ZN *fixeerzout*
hypo- VOORV *onder-*
hypochondria (haɪpə'kɒndrɪə) ZN *hypochondrie*
hypochondriac ('haɪpə'kɒndriæk) I ZN *hypochonder* II BNW *hypochondrisch*
hypocrisy (hɪ'pɒkrəsɪ) ZN *hypocriet*
hypocrite ('hɪpəkrɪt) ZN *hypocriet*
hypocritical (hɪpə'krɪtɪkl) BNW *hypocriet*
hypodermic (haɪpə'dɜːmɪk) I BNW BIOL. *onderhuids* II ZN MED. *injectiespuit*
hypotenuse (haɪ'pɒtənjuːz) ZN *hypotenusa; schuine zijde*
hypothecate (haɪ'pɒθɪkeɪt) OV WW *verhypothekeren*
hypothesis (haɪ'pɒθɪsɪs) ZN *hypothese; veronderstelling*
hypothesize (haɪ'pɒθɪsaɪz) I OV WW *veronderstellen* II ONOV WW *een veronderstelling maken*
hypothetical (haɪpə'θetɪkl) BNW *hypothetisch*
hyssop ('hɪsəp) ZN • PLANTK. *hysop* • *wijwaterkwast*
hysterectomy (hɪstə'rektəmɪ) ZN *verwijdering v.d. baarmoeder*
hysteria (hɪ'stɪərɪə) ZN *hysterie*
hysteric (hɪ'sterɪk) BNW *hysterisch*
hysterical (hɪ'sterɪkl) I ZN *hysterisch persoon* II BNW *hysterisch*
hysterics (hɪ'sterɪks) ZN MV *hysterische aanval* ★ go into ∼ *hysterische aanvallen krijgen*
hysterotomy (hɪstər'ɒtəmɪ) ZN *baarmoederincisie*

I

i (aɪ) ZN letter *i* ★ **I as in Isaac** *de i van Izaak*
I (aɪ) PERS VNW *ik*
iamb ('aɪæmb) ZN *jambe*
iambic (aɪ'æmbɪk) BNW *jambisch*
iambus ZN → **iamb**
IB AFK International Baccalaureat *Internationaal Baccalaureaat*
Iberian (aɪ'bɪərɪən) I ZN *Iberiër* II BNW *Iberisch*
ibex ('aɪbeks) ZN *steenbok*
i/c AFK in charge of *verantwoordelijk voor*
ice (aɪs) I ZN *ijs* • FIG. cut ice *invloed hebben* • FIG. on thin ice *op glad ijs* • FIG. break the ice *het ijs breken* ★ black ice *ijzel* II OV WW • *(doen) bevriezen* • *met ijs bedekken* • *koud maken* • USA/PLAT *doden* • *glaceren* ⟨v. gebak⟩ III ONOV WW ~ **over/up** *vastvriezen*; *ijs vormen* ⟨op vliegtuig⟩; *met ijs bedekt worden*
ice age ZN *ijstijd*
iceberg ('aɪsbɜːg) ZN *ijsberg*
ice-bound ('aɪsbaʊnd) ZN *bevroren*; *ingevroren*
icebox ('aɪsbɒks) ZN • *ijskast* • USA *koelkast*
icebreaker ('aɪsbreɪkə) ZN *ijsbreker*
ice-cold BNW *ijskoud*
ice cream ZN *(room)ijs(je)*
ice cream soda ZN *sorbet*
ice-cube ZN *ijsblokje*
ice ferns ZN MV *ijsbloemen*
ice floe ZN *ijsschots*
ice hockey ZN *ijshockey*
Icelander ('aɪsləndə) ZN *IJslander*
Icelandic (aɪs'lændɪk) I ZN *IJslands* ⟨de taal⟩ II BNW *van IJsland*
Icelandic (aɪs'lændɪk) I ZN *IJslands* II BNW *IJslands*
ice-rink ('aɪsrɪŋk) ZN *kunstijsbaan*
ice skate ZN *schaats*
ice-skate I ZN *schaats* II ONOV WW *schaatsen*
icicle ('aɪsɪkl) ZN *ijspegel*
icily ('aɪsəli) BNW • *ijzig* • *ijs-*
icing ('aɪsɪŋ) ZN • *ijsafzetting* • *suikerglazuur* ★ ~ **sugar** *poedersuiker*
icon ('aɪkɒn) ZN *icoon*
iconize ('aɪkənaɪz) OV WW *verafgoden*
iconoclasm (aɪ'kɒnəklæzəm) ZN *beeldenstorm*
iconoclast (aɪ'kɒnəklæst) ZN *beeldenstormer*
icy ('aəsi) BNW • *ijsachtig*; *ijs-* • *bevroren*; *met ijs bedekt*; *vriezend* • *kil*; *afstandelijk*
I'd (aɪd) SAMENTR I had, I would → **have** → **will**
idea (aɪ'dɪə) ZN • *idee*; *plan* • *bedoeling*
ideal (aɪ'diːəl) I ZN *ideaal* II BNW • *ideaal* • *ideëel* • *denkbeeldig*
idealism (aɪ'dɪəlɪzəm) ZN *idealisme*
idealist (aɪ'dɪəlɪst) ZN *idealist*
idealistic (aɪdɪə'lɪstɪk) BNW *idealistisch*
idealization (aɪdɪəlaɪ'zeɪʃən) ZN *idealisering*
idealize (aɪ'dɪəlaɪz) OV WW *idealiseren*
ideally (aɪ'dɪəli) BIJW *ideaal*; *als ideaal*
identic(al) (aɪ'dentɪk(l)) BNW *gelijkwaardig*; *identiek*
identifiable (aɪ'dentɪfaɪəbl) BNW *te identificeren*
identification (aɪdentɪfɪ'keɪʃən) ZN ★ **means of** ~ *legitimatiebewijs*
identify (aɪ'dentɪfaɪ) I OV WW *identificeren*; *gelijkstellen* ★ ~ **flowers** *bloemen determineren* II ONOV WW ~ **with** *zich identificeren met*
identikit (aɪ'dentɪkɪt) ZN *compositietekening*; *montagefoto*
identity (aɪ'dentəti) ZN *identiteit*; *persoonlijkheid* ★ ~ **plate** *nummerbord* ★ ~ **card** *identiteitskaart*; *persoonsbewijs*
ideological (aɪdɪə'lɒdʒɪkl) BNW *ideologisch*
ideologist (aɪdɪ'ɒlədʒɪst) ZN *ideoloog*
ideology (aɪdɪ'ɒlədʒɪ) ZN *ideologie*
ides (aɪdz) ZN *15e/13e dag van de maand*
idiocy ('ɪdɪəsɪ) ZN *zwakzinnigheid*; *idioterie*
idiom ('ɪdɪəm) ZN • *uitdrukking met eigen betekenis* • *taaleigen uitdrukking*
idiomatic(al) (ɪdɪə'mætɪk(l)) BNW *idiomatisch*
idiosyncrasy (ɪdɪəʊ'sɪŋkrəsɪ) ZN *persoonlijke eigenaardigheid/gesteldheid*
idiosyncratic (ɪdɪəʊsɪn'krætɪk) BNW *karakteristiek*
idiot ('ɪdɪət) ZN *idioot*
idiotic(al) (ɪdɪ'ɒtɪk(l)) BNW *idioot*
idle ('aɪdl) I BNW • *nutteloos* • *ongegrond* • *ongebruikt*; *opgelegd* ⟨v. schepen⟩ • *braak* ⟨v. land⟩ • *lui* • *niet aan 't werk zijnde* ★ **idle gossip** *kletspraat* ★ **idle story** *praatje voor de vaak* ★ **idle wheel** *veiligheidswiel*; *tussenwiel* ★ **bone idle** *aartslui* II OV WW **idle away one's time** *z'n tijd verluieren* III ONOV WW • *luieren* • *stationair draaien*
idleness ('aɪdlnəs) ZN *nutteloosheid*
idler ('aɪdlə) ZN *leegloper*
idly ('aɪdlɪ) BIJW • *terloops* • *zonder bepaalde bedoeling*
idol ('aɪdl) ZN • *afgod* • *idool*
idolater (aɪ'dɒlətə) ZN *afgodendienaar*; *aanbidder*
idolatress (aɪ'dɒlətrɪs) ZN *aanbidster*; *afgodendienares*
idolatrous (aɪ'dɒlətrəs) BNW *m.b.t. afgoderij*
idolatry (aɪ'dɒlətrɪ) ZN *afgoderij*
idolization ZN → **idolatry**
idolize ('aɪdəlaɪz) OV WW *verafgoden*
idyl(l) ('ɪdl) ZN *idylle*
idyl(l)ic (ɪ'dɪlɪk) BNW *idyllisch*
i.e. AFK id est *d.w.z.*
if (ɪf) I ZN *voorwaarde* II VW • *indien*; *als*; *ingeval* • **of** ★ INFORM. she's 30 if she's a day *zij is minstens 30* ★ **if ifs and ands were pots and pans** *as is verbrande turf* ★ **if not well-to-do, he is not poor** *hij mag dan niet rijk zijn, arm is hij ook niet* ★ **if not ... zo niet, dan ...** ★ **if so ... zo ja, dan ...** ★ **he won't succeed, if he's ever so clever** *het zal hem niet lukken al is hij nog zo slim* ★ **as if he didn't know** *alsof hij het niet wist* ★ **if anything** *wat je ook doet* ★ **if only** *als ... maar*
iffy ('ɪfɪ) BNW INFORM. *twijfelachtig*
igloo ('ɪgluː) ZN *iglo*
igneous ('ɪgnɪəs) BNW *vurig*; *vuur-*
ignite (ɪg'naɪt) I OV WW *doen gloeien*; *in brand steken* II ONOV WW *in brand raken*; *ontbranden*
ignition (ɪg'nɪʃən) ZN • *ontsteking* ⟨v. motor⟩ • *ontbranding* ★ ~ **coil** *bobine* ★ ~ **key** *contactsleuteltje*
ignoble (ɪg'nəʊbl) BNW • *v. lage komaf* • *gemeen*
ignominious (ɪgnə'mɪnɪəs) BNW • *schandelijk* • *oneervol*
ignominy ('ɪgnəmɪnɪ) ZN *schande*; *smaad*

ignoramus (ɪgnə'reɪməs) ZN *domkop*
ignorance ('ɪgnərəns) ZN • *onwetendheid* • *onkunde* • *het voorbijgaan aan* • *het onbekend zijn met*
ignorant ('ɪgnərənt) BNW • *onwetend* • *onkundig* • *onontwikkeld* • *onopgevoed; onbeleefd* ★ ~ of *onbekend met*
ignore (ɪg'nɔ:) OV WW *negeren*
i.h.p. AFK indicated horse power *I.P.K.; indicateur paardenkracht*
ikon ('aɪkɒn) ZN → **icon**
il- (ɪl) VOORV *on-; niet*
ilk (ɪlk) BNW • *soort; slag* • SCHOTS *elk* • *zelfde* ★ of that ilk *van die naam*
ill (ɪl) **I** ZN • *kwaad* • *ramp* • *kwaal* ★ ills *tegenslagen* ★ OUD. speak ill of a p. *van iem. kwaadspreken* ★ do a p. an ill turn *iem. kwaad berokkenen* **II** BNW • *ziek; misselijk* • *slecht* • *met lichamelijk letsel* • *onbehoorlijk* ★ ill blood *kwaad bloed* ★ ill weeds grow apace *onkruid vergaat niet* ★ it is an ill wind that blows nobody any good *'t is 'n slecht land waar 't niemand goed gaat* **III** BIJW *slecht; kwalijk* ★ you won't take it ill of me *je zult ('t) me niet kwalijk nemen* ★ they were ill at ease *zij voelden zich niet op hun gemak*
I'll (aɪl) SAMENTR I shall, I will → **shall** → **will**
ill-advised (ɪləd'vaɪzd) BNW • *onverstandig* • *onvoorzichtig*
ill-affected BNW *slecht gezind*
ill-assorted (ɪlə'sɔ:tɪd) BNW *niet bij elkaar horend*
illation (ɪ'leɪʃən) ZN • *afleiding* • *conclusie*
ill-boding BNW *onheilspellend*
ill-bred (ɪl'bred) BNW *onopgevoed*
ill-breeding (ɪl'bri:dɪŋ) ZN *ongemanierdheid*
ill-disposed BNW • *slechtgezind* • *onwillig; ongenegen* • ~ towards *gekant tegen*
illegal (ɪ'li:gl) BNW *onwettig*
illegality (ɪli:'gælətɪ) ZN *onwettigheid*
illegibility (ɪledʒə'bɪlətɪ) ZN *onleesbaarheid*
illegible (ɪ'ledʒɪbl) BNW *onleesbaar*
illegitimacy (ɪlɪ'dʒɪtɪməsɪ) ZN *onwettigheid; illegitimiteit*
illegitimate (ɪlɪ'dʒɪtɪmɪt) **I** ZN *bastaard* **II** BNW • *onwettig; onecht* • *abnormaal*
ill-equipped BNW *onvoldoende toegerust*
ill-famed BNW *berucht*
ill-fated (ɪl'feɪtɪd) BNW *noodlottig*
ill-favoured (ɪl'feɪvəd) BNW *lelijk*
ill-featured BNW → **ill-favoured**
ill-gotten (ɪl'gɒtn) BNW *onrechtvaardig verkregen* ★ ~ gains *gestolen goed*
illiberal (ɪ'lɪbərəl) BNW • *bekrompen* • *gierig* • *niet eerlijk*
illiberality (ɪlɪbə'rælətɪ) ZN • *bekrompenheid* • *gierigheid*
illicit (ɪ'lɪsɪt) BNW *onwettig; ongeoorloofd* ★ ~ trade *illegale/zwarte handel* ★ ~ work *zwartwerk*
illimitable (ɪ'lɪmɪtəbl) BNW • *onmeetbaar* • *onbegrensd*
illiteracy (ɪ'lɪtərəsɪ) ZN *ongeletterdheid*
illiterate (ɪ'lɪtərət) **I** ZN • *analfabeet* • *ongeletterde* **II** BNW • *niet kunnende lezen* • *ongeletterd*
ill-judged (ɪl'dʒʌdʒd) BNW *onverstandig*
ill-mannered (ɪl'mænəd) BNW *ongemanierd*

ill-matched BNW *niet bij elkaar passend*
ill-natured BNW *onvriendelijk; nors*
illness ('ɪlnəs) ZN *ziekte*
illogical (ɪ'lɒdʒɪkl) BNW *onlogisch*
ill-omened (ɪl'əʊmənd) BNW *ongeluks-*
ill-prepared BNW *slecht voorbereid*
ill-starred (ɪl'stɑ:d) BNW *ongelukkig; rampspoedig*
ill-tempered (ɪl'tempəd) BNW *humeurig*
ill-timed (ɪl'taɪmd) BNW *ongelegen*
ill-treat (ɪl'tri:t) OV WW *mishandelen; slecht behandelen*
ill-treatment (ɪl'tri:tmənt) ZN • *mishandeling; slechte behandeling* • *kwaadwilligheid* • *tegenzin*
illuminate (ɪ'lu:mɪneɪt) OV WW • *verlichten; licht werpen op; illumineren* • *verluchten* ‹v. manuscript› ★ USA mildly ~d *wat aangeschoten*
illuminating (ɪ'lu:mɪneɪtɪŋ) BNW *verhelderend; verduidelijkend*
illumination (ɪlu:mɪ'neɪʃən) ZN • *illuminatie* • *licht; verlichting; luister*
illuminator (ɪ'lu:mɪneɪtə) ZN • *verlichtingsmiddel* • *verlichter*
illumine OV WW → **illuminate**
illusion (ɪ'lu:ʒən) ZN • *illusie* • *visioen* • *zinsbegoocheling* • *doorzichtige tule*
illusionist (ɪ'lu:ʒənɪst) ZN • *iem. die niet gelooft aan de objectiviteit der dingen* • *goochelaar*
illusive (ɪ'lu:sɪv) BNW *bedrieglijk*
illusory BNW → **illusive**
illustrate ('ɪləstreɪt) OV WW • *illustreren* • *verduidelijken* ★ ~d *geïllustreerd blad*
illustration (ɪlə'streɪʃən) ZN *illustratie*
illustrative ('ɪləstrətɪv) BNW *illustratief*
illustrator ('ɪləstreɪtə) ZN *illustrator; tekenaar*
illustrious (ɪ'lʌstrɪəs) BNW • *doorluchtig* • *beroemd*
I'm (aɪm) SAMENTR I am → **be**
image ('ɪmɪdʒ) **I** ZN • *beeld; voorstelling; beeltenis; gelijkenis* • *idee* • *reputatie* ★ she is the (very) ~ of her mother *ze lijkt sprekend op haar moeder* **II** OV WW *afbeelden; voorstellen*
imagery ('ɪmɪdʒərɪ) ZN • *beelden* • *beeldspraak*
imaginable (ɪ'mædʒɪnəbl) BNW *denkbaar*
imaginary (ɪ'mædʒɪnərɪ) BNW *denkbeeldig; imaginair(e)*
imagination (ɪmædʒɪ'neɪʃən) ZN *verbeelding; voorstellingsvermogen*
imaginative (ɪ'mædʒɪnətɪv) BNW • *fantasierijk* • *fantastisch*
imagine (ɪ'mædʒɪn) OV WW *z. voorstellen*
imam (ɪ'mɑ:m) ZN *imam*
imbalance (ɪm'bæləns) ZN *onevenwichtigheid*
imbecile ('ɪmbɪsi:l) **I** ZN *stommerd* **II** BNW *imbeciel; stom*
imbecility (ɪmbə'sɪlətɪ) ZN • *geesteszwakheid* • *dwaasheid*
imbed (ɪm'bed) OV WW *insluiten; (vast)leggen* ★ be ~ded in *vastzitten in*
imbibe (ɪm'baɪb) OV WW • *drinken* • *in z. opnemen*
imbroglio (ɪm'brəʊlɪəʊ) ZN *verwarde situatie*
imbrue (ɪm'bru:) OV WW • *kleuren* • *bezoedelen*
imbue (ɪm'bju:) OV WW • *drenken* • *verven* • *bezielen*
imburse (ɪm'bɜ:s) OV WW *van geld voorzien*
I.M.F. AFK International Monetary Fund *IMF;*

Internationaal Monetair Fonds
imitate ('ɪmɪteɪt) OV WW *nabootsen; navolgen*
imitation (ɪmɪ'teɪʃən) ZN *imitatie; namaak*
imitative ('ɪmɪtətɪv) BNW *nabootsend* ★ ~ arts *beeldende kunsten*
imitator ('ɪmɪteɪtə) ZN *imitator*
immaculate (ɪ'mækjʊlət) BNW • *onbevlekt* • *onberispelijk*
immanence ('ɪmənəns) ZN *'t zijn in*
immanent ('ɪmənənt) BNW • *inherent* • *innerlijk* • *alomtegenwoordig*
immaterial (ɪmə'tɪərɪəl) BNW • *onstoffelijk* • *onbelangrijk*
immature (ɪmə'tjʊə) BNW *onrijp; niet volwassen*
immaturity (ɪmə'tjʊərətɪ) ZN *onvolgroeidheid*
immeasurable (ɪ'meʒərəbl) BNW *oneindig; onmeetbaar*
immediacy (ɪ'mi:dɪəsɪ) ZN • *nabijheid* • *dringendheid*
immediate (ɪ'mi:dɪət) BNW *onmiddellijk* ★ ~ future *nabije toekomst*
immediately (ɪ'mi:dɪətlɪ) I BIJW • *onmiddellijk* • *rechtstreeks* II VW *meteen als; meteen toen; zodra*
immemorial (ɪmɪ'mɔ:rɪəl) BNW *onheuglijk*
immense (ɪ'mens) BNW • *onmetelijk* • PLAT *eersteklas; prima*
immensely (ɪ'menslɪ) BIJW • *immens* • *onmetelijk*
immensity (ɪ'mensətɪ) ZN *oneindigheid*
immerge (ɪ'mɜ:dʒ) I OV WW *ondergaan* II ONOV WW *onderdompelen*
immerse (ɪ'mɜ:s) OV WW *onderdompelen; indopen* ★ ~d in *verdiept in*
immersion (ɪ'mɜ:ʃən) ZN ★ ~ heater *dompelaar*
immesh (ɪ'meʃ) OV WW *verwarren; verstrikken*
immigrant ('ɪmɪgrənt) I ZN *immigrant* II BNW *immigrerend*
immigrate ('ɪmɪgreɪt) ONOV WW *immigreren*
immigration (ɪmɪ'greɪʃən) ZN *immigratie*
imminence ('ɪmɪnəns) ZN *dreigend gevaar*
imminent ('ɪmɪnənt) BNW *dreigend; op handen zijnde*
immobile (ɪ'məʊbaɪl) BNW *onbeweeglijk*
immobiliser (ɪ'məʊbəlaɪzə) ZN TECHN. *startonderbreker*
immobility (ɪməʊ'bɪlɪtɪ) ZN *onbeweeglijkheid*
immobilization (ɪməʊbəlaɪ'zeɪʃən) ZN *immobilisatie*
immobilize (ɪ'məʊbɪlaɪz) OV WW • *onbeweeglijk maken* • *immobiel maken* (v. troepen) • *aan de circulatie onttrekken* (v. geld)
immoderate (ɪ'mɒdərət) BNW *buitensporig; onmatig*
immoderation (ɪmɒdə'reɪʃən) ZN • *onmatigheid* • *buitensporigheid*
immodest (ɪ'mɒdɪst) BNW • *onbetamelijk* • *onbescheiden*
immodesty (ɪ'mɒdəstɪ) ZN *onbescheidenheid*
immolate ('ɪməleɪt) OV WW *offeren*
immolation (ɪmə'leɪʃən) ZN *offer*
immoral (ɪ'mɒrəl) BNW • *immoreel* • *onzedelijk*
immorality (ɪmə'rælətɪ) ZN • *immoraliteit* • *verdorvenheid*
immortal (ɪ'mɔ:tl) I ZN *onsterfelijke* II BNW • *onsterfelijk* • INFORM. *onverslijtbaar*
immortality (ɪmɔ:'tælətɪ) ZN *onsterfelijkheid*

immortalize (ɪ'mɔ:tələɪz) OV WW *onsterfelijk maken; vereeuwigen*
immortelle (ɪmɔ:'tel) ZN *strobloem*
immovable (ɪ'mu:vəbl) BNW • *onbeweeglijk* • *onveranderlijk* • *niet geroerd* • *onroerend*
immovables (ɪ'mu:vəblz) ZN MV *onroerende goederen*
immune (ɪ'mju:n) BNW ★ ~ against/to/from *immuun voor*
immunity (ɪ'mju:nətɪ) ZN • *immuniteit* • *ontheffing* ⟨v. belasting⟩
immunization (ɪmjʊnaɪ'zeɪʃən) ZN *immunisering*
immunize ('ɪmju:naɪz) OV WW *immuun maken*
immure (ɪ'mjʊə) OV WW *(z.) opsluiten*
immutability (ɪmju:tə'bɪlətɪ) ZN *onveranderlijkheid*
immutable (ɪ'mju:təbl) BNW *onveranderlijk*
imp (ɪmp) I ZN • *kabouter* • *stout kind* • *duiveltje* II OV WW *versterken*
impact[1] ('ɪmpækt) ZN • *slag* • *stoot* • *botsing* • *invloed* • *uitwerking* • *doorwerking; effect*
impact[2] (ɪm'pækt) OV WW *indrijven*
impair (ɪm'peə) OV WW • *beschadigen* • *verzwakken*
impairment (ɪm'peəmənt) ZN • *beschadiging* • *verzwakking*
impale (ɪm'peɪl) OV WW *spietsen*
impalpability (ɪmpælpə'bɪlətɪ) ZN • *onvoelbaarheid* • *ongrijpbaarheid*
impalpable (ɪm'pælpəbl) BNW • *ontastbaar* • *onvoelbaar* • *ongrijpbaar*
impanel (ɪm'pænl) OV WW *samenstellen* ⟨v. jury⟩
imparity (ɪm'pærətɪ) ZN *ongelijkheid*
impart (ɪm'pɑ:t) OV WW *mededelen*
impartial (ɪm'pɑ:ʃəl) BNW *onpartijdig*
impartiality (ɪmpɑ:ʃɪ'ælətɪ) ZN *onpartijdigheid*
impassability (ɪmpɑ:sə'bɪlətɪ) ZN • *onbegaanbaarheid* • *onoverkomelijkheid*
impassable (ɪm'pɑ:səbl) BNW • *onoverkomelijk* • *onbegaanbaar*
impasse ('æmpæs) ZN • *doodlopende steeg* • *impasse*
impassible (ɪm'pæsɪbl) BNW • *ongevoelig* • *onkwetsbaar*
impassion (ɪm'pæʃən) OV WW *aanvuren*
impassioned (ɪm'pæʃənd) BNW *hartstochtelijk*
impassive (ɪm'pæsɪv) BNW • *ongevoelig* • *onverstoorbaar* • *gevoelloos* • *onbeweeglijk*
impassivity (ɪmpæ'sɪvətɪ) ZN • *onverstoorbaarheid* • *ongevoeligheid*
impatience (ɪm'peɪʃəns) ZN • *ongeduld* • *gretigheid* • *onverdraagzaamheid*
impatient (ɪm'peɪʃənt) BNW *vurig; verlangend; ongeduldig*
impeach (ɪm'pi:tʃ) OV WW • *in twijfel trekken* • *beschuldigen; in staat v. beschuldiging stellen* • *aanmerking maken op (iets)*
impeachable (ɪm'pi:tʃəbl) BNW *beschuldigbaar*
impeachment (ɪm'pi:tʃmənt) ZN • *aanklacht en vervolging* • *beschuldiging* • *verwijt*
impeccable (ɪm'pekəbl) BNW *zonder zonden; feilloos; smetteloos*
impecunious (ɪmpɪ'kju:nɪəs) BNW • *zonder geld* • *(altijd) arm*
impedance (ɪm'pi:dns) ZN *variabele weerstand; impedantie*

impede (ɪmˈpiːd) ov ww *verhinderen*
impediment (ɪmˈpedɪmənt) zn *beletsel* ★ speech ~ *spraakgebrek*
impedimenta (ɪmpedɪˈmentə) zn mv
• *belemmerende last* • *(leger)bagage* • *legertros*
impel (ɪmˈpel) ov ww • *aanzetten* • *dringen*
impellent (ɪmˈpelənt) I zn *drijfkracht* II bnw *drijf-*
impend (ɪmˈpend) onov ww • *dreigen*
• *aanstaande zijn* • *boven 't hoofd hangen*
★ dangers are ~ing over them *grote gevaren hangen hun boven het hoofd*
impending (ɪmˈpendɪŋ) bnw *dreigend*; *komend*; *ophanden zijnd*
impenetrable (ɪmˈpenɪtrəbl) bnw
• *ondoordringbaar*; *ondoorgrondelijk*; *onbegrijpelijk* • *onoplosbaar* ⟨v. moeilijkheid⟩
impenitent (ɪmˈpenɪtnt) bnw *niet berouwvol*
imperative (ɪmˈperətɪv) I zn ★ ~ mood *gebiedende wijs* II bnw • *gebiedend* • *verplicht*
• *noodzakelijk*
imperceptible (ɪmpəˈseptɪbl) bnw *onmerkbaar*
imperfect (ɪmˈpɜːfɪkt) I zn *onvoltooid verleden tijd* II bnw *onvolkomen*; *onvolmaakt*
imperfection (ɪmpəˈfekʃən) zn • *onvolmaaktheid*
• *zonde*
imperforate (ɪmˈpɜːfərət) bnw *ongeperforeerd*
imperial (ɪmˈpɪərɪəl) I zn • *lange sik* • *imperiaal*
• *Russische munt* • *papierformaat* II bnw
• *keizerlijk*; *keizer(s)-* • *rijks-* ★ ~ city *rijksstad*
imperialism (ɪmˈpɪərɪəlɪzəm) zn • *regering v. keizer* • *imperialisme*
imperialist (ɪmˈpɪərɪəlɪst) I zn • *imperialist*
• *keizersgezinde* II bnw *imperialistisch*
imperialistic (ɪmpɪərɪəˈlɪstɪk) bnw *imperialistisch*
imperil (ɪmˈperɪl) ov ww *in gevaar brengen*
imperious (ɪmˈpɪərɪəs) bnw • *heerszuchtig*; *gebiedend* • *dringend*
imperishability (ɪmperɪʃəˈbɪlətɪ) zn *onvergankelijkheid*
imperishable (ɪmˈperɪʃəbl) bnw *onvergankelijk*
impermeable (ɪmˈpɜːmɪəbl) bnw *ondoordringbaar*
impermissible (ɪmpəˈmɪsɪbl) bnw *ongeoorloofd*
impersonal (ɪmˈpɜːsənl) bnw *onpersoonlijk*
impersonality (ɪmpɜːsəˈnælətɪ) zn *onpersoonlijkheid*
impersonate (ɪmˈpɜːsəneɪt) ov ww
• *verpersoonlijken* • *vertolken* • *nadoen*; *imiteren*
impersonation (ɪmpɜːsəˈneɪʃən) zn
• *verpersoonlijking* • *imitatie*
impersonator (ɪmˈpɜːsəneɪtə) zn • *vertolker*
• *imitator*
impertinence (ɪmˈpɜːtɪnəns) zn
• *onbeschaamdheid* • jur. *irrelevantie*
impertinent (ɪmˈpɜːtɪnənt) bnw • *niet ter zake*
• *belachelijk* • *brutaal*; *ongepast*
imperturbability (ɪmpɜːtəbəˈbɪlətɪ) zn *onverstoorbaarheid*
imperturbable (ɪmpəˈtɜːbəbl) bnw *onverstoorbaar*
impervious (ɪmˈpɜːvɪəs) bnw *ondoordringbaar*
★ ~ to *doof voor*
impetuosity (ɪmpetjʊˈɒsətɪ) zn *onstuimigheid*
impetuous (ɪmˈpetʃʊəs) bnw *onstuimig*; *heftig*
impetus (ˈɪmpɪtəs) zn • *bewegingsstuwkracht*
• *stoot*
impiety (ɪmˈpaɪətɪ) zn • *goddeloosheid*
• *oneerbiedigheid*
impinge (ɪmˈpɪndʒ) ov+onov ww ~ (up)on *inbreuk maken op*; *beïnvloeden*; *treffen*; *botsen*
impingement (ɪmˈpɪndʒmənt) zn • *botsing*
• *inbreuk*
impious (ˈɪmpɪəs) bnw • *goddeloos* • *profaan*
impish (ˈɪmpɪʃ) bnw • *ondeugend* • *duivelachtig*
implacability (ɪmplækəˈbɪlətɪ) zn *onverbiddelijkheid*
implacable (ɪmˈplækəbl) bnw *onverzoenlijk*
implant (ɪmˈplɑːnt) ov ww • *planten* • *inprenten*
• med. *implantaten*
implausible (ɪmˈplɔːzɪbl) bnw *onwaarschijnlijk*
implement¹ (ˈɪmplɪmənt) zn • *werktuig* • jur. *uitvoering* ★ ~s of war *oorlogstuig*
implement² (ˈɪmplɪment) ov ww • *uitvoeren*; *verwezenlijken* • *toe-/uitrusten* • comp. *implementeren* • *aanvullen*
implementation (ɪmpləmenˈteɪʃən) zn
• *uitvoering*; *verwezenlijking* • comp. *implementatie*
implicate¹ (ˈɪmplɪkət) zn *impliciet*; *wat is opgesloten in*
implicate² (ˈɪmplɪkeɪt) ov ww • *impliceren*; *insluiten*; *omvatten* • ~ in *betrekken bij*
implication (ɪmplɪˈkeɪʃən) zn • *(stilzwijgende) gevolgtrekking* • *betrokkenheid* ★ by ~ *als logische conclusie*
implicit (ɪmˈplɪsɪt) bnw • *erin begrepen*
• *onvoorwaardelijk*
implied (ɪmˈplaɪd) bnw *impliciet*
implore (ɪmˈplɔː) ov ww *(af)smeken*
imply (ɪmˈplaɪ) ov ww • *insluiten* • *betekenen*
• *laten blijken*
impolite (ɪmpəˈlaɪt) bnw *onbeleefd*
impolitic (ɪmˈpɒlɪtɪk) bnw *onoordeelkundig*
imponderability (ɪmpɒndərəˈbɪlətɪ) zn *onberekenbaarheid*
imponderable (ɪmˈpɒndərəbl) bnw • *onweegbaar*
• *niet te schatten*
imponent (ɪmˈpəʊnənt) I zn *wat oplegt* II bnw *opleggend* ⟨v. plicht, belasting⟩
import¹ (ˈɪmpɔːt) zn • *import*; *invoer* • *betekenis*
• *belang(rijkheid)* ★ ~s *invoer*
import² (ɪmˈpɔːt) ov ww • *importeren*; *invoeren*
• *betekenen* • *v. belang zijn*
importable (ɪmˈpɔːtəbl) bnw *invoerbaar*
importance (ɪmˈpɔːtns) zn • *belang*
• *gewicht(igheid)*
important (ɪmˈpɔːtnt) bnw • *belangrijk*
• *gewichtig (doende)*
importation (ɪmpɔːˈteɪʃən) zn *invoer(ing)*
import documents zn *invoerpapieren*; *invoerdocumenten*
import duty zn *invoerbelasting*; *importbelasting*
importer (ɪmˈpɔːtə) zn *importeur*
import restriction zn *invoer-/importbeperking*; *invoerstop*
importunate (ɪmˈpɔːtjʊnət) bnw *lastig*; ⟨z. op⟩*dringend*
importune (ɪmˈpɔːtjuːn) ov ww *lastig vallen*
importunity (ɪmpəˈtjuːnətɪ) zn • *opdringerigheid*
• *bemoeiing*
impose (ɪmˈpəʊz) I ov ww • *in de hand stoppen*

imposing – in

• ~ on *imponeren*; *z.* opdringen • ~ upon *opleggen* ⟨v. plicht, belasting⟩; *misbruik maken van* II ONOV WW *bedriegen*
imposing (ɪmˈpəʊzɪŋ) BNW • *indrukwekkend* • *veeleisend* • *bedrieglijk*
imposition (ɪmpəˈzɪʃən) ZN • *handoplegging*; *wijding* • *belasting* • *strafwerk* • *bedriegerij*
impossibility (ɪmpɒsɪˈbɪlətɪ) ZN *onmogelijkheid*
impossible (ɪmˈpɒsɪbl) BNW *onmogelijk*
impost (ˈɪmpəʊst) ZN • PLAT *belasting* ⟨v. renpaard bij race⟩ • *bovenstuk v. pijler*
impostor (ɪmˈpɒstə) ZN *bedrieger*
imposture (ɪmˈpɒstʃə) ZN *bedrog*
impotence (ˈɪmpətns) ZN • *onmacht; onvermogen* • *impotentie*
impotent (ˈɪmpətnt) BNW • *machteloos* • *impotent*
impound (ɪmˈpaʊnd) OV WW • *insluiten* • *in beslag nemen* ⟨v. goederen⟩
impoverish (ɪmˈpɒvərɪʃ) OV WW • *uitputten* ⟨v. land⟩ • *verarmen*
impoverishment (ɪmˈpɒvərɪʃmənt) ZN • *verarming* • *uitputting*
impracticability (ɪmpræktɪkəˈbɪlətɪ) ZN • *onuitvoerbaarheid* • *onhandelbaarheid* • *onbegaanbaarheid*
impracticable (ɪmˈpræktɪkəbl) BNW • *onbegaanbaar* • *onuitvoerbaar* • *onhandelbaar*
impractical (ɪmˈpræktɪkl) BNW *onpraktisch*
imprecate (ˈɪmprɪkeɪt) OV WW ~ (up)on *afroepen over*
imprecation (ɪmprɪˈkeɪʃən) ZN *vloek*
imprecise (ɪmprɪˈsaɪs) BNW *onnauwkeurig*
imprecision (ɪmprɪˈsɪʒən) ZN *onnauwkeurigheid*
impregnable (ɪmˈpregnəbl) BNW *onneembaar* ★ ~ to *bestand tegen*
impregnate[1] (ɪmˈpregnət) BNW *zwanger* ★ ~ with *doortrokken van*
impregnate[2] (ˈɪmpregneɪt) OV WW • *bevruchten* • *verzadigen* • *inspireren*
impregnation (ɪmpregˈneɪʃən) ZN *bevruchting*
impress[1] (ˈɪmpres) ZN • *stempel* • *ronselarij*
impress[2] (ɪmˈpres) OV WW • *stempelen*; *inprenten* • *indruk maken op* • *ronselen* • *rekwireren* ⟨v. goederen⟩ • *z. bedienen van*
impression (ɪmˈpreʃən) ZN • *oplage* • *'t indrukken* • *indruk*
impressionable (ɪmˈpreʃənəbl) BNW *ontvankelijk*
impressionism (ɪmˈpreʃənɪzəm) ZN • *impressionisme*
impressionist (ɪmˈpreʃənɪst) ZN • *impressionist* • *imitator*
impressionistic (ɪmpreʃəˈnɪstɪk) BNW *impressionistisch*
impressive (ɪmˈpresɪv) BNW *indrukwekkend*
imprint[1] (ˈɪmprɪnt) ZN • *stempel* • *naam v. drukker of uitgever in boek*
imprint[2] (ɪmˈprɪnt) OV WW • *stempelen* • *inprenten*
imprison (ɪmˈprɪzən) OV WW *in de gevangenis zetten*
imprisonment (ɪmˈprɪzənmənt) ZN *gevangenschap*
improbability (ɪmprɒbəˈbɪlətɪ) ZN *onwaarschijnlijkheid*
improbable (ɪmˈprɒbəbl) BNW *onwaarschijnlijk*
improbity (ɪmˈprəʊbətɪ) BNW *oneerlijkheid*
impromptu (ɪmˈprɒmptjuː) I ZN *improvisatie*

II BNW *onvoorbereid*
improper (ɪmˈprɒpə) BNW • *onjuist* • *onwelvoeglijk*; *ongepast* ★ ~ fraction *onechte breuk*
impropriate[1] (ɪmˈprəʊprɪət) BNW *aan leken toekomend* ⟨m.b.t. kerkelijke inkomsten⟩
impropriate[2] (ɪmˈprəʊprɪeɪt) OV WW *seculariseren*
impropriation (ɪmprəʊprɪˈeɪʃən) ZN • *secularisatie* • *gesecul ariseerde goederen*
impropriety (ɪmprəˈpraɪətɪ) ZN *ongepastheid*; *ongeschiktheid*
improve (ɪmˈpruːv) OV+ONOV WW • *verhogen*; *verbeteren*; *ontwikkelen* • *goed gebruik maken van* • ~ (up)on *verbeteren*; *'t beter doen*
improvement (ɪmˈpruːvmənt) ZN • *beterschap*; *vooruitgang* • *hoger bod* • *(bodem)verbetering*
improver (ɪmˈpruːvə) ZN • *verbeteraar* • USA *vrijwilliger* • *stagiair*
improvidence (ɪmˈprɒvɪdəns) ZN *zorgeloosheid*
improvident (ɪmˈprɒvɪdnt) BNW • *zorgeloos* • *niet vooruitziend*
improvisation (ɪmprəvaɪˈzeɪʃən) ZN *improvisatie*
improvise (ˈɪmprəvaɪz) OV WW • *onvoorbereid (iets) doen of maken* • *improviseren*
imprudence (ɪmˈpruːdns) ZN *onvoorzichtigheid*
imprudent (ɪmˈpruːdnt) BNW *onvoorzichtig*
impudence (ˈɪmpjʊdns) ZN *schaamteloosheid*
impudent (ˈɪmpjʊdnt) BNW *onbeschaamd*; *schaamteloos*
impudicity (ɪmpjʊˈdɪsətɪ) ZN • *schaamteloosheid* • *ontucht*
impugn (ɪmˈpjuːn) OV WW *betwisten*
impuissant (ɪmˈpjuːɪsənt) BNW *machteloos*; *zwak*
impulse (ˈɪmpʌls) ZN • *stoot* • *prikkel* • *opwelling* ★ ~ buy *impulsaankoop*
impulsion (ɪmˈpʌlʃən) ZN *stuwkracht*
impulsive (ɪmˈpʌlsɪv) BNW • *aandrijvend*; *stuw-* • *impulsief*
impunity (ɪmˈpjuːnətɪ) ZN *straffeloosheid* ★ with ~ *ongestraft*
impure (ɪmˈpjʊə) BNW • *onzuiver* • *onzedig*
impurity (ɪmˈpjʊərətɪ) ZN *onzuiverheid*
imputation (ɪmpjʊˈteɪʃən) ZN *beschuldiging*
impute (ɪmˈpjuːt) OV WW • *ten laste leggen* • *toeschrijven*; *wijten (aan)*
in (ɪn) I ZN ★ ins and outs *alle details*; *de bijzonderheden* II BNW ★ in patient *interne patiënt* ★ in-joke *grapje alleen voor ingewijden* ★ an in place *een populaire plek* III BIJW *(naar) binnen*; *in gebruik* IV VZ *in*; *binnen* ★ in the window *voor het raam* ★ in yellow shoes *met gele schoenen aan* ★ 10 in 100 *10 op de 100* ★ in my opinion *naar mijn mening* ★ in good health *gezond* ★ in doing so *zoodoende* ★ in going there *terwijl ...* ★ they were sold in scores *ze werden met 20 tegelijk verkocht* ★ in all *alles bij elkaar*; *totaal* ★ INFORM. you are not in with him *je haalt niet bij hem* ★ he has it in him *hij heeft het in hem*; *daar is hij toe in staat* ★ INFORM. they are in *zij zijn aan de macht*; *zij zijn aan slag* ⟨cricket⟩; *zij zijn in de mode/ populair* ★ in between *er tussen (in)* ★ these things are in now *deze artikelen zijn nu erg in trek/in de mode* ★ you are in for it! *je bent er bij!* ★ be in for s.th. *naar iets mededingen* ★ he is in with my neighbour *het is koek en ei tussen hem*

en mijn buurman ★ in honour of *ter ere van* ★ in search of *op zoek naar* ★ in the daytime *overdag* ★ in a week *over een week* ★ the latest in modern warfare *het nieuwste op 't gebied van moderne oorlogvoering* ★ he is not in it *hij is er niet bij betrokken* ★ in that it was *omdat het betrof* ★ trust in *vertrouwen in/op* ★ rejoice in *zich verheugen in/over* ★ come in *binnenkomen* ★ lock in *opsluiten* ★ he's in *hij is thuis* ★ be in office *regeren; regering zijn*

in. AFK inch(es)
inability (ɪnəˈbɪlətɪ) ZN *onbekwaamheid*
inaccessibility (ɪnəksesəˈbɪlətɪ) ZN *ontoegankelijkheid*
inaccessible (ɪnækˈsesɪbl) BNW *ontoegankelijk; ongenaakbaar*
inaccuracy (ɪnˈækjʊrəsɪ) ZN *onnauwkeurigheid; fout(je)*
inaccurate (ɪnˈækjʊrət) BNW *onnauwkeurig*
inaction (ɪnˈækʃən) ZN • *traagheid* • *werkeloosheid*
inactive (ɪnˈæktɪv) BNW • *werkeloos* • *traag*
inactivity (ɪnækˈtɪvətɪ) ZN *werkeloosheid*
inadequacy (ɪnˈædɪkwəsɪ) ZN *onvolledigheid*
inadequate (ɪnˈædɪkwət) BNW *ontoereikend*
inadmissible (ɪnədˈmɪsɪbl) BNW *ontoelaatbaar*
inadvertence (ɪnədˈvɜːtns) ZN *onoplettendheid*
inadvertent (ɪnədˈvɜːtnt) BNW • *onoplettend* • *onbewust*
inalienable (ɪnˈeɪlɪənəbl) BNW *onvervreemdbaar*
inane (ɪˈneɪn) I ZN ★ the ∼ *het ledig* II BNW • *leeg* • *idioot* • *zinloos*
inanimate (ɪnˈænɪmət) BNW • *levenloos* • ECON. *flauw*
inanition (ɪnəˈnɪʃən) ZN *uitputting door voedselgebrek*
inanity (ɪnˈænɪtɪ) ZN • *ledigheid* • *zinloos gezegde*
inappeasable (ɪnəˈpiːzəbl) BNW • *onverzoenlijk* • *onbedwingbaar*
inappetence (ɪnˈæpətns) ZN *lusteloosheid*
inapplicability (ɪnəplɪkəˈbɪlətɪ) ZN *het niet v. toepassing zijn*
inapplicable (ɪnˈæplɪkəbl) BNW *niet toepasselijk*
inapposite (ɪnˈæpəzɪt) BNW • *ongepast* • *ongeschikt*
inappreciable (ɪnəˈpriːʃəbl) BNW • *zeer weinig* • *zeer gering*
inappropriate (ɪnəˈprəʊprɪət) BNW • *ongepast* • *ongeschikt*
inapt (ɪnˈæpt) BNW • *ongeschikt* • *onhandig* • *ongepast*
inaptitude (ɪnˈæptɪtjuːd) ZN • *ongeschiktheid* • *onhandigheid*
inarticulate (ɪnɑːˈtɪkjʊlət) BNW • *niet verbonden* • *onverstaanbaar* • *sprakeloos*
inartificial (ɪnɑːtɪˈfɪʃəl) BNW • *natuurlijk* • *ongekunsteld* • *onartistiek*
inartistic (ɪnɑːˈtɪstɪk) BNW *onartistiek*
inasmuch (ɪnəzˈmʌtʃ) BIJW ★ ∼ as *aangezien*
inattention (ɪnəˈtenʃən) ZN • *onachtzaamheid* • *onvoorzichtigheid*
inattentive (ɪnəˈtentɪv) BNW • *onoplettend* • *onvoorzichtig*
inaudible (ɪnˈɔːdɪbl) BNW *onhoorbaar*
inaugural (ɪˈnɔːgjʊrəl) I ZN USA *inaugurele rede* II BNW *inaugureel*
inaugurate (ɪˈnɔːgjʊreɪt) OV WW • *installeren*
 • *inwijden* • *openen*
inauguration (ɪnɔːgjʊˈreɪʃən) ZN *installatie*
inauguratory (ɪˈnɔːgjʊreɪtərɪ) BNW *inaugureel*
inauspicious (ɪnɔːˈspɪʃəs) BNW *onheilspellend; ongunstig*
inboard (ˈɪnbɔːd) I BNW *binnenboord-* II BIJW *binnenboords*
inborn (ɪnˈbɔːn) BNW *aangeboren*
inbound (ˈɪnbaʊnd) BNW *op huis aan*
inbox (ˈɪnbɒks) ZN COMP. ≈ *postvak IN*
inbred (ˈɪnˈbred) BNW • *uit inteelt voortgekomen* • *aangeboren*
inbreeding (ˈɪnbriːdɪŋ) ZN *inteelt*
Inc. (ɪŋk) AFK incorporated ≈ *NV*
incalculable (ɪnˈkælkjʊləbl) BNW *onberekenbaar*
incandescence (ɪnkænˈdesəns) ZN • *het gloeien* • *gloeihitte*
incandescent (ɪnkænˈdesənt) BNW *gloeiend* ★ ∼ (lamp) *gloeilamp*
incantation (ɪnkænˈteɪʃən) ZN • *toverformule* • *toverij*
incapable (ɪnˈkeɪpəbl) BNW *onbekwaam; dronken* ★ ∼ of *niet bij machte om*
incapacitate (ɪnkəˈpæsɪteɪt) OV WW *ongeschikt maken*
incapacitated (ɪnkəˈpæsɪteɪtɪd) BNW *ongeschikt; onbekwaam*
incapacity (ɪnkəˈpæsətɪ) ZN *onbekwaamheid; ongeschiktheid; onbevoegdheid*
incarcerate (ɪnˈkɑːsəreɪt) OV WW *gevangenzetten*
incarceration (ɪnkɑːsəˈreɪʃən) ZN *opsluiting*
incarnate[1] (ɪnˈkɑːnət) BNW *vleselijk; vleesgeworden*
incarnate[2] (ˈɪnkɑːneɪt) OV WW *belichamen*
incarnation (ɪnkɑːˈneɪʃən) ZN *verpersoonlijking*
incautious (ɪnˈkɔːʃəs) BNW *onvoorzichtig*
incendiarism (ɪnˈsendɪərɪzəm) ZN • *brandstichting* • *opruiing*
incendiary (ɪnˈsendɪərɪ) I ZN • *brandstichter* • *brandbom* • *opruier* II BNW • *brandstichtend* • *opruiend*
incendive (ɪnˈsendɪv) BNW *licht ontvlambaar; brandgevaarlijk*
incense[1] (ˈɪnsens) I ZN *wierook* II OV WW *bewieroken*
incense[2] (ɪnˈsens) OV WW *woedend maken*
incense-boat ZN *wierookvat*
incensory (ˈɪnsensərɪ) ZN → **incense-boat**
incentive (ɪnˈsentɪv) I ZN • *prikkeling* • *motief* • *aansporing* II BNW • *prikkelend* • *aanmoediging(s)-*
inception (ɪnˈsepʃən) ZN *aanvang*
incertitude (ɪnˈsɜːtɪtjuːd) ZN *onzekerheid*
incessant (ɪnˈsesənt) BNW *onophoudelijk*
incestuous (ɪnˈsestjʊəs) BNW *incestueus*
inch (ɪntʃ) I ZN • *Engelse duim* 〈2,54 cm〉 • SCHOTS *eilandje* ★ inch rule *duimstok* ★ by inches *heel langzaam* ★ give him an inch and he'll take an ell *als je hem de vinger geeft, neemt hij de hele hand* ★ beat a man within an inch of his life *iem. bijna doodslaan* ★ he is every inch a gentleman *hij is op en top een heer* II ONOV WW *z. zeer langzaam voortbewegen*
inchmeal (ˈɪntʃmiːl) BIJW • *voetje voor voetje* • *met kleine stukjes*
inchoate (ɪnˈkəʊeɪt) I BNW • *pas begonnen*

• *onvolledig gevormd* **II** ov ww *beginnen*
inchoative ('ɪnkəʊeɪtɪv) BNW *beginnend;
aanvangs-*
incidence ('ɪnsɪdns) ZN • *het vallen; het treffen*
• *het vóórkomen* • *invloed(ssfeer)* • *lichtinval*
★ *angle of ~ invalshoek*
incident ('ɪnsɪdnt) **I** ZN • *incident; voorval;
episode* • *rechten en plichten verbonden aan
vaste goederen* **II** BNW • *gemakkelijk voor te
vallen* • *invallend* ⟨v. licht⟩ ★ *~ to/(up)on
voortvloeiend uit*
incidental (ɪnsɪ'dentl) BNW *bijkomstig* ★ *~ to
eigen aan* ★ *~ (up)on het gevolg zijnde van*
incidentally (ɪnsɪ'dentəli) BIJW • *overigens*
• *terloops*
incinerate (ɪn'sɪnəreɪt) OV WW *verassen;
verbranden*
incineration (ɪnsɪnə'reɪʃən) ZN *(vuil)verbranding*
incinerator (ɪn'sɪnəreɪtə) ZN *verbrandingsoven*
incipience (ɪn'sɪpɪəns) ZN *begin*
incipient (ɪn'sɪpɪənt) BNW *aanvangs-*
incise (ɪn'saɪz) OV WW • *insnijden* • *graveren*
incision (ɪn'sɪʒən) ZN *insnijding; kerf*
incisive (ɪn'saɪsɪv) BNW • *scherp* • *snij-*
incisor (ɪn'saɪzə) ZN *snijtand*
incite (ɪn'saɪt) OV WW • *aansporen* • *opruien*
incivility (ɪnsɪ'vɪləti) ZN *onbeleefdheid*
inclement (ɪn'klemənt) BNW *streng* ⟨v. weer⟩;
guur
inclination (ɪnklɪ'neɪʃən) ZN • *neiging* • *aanleg*
• *geneigdheid* • *genegenheid* • *helling*
• *inclinatie*
incline[1] ('ɪnklaɪn) ZN • *hellend vlak* • *helling*
incline[2] (ɪn'klaɪn) **I** OV WW • *buigen* • *geneigd
maken* • *doen (over)hellen* ★ *~d hellend;
geneigd; genegen* • *~ to aanzetten tot* **II** ONOV
WW • *(over)hellen* • *geneigd zijn; neiging
vertonen*
inclose (ɪn'kləʊz) OV WW → **enclose**
inclosure (ɪn'kləʊʒə) ZN → **enclosure**
include (ɪn'kluːd) OV WW *insluiten; omvatten*
★ *everything ~d alles inbegrepen*
inclusion (ɪn'kluːʒən) ZN • *insluitsel* • *insluiting*
inclusive (ɪn'kluːsɪv) BNW *insluitend; omvattend*
★ *~ of... met ... inbegrepen* ★ *pages 5 to 7 ~ blz.
5 tot en met 7* ★ *~ terms prijs inclusief onkosten*
★ *all ~ alles inbegrepen* ★ *~ language
niet-sexistisch taalgebruik*
incognito (ɪnkɒɡ'niːtəʊ) BIJW *incognito*
incoherence (ɪnkəʊ'hɪərəns) ZN
onsamenhangendheid
incoherent (ɪnkəʊ'hɪərənt) BNW • *verward*
• *onsamenhangend*
incohesive (ɪnkəʊ'hiːsɪv) BNW *onsamenhangend*
incombustible (ɪnkəm'bʌstɪbl) BNW
on(ver)brandbaar
income ('ɪnkʌm) ZN *inkomsten; inkomen* ★ *annual
~ jaarinkomen*
incomer ('ɪnkʌmə) ZN • *binnenkomende*
• *immigrant* • *indringer* • *opvolger*
income tax ZN *inkomstenbelasting*
incoming ('ɪnkʌmɪŋ) BNW
• *binnenkomend* • *opkomend* ⟨v. getij⟩
• *opvolgend*
incommensurable (ɪnkə'menʃərəbl) BNW
• *onmeetbaar* • *niet te vergelijken met*

incommensurate (ɪnkə'menʃərət) BNW ★ *~ to/
with niet evenredig met*
incommode (ɪnkə'məʊd) OV WW *lastig vallen*
incommodious (ɪnkə'məʊdɪəs) BNW *lastig*
incommunicable (ɪnkə'mjuːnɪkəbl) BNW *niet
mededeelbaar*
incommunicado (ɪnkəmjuːnɪ'kɑːdəʊ) BNW *(v.d.
buitenwereld) afgeschermd; geïsoleerd*
incommutable (ɪnkə'mjuːtəbl) BNW
onveranderlijk
incomparable (ɪn'kɒmpərəbl) BNW
onvergelijkelijk
incompatibility (ɪnkəmpætə'bɪləti) ZN
• *onverenigbaarheid* • *tegenstrijdigheid*
incompatible (ɪnkəm'pætɪbl) BNW
• *onverenigbaar* • *tegenstrijdig* • *niet consequent*
incompetence (ɪn'kɒmpɪtns) ZN
• *onbekwaamheid* • *onbevoegdheid*
incompetent (ɪn'kɒmpɪtnt) BNW • *onbekwaam*
• *onbevoegd*
incomplete (ɪnkəm'pliːt) BNW • *onvolledig*
• *gebrekkig*
incomprehensibility (ɪnkɒmprɪhensə'bɪləti) ZN
onbegrijpelijkheid
incomprehensible (ɪnkɒmprɪ'hensɪbl) BNW
onbegrijpelijk
incomprehension (ɪnkɒmprɪ'henʃən) ZN
onbegrip
inconceivability (ɪnkənsiːvə'bɪləti) ZN
onvoorstelbaarheid
inconceivable (ɪnkən'siːvəbl) BNW
• *onvoorstelbaar* • *onbegrijpelijk* • INFORM. *zeer
merkwaardig*
inconclusive (ɪnkən'kluːsɪv) BNW *niet beslissend;
niet overtuigend*
incongruity (ɪnkɒn'ɡruːəti) ZN
• *ongelijksoortigheid* • *inconsequentie*
incongruous (ɪn'kɒnɡruəs) BNW • *ongelijksoortig*
• *onlogisch* ★ *~ with niet passend bij*
inconsecutive (ɪnkən'sekjʊtɪv) BNW *onlogisch*
inconsequent (ɪn'kɒnsɪkwənt) BNW • *niet ter zake
dienend* • *onsamenhangend* • *onlogisch*
inconsequential (ɪnkɒnsɪ'kwenʃəl) BNW • *niet ter
zake doend* • *onbelangrijk*
inconsiderable (ɪnkən'sɪdərəbl) BNW
onbelangrijk
inconsiderate (ɪnkən'sɪdərət) BNW
onbedachtzaam; onattent
inconsistency (ɪnkən'sɪstənsi) ZN
• *tegenstrijdigheid* • *inconsequentie*
inconsistent (ɪnkən'sɪstnt) BNW • *inconsistent*
• *tegenstrijdig*
inconsolable (ɪnkən'səʊləbl) BNW *ontroostbaar*
inconspicuous (ɪnkən'spɪkjʊəs) BNW
• *onopvallend* • *onaanzienlijk*
inconstancy (ɪn'kɒnstənsi) ZN • *veranderlijkheid*
• *wispelturigheid*
inconstant (ɪn'kɒnstnt) BNW *veranderlijk;
wispelturig*
inconsumable (ɪnkən'sjuːməbl) BNW
onverteerbaar; onvernietigbaar
incontestable (ɪnkən'testəbl) BNW *onbetwistbaar*
incontinence (ɪn'kɒntɪnəns) ZN • *gebrek aan
zelfbeheersing* • *incontinentie* • *bedwateren*
incontinent (ɪn'kɒntɪnənt) BNW • *zonder
zelfbeheersing; ongebonden* • *incontinent*

incontinently (ɪnˈkɒntɪnəntlɪ) BIJW *onmiddellijk*
incontrovertibility (ɪnkɒntrəvɜːtɪˈbɪlətɪ) ZN *onbetwistbaarheid*
incontrovertible (ɪnkɒntrəˈvɜːtɪbl) BNW *onbetwistbaar*
inconvenience (ɪnkənˈviːnɪəns) **I** ZN *ongemak; ongerief* **II** OV WW *in ongelegenheid brengen*
inconvenient (ɪnkənˈviːnɪənt) BNW • *ongeriefelijk* • *lastig*
inconvertibility (ɪnkɒnvɜːtəˈbɪlətɪ) ZN • *onveranderlijkheid* • *oninwisselbaarheid*
inconvertible (ɪnkənˈvɜːtəbl) BNW • *onveranderlijk* • *oninwisselbaar*
inconvincible (ɪnkənˈvɪnsəbl) BNW *niet te overtuigen*
incorporate¹ (ɪnˈkɔːpərət) BNW • *verenigd* • *als rechtspersoon erkend*
incorporate² (ɪnˈkɔːpəreɪt) OV WW • *verenigen* • *indelen* • *als rechtspersoon erkennen* • USA *tot NV maken* ★ ~d *company NV* • ~ *in(to)/with inlijven bij*
incorporation (ɪnkɔːpəˈreɪʃən) ZN • *inlijving* • *NV*
incorporator (ɪnˈkɔːpəreɪtə) ZN *lid of oprichter v. corporatie*
incorporeal (ɪnkɔːˈpɔːrɪəl) BNW *onstoffelijk*
incorrect (ɪnkəˈrekt) BNW *onjuist*
incorrigible (ɪnˈkɒrɪdʒɪbl) BNW *onverbeterlijk*
incorruptible (ɪnkəˈrʌptɪbl) BNW • *onkreukbaar* • *onvergankelijk*
increase¹ (ˈɪŋkriːs) ZN *groei; toename; verhoging; aanwas* ★ *be on the* ~ *toenemen* ★ ~ *in taxes belastingverhoging* ★ ~ *in wages loonsverhoging*
increase² (ɪŋˈkriːs) OV+ONOV WW • *(doen) toenemen; vermeerderen* • *vergroten; verhogen; versterken*
increasingly (ɪnˈkriːsɪŋlɪ) BIJW *steeds meer; steeds verder*
incredible (ɪnˈkredɪbl) BNW *ongelofelijk*
incredulity (ɪnkrəˈdjuːlətɪ) ZN *ongeloof*
incredulous (ɪnˈkredjʊləs) BNW • *niet gelovende; ongelovig*
increment (ˈɪŋkrɪmənt) ZN • *aanwas* • *loonsverhoging* • *toename* • *differentiaal*
incriminate (ɪnˈkrɪmɪneɪt) OV WW • *beschuldigen* ⟨v. misdaad⟩ • *betrekken in aanklacht* ★ *incriminating evidence belastend bewijs*
incrimination (ɪnkrɪmɪˈneɪʃən) ZN *aanklacht*
incriminatory (ɪnˈkrɪmɪnətrɪ) BNW *bezwarend*
incrust (ɪnˈkrʌst) OV+ONOV WW → **encrust**
incubate (ˈɪŋkjʊbeɪt) OV+ONOV WW *(uit)broeden*
incubation (ɪŋkjʊˈbeɪʃən) ZN *incubatie*
incubator (ˈɪŋkjʊbeɪtə) ZN • *broedmachine* • *couveuse*
incubus (ˈɪŋkjʊbəs) ZN *nachtmerrie*
inculcate (ˈɪnkʌlkeɪt) OV WW *inprenten*
inculcation (ɪnkʌlˈkeɪʃən) ZN *inprenting*
inculpate (ˈɪnkʌlpeɪt) OV WW • *beschuldigen* • *in aanklacht betrekken*
incumbency (ɪnˈkʌmbənsɪ) ZN *kerkelijk ambt*
incumbent (ɪnˈkʌmbənt) **I** ZN • *bekleder v. kerkelijk ambt* • *parochiegeestelijke* • *lid v. bestuur* **II** BNW • *verplicht; moreel gebonden* • *dienstdoende; aan de macht zijnde* • *liggend* ★ ~ *on rustend op* ★ *it is* ~ *on me het is mijn plicht*

incur (ɪnˈkɜː) OV WW • *oplopen* • z. *aandoen* • *maken* ⟨v. schulden⟩
incurable (ɪnˈkjʊərəbl) BNW *ongeneeslijk*
incurious (ɪnˈkjʊərɪəs) BNW • *niet nieuwsgierig* • *onverschillig* ★ *not* ~ *nogal belangwekkend*
incursion (ɪnˈkɜːʃən) ZN *vijandelijke inval; onverwachte aanval*
incurvate (ˈɪnkɜːveɪt) ONOV WW *naar binnen; terug buigen*
incurvation (ɪnkɜːˈveɪʃən) ZN *bocht* ⟨naar binnen⟩
incurved (ɪnˈkɜːvd) BNW *teruggebogen*
incuse (ɪnˈkjuːz) **I** ZN *stempelindruk* **II** BNW *gestempeld* ⟨v. munt⟩ **III** OV WW *inhameren; instempelen*
indebted (ɪnˈdetɪd) BNW • *(ver)schuldig(d)* • *verplicht*
indebtedness (ɪnˈdetɪdnəs) ZN • *het verschuldigd zijn* • *schuld(en)* • *verplichting*
indecency (ɪnˈdiːsənsɪ) ZN • *ongepastheid* • *onfatsoenlijkheid*
indecent (ɪnˈdiːsənt) BNW • *onzedelijk; onfatsoenlijk* • *ongepast* ★ ~ *assault aanranding*
indecipherable (ɪndɪˈsaɪfərəbl) BNW *niet te ontcijferen; onleesbaar*
indecision (ɪndɪˈsɪʒən) ZN *besluiteloosheid*
indecisive (ɪndɪˈsaɪsɪv) BNW • *besluiteloos* • *onbeslist* • *niet beslissend*
indeclinable (ɪndɪˈklaɪnəbl) BNW *onverbuigbaar*
indecorous (ɪnˈdekərəs) BNW *onwelvoeglijk*
indecorum (ɪndɪˈkɔːrəm) ZN *onwelvoeglijkheid*
indeed (ɪnˈdiːd) BIJW *trouwens; dan ook; zelfs; werkelijk; weliswaar; inderdaad* ★ *thank you very much* ~ *dank u zeer* ⟨familiair⟩
indefatigable (ɪndɪˈfætɪɡəbl) BNW *onvermoeid; onvermoeibaar*
indefeasible (ɪndɪˈfiːzɪbl) BNW *onschendbaar; onaantastbaar; onvervreemdbaar*
indefectible (ɪndɪˈfektɪbl) BNW *onvergankelijk; onfeilbaar; feilloos*
indefensibility (ɪndɪfensəˈbɪlətɪ) ZN *onverdedigbaarheid*
indefensible (ɪndɪˈfensɪbl) BNW *onverdedigbaar*
indefinable (ɪndɪˈfaɪnəbl) BNW *ondefinieerbaar; niet te bepalen*
indefinite (ɪnˈdefɪnɪt) BNW • *onbepaald* • *voor onbepaalde tijd* • *vaag* • *onbepalend*
indelible (ɪnˈdelɪbl) BNW *onuitwisbaar*
indelicacy (ɪnˈdelɪkəsɪ) ZN • *onbehoorlijkheid* • *smakeloosheid*
indelicate (ɪnˈdelɪkət) BNW *onkies; niet fijnzinnig; grof*
indemnification (ɪndemnɪfɪˈkeɪʃən) ZN • *vrijwaring* • *schadeloosstelling*
indemnify (ɪnˈdemnɪfaɪ) OV WW • *vrijwaren* • *ontslaan v. verantwoordelijkheid* • *schadeloos stellen*
indemnity (ɪnˈdemnətɪ) ZN • *schadeloosstelling* • *vrijwaring* • *amnestie; kwijtschelding*
indent (ɪnˈdent) **I** ZN • *insnijding* • *vordering* ⟨v. goederen⟩ • *(buitenlandse) bestelling* • *deuk; indeuking* • *akte; gezegeld contract* **II** OV WW • *vorderen* ⟨v. goederen⟩ • *stempelen* • *indrukken* • *insnijden* **III** OV+ONOV WW *inspringen* ⟨v. regel⟩
indentation (ɪndenˈteɪʃən) ZN *inkeping; het inspringen; indruksel; deuk*

indenture (ɪn'dentʃə) **I** ZN • *uittanding; deuk* • *gezegeld contract* ★ take up one's ~s *zijn leertijd afsluiten* **II** OV WW • *in de leer nemen of doen* • *groeven maken in*

independence (ɪndɪ'pendəns) ZN *onafhankelijkheid* ★ USA Independence Day *4 juli*

independency (ɪndɪ'pendənsɪ) ZN • *kerkelijk zelfbestuur* • *onafhankelijke staat*

independent (ɪndɪ'pendənt) **I** ZN *iem. die niet politiek gebonden is* **II** BNW *onafhankelijk*

Independent (ɪndɪ'pendnt) ZN *voorstander van kerkelijk zelfbestuur*

indescribable (ɪndɪ'skraɪbəbl) BNW *vaag; niet te beschrijven*

indestructibility (ɪndɪstrʌktə'bɪlətɪ) ZN *onverwoestbaarheid*

indestructible (ɪndɪ'strʌktɪbl) BNW *onverwoestbaar*

indeterminable (ɪndɪ'tɜːmɪnəbl) BNW *niet te bepalen; niet te beslissen*

indeterminate (ɪndɪ'tɜːmɪnət) BNW • *vaag* • *twijfelachtig* • *niet te bepalen*

indetermination (ɪndɪtɜːmɪ'neɪʃən) ZN *besluiteloosheid*

index ('ɪndeks) **I** ZN • *index* ⟨v. kosten, prijzen⟩ • *wijzer* ⟨v. instrument⟩ • *leidraad* • *aanwijzing; teken* • *alfabetisch register* • *exponent* ⟨in algebra⟩ ★ the Index *de Index* ⟨r.-k.⟩ **II** OV WW • *voorzien van index; plaatsen op index* • *aanwijzen*

indexation (ɪndek'seɪʃən) ZN *indexering*

index finger ZN *wijsvinger; wijzer*

index-linked (ɪndeks'lɪŋkt) BNW *geïndexeerd* ★ ~ pension *waardevast pensioen*

index page ZN COMP. *indexpagina*

India ('ɪndɪə) ZN • *India* • *Voor-Indië* ★ ~ ink *Oost-Indische inkt* ★ ~ paper *dun, ondoorschijnend papier* ★ ~ rubber *rubber; vlakgum* ★ ~-rubber conscience *ruim geweten*

Indiaman ('ɪndɪəmən) ZN *Oost-Indiëvaarder*

Indian ('ɪndɪən) **I** ZN • *Indiër* • *indiaan* **II** BNW • *indiaans* • *Indisch*

indicate ('ɪndɪkeɪt) OV WW • *aanwijzen* • *aangeven* ⟨v. richting⟩ • *tonen* • *wijzen op*

indication (ɪndɪ'keɪʃən) ZN *aanwijzing*

indicative (ɪn'dɪkətɪv) **I** ZN *aantonende wijs* **II** BNW *aantonend* ★ be ~ of *duiden op*

indicator ('ɪndɪkeɪtə) ZN • *spanningmeter* • *richtingaanwijzer*

indices ('ɪndɪsiːz) ZN MV → **index**

indicia (ɪn'dɪʃɪə) ZN MV *tekens*

indict (ɪn'daɪt) OV WW *beschuldigen; aanklagen*

indictable (ɪn'daɪtəbl) BNW *vervolgbaar*

indictment (ɪn'daɪtmənt) ZN • *aanklacht* • *akte v. beschuldiging*

Indies ('ɪndɪz) ZN MV ★ the ~ *Indië*

indifference (ɪn'dɪfrəns) ZN *onverschilligheid; gebrek aan interesse*

indifferent (ɪn'dɪfrənt) **I** ZN *onverschillig iem.* **II** BNW • *nogal slecht* • *onbelangrijk* • *onpartijdig; neutraal* • *onverschillig*

indifferently (ɪn'dɪfrəntlɪ) BIJW *onpartijdig*

indigence ('ɪndɪdʒəns) ZN *armoede; gebrek*

indigene ('ɪndɪdʒiːn) ZN *inboorling*

indigenous (ɪn'dɪdʒɪnəs) BNW • *inheems* • *aangeboren*

indigent ('ɪndɪdʒənt) BNW *arm; behoeftig*

indigestible (ɪndɪ'dʒestɪbl) BNW *onverteerbaar*

indigestion (ɪndɪ'dʒestʃən) ZN *indigestie*

indigestive (ɪndɪ'dʒestɪv) BNW *lijdende aan indigestie*

indignant (ɪn'dɪgnənt) BNW *verontwaardigd*

indignation (ɪndɪg'neɪʃən) ZN *verontwaardiging* ★ ~ meeting *protestvergadering*

indignity (ɪn'dɪgnətɪ) ZN • *onwaardige behandeling* • *belediging*

indigo ('ɪndɪɡəʊ) ZN *indigo(blauw)*

indirect (ɪndaɪ'rekt) BNW • *bedrieglijk* • *indirect; zijdelings* ★ ~ costs *indirecte kosten*

indirection (ɪndɪ'rekʃən) ZN • *omweg* • *bedrog* ★ by ~ *langs een omweg*

indiscernible (ɪndɪ'sɜːnɪbl) BNW *niet te onderscheiden*

indiscipline (ɪn'dɪsɪplɪn) ZN • *onhandelbaarheid* • *ontembaarheid* • *tuchteloosheid*

indiscreet (ɪndɪ'skriːt) BNW • *onoordeelkundig* • *onbezonnen* • *onbescheiden*

indiscretion (ɪndɪ'skreʃən) ZN ★ years of ~ *kwajongensjaren*

indiscriminate (ɪndɪ'skrɪmɪnət) BNW • *geen verschil makend* • *in het wilde weg; zo maar*

indiscrimination (ɪndɪskrɪmɪ'neɪʃən) ZN *gebrek aan onderscheiding(svermogen)*

indispensable (ɪndɪ'spensəbl) BNW *onmisbaar*

indisposed ('ɪndɪ'spəʊzd) BNW • *onwel* • *onwillend*

indisposition (ɪndɪspə'zɪʃən) ZN • *ongesteldheid* • *ongenegenheid; afkeer*

indisputability (ɪndɪ'spjuːtəbɪlətɪ) ZN *onbetwistbaarheid*

indisputable (ɪndɪ'spjuːtəbl) BNW *onbetwistbaar*

indissolubility (ɪndɪ'sɒljəbɪlətɪ) ZN • *onoplosbaarheid* • *onverbrekelijkheid*

indissoluble (ɪndɪ'sɒljʊbl) BNW *onoplosbaar; onverbrekelijk*

indistinct (ɪndɪ'stɪŋkt) BNW *onduidelijk*

indistinguishable (ɪndɪ'stɪŋgwɪʃəbl) BNW *niet te onderscheiden*

individual (ɪndɪ'vɪdʒʊəl) **I** ZN *individu; persoon* **II** BNW • *individueel; persoonlijk* • *eigenaardig*

individualism (ɪndɪ'vɪdʒʊəlɪzəm) ZN • *individualisme* • *zelfzucht*

individualist (ɪndɪ'vɪdʒʊəlɪst) **I** ZN *individualist* **II** BNW *individualistisch*

individualistic (ɪndɪvɪdʒʊə'lɪstɪk) BNW *individualistisch*

individuality (ɪndɪvɪdʒʊ'ælətɪ) ZN • *eigen karakter en hoedanigheden* • *individualiteit*

individualize (ɪndɪ'vɪdʒʊəlaɪz) OV WW • *individualiseren*

indivisibility (ɪndɪvɪzə'bɪlətɪ) ZN *ondeelbaarheid*

indivisible (ɪndɪ'vɪzɪbl) BNW *ondeelbaar*

indocile (ɪn'dəʊsaɪl) BNW • *ongezeglijk* • *onhandelbaar*

indoctrinate (ɪn'dɒktrɪneɪt) OV WW *indoctrineren*

indolence ('ɪndələns) ZN • *traagheid* • *luiheid*

indolent ('ɪndələnt) BNW *lui; sloom*

indomitable (ɪn'dɒmɪtəbl) BNW *ontembaar; onoverwinnelijk*

Indonesian (ɪndə'niːzɪən) **I** ZN *Indonesiër; Indonesische* **II** BNW *Indonesisch*

indoor (ɪnˈdɔː) BNW *binnenhuis; huis-* ★ ~ *games zaalsporten* ★ ~ *relief verzorgen v. armen in een inrichting*

indoors (ɪnˈdɔːz) BIJW • *binnenhuis* • *binnenskamers; geheim*

indorse (ɪnˈdɔːs) OV WW → **endorse**

indrawn (ɪnˈdrɔːn) BNW ★ ~ *breath ingehouden adem*

indubitable (ɪnˈdjuːbɪtəbl) BNW *zonder twijfel*

induce (ɪnˈdjuːs) OV WW • *bewegen; ertoe krijgen* • *afleiden* • *forceren* • *induceren* ★ ~d *current inductiestroom*

inducement (ɪnˈdjuːsmənt) ZN • *beweegreden* • *lokmiddel*

induct (ɪnˈdʌkt) OV WW • *inleiden* ⟨v. bevalling⟩ • *installeren; bevestigen* ⟨v. predikant⟩ • *inwijden*

induction (ɪnˈdʌkʃən) ZN • *installatie* • *inleiding* • *gevolgtrekking* • *inductie* • *kunstmatig ingeleide bevalling*

induction-coil ZN *inductieklos/-spoel*

inductive (ɪnˈdʌktɪv) BNW *aanleiding gevend; inductief*

inductor (ɪnˈdʌktə) ZN • *iem. die predikant bevestigt* • TECHN. *inductor*

indue (ɪnˈdjuː) OV WW → **endue**

indulge (ɪnˈdʌldʒ) **I** OV WW • *verwennen* • *toegeven (aan)* ★ ~ s.o. with iem. iets toestaan **II** ONOV WW ★ ~ in a journey abroad *zich op een buitenlandse reis trakteren* ★ INFORM. he ~s too freely *hij drinkt te veel* • ~ in z. *overgeven aan*

indulgence (ɪnˈdʌldʒəns) **I** ZN • *overdreven toegeeflijkheid* • *gunst* • *aflaat* • *bevrediging* **II** OV WW *aflaat verbinden aan*

indulgent (ɪnˈdʌldʒənt) BNW *(al te) toegeeflijk*

indurate (ˈɪndjʊəreɪt) ONOV WW *verharden; verstokt worden*

industrial (ɪnˈdʌstrɪəl) **I** ZN • *werker in de industrie* • *bedrijf* • *industrieel* **II** BNW *industrieel; bedrijfs-; nijverheids-* ★ ~ *art kunstnijverheid*

industrial area ZN *industriegebied*

industrial espionage ZN *bedrijfsspionage*

industrialism (ɪnˈdʌstrɪəlɪzəm) ZN *de industrie*

industrialist (ɪnˈdʌstrɪəlɪst) ZN • *industrieel* • *fabriekseigenaar*

industrialization (ɪndʌstrɪəlaɪˈzeɪʃən) ZN *industrialisatie*

industrialize (ɪnˈdʌstrɪəlaɪz) OV WW *industrialiseren*

industrious (ɪnˈdʌstrɪəs) BNW *hardwerkend; arbeidzaam*

industry (ˈɪndəstrɪ) ZN • *industrie; bedrijf* • *ijver*

inebriate[1] (ɪˈniːbrɪət) **I** ZN *dronkaard* **II** BNW *(altijd) dronken*

inebriate[2] (ɪˈniːbrɪeɪt) OV WW *dronken maken*

inebriation (iniːbrɪˈeɪʃən) ZN *dronkenschap*

inebriety (ɪnɪˈbraɪətɪ) ZN • *dronkenschap* • *drankzucht*

inedible (ɪnˈedɪbl) BNW *oneetbaar*

ineffable (ɪnˈefəbl) BNW *onuitsprekelijk*

ineffaceable (ɪnɪˈfeɪsəbl) BNW *onuitwisbaar*

ineffective (ɪnɪˈfektɪv) BNW • *ondoeltreffend* • *incompetent*

ineffectual (ɪnɪˈfektʃʊəl) BNW • *vruchteloos* • *futloos* • *ontoereikend*

inefficacious (ɪnefɪˈkeɪʃəs) BNW *niet doelmatig*

inefficacy (ɪnˈefɪkəsɪ) ZN *onwerkzaamheid*

inefficiency (ɪnɪˈfɪʃənsɪ) ZN *ondoelmatigheid*

inefficient (ɪnɪˈfɪʃənt) BNW • *onbekwaam* • *ondoelmatig*

inelegant (ɪnˈelɪgənt) BNW *onelegant; niet fraai*

ineligibility (ɪnelɪdʒəˈbɪlətɪ) ZN *onverkiesbaarheid*

ineligible (ɪnˈelɪdʒɪbl) BNW *niet te verkiezen; niet in aanmerking komend*

ineluctable (ɪnɪˈlʌktəbl) BNW *onontkoombaar*

inept (ɪˈnept) BNW • *ongerijmd; dwaas* • *ongeschikt*

ineptitude (ɪnˈeptɪtjuːd) ZN • *dwaasheid* • *ongerijmdheid*

ineptness (ɪnˈeptnəs) ZN → **ineptness**

inequable (ɪnˈekwəbl) BNW *ongelijk (verdeeld)*

inequality (ɪnɪˈkwɒlətɪ) ZN • *verschil* • *ongelijkheid* ★ ~ to 't niet opgewassen zijn tegen

inequitable (ɪnˈekwɪtəbl) BNW *onrechtvaardig; onbillijk*

inequity (ɪnˈekwətɪ) ZN *onrechtvaardigheid*

ineradicable (ɪnɪˈrædɪkəbl) BNW *onuitroeibaar*

inerrability (ɪnɜːrəˈbɪlətɪ) ZN *onfeilbaarheid*

inerrable (ɪnˈɜːrəbl) BNW *onfeilbaar*

inerrancy ZN → **inerrability**

inerrant BNW → **inerrable**

inert (ɪˈnɜːt) BNW *traag; log* ★ ~ *gas edelgas*

inertia (ɪˈnɜːʃə) ZN *traagheid*

inescapable (ɪnɪˈskeɪpəbl) BNW *onontkoombaar*

inessential (ɪnɪˈsenʃəl) BNW *niet essentieel; bijkomstig*

inestimable (ɪnˈestɪməbl) BNW *onschatbaar*

inevitability (ɪnˈevɪtəbɪlətɪ) ZN *onvermijdelijkheid*

inevitable (ɪnˈevɪtəbl) BNW *onvermijdelijk*

inexact (ɪnɪgˈzækt) BNW *onjuist*

inexactitude (ɪnɪgˈzæktɪtjuːd) ZN • *onnauwkeurigheid* • *onjuistheid*

inexcusable (ɪnɪkˈskjuːzəbl) BNW *onvergeeflijk; niet goed te praten*

inexhaustible (ɪnɪgˈzɔːstɪbl) BNW *onuitputtelijk*

inexhaustive (ɪnɪgˈzɔːstɪv) BNW *niet uitputtend*

inexorable (ɪnˈeksərəbl) BNW *onverbiddelijk*

inexpectant (ɪnɪkˈspektənt) BNW *niet (veel) verwachtend*

inexpediency (ɪnɪkˈspiːdɪənsɪ) ZN *ondoelmatigheid*

inexpedient (ɪnɪkˈspiːdɪənt) BNW *ongeschikt; niet raadzaam; niet van pas*

inexpensive (ɪnɪkˈspensɪv) BNW *goedkoop*

inexperience (ɪnɪkˈspɪərɪəns) ZN *onervarenheid*

inexperienced (ɪnɪkˈspɪərɪənst) BNW *onervaren*

inexpert (ɪnˈekspɜːt) **I** ZN *ondeskundige; leek* **II** BNW *onbedreven; ondeskundig*

inexpiable (ɪnˈekspɪəbl) BNW • *niet goed te maken* • *onverzoenlijk*

inexplicable (ɪnɪkˈsplɪkəbl) BNW *onverklaarbaar*

inexpressible (ɪnɪkˈspresɪbl) BNW *onuitsprekelijk*

inexpressive (ɪnɪkˈspresɪv) BNW *uitdrukkingsloos*

inextinguishable (ɪnɪkˈstɪŋgwɪʃəbl) BNW • *onblusbaar* • *niet te lessen*

inextricable (ɪnɪkˈstrɪkəbl) BNW • *onontkoombaar* • *onontwarbaar*

infallibility (ɪnfælɪˈbɪlətɪ) ZN *onfeilbaarheid*

infallible (ɪnˈfælɪbl) BNW *onfeilbaar*

infamous (ˈɪnfəməs) BNW • *schandelijk* • *eerloos*

infamy (ˈɪnfəmɪ) ZN • *beruchtheid* • *schande*

• *schanddaad*
infancy ('ɪnfənsɪ) ZN • *kindsheid* • *minderjarigheid* ★ it's still in its ~ *het staat nog in de kinderschoenen*
infant ('ɪnfənt) I ZN • *zuigeling* • *kind beneden 7 jaar* • *minderjarige* ★ ~ school *kleuterschool* II BNW *kinderlijk; kinder-* ★ ~ prodigy *wonderkind*
infanticide (ɪn'fæntɪsaɪd) ZN *kindermoord*
infantile ('ɪnfəntaɪl) BNW *kinder-; kinderlijk; kinderachtig*
infantilism (ɪn'fæntɪlɪzəm) ZN *infantilisme*
infantry ('ɪnfəntrɪ) ZN *infanterie*
infantryman ('ɪnfəntrɪmən) ZN *infanterist*
infatuate (ɪn'fætjʊeɪt) OV WW *verdwazen; verblinden* ★ ~d by/with *smoorverliefd op*
infatuation (ɪnˌfætjʊ'eɪʃən) ZN • *verdwazing* • *dwaze verliefdheid*
infect (ɪn'fekt) OV WW *besmetten*
infection (ɪn'fekʃən) ZN *besmetting; aanstekelijkheid*
infectious (ɪn'fekʃəs) BNW *besmettelijk; aanstekelijk*
infective BNW → **infectious**
infelicitous (ɪnfɪ'lɪsɪtəs) BNW • *ongelukkig* • *misplaatst* ⟨v. opmerking of voorbeeld⟩
infelicity (ɪnfɪ'lɪsətɪ) ZN • *ongeluk* • *ongelukkige keuze*
infer (ɪn'fɜː) OV WW • *gevolg trekken* • *betekenen*
inferable (ɪn'fɜːrəbl) BNW *afleidbaar*
inference ('ɪnfərəns) ZN *gevolgtrekking*
inferential (ɪnfə'renʃəl) BNW *afleidbaar*
inferior (ɪn'fɪərɪə) I ZN *ondergeschikte* II BNW • *lager* • *minder(waardig)* • *onder-* ★ he is ~ to none *hij doet voor niemand onder*
inferiority (ɪnˌfɪərɪ'ɒrətɪ) ZN ★ ~ complex *minderwaardigheidscomplex*
infernal (ɪn'fɜːnl) BNW *hels; duivels*
inferno (ɪn'fɜːnəʊ) ZN *hel; onderwereld*
infertile (ɪn'fɜːtaɪl) BNW *onvruchtbaar*
infertility (ɪnfɜː'tɪlətɪ) ZN *onvruchtbaarheid*
infest (ɪn'fest) OV WW • *teisteren* • *onveilig maken* ★ be ~ed with *geteisterd worden door; vergeven zijn van*
infestation (ɪnfe'steɪʃən) ZN *teistering*
infidel ('ɪnfɪdl) I ZN *ongelovige* II BNW *ongelovig*
infidelity (ɪnfɪ'delətɪ) ZN • *ongeloof* • *ontrouw*
infield ('ɪnfiːld) ZN • *erf/bouwland* ⟨bij boerderij⟩ • *gedeelte v. sportveld bij 't doel*
infighting ('ɪnfaɪtɪŋ) ZN • *gevecht op de korte afstand* • *bedekte onderlinge strijd*
infiltrate ('ɪnfɪltreɪt) OV+ONOV WW • *infiltreren* • *dóórdringen*
infiltration (ɪnfɪl'treɪʃən) ZN *infiltratie* ⟨vóór vijandelijke aanval⟩
infiltrator ('ɪnfɪltreɪtə) ZN *infiltrant*
infinite ('ɪnfɪnɪt) I ZN ★ the ~ *de oneindigheid; de oneindige ruimte* II BNW • *oneindig* • *zeer veel* • TAALK. *niet beperkt door persoon/getal*
infinitesimal (ɪnfɪnɪ'tesɪml) I ZN *zeer kleine hoeveelheid* II BNW *zeer klein* ★ ~ calculus *integraal-/differentiaalrekening*
infinitive (ɪn'fɪnɪtɪv) ZN *onbepaalde wijs*
infinitude (ɪn'fɪnɪtjuːd) ZN *oneindige hoeveelheid*
infinity (ɪn'fɪnətɪ) ZN • *oneindigheid* • *oneindige hoeveelheid of uitgestrektheid*

infirm (ɪn'fɜːm) BNW • *onvast; zwak* • *besluiteloos*
infirmary (ɪn'fɜːmərɪ) ZN *ziekenhuis; ziekenzaal*
infirmity (ɪn'fɜːmətɪ) ZN • *zwakheid; zwakte* • *gebrek*
infix[1] ('ɪnfɪks) ZN TAALK. *tussenvoegsel*
infix[2] (ɪn'fɪks) OV WW • *inzetten; invoegen* • *bevestigen (in)* • *inprenten*
inflame (ɪn'fleɪm) I OV WW • *vlam doen vatten* • *opgewonden maken* II ONOV WW • *vlam vatten* • *opgewonden raken*
inflammability (ɪnflæmə'bɪlətɪ) ZN *ontvlambaarheid*
inflammable (ɪn'flæməbl) I ZN *licht ontvlambare stof* II BNW *ontvlambaar*
inflammation (ɪnflə'meɪʃən) ZN • *ontbranding* • *ontsteking*
inflammatory (ɪn'flæmətərɪ) BNW • *opwindend* • *ontstekings-*
inflatable (ɪn'fleɪtəbl) BNW *opblaasbaar*
inflate (ɪn'fleɪt) OV WW • *oppompen; opblazen* • *opdrijven; verhogen* ⟨v. prijzen⟩ • *te veel papiergeld in omloop brengen*
inflated (ɪn'fleɪtɪd) BNW • *opgepompt* • *gezwollen; opgeblazen*
inflation (ɪn'fleɪʃən) ZN • *'t oppompen* • *opgeblazenheid* • *inflatie*
inflator (ɪn'fleɪtə) ZN *(fiets)pomp*
inflect (ɪn'flekt) OV WW • MUZ. *halve toon verhogen of verlagen* • *naar binnen buigen* • TAALK. *verbuigen*
inflection (ɪn'flekʃən), **inflexion** ZN • *verbuiging; buigingsuitgang* • *stembuiging*
inflexibility (ɪnfleksə'bɪlətɪ) ZN • *standvastigheid* • *onbuigbaarheid*
inflexible (ɪn'fleksɪbl) BNW • *standvastig* • *onbuigbaar; onbuigzaam*
inflexion (ɪn'flekʃn) ZN → **inflection**
inflexional (ɪn'flekʃənl) BNW • *verbuigings-* • *vervoegings-*
inflict (ɪn'flɪkt) OV WW • *toebrengen; toedienen* ⟨v. straf⟩ • *opleggen* ⟨v. straf⟩ ★ ~ s.th. (up)on a p. *iets aan iemand opdringen*
infliction (ɪn'flɪkʃən) ZN • *straf* • *bezoeking*
in-flight BNW *tijdens de vlucht*
inflow ('ɪnfləʊ) ZN • *binnenstromende hoeveelheid* • *het binnenstromen*
influence ('ɪnflʊəns) I ZN • *invloed* • *projectie* • TECHN. *inductie* II OV WW *invloed hebben op; beïnvloeden*
influent ('ɪnflʊənt) I ZN *zijrivier* II BNW *instromend*
influential (ɪnflʊ'enʃəl) BNW *invloedrijk*
influenza (ɪnflʊ'enzə) ZN *griep* ★ avian ~ *vogelgriep*
influx ('ɪnflʌks) ZN • *instroming* • *toevloed*
infomercial (ɪnfəʊ'mɜːʃəl) SAMENTR ⟨information + commercial⟩ *infomercial* ⟨informatieve reclame⟩
inform (ɪn'fɔːm) I OV WW • *bezielen* • *mededelen* ★ ~ of/about *mededelen; op de hoogte brengen van* ★ ~ed *goed op de hoogte; kundig; ontwikkeld; bevoegd* II ONOV WW FORM. ~ (up)on *aanklacht indienen tegen*
informal (ɪn'fɔːml) BNW • *informeel; niet officieel* • *zonder veel drukte*
informality (ɪnfɔː'mælətɪ) ZN *informaliteit*

informant (ınˈfɔːmənt) ZN • zegsman • informant • geheim agent
informatics (ınfəˈmætıks) ZN MV informatica
information (ınfəˈmeıʃən) ZN • mededeling • inlichtingen • nieuws • aanklacht
information desk ZN informatiebalie; inlichtingenbureau
information superhighway ZN COMP. elektronische snelweg
information technology ZN COMP. informatietechnologie
informative (ınˈfɔːmətıv) BNW • informatief • leerzaam
informatory (ınˈfɔːmətərı) BNW → **informative**
informer (ınˈfɔːmə) ZN • aanklager • geheim agent • informant
infotainment (ınfəʊˈteınmənt) SAMENTR ⟨information + entertainment⟩ infotainment ⟨informatief amusement⟩
infraction (ınˈfrækʃən) ZN • schending • overtreding
infrangible (ınˈfrændʒıbl) BNW • onschendbaar • niet te verbreken
infrared (ınfrəˈred) BNW infrarood
infrastructure (ˈınfrəstrʌktʃə) ZN infrastructuur
infrequency (ınˈfriːkwənsı) ZN zeldzaamheid
infrequent (ınˈfriːkwənt) BNW niet vaak ★ not ~ly nog al eens
infringe (ınˈfrındʒ) OV+ONOV WW • overtreden • schenden ⟨v. eed⟩
infringement (ınˈfrındʒmənt) ZN • inbreuk • overtreding
infructuous (ınˈfrʌktjʊəs) BNW • niet vruchtdragend • onvoordelig ⟨figuurlijk⟩
infundibular (ınfʌnˈdıbjʊlə) BNW trechtervormig
infuriate[1] (ınˈfjʊərıət) BNW razend
infuriate[2] (ınˈfjʊərıeıt) OV WW woedend maken
infuse (ınˈfjuːz) I OV WW • laten trekken ⟨v. thee⟩ • ingieten • inprenten • doordrenken II ONOV WW trekken ⟨v. thee⟩
infuser (ınˈfjuːzə) ZN thee-ei
infusible (ınˈfjuːzıbl) BNW onsmeltbaar
infusion (ınˈfjuːʒən) ZN • 't inprenten • doordringen • infusie • aftreksel
ingathering (ˈınɡæðərıŋ) ZN het ophalen; het binnenhalen ⟨v. oogst⟩; het bijeenbrengen
ingeminate (ınˈdʒemıneıt) OV WW herhalen; herhaaldelijk aandringen op
ingenious (ınˈdʒiːnıəs) BNW vernuftig
ingenuity (ındʒıˈnjuːətı) ZN vernuft
ingenuous (ınˈdʒenjʊəs) BNW onschuldig
ingest (ınˈdʒest) OV WW opnemen ⟨v. voedsel⟩
ingle (ˈıŋɡl) ZN • haard • vuur ⟨in haard⟩ ★ ~-nook hoekje bij de haard
inglorious (ınˈɡlɔːrıəs) BNW • roemloos • onbekend
ingoing (ˈınɡəʊıŋ) I ZN 't binnengaan II BNW binnengaand
ingot (ˈıŋɡɒt) ZN staaf; baar ⟨v. metaal⟩
ingraft (ınˈɡrɑːft) OV WW → **engraft**
ingrained (ınˈɡreınd) BNW • diepgeworteld • doortrapt; verstokt • aarts-; door en door
ingratiate (ınˈɡreıʃıeıt) OV WW ★ an ingratiating smile een innemende glimlach ★ ~ o.s. with zich bemind maken bij
ingratitude (ınˈɡrætıtjuːd) ZN ondankbaarheid
ingredient (ınˈɡriːdıənt) ZN bestanddeel

ingress (ˈınɡres) ZN • 't binnengaan • ingang; toegang
in-group (ˈınɡruːp) ZN • kliek • groep personen met gemeenschappelijke belangen
inhabit (ınˈhæbıt) OV WW wonen in
inhabitable (ınˈhæbıtəbl) BNW bewoonbaar
inhabitant (ınˈhæbıtənt) ZN bewoner; inwoner
inhalation (ınhəˈleıʃən) ZN inademing
inhale (ınˈheıl) OV WW inademen; inhaleren
inhaler (ınˈheılə) ZN inhaleerapparaat
inharmonious (ınhɑːˈməʊnıəs) BNW • tegenstrijdig • niet bij elkaar passend • onwelluidend
inhere (ınˈhıə) ONOV WW bestaan in; inherent zijn aan
inherence (ınˈherəns), **inherency** ZN • inherentie • het innig verbonden zijn
inherency (ınˈherənsı) ZN → **inherence**
inherent (ınˈherənt) BNW inherent ★ ~ in eigen aan
inherently (ınˈherəntlı) BIJW als zodanig
inherit (ınˈherıt) OV WW erven
inheritable (ınˈherıtəbl) BNW erfelijk
inheritance (ınˈherıtns) ZN erfenis; overerving
inheritor (ınˈherıtə) ZN erfgenaam
inhesion (ınˈhiːʒən) ZN → **inherence**
inhibit (ınˈhıbıt) OV WW • verbieden • beletten; in de weg staan • suspenderen ⟨r.-k.⟩
inhibited (ınˈhıbıtıd) BNW verlegen; geremd
inhibition (ınhıˈbıʃən) ZN • verbod • INFORM. onderdrukking; het beletten
inhibitory (ınˈhıbıtərı) BNW verbods-
inhospitable (ınhɒˈspıtəbl) BNW • ongastvrij • onherbergzaam
inhospitality (ınhɒspıˈtælətı) ZN • ongastvrijheid • onherbergzaamheid
inhuman (ınˈhjuːmən) BNW • onmenselijk • monsterlijk
inhumane (ınhjuːˈmeın) BNW wreed
inhumanity (ınhjuːˈmænətı) ZN wreedheid
inhumation (ınhjuːˈmeıʃən) ZN 't begraven; begrafenis
inhume (ınˈhjuːm) OV WW begraven
inimical (ıˈnımıkl) BNW • vijandig • schadelijk
inimitability (ınımıtəˈbılətı) ZN onnavolgbaarheid
inimitable (ıˈnımıtəbl) BNW onnavolgbaar; weergaloos
iniquitous (ıˈnıkwıtəs) BNW • zondig • ⟨hoogst⟩ onrechtvaardig
iniquity (ıˈnıkwətı) ZN • onrechtvaardigheid • zonde
initial (ıˈnıʃəl) I ZN voorletter II BNW eerste; begin-; voor- III OV WW paraferen
initially (ıˈnıʃəlı) BIJW eerst; aanvankelijk
initiate[1] (ıˈnıʃıət) ZN ingewijde II BNW ingewijd
initiate[2] (ıˈnıʃıeıt) OV WW • inwijden; inleiden • beginnen • initiëren • opstarten ⟨machine, proces⟩
initiation (ınıʃıˈeıʃən) ZN • begin • inwijding
initiative (ıˈnıʃətıv) I ZN • eerste stap; begin • initiatief II BNW aanvangs-
inject (ınˈdʒekt) OV WW inspuiten
injection (ınˈdʒekʃən) ZN • injectie • 't in baan om aarde brengen ⟨v. satelliet⟩ ★ TECHN. ~ moulding spuitgieten

injector (ɪn'dʒektə) ZN *injector*
injudicial (ɪndʒʊ'dɪʃəl) BNW *onwettig*
injudicious (ɪndʒu:'dɪʃəs) BNW *onverstandig*
injunction (ɪn'dʒʌŋkʃən) ZN • *dringend verzoek* • *bevel; verbod*
injure ('ɪndʒə) OV WW • *verwonden* • *onrecht aandoen; benadelen; krenken*
injurious (ɪn'dʒʊərɪəs) BNW • *beledigend* • *schadelijk*
injury ('ɪndʒərɪ) ZN • *beledging* • *letsel; schade*
injury time ZN SPORT *blessuretijd*
injustice (ɪn'dʒʌstɪs) ZN *onrecht(vaardigheid)*
ink (ɪŋk) **I** ZN *inkt* **II** OV WW *met inkt insmeren*
inkblot ('ɪŋkblɒt) ZN *inktvlek* ★ ~ *test rorschachtest*
inkkiller ('ɪŋkkɪlə) ZN *inktwisser*
inkling ('ɪŋklɪŋ) ZN *flauw vermoeden*
in-kneed ('ɪnni:d) BNW *met x-benen*
inkstand ('ɪŋkstænd) ZN *inktstel*
ink-well ('ɪŋkwel) ZN *inktpot*
inky ('ɪŋkɪ) BNW *inktachtig* ★ inky (black) *inktzwart*
inlaid (ɪn'leɪd) BNW *ingelegd*
inland ('ɪnlənd) **I** ZN *binnenland* **II** BNW + BIJW • *binnenlands* • *in of naar 't binnenland* ★ ~ navigation *binnenvaart* ★ Inland Revenue ≈ *belastingdienst* ★ ~ sea *binnenzee* ★ ~ lake *in 't binnenland gelegen meer*
in-law ('ɪnlɔ:) ZN • INFORM. *aangetrouwd familielid* • INFORM. *schoonouder*
inlay[1] ('ɪnleɪ) ZN • *inlegsel; mozaïek* • *vulling* ⟨v. kies⟩ • *ingang*
inlay[2] (ɪn'leɪ) OV WW *inleggen* ⟨versiering⟩
inlet ('ɪnlet) ZN • *inham* • *inzetsel*
inly ('ɪnlɪ) BNW • *inwendig; intiem; oprecht*
inmate ('ɪnmeɪt) ZN *medegevangene*
inmost ('ɪnməʊst) BNW • *binnenste* • *meest intieme; diepste*
inn (ɪn) ZN • *herberg; taverne* • *(dorps)hotel*
innards ('ɪnədz) ZN MV PLAT *maag; ingewanden*
innate (ɪ'neɪt) BNW *aangeboren; natuurlijk*
inner ('ɪnə) **I** ZN • *kring om roos* • *schot net naast de roos* **II** BNW *inwendig; innerlijk; binnen...* ★ ~ office *privékantoor* ★ ~ tube *binnenband*
inner-city ZN *binnenstad*
innerman (ɪnə'mæn) ZN • *ziel* • INFORM. *inwendige mens* • *eetlust*
innermost ('ɪnəməʊst) BNW *binnenste*
innings ('ɪnɪŋz) ZN MV • *ambtsperiode* • *indijking; ingedijkt land* • *slagbeurt* ⟨bij cricket, baseball⟩ ★ have a good ~ *geluk hebben; lang leven*
innkeeper ('ɪnki:pə) ZN *waard; hotelhouder; kastelein; herbergier*
innocence ('ɪnəsəns) ZN • *onschuld* • *onnozelheid*
innocent ('ɪnəsənt) **I** ZN • *onschuldig iemand* ⟨vooral klein kind⟩ • *zwakzinnige* • *onnozele* ★ Innocents' Day *onnozele-kinderen(dag)* ⟨28 dec⟩ **II** BNW • *onschuldig* • *onschadelijk* ★ ~ of *niet schuldig aan; totaal zonder*
innocuous (ɪ'nɒkjʊəs) BNW *onschadelijk; ongevaarlijk*
innovate ('ɪnəveɪt) ONOV WW *vernieuwen; nieuwigheden aanbrengen*
innovation (ɪnə'veɪʃən) ZN *vernieuwing; nieuwigheid*
innovative ('ɪnəveɪtɪv) BNW *vernieuwend*

innovator ('ɪnəveɪtə) ZN • *vernieuwer* • *nieuwlichter*
innuendo (ɪnjʊ'endəʊ) ZN • *beledigende insinuatie* • *verdachtmaking*
innumerable (ɪ'nju:mərəbl) BNW *ontelbaar*
inoculate (ɪ'nɒkjʊleɪt) OV WW *inenten*
inoculation (ɪnɒkjʊ'leɪʃən) ZN *inenting*
inoffensive (ɪnə'fensɪv) BNW • *geen aanstoot gevend* • *niet bezwaarlijk* • *onschadelijk*
inoperable (ɪn'ɒpərəbl) BNW • *niet te opereren* • *onuitvoerbaar*
inoperative (ɪn'ɒpərətɪv) BNW • *niet werkend* • *ongeldig* ⟨v. wet⟩
inopportune (ɪn'ɒpətju:n) BNW • *ontijdig* • *ongelegen*
inordinate (ɪn'ɔ:dɪnət) BNW *buitensporig; onmatig; ongeregeld*
inorganic (ɪnɔ:'gænɪk) BNW *anorganisch*
input ('ɪnpʊt) **I** ZN • *invoer van gegevens* • TECHN. *ingang* **II** OV WW • *computer voorzien v. opdrachten* • *programmeren*
input tax ZN *invoerbelasting*
inquest ('ɪnkwest) ZN *gerechtelijk onderzoek* ★ coroner's ~ *gerechtelijke lijkschouwing*
inquietude (ɪn'kwaɪɪtju:d) ZN • *onrust(igheid)* • *ongerustheid*
inquire (ɪn'kwaɪə) OV+ONOV WW → *enquire*
inquirer (ɪn'kwaɪərə) ZN *onderzoeker; enquêteur*
inquiring (ɪn'kwaɪərɪŋ) BNW *onderzoekend; weetgierig*
inquiry (ɪn'kwaɪərɪ) ZN → *enquiry*
inquisition (ɪnkwɪ'zɪʃən) ZN • *onderzoek* • *inquisitie*
inquisitive (ɪn'kwɪzɪtɪv) BNW *nieuwsgierig*
inquisitor (ɪn'kwɪzɪtə) ZN • *inquisiteur* • *officieel onderzoeker*
inquisitorial (ɪnkwɪzɪ'tɔ:rɪəl) BNW • *inquisitoriaal* • *hinderlijk nieuwsgierig*
inroad ('ɪnrəʊd) ZN • *vijandelijke inval* • *inbreuk; aantasting*
insalubrious (ɪnsə'lu:brɪəs) BNW • *ongezond* ⟨v. omgeving⟩ • *onsmakelijk*
insane (ɪn'seɪn) BNW *krankzinnig*
insanitary (ɪn'sænɪtərɪ) BNW *ongezond; onhygiënisch*
insanity (ɪn'sænətɪ) ZN *krankzinnigheid; dwaasheid*
insatiability (ɪnseɪʃə'bɪlətɪ) ZN *onverzadigbaarheid*
insatiable (ɪn'seɪʃəbl) BNW *onverzadigbaar*
insatiate (ɪn'seɪʃɪət) BNW • *niet te verzadigen* • *onverzadigd*
inscribe (ɪn'skraɪb) OV WW • *graveren* • *inschrijven* • *inprenten* • *beschrijven in* • *opdragen* ⟨v. boek⟩
inscription (ɪn'skrɪpʃən) ZN • *inscriptie* • *opdracht*
inscrutability (ɪnskru:tə'bɪlətɪ) ZN • *ondoorgrondelijkheid* • *geheimzinnigheid*
inscrutable (ɪn'skru:təbl) BNW • *ondoorgrondelijk* • *geheimzinnig*
insecticide (ɪn'sektɪsaɪd) ZN *insecticide*
insection (ɪn'sekʃən) ZN *insnijding; inkerving*
insecure (ɪnsɪ'kjʊə) BNW *onveilig; onbetrouwbaar*
insecurity (ɪnsɪ'kjʊərətɪ) ZN *onveiligheid*
inseminate (ɪn'semɪneɪt) OV WW • *bevruchten; insemineren* • *(in)zaaien*
insemination (ɪnsemɪ'neɪʃən) ZN *bevruchting*

* artificial ~ *kunstmatige inseminatie*
insensate (ɪnˈsenseɪt) ZN • *gevoelloos* • *onzinnig*
insensibility (ɪnsensɪˈbɪlətɪ) ZN • *ongevoeligheid*
• *bewusteloosheid*
insensible (ɪnˈsensɪbl) BNW • *niet te bemerken*
• *bewusteloos* ★ *z. niet bewust* • *ongevoelig*
insensitive (ɪnˈsensɪtɪv) BNW ★ ~ to *onverschillig voor*
inseparability (ɪnsepərəˈbɪlətɪ) ZN *onafscheidelijkheid*
inseparable (ɪnˈsepərəbl) BNW *onafscheidelijk; niet te scheiden*
insert[1] (ˈɪnsɜːt) ZN *inlas*
insert[2] (ɪnˈsɜːt) OV WW • *invoegen; inzetten*
• *insteken* • *plaatsen* ⟨v. artikel, advertentie⟩
insertion (ɪnˈsɜːʃən) ZN • *wijze v. inplanting* ⟨v. spier, orgaan⟩ • *tussenzetsel* ⟨v. kant e.d.⟩
• *krasje* ⟨bij inenting⟩ • *'t in een baan rond de aarde brengen* ⟨v. satelliet⟩
in-service (ɪnˈsɜːvɪs) BNW *tijdens het werk*
inset[1] (ˈɪnset) ZN • *ingelaste bladen* • *tussenzetsel*
★ ~ map *bijkaart* ⟨in atlas⟩
inset[2] (ɪnˈset) OV WW *inzetten; inlassen*
inshore (ɪnˈʃɔː) BNW *naar of dichtbij de kust*
inside[1] (ˈɪnsaɪd) I ZN • *binnenkant* • *kant die niet langs de weg loopt* ⟨v. trottoir⟩ • *passagier binnenin* ★ the ~ of a week *het midden van een week* ★ ~ out *binnenste buiten* II BNW *binnen-; binnenste* ★ ~ information *inlichtingen uit de eerste hand*
inside[2] (ɪnˈsaɪd) I ZN *ingewanden; inborst* II BIJW *van/naar binnen* ★ PLAT he's ~ *hij zit* ⟨in de gevangenis⟩ III VZ *binnen; in*
insider (ɪnˈsaɪdə) ZN • *lid v. vereniging* • *ingewijde*
insidious (ɪnˈsɪdɪəs) BNW *verraderlijk*
insight (ˈɪnsaɪt) ZN *inzicht*
insignia (ɪnˈsɪɡnɪə) ZN MV *onderscheidingstekenen*
insignificance (ɪnsɪɡˈnɪfɪkəns) ZN *onbeduidendheid*
insignificant (ɪnsɪɡˈnɪfɪkənt) BNW • *onbeduidend*
• *verachtelijk* • *zonder betekenis*
insincere (ɪnsɪnˈsɪə) BNW *onoprecht; oneerlijk*
insincerity (ɪnsɪnˈserətɪ) ZN • *oneerlijkheid*
• *onoprechtheid*
insinuate (ɪnˈsɪnjʊeɪt) OV WW • *insinueren*
• *inleiden* • *inbrengen*
insinuation (ɪnsɪnjʊˈeɪʃən) ZN • *insinuatie* • *'t ongemerkt binnendringen*
insipid (ɪnˈsɪpɪd) BNW • *saai; oninteressant*
• *smakeloos*
insipidity (ɪnsɪˈpɪdətɪ) ZN *flauwheid; smakeloosheid*
insist (ɪnˈsɪst) OV+ONOV WW *blijven bij; volhouden; met klem beweren* ★ I ~ (up)on your going *ik sta erop dat je gaat*
insistence (ɪnˈsɪstns) ZN *aandrang*
insistent (ɪnˈsɪstnt) BNW • *blijvend bij; áánhoudend* • *noodzakelijk* • *urgent*
insobriety (ɪnsəˈbraɪətɪ) ZN *onmatigheid*
insofar (ɪnsəʊˈfɑː) BIJW ★ ~ as *voor zover (als)*
insolate (ˈɪnsəʊleɪt) OV WW *blootstellen aan zonlicht*
insolation (ɪnsəʊˈleɪʃən) ZN *straling van de zon*
insole (ˈɪnsəʊl) ZN *binnenzool*
insolence (ˈɪnsələns) ZN *onbeschaamdheid*
insolent (ˈɪnsələnt) BNW *onbeschaamd*

insolubility (ɪnsɒljʊˈbɪlətɪ) ZN *onoplosbaarheid*
insoluble (ɪnˈsɒljʊbl) BNW *onoplosbaar*
insolvency (ɪnˈsɒlvənsɪ) ZN *insolventie*
insolvent (ɪnˈsɒlvənt) I ZN *schuldenaar* II BNW
• IRON. *blut* • *insolvent*
insomnia (ɪnˈsɒmnɪə) ZN *slapeloosheid*
insomniac (ɪnˈsɒmnɪæk) ZN *lijder aan slapeloosheid*
insomuch (ɪnsəʊˈmʌtʃ) BIJW ★ ~ as *in zoverre dat*
★ ~ that *zó dat*
insouciance (ɪnˈsuːsɪəns) ZN • *totale onverschilligheid* • *zorgeloosheid*
inspect (ɪnˈspekt) OV WW *onderzoeken; inspecteren; bezichtigen*
inspection (ɪnˈspekʃən) ZN ★ for (your) ~ *ter inzage* ★ ~ copy *exemplaar ter inzage*
inspector (ɪnˈspektə) ZN • *onderzoeker* • *inspecteur*
• *opzichter*
inspectorate (ɪnˈspektərət) ZN • *inspectie*
• *inspecteurschap*
inspiration (ɪnspɪˈreɪʃən) ZN • *inademing*
• *inspiratie; ingeving*
inspirational (ɪnspəˈreɪʃənəl) BNW • *geïnspireerd*
• *bezielend*
inspire (ɪnˈspaɪə) OV WW • *inademen* • *inspireren; bezielen*
inspired (ɪnˈspaɪəd) BNW *geïnspireerd*
inst. AFK *instant van de lopende maand*
instability (ɪnstəˈbɪlətɪ) ZN *onstandvastigheid*
install (ɪnˈstɔːl) OV WW • *installeren* ⟨v. personen⟩
• *plaatsen* ⟨v. machines⟩
installation (ɪnstəˈleɪʃən) ZN • *installatie*
• *plaatsing*
installment ZN USA → **instalment**
instalment (ɪnˈstɔːlmənt), USA **installment** ZN
• *termijn* ⟨v. betaling⟩ • *aflevering* • *installatie*
★ ~ plan *afbetaling*
instance (ˈɪnstns) I ZN • *voorbeeld* • *verzoek* • JUR. *instantie* ★ for ~ *bijvoorbeeld* ★ in the first ~ *in de eerste plaats; in eerste instantie* II OV WW *aanhalen als voorbeeld*
instant (ˈɪnstnt) I ZN *ogenblik* ★ on the ~ *direct*
II BNW • *dringend* • *ogenblikkelijk* • *klaar voor (direct) gebruik* ★ ~ coffee *oploskoffie* ★ an ~ replay *herhaling* ⟨op tv⟩
instantaneous (ɪnstənˈteɪnɪəs) BNW
• *ogenblikkelijk* • *moment-*
instanter BIJW → **instantly**
instantly (ˈɪnstntlɪ) BIJW *onmiddellijk*
instate (ɪnˈsteɪt) OV WW *installeren; vestigen*
instead (ɪnˈsted) BIJW *in plaats hiervan/daarvan*
★ ~ of *in plaats van*
instep (ˈɪnstep) ZN *wreef* ⟨v. voet⟩
instigate (ˈɪnstɪɡeɪt) OV WW *aansporen; aanzetten tot*
instigation (ɪnstɪˈɡeɪʃən) ZN ★ at the ~ of *op aandringen van*
instigator (ˈɪnstɪɡeɪtə) ZN *ophitser; aanzetter*
instil(l) (ɪnˈstɪl) OV WW • *doordringen van gevoelens/ideeën* • *indruppelen*
instinct (ˈɪnstɪŋkt) I ZN • *instinct* • *intuïtie* II BNW
★ ~ with *doordrongen van*
instinctive (ɪnˈstɪŋktɪv) BNW *instinctmatig*
institute (ˈɪnstɪtjuːt) I ZN *instelling; instituut* II OV WW • *stichten* • *installeren* ⟨v. personen⟩
• *aanstellen; bevestigen* ⟨v. predikant⟩

institution (ɪnstɪ'tjuːʃən) ZN • *instituut; instelling* • *gesticht* • *wet* • INFORM. *bekend of vast voorwerp of persoon*

institutional (ɪnstɪ'tjuːʃənl) BNW • *institutioneel* • *wets- • gestichts- • gevestigd*

instruct (ɪn'strʌkt) OV WW • *onderrichten* • *inlichtingen verstrekken; voorlichten • bevelen*

instruction (ɪn'strʌkʃən) ZN • *aanwijzing; instructie • bevel • onderwijs* ★ manual ∼ *(onderwijs in) handenarbeid*

instructional (ɪn'strʌkʃənl) BNW • *educatief; onderwijs- • inlichtingen bevattend*

instructive (ɪn'strʌktɪv) BNW *leerzaam*

instructor (ɪn'strʌktə) ZN • *instructeur* • USA *docent* ⟨aan universiteit⟩

instructress (ɪn'strʌktrəs) ZN *instructrice*

instrument ('ɪnstrəmənt) I ZN • *instrument; werktuig • document* ★ ∼ panel *instrumentenpaneel; dashboard* II OV WW *instrumenteren*

instrumental (ɪnstrə'mentl) I ZN • MUZ. *instrumental* ⟨muziekstuk zonder zang⟩ • TAALK. *instrumentalis* ⟨naamval⟩ II BNW • *instrumentaal • behulpzaam • bevorderlijk*

instrumentalist (ɪnstrʊ'mentəlɪst) ZN *bespeler v. instrument*

instrumentality (ɪnstrʊmen'tælətɪ) ZN • *bemiddeling • middel*

instrumentation (ɪnstrəmen'teɪʃən) ZN • *instrumentatie • operatie met instrumenten* • *bemiddeling*

insubordinate (ɪnsə'bɔːdɪnət) BNW *ongehoorzaam*

insubordination (ɪnsəbɔːdə'neɪʃən) ZN • *insubordinatie • ongehoorzaamheid*

insubstantial (ɪnsəb'stænʃəl) BNW • *onaanzienlijk* • *onwerkelijk • krachteloos • ondegelijk*

insufferable (ɪn'sʌfərəbl) BNW *on(ver)draaglijk*

insufficiency (ɪnsə'fɪʃənsɪ) ZN *ontoereikendheid; gebrek*

insufficient (ɪnsə'fɪʃənt) BNW *onvoldoende*

insufflate ('ɪnsəfleɪt) OV WW *inblazen; beademen*

insufflator ('ɪnsəfleɪtə) ZN *beademingsapparaat*

insular ('ɪnsjʊlə) I ZN *eilandbewoner* II BNW • *geïsoleerd • bekrompen* ⟨v. geest⟩

insularism ('ɪnsjʊlərɪzəm) ZN *bekrompenheid*

insularity (ɪnsjʊ'lærətɪ) ZN • *bekrompenheid* • *insulaire positie*

insulate ('ɪnsjʊleɪt) OV WW • *isoleren • afscheiden* ★ insulating tape *isolatieband*

insulation (ɪnsjʊ'leɪʃən) ZN *isolatie(materiaal)*

insulator ('ɪnsjʊleɪtə) ZN *isolatie(middel)*

insulin ('ɪnsjʊlɪn) ZN *insuline*

insult¹ ('ɪnsʌlt) ZN • *belediging* ★ FIG. add ∼ to injury *iem. een trap na geven; natrappen*

insult² (ɪn'sʌlt) OV WW *beledigen*

insuperable (ɪn'suːpərəbl) BNW *onoverkomelijk*

insupportable (ɪnsə'pɔːtəbl) BNW *ondraaglijk*

insurable (ɪn'ʃʊərəbl) BNW *verzekerbaar*

insurance (ɪn'ʃʊərəns) ZN • *verzekering* ★ ∼ policy *verzekeringspolis* ★ mutual ∼ company *onderlinge verzekeringsmaatschappij*

insure (ɪn'ʃʊə) OV WW *verzekeren* ★ the ∼d *de verzekerde(n)*

insurer (ɪn'ʃʊərə) ZN *verzekeraar; assuradeur*

insurgent (ɪn'sɜːdʒənt) I ZN *rebel* II BNW • *oproerig*

• *instromend* ⟨v. water⟩

insurmountable (ɪnsə'maʊntəbl) BNW • *onoverkomelijk • onoverwinnelijk*

insurrection (ɪnsə'rekʃən) ZN *opstand*

insurrectionary (ɪnsə'rekʃənərɪ) I ZN *opstandeling* II BNW *opstandig*

insurrectionist (ɪnsə'rekʃənɪst) ZN *oproerling*

insusceptible (ɪnsə'septɪbl) BNW ★ ∼ to *niet ontvankelijk voor* ★ ∼ to disease *niet vatbaar voor ziekte*

intact (ɪn'tækt) BNW *intact; heel; ongeschonden*

intake ('ɪnteɪk) I ZN • *inlaatopening • vernauwing* • *nieuwe instroom* ⟨v. personen⟩ • *opname* • *invoer* ⟨v. apparaat⟩ • *opgenomen hoeveelheid* ⟨v. energie, vermogen⟩ • *inkomsten* • *ontvangsten • drooggelegd of ontgonnen stuk land* II OV WW ★ ∼ valve *inlaatklep*

intangible (ɪn'tændʒɪbl) BNW • *ongrijpbaar* • *onstoffelijk • vaag* ★ ∼ assets *immateriële goederen*

integer ('ɪntɪdʒə) ZN *geheel getal*

integral ('ɪntɪɡrəl) I ZN *integraal* II BNW • *essentieel deel uitmakend • volledig* ★ ∼ calculus *integraalrekening*

integrant ('ɪntɪɡrənt) BNW *samenstellend*

integrate¹ ('ɪntɪɡrət) BNW *geheel*

integrate² ('ɪntɪɡreɪt) OV WW • *delen tot één geheel verenigen • de integraal vinden* • *gemiddelde waarde/het totaal aangeven* ⟨v. temperatuur, oppervlakte⟩ ★ ∼d circuit *geïntegreerde schakeling*

integration (ɪntɪ'ɡreɪʃən) ZN *integratie*

integrationist (ɪntə'ɡreɪʃənɪst) ZN *voorstander van rassenintegratie*

integrity (ɪn'teɡrətɪ) ZN • *eerlijkheid* • *onkreukbaarheid • volledigheid*

integument (ɪn'teɡjʊmənt) ZN • *omhulsel • huid* • *vel*

intellect ('ɪntəlekt) ZN *intellect; verstand*

intellection (ɪntə'lekʃən) ZN 't *begrijpen*

intellectual (ɪntə'lektʃʊəl) I ZN *intellectueel* II BNW • *intellectueel • verstandelijk • verstands-*

intelligence (ɪn'telɪdʒəns) ZN • *verstand; begrip* • *denkend wezen • nieuws; inlichtingen* ★ ∼ department *inlichtingendienst* ★ artificial ∼ *kunstmatige intelligentie*

intelligent (ɪn'telɪdʒənt) BNW *intelligent*

intelligential (ɪntəlɪ'dʒenʃəl) BNW • *verstandelijk* • *nieuws-*

intelligently (ɪn'telɪdʒəntlɪ) BIJW *met verstand*

intelligentsia (ɪntelɪ'dʒentsɪə) ZN *intellectuelen*

intelligibility (ɪntelɪdʒə'bɪlətɪ) ZN *begrijpelijkheid*

intelligible (ɪn'telɪdʒɪbl) BNW *begrijpelijk*

intemperance (ɪn'tempərəns) ZN • *onmatigheid* • *dronkenschap*

intemperate (ɪn'tempərət) BNW • *dronken* • *overdreven; hevig*

intend (ɪn'tend) OV WW • *v. plan zijn • bestemmen* ★ ∼ed as *bedoeld als*

intendant (ɪn'tendənt) ZN *intendant*

intended (ɪn'tendɪd) I ZN *verloofde* II BNW • *aanstaande • met opzet*

intending (ɪn'tendɪŋ) BNW *aanstaande* ★ ∼ buyers *eventuele kopers*

intense (ɪn'tens) BNW *intens; krachtig; vurig; diep gevoeld*

intensely (ɪn'tenslɪ) BIJW *intens*
intensification (ɪntensɪfɪ'keɪʃən) ZN *verheviging; versterking*
intensifier (ɪn'tensɪfaɪə) ZN *versterker*
intensify (ɪn'tensɪfaɪ) OV+ONOV WW • *versterken* • *verhevigen*
intensity (ɪn'tensətɪ) ZN • *intensiteit* • *gespannenheid; gespannen toestand*
intensive (ɪn'tensɪv) BNW • *intensief* • *grondig*
intent (ɪn'tent) I ZN *bedoeling* ★ with ~ to *om te* ★ to all ~s and purposes *feitelijk* II BNW • *(in)gespannen* • *doelbewust* ★ be ~ (up)on *uit zijn op* ★ ~ (up)on *vastbesloten*
intention (ɪn'tenʃən) ZN • *voornemen* • *doel; bedoeling*
intentional (ɪn'tenʃnl) BNW *opzettelijk*
inter[1] ('ɪntə) BNW *tussen; onder* ★ ~ alia *o.a.*
inter[2] (ɪn'tɜː) OV WW *begraven*
inter- ('ɪntə) VOORV *inter-; tussen* ★ intergovernmental *intergouvernementeel*
interact[1] ('ɪntərækt) ZN *tussenspel*
interact[2] (ɪntər'ækt) ONOV WW *op elkaar inwerken*
interaction (ɪntər'ækʃən) ZN *wisselwerking*
interbreed (ɪntə'briːd) I OV WW *kruisen* II ONOV WW *z. kruisen*
intercalate (ɪn'tɜːkəleɪt) OV WW • *invoegen* • *toevoegen* ⟨v. tijdseenheid⟩
intercede (ɪntəˈsiːd) ONOV WW *bemiddelen; tussenbeide komen* ★ ~ on s.o.'s behalf *een goed woordje voor iem. doen*
intercept (ɪntə'sept) OV WW *onderscheppen*
interception (ɪntə'sepʃən) ZN *onderschepping*
interceptor (ɪntə'septə) ZN *klein, snel gevechtsvliegtuig; interceptor*
intercession (ɪntə'seʃən) ZN *tussenkomst; voorspraak* ⟨door gebed⟩
intercessor (ɪntə'sesə) ZN *bemiddelaar*
interchange[1] ('ɪntətʃeɪndʒ) ZN • *verandering* • *ruil; uitwisseling* • *in-/uitvoegstrook*
interchange[2] (ɪntə'tʃeɪndʒ) OV WW *(uit)wisselen; ruilen*
interchangeable (ɪntə'tʃeɪndʒəbl) BNW *verwisselbaar*
intercollegiate (ɪntəkə'liːdʒət) BNW *tussen colleges onderling* ⟨v. universiteiten⟩
intercommunicate (ɪntəkə'mjuːnɪkeɪt) ONOV WW *contact onderhouden met elkaar*
intercontinental (ɪntəkɒntɪ'nentl) BNW *intercontinentaal*
intercourse ('ɪntəkɔːs) ZN *(geslachts)verkeer; omgang*
intercurrent (ɪntə'kʌrənt) BNW • *vallend tussen* • *onregelmatig*
interdenominational (ɪntədɪnɒmɪ'neɪʃənl) BNW *interkerkelijk*
interdependence (ɪntədɪ'pendəns) ZN *onderlinge afhankelijkheid*
interdependent (ɪntədɪ'pendənt) BNW *onderling afhankelijk*
interdict[1] ('ɪntədɪkt) ZN • *verbod* • *'t suspenderen* ⟨in r.-k. Kerk⟩
interdict[2] (ɪntə'dɪkt) OV WW • *verbieden* • *suspenderen* • *vernietigen; nederlaag bezorgen*
interdiction (ɪntə'dɪkʃən) ZN *verbod*
interest ('ɪntrəst) I ZN • *groep v. belanghebbenden* • *belangstelling; (eigen)belang* • *invloed* • *rente* • *recht; aandeel* ★ it's of ~ *'t is interessant* ★ have an ~ in s.th. *belang hebben bij iets* ★ it's in the ~(s) of the whole community *het is in het belang van de hele gemeenschap* ★ the rate of ~ *rentevoet* ★ the landed ~(s) *de gezamenlijke landeigenaren* II OV WW *belangstelling wekken* ★ he is ~ed in *hij stelt belang in* ★ the ~ed parties *de belanghebbenden* • ~ in *belangstelling wekken voor*
interested ('ɪntərestɪd) BNW *interesse hebben; geïnteresseerd zijn*
interest-free (ɪntrəst'friː) BNW *renteloos*
interesting ('ɪntrəstɪŋ) BNW *interessant; belangwekkend*
interface ('ɪntəfeɪs) ZN • *raakvlak* • *aansluiting* • *contact* • COMP. *interface; koppeling*
interfere (ɪntə'fɪə) ONOV WW • *z. bemoeien met* • *belemmeren* • *in botsing komen* • *tussenbeide komen* • TECHN. *interfereren* • ~ with *z. bemoeien met; verstoren; belemmeren; z. vergrijpen aan*
interference (ɪntə'fɪərəns) ZN • *tussenkomst; bemoeiing* • *hinder* • *interferentie; storing* • SPORT *blokkeren*
interfuse (ɪntə'fjuːz) I OV WW *doordringen* II OV+ONOV WW • *(ver)mengen* • *in elkaar overlopen*
interim ('ɪntərɪm) I ZN *tussenliggende tijd* ★ in the ~ *ondertussen* II BNW • *tussentijds* • *voorlopig* • *tijdelijk* ★ ~ report *voorlopig (gepubliceerd) rapport*
interior (ɪn'tɪərɪə) I ZN • *'t inwendige; interieur* • *binnenland* • *binnenste* ★ USA Department of the Interior *ministerie v. binnenlandse zaken* II BNW • *binnenlands* • *inwendig* • *innerlijk* ★ ~ decorator *binnenhuisarchitect*
interjacent (ɪntə'dʒeɪsənt) BNW *liggend onder/tussen*
interject (ɪntə'dʒekt) OV WW • *tussen werpen* • *tussen haakjes opmerken*
interjection (ɪntə'dʒekʃən) ZN • *tussenwerpsel* • *uitroep*
interknit (ɪntə'nɪt) OV WW *ineenstrengelen*
interlace (ɪntə'leɪs) OV WW *nauw verbinden; in elkaar vlechten*
interlard (ɪntə'lɑːd) OV WW *doorspekken*
interleave (ɪntə'liːv) OV WW *met blanco pagina's doorschieten*
interline (ɪntə'laɪn) OV WW *tussen de regels schrijven of drukken*
interlinear (ɪntə'lɪnɪə) BNW *interlineair*
interlink (ɪntə'lɪŋk) OV WW *onderling verbinden*
interlock (ɪntə'lɒk) I ZN *interlock* II OV WW *(met elkaar) verbinden* III ONOV WW • *in elkaar sluiten of grijpen* • *overlappen*
interlocutor (ɪntə'lɒkjʊtə) ZN • *gesprekspartner* • *compère*
interloper ('ɪntələʊpə) ZN • *indringer* • *beunhaas; zwartwerker*
interlude ('ɪntəluːd) ZN • *pauze* • *tussenspel; intermezzo*
intermarriage (ɪntə'mærɪdʒ) ZN *gemengd huwelijk*
intermarry (ɪntə'mærɪ) ONOV WW *huwen tussen verschillende groepen, stammen of volkeren*
intermediary (ɪntə'miːdɪərɪ) I ZN • *bemiddelaar*

• bemiddeling II BNW bemiddelend
intermediate (ıntə'miːdɪət) I ZN • tussenpersoon • iets wat komt tussen • bemiddelend optreden II BNW tussenkomend ★ ~ education middelbaar onderwijs ★ ~ frequency middengolf ★ ~ range ballistic missile middellangeafstandsraket
interment (ın'tɜːmənt) ZN begrafenis
interminable (ın'tɜːmɪnəbl) BNW eindeloos
intermingle (ıntə'mɪŋɡl) OV+ONOV WW (ver)mengen
intermission (ıntə'mɪʃən) ZN • pauze • onderbreking
intermit (ıntə'mɪt) ONOV WW ophouden
intermittent (ıntə'mɪtnt) BNW periodiek ★ ~ fever intermitterende koorts
intermix (ıntə'mɪks) OV+ONOV WW (ver)mengen
intern¹ (ın'tɜːn), **interne** ZN • USA co-assistent • stagiair
intern² (ın'tɜːn) OV WW interneren
internal (ın'tɜːnl) I ZN ★ ~s intrinsieke waarden II BNW • inwendig; innerlijk • binnenlands • inwonend ★ ~ evidence bewijs uit de zaak zelf ★ ~ combustion engine verbrandingsmotor
internalize (ın'tɜːnəlaɪz) OV WW z. eigen maken
international (ıntə'næʃənl) I ZN SPORT (deelnemer aan) internationale wedstrijd ★ ~ law volkenrecht ★ ~ date line meridiaan waar de datum verspringt II BNW internationaal
internationalism (ıntə'næʃənəlɪzəm) ZN internationalisme
internationalization (ıntənæʃənəlaɪ'zeɪʃən) ZN internationalisatie
internationalize (ıntə'næʃənəlaɪz) OV WW internationaliseren
interne ZN → intern¹
internecine (ıntə'niːsaɪn) BNW • bitter ⟨in gevecht⟩ • elkaar uitmoordend • bloederig • intern ★ ~ war burgeroorlog
internee (ıntɜː'niː) ZN geïnterneerde
internment (ın'tɜːnmənt) ZN internering
interpellate (ın'tɜːpəleɪt) OV WW interpelleren
interpellation (ıntɜːpə'leɪʃən) ZN interpellatie
interpersonal (ıntə'pɜːsənl) BNW van mens tot mens
interphone ('ıntəfəʊn) ZN intercom
interplanetary (ıntə'plænɪtəri) BNW interplanetair
interplay ('ıntəpleɪ) ZN wisselwerking
interpolate (ın'tɜːpəleɪt) OV WW tussenvoegen; inlassen
interpolation (ıntɜːpə'leɪʃən) ZN interpolatie
interpose (ıntə'pəʊz) I OV WW plaatsen tussen II ONOV WW • tussen beide komen • in de rede vallen
interposition (ıntəpə'zɪʃən) ZN • tussenplaatsing • bemiddeling
interpret (ın'tɜːprɪt) I OV WW • verklaren; uitleggen • vertolken II ONOV WW als tolk fungeren
interpretation (ıntɜːprə'teɪʃən) ZN • vertolking • uitleg; verklaring
interpretative (ın'tɜːprɪtətɪv) BNW verklarend
interpreter (ın'tɜːprɪtə) ZN tolk
interracial (ıntə'reɪʃəl) BNW tussen verschillende rassen

interregnum (ıntə'regnəm) ZN interregnum; tussenregering
interrelate (ıntərɪ'leɪt) OV WW onderling verbinden
interrogate (ın'terəgeɪt) OV WW ondervragen
interrogator (ın'terəgeɪtə) ZN ondervrager
interrupt (ıntə'rʌpt) I ZN ingreep ⟨v. computer⟩ II OV WW onderbreken; afbreken
interrupter (ıntə'rʌptə) ZN (stroom)onderbreker
interruption (ıntə'rʌpʃən) ZN interruptie; onderbreking
intersect (ıntə'sekt) I OV WW • doorsnijden • verdelen II ONOV WW elkaar snijden
intersection (ıntə'sekʃən) ZN snijpunt; kruispunt ⟨v. wegen⟩
intersperse (ıntə'spɜːs) OV WW verspreiden; sprenkelen
interstate ('ıntəsteɪt) BNW USA tussen staten onderling ★ ~ highway autoweg
interstellar (ıntə'stelə) BNW tussen sterren
interstice (ın'tɜːstɪs) ZN tussenruimte; opening; spleet
intertwine (ıntə'twaɪn) OV WW vlechten
intertwist (ıntə'twɪst) OV WW door elkaar draaien
interurban (ıntər'ɜːbən) I ZN interstedelijke spoorweg II BNW tussen verschillende steden bestaande ★ ~ railway interstedelijke spoorweg
interval ('ıntəvəl) ZN • tussenruimte • MUZ. interval • pauze ★ at ~s zo nu en dan
intervene (ıntə'viːn) ONOV WW • tussen beide komen • interveniëren • liggen tussen
intervention (ıntə'venʃən) ZN interventie
interview ('ıntəvjuː) I ZN • onderhoud • sollicitatiegesprek • vraaggesprek II OV WW • interviewen • ondervragen
interviewee (ıntəvjuː'iː) ZN • geïnterviewde • ondervraagde
interviewer ('ıntəvjuːə) ZN • interviewer • ondervrager
interweave (ıntə'wiːv) I OV WW vervlechten II ONOV WW zich dooreen weven
intestate (ın'testət) I ZN zonder testament overledene II BNW zonder testament (overleden)
intestine (ın'testɪn) I ZN darm II BNW inwendig ★ ~s ingewanden ★ large/small ~ dikke/dunne darm
intimacy ('ıntıməsı) ZN intimiteit
intimate¹ ('ıntımət) I ZN boezemvriend II BNW • intiem; vertrouwelijk • innerlijk • grondig ★ be ~ with boezemvriend zijn van; een (seksuele) verhouding hebben met
intimate² ('ıntımeɪt) OV WW • min of meer laten blijken • bekend maken
intimation (ıntı'meɪʃən) ZN • kennisgeving • wenk • teken
intimidate (ın'tımıdeıt) OV WW intimideren
intimidation (ıntımı'deɪʃən) ZN intimidatie
into ('ıntʊ) VZ zn in; tot ★ two into eight is four acht gedeeld door twee is vier ★ he was beaten into submission hij werd geslagen tot hij zich onderwierp ★ well into the night tot diep in de nacht
intolerable (ın'tɒlərəbl) BNW on(ver)draaglijk
intolerance (ın'tɒlərəns) ZN onverdraagzaamheid
intolerant (ın'tɒlərənt) BNW onverdraagzaam
intonation (ıntə'neɪʃən) ZN intonatie

intone (ɪnˈtəʊn) OV WW • *op één toon zingen/zeggen* • *aanheffen*
intoxicant (ɪnˈtɒksɪkənt) I ZN *bedwelmend middel; sterke drank* II BNW *bedwelmend*
intoxicate (ɪnˈtɒksɪkeɪt) OV WW • *dronken maken* • *in extase brengen*
intoxication (ɪntɒksɪˈkeɪʃən) ZN *extase; dronkenschap; roes*
intra- (ˈɪntrə) VOORV *intra-; in-; binnen* ★ intravenous *intraveneus*
intractable (ɪnˈtræktəbl) BNW *weerspannig*
intramural (ɪntrəˈmjʊərəl) BNW • *binnen de muren/grenzen* • *toegankelijk voor studenten van de eigen school/universiteit*
intranet (ˈɪntrəːnet, ˈɪntrənet) ZN COMP. *intranet*
intransigence (ɪnˈtrænsɪdʒəns) ZN *onverzoenlijkheid*
intransigent (ɪnˈtrænsɪdʒənt) BNW *onverzoenlijk*
intransitive (ɪnˈtrænsɪtɪv) BNW *onovergankelijk*
intravenous (ɪntrəˈviːnəs) BNW • *intraveneus* • *in de ader(en)*
intrench (ɪnˈtrentʃ) OV+ONOV WW *(z.) verschansen*
intrepid (ɪnˈtrepɪd) BNW *onverschrokken; moedig*
intrepidity (ɪntrəˈpɪdəti) ZN • *moedigheid* • *onverschrokkenheid*
intricacy (ˈɪntrɪkəsi) ZN *ingewikkeldheid*
intricate (ˈɪntrɪkət) BNW • *ingewikkeld; duister* • *moeilijk te begrijpen*
intrigue (ɪnˈtriːg) I ZN • *intrige; kuiperij* • *liefdesaffaire* II ONOV WW *'t aanleggen met* III OV+ONOV WW • *bevreemden* • *intrigeren*
intriguer (ɪnˈtriːgə) ZN *intrigant*
intrinsic(al) (ɪnˈtrɪnsɪk(l)) BNW • *innerlijk* • *inherent*
intro (ˈɪntrəʊ) ZN *intro*
introduce (ɪntrəˈdjuːs) OV WW • *voorstellen* ⟨v. persoon⟩ • *ter sprake brengen* • *indienen* ⟨v. wetsvoorstel⟩ • *invoeren; inleiden*
introduction (ɪntrəˈdʌkʃən) ZN • *inleiding; voorwoord* • *invoering* • *het indienen*
introductory (ɪntrəˈdʌktəri) BNW *inleidend*
introspect (ɪntrəˈspekt) ONOV WW *onderzoeken* ⟨v. eigen gedachten en gevoelens⟩
introspection (ɪntrəˈspekʃən) ZN *zelfonderzoek*
introspective (ɪntrəˈspektɪv) BNW *zelfbespiegelend*
introvert (ɪntrəˈvɜːt) I BNW *introvert; naar binnen gekeerd* II OV WW *in zichzelf keren; zich sluiten*
introverted (ɪntrəˈvɜːtɪd) BNW *introvert; naar binnen gekeerd*
intrude (ɪnˈtruːd) I ONOV WW *z. binnen-/op-/indringen* II OV+ONOV WW • *storen* • *z. indringen; z. opdringen* ★ I hope I'm not intruding *ik stoor u toch niet, hoop ik*
intruder (ɪnˈtruːdə) ZN *indringer*
intrusion (ɪnˈtruːʒən) ZN *inbreuk*
intrusive (ɪnˈtruːsɪv) BNW • *indringerig* • *ingelast*
intrust (ɪnˈtrʌst) OV WW *toevertrouwen*
intuition (ɪntjuːˈɪʃən) ZN *intuïtie*
intuitive (ɪnˈtjuːətɪv) BNW *intuïtief; als bij ingeving*
intumesce (ɪntjuːˈmes) ONOV WW *uitzetten*
intumescence (ɪntjʊˈmesəns) ZN *gezwel*
inunction (ɪnˈʌŋkʃən) ZN • *olie; zalf* • *inwrijving* • REL. *zalving*
inundate (ˈɪnəndeɪt) OV WW *onder water zetten; overstromen*
inundation (ɪnʌnˈdeɪʃən) ZN • *stortvloed* • *inundatie*
inurbane (ɪnɜːˈbeɪn) BNW *onbeleefd; ruw*
inure (ɪˈnjʊə) I OV WW ∼ **to** *gewennen aan; ten goede komen aan* II ONOV WW *in werking treden*
invade (ɪnˈveɪd) OV WW • *binnenvallen* ⟨v. vijand⟩ • *bestormen* • *aangrijpen* ⟨v. ziekte⟩ • *inbreuk maken* ⟨op rechten⟩
invader (ɪnˈveɪdə) ZN *binnenvaller; binnendringer*
invalid[1] (ɪnˈvælɪd) BNW • *ziek* • *invalide* • *ongeldig*
invalid[2] (ˈɪnvɜːlɪd, ˈɪnvəliːd) I ZN *zieke; invalide* II OV WW • *bedlegerig maken; invalide maken* • INFORM./MEDISCH ∼ **out** *afkeuren*
invalidate (ɪnˈvælɪdeɪt) OV WW *ongeldig maken*
invalidation (ɪnvælɪˈdeɪʃən) ZN *'t ongeldig maken*
invalidism (ˈɪnvælɪdɪzm) ZN • *gesukkel* • *chronische ziekte*
invalidity (ɪnvəˈlɪdəti) ZN • *ongeldigheid* • *invaliditeit*
invaluable (ɪnˈvæljʊəbl) BNW *onschatbaar*
invariable (ɪnˈveərɪəbl) BNW *onveranderlijk*
invariably (ɪnˈveərɪəbli) BIJW *altijd; steeds*
invasion (ɪnˈveɪʒən) ZN • *inval; optreden* ⟨v. ziekte⟩ • *inbreuk*
invasive (ɪnˈveɪsɪv) BNW • *invallend* • *zich verspreidend* ⟨v. ziekte⟩
invective (ɪnˈvektɪv) I ZN *scheldwoorden* II BNW *schimpend*
inveigh (ɪnˈveɪ) ONOV WW ∼ **against** *(heftig) uitvaren tegen; schelden op*
inveigle (ɪnˈveɪgl, ɪnˈviːgl) OV WW *(ver)lokken* ★ he ∼d her into it *hij verleidde haar ertoe*
invent (ɪnˈvent) OV WW • *uitvinden* • *verzinnen*
invention (ɪnˈvenʃən) ZN *uitvinding*
inventive (ɪnˈventɪv) BNW *vindingrijk*
inventor (ɪnˈventə) ZN *uitvinder*
inventory (ˈɪnvəntəri) I ZN *inventaris* II OV WW *inventariseren*
inverness (ɪnvəˈnes) ZN *mouwloze jas met schoudercape*
inverse (ˈɪnvɜːs) I ZN *'t omgekeerde* II BNW *omgekeerd*
inversely (ɪnˈvɜːsli) BIJW ★ ∼ proportional to *omgekeerd evenredig met*
inversion (ɪnˈvɜːʃən) ZN • *omkering* • TAALK. *inversie* • *homoseksualiteit*
invert (ɪnˈvɜːt) I ZN • *homoseksueel* • GESCH. *omgekeerde boog* ★ ∼ed commas *aanhalingstekens* II OV WW *omkeren*
invertebrate (ɪnˈvɜːtɪbrət) I ZN • *ongewerveld dier* • *zwakkeling* II BNW • *ongewerveld* • *zwak*
invest (ɪnˈvest) I OV WW • *omsingelen; belegeren* • *beleggen* ⟨v. geld⟩ • *bekleden* • *installeren* ★ ∼ with an order *'n orde van onderscheiding verlenen* II ONOV WW *investeren*
investigate (ɪnˈvestɪgeɪt) OV WW *onderzoeken*
investigation (ɪnvestɪˈgeɪʃən) ZN *onderzoek(ing)*
investigative (ɪnˈvestɪgətɪv) BNW *onderzoekend*
investigator (ɪnˈvestɪgeɪtə) ZN *onderzoeker*
investigatory (ɪnˈvestɪgətəri) BNW → **investigative**
investiture (ɪnˈvestɪtʃə) ZN *inhuldiging; bekleding*
investment (ɪnˈvestmənt) ZN • *geldbelegging; investering* • *bekleding* • *omsingeling; blokkade*
investment bank ZN *investeringsbank*

investment banking ww *investeren; beleggen*
investor (ɪnˈvestə) ZN • *investeerder; belegger* • *iem. die installeert*
inveteracy (ɪnˈvetərəsɪ) ZN *verstoktheid; het ingeworteld zijn*
inveterate (ɪnˈvetərət) BNW *verstokt; ingeworteld*
invidious (ɪnˈvɪdɪəs) BNW • *aanstootgevend* • *gehaat; hatelijk* • *jaloers*
invigilate (ɪnˈvɪdʒɪleɪt) ONOV WW *surveilleren* ⟨bij examen⟩
invigilation (ɪnvɪdʒəˈleɪʃən) ZN *surveillance*
invigilator (ɪnˈvɪdʒəleɪtə) ZN *surveillant*
invigorate (ɪnˈvɪɡəreɪt) OV WW *versterken; stimuleren; bezielen*
invincibility (ɪnvɪnsəˈbɪlətɪ) ZN *onoverwinnelijkheid*
invincible (ɪnˈvɪnsɪbl) BNW *onoverwinnelijk*
inviolability (ɪnvaɪələˈbɪlətɪ) ZN *onschendbaarheid*
inviolable (ɪnˈvaɪələbl) BNW *onschendbaar*
inviolate (ɪnˈvaɪələt) BNW *ongeschonden*
invisibility (ɪnvɪzəˈbɪlətɪ) ZN *onzichtbaarheid*
invisible (ɪnˈvɪzɪbl) BNW • *onzichtbaar* • *niet officieel bekend; zwart* ⟨figuurlijk⟩ ★ ECON. ~ *earnings onzichtbare in- of uitvoer*
invitation (ɪnvɪˈteɪʃən) ZN *uitnodiging*
invite (ɪnˈvaɪt) I ZN INFORM. *uitnodiging* II OV WW • *uitnodigen* • *beleefd vragen* • *aanlokken*
inviting (ɪnˈvaɪtɪŋ) BNW *aanlokkelijk*
invocation (ɪnvəˈkeɪʃən) ZN • *inroeping* ⟨v. hulp⟩ • *aanroeping* ⟨v. God⟩ • *oproeping* ⟨v. geest⟩ • *toverformule*
invoice (ˈɪnvɔɪs) I ZN *factuur* II OV WW *factureren*
invoke (ɪnˈvəʊk) OV WW *inroepen*
involuntary (ɪnˈvɒləntərɪ) BNW *onwillekeurig*
involve (ɪnˈvɒlv) OV WW • *(in)wikkelen* • *draaien* • *verwikkelen* • *insluiten; met z. meebrengen* • ~ *in/with betrekken bij*
involvement (ɪnˈvɒlvmənt) ZN • *verwikkeling* • *(financiële) betrokkenheid* • *ingewikkelde zaak* • *(seksuele) verhouding*
invulnerability (ɪnvʌlnərəˈbɪlətɪ) ZN *onkwetsbaarheid*
invulnerable (ɪnˈvʌlnərəbl) BNW *onkwetsbaar*
inward (ˈɪnwəd) I BNW *inwendig; innerlijk* II BIJW *naar binnen*
inwardly (ˈɪnwədlɪ) BIJW • *innerlijk* • *in zichzelf* ⟨sprekend⟩ • *binnen*
inwardness (ˈɪnwədnəs) ZN • *innerlijkheid* • *'t essentiële; 't wezen*
inwards (ˈɪnwədz) I ZN MV *ingewanden* II BIJW *naar binnen; inwaarts*
iodine (ˈaɪədiːn) ZN *jodium*
iodize (ˈaɪədaɪz) OV WW *met jodium behandelen*
ion (ˈaɪən) ZN *ion*
Ionic (aɪˈɒnɪk) BNW *Ionisch*
iota (aɪˈəʊtə) ZN • *jota* • *zeer kleine hoeveelheid* • *schijntje*
IOU AFK I Owe You *schuldbekentenis*
ir- (ɪ) VOORV *on-; niet* ★ *irregular onregelmatig*
I.R.A. AFK Irish Republican Army *Ierse Republikeinse Leger*
Iranian (ɪˈreɪnɪən) I ZN *Iraniër* II BNW *Iraans*
Iraq (ɪˈrɑːk) ZN *Irak*
Iraqi (ɪˈrɑːkɪ) BNW *Irakees*
irascibility (ɪræsəˈbɪlətɪ) ZN *opvliegendheid*

irascible (ɪˈræsɪbl) BNW *opvliegend* ⟨v. aard⟩
irate (aɪˈreɪt) BNW *woedend*
ire (ˈaɪə) ZN *toorn*
ireful (ˈaɪəfʊl) BNW *toornig*
Ireland (ˈaɪələnd) ZN *Ierland*
irenic(al) (aɪˈriːnɪk(l)) BNW *vredelievend*
iridescence (ɪrɪˈdesns) ZN *kleurenspel*
iridescent (ɪrɪˈdesənt) BNW • *met de kleuren van de regenboog; regenboogkleurig* • *weerschijnend*
iris (ˈaɪərɪs) ZN • *iris* ⟨v. oog⟩ • *iris* ⟨plant⟩ • *soort kristal* • A-V *diafragma* • *regenboog*
Irish (ˈaɪərɪʃ) I ZN *het Iers* ★ the ~ *de Ieren* II BNW *Iers*
Irishman (ˈaɪərɪʃmən) ZN *Ier*
Irishwoman (ˈaɪərɪʃwʊmən) ZN *Ierse*
iris scan ZN *irisscan*
irk (ɜːk) I ZN *verveling* II WW • *vervelen* • *vermoeien*
irksome (ˈɜːksəm) BNW *vervelend*
iron (ˈaɪən) I ZN • *ijzer* • *strijkijzer* • SPORT *golfstok* • *karaktervastheid* • USA/PLAT *revolver* ★ wrought iron *smeedijzer* ★ cast iron *gietijzer* ★ rule with a rod of iron *met ijzeren hand regeren* ★ branding iron *brandijzer* ★ curling iron *krultang* II BNW • *ijzeren* • *stevig* • *onbuigzaam; meedogenloos* • MIL. iron rations *noodrantsoenen* III OV WW • *strijken* • ~ *out gladstrijken; oplossing vinden voor*
Iron (ˈaɪən) ZN ★ Iron Age *ijzertijd*
iron-bound (ˈaɪənbaʊnd) BNW • *beslagen met ijzer* • *door rotsen ingesloten* • *krachtig* ⟨figuurlijk⟩
ironclad (ˈaɪənklæd) I ZN *pantserschip* II BNW *gepantserd* ★ ~ rations *hoogwaardig voedsel; rantsoenen*
iron foundry ZN *ijzergieterij*
iron-hearted BNW *hardvochtig*
ironic(al) (aɪəˈrɒnɪk(l)) BNW *ironisch*
ironing (ˈaɪənɪŋ) ZN • *het strijken* • *strijkgoed*
ironing-board ZN *strijkplank*
ironmonger (ˈaɪənmʌŋɡə) ZN *ijzerhandelaar*
ironmongery (ˈaɪənmʌŋɡərɪ) ZN • *ijzerwaren* • *ijzerwinkel*
iron ore ZN *ijzererts*
irons (ˈaɪənz) ZN MV • *stijgbeugels* • *boeien* ★ you've too many ~ in the fire *je neemt te veel hooi op je vork*
ironside (ˈaɪənsaɪd) ZN *ijzervreter* ★ the Ironsides *ruiterij v. Cromwell*
ironware (ˈaɪənweə) ZN *ijzerwaren*
ironwork (ˈaɪənwɜːk) ZN *ijzerwerk*
ironworks (ˈaɪənwɜːks) ZN MV *ijzergieterij*
irony (ˈaɪ(ə)rənɪ) I ZN *ironie; spot* II BNW *ijzerachtig*
irradiant (ɪˈreɪdɪənt) BNW *helder stralend*
irradiate (ɪˈreɪdɪeɪt) I BNW • *bestraald* • *stralend* II OV WW • *helder (doen) stralen* • *ophelderen* • *met röntgenstralen behandelen*
irradiation (ɪreɪdɪˈeɪʃən) ZN • *schijnsel* • *verlichting*
irrational (ɪˈræʃənl) I ZN *onmeetbaar getal* II BNW • *redeloos* • *irrationeel* • *onredelijk; ongerijmd* ★ ~ number *onmeetbaar getal*
irrationality (ɪræʃəˈnælətɪ) ZN • *onredelijkheid* • *redeloosheid*
irreconcilable (ɪˈrekənsaɪləbl) BNW *onverzoenlijk*
irrecoverable (ɪrɪˈkʌvərəbl) BNW • *niet te*

herwinnen • *onherstelbaar*
irredeemable (ɪrɪˈdiːməbl) BNW • *onherstelbaar* • *onaflosbaar* • *niet inwisselbaar* ⟨v. geld⟩
irreducible (ɪrɪˈdjuːsɪbl) BNW • *onherleidbaar* • *wat niet meer vereenvoudigd kan worden* ★ ~ *minimum wat niet meer vereenvoudigd kan worden*
irrefutable (ɪˈrefjʊtəbl) BNW *onweerlegbaar*
irregular (ɪˈregjʊlə) BNW • *ongeregeld* • *onregelmatig* ★ ~ *troops ongeregelde troepen*
irregularity (ɪregjʊˈlærətɪ) ZN • *onregelmatigheid* • *afwijking*
irrelevance (ɪˈreləvəns) ZN *irrelevantie*
irrelevancy (ɪˈreləvənsɪ) ZN → **irrelevance**
irrelevant (ɪˈreləvənt) BNW *irrelevant; niet ter zake doend*
irreligion (ɪrɪˈlɪdʒən) ZN • *ongodsdienstigheid* • *ongeloof*
irreligious (ɪrɪˈlɪdʒəs) BNW *niet gelovig*
irremediable (ɪrɪˈmiːdɪəbl) BNW *onherstelbaar*
irremissible (ɪrɪˈmɪsɪbl) BNW • *onvergeeflijk* • *bindend*
irremovable (ɪrɪˈmuːvəbl) BNW *niet te verwijderen*
irreparable (ɪˈrepərəbl) BNW *onherstelbaar*
irreplaceable (ɪrɪˈpleɪsəbl) BNW *onvervangbaar*
irrepressible (ɪrɪˈpresɪbl) I ZN INFORM. *iem. die z. teweer durft te stellen* II BNW *niet te onderdrukken*
irreproachable (ɪrɪˈprəʊtʃəbl) BNW • *onberispelijk; keurig* • *zonder gebreken*
irresistible (ɪrɪˈzɪstɪbl) BNW *onweerstaanbaar*
irresolute (ɪˈrezəluːt) BNW *aarzelend; besluiteloos*
irresolution (ɪrezəˈluːʃən) ZN • *aarzeling* • *besluiteloosheid*
irresolvable (ɪrɪˈzɒlvəbl) BNW • *onoplosbaar* • *onscheidbaar*
irrespective (ɪrɪˈspektɪv) BNW ★ ~ *of ongeacht*
irresponsibility (ɪrɪspɒnsəˈbɪlətɪ) ZN *onverantwoordelijkheid*
irresponsible (ɪrɪˈspɒnsɪbl) BNW • *ontoerekenbaar* • *onverantwoordelijk*
irretrievable (ɪrɪˈtriːvəbl) BNW *reddeloos (verloren)* ★ ~ *breakdown duurzame ontwrichting* ⟨v. huwelijk⟩
irreverence (ɪˈrevərəns) ZN • *oneerbiedigheid* • *oneerbiedig gedrag*
irreverent (ɪˈrevərənt) BNW *oneerbiedig*
irreversible (ɪrɪˈvɜːsɪbl) BNW *onomkeerbaar*
irrevocable (ɪˈrevəkəbl) BNW *onherroepelijk*
irrigate (ˈɪrɪgeɪt) OV WW • *bevloeien; irrigeren* • *verfrissen* • *vochtig houden* ⟨v. wond⟩
irrigation (ɪrɪˈgeɪʃən) ZN *irrigatie*
irritability (ɪrɪtəˈbɪlətɪ) ZN *prikkelbaarheid*
irritable (ˈɪrɪtəbl) BNW *prikkelbaar*
irritant (ˈɪrɪtnt) I ZN *prikkelend middel* II BNW • *prikkelend, ergerlijk*
irritate (ˈɪrɪteɪt) OV WW • MED. *irriteren* ⟨v. huid⟩ • *prikkelen* • *ergeren*
irritation (ɪrɪˈteɪʃən) ZN • *geprikkeldheid* • *branderigheid*
irruption (ɪˈrʌpʃən) ZN • *inval* • *binnendringing* • *uitbarsting*
is (ɪz, z, s) WW → **be**
I.S.B.N. AFK *international standard book number ISBN; internationaal standaard boeknummer*

isinglass (ˈaɪzɪŋglɑːs) ZN • *vislijm* • *mica*
Islam (ɪzˈlæm) ZN *islam*
Islamic (ɪzˈlæmɪk) BNW *islamitisch*
island (ˈaɪlənd) I ZN • *eiland* • *bovenbouw v. schip; brug* ★ (traffic) ~ *verkeersheuvel* II OV WW *isoleren*
islander (ˈaɪləndə) ZN *eilandbewoner*
isle (aɪl) ZN *eiland*
islet (ˈaɪlət) ZN *eilandje*
ism (ˈɪzəm) ZN INFORM. *theorie; filosofisch systeem*
isn't (ˈɪzənt) SAMENTR *is not* → **be**
isolate (ˈaɪsəleɪt) OV WW *isoleren; afzonderen*
isolated (ˈaɪsəleɪtɪd) BNW • *afgelegen* • *afzonderlijk*
isolation (aɪsəˈleɪʃən) ZN • *afzondering; isolement* • *quarantaine* ★ in ~ *in afzondering; op zichzelf* ★ ~-*ward quarantainebarak*
isolationism (aɪsəˈleɪʃənɪzəm) ZN '*t z. niet bemoeien met zaken v. andere staten*
isolationist (aɪsəˈleɪʃənɪst) ZN *voorstander van isolationisme*
isopod (ˈaɪsəʊpɒd) ZN *pissebed*
isosceles (aɪˈsɒsɪliːz) BNW ★·~ triangle *gelijkbenige driehoek*
Israeli (ɪzˈreɪlɪ) I ZN *inwoner van de staat Israël* II BNW *van de tegenwoordige staat Israël*
Israelite (ˈɪzrɪəlaɪt) ZN *Jood*
issue (ˈɪʃuː) I ZN • *kwestie; zaak; onderwerp* • EUF. *probleem* • *uitgave* ⟨v. tijdschriften enz.⟩; *uitgifte* ⟨v. postzegels, bankbiljetten enz.⟩; *emissie* ⟨v. aandelen⟩ • *oplage* • FORM. *nageslacht* • *be at* ~ *aan de orde zijn* ★ *raise the* ~ *of s.th. iets aan de orde stellen* ★ *take* ~ *with ruzie maken met; de strijd aanbinden met* ★ *hot* ~ *actueel onderwerp* II OV WW • *uitgeven; in circulatie brengen* • *verstrekken* • *uitvaardigen* • ~ *with voorzien van* III ONOV WW ~ *from voortkomen uit*
issueless (ˈɪʃuːləs) BNW *kinderloos*
isthmus (ˈɪsməs) ZN *istmos; landengte*
it (ɪt) I ZN PLAT *Italiaanse vermout* II PERS VNW *het; hèt; het einde* ★ *stop it! hou op!* ★ *he's it hij is de juiste man* ★ *he's got it hij heeft sex-appeal* ★ *we had a hard time of it we hadden een moeilijke tijd* ★ *go it! vooruit!; zet 'm op!* ★ *we've had it! we hebben geen kans meer*
Italian (ɪˈtæljən) I ZN *Italiaan* II BNW *Italiaans*
Italianate (ɪˈtæljənet) BNW *veritaliaanst*
Italianize (ɪˈtæljənaɪz) I OV WW *Italiaans(achtig) maken* II ONOV WW *Italiaans(achtig) worden*
italic (ɪˈtælɪk) BNW *cursief*
italicize (ɪˈtælɪsaɪz) OV WW *cursief drukken*
italics (ɪˈtælɪks) ZN MV *cursieve druk* ★ *in* ~ *cursief gedrukt* ★ *the* ~ *are mine ik cursiveer*
Italy (ˈɪtəlɪ) ZN *Italië*
itch (ɪtʃ) I ZN • *jeuk* • *schurft* ★ *itch for hunkering naar* ★ IRON. *the seven-year itch de kriebels* ⟨na relatie van 7 jaar⟩ II ONOV WW • *jeuken* • *hunkeren* ★ *my fingers itch to... mijn vingers jeuken om ...*
itching (ˈɪtʃɪŋ) I ZN • *jeuk* • *hunkering* II BNW *jeukend* ★ *he's* ~ *to do it hij zit te springen om het te doen*
itchy (ˈɪtʃɪ) BNW • *jeukend* • *schurft(acht)ig*
it'd (ˈɪtəd) SAMENTR *it had, it would* → **have** → **will**
item (ˈaɪtəm) I ZN • *agendapunt*;

programmaonderdeel • *artikel* • *post* ⟨op rekening⟩ • *nieuwsbericht* ★ to be an item *een stelletje zijn* II BIJW OUD. *ook; eveneens*
itemize ('aɪtəmaɪz) OV WW • *artikelsgewijze noteren* • *specificeren*
iterate ('ɪtəreɪt) OV WW *herhalen*
iteration (ɪtə'reɪʃən) ZN *herhaling*
iterative ('ɪtərətɪv) BNW • *herhalend* • *herhaald*
itinerant (aɪ'tɪnərənt) BNW *rondreizend* ★ ~ labour *seizoenarbeid*
itinerary (aɪ'tɪnərərɪ) I ZN • *route* • *reisbeschrijving* • *gids* II BNW *reis-*
it'll ('ɪtl) SAMENTR it shall, it will → **shall** → **will**
its (ɪts) BEZ VNW *zijn; haar*
it's (ɪts) SAMENTR it has → **have**
itself (ɪt'self) WKD VNW *zich(zelf)* ★ of ~ *vanzelf* ★ in ~ *op zichzelf* ★ by ~ *alleen*
I've (aɪv) SAMENTR I have → **have**
ivied ('aɪvɪd) BNW *met klimop begroeid*
ivory ('aɪvərɪ) I ZN *ivoor* ★ Ivory Coast *Ivoorkust* II BNW *ivoren*
ivy ('aɪvɪ) ZN *klimop* ★ Ivy League *Ivy League* ⟨groep v. acht universiteiten in Amerika⟩
ivy-clad BNW *met klimop begroeid*
ivy-mantled BNW *met klimop begroeid*
izard ('ɪzɑːd) ZN *soort antilope*

J

j (dʒeɪ) ZN letter *j* ★ J as in Jack *de j van Johan*
jab (dʒæb) I ZN *steek* II OV WW *porren; steken*
jabber ('dʒæbə), AUS **yabber** WW *kletsen; wauwelen; ratelen*
jack (dʒæk) I ZN • SCHEEPV. *vlag* ⟨die de nationaliteit aangeeft⟩ • *stekker* • *boer* ⟨in kaartspel⟩ • *krik* • *stellage; colbert* • *mantel*; *bekleding* ⟨v. stoomketel⟩ • *omslag* ⟨v. boek⟩ • *hoes* ⟨v. plaat⟩ • *huid; vacht; pels* • *schil* ⟨v. aardappel⟩ ★ ~ potato *in de schil gepofte aardappel* ★ dust a man's ~ *iem. een pak ransel geven* II OV WW *voorzien v. een mantel/omslag* ★ ~ off *aftrekken* ⟨seksueel⟩ ★ ~ up LETT. *opkrikken*; FIG. *opkrikken* ★ he's jacked it up/in *hij heeft de brui er aan gegeven* ★ ~ in *kappen met*
Jack (dʒæk) ZN *Jan met de pet* ★ before you can say Jack Robinson *in een ommezien* ★ Jack Sprat *dreumes* ★ Union Jack *vlag van Groot-Brittannië* ★ Jack Frost *Koning Winter* ★ Jack (tar) *jantje (matroos)* ★ Jack and Jill *man en vrouw; jongen en meisje* ★ Jack Ketch *de beul* ★ Jack Pudding *hansworst*
jackal ('dʒækl) ZN • *jakhals* • *iem. die 't beroerde werk opknapt*
jackaroo (dʒækə'ruː) ZN *groentje*
jackass ('dʒækæs) ZN • *ezel* • *stommerik* ★ laughing ~ *reuzenijsvogel*
jackboot ('dʒækbuːt) ZN *waterlaars; kaplaars*
jackdaw ('dʒækdɔː) ZN *kauw*
jacket ('dʒækɪt) I ZN • *jasje; buis; colbert* • *mantel*; *bekleding* ⟨v. stoomketel⟩ • *omslag* ⟨v. boek⟩ • *hoes* ⟨v. plaat⟩ • *huid; vacht; pels* • *schil* ⟨v. aardappel⟩ ★ ~ potato *in de schil gepofte aardappel* ★ dust a man's ~ *iem. een pak ransel geven* II OV WW *voorzien v. een mantel/omslag*
jackfish ('dʒækfɪʃ) ZN *snoek; snoekbaars*
jackhammer ('dʒækhæmə) ZN *pneumatische boor*
Jack-in-office ZN *drukdoend ambtenaartje*
jack-in-the-box ('dʒækɪnðəbɒks) ZN *duveltje in 'n doosje*
jackknife ('dʒæknaɪf) I ZN • *groot zakmes* • *gehoekte sprong* ⟨bij schoonspringen⟩ II ONOV WW *scharen; gehoekte sprong uitvoeren*
jackleg ('dʒækleg) ZN USA *beunhaas*
jack-o'-lantern (dʒækə'læntən) ZN • *dwaallicht* • USA *lantaarn (van pompoen)* ⟨bij Halloween⟩
jackpot ('dʒækpɒt) ZN • *pot* ⟨bij poker⟩ • *groot succes* ★ hit the ~ *winnen; groot succes hebben*
jackstraw ('dʒækstrɔː) ZN *stroman* ⟨fig.⟩
jack towel ZN *handdoek op rol*
jack tree ZN *broodvruchtboom*
Jacobean ('dʒækə'biːən) BNW • *v. Jacobus (de Mindere)* • *met de kleur van donker eikenhout*
jacobin ('dʒækəbɪn) ZN *kapduif*
Jacobin ('dʒækəbɪn) ZN • *dominicaan* • *jakobijn*
jactation (dʒæk'teɪʃən) ZN • *spier-/zenuwtrekking* • *opschepperij*
jade (dʒeɪd) I ZN • *oude knol* • *speelse deern* • *jade* II OV WW ★ jaded *afgejakkerd; afgestompt*
jaded ('dʒeɪdɪd) BNW • *moe* • *verveeld; beu; landerig*
jag (dʒæg) I ZN • *uitsteeksel; punt* • REG. *aanval*;

vlaag • *hoeveelheid*; *hoop* • PLAT *drinkgelag* **II** OV WW *kerven*; *ruw scheuren*

jagged ('dʒægɪd) BNW • *hoekig*; *getand* • *gekarteld* • *dronken*

jaggery ('dʒægərɪ) ZN *ruwe suiker*

jaggy ('dʒægɪ) BNW → **jagged**

jaguar ('dʒægjʊə) ZN *jaguar*

jail (dʒeɪl), **gaol** **I** ZN *gevangenis*; *gevangenisstraf* **II** OV WW *gevangen zetten*

jailbird ('dʒeɪlbɜ:d) ZN *bajesklant*

jailbreak ('dʒeɪlbreɪk) ZN *uitbraak* ⟨uit gevangenis⟩

jailer ('dʒeɪlə), **gaoler** ZN *cipier*; *gevangenbewaarder*

jail-fever ZN *vlektyfus*

jalopy (dʒə'lɒpɪ) ZN INFORM. *oude, versleten auto*

jalousie ('ʒæluzi:) ZN *zonneblind*; *jaloezie*

jam (dʒæm) **I** ZN • *klemming*; *gedrang*; *(verkeers)opstopping* • *storing* ⟨op de radio⟩ • *jam*; *marmelade* • *buitenkansje* ★ *money for jam ongelofelijk geluk* ★ *jam session jam sessie* ★ *he was in a jam hij zat in de penarie* **II** OV WW • *samendrukken*; *vastzetten*; *versperren* • COMM. *storen* • *met geweld (iets) wegslingeren* ★ *jam maken (van)* ★ *jammer stoorzender* ★ *jamming station stoorzender* ★ *jam on the brakes krachtig remmen* **III** ONOV WW • *knellen* • *vastlopen* ⟨v. machine⟩ • MUZ. *improviseren*

jamb (dʒæm) ZN *deur-/raamstijl*

jamboree (dʒæmbə'ri:) ZN • PLAT *fuif* • *concert v. volksmuziek* • *jamboree*

jambs (dʒæmz) ZN MV *stijl*; *zijwand*

jam-full (dʒæm'fʊl) ZN *propvol*

jammy ('dʒæmɪ) BNW • *jamachtig*; *jam-* • *gemakkelijk* • *geluk hebbend*

jam-packed (dʒæm'pækt) BNW *propvol*

jane (dʒeɪn) ZN PLAT/USA *meisje*; *griet*

jangle ('dʒæŋgl) **I** ZN • *gerinkel* • *wanklank* • *kibbelarij*; *onenigheid* **II** OV WW • *doen rinkelen* • *schril doen klinken* **III** ONOV WW *onaangenaam lawaai maken*; *ratelen*; *rinkelen*

janissary ('dʒænɪsərɪ), **janizary** ZN • *janitsaar* • *handlanger*; *helper*

janitor ('dʒænɪtə) ZN • *portier* • USA *conciërge*

janizary ZN → **janissary**

January ('dʒænjʊərɪ) ZN *januari*

japan (dʒə'pæn) **I** ZN • *lakvernis* • *lakwerk* • *werk in Japanse stijl* **II** OV WW *lakken*

Japan (ðʒə'pæn) ZN *Japan*

Japanese (dʒæpə'ni:z) **I** ZN *Japanner(s)* **II** BNW *Japans*

jape (dʒeɪp) **I** ZN *grap*; *aardigheid* **II** ONOV WW *grapjes maken*

jar (dʒɑ:) **I** ZN • *geknars* • *schok*; *wanklank* • *onenigheid* • *ontnuchtering* • *pot*; *kruik*; *fles* **II** WW • *onaangenaam aandoen* • *pijn doen* • *in strijd zijn met* • *ruzie maken* • *knarsen*; *krassen* ★ *it jars upon my ears het doet pijn aan mijn oren*

jargon ('dʒɑ:gən) ZN ⟨vaak afkeurend⟩ *jargon*; *vaktaal*

jargoon (dʒɑ:'gu:n) ZN *zirkoon(steen)*

jasmin(e) ('dʒæzmɪn) ZN *jasmijn*

jason ('dʒeɪsən) ZN • *vent* • *jaspis*

jaundice ('dʒɔ:ndɪs) **I** ZN • *geelzucht* • *vooringenomenheid*; *afgunst* **II** OV WW • *geelzucht veroorzaken* • *jaloers maken*

jaundiced ('dʒɔ:ndɪst) BNW • *vooringenomen*; *bevooroordeeld* • *verwrongen* ⟨beeld v. iets⟩ • *wantrouwend*

jaunt (dʒɔ:nt) **I** ZN *uitstapje* • ~*ing car open rijtuigje* **II** ONOV WW *'n uitstapje maken*

jaunty ('dʒɔ:ntɪ) **I** ZN PLAT/SCHEEPVAART *provoost-geweldiger* **II** BNW *luchtig*; *vrolijk*

Java ('dʒɑ:və) ZN *Java*; *javakoffie*

Javanese (dʒɑ:və'ni:z) **I** ZN *Javaan* **II** BNW *Javaans*

javelin ('dʒævəlɪn) ZN SPORT *lange metalen speer*; *speer* ⟨bij jacht⟩

jaw (dʒɔ:) **I** ZN • *kaak* • INFORM. *geklets*; *standje* ★ *jaw tooth kies* ★ *hold your jaw! houd je snater!* ★ PLAT *pi jaw vroom gepraat* **II** OV WW *iem. 'n standje geven* **III** ONOV WW PLAT *kletsen*

jawbone ('dʒɔ:bəʊn) ZN *kaakbeen*

jaw-breaker ('dʒɔ:breɪkə) ZN • INFORM. *moeilijk uit te spreken woord* • *hard snoepje*

jaws (dʒɔ:z) ZN MV *bek* ⟨v. bankschroef⟩

jay (dʒeɪ) ZN • *Vlaamse gaai* • *kletskous* ★ *jay town boerendorp*; *provincieplaats*

jaywalk ('dʒeɪwɔ:k) ONOV WW JUR. *roekeloos de straat oversteken* ⟨strafbaar⟩

jay-walker ('dʒeɪwɔ:kə) ZN *iem. die roekeloos de straat oversteekt*

jazz (dʒæz) **I** ZN • *jazz* • PLAT *onzin* **II** BNW *jazz-* **III** ONOV WW • *jazz dansen/spelen* • PLAT ~ *up levendiger maken*; *opvrolijken*; *opleuken* ★ *jazz it up leven in de brouwerij brengen*

jazzy ('dʒæzɪ) BNW *jazzy*

jealous ('dʒeləs) BNW *jaloers* • *be* ~ *of s.o. jaloers op iem. zijn* ★ ~ *of ... zorgvuldig wakend over ...*

jealousy ('dʒeləsɪ) ZN • *jaloezie*; *afgunst* • *bezorgdheid*

jeans (dʒi:nz) ZN MV *spijkerbroek*

jeep (dʒi:p) ZN • *jeep* • *open legerauto*

jeer (dʒɪə) **I** ZN *hoon*; *spot* **II** WW • *honen* • ~ *at spotten met*

jejune (dʒɪ'dʒu:n) BNW • *onbelangrijk*; *onvoldoende* • *onervaren* • USA *kinderlijk* • *schraal*; *onvruchtbaar* ⟨land⟩ • *pover* ⟨geschrift⟩

jell (dʒel) ONOV WW • *stollen* • INFORM. *vaste vorm aannemen*

jellied ('dʒelɪd) BNW *in gelei*

jello ® ('dʒeləʊ) ZN USA *gelatinepudding*

jelly ('dʒelɪ) **I** ZN • *gelei(achtige stof)*; *gelatinepudding* • *beat to a* ~ *tot moes slaan* ★ *mineral* ~ *vaseline* **II** WW *(doen) stollen*

jellyfish ('dʒelɪfɪʃ) ZN *kwal*

jellygraph ('dʒelɪgrɑ:f) ZN *hectograaf*

jemmy ('dʒemɪ) **I** ZN • *breekijzer* • *schaapskop* ⟨als gerecht⟩ • *overjas* **II** OV WW *openbreken*

jenny ('dʒenɪ) ZN • *loopkraan* • *spinmachine* • *bepaalde biljartstoot*

jeopard(ize) ('dʒepəd(aɪz)) OV WW *in gevaar brengen*

jeopardy ('dʒepədɪ) ZN *gevaar*

jeremiad (dʒerɪ'maɪəd) ZN *klaaglied*

Jericho ('dʒerɪkəʊ) ZN ★ *go to* ~! *loop naar de duivel!*

jerk (dʒɜ:k) **I** ZN • *ruk*; *trek*; *schok*; *zenuwtrekking*; *spiertrekking* • PLAT *stomme meid/vent* ★ INFORM. *physical jerks gymnastische oefeningen* **II** BNW OV+ONOV WW

jerkin – job

• *rukken; trekken; schokken* • *(vlees) in repen snijden en in de zon drogen* ★ PLAT ~ off *aftrekken*
jerkin ('dʒɜːkɪn) ZN *wambuis*
jerky ('dʒɜːkɪ) BNW • *met rukken; met horten en stoten* • *krampachtig; dwaas; lomp*
jerry ('dʒerɪ) ZN PLAT *po*
Jerry ('dʒerɪ) I ZN MIN. *mof* ⟨Duitser⟩ II BNW MIL. *moffen-* ⟨Duits⟩
jerry-build OV WW *slordig bouwen*
jerry-builder ('dʒerɪbɪldə) ZN *revolutiebouwer*
jerrycan ('dʒerɪkæn) ZN *jerrycan; water-/benzineblik v. ± 20 l.*
jerrymander ('dʒerɪmɑːndə) ZN *knoeierij bij verkiezingen*
jersey ('dʒɜːzɪ) ZN • *jersey* ⟨gebreide wollen trui⟩ • *damesmantelje*
jess (dʒes) I ZN *riempje; zijden draad om poten v. valk* II OV WW *de poten vastbinden*
jest (dʒest) I ZN *scherts; spotternij; grap* ★ in jest *voor de grap* ★ a standing jest *iem. die/iets dat voortdurend de spotlust opwekt; risee* II ONOV WW *schertsen; aardigheidjes verkopen*
jester ('dʒestə) ZN *grappenmaker; nar*
Jesuit ('dʒezjʊɪt) ZN *jezuïet*
jet (dʒet) I ZN • *(water)straal* • *vlam* • *git* • *straalvliegtuig* ★ jet engine *straalmotor* ★ jet fighter *straaljager* II BNW *gitzwart* III ONOV WW *per straalvliegtuig/jet reizen* IV OV+ONOV WW *(uit)spuiten*
jetsam ('dʒetsəm) ZN • *overboord gegooide lading* • *aangespoelde goederen*
jettison ('dʒetɪsən) I ZN *overboord gooien v. lading; afwerpen v. lading* ⟨in de ruimtevaart⟩ II OV WW *werpen*
jetty ('dʒetɪ) I ZN *havenhoofd; steiger* II BNW *gitzwart; gitachtig*
Jew (dʒuː) ZN • *jood* • *joden-*
Jew-baiting ZN *jodenvervolging*
jewel ('dʒuːəl) I ZN *juweel; edelsteen* II OV WW *versieren met juwelen*
jewel case ZN *jewelcase* ⟨cd-doosje⟩
jewelled ('dʒuːəld) BNW *met juwelen bezet*
jeweller ('dʒuːələ) ZN *juwelier*
jewellery ('dʒuːəlrɪ), USA **jewelry** ZN • *juwelen* • *juwelierswerk*
jewelry ZN USA → **jewellery**
Jewess ('dʒuːes) ZN *jodin*
Jewish ('dʒuːɪʃ) BNW *joods*
Jewry ('dʒʊərɪ) ZN • *jodenbuurt* • *jodendom*
Jezebel ('dʒezəbəl) ZN • *schaamteloze vrouw* • *vrouw die zich zwaar opmaakt*
jib (dʒɪb) I ZN • SCHEEPV. *kluiver* • *arm* ⟨v. kraan⟩ ★ INFORM. the cut of a man's jib *iemands gezicht/voorkomen* ★ jib door *onzichtbare deur in een muur* II OV WW *verleggen* ⟨v. zeil⟩ III ONOV WW • *koppig zijn* • *achteruit en zijwaarts bewegen; onverwachts stilstaan* ⟨v. paard⟩ • *bezwaar maken* • ~ at *niets ophebben met*
jibber ('dʒɪbə) ZN *koppig paard*
jibe (dʒaɪb), **gibe** I ZN *schimpscheut; spottende opmerking* II OV WW *bespotten; honen* III ONOV WW *spotten* IV OV+ONOV WW *(be)spotten; honen*
jiff(y) ('dʒɪf(ɪ)) ZN *ogenblikje* ★ in a ~ *in een wip*
jig (dʒɪg) I ZN • *muziek bij Schotse dans* • *ertszeef*

• *trucje; foefje* • *soort Schotse dans* ★ PLAT the jig is up *alle hoop is vervlogen* II OV WW *ziften* ⟨v. erts⟩ III OV+ONOV WW *bepaalde Schotse dans uitvoeren; huppelen; met korte rukjes bewegen; hossen*
jigger ('dʒɪgə) I ZN • ⟨maat voor vloeistof, 1,5 fluid ounce⟩ • *glas* ⟨met inhoud van 1 a 2 fluid ounces⟩ II ONOV WW *spartelen* ⟨v. vis⟩ ★ I'm ~ed! *wel verdraaid!* ★ ~ed *doodop*
jiggery-pokery (dʒɪgərɪ'pəʊkərɪ) ZN *achterbaks gedoe*
jiggle ('dʒɪgl) OV WW *schudden; wiegelen; even rukken aan; spartelen*
jigsaw ('dʒɪgsɔː) ZN *decoupeerzaag* ★ ~ puzzle *legpuzzel*
jihad (dʒɪ'hæd) ZN *heilige oorlog*
jilt (dʒɪlt) I ZN *meisje dat haar minnaar de bons geeft* II OV WW *de bons geven*
jiminy ('dʒɪmənɪ) TW INFORM. *wel verdraaid!*
jimjams ('dʒɪmdʒæmz) ZN MV • PLAT *delirium tremens* • *vrees* • *eigenaardigheden* ★ to have the ~ *in de rats zitten*
jimmy ('dʒɪmɪ) OV WW *openbreken*
jimp (dʒɪmp) BNW • SCHOTS *slank; gracieus* • *schraal*
jingle ('dʒɪŋgl) I ZN • *geklingel* • *rijmelarij* • *deuntje; jingle* II OV+ONOV WW • *(doen) klingelen; (laten) rinkelen* • *rijmelen*
jingo ('dʒɪŋgəʊ) I ZN *jingo* • by ~! *verdorie!* II BNW *chauvinistisch*
jingoism ('dʒɪŋgəʊɪzm) ZN *chauvinisme*
jingoistic (dʒɪŋgəʊ'ɪstɪk) BNW *chauvinistisch*
jink (dʒɪŋk) ZN • *ontwijkende beweging* • *het manoeuvreren met vliegtuig door afweergeschut heen* ★ he has given me the jink *hij is me ontglipt* ★ high jinks *reuzekeet; dolle pret*
jinx (dʒɪŋks) I ZN *doem; vloek* II OV WW *beheksen* ★ be jinxed *voor het ongeluk geboren zijn; ongeluk brengen*
jitney ('dʒɪtnɪ) ZN • USA *munt van 5 dollarcent* • USA *klein busje*
jitterbug ('dʒɪtəbʌg) I ZN • *zenuwpees* • *soort dans* II ONOV WW *de jitterbug dansen*
jitters ('dʒɪtəz) ZN MV *kriebels; zenuwen*
jittery ('dʒɪtərɪ) BNW PLAT *gejaagd*
jive (dʒaɪv) I ZN • *jive* ⟨dans⟩ • *soort jazzmuziek* • USA *kletspraat* II ONOV WW *de jive dansen*
job (dʒɒb) I ZN • *werk; karwei* • *klus* • INFORM. *kosmetische operatie* • *baan(tje); betrekking; arbeidsplaats; functie; vak* • *knoeierij* • *por; stoot; opdonder* ★ *iemand toduw; iemand v. kant maken* ★ have (quite) a job to *(een hoop) moeite hebben om* ★ by the job *per stuk* ★ just the job *net wat ik hebben moet* ★ PLAT on the job *bezig met* ★ pull a job *beroven* ⟨vnl. bank⟩ ★ a put-up job *doorgestoken kaart* ★ INFORM. get a nose / chin job *je neus / kin laten doen* ⟨cosmetisch⟩ II OV WW *(ver)huren* ⟨v. voertuigen⟩ III ONOV WW *karweitjes uitvoeren* IV OV+ONOV WW • *verhandelen* ⟨v. effecten⟩ • *knoeien* ⟨figuurlijk⟩ • *misbruik v. vertrouwen maken* • *steken; por geven* ★ jobbing gardener *losse tuinman*

jo

Job (dʒəʊb) ZN *Job* ★ Job's comforter *trooster die nog méér leed veroorzaakt* ★ Job's post *jobsbode* ★ Job's tears *zaad v. grassoort, gebruikt als kralen; traangas*

jobber ('dʒɒbə) ZN • *stukwerker* • *tussenhandelaar* • *stalhouder* • *sjacheraar*

job centre ZN *arbeidsbureau*

job-sharing ZN *het werken in deeltijd*

jock (dʒɒk) ZN INFORM. *jockey*

Jock (dʒɒk) ZN • MILITAIR/PLAT *Hooglandse soldaat* • *Schot* • *boerenkinkel*

jockey ('dʒɒkɪ) I ZN • *jockey* • *iemand die machine bedient* II ONOV WW • *knoeien (met)* • *(be)rijden* ‹v. renpaard› ★ ~ s.o. out of his money *iem. listig zijn geld afhandig maken* ★ he was ~ed out *hij werd er uitgewerkt* ★ ~ for position *door oneerlijkheid voordeel trachten te behalen; gunstige ligging trachten te verkrijgen* ‹bij zeilwedstrijd› III OV+ONOV WW *beetnemen; misleiden*

jockstrap ('dʒɒkstræp) ZN *suspensoir*

jocose (dʒəˈkəʊs) BNW → **jocular**

jocosity (dʒəʊˈkɒsətɪ) ZN *scherts; grap*

jocular (dʒɒkjʊlə) BNW *schertsend; grappig*

jocularity (dʒɒkjʊˈlærətɪ) ZN *grappigheid*

jocund ('dʒɒkənd) BNW *vrolijk; opgewekt*

jocundity (dʒəˈkʌndətɪ) ZN *vrolijkheid*

jodhpurs ('dʒɒdpəz) ZN MV *rijbroek*

joey ('dʒəʊɪ) ZN • PLAT *clown* • *jonge kangoeroe; jong dier* • *driestuiverstukje*

jog (dʒɒg) I ZN • *duwtje; klopje; schok* • *sukkeldraf* • *inkeping* II OV WW • *aanstoten* • *schudden* ★ jog s.b.'s memory *een herinnering bij iemand oproepen* III ONOV WW • *joggen*; *trimmen* • *op een sukkeldrafje lopen* • ~ along *voortsukkelen*

jogger ('dʒɒgə) ZN • *afstandsloper* • *trimmer*

joggle ('dʒɒgl) I ZN • TECHN. *tandverbinding (uitsteeksel en inkeping)* • *schok(je)* II WW • *schudden* • TECHN. *op bepaalde wijze verbinden*

joggly ('dʒɒglɪ) BNW INFORM. *hortend en stotend*

jog-trot ('dʒɒgtrɒt) I ZN • *sukkeldrafje* • *sleur* II BNW *sleur-* III ONOV WW *sjokken*

john (dʒɒn) ZN USA/INFORM. *wc* ★ (long) johns [mv] *(lange) onderbroek*

johnny ('dʒɒnɪ) ZN *vent; fat; groentje*

join (dʒɔɪn) I ZN • *verbindingslijn/-punt/-las, enz.* • *naad* II OV+ONOV WW • *dienst nemen* ‹in het leger›; *bij elkaar brengen; ontmoeten; (z.) aansluiten bij; meedoen aan/met; lid worden van* ★ join ship *aan boord gaan; monsteren* ★ join forces *gezamenlijk optreden* ★ join battle *de strijd aanbinden* ★ join hands *elkaar de hand geven; samenwerken* • ~ in *meedoen* • ~ to/with *(z.) verbinden met; (z.) verenigen met* • ~ up *verbinden; in militaire dienst gaan* ★ they got joined up *zij trouwden* • ~ with z. *aansluiten bij*

joiner ('dʒɔɪnə) ZN • *schrijnwerker; meubelmaker* • *iem. die z. graag ergens bij aansluit*

joinery ('dʒɔɪnərɪ) ZN *vak/werk v. schrijnwerker*

joint (dʒɔɪnt) I ZN • TECHN. *verbindingsstuk; koppeling* • ANAT. *gewricht* • *verbinding; geleding* • *stuk vlees* ‹op tafel opgediend› • PLAT *tent; kroeg; speelhol* • PLAT *joint* ★ out of ~ *ontwricht* ‹ook fig.› ★ TECHN. universal ~ *kruiskoppeling* II BNW ★ ~ heir *mede-erfgenaam* ★ ~ tenancy *gezamenlijk bezit* ★ ~ venture *gezamenlijke onderneming* ★ on ~ account *voor gezamenlijke rekening* ★ during their ~ lives *zolang ze allen/beide in leven waren* III OV WW • *verbinden* • *voegen* ‹muur› • *verdelen*

jointed ('dʒɔɪntəd) BNW *geleed*

jointly ('dʒɔɪntlɪ) BIJW *gezamenlijk* ★ ~ with *in samenwerking met*

jointure ('dʒɔɪntʃə) I ZN *weduwenpensioen* II OV WW *v. weduwenpensioen verzekeren* ‹echtgenote›

joist (dʒɔɪst) I ZN *bint* II OV WW *voorzien v. dwarsbalken*

joke (dʒəʊk) I ZN • *grap; kwinkslag; bespotting* ★ that is no joke *dit is ernst* ★ in joke *voor de grap* ★ a practical joke *poets die men iem. bakt, waarbij 't slachtoffer belachelijk wordt gemaakt* ★ this goes/is beyond a joke *daar kun je niet meer om lachen* II OV+ONOV WW • *grappen maken* • *plagen* ★ he always jokes it off *hij maakt zich er altijd met een grapje van af*

joker ('dʒəʊkə) ZN • *grappenmaker* • PLAT *kerel* • *joker* ‹in kaartspel›

jokey ('dʒəʊkɪ), **joky** BNW *grappig*

jokingly ('dʒəʊkɪŋlɪ) BIJW *als grap*

joky BNW → **jokey**

jollification (dʒɒlɪfɪˈkeɪʃən) ZN → **jolliness**

jollify ('dʒɒlɪfaɪ) I OV WW *in 'n vrolijke stemming brengen* II ONOV WW *feesten*

jolliness ('dʒɒlɪnəs) ZN *jolligheid; festiviteit*

jollity ZN → **jolliness**

jolly ('dʒɒlɪ) I ZN • PLAT *marinier* • *lolletje* • *jol* II BNW • *vrolijk* • *'n beetje aangeschoten* • INFORM. *buitengewoon aardig; verrukkelijk* ★ Jolly Roger *piratenvlag met doodshoofd* III OV WW • *overhalen; vleien* • PLAT *voor de mal houden* • OUD. ~ a person along *iemand zoet houden* IV BIJW INFORM. *heel; zeer* ★ a ~ good fellow *'n moordvent*

jolly-boat ('dʒɒlɪbəʊt) ZN *jol*

jolt (dʒəʊlt) I ZN *schok, stoot* II WW *schokken; stoten*

jolty ('dʒəʊltɪ) BNW *schokkend*

Jonathan ('dʒɒnəθən) ZN ★ (Brother) ~ *de Amerikaan; soort appel*

Jones (dʒəʊnz) ZN ★ keep up with the ~es *niet voor de buurt (willen) onderdoen*

jordan (dʒɔːdən) ZN PLAT *po; nachtspiegel*

jorum ('dʒɔːrəm) ZN • *grote beker* • INFORM. *hele partij*

josh (dʒɒʃ) I ZN *onschuldige grap* II WW *plagen; voor de gek houden; grapjes maken*

joskin ('dʒɒskɪn) ZN PLAT *boerenpummel*

joss (dʒɒs) ZN • *Chinese afgod; Chinees afgodsbeeld* • AUS *onbelangrijk persoon* ★ joss house *Chinese tempel*

josser ('dʒɒsə) ZN • PLAT *dwaas; gek* • PLAT *kerel*

joss-stick ('dʒɒsstɪk) ZN *(Chinees) wierookstaafje*

jostle ('dʒɒsəl) I ZN • *duw; botsing* • *drukte; gewoel* II OV+ONOV WW • *duwen; (ver)dringen* • USA/PLAT *zakkenrollen*

jot (dʒɒt) I ZN • *jota* ‹fig.› • *kleine hoeveelheid* II OV WW • *vlug opschrijven; noteren* • ~ down *vlug opschrijven*

jotter ('dʒɒtə) ZN • aantekenboekje • iem. die noteert
jotting ('dʒɒtɪŋ) ZN • notitie
jotty ('dʒɒtɪ) BNW los; broksgewijze
joule (dʒu:l) ZN • joule
jounce (dʒaʊns) I ZN stoot II OV+ONOV WW stoten; hotsen
journal ('dʒɜ:nl) ZN • journaal ‹bij boekhouden› • dagboek • tijdschrift; dagblad • tap ‹v. machine›
journalese (dʒɜ:nəˈli:z) ZN INFORM. krantentaal
journalism ('dʒɜ:nəlɪzəm) ZN journalistiek ★ yellow ∼ riooljournalistiek
journalist ('dʒɜ:nəlɪst) ZN journalist
journalistic (dʒɜ:nəˈlɪstɪk) BNW journalistisch
Journals ('dʒɜ:nəlz) ZN MV ★ the ∼ handelingen v. 't Parlement
journey ('dʒɜ:nɪ) I ZN reis II ONOV WW reizen
journeyman ('dʒɜ:nɪmən) ZN • knecht; handwerksman • handlanger
joust (dʒaʊst) I ZN steekspel II ONOV WW steekspel houden
Jove (dʒəʊv) ZN Jupiter ‹god› ★ by Jove! lieve deugd!
jovial ('dʒəʊvɪəl) BNW gezelschaps-; opgewekt; joviaal
joviality (dʒəʊvɪˈælətɪ) ZN • joviale opmerking • jovialiteit
Jovian ('dʒəʊvɪən) BNW • (als) van Jupiter • majestueus
jowl (dʒaʊl) ZN • kaak; wang • kossem • krop • viskop ★ cheek by jowl dicht bij elkaar; intiem
joy (dʒɔɪ) I ZN • vreugde; genot • succes ★ for joy uit vreugde II WW LIT. z. verblijden; z. verheugen
joyful ('dʒɔɪfʊl) BNW → joyous
joyless ('dʒɔɪləs) BNW treurig
joyous ('dʒɔɪəs) BNW vreugdevol; blij
joyride ('dʒɔɪraɪd) ZN PLAT plezierritje in gestolen auto
joystick ('dʒɔɪstɪk) ZN COMP. joystick; bedieningshendel
Jr. AFK Junior jr.; junior
jubilant ('dʒu:bɪlənt) BNW juichend
jubilation (dʒu:bɪˈleɪʃən) ZN gejubel
jubilee ('dʒu:bɪli:) ZN • jubeljaar • vijftigste gedenkdag • jubileum • gejubel
Judaism ('dʒu:deɪɪzəm) ZN judaïsme
judas ('dʒu:dəs) ZN kijkgat in deur
Judas ('dʒu:dəs) EN • Judas • verrader
Judas-coloured ('dʒu:dəskʌləd) BNW rood; rossig
judder ('dʒʌdə) ONOV WW hevig schudden
judge (dʒʌdʒ) I ZN • rechter • iem. die beoordeelt; kenner • jurylid ★ Judges Richteren ‹Oude Testament› ★ Judge Advocate General auditeur-generaal ★ I'll be the ∼ of that! dat maak ik wel uit! II OV WW • be-/veroordelen • beslissen III ONOV WW • rechtspreken • als scheidsrechter optreden
judge-made BNW ★ ∼ law recht gebaseerd op rechterlijke beslissingen
judg(e)ment ('dʒʌdʒmənt) ZN • godsgericht • mening; kritisch vermogen; verstand • oordeel; uitspraak ★ against one's (own) better judgement tegen beter weten in ★ pass/pronounce ∼ (against s.o.) een oordeel (over iem.) uitspreken ★ sit in ∼ beoordelen

judging-committee ZN jury
judicature ('dʒu:dɪkətʃə) ZN • rechtspleging • rechtersambt • rechterlijke macht; rechtbank
judicial (dʒu:ˈdɪʃəl) BNW • rechterlijk; gerechtelijk • kritisch • onpartijdig
judiciary (dʒu:ˈdɪʃərɪ) I ZN rechterlijke macht II BNW rechterlijk; gerechtelijk
judicious (dʒu:ˈdɪʃəs) BNW verstandig
judo ('dʒu:dəʊ) ZN judo
Judy ('dʒu:dɪ) ZN ≈ Katrijn ‹in poppenkast› • PLAT meid; slons ★ make a Judy of o.s. zich belachelijk aanstellen ‹familiair›
jug (dʒʌg) I ZN • kan; kruik • PLAT stone jug gevangenis ★ jug-jug roep ‹v. merel of nachtegaal› ★ jug-eared met uitstaande oren II OV WW • stoven; koken ‹in pot› • PLAT in de bak gooien ★ jugged hare hazenpeper ★ jugged dronken III ONOV WW • roepen ‹v. merel, nachtegaal›
juggernaut ('dʒʌgənɔ:t) ZN • moloch • grote vrachtwagen
juggins ('dʒʌgɪnz) ZN INFORM. stommerik; dwaas
juggle ('dʒʌgl) I ZN • goochelarij; bedriegerij II OV WW • jongleren met; goochelen met • spelen met; bedriegen ★ ∼ the books knoeien met de boekhouding ★ he has ∼d me out of it hij heeft 't me ontfutseld III ONOV WW jongleren; goochelen
juggler ('dʒʌglə) ZN • goochelaar; jongleur • zwendelaar
jugglery ('dʒʌglərɪ) ZN • goochelarij • handige foefjes
jugular ('dʒʌgjʊlə) I ZN ★ ∼ vein halsader II BNW keel-; hals-
jugulate ('dʒʌgju:leɪt) OV WW • tot stilstand brengen ‹figuurlijk› • doden; kelen
juice (dʒu:s) I ZN • sap; vocht • CUL. jus; vleesnat • INFORM. fut; energie • INFORM. benzine ‹in motor› • USA/PLAT sterkedrank • INFORM. stroom ‹elektriciteit› ★ step on the ∼ plankgas geven ★ gastric ∼s maagsap II OV WW ∼ up oppeppen
juicer ZN sapcentrifuge
juicy ('dʒu:sɪ) BNW • sappig • nat ‹weersgesteldheid› • INFORM. interessant • pikant • pittig
July (dʒu:ˈlaɪ) ZN juli
jumble ('dʒʌmbl) I ZN • rommelboel; warboel • schok ★ ∼ sale rommelmarkt; liefdadigheidsbazaar II ONOV WW • door elkaar gooien/rollen; verwarren
jumbo ('dʒʌmbəʊ) ZN • olifant • kolossaal mens, dier of ding • geluksvogel
jump (dʒʌmp) I ZN • sprong • plotselinge beweging • stoot • SPORT hindernis • slag ‹bij damspel› ★ long jump vérspringen ★ USA broad jump vérspringen • INFORM. the jumps zenuwtrekking; delirium tremens; sint-vitusdans ★ he gave a jump hij maakte 'n sprong; hij schrok op ★ he gave me the jumps hij joeg me de schrik op 't lijf ★ from the jump van meet af aan ★ all of a jump erg druk/zenuwachtig ★ on the jump erg druk/zenuwachtig II OV WW • doen springen • springen over • toespringen op • overslaan • sauteren • in de steek laten ★ he jumped his

bill *hij vertrok zonder te betalen* ★ jump the lights *door rood licht rijden* **III** ONOV WW • *omhoogschieten* • *springen* • *derailleren* • *boren* ★ jump clear *springen zonder zich te bezeren* ★ jump to it *zich haasten* ★ he jumped at the proposal *hij nam het voorstel met beide handen aan* ★ jump to conclusions *overhaaste conclusies trekken* ★ jump into one' s clothes *z'n kleren aanschieten* ★ jump together *overeenstemmen* ★ INFORM. jump down s.o.'s throat *iem. streng terechtwijzen/tegenspreken* • ~ **upon** *bespringen*; *uitvallen tegen* ★ ~ **with** *het eens zijn met*

jumped-up BNW *gewichtig*; *overdreven positiebewust*

jumper ('dʒʌmpə) ZN • *boorbeitel* • *matrozenkiel* • *gebreide (dames)trui* • USA *overgooier* • *kruisverbindingsdraad* • *springer*; *springpaard* • *springend insect* ★ counter ~ *winkelbediende*

jumping ('dʒʌmpɪŋ) BNW ★ ~ jack *hansworst* ⟨speelgoed⟩ ★ ~-off place *eindpunt*; *beginpunt*

jump suit ('dʒʌmp su:t) ZN • *jumpsuit* • *parachutistenpak*

jumpy ('dʒʌmpɪ) BNW *zenuwachtig*; *opgewonden*; *stotend*

junction ('dʒʌŋkʃən) ZN *verbinding*; *punt v. samenkomst*; *knooppunt*; *kruispunt*

juncture ('dʒʌŋktʃə) ZN • *verbindingsplaats* • *samenloop v. omstandigheden* ★ at this ~ *op dit ogenblik*; *toen (dit gebeurd was)*

June (dʒu:n) ZN *juni*

jungle ('dʒʌŋgl) ZN • *oerwoud* • *warwinkel* ★ ~ fever *malaria*

junior ('dʒu:nɪə) ZN • *junior* • *jongere*; *mindere* • USA *derdejaarsstudent* • *zoon* ★ he is ten years my ~ *hij is tien jaar jonger dan ik* ★ ~ clerk *jongste bediende* ★ ~ school *onderbouw v.d. middelbare school* ★ the ~ service *het leger*

juniper ('dʒu:nɪpə) ZN *jeneverbes(struik)*

junk (dʒʌŋk) **I** ZN • *rommel*; *rotzooi* • *jonk* **II** OV WW *afdanken*; *wegdoen*

junk bond ZN ECON. *junkbond*

junket ('dʒʌŋkɪt) **I** ZN *snoepreisje* **II** ONOV WW • *fuiven* • *picknicken*

junk food ZN *junkfood*

junkie ('dʒʌŋkɪ) ZN PLAT *junkie*; *drugverslaafde*

junk mail ZN *junkmail*

junk shop ZN *uitdragerij*; *rommelwinkel*

junta ('dʒʌntə) ZN • *junta* • *partij*; *factie*; *kliek*

jural ('dʒʊərəl) BNW • *wettelijk-* • *recht(s)-*

jurat ('dʒʊəræt) ZN • *schepen* • *magistraat*

juridical (dʒʊəˈrɪdɪkl) BNW *gerechtelijk*

jurisdiction (dʒʊərɪsˈdɪkʃən) ZN • *jurisdictie* • *rechtspraak* • *rechtsbevoegdheid*; *rechtsgebied*

jurisdictional (dʒʊərɪsˈdɪkʃənəl) BNW *m.b.t. jurisdictie*

jurisprudence (dʒʊərɪsˈpru:dns) ZN *jurisprudentie*

jurist ('dʒʊərɪst) ZN *jurist*; *rechtsgeleerde*

juror ('dʒʊərə) ZN • *jurylid* • *gezworene*

jury ('dʒʊərɪ) ZN *jury*; *gezworenen* ★ grand jury *jury van 12-23 leden, die beschuldiging onderzoeken vóór berechting* ★ petty jury *jury van 12 leden, die unaniem hun oordeel geven over bepaalde rechtszaken*

jury-box ('dʒʊərɪbɒks) ZN *jurybank*

juryman ('dʒʊərɪmən) ZN *jurylid*

just (dʒʌst) **I** BNW • *eerlijk*; *rechtvaardig* • *verdiend* **II** BIJW • *juist*; *zoals past* • *terecht* • *gegrond* • *precies*; *net* • *alleen maar*; *gewoon(weg)* ★ just so! *juist!*; *precies!* ★ just come here *kom 'ns even hier* ★ just call me Peter *noem me maar gewoon Peter* ★ I just managed it *ik heb 't maar net klaargespeeld* ★ just a minute! *één minuutje!* ★ just a bit nervous *'n klein beetje zenuwachtig* ★ the music was just splendid *de muziek was gewoonweg schitterend* ★ it's just possible *het is niet onmogelijk* ★ won't I just give it to him! *zal ik 't 'm niet geven!*; *nou!* ★ just about *maar net*; *op 't kantje*; *bijna* ★ just now *zo net*; *daarstraks*; *nu* ★ not just yet *(voorlopig) nog niet*

justice ('dʒʌstɪs) ZN • *rechtvaardigheid*; *recht* • *rechter* ⟨vooral in Engels *hooggerechtshof*⟩ ★ do o.s. ~ *z'n goede naam ophouden* ★ in ~ *rechtens*; *billijkheidshalve* ★ Court of ~ *Hof v. Justitie* ★ Justice of the Peace *politierechter* ★ do ~ to *recht doen wedervaren*; *eer aandoen* ★ temper ~ with mercy *genade voor recht laten gelden*

justiciary (dʒʌˈstɪʃɪərɪ) **I** ZN *gerechtsdienaar* **II** BNW *gerechts-*; *gerechtelijk*

justifiable ('dʒʌstɪfaɪəbl) BNW *gerechtvaardigd*

justification (dʒʌstɪfɪˈkeɪʃən) ZN *rechtvaardiging*; *verantwoording* ★ in ~ *als rechtvaardiging*

justify ('dʒʌstɪfaɪ) OV WW • *rechtvaardigen* • *verdedigen* • *absolveren*; *ontslaan v. zonden* • *verontschuldigen* • *staven* ⟨v. bewering⟩ • *uitvullen* ★ the end justifies the means *het doel heiligt de middelen* ★ he was justified in coming *'t was goed dat hij kwam*

justly ('dʒʌstlɪ) BIJW *terecht*

jut (dʒʌt) **I** ZN *uitsteeksel* **II** OV WW • *uitsteken* • ~ **forth/out** *uitsteken*

jute (dʒu:t) ZN *jute*

juvenesence (dʒu:vɪˈnesəns) ZN • *jeugd* • *onvolwassenheid*

juvenile ('dʒu:vənaɪl) **I** ZN • *jongeling* • *jeune premier*; *acteur v. jonge rol* • USA *kinderboek* **II** BNW *jong*; *jeugdig* ★ ~ delinquency *jeugdcriminaliteit* ★ ~ court *kinderrechter*

juvenilia (dʒu:vəˈnɪlɪə) ZN MV *jeugdwerken* ⟨v. schrijver/kunstenaar⟩

juxtapose (dʒʌkstəˈpəʊz) OV WW *naast elkaar plaatsen*

juxtaposition (dʒʌkstəpəˈzɪʃən) ZN • *het naast elkaar plaatsen* • *het naast elkaar geplaatst zijn*

K

k (keɪ) **I** ZN letter *k* ★ K as in King *de k van Karel* **II** AFK INFORM. kilo *1000* ★ earn 20k per month *20.000 per maand verdienen*
Kaffir ('kæfə) ZN • *kaffer* • *niet-mohammedaan*; *ongelovige*
Kafkaesque (kæfkə'esk) BNW *kafkaiaans*
kail ZN → **kale**
kale (keɪl), **kail** ZN • USA/PLAT *geld* • *(boeren)kool* • *koolsoep* ★ curled/curly/Scotch kale *boerenkool*
kaleidoscope (kə'laɪdəskəʊp) ZN *caleidoscoop*
kangaroo (kæŋgə'ruː) ZN *kangoeroe*
kangaroo court ZN *onwettige rechtbank*
kangaroo rat ZN *buideirat*
kaolin ('keɪəlɪn) ZN *porseleinaarde*
karate (kə'rɑːtɪ) ZN *karate*
kar(r)oo (kə'ruː) ZN *dor hoogland in Z.-Afrika*
kart (kɑːt) ZN *kart*; *skelter*
katydid ('keɪtɪdɪd) ZN *sabelsprinkhaan*
kayak ('kaɪæk) ZN *kajak*
kc. AFK *kilocycle(s)*
K.C. AFK • ≈ *advocaat van hogere rang* • *King's Counsel*
keck (kek) ONOV WW • *kokhalzen* • *boeren*
keckle (kekl) ONOV WW • *kakelen* • *grinniken*
kedge (kedʒ) **I** ZN *keganker* ★ ~-anchor *keganker* **II** WW • *verhalen* • *verhaald worden*
kedgeree ('kedʒərɪ) ZN *gerecht van rijst en vis*
keel (kiːl) **I** ZN • *kiel* ⟨v. schip⟩ • *(kolen)schuit* • LIT. *schip* • *hoeveelheid in kolenschuit* ★ on an even keel *vlak; in evenwicht; zonder inspanning; gestadig; rustig* **II** OV WW • *omduwen; doen omslaan* • SCHEEPV. ~ **over** *kielen*; *doen omslaan* **III** ONOV WW *omslaan; kapseizen*
keelhaul ('kiːlhɔːl) OV WW • *kielhalen* • *streng berispen*
keen (kiːn) **I** ZN • *Ierse lijkzang* • *klaagzang* **II** BNW *scherp(zinnig); doordringend; intens; levendig; vurig* ★ be keen on s.o. *beetje verliefd op iem. zijn* ★ keen on doing it *erop gebrand om 't te doen* ★ he's as keen as mustard *hij is enthousiast* **III** OV WW *bewenen* **IV** ONOV WW *weeklagen (over)*
keen-edged BNW *scherp*
keener ('kiːnə) ZN • *rouwklager* • *huilebalk*
keen-set BNW ★ ~ **for** *hongerig/verlangend naar*
keen-witted BNW *scherpzinnig*
keep (kiːp) **I** ZN • *toren; versterking; fort* • *hoede; bewaring* • *onderhoud; kost* ★ PLAT for keeps *voorgoed; om te houden* **II** OV WW • *(z.) houden (aan)* • *in acht nemen; vervullen* • *vieren* • *bewaren* • *in orde houden* • *houden* ⟨het bed⟩ • *bijhouden* ⟨v. boeken⟩ • *hebben* ⟨v. winkel/bedrijf⟩ • *erop na houden* • *iem. onderhouden* • *in voorraad hebben* • *vasthouden; gevangen houden* • *verbergen; beschermen; behoeden* ★ keep one's feet *op de been blijven* ★ keep house *het huishouden doen* ★ keep s.o. waiting *iem. laten wachten* • ~ **away** *uit de buurt houden* • ~ **back** *terug-/achterhouden* • ~ **down** *(onder)drukken* ★ keep it down a bit! *kalm aan!; rustig a.u.b.* • ~ **from** *afhouden van; verzwijgen voor; verhinderen te; weerhouden van* • ~ **in** *inhouden; binnen houden; school laten blijven* • ~ **off** *afweren; op afstand houden; afblijven van* • ~ **on** *ophouden; blijven houden; aanhouden* ⟨bijv. v. huis⟩ • ~ **out** *buiten houden* • ~ **over** *bewaren (tot later)* • ~ **together** *bij elkaar houden, bij elkaar blijven* • ~ **under** *onderhouden; onderdrukken; bedwingen* • ~ **up** *de moed erin houden; in stand houden; aanhouden* ⟨vuur⟩; *uit bed houden; wakker houden; ophouden; onderhouden* ⟨contact⟩ ★ he will keep it up *hij zal z. eraan houden* ★ keep it up! *houd vol!* **III** ONOV WW • *goed houden; goed blijven* ⟨v. voedsel⟩ • *blijven doen; doorgaan met* ★ that news will keep *dat nieuws kan wel zolang blijven liggen* • ~ **at** *blijven werken aan* • ~ **away** *wegblijven* • ~ **from** *z. onthouden van* • ~ **in** *blijven branden* • INFORM. ~ **in with** *contact houden met* • ~ **on** *doorgaan; blijven praten* • ~ **on at** *blijven praten tegen; vragen aan; vitten; treiteren* • SCHEEPV. ~ **to** *bij de wind houden; z. houden aan; blijven in* ★ keep oneself to oneself *z. weinig met anderen bemoeien* • ~ **up** *op dezelfde hoogte blijven* ★ keep up with a p. iem. bijhouden ★ be kept up late *laat opblijven*
keeper ('kiːpə) ZN • *anker* ⟨v. magneet⟩ • *bewaker; bewaarder; houder* • *doelverdediger* • *hoeder; opzichter* ★ ~(ring) *veiligheidsring*
keeping ('kiːpɪŋ) ZN • *overeenstemming* • *hoede* ★ in ~ **with** *kloppen met* ★ not out of/in ~ **with** *niet passend bij* **II** BNW ★ ~ apples *appels die men lang kan bewaren*
keepsake ('kiːpseɪk) **I** ZN *aandenken; souvenir* **II** BNW *sentimenteel*
kef (kef), **keif** ZN • *bedweiming* • *opium; cannabis*
keg (keg) ZN *vaatje*
keif (kef) ZN → **kef**
kelp (kelp) ZN • *zeewier* • *kelpsoda*
kempt (kempt) BNW *goed verzorgd; gekamd*
ken (ken) **I** ZN • *gezichtskring; begrip* • *obscure kroeg* ★ beyond my ken *buiten mijn gezichtsveld; boven mijn pet* **II** OV WW SCHOTS *weten; herkennen*
kennel ('kenl) **I** ZN • *hondenhok* • *krot* • *meute* • *goot* • ~s *hondenverblijf* **II** OV+ONOV WW • *wonen; huizen* • *onderbrengen in een kennel*
kennel-club ZN *kynologenclub*
Kenyan ('kenjən) **I** ZN *Keniaan* **II** BNW *Keniaans*
kept (kept) **I** BNW *(goed) onderhouden* ★ kept woman *maîtresse* **II** WW [verl. tijd + volt. deelw.] → **keep**
kerb (kɜːb) ZN *trottoirband* ★ kerb market *verkoop v. niet op de beurs verhandelde stukken; nabeurs* ★ kerb crawler *iemand die langzaam langs het trottoir rijdt om prostituees aan te spreken*
kerbstone ('kɜːbstəʊn) ZN *trottoirband* ★ ~ broker *makelaar die buiten de beurs opereert*
kerchief ('kɜːtʃiːf) ZN • *hoofddoek; halsdoek* • *zakdoek*
kerf (kɜːf) ZN • *(zaag)snede* • *gekapt deel v. gevelde boom*
kerfuffle (kə'fʌfəl) ZN *drukte; opschudding; commotie*
kernel ('kɜːnl) ZN *pit; kern*

kerosene ('kerəsi:n) ZN • kerosine
kerry ('keri) ZN • Ierse terriër • Iers vee
kestrel ('kestrəl) ZN • torenvalk
ketchup ('ketʃəp), **catchup, catsup** ZN ketchup
kettle (ketl) ZN ketel ★ a different ~ of fish heel wat anders ★ put the ~ on theewater opzetten ★ ~ drum pauk ★ a fine/pretty ~ of fish 'n mooie boel
kettleholder ('ketlhəʊldə) ZN • pannenlap
key (ki:) I ZN • sleutel ‹ook fig.› • spie • wig • toets • grondtoon; toonaard • stemming • rif • key screw (schroef)sleutel ★ master/skeleton key loper ★ in key with harmoniërend met ★ it's out of key 't past er niet bij ★ key bit baard ‹v. sleutel› II BNW voornaamste-; sleutel- • key colour grondkleur III OV+ONOV WW • vastmaken met spie • sluiten • stemmen; spannen • aanpassen; geschikt maken • ~ **down** afzwakken; 'n toontje lager (doen) zingen • ~ **up** verhogen; opdrijven ★ keyed up hooggespannen
keyboard ('ki:bɔ:d) ZN • toetsenbord; klavier • elektronisch muziekinstrument
keyhole ('ki:həʊl) ZN sleutelgat
keynote ('ki:nəʊt) I ZN • grondtoon • leus ‹figuurlijk› • rede ter uiteenzetting v. bepaalde politiek II OV WW uiteenzetten
key-ring ZN sleutelring
keystone ('ki:stəʊn) ZN • sluitsteen • hoeksteen ‹ook fig.›
kg AFK kilogramme kg ‹kilogram›
khaki ('kɑ:kı) ZN • kaki • soldaat in kaki uniform ★ get into ~ in 't leger gaan
kibble ('kıbl) I ZN hijskooi in mijn II OV WW • verbrokkelen • grof malen
kibbutz (kı'bʊts) ZN kibboets
kibbutzim (kıbʊt'si:m) ZN MV → kibbutz
kibe (kaıb) ZN blaar ‹aan hiel› ★ tread on a p.'s kibes iem. op de tenen trappen
kibosh ('kaıbɒʃ) ZN PLAT onzin ★ put the ~ on das omdoen; een eind maken aan
kick (kık) I ZN • schop; trap • kick; stimulans • terugslag ‹v. geweer bij afgaan› • ziel ‹v. fles› ★ PLAT the kick ontslag ★ get a kick out of s.th. een kick van iets krijgen ★ kick piece spektakelstuk II ONOV WW ~ **around** rondzwerven; rondslingeren III OV+ONOV WW • trappen; stoten; achteruitslaan; z. verzetten tegen • klagen ★ kick against s.th. zich verzetten tegen ★ kick up a row/shindy ruzie schoppen ★ kick downstairs eruit trappen ★ they kicked up their heels ze zwegen (van pret); ze waren aan de zwier ★ kick over the traces uit de band springen ★ kick against the pricks zich tot eigen schade verzetten ★ PLAT kick the bucket het hoekje omgaan ★ USA we can't kick any longer we hebben nu niets meer te klagen ★ he was kicking his heels hij stond te wachten • ~ **about** rondslingeren; rondtrekken; 't trappen met voetbal; ruw behandelen • ~ **off** uittrappen ‹bv. van schoenen› • ~ **out** eruit trappen; doodgaan • ~ **up** tegenwerpingen maken; ruzie veroorzaken
kickback ('kıkbæk) ZN • terugslag • smeergeld
kicker ('kıkə) ZN • paard dat trapt • USA kankeraar
kick-off ('kıkɒf) ZN • aftrap • PLAT begin
kicks ('kıks) ZN MV USA/PLAT schoenen

kickshaw ('kıkʃɔ:) ZN • liflafje ‹etenswaar› • onbenulligheid
kick-up ('kıkʌp) ZN • sprong • herrie • vrolijke boel
kicky ('kıkı) BNW PLAT/USA pittig; vurig; levendig
kid (kıd) I ZN • PLAT bedriegerij • vaatje • SCHEEPV. nap • jonge geit • geitenleer • PLAT jochie; kind II BNW • PLAT jongere broer of zus • kinderlijk III ONOV WW geiten werpen IV OV+ONOV WW INFORM. bedotten ★ you're kidding! dat meen je niet! ★ we'll kid him out of it we zullen 't hem afhandig maken
kiddle ('kıdl) ZN visnet
kiddy ('kıdı) ZN klein kind ★ ~-cart speelgoedwagentje
kid-glove I ZN glacéhandschoen II BNW al te kieskeurig; verwijfd; tactvol
kidnap ('kıdnæp) OV WW ontvoeren
kidney ('kıdnı) ZN • nier • aard; gesteldheid ★ ~ potato muis ‹aardappel› ★ ~ bean kievietsboon ★ ~ machine kunstnier ★ ~ stone niersteen ★ a man of a different ~ een man van een ander slag
kilderkin ('kıldəkın) ZN vat met inhoud van 16-18 gallons
kill (kıl) I ZN • 't doden • (door jager) gedood dier • dier als lokmiddel gebruikt II OV WW • doden • slachten • uitschakelen ‹v. een machine› • vernietigend oordeel uitspreken ‹over wetsontwerp› • stoppen ‹v. bal› • afzetten ‹v. motor› ★ kill or cure erop of eronder ★ kill o.s. laughing je dood lachen ★ kill two birds with one stone twee vliegen in één klap slaan ★ six were killed zes man sneuvelden; zes mensen kwamen om ★ she was dressed to kill ze zag er geweldig uit ★ kill with kindness overdreven vriendelijk tegen iemand zijn • ~ **off** afmaken ‹doden› • ~ **out** uitroeien
killer ('kılə) ZN • slachter • moordenaar ★ ~-whale orka
killing ('kılıŋ) I ZN • prooi • make a ~ ineens 'n bom duiten verdienen II BNW • dodelijk • overweldigend
killjoy ('kıldʒɔı) ZN spelbreker; somber iemand
kiln (kıln) I ZN kalkoven; stookoven ‹ook voor whisky› II OV WW drogen ‹in oven›
kilometre ('kıləmi:tə, kı'lɒmətə) ZN kilometer
kilt (kılt) I ZN kilt; Schotse rok II OV WW opnemen; plooien ‹v. rok›
kilted ('kıltıd) BNW • geplooid • met kilt
kilter ('kıltə) ZN in orde ★ out of ~ niet in orde
kiltie ('kıltı) ZN • INFORM. hooglander • hooglandse soldaat
kin (kın) I ZN familie; bloedverwantschap ★ next of kin naaste familieleden II BNW ★ kin to verwant aan
kind (kaınd) I ZN • soort; aard ★ pay in kind in natura betalen; met gelijke munt betalen • PLAT I kind of expected this ik heb dit zo half en half verwacht II BNW ★ kind to vriendelijk, goed voor
kinda ('kaındə) SAMENTR USA kind of min of meer; best wel; nogal ★ I'm ~ mad at you ik ben nogal boos op jou
kindergarten ('kındəga:tn) ZN kleuterschool
kind-hearted (kaınd'hɑ:tıd) BNW goedaardig; vriendelijk
kindle ('kındl) OV+ONOV WW ontsteken;

aansteken; *(doen) ontvlammen*; *aanvuren*; *vlam vatten*; *(doen) gloeien*
kindliness ('kaɪndlɪnəs) ZN • *vriendelijkheid* • *mildheid*
kindling ('kɪndlɪŋ) ZN *aanmaakhout*
kindly ('kaɪndlɪ) **I** BNW • *gemoedelijk*; *vriendelijk*; *humaan* • *aangenaam of gunstig* ⟨v. klimaat⟩ **II** BIJW ★ ~ show me the book *wees zo goed mij het boek te laten zien*
kindness ('kaɪndnəs) ZN • *vriendelijkheid* • *iets aardigs*
kindred ('kɪndrɪd) **I** ZN • *bloedverwantschap* • *verwanten* ★ a ~ soul/spirit *een geestverwant* **II** BNW *verwant*
kine (kaɪn) ZN MV OUD. *vee*
kinetic (kɪ'netɪk) BNW *bewegings-*
kinetics (kɪ'netɪks) ZN MV • *kinetica* • *bewegingsleer*
king (kɪŋ) **I** ZN • *koning*; *vorst* • *heer* • *magnaat* • *eerste soort* • *dam* ⟨in damspel⟩ ★ crown someone king *iemand tot koning kronen* ★ the king in Council *de koning en zijn raadslieden* ★ go to king *een dam halen* ★ King of Terrors *de Dood* **II** OV WW *tot koning kronen* ★ king it *koning spelen/zijn*
King (kɪŋ) ZN ★ King's Bench *afdeling van het Engelse hooggerechtshof* ★ King's Counsel ⟨lid v.⟩ *hoge orde v. advocaten* ★ INFORM. King's/Queen's head *postzegel* ★ King's/Queen's speech *troonrede*
kingcup ('kɪŋkʌp) ZN • *boterbloem* • *dotterbloem*
kingdom ('kɪŋdəm) ZN • *(konink)rijk* • *terrein* • *gebied* ★ United Kingdom *Verenigd Koninkrijk* ⟨Groot-Brittannië⟩
kingfisher ('kɪŋfɪʃə) ZN *ijsvogel*
kinglike ('kɪŋlaɪk) BNW *koninklijk*
kingly ('kɪŋlɪ) BNW *koninklijk*
kingmaker ('kɪŋmeɪkə) ZN *iem. die benoeming tot hoge post kan beïnvloeden*
kingpin ('kɪŋpɪn) ZN • *hoofdbout* • *leider*; *spil waar alles om draait*
kingship ('kɪŋʃɪp) ZN *koningschap*
kink (kɪŋk) ZN • *kink*; *slag*; *knik*; *hersenkronkel*; *afwijking* • *trucje*; *foefje*
kinky ('kɪŋkɪ) BNW *kinky* ⟨enigszins seksueel pervers⟩
kinsfolk ('kɪnzfəʊk) ZN *verwanten*
kinship ('kɪnʃɪp) ZN *verwantschap*
kinsman ('kɪnzmən) ZN *mannelijke bloedverwant*
kinswoman ('kɪnzwʊmən) ZN *vrouwelijke bloedverwant*
kiosk ('ki:ɒsk) ZN • *stalletje* • *kiosk* • *telefooncel*
kip (kɪp) **I** ZN • *ongelooide huid v.e. jong dier* • INFORM. *bed*; *slaap* **II** ONOV WW • INFORM. *maffen* • ~ down *gaan maffen*
kipper ('kɪpə) **I** ZN • *mannetjeszalm in paartijd* • *gerookte haring* • PLAT *vent(je)* **II** OV WW *zouten en drogen/roken v. vis*
kirk (kɜːk) ZN SCHOTS *kerk*
kiss (kɪs) **I** ZN • *kus* • *suikerboon* • *klots* ⟨bij biljart⟩ ★ blow a kiss *kushandje geven* ★ French kiss *tongzoen* ★ kiss of life *mond-op-mondbeademing* ★ kiss of death *genadestoot* **II** OV WW • *kussen* • *klotsen* ⟨bij biljart⟩ • *(elkaar) even raken* ★ kissing disease *ziekte v. Pfeiffer* ★ kiss the dust *zich slaafs*

onderwerpen; *gedood worden* ★ kiss the ground *zich voor iem. in 't stof werpen*; *'t onderspit moeten delven*
kissable ('kɪsəbl) BNW *om te zoenen*
kisser ('kɪsə) ZN PLAT *mond*
kissing-kind BNW *op zeer goede voet met elkaar*
kiss-me-quick ZN • *soort plant* • *dameshoedje* • *spuuglok*
kit (kɪt) **I** ZN • *gereedschap*; *uitrusting*; *partij*; *stel* • *bouwpakket*; *kit* ★ kit bag *plunjezak* **II** OV+ONOV WW ~ out (with) *uitrusten (met)*; *voorzien worden (v.)* ⟨vooral kleren⟩
kitchen ('kɪtʃɪn) ZN *keuken* ★ ~ garden *moestuin* ★ ~ dresser *aanrecht* ★ ~ range *keukenfornuis* ★ ~ utensils *keukengerei* ★ ~ cabinet *(onofficiële) groep adviseurs*
kitchener ('kɪtʃɪnə) ZN *keukenfornuis*
kitchenette (kɪtʃɪ'net) ZN *keukentje*
kitchen sink ('kɪtʃɪn sɪŋk) ZN *gootsteen*; *afwasbak* ★ IRON. take everything but the ~ *alles meenemen wat los en vast zit*
kite (kaɪt) **I** ZN • *vlieger* • *wouw* • PLAT *vliegtuig* • *schoorsteenwissel* ★ fly a kite *vliegeren* ★ as high as a kite *beneveld* ⟨door drank of drugs⟩; *erg opgewonden* ★ kite flying *het vliegeren* **II** OV WW • *laten zweven* • *schoorsteenwissel trekken* **III** ONOV WW *zweven*
kites (kaɪts) ZN MV *hoogste zeilen*
kith (kɪθ) ZN ★ kith and kin *kennissen en familie*; *vrienden en verwanten*
kitten ('kɪtn) **I** ZN • *katje* • *kittig meisje* ★ have ~s *jongen krijgen* ⟨v. poes⟩; *nerveus zijn* **II** WW • *jongen* ⟨v. poes⟩ • *koketteren (met)*
kittenish ('kɪtənɪʃ) BNW *speels*
kittle ('kɪtl) BNW • *lastig* • *teer* ★ ~ cattle *moeilijk mee om te gaan*
kitty ('kɪtɪ) ZN • *poesje* • *pot* ⟨bij kaartspel⟩ • *(huishoud)potje* • *kas*; *portemonnee*
kiwi ('ki:wi:) ZN • *vrucht kiwi* • *dier kiwi* • IRON. *Nieuw-Zeelander*
K.K.K. AFK *Ku-Klux-Klan*
klaxon ('klæksən) ZN *claxon*
kleptomania (kleptəʊ'meɪnɪə) ZN *kleptomanie*
kleptomaniac (kleptəʊ'meɪnɪæk) ZN *kleptomaan*
Klinsmann ('klɪnsmən) **I** SPORT *schwalbe* ★ do a ~ *een schwalbe maken*
km AFK *kilometre km* ⟨kilometer⟩
kn. AFK *knot(s)* ⟨knoop; knopen⟩
knack (næk) ZN • *handigheid*; *slag* • *kunstgreep* • *gewoonte* ★ get the ~ *het trucje door krijgen*
knacker ('nækə) ZN • *sloper* ⟨v. huizen/schepen⟩ • *paardenslachter* • PLAT *testikel*
knackered ('nækəd) INFORM. PLAT *doodmoe*; *bekaf*
knag (næg) ZN • *kwast* ⟨in hout⟩ • *ruwe rotspunt*
knaggy ('nægɪ) BNW *knoestig*; *ruw*
knap (næp) **I** ZN • *heuveltop* **II** OV WW • *kloppen* ⟨v. stenen⟩ • *slaan*; *breken*
knapsack ('næpsæk) ZN *ransel*; *rugzak*
knar (nɑː) ZN *knoest* ⟨in hout⟩
knave (neɪv) ZN • *schurk* • *boer* ⟨in kaartspel⟩
knavery ('neɪvərɪ) ZN *bedriegerij*
knavish ('neɪvɪʃ) BNW *bedrieglijk*
knead (ni:d) OV WW • *kneden* • *masseren* • *vormen* ★ ~ing trough *bakkerstrog*
knee (ni:) **I** ZN • *knie(stuk)* • *kromhout* • *knieval* ★ knee breeches *kniebroek* ★ INFORM. gone at

kneecap – knot

the knees *afgeleefd* **II** OV WW • *een knietje geven* • *met de knie aanraken* • *met kniestuk bevestigen* • *knieën krijgen* ⟨in broek⟩
kneecap ('ni:kæp) ZN • *knieschijf* • *kniebeschermer*
knee-deep (ni:'di:p) BIJW • *tot aan de knieën* • *tot over de oren* ⟨figuurlijk⟩
knee-high BNW *tot aan de knieën*
kneel (ni:l) ONOV WW • *knielen* ★ ~ing chair *bidstoel* • ~ **to** *knielen voor* • ~ **up** *v. liggende in knielende houding komen*
kneeler ('ni:lə) ZN • *iem. die knielt* • *knielkussen*; *knielbank*
knee-pan ZN *knieschijf*
knees-up ZN *fuif*; *feestje*; *viering*
knell (nel) ZN LIT. *(geluid v.) doodsklok*
knelt (nelt) WW [verl. tijd + volt. deelw.] → **kneel**
knew (nju:) WW [verleden tijd] → **know**
knickerbockers ('nɪkəbɒkəz) ZN MV *wijde kniebroek*
knickers ('nɪkəz) **I** ZN MV • INFORM. *slipje*, *onderbroek* ⟨v. vrouw⟩ • USA *sportbroekje* ★ *get one's ~ in a twist boos of geïrriteerd worden* **II** TW *verdikkeme!*
knick-knack ('nɪknæk) ZN • *snuisterij* • *lekkernij*
knife (naɪf) **I** ZN *mes* ★ ~ *blade lemmet* ★ ~ *rest messenlegger* • *get/have one's ~ in(to) gebeten zijn op*; *de pik hebben op* ★ *war to the ~ verbeten strijd* **II** OV WW *steken* ⟨met mes⟩
knife-edge ('naɪfedʒ) ZN • *snede v. mes* • *mes* ⟨v. balans⟩ • *heel fijn* ⟨v.e. vouw⟩ ★ *on a ~ vreselijk gespannen*
knight (naɪt) **I** ZN • *ridder* • *paard* ⟨in schaakspel⟩ ★ USA *Knights of Labor arbeidersvereniging* ★ ~ *bachelor ridder van laagste rang* ★ ~ *errant(try) dolende ridder(schap)* ★ ~ *of Malta Maltezer ridder* ★ ~ *of the road struikrover*; *zwerver*; *vrachtwagenchauffeur* • GESCH. ~ *of the shire parlementsvertegenwoordiger v. graafschap* • GESCH. ~ *templar tempelier* ★ IRON. *the ~ in shining armour de prins op het witte paard*; *de ware Jakob* **II** OV WW *tot ridder slaan*; *ridderen*
knighthood ('naɪthʊd) ZN • *ridderschap* • *titel v. ridder* • *ridderlijkheid*
knightly ('naɪtlɪ) BNW *ridderlijk*
knit (nɪt) WW • *knopen*; *breien* • *z. verenigen* • *versterken* • *fronsen* ⟨v. wenkbrauwen⟩ ★ *knit together samenbinden* • ~ **up** *stoppen* ⟨v. kousen⟩; *verbinden*; *eindigen* ★ *knit up (in) verenigen met*
knitter ('nɪtə) ZN • *brei(st)er* • *breimachine*
knitting ('nɪtɪŋ) ZN • *'t breien* • *breiwerk*
knitting-machine ZN *breimachine*
knitting-needle ZN *breinaald*
knitwear ('nɪtweə) ZN *gebreide kleding*
knives (naɪvz) ZN MV → **knife**
knob (nɒb) **I** ZN • *knobbel*; *knop* • *brok*; *kluitje*; *klont(je)* • *heuvel* • PLAT *with knobs on! en niet zo'n klein beetje ook!* **II** OV WW • *voorzien v. knop* • ~ **out** *uitzetten*; *(op)zwellen*
knobbly ('nɒblɪ) BNW • *bultig* • *knobbelig*
knobby ('nɒbɪ) BNW *knobbelig*; *knokig*
knobstick ('nɒbstɪk) ZN • PLAT *werkwillige* • *knots*
knock (nɒk) **I** ZN • *klop*; *duw*; *slag* • SCHOTS *klok* • PLAT *innings* ⟨cricket⟩ ★ PLAT *take a ~ zware (financiële) klap(pen) krijgen* **II** OV WW • *slaan*

• PLAT/USA *bekritiseren* • PLAT *(iem.) verstomd doen staan* • *pakken* ⟨v. publiek⟩ ★ PLAT ~ *a s.o.'s head off iem. volkomen in z'n macht hebben*; *overtreffen* ★ *the rooms were ~ed into one de kamers werden bij elkaar getrokken* ★ *he was ~ed into a cocked hat hij werd tot moes geslagen* • ~ **about**/**around** *toetakelen*; *afransellen* • ~ **back** *achteroverslaan* ⟨borrel⟩ ★ *how much did that car ~ you back? wat heeft je die wagen gekost?* • ~ **down** *neerslaan*; *afbreken*; *demonteren*; *verslaan*; *toewijzen* ⟨v. artikel op veiling⟩; INFORM. *afprijzen*; *aanrijden* • ~ **off** *afslaan*; *korting geven*; INFORM. *iets vlug afwerken*; *uit de mouw schudden*; PLAT *naar de andere wereld helpen*; PLAT *achteroverdrukken*; *stelen*; *beroven*; *aftrekken* ⟨v. kosten⟩; *Plat een beurt geven* ⟨figuurlijk⟩; *naaien* ⟨figuurlijk⟩; *eraan geven* ★ ~ *it off! hou ermee op!*; *duvel op!* • ~ **out** *uitkloppen* ⟨pijp⟩; *k.o. slaan*; *verslaan*; *haastig in elkaar flansen*; *met stomheid slaan* ★ ~ed *out doodmoe* ★ SPORT *he was ~ed out of time hij werd uitgeteld* • ~ **over** *overrijden*; *neerschieten*; INFORM. *bezwijken*; PLAT *omslaan* • ~ **together** *haastig in elkaar zetten* • ~ **up** *omhoog slaan*; *vlug in elkaar zetten* ⟨huis/plan⟩; SPORT *snel achter elkaar runs maken*; *(op)wekken*; *afmatten*; *bij elkaar verdienen* ⟨geld⟩; PLAT/USA *zwanger maken* ★ ~ *up copy tekst persklaar maken* **III** ONOV WW • *kloppen* ⟨ook v. motor⟩ • *botsen* • ~ **about**/**around** *rondslenteren*; *ronddolen* • ~ **off** *ophouden* • ~ **under** *z. onderwerpen* • SPORT ~ **up** *vooraf inslaan*
knockabout ('nɒkəbaʊt) **I** ZN *lawaaierige voorstelling/acteur* **II** BNW • *lawaaierig* • *zwervend* • *geschikt voor ruw gebruik* ⟨v. kleding⟩ • ~ *film gooi-en-smijtfilm*
knock-back I ZN *tegenvaller*; *teleurstelling* **II** OV WW *achteroverslaan*
knockdown ('nɒkdaʊn) **I** ZN • *zware slag* • *vechtpartij* • USA/INFORM. *'t voorstellen* ⟨aan elkaar⟩ **II** BNW • *verpletterend* • *gemakkelijk demonteerbaar* ★ ~ *price zeer lage prijs*
knocker ('nɒkə) ZN • *deurklopper* • INFORM. *vitter* ★ *on the ~ direct*
knockers ('nɒkəz) ZN MV *tieten*
knocker-up (nɒkər'ʌp) ZN *porder*
knock-kneed BNW *met x-benen*
knock-knees ZN MV *x-benen*
knockoff ('nɒkɒf) ZN USA *kopie/namaak* ⟨v. modekleding⟩
knockout ('nɒkaʊt) ZN • *iem. die met anderen op veiling de prijzen opzettelijk drukt* • *overweldigend iets/iem.* • SPORT *stoot die bokser buiten gevecht stelt* ★ ~ *drops bedwelmingsmiddel* ★ *look ~ er fantastisch uitzien* ★ *you're a ~! je bent 'n onweerstaanbaar iemand!* ★ PLAT *it's a ~ daar sta je paf van* ★ ~ *blow genadeslag*
knock-up I ZN *warming-up* **II** ONOV WW *inslaan* ⟨bv. tennis⟩
knoll (nəʊl) ZN *heuveltje*
knot (nɒt) **I** ZN • *moeilijkheid* • *knobbel* • *kanoet* ⟨soort strandloper⟩ • *knoest in hout* • *strik*; *knoop* ⟨in touw⟩ • *groep(je)* • SCHEEPV. *knoop*

II OV WW • *in de knoop/war maken* • *vast-/dichtknopen* **III** ONOV WW *in de knoop/war raken*
knotty ('nɒtɪ) BNW *vol knopen; ingewikkeld*
know (nəʊ) **I** ZN ★ *he is in the know hij weet er van* ★ *I'll keep you in the know ik houd je op de hoogte* **II** OV WW *(her)kennen; weten; merken; bekend zijn met* ★ *he knows what's what hij weet z'n weetje* ★ *he knows his beans hij weet er alles van* ★ *we never knew him to tell a lie we hebben nooit meegemaakt dat hij 'n leugen vertelde* ★ *not if I know it! niet als het aan mij ligt!* ★ *for all I know zover ik weet* ★ *you don't wanna know! dat wil je niet weten!* **III** ONOV WW *zich bewust zijn van; weten* ★ *run all you know! loop wat je kunt!* ★ *I know better than to go ik ben niet zo gek om te gaan*
knowable ('nəʊəbl) BNW
know-all ('nəʊɔːl) ZN *weetal; wijsneus*
know-how ('nəʊhaʊ) ZN *knowhow; vakkennis; vaardigheid*
knowing ('nəʊɪŋ) **I** ZN ★ *there's no ~ what may happen niemand weet wat er kan gebeuren* **II** BNW • *begrijpend; wetend* • *schrander; handig; geslepen* ★ *a ~ look 'n begrijpende blik*
knowingly ('nəʊɪŋlɪ) BIJW *bewust; met opzet*
knowledge ('nɒlɪdʒ) ZN • *kennis; wetenschap* • *'t weten; voorkennis* ★ *to my ~ voor zover ik weet* ★ JUR. *carnal ~ geslachtsgemeenschap* ★ *common ~ iets dat algemeen bekend is*
knowledgeable ('nɒlɪdʒəbl) BNW • *slim* • *goed ingelicht*
known (nəʊn) **I** BNW *erkend; berucht; gereputeerd* ★ *well-~ bekend* **II** WW [volt. deelw.] → **know**
knuckle ('nʌkl) **I** ZN • *knokkel; schenkel; kluif; varkenskluif* **II** OV WW • *met de knokkels slaan/wrijven* • *~ down/under toegeven aan; z. gewonnen geven* • *~ to hard aan 't werk gaan*
knuckle-duster ('nʌkldʌstə) ZN *boksbeugel*
knurl (nɜːl) ZN *ribbel*
knurr (nɜː) ZN • *knoest; kwast; knobbel* • *bal*
koala (kəʊˈɑːlə) ZN *koala*
kohlrabi (kəʊlˈrɑːbɪ) ZN *koolraap*
kook (kuːk) ZN PLAT *eigenaardig persoon*
kooky ('kuːkɪ) BNW PLAT *verknipt; geschift*
kopje ('kɒpɪ) ZN *heuveltje*
Korean (kəˈriːən) **I** ZN • *Koreaan* • *het Koreaans* **II** BNW *Koreaans*
kowtow (kaʊˈtaʊ) **I** ZN • *Chinese voetval* ⟨uit diep respect⟩ • *mooipraterij* ⟨figuurlijk⟩ **II** ONOV WW • *een Chinese voetval maken* • *zich vernederen* ★ *~ to door het stof gaan voor*
k.p.h. AFK *kilometer per uur*
kudize ('kjuːdaɪz) OV WW PLAT *verheerlijken*
kudos ('kjuːdɒs) ZN PLAT *eer; roem*
kyle (kaɪl) ZN SCHOTS *enge zeearm*

L

l (el) AFK *letter l* ⟨letter⟩ ★ *L as in Lucy de l van Lodewijk*
L AFK *Large groot* ⟨kledingmaat⟩
L.A., LA AFK *Los Angeles* ⟨stad in de Verenigde Staten van Amerika⟩
lab (læb) ZN INFORM. *laboratory lab*
label ('leɪbl) **I** ZN • *etiket; plakzegel; label* **II** OV WW • *van etiket voorzien* • *bestempelen (als); beschrijven (als)*
labial ('leɪbɪəl) **I** ZN *labiaal* **II** BNW *lip-; labiaal*
labile ('leɪbaɪl) BNW *labiel; onstabiel*
labor ('leɪbə) ZN USA → **labour**
laboratory (ləˈbɒrətərɪ) ZN *laboratorium*
Labor Day ZN USA *Labor Day* ⟨1e maandag in september, vrije dag⟩
laborious (ləˈbɔːrɪəs) BNW • *hardwerkend* • *moeizaam* • *geforceerd* ⟨v. stijl⟩
labor union ZN USA *vakbond*
labour ('leɪbə), USA **labor** **I** ZN • *arbeid; taak; werk; inspanning* • *arbeidskrachten* • *arbeiders(klasse)* • *barensweeën* ★ *hard ~ dwangarbeid* ★ *~ lost/lost ~ verspilde moeite* ★ *~ of love werk verricht uit naastenliefde* ★ *be in ~ aan het bevallen zijn* ★ *go into ~ beginnen met bevallen* **II** OV WW *uitputtend behandelen* **III** ONOV WW *hard werken; zich inspannen* ★ *~ away at s.th. hard werken voor iets*
Labour ('leɪbə) ZN → **Labour Party**
Labour Day ZN G-B *Dag van de Arbeid*
laboured ('leɪbəd) BNW • *moeizaam* • *geforceerd* ⟨v. stijl⟩
labourer ('leɪbərə) ZN *arbeider*
labour force ZN *beroepsbevolking*
labour-intensive BNW *arbeidsintensief*
labour law ZN *arbeidswet, wet op de arbeid*
labour-market ZN *arbeidsmarkt*
labour pains ZN *barensweeën*
Labour Party ZN G-B, POL. ⟨Engelse sociaal-democratische partij⟩
labour-saving ('leɪbəseɪvɪŋ) BNW *arbeidsbesparend*
laburnum (ləˈbɜːnəm) ZN *goudenregen*
labyrinth ('læbərɪnθ) ZN *labyrint; doolhof*
labyrinthine (læbəˈrɪnθaɪn) BNW *als een doolhof; ingewikkeld; verwarrend*
lace (leɪs) **I** ZN • *veter* • *kant; vitrage* • *galon; tres* **II** BNW *kanten* **III** OV WW • *rijgen* • *borduren* • *galonneren; dooreenstrengelen; dooreenweven* • *scheutje sterkedrank toevoegen* • *~ up vastrijgen; strikken*
lace boot ZN *rijglaars* ⟨veter⟩
lacerate ('læsəreɪt) OV WW • *(ver)scheuren; verwonden* • *scherp bekritiseren; ernstig kwetsen*
laceration (læsəˈreɪʃən) ZN • *scheur; verwonding* • *scherpe kritiek*
lace-up BNW ★ *~ boots/shoes schoenen met veters*
laches ('lætʃɪz) MV JUR. *sabotage*
lachrymal ('lækrɪml) **I** ZN *traanklier* **II** BNW *traan-*
lachrymose ('lækrɪməʊs) BNW • *huilend* • *huilerig*
lack (læk) ZN • *gebrek* • *behoefte* ★ *for (the) lack of bij gebrek aan* **II** OV WW *gebrek hebben aan*

lackadaisical – lance 260

III ONOV WW *ontbreken* ★ be lacking in money *geen geld hebben*

lackadaisical (ˌlækəˈdeɪzɪkl) BNW *lusteloos; traag*

lacker (ˈlækə) ZN *lacquer*

lackey (ˈlækɪ) ZN • *lakei* • *kruiperig iemand*

lacking (ˈlækɪŋ) BNW • *ontbrekend; afwezig* • INFORM. *dom*

lacklustre (ˈlæklʌstə) BNW • *dof* • *ongeïnspireerd*

laconic (ləˈkɒnɪk) BNW *kortaf; laconiek*

lacquer (ˈlækə) **I** ZN • *vernis* • *lakwerk* **II** OV WW *vernissen; lakken*

lactation (lækˈteɪʃən) ZN • *het zogen* • *het afscheiden van melk*

lactic (ˈlæktɪk) BNW *melk-*

lactose (ˈlæktəʊs) ZN *lactose*

lacuna (ləˈkjuːnə) ZN • *leemte; hiaat* • *holte*

lacunae (ləˈkjuːniː) ZN MV → lacuna

lacy (ˈleɪsɪ) BNW • *kanten* • *kantachtig*

lad (læd) ZN • *knaap; jongeman; jongen* • INFORM. *maat; makker* • INFORM. he is a bit of a lad *hij is een vrolijke Frans*

ladder (ˈlædə) **I** ZN *ladder* **II** OV WW *'n ladder maken* ⟨in kous⟩

ladder dredge ZN *baggermachine*

ladder stitch ZN *dwarssteek*

ladder tower ZN *brandladder*

ladder truck ZN *brandweerladderwagen*

laddie (ˈlædɪ) ZN *jochie*

laden (ˈleɪdn) BNW • *beladen* • *geschept* • *bezwaard* ★ ~ with *beladen met; bezwaard met/door*

la-di-da (ˌlɑːdɪˈdɑː) BNW • INFORM. *opschepperig* • INFORM. *bekakt*

ladies' man ZN *charmeur*

ladies room ZN *damestoilet*

ladle (ˈleɪdl) **I** ZN • *soeplepel* • *gietlepel* • *schoep* ⟨v. molenrad⟩ **II** OV WW *opscheppen; uitscheppen* ★ ~ out advice *strooien met advies*

lady (ˈleɪdɪ) ZN • *dame* • *adellijke titel* ★ INFORM. the old lady *mijn oudje* ★ lady in waiting *hofdame*

Lady (ˈleɪdɪ) ZN *lady* ⟨adellijke titel⟩ ★ First Lady *presidentsvrouw* ★ Our Lady *Onze Lieve Vrouw*

ladybird (ˈleɪdɪbɜːd) ZN *lieveheersbeestje*

Lady Day ZN • *feestdag v. Maria Boodschap* ⟨bijnaam van Billy Holiday⟩

lady-killer (ˈleɪdɪkɪlə) ZN *don juan; vrouwenjager*

ladylike (ˈleɪdɪlaɪk) BNW • *damesachtig* • *verwijfd*

lady's companion ZN *handwerktasje*

lady's maid ZN *kamenier*

lag (læg) **I** ZN • *bekleding; isolatie* • *achterstand* • *achterblijver* • *vertraging* • PLAT *recidivist* **II** OV WW • *van bekleding voorzien* ⟨v. stoomketel⟩; *isoleren* • PLAT *arresteren; inrekenen* **III** ONOV WW • lag (behind) *achterblijven; achter raken*

lager (ˈlɑːɡə) ZN ★ ~ (beer) *lager; ≈ pils*

laggard (ˈlæɡəd) **I** ZN *treuzelaar* **II** BNW *achterblijvend; achtergebleven*

lagging (ˈlæɡɪŋ) ZN • TECHN. *bekisting* • *isolatiemateriaal* • PLAT *gevangenisstraf*

lagoon (ləˈɡuːn) ZN *lagune*

laical (ˈleɪkl) BNW *leken-* • *wereldlijk*

laicize (ˈleɪsaɪz) OV WW *seculariseren*

laid (leɪd) WW [verl. tijd + volt. deelw.] → lay
★ INFORM. laid back *kalm; ontspannen*
★ INFORM. laid up *bedlegerig* ★ laid paper *papier met waterdruk*

lain (leɪn) WW [volt. deelw.] → lie

lair (leə) ZN • *leger* ⟨v. dier⟩; *hol* • *veeloods* ⟨voor vee op transport⟩ • INFORM. *kamer*

laird (leəd) ZN SCHOTS *grondeigenaar; landheer*

laissez-faire (ˌleseɪˈfeə) BNW ★ ~ policy *niet-inmenging van de staat met particulier initiatief*

laity (ˈleɪətɪ) ZN • *de leken; niet-geestelijken* • *lekenpubliek; niet-deskundigen*

lake (leɪk) ZN • *meer* • *roodachtige verfstof*

lake-dweller ZN *paalbewoner*

la-la land ZN • USA/INFORM. *Hollywood* • USA/INFORM. *droomwereld*

lam (læm) **I** ZN ★ PLAT be on the lam *op de vlucht zijn* ⟨voor politie⟩ **II** ONOV WW ★ USA lam (it) *er tussenuit knijpen* ★ lam into s.o. *iemand een pak slaag geven*

lama (ˈlɑːmə) ZN REL. *lama* ⟨monnik⟩

lamb (læm) **I** ZN • *lam* • FIG. *lammetje* ★ in lamb *drachtig* ★ like lambs to the slaughter *als lammetjes naar de slachtbank* **II** ONOV WW *lammeren werpen*

lambaste (læmˈbeɪst) OV WW • *scherp kritiseren* • INFORM. *aftuigen; afranselen*

lamb chop ZN *lamskotelet*

lambency (ˈlæmbənsɪ) ZN • *het lekken* ⟨v. vlammen⟩ • *zachte glans* • *speelsheid*

lambent (ˈlæmbənt) BNW • *zacht stralend* • *lekkend* ⟨v. vlammen⟩ • *speels*

lambskin (ˈlæmskɪn) ZN *lamsvel*

lambs-wool ZN *lamswol*

lame (leɪm) **I** BNW • *lam* • *kreupel* ⟨v. metrum⟩ • *slap* ⟨v. excuus⟩ • INFORM. *flauw* ⟨v. grap enz.⟩ **II** OV WW • lam maken • *onbruikbaar maken* • FIG. *verlammen*

lamella (ləˈmelə) ZN • *laagje* • *schilfer*

lament (ləˈment) **I** ZN *klaaglied; jammerklacht* **II** WW • *(be)treuren; lamenteren* ★ the late ~ed *de betreurde dode(n)* • ~ for *weeklagen over*

lamentable (ˈlæməntəbl) BNW • *jammerlijk* • *betreurenswaardig*

lamentation (ˌləmənˈteɪʃən) ZN *weeklacht; klaaglied*

lamia (ˈleɪmɪə) ZN *vrouwelijk monster; heks*

laminate (ˈlæmɪneɪt) **I** ZN *laminaat* **II** OV+ONOV WW *lamineren*

lamish (ˈlæmɪʃ) BNW • *mank; kreupel* • *ontoereikend*

lamming (ˈlæmɪŋ) ZN INFORM. *pak slaag*

lamp (læmp) ZN *lamp; lantaarn*

lamp chimney ZN *lampenglas*

lamplighter (ˈlæmplaɪtə) ZN *lantaarnopsteker* ★ like a ~ *bliksemsnel*

lamplit (ˈlæmplɪt) BNW *door lamplicht verlicht*

lampoon (læmˈpuːn) **I** ZN *satirisch pamflet* **II** OV WW *aanvallen in een satirisch pamflet*

lampoonist (læmˈpuːnɪst) ZN *schrijver van satirische pamfletten*

lamp-post (ˈlæmppəʊst) ZN *lantaarnpaal* ★ between you and me and the ~ *onder vier ogen*

lampshade (ˈlæmpʃeɪd) ZN *lampenkap*

LAN (læn) AFK COMP. Local Area Network *LAN* ⟨plaatselijk computernetwerk⟩

lance (lɑːns) **I** ZN *lans; speer* ★ break a ~ with *argumenteren met* **II** OV+ONOV WW *doorsteken* ‹met lans›; *doorprikken* ‹met lancet›

lance-corporal (lɑːnsˈkɔːpərəl) ZN *rang tussen soldaat 1e klas en korporaal*

lancer ('lɑːnsə) ZN • *lansier* • *(gewoon) soldaat*

lancers ('lɑːnsəz) ZN MV *lanciers* ‹dans›

lance-sergeant ZN *als sergeant fungerend korporaal*

lancet ('lɑːnsɪt) ZN *lancet*

lancet arch ZN *spitsboog*

lancet window ZN *spitsboogvenster*

lancination (lɑːnsɪˈneɪʃən) ZN • *snijdende pijn* • *het snijden met een lancet*

Lancs. AFK *Lancashire*

land (lænd) I ZN • *land(streek); grond; landerij(en)* • *veld* ‹v. vuurwapen› ⋆ *by land te land*; *over land* ⋆ *on land aan land*; *te land* ⋆ *see how the land lies zien hoe de zaken staan* ⋆ *the land of cakes Schotland* ⋆ *the land of the leal de hemel* ⋆ *make land land in zicht krijgen*; *land aandoen* II OV WW • *doen landen* ‹v. vliegtuig› • *lossen* • *afzetten* ‹uit rijtuig› • *toedienen* ‹v. klap of slag› • *ophalen* ‹v. vis› • *in de wacht slepen* ‹v. prijs› • *slaan* • *klap geven* • *doen belanden* • ~ *with opschepen met* III ONOV WW • *landen* • *aan land gaan* • *aankomen*; *bereiken*; *terechtkomen*

land abutment ZN *landhoofd* ‹v. brug›

land-agent ('lændeɪdʒənt) ZN • *rentmeester* • *makelaar in landerijen*

landau ('lændɔː) ZN *landauer*

landed ('lændɪd) BNW • *grond-*; *land-* • *grond bezittend* • *ontscheept* • INFORM. *in moeilijkheden*

landfall ('lændfɔːl) ZN • *het in 't zicht krijgen v. land* • *aardverschuiving*

landfill ('lændfɪl) ZN *vuilstort*

landing ('lændɪŋ) ZN • *landing* • *landingsplaats*; *losplaats* • *overloop* ‹tussen twee trappen› • *vangst* • *aanvoer*

landing-craft ('lændɪŋkrɑːft) ZN *landingsvaartuig*

landing-gear ('lændɪŋɡɪə) ZN *landingsgestel*

landing-net ('lændɪŋnet) ZN *schepnet*

landing-stage ('lændɪŋsteɪdʒ) ZN *steiger*

landing strip ZN *landingsbaan*

landjobber ('lændʒɒbə) ZN *grondspeculant*

landlady ('lændleɪdɪ) ZN • *hospita* • *waardin* • *grondbezitster* • *huiseigenares*

land-locked ('lændlɒkt) ZN *door land ingesloten*

landlord ('lændlɔːd) ZN • *hospes* • *landheer* • *herbergier* • *huisbaas*

landlubber ('lændlʌbə) ZN *landrot*

landmark ('lændmɑːk) ZN • *mijlpaal* • *grenspaal* • *bekend punt* • *herkenningsteken*; *baken*

landmine ('lændmaɪn) ZN *landmijn*

landowner ('lændəʊnə) ZN *grondbezitter*

land reform ZN *landhervorming*

land registry ZN *kadaster*

landscape (lændskeɪp) ZN *landschap*

landscape gardening ZN *tuinarchitectuur*

landscapist ('lændskeɪpɪst) ZN *landschapschilder*

land shark ZN *uitzuiger* ‹v. zeelui aan wal›

landslide ('lændslaɪd) ZN • *aardverschuiving* • *overweldigende verkiezingsoverwinning*

landsman ('lændzmən) ZN *landrot*

land surveyor ZN *landmeter*

land tax ZN *grondbelasting*

landward(s) ('lændwəd(z)) BNW + BIJW *land(in)waarts*

land wash ZN *branding*; *vloedlijn*

lane (leɪn) ZN • *landweg*; *weggetje* • *rijstrook* • *(gang)pad* • *steeg* • *route* ‹v. schepen, vliegtuigen› • *(kegel)baan* ⋆ *form a lane zich opstellen in dubbele rij met tussenruimte* ⋆ *live in the fast lane snel leven*; *jachtig leven* ⋆ *it's a long lane that has no turning zo kan het niet lang blijven duren*

lane markings ZN *rijstrookmarkering*

language ('læŋɡwɪdʒ) ZN *taal*; *spraak* ⋆ *bad/ strong* ~ *grof taalgebruik* ⋆ *written* ~ *schrijftaal* ⋆ TAALK. *universal* ~ *wereldtaal*

language laboratory ZN *talenpracticum*

languid ('læŋɡwɪd) BNW • *traag*; *lusteloos* • *afmattend* • *zwak*; *slap* • *flauw* ‹v. markt›

languish ('læŋɡwɪʃ) ONOV WW • *(weg)kwijnen*; *verzwakken* • *smachtend kijken* ⋆ ~ *for smachten naar*

languishing ('læŋɡwɪʃɪŋ) BNW • *smachtend* • *kwijnend*

languor ('læŋɡə) ZN • *slapheid*; *loomheid* • *smachtende tederheid* • *zwoele atmosfeer*

languorous ('læŋɡərəs) BNW • *slap*; *mat* • *smachtend* • *zwoel*

lank (læŋk) BNW • *mager en lang* • *sluik* ‹v. haar›

lanky ('læŋkɪ) BNW *slungelachtig*

lantern ('læntən) ZN *lantaarn*

lanyard ('lænjəd) ZN • SCHEEPV. *valreep* • *koord om fluit/mes, enz. aan te bevestigen* • *draagriem* ‹v. kijker›

Laotian ('laʊʃɪən) I ZN • *Laotiaans* ‹de taal› • *Laotiaan* II BNW *van/uit Laos*

lap (læp) I ZN • *schoot* • *ronde* ‹bij wedstrijd›; *etappe* • *heuveldal* • *overstekend deel* • *het kabbelen* ‹v. golven› • *onderdeel* ‹v. plan› • *polijstschijf* • *slag* ‹v. touw om klos› • *pand*; *slip* ⋆ *in the lap of luxury badend in weelde* ⋆ *drop s.th. in s.o.'s lap iemand met iets belasten/opzadelen* ⋆ *lap of honour ereronde* II OV WW • *omwikkelen*; *omgeven* • *koesteren* • *polijsten* • *ronde vóórkomen* ‹bij wedstrijd› III OV+ONOV WW ~ *up gretig luisteren of aannemen*

lap dog ZN *schoothondje*

lapel (ləˈpel) ZN • *revers* ‹v. jas›

lapidary ('læpɪdərɪ) I ZN *edelsteenbewerker* II BNW *in steen gesneden*; *steen-* ⋆ ~ *style bondige schrijftrant*

lapidate ('læpɪdeɪt) OV WW *stenigen*

lapidify (ləˈpɪdɪfaɪ) ONOV WW *verstenen*

Lapp (læp) I ZN *Laplander* II BNW *Laplands*

lappet ('læpɪt) ZN • *strook*; *klep* ‹v. hoofddeksel› • *afhangend lint v. dameshoed*

Lappish ('læpɪʃ) BNW *Laplands*

lapse (læps) I ZN • *verloop* ‹v. tijd› • *vergissing*; *misstap* • *afval(ligheid)* • *verval* • *het vervallen* ‹v. recht› • *loop* ‹v. rivier› II ONOV WW • *afvallen* • *(ver)vallen* • *glijden* • *verlopen*

lapsed ('læpst) BNW • JUR. *verlopen* • REL. *niet meer praktiserend*; *afvallig* • *in onbruik geraakt*

laptop ('læptɒp) ZN • COMP. *laptop*; *schootcomputer*

lapwing ('læpwɪŋ) ZN *kievit*

larceny ('lɑːsənɪ) ZN *diefstal*

larch (lɑ:tʃ) ZN • lariks • larikshout
lard (lɑ:d) I ZN varkensvet II OV WW • larderen • doorspekken
larder ('lɑ:də) ZN provisiekast; provisiekamer
lardy ('lɑ:dɪ) BNW vetachtig
large (lɑ:dʒ) BNW • groot; veelomvattend; omvangrijk; fors • breed of ruim ⟨v. opvatting⟩ • onbevangen • opschepperig ⟨v. praat⟩ • grootmoedig • vrijgevig ★ at ~ in het algemeen; breedvoerig ⟨v. uitleg⟩; op vrije voeten; los(gebroken) ★ by and ~ over't geheel genomen ★ in ~ op grote schaal
large-handed BNW royaal
large-hearted (lɑ:dʒ'hɑ:tɪd) BNW • grootmoedig • goedhartig
largely ('lɑ:dʒlɪ) BIJW • op grote schaal • met gulle hand • pompeus • voornamelijk
large-minded (lɑ:dʒ'maɪndɪd) BNW breed v. opvatting
largeness ('lɑ:dʒnəs) ZN • grootheid • grootte • ruime blik
large-scale BNW op grote schaal; grootschalig
largess(e) (lɑ:'dʒes) ZN • overvloedige gave • vrijgevigheid
largish ('lɑ:dʒɪʃ) BNW nogal groot
lark (lɑ:k) I ZN • leeuwerik • dolle grap; lolletje • vermakelijk voorval ★ have a lark een geintje uithalen II OV WW • streken uithalen; iemand voor de gek houden III ONOV WW ~ about/around keet trappen; tekeer gaan
larker ('lɑ:kə) ZN grapjas
larkspur ('lɑ:kspɜ:) ZN PLANTK. ridderspoor
larrikin ('lærɪkɪn) I ZN • (jeugdige) straatschender ⟨Australisch⟩ • apache II BNW baldadig
larrup ('lærəp) OV WW INFORM. 'n pak slaag geven
larva ('lɑ:və) ZN larve
laryngitis (lærɪn'dʒaɪtɪs) ZN ontsteking v.h. strottenhoofd
laryngologist (lærɪŋ'gɒlədʒɪst) ZN keelarts
larynx ('lærɪŋks) ZN strottenhoofd
lascivious (lə'sɪvɪəs) BNW wellustig; wulps
laser ('leɪzə) ZN laser; laserstraal
lash (læʃ) I ZN • (zweep)slag • zweepkoord • wimper ★ under the lash of onder de plak van II OV WW • geselen; vastsjorren ★ lash o.s. into a fury zich razend maken; zich opzwepen III ONOV WW • achteruitslaan ⟨v. een paard⟩ • om z. heen slaan • wild stromen • uit de band springen • ~ at slaan naar • ~ out at uitvaren tegen IV OV+ONOV WW • slaan • zwiepen
lasher ('læʃə) ZN • waterkering • over een dam stortend water • watermassa beneden (rivier)dam
lashing ('læʃɪŋ) ZN • pak slaag • bindtouw • grote hoeveelheid
lashings ('læʃɪŋz) ZN MV INFORM. hopen; massa's
lash-up ('læʃʌp) ZN INFORM. vlugge improvisatie
lass (læs) ZN • meisje • liefje
lassitude ('læsɪtjuːd) ZN moeheid; traagheid
lasso (lə'su:) I ZN lasso II OV WW met een lasso vangen
last (lɑ:st) I ZN • leest • last (bepaald gewicht) • (de) laatste • uithoudingsvermogen ★ at (long) last uiteindelijk; ten slotte ★ to/till the very last tot het allerlaatste ogenblik ★ you will never see the last of her je zult nooit van haar afkomen II BNW • laatste • verleden • vorig • uiterst ★ last night gisterenavond; afgelopen/vorige nacht ★ last week de vorige week ★ the Last Day/Last Judgement/Latter Day de jongste dag; de dag v.h. Laatste Oordeel ★ s.th. of the last importance iets van het grootste belang ★ last but not least wel het laatst genoemd, maar daarom niet minder belangrijk ★ last but one voorlaatste III OV+ONOV WW • duren • 't uithouden • goed blijven ⟨v. voedsel⟩ • voldoende zijn ★ it will last you another week je zult er nóg wel een week genoeg aan hebben ★ he could not last out his opponent hij kon 't op den duur niet van zijn tegenstander winnen IV BIJW het laatst ★ when I last saw him toen ik hem laatst/kort geleden zag
lastage ('lɑ:stɪdʒ) ZN • tonnenmaat • SCHEEPV. haven-/tonnengeld
last-ditch BNW • a ~ attempt een allerlaatste, vertwijfelde poging
lasting ('lɑ:stɪŋ) I ZN sterke wollen/katoenen keperstof; evalist II BNW • voortdurend; blijvend • duurzaam
lastly ('lɑ:stlɪ) BIJW ten slotte; uiteindelijk; laatst
last-minute BNW allerlaatst; uiterst ★ a ~ decision een op het allerlaatst genomen beslissing
lat. AFK latitude breedte
latch (lætʃ) I ZN • klink • slot ⟨in deur⟩ II OV WW op de klink doen III ONOV WW • ~ on 't begrijpen • ~ on to begrijpen; zich realiseren; niet loslaten; zich vastklampen aan
latchkey ('lætʃki:) ZN huissleutel
latchkey child ZN sleutelkind
late (leɪt) I BNW • laat • te laat • wijlen; overleden; gewezen; vorig; vroeger • van de laatste tijd ★ Morrison, late Falconer Morrison, voorheen Falconer ★ of late years in de laatste jaren ★ Sunday at the latest uiterlijk zondag II BIJW onlangs • sooner or later vroeg of laat ★ as late as the 14th century nog in de 14e eeuw ★ that's rather late in the day da's nogal laat ★ of late (in) de laatste tijd ★ later on later on later
latecomer ('leɪtkʌmə) ZN laatkomer
lately ('leɪtlɪ) BIJW • onlangs; kort tevoren • de laatste tijd
latency ('leɪtnsɪ) ZN ★ ~ period incubatietijd
latent ('leɪtnt) BNW • latent; verborgen • slapend
lateral ('lætərəl) I ZN zijtak II BNW • zijdelings • zij- • ~ control dwarsbesturing v. vliegtuig
latest ('leɪtɪst) I ZN • laatste nieuws • laatste mode II BNW [overtreffende trap] → **late** laatst; meest recent
latex ('leɪteks) ZN latex; melksap v. rubberboom
lath (lɑ:θ) I ZN lat II OV WW voorzien van latten; beslaan met latten
lath-and-plaster BNW ondeugdelijk ★ ~ wall binnenmuur
lathe (leɪð) ZN • draaibank • bestuurlijk district in Kent
lather ('lɑ:ðə) I ZN • zeepsop • schuimend zweet ⟨bij paard⟩ ★ ~ brush scheerkwast II OV WW • inzepen • afranselen III ONOV WW • schuimen • schuimend zweet afscheiden ⟨v. paard⟩
Latin ('lætɪn) I ZN • Latijn • Romaan ★ Low ~ volkslatijn II BNW Latijns

Latin-American BNW *Latijns-Amerikaans*
Latinize ('lætɪnaɪz) OV+ONOV WW • *verlatijnsen* • *Latijnse vormen gebruiken*
latish ('leɪtɪʃ) BIJW *aan de late kant*
latitude ('lætɪtju:d) ZN • *ruime opvatting* • *omvang* • *vrijheid* • AARDRIJKSKUNDE *breedte* ★ *low* ~s *streek rond de evenaar*
latitudinal (lætɪ'tju:dɪnl) BNW *breedte-*
latitudinarian (lætɪtju:dɪ'neərɪən) I ZN *vrijzinnige* II BNW *vrijzinnig*
latrine (lə'tri:n) ZN *latrine*
latter ('lætə) BNW *laatstgenoemde* ⟨v. de twee⟩ ★ ~ *end het einde* ⟨vnl. van het leven⟩; *achterste*
Latter ('lætə) BNW • ~ *Day Dag des Oordeels*
latter-day (lætə'deɪ) BNW *modern*
latterly ('lætəlɪ) BIJW • *tegen het eind van* • *de laatste tijd*
lattice ('lætɪs) I ZN *traliewerk* II OV WW *voorzien van traliewerk of latwerk*
lattice(d) window ZN *tralievenster; glas-in-loodraam*
Latvia ('lætvɪə) ZN *Letland*
Latvian ('lætvɪən) I ZN • *Let* • *de Letse taal* II BNW *Lets*
laud (lɔ:d) I ZN *lof(lied)* II OV WW *loven*
laudable ('lɔ:dəbl) BNW • *prijzenswaardig; lofwaardig* • MED. *gezond* ⟨v. afscheiding⟩
laudator (lɔ:'deɪtə) ZN *lofredenaar*
laudatory ('lɔ:dətərɪ) BNW *lovend*
laugh (lɑ:f) I ZN *(ge)lach* ★ *then I had the* ~ *of him toen kon ik hem (op mijn beurt) uitlachen* ★ *for* ~s *voor de lol* II OV+ONOV WW • *lachen* ★ ~ *in the face of uitdagen; uitlachen* ★ ~ *on the wrong side of one's face lachen als een boer die kiespijn heeft* ★ ~ *in one's sleeve in zijn vuistje lachen* • *he* ~ed *his head off hij schaterde van het lachen* ★ *he* ~s *that wins wie het laatst lacht lacht het best* ★ ~ *away! lach maar gerust!* ★ ~ *to scorn spottend uitlachen* • *don't make me* ~ *laat me niet lachen* • ~ *at lachen om/tegen; uitlachen* • ~ *away weglachen; met een lach afdoen* • ~ *away the time de tijd doden met grapjes* • ~ *off met een lach afdoen* • ~ *out luid lachen* • ~ *out of aflaten door uitlachen* ★ *I've* ~ed *him out of biting nails ik heb 'm zo belachelijk gemaakt om zijn nagelbijten dat hij 't niet meer doet* • ~ *over lachen om*
laughable ('lɑ:fəbl) BNW *belachelijk; lachwekkend*
laughing ('lɑ:fɪŋ) BNW ★ *no* ~ *matter een ernstige kwestie*
laughing-stock ZN *mikpunt v. algemene spot*
laughter ('lɑ:ftə) ZN *gelach*
laughy ('lɑ:fɪ) BNW *goedlachs*
launch (lɔ:ntʃ) I ZN • *tewaterlating; lancering* • *sloep* • *boot* • *begin* II OV WW • *werpen; slingeren* • *afschieten; lanceren* • *uitbrengen; op de markt brengen* • *te water laten* • *uitzetten* ⟨v. boten⟩ • *loslaten; laten gaan* • *op touw zetten* • *ontketenen* • ~ *into the world de wereld inzenden* ★ *fairly* ~ed *goed en wel op dreef* III ONOV WW • ~ *forth beginnen* • ~ *into zich storten in; zich begeven in* ★ ~ *into expense onkosten maken* • ~ *out (into) iets royaal aanpakken; royaal met zijn geld zijn; zich te buiten gaan*

launcher ('lɔ:ntʃə) ZN *lanceerinrichting*
launching ('lɔ:ntʃɪŋ) BNW ★ ~ *pad lanceerplatform* ★ ~ *site lanceerterrein*
launder ('lɔ:ndə) I OV WW • *wassen (en strijken)* • *witwassen* ⟨v. zwart geld⟩ II ONOV WW *wasecht zijn*
launderette (lɔ:n'dret) ZN *wasserette*
laundress ('lɔ:ndrəs) ZN *wasvrouw*
laundry ('lɔ:ndrɪ) ZN • *wasserij* • *was(goed)*
laureate ('lɒrɪət) I ZN *laureaat; prijswinnaar; hofdichter* ★ (Poet) Laureate *gelauwerd dichter; hofdichter* ⟨in Engeland⟩ II BNW • *omkranst* • ~ Laureate *gelauwerde dichter; hofdichter*
laurel ('lɒrəl) ZN • *laurier* • *lauwerkrans* ★ *look to one's* ~s *waken voor prestigeverlies* ★ *rest/sit on one's* ~s *op z'n lauweren rusten* ★ *win* ~s *lauweren oogsten*
laurel wreath ZN *lauwerkrans*
lav AFK INFORM. *lavatory plee*
lava ('lɑ:və) ZN *lava*
lavabo (lə'vɑ:bəʊ) ZN • *lavabo*; *bak en handdoek voor handwassing v. priester* • *wasbak* ★ ~s *toilet*
lavatory ('lævətərɪ) I ZN • *wasvertrek* • *wc* II BNW *was-*
lavatory paper ZN *toiletpapier*
lavatory stand ZN *wastafel*
lave (leɪv) OV WW • *wassen* • *stromen langs* ⟨v. rivier⟩; *spoelen tegen*
lavender ('lævɪndə) ZN • *lavendel* • *zacht lila*
laver ('leɪvə) ZN • *wasbekken* • *zeesla*
laverock ('lævərək) ZN *leeuwerik*
lavish ('lævɪʃ) I BNW • *verkwistend* • *kwistig* II OV WW *kwistig geven*
law (lɔ:) ZN • *wet* • *recht* • *justitie; politie* • *voorsprong* • *uitstel* • *law of the jungle recht v.d. sterkste* ★ *it is bad law het is niet volgens de wet* ★ *go to law gaan procederen* ★ *have/take the law of a person iem. een proces aandoen* ★ *lay down the law de wet voorschrijven* ★ *necessity knows no law nood breekt wet* ★ *read law rechten studeren* ★ *by law wettelijk; volgens de wet* ★ *by the law of averages naar alle waarschijnlijkheid* ★ *martial law staat van beleg* ★ *moral law moreel recht* ★ JUR. *municipal law staatsrecht* ★ *break the law de wet breken* ★ *licensing law drankwet*
law-abiding ('lɔ:əbaɪdɪŋ) BNW *gezagsgetrouw*
law-breaker ('lɔ:breɪkə) ZN *wetschender*
law-court ('lɔ:kɔ:t) ZN • *rechtbank* • *rechtszaal*
lawful ('lɔ:fʊl) BNW *rechtmatig; wettig*
lawless ('lɔ:ləs) BNW • *wetteloos* • *losbandig*
law lord ZN *lid v. Hogerhuis die daar rechtskundig advies kan verlenen*
law maker ZN *wetgever*
law merchant ZN *handelsrecht*
lawn (lɔ:n) ZN • *gazon* • *grasperk* • *grasveld* ⟨om op te sporten⟩ • *batist*
lawn tennis ZN *tennis(spel) op grasbaan*
lawny ('lɔ:nɪ) BNW • *v. batist* • *als 'n grasperk*
lawsuit ('lɔ:su:t) ZN *rechtszaak*
law writer ZN *schrijver over juridische aangelegenheden; iem. die akten kopieert*
lawyer ('lɔɪə) ZN • *advocaat* • *jurist* • *rechtsgeleerde* ★ *personal injury* ~ *letselschadeadvocaat*

lax (læks) **I** ZN *Noorse zalm* **II** BNW • *laks* • *slordig* • *vaag*; *slap* • *los*

laxative (ˈlæksətɪv) **I** ZN *laxeermiddel* **II** BNW *laxerend*

laxity (ˈlæksətɪ) ZN • *laksheid* • *losheid*

lay (leɪ) **I** ZN • AARDRIJKSKUNDE *ligging* • FIG. *stand van zaken* • *leger* ⟨v. dier⟩ • *richting* • *karweitje* • *plan* • *leg* ⟨v. kip⟩ • *laag* ⟨v. metselwerk⟩ • *weddenschap* • PLAT *strafbaar feit* • PLAT *an easy lay gemakkelijk in bed te krijgen* ★ PLAT *in lay aan de leg* **II** BNW *leken-*; *wereldlijk* **III** WW [verleden tijd] → **lie I** OV WW • *draaien* ⟨touw⟩ • *ontwerpen* ⟨plan⟩ • *smeden* ⟨samenzwering⟩ • *bezweren* ⟨geest⟩ • *leggen*; *zetten*; *plaatsen* • *neerslaan* • *doen bedaren* • *(ver)wedden* • *richten* ⟨v. kanon⟩ • *aanbieden* • *opleggen* ⟨straf⟩ • PLAT *pak slaag geven* • *dekken* ⟨de tafel⟩ • *aanleggen* ⟨vuur⟩ • *beleggen*; *bekleden*; *bedekken* ★ *lay s.th. upon a person iets op iemand schuiven* ★ *they will lay it at his door zij zullen hem ervan beschuldigen* • ~ *aside/by opzij leggen*; *sparen* • ~ *down neerleggen*; *voorschrijven*; *opgeven* ⟨hoop⟩; *in kaart brengen*; *grasland maken van*; *opslaan* ⟨wijn⟩ ★ *he laid down his life hij offerde zijn leven* ★ *lay down collar liggende boord* • *have a lay down een dutje doen* • ~ *in voorraad inslaan* • ~ *low verslaan*; *neerslaan*; *vernederen*; *begraven* • ~ *off afleggen*; *aanleggen* ⟨straten⟩; *z. niet inlaten met*; *ontslaan* • ~ *on opleggen*; *toedienen* ⟨klappen⟩; *aanleggen* ★ *lay it on overdrijven* • ~ *out klaarleggen/-zetten*; *laten zien*; *afleggen* ⟨v. lijk⟩; *aanleggen*; *ontwerpen*; *buiten gevecht stellen*; *om zeep brengen* ★ *lay o.s. out z. veel moeite geven* • ~ *out on geld besteden aan* • ~ *to wijten aan* • ~ *up sparen*; *bewaren*; *uit de vaart nemen*; *'t bed doen houden* **II** ONOV WW • *wedden* • *leggen* ★ *lay aboard langszij komen* • ~ *about wild slaan* ★ *lay about one om z. heen slaan* • ~ *over een reis onderbreken* • SCHEEPV. ~ *to stilleggen*

layabout (ˈleɪəbaʊt) ZN • *landloper* • *schooier* • *nietsnut*

lay baptism ZN *nooddoop*

lay brother/sister ZN *lekenbroeder/-zuster*

lay-by (ˈleɪbaɪ) ZN • *ligplaats*; *parkeerplaats* • *gespaard geld*

lay clerk ZN *voorzanger*

lay-day ZN • MED. *ligdag* ⟨in ziekenhuis e.d.⟩ • SCHEEPV. *ligdag* ⟨in haven⟩ • *rustdag*

layer (ˈleɪə) **I** ZN • PLANTK. *aflegger* • *gedeelte door de wind neergeslagen koren* • *laag* • *legger* • *legkip* • *bookmaker* • *oesterbed* **II** OV WW PLANTK. *aflegger* **III** ONOV WW *gaan liggen* ⟨v. koren⟩

layered (ˈleɪəd) BNW *gelaagd*

layette (leɪˈet) ZN *babyuitzet*

lay figure ZN *ledenpop*

laying (ˈleɪɪŋ) ZN • *laag* • *gelegde eieren* • *oesterbank*

layman (ˈleɪmən) ZN • *leek* • *oningewijde*

lay-off ZN • *(periode v.) tijdelijk) ontslag*; *afvloeiing*; *tijdelijke werkloosheid*

layout (ˈleɪaʊt) ZN • *plan* • *schema* • *lay-out*; *ontwerp* • *opmaak*

lay person ZN *leek*

lay term ZN *lekenterm*

laze (leɪz) ONOV WW • *luilakken* • *uitrusten*

lazy (ˈleɪzɪ) BNW • *lui* • *traag* • *loom*

lazybones (ˈleɪzɪbəʊnz) ZN *luilak*

lb(s). AFK *libra(e) pond* ⟨gewicht, ca. 454 gram⟩

L.C.C. AFK *London City Council gemeenteraad van Londen*

LCD AFK • *liquid crystal display LCD* • *lowest common denominator grootste gemene deler*

lcm AFK *lowest/least common multiple kleinste gemene veelvoud*

L-driver (ˈeldraɪvə) ZN *leerling-automobilist*

lea (liː) ZN *weide*; *landouw*

LEA AFK *Local Education Authority ≈ Gemeentelijke Dienst Onderwijs*

leach (liːtʃ) **I** ZN *loog(vat)* **II** OV WW *logen*

lead¹ (liːd) **I** ZN • *leiding* ⟨het leiden⟩; *bestuur* • TECHN. *leiding* ⟨pijp, buis⟩ • *waterloop*; *vaargeul* • *hoofdrol* • *hoofdartikel* • *spoor* ⟨achtergebleven teken⟩ • *hondenriem* **II** OV WW • *leiden* • *overreden* ★ ~ *s.o. a (merry) dance iem. veel last veroorzaken om zijn doel te bereiken* ★ ~ *one a life iem. 't leven zuur maken* ★ ~ *s.o. up/down the garden path iem. voor de gek houden* ★ ~ *by the nose bij de neus nemen* ★ ~ *the way vóórgaan* • ~ **astray** *misleiden*; *verleiden* • ~ **away** *wegleiden*; *verleiden* • ~ **on** *verder leiden*; *aanmoedigen*; *uithoren* • ~ **on to** *brengen op*; *aansturen op* **III** OV+ONOV WW • *leiden*, *aanvoeren* • *de eerste viool spelen*; *de toon aangeven* • *vóórspelen* ⟨kaartspel⟩ • ~ **off** *beginnen*; *openen* • ~ **off with** *uitkomen met* • ~ **out** *ten dans leiden*; *beginnen* • ~ **out of** *in directe verbinding staan met* • ~ **up to** *aansturen op*

lead² (led) **I** ZN • *lood* • *peillood* • DRUKK. *interlinie* **II** BNW *loden*; *van lood* **III** OV WW • *verloden*; *in lood vatten* • DRUKK. *interliniëren*

leaded (ˈledɪd) BNW • *lood bevattend* • *gelood* ⟨v. benzine⟩

leaden (ˈledn) BNW • *loden* • *drukkend* • *loodkleurig*

leader (ˈliːdə) ZN • *leider* • *gids*; *geleider* • *reclameartikel* • *concertmeester* • USA *dirigent* • PLANTK. *hoofdscheut* • *pees* • *hoofdartikel* • COMM. *introductie* ⟨v. film, tv.programma enz.⟩ • *stippellijn als leidraad voor het oog* • *voorste paard in één span* • *advocaat die de leiding in bep. zaak heeft*

leaderette (liːdəˈret) ZN *kort hoofdartikel*

leadership (ˈliːdəʃɪp) ZN • *leiding* • *leiderschap*

lead-in (ˈliːdɪn) ZN • *inleidende opmerkingen* • *verbinding tussen antenne en radiotoestel*

leading (ˈliːdɪŋ) BNW *leidend*; *voornaamste*; *hoofd-* ★ ~ *article hoofdartikel*; *reclameartikel* ★ ~ *case* JUR. *proefproces precedent* ★ ~ *light prominente figuur* ★ ~ *question suggestieve vraag* ★ ~ *man/lady acteur/actrice in de hoofdrol*

leading-strings ZN MV *leiband*

lead-off (ˈliːdɒf) ZN • *begin* • *aansluiting op radiocentrale*

lead-up (liːdˈʌp) ZN *aanleiding*; *aanloop*

lead work (led wɜːk) ZN *loodgieterswerk*

leaf (liːf) **I** ZN • *blad*; *gebladerte* • *deurvleugel* • *vizierklep* ★ *take a leaf from s.o.'s book*

leaf bridge – lecher

iemands gedrag overnemen ★ turn over a new leaf *een nieuw leven beginnen* **II** OV WW leaf over/through *doorbladeren* **III** ONOV WW *bladeren krijgen*
leaf bridge ZN *ophaalbrug*
leafless ('li:fləs) BNW *bladerloos*
leaflet ('li:flət) ZN *blaadje; circulaire*
leaf mould ZN *bladaarde*
leafy ('li:fɪ) BNW • *bladachtig* • *bladerrijk* ★ ~ vegetables *bladgroente*
league (li:g) **I** ZN • *(ver)bond* • *±4800 m* ⟨op land⟩ • *±5500 m* ⟨op zee⟩ • *(voetbal)competitie* ★ be in ~ with *samenspannen met* **II** OV WW *verbinden* **III** ONOV WW z. *verbinden*
leak (li:k) **I** ZN • *lek(kage)* ★ spring a leak *lek slaan/raken* **II** OV WW • *lekken* • *laten uitlekken* **III** ONOV WW • *lek zijn; lekken; uitlekken* • PLAT *pissen* • ~ out *uitlekken; bekend worden*
leakage ('li:kɪdʒ) ZN • *lek(kage)* • *uitlekking*
leaky ('li:kɪ) BNW • *lek* • *loslippig*
lean (li:n) **I** ZN • *het magere gedeelte v. vlees* • *schuine stand* ★ it's on the lean *het staat scheef* **II** BNW • *schraal* • *mager* **III** OV WW *laten steunen* **IV** ONOV WW • *leunen* • *schuin staan* • ~ over *overhellen* ★ lean over backwards *alle mogelijke moeite doen* • ~ towards *begunstigen; meegaan met* • ~ (up)on *steunen op*
leaning ('li:nɪŋ) ZN *neiging*
leant (lent) WW [verl. tijd + volt. deelw.] → lean
lean-to ('li:ntu:) **I** ZN *aangebouwde schuur; afdak* **II** BNW *aangebouwd; leunend*
leap (li:p) **I** ZN *sprong* ★ by leaps and bounds *met sprongen* **II** ONOV WW *springen* ★ look before you leap *bezint eer ge begint* ★ leap at a chance *iets aangrijpen* ★ my heart leaps *mijn hart gaat sneller kloppen*
leapfrog ('li:pfrɒg) ZN ★ to play at ~ *haasje-over spelen*
leapt (lept) WW [verl. tijd + volt. deelw.] → leap
leap year ZN *schrikkeljaar*
learn (lɜ:n) OV+ONOV WW • *leren* • *vernemen; horen; erachter komen*
learned¹ (lɜ:nɪd) BNW • *geleerd* • *wetenschappelijk* ★ JUR. my ~ friend/brother *mijn hooggeachte confrater*
learned² (lɜ:nd) WW [verl. tijd + volt. deelw.] → learn
learner ('lɜ:nə) ZN • *leerling* • G-B *leerling-automobilist*
learner-driver ZN *leerling-automobilist*
learner's permit ZN → learning permit USA *voorlopig rijbewijs*
learning ('lɜ:nɪŋ) ZN *geleerdheid; wetenschap* ★ the new ~ *renaissance*
learning permit ZN *voorlopig rijbewijs*
learnt (lɜ:nt) WW [verl. tijd + volt. deelw.] → learn
lease (li:s) **I** ZN • *(ver)huur(contract); (ver)pacht(ing)* • *kruising v. scheringdraden* ★ ~ of life *levensduur/-verwachting* ★ let out on/by ~ *verhuren; verpachten* ★ put out to ~ *verpachten; verhuren* **II** OV WW *(ver)huren; (ver)pachten*
leasehold ('li:shəʊld) **I** ZN *pacht(goed)* **II** BNW *gepacht; pacht-*
leaseholder ('li:shəʊldə) ZN *huurder; pachter*

leash (li:ʃ) **I** ZN • *riem; band* • *drietal* ⟨v. jachthonden, hazen⟩ • *bep. draad bij 't weven* ★ give full ~ to *de vrije teugel laten* ★ hold in ~ *in bedwang houden* **II** OV WW • *koppelen* • *aangelijnd houden*
leasing ('li:sɪŋ) ZN *(ver)pacht(ing); het leasen*
least (li:st) BNW *kleinst; geringst; minst* ★ at ~ *ten minste* ★ at the ~ *minstens; op zijn minst* ★ ~ of all *zeker niet* ★ not in the ~ *helemaal niet* ★ not ~ in belangrijke mate ★ to say the ~ of it *op z'n zachtst gezegd* ★ ~ said soonest mended *hoe minder er over gesproken wordt des te beter het is* ★ WISK. ~/lowest common multiple *kleinste gemene veelvoud*
leastways ('li:stweɪz) BIJW *dat wil zeggen; tenminste*
leastwise ('li:stwaɪz) BIJW → leastways
leather ('leðə) **I** ZN • *leder; leertje* • *zeemlap* • PLAT *voetbal; cricketbal* • *riem v. stijgbeugel* • PLAT *huid* ★ there's nothing like ~ *eigen waar is de beste* ★ ~ and prunella *lood om oud ijzer* ★ ~ head *domkop* **II** BNW *leren* **III** OV WW • *met leer bekleden* • *ranselen* (met riem) • ~ away *erop los slaan; hard aan 't werk zijn*
leatherette (leðəˈret) ZN *imitatieleer*
leathering ('leðərɪŋ) ZN *pak slaag*
leather-neck ZN • PLAT/USA *marinier* • *matrozennaam voor soldaat*
leatheroid ('leðərɔɪd) ZN *imitatieleer*
leathers ('leðəz) ZN MV *leren broek of beenkappen; leren kleding*
leathery ('leðərɪ) BNW *leerachtig; taai* ⟨v. vlees⟩
leave (li:v) **I** ZN *verlof; vakantie* ★ ~ of absence *verlof* ★ by/with your ~ *met uw verlof* ★ he took (his) ~ *hij nam afscheid* ★ ~-off *verlof om ergens mee op te houden* ★ ~-out *verlof om uit te gaan* ★ French ~ *afwezigheid zonder verlof* **II** OV WW • *verlaten; nalaten; laten; overlaten; achterlaten* • *in de steek laten* • *vertrekken* ★ ~ for *vertrekken naar* ★ PLAT ~ go (of) *loslaten* ★ ~ hold (of) *loslaten* ★ he ~s his books about *hij laat zijn boeken slingeren* ★ ~ him alone *laat hem met rust; laat hem begaan* ★ ~ it at that *laat het daarbij* ★ the house was left away *het huis werd aan een ander vermaakt* ★ take it or ~ it *graag of niet* ★ ~ the house on the left *laat het huis aan de linkerkant liggen* ★ she is well left *er is goed voor haar gezorgd* ★ ~ well alone *ga niet veranderen wat eenmaal goed is* ★ INFORM. he got left *hij werd aan zijn lot overgelaten* ★ has he left *behind? heeft hij een boodschap achtergelaten?* ★ ~ her to herself *bemoei je niet met haar* • ~ behind *achterlaten; achter zich laten; thuislaten; nalaten* • ~ off *afleggen; uitlaten* ⟨v. kleren⟩; *ophouden (met)* • ~ on *laten liggen (op); aan laten (staan)* • ~ out *overslaan*
leaven ('levən) **I** ZN • *zuurdeeg; zuurdesem* • *invloed op karakter* **II** OV WW • *zuren* ⟨v. deeg⟩ • *doordringen*
leaves (li:vz) ZN MV → leaf
leave-taking ('li:vteɪkɪŋ) ZN *afscheid*
leavings ('li:vɪŋz) ZN MV *afval; kliekjes; wat overblijft*
Lebanese (lebəˈni:z) **I** ZN *Libanees* **II** BNW *Libanees*
lecher ('letʃə) ZN *geilaard*

lecherous ('letʃərəs) BNW *wellustig; geil*
lechery ('letʃərɪ) ZN *ontucht; wellust*
lectern ('lektɜːn) ZN *lezenaar; lessenaar*
lection ('lekʃən) ZN • *bijbellezing* • *versie; variant*
lecture ('lektʃə) I ZN • *lezing* • *college* • *berisping* ★ read s.o. a ~ *iem. de les lezen* II OV WW *de les lezen* III ONOV WW *college geven*
lecturer ('lektʃərə) ZN • *spreker* • *lector*
lectureship ('lektʃəʃɪp) ZN *lectoraat; het ambt van lector*
led (led) WW [verl. tijd + volt. deelw.] → **lead**¹
LED AFK light-emitting diode *(electronisch) lampje*
ledge (ledʒ) ZN • *rif* • *mijnader* • *overstekende rand; lijst; richel*
ledger ('ledʒə) ZN • *platte grafsteen* • USA *register* • *grootboek* • *liggende plank of balk v. steiger* ★ ~ (bait) *vastliggend aas*
ledger line ZN • *zetlijn* • MUZ. *hulplijn*
lee (liː) ZN *lijzijde; luwte* ★ under the lee of *in de luwte van*
lee board ZN *zwaard* ⟨scheepsterm⟩
leech (liːtʃ) I ZN • *bloedzuiger* ⟨ook fig.⟩ • *lijk* ⟨v. zeil⟩ ★ stick like a ~ *aanhangen als een klit* II OV WW *aderlaten met bloedzuigers*
leek (liːk) ZN *look; prei* ★ eat the leek *zich een belediging laten welgevallen*
leer (lɪə) I ZN • *wellustige, sluwe blik* • *koeloven* II ONOV WW ~ at *lonken naar*
leery ('lɪərɪ) BNW *handig; sluw*
lees (liːz) ZN MV *bezinksel; droesem*
lee shore ZN *lagerwal*
lee side ZN *lijzijde*
leeward ('liːwəd) I ZN *lijzijde* II BNW + BIJW *lijwaarts*
leeway ('liːweɪ) ZN • *bewegings-/speelruimteruimte* • *koersafwijking* ★ make up ~ *achterstand inhalen*
left (left) I ZN *linkerhand; linkerkant* II BNW *links; linker* III WW [verl. tijd + volt. deelw.] → **leave** BIJW *links*
left-hand BNW *links; linker* ★ ~ drive *linkse besturing* ⟨v. auto⟩
left-handed (left'hændɪd) BNW • *links* ⟨ook fig.⟩ • *dubbelzinnig; twijfelachtig*
left-hander (left'hændə) ZN • *iem. die links is* • *slag met de linkerhand*
leftist ('leftɪst) I ZN *links iemand; radicaal* II BNW *links; radicaal*
left-overs ('leftəʊvəz) ZN MV *kliekje; restant*
left-winger ZN • POL. *lid v.d. linkervleugel* • SPORT *linksbuiten*
lefty ('leftɪ) ZN • INFORM. *linkshandige* • POL. *lid v.d. linkervleugel*
leg (leg) I ZN • *been; schenkel; poot* • *broekspijp* • *etappe* • *uithoudingsvermogen* • *vaart* • *één spel v. een serie v. twee* • PLAT *oplichter* ★ he was off his legs *hij was slecht ter been; hij was afgepeigerd* ★ he was on his legs *hij voerde het woord; hij was op de been* ★ he got on his legs *hij stond op; hij nam het woord* ★ give a leg (up) *helpen* ★ pull s.o.'s leg *iem. voor de gek houden* ★ shake a leg *dansen; zich haasten* ★ stretch one's leg *de benen strekken* ★ take to one's legs *er vandoor gaan* ★ he walked us off our legs *hij liet ons lopen tot we er bij neervielen* ★ upper/lower leg *boven-/onderbeen* II OV WW *met voeten voortduwen* ⟨v. boot⟩ ★ leg it *de benen nemen* III ONOV WW • (z.) *uit de naad lopen* • *z. met de voeten voortduwen* ⟨in boot⟩

legacy ('legəsɪ) ZN • *legaat* • *erfenis; nalatenschap*
legacy aunt ZN *suikertante*
legacy duty ZN *successierecht*
legal ('liːgl) BNW • *wets-* • *wettelijk; wettig* • *rechtsgeldig* • *rechterlijk* • *rechtskundig* ★ ~ offence *strafbaar feit* ★ ~ tender *wettig betaalmiddel* ★ ~ status *rechtspositie* ★ ~ charges *overschrijvingskosten* ⟨bij koop v. huis⟩
legalism ('liːgəlɪzəm) ZN • *bureaucratie* • REL. *leer v.d. rechtvaardiging door de goede werken*
legalistic (liːgə'lɪstɪk) BNW • *bureaucratisch* • REL. *wettisch*
legality (lɪ'gælətɪ) ZN • *wettigheid* • → **legalism**
legalization (liːgəlaɪ'zeɪʃən) ZN *legalisatie*
legalize ('liːgəlaɪz) OV WW • *legaliseren* • *wettigen*
legal position ZN *rechtspositie*
legate ('legət) I ZN • *pauselijk legaat* • *lid v. gezantschap* II OV WW *vermaken; nalaten*
legatee (legə'tiː) ZN *legataris*
legation (lɪ'geɪʃən) ZN *gezantschap; legatie*
legator (lɪ'geɪtə) ZN *erflater*
legend ('ledʒənd) ZN • *legende* • *inscriptie* • *legenda* ★ urban ~ *broodje-aap*
legendary ('ledʒəndərɪ) I ZN • *legendeverzameling* • *schrijver van legenden* II BNW *legendarisch*
legerdemain (ledʒədə'meɪn) ZN *gegoochel*
legging ('legɪŋ) ZN • *legging* • *beenkap*
leggings ('legɪŋz) ZN MV *broek*
leg grinder ZN *kniezwaai*
legguard (leg'gɑːd) ZN *beenbeschermer*
leggy ('legɪ) BNW • *met lange of mooie benen* • *hoog opgeschoten* ⟨v. plant⟩
leghorn (le'gɔːn) ZN • *leghorn* ⟨kip⟩ • *Italiaans(e) stro(hoed)*
Leghorn (le'gɔːn) ZN *Livorno*
legibility (ledʒə'bɪlətɪ) ZN *leesbaarheid*
legible ('ledʒɪbl) BNW *leesbaar*
legion ('liːdʒən) ZN • *legioen* • *enorm aantal; legio*
legionary ('liːdʒənərɪ) I ZN *legioensoldaat* II BNW • *legioens-* • *zeer talrijk*
leg-iron ('legaɪən) ZN • *beenbeugel* • *voetboei*
legislate ('ledʒɪsleɪt) ONOV WW • *wetten maken* • *maatregelen treffen*
legislation (ledʒɪs'leɪʃən) ZN *wetgeving*
legislative ('ledʒɪslətɪv) BNW *wetgevend*
legislator ('ledʒɪsleɪtə) ZN *wetgever*
legislature ('ledʒɪsleɪtʃə) ZN *wetgevende macht*
legist ('liːdʒɪst) ZN *rechtsgeleerde*
legit (lɪ'dʒɪt) BNW INFORM. → **legitimate**¹
legitimacy (lɪ'dʒɪtəməsɪ) ZN • *wettigheid* • *geldigheid*
legitimate¹ (lɪ'dʒɪtəmət) I ZN • *wettig kind* • *(aanhanger v.) wettig vorst* II BNW • *wettig; rechtmatig; gerechtvaardigd* • *echt; zoals het behoort; volgens standaardtype* • *logisch* ⟨v. gevolgtrekking⟩ ★ ~ drama/theatre *echt toneel; klassiek stuk*
legitimate² (lɪ'dʒɪtəmeɪt) OV WW • *wettigen; rechtvaardigen* • *als echt erkennen*
legitimize (lɪ'dʒɪtəmaɪz), **legitimise** OV WW *wettigen; als wettig erkennen* ⟨v. kind⟩
legless ('legləs) BNW • *zonder benen* • G-B

stomdronken; INFORM. *ladderzat*
leg-pulling ('legpʊlɪŋ) ZN INFORM. *bedotterij*
legroom ('legru:m) ZN *beenruimte*
legume ('legju:m) ZN • *peulvrucht* • *groente*
leguminous (lɪ'gju:mɪnəs) BNW *peul-*
leg-up ZN *steuntje*
legwork ('legwɜ:k) ZN *inspannend; langdradig/ eentonig werk*
Leics. AFK *Leicestershire*
leisure ('leʒə) I ZN *vrije tijd* ★ at your ~ *als het u schikt* ★ be at ~ *niet bezet zijn; zich op zijn gemak voelen* II BNW *onbezet; vrij*
leisure clothing ZN *vrijetijdskleding*
leisured ('leʒəd) BNW • *met veel vrije tijd* • *bedaard; rustig*
leisurely ('leʒəlɪ) BNW + BIJW • *op zijn gemak* • *bedaard; rustig*
lemon ('lemən) ZN • *citroen(boom)* • *citroenkleur(ig)* • PLAT *onaantrekkelijk meisje* • PLAT *strop; tegenvaller* • *gemene truc*
lemonade (lemə'neɪd) ZN *limonade*
lemon curd ZN *citroengelei* ‹broodbeleg›
lemon drop ZN *citroenzuurtje*
lemon sole ZN *tong* ‹vis›
lemon squash ZN *citroenlimonade*
lemon-squeezer ('lemənskwi:zə) ZN *citroenpers*
lend (lend) I ZN INFORM. *uitleenbibliotheek* II OV WW *(uit)lenen; verlenen* ★ lend o.s. to *zich lenen voor* ★ lend a (helping) hand *een handje helpen* ★ lend itself to s.th. *geschikt zijn voor iets*
lender ('lendə) ZN *iem. die uitleent (aan)*
length (leŋθ) ZN • *lengte; duur* • *grootte* • *stuk* ‹vnl. van touw› ★ keep at arm's ~ *op een afstand houden* ★ I will go to all/any ~s to succeed *ik wil àlles doen om te slagen* ★ at ~ *ten slotte; omstandig; uitvoerig* ★ at some ~ *uitvoerig; gedetailleerd*
lengthen ('leŋθən) I OV WW *(ver)lengen* ★ a ~ed stay *langdurig verblijf* II ONOV WW *langer worden*
lengthways ('leŋθweɪz) BIJW *in de lengte*
lengthy ('leŋθɪ) BNW • *langdurig* • *langdradig; wijdlopig*
lenience ('li:nɪəns), **leniency** ZN *mildheid*
lenient ('li:nɪənt) BNW *toegevend; mild*
lenitive ('lenɪtɪv) I ZN *verzachtend middel* II BNW *verzachtend*
lenity ('lenətɪ) ZN *zachtheid; neerbuigende goedheid*
lens (lenz) ZN *lens*
lent (lent) WW [verl. tijd + volt. deelw.] → **lend**
Lent (lent) ZN *veertigdaagse vasten voor Pasen*
Lenten ('lentən) BNW • *vasten-* • *vleesloos; schraal* ‹v. kost› • *droevig* ‹v. gelaat›
lentil ('lentɪl) ZN *linze*
Lent lily ZN *(wilde) narcis*
leonine ('li:ənaɪn) BNW *leeuwen-*
leopard ('lepəd) ZN *luipaard* ★ American ~ *jaguar* ★ a ~ can't change its spots *een vos verliest wel zijn haren, maar niet zijn streken*
leopardess ('lepədəs) ZN *vrouwtjesluipaard*
leotard ('li:əta:d) ZN *nauwsluitend tricot; gympak; maillot*
leper ('lepə) ZN *melaatse; lepralijder*
leprosy ('leprəsɪ) ZN *melaatsheid; lepra*
leprous ('leprəs) BNW *melaats*

lesbian ('lezbɪən) I ZN *lesbienne* II BNW *lesbisch*
lese-majesty (li:z 'mædʒɪstɪ) ZN • *hoogverraad* • *majesteitsschennis*
lesion ('li:ʒən) ZN • *schade; nadeel* • MED. *laesie; stoornis*
less (les) I BNW + BIJW *kleiner; minder* ★ not any the less *helemaal niet minder* ★ this is no less true than what you say *dit is niet minder waar dan wat jij zegt* ★ none/not the less *niettemin* ★ no less a person than *niemand minder dan* ★ nothing less *niets liever* ★ IRON. less than ... *allesbehalve ...* II ONB VNW *minder* ★ a less quality *een mindere kwaliteit* III VZ *min; zonder; exclusief* ★ 1200 pound less tax *1200 pond exclusief belasting*
lessee (le'si:) ZN *huurder; pachter*
lessen ('lesən) I OV WW *doen afnemen* II ONOV WW *verminderen; afnemen; kleiner worden*
lesser ('lesə) BNW *kleiner; minder* ★ Lesser Asia *Klein-Azië* ★ Lesser Bear *Kleine Beer* ★ the ~ of two evils *de minste van twee kwaden*
lesson ('lesən) I ZN • *les* • *schriftlezing* ★ teach/ give s.o. a ~ *iem. een lesje geven* ★ I hope you have learnt your ~ *ik hoop dat je je lesje hebt geleerd* II OV WW • *de les lezen* • *onderwijzen*
lessor (le'sɔ:) ZN *verhuurder; verpachter*
lest (lest) VW *opdat niet; uit vrees dat*
let (let) I ZN • *'t verhuren* • *huurhuis/-flat* • *kaartenverkoop* • SPORT *overgespeelde bal* • *verhindering* ★ without let or hindrance *zonder tegenstand* II OV WW • OUD. *verhinderen* • *laten; toestaan* • *verhuren* ★ let alone *met rust laten; zich niet bemoeien met; laten staan* ★ I wouldn't even think of it, let alone go there *ik wil er niet eens aan denken, laat staan er heengaan* ★ let be *zich niet inlaten met; met rust laten* ★ let it be *houd er mee op* ★ let drive *erop los slaan* ★ let fall *laten vallen; zich laten vallen* ★ let go *loslaten; losraken* ★ let it go at that *laat het daar maar bij* ★ let o.s. go *zich laten gaan; zich verwaarlozen* ★ let s.o. have it *iemand ervan langs geven* ★ let loose *loslaten; uitpakken* ‹figuurlijk› ★ let slip *laten schieten; loslaten; missen* ★ let s.o. on s.th./let s.o. into s.th. *ze deelden me het geheim mede; iem. iets toevertrouwen* ★ let s.th. into s.th. *iets aanbrengen in* ★ let blood *aderlaten* • ~ **down** *neerlaten; in de steek laten; teleurstellen; moeten afzeggen; uitleggen* ‹v. zoom›; *verminderen; vernederen; bedriegen; verwaarlozen; verraden* ★ let o.s. down *z. laten zakken; z. verlagen* • ~ **from** *(be)letten om/te* • ~ **in** *binnenlaten; inlassen; ergens in aanbrengen; beetnemen* ★ I won't let you in for it *ik zal je er niet voor laten opdraaien* • ~ **off** *afvuren; laten ontsnappen; vrijlaten; ontslaan van; verhuren* • ~ **out** *uitlaten; verklappen; verhuren; uitleggen* ‹kledingstuk›; *meer vaart geven* ‹auto›; *aanbesteden* ★ he let the cat out of the bag *hij verklapte het geheim* III ONOV WW ★ the house lets well *het huis is gemakkelijk te verhuren* • INFORM. ~ **on** *iets verklappen; z. uitlaten; doen alsof* • ~ **out** *opspelen; uitgaan* ‹v. bioscoop› ★ let out at *schoppen/slaan naar* • ~ **up** *minder streng/sterk worden; ophouden*
let-down ZN • *teleurstelling* • *achteruitgang*

• *nadeel*

lethal ('li:tl) BNW *dodelijk* ★ ~ *weapon moordwapen* ★ ~ *chamber gaskamer*

lethargic (lə'θɑ:dʒɪk) BNW *loom; slaperig*

lethargy ('leθədʒɪ) ZN • *loomheid* • *onnatuurlijk lange slaap* • *apathische toestand* • *slaperigheid*

let-off ZN • *ontsnappingsmogelijkheid* • *kwijtschelding*

Lett (let) I ZN *Let(lander)* II BNW *Lets*

letter ('letə) I ZN • *letter* • *brief* • *verhuurder* ★ ~ *of attorney volmacht* ★ ~ *of credence geloofsbrief* ★ ~ *of credit kredietbrief* ★ ~ *of indication legitimatiebewijs* ★ ~ *of recommandation aanbevelingsbrief* ★ ~ *of regret bericht v. verhindering; advies v. niet-toewijzing* ★ ~ *to the editor ingezonden stuk* ★ *dead /blind ~ onbestelbare brief* ★ *by ~ schriftelijk* ★ *follow instructions to the ~ instructies letterlijk opvolgen* ★ INFORM. *French ~ condoom* II OV WW • *(boekomslag) voorzien v. titel* • *v. letters voorzien*

letter-bomb ZN *bombrief*

letter-box ('letəboks) ZN *brievenbus*

letter carrier ZN *brievenbesteller*

lettered ('letəd) BNW • *geleerd* • *voorzien v. letters*

letterhead ('letəhed) ZN *briefhoofd*

lettering ('letərɪŋ) ZN • *belettering; opschrift; titel*

letter-perfect ZN • *rolvast* • USA *vlekkeloos*

letterpress ('letəpres) ZN • *tekst* • *presse-papier* • *kopieerpers*

letters ('letəz) ZN MV • *officieel schrijven; volmacht* • *letteren* ★ *man of ~ geleerde; schrijver* ★ ~ *patent octrooibrief*

letter-writer ('letəraɪtə) ZN • *briefschrijver* • *brievenboek*

Lettish ('letɪʃ) BNW *Lets*

lettuce ('letɪs) ZN • *sla; latuw* • *krop sla*

let-up ZN *vermindering; rust; onderbreking; 't ophouden*

leukaemia (lu:'ki:mɪə) ZN *leukemie*

levant (lɪ'vænt) ONOV WW *met de noorderzon vertrekken; er vandoor gaan zonder te betalen*

levee ('levɪ) ZN • *natuurlijke oeverwal; rivierdijk* • *aanlegsteiger* • *receptie voor heren aan het hof* • *bijeenkomst; partij; receptie*

level ('levəl) I ZN • *peil; stand; niveau* • *horizontale mijngang* • *waterpas* • *vlak(te)* ★ INFORM. *on the ~ eerlijk; werkelijk* ★ *on a ~ with op één hoogte met* II BNW + BIJW • *horizontaal* • *gelijk(elijk)* • *naast elkaar* • *uniform* • *evenwichtig* ★ *be ~ with eachother met elkaar afrekenen* ★ *come ~ with inhalen* ★ *draw ~ gelijk spelen* ★ *make ~ with (the ground) slechten; met de grond gelijk maken* ★ *play ~ with s.o. zonder voorgift tegen iem. spelen* ★ *do one's ~ best zijn uiterste best doen* ★ *have a ~ head 'n evenwichtig iem. zijn* ★ *speak in a ~ voice spreken op één toon* ★ ~ *spoonful afgestreken theelepel* III OV WW • *gelijkmaken; op gelijke hoogte plaatsen* • *nivelleren; met de grond gelijkmaken* • ~ *down afronden naar beneden; neerhalen* (fig.) • ~ *up ophogen; op hoger peil brengen; verheffen* IV ONOV WW PLAT ~ *with open/eerlijk spreken* V OV+ONOV WW • *waterpassen* • *aanleggen* (geweer) • ~ *at/against richten tegen* (v. kanon/beschuldiging) • ~ *out vlak maken/worden; horizontaal (gaan) vliegen*

level-headed (levəl'hedɪd) BNW • *evenwichtig* • *nuchter; met gezond verstand*

lever ('li:və) I ZN • *hefboom* • *versnellingspook* II OV WW • *met een hefboom opheffen* • *opvijzelen*

leverage ('li:vərɪdʒ) ZN • *hefboomwerking; hefboomkracht* • *invloed; macht* • USA *kredietspeculatie* ★ ~d *buyout overname met geleend geld*

leveret ('levərɪt) ZN *jonge haas*

lever watch ZN *ankerhorloge*

leviable ('levɪəbl) BNW • *in(vorder)baar* • *belastbaar*

leviathan (lɪ'vaɪəθən) I ZN *zeemonster; gevaarte; krachtpatser* II BNW *reuzen-*

levitate ('levɪteɪt) I OV WW *doen opstijgen* II ONOV WW *opstijgen*

levitation (levɪ'teɪʃən) ZN *levitatie*

levity ('levətɪ) ZN • *onstandvastigheid; lichtzinnigheid* • *ongepaste vrolijkheid*

levy ('levɪ) I ZN • *beslaglegging; vordering* • *heffing* ⟨v. belasting⟩ • *lichting* ★ MIL. *levy in mass levée en masse; massalichting* II OV WW • *beslag leggen; vorderen* • *heffen* • *werven* ⟨v. soldaten⟩ ★ *levy a tax on belasting heffen op* ★ *levy blackmail chantage plegen* • ~ *(up)on heffen op* ★ *levy a sum (up)on someone's goods beslag leggen op iemands goederen om bepaalde som betaald te krijgen*

lewd (lju:d) BNW • *wellustig; wulps* • *obsceen*

lexicographer (leksɪ'kɒgrəfə) ZN *lexicograaf; woordenboekschrijver*

lexicographic(al) (leksɪkə'græfɪk(l)) BNW *lexicografisch*

lexicography (leksɪ'kɒgrəfɪ) ZN *lexicografie*

lexicon ('leksɪkən) ZN • *woordenboek* • *lexicon*

lexis ('leksɪs) ZN *woordenschat*

Leyden ('laɪdn) I ZN *Leiden* II BNW *Leids* ★ ~ *jar Leidse fles*

liabilities (laɪə'bɪlətɪz) ZN MV *passiva*

liability (laɪə'bɪlətɪ) ZN • *(betalings)verplichting* • *(wettelijke) aansprakelijkheid* • *blok aan het been* • *vatbaarheid* ★ *limited ~ company naamloze vennootschap*

liable ('laɪəbl) BNW • *(wettelijk) verplicht* • *aansprakelijk* ★ ~ *for verantwoordelijk voor; aansprakelijk voor* ★ ~ *to onderhevig aan; vatbaar voor; blootgesteld aan* ★ *it is ~ to rain het gaat zeer waarschijnlijk regenen* ★ *accidents are ~ to happen een ongeluk zit in een klein hoekje*

liaise (lɪ'eɪz) ONOV WW *z. in verbinding stellen; verbinding onderhouden met*

liaison (lɪ'eɪz(ə)n) ZN *liaison* ★ *in close ~ in nauwe samenwerking*

liaison officer ZN *verbindingsofficier; contactpersoon*

liana (lɪ'ɑ:nə) ZN *liaan*

liar ('laɪə) ZN *leugenaar*

lib (lɪb) ZN *liberation emancipatie* ★ *women's lib emancipatie(beweging) van de vrouw*

libation (laɪ'beɪʃən) ZN • *plengoffer* • IRON. *drinkgelag*

libber ('lɪbə) ZN *vechter voor emancipatie*

Lib Dem AFK G-B, INFORM. *Liberal Democrats*

→ democrat
libel ('laɪbl) **I** ZN • JUR. *schriftelijke aanklacht* • *smaadschrift* ★ the work is a ∼ on human nature *het werk is een karikatuur v.d. menselijke natuur* **II** OV WW • *valselijk beschuldigen* • *belasteren* • *niet tot z'n recht doen komen*
libellous ('laɪbələs) BNW *lasterlijk*
liberal ('lɪbərəl) **I** ZN *liberaal* **II** BNW • *liberaal* • *overvloedig*; *royaal* • *ruimdenkend*; *onbevooroordeeld* ★ ∼ of *royaal met* ★ ∼ arts *vrije kunsten*; *alfawetenschappen* 〈in de VS〉 ★ ∼ education *brede ontwikkeling*
liberalism ('lɪbərəlɪzəm) ZN *liberalisme*
liberality (lɪbə'rælətɪ) ZN • *royale gift* • *vrijgevigheid* • *brede opvatting*
liberalization (-'zeɪʃən) ZN *liberalisatie*
liberalize ('lɪbərəlaɪz) OV+ONOV WW *verruimen*
liberal-minded (lɪbərəl'maɪndɪd) BNW *vrijzinnig*; *ruimdenkend*
liberate ('lɪbəreɪt) OV WW • *bevrijden*; *vrijmaken* • *emanciperen*
liberated ('lɪbəreɪtɪd) BNW • *bevrijd* • *geëmancipeerd*
liberation (lɪbə'reɪʃən) ZN • *bevrijding* • *emancipatie*
liberator ('lɪbəreɪtə) ZN *bevrijder*
libertarian (lɪbə'teərɪən) **I** ZN *vrijdenker* **II** BNW *gelovend in leer v.d. vrije wil*
liberties ('lɪbətɪz) ZN MV → liberty
libertinage ('lɪbətɪnɪdʒ) ZN • *vrijdenkerij* • *losbandigheid*
libertine ('lɪbəti:n) **I** ZN • *vrijdenker* • *losbol* **II** BNW • *vrijdenkend* • *losbandig*
liberty ('lɪbətɪ) ZN *vrijheid* ★ be at ∼ *vrij/onbezet zijn* ★ set at ∼ *in vrijheid stellen* ★ liberties [mv] *rechten*; *privileges* ★ take liberties *zich (ongepaste) vrijheden (met iem.) veroorloven*
Liberty Hall ZN FIG. *een vrijgevochten bende*
liberty man ZN *passagierend matroos*
libidinous (lɪ'bɪdɪnəs) BNW *wellustig*
libra ('laɪbrə) ZN *pond*, *ca. 454 gram*
Libra ('li:brə) ZN *Weegschaal* 〈sterrenbeeld〉
librarian (laɪ'breərɪən) ZN *bibliothecaris*
library ('laɪbrərɪ) ZN *bibliotheek* ★ lending/circulating ∼ *uitleenbibliotheek* ★ public ∼ *openbare leeszaal*
librate (laɪ'breɪt) ONOV WW • *z. in evenwicht houden* • *schommelen*; *trillen*
libriosic (lɪbrɪ'əʊsɪk) BNW *(te) vrijmoedig*
Libyan ('lɪbɪən) **I** ZN *Libiër* **II** BNW *Libisch*
lice (laɪs) ZN MV → louse
licence ('laɪsəns), USA **license** ZN • *verlof*; *vergunning* 〈vnl. om drank te verkopen〉 • *licentie* • *diploma* • *concessie* • *vrijheid*; *losbandigheid* • *bewijs v. voorwaardelijke invrijheidstelling* ★ poetic ∼ *dichterlijke vrijheid* ★ driving ∼ *rijbewijs*
licence number ZN *kenteken*
licence-plate ZN USA *nummerbord*
license ('laɪsəns) **I** ZN → licence **II** OV WW • *veroorloven* • *vergunning geven*; *patenteren*
licensed ('laɪsənst) BNW • *met officiële vergunning*; *erkend* • *bevoorrecht* ★ ∼ victualler *vergunninghouder* ★ ∼ house *café met drankvergunning*; *toegelaten bordeel*

licensee (laɪsən'si:) ZN *vergunninghouder*
licenser ('laɪsənsə) ZN • *vergunninggever*; *patentgever* • *censor*
licentiate (laɪ'senʃɪət) ZN • *licentiaat*; *gediplomeerde* • *kandidaat-predikant*
licentious (laɪ'senʃəs) BNW *ongebreideld*; *losbandig*
lichen ('laɪkən) ZN • *korstmos* • MED. *lichen*
lichenous ('laɪkənəs) BNW • *mosachtig* • *aangetast door lichen*
licit ('lɪsɪt) BNW *wettig*
lick (lɪk) **I** ZN • *lik* • *inspanning* • *veeg* • *snelheid*; *vaart* • *zoutlik* ★ INFORM. at a lick *in een handomdraai* ★ give it a lick and a promise *het met de Franse slag doen* 〈i.h.b. schoonmaken〉 ★ I haven't worked a lick *ik heb geen klap uitgevoerd* **II** OV WW • *likken* • *lekken* 〈v. vlammen〉 • *zacht overspoelen* 〈v. golven〉 • *overtreffen* • *versteld doen staan* • *onder de knie hebben* • *PLAT afranselen* • *PLAT overwinnen* ★ lick platter *klaplopen* ★ lick into shape *fatsoeneren* ★ lick s.o.'s shoes/boots iem. *de hielen likken* **III** ONOV WW PLAT *rennen*
lickety-split (lɪkətɪ'splɪt) BNW *razendsnel*
licking ('lɪkɪŋ) ZN PLAT *pak slaag*; *nederlaag*
lickspittle ('lɪkspɪtl) ZN *vleier*; *slijmerd*
licorice ('lɪkərɪs) ZN → liquorice
lid (lɪd) ZN • *deksel* • *ooglid* • USA *drankverbod* ★ blow/take the lid off *de waarheid aan het licht brengen* ★ keep a/the lid on *geheimhouden* ★ that puts the lid on it *dat doet de deur dicht* ★ with the lid off *onverbloemd*; *open en bloot*; *in volle glorie*
lidded ('lɪdɪd) BNW *voorzien van een deksel*
lidless ('lɪdləs) BNW • *zonder deksel* • *steeds waakzaam*
lido ('li:dəʊ) ZN • *lido*; *badstrand* • *openluchtbad*
lie (laɪ) **I** ZN • *leugen* • *ligging*; *richting* • *leger* 〈v. dier〉 ★ give the lie to *logenstraffen* ★ lies have no legs *al is de leugen nog zo snel, de waarheid achterhaalt haar wel* ★ don't tell lies *lieg niet!* ★ white lie *leugentje om bestwil* ★ the lie of the land *toestand*; *stand van zaken* **II** ONOV WW • *liegen* • *liggen* • *gaan/blijven liggen* • *rusten* • JUR. *geldig zijn*; *ontvankelijk zijn* ★ INFORM. lie-off *rust* ★ INFORM. you 're lying through your teeth! *je liegt!* ★ lie like truth *liegen alsof het gedrukt staat* ★ I don't want to be lied to *ik wil niet worden voorgelogen* ★ lie low *(dood) terneer liggen*; *zich schuil/koest houden* ★ lie in state *opgebaard liggen* ★ lie waste *braak liggen* ★ lie out of one's money *niet uitbetaald worden* ★ you know how the land lies *jij weet hoe de zaken ervoor staan* • ∼ about *rondslingeren*; *lui zijn*; *niets uitvoeren* • ∼ away *door leugens iets verliezen* • ∼ back *achterover (gaan) liggen* • ∼ by *z. rustig houden*; *ongebruikt liggen* • ∼ down *z. iets laten welgevallen*; *liggen te rusten*; *lijntrekken*; *gaan liggen*; *het opgeven* • ∼ in *in het kraambed liggen*; *lang uitslapen* • ∼ off *afstand bewaren* 〈t.o.v. kust of ander schip〉; *z. terugtrekken* • ∼ over *blijven liggen* • SCHEEPV. ∼ to *bijleggen*; *bijgedraaid liggen* • ∼ under *gebukt gaan onder* • ∼ up *z. terugtrekken*; *het bed houden*; *z. verborgen houden*; *in dok gaan* 〈v. schip〉; *buiten dienst*

zijn • ~ with liggen bij; slapen met; zijn aan; berusten bij ★ the decision lies with you *de beslissing is aan jou*
lie-detector ZN *leugendetector*
lie-down ZN INFORM. *dutje*
lief (li:f) BIJW OUD. *graag* ★ be lief to do s.th. *iets graag willen doen*
liege (li:dʒ) I ZN • *leenheer* • *leenman*; *trouw onderdaan* II BNW *leenplichtig*; *leen-*
liege lord ZN GESCH. *leenheer*; *soeverein*
liegeman ('li:dʒmæn) ZN • *trouwe volgeling* • *vazal*
lie-in (laɪ'ɪn) ZN *het uitslapen*
lieu (lju:) ZN *plaats* ★ in lieu of *in plaats van*
lieutenancy (lefˈtenənsɪ, lu:ˈtenənsɪ) ZN • *rang of plaats v. luitenant* • *ambt v. gouverneur*
lieutenant[1] (lefˈtenənt) ZN • *luitenant* • *plaatsvervanger* • *~s officieren*
lieutenant[2] (lu:ˈtenənt) ZN USA *inspecteur* ⟨v. politie⟩
life (laɪf) ZN • *leven* • *levensbeschrijving*; *levensduur* • *energie*; *levendigheid*; *bezieling* • *kans* • USA, PLAT *levenslang* ⟨gevangenisstraf⟩ ★ as large as life *levensgroot*; *in levenden lijve* ★ bring s.o. to life *iem. weer bijbrengen* ★ for dear life *of zijn/haar leven ervan afhangt*; *in ernst* ★ not for the life of me *dat nooit!* ★ drawn from (the) life *naar het leven getekend* ★ low/high life *lagere/hogere sociale klasse* ★ long life to him! *hij leve lang!* ★ a cat has nine lives *een kat komt altijd op zijn pootjes terecht* ★ (up)on my life *op mijn woord* ★ see life *levenservaring opdoen* ★ sound in life and limb *gezond van lijf en leden* ★ take one's life in one's hands *zijn leven wagen* ★ this life *dit (aardse) leven* ★ have the time of one's life *zich reusachtig amuseren* ★ a description to the life *beschrijving naar het leven* ★ each player has two lives *iedere speler heeft twee kansen*
life-and-death (laɪfənˈdeθ) BNW *van levensbelang*
life annuity ZN *lijfrente*
lifebelt ('laɪfbelt) ZN *reddingsgordel*
lifeboat ('laɪfbəʊt) ZN *reddingsboot*
lifebuoy ('laɪfbɔɪ) ZN *reddingsboei*
life expectancy ZN *levensverwachting*
life-giving (laɪfˈgɪvɪŋ) BNW *bezielend*
lifeguard ('laɪfgɑ:d) ZN • *bad-/strandmeester* • *lijfwacht* ★ Life Guards ⟨Engels cavalerieregiment⟩
life imprisonment ZN *levenslange gevangenisstraf*
life insurance ZN *levensverzekering*
life-jacket ('laɪfdʒækɪt) ZN *reddingsvest*
lifeless ('laɪfləs) BNW • *levenloos* • *saai*; *vervelend*
lifelike ('laɪflaɪk) BNW *levensecht*; *naar het leven*
lifeline ('laɪflaɪn) ZN • *reddingslijn* • *belangrijke verbindingslijn*
lifelong ('laɪflɒŋ) BNW *levenslang*
life peer ZN *Hogerhuislid* ⟨benoemd voor het leven⟩
life-preserver ('laɪfprɪzɜ:və) ZN • USA *reddingstoestel* • *ploertendoder* • *zakpistool*
lifer ('laɪfə) ZN • PLAT *tot levenslang veroordeelde* • PLAT *veroordeling tot levenslang*
life raft ZN *reddingsboot/-vlot*
life sentence ZN *levenslange gevangenisstraf*
life-size(d) ('laɪfsaɪz(d)) BNW *levensgroot*
life term ZN *levenslange gevangenisstraf*
lifetime ('laɪftaɪm) ZN • *mensenleven* • *levensduur* ★ a ~ career *een beroep voor het leven* ★ the chance of a ~ *de kans van je leven*
life vest ZN USA *reddingsvest*
lifework (laɪfˈwɜ:k) ZN *levenswerk*
lift (lɪft) I ZN • *hulp*; *steun* • *laagje hakleer* • G-B *lift* • (*terrein*)*verhoging* • *opwaartse druk*; *stijgkracht* ⟨v. vliegtuigvleugel⟩ • *het (iem. laten) meerijden* ★ give s.o. a lift *iem. een lift geven* II OV WW • *verheffen* • *in de lucht slaan* ⟨v. bal⟩ • *stelen*; *wegvoeren* ⟨v. vee⟩ • *opbreken* ⟨vnl. van kamp⟩ • *rooien* ⟨v. aardappelen⟩ • *aflossen* ⟨v. lening⟩ • *opheffen* • *wegtrekken*; *hijsen* • *opslaan* ⟨v. ogen⟩ • *omhoog steken* • lift s.o. down *iem. v. d. wagen aftillen/uit de auto helpen* ★ lift a hand *een hand uitsteken* ⟨om iets te doen⟩ ★ lift one's hand *een eed afleggen* ★ lift up one's heel *schoppen*; *trappen* ★ lift up one's horn *eerzuchtig of trots zijn* ★ lifting power *hefvermogen* III ONOV WW • *omhoog getild worden* • *zich verheffen* • *wegtrekken*; *optrekken* ⟨v. mist⟩ • *kromtrekken* ⟨v. vloer⟩ • ~ off *opstijgen* ⟨v. vliegtuig⟩
lift bridge ZN *ophaalbrug*
lift-off ('lɪftɒf) ZN *lancering* ★ have ~ *los zijn van de aarde*
lift shaft ZN *liftkoker*
ligament ('lɪgəmənt) ZN *gewrichtsband*
ligate (lɪˈgeɪt) OV WW *afbinden*
ligature ('lɪgətʃə) I ZN • *afbinding(sdraad)* • *verbinding*; *verbindingsteken* • MUZ. *ligatuur* • DRUKK. *koppelletter* II OV WW *afbinden*
light (laɪt) I ZN • (*dag*)*licht* • *gezichtsvermogen*; LIT. *licht der ogen* • *kennis* • *verstand* • *raam*; *venster*; *ruit* • *lichte partij* ⟨op schilderij⟩ • *vonk* • *vuurtje* • *lucifer* • *verlichting*; *lamp* • the ~ of s.o.'s life *iemands lieveling* ★ see the ~ *'t levenslicht aanschouwen*; *de waarheid v. iets inzien* ★ don't stand in my ~ *sta me niet in 't licht*; *verhinder me niet vooruit te komen* ⟨figuurlijk⟩ • *reversing* ~ *achteruitrijlamp* II BNW + BIJW • *licht* ⟨niet donker⟩ • *licht* ⟨niet zwaar⟩ • *te licht* ⟨v. goud⟩ • *licht* ⟨v. kleur⟩ • *sierlijk* (gebouw) • *tactvol* • *luchtig* • *lichtzinnig* • FIG. ~ fingers *lange vingers* ★ ~ traffic *weinig verkeer* ★ make ~ of a matter *een kwestie licht opvatten*; *zich weinig aantrekken van een kwestie* III OV WW • *lichten*; *verlichten*; *belichten*; *voorlichten* • *aansteken*; *opsteken* • ~ up *aansteken*; *verlichten*; *verhelderen* IV ONOV WW • *vlam vatten* • *schitteren* • SCHEEPV. *helpen bij 't aanhalen v. touwen* • ~ up *aangaan*; *opsteken*; *vlam vatten*; *oprolijven* ⟨v. gezicht⟩ • ~ (up)on *toevallig aantreffen* V BIJW • travel ~ *lichtbepakt reizen*; *weinig bagage meenemen*
light-bulb ZN (*gloei*)*lamp*
lighten ('laɪtn) I OV WW • *verlichten*; *verhelderen* • *lossen* II ONOV WW • *lichter worden* • *opklaren* • *flikkeren*; *bliksemen*; *weerlichten*; *schijnen* • INFORM. ~ up *tot bezinning komen*; *weer normaal gaan doen*
lighter ('laɪtə) ZN • *aansteker* • SCHEEPV. *lichter*
light-fingered (laɪtˈfɪŋgəd) BNW *met vlugge*

vingers ★ ~ *gentry de heren gauwdieven*
light-footed BNW *snelvoetig*
light-handed BNW • *tactvol* • *met onvoldoende bemanning of personeel* • *licht beladen*
light-headed (laɪtˈhedɪd) BNW • *ijlend* • *lichtzinnig*
light-hearted (laɪtˈhɑːtɪd) BNW *luchthartig*
lighthouse ('laɪthaʊs) ZN *vuurtoren*
lighthouse-keeper ZN *vuurtorenwachter*
lighting ('laɪtɪŋ) ZN *verlichting*
lighting shaft ZN *lichtkoker*
lightly ('laɪtlɪ) BIJW • *licht; luchtig* • *lichtvaardig; gemakkelijk*
light meter ZN *belichtingsmeter*
light-minded BNW *luchtig; lichtzinnig*
lightness ('laɪtnəs) ZN *lichtheid* ⟨v. beweging, gevoel⟩
lightning ('laɪtnɪŋ) I ZN *bliksem* ★ like (greased) ~ *als de (gesmeerde) bliksem* II BNW *bliksemsnel* ★ ~ *sketcher sneltekenaar* ★ ~ *strike onverwachte staking*
lightning-conductor ('laɪtnɪŋkəndʌktə) ZN *bliksemafleider*
lightning-proof ZN *beveiligd tegen blikseminslag*
lightning-rod ZN USA *bliksemafleider*
light pen ZN *lichtpen*
lightrail ('laɪtreɪl) ZN *lightrail*
lightsome ('laɪtsəm) BNW • *sierlijk; elegant* • *vrolijk; opgewekt* • *vlug* • *helder verlicht; lichtgevend*
lightweight ('laɪtweɪt) ZN *lichtgewicht*
lightwood ('laɪtwʊd) ZN • *aanmaakhout* • *harsachtig hout*
light-year ZN *lichtjaar*
ligneous ('lɪɡnɪəs) BNW • *houtachtig* • *verhout*
like (laɪk) I ZN • *gelijke; weerga* • *voorliefde* • *gelijk makende slag* ⟨bij golf⟩ ★ *and the like en dergelijke* ★ *did you ever see the like of it? heb je ooit zoiets gezien?* ★ INFORM. *the likes of me zulke lui als ik* ★ INFORM. *the likes of you zulke lui als jullie/u* ★ *likes and dislikes sympathieën en antipathieën* ★ *like will to like soort zoekt soort* II BNW • *gelijk(end)* • *dergelijk* • *geneigd* ★ *in like manner op dezelfde wijze* ★ *what is she like? wat is ze voor iemand?; hoe ziet ze er uit?* ★ *s.th. like £10 ongeveer £10* ★ *nothing like as good lang niet zo goed* ★ INFORM. *I had like to have gone ik was bijna gegaan* ★ *s.th. like a day een echt fijne dag* ★ INFORM. *this is s.th. like! dit is je ware!* ★ INFORM. *this is like só cool! dit is supergeweldig!* ★ *just like dad typisch pa; net iets voor pa* III OV WW • *houden van* • *(graag) willen* ★ IRON. *I like that! die is goed!* ★ *I'm shy if you like, but ... ik ben dan wel verlegen, maar ...* ★ IRON. *I should like to know dat zou ik wel eens willen weten* ★ *I like it, but it does not like me ik vind het wel fijn, maar ik kan er niet tegen* IV BIJW ★ INFORM. *(as) like as not zeer waarschijnlijk* ★ INFORM. *like enough zeer waarschijnlijk* ★ INFORM. *very like zeer waarschijnlijk* V VZ *(zo)als* ★ *that's more like it dat is beter* ★ *don't talk like that praat zo toch niet* ★ *a fellow like that zo'n vent*
likeable ('laɪkəbl) BNW *aangenaam; aantrekkelijk; aardig; prettig*
likelihood ('laɪklɪhʊd) ZN *waarschijnlijkheid*

likely ('laɪklɪ) BNW + BIJW • *waarschijnlijk; vermoedelijk* • *geschikt (lijkend)* • *veelbelovend* • *knap* ⟨v. uiterlijk⟩ • *aannemelijk* ★ *that's a ~ story je kunt mij nog meer vertellen* ★ *as ~ as not misschien wel, misschien niet* ★ *he is not ~ to come hij komt waarschijnlijk niet* ★ *they called at every ~ house ze bezochten ieder huis dat hen geschikt voorkwam*
like-minded BNW *gelijkgestemd*
liken ('laɪkən) OV WW *vergelijken* ★ ~ *to vergelijken met*
likeness ('laɪknəs) ZN • *gelijkenis* • *gedaante* • *portret* • *getrouwe kopie* • *dubbelganger* ★ *an enemy in the ~ of a friend een vijand in de gedaante van een vriend* ★ *a living ~ een treffende gelijkenis*
likewise ('laɪkwaɪz) BIJW *eveneens; bovendien; ook*
liking ('laɪkɪŋ) ZN *voorkeur; zin; smaak* ★ *have a ~ for een voorliefde hebben voor; houden van* ★ *take a ~ to op krijgen met; zin krijgen in*
lilac ('laɪlək) I ZN • *sering* • *lila* II BNW *lila*
lilac wine ZN *seringenwijn*
lilo ('laɪləʊ) ZN *luchtbed*
lilt (lɪlt) I ZN • *wijsje* • *ritme* • *veerkrachtige tred* II OV+ONOV WW *(melodieus en ritmisch) zingen*
lily ('lɪlɪ) I ZN *lelie* ★ *lilies and roses witte gelaatskleur* II BNW *wit; lelieblank; bleek*
lily-livered (lɪlɪ'lɪvəd) BNW *laf*
lily of the valley ZN *lelietje-van-dalen*
lily-white (lɪlɪ'waɪt) BNW • *lelieblank* • *erg geliefd* • USA/POLITIEK *racistisch*
limb (lɪm) I ZN • *lid(maat)* • *tak* • *arm* ⟨v. kruis⟩ • *uitloper* ⟨v. gebergte⟩ • *passage* ⟨in vonnis⟩ • *rand* • *bladschijf* ★ *out on a limb alleen, zonder steun van anderen* II OV WW *v. elkaar trekken; ontleden*
limber ('lɪmbə) I ZN *vóórwagen* ⟨v. kanon⟩ II BNW *lenig; buigzaam; meegaand* III OV+ONOV WW ~ *up de spieren losmaken; soepel maken*
limber chest ZN *munitiekist*
limbo ('lɪmbəʊ) ZN • *limbo* ⟨dans⟩ • INFORM. *nor* • *toestand v. vergetelheid*
lime (laɪm) I ZN • *kalk* • *limoen* • *linde* ★ *quick lime ongebluste kalk* ★ *slaked lime gebluste kalk* II OV WW • *behandelen/bemesten met kalk* • *bestrijken met vogellijm* • *lijmen* ⟨ook fig.⟩
lime juice ZN *limoensap*
limelight ('laɪmlaɪt) ZN ★ FIG. *be in the ~ in de schijnwerpers staan*
limerick ('lɪmərɪk) ZN *limerick*
limestone ('laɪmstəʊn) ZN *kalksteen*
Limey ('laɪmɪ) ZN • USA, PLAT *Engelse matroos/schip* • USA, PLAT *Engelsman*
limit ('lɪmɪt) I ZN • *grens(lijn)* • *eindpunt; limiet* • *beperking* ★ *that is the ~ dat is het toppunt* ★ *isn't he the ~? heb je ooit zo'n onuitstaanbaar iem. gezien?* ★ *go the ~ tot het uiterste gaan* ★ USA *off ~s verboden gebied* ★ *set ~s to paal en perk stellen aan* ★ *within ~s tot op zekere hoogte* II OV WW *begrenzen; beperken*
limitation (lɪmɪ'teɪʃən) ZN • *begrenzing; grens* • *verjaringstermijn*
limited ('lɪmɪtɪd) BNW • *begrensd; beperkt* • *bekrompen* • *schraal* ★ ~ *liability beperkte aansprakelijkheid* ★ ~ *liability company*

li

Naamloze Vennootschap ★ ~ partnership *commanditaire vennootschap* ★ ~ monarchy *constitutionele monarchie*
limitless ('lɪmɪtləs) BNW *onbeperkt; grenzeloos*
limn (lɪm) OV WW • *tekenen; schilderen* ⟨v. miniaturen⟩ • *beschrijven*
limo ('lɪməʊ) AFK INFORM. *limousine*
limousine ('lɪməzi:n) ZN • *limousine* • USA *taxibusje*
limp (lɪmp) I ZN *kreupele gang* ★ he has a limp in his walk *hij loopt mank* II BNW • *buigzaam* • *lusteloos* III ONOV WW • *kreupel/mank lopen; hinken* • *met moeite vooruitkomen* ⟨v. beschadigd schip of vliegtuig⟩ • *haperen* ⟨v. vers⟩
limpet ('lɪmpɪt) ZN • *soort zeeslak* • *iem. die niet te bewegen is zijn post te verlaten* ★ stick on like a ~ *aanhangen als 'n klit*
limpid ('lɪmpɪd) BNW *helder; doorschijnend*
limpidity (lɪm'pɪdətɪ) ZN *helderheid*
limpsy ('lɪmpsɪ) BNW *lusteloos; slap*
limy ('laɪmɪ) BNW • *kleverig* • *kalk-*
linage ('laɪnɪdʒ) ZN • *aantal regels* • *aantal regels per bladzijde* ⟨bij drukwerk⟩ • *betaling per regel*
linchpin ('lɪntʃpɪn) I ZN • *splitpen; luns* • *belangrijkste deel/persoon* II BNW *belangrijk*
Lincs. AFK *Lincolnshire*
linden ('lɪndən) ZN *linde(boom)*
line (laɪn) I ZN • *lijn* • *reeks* • *linie* • USA *rij* ⟨v. wachtenden⟩ • *grens(lijn)* • *streep* • MIL. *loopgraaf* • *rij tenten* • *rimpel* ⟨in gezicht⟩ • *omtrek; contour* • *regel; versregel* • *lettertje; briefje* • *lijndienst* • *afkomst; familie* • *gedragslijn* • *gedachtegang* • *vak; branche* • *artikel* ⟨uit assortiment⟩ • *spoor* • *richting* • *(stuk) touw; koord; snoer* • *fijn lang vlas* • *linnen* • *mooie praatjes* ★ all along the line *over de gehele linie* ★ be in line with *op één lijn staan met; overeenkomen met* ★ bring into line with *in overeenstemming brengen met* ★ draw the line *paal en perk stellen* ★ FIG. go over the line *te ver gaan* ★ PLAT get a line on *er achter komen* ★ hard lines *tegenslag* ★ hold the line, please *blijft u even aan de lijn* ⟨telefoon⟩ ★ that's in my line *dat is mijn vak; net iets voor mij* ★ line by line *langzaam maar zeker* ★ on the line *tussen twee in; op de grens* ★ it is out of my line *het is mijn vak niet; het is niets voor mij* ★ read between the lines *tussen de regels lezen* ★ USA stand/wait in line *in de rij staan* ★ take one's own line *z'n eigen gang gaan* ★ toe the line *in de pas blijven (lopen); de partijlijn volgen* ⟨onder druk⟩; *zich neerleggen bij de situatie* ★ line of battle *slagorde* ★ line of conduct *gedragslijn* ★ line of thought *gedachtegang* ★ line of life *levenslijn* ⟨bij handlezen⟩ ★ line of thought *gedachtegang* ★ line of conduct *gedragslijn* ★ line of fortune *gelukslijn* ⟨bij handlezen⟩ ★ dotted line *stippellijn* II OV WW • *liniëren; rimpelen* • *strepen* • *opgesteld staan langs; opstellen* • *afzetten* ⟨v. straat⟩ • *(v. binnen) bekleden; voeren; als voering dienen* • *beleggen* • *vullen* ⟨v. maag⟩; *spekken* ⟨v. beurs⟩ • *bespringen; dekken* ⟨v. honden⟩ • ~ in *omlijnen* • ~ off *afscheiden door streep* • ~ out *omlijnen* ⟨plan⟩ • USA ~ through *doorstrepen* III ONOV WW • ~ up Z. *opstellen; aantreden; naast elkaar voortbewegen* ⟨v. schepen/ vliegtuigen⟩ ★ line up with *één lijn trekken met* ★ line up behind *steunen; helpen* • ~ with *grenzen aan*
lineage ('lɪnɪɪdʒ) ZN • *geslacht* • *nakomelingen*
lineal ('lɪnɪəl) BNW • *rechtstreeks* • *afstammend in rechte lijn*
lineament ('lɪnɪəmənt) ZN *(gelaats)trek*
linear ('lɪnɪə) BNW • *lineair* • *lang, smal en v. gelijke breedte* • *lengte-; lijn-*
lineate ('lɪnɪeɪt) OV WW *liniëren*
line-drawing (laɪn'drɔ:ɪŋ) ZN *pentekening; potloodtekening*
line keeper ZN *baanwachter*
lineman ('laɪnmən) ZN *lijnwerker*
linen ('lɪnɪn) ZN • *linnen* • *ondergoed* • FIG. wash one's dirty ~ in public *de vuile was buiten hangen*
linen-draper ZN *winkelier in linnen/katoenen stoffen*
line operator ZN *telefonist*
liner ('laɪnə) ZN • *lijntrekker* • *lijnboot/-vliegtuig* • INFORM. *broodschrijver* ⟨voor krant⟩ • *voering* ⟨v. cilinder⟩
linesman ('laɪnzmən) ZN • *liniesoldaat* • SPORT *grensrechter* • *lijnwerker*
line-up ZN • *het aantreden* • *opstelling* • *samenstelling* ⟨v. groep⟩
ling (lɪŋ) ZN • *soort kabeljauw* • *soort heide(plant)*
linger ('lɪŋgə) I OV WW • ~ away *time tijd verknoeien* II ONOV WW • *talmen; dralen; blijven zitten* • *blijven hangen* • *kwijnen* • *weifelen* • ~ on s.th. *uitweiden over iets* • ~ over a report *lang bij een rapport stilstaan*
lingerer ('lɪŋgərə) ZN → **linger**
lingerie ('læʒərɪ) ZN *lingerie*
lingering ('lɪŋgərɪŋ) BNW *langzaam; slepend* ⟨v. ziekte⟩
lingo ('lɪŋgəʊ) ZN *groepstaal; jargon*
lingual ('lɪŋgwəl) I ZN *tongklank* II BNW • *tong-* • *taal-*
linguist ('lɪŋgwɪst) ZN • *talenkenner* • *taalkundige*
linguistic (lɪŋ'gwɪstɪk) BNW *taal-; taalkundig*
linguistics (lɪŋ'gwɪstɪks) ZN MV *taalwetenschap*
lingy ('lɪŋɪ) BNW *begroeid met heide*
liniment ('lɪnɪmənt) ZN *smeersel*
lining ('laɪnɪŋ) ZN • *voering* • *omlijning* ★ every cloud has a silver ~ *achter de wolken schijnt de zon*
link (lɪŋk) I ZN • *schakel; verbinding; verband* • *fakkel* • USA *voet* (±30 cm) • *manchetknoop* ★ missing link *ontbrekende schakel* II OV WW • *schakelen; verbinden* • *ineenslaan* ⟨v. handen⟩ • *steken door* ⟨v. armen⟩ III ONOV WW *zich verbinden; zich aansluiten*
linkage ('lɪŋkɪdʒ) ZN *verbinding*
linkman ('lɪŋkmæn) ZN *presentator* ⟨tussen programma's⟩
links (lɪŋks) ZN MV • SCHOTS *golvende zandvlakte bij de zee* • *golfterrein*
link-up ('lɪŋkʌp) ZN *verbinding*
linnet ('lɪnɪt) ZN *kneu*
lino ('laɪnəʊ) ZN INFORM. *linoleum*
linseed ('lɪnsi:d) ZN *lijnzaad*
linsey-woolsey (lɪnzɪ'wʊlzɪ) ZN *weefsel uit wol en*

linnen
lint (lɪnt) ZN *pluis; pluksel*
lintel ('lɪntl) ZN *kalf; latei* ⟨balk⟩
lion ('laɪən) ZN • *leeuw* • *man v. grote moed* • *beroemdheid* • *merkwaardigheid; bezienswaardigheid* • *Engeland* ★ *a lion in the way/path hinderpaal;* ⟨denkbeeldig⟩ *gevaar*
lioness ('laɪənəs) ZN • *leeuwin* • *vrouwelijke beroemdheid*
lion-hearted (laɪən'hɑ:tɪd) BNW *zeer moedig*
lionhood ('laɪənhʊd), **lionship** ZN *'t als beroemdheid behandeld worden*
lion hunter ZN *leeuwenjager; iem. die veel werk maakt v. beroemde personen*
lionize ('laɪənaɪz) I OV WW *als beroemdheid behandelen; op een voetstuk plaatsen* II ONOV WW *de gevierde man uithangen*
lion's den ZN *leeuwenkuil*
lionship ('laɪənʃɪp) ZN → lionhood
lion's share ZN *leeuwendeel*
lip (lɪp) I ZN • *lip* • *rand* • PLAT *brutale praat; onbeschaamdheid* ★ *hang one's lip beteuterd staan te kijken* ★ *keep a stiff upper lip geen emotie tonen* ★ *none of your lip! hou je grote mond!* II BNW • *lip(pen)-* • *schijn-* III OV WW • *murmelen; mompelen* • PLAT *zingen* • *aanraken met de lippen; even aanraken; kabbelen tegen of over* ⟨v. water⟩
lip-deep BNW *onoprecht*
lip-read ONOV WW *liplezen*
lip-service ('lɪps:vɪs) ZN *lippendienst* ★ *pay/give ~ to lippendienst bewijzen aan; alleen met de mond belijden*
lipstick ('lɪpstɪk) ZN *lippenstift*
liquefaction (lɪkwɪ'fækʃən) ZN *vloeibaarheid*
liquefy ('lɪkwɪfaɪ) OV+ONOV WW *smelten; vloeibaar maken* ⟨n. gas⟩
liqueur (lɪ'kjʊə) I ZN *likeur* II OV WW *mengen met likeur*
liquid ('lɪkwɪd) I ZN *vloeistof* II BNW • *waterig; vloeibaar* • *harmonieus of vloeiend* ⟨v. klanken⟩ • *onvast; vlottend* ⟨v. kapitaal⟩ ★ *~ fire vuur uit vlammenwerper* ★ *~ manure drijfmest; gier*
liquidate ('lɪkwɪdeɪt) OV WW • *liquideren* • *vereffenen* ⟨v. schuld⟩ • *uit de weg ruimen*
liquidation (lɪkwɪ'deɪʃən) ZN • *liquidatie* • *vereffening*
liquidator ('lɪkwɪdeɪtə) ZN *liquidateur*
liquidity (lɪ'kwɪdətɪ) ZN • *onvastheid* • ECON. *liquiditeit* • *vloeibaarheid*
liquidize ('lɪkwɪdaɪz) OV WW • *uitpersen* • *vloeibaar maken*
liquidizer ('lɪkwɪdaɪzə) ZN *mengbeker*
liquid measure ZN *inhoudsmaat voor vloeistoffen*
liquor ('lɪkə) I ZN • *drank; sterkedrank* • *aftreksel; brouwsel* • *vocht; nat* ★ *be in ~ dronken zijn* ★ *be the worse for ~ dronken zijn* ★ *spirituous ~ sterkedrank* II OV WW • *insmeren; weken* • *~ up dronken voeren* III ONOV WW PLAT *~ up borrelen*
liquorice ('lɪkərɪs) ZN • *zoethout* • *drop* ★ *~allsorts ≈ Engelse drop*
liquor store ZN USA *slijterij*
lisp (lɪsp) I ZN *gelispel* II ONOV WW • *lispelen* • *krompraten* ⟨v. kind⟩
lissom(e) ('lɪsəm) BNW *lenig; buigzaam*

list (lɪst) I ZN • *lijst; catalogus* • JUR. *rol* • *zelfkant; rand* • *tochtband* • *slagzij* • *het overhellen* ⟨bijv. v. muur⟩ II OV WW • *een lijst opmaken van; catalogiseren* • *noteren; registreren* • *v. zelfkant/tochtband voorzien* • *lust hebben* ⟨dichterlijk⟩ ★ *a listed building een op de monumentenlijst geplaatst gebouw* ★ *a listed hotel een bondshotel* III ONOV WW • *overhellen* • *slagzij maken*
listen ('lɪsən) ONOV WW • *luisteren* • *~ in (to) afluisteren; luisteren naar radiostation* • *~ out goed/aandachtig luisteren* • *~ to luisteren naar*
listener ('lɪsənə) ZN • *iem. die luistert* • PLAT *oor*
listless ('lɪstləs) BNW *lusteloos*
list price ZN *adviesprijs*
lists (lɪsts) ZN MV *strijdperk*
lit (lɪt) I BNW ★ PLAT *lit (up)* ⟨*wat aangeschoten*⟩; *tipsy* II WW [*verl. tijd + volt. deelw.*] → light
litany ('lɪtənɪ) ZN *litanie*
literacy ('lɪtərəsɪ) ZN *geletterdheid*
literal ('lɪtərəl) BNW • *prozaïsch; nuchter* • *letterlijk* • *letter-* ★ *~ error drukfout*
literary ('lɪtərərɪ) BNW • *letterkundig* • *geletterd*
literate ('lɪtərət) I ZN • *geletterde* • *iem. die kan lezen en schrijven* • *proponent; kandidaat-predikant die niet aan een universiteit heeft gestudeerd* ⟨in anglicaanse Kerk⟩ II BNW • *kunnende lezen en schrijven* • *geletterd*
literature ('lɪtərətʃə) ZN • *literatuur; letterkunde* • *de publicaties over een bep. onderwerp* • INFORM. *propaganda/voorlichtingsmateriaal*
lithe(some) ('laɪð(səm)) BNW *lenig; buigzaam*
lithograph ('lɪθəgrɑ:f) ZN *litho; steendruk(prent)*
lithography (lɪ'θɒgrəfɪ) ZN *lithografie; steendrukkunst*
Lithuania (lɪθjʊ'eɪnɪə) ZN *Litouwen*
Lithuanian (lɪθjʊ'eɪnɪən) I ZN *Litouwer* II BNW *Litouws*
litigant ('lɪtɪgənt) ZN *partij voor de rechtbank*
litigate ('lɪtɪgeɪt) OV+ONOV WW *procederen; betwisten*
litigation (lɪtɪ'geɪʃən) ZN *proces(voering)*
litigious (lɪ'tɪdʒəs) BNW • *pleitziek; twistziek* • *betwistbaar* • *proces-*
litmus ('lɪtməs) ZN *lakmoes*
litre ('li:tə) ZN *liter*
litter ('lɪtə) I ZN • *afval* • *rommelboeltje* • *worp* ⟨v. dieren⟩ • *stalstro* • *stalmest* • *strobedekking* • *draagstoel; draagbaar* ★ *everything was in a ~ alles lag overhoop* ★ *be in ~ drachtig zijn* II OV WW • *rommel maken* • *jongen werpen* • *van stro voorzien; bedekken met stro* • *~ about/around/over bezaaien; door elkaar gooien*
litterbin ('lɪtəbɪn) ZN *prullenbak*
litterbox ('lɪtəbɒks) ZN *kattenbak*
litterlout ('lɪtəlaʊt) ZN INFORM. *slodservos*
little ('lɪtl) BNW + BIJW • *klein* • *weinig* • *beetje* • *kleinzielig* • *onbelangrijk* • *laag; gemeen* ★ *the ~ de kleine luiden* ★ *the ~ ones de kleintjes; de jongen* ★ *~ by ~ langzamerhand* ★ *after a ~ na een tijdje* ★ *by ~ and ~ langzamerhand* ★ *for a ~ (gedurende) korte tijd* ★ *in ~ op kleine schaal* ★ *make ~ of als onbelangrijk behandelen; weinig begrip tonen voor* ★ *he ~ knows the*

littleness – loaves

story *hij kent het verhaal helemaal niet* ★ he did his ~ best *hij deed wat hij kon (al was het dan niet veel)* ★ ~ things please ~ minds *eenvoudige mensen zijn met een beetje tevreden; een kinderhand is gauw gevuld*
littleness ('lɪtlnəs) ZN *klein(zielig)heid*
littoral ('lɪtərəl) I ZN *kuststreek* II BNW *kust-*
liturgy ('lɪtədʒɪ) ZN *liturgie*
livable BNW → **liveable**
live[1] (lɪv) I OV WW • *leven* • *doorléven* • *in praktijk brengen* • ~ **down** *te boven komen* • ~ **out** *zijn leven slijten* • ~ out one's fantasies *zijn fantasie realiseren* • she did not ~ out the night *ze haalde de morgen niet* • ~ **over** *doorkomen* ⟨tijd⟩ II ONOV WW • *leven; bestaan* • *wonen* • *leven van; aan de kost komen* • *blijven leven* • as I ~ *zowaar (ik leef)* ★ he ~d to a great age *hij bereikte een zeer hoge leeftijd* ★ if I ~ to see the day *als ik de dag nog beleef/meemaak* ★ ~ again *herleven* ★ ~ and learn! *ondervind 't maar eens!* ★ ~ from hand to mouth *v.d. hand in de tand leven* ★ ~ well *'n goed leven leiden; er goed v. eten* • ~ **by** *leven van* • ~ in *inwonend zijn* ★ the room was not ~d in *de kamer werd niet bewoond* • ~ **off** *leven (op kosten) van* • ~ **on** *blijven leven* ★ he ~s on potatoes *hij leeft van aardappelen* • ~ **out** *uitwonend zijn* • ~ **through** *doormaken* • ~ **up to** *naleven; nakomen; waarmaken*
live[2] (laɪv) BNW • *levend; in leven* • *levendig* • COMM. *rechtstreeks uitgezonden; niet vooraf opgenomen;* MUZ. *ter plekke uitgevoerd; niet vooraf opgenomen;* live • *scherp* ⟨v. munitie⟩ • TECHN. *onder stroom* ⟨v. elektriciteitskabel⟩ • *gloeiend heet* ⟨v. kolen⟩
liveable ('lɪvəbl), **livable** BNW • *leefbaar* • *bewoonbaar* • *draaglijk* ⟨v. leven⟩ • *gezellig* ⟨v. mensen⟩
live-in ('lɪvɪn) BNW • *inwonend* • *samenwonend*
livelihood ('laɪvlɪhʊd) ZN *levensonderhoud*
liveliness ('laɪvlɪnəs) ZN *levendigheid; vrolijkheid*
livelong ('lɪvlɒŋ) I ZN PLANTK. *hemelsleutel* II BNW • the ~ day *de godganse dag*
lively ('laɪvlɪ) BNW • *levendig; krachtig* • *vrolijk; opgewekt* • *bedrijvig* • *treffend* • IRON. *moeilijk; opwindend; gevaarlijk* • *helder; fris* ⟨v. kleur⟩ • *licht op het water liggend* ⟨v. boot⟩ • ~! *vlug 'n beetje!* ★ he gave me a ~ time *hij gaf me handen vol werk* ★ that's ~! *dat ziet er fraai uit!*
liven ('laɪvən) OV+ONOV WW ~ **up** *opvrolijken*
liver ('lɪvə) ZN • *lever* • *leverkwaal* • *leverkleur* • *iem. die leeft; levende bewoner* ★ he is a good ~ *hij leidt een behoorlijk/goed leven; hij leeft er goed van* ★ ~ chopped ~ *leverpastei*
liveried ('lɪvərɪd) BNW *in livrei*
liverish ('lɪvərɪʃ) BNW • *misselijk; galachtig; chagrijnig* • *leverachtig*
liver sausage ZN *leverworst*
liverwort ('lɪvəwɜːt) ZN PLANTK. *levermos*
livery ('lɪvərɪ) ZN • *livrei* • *kledij (figuurlijk)* • GESCH. *rantsoen* • JUR. *(akte v.) inbezitstelling* • *livrei van Londens gilde* ★ keep horses at ~ *paarden verhuren; paarden onderhouden voor iem. anders*
liveryman ('lɪvərɪmən) ZN • *lid v. Londens gilde* • *stalhouder(sknecht)*

livery stable ZN *stalhouderij*
lives (laɪvz) ZN MV → **life**
livestock ('laɪvstɒk) ZN *veestapel; levende have*
livid ('lɪvɪd) BNW • *loodkleurig; lijkkleurig* • INFORM. *razend; boos*
living ('lɪvɪŋ) I ZN • *levensonderhoud* • *leven* • *woonkamer; woonruimte* • *predikantsplaats* ⟨in anglicaanse Kerk⟩ ★ the ~ *de levenden* ★ good ~ *lekker eten en drinken* ★ earn/make a ~ *de kost verdienen* II BNW *levend*
living-room ('lɪvɪŋruːm) ZN *woonkamer*
living wage ZN *aanvaardbaar salaris* ⟨waarmee je goed kunt leven⟩
lizard ('lɪzəd) ZN • *hagedis* • *soort kanarie*
ll. AFK lines *regels*
'll HWW → **will** → **shall**
llama ('lɑːmə) ZN *lama(wol)*
lo (ləʊ) TW IRON. *kijk!; zie!* ★ IRON. lo and behold *(en) ziet!*
load (ləʊd) I ZN • *last; vracht; lading* • *kracht* • *hoeveelheid* • *druk* • *belasting* • INFORM. loads of *een overvloed aan;* hopen van ★ it took a load off my mind *het was een pak v. mijn hart* II OV WW • *laden; inladen; beladen; verzwaren; belasten* • *overláden* • *vervalsen door zwaarder/sterker te maken* ⟨vnl. van dobbelstenen⟩ • *veel kopen* ⟨op effectenbeurs⟩ • *verzekeringspremie extra verhogen* • ~ **up** *(be)laden* III ONOV WW • *vollopen/-raken* ⟨v. vervoermiddel⟩
loaded ('ləʊdɪd) BNW *dronken* ★ he's ~ *hij barst van het geld; hij is schatrijk* ★ ~ tongue *beslagen tong* ★ air ~ with *lucht bezwangerd met*
loader ('ləʊdə) ZN • *lader v. geweer op de jacht* • *type geweer dat op bep. manier wordt geladen*
loading ('ləʊdɪŋ) ZN • *vracht* • *het laden* • *extra verhoging op verzekeringspremie*
loadstar ('ləʊdstɑː) ZN → **lodestar**
loadstone ('ləʊdstəʊn) ZN → **lodestone**
loaf (ləʊf) I ZN • *brood* • *krop* ⟨v. groente⟩ • *gelummel* ★ FIG. half a loaf is better than no bread *een half ei is beter dan een lege dop* ★ PLAT use your loaf! *gebruik je hersens!* ★ be on the loaf *aan het slenteren zijn; lummelen* II OV+ONOV WW *rondslenteren; lummelen* ★ loaf away one's time *z'n tijd verlummelen*
loafer ('ləʊfə) ZN • *leegloper* • *(comfortabele) herenschoen*
loam (ləʊm) I ZN • *leem; potgrond* • *bloemistenaarde* II OV WW *met leem besmeren*
loamy ('ləʊmɪ) BNW • *leem-* • *leemachtig*
loan (ləʊn) I ZN • *lening; krediet* • *het (ont)lenen* • *het ontleende of geleende* • on loan *te leen* ★ bridging loan *overbruggingskrediet* II BNW • *in bruikleen* • *ontleend* ★ a loan collection *een in bruikleen afgestane verzameling* III OV WW ~ **out** *uitlenen*
loan-office ZN • *bank van lening* • *lommerd*
loan-word ('ləʊnwɜːd) ZN *leenwoord*
loath (ləʊθ) OV WW BNW *afkerig; ongenegen; onwillig* ★ nothing ~ *helemaal niet afkerig; met alle plezier*
loathe (ləʊð) OV WW *verafschuwen; walgen van*
loathing ('ləʊðɪŋ) ZN *afschuw; walging*
loathsome ('ləʊðsəm) BNW *walgelijk*
loaves (ləʊvz) ZN MV → **loaf**

lob ('lɒb) **I** ZN • *homp; klomp* • PLAT *geldlade* • *hoog geslagen bal* ⟨bij tennis⟩; *onderhands gegooide bal* ⟨bij cricket⟩ **II** OV WW *gooien of slaan* ⟨v. bal⟩ **III** ONOV WW *z. log bewegen*

lobby ('lɒbɪ) **I** ZN • *portaal; vestibule* • *(wandel)gang* • FIG. *foyer; wachtkamer; conversatiezaal* ⟨in hotel⟩ • *lobby* ⟨pressiegroep⟩ • *lobbyist* **II** OV+ONOV WW • *lobbyen; bewerken van invloedrijke personen* • *druk uitoefenen op (politieke) besluitvorming*

lobe (ləʊb) ZN • *(oor)lel* • *lob* • *kwab*

lobotomy (lə'bɒtəmɪ) ZN *lobotomie*

lobster ('lɒbstə) ZN • *zeekreeft* • *Engelse soldaat* • *sul* ★ PLAT *a raw ~ politieagent*

lobworm ('lɒbwɜːm) ZN *aasworm*

local ('ləʊkl) **I** ZN • *plaatselijke bewoner* • *plaatselijk nieuws* ⟨in krant⟩ • *postzegel voor bep. district* • *lokaaltrein* • INFORM. *(dorps)café* **II** BNW • *plaatselijk; gewestelijk; plaats-* • *alhier* ⟨op brief⟩

locale (ləʊ'kɑːl) ZN • *plaats van handeling; toneel*

localism ('ləʊkəlɪzəm) ZN *plaatselijke eigenaardigheid; gehechtheid aan bep. plaats*

locality (ləʊ'kælətɪ) ZN • *ligging* • *plaats; streek* • *plaatsgeheugen; oriënteringsvermogen*

localize ('ləʊkəlaɪz) OV WW • *lokaliseren* • *een plaatselijk karakter geven* • *decentraliseren* • *~ upon (aandacht) concentreren op*

locate (ləʊ'keɪt) **I** OV WW • *in 'n plaats vestigen* • *de plaats bepalen van* • *afbakenen* • *aanleggen* ⟨v. weg⟩ **II** ONOV WW *gelegen zijn*

location (ləʊ'keɪʃən) ZN • *plaats(bepaling)* • *ligging* • *afbakening* • *afgebakend gebied* • *aanleg* ⟨v. weg⟩ • *verblijfplaats* • *kraal* ⟨in Zuid-Afrika⟩ ★ *on ~ op lokatie*

loch (lɒx) ZN • SCHOTS *meer* • SCHOTS *smalle zeearm*

loci ('ləʊsaɪ) ZN MV → **locus**

lock (lɒk) **I** ZN • *slot* • *(haar)lok* • *sluis* • *vlok* ⟨v. katoen of wol⟩ • *houdgreep* • *dol* ⟨v. roeiboot⟩ • *verkeersopstopping* ★ *lock, stock and barrel alles inbegrepen; geheel en al* ★ *under lock and key achter slot en grendel* **II** OV WW • *op slot doen* • *vastzetten* ⟨v. kapitaal⟩ • *voorzien v. sluizen* • *~ away wegsluiten* • *~ down/in/out/through schutten* ⟨v. boot⟩ • *~ in insluiten; opsluiten; omsluiten* • *~ out buitensluiten; uitsluiten* • *~ up wegsluiten; opsluiten* ⟨v. patiënt⟩; *op (nacht)slot doen; vastzetten* ⟨v. geld⟩; *sluiten* **III** ONOV WW • *vastlopen* ⟨v. wiel⟩ • *klemmen* • *op slot kunnen* • *~ on doel zoeken en automatisch volgen* ⟨v. raket, radar⟩ **IV** OV+ONOV WW *insluiten; omsluiten; sluiten*

lockage ('lɒkɪdʒ) ZN • *verval in sluis* • *schutgeld* • *sluiswerken*

locker ('lɒkə) ZN • *doosje of kastje met slot* • *bagagekluis*

locker-room ZN *kleedkamer met kasten*

locket ('lɒkɪt) ZN *medaillon*

lock gate ZN *sluisdeur*

lock hospital ZN *ziekenhuis voor geslachtsziekten*

lock-in ZN *'t bezetten v. fabriek, enz. uit protest*

lockjaw ('lɒkdʒɔː) ZN *tetanus*

lock-keeper ZN *sluiswachter*

lock nut ZN *contramoer*

lockout ('lɒkaʊt) ZN *uitsluiting* ⟨v. personeel bij dreigende staking⟩

locksmith ('lɒksmɪθ) ZN *slotenmaker*

lock-up ('lɒkʌp) ZN • *iets dat op slot gedaan kan worden* • *sluitingstijd* • *het vastzetten* ⟨v. geld⟩ • *arrestantenlokaal* • *garagebox*

lock-up shop ZN *winkel zonder woongelegenheid*

loco ('ləʊkəʊ) **I** ZN *locomotief* **II** BNW PLAT *niet goed snik*

locomotion (ləʊkə'məʊʃən) ZN *(voort)beweging; verkeer; vervoer*

locomotive (ləʊkə'məʊtɪv) **I** ZN *locomotief* **II** BNW • *z. (voort)bewegend; bewegings-; beweeg-* • FIG. *altijd onderweg*

locomotives (ləʊkə'məʊtɪvz) ZN MV PLAT *benen*

locum ('ləʊkəm) ZN • *~ (tenens) plaatsvervanger*

locus ('ləʊkəs) ZN *(meetkundige) plaats*

locust ('ləʊkəst) ZN • *sprinkhaan* • *vrucht v.d. broodboom* • *acacia*

locution (lək'juːʃən) ZN *spreekwijze; manier v. (z.) uitdrukken*

locutory ('lɒkjʊtərɪ) ZN • *conversatiezaal* ⟨in klooster⟩ • *tralliewerk tussen bezoekers en kloostering*

lode (ləʊd) ZN • *afvoerkanaal* • *metaalader*

lodestar ('ləʊdstɑː), **loadstar** ZN • *Poolster*; *leidster* • *iets wat men najaagt*

lodestone ('ləʊdstəʊn), **loadstone** ZN *magneet*

lodge (lɒdʒ) **I** ZN • *(schuil)hut* • *jachthuis*; *buitenhuis* • *portierswoning; portierskamer* • *herberg* • *woning v. hoofd v. college in Cambridge* • *wigwam* • *leger v. bever of otter* • *vrijmetselaarsloge* • *afdeling v. vakbond* **II** OV WW • *bevatten* • *indienen* ⟨v. klacht⟩ • *inzenden* • *plaatsen*; *leggen* ⟨v. macht in iemands handen⟩ • *logies verschaffen*; *herbergen* ★ *~ an appeal in hoger beroep gaan* • *~ with deponeren* ⟨bij rechtbank⟩ **III** ONOV WW • *logeren; zetelen* • *neerslaan* ⟨v. gewas door wind of regen⟩ • *blijven steken; blijven zitten* ⟨v. splinter⟩ • *~ with in(wonen) bij*

lodge-keeper ZN *portier*

lodgement ('lɒdʒmənt) ZN → **lodgment**

lodger ('lɒdʒə) ZN *kamerbewoner*

lodging ('lɒdʒɪŋ) ZN *logies; verblijf*

lodging-house ('lɒdʒɪŋhaʊs) ZN *logement*

lodgings ('lɒdʒɪŋz) ZN MV *gehuurde kamer(s)* ★ *live in ~ op kamers wonen*

lodgment ('lɒdʒmənt), **lodgement** ZN • *logies; onderdak* • JUR. *het deponeren* • *ophoping*

loess ('ləʊɪs) ZN *löss*

loft (lɒft) **I** ZN • *vliering; zolder* • *tribune; galerij* • *duiventil* • *vlucht duiven* **II** OV WW • *hoog slaan* ⟨v. bal bij golf⟩ • *de ruimte inschieten* ⟨v. satelliet⟩ • *duiven in til houden*

lofter ('lɒftə) ZN *golfclub*

lofty ('lɒftɪ) BNW • *hoog; verheven* • *hooghartig*

log (lɒg) **I** ZN • *blok hout* • *logboek* ★ *I have no log to roll ik ben niet op eigen baat uit* ★ *sleep like a log slapen als een os/blok* ★ *in the log niet gekapt; onbehouwen* **II** OV WW • *in blokken kappen* • USA *hout hakken en vervoeren* • *optekenen* ⟨in dagboek⟩ • SCHEEPV. *afstand afleggen; lopen* • *beboeten* • COMP. *~ in/on inloggen* • COMP. *~ out uitloggen* **III** AFK WISK. *logaritme*

loganberry (ləʊɡənbrɪ, -berɪ) ZN *loganbes*

⟨kruising framboos en braam⟩
logarithm ('lɒgərɪðəm) ZN *logaritme*
log-book ('lɒgbʊk) ZN • *logboek* • *dagboek*
log cabin ZN *blokhut*
log canoe ZN *kano* ⟨v. uitgeholde boomstam⟩
logged (lɒgd) BNW • *vol water* • *stilstaand* ⟨v. water⟩ • *vastgelopen*
logger ('lɒgə) ZN *houthakker*
loggerhead ('lɒgəhed) ZN • *dikkoppige schildpad of vogel* • *domkop; dwaas* • *apparaat voor het smelten van teer* ★ be at ∼s *overhoop liggen (met iem.)*
logic ('lɒdʒɪk) ZN *logica*
logical ('lɒdʒɪkl) BNW *logisch*
logically ('lɒdʒɪklɪ) BIJW *logischerwijze*
logician (lədʒɪʃən) ZN *beoefenaar v.d. logica; logicus*
logistics (lə'dʒɪstɪks) ZN MV • *logistiek* • *verplaatsing en legering v. troepen* • USA *bevoorrading en onderhoud v.e. vloot*
log jam ZN *stremming* ⟨v. houtvlotten⟩; FIG. *sta-in-de-weg*
logo ('ləʊgəʊ) ZN *logo; beeldmerk*
loin (lɔɪn) ZN *lende(stuk)* ★ one's loins *zijn eigen kroost* ★ gird (up) one's loins *zich op de strijd voorbereiden*
loincloth ('lɔɪnklɒθ) ZN *lendedoek*
loiter ('lɔɪtə) OV+ONOV WW • *dralen; talmen; rondhangen* • ∼ away *one's time z'n tijd verbeuzelen* • ∼ **about/away** *rondslenteren*
loiterer ('lɔɪtərə) ZN *draler; slenteraar*
loll (lɒl) OV+ONOV WW • *los (laten) hangen* • *lui liggen/hangen* • ∼ **about/around** *rondslenteren; rondhangen*
lollipop ('lɒlɪpɒp) ZN • *(ijs)lolly* • PLAT *geld; poen* • *stopbordje* ⟨v. klaar-over⟩
lollop ('lɒləp) ONOV WW • INFORM. *lui liggen/hangen* • INFORM. *slenteren; zwalken*
lone (ləʊn) BNW • *eenzaam; verlaten* • *alleenstaand* ★ play a lone hand *met niemand rekening houden* • INFORM. on/by my lone *moederziel alleen* ★ lone wolf *eenzelvig iem.*
loneliness ('ləʊnlɪnəs) ZN *eenzaamheid*
lonely ('ləʊnlɪ) BNW *eenzaam; verlaten*
loner ('ləʊnə) ZN *eenzame; verlatene; eenzelvig mens*
lonesome ('ləʊnsəm) BNW • *eenzaam; alleen* • *verlaten*
long (lɒŋ) I ZN • *lange klinker/lettergreep* • *haussier* ★ the long *de grote vakantie* ★ the long and the short of it is *het komt hierop neer* ★ at (the) longest *uiterlijk* ★ before long *weldra; spoedig* ★ for long *lange tijd* ★ USA longs *lange broek* II BNW • *lang(gerekt)* • *ver reikend* • *scherp* ⟨v. gezichtsvermogen⟩ • *groot* ⟨v. getal of gezin⟩ • *saai; vervelend* • INFORM. *hoog* ⟨v. prijs⟩ ★ long in the tooth *aftands* ★ a long hundred *120* III ONOV WW ∼ **for** *verlangen naar* IV BIJW ★ all day long *de hele dag door* ★ INFORM. so long! tot ziens! ★ I will help you, as long as you do what I tell you *ik wil je wel helpen, als je maar doet wat ik zeg* ★ no longer *niet langer; niet meer* ★ tot siens! ★ not any longer *niet langer; niet meer*
longbill ('lɒŋbɪl) ZN *snip*
longboat ('lɒŋbəʊt) ZN *sloep*
longbow ('lɒŋbəʊ) ZN *handboog* ★ draw the ∼ *opscheppen*
long-distance (lɒŋ'dɪstəns) BNW + BIJW *langeafstands-; interregionaal*
long-drawn-out BNW *langdurig*
long-eared (lɒŋ'ɪəd) BNW • *met lange oren* • *dom*
longevity (lɒn'dʒevətɪ) ZN *lang leven*
longhand ('lɒŋhænd) ZN *(gewoon) handschrift*
longing ('lɒŋɪŋ) ZN *verlangen*
longish ('lɒŋɪʃ) BNW *tamelijk lang*
longitude ('lɒŋgɪtjuːd) ZN *geografische lengte*
longitudinal (lɒŋgɪ'tjuːdɪnl) BNW *lengte-; in de lengte(richting)*
long-lasting BNW *langdurig*
long-lived (lɒŋ'lɪvd) BNW • *lang levend* • *langdurig*
long-range (lɒŋ'reɪndʒ) BNW • *op lange termijn* • *ver reikend; langeafstands-*
longshoreman ('lɒŋʃɔːmən) ZN USA *havenarbeider; dokwerker*
long-sighted BNW *verziend*
long-standing (lɒŋ'stændɪŋ) BNW v. *oude datum; al lang bestaand*
long-suffering (lɒŋ'sʌfərɪŋ) BNW *lankmoedig*
long-term (lɒŋ'tɜːm) BNW *langetermijn-; op lange termijn*
long-time (lɒŋ'taɪm) BNW ★ ∼ friend *oude vriend*
longways ('lɒŋweɪz) BNW + BIJW *lengte-; in de lengte*
long-winded (lɒŋ'wɪndɪd) BNW • *met lange adem* • *langdradig*
loo (luː) ZN INFORM. *plee*
look (lʊk) I ZN • *'t kijken* • *blik; gezicht* • *uiterlijk* • *uitzicht* • *aanzien* ★ good looks *knap uiterlijk* ★ new look *nieuwe mode; nieuwe zienswijze/aspect* ⟨v. bep. zaak⟩ ★ by the look of it *zo te zien* ★ for the look of it *voor de schijn* ★ have/take a (close) look at *eens (goed) kijken naar* ★ lose one's looks *er niet knapper op worden* ★ I don't like the look of him *hij staat me niet aan* II OV WW • *kijken (naar)* • *onderzoeken* • *verbaasd/dreigend kijken* • INFORM. *zorgen; te kennen geven* ★ look s.o. down *iem. de ogen doen neerslaan* ★ he looks himself again *hij is weer de oude* • ∼ **over** *doorkijken; onderzoeken; door de vingers zien* ★ look a p. over *iem. opnemen* • ∼ **up** *opzoeken* ⟨v. woord/persoon⟩ ★ look someone up and down *iemand van onder tot boven opnemen* III ONOV WW • *kijken; zien* • *ergens v. opkijken* • *een bep. kant uitgaan* ★ look before you leap *bezint eer ge begint* ★ look sharp *op zijn hoede zijn; vlug voortmaken* ★ look you! denk erom!; luister 'ns! • ∼ **about** *rondkijken* ★ he looked about him *hij keek om z. heen; hij was op zijn hoede* • ∼ **after** *zorgen voor; waarnemen* ⟨v. dokterspraktijk⟩ • ∼ **ahead** *vooruitzien* • ∼ **at** *kijken naar; bezien; beoordelen; bekijken; overwegen* ★ I won't look at it *ik wil er niet naar kijken; ik wil er niets mee te maken hebben* ★ INFORM. he could not look at you *hij bleef ver bij je achter* ★ it is not much to look at *zo te zien lijkt 't niet veel zaaks* ★ to look at him, you would not say so *naar z'n uiterlijk te oordelen zou je het niet zeggen* ★ here's looking at you! *proost!* • ∼ **back** *achterom kijken; z. herinneren*

look-alike – lory

• ~ **down** *neerzien; de ogen neerslaan* ★ look down upon *neerkijken op* ⟨ook fig.⟩ • ~ **for** *zoeken naar; verwachten; vragen om* ⟨moeilijkheden⟩ • ~ **forward to** *(verlangend) uitzien naar* • ~ **in** *aanlopen* ★ look in on someone *bij iemand aanlopen* • ~ **into** *onderzoeken* • ~ **on** *toekijken* • ~ **out** *uitkijken* • ~ **out for** *uitzien naar; verwachten; zorgen voor* • ~ **out (up)on** *uitzicht geven op/over* • ~ **over** *uitzien op/over* • ~ **round** *omkijken; om z. heen zien* • ~ **round for** *uitkijken naar* • ~ **through** *kijken door; doorkijken; doorzien* ★ look through s.o. *iem. met zijn blik doorboren* • ~ **to** *zorgen voor; denken om; nazien; tegemoet zien; vertrouwen* ★ I look to her for help *ik verwacht/hoop dat zij me zal helpen* ★ look to yourself! *denk om jezelf!* • ~ **towards** *uitzien op; overhellen naar* • ~ **up** *opkijken; stijgen* ⟨v. prijzen⟩; *beter worden* ⟨v. weer⟩ ★ look up to *opkijken naar; opzien tegen* • ~ **upon as** *beschouwen als* **IV** KWW • *lijken; uitzien; eruitzien* ★ look small *er dwaas/onbelangrijk uitzien* ★ he looks it *hij ziet ernaar uit* ★ look alive! *schiet op!* • ~ **like** *eruitzien als; lijken op* ★ you look like winning *het lijkt wel of jij zult winnen* ★ it looks like a storm *het ziet er uit alsof we storm krijgen*
look-alike ZN USA *evenbeeld; dubbelganger*
looker ('lʊkə) ZN • *kijker* • FIG. *lekker ding; stuk*
looker-on (lʊkər'ɒn) ZN *toeschouwer*
look-in ('lʊkɪn) ZN • *kans om mee te doen* • *kans op succes* • *kort bezoek* • *vluggge blik* ★ he gave me a ~ *hij kwam even bij me aanlopen*
looking-glass ('lʊkɪŋglɑ:s) I ZN • *spiegel* • PLAT *nachtspiegel* II WW • *tegenovergesteld(e)* • *op z'n kop*
look-out ZN • *uitkijkpost* • *(voor)uitzicht* ★ on the ~ for *op de uitkijk naar; uitziende naar* ★ that's my ~ *dat is mijn zaak*
look-over ('lʊkəʊvə) ZN *kort onderzoek* ★ give s.th. a ~ *ergens wel even naar kijken*
look-see (lʊk'si:) ZN PLAT *vluchtige blik; haastig onderzoek*
loom (lu:m) I ZN • *weefgetouw* • *steel v. roeiriem* • *vage verschijning* ⟨v. land/zee door mist⟩ • *duikvogel* II ONOV WW *opdoemen* ★ the danger loomed large *het gevaar doemde in al zijn omvang op*
loon (lu:n) ZN • *fuut* • *(zee)duiker* ⟨vogel⟩ • *leegloper; luilak* • *vent* • *jongen*
loony ('lu:nɪ), **luny** BNW INFORM. *gek*
loony-bin ('lu:nɪbɪn) ZN INFORM. *gekkenhuis*
loop (lu:p) I ZN • *lus; strop* • *loop* ⟨zeg: loep⟩ • *bocht* • *spiraaltje* • *loop(-line)* • *ringlijn* II OV WW • *een lus maken in* • *met een lus vastmaken* ★ looping the loop *een lus vliegen/maken* ⟨door vliegtuig of fietsacrobaat⟩
loop-aerial ZN *raamantenne*
loo paper ZN INFORM. *pleepapier*
looper ('lu:pə) ZN • *spanrups* • *lussenmaker* ⟨in naaimachine⟩ • *lusvlieger*
loophole ('lu:phəʊl) ZN • *schietgat; kijkgat; lichtgat* • *uitvlucht; uitwijkmogelijkheid* ★ FIG. legal ~ *maas in de wet*
loopy ('lu:pɪ) BNW • *bochtig* • INFORM. *niet goed wijs*

loose (lu:s) I ZN *vrije loop* • PLAT be on the ~ *ontsnapt zijn* ⟨v.gevangene⟩; *aan de boemel zijn* ★ give (a) ~ to *de vrije loop laten; lucht geven aan* II BNW • *los* • *loslijvig* • *losbandig* • SCHEIK. *niet verbonden* • *ruim; vrij* • *slap* • *onnauwkeurig; vaag* • *onjuist; oppervlakkig; slordig* ⟨v. stijl⟩ III OV WW • *loslaten; losmaken* • *afschieten* ★ ~ one's hold *loslaten*
loose-leaf BNW *losbladig*
loose-limbed (lu:s'lɪmd) BNW *lenig*
loose-minded BNW *lichtzinnig*
loosen ('lu:sən) I OV WW • *los(ser) maken* • *doen verslappen* II ONOV WW • *los(ser) worden* • *losraken* • *verslappen* • ~ **up** *vrijuit praten; opdokken; opwarmen* ⟨voor het sporten⟩ ★ ~ up! *doe eens relaxed!*
loosestrife ('lu:sstraɪf) ZN • *wederik* • *kattenstaart*
loose-tongued BNW *loslippig*
loot (lu:t) I ZN • *buit; plundering* • PLAT *luitenant; luit* II OV WW *plunderen; (be)roven*
lop (lɒp) I ZN • *dunne takken en twijgen* • *hangoorkonijn* • *golvende zee* II WW • *slap laten hangen* • ~ **away/off** *snoeien* • ~ **off** *afhakken* III ONOV WW • *slap hangen* • *rondslenteren* • *korte golven maken*
lope (ləʊp) I ZN *sprong* II ONOV WW • *z. met grote sprongen voortbewegen* ⟨v. dier⟩ • *draven*
lop-eared (lɒp'ɪəd) BNW *met hangende oren*
loppings ('lɒpɪŋz) ZN MV *snoeisel*
lopsided (lɒp'saɪdɪd) BNW • *scheef* • *onevenwichtig*
loquacious (ləʊ'kweɪʃəs) BNW • *praatziek* • *kwetterend* ⟨v. vogels⟩ • *kabbelend* ⟨v. water⟩
loquacity (lə'kwæsətɪ) ZN *babbelzucht*
lord (lɔ:d) I ZN • *heer; meester* • *heer* ⟨adellijke titel⟩ • *lord* ⟨lid v.h. Hogerhuis⟩ • *eigenaar* • *(handels)magnaat* ★ IRON. lord (and master) *echtgenoot* • lord of the manor *ambachtsheer* ★ lords spiritual/temporal *geestelijke/wereldlijke leden v. het Hogerhuis* ★ (as) drunk as a lord *zo dronken als een kanon* ★ live like a lord *royaal leven* ★ swear like a lord *vloeken als een ketter* II OV WW *in de adelstand verheffen* ★ lord (it) *de baas spelen*
Lord (lɔ:d) ZN REL. *Heer* ⟨God⟩ ★ the Lord's Day *de dag des Heren* ⟨zondag⟩ ★ the Day of the Lord *de Dag v.h. Laatste Oordeel* ★ the Lord's Prayer *het onzevader* ★ the Lord's Supper *het Avondmaal* ★ Lord of Hosts *Heer der heerscharen*
Lord Chancellor ZN *voorzitter v. het Hogerhuis*
Lord Chief Justice ZN *hoogste rechterlijke ambtenaar na de Lord Chancellor*
Lord Lieutenant ZN *onderkoning; commissaris der koningin*
lordly ('lɔ:dlɪ) BNW • *hooghartig* • *groots* • *vorstelijk* • *als v. een heer*
Lord Mayor ZN G-B *burgemeester* ⟨v.grote stad⟩
lordship ('lɔ:dʃɪp) ZN • *titel van baron/graaf* • *landgoed; adellijk domein* ★ His Lordship *meneer de baron/graaf;* IRON. *mijnheer*
lore (lɔ:) ZN *kennis* ⟨v. oudsher overgeleverd⟩
lorn (lɔ:n) BNW *eenzaam; verlaten*
lorry ('lɒrɪ) ZN • *lorrie* • *vrachtwagen*
lorry-load ('lɒrɪləʊd) BNW *vrachtwagen vol*
lory ('lɔ:rɪ) ZN *papegaai*

lose (lu:z) OV+ONOV WW • *(doen) verliezen; verspelen; verlies lijden • verknoeien* ⟨v. tijd⟩ • *missen* ⟨v. kans, trein⟩ • *achterlopen* ⟨v. uurwerk⟩ ★ lose ground *terrein verliezen; terugtrekken* ★ lose one's head *de kluts kwijtraken* ★ lose one's temper *kwaad worden* ★ lose one's way *verdwalen* ★ the story does not lose in the telling *het verhaal wordt smeuïg verteld* ★ lose one's grip OOK FIG. *zijn greep verliezen* ★ lose to s.b. *verliezen van iem.* • ~ **out (to/with)** *het afleggen (tegen)*

loser ('lu:zə) ZN • *verliezer* • *sukkel* ★ be a good/bad ~ *goed/slecht tegen zijn verlies kunnen*

losing ('lu:zɪŋ) I BNW ★ a ~ game *'n verloren spel* ★ a ~ business *niet renderende zaak* II WW → **lose**

loss (lɒs) ZN • *verlies* • *schade* ★ at a loss *onzeker; het spoor bijster* ★ at a loss for words *met de mond vol tanden*

loss-leader ZN *lokartikel* ⟨onder kostprijs verkocht⟩

lost (lɒst) WW [verl. tijd + volt. deelw.] → **lose** ★ get lost *verloren gaan; verdwalen; weg raken* ★ get lost! *duvel op!* ★ the motion was lost *de motie werd verworpen* ★ be lost *omkomen; verdwaald zijn* ★ be lost in thought *in gedachten verdiept zijn* ★ be lost upon s.o. *aan iem. niet besteed zijn; iem. ontgaan* ★ FIG. be lost without... *nergens zijn zonder...* ★ lost and found *(depot van) gevonden voorwerpen* ⟨op stations, luchthaven enz.⟩

lot (lɒt) I ZN • *heel wat; een boel; veel* • *groep* ⟨mensen, dieren, dingen⟩ • *lot* • *aandeel* • *partij* • *stuk grond; perceel* ★ lots of/a lot of friends *veel / een heleboel vrienden* ★ lots and lots *hopen; ontzettend veel* ★ the lot *de hele boel* ★ a bad lot *een gemeen stel* ★ a lazy lot *een luiwammes; een lui zootje* ★ by lot *bij loting* ★ cast/draw lots *loten* ★ he cast in his lot with me *hij sloot zich bij me aan* II OV WW • ~ **out** *verkavelen; verdelen* • USA ~ **(up)on** *rekenen op*

loth (ləʊθ) BNW → **loath**

lotion ('ləʊʃən) ZN *lotion*

lottery ('lɒtərɪ) ZN *loterij*

lotus ('ləʊtəs) ZN • *lotusplant* • *bep. waterlelie* • *rolklaver*

lotus-eater ('ləʊtəsi:tə) ZN *zweefhommel*

lotus-land ZN *luilekkerland*

lotus position ZN *lotushouding*

loud (laʊd) BNW • *luid; lawaaierig* • *opvallend* • *sterk ruikend; schreeuwend* ⟨v. kleuren⟩

loudly ('laʊdlɪ) BIJW *luid; krachtig*

loudmouth ('laʊdmaʊθ) ZN *luidruchtig iemand; schreeuwer*

loudness ('laʊdnəs) ZN *(geluids)volume; kracht*

loudspeaker (laʊd'spi:kə) ZN *luidspreker*

lough (lɒk) ZN • IERS *meer* • IERS *zeearm*

lounge (laʊndʒ) I ZN • *zitkamer* • *grote hal* ⟨in huis/hotel⟩ • *sofa* • *tijd v. slenteren of luieren* II ONOV WW • *slenteren* • *lui (gaan) liggen; luieren* ★ ~ away one's time *de tijd verluieren*

lounge bar ZN *(nette) bar*

lounge chair/seat ZN *luie stoel*

lounge lizard ZN *klaploper* ⟨die rijk en modieus wil lijken⟩

lounger ('laʊndʒə) ZN • *slenteraar* • *iem. die z'n tijd verluiert*

louring ('laʊərɪŋ) BNW USA *somber; dreigend*

louse (laʊs) I ZN • *luis* • USA *ploert* II OV WW • *ontluizen* • ~ **up** *in de soep laten lopen; verknoeien*

lousy ('laʊzɪ) BNW • *luizig* • *gemeen; laag* • *armzalig; slecht* ⟨kwalitatief⟩ ★ ~ with *vol van; bulkend* ⟨v. geld⟩

lout (laʊt) ZN *lummel; boerenpummel*

loutish ('laʊtɪʃ) BNW *lummelachtig*

louver ('lu:və) ZN → **louvre**

louver-boards ZN MV • *jaloezieën* • *glasjaloezie* • *galmborden*

louvre ('lu:və), **louver** ZN *ventilatiekoepel*

louvred ('lu:vəd) BNW *louvre-* ~ *door louvredeur*

louvres ('lu:vəz) ZN MV *jaloezieën*

lovable ('lʌvəbl) BNW *lief; beminnelijk*

lovage ('lʌvɪdʒ) ZN *lavas* ⟨maggiplant⟩

love (lʌv) I ZN • *liefde* • *groet(en)* • *geliefde* • *lief(je); schat(je)* • *liefdegod; engeltje* ⟨in schilderij⟩ • *iets heerlijks/verrukkelijks* • SPORT *nul* ★ love for/of/to(wards) *liefde voor* ★ be in love with *verliefd zijn op* ★ be out of love with *niet meer verliefd zijn op; genoeg hebben van* ★ fall in love *verliefd worden* ★ make love *vrijen* ★ not to be had for love or money *voor geen geld of goede woorden te krijgen* ★ marry for love *uit liefde trouwen* ★ play for love *voor je plezier spelen* ★ send one's love to *de groeten doen* ★ for the love of God *om Godswil* ★ old love lies deep *oude liefde roest niet* ★ there's no love lost between them *ze hebben niet veel met elkaar op* ★ SPORT love all *nul-nul* ★ SPORT two love *twee-nul* II OV WW • *houden van; beminnen* • *dol zijn op; dolgraag doen* • *liefkozen* ★ IRON. I love that! *die is goed!* ★ love me, love my dog *als je mij mag, moet je mijn vrienden maar op de koop toe nemen*

love affair ZN *liefdesaffaire*

love-begotten BNW *onecht; onwettig*

lovebird ('lʌvbɜ:d) ZN *parkiet* ★ couple of ~s *dolverliefd paar*

love bite ZN *zuigzoen*

love-child ZN *buitenechtelijk kind*

love game ZN SPORT *love game*

love handle ZN *zwembandje* ⟨vetrol⟩

love letter ZN *liefdesbrief*

lovelorn ('lʌvlɔ:n) BNW • *in de steek gelaten door geliefde* • *hopeloos verliefd*

lovely ('lʌvlɪ) I ZN *schoonheid* (m.b.t. vrouw) II BNW • *mooi* • *leuk; fijn; lekker; enig*

love-making ('lʌvmeɪkɪŋ) ZN *vrijage*

lover ('lʌvə) ZN • *minnaar* • *bewonderaar* ★ two ~s *verliefd paar*

loverboy ('lʌvəbɔɪ) ZN *vrouwenversierder*

lovesick ('lʌvsɪk) BNW *smoorverliefd*

love story ZN *liefdesgeschiedenis*

loving ('lʌvɪŋ) I ZN ★ give some ~ *een beetje liefde geven* II BNW *liefhebbend; teder*

loving-cup ZN *vriendschapsbeker*

low (ləʊ) I ZN • *geloei; gebulk* • *laag terrein* • *lagedrukgebied* • *laag peil* • *klein bedrag/getal* • *eerste versnelling van auto* II BNW + BIJW • *laag* • *(laag) uitgesneden* ⟨v. japon⟩ • *diep* ⟨v. buiging⟩ • *gedempt* ⟨v. stem⟩ • *gemeen; ruw; plat* • *minnetjes* • *bijna leeg* ⟨v. beurs⟩

• *neerslachtig* • *schraal* ⟨v. voedsel⟩ • *eenvoudig* ★ as low as that time *(zelfs)* toen nog **III** OV+ONOV WW *loeien* ⟨v. koe⟩
low-born (ləʊˈbɔːn) BNW *v. lage afkomst*
low-bred BNW *onbeschaafd*
lowbrow ('ləʊbraʊ) **I** ZN *niet-intellectueel* **II** BNW *alledaags; gewoon; ordinair*
low-budget (ləʊˈbʌdʒɪt) BNW *economisch; goedkoop*
low-class BNW • *van lage afkomst* • *van inferieure kwaliteit*
Low Countries MV *Lage Landen*; *Nederlanden*
low-cut BNW *laag uitgesneden*
low-down ('ləʊdaʊn) **I** ZN PLAT *ware feiten*; *het fijne van de zaak* **II** BNW *laag*; *gemeen*; *eerloos*
lower[1] ('ləʊə) **I** BNW *onder-*; *onderste-*; *beneden-* ★ ~ world *aarde*; *hel* **II** OV WW • *strijken* ⟨v. vlag, zeil⟩ • *verlagen* ⟨v. prijs⟩ • *vernederen* • *doen vermageren* • INFORM. *drinken*; *achterover slaan* • *neerlaten* ★ SCHEEPV. ~ deck *minderen* ⟨v.d. bemanning⟩ **III** ONOV WW *afhellen*; *afdalen*
lower[2] ('ləʊə) **I** ZN *dreigende (aan)blik* **II** ONOV WW *dreigend/somber kijken*; *er dreigend uitzien*
lower-case ZN *onderkast*; *in/met kleine letters*
lowermost ('ləʊəməʊst) BNW *laagst*
low-fat BNW *vetarm*
low-key BNW *rustig*; *ingehouden*
lowland ('ləʊlənd) **I** ZN *laagland* **II** BNW *van 't laagland*
lowly ('ləʊlɪ) BNW • *nederig*; *bescheiden* • *laag*
low-lying BNW *laag(gelegen)*
low-minded (ləʊˈmaɪndɪd) BNW *gemeen*
low-necked BNW *met lage hals*; *gedecolleteerd*
lowness ('ləʊnɪs) ZN → **low**
low-pitched BNW • *laag* ⟨v. toon⟩; *diep* • *laag* ⟨niet stijl/hoog⟩
low-rise BNW *laagbouw-*
low-spirited (ləʊˈspɪrɪtəd) BNW *neerslachtig*
loyal ('lɔɪəl) **I** ZN *trouwe onderdaan of volgeling* **II** BNW *(ge)trouw*; *loyaal*
loyalist ('lɔɪəlɪst) ZN *regeringsgetrouwe*
loyalty ('lɔɪəltɪ) ZN *loyaliteit*; *trouw*
lozenge ('lɒzɪndʒ) ZN • *(hoest)tablet* • HER. *ruit* • *ruitvormig facet* ⟨bijv. v. diamant⟩ • *glas-in-loodruit*
LP AFK Long-Playing (record) *lp* ⟨langspeelplaat⟩
L.P.G. AFK liquefied petroleum gas *LPG*
L-plate ('elpleɪt) ZN *L-plaat* ⟨op lesauto⟩
LSD AFK lysergic acid diethylamide *LSD*
Lt. AFK Lieutenant *luitenant*
Ltd. AFK limited *NV*
lubber ('lʌbə) ZN • *lompe kerel* • *onbevaren matroos*
lubberly ('lʌbəlɪ) BNW + BIJW *lummelachtig*
lubricant ('luːbrɪkənt) **I** ZN • MED. *glijmiddel* • *smeermiddel* **II** BNW *gladmakend*
lubricate ('luːbrɪkeɪt) **I** OV WW • *smeren*, *omkopen* • *dronken voeren* **II** ONOV WW *drinken*
lubrication (luːbrɪˈkeɪʃən) ZN • *het smeren*; *het oliën* • *omkoperij*
lubricator ('luːbrɪkeɪtə) ZN • *smeermiddel* • *smeerbus*
lubricious (luːˈbrɪʃəs) BNW • *glad*; *glibberig* • *wulps*
lubricity (luːˈbrɪsətɪ) ZN • *gladheid*; *olieachtigheid* • *wellustigheid*

lucent ('luːsənt) BNW • *schijnend*; *glanzend* • *transparant*
lucid ('luːsɪd) BNW *helder*; *klaar*; *stralend* ★ ~ interval *helder ogenblik* ⟨v. geesteszieke⟩
lucidity (luːˈsɪdətɪ) ZN *helderheid*; *klaarheid*
luck (lʌk) **I** ZN *geluk*; *toeval*; *succes* ★ be in luck *boffen* ★ be out of luck *pech hebben* ★ bad luck *pech*; *ongeluk* ★ good luck *geluk*; *succes* ★ good luck to you! *succes!*; *'t beste!* ★ worse luck *ongelukkig genoeg* ★ have the worst of luck *pech hebben* ★ tough luck! *pech (gehad)!* ★ just my luck! *zo'n pech heb ik nu altijd!* ★ as luck would have it *zoals het toeval wilde* **II** ONOV WW ~ out *pech krijgen*
luckily ('lʌkɪlɪ) BNW • *toevallig* • *gelukkig*
luckless ('lʌkləs) BNW *onfortuinlijk*
lucky ('lʌkɪ) BNW • *gelukkig*; *fortuinlijk* • *geluks-*; *geluk brengend* ★ third time ~ *driemaal is scheepsrecht* ★ count o.s. ~ *zichzelf gelukkig prijzen*
lucrative ('luːkrətɪv) BNW *winstgevend*
lucre ('luːkə) ZN *voordeel*; *gewin* ★ IRON. filthy ~ *(onrechtvaardig verkregen) geld*
ludic ('luːdɪk) BNW *speels*; *ludiek*
ludicrous ('luːdɪkrəs) BNW *belachelijk*; *koddig*
ludo ('luːdəʊ) ZN *mens-erger-je-niet* ⟨ongeveer⟩
lues ('luːiːz) ZN • *pest* • *syfilis*
luff (lʌf) **I** ZN • *loef(zijde)* • INFORM. *buitenkant* **II** OV+ONOV WW • *loeven* • *de loef afsteken* ⟨met zeilen⟩ • *zwenken*
lug (lʌg) **I** ZN • *zeepier* • *ruk* ⟨aan iets⟩ • *uitsteeksel*; *handvat* ★ USA put on lugs *verwaand doen* **II** OV WW • *sleuren*; *slepen* • ~ along *meeslepen* • ~ in *met de haren erbij slepen* **III** ONOV WW ~ at *rukken aan*
luge (luːʒ) **I** ZN *slee* **II** ONOV WW *bobsleeën*
luggage ('lʌgɪdʒ) ZN *bagage* ★ left ~ *(depot voor) afgegeven bagage* ⟨op station, luchthaven enz.⟩
luggage rack ZN *bagagerek*; *bagagenet*
lugger ('lʌgə) ZN *logger*
lugubrious (luːˈguːbrɪəs) BNW *luguber*; *naargeestig*; *somber*; *treurig*
lukewarm (luːkˈwɔːm) **I** ZN *lauw persoon*; *onverschillige* **II** BNW • *lauw* • *onverschillig*
lull (lʌl) **I** ZN • *tijdelijke stilte* • *slapte in bedrijf* ★ a lull in the fight *een gevechtspauze* **II** OV WW *in slaap wiegen/sussen* **III** ONOV WW • *gaan liggen* ⟨v. wind⟩ • *kalm worden*
lullaby ('lʌləbaɪ) **I** ZN *slaapliedje* **II** OV WW *in slaap zingen*
lumbago (lʌmˈbeɪgəʊ) ZN *lendenpijn*; *spit*
lumbar ('lʌmbə) BNW *lumbaal*; *lenden-*
lumber ('lʌmbə) **I** ZN • USA *hout* • *rommel* • *lastige situatie* • *overtollig vet* **II** OV WW • *volstoppen met rommel* • *opzadelen met* **III** ONOV WW • *hout hakken*, *zagen en vervoeren* • *zich log/onhandig bewegen* • *botsen* ★ ~ along *voortsjokken*
lumbering ('lʌmbərɪŋ) BNW *lomp*; *voortsjokkend*
lumberjack ('lʌmbədʒæk) ZN *houthakker*; *houtvervoerder*
lumberjacker ZN → **lumberjack**
lumberjacket ('lʌmbədʒækɪt) ZN *stevige korte jekker*
lumber-room ZN *rommelkamer*
lumberyard ('lʌmbəjɑːd) ZN *houtwerf*

lumbrical ('lʌmbrɪkl) BNW *wormvormig; wormachtig*
luminary ('lu:mɪnərɪ) ZN • *lichtgevend hemellichaam* • *uitblinker*
luminous ('lu:mɪnəs) BNW • *lichtgevend; stralend* • *verlicht; helder*
lump (lʌmp) I ZN • *brok; klont • partij; massa* • *knobbel; gezwel; buil • lomperd; vleesklomp* ⟨figuurlijk⟩ ★ the lump *losse arbeiders* ★ in the lump *in zijn geheel* ⟨vnl. in de bouw⟩ II OV WW • *bij elkaar doen • over één kam scheren* ★ if you don't like it, lump it *als het je niet bevalt, pech gehad* • ~ *in erbij nemen* • ~ *on zetten op* ⟨in weddenschap⟩ III ONOV WW • *klonteren* • ~ *along voortsjokken* • ~ *down neerploffen*
lumper ('lʌmpə) ZN • *bootwerker* • *kleine aannemer*
lumping ('lʌmpɪŋ) BNW INFORM. *zwaar; dik*
lumpish ('lʌmpɪʃ) BNW • *lomp • traag*
lump sum ZN *bedrag ineens; forfaitair bedrag*
lumpy ('lʌmpɪ) BNW • *klonterig • met bulten of gezwellen • woelig* ⟨v. water⟩ • PLAT *dronken*
lunacy ('lu:nəsɪ) ZN *krankzinnigheid*
lunar ('lu:nə) I ZN • *maansafstand • waarneming v.d. maan • sikkelvormig been* II BNW *v.d. maan; maanvormig; sikkelvormig*
lunarian (lu:'neərɪən) ZN *maanbewoner*
lunate (lu:neɪt) BNW *sikkelvormig*
lunatic ('lu:nətɪk) I ZN *krankzinnige* II BNW • *krankzinnig • dwaas*
lunatic asylum ZN MIN. *gekkenhuis*
lunation (lu:'neɪʃən) ZN *maansomloop*
lunch (lʌntʃ) I ZN • *lunch • lichte maaltijd* ★ do/ have ~ with *lunchen met* II ONOV WW *lunchen*
lunch break ZN *lunchpause*
luncheon ('lʌntʃən) ZN • *lunch • lichte maaltijd*
luncheon meat ZN *lunchworst*
luncheon voucher ZN *maaltijdbon*
lunch hour ZN *lunchtijd*
lune (lu:n) ZN *sikkel; halvemaan*
lunette (lu:'net) ZN • *kijkglas; bril • oogklep • plat horlogeglas*
lung (lʌŋ) ZN *long* ★ iron lung *ijzeren long* ⟨beademingsmachine⟩
lunge (lʌndʒ) I ZN • *plotselinge voorwaartse beweging • stoot • uitval • longe • terrein voor paardendressuur* II OV WW *longeren* ⟨v. paard⟩ III ONOV WW • *vooruitschieten* • ~ *at slaan of stoten naar* • ~ *for grijpen naar* • ~ *into binnenvallen* • ~ *out achteruitslaan* ⟨v. paard⟩
lunger¹ ('lʌŋə) ZN INFORM. *longpatiënt* ⟨m.n. tbc⟩
lunger² ('lʌndʒə) ZN *dresseur*
luny ('lu:nɪ) BNW INFORM. → *loony*
lupine ('lu:paɪn) BNW *wolfachtig*
lurch (lɜ:tʃ) I ZN • *'t wankelen • plotselinge slingerbeweging; plotselinge zijwaartse beweging; ruk* ★ leave in the ~ *in de steek laten* II ONOV WW • *slingeren • plotseling overstag gaan* ⟨figuurlijk⟩
lurcher ('lɜ:tʃə) ZN • G-B *stropershond • dief; zwendelaar • spion*
lure (ljʊə) I ZN • *lokaas • lokkertje* II OV WW *(ver)lokken*
lurid ('ljʊərɪd) BNW • *geelbruin • vaalbleek • spookachtig; luguber; vreselijk • schril*
lurk (lɜ:k) I ZN • on the lurk *op de loer* II ONOV WW • *z. schuil houden • verscholen zijn • aan de aandacht ontsnappen*
luscious ('lʌʃəs) BNW • *heerlijk • walgelijk zoet • zinnelijk • met overdreven beeldspraak*
lush (lʌʃ) I ZN • PLAT *sterkedrank • zuippartij* • USA *dronkenlap* II BNW • *weelderig • mals* ⟨v. gras⟩ III OV WW *dronken voeren* IV ONOV WW *zuipen*
lust (lʌst) I ZN *(wel)lust* ★ lust of *zucht naar* II ONOV WW • ~ *after/for haken naar; begeren; hevig verlangen naar*
lustful ('lʌstfʊl) BNW *wellustig*
lustral ('lʌstrəl) BNW *reinigings-*
lustrate ('lʌstreɪt) OV WW *reinigen*
lustre ('lʌstə) I ZN • *schittering; glans • kroonluchter • lustre • lustrum* II BNW *glanzend; geglazuurd* ⟨v. aardewerk, keramiek⟩ III OV WW *doen glanzen; lustreren* ⟨v. aardewerk⟩
lustreless ('lʌstələs) BNW *glansloos; dof*
lustrous ('lʌstrəs) BNW *glanzend; schitterend*
lusty ('lʌstɪ) BNW • *krachtig; flink; vitaal • zwaarlijvig • wellustig* ★ deal ~ blows *harde klappen uitdelen*
lutanist ('lu:tənɪst) ZN *luitspeler*
lute (lu:t) I ZN • *luit • kit • gummiring* II OV WW *dichtsmeren met kit*
luxate ('lʌkseɪt) OV WW *ontwrichten*
luxuriance (lʌg'ʒʊərɪəns) ZN • *luxe • rijkdom*
luxuriant (lʌg'ʒʊərɪənt) BNW *weelderig; welig*
luxuriate (lʌg'ʒʊərɪeɪt) ONOV WW • *zijn gemak er van nemen • welig tieren* • ~ *in genieten van; zwelgen in*
luxurious (lʌg'ʒʊərɪəs) BNW • *weelderig • wellustig • v. alle gemakken voorzien*
luxury ('lʌkʃərɪ) ZN • *luxe; weelde • weeldeartikel • genot(middel) • weelderigheid*
lye (laɪ) ZN *loog*
lying ('laɪɪŋ) I BNW *leugenachtig; vals* II WW [tegenw. deelw.] → *lie*
lying-in (laɪɪŋ'ɪn) ZN *bevalling*
lying-in hospital ZN *kraamkliniek*
lying-in woman ZN *kraamvrouw*
lymph (lɪmf) ZN *lymf(e); weefselvocht*
lymph gland ZN *lymfeklier*
lynch (lɪntʃ) OV WW *lynchen*
lynching ('lɪntʃɪŋ) ZN *lynchpartij*
lynx (lɪŋks) ZN *lynx*
lyre ('laɪə) ZN *lier*
lyric ('lɪrɪk) I ZN *lyrisch gedicht* II BNW *lyrisch*
lyrical ('lɪrɪkl) BNW *lyrisch*
lyricism ('lɪrɪsɪzəm) ZN • *lyrisme • lyrische stijl*
lyrics ('lɪrɪks) ZN MV • *songtekst • lyriek; lyrische poëzie*

M

m (em) I ZN letter *m* ★ M as in Mary *de m van Marie* II AFK • metre *meter* • mile *mijl* • minute *minuut*
M AFK • mach *mach* • mega *mega-* • million *miljoen* • medium *middelgroot* ⟨kledingmaat⟩ • G-B Motorway *snelweg*
M., m. AFK Master *master*; ≈ *doctorandus*
ma (mɑ:) ZN INFORM. *ma(ma)*
MA AFK Master of Arts *master in de letteren/sociale wetenschappen*
ma'am (mæm, mɑ:m) ZN → **madam**
mac (mæk) ZN → **macadam** → **mackintosh**
macabre (mə'kɑ:br) BNW *griezelig*
macadam (mə'kædəm) ZN *macadam*
macaroni (mækə'rəʊnɪ) ZN • *macaroni* • *18e-eeuwse dandy* • MIN. *spaghettivreter*; *Italiaan*
macaronic (mækə'rɒnɪk) BNW *macaronisch*; *burlesk* ★ ~ *verses macaronische verzen*
macaroon (mækə'ru:n) ZN *bitterkoekje*
macaw (mə'kɔ:) ZN *ara*
mace (meɪs) I ZN • *foelie* • *scepter* • *zwendel* • *soort gas* ⟨in pepperspray⟩ II OV WW *afzetten*
mace bearer ZN *stafdrager*; *pedel*
macerate ('mæsəreɪt) OV+ONOV WW • *weken*; *week maken* • *uitteren*; *vermageren*; *verzwakken*
maceration (mæsə'reɪʃən) ZN → **macerate**
Mach (mɑ:k, mæk) ZN *mach* ⟨snelheid van het geluid⟩
machete (mə'ʃetɪ) ZN *machete*; *kapmes*
machiavellian (mækɪə'velɪən) BNW *geslepen*; *zonder scrupules*
machinate ('mækɪneɪt) ONOV WW *intrigeren*; *samenspannen*
machination (mækɪ'neɪʃən) ZN *kuiperij*; *intrige*
machine (mə'ʃi:n) I ZN • *machine*; *toestel*; *apparaat* • *automaat* • *fiets* • *auto* • *vliegtuig* • *organisatie v. politieke partij* ★ milling ~ *freesbank* ★ mincing ~ *gehaktmolen* ★ washing ~ *wasmachine* II OV WW *machinaal vervaardigen*
machine code (mə'ʃi:n kəʊd) ZN COMP. *machinetaal*
machine-gun (mə'ʃi:nɡʌn) I ZN *machinegeweer* II WW *beschieten* ⟨met machinegeweer⟩
machine-made (məʃi:n'meɪd) BNW *machinaal gemaakt*
machinery (mə'ʃi:nərɪ) ZN • *machinerie* • *mechanisme* • *bovennatuurlijke gebeurtenissen*
machine shop ZN *machinewerkplaats*
machine tool ZN *gereedschapswerktuig*
machinist (mə'ʃi:nɪst) ZN • *monteur* • *machineconstructeur* • *machinebediener* • USA *orthodox partijpoliticus*
machismo ('mætʃɪzməʊ) ZN USA *machogedrag*
macho ('mætʃəʊ) I ZN *macho* II BNW *macho*
mackerel ('mækrəl) ZN *makreel*
mackerel breeze/gale ZN *krachtige bries*
mackerel sky ZN *lucht met schapenwolkjes*
mackintosh ('mækɪntɒʃ) ZN *regenjas*

macramé (mə'krɑ:mɪ) ZN *macramé*
macrobiotic (mækrəʊbaɪ'ɒtɪk) BNW *macrobiotisch*
macrocosm ('mækrəʊkɒzəm) ZN *macrokosmos*; *heelal*
macroeconomics ('mæɪkrəʊ i:kə'nɒmɪks) ZN MV *macro-economie*
macula ('mækjʊlə) ZN *vlek*
mad (mæd) I BNW • *gek*; *dwaas*; *krankzinnig* ★ as mad as a hatter/March hare *stapelgek* ★ barking mad *knettergek* ★ ~ about/at *woest over* • ~ about/for/on *dol op*; *verliefd op*; *gek van* • ~ with *nijdig op*; *gek van* II ONOV WW
madam ('mædəm) ZN *mevrouw*; *juffrouw*
madcap ('mædkæp) I ZN *dolleman* II BNW *dwaas*
mad cow disease ZN *gekkekoeienziekte*
madden ('mædn) OV WW *dol/gek maken*
maddening ('mædənɪŋ) BNW *gek makend*
madder ('mædə) ZN *meekrap*
made (meɪd) I BNW ★ made dish *uit verschillende spijzen bestaande schotel* ★ a made man *iem. die binnen/geslaagd is* II WW [verl. tijd + volt. deelw.] → **make**
made-to-measure BNW *op maat gemaakt* ⟨v. kleding⟩
made-to-order ZN USA *op maat gemaakt* ⟨v. kleding, gordijnen, meubelen⟩
made-up BNW • *verzonnen* • *voorgevend* • *opgemaakt* ⟨v. gezicht⟩
madhouse ('mædhaʊs) ZN *gekkenhuis*
madly ('mædlɪ) BIJW *als een bezetene*; *heel erg* ★ ~ in love *waanzinnig verliefd*
madman ('mædmən) ZN *krankzinnige*
madness ('mædnəs) ZN *krankzinnigheid*; *razernij* ★ midsummer ~ *volslagen krankzinnigheid*
Madonna (mə'dɒnə) ZN *Onze-Lieve-Vrouw*; *madonnabeeld(je)*; *madonna* ★ ~ lily *witte lelie*
madrigal ('mædrɪɡl) ZN *madrigaal*
madwoman ('mædwʊmən) ZN *krankzinnige vrouw*
Mae (meɪ) ZN ★ USA/PLAT Mae West *(opblaasbaar) reddingsvest*
maecenas (maɪ'si:næs) ZN *beschermer van kunst*
maelstrom ('meɪlstrəm) ZN *maalstroom*
maenad ('mi:næd) ZN *bacchante*
maestro ('maɪstrəʊ) ZN *maestro*
mag (mæɡ) I ZN • *kletskous* • PLAT *halve stuiver* • → **magpie** → **magazine** → **magneto** II ONOV WW *kletsen*
magazine (mæɡə'zi:n) ZN • *tijdschrift* • *actualiteitenrubriek op radio/tv* • *kruitmagazijn*
magenta (mə'dʒentə) ZN *magenta*
maggot ('mæɡət) ZN • *gril* • *made* ★ he has a ~ in his head *hij ziet ze vliegen*
maggoty ('mæɡətɪ) BNW • *wormstekig* • *grillig*
Magi ('meɪdʒaɪ) ZN MV *de drie Wijzen uit het Oosten*
magic ('mædʒɪk) I ZN *toverkunst* ★ black ~ *zwarte magie* ★ white ~ *witte magie* ★ I can't work ~ *ik kan niet toveren* ★ as if by ~ *als bij toverslag* II BNW *toverachtig*; *betoverend*; *tover-*
magical ('mædʒɪkl) BNW *magisch*
magician (mə'dʒɪʃən) ZN • *tovenaar* • *goochelaar*
magisterial (mædʒɪ'stɪərɪəl) BNW • *magistraal* • *gezaghebbend*; *autoritair* • *magistraats-*

magistracy ('mædʒɪstrəsɪ) ZN *magistratuur*
magistrate ('mædʒɪstrət) ZN • *magistraat*
• *politierechter* ★ USA *the chief* ~ *de president*
magnanimity (mægnə'nɪmətɪ) ZN *grootmoedigheid*
magnanimous (mæg'nænɪməs) BNW *grootmoedig*
magnate ('mægneɪt) ZN *magnaat*
magnesium (mæg'ni:zɪəm) ZN *magnesium*
magnet ('mægnət) ZN • *magneet*
• *aantrekkingskracht*
magnetic (mæg'netɪk) BNW *magnetisch*; *onweerstaanbaar*
magnetics (mæg'netɪks) ZN MV *(leer v.h.) magnetisme*
magnetism ('mægnɪtɪzəm) ZN *magnetisme*
magnetize ('mægnɪtaɪz) OV WW • *magnetiseren*
• *biologeren*
magneto (mæg'ni:təʊ) ZN *magneetontsteker*
magnification (mægnɪfɪ'keɪʃən) ZN • *het vergroten* • *vergroting*
magnificence (mæg'nɪfɪsəns) ZN • *grootsheid*
• *pracht*; *praal*
magnificent (mæg'nɪfɪsənt) BNW • *prachtig*; *groots* • INFORM. *prima*
magnifier ('mægnɪfaɪə) ZN • *vergrootglas*
• *vergroter*
magnify ('mægnɪfaɪ) OV WW • *vergroten*
• *overdrijven*
magniloquence (mæg'nɪləkwəns) ZN • *gezwollen taal* • *grootspraak*
magnitude ('mægnɪtju:d) ZN • *grootte*
• *belangrijkheid*
magnum ('mægnəm) ZN ★ ~ (bottle) *grote fles* ⟨1,5 l⟩
magpie ('mægpaɪ) ZN • *ekster* • *soort duif*
• *kletskous* • *(schot in) op één na buitenste ring v. schietschijf*
magus ('meɪgəs) ZN • *magus* ⟨Perzische priester⟩
• *tovenaar*
Magyar ('mægjɑ:) ZN • *Hongaar* • *(het) Hongaars*
maharaja(h) (mɑ:hə'rɑ:dʒə) ZN *maharadja*
mahogany (mə'hɒgənɪ) ZN • *mahoniehout*
• *mahonieboom* • *have one's feet under s.o.'s* ~ *bij iem. te gast zijn*
Mahomet (mə'hɒmɪt) ZN *Mohammed*
maid (meɪd) ZN • *meisje* • *maagd* • *ongetrouwde dame* • *kwarktaart* ★ *old maid oude vrijster*
★ *maid of honour* USA *eerste bruidsmeisje*; *(ongetrouwde) hofdame*; *amandeltaartje*
maiden ('meɪdn) I ZN • *meisje* • *maagd* • *wedstrijd v. paarden die nog nooit een prijs hebben gewonnen* ★ *Scottish* ~ *soort guillotine* II BNW
• *nieuw*; *eerst(e)* • *ongetrouwd* • *ongedekt* ⟨v. dieren⟩ ★ ~ *assize rechtszitting zonder strafzaken* ★ ~ *horse paard dat nog nooit een prijs heeft gewonnen* ★ ~ *over waarbij geen runs worden gescoord* ⟨cricket⟩ ★ ~ *soldier soldaat die de vuurdoop nog niet gehad heeft* ★ ~ *speech eerste openbare redevoering* ★ ~ *voyage eerste reis*
maidenhead ('meɪdnhed) ZN • *maagdenvlies*
• *maagdelijkheid*
maidenhood ('meɪdnhʊd) ZN • *meisjesjaren*
• *maagdelijkheid*
maiden soldier ZN *nieuwe soldaat* ⟨die de vuurdoop nog moet krijgen⟩
maiden speech ZN *eerste toespraak*
maiden voyage ZN *eerste reis* ⟨v. schip⟩
mail (meɪl) I ZN • *post*; *poststukken*; *(e-)mail*
• *postzak*; *posttrein*; *postwagen* • *maliënkolder*
II OV WW • *per post verzenden*; *op de post doen*; *(e-)mailen* • *bepantseren*
mailbag ('meɪlbæg) ZN *postzak*
mailboat ('meɪlbəʊt) ZN *mailboot*; *postboot*
mailbox ('meɪlbɒks) ZN • *brievenbus* • *postbus*
• COMP. *mailbox*
mail carrier ZN USA *postbode*
mailing ('meɪlɪŋ) ZN COMM. *mailing*
mailing list ZN *adressenlijst*; *verzendlijst*
mailman ('meɪlmæn) ZN *brievenbesteller*
mail order ZN *postorder*
mail order business ZN *postorderbedrijf*
maim (meɪm) I ZN • *verminking* II OV WW *verminken*
main (meɪn) I ZN • *hoofdleiding* • *kracht* • *ogen door dobbelaar genoemd voor hij gooit* ⟨5,6,7,8 of 9⟩ • *hanengevecht* ★ *in the main over 't geheel* ★ *with might and main uit alle macht*
II BNW *hoofd-*; *voornaamste* ★ *have an eye to the main chance op eigen voordeel letten*
III OV+ONOV WW *inspuiten* ⟨v. drugs⟩
mainframe ('meɪnfreɪm) ZN *grote computer*
mainland ('meɪnlənd) ZN *vasteland*
mainline ('meɪnlaɪn) I ZN *directe spoorverbinding*
II BNW USA *mainstream* III OV+ONOV WW *inspuiten* ⟨v. drugs⟩
mainly ('meɪnlɪ) BIJW *voornamelijk*; *hoofdzakelijk*
mainmast ('meɪnmɑ:st) ZN *grote mast*
mains (meɪnz) ZN MV *hoofdnet* ★ *be on the* ~ *aangesloten zijn op gas/elektriciteit/water* ★ *be connected to the* ~ *aangesloten zijn op gas/elektriciteit/water*
mainsail ('meɪnseɪl) ZN *grootzeil*
mainspring ('meɪnsprɪŋ) ZN *drijfveer* ⟨figuurlijk⟩
mainstay ('meɪnsteɪ) ZN • SCHEEPV. *grote stag*
• *voornaamste steun*
mainstream ('meɪnstri:m) I ZN • *heersende stroming* • *hoofdstroom* II BNW *behorend tot de heersende stroming*
maintain (meɪn'teɪn) OV WW • *volhouden*; *beweren*; *handhaven* • *steunen*; *onderhouden*; *voeren*
maintainable (meɪn'teɪnəbl) BNW *te handhaven*; *verdedigbaar*; *houdbaar*
maintenance ('meɪntənəns) ZN *onderhoud*; *alimentatie*; *handhaving*
maison(n)ette (meɪzə'net) ZN • *maisonnette*
• *afzonderlijk verhuurd deel v. huis*
maize (meɪz) ZN *maïs*
Maj. AFK *Major majoor*
majestic (mə'dʒestɪk) BNW *majestueus*
majestically (mə'dʒestɪklɪ) BIJW *majestueus*
majesty ('mædʒəstɪ) ZN • *Majesteit* • *grootsheid*
major ('meɪdʒə) I ZN • *majoor* • *sergeant-majoor*
• *meerderjarige* • *hoofdvak*; *major*
• *hoofdpremisse* ★ *take Spanish as one's* ~ *Spaans als hoofdvak/major nemen* II BNW
• *groter*; *grootste*; *hoofd-* • *voornaam*
• *meerderjarig* • MUZ. *majeur* • *de oudere* ⟨v. twee⟩ ★ ~ *road ahead u nadert een voorrangsweg* ★ MUZ. ~ *third grote terts*

III ONOV WW • USA ~ **in** *als (hoofd)vak kiezen; als hoofdvak(ken) hebben* • ~ **on** *extra aandacht geven aan*

majorette (meɪdʒə'ret) ZN *majorette*

major general ZN *generaal-majoor*

majority (mə'dʒɒrətɪ) ZN • *meerderheid* • *meerderjarigheid* • *rang van majoor* • USA *hoofdvak*

majority leader ZN *leider van de (politieke) meerderheid*

majority vote ZN USA *absolute meerderheid van stemmen*

majuscule ('mædʒəskju:l) ZN *grote letter*

make (meɪk) **I** ZN • *makelij; maaksel; fabrikaat* • *gesteldheid; aard; soort* • *(lichaams)bouw* • *stroomsluiting* ★ *be on the make op eigen voordeel uit zijn* **II** OV WW • *maken; fabriceren; bereiden; zetten* ⟨v. thee, koffie⟩ • *aanleggen* ⟨v. vuur⟩; *houden* ⟨v. toespraak⟩ • *zorgen dat; dwingen; laten* • *benoemen tot* • *opmaken* ⟨v. bed⟩ • *vaststellen; bereiken*; SCHEEPV. *in zicht komen; troef maken; bieden* ⟨bij kaarten⟩; *halen* ⟨v. trein, bus⟩ • *varen; afleggen* • *verdienen; vorderen* • *schatten op* • *verliefd worden op* ★ *make it (big) het (helemaal) maken; een (groot) succes zijn* ★ *make it or break it het doen lukken of mislukken* • ~ **out** *opmaken; uitschrijven; begrijpen; beweren* • ~ **over** *overdragen; vermaken; veranderen* • ~ **up** *vergoeden; opmaken; bereiden; tot stand brengen; verzinnen; z. grimeren; bijleggen; aanvullen; inhalen* **III** ONOV WW ★ *make do with zich behelpen met* • ~ **after** *achterna zitten* • ~ **against** *schade berokkenen* • ~ **at/towards** *afgaan op; afkomen op* • ~ **away with** *uit de weg ruimen; verkwisten; verorberen* • ~ **away/off** *er vandoor gaan* • ~ **for** *bijdragen tot; gaan naar; aansturen op* • ~ **out** *'t redden; 't klaar spelen; vrijen; neuken*

make-believe ('meɪkbəli:v) **I** ZN *het doen alsof; aanstellerij; voorwendsel* ★ *a world of ~ fantasiewereld* **II** BNW *voorgevend; zogenaamd; schijn-*

makeover ('meɪkəʊvə) ZN *opknapbeurt*

make-peace ZN *vredestichter*

maker ('meɪkə) ZN *maker; fabrikant; schepper*

makeshift ('meɪkʃɪft) **I** ZN *noodoplossing* **II** BNW *geïmproviseerd*

make-up ('meɪkʌp) ZN • *make-up; grime* • *opmaak; uiterlijke verzorging* ⟨v. pagina/boek⟩ • *vermomming • verzinsel • samenstelling* • *gesteltenis; gesteldheid* ★ ~ *man grimeur*

makeweight ('meɪkweɪt) ZN • FIG. *tegenwicht; tegengewicht* ⟨balans⟩ • *aanvulling* ⟨tot vereist gewicht⟩ • *waardeloos opvulsel*

making ('meɪkɪŋ) ZN *het maken; fabricage*

makings ('meɪkɪŋz) ZN MV • *essentiële eigenschappen* • *papier en tabak om sigaret te rollen* • *verdiensten* ★ *he has the ~ of a lawyer er zit een advocaat in hem*

mal- (mæl) VOORV *slecht; mis-*

maladjusted (mælə'dʒʌstɪd) BNW • *slecht geregeld* • *onaangepast* • *onevenwichtig*

maladjustment (mælə'dʒʌstmənt) ZN → **maladjusted**

maladministration (mælədmɪnɪ'streɪʃən) ZN *wanbeheer; wanbestuur*

maladroit (mælə'drɔɪt) BNW *onhandig*

malady ('mælədɪ) ZN *ziekte; kwaal*

malaise (mə'leɪz) ZN • *onbehaaglijk gevoel* • *malaise*

malapropism ('mæləprɒpɪzəm) ZN *komische verspreking*

malapropos (mæləprə'pəʊ) **I** ZN *inopportuun iets* ⟨gebeurtenis, vooral⟩ **II** BNW + BIJW *inopportuun; ongelegen*

malaria (mə'leərɪə) ZN *malaria*

malarial (mə'leərɪəl) BNW *malaria-*

Malay (mə'leɪ) **I** ZN • *Maleis* • *Maleier* **II** BNW ★ *Federated ~ States Maleisië*

Malayan (mə'leɪən) BNW *Maleis*

Malaysia (mə'leɪzɪə) ZN *Maleisië*

Malaysian (mə'leɪzɪən) **I** ZN *Maleier; Maleisiër* **II** BNW *Maleis*

malcontent ('mælkəntent) **I** ZN *ontevreden persoon* **II** BNW *ontevreden*

male (meɪl) **I** ZN • *mannelijk persoon* • *mannetje* **II** BNW *mannelijk; mannen-*

malediction (mælɪ'dɪkʃən) ZN • *vervloeking* • *scherpe afkeuring*

malefaction (mælɪ'fækʃən) ZN *misdaad*

malefactor ('mælɪfæktə) ZN *misdadiger*

malefic (mə'lefɪk) BNW *verderfelijk*

malevolence (mə'levələns) ZN • *kwaadwilligheid* • *onheilbrengende invloed*

malevolent (mə'levələnt) BNW *kwaadwillig*

malformation (mælfɔ:'meɪʃən) ZN *misvorming*

malformed (mæl'fɔ:md) BNW *misvormd*

malfunction (mæl'fʌŋkʃən) **I** ZN *storing* ⟨v. apparatuur e.d.⟩; *verkeerde werking* **II** ONOV WW • *storing geven* ⟨v. apparatuur e.d.⟩ • *niet naar behoren functioneren* ⟨v. mensen⟩

malice ('mælɪs) ZN • *kwaadwilligheid* • JUR. *boos opzet* • *plaagzucht* ★ *with ~ aforethought/prepense met voorbedachten rade* ★ *bear ~ (to) haat toedragen*

malicious (mə'lɪʃəs) BNW • *boosaardig; kwaadwillig* • JUR. *opzettelijk* • *plaagziek*

malign (mə'laɪn) **I** BNW • *kwaadaardig* ⟨v. ziekte⟩ • *schadelijk; verderfelijk* **II** OV WW *belasteren*

malignancy (mə'lɪgnənsɪ) ZN *kwaadaardigheid* ⟨ook van ziekte⟩; *kwaadwilligheid*

malignant (mə'lɪgnənt) BNW *boosaardig; schadelijk* ★ *a ~ tumor een kwaadaardige tumor*

malignity (mə'lɪgnətɪ) ZN • *kwaadaardigheid* ⟨v. ziekte⟩ • *kwaadheid; boosaardigheid*

Malines (mə'li:n) ZN *Mechelen*

malinger (mə'lɪŋgə) ONOV WW *ziekte voorwenden; simuleren*

malingerer (mə'lɪŋgərə) ZN *simulant*

mall (mæl) ZN • *beschutte wandelplaats* • USA *winkelgebied* • GESCH. *maliebaan* • GESCH. *maliespel*

mallard ('mælɑ:d) ZN *wilde eend*

malleability (mælɪə'bɪlətɪ) ZN • *pletbaarheid* • *kneedbaarheid*

malleable ('mælɪəbl) BNW • *pletbaar; smeedbaar* • *gedwee*

mallet ('mælɪt) ZN *houten hamer*

malling ('mɔ:lɪŋ) WW USA *tijd doorbrengen in een groot winkelcentrum* ⟨met name door

jongeren⟩
mallow ('mæləʊ) ZN *kaasjeskruid*
malm (mɑ:m) ZN *leem*
malnourished (mæl'nʌrɪʃt) BNW USA *ondervoed*
malnutrition (mælnju:'trɪʃən) ZN *ondervoeding*
malodorous (mæl'əʊdərəs) BNW *stinkend*
malpractice (mæl'præktɪs) ZN • *kwade praktijk*
• JUR., MEDISCH *medische fout*
malt (mɔ:lt) I ZN *mout* II OV+ONOV WW *mouten*
Maltese (mɔ:l'ti:z) I ZN *Maltees*; *Maltezer* II BNW *Maltees*
malt house ZN *mouterij*
Malthusian (mæl'θju:zɪən) I ZN *aanhanger v.h. malthusianisme* II BNW *malthusiaans*
malt liquor ZN *bier*
maltreat (mæl'tri:t) OV WW *slecht behandelen; mishandelen*
maltreatment (mæl'tri:tmənt) ZN • *slechte behandeling* • *mishandeling*
maltster ('mɔ:ltstə) ZN *mouter*
malt whisky ZN *maltwhisky*
malversation (mælvə'seɪʃən) ZN *malversatie; verduistering*
mam (mæm) ZN INFORM. *mam(s); moeder*
mamilla (mə'mɪlə) ZN *tepel*
mamma ('mæmə) ZN FORM. *vrouwenborst*
mammal ('mæməl) ZN *zoogdier*
mammalian (mə'meɪljən) I ZN *zoogdier* II BNW *zoogdier-*
mammary ('mæmərɪ) BNW *m.b.t./van de borst; borst-*
mammogram ('mæməʊgræm) ZN MED. *mammogram*
mammography (mæ'mɒgrəfɪ) ZN MED. *mammografie*
mammon ('mæmən) ZN *mammon*
mammoth ('mæməθ) I ZN *mammoet* II BNW *mammoet-; reusachtig*
mammy ('mæmɪ) ZN • *mammie* • USA/PEJORATIEF *zwarte kindermeid*
man (mæn) I ZN • *man* • *mens; persoon* • *iemand; men* • *bediende; knecht; vazal; werkman* • *speelstuk* ★ man and wife *man en vrouw* ★ be a man! *wees een man!* ★ man of colour *kleurling* ★ man of family *iem. van hoge afkomst* ★ man of fashion *dandy* ★ man of figure *man v. betekenis* ★ (all) to a man *(allen) zonder uitzondering* ★ man of means *bemiddeld man* ★ a man of men *een buitengewoon man* ★ man of property *grondeigenaar* ★ man of sense *verstandig iemand* ★ man of straw *stropop* ★ best man *getuige* ⟨v. bruidegom⟩*; bruidsjonker* ★ a Cambridge man *een (oud-)student van de universiteit van Cambridge* ★ FIG. the inner man *de inwendige mens; het geestelijke leven* ★ take care of/refresh the inner man *de inwendige mens versterken* ★ the outer man *het stoffelijk leven* ★ INFORM. the/my old man *m'n vader; m'n vent* ★ be s.o.'s man *de aangewezen persoon zijn; het wel klaar spelen; iemands vriend zijn* ★ I'm your man *ik neem je aanbod aan; ik ben de geschikte persoon* ★ be one's own man *eigen baas zijn* ★ I've been here man and boy *vanaf m'n jongensjaren ben ik al hier* ★ a man about town *een man van de wereld; een bon-vivant* ★ a man and a brother *een medemens* ★ man by man *man voor man* ★ man Friday *toegewijd helper* ★ the man on the street *de gewone man* ★ a man or a mouse *erop of eronder* ★ as one man to another *op gelijke voet* ★ man to man *man tegen man* ★ medical man *medicus* ★ military man *soldaat* ★ man of the world *man van de wereld* ★ man of science *natuurfilosoof* ★ man in blue *matroos; poltieagent* ★ LIT. angry young man *rebellerend schrijver* ⟨jaren vijftig 20e eeuw⟩ ★ MIL. men [mv] *manschappen* II OV WW *v. bemanning voorzien; bemannen* ★ man o.s. *zich vermannen*
manacle ('mænəkl) I ZN *(hand)boei* II OV WW
• *boeien* • *vastleggen* • *belemmeren*
manage ('mænɪdʒ) I OV WW • *hanteren; omspringen met* • *naar zijn hand zetten; beheersen* • *leiden; beheren; besturen; hoeden* ⟨v. vee⟩ • *aankunnen* II ONOV WW • *'t klaarspelen; z. redden* • *rondkomen*
manageability (mænɪdʒə'bɪlətɪ) ZN *handelbaarheid*
manageable ('mænɪdʒəbl) BNW *te hanteren; handelbaar*
management ('mænɪdʒmənt) ZN
• *(bedrijfs)leiding; beheer* • *bestuur; directie*
• MED. *behandeling* • *handigheid*
manager ('mænɪdʒə) ZN • *directeur; bedrijfsleider; manager* • *(partij)leider; bestuurder* • *beheerder* • *impresario* • JUR. *curator*
manageress (mænɪdʒə'res) ZN *bestuurster; beheerster; cheffin*
managerial (mænə'dʒɪərɪəl) BNW *directeurs-; bestuurs-*
managing ('mænɪdʒɪŋ) BNW • *beherend; flink; handig* • *overleggend*
man-at-arms (mænət'ɑ:mz) ZN *krijgsman te paard*
manciple ('mænsɪpl) ZN *econoom* ⟨in klooster⟩
Mancunian (mæn'kju:nɪən) BNW *van/uit Manchester*
mandamus (mæn'deɪməs) ZN *bevelschrift van het hooggerechtshof*
mandarin ('mændərɪn) ZN • *mandarijn* ⟨vrucht⟩
• *mandarijn* ⟨magistraat⟩
Mandarin ('mændərɪn) ZN TAALK. *Mandarijn*
mandate ('mændeɪt) I ZN *mandaat; bevel; opdracht* II OV WW *onder mandaat plaatsen*
mandatory ('mændətərɪ) I ZN *mandataris* II BNW
• *verplicht* • *bevel-*
man-day ZN *mandag*
mandible ('mændɪbl) ZN *(onder)kaak*
mandolin(e) (mændə'lɪn) ZN *mandoline*
mandrel ('mændrəl) ZN • *spil* ⟨v. draaibank⟩
• *drevel* • *houweel*
mandril ('mændrɪl) ZN → **mandrel**
mane (meɪn) ZN *manen* ★ the mane of the horse is black *de manen van het paard zijn zwart*
man-eater ('mæni:tə) ZN • *menseneter* • *bijtend paard* • *mensenetende haai/tijger*
man-eating BNW *mensenetend*
maneuver (mə'nu:və) ZN USA → **manoeuvre**
manful ('mænfʊl) BNW *dapper*
manga ('mæŋgə) ZN *manga*
manganese ('mæŋgəni:z) ZN *mangaan*

mange ('meɪndʒ) ZN *schurft*
manger ('meɪndʒə) ZN *kribbe; voerbak*
mangle ('mæŋgl) **I** ZN *mangel* **II** OV WW • *mangelen* • *verscheuren; verminken; verknoeien*
mangrove ('mæŋgrəʊv) ZN *mangrove; wortelboom*
mangy ('meɪndʒɪ) BNW • *schurftig* • *sjofel*
manhandle ('mænhændl) OV WW • *door menskracht bewegen* • PLAT *ruw behandelen; toetakelen*
man hater ZN *mensenhater; mannenhaatster*
manhole ('mænhəʊl) ZN *mangat*
manhood ('mænhʊd) ZN • *mannelijkheid* • *mannelijke leeftijd* • *manhaftigheid* • *mannelijke bevolking*
man-hour ZN *manuur*
manhunt ('mænhʌnt) ZN *mensenjacht; achtervolging*
mania ('meɪnɪə) ZN • *manie; rage* • MED. *waanzin*
maniac ('meɪnɪæk) ZN • *maniak* • *waanzinnige*
maniacal (mə'naɪəkl) BNW *dollemans-; waanzinnig*
manic ('mænɪk) BNW *manisch*
manic-depressive BNW *manisch-depressief*
manicurist ('mænɪkjʊərɪst) ZN *manicure; manicuurster*
manifest ('mænɪfest) **I** ZN SCHEEPV. *passagierslijst* **II** BNW • *zichtbaar; manifest* • *klaarblijkelijk; duidelijke* **III** OV WW • *openbaar maken* • *bewijzen; aan de dag leggen* • SCHEEPV. *inschrijven in scheepsmanifest* **IV** ONOV WW *zich manifesteren; verschijnen*
manifestation (mænɪfe'steɪʃən) ZN • *manifestatie* • *verkondiging* • *uiting*
manifesto (mænɪ'festəʊ) ZN *manifest*
manifold ('mænɪfəʊld) **I** ZN • *verdeelstuk* • *verzameling* ‹wisk.› **II** BNW • *menigvuldig* • *geleed* **III** OV WW *verveelvoudigen*
manikin ('mænɪkɪn), **mannikin** ZN • *paspop* • *mannequin* • *mannetje; dwerg* • *fantoom*
manilla (mə'nɪlə) ZN • *armring* • *hennep*
manipulate (mə'nɪpjʊleɪt) OV WW • *hanteren* • *behandelen; manipuleren* • *knoeien met* ‹cijfers, tekst› • *speculeren in*
manipulation (mənɪpjʊ'leɪʃən) ZN • *manipulatie* • *het betasten* ‹v. lichaamsdeel›
manipulative (mə'nɪpjʊlətɪv) BNW *manipulerend*
manipulator (mə'nɪpjʊleɪtə) ZN *manipulator* ★ ~ *of speculant in*
mankind[1] ('mæn'kaɪnd) ZN *het mensdom; de mensheid*
mankind[2] ('mænkaɪnd) ZN *de mannen*
manky ('mæŋkɪ) BNW *groezelig; onfris*
manly ('mænlɪ) BNW • *mannelijk; manhaftig* • *manachtig* ‹v. vrouw›
man-made BNW *door de mens gemaakt; kunstmatig*
manna ('mænə) ZN *manna*
manned (mænd) BNW *bemand*
mannequin ('mænɪkɪn) ZN • *mannequin* • *etalagepop*
manner ('mænə) ZN *manier; wijze* ★ all ~ of men *mensen v. allerlei slag* ★ in a ~ of speaking *bij wijze v. spreken* ★ in like ~ *op dezelfde manier* ★ to the ~ born *van nature er voor bestemd/ geschikt* ★ what ~ of man is he? *wat voor een man is hij?* ★ ~s [mv] *zeden; gewoonten* ★ it's bad ~s to do that *het past niet dat te doen* ★ where are your ~s? *heb je geen manieren geleerd?*
mannered ('mænəd) BNW • *geaffecteerd* • *met ... manieren*
mannerism ('mænərɪzəm) ZN • *gemaniëreerdheid* • *hebbelijkheid; aanwensel*
mannerless ('mænələs) BNW *ongemanierd*
mannerly ('mænəlɪ) BNW + BIJW *beleefd*
manners ('mænəz) ZN MV → **manner**
mannikin ('mænɪkɪn) ZN → **manikin**
mannish ('mænɪʃ) BNW *manachtig*
manoeuvrability (mə'nu:vrə'bɪlətɪ) ZN *manoeuvreerbaarheid*
manoeuvre (mə'nu:və), USA **maneuver I** ZN • *kunstgreep* • *manoeuvre* **II** OV WW • *manoeuvreren* • *klaarspelen* **III** ONOV WW *manoeuvreren*
man-of-war ZN *oorlogsschip*
manor ('mænə) ZN • *landgoed* • ≈ *riddergoed;* ≈ *heerlijkheid*
manor-house ('mænəhaʊs) ZN *herenhuis*
manorial (mə'nɔ:rɪəl) BNW *behorende tot (ambachts)heerlijkheid*
manpower ('mænpaʊə) ZN • *mankracht* • *arbeidskracht(en); personeel*
mansard ('mænsɑ:d) ZN *gebroken dak*
manservant ('mænsɜ:vənt) ZN *knecht*
mansion ('mænʃən) ZN *groot herenhuis*
mansion house ZN *herenhuis*
Mansion House ZN *officieel verblijf van de Lord-Mayor v. Londen*
mansions ('mænʃənz) ZN MV *flatgebouw*
man-sized BNW *mansgroot; voor één man berekend*
manslaughter ('mænslɔ:tə) ZN *doodslag*
mantel ('mæntl) ZN USA *schoorsteenmantel*
mantelpiece ('mæntlpi:s) ZN *schoorsteenmantel*
mantle ('mæntl) **I** ZN • *mantel; dekmantel* • *gloeikousje* **II** OV WW *bedekken; doen blozen* **III** ONOV WW • *blozen* • *schuimen*
mantlet ('mæntlət) ZN *manteltje*
manual ('mænjʊəl) **I** ZN • *handboek; handleiding* • MUZ. *manuaal* **II** BNW *hand-; handmatig*
manufactory (mænju:'fæktərɪ) ZN *fabriek*
manufacture (mænju:'fæktʃə) **I** ZN • *fabricage* • *fabrikaat* **II** OV WW • *fabriceren* • *verzinnen* ★ ~d articles *fabrikaten; fabrieksproducten*
manufacturer (mænju:'fæktʃərə) ZN *fabrikant*
manumission (mænju:'mɪʃən) ZN *vrijlating uit slavernij*
manure (mə'njʊə) **I** ZN *mest* **II** OV WW *bemesten*
manuscript ('mænjʊskrɪpt) **I** ZN *handschrift; manuscript* **II** BNW *handgeschreven*
Manx (mæŋks) **I** ZN • *bewoners v.h. eiland Man* • *taal v.h. eiland Man* **II** BNW *Manx-*
Manxman ('mæŋksmən) ZN *bewoner van het eiland Man*
many ('menɪ) **I** ONB VNW *vele(n)* ★ a good many *heel wat* ★ a great many *heel veel* ★ the many *de menigte; de meerderheid* ★ as many as ten *wel tien* ★ one too many *een te veel* ★ he is one too many for us *hij is ons te slim af* **II** TELW *veel; menige* ★ many a man/one *menigeen* ★ many a

many-sided – marketing

time (and oft) *menigmaal*; *steeds weer* ★ (so) many men, so many minds *zoveel hoofden, zoveel zinnen* ★ he's been here this many a day *hij is al vele dagen hier*

many-sided BNW *veelzijdig*

Maori ('maʊrɪ) ZN • *Maori* • *taal v.d. Maori*

map (mæp) I ZN • *(land)kaart* ★ off the map *onbereikbaar; onbelangrijk* ★ put on the map *bekend/beroemd maken* II OV WW • *in kaart brengen* • ~ **out** *arrangeren; indelen*

maple ('meɪpl) ZN *esdoorn*

maple leaf ZN *esdoornblad* ‹embleem van Canada›

maple syrup ZN *ahornstroop*

mar (mɑː) OV WW *ontsieren; bederven*

marathon ('mærəθən) ZN *marathon(loop)*

maraud (məˈrɔːd) OV+ONOV WW *plunderen; stropen*

marauder (məˈrɔːdə) ZN *plunderaar; stroper*

marble ('mɑːbl) I ZN • *marmer* • *marmeren beeld* • *knikker* ★ ~s [mv] *knikkerspel* ★ play at ~s *knikkeren* ★ INFORM. lose one's ~s *z'n verstand verliezen* II BNW • *marmeren*; *als marmer* • *gemarmerd* • ~ **cake** *marmercake* III OV WW *marmeren*

marbles ('mɑːblz) ZN MV → **marble**

marbling ('mɑːblɪŋ) ZN *het marmeren*

march (mɑːtʃ) I ZN • *mars* • *loop; vooruitgang* • *marsmuziek; marstempo* ★ steal a ~ (up)on s.o. *iem. te vlug af zijn; iem. een vlieg afvangen* II OV WW • ~ **away** *wegvoeren* • ~ **off** *laten afmarcheren* • ~ **up** *laten aanrukken* III ONOV WW • *marcheren* ★ they ~ with the times *ze gaan met hun tijd mee* • ~ **on** *voortmarcheren* • ~ **past** *defileren* • ~ **up** *aanrukken* • ~ **upon/with** *grenzen aan* • ~ **order** *marsorde; veldtenue*

March (mɑːtʃ) ZN *maart*

marchioness (mɑːʃəˈnes) ZN *markiezin*

marchpane ('mɑːtʃpeɪn) ZN *marsepein*

march past ZN *défilé*

mare (meə) ZN *merrie* ★ FIG. a mare's nest *een denkbeeldige ontdekking; een wespennest* ★ mare's tail *lidsteng; lange vederwolk* ✦ Shanks's mare *de benenwagen*

margarine (mɑːdʒəˈriːn) ZN *margarine*

marge (mɑːdʒ) ZN INFORM. *margarine*

margin ('mɑːdʒɪn) I ZN • *marge; rand; kant; grens* • *speling* • ECON. *marge; saldo; winst* • ECON. *surplus* ‹effectenbeurs› ★ buy on ~ *op prolongatie kopen* ★ ~ of profit *winstmarge* ★ ~ of error *foutmarge* II OV WW • *v. marge/rand voorzien* • *v. kanttekening voorzien* • *dekken* ‹op effectenbeurs›

marginal ('mɑːdʒɪnl) BNW • *marginaal* ‹ondergeschikt› • *kant-; rand- • in grensgebied gelegen; aangrenzend* • *weinig productief*

marginalia (mɑːdʒɪˈneɪlɪə) ZN *kanttekeningen*

marginate(d) ('mɑːdʒənət) BNW *gerand*

marigold ('mærɪɡəʊld) ZN PLANTK. *goudsbloem* ★ African/French ~ *afrikaantje* ‹plant›

marijuana (mærɪˈwɑːnə) ZN *marihuana*

marina (məˈriːnə) ZN *jachthaven*

marinade ('mærɪneɪd) I ZN *marinade* II OV WW *marineren*

marine (məˈriːn) I ZN *marinier* ★ tell that to the ~s *maak dat de kat wijs* ★ *mercantile* ~ *handelsvloot* ★ merchant ~ *koopvaardij(vloot)* II BNW • *marine-* • *zee-; marien* • *scheeps-*

mariner ('mærɪnə) ZN *matroos; zeeman*

marine stores ZN *gebruikt scheepsmateriaal dat verkocht wordt*

Mariolatry (meərɪˈɒlətrɪ) ZN *Mariavereering*

marionette (mærɪəˈnet) ZN *marionet*

marital ('mærɪtl) BNW • *v.d. echtgeno(o)t(e)* • *huwelijks-*

maritime ('mærɪtaɪm) BNW *zee(vaart)-; kust-; maritiem*

marjoram ('mɑːdʒərəm) ZN *marjolein*

mark (mɑːk) I ZN • *merk; teken* • *aanwijzing; signaal* • *litteken; vlek* • *stempel; zegel* • *cijfer; punt* • *startstreep* • *doel* • *kruisje* ‹i.p.v. handtekening› • *munt* ‹munt› • *onderscheiding* • GESCH. *mark* ‹gebied› • INFORM. *easy mark gemakkelijke prooi* ★ a ... of mark *een ... v. betekenis* ★ feel up to the mark *zich fit voelen* ★ hit the mark *de spijker op de kop slaan* ★ keep up to the mark *op peil houden* ★ make one's mark *zich onderscheiden* ★ above the mark *meer dan voldoende* ★ beside the mark *naast het doel* ★ up to the mark *voldoende* ★ overstep the mark *over de schreef gaan* ★ full marks *het volle aantal punten* ★ on my mark *op mijn teken* II OV WW • *noteren* • *onderscheiden; (ken)merken* • *laten blijken; aantonen* • *nakijken; cijfer/punt toekennen* • *prijzen* ‹v. goederen› • *bestemmen* • *opmerken; letten op* ★ mark my words! *let op mijn woorden!* ★ mark time *de pas markeren; geen vooruitgang boeken* ‹figuurlijk› • ~ **down** *opschrijven; afprijzen; bestemmen* • ~ **off** *onderscheiden; afscheiden* • ~ **out** *bestemmen; afbakenen; onderscheiden* • ~ **up** *noteren; krediet geven* III ONOV WW *markeren* ‹bij jacht› ★ mark you! *denk erom!*

marked (mɑːkt) BNW • *opvallend* • *gemerkt; getekend* ‹dier› ★ a ~ man *ten dode opgeschreven man; iem. die bespied wordt; iem. die voorbestemd is te slagen*

marker ('mɑːkə) ZN • *teken; merk* • *merkstift* • SPORT *mandekker* • *scorebord* • *fiche* • *nakijker/beoordeler* ‹v. examens, tentamens›

market ('mɑːkɪt) I ZN • *markt* • *handel; marktprijs* ★ ~ for *vraag naar* ★ bring one's eggs/hogs to the wrong ~ *van een koude kermis thuiskomen* ★ they don't come into the ~ *ze komen niet aan de markt* ★ make a ~ of *versjacheren; voordeel trekken uit* ★ play the ~ *speculeren* • JUR. ~ overt *openbare markt* ★ foreign ~s *buitenlandse markt* ★ black ~ *zwarte markt* II OV WW *verkopen; verhandelen* III ONOV WW *inkopen doen*

marketable ('mɑːkɪtəbl) BNW • *verkoopbaar* • *markt-*

market dues ZN MV *marktgelden*

marketeer (mɑːkˈtɪə) ZN ★ black ~ *zwarthandelaar*

market garden ZN *tuinderij; groentekwekerij*

market gardener ZN *groentekweker*

market gardening ZN *groenteteelt; tuinderij*

marketing ('mɑːkɪtɪŋ) ZN • *marketing; commercieel beleid* • *handel; verkoop; afzet* • *marktgoederen; inkoop; marktbezoek*

market-place ('mɑ:kɪtpleɪs) ZN *marktplein*
market rate ZN *marktprijs*
market research ZN ECON. *marktonderzoek*
marking ('mɑ:kɪŋ) ZN • *tekening* ⟨v. dier⟩
• *notering* ⟨v. effecten⟩ • *nakijken; toekennen van punten*
marking-ink ('mɑ:kɪŋɪŋk) ZN *merkinkt*
marksman ('mɑ:ksmən) ZN *(scherp)schutter*
marksmanship ('mɑ:ksmənʃɪp) ZN *scherpschutterskunst*
mark-up ('mɑ:kʌp) ZN ECON. *winstmarge*
marl (mɑ:l) I ZN *mergel* II OV WW • *bemesten*
• SCHEEPV. *marlen*
marly (mɑ:lɪ) BNW *mergelachtig*
marmalade ('mɑ:məleɪd) ZN *marmelade*
marmoreal (mɑ:'mɔ:rɪəl) BNW • *marmerachtig*
• *koud* • *als een beeld*
marmot ('mɑ:mət) ZN *marmot*
maroon (mə'ru:n) I ZN • *kastanjebruin* • *vuurpijl*
• *verlatene; uitgestotene* • *bosneger* II OV WW
• *aan zijn lot overlaten; op onbewoonde kust aan land zetten en achterlaten* • *isoleren*
III ONOV WW ⟨ergens⟩ *rondhangen*
marquee (mɑ:'ki:) ZN • *grote tent* • USA *markies; luifel*
marquess ZN → **marquis**
marquis ('mɑ:kwɪs) ZN *markies*
marquise (mɑ:'ki:z) ZN • *ring met ovale diamantversiering* • *markiezin* ⟨in buitenland⟩
• *luifel; kap*
marriage ('mærɪdʒ) ZN *huwelijk* ★ *by* ~ *aangetrouwd* ★ *ask in* ~ *ten huwelijk vragen* ★ ~ *of convenience verstandshuwelijk*
marriageable ('mærɪdʒəbl) BNW *huwbaar*
marriage articles MV *huwelijkscontract*
marriage certificate ZN *trouwakte*
marriage licence ZN *vergunning tot huwelijk zonder voorafgaande afkondiging*
marriage lines MV *trouwakte*
marriage settlement ZN *huwelijksvoorwaarden*
married ('mærɪd) BNW • *huwelijks-* • *gehuwd* ★ ~ *up getrouwd; nauw verbonden*
marrieds ('mærɪdz) ZN MV *getrouwde mensen*
marrow ('mærəʊ) ZN • *merg* • *kern* • *(eetbare) pompoen; (soort) courgette* ★ *chilled to the* ~ *door en door verkleumd* ★ IRON. *on your* ~s! *op je knieën* ★ *the pith and* ~ *of it het essentiële ervan*
marrowbone ('mærəʊbəʊn) ZN *mergpijp*
marrow-fat ZN *kapucijner*
marrowy ('mærəʊɪ) BNW • *mergachtig* • *vol merg*
• *flink; pittig* ⟨figuurlijk⟩
marry ('mærɪ) I OV WW • *huwen (met); trouwen*
• *uithuwelijken* • *nauw verbinden* • ~ *off uithuwelijken* • ~ *up samenbrengen* II ONOV WW • *trouwen* • Z. *nauw verbinden* ★ ~ *above/ beneath o.s. boven/beneden je stand trouwen*
★ *he is not a* ~*ing man/not the* ~*ing kind of man hij is geen man om te trouwen* ★ *a* ~*ing salary een salaris waarmee je kunt gaan trouwen*
marsh (mɑ:ʃ) ZN *moeras*
marshal ('mɑ:ʃəl) I ZN • *maarschalk*
• *ceremoniemeester* • ≈ *griffier* • USA *hoofd v.d. politie* • *directeur v. gevangenis*
• *brandweercommandant* II OV WW

• *rangschikken; opstellen* • *aanvoeren; leiden*
★ ~ *one's thoughts zijn gedachten verzamelen*
marshalling yard ZN *rangeerterrein*
marsh fire ZN *dwaallicht*
marshmallow (mɑ:ʃ'mæləʊ) ZN ≈ *spekkie* ⟨snoepgoed⟩
marshy ('mɑ:ʃɪ) BNW *moerassig*
marsupial (mɑ:'su:pɪəl) I ZN *buideldier* II BNW *buidelvormig; buideldragend*
mart (mɑ:t) ZN • USA *markt* • *verkooplokaal*
• *handelscentrum*
marten ('mɑ:tɪn) ZN *marter* ⟨bont⟩
martial ('mɑ:ʃəl) BNW *oorlogs-; krijgshaftig; krijgslustig*
Martial ('mɑ:ʃəl) BNW *v.d. planeet Mars*
Martian ('mɑ:ʃən) I ZN *Marsbewoner* II BNW *v. Mars; Mars-*
martin ('mɑ:tɪn) ZN *huiszwaluw*
martinet (mɑ:tɪ'net) ZN *strenge meester*
Martinmas ('mɑ:tɪnməs) ZN *Sint-Maarten(sdag)*
martlet ('mɑ:tlət) ZN *gierzwaluw; huiszwaluw*
martyr ('mɑ:tə) I ZN *martelaar* ★ *be a* ~ *to veel te lijden hebben van* II OV WW • *de marteldood doen sterven* • *martelen*
martyrdom ('mɑ:tədəm) ZN • *martelaarschap*
• *marteldood* • *marteling*
martyrize ('mɑ:təraɪz) OV WW *tot martelaar maken*
marvel ('mɑ:vəl) I ZN *wonder* II ONOV WW • Z. *afvragen* • ~ *at* Z. *verwonderen over*
marvellous ('mɑ:vələs) BNW • *buitengewoon*
• *wonderbaarlijk*
Marxist ('mɑ:ksɪst) I ZN *marxist* II BNW *marxistisch*
marzipan ('mɑ:zɪpæn) ZN *marsepein*
mascara (mæ'skɑ:rə) ZN *mascara*
mascot ('mæskɒt) ZN *mascotte; talisman*
masculin(e) ('mæskjʊlɪn) I ZN TAALK. *mannelijk geslacht* II BNW • *mannelijk* ⟨ook v. rijm⟩
• *manachtig* ⟨v. vrouw⟩ • *krachtig*
mash (mæʃ) I ZN • *aardappelpuree* • *warm voer*
• *beslag* ⟨brouwerij⟩ • *warboel; mengelmoes*
• INFORM. *affaire* • *minnaar* II OV WW
• *aanmengen* • *fijnstampen* • INFORM. *flirten*
★ *be mashed on stapelgek zijn op*
masher ('mæʃə) ZN • *stamper* • INFORM. *charmeur*
• USA *(irritante) versierder*
mashie ('mæʃɪ) ZN *golfstok met ijzeren kop*
mask (mɑ:sk) I ZN • *masker; vermomming*
• *bedrog* • *tekening* ⟨op kop v. dier⟩ II OV WW
• *vermommen* • *maskeren; verbergen* III ONOV WW Z. *vermommen*
masochism ('mæsəkɪzəm) ZN *masochisme*
masochist ('mæsəkɪst) ZN *masochist*
mason ('meɪsən) I ZN • *metselaar* • *steenhouwer*
★ *monumental* ~ *(graf)steenhouwer* II OV WW *metselen*
Mason ('meɪsən) ZN *vrijmetselaar*
Masonic (mə'sɒnɪk) BNW *vrijmetselaars-*
masonry ('meɪsənrɪ) ZN *metselwerk*
Masonry ('meɪsənrɪ) ZN *vrijmetselarij*
masquerade (mɑ:skə'reɪd) I ZN • *maskerade*
• *valse schijn* II ONOV WW • Z. *vermommen* • ~ *as vermomd zijn als*
mass (mæs) I ZN • *merendeel* • *massa; grote hoop*
• *mis* ★ *the amount in a mass het bedrag ineens*

★ in the mass *bij elkaar genomen* ★ the masses *het gewone volk* ★ Low Mass *stille mis* ★ say Mass *de mis lezen* II OV WW *verzamelen; samentrekken* ⟨v. troepen⟩ III ONOV WW *z. verzamelen*

massacre ('mæsəkə) I ZN *bloedbad; slachting* II OV WW *een slachting aanrichten onder*

massage ('mæsɑːʒ, mə'sɑːʒ) I ZN *massage* II OV WW *masseren*

mass destruction ZN *massavernietiging*

masseur (mæ'sɜː) ZN *masseur*

masseuse (mæ'sɜːz) ZN *masseuse*

massif ('mæsiːf) ZN *berggroep; massief*

massive ('mæsɪv) BNW • *massief* • *zwaar; stevig* • *indrukwekkend; gigantisch*

mass media ZN *massamedia*

mass observation ZN *bestudering v.d. massa*

mass-produce OV WW *in massa vervaardigen*

massy ('mæsɪ) BIJW *massief; zwaar*

mast (mɑːst) I ZN • *mast* • *mast* ⟨varkensvoer⟩ II OV WW *v. mast voorzien*

mastectomy (mæs'tektəmɪ) ZN *borstamputatie; mastectomie*

master ('mɑːstə) I ZN • *meester; baas* ⟨werkgever⟩ • *directeur; hoofd* ⟨v. college⟩ • *kapitein* ⟨v. koopvaardijschip⟩; *gezagvoerder* • *(leer)meester; leraar* • *master* ⟨academische graad⟩ • *heer des huizes* • *jongeheer* • *mijnheer* • TECHN. *master* ⟨origineel exemplaar⟩ ★ be ~ of *ter beschikking hebben* ★ be one's own ~ *eigen baas zijn* ★ make o.s. ~ *of onder de knie krijgen* ★ ~s and men *werkgevers en werknemers* ★ Master of Arts ≈ *master in de letteren en wijsbegeerte* ★ Master of the Horse *opperstalmeester* ★ Master of (the) (Fox)Hounds *jagermeester* ★ Master of the Revels *leider v. festiviteiten* ⟨aan het Hof⟩ ★ Master of the Robes *kamerheer voor de garderobe* ★ Master of the Rolls *eerste rechter bij Hof v. Beroep; rijksarchivaris* ★ ~ of ceremonies *ceremoniemeester; leider v. festiviteiten* ⟨aan het Hof⟩; *spelleider* ⟨radio/tv⟩ II BNW *voornaamste; hoofd-* III OV WW *beheersen; overmeesteren; de baas worden; te boven komen; besturen*

masterdom ('mɑːstədəm) ZN *heerschappij*

masterful ('mɑːstəfʊl) BNW • *meesterlijk* • *bazig; meesterachtig*

masterhood ('mɑːstəhʊd) ZN *meesterschap*

master-key ('mɑːstəkiː) ZN *loper* ⟨sleutel⟩

masterly ('mɑːstəlɪ) BNW + BIJW *meesterlijk*

master mariner ZN *gezagvoerder* ⟨v. koopvaardijvloot⟩

mastermind ('mɑːstəmaɪnd) I ZN *genie* II OV WW *in elkaar zetten* ⟨v. plan⟩; *uitwerken* ⟨v. plan⟩; *leiding geven aan*

masterpiece ('mɑːstəpiːs) ZN *meesterwerk*

mastership ('mɑːstəʃɪp) ZN • *meesterschap* • *leraarschap; betrekking/waardigheid van leraar/meester*

master spirit ZN *genie*

master-stroke ('mɑːstəstrəʊk) ZN *meesterlijke zet*

master switch ZN *hoofdschakelaar*

masterwork ('mɑːstəwɜːk) ZN *meesterwerk; meesterlijk staaltje*

mastery ('mɑːstərɪ) ZN *meesterschap* ★ ~ of *beheersing van; heerschappij over*

masticate ('mæstɪkeɪt) OV+ONOV WW *kauwen*

mastication (mæstɪ'keɪʃən) ZN *het kauwen*

masticator ('mæstɪkeɪtə) ZN • *kauwer* • *vleesmolen* ★ ~s IRON. *kakement; kaken*

mastiff ('mæstɪf) ZN *buldog*

mastodon ('mæstədɒn) ZN *mastodont; reus(achtig dier)*

masturbate ('mæstəbeɪt) ONOV WW *masturberen*

mat (mæt) I ZN • *mat; kleedje* • *verwarde massa* • *matte rand* • *doffe kleur* • *matwerk* ★ have s.o. on the mat *iem. op het matje roepen* ★ PLAT. on the mat *in moeilijkheden* II BNW *dof; mat* III OV WW • *met matten bedekken/beleggen* • *verwarren* • *matteren* IV ONOV WW *in de war raken*

match (mætʃ) I ZN • *lucifer* • *wedstrijd* • *gelijke; tegenhanger* • *paar* • *huwelijk* • *partij* • *lont* ★ be a ~ for s.o. *tegen iem. opgewassen zijn* ★ be more than a ~ for s.o. *iem. de baas zijn* ★ find one's ~ *zijns gelijke vinden* ★ make a ~ of it *trouwen* ★ he has made a good ~ *hij is goed getrouwd* ★ this material is a good ~ *deze stof past er goed bij* ★ qualifying ~ *kwalificatiewedstrijd* ★ ~ away ~ *uitwedstrijd* II OV WW • *in overeenstemming brengen met; iets bijpassends vinden* • *opgewassen zijn tegen* • *een partij zijn voor; de gelijke zijn van* • *laten concurreren* • OUD. *in de echt verbinden; koppelen* ★ be well ~ed *goed bij elkaar passen; aan elkaar gewaagd zijn* ★ ~ o.s. against *zich meten met* ★ this colour is hard to ~ *het is moeilijk iets te vinden dat bij deze kleur past* ★ you can't ~ it *dat doe je me niet na* III ONOV WW • *bij elkaar passen* • ~ up to *opgewassen zijn tegen*

matchbox ('mætʃbɒks) ZN *lucifersdoosje*

matchless ('mætʃləs) BNW *weergaloos; niet te evenaren; onvergelijkelijk*

matchmaker ('mætʃmeɪkə) ZN *koppelaar(ster)*

matchmaking ('mætʃmeɪkɪŋ) ZN • *fabricage van lucifers* • *het koppelen* ⟨voor huwelijk⟩

matchpoint ('mætʃpɔɪnt) ZN SPORT *beslissende punt*

matchstick ('mætʃstɪk) ZN *lucifershoutje*

matchstick figure ZN ≈ *koppoter* ⟨getekend poppetje⟩

matchwood ('mætʃwʊd) ZN • *hout voor lucifers* • *kleine splinters* ★ make ~ of *tot brandhout maken*

mate (meɪt) I ZN • *partner* • *maat; kameraad* • *levenspartner* • *mannetje; wijfje* • *stuurman* • *schaakmat* • IERS/USA running mate *kandidaat voor vice-president* II OV WW • *in de echt verbinden* • *doen paren* • *mat zetten* III ONOV WW *trouwen* • *paren*

material (mə'tɪərɪəl) I ZN • *stof* • *materiaal; bestanddeel* ★ buy a house for its ~s *een huis kopen voor afbraak* ★ raw ~s *grondstoffen* ★ writing ~s *schrijfbenodigdheden* II BNW • *stoffelijk; materieel; lichamelijk* • *wezenlijk; essentieel; belangrijk* ★ ~ to *van belang/relevant voor*

materialism (mə'tɪərɪəlɪzəm) ZN *materialisme*

materialist (mə'tɪərɪəlɪst) ZN *materialist*

materialistic (mə'tɪərɪə'lɪstɪk) BNW *materialistisch*

materialization (mətɪərɪələr'zeɪʃən) ZN
• *verwezenlijking* • *materialisatie*
materialize (mə'tɪərɪəlaɪz) ONOV WW • *resultaat/voordeel opleveren; verwezenlijkt worden*
• *verstoffelijken; verschijnen; materialiseren*
materiel (mətɪərɪ'el) ZN *materieel; beschikbare middelen*
maternal (mə'tɜ:nl) BNW *moederlijk; moeder-; v. moederszijde*
maternity (mə'tɜ:nɪtɪ) ZN • *moederschap*
• *moederlijkheid*
maternity dress ZN *positiejurk*
maternity home/hospital ZN *kraamkliniek*
maternity leave ZN *zwangerschapsverlof*
maternity ward ZN *kraamafdeling*
matey (meɪtɪ) I ZN INFORM. *maatje* II BNW *kameraadschappelijk; gezellig*
mathematical (mæθə'mætɪkl) BNW *wiskundig; wiskunde-*
mathematician (mæθəmə'tɪʃən) ZN *wiskundige*
mathematics (mæθə'mætɪks) ZN MV *wiskunde*
maths (mæθs) ZN MV INFORM. → **mathematics**
matinee ('mætɪneɪ) ZN *matinee*
matins ('mætɪn) ZN MV • *metten; morgendienst* ⟨anglicaanse Kerk⟩ • LIT. *morgenzang v. vogels*
matrass ('mætrəs) ZN *distilleerkolf*
matriarch ('meɪtrɪɑ:k) ZN • *matriarch*
• *eerbiedwaardige oude vrouw*
matriarchal (meɪtrɪ'ɑ:kl) BNW *matriarchaal*
matric ZN INFORM. → **matriculation**
matrices ('meɪtrɪsi:z) ZN MV → **matrix**
matricide ('meɪtrɪsaɪd) ZN • *moedermoordenaar*
• *moedermoord*
matriculate (mə'trɪkjʊleɪt) I OV WW *als student inschrijven/toelaten* II ONOV WW • *als student toegelaten worden; z. als student inschrijven*
• OUD. *toelatingsexamen afleggen*
matriculation (mətrɪkjʊ'leɪʃən) ZN • *inschrijving*
• OUD. *toelatingsexamen*
matrimonial (mætrɪ'məʊnjəl) BNW *huwelijks-; echtelijk*
matrimony ('mætrɪmənɪ) ZN • *huwelijk; huwelijkse staat* • *mariage* ⟨kaartspel⟩ • PLAT *mengsel* ⟨v. wijnen e.d.⟩
matrix ('meɪtrɪks) ZN • *matrix* • *voedingsbodem*
• *gietvorm; matrijs* • *moedergesteente* • OUD. *baarmoeder*
matron ('meɪtrən) ZN • *matrone; getrouwde dame*
• *directrice; hoofd; moeder* ⟨v. instituut⟩
matronly ('meɪtrənlɪ) BNW • *matroneachtig* • *aan de dikke kant*
matt (mæt) BNW *dof; mat*
matted ('mætɪd) BNW *verward* ⟨v. haarbos⟩
matter ('mætə) I ZN • *materie; stof* • *zaak; aangelegenheid; kwestie* • *kopij* • *etter* ⟨substantie⟩ * as a ~ of fact *inderdaad; in werkelijkheid;* trouwens * for that ~ *wat dat betreft;* trouwens * in the ~ of *wat betreft* * it is a ~ of £ 10 *het gaat om £ 10* * ~ for/of *aanleiding/reden voor* * a ~ of 20 years *een jaar of twintig* * (it is/makes) no ~ *het geeft niets* * no ~ who *om 't even wie* * no such ~ *niets daarvan* * what's the ~? *wat is er (aan de hand)?* * what is the ~ with it? *wat is er op tegen?* * what is the ~ with you? *wat scheelt je?* * what ~? *wat doet 't er toe?* * ~ of opinion

(betwistbare) mening * ~ of fact *feit; feitelijke kwestie* * ~ of law *juridische kwestie* * ~ of course *vanzelfsprekende kwestie* II ONOV WW • *v. belang zijn; betekenen* • *etteren* * what does it ~? *wat geeft 't?*
matter-of-course BNW *vanzelfsprekend*
matter-of-fact (mætərəv'fækt) BNW *prozaïsch; nuchter; zakelijk*
matting ('mætɪŋ) ZN • *het matteren* • *het v. matten voorzien; het matten maken* • *matwerk*
mattock ('mætək) ZN *houweel*
mattress ('mætrəs) ZN • *vlechtwerk* ⟨ter versteviging⟩ • *matras*
maturation (mætʃʊ'reɪʃən) ZN • *rijping*
• *ontwikkeling*
mature (mə'tjʊə) I BNW • *volwassen; volledig ontwikkeld; rijp* • *weloverwogen* • *vervallen* ⟨v. wissel⟩ II OV WW *rijpen* III ONOV WW • *volwassen worden; tot ontwikkeling komen; rijpen; in vervulling gaan* • *vervallen* ⟨v. wissel⟩
maturity (mə'tjʊərətɪ) ZN • *rijpheid* • *vervaltijd* ⟨v. wissel⟩ * at ~ *op de vervaldag* * arrive at ~ *vervallen* ⟨v. wissel⟩
matutinal (mætju:'taɪnl) BNW *vroeg; ochtend-; morgen-*
maud (mɔ:d) ZN *gestreepte plaid*
maudlin ('mɔ:dlɪn) BNW *overdreven sentimenteel*
maul (mɔ:l) I ZN *grote (houten) hamer* II OV WW
• *bont en blauw slaan; toetakelen; ruw behandelen* • *afkraken* ⟨door recensent⟩ • USA *splijten met hamer en wig*
maulstick ('mɔ:lstɪk) ZN *schildersstok*
maunder ('mɔ:ndə) ONOV WW • *wauwelen; bazelen; mompelen* • *~ about rondslenteren; rondhangen*
maundy ('mɔ:ndɪ) ZN *voetwassing* * Maundy Thursday *Witte Donderdag* ⟨donderdag voor Pasen⟩
mauser ('maʊzə) ZN *mausergeweer; pistool*
mausoleum (mɔ:sə'li:əm) ZN *mausoleum*
mauve (məʊv) BNW *mauve; zacht paars*
maverick ('mævərɪk) I ZN • *non-conformist*
• *ongemerkt kalf* • *eenling* II BNW * a ~ politician *een onafhankelijk politicus*
mavis ('meɪvɪs) ZN *zanglijster*
maw (mɔ:) ZN • *pens; maag* • *bek; muil* ⟨figuurlijk⟩
mawkish ('mɔ:kɪʃ) BNW • *overdreven sentimenteel*
• *walgelijk* ⟨v. smaak⟩
mawseed ('mɔ:si:d) ZN *maanzaad*
maw-worm ZN • *spoelworm* • *huichelaar*
maxilla (mæk'sɪlə) ZN *kaak*
maxillary (mæk'sɪlərɪ) I ZN *kaak* II BNW *kaak-*
maxim ('mæksɪm) ZN *maxime* ⟨stelregel, principe⟩
maximal ('mæksɪml) BNW *maximaal*
maximize ('mæksɪmaɪz) OV WW *maximaliseren; tot het uiterste vergroten*
maximum ('mæksɪməm) I ZN *maximum* * to the ~ *volledig* II BNW *maximaal; maximum-*
may (meɪ) I ZN *meidoorn* II HWW • *mogen*
• *kunnen* ⟨mogelijkheid⟩ * as one may say *om zo te zeggen* * be this as it may *hoe 't ook zij* * who may you be? *wie bent u eigenlijk?*
May (meɪ) ZN *mei*
maybe ('meɪbi:) BIJW *misschien*

maybug – measure

maybug ('meɪbʌg) ZN *meikever*
maybush ('meɪbʊʃ) ZN *hagendoornstruik*
Mayday ('meɪdeɪ) ZN *noodsein* ★ ~, ~! *S.O.S., S.O.S.!*
May Day ZN *eerste mei*
mayfly ('meɪflaɪ) ZN *eendagsvlieg; kokerjuffer*
mayhem ('meɪhem) ZN ● USA/JUR. *verminking* ● *chaos; wanorde*
mayonnaise (meɪə'neɪz) ZN *mayonaise*
mayor (meə) ZN *burgemeester* ★ ~ *of the palace hofmeier*
mayoral ('meərəl) BNW ● *burgemeesters-* ● *burgemeesterlijk*
mayoralty ('meərəltɪ) ZN ● *burgemeestersambt* ● *ambtsperiode v.e. burgemeester*
mayoress (meə'res) ZN ● *vrouw v.d. burgemeester* ● *vrouwelijke burgemeester* ● *dame die de honneurs v.e. burgemeester waarneemt*
maypole ('meɪpəʊl) ZN ● *meiboom* ● *bonenstaak* ⟨figuurlijk⟩
maytree ('meɪtri:) ZN *meidoorn*
mazarine (mæzə'ri:n) ZN *donkerblauw*
maze (meɪz) **I** ZN ● *doolhof* ⟨ook fig.⟩ ● *verbijstering* **II** OV WW *verbijsteren; verwarren*
mazuma (mə'zu:mə) ZN PLAT/USA *geld; pegels*
MBA AFK Master of Business Administration ≈ *master in de bedrijfskunde*
MBE AFK Member of the Order of the British Empire *lid van de orde van het Britse rijk* ⟨onderscheiding⟩
MC AFK ● Master of Ceremonies *mc* ⟨ceremoniemeester⟩ ● USA Member of Congress *Congreslid*
MD AFK Doctor of Medicine *master in de geneeskunde*
MDT AFK Mountain Daylight Time *Bergstreek Daglichttijd* ⟨tijdzone in westelijk-centraalUSA⟩
me (mi:) PERS VNW ● *mij* ● INFORM. *ik* ★ ah me! *wee mij!* ★ dear me! *lieve hemel!* ★ it's me *ik ben het*
mead (mi:d) ZN ● *mede* ⟨drank⟩ ● OUD. *weide*
meadow ('medəʊ) ZN ● *weide; hooiland; grasland* ● *uiterwaard*
meadow mouse ZN *veldmuis*
meadow sweet ZN PLANTK. *(moeras) spirea*
meagre ('mi:gə) BNW *mager; schraal*
meal (mi:l) **I** ZN ● *maal(tijd)* ● *meel;* USA *maïsmeel;* SCHOTS *havermeel* ★ make a meal of s.th. *nodeloos veel drukte maken om iets* ★ we had to make a meal of it *we moesten het er mee doen* **II** OV WW *tot meel maken*
mealtime ('mi:ltaɪm) ZN *etenstijd*
mealy ('mi:lɪ) BNW ● *melig; meelachtig* ● *wit gespikkeld* ⟨v. paard⟩ ● *bleek* ⟨v. gelaatskleur⟩ ● *zoetsappig*
mealy-mouthed (mi:lɪ-maʊðd) BNW *zoetsappig*
mean (mi:n) **I** ZN ● *midden(weg); middelevenredige* ● *middelste term* ★ the golden/happy mean *de gulden middenweg* **II** BNW ● *gemiddeld; middelmatig* ● *middelste; middel-; tussen-* ● *gemeen; laag* ● *onbelangrijk; gering* ● *bekrompen; gierig* ● USA *onbehaaglijk* ● *slechtgehumeurd* ● INFORM. *beschaamd* ★ mean proportional *middelevenredig* ★ feel mean *zich beschaamd voelen; zich onwel voelen* **III** OV WW ● *betekenen* ● *bedoelen; (serieus) menen* ● *willen* ● v. plan zijn ★ mean business *het menen* ★ mean mischief *kwaad in de zin hebben* ★ mean s.o. well *het goed met iem. voorhebben* ★ what do you mean by it? *wat bedoel je er mee?; waarom doe je zoiets?* ● ~ **for** *bestemmen voor* **IV** ONOV WW *bedoelen*
mean-born (mi:n'bɔ:n) BNW *van lage komaf*
meander (mɪ'ændə) **I** ZN ● *kronkeling* ⟨v. waterweg⟩ ● *meandering* ● *omweg* **II** ONOV WW ● *meanderen; kronkelen* ⟨v. waterweg⟩ ● *dolen*
meanderings (mɪ'ændərɪŋz) ZN MV ● *meanderingen* ⟨v. waterweg⟩ ● *omzwervingen* ● *uitweidingen* ⟨i.e. betoog enz.⟩
meanie ('mi:nɪ) ZN *gemenerik*
meaning ('mi:nɪŋ) ZN ● *bedoeling* ● *betekenis*
meaningful ('mi:nɪŋfʊl) BNW *veelbetekenend; belangrijk*
meaningless ('mi:nɪŋləs) BNW ● *nietszeggend* ● *zinloos*
meaningly ('mi:nɪŋlɪ) BIJW ● *veelbetekenend* ● *opzettelijk*
meanly ('mi:nlɪ) BIJW → **mean** ★ think ~ of *geen hoge dunk hebben van*
meanness ('mi:nəs) ZN → **mean**
means (mi:nz) ZN MV ● *middel(en)* ● *inkomsten* ★ by all (manner of) ~ *in ieder geval; beslist; zeker; natuurlijk; op alle mogelijke manieren* ★ not by any (manner of) ~ *in geen geval* ★ INFORM. by all ~! *ga je gang!* ★ by ~ of *door middel van* ★ by no ~ *in geen geval* ★ live beyond one's ~ *boven zijn stand leven* ★ of ~ *bemiddeld*
meant (ment) WW [verl. tijd + volt. deelw.] → **mean**
meantime ('mi:ntaɪm) ZN ★ in the ~ *ondertussen; inmiddels*
meanwhile ('mi:nwaɪl) BIJW *inmiddels; ondertussen*
measles ('mi:zəlz) ZN MV ● *mazelen* ● *blaaswormziekte* ⟨bij varkens⟩
measly ('mi:zlɪ) BNW ● *aan de mazelen lijdend* ● INFORM. *armzalig; min; waardeloos*
measurable ('meʒərəbl) BNW ● *meetbaar* ● *gematigd*
measure ('meʒə) **I** ZN ● *maatregel; grootte; afmeting; maat* ● *bedrag; hoeveelheid* ● *beperking* ● *metrum* ● *maatstaf* ● MUZ. *maat* ● *deler* ★ beyond ~ *bovenmate* ★ for good ~ *op de koop toe* ★ in a ~ *tot op zekere hoogte;* in zekere zin ★ keep ~ *maat houden* ★ made to ~ *aangemeten* ⟨v. kostuum⟩; *op maat gemaakt* ⟨v. kostuum⟩ ★ ~ for *leer om leer* ★ out of ~ *buitenmate* ★ set ~s to *paal en perk stellen aan* ★ take s.o.'s ~ *iem. de maat nemen; onderzoeken met wat voor iem. men te doen heeft* ★ within ~ *binnen bepaalde grenzen;* met *maate* ★ long ~ *lengtemaat* ★ ~ of capacity *inhoudsmaat* **II** OV WW ● *meten; de maat nemen; bep. lengte hebben; toemeten; afmeten; opmeten* ● *onderzoekend aankijken; opnemen* ● *beoordelen* ● *deelbaar zijn op* ● *afleggen* ⟨v. afstand⟩ ★ ~ one's length *languit op de grond vallen* ★ ~ swords *de degens kruisen* ● ~ **out** *uitdelen* **III** ONOV WW ● *meten* ● ~ **up to** *voldoen aan*

measured ('meʒəd) BNW • *gelijkmatig*
• *weloverwogen* • *gematigd*
measureless ('meʒələs) BNW *onmetelijk*
measurement ('meʒəmənt) ZN *(af)meting*
★ inside/outside ~ *binnenmaat/buitenmaat*
meat (mi:t) ZN • *vlees* • *vruchtvlees* • *kern*;
(diepere) inhoud ★ green meat *groente*;
groenvoer ★ strong meat *zware kost* ⟨figuurlijk⟩
★ it is meat and drink to me *ik doe het ontzettend graag* ★ one man's meat is another man's poison *de een z'n dood is de ander z'n brood* ★ minced meat *gehakt*
meat-and-potatoes I ZN FIG. *het allerbelangrijkste* II BNW *fundamenteel*
meatball ('mi:tbɔ:l) ZN *gehaktbal(letje)*
meat head ZN INFORM. *stomkop*
meatloaf ('mi:tləʊf) ZN *gehaktbrood*
meat pie ZN *vleespastei*
meat safe ZN *vliegenkast*
meaty ('mi:tɪ) BNW • *vlezig; vleesachtig; vlees-*
• *degelijk; stevig; pittig*
mechanic (mɪ'kænɪk) ZN • *monteur*
• *werktuigkundige; mecanicien*
• *handwerksman*
mechanical (mɪ'kænɪkl) BNW • *machinaal*;
werktuiglijk • *werktuigkundig* • *handwerks-*
mechanician (mekə'nɪʃən) ZN
machineconstructeur; werktuigkundige
mechanics (mɪ'kænɪks) ZN MV *werktuigkunde*
mechanism ('mekənɪzəm) ZN • *mechaniek*
• *mechanisme* • *techniek*
mechanist ('mekənɪst) ZN *machineconstructeur*;
werktuigkundige
mechanistic (mekə'nɪstɪk) BNW • *mechanistisch*
• *mechanisch*
mechanization (mekənar'zeɪʃən) ZN *mechanisatie*
mechanize ('mekənaɪz) OV WW *mechaniseren*
med. AFK • medical *medisch* • mediaeval *middeleeuws* • medium *gemiddeld*
medal ('medl) ZN *medaille*
medallion (mɪ'dæljən) ZN • *grote medaille*
• *medaillon*
medallist ('medəlɪst) ZN *medaillewinnaar*
meddle ('medl) ONOV WW • ~ in *z. mengen in*
• ~ with *z. bemoeien met*
meddler ('medlə) ZN *bemoeial*
meddlesome ('medəlsəm) BNW *bemoeiziek*
meddling ('medlɪŋ) BNW → **meddlesome**
media ('mi:dɪə) ZN MV → **medium**
mediaeval (medɪ'i:vəl) BNW → **medieval**
mediaevalism (medɪ'i:vəlɪzəm) ZN
→ **medievalism**
medial ('mi:dɪəl) BNW • *gemiddeld* • *midden-*;
tussen-; middel
median ('mi:dɪən) I ZN • *mediaan* • *zwaartelijn*
• *mediaanader* II BNW • *gemiddeld* • *midden-*;
middel-; middelste • *mediaan-*
mediate[1] ('mi:dɪət) BNW *indirect*
mediate[2] ('mɪdɪeɪt) OV+ONOV WW *als bemiddelaar optreden*
mediation (mi:dɪ'eɪʃən) ZN *(conflict)bemiddeling*;
voorspraak
mediator ('mi:dɪeɪtə) ZN *bemiddelaar*
mediatory ('mi:dɪətərɪ) BNW *bemiddelend*;
bemiddelings-
medic ('medɪk) I ZN • *dokter* • *medisch student*

• *examen in de medicijnen* • USA *kliniekassistent*
II BNW *geneeskundig*
medical ('medɪkl) I ZN • *medisch onderzoek*
• *medisch student* II BNW *geneeskundig*
medically ('medɪklɪ) BIJW *door de dokter* ★ ~ forbidden *door de dokter verboden*
medicament (mɪ'dɪkəmənt) ZN *geneesmiddel*
Medicare ('medɪkeə) ZN USA *gezondheidszorg voor bejaarden*
medicate ('medɪkeɪt) OV WW • *geneeskundig behandelen* • *medicinaal bereiden*
medicated ('medɪkeɪtɪd) I BNW • *gezondheids-*
• *sanitair; medicinaal* II WW [verl. tijd + volt. deelw.] → **medicate**
medication (medɪ'keɪʃən) ZN • *geneeskundige behandeling* • *geneesmiddel*
medicinal (mə'dɪsɪnl) BNW • *geneeskundig*
• *genezend; geneeskrachtig*
medicine ('medsən) ZN • *geneesmiddelen*
• *tovermiddel* • PLAT *borrel* • *geneeskunde* ★ a taste/dose of your own ~ *een koekje van eigen deeg*
medicine man ZN • *medicijnman; toverdokter*
medico ('medɪkəʊ) I ZN • *dokter; esculaap*
• *medisch student* II BNW *medisch*
medieval (medɪ'i:vəl), **mediaeval** BNW
middeleeuws
medievalism (medɪ'i:vəlɪzəm), **mediaevalism** ZN
studie van de Middeleeuwen
mediocre (mi:dɪ'əʊkə) BNW *middelmatig*
mediocrity (mi:dɪ'ɒkrətɪ) ZN *middelmatigheid*
meditate ('medɪteɪt) I OV WW *beramen*;
overdenken II ONOV WW • *mediteren* • ~ on/
over *peinzen over*
meditation (medɪ'teɪʃən) ZN • *overdenking*
• *meditatie*
meditative ('medɪtətɪv) BNW *nadenkend*;
bespiegelend
Mediterranean (medɪtə'reɪnɪən) I ZN
Middellandse Zee; Middellandse-Zeegebied
II BNW *mediterraan*
medium ('mi:dɪəm) I ZN • *medium* • *tussenpersoon*
• *voertaal* • *oplosmiddel* • *midden* • *middenweg*;
middenstof; middenterm • media [mv] *media*
⟨televisie, kranten enz.⟩ ★ the happy ~ *de gulden middenweg* ★ through the ~ of *door bemiddeling van; door middel van* II BNW
gemiddeld; middelmatig
medium-sized BNW *middelgroot*
medium-term BNW *op middellange termijn*
medlar ('medlə) ZN *mispel(boom)*
medley ('medlɪ) I ZN *mengelmoes*; MUZ. *potpourri*
II BNW *gemengd; bont* III OV WW *mengen*
medulla (mɪ'dʌlə) ZN *merg*
medusa (mə'dju:zə) ZN *kwal*
meek (mi:k) BNW • *zachtmoedig* • *gedwee*
• *deemoedig*
meet (mi:t) I ZN • *samenkomst* • *plaats van samenkomst* ⟨v. jacht⟩ • *(jacht)gezelschap* II BNW
OUD. *passend; geschikt* III OV WW • *ontmoeten*;
(aan)treffen; kennis maken met • *afhalen* • *'t hoofd bieden; aanpakken* • *voldoen aan*;
voorzien in • *betalen; voldoen; bestrijden* ⟨v. onkosten⟩ ★ meet the case *voldoende zijn*
★ meet Mr A. *mag ik u aan de heer A. voorstellen?* ★ meet one's death *de dood vinden*

* meet s.o.'s eye *onder iemands ogen komen; een blik van iem. opvangen* ★ INFORM. there's more (to it) than meets the eye! *daar zit meer achter!* ★ meet one's Maker *zijn Schepper begroeten ⟨overlijden⟩* **IV** ONOV WW • *elkaar ontmoeten* • *samenkomen* ★ make ends meet *de eindjes aan elkaar knopen* • ~ up with *ontmoeten* • ~ with *ervaren; ondervinden; tegenkomen* ★ meet with an accident *een ongeluk krijgen* ★ meet with approval *goedkeuring wegdragen*

meeting ('mi:tɪŋ) ZN • *bijeenkomst; vergadering* • *ontmoeting* • *wedstrijd* • *godsdienstoefening* • OUD. *duel*

mega- ('megə) VOORV • *mega-* • *een miljoen (maal)*

megabyte ('megəbaɪt) ZN *megabyte*

megadeath ('megədeθ) ZN *1 miljoen doden*

megajet ('megədʒet) ZN *zeer groot en snel straalvliegtuig*

megalomania (megələ'meɪnɪə) ZN *megalomanie*

megalomaniac (megələ'meɪnɪæk) ZN *megalomaan*

megaphone ('megəfəʊn) ZN *megafoon*

megastar ('megəstɑ:) ZN *megaster ⟨beroemdheid⟩*

megrim ('mi:grɪm) ZN • *platvis* • OUD. *migraine* • *gril*

megrims ('mi:grɪmz) ZN MV OUD. *neerslachtigheid*

melancholia (melən'kəʊlɪə) ZN *melancholie; zwaarmoedigheid*

melancholic (melən'kɒlɪk) **I** ZN *melancholicus* **II** BNW *melancholiek; melancholisch*

melancholy ('melənkəlɪ) **I** ZN *melancholie; zwaarmoedigheid; droefgeestigheid* **II** BNW *zwaarmoedig; droefgeestig*

meld (meld) **I** ZN • *roem ⟨kaartspel⟩* • *combinatie* **II** OV WW • *roemen* • (z.) *(ver)mengen*

melee ('meleɪ) ZN USA *strijdgewoel*

meliorate ('mi:lɪəreɪt) OV+ONOV WW *verbeteren*

mellifluous (mɪ'lɪfluəs) BNW *honingzoet; zoetvloeiend*

mellow ('meləʊ) **I** BNW • *zacht; sappig; rijp* • *belegen ⟨v. wijn⟩* • *zwaar ⟨v. grond⟩* • *vol; zuiver ⟨v. klank, kleur⟩* • *vriendelijk; hartelijk; joviaal* • *lichtelijk aangeschoten* ★ ~ age *rijpere leeftijd* **II** OV+ONOV WW • *rijpen; zacht maken/worden* • *benevelen* • ~ out • USA/INFORM. *zich ontspannen*

melodic (mɪ'lɒdɪk) BNW *melodisch; melodieus*

melodious (mɪ'ləʊdɪəs) BNW *melodieus; welluidend*

melodist ('melədɪst) ZN • *zanger* • *componist*

melodrama ('melədrɑ:mə) ZN *melodrama*

melodramatic (melədrə'mætɪk) BNW *melodramatisch*

melody ('melədɪ) ZN *melodie*

melon ('melən) ZN • *meloen* • PLAT *buit*

melon-cutting ZN PLAT *'t verdelen van de buit;* INFORM. *'t uitkeren van extra dividend*

melt (melt) **I** ZN • *(hoeveelheid) gesmolten metaal* • *(hoeveelheid) te smelten metaal* **II** OV WW • *doen smelten* • *vertederen* • ~ down *versmelten; afsmelten ⟨v. kernreactor⟩* **III** ONOV WW • *smelten; z. oplossen* • *vertederd worden* • ~ away *wegsmelten; verdwijnen* • ~ into *langzaam overgaan in* ★ she melted into tears *ze versmolt in tranen*

meltdown ('meltdaʊn) ZN *het afsmelten ⟨bij kernreactor⟩*

melting ('meltɪŋ) BNW • *smeltend* • *zacht; week; sentimenteel*

melting-pot ZN *smeltkroes* ★ go into the ~ *'n algehele verandering ondergaan*

member ('membə) ZN • *lid; afgevaardigde* • *afdeling; onderdeel* • *lichaamsdeel* • *lid ⟨penis⟩* ★ INFORM. the unruly ~ *de tong*

membership ('membəʃɪp) ZN • *lidmaatschap* • *ledental*

membrane ('membreɪn) ZN *membraan; vlies; perkament* ★ BIOL. mucous ~ *slijmvlies*

membranous ('membrənəs) BNW *vliezig*

memento (mə'mentəʊ) ZN *herinnering; aandenken*

memo ('meməʊ) ZN INFORM. *korte notitie; briefje*

memoir ('memwɑ:) ZN • *verhandeling* • *gedenkschrift; (auto)biografie*

memoirs ('memwɑ:z) ZN MV • *memoires* • *verhandelingen ⟨v. geleerd genootschap⟩*

memo pad ZN *notitieboekje*

memorabilia (memərə'bɪlɪə) ZN MV *gedenkwaardigheden*

memorable ('memərəbl) BNW *gedenkwaardig*

memoranda (memə'rændə) ZN MV → **memorandum**

memorandum (memə'rændəm) ZN • *memorandum* • *aantekening* • *diplomatieke nota* • *akte*

memorandum of association ZN *akte van oprichting*

memorial (mɪ'mɔ:rɪəl) **I** ZN • *gedenkteken; aandenken* • *nota; adres; verzoekschrift* **II** BNW • *gedenk-; herinnerings-* • *geheugen-*

memorialist (mɪ'mɔ:rɪəlɪst) ZN • *adressant* • *memoirenschrijver*

memorialize (mɪ'mɔ:rɪəlaɪz) OV WW • *herdenken* • *een verzoekschrift indienen*

memorize ('memərаɪz) OV WW • *memoriseren; in het geheugen prenten; v. buiten leren* • *memoreren*

memory ('memərɪ) ZN • *geheugen* • *herinnering* • *gedachtenis* ★ commit to ~ *v. buiten leren* ★ from ~ *uit het hoofd* ★ in/to the ~ of *ter gedachtenis aan* ★ to the best of my ~ *zo goed als ik mij kan herinneren* ★ within living ~ *sinds mensenheugenis*

men (men) ZN MV → **man**

menace ('menɪs) **I** ZN • *bedreiging* • *vervelend iem.; lastig iets* **II** OV+ONOV WW *(be)dreigen*

menage ZN → **ménage**

ménage (me'nɑ:ʒ), **menage** ZN *huishouden*

menagerie (mɪ'nædʒərɪ) ZN *menagerie*

mend (mend) **I** ZN *gerepareerde/verstelde plaats* ★ be on the mend *aan de beterende hand zijn* **II** OV WW • *verbeteren* • *herstellen; repareren; stoppen ⟨v. kousen⟩* ★ mend fences (with s.o.) *het bijleggen* ★ mend one's pace *zijn pas versnellen* ★ mend one's ways *zijn leven beteren* ★ mend the fire *het vuur aanmaken* ★ mend or end *doe het beter of houd er mee op* **III** ONOV WW • *herstellen* • z. *(ver)beteren* ★ least said soonest mended *hoe minder er over gezegd*

wordt des te beter is het
mendable ('mendəbl) BNW → **mend**
mendacious (men'deɪʃəs) BNW *leugenachtig*
mendacity (men'dæsətɪ) ZN *leugen(achtigheid)*
mender ('mendə) ZN *hersteller; verbeteraar*
mendicancy ('mendɪkənsɪ) ZN • *bedelstand* • *bedelarij*
mendicant ('mendɪkənt) I ZN • *bedelaar* • *bedelmonnik* II BNW *bedel-; bedelend*
mendicity ZN → **mendicancy**
mending ('mendɪŋ) ZN • *reparatie* • *verstelwerk* • *stopgaren*
mending basket ZN *werkmandje*
menfolk ('menfəʊk) ZN *manvolk; mannen*
menial ('miːnɪəl) I ZN MIN. *bediende; knecht* II BNW • *dienstbaar; dienst-* • *slaafs; ondergeschikt; laag*
meningitis (menɪn'dʒaɪtɪs) ZN *hersenvliesontsteking*
menopause ('menəpɔːz) ZN *menopauze*
men's room ZN USA *herentoilet*
menstrual ('menstrʊəl) BNW • *menstruatie-* • *maandelijks*
menstruate ('menstrʊeɪt) ONOV WW *menstrueren*
mensurable ('menʃərəbl) BNW • *meetbaar* • MUZ. *met vast ritme*
mensuration (menʃə'reɪʃən) ZN • *theorie v. lengte-/inhoud-/oppervlakberekening* • *meting*
menswear ('menzweə) ZN *herenkleding*
mental ('mentl) I ZN INFORM. *zwakzinnige* II BNW • *geestelijk; geest(es)-; verstandelijk* • INFORM. *zwakzinnig*
mental home ZN *gekkenhuis*
mental hospital ZN *psychiatrische inrichting*
mentality (men'tælətɪ) ZN *mentaliteit; denkwijze*
mentally ('mentəlɪ) BIJW • *geestelijk; verstandelijk* • *in gedachten*
mentation (men'teɪʃən) ZN • *geestesgesteldheid* • *geesteswerkzaamheid*
mention ('menʃən) I ZN *(ver)melding* II OV WW *noemen; (ver)melden; zeggen* ★ don't ~ it! *geen dank!* ★ not to ~ *om niet te spreken van*
mentor ('mentɔː) ZN • *mentor; begeleider; raadgever; gids* • USA *trainer*
menu ('menjuː) ZN • *menu* • INFORM. *programma*
MEP AFK Member of European Parliament *lid v.h. Europees Parlement*
mephitic (me'fɪtɪk) BNW *stinkend; verpestend*
mercantile ('mɜːkəntaɪl) BNW • *handels-; koopmans-* • *mercantilistisch* ★ ~ doctrine/system *mercantilisme*
mercantilism ('mɜːkəntɪlɪzəm) ZN • *mercantilisme* • *handelsgeest*
mercenary ('mɜːsɪnərɪ) I ZN *huurling* II BNW • *huur-* • *geldbelust*
mercer ('mɜːsə) ZN OUD. *handelaar* ‹m.n. in zijde›
merchandise ('mɜːtʃəndaɪz) ZN → **merchandize**
merchandize ('mɜːtʃəndaɪz), **merchandise** I ZN *koopwaar; handelswaar* II OV WW *aanprijzen v. waar* III ONOV WW *nering uitoefenen*
merchandizer ('mɜːtʃəndaɪzə) ZN • *winkelverkoopadviseur* • *klantenbezoeker*
merchandizing ('mɜːtʃəndaɪzɪŋ) ZN • *koopactivering* • *productiestrategie*
merchant ('mɜːtʃənt) I ZN • *groothandelaar; koopman* • USA *winkelier* • PLAT *vent* • PLAT *maniak* II BNW *koopmans-; koopvaardij-; handels-*
merchantable ('mɜːtʃəntəbl) BNW *verkoopbaar*
merchantman ('mɜːtʃəntmən) ZN *koopvaardijschip*
merciful ('mɜːsɪfʊl) BNW • *gelukkig; fortuinlijk* • *barmhartig; genadig*
merciless ('mɜːsɪləs) BNW *genadeloos; meedogenloos*
mercurial (mɜː'kjʊərɪəl) I ZN *kwik bevattend middel* II BNW • *kwikhoudend* • *veranderlijk* • *levendig; gevat*
mercurism ('mɜːkjʊrɪzəm) ZN *kwikvergiftiging*
mercury ('mɜːkjʊrɪ) ZN • *kwikzilver* • IRON. *bode*
Mercury ('mɜːkjʊrɪ) ZN *Mercurius*
mercy ('mɜːsɪ) ZN • *genade; barmhartigheid* • *zegen(ing); weldaad* ★ at the ~ of *in de macht van; overgeleverd aan* ★ at the tender mercies of *overgeleverd aan de genade/ongenade van* ★ have ~ (up)on us! *wees ons genadig!; lieve hemel!*
mercy killing ZN *euthanasie*
mere (mɪə) I ZN OUD. *meer; vijver* II BNW *louter; alleen maar; niets anders dan; (nog) maar*
merely ('mɪəlɪ) BIJW *slechts; louter; enkel*
meretricious (merɪ'trɪʃəs) BNW • *opzichtig* • *bedrieglijk* • *ontuchtig*
merge (mɜːdʒ) I OV WW *doen opgaan in* II ONOV WW • *opgaan in* • ~ **into** *(geleidelijk) overgaan in* • ~ **with** *fuseren met*
merger ('mɜːdʒə) ZN • *fusie* • *samensmelting; vermenging*
meridian (mə'rɪdɪən) I ZN • *meridiaan* • *hoogtepunt* II BNW • *middag-* • *hoogte-; hoogste*
meridional (mə'rɪdɪənl) I ZN *zuiderling* ‹vnl. v. Frankrijk› II BNW • *meridiaan-* • *zuidelijk*
meringue (mə'ræŋ) ZN • *schuimpje* • *schuimgebakje*
merit ('merɪt) I ZN *verdienste; waarde* ★ make a ~ of *zich als verdienste aanrekenen* II OV WW *verdienen*
meritocracy (merɪ'tɒkrəsɪ) ZN *meritocratie; prestatiemaatschappij*
meritorious (merɪ'tɔːrɪəs) BNW *verdienstelijk*
mermaid ('mɜːmeɪd) ZN *(zee)meermin*
merman ('mɜːmæn) ZN *meerman*
merriment ('merɪmənt) ZN *vreugde; vrolijkheid*
merry ('merɪ) I ZN *zoete (wilde) kers* ★ ~ Andrew ≈ *clown* II BNW • *vrolijk; prettig; heerlijk; aangenaam* • *aangeschoten* ★ make ~ *pret maken* ★ the more the merrier *hoe meer hoe beter*
merry-go-round ('merɪɡəʊraʊnd) ZN *draaimolen*
merry-makers ZN *feestgangers; pretmakers*
merry-making ZN *pret; feestelijkheid*
merrymen ('merɪmen) ZN *trawanten*
mesh (meʃ) I ZN • *maas; net(werk)* • *valstrik* ★ in mesh *werkend; ingeschakeld* ★ meshes *netwerk; valstrik* II OV WW *in een net vangen; verstrikken* III ONOV WW *in elkaar grijpen*
mesmeric (mez'merɪk) BNW *hypnotisch*
mesmerize ('mezməraɪz) OV WW *magnetiseren; hypnotiseren; biologeren*
mess (mes) I ZN • *knoeiboel* • *(vuile) rommel* • *mengsel* • MIL. *kantine;* MIL.

gemeenschappelijke tafel • *spijs*; *voer* ★ be in a pretty mess *lelijk in de knoei zitten* **II** ov ww • *bevuilen* • *te eten geven* • *~ up in de war sturen; verknoeien; vuil maken; in elkaar slaan* ★ be messed up in s.th. *er iets mee te maken hebben* **III** onov ww • *knoeien; vervelend zijn* • *(samen) eten* • *~ about (rond)scharrelen* • *~ with z. bemoeien met; (iem.) last veroorzaken; (iem.) besodemieteren*

message ('mesɪdʒ) **I** zn • *bericht*; *boodschap* ★ get the ~ *het begrijpen; het doorhebben* **II** ov ww • *overbrengen; seinen*

messenger ('mesɪndʒə) zn • *bode; boodschapper* • *voorbode*

messenger boy zn *boodschappenjongen; telegrambesteller*

Messiah (mɪ'saɪə) zn *Messias*

Messrs. afk *messieurs de Heren/de firma*

messuage ('meswɪdʒ) zn *opstal en grond*

mess-up zn *warboel*

messy ('mesɪ) bnw *vuil*; *rommelig*; *verward*

met (met) ww [verl. tijd + volt. deelw.] → **meet**

meta- ('metə-) zn *meta-*

metabolic (metə'bɒlɪk) bnw • *stofwisselings-* • *gedaanteverwisselend*

metabolism (mɪ'tæbəlɪzəm) zn *metabolisme; stofwisseling*

metal ('metl) **I** zn • *metaal* • *steenslag* ★ techn. *glasspecie* ★ white ~ *witmetaal; imitatiezilver* **II** ov ww • *met metaal bedekken* • *verharden* ‹v. weg› ★ a ~led road *steenslagweg*

metallic (mɪ'tælɪk) bnw *metaal-; metalen; metaalachtig*

metalliferous (metə'lɪfərəs) bnw *metaalhoudend*

metallurgical (metl'ɜːdʒɪk(ə)l) bnw *metallurgisch; metaalverwerkend* ★ ~ industries *metaalverwerkende industrie*

metallurgy (mɪ'tælədʒɪ) zn *metallurgie; metaalkunde*

metals ('metlz) zn mv *rails; spoorstaven* ★ leave the ~ *ontsporen*

metalwork ('metlwɜːk) zn • *metaalwerk* • *metaalbewerking*

metamorphosis (metə'mɔːfəsɪs) zn *metamorfose; gedaanteverwisseling*

metaphor ('metəfɔː) zn ★ taalk. *metafoor* ★ taalk. *beeldspraak*

metaphoric(al) (metə'fɒrɪkl) bnw taalk. *metaforisch; figuurlijk*

metaphysical (metə'fɪzɪkl) bnw *metafysisch; bovennatuurlijk*

metaphysics (metə'fɪzɪks) zn mv *metafysica*

metcast ('metkɑːst) zn *weersvoorspelling*

mete (miːt) **I** zn • *maat* • *grens(paal)* **II** ov ww • oud. *meten* • *~ out toemeten; toedienen*

meteor ('miːtɪə) zn *meteoor*

meteoric (miːtɪ'ɒrɪk) bnw • *meteoor-* • *als een komeet; bliksemsnel*

meteor(ic) shower zn *sterrenregen*

meteorite ('miːtɪəraɪt) zn *meteoriet; meteoorsteen*

meteorologist (miːtɪə'rɒlədʒɪst) zn *meteoroloog; weerkundige*

meteorology (miːtɪə'rɒlədʒɪ) zn *meteorologie; weerkunde*

meter ('miːtə) **I** zn • *meetinstrument* • usa *meter* ★ parking ~ *parkeermeter* **II** ov ww *meten*

meterage ('miːtərɪdʒ) zn • *het meten* • *aantal meters*

metered ('miːtəd) bnw ★ ~ area *gebied met parkeerautomaten* ★ usa ~ mail *machinaal gefrankeerde post(stukken)*

meter maid zn *vrouwelijke parkeerwacht*

methadone ('meθədəʊn) zn *methadon*

methane ('miːθeɪn) zn *methaan(gas)*

method ('meθəd) zn • *methode* • *regelmaat* ★ there is ~ in his madness *hij is niet zo gek als hij lijkt*

methodic(al) (me'θɒdɪk(l)) bnw *methodisch*

methodist ('meθədɪst) zn *methodist* ‹iem. die volgens methode werkt›

Methodist ('meθədɪst) **I** zn rel. *methodist* **II** bnw rel. *methodistisch*

Methodistical (meθə'dɪstɪkl) bnw rel. *methodistisch*

methodize ('meθədaɪz) ov ww *methodisch rangschikken*

methodology (meθə'dɒlədʒɪ) zn *methodeleer; methodologie*

meths (meθs) zn mv *brandspiritus*

methyl ('meθəl) zn *methyl*

meticulous (mə'tɪkjʊləs) bnw • *nauwgezet* • *angstvallig nauwkeurig; pietluttig*

metre ('miːtə) zn • *meter* • *metrum*

metric ('metrɪk) bnw *metriek* ★ 10 ~ ton *1000 kilogram*

metrical ('metrɪkl) bnw *metrisch*

metricate ('metrɪkeɪt) ov+onov ww *aanpassen aan het tientallig stelsel; overgaan op het tientallig stelsel*

metrication (metrɪ'keɪʃən) zn *aanpassing aan het tientallig stelsel; overgang op het tientallig stelsel*

metricize ('metrɪsaɪz) onov ww *overschakelen op het metrieke stelsel*

metrics ('metrɪks) zn mv *metriek*

metrification (metrəfɪ'keɪʃən) zn *versificatie*

metro ('metrə) bnw *metropolitan metropool; verbonden met een grote stad*

metronome ('metrənəʊm) zn *metronoom*

metropolis (mə'trɒpəlɪs) zn • *wereldstad; hoofdstad* • *zetel v. aartsbisschop/metropoliet* ★ inform. the Metropolis g-b *Londen*; usa *New York*

metropolitan (metrə'pɒlɪtn) **I** zn • *bewoner v. hoofd-/wereldstad* • *aartsbisschop; metropoliet* **II** bnw • *tot hoofd-/wereldstad behorend* • *tot het moederland behorend* • *aartsbisschoppelijk*; *v.d. metropoliet* ★ ~ railway *metro*

metrosexual (metrə'sekʃʊəl) zn *metroseksueel* ‹ijdele, schoonheidsgerichte heteroman›

mettle ('metl) zn ★ *aard* ★ *vuur*; *moed* ★ be on one's ~ *zijn uiterste best doen* ★ try s.o.'s ~ *iem. op de proef stellen*

mettlesome ('metlsəm) bnw *vurig; moedig*

Meuse (mɜːz) zn *Maas*

mew (mjuː) **I** zn • *gemiauw* • *kooi* ‹v. valken› • *schuilplaats* • *meeuw* **II** ov ww *opsluiten* **III** onov ww *miauwen; krijsen*

mews (mjuːz) zn mv • *stallen*; *garages* • gesch. *koninklijke stallen* • *woning(en) in voormalige stallen* ★ the Royal Mews *de koninklijke stallen*

Mexican ('meksɪkən) **I** zn *Mexicaan(se)* **II** bnw

Mexicaans
mezzanine ('metsəni:n) ZN • *tussenverdieping* • *(eerste) balkon* ‹toneel›
m.g., mg AFK • milligram *milligram* • machine-gun *machinegeweer*
miaow (mɪ'aʊ) I ZN *miauw* II ONOV WW *miauwen*
miasma (mɪ'æzmə) ZN *miasma; ongezonde uitwaseming*
mica ('maɪkə) ZN *mica*
mice (maɪs) ZN MV → **mouse**¹
Michaelmas ('mɪklməs) ZN *St.-Michaël*
Michaelmas daisy ZN *grote aster*
Michaelmas term ZN *eerste trimester*
mickey ('mɪkɪ) ZN ∗ take the ~ (out of s.o.) *(iem.) voor de gek houden*
micro- ('maɪkrəʊ) VOORV • *micro-* • *zeer klein*
microbe ('maɪkrəʊb) ZN *microbe*
microbiology (maɪkrəʊbaɪ'ɒlədʒɪ) ZN *microbiologie*
microchip ('maɪkrəʊtʃɪp) ZN *microchip*
microcosm ('maɪkrəkɒzəm) ZN *microkosmos*
microeconomics (maɪkrəʊi:kə'nɒmɪks) ZN MV *micro-economie*
microelectronics (maɪkrəʊelek'trɒnɪks) ZN *micro-elektronica*
micron ('maɪkrɒn) ZN *micron; eenmiljoenste meter*
micro-organism (maɪkrəʊ'ɔ:gənɪzəm) ZN *micro-organisme*
microphone ('maɪkrəfəʊn) ZN *microfoon*
microprocessor (maɪkrəʊ'prəʊsesə) ZN COMP. *microprocessor*
microscope ('maɪkrəskəʊp) ZN *microscoop*
microscopic (maɪkrə'skɒpɪk) BNW *microscopisch*
microwave ('maɪkrəʊweɪv) ZN ∗ ~ (oven) *magnetron(oven)*
micturition (mɪktjʊ'rɪʃən) ZN • *het urineren; mictie* • *herhaalde drang tot urineren*
mid (mɪd) I BNW *midden* II VZ FORM. *temidden van*
mid-air ZN ∗ *in ~ tussen hemel en aarde*
midday (mɪd'deɪ) ZN *12 uur 's middags*
midden ('mɪdn) ZN *mesthoop; vuilnishoop*
middle ('mɪdl) I ZN • *midden* • *middel* ∗ in the ~ of *temidden van; bezig (zijnde) met* ∗ kick s.o. into the ~ of next week *iem. een ongeluk trappen* ∗ the ~ of the road *de gulden middenweg* II BNW *midden(-); middel-; middelst* ∗ ~ age *middelbare leeftijd* ∗ Middle Ages *Middeleeuwen* ∗ ~ course/way *middenweg* ∗ Middle East *Midden-Oosten* ∗ Middle English *Middel-Engels* ∗ ~ life *middelbare leeftijd* ∗ ~ watch *hondenwacht* III OV WW • *in 't midden plaatsen* • SCHEEPV. *dubbelvouwen* IV OV+ONOV WW *batten* ‹bij cricket›
middle-aged (mɪdl'eɪdʒd) BNW v. *middelbare leeftijd*
middlebrow ('mɪdlbraʊ) BNW *semi-intellectueel*
middle class ZN • *middenklasse* • *burgerij* ∗ the upper ~es *de gegoede burgerij*
middle-class BNW • *middenklasse-* • *burgerlijk*
middleman ('mɪdlmæn) ZN • *tussenpersoon* • *tussenhandel*
middle-sized BNW *middelgroot*

middleweight ('mɪdlweɪt) I ZN SPORT *middengewicht* II BNW ∗ ~ champion *kampioen in het middengewicht*
middling ('mɪdlɪŋ) I BNW *middelmatig; vrij goed* II BIJW *tamelijk*
middlings ('mɪdlɪŋz) ZN MV *middelmaat; middelste kwaliteit*
middy ('mɪdɪ) ZN • INFORM. *adelborst* • USA *cadet* • *matrozenbloes*
midfield ('mɪdfi:ld) ZN • *middenveld* • *middenvelder*
midge (mɪdʒ) ZN *mug*
midget ('mɪdʒɪt) I ZN • *dwerg* • *klein voorwerp* II BNW *dwerg-; miniatuur*
MIDI ('mi:di:) AFK MUZ. Musical Instruments Digital Interface *midi*
midland ('mɪdlənd) I ZN *centrum v.e. land; binnenland* II BNW *binnenlands; in het centrum v.e. land*
Midlands ('mɪdləndz) ZN *(graafschappen in) Midden-Engeland*
Mid-lent (mɪd'lent) ZN *halfvasten*
midlife (mɪd'laɪf) I ZN *middelbare leeftijd* II BNW *op middelbare leeftijd (gebeurend)*
midmost ('mɪdməʊst) BNW *precies in het midden*
midnight ('mɪdnaɪt) I ZN *middernacht* II BNW *middernachtelijk*
midpoint ('mɪdpɔɪnt) ZN *middelpunt*
mid-range BNW *doorsnee; middelmatig*
midriff ('mɪdrɪf) ZN *middenrif*
midshipman ('mɪdʃɪpmən) ZN • *adelborst* • USA *cadet*
midship(s) ('mɪdʃɪp(s)) BIJW *midscheeps*
midst (mɪdst) ZN FORM. *midden* ∗ in the ~ of *temidden van*
midsummer (mɪd'sʌmə) I ZN *midzomer; zonnewende* II BNW *midzomers*
midsummer holiday ZN *zomervakantie*
midterm (mɪd't3:m) ZN *midden v.e. academisch trimester/politieke ambtstermijn*
midway ('mɪdweɪ) I ZN USA *amusementsafdeling* ‹op expositie› II BIJW *halverwege; in het midden*
midweek (mɪd'wi:k) ZN *het midden v.d. week*
Midwest (mɪd'west) ZN *Midwesten* ‹v. VS›
midwife ('mɪdwaɪf) ZN *vroedvrouw*
midwifery (mɪd'wɪfərɪ) ZN *verloskunde*
midwinter (mɪd'wɪntə) ZN • *midwinter* ‹rond 21 dec› • *zonnewende*
mien (mi:n) ZN FORM. *houding; manier v. doen; gelaatsuitdrukking*
miff (mɪf) I ZN • *ruzietje* • *kwade bui* II OV WW ∗ be miffed *de pest in hebben* ∗ be miffed at/with *zich nijdig maken over/op*
might (maɪt) I ZN *kracht; macht* ∗ with ~ and main *uit alle macht* II HWW [verleden tijd] → **may**
might-have-been ('maɪtəvbi:n) ZN *gemiste kans*
mightily ('maɪtəlɪ) BIJW *erg; geweldig; zeer*
mightiness ('maɪtɪnəs) ZN • *macht* • *hoogheid*
mighty ('maɪtɪ) I BNW *machtig; geweldig* ∗ ~ works *wonderwerken* II BIJW INFORM. *zeer; verbazend* ∗ ~ easy *een peulenschil*
mignonette (mɪnjə'net) ZN • PLANTK. *reseda* • *soort kant*
migraine ('mi:greɪn) ZN *migraine*

migrant ('maɪgrənt) **I** ZN • *migrant; zwerver • trekvogel* **II** BNW *migrerend; zwervend; trek-*
migrate (maɪ'greɪt) ONOV WW • *migreren; verhuizen • trekken* ⟨v. vogels⟩
migration (maɪ'greɪʃən) ZN • *verhuizing; migratie • trek*
migratory ('maɪgrətəri) BNW *migrerend; trekkend; zwervend; trek-*
mike (maɪk) ZN *microfoon*
milady (mɪ'leɪdɪ) ZN *milady*
milage ('maɪlɪdʒ) ZN → **mileage**
milch (mɪltʃ) BNW *melkgevend* ★ ~ *cow melkkoe* ⟨ook fig.⟩
mild (maɪld) BNW • *mild; zacht • gematigd • mild* ⟨v. weer⟩ • *licht* ⟨v. bier, tabak⟩ • *onschuldig* ⟨v. ziekte⟩ ★ mild attempt *zwakke poging* ★ put it mildly *het zacht uitdrukken*
mildew ('mɪldju:) **I** ZN *meeldauw* ⟨schimmel⟩; *schimmel* **II** OV+ONOV WW *(doen) schimmelen*
mildewy ('mɪldju:ɪ) BNW *beschimmeld*
mild-spoken BNW *vriendelijk en verzachtend*
mile (maɪl) ZN • *mijl* ⟨1609 m⟩ • *wedloop over afstand van 1 mijl* ★ miles away *mijlen ver weg* ★ go the extra mile *je extra inspannen* ★ nautical mile *zeemijl* ⟨1853 m⟩ ★ stand/stick out a mile *erg opvallen* ★ LUCHTV. frequent flyer miles ≈ *airmiles*
mileage ('maɪlɪdʒ), **milage** ZN • *afgelegde afstand in mijlen • kosten per mijl*
milepost ('maɪlpəʊst) ZN *mijlpaal* ⟨ook fig.⟩
milestone ('maɪlstəʊn) ZN *mijlpaal* ⟨ook fig.⟩
militancy ('mɪlɪtnsɪ) ZN *strijd(lust)*
militant ('mɪlɪtnt) **I** ZN • *militant persoon* **II** BNW *strijdend; strijdlustig; strijdbaar*
militarism ('mɪlɪtərɪzm) ZN *militarisme*
militaristic ('mɪlɪtə'rɪstɪk) BNW *militaristisch*
militarize ('mɪlɪtəraɪz) OV WW *militariseren*
military ('mɪlɪtərɪ) **I** ZN *soldaten; leger* **II** BNW *militair*
militate ('mɪlɪteɪt) ONOV WW • *strijden* • ~ against *pleiten tegen*
militia (mɪ'lɪʃə) ZN • *militie; burgerwacht • landweer*
militiaman (mɪ'lɪʃəmən) ZN *lid v.d. burgerwacht; lid v.d. landweer*
milk (mɪlk) **I** ZN *melk* ★ milk for babes *kinderkost* ⟨figuurlijk⟩ ★ milk of human kindness *menselijke goedheid* ★ it's no use crying over spilt milk *gedane zaken nemen geen keer* **II** OV WW • *melken • onttrekken; ontlokken • (uit)melken* ⟨v. telefoon⟩ • *aftappen* ⟨v. telefoon⟩ ★ milk the ram/bull *vergeefse moeite doen* **III** ONOV WW *melk geven*
milk-and-water BNW *zouteloos; zacht; week*
milk bar ZN *café* ⟨waar men geen alcohol schenkt⟩
milk churn ZN *melkbus*
milker ('mɪlkə) ZN • *melk(st)er • melkkoe*
milk-float ZN *melkwagentje*
milkmaid ('mɪlkmeɪd) ZN *melkmeisje*
milkman ('mɪlkmən) ZN *melkboer*
milkshake ('mɪlkʃeɪk) ZN *milkshake*
milksop ('mɪlksɒp) ZN *melkmuil*
milk tooth ZN *melktand*
milky ('mɪlkɪ) BNW • *melkachtig • troebel • verwijfd • teder*

mill (mɪl) **I** ZN • *molen • fabriek • (maal)machine* • INFORM. *bokswedstrijd* • USA *1/1000 dollar* ★ put s.o. through the mill *iem. doorzagen* ★ they have been through the mill *ze kennen het klappen van de zweep* ★ that's the run of the mill *zo gaat het nu eenmaal (altijd)* **II** OV WW • *malen • vollen • frezen • kartelen • kloppen • slaan; afranselen* **III** ONOV WW • *steeds rondlopen* • ~ about/around *krioelen; (ordeloos) rondlopen*
millenary (mɪ'lenərɪ) **I** ZN • *millennium • tijd v. grote voorspoed* • *iem. die gelooft in het duizendjarig vrederijk* **II** BNW • *duizendjarig • gelovend in het duizendjarig vrederijk*
millennial (mɪ'lenɪəl) BNW *duizendjarig*
millennium (mɪ'lenɪəm) ZN • *millennium • duizendjarig vrederijk*
millepede ('mɪləpi:d) ZN → **millipede**
miller ('mɪlə) ZN • *molenaar • meikever* ★ drown the ~ *te veel geven; te veel doen*
millesimal (mɪ'lesɪml) **I** ZN *duizendste deel* **II** BNW • *duizendste • duizenddelig*
millet ('mɪlɪt) ZN *gierst*
mill hand ZN *molenaarsknecht; werknemer*
milli- ('mɪlɪ) VOORV *milli-; een duizendste*
milliard ('mɪljəd) ZN • *miljard* • USA *tien miljoen*
milligram(me) ('mɪlɪgræm) ZN *milligram*
millilitre ('mɪlɪli:tə) ZN *milliliter*
millimetre ('mɪlɪmi:tə) ZN *millimeter*
milliner ('mɪlɪnə) ZN *modiste* ★ he is a man ~ *hij is met allerlei beuzelarijen bezig*
millinery ('mɪlɪnərɪ) ZN • *hoedenmaken • hoedenzaak • dameshoeden • opschik*
milling ('mɪlɪŋ) BNW ★ ~ business *(graan)maalderij*
million ('mɪljən) ZN *miljoen* ★ the ~ *het overgrote deel* ⟨v.d. bevolking⟩; *de massa*
millionaire (mɪljə'neə) ZN *miljonair*
millionth ('mɪljənθ) TELW *miljoenste*
millipede ('mɪlɪpi:d) ZN • *duizendpoot • pissebed*
mill owner ZN *fabrikant*
millrace ('mɪlreɪs) ZN *molentocht*
millstone ('mɪlstəʊn) ZN *molensteen* ★ between upper and nether ~ *tussen twee vuren* ★ see through/far into a ~ *de wijsheid in pacht hebben* ★ FIG. a ~ (a)round one's neck *een groot probleem; een zware last*
millwright ('mɪlraɪt) ZN *molenbouwer*
milometer (maɪ'lɒmɪtə) ZN *snelheidsmeter*
milt (mɪlt) **I** ZN • *milt • hom* **II** OV WW *bevruchten*
milter ('mɪltə) ZN *mannetjesvis*
mime (maɪm) **I** ZN • *gebarenspel • mimespeler • hansworst • nabootser* **II** OV WW • *door gebaren voorstellen • nabootsen*
mimeograph ('mɪmɪəgrɑ:f) **I** ZN • *mimeograaf; kopieer-/stencilmachine • stencil; kopie* **II** OV+ONOV WW *stencilen; kopiëren*
mimetic (mɪ'metɪk) BNW • *nabootsend • nagebootst*
mimic ('mɪmɪk) **I** ZN • *mimespeler • nabootser; na-aper* **II** BNW • *nabootsend • nagebootst; schijn-* **III** OV WW • *nabootsen; na-apen*
mimicry ('mɪmɪkrɪ) ZN • *mimiek • nabootsing; na-aperij* • BIOL. *mimicry*
minacious (mɪ'neɪʃəs) BNW *dreigend*
minar (mɪ'nɑ:) ZN • *vuurtoren • torentje*

minaret ('mınə'ret) ZN *minaret*
minatory ('mınətərı) BNW *dreigend*
mince (mıns) I ZN *gehakt* ⟨vlees⟩ II OV WW
• *fijnhakken* • *vergoelijken* ★ they don't ~ matters *ze nemen geen blad voor de mond* III ONOV WW *gemaakt lopen/spreken*
mincemeat ('mınsmi:t) ZN • *zoete pasteivulling* ★ make ~ of *in mootjes hakken; ontzenuwen* ⟨v. argumenten⟩
mince pie ('mınspaı) ZN *pasteitje* ⟨gevuld met mincemeat⟩
mincer ('mınsə) ZN • *vleesmolen* • *geaffecteerd iem.*
mincing(ly) ('mınsıŋ(lı)) BNW + BIJW • *vergoelijkend* • *geaffecteerd*
mind (maınd) I ZN • *geest; ziel; verstand* • *mening; gedachten* • *herinnering* • *aandacht* • *zin* ★ be in two minds about s.th. *nog twijfelen; (nog) niet kunnen beslissen* ★ be of one/like/the same mind *het met elkaar eens zijn* ★ be out of one's mind *niet goed bij zijn verstand zijn* ★ bear s.th. in mind *om iets denken* ★ call to mind *zich herinneren; herinneren aan* ★ ease s.o.'s mind *iem. geruststellen* ★ give s.o. a piece of one's mind *iem. eens goed de waarheid zeggen* ★ have a good mind to ... *er veel voor voelen om ...* ★ have no mind to go *geen zin hebben om te gaan* ★ lose one's mind *zijn verstand verliezen* ★ not in one's right mind *niet helemaal bij zinnen* ★ put s.o. in mind of s.th. *iem. aan iets herinneren* ★ set one's mind on s.th. *zijn zinnen zetten op iets* ★ since time out of mind *sinds onheuglijke tijden* ★ tell s.o. one's mind *iem. eens goed zeggen waar het op staat* ★ that's a load off my mind *dat is een pak van mijn hart* ★ to my mind *volgens mij; naar mijn gevoel* ★ the mind's eye *gedachtenwereld* ★ in my mind's eye *naar mijn idee* ★ make up one's mind *tot een besluit komen* II OV WW • *geven om; er op tegen hebben* • *denken om; in acht nemen* • *zorgen voor; bedienen* ⟨machine⟩ ★ mind the shop *op de winkel letten* ★ I don't mind a cup of tea *ik lust wel een kopje thee* ★ mind your eye! *pas op!* ★ mind your own business! *bemoei je met je eigen zaken!* ★ never mind... *maak je maar geen zorgen over...;* ★ *zorg je maar niet aan...* ★ would you mind...? *zou je...?* ★ do you mind?! *pardon?!* III ONOV WW • *bezwaren hebben* • *mind* (you)! *let wel; denk erom!* ★ never mind *dat doet er niet toe* • ~ **out** (**for**) *oppassen (voor)*
mind-blower ZN • *drug* • *druggebruiker* • *hallucinaire ervaring*
mind-blowing BNW • *hallucinogeen* • *geestverruimend*
mind-boggling ('maındbɒglıŋ) BNW *hoogst verwonderlijk*
minded ('maındıd) BNW • *geneigd; van zins* • *aangelegd; -bewust; -gezind; georiënteerd* ★ be theatre-~ *veel v.h. toneel houden*
mindending ('maındendıŋ) BNW • *hallucinogeen* • *absoluut onbegrijpelijk*
minder ('maındə) ZN • *bediener* ⟨v. machine⟩ • *verzorger; oppas*
mind-expanding BNW *bewustzijnsverruimend*
mindful ('maındfʊl) BNW • *indachtig* • *voorzichtig* ★ be ~ of *goed in gedachten houden*
mindless ('maındləs) BNW • FORM. *geesteloos* • *dwaas* • *onbedachtzaam* ★ ~ of *niet lettend op*
mine (maın) I ZN • *mijn* • *bron* ⟨figuurlijk⟩ • *ijzererts* II OV WW *ondermijnen; winnen; ontginnen* III ONOV WW • *graven* ⟨v. onderaardse gang⟩ • *mijnen leggen* • *in mijn werken* IV BEZ VNW • *de/het mijne; van mij* • *de mijnen* ★ me and mine *ik en mijn familie*
minefield ('maınfi:ld) ZN *mijnenveld*
minelayer ('maınleıə) ZN *mijnenlegger*
miner ('maınə) ZN • *mijnwerker* • *mijnengraafmachine*
mineral ('mınərəl) I ZN *mineraal; delfstof* II BNW *mineraal*
mineral kingdom ZN *delfstoffenrijk*
mineralogy (mınə'rælədʒı) ZN *mineralogie*
mineral water ZN *mineraalwater*
minesweeper ('maınswi:pə) ZN *mijnenveger*
mingle ('mıŋgl) OV+ONOV WW • (*z.*) (*ver*)*mengen* • ~ **with** *meedoen met; z. begeven onder*
mingy ('mındʒı) BNW *gierig; krenterig*
mini ('mını) ZN • *klein voorwerp* • *minirok* • *mini* ⟨auto⟩ • *kort; miniatuur-; klein*
miniate ('mınıeıt) OV WW • *meniën* • *verluchten*
miniature ('mınıtʃə) I ZN *miniatuurportret* ★ in ~ *op kleine schaal* II BNW *klein; op kleine schaal* III OV WW *in miniatuur voorstellen*
miniaturist ('mınətʃərıst) ZN *miniatuurschilder*
minibus ('mınıbʌs) ZN *minibus*
minicab ('mınıkæb) ZN *alleen telefonisch te bestellen taxi*
minicar ('mınıkɑ:) ZN *miniauto*
minify ('mınıfaı) OV WW *verkleinen*
minikin ('mınıkın) I ZN *schepseltje* II BNW • *klein* • *geaffecteerd; gemaakt*
minim ('mınım) ZN • MUZ. *halve noot* • *druppel* • *klein/zeer nietig wezen*
minima ('mınımə) ZN MV *minima*
minimal ('mınıml) BNW *minimaal*
minimize ('mınımaız) OV WW • *minimaliseren* • *vergelijken* (fout) • *onderwaarderen*
minimum ('mınıməm) I ZN *minimum* ★ the bare ~ *het allernoodzakelijkste* II BNW *minimaal; minimum-*
mining ('maınıŋ) ZN *mijnbouw*
mining engineer ZN *mijnbouwkundig ingenieur*
mining industry ZN *mijnindustrie*
minion ('mınjən) ZN • *slaafse volgeling* • *lieveling; gunsteling* • *mignon* • ~s of the law *gerechtsdienaren* ★ ~ of fortune *gelukskind*
miniskirt ('mınıskɜ:t) ZN *minirok(je)*
minister ('mınıstə) I ZN • *minister* • *dienaar* • *gezant* ⟨beneden rang v. ambassadeur⟩ • *predikant* ★ Prime Minister *minister-president* II OV WW • *toedienen* • *verschaffen* III ONOV WW • ~ **to** *hulp verlenen; bedienen; bijdragen tot; bevredigen*
ministerial (mını'stıərıəl) BNW • *uitvoerend* • *predikants-* • *ministerieel*
Minister of State ZN *onderminister; staatssecretaris*
ministration (mını'streıʃən) ZN • *geestelijke bijstand* • *hulp; bijstand*
ministry ('mınıstrı) ZN • *ministerie; kabinet* • *ministerschap* • *geestelijkheid* • *bediening;*

verzorging ★ Ministry of Transport and Public Works *ministerie van verkeer en waterstaat*
minium ('mınıəm) ZN *menie*
miniver ('mınıvə) ZN *hermelijnbont; wit bont*
mink (mıŋk) ZN • *nerts* • *nerts-/bontmantel*
minnow ('mınəʊ) ZN *witvis; voorn*
minor ('maınə) I ZN • *minderjarige* • USA *bijvak; keuzevak; minor* • *minderbroeder* ★ take Spanish as one's ~ *Spaans als bijvak/minor nemen* II BNW • *minder; klein(er); minderjarig; junior* • MUZ. *mineur* ★ in a ~ key *in mineurstemming* III ONOV WW ~ **in** *als bijvak nemen*
Minorite ('maınəraıt) ZN *minderbroeder*
minority (maı'nɒrətı) ZN • *minderheid* • *minderjarigheid*
minster ('mınstə) ZN • *kloosterkerk* • *kathedraal*
minstrel ('mınstrəl) ZN *minstreel*
minstrelsy ('mınstrəlsı) ZN • *minstreelkunst* • *minstreelgroep* • *minstreelpoëzie*
mint (mınt) I ZN • *munt* ⟨gebouw/instelling⟩ • PLANTK. *munt* ★ a mint of money *een bom geld* II BNW • *ongeschonden; volmaakt* ★ in mint condition *zo goed als nieuw* III OV WW • *munten* • *uitvinden; fabriceren* ★ he is minting money *hij verdient geld als water*
mint drop ZN *pepermuntje*
mint sauce ZN *kruizemuntsaus*
minuend ('mınjʊend) ZN *aftrektal*
minuet (mınjʊ'et) ZN *menuet*
minus ('maınəs) I ZN • *minteken* II BNW • *min(us); negatief* • IRON. *zonder*
minuscule ('mınəskju:l) I ZN *kleine letter* II BNW *piepklein*
minus sign ZN *minteken*
minute[1] ('mınıt) I ZN • *minuut* • *ogenblik* • *memorandum; concept* ★ (that) I arrived *zodra ik aankwam* ★ punctual to the ~ *op de minuut af* II OV WW • *notuleren; noteren* • *ontwerpen; 'n concept maken van* • ~ **down** *noteren*
minute[2] (maı'nju:t) BNW • *zeer klein; nietig* • *zeer nauwkeurig; minutieus*
minute hand ZN *grote wijzer* ⟨v. klok, die minuten aangeeft⟩
minutely[1] (maı'nju:tlı) BIJW *zeer klein; minutieus*
minutely[2] ('mınıtlı) BIJW *iedere minuut; per minuut*
minuteness (maı'nju:tnəs) ZN • *nietigheid* • *uiterste nauwkeurigheid; pietluttigheid*
minutes ('mınıts) ZN MV *notulen*
minutia(e) (maı'nju:ʃi:) ZN MV • *bijzonderheden* • *kleinigheden*
minx (mıŋks) ZN *brutale meid*
miracle ('mırəkl) ZN *wonder* ★ succeed to a ~ *wonderbaarlijk goed slagen* ★ work ~s *wonderen doen*
miracle monger ZN IRON. *wonderdoener*
miracle play ZN *mirakelspel*
miraculous (mı'rækjʊləs) BNW *miraculeus; wonderbaarlijk*
mirage ('mıra:ʒ) ZN • *luchtspiegeling* • *waan*
mire (maıə) I ZN • *modder; slijk* ★ find o.s. in the mire *zich in moeilijkheden bevinden* II OV WW • *in de modder laten zakken* • *in moeilijkheden brengen* • *besmeuren* III ONOV WW • *in de modder zakken* • *in moeilijkheden komen*
mirky ('mɜ:kı) BNW *duister; somber*
mirror ('mırə) I ZN • *spiegel* • *afspiegeling* ★ blind angle ~ *dodehoekspiegel* II OV WW *afspiegelen; weerkaatsen*
mirror image ZN *spiegelbeeld*
mirth (mɜ:θ) ZN *vrolijkheid*
mirthful ('mɜ:θfʊl) BNW *vrolijk*
mirthless ('mɜ:θləs) BNW *vreugdeloos; triest; somber*
miry ('maıərı) BNW *modderig; smerig*
mis- (mıs) VOORV *mis-; slecht*
misadventure (mısəd'ventʃə) ZN *tegenspoed; ongeluk* ★ JUR. death by ~ *dood door schuld*
misalliance (mısə'laıəns) ZN *ongelukkige verbintenis; mesalliance*
misanthrope ('mısənθrəʊp) ZN *misantroop* ⟨mensenhater⟩
misanthropic ('mısənθrɒpık) BNW *misantropisch*
misanthropy (mı'sænθrəpı) ZN *misantropie*
misapplication (mısæplı'keıʃən) ZN *verkeerde/onjuiste toepassing*
misapply (mısə'plaı) OV WW • *verkeerd gebruiken* • *malversatie plegen*
misapprehend (mısæprı'hend) OV WW *verkeerd begrijpen*
misapprehension (mısæprı'henʃən) ZN *misverstand*
misappropriate (mısə'prəʊprıeıt) OV WW *z. wederrechtelijk toe-eigenen; verduisteren*
misbegotten (mısbı'gɒtn) BNW • *gemeen; slecht* • *onecht; bastaard-*
misbehave (mısbı'heıv) OV+ONOV WW *z. misdragen*
misbehaviour (mısbı'heıvjə) ZN *wangedrag*
misbelief (mısbı'li:f) ZN • *ketterij* • *misvatting*
misbeliever ('mısbəli:və) ZN *ketter; ongelovige*
misc. AFK miscellaneous *gemengd*
miscalculate (mıs'kælkjʊleıt) I OV WW *verkeerd berekenen* II ONOV WW *z. misrekenen*
miscalculation (mıskælkjʊ'leıʃən) ZN *misrekening; rekenfout*
miscarriage ('mıskærıdʒ) ZN • *miskraam* • *het verloren gaan* ⟨v. verzendingen⟩ • *mislukking* ★ ~ of justice *gerechtelijke dwaling*
miscarry (mıs'kærı) ONOV WW • *een miskraam krijgen* • *mislukken; niet slagen* • *verloren gaan* ⟨v. verzendingen⟩
miscast (mıs'ka:st) OV WW *een niet-passende rol geven* ⟨bij film/theater⟩
miscegenation (mısıdʒı'neıʃən) ZN *rassenvermenging*
miscellanea (mısə'leınıə) ZN MV • *gemengde collectie* • *gemengde berichten* ⟨in krant⟩; *letterkundige mengeling*
miscellaneous (mısə'leınıəs) BNW • *gemengd* • *veelzijdig*
miscellany (mı'selənı) ZN • *mengeling* • *verhandelingen op allerlei gebied*
mischance (mıs'tʃa:ns) ZN *ongeluk* ★ by ~ *ongelukkigerwijs*
mischief ('mıstʃıf) ZN • *streken* • *ondeugendheid* • *onheil* • *kwaad* • *plaaggeest; rakker; onheilstoker* • INFORM. *duivel* ★ do ~ *kattenkwaad uithalen* ★ make ~ *onrust stoken* ★ out of ~ *uit moedwil* ★ the ~ of it is *'t*

vervelende van het geval is ★ what the ~ are you driving at? *wat wil je in vredesnaam?*
mischief-maker ZN *onruststoker*
mischievous ('mɪstʃɪvəs) BNW • *ondeugend* • *boosaardig*
miscible ('mɪsɪbl) BNW *(ver)mengbaar*
misconceive (mɪskən'siːv) OV+ONOV WW • *verkeerd begrijpen* • *een verkeerde opvatting hebben* ★ be ~d *niet deugen* ⟨v. plan⟩
misconception (mɪskən'sepʃən) ZN *verkeerd begrip; dwaling*
misconduct[1] (mɪs'kɒndʌkt) ZN • *wangedrag* • *wanbeheer* • *overspel*
misconduct[2] (mɪskən'dʌkt) I OV WW *slecht beheren* II ONOV WW • z. *misdragen* • *overspel plegen*
misconstruction (mɪskən'strʌkʃən) ZN *verkeerde interpretatie*
misconstrue (mɪskən'struː) OV WW *verkeerd interpreteren*
miscount[1] ('mɪskaʊnt) ZN *verkeerde telling*
miscount[2] (mɪs'kaʊnt) I OV WW *verkeerd tellen* II ONOV WW *z. vertellen*
miscreant ('mɪskrɪənt) I ZN *onverlaat* II BNW *verdorven*
misdeal (mɪs'diːl) OV WW *fout delen* ⟨bij kaartspel⟩
misdeed (mɪs'diːd) ZN *wandaad; misdaad*
misdemeanour (mɪsdɪ'miːnə) ZN • *wangedrag* • *misdrijf*
misdirect (mɪsdaɪ'rekt) OV WW • *verkeerd leiden/richten* • *verkeerde inlichtingen geven*
misdoing (mɪs'duːɪŋ) ZN *misdaad; onrecht*
miser ('maɪzə) ZN • *gierigaard; vrek* • *putboor*
miserable ('mɪzərəbl) BNW *ellendig; miserabel; armzalig*
miserly ('maɪzəlɪ) BNW + BIJW *gierig; vrekkig*
misery ('mɪzərɪ) ZN • *ellende* • *misère* ⟨kaartspel⟩ • *ongelukkig persoon*
misfeasance (mɪs'fiːzəns) ZN • *overtreding* • *machtsmisbruik*
misfire (mɪs'faɪə) I ZN *ketsschot* II ONOV WW • *ketsen* ⟨v. geweer⟩ • *weigeren* ⟨v. motor⟩ ★ things ~d *het mislukte*
misfit[1] ('mɪsfɪt) I ZN • *buitenbeentje; mislukkeling in de maatschappij* • *niet passend kledingstuk* II BNW • *ongeschikt* • *niet passend* ⟨v. kledingstuk⟩
misfit[2] (mɪs'fɪt) ONOV WW *niet passen*
misfortune (mɪs'fɔːtʃən) ZN • *ongeluk; tegenslag* • *buitenbeentje* ⟨onecht kind⟩ ★ ~s never come singly *een ongeluk komt nooit alleen*
misgiving (mɪs'gɪvɪŋ) ZN *twijfel; angstig voorgevoel; wantrouwen*
misgovern (mɪs'gʌvən) OV WW *slecht besturen*
misguide (mɪs'gaɪd) OV WW *misleiden* ⟨fig.⟩; *op een dwaalspoor brengen* ⟨fig.⟩
misguided (mɪs'gaɪdɪd) BNW • *misleid* • *misplaatst*
mishandle (mɪs'hændl) OV WW *verkeerd behandelen; verkeerd aanpakken*
mishap ('mɪshæp) ZN INFORM. *ongelukje*
mishear (mɪs'hɪə) OV WW *verkeerd horen*
mishmash ('mɪʃmæʃ) ZN *mengelmoes*
misinform (mɪsɪn'fɔːm) OV WW *verkeerd inlichten*
misinterpret (mɪsɪn'tɜːprɪt) OV WW *verkeerd interpreteren; verkeerd uitleggen*
misinterpretation (mɪsɪntɜːprɪ'teɪʃən) ZN *verkeerde interpretatie*
misjudge (mɪs'dʒʌdʒ) OV+ONOV WW • *verkeerd (be)oordelen* • z. *vergissen* (in)
mislay (mɪs'leɪ) OV WW *op verkeerde plaats leggen; zoek maken*
mislead (mɪs'liːd) OV WW *misleiden*
misleading (mɪs'liːdɪŋ) BNW • *misleidend* • *bedrieglijk*
mismanage (mɪs'mænɪdʒ) OV WW *verkeerd besturen; verkeerd beheren; verkeerd aanpakken*
mismanagement (mɪs'mænɪdʒmənt) ZN *wanbestuur; wanbeheer*
mismatch[1] ('mɪsmætʃ) ZN • *verkeerde combinatie* ⟨bij huwelijk⟩ • *wanverhouding*
mismatch[2] (mɪs'mæts) OV WW • *ongeschikt samenvoegen; een ongeschikt huwelijk doen aangaan* ★ ~ed colours *slecht passende/vloekende kleuren*
misname (mɪs'neɪm) OV WW *een verkeerde naam geven*
misnomer (mɪs'nəʊmə) ZN *verkeerde benaming* ★ by ~ called *abusievelijk genoemd*
misogynist (mɪ'sɒdʒənɪst) ZN *vrouwenhater*
misplace (mɪs'pleɪs) OV WW *misplaatsen*
misprint[1] ('mɪsprɪnt) ZN *drukfout*
misprint[2] (mɪs'prɪnt) OV WW *foutief drukken*
misprision (mɪs'prɪʒən) ZN *verzuim* ★ ~ of treason *verheling v. hoogverraad*
misprize (mɪs'praɪz) OV WW • *minachten* • *onderschatten*
mispronounce (mɪsprə'naʊns) OV WW *verkeerd uitspreken*
mispronunciation (mɪsprənʌnsɪ'eɪʃən) ZN *verkeerde uitspraak*
misproportion (mɪsprə'pɔːʃən) ZN *wanverhouding*
misquote (mɪs'kwəʊt) OV+ONOV WW *onjuist aanhalen*
misread (mɪs'riːd) OV WW • *verkeerd lezen* • *verkeerd interpreteren*
misrepresent (mɪsreprɪ'zent) OV WW • *een verkeerde voorstelling geven van* • *slecht vertegenwoordigen*
misrepresentation (mɪsreprɪzen'teɪʃən) ZN *onjuiste voorstelling*
misrule (mɪs'ruːl) I ZN *wanbestuur* II OV WW *verkeerd besturen*
miss (mɪs) I ZN • *misstoot; misslag* • INFORM. *miskraam* • *gemis* • *(me)juffrouw* ★ give s.th. a miss *overslaan* ★ a miss is as good as a mile *net mis is ook mis* ★ a near miss *net naast; op het kantje af* ★ Miss Inquisitive *nieuwsgierig Aagje* ★ Miss Nancy *verwijfd ventje* ★ missy *juffie* ★ a pert miss *(een) brutaaltje* II OV WW • *missen* ★ miss s.o.'s point *niet begrijpen wat iem. bedoelt* ★ just miss s.th. *net te laat komen* ★ miss the boat *de boot missen* • ~ **out** *overslaan* III ONOV WW • *falen; weigeren* ⟨v. motor⟩ • ~ **out (on)** *mislopen*
missal ('mɪsəl) ZN *missaal; misboek*
misshapen (mɪs'ʃeɪpən) BNW *mismaakt; misvormd*
missile ('mɪsaɪl) I ZN • *raket* • *projectiel* II BNW *werp-*

missing ('mɪsɪŋ) BNW *ontbrekend* ★ the ~ *de vermisten*
mission ('mɪʃən) ZN • *missie* • USA *gezantschap* • *roeping* ★ USA foreign ~ *ambassade*
missionary ('mɪʃənərɪ) I ZN *missionaris; zendeling* II BNW *zend(el)ings-*
mission control ZN RUIMTEVAART *controlecentrum*
missis ('mɪsɪz) ZN *Mevrouw* ⟨dienstbodentaal⟩
missive ('mɪsɪv) ZN FORM. *schrijven; brief; formeel bericht*
misspell (mɪs'spel) OV WW *verkeerd spellen*
misspend (mɪs'spend) OV WW *verkwisten*
missus ('mɪsɪz) ZN • INFORM. *moeder de vrouw; echtgenote* • INFORM. *Mevrouw* ⟨bedienend personeel⟩ ★ how is the ~? *hoe gaat het met je vrouw?* ★ the ~ wants her tea at four o'clock *Mevrouw wil haar thee om vier uur*
mist (mɪst) I ZN • *mist; nevel; waas* ★ Scotch mist *motregen* ★ he is in a mist *hij is de kluts kwijt* II OV WW *benevelen; beslaan* III ONOV WW • *beneveld worden; beslaan • misten*
mistake (mɪ'steɪk) I ZN *fout; vergissing; dwaling* ★ and no ~ *daar kun je van op aan; en of!* ★ by ~ *per abuis* ★ my ~ *mijn fout; ik heb me vergist* II OV WW *verkeerd begrijpen* ★ there's no mistaking this fact *dit staat nu eenmaal vast* ★ ~ s.o. for s.o. *iemand aanzien voor een ander* III ONOV WW z. *vergissen*
mistaken (mɪ'steɪkən) BNW • *verkeerd; onjuist* • *misplaatst* ★ be ~ *verkeerd begrepen worden; zich vergissen*
mistakenly (mɪ'steɪkənlɪ) BNW *abusievelijk*
mister ('mɪstə) I ZN • *mijnheer • man zonder titel* ★ Mr Speaker! *Mijnheer de voorzitter!* ⟨v.h. Lagerhuis⟩ ★ Mr Right *de ware Jacob* II OV WW *met meneer aanspreken*
mistime (mɪs'taɪm) OV WW *op het verkeerde ogenblik doen/zeggen*
mistletoe ('mɪsəltəʊ) ZN *maretak; vogellijm*
mistook (mɪ'stʊk) WW [verleden tijd] → **mistake**
mistreat (mɪs'tri:t) OV WW *mishandelen*
mistress ('mɪstrəs) ZN • *meesteres • mevrouw* • *vrouw des huizes; baas; hoofd • geliefde; maîtresse • lerares; onderwijzeres* ★ Mistress of the Robes *hofdame voor de garderobe*
mistrial (mɪs'traɪəl) ZN *nietig geding* ⟨wegens procedurefout⟩
mistrust (mɪs'trʌst) I ZN *wantrouwen* II OV WW *wantrouwen*
mistrustful (mɪs'trʌstfʊl) BNW *wantrouwend*
misty ('mɪstɪ) BNW • *mistig • vol tranen • vaag* • *wazig; beslagen*
misunderstand (mɪsʌndə'stænd) OV WW • *niet begrijpen • verkeerd begrijpen*
misunderstanding (mɪsʌndə'stændɪŋ) ZN *misverstand*
misunderstood (mɪsʌndə'stʊd) WW [verl. tijd + volt. deelw.] → **misunderstand**
misusage (mɪs'ju:sɪdʒ) ZN • *verkeerd gebruik* ⟨vnl. taalgebruik⟩ • *mishandeling*
misuse[1] (mɪs'ju:s) ZN • *misbruik • verkeerd gebruik • mishandeling; slechte behandeling*
misuse[2] (mɪs'ju:z) OV WW • *misbruiken • verkeerd gebruiken • mishandelen*
mite (maɪt) ZN • *beetje; zier • penning • dreumes* • *kaasmijt* ★ contribute one's mite *een duit in het zakje doen* ★ INFORM. not a mite *helemaal niet; geen zier* ★ a mite of a child *een kleine dreumes*
miter I ZN USA → **mitre** II OV WW USA → **mitre**
mitigate ('mɪtɪgeɪt) OV WW • *kalmeren* • *verlichten; verzachten • matigen* ⟨v. straf⟩
mitigation (mɪtɪ'geɪʃən) ZN → **mitigate** ★ in ~ *als verzachtende omstandigheid*
mitre ('maɪtə), USA **miter** I ZN • *mijter • verstek* ⟨timmerwerk⟩ • *schoorsteenkap* II OV WW • *met mijter tooien • in verstek maken; afschuinen*
mitt(en) (mɪt(n)) ZN • *want • vuisthandschoen* ⟨als bij honkbal⟩ • INFORM. *hand* ★ get the mitten *een blauwtje lopen; zijn congé krijgen* ★ PLAT ~s *bokshandschoenen*
mix (mɪks) I ZN *mengeling; mengsel* II OV WW • *(ver)mengen • kruisen* ⟨v. dieren⟩ ★ mix a drink *een drankje klaarmaken* • ~ in *(goed) vermengen* • ~ up *verwarren; door elkaar gooien* III ONOV WW • z. *(ver)mengen* ★ they don't mix well *ze kunnen niet goed met elkaar overweg* • ~ with *omgaan met; z. aansluiten bij*
mixed (mɪkst) BNW *gemengd; vermengd* ★ ~ up *in de war* ★ get ~ up in s.th. *ergens bij betrokken raken*
mixer ('mɪksə) ZN • *(keuken)mixer • menger* ★ bad ~ *iem. die zich moeilijk aanpast*
mixer tap ZN *mengkraan*
mixture ('mɪkstʃə) ZN *mengsel; mengeling*
mix-up ZN • *mengsel • warboel • vechtpartij*
miz(z)en ('mɪzn) ZN *bezaan(smast)*
mizzle ('mɪzəl) I ZN *motregen* II ONOV WW • *motregenen • er tussenuit knijpen*
mizzly ('mɪzlɪ) BNW *druilerig*
ml. AFK • *mile(s) mijl* • *millilitre(s) milliliter*
MMS I ZN *MMS(-bericht)* ★ send an MMS *een MMS-bericht versturen* II AFK Multimedia Messaging service *MMS*
mnemonic (nɪ'mɒnɪk) ZN *geheugensteuntje; ezelsbruggetje*
mo (məʊ) ZN INFORM. *moment ogenblik* ★ half a mo, please *'n ogenblikje, alsjeblieft*
M.O. AFK • MIL. Medical Officer *officier van gezondheid* • *money order postwissel*
moan (məʊn) I ZN *gekreun* II OV WW *betreuren* III ONOV WW *kreunen; jammeren*
moat (məʊt) I ZN *slotgracht* II OV WW *met een gracht omgeven*
mob (mɒb) I ZN • *gepeupel • (wanordelijke) menigte* • INFORM. *kring; kliek* ★ the Mob *de maffia* II OV WW • *opdringen naar* • *'t lastig maken* III ONOV WW *samenscholen*
mob-cap ('mɒbkæp) ZN *(kanten) muts*
mobile[1] (məʊ'bi:l) ZN • *mobieltje* ⟨telefoon⟩ • *mobile* ⟨beweegbaar model⟩
mobile[2] ('məʊbaɪl) BNW • *beweeglijk; mobiel* • *vlottend* ⟨v. kapitaal⟩
mobility (məʊ'bɪlətɪ) ZN *mobiliteit; beweeglijkheid*
mobilization (məʊbəlaɪ'zeɪʃən) ZN *mobilisatie*
mobilize ('məʊbɪlaɪz) OV WW • *mobiel maken; mobiliseren • te gelde maken; in omloop brengen* ⟨v. aandelen⟩
mob law ZN *volksjustitie*
mob orator ZN *volksredenaar*

mobster ('mɒbstə) ZN USA *bendelid; gangster*
moccasin ('mɒkəsɪn) ZN *mocassin*
mock (mɒk) I ZN *imitatie* II BNW • *imitatie-; onecht; nep* • *proef-* ★ mock combat/fight *spiegelgevecht* ★ mock examination *proefexamen* ★ mock meat *imitatievlees* III OV WW • *de spot drijven met* • *bedriegen* • *uitdagen* • *na-apen* IV ONOV WW ~ at *spotten met*
mocker ('mɒkə) ZN *spotter*
mockery ('mɒkərɪ) ZN • *bespotting* • *schijnvertoning*
mockingbird ('mɒkɪŋbɜːd) ZN *spotvogel*
mock-up ZN *model op ware grootte*
mod (mɒd) I ZN *mod* 〈jongere in mods-subcultuur〉 II BNW *modern*
modal ('məʊdl) BNW *modaal*
mode (məʊd) ZN • *manier* • *gebruik* • MUZ. *toonaard/-geslacht*
model ('mɒdl) I ZN • *model; mannequin* • *model; maquette* • *model; type* ★ stand ~ als model *poseren* II BNW • *voorbeeldig* III OV WW • *modelleren; vormen; boetseren* ★ ~ o.s. upon s.o. *zich modelleren naar iem.* • ~ after/on *vormen naar; modelleren naar* IV ONOV WW *als mannequin fungeren*
modeller ('mɒdlə) ZN *modelleur*
moderate[1] ('mɒdərət) I ZN *gematigde* II BNW *gematigd; matig*
moderate[2] ('mɒdəreɪt) I OV WW *matigen* II ONOV WW • *bedaren; z. matigen* • *bemiddelen*
moderation (mɒdə'reɪʃən) ZN • *matiging* • *matigheid; gematigdheid* ★ in ~ *met mate*
moderator ('mɒdəreɪtə) ZN • *bemiddelaar* • *voorzitter v. universitaire examencommissie* • REL. *moderator*
modern ('mɒdn) I ZN *iem. v.d. moderne tijd* II BNW *modern; nieuw*
modern-day BNW *modern; hedendaags*
modernism ('mɒdənɪzəm) ZN • *modernisme* • *neologisme*
modernist ('mɒdənɪst) ZN *nieuwlichter*
modernization (mɒdənaɪ'zeɪʃən) I ZN *modernisering* II BNW *modern; vooruitstrevend*
modernize ('mɒdənaɪz) I OV WW *moderniseren* II ONOV WW *z. aan de moderne tijd aanpassen*
modest ('mɒdɪst) BNW • *bescheiden* • *ingetogen; zedig*
modesty ('mɒdɪstɪ) ZN • *bescheidenheid* • *zedigheid*
modicum ('mɒdɪkəm) ZN *een beetje; een weinig*
modifiable ('mɒdɪfaɪəbl) BNW *te matigen; wijzigbaar*
modification (mɒdɪfɪ'keɪʃən) ZN • *wijziging* • *aanpassing*
modify ('mɒdɪfaɪ) OV WW • *matigen* • *wijzigen* • TAALK. *bepalen*
modish ('məʊdɪʃ) BNW *modieus*
modulate ('mɒdjʊleɪt) OV WW • *regelen; moduleren* • ~ to *in overeenstemming brengen met*
modulation (mɒdjʊ'leɪʃən) ZN • *modulatie* • *aanpassing*
module ('mɒdjuːl) ZN • *maatstaf; standaardmaat* • *ruimtevaartuig* • *modulus* ★ lunar ~ *maanlander*
Mogul ('məʊgl) I ZN • *Mongool* • *mogol* ★ mogul *invloedrijk persoon* II BNW *Mongools*
mohair ('məʊheə) ZN *mohair*
Mohammedan (mə'hæmɪdən) I ZN *mohammedaan* II BNW *mohammedaans*
moiety ('mɔɪətɪ) ZN *helft*
moil (mɔɪl) I ZN *gezwoeg* II ONOV WW *zwoegen*
moist (mɔɪst) BNW *vochtig; klam*
moisten ('mɔɪsən) I OV WW *bevochtigen* II ONOV WW *vochtig worden*
moistness ('mɔɪstnəs) ZN *vochtigheid*
moisture ('mɔɪstʃə) ZN *vocht(igheid)*
moisturize ('mɔɪstʃəraɪz) OV WW *bevochtigen* ★ moisturizing cream *vochtregulerende crème*
moke (məʊk) ZN • *ezel* • *artiest die diverse instrumenten bespeelt*
molar ('məʊlə) I ZN *kies* II BNW • *m.b.t. de maaltanden; maal-* • *massaal*
molasses (mə'læsɪz) ZN *melasse; stroop*
mold ('məʊld) I ZN → **mould** II OV WW → **mould** III ONOV WW → **mould**
mole (məʊl) ZN • *mol* • INFORM. *moedervlek* • INFORM. *spion* • *haven(dam); pier* ★ as blind as a mole *stekeblind*
mole cast ZN *molshoop*
mole cricket ZN *veenmol*
molecular (mə'lekjʊlə) BNW *moleculair*
molecule ('mɒlɪkjuːl) ZN *molecule*
mole-eyed BNW • *bijziende* • *blind*
molehill ('məʊlhɪl) ZN *molshoop* ★ make a mountain out of a ~ *van een mug een olifant maken*
moleskin ('məʊlskɪn) ZN • *mollenvel* • *Engels leer* ★ ~s *broek v. Engels leer*
molest (mə'lest) OV WW • *lastig vallen* • *aanranden*
molestation (məʊle'steɪʃən) ZN • *het molesteren* • *hinder*
moll (mɒl) ZN • PLAT *vriendin/handlangster v.e. gangster* • *snol*
mollification (mɒlɪfɪ'keɪʃən) ZN → **mollify**
mollify ('mɒlɪfaɪ) OV WW *vertederen; bedaren; matigen*
mollusc ('mɒləsk) ZN *weekdier*
mollycoddle ('mɒlɪkɒdl) I ZN *moederskindje* II OV WW *vertroetelen*
molt (məʊlt) ONOV WW USA → **moult**
molten ('məʊltn) I BNW *gesmolten* II WW [volt. deelw.] → **melt**
mom (mɒm) ZN INFORM./USA *mam; mamma; mammie*
moment ('məʊmənt) ZN • *moment* • *belang* ★ do it this ~ *doe het onmiddellijk* ★ half a ~ *een ogenblik(je)* ★ it is the ~ for it *het is er het juiste ogenblik voor* ★ I've seen him this ~ *ik heb hem zo-even gezien* ★ a matter of great ~ *een zaak van groot belang*
momentarily ('məʊməntərəlɪ) BIJW *voor een ogenblik*
momentary ('məʊməntərɪ) BNW • *gedurende een ogenblik* • *vluchtig*
momently ('məʊməntlɪ) BIJW • *ieder ogenblik* • *gedurende 'n ogenblik*
momentous (mə'mentəs) BNW *gedenkwaardig; gewichtig; belangrijk*
momentum (mə'mentəm) ZN • TECHN. *moment* • *stuwkracht* ★ gather ~ *aan kracht winnen*
mom(ma) (mɒmə) ZN USA *ma(ma)*

monarch ('mɒnək) ZN *monarch; vorst*
monarchic(al) (mə'nɑ:kɪk(l)) BNW *monarchaal; vorstelijk*
monarchy ('mɒnəkɪ) ZN *monarchie*
monastery ('mɒnəstərɪ) ZN *klooster*
monastic (mə'næstɪk) BNW *klooster-*
monasticism (mə'næstɪsɪzəm) ZN *kloosterleven; kloosterwezen*
Monday ('mʌndeɪ) ZN *maandag*
monetary ('mʌnɪtərɪ) BNW *monetair; financieel-; munt-*
money ('mʌnɪ) I ZN *geld* ★ *be made of ~ bulken van het geld* ★ *be out of ~ blut zijn* ★ *coin ~ geld munten; geld als water verdienen* ★ *for ~ contant* ★ *for my ~ naar mijn mening* ★ *in the ~ rijk* ★ *make ~ geld verdienen* ★ *~ talks je kunt zien waar het geld zit; laat eerst maar eens geld zien* ★ *not my ~ niets voor mij* ★ *put ~ into investeren in* ★ *ready ~ contant geld* ★ *want one's ~'s worth waar voor zijn geld willen* ★ *~ doesn't grow on trees het geld ligt niet op straat* ★ *put your ~ where your mouth is! (zullen we erom) wedden?; laat eerst maar 'ns zien!* ★ *right on the ~ precies goed; exact* II OV WW *te gelde maken*
money-bag ZN *geldbuidel; geldzak*
money-box ZN ● *spaarpot* ● *collectebus*
moneyed ('mʌnɪd) BNW ● *vermogend* ● *geldelijk; geld-*
money-grubber ('mʌnɪɡrʌbə) ZN *duitendief; geldwolf*
money-grubbing ('mʌnɪɡrʌbɪŋ) I ZN *inhaligheid* II BNW *schraperig*
moneylender ('mʌnɪlendə) ZN *geldschieter*
money-maker ('mʌnɪ) ZN ● *iemand die veel geld verdient* ● *winstgevende zaak; goudmijn(tje)*
money market ZN *geldmarkt*
money order ZN *postwissel*
money-spinner ZN *goudmijntje*
moneywort ('mʌnɪwɜ:t) ZN PLANTK. *penningkruid*
monger ('mʌŋɡə) ZN *handelaar*
mongol ('mɒŋɡəl) ZN *mongool*
mongrel ('mʌŋɡrəl) I ZN *bastaard(hond); mormel* II BNW *bastaard-; v. gemengd ras*
monies ('mʌnɪz) ZN MV *gelden*
moniker ('mɒnɪkə) ZN INFORM. *koosnaam; bijnaam*
monition (mə'nɪʃən) ZN ● *waarschuwing; vermaning* ● *dagvaarding*
monitor ('mɒnɪtə) I ZN ● *monitor* ● *mentor; oudere leerling die de zorg heeft over een jongere* ● *begeleider; verpleger ⟨in inrichting/tehuis⟩* ● *iem. die radio-uitzendingen afluistert* ● *varaan* II OV WW ● *controleren* ● *verzorgen*
monitory ('mɒnɪtərɪ) I ZN *vermanend herderlijk schrijven; mandement* II BNW *waarschuwend; vermanend*
monk (mʌŋk) ZN *monnik* ★ *Black Monk benedictijn*
monkey ('mʌŋkɪ) I ZN ● *aap* ● *deugniet* ● *heiblok* ★ *make a ~ of voor schut zetten* ★ *put s.o.'s ~ up iem. nijdig maken* ★ *it's brass ~ weather / it's brass ~s het is stervenskoud* II OV WW ● *na-apen* ● *bespotten; voor de gek houden* III ONOV WW *~ about/around streken uithalen; donderjagen; klooien*
monkey business ZN *gesjoemel*
monkey jacket ZN *matrozenjekker*
monkey puzzle/tree ZN *apenboom*
monkey wrench ZN *bahco; Engelse sleutel*
monkish ('mʌŋkɪʃ) BNW *monniken-; monnikachtig*
mono ('mɒnəʊ) BNW *mono*
monochromatic (mɒnəkrə'mætɪk) BNW *eenkleurig; monochromatisch*
monochrome ('mɒnəkrəʊm) I ZN ● *monochromie* ● *computerbeeldscherm/schilderij in verschillende tinten v. dezelfde kleur* II BNW *zwart-wit; monochroom*
monocle ('mɒnək(ə)l) ZN *monocle*
monocular (mə'nɒkjʊlə) BNW ● *voor/van één oog* ● *eenogig*
monodial ('mɒnədaɪəl) BNW *met één knop* ⟨radio⟩
monody ('mɒnədɪ) ZN ● *solozang* ● *klaagzang*
monogamous (mə'nɒɡəməs) BNW *monogaam*
monogamy (mə'nɒɡəmɪ) ZN *monogamie*
monogram ('mɒnəɡræm) ZN *monogram*
monograph ('mɒnəɡrɑ:f) ZN *monografie*
monolingual (mɒnə'lɪŋɡwəl) BNW *monolinguaal; eentalig*
monolith ('mɒnəlɪθ) ZN *monoliet*
monolithic (mɒnə'lɪθɪk) BNW *monolithisch*
monologist (mə'nɒlədʒɪst), **monologuist** ZN *iem. die een monoloog houdt*
monologue ('mɒnəlɒɡ) ZN *monoloog; alleenspraak*
monologuist ZN → **monologist**
monophonic (mɒnə'fɒnɪk) BNW *monofoon; eenstemmig*
monoplane ('mɒnəpleɪn) ZN *eendekker*
monopolization (mənɒpəlaɪ'zeɪʃən) ZN *monopolisering*
monopolize (mə'nɒpəlaɪz) OV WW ● *monopoliseren* ● *totaal in beslag nemen*
monopoly (mə'nɒpəlɪ) ZN *monopolie*
monosyllabic (mɒnəsɪ'læbɪk) BNW *eenlettergrepig*
monosyllable ('mɒnəsɪləbl) ZN *eenlettergrepig woord*
monotone ('mɒnətəʊn) I ZN ● *eentonigheid* ● *op één toon geuitte achtereenvolgende klanken* II BNW *monotoon; eentonig* III OV WW *op één toon spreken/zingen*
monotonous (mə'nɒtənəs) BNW *eentonig*
monotony (mə'nɒtənɪ) ZN *eentonigheid*
monsoon (mɒn'su:n) ZN *moesson*
monstrosity (mɒn'strɒsətɪ) ZN *monster(achtigheid)*
monstrous ('mɒnstrəs) BNW *monsterlijk; gedrochtelijk; kolossaal*
month (mʌnθ) ZN *maand* ★ *in a ~ of Sundays nooit (en te nimmer)* ★ *a ~ from today vandaag over een maand*
monthly ('mʌnθlɪ) I ZN *maandelijks tijdschrift* II BNW + BIJW *maandelijks*
month's mind ZN REL. *maandstond*
monument ('mɒnjʊmənt) ZN *monument*
monumental (mɒnjʊ'mentl) BNW ● *gedenk-; monumentaal* ● *kolossaal; enorm*
moo (mu:) I ZN *geloei* II ONOV WW *loeien*
mooch (mu:tʃ) I ZN ● *on the ~ aan het lummelen/*

schooien II ov ww • *gappen* • *klaplopen*; *schooien* III onov ww • *slenteren* • ~ **about** *rondhangen*; *lummelen*
mood (muːd) zn • *stemming* ★ taalk. *wijs* • muz. *modus*; *toonschaal* ★ be in one of one's moods *weer een van zijn buien hebben* ★ follow the mood of the moment *met de tijd meegaan* ★ in no mood for *helemaal niet in de stemming om* ★ in the mood *in de stemming*
mood swing zn psych. *hevige stemmingswisseling*
moody ('muːdɪ) bnw *humeurig*; *somber gestemd*; *ontstemd*; *zwaarmoedig*
moola (muːlə) zn usa/plat *poen*; *geld*
moon (muːn) I zn • *maan* ★ ask for the moon *het onmogelijke willen* ★ be over the moon *in de wolken zijn* ★ cry for the moon *naar de maan reiken* ★ once in a blue moon *heel zelden* ★ promise s.o. the moon *iemand gouden bergen beloven* ★ you can't make him believe that the moon is made of green cheese *je kunt hem niets wijs maken* II onov ww • *rondhangen* • inform. *de billen ontbloten* • ~ **about** *rondhangen*; *rondslenteren* • ~ **over** *dagdromen over*; *nalopen*
moonbeam ('muːnbiːm) zn *manestraal*
moonboot ('muːnbuːt) zn *moonboot*; *sneeuwlaars*
mooncalf ('muːnkɑːf) zn *domkop*
moonlight ('muːnlaɪt) I zn • *maanlicht* ★ ~ *flit(ting) vertrek met noorderzon* II onov ww *zwartwerken*; *beunhazen*; *bijbeunen*
moonlighter ('muːnlaɪtə) zn *zwartwerker*; *beunhaas*
moonlit ('muːnlɪt) bnw *maanverlicht*
moonscape ('muːnskeɪp) zn *maanlandschap*
moonshine ('muːnʃaɪn) zn • *maneschijn* • *hersenschim*; *onzin* • usa *illegale sterkedrank*
moonshiner ('muːnʃaɪnə) zn • usa *dranksmokkelaar* • usa *illegale stoker* ⟨v. sterkedrank⟩
moonshiny ('muːnʃaɪnɪ) bnw • *door de maan beschenen* • *ingebeeld*
moonstone ('muːnstəʊn) zn *maansteen*
moonstruck ('muːnstrʌk) bnw *maanziek*; *gek*
moony ('muːnɪ) bnw • *maan-*; *vollemaans-* • *dromerig*
moor (mʊə) I zn • *heide* • *veen*; *veengrond* II ov+onov ww *aan-/afmeren*
moorage ('mʊərɪdʒ) zn • *meerplaats* • *ankergeld*
moorfowl ('mʊəfaʊl) zn *korhoen(ders)*
moorgame ('mʊəɡeɪm) zn *korhoender*
mooring ('mʊərɪŋ) zn • *ligplaats* ⟨voor schepen⟩ • *dukdalf* • ~s *meertouwen*; *meerkettingen*
Moorish ('mʊərɪʃ) bnw *Moors*
moorland ('mʊələnd) zn *heide*
moorstone ('mʊəstəʊn) zn *soort graniet*
moose (muːs) zn *Amerikaanse eland*
moot (muːt) I zn • gesch. *volksvergadering* • *casusdiscussie* ⟨v. rechtenstudenten⟩ II bnw *betwistbaar*; *geschil-* ★ a moot point/question *een geschilpunt* III ov ww • *debatteren* • *opperen*; *te berde brengen*
mop (mɒp) I zn • *zwabber* • *vaatkwast* • plat *zuiplap* ★ mop of hair *ragebol* ★ mops and mows *grimassen* II ov ww • *zwabberen*; *dweilen*; *betten* ★ mop the floor with s.o. *de vloer met iem. aanvegen* • ~ **up** *opvegen*; *opzuipen*; *verslinden*; *afmaken* ⟨werk⟩; *oprollen*; *uit de weg ruimen* III onov ww *gezichten trekken*
mopboard ('mɒpbɔːd) zn *plint*
mope (məʊp) I zn *kniesoor* ★ the mopes *neerslachtigheid* II onov ww *kniezen*
moped ('məʊped) zn *bromfiets*
mope-eyed bnw *bijziende*
mop head zn *ragebol* ⟨ook fig.⟩
moppet ('mɒpɪt) zn • *lappenpop* • *dreumes*; *wurm* • *schoothondje*
moppy ('mɒpɪ) bnw *ruig* ⟨haar⟩; *dik*
mopy ('məʊpɪ) bnw *kniezerig*
moral ('mɒrəl) I zn • *moraal* ★ ~s *zeden*; *zedelijkheid*; *zedelijk gedrag* II bnw *moreel*; *zedelijk*; *zedelijkheids-* ★ a ~ certainty *zo goed als zeker* ★ it is ~ly impossible *het is feitelijk onmogelijk*
morale (məˈrɑːl) zn *moreel*
moralist ('mɒrəlɪst) zn • *moralist*; *zedenmeester* • *aanhanger van het moralisme*
morality (məˈrælətɪ) zn • *zedenleer* • *zedelijk gedrag*; *moraliteit* ★ moralities *zedelijke beginselen*
morality play zn *zinnespel*
moralize ('mɒrəlaɪz) I ov ww • *hervormen*; *zedelijk verbeteren* • *een morele les trekken uit* II onov ww *moraliseren*
morass (məˈræs) zn *moeras*
moratorium (mɒrəˈtɔːrɪəm) zn • *moratorium*; *algemeen uitstel van betaling* • *(tijdelijk) verbod/uitstel*
morbid ('mɔːbɪd) bnw • *morbide*; *ziek(elijk)* • *somber*
morbidity (mɔːˈbɪdətɪ) zn • *morbiditeit*; *ziekelijkheid* • *ziektecijfer*
mordacious (mɔːˈdeɪʃəs) bnw *bijtend*; *sarcastisch*; *scherp*
mordacity (mɔːˈdæsətɪ) zn *vinnigheid*
mordant ('mɔːdnt) I zn *bijtmiddel*; *etszuur*; *fixeermiddel* II bnw *scherp*; *bijtend*
more (mɔː) I onb vnw *meer* ★ more is the pity *jammer genoeg* ★ no more *niet(s) meer* ★ one more *nog één* II bijw *meer*; *verder* ★ more and more *steeds meer* ★ more or less *min of meer*
morel (məˈrel) zn • *morielje* • *nachtschade*
morello (məˈreləʊ) zn *morel*
moreover (mɔːˈrəʊvə) bijw *bovendien*
morgue (mɔːɡ) zn • *lijkenhuis*; *morgue* • *hooghartigheid*
moribund ('mɒrɪbʌnd) bnw *stervend*; *zieltogend*
morion ('mɒrɪən) zn *stormhelm*
Mormon ('mɔːmən) I zn *mormoon* II bnw *mormoons*
morn (mɔːn) zn *dageraad*; *morgen*; *ochtend(stond)*
morning ('mɔːnɪŋ) zn *morgen*; *voormiddag*
morning call zn *ochtendbezoek*
morning coat/dress zn *jacquet*
morning sickness zn *zwangerschapsmisselijkheid*
morning wood zn inform. *ochtenderectie*
Moroccan (məˈrɒkən) I zn *Marokkaan* II bnw *Marokkaans*

morocco (məˈrɒkəʊ) ZN *marokijn(leder)*
Morocco (məˈrɒkəʊ) ZN *Marokko*
moron (ˈmɔːrɒn) ZN • *zwakzinnige* • MIN. *imbeciel; rund*
morose (məˈrəʊs) BNW • *gemelijk; knorrig* • *somber*
morphine (ˈmɔːfiːn) ZN *morfine*
morphology (mɔːˈfɒlədʒɪ) ZN *morfologie; vormleer*
morris (ˈmɒrɪs) ZN → **morris dance**
morris dance ZN *traditionele Engelse dans*
morrow (ˈmɒrəʊ) ZN FORM. *volgende dag*
morse (mɔːs) ZN • *walrus* • → **morse code**
morse code ZN *morse(alfabet)*
morsel (ˈmɔːsəl) ZN *hapje; stukje*
mortal (ˈmɔːtl) I ZN • *sterveling* • IRON. *persoon; mens* II BNW • *sterfelijk* • *dodelijk* • INFORM. *verschrikkelijk; vreselijk vervelend* ★ any ~ thing will do *alles is goed*
mortality (mɔːˈtælətɪ) ZN • *sterfelijkheid* • *sterfte(cijfer)* • *stoffelijk overschot*
mortally (ˈmɔːtlɪ) BIJW *dodelijk* ★ ~ afraid *doodsbang*
mortar (ˈmɔːtə) I ZN • *metselkalk* • *vijzel* • *mortier* II OV WW • *metselen* • *met mortieren bestoken*
mortar board ZN *specieplank*
mortgage (ˈmɔːgɪdʒ) I ZN *hypotheek* II OV WW • *verhypothekeren* • *verpanden* ⟨figuurlijk⟩
mortgage bond ZN *pandbrief*
mortgagee (mɔːgɪˈdʒiː) ZN *hypotheekhouder*
mortgager (ˈmɔːgɪdʒə), **mortgagor** ZN *hypotheekgever*
mortgagor ZN → **mortgager**
mortice I ZN → **mortise** II OV WW → **mortise**
mortician (mɔːˈtɪʃən) ZN USA *begrafenisondernemer*
mortification (mɔːtɪfɪˈkeɪʃən) ZN • *kastijding; versterving* • *vernedering* • *ergernis* • *koudvuur*
mortify (ˈmɔːtɪfaɪ) I OV WW • *kastijden* • *vernederen, ergeren* II ONOV WW *door gangreen afsterven*
mortise (ˈmɔːtɪs), **mortice** I ZN *tapgat* II OV WW • *inlaten* • *voorzien van tapgat*
mortise lock ZN *insteekslot*
mortuary (ˈmɔːtjʊərɪ) I ZN *mortuarium; lijkenhuis* II BNW • *graf-* • *begrafenis-* • *sterf-* • *lijk-*
mosaic (məʊˈzeɪɪk) ZN *mozaïek*
mosey (ˈməʊzɪ) ONOV WW • USA/INFORM. *(voort)slenteren* • USA/INFORM. *ervandoor gaan* ★ ~ along *rondslenteren/-hangen*
Moslem (ˈmɒzləm) I ZN → **Muslim** II BNW → **Muslim**
mosque (mɒsk) ZN *moskee*
mosquito (məˈskiːtəʊ) ZN • *muskiet* • *mug*
mosquito net ZN *klamboe; muskietennet*
moss (mɒs) I ZN • *mos* • *moeras* • PLAT *poen* II OV WW *met mos bedekken*
moss-grown BNW *met mos bedekt*
moss litter ZN *turfstrooisel*
mossy (ˈmɒsɪ) BNW • *met mos bedekt* • *mosachtig*
most (məʊst) I ONB VNW *meest; grootst; meeste(n)* ★ at (the) most *op zijn meest/hoogst* ★ make the most of it *het zo veel mogelijk uitbuiten; er het beste van maken* II BIJW *meest; hoogst; zeer*
mostly (ˈməʊstlɪ) BIJW *meestal; voornamelijk*
MOT AFK Ministry of Transport *ministerie van vervoer* ★ MOT (test) *APK-keuring*
mote (məʊt) ZN • *splinter* • *stofje*
motel (məʊˈtel) ZN *motel*
moth (mɒθ) ZN • *mot* • *nachtvlinder* • *iem. die de verleiding zoekt*
mothball (ˈmɒθbɔːl) ZN *mottenbal*
moth-eaten BNW • *aangetast door de mot; mottig* • *aftands*
mother (ˈmʌðə) I ZN *moeder* ★ every ~'s son *iedereen* ★ Mother Superior *moeder-overste* ★ ~ of vinegar *azijnmoer* ★ the Virgin Mother *de Moedermaagd* II OV WW • FIG. *het leven schenken aan; in het leven roepen* • *als een moeder zorgen voor; bemoederen*
motherboard (ˈmʌðəbɔːd) ZN COMP. *moederbord*
mother country ZN *moederland; land van oorsprong*
mothercraft (ˈmʌðəkrɑːft) ZN *deskundig moederschap*
motherfucker (ˈmʌðəfʌkə) ZN USA, VULG. *klootzak*
motherhood (ˈmʌðəhʊd) ZN *moederschap*
mother-in-law ZN *schoonmoeder*
motherless (ˈmʌðələs) BNW *moederloos*
motherlike (ˈmʌðəlaɪk) BNW *moederlijk*
motherly BNW *moederlijk*
mother-of-pearl ZN *parelmoer*
Mother's Day ZN *moederdag*
mother's mark ZN *moedervlek*
mother-to-be ZN *aanstaande moeder*
mother tongue ZN *moedertaal*
mother-wit ZN • *gezond verstand* • *aangeboren gevatheid*
mothproof (ˈmɒθpruːf) BNW *motecht; motvrij*
motif (məʊˈtiːf) ZN *motief; thema*
motion (ˈməʊʃən) I ZN • *beweging* • *tempo* • *gebaar* • *voorstel; motie* • *stoelgang* • *mechanisme* ★ go through the ~s *ongeïnteresseerd iets doen; doen alsof* ★ ~ of censure *motie van afkeuring* ★ ~ of no-confidence *motie van wantrouwen* II OV+ONOV WW • *wenken* • *door gebaar te kennen geven*
motionless (ˈməʊʃənləs) BNW *onbeweeglijk*
motion picture ZN *film*
motivate (ˈməʊtɪveɪt) OV WW *motiveren; ingeven; aanzetten*
motivation (məʊtɪˈveɪʃən) ZN *motivatie*
motive (ˈməʊtɪv) I ZN *motief* ⟨reden⟩ II BNW *beweging veroorzakend; aandrijf-*
motiveless (ˈməʊtɪvləs) BNW *ongemotiveerd; zonder motief*
motley (ˈmɒtlɪ) I ZN • *bonte mengeling* • *narrenpak* • *nar* ★ wear ~ *voor nar spelen* II BNW *bont* ⟨ook fig.⟩
motocross (ˈməʊtəʊkrɒs) ZN *motorcross*
motor (ˈməʊtə) I ZN • *motor* • *motorwagen* • *auto* • *beweegkracht* • *motorische zenuw* II BNW *beweging-; motorisch* III OV+ONOV WW *in auto rijden/vervoeren*
motorbike (ˈməʊtəbaɪk) ZN *motorfiets*
motorcade (ˈməʊtəkeɪd) ZN *autocolonne*
motor car ZN *auto*
motorcycle (ˈməʊtəsaɪkl) ZN *motorfiets*
motorcyclist (ˈməʊtəsaɪklɪst) ZN *motorrijder*
motoring (ˈməʊtərɪŋ) ZN *(rond)toeren met de auto; het autorijden*

motorist ('məʊtərɪst) ZN *automobilist*
motorize ('məʊtəraɪz) OV WW *motoriseren*
motorway ('məʊtəweɪ) ZN *snelweg*
Motown ('məʊtaʊn) *Motown* ⟨Detroit, USA als centrum van auto-industrie⟩; *Motown* ⟨oorspr. in Detroit gevestigd platenlabel⟩
MOT(**test**) AFK *APK*
mottle ('mɒtl) **I** ZN *vlek* **II** OV WW *vlekken; spikkelen; marmeren; schakeren*
mottled ('mɒtld) BNW *gevlekt; gespikkeld*
motto ('mɒtəʊ) ZN • *devies; spreuk* • *rijmpje*
mould (məʊld) **I** ZN • *(giet)vorm; mal; bekisting* • *gesteldheid; aard* • *losse teelaarde* • *schimmel* • *roestvlek* ★ be cast in heroic ~ *heldhaftig zijn* ★ man of ~ *sterveling* **II** OV WW • *gieten; kneden* • *met teelaarde bedekken* ★ ~ed glass *geperst glas* **III** ONOV WW *beschimmelen*
mould-candle ZN *gegoten kaars*
moulder ('məʊldə) **I** ZN • *vormer* • *maker v. gietvormen* **II** ONOV WW • *rotten; vermolmen* • *vervallen*
moulding ('məʊldɪŋ) ZN • *(kroon)lijst; fries* • *afdruk*
mouldy ('məʊldɪ) **I** ZN PLAT/SCHEEPVAART *torpedo* **II** BNW • *beschimmeld* • *muf* • *saai; afgezaagd; vervelend*
moult (məʊlt) **I** ZN *het ruien* **II** ONOV WW *verharen; vervellen; ruien*
mound (maʊnd) **I** ZN • *aardverhoging; (graf)heuveltje; terp* • *wal* • *werpheuvel* ⟨honkbal⟩ • HER. *rijksappel* **II** OV WW • *ophopen* • *met een wal omringen*
mount (maʊnt) **I** ZN • *berg* • *muis* ⟨v.d. hand⟩ • *omlijsting; montuur* • *rijpaard* • *fiets* • *rit* ⟨v. jockey⟩ **II** OV WW • *monteren; opstellen; plaatsen* • *zetten* ⟨v. juwelen⟩ • *bestijgen* • *te paard zetten; v.e. paard voorzien* • *prijken met* • *zetten* ⟨v. toneelstuk⟩ • *opplakken* ★ be badly ~ed *een slecht paard hebben* ★ ~ guard *de wacht betrekken* ★ ~ an offensive *een offensief voorbereiden* **III** ONOV WW • *stijgen; opstijgen* • ~ **up** *oplopen*
mountain ('maʊntɪn) ZN *berg*
mountain ash ZN *lijsterbes*
mountain bike ZN *mountainbike*
mountain chain ZN *bergketen*
mountain dew ZN *whisky*
mountaineer (maʊntɪ'nɪə) **I** ZN • *bergbeklimmer* • *bergbewoner* ★ ~s *bergtroepen* **II** ONOV WW *bergbeklimmen*
mountaineering (maʊntɪ'nɪərɪŋ) ZN *bergsport*
mountainous ('maʊntɪnəs) BNW • *bergachtig* • *gigantisch*
mountain range ZN *bergketen*
mountainside ('maʊntɪnsaɪd) ZN *berghelling*
mountain slide ZN *lawine*
mountebank ('maʊntɪbæŋk) ZN • *kwakzalver; bedrieger* • *clown*
Mountie ZN INFORM. → **Mounty**
mounting ('maʊntɪŋ) **I** ZN • *montering; montuur* • *beslag* ⟨op kist⟩ **II** BNW *oplopend; stijgend*
Mounty ('maʊntɪ), **Mountie** ZN INFORM. *bereden politieagent in Canada*
mourn (mɔːn) **I** OV WW *betreuren* **II** ONOV WW *rouw dragen; rouwen* ★ ~ for/over *treuren/rouwen om*

mourner ('mɔːnə) ZN • *treurende; rouwdrager* • *huilebalk*
mourners' bench ZN *zondaarsbankje*
mournful ('mɔːnfʊl) BNW *treurig; droevig*
mourning ('mɔːnɪŋ) ZN • *het treuren* • *weeklacht* • *rouw(kleding)* ★ be in ~ *in de rouw zijn*
mourning coach ZN *rouwkoets*
mouse¹ (maʊs) ZN • *dier muis* • COMP. *muis*
mouse² (maʊz) ONOV WW • *muizen vangen* • *snuffelen* ★ ~ **about** *rondsnuffelen*
mouse mat ZN COMP. *muismat*
mouse pad ('maʊspæd) ZN USA, COMP. *muismat*
mouse potato ZN IRON. *internetfreak*
mousetrap ('maʊstræp) ZN *muizenval*
mousse (muːs) ZN • *mousse* • *haarversteviger*
moustache (mə'stɑːʃ) ZN *snor; knevel*
mousy ('maʊsɪ) **I** ZN *muisje* **II** BNW • *muisachtig; muizen-; muisstil* • *verlegen; schuw* • *muisgrijs*
mouth (maʊθ) **I** ZN • *mond; bek; muil* • *opening* • *monding* • *woordvoerder* ★ be very down in the ~ *zeer terneergeslagen zijn* ★ by the ~ of *bij monde van* ★ by word of ~ *mondeling* ★ laugh on the wrong side of one's ~ *jammeren; lamenteren* ★ make ~s at *gezichten trekken tegen* ★ my ~ waters at it *het doet me watertanden* ★ big ~ *opschepper* ★ have a big ~ *loslippig zijn; opscheppen* ★ me and my big ~! *ik kon natuurlijk mijn mond weer niet houden!* **II** OV WW • *in de mond nemen* • *aan 't bit wennen* ⟨paard⟩ ★ ~ the words *de woorden met de lippen vormen* **III** ONOV WW • *op hoogdravende toon spreken; oreren* • *grijnzen; gezichten trekken* ★ ~ **away** *maar raak schreeuwen*
mouthed (maʊðd) BNW *met mond(stuk)*
mouthful ('maʊθfʊl) BNW • *mond(je)vol* • *kleine hoeveelheid* • INFORM. *hele mond vol; moeilijk uit te spreken woord* ★ you've said a ~ *dat heb je goed gezegd*
mouth-organ ('maʊθɔːgən) ZN *mondharmonica*
mouthpiece ('maʊθpiːs) ZN • *hoorn* ⟨v. telefoon⟩ • *mondstuk* • *sigarenpijpje* • *spreekbuis* ⟨figuurlijk⟩ • PLAT *advocaat*
mouthwash ('maʊθwɒʃ) ZN *mondspoeling*
mouthy ('maʊðɪ) BNW *bombastisch; luidruchtig*
movability (muːvə'bɪlətɪ) ZN *verplaatsbaarheid*
movable ('muːvəbl) BNW *beweegbaar; beweeglijk*
movables ('muːvəbəlz) ZN MV *roerende goederen; meubels*
move (muːv) **I** ZN • *zet; beurt* • *beweging* • *maatregel* • *verhuizing* • *het opstaan* ⟨v. tafel⟩; *het opstappen* • *het verhuizen* ★ get a move on! *schiet eens op!* ★ make a move *een stap doen; vertrekken* ★ make a move on s.o. *iem. versieren* ★ on the move *in beweging; en route* **II** OV WW • *bewegen* • *verhuizen; verzetten; vervoeren* • *afnemen* ⟨v. hoed⟩ • *aanzetten tot; opwekken* ⟨v. gevoelens⟩ • *ontroeren* • *z. wenden tot* ★ move heaven and earth *hemel en aarde bewegen* ★ move one's bowels *zich ontlasten* • ~ **down** *naar een lagere klas terugzetten; in rang terugzetten* **III** ONOV WW • *z. bewegen; in beweging komen* • *optreden; stappen nemen* • *een voorstel doen* • *opschieten* • *verhuizen* ★ move on, please *doorlopen a.u.b.* • ~ **about** *heen en weer trekken* • ~ **down** *naar*

een lagere klas teruggezet worden; in rang teruggezet worden • ~ **in** intrekken ‹in woning› ★ move in with s.o. *bij iem. intrekken* • ~ **out** verhuizen; vertrekken • ~ **over** opschuiven • ~ **up** overgaan ‹naar hogere klas›; promoveren; vooruitgaan
movement ('mu:vmənt) ZN • beweging • opwelling • mechaniek • deel v.e. compositie • stoelgang • ECON. omzet
movement cure ZN heilgymnastiek
mover ('mu:və) ZN • iem. die iets voorstelt • drijfveer • verhuizer
movie ('mu:vɪ) ZN film ★ blue ~ *pornofilm*
moviegoer ('mu:vɪgəʊə) ZN bioscoopbezoeker
moving ('mu:vɪŋ) BNW • ontroerend; aandoenlijk • beweeg-; bewegend
mow[1] (məʊ) I ZN • hooiberg • plaats in schuur voor hooi • grimas II ONOV WW gezichten trekken
mow[2] (məʊ) OV WW • maaien • ~ **down/off** wegmaaien
mowburnt ('məʊbɜ:nt) BNW door hooibroei bedorven
mower ('məʊə) ZN maaier
mown (məʊn) WW [volt. deelw.] → **mow**[2]
moxie ('mɒksi:) ZN PLAT/USA moed
MP AFK • Member of Parliament *parlementslid* • Military Police *Militaire Politie*
MP3 (empi:'θri:) I ZN COMP. *MP3* ‹MP3-bestand› II AFK COMP. *MP3* ‹compressietechniek›
MP3 player ZN MP3-speler
MPEG I ZN COMP. *MPEG* ‹MPEG-bestand› II AFK COMP. Motion Picture Expert Group *MPEG* ‹compressietechniek›
mph AFK miles per hour *mijl per uur*
Mr ('mɪstə) AFK Mister *dhr.* ‹de heer›
Mrs ('mɪsɪz) AFK Mistress *Mevrouw*
Ms (mɪz) AFK Miss/Mrs *Mejuffrouw/Mevrouw*
MSc AFK Master of Science *master in de natuurwetenschappen*
MSN AFK msn ★ chat on/via MSN *msn'en*
ms(s). (mɪz) AFK manuscript(s) *manuscript(en)*
Mt., mt. AFK mount(ain) *berg*
much (mʌtʃ) I ONB VNW zeer; ten zeerste; veel ★ not much of a... *geen goede...* ★ he said as much *hij heeft iets dergelijks gezegd* ★ it is just so much idle talk *het is niets dan leeg gepraat* ★ much will have more *hoe meer men heeft, hoe meer men wil hebben* ★ so much the more *des te meer* ★ well, so much for that! *zo, dat is klaar; zo, dat was dat!* ★ we thought as much *dat dachten we wel* ★ make much of s.th. *veel verdienen aan iets* ★ make much of s.o. *hoog van iemand opgeven* II BIJW veel; zeer ★ much as we regret it, we can't help you *hoezeer wij het ook betreuren, wij kunnen u niet helpen* ★ it is much the same *het komt vrijwel op hetzelfde neer* ★ it's not so much impudence as lack of manners *het is niet zo zeer brutaliteit dan wel onopgevoedheid* ★ she never so much as looked at him *ze keek hem niet eens aan*
muchness ('mʌtʃnəs) ZN grootte ★ that's much of a ~ *dat is lood om oud ijzer*
muck (mʌk) I ZN • mest • vuile boel • smeerlapperij • USA turf ★ make a muck of s.th. *de zaak verknoeien* II OV WW • bemesten • bevuilen • ~ **out** uitmesten • ~ **up** bederven; verknoeien III ONOV WW • ~ **about/around** rondhangen • INFORM. ~ **in** meehelpen; een handje helpen • ~ **in** (with) *een handje helpen*
mucker ('mʌkə) I ZN lelijke val ★ he came/went a ~ *hij ging aan de zwier* ★ he came a ~ *hij kwam te vallen; hij sloeg een flater; hij ging failliet* II OV WW komen te vallen; failliet gaan; een flater slaan III ONOV WW bederven
muck heap ZN mesthoop
muckle ('mʌkl) I ZN grote hoeveelheid II BNW veel
muckraker ('mʌkreɪkə) ZN iem. die altijd uit is op schandaaltjes
muckraking ('mʌkreɪkɪŋ) ZN vuilspuiterij
muckworm ('mʌkwɜ:m) ZN • mestworm • vrek • kwajongen
mucky ('mʌkɪ) BNW • vuil; smerig • slecht ‹v. weer›
mucous ('mju:kəs) BNW slijm-; slijmerig
mucus ('mju:kəs) ZN slijm
mud (mʌd) I ZN • modder • leem; slijk II OV WW • vertroebelen • bemodderen
mudcrusher ('mʌdkrʌʃə) ZN PLAT zandhaas; infanterist
muddle ('mʌdl) I ZN warboel; wanorde ★ make a ~ of s.th. *iets verknoeien; iets in de war sturen* II OV WW • door elkaar gooien • verknoeien • benevelen III ONOV WW • ~ **along** *aanmodderen* • ~ **through** *z. er doorheen scharrelen*
muddled ('mʌdld) BNW in de war; beneveld
muddle-headed BNW • warhoofdig • beneveld
muddy ('mʌdɪ) I BNW • modderig • wazig; troebel • diep ‹v. stem› • beneveld II OV WW • troebel maken • bemodderen
mudflat ('mʌdflæt) ZN wad; slik
mudguard ('mʌdgɑ:d) ZN spatbord
mud-head ZN domkop
mudlands ('mʌdləndz) ZN wadden
mudlark ('mʌdlɑ:k) I ZN • straatjongen • geniesoldaat • rioolwerker II ONOV WW in de modder spelen/werken
mudpack ('mʌdpæk) ZN kleimasker
mud pie ZN zandtaartje
mudsill ('mʌdsɪl) ZN • onderste drempel • laagste maatschappelijke klasse
mud-slinging ('mʌdslɪŋɪŋ) ZN laster
muesli ('mu:zlɪ) ZN müsli
muff (mʌf) I ZN • mof • sufferd; prul • knoeiboel; fiasco ★ make a muff of o.s. *zich belachelijk maken* II OV WW verknoeien ★ muff a ball *een bal/slag missen* ★ don't muff it! *bederf het niet!*
muff cuff ZN bontomslag ‹aan mouw›
muffin ('mʌfɪn) ZN licht, plat en rond gebakje
muffin face ZN wezenloos gezicht
muffle ('mʌfəl) I ZN • snoet ‹v. dier› • bokshandschoen • moffel(oven) • geluiddemper II OV WW • instoppen • iem. een doek voor de mond binden • omfloersen; dempen ‹v. geluid›
muffled ('mʌfld) BNW gedempt ‹geluid›
muffler ('mʌflə) ZN • das • (boks)handschoen • (geluid)demper • USA knalpot
mufti ('mʌftɪ) ZN moefti ★ in ~ *in burger*
mug (mʌg) I ZN • mok • smoel • sul • blokker ‹voor examen› ★ cut mugs *gezichten trekken* II OV WW • gewelddadig beroven • ~ **up** erin

stampen; dronken voeren **III** ONOV WW
• *gezichten trekken* • ~ *at blokken*
muggee (mʌ'giː) ZN *slachtoffer van straatroof*
mugger ('mʌgə) ZN *straatrover*
mugging ('mʌgɪŋ) ZN *straatroof*
muggins ('mʌgɪnz) ZN [zonder lidwoord] *onnozele hals; sukkel*
muggy ('mʌgɪ) BNW *benauwd* ⟨v. weer⟩; *drukkend* ⟨v. weer⟩
mug shot ZN INFORM. *politiefoto*
mugwump ('mʌgwʌmp) ZN *(z.) belangrijk (makend) persoon*
Muhammadan (mə'hæmədn) **I** ZN → **Mohammedan II** BNW → **Mohammedan**
mulberry ('mʌlbərɪ) ZN *moerbei*
mulch (mʌltʃ) **I** ZN *mulch; muls* **II** OV WW *bedekken met mulch*
mulct (mʌlkt) **I** ZN *boete* **II** OV WW • *beboeten* • ~ *of beroven van*
mule (mjuːl) ZN • *muildier; muilezel* • *muiltje; pantoffel* • PLAT *drugskoerier* ★ *as stubborn as a mule zo koppig als een ezel*
muleteer (mjuːlɪ'tɪə) ZN *muilezeldrijver*
mulish ('mjuːlɪʃ) BNW • *(als) v.e. muildier* • *weerspannig*
mull (mʌl) **I** ZN • *fijne mousseline* • *knoeiboel* • SCHOTS *kaap* • SCHOTS *snuifdoos* ★ *make a mull of s.th. iets verknoeien* **II** OV WW • *verknoeien* • *warm maken, zoeten en kruiden* • ~ *over overdenken* **III** ONOV WW *piekeren*
muller ('mʌlə) ZN • *maal-/wrijfsteen* ⟨zoals van apotheker⟩ • *ketel voor warme wijn*
mullet ('mʌlɪt) ZN • *harder* • *zeebarbeel*
mulligan ('mʌlɪgən) ZN • USA *ratjetoe* • USA *hutspot*
mulligrubs ('mʌlɪgrʌbz) ZN • *gedruktheid; gedrukte stemming* • *buikpijn*
mullion ('mʌljən) ZN *verticale raamstijl*
mullioned ('mʌljənd) BNW *met verticale raamstijlen*
multi- ('mʌltɪ) VOORV *veel-; meervoudig; multi-*
multicoloured ('mʌltɪkʌləd) BNW *veelkleurig; bont gespikkeld*
multifaceted ('mʌltɪfæsɪtɪd) BNW *veelzijdig; complex*
multifarious (mʌltɪ'feərɪəs) BNW *veelsoortig; verscheiden*
multilateral (mʌltɪ'lætərəl) BNW • *multilateraal* • *veelzijdig*
multilingual (mʌltɪ'lɪŋgwəl) BNW • *meertalig* • *veeltalig*
multimedia (mʌltɪ'miːdɪə) ZN COMP. *multimedia*
multinational (mʌltɪ'næʃənl) **I** ZN *multinational* **II** BNW • *multinationaal* • *internationaal*
multiple ('mʌltɪpl) **I** ZN *veelvoud* ★ *lowest common* ~ *kleinste gemene veelvoud* **II** BNW • *veelvoudig* • *veelsoortig*
multiplex ('mʌltɪpleks) BNW *veelvoudig*
multipliable ('mʌltɪplaɪəbl) BNW *vermenigvuldigbaar* ★ ~ *by vermenigvuldigbaar met*
multiplicable BNW → **multipliable**
multiplicand (mʌltɪplɪ'kænd) ZN *vermenigvuldigtal*
multiplication (mʌltɪplɪ'keɪʃən) ZN *vermenigvuldiging*
multiplication table ZN *tafel van vermenigvuldiging*
multiplicity (mʌltɪ'plɪsətɪ) ZN • *veelheid; menigte* • *verscheidenheid*
multiplier ('mʌltɪplaɪə) ZN *vermenigvuldiger*
multiply ('mʌltɪplaɪ) **I** ZN *multiplex* ⟨hout⟩ **II** OV WW • *vergroten* • ~ *by vermenigvuldigen met* **III** ONOV WW *z. voortplanten; z. vermenigvuldigen*
multi-purpose (mʌltɪ'pɜːpəs) BNW *voor meerdere doeleinden te gebruiken*
multiracial (mʌltɪ'reɪʃəl) BNW *multiraciaal*
multi-storey (mʌltɪ'stɔːrɪ) BNW *met meerdere verdiepingen* ★ ~ *carpark parkeergarage met verdiepingen*
multitude ('mʌltɪtjuːd) ZN • *menigte* • *groot aantal* ★ *the* ~ *de grote hoop; de massa*
multitudinous (mʌltɪ'tjuːdɪnəs) BNW • *talrijk* • *veelsoortig*
mum (mʌm) **I** ZN • INFORM. *mamma; mammie* • *stilte; stilzwijgen* ★ *mum's the word! mondje dicht!* **II** BNW *stil* **III** ONOV WW • *in een pantomime optreden* • *z. vermommen*
mumble ('mʌmbl) **I** ZN **II** OV+ONOV WW *mompelen; prevelen; mummelen*
mumbo-jumbo (mʌmbəʊ'dʒʌmbəʊ) ZN • *onzin* • *afgoderij; afgod*
mummer ('mʌmə) ZN • MIN. *toneelspeler* • *gemaskerde* • GESCH. *pantomimespeler*
mummery ('mʌmərɪ) ZN • *komedie* ⟨hol ritueel⟩ • *maskerade*
mummification (mʌmɪfɪ'keɪʃən) ZN *mummificatie*
mummify ('mʌmɪfaɪ) OV WW • *mummificeren* • *laten verschrompelen*
mummy ('mʌmɪ) **I** ZN • *mummie* • *pulp* • *bruine verf* • *mammie; moedertje* **II** OV WW *mummificeren*
mump (mʌmp) **I** OV WW *afschooien* **II** ONOV WW • *bedelen* • *een uitgestreken gezicht zetten*
mumps (mʌmps) ZN MV • *de bof* ⟨ziekte⟩ • *landerigheid* ★ *have the* ~ *een kwade bui hebben*
munch (mʌntʃ) **I** ZN *gekauw; geknabbel* **II** OV+ONOV WW *(hoorbaar) kauwen (op); knabbelen (aan)*
munchies ('mʌnʃiz) ZN USA/INFORM. *hapjes* ★ *have the* ~ *trek hebben*
mundane (mʌn'deɪn) BNW • *kosmisch* • *mondain; werelds*
municipal (mjuː'nɪsɪpl) BNW *gemeentelijk; gemeente-; stads-*
municipality (mjuːnɪsɪ'pælətɪ) ZN • *gemeentebestuur* • *gemeente*
municipalization (mjuːnɪsɪpəlaɪ'zeɪʃən) ZN → **municipalize**
municipalize (mjuː'nɪsɪpəlaɪz) OV WW *in gemeentebeheer brengen/nemen; bij een gemeente inlijven*
munificence (mjuː'nɪfɪsəns) ZN *gulheid; vrijgevigheid*
munificent (mjuː'nɪfɪsənt) BNW *gul; mild(dadig)*
muniment ('mjuːnɪmənt) ZN *akte; oorkonde; archief*
munition (mjuː'nɪʃən) **I** ZN • *munitie* • *krijgsvoorraad* **II** OV WW *v. munitie voorzien*

mural ('mjʊərəl) **I** ZN • *muurschildering* **II** BNW • *muur-; wand-*

murder ('mɜːdə) **I** ZN • *moord* • *hels karwei; een hel; gruwel* ★ ~ will out *een moord komt altijd aan het licht* ★ the ~ is out *het geheim is verklapt* ★ scream blue ~ *moord en brand schreeuwen* **II** OV WW • *(ver)moorden* • *totaal verknoeien* ★ ~ the King's English *het Engels de nek omdraaien*

murderer ('mɜːdərə) ZN *moordenaar*
murderess ('mɜːdərəs) ZN *moordenares*
murderous ('mɜːdərəs) BNW *moorddadig*
mure (mjʊə) OV WW • *ommuren* • ~ **up** *opsluiten*
murine ('mjʊəraɪn) BNW *muisachtig*
murk (mɜːk) ZN *duisternis* ⟨door mist of rook⟩
murky ('mɜːkɪ) BNW • *donker; somber* • INFORM. *schandelijk* • *dicht* ⟨v. mist⟩
murmur ('mɜːmə) **I** ZN **II** OV+ONOV WW • *mompelen* • *murmelen; ruisen* • *brommen* • ~ **against** *mopperen op/over*
murrain ('mʌrɪn) ZN *(vee)pest*
muscle ('mʌsəl) **I** ZN • *spier* • *(spier)kracht* ★ she did not move a ~ *ze vertrok geen spier* **II** ONOV WW • ~ **in** *z. indringen*
muscle-bound ('mʌsəlbaʊnd) BNW *met stijve spieren* ⟨door te veel trainen⟩
muscleman ('mʌsəlmæn) ZN *krachtpatser*
Muscovite ('mʌskəvaɪt) **I** ZN *Moskoviet* **II** BNW *Russisch; Moskovisch*
muscular ('mʌskjʊlə) BNW • *spier-* • *gespierd*
musculature ('mʌskjʊlətʃə) ZN • *spierstelsel*
muse (mjuːz) **I** ZN • *muze* • *inspiratie* • *afwezige bui* **II** ONOV WW • *peinzen* • ~ **about/on/over/upon** *peinzen over; peinzend kijken naar*
musette (mjuːˈzet) ZN • *soort doedelzak* • *doedelzakdans* • *orgelregister*
museum (mjuːˈziːəm) ZN *museum*
museum piece ZN *museumstuk*
mush (mʌʃ) **I** ZN • *pulp* • USA *maïsmeelpap* • *sentimentaliteit* • *tocht met een hondenslede* • *voetreis* **II** ONOV WW *een tocht met de hondenslede maken*
mush area ZN COMM. *storingsgebied*
mushroom ('mʌʃrʊm) **I** ZN • *(eetbare) paddestoel; champignon* ★ magic ~ *paddo* **II** ONOV WW • *z. snel ontwikkelen; als paddestoelen uit de grond springen* • *paddestoelen zoeken*
mushroom cloud ZN *atoomwolk*
mushroom growth ZN *snelle ontwikkeling; explosieve groei*
mushy ('mʌʃi) BNW • *papperig; slap; sentimenteel*
music ('mjuːzɪk) ZN • *muziek* • *bladmuziek* ★ face the ~ *de kritiek trotseren; de gevolgen aanvaarden*
musical ('mjuːzɪkl) **I** ZN • *musical* • *muziekavondje* **II** BNW *muzikaal; muziek-*
musicale (mjuːzɪˈkɑːl) ZN USA *muziekavondje*
musicality (mjuːzɪˈkælətɪ) ZN • *welluidendheid* • *muzikaliteit*
music hall ZN • *concertzaal* • *variététheater*
musician (mjuːˈzɪʃən) ZN • *musicus; muzikant*
musicianship (mjuːˈzɪʃənʃɪp) ZN *bekwaamheid als musicus*
music stand ZN *muziekstandaard*
music stool ZN *pianokruk*
musk (mʌsk) **I** ZN • *muskusplant; muskus* **II** OV WW • *met muskus parfumeren*
musket ('mʌskɪt) ZN *musket*
musketeer (mʌskɪˈtɪə) ZN *musketier*
muskrat ('mʌskræt) ZN *bisamrat*
musky ('mʌskɪ) BNW *muskusachtig*
Muslim ('mʊzlɪm) **I** ZN *moslim* **II** BNW *moslim-; mohammedaans*
Muslimah ZN *moslima*
muslin ('mʌzlɪn) ZN • *mousseline* • USA *katoen*
musquash ('mʌskwɒʃ) ZN *muskusrat*
muss (mʌs) **I** ZN • *warboel* • *herrie* **II** OV WW • ~ **up** *in de war brengen; bederven; bevuilen*
mussel ('mʌsəl) ZN *mossel*
mussy ('mʌsɪ) BNW • *in de war; slordig* • *vuil; vies*
must (mʌst) **I** ZN • INFORM. *noodzaak; must* • *most* • *mufheid* • *schimmel* **II** BNW *razend* **III** HWW *moet(en)* ★ you must not/mustn't go in *je mag niet naar binnen gaan*
mustache (məˈstɑːʃ) ZN *snor*
mustang ('mʌstæŋ) ZN *mustang; prairiepaard*
mustard ('mʌstəd) ZN • *mosterd* • *mosterdplant* • USA *iets pikants* ★ USA cut the ~ *het 'm flikken; het maken* ★ keen as ~ *enthousiast*
mustee (mʌsˈtiː) ZN *kleurling*
muster ('mʌstə) **I** ZN • *verzameling* • *inspectie* • *monsterrol* • ECON. *monster* ★ in full ~ *voltallig* ★ pass ~ *de toets (kunnen) doorstaan* **II** OV WW *bijeenbrengen (voor inspectie)* ★ ~ **up** *what courage one has al de moed verzamelen die men heeft* **III** ONOV WW *aantreden* ⟨voor inspectie⟩; *z. verzamelen* ★ to ~ **into** service *aanmonsteren*
muster-book ZN MIL. *stamboek*
muster-book-roll ZN SCHEEPV. *monsterrol*
musty ('mʌstɪ) BNW • *schimmelig* • *muf* • *verouderd*
mutability (mjuːtəˈbɪlətɪ) ZN → *mutable*
mutable ('mjuːtəbl) BNW • *veranderlijk* • *wispelturig*
mutate (mjuːˈteɪt) **I** OV WW *doen veranderen* **II** ONOV WW • *veranderen* • BIOL. *mutatie ondergaan*
mutation (mjuːˈteɪʃən) ZN • *verandering* • TAALK. *umlaut* • BIOL. *mutatie*
mute (mjuːt) **I** ZN • *(doof)stomme* • *figurant* • *bidder* ⟨bij begrafenis⟩ • MUZ. *demper* • *uitwerpselen v. vogel* • *plofklank* **II** BNW • *zwijgend; stom* • *sprakeloos* ★ JUR. stand mute of malice *opzettelijk weigeren te verdedigen* **III** OV WW • MUZ. *dempen* • *tot zwijgen brengen* **IV** ONOV WW • *poepen* ⟨v. vogels⟩ • ~ **(up)on** *bevuilen*
mutilate ('mjuːtɪleɪt) OV WW • *verminken* • *bederven*
mutilation (mjuːtɪˈleɪʃən) ZN *verminking*
mutineer (mjuːtɪˈnɪə) **I** ZN *muiter* **II** ONOV WW *muiten*
mutinous ('mjuːtɪnəs) BNW *opstandig; muitend; oproerig*
mutiny ('mjuːtɪnɪ) **I** ZN *muiterij; opstand* **II** ONOV WW *muiten; in opstand komen*
mutism ('mjuːtɪzəm) ZN *stomheid; stilzwijgen*
mutt (mʌt) ZN • *mormel* • *dwaas; sukkel*
mutter ('mʌtə) **I** ZN • *gemompel* • *gemopper* **II** OV+ONOV WW • *mompelen* • ~ **against/at** *mopperen over/tegen*

mutterer (mʌtərə) ZN *mopperaar*
mutton ('mʌtn) ZN *schapenvlees* ★ ~ dressed as lamb *vrouw die zich te jeugdig kleedt*
mutton chop ZN *schaapskotelet*
mutton chops MV *bakkebaarden*
mutton fist ZN *grote/grove hand*
mutton-head ZN *domoor*
mutual ('mju:tʃʊəl) BNW *wederzijds; wederkerig*
mutuality (mju:tʃʊ'ælətɪ) ZN *wederkerigheid*
muzak ('mju:zæk) ZN *muzak*
muzzle ('mʌzəl) I ZN • *bek; snuit* • *mond* ⟨v. vuurwapen⟩ • *muilkorf* II OV WW • *muilkorven* ⟨ook fig.⟩ • *besnuffelen; innemen* ⟨v. zeil⟩ • PLAT *kussen*
muzzy ('mʌzɪ) BNW • *wazig* • *beneveld* ⟨door drank⟩ • *saai; vervelend*
my (maɪ) BEZ VNW *mijn* ★ (oh) my! *lieve hemel!*
mylord (mɪ'lɔ:d) TW *aanspreektitel voor bep. personen*
myopia (maɪ'əʊpɪə) ZN *bijziendheid*
myopic (maɪ'ɒpɪk) BNW *bijziend*
myosotis (maɪə'səʊtɪs) ZN *vergeet-mij-nietje*
myriad ('mɪrɪəd) I ZN • *tienduizend(tal)* • *groot aantal* II BNW *ontelbaar*
myriapod ('mɪrɪəpɒd) I ZN *duizendpoot* II BNW *duizendpotig*
myrmidon ('mɜ:mɪdn) ZN *handlanger* ★ ~ of the law *politieman; deurwaarder*
myrrh (mɜ:) ZN *mirre*
myrtle ('mɜ:tl) ZN • *mirt(e)* • USA *maagdenpalm* • *gagel*
myrtle berry ZN *mirtebes; blauwe bosbes*
myself (maɪ'self) WKG VNW • *mijzelf* • *(ik)zelf*
mysterious (mɪ'stɪərɪəs) BNW *mysterieus; geheimzinnig*
mystery ('mɪstərɪ) ZN • *geheim* • *geheimzinnigheid* • *gilde* • *detectiveroman*
mystery play ZN *mysterie(spel)*
mystic ('mɪstɪk) ZN *mysticus*
mystical ('mɪstɪkl) BNW *mystiek; mystisch; verborgen*
mysticism ('mɪstɪsɪzəm) ZN • *mystiek* • *mysticisme*
mystification (mɪstɪfɪ'keɪʃən) ZN *mystificatie; bedotterij*
mystify ('mɪstɪfaɪ) OV WW • *voor een raadsel stellen* • *bedotten*
mystique (mɪ'sti:k) ZN *mystiek; wereldbeschouwing*
myth (mɪθ) ZN *mythe*
mythic(al) ('mɪθɪk(l)) BNW *mythisch*
mythological (mɪθə'lɒdʒɪkl) BNW *mythologisch*
mythology (mɪ'θɒlədʒɪ) ZN *mythologie*

N

n (en) ZN *letter n* ★ N as in Nelly *de n van Nico*
N., n. AFK • name *naam* • neuter *onzijdig* • noun *zelfstandig naamwoord*
nab (næb) I ZN • PLAT *politieagent* • *kaap* II OV WW INFORM. *betrappen* III *alcoholvrij bier(tje); malt(je)*
nabber ('næbə) ZN PLAT *smeris*
nacre ('neɪkə) ZN *paarlemoer*
nadir ('neɪdɪə) ZN • *laagste punt* • *voetpunt; dieptepunt*
naevus ('ni:vəs) ZN *wijnvlek; geboortevlek*
naff (næf) I BNW • *smakeloos* • *waardeloos* II ONOV WW EUF. ~ **off** *opdonderen*
nag (næg) I ZN • INFORM. *hit; paard* • USA *oude auto* • *gevit* II OV+ONOV WW • *treiteren* • ~ **at** *vitten op*
nagger ('nægə) ZN *treiteraar*
naiad ('naɪæd/'neɪəd) ZN *najade; waternimf*
nail (neɪl) I ZN • *nagel* • *spijker* • *lengtemaat* = *(2 1/4 inches)* • *klauw* ★ on the nail *contant* ⟨v. betaling⟩; *direct* ★ as hard as nails *in uitstekende conditie; ijzersterk; onverbiddelijk; door en door hard* ★ as right as a nail *in orde* ★ to a/the nail *tot in de perfectie* II OV WW • *(vast)spijkeren* • INFORM. *z. verzekeren van* • *grijpen; betrappen* • *aan z'n woord houden* • *aan de kaak stellen* ★ nail one's colours to the mast *openlijk kleur bekennen* ★ nail to the barn-door/counter *aan de kaak stellen* ★ nail together *in elkaar spijkeren* • ~ **down** *vastspijkeren; dichtspijkeren; vastleggen; houden aan* ⟨belofte⟩ • ~ **up** *vastspijkeren; dichtspijkeren* ★ nailed up drama *losjes in elkaar zittend toneelstuk*
nail brush ZN *nagelborsteltje*
nailer ('neɪlə) • *spijkermaker; nagelsmid* • PLAT *prachtexemplaar* • *fijne kerel*
nailfile ('neɪlfaɪl) ZN *nagelvijl*
nail-headed BNW ★ ~ characters *spijkerschrift*
nail polish ZN *nagellak*
nail scissors ZN MV *nagelschaartje*
nail varnish ZN *nagellak*
naive (naɪ'i:v/nɑ:'i:v), **naïve** BNW *naïef; ongedwongen*
naive BNW → **naive**
naivety (nɑ'i:vətɪ), **naïvety** ZN *naïviteit*
naïvety ZN → **naivety**
naked ('neɪkɪd) BNW • *naakt; bloot* • *weerloos* • *kaal; onopgesmukt* • *niet geïsoleerd* ⟨v. stroomdraad⟩ • *ongedekt* ⟨v. optie⟩ ★ ~ of *zonder*
Nam (næm) USA, INFORM. *Vietnam*
namby-pamby (næmbɪ'pæmbɪ) I ZN *sentimenteel gedoe* II BNW *gemaakt; zoetelijk*
name (neɪm) I ZN *naam; benaming* ★ first name *voornaam* ★ Christian name *voornaam* ★ last name *achternaam* ★ big name *grote naam* ⟨belangrijk persoon⟩ ★ put your name to it *zet je naam eronder* ⟨op document⟩ ★ I can't put a name to it *ik kan 't niet precies aanduiden* ★ mention by name *met name noemen* ★ by name *van naam* ★ go by the name of ... *bekend*

zijn onder de naam ★ in the name of ... *in naam van ...*; *onder de naam van ...* ★ it stands in your name *het staat op uw naam* ★ a treatise over my name *een verhandeling onder mijn naam* ★ to one's name *in eigendom* ★ call a p. names *iem. uitschelden* ★ INFORM. give it a name *zeg maar wat je hebben wilt* II OV WW ● *(be)noemen* ● *lid v. 't Parlement tot de orde roepen door z'n naam te noemen* ★ name the day *de (huwelijks)dag bepalen*

name-child ('neɪmtʃaɪld) ZN *naamgenoot*
name-day ZN *naamdag*
name-dropping ZN *dikdoenerij met namen v. bekende personen*
nameless ('neɪmləs) BNW ● *naamloos; onbekend* ● *onuitsprekelijk* ● *niet (nader) te noemen* ● *walgelijk*
namely ('neɪmlɪ) BIJW *namelijk; dat wil zeggen*
nameplate ('neɪmpleɪt) ZN *naambordje*
namesake ('neɪmseɪk) ZN *naamgenoot*
nancy ('nænsɪ) ZN ★ PLAT ~ (boy) *mietje; homoseksueel*
nanna ('nænə) ZN ● INFORM. *oma*
nanny ('nænɪ) ZN ● INFORM. *kinderjuffrouw; gouvernante* ● *oma* ★ ~ goat *geit*
nap (næp) I ZN ● *dutje* ● *nop; dons* ● *soort kaartspel* ★ take a nap *een dutje doen* ★ go nap *grof spelen; alles riskeren; alles op één kaart zetten* ★ go nap on s.th. *voor de zekerheid van iets instaan* II OV WW ● PLAT *gappen; betrappen* ● *noppen* III ONOV WW *dutten; soezen* ★ I caught him napping *ik betrapte hem ⟨op verzuim of fout⟩*
napalm ('neɪpɑːm) ZN *napalm*
nape (neɪp) ZN ★ nape of the neck *nek*
napkin ('næpkɪn) ZN ● *servet* ● *kleine handdoek* ● *luier*
napkin-ring ZN *servetring*
nappy ('næpɪ) I AFK INFORM. → **napkin** *luier* ★ ~ change *schone luier* II BNW ● *sterk ⟨v. bier⟩*; *koppig* ● USA *kroezig ⟨haar⟩*
nappy rash ZN INFORM. *luieruitslag*
narcissus (nɑːˈsɪsəs) ZN *narcis*
narcosis (nɑːˈkəʊsɪs) ZN *narcose*
narcotic (nɑːˈkɒtɪk) I ZN *verdovend middel* II BNW *verdovend*
narcotist ('nɑːkətɪst) ZN ● *drugsverslaafde* ● *narcotiseur*
narcotize ('nɑːkətaɪz) OV WW *narcotiseren*
nard (nɑːd) ZN *nardusolie*
nark (nɑːk) I ZN PLAT *politiespion* II OV WW ● PLAT *bespioneren* ● PLAT *verlinken* ● PLAT *pesten*
narrate (nəˈreɪt) OV+ONOV WW *vertellen*
narration (nəˈreɪʃən) ZN *verhaal*
narrative ('nærətɪv) I ZN *verhaal* II BNW ● *verhalend* ● *praatziek*
narrator (nəˈreɪtə) ZN *verteller*
narrow ('nærəʊ) I BNW ● *nauw; smal; klein* ● *bekrompen* ● *nauwkeurig ⟨v. onderzoek⟩* ★ ~ gauge *smalspoor* ★ the ~ bed/cell/house *'t graf* ★ I had a ~ escape *ik ontsnapte ternauwernood* ★ the ~ way *'t smalle pad ⟨naar het eeuwige leven⟩* ★ ~ goods *lint; band* ★ the ~ seas *Het Kanaal en de Ierse Zee* II OV WW *z. vernauwen* III OV+ONOV WW ● *vernauwen* ● *verminderen* ● *minderen ⟨bij breien⟩* ★ it ~s down to this *uiteindelijk komt 't hier op neer*
narrowish ('nærəʊɪʃ) BNW *vrij nauw*
narrowly ('nærəʊlɪ) BIJW ● *onderzoekend* ● *ternauwernood*
narrow-minded (nærəʊˈmaɪndɪd) BNW *bekrompen ⟨v. opvatting⟩*
narrows ('nærəʊz) ZN MV *zee-engten*
nary ('neərɪ) BNW INFORM. *niet één*
NASA ('nɑːsə/'næsə) AFK USA National Aeronautics and Space Administration *NASA*
nasal ('neɪzəl) I ZN ● *neusklank* ● *neusbeen* II BNW *nasaal; neus-*
nasalise ('neɪzəlaɪz) I OV WW → **nasalize** II ONOV WW
nasality (neɪˈzælətɪ) ZN *neusgeluid*
nasalize ('neɪzəlaɪz) I OV WW *door de neus uitspreken* II ONOV WW *door de neus spreken*
nascent ('næsənt) BNW *wordend; ontluikend*
nasturtium (nəˈstɜːʃəm) ZN ● *waterkers* ● *Oost-Indische kers*
nasty ('nɑːstɪ) I ZN ● PLAT *onaangenaam persoon*; *onaangename zaak* ● PLAT *gewelddadige pornofilm* II BNW ● *hatelijk; gemeen; lelijk* ● *lastig; vervelend* ● *vies; vuil; onsmakelijk* ● *ernstig* ★ a ~ one *een hatelijke opmerking; een lastige vraag; een rake klap; een gemene truc enz.* ★ a ~ cold *een zware (ver)kou(dheid)* ★ ~ weather *afschuwelijk / guur weer* ★ PLAT a ~ bit / piece of work *een stuk ongeluk* ★ turn ~ *onaangenaam worden* ★ he turned ~ *hij werd woedend*
natal ('neɪtl) BNW *geboorte-*
natality (nəˈtælətɪ) ZN *geboortecijfer*
natation (nəˈteɪʃən) ZN ● *'t zwemmen* ● *'t drijven*
natatorial (neɪtəˈtɔːrɪəl) BNW *zwem-*
natatorium (neɪtəˈtɔːrɪəm) ZN USA *zwembassin*
nates ('neɪtiːz) ZN *zitvlak; billen*
nation ('neɪʃən) ZN ● *natie; volk* ● INFORM. *partij* ★ United Nations *Verenigde Naties*
national ('næʃənl) I ZN ● *landgenoot* ● *staatsburger* II BNW *nationaal; volks-; staats-* ★ National Assistance ≈ *de bijstand* ★ National Health Service *nationale gezondheidszorg* ★ National Gallery (London) ≈ *Rijksmuseum*
nationalism ('næʃənəlɪzəm) ZN ● *vaderlandsliefde* ● *streven naar nationale onafhankelijkheid* ● *nationalisatiepolitiek*
nationalist ('næʃənəlɪst) I ZN *nationalist* II BNW *nationalistisch*
nationality (næʃəˈnælətɪ) ZN ● *nationaliteit* ● *volkskarakter* ● *vaderlandsliefde* ● *natie*
nationalize ('næʃənəlaɪz) OV WW ● *onteigenen ⟨door de Staat⟩* ● *naturaliseren*
nationals ('næʃənlz) ZN *(in het buitenland verblijvende) landgenoten*
nationhood ('neɪʃənhʊd) ZN *bestaan als natie*
nationwide (neɪʃənˈwaɪd) BNW *landelijk; nationaal*
native ('neɪtɪv) I ZN ● *iem. uit het land of de plaats zelf* ● *inboorling; inlander* ● *dier of plant* ● *in Britse wateren gekweekte oester* ● MIN. *boerenpummel* ★ he speaks French like a ~ *hij spreekt Frans als een geboren Fransman* II BNW ● *inheems* ● *gedegen ⟨v. metaal⟩* ● *geboorte-* ● *natuurlijk; aangeboren* ★ ~ country *vaderland* ★ ~ forest *oerwoud* ★ ~ heat *natuurlijke*

warmte ∗ ~ language *moedertaal* ∗ the ~ rock *'t vaste rotsgesteente* ∗ go ~ *verwilderen* ∗ USA ~ American *autochtoon Amerikaans* ⟨v.d. Amerikaanse indianen⟩

nativity (nəˈtɪvəti) ZN • *geboorte* • *horoscoop* • REL. *geboortedag v. Christus/Maria/Johannes de Doper* ∗ ~ play *kerstspel* ∗ cast a p.'s ~ *iemands horoscoop trekken*

NATO (ˈneɪtəʊ) AFK North Atlantic Treaty Organization *NAVO; Noord-Atlantische Verdragsorganisatie*

natter (ˈnætə) ONOV WW INFORM. *pruttelen; mopperen*

natty (ˈnæti) BNW • *keurig* • *handig*

natural (ˈnætʃərəl) I ZN • INFORM. *natuurtalent* • MUZ. *herstellingsteken* • MUZ. *stamtoon* ∗ be a ~ *for geknipt zijn voor* II BNW • *natuurlijk* • *natuur-* • MUZ. *zonder kruisteken of molteken* • *gewoon; normaal* • *eenvoudig; ongekunsteld* • *tastbaar* ∗ ~ *beauty natuurschoon* ∗ ~ day *etmaal* ∗ ~ gas *aardgas* ∗ ~ philosopher/scientist *natuurwetenschapper* ∗ ~ key/scale *natuurlijke toonladder*

naturalism (ˈnætʃərəlɪzəm) ZN *naturalisme*

naturalist (ˈnætʃərəlɪst) I ZN • *naturalist* • *bioloog* II BNW → **naturaliste**

naturalistic (nætʃərəˈlɪstɪk) BNW • *naturalistisch* • *natuurhistorisch*

naturalization (nætʃərəlaɪˈzeɪʃən) ZN *naturalisatie*

naturalize (ˈnætʃərəlaɪz) I OV WW • *naturaliseren* • *natuurlijk maken* • become ~d *ingeburgerd raken* ⟨v. gebruik/woord⟩ II ONOV WW • (z.) *inburgeren* • *de natuurhistorie beoefenen* • PLANTK. *acclimatiseren*

naturally (ˈnætʃərəli) BIJW • *van nature* • *op natuurlijke wijze* • *uit de aard der zaak* • *vanzelfsprekend* ∗ it comes ~ to him *dat is heel vanzelfsprekend bij/voor hem*

nature (ˈneɪtʃə) ZN • (*de*) *natuur* • *aard; soort* • MIL. *kaliber* ∗ against/contrary to ~ *wonderbaarlijk; onnatuurlijk* ∗ he is timid by ~ *hij is van nature bedeesd* ∗ draw from ~ *tekenen naar de natuur* ∗ in the ~ of things *uit de aard der zaak* ∗ in a state of ~ *naakt; zondig* ∗ true to ~ *natuurgetrouw* ∗ debt of ~ *de dood* ∗ in ~'s garb *in adamskostuum* ∗ ~ trail *natuurpad*

naturism (ˈneɪtʃərɪzəm) ZN *naturisme; nudisme*

naturist (ˈneɪtʃərɪst) ZN *nudist; naturist*

naught (nɔːt) I ZN • *nul* • *niets* ∗ set at ~ *in de wind slaan* II BNW *waardeloos*

naughty (ˈnɔːti) I ZN ∗ you ~! *jij ondeugd!* II BNW • *ondeugend; stout* • *onwelvoeglijk; slecht; zondig*

nausea (ˈnɔːziə) ZN • (*gevoel v.*) *misselijkheid* • *zeeziekte* • *walging*

nauseate (ˈnɔːzɪeɪt) I OV WW *misselijk maken* II ONOV WW • *misselijk worden* • *walgen*

nauseous (ˈnɔːziəs) BNW *walgelijk*

nautical (ˈnɔːtɪkl) BNW • *de zeevaart betreffende* • *zee-* • *scheepvaart-* ∗ ~ mile *zeemijl (1852 m)*

naval (ˈneɪvəl) BNW • *zee-* • *scheeps-* • *vloot-* • *marine-* ∗ ~ college *marine-instituut* ∗ ~ stores *scheepsbenodigdheden* ∗ USA ~ yard *marinewerf* ∗ ~ cadet *adelborst* ∗ ~ officer

zeeofficier ∗ ~ captain *kapitein ter zee*

nave (neɪv) ZN • *naaf* ⟨v. wiel⟩ • *schip* ⟨v. kerk⟩

navel (ˈneɪvəl) ZN • *navel* • *centrum*

navigability (nævɪɡəˈbɪləti) ZN • *zeewaardigheid* • *bestuurbaarheid* • *bevaarbaarheid*

navigable (ˈnævɪɡəbl) BNW • *bevaarbaar* ⟨v. rivier⟩ • *zeewaardig* ⟨v. schip⟩ • *bestuurbaar* ⟨v. ballon⟩

navigate (ˈnævɪɡeɪt) I OV WW • *bevaren* • *besturen* II ONOV WW • *varen* • *sturen* ⟨v. schip, vliegtuig⟩

navigating-bridge ZN *commandobrug*

navigation (nævɪˈɡeɪʃən) ZN • *zeereis* • (*scheep*)*vaart* • *navigatie; stuurmanskunst*

navigational (nævɪˈɡeɪʃənəl) BNW *van/voor de scheepvaart*

navigator (ˈnævɪɡeɪtə) ZN • *zeevaarder* • *navigator* ⟨v. vliegtuig⟩

navvy (ˈnævi) ZN • *polderjongen; grondwerker* • *excavateur; graafmachine*

navy (ˈneɪvi) I ZN • *vloot; zeemacht* • *marine* ∗ USA navy yard *marinewerf* ∗ merchant navy *koopvaardij(vloot)* II BNW *marineblauw*

navy store ZN *dump; opslagplaats* ⟨v. marine⟩

nay (neɪ) I ZN *neen; weigering* ∗ say nay *weigeren; tegenspreken* II BIJW *ja zelfs*

Nazi (ˈnɑːtsi) I ZN *nazi* II BNW *nazi-*

Nazism (ˈnɑːtsɪzəm) ZN *nazisme*

NC AFK - ⟨klassificering voor films⟩ ∗ a movie rated NC-17 *een film voor mensen van 17 of ouder*

neap (niːp) I ZN ∗ neap(-tide) *doodtij* II OV WW ∗ the ship was neaped *het schip zat bij eb aan de grond* III ONOV WW • *aflopen* ⟨v. getij⟩ • *hoogste stand v. doodtij bereiken*

Neapolitan (niːəˈpɒlɪtən) I ZN *Napolitaan* II BNW *Napolitaans*

near (nɪə) I BNW • *nabij; dichtbij* • *nauw (verwant)* • *intiem* • *linker-; bijdehands* ⟨v. o.a. paard⟩ • USA *grenzend aan* • *rechtstreeks* • *nauwkeurig* ⟨v. vertaling⟩ • *krenterig* • *zogenaamd; schijn-* II BIJW • *nabij; dichtbij* • *bijna* • *krenterig* ∗ near by *dichtbij* ∗ near at hand *op handen; bij de hand* ∗ near upon *binnenkort* ∗ far and near *overal* ∗ they drew near *ze kwamen dichterbij* ∗ it lies near his heart *het ligt 'm na aan 't hart*

nearby (nɪəˈbaɪ) BNW + BIJW *in de buurt*

nearly (ˈnɪəli) BIJW • *bijna; haast* • *van nabij; na(verwant)* • *nauwkeurig* • *innig* ∗ not ~ as big *lang niet zo groot* ∗ it concerns us ~ *wij zijn er nauw bij betrokken* ∗ he was ~ dead *hij was bijna dood*

nearness (ˈnɪənəs) ZN *nabijheid*

nearside (ˈnɪəsaɪd) BNW ∗ ~ traffic lane *linkerrijbaan* ⟨in Eng.⟩; *rechterrijbaan* ⟨in Am.⟩

nearsighted (nɪəˈsaɪtɪd) BNW *bijziend*

neat (niːt) I ZN *rund; vee* II BNW • *gaaf; geweldig* • *compact; knap; handig* • *keurig* • *onvermengd* ⟨v. drank⟩

nebula (ˈnebjʊlə) ZN • *vlek op hoornvlies* • *nevelvlek*

nebulae (ˈnebjʊliː) ZN MV → **nebula**

nebulizer (ˈnebjʊlaɪzə) ZN *verstuiver*

nebulous (ˈnebjʊləs) BNW *nevelachtig; vaag*

necessaries (ˈnesəsərɪz) ZN MV ∗ ~ of life *levensbehoeften*

necessarily ('nesəsərəlɪ) BIJW *noodzakelijk(erwijs); onvermijdelijk* ∗ not ~ *niet per se*
necessary ('nesəsərɪ) I ZN • *noodzaak* • *behoefte* ∗ the ~ *het nodige (geld)* II BNW *noodzakelijk*
necessitate (nɪ'sesɪteɪt) OV WW *noodzaken*
necessitous (nɪ'sesɪtəs) BNW *behoeftig; noodlijdend*
necessity (nɪ'sesətɪ) ZN *noodzaak; noodzakelijkheid* ∗ ~ for *behoefte aan* ∗ from ~ *uit nood* ∗ of ~ *noodzakelijkerwijze* ∗ ~ knows no law *nood breekt wet*
neck (nek) I ZN *nek; hals* ∗ neck victory *overwinning met één halslengte* ∗ it is neck or nothing *het is alles of niets* ∗ PLAT get it in the neck *het voor zijn kiezen krijgen; het zwaar te verduren hebben* ∗ brass neck *brutaliteit* II OV WW *de nek omdraaien* III OV+ONOV WW • *vernauwen* • *vrijen*
neckerchief ('nekətʃɪf) ZN *halsdoek*
necklace ('nekləs) ZN • *halssnoer* • PLAT *strop*
necklet ('neklət) ZN • *boa* • *halssnoer*
neckline ('neklaɪn) ZN *halslijn* ∗ with a low/plunging ~ *diep uitgesneden*
necktie ('nektaɪ) ZN • *das* • IRON. *strop* ∗ ~ party *lynchpartij*
neckwear ('nekweə) ZN ∗ ~ shop *boorden- en dassenwinkel*
necrologist (ne'krɒlədʒɪst) ZN *schrijver v. necrologie*
necrology (ne'krɒlədʒɪ) ZN • *necrologie* • *lijst v. gestorvenen*
necromancer ('nekrəʊmænsə) ZN *tovenaar*
necromancy ('nekrəʊmænsɪ) ZN *zwarte kunst*
necropolis (ne'krɒpəlɪs) ZN • *dodenstad* • *(grote) begraafplaats*
nectar ('nektə) ZN • *nectar* • *honingsap*
nectarine ('nektərɪn) ZN *nectarine (perzik)*
née (neɪ) BNW ∗ Mrs. Smith, née Jones *Mevr. Smith, geboren Jones*
need (niːd) I ZN • *nood(zaak)* • *armoede; tekort* ∗ need of *behoefte aan* ∗ have need of *nodig hebben* ∗ at need *in geval v. nood* ∗ be in need of *nodig hebben* II OV WW • *nodig hebben; vereisen* • *moeten* ∗ she needs knowing *men moet haar kennen* III ONOV WW • *gebrek hebben* • OUD. *nodig zijn* ∗ it needs to be done *'t moet gebeuren* IV HWW *hoeven* ∗ why need he have come? *waarom heeft hij moeten komen?* ∗ you need not have done it *je had het niet hoeven doen* ∗ as gay as need be *zo vrolijk als 't maar kan* ∗ if need be *zo nodig*
needful ('niːdfʊl) BNW *nodig* ∗ the one thing ~ *het éne nodige*
neediness ('niːdɪnəs) ZN *gebrek; behoefte*
needle ('niːdl) I ZN • *naald* ⟨naaiwerktuig⟩ • *pen* ⟨breiwerktuig⟩ • PLANTK. *naald* • *injectienaald* • *naald* ⟨platenspeler⟩ • FIG. thread the ~ *moeilijke taak volbrengen* ∗ look for a ~ in a haystack *zoeken naar een speld in een hooiberg* ∗ FIG. as sharp as a ~ *slim* ∗ ~ and thread *naald en draad* II OV WW • *naaien* • *doorprikken* • *ergeren; prikkelen*
needle-point ZN • *fijne punt* • *borduurwerk*
needless ('niːdləs) BNW *nodeloos*
needlewoman ('niːdlwʊmən) ZN *naaister*
needlework ('niːdlwɜːk) ZN *naaldwerk; naaiwerk*
needments ('niːdmənts) ZN *reisbenodigdheden*
needn't ('niːdnt) SAMENTR need not → **need**
needy ('niːdɪ) BNW *behoeftig; armoedig*
nefarious (nɪ'feərɪəs) BNW FORM. *zondig; slecht; schandelijk*
negate (nɪ'geɪt) OV WW • *teniet doen* • *ontkennen*
negation (nɪ'geɪʃən) ZN • *ontkenning* • *weigering* • *iets negatiefs; iets zonder positieve waarde of betekenis*
negative ('negətɪv) I ZN • *ontkenning* • *negatieve grootheid* ⟨in algebra⟩ • *vetorecht* ∗ TECHN. *negatieve pool* • A-V *negatief* ∗ it was decided in the ~ *het voorstel werd verworpen* ∗ answer in the ~ *ontkennend antwoorden* II BNW • *ontkennend* • *verbods-* • *weigerend* • *negatief* ∗ ~ sign *minteken* ∗ ~ voice *recht v. veto* ∗ ~ vote *stem tegen* ∗ INFORM. ~ quantity *niets* III OV WW • *verwerpen* ⟨v. voorstel⟩ • *weerspreken* • *ongedaan maken* • *ontkennen*
negativity (negə'tɪvətɪ) ZN *negativiteit*
neglect (nɪ'glekt) I ZN • *verzuim* • *verwaarlozing* II OV WW • *veronachtzamen; verwaarlozen* • *over 't hoofd zien*
neglectful (nɪ'glektfʊl) BNW • *nalatig* • *verwaarloosd* ∗ be ~ of *veronachtzamen*
negligence ('neglɪdʒəns) ZN • *nalatigheid* • *achteloosheid; ongedwongenheid*
negligent ('neglɪdʒənt) BNW *nalatig; achteloos* ∗ be ~ of *verwaarlozen*
negligible ('neglɪdʒɪbl) BNW *te verwaarlozen*
negotiable (nɪ'gəʊʃəbl) BNW • *verhandelbaar* ⟨v. effecten⟩ • *oplosbaar* • *bespreekbaar* • *begaanbaar*
negotiate (nɪ'gəʊʃɪeɪt) I OV WW • *nemen* ⟨v. hindernis⟩ • *onderhandelen over* • *tot stand brengen* • *sluiten* ⟨v. lening⟩ • *verhandelen* ⟨v. effecten⟩ • *uit de weg ruimen* ⟨v. moeilijkheden⟩ ∗ he ~d me in *hij loodste me naar binnen* II ONOV WW *onderhandelen* ∗ negotiating table *onderhandelingstafel*
negotiation (nəgəʊʃɪ'eɪʃən) ZN *onderhandeling*
negotiator (nɪ'gəʊʃɪeɪtə) ZN *onderhandelaar*
negress ('niːgrəs) ZN *negerin*
negro ('niːgrəʊ) I ZN • *neger* II BNW *zwart*
neigh (neɪ) I ZN • *gehinnik* II ONOV WW *hinniken*
neighbor I ZN USA → **neighbour** II BNW USA → **neighbour** III OV WW USA → **neighbour** IV ONOV WW USA → **neighbour**
neighborhood ZN USA → **neighbourhood**
neighboring BNW USA → **neighbouring**
neighborly BNW USA → **neighbourly**
neighbour ('neɪbə), USA **neighbor** I ZN • *buurman; buurvrouw* • REL. *naaste* • ECON. *concurrent* ∗ this lake is smaller than its ~ *dit meer is kleiner dan dat wat er naast ligt* ∗ ~ over the way *overbuur* ∗ next-door ~ *naaste buur* II BNW *naburig* III OV WW *grenzen aan* IV ONOV WW • *grenzen; benaderen* • ~ on *grenzen aan*
neighbourhood ('neɪbəhʊd), USA **neighborhood** ZN • *buurt* • *omtrek* ∗ ~ watch *buurtpreventie*
neighbouring ('neɪbərɪŋ), USA **neighboring** BNW *naburig*
neighbourly ('neɪbəlɪ), USA **neighborly** BNW • *een*

goede buur betamend; *als buren* • *gezellig* • *vriendelijk*
neighbour-proof ('neɪbəpruːf) BNW *geluiddicht* ★ ~ *house niet gehorig huis*
neighbourship ('neɪbəʃɪp) ZN • *nabijheid* • *nabuurschap*
neither ('naɪðə) I BNW + BIJW • *noch*; *en ... ook niet* • *evenmin* • *geen v. beide* • *zelfs niet* ★ ~ *... nor ... noch ... noch ...* II VNW *geen (van alle/beide)* III VW *noch*; *evenmin*
nellie ('nelɪ) BNW • *vrouwelijk* • *verwijfd* ★ PLAT *not on your* ~ *geen sprake van*
neo- ('niːəʊ) VOORV *neo-*; *nieuw* ★ *neofascism neofascisme*
neocolonialism (niːəʊkə'ləʊnɪəlɪzəm) ZN *neokolonialisme*
neolithic (niːə'lɪθɪk) BNW *neolithisch*
neologism (niː'ɒlədʒɪzəm) ZN • *neologisme*; *nieuw woord* • *nieuwe leerstelling*
neon ('niːɒn) ZN *neon* ★ *neon light neonlicht*; *neonlamp*; *tl-buis*
neophyte ('niːəfaɪt) ZN • *nieuweling* • *nieuwbekeerde* ★ *pas gewijd priester*
nephew ('nevjuː) ZN *neef* ⟨zoon v. broer of zuster⟩; *oom-/tantezegger*
nepotism ('nepətɪzəm) ZN • *nepotisme* • *begunstiging v. familieleden*
nerd (nɜːd) ZN • INFORM. *sukkel* • INFORM. *stuudje*
nerts (nɜːts) ZN PLAT/USA *onzin*
nerve (nɜːv) I ZN • *pees* • *spierkracht* • BIOL. *middennerf* ⟨v. blad⟩ • *zenuw* • *moed*; *zelfbeheersing* • *brutaliteit* ★ *strain every* ~ *zich tot het uiterste inspannen* ★ *you've got a* ~! *jij durft!* ★ ~ *strain zenuwinspanning*; *zenuwoverspanning* ★ *brass* ~ *brutaliteit* II OV WW *kracht of moed geven* ★ *he* ~*d himself hij vermande zich*
nerve-centre ('nɜːvsentə) ZN *zenuwknoop*
nerveless ('nɜːvləs) BNW • *krachteloos*; *lusteloos*; *zwak* • *wijdlopig* ⟨v. stijl⟩ • *zonder nervatuur* • *zonder zenuwen*
nerve-racking BNW *zenuwslopend*
nerve-ridden ('nɜːvrɪdn) BNW *gekweld door de zenuwen*
nerves (nɜːvz) ZN MV *zenuwachtigheid* ★ *it gets on my* ~ *'t maakt me zenuwachtig* ★ *he got into a state of* ~ *hij kreeg 't op de zenuwen*
nervine ('nɜːvaɪn) ZN *zenuwkalmerend middel*; *zenuwsterkend middel*
nervous ('nɜːvəs) BNW • *pezig*; *gespierd* ⟨ook van stijl⟩ • *zenuwachtig* • *zenuw-* • *bang* ★ ~ *system zenuwstelsel* ★ *he is* ~ *of all the work hij ziet tegen al het werk op*
nervure ('nɜːvjʊə) ZN • *rib* ⟨op insectenvleugel⟩ • *hoofdbladnerf*
nervy ('nɜːvɪ) BNW • LIT. *sterk* • PLAT *koel*; *brutaal* • *zenuwachtig* • PLAT *zenuwslopend*
nest (nest) I ZN • *nest* • *broeinest*; *haard* • *verzameling* ★ *nest egg nestei*; *appeltje voor de dorst* ★ *nest of drawers ladekastje* ★ *nest of tables stel mimitafeltjes* II OV WW *nesten* III ONOV WW • *z. nestelen* • *z. vestigen* • *nesten uithalen*
nested ('nestɪd) BNW • *gevestigd* • *genesteld* • *in elkaar passend* ⟨v. o.a. dozen⟩
nestle ('nesəl) I OV WW *vlijen* II ONOV WW • *z. (neer)vlijen* • *half verborgen liggen* ★ ~ (o.s.) *zich nestelen*
nestling ('neslɪŋ) ZN • *nestvogel* • *de benjamin*
net (net) I ZN • *net* • *valstrik* • *spinnenweb* • *vitrage* • *netto bedrag/prijs* • *netwerk* ★ *casting net werpnet* II BNW • *netto* • *minimum* ★ *net price minimum prijs* ★ *net profit nettowinst* III OV WW • *(als) met een net bedekken/omgeven*/ *vangen/vissen*; *voorzien v. netwerk* • *in de wacht slepen* • *netto opbrengen of verdienen* IV ONOV WW *knopen* ⟨v. o.a. hangmat⟩
netball ('netbɔːl) ZN ≈ *korfbal*
net earnings ZN *nettoloon*; *nettowinst*
nether ('neðə) BNW VEROUDERD/SCHERTSEND *onder-*; *beneden* ★ ~ *limbs/man/person benen* ★ ~ *world/regions onderwereld*
Netherlander ('neðəlændə) ZN *Nederlander*
Netherlands ('neðələndz) ZN [MV: **Netherlands**] *Nederland* ★ *the* ~ *is/are a democracy Nederland is een democratie*
net income ZN *netto inkomen*
nett (net) I BNW → **net II** OV WW → **net**
netting ('netɪŋ) ZN *gaas*; *netwerk*; *camouflagenet*
nettle ('netl) I ZN *brandnetel* ★ *grasp the* ~ *de koe bij de hoorns vatten* II OV WW • *branden* ⟨met brandnetels⟩ • *ergeren*; *prikkelen*
nettle-rash ('netlræʃ) ZN *netelroos*
network ('netwɜːk) ZN • *netwerk* ⟨v. b.v. computers of machines⟩ • *radio-/tv-station*
neural ('njʊərəl) BNW *zenuw-*; *ruggemergs-*
neuralgia (njʊə'rældʒə) ZN *zenuwpijn*
neuralgic (njʊ'rældʒɪk) BNW *neuralgisch*
neurologist (njʊə'rɒlədʒɪst) ZN *neuroloog*
neurology (njʊə'rɒlədʒɪ) ZN *neurologie*
neurosis (njʊə'rəʊsɪs) ZN *neurose*
neurosurgery (njʊərəʊ'sɜːdʒərɪ) ZN *neurochirurgie*
neurotic (njʊə'rɒtɪk) I ZN *zenuwlijder* II BNW *neurotisch*; *zenuwziek*
neuter ('njuːtə) I ZN • *neutraal iemand* • *geslachtsloos dier* • *gecastreerd dier* II BNW • *onzijdig* • *onovergankelijk* • *neutraal* • BIOL. *geslachtloos* • *onvruchtbaar*
neutral ('njuːtrəl) BNW • *neutraal* • *onbepaald*; *vaag* • *v.e. grijze kleur* • *geslachtloos* • *indifferent* ⟨v. gewicht⟩ ★ ~ (gear) *vrijloopstand* ⟨v. (auto)motor⟩
neutrality (njuː'trælətɪ) ZN *neutraliteit*
neutralization (njuːtrəlaɪ'zeɪʃən) ZN → **neutralize**
neutralize ('njuːtrəlaɪz) OV WW • *opheffen*; *neutraliseren* • *neutraal verklaren*
neutron ('njuːtrɒn) ZN *neutron*
never ('nevə) BIJW • *nooit* • *helemaal niet*; *toch niet* ★ ~ *yet nog nooit* ★ ~ *is a long word je kunt nooit weten* ★ *you* ~ *took the book! je hebt het boek toch niet meegenomen* ★ ~! *dat meen je toch niet!*; *nee toch!* ★ *well, I* ~! *heb ik ooit van m'n leven!* ★ ~ *mind! maak je daar niet druk over*; *dat doet er niet toe* ★ ~ *a one niet één* ★ *she* ~ *so looked at me ze keek niet eens naar me* ★ ~ *ever nooit of te nimmer*
nevermore (nevə'mɔː) BIJW *nooit weer*; *nimmermeer*
never-never ZN *huurkoop* ★ G-B *buy on the* ~ *op afbetaling / op de pof kopen*
nevertheless (nevəðə'les) BIJW • *niettegenstaande*

ne

dit/dat • *toch*
never-to-be-forgotten BNW *onvergetelijk*
new (nju:) BNW • *nieuw*; *onbekend* • *vers* ‹v. brood› • new arrival *pasgeboren kind* • new birth *wedergeboorte* • new hand *beginneling* • New Learning *Renaissance* • the new woman *de moderne vrouw* • New Zealand *Nieuw-Zeeland* • New Year's Day *nieuwjaarsdag* • New Year's Eve *oudejaarsavond*
newborn (nju:ˈbɔ:n) ZN • *pasgeboren* • *wedergeboren*
newcomer (ˈnju:kʌmə) ZN • *nieuweling* • *iem. die juist is aangekomen*
newel (ˈnju:əl) ZN • *middenstijl v. draaitrap* • *bovenste/onderste stijl v. trapleuning*
new-fangled BNW MIN. *nieuwerwets*
Newgate (ˈnju:gɪt, -geɪt) ZN *vroegere gevangenis in Londen* • ~ fringe/frill *schippersbaard*
newish (ˈnju:ɪʃ) BNW *vrij nieuw*
new-laid BNW • ~ eggs *verse eieren*
newly (ˈnju:lɪ) BIJW • *onlangs* • *(op)nieuw* • ~ wed *pas getrouwd*
newness (ˈnju:nəs) ZN *nieuw(ig)heid*
news (nju:z) ZN MV *nieuws*; *bericht* • he is in the news ≈ *hij is (regelmatig) in het nieuws* • PLAT to be bad news *slecht en/of gevaarlijk zijn* • break the news *het nieuws meedelen* • bad news *onwelkom nieuws*
news agency ZN *persagentschap*; *persbureau*
newsagent (ˈnju:zeɪdʒənt) ZN *agent voor of verkoper van nieuwsbladen*
newsboy (ˈnju:zbɔɪ) ZN *krantenjongen*; *krantenbezorger*
newscast (ˈnju:zkɑ:st) ZN *nieuwsberichten* ‹op radio/tv›
newscaster (ˈnju:zkɑ:stə) ZN *nieuwslezer*
news desk ZN • *nieuwsdienst* • *perskamer*
newsflash (ˈnju:zflæʃ) ZN *korte nieuwsmededeling*
newshawk (ˈnju:zhɔ:k) ZN USA *verslaggever*
newsletter (ˈnju:zletə) ZN • *mededelingenblad* • *nieuwsbrief/-blaadje*
newsmonger (ˈnju:zmʌŋgə) ZN *roddelaar*
newspaper (ˈnju:speɪpə) ZN • *krant* • *krantenpapier* • ~-dom *de pers* • ~man *journalist*
newsprint (ˈnju:zprɪnt) ZN • *krant* • *krantenpapier*
newsreader (ˈnju:zri:də) ZN *nieuwslezer*
newsreel (ˈnju:zri:l) ZN *(bioscoop)journaal*
news room ZN • *redactiekamer*; *kranten- en tijdschriftenzaal* •
news-sheet (ˈnju:zʃi:t) ZN *nieuwsblad/bulletin*
news-stand ZN *krantenkiosk*
news-vendor ZN *krantenverkoper*
newsworthy (ˈnju:zwɜ:ðɪ) BNW *met voldoende nieuwswaarde*; *actueel*
newsy (ˈnju:zɪ) I ZN USA *krantenjongen* II BNW INFORM. *vol nieuws*
newt (nju:t) ZN *watersalamander*
next (nekst) I BIJW • I'll tell you in my next *dat zal ik je in m'n volgende brief vertellen* • to be continued in our next *wordt vervolgd* • next please! *de volgende!* • next of kin *naaste bloedverwant* II BNW • *naast* • *(eerst)volgende*; *aanstaande* • not till next time *pas de volgende keer* • the next world *het hiernamaals* • the next man I see *de eerste de beste die ik zie* • I am as energetic as the next fellow *ik ben even energiek als wie dan ook* III BIJW • *naast* • *daarna*; *de volgende keer*; *vervolgens* • it is next to murder *'t staat bijna gelijk met moord* • next to nothing *bijna niets* • next to impossible *zo goed als onmogelijk* • the next in size *die er op volgt in grootte* • next best *op één na de beste* • the woman next (to) him *de vrouw naast hem* • next came a farmer *daarna kwam er een boer* • what next? *wat gaat/moet er nu gebeuren?* • next after seeing him, I ... *direct nadat ik hem gezien had ...* IV VZ *naast* • wear flannel next one's skin *flanel op de blote huid dragen*
next-door (nekstˈdɔ:) BIJW • the ~ neighbours *de buren van hiernaast*
nexus (ˈneksəs) ZN *band*; *schakel*; *verbinding*
NGO AFK *non-governmental organization* OMSCHR. *niet-overheidsgebonden organisatie* ‹met name liefdadigheidsorganisatie in de Derde Wereld›
NHS AFK *National Health Service Nationale Gezondheidszorg*
nib (nɪb) I ZN • *punt* ‹v. ganzenpen, gereedschap› • *pen* • *snavel* II OV WW • *aanslijpen* • *'n pen doen in*
nibble (ˈnɪbl) I ZN • *hapje*; *mondjevol* • *gegadigde* • *geknabbel* • *'t bijten v. vis aan aas* • not a ~ *niet ééns beet* II OV WW *niet onmiddellijk toegeven* ‹aan o.a. verleiding› III ONOV WW • *interesse tonen* • *knabbelen* • ~ at *vitten op*
niblick (ˈnɪblɪk) ZN • *club*; *niblick* ‹zwaar type golfstok›
nibs (nɪbz) ZN MV • IRON. his nibs *zijne hoogheid*
nice (naɪs) BNW • *aardig*; *prettig*; *leuk*; *mooi* • *lekker*; *fatsoenlijk* • *kieskeurig*; *scrupuleus* • *genuanceerd*; *subtiel*; *delicaat* • *nauwgezet*; *nauwkeurig*; *aandachtig* • *lekker* • *fatsoenlijk* • no nice girl should do this *geen fatsoenlijk meisje zou dit doen* • that's not nice *dat is niet netjes/gepast* • a nice long way *behoorlijke afstand* • the house stands nice and high *het huis staat aardig hoog* • the car went nice and fast *de auto ging lekker hard* • don't be nice about going *schaam je maar niet om te gaan*
nice-looking (naɪsˈlʊkɪŋ) BNW *aardig uitziend*
nicely (ˈnaɪslɪ) BIJW *uitstekend*
nicety (ˈnaɪsətɪ) ZN • *nauwgezetheid*; *nauwkeurigheid* • *kieskeurigheid* • *finesse* • *lekkernij* • niceties *zeer kleine details* • to a ~ *heel precies*; *tot op de millimeter nauwkeurig*
niche (nɪtʃ) I ZN • *leuke baan* • *nis* • *passend plaatsje* • ECON. *niche* II OV WW *in nis plaatsen* • ~ o.s. *nestelen*
nick (nɪk) I ZN • *hoge worp* ‹bij dobbelen› • *inkeping*; *kerf* • PLAT *bajes*; *nor* II OV WW • *inkepen*; *kerven* • *angliseren* ‹v. paard› • *raden* • PLAT *arresteren*; *snappen* • PLAT *gappen* • in the nick of time *(net) op tijd* • we've nicked it *we hebben 't nog net gehaald*; *we hebben 't gejat*
Nick (nɪk) ZN *Nico* • old Nick *de duivel*
nickel (ˈnɪkl) I ZN • *nikkel* • USA *stuiver* ‹munt van 5 dollarcent› II BNW *nikkelen*; *van nikkel* III OV WW *vernikkelen*
nickelodeon (ˈnɪkəˈloʊdɪən) ZN USA, OUD. *jukebox*

nicker ('nɪkə) ZN • gehinnik • PLAT pond sterling
nick-nack ('nɪknæk) ZN • liflafje • snuisterij
nickname ('nɪkneɪm) I ZN • bijnaam • roepnaam II OV WW bijnaam geven • ~d bijgenaamd
nicotine ('nɪkəti:n) ZN nicotine
niddle-noddle ('nɪdlnɒdl) I BNW • knikkebollen(d) • wankelen(d) II ONOV WW • knikkebollen • wankelen
nid-nod ('nɪdnɒd) ONOV WW knikkebollen
niece (ni:s) ZN nicht ⟨oom-/tantezegger⟩
niff (nɪf) ZN INFORM. lucht; stank
niffy ('nɪfɪ) BNW INFORM. stinkend
nifty ('nɪftɪ) I ZN • handigheidje • geestigheid; geintje II BNW sjiek; handig
Nigerian (naɪ'dʒɪərɪən) I ZN Nigeriaan II BNW Nigeriaans
niggard ('nɪgəd) ZN vrek
niggardly ('nɪgədlɪ) BNW + BIJW gierig; karig * ~ of krenterig met
nigger ('nɪgə) ZN MIN. nikker * USA PLAT a ~ in the fence/woodpile een addertje onder het gras
niggle ('nɪgl) ONOV WW beuzelen; vitten
niggling ('nɪglɪŋ) I ZN peuterig gedoe; gemier II BNW peuterig; pietluttig * ~ handwriting kriebelig schrift
nigh (naɪ) BNW OUD. nabij
night (naɪt) ZN • avond • nacht * ~ out avondje uit; vrije avond ⟨v. dienstbode⟩ * at ~ 's avonds; 's nachts * by ~ 's nachts * in the ~ gedurende de nacht * a dirty ~ stormachtige regennacht * good ~! welterusten! * INFORM. ~ ~! slaap ze! * make a ~ of it de hele nacht doorfeesten * have a bad ~ slecht slapen
night-bird ('naɪtbɜ:d) ZN nachtvogel ⟨ook fig.⟩
nightcap ('naɪtkæp) ZN • muts slaapmuts • drankje slaapmutsje
nightclothes ('naɪtkləʊðz) ZN MV nachtkleding
nightclub ('naɪtklʌb) ZN nachtclub
nightdress ('naɪtdres) ZN nachthemd; nachtjapon
night-duty ZN nachtdienst
nightfall ('naɪtfɔ:l) ZN 't vallen v.d. avond
night-fighter ('naɪtfaɪtə) ZN nachtjager ⟨vliegtuig⟩
nightie ('naɪtɪ), **nighty** ZN INFORM. nachtpon
nightingale ('naɪtɪŋgeɪl) ZN nachtegaal
nightjar ('naɪtdʒɑ:) ZN nachtzwaluw
nightlife ('naɪtlaɪf) ZN nachtleven
nightly ('naɪtlɪ) I BNW nachtelijk; avond- II BIJW • iedere nacht/avond • 's avonds/nachts
nightmare ('naɪtmeə) ZN nachtmerrie
nightowl ('naɪtaʊl) ZN • nachtuil • nachtbraker/-mens
night porter ZN nachtportier
nights (naɪts) BIJW USA 's avonds laat; 's nachts
night school ZN avondschool
nightshade ('naɪtʃeɪd) ZN nachtschade
night shift (naɪt ʃɪft) ZN • nachtdienst • nachtploeg
nightshirt ('naɪtʃɜ:t) ZN nachthemd
night-soil ZN fecaliën
nightspot ('naɪtspɒt) ZN INFORM. nachtclub
nightstick ('naɪtstɪk) ZN USA gummistok
night watch ZN nachtwacht
nighty ('naɪtɪ) ZN
nihilism ('naɪɪlɪzəm) ZN nihilisme
nihilist ('naɪɪlɪst) ZN nihilist
nil (nɪl) ZN niets; nul * three goals to nil drie-nul

Nile (naɪl) ZN Nijl
nimble ('nɪmbl) BNW vlug; handig
nimble-witted (nɪmbl'wɪtɪd) BNW gevat; schrander
nimbus ('nɪmbəs) ZN • OUD. regenwolk • stralenkrans
nimby ('nɪmbɪ) ZN not in my backyard afwijzend * a ~ attitude een niet-in-mijn-buurt-opstelling
nincompoop ('nɪŋkəmpu:p) ZN lomperd; domoor; stommeling
nine (naɪn) TELW negen * nine days' wonder modeverschijnsel; kortstondige rage * he was dressed up to the nines prachtig uitgedost
ninepins ('naɪnpɪnz) ZN MV kegels; kegelspel
nineteen (naɪn'ti:n) TELW negentien * talk ~ to the dozen honderduit praten
nineteenth (naɪn'ti:nθ) BNW negentiende * IRON. the ~ hole bar in golfclubgebouw
nineties ('naɪntɪz) ZN MV * the ~ de negentiger jaren
ninetieth ('naɪntɪəθ) BNW negentigste
nine-to-fiver (naɪntə'faɪvə) ZN iem. met een vaste baan
ninety ('naɪntɪ) TELW negentig
ninny ('nɪnɪ) ZN onnozele hals; sukkel
ninth (naɪnθ) I ZN MUZ. none II BNW negende * INFORM. ~ part of a man kleermaker
nip (nɪp) I ZN • sarcastische opmerking • kneep • beet belemmering van groei / beschadiging van planten ⟨door kou⟩ • klein beetje borreltje; hartversterking * USA nip and tuck nek aan nek II OV WW • doen verkleumen • rennen; snellen • PLAT gappen • beschadigen • belemmeren ⟨v. groei door kou⟩ • bijten • knijpen * nip in the bud in de kiem smoren III ONOV WW • INFORM. snellen; rennen • een slokje nemen • ~ in binnenwippen • ~ out vlug ervandoor gaan
nipped (nɪpt) BNW • stijf van de kou ⟨vingers⟩ • bevroren ⟨plant⟩
nipper ('nɪpə) ZN • (klein) ventje • straatjongen • schaar ⟨v. kreeft⟩ • snijtand ⟨v. paard⟩ • gierigaard
nippers ('nɪpəz) ZN MV • buigtangetje • OUD. pince-nez • PLAT handboeien
nipping ('nɪpɪŋ) BNW bijtend; vinnig
nipple ('nɪpl) ZN • verhoging • TECHN. nippel • tepel • speen • OUD. tepelbeschermer
Nippon ('nɪpɒn) ZN Japan
nippy ('nɪpɪ) BNW scherp; vinnig * look ~! schiet op 'n beetje!
niqab ZN niqab
nit (nɪt) ZN • luizenei; neet • stommeling; leeghoofd • miezerig kereltje • USA niks
nitpicking ('nɪtpɪkɪŋ) ZN INFORM. muggenzifterij; vitterij
nitrate ('naɪtreɪt) ZN • nitraat; salpeterzuurzout • nitraatmeststof
nitrogen ('naɪtrədʒən) ZN stikstof
nitty-gritty ('nɪtɪ'grɪtɪ) ZN detail; bijzonderheid
nitwit ('nɪtwɪt) ZN leeghoofd
nix (nɪks) I ZN • PLAT niks; niemand • watergeest * he kept nix hij stond op de loer II TW pas op!
nixie ('nɪksɪ) ZN watergeest
N.Mex. AFK New Mexico
no (nəʊ) I ZN • negatief antwoord ⟨bij het

stemmen> • weigering; ontkenning **II** BIJW • geen • niet • neen ★ a no 'n nul; iem. v. niets ★ no one man can lift it niemand kan 't alleen optillen ★ I won't take no ik wil geen weigering horen ★ the noes have it de tegenstemmers zijn in de meerderheid ★ pleasant or no, you'll have to do it of je het prettig vindt of niet, je zult het moeten doen ★ it's no better 't is helemaal niet beter ★ no sooner ... than nauwelijks ... of ... ★ no less than ten people have told me wel tien mensen hebben me verteld ★ no more niet(s) meer ★ he is no more hij is dood; hij is niet meer ★ he is no more a rich man than I am hij is evenmin rijk als ik ★ I did not come, and no more did he ik kwam niet en hij ook niet ★ PLAT no can do onmogelijk ★ in no time heel gauw ★ there's no saying onmogelijk te zeggen
no-account (nəʊəˈkaʊnt) **I** ZN USA prul **II** BNW USA prullerig
nob (nɒb) ZN • PLAT kop; hoofd • PLAT troefboer • PLAT hoge piet
no-ball (nəʊˈbɔːl) ZN bal gebowld in strijd met de regels <bij cricket>
nobble (ˈnɒbl) OV WW • SPORT een paard ongeschikt maken om een race te winnen • PLAT omkopen • PLAT gappen • PLAT inrekenen <v. crimineel>
nobility (nəʊˈbɪlətɪ) ZN adel <ook fig.>; adelstand
noble (ˈnəʊbl) **I** ZN • edelman • oude Engelse gouden munt **II** BNW • adellijk • edel; grootmoedig • statig; indrukwekkend ★ the ~ art/science of self-defence de bokssport
nobleman (ˈnəʊblmən) ZN edelman
noble-minded (nəʊblˈmaɪndɪd) BNW grootmoedig
nobleness (ˈnəʊblnəs) ZN → noble
noblewoman (ˈnəʊblwʊmən) ZN vrouw van adel; edelvrouw
nobly (ˈnəʊblɪ) BIJW ★ ~ born van adellijke geboorte
nobody (ˈnəʊbədɪ) **I** ZN onbelangrijk persoon; nul ★ she was a ~ before she became a Minister ze was een onbelangrijk persoon voordat ze minister werd **II** ONB VNW niemand
nocturnal (nɒkˈtɜːnl) BNW nacht-; nachtelijk
nocturne (ˈnɒktɜːn) ZN • MUZ. nocturne • KUNST nachttafereel
nocuous (ˈnɒkjʊəs) BNW giftig; schadelijk
nod (nɒd) **I** ZN • knik ★ USA, PLAT roes (door drugs) ★ she is at his nod ze is totaal van hem afhankelijk ★ a nod is as good as a wink 'n goed verstaander heeft maar 'n half woord nodig ★ the land of Nod de slaap; het rijk der dromen ★ PLAT buy on the nod op de pof kopen ★ FIG. get the nod het groene licht krijgen **II** ONOV WW • knikken; knikkebollen; slaperig zijn ★ USA, PLAT in een roes zijn (door drugs) ★ OOK FIG. nod to its fall op 't punt staan in te storten ★ he nodded assent hij knikte toestemmend ★ I have a nodding acquaintance with him ik ken 'm oppervlakkig ★ ~ off in slaap vallen
nodal (ˈnəʊdl) BNW knoestig; knobbelig
noddle (ˈnɒdl) **I** ZN INFORM. hoofd; kop **II** OV+ONOV WW knikken of schudden met hoofd
node (nəʊd) ZN • knooppunt • knoest; knobbel
nodular (ˈnɒdjʊlə) BNW knoestig; knobbelig

nodule (ˈnɒdjuːl) ZN • knoestje • knobbeltje; klein gezwel • knolletje
Noel (nəʊˈel) ZN Kerstmis
nog (nɒg) ZN • houten pen; blokje • knoest <v. boom> • zwaar bier • ≈ advocaat <drank>
noggin (ˈnɒgɪn) ZN • kroesje; bekertje • USA emmer • inhoudsmaat <1/4 pint>
no-go (nəʊˈgəʊ) **I** ZN mislukking; fiasco **II** BNW • verboden voor bepaalde personen • verboden zonder speciale vergunning ★ no-go area verboden buurt/gebied; verboden gebied/wijk
no-good (nəʊˈgʊd) **I** ZN USA, PLAT nietsnut **II** BNW USA, PLAT waardeloos
nohow (ˈnəʊhaʊ) BIJW van geen kant; helemaal niet ★ look ~ er slordig/akelig uitzien
noise (nɔɪz) **I** ZN • lawaai; leven; geroep • gerucht; geluid • ruis • brom <in geluidsweergave> ★ he made a ~ about it hij maakte er veel drukte over ★ make a ~ in the world stof doen opwaaien; beroemd worden ★ INFORM. big ~ hoge piet **II** OV WW ★ ~ abroad (iets) publiek maken ★ it is ~d abroad that het gerucht doet de ronde dat ...
noiseless (ˈnɔɪzləs) BNW • zonder lawaai • geruisloos
noisome (ˈnɔɪsəm) BNW • schadelijk • walgelijk
noisy (ˈnɔɪzɪ) BNW • luidruchtig; druk • gehorig • schreeuwend <v. kleuren>
nomad (ˈnəʊmæd) ZN nomade
nomadic (nəʊˈmædɪk) BNW nomadisch; nomaden-; zwervend
nomenclature (nəʊˈmenklətʃə) ZN • naamlijst/-register • naam • terminologie
nominal (ˈnɒmɪnl) BNW • nominaal; in naam • TAALK. naamwoordelijk ★ ~ definition woordverklaring ★ ~ price spotprijs ★ ~ share aandeel op naam ★ at a ~ amount voor zo goed als geen bedrag/geld ★ ~ capital maatschappelijk / vennootschappelijk kapitaal
nominate (ˈnɒmɪneɪt) OV WW • benoemen • kandidaat stellen; voordragen
nomination (nɒmɪˈneɪʃən) ZN • benoeming • voordracht; kandidaatstelling
nominative (ˈnɒmɪnətɪv) ZN nominatief; eerste naamval
nominator (ˈnɒmɪneɪtə) ZN (be)noemer
nominee (nɒmɪˈniː) ZN • benoemde • kandidaat
non- (nɒn) VOORV non-; niet-; -vrij
non-acceptance (nɒnəkˈseptns) ZN 't niet-aanvaarden
nonagenarian (nəʊnədʒɪˈneərɪən) ZN negentigjarige; negentiger
non-aggression pact (nɒnəˈgreʃən pækt) ZN niet-aanvalsverdrag
non-alcoholic (nɒnælkəˈhɒlɪk) BNW niet-alcoholisch; alcoholvrij
non-aligned (nɒnəˈlaɪnd) BNW ★ ~ countries niet-gebonden/neutrale landen
non-appearance (nɒnəˈpɪərəns) ZN JUR. afwezigheid; verstek
nonce (nɒns) ZN ★ ~ word gelegenheidswoord ★ for the ~ voor deze gelegenheid
nonchalant (ˈnɒnʃələnt) BNW nonchalant
non-coll(egiate) (nɒnkəˈliːdʒɪət) BNW • niet inwonend <student> • niet volgens 't collegesysteem ingericht <universiteit>

non-combatant (nɒn'kɒmbətnt) ZN *iemand die niet bij de gevechtshandelingen betrokken is*
non-com(missioned) (nɒnkə'mɪʃənd) BNW *zonder officiersbenoeming* ★ non-com(missioned) officer *onderofficier*
noncommittal (nɒnkə'mɪtl) BNW *vrijblijvend; een slag om de arm houdend*
nonconformist (nɒnkən'fɔ:mɪst) **I** ZN • *non-conformist* • *iemand die afgescheiden van de staatskerk* **II** BNW *niet-anglicaans protestant; afgescheiden* ⟨v. staatskerk⟩
nonconformity (nɒnkən'fɔ:məti) ZN • *non-conformisme* • *'t afgescheiden zijn* ⟨v. staatskerk⟩
non-content ('nɒnkəntent) ZN *tegenstemmer* ⟨in Hogerhuis⟩
nondescript ('nɒndɪskrɪpt) BNW • *moeilijk te beschrijven* • *onbepaald* • *vaag*
none (nʌn) **I** BNW + BIJW *niemand; niet een; totaal niet; niets* ★ he succeeded none the less *niettemin slaagde hij* ★ it's none of my concern *ik heb er niets mee te maken* ★ he is none the less for his experience *hij is er door z'n ervaring niet slechter op geworden* ★ none of your nonsense! *hou je onzin bij je!* ★ the pay is none too high *'t loon is nou niet bepaald hoog* ★ OUD. they are none so fond of her *ze zijn verre van dol op haar* **II** VNW *geen enkele*
nonentity (nɒ'nentəti) ZN • *niet-bestaan(d iets)* • *onbeduidend iem. of iets* • *prul*
nonesuch ('nʌnsʌtʃ) ZN → **nonesuch**
nonetheless (nʌnðə'les) BIJW *niettemin; toch*
non-event (nɒnɪ'vent) ZN • *irreële / onbelangrijke gebeurtenis* • *afknapper*
nonfeasance (nɒnfi:'zə)ns) ZN JUR. *nalatigheid*
non-ferrous (nɒn'ferəs) BNW *niet ijzerhoudend* ★ ~ metals *non-ferrometalen*
non-fiction (nɒn'fɪkʃən) ZN *non-fictie* ⟨informatieve boeken / lectuur⟩
non-human (nɒn'hju:mən) BNW *niet-menselijk*
no-nonsense BNW *zakelijk; nuchter; praktisch*
nonpareil (nɒnpə'rel) BNW *weergaloos; onvergelijkelijk* ★ ~ rated man *gewoon marinier*
nonplus (nɒn'plʌs) **I** ZN *verlegenheid* ★ at a ~ *perplex; bijsterd* **II** OV WW *in verlegenheid brengen*
non-profit (nɒn'prɒfɪt) BNW *non-profit; niet-commercieel; zonder winstoogmerk*
non-proliferation (nɒnprəlɪfə'reɪʃən) ZN *non-proliferatie; niet-verbreiding*
non-proliferation treaty ZN *non-proliferatieverdrag* ⟨verdrag over het stopzetten van kernproeven⟩
non-quoted (nɒn'kwəʊtɪd) BNW ECON. *niet-genoteerd* ★ ~ shares *incourante fondsen*
non-resident (nɒn'rezɪdnt) **I** ZN • *forens; externe* • *buiten zijn gemeente wonend predikant* **II** BNW *niet-inwonend; extern*
non-resistance (nɒnrɪ'zɪstns) ZN • *geweldloosheid* • *passieve gehoorzaamheid*
nonsense ('nɒnsəns) ZN *onzin* ★ there is no ~ about him *hij is 'n ernstige vent* ★ it's only his ~ *hij zegt/doet 't maar voor de grap*
nonsensical (nɒn'sensɪkl) BNW *onzinnig*
non-skid (nɒn'skɪd) BNW ★ ~ tyre *antislipband*

non-smoker (nɒn'sməʊkə) ZN • *niet-roker* • *niet-rokencoupé*
nonstick (nɒn'stɪk) BNW *antiaanbak-*
non-stop (nɒn'stɒp) BNW + BIJW ★ ~ express *doorgaande trein* ★ ~ flight *vlucht zonder tussenlanding*
nonsuch ('nɒnsʌtʃ), **nonesuch** ZN • *niet te evenaren persoon of zaak* • *hopklaver*
non-unionist (nɒn'ju:nɪənɪst) ZN *niet bij vakvereniging aangesloten arbeider*
noodle ('nu:dl) ZN • *noedel* ⟨deegwaar⟩ • *lomperd; uilskuiken*
nook (nʊk) ZN *(gezellig) hoekje*
nookery ZN → **nook**
noon (nu:n) **I** ZN • *12 uur 's middags* • *hoogtepunt*
noonday ('nu:ndeɪ) ZN *middag*
no-one ZN *niemand*
noontide ZN → **noonday**
noose (nu:s) **I** ZN • *hinderlaag; val* • *huwelijksband* • *lus; schuifknoop; strop* **II** OV WW • *(ver)strikken* • *opknopen*
nope (nəʊp) BIJW USA/INFORM. *nee*
nor (nɔ:) BIJW • *noch; (en) ook niet* • *evenmin* ★ nor must we forget to realize ... *ook mogen wij niet vergeten te bedenken ...* ★ neither he nor she *noch hij, noch zij* ★ I told him I hadn't gone there: nor had I *ik zei hem dat ik er niet heen was gegaan; en dat was ook zo* ★ you haven't seen it, nor have I *jij hebt het niet gezien en ik ook niet*
Nordic ('nɔ:dɪk) **I** ZN *Noord-Europeaan* **II** BNW *Noord-Europees*
norm (nɔ:m) ZN *standaard; norm; patroon*
normal ('nɔ:ml) **I** ZN • *normale temperatuur* • *gemiddelde* • WISK. *loodlijn* **II** BNW • *normaal* • WISK. *loodrecht*
normality (nɔ:'mælətɪ) ZN *normaliteit*
normalization (nɔ:məlaɪ'zeɪʃən) ZN *normalisatie*
normalize ('nɔ:məlaɪz) OV WW *normaliseren*
Norman ('nɔ:mən) **I** ZN *Normandiër* **II** BNW *Normandisch* ★ ~ style of architecture *Normandische rondboogstijl*
normative ('nɔ:mətɪv) BNW *volgens bepaalde standaard; normatief*
Norse (nɔ:s) **I** ZN *Oud-Noors; Scandinavisch* **II** BNW *Noors*
Norseman ('nɔ:smən) ZN *Noor(man)*
north (nɔ:θ) **I** ZN *noorden(wind)* **II** BNW + BIJW *noordwaarts; noordelijk; noord(en)-; noorder-* ★ (to the) ~ of *ten noorden van* ★ he's too far ~ *hij is te handig/slim* **III** ONOV WW *omlopen naar 't noorden* ⟨v. wind⟩
Northants. AFK *Northamptonshire*
northbound ('nɔ:θbaʊnd) BNW *die/dat naar het noorden gaat* ⟨weg/verkeer⟩
Northman ('nɔ:θmən) ZN • *Noorman* • *Noor* • *Scandinaviër*
northward ('nɔ:θwəd) BNW *noord(waarts); noordelijk*
northwester (nɔ:θ'westə) ZN • *noordwestenwind* • *oorlam*
Norway ('nɔ:weɪ) ZN *Noorwegen*
Norwegian (nɔ:'wi:dʒən) **I** ZN *Noor* **II** BNW *Noors*
nor'wester (nɔ:'westə) ZN • *noordwestenwind*

• zuidwester ‹hoed›
nos. AFK numbers *nummers*
nose (nəʊz) **I** ZN • *reuk; geur* • *neus; neusstuk* ‹v. instrument› • *verklikker* ‹bij de politie› * bite a person's nose off *iem. afsnauwen* * bite/cut off one's nose to spite one's face *z'n eigen glazen ingooien* * follow one's nose *z'n ingeving volgen* * I kept my nose clean *ik heb netjes opgepast; ik heb me er niet mee ingelaten* * lead by the nose *bij de neus nemen* * blow one's nose *z'n neus snuiten* * pay through the nose (for) *moeten bloeden (voor); zich laten afzetten (voor)* * he pokes his nose into everything *hij bemoeit zich overal mee* * INFORM. he put my nose out of joint *hij bracht me van mijn stuk; hij maakte me jaloers* * he turns up his nose at it *hij trekt er de neus voor op* * hold one's nose *neus dichtknijpen* * make a p.'s nose swell *iem. de ogen uitsteken* • nose of wax *stropop* **II** OV WW • *ruiken (aan); (be)snuffelen* • *ontdekken* ‹figuurlijk› • *met de neus wrijven tegen* • *brutaliseren* * PLAT nose on *aanbrengen* ‹bij politie› • INFORM. ~ **out** *ontdekken; erachter komen* **III** ONOV WW • *zijn weg zoeken* ‹v. schip› • ~ **about** *rondneuzen; rondsnuffelen*
nosebag ('nəʊzbæg) ZN • *voederzak* ‹v. paard›
nosebleed ('nəʊzbli:d) ZN *neusbloeding; bloedneus*
nose-dive ('nəʊzdaɪv) **I** ZN *duikvlucht* **II** ONOV WW • *duiken* ‹v. vliegtuig› • *kelderen* ‹v. prijzen›
nosegay ('nəʊzgeɪ) ZN *boeketje*
nose-rag ('nəʊzræg) ZN PLAT *zakdoek*
nosey ('nəʊzɪ), **nosy** BNW • *met grote neus* • *met fijne neus* • *met een bepaalde (goede of slechte) geur* • *nieuwsgierig* • INFORM. *bemoeizuchtig* * INFORM. Nosey Parker *bemoeial*
nosh (nɒʃ) **I** ZN PLAT *eten; voedsel; hapje* **II** WW PLAT *eten*
nosing ('nəʊzɪŋ) ZN • *ronde kant v. traptrede* • *metalen bescherming hiervoor*
nostalgia (nɒˈstældʒə) ZN *nostalgie; heimwee*
nostalgic (nɒˈstældʒɪk) BNW • *heimwee-* • *nostalgisch; vol verlangen*
nostril ('nɒstrɪl) ZN • *neusvleugel* • *neusgat*
nostrum ('nɒstrəm) ZN • *drankje* • *huismiddeltje*
nosy ('nəʊzɪ) BNW → **nosey**
not (nɒt) BIJW *niet* * not only ... but also *niet alleen..., maar ook* * she is not at all pretty *ze is helemaal niet knap* * he is not my cousin *hij is m'n neef niet* * I going? not I! *ik gaan? dat kun je net denken!* * was he angry? not half! *was hij kwaad? nou en of!*
notability (nəʊtəˈbɪlətɪ) ZN • *vooraanstaand persoon* • *merkwaardigheid*
notable ('nəʊtəbl) **I** ZN • *vooraanstaand persoon; notabele* • GESCH. Assembly of Notables *verkozen noodparlement* **II** BNW • *merkwaardig; opvallend* • *merkbaar* ‹v. o.a. hoeveelheid› • *bedrijvig; flink* ‹v. huisvrouw›
notably ('nəʊtəblɪ) BIJW *in 't bijzonder; speciaal*
notarial (nəʊˈteərɪəl) BNW *notarieel*
notary ('nəʊtərɪ) ZN *notaris*
notation (nəʊˈteɪʃən) ZN *schrijfwijze*
notch (nɒtʃ) **I** ZN • *inkeping; graad; peil* • *(berg)pas* **II** OV WW • *inkepen; kerven* • *behalen* ‹v. punten›; *scoren* ‹v. runs bij cricket› • ~ **down/up** *aantekenen d.m.v. inkepingen*
notched (nɒtʃt) BNW • *ingekeept* • *getand*
note (nəʊt) **I** ZN • *teken; kenmerk* • *aantekening* • *(order)briefje* • *nota* • *bankbiljet* • *aandacht* • *reputatie; aanzien* • *toon* • *toets* ‹v. piano› • *noot* • *geluid; gezang* ‹v. vogels› * note of hand *promesse* * note of charges *onkostennota* * of note *belangrijk; beroemd* * take note of *nota nemen van; aandacht schenken aan* * hit / strike the right note *de juiste toon treffen* * marginal note *kanttekening* **II** OV WW • *notitie nemen van; opmerken* • *aantekenen* • *annoteren* * note a bill for protest *'n wissel protesteren*
notebook ('nəʊtbʊk) ZN • *aantekenboekje* • COMP. *notebook*
note-case (nəʊtkeɪs) ZN *(zak)portefeuille*
noted ('nəʊtɪd) BNW *beroemd* * ~ for *bekend om*
notelet ('nəʊtlət) ZN *briefje*
notepaper ('nəʊtpeɪpə) ZN *postpapier*
noteworthy ('nəʊtwɜːðɪ) BNW *opmerkenswaardig*
nothing ('nʌθɪŋ) BNW + BIJW *niets; nul* * there was ~ for it but ... *er zat niets anders op dan ...* * USA Is it ready? Ready ~! *Klaar? Niks hoor!* * ~s *onbenulligheden* * there is ~ in it *'t is onbelangrijk; 't is niet waar* * ~ doing *het heeft geen zin; het (is) mislukt* * INFORM. no ..., no ..., no ~ *van alles niets* * he is ~ if not critical *hij is zeer kritisch* * make ~ of s.th. *iets bagatelliseren* * he makes ~ of doing it *hij pakt dit onmiddellijk aan* * it differs ~ from... *'t is helemaal niet anders dan...* * it's ~ to me *'t interesseert me niets* * he is ~ near like so old as you think *hij is lang niet zo oud als je denkt* * ~ daunted *helemaal niet bang*
nothingness ('nʌθɪŋnəs) ZN • *nietigheid* • *'t niets (zijn)*
notice ('nəʊtɪs) **I** ZN • *aankondiging; waarschuwing* • *aandacht* • *bekendmaking; mededeling* • *opzegging* ‹v. contract› • *convocatie* • *recensie* ‹v. boek› * give ~ to quit *de huur/dienst opzeggen* * he took no ~ of it *hij schonk er geen aandacht aan* * baby takes ~ already *baby begint al begrip te tonen* * at short ~ *op korte termijn* * at a moment's ~ *ogenblikkelijk* * come into ~ *onder de aandacht vallen* * on ~ USA *ingelicht; met opzegging* * it was brought to my ~ *het werd onder mijn aandacht gebracht* * be under ~ to leave *ontslagen zijn tegen bep. tijd* * until further ~ *tot nadere aankondiging* * he gave short ~ of *hij kondigde kort v. tevoren aan* * ~ of marriage *ondertrouw* * ~ of assessment *aanslagbiljet* **II** OV WW • *opmerken* • *recenseren* • *melding maken van* • *dienst/huur opzeggen* • *met de nodige beleefdheid behandelen* * don't ~ him *doe maar alsof hij er niet is*
noticeable ('nəʊtɪsəbl) BNW • *merkbaar* • *opmerkelijk*
notice-board ('nəʊtɪsbɔːd) ZN • *aanplakbord; prikbord*
notifiable ('nəʊtɪfaɪəbl) BNW *die/dat aangegeven moet worden; met aangifteplicht* ‹v. ziekten›
notification (nəʊtɪfɪˈkeɪʃən) ZN • *bekendmaking* • *aankondiging*

notify ('nəʊtɪfaɪ) OV WW *aankondigen; verwittigen; aangeven* ⟨v. ziekte⟩; *bekendmaken*
notion ('nəʊʃən) ZN • *notie; idee; begrip* • *neiging* ★ USA ~ *store winkel van kleine artikelen*
notional ('nəʊʃənl) BNW • *denkbeeldig; begrips-* • *grillig*
notions ('nəʊʃənz) ZN MV USA *kleine (naai)artikelen*
notoriety (nəʊtəˈraɪətɪ) ZN • *bekendheid* • *beruchtheid* • *bekende persoonlijkheid*
notorious (nəʊˈtɔːrɪəs) BNW • *berucht* • *bekend* ★ it is ~ that *'t is algemeen bekend dat*
Notts. AFK *Nottinghamshire*
notwithstanding (nɒtwɪðˈstændɪŋ) I BIJW *ondanks dat* II VZ *niettegenstaande*
nougat ('nuːgɑː) ZN *noga*
nought (nɔːt) ZN *niets; nul*
noun (naʊn) ZN *zelfstandig naamwoord*
nourish ('nʌrɪʃ) OV WW • *koesteren* ⟨v. o.a. hoop⟩ • *grootbrengen; voeden* • *hoog houden* ⟨v. traditie⟩
nourishing ('nʌrɪʃɪŋ) BNW *voedzaam*
nourishment ('nʌrɪʃmənt) ZN *onderhoud; voedsel; voeding*
nous (naʊs) ZN *gezond verstand*
Nov. AFK *November november*
novel ('nɒvəl) I ZN • *roman* • VEROUDERD/JUR. *wijzigingswet* II BNW *nieuw; ongebruikelijk*
novelette (nɒvəˈlet) ZN *novelle*
novelist ('nɒvəlɪst) ZN *romanschrijver*
novelistic (nɒvəˈlɪstɪk) BNW *roman-*
novella (nəˈvelə) ZN *vertelling; novelle*
November (nəˈvembə) ZN *november*
novena (nəˈviːnə) ZN *noveen*
novice ('nɒvɪs) ZN • *novice* • *nieuweling*
noviciate (nəˈvɪʃɪət), **novitiate** ZN • *noviciaat* • *novice*
novitiate ZN → **noviciate**
now (naʊ) I ZN *heden* II BIJW *nu; op 't ogenblik* ★ now your brother was ignorant of it *welnu, je broer wist er niets van* ★ now ..., now/then/again ... *nu eens ..., dan weer ...* ★ every now and then *nu en dan* ★ now really! *nee maar zeg!* ★ I remember it now *ik herinner het me nu nog* ★ by now *onderhand; eindelijk* ★ I've seen him just now *ik heb hem zo pas nog gezien* ★ now what do you mean by it? *wat bedoel je er eigenlijk mee?* ★ you don't mean it, now *kom, dat bedoel je toch niet* ★ Isn't that grand, now? *zeg, vind je dat niet geweldig?* ★ no nonsense now! *geen onzin asjeblieft!* ★ now and again *nu en dan* ★ now for the story *en nu 't verhaal* ★ I don't believe it. Do you, now? *ik geloof het niet. Jij wel?* III VW • *now (that) I am grown up, I think otherwise nu ik volwassen ben, denk ik er anders over*
nowaday(s) ('naʊədeɪ(z)) I ZN *'t heden* II BNW + BIJW *tegenwoordig*
nowhere ('nəʊweə) BIJW *nergens* ★ you'll get ~ *je zult niets bereiken* ★ be ~ *verslagen zijn in een race of wedstrijd* ★ go ~ *geen vooruitgang boeken*
nowt (naʊt) ZN REG. *niets*
noxious ('nɒkʃəs) BNW • *schadelijk* • *ongezond*
nozzle ('nɒzəl) I ZN • TECHN. *mondstuk* • *pijp; tuit* • PLAT *neus* II OV WW *besnuffelen*
nozzle-man ('nɒzəlmæn) ZN *spuitgast*
nr. AFK *near i*
NSPCC AFK National Society for the Prevention of Cruelty to Children *Kinderbescherming*
n't (ənt) SAMENTR not → **not**
nuance ('njuːɑːns) ZN *nuance; schakering*
nub (nʌb) ZN • *knobbel* • *pointe; kernpunt* • *noot(je)* ⟨m.b.t. stukkolen⟩ • *brok(je)* ★ the nub of the matter *de kern van de zaak*
nubile ('njuːbaɪl) BNW *huwbaar*
nubility (njuːˈbɪlətɪ) ZN *huwbare leeftijd*
nuclear ('njuːklɪə) BNW *nucleair; atoom-; kern-*
nuclei ('njuːklɪaɪ) ZN MV → **nucleus**
nucleus ('njuːklɪəs) ZN *kern*
nude (njuːd) I ZN *naakt(model)* II BNW • *naakt; bloot* • *eenzijdig* ⟨v. contract⟩ ★ the nude *het naaktmodel* ★ in the nude *naakt* ★ nude stockings *vleeskleurige kousen*
nudge (nʌdʒ) I ZN *duwtje* II OV WW *even aanstoten met de elleboog*
nudism ('njuːdɪzəm) ZN *nudisme*
nudist ('njuːdɪst) ZN *nudist*
nudity ('njuːdətɪ) ZN *naaktheid*
nugatory ('njuːgətərɪ) BNW • FORM. *onbenullig; waardeloos* • FORM. *niet v. kracht*
nugget ('nʌgɪt) ZN • *juweel(tje)* ⟨figuurlijk⟩ • *goudklomp*
nuisance ('njuːsəns) ZN *overlast; onaangenaam iets; lastpost* ★ commit no ~ *verboden hier te wateren* ★ ~ act *hinderwet* ★ ~ commercial *steeds terugkerende tv-reclame* ★ what a ~! *wat 'n vervelend iemand!; wat vervelend!*
nuke (njuːk) I ZN • *kernwapen* • *atoombom* II OV WW • *met kernwapen aanvallen of uitschakelen; een kernbom gooien op* • USA *eten opwarmen in de magnetron*
null (nʌl) BNW • *nietszeggend* • *niet bindend; ongeldig; nietig* • *karakterloos; uitdrukkingsloos* ★ null and void *v. nul en gener waarde*
nullification (nʌlɪfɪˈkeɪʃən) ZN • *annulatie* • *nietigverklaring* • *opheffing*
nullify ('nʌlɪfaɪ) OV WW *opheffen; annuleren; nietig verklaren*
nullity ('nʌlətɪ) ZN → **null** *ongeldigheid*
numb (nʌm) I BNW *verdoofd; verstijfd; verkleumd* ★ PLAT a numb hand *onhandig iem.* ★ numb with cold *verstijfd van de kou* II OV WW • *verdoven; verzachten* ⟨v. pijn⟩ • *doen verstijven; verlammen* ⟨figuurlijk⟩ • *verstommen*
number ('nʌmbə) I ZN • *nummer* • *versmaat* • INFORM. *mens; meid* • *aantal* ★ look after ~ one *eerst voor zichzelf zorgen* ★ ~s *muzieknoten; verzen; getal(sterkte)* ★ ~s game *roulette* ★ JEUGDT. ~ one/two *kleine/grote boodschap* ⟨plassen/poepen⟩ ★ INFORM. I've got your ~ *ik heb je door* ★ by force of ~s *door overmacht* ★ published in ~s *in afleveringen* ★ he is one of our ~ *hij is een v. ons; hij hoort bij ons* ★ to the ~ of ten *ten getale van 10; 10 in getal* ★ without ~ *talloos* ★ his ~ is up *hij is er geweest/erbij; hij is geruïneerd* ★ back ~ *oud nummer van een krant of tijdschrift; ouderwets iemand* ★ prime ~ *priemgetal* II OV WW • *tellen; nummeren* • *bedragen* • ~ among/in/with

rekenen onder
numberless ('nʌmbələs) BNW *talloos*
number-plate ZN *nummerplaat/-bord*
numbskull ('nʌmskʌl), **numskull** ZN *domkop*
numerable ('nju:mərəbl) BNW *telbaar; te tellen*
numeral ('nju:mərəl) I ZN • *telwoord* • *getalteken* • *nummer* II BNW *getal-*
numerate ('nju:mərət) BNW • *bekend met wis- en natuurkundige grondbegrippen* • *kunnende tellen en rekenen*
numerator ('nju:məreɪtə) ZN • *teller* ⟨v. breuk⟩ • *iem. die telt*
numeric (nju:'merɪk) BNW → **numerical** * ~ *code cijfercode*
numerical (nju:'merɪkl) BNW *getallen-; numeriek*
numerous ('nju:mərəs) BNW *talrijk* * a ~ *family een groot gezin*
numinous ('nju:mɪnəs) BNW • *ontzagwekkend* • *goddelijk*
numskull (nʌmskʌl) ZN → **numbskull**
nun (nʌn) ZN • *non* • *non* ⟨duif⟩; *nonvlinder*
nunciature ('nʌnʃətjʊə) ZN *nuntiatuur*
nuncio ('nʌnʃɪəʊ) ZN *nuntius*
nunnery ('nʌnəri) ZN *nonnenklooster*
nuptial ('nʌpʃəl) I ZN • ~(s) *bruiloft; huwelijk* II BNW *bruilofts-; huwelijks-*
nurse (nɜːs) I ZN • *verpleegkundige* • *kraamverzorgster* • *kindermeisje; kinderjuffrouw* • *bakermat* • *werkbij* * wet ~ *voedster; min* II OV WW • *zogen; voeden* ⟨v. baby⟩ • *zorgen voor; letten op* • *grootbrengen* • *koesteren* • *verzorgen* ⟨v. zieke⟩ • *strelen* • *biljartballen bij elkaar houden* • *zuinig beheren; sparen* ⟨v. krachten⟩ • *handen om knieën slaan* * ~ the fire *vlakbij het vuur zitten* * ~ a grievance *wrok koesteren* * ~ a cold *verkoudheid uitvieren* * ~ an eye *oog betten* * ~ a secret *'n geheim zeer zorgvuldig bewaren* * he was ~d into going *met wat gevlei kregen ze 'm weg*
nurse-child ('nɜːstʃaɪld) ZN *pleegkind*
nursemaid ('nɜːsmeɪd) ZN • *kindermeisje* • *verzorgster*
nursery ('nɜːsəri) ZN • *kinderkamer; crèche* • *bakermat; kweekschool* • *kwekerij* • *pootvijver* • *bij elkaar liggende biljartballen*
nursery governess ZN *kinderjuffrouw; gouvernante*
nurseryman ('nɜːsərimən) ZN *(boom)kweker*
nursery rhyme ZN *kinderliedje; kinderrijmpje*
nursery school ZN ≈ *kleuterschool*
nursing ('nɜːsɪŋ) ZN * ~ cadet *leerling-verpleegkundige* * ~ home *(particulier) verpleeghuis / verzorgingshuis*
nurture ('nɜːtʃə) I ZN • *'t grootbrengen; verzorging* • *voeding; voedsel* II OV WW • *verzorgen; koesteren* • *grootbrengen; voeden*
nut (nʌt) I ZN • *noot* • PLAT *hoofd; kop* • *gek; ezel* • PLAT *kloot* ⟨teelbal⟩ • *moer* ⟨v. schroef⟩ • FIG. a nut in the handkerchief *'n knoop in de zakdoek* * the nuts and bolts *de hoofdzaken* * PLAT do one's nut *als een gek tekeergaan* * PLAT be off one's nut *gek zijn* * INFORM. go nuts *als een gek tekeergaan; zich uitleven* * a hard nut to crack *'n moeilijk op te lossen geval* * a tough nut *resolute kerel; lastige vent* II ONOV WW *noten plukken* * go nutting *noten plukken*
nut-brown (nʌt'braʊn) BNW *lichtbruin*
nutcase ('nʌtkeɪs) ZN PLAT *idioot*
nutcracker ('nʌtkrækə(z)) ZN *notenkraker* * ~s *notenkraker*
nut-house (nʌthaʊs) ZN *gekkenhuis*
nutmeg ('nʌtmeg) ZN *nootmuskaat*
nutrient ('nju:trɪənt) I ZN *voedingsstof/-middel* II BNW *voedingswaarde hebbend; voedend*
nutriment ('nju:trɪmənt) ZN *voedsel*
nutrition (nju:'trɪʃən) ZN *voedsel; voeding(swaarde)*
nutritional (nju:'trɪʃnəl) BNW *voedings-* * ~ value *voedingswaarde*
nutritious (nju:'trɪʃəs) BNW *voedzaam*
nutritive ('nju:trɪtɪv) I ZN *voedingsartikel* II BNW *voedzaam*
nuts (nʌts) BNW *gek; getikt* * USA nuts! *onzin!* * PLAT go nuts *gek worden* * drive s.o. nuts *iemand gek maken* * play nuts *doen alsof men gek is* * he is dead nuts about /on/over *hij is gek/smoorverliefd op / wild enthousiast over* * that's nuts to him *dat is een koffie naar zijn hand*
nutshell ('nʌtʃel) ZN *notendop* * in a ~ *in enkele woorden; in kort bestek*
nutter ('nʌtə) ZN • *notenplukker* • PLAT *halve gare*
nutty ('nʌti) BNW • *nootachtig* • *vol noten* • *geurig; pittig* • PLAT *verliefd* • USA/PLAT *niet goed bij 't hoofd* * ~ as a fruitcake *stapelgek* * ~ about/on *enthousiast over*
nuzzle ('nʌzəl) ONOV WW • *met de neus wrijven tegen; besnuffelen* • *z. nestelen; lekker (gaan) liggen* * ~ into *de neus steken in*
N.Y.(C.) AFK New York (City) *New York (Stad)*
nylon ('naɪlən) I ZN *nylon* II BNW *nylon* * (pair of) ~s *panty*
nymph (nɪmf) ZN • *nimf* ⟨geest⟩ • *nimf* ⟨insect⟩
nymphomania (nɪmfə'meɪnɪə) ZN *nymfomanie*
nymphomaniac (nɪmfə'meɪnɪæk) ZN *nymfomane*
NZ AFK New Zealand *Nieuw-Zeeland*

O

o (əʊ) ZN letter o ★ O as in Oliver *de o van Otto*
o' (ə) VZ ★ it's ten o'clock *het is tien uur*
O (oʊ) ZN ★ round O *cirkel*; *niets* ★ OO three *drie minuten na middernacht* ⟨bij tijdsmelding⟩ ★ O-level ⟨*examenvak op*⟩ *laagste eindexamenniveau*
oaf (əʊf) ZN • *vlegel* • *pummel*
oafish ('əʊfɪʃ) BNW *dom; onnozel*
oak (əʊk) I ZN • *eik; eikenhout; eikenloof* • FORM. *houten schepen* ★ Indian oak *teak* II BNW *eikenhouten*
oak-apple ZN *galappel*
oaken ('əʊkən) BNW *eiken*
OAP (əʊeɪˈpiː) AFK old age pensioner *AOW'er*
oar (ɔː) I ZN • *roeiriem* • *roeier* • *vin; arm; zwempoot* ★ be chained to the oar *zwaar werk moeten doen* ★ pull a good oar *goed kunnen roeien* ★ he has an oar in every man's boat *hij bemoeit zich overal mee* ★ lie/rest on one's oars *op z'n lauweren rusten* II ONOV WW FORM. *roeien*
oarlock ('ɔːlɒk) ZN *dol*
oarsman ('ɔːzmən) ZN *roeier*
oarsmanship ('ɔːzmənʃɪp) ZN *roeikunst*
oarswoman ('ɔːzwʊmən) ZN *roeister*
oases (əʊˈeɪsiːz) ZN MV → **oasis**
oasis (əʊˈeɪsɪs) ZN *oase*
oast (əʊst) ZN • oast house *hopdrogerij*
oat (əʊt) BNW • *haver-*
oath (əʊθ) ZN • *eed* • *vloek* ★ make/swear/take an oath *een eed doen* ★ on oath *onder ede* ★ on my oath! *ik zweer het!*
oatmeal ('əʊtmiːl) I ZN • *havermout* II BNW *beige-grijs*
oats (əʊts) ZN MV *haver* ★ rolled oats *havermout* ★ sow one's wild oats *er wild op los leven* ★ INFORM. feel one's oats *zich lekker voelen; bruisen van energie*; USA *zich gewichtig voelen*
O.A.U. AFK Organisation of African Unity *OAE; Organisatie van Afrikaanse Eenheid*
ob. AFK obiit *hij/zij is overleden*
obduracy ('ɒbdjʊrəsɪ) ZN • *onverbeterlijkheid* • *onverzettelijkheid*
obdurate ('ɒbdjʊrət) BNW *verhard; verstokt*
OBE AFK Officer of the British Empire *officier in de Orde van het Britse Rijk* ⟨onderscheiding⟩
obedience (əʊˈbiːdɪəns) ZN • *gehoorzaamheid* • *kerkelijk gezag of gebied* ★ in ~ to *gehoorzamende aan*
obedient (əʊˈbiːdɪənt) BNW *gehoorzaam* ★ yours ~ly *uw dienstwillige dienaar*
obeisance (əʊˈbeɪsəns) ZN • *diepe buiging* • *eerbetoon*
obese (əʊˈbiːs) BNW *corpulent*
obesity (əʊˈbiːsətɪ) ZN *zwaarlijvigheid*
obey (əʊˈbeɪ) OV+ONOV WW *gehoorzamen* (aan)
obfuscate ('ɒbfʌskeɪt) OV WW *benevelen; verwarren*
obit ('ɒbɪt) ZN • *doodsbericht* • *herdenkingsdienst*
obituary (əˈbɪtjʊərɪ) I ZN • *levensschets v. overledene; necrologie* • *dodenlijst* ★ ~ notice *in memoriam* II BNW • *doods-* • *doden-*

object¹ ('ɒbdʒɪkt) ZN • *voorwerp* • *doel* ★ salary no ~ *op salaris zal minder gelet worden; salaris speelt geen rol* ★ he looked an ~ *hij zag er uit om van te schrikken*
object² (əbˈdʒekt) ONOV WW • *bezwaar hebben/maken* • ~ against/to *bezwaar maken tegen*
object-glass ('ɒbdʒɪktglɑːs) ZN *objectief*
objectify (əbˈdʒektɪfaɪ) OV WW *objectief voorstellen; belichamen*
objection (əbˈdʒekʃən) ZN *bezwaar*
objectionable (əbˈdʒekʃənəbl) BNW • *laakbaar* • *onaangenaam* • *aan bezwaar onderhevig*
objective (əbˈdʒektɪv) I ZN • MIL. (*operatie*)*doel* ⟨fig.⟩ • A-V *objectief* • *voorwerpsnaamval* II BNW • *objectief* • *voorwerps-* • MIL. ~ point *operatiedoel*
objectivity (ɒbdʒekˈtɪvətɪ) ZN *objectiviteit*
object-lens ('ɒbdʒɪktlenz) ZN *objectief*
object-lesson ('ɒbdʒɪktlesən) ZN • *aanschouwelijk onderwijs* • *praktische les* ⟨figuurlijk⟩
objector (əbˈdʒektə) ZN *opponent* ★ conscientious ~ *principiële dienstweigeraar*
objurgate ('ɒbdʒəgeɪt) OV WW • *berispen* • *schelden op*
oblate ('ɒbleɪt) BNW WISK. *aan de polen afgeplat*
oblation (əʊˈbleɪʃən) ZN • *offerande; gave* • *Avondmaal* ⟨r.-k.⟩; *Eucharistie*
obligate ('ɒblɪgeɪt) I BNW • *onontbeerlijk* • *obligaat; verplicht* II OV WW *verplichten; verbinden*
obligation (ɒblɪˈgeɪʃən) ZN • *verplichting* • *verbintenis* • *contract*
obligatory (əˈblɪgətərɪ) BNW • *verplicht* • *bindend* ★ ~ military service *dienstplicht*
oblige (əˈblaɪdʒ) I OV WW (*ver*)*binden*; (*aan zich*) *verplichten* ★ ~d for *dankbaar voor* II OV+ONOV WW *iets ten beste geven* ⟨nummertje⟩ ★ we are ~d to go *we moeten gaan* ★ further details will ~ *gaarne verdere bijzonderheden*
obligee (ɒblɪˈdʒiː) ZN JUR. *schuldeiser*
obliging (əˈblaɪdʒɪŋ) BNW *voorkomend; gedienstig*
obligor (ɒblɪˈgɔː) ZN *schuldenaar*
oblique (əˈbliːk) I ZN *schuine streep* II BNW *schuin; scheef; indirect* ★ ~ case *verbogen naamval* ★ ~ plane *hellend vlak* ★ ~ narration/speech *indirecte rede* III ONOV WW MIL. *in schuine richting oprukken*
obliterate (əˈblɪtəreɪt) OV WW • *stempelen* ⟨v. postzegels⟩ • *vernietigen* • *uitwissen* ★ ~ o.s. *zichzelf wegcijferen*
obliteration (ɒblɪtəˈreɪʃən) ZN • *uitwissing* • *afstempeling*
oblivion (əˈblɪvɪən) ZN *vergetelheid; veronachtzaming* ★ Act/Bill of Oblivion *amnestie* ★ fall/sink into ~ *in vergetelheid raken*
oblivious (əˈblɪvɪəs) BNW *vergeetachtig* ★ ~ of/to *zich niet bewust van*
oblong ('ɒblɒŋ) I ZN *rechthoek* II BNW *langwerpig*
obloquy ('ɒbləkwɪ) ZN *laster; schande*
obnoxious (əbˈnɒkʃəs) BNW • *gehaat*; *onaangenaam* • *aanstotelijk*
oboe ('əʊbəʊ) ZN *hobo*
oboist ('əʊbəʊɪst) ZN *hoboïst*
obscene (əbˈsiːn) BNW *vuil; onzedelijk*

obscenities (əb'senətız) ZN MV • *vuile taal* • *obscene handelingen*
obscenity (əb'senəti) ZN *iets obsceens*
obscure (əb'skjʊə) **I** ZN *duisternis*; *vaagheid* **II** BNW • *donker*; *duister* • *obscuur*; *onbekend*; *onduidelijk* ★ they live very ~ly *ze leven zeer teruggetrokken* **III** OV WW *verduisteren*; *verdoezelen*; *verbergen*; *in de schaduw stellen*
obscurities (əb'skjʊərɪtız) ZN *onbekende grootheden*
obscurity (əb'skjʊərəti) ZN *duisternis*
obsequies ('ɒbsəkwɪz) ZN *uitvaart*
obsequious (əb'si:kwiəs) BNW *overgedienstig*; *kruiperig*
observable (əb'zɜ:vəbl) BNW • *waarneembaar* • *opmerkenswaardig*
observance (əb'zɜ:vəns) ZN • *inachtneming* • *viering* • *voorschrift*; *regel* • *waarneming*
observant (əb'zɜ:vənt) **I** ZN R.-K. *observant* **II** BNW • *opmerkzaam* • *de hand houdend aan*; *streng nalevend*; *orthodox* ★ be ~ of *naleven*; *in acht nemen*
observation (ɒbzə'veɪʃən) ZN • *aandacht*; *waarneming* • *opmerking* ★ ~ post *observatiepost*
observational (ɒbzə'veɪʃnəl) BNW *waarnemings-*
observatory (əb'zɜ:vətəri) ZN *sterrenwacht*
observe (əb'zɜ:v) OV WW • *in acht nemen*; *vieren* • *nakomen* • *waarnemen* • *opmerken*; *opmerkingen maken* ★ the ~d of all ~rs *degene op wie aller aandacht is gevestigd*
observer (əb'zɜ:və) ZN *waarnemer*
observing (əb'zɜ:vɪŋ) BNW *opmerkzaam*
obsess (əb'ses) OV WW • *vervolgen* ⟨v. idee⟩; *kwellen*; *geheel vervullen* ★ ~ed by/with *bezeten door*
obsession (əb'seʃən) ZN • *obsessie* • *nachtmerrie* ⟨fig.⟩
obsessional (əb'seʃnəl) **I** ZN *iemand met waanidee* **II** BNW *bezeten door*
obsessive (əb'sesɪv) BNW • *obsederend* • *bezeten*
obsidian (əb'sɪdiən) ZN *lavaglas*; *obsidiaan*
obsolescence (ɒbsə'lesəns) ZN • MED. *atrofie* • *veroudering* • BIOL. *het geleidelijk verdwijnen*
obsolescent (ɒbsə'lesənt) BNW • *in onbruik gerakend* • BIOL. *langzaam verdwijnend*
obsolete ('ɒbsəli:t) BNW • *verouderd* • *rudimentair*
obstacle ('ɒbstəkl) ZN *hindernis*; *beletsel* ★ ~ race *hindernisren*
obstetric(al) (əb'stetrɪk(l)) BNW *verloskundig* ★ ~ nurse *kraamverpleegster*
obstetrician (ɒbstə'trɪʃən) ZN *verloskundige*
obstetrics (əb'stetrɪks) ZN MV *verloskunde*
obstinacy ('ɒbstɪnəsi) ZN *koppigheid*
obstinate ('ɒbstɪnət) BNW *koppig*; *hardnekkig*
obstreperous (əb'strepərəs) BNW *lawaaierig*; *weerspannig*
obstruct (əb'strʌkt) OV WW • *belemmeren* • *obstructie voeren*
obstruction (əb'strʌkʃən) ZN • *beletsel* • *obstructie*
obstructionism (əb'strʌkʃənɪzəm) ZN *het voeren van obstructie*
obstructive (əb'strʌktɪv) **I** ZN *obstructionist* **II** BNW • *hinderlijk* • *obstructievoerend* ★ ~ of/to *belemmerend voor*
obstructor (əb'strʌktə) ZN *tegenstrever*

obtain (əb'teɪn) **I** OV WW *verkrijgen*; *verwerven* **II** ONOV WW *heersen*; *algemeen in gebruik zijn* ★ it ~s with most people *'t geldt voor de meesten*
obtainable (əb'teɪnəbl) BNW *verkrijgbaar*
obtrude (əb'tru:d) **I** OV WW *opdringen* **II** ONOV WW ~ (up)on *z. opdringen aan*
obtrusion (əb'tru:ʒən) ZN *'t opdringen*
obtrusive (əb'tru:sɪv) BNW • *opdringerig* • *opvallend*
obtuse (əb'tju:s) BNW • *stomp*; *bot* • *traag v. begrip*
obverse ('ɒbvɜ:s) **I** ZN • *voorzijde* • *tegengestelde* **II** BNW • *smaller aan voet dan aan top* • *tegengesteld*
obversely (ɒb'vɜ:sli) BIJW *omgekeerd*
obviate ('ɒbvɪeɪt) OV WW *verhelpen*; *uit de weg ruimen*
obvious ('ɒbvɪəs) BNW *klaarblijkelijk*; *vanzelfsprekend*; *duidelijk*; *opvallend*
obviously ('ɒbvɪəslɪ) BNW *duidelijk*; *kennelijk*
obviousness ('ɒbvɪəsnəs) ZN • *duidelijkheid* • *klaarblijkelijkheid*
occasion (ə'keɪʒən) **I** ZN • *plechtige gelegenheid* • *gelegenheid*; *grond*; *aanleiding*; *reden* ★ take ~ to go *de gelegenheid aangrijpen om te gaan* ★ on that ~ *bij die gelegenheid* ★ on ~ *zo nodig/nu en dan* ★ on the ~ of *bij gelegenheid van* ★ on ~ of *naar aanleiding van* ★ I've done it for/on your ~ *ik heb 't gedaan ter wille van jou* ★ rise to the ~ *'n zaak flink aanpakken*; *tegen een situatie opgewassen zijn* ★ one's lawful ~s *(wettige) bezigheden/zaken* ★ he has no ~ to be informed of it *hij behoeft er niet v. op de hoogte gesteld te worden* ★ I have no ~ for it *ik heb het niet nodig*; *ik kan 't niet gebruiken* **II** OV WW *aanleiding geven tot*; *veroorzaken*
occasional (ə'keɪʒənl) **I** ZN • *noodhulp* • *los werkman* • USA *niet vaste klant* **II** BNW • *toevallig* • *af en toe plaatsvindend* ★ ~ cause *aanleidende oorzaak* ★ ~ poem *gelegenheidsgedicht* ★ ~ table *bijzettafeltje* ★ ~ help *noodhulp* ★ an ~ visit *zo nu en dan 'n bezoek*
occasionally (ə'keɪʒənlɪ) BIJW *nu en dan*
occident ('ɒksɪdənt) ZN FORM. *westen*; *Avondland*
occidental (ɒksɪ'dentl) **I** ZN *westerling* **II** BNW *westelijk*; *westers*
occiput ('ɒksɪpʌt) ZN *achterhoofd*
occlude (ə'klu:d) OV WW • *af-/in-/om-/uitsluiten* • *absorberen* ⟨gas⟩
occlusion (ə'klu:ʒən) ZN *afdichting/-sluiting*
occult (ɒ'kʌlt) **I** ZN *het occulte* **II** BNW • *occult* • *geheim*; *verborgen* **III** OV WW *verduisteren*; *verbergen* ★ ~ing light *onderbroken vuurtorenlicht*
occupancy ('ɒkjʊpənsi) ZN • *bezit* • *bewoning* • *bezitneming*
occupant ('ɒkjʊpənt) ZN • *opvarende* • *bezitter*; *bekleder* ⟨v. ambt⟩ • *bewoner*; *inzittende* • *bezitnemer*
occupation (ɒkjʊ'peɪʃən) ZN • *bezit* • *beroep*; *bezigheid* • *bezetting* ⟨ook militair⟩ • *bewoning* ★ he is a teacher by ~ *hij is leraar v. beroep* ★ army of ~ *bezettingsleger*
occupational (ɒkjʊ'peɪʃənl) BNW *beroeps-* ★ ~

hazard *beroepsrisico* ★ ~ disease/illness *beroepsziekte*
occupier ('ɒkjʊpaɪə) ZN *bewoner*
occupy ('ɒkjʊpaɪ) OV WW • *bezetten; bekleden* ⟨v. ambt⟩ • *bewonen* • *innemen; in beslag nemen* ⟨v. tijd⟩; *bezighouden* ★ be occupied with *bezig zijn met* ★ o.s. with *bezig zijn met*
occur (ə'kɜ:) ONOV WW • *gebeuren* • ~ to in *gedachte komen bij; opkomen bij*
occurrence (ə'kʌrəns) ZN *gebeurtenis* ★ of frequent ~ *veel voorkomend*
ocean ('əʊʃən) ZN *oceaan* ★ ~s of ... *een zee van ...* ⟨fig.⟩ ★ German Ocean *Noordzee*
oceanic (əʊʃɪ'ænɪk) BNW • *oceaan-* • *onmetelijk*
oceanography (əʊʃə'nɒɡrəfɪ) ZN *oceanografie*
ocelot ('ɒsɪlɒt) ZN *ocelot; wilde tijgerkat*
ochre ('əʊkə) ZN • *oker* • PLAT *duiten; poen*
Oct. AFK October *oktober*
octagon ('ɒktəɡən) ZN *achthoek*
octagonal (ɒk'tæɡənl) BNW *achthoekig*
octane ('ɒkteɪn) ZN *octaan*
octave ('ɒktɪv) ZN *octaaf; achttal*
October (ɒk'təʊbə) ZN *oktober*
octogenarian (ɒktəʊdʒɪ'neərɪən) ZN *tachtigjarige*
octopus ('ɒktəpəs) ZN *octopus*
octosyllabic (ɒktəʊsɪ'læbɪk) BNW *achtlettergrepig*
ocular ('ɒkjʊlə) I ZN *oculair* II BNW • *oog-* • *zichtbaar*
oculist ('ɒkjʊlɪst) ZN • *oogarts* • *optometrist*
odd (ɒd) I ZN → **odds** II BNW • *overblijvend* • *oneven* ⟨getal⟩ • *ongeregeld* • *vreemd; eigenaardig* ★ the odd man de derde; *man met beslissende stem* ★ odd hand *noodhulp* ★ odd job man *klusjesman; manusje v. alles* ★ odd job *karweitje* ★ the odd trick *winnende slag* ★ be the odd one out *het buitenbeentje zijn* ★ odd and even *even en oneven* ★ an odd number *een oneven getal; losse aflevering* ⟨v. tijdschrift⟩ ★ odd socks *(twee) verschillende sokken* ★ and odd *en zoveel* ★ thirty odd *in de dertig* ★ at odd times *zo nu en dan* ★ the odd shilling *de shilling die over is* ★ earn some odd money *wat extra geld verdienen*
oddball ('ɒdbɔːl) ZN INFORM./USA *zonderling*
oddity ('ɒdɪtɪ) ZN • *eigenaardigheid* • *zonderling*
odd-jobber (ɒd'dʒɒbə) ZN INFORM. *klusjesman*
odd-looking (ɒd'lʊkɪŋ) BNW *vreemd uitziend*
oddly ('ɒdlɪ) BIJW *vreemd*
oddments ('ɒdmənts) ZN *restanten; ongeregelde goederen*
oddness ('ɒdnəs) ZN *eigenaardigheid*
odds (ɒdz) MV • *ongelijkheden; verschil* • *geschil; onenigheid* • *voordeel* • *overmacht* • *voorgift* • *statistische kans/waarschijnlijkheid* ★ give/lay odds on *wedden op* ★ against the odds *tegen de verwachtingen in* ★ long odds *groot verschil; zeer ongelijke kans* ★ it's long odds *'t is tien tegen één* ★ over the odds *meer dan verwacht* ★ the odds are in his favour *zijn kansen zijn 't best; hij staat er 't best voor* ★ the odds are that he ... *waarschijnlijk zal hij ...* ★ what's the odds? *wat doet dat er toe?* ★ it's no odds *'t maakt geen verschil* ★ odds and ends *rommel; allerlei karweitjes* ★ be at odds *ruzie hebben* ★ by long odds *verreweg* ★ set at odds *tegen elkaar opzetten* ★ I ask no odds *ik vraag geen gunst*

odds-on (ɒdz'ɒn) ZN *meer kans vóór dan tegen*
ode (əʊd) ZN *ode*
odious ('əʊdɪəs) BNW *hatelijk; verfoeilijk; uit den boze*
odium ('əʊdɪəm) ZN *haat; afschuw; blaam*
odometer (əʊ'dɒmɪtə) ZN *kilometer-/mijlenteller*
odontologist (ɒdɒn'tɒlədʒɪst) ZN USA FORM. *tandarts*
odoriferous (əʊdə'rɪfərəs) BNW INFORM. *geurig; welriekend*
odour ('əʊdə) ZN • *geur* • *stank* • *luchtje* ⟨ook fig.⟩
odourless ('əʊdələs) BNW *geur-/reukloos*
odyssey ('ɒdɪsɪ) ZN *lange, avontuurlijke reis*
OECD AFK Organization for Economic Cooperation and Development *OESO* ⟨Org. voor Econ. Samenwerking en Ontwikkeling⟩
oecumenical (iːkjʊ'menɪkl) BNW • *oecumenisch* • *wereldomvattend*
o'er ('əʊə) I BIJW OUD. → **over** II VZ OUD. → **over**
oesophagus (iː'sɒfəɡəs) ZN *slokdarm*
oestrogen ('iːstrədʒən) ZN *oestrogeen*
oestrus ('iːstrəs) ZN • *paardrift* ⟨v. vrouwelijke zoogdieren⟩ • *vruchtbare periode*
of (əv) VZ *van* ★ she of all people *juist zij* ★ the city of W. *de stad W.* ★ as of now *nu* ★ he died of fever *hij stierf aan de koorts* ★ of an evening *op 'n avond* ★ a quarter of ten *kwart voor tien* ★ I heard nothing of him *ik hoorde niets over hem* ★ USA smell of *ruiken aan* ★ USA be of a stripe *met hetzelfde sop overgoten zijn* ★ as of January first *met ingang v./per 1 januari* ★ north of *ten noorden van* ★ USA back of *achter* ★ forsaken of God *door God verlaten* ★ battle of A. *de slag bij A.* ★ think of *denken aan/over* ★ the two of us *wij samen/tweetjes* ★ of late *(in) de laatste tijd*
off (ɒf) I ZN ★ from the off *vanaf het begin* II BNW • *ver(der); verst* • *rechts* ★ the gas is off *'t gas is afgesloten* ★ the meat is a bit off *'t vlees is niet helemaal fris* ★ it's off *'t is van de baan/voorbij* ★ be off for *gaan naar* ★ he is off *hij slaapt; hij staat klaar om te gaan; hij is (al) weg; hij zit op zijn stokpaardje* ★ off moments *vrije ogenblikken* ★ an off year for wheat *een ongunstig jaar voor tarwe* III OV WW • *afbreken* ⟨v. onderhandelingen⟩ • *afnemen* ⟨v. hoed⟩ • SCHEEPV. *afhouden* IV ONOV WW *weggaan* V BIJW • *weg; (er)af* • *af; uit* ★ they are well off *zij zijn goed af* ★ comfortably off *in goeden doen* ★ are well off for *zijn goed voorzien van* ★ off and on *steeds weer; nu en dan* ★ we have a day off *we hebben 'n vrije dag* ★ beat off an attack *een aanval afslaan* ★ ride off *wegrijden* ★ make off *er vandoor gaan* ★ off with you! *maak dat je wegkomt!* ★ go off *vervallen; in slaap vallen* ★ take off one's coat *zijn jas uittrekken* VI VZ • *van(af)* • *naast; op de hoogte van* ★ he fell off the ladder *hij viel v. de ladder (af)* ★ off colour *in de war; niet lekker* ★ he plays off 5 *hij speelt met 5 punten voorsprong* ★ off duty *vrij* ★ off the map *totaal verdwenen; vernietigd* ★ off the record *vertrouwelijk; niet voor publicatie bestemd* ★ a street off the Strand *een straat uitkomende op de Strand* ★ off the stage *niet op 't toneel; achter de coulissen* ★ be off limits *op verboden terrein zijn; niet op de*

juiste plaats zijn ⋆ buy off the nail *op de pof kopen* ⋆ I'm off smoking *ik ben gestopt met roken* ⋆ you're off it *je hebt 't mis* ⋆ take the ball off the red *de bal over rood spelen* ⟨biljart⟩

offal ('ɒfəl) **I** ZN • *afval* • *bedorven vlees* • *kreng* **II** BNW *inferieure kwaliteit* ⟨oogst of vangst⟩

offbeat ('ɒfbi:t) **I** ZN MUZ. *syncope* **II** BNW • MUZ. *gesyncopeerd* • INFORM. *onconventioneel; ongewoon*

off-Broadway BNW USA *experimenteel; niet-commercieel* ⟨v. theaterproductie⟩

off-chance (ɒftʃɑ:ns) ZN *kleine kans*

off-colour(ed) (ɒfˈkʌlə(d)) BNW • *zonder de juiste kleur* ⟨steen⟩ • USA *schuin* ⟨fig.⟩ ⋆ I feel ∼ *ik voel me niet lekker*

off-day (ɒfˈdeɪ) ZN *pech-/rotdag*

offence (əˈfens), USA **offense** ZN • *aanval* • JUR. *overtreding; vergrijp* • *belediging* ⋆ take no ∼ *geen aanstoot nemen; iets niet (als) beledigend/ persoonlijk opvatten* ⋆ no ∼! *'t was niet kwaad/ persoonlijk bedoeld!* ⋆ take ∼ (at) *aanstoot nemen (aan)*

offend (əˈfend) **I** OV WW *beledigen; ergeren* ⋆ be ∼ed *by/with s.o. kwaad zijn op iemand* ⋆ be ∼ed *at/by s.th. kwaad zijn over iets* **II** ONOV WW • *zondigen* • ∼ against *inbreuk maken op*

offender (əˈfendə) ZN → **offend**

offense ZN USA → **offence**

offensive (əˈfensɪv) **I** ZN *offensief* ⋆ act/take on the ∼ *aanvallend optreden* **II** BNW • *aanvals-; aanvallend* • *beledigend* • *weerzinwekkend; kwalijk riekend*

offer ('ɒfə) **I** ZN • *aanbod; offerte* • *bod* • *huwelijksaanzoek* ⋆ be on ∼ *aangeboden worden* **II** OV WW • *(aan)bieden* • *aanvoeren* ⟨v. bewijs⟩ ⋆ the first chance that ∼s *de eerste gelegenheid die zich voordoet* ⋆ I'll ∼ to go if ... *ik wil wel gaan als ...* ⋆ he ∼ed to strike *hij was v. plan te slaan* ⋆ ∼ up *huwelijksaanzoek doen; aanstalten maken; z. aandienen; offeren*

offering ('ɒfərɪŋ) ZN • *offerande; aanbieding* • *gift* ⋆ ∼s *aangeboden iets*

offertory ('ɒfətərɪ) ZN • *offertorium* • *collecte*

offhand (ɒfˈhænd) **I** BNW • *hooghartig* • *onvoorbereid* **II** BIJW • *nonchalant* • *voor de vuist weg*

offhanded (ɒfˈhændɪd) BNW *onvoorbereid*

office ('ɒfɪs) ZN • *ambt; taak* • *dienst* • *kerkdienst; mis; officie* • *kantoor* • *ministerie* • USA *spreekkamer* • PLAT *teken; wenk* ⋆ be in ∼ *aan 't bewind zijn; openbaar ambt bekleden* ⋆ perform the last ∼s *to laatste eer bewijzen aan* ⋆ say ∼ *de mis lezen* ⋆ ∼ for the dead *lijkdienst* ⋆ Holy Office *de heilige inquisitie* ⋆ ∼ boy *loopjongen; kantoorjongen* ⋆ friendly ∼ *vriendendienst* ⋆ Foreign Office *ministerie van buitenlandse zaken*

office-bearer (ɒfɪsbeərə) ZN • USA *ambtsbekleder* • USA *ambtenaar*

officer ('ɒfɪsə) **I** ZN • *ambtenaar; beambte* • *dienaar; politieagent* • *deurwaarder* • *officier* ⋆ ∼ at/of arms *heraut* ⋆ medical ∼ MIL. *officier v. gezondheid*; MED. *arts van de geneeskundige dienst* ⋆ military ∼ *legerofficier* **II** OV WW • *v. officieren voorzien* • *aanvoeren*

offices ('ɒfɪsɪz) ZN MV *keuken-/provisiekamers*

official (əˈfɪʃəl) **I** ZN *ambtenaar; beambte* ⋆ ∼ principal *officiaal* **II** BNW • *officieel; ambtelijk* • *officieel erkend* ⋆ ∼ duties *ambtsbezigheden*

officialdom (əˈfɪʃəldəm) ZN • *de ambtenarij* • *'t ambtenarenkorps*

officialese (əfɪʃəˈli:z) ZN *ambtelijke taal*

officiate (əˈfɪʃɪeɪt) ONOV WW • *godsdienstoefening leiden* • *fungeren als*

officious (əˈfɪʃəs) BNW • *overgedienstig* • *opdringerig* • *officieus* ⟨in diplomatie⟩

offing ('ɒfɪŋ) ZN *volle zee* ⋆ in the ∼ *in het verschiet*

offish ('ɒfɪʃ) BNW INFORM. *op 'n afstand; gereserveerd*

off-key (ɒfˈki:) BNW *vals*

off-licence ('ɒflaɪsəns) **I** ZN *winkel met vergunning voor alcoholische dranken* **II** BNW *met vergunning voor alcoholische dranken*

off-load OV WW • *v.d. hand doen* • *afladen*

off-night (ɒfˈnaɪt) ZN *vrije avond*

off-peak BNW *tijdens de daluren; buiten het hoogseizoen*

offprint ('ɒfprɪnt) ZN *overdruk*

off-putting BNW • *ontmoedigend* • *afstotelijk*

off-road BNW *terrein-* ⋆ ∼ vehicle *terreinwagen*

offscourings ('ɒfskaʊrɪŋz) ZN MV *afval; uitvaagsel*

off-season (ɒfˈsi:zən) ZN *tijd buiten (hoog)seizoen; slappe tijd*

offset ('ɒfset) **I** ZN • PLANTK. *uitloper* ⟨v. plant⟩ • *spruit; tak* • *begin* • *tegenhanger; compensatie* • *knik* ⟨in buis⟩ ⋆ ∼ printing *offsetdruk* **II** OV WW *opwegen tegen; neutraliseren; compenseren*

offshoot ('ɒfʃu:t) ZN *zijtak*

offshore ('ɒfʃɔ:) BIJW • *vóór de kust* • *buitengaats; in open zee* • *op de hoogte v.d. kust*

off-side (ɒfˈsaɪd) ZN • *verste zijde* • *rechterkant* • *buitenspel bij voetbal*

off-size (ɒfˈsaɪz) ZN *incourante maat*

offspring ('ɒfsprɪŋ) ZN • *kroost; nakomeling(schap)* • *resultaat*

off-the-peg BNW *confectie-* ⟨v. kleding⟩

off-the-wall BNW [alleen attributief] *gek; bizar*

off-time (ɒfˈtaɪm) ZN *vrije tijd*

off-white (ɒfˈwaɪt) ZN *gebroken wit*

oft (ɒft) BIJW OUD. *vaak* ⋆ many a time and oft *herhaaldelijk*

often ('ɒfən) BIJW *vaak; dikwijls* ⋆ ∼ and ∼ *heel vaak* ⋆ as ∼ as not *dikwijls genoeg* ⋆ every so ∼ *nu en dan* ⋆ more ∼ than not *meestal*

ogival (əʊˈdʒaɪvəl) BNW *als 'n spitsboog*

ogive ('əʊdʒaɪv) ZN • *graatrib* • *spitsboog*

ogle ('əʊgl) **I** ZN *verliefde blik* **II** OV WW *toelonken*

ogre ('əʊgə) ZN • *boeman* • *menseneter*

ogress ('əʊgrɪs) ZN *menseneetster; angstaanjagende vrouw*

oh (əʊ) TW *o!; och!; ach!*

oho ('əʊˈhəʊ) TW *haha!*

oil (ɔɪl) **I** ZN • *olie* • *petroleum* • *olieverf* • *vleierij* • *omkoperij* • oils *olieverf(schilderijen)* ⋆ crude oil *ruwe olie* ⋆ FIG. oil and vinegar *water en vuur* ⋆ it smells of oil *'t riekt naar de lamp* ⋆ burn the midnight oil *tot diep in de nacht werken* ⋆ strike oil *olie aanboren; een grote ontdekking doen; rijk worden* **II** OV WW • *smeren; oliën* • *olie innemen* • *met olie*

oilcan – once

bereiden ★ oil a man('s hand) *iemand omkopen* ★ oil one's tongue *vleien*

oilcan ('ɔɪlkæn) ZN *oliekan/-busje; smeerbus*
oilcloth ('ɔɪlklɒθ) ZN *zeildoek*
oil colour ZN *olieverf*
oiled (ɔɪld) BNW • *tipsy; in de olie* ⟨fig.⟩
oiler ('ɔɪlə) ZN • *olieman* ⟨op boot⟩ • *oliekan* • *oliegoot* • *met olie gestookte boot* • USA *oliejas* • USA *petroleumbron* • PLAT *vleier*
oil-fired BNW *met olie gestookt*
oil heater ZN *petroleumkachel*
oil paint ZN *olieverf*
oil painting ('ɔɪlpeɪntɪŋ) ZN *olieverfschilderij*
oil rig ('ɔɪlrɪɡ) ZN *booreiland*
oilskin ('ɔɪlskɪn) ZN • *oliejas* • *geolied doek* ★ ~s *oliepak*
oil slick ('ɔɪlslɪk) ZN *olievlek* ⟨op water⟩
oil tanker ZN *olietanker*
oil well ZN *oliebron*
oily ('ɔɪlɪ) BNW • *olieachtig; olie-* • *vleiend; glad v. tong*
ointment ('ɔɪntmənt) ZN *zalf*
O.K. AFK → **okay**
okay (əʊ'keɪ) I BNW INFORM. *redelijk* ⟨niet slecht⟩ II BIJW INFORM. *redelijk* ⟨niet slecht⟩ III TW • INFORM. *oké!* ⟨akkoord!⟩ • INFORM. *oké!* ⟨begrepen!⟩
old (əʊld) I ZN • of old *weleer* II BNW • *oud; versleten; ouderwets* • *ervaren* • *vroeger* • *verstokt* • *vervallen* ★ old age *ouderdom* ★ old-age pensioner *AOW'er* ★ my old bones *ik die al oud ben* ★ old bachelor *verstokte vrijgezel* ★ old bird *oude rot* ★ any old ... will do *ieder ... is afdoende* ★ any old thing *om het even wat* ★ old boy *ouwe jongen; oud-leerling* ★ old-boy network *netwerk van oud-leerlingen; vriendjespolitiek* ★ the old country *Engeland; 't moederland* ★ old girl *beste meid; oud-leerling; oudje* ★ Old Glory *de Am. vlag* ★ INFORM. good old ...! *goeie ouwe ...!* ★ INFORM. have a good old time *zich ontzettend amuseren* ★ old hand *iem. met veel ervaring* ★ as old as the hills *zo oud als de weg naar Rome* ★ old maid *oude vrijster; Pietje Secuur; soort kaartspel* ★ old man *ouwe jongen; kapitein; man/vader/ouweheer; baas* ★ PLANTK. old man's beard *wilde clematis* ★ old man of the sea *iem. die men niet kwijt kan raken* ★ in any old place *waar dan ook* ★ old woman *vrouw; moeder; oud wijf* ⟨gezegd van man⟩ ★ old wives' tale *oudewijvenpraat*
olden ('əʊldn) I BNW • OUD. *oud; vroeger* • *voormalig; oud* II OV+ONOV WW *(doen) verouderen*
old-established (əʊldɪ'stæblɪʃt) ZN *gevestigd*
old-fashioned (əʊld'fæʃənd) BNW *ouderwets*
oldie ('əʊldɪ) ZN INFORM. *oudje; ouwetje*
oldish ('əʊldɪʃ) BNW *oudachtig*
old-time ('əʊld'taɪm) BNW *oud(erwets)*
old-timer (əʊld'taɪmə) ZN • *oldtimer* • *iem. of iets v.d. oude stempel*
old-world (əʊld'wɜːld) BNW • *v.d. Oude Wereld* ⟨niet Amerikaans⟩ • *ouderwets*
O level ('əʊləvəl) AFK G-B *ordinary level laagste eindexamenniveau van de middelbare school*
olfactory (ɒl'fæktərɪ) BNW *reuk-* ★ ~ sense *reukzin*
oligarch ('ɒlɪɡɑːk) ZN *lid v. een oligarchie*

oligarchic(al) (ɒlɪ'ɡɑːkɪk(l)) BNW *oligarchisch*
oligarchy ('ɒlɪɡɑːkɪ) ZN *oligarchie*
olive ('ɒlɪv) I ZN • *olijf* • *olijfgroen; olijftak* • *ovale knoop* ★ ~ oil *olijfolie* ★ ~ (branch) *kind; spruit* II BNW *olijfkleurig*
olives ('ɒlɪvz) ZN MV ★ ~ (of veal) *blinde vinken*
ology ('ɒlədʒɪ) ZN HUMOR *wetenschap*
Olympiad (ə'lɪmpɪæd) ZN *olympiade*
olympian (ə'lɪmpɪən) I ZN *olympiër* II BNW • *olympisch* • *verheven* • *nederdagend*
Olympic (ə'lɪmpɪk) BNW *olympisch* ★ ~ Games *Olympische Spelen* ★ ~s *Olympische Spelen*
omelet(te) ('ɒmlət) ZN *omelet* ★ you cannot make an ~ without breaking eggs *de kost gaat voor de baat*
omen ('əʊmən) I ZN *voorteken* II OV WW *voorspellen*
ominous ('ɒmɪnəs) BNW *onheilspellend; dreigend*
omission (ə'mɪʃən) ZN *weglating; 't weglaten; verzuim* ★ sins of ~ *zonden door verzuim*
omissive (əʊ'mɪsɪv) BNW • *weglatend* • *nalatig*
omit (ə'mɪt) OV WW • *weglaten* • *verzuimen*
omni- ('ɒmnɪ) VOORV *omni-, al-; alom-*
omnibus ('ɒmnɪbəs) I ZN • *boek* • OUD. *omnibus* ⟨voertuig⟩ ★ ~ book *verzameling verhalen* ★ ~ train *boemeltrein* II BNW *allerlei zaken omvattend*
omnipotence (ɒm'nɪpətəns) ZN *almacht*
omnipotent (ɒm'nɪpətnt) BNW *almachtig*
omnipresence (ɒmnɪ'prezəns) ZN *alomtegenwoordigheid*
omnipresent (ɒmnɪ'preznt) BNW • *overal verbreid* • *alomtegenwoordig*
omniscience (ɒm'nɪsɪəns) ZN *alwetendheid*
omniscient (ɒm'nɪsɪənt) BNW *alwetend* ★ the Omniscient *God*
omnivorous (ɒm'nɪvərəs) BNW • BIOL. *omnivoor; allesetend* • *verslindend* ⟨vnl. v. boeken⟩

on (ɒn) I BIJW • *(er)op* • *aan* ★ he was looking on *hij keek toe* ★ go on *ga door/verder* ★ the gas is on *het gas is aan(gelegd)* ★ from then on *van toen af* ★ we are getting on well *we vorderen goed* ★ well on in the fifties *een eind in de 50* ★ I've a large sum on *ik heb een grote som ingezet* ★ on and off *af en toe* ★ and so on *enzovoorts* II VZ • *over; aangaande* • *op* • *aan* ★ cash on delivery *rembours* ★ on his arrival *bij zijn aankomst* ★ on three o'clock *tegen drieën* ★ be on fire *in brand staan* ★ take pity on him *heb medelijden met hem* ★ he is on the staff *hij behoort bij 't personeel* ★ it's on me *ik trakteer* ★ I met him on the train *ik ontmoette hem in de trein* ★ USA on the lam *aan de haal* ★ USA on the thumb *liftend* ★ on time *op tijd* ★ INFORM./USA on the toot *aan de zwier* ★ USA on easy street *in goede doen* ★ have you any money on you? *heb je geld bij je?* ★ USA be on to s.o. *iem. door/in de gaten hebben*
on-and-offish (ɒnənd'ɒfɪʃ) BNW INFORM. *op en af; ongedurig*
once (wʌns) I ZN ★ for this once *voor deze ene keer* II BIJW *eens; een keer* ★ once bit(ten), twice shy *een ezel stoot zich geen tweemaal aan dezelfde steen* ★ once or twice *een enkele keer* ★ once and again *v. tijd tot tijd* ★ when once he understands, he ... *als hij 't eenmaal begrijpt,*

dan ... ★ **once more** *nog eens* ★ **once for all** *éens voor altijd* ★ **at once** *onmiddellijk; tegelijk* ★ **all at once** *plotseling; allen tegelijk* ★ **once upon a time there was** *er was eens* ★ **once in a way/while** *een enkele keer* **III** VW *zodra*

once-over ('wʌnsəʊvə) ZN • INFORM./USA *voorlopig onderzoek* • *kort bezoek* ★ **he gave her the ~** *hij nam haar vluchtig op*

oncoming ('ɒnkʌmɪŋ) **I** ZN *nadering* **II** BNW • *aanstaande* • PLAT *vriendschappelijk*

oncost ('ɒnkɒst) ZN *extra kosten*

one (wʌn) **I** ZN *een* **II** ONB VNW • *iemand* • *men* ★ **a one** *een rare/mooie* ★ **that's a good one** *dat is een goede bak* ★ **a nasty one** *een flinke opstopper* ★ **that one/the one there** *die/dat daar* ★ **many a one** *menigeen* ★ **the Holy One** *God* ★ **the Evil One** *de duivel* ★ **one should do one's duty** *men behoort zijn plicht te doen* ★ **a white rose and a red one** *een witte en een rode roos* ★ **you're a nice one!** *je bent me er eentje!* ★ **the little ones were put to bed** *de kleintjes werden naar bed gebracht* ★ **that's one on you!** *dat/die kun je in je zak steken!* ★ **one up on** *een slag voor* **III** TELW • *één; enige* • *een; dezelfde* ★ **for one thing, he gambles** *om te beginnen gokt hij* ★ **they are at one** *ze zijn 't eens* ★ **at one** (o'clock) *om 1 uur* ★ **Mr. A. for one** *de heer A. o.a./bijvoorbeeld* ★ **I for one don't believe it** *ik voor mij geloof 't niet* ★ **he was one too many for him** *hij was hem te slim af* ★ **it's all one to me** *het maakt mij niet uit* ★ **one and all** *allen tezamen* ★ **one by one** *een voor een* ★ **one with another** *gemiddeld* ★ **one another** *elkaar* ★ **one Peterson** *een zekere Peterson* ★ **the one and only truth** *de alleenzaligmakende waarheid* ★ **one day** *op zekere dag*

one-armed (wʌn'ɑːmd) BNW *eenarmig* ★ **~ bandit** *eenarmige bandiet* ⟨fruitautomaat⟩

one-eyed (wʌn'aɪd) BNW • *eenogig* • PLAT *partijdig*

one-horse BNW ★ **~ town** *gehucht*

one-liner ('wʌnlaɪnə) ZN *one-liner* ⟨kernachtige opmerking⟩

one-man (wʌn'mæn) BNW *eenmans-*

oneness ('wʌnnəs) ZN • *het één zijn; eenheid* • *onveranderlijkheid*

one-off BNW *eenmalig; exclusief; uniek*

one-piece BNW *uit één stuk; eendelig* ★ **~ bathing suit** *badpak*

oner ('wʌnə) ZN • *uitblinker* • *grove leugen* • *flinke klap* • INFORM. *slag die voor één telt* ⟨bij cricket⟩ ★ **oner at** *kei/kraan in*

onerous ('ɒnərəs) BNW *drukkend* ★ **~ property** *bezwaard eigendom*

oneself (wʌn'self) WKD VNW *(zich)zelf* ★ **by ~** *alleen; eigenhandig* ★ **of ~** *vanzelf; uit zichzelf*

one-sided (wʌn'saɪdɪd) BNW • *eenzijdig* • *bevooroordeeld* ★ **~ street** *straat met aan één kant huizen*

one-storeyed (wʌn'stɔːrɪd), USA **one-storied** BNW *v. één verdieping*

one-storied BNW USA → **one-storeyed**

one-time (wʌntaɪm) BNW • *voormalig; eens; vroeger* • *slechts eenmaal*

one-to-one BNW *een op een; punt voor punt*

one-track (wʌn'træk) BNW *eenzijdig geïnteresseerd* ⟨figuurlijk⟩

one-upmanship ZN *de kunst een ander steeds een slag voor te zijn*

one-way (wʌn'weɪ) BNW ★ **~ traffic** *eenrichtingsverkeer* ★ **~ ticket** *enkele reis*

onflow ('ɒnfləʊ) ZN *(voortdurende) stroom*

ongoing ('ɒngəʊɪŋ) BNW *lopend; voortdurend; aanhoudend*

onion ('ʌnjən) ZN • *ui* • PLAT *hoofd; kop* ★ **he is off his ~** *hij is niet goed snik* ★ **know one's ~s** *zijn vak verstaan*

on-line BNW + BIJW *on line; gekoppeld* ⟨aan centrale computer⟩

onlooker ('ɒnlʊkə) ZN *toeschouwer*

only ('əʊnlɪ) **I** BNW *enig* **II** BIJW ★ **~** *(alleen) maar* • *pas; eerst* ★ **if only I knew** *als ik maar wist* ★ **only too true** *maar al te waar* ★ **only not so good als** **III** VW *maar; alleen* ★ **he always says he will do it, only he never does** *hij zegt altijd dat hij het zal doen, maar hij doet het nooit* ★ **he does well, only that he always hesitates to begin** *hij doet het goed, alleen weet hij nooit goed hoe te beginnen*

onrush ('ɒnrʌʃ) ZN *toeloop; toestroom; stormloop*

onrush(ing) ('ɒnrʌʃ(ɪŋ)) ZN *stormloop; 't aansnellen*

on-screen BNW + BIJW • *in beeld* ⟨tv, film, scherm⟩ • *op het scherm/monitor*

onset ('ɒnset) ZN • *aanval* • *begin; eerste symptomen*

onshore ('ɒnʃɔː) **I** BNW *aanlandig* ★ **~ fishing** *kustvisserij* ★ **~ wind** *zeewind* **II** BIJW • *land(in)waarts* • *aan land*

onslaught ('ɒnslɔːt) ZN *woeste aanval*

onto ('ɒntu:) VZ *naar ... toe*

onus ('əʊnəs) ZN • *(bewijs)last; plicht* • *schuld*

onward ('ɒnwəd) BNW *voorwaarts*

onwards ('ɒnwədz) BIJW *voorwaarts*

oodles ('u:dlz) ZN MV ★ INFORM. **~ of money** *hopen geld*

oof (u:f) ZN PLAT *geld; duiten*

oofy ('u:fɪ) BNW *rijk*

oomph (ʊmf) ZN INFORM. *energie; (aantrekkings)kracht*

oops (u:ps) TW *oeps!; jeetje!; verdorie!*

ooze (u:z) **I** ZN • *slib; slijk* • *lek* • *het sijpelen* ⟨v. dikkere vloeistoffen⟩ **II** OV WW • *ontzinken* ⟨v. moed⟩ • **~ out** *uitlekken* ⟨ook van geheim⟩ **III** ONOV WW *druppelen; doorsijpelen* ⟨v. dikkere vloeistoffen⟩

oozy ('u:zɪ) BNW *modderig*

opacity (ə'pæsətɪ) ZN • *ondoorschijnendheid* • *onduidelijkheid* • *domheid*

opal ('əʊpl) ZN *opaal*

opalescence (əʊpə'lesns) ZN *opaalglans*

opalescent (əʊpə'lesənt) BNW *opaalachtig*

opaline ('əʊpəlaɪn) BNW → **opalescent**

opaque (əʊ'peɪk) **I** ZN *duisternis* **II** BNW • *mat* • *ondoorschijnend; duister* • *dom* • *onduidelijk* ★ **~ colour** *dekverf*

OPD AFK Officially Pronounced Dead *officieel dood verklaard*

OPEC ('əʊpek) AFK Organisation of Petrol Exporting Countries *OPEC* ⟨org. v. olie producerende en exporterende landen⟩

open ('əʊpən) **I** ZN • *open plek* • *open*

kampioenschap ★ the open *de open ruimte* ★ bring into the open *aan het licht brengen* ★ come into the open *zich nader verklaren; kleur bekennen; aan het licht komen* **II** BNW • *open; geopend; vrij • openbaar • toegankelijk* (**to** *voor*) • *blootgesteld* (**to** *aan*) • *openhartig* • *onbevangen; bereid • vrijgevig* ★ open cheque *ongekruiste cheque* ★ open contempt *onverholen minachting* ★ that point is open to debate *dat staat nog ter discussie* ★ open to question *aanvechtbaar* ★ open market *vrije markt* ★ have/keep an open mind *open (blijven) staan voor* ★ keep one's options open *zich nergens op vastleggen* **III** OV+ONOV WW • *(zich) openen; open maken; opengaan* • *beginnen te* ‹spreken, blaffen enz.› • *zichtbaar worden* ★ open a case *een rechtszaak inleiden* ★ open ground *land omploegen* ★ open one's heart/mind *zijn hart uitstorten* ★ the door opens into the corridor *de deur komt uit op de gang* • ~ **out** *ontvouwen; uitspreiden; ontwikkelen; uitbreiden; meedelen; gas geven* • ~ **up** *openen; vuren; openstellen; toegankelijk maken; openbaren; gas geven; vrijuit (beginnen te) spreken*
open-air BNW *openlucht-; buiten-*
open-and-shut (ǝʊpǝnǝnˈʃʌt) BNW USA *(dood)eenvoudig*
opencast (ˈǝʊpǝnkɑːst) BNW *bovengronds* ★ ~ mining *dagbouw*
open-ended (ǝʊpǝnˈendɪd) ZN *open; vrij(blijvend)*
opener (ˈǝʊpǝnǝ) ZN • *blik-/flesopener* • *openingsnummer/-ronde*
open-eyed BNW • *met de ogen wijd open; aandachtig* • *met grote ogen; verbaasd*
open-faced (ǝʊpǝnˈfeɪst) BNW • *openhartig* • *betrouwbaar* • *onschuldig*
open-field (ǝʊpǝnˈfiːld) BNW ★ ~ system *stelsel van gemeenschappelijke bouwlanden*
open-grown (ǝʊpǝnˈgrǝʊn) BNW ★ ~ salad *sla v.d. koude grond*
open-handed (ǝʊpǝnˈhændɪd) BNW *vrijgevig; royaal*
open-hearted (ǝʊpǝnˈhɑːtɪd) BNW • *ontvankelijk* • *hartelijk* • *openhartig*
opening (ˈǝʊpǝnɪŋ) **I** ZN • *opening; begin* • *kans* • *vacature* **II** BNW *openend; inleidend*
openly (ˈǝʊpǝnli) BIJW • *openlijk* • *openbaar* • *openhartig*
open-minded (ǝʊpǝnˈmaɪndɪd) BNW *onbevooroordeeld*
open-mouthed (ǝʊpǝnˈmaʊðd) BNW • *stomverbaasd* • *vrijuit sprekend*
openness (ˈǝʊpǝnǝs) ZN *openheid; eerlijkheid; onpartijdigheid*
open-plan BNW *met weinig tussenmuren* ★ ~ kitchen *open keuken*
opera (ˈɒprǝ) ZN *opera* ★ ~ cloak *sortie; avondmantel*
operable (ˈɒpǝrǝbl) BNW • *operationeel; bruikbaar • uitvoerbaar* • MED. *te opereren*
opera-glasses (ˈɒprǝglɑːsɪz) ZN *toneelkijker*
opera hat ZN *klak(hoed)*
opera-house (ˈɒprǝhaʊs) ZN *operagebouw*
operate (ˈɒpǝreɪt) **I** OV WW • USA *exploiteren; leiden • bewerken; teweegbrengen* ★ he has been ~d on for *hij is geopereerd aan* **II** ONOV WW • *opereren • werken; uitwerking hebben*
operatic (ɒpǝˈrætɪk) BNW • *opera- • theatraal* ‹fig.› ★ an ~ character *schertsfiguur*
operating (ˈɒpǝreɪtɪŋ) BNW • *werkzaam • bedrijfs-*
operation (ɒpǝˈreɪʃǝn) ZN • *operatie • financiële transactie • geldigheid • exploitatie • werking; handeling* ★ come into ~ *in werking treden*
operational (ɒpǝˈreɪʃǝnl) BNW • *operationeel* • *gebruiksklaar* ★ ~ costs *bedrijfskosten* ★ ~ research *toegepast bedrijfsonderzoek* ★ be ~ *in werking zijn*
operations (ɒpǝˈreɪʃǝnz) ZN MV *werkzaamheden* ★ animal ~ *lichamelijke functies*
operative (ˈɒpǝrǝtɪv) **I** ZN • *werkman; fabrieksarbeider* • USA *detective* **II** BNW • *in werking • van kracht • doeltreffend; praktisch* • *voornaamste • operatief* ★ become ~ *v. kracht worden* ★ the ~ word *het sleutelwoord*
operator (ˈɒpǝreɪtǝ) ZN • *(be)werker • operateur* • *iem. die machine bedient • telegrafist(e); telefonist(e) • speculant* • USA *werkgever; eigenaar v. bedrijf*
operetta (ɒpǝˈretǝ) ZN *operette*
ophthalmia (ɒfˈθælmɪǝ) ZN *oogontsteking*
ophthalmic (ɒfˈθælmɪk) BNW *oogheelkundig*
ophthalmologist (ɒfθælˈmɒlǝdʒɪst) ZN *oogarts*
ophthalmology (ɒfθælˈmɒlǝdʒɪ) ZN *oogheelkunde*
opiate (ˈǝʊpɪǝt) **I** ZN *pijnstillend/slaapverwekkend middel* **II** OV WW • *met opium mengen* • *bedwelmen* ‹ook fig.›
opine (ǝʊˈpaɪn) ONOV WW *v. mening zijn*
opinion (ǝˈpɪnjǝn) ZN • *overtuiging; opinie; mening; gedachte • advies* ★ a matter of ~ *'n kwestie v. opvatting* ★ take counsel's ~ *rechtskundig advies inwinnen* ★ ~ poll *opiniepeiling; enquête*
opinionated (ǝˈpɪnjǝneɪtɪd) BNW • *dogmatisch* • *eigenzinnig; koppig*
opium (ˈǝʊpɪǝm) ZN *opium* ★ PLAT ~ den *opiumkit*
opossum (ǝˈpɒsǝm) ZN USA (bont v.) *buidelrat*
opponent (ǝˈpǝʊnǝnt) **I** ZN *tegenpartij/-stander* **II** BNW *tegengesteld; strijdig*
opportune (ˈɒpǝtjuːn/ɒpǝˈtjuːn) BNW *gelegen; geschikt*
opportunism (ɒpǝˈtjuːnɪzǝm) ZN *opportunisme*
opportunist (ɒpǝˈtjuːnɪst) ZN *opportunist*
opportunistic (ɒpǝtjuːˈnɪstɪk) BNW *opportunistisch*
opportunity (ɒpǝˈtjuːnǝtɪ) ZN *(gunstige) gelegenheid; kans* ★ ~ knocks *een goede gelegenheid/kans dient zich aan*
opportunity cost ZN ECON. *alternatieve kosten*
oppose (ǝˈpǝʊz) OV WW • *z. verzetten (tegen)* • ~ **to** *stellen tegenover*
opposed (ǝˈpǝʊzd) BNW *vijandig* ★ ~ to *gekant tegen; tegengesteld aan*
opposing (ǝˈpǝʊzɪŋ) BNW • *tegenoverstaand* • *tegen-; vijandig* ★ the ~ team *de tegenpartij*
opposite (ˈɒpǝzɪt) **I** ZN *tegen(over)gestelde; tegenpool* **II** BNW *tegenovergelegen; overstaand* ‹v. blad of hoek›; *ander(e); tegen-; over-* ★ ~ from/to *tegen(over)gesteld aan* ★ ~ number

opposition – order

tegenspeler/-stander **III** BIJW • *aan de overkant* • *tegenover* **IV** VZ • *tegenover* • *aan de overkant* ★ he plays ~ to me *hij is mijn tegenspeler*

opposition (ɒpəˈzɪʃən) ZN • *verzet; oppositie* ‹ook politiek› • *tegenstelling; plaatsing tegenover* ★ in ~ to *in strijd met*

oppositionist (ɒpəˈzɪʃənɪst) ZN *lid v.d. oppositie*

oppress (əˈpres) OV WW • *onderdrukken; verdrukken* • *bezwaren; drukken op*

oppression (əˈpreʃən) ZN *verdrukking; onderdrukking*

oppressive (əˈpresɪv) BNW *verdrukkend; onderdrukkend*

oppressor (əˈpresə) ZN *onderdrukker; tiran*

opprobrious (əˈprəʊbrɪəs) BNW *honend; smaad-; scheld-*

opprobrium (əˈprəʊbrɪəm) ZN *schande; smaad*

oppugn (əˈpjuːn) OV WW *bestrijden*

oppugnance (əˈpʌgnəns) ZN *tegenstand; weerzin*

opt (ɒpt) ONOV WW *optéren; keuze doen* • ~ out *niet meer (willen) meedoen; z. terugtrekken*

optative (ɒpˈteɪtɪv) **I** ZN *optatief* **II** BNW *wensend* ★ ~ mood *optatief*

optic (ˈɒptɪk) **I** ZN • IRON. *oog* • *klein maatglas aan hals v. fles bevestigd* **II** BNW *gezichts-* ★ ~ nerve *oogzenuw*

optical (ˈɒptɪkl) BNW *gezichts-; optisch* ★ ~ illusion *gezichtsbedrog*

optician (ɒpˈtɪʃən) ZN *opticien*

optics (ˈɒptɪks) ZN MV • *leer v. het zien; leer v. het licht* • *onderdelen van optische uitrusting*

optimal (ˈɒptɪml) ZN *accessoire; extraatje*

optimism (ˈɒptɪmɪzəm) ZN *optimisme*

optimize (ˈɒptɪmaɪz) **I** OV WW • *optimaliseren* • *optimaal benutten* **II** ONOV WW *optimistisch zijn*

optimum (ˈɒptɪməm) ZN *optimum; beste; meest begunstigde*

option (ˈɒpʃən) ZN • *optie; keus; mogelijkheid* • ECON. *optie* ★ I have no ~ but to go *ik moet wel gaan* ★ be imprisoned without the ~ *een gevangenisstraf uitzitten* ‹zonder deze voor een geldboete te mogen ruilen› ★ keep/leave one's ~s open *alle mogelijkheden open laten; zich nergens op vastleggen* ★ ECON. local ~ *plaatselijke keuze* ★ run out of ~s *langzamerhand geen mogelijkheden meer zien* ‹om een probleem op te lossen›

optional (ˈɒpʃənl) BNW *naar keuze; facultatief* ★ it is ~ on/with you *het staat u vrij te* ★ be an ~ extra *tegen meerprijs verkrijgbaar zijn*

opulence (ˈɒpjʊləns) ZN • *rijkdom* • *weelderigheid*

opulent (ˈɒpjʊlənt) BNW *rijk; weelderig; overvloedig*

opus (ˈəʊpəs) ZN *opus; (muziek)werk*

or (ɔː) **I** ZN HER. *goud(kleur)* **II** VW *of*

oracle (ˈɒrəkl) ZN *orakel* ★ PLAT work the ~ *achter de schermen werken; geld loskrijgen*

oracular (əˈrækjʊlə) BNW • *als een orakel* • *dubbelzinnig*

oral (ˈɔːrəl) **I** ZN INFORM. *mondeling examen* **II** BNW *mondeling; mond-; oraal*

orange (ˈɒrɪndʒ) **I** ZN • *de kleur oranje* • *sinaasappel* • Orangeman *protestantse Ier; orangist* ★ ~ juice *sinaasappelsap; jus d'orange* **II** BNW *oranje* ★ squeezed ~ *uitgeknepen citroen*

orangeade (ɒrɪndʒˈeɪd) ZN *sinaasappellimonade*

orate (ɔːˈreɪt) ONOV WW *oreren*

oration (ɔːˈreɪʃən) ZN • *redevoering* • TAALK. *rede*

orator (ˈɒrətə) ZN *redenaar*

oratoric(al) (ɒrəˈtɒrɪk(l)) BNW *oratorisch*

oratorio (ɒrəˈtɔːrɪəʊ) ZN *oratorium*

oratory (ˈɒrətərɪ) ZN • *(huis)kapel* • r.-k. Kerk • *welsprekendheid*

orb (ɔːb) **I** ZN • *bol* • *hemellichaam* • FORM. *oog(bal)* • *rijksappel* • *georganiseerd geheel* **II** OV WW *insluiten* **III** ONOV WW *een baan beschrijven; omwentelen*

orbit (ˈɔːbɪt) **I** ZN • *oogkas* • *oogrand* ‹v. vogel› • *(gebogen) baan v. hemellichaam* • *lichaam in de ruimte* • *sfeer* ‹fig.› **II** OV+ONOV WW • *in baan brengen* ‹om een hemellichaam› • *wentelen; draaien*

orbital (ˈɔːbɪtl) ZN • *verkeersweg om voorsteden heen* • STERRENK. *(omloop)baan*

orbiter (ˈɔːbɪtə) ZN *satelliet*

orch. AFK orchestra *orkest*

orchard (ˈɔːtʃəd) ZN • *boomgaard* • *fruittuin*

orchestra (ˈɔːkɪstrə) ZN • *orkest* • USA *stalles* ★ ~ seats/stalls *stalles* ★ ~ pit *orkestbak*

orchestral (ɔːˈkestrəl) BNW *orkest-*

orchestrate (ˈɔːkɪstreɪt) OV WW *voor orkest bewerken*

orchestration (ɔːkɪsˈtreɪʃən) ZN *orkestratie*

orchid (ˈɔːkɪd) ZN *orchidee*

orchis ZN → orchid

ordain (ɔːˈdeɪn) ONOV WW • *(tot priester) wijden* • *beschikken; voorschrijven*

ordeal (ɔːˈdiːl) ZN • *godsgericht* • *beproeving* ★ ~ by fire *vuurproef*

order (ˈɔːdə) **I** ZN • *orde* ‹toestand van rust en regelmaat› • *orde; categorie; soort* • *orde; rang; stand* • *volgorde* • *order; bevel* • *bestelling* • GESCH. *orde* • *orde* ‹(religieus) genootschap›; *orde* ‹medaille of ander kenteken van zo'n genootschap› • *betalingsopdracht* ★ be under doctor's ~s *(door arts) voorgeschreven leefregel volgen* ★ by ~ *op bevel* ★ in ~ *aan de orde; USA gepast;* in ~ of *verklaring tijdens rechtzaak›; in orde; in volgorde* ★ out of ~ *niet in/op orde; v. streek; buiten de orde zijnde* ‹v. spreker› ★ to ~ *op bestelling; naar maat; aan order* ‹cheque› ★ put in ~ of importance *volgens belangrijkheid rangschikken* ★ in ~ to *teneinde; om* ★ in ~ that *opdat; zodat* ★ in short ~ *in kort geding*; USA *snel* ★ be on ~ *in bestelling zijn* ★ be the ~ of the day *aan de orde v.d. dag zijn* ★ as per ~ *enclosed volgens ingesloten order* ★ ~ of knighthood *ridderorde* ★ Order in Council *Algemene Maatregel v. Bestuur* ★ USA on the ~ of *ongeveer zoals* ★ (holy) ~s *de geestelijke staat* ★ be in ~s *geestelijke zijn* ★ take ~s *gewijd worden* ‹tot priester› ★ lower ~s [mv] *lagere sociale klasse* ★ pecking ~ *pikorde* **II** OV WW • *bestellen* • *ordenen; regelen* • *verordenen; bevelen* ★ he was ~ed home *hij werd naar huis/ 't vaderland gezonden* ★ ~ s.o. about *iem. commanderen* ★ she ~ed me up *zij liet me boven komen* • ~ out *wegsturen; laten uittrekken*

order book ZN ECON. *orderboek*
order form ZN *bestelformulier*
order-form ('ɔ:dəfɔ:m) ZN *bestelformulier*
orderly ('ɔ:dəlɪ) I ZN • *ordonnans*
• *hospitaalsoldaat* • *ziekenoppasser* • MIL.
facteur • *straatveger* ★ MIL. ~ *book orderboek*
★ MIL. ~ *officer officier v.d. dag* ★ ~ *room
compagniesbureau* ★ *medical* ~
hospitaalsoldaat II BNW *ordelijk*; *geregeld*
order number ZN *bestelnummer*
order-paper ('ɔ:dəpeɪpə) ZN *agenda*
Order Paper ZN G-B, POL. *agenda* ⟨voor vergadering van het parlement⟩
ordinal ('ɔ:dɪnl) I ZN *boek gebruikt bij wijding v. geestelijken* ★ ~ *numbers rangtelwoorden*
II BNW • *rangschikkend* • *van natuurlijk historische orde*
ordinance ('ɔ:dɪnəns) ZN • *verordening*
• *godsdienstige ritus*
ordinand ('ɔ:dɪnænd) ZN *wijdeling* ⟨r.-k. Kerk⟩
ordinaries ('ɔ:dɪnərɪz) ZN MV *gewone aandelen*
ordinarily ('ɔ:dɪnərəlɪ) BIJW *gewoonlijk*
ordinary ('ɔ:dɪnərɪ) I ZN • *gewone misgebeden*
• *gaarkeuken* • *dagschotel* • *vélocipède*
• INFORM. *gewone toestand* ⟨v. zaken of gezondheid⟩ ★ *the Ordinary (aarts)bisschop als jurisdictie hebbende in provincie of diocees*
II BNW • *alledaags*; *normaal*; *gewoon*
• *regelmatig* ~ *opgelegd* ⟨v. schepen⟩ ★ ~ *debts boekschulden* ★ ~ *seaman lichtmatroos* ★ *a physician in* ~*lijfarts*; *hofarts* ★ *ambassador in* ~ *gewoon gezant* ★ *nothing out of the* ~ *niets buitengewoons*
ordination (ɔ:dɪ'neɪʃən) ZN • *classificatie*; *ordening* • *wijding* ⟨tot geestelijke⟩
• *beschikking* ⟨v. voorzieningheid⟩
ordnance ('ɔ:dnəns) ZN • *geschut* • *tak v. openbare dienst voor militaire voorraden en materieel* ★ ~ *survey topografische verkenning*
ordure ('ɔ:djʊə) ZN • *mest*; *gier* • *vuile taal*
• *uitwerpselen*; *drek*
ore (ɔ:) ZN • *erts* • FORM. *metaal* ⟨vnl. goud⟩
organ ('ɔ:gən) ZN • *orgel* • OOK FIG. *orgaan*
• *spreekbuis*; *blad* • EUF. *penis*
organ-grinder ('ɔ:gəngraɪndə) ZN *orgeldraaier*
organic (ɔ:'gænɪk) BNW • *organisch*
• *fundamenteel*; *structureel* • *georganiseerd*
organism ('ɔ:gənɪzəm) ZN *organisme*
organist ('ɔ:gənɪst) ZN *organist*
organizable (ɔ:gə'naɪzəbl) BNW *wat georganiseerd kan worden*
organization (ɔ:gənaɪ'zeɪʃən) ZN *organisatie*
organizational (ɔ:gənaɪ'zeɪʃnəl) BNW *organisatorisch*; *organisatie-*
organize ('ɔ:gənaɪz) OV WW *organiseren*
organized ('ɔ:gənaɪzd) BNW → **organize**
• *aangesloten* ⟨v. vakbondsleden⟩
• *georganiseerd* •
organizer ('ɔ:gənaɪzə) ZN • *systematische agenda*
• *organisator*
organ-loft ('ɔ:gənlɒft) ZN *oksaal*
organ-stop ('ɔ:gənstɒp) ZN *orgelregister*
orgasm ('ɔ:gæzəm) ZN *orgasme*
orgiastic (ɔ:dʒɪ'æstɪk) BNW *orgiastisch*; *orgieachtig*
orgy ('ɔ:dʒɪ) ZN *orgie*
oriel ('ɔ:rɪəl) ZN *erker*

orient ('ɔ:rɪənt) I BNW • *oosters* • *oostelijk* II OV WW → **orientate**
Orient ('ɔ:rɪənt) ZN *Oosten*
oriental (ɔ:rɪ'entl) I ZN *oosterling* II BNW *oosters*
orientalism (ɔ:rɪ'entəlɪzəm) ZN • *oosters karakter*
• *kennis v. 't oosten*
orientalist (ɔ:rɪ'entəlɪst) ZN *oriëntalist*
orientate ('ɔ:rɪənteɪt) OV WW • *z. naar de omstandigheden richten* • *z. naar het oosten richten* • *oriënteren* • *z. naar een bepaald punt richten*
orientation (ɔ:rɪen'teɪʃən) ZN • *richtingsgevoel*
• *oriëntering*
orifice ('ɒrɪfɪs) ZN *opening*; *mond(ing)*
origin ('ɒrɪdʒɪn) ZN *afkomst*; *oorsprong*; *begin*
★ *office of* ~ *kantoor v. afzending*
original (ə'rɪdʒɪnl) I ZN • *origineel* II BNW
aanvankelijk; *oorspronkelijk*; *origineel*; *eerste*
★ ~ *sin erfzonde*
originality (ərɪdʒɪ'nælətɪ) ZN *oorspronkelijkheid*
originate (ə'rɪdʒɪneɪt) ONOV WW • *voortbrengen*
• ~ *from voortkomen uit* • ~ *with opkomen bij*
originator (ə'rɪdʒɪneɪtə) ZN *schepper*; *bewerker*
Orkneys ('ɔ:knɪz) ZN MV *Orcaden*
orlop ('ɔ:lɒp) ZN SCHEEPV. *koebrug*
ornament ('ɔ:nəmənt) I ZN *ornament*; *sieraad*; *versiersel* ★ *by way of* ~ *als versiering* II OV WW *versieren*; *tooien*
ornamental (ɔ:nə'mentl) BNW *decoratief*;
ornamenteel; *sier-* ★ ~ *painter decoratieschilder*
ornamentation (ɔ:nəmen'teɪʃən) ZN *versiering*
ornate (ɔ:'neɪt) BNW • *sierlijk*; *bloemrijk* ⟨v. taal⟩
• *ornaat*
ornery ('ɔ:nərɪ) BNW • USA *nors*; *knorrig*; *onaangenaam* • USA *van slechte kwaliteit*
ornithologist (ɔ:nɪ'θɒlədʒɪst) ZN *ornitholoog*; *vogelkenner*
ornithology (ɔ:nɪ'θɒlədʒɪ) ZN *vogelkunde*
orotund ('ɒrətʌnd) BNW • *gezwollen*; *bombastisch*
• *indrukwekkend*
orphan ('ɔ:fən) I ZN *wees* II BNW *wees-*; *ouderloos*
III OV WW *tot wees maken*
orphanage ('ɔ:fənɪdʒ) ZN • *het wees zijn* • *(de) wezen* • *weeshuis*
orphanhood ('ɔ:fənhʊd) ZN *het wees zijn*
orris ('ɒrɪs) ZN • PLANTK. *lis* • *goud- of zilverkant op borduursel*
orthodontic (ɔ:θə'dɒntɪk) BNW *orthodontisch*
orthodontics (ɔ:θə'dɒntɪks) ZN *orthodontie*
orthodox ('ɔ:θədɒks) BNW • *orthodox* • *algemeen aangenomen* • *gepast* • *ouderwets*; *v.d. oude stempel* ★ *the Orthodox Church de Grieks-katholieke Kerk*
orthodoxy ('ɔ:θədɒksɪ) ZN *orthodoxie*
orthography (ɔ:'θɒgrəfɪ) ZN *orthografie*; *spellingsleer*
orthopaedic (ɔ:θə'pi:dɪk) BNW *orthopedisch*
orthopaedics (ɔ:θə'pi:dɪks) ZN *orthopedie*
orthopaedist (ɔ:θə'pi:dɪst) ZN *orthopedist*; *orthopeed*
oscillate ('ɒsɪleɪt) ONOV WW • *schommelen*; *slingeren* • *oscilleren* ⟨v. radio⟩ • *aarzelen*
oscillation (ɒsɪ'leɪʃən) ZN • *radiostoring* • *trilling*
• *besluiteloosheid*
oscillatory ('ɔ:sɪlət(ə)rɪ/'ɒsɪleɪt(ə)rɪ) BNW *schommelend*

oscular ('ɒskjʊlə) BNW • v.d. mond • IRON. kussend; kus-

osculate ('ɒskjʊleɪt) ONOV WW • IRON. kussen • BIOL. karaktertrekken gemeen hebben ⟨v. soorten⟩ • WISK. osculeren

osculation (ɒskjʊ'leɪʃən) ZN • IRON. kus • aanraking; osculatie

osier ('əʊzɪə) I ZN • soort wilg • rijs II BNW tenen

osmosis (ɒz'məʊsɪs) ZN osmose

osprey ('ɒspreɪ) ZN • visarend • pluim; veer ⟨op dameshoed⟩

osseous ('ɒsɪəs) BNW beenachtig; been-

ossicle ('ɒsɪkl) ZN beentje

ossification (ɒsɪfɪ'keɪʃən) ZN • MED. beenvorming • het verstenen

ossify ('ɒsɪfaɪ) I OV WW (doen) verstenen II ONOV WW • in been veranderen • verharden ⟨fig.⟩

ossuary ('ɒsjʊərɪ) ZN beenderurn; graf; knekelhuis

ostensible (ɒ'stensɪbl) BNW ogenschijnlijk; zogenaamd

ostensive (ɒ'stensɪv) BNW ogenschijnlijk

ostentation (ɒsten'teɪʃən) ZN uiterlijk vertoon

ostentatious (ɒsten'teɪʃəs) BNW opzichtig; in 't oog lopend

osteopath ('ɒstɪəpæθ) ZN osteopaat; (onbevoegd) orthopedist

ostler ('ɒslə) ZN stalknecht in herberg

ostracism ('ɒstrəsɪzəm) ZN • schervengerecht • uitbanning

ostracize ('ɒstrəsaɪz) OV WW • verbannen • boycotten

ostrich ('ɒstrɪtʃ) ZN struisvogel

OTC AFK over the counter vrij verkrijgbaar ⟨v. geneesmiddelen⟩

other ('ʌðə) I ZN de/het andere II BNW • anders; verschillend • nog • some time or ~ een of andere keer ★ s.o. or ~ de een of ander ★ the ~ world het hiernamaals ★ the ~ morning onlangs op een morgen ★ he of all ~s juist hij! ★ INFORM. if you don't want it, do the ~ thing als je het niet wilt, laat het dan ★ every ~ day om de andere dag ★ on the ~ hand daarentegen • the ~ day onlangs

otherwise ('ʌðəwaɪz) I BNW ★ ~ minded andersdenkend II BIJW • anders • (of) anders • verder ★ the merits or ~ of his conduct de verdiensten of de fouten van zijn gedrag ★ I would rather go than ~ ik zou liever wel gaan dan niet ★ he is unruly, but not ~ blameworthy hij is wel onhandelbaar, maar verder valt er niets op hem aan te merken ★ Mr. Simister, ~ Grossman de Heer S., alias G. ★ go, ~ you'll be late ga, (of) anders kom je te laat ★ his ~ equals in andere opzichten zijns gelijken

other-world ('ʌðəwɜːld) ZN • bovennatuurlijke wereld • hiernamaals

other-worldly (ʌðə'wɜːldlɪ) BNW niet van deze aarde; niet aardsgezind

otiose ('əʊʃɪəʊs) BNW overbodig; v. geen nut

otter ('ɒtə) ZN (bont v.d.) otter

otto ('ɒtəʊ) ZN rozenolie

Ottoman ('ɒtəmən) I ZN Turk II BNW Turks

oubliette (uːblɪ'et) ZN kerker met valluik

ouch (aʊtʃ) I ZN OUD. broche; gesp II TW au!

ought (ɔːt) I ZN iets II HWW moet(en)/moest(en) eigenlijk; behoor(t); behoren; behoorde(n) ★ you ~ to stop talking like that je moest eigenlijk met dergelijke praat ophouden

ounce (aʊns) ZN • ounce ⟨28,35 gram⟩ • sneeuwpanter; lynx • FIG. klein beetje ★ ~ of lead blauwe boon ★ an ~ of practice is worth a pound of theory 'n klein beetje praktijk is evenveel waard als veel theorie

our ('aʊə) BEZ VNW ons

ours ('aʊəz) BEZ VNW het onze; de onze(n)

ourselves (aʊə'selvz) WKD VNW ons(zelf); wij(zelf); zelf

ousel ('uːzəl) ZN soort lijster

oust (aʊst) OV WW • ontnemen • verdrijven (from uit); wegdoen • vervangen • ~ of/from verdringen uit

out (aʊt) I ZN • uitweg; uitvlucht • USA nadeel • gewezen politicus ★ the outs de partij die niet aan het bewind/spelen is ★ the ins and outs of the matter de details v.d. zaak ★ at outs with overhoop liggend met II BNW in staking ★ outsize abnormaal groot ★ an out match een uitwedstrijd ★ out size buitengewoon grote maat III OV WW • eruit gooien • k.o. slaan • USA uit de weg ruimen IV ONOV WW een uitstapje maken V BIJW • weg; (er)uit; (er)buiten • niet meer aan 't bewind • uit de mode • voorbij; afgelopen; om • verschenen; publiek • zonder betrekking; af ⟨in spel⟩ ★ out there daarginds ★ she is out and away the better zij is verreweg de beste ★ out and out Conservatives aartsconservatieven ★ be out for er op uit zijn om ★ out of buiten; uit; niet inbegrepen; zonder; geboren uit ★ be out of it er buiten staan; in de weer zijn; 't mis hebben; verkeerd ingelicht zijn; ten einde raad zijn ★ changed out of recognition niet meer te herkennen ★ out with him! gooi 'm eruit! ★ out with it! voor de dag ermee! ★ all out af; totaal mis; met de grootste inspanning ★ they went all out ze gaven zich geheel aan 't werk ★ my arm is out mijn arm is uit 't lid ★ the girl has come out 't meisje heeft haar debuut gemaakt ★ he is out and about again hij is weer hersteld ★ out and away the largest verreweg de grootste ★ a reward was out 'n beloning werd uitgeloofd ★ you are far out je zit er ver naast ★ I am ten euro's out ik kom er tien euro aan te kort ★ from this out van nu af ★ he is out in A. hij zit helemaal in A. ★ out on the town aan de boemel ★ out and about weer hersteld VI VZ langs; uit ★ from out of uit VII VOORV meer; groter; beter; harder

out-act (aʊt'ækt) OV WW overtreffen

outage ('aʊtɪdʒ) ZN (stroom)onderbreking

out-and-out (aʊtn'aʊt) BNW volledig; voortreffelijk

out-and-outer (aʊtənd'aʊtə) ZN • INFORM. uitblinker • aartsschelm

outback ('aʊtbæk) ZN binnenland ⟨v. Australië⟩

outbalance (aʊt'bæləns) OV WW zwaarder wegen dan; overtreffen

outbid (aʊt'bɪd) OV WW meer bieden dan

outboard ('aʊtbɔːd) BNW buitenboord

outbound ('aʊtbaʊnd) BNW op de uitreis

outbox ('aʊtbɒks) ZN COMP. ≈ verzonden berichten

outbrave (aʊtˈbreɪv) OV WW • *uitdagen* • *overtreffen*
outbreak (ˈaʊtbreɪk) ZN • *het uitbreken* ‹v. oorlog, ziekte› • *oproer*
outbuilding (ˈaʊtbɪldɪŋ) ZN *bijgebouw*
outburst (ˈaʊtbɜːst) ZN *uitbarsting*
outcast (ˈaʊtkɑːst) I ZN *verschoppeling* II BNW *verbannen*
outcaste[1] (ˈaʊtkɑːst) I ZN *paria* II BNW *paria-*
outcaste[2] (aʊtˈkɑːst) OV WW *uit zijn kaste stoten*
outclass (aʊtˈklɑːs) I OV WW *overtreffen* II ONOV WW *de meerdere zijn van*
outcome (ˈaʊtkʌm) ZN *resultaat*
outcrop (ˈaʊtkrɒp) I ZN *te voorschijn komende aardlaag* II ONOV WW *te voorschijn komen*
outcry (ˈaʊtkraɪ) I ZN • *geschreeuw* • *verontwaardiging* II OV WW *overschreeuwen*
outdated (aʊtˈdeɪtɪd) BNW • *ouderwets* • *verouderd; achterhaald*
outdistance (aʊtˈdɪstns) OV WW *achter zich laten*
outdo (aʊtˈduː) OV WW • *overtreffen* • *verstomd doen staan van*
outdoor (ˈaʊtdɔː) BNW • *openlucht-; buiten(shuis)* • *buiten 't parlement* ★ ~ *department polikliniek* ★ ~ *relief hulp aan armen buiten inrichting*
outdoors (aʊtˈdɔːz) I ZN *openlucht* ★ the great ~ *de vrije natuur* II BIJW *buiten(shuis)*
outer (ˈaʊtə) BNW *buiten-; uitwendig* ★ ~ man *uiterlijk; kleding* ★ ~ office *kantoor van 't personeel* ★ ~ space *de (kosmische) ruimte* ★ ~-garments *bovenkleren*
outermost (ˈaʊtəmaʊst) BNW • *buitenste* • *uiterste*
outface (aʊtˈfeɪs) OV WW • *in verlegenheid brengen* • *trotseren*
outfall (ˈaʊtfɔːl) ZN *mond(ing)*
outfield (ˈaʊtfiːld) ZN • *afgelegen veld* ‹v. boerderij› • SPORT *verre veld; buitenveld*
outfielder (ˈaʊtfiːldə) ZN *buitenvelder; verre velder*
outfit (ˈaʊtfɪt) ZN • *kleding* • *zaakje* • *organisatie; systeem* • INFORM. *gezelschap; troep; stel* ‹mensen›; *ploeg* ‹werklui›; *bataljon* • *uitrusting*
outfitter (ˈaʊtfɪtə) ZN *leverancier v. uitrustingen* ★ gentlemen's ~ *herenmodezaak*
outflank (aʊtˈflæŋk) OV WW • MIL. *omtrekken* • *beetnemen* ‹figuurlijk›
outflow (ˈaʊtfləʊ) ZN • *af-/uitvloeiing* • *vlucht* ‹v. goud›
outfox (aʊtˈfɒks) OV WW *te slim af zijn*
outgiving (aʊtˈgɪvɪŋ) ZN USA *verklaring*
outgo[1] (ˈaʊtgəʊ) ZN *uitgave(n)*
outgo[2] (aʊtˈgəʊ) OV WW • *overtreffen* • *overschrijden*
outgoing (aʊtˈgəʊɪŋ) I ZN • *vertrek* • *afloop* • *eb* II BNW *vertrekkend; aftredend*
outgoings (ˈaʊtgəʊɪŋz) ZN MV *onkosten*
outgrow (aʊtˈgrəʊ) OV WW • *boven 't hoofd groeien; ontgroeien (aan); groeien uit* ‹kleren›; *harder groeien dan* • *te boven komen*
outgrowth (ˈaʊtgrəʊθ) ZN • *uitwas* • *product; resultaat*
outgun (aʊtˈgʌn) OV WW *overtreffen*
outhouse (ˈaʊthaʊs) ZN • *wc buiten* • *schuurtje; bijgebouw*

outing (ˈaʊtɪŋ) ZN *uitstapje*
outlandish (aʊtˈlændɪʃ) BNW *vreemd; afgelegen*
outlast (aʊtˈlɑːst) OV WW *langer duren dan*
outlaw (ˈaʊtlɔː) I ZN *vogelvrij verklaarde* II BNW *onwettig* ★ ~ strike *wilde staking* III OV WW • *vogelvrij verklaren* • *buiten de wet stellen*
outlawry (ˈaʊtlɔːrɪ) ZN • *ballingschap* • *het vogelvrij verklaren*
outlay (ˈaʊtleɪ) I ZN *uitgave(n)* II OV WW *besteden; uitgeven*
outlet (ˈaʊtlet) ZN • *uitgang/-weg* • *afvoerbuis; uitlaat(klep)* • *afzetgebied* • *afnemer* • *verkooppunt* • USA *stopcontact*
outlier (ˈaʊtlaɪə) ZN • *afzonderlijk deel* • *forens*
outline (ˈaʊtlaɪn) I ZN *(om)trek; schets* II OV WW • *schetsen; in grote lijnen aangeven* • ~ against *aftekenen tegen*
outlive (aʊtˈlɪv) OV WW *langer leven dan; overleven* ‹iem. anders›
outlook (ˈaʊtlʊk) ZN *uitkijk/-zicht; kijk* ★ ~ on life *levensopvatting*
outlying (ˈaʊtlaɪɪŋ) BNW • *afgelegen* • FIG. *bijkomstig*
outmanoeuvre (aʊtməˈnuːvə) OV WW *te slim af zijn*
outmatch (aʊtˈmætʃ) OV WW *overtreffen; de loef afsteken*
outmoded (aʊtˈməʊdɪd) BNW *ouderwets; verouderd*
outmost (ˈaʊtməʊst) BNW • *buitenste* • *uiterste*
outnumber (aʊtˈnʌmbə) OV WW *overtreffen in aantal* ★ we were ~ed two to one by our opponents *de tegenpartij had twee keer zoveel mensen*
out-of-date (aʊtəvˈdeɪt) BNW *verouderd*
out-of-door(s) I BNW → **outdoor** II BIJW → **outdoors**
out-of-the-way (aʊtəvðəˈweɪ) BNW • *ongewoon* • *afgelegen*
out-of-work (aʊtəvˈwɜːk) BNW *werkloos* ★ the ~ *de werklozen*
out-patient (ˈaʊtpeɪʃənt) ZN *poliklinisch patiënt* ★ ~(s') clinic *polikliniek*
outplace (aʊtpleɪs) OV WW *tewerkstellen* ‹bij andere werkgever›
outplacement (ˈaʊtpleɪsmənt) ZN • *uitplaatsing* • *ontslagbegeleiding*
outplay (aʊtˈpleɪ) OV WW *beter spelen dan; overspelen*
outpost (ˈaʊtpəʊst) ZN *buiten-/voorpost*
outpouring (ˈaʊtpɔːrɪŋ) ZN *uitstorting* ‹ook fig.›
output (ˈaʊtpʊt) ZN • *output* ‹v. computer› • *productie; prestatie; vermogen* ‹v. elektriciteit› • *uitkomst; opbrengst* • *uitvoer* • *wat uitgevoerd/voltooid is* • *uitgang* ‹in elektronica›
outrage (ˈaʊtreɪdʒ) I ZN • *grove belediging* • *verontwaardiging* • *aanranding; verkrachting; geweldaad* II OV WW • *geweld aandoen; verkrachten* • *grof beledigen*
outraged (ˈaʊtreɪdʒd) BNW *diep verontwaardigd*
outrageous (aʊtˈreɪdʒəs) BNW • *beledigend; ergerlijk; afschuwelijk* • *gewelddadig* • *schandelijk; verschrikkelijk* • *extravagant; buitensporig*
outrange (aʊtˈreɪndʒ) OV WW *verder dragen* ‹v.

geschut›; *verder reiken dan*
outrank (aʊt'ræŋk) OV WW • *hogere rang hebben* • *overtreffen*
outré ('u:treɪ) BNW *onbehoorlijk; buitenissig; excentriek*
outreach (aʊt'ri:tʃ) I OV WW • *overtreffen* • *verder reiken dan* II ONOV WW *z. uitstrekken*
outride (aʊt'raɪd) OV WW • *sneller rijden dan* • SCHEEPV. *doorstaan* ‹v. storm›
outrider ('aʊtraɪdə) ZN • *achter-/voorrijder* ‹bij koets/rijtuig› • *handelsreiziger*
outright ('aʊtraɪt) I BNW *totaal* II BIJW • *ineens* • *helemaal* • *ronduit*
outrun (aʊt'rʌn) OV WW • *harder lopen dan* • *voorbij streven* • *ontlopen* ★ ~ the constable *te royaal leven*
outrunner (aʊt'rʌnə) ZN • *extra paard buiten 't lamoen* • *begeleider* • *koploper;* FIG. *voorloper*
outsell (aʊt'sel) OV WW • *meer verkopen dan* • *meer verkocht worden dan*
outset ('aʊtset) ZN *begin* ★ from the very ~ *vanaf 't allereerste begin*
outshine (aʊt'ʃaɪn) OV WW *uitblinken; overtreffen in luister; overschaduwen*
outside[1] (aʊt'saɪd) I ZN *buiten(kant); uiterlijk* ★ turn it ~ in *keer 't binnenste buiten* II BNW *buitenste* III BIJW *naar/van buiten*
outside[2] ('aʊtsaɪd) VZ • *buiten* • USA *behalve* ★ ~ of his family *buiten zijn familie*
outsider (aʊt'saɪdə) ZN • *buitenstaander* • *niet-lid* • SPORT *kansloos paard* ‹in wedren›
outskirts ('aʊtskɜ:ts) ZN *zoom; buitenwijken* ★ on the ~ of society *aan de zelfkant van de maatschappij*
outsmart (aʊt'smɑ:t) OV WW *te slim af zijn*
outsource ('aʊtsɔ:s) OV WW *uitbesteden* ‹v. niet-kernactiviteiten›

ou

outspoken (aʊt'spəʊkən) BNW *openhartig; ronduit*
outspread (aʊt'spred) I BNW *uitgespreid* II OV WW *uitspreiden*
outstanding (aʊt'stændɪŋ) BNW • *uitstaand* • *uitstekend; voortreffelijk* • *onbeslist* ★ ~ debts *onbetaalde schulden*
outstare (aʊt'steə) OV WW • *iem. v. z'n stuk brengen* • *brutaal blijven kijken naar*
outstation ('aʊtsteɪʃən) ZN *buitenpost* ‹in koloniën›
outstay (aʊt'steɪ) OV WW *langer blijven dan* ★ ~ one's welcome *te lang blijven hangen; langer blijven dan je welkom bent*
outstrip (aʊt'strɪp) OV WW • *overtreffen* • *inhalen; voorbijlopen*
outta ('aʊtə) SAMENTR out of → **out**
outtalk (aʊt'tɔ:k) OV WW *omverpraten*
out-tray ('aʊttreɪ) ZN *bakje voor uitgaande post*
outturn ('aʊtɜ:n) ZN *productie*
outvie (aʊt'vaɪ) OV WW *overtreffen*
outvote (aʊt'vəʊt) OV WW *meer stemmen behalen dan*
outward ('aʊtwəd) I ZN *uiterlijk(e verschijning)* II BNW *buitenwaarts; uiterlijk; uitwendig* ★ ~ man *uiterlijke verschijning (kleding); de uitwendige mens ('t lichaam, niet de ziel)* ★ to ~ seeming *ogenschijnlijk* ★ ~ things *de wereld om ons heen* ★ ~ bound *op de uitreis*
outwardly ('aʊtwədlɪ) BIJW *ogenschijnlijk; klaarblijkelijk*
outwards ('aʊtwədz) I ZN MV *uiterlijkheden* II BIJW *naar buiten; buitenwaarts*
outwear (aʊt'weə) OV WW • *verslijten; op raken* • OUD. *doorbrengen* • *te boven komen* • *langer duren dan*
outweigh (aʊt'weɪ) OV WW • *belangrijker zijn dan* • *compenseren* • *tenietdoen* • *zwaarder wegen dan*
outwit (aʊt'wɪt) OV WW *te slim af zijn*
outwork ('aʊtwɜ:k) ZN *werk buitenshuis gedaan*
outworn (aʊt'wɔ:n) BNW • *versleten* • *verouderd; afgezaagd*
ouzel ('u:zəl) ZN *soort lijster*
ova ('əʊvə) ZN MV → **ovum**
oval ('əʊvəl) I ZN *de voetbal* ‹bij Am. voetbal› ★ the Oval *cricketterrein in Londen* II BNW *ovaal*
ovarian (əʊ'veərɪən) BNW • *v.d. eierstok* • *v.h. vruchtbeginsel*
ovary ('əʊvərɪ) ZN • *eierstok* • *vruchtbeginsel*
ovate ('əʊveɪt) BNW *ovaal; eivormig*
ovation (əʊ'veɪʃən) ZN *ovatie*
oven ('ʌvən) ZN *oven; fornuis*
ovenware ('ʌvənweə) ZN *vuurvaste schalen*
over ('əʊvə) I ZN • *surplus* • *over* ‹bij cricket› II BIJW • *voorbij* • *om; over* • USA *z.o.z.* ★ over again *opnieuw* ★ over and over (again) *telkens weer* ★ over against this you can put ... *hiertegenover kun je ... stellen* ★ he is not over particular *hij neemt 't niet zo precies* ★ we shall tide over the difficulties *we zullen de moeilijkheden te boven komen* ★ school is over *de school is uit* ★ it's him all over *hij is 't precies; dat is nu precies iets voor hem (om te doen)* ★ USA over there *in Europa* ★ it's all over with him *'t is met hem gedaan* ★ do you see the people going over there? *zie je die mensen daarginds gaan?* ★ it's all over now *het is allemaal voorbij* III VZ • *over; boven* • *bij; aangaande* • *over ... heen* ★ over and above this you get also *behalve dit krijg je ook nog ...* ★ all over the world *over de hele wereld* ★ we talked about the matter over a bottle of wine *we bespraken de zaak bij 'n fles wijn* ★ he went asleep over his work *hij viel bij z'n werk in slaap* ★ we stayed over Wednesday *we bleven (er) tot en met woensdag* ★ my neighbour over the way *mijn overbuur* ★ over the way *aan de overkant* IV VOORV *over-; te*
overabundant (əʊvərə'bʌndənt) BNW *al te overvloedig/overdadig*
overact (əʊvər'ækt) OV+ONOV WW *overdrijven*
overall[1] ('əʊvərɔ:l) ZN • *overall* • *jasschort* ★ ~s *overall; monteurspak*
overall[2] (əʊvər'ɔ:l) BNW *geheel; totaal; globaal*
over-anxious (əʊvər'æŋkʃəs) BNW *overbezorgd*
overarm ('əʊvərɑ:m) BNW + BIJW *bovenarms*
overawe (əʊvər'ɔ:) OV WW • *ontzag inboezemen* • *intimideren*
overbalance (əʊvə'bæləns) I ZN *overwicht; meerderheid* II OV WW *'t evenwicht doen verliezen* III ONOV WW *'t evenwicht verliezen*
overbearing (əʊvə'beərɪŋ) BNW *dominerend*
overbid[1] ('əʊvəbɪd) ZN *hoger bod*
overbid[2] (əʊvə'bɪd) OV+ONOV WW • *overbieden*

- FIG. overtreffen

overboard ('əʊvəbɔːd) BIJW • overboord • uit de trein • USA overdreven ★ they were lost ~ ze sloegen overboord en verdronken ★ they went ~ with their expenses zij zijn zich met de onkosten behoorlijk te buiten gegaan

overbuild (əʊvə'bɪld) OV WW • vol bouwen • te veel bouwen

overburden (əʊvə'bɜːdn) OV WW overbelasten

overbusy (əʊvə'bɪzɪ) BNW al te druk

overcall (əʊvə'kɔːl) OV WW overbieden

overcast (əʊvə'kɑːst) OV WW • bedekken • overhands naaien ★ an ~ sky een betrokken hemel

overcautious (əʊvə'kɔːʃəs) BNW te voorzichtig

overcharge (əʊvə'tʃɑːdʒ) OV WW • overvragen; te veel in rekening brengen • te sterk laden ‹v. batterij› • overdrijven

overcoat ('əʊvəkəʊt) ZN • overjas • deklaag ‹v. verf enz.›

overcome (əʊvə'kʌm) OV WW te boven komen ★ they were ~ ze werden overwonnen/overmand ‹door moeilijkheden›; ze werden bevangen ‹door de hitte›

overconfident (əʊvə'kɒnfɪdnt) BNW overmoedig

overcrop (əʊvə'krɒp) OV WW uitputten door roofbouw

overcropping (əʊvə'krɒpɪŋ) ZN roofbouw

overcrowd (əʊvə'kraʊd) OV WW te vol maken

overcrowded (əʊvə'kraʊdɪd) BNW overvol

overdo (əʊvə'duː) OV WW • overdrijven • te gaar koken/worden • uitputten

overdose ('əʊvədəʊs) I ZN te grote dosis II OV WW te grote dosis geven (v.) III ONOV WW een overdosis nemen

overdraft ('əʊvədrɑːft) ZN • overdispositie; debetstand; bankschuld • voorschot in rekening courant

overdraw (əʊvə'drɔː) I OV WW te sterk afschilderen; overdrijven II OV WW overdisponeren ★ ~ one's account debet staan ‹bij de bank› ★ be ~n debet staan ‹bij de bank›

overdress (əʊvə'dres) ONOV WW • te feestelijk/formeel kleden voor de gelegenheid • zich al te opzichtig kleden

overdrive ('əʊvədraɪv) I ZN overversnelling ★ INFORM. his nerves went into ~ zijn zenuwen gingen in de turbostand II OV WW afjakkeren/-matten

overdue (əʊvə'djuː) BNW • over tijd • te laat; niet op tijd; achterstallig

overeat (əʊvər'iːt) ONOV WW ★ ~ o.s. te veel eten

overestimate (əʊvər'estɪmeɪt) I ZN overschatting; te hoge raming II OV WW te hoog schatten; overschatten

overexpose (əʊvərɪk'spəʊz) OV WW te lang blootstellen; overbelichten ‹v. foto›

overfeed (əʊvə'fiːd) OV WW te sterk voeden

overflow[1] ('əʊvəfləʊ) ZN • overloop(pijp) • overstroming • overvloed

overflow[2] (əʊvə'fləʊ) ONOV WW overstromen

overground ('əʊvəgraʊnd) BNW bovengronds

overgrow (əʊvə'grəʊ) I OV WW • verstikken • te buiten gaan ‹de perken› • begroeien ★ ~ o.s. uit z'n kracht groeien II ONOV WW te groot worden

overgrown (əʊvə'grəʊn) BNW • overwoekerd; verwilderd • uit zijn krachten gegroeid

overgrowth ('əʊvəgrəʊθ) ZN • te sterke groei • overvloed

overhand ('əʊvəhænd) BNW bovenhands

overhang ('əʊvəhæŋ) OV WW • hangen boven of over • bedreigen

overhaul[1] ('əʊvəhɔːl) ZN • revisie; demontage • grondig onderzoek • 't inhalen

overhaul[2] (əʊvə'hɔːl) OV WW • reviseren; demonteren • grondig onderzoeken • SCHEEPV. inhalen

overhead[1] ('əʊvəhed) I ZN • zoldering • overheadkosten; vaste bedrijfskosten II BNW boven 't hoofd; bovengronds ‹geleiding› ★ ~ charges/costs/expenses vaste bedrijfskosten ★ ~ price prijs met inbegrip van alle kosten ★ ~ sector niet-productief personeel

overhead[2] (əʊvə'hed) BIJW boven 't hoofd

overhear (əʊvə'hɪə) OV WW • toevallig horen • afluisteren

overheat (əʊvə'hiːt) I OV WW oververhitten II ONOV WW warmlopen

overjoyed (əʊvə'dʒɔɪd) BNW opgetogen; dolblij

overkill ('əʊvəkɪl) ZN • overdreven gebruik • een teveel aan doden ‹bij kernoorlog› • onvoorziene vernietigende uitwerking

overladen (əʊvə'leɪdn) BNW overladen; overbelast

overlap[1] ('əʊvəlæp) ZN overlap

overlap[2] (əʊvə'læp) OV WW overlappen; gedeeltelijk bedekken

overlay[1] ('əʊvəleɪ) ZN • bedekking • tafelkleedje • bovenmatras

overlay[2] (əʊvə'leɪ) OV WW bedekken

overleaf (əʊvə'liːf) BIJW aan de andere kant v.d. bladzijde ★ see ~ z.o.z

overleap (əʊvə'liːp) OV WW springen over; overslaan

overload[1] ('əʊvələʊd) ZN te zware last

overload[2] (əʊvə'ləʊd) OV WW te zwaar (be)laden

overlook (əʊvə'lʊk) OV WW • uitzien op • over het hoofd zien • door de vingers zien • toezicht houden op • beheksen met het kwade oog

overlord ('əʊvəlɔːd) ZN opperheer

overly ('əʊvəlɪ) BIJW al te; te zeer

overman (əʊvə'mæn) ZN • baas • übermensch

overmanned (əʊvə'mænd) BNW overbezet

overmany (əʊvə'menɪ) BNW al te veel

overmaster (əʊvə'mɑːstə) OV WW overweldigen

overmatch (əʊvə'mætʃ) I ZN meerdere ‹bij mededinging› II OV WW overtreffen; verslaan

overmuch (əʊvə'mʌtʃ) ZN te veel/zeer

overnice (əʊvə'naɪs) BNW al te kieskeurig

overnight (əʊvə'naɪt) I ZN de vorige avond II BNW v. d. avond/nacht tevoren III BIJW • de avond/nacht tevoren • gedurende de nacht • in 'n wip • zo maar; ineens ★ stay ~ blijven slapen

overpass[1] ('əʊvəpɑːs) ZN viaduct

overpass[2] (əʊvə'pɑːs) OV WW • oversteken • afleggen ‹v. afstand› • uitsteken over • te boven komen

overpay (əʊvə'peɪ) OV+ONOV WW te veel betalen

overplay (əʊvə'pleɪ) OV WW overdreven acteren ★ ~ one's hand te veel wagen

overpopulated (əʊvə'pɒpjʊleɪtɪd) BNW overbevolkt

overpopulation (əʊvəpɒpjʊ'leɪʃən) ZN

overbevolking

overpower (əʊvə'paʊə) OV WW *overmannen/-weldigen*

overpowering (əʊvə'paʊərɪŋ) BNW • *overweldigend* • *onweerstaanbaar*

overpraise (əʊvə'preɪz) ZN *overdreven lof*

overprice (əʊvə'praɪs) OV WW *te veel vragen voor* ★ ~d shoes *te dure schoenen*

overprint[1] ('əʊvəprɪnt) ZN *opdruk* ⟨op postzegel⟩

overprint[2] (əʊvə'prɪnt) OV WW A-V *te donker afdrukken*

overrate (əʊvə'reɪt) OV WW *overschatten*

overreach (əʊvə'riːtʃ) OV WW • *verder reiken dan* • *bedriegen* • ~ o.s. *al te slim willen zijn; zich verrekken*

override (əʊvə'raɪd) OV WW • *te paard trekken door* • *z. niet storen aan* • *tenietdoen* • *afjakkeren*

overriding (əʊvə'raɪdɪŋ) BNW *v. het allergrootste belang*

overrule (əʊvə'ruːl) OV WW • *verwerpen* • *overstèmmen* • *overreden*

overrun (əʊvə'rʌn) I OV WW • *voorbijlopen* • *overstromen* • *geheel begroeien* • *aflopen/-stropen* II WKD WW ★ ~ o.s. *zich een ongeluk lopen*

overseas (əʊvə'siːz) BNW + BIJW *overzee(s)*

oversee (əʊvə'siː) OV WW • OUD. *overzien* • *controleren*

overseer ('əʊvəsiːə) ZN • *opzichter; inspecteur* • *armenvoogd*

oversell (əʊvə'sel) OV WW *meer verkopen dan afgeleverd kan worden*

overset (əʊvə'set) I OV WW • *doen omslaan* • *in de war brengen* II ONOV WW *omslaan*

overshadow (əʊvə'ʃædəʊ) OV WW • *overschaduwen* ⟨ook fig.⟩ • *beschutten*

overshoe ('əʊvəʃuː) ZN *overschoen*

overshoot (əʊvə'ʃuːt) OV WW *voorbijschieten/-streven*

overside ('əʊvəsaɪd) BNW + BIJW *over de zijde; over de verschansing* ⟨v. een schip⟩

oversight ('əʊvəsaɪt) ZN • *onoplettendheid; vergissing* • *toezicht*

oversimplify (əʊvə'sɪmplɪfaɪ) OV WW *oversimplificeren; al te eenvoudig voorstellen*

oversize(d) (əʊvə'saɪz(d)) BNW *te groot; extra groot*

oversleep (əʊvə'sliːp) ONOV WW *te lang doorslapen; zich verslapen* ★ ~ o.s. *zich verslapen*

oversleeve ('əʊvəsliːv) ZN *morsmouw*

overspend (əʊvə'spend) I OV WW *meer uitgeven dan* II OV+ONOV WW *te veel uitgeven*

overspill[1] ('əʊvəspɪl) ZN • *overloop; gemorst water* • *overbevolking*

overspill[2] (əʊvə'spɪl) ONOV WW *overlopen*

overstaff (əʊvə'stɑːf) OV WW *te veel personeel aanstellen*

overstate (əʊvə'steɪt) OV WW *overdrijven; te veel beweren*

overstay (əʊvə'steɪ) OV WW *langer blijven dan; te lang blijven*

overstep (əʊvə'step) OV WW *overschrijden* ★ ~ the mark *over de schreef gaan*

overstock[1] ('əʊvəstɒk) ZN *te grote voorraad*

overstock[2] (əʊvə'stɒk) OV WW *overladen; overvoeren* ⟨v. markt⟩

overstrain (əʊvə'streɪn) I OV WW *overspannen* II ONOV WW • *overdrijven; zich te zeer inspannen*

overstrung ('əʊvəstrʌŋ) BNW • *overspannen* • *kruissnarig* ⟨v. piano⟩

overt (əʊ'vɜːt) BNW • JUR. *openbaar* • *publiek; open(lijk)*

overtake (əʊvə'teɪk) OV WW • *inhalen* ⟨in het verkeer⟩ • *overvallen*

overtax (əʊvə'tæks) OV WW • *overbelasten* • *te zwaar belasten*

overthrow[1] ('əʊvəθrəʊ) ZN *nederlaag; val*

overthrow[2] (əʊvə'θrəʊ) OV WW *omverwerpen; ten val brengen*

overthrowal (əʊvə'θrəʊəl) ZN *nederlaag; val*

overtime ('əʊvətaɪm) ZN • *overuren; overwerk* • SPORT *verlenging* ★ work ~ *overwerken*

overtone ('əʊvətəʊn) ZN • MUZ. *boventoon* • *bijbetekenis; ondertoon* ⟨fig.⟩

overtop (əʊvə'tɒp) OV WW • *overtreffen* • *z. verheffen boven*

overtrump (əʊvə'trʌmp) OV WW *overtroeven*

overture ('əʊvətjʊə) ZN • *(eerste) voorstel* • MUZ. *ouverture* • *inleiding v. gedicht* ★ make ~s to *toenadering zoeken tot*

overturn[1] ('əʊvətɜːn) ZN *het kantelen; het omverwerpen*

overturn[2] (əʊvə'tɜːn) I OV WW • *doen omslaan; omgooien; omverwerpen* • *ten val brengen* II ONOV WW *kantelen; omslaan*

overvalue[1] ('əʊvəvæljuː) ZN *overwaarde*

overvalue[2] (əʊvə'væljuː) OV WW *overschatten; overwaarderen*

overview ('əʊvəvjuː) ZN *overzicht*

overweening (əʊvə'wiːnɪŋ) BNW • *verwaand* • *overdreven*

overweight[1] ('əʊvəweɪt) ZN *te zware last; over(ge)wicht*

overweight[2] (əʊvə'weɪt) I BNW *te zwaar* ⟨in lichaamsgewicht⟩ II OV WW *te zwaar belasten*

overwhelm (əʊvə'welm) OV WW *overstelpen*

overwhelming (əʊvə'welmɪŋ) BNW *overweldigend; verpletterend*

overwind (əʊvə'waɪnd) OV WW *te hard opwinden* ⟨v. horloge⟩

overwork[1] ('əʊvəwɜːk) ZN *overwerk*

overwork[2] (əʊvə'wɜːk) OV WW • *overwérken* • *uitputten* ★ ~ o.s. *zich overwérken*

overworn (əʊvə'wɔːn) BNW • *afgedragen* • *doodop* • *afgezaagd*

overwrite (əʊvə'raɪt) I OV WW *beschrijven* ⟨v. oppervlakte⟩ II ONOV WW *te veel schrijven*

overwrought (əʊvə'rɔːt) BNW • *overwerkt* • *te gedetailleerd*

oviduct ('əʊvɪdʌkt) ZN *eileider*

oviform ('əʊvɪfɔːm) BNW *eivormig*

ovine ('əʊvaɪn) BNW • *schaaps-; schapen-* • *schaapachtig*

oviparous (əʊ'vɪpərəs) BNW *eierleggend*

ovipositor (əʊvɪ'pɒzɪtə) ZN *legboor*

ovoid ('əʊvɔɪd) BNW *eivormig lichaam/oppervlak*

ovoids ('əʊvɔɪdz) ZN MV *eierkolen*

ovulate ('ɒvjʊleɪt) ONOV WW *ovuleren*

ovule ('əʊvjuːl) ZN • *eierkiem* • *onbevrucht ei*

ovum ('əʊvəm) ZN *ei(cel)*
ow (aʊ) TW *au*
owe (əʊ) OV WW • *schuldig/verschuldigd zijn* • *te danken hebben* ★ I owe for some goods *enkele artikelen moet ik nog betalen* ★ he owes me a grudge *hij koestert een wrok tegen me* ★ we owe you much for your help *wij zijn u zeer verplicht voor uw hulp*
owing ('əʊɪŋ) I ZN ★ ~s *schulden* II BNW + BIJW *schuldig; verschuldigd; te betalen* ★ ~ to *als gevolg van; te danken/wijten aan*
owl (aʊl) ZN *uil* ★ USA owl-car *na middernacht rijdende tram*
owlet ('aʊlət) ZN *uiltje*
owlish ('aʊlɪʃ) BNW *uilachtig*
own (əʊn) I ZN • *eigendom* • *eigen familie* ★ these qualities are all its own *de eigenschappen (ervan) zijn zeer karakteristiek* ★ he came into his own *hij kreeg wat hem toekwam* ★ houses of one's own *eigen huizen* ★ one has to take care of one's own *het hemd is nader dan de rok* ★ my very own *helemaal van mij alleen; mijn allerliefste* ★ INFORM. get one's own back *zich wreken; 't iem. betaald zetten* ★ we could not hold our own *wij wisten ons niet staande te houden* ★ on one's own *op eigen houtje; voor eigen rekening; onafhankelijk; zelfstandig* ★ my time is my own *ik heb de tijd aan mezelf* II BNW *eigen* ★ truth for its own sake *waarheid omwille v. de waarheid* ★ in one's own right *krachtens erfrecht* ⟨niet door huwelijk⟩ ★ be one's own man *onafhankelijk zijn* ★ my very own room *een kamer die helemaal voor mezelf is* ★ an own cousin *volle neef* III OV WW • *bezitten; (in eigendom) hebben* • *toegeven; erkennen* ★ own to s.th. *iets bekennen* ⟨vooral een fout⟩ ★ British owned *Brits eigendom* • INFORM. ~ up *opbiechten*
owner ('əʊnə) ZN • *eigenaar* • PLAT/SCHEEPVAART *kapitein* ★ ship ~ *reder*
owner-occupier ZN *eigenaar-bewoner; bewoner van eigen woning*
ownership ('əʊnəʃɪp) ZN *eigendom(srecht)* ★ JUR. beneficial ~ *vruchtgebruik*
ox (ɒks) ZN • *os* • *rund*
ox-bow ('ɒksbəʊ) ZN • USA *U-bocht* ⟨in rivier⟩ • *gareel v. ossenjuk*
Oxbridge ('ɒksbrɪdʒ) I ZN *samentrekking van Oxford en Cambridge* II BNW *m.b.t. Oxford en/of Cambridge*
Oxbridgean ('ɒksbrɪdʒɪən), **Oxbridgian** I ZN *student of afgestudeerde v.d. universiteit v. Oxford of Cambridge* II BNW *v.d. univ. v. Oxford of Cambridge*
Oxbridgian ('ɒksbrɪdʒɪən) I ZN → **Oxbridgean** II BNW → **Oxbridgean**
oxcart ('ɒkskɑːt) ZN *ossenkar*
oxen ('ɒksən) ZN MV → **ox**
oxer ('ɒksə) ZN *sterke omheining met haag en/of sloot*
oxidate ('ɒksɪdeɪt) OV+ONOV WW *oxideren*
oxidation (ɒksɪ'deɪʃən) ZN *oxidatie*
oxide ('ɒksaɪd) ZN *oxide*
oxidization ZN → **oxidation**
oxidize OV+ONOV WW *oxideren*
oxlip ('ɒkslɪp) ZN *primula*

Oxonian (ɒk'səʊnɪən) I ZN *(oud-)student v. Oxford* II BNW *van Oxford*
oxtail ('ɒksteɪl) ZN *ossenstaart*
oxyacetylene (ɒksɪə'setɪliːn) BNW *met acetyleen en zuurstof* ★ ~ burner *snijbrander*
oxygen ('ɒksɪdʒən) ZN *zuurstof* ★ ~ mask *zuurstofmasker* ★ ~ tent *zuurstoftent*
oxygenate ('ɒksɪdʒəneɪt) ONOV WW *oxideren; verbinden met zuurstof*
oyster ('ɔɪstə) ZN • *oester* • *iem. die gesloten is; zwijger* ★ ~ mushroom *oesterzwam* ★ ~ bed *oesterbed* ★ ~ farm *oesterkwekerij*
oyster-catcher ('ɔɪstəkætʃə) ZN *scholekster*
oz AFK ounce(s) *ounce* ⟨28,35 gram⟩
Oz (ɔz) INFORM. *Australië*
ozone ('əʊzəʊn) ZN • *ozon* • INFORM. *frisse lucht*

P

p (piː) **I** ZN letter *p* ★ P as in Peter *de p van Pieter* **II** AFK • MUZ. piano *p* • penny, pence *p*

p. AFK → **p**

P (piː) **I** AFK parking *parkeerplaats* **II** ZN → **p**

P2P AFK Peer-to-Peer *P2P* ‹≈ van particulier naar particulier›

pa (pɑː) ZN INFORM. *pa*

PA (piːeɪ) AFK Public Address (System) *p.a.*

pace (peɪs) **I** ZN • *pas; stap • gang • tempo • telgang* ★ keep pace with *gelijke tred houden met* ★ set the pace *het tempo aangeven* ★ break pace *uit de pas gaan* ★ put one through one's paces *iem. op de proef stellen* ★ go through / show one's paces *tonen wat men waard is* ★ stand / stay the pace *bijblijven; op gelijke hoogte blijven* **II** OV+ONOV WW • *stappen • met afgemeten pas door een ruimte lopen • gangmaken • in telgang lopen • ~ off / out afpassen; afmeten*

pacemaker ('peɪsmeɪkə) ZN • *pacemaker • gangmaker*

pacer ('peɪsə) ZN • *telganger • gangmaker*

pacesetter ('peɪssetə) ZN • SPORT *gangmaker • gangmaker* ‹katalysator› • *koploper*

pacific (pəˈsɪfɪk) BNW LIT. *vreedzaam; vredelievend*

Pacific (pəˈsɪfɪk) ZN ★ ~ Grote Oceaan **II** BNW ★ ~ Ocean *Grote Oceaan*

pacification (pæsɪfɪˈkeɪʃən) ZN *pacificatie*

pacifier ('pæsɪfaɪə) ZN • *vredestichter* • USA *fopspeen*

pacifism ('pæsɪfɪzəm) ZN *pacifisme*

pacifist ('pæsɪfɪst) **I** ZN *pacifist* **II** BNW *pacifistisch*

pacify ('pæsɪfaɪ) OV WW • *pacificeren • tot rust brengen*

pack (pæk) **I** ZN • *pak(je) • bepakking • rugzak • partij* ‹hoeveelheid› • *stel* ‹groep›; *bende • meute* ‹v. jachthonden› • G-B *spel kaarten* ★ a pack of fools *een stelletje idioten* ★ a pack of lies *een hoop leugens* ★ a pack of cigarettes / chewing gum *een pakje sigaretten / kauwgum • omwikkelen • inmaken* ‹voedsel› • *beladen • aanstampen; samenpersen* ★ pack a punch *veel impact hebben* • INFORM. pack one's bags *zijn spullen pakken* ‹weggaan› • *~ away / off opbergen; de zak geven* • *~ in* INFORM. *binnenhalen* ‹iem. als toeschouwer›; INFORM. *ophouden met* ‹bezigheid› • *~ in / up (in)pakken* **II** ONOV WW • *(in)pakken • z. laten inpakken* ★ I have been sent packing *ik ben aan de dijk gezet* • PLAT *~ up tot stilstand komen* ‹v. machine›; *(moeten) stoppen, ophouden*

package ('pækɪdʒ) **I** ZN • *pakket • verpakking • emballage* **II** OV WW *inpakken; verpakken*

package deal ZN *meerdelige transactie*

package holiday ZN *geheel verzorgde vakantie*

package tour ZN *geheel verzorgde vakantie*

pack animal ('pæk ˌænɪml) ZN *lastdier*

packed (pækt) **I** BNW • *opeengepakt • overvol* ★ ~ house *een volle / uitverkochte zaal* ★ action ~ *barstensvol actie* **II** OV WW → **pack**

packer ('pækə) ZN • *inpakker • pakmachine*

packet ('pækɪt) ZN • *pakje* ‹vnl. van sigaretten› • *pakket* ‹post› • PLAT *vermogen*

pack horse ('pækhɔːs) ZN *lastpaard*

pack ice (pæk aɪs) ZN *pakijs*

packing ('pækɪŋ) ZN • *verpakking • (het) verpakken*

pact (pækt) ZN *pact*

pacy BNW *snel*

pad (pæd) **I** ZN • *kussen(tje) • wattenschijfje • stootkussen; beschermer • vulsel • onderlegger • kladblok • zool* ‹v. dierenpoot› • *platform* ‹voor helicopters› • *lanceerinrichting* ‹voor ruimtevaartuigen› • *drijfblad* ‹v. waterlelie› • INFORM. *kamer; flat* ★ be on the pad *steekpenningen krijgen* ★ sanitary pad *inlegkruisje* ★ scouring pad *schuurspons* **II** OV WW • *bekleden • opvullen* ★ USA pad one's pocket *zijn beurs spekken* **III** ONOV WW *lopen* ‹met lichte tred›; *trippelen*

padding ('pædɪŋ) ZN • *vulsel • bladvulling*

paddle ('pædl) **I** ZN • *peddel • schoep* **II** OV WW *afranselen* **III** ONOV WW • *dribbelen* ‹v. kind› • *poedelen* ‹in water› **IV** OV+ONOV WW *peddelen* ★ ~ one's own canoe *zich redden*

paddle boat ZN *raderboot*

paddle wheel ZN *schoeprad*

paddling-pool ('pædlɪŋpuːl) ZN *pierenbad*

paddock ('pædək) ZN *omheind veld* ‹voor paarden of racewagens›

paddy ('pædɪ) ZN • *rijstveld • boze bui*

Paddy ('pædɪ) ZN MIN. *Ier*

paddywhack ('pædɪwæk) ZN *boze bui*

padlock ('pædlɒk) **I** ZN *hangslot* **II** OV WW *afsluiten; op slot zetten* ‹met hangslot›

padre ('pɑːdrɪ) ZN INFORM. *aalmoezenier* ‹in het leger›

paean ('piːən) ZN *lofzang; danklied*

paediatrician (piːdɪəˈtrɪʃən) ZN USA *kinderarts*

paediatrist (piːdɪˈætrɪst) ZN → **paediatrician**

paedobaptism (piːdəʊˈbæptɪzəm) ZN *kinderdoop*

paedobaptist (piːdəˈbæptɪst) ZN *voorstander v. kinderdoop*

paedophile ('piːdəfaɪl) ZN *pedofiel*

paedophilia (piːdəˈfɪlɪə) ZN *pedofilie*

pagan ('peɪgən) **I** ZN *heiden* **II** BNW *heidens*

paganism ('peɪgənɪzəm) ZN *heidendom*

page (peɪdʒ) **I** ZN • *pagina • page • piccolo* ‹bediende› • G-B *bruidsjonker* ★ Yellow Pages® *Gouden Gids®* **II** OV WW • *pagineren • oproepen* ‹via geluidsinstallatie› • *oppiepen* ‹met een 'pager'› **III** ONOV WW *bladeren*

pageant ('pædʒənt) ZN • *(historische) optocht / vertoning • opzienbarend schouwspel* • ≈ *schoonheidswedstrijd*

pageantry ('pædʒəntrɪ) ZN *praal*

page-boy ('peɪdʒbɔɪ) ZN • *page • piccolo* ‹bediende› • G-B *bruidsjonker • pagekopje* ‹haardracht›

pager ('peɪdʒə) ZN *pieper* ‹oproepapparaatje›

paginate ('pædʒɪneɪt) OV WW *pagineren*

pagination (pædʒɪˈneɪʃən) ZN *paginering*

pagoda (pəˈgəʊdə) ZN *pagode*

paid (peɪd) **I** BNW *betaald* ‹werk, verlof enz.› **II** WW [verl. tijd + volt. deelw.] → **pay**

pail (peɪl) ZN • *emmer* • USA *eetketeltje*

pain – palmist

pain (peɪn) I ZN • *pijn* • *lijden* • *lastpost* ★ take (great) pains *zich veel moeite geven* ★ pain in the neck *lastpost* ★ VULG. pain in the ass *lastpost* ★ pains *weeën; moeite* ★ on/under pain of *op straffe van* II OV+ONOV WW • *pijnigen* • *leed aandoen*
pained (peɪnd) BNW *gepijnigd*
painful ('peɪnfʊl) BNW *pijnlijk*
painkiller ('peɪnkɪlə) ZN *pijnstiller*
painless ('peɪnləs) BNW *pijnloos*
painstaking ('peɪnzteɪkɪŋ) BNW • *zwaar* ⟨v. werk⟩ • *gedegen* ⟨v. onderzoek⟩
paint (peɪnt) I ZN *verf* • (facial) ~ *schmink* II OV WW • *schilderen* • *beschilderen* ★ FIG. ~ the town red *de bloemen buiten zetten* ★ ~ as *afschilderen als* ★ ~ out *overschilderen*
paintbox ('peɪntbɒks) ZN *kleurdoos; verfdoos*
paintbrush ('peɪntbrʌʃ) ZN *verfkwast; penseel*
painter ('peɪntə) ZN • *schilder* ★ SCHEEPV. *vanglijn* ★ ~'s colic *loodkoliek* ★ cut the ~ *er tussenuit trekken; zich afscheiden* ⟨vnl. van kolonie⟩
painting ('peɪntɪŋ) ZN • *schilderij; schildering* • *schilderkunst*
painting-room ('peɪntɪŋru:m) ZN *schildersatelier*
paintwork ('peɪntwɜːk) ZN *verfwerk; verflaag*
pair (peə) I ZN • *paar* ⟨tweetal⟩ • *tweede* ⟨v. een tweetal⟩ • *stelletje* ⟨partners⟩ • *a pair of* (shoes etc.) *een paar* (schoenen enz.) ★ a pair of ... *een* ... ⟨zie trefwoord erachter, bv. bij 'pair of trousers'⟩ ★ in pairs *met z'n tweeën* ★ INFORM. a pair of hands *een arbeidskracht* ★ up two pairs (of stairs) *twee hoog* ★ the pair to (a glove etc.) *de bijpassende* (handschoen enz.) ★ a carriage and pair *'n rijtuig met twee paarden* ★ that's another pair of boots/shoes! *dat is heel wat anders!* ★ there's a pair of you! *jullie zijn aan elkaar gewaagd!* ★ a nice pair of shoes *'n mooie boel* ★ pair royal *drie kaarten v. dezelfde waarde; drie dobbelstenen met gelijk aantal ogen* II OV WW • *paren; koppelen* • ~ off (with) *koppelen (aan)* ⟨liefdespartner⟩ • ~ up (with) *paren (aan); koppelen (aan)* III ONOV WW • *zich paren; zich koppelen* • ~ off (with) *een paar vormen (met)* ⟨v. liefdespartners⟩ • ~ up (with) *zich paren (aan); zich koppelen (met)*
paisley ('peɪzlɪ) ZN *paisley* ⟨patroon⟩
pajamas (pə'dʒɑːməz) MV USA *pyjama*
Pakistani (pɑːkɪ'stɑːnɪ) I ZN [MV: **Pakistani**] *Pakistaan* II BNW *Pakistaans*
pal (pæl) I ZN INFORM. *makker* II ONOV WW INFORM. ~ up (to/with) *vrienden zijn/worden (met)*
palace ('pæləs) ZN *paleis* ★ the Palace of Westminster *de parlementsgebouwen*
palaeo- ('pælɪəʊ) VOORV → **paleo-**
palaeontology (pælɪɒn'tɒlədʒɪ) ZN *paleontologie; fossielenleer*
palais ('pæleɪ) ZN INFORM. *grote danszaal*
palatability (pælətə'bɪlətɪ) ZN *smakelijkheid*
palatable ('pælətəbl) BNW • *smakelijk* • *aangenaam*
palatal ('pælətl) I ZN *palatale klank* II BNW *verhemelte-*
palatalize ('pælətəlaɪz) OV WW *palataal maken*
palate ('pælət) ZN • *verhemelte* • *smaak*
palatial (pə'leɪʃəl) BNW *paleisachtig*

palatinate (pə'lætɪneɪt) ZN *paltsgraafschap* ★ The (Rhine) Palatinate *de Palts*
palatine ('pælətaɪn) I ZN • *paltsgraaf* • *damespelskraag* • ~ bones *verhemeltebeenderen* II BNW • v. een paltsgraaf • *verhemelte-* ★ Count Palatine *paltsgraaf*
palatines ('pælətaɪnz) ZN MV *verhemeltebeenderen*
palaver (pə'lɑːvə) I ZN • *over-en-weergepraat* • *gewauwel* • *vleitaal* • PLAT *affaire* II OV WW *vleien* III ONOV WW • *confereren* • *wauwelen*
pale (peɪl) I ZN • *paal; lat; staak* • *omsloten ruimte* • *gebied* ★ within the pale *geoorloofd; behoorlijk; binnen de grenzen* ★ beyond the pale *onaanvaardbaar; ongeoorloofd* II BNW *bleek; mat; dof; licht* III OV WW • *bleek maken* • *insluiten; omsluiten* IV ONOV WW *bleek worden; verbleken* ★ pale before *verbleken bij; niet in de schaduw kunnen staan bij*
paleface ('peɪlfeɪs) ZN *bleekgezicht*
pale-faced (peɪl'feɪst) BNW *bleek*
paleo- ('pælɪəʊ-) VOORV *paleo-; prehistorisch*
Palestinian (pælɪ'stɪnɪən) I ZN *Palestijn* II BNW *Palestijns*
palette ('pælɪt) ZN *palet*
palfrey ('pɔːlfrɪ) ZN *rijpaard* ⟨vnl. voor dames⟩
paling(s) ('peɪlɪŋ(z)) ZN *afzetting; omheining*
palisade (pælɪ'seɪd) I ZN • *palissade* • MIL. *schanspaal* II OV WW • *met palen omgeven* • *afzetten*
palish ('peɪlɪʃ) BNW *wat bleek*
pall (pɔːl) I ZN • *pallium* • *sluier* • *lijkkleed* II OV+ONOV WW • *doen walgen* • *verzadigen* ★ it palls upon him *het gaat hem tegenstaan*
palladium (pə'leɪdɪəm) ZN • *Pallasbeeld* • *bescherming; waarborg; schild* • *palladium*
pall-bearer ('pɔːlbeərə) ZN *slippendrager*
pallet ('pælɪt) ZN • *palet* • *windklep* ⟨v. orgel⟩ • *strozak; stromatras* • *laadbord*
palliasse ('pælɪæs) ZN *stromatras*
palliate ('pælɪeɪt) OV WW *verlichten; vergoelijken*
palliation (pælɪ'eɪʃən) ZN • *vergoelijking* • *verzachting*
palliative ('pælɪətɪv) I ZN • *verzachtend middel* • *lapmiddel* • *uitvlucht* II BNW *verzachtend*
pallid ('pælɪd) BNW *bleek*
pall-mall (pæl'mæl) ZN *maliespel* ★ Pall Mall *straat in Londen; ministerie van oorlog*
pallor ('pælə) ZN *bleekheid*
pally ('pælɪ) BNW • INFORM. *bevriend* • INFORM. *vriendschappelijk*
palm (pɑːm) I ZN • *palm(tak)* • *handpalm* ⟨ook als maat⟩ • *blad v. roeiriem* ★ Palm Sunday *palmzondag* ★ grease a man's palm *iemand omkopen* ★ palm tree *palmboom* ★ palm (oil) *palmolie; smeergeld; steekpenningen* ★ yield the palm to *onderdoen voor* ★ bear the palm *de overwinning behalen* II OV WW • *omkopen* • *verbergen* ⟨in de hand⟩ • *betasten* ★ they palmed it (off) on me *ze smeerden het me aan* ★ he palms himself off as a teacher *hij geeft zich voor onderwijzer uit*
palmer ('pɑːmə) ZN • *pelgrim* • *bedelmonnik* ★ ~(-worm) *soort rups*
palm-greasing ('pɑːmgriːsɪŋ) ZN *omkoperij*
palmist ('pɑːmɪst) ZN *handlijnkundige*

palmistry ('pɑːmɪstrɪ) ZN • *handlijnkunde* • INFORM. *vingervlugheid; ontfutseling*
palmreader ('pɑːmriːdə) ZN *handlijnkundige*
palmtop ('pɑːmtɒp) ZN COMP. *palmtop; handcomputer*
palmy ('pɑːmɪ) BNW • *palm-* • *vol palmen* • *bloeiend* ★ ~ *days bloeiperiode*
palooka (pəˈluːkə) ZN • PLAT *slechte speler* • PLAT *lomperik*
palpable ('pælpəbl) BNW *tastbaar*
palpate (pælˈpeɪt) OV WW *betasten*
palpation (pælˈpeɪʃən) ZN *'t betasten*
palpitate ('pælpɪteɪt) ONOV WW • *kloppen* ⟨v. hart⟩ • *trillen*
palpitation (pælpɪˈteɪʃən) ZN • *hartklopping* • *trilling*
palsgrave ('pɔːlzgreɪv) ZN *paltsgraaf*
palsied ('pɔːlzɪd) BNW *verlamd; lam*
palsy ('pɔːlzɪ) I ZN *verlamming* II OV WW *lam leggen; verlammen*
palter ('pɔːltə) ONOV WW • *om iets heen draaien* • *uitvlucht zoeken* ★ ~ **with** *spelen met*
paltry ('pɔːltrɪ) BNW *verachtelijk; armetierig; armzalig; nietig*
pamper ('pæmpə) OV WW • *te veel geven; verwennen* • *verzadigen*
pamphlet ('pæmflət) ZN *vlugschrift; brochure*
pamphleteer (pæmfləˈtɪə) I ZN *brochureschrijver* II ONOV WW *brochures schrijven*
pan (pæn) I ZN • *(koeken)pan* • *ketel; schaal* • *duinpan* • *ijsschots* • *harde ondergrond* • USA *gezicht; tronie* II OV WW • USA *afkammen; vitten op* • ~ **off**/**out** *wassen* ⟨v. goudaarde⟩ III ONOV WW ~ **out** *goed uitvallen; uitwerken; zich ontwikkelen; goud opleveren; succes hebben; uitvallen*
panacea (pænəˈsiːə) ZN *panacee; wondermiddel*
panache (pəˈnæʃ) ZN • *vederbos; pluim* • *zwier; verve*
panama ('pænəmɑː) ZN ★ ~ (hat) *panama(hoed)*
pancake ('pænkeɪk) I ZN *pannenkoek* ★ Pancake Day *Vastenavond* ★ ~ *landing buiklanding* ★ ~ *roll loempia* II ONOV WW PLAT *dalen*
pancreas ('pæŋkrɪəs) ZN *alvleesklier*
pancreatic (pæŋkrɪˈætɪk) BNW *van de alvleesklier*
panda ('pændə) ZN *panda*
pandemic (pænˈdemɪk) I ZN *pandemie; volksziekte* II BNW *over 'n heel land/de hele wereld verspreid* ⟨v. ziekte⟩
pandemonium (pændɪˈməʊnɪəm) ZN • *pandemonium; totale verwarring* • *hels kabaal*
pander ('pændə) I ZN • *koppelaar* • *handlanger* II ONOV WW • *koppelen* • ~ **to** *in de hand werken; uitbuiten; toegeven aan*
pandit ('pændɪt) ZN → *pundit*
pandoor ('pændʊə), **pandour** ZN *pandoer*
pandour ZN → *pandoor*
pane (peɪn) ZN • *(glas)ruit* • *vak of indeling in muur* • *paneel*
paned (peɪnd) BNW *gemaakt uit stroken v. verschillende kleur* ⟨v. kleren⟩
panegyric (pænəˈdʒɪrɪk) I ZN *lofrede* II BNW ★ ~(al) *prijzend*
panegyrist (pænəˈdʒɪrɪst) ZN *lofredenaar*
panel ('pænl) I ZN • *paneel* • *tussenzetsel* ⟨in jurk⟩ • *schakelbord* • *lijst* • *zadelkussen* • *grote langwerpige foto* • SCHOTS *beklaagde* • *panel* ★ he is on the ~ *hij zit in de beoordelingscommissie* ★ ~ (of judges) *panel* ⟨jury, vnl. bij wedstrijd⟩ II OV WW • *tussenzetsel in jurk zetten* • *lambrisering aanbrengen* • *in vakken verdelen* ⟨v. muur, plafond⟩
panel beater ZN *uitdeuker*
panel doctor ZN *ziekenfondsarts*
panelist ('pænlɪst) ZN *panellid*
panelling ('pænəlɪŋ) ZN *paneelwerk; lambrisering*
panel patient ZN *ziekenfondspatiënt*
panel truck ZN *bestelwagen*
pang (pæŋ) I ZN *pijnscheut* II TW *pang!*
panhandle ('pænhændl) I ZN • *steel v. pan* • USA *smalle strook van een land tussen twee andere landen* II OV+ONOV WW USA *bedelen*
panhandler ('pænhændlə) ZN USA *bedelaar*
panic ('pænɪk) I ZN • *paniek* • *panische schrik* • USA *giller* II BNW *panisch* III OV WW USA *op z'n kop zetten* IV ONOV WW *in paniek raken*
panicky ('pænɪkɪ) BNW • INFORM. *alarmerend* • *door paniek aangegrepen* • USA/INFORM. *fantastisch*
panicle ('pænɪkl) ZN *pluim*
panic-monger ('pænɪkmʌŋgə) ZN *paniekzaaier*
panic-stricken ('pænɪkstrɪkən) BNW *door paniek bevangen*
panic-struck BNW → **panic-stricken**
panjandrum (pænˈdʒændrəm) ZN • IRON. *hoge ome* • *potentaat*
pannage ('pænɪdʒ) ZN • *recht tot/betaling voor 't weiden van varkens* • *mast* ⟨varkensvoer⟩
panner ('pænə) ZN USA *vitter*
pannier ('pænɪə) ZN • *(draag)mand* • *inwendige steun of uitstaand gedeelte van hoepelrok* • INFORM. *bediende in Inner Temple*
pannier-bags ('pænɪəbægz) ZN *dubbele fietstas*
pannikin ('pænɪkɪn) ZN *kroes*
panoplied ('pænəplɪd) BNW • *in volle wapenrusting* • *volledig toegerust*
panoply ('pænəplɪ) ZN • *volle wapenrusting* • *praal*
panorama (pænəˈrɑːmə) ZN *panorama*
panoramic (pænəˈræmɪk) BNW *panorama-*
pan pipes ('pænpaɪps) ZN MV *panfluit*
pansy ('pænzɪ) ZN • *driekleurig viooltje* • INFORM. *verwijfd persoon* • INFORM. *mietje*
pant (pænt) I ZN • *(het) hijgen* • *klopping* II OV WW ★ ~ (**out**) *hijgend uitbrengen* III ONOV WW • *hijgen* • *hevig kloppen* • ~ **after**/**for** *snakken naar*
pantaloon (pæntəˈluːn) ZN *hansworst*
pantaloons (pæntəˈluːnz) ZN MV *nauwsluitende broek*
pantechnicon (pænˈteknɪkən) ZN *meubelopslagplaats*
pantheism ('pænθɪɪzəm) ZN *pantheïsme*
pantheist ('pænθɪɪst) ZN *pantheïst*
pantheon ('pænθɪən) ZN *pantheon*
panther ('pænθə) ZN *panter*
panties ('pæntɪz) ZN MV • *(dames)onderbroek; slipje* • *kinderbroekje*
pantile ('pæntaɪl) ZN • *gewelfde dakpan* • *scheepsbeschuit*
panto ('pæntəʊ) INFORM. → **pantomime**

pantograph ('pæntəgrɑːf) ZN *tekenaap*
pantomime ('pæntəmaɪm) **I** ZN • *pantomime*; *gebarenspel* • *mimespeler* • *kindermusical* **II** OV WW *mimen* **III** ONOV WW *z. door gebaren uitdrukken*
pantomimist ('pæntəmaɪmɪst) ZN *pantomimespeler*
pantry ('pæntrɪ) ZN *provisiekast*; *provisiekamer* ★ *butler's/housemaid's ~ kamer voor glaswerk, tafelzilver, tafellinnen*
pants (pænts) ZN MV • USA *(lange) broek* • *onderbroek* ★ *hot ~ hotpants* ★ *wet one's ~ in zijn broek plassen* ★ INFORM. *this scares the ~ off me hiervan schrik ik me helemaal wezenloos*
pantyhouse ('pæntɪhaʊz) ZN [MV: **pantyhose**] USA *panty*
pantyliner ('pæntɪlaɪnə) ZN *inlegkruisje*
pantywaist ('pæntɪweɪst) ZN USA/INFORM. *verwijfde man*
pap (pæp) ZN • *pap* • USA *geleuter* • REG. *borst*; *tepel* ★ *paps naast elkaar gelegen kegelvormige heuveltoppen*
papa (pəˈpɑː, ˈpəpɑː) ZN INFORM. *papa*
papacy ('peɪpəsɪ) ZN • *pausdom* • *pausschap*
papal ('peɪpl) BNW *pauselijk* ★ *Papal States Kerkelijke Staat*
paparazzo (papəˈratsəʊ) ZN [MV: **paparazzi**] *paparazzo*
papaya (pəˈpaɪjə) ZN *papaja*
paper ('peɪpə) **I** ZN • *papier* • *papiergeld* • *wissels* • PLAT *(mensen met) vrijkaartjes voor een voorstelling* • *examenopgave* • *krant*; *blad* • *document* • *agenda* • *opstel* • *scriptie* • *voordracht* • *zakje* • *papillot* ★ *send in one's ~s zijn stukken inzenden*; *zijn ontslag indienen* ★ *commit s.th. to ~ iets aan het papier toevertrouwen* ★ *do a ~ een oefening maken* ★ *~s papieren*; *stukken* ★ *~s hangings behangsel* ★ *foreign ~ deviezen*; *dun schrijfpapier* ★ *writing ~ schrijfpapier* ★ *white ~ witboek* ★ *brown ~ pakpapier* **II** BNW • *van papier* • *op papier* ★ *~ money papiergeld* **III** OV WW • *in papier pakken* • *behangen*; *schuren* ⟨met schuurpapier⟩ • PLAT *met vrijkaartjes vullen* • USA/PLAT *met hypotheek bezwaren*
paperback ('peɪpəbæk) ZN *ingenaaid boek*; *pocket(boek)*
paper-boy ('peɪpəbɔɪ) ZN *krantenjongen*
papercover ('peɪpəkʌvə) ZN *boekomslag*
paperhanger ('peɪpəhæŋə) ZN *behanger*
paper-knife ('peɪpənaɪf) ZN *briefopener*
paper rush ZN *papyrus*
paperweight ('peɪpəweɪt) ZN *presse-papier*
paperwork ('peɪpəwɜːk) ZN *papierwerk*; *administratief werk*
papery ('peɪpərɪ) BNW *papierachtig*
papilla (pəˈpɪlə) ZN *papil*
papillae (pəˈpɪliː) ZN MV → **papilla**
papist ('peɪpɪst) ZN *papist*; *paap*
papistry ('peɪpɪstrɪ) ZN *paaps gedoe*
pappus ('pæpəs) ZN *zaadpluis*; *zaaddons*
pappy ('pæpɪ) BNW • *papachtig*; *zacht* • *futloos*
paprika ('pæprɪkə, pəˈpriːkə) ZN *paprikapoeder*
papyrus (pəˈpaɪərəs) ZN • *papyrus* • *papyrus(rol)* • *papyrus(plant)*
par (pɑː) **I** ZN • *gelijkheid* • *pari* • *gemiddelde* • INFORM. *krantenberichtje* • *vastgesteld aantal slagen* ⟨bij golf⟩ ★ *above par boven 't gemiddelde*; *zeer goed*; *boven de nominale waarde* ★ *below par beneden 't gemiddelde*; *ondermaats*; *onder de nominale waarde*; *wat van streek* ★ *it's up to par het is voldoende* ★ *on a par (with) gemiddeld*; *op één lijn (met)* ★ *at par* ★ *à pari* ★ USA *par for the course wat te verwachten valt*; *typisch* **II** OV WW • *gelijk stellen* • *par spelen* ⟨golf⟩
para ('pærə) ZN *para(chutist)*
parable ('pærəbl) ZN *parabel*; *gelijkenis*
parabola (pəˈræbələ) ZN *parabool*
parabolic (pærəˈbɒlɪk) BNW • *van/zoals een parabool* • *(bij wijze) van parabel*
parachute ('pærəʃuːt) **I** ZN • *valscherm* ★ *~ flare lichtkogel* **II** OV WW *met parachute neerlaten* **III** ONOV WW *met parachute afdalen*
parachutist ('pærəʃuːtɪst) ZN *parachutist*
paraclete ('pærəkliːt) ZN *bemiddelaar*
parade (pəˈreɪd) **I** ZN • *parade* • *appel* • *menigte* ⟨v. wandelaars⟩ • *paradeplein* • *promenade*; *boulevard* • *vertoon* • *optocht* ★ *~ ground paradeplaats* **II** OV+ONOV WW • *paraderen* • *doortrekken*; *laten marcheren* • *optocht houden* • *pronken (met)* • *(laten) aantreden*
paradigm ('pærədaɪm) ZN *paradigma*
paradigmatic (pærədɪɡˈmætɪk) BNW *paradigmatisch*
paradise ('pærədaɪs) ZN • *paradijs* • *dierenpark* • PLAT *engelenbak* ★ *fool's ~ droomwereld*
paradisiac(al) (pærəˈdɪzɪæk(l)) BNW *paradijsachtig*; *paradijs-*
paradox ('pærədɒks) ZN *paradox*; *schijnbare tegenstrijdigheid*
paradoxical (pærəˈdɒksɪkl) BNW *paradoxaal*; *tegenstrijdig*
paraffin ('pærəfɪn) ZN *kerosine* ★ *~ wax (harde) paraffine*
paragon ('pærəɡən) **I** ZN • *toonbeeld* ⟨v. volmaaktheid⟩ • *diamant v. meer dan 100 karaat* **II** OV WW *vergelijken*
paragraph ('pærəɡrɑːf) **I** ZN • *krantenartikeltje* • *alinea* • *paragraafteken* **II** OV WW • *in alinea's verdelen* • *krantenberichtje schrijven over*
parakeet ('pærəkiːt) ZN *parkiet*
parakite ('pærəkaɪt) ZN *zweefsportvlieger*
paralegal ('pærəliːɡl) ZN USA *assistent v. advocaat*
parallel ('pærəlel) **I** ZN *parallel* ★ *~ (of latitude) breedtecirkel* ★ *draw a ~ between ... een parallel trekken tussen ...* **II** BNW *parallel* ★ *~ bars brug met gelijke leggers* **III** OV WW • *op één lijn stellen* • *vergelijken* • *evenaren* • *evenwijdig zijn met*
parallelism ('pærəlelɪzəm) ZN • *evenwijdigheid* • *overeenkomst*
parallelogram (pærəˈleləɡræm) ZN *parallellogram*
paralyse ('pærəlaɪz) OV WW *verlammen*; *lam leggen*
paralysis (pəˈrælɪsɪs) ZN *verlamming*
paralytic (pærəˈlɪtɪk) **I** ZN *lamme*; *verlamde* **II** BNW • *verlamd* • INFORM. *straalbezopen*
paramedic (pærəˈmedɪk) ZN • *paramedicus* • *verpleger*
parameter (pəˈræmɪtə) ZN *parameter*

paramilitary (pærə'mɪlɪtərɪ) BNW *paramilitair*
paramount ('pærəmaʊnt) BNW *opper-; hoogst; overwegend; opperst* ★ ~ to *belangrijker/hoger dan*
paramountcy ('pærəmaʊntsɪ) ZN *opperheerschappij*
paramour ('pærəmʊə) ZN • *minnares* • *minnaar*
paranoia (pærə'nɔɪə) ZN *paranoia; vervolgingswaanzin*
paranoid ('pærənɔɪd) BNW • *paranoïde* • *dwaas; krankzinnig*
paranymph ('pærənɪmf) ZN • *paranimf* • *bruidsmeisje; bruidsjonker* • *verdediging; voorspraak*
parapet ('pærəpɪt) ZN • *borstwering* • *muurtje; stenen leuning*
paraph ('pærəf) I ZN • *paraaf* • *krul onder handtekening* II OV WW *paraferen*
paraphernalia (pærəfə'neɪlɪə) ZN MV • *persoonlijk eigendom* • *spullen; uitrusting; rompslomp*
paraphrase ('pærəfreɪz) I ZN *parafrase* II OV WW *in andere woorden weergeven*
parapsychology (pærəsaɪ'kɒlədʒɪ) ZN *parapsychologie*
paras ('pærəz) ZN MV INFORM. *para's; paratroepen*
parasite ('pærəsaɪt) ZN • *parasiet* • *klaploper*
parasitic(al) (pærə'sɪtɪk(l)) BNW • *parasitair; parasitisch* • *profiterend* ‹fig.›
parasol ('pærəsɒl) ZN *parasol*
paratrooper ('pærətruːpə) ZN *para(chutist); paratroeper*
paratroops ('pærətruːps) ZN MV *valschermtroepen*
paratyphoid (pærə'taɪfɔɪd) ZN *paratyfus*
parboil ('pɑːbɔɪl) OV WW *blancheren; even aan de kook brengen*
parcel ('pɑːsəl) I ZN • *partij* ‹v. goederen› • *hoop geld* • *pak(je)* • *perceel; kaveling* ★ ~s *bestelgoederen* ★ ~ post *pakketpost* II OV WW • SCHEEPV. *omwinden met* • ~ out *verdelen; uitdelen; kavelen* • ~ up *inpakken*
parcelling ('pɑːsəlɪŋ) ZN *geteerd zeildoek*
parch (pɑːtʃ) OV+ONOV WW • *opdrogen; versmachten; verdorren* • *roosteren*
parchment ('pɑːtʃmənt) I ZN • *perkament* • *hoornschil* ‹v. koffieboon› • *diploma* II BNW *van perkament*
pard (pɑːd) ZN • OUD. *luipaard* • USA/PLAT *deelgenoot; compagnon*
pardon ('pɑːdn) I ZN • *vergiffenis; vergeving; gratie; pardon* • *aflaat* • *kerkelijk feest waaraan aflaat is verbonden* ★ (general) ~ *amnestie* ★ I beg your ~ *neem me niet kwalijk; pardon?; wat zegt u?* II OV WW *vergiffenis schenken; vergeven*
pardonable ('pɑːdnəbl) BNW *vergeeflijk*
pardoner ('pɑːdənə) ZN *handelaar in aflaten*
pare (peə) OV WW • *besnoeien; beknibbelen* • *schillen* • *afknippen; afsnijden* ★ ~ away/off *afsnijden*
parent ('peərənt) ZN • *ouder* • *vader; moeder* • *bron* ★ ~-teacher association *oudercommissie*
parentage ('peərəntɪdʒ) ZN *afkomst*
parental (pə'rentl) BNW *ouderlijk*
parentheses (pə'renθɪsiːz) ZN MV • in ~ *tussen haakjes (geplaatst)* • by way of ~ *tussen twee haakjes*

parenthesis (pə'renθəsɪs) ZN • *inlassing* • *tussenzin* • *tussenruimte* • *haakje*
parenthetic (pærən'θetɪk) BNW *tussen haakjes; verklarend* ★ he said it ~ally *hij zei het langs zijn neus weg*
parenthood ('peərənthʊd) ZN *ouderschap*
parer ('peərə) ZN • *schilmachine* • *snoeier*
pariah (pə'raɪə) ZN *paria; uitgestotene*
parietal (pə'raɪətl) BNW • *wand-* • PLANTK. *wandstandig* • USA *universiteits-*
paring ('peərɪŋ) ZN *schil*
Paris ZN *Parijs* ★ ~ doll *kleermakerspop*
parish ('pærɪʃ) ZN *parochie; kerspel; kerkelijke gemeente* ★ she was buried by the ~ *ze werd v.d. armen begraven* ★ ~ clerk *koster; kerkbode* ★ ~ priest *plaatselijke dominee/pastoor* ★ ~ register *kerkregister* ★ ~ relief *armenzorg* ★ GESCH. (civil) ~ *district* ★ he is on the ~ *hij is armlastig*
parishioner (pə'rɪʃənə) ZN • *parochiaan* • *gemeentelid*
parish-pump (pærɪʃ'pʌmp) BNW • *alleen van plaatselijk belang* • *bekrompen*
Parisian (pə'rɪzɪən) I ZN • *Parijzenaar* • *Parisienne* II BNW *Parijs; van/uit Parijs*
parity ('pærɪtɪ) ZN • *gelijkheid; overeenkomst* • ECON. *pariteit* ★ by ~ of reasoning *aldus redenerende* ★ ~ value *nominale waarde*
park (pɑːk) I ZN • *park* • *parkeerterrein* • *oesterbank* • USA *memorial park begraafplaats* II OV WW • *als park aanleggen* • *deponeren* • ~ in *omsluiten als in een park* III ONOV WW IV OV+ONOV WW *parkeren*
parka ('pɑːkə) ZN *parka; anorak*
parking ('pɑːkɪŋ) ZN *het parkeren; parkeergelegenheid* ★ ~ area/lot *parkeerplaats* ★ ~ ticket *parkeerbon*
park keeper ZN *parkwachter*
parkway ('pɑːkweɪ) ZN USA *fraaie autoweg*
parky ('pɑːkɪ) I ZN PLAT *parkwachter* II BNW • PLAT *kil* • *parkachtig*
parlance ('pɑːləns) ZN *wijze v. zeggen; taal* ★ in legal ~ *in wettermen uitgedrukt* ★ in common ~ *zoals men dat in alledaagse taal weergeeft*
parley ('pɑːlɪ) I ZN • *onderhandeling* • USA *conferentie* ★ beat/sound a ~ *met trommel of trompet om onderhandelingen vragen* II OV WW *brabbelen* III ONOV WW *onderhandelen*
parliament ('pɑːləmənt) ZN *parlement* ★ ~ (cake) *knappende gemberkoek*
parliamentarian (pɑːləmen'teərɪən) ZN • *parlementariër* • *aanhanger v. 't parlement in de Eng. burgeroorlog* ‹17e eeuw›
parliamentary (pɑːlə'mentərɪ) BNW • *parlements-* • INFORM. *beleefd* • *parlementair* ★ he is an old ~ hand *hij is doorkneed in zaken betreffende het parlement*
parlour ('pɑːlə) ZN • *zitkamer* • *conversatiekamer* ‹in herberg of klooster› • USA *salon* ★ ~ game *gezelschapsspel; woordspel* ★ ~ car *salonrijtuig* ★ ~ socialist *salonsocialist*
parlourmaid ('pɑːləmeɪd) ZN *dienstmeisje*
parlous ('pɑːləs) BNW • FORM. *gevaarlijk* • IRON. *verbazend slim of handig*
parochial (pə'rəʊkɪəl) BNW • *parochiaal; gemeente-* • *kleinsteeds*

parochialism (pə'rəʊkɪəlɪzəm) ZN *bekrompenheid*
parodist ('pærədɪst) ZN *iem. die parodieën maakt*
parody ('pærədɪ) I ZN *parodie* II OV WW *parodiëren*
parole (pə'rəʊl) I ZN • *parool*; *erewoord* • *wachtwoord* • USA *voorwaardelijke invrijheidstelling* ★ on ~ *voorwaardelijk vrijgelaten* II OV WW *op erewoord vrijlaten*
paroquet ('pærəkɪt) ZN *parkiet*
parotitis (pærə'taɪtɪs) ZN *bof*
paroxysm ('pærəksɪzəm) ZN *hevige aanval*
parquet ('pɑːkɪ/'pɑːkeɪ) I ZN • *parketvloer* • USA *parket in schouwburg* II OV WW *v. parketvloer voorzien*
parquetry ('pɑːkɪtrɪ) ZN *parketwerk*; *parketvloer*
parrakeet ZN → **parakeet**
parricide ('pærɪsaɪd) ZN • *moordenaar* ⟨v.e. naast familielid⟩ • *moord* ⟨op een naast familielid⟩
parrot ('pærət) I ZN *papegaai* ★ ~ cry *afgezaagde leus* II OV WW • *nadoen*; *napraten* • *drillen*
parrot-fashion BNW + BIJW *onnadenkend*; *uit het hoofd*
parrotry ('pærətrɪ) ZN *na-aperij*
parry ('pærɪ) I ZN II OV WW • *pareren*; *afweren* ⟨v. slag⟩ • *ontwijken* ⟨v. vraag⟩
parse (pɑːz) OV WW *taal-/redekundig ontleden*
parsimonious (pɑːsɪ'məʊnjəs) BNW • *spaarzaam* • *gierig*
parsimony ('pɑːsɪmənɪ) ZN *spaarzaamheid*; *gierigheid*
parsley ('pɑːslɪ) ZN *peterselie*
parsnip ('pɑːsnɪp) ZN *pastinaak* ★ fine words butter no ~s *praatjes vullen geen gaatjes*
parson ('pɑːsən) ZN *dominee* ★ ~'s nose *stuit* ⟨v. gebraden gevogelte⟩
parsonage ('pɑːsənɪdʒ) ZN *pastorie*
part (pɑːt) I ZN • MUZ. *stem* • *(aan)deel* • *gedeelte*; *aflevering* ⟨vnl. van letterkundig werk⟩; *gelijke hoeveelheid* • *toneelrol* • *zijde* • *partij* ★ part author *medeauteur* ★ part owner *mede-eigenaar* ★ I've neither part nor lot in it *ik heb er part noch deel aan* ★ private parts *geslachtsdelen* ★ it was not my part to intervene *het was niet aan mij om tussenbeide te komen* ★ he is playing/acting a part *hij speelt komedie*; *hij bedriegt de zaak* ★ part and parcel *'n essentieel deel* ★ part of speech *woordsoort*; *grammaticale categorie* ★ for the most part *voor 't grootste deel* ★ take part in *deelnemen aan* ★ he took the part of his brother *hij nam 't op voor z'n broer* ★ for my part *wat mij betreft* ★ in part *gedeeltelijk* ★ they took it in good part *ze namen het goed op* ★ on the part of his sister *van de kant v. zijn zuster* ★ on my part *van mijn kant*; *mijnerzijds* ★ three parts *drie kwart* ★ the nasty part of it is, that ... *het vervelende is, dat ...* ★ he looks the part *hij lijkt er geknipt voor* ★ the better part *het grootste deel* II OV WW • *verdelen* • *van elkaar scheiden*; *scheiding maken* ⟨in haar⟩ • *losraken* ⟨v. schip⟩ ★ part company *uiteen gaan* III ONOV WW • *z. verdelen* • *uit elkaar gaan* • PLAT *betalen* ★ he won't part *hij schuift niet af*; *hij wil niet betalen* ★ the cord parted *het touw brak* ★ they parted friends *ze gingen als vrienden uiteen* ★ ~ from/with *afscheid nemen van*; *scheiden van* ★ ~ with

opgeven; *v.d. hand doen*; *afgeven* ⟨vnl. van hitte⟩
partake (pɑː'teɪk) ONOV WW *deel hebben aan* ★ ~ of *eten* ⟨van⟩; *drinken* ⟨van⟩; *gebruiken*
parterre (pɑː'teə) ZN • *bloemperken* • *parterre*
partial ('pɑːʃəl) BNW • *partijdig* • *gedeeltelijk* ★ be ~ to *veel houden van*; *vooringenomen zijn met*
partiality (pɑːʃɪ'ælətɪ) ZN • *voorliefde* • *partijdigheid*
partially ('pɑːʃəlɪ) BIJW *gedeeltelijk*
participant (pɑː'tɪsɪpənt) I ZN *deelgenoot*; *deelnemer* II BNW *deelhebbend*; *deelnemend*
participate (pɑː'tɪsɪpeɪt) ONOV WW *delen in*; *deelnemen aan*; *deel hebben in* ★ his work ~s of the nature of melancholy *zijn werk heeft iets droefgeestigs*
participation (pɑːtɪsɪ'peɪʃən) ZN • *aandeel*; *deelneming*; *deelname* • *inspraak*
participator (pɑː'tɪsɪpeɪtə) ZN *deelnemer*
participatory (pɑːtɪsɪ'peɪtərɪ) BNW *deelnemend*
participial (pɑːtɪ'sɪpɪəl) BNW *deelwoord-*
participle ('pɑːtɪsɪpl) ZN *deelwoord*
particle ('pɑːtɪkl) ZN • *deeltje* • *partikel*
particoloured ('pɑːtɪkʌləd) BNW OUD. *bontgekleurd*
particular (pə'tɪkjʊlə) I ZN *bijzonderheid* • London ~ *dikke mist* II BNW • *veeleisend* • *speciaal*; *afzonderlijk* • *nauwkeurig*; *precies* ★ he is very ~ in/about his dinner *hij is erg kieskeurig op zijn eten* ★ he is not ~ to such an amount *op zo'n bedrag kijkt hij niet* ★ in ~ *in 't bijzonder* ★ Mr. Particular *Pietje precies*
particularity (pətɪkjʊ'lærətɪ) ZN • *nauwkeurigheid*; *precisie* • *bijzonderheid*
particularize (pə'tɪkjʊləraɪz) OV WW • *specificeren* • *in details treden*
particularly (pə'tɪkjʊləlɪ) BIJW *vooral*
particulars (pə'tɪkjʊləz) ZN MV • *informatie*; *inlichtingen*; *gedetailleerd verslag* • *personalia*; *signalement*
parting ('pɑːtɪŋ) ZN • *afscheid* • *scheiding* ⟨v. haar⟩ ★ ~ shot *laatste schot*; *uitsmijter* ⟨fig.⟩
partisan ('pɑːtɪzæn), **partizan** I ZN • *aanhanger*; *voorstander* • *soort hellebaard* • *guerrilla* II BNW • *partijdig* • *partijgangers-*
partisanship ('pɑːtɪzænʃɪp) ZN *partijgeest*
partition (pɑː'tɪʃən) I ZN • *(ver)deling* • *tussenschot* • *afscheiding* II OV WW • *(ver)delen* • ~ off *afscheiden*
partitive ('pɑːtɪtɪv) BNW • *delend* • *delings-*
partizan ('pɑːtɪzæn) I ZN → **partisan** II BNW → **partisan**
partly ('pɑːtlɪ) BIJW *gedeeltelijk*
partner ('pɑːtnə) I ZN • *deelgenoot*; *(levens)gezel(lin)* • *partner* • *vennoot*; *compagnon* • SCHEEPV. *vissingstuk* ★ sleeping ~ *stille vennoot* ★ managing ~ *beherend vennoot* II OV WW • *tot (levens)gezel(lin) geven* • *de deelgenoot zijn van*
partnership ('pɑːtnəʃɪp) ZN *deelgenootschap*; *vennootschap* ★ he has entered into ~ with me *hij heeft zich met mij geassocieerd*
partook (pɑː'tʊk) WW [verleden tijd] → **partake**
part-payment (pɑːt'peɪmənt) ZN *afbetaling*
partridge ('pɑːtrɪdʒ) ZN *patrijs*
parts (pɑːts) ZN MV *gebied*; *streek* ★ in foreign ~

in den vreemde

part-time (pɑːˈtaɪm) BNW *in deeltijd* ★ ~ worker *deeltijdwerker*

part-timer (pɑːˈtaɪmə) BNW *deeltijdwerker*

parturition (pɑːtjʊˈrɪʃən) ZN *geboorte; bevalling*

party (ˈpɑːtɪ) ZN • *partij* • *feest* • *gezelschap* • IRON. *persoon; mens* ★ he is a ~ to it *hij doet eraan mee* ★ OUD. he is a queer ~ *hij is 'n rare snoeshaan* ★ make one of the ~ *van de partij zijn; meedoen* ★ A. and ~ *A. en consorten*

party dress ZN *galajurk*

party drug ZN *partydrug*

party line POL. *partijlijn; partijpolitiek*

party politics ZN MV POL. *partijpolitiek*

party-pooper ZN *spelbreker*

party rally POL. *partijbijeenkomst*

party tent ZN *partytent*

parvenu (ˈpɑːvənuː) ZN *parvenu*

paschal (ˈpæskl) BNW *paas-*

pash (pæʃ) ZN OUD. *kortstondige verliefdheid*

pass (pɑːs) I ZN • *'t slagen voor examen* • *gewone graad; crisis; kritieke toestand* • *verlofpas; paspoort; vrijkaartje; toegangsbewijs* • *uitval* ‹schermen› • *handbeweging* ‹v. magnetiseur›; *goocheltoer* • *pass* ‹berg›*pas* • *vaargeul* ★ a pretty pass *een mooie boel* ★ free pass *vrijkaartje* ★ make a pass at *proberen te versieren; avances maken* II OV WW • *inhalen; passeren; voorbijgaan* • *doorgeven; aangeven; geven; in circulatie brengen* ‹vnl. vals geld› • *laten gaan over* ‹v. oog, hand›; *strijken over* • *doorbrengen* • *slagen voor* • *overtreffen; te boven gaan* • *goedkeuren; aangenomen worden; toelaten* • *uitspraak doen; berispen; vellen* ‹v. vonnis›; *uitoefenen* ‹v. kritiek› ★ pass a dividend *geen dividend uitkeren* ★ pass a rope round it *doe er een touw omheen* ★ pass water *urineren* ★ pass sentence on *vonnissen* ★ he passed me a goodday *hij zei me goedendag* ★ pass across to *doorgeven aan* ★ pass criticism on *kritiek uitoefenen op* • ~ away *verdrijven* • ~ by *weglaten; geen aandacht besteden aan* ★ he could not pass a woman by *hij kon geen vrouw met rust laten* • ~ down *doorgeven; aflopen* • ~ in *ter betaling aanbieden* • ~ off *de aandacht afleiden van; laten doorgaan* ★ pass off as/for *uitgeven voor* ★ she passed it off with a laugh *ze maakte z. er met 'n lachje vanaf* • ~ on *heengaan; sterven; doorgeven; verder vertellen* ★ the cost could not be passed on(to) him *de kosten konden niet op hem worden verhaald* • ~ over *voorbijgaan; overslaan; over 't hoofd zien; passeren* ‹bij promotie› • ~ round *de ronde laten doen; laten rondgaan* • ~ up *achterwege laten; weigeren; alle connecties (met iem.) verbreken; verwaarlozen* III ONOV WW • *doorgaan; overgaan; heengaan; vergaan* • *z. bewegen; in omloop zijn; vervoerd worden; er doorheen gaan* • *sterven* • *voldoende zijn* • *gebeuren* • *laten lopen; laten gaan; onbenut laten; achterlaten* • *gewisseld worden; wisselen* • *passen* ★ bring to pass *tot stand brengen; uitvoeren* ★ come to pass *gebeuren* ★ it could not pass muster *het kon de toets v.d. kritiek niet doorstaan* • ~ away *heengaan; sterven* • ~ by *voorbijgaan* ★ he passed by the name of A. *hij was bekend onder de naam A.* • ~ for *doorgaan voor* • ~ off *vervagen* • ~ on *verder gaan* ★ let us pass on to s.th. else *laat ons tot iets anders overgaan* • ~ out *weggaan; verlaten; flauwvallen* • ~ over *overlijden* • ~ through *ervaren; meemaken; doormaken* • ~ to *overgaan tot* ★ pass to a p.'s credit *iemands krediet boeken* • ~ upon *rechtspreken over*

passable (ˈpɑːsəbl) BNW • *tamelijk; vrij behoorlijk* • *toelaatbaar* • *begaanbaar; doorwaadbaar* • *gangbaar*

passage (ˈpæsɪdʒ) I ZN • *gang; passage; overgang; doorgang* • *recht v. doorgang* • *overtocht* • *stoelgang* • *'t aannemen* ‹v. een wet› • *passage* ‹in boek› ★ ~s *uitwisseling* ‹vnl. van gedachten› ★ at/of arms *strijd* ★ bird of ~ *trekvogel* ★ ~ boat *veerboot* II OV WW *zijwaarts laten bewegen* ‹v. paard› III ONOV WW *z. zijwaarts bewegen* ‹v. paard›

passageway (ˈpæsɪdʒweɪ) ZN *gang*

passenger (ˈpæsɪndʒə) ZN • *passagier* • INFORM. *slappe speler of roeier in team*

passenger-pigeon ZN *trekduif*

passer-by (pɑːsəˈbaɪ) ZN *voorbijganger*

passing (ˈpɑːsɪŋ) I ZN • *(het) voorbijgaan* • *overlijden* ★ in ~ *in het voorbijgaan; terloops* II BNW • *voorbijgaand; terloops* • *oppervlakkig* ★ ~ bell *doodsklok* ★ ~ lane *inhaalstrook* III BIJW OUD. *zeer; buitengewoon* ★ ~ fair *zeer schoon*

passion (ˈpæʃən) I ZN • *hartstocht; passie* • *woede; toorn* ★ fly into a ~ *in woede uitbarsten* II OV WW *v. hartstocht vervullen* III ONOV WW *v. hartstocht vervuld zijn*

Passion (ˈpæʃən) ZN ★ the ~ *het Lijden van Christus; het lijdensverhaal*

passionate (ˈpæʃənət) BNW • *hartstochtelijk* • *driftig*

passion fruit ZN *passievrucht*

passionless (ˈpæʃənləs) BNW *koel; koud*

passive (ˈpæsɪv) I N TAALK. *lijdende vorm* II BNW • *lijdend; lijdelijk* ★ ~ resistance *lijdelijk verzet* ★ ~ debt *renteloze schuld*

passivity (pæˈsɪvətɪ) ZN *lijdelijkheid*

passkey (ˈpɑːskiː) ZN • *huissleutel* • *loper* • *privésleutel*

passman (ˈpɑːsmæn) ZN *gewoon geslaagde*

pass-out (ˈpɑːsaʊt) ZN • *sortie* • *contramerk* • USA *flauwte* ★ ~ examination *eindexamen*

Passover (ˈpɑːsəʊvə) ZN *Pesach*

passport (ˈpɑːspɔːt) ZN • *paspoort* • *toegang*

password (ˈpɑːswɜːd) ZN *wachtwoord*

past (pɑːst) I ZN *verleden (tijd)* II BNW • *voorbij(gegaan)* • *verleden* • *vroeger* • *gewezen* ★ he has been here for many weeks past *hij is al vele weken hier* III BIJW *voorbij* ★ he hastened past *hij spoedde zich voorbij* IV VZ • *langs; voorbij* • *over; na* ★ past hope *hopeloos* ★ past recovery *onherstelbaar* ★ the child is past its sleep *het kind is over zijn slaap heen* ★ that's past my comprehension *dat gaat m'n begrip te boven* ★ it's half past one *het is half twee* ★ it's past looking into *het kan niet meer onderzocht worden* ★ she is past her childhood *ze is geen kind meer*

paste (peɪst) I ZN • *deeg* ‹v. gebak›

• *(amandel)spijs* • *pastei* • *(stijfsel)pap*; *plaksel* **॥** OV WW **plakken** • COMP. **plakken** ⟨invoegen⟩ • *beplakken* • PLAT *afranselen* • ~ **up** *aanplakken*; *dichtplakken*

pasteboard ('peɪstbɔːd) ɪ ZN • *karton* • *rolplank* ⟨voor deeg⟩ • PLAT *visitekaartje*; *spoorkaartje* **॥** BNW • *(bord)kartonnen* • *zwak* • *vals*; *onecht*

pastel ('pæstl) ZN • *pastel(tekening)* • *pastelkleur*

pasteurize ('pɑːstjəraɪz) OV WW *pasteuriseren*

pastiche (pæ'stiːʃ) ZN • *nabootsing* • *potpourri*

pastie ɪ BNW → **pasty**[1] ॥ ZN → **pasty**[1]

pastille ('pæst(ə)l) ZN *pastille*

pastime ('pɑːstaɪm) ZN *tijdverdrijf*

pasting ('peɪstɪŋ) ZN INFORM. *flink pak slaag*

pastor ('pɑːstə) ZN • *zielenherder* • USA *pastoor* • *geestelijke leider*

pastoral ('pɑːstərəl) ɪ ZN • *pastorale* • *herderlijk schrijven* ॥ BNW • *herderlijk*; *herders-* • *landelijk* ★ ~ **care** *zielzorg*

pastorale (pæstə'rɑːl) ZN *pastorale*

pastorate ('pɑːstərət) ZN • *geestelijkheid* • *herderlijk ambt*

pastry ('peɪstrɪ) ZN *gebak(jes)*; *(korst)deeg* ★ **puff** ~ *bladerdeeg*

pastry-cook ZN *banketbakker*

pasturage ('pɑːstʃərɪdʒ) ZN • *'t weiden* ⟨v. vee⟩ • *gras* ⟨als voer⟩ • *weiland*

pasture ('pɑːstʃə) ɪ ZN • *gras* • *weide* ॥ OV WW *laten grazen* ॥ ONOV WW *(af)grazen*

pasty[1], **pastie** ('peɪstɪ) ZN *vleespastei*

pasty[2] ('peɪstɪ) BNW *deegachtig* ★ ~-**faced** *bleek*

pat (pæt) ɪ ZN • *tikje* • *klompje*; *kluitje* ⟨vnl. van boter⟩ ॥ BNW + BIJW • *klaar* • *precies v. pas*; *toepasselijk* ★ *his story came pat to the purpose zijn verhaal kwam wel juist v. pas* ★ *he has his answer pat hij heeft zijn antwoord onmiddellijk klaar* ★ *can you say it off pat? kun je het vlot achter elkaar opzeggen?* ★ *play a pat hand sterke kaarten hebben* ★ *stand pat bij zijn besluit blijven* ॥ OV WW • *zachtjes slaan/kloppen op* • *aaien* • *strelen* ★ *he is always patting himself on the back hij is altijd over zichzelf tevreden*

patch (pætʃ) ɪ ZN • *lap*; *pleister* • *plek* • *stukje grond* • *restant* ★ *not a* ~ *on niet te vergelijken bij* ★ *strike a bad* ~ *tegenslag hebben* ★ *scraps and* ~**es** *stukken en brokken* ॥ OV WW • *(op)lappen* • *samenflansen* • COMP. *corrigeren* • ~ **up** *oplappen*; *bijleggen* ⟨v. geschil⟩; *slordig in elkaar zetten*

patchboard ('pætʃbɔːd) ZN *schakelkast*

patcher ('pætʃə) ZN • *lapper* • *knoeier*

patchpanel ('pætʃpænəl) ZN *schakelkast*

patch test ZN MED. *allergietest*

patch-up ('pætʃʌp) ZN • *geknoei* • *lapmiddel*

patchwork ('pætʃwɜːk) ZN • *mengelmoes* • *lapwerk* ★ ~ **quilt** *lappendeken*

patchy ('pætʃɪ) BNW • *onregelmatig* • REG. *humeurig* • *met vlekken* • *in elkaar geflanst*

pâté ('pæteɪ) ZN *vlees-/vis-/wildpastei*; *paté*

patella (pə'telə) ZN • *knieschijf* • *schoteltje*

paten ('pætn) ZN • *pateen* • *dunne, ronde metalen plaat*

patent ('peɪtnt) ɪ ZN • *patent* • *octrooi* • *gepatenteerd artikel* • *recht* ★ *take out a* ~ *for patent nemen op* ॥ BNW • *gepatenteerd* • *voortreffelijk*; *patent* • *open*; *zichtbaar*

★ INFORM. ~ **leathers** *lakschoenen* ★ **letters** ~ *octrooibrieven* ★ ~ **office** *octrooibureau* ★ ~ **leather** *verlakt leer*; *lakleer* ॥ OV WW • *patenteren* • *patent nemen op*

patentee (peɪtn'tiː) ZN *patenthouder*

pater ('peɪtə) ZN PLAT *ouwe heer* ⟨vader⟩

paterfamilias (peɪtəfə'mɪlɪæs) ZN *huisvader*

paternal (pə'tɜːnl) BNW • *vaderlijk*; *vader-* • *van vaderszijde*

paternalism (pə'tɜːnəlɪzəm) ZN *overdreven vaderlijke zorg*

paternalist(ic) (pə'tɜːnəlɪs(tɪk)) BNW *paternalistisch*

paternity (pə'tɜːnətɪ) ZN *vaderschap*

paternoster (pætə'nɒstə) ZN • *paternosterlift* • *Onze Vader* • *paternosterkraal* ⟨v. rozenkrans⟩ • *zetlijn* ★ **devil's** ~ *gemompelde vloek*

path (pɑːθ) ZN *pad*; *weg*; *baan*

pathetic (pə'θetɪk) BNW • *aandoenlijk* • *gevoelvol* • *zielig* • *bedroevend*

pathetics (pə'θetɪks) ZN MV • *studie v.d. emoties* • *vertoon v. sentimentaliteit*

pathfinder ('pɑːθfaɪndə) ZN • *verkenner* • *verkenningsvliegtuig* • *pionier* ⟨figuurlijk⟩

pathless ('pɑːθləs) BNW *ongebaand*

pathological (pæθə'lɒdʒɪkl) BNW *pathologisch*; *ziekelijk*

pathologist (pə'θɒlədʒɪst) ZN *patholoog*

pathology (pə'θɒlədʒɪ) ZN *pathologie*

pathos ('peɪθɒs) ZN • *pathos* • *aandoenlijkheid* • *medelijden*

pathway ('pɑːθweɪ) ZN • *pad*, *weg* ⟨figuurlijk⟩

patience ('peɪʃəns) ZN • *patience* ⟨kaartspel⟩ • *geduld*; *lijdzaamheid*; *volharding* ★ *he has no* ~ *with her hij kan haar niet uitstaan* ★ *he is out of* ~ *with her hij kan haar niet meer uitstaan*; *hij is boos op haar*

patient ('peɪʃənt) ɪ ZN *patiënt*; *zieke* ★ **mental** ~ *geestesszieke*; *zwakzinnige* ॥ BNW *geduldig*; *lijdzaam*; *volhardend* ★ *it is* ~ *of more than one interpretation het kan op meer dan één manier worden verklaard*

patina ('pætɪnə) ZN • *schijn*; *waas* • *ouderdomsglans* ⟨op meubels⟩ • *kopergroen*

patio ('pætɪəʊ) ZN *patio*; *binnenhof*

patriarch ('peɪtrɪɑːk) ZN • *patriarch*; *aartsvader* • *nestor* • *grondlegger*

patriarchy ('peɪtrɪɑːkɪ) ZN *patriarchaat*

patrician (pə'trɪʃən) ɪ ZN *patriciër* ॥ BNW *patricisch*

patriciate (pə'trɪʃət) ZN *aristocratie*

patricide ('pætrɪsaɪd) ZN • *vadermoord* • *vadermoordenaar*

patrimonial (pætrɪ'məʊnjəl) BNW *erf-*; *overgeërfd*

patrimony ('pætrɪmənɪ) ZN *vaderlijk erfdeel*; *erfgoed*

patriot ('peɪtrɪət) ɪ ZN *patriot* ॥ BNW *patriottisch*

patriotic(al) (pætrɪ'ɒtɪk(l)) BNW *verkeersbrigadiertje* ★ ~ **boat** *patrouilleboot* ★ ~ **car** *politiewagen* ॥ OV+ONOV WW *patrouilleren*; *de ronde doen*

patrolman (pə'trəʊlmən) ZN USA *politieagent*

★ A.A. ~ wegenwachter
patron ('peɪtrən) ZN • minzame bejegening • *patroon*; *beschermheer*; *begunstiger* • *baas* • *beschermheilige* • *(vaste) klant* • GESCH. *beschermheer* ⟨v. slaaf, cliënt⟩ ★ ~ saint *beschermheilige* ★ ~ of the arts *mecenas*
patronage ('pætrənɪdʒ) ZN • *minzame bejegening* • *beschermheerschap* • *recht v. voordracht tot ambt* • *klandizie*; *steun*
patronal ('pætrənl) BNW *v.e. beschermheilige*
patroness (peɪtrə'nes) ZN • *beschermheilige* • *beschermvrouw*
patronize ('pætrənaɪz) OV WW • *beschermen*; *begunstigen* • *minzaam bejegenen* ★ a well-~d shop *een winkel met veel klanten*
patronizing ('pætrənaɪzɪŋ) BNW *neerbuigend*
patsy ('pætsɪ) ZN PLAT/USA *lomperd*; *sul*
patten ('pætn) ZN • *voet van pilaar* • *overschoen met houten zool op ijzeren band*
patter ('pætə) I ZN • *heel snel gesproken/gezongen tekst* • *tekst* ⟨v. humoristisch lied⟩ • *verkoperstaaltje* • *jargon* • *gekletter* ★ ~ of feet *getrippel van voetjes* II OV WW • *afratelen* ⟨v. gebed⟩ • *doen kletteren* III ONOV WW • *trippelen*; *ritselen* • *babbelen*; *praten* • *kletteren*
pattern ('pætn) I ZN • *tekening*; *patroon*; *dessin*; *model* • MIL. *trefbeeld* • USA *lap stof* • *toonbeeld*; *voorbeeld*; *staal* ★ willow ~ *(Chinees porselein met) wilgenpatroon* ★ ~book *stalenboek* II BNW *model*- III OV WW • *schakeren* • ~ **after/upon** *vormen naar*
patty ('pætɪ) ZN *pasteitje*
paucity ('pɔ:sətɪ) ZN ★ ~ of *schaarste aan*; *gebrek aan*
paunch (pɔ:ntʃ) I ZN • *buik* • *pens* • SCHEEPV. *stootmat* II OV WW *ontweien*
paunchy ('pɔ:ntʃɪ) BNW *dikbuikig*
pauper ('pɔ:pə) ZN • *armlastige*; *minder bedeelde* • *iem. die pro deo kan procederen*
pauperism ('pɔ:pərɪzəm) ZN • *pauperisme*; 't *armlastig zijn* • *armlastigen*
pauperize ('pɔ:pəraɪz) OV WW • *verpauperen* • *armlastig maken* • *verarmen*
pause (pɔ:z) I ZN • *pauze*; *onderbreking*; *rust* • MUZ. *orgelpunt* ★ he gave me ~ *hij stemde me tot nadenken* II OV WW • *even ophouden*; *pauzeren* • *nadenken* • ~ **upon** *nadenken over*; *aanhouden* ⟨v. noot⟩
pavage ('peɪvɪdʒ) ZN • *bestrating* • *straatbelasting*
pave (peɪv) I ZN • USA *wegdek*; *plaveisel* • *trottoir* • USA *rijweg* II OV WW • *bestraten* • *bevloeren* ★ pave the way *de weg banen*
paved (peɪvd) BNW • *geplaveid*; *bestraat* • *vol*
pavement ('peɪvmənt) ZN • *bestrating* • *trottoir* • USA *rijweg* ★ ~ artist *trottoirtekenaar*
pavilion (pə'vɪljən) I ZN • *tent* • *paviljoen* • *clubhuis* II OV WW *v. tenten voorzien*
paving ('peɪvɪŋ) ZN *bestrating*; *plaveisel*; *bevloering* ★ ~ stone *straatsteen*
paw (pɔ:) I ZN • *poot* ⟨met klauw⟩ • INFORM. '*poot*'; *hand* • OUD. *handschrift* II OV WW • INFORM. *betasten* • INFORM. *ruw of onhandig aanpakken* III OV+ONOV WW • *slaan* ⟨met klauw⟩ • *krabben* ⟨met hoef⟩
pawky ('pɔ:kɪ) BNW • SCHOTS *geslepen*; *sluw* • SCHOTS *droog-humoristisch*

pawl (pɔ:l) I ZN *pal* II OV WW *bevestigen met pal*
pawn (pɔ:n) I ZN • *onderpand* • *pion* ⟨in schaakspel⟩ • *pion* ⟨figuurlijk⟩; *gemanipuleerd persoon* ★ pawn ticket *lommerdbriefje* II OV WW • *belenen*; *verpanden*
pawnbroker ('pɔ:nbrəʊkə) ZN *lommerdhouder*
pawnshop ('pɔ:nʃɒp) ZN *lommerd*
pax (pæks) ZN • JEUGDT. *kalm!*; *genoeg!* • *Christusbeeld* • *vredeskus*
pay (peɪ) I ZN • *betaling*; *loon*; *soldij* ★ on pay *met behoud v. salaris* ★ this affair is good pay *deze aangelegenheid is lonend* ★ no pay, no play *geen geld, geen Zwitsers* ★ take-home pay *netto loon* ★ basic pay *basisloon* ★ back pay *achterstallige betaling*; *nabetaling* II OV WW • *(uit)betalen* • *vergelden* • *vergoeden* • *schenken* ⟨v. aandacht⟩ • PLAT *afranselen* • *teren* ★ they will pay me a call/visit *ze zullen me bezoeken* ★ the business pays its way *de zaak kan zich zelf bedruipen* ★ pay for an article *een artikel betalen* ★ paying-in slip *stortingsbewijs* ★ paid-up shares *volgestorte aandelen* • ~ **away** *uitgeven* ⟨v. geld⟩ • SCHEEPV. ~ **away/out** *vieren* ⟨v. kabel⟩ • ~ **back** *betaald zetten*; *terugbetalen* • ~ **into** *storten* ⟨v. geld⟩ ★ paid into your account *op uw rekening gestort* • ~ **off** *(af)betalen*; *afrekenen*; *betaald zetten*; *renderen*; *omkopen* • ~ **out** *(uit)betalen*; *betaald zetten* • ~ **towards** *bijdragen voor* • ~ **up** *betalen*; *volstorten* ⟨v. aandelen⟩ III ONOV WW • *betalen*; *boeten* • *renderen* ⟨v. zaak⟩ ★ pay through the nose *afgezet/overvraagd worden* • ~ **down** *contant betalen* • ~ **off** *afzakken* ⟨naar lijzijde⟩; *afmonsteren* IV OV+ONOV WW • ~ **down** *een aanbetaling doen*
payable ('peɪəbl) BNW • *te betalen* • *betaalbaar* • *lonend*
pay-bed ZN *ziekenhuisbed* ⟨betaald door particulier verzekerde patiënt⟩
pay-book ZN *zakboekje*
pay-booth ('peɪbu:θ) ZN USA *telefooncel*
pay-box ZN *loket*
paycheck ('peɪtʃek) ZN USA *looncheque*; *salaris*
pay claim ZN *looneis*
pay-day ('peɪdeɪ) ZN • *betaaldag* • *dag v. afrekening bij beursspeculaties*
pay-desk ('peɪdesk) ZN *kassa*
P.A.Y.E. AFK pay as you earn *loonbelasting*
payee (peɪ'i:) ZN *iem. aan wie betaald wordt*
payer ('peɪə) ZN *betaler*
paying ('peɪɪŋ) BNW *lonend* ★ ~ guest *betalende logé, logee*
payload ('peɪləʊd) ZN *nuttige last*
paymaster ('peɪmɑ:stə) ZN • *betaalmeester* • *degene die betalen moet*
payment ('peɪmənt) ZN • *betaling* • *beloning* ★ make ~ *betalingen doen* ★ down ~ *aanbetaling*
pay-off ('peɪɒf) ZN • *betaling* ⟨bij omkoping⟩; *omkoopsom* • *afvloeiingspremie* • *resultaat*
payola (peɪ'əʊlə) ZN • USA/INFORM. *steekpenningen* • USA/INFORM. *omkoperij*
pay-packet ('peɪpækɪt) ZN *loonzakje*
pay phone ZN *(publiek) telefooncel*; *munttelefoon(toestel)*
pay-raise ZN USA → **pay-rise**

pay-rise ('peɪraɪz), USA **pay-raise** ZN *loonsverhoging*
payroll ('peɪrəʊl) ZN *loonlijst*
pay station ZN *telefooncel*
PC AFK • Personal Computer *pc* • Police Constable *politieagent* • Privy Council(lor) *(lid van) kroonraad*
pd. AFK paid *betaald*
PD AFK Police Department *politie* ★ N.Y.P.D. *New York Police Department*
PDT AFK Pacific Daylight Time *Pacifische Daglichttijd* ⟨tijdzone in westelijk USA⟩
PE AFK Physical Education *lichamelijke opvoeding*
pea (pi:) ZN *erwt* ★ they're like two peas in a pod *zij lijken precies op elkaar* ★ yellow pea *grauwe erwt*
peace (pi:s) ZN • *vrede* • *rust* ★ may his ashes rest in ∼ *hij ruste in vrede* • be at ∼ *with in vrede leven met* ★ hold your ∼! *zwijg!* ★ the Queen's/King's ∼ *de openbare orde* ★ make ∼ *vrede sluiten*
peaceable ('pi:səbl) BNW • *vreedzaam* • *vredig*
peaceful ('pi:sfʊl) BNW *vredig*
peacemaker ('pi:smeɪkə) ZN • *vredestichter* • IRON. *revolver; oorlogsschip*
peacetime ('pi:staɪm) ZN *vredestijd*
peach (pi:tʃ) I ZN • *perzik* • INFORM. *schat* ⟨v. een meisje⟩*; snoes* ★ INFORM. we had a ∼ of a time *we hadden echt een heerlijke tijd* II ONOV WW • PLAT *(iem.) aanklagen; (iem.) aanbrengen* • *klikken*
peacock ('pi:kɒk) I ZN • *(mannetjes)pauw* • *dagpauwoog* II OV WW *trots zijn op* III ONOV WW *stappen als een pauw*
peacockery ('pi:kɒkrɪ) ZN *opschik*
peak (pi:k) I ZN • *piek; spits* • *hoogtepunt* • *klep* ⟨v. pet⟩ • SCHEEPV. *piek* • *gaffel* II BNW *hoogste* ★ peak hour *spitsuur* ★ peak year *topjaar* III OV WW • SCHEEPV. *toppen* ⟨v. ra⟩ • *omhoog steken* ⟨v. roeiriemen⟩ • *overeind zetten* IV ONOV WW ★ peak (and pine) *wegkwijnen; er magertjes uitzien*
peaked (pi:kt) BNW *puntig; scherp* ★ cap *pet*
peaky ('pi:kɪ) BNW INFORM. *mager* ⟨v. gezicht⟩; *pips*
peal (pi:l) I ZN • *gelui* ⟨v. klokken⟩ • *gerommel* ⟨v. de donder⟩ • *(donder)slag* • *geschater* • *klokkenspel* II OV WW *doen klinken* III ONOV WW • *klinken; weergalmen* • *rollen* ⟨v. de donder⟩
peanut ('pi:nʌt) ZN *pinda* ★ ∼ butter *pindakaas* ★ USA/INFORM. ∼s *kleinigheid; onzin; klein geldbedrag* ★ this problem is ∼s compared to what is awaiting us *dit probleem stelt niets voor, vergeleken bij wat ons nog te wachten staat*
pear (peə) ZN *peer*
pearl (pɜ:l) I ZN • *parel* • *juweel* ⟨figuurlijk⟩ • *kleine drukletter; picootje* • *paarlemoer* ★ Venetian ∼ *nepparel* II OV WW • *met parelen bezetten of behangen* • *parelen* ⟨vnl. van gerst⟩ III ONOV WW *naar parels vissen*
pearl barley ZN *parelgerst*
pearl-diver ('pɜ:ldaɪvə) ZN *parelvisser*
pearly ('pɜ:lɪ) BNW • *parelachtig* • *vol parels*

pear-shaped ('peəʃeɪpt) BNW *peervormig*
peasant ('pezənt) ZN *boer*
peasantry ('pezəntrɪ) ZN • *boerenbevolking* • *boerenstand*
pease-pudding (pi:z'pʊdɪŋ) ZN *erwtenstamppot*
pea-souper (pi:'su:pə) ZN INFORM. *dikke, gele mist*
peat (pi:t) ZN • *veen* • *turf* ★ peat bog *veenland* ★ peat dust *turfmolm* ★ peat hog *afgegraven veengrond* ★ peat litter *turfstrooisel* ★ peat moss *veenmos*
peaty ('pi:tɪ) BNW *turfachtig; veenachtig*
pebble ('pebl) ZN • *kiezelsteen* • *(lens v.) bergkristal* • *agaat*
pebbly ('peblɪ) BNW *met of vol kiezelstenen*
peccable ('pekəbl) BNW *zondig*
peccadillo (pekə'dɪləʊ) ZN *pekelzonde; kleine zonde*
peck (pek) I ZN • *het pikken* ⟨met snavel⟩ • *vluchtige kus* • PLAT *eten* ★ a peck of trouble *'n hoop last* II OV WW • *vluchtige kussen* • ∼ up *oppikken* III ONOV WW ★ ∼ing order *pikorde; rangorde* IV OV+ONOV WW • *pikken* • *hakken* • *knabbelen* ★ he only pecked at his food *hij at maar een klein hapje* ★ ∼ at *pikken naar/in; in kleine hapjes verorberen; vitten op*
pecker ('pekə) ZN • *snavel* • *schoffel* • PLAT *neus* • *vitter* • INFORM. *moed* • PLAT *piemel; leuter* ★ (wood)∼ *specht* ★ keep your ∼ up *hou je taai*
peckish ('pekɪʃ) BNW • INFORM. *hongerig* • USA/INFORM. *geïrriteerd*
pectoral ('pektərəl) I ZN *borstschild; borstvin; borstspier* II BNW *borst-*
peculate ('pekjʊleɪt) I OV WW *verduisteren* ⟨v. geld⟩ II ONOV WW *frauderen*
peculation (pekjʊ'leɪʃən) ZN *verduistering*
peculiar (pɪ'kju:lɪə) BNW • *bijzonder, speciaal* • *eigenaardig* ★ ∼ to *eigen aan*
peculiarity (pɪkju:lɪ'ærətɪ) ZN *eigenaardigheid*
peculiarly (pɪ'kju:lɪəlɪ) BNW • *individueel* • *ongewoon; uitzonderlijk* • *eigenaardig; vreemd*
pecuniary (pɪ'kju:nɪərɪ) BNW *geldelijk; geld(s)-*
pedagogic(al) (pedə'gɒdʒɪk(l)) BNW *pedagogisch; opvoedkundig*
pedagogue ('pedəgɒg) ZN *pedagoog*
pedagogy ('pedəgɒdʒɪ) ZN *pedagogie*
pedal ('pedl) I ZN • *pedaal* • MUZ. *orgelpunt* ★ ∼ bin *pedaalemmer* ★ soft/loud ∼ *zachte/harde pedaal* ⟨v. piano⟩ II BNW *voet-* III OV+ONOV WW • *peddelen; fietsen* • *v. pedaal gebruik maken*
pedal(l)o ('pedələʊ) ZN *waterfiets*
pedant ('pednt) ZN • *schoolmeester; boekengeleerde* • *muggenzifter*
pedantic(al) (pɪ'dæntɪk(l)) BNW • *schoolmeesterachtig; eigenwijs; pedant* • *(louter) theoretisch*
pedantry ('pedəntrɪ) ZN *muggenzifterij*
peddle ('pedl) OV+ONOV WW • *venten* • *uitventen* • *rondstrooien* ⟨v. praatjes⟩ • *beuzelen*
peddling ('pedlɪŋ) BNW • *beuzelachtig* • *onbeduidend*
pedestal ('pedɪstl) I ZN • *voetstuk; basis* • *onderstuk v. schrijfbureau* ★ ∼ cupboard *nachtkastje* ★ ∼ writing-table *schrijfbureau* II OV WW *op een voetstuk plaatsen*
pedestrian (pɪ'destrɪən) I ZN *voetganger* ★ ∼

pedestrianize crossing *oversteekplaats voor voetgangers* II BNW • *voet-* • *wandel-* • *prozaïsch*; *laag bij de grond*

pedestrianize (pə'destrɪənaɪz) OV WW *verkeersvrij maken*

pedestrian lane ZN *oversteekplaats*

pediatrician (pi:dɪə'trɪʃən) ZN USA *kinderarts*

pediatrics (pi:dɪ'ætrɪks) ZN MV *pediatrie*; *kindergeneeskunde*

pedicure ('pedɪkjʊə) ZN *pedicure*

pedigree ('pedɪgri:) ZN • *stamboom* • *afkomst* ★ ~ cattle *stamboekvee* ★ ~ dog *rashond*

pedigreed ('pedɪgri:d) BNW *stamboek-*

pedlar ('pedlə) ZN • *marskramer* • *handelaar in verdovende middelen* • *rondstrooier* ⟨v. praatjes⟩ ★ ~'s French *dieventaal*

pee (pi:) I ZN PLAT *plasje* II ONOV WW PLAT *plassen*

peek (pi:k) ONOV WW *gluren*; *kijken*

peekaboo ('pi:kə'bu:), **peek-a-boo** ZN *kiekeboe*

peek-a-boo ZN → **peekaboo**

peeky ('pi:kɪ) BNW + BIJW ★ look ~ *er pips uitzien*

peel (pi:l) I ZN • GESCH. *versterkte vierkante toren* • *schieter* ⟨v. bakker⟩ • *schil* ★ candied peel *sukade* II OV WW • *(af)schillen* • *villen*; *(af)stropen* • *door een poortje slaan* ⟨bij croquet⟩ III ONOV WW • *vervellen* • PLAT *z. uitkleden*

peeler ('pi:lə) ZN MV *schilmachine*; *schilmesje* • *politieagent*

peelings ('pi:lɪŋz) ZN MV *schillen*

peep (pi:p) I ZN • *gepiep* • *kijkje* • *steelse blik* ★ at peep of day *bij 't krieken v.d. dag* II OV WW • *z. vertonen* • *heimelijk 'n blik werpen op* • *piepen* ★ peeping Tom *bespieder*; *voyeur* ★ ~ at *gluren naar*

peep-bo (pi:p'bəʊ) ZN *kiekeboe*

peeper ('pi:pə) ZN • *piepend jong* • *bespieder* • PLAT *oog*

peephole ('pi:phəʊl) ZN *kijkgaatje*

peepshow ('pi:pʃəʊ) ZN *peepshow*; *kijkkast*

peer (pɪə) I ZN • *weerga*; *gelijke* • *edelman* ★ life peer *iem. met niet-erfelijke adellijke titel* ★ peer group *groep van gelijken* ★ peers of the realm/ the United Kingdom *degenen die zitting mogen hebben in het Hogerhuis* ★ his physical development is far behind his peer group *zijn lichamelijke ontwikkeling ligt ver achter bij zijn leeftijdgenoten* II OV WW • *evenaren* • *in de adelstand verheffen* III ONOV WW • *z. vertonen*; *in zicht komen*; *verschijnen* • ~ at/in(to) *turen naar* • ~ with *evenaren*; *van dezelfde rang of stand zijn als*

peerage ('pɪərɪdʒ) ZN • *adel(stand)* • *boek v. edelen en hun stamboom*

peeress (pɪə'res) ZN • *vrouw v. een edelman* • *vrouw met adellijke titel*

peerless ('pɪələs) BNW *ongeëvenaard*

peeve (pi:v) OV WW ⟨z.⟩ *ergeren* ★ get ~d quickly *lichtgeraakt zijn*; *snel op z'n teentjes getrapt zijn*

peevish ('pi:vɪʃ) *knorrig*; *gemelijk*

pe(e)wit ('pi:wɪt) ZN *kievit* ★ ~ gull *kapmeeuw*

peg (peg) I ZN • *kapstok* • *schroef* ⟨v. snaarinstrument⟩ • INFORM. *houten been* • *bep. sterke drank* • *houten nagel*; *pen* • *haring* ⟨v. tent⟩ ★ be a round peg in a square hole *zich als een vis op het droge voelen* ★ I'll take him down a peg or two *ik zal 'm wel 'n toontje lager laten zingen* ★ a peg to hang a talk on *iets om over te praten* ★ off the peg *confectie* ⟨kleding⟩ II OV WW • *verkopen van effecten om stijging te voorkomen*; *opkopen van effecten om daling te voorkomen* • *slaan/doorboren met pen* • *pennen/ bouten slaan in* • *met pennen vastmaken/ steunen* • PLAT ~ at ⟨stenen⟩ *gooien naar* • ~ down (to) *binden* ⟨aan⟩ • ~ out *afpalen*; *afbakenen*; *tent opslaan*; *wasgoed ophangen* III ONOV WW • ~ along/away/on *ploeteren op* • PLAT ~ out *zijn laatste adem uitblazen*; *'t afleggen*; *het hoekje omgaan*; *er tussenuit knijpen*; *doodgaan*

pegleg ('pegleg) ZN *houten been*

pejorative (pɪ'dʒɒrətɪv) BNW • *ongunstig* • *kleinerend*

pelf (pelf) ZN *geld*; *duiten*

pelican ('pelɪkən) ZN *pelikaan* ★ ~ crossing *oversteekplaats*

pelisse (pɪ'li:s) ZN • *lange (bont)mantel/cape* ⟨v. vrouwen⟩ • *huzarenjas*

pellet ('pelɪt) I ZN • *hagelkorrel* • *balletje*; *propje* • *pil(letje)* II OV WW *met proppen schieten naar*

pell-mell (pel'mel) I ZN • *verwarring* • *mengelmoes* II BNW *verward* III BIJW • *roekeloos* • *halsoverkop* • *door elkaar*

pellucid (pɪ'lu:sɪd) BNW *helder*; *doorschijnend*

pelt (pelt) I ZN • *vacht*; *huid* • *slag(regen)* • PLAT *boze bui* ★ at full pelt *zo hard als maar kan* II OV WW *beschieten* III ONOV WW • *kletteren* • *rennen*

peltmonger ('peltmʌŋgə) ZN *huidenhandelaar*

peltry ('peltrɪ) ZN • *pelterijen* • *dierenhuiden*

pelvic ('pelvɪk) BNW *bekken-*

pelvis ('pelvɪs) ZN *bekken*

pen (pen) I ZN • *schaapskooi*; *hok* • *looprek* • *plantage* ⟨op Jamaica⟩ • *pen* • *wijfjeszwaan* ★ submarine pen *bunker voor duikboten* ★ pen name *schrijversnaam* II OV WW • *opsluiten* • *(op)schrijven*; *neerpennen*

pen. AFK peninsula *schiereiland*

penal ('pi:nl) BNW *straf(baar)*; *straf-* • *zwaar*; *heel ernstig* ★ ~ code *strafwetboek* ★ ~ offence *strafbaar feit* ★ ~ servitude *dwangarbeid* ★ ~ taxes *hoge belastingen*

penalization (pi:nəlaɪ'zeɪʃən) ZN *(het opleggen van) straf*

penalize ('pi:nəlaɪz) OV WW • *strafbaar stellen* • *benadelen*; *handicappen*

penalty ('penəltɪ) ZN *straf*; *boete* ★ ~ area *strafschopgebied* ★ on ~ of *op straffe van* ★ ~ box *strafbank* ⟨bij ijshockey⟩ ★ JUR. ~ clause *(paragraaf met) strafbepaling*; *boeteclausule*

penance ('penəns) I ZN *boetedoening* II OV WW *laten boeten*

pen-and-ink BNW *pen-* ★ ~ drawing *pentekening*

pence (pens) ZN MV → **penny**

penchant ('pɑ̃ʃɑ̃) ZN *neiging*; *hang*

pencil ('pensɪl) I ZN • *potlood* • *stiftje* • *meetkundig figuur* • *griffel* • OUD. *penseel* • *convergerende stralenbundel* II OV WW • *met stiftje aanstippen* ⟨v. wond⟩ • *met potlood merken/(op)schrijven* • PLAT *inschrijven* ⟨v. naam v. paard door bookmaker⟩ • *tekenen*; *schilderen*; *uitbeelden* • ~ in *een voorlopige afspraak maken*

pencil-case ('pensɪlkeɪs) ZN • *potlooddoos*; *griffeldoos* • *schooletui*

penciller ('pensɪlə) ZN PLAT *(helper v.)* bookmaker
pencil-sharpener ZN *puntenslijper*
pendant ('pendənt), **pendent** I ZN • *(oor)hanger* • *horlogering* • *luchter* • SCHEEPV. *hanger* • *wimpel* • *tegenhanger*; *pendant* II BNW *(over)hangend*; *hangende*; *onbeslist*
pendency ('pendənsi) ZN *onzekerheid*
pendent I ZN → **pendant** II BNW → **pendant**
pending ('pendɪŋ) I BNW *hangende*; *onbeslist* II VZ • *hangende*; *gedurende* • *tot*; *in afwachting van* ★ ~ his return *tot/in afwachting v. zijn terugkeer*
pendulate ('pendjʊleɪt) ONOV WW • *slingeren* • *zweven* ⟨figuurlijk⟩
pendulous ('pendjʊləs) BNW • *hangend* ⟨vnl. van nest of bloem⟩ • *schommelend*
pendulum ('pendjʊləm) ZN • *slinger* • *weifelaar* ★ the swing of the ~ *wisseling v.d. macht tussen politieke partijen*
penetrability (penətrə'bɪlətɪ) ZN • *doordringbaarheid* • *ontvankelijkheid*
penetrable ('penətrəbl) BNW *doordringbaar* ★ ~ to *ontvankelijk voor*
penetrate ('penətreɪt) OV+ONOV WW • *doordringen* • *doorgronden*
penetrating ('penətreɪtɪŋ) BNW • *doordringend* • *scherpzinnig*
penetration (penə'treɪʃən) ZN • *scherpzinnigheid* • *'t doordringen* • *doordringingsvermogen* • *doorzicht*
penetrative ('penətreɪtɪv) BNW • *doordringend* • *scherpzinnig*
pen-friend ('penfrend) ZN *penvriend(in)*
penguin ('peŋgwɪn) ZN *pinguïn*
penicillin (penɪ'sɪlɪn) ZN *penicilline*
peninsula (pə'nɪnsjʊlə) ZN *schiereiland* ★ the Peninsula *het Pyreneese schiereiland*
peninsular (pə'nɪnsjʊlə) I ZN *schiereilandbewoner* II BNW *v. een schiereiland*
penis ('piːnɪs) ZN *penis*
penitence ('penɪtns) ZN *berouw*
penitent ('penɪtnt) I ZN • *boetvaardige zondaar* • *biechteling* • *boeteling* II BNW *boetvaardig*
penitential (penɪ'tenʃəl) BNW *boete-*; *boetvaardig* ★ the ~ psalms *de boetpsalmen*
penitentiary (penɪ'tenʃəri) I ZN • *verbeteringsgesticht* • *penitentiarie* II BNW *straf-*; *boete-*
penknife ('pennaɪf) ZN *zakmes*
penman ('penmən) ZN *schrijver*
penmanship ('penmənʃɪp) ZN • *manier v. schrijven* • *schrijfkunst*
pennant ('penənt) ZN *wimpel*
pennies ('penɪz) ZN MV → **penny**
penniless ('penɪləs) BNW *arm*; *zonder geld*
pennon ('penən) ZN • *vaantje*; *vlag* • SCHEEPV. *wimpel*
penny ('penɪ) I ZN • *stuiver* • USA/INFORM. *cent* ★ ~ whistle *(speelgoed)fluitje* ★ ~ dreadful *sensatieverhaal* ★ ~ post *stuiversposttarief* ★ a pretty ~ *een aardige cent* ★ a ~ for your thoughts *een dubbeltje voor je gedachten* ★ in for a ~, in for a pound *wie A zegt, moet ook B zeggen* ★ take care of the pence (and the pounds will take care of themselves) *let op de kleintjes* ★ INFORM. the ~ dropped *de zaak* werd duidelijk ★ he turned an honest ~ *hij verdiende er 'n centje bij* ★ to spend a ~ *naar het toilet gaan* ★ a ~ plain and twopence coloured *'t lijkt heel wat, maar 't is niet veel zaaks* ★ turn up like a bad ~ *telkens ongewenst verschijnen* II BNW *goedkoop*; *prul-*
penny-a-liner (penɪə'laɪnə) ZN *broodschrijver*
penny-in-the-slot ZN ★ ~ machine *(munt)automaat*
penny-pinching ('penɪpɪntʃɪŋ) BNW *schriel*; *vrekkig*
pennyweight ('penɪweɪt) ZN ±*1,5 gram*
penny-wise BNW ★ ~ and pound-foolish *zuinig in kleine zaken en royaal in grote*
pennyworth ('penɪwɜːθ) ZN *(voor de) waarde v. een penny* ★ a ~ of this stuff *voor 'n stuiver van dit goedje* ★ not a ~ *totaal niets/geen* ★ a good/bad ~ *een koopje/strop*
pen-pal ZN *correspondentievriend(in)*
pen-pusher ('penpʊʃə) ZN USA/INFORM. *pennenlikker*; *klerk*
pension ('penʃ(ə)n) I ZN • *pensioen* • *jaargeld* • *pension* ★ old age ~ *ouderdomspensioen* ★ not for a ~! *voor geen goud!* ★ supplementary ~ *aanvullend pensioen* ★ early retirement ~ *prepensioen* II OV WW ★ ~ off *'n jaarwedde verlenen* ★ he was ~ed off *hij werd gepensioneerd* III ONOV WW *(ergens) in pension zijn*
pensionable ('penʃənəbl) BNW • *pensioengerechtigd* • *recht gevend op pensioen*
pensionary ('penʃənəri) I ZN • *gepensioneerde* • *huurling* • GESCH. *pensionaris* II BNW • *pensioens-* • *omgekocht*
pensioner ('penʃənə) ZN • *pensioentrekker* • *gepensioneerde huurling* • GESCH. *pensionaris* • *inwonend niet-beursstudent op Cambridge University*
pension loss ZN ≈ *pensioengat*
pension scheme ZN *pensioenregeling*
pensive ('pensɪv) BNW • *peinzend* • *zwaarmoedig*
penstock ('penstɒk) ZN *sluispoort*
pent (pent) WW [volt. deelw.] → **pen**
pentagon ('pentəgən) ZN *vijfhoek* ★ The Pentagon *ministerie van defensie VS, tevens hoofdkwartier v.h. Amerikaanse leger*
pentagonal (pen'tægənl) BNW *vijfhoekig*
pentameter (pen'tæmɪtə) ZN *vijfvoetig vers*
pentathlete (pen'tæθliːt) ZN *vijfkamper*
pentathlon (pen'tæθlən) ZN *vijfkamp*
Pentecost ('pentɪkɒst) ZN • *joods Pinksteren* • *pinksterzondag*
Pentecostal (pentɪ'kɒstl) BNW *pinkster-*
penthouse ('penthaʊs) ZN • *hellend dak*; *afdak*; *luifel* • *dakwoning*; *dakappartement*
pent-up BNW • *in-/opgesloten* • *opgekropt*
penultimate (pə'nʌltɪmət) I ZN *voorlaatste lettergreep* II BNW *voorlaatste*
penurious (pə'njʊərɪəs) BNW • *behoeftig*; *schraal* • *gierig*
penury ('penjʊrɪ) ZN *armoede* ★ ~ of *gebrek aan*
peony ('piːənɪ) ZN *pioen(roos)*
people ('piːpl) I ZN • *mensen* • *men* • *volk* • *naaste familie* • *ouders* • *parochie*; *gemeente* ★ young ~ *jongelui* II OV WW • *bevolken* • *bevolkt worden*
pep (pep) I ZN PLAT *elan*; *fut*; *vuur*; *pit* ★ pep talk

pepper – periods

praatje om het moreel te verhogen; aanmoedigende toespraak ★ **pep pill** *stimulerend middel* **II** OV WW ★ PLAT **pep (up)** *oppeppen; opkikkeren*
pepper ('pepə) **I** ZN • *peper* • *paprika* ⟨vrucht⟩ ★ ∼ **mill** *pepermolen* **II** OV WW • *peperen* • *beschieten; bombarderen* • *ranselen*
pepper-and-salt (pəpərən'sɔ:lt) BNW *peper-en-zoutkleurig*
pepperbox ('pepəbɒks) ZN • *peperbus* • *driftkop*
peppercorn ('pepəkɔ:n) **I** ZN *peperkorrel* **II** BNW *nietig*
peppermint ('pepəmɪnt) ZN *pepermunt*
peppery ('pepəri) BNW • *peperachtig; gepeperd* • *scherp* • *driftig*
peppy ('pepi) BNW *vurig; pittig*
pepsin ('pepsɪn) ZN *pepsine*
peptic ('peptɪk) BNW *spijsverterings-* ★ ∼ **glands** *maagsapklieren*
peptics ('peptɪks) ZN MV HUMOR. *spijsverteringsorganen*
per (pɜ:) VZ *per* ★ **per se** *per se* ★ **per annum** *per jaar* ★ **per cent** *procent* ★ **per capita/caput** *per hoofd* ★ **per pro(c)** *per procuratie*
perambulate (pə'ræmbjʊleɪt) OV+ONOV WW *rondlopen; aflopen; afreizen*
perambulation (pəræmbjʊ'leɪʃən) ZN • *rondgang; voetreis* • *inspectie* • *omtrek; grens*
perambulator (pə'ræmbjʊleɪtə) ZN *kinderwagen*
perceivable (pə'si:vəbl) BNW *waarneembaar*
perceive (pə'si:v) OV WW *(be)merken; waarnemen*
percentage (pə'sentɪdʒ) ZN *percentage*
percept ('pɜ:sept) ZN *geestelijke voorstelling v. wat men heeft waargenomen*
perceptible (pə'septɪbl) BNW • *waarneembaar* • *merkbaar*
perception (pə'sepʃən) ZN • *waarneming* • *gewaarwording* • JUR. *het incasseren*
perceptive (pə'septɪv) BNW • *opmerkzaam* • *waarnemend* ★ IRON. **you're ∼!** *dat heb je snel gemerkt!*

pe

perch (pɜ:tʃ) **I** ZN • *baars* • *roest* ⟨v. vogel⟩ • *hoge plaats* • *roede* ⟨lengte-/oppervlaktemaat⟩ ★ **the bird took its** ∼ *de vogel streek neer* ★ PLAT **hop the** ∼ *'t hoekje omgaan* ★ **they knocked him off his** ∼ *ze brachten 'm van zijn stuk; ze versloegen hem totaal* **II** OV WW *gaan zitten of plaatsen op iets hoogs* ★ **the town was** ∼**ed on a hill** *de stad was op een heuvel gelegen* **III** ONOV WW *neerstrijken*
perchance (pɜ:'tʃɑ:ns) BIJW OUD. *misschien*
percher ('pɜ:tʃə) ZN *roestvogel*
percipient (pə'sɪpɪənt) **I** ZN *medium; ziener* **II** BNW *kunnende waarnemen; opmerkzaam; bewust*
percolate ('pɜ:kəleɪt) OV+ONOV WW • *filtreren* • *sijpelen; dóórdringen; doordringen*
percolator ('pɜ:kəleɪtə) ZN • *filter* • *koffiezetapparaat*
percuss (pə'kʌs) OV WW *(be)kloppen*
percussion (pə'kʌʃən) ZN • *slag* • MED. *beklopping* ★ ∼ **cap** *slaghoedje* ★ ∼ **instrument** *slaginstrument*
percussionist (pə'kʌʃənɪst) ZN *slagwerker*
percussive (pə'kʌʃɪv) BNW • *schokkend* • *slag-*
perdition (pə'dɪʃən) ZN *verderf; verdoemenis*
peregrination (perəgrɪ'neɪʃən) ZN *zwerftocht*

peremptory (pə'remptəri) BNW • *gebiedend; dictatoriaal* • JUR. *beslissend* • *onvoorwaardelijk* • *dogmatisch*
perennial (pə'renɪəl) **I** ZN *overblijvende plant* ★ **hardy** ∼ ⟨vorstbestendige⟩ *overblijvende plant* **II** BNW • *'t hele jaar durend* • *eeuwigdurend* • PLANTK. *overblijvend*
perfect[1] ('pɜ:fɪkt) **I** ZN *voltooid tegenwoordige tijd* **II** BNW • *volmaakt; volledig; perfect* • *volslagen* • TAALK. *voltooid* ⟨v. tijd⟩ • *voortreffelijk*
perfect[2] (pə'fekt) OV WW • *voltooien; volvoeren* • *perfectioneren; verbeteren*
perfectibility (pəfektə'bɪləti) BNW *voltooibaarheid*
perfection (pə'fekʃən) ZN • *volmaaktheid; voltooiing; volledige ontwikkeling* • *perfectie; toppunt*
perfectionism (pə'fekʃənɪzəm) ZN *perfectionisme*
perfectionist (pə'fekʃ(ə)nɪst) ZN *perfectionist*
perfervid (pɜ:'fɜ:vɪd) BNW • *fervent* • *vurig*
perfidious (pə'fɪdɪəs) BNW *trouweloos; verraderlijk*
perfidy ('pɜ:fɪdi) ZN *verraad*
perforate ('pɜ:fəreɪt) **I** OV WW *perforeren; doorboren* **II** ONOV WW • ∼ **into** *doordringen in* • ∼ **through** *doordringen door*
perforation (pɜ:fə'reɪʃən) ZN • *doorboring; perforatie* • *gaatje*
perforce (pə'fɔ:s) BIJW *noodzakelijkerwijs*
perform (pə'fɔ:m) **I** OV WW • *volbrengen; verrichten; doen; uitvoeren* • *opvoeren* ⟨v. toneelstuk⟩ **II** ONOV WW • *iets ten beste geven* • *kunsten vertonen*
performable (pə'fɔ:məbl) BNW *uitvoerbaar*
performance (pə'fɔ:məns) ZN • *(toneel)voorstelling; optreden* • *prestatie*
performer (pə'fɔ:mə) ZN *iem. die iets doet of presteert; toneelspeler; zanger; gymnast*
performing (pə'fɔ:mɪŋ) BNW • *gedresseerd; afgericht* • *uitvoerend; dramatisch* ★ ∼ **arts** *uitvoerende kunsten* ★ ∼ **right(s)** *recht van uit-/opvoering*
perfume ('pɜ:fju:m) **I** ZN *geur; parfum* **II** OV WW *parfumeren*
perfumery (pə'fju:məri) ZN *parfumerie(ën)*
perfunctory (pə'fʌŋktəri) BNW *oppervlakkig; nonchalant*
perhaps (pə'hæps) BIJW *misschien*
peril ('perɪl) **I** ZN *gevaar* ★ **he is in** ∼ **of his life** *hij verkeert in levensgevaar* ★ **at your** ∼ *op uw (eigen) verantwoording* **II** OV WW *in gevaar brengen*
perilous ('perɪləs) BNW *hachelijk; gevaarlijk*
perimeter (pə'rɪmɪtə) ZN *omtrek*
period ('pɪərɪəd) **I** ZN • *(vol)zin* • *punt* ⟨na zin⟩ • *menstruatie* • *periode* • *omlooptijd* ⟨v. planeet⟩ • *duur* • *lesuur* ★ **he's put a** ∼ **to it** *hij heeft er een eind aan gemaakt* **II** BNW *behorend tot 'n bepaalde tijd/stijl* ★ **the** ∼ **girl** *het moderne meisje*
periodic (pɪərɪ'ɒdɪk) BNW • *periodiek* • *kring-* • *retorisch*
periodical (pɪərɪ'ɒdɪkl) **I** ZN *periodiek; tijdschrift* **II** BNW *periodiek*
periodicity (pɪərɪə'dɪsəti) ZN *geregelde terugkeer*
periods ('pɪərɪədz) ZN MV *retorische taal*

peripatetic (perɪpə'tetɪk) I ZN IRON. *zwerver; marskramer* II BNW *rondtrekkend*

peripheral (pə'rɪfərəl) BNW • *perifeer* • *de buitenkant rakend*

periphery (pə'rɪfərɪ) ZN • *omtrek* • *buitenkant; oppervlak*

periphrasis (pə'rɪfrəsɪs) ZN *omschrijving*

periphrastic(al) (perɪ'fræstɪk(l)) BNW *omschrijvend*

periscope ('perɪskəʊp) ZN *periscoop*

perish ('perɪʃ) I OV WW *doen omkomen of vergaan* II ONOV WW *omkomen of vergaan* ★ *we ~ed with cold we vergingen v.d. kou*

perishable ('perɪʃəbl) BNW • *vergankelijk* • *aan bederf onderhevig*

perishables ('perɪʃəblz) ZN MV *aan bederf onderhevige waren*

perished ('perɪʃt) BNW INFORM. *uitgeput; 'op'*

perisher ('perɪʃə)

perishing ('perɪʃɪŋ) BNW + BIJW • *vergankelijk* • PLAT *beestachtig* ⟨vnl. van kou⟩

peritonitis (perɪtə'naɪtɪs) ZN *buikvliesontsteking*

periwig ('perɪwɪg) ZN *pruik*

perjure ('pɜːdʒə) WKD WW ★ *~ o.s. 'n meineed doen*

perjured ('pɜːdʒəd) BNW *meinedig*

perjurer (pɜːdʒərə) ZN *meinedige*

perjurious (pə'dʒʊərɪəs) BNW *meinedig*

perjury ('pɜːdʒərɪ) ZN *meineed*

perk (pɜːk) I BNW → **perky** II OV WW *~ up opvrolijken; opdirken* III ONOV WW • *een hoge borst opzetten* ★ *perked (up) rechtop; opgemonterd* • *~ up z. oprichten; opfleuren*

perkiness ('pɜːkɪnəs) ZN • *verwaandheid* • *zwierigheid*

perky ('pɜːkɪ) BNW • *verwaand; zelfbewust; brutaal* • *zwierig*

perm (pɜːm) ZN *permanent* ⟨in haar⟩

permafrost ('pɜːməfrɒst) ZN *permafrost*

permanence ('pɜːmənəns) ZN • *duurzaamheid; bestendigheid* • *vaste betrekking*

permanency ('pɜːmənənsɪ) ZN → **permanence**

permanent ('pɜːmənənt) BNW *blijvend; duurzaam; permanent* ★ *~ wave blijvende haargolf* ★ *~ way spoorbaan*

permanently ('pɜːmənəntlɪ) BIJW *voorgoed; blijvend*

permeability (pɜːmɪə'bɪlətɪ) ZN *doordringbaarheid*

permeable ('pɜːmɪəbl) BNW *doordringbaar*

permeant ('pɜːmɪənt) BNW *doordringend*

permeate ('pɜːmɪeɪt) OV+ONOV WW • *doordringen* • *~ through dringen door*

permeation (pɜːmɪ'eɪʃən) ZN *doordringing*

permissible (pə'mɪsɪbl) BNW *toelaatbaar; geoorloofd*

permission (pə'mɪʃən) ZN *verlof; vergunning*

permissive (pə'mɪsɪv) BNW • *veroorlovend* • *(al te) toegeeflijk* ★ *~ society tolerante maatschappij*

permissiveness (pə'mɪsɪvnəs) ZN • *toegeeflijkheid* • *tolerantie*

permit[1] ('pɜːmɪt) ZN • *permissiebiljet* ⟨voor uitvoer⟩ • *vergunning; verlof*

permit[2] (pə'mɪt) OV+ONOV WW *toestaan* ★ *~ of toelaten* ★ *weather ~ting als 't weer het toelaat*

permutation (pɜːmjʊ'teɪʃən) ZN *omzetting; verwisseling*

permute (pə'mjuːt) OV WW *verwisselen*

pernicious (pə'nɪʃəs) BNW • *verderfelijk* • *kwaadaardig*

pernickety (pə'nɪkətɪ) BNW • INFORM. *bedillerig* • INFORM. *moeilijk* • INFORM. *pietepeuterig* • INFORM. *kieskeurig*

perorate ('perəreɪt) ONOV WW • *peroreren* • *uitweiden over*

peroration (perə'reɪʃən) ZN • *slotwoord* • *oratie*

peroxide (pə'rɒksaɪd) ZN *peroxide*

perpendicular (pɜːpən'dɪkjʊlə) I ZN • *loodlijn* • *schietlood* • *loodrechte stand* II BNW *loodrecht; steil; recht(op)*

perpetrate ('pɜːpɪtreɪt) OV WW • *bedrijven; begaan* • INFORM. *z. bezondigen aan*

perpetration (pɜːpə'treɪʃən) ZN *het plegen; het bedrijven*

perpetrator ('pɜːpətreɪtə) ZN *dader*

perpetual (pə'petʃʊəl) BNW • *eeuwig* • *levenslang* • *vast* • INFORM. *geregeld; herhaaldelijk*

perpetuate (pə'petʃʊeɪt) OV WW • *bestendigen* • *vereeuwigen*

perpetuation (pəpetʃʊ'eɪʃən) ZN *het bestendigen*

perpetuity (pɜːpɪ'tjuːətɪ) ZN • *eeuwigheid* • *levenslang bezit* • *levenslange lijfrente* ★ *in/for/to ~ voor altijd*

perplex (pə'pleks) OV WW *verwarren; verlegen maken*

perplexed (pə'plekst) BNW *verward; verlegen; verslagen*

perplexity (pə'pleksətɪ) ZN *verwarring*

perquisite ('pɜːkwɪzɪt) ZN • *neveninkomsten; fooi*

perse (pɜːs) BNW *grijsblauw*

persecute ('pɜːsɪkjuːt) OV WW • *vervolgen* • *lastig vallen*

persecution (pɜːsɪ'kjuːʃən) ZN *vervolging*

persecutor ('pɜːsɪkjuːtə) ZN *vervolger*

perseverance (pɜːsɪ'vɪərəns) ZN *volharding* ★ *~ kills the game de aanhouder wint*

persevere (pɜːsɪ'vɪə) ONOV WW *volharden; volhouden*

persevering (pɜːsɪ'vɪərɪŋ) BNW *volhardend; hardnekkig*

Persia ('pɜːʃə) ZN *Perzië*

Persian ('pɜːʃən) I ZN • *'t Perzisch* • *Pers* II BNW *Perzisch* ★ *~ blinds jaloezieën*

persiennes (pɜːsɪ'enz) ZN MV *jaloezieën*

persist (pə'sɪst) ONOV WW • *blijven volhouden* • *voortduren* • *overleven* • *~ in doorgaan met*

persistence (pə'sɪstəns) ZN • *volharding* • *koppigheid*

persistency (pə'sɪstənsɪ) ZN → **persistence**

persistent (pə'sɪstnt) BNW • *hardnekkig* • *blijvend*

person ('pɜːsən) ZN • *persoon* • *iemand* • *uiterlijk; voorkomen* ★ *for our ~s wat ons betreft* ★ JUR. *natural ~ menselijk wezen* ★ JUR. *artificial ~ corporatief lichaam* ★ *in ~ persoonlijk; in levende lijve*

persona (pɜː'səʊnə) ZN • *personage* • *persona; imago*

personable ('pɜːsənəbl) BNW • *knap* ⟨v. uiterlijk⟩ • *innemend*

personage ('pɜːsənɪdʒ) ZN • *personage* • *persoon*

personal ('pɜːsnl) I ZN ★ *~s persoonlijk eigendom* II BNW *persoonlijk* ★ *~ estate roerend goed* ★ *~ column familieberichten in krant*

personality (pɜːsəˈnæləti) ZN *persoonlijkheid* ★ no personalities! *niet persoonlijk worden!*
personalize (ˈpɜːsənəlaɪz) OV WW *verpersoonlijken*
personally (ˈpɜːsənəli) BIJW *persoonlijk; wat mij betreft*
personalty (ˈpɜːsənəlti) ZN *roerend goed*
personate (ˈpɜːsəneɪt) OV WW • *voorstellen* • *z. uitgeven voor*
personator (ˈpɜːsəneɪtə) ZN *personificatie; vertolker*
personification (pəsɒnɪfɪˈkeɪʃən) ZN *verpersoonlijking*
personify (pəˈsɒnɪfaɪ) OV WW *verpersoonlijken*
personnel (pɜːsəˈnel) ZN • *personeel* • *manschappen*
perspective (pəˈspektɪv) I ZN • *perspectief* • *perspectivische tekening* • *vooruitzicht* II BNW *perspectivisch*
perspex (ˈpɜːspeks) ZN *perspex; plexiglas*
perspicacious (pɜːspɪˈkeɪʃəs) BNW *scherpzinnig; schrander*
perspicacity (pɜːspɪˈkæsəti) ZN *schranderheid; scherpzinnigheid*
perspicuity (pɜːspɪˈkjuːəti) ZN • *duidelijkheid* • *scherpzinnigheid*
perspicuous (pəˈspɪkjʊəs) BNW *scherpzinnig; duidelijk*
perspiration (pɜːspɪˈreɪʃən) ZN *uitwaseming; zweet; transpiratie*
perspire (pəˈspaɪə) I OV WW *uitwasemen* II ONOV WW *transpireren*
persuade (pəˈsweɪd) OV WW *overreden; overtuigen* ★ ~d of *overtuigd van* ★ he ~d himself of not having meant it *hij maakte zich zelf wijs dat hij het niet v. plan was geweest*
persuader (pəˈsweɪdə) ZN *overreder*
persuasible (pəˈsweɪsəbl) BNW *te overreden*
persuasion (pəˈsweɪʒən) ZN • *overreding(skracht)* • *overtuiging* • *geloof* • *godsdienst; kerk; sekte* • IRON. *ras; soort; geslacht* ★ of the male ~ *v.h. mannelijk geslacht*
persuasive (pəˈsweɪsɪv) I ZN *beweegreden* II BNW *overredend; overredings-*
persuasiveness (pəˈsweɪsɪvnəs) ZN *overredingskracht*
pert (pɜːt) BNW *vrijpostig; brutaal* ★ Miss Pert *brutaaltje*
pertain (pəˈteɪn) ONOV WW ~ to *betrekking hebben op; behoren tot*
pertinacious (pɜːtɪˈneɪʃəs) BNW *hardnekkig; volhardend*
pertinacity (pɜːtɪˈnæsəti) ZN *volharding; hardnekkigheid*
pertinence (ˈpɜːtɪnəns) ZN *toepasselijkheid*
pertinent (ˈpɜːtɪnənt) BNW *toepasselijk; ter zake; ad rem* ★ ~ to *betrekking hebbend op*
pertinents (ˈpɜːtɪnənts) ZN MV *toebehoren*
perturb (pəˈtɜːb) OV WW *verontrusten; van streek brengen*
perturbation (pɜːtəˈbeɪʃən) ZN *verontrusting*
perturbed (pəˈtɜːbd) BNW *ontdaan*
peruke (pəˈruːk) ZN *pruik*
perusal (pəˈruːzəl) ZN ★ for your ~ *ter inzage*
peruse (pəˈruːz) OV WW *onderzoeken; aandachtig bekijken; (nauwkeurig) lezen*
Peruvian (pəˈruːvɪən) I ZN *Peruviaan* II BNW *Peruviaans* ★ ~ bark *kinabast*
pervade (pəˈveɪd) OV WW *doordringen*
pervasion (pəˈveɪʒən) ZN *'t doordringen*
pervasive (pəˈveɪsɪv) BNW *doordringend*
perverse (pəˈvɜːs) BNW • *pervers; verdorven; verkeerd* • *onhandelbaar*
perversion (pəˈvɜːʃən) ZN • *verdraaiing* ‹vnl. van woorden› • *afvalligheid* • *verdorvenheid*
perversity (pəˈvɜːsəti) ZN *verdorvenheid; perversiteit*
pervert¹ (ˈpɜːvɜːt) ZN • *verdorvene* • *afvallige*
pervert² (pəˈvɜːt) OV WW • *verdraaien* ‹vnl. van woorden› • *bederven; op 't verkeerde pad brengen* • *afvallig maken of worden*
perverted (pəˈvɜːtɪd) BNW *pervers; ontaard*
pervious (ˈpɜːvɪəs) BNW *doordringbaar* • *toegankelijk* ★ ~ to *ontvankelijk voor; doorlatend*
pesky (ˈpeski) BNW USA/INFORM. *vervelend; lastig*
pessary (ˈpesəri) ZN *pessarium*
pessimism (ˈpesɪmɪzəm) ZN *pessimisme*
pessimist (ˈpesɪmɪst) ZN *pessimist*
pest (pest) ZN • *plaag* • *lastig mens* • *schadelijk dier* • *pest* ★ the common (house) pest *de huisvlieg* ★ pests *ongedierte* ★ pest control *ongediertebestrijding*
pester (ˈpestə) OV WW • *plagen* • ~ **for** *lastig vallen om*
pesterer (ˈpestərə) ZN *kwelgeest*
pesticide (ˈpestɪsaɪd) ZN *pesticide; verdelgingsmiddel*
pestiferous (peˈstɪfərəs) BNW • *verpestend* • *verderfelijk* • *schadelijk*
pestilence (ˈpestɪləns) ZN *dodelijke epidemie*
pestilent (ˈpestɪlənt) BNW • *verderfelijk; verpestend* • INFORM. *lastig*
pestilential BNW → **pestiferous**
pestle (ˈpesəl) ZN *stamper*
pet (pet) I ZN • *huisdier* • *lieveling* • *boze bui* ★ pet shop *dierenwinkel* II BNW • *met betrekking tot/ bestemd voor huisdieren* • *houden als een huisdier* ★ it is his pet aversion *daar heeft hij het meest een hekel aan* ★ John owns a pet rabbit *John heeft een konijn als huisdier* III OV WW • *aaien* ‹v. een huisdier› • *liefkozen; vertroetelen*
petal (ˈpetl) ZN *bloemblad*
petard (pɪˈtɑːd) ZN • *springbus* • *voetzoeker* ★ he was hoist with his own ~ *hij viel in de kuil die hij groef voor een ander*
Pete (piːt) ZN ★ for Pete's sake *in 's hemelsnaam*
petebox (piːtbɒks) ZN PLAT/USA *brandkast*
peter (ˈpiːtə) ONOV WW ~ **out** *uitgeput raken* ‹v. mijn›; *doodlopen* ‹v. spoor›; *mislukken; verlopen; uitsterven*
Peter (ˈpiːtə) ZN *Petrus* ★ blue ~ *vertrekvlag* ‹v. schip› ★ rob ~ to pay Paul *het ene gat met het andere dichten*
petersham (ˈpiːtəʃəm) ZN • *geribd zijden lint* • *zware overjas* • *ruwe wollen stof*
petite (pəˈtiːt) BNW *klein en tenger*
petition (pɪˈtɪʃən) I ZN • *verzoek(schrift); smeekschrift; adres* II OV+ONOV WW • *een verzoek richten tot* • ~ **for** *smeken om*
petitionary (pəˈtɪʃənəri) BNW *verzoek-; smekend*
petitioner (pəˈtɪʃənə) ZN *verzoeker; adressant;*

eiser
petrel ('petrəl) ZN *stormvogel*
petrifaction (petrɪ'fækʃən) ZN • *verstening* • *versteende massa*
petrify ('petrɪfaɪ) I OV WW • *doen verstenen* • *versteend doen staan* II ONOV WW *verstenen*
petrochemical (petrəʊ'kemɪkl) I ZN *petrochemische stof* II BNW *petrochemisch*
petrol ('petrəl) ZN *benzine* ★ ~ gauge *benzinemeter* ★ ~ pump *benzinepomp* ★ ~ station *benzinestation; pompstation*
petroleum (pə'trəʊliəm) ZN *petroleum* ★ ~ jelly *vaseline*
petrology (pə'trɒlədʒɪ) ZN *leer der gesteenten*
petticoat ('petɪkəʊt) I ZN • *(onder)rok* • PLAT *vrouw; meisje* ★ ~ affair *liefdesgeschiedenis* II BNW VAAK MIN. *vrouwen-* ★ he is under ~ government *hij zit onder de plak*
pettifog ('petɪfɒg) ONOV WW *chicaneren; muggenziften*
pettifoggery ('petɪfɒgərɪ) ZN *kleinzieligheid*
pettifogging ('petɪfɒgɪŋ) BNW *kleinzielig*
pettish ('petɪʃ) BNW • *humeurig* • *lichtgeraakt*
petty ('petɪ) BNW • *onbeduidend; nietig* • *kleinzielig* • *klein* ★ ~ cash *kleine uitgaven* ★ SCHEEPV. ~ officer *onderofficier*
petulance ('petjʊləns) ZN *prikkelbaarheid*
petulant ('petjʊlənt) BNW • *prikkelbaar* • *humeurig*
pew (pju:) I ZN • *kerkbank* • INFORM. *zitplaats* • *kerkgangers* II OV WW *van kerkbanken voorzien*
pewage ('pju:ɪdʒ) ZN *plaatsengeld* ⟨in kerk⟩
pewter ('pju:tə) I ZN • *tinlegering* • *tinnen kan* • PLAT *geld of beker* ⟨als prijs⟩ II BNW *tinnen*
PG AFK Parental Guidance *ouderlijke begeleiding* ⟨klassificering voor films⟩ ★ a movie rated PG *een film die kinderen alleen onder ouderlijke begeleiding mogen zien*
phalanges (fæ'lændʒi:z) ZN MV → **phalanx**
phalanx ('fælæŋks) ZN • *slagorde* • *dicht aaneengesloten menigte* • *bundel meeldraden* • *teen-/vingerkootje*
phallic ('fælɪk) BNW *fallisch*
phallus ('fæləs) ZN *fallus; penis*
phantasm ('fæntæzəm) ZN • *verschijning; schim* • *illusie; hersenschim*
phantasmagoria (fæntæzmə'gɔ:rɪə) ZN *schimmenspel*
phantasmal (fæn'tæzməl) BNW *fantastisch*
phantasy ('fæntəsɪ) ZN → **fantasy**
phantom ('fæntəm) I ZN • *spook; geestverschijning* • *schijn* II BNW • *schijnbaar* • *onbekend* • *geheim* • *spook-*
pharaoh ('feərəʊ) ZN *farao*
pharmaceutical (fɑ:mə'sju:tɪkl) BNW *farmaceutisch*
pharmaceutics (fɑ:mə'sju:tɪks) ZN MV *farmacie*
pharmacist ('fɑ:məsɪst) ZN *farmaceut; apotheker*
pharmacology (fɑ:mə'kɒlədʒɪ) ZN *farmacologie*
pharmacy ('fɑ:məsɪ) ZN *apotheek; farmacie*
pharos ('feərɒs) ZN *vuurtoren; baken*
pharyngitis (færæn'dʒaɪtɪs) ZN *keelholteontsteking*
pharynx ('færɪŋks) ZN *keelholte*
phase (feɪz) I ZN • *schijngestalte* ⟨v. de maan⟩

• *stadium; fase* II OV WW ~ in *geleidelijk invoeren*
Ph.D. AFK Doctor of Philosophy *doctor in de wijsbegeerte*
pheasant ('fezənt) ZN *fazant*
phenomena (fə'nɒmɪnə) ZN MV → **phenomenon**
phenomenal (fə'nɒmɪnl) BNW • *v.d. verschijnselen* • *waarneembaar* • *enorm; buitengewoon*
phenomenon (fə'nɒmɪnən) ZN • *verschijnsel* • *fenomeen* • *wonderbaarlijk iem./iets*
phew (fju:) TW *foei!; hè!*
phial ('faɪəl) ZN *medicijnflesje*
Phil. AFK Philosophy *wijsbegeerte*
philander (fɪ'lændə) ONOV WW *versieren (van een vrouw); flirten (met een vrouw)*
philanderer (fɪ'lændərə) ZN *flirt(er)*
philanthropic (fɪlən'θrɒpɪk) BNW *filantropisch; menslievend*
philanthropist (fɪ'lænθrəpɪst) ZN *filantroop; mensenvriend*
philanthropy (fɪ'lænθrəpɪ) ZN *filantropie; menslievendheid*
philatelist (fɪ'lætəlɪst) ZN *filatelist; postzegelverzamelaar*
philately (fɪ'lætəlɪ) ZN *filatelie; het verzamelen van postzegels*
philharmonic (fɪlhɑ:'mɒnɪk) BNW *filharmonisch; muziekminnend*
philippic (fɪ'lɪpɪk) ZN *filippica; strafrede*
philistine ('fɪlɪstaɪn) I ZN *cultuurbarbaar* II BNW • *onbeschaafd* • *prozaïsch*
Philistine ('fɪlɪstaɪn) I ZN *Filistijn* II BNW *Filistijns*
Philistinism ('fɪlɪstɪnɪzəm) ZN *onbeschaafdheid; platvloersheid*
philologic(al) (fɪlə'lɒdʒɪk(l)) BNW *taalkundig; filologisch*
philologist (fɪ'lɒlədʒɪst) ZN *filoloog*
philology (fɪ'lɒlədʒɪ) ZN *filologie*
philosopher (fɪ'lɒsəfə) ZN *wijsgeer* ★ ~'s stone *steen der wijzen*
philosophic(al) (fɪlə'sɒfɪk(l)) BNW *wijsgerig*
philosophize (fɪ'lɒsəfaɪz) ONOV WW *filosoferen*
philosophy (fɪ'lɒsəfɪ) ZN • *wijsbegeerte* • *levensbeschouwing*
philtre ('fɪltə) ZN *liefdesdrank*
phiz (fɪz) ZN VEROUDERD/INFORM. *gezicht; tronie*
phlegm (flem) ZN • *fluim; slijm* • *apathie* • *onverstoorbaarheid*
phlegmatic (fleg'mætɪk) BNW *flegmatisch; nuchter*
phobia ('fəʊbɪə) ZN *ziekelijke vrees; afkeer*
phobic ('fəʊbɪk) I ZN *iem. met een fobie* II BNW *fobisch*
Phoenicia (fə'nɪʃə) ZN *Fenicië*
Phoenician (fə'nɪʃən) I ZN *Feniciër* II BNW *Fenicisch*
phoenix (fi:nɪks) ZN *feniks*
phone (fəʊn) ZN • INFORM. *telefoon* • *spraakklank* ★ mobile/cellular ~ *mobiele telefoon*
phone booth ZN *telefooncel*
phone-in ZN *radio-/tv-programma, waarbij luisteraars/kijkers deelnemen via de telefoon*
phonetic (fə'netɪk) BNW *fonetisch; klank-*
phonetics (fə'netɪks) ZN MV *fonetiek*
phoney ('fəʊnɪ) BNW USA, PLAT *nagemaakt;*

onecht; vals ★ ~ *talk bedriegerij*
phonic ('fɒnɪk) BNW *klank-; akoestisch*
phonograph ('fəʊnəgra:f) I ZN • *fonograaf* • USA *grammofoon* II OV WW *opnemen/reproduceren per fonograaf*
phonography (fə'nɒgrəfɪ) ZN • *fonetische stenografie* • *klankopname*
phonology (fə'nɒlədʒɪ) ZN *klankleer*
phony ('fəʊnɪ) → **phoney**
phooey ('fu:ɪ) TW *poe; bah*
phosphate ('fɒsfeɪt) ZN *fosfaat*
phosphor ('fɒsfə) ZN *fosfor*
phosphorate ('fɒsfəreɪt) OV WW *met fosfor verbinden*
phosphoresce (fɒsfə'res) ONOV WW *fosforesceren*
phosphorescence (fɒsfə'resəns) ZN *fosforescentie*
phosphorescent (fɒsfə'resənt) BNW *fosforescerend*
phosphoric (fɒs'fɒrɪk) BNW *fosfor-*
phosphorous BNW *fosfor-*
phosphorus ('fɒsfərəs) ZN *fosforus*
photo ('fəʊtəʊ) ZN *foto*
photochromy (fəʊ'tɒkrəmɪ) ZN *kleurenfotografie*
photocopier (fəʊtəʊkɒpɪə) ZN *fotokopieerapparaat*
photocopy ('fəʊtəʊkɒpɪ) ZN *fotokopie*
photoelectric (fəʊtəʊɪ'lektrɪk) BNW *foto-elektrisch*
photo-finish ('fəʊtəʊfɪnɪʃ) ZN *fotografische opname v. einde v. race* ‹om te zien wie de winnaar is›
Photofit ('fəʊtəʊfɪt) ZN *compositiefoto*
photogenic (fəʊtə'dʒenɪk) BNW • *lichtgevend* • *fotografeerbaar; fotogeniek*
photograph ('fəʊtəgra:f) I ZN • *foto; portret* ★ I've had my ~ taken *ik heb me laten fotograferen* II OV+ONOV WW *fotograferen* ★ she ~s well *ze fotografeert goed; ze laat zich goed fotograferen*
photographer (fə'tɒgrəfə) ZN *fotograaf*
photographic (fəʊtə'græfɪk) BNW • *fotografisch* • *fotografie-*
photography (fə'tɒgrəfɪ) ZN *fotografie*
photogravure (fəʊtəʊgrə'vjʊə) ZN *fotogravure*
photometer (fəʊ'tɒmɪtə) ZN *belichtingsmeter*
photon ('fəʊtɒn) ZN *lichtdeeltje*
photosensitive (fəʊtəʊ'sensɪtɪv) BNW *lichtgevoelig*
photosensitize (fəʊtəʊ'sensɪtaɪz) OV WW *lichtgevoelig maken*
photostat ('fəʊtəstæt) ZN • *fotokopieerapparaat* • *fotokopie*
phototype ('fəʊtəʊtaɪp) ZN *lichtdruk*
phrase (freɪz) I ZN • *uitdrukking; gezegde* • *bewoording; woorden* • *frase* ★ ~ book *taalgids* II OV WW *onder woorden brengen*
phrasemonger ('freɪzmʌŋgə) ZN • *praatjesmaker* • *fraseur*
phraseology (freɪzɪ'ɒlədʒɪ) ZN • *manier v. zeggen of uitdrukken* • *woordkeus*
phrasing ('freɪzɪŋ) ZN • *bewoording; uitdrukking* • MUZ. *frasering*
phrenetic (frɪ'netɪk) I ZN *krankzinnige* II BNW *dwaas; dol; fanatiek*
phthisis ('θaɪsɪs/'taɪsɪs) ZN *longtuberculose*
physical ('fɪzɪkl) I ZN USA *lichamelijk onderzoek* II BNW • *natuurkundig* • *materieel; natuur-* • *natuurfilosofisch* • *lichamelijk* ★ ~ education

lichamelijke opvoeding ★ ~ force *natuurkracht* ★ ~ exercise *lichaamsbeweging; lichamelijke oefening* ★ INFORM. ~ jerks *gymnastische oefeningen* ★ ~ geography *natuurkundige aardrijkskunde* ★ ~ therapy *fysiotherapie*
physician (fɪ'zɪʃən) ZN *geneesheer; dokter*
physicist ('fɪzɪsɪst) ZN *natuurkundige*
physics ('fɪzɪks) MV • NATK. *natuurkunde* • NATK. *natuurkundige wetten*
physiognomist (fɪzɪ'ɒnəmɪst) ZN *gelaatkundige*
physiognomy (fɪzɪ'ɒnəmɪ) ZN • *gelaatkunde* • *gelaat; voorkomen* • *aanblik v. iets*
physiography (fɪzɪ'ɒgrəfɪ) ZN • *natuurbeschrijving* • *natuurkundige aardrijkskunde*
physiology (fɪzɪ'ɒlədʒɪ) ZN *fysiologie*
physiotherapist (fɪzɪəʊ'θerəpɪst) ZN *fysiotherapeut(e)*
physiotherapy (fɪzɪəʊ'θerəpɪ) ZN *fysiotherapie*
physique (fɪ'zi:k) ZN *lichaamsbouw; gestel*
pi (paɪ) I ZN • WISK. *pi* • PLAT *brave Hendrik* II BNW *prekerig*
pianette (pi:ə'net) ZN *kleine piano*
pianist ('pi:ənɪst) ZN *pianist*
piano[1] ('pɪænəʊ) ZN *piano*
piano[2] ('pjɑ:nəʊ) BNW + BIJW MUZ. *piano*
pianoforte (pɪænəʊ'fɔ:tɪ) ZN *piano*
pianola (pi:ə'nəʊlə) ZN *pianola*
piano-player ZN • *pianist* • *pianola*
piazza (pɪ'ætsə) ZN • *plein* ‹in Italië› • USA *veranda*
pibroch ('pi:brɒx) ZN *(krijgs)muziek op doedelzak*
picaresque (pɪkə'resk) BNW *schurken-; schurkachtig* ★ ~ novel *schelmenroman*
picayune (pɪkə'ju:n) I ZN • *kleinigheid* • INFORM. *onbeduidend iemand* II BNW *minnetjes; armzalig*
piccaninny (pɪkə'nɪnɪ) I ZN *(neger)kindje* II BNW *heel klein*
piccolo ('pɪkələʊ) ZN *piccolo*
pick (pɪk) I ZN • *houweel* • *plectrum* • *keuze* • 't *beste* • *pluk* ★ the pick of the bunch/basket 't *neusje v.d. zalm* II OV WW • *uiteenrafelen; pluizen* • *(open)hakken* • *schoonmaken; plukken* ‹v. gevogelte› • *peuteren* ★ pick to pieces *afkammen; uit elkaar halen* ★ pick a quarrel *ruzie zoeken* ★ ~ off *afplukken; uitpikken; de een na de ander neerschieten* III OV+ONOV WW • *bikken* • *plukken* • *(op)pikken* • INFORM. *eten* • *(uit)kiezen* • *bekritiseren* ★ pick and choose *met zorg kiezen* ★ he picked my pocket *hij rolde mijn zakken* ★ pick and steal *gappen* ★ he's always picking holes *hij is altijd aan 't vitten* ★ he has picked himself up *hij is weer overeind gekomen* ‹na een val› ★ I've not yet picked up with him *ik heb nog geen kennis met hem gemaakt* ★ they picked up courage *ze vatten weer moed* ★ pick a lock *een slot openpeuteren* • ~ at *trekken aan* • USA ~ at/on *vitten/afgeven op* • ~ on *uitkiezen* • ~ out *uitkiezen; op 't gehoor spelen; uithalen* ‹v. naaiwerk›*; laten afsteken* • ~ up *opnemen; opnemen; (aan)leren; meenemen* ‹in voertuig›*; toevallig ontmoeten; opknappen; beter worden; gezondheid hervinden; terechtwijzen; terugvinden* ‹v. spoor›*; ontdekken; aanwakkeren* ‹v. wind›*; aanslaan* ‹v. motor›*;*

pick-a-back ('pɪkəbæk) BIJW * carry ~ *op de rug dragen*
pickax(e) ('pɪkæks) **I** ZN *houweel* **II** OV WW *met houweel openbreken* **III** ONOV WW *een houweel gebruiken*
picker ('pɪkə) ZN • *plukker* • *houweel* • *tandenstoker*
pickerel ('pɪk(ə)r(e)l) ZN • *(jonge) snoek* • USA *snoekbaars*
picket ('pɪkɪt) **I** ZN • MIL. *piket* • *paal; staak* * ~s *post* ⟨v. stakers⟩ * ~ *ship patrouilleschip* * ~ *line groep posters* ⟨bij staking⟩ **II** OV WW • *posten* ⟨v. stakers⟩ • *posteren* • *omheinen met palen* • MIL. *piket stationeren*
picking ('pɪkɪŋ) ZN • *pluk* • *kleine diefstal* • *oneerlijke winst*
pickings ('pɪkɪŋz) ZN MV • *voordeeltjes* • *restantjes* * he was on the lookout for ~ *hij keek of er wat te halen viel*
pickle ('pɪkl) **I** ZN • *pekel* • *azijn* * ~s *tafelzuur; beits; benarde situatie; rakker* * there's a rod in ~ for you *er staat je nog wat te wachten* * I was in a fine ~ *ik zat lelijk in de klem* **II** OV WW • *pekelen* • *inmaken* * USA ~d *dronken*
picklock ('pɪklɒk) ZN *inbreker*
pick-me-up ('pɪkmiʌp) ZN *hartversterkertje*
pickpocket ('pɪkpɒkɪt) ZN *zakkenroller*
picksome ('pɪksəm) BNW *kieskeurig*
pick-up ('pɪkʌp) ZN • *pick-up* • *toevallige kennis* • USA *verbetering* • *versnelling* ⟨v. auto⟩ • *bestelwagentje* • INFORM. *vondst; koopje*
pickwick ('pɪkwɪk) ZN *stinkstok* ⟨sigaar⟩
picky ('pɪkɪ) BNW • *kieskeurig* • *pietluttig*
picnic ('pɪknɪk) **I** ZN • *picknick* • INFORM. *iets aangenaams* • *iets wat gemakkelijk is te volbrengen* @ *meevalt* **II** ONOV WW *picknicken*
picnicky ('pɪknɪkɪ) BNW INFORM. *prettig; aangenaam*
pictorial (pɪk'tɔːrɪəl) **I** ZN • *geïllustreerd blad* • *postzegel met afbeelding* **II** BNW • *beeld-* • *geïllustreerd* • *schilderachtig* * ~ art *schilderkunst*
picture ('pɪktʃə) **I** ZN *portret; beeld; voorstelling; plaat; toonbeeld; schilderij* * enter/come into the ~ *belangrijk worden; een rol gaan spelen* * PLAT slip from the ~ *van het toneel verdwijnen* * make a ~ of s.o. *iem. toetakelen; iem. ervan langs geven* * be in the ~ *erbij zijn; van belang zijn* * be out of the ~ *er niet bij zijn; niet van belang zijn* * put s.o. in the ~ *iem. op de hoogte brengen/houden* * FIG. the big ~ *het hele plaatje* ⟨overzicht⟩ * the (moving) ~(s) *de bioscoop; de film(s)* **II** OV WW • *afbeelden; schilderen* * ~ to o.s. *zich voorstellen*
picture book ('pɪktʃəbʊk) ZN *prentenboek*
picture gallery ZN *schilderijenmuseum*
picture house ('pɪktʃəhaʊs) ZN *bioscoop*
picture-palace ZN *bioscoop*
picture-perfect BNW USA *beeldschoon*
picture postcard ZN *ansichtkaart*
picture puzzle ZN *rebus*
picturesque (pɪktʃə'resk) BNW • *schilderachtig* • *beeldend; levendig*
picture-writing ZN *beeldschrift*
piddle ('pɪdl) **I** ZN INFORM. *plasje* **II** ONOV WW • *zijn tijd verdoen* • INFORM. *een plasje doen*
piddling ('pɪdlɪŋ) BNW INFORM. *onbenullig*
pidgin ('pɪdʒɪn) **I** ZN *pidgin(taal)* * PLAT that's my ~ *dat is mijn zaak* **II** BNW * Pidgin English *op Engels gebaseerd pidgin; steenkolenengels*
pie (paɪ) **I** ZN • *pastei(tje)* • *taart; gebak* • *chaos; warboel* • *ekster* • *koperen munt in India* • *kletskous* * he has a finger in every pie *hij heeft overal wat in de melk te brokkelen* * you've made a precious pie of things *je hebt de zaak lelijk in de war geschopt* * he'll eat humble pie *hij zal wel zoete broodjes bakken* * PLAT pie in the sky *gelukzaligheid na de dood* * pie chart *cirkeldiagram* * it has fallen into pie *het is in de war gelopen* **II** OV WW *in de war sturen*
piebald ('paɪbɔːld) BNW *bont; gevlekt* ⟨v. paard⟩
piece (piːs) **I** ZN • *wicht; nest; nare meid/vent* • USA *eindje* ⟨afstand⟩ • *stuk* ⟨v. grond, werk, geschut⟩; *schaakstuk; geldstuk; muziekstuk; toneelstuk* • *bep. hoeveelheid* • *vat (brande)wijn* • *staaltje* ⟨v. brutaliteit⟩ * I have given her a ~ of my mind *ik heb haar flink de waarheid gezegd* * I could give you a ~ of advice *ik zou je wel raad kunnen geven* * a ~ of eight *'n Spaanse dollar* * INFORM. a pretty ~ (of goods) *'n lekker stuk* * PLAT ~ of cake *aanmerkelijk karweitje* * a ~ of good luck *'n buitenkansje* * various ~s of news *verschillende nieuwtjes* * a ~ of work *een stuk werk; drukte* * these are one shilling a ~ *deze kosten een shilling per stuk* * it broke to ~s *het viel kapot* * it fell to ~s *het viel in stukken* * it will come/go to ~s *het zal kapot gaan; het zal mislukken* * you can take it to ~s *je kunt 't uit elkaar halen* * they are all of a ~ *ze zijn v. allen uit één stuk (gemaakt); ze zijn v. hetzelfde slag* * paid by the ~ *per stuk betaald* * ~ by ~ *stuk voor stuk* **II** OV WW • *lappen; samenvoegen; in elkaar zetten* * ~ a thing out *ergens geleidelijk er aan achter komen* • ~ **onto** *vastmaken aan; verbinden aan* • ~ **out** *verlengen; vergroten* • ~ **together** *aaneenvoegen; met elkaar in verband brengen* • ~ **up** *(op)lappen*
piece-goods ZN MV *geweven stoffen*
piecemeal ('piːsmiːl) **I** BNW *stuk voor stuk gedaan; in gedeelten gedaan* **II** BIJW *stukje voor stukje*
piecework ('piːswɜːk) ZN *stukwerk*
pieceworker ('piːswɜːkə) ZN *stukwerker*
piecrust ('paɪkrʌst) ZN *pasteikorst* * ~ promises *waardeloze beloften*
pied (paɪd) BNW • *bont* ⟨gekleed, gekleurd⟩ • *gevlekt*
pie-eyed (paɪ'aɪd) ZN USA/PLAT *stomdronken*
pieplant ('paɪplɑːnt) ZN USA *rabarber*
pier (pɪə) ZN • *pijler* ⟨v. brug⟩ • *penant* • *havenhoofd; pier*
pierce (pɪəs) **I** OV WW • *prikken* • *z. een weg banen* • *doorgronden* **II** OV+ONOV WW *doordringen; doorboren*
piercer ('pɪəsə) ZN • *priem* • *angel*
piercing ('pɪəsɪŋ) BNW *doordringend*
pietistic (paɪə'tɪstɪk) BNW *devoot; vroom*
piety ('paɪətɪ) ZN *piëteit; vroomheid*
piffle ('pɪfl) **I** ZN • INFORM. *onzin* • INFORM. *waardeloze rommel* **II** ONOV WW INFORM. *leuteren; beuzelen; kletsen*

piffling ('pɪflɪŋ) BNW • INFORM. *pietluttig; onbeduidend* • INFORM. *beuzelachtig* • INFORM. *nutteloos*

pig (pɪg) **I** ZN • *varken; (wild) zwijn* • *lammeling; smeerlap* • *stijfkop* • *klomp ruw ijzer* ★ I'm the pig in the middle *ik zit tussen twee vuren* ★ be in pig *drachtig zijn* ★ when pigs fly *met sint-juttemis* ★ IRON. please the pigs *als 't de hemel behaagt* ★ he has brought his pigs to the wrong market *het is 'm tegengelopen; hij heeft op 't verkeerde paard gewed* ★ pigs might fly *de wonderen zijn de wereld nog niet uit* ★ bleed like a pig *bloeden als een rund* ★ buy a pig in a poke *een kat in de zak kopen* **II** OV WW • *biggen werpen* • *bij elkaar stoppen* **III** ONOV WW ★ pig (it) *bij elkaar hokken* • USA, PLAT — **out** *te veel eten*

pigboat ('pɪgbəʊt) ZN PLAT *onderzeeër*

pigeon ('pɪdʒɪn) **I** ZN • *duif* • *sul* • → **pidgin** ★ clay ~ *kleiduif* • ~ pair *tweeling v. verschillend geslacht; jongen en meisje als enige kinderen* ★ carrier/homing ~ *postduif* **II** OV WW *voor de gek houden*

pigeon-breast(ed) (pɪdʒən'brestɪd) BNW *(met een) kippenborst*

pigeon-fancier ('pɪdʒənfænsɪə) ZN *duivenmelker*

pigeon-hearted (pɪdʒən'hɑːtɪd) BNW *bang; laf*

pigeon-hole ('pɪdʒənhəʊl) **I** ZN • *opening voor duiven in hok* • *loket* • *(post)vakje* **II** OV WW • *opbergen* • *in 't geheugen prenten* • *in vakjes verdelen*

piggery ('pɪgərɪ) ZN • *varkensfokkerij; varkensstal* • *zwijnerij* • *koppigheid*

piggish ('pɪgɪʃ) BNW • *varkensachtig* • *schrokkerig* • *koppig* • *schriel*

piggy ('pɪgɪ) **I** ZN *varkentje* ★ ~ bank *spaarvarken* **II** BNW *varkens-*

piggyback ('pɪgɪbæk) **I** ZN USA *ritje op de rug/schouders* **II** BNW USA *op de rug/schouders* ★ ~ car *platte spoorwagen voor opleggers* **III** BIJW ★ USA *carry* ~ *op de rug dragen*

pig-headed (pɪg'hedɪd) BNW MIN. *stijfkoppig; eigenwijs*

pig-iron ZN *ruw ijzer*

piglet ('pɪglət) ZN *big*

pigment ('pɪgmənt) ZN *kleurstof; verfstof*

pigmentation (pɪgmən'teɪʃən) ZN *huidkleur*

pigmy ('pɪgmɪ) ZN → **pygmy**

pigskin ('pɪgskɪn) ZN • *varkensleer* • PLAT *zadel* • PLAT/USA *voetbal(ler)*

pigsticker ('pɪgstɪkə) ZN • *wildezwijnenjager* • *bajonet*

pigsty ('pɪgstaɪ) ZN • *varkenshok* • *zwijnenstal* ⟨figuurlijk⟩

pigtail ('pɪgteɪl) ZN • *rolletje tabak* • *vlecht; paardenstaart*

pike (paɪk) **I** ZN • *piek; spies* • *heuveltop* • *snoek* • *tol(boom)* • *tolweg* **II** OV WW *met een piek doorboren* **III** ONOV WW PLAT *lopen; wandelen*

pilchard ('pɪltʃəd) ZN *soort kleine haring; sardine*

pile (paɪl) **I** ZN • *hoop; stapel* • *blok huizen* • *groot gebouw* • *elektrisch element* • *kernreactor* • *pool; nop* ⟨op stof⟩ • *vacht* ⟨v. schaap⟩ • *aambei* • *(hei)paal* • *brandstapel* • INFORM. *fortuin; geld* • *rot* ⟨v. geweren⟩ • *dons* ★ pile house *paalwoning* **II** OV WW • *heien* • *opstapelen* ★ pile arms *de geweren aan rotten zetten* ★ he piled on the agony *hij vertelde het verhaal met alle griezelige bijzonderheden* ★ INFORM. now you're piling it on *nu overdrijf je toch* ★ a pile-up *kettingbotsing; opeenstapeling* • ~ **up** *laten vastlopen* ⟨v. schip⟩; *op elkaar botsen* • ~ **with** *beladen met; belasten* ⟨met gewicht⟩ **III** ONOV WW ★ they piled in *ze kwamen met drommen naar binnen* • ~ **up** *rijkdom vergaren*

pile-driver ('paɪldraɪvə) ZN • *heier; heimachine* • INFORM. *trap; klap*

pile-dwelling ZN *paalwoning*

pilfer ('pɪlfə) OV WW *gappen*

pilferage ('pɪlfərɪdʒ) ZN *gapperij*

pilferer ('pɪlfərə) ZN *kruimeldief*

pilgrim ('pɪlgrɪm) **I** ZN • *pelgrim* • Pilgrim Fathers *Engelse puriteinen, die in 1620 de kolonie Plymouth (Massachusetts) stichtten* **II** ONOV WW • *pelgrimstocht maken* • *zwerven*

pilgrimage ('pɪlgrɪmɪdʒ) **I** ZN • *bedevaart* • *levensreis* ★ go on a ~ *een pelgrimstocht maken* **II** ONOV WW *op een pelgrimstocht gaan*

piling ('paɪlɪŋ) ZN *paalwerk*

pill (pɪl) **I** ZN • *pil* • *bittere pil* • PLAT/SCHERTSEND *(kanons)kogel* • *(tennis)bal* • *akelige kerel* ★ a bitter pill to swallow *een bittere pil* ★ sleeping pill *slaappil* **II** OV WW • *pillen geven* • PLAT *met (kanons)kogels beschieten* **III** ONOV WW *pluizen*

pillage ('pɪlɪdʒ) **I** ZN *plundering* **II** OV WW *plunderen; roven*

pillar ('pɪlə) **I** ZN • *(steun)pilaar; zuil* ★ he was driven from ~ to post *hij werd v. 't kastje naar de muur gezonden* **II** OV WW *ondersteunen (als) met pilaren*

pillar-box ZN *ronde brievenbus* ⟨op straat⟩

pillbox ('pɪlbɒks) ZN • *pillendoosje* • *rond dameshoedje* • *rijtuigje; gebouwtje* • *kleine bunker*

pilled (pɪld) BNW PLAT *gezakt* ⟨voor examen⟩

pillion ('pɪljən) ZN • *duozitting* • GESCH. *vrouwenzadel* • GESCH. *kussen voor vrouw achter 't zadel* ★ ride ~ *duo rijden*

pillmonger ('pɪlmʌŋgə) ZN *pillendraaier*

pillory ('pɪlərɪ) **I** ZN *schandpaal* **II** OV WW ★ put in the ~ *belachelijk maken*

pillow ('pɪləʊ) **I** ZN • *hoofdkussen* • TECHN. *kussenblok* ★ take counsel of your ~ *slaap er eens 'n nacht over* ★ ~ talk *intiem gesprek* ⟨in bed⟩ **II** OV WW • *op een kussen (laten) rusten* • ~ **up** *met kussens steunen*

pillowcase ('pɪləʊkeɪs), **pillowslip** ZN *kussensloop*

pillow-lace ZN *kloskant*

pillowslip ('pɪləʊslɪp) ZN *kussensloop*

pillroller ('pɪlrəʊlə) ZN • *pillendraaier* • *hospitaalsoldaat*

pills (pɪlz) ZN MV *(biljart)ballen*

pilot ('paɪlət) **I** ZN • *piloot* • *loods* • *leidsman; gids* • *proefexemplaar; proefaflevering* ⟨v.e. nieuwe tv-serie⟩ **II** BNW ★ ~ scheme *proefmodel* **III** OV WW • *besturen; loodsen* • *geleiden*

pilotage ('paɪlətɪdʒ) ZN • *loodsgelden* • *loodswezen*

pilot lamp ZN *controlelampje*

pilot light ZN *waakvlam*

pilot plant ZN *proeffabriek*

pilot project ZN *proefproject*

pilot scheme ZN *proefontwerp*
pilot's licence ZN *vliegbrevet*
pilule ('pɪlju:l) ZN *pil(letje)*
pimp (pɪmp) I ZN • *pooier* • AUSTR.ENG *informant* II OV WW PLAT *patserig optuigen* ⟨als (van) een pooier⟩ III ONOV WW *pooier zijn*
pimpernel ('pɪmpənel) ZN *guichelheil*
pimping ('pɪmpɪŋ) BNW • *klein; nietig* • *ziekelijk*
pimple ('pɪmpl) ZN *puistje*
pimpled ('pɪmpld) BNW *puistig*
pimply BNW *puistig*
pin (pɪn) I ZN • *speld* • *pen* • *bout* • *kegel* • *vat* ⟨±20 liter⟩ • *schroef* ⟨v. snaarinstrument⟩ ★ *he doesn't care a pin het interesseert 'm geen zier* ★ *I've got pins and needles in my leg mijn been slaapt* II OV WW • *(op)prikken* • *vastspelden* • *opsluiten* • PLAT *gappen* ★ *he was pinned against the wall hij werd tegen de muur gedrukt* ★ *he always pinned his faith on/to her hij had altijd het volste vertrouwen in haar* ★ *are you pinned (down) to it? zit je er aan vast?; heb je het beloofd?* ★ *pin-up board prikbord* • ~ **on** *schuld schuiven op* • ~ **up** *opprikken* ⟨v. insecten⟩; *opspelden; opsluiten*
pinafore ('pɪnəfɔ:) ZN *schortje*
pinball ('pɪnbɔ:l) ZN ★ ~ *(machine) flipperkast*
pincers ('pɪnsəz) ZN MV • *schaar* ⟨v. kreeft, krab⟩ • *nijptang*
pinch (pɪntʃ) I ZN • *kneep* • *druk* • *nood* • *kritieke toestand* • *heel klein beetje; snuifje* ★ *at a* ~ *als 't kritiek wordt* II OV WW • *knijpen* • *gebrek laten lijden* • *krap houden* • *bekrimpen* • *paard aansporen* ⟨tijdens race⟩ • PLAT *jatten* • (iem.) *bestelen* • *in verzekerde bewaring stellen* ★ ~ed *face mager gezicht* ★ *they were* ~ed *with cold ze waren verkleumd v.d. kou* ★ *he knows where the shoe* ~es *hij weet waar de schoen wringt* ★ *we were greatly* ~ed *for room we waren zeer klein behuisd; we hadden erg gebrek aan ruimte* • ~ **from** *afpersen van* III ONOV WW • *gierig zijn* • *scherp aan de wind varen*
pinched-up (pɪntʃt'ʌp) BNW *verfomfaaid*
pinchroller ('pɪntʃrəʊlə) ZN *aandrukrol* ⟨in bandapparaat⟩
pinchwheel ZN → **pinchroller**
pine (paɪn) I ZN • *dennenhout; vurenhout* ★ *pine (tree) pijnboom* II ONOV WW • ~ **after/for** *smachten naar* • ~ **away** *wegkwijnen*
pineal ('pɪnɪəl) BNW *pijnappelvormig*
pineapple ('paɪnæpl) ZN • *ananas* • PLAT *handgranaat*
pinecone ('paɪnkəʊn) ZN *dennenappel*
pine-needle ZN *dennennaald*
pinewood ('paɪnwʊd) ZN • *dennenbos* • *dennenhout; vurenhout*
pinfold ('pɪnfəʊld) ZN *schutstal*
ping (pɪŋ) I ZN • *ping* • *kort, fluitend geluid* II ONOV WW *fluiten*
ping-pong ('pɪŋpɒŋ) I ZN *tafeltennis* II ONOV WW *tafeltennissen*
pinhead ('pɪnhed) ZN • *speldenknop* • *zeer onbetekenend iem. of iets* ★ INFORM. ~ed *dom*
pinion ('pɪnjən) I ZN • *vleugelpunt* • LIT. *vleugel* • *slagpen* • *pignon* II OV WW • *kortwieken* • *vastbinden* ⟨v.d. armen⟩
pink (pɪŋk) I ZN • *anjelier* • *jonge zalm* • *roze* • *rode jagersjas* • *stof voor jagersjas* • *vossenjager* • *perfectie; puikje* • *geelachtige lakverf* • *pink* ⟨vaartuig⟩ ★ *he was in the pink of health hij was lichamelijk in uitstekende conditie* ★ PLAT *I'm in the pink met mij gaat 't prima* II BNW • *roze* • POL. *met 'rood' sympathiserend* • *chic* III OV WW • *roze maken* • *doorboren; perforeren* • *versieren* • *toetakelen* IV ONOV WW • *roze worden* • *kloppen* ⟨v. motor⟩
pink-eye ('pɪŋkaɪ) ZN • *bep. koorts* ⟨bij paard⟩ • *oogontsteking* ⟨bij mens⟩
pinkie ('pɪŋkɪ) ZN SCHEEPV. *pink*
pinkish ('pɪŋkɪʃ) BNW *rozeachtig*
pinko ('pɪŋkəʊ) ZN USA *gematigde liberaal/radicaal*
pinkster ('pɪŋkstə) ZN ★ ~ *flower roze azalea*
pinnacle ('pɪnəkl) I ZN • *torentje* • *top* • *hoogtepunt* II OV WW • *kronen* • *v. torentjes voorzien*
pinny ('pɪnɪ) ZN JEUGDT. *schortje*
pinpoint ('pɪnpɔɪnt) I ZN • *speldenpunt* • *zeer klein voorwerp* II OV WW *nauwkeurig aanwijzen; vaststellen; mikken*
pinprick ('pɪnprɪk) I ZN *speldenprik* II OV WW • *prikken met speld* • *irriteren*
pins (pɪnz) ZN MV INFORM. *benen* ★ *he is quick on his pins hij is vlug ter been*
pin-stripe ('pɪnstraɪp) ZN *dun streepje* ★ ~ *suit streepjespak*
pint (paɪnt) ZN • *pint* ⟨6 dl⟩ • *glas bier*
pinta ('paɪntə) ZN INFORM. *pint of ... pint* ⟨inhoudsmaat⟩
pin-table ('pɪnteɪbl) ZN • *trekspel; trekbiljart* • *flipperkast*
pint-size(d) BNW INFORM. *nietig; klein*
pioneer (paɪə'nɪə) I ZN *pionier; baanbreker* II OV WW • *de weg bereiden* • *leiden* III ONOV WW *pionierswerk doen*
pious ('paɪəs) BNW *vroom; godsdienstig*
pip (pɪp) I ZN • *bloempje* • *schub* ⟨v. ananas⟩ • *pit* • *letter P bij 't seinen* • *biepje* ⟨tijdsignaal⟩ • PLAT *depressie; verveling* • *pip* • *oog* ⟨op dobbel- of dominosteen⟩ • *ster* ⟨op uniform⟩ ★ *he has the pip hij heeft 'n kwade bui* II OV WW • *uitsluiten* ⟨v.⟩ • *verslaan* • *raken* III ONOV WW • *piepen* ★ PLAT *pipped gezakt* ⟨voor examen⟩ • PLAT ~ **out** *het hoekje omgaan*
pipage ('paɪpɪdʒ) ZN *('t aanleggen v.) buizen*
pipe (paɪp) I ZN • *pijp* • *buis* • *cilindrische ertsader* • *bootsmansfluitje* • *fluitsignaal* • *gefluit* • *stem* • *vat wijn* ⟨± 47 liter⟩ ★ USA *pipe dream waandenkbeeld* ★ *pipe cleaner pijpenrager* ★ *put that in your pipe and smoke it! die kun je in je zak steken!* ★ *pipe major eerste doedelzakspeler* ⟨in regiment⟩ ★ *pipe fitter loodgieter* II OV WW • *fluiten; op pijp spelen* • *door fluitsignaal aangeven* • *oproepen door fluitsignaal* • *piepen* • *stekken* • *met biezen versieren* • *v. buizen voorzien* • *door buizen laten lopen* ★ INFORM. *pipe (one's eyes) huilen* • ~ **up** *beginnen te zingen of spelen* III ONOV WW PLAT ~ **down** *rustig worden* IV OV+ONOV WW SCHEEPV. ~ **down** *vrij geven*
pipeclay ('paɪpkleɪ) I ZN • *pijpaarde* • *overdreven aandacht aan uniform* II OV WW *met pijpaarde wit maken*

pipeline ('paɪplaɪn) ZN *pijpleiding* ★ in the ~ *op stapel*
pipeman ('paɪpmən) ZN USA *brandweerman*
piper ('paɪpə) ZN • *doedelzakspeler; pijper; fluitspeler* • *soorten vis* • *dampig paard* ★ pay the ~ *'t gelag betalen*
pipes (paɪps) ZN MV • *doedelzak* • *ademhalingsorganen*
pipette (pɪ'pet) ZN *pipet*
piping ('paɪpɪŋ) I ZN • *pijpen; buizen* • *biesversiering* • *stek* ⟨v. plant⟩ II BNW + BIJW • *sissend; kokend fluitend* ★ ~ hot *kokend heet*
pippin ('pɪpɪn) ZN • *soort appel* • USA/PLAT *jofele vent*
pipsqueak ('pɪpskwiːk) ZN • PLAT *kleine granaat* • PLAT *onbetekenend/verachtelijk iem./iets* • PLAT *praatjesmaker*
piquant ('piːkənt) BNW *pikant; prikkelend*
pique (piːk) I ZN *wrok* II OV WW • *prikkelen* • *opwekken* • *kwetsen* ★ he ~s himself on his learning *hij gaat prat op zijn geleerdheid*
piracy ('paɪrəsɪ) ZN • *piraterij* ⟨zeeroverij⟩ • *piraterij* ⟨plagiaat⟩
pirate ('paɪərət) I ZN • *zeerover(sschip)* • *plagiaris* ★ ~ transmitter *clandestiene zender; etherpiraat* II OV WW • *zeeroof plegen* • *ongeoorloofd boeken e.d. nadrukken* • *plunderen*
pirn (pɜːn) ZN • SCHOTS *bobine; klosje* • *katrol van hengel*
pirouette (pɪru'et) I ZN *pirouette* II ONOV WW *een pirouette maken*
piscary ('pɪskərɪ) ZN *visplaats* ★ (common of) ~ *visrecht*
piscatorial (pɪskə'tɔːrɪəl) BNW *vissers-; hengelaars-; vis-*
piscine[1] (pɪ'siːn) ZN *zwembad; vijver*
piscine[2] ('pɪsaɪn) BNW *vis-; visachtig*
pish (pɪʃ) I ONOV WW *foei zeggen* II TW *bah!; foei!*
piss (pɪs) I ZN VULG. *pis* II ONOV WW • VULG. *pissen* ★ pissed *dronken* • it's pissing (down) *het regent bakstenen* • ~ off *wegwezen* ★ piss off! *sodemieter op!*
pissed (pɪst) BNW • G-B *bezopen* ⟨dronken⟩ • USA *boos; geërgerd*
pistachio (pɪ'stɑːʃɪəʊ) ZN *pistache*
piste (piːst) ZN *piste*
pistil ('pɪstɪl) ZN *stamper* ⟨v. bloem⟩
pistol ('pɪstl) I ZN *pistool* II OV WW *met pistool neerknallen*
piston ('pɪstn) ZN • *zuiger* • *klep in kornet* • *zuigernap* ★ ~ rod *zuigerstang*
piston-ring ZN *zuigerring*
pit (pɪt) I ZN • *kuil; groeve; schacht* • *putje; kuiltje* • *diepte* • *pits* • *parterre* ⟨in schouwburg⟩ • *bezoekers v. schouwburg op de parterre zitten* • USA *gedeelte v. Beurs waar bep. soort artikel wordt verhandeld* • USA *pit* ⟨v. vrucht⟩ ★ (bottomless) pit *hel* II OV WW • *inkuilen* • *putjes of kuiltjes maken in* • ~ against *opzetten tegen; stellen tegenover* III ONOV WW *putjes/kuiltjes krijgen in*
pitch (pɪtʃ) I ZN • *hoogte* • *graad* • *toonhoogte* • *helling* • *steilheid* ⟨v. dak⟩ • *afstand* ⟨v. tanden bij tandrad⟩ • *pek* • *het stampen* ⟨v. schip⟩ • *worp* • *hoeveelheid op de markt gebrachte waren* • *standplaats* • *terrein tussen 2 wickets* ⟨bij cricket⟩ • *sportterrein* ★ who touches ~ will be defiled *wie met pek omgaat wordt er mee besmeurd* ★ fly a high ~ *hoog vliegen; een hoge vlucht nemen* ★ ~ sticks *wie met pek omgaat wordt ermee besmeurd* II OV WW • *in bep. stijl uitdrukken* • *bestraten* • MUZ. *aangeven v. toon* • *gooien; werpen* • PLAT *vertellen; opdissen* • *pekken* • *opslaan* ⟨v. tent⟩ • *kamperen* • *stellen; plaatsen* • *uitstallen* ★ a ~ed battle *een vooraf in elkaar gezette veldslag* III ONOV WW • *voorover vallen; z. storten* • *stampen* ⟨v. schip⟩ • *schuin aflopen* • INFORM. ~ in *de hand aan de ploeg slaan; 'm van katoen geven; inpeperen* • INFORM. ~ into *te lijf gaan* • ~ (up) on *kiezen; ergens opkomen*
pitch-and-toss (pɪtʃən'tɒs) ZN ≈ *kruis of munt*
pitch-black BNW *pikzwart*
pitch-dark BNW *pikdonker*
pitcher ('pɪtʃə) ZN • *straatventer* ⟨met vaste plaats⟩ • *straatsteen* • *houweel* • *kruik; kan* • *golfstok* • *werper* ⟨bij honkbal⟩
pitchfork ('pɪtʃfɔːk) I ZN • *hooivork* • *stemvork* II OV WW • *omhoog gooien (als) met hooivork* • *met geweld 'n baantje bezorgen*
pitching ('pɪtʃɪŋ) ZN *bestrating*
pitch-pine ('pɪtʃpaɪn) ZN *Amerikaans grenenhout*
pitchwheel ('pɪtʃwiːl) ZN *tandrad*
piteous ('pɪtɪəs) BNW *treurig; droef; beklagenswaardig*
pitfall ('pɪtfɔːl) ZN • *valkuil* • *valstrik* ⟨figuurlijk⟩
pith (pɪθ) I ZN • *pit* • *(ruggen)merg* • *essentie; kern* • *pit; energie* ★ a thing of pith and moment *iets v. zeer veel belang* II OV WW *(dier) doden door 't ruggenmerg door te snijden/steken*
pithead ('pɪthed) ZN *mijningang*
pithy ('pɪθɪ) BNW *pittig; krachtig*
pitiable ('pɪtɪəbl) BNW *meelijwekkend*
pitiful ('pɪtɪfʊl) BNW • *medelijdend* • *armzalig* • *verachtelijk*
pitiless ('pɪtɪlɪs) BNW *meedogenloos*
pitman ('pɪtmən) ZN • *mijnwerker* • USA *drijfstang*
pittance ('pɪtns) ZN • GESCH. *legaat aan klooster voor o.a. extra voedsel* • *klein loon; kleine toelage* • *kleine hoeveelheid* ★ a mere ~ *een schijntje*
pitted ('pɪtɪd) BNW *met putjes* ★ ~ with the smallpox *pokdalig*
pitter-patter ('pɪtə) ZN *tiktik; (ge)tikketak*
pituitary (pɪ'tjuːɪtərɪ) I ZN *hypofyse* II BNW *slijm-; slijmafscheidend* ★ ~ body/gland *hypofyse*
pity ('pɪtɪ) I ZN *medelijden* ★ take pity on *medelijden hebben met* ★ for pity's sake *in 's hemels naam* ★ what a pity! *wat jammer!* ★ more's the pity *des te erger is het* ★ a thousand pities *vreselijk jammer* II OV WW *medelijden hebben met; beklagen*
pitying ('pɪtɪɪŋ) BNW *medelijdend; vol medelijden*
pivot ('pɪvət) I ZN • *spil* ⟨ook fig.⟩ • *stift* ★ ~ joint *draaigewricht* II OV WW *voorzien v. spil* III ONOV WW • ~ over *hellen over* • ~ upon *draaien om*
pivotal ('pɪvətl) BNW *hoofd-; centraal* ★ ~ industry *sleutelindustrie*
pivotbridge ('pɪvətbrɪdʒ) ZN *draaibrug*
pix (pɪks) ZN MV • USA *pictures foto's; film* • USA *bioscoop*

pixie ('pɪksɪ), **pixy** ZN *fee*
pixy ZN → *pixie*
PKU-test ZN MED. *hielprik*
placable ('plækəbl) BNW *verzoenlijk; vergevingsgezind*
placard ('plæka:d) I ZN *aanplakbiljet* II OV WW • *aanplakken* • *aankondigen; bekend maken*
placate (plə'keɪt) OV WW • *tevredenstellen; verzoenen; sussen* • USA *omkopen*
placatory (plə'keɪtərɪ) BNW *verzoenend; verzoenings-*
place (pleɪs) I ZN • *plaats; woonplaats; passage* ⟨in boek⟩ • *zitplaats* • *huis; gebouw; buitengoed* • *pleintje; hofje* • *plek; rang* • *ruimte* • *betrekking; positie* ★ ~ *of worship bedehuis* ★ take ~ *gebeuren; plaatsvinden* ★ it is not my ~ to do this *het ligt niet op mijn weg om dit te doen* ★ USA *go* ~s *hier en daar heengaan* ★ at your ~ *bij u thuis* ★ he is out of ~ *hij is werkloos* ★ what you said was out of ~ *wat jij zei was misplaatst* ★ she was all over the ~ *iedereen/de hele stad weet ervan* ★ she was all over the ~ *ze was totaal in de war* ★ calculated to 5 decimal ~s *berekend tot in 5 decimalen nauwkeurig* ★ ~ card *tafelkaartje* II OV WW • *plaatsen* • *arrangeren* • *herinneren; thuisbrengen* ⟨figuurlijk⟩ • *plaatsen* ⟨v. order⟩: *verkopen* • *stellen* ⟨v. vertrouwen in⟩ • *aanstellen; benoemen* • *'n betrekking vinden voor* ★ he was ~d *hij behoorde tot de eerste drie* ⟨bij race⟩ • ~ **out** *beleggen* ⟨v. geld⟩ III ONOV WW SPORT *zich plaatsen*
placebo (plə'si:bəʊ) ZN *placebo; neppil*
place-hunter ZN *baantjesjager*
placeman ('pleɪsmən) ZN *ambtenaar die uit partijbelang is aangesteld*
placement ('pleɪsmənt) ZN *plaatsing*
placid ('plæsɪd) BNW *rustig; kalm*
placidity (plə'sɪdətɪ) ZN *rust; kalmte; vredigheid*
plagiarism ('pleɪdʒərɪzəm) ZN *plagiaat*
plagiarist ('pleɪdʒərɪst) ZN *plagiaris*
plagiarize ('pleɪdʒəraɪz) OV WW *plagiaat plegen*
plague (pleɪg) I ZN • *pest* • *plaag* • *vervelend/lastig iem./iets* • *straf* II OV WW • *bezoeken* ⟨fig.⟩ • INFORM. *pesten; treiteren*
plaguy ('pleɪgɪ) BNW + BIJW INFORM. *ellendig*
plaice (pleɪs) ZN *schol*
plaid (plæd) ZN • *plaid* • *(geruite) reisdeken* • *Schotse omslagdoek* • *(geruite) wollen stof*
plain (pleɪn) I ZN *vlakte* II BNW • *duidelijk* • *eenvoudig* • *onversierd* • *niet gekleurd* ⟨v. tekening⟩ • *niet machtig/gekruid* ⟨v. voedsel⟩ • *openhartig* • *alledaags; gewoon* • *lelijk* ⟨v. meisje⟩ • *vlak; glad* ⟨v. ring⟩ ★ it is all ~ *sailing 't loopt als vanzelf; 't is allemaal doodeenvoudig* ★ as ~ as a pikestaff *zo klaar als een klontje* ★ I will be ~ with you *ik zal je precies zeggen waar 't op staat* ★ ~ *card kaart onder boer* ★ ~ *cooking burgerpot* ★ ~ *needle-work nuttige handwerken* ★ ~ *tea theemaaltijd zonder vlees* ★ ~ *water alleen maar water;* ⟨*dood*⟩*gewoon water* ★ ~ *speaking onomwonden spreken* ★ ~ *chocolate pure chocola* III ONOV WW LIT. *klagen; klagend uiten* IV BIJW *duidelijk*
plain-clothes (pleɪn'kləʊðz) BNW *in burger(kleren)*

plainclothesman ('pleɪnkləʊðsmæn) ZN *politieman in burger; rechercheur*
plainly ('pleɪnlɪ) BIJW *ronduit; zonder meer*
plainsman ('pleɪnzmən) ZN *vlaktebewoner*
plaint (pleɪnt) ZN • JUR. *beschuldiging; aanklacht* • *weeklacht*
plaintiff ('pleɪntɪf) ZN *eiser; aanklager*
plaintive ('pleɪntɪv) BNW *klagend*
plait (plæt) I ZN • *vouw* • *vlecht* II OV WW • *vouwen* • *vlechten*
plan (plæn) I ZN • *plan* • *schema; ontwerp* • *schets; tekening* • *plattegrond* • *methode* ★ plan of action *plan de campagne* ★ plan of site *situatietekening* ★ the best plan is to stay *we kunnen maar beter blijven* II OV WW • *schetsen; ontwerpen* • *een plan maken* • *regelen* ★ planning permission *bouwvergunning*
plane (pleɪn) I ZN • *plataan* • *schaaf* • *vlak* • INFORM. *vliegtuig* • *hoofdweg in mijn* • *niveau; peil; plan* ★ ~ *sailing 't vaststellen v. positie v. schip op bep. manier; makkelijk* ⟨v. karwei⟩ II BNW *vlak* III OV WW *schaven* IV ONOV WW • *glijden* ⟨v. vliegtuig⟩ • *vliegen* ⟨met vliegtuig⟩
planet ('plænɪt) ZN • *planeet* • *kazuifel*
planetarium (plænə'teərɪəm) ZN *planetarium*
planetary ('plænɪtərɪ) BNW • *planetarisch; planeet-* • *aards* • *zwervend*
plangent ('plændʒənt) BNW • *luid (klinkend)* • *klagend* • *aanhoudend*
planish ('plænɪʃ) OV WW • *pletten* • *polijsten* • *glanzen* ⟨v. foto's⟩
plank (plæŋk) I ZN • *plank* • *programmapunt* ★ ~ bed *brits* II OV WW • *met planken beleggen* • PLAT ~ **down** *neerleggen; direct betalen*
planking ('plæŋkɪŋ) ZN • *bevloering* • *planken*
plankton ZN *plankton*
planner ('plænə) ZN *ontwerper*
planning ('plænɪŋ) ZN *planning; regeling; opzet; 't ontwerpen*
plant (pla:nt, plænt) I ZN • *plant* • *manier v. neerzetten* • *installatie; materieel* • USA *fabriek* • PLAT *zwendel; bedotterij* • *(opslagplaats voor) gestolen goederen* • *houding* • *machinerie* • *val*⟨strik⟩ • *infiltrant* ★ ~ engineer *onderhoudstechnicus* ★ in ~ *groeiend* ★ lose ~ *afsterven* II OV WW • *planten; poten; uitzetten* ⟨v. vis⟩ • *plaatsen; posteren* • *koloniseren* • *vestigen; stichten* • *beplanten* • *toebrengen* ⟨v. slag⟩ • PLAT *verbergen* ⟨v. gestolen goederen⟩ • *begraven* • *opzetten* ★ ~ o.s. *zich opstellen; zich posteren* ★ ~ o.s. on *zich opdringen aan* • ~ **out** *vanuit pot in de open grond zetten; uitpoten*
plantain ('plæntɪn) ZN *weegbree*
plantation (plæn'teɪʃən) ZN • *(be)planting; aanplanting* • *plantage* • GESCH. *vestiging* ⟨v. kolonie⟩ ★ ~ song *negerliedje*
planter ('pla:ntə) ZN • *planter* • *stichter*
plantlike ('pla:ntlaɪk) BNW *als 'n plant*
plaque (plæk) ZN • *(gedenk)plaat* • *(wand)bord* • *ster* ⟨v. ridderorde⟩ • *ruwe plek* ⟨op de huid⟩
plash (plæʃ) I ZN • *(modder)poel; plas* II OV WW • *ineenstrengelen; vlechten* III OV+ONOV WW • *plonzen; (doen) spatten*
plashy ('plæʃɪ) BNW • *vol plassen* • *klotsend*
plasma ('plæzmə) ZN *plasma*

plasma screen ZN *plasmascherm*

plaster ('plɑ:stə) I ZN • *pleister* • *pleisterkalk* ★ ~ of Paris *gips* ★ ~ cast *gipsverband; gipsafgietsel* II BNW *gipsen* ★ ~ saint *heilig boontje* III OV WW • *bepleisteren* • *besmeren* • *met eer overladen; ophemelen* • *een pleister leggen op* ‹ook fig.› • IRON. *betaald zetten* • PLAT *beschieten* ★ ~ed *dronken*

plasterboard ('plɑ:stəbɔ:d) ZN *gipsplaat*

plasterer ('plɑ:stərə) ZN *stukadoor; gipswerker*

plastic ('plæstɪk) I ZN *plastic* II BNW • *beeldend; vormend* • *kneedbaar* ★ ~ bomb *kneedbom* ★ ~ clay *pottenbakkersaarde* ★ ~ surgery *plastische chirurgie*

plasticine (plæstə'si:n) ZN *plasticine*

plasticity (plæs'tɪsətɪ) ZN *kneedbaarheid*

plastics ('plæstɪks) ZN MV *kunststoffen*

plastron ('plæstrən) ZN • SPORT *borststuk* • *front; voorstuk* • *plastron* • *buikschild* ‹v. schildpad›

plat (plæt) I ZN → **plait** • *stukje grond* • USA *plattegrond* II OV WW *in kaart brengen*

plate (pleɪt) I ZN • *naamplaat; pantserplaat; fotografische plaat* • *afdruk* • *gravure* • *bord* • *tafelzilver; metalen vaatwerk* • *collecteschaal* • *opbrengst v. collecte* • ‹race om› *zilveren beker of andere prijs* ★ ~r glass *spiegelglas* ★ USA ~ dinner *maaltijd waarbij alle gerechten op één bord worden opgediend* ★ we have enough on our ~ *we hebben (al) genoeg te doen; er hoeft niet meer bij* II BNW ★ ~ glass *spiegelglas* III OV WW • *pantseren* • *plateren* • *vervaardigen v. drukplaat*

plateau ('plætəʊ) ZN • *presenteerblad* • *plateau* • *stilstand* ‹in groei›

plateful ('pleɪtfʊl) ZN *bordvol*

platform ('plætfɔ:m) I ZN • *platform* • *perron* • *podium* • POL. *partijprogramma* • COMP. *platform* ‹systeem› • *balkon* ‹v.tram, bus› • *plateau* II OV WW *(als) op een podium plaatsen* III ONOV WW *spreken vanaf podium*

plating ('pleɪtɪŋ) ZN • *verguldsel* • *pantsering*

platinum ('plætɪnəm) ZN *platina*

platitude ('plætɪtju:d) ZN *gemeenplaats*

platonic (plə'tɒnɪk) BNW *platonisch*

platoon (plə'tu:n) ZN *peloton*

platter ('plætə) ZN • *plat bord of schaal* • *broodplank* • *plateau*

plaudit ('plɔ:dɪt) ZN • *lof* • *goedkeuring* • *applaus*

plausibility (plɔ:zə'bɪlətɪ) ZN • *geloofwaardigheid* • *schone schijn*

plausible ('plɔ:zəbl) BNW • *aannemelijk; geloofwaardig* • *z. mooi(er) voordoend (dan men is)*

play (pleɪ) I ZN • *spel* • *toneelstuk* • *speling; bewegingsvrijheid* • *manier v. spelen* • *activiteit; werking* • *werk(e)loosheid; staking* ★ he said it in play *hij zei 't voor de grap* ★ I'll keep him in play *ik zal 'm wel bezighouden* ★ everything was in full play *alles was volop in werking* ★ don't bring him into play *haal hem er niet bij* ★ bring into play *laten gelden* ★ play of words *woordenspel* ★ play on words *woordspeling* ★ fair play *eerlijke behandeling* ★ it was as good as a play *'t was net een film* ★ give full play de *vrije loop laten* ★ they will make great play with what he said *ze zullen wel erg schermen met wat hij zei* ★ the boys were at play *de jongens waren aan 't spelen* ★ musical play *operette/musical* II OV WW • *spelen; bespelen* • *uithalen* ‹v. grap› • *spelen; uitspelen* ‹v. kaart› • *spuiten; afgevuurd worden; afvuren* ★ you should play the game by him *je moet eerlijk tegenover hem zijn* ★ play it cool *zich onverschillig voordoen* ★ play the game *eerlijk handelen* ★ play hook(e)y *spijbelen* ★ play both sides against the middle *de een tegen de ander uitspelen* ★ don't play things low down *je moet niet gemeen zijn* ★ play it on *iem. op lage wijze behandelen ten eigen bate* ★ they played him up *ze namen 'm in 't ootje* ★ he has played away all his money *hij heeft al z'n geld verspeeld* ★ you can't play them against each other *je kunt ze niet tegen elkaar uitspelen* ★ play nuts *doen alsof men gek is* ★ he plays a good knife and fork *hij kan flink eten* ★ he plays a good stick/sword *hij schermt goed* ★ play the fool *voor gek spelen* ★ play the market *speculeren* • ~ **back** *terugspelen van geluidsband* • ~ **down** *bagatelliseren; kleineren* ★ play down to s.o. *z. aan iem. aanpassen* • ~ **off** *uithalen* ‹v. grap›; *pronken met* • play off (against) *uit spelen tegen* ★ play off as *laten doorgaan voor* • ~ **out** *uit spelen* ★ played out *op; geruïneerd; uitgeput* • ~ **up** *benadrukken* III ONOV WW • *spuiten* • *z. vrij (kunnen) bewegen* • *spelen* • *bespeelbaar zijn* ‹v. terrein› • *niet werken; staken* ★ play fair *eerlijk spel spelen* ★ he plays about with her *hij houdt haar voor de gek* ★ play at cards *kaarten* ★ he played at the plan *hij deed zo maar half met het plan mee* ★ he plays at gardening *hij tuiniert zo'n beetje voor z'n plezier* ★ two can play at this game! *dat kan ik ook!* ★ play for love *voor zijn plezier spelen* ★ play for time *tijd proberen te winnen* ★ play on words *woordspelingen maken* ★ play round the law *de wet ontduiken* ★ SPORT play! *los!* ★ play-or-pay bet *weddenschap die van kracht blijft* ★ play low *laag inzetten* ‹bij spel› • ~ **off** *de beslissende wedstrijd spelen* • ~ **up** *slecht functioneren; handelen/spelen zo goed men kan; last bezorgen* • ~ **up to** *vleien; helpen; steunen* • ~ **(up)on** *bespelen; beïnvloeden; misbruik maken van*

playable ('pleɪəbl) BNW • *(be)speelbaar* • *te maken* ‹v. bal›

play-act ('pleɪækt) ONOV WW *komedie spelen; doen alsof*

play-actor ('pleɪæktə) ZN *komediant* ‹ook fig.›

playback ('pleɪbæk) ZN • *het playbacken* • *het afspelen van een band in opnameapparatuur*

playbill ('pleɪbɪl) ZN *affiche voor toneelstuk*

playboy ('pleɪbɔɪ) ZN *rijk uitgaanstype; playboy*

player ('pleɪə) ZN *(beroeps)speler*

player-piano (pleɪəpɪ'ænəʊ) ZN *pianola*

playful ('pleɪfʊl) BNW *speels; schertsend*

playgame ('pleɪgeɪm) ZN • *kinderspel* ‹figuurlijk› • *spelletje*

playgoer ('pleɪgəʊə) ZN *schouwburgbezoeker*

playground ('pleɪgraʊnd) ZN • *speelplaats* • *recreatiegebied*

playgroup ('pleɪgru:p) ZN *kleutercrèche*

playhouse ('pleɪhaʊs) ZN • *schouwburg*

• *poppenhuis*
playing-card ('pleɪɪŋkɑːd) ZN *speelkaart*
playing-field ('pleɪɪŋfiːld) ZN *sportveld*
playlet ('pleɪlət) ZN *kort toneelstuk*
playmate ('pleɪmeɪt) ZN *speelmakker*
play-off ('pleɪɒf) ZN *beslissende wedstrijd*
playpen ('pleɪpen) ZN *babybox*
playroom ('pleɪruːm) ZN *speelkamer*
plaything ('pleɪθɪŋ) ZN • *stuk speelgoed* • *speelbal* ⟨figuurlijk⟩
playtime ('pleɪtaɪm) ZN *speelkwartier/-tijd*
playwright ('pleɪraɪt) ZN *toneelschrijver*
plaza ('plɑːzə) ZN • USA *modern winkelcomplex* • *plein*
plea (pliː) ZN • *pleidooi*; *betoog* • *voorwendsel*; *motief* • *verontschuldiging* • GESCH. *process* ★ USA, JUR. plea bargaining *(het) bepleiten van strafvermindering in ruil voor schuldbekentenis*
pleach (pliːtʃ) OV WW *vlechten*; *ineenstrengelen*
plead (pliːd) I OV WW • *bepleiten*; *verdedigen* • *als verontschuldiging aanvoeren* • *voorwenden* II ONOV WW z. *verdedigen*; *pleiten* ★ he ∼d with me to have patience *hij smeekte me om geduld te hebben* ★ he ∼ed guilty/not guilty *hij bekende/ontkende schuld*
pleader ('pliːdə) ZN *pleiter*
pleading ('pliːdɪŋ) ZN • *pleidooi* • *smeking*
pleasance ('plezəns) ZN OUD. *lusthof*; *genot*
pleasant ('plezənt) BNW *aangenaam*; *prettig*
pleasantry ('plezəntrɪ) ZN *grap*; *scherts*
please (pliːz) OV+ONOV WW • *bevallen*; *behagen* • *believen* ★ we were very ∼d with it *we waren er zeer mee ingenomen* ★ if you ∼ *alstublieft*; *als ik zo vrij mag zijn*; *zowaar*; *nota bene* ★ ∼ God *als het God/de hemel behaagt* ★ ∼ yourself *doe zoals je wilt* ★ His Majesty has been graciously ∼d to come *het heeft Zijne Majesteit behaagd te komen*
pleasing ('pliːzɪŋ) BNW • *aangenaam* • *behaaglijk* • *innemend*
pleasurable ('pleʒərəbl) BNW *prettig*; *aangenaam*
pleasure ('pleʒə) I ZN • *plezier*; *genoegen*; *genot* • *verkiezing* ★ at ∼ *naar believen* ★ my ∼! ⟨als antwoord op dankbetuiging⟩ *graag gedaan!* ★ it is Our ∼ to ... *het heeft ons behaagd om ...* ★ take ∼ in *behagen scheppen in* II OV WW *een genoegen doen* III ONOV WW *behagen scheppen in*
pleasure-loving ('pleʒəlʌvɪŋ) BNW *genotziek*
pleat (pliːt) I ZN *plooi* II OV WW *plooien*
pleb (pleb) ZN PLAT *iemand uit de lagere sociale klasse*
plebby ('plebɪ) BNW PLAT *plebejisch*
plebeian (plɪ'biːən) I ZN *plebejer* II BNW *plebejisch*
pled (pled) WW [verl. tijd + volt. deelw.] → **plead**
pledge (pledʒ) I ZN • *onderpand* • *belofte*; *gelofte* • *heildronk* ★ he took the ∼ *hij werd geheelonthouder* II OV WW • *in pand geven*; *belenen* • *verpanden* • *plechtig beloven* • *drinken op de gezondheid van* ★ ∼ o.s. *zich borg stellen* ★ ∼ the future *een wissel trekken op de toekomst*
pledgee (ple'dʒiː) ZN *pandnemer*
pledger ('pledʒə) ZN *pandgever*
plenary ('pliːnərɪ) BNW • *geheel*; *volledig*; *voltallig* ★ ∼ powers *volmachten*

plenipotentiary (plenɪpə'tenʃərɪ) I ZN • *gevolmachtigde*; *gevolmachtigde minister* • *ambassadeur* II BNW *gevolmachtigd*
plenitude ('plenɪtjuːd) ZN *overvloed*
plenteous ('plentɪəs) BNW *overvloedig*
plentiful BNW *overvloedig*
plenty ('plentɪ) I ZN *overvloed* II BNW *overvloedig* III BIJW INFORM. *ruimschoots* ★ INFORM. it's ∼ large enough *het is meer dan groot genoeg*
pleonasm ('pliːənæzəm) ZN *pleonasme*
pleonastic (pliːə'næstɪk) BNW *pleonastisch*
plethora ('pleθərə) ZN • *volbloedigheid* • *oververzadigdheid*
plethoric (ple'θɒrɪk) BNW • *volbloedig* • *oververzadigd*
pleurisy ('plʊərəsɪ) ZN *pleuris*
pleuritic (plʊə'rɪtɪk) BNW *aan pleuris lijdend*
pliability (plaɪə'bɪlətɪ) ZN • *plooibaarheid* • *volgzaamheid*
pliable ('plaɪəbl) BNW *plooibaar*; *volgzaam*
pliancy ('plaɪənsɪ) ZN *kneedbaarheid*; *plooibaarheid*
pliant ('plaɪənt) BNW *plooibaar*; *gedwee*
plied (plaɪd) WW [verl. tijd + volt. deelw.] → **ply**
pliers ('plaɪəz) ZN MV *buigtang*
plight (plaɪt) I ZN • *verbintenis*; *trouwbelofte* • *conditie*; *(hoopeloze) toestand* • *(onaangename) situatie* ★ they were in a sorry ∼ *ze waren er slecht aan toe* II OV WW *verpanden* ★ ∼ed lovers *gelieven die elkaar trouw hebben gezworen* ★ ∼ one's faith *zijn woord geven*
plimsolls ('plɪmsəlz) ZN MV *gymnastiekschoenen*
plinth (plɪnθ) ZN *plint*
plod (plɒd) I ZN *gezwoeg* II ONOV WW ★ plodding *moeizaam* • ∼ **along/on** *voortsukkelen* • ∼ **at** *zwoegen aan*; *ploeteren aan*; *zwaar werken aan*
plodder ('plɒdə) ZN *zwoeger*; *ploeteraar*
plonk (plɒŋk) I ZN • *plof*; *smak* • *goedkope wijn* II OV WW *met 'n smak neergooien*
plop (plɒp) I ZN *plons*; *plof* II BIJW *pardoes*
plot (plɒt) I ZN • *stukje grond* • USA *plattegrond* • *plot*; *intrige* • *samenzwering* ★ radar-plot *radarbaken* II OV WW • *intrigeren*; *plannen smeden/beramen* • *ontwerpen* • *in kaart brengen* • *indelen* ⟨v. tijd⟩
plotter ('plɒtə) ZN *samenzweerder*
plough (plaʊ), **plow** I ZN • *ploeg* • *omgeploegd land* • PLAT *'t afwijzen voor examen* ★ put one's hand to the ∼ *de hand aan de ploeg slaan* II OV WW • *(door)ploegen* • PLAT *afwijzen voor examen* • *ploeteren* • ∼ **back** *onderploegen* • ∼ **out** *uitroeien* • ∼ **up** *omwoelen* III ONOV WW ∼ **through** *doorworstelen*
Plough (plaʊ) ZN ★ the ∼ *de Grote Beer*
ploughboy ('plaʊbɔɪ) ZN *boerenkinkel* ⟨figuurlijk⟩
plough-land ('plaʊlænd) ZN *bouwland*
ploughman ('plaʊmən) ZN *ploeger*; *boer* ★ ∼'s lunch *(stevige) broodmaaltijd (met bier)*
ploughshare ('plaʊʃeə) ZN *ploegschaar* ★ at the ∼-tail *achter de ploeg* ⟨figuurlijk⟩
plover ('plʌvə) ZN • INFORM. *kievit* • *pluvier*
plow (plaʊ) → **plough**
ploy (plɔɪ) ZN • INFORM. *tactische zet* • INFORM. *karweitje*

pluck (plʌk) **I** ZN • *ruk; trek* • OUD. *'t zakken ‹voor examen›* • *hart, longen en lever v. dier ‹als voedsel›* • *durf; moed* **II** OV WW • *plukken ‹ook van gevogelte›; trekken (aan)* • OUD. *laten zakken ‹voor examen›* • *tokkelen* • *oplichten* ★ ~ a pigeon *een onnozele ertussen nemen* ★ ~ up courage *zich vermannen; moed verzamelen*
plucked ('plʌkt) BNW *moedig*
plucky BNW *moedig*
plug (plʌg) **I** ZN • *radio- of televisiereclame* • *bougie* • MED. *tampon* • *stuk pruimtabak* • *propje ‹v. tabak›* • PLAT *oplawaai* • USA *hoge hoed* • *vulling; stop; plug; stekker* ★ USA plug-in *vulling* **II** BNW USA *doodgewoon* **III** OV WW • *dichtstoppen; vullen ‹v. tand›* • *tamponneren* • *een oplawaai geven* • PLAT *neerschieten* • *(liedje) populair trachten te maken door het veel te spelen/zingen* • *ophemelen* • ~ in *contact maken; de stekker insteken* **IV** ONOV WW • INFORM. *ploeteren; zwoegen* • ~ away *doorploeteren; doorzwoegen*
plugboard ('plʌɡbɔːd) ZN *schakelbord*
plughole ('plʌɡhəʊl) ZN *gootsteengat*
plug-ugly ('plʌɡʌɡli) ZN USA *lawaaischopper*
plum (plʌm) **I** ZN • *pruim(enboom)* • *rozijn* • *iets heel begerenswaardigs; neusje van de zalm* ★ plum cake *rozijnencake; krentencake* ★ plum duff *jan-in-de-zak* **II** BNW *donkerrood; paars*
plumage ('pluːmɪdʒ) ZN *gevederte*
plumb (plʌm) **I** ZN *schietlood* ★ out of ~ *uit 't lood* ★ ~ line *schietlood* **II** BNW • *loodrecht; verticaal* • *volkomen; volslagen* **III** OV WW • *peilen ‹ook fig.›* • *loodrecht plaatsen of maken* **IV** ONOV WW *loodgieterswerk verrichten*
plumber ('plʌmə) ZN *loodgieter*
plumbery ('plʌmərɪ) ZN • *loodgietersbedrijf* • *loodgieterswerk*
plumbing ('plʌmɪŋ) ZN *loodgieterswerk; sanitair*
plumb-rule ZN *waterpas*
plume (pluːm) **I** ZN *pluim; vederbos* ★ borrowed ~s *andermans veren* **II** OV WW • *met veren versieren* • *v. veren voorzien* • *de veren gladstrijken* • *met andermans veren pronken* ★ ~ o.s. on/upon *zich laten voorstaan op*
plummet ('plʌmɪt) ZN • *schietlood* • *gewichtje aan vislijn*
plummy ('plʌmɪ) BNW • *pruimachtig; vol pruimen* • INFORM. *voortreffelijk*
plump (plʌmp) **I** ZN *zware val; plof* **II** BNW • *mollig; vol; vlezig; dik* • *onomwonden; vierkant; bot* **III** OV WW • *opschudden* • *neerkwakken* • ~ for *als één man stemmen op; z. verklaren voor* • ~ out *eruit flappen* • ~ up *vetmesten* • ~ upon *overvallen* **IV** ONOV WW • ~ down *neerploffen* • ~ out/up *aankomen ‹in gewicht›* **V** BIJW • *met een smak* • *botweg* ★ they came ~ upon me *ze overvielen me*
plumy ('pluːmɪ) BNW • *vederachtig* • *met veren versierd*
plunder ('plʌndə) **I** ZN • *plundering; buit; roof* • PLAT *winst* • USA *huisraad; bagage* **II** OV WW *plunderen; (be)roven*
plunderer ('plʌndərə) ZN *plunderaar*
plunge (plʌndʒ) **I** ZN *kritiek ogenblik* ★ take the ~ *de sprong wagen* **II** OV WW • *in de grond zetten* ‹v. plant› • *onderdompelen* • *storten* **III** ONOV WW • *kelderen ‹v. prijzen›* • *stampen ‹v. schip›* • PLAT *gokken* • PLAT *grote schulden maken* • z. *storten* • *binnenstormen* • *duiken* • *vooruitschieten ‹v. paard›* • MIL. *plongeren* ★ ~d in thought *in gedachten verzonken*
plunger ('plʌndʒə) ZN • PLAT *gokker* • *duiker* • *ontstopper* • PLAT *cavalerist* • *springend paard*
plunk (plʌŋk) **I** ZN • *zware slag; plof* • USA/PLAT *dollar* **II** OV+ONOV WW • *tokkelen* • *wegschieten* • *neerploffen* • USA/INFORM. *onverwachts raken*
pluperfect (pluːˈpɜːfɪkt) ZN *voltooid verleden tijd*
plural ('plʊərəl) BNW *meervoudig; meervoud(s)-*
pluralism ('plʊərəlɪzəm) ZN *cumulatie v. ambten*
pluralist ('plʊərəlɪst) ZN *iem. die meer dan één ambt tegelijk vervult*
plurality (plʊəˈrælətɪ) ZN • *meervoudigheid* • *groot aantal* • *menigte* • *meerderheid v. stemmen* • *'t bekleden v. meer dan één ambt tegelijk* • *ambt vervuld met een ander*
pluralize ('plʊərəlaɪz) **I** OV WW *meervoudig maken* **II** ONOV WW *meer dan één ambt bekleden*
plus (plʌs) **I** ZN • *plusteken* • *positieve of toegevoegde hoeveelheid* **II** BNW • *extra* • WISK. *positief* ★ plus sign *plus(teken)* **III** VZ *plus*
plush (plʌʃ) **I** ZN *pluche* **II** BNW *piekfijn*
plushes ('plʌʃɪz) ZN MV *pluche lakeibroek*
plushy ('plʌʃɪ) BNW • *plucheachtig* • INFORM. *chic; luxueus*
plutarchy ('pluːtɑːkɪ) ZN *plutocratie*
plutocracy (pluːˈtɒkrəsɪ) ZN *plutocratie*
plutocratic (pluːtəˈkrætɪk) BNW *plutocratisch*
pluvial (pluːvɪəl) **I** ZN GESCH. *pluviale; koorkap* **II** BNW *regenachtig; regen-*
ply (plaɪ) **I** ZN • *vouw* • *laag* • *streng* • *neiging* ★ take a ply *zich richten naar* **II** ONOV WW • *laveren* • *klanten proberen te krijgen* • ~ between *pendelen tussen* **III** OV+ONOV WW • *(krachtig) hanteren ‹v. wapens›* • *bezig zijn met* • *lastig vallen met; overstelpen met* ★ ply with drink *dronken voeren* ★ ply the bottle *geducht de fles aanspreken*
plywood ('plaɪwʊd) ZN *multiplex; triplex*
p.m. AFK *post meridiem 's middags; p.m.*
P.M. AFK Prime Minister *premier*
P.M.G. AFK • Paymaster-General *minister van financiën* • Postmaster-General *minister van posterijen*
pneumatic (njuːˈmætɪk) **I** ZN • *luchtband* • *fiets met luchtbanden* **II** BNW • *pneumatisch; lucht(druk)-* • *geestelijk* ★ ~ tyre *luchtband*
pneumatics (njuːˈmætɪks) ZN MV *pneumatiek*
pneumonia (njuːˈməʊnɪə) ZN *longontsteking*
P.O. AFK • Petty Officer *onderofficier ‹marine›* • Postal Order *postwissel* • Post Office *postkantoor*
poach (pəʊtʃ) **I** OV WW • *pocheren* • *steken; duwen* • *vertrappen; omwoelen; stropen; afstropen* • *op oneerlijke manier verkrijgen* • *oneerlijk voorsprong op iem. of iets krijgen* **II** ONOV WW • *stropen* • *'n overtreding begaan*
poacher ('pəʊtʃə) ZN • *stroper* • *indringer* • *pocheerpan*
pock (pɒk) ZN *pok*
pocked ('pɒkt) BNW *pokdalig; vol gaten*
pocket ('pɒkɪt) **I** ZN • *zak* • *pocketboek* • *met erts*

gevulde holte in aarde • MIL. geïsoleerd gebied • financiële situatie ★ an empty ~ iem. zonder geld ★ I'm 5 pounds in ~ ik heb er 5 pond aan overgehouden; ik beschik over 5 pond ★ be out of ~ geen geld hebben ★ I was 5 pounds out of ~ ik ben 5 pond kwijtgeraakt **II** BNW in zakformaat; miniatuur ★ ~ handkerchief zakdoek ★ ~ battleship slagschip v. vestzakformaat ★ ~ calculator zakrekenmachine ★ ~ expenses kleine, persoonlijke uitgaven ★ ~ money zakgeld ★ ~ glass zakspiegeltje **III** OV WW • in de zak steken • potten ⟨bij poolbiljart⟩ • insluiten; hinderen • z. toe-eigenen; inpalmen • z. laten welgevallen • onderdrukken ⟨v. gevoelens⟩; verbergen
pocketable ('pɒkɪtəbl) BNW handzaam
pocketbook ('pɒkɪtbʊk) ZN • pocketboek • portefeuille; (dames)portemonnee • USA damestas
pocketful ('pɒkɪtfʊl) ZN heel veel
pockmark ('pɒkmɑːk) ZN • pokputje • put; gat
pockmarked ('pɒkmɑːkt) BNW pokdalig
pockpitted ('pɒkpɪtɪd) BNW pokdalig
pod (pɒd) **I** ZN • dop; peul; omhulsel • cocon • fuik • houder • kleine school robben/walvissen ★ PLAT in pod zwanger **II** OV WW • peulen dragen • doppen • bijeen drijven v. robben • PLAT ~ up dik worden bij zwangerschap
podge (pɒdʒ) ZN INFORM. dikzak
podgy ('pɒdʒɪ) BNW dik; rond
podia ('pəʊdɪə) ZN MV → **podium**
podiatrist (pə'daɪətrɪst) ZN chiropodist
podium ('pəʊdɪəm) ZN • podium • voetstuk • bank langs kantoormuur
poem ('pəʊɪm) ZN gedicht
poesy ('pəʊəzɪ) ZN poëzie
poet ('pəʊɪt) ZN • dichter • IRON. gedichtenrubriek in krant
poetaster (pəʊɪ'tæstə) ZN rijmelaar
poetess (pəʊɪ'tes) ZN dichteres
poetic(al) (pəʊ'etɪk(l)) BNW dichterlijk
poetics (pəʊ'etɪks) ZN MV • poëzie • verskunst
poetry ('pəʊətrɪ) ZN dichtkunst; poëzie
po-faced (pəʊ'feɪst) BNW • PLAT met een plechtig/ doodernstig gezicht • PLAT zelfingenomen
pogrom ('pɒgrəm) ZN pogrom; razzia tegen joden
poignancy ('pɔɪnjənsɪ) ZN • scherpheid • pikantheid
poignant ('pɔɪnjənt) BNW • scherp; pijnlijk; schrijnend • pikant
point (pɔɪnt) **I** ZN • punt; decimaalteken; stip • (kompas)streek • spits; naald; geweitak • (doel)punt • zin; nut • het voornaamste; kern • aanwijzing • karakteristiek • USA station ★ there are ~s in your proposal er zit wel wat goeds in uw voorstel ★ a policeman on ~ (duty) verkeersagent ★ ~ of view gezichtspunt ★ what is the ~? waar gaat 't over? ★ stretch a ~ door de vingers zien ★ he made a ~ of hij stond er op om ★ at last he had carried his ~ ten slotte had hij zijn doel bereikt ★ I don't see the ~ ik zie de aardigheid er niet van in; ik zie het nut er niet van in ★ his remarks lack ~ zijn opmerkingen zijn niet scherp ★ take ~s punten vóór krijgen ★ ~ to ~ wedren met hindernissen ★ possession is nine ~s of the law hebben is hebben, krijgen is de kunst ★ give ~s to overtreffen ★ give ~ to doen uitkomen ★ at all ~s in alle opzichten ★ when it comes to the ~ als puntje bij paaltje komt ★ to the ~ ter zake ★ be to the ~ ter zake/ zakelijk zijn; ad rem zijn ★ brief and to the ~ kort en zakelijk ★ stick to the ~ voet bij stuk houden ★ he is selfsufficient to the ~ of pride hij is zó zelfverzekerd dat je hem bijna trots zou kunnen noemen ★ not to put too fine a ~ (up)on it het maar botweg zeggen ★ at the ~ of death op sterven ★ a case in ~ een toepasselijk geval ★ the case in ~ het onderhavige geval ★ the case you take is not in ~ het geval dat jij aanhaalt is niet ter zake dienend ★ in ~ of fact in feite; werkelijk ★ it is off the ~ het is niet ter zake doende ★ with great ~ met grote nadruk ★ it is without ~ 't heeft geen zin ★ break-even ~ break-evenpoint; positief keerpunt ★ vanishing ~ verdwijnpunt • LUCHTV. frequent flyer ~s ≈ airmiles ★ breaking ~ breekpunt ★ to the breaking ~ tot het uiterste **II** OV WW • richten • aanslijpen • doen uitkomen • voegen ⟨v. muur⟩ • ~ at richten op • ~ out wijzen op; aanwijzen; aanduiden • ~ up benadrukken; plamuren **III** ONOV WW • gericht zijn • de aandacht vestigen op • staan ⟨v. jachthond⟩ • ~ at wijzen op • ~ to wijzen op; aangeven
point-blank (pɔɪnt'blæŋk) BNW + BIJW • bot(weg) • horizontaal afgevuurd ★ at ~ range botweg; op de man af
point duty ZN ★ be on ~ het verkeer regelen ⟨v. verkeersagent⟩
pointed ('pɔɪntɪd) BNW • puntig • doordringend • nadrukkelijk • scherp; ad rem ★ ~ly opvallend
pointer ('pɔɪntə) ZN • wijzer • aanwijsstok • INFORM. aanwijzing; wenk • staande hond • etsnaald
pointing ('pɔɪntɪŋ) ZN • punctuatie • voegwerk
pointless ('pɔɪntləs) BNW • stomp • zinloos; doelloos • zonder betekenis • onopvallend • flauw ⟨v. grap⟩ • niet ad rem
point-policeman ('pɔɪntpəliːsmən) ZN verkeersagent
points (pɔɪnts) ZN MV • wissel ⟨v. spoor⟩ • goede kwaliteiten ⟨v. paard⟩ • benen ⟨v. paard⟩
poise (pɔɪz) **I** ZN • zelfbeheersing • houding ⟨v. hoofd⟩ • onzekerheid • evenwicht ★ at ~ in evenwicht; in onzekerheid **II** OV WW • balanceren; in evenwicht houden • ondersteunen • op bep. manier houden ⟨vooral van hoofd⟩ ★ ~d in evenwicht; beheerst ★ ~d for (action) klaar voor (de strijd) ★ be ~d to op het punt staan **III** ONOV WW • in evenwicht zijn • hangen; zweven
poison ('pɔɪzən) **I** ZN • vergif • INFORM. sterke drank • slow ~ langzaam werkend vergif ★ I hate it like ~ ik heb er een vreselijke hekel aan ★ ~ gas gifgas **II** OV WW • vergiftigen • verpesten; bederven • vervuilen
poisoner ('pɔɪzənə) ZN gifmenger
poisonous ('pɔɪzənəs) BNW • vergiftig • verderfelijk • verontreinigend • INFORM. erg onprettig
poison pill ZN • gifpil • FIG./ECON. middel om vijandige overname te verhinderen

poke (pəʊk) **I** ZN • *stoot; duw; por* • *weibok* • *vooruitstekende rand v. dameshoed* • USA *luilak* • *pot; inzet* **II** OV WW • *oppoken* ★ poke fun at *de draak steken met* ★ poke one's nose into z'n neus steken in • ~ **up** *opsluiten* **III** ONOV WW • *snuffelen* • *(met het hoofd) voorover lopen* • USA *spuiten* ⟨v. heroïne⟩ ★ poke about and pry *nieuwsgierig rondsnuffelen* ★ poke nose *bemoeial* • ~ **at** *stoten naar; duwen naar*

poker ('pəʊkə) **I** ZN • *pook* • *stijf mens* • PLAT *pedel* • *poker* **II** OV WW *versieren met brandwerk*

poker-faced ('pəʊkəfeɪst) BNW *met een onbewogen gezicht*

pokey ('pəʊki) ZN USA/PLAT *gevangenis*

poky ('pəʊkɪ) BNW • *bekrompen* • *onbetekenend* • *slonzig* • *obscuur*

Poland ('pəʊlənd) ZN *Polen*

polar ('pəʊlə) BNW *polair*; *pool-* ★ ~ bear *ijsbeer*

polarity (pə'lærətɪ) ZN *polariteit*

polarization (pəʊləraɪ'zeɪʃən) ZN *polarisatie*

polarize ('pəʊləraɪz) OV WW • *in dezelfde richting leiden* • *willekeurige, afwijkende betekenis geven* • *polariseren*

pole (pəʊl) **I** ZN • *paal; stok; staak; mast* • *dissel* • *roede* ⟨±5 meter⟩ • *pool* ★ (as the) poles apart *een hemelsbreed verschil* ★ PLAT up the pole *in de knel; niet goed wijs; dronken* ★ leaping pole *polsstok* **II** OV WW • *v. palen voorzien* • *bomen* ⟨v. schuit⟩

Pole (pəʊl) ZN *Pool*

poleaxe ('pəʊlæks) ZN *strijdbijl; bijl v. beul*

polecat ('pəʊlkæt) ZN *bunzing*

polemic (pə'lemɪk) ZN *polemiek*

polestar ('pəʊlstɑː) ZN • *Poolster* • *iets dat leidt/aantrekt*

pole-vault I ZN • *het polsstokspringen* • *polsstoksprong* **II** ONOV WW *polsstokspringen*

police (pə'liːs) **I** ZN *politie* ★ mobile ~ *motorpolitie* ★ mounted ~ *bereden politie* **II** OV WW • *onder politietoezicht stellen* • *van politie voorzien* • *toezicht houden op*

police action ZN *politionele actie*

police constable ZN *politieagent*

police force ZN *politie(macht)*

policeman (pə'liːsmən) ZN *politieagent* ★ sleeping ~ *verkeersdrempel*

police office ZN *hoofdbureau v. politie*

police officer ZN *politieagent*

police record ZN *strafblad*

police state ZN *politiestaat*

police station ZN *politiebureau*

police van ZN *politiewagen*

policy ('pɒləsɪ) ZN • *(staats)beleid; omzichtigheid* • *politiek; gedragslijn* • *polis* • USA *soort gokspel* ★ ~ statement *beleidsnota* ★ be bad / good ~ on- / verstandig zijn ★ honesty is the best ~ *eerlijk duurt het langst*

polio ('pəʊlɪəʊ) ZN *polio; kinderverlamming*

polish ('pɒlɪʃ) **I** ZN • *glans; politoer; poets* • *beschaving* ★ give it a ~ *poets 't wat op* **II** OV WW • *polijsten; poetsen* • *slijpen* ⟨v. glas⟩ • *beschaven* • INFORM. ~ **off** *afmaken; verorberen; ervan langs geven* • ~ **up** *verfraaien; oppoetsen* **III** ONOV WW *gaan glimmen*

Polish ('pəʊlɪʃ) BNW *Pools*

polisher ('pɒlɪʃə) ZN *poetsmiddel*

polite (pə'laɪt) BNW • *beleefd* • *beschaafd* • *elegant* ★ ~ arts *schone kunsten*

politeness (pə'laɪtnəs) ZN • *beleefdheid* • *beschaving*

politic ('pɒlɪtɪk) BNW *politiek; geslepen; handig* ★ the body ~ *de staat*

political (pə'lɪtɪkl) **I** ZN *staatsgevangene* **II** BNW *staatkundig; politiek* ★ ~ economist *staathuishoudkundige* ★ ~ science *politicologie*

politician (pɒlɪ'tɪʃən) ZN • *politicus* • USA *politieke intrigant*

politicize (pə'lɪtɪsaɪz) **I** OV WW *politiseren* **II** ONOV WW • *als politicus optreden* • *z. bezig houden met de politiek, praten over de politiek*

politico- (pə'lɪtɪkəʊ) VOORV *politiek-* ★ ~religious *politiek-godsdienstig* ★ ~economical *politiek-economisch*

politics ('pɒlɪtɪks) ZN MV *politiek; staatkunde*

polity ('pɒlətɪ) ZN • *staatsinrichting* • *staat*

polka ('pɒlkə) ZN *polka* ★ ~ dot *stip; nop*

poll (pəʊl) **I** ZN • IRON. *hoofd; kop* • *'t stemmen* • *stembus* • *aantal stemmen* • *kiesregister* • *opiniepeiling* • *ongehoornd dier* ★ poll degree *gewone universitaire graad* ★ Gallup poll *opinieonderzoek* ★ poll tax *personele belasting* ★ poll of the people *volksstemming* ★ he was at the head of the poll *hij behaalde de meeste stemmen* **II** OV WW • *toppen; knotten* • *de hoorns afsnijden* • *stemmen behalen* • *ondervragen* **III** ONOV WW • *zijn stem uitbrengen* ★ polling station *stembureau* ★ polling booth *stemhokje* • ~ **for** *stemmen op*

pollard ('pɒləd) **I** ZN • *ongehoornd dier* • *geknotte boom* • *zemelen* **II** OV WW *knotten* ★ ~ willow *knotwilg*

pollen ('pɒlən) **I** ZN *stuifmeel* ★ ~ count *stuifmeelgehalte* **II** OV WW *bedekken met stuifmeel; bestuiven*

pollinate ('pɒlɪneɪt) OV WW *bestuiven*

polling ('pəʊlɪŋ) ZN *stemming*

polling-day ZN *verkiezingsdag*

pollster ('pəʊlstə) ZN *enquêteur*

pollutant (pə'luːtənt) ZN *vervuiler*

pollute (pə'luːt) OV WW • *bezoedelen; besmetten* • *verontreinigen* ⟨vnl. van milieu⟩ • *ontheiligen*

pollution (pə'luːʃən) ZN *verontreiniging; vervuiling*

polo ('pəʊləʊ) ZN *polo*

polo-neck ('pəʊləʊnek) ZN *col; rolkraag*

poltroon (pɒl'truːn) ZN *lafaard*

poltroonery (pɒl'truːnərɪ) ZN *lafheid*

poly ('pɒlɪ) **I** ZN ≈ *hoger beroepsonderwijs* **II** VOORV *poly-; veel-; meer-*

polyandry ('pɒlɪændrɪ) ZN *polyandrie; veelmannerij*

polyethylene (pɒlɪ'eθɪliːn) ZN *polytheen; polyetheen; polyethyleen*

polygamist (pə'lɪgəmɪst) ZN *polygame man/vrouw*

polygamous (pə'lɪgəməs) BNW *polygaam*

polygamy (pə'lɪgəmɪ) ZN *polygamie*

polyglot ('pɒlɪglɒt) ZN *polyglot; iem. die veel talen beheerst*

polygon ('pɒlɪgən) ZN *polygoon; veelhoek*

polyp ('pɒlɪp) ZN *poliep*

polyphonic (pɒlɪˈfɒnɪk) BNW *polyfoon*; *meerstemmig*
polystyrene (pɒlɪˈstaɪəriːn) ZN *polystyreen*; *plastic*
polysyllabic (pɒlɪsɪˈlæbɪk) BNW *veellettergrepig*
polytechnic (pɒlɪˈteknɪk) ZN ≈ *hoger beroepsonderwijs*
polytheism (ˈpɒlɪθiːɪzəm) ZN *polytheïsme*; *veelgodendom*
polythene (ˈpɒlɪθiːn) ZN *polytheen*; *polyethyleen*
pom (pɒm) ZN MIN. *Engelsman*
pomander (pəˈmændə) ZN *reukbal*
pomegranate (ˈpɒmɪɡrænɪt) ZN *granaatappel(boom)*
pommel (ˈpʌml) I ZN • *degenknop* • *oplopend voorgedeelte v. zadel* II OV WW *slaan*; *beuken*
pomology (pəˈmɒlədʒɪ) ZN • *fruitteelt* • *ooftkunde*
pomp (pɒmp) ZN INFORM. *pracht*; *luister* ★ pomp and circumstance *pracht en praal*
pom-pom (ˈpɒmpɒm) ZN • *pompon*; *kwastje* • *verdragend automatisch snelvuurkanon*
pomposity (pɒmˈpɒsətɪ) ZN • *statigheid*; *praal* • *gewichtigheid*
pompous (ˈpɒmpəs) BNW • *hoogdravend* • *statig*; *gewichtig*
ponce (pɒns) ZN • *pooier* • PLAT *verwijfd type*; *nicht*
pond (pɒnd) I ZN • *vijver* • IRON. *zee* ★ a horse pond *paardenwed* II OV WW ~ back/up *afdammen* III ONOV WW *een plas vormen*
ponder (ˈpɒndə) I OV WW *overpeinzen* II ONOV WW ~ on *peinzen over*
ponderable (ˈpɒndərəbl) BNW *weegbaar*
ponderous (ˈpɒndərəs) BNW • *zwaar*; *log* • *saai*; *vervelend* ⟨v. stijl⟩ • *zwaarwichtig*
pong (pɒŋ) I ZN *stank* II ONOV WW *stinken*
poniard (ˈpɒnjəd) I ZN *dolk* II OV WW *met dolk steken*
pontif (ˈpɒntɪf) ZN ★ sovereign ~ *opperpriester*
pontifical (pɒnˈtɪfɪkl) I ZN *ceremonieboek voor bisschoppen* ★ ~s *gewaad en waardigheidstekenen v. bisschop* ★ in full ~s *pontificaal* II BNW *pontificaal*; *pauselijk* ★ Pontifical States *Kerkelijke Staat*
pontificate¹ (pɒnˈtɪfɪkət) ZN • *pontificaat* • *pauselijke waardigheid*; *pauselijke regering*
pontificate² (pɒnˈtɪfɪkeɪt) ONOV WW *gewichtig doen*; *orakelen*
pontoon (pɒnˈtuːn) I ZN • *ponton* • *caisson* • *eenentwintigen* II OV WW *in pontons oversteken*
pony (ˈpəʊnɪ) I ZN • *pony*; *hit* • INFORM. *renpaard* • PLAT *klein likeurglas* • PLAT *£ 25* II ONOV WW USA/INFORM. *spieken*
ponytail (ˈpəʊnɪteɪl) ZN *paardenstaart* ⟨haardracht⟩
poo (puː) ZN JEUGDT. *bah* ⟨poep⟩
poo diaper (ˈpuː daɪəpə) ZN *poepluier*
poodle (ˈpuːdl) I ZN • *poedel* II OV WW *knippen als een poedel*
poof (pʊf) ZN *flikker*; *mietje*
poofter ZN → **poof**
poofy (ˈpʊfɪ) BNW *flikkerachtig*
pooh (puː) TW *bah!*
pooh-pooh (puːˈpuː) OV WW • *niets willen weten* ⟨vnl. van plan⟩ • *geringschatten*
pool (puːl) I ZN • *poel*; *plas* • *zwembad* • *reservoir* • *pot* ⟨bij spel⟩ • *gezamenlijke inzet* • *gemeenschappelijke fonds* • *gemeenschappelijke levering* ⟨uit voorraad⟩ • *syndicaat*; *trust* • *combinatie* ★ the Pool *de Theems tussen London Bridge en Tower Bridge* ★ pool table *biljarttafel* II OV WW • *poolen* • *samenbundelen* ⟨fig.⟩ • *bijeenbrengen en verdelen* • *verenigen* • *gemene zaak maken*
poolroom (ˈpuːlruːm) ZN USA *biljartlokaal*; *goklokaal*
poop (puːp) I ZN • *achtersteven* • *achterdek* • PLAT *sul* • *klap*; *knal* • USA/PLAT *inlichtingen* II OV WW • *over achtersteven slaan* ⟨v. golf⟩ • *knallen* • *uitgeput raken* ★ poop a sea *de golven over of tegen de achtersteven krijgen* ★ pooped out *uitgeput* • ~ off *afvuren*
poor (pɔː) I ZN ★ poor relief *armenzorg* II BNW • *behoeftig*; *arm* • *onvoldoende* • *schraal* ⟨grond⟩ • *vermagerd* • *slecht* ⟨v. gezondheid⟩ • *pover*; *armzalig* • *stumperig* ★ in my poor opinion *naar mijn bescheiden mening* ★ my poor mother *mijn moeder zaliger* ★ the poor *de armen*
poorhouse (ˈpɔːhaʊs) ZN *armenhuis*
poorly (ˈpɔːlɪ) I BNW ★ he is very ~ *hij is erg minnetjes* II BIJW → **poor**
poorness (ˈpɔːnəs) ZN → **poor**
poor-spirited (pɔːˈspɪrɪtəd) BNW • *lafhartig* • *stumperig*
pop (pɒp) I ZN • *knal*; *plof*; *klap* • ⟨verkorting van 'popular'⟩ *pop* ⟨popmuziek⟩ • *gemberbier* • INFORM. *champagne* • USA/INFORM. *papa* II BNW ⟨verkorting van 'popular'⟩ *populair* III OV WW • *laten knallen* • *afvuren* • USA *poffen* ⟨v. maïs⟩ • *pop upon toevallig vinden/ontmoeten*; *overvallen* ★ he popped a question *hij kwam ineens met een vraag* ★ INFORM. pop the question *iemand ten huwelijk vragen* • ~ at *schieten op* • ~ down *neerschieten*; *gauw opschrijven* • ~ off *neerschieten*; *gappen* • ~ on *haastig aantrekken*; *aanschieten* ⟨v. kleren⟩ • ~ out *ineens met iets voor de dag komen* IV ONOV WW • *knallen* • *smakken* • *snel of plotseling gaan of komen*; *glippen*; *wippen* • ~ down *even naar beneden gaan* • ~ in (on) *even binnenlopen (bij)* • ~ off *wegglippen* ★ pop off (the books) *de pijp uit gaan* • ~ out *ineens doven* ⟨v. licht⟩ • ~ over/round *even aanwippen*; *even binnenlopen* • ~ up *weer boven water komen*; *opduiken* • ~ with *popelen van* V TW *paf!*; *floep!*
pop. AFK *population bevolking*
popcorn (ˈpɒpkɔːn) ZN *popcorn* ⟨gepofte maïs⟩
pope (pəʊp) ZN *paus*
popery (ˈpəʊpərɪ) ZN *papisme*
pop-eyed (ˈpɒpaɪd) BNW USA/INFORM. *met uitpuilende ogen*; *met grote ogen*
popgun (ˈpɒpɡʌn) ZN *proppenschieter*; *(slecht) vuurwapen*
popinjay (ˈpɒpɪndʒeɪ) ZN • OUD. *papegaai* • *verwaand persoon*
popish (ˈpəʊpɪʃ) BNW *paaps*
poplar (ˈpɒplə) ZN *populier*
poplin (ˈpɒplɪn) ZN *popeline*
pop music ZN *popmuziek*
poppa (ˈpɒpə) ZN USA/INFORM. *pa*

popper ('pɒpə) ZN • INFORM. *drukknoop* • INFORM. *schietijzer* • INFORM. *knaller*

poppet ('pɒpɪt) ZN INFORM. *popje; lieverd*

popple ('pɒpl) I ZN • *geborrel* • USA *populier* II ONOV WW *borrelen* ⟨v. water⟩; *woelen*

poppy ('pɒpɪ) ZN • *papaver; klaproos* • *opium*

poppycock ('pɒpɪkɒk) ZN PLAT *onzin*

pop-shop ZN *pandjeshuis*

popsicle ('pɒpsɪkl) ZN *ijslolly*

populace ('pɒpjʊləs) ZN • *gewone volk* • *gepeupel*

popular ('pɒpjʊlə) BNW • *populair; volks-* • *gewoon*

popularity (pɒpjʊ'lærətɪ) ZN *populariteit*

popularization (pɒpjʊləraɪ'zeɪʃən) ZN *popularisatie*

popularize ('pɒpjʊləraɪz) OV WW *populariseren*

popularly ('pɒpjʊləlɪ) BIJW *populair* ★ he is ~ known as ... *hij is algemeen bekend als ...*

populate ('pɒpjʊleɪt) OV WW *bewonen; bevolken*

population (pɒpjʊ'leɪʃən) ZN *bevolking*

populous ('pɒpjʊləs) BNW *dichtbevolkt; volkrijk*

pop-up BNW ★ COMP. ~ window *pop-upvenster*

porcelain ('pɔ:səlɪn) I ZN *porselein* II BNW *porseleinen*

porch (pɔ:tʃ) ZN • *portiek* • USA *veranda*

porcupine ('pɔ:kjʊpaɪn) ZN *stekelvarken*

pore (pɔ:) I ZN *porie* II ONOV WW ★ pore one's eyes out *zijn ogen te veel inspannen* • ~ over z. *verdiepen in* ⟨vnl. boek⟩; *peinzen over; turen naar/op*

pork (pɔ:k) ZN • *varkensvlees* • USA *staatssubsidies om stemmen te winnen* ★ pork pie *varkensvleespastei* ★ pork pie hat *platte hoed*

porker ('pɔ:kə) ZN *mestvarken* ★ he's a bit of a ~ *het is wel een dikke bullebak*

porkling ('pɔ:klɪŋ) ZN *big*

porky ('pɔ:kɪ) BNW • *varkensvleesachtig* • INFORM. *vet*

porn(o) (pɔ:n(əʊ)) ZN *porno* ★ ~-shop *sekswinkel*

pornography (pɔ:'nɒgrəfɪ) ZN *pornografie*

porosity (pə'rɒsətɪ) ZN *poreusheid*

porous ('pɔ:rəs) BNW *poreus*

porpoise ('pɔ:pəs) ZN • *bruinvis* • *dolfijn*

porridge ('pɒrɪdʒ) ZN • *pap* • G-B *bajes* ★ doing ~ *brommen* ⟨in de gevangenis⟩

porringer ('pɒrɪndʒə) ZN *papbordje; papkommetje*

port (pɔ:t) I ZN • *bakboord* • *port* • *patrijspoort* • *haven(plaats)* • *poort* ⟨v. ommuurde stad⟩ • *houding* ★ a close port *aan een rivier gelegen haven* ★ a port of call *een aanloophaven* ★ Port of London Authority *Bestuur v.d. Londense havens* ★ port dues *havengelden* II OV+ONOV WW ★ port arms *het geweer schuin voor en dichtbij 't lichaam houden* ★ ~ the helm *de helmstok naar bakboord draaien*

portable ('pɔ:təbl) BNW • *draagbaar* • *roerend* ⟨v. goed⟩ ★ ~ kitchen *veldkeuken* ★ ~ set *draagbaar radiotoestel*

portage ('pɔ:tɪdʒ) I ZN • *vervoer* • *vervoerkosten* • *draagplaats* ⟨voor goederen of boten⟩ II OV WW *dragen* ⟨v. goederen of boten⟩

portal ('pɔ:tl) I ZN *ingang; poort* II BNW ★ ~ vein *poortader*

portcullis (pɔ:t'kʌlɪs) ZN *valpoort*

portend (pɔ:'tend) OV WW *voorspellen*

portent ('pɔ:tent) ZN • *voorteken* • *wonder*

portentous (pɔ:'tentəs) BNW • *onheilspellend* • *plechtig* • *veelbetekenend* • *ontzaglijk*

porter ('pɔ:tə) ZN • *portier* • *drager; besteller; kruier* • *donker bier*

porterage ('pɔ:tərɪdʒ) ZN • *'t werk v. kruier* • *bestelloon*

porterhouse ('pɔ:təhaʊs) ZN *eethuis; bierhuis* ★ ~ steak *entrecote*

portfolio (pɔ:t'fəʊlɪəʊ) ZN • *map; portefeuille* • USA *waardepapieren*

porthole ('pɔ:thəʊl) ZN • *patrijspoort; geschutspoort*

portico ('pɔ:tɪkəʊ) ZN *zuilengang; portiek*

portion ('pɔ:ʃən) I ZN • *(aan)deel; portie* • *lot* • *erfdeel* • *bruidsschat* ★ a ~ of *enkele* II OV WW • *verdelen; uitdelen* • *toewijzen* • *bruidsschat geven* • ~ off *afschermen* • ~ out *uitdelen; verdelen*

portliness ('pɔ:tlɪnəs) BIJW *welgedaanheid; deftigheid*

portly ('pɔ:tlɪ) BNW • *gezet* ⟨v. persoon⟩ • *deftig*

portmanteau (pɔ:t'mæntəʊ) ZN *koffer* ★ TAALK. ~ word *woord gevormd door samenvoeging van twee andere woorden* ⟨bv. brunch, Oxbridge⟩

portrait ('pɔ:trɪt) ZN • *portret* • *beeld* • *levendige beschrijving*

portraitist ('pɔ:trɪtɪst) ZN *portretschilder*

portraiture ('pɔ:trɪtʃə) ZN • *portret* • *levendige beschrijving* • *portretschilderkunst*

portray (pɔ:'treɪ) OV WW *schilderen*

portrayal (pɔ:'treɪəl) ZN *schildering*

portress ('pɔ:trɪs) ZN *portierster*

Portuguese (pɔ:tjʊ'gi:z) I ZN *Portugees; Portugezen* II BNW *Portugees*

portwarden ('pɔ:twɔ:dn) ZN USA *havenmeester*

POS AFK *point of sale verkooppunt*

pose (pəʊz) I ZN • *pose; houding; aanstellerij* II OV WW • *plaatsen; opstellen* • *stellen* ⟨v. vraag of stelling⟩ • *zetten* ⟨v. domino⟩ III ONOV WW • z. *aanstellen; 'n houding aannemen* • z. *uitgeven voor* • *voorstellen* • *poseren*

poser ('pəʊzə) ZN • *aansteller* • *moeilijke vraag; moeilijk probleem* • *poseur*

posh (pɒʃ) BNW PLAT *chic*

posing ('pəʊzɪŋ) ZN • *houding* • *aanstellerij*

posit ('pɒzɪt) OV WW • *poneren; veronderstellen* • *plaatsen*

position (pə'zɪʃən) I ZN • *stelling; bewering* • *houding; plaats(ing)* • *'t stellen* • *bevestiging* • *stand; rang* • *toestand* • *post; betrekking* ★ in ~ *op zijn plaats* ★ ~ bepalen II OV WW • *plaatsen* • *plaats bepalen*

positive ('pɒzətɪv) I ZN • *stellende trap* • *positief getal* • *iets werkelijks* • *positief* ⟨v. foto⟩ II BNW • *positief* • *volstrekt* • *beslist* • *dogmatisch* • INFORM. *echt; volslagen* ★ ~ degree *stellende trap*

posse ('pɒsɪ) ZN • *groep* ⟨gewapende mannen⟩ • *troep*

possess (pə'zes) OV WW *bezitten; hebben; beheersen* ★ be ~ed of *bezitten* ★ ~ed by/with *bezeten door; vervuld van; behept met* ★ what ~es you? *wat bezielt je?* ★ he carries on like one ~ed *hij gaat te keer als een bezetene* ★ ~ o.s. of *in bezit nemen*

possession (pəˈzeʃən) ZN • *bezit; bezitting*
• *bezetenheid* ★ ~s *onderworpen gebied* ★ in ~
of *in het bezit van* ★ ~ *is nine points of the law*
hebben is hebben, krijgen is de kunst ★ the
bailiffs are in ~ *er is beslag gelegd op de
inboedel*

possessive (pəˈzesɪv) I ZN • *tweede naamval*
• *bezittelijk voornaamwoord* II BNW • *bezit-;
bezittelijk* • *aanmatigend* ★ ~ case *tweede
naamval* ★ ~ pronoun *bezittelijk
voornaamwoord*

possessor (pəˈzesə) ZN *bezitter*

possibility (pɒsɪˈbɪlətɪ) ZN *mogelijkheid*

possible (ˈpɒsɪbl) I ZN • *hoogst mogelijke aantal
punten* • *mogelijke kandidaat* ⟨voor
sportploeg, elftal⟩ II BNW • *mogelijk; redelijk;
begrijpelijk* ★ there are two ~ reasons *er zijn
twee redenen mogelijk* ★ come if ~ *kom zo
mogelijk* ★ there is only one ~ man among
them *er is onder hen maar een waar je iets mee
beginnen kunt*

possibly (ˈpɒsɪblɪ) BIJW *mogelijkerwijs* ★ how
could you ~ do this? *hoe heb je in 's
hemelsnaam dit kunnen doen* ★ he could not ~
come *hij kon onmogelijk komen*

possum (ˈpɒsəm) ZN INFORM. *buidelrat* ★ play ~
zich ziek/dood houden

post (pəʊst) I ZN • *post; staak; paal; stijl*
• *post(kantoor)* • *brievenbus* • *pleisterplaats voor
postpaarden* • *afstand tussen twee
pleisterplaatsen* • *koerier* • *postwagen; postbode*
• *post; (stand)plaats* • *betrekking; post* ★ post
office *postkantoor* ★ post office savingsbank
postspaarbank ★ post office order *postwissel*
★ post office box *postbus* ★ the Post Office *de
Post(erijen)* ★ (trading) post *handelsnederzetting*
★ you are on the wrong side of the post *je hebt
't bij 't verkeerde eind; je staat er lelijk voor* ★ by
post *per post* ★ SPORT winning post *finish*
⟨eindmarkering van parcours⟩ II OV WW
• *(aan)plakken; bekend maken* • *aankondigen
als afgewezen voor examen; aankondigen als
overtijd* ⟨v. schip⟩ • *beplakken* • *op de post doen*
• *posten* • *inboeken* • *plaatsen; posteren*
• *aanstellen tot* ★ he was posted to this
regiment *hij werd ingedeeld bij dit regiment*
★ keep me posted *hou me op de hoogte* ★ well
posted *goed ingelicht* ★ ~ up *bijhouden* ⟨v.
boeken⟩ III ONOV WW *snellen* IV VOORV *na; post-*
★ post-industrial *postindustrieel*

postage (ˈpəʊstɪdʒ) ZN *porto* ★ ~ paid *franco* ★ ~
stamp *postzegel* ★ ~ and packing
verzendkosten

postal (ˈpəʊstl) I ZN USA *briefkaart* ★ ~ matter
poststukken II BNW *post-* ★ ~ van *postrijtuig*
★ USA ~ car *postrijtuig* ★ USA ~ card *briefkaart*
★ ~ order *postwissel* ★ ~ parcel *postpakket*

postbag (ˈpəʊstbæg) ZN *postzak*

postbox (ˈpəʊstbɒks) ZN *brievenbus*

postboy (ˈpəʊstbɔɪ) ZN *postbode*

postcard (ˈpəʊstkɑːd) ZN *briefkaart*

postdate (pəʊstˈdeɪt) I ZN *latere datering* II OV
WW *later dateren*

poster (ˈpəʊstə) ZN • *affiche; aanplakbiljet*
• *postpaard*

posterior (pɒˈstɪərɪə) I ZN *zitvlak* II BNW • *later*
• *volgend op*

posterity (pɒˈsterətɪ) ZN *nakomelingschap;
nageslacht*

post-free (pəʊstˈfriː) BNW *franco*

postgraduate (pəʊstˈɡrædjʊət) I ZN
postdoctorale student II BNW *postuniversitair*

post-haste BIJW *in vliegende vaart*

posthumous (ˈpɒstjʊməs) BNW *na de dood;
postuum*

postiche (pɒˈstiːʃ) I ZN • *pruik* • *imitatie*
• *(overbodige) toevoeging* II BNW *kunstmatig;
vals*

posting (ˈpəʊstɪŋ) ZN *stationering;
(over)plaatsing; standplaats*

postman (ˈpəʊstmən) ZN *postbode*

postmark (ˈpəʊstmɑːk) I ZN *poststempel* II OV WW
stempelen

postmaster (ˈpəʊstmɑːstə) ZN *postdirecteur*
★ Postmaster General *directeur-generaal v.d.
posterijen*

postmeridiem (pəʊstməˈrɪdɪəm) BIJW *'s middags*

postmistress (ˈpəʊstmɪstrəs) ZN *directrice van
postkantoor*

post-mortem (pəʊstˈmɔːtəm) I ZN • *autopsie*
• *analyse v.e.gebeurtenis* II BNW + BIJW *(van) na
de dood* ★ ~ examination *lijkschouwing*

post-natal (pəʊstˈneɪtl) BNW *(van) na de geboorte*

postpaid (ˈpəʊstpeɪd) BNW *franco*

postpone (pəʊstˈpəʊn) OV WW • *uitstellen* • ~ to
achterstellen bij

postponement (pəʊstˈpəʊnmənt) ZN • *uitstel*
• *achterstelling*

postscript (ˈpəʊstskrɪpt) ZN *postscriptum*

postulate¹ (ˈpɒstjʊlət) ZN *stelling waarvan wordt
uitgegaan*

postulate² (ˈpɒstjʊleɪt) OV WW • *(ver)eisen* • *zonder
bewijs aannemen* • ~ for *bedingen*

postulation (pɒstjʊˈleɪʃən) ZN • *eis* • *verzoek*
• *veronderstelling*

posture (ˈpɒstʃə) I ZN • *houding* • *toestand* II OV
WW *een zekere houding geven; plaatsen* III ONOV
WW *poseren*

post-war (pəʊstˈwɔː) BNW *naoorlogs*

posy (ˈpəʊzɪ) ZN • *(bloemen)ruiker(tje)*
• *dichtbundel*

pot (pɒt) I ZN • *kan; beker; pot* • *prijs* ⟨bij
wedstrijd⟩ • *fuik* • *grote som* • PLAT *hoge inzet*
• *favoriet* • *persoon* • PLAT *cannabis; hasj;
marihuana* • PLAT *lesbienne; pot* ★ the pot is
calling the kettle black *de pot verwijt de ketel
dat hij zwart ziet* ★ a big pot *'n belangrijk
persoon* ★ keep the pot boiling *de schoorsteen
laten roken; iets gaande houden* ★ go to pot *op
de fles gaan* ★ make the pot boil *de kost
verdienen* ★ a watched pot never boils *wachten
duurt altijd lang* ★ pot roast *gestoofd rundvlees*
II OV WW • *inmaken* ⟨in pot⟩ • *potten* ⟨v. plant⟩
• *stoppen* ⟨bij biljart⟩ • *neerschieten*
• *bemachtigen; z. verzekeren van* III ONOV WW
~ at *schieten op*

potable (ˈpəʊtəbl) BNW *drinkbaar*

potables (ˈpəʊtəbəlz) ZN MV *drinkwaren*

potash (ˈpɒtæʃ) ZN *potas; kaliumcarbonaat*

potassium (pəˈtæsɪəm) ZN *kalium*

potation (pəˈteɪʃən) ZN *het drinken; drank*

potato (pəˈteɪtəʊ) ZN • *aardappel(plant)* • *gat* ⟨in

kous⟩ ★ mashed ~(es) *aardappelpuree* ★ FIG. hot ~ *linke zaak; moeilijke klusje*
potbellied ('pɒt'belɪd) BNW *met dikke buik*
pot-belly ZN *buikje; dikke buik*
pot-boiler ('pɒtbɔɪlə) ZN • *literair of ander kunstwerk, enkel gemaakt om het geld* • *broodschrijver*
potence ('pəʊtns) ZN • *macht; invloed • potentie* • *kracht*
potency ZN → **potence**
potent ('pəʊtnt) BNW • *potent • machtig; overtuigend* ⟨v. bewijs⟩ • *sterk* ⟨v. medicijn⟩
potentate ('pəʊtənteɪt) ZN *vorst*
potential (pə'tenʃəl) I ZN • *potentieel* • *mogelijkheid* II BNW *potentieel; mogelijk; eventueel; latent* ★ TAALK. ~ (mood) *potentialis*
potentiality (pətenʃɪ'ælətɪ) ZN *mogelijkheid*
pother ('pɒðə) I ZN • *verstikkende rook of stofwolk* • *herrie; lawaai* II OV WW • *z. zenuwachtig maken over* • *in de war brengen* III ONOV WW *herrie/drukte maken*
pothole ('pɒthəʊl) ZN • *gat in een weg • gat in rivierbedding*
potholer ('pɒthəʊlə) ZN *speleoloog*
potion ('pəʊʃən) ZN *drankje* ⟨v. medicijn of vergif⟩
potluck (pɒt'lʌk) ZN ★ INFORM. take ~ *eten wat de pot schaft*
potman ('pɒtmən) ZN *kelner*
potpie ('pɒtpaɪ) ZN *hutspot* ⟨figuurlijk⟩
potpourri (pəʊ'pʊərɪ) ZN • *mengsel van gedroogde bloembladen en kruiden • potpourri; mengelmoes*
pot-shot ('pɒtʃɒt) ZN • *gemakkelijk schot; makkie* • *schot op wild voor één maaltijd*
potted ('pɒtɪd) BNW • *ingemaakt • gekunsteld; onnatuurlijk • verkort* • *in 't kort* ⟨v. nieuws⟩ • USA *dronken* ★ ~ meat *paté* ★ ~ music *ingeblikte muziek*
potter ('pɒtə) I ZN *pottenbakker* ★ ~'s wheel *pottenbakkersschijf* II ONOV WW • *beuzelen; liefhebberen* • ~ **about** *rondscharrelen* • ~ **along** *boemelen* ⟨v. trein⟩ • ~ **away** *verknoeien* ⟨v. tijd⟩
Potteries ('pɒtərɪz) ZN MV ★ the ~ *pottenbakkersstreek in N.-Staffordshire*
pottery ('pɒtərɪ) ZN • *aardewerk • pottenbakkerij*
potting-shed ('pɒtɪŋʃed) ZN *tuinschuurtje*
potty ('pɒtɪ) I ZN ★ ~ training *'t zindelijk maken* ⟨v. kind⟩ II BNW • *klein; nietig • gek* ★ to drive ~ *gek maken* ★ ~ **on** *verkikkerd op* III ONOV WW ★ JEUGDT. have to ~ *op de pot moeten*
potty-trained BNW *zindelijk* ⟨v. kind⟩
pot-valour ('pɒtvælə) ZN *jenevermoed*
pouch (paʊtʃ) I ZN • *zak • patroontas • wangzak* • *krop; buikje • buidel* ⟨v. buideldier⟩ • *wal* ⟨onder ogen⟩ • *zaaddoos* II OV WW *in een/de tas stoppen* III ONOV WW *uitzakken* ⟨v. kledingstuk⟩
pouf (puːf), **pouffe** ZN • *poef; zitkussen* • PLAT *flikker*
pouffe ZN → **pouf**
poult (pəʊlt) ZN *kuiken*
poulterer ('pəʊltərə) ZN *poelier*
poultice ('pəʊltɪs) I ZN *kompres* II OV WW *pappen*
poultry ('pəʊltrɪ) ZN *pluimvee*

pounce (paʊns) I ZN • *klauw • plotselinge beweging/sprong • fijn poeder* ★ make a ~ at/on *neerschieten op* II OV WW • *bestrooien* • *gladmaken* III ONOV WW • *met klauwen grijpen* • ~ **on** *zich werpen op*
pound (paʊnd) I ZN • *pond* ⟨454 gram⟩ • *pond sterling* ⟨munteenheid van GB⟩ • *omsloten ruimte* ⟨bewaarplaats voor vee, goederen⟩ • *schutstal • gevangenis • bons; slag; klap* • *getrappel* ★ FIG. have your ~ of flesh *boter bij de vis krijgen* II OV WW • *fijnstampen; beuken* • *opsluiten; insluiten* ⟨v. vee⟩ • *'t gewicht v. munten controleren* III ONOV WW • *bonzen* ⟨v. hart⟩ • *zwaar onder vuur nemen; hard (toe)slaan • moeilijk lopen • zwoegen* • ~ **along** *voortsjokken* • ~ **(away) at/on** *losbeuken op; vuren op*
poundage ('paʊndɪdʒ) ZN • *provisie; tantième per pond sterling • winstdeling • pondsprijs* • *schutgeld; bewaarloon*
pounder ('paʊndə) ZN • *vijzel; stamper • balans*
pounding ('paʊndɪŋ) ZN • *(ge)dreun; (ge)bons* • *afstraffing; pak slaag*
pour (pɔː) I ZN • *stortregen • gietsel • 't gieten* II OV+ONOV WW • *gieten; schenken; storten* • *stortregenen • bestoken* ⟨met kanonvuur⟩ ★ pour me out a cup of tea *schenk me 'n kop thee in* ★ pour oil upon troubled waters *kalmeren* ★ pour cold water on *ontmoedigen* ★ it never rains but it pours *'n ongeluk komt nooit alleen* • ~ **forth/out** *uitstromen; uitstorten* ⟨v. hart⟩ • ~ **in** *binnenstromen*
pout (paʊt) I ZN • *puitaal • gepruil • 't vooruitsteken v.d. lippen* ★ he is in the pouts *hij pruilt; hij mokt* II OV+ONOV WW *pruilen*
poverty ('pɒvətɪ) ZN • *armoede; gebrek* • *gebrekkigheid* ★ ~ in/of *gebrek aan*
poverty-stricken ('pɒvətɪstrɪkən) BNW *arm*
POW AFK Prisoner Of War *krijgsgevangene*
POW camp ZN *krijgsgevangenenkamp*
powder ('paʊdə) I ZN • *poeder • buskruit* ★ it is not worth ~ and shot *het is de moeite niet waard* ★ food for ~ *kanonnenvoer* ★ baking ~ *bakpoeder* ★ washing ~ *waspoeder* II OV WW • *poederen • besprenkelen • tot poeder maken* • INFORM. *rennen* • ~ed milk *melkpoeder*
powder-blue (paʊdə'bluː) BNW *blauwsel*
powder-horn ('paʊdəhɔːn) ZN *kruithoorn*
powder-keg ZN *kruitvat*
powder puff ZN *poederdons*
powder-room ZN *damestoilet*
powdery ('paʊdərɪ) BNW *poederachtig; gepoederd*
power ('paʊə) I ZN • *macht • kracht • volmacht* • *gezag • invloed • mogendheid • vermogen* • *energie • kunnen • drijfkracht • sterkte* ⟨v. lens⟩ • *stroom • net(spanning)* • INFORM. *partij; hoop* ★ ~ of attorney *volmacht* ★ mechanical ~s *machines* ★ the ~s that be *de machthebber(s)* ★ the party in ~ *de regerende partij* ★ under its own ~ *op eigen kracht* ★ with the ~ on *vol gas* ★ all ~ to you! *succes!; sterkte!* ★ nuclear ~ *kernenergie; kernmogendheid* ★ by all the ~s *wis en waarachtig!* ★ merciful ~s! *lieve hemel!* II BNW *machinaal gedreven* III OV WW • *aandrijven* ⟨motor e.d.⟩; *van energie voorzien* • *(technisch) realiseren*

powerboat ('paʊəbəʊt) ZN USA *motorboot*
power broker ZN POL. *machthebber* ⟨achter de schermen⟩
power cut ZN *stroomstoring*
powered ('paʊəd) BNW *v. (bep.) capaciteit*
powerful ('paʊəfʊl) BNW • *krachtig; machtig; invloedrijk* • *indrukwekkend*
powerhouse ('paʊəhaʊs) ZN • *machinekamer* • *energiek mens* ★ ~ *station elektrische centrale*
powerless ('paʊələs) BNW *machteloos*
power plant ('paʊə plɑːnt) ZN *elektriciteitsinstallatie*
power point ZN *stopcontact*
power steering ZN *stuurbekrachtiging*
power stroke ZN *arbeidsslag* ⟨v. viertaktmotor⟩
power yoga ZN *poweryoga*
powwow ('paʊwaʊ) ZN • *indiaanse tovenaar; medicijnman* • *indianenbijeenkomst* • INFORM. *lange conferentie; rumoerige bespreking*
pox (pɒks) ZN • *pokken* • VULG. *syfilis*
pp AFK • *pages pagina's* • *pianissimo pp*
practicability (præktɪkə'bɪlətɪ) ZN • *uitvoerbaarheid* • *begaanbaarheid*
practicable ('præktɪkəbl) BNW • *uitvoerbaar; doenlijk* • *begaanbaar* • *doorwaadbaar* • *te gebruiken* ⟨v. rekwisieten⟩; *echt*
practical ('præktɪkl) BNW • *praktisch; toegepast* • *doelmatig; geschikt* • *uitvoerbaar* • *verstandig* ★ ~ *engineer werktuigkundige* ★ ~ *joke poets die men iem. bakt door (iem.) iets te (laten) doen* ★ ~ *man man van de praktijk*
practicality (præktɪ'kælətɪ) ZN *praktische zaak*
practically ('præktɪkəlɪ) BIJW *bijna; zo goed als*
practice ('præktɪs) ZN • *praktijk* • *gewoonte* • *toepassing* • *(uit)oefening* ★ *he is out of* ~ *hij is uit vorm* ★ *put in(to)* ~ *in praktijk brengen* ★ *in* ~ *in de praktijk; in vorm; geoefend* ★ ~ *makes perfect al doende leert men*
practician (præk'tɪʃən) ZN *practicus*
practise ('præktɪs) I OV WW • *studeren* ⟨v muziekinstrument⟩ • *uitoefenen* ⟨v. beroep⟩ • *zijn godsdienstplichten waarnemen* ★ *a* ~d *businessman een ervaren zakenman* • ~ *in zich oefenen op* II ONOV WW • *beetnemen* • ~ *(up)on misbruik maken*
practitioner (præk'tɪʃənə) ZN *praktiserend geneesheer/advocaat* ★ general ~ *huisarts*
pragmatic(al) (præg'mætɪk(l)) BNW • *bemoeiziek* • *pragmatisch; feitelijk; zakelijk*
pragmatism ('prægmətɪzəm) ZN • *zakelijkheid; praktische zin* • *bemoeizucht; pedanterie*
pragmatist ('prægmətɪst) ZN *pragmaticus*
prairie ('preərɪ) ZN *prairie*
praise (preɪz) I ZN *lof(spraak)* ★ *beyond all* ~ *boven alle lof verheven* ★ *sing s.o.'s* ~s *de loftrompet over iem. steken* II OV WW *loven; prijzen*
praiseworthy ('preɪzwɜːðɪ) BNW *lofwaardig*
pram[1] (præm) ZN (præm) *kinderwagen; praam*
pram[2] (prɑːm) ZN *praam*
prance (prɑːns) I ZN • *'t steigeren* • *trotse loop* II ONOV WW • *steigeren* • *trots stappen* • *z. arrogant gedragen*
prang (præŋ) I ZN PLAT *succesvol bombardement* II OV WW PLAT *met succes bombarderen*
prank (præŋk) I ZN *(dolle) streek; poets* ★ *play* ~s *streken uithalen* ★ *play* ~s *upon a p. iem. ertussen nemen* II OV WW ~ *out tooien; uitdossen* III ONOV WW *pronken*
prankish ('præŋkɪʃ) BNW *olijk; schalks*
prankster ('præŋkstə) ZN *grappenmaker*
prat (præt) ZN • *achterwerk; kont* • *eikel* ⟨figuurlijk⟩
prate (preɪt) I ZN *gebazel* II OV+ONOV WW *bazelen; babbelen*
prattle ('prætl) I ZN *gebabbel* II OV+ONOV WW *babbelen*
prattler ('prætlə) ZN *babbelaar*
prawn (prɔːn) ZN *steurgarnaal*
praxis ('præksɪs) ZN • *gewoonte; gebruik* • *verzameling (taalkundige) oefeningen*
pray (preɪ) OV+ONOV WW ★ *what's the good of it, pray? waar dient dat dan voor?* ★ *pray, be seated ga zitten, alsjeblieft* ★ *pray! toe!* • ~ *for bidden om; smeken om*
prayer[1] (preə) ZN • *gebed* • *verzoek* • *godsdienstoefening* • *het bidden* ★ *tell one's* ~s *de rozenkrans bidden* ★ *say your* ~s *maak je testament maar* ★ Book of Common Prayer *openbare eredienst v.d. anglicaanse Kerk* ★ ~ *mat bidmatje* ★ ~ meeting *bidstond*
prayer[2] ('preɪə) ZN *iem. die bidt*
prayer-book ('preəbʊk) ZN *kerkboek*
pre- (priː) VOORV *vooraf; voor-; pre-* ★ *pre-school onder de schoolleeftijd*
preach (priːtʃ) I ZN INFORM. *(zeden)preek* II OV+ONOV WW • *preken* • ~ *at/to een preek houden tegen* • ~ *down afgeven op (iem.)* • ~ *up ophemelen*
preacher ('priːtʃə) ZN *prediker; predikant*
preachify ('priːtʃɪfaɪ) OV WW *'n preek houden*
preachy ('priːtʃɪ) BNW *prekerig*
preamble (priː'æmbl) I ZN • *inleiding* • *preambule* ⟨v. wet⟩ II ONOV WW *v. een inleiding voorzien*
preambula(to)ry (priː'æmbjʊlə(t)rɪ) BNW *inleidend*
preamplifier (priː'æmplɪfaɪə) ZN *voorversterker*
prearrange (priːə'reɪndʒ) OV WW *van te voren regelen*
prebendary ('prebəndərɪ) ZN *kanunnik met vaste toelage*
precarious (prɪ'keərɪəs) BNW *precair; wisselvallig; onzeker*
precaution (prɪ'kɔːʃən) I ZN *voorzorgsmaatregel* II OV WW • *voorzorgsmaatregelen treffen* • *vooraf waarschuwen*
precautionary (prɪ'kɔːʃənərɪ) BNW *voorzorgs-*
precede (prɪ'siːd) OV WW *(laten) voorafgaan; voorgaan*
precedence ('presɪdns) ZN *prioriteit; (recht v.) voorrang* ★ *take* ~ *of voorrang hebben; gaan vóór*
precedent[1] ('presɪdənt) ZN • *precedent* • *traditie*
precedent[2] (prɪ'siːdənt) BNW *voorafgaand*
precedented ('presɪdentɪd) BNW *precedent hebbend; gesteund door precedent*
preceding (prɪ'siːdɪŋ) BNW *voorafgaand*
precept ('priːsept) ZN • *voorschrift; bevel* • *lering*
preceptor (prɪ'septə) ZN *leermeester*
precession (prɪ'seʃən) ZN *voorrang*
precinct ('priːsɪŋkt) ZN • *ingesloten ruimte* ⟨vooral om kerk⟩ • *gebied* • *grens* • USA *politiedistrict;*

kiesdistrict
preciosity (preʃɪˈɒsətɪ) ZN *overdreven verfijning*
precious (ˈpreʃəs) I ZN ★ my ∼! *schat!* II BNW
• *kostbaar* • *edel* ⟨v. steen of metaal⟩ • *dierbaar*
• *gekunsteld* • INFORM. *geweldig* • IRON. *mooi*
• INFORM. *totaal* ★ they are a ∼ lot *'t is 'n mooi stelletje* ★ a ∼ sight more *heel wat meer* ★ he has made a ∼ mess of it *hij heeft de zaak mooi bedorven* III BIJW • INFORM. *buitengewoon*
• *verduiveld*
precipice (ˈpresɪpɪs) ZN • *steile rotswand* • *afgrond* ⟨figuurlijk⟩
precipitance (prəˈsɪpətəns) ZN *haast*
precipitancy ZN → **precipitance**
precipitant (prɪˈsɪpɪtnt) I ZN SCHEIK. *reagens dat neerslag geeft* II BNW • *steil* • *neerstortend*
precipitate[1] (prɪˈsɪpɪtət) I ZN SCHEIK. *neerslag* II BNW • *steil*; *neerstortend* • *onbezonnen*
• *overhaast*
precipitate[2] (prɪˈsɪpɪteɪt) OV WW • z. *overhaasten*
• SCHEIK. *neerslaan* • *(neer) werpen* • *aanzetten*; *(ver)haasten*
precipitation (prɪsɪpɪˈteɪʃən) ZN • *'t neerwerpen*
• *verhaasting* • *onbezonnenheid* • SCHEIK. *neerslag*
precipitous (prɪˈsɪpɪtəs) BNW *steil*
précis (ˈpreɪsiː) ZN *beknopte samenvatting*
precise (prɪˈsaɪs) BIJW • *juist* ⟨v. tijdstip⟩; *nauwkeurig* • *(al te) precies*
precisian (prɪˈsɪʒən) ZN • *Pietje precies* • *streng orthodox gelovige*
precision (prɪˈsɪʒən) ZN *nauwkeurigheid* ★ ∼ instruments *precisie-instrumenten*
preclude (prɪˈkluːd) OV WW • *uitsluiten* • *beletten*; *voorkómen*; *verhinderen*
preclusion (prɪˈkluːʒən) ZN • *uitsluiting* • *'t beletten*
precocious (prɪˈkəʊʃəs) BNW *vroegrijp*; *voorlijk*
precocity (prɪˈkɒsətɪ) ZN *voorlijkheid*
preconceive (priːkənˈsiːv) OV WW z. *van te voren voorstellen*
preconceived (priːkənˈsiːvd) BNW *vooraf gevormd* ★ a ∼ opinion *een vooroordeel*
preconception (priːkənˈsepʃən) ZN *vooroordeel*; *vooropgezette mening*
precondition (priːkənˈdɪʃən) ZN *eerste vereiste/voorwaarde*
precook (priːˈkʊk) OV WW *van tevoren bereiden/(even) koken*
precursor (priːˈkɜːsə) ZN *voorloper*
precursory (prɪˈkɜːsərɪ) BNW *inleidend* ★ ∼ of *voorafgaand aan*
predacious (prɪˈdeɪʃəs) BNW v. *roof levend*; *roof-*
predator (ˈpredətə) ZN • *roofdier* • *plunderaar*
predatory (ˈpredətərɪ) BNW *plunderend*; *roof-*; *roofzuchtig* ★ ∼ raid *strooptocht*
predecessor (ˈpriːdɪsesə) ZN • *voorganger*
• *voorvader*
predestinate (priːˈdestɪneɪt) OV WW *voorbeschikken*; *voorbestemmen*
predestination (priːdestɪˈneɪʃən) ZN • *bestemming*
• *voorbeschikking*
predestine OV WW → **predestinate**
predetermination (priːdɪtɜːmɪˈneɪʃən) ZN
• *voorbestemming* • *bepaling vooraf*
predetermine (priːdɪˈtɜːmɪn) OV WW • *vooraf*

bepalen • *voorbeschikken*
predicament (prɪˈdɪkəmənt) ZN • *categorie*
• *netelige of moeilijke positie of kwestie*
predicant (ˈpredɪkənt) I ZN *predikant*; *predikheer* II BNW *prekend*
predicate[1] (ˈpredɪkət) ZN • *eigenschap* • TAALK. *gezegde*
predicate[2] (ˈpredɪkeɪt) OV WW • *beweren*
• *toekennen*; *insluiten* • USA ∼ **upon** *baseren op*
predicative (prɪˈdɪkətɪv) BNW • *toekennend*
• TAALK. *als (deel v.) gezegde (gebruikt)*
predict (prɪˈdɪkt) OV WW *voorspellen*
predictable (prɪˈdɪktəbl) BNW *voorspelbaar*
prediction (prɪˈdɪkʃən) ZN *voorspelling*
predictive (prɪˈdɪktɪv) BNW *voorspellend*
predictor (prɪˈdɪktə) ZN *predictor* ⟨op afweergeschut⟩
predilection (priːdɪˈlekʃən) ZN *voorliefde*; *voorkeur*
pre-dinner (priːˈdɪnə) ZN *voorafje* ★ ∼ drink *aperitief*
predispose (priːdɪˈspəʊz) OV WW • *aanleg hebben* ⟨vnl. voor ziekte⟩ • *vermaken* ⟨bij testament⟩
• ∼ **to** *vatbaar maken voor*
predisposition (priːdɪspəˈzɪʃən) ZN *aanleg*; *neiging*
predominance (prɪˈdɒmɪnəns) ZN *overheersing*; *overhand*; *heerschappij*
predominant (prɪˈdɒmɪnənt) BNW *overheersend*
predominantly (prɪˈdɒmɪnəntlɪ) BIJW *overwegend*; *hoofdzakelijk*
predominate (prɪˈdɒmɪneɪt) OV WW *overheersen*; *de overhand hebben*
predomination (prɪdɒmɪˈneɪʃən) ZN *heerschappij*; *overheersing*; *overhand*
pre-eminence (priːˈemɪnəns) ZN • *superioriteit*
• *voorrang*
pre-eminent (priːˈemɪnənt) BNW *uitblinkend*; *uitstekend boven* ★ ∼ly *bij uitstek*
pre-empt (priːˈempt) OV WW • *verkrijgen door voorverkoop* • *zich toe-eigenen* • *overbodig maken*
pre-emptive (priːˈemptɪv) BNW *voorkomend*; *preventief*
preen (priːn) OV WW *gladstrijken* ⟨v. veren⟩ ★ ∼ o.s. *zich mooi maken* ★ ∼ o.s. on *prat gaan op*
pref. AFK • preface *voorwoord* • preference *voorkeur* • prefix *voorvoegsel*
prefab (ˈpriːfæb) ZN INFORM. *montagewoning* II BNW prefabricated *vooraf gefabriceerd*
prefabricate (priːˈfæbrɪkeɪt) OV WW *prefabriceren*
prefabrication (priːfæbrɪˈkeɪʃən) ZN *montagebouw*
preface (ˈprefəs) I ZN • *voorbericht*; *inleiding*
• *prefatie* II OV WW v. *een inleiding voorzien*; *inleiden* • *leiden tot*
prefatorial (prefəˈtɔːrɪəl) BNW *inleidend*
prefatory BNW → **prefatorial**
prefect (ˈpriːfekt) ZN • *prefect* • *raadgever* ⟨op Katholieke kostschool⟩
prefecture (ˈpriːfektʃə) ZN *prefectuur*
prefer (prɪˈfɜː) OV WW • *indienen*; *voorleggen*
• *prefereren* • ∼red shares *preferente aandelen*
• ∼ **to** *bevorderen tot*; *verkiezen boven*
preferable (ˈprefərəbl) BNW *te verkiezen*
preferably (ˈprefərəblɪ) BIJW *bij voorkeur*

preference ('prefərəns) ZN • voorkeur • voorkeursbehandeling • prioriteitsrecht ∗ for ~ bij voorkeur ∗ ~ shares preferente aandelen

preferential (prefə'renʃəl) BNW voorkeur gevend/hebbend

preferment (prɪ'fɜːmənt) ZN bevordering

prefiguration (priːfɪgə'reɪʃən) ZN voorafschaduwing

prefigure (priː'fɪgə) OV WW (z.) vooraf voorstellen

prefilter (priː'hɪstɒrɪk) ONOV WW voorsorteren

prefix ('priːfɪks) I ZN • voorvoegsel • titel; voornaam II OV WW vóór plaatsen; voorvoegen

pregnancy ('pregnənsɪ) ZN • zwangerschap • belang ∗ ~ test zwangerschapstest

pregnant ('pregnənt) BNW • veelzeggend • drachtig; zwanger • vruchtbaar ∗ ~ with zwanger van; vol van

prehensile (prɪ'hensaɪl) BNW wat grijpen kan ∗ ~ tail grijpstaart

prehension (prɪ'henʃən) ZN • 't grijpen • begrip

prehistoric (priːhɪ'stɒrɪk) BNW voorhistorisch

prehistory (priː'hɪstərɪ) ZN prehistorie

pre-ignition (priːɪg'nɪʃən) ZN voorontsteking

prejudge (priː'dʒʌdʒ) OV WW • van te voren beoordelen • vooruitlopen op

prejudgement (priː'dʒʌdʒmənt) ZN vooroordeel

prejudice ('predʒʊdɪs) I ZN • vooroordeel • nadeel; schade ∗ to the ~ of ten nadele van ∗ without ~ onder voorbehoud II OV WW • schaden; nadeel berokkenen ∗ ~ (in favour of) innemen voor • ~ against innemen tegen

prejudiced ('predʒʊdɪst) BNW bevooroordeeld

prejudicial (predʒʊ'dɪʃəl) BNW ∗ ~ to schadelijk voor; nadelig voor

prelacy ('preləsɪ) ZN • bisschoppelijke waardigheid • episcopaat

prelate ('prelət) ZN prelaat

prelatize ('prelətaɪz) OV WW onder bisschoppelijk gezag brengen

prelim ('priːlɪm) ZN INFORM. tentamen

preliminary (prɪ'lɪmɪnərɪ) I ZN voorbereidende maatregel(en) II BNW • inleidend • voorlopig ∗ ~ examination tentamen

prelude ('prelju:d) I ZN voorspel; inleiding II OV WW • inleiden; aankondigen • 'n voorspel spelen

premarital (priː'mærɪtl) BNW voor het huwelijk

premature ('prematjʊə) BNW • vroegtijdig • ontijdig • voorbarig

premeditate (priː'medɪteɪt) OV WW vooraf overleggen; beramen ∗ ~d murder moord met voorbedachten rade

premeditation (priːmedɪ'teɪʃən) ZN opzet

premier ('premɪə) I ZN • premier • Eerste Minister II BNW PLAT voornaamste; eerste

première ('premɪeə) ZN première

premiership ('premɪəʃɪp) ZN ambt v. Eerste Minister

premise ('premɪs) I ZN premisse II OV WW vooropstellen; vooraf laten gaan

premises ('premɪsɪz) ZN MV • JUR. 't bovengenoemde ⟨pand, landgoed⟩ • huis en erf ∗ he lives on the ~ hij woont bij de zaak ∗ adjacent ~ belendende percelen

premiss ('premɪs) ZN premisse

premium ('priːmɪəm) ZN • agio • premie • meerprijs • beloning • leergeld • toegiftartikel • super(benzine) ∗ at a ~ boven pari; in trek ∗ he sold it at a ~ hij verkocht het met winst ∗ ~ bond premieobligatie

premonition (premə'nɪʃən) ZN • waarschuwing • voorgevoel

premonitory (prɪ'mɒnətərɪ) BNW waarschuwend

prenatal (priː'neɪtl) BNW prenataal

preoccupation (priːɒkjʊ'peɪʃən) ZN • vooringenomenheid • vooroordeel • vroeger bezit • hoofdbezigheid • verstrooidheid

preoccupied (priː'ɒkjʊpaɪd) BNW in gedachten verzonken

preoccupy (priː'ɒkjʊpaɪ) OV WW geheel of vooraf in beslag nemen

preordain (priːɔː'deɪn) OV WW vooraf bepalen; voorbeschikken

prep (prep) ZN USA, INFORM. leerling v. voorbereidende school ∗ be at prep zijn lessen bestuderen ∗ prep school voorbereidingsschool

prep. AFK preposition voorzetsel

prepack (priː'pæk) OV WW verpakken ∗ ~ed goods (voor)verpakte goederen

prepaid (priː'peɪd) BNW prepaid ⟨vooraf betaald⟩

preparation (prepə'reɪʃən) ZN • huiswerk • preparaat • voorbereiding • toebereidsel • bestudering; studie

preparative (prɪ'pærətɪv) I ZN toebereidsel II BNW voorbereidend

preparatory (prɪ'pærətərɪ) BNW voorbereidend ∗ ~ school school die voorbereidt op public school ⟨kostschool⟩; school voor voorbereidend hoger onderwijs in Amerika ∗ ~ to alvorens

prepare (prɪ'peə) OV+ONOV WW • bereiden ⟨v. voedsel⟩ • prepareren • voorbereidingen treffen • instuderen ∗ I am not ~d to go ik ben niet bereid te gaan; ik ben niet klaar om te gaan • ~ for (z.) voorbereiden op/voor

preparedness (prɪ'peərɪdnəs) ZN • bereidheid • het voorbereid zijn

prepay (priː'peɪ) OV WW • frankeren • vooruitbetalen

prepayable (priː'peɪəbl) BNW vooraf te betalen

prepayment (priː'peɪmənt) ZN • vooruitbetaling • frankering

preponderance (prɪ'pɒndərəns) ZN • groter gewicht • overwicht

preponderant (prɪ'pɒndərənt) BNW overwegend

preponderate (prɪ'pɒndəreɪt) ONOV WW • zwaarder wegen • overtreffen • de overhand hebben

preposition (prepə'zɪʃən) ZN voorzetsel

prepositional (prepə'zɪʃənəl) BNW voorzetsel-

prepossess (priːpə'zes) OV WW doordringen; bezielen ∗ ~ in one's favour voor zich innemen

prepossessing (priːpə'zesɪŋ) BNW ∗ a ~ face een innemend gezicht

prepossession (priːpə'zeʃən) ZN vooringenomenheid

preposterous (prɪ'pɒstərəs) BNW • onnatuurlijk • dwaas; belachelijk

preppie ZN → prep

prerequisite (priː'rekwɪzɪt) I ZN eerste vereiste II BNW allereerst vereist

prerogative (prɪ'rɒgətɪv) I ZN • (voor)recht • recht om 't eerst te stemmen ∗ the royal ~ de koninklijke onschendbaarheid II BNW

bevoorrecht
presage[1] ('presɪdʒ) ZN • *voorteken* • *voorgevoel*
presage[2] ('presɪdʒ, prɪ'seɪdʒ) OV WW • *voorspellen* • *een voorgevoel hebben van*
presbyter ('prezbɪtə) ZN • *geestelijke tussen bisschop en diaken* ‹in de anglicaanse Kerk› • *presbyter* • *ouderling*
Presbyterian (prezbɪ'tɪərɪən) I ZN *presbyteriaan* II BNW *presbyteriaans*
Presbyterianism (prezbɪ'tɪərɪənɪzəm) ZN *presbyteriaanse leer*
presbytery ('prezbɪtəri) ZN • *presbyterium* • *raad v. ouderlingen* ‹in de presbyteriaanse Kerk› • *pastorie* ‹v. r.-k. pastoor›
preschool (pri:'sku:l) BNW *onder de schoolleeftijd; peuter-*
preschooler (pri:'sku:lə) ZN *nog niet schoolgaand kind*
prescience ('presɪəns) ZN *vooruitziende blik*
prescient ('presɪənt) BNW *vooruitziend*
prescribe (prɪ'skraɪb) OV+ONOV WW • *voorschrijven* • JUR. *protesteren tegen* ★ ~ *for/to aanspraak maken op*
prescript ('pri:skrɪpt) ZN • *voorschrift* • *bevel*
prescription (prɪ'skrɪpʃən) ZN • *voorschrijving* • *recept* ‹v. dokter› • JUR. *aanspraak* ‹door verjaring›
prescriptive (prɪ'skrɪptɪv) BNW • *voorschrijvend* • *verkregen door verjaring*
presence ('prezəns) ZN • *tegenwoordigheid; aanwezigheid* • *audiëntie* • *voorkomen; houding* ★ ~ *chamber audiëntiezaal* ★ *he was admitted to the ~ of ... hij werd ter audiëntie bij ... toegelaten*
present[1] (prɪ'zent) I ZN *aanslag* ‹v. geweer›; *(het) presenteren* ★ *at the* ~ *in de aanslag* ‹v. geweer›; *met geweer gepresenteerd* II OV WW • *vertonen; bieden* ‹v. aanblik› • *indienen* ‹v. klacht› • *opleveren* ‹v. moeilijkheden› • *opvoeren* ‹v. toneelstuk› • *aanleggen of presenteren* ‹v. geweer› • *(aan 't hof) voorstellen* • *voordragen* ‹voor predikantsplaats› • *aanbieden* ‹v. wissel of cheque› ★ ~ o.s. *zich aanbieden; zich voordoen; zich aanmelden* ★ *he* ~ed *me with it hij deed me dit cadeau*
present[2] ('prez(ə)nt) I ZN • *geschenk* • *tegenwoordige tijd* • *(het) heden* ★ *at the* ~ *op het ogenblik* ★ *for the* ~ *voorlopig* ★ *up to the* ~ *tot op heden* II BNW • *aanwezig; tegenwoordig* • *onderhavig; huidig* ★ *the* ~ *volume het boek dat voor me ligt (ter bespreking)* ★ *those* ~ *de aanwezigen* ★ *the people* ~ *de aanwezigen* ★ *the* ~ *writer schrijver dezes* ★ ~ *to the mind duidelijk voor de geest staande*
presentable (prɪ'zentəbl) BNW • *presentabel* • *geschikt als geschenk; geschikt om voorgedragen of voorgesteld te worden*
presentation (prezən'teɪʃən) ZN • *'t voorstellen* • *aanbieding* • *voordracht* • *schenking* ★ *on* ~ *bij aanbieding*
present-day BNW *hedendaags; modern*
presentee (prezən'ti:) ZN • *voorgedragene voor ambt* ‹ook geestelijk› • *aan 't hof voorgestelde* • *begiftigde*
presenter (prɪ'zentə) ZN *presentator*
presentiment (prɪ'zentɪmənt) ZN *(angstig) voorgevoel*
presently ('prezəntlɪ) BIJW • *dadelijk; aanstonds* • *weldra; kort daarop* • USA *nu; tegenwoordig*
preservable (prɪ'zɜ:vəbl) BNW *houdbaar*
preservation (prezə'veɪʃən) ZN • *onderhoud; toestand* • *behoud* ★ *in fair* ~ *in behoorlijke staat*
preservative (prɪ'zɜ:vətɪv) I ZN • *conserverend middel* • *middel om ziekte te voorkomen* II BNW *conserverend*
preserve (prɪ'zɜ:v) I ZN • *wildpark; eigen viswater* • *eigen gebied* ★ ~s *jam; confiture* II OV WW • *bewaren; beschermen; redden* • *goed houden; conserveren; inmaken* • *voor eigen gebruik houden* ‹v. wildpark of viswater› ★ *well* ~d *goed geconserveerd* • ~ *from behoeden voor*
preserver (prɪ'zɜ:və) ZN *conserveringsmiddel*
preset ('pri:set) OV WW *vooraf instellen* ‹v. apparatuur›
preshrunk (pri:'ʃrʌŋk) BNW *voorgekrompen*
preside (prɪ'zaɪd) ONOV WW *voorzitten; de leiding hebben* ★ ~ *over a meeting een vergadering voorzitten*
presidency ('prezɪdənsɪ) ZN *presidentschap*
president ('prezɪdnt) ZN • *hoofd v. bep. colleges* • *voorzitter* • *president* • USA *directeur* ‹v. bank of bedrijf›
presidential (prezɪ'denʃəl) BNW *presidents-; voorzitters-*
press (pres) I ZN • *gedrang; menigte* • *druk(te)* • *jachtigheid* ‹v. het bestaan› • *pers* • *(linnen)kast* • *ronselarij* ‹voor vloot of leger› ★ ~ *agency persbureau* ★ ~ *agent publiciteitsagent* ★ ~ *box perstribune* ★ ~ *conference persconferentie* ★ ~ *coverage verslaggeving* ★ ~ *cutting krantenknipsel* ★ ~ *gallery perstribune* ★ ~ *release persbericht; perscommuniqué* ★ ~ *of sail alle zeilen bij* ★ *at/in (the)* ~ *ter perse* ★ *correct the* ~ *de drukproeven corrigeren* ★ *see through the* ~ *voor de druk bezorgen* ‹v. boek› ★ *when going to* ~ *bij het ter perse gaan* ★ *have a bad* ~ *bekritiseerd worden door de media* ★ *yellow* ~ *riooljournalistiek* II OV+ONOV WW • *drukken; de hand drukken* • *uitpersen; oppersen; pressen; aandringen (op)* • *bestoken* ‹v. vijand› • *dringen* • *z. verdringen* • *ronselen* • *rekwireren* ★ *he* ~ed *the question hij drong aan op 't beantwoorden v.d. vraag* ★ ~ *sail alle zeilen bijzetten* ★ *time* ~es *de tijd dringt* ★ *he was* ~ed *hard 't vuur werd hem na aan de schenen gelegd* ★ *they were hard* ~ed *ze werden erg in 't nauw gedreven* ★ ~ *for an answer op antwoord aandringen* ★ *I was much* ~ed *for time ik verkeerde in tijdnood* ★ ~ *on, boys! schiet op, jongens!* ★ ~ *up speed de snelheid opvoeren* ★ ~ed *beef vlees in blik* ★ ~ *into service in dienst stellen; zich bedienen van*
presser ('presə) ZN • *perser* • *drukker* • *pers*
pressing ('presɪŋ) I ZN *(aan)drang* II BNW *(aan)dringend* ★ *I'll go, since you are so* ~ *ik zal gaan omdat je zo aanhoudt* ★ ~ *time is* ~ *de tijd dringt*
pressman ('presmən) ZN • *iem. die geperst wordt* • *ronselaar* • *journalist* • *drukker*
pressreader ('presri:də) ZN *corrector*
press-stud ('presstʌd) ZN *drukknoop; druksluiting*

press-up ZN *opdrukoefening* ★ do twenty ~s *je twintig keer opdrukken*
pressure ('preʃə) ZN • *druk(king)* • *nood*; *moeilijkheid* • *dwang*; *pressie* ★ to bring ~ to bear upon *pressie uitoefenen op* ★ ~ group *pressiegroep* ★ ~ gauge *manometer*
pressure-cooker ('preʃəkʊkə) ZN *hogedrukpan*
pressurize ('preʃəraɪz) OV WW • *de (lucht)druk regelen* • OOK FIG. *onder druk zetten*
prestige (pre'stiːʒ) ZN • *prestige* • *gezag*; *invloed*
prestigious (pre'stɪdʒəs) BNW • *met overwicht* • *gezaghebbend*
prestressed (priː'strest) BNW *voorgespannen* ★ ~ concrete *spanbeton*
presumable (prɪ'zjuːməbl) BNW *vermoedelijk*; *waarschijnlijk*
presumably (prɪ'zjuːməblɪ) BIJW *vermoedelijk*; *waarschijnlijk*
presume (prɪ'zjuːm) I OV WW • *aannemen*; *vermoeden*; *geloven* • *'t wagen* II ONOV WW ~ (up)on *misbruik maken van*; *z. laten voorstaan op*
presuming (prɪ'zjuːmɪŋ) BNW *aanmatigend*
presumption (prɪ'zʌmpʃən) ZN • *aanmatiging* • *het voor waar aannemen* • *vermoeden* • *veronderstelling*
presumptive (prɪ'zʌmptɪv) BNW *vermoedelijk* ★ ~ evidence *aanwijzing(en)* ★ heir ~ *vermoedelijke erfgenaam*
presumptuous (prɪ'zʌmptʃʊəs) BNW *aanmatigend*
presuppose (priːsə'pəʊz) OV WW *vóóronderstellen*; *insluiten*
presupposition (priːsʌpə'zɪʃən) ZN *vóóronderstelling*
pretence (prɪ'tens) ZN • *voorwendsel*; *'t doen alsof* • *uiterlijk vertoon* ★ ~ to *aanspraak op* ★ devoid of all ~ *zonder enige pretentie* ★ on the slightest ~ *bij de geringste aanleiding*
pretend (prɪ'tend) I OV WW • *voorwenden*; *doen alsof* • *komedie spelen* • *(valselijk) beweren* II ONOV WW • *z. aanmatigen* • ~ to *aanspraak maken op*; *dingen naar (de hand van)*
pretended (prɪ'tendɪd) BNW *zogenaamd*
pretender (prɪ'tendə) ZN • *pretendent* • *komediant*
pretending (prɪ'tendɪŋ) BNW • *aanmatigend* • *zogenaamd*
pretension (prɪ'tenʃən) ZN *aanmatiging* ★ ~ to *aanspraak op*
pretentious (prɪ'tenʃəs) BNW • *aanmatigend* • *ostentatief*
preter- ('priːtə) VOORV *meer dan*; *boven*
preterit(e) ('pretərɪt) I ZN TAALK. *onv. verleden tijd* II BNW IRON. *afgelopen*; *voorbij*
preternatural (priːtə'nætʃərəl) BNW • *onnatuurlijk* • *bovennatuurlijk* • *buitennatuurlijk*
pretext ('priːtekst) I ZN • *voorwendsel* • *excuus* ★ on/under the ~ of/that *onder voorwendsel van* II OV WW *voorwenden*
prettify ('prɪtɪfaɪ) OV WW *aardig of leuk maken*
prettily ('prɪtəlɪ) BIJW *aardig*; *leuk*; *mooi*
prettiness ('prɪtɪnəs) ZN → **pretty**
pretty ('prɪtɪ) I ZN ★ my ~! *schat!* ★ pretties *mooie dingen* II BNW *aardig*; *mooi* ★ a ~ mess *'n mooie boel* ★ a ~ penny *een aardig centje* III OV WW ★ ~ (o.s.) up *zich opmaken* IV BIJW *nogal*; *tamelijk* ★ he came, and ~ quick *hij kwam, en maar wat gauw* ★ this is ~ much the same *dat is zo goed als/vrijwel hetzelfde*
pretty-pretty ('prɪtɪprɪtɪ) BNW *popperig*; *zoetelijk*
pretzel ('pretsəl) ZN *zoute krakeling*
prevail (prɪ'veɪl) ONOV WW • *de overhand krijgen of hebben* • *(over)heersen* • *zegevieren* • *overreden*; *overhalen*
prevailing (prɪ'veɪlɪŋ) BNW *heersend*; *gangbaar*
prevalence ('prevələns) ZN • *'t (over)heersen* • *overwicht* • *invloed*
prevalent ('prevələnt) BNW *heersend*
prevaricate (prɪ'værɪkeɪt) ONOV WW *liegen*; *er omheen draaien*
prevarication (prɪværɪ'keɪʃən) ZN *dubbelzinnigheid*
prevaricator (prɪ'værɪkeɪtə) ZN *bedrieger*
prevent (prɪ'vent) OV WW • *(ver)hinderen* • REL. *voorgaan*; *leiden* ★ ~ a p. from doing s.th. *iem. verhinderen iets te doen*
preventable (prɪ'ventəbl) BNW *te voorkomen*
preventative (prɪ'ventətɪv) I ZN • *obstakel* • *voorbehoedmiddel* II BNW • *preventief* • *kustwacht-* ★ ~ of *verhinderend* ★ ~ custody *voorlopige hechtenis* ★ ~ officer *opsporingsambtenaar*
prevention (prɪ'venʃən) ZN *'t voorkómen* ★ ~ is better than cure *voorkomen is beter dan genezen*
preventive (prɪ'ventɪv) BNW → **preventative**
preview ('priːvjuː) ZN • *beoordeling vooraf* ⟨v. film of boek⟩ • *bezichtiging*
previous ('priːvɪəs) I BNW *voorafgaand* ★ ~ examination *tentamen* ★ put the ~ question *de preaalabele kwestie stellen* II BIJW ★ ~ to *vóór*
previously ('priːvɪəslɪ) BIJW *vroeger*; *tevoren*
prevision (priː'vɪʒən) ZN *'t vooruit zien*
prewar (priː'wɔː) BNW *vooroorlogs*
prey (preɪ) I ZN *prooi* ★ bird of prey *roofvogel* II ONOV WW ~ upon *azen op*; *aantasten*
price (praɪs) I ZN • *prijs* • *koers* ★ above/beyond ~ *van onschatbare waarde* ★ at a ~ *tegen een behoorlijke prijs* ★ at a low ~ *tegen lage prijs* ★ not at any ~ *voor geen geld* ★ mended ~ *opgeschroefde prijs* ★ every man has his ~ *iedereen is om te kopen* ★ PLAT what ~ this? *dit is ook niet veel zaaks geweest* II OV WW • *prijzen* ⟨v. goederen⟩ • *schatten* ★ high-~d *tegen hoge prijs*
price bracket/range ZN *prijsklasse*
price cutter ZN *prijsvechter* ⟨goedkope winkel⟩
priceless ('praɪsləs) BNW • *onschatbaar* • PLAT *vermakelijk*; *kostelijk*
price level ZN *prijspeil*, *prijsniveau*; *koersniveau*; *koersstand*
pricelist ('praɪslɪst) ZN *prijslijst*
price tag ZN *prijskaartje*
pricey ('praɪsɪ) BNW INFORM. *duur*; *prijzig*
prick (prɪk) I ZN • *prik* • *punt* • *stekel* • *spoor* ⟨v. haas⟩ • VULG. *pik*; *lul* ★ ~s of conscience *gewetenswroeging* II OV WW • *(door)prikken* • *knagen* ⟨v. geweten⟩ • *aanstippen* ⟨v. naam op lijst⟩ • *benoemen* ⟨als sheriff⟩ ★ ~ up one's ears *z'n oren spitsen* ★ ~ a bladder *de onbeduidendheid van iets/iem. aantonen* • ~ in/out/off *uitpoten* ⟨v. zaailingen⟩

pricker ('prɪkə) ZN • *instrument met scherpe punt* • *priem*

prickle ('prɪkl) I ZN • INFORM. *doorntje*; *stekel* • *tenen mandje* II OV+ONOV WW *prikk(el)en*

prickly ('prɪklɪ) BNW • *stekelig* • *kriebelig*

pride (praɪd) I ZN • *trots*; *hoogmoed* • LIT. *prima conditie* • *groep (leeuwen)* ⋆ (proper) ~ *zelfrespect* ⋆ ~ *of place voorrang*; *aanmatiging* ⋆ take ~ in *trots zijn op* ⋆ ~ *of the morning mist bij zonsopgang* ⋆ ~ *will have a fall hoogmoed komt voor de val* ⋆ my ~ *and joy mijn oogappel* ⟨iemand die of iets dat trots en blijdschap geeft⟩ II WKD WW ⋆ ~ o.s. (up)on *zich beroemen op*

priest (priːst) I ZN • *geestelijke*; *priester* • IERS *hamer om afgematte vis te doden* II OV WW *tot priester wijden*

priestess (priːsˈtes) ZN *priesteres*

priesthood ('priːsthʊd) ZN *priesterschap*

priestlike ('priːstlɪ) BNW *als 'n priester*

priest-ridden ('priːstrɪdn) BNW *door priesters onderworpen*

prig (prɪɡ) I ZN • *pedant iem.* • PLAT *dief* ⋆ a conceited prig *een verwaande kwast* II OV WW PLAT *stelen*

priggery ('prɪɡərɪ) ZN *pedanterie*

priggish ('prɪɡɪʃ) BNW *pedant*

prim (prɪm) I BNW *vormelijk*; *stijf* II OV WW *opsmukken* III ONOV WW *gemaakt doen* IV OV+ONOV WW *stijf gezicht opzetten*; *samentrekken* ⟨v. mond of lippen⟩

prima (priːmə) BNW ⋆ ~ donna *prima donna*

primacy ('praɪməsɪ) ZN • *primaatschap* • *voorrang*

primaeval (praɪˈmiːvəl) BNW

primal ('praɪml) BNW • *oorspronkelijk* • *voornaamst*

primarily ('praɪmərəlɪ) BIJW *allereerst*

primary ('praɪmərɪ) I ZN • *hoofdzaak* • USA *voorverkiezing voor presidentschap* II BNW • *eerst* • *voornaamste* • *oorspronkelijk* ⋆ ~ education *lager onderwijs* ⋆ ~ colour *primaire kleur*

primate ('praɪmeɪt) ZN • *primaat* • *aartsbisschop* • *mens(aap)* ⋆ ~ of England *aartsbisschop v. York* ⋆ ~ of all England *aartsbisschop v. Canterbury*

prime (praɪm) I ZN • *hoogste volmaaktheid* • *'t beste* • *bloeitijd* • *begin* • *metten* • *priemgetal* • *bep. positie bij schermen* ⋆ in the ~ of life *in de bloei der jaren* II BNW • *hoofd-* • *voornaamste* • *prima* • *oorspronkelijk* • *grond-* III OV WW • *inspuiten* • *op gang brengen* ⟨v. motor⟩ • *voorbereiden*; *inlichten* • *dronken voeren* • *in de grondverf zetten* • OUD. *laden* ⟨v. vuurwapen⟩

prime mover ZN *eerste oorzaak*

primer ('praɪmə) ZN • *boek voor beginners*; *inleiding* • GESCH. *gebeden voor leken* • *slaghoedje* • *grondverf*

prime time ZN *meest bekeken/beluisterde zendtijd op radio of tv*

primeval (praɪˈmiːvəl), **primaeval** BNW *oorspronkelijk* ⋆ ~ forest *oerwoud*

priming ('praɪmɪŋ) ZN • *kruit* • *loopvuur* • *grondverf* • *suikerpreparaat* ⟨om bij bier te voegen⟩ • *ingepompte kennis* • *'t drillen* • *vervroeging v. 't getij*

primitive ('prɪmɪtɪv) I ZN • *kunstenaar behorende tot de primitieven* • *kunstwerk van vóór de Renaissance* II BNW • *primitief*; *grond-* • *oervroeg*; *eerste*; *primair* • *ouderwets* • *eenvoudig*; *ruw*; *oorspronkelijk*

primogeniture (praɪməʊˈdʒenɪtʃə) ZN *eerstgeboorterecht*

primordial (praɪˈmɔːdɪəl) BNW *oer-*; *oorspronkelijk* ⋆ ~ duty *eerste plicht*

primp (prɪmp) OV WW • *versieren* • *zich opdoffen*

primrose ('prɪmrəʊz) I ZN *sleutelbloem* ⋆ the ~ path *'t najagen v. genot* II BNW *lichtgeel*

primus ('praɪməs) ZN • *oudste*; *senior* ⟨op school⟩ • *primus* • SCHOTS *leidinggevend bisschop*

prince (prɪns) ZN • *prins* • *vorst* • *voornaamste* • *grootste* ⋆ Prince Consort *prins-gemaal* ⋆ ~ royal *kroonprins*

princedom ('prɪnsdəm) ZN • *vorstendom*; *prinsdom* • *prinselijke waardigheid*

princeling ('prɪnslɪŋ) ZN *prinsje*

princely ('prɪnslɪ) BNW • *prinselijk* • *vorstelijk*

princess (prɪnˈses, 'prɪnses) ZN *prinses*; *vorstin* ⋆ ~ royal *kroonprinses*

princess dress ZN *onderjurk*

princess petticoat ZN *onderjurk*

principal ('prɪnsɪpl) I ZN • *hoofdpersoon* • *directeur* • *rector* • *principaal*; *chef* • *kapitaal* • *hoofdbalk* • *iem. die de borgstelling heeft* • *duellist* • *hoofdschuldige* ⋆ lady ~ *directrice* ⋆ ~ in the first degree *hoofdschuldige* ⋆ ~ in the second degree *handlanger* II BNW *voornaamste*; *hoofd-*

principality (prɪnsɪˈpælətɪ) ZN • *prinsdom*; *vorstendom* • *prinselijke/vorstelijke waardigheid* ⋆ the Principality *Wales*

principally ('prɪnsɪpəlɪ) BIJW *hoofdzakelijk*

principle ('prɪnsɪpl) ZN • *principe*; *grondbeginsel* • SCHEIK. *bestanddeel* ⋆ Archimedean ~ *wet v. Archimedes* ⋆ on ~ *principieel*

principled ('prɪnsɪpld) BNW *met (hoogstaande) principes*

prink (prɪŋk) OV+ONOV WW • ⟨z.⟩ *mooi maken*; ⟨z.⟩ *tooien* • *gladstrijken* ⟨v. vogelveren⟩

print (prɪnt) I ZN • *afdruk*; *stempel*; *teken*; *merk* • *bedrukte stof* • *drukwerk*; *gedrukt werk*; *druk* • *reproductie*; *gravure*; *plaat*; *prent* • USA *krant* • *a* ~ dress *'n katoenen jurkje* ⋆ in ~ *nog niet uitverkocht*; *in druk* ⋆ rush into ~ *naar de pen grijpen*; *maar raak publiceren* II OV WW • (laten) *drukken* • *stempelen*; *bestempelen* • *inprenten* • *achterlaten* ⟨v. indruk⟩ • *in druk uitgeven* • *bedrukken* ⋆ ~ed matter *drukwerk* ⋆ ~ed in his memory *in zijn geheugen gegrift* ⋆ ~ off/out *afdrukken* ⟨v. foto's⟩

printable ('prɪntəbl) BNW *geschikt om te drukken*

printer ('prɪntə) ZN • *drukker* • *eigenaar v. drukkerij* • *drukpers* • *printer* ⋆ ~'s devil *drukkersjongen*

printing ('prɪntɪŋ) I ZN (boek)*drukkunst* ⋆ GESCH. ~ house/works *drukkerij* II WW [tegenw. deelw.] → print

printing-press ('prɪntɪŋpres) ZN *drukpers*

print-out ZN *uitdraai*

prior ('praɪə) I ZN *prior* II BNW + BIJW *vroeger* ⋆ ~ to *voorafgaande aan*; *vóór*

priorate ('praɪərɪt) ZN • *prioraat* • *priorij*
prioress (praɪə'res) ZN *priores*
priority (praɪ'ɒrətɪ) ZN *voorrang*
priory ('praɪərɪ) ZN *priorij*
prise (praɪz) I ZN *hefkracht* II OV WW *openbreken*
prism ('prɪzəm) ZN • *prisma* • *spectrum* ★ ~s *prismatische kleuren*
prismatic (prɪz'mætɪk) BNW • *prismatisch* • *schitterend*
prison ('prɪzən) I ZN *gevangenis* ★ ~ bird *recidivist* ★ ~ yard *gevangenisbinnenplaats* ★ ~ camp *gevangenkamp* II OV WW *in de gevangenis werpen; gevangen houden*
prisoner ('prɪznə) ZN *gevangene* ★ ~ (at the bar) *verdachte* ★ ~ of war *krijgsgevangene*
prissy ('prɪsɪ) BNW INFORM. *gemaakt; preuts*
pristine ('prɪstiːn) BNW • *oorspronkelijk; vroeger; goed* ⟨v. vroeger tijd⟩ • *ongerept; zuiver*
privacy ('prɪvəsɪ/'praɪvəsɪ) ZN • *afzondering* • *geheimhouding*
private ('praɪvət) I ZN *gewoon soldaat* ★ in ~ *in 't geheim; achter gesloten deuren; alleen* ★ (the) ~s *(de) geslachtsdelen* II BNW • *geheim* • *privé; persoonlijk; vertrouwelijk* • *afgelegen; afgezonderd* • *particulier* ★ ~ bill *wetsontwerp betreffende particulier of corporatie* ★ ~ box *postbus* ★ ~ company *familievennootschap* ★ by ~ contract *onderhands* ★ ~ hotel *familiehotel* ★ ~ member *gewoon parlementslid (niet-minister)* ★ ~ ownership *privébezit* ★ ~ parts *geslachtsdelen* ★ ~ soldier *soldaat*
privateer (praɪvə'tɪə) ZN *kaper(schip)* ★ ~s *bemanning v. kaperschip*
privately ('praɪvətlɪ) BIJW • *privé* • *in stilte* • *particulier*
privation (praɪ'veɪʃən) ZN • *ontbering; gebrek* • *verlies*
privative ('prɪvətɪv) BNW • *berovend* • *ontkennend* • TAALK. *privatief*
privet ('prɪvɪt) ZN *liguster*
privilege ('prɪvɪlɪdʒ) I ZN • *(voor)recht; privilege* • *onschendbaarheid* ★ your ~! *dat is uw goed recht!* II OV WW • *bevoorrechten* • *vrijstellen*
privily ('prɪvəlɪ) BIJW *heimelijk*
privy ('prɪvɪ) I ZN • *toilet; privaat* • *belanghebbende* II BNW • *verborgen* • *geheim* ★ ~ to *ingewijd in* ★ Privy Council *kroonraad* ★ ~ purse *staatstoelage voor privé-uitgaven v. vorst* ★ Lord Privy Seal *grootzegelbewaarder* ★ ~ councillor/counsellor *lid van kroonraad*
prize (praɪz) I ZN • *prijs; beloning* • *meevaller* • *koop* • *buit* • *hefkracht* II BNW *bekroond* ⟨op tentoonstelling⟩ III OV WW • *waarderen* • *prijs maken* • *opbrengen* ⟨v. schip⟩ • *openbreken* ⟨vnl. van deksel⟩
prizefight ('praɪzfaɪt) ZN *bokswedstrijd* ⟨voor geld⟩
prizefighter ('praɪzfaɪtə) ZN *prijsvechter* ⟨bokser⟩
prizeman ('praɪzmən) ZN → **prizewinner**
prizewinner ('praɪzwɪnə) ZN *prijswinnaar*
pro (prəʊ) I BNW • *pro; vóór* • INFORM. → **professional** ★ the pros and cons *de voors en tegens* II ZN *v. ter verdediging van*
pro- (prəʊ) VOORV *pro-; voor* ★ pro-American *pro-Amerikaans*
proactive (prəʊ'æktɪv) BNW *proactief*

probability (prɒbə'bɪlətɪ) ZN *waarschijnlijkheid* ★ USA probabilities *weersvoorspelling* ★ in all ~ *hoogst waarschijnlijk*
probable ('prɒbəbl) I ZN *vermoedelijke winnaar of kandidaat* II BNW *waarschijnlijk*
probably ('prɒbəblɪ) BIJW • *waarschijnlijk; vermoedelijk* • *ongetwijfeld*
probate ('prəʊbeɪt) ZN *geverifieerd afschrift v. een testament* ★ ~-duty *successierecht*
probation (prə'beɪʃən) ZN • *proef(tijd); onderzoek* • *voorwaardelijke veroordeling* • *reclassering* ★ on ~ *proeftijd of noviciaat doormakend* ★ ~ officer *reclasseringsambtenaar*
probationary (prə'beɪʃənərɪ) BNW *proef-*
probationer (prə'beɪʃənə) ZN • *proefleerling* • *leerling-verpleegster* • *voorwaardelijk veroordeelde* • *proponent*
probe (prəʊb) I ZN • *sonde* • *onderzoek* II OV WW • *sonderen* • *onderzoeken; doordringen in*
probic ('prəʊbɪk) BNW USA/INFORM. *op proef aangesteld*
probity ('prəʊbətɪ) ZN *oprechtheid; eerlijkheid*
problem ('prɒbləm) ZN *probleem; vraagstuk*
problematic(al) (prɒblə'mætɪk(l)) BNW *twijfelachtig; onzeker*
proboscis (prəʊ'bɒsɪs) ZN • *slurf* • IRON. *neus*
procedural (prə'siːdʒ(ə)rəl) BNW *betreffende een procedure*
procedure (prə'siːdʒə) ZN • *methode; handeling; procedure* • *rechtspleging*
proceed (prə'siːd) ONOV WW • *verder (voort)gaan; vorderen; vervolgen* ⟨v. rede⟩ • ~ against *gerechtelijk vervolgen* • ~ from *komen uit; uitgegeven worden door* • ~ to *behalen* ⟨v. graad⟩ • ~ upon *te werk gaan volgens* • ~ with *verder gaan*
proceeding (prə'siːdɪŋ) ZN • *handeling* • *handelwijze* • *maatregel* ★ ~s *gebeurtenissen; werkzaamheden; handelingen; notulen* ★ institute (legal) ~s *rechtsvervolging instellen*
proceeds ('prəʊsiːdz) ZN MV *opbrengst*
process ('prəʊses) I ZN • *proces* • *(ver)loop* • *verrichting; methode; werkwijze* • *praktijk* • *uitwas* ★ in ~ of construction *in aanbouw* ★ in ~ of time *na verloop van tijd* II OV WW • *gerechtelijk vervolgen* • *behandelen* ⟨vnl. van stof⟩ • *conserveren* ⟨v. voedsel⟩ • *verwerken* • *ontwikkelen* ⟨v. foto, film⟩ III ONOV WW *'n processie/optocht houden*
procession (prə'seʃən) I ZN • *defilé; stoet; processie* • *wedstrijd waarbij deelnemers elkaar de voorrang niet (kunnen) betwisten* • *opeenvolging; reeks* II ONOV WW *'n processie/optocht houden*
processional (prə'seʃənl) BNW *processie-*
processor ('prəʊsesə) ZN • *bewerker* • *computer; verwerkingseenheid*
process-server ('prəʊsesɜːvə) ZN *deurwaarder*
proclaim (prə'kleɪm) OV WW • *afkondigen; bekend maken* • *uitroepen tot in staat v. beleg verklaren* • *verbieden* ⟨v. vergadering⟩ ★ ~ a traitor *tot verrader verklaren* ★ ~ the banns *een huwelijk kerkelijk afkondigen*
proclamation (prɒklə'meɪʃən) ZN • *proclamatie* • *verkondiging*
proclivity (prə'klɪvətɪ) ZN *neiging*

procrastinate (prəʊˈkræstɪneɪt) ONOV WW *talmen*
procrastination (prəkræstɪˈneɪʃən) ZN *getalm; uitstel*
procreate ('prəʊkrieɪt) OV WW *voortplanten*
procreation (prəʊkriˈeɪʃən) ZN *voortplanting*
proctor ('prɒktə) ZN • *universiteitsambtenaar die toezicht houdt op handhaving v. orde en tucht* • *procureur* ⟨bij kerkelijke rechtbank⟩ ★ Queen's/King's ~ *vertegenwoordiger v.d. kroon die mag interveniëren bij echtscheidingsprocessen en onregelmatigheden bij testamenten; procureur*
procumbent (prəˈkʌmbənt) BNW • *vooroverliggend* • *kruipend*
procurable (prɒˈkjʊərəbl) BNW *verkrijgbaar*
procuration (prɒkjʊˈreɪʃən) ZN • *(het) verkrijgen; bezorging* • *volmacht* • *makelaarsloon*
procurator ('prɒkjʊəreɪtə) ZN • *gevolmachtigde* • *landvoogd* ★ ~ *fiscal officier van justitie van district in Schotland*
procure (prəˈkjʊə) OV WW • *verkrijgen; bezorgen* • *koppelen*
procurement (prəˈkjʊəmənt) ZN • *'t verkrijgen* • *bemiddeling*
procurer (prəˈkjʊərə) ZN • *bezorger* • *koppelaar* • *souteneur*
procuress (prəˈkjʊəres) ZN *bordeelhoudster; koppelaarster*
prod (prɒd) I ZN • *por* • *(vlees)pen* • MIN. *Ierse Protestant* II OV+ONOV WW • *prikken; porren* • *prikkelen* • *(aan)sporen*
prodigal ('prɒdɪgl) I ZN *doordraaier; verkwister* II BNW *verkwistend* ★ ~ *of kwistig met* ★ the ~ son *de verloren zoon*
prodigality (prɒdɪˈgælətɪ) ZN *verkwisting*
prodigious (prəˈdɪdʒəs) BNW *wonderbaarlijk; enorm; abnormaal*
prodigy ('prɒdɪdʒɪ) ZN *wonder(kind)*
produce¹ ('prɒdjuːs) ZN • *opbrengst* • *producten* ⟨v. de bodem⟩ • *resultaat* ★ raw ~ *land- en tuinbouwproducten* ★ ~ trade *goederenhandel*
produce² (prəˈdjuːs) OV WW • *opleveren* • *te voorschijn halen* • *opbrengen* • *aanvoeren* ⟨v. bewijs⟩ • *opvoeren* ⟨v. toneelstuk⟩ • *verlengen* ⟨v. lijn⟩ • *produceren* • *ontwerpen* ⟨v. kleding⟩ • *veroorzaken*
producer (prəˈdjuːsə) ZN • *producent* • *productieleider* ⟨v. film, toneel⟩ • *ontwerper* • *regisseur* ★ ~ gas *persgas*
product ('prɒdʌkt) ZN • *product* • *resultaat*
production (prəˈdʌkʃən) ZN • *productie* • *product* ★ on ~ *of op vertoon van* ★ ~ line *lopende band*
productive (prəˈdʌktɪv) BNW • *producerend* • *productief* ★ be ~ of *opleveren*
productivity (prɒdʌkˈtɪvətɪ) ZN *productiviteit*
proem ('prəʊɪm) ZN *inleiding; voorwoord*
Prof. AFK *professor professor*
profanation (prɒfəˈneɪʃən) ZN • *profanatie* • *ontheiliging* • *heiligschennis*
profane (prəˈfeɪn) I BNW • *profaan* • *heidens* • *godslasterlijk* II OV WW • *profaneren* • *ontheiligen* • *schenden*
profanity (prəˈfænətɪ) ZN • *goddeloosheid* • *heiligschennis*
profess (prəˈfes) I OV WW • *betuigen* ⟨v. gevoelens⟩ • *doen alsof* • *openlijk verklaren* • *beweren* • *belijden* ⟨v. godsdienst⟩ • *uitoefenen* ⟨v. beroep⟩ ★ a ~ing Catholic *praktiserend katholiek* II ONOV WW *de kloostergelofte afleggen* III OV+ONOV WW • *college geven* • *professorale plichten vervullen*
professed (prəˈfest) BNW • *overtuigd; openlijk* • *zogenaamd* • *beroeps-*
professedly (prəˈfesɪdlɪ) BIJW • *openlijk* • *ogenschijnlijk*
profession (prəˈfeʃən) ZN • *kloostergelofte* • *beroep* • *verklaring; betuiging* • *belijdenis* • *professie* ⟨v. kloosterling⟩ ★ stand ~ the (learned) ~s *de geleerde beroepen: theologie, rechten, medicijnen* ★ by ~ *van beroep*
professional (prəˈfeʃənl) I ZN • *beroepsspeler* • PLAT *acteur* • *vakman* II BNW • *beroeps-; vak-* • *met een hogere opleiding* • MIN. *onverbeterlijk* ★ he is a ~ man *hij heeft gestudeerd; hij is een vakman*
professionalism (prəˈfeʃənəlɪzəm) ZN *professionalisme; vakbekwaamheid*
professor (prəˈfesə) ZN • *professor* • *belijder* • PLAT *beroeps*
professorate (prəˈfesərɪt) ZN • *professoraat* • *wetenschappelijke staf*
professorial (prɒfəˈsɔːrɪəl) BNW *professoraal*
professorship (prəˈfesəʃɪp) ZN *professoraat*
proffer ('prɒfə) I ZN *aanbod* II OV WW *aanbieden*
proficiency (prəˈfɪʃənsɪ) ZN *bedrevenheid; bekwaamheid*
proficient (prəˈfɪʃənt) I ZN *bedrevene; meester* II BNW *bekwaam* ★ ~ at/in *bedreven in*
profile ('prəʊfaɪl) I ZN • *profiel* • *doorsnede* • *omtrek* • *korte levensbeschrijving; karakterschets* ⟨in de journalistiek⟩ ★ keep a low ~ *zich op de achtergrond houden; zich gedeisd houden* II OV WW *in profiel tekenen*
profit ('prɒfɪt) I ZN • *voordeel; nut* • *winst* ★ at a ~ *met winst* ★ ~ and loss account *winst- en verliesrekening* ★ paper ~s *denkbeeldige winst* II OV WW *van nut zijn; helpen* III OV+ONOV WW *profiteren* ★ ~ by *z'n nut doen met; profiteren van*
profitable ('prɒfɪtəbl) BNW • *winstgevend* • *nuttig*
profitably ('prɒfɪtəblɪ) BNW *met winst*
profiteer (prɒfɪˈtɪə) I ZN MIN. *woekeraar* II ONOV WW *woekerwinst maken*
profitless ('prɒfɪtləs) BNW *nutteloos; zonder resultaat*
profit margin ZN *winstmarge*
profligacy ('prɒflɪgəsɪ) ZN *losbandigheid*
profligate ('prɒflɪgət) I ZN *losbol* II BNW *losbandig*
profound (prəˈfaʊnd) I ZN LIT. *onpeilbare diepte* ⟨v. zee, hart⟩ II BNW *diep(gaand); grondig*
profundity (prəˈfʌndətɪ) ZN *diepte*
profuse (prəˈfjuːs) BNW • *kwistig; verkwistend* • *overvloedig*
profusion (prəˈfjuːʒən) ZN • *kwistigheid; verkwisting* • *overvloed*
prog (prɒg) I ZN • PLAT *proctor aan universiteit* • *progressieveling* • *radio-/tv-programma* II OV WW INFORM. *berispen* ⟨v. student⟩
progenitor (prəʊˈdʒenɪtə) ZN • *voorvader* • *geestelijke vader; voorganger* • *origineel*
progeniture (prəʊˈdʒenɪtjʊə) ZN • *verwekking* • *afkomst* • *nakomelingschap*

progeny ('prɒdʒɪnɪ) ZN • *nageslacht* • *resultaat*
prognosis (prɒg'nəʊsɪs) ZN *prognose*
prognostic (prɒg'nɒstɪk) **I** ZN *voorteken; voorspelling* **II** BNW *voorspellend* ★ ~ *of wijzend op*
prognosticate (prɒg'nɒstɪkeɪt) OV WW • *voorspellen* • *wijzen op*
program(me) ('prəʊgræm) **I** ZN • *program(ma)* • USA *agenda* ★ ~ *picture bijfilm* **II** OV WW *een bep. plan opstellen* • *programmed course geprogrammeerde cursus*
progress[1] ('prəʊgres) ZN • *voortgang; vordering(en)* • *stand v. zaken* ★ in ~ *aan de gang*
progress[2] (prə'gres) ONOV WW • *vooruitgaan; vorderen* • *aan de gang zijn*
progression (prə'greʃən) ZN • *vooruitgang; vordering* • *progressie* • *reeks*
progressive (prə'gresɪv) **I** ZN *voorstander v. progressieve politiek* **II** BNW • *vooruitgaand* • *vooruitstrevend* • *progressief*
prohibit (prə'hɪbɪt) OV WW • *verbieden* • *verhinderen*
prohibition (prəʊhɪ'bɪʃən) ZN *verbod*
Prohibition (prəʊhɪ'bɪʃən) ZN *drankverbod in Amerika*
prohibitionist (prəʊhɪ'bɪʃənɪst) ZN *voorstander v. drankverbod*
prohibitive (prəʊ'hɪbɪtɪv) BNW • *verbiedend* • *belemmerend* • *enorm hoog* ⟨vnl. van prijs⟩ ★ ~ *terms onaanvaardbare voorwaarden*
prohibitory (prəʊ'hɪbɪtərɪ) BNW → **prohibitive**
project[1] ('prɒdʒekt) ZN • *project; plan* • *(school)taak*
project[2] (prə'dʒekt) **I** OV WW • *ontwerpen* • *projecteren* • *slingeren* • *belichamen* ⟨v. gedachte⟩ ★ ~ *o.s. zich geestelijk verplaatsen in* **II** ONOV WW *vooruitsteken*
projectile (prəʊ'dʒektaɪl) **I** ZN *projectiel* **II** BNW *voortdrijvend* ★ ~ *force drijfkracht*
projection (prə'dʒekʃən) ZN • *uitsteeksel* • *ontwerp; 't ontwerpen* • *projectie* ⟨in meetkunde⟩ • *projectie; het projecteren* ★ ~ *room (film)cabine*
projectionist (prə'dʒekʃənɪst) ZN *filmoperateur*
projective (prə'dʒektɪv) BNW *projectie-; projecterend*
projector (prə'dʒektə) ZN • *promotor v. zwendelmaatschappij* • *projectietoestel* • *ontwerper*
prolapse[1] ('prəʊlæps) ZN *verzakking*
prolapse[2] (prəʊ'læps) ONOV WW *verzakken*
prole (prəʊl) ZN INFORM. *proletariër*
proletarian (prəʊlɪ'teərɪən) **I** ZN *proletariër* **II** BNW *proletarisch*
proletariat(e) (prəʊlɪ'teərɪət) ZN *proletariaat*
proliferate (prə'lɪfəreɪt) ONOV WW *zich snel vermenigvuldigen; z. verspreiden*
proliferation (prəʊlɪfə'reɪʃən) ZN *snelle toename; woekering*
proliferous (prə'lɪfərəs) BNW • *snel in aantal toenemend* • *uitzaaiend*
prolific (prə'lɪfɪk) BNW *overvloedig* ★ ~ *of vruchtbaar in* ★ ~ *in rijk aan*
prolix ('prəʊlɪks) BNW • *uitvoerig* • *langdradig*
prolixity (prəʊ'lɪksətɪ) ZN *uitvoerigheid; langdradigheid*
prologue ('prəʊlɒg) ZN • *proloog; inleiding* • *voorspel*
prolong (prə'lɒŋ) OV WW *verlengen; aanhouden* ⟨v. noot⟩
prolongation (prəʊlɒŋ'geɪʃən) ZN *verlenging*
prom (prɒm) ZN • USA *groot schoolfeest* ⟨vooral na eindexamen⟩ • INFORM. *promenadeconcert*
promenade (prɒmə'nɑːd) **I** ZN • *wandeling; wandelrit* • *wandelplaats* ★ ~ *concert zomerconcert* **II** OV+ONOV WW • *wandelen* • *rondrijden* • *rondleiden*
promenader (prɒmə'nɑːdə) ZN *wandelaar*
prominence ('prɒmɪnəns) ZN • *uitsteeksel; verhevenheid* • *onderscheiding* ★ give ~ to *op de voorgrond plaatsen*
prominent ('prɒmɪnənt) BNW • *vooraanstaand* • *voornaam* • *vooruitstekend* • *opvallend*
promiscuity (prɒmɪs'kjuːətɪ) ZN • *gemengdheid; vermenging* • *vrije liefde*
promiscuous (prə'mɪskjʊəs) BNW • INFORM. *toevallig* • *veel relaties hebbend* • *gemengd; zonder onderscheid*
promise ('prɒmɪs) **I** ZN *belofte* ★ a man of ~ *'n veelbelovend man* **II** OV+ONOV WW *beloven; toezeggen* ★ ~ well *veel beloven* ★ ~ o.s. *zich verheugen op* ★ the ~d land *'t beloofde land*
promising ('prɒmɪsɪŋ) BNW *veelbelovend*
promissory ('prɒmɪsərɪ) BNW • *(veel)belovend* • *reglementair* ★ ~ note *promesse*
promontory ('prɒməntərɪ) ZN • *voorgebergte* • *kaap* • ANAT. *uitsteeksel*
promote (prə'məʊt) OV WW • *bevorderen; vooruithelpen* • *aanmoedigen* • *oprichten* ⟨v. maatschappij⟩ ★ ~ a bill *de aanneming v. wetsontwerp bevorderen*
promoter (prə'məʊtə) ZN • *bevorderaar; begunstiger* • *oprichter van maatschappij* ★ company ~ *oprichter van maatschappij*
promotion (prə'məʊʃən) ZN • *promotie; bevordering* • *reclameactie* ★ ~ examination *overgangsexamen*
promotional (prəʊ'məʊʃənəl) BNW *bevorderend; hulpverlenend*
prompt (prɒmpt) **I** ZN • *betalingstermijn; ontvangsttermijn* • *'t souffleren* • *'t gesouffleerde* • COMP. *prompt* ⟨vraag/instructie vanuit systeem⟩ **II** BNW *onmiddellijk; vlug; vlot; prompt* ★ ~ cash *contant* **III** OV WW • *aanzetten; aanmoedigen* • *souffleren; voorzeggen* **IV** BIJW *precies*
prompt-box ('prɒmptbɒks) ZN *souffleurshokje*
prompter ('prɒmptə) ZN • *iem. die aanmoedigt* • *souffleur*
prompting ('prɒmptɪŋ) ZN • *aanmoediging* • *'t souffleren* ★ the ~ of conscience *de stem v. 't geweten*
promptitude ('prɒmptɪtjuːd) ZN *promptheid; vlugheid*
promptness ('prɒmptnəs) ZN → **promptitude**
promulgate ('prɒməlgeɪt) OV WW • *bekend maken* • *uitvaardigen* • *verbreiden*
promulgation (prɒməl'geɪʃən) ZN • *bekendmaking* • *uitvaardiging* • *verbreiding*
prone (prəʊn) BNW • *naar voren gebogen* • *voorover(liggend); plat* • *steil* ★ ~ to *geneigd*

tot; vatbaar voor
prong (prɒŋ) **I** ZN • *(hooi)vork* • *tand* ⟨v. vork⟩ **II** OV WW *(door)steken* ⟨met vork⟩
pronominal (prəʊˈnɒmɪnl) BNW *voornaamwoordelijk*
pronoun (ˈprəʊnaʊn) ZN *voornaamwoord*
pronounce (prəˈnaʊns) WW • *uitspreken; uiten* • *uitspraak doen* • **~ for** *(z.)* verklaren voor
pronounceable (prəˈnaʊnsəbl) BNW *uit te spreken*
pronounced (prəˈnaʊnst) BNW ★ he has a ~ tendency to ... *hij heeft een uitgesproken neiging om ...*
pronouncement (prəˈnaʊnsmənt) ZN *verklaring*
pronto (ˈprɒntəʊ) BIJW INFORM. *meteen; onmiddellijk*
pronunciation (prənʌnsɪˈeɪʃən) ZN *uitspraak*
proof (pruːf) **I** ZN • *proef* • *bewijs(materiaal)* • *drukproef* • USA *vereist alcoholgehalte* ★ USA 86 ~ *43% (alcohol)* ★ *the ~ of the pudding is in the eating de praktijk zal het leren* ★ DRUKK. *in ~ ter perse* ★ *in ~ of ten bewijze van* ★ *put to the ~ op de proef stellen* ★ *material ~ hard bewijs* **II** BNW *beproefd* ★ **~ against** *bestand tegen* **III** OV WW *ondoordringbaar maken; waterdicht maken*
proofread (ˈpruːfriːd) OV WW *proeflezen; corrigeren* ⟨v. drukproeven⟩
proof-reader (ˈpruːfriːdə) ZN *corrector*
proof-sheet (ˈpruːfʃiːt) ZN *drukproef*
prop (prɒp) **I** ZN • INFORM. *voorstel* • *decorstuk* • *stut; steunpilaar* **II** OV WW • *steunen; schragen* • **~ against** *zetten tegen* • **~ up** *overeind houden; ondersteunen* **III** ONOV WW *plotseling stilstaan met gestrekte voorpoten* ⟨v. paard⟩
propagandize (prɒpəˈgændaɪz) **I** OV WW *propageren* **II** ONOV WW *propaganda maken*
propagate (ˈprɒpəgeɪt) **I** OV WW • *propageren* • *voortplanten* • *verbreiden; verspreiden* **II** ONOV WW • *z. verspreiden* • *z. voortplanten*
propagation (prɒpəˈgeɪʃən) ZN • *verbreiding* • *voortplanting*
propane (ˈprəʊpeɪn) ZN *propaan*
propel (prəˈpel) OV WW *(voort)drijven*
propellant (prəˈpelənt) ZN *drijfkracht*
propellent (prəˈpelənt) BNW *voortstuwend*
propeller (prəˈpelə) ZN *propeller; schroef*
propensity (prəˈpensətɪ) ZN *geneigdheid; neiging*
proper (ˈprɒpə) BNW • *eigen(lijk)* • *juist; goed* • *gepast; netjes; fatsoenlijk* • *onvervalst; echt* • HER. *in de natuurlijke kleur* ★ *the story ~ het eigenlijke verhaal* ★ *~ name eigennaam* ★ *a ~ row 'n flinke ruzie*
properly (ˈprɒpəlɪ) BIJW • *totaal; volkomen* • *correct; juist* • *terecht*
propertied (ˈprɒpətɪd) BNW ★ **~ classes** *bezittende klassen*
property (ˈprɒpətɪ) ZN • *bezit(ting); land(goed)* • *eigendom(srecht)* • *eigenschap* ★ *properties toneelrekwisieten* ★ *lost ~ gevonden voorwerpen* ★ *real ~ land in eigen bezit* ★ *~ developer projectontwikkelaar* ★ *~ master rekwisiteur* ★ *~ settlement boedelscheiding* ★ *~ tax grondbelasting* ★ *movable ~ roerend goed* ★ *landed ~ grondbezit*
prophecy (ˈprɒfəsɪ) ZN *profetie; voorspelling*

prophesy (ˈprɒfɪsaɪ) OV+ONOV WW *profeteren; voorspellen*
prophet (ˈprɒfɪt) ZN • *profeet* • *voorstander* • PLAT *iem. die tips geeft bij wedstrijden*
prophetess (prɒfɪˈtes) ZN *profetes*
prophetic(al) (prəˈfetɪk(l)) BNW *profetisch*
prophylactic (prɒfɪˈlæktɪk) ZN • *preventief middel* • USA *condoom*
propinquity (prəˈpɪŋkwətɪ) ZN • *nabijheid* • *nauwe verwantschap* • *gelijkheid; overeenkomst*
propitiate (prəˈpɪʃɪeɪt) OV WW • *gunstig stemmen* • *verzoenen*
propitiation (prəpɪʃɪˈeɪʃən) ZN *verzoening; boetedoening*
propitiatory (prəˈpɪʃɪətərɪ) BNW *verzoenend; zoen-*
propitious (prəˈpɪʃəs) BNW *genadig; gunstig*
proponent (prəˈpəʊnənt) **I** ZN *voorstander; verdediger* **II** BNW *ponerend; voorstellend*
proportion (prəˈpɔːʃən) **I** ZN • *evenredigheid* • *deel* • *verhouding* ★ *in ~ as naarmate* ★ *in ~ to in verhouding tot* ★ *out of ~ niet in verhouding* ★ *~s afmetingen* **II** OV WW • *evenredig maken* ★ *well-~ed goed geproportioneerd* • **~ to** *afmeten naar*
proportionable (prəˈpɔːʃənəbl) BNW *evenredig*
proportional (prəˈpɔːʃənl) **I** ZN *evenredige* **II** BNW ★ *~ representation evenredige vertegenwoordiging* ★ **~ to** *evenredig aan*
proportionate (prəˈpɔːʃənət) BNW ★ **~ to** *evenredig aan*
proposal (prəˈpəʊzəl) ZN • *voorstel* • *huwelijksaanzoek* • *voordracht* ⟨als lid⟩
propose (prəˈpəʊz) **I** OV WW • *voorstellen; van plan zijn* • *voordragen* ⟨als lid⟩ ★ *~ a p.'s health op iemands gezondheid drinken* **II** ONOV WW *huwelijksaanzoek doen* ★ *man ~s, God disposes de mens wikt, God beschikt*
proposition (prɒpəˈzɪʃən) ZN • *bewering* • *stelling* • *voorstel* • PLAT *karweitje; zaak(je); geval; kwestie; ding*
propositional (prɒpəˈzɪʃənl) BNW *gegrond op een stelling*
propound (prəˈpaʊnd) OV WW • *voorstellen* • *laten verifiëren* ⟨v. testament⟩
propr. AFK *proprietor eigenaar*
proprietary (prəˈpraɪətərɪ) **I** ZN • *bezit(srecht)* • *(groep van) eigenaar(s)* ★ *landed ~ gezamenlijke landeigenaren* **II** BNW • *eigendoms-; particulier* • *bezittend* ⟨v. klasse⟩ • *gepatenteerd*
proprietor (prəˈpraɪətə) ZN *eigenaar* ★ *~s' capital aandelenkapitaal*
proprietorial (prəpraɪəˈtɔːrɪəl) BNW *v. eigenaar*
proprietress (prəˈpraɪətrəs) ZN *eigenares*
propriety (prəˈpraɪətɪ) ZN • *juistheid* • *fatsoen; welvoeglijkheid* ★ *proprieties beleefde manieren*
props (prɒps) ZN MV PLAT *(toneel)rekwisieten*
propulsion (prəˈpʌlʃən) ZN • *voortstuwing* • *stuwkracht* ★ *jet ~ straalaandrijving*
propulsive (prəˈpʌlsɪv) BNW • *voortdrijvend* • *stuw-*
prorogation (prəʊrəˈgeɪʃən) ZN • *verdaging* • *reces*
prorogue (prəˈrəʊg) OV WW *verdagen*
prosaic(al) (prəʊˈzeɪɪk(l)) BNW *prozaïsch*

proscenium (prə'si:nıəm) ZN • *toneel* ‹in de Oudheid› • *ruimte tussen gordijn en orkest* ‹bij toneel›

proscribe (prə'skraıb) OV WW • *vogelvrij verklaren*; *verbannen* • *verwerpen* ‹v. bepaalde praktijk›

proscription (prəʊ'skrıpʃən) ZN • *verbod* • *verbanning*

prose (prəʊz) I ZN • *proza* • *'t prozaïsche* • *saaie of vervelende uiteenzetting* II OV WW *in proza overbrengen* III ONOV WW *prozaïsch schrijven/spreken*

prosecutable ('prɒsıkju:təbl) BNW *strafbaar*; *vervolgbaar*

prosecute ('prɒsıkju:t) OV WW • *(ver)volgen*; *voortzetten* • *uitoefenen* ‹v. vak› • *klacht indienen tegen* ★ *trespassers will be* ∼d *overtreders zullen worden gestraft*

prosecution (prɒsı'kju:ʃən) ZN • *vervolging* • *uitoefening* • *eiser*

prosecutor ('prɒsıkju:tə) ZN • *beoefenaar* • *aanklager* ★ *public* ∼ *officier v. justitie*

proser ('prəʊzə) ZN • *saaie spreker* • *prozaschrijver*

prospect[1] ('prɒspekt) ZN • *verwachting*; *verschiet* • *vermoedelijke vindplaats v. erts of olie* • *ertsonderzoek*; *ertsopbrengst* • *gegadigde* • *vermoedelijke koper* ★ ∼ *of (voor)uitzicht op* ★ *in* ∼ *in 't vooruitzicht*

prospect[2] (prə'spekt) OV WW • *zoeken naar olie/erts* ★ *the mine* ∼*s well de mijn belooft veel op te leveren* • ∼ **for** *zoeken naar*

prospective (prə'spektıv) BNW • *vooruitziend* • *aanstaand*; *toekomstig*; *vermoedelijk* ★ ∼ *buyer gegadigde*

prospector (prə'spektə) ZN • *mijnonderzoeker* • *goudzoeker*

prosper ('prɒspə) I OV WW *begunstigen* II ONOV WW *voorspoed genieten*; *gedijen*

prosperity (prɒ'sperətı) ZN *voorspoed*; *bloei*

prosperous ('prɒspərəs) BNW *voorspoedig*; *welvarend*

prostate ('prɒsteıt) ZN ★ ∼ (gland) *prostaat*

prostitute ('prɒstıtju:t) I ZN *prostituee* ★ *male* ∼ *schandknaap* II OV WW • *prostitueren* • *vergooien*; *verlagen*; *misbruiken*

prostitution (prɒstı'tju:ʃən) ZN • *prostitutie* • *misbruik*

prostrate[1] ('prɒstreıt) BNW • *vooroverliggend*; *uitgestrekt* • *verslagen*; *gebroken* ‹v. smart› • *(lichamelijk) uitgeput* ★ *lay* ∼ *machteloos maken*

prostrate[2] (prɒs'treıt) OV WW • *ter aarde werpen* • *verslaan* • *(lichamelijk) uitputten* ★ ∼ *o.s. before zich in 't stof buigen voor*

prostration (prɒs'treıʃən) ZN • *(voorover) liggende houding* • *voetval* • *ootmoedige aanbidding* • *(lichamelijke) uitputting* • *machteloosheid*

prosy ('prəʊzı) BNW *vervelend*; *saai*; *langdradig*

protagonist (prəʊ'tægənıst) ZN • *hoofdpersoon* • *kopstuk* • *kampioen*; *voorvechter*

protean (prəʊ'tıən) BNW *voortdurend veranderend*

protect (prə'tekt) OV WW • *beveiligen* • *honoreren* ‹v. wissel› • ∼ **against** *beschermen tegen* • ∼ **from** *beschutten tegen*; *beschermen tegen*

protection (prə'tekʃən) ZN • *bescherming* • *gunst* • *(het) honoreren* ‹v. wissel› • *vrijgeleide*

protection factor ZN *beschermingsfactor* ‹v. zonnebrand e.d.›

protection money ZN EUF. *beschermingsgeld*

protective (prə'tektıv) BNW *beschermend*

protector (prə'tektə) ZN *beschermer*

protectorate (prə'tektərət) ZN • *protectoraat* • *beschermheerschap*

protectress (prə'tektrəs) ZN *beschermster*

protein ('prəʊti:n) ZN *proteïne*; *eiwit*

protest[1] ('prəʊtest) ZN • *protest* • *plechtige verklaring*

protest[2] (prə'test) I OV WW *plechtig verklaren*; *betuigen* II ONOV WW *protesteren*

protestant[1] ('prɒtıstənt) I ZN *protestant* II BNW *protestants*

protestant[2] (prə'testənt) I ZN *protesterende*; *demonstrant* II BNW *protesterend*

Protestantism ('prɒtıstəntızəm) ZN *protestantisme*

protestation (prɒtı'steıʃən) ZN • *plechtige verklaring*; *betuiging* • *protest*

protester (prə'testə) ZN *iem. die protesteert of plechtige verklaring aflegt*

protocol ('prəʊtəkɒl) ZN *protocol*

prototype ('prəʊtətaıp) ZN *prototype*

protract (prə'trækt) OV WW • *rekken*; *verlengen* • *op schaal tekenen* ★ *a* ∼ed *stay een langdurig verblijf*

protractile (prə'træktaıl) BNW *rekbaar*

protraction (prə'trækʃən) ZN • *verlenging* • *getalm*

protractor (prə'træktə) ZN • *gradenboog* • *strekspier*

protrude (prə'tru:d) I OV WW *opdringen* II ONOV WW • *(voor)uitsteken* • *uitpuilen*

protrusion (prə'tru:ʒən) ZN • *het vooruitsteken* • *uitsteeksel* • *het uitpuilen*

protrusive (prə'tru:sıv) BNW • *stuwend* • *(voor)uitstekend* • *opdringerig*

protuberance (prə'tju:bərəns) ZN • *gezwel*; *opzwelling* • *protuberans* ‹in astronomie›

protuberant (prə'tju:bərənt) BNW • *uitpuilend* • *gezwollen*

proud (praʊd) I BNW • *fier* • *prachtig*; *indrukwekkend* • *gezwollen* ‹v. rivier› ★ ∼ *of trots op* ★ *it was a* ∼ *day for him het was een mooie dag voor hem* ★ ∼ *flesh wild vlees* ‹om wond› II BIJW ★ *you do me* ∼ *u doet mij een grote eer aan*

provable ('pru:vəbl) BNW *bewijsbaar*

prove (pru:v) I OV WW • *bewijzen* • *verifiëren* • *onderzoeken* ★ *'n afdruk nemen* • *inschieten* ‹v. kanon› • *op de proef stellen* • *ondervinden* ★ ∼ *yourself laat zien wat je kunt* ★ *proving ground proefterrein* II ONOV WW *blijken (te zijn)* ★ *it* ∼d *true het bleek waar te zijn*

proven ('pru:vən) BNW ★ SCHOTS *not* ∼ *niet bewezen*

provenance ('prɒvınəns) ZN *(plaats v.) herkomst*

provender ('prɒvındə) ZN • *(droog)voer* • IRON. *kost*

proverb ('prɒvɜ:b) ZN • *spreekwoord* • *gezegde* ★ *he is a* ∼ *for inaccuracy zijn slordigheid is spreekwoordelijk*

proverbial (prə'vɜ:bıəl) BNW *spreekwoordelijk*

provide (prə'vaıd) I OV WW • *bepalen* ‹bij de wet›

★ ~ for o.s. *aan de kost komen* ★ GESCH. ~ to a benefice *tot een geestelijk ambt benoemen* ★ ~d/ providing (that) *op voorwaarde dat; mits* • ~ for *zorgen voor* ★ she was well ~d for *er was goed voor haar gezorgd* • ~ with *voorzien van* II ONOV WW ~ against *maatregelen treffen tegen*

providence ('prɒvɪdns) ZN • *vooruitziendheid; voorzorg* • *zuinigheid* ★ (special) ~ *goddelijke voorzienigheid*

provident ('prɒvɪdnt) BNW • *vooruitziend; zorgzaam* • *zuinig*

providential (prɒvɪ'denʃəl) BNW • *v.d. voorzienigheid* • *geschikt; te juister tijd; gelukkig*

provider (prə'vaɪdə) ZN • *kostwinner* • *verzorger* • *leverancier*

province ('prɒvɪns) ZN • *provincie; gewest* • *gebied* ★ the ~s *het platteland*

provincial (prə'vɪnʃəl) I ZN • *provinciaal* • *plattelander* II BNW • *provinciaal* • *kleinsteeds*

provincialism (prə'vɪnʃəlɪzəm) ZN *provincialisme*

provision (prə'vɪʒən) I ZN • *voorziening* • *(mond)voorraad* • *wetsbepaling* • *reserve* ⟨v. geld⟩ ★ ~s *proviand* ★ make ~ for *voorzien in; zorgen voor* II OV WW *bevoorraden*

provisional (prə'vɪʒənl) BNW *voorlopig*

Provisional (prə'vɪʒənl) ZN *extremist v.d. IRA*

proviso (prə'vaɪzəʊ) ZN • *bepaling* • *voorbehoud* ★ with a ~ *onder voorbehoud*

provisory (prə'vaɪzərɪ) BNW • *voorwaardelijk* • *voorlopig*

Provo ('prəʊvəʊ) ZN → **Provisional**

provocation (prɒvə'keɪʃən) ZN • *provocatie* • *prikkel; terging* • *aanleiding*

provocative (prə'vɒkətɪv) I ZN • *prikkel; aanleiding* • *uitdaging* II BNW • *provocerend* • *prikkelend* ★ it is ~ of ... *het stimuleert/prikkelt tot ...*

provoke (prə'vəʊk) OV WW • *(op)wekken* • *uitlokken; tarten; verlokken* • *veroorzaken*

provoking (prə'vəʊkɪŋ) BNW *ellendig; ergerlijk; tergend*

provost[1] ('prɒvəst) ZN • *hoofd v.e. college* ⟨vnl. Oxford, Cambridge⟩ • SCHOTS *burgemeester* • *provoost*

provost[2] (prə'vou) ZN *hoge bestuursfunctionaris* ⟨universiteit⟩

prow (praʊ) ZN *boeg; voorsteven*

prowess ('praʊɪs) ZN *dapperheid*

prowl (praʊl) I ZN ★ be on the ~ *op roof uit zijn; snorren* II ONOV WW ★ USA ~ car *surveillance wagen* III OV+ONOV WW ~ *rondzwerven; rondsluipen* • *patrouilleren*

prowler ('praʊlə) ZN • *dief* • *roofdier op jacht* • *loerder; sluiper*

proximate ('prɒksɪmət) BNW *nabij zijnd; naburig*

proximity (prɒk'sɪmətɪ) ZN *nabijheid* ★ ~ of blood *bloedverwantschap*

proximo ('prɒksɪməʊ) BNW *v.d. volgende maand*

proxy ('prɒksɪ) ZN *(ge)volmacht(igde); procuratie(houder)* ★ marry by ~ *met de handschoen trouwen*

prude (pruːd) ZN *preutse vrouw of meisje*

prudence ('pruːdəns) ZN • *voorzichtigheid; omzichtigheid* • *wijsheid; tact*

prudent ('pruːdnt) BNW • *voorzichtig; omzichtig* • *verstandig* • *spaarzaam*

prudential (pruː'denʃəl) BNW • *voorzichtigheids-* • *verstandig*

prudentials (pruː'denʃəlz) ZN MV *verstandelijke overwegingen*

prudery ('pruːdərɪ) ZN *preutsheid*

prudish ('pruːdɪʃ) BNW *preuts*

prudishness ('pruːdɪʃnəs) ZN → **prudery**

prune (pruːn) I ZN • *pruimedant* • *roodpaars* ★ ~s and prisms *geaffecteerde manieren* II OV WW ★ ~d of *ontdaan van* • ~ **down** *(be)snoeien*

prurience ('prʊərɪəns) ZN *wellust*

prurient ('prʊərɪənt) BNW *wellustig*

Prussia ('prʌʃə) ZN *Pruisen*

Prussian ('prʌʃən) I ZN *Pruis* II BNW *Pruisisch*

prussic ('prʌsɪk) BNW *pruisisch-blauw* ★ ~ acid *blauwzuur*

pry (praɪ) I ZN *breekijzer* II OV WW *openbreken* III ONOV WW • *gluren* • ~ **about** *rondloeren* • ~ **into** *zijn neus steken in*

psalm (sɑːm) ZN *psalm*

psalmist ('sɑːmɪst) ZN *psalmist*

psalmody ('sɑːmədɪ) ZN • *psalmgezang* • *psalmen*

psalter ('sɔːltə) ZN *psalmboek*

psaltery ('sɔːltərɪ) ZN *dertiensnarige harp*

psephology (se'fɒlədʒɪ) ZN *bestudering v.h. kiezersgedrag*

pseud (sjuːd) ZN *snoever; opgeblazen figuur*

pseudo- ('sjuːdəʊ) VOORV *onecht; pseudo-; schijn-* ★ ~democratic *pseudo-democratisch*

pseudonym ('sjuːdənɪm) ZN *pseudoniem*

pshaw (pʃɔː) I ONOV WW ~ **at** *de neus ophalen voor* II TW *bah!*

psych (saɪk) I OV WW ~ **out** *hoogte krijgen van; uitdenken; door krijgen; begrijpen; intimideren* II ONOV WW ~ **out** *in de war raken*

psyche ('saɪkɪ) ZN • *ziel* • *geest* • *bep. vlinder*

psychedelic (saɪkɪ'delɪk) I ZN *bewustzijnsverruimende drug* II BNW *bewustzijnsverruimend*

psychiatric (saɪkɪ'ætrɪk) BNW *psychiatrisch*

psychiatrist (saɪ'kaɪətrɪst) ZN *psychiater*

psychiatry (saɪ'kaɪətrɪ) ZN *psychiatrie*

psychic ('saɪkɪk) I ZN *paranormaal begaafd persoon; medium* ⟨persoon⟩ II BNW • *psychisch* • *paranormaal; mediamiek*

psycho ('saɪkəʊ) ZN *psychoot; psychopaat*

psychoanalyse (saɪkəʊ'ænəlaɪz) OV WW *psychoanalytisch behandelen*

psychoanalysis (saɪkəʊə'næləsɪs) ZN *psychoanalyse*

psychoanalyst (saɪkəʊ'ænəlɪst) ZN *psychoanalyticus*

psychological (saɪkə'lɒdʒɪkl) BNW *psychologisch*

psychologist (saɪ'kɒlədʒɪst) ZN *psycholoog*

psychology (saɪ'kɒlədʒɪ) ZN *psychologie*

psychopath ('saɪkəpæθ) ZN *psychopaat*

psychosis (saɪ'kəʊsɪs) ZN *psychose*

psychosomatic (saɪkəʊsə'mætɪk) BNW *psychosomatisch*

psychotherapist (saɪkəʊ'θerəpɪst) ZN *psychotherapeut*

psychotherapy (saɪkəʊ'θerəpɪ) ZN *psychotherapie*

psychotic (saɪ'kɒtɪk) BNW *psychotisch*

pt. AFK • part *deel* • payment *betaling* • pint *pint* • point *punt* • port *haven*

P.T. AFK Physical Training *lichamelijke oefening*

P.T.A. AFK Parent-Teacher Association *oudercommissie*

ptarmigan ('tɑ:mɪgən) ZN *soort sneeuwhoen*

pto AFK please turn over *z.o.z.*

pub (pʌb) ZN • INFORM. *café*; *kroeg* • PLAT, AUS *hotel* ★ pub crawler *iemand die een kroegentocht maakt*

pub-crawl ZN *kroegentocht*

puberty ('pju:bətɪ) ZN *puberteit*

pubescence (pju:'besəns) ZN • *puberteitsleeftijd* • *zacht dons*

pubescent (pju:'besnt) BNW • *geslachtsrijp* • *donzig*

pubic ('pju:bɪk) BNW *schaam-* ★ ∼ hair *schaamhaar*

public ('pʌblɪk) I ZN • *publiek* • INFORM. *café* ★ in ∼ *in 't openbaar* II BNW • *publiek*; *openbaar*; *algemeen staats-* • *universiteits-* ★ ∼-minded *de belangen van het publiek behartigend* ★ ∼ opinion poll *opiniepeiling* ★ ∼ place *openbaar gebouw* ★ ∼ property *staatseigendom* ★ ∼ prosecutor *officier v. justitie* ★ the ∼ purse *de schatkist* ★ ∼ relations officer *voorlichtingsambtenaar* ★ ∼ servant *rijksambtenaar* ★ ∼ spirit *vaderlandsliefde* ★ ∼ address system *geluidsinstallatie* ★ ∼ affairs *staatszaken*; *openbare aangelegenheden* ★ at the ∼ cost *op rijkskosten* ★ ∼ good *algemeen welzijn* ★ ∼ health *volksgezondheid* ★ ∼ house *herberg*; *café* ★ ∼ man *bekleder v. openbaar ambt*; *iem. die rol speelt in 't openbare leven* ★ go ∼ *(iets) openbaar maken*

publican ('pʌblɪkən) ZN • *caféhouder* • *ontvanger v. belastingen* • REL. *tollenaar*

publication (pʌblɪ'keɪʃən) ZN • *publicatie*; *openbaarmaking* • *afkondiging* • *publicatie*; *uitgave*

public holiday ZN *nationale feestdag*; *vrije dag*

publicist ('pʌblɪsɪst) ZN • *journalist* • *schrijver over/kenner v. volkenrecht*

publicity (pʌb'lɪsətɪ) ZN • *openbaarheid*; *bekendheid* • *reclame* ★ give ∼ to *bekend maken* ★ ∼ agency *reclamebureau* ★ ∼ agent *publiciteitsagent*

publicize ('pʌblɪsaɪz) OV WW *bekendmaken*

publicly ('pʌblɪklɪ) BIJW • *v. rijkswege* • *in 't openbaar*

public-spirited BNW *maatschappelijk/sociaal ingesteld*

publish ('pʌblɪʃ) OV WW • *publiceren*; *uitgeven* • *afkondigen*; *verkondigen* • *bekend maken* ★ ∼ing house *uitgeverij*

publisher ('pʌblɪʃə) ZN • USA *eigenaar v. een krant* • *uitgever*

publishing ('pʌblɪʃɪŋ) ZN *het uitgeversbedrijf*

publishment ('pʌblɪʃmənt) ZN USA *huwelijksafkondiging*

puck (pʌk) ZN • *kabouter* • *rakker* • SPORT *puck*

pucker ('pʌkə) I ZN • *rimpel*; *plooi*; *kreuk* • INFORM. *opwinding*; *zenuwachtigheid* II OV+ONOV WW • *rimpelen*; *(z.) plooien* • *samentrekken* ★ ∼ up o.'s mouth *een pruimenmondje trekken*

puckish ('pʌkɪʃ) BNW *plagerig*; *ondeugend*

pudding ('pʊdɪŋ) ZN • *pudding* • *toetje*; *dessert* • *bloedworst* • *balkenbrij* • *stootkussen* ★ more praise than ∼ *meer lof dan materiële beloning* ★ black ∼ *bloedworst*

pudding-face ('pʊdɪŋfeɪs) ZN *pafferig*; *uitdrukkingsloos gezicht*

pudding-head ('pʊdɪŋhed) ZN *domkop*

pudding-heart ('pʊdɪŋhɑ:t) ZN *lafaard*

puddle ('pʌdl) I ZN • *poel*; *plas* • INFORM. *warboel* • *mengsel v. klei en water voor waterdichte bekleding* II OV WW • *puddelen* • *troebel maken*; *bevuilen* • *met klei waterdicht maken* III ONOV WW *knoeien* (in of met water)

pudency ('pju:dənsɪ) ZN *ingetogenheid*; *bescheidenheid*

pudenda (pjʊ'dendə) ZN MV *schaamdelen*

pudgy ('pʌdʒɪ) BNW • *kort en dik* • *pafferig*

puerile ('pjʊəraɪl) BNW *kinderachtig*

puerility (pjʊə'rɪlətɪ) ZN • *kinderachtigheid* • *kinderleeftijd*

puerperal (pju:'ɜ:pərəl) BNW *kraam(vrouwen)-*

puff (pʌf) I ZN • *rookwolkje* • *pof* • *poederdonsje* • *luchtig gebak* • *reclamemakerij* (vooral in krant) • *windstoot*; *ademstoot* • *trekje*; *pufje* II OV WW • *poederen* • *reclame maken* • *prijs opjagen* (bij verkoping) ★ puff out the candle *blaas de kaars uit* ★ she puffed up her cheeks *ze blies haar wangen op* ★ I was perfectly puffed *ik was totaal buiten adem* III ONOV WW • *puffen*; *snuiven*; *blazen*; *hijgen* • *opbollen*; *opzwellen* ★ he puffed away at his pipe *hij nam trekjes aan zijn pijp* ★ he puffed with anger *hij brieste v. woede*

puff-ball ('pʌfbɔ:l) ZN • *poederdonsje* • *stuifzwam*

puff-box ('pʌfbɒks) ZN *poederdoos*

puffer ('pʌfə) ZN • *reclamemaker* • *snoever* • *opjager* (op veiling)

puffin ('pʌfɪn) ZN *papegaaiduiker*

puffy ('pʌfɪ) BNW • *kortademig* • *dik*; *opgeblazen*; *pafferig* • *vlaagsgewijs* • *dof* • *reclameachtig*

pug (pʌg) ZN *mopshond*

pugilist ('pju:dʒɪlɪst) ZN • *bokser* • *vechtjas*

pugilistic (pju:dʒɪ'lɪstɪk) BNW *boks-*

pugnacious (pʌg'neɪʃəs) BNW *strijdlustig*; *twistziek*

pugnacity (pʌg'næsətɪ) ZN *vechtlust*

pug-nose ZN *mopsneus*

puisne ('pju:nɪ) BNW • JUR. *ondergeschikt* • JUR. *v. lagere rang*

puke (pju:k) I ZN • INFORM. *braakmiddel* • INFORM. *braking* II OV+ONOV WW INFORM. *(uit)braken*

pule (pju:l) ONOV WW • *drenzen* • *piepen*

pull (pʊl) I ZN • *trek*; *ruk*; *teug* • *trekkracht* • *aantrekkingskracht* • *voordeel* • *protectie* • *roeitochtje* • *handvat*; *kruk* ★ pull with *invloed bij* ★ a stiff pull *'n heel karwei* ★ he has a pull on her *hij heeft iets vóór op haar* II OV WW • *trekken (aan)*; *rukken* • *afdrukken* • *verrekken* • *een inval doen in* • *een paard inhouden* ★ pull s.o.'s leg *iem. voor de gek houden* ★ pull the long bow *overdrijven* ★ pull the strings/wire *aan de touwtjes trekken* ★ pull caps/wigs *ruzie maken* ★ pull devil hard *tegen hard gaan* ★ pull it *er vandoor gaan* ★ he pulled his weight *hij gaf*

zich geheel; hij roeide met volle kracht ★ pull o.s. together *zich vermannen* ★ pull up stakes *verhuizen* ★ pull up the right lane *op de rechter rijstrook gaan rijden* ★ pull the other one! *houd iemand anders voor de gek!* • ~ about *ruw behandelen; naar alle kanten trekken; overhoop halen* • ~ back *(doen) terugtrekken* • ~ down *neerhalen; afbreken; klein krijgen; omverwerpen; aanpakken; behalen* ⟨v. cijfers⟩ ★ pulled down *afgetobd; neerslachtig* • ~ in *z. inhouden; inrekenen; binnenhalen; aantrekken* • ~ off *uittrekken; afnemen* ⟨v. hoed⟩; *prijs behalen; klaarspelen* • ~ on *aantrekken* • ~ out *uittrekken; erbij trekken* ⟨naar de kant rijden en⟩ *stoppen; aan de kant gaan* • ~ up *optrekken; uitroeien; erbij trekken; opbreken* ⟨v. weg⟩; *inhouden; tot nadenken/staan brengen; onder handen nemen* III ONOV WW • *trekken (aan); rukken; scheuren* • *roeien* • ~ at *trekken aan; een flinke teug nemen* • ~ back *(zich) terugtrekken; terugkrabbelen* • ~ in *binnenlopen* ⟨v. trein⟩; *naar de kant v.d. weg uithalen* • ~ off *aftrekken* • ~ out *vertrekken* ⟨v. trein⟩; *uitvaren; wegrijden; z. uit iets terugtrekken* ★ pull out to one's right *naar rechts gaan (om in te halen)* • ~ round/through *'t halen; er doorheen komen* • ~ together *één lijn trekken; samenwerken* • ~ up stilhouden ★ pull up! *stop!*
pull-back ('pʊlbæk) ZN *nadeel; belemmering*
pullet ('pʊlɪt) ZN • *jonge kip* • *jong meisje*
pulley ('pʊlɪ) I ZN • *katrol* • *riemschijf* II OV WW • *ophijsen met katrol; voorzien v. katrol*
pull-in ZN • *pleisterplaats* • *chauffeurscafé*
pullover ('pʊləʊvə) ZN *pullover*
pullulate ('pʌljʊleɪt) ONOV WW • *ontspruiten* • *welig tieren*
pull-up ('pʊlʌp) ZN • *'t stilhouden* • *optrekoefening* • *pleisterplaats* • *bestelkantoor voor vrachtrijders*
pulmonary ('pʌlmənərɪ) BNW *long-*
pulp (pʌlp) I ZN • *vruchtvlees* • *merg* • *houtpap; pulp* ★ beat s.o. to pulp *iemand tot moesterd slaan* II OV WW • *tot pulp maken* • *van bast ontdoen* ⟨v. koffiebonen⟩ III ONOV WW *pappig worden*
pulpit ('pʊlpɪt) ZN • *kansel; preekstoel* • *de predikers*
pulpiteer (pʊlpɪ'tɪə) I ZN *hemeldragonder* II ONOV WW *een donderpreek houden*
pulpous ('pʌlpəs) BNW *slap; futloos*
pulpwood ('pʌlpwʊd) ZN *pulphout*
pulpy ('pʌlpɪ) BNW → **pulpous**
pulsate (pʌl'seɪt) ONOV WW *kloppen; slaan; trillen*
pulsation (pʌl'seɪʃən) ZN *klopping; (hart)slag; trilling*
pulse (pʌls) I ZN • *pols(slag); slag* • *peulvrucht* ★ I've felt/taken his ~ *ik heb 'm gepolst; ik heb zijn hartslag opgenomen* II ONOV WW • *kloppen; slaan; trillen; tikken*
pulverization (pʌlvəraɪ'zeɪʃən) ZN • *vergruizing* • *vernietiging*
pulverize ('pʌlvəraɪz) OV WW • *fijnwrijven; doen verstuiven; tot poeder/stof maken* • *volkomen afkraken*
pulverous ('pʌlvərəs) BNW *poederachtig*

puma ('pju:mə) ZN *poema*
pumice ('pʌmɪs) I ZN ★ ~ (stone) *puimsteen* II OV WW *met puimsteen reinigen* III ONOV WW *met puimsteen schuren*
pumiceous (pju'mɪʃəs) BNW *puimsteenachtig*
pummel ('pʌml) OV WW *afrossen; toetakelen*
pump (pʌmp) I ZN • *gebons* • *'t uithoren* ⟨iem. die een ander uithoort⟩ • *pump* • *pantoffel* • *pomp* II OV WW • *krachtig schudden* ⟨v. hand⟩ • *uithoren* • ~ out *buiten adem maken* ★ he was pumped out *hij was buiten adem; hij werd uitgehoord* • ~ upon (iem.) *overstelpen met* III OV+ONOV WW • *pompen* • *bonzen* ⟨v. hart⟩
pumper ('pʌmpə) ZN • *pomper* • USA *pompput*
pumpernickel ('pʌmpənɪkl) ZN *roggebrood*
pump-handle ZN *pompslinger*
pumpkin ('pʌmpkɪn) I ZN • *pompoen* • *verwaande kwast* ★ USA some ~s *een hele Piet; iets v. belang* ★ ~ head *stommeling* II BNW *oranje*
pump-room ('pʌmpru:m) ZN *kuurzaal*
pun (pʌn) I ZN *woordspeling* II OV WW *aanstampen* III ONOV WW *woordspelingen maken*
punch (pʌntʃ) I ZN • *punch* • *pons(machine)* • *(munt)stempel* • *slag; por* • PLAT *fut; flink optreden* • *rake opmerking* ★ ~ing ball *boksbal* ★ ~ bowl *punch kom* ★ (Suffolk) ~ *gedrongen werkpaard* II OV WW • *stompen* • *porren* • USA *met stok voortdrijven* ⟨v. vee⟩ • *ponsen* ⟨v. kaartjes⟩ ★ ~ card *ponskaart* • ~ in/out *intoetsen*
Punch (pʌntʃ) ZN ★ ~ and Judy *Jan Klaassen en Katrijn* ★ ~ and Judy show *poppenkast* ★ he was as pleased as ~ *hij was erg in zijn sas* ★ he was as proud as ~ *hij was zo trots als een pauw*
punchball ('pʌntʃbɔːl) ZN USA *boksbal*
punch-drunk BNW • *versuft* • *verward*
puncher ('pʌntʃə) ZN • *ponser* • USA *veedrijver*
punch-line ZN *clou*
punch-up ('pʌntʃʌp) ZN *knokpartij*
punchy ('pʌntʃɪ) BNW • *gedrongen* • *slagvaardig; pittig*
punctilious (pʌŋk'tɪlɪəs) BNW *overdreven precies*
punctual ('pʌŋktʃʊəl) BNW • *punctueel; precies op tijd* • WISK. *van een punt*
punctuality (pʌŋktʃʊ'ælətɪ) ZN *stiptheid*
punctuate ('pʌŋktʃʊeɪt) OV WW • *leestekens aanbrengen* • *onderbreken* ⟨v. redevoering⟩ • *kracht bijzetten (aan)*
punctuation (pʌŋktʃʊ'eɪʃən) ZN *interpunctie* ★ ~ mark *leesteken*
puncture ('pʌŋktʃə) I ZN • *prik; gaatje; lek* ⟨in fietsband⟩ II OV WW • *(door)prikken* • *een lekke band krijgen*
pundit ('pʌndɪt) ZN • *geleerde hindoe* • IRON. *geleerde*
pungency (pʌndʒənsɪ) ZN *scherpheid*
pungent ('pʌndʒənt) BNW • *scherp* • *bijtend* • *prikkelend* • *pikant*
Punic ('pju:nɪk) BNW *Punisch*
punish ('pʌnɪʃ) OV WW • *straffen; kastijden* • INFORM. *toetakelen* ⟨v. bokser⟩ • *krachten v. tegenstander beproeven* • *geducht aanspreken* ⟨v. reserve of voorraad⟩ ★ a ~ing match *een felle wedstrijd*
punishable ('pʌnɪʃəbl) BNW *strafbaar*

punishing ('pʌnɪʃɪŋ) BNW *zeer zwaar; vermoeiend*
punishment ('pʌnɪʃmənt) ZN *straf; bestraffing*
punitive ('pju:nətɪv) BNW • *straffend* • *straf-*
punk (pʌŋk) I ZN • *punker* • MUZ. *punk* • *klier; etterbak; rotjongen, rotmeid* II BNW • *rot-; waardeloos; beroerd; snert-* • *punk-*
punnet ('pʌnɪt) ZN *spanen mandje*
punster ('pʌnstə) ZN *iem. die woordspelingen maakt*
punt (pʌnt) I ZN • *punter* • *trap tegen vallende voetbal* • *speler tegen de bank* ★ *punting pole vaarboom* II OV WW *voetbal trappen terwijl hij valt* III ONOV WW • *tegen de bank spelen* ‹bij kaartspel› • INFORM. *wedden op paarden* IV OV+ONOV WW • *in een punter vervoeren* • *bomen* ‹v. vaartuig›
punter ('pʌntə) ZN • *bomer* • *visser in een punter* • *gokker* • *beroepswedder* • *speculant* • *klant* ‹v. prostituee›
puny ('pju:nɪ) BNW *klein; zwak; nietig*
pup (pʌp) I ZN • *jonge hond* • *kwajongen* • USA *worstje* ★ FIG. *sell a person a pup iem. erin laten lopen* ★ *in pup drachtig* ‹v. hond› II OV WW *jongen*
pupa ('pju:pə) ZN *pop* ‹larve›
pupae (pju:pi:) ZN MV → **pupa**
pupal ('pju:pəl) BNW *pop-*
pupate (pju:'peɪt) ONOV WW *z. verpoppen*
pupil ('pju:pɪl) ZN • *leerling; scholier* • *pupil* • *oogappel*
puppet ('pʌpɪt) ZN *marionet* ★ ~ *state vazalstaat* ★ ~ *show poppenspel; poppenkast(voorstelling)*
puppeteer (pʌpɪ'tɪə) ZN *poppenspeler*
puppetry ('pʌpɪtrɪ) ZN *schijnvertoning*
puppy ('pʌpɪ) ZN • *jonge hond* • *pedant ventje* ★ IRON. *sick* ~ *perverseling*
puppyfat ('pʌpɪfæt) ZN *babyvet*
puppyhood ('pʌpɪhʊd) ZN • *jeugd* • *pedanterie*
puppy love ZN *kalverliefde*
purblind ('pɜ:blaɪnd) I BNW • *slecht v. gezicht* • *kortzichtig* II OV WW *bijziend maken*
purchasable (pɜ:tʃɪsəbl) BNW *te koop*
purchase ('pɜ:tʃɪs) I ZN • *inkoop; aankoop* • *verwerving* ‹door eigen kracht› • *hefkracht* • *boom; steun; macht* • *takel; katrol; kaapstander* ★ *I've made some* ~ *ik heb wat inkopen gedaan* ★ *he sold it at 20 years'* ~ *hij verkocht 't tegen 20 keer de jaarlijkse huur(opbrengst)* ★ *life is not worth an hour's* ~ *men is nooit zeker v. zijn leven* ★ *purchasing power koopkracht* ★ ~ *deed koopakte* ★ ~ *tax omzetbelasting* II OV WW • *(aan)kopen* • *opheffen* ‹door hefboom› • *lichten* ‹v. anker›
purchase price ZN *(in)koopprijs; (aan)koopsom*
purchaser ('pɜ:tʃɪsə) ZN *koper*
pure (pjʊə) BNW • *zuiver; kuis* • *harmoniërend* ‹v. klanken› • *louter* ★ *prejudice pure and simple louter vooroordeel* ★ *pure mathematics zuiver theoretische wiskunde*
purebred ('pjʊəbred) BNW *rasecht; volbloed*
purée ('pjʊəreɪ) ZN *puree; moes*
purely ('pjʊəlɪ) BIJW *uitsluitend* ★ *a* ~ *businesslike proposal een zuiver zakelijk voorstel*
purgation (pɜ:'geɪʃən) ZN • *zuivering; loutering* ‹in vagevuur› • *purgatie*

purgative ('pɜ:gətɪv) I ZN *purgeermiddel* II BNW • *purgerend* • *zuiverend*
purgatorial (pɜ:ge'tɔ:rɪəl) BNW *van het vagevuur*
purgatory ('pɜ:gətərɪ) I ZN *vagevuur* II BNW *reinigend; louterend*
purge (pɜ:dʒ) I ZN • *zuivering* • *purgeermiddel* II OV WW • *zuiveren* • *purgeren* • *uitwissen* • *boeten voor*
purification (pjʊərɪfɪ'keɪʃən) ZN • *zuivering; reiniging; loutering* • *kerkgang* ‹in de r.-k. Kerk› ★ *the Purification Maria-Lichtmis*
purify ('pjʊərɪfaɪ) OV WW • *reinigen; zuiveren; louteren* • *klaren* ‹v. vloeistof›
purism ('pjʊərɪzəm) ZN *purisme*
purist ('pjʊərɪst) ZN *taalzuiveraar*
Puritan ('pjʊərɪtən) I ZN *puritein* II BNW *puriteins*
puritanic(al) (pjʊərɪ'tænɪk(l)) BNW *puriteins*
puritanism ('pjʊərɪtənɪzəm) ZN *puritanisme*
purity ('pjʊərətɪ) ZN *zuiverheid; reinheid*
purl (pɜ:l) I ZN • *heet bier met jenever* • INFORM. *val; smak* • *goudboordsel; zilverboordsel* • *lusje* • *averechtse steek* • *gemurmel* ‹v. beek› • *alsembier* • *'t kantelen* II OV WW • *met goud- of zilverboordsel omzomen* • *averechts breien* III ONOV WW *murmelen* ‹v. beek› IV OV+ONOV WW INFORM. *omslaan; kantelen; tuimelen* ★ *the car got purled de auto sloeg over de kop*
purler ('pɜ:lə) ZN INFORM. *tuimeling* ★ *come a* ~ *vooroverslaan*
purloin (pə'lɔɪn) OV WW *stelen; gappen*
purple ('pɜ:pl) I ZN • *purper; violet* • *purperen mantel* ★ *the* ~ *'t purper* ‹als waardigheid v. vorsten en› ★ ~s *purperen tinten* II BNW • *purper; violet* • *vorstelijk* • *briljant* • *bombastisch* ★ ~ *sin doodzonde* III OV+ONOV WW *paars kleuren*
purplish ('pɜ:plɪʃ) BNW *paarsachtig*
purport[1] ('pɜ:pət) ZN *strekking; betekenis*
purport[2] (pə'pɔ:t) OV WW *beweren; voorwenden*
purpose ('pɜ:pəs) I ZN • *doel; plan; opzet* • *vastberadenheid; strekking* ★ *it serves my* ~ *het beantwoordt aan mijn doel* ★ *for that* ~ *met dat doel* ★ *on* ~ *opzettelijk* ★ *of set* ~ *welbewust; opzettelijk* ★ *to the* ~ *ter zake doende; toepasselijk* ★ *to some* ~ *met enig succes* ★ *to no* ~ *zonder resultaat* ★ *a novel with a* ~ *tendensroman* II OV WW *van plan zijn*
purpose-built BNW *speciaal gebouwd/vervaardigd*
purposeful ('pɜ:pəsfʊl) BNW • *met een bepaald doel* • *vol betekenis* • *doelbewust*
purposeless ('pɜ:pəsləs) BNW *doelloos*
purposely ('pɜ:pəslɪ) BIJW *met opzet*
purr (pɜ:) I ZN • *gespin* • *gegons* • *tevreden geluid* II ONOV WW • *spinnen* ‹v. kat› • *gonzen* • *poeslief vragen*
purse (pɜ:s) I ZN • *beurs; zak(je)* • *geldprijs* • USA *damestas* • *wal* ‹onder ogen› • *fondsen; gelden* ★ *have a light/heavy* ~ *arm/rijk zijn* ★ *the public* ~ *de schatkist* ★ *privy* ~ *civiele lijst* ★ ~ *bearer financier; thesaurier* II OV+ONOV WW • *(z.) samentrekken* ‹vooral van lippen› • *rimpelen*
pursenet ('pɜ:snet) ZN *sleepnet*
purser ('pɜ:sə) ZN *administrateur* ‹vooral op schip›

purse-strings ('pɜːsstrɪŋz) ZN • *financieel beheer* • *geldbeheer* • *beurs-/buidelkoordjes* ★ hold the ~ *de financiën beheren* ★ loosen the ~ *het geld laten rollen*

pursuance (pəˈsjuːəns) ZN • *uitvoering* • *'t najagen* ★ ~ of *'t streven naar* ★ in ~ of *overeenkomstig*

pursue (pəˈsjuː) OV WW • *najagen* ⟨v. genot⟩ • *achtervolgen; vervolgen* • *voortzetten* ⟨vnl. van gedragslijn⟩ • *volgen* ⟨v. plan⟩ • *uitoefenen; beoefenen*

pursuer (pəˈsjuːə) ZN SCHOTS *eiser*

pursuit (pəˈsjuːt) ZN • *vervolging* • *beoefening* ★ ~ of *jacht op; streven naar* ★ ~ of profit *winstbejag*

pursy ('pɜːsɪ) BNW • *dik; gezet* • *rijk; patserig* • *kortademig* • *gerimpeld*

purulence ('pjʊərʊləns) ZN *'t etteren*

purulent ('pjuːrʊlənt) BNW *etterend; etterig*

purvey (pəˈveɪ) OV+ONOV WW • *leveren* ⟨v. voedsel⟩ • *verschaffen*

purveyance (pəˈveɪəns) ZN • *levering* • *verschaffing* • *recht v. koning(in) tot 't opkopen v. levensmiddelen/gebruik v. paarden, enz.*

purveyor (pəˈveɪə) ZN • *leverancier* ⟨v. levensmiddelen⟩ • *verschaffer* ★ ~ to the Royal Household *hofleverancier*

purview ('pɜːvjuː) ZN • *bepalingen v. een wet* • *omvang* • *draagwijdte* • *gebied; sfeer; gezichtsveld*

pus (pʌs) ZN *etter*

push (pʊʃ) I ZN • *duw; stoot; zetje* • *protectie* • *aanval; nood; crisis* • *energie* • *drukknop* • PLAT *bende* ⟨v. criminelen⟩ ★ make a push *zich inspannen* ★ was it a hard push? *kostte het veel moeite?* ★ matters came to a push *'t werd kritiek* ★ PLAT they gave him the push *ze stuurden hem de laan uit* ★ push bell *drukbel* II ONOV WW • ~ in *een gesprek ruw onderbreken; voordringen* III OV+ONOV WW • *duwen; stoten* • *schuiven* • *handelen in heroïne* • *steken* • *aanzetten* • *z. inspannen; doorzetten* • *uitbreiden* ⟨v. handelsrelaties⟩ • *pousseren* ⟨v. handelsartikel⟩ • *stimuleren* • *onder druk zetten* ★ the ship pushed out *het schip koos zee* ★ you will push it over *je zult 't omverstoten* ★ he is pushing 80 *hij loopt naar de 80* ★ I am pushed for time *ik heb bijna geen tijd* ★ I pushed off the boat *ik zette de boot af* ★ INFORM. we pushed off at 8 *we stapten om 8 uur op* ★ they've pushed it upon me *ze hebben het me opgedrongen* ★ push roots *wortel schieten* ★ they pushed him hard *ze legden hem het vuur na aan de schenen* ★ push one's way *zich een weg banen* ★ he pushed her for payment *hij maande haar om 't geld* ★ push one's luck *net iets te ver gaan* • INFORM. ~ on *verder gaan; zijn weg vervolgen* • ~ through *doorzetten; zich een weg banen; uit de grond komen*

push-bike ('pʊʃbaɪk) ZN *fiets*

push-button ZN *drukknop/-toets*

push-cart ('pʊʃkɑːt) ZN • *handkar* • USA *kinderwagen*

pushchair ('pʊʃtʃeə) ZN *(opvouwbaar) wandelwagentje*

pusher ('pʊʃə) ZN • *opdringerig/brutaal persoon; streber* • *(drugs)dealer*

pushful ('pʊʃfʊl) BNW • *energiek* • *opdringerig*

pushing ('pʊʃɪŋ) BNW • *energiek* • *eerzuchtig*

pushover ('pʊʃəʊvə) ZN • *gemakkelijk karweitje* • *iemand die erg makkelijk te beïnvloeden of over te halen is*

push-pin ZN • *kinderspel* • USA *punaise*

pushy ('pʊʃɪ) BNW • *voortvarend* • *opdringerig*

pusillanimity (pjuːsɪləˈnɪmətɪ) ZN *lafhartigheid*

pusillanimous (pjuːsɪˈlænɪməs) BNW *lafhartig*

puss (pʊs) ZN • USA *kop; tronie* • *poes* • *wilgenkatje* • INFORM. *jong meisje* ★ Puss in boots *de Gelaarsde Kat*

pussy ('pʊsɪ) ZN • *lekker stuk* • *wilgenkatje* • VULG. *kutje* ★ ~ willow *(kat)wilg*

pussycat ('pʊsɪkæt) ZN • *poesje* • *liefje*

pussyfoot ('pʊsɪfʊt) I ZN • PLAT *alcoholverbod* • *geheelonthouder* II ONOV WW *voorzichtig te werk gaan*

pustule ('pʌstjuːl) ZN • *puistje* • *wrat*

put (pʊt) I ZN • SPORT *stoot; worp* • *optie van verkoop* ⟨effectenbeurs⟩ • → **putt** II OV WW • *brengen; doen; plaatsen; leggen; zetten* • *stellen* • *zeggen; onder woorden brengen* • *in stemming brengen* ★ put a mark against s.o.'s name *een teken achter/voor iemands naam zetten* ★ I'll put it in hand at once *ik neem het direct onder handen* ★ will you put me on to number ... *wilt u me verbinden met nummer ...* ★ put it on *overdrijven; overvragen* ★ put the sleeve on s.o. *iem. arresteren* ★ the horses were put to *de paarden werden ingespannen* ★ he was put to death *hij werd ter dood gebracht* ★ put it to the test *probeer het eens* ★ I don't want to put you to any inconvenience *ik wil u niet derangeren* ★ I was put to it *ik moest wel* ★ I was hard put to it *ik had het zwaar te verantwoorden* ★ I put it to you that *beken nu maar dat* ★ I put him up to it *ik heb hem ertoe aangezet* ★ they put up a fight *zij verweerden zich* ★ he put it (up)on me *hij schoof 't op mij* ★ he put a trick upon her *hij bakte haar een poets* • ~ **about** *wenden, keren* ⟨v. schip⟩; *rondstrooien* ⟨praatjes⟩; *beweren; lastig vallen; van streek maken* • ~ **across** OOK FIG. *overbrengen;* USA/INFORM. *doordrukken* • ~ **aside** *opzij leggen/zetten; uitschakelen* • ~ **at** *de prijs stellen op; schatten op* ★ put him at ease *breng/stel hem op z'n gemak* • ~ **away** *naar 't pandhuis brengen; wegleggen; opzijleggen; sparen; verorberen; gevangen zetten* ★ put o.s. away *z. van kant maken* • ~ **back** *vertragen; terug-/achteruitzetten; uitstellen* • ~ **by** *opzijleggen; overleggen; ontwijken; negeren; afschepen* • ~ **down** *afschaffen; neerzetten; neerleggen; onderdrukken* ⟨v. opstand⟩; *een eind maken aan; op zijn plaats zetten* ⟨figuurlijk⟩; *wegdoen* ★ put a dog down *een hond laten inslapen* ★ what do you put him down for? *wat denk jij dat hij voor iem. is?; voor welk bedrag noteer je hem?* ★ I put her down at 30 *ik schat haar op 30* ★ I put it down to pride *ik schrijf het toe aan trots* • ~ **forth** *inspannen; verkondigen; uitgeven; uitvaardigen* • ~ **forward** *naar voren brengen; komen met; verkondigen* ★ don't put yourself forward *dring je niet op* • **~ in** *poten; inspannen* ⟨v. paard⟩; *installeren; indienen* ⟨v. vordering⟩; *overleggen; voorleggen; binnenloodsen; inzetten; insteken* ★ an execution was put in *er werd beslag gelegd (op de boedel)* ★ he put in an appearance *hij kwam even kijken* ★ will you put in a word for me? *wil je een goed woordje voor me doen?* ★ how much time have you got to put in? *hoeveel tijd heb je beschikbaar?* ★ how have you put in your time? *hoe heb je je tijd doorgebracht?* ★ are you going to put in for the post? *solliciteer je naar de betrekking?* ★ he put in £ 100 *hij heeft er £ 100 ingestoken* • **~ into** *erin zetten* ★ put into circulation *in omloop brengen* ★ put into effect *van kracht doen worden* ★ put it into Russian *vertaal het in 't Russisch* ★ put it into words *onder woorden brengen* • **~ off** *uittrekken; afleggen; afraden van; uitstellen; afzeggen; afschrijven; tegenmaken; misselijk maken; ontwijken;* v.d. wijs brengen ★ he could hardly be put off *je kon 'm bijna niet afschepen* • **~ on** *voorwenden;* aannemen ⟨een houding⟩; *er boven op zetten; uitoefenen; arrangeren; opvoeren* ⟨v. toneelstuk⟩; *aantrekken; opzetten; vooruitzetten* ⟨v. klok⟩; *wedden; opleggen* ★ put on weight *aankomen* • **~ out** *ontwrichten; irriteren; uitlenen; investeren; uitbesteden; buitenshuis laten doen; uitblazen; uitdoen; in de war brengen; inspannen; uitgeven; uitvaardigen; uitzetten; uitsteken* ⟨v. hand⟩; *blussen* ★ I hope I don't put you out *ik hoop dat ik u niet stoor* ★ put o.s. out *z. uitsloven; z. boos maken* ★ he is easily put out *hij is gauw kwaad; hij is gauw de kluts kwijt* • **~ over** *overzetten; overbrengen; uitstellen* ★ put over a play *waardering weten te krijgen voor een stuk* ★ he put himself over *hij maakte indruk bij het publiek* • **~ through** *uitvoeren; doorverbinden* • **~ together** *samenstellen; samenvoegen; in elkaar zetten;* punten maken ⟨cricket⟩ ★ put two and two together *de dingen met elkaar in verband brengen* • **~ up** *opsteken; logies verlenen; stallen* ⟨v. paard⟩; *in de schede doen; opbergen; aanplakken; aanbieden; opzenden; opjagen* ⟨v. wild⟩; *opvoeren* ⟨v. toneelstuk⟩; *als jockey laten rijden; opstellen; opslaan; ophangen; verhogen* ⟨v. prijs⟩; *beschikbaar stellen; voordragen* ⟨als lid⟩; *te koop aanbieden; samenstellen; bouwen* ★ the goods were put up for sale *de goederen werden te koop aangeboden* ★ put up for *solliciteren naar* **III** ONOV WW ★ they will put upon you *ze zullen teveel van je vergen* ★ he is easily put upon *hij laat zich gemakkelijk beetnemen* • **~ about** *draaien; de steven wenden* • **~ forth** *uitbotten; uitschieten* • **~ in** *binnenlopen* ⟨v. schip⟩ • **~ off** *de zee kiezen* • **~ out** *vertrekken* • **~ up** *logeren* ★ put up at *zijn intrek nemen in* • **~ up with** *tolereren; verdragen* ★ you'll have to put up with it *je zult je ermee moeten behelpen; je zult het je moeten laten welgevallen*

putative ('pju:tətɪv) BNW *vermeend* ★ the ~ father *de vermoedelijke vader*

put-down ZN *terechtwijzing; schampere opmerking; vernedering*

putrefaction (pju:trɪ'fækʃən) ZN *(ver)rotting; bederf*

putrefy ('pju:trɪfaɪ) **I** OV WW *(moreel) bederven* **II** ONOV WW *etteren; rotten*

putrescence (pju:'tresns) ZN *rotting*

putrescent (pju:'tresənt) BNW *rottend; rottings-*

putrid ('pju:trɪd) BNW • *(ver)rot; vuil* • *verpestend* • *corrupt* • PLAT *voos* • *onsmakelijk* ★ ~ fever *vlektyfus*

putridity (pju:'trɪdətɪ) ZN • *rotheid* • *rotte massa*

putsch (pʊtʃ) ZN *staatsgreep*

putt (pʌt) **I** ZN *(golf)slag* **II** ONOV WW *putten* ⟨bal in hole proberen te slaan⟩ ★ putting green *green* ⟨gazon rond hole⟩

puttee ('pʌtɪ) ZN *beenwindsel*

putter ('pʌtə) **I** ZN *(golf)putter* ⟨soort club⟩ **II** ONOV WW *knutselen; sukkelen*

putty ('pʌtɪ) **I** ZN • *tinas* • *stopverf; plamuur* **II** OV WW • *met stopverf dichtstoppen* • *plamuren*

put-up BNW *afgesproken* ★ ~ job *doorgestoken kaart*

put-upon BNW *misbruikt*

puzzle ('pʌzəl) **I** ZN • *moeilijkheid; probleem* • *verlegenheid* • *raadsel; puzzel* **II** OV WW *verbijsteren; in de war brengen* ★ ~ o.s. about/ over *zich 't hoofd breken over* ★ ~ a thing out *iets uitpuzzelen* ★ be ~d *onzeker zijn; in de war zijn* **III** ONOV WW *piekeren*

puzzlement ('pʌzəlmənt) ZN *verwarring; verlegenheid*

puzzle-picture ('pʌzəlpɪktʃə) ZN *rebus*

puzzler ('pʌzlə) ZN • *puzzelaar* • *probleem; moeilijke vraag*

puzzling ('pʌzlɪŋ) BNW *onbegrijpelijk; raadselachtig*

Pvt. AFK Private *gewoon soldaat*

pygmy ('pɪgmɪ), **pigmy I** ZN *pygmee; dwerg* **II** BNW *dwergachtig*

pyjama (pə'dʒɑ:mə) BNW *pyjama-* ★ ~ trousers *pyjamabroek*

pyjamas (pɪ'dʒɑ:məz) ZN MV *pyjama*

pylon ('paɪlən) ZN • *ingang (als) v. Egyptische tempel* • *(ere)poort* • *elektriciteitsmast; pilaar*

pyramid ('pɪrəmɪd) ZN *piramide*

pyre (paɪə) ZN *brandstapel*

pyromania (paɪərəʊ'meɪnɪə) ZN *pyromanie*

pyromaniac (paɪərəʊ'meɪnɪæk) ZN *pyromaan*

pyrotechnic (paɪərəʊ'teknɪk) BNW *vuurwerk-*

pyrotechnics (paɪərəʊ'teknɪks) ZN MV *vuurwerk*

python ('paɪθ(ə)n) ZN *python*

Q

q (kju:) ZN letter *q* ∗ Q as in Queenie *de q van quotiënt*
q. AFK question *vraag*
Q.C. AFK Queen's Counsel *advocaat van hogere rang*
Q.E.D. AFK quod erat demonstrandum *wat bewezen moest worden*
qt. AFK • quantity *hoeveelheid* • quart(s) *kwart gallon*
Q-tip ® ('kju:tɪp) ZN USA *wattenstaafje*
quack (kwæk) **I** ZN • *gekwaak* • *kwakzalver* **II** WW • *kwaken* • *kwakzalven*
quackery ('kwækərɪ) ZN *kwakzalverij*
quad (kwɒd) ZN → **quadrangle** → **quadruple**
quadragesima (kwɒdrəˈdʒesɪmə) ZN ∗ ~ Sunday *eerste zondag van de vasten*
quadrangle ('kwɒdræŋgl) ZN • *vierhoek* • *(vierkant) binnenplein*
quadrangular (kwɒˈdræŋgjʊlə) BNW *vierhoekig*
quadrant ('kwɒdrənt) ZN *kwadrant*
quadrat ('kwɒdrət) ZN *kwadraat*
quadrate (kwɒˈdreɪt) ZN • *vierkant* • *rechthoek*
quadratic (kwɒˈdrætɪk) BNW *vierkant*
quadrature ('kwɒdrətʃə) ZN *kwadratuur*
quadrennium (kwɒˈdrenɪəm) ZN *(periode v.) 4 jaar*
quadrilateral (kwɒdrɪˈlætərəl) **I** ZN *vierhoek* **II** BNW *vierzijdig*
quadroon (kwɒˈdru:n) ZN *kind v. blanke en mulat(tin)*
quadruped ('kwɒdrʊped) ZN *viervoetig dier*
quadruple ('kwɒdrʊpl) **I** ZN *viervoud* **II** BNW *viervoudig* ∗ ~ time *vierkwartsmaat* **III** OV+ONOV WW *(z.) verviervoudigen*
quadruplet ('kwɒdrʊplɪt) ZN • *vierling* • *combinatie v. 4*
quadruplicate (kwɒˈdru:plɪkɪt) **I** ZN • *viervoud* • *verviervoudiging* **II** BNW *viervoudig* **III** OV WW *verviervoudigen*
quaestor ('kwi:stə) ZN • *quaestor* • *thesaurier*
quaff (kwɒf) **I** ZN *teug* **II** WW *drinken met grote teugen*
quag (kwæg) ZN *moeras*
quaggy ('kwægɪ) BNW • *moerassig* • *drassig*
quagmire ('kwɒgmaɪə) ZN *poel; moeras*
quail (kweɪl) **I** ZN *kwartel* **II** ONOV WW • *de moed verliezen* • *wijken*
quaint (kweɪnt) BNW • *vreemd; eigenaardig; typisch* • *ouderwets*
quake (kweɪk) **I** ZN *(aard)beving; trilling* **II** ONOV WW *beven*
Quaker (kweɪkə) ZN *quaker; lid v. Society of Friends*
quaky ('kweɪkɪ) BNW *beverig*
qualification (kwɒlɪfɪˈkeɪʃən) ZN • *matiging* • *wijziging* • *geschiktheid* • *voorwaarde; vereiste* • *kwalificatie*
qualified ('kwɒlɪfaɪd) BNW • *bevoegd; bekwaam* • *getemperd* 〈v. optimisme〉
qualifier ('kwɒlɪfaɪə) ZN • *iem. die z. heeft geplaatst* 〈voor volgende ronde〉; *kwalificatiewedstrijd* • *bepalend woord*
qualify ('kwɒlɪfaɪ) **I** OV WW • *een eed afnemen* • *bevoegd maken* • *verzachten* • *kwalificeren; kenschetsen; bepalen* **II** ONOV WW • *een eed afleggen* • *zich kwalificeren* ∗ ~ as a teacher *zijn onderwijsbevoegdheid behalen*
qualitative ('kwɒlɪtətɪv) BNW *kwalitatief*
quality ('kwɒlətɪ) ZN • *eigenschap; kwaliteit* • *deugd* • *bekwaamheid* • INFORM. *de hogere stand* ∗ ~ paper *vooraanstaande krant* ∗ ~ control *kwaliteitscontrole* ∗ ~ time *kwaliteitstijd* 〈met bijv. aandacht voor kinderen〉
qualm (kwɑ:m) ZN • *gevoel v. misselijkheid* • *angstig voorgevoel* • *wroeging*
quandary ('kwɒndərɪ) ZN *moeilijke situatie*
quant (kwɒnt) **I** ZN *boom* 〈v. schip〉 **II** OV+ONOV WW *bomen*
quanta ('kwɒntə) ZN MV → **quantum**
quantify ('kwɒntɪfaɪ) OV WW *kwantificeren; meten; bepalen*
quantitative ('kwɒntɪtətɪv) BNW *kwantitatief; de hoeveelheid betreffende*
quantity ('kwɒntətɪ) ZN • *hoeveelheid* • *aantal* • *omvang* • *gewicht* • *maat* ∗ ~ production / ~ output *massaproductie* ∗ ~ surveyor *kostendeskundige* 〈in de bouw〉
quantum ('kwɒntəm) ZN *kwantum; hoeveelheid*
quarantine ('kwɒrənti:n) **I** ZN *quarantaine* ∗ (to be) in ~ *in quarantaine liggen* **II** OV WW *afzonderen in quarantaine*
quarrel ('kwɒrəl) **I** ZN • *ruzie; twist* • *kritiek* • *pijl voor kruisboog* • *glas in lood raampje* ∗ pick a ~ *ruzie zoeken* **II** ONOV WW • *ruzie hebben; ruzie maken* • *kritiek hebben*
quarrelsome ('kwɒrəlsəm) BNW *twistziek*
quarry ('kwɒrɪ) **I** ZN • *prooi; slachtoffer* • *achtervolgd wild* • *(steen)groeve* • *tegel* **II** WW • *(uit)graven* • *vorsen*
quart (kwɔ:t) ZN *1/4 gallon (ruim 1 l)* ∗ ~ jug *kan met die inhoud*
quarter ('kwɔ:tə) **I** ZN • *kwart; vierde deel* • *kwartier* 〈v. maan〉 • *1/4 cwt* (± 12 1/2 kg) • USA *kwartje* 〈munt van 25 dollarcent〉 • *kwartaal* • *(wind)streek* • *wijk* 〈v. stad〉 ∗ ~ of an hour *kwartier* ∗ ~s *kamers; huisvesting* ∗ take up one's ~s *zijn intrek nemen* ∗ well-informed ~s *welingelichte kringen* ∗ he cried for ~ *hij smeekte om genade* **II** OV WW • *in vieren delen* • *inkwartieren* • *afzoeken* 〈v. terrein door jachthonden〉
quarterage ('kwɔ:tərɪdʒ) ZN *driemaandelijkse betaling*
quarter-deck ('kwɔ:tədek) ZN *achterdek*
quarterly ('kwɔ:təlɪ) **I** ZN *driemaandelijks tijdschrift* **II** BNW + BIJW *driemaandelijks* ∗ ~ sessions *driemaandelijkse rechtszitting*
quartermaster ('kwɔ:təmɑ:stə) ZN • MIL. *intendant* • SCHEEPV. *kwartiermeester* ∗ Quartermaster Corps *intendance* ∗ Quartermaster Sergeant *foerier*
quartet (kwɔ:'tet) ZN *kwartet; viertal*
quartz (kwɔ:ts) ZN *kwarts*
quash (kwɒʃ) OV WW • JUR. *vernietigen* • *een einde maken aan; verijdelen; onderdrukken*
quasi ('kweɪzaɪ) BIJW *quasi; zogenaamd*
quatercentenary (kwætəsenˈti:nərɪ) ZN

vierhonderdste gedenkdag
quaternary (kwə'tɜ:nərɪ) BNW • *viertallig*
• *quartair*
quatrain ('kwɒtreɪn) ZN *vierregelig vers*
quaver ('kweɪvə) **I** ZN • *trilling* • *1/8 noot* **II** ONOV WW *trillen; beven*
quavery ('kweɪvərɪ) BNW *beverig*
quay (ki:) ZN *kade*
queasy ('kwi:zɪ) BNW • *misselijk makend* • *misselijk; zwak* ⟨v. maag⟩ • *teergevoelig*
queen (kwi:n) **I** ZN • *koningin* • *vrouw* ⟨in kaartspel⟩ • USA *dame* • PLAT *homo; flikker* ★ ~ of clubs *schoppenvrouw* ★ Queen's speech *troonrede* ★ the Virgin Queen *koningin Elisabeth I* **II** OV WW *tot koningin maken* ⟨v. pion, bij schaken⟩; *tot koningin kronen* ★ ~ it *de koningin spelen*
queen consort ZN *gemalin* ⟨v.d. koning⟩
queenlike ('kwi:nlɪk) BNW *als (van) een koningin*
queer (kwɪə) **I** ZN MIN. *homo; poot* **II** BNW • OUD. *vreemd; eigenaardig* • MIN. *homo-* **III** OV WW PLAT *verknoeien* ★ ~ one's pitch *zijn kans verknoeien*
queer-bashing ZN *potenrammen*
queerish ('kwɪərɪʃ) BNW *enigszins vreemd*
quell (kwel) OV WW • *onderdrukken* • *met kracht een einde maken aan*
quench (kwentʃ) OV WW • *lessen* ⟨v. dorst⟩ • *blussen* • *smoren* • *afkoelen*
quenchless ('kwentʃləs) BNW *onlesbaar; niet te blussen*
querulous ('kwerʊləs) BNW *klagend*
query ('kwɪərɪ) **I** ZN • *vraag* • *vraagteken* • COMP. *query; zoekopdracht* **II** WW • *een vraag stellen* • *betwijfelen*
quest (kwest) **I** ZN • *speurtocht; het zoeken* • *onderzoek* • *wat wordt gezocht* ★ in ~ of *op zoek naar* **II** OV+ONOV WW • *speuren (naar)* • *zoeken*
question ('kwestʃən) **I** ZN • *vraag* • *(examen)opgave* • *twijfel* • *kwestie* • *probleem* ★ INFORM. pop the ~ *iem. ten huwelijk vragen* ★ beyond (all) ~ *boven alle twijfel verheven* ★ call in ~ *betwijfelen* ★ call for the ~ *stemming vragen* ★ come into ~ *ter sprake komen* ★ out of the ~ *geen sprake van* ★ put the ~ *over iets gaan stemmen* ★ that is the ~ *daar gaat het om* ★ beg the ~ *wat bewezen moet worden als zodanig aannemen; de vraag ontwijken* ★ live ~ *actuele kwestie* **II** OV WW • *(onder)vragen* • *betwijfelen*
questionable ('kwestʃənəbl) BNW *twijfelachtig*
questionary ('kwestʃənərɪ) BNW *vragend*
questioner ('kwestʃənə) ZN *ondervrager*
questioning ('kwestʃənɪŋ) BNW *vragend*
question mark ZN TAALK. *vraagteken*
question master ZN *quizmaster; spelleider*
questionnaire (kwestʃə'neə) ZN *vragenlijst*
question time ZN G-B, POL. *vragenuurtje* ⟨voor leden van het Lagerhuis⟩
queue (kju:) **I** ZN • *vlecht* • *staart* ⟨haardracht⟩ • *rij; queue* ★ jump the ~ *voordringen* **II** OV WW *haar in vlecht dragen* **III** ONOV WW *een rij vormen*
quibble ('kwɪbl) **I** ZN • *woordspeling* • *spitsvondigheid* **II** ONOV WW • *woordspeling maken* • *spitsvondig redeneren* • *chicaneren*
quibbler ('kwɪblə) ZN *chicaneur*
quiche (ki:ʃ) ZN *(hartige) taart*
quick (kwɪk) **I** ZN *levend vlees* ★ the ~ and the dead *de levenden en de doden* ★ bite one's nails to the ~ *z'n nagels afbijten tot op 't leven* ★ cut to the ~ *diep krenken* ★ he is a conservative to the ~ *hij is door en door conservatief* ★ MIL. ~ time *snelle pas* **II** BNW • *vluchtig* • *levendig* • *vrolijk* • *scherp* • *gevoelig* • *vlug* ★ ~lime *ongebluste kalk* ★ ~ temper *opvliegende aard* ★ he is ~ at figures *hij kan goed rekenen* ★ OUD. ~ with child *zwanger en al leven voelend* ★ ~ hedge *levende haag* **III** BIJW *vlug; snel*
quicken ('kwɪkən) WW • *leven vertonen* ⟨v. ongeborene⟩ • *versnellen* • *versnellen* ⟨v. pas⟩ • *levend maken* • *aanvuren* • *bezielen* • *leven voelen* ⟨v. zwangere vrouw⟩
quick-firer ('kwɪkfaɪərə) ZN *snelvuurkanon*
quick-freeze OV WW • *diepvriezen*
quickie ('kwɪkɪ) ZN • *iets dat zeer snel of in korte tijd gebeurt* • *vluggertje*
quicklime ('kwɪklaɪm) ZN *ongebluste kalk*
quickness ('kwɪknəs) ZN *snelheid*
quicksand ('kwɪksænd) ZN *drijfzand*
quickset ('kwɪkset) BNW ★ ~ hedge *haag van levende planten*
quicksilver ('kwɪksɪlvə) ZN *kwik(zilver)*
quickstep ('kwɪkstep) ZN *quickstep; snelle foxtrot*
quick-tempered BNW *opvliegend; lichtgeraakt*
quick-witted (kwɪk'wɪtɪd) BNW *gevat; vlug v. begrip*
quid (kwɪd) ZN • PLAT *pond sterling* • *tabakspruim* ★ quid pro quo *vergoeding; tegenprestatie*
quiddity ('kwɪdətɪ) ZN • *(het) voornaamste v. iets; essentie* • *chicane*
quiescence (kwaɪ'esəns/kwɪ'esəns) ZN *rust*
quiescent (kwaɪ'esənt/kwɪ'esənt) BNW • *berustend* • *rustend* • *bewegingloos; stil; vredig*
quiet ('kwaɪət) **I** ZN • *rust* • *vrede* **II** BNW • *rustig; kalm* • *stil* • *mak* ⟨v. paard⟩ • *zonder veel omhaal* ⟨v. diner⟩ • *stemmig* ⟨v. kleding⟩ • *geheim* ★ ~, please *stilte, a.u.b.* ★ let me be ~ *laat me met rust* ★ on the ~ *heimelijk; stiekem* ★ be ~! *stil!* **III** WW • *tot rust brengen; kalmeren* • *rustig worden*
quieten ('kwaɪətn) **I** OV WW *kalmeren; tot bedaren brengen* **II** ONOV WW *rustig worden; bedaren*
quietude ('kwaɪɪtju:d) ZN *rust; vrede*
quietus (kwaɪ'i:təs) ZN *genadeslag; dood*
quiff (kwɪf) ZN *lok op voorhoofd; vetkuif*
quill (kwɪl) **I** ZN • *schacht* • *slagpen* • *ganzenpen* • *dobber* • *stekel* ⟨v. stekelvarken⟩ • *spoel* ★ drive the ~ *de pen voeren* ★ ~ driver *pennelikker; schrijver* ⟨v. krantenartikel⟩ **II** OV WW • *vouwen* • *op spoel winden*
quilt (kwɪlt) **I** ZN • *gewatteerde deken* • *sprei* **II** OV WW *watteren; doorstikken*
quin (kwɪn) ZN → **quintuplet** INFORM. → **quintuplet**
quince (kwɪns) ZN *kwee(peer)*
quinine ('kwɪni:n) ZN *kinine*
quintessence (kwɪn'tesəns) ZN • *het zuiverste* • *het wezenlijke* • *het voornaamste*
quintessential (kwɪntɪ'senʃəl) BNW *wezenlijk*
quintet (kwɪn'tet) ZN *kwintet*

quintuplet ('kwɪntjʊplɪt) ZN *één v.e. vijfling*
quip (kwɪp) I ZN • *sarcastische opmerking • geestigheid • spitsvondigheid* II ONOV WW • *bespotten • spottend opmerken*
quire ('kwaɪə) ZN *(vier) vellen papier, tot bladzijden in boek gevouwen*
quirk (kwɜːk) ZN • *eigenaardigheid • krul in handschrift* ★ ~ *of fate speling van het lot*
quirt (kwɜːt) I ZN *rijzweep* II OV WW *slaan met rijzweep*
quisling ('kwɪzlɪŋ) ZN *landverrader*
quit (kwɪt) I BNW *vrij (v.)* II OV WW • *ophouden • opgeven • verlaten • huis ontruimen* ⟨door huurder⟩ • *er vandoor gaan • weggaan • ontslag nemen • vereffenen* ★ *quit hold of loslaten* ★ *give notice to quit de huur/dienst opzeggen* ★ *quit business zich uit de zaken terugtrekken*
quite (kwaɪt) BIJW • *geheel; volkomen • geer • absoluut • grotendeels* ★ ~ *frankly eerlijk gezegd* ★ *there were* ~ *a hundred er waren er wel 100* ★ ~ *tired nogal vermoeid* ★ ~ *a lady een hele dame* ★ ~ *another een heel andere* ★ ~ *a few heel wat* ★ ~ *other heel anders* ★ ~ *so juist!; zo is het!* ★ *it is* ~ *the thing now 't is nu zeer in de mode*
quits (kwɪts) BNW *quitte* ★ *call it* ~ *we staan nu quitte*
quittance ('kwɪtns) ZN • *kwijting • kwitantie • vergelding • beloning*
quitter ('kwɪtə) ZN *iemand die bij moeilijkheden ervandoor gaat*
quiver ('kwɪvə) I ZN • *trilling • pijlkoker* II ONOV WW *trillen; beven*
Quixotic (kwɪk'sɒtɪk) BNW *Don Quichotachtig*
quiz (kwɪz) I ZN • *quiz • ondervraging • tentamen* II OV WW • OUD. *voor de gek houden* • OUD. *nieuwsgierig aankijken • examineren*
quiz-master ('kwɪzmɑːstə) ZN *quizmaster; spelleider*
quizzical ('kwɪzɪkl) BNW • *vragend • spottend*
quoin (kɔɪn) I ZN • *hoeksteen • wig • spie* II OV WW *spie drijven in*
quoit (kɔɪt) ZN *werpring* ★ *(game of)* ~s *ringwerpen*
quorum ('kwɔːrəm) ZN *quorum; aantal leden vereist voor het geldig zijn v.e. vergadering*
quota ('kwəʊtə) ZN MV • *aandeel • quota* ★ ~ *system contingentering*
quotable ('kwəʊtəbl) BNW *wat aangehaald/ genoteerd kan worden*
quotation (kwəʊ'teɪʃən) ZN • *aanhaling* ⟨v. passage⟩ • *notering* ⟨v. prijs⟩; *prijsopgave* ★ ~ *marks aanhalingstekens*
quote (kwəʊt) I ZN • *citaat* ★ ~s *aanhalingstekens* II OV WW • *citeren • noteren* ⟨v. prijs⟩
quoth (kwəʊθ) ONOV WW OUD. *zei*
quotidian (kwɒ'tɪdɪən) I ZN MED. *alledaagse koorts* II BNW • *alledaags • dagelijks*
quotient ('kwəʊʃənt) ZN *quotiënt*
q.v. AFK *quod vide zie (dit)*

R

r (ɑː), **R** ZN *letter* r ★ *R as in Robert de r van Rudolf* ★ *the three R's (reading, (w)riting, (a)rithmetic)* ≈ *lezen, schrijven en rekenen*
rabbet ('ræbɪt) I ZN *sponning* II OV WW *een sponning maken in*
rabbi ('ræbaɪ) ZN *rabbi; rabbijn*
rabbit ('ræbɪt) I ZN • *konijn • slechte speler; kruk* ★ ~ *hutch konijnenhok* ★ FIG. ~ *warren doolhof* ★ ~ *punch nekslag* II ONOV WW • *op konijnen jagen* • ~ *on wauwelen*
rabble ('ræbl) ZN • *gepeupel; tuig; gespuis*
rabble-rouser ZN *volksmenner; demagoog*
rabble-rousing BNW *opruiend*
rabid ('ræbɪd) BNW • *woest; dolzinnig • verbeten • hondsdol*
rabies ('reɪbiːz) ZN *hondsdolheid*
R.A.C. (ɑːreɪ'siː) AFK *Royal Automobile Club Koninklijke Automobilistenvereniging*
rac(c)oon (rə'kuːn) ZN USA *wasbeer(bont)*
race (reɪs) I ZN • *race; wedstrijd • ras • afkomst* ★ *the races paardenrennen* ⟨groot evenement⟩ II OV WW • *snel laten gaan; voortjagen* • *om 't hardst laten rijden/lopen, enz.* • ~ *away een fortuin verspelen* ⟨met wedrennen⟩ III ONOV WW • *snellen; jagen; racen; om 't hardst rijden/ lopen, enz.* • *doorslaan* • ~ *with racen tegen*
racecourse ('reɪskɔːs) ZN *renbaan*
racehorse ('reɪshɔːs) ZN *renpaard; harddraver*
racer ('reɪsə) ZN • *hardloper • renpaard; renwagen; renfiets*
racetrack ('reɪstræk) ZN *renbaan*
racial ('reɪʃəl) BNW *ras(sen)-*
racialism ('reɪʃəlɪzəm) ZN OUD. *racisme*
racialist ('reɪʃəlɪst) I ZN *racist* II BNW *racistisch*
racing ('reɪsɪŋ) ZN • *het wedrennen • de rensport*
racism ('reɪsɪzəm) ZN *racisme; rassenhaat*
racist ('reɪsɪst) I ZN *racist* II BNW *racistisch*
rack (ræk) I ZN • *(bagage)rek • ruif • pijnbank* • FIG. *beproeving • ondergang • woekerhuur • ribstuk* ⟨v. lam⟩ • *voortjagende wolken • telgang* ⟨v. paard⟩ • *beproeving • arak* ★ *go to rack and ruin naar de maan gaan* ★ *on the rack op de pijnbank; in angstige spanning* ★ *live at rack and manger onbezorgd leven* ★ *rack railway tandradspoor(weg)* II OV WW • *uitmergelen • klaren* ⟨v. wijn, bier⟩ • *op/in rek, enz. plaatsen • folteren; pijnigen; afbeulen* ★ *rack one's brains zich het hoofd breken* • ~ *up (de ruif) vullen (met hooi)*; USA/INFORM. *kapotmaken* III ONOV WW *(voort)jagen*
racket ('rækɪt) I ZN • *(tennis)racket • sneeuwschoen • herrie; lawaai; drukte • rage • losbandigheid; zwier • foefje; truc • zwendel* • ~s *raketspel* ★ *on the* ~ *aan de zwier* ★ *stand the* ~ *de vuurproef doorstaan; het gelag betalen* II ONOV WW • *lawaai maken* • ~ *about boemelen*
racketeer (rækə'tɪə) I ZN *zwarthandelaar; bandiet; geldafperser* II OV WW *onder bedreiging geld (trachten) af (te) persen*
racketeering (rækə'tɪərɪŋ) ZN *gangsterpraktijken* ⟨afpersing, chantage, omkoperij⟩
rackety ('rækətɪ) BNW *lawaaierig*

rack rent ZN *woekerhuur*
rack renter ZN • *huisjesmelker* • *uitgebuite huurder*
rack-wheel ZN *tandrad*
racquet ('rækɪt) ZN *(tennis)racket*
racy ('reɪsɪ) BNW *pittig*; *pikant* ★ *racy of the soil rasecht*; *typisch*; *primitief*
radar ('reɪdɑ:) ZN *radar*
raddle ('rædl) I ZN *rode oker*; *rood* II OV WW *(met) rood kleuren/schminken/verven*
radial ('reɪdɪəl) BNW • *straal-* • *stervormig* • *spaakbeen-* • *radium-* ★ ~ *tyres radiaalbanden* ★ ~s *radiaalbanden*
radiance ('reɪdɪəns) ZN *straling*; *schittering*
radiant ('reɪdɪənt) BNW *stralend*
radiate[1] ('reɪdɪeɪt) I ZN *straaldier* II OV WW • *uitstralen* • *draadloos uitzenden* III ONOV WW • *stralen* • *straalsgewijs uitlopen*
radiate[2] ('reɪdɪət) BNW *ster-/straalvormig*
radiation (reɪdɪ'eɪʃən) ZN *straling* ★ ~ *sickness stralingsziekte*
radiator ('reɪdɪeɪtə) ZN • *radiator* • *koeler* • *uitstralend lichaam*
radical ('rædɪkl) I ZN • *wortel(teken)* • *stam(woord)* • POL. *radicaal* • SCHEIK. *radicaal* II BNW • *radicaal* • *grond-*; *grondig*; *wezenlijk*; *fundamenteel* • *wortel-*
radicalism ('rædɪkəlɪzəm) ZN *radicalisme*
radii ('reɪdɪaɪ) ZN MV → **radius**
radio ('reɪdɪəʊ) I ZN • *radio* • *radiotelegrafie* ★ ~ *play hoorspel* ★ ~ *set radiotoestel* ★ ~ *telescope radiotelescoop* II OV+ONOV WW • *uitzenden* ⟨via radio⟩ • *berichten* ⟨via radio⟩
radioactive (reɪdɪəʊ'æktɪv) BNW *radioactief*
radioactivity (reɪdɪəʊæk'tɪvətɪ) ZN *radioactiviteit*
radiogram ('reɪdɪəʊgræm) ZN • *röntgenbeeld/-foto* • *radiotelegram* • *radio-grammofoon(meubel)*
radiograph ('reɪdɪəʊgrɑ:f) I ZN *röntgenfoto* II OV WW *een röntgenfoto maken*
radiography (reɪdɪ'ɒgrəfɪ) ZN *röntgenologie*
radioisotope (reɪdɪəʊ'aɪsətəʊp) ZN *radio-isotoop*
radiolocation (reɪdɪəʊlə'keɪʃən) ZN *radar*
radiologist (reɪdɪ'ɒlədʒɪst) ZN *radioloog*
radiology (reɪdɪ'ɒlədʒɪ) ZN *radiologie*
radiotherapy (reɪdɪəʊ'θerəpɪ) ZN *behandeling met radioactieve stralen*
radish ('rædɪʃ) ZN *radijs*
radium ('reɪdɪəm) ZN *radium*
radius ('reɪdɪəs) ZN • *straal* • *spaak(been)*
radix ('reɪdɪks) ZN • *grondtal* • WISK. *wortel*
R.A.F. AFK MIL. *Royal Airforce R.A.F.* ⟨Britse Koninklijke Luchtmacht⟩
raffish ('ræfɪʃ) BNW *liederlijk*
raffle ('ræfəl) I ZN • *loterij* • *rommel* II OV WW *verloten* III ONOV WW *loten*
raft (rɑ:ft) I ZN *vlot* II OV WW • *vlotten* • *per vlot vervoeren* III ONOV WW *per vlot reizen*
rafter ('rɑ:ftə) ZN • *dakspar*; *balk* • *vlotter*
rag (ræg) I ZN • *soort zandsteen* • *daklei* • *vod*; *lomp(en)* • *doek*; *lap* • *zakdoek* • *vlag* • MIN. *krant* • *herrie*; *keet* ★ *in rags in lompen*; *aan flarden* ★ *not a rag to cover o.s. geen kleren aan 't lijf* ★ *rags of cloud wolkenflarden* ★ *not a rag of evidence geen zweem v. bewijs* ★ *cooked to rags tot vezels gekookt* ★ *rag doll lappenpop* ★ *rag trade confectie-industrie* ★ *rag paper lompenpapier* ★ INFORM. *lose one'e rag over de rooie gaan* II OV WW • *plagen*; *treiteren*; *ontgroenen* • *herrie schoppen bij* • *een standje geven*

ragamuffin ('rægəmʌfɪn) ZN *schooiertje*
ragbag ('rægbæg) ZN • *voddenzak* • *allegaartje* • INFORM. *slons*
rage (reɪdʒ) I ZN • *woede* • *rage*; *manie* • *geestdrift* ★ *have a rage for wild zijn op*; *niet kunnen zonder* ★ *be in a rage woedend zijn* II ONOV WW • *woeden*; *razen* • ~ *at tekeer gaan tegen*
ragfair ('rægfeə) ZN *voddenmarkt*
ragged ('rægɪd) BNW • *haveloos*; *gerafeld*; *onverzorgd* • *ruig*; *ruw*; *rauw* • *ongelijk* ★ ~ *school armenschool*
raglan ('ræglən) I ZN *kledingstuk zonder schoudernaad* II BNW *raglan*; *zonder schoudernaad*
ragman ('rægmən) ZN *voddenman*
ragtag ('rægtæg) ZN ★ ~ *(and bobtail) uitschot*; *tuig*
raid (reɪd) I ZN • *inval*; *overval* • *razzia* • *rooftocht* • *(lucht)aanval* II OV WW *teisteren*; *afstropen* III ONOV WW *een inval doen*
raider ('reɪdə) ZN • *overvaller* • *kaper*; *stroper* • *vijandelijk vliegtuig in actie*
rail (reɪl) I ZN • *dwarsbalk*; *stang*; *staaf*; *lat* • *hek(werk)*; *leuning*; *reling* • *rail*; *spoorstaaf* • *kwartelkoning* ★ *by rail per spoor* ★ *off the rails gederailleerd*; *van streek* II OV WW • *van dwarsbalk/rails voorzien* • *per spoor verzenden* III ONOV WW • *schelden* ★ *rail it per spoor gaan* • ~ *at tekeer gaan tegen*
railhead ('reɪlhed) ZN *begin-/eindpunt v. spoorweg*
railing ('reɪlɪŋ) ZN *hek*; *leuning*; *reling*
raillery ('reɪlərɪ) ZN *scherts*; *grappen*
railroad ('reɪlrəʊd) I ZN USA *spoorweg* II OV WW • *sporen* • *haastig afdoen*; *jagen*
railway ('reɪlweɪ) I ZN *spoorweg* ★ *light* ~ *smalspoor* II ONOV WW *sporen*
railway embankment ZN *spoordijk*
railway guard ZN *conducteur*
railway guide ZN *spoorboekje*
railway line ZN *spoorlijn*
railwayman ('reɪlweɪmən) ZN *spoorwegbeambte*
railway sleeper ZN *biels*
railway yard ZN *spoorwegemplacement*
raiment ('reɪmənt) ZN *kleding(stuk)*
rain (reɪn) I ZN *regen* ★ *rain or shine weer of geen weer* ★ *rain forest regenwoud* ★ *rain belt regenzone* ★ *acid rain zure regen* II OV+ONOV WW • *regenen*; *(doen) neerstromen* • ~ *down (doen) neerkomen/-dalen* ★ *stones were raining down on his head het regende stenen op zijn hoofd* III ONP WW *regenen* ★ *it never rains but it pours een ongeluk komt zelden alleen*
rainbow ('reɪnbəʊ) ZN *regenboog* ★ *chasing* ~s *hersenschimmen najagen*
raincheck ('reɪntʃek) ZN *nieuw kaartje* ⟨voor afgelaste wedstrijd⟩ ★ *take a* ~ *tegoed houden*
raincoat ('reɪnkəʊt) ZN *regenjas*
raindrop ('reɪndrɒp) ZN *regendruppel*
rainfall ('reɪnfɔ:l) ZN *regen*; *neerslag*
rain-gauge ('reɪngeɪdʒ) ZN *regenmeter*
rainless ('reɪnləs) BNW *zonder regen*
rainproof ('reɪnpru:f) BNW *regendicht*; *waterdicht*

rains (reɪnz) ZN MV * the ~ regentijd
rainstorm ('reɪnstɔːm) ZN stortbui
raintight ('reɪntaɪt) BNW regenbestand; waterdicht
rainwater ('reɪnwɔːtə) ZN regenwater
rainy ('reɪnɪ) BNW regenachtig * save up for a ~ day 'n appeltje voor de dorst bewaren
raise (reɪz) I ZN verhoging; opslag II OV WW • rechtop zetten • doen opstaan/rijzen • verhogen; aan-/op-/verheffen • doen ontstaan • oprichten; stichten • lichten • grootbrengen • planten; kweken; fokken • (ver)wekken * ~ objections tegenwerpingen maken * ~ one's glass to drinken op * ~ one's hat to (be)groeten * ~ an army een leger op de been brengen * ~ a blister 'n blaar trekken * ~ Cain/the devil/hell tekeergaan; de boel op stelten zetten * ~ a dust stof doen opwaaien * ~ a loan een lening aangaan/sluiten * ~ money/the wind geld opnemen; geld loskrijgen * ~ a question een vraag opwerpen * ~ a p.'s spirits iem. opbeuren
raisin ('reɪzən) ZN rozijn
rake (reɪk) I ZN • hark • krabber • losbol; boemelaar • helling II OV WW • bijeenharken; aanharken; krabben; rakelen; (bijeen)schrapen; verzamelen • (door)snuffelen; doorzoeken • enfileren • bestrijken • doen overhellen * rake one's memory zijn geheugen pijnigen • ~ in (met hopen) binnenhalen • ~ up oprakelen; optrommelen; opscharrelen III ONOV WW • er op los leven • hellen
rake-off ZN (illegale) provisie
rakish ('reɪkɪʃ) BNW • liederlijk; lichtzinnig • chic • slank gebouwd ‹schip›
rally ('rælɪ) I ZN • bijeenkomst • reünie • (signaal tot) verzamelen • SPORT slagenwisseling • sterrit • demonstratie (op)tocht II OV WW • groeperen • verzamelen • plagen • ~ round z. scharen om • ~ to z. aansluiten bij III ONOV WW • zich hergroeperen • zich verzamelen • zich herstellen • schertsen
ram (ræm) I ZN • ram • stormram • ramschip • heimachine II OV WW • rammen; heien • aan-/vaststampen • stoten • ~ in(to) erin heien ‹ook fig.›
RAM (ræm) AFK COMP. Random Access Memory RAM; werkgeheugen
R.A.M. AFK Royal Academy of Music Koninklijk Conservatorium
ramble ('ræmbl) I ZN zwerftochtje II ONOV WW • afdwalen • zwerven; rondtrekken; ronddolen • tieren; welig groeien • ~ on raaskallen
rambler ('ræmblə) ZN • zwerver • klimroos
rambling ('ræmblɪŋ) BNW • rondtrekkend • systeemloos; onsamenhangend • onregelmatig gebouwd
rambunctious (ræm'bʌŋkʃəs) BNW onstuimig; uitgelaten
ramification (ræmɪfɪ'keɪʃən) ZN • vertakking • afsplitsing • (meestal onaangenaam/ingewikkeld) gevolg
ramify ('ræmɪfaɪ) OV+ONOV WW • (z.) vertakken • z. afsplitsen • netwerk vormen
rammer ('ræmə) ZN • straatstamper • heiblok
ramp (ræmp) I ZN • glooiing; talud • zwendel; zwarte handel • oneffenheid; drempel • bocht • oprit • loopplank • vliegtuigtrap II OV WW afzetten; bedriegen III ONOV WW • schuin (af)lopen • tieren; tekeergaan • op de achterpoten (gaan) staan • klimmen
rampage (ræm'peɪdʒ) ZN * be on the ~ tieren; tekeergaan
rampancy ('ræmpənsɪ) ZN • wildheid • weelderigheid
rampant ('ræmpənt) BNW • klimmend • alom heersend • (te) weelderig • onbeheerst; wild; dolzinnig
rampart ('ræmpɑːt) ZN wal; bolwerk
ramrod ('ræmrɒd) ZN laadstok
ramshackle ('ræmʃækl) BNW bouwvallig; gammel
ran (ræn) WW [verleden tijd] → **run**
ranch (rɑːntʃ) I ZN • USA (vee)boerderij • USA zaak; bedrijf II ONOV WW USA vee houden
rancher ('rɑːntʃə) ZN USA veeboer
rancid ('rænsɪd) BNW • ranzig • sterk
rancorous ('ræŋkərəs) BNW haatdragend; rancuneus
rancour ('ræŋkə) ZN wrok; rancune
rand (rænd) ZN rand ‹munt(eenheid)›
randan (ræn'dæn) ZN roeiboot voor drie man
random ('rændəm) I ZN willekeur * at ~ zo maar; op goed geluk II BNW willekeurig * ~ sample steekproef
randy ('rændɪ) I ZN • SCHOTS schooier; schurk • SCHOTS feeks II BNW • wellustig; wulps; geil • SCHOTS luidruchtig
rang (ræŋ) WW [verl. tijd] → **ring**
range (reɪndʒ) I ZN • rij; serie • assortiment; reeks • (berg)keten • richting • verspreiding(sgebied); sector • bereik; gebied; draagwijdte; omvang • sfeer • (schoots)afstand; schootsveld • schietbaan • (kook)fornuis • weide-/jachtgebied * at close ~ van dichtbij * free ~ eggs scharreleieren * medium ~ middellange afstand II OV WW • opstellen; rangschikken; plaatsen • dragen ‹v. vuurwapen› • laten gaan langs/over • ~ among/with indelen bij III ONOV WW • zich opstellen • zich uitstrekken; reiken; bestrijken * ~ from ... to variëren van ... tot * ~ far from afdwalen • ~ among/with behoren tot • ~ between z. bewegen tussen; gevonden worden
range-finder ('reɪndʒfaɪndə) ZN afstandsmeter
range hood ZN afzuigkap
ranger ('reɪndʒə) ZN • speurhond • koninklijk boswachter/parkopzichter • oudere padvindster • USA boswachter • (bereden) politieman te velde
rangers ('reɪndʒəz) ZN MV bereden politie
rangy ('reɪndʒɪ) BNW rank; slank
rank (ræŋk) I ZN • rang • stand • gelid • rij • taxistandplaats * take rank with gelijk staan met * the ranks manschappen * rank and file soldaten en onderofficieren; het gewone volk * rank and fashion de elite * rise from the ranks uit de troep voortkomen; zich opwerken * keep rank in 't gelid blijven * break ranks de gelederen verbreken II BNW • te weelderig; te vet • grof • overwoekerd • vuil; walgelijk • ranzig; sterk • gemeen * rank nonsense klinkklare onzin * rank poison puur vergif III OV WW • opstellen; in gelid plaatsen • een plaats geven * rank next to in rang volgen op • ~ among

ranker – rationality

rekenen tot **IV** ONOV WW • *een plaats hebben* • *voorkeurspositie innemen* • ~ **among** *behoren tot*

ranker ('ræŋkə) ZN • *gewoon soldaat* • *officier uit de troep voortgekomen*

ranking ('ræŋkɪŋ) BNW ★ ~ *officer hoogste officier*

rankle ('ræŋkl) ONOV WW *knagen; (blijven) pijn doen*

rankness ('ræŋknəs) ZN • *weelderigheid* • *ranzigheid*

ransack ('rænsæk) OV WW • *plunderen* • *doorzoeken*

ransom ('rænsəm) **I** ZN *losgeld* ★ *worth a king's* ~ *met geen goud te betalen* ★ *hold to* ~ *losgeld eisen voor* **II** OV WW • *loskopen; vrijkopen* • *verlossen* • *geld afpersen*

rant (rænt) **I** ZN *bombast; hoogdravende taal* **II** OV WW *declameren* **III** ONOV WW • *fulmineren* • *bombastische taal uitslaan* • ~ **against** *uitvaren tegen*

ranter ('ræntə) ZN *volksredenaar*

rap (ræp) **I** ZN • *tik; klop* • MUZ. *rap* ⟨stijl⟩ • MUZ. *rap* ⟨tekst⟩ ★ FIG. *give a p. a rap on the knuckles iem. op de vingers tikken* ⟨bekritiseren⟩ ★ *beat the rap zijn straf ontlopen* ★ *not a rap geen zier* **II** OV WW • *tikken* • MUZ. *rappen* • ~ **out** *er uit flappen* • FIG. *rap s.o. on the knuckles iem. op de vingers tikken* ⟨bekritiseren⟩

rapacious (rə'peɪʃəs) BNW *roofzuchtig*

rapacity (rə'pæsəti) ZN *roofzucht*

rape (reɪp) **I** ZN • *verkrachting* • *koolzaad* ★ *rape oil raapolie* ★ *rape cake raapcake* **II** OV WW • *onteren; verkrachten* • FORM. *(be)roven; schaken*

rapid ('ræpɪd) **I** ZN *stroomversnelling* **II** BNW • *snel* • *steil*

rapidity (ræ'pɪdəti) ZN *snelheid*

rapier ('reɪpɪə) ZN *rapier* ★ ~ *thrust rake/fijne zet*

rapist ('reɪpɪst) ZN *verkrachter*

rappel (ræ'pel) WW USA *abseilen*

rapport (ræ'pɔː) ZN • *relatie* • *verstandhouding*

rapt I BNW • *verzonken* • *in vervoering; in hoger sferen* ★ *with rapt attention met onverdeelde belangstelling*

rapture ('ræptʃə) ZN *vervoering; extase*

rapturous ('ræptʃərəs) BNW *verrukt; hartstochtelijk*

rare (reə) BNW • *zeldzaam* • *dun; ijl* • *voortreffelijk* • *niet gaar*

rarebit ('reəbɪt) ZN *warme toast met gemolten kaas*

raree-show ('reərɪʃoʊ) ZN • *kijkkast* • *spektakel*

rarefied ('reərɪfaɪd) BNW • *verheven; geëxalteerd* • *exclusief; esoterisch; select* ★ ~ *air ijle lucht*

rarefy ('reərɪfaɪ) **I** OV WW *verdunnen; verfijnen* **II** ONOV WW *zich verdunnen*

rarely ('reəli) BIJW • *zelden* • *zeldzaam*

raring ('reərɪŋ) BNW INFORM. *dolgraag; enthousiast* ★ ~ *to go staan te trappelen van ongeduld*

rarity ('reərəti) ZN *zeldzaamheid*

rascal ('rɑːskl) **I** ZN • *schelm* • *kwajongen* **II** BNW ★ *the* ~ *rout het schorem*

rascally ('rɑːskəli) BNW *schelmachtig*

rash (ræʃ) **I** ZN *huiduitslag* **II** BNW • *overhaast* • *onbezonnen* • *stoutmoedig*

rasher ('ræʃə) ZN *plakje spek of ham*

rasp (rɑːsp) **I** ZN *rasp* **II** OV WW • *onaangenaam aandoen* • *raspen* **III** ONOV WW *krassen; schrapen; raspen*

raspberry ('rɑːzbəri) ZN *framboos* ★ ~ *cane frambozenstruik*

rat (ræt) **I** ZN • *rat* • *onderkruiper; overloper* ★ *rat's tail rattenstaart; vijl* ★ *rats! onzin!* ★ *smell a rat lont ruiken* ★ *rat race concurrentiestrijd; onderlinge rivaliteit* **II** ONOV WW • *ratten vangen* • *overlopen; onderkruipen* • ~ **on** *verraden; in de steek laten*

ratability (reɪtə'bɪləti) ZN → **rateability** → **rateability**

ratable ('reɪtəbl) BNW → **rateable**

ratcatcher ('rætkætʃə) ZN • *rattenvanger* • PLAT *jachtkleding*

ratchet ('rætʃɪt) ZN *ratel*

ratch(et) ('rætʃ(ɪt)) ZN *pal* ★ ~(-wheel) *palrad*

rate (reɪt) **I** ZN • *standaard; maatstaf* • *tarief; prijs* • *koers* • *cijfer* • *snelheid* • *plaatselijke belasting* ★ *at a/the rate of met een snelheid van; ten getale van* ★ *at that rate als dit uitgangspunt juist is; als het zo doorgaat* ★ *at any rate in ieder geval* ★ *at an easy rate gemakkelijk* ★ *first rate eersteklas; prima* ★ *prime rate laagste bankdisconto* ★ *second rate inferieur; pover* **II** OV WW • *achten; schatten; aanslaan* • *rekenen tot; waarderen; klassificeren als; een waarde toekennen* • *de kast uitvegen; uitvaren tegen* • ~ **among/with** *rekenen tot* **III** ONOV WW • *gerekend worden* • ~ **among/with** *behoren tot*

rateability (reɪtə'bɪləti), **ratability** ZN • *taxeerbaarheid* • *belastbaarheid*

rateable ('reɪtəbl), **ratable** BNW • *te schatten* • *belastbaar*

rate-collector ('reɪtkəlektə) ZN *gemeenteontvanger*

ratepayer ('reɪtpeɪə) ZN • *belastingbetaler* ⟨v. onroerend goed⟩ • *huiseigenaar*

rather ('rɑːðə) **I** BIJW • *liever (nog); eerder (nog)* • *vrij(wel); een beetje; tamelijk; nogal* ★ *I would* ~ *stay ik zou liever blijven* **II** TW *nou en of!; (heel) graag!*

ratification (rætɪfɪ'keɪʃən) ZN *bekrachtiging; ratificatie*

ratify ('rætɪfaɪ) OV WW *bekrachtigen; ratificeren*

rating ('reɪtɪŋ) ZN • *taxering* • *klasse; classificatie* • *aanslag* • *matroos*

ratings ('reɪtɪŋz) ZN MV • *kijkcijfers* • *personeel* ★ *ranks and* ~ *officieren en manschappen*

ratio ('reɪʃɪəʊ) ZN • *verhouding* • *reden*

ration ('ræʃən) **I** ZN *rantsoen* **II** OV WW • *rantsoeneren* • *distribueren* ★ ~*ing distributie* ★ *meat is* ~*ed vlees is op de bon* ★ ~ *book bonboekje*

rational ('ræʃənl) BNW • *redelijk; verstandelijk* • *rationeel* • *rationalistisch*

rationale (ræʃə'nɑːl) ZN • *basis; grond(reden)* • *redenering* • *argument*

rationalism ('ræʃənəlɪzəm) ZN *rationalisme*

rationalist ('ræʃ(ə)nəlɪst) ZN *rationalist*

rationalistic (ræʃənə'lɪstɪk) BNW *rationalistisch*

rationality ('ræʃənælətɪ) ZN *rede(lijkheid)*

• *rationaliteit*
rationalization (ræʃənəlaɪ'zeɪʃən) ZN *rationalisatie*
rationalize ('ræʃənəlaɪz) OV+ONOV WW • *verstandelijk verklaren* • *rationaliseren* • *rationalistisch beschouwen*
rattan (rə'tæn) ZN *rotan; rotting*
rat-tat (ræt'tæt) ZN *klopklop*
rattle ('rætl) I ZN • *geklets* • *gerammel* • *ratel* • *kletskous* II OV WW • *doen rammelen; rammelen (met)* • *opjagen; op stang jagen; nerveus maken* • *jachten* ★ ~ up *the anchor het anker snel ophalen* ★ ~ a fox *'n vos op de hielen zitten* • ~ **off** *afraffelen* • ~ **up** *opporren* III ONOV WW • *rammelen* • *klettteren* • *reutelen* • ~ **along/away/on** *er op los kletsen; maar door ratelen*
rattlebag ('rætlbæg) ZN *rammelaar*
rattle-brain ('rætlbreɪn) ZN *leeghoofd* ★ ~ed *onbezonnen*
rattler ('rætlə) ZN • USA *ratelslang* • *rammelkast* • *daverende slag; stoot* • *vloek; leugen*
rattles ('rætlz) ZN MV ★ the ~ *kroep*
rattlesnake ('rætlsneɪk) ZN *ratelslang*
rattletrap ('rætltræp) I ZN *rammelkast* II BNW *gammel; wrak*
rattling ('rætlɪŋ) BNW + BIJW • *levendig* • *uitstekend* ★ ~ good *zeldzaam goed/mooi*
rattrap ('rættræp) ZN • *rattenval* • *getande fietspedaal*
ratty ('rætɪ) BNW • *vol ratten* • *prikkelbaar; nijdig* • *sjofel*
raucous ('rɔːkəs) BNW *rauw; schor*
raunchy ('rɔːntʃɪ) BNW • *slonzig* • *geil*
ravage ('rævɪdʒ) I ZN • ~s *vernielingen* II OV WW • *verwoesten* • *teisteren* • *plunderen*
rave (reɪv) I ZN • *zeer lovende recensie* • *housefeest* • *wagenladder* • PLAT *vrijer* • *trend* • *gebulder* ⟨v. wind enz.⟩ ★ raves *zijschotten* ★ the latest rave *de laatste mode* II ONOV WW • *razen; ijlen* • *lyrisch zijn/worden* • *bulderen; loeien* ★ raving mad *stapelgek* • ~ **about** *dwepen met* • ~ **against/at** *tekeergaan tegen*
ravel ('rævəl) I ZN • *warboel* • *rafel* II OV WW • *in de war maken* • ~ **out** *ontwarren* III ONOV WW *in de war raken*
raven[1] ('reɪvn) I ZN • *raaf* II BNW *ravenzwart*
raven[2] ('rævn) I OV WW *verslinden; schrokken* II ONOV WW *roven; plunderen*
ravenous ('rævənəs) BNW • *uitgehongerd* • *roofzuchtig* • *hongerend* ★ ~ for *hongerend naar*
raver ('reɪvə) ZN • *bon-vivant* • *bezoeker v. houseparty* • *gestoorde*
rave-up ZN PLAT *wild (dans)feest*
ravine (rə'viːn) ZN *ravijn*
raving (reɪvɪŋ) BNW *extreem; hardstikke* ★ ~ mad *stapelgek*
ravish ('rævɪʃ) OV WW • *(ont)roven; wegslepen; meeslepen* ⟨ook fig.⟩ • *verkrachten*
ravishing ('rævɪʃɪŋ) BNW *verrukkelijk*
ravishment ('rævɪʃmənt) ZN • *ontvoering* • *verkrachting* • *verrukking*
raw (rɔː) I ZN • *rauwe plek* ★ touch a p. on the raw *iem. tegen het zere been schoppen* ★ in the raw *rauw; in ruwe staat* II BNW • *rauw* • *ruw; onbewerkt; puur* • *onervaren; ongeoefend* • *pijnlijk; gevoelig* ★ feel raw *gekrenkt zijn*
rawboned (rɔː'bəʊnd) BNW *mager als een lat*
rawhide ('rɔːhaɪd) ZN *ongelooide huid*
ray (reɪ) I ZN • *straal* • *rog* ⟨vis⟩ II ONOV WW *straalsgewijs uitlopen* III OV+ONOV WW ★ rayed animals *straaldieren* • ~ **forth** *uitstralen*
rayon ('reɪɒn) ZN *rayon; kunstzijde*
raze (reɪz) OV WW • *met de grond gelijk maken* • *uitwissen; uitkrabben* • ~ **out** *doorhalen*
razor ('reɪzə) ZN *scheerapparaat* ★ ~ blade *(veiligheids)scheermesje* ★ ~ strop *scheerriem* ★ cut-throat ~ *(lang) scheermes*
razor-back ZN *vinvis*
razor-backed BNW *met scherpe rug*
razor-bill ZN *alk*
razor('s) edge ('reɪzə(z)'edʒ) ZN • *scherpe kant* • *scherpe bergrug* • *scherpe scheidslijn* • *kritieke situatie* ★ on a ~ *heel kritiek*
razzle(-dazzle) (ræzl('dæzl)) ZN • *herrie* • *de 'rups'* ⟨kermisattractie⟩ • *drukte* ★ be on the ~ *aan de zwier zijn*
Rd., rd. AFK *road weg; straat*
re (reɪ) I ZN MUZ. *re* II VZ *betreffende*
re- (riː) VOORV *her-; weer-; opnieuw; terug-*
reach (riːtʃ) I ZN • *bereik* • *uitgestrektheid* • *kring; invloedssfeer* • *rak* ⟨v.e. rivier⟩ ★ man of high/deep ~ *een knappe kop* ★ within easy ~ *gemakkelijk te bereiken* II OV WW • *aanreiken* • *pakken* • *bereiken; komen bij* ★ the news has not ~ed here *'t nieuws is hier nog niet binnengekomen* ★ ~ a p.'s conscience *iemands geweten treffen* III ONOV WW • *reiken* ★ ~ forward to *streven naar* • ~ **forward** *voorover reiken/leunen* IV OV+ONOV WW • (z.) *uitstrekken* • ~ **down** *(af)pakken; afnemen* • ~ **for** *grijpen naar* • ~ **out** *de hand uitstrekken*
reach-me-down ('riːtʃmɪdaʊn) I ZN *confectie-/tweedehandskleding(stuk)* II BNW • *confectie-* • *tweedehands*
react (rɪ'ækt) ONOV WW • *terugwerken* • *reageren* • *tegenaanval doen*
reaction (rɪ'ækʃən) ZN *reactie*
reactionary (rɪ'ækʃənərɪ) I ZN *reactionair* II BNW *tegen politieke of sociale vooruitgang*
reactivate (rɪ'æktɪveɪt) OV WW *reactiveren; nieuw leven inblazen*
reactive (rɪ'æktɪv) BNW *reagerend*
reactor (rɪ'æktə) ZN *reactor*
read (riːd) I ZN ★ have a read *(even) lezen* II OV WW • *lezen; oplezen; voorlezen; aflezen* • *uitleggen; begrijpen; (kunnen) verstaan; horen* • *studeren* • *ontvangen* ⟨v. radio⟩ ★ read the clock *op de klok kijken* ★ read a lecture *een lezing houden; college geven; de les lezen* ★ read a paper *een lezing houden* ★ she read him right *ze had hem door* ★ the thermometer reads 33° *de thermometer wijst 33° aan* • ~ **into** *(een betekenis) willen leggen in* • ~ **off** *aflezen; à vue lezen* • ~ **out** *voorlezen; royeren* • ~ **to** *voorlezen* • ~ **up** *(grondig) bestuderen* III ONOV WW • *lezen* • *studeren* ★ a telegram reading *een telegram dat luidt* ★ read for the press *(druk)proeven corrigeren* ★ read with a p. *iem. bij de studie helpen*
readability (riːdə'bɪlətɪ) ZN *leesbaarheid*

readable ('ri:dəbl) BNW *lezenswaard*
readdress (ri:ə'dres) OV WW *doorsturen*
reader ('ri:də) ZN • *(voor)lezer* • *corrector* • *lector* • *opnemer* • *leesboek*; *bloemlezing*
readership ('ri:dəʃɪp) ZN • *lectoraat* • *de lezers*
readily ('redəlɪ) BIJW *gaarne*
readiness ('redɪnəs) ZN *gevatheid* ★ ~ *of wit gevatheid* ★ ~ *of mind tegenwoordigheid v. geest*
reading ('ri:dɪŋ) I ZN • *lezing* • *lectuur* • *(meter)stand* ★ *first/second/third* ~ *behandeling in de Kamer* II BNW *van lezen of studeren houdend* ★ ~-*clerk griffier* ★ ~-*desk*/-*stand lezenaar* ★ ~-*room leeszaal* ★ ~-*case leesportefeuille*
readjust (ri:ə'dʒʌst) OV+ONOV WW *(z.) weer aanpassen*
readjustment (ri:ə'dʒʌstmənt) ZN *heraanpassing*
readmission (ri:əd'mɪʃən) ZN *het opnieuw toelaten*
readmit (ri:əd'mɪt) OV WW *herbekennen*
ready ('redɪ) I ZN ★ *to the* ~ *in de aanslag* II BNW • *klaar*; *bereid(willig)* • *vaardig*; *vlug* ★ ~ *to klaar om*; *op 't punt om* ★ *she is very* ~ *at excuses ze staat direct klaar met een excuus* ★ ~ *to hand bij de hand* ★ ~ *money/cash contant geld* ★ *he was* ~ *to swear with rage hij kon wel vloeken van woede* ★ ~ *wit gevatheid*
ready-made (redɪ'meɪd) ZN *confectie*
ready-to-wear (redɪtə'weə) ZN *confectie*
reaffirm (ri:ə'fɜ:m) OV WW *opnieuw bevestigen*
reafforest (ri:ə'fɒrɪst) OV WW *herbebossen*
reafforestation (ri:əfɒrɪ'steɪʃən) ZN *herbebossing*
real (rɪəl) BNW + BIJW • *echt*; *werkelijk* • *reëel* • *onroerend* ★ *real money baar geld* ★ *a real life scene een levensecht tafereel* ★ *that's the real thing dat is 't pas*; *dat is het ware* ★ *get real! doe eens normaal!*
real estate agent ZN *vastgoedmakelaar*
realism ('rɪəlɪzəm) ZN *realisme*
realist ('rɪəlɪst) ZN *realist*
realistic (rɪə'lɪstɪk) BNW *realistisch*
reality (rɪ'ælətɪ) ZN *werkelijkheid*; *realiteit* ★ *virtual* ~ *virtual reality*; *virtuele werkelijkheid*
realizable (rɪə'laɪzəbl) BNW *realiseerbaar*; *te verwezenlijken*
realization (rɪəlaɪ'zeɪʃən) ZN • *bewustwording*; *besef* • *realisatie*; *verwezenlijking*
realize ('rɪəlaɪz) OV WW • *verwezenlijken* • *beseffen*; *inzien*; *z. realiseren* • *(te gelde) maken* • *opbrengen*
really ('rɪəlɪ) I BIJW *werkelijk* II TW *inderdaad*; *heus* ★ ~? *o ja?* ★ *not* ~! *och kom!*
realm (relm) ZN *(konink)rijk*
realtor ('rɒltə, -ɔ:) ZN USA *makelaar in onroerende goederen*
realty ('rɪəltɪ) ZN *huizen-/grondbezit*
ream (ri:m) I ZN *riem* 〈papier〉 II OV WW *verwijden*; *uitboren*
reanimate (ri:'ænɪmeɪt) OV WW *reanimeren*
reanimation (ri:ænɪ'meɪʃən) ZN *reanimatie*
reap (ri:p) I ZN ★ *reaping hook sikkel* II OV+ONOV WW *oogsten*; *maaien*
reaper ('ri:pə) ZN ★ *the grim* ~ *Magere Hein*
reappear (ri:ə'pɪə) ONOV WW *weer verschijnen*
reappearance (ri:ə'pɪərəns) ZN *herverschijning*

reappoint (ri:ə'pɔɪnt) OV WW *heraanwijzen*; *opnieuw aanstellen*
reappointment (ri:ə'pɔɪntmənt) ZN *heraanwijzing*
reappraisal (ri:ə'preɪzəl) ZN *herwaardering*
rear (rɪə) I ZN • *achterkant*; *achterste gedeelte* • *achterhoede* ★ *rear rank achterste gelid* ★ *bring up the rear de achterhoede vormen*; *achteraan komen* ★ *take in the rear van achter aanvallen* II BNW *achter-*; *achterste* III OV WW • *bouwen*; *oprichten* • *verheffen*; *opheffen* • *kweken*; *fokken*; *grootbrengen* IV ONOV WW *steigeren*
rear-admiral (rɪər'ædmɪrəl) ZN *schout bij nacht*
rearguard ('rɪəɡɑ:d) ZN *achterhoede*
reargunner ('rɪəɡʌnə) ZN *staartschutter*
rearm (ri:'ɑ:m) OV+ONOV WW *herbewapenen*
rearmament (ri:'ɑ:məmənt) ZN *herbewapening*
rearmost ('rɪəməʊst) BNW *achterste*
rearrange (ri:ə'reɪndʒ) OV WW *herschikken*
rearrangement (ri:ə'reɪndʒmənt) ZN *herschikking*
rearward(s) ('rɪəwəd(z)) BNW + BIJW • *achterste*; *achteraan* • *achterwaarts*
reason ('ri:zən) I ZN • *reden*; *verstand*; *rede* • *redelijkheid*; *billijkheid* ★ *by* ~ *of wegens* ★ *for obvious* ~s *om redenen die voor de hand liggen* ★ *in* ~ *redelijkerwijs* ★ *talk* ~ *verstandig praten* ★ *it stands to* ~ *'t spreekt vanzelf* ★ *with good* ~ *terecht* II OV WW *beredeneren* III ONOV WW • *redeneren* • ~ *from uitgaan van*
reasonable ('ri:zənəbl) BNW • *redelijk* • *billijk*
reasonably ('ri:zənəblɪ) BIJW • *redelijkerwijs* • *vrij*; *tamelijk*
reasoning ('ri:zənɪŋ) ZN *redenering*
reassemble (ri:ə'sembl) I OV WW *opnieuw samenvoegen* II ONOV WW *opnieuw verzamelen*
reassert (ri:ə'sɜ:t) OV WW *opnieuw beweren*
reassertion (ri:ə'sɜ:ʃən) ZN *herhaalde bewering*
reassess (ri:ə'ses) OV WW • *opnieuw schatten* • *opnieuw belasten*
reassessment (ri:ə'sesmənt) ZN *nieuwe belasting/aanslag*
reassign (ri:ə'saɪn) OV WW *opnieuw toewijzen*
reassume (ri:ə'sju:m) OV WW *weer aannemen*
reassurance (ri:ə'ʃɔ:rəns) ZN *geruststelling*
reassure (ri:ə'ʃɔ:) OV WW • *geruststellen* • *herverzekeren*
reassuring (ri:ə'ʃɔ:rɪŋ) BNW *geruststellend*
rebate ('ri:beɪt) ZN *rabat*; *korting*
rebel[1] ('rebl) I ZN *opstandeling*; *oproerling* II BNW *opstandig*
rebel[2] (rɪ'bel) ONOV WW *in opstand komen*
rebellion (rɪ'beljən) ZN *opstand*; *oproer*
rebellious (rɪ'beljəs) BNW • *opstandig* • *hardnekkig*
rebind (ri:'baɪnd) OV WW *opnieuw inbinden*
rebirth (ri:'bɜ:θ) ZN *wedergeboorte*
reboot (ri:'bu:t) OV WW COMP. *rebooten* 〈systeem herstarten〉
reborn (ri:'bɔ:n) BNW *herboren*
rebound[1] ('rɪbaʊnd) ZN ★ *take a p. on/at the* ~ *iem.'s reactie gebruiken om hem te overreden*
rebound[2] (rɪ'baʊnd) ONOV WW • *terugspringen* • ~ *(up)on (weer) neerkomen op*
rebuff (rɪ'bʌf) I ZN *afwijzing* II OV WW • *voor 't hoofd stoten* • *afwijzen*; *onheus bejegenen*
rebuild (ri:'bɪld) OV WW *herbouwen*

rebuke (rɪ'bjuːk) **I** ZN *berisping* **II** OV WW *berispen*
rebut (rɪ'bʌt) OV WW *weerleggen*
rebuttal (rɪ'bʌtl) ZN *weerlegging*
recalcitrance (rɪ'kælsɪtrəns) ZN *verzet*
recalcitrant (rɪ'kælsɪtrənt) **I** ZN *recalcitrant/weerspannig iemand* **II** BNW *recalcitrant; weerspannig*
recall (rɪ'kɔːl) **I** ZN USA *dwang om af te treden*
★ beyond/past ~ *onherroepelijk* **II** OV WW
• *terugroepen* • *weer in 't geheugen/voor de geest roepen* • *herinneren aan* • *herroepen; intrekken; terugnemen*
recant (rɪ'kænt) OV WW *(openlijk) herroepen*
recap ('riːkæp) **I** ZN INFORM. → **recapitulation** **II** OV WW INFORM. → **recapitulate**
recapitulate (riːkə'pɪtjʊleɪt), **recap** OV+ONOV WW *recapituleren*
recapitulation (riːkəpɪtjʊ'leɪʃən) ZN *recapitulatie*
recapture (riː'kæptʃə) **I** ZN *terugname; herovering* **II** OV+ONOV WW • *heroveren; terugnemen*
• *oproepen*
recast (riː'kɑːst) **I** ZN • *in een nieuwe vorm gegoten voorwerp* • *hervorming* **II** OV WW • *omwerken*
• *omgieten*
recd. AFK received *ontvangen*
recede[1] ('riːsiːd) OV WW *weer afstaan*
recede[2] (rɪ'siːd) ONOV WW • *achteruitgaan; (terug)wijken* • ~ from *terugkomen van/op; z. terugtrekken uit*
receipt (rɪ'siːt) **I** ZN • *ontvangst* • *kwitantie; reçu*
• OUD. *recept* ★ on ~ *of na ontvangst van* **II** OV WW • *kwiteren* • USA *voor ontvangst tekenen*
receivable (rɪ'siːvəbl) BNW *geldig* ⟨vnl. v. betaalmiddel⟩
receive (rɪ'siːv) OV WW • *ontvangen* • *krijgen*
★ generally ~d *algemeen geldend; algemeen erkend* ★ ~ stolen goods *helen*
received (rɪ'siːvd) BNW *algemeen aanvaard; standaard-* ★ Received Pronunciation *Algemeen Beschaafd Engels*
receiver (rɪ'siːvə) ZN • *ontvanger* • *hoorn* ⟨v. telefoon⟩ • *reservoir* • *heler* ★ official ~ *curator*
recency ('riːsənsɪ) ZN *'t recente; nieuwheid*
recension (rɪ'senʃən) ZN • *revisie* • *herziene uitgave*
recent ('riːsənt) BNW • *kortgeleden; van onlangs*
• *nieuw*
recently ('riːsəntlɪ) BIJW • *onlangs* • *de laatste tijd*
receptacle (rɪ'septəkl) ZN • *bloembodem; vruchtbodem* • *vergaarbak; bak; vat*
reception (rɪ'sepʃən) ZN • *ontvangst* • *receptie*
• *erkenning* ★ order *bevel tot opneming in krankzinnigengesticht* ★ ~ room *ontvangkamer* ★ ~ clerk *chef de réception* ★ ~ desk *hotelreceptie*
receptionist (rɪ'sepʃ(ə)nɪst) ZN *receptionist*
receptive (rɪ'septɪv) BNW *ontvankelijk; vatbaar*
receptivity (rɪsep'tɪvətɪ) ZN → **receptive**
receptor (rɪ'septə) ZN *receptor*
recess (rɪ'ses) ZN • *nis; alkoof* • *schuilhoek* • *reces; vakantie*
recession (rɪ'seʃən) ZN *achteruitgang; recessie*
★ ~al hymn *slotgezang*
recessive (rɪ'sesɪv) BNW *terugwijkend*
recharge (riː'tʃɑːdʒ) **I** ZN *nieuwe lading* **II** OV WW *herladen*

rechristen (riː'krɪsən) OV+ONOV WW *omdopen*
recidivism (rɪ'sɪdɪvɪzəm) ZN *recidive; herhaling van misdrijf*
recidivist (rɪ'sɪdɪvɪst) ZN *recidivist*
recipe ('resɪpɪ) ZN *recept*
recipient (rɪ'sɪpɪənt) **I** ZN *ontvanger; belanghebbende* **II** BNW *ontvankelijk*
reciprocal (rɪ'sɪprəkl) **I** ZN *het omgekeerde* **II** BNW *wederzijds; wederkerig; als tegenprestatie*
reciprocate (rɪ'sɪprəkeɪt) OV+ONOV WW • *wederdienst bewijzen; wederkerig van dienst zijn*
• *uitwisselen*
reciprocity (resɪ'prɒsətɪ) ZN • *gelijke behandeling v. weerskanten* • *wisselwerking*
recital (rɪ'saɪtl) ZN • *concert; recital* • *verhaal*
• *voordracht*
recitation (resɪ'teɪʃən) ZN • *voordracht* • *verhaal*
recitative (resɪtə'tiːv) ZN *recitatief*
recite (rɪ'saɪt) **I** OV WW *opnoemen* **II** OV+ONOV WW *voordragen; opzeggen*
reckless ('rekləs) BNW *roekeloos*
reckon ('rekən) **I** OV WW • OUD. *berekenen; uitrekenen* • *houden voor; beschouwen* ★ ~ without one's host *buiten de waard rekenen*
• ~ in *meetellen* • ~ with *rekening houden met*
II ONOV WW *menen*
reckoner ('rekənə) ZN • *rekenaar* • *rekenboekje*
reckoning ('rekənɪŋ) ZN • *berekening*
• *verrekening; vergelding* ★ be out in one's ~ *zich misrekenen*
reclaim (rɪ'kleɪm) **I** ZN ★ beyond ~ *niet voor verbetering vatbaar* **II** OV WW • *terugwinnen*
• *weer op 't goede pad brengen; beschaven*
• *cultiveren* • *droogmaken*
reclamation (reklə'meɪʃən) ZN • *terugwinning*
• *ontginning* • *terugvordering*
recline (rɪ'klaɪn) **I** OV WW *doen leunen* **II** ONOV WW
• *leunen; liggen* • *steunen*
recluse (rɪ'kluːs) **I** ZN *kluizenaar* **II** BNW *afgezonderd*
recognition (rekəg'nɪʃən) ZN • *herkenning*
• *erkenning*
recognizable (rekəg'naɪzəbl) BNW *herkenbaar*
recognizance (rɪ'kɒgnɪzəns) ZN • *borgtocht*
• *waarborgsom*
recognize ('rekəgnaɪz) OV WW • *herkennen*
• *erkennen*
recoil (rɪ'kɔɪl) **I** ZN • *terugslag* • *reactie* **II** ONOV WW
• *terugdeinzen* • *terugstoten* ⟨v. vuurwapen⟩
• ~ from *terugdeinzen voor* • ~ on *z. wreken op*
recollect[1] (riːkə'lekt) OV WW ★ ~ o.s. *zich herstellen/vermannen*
recollect[2] (rekə'lekt) OV+ONOV WW *zich (weten te) herinneren*
recollection (rekə'lekʃən) ZN *herinnering*
recolonize (riː'kɒlənaɪz) OV WW *herkoloniseren*
recommence (riːkə'mens) OV+ONOV WW *opnieuw beginnen*
recommencement (riːkə'mensmənt) ZN *hervatting*
recommend (rekə'mend) OV WW *aanbevelen; adviseren* ★ ~ed price *adviesprijs*
recommendable (rekə'mendəbl) BNW *aanbevelenswaardig*
recommendation (rekəmen'deɪʃən) ZN *aanbeveling(sbrief)*

recommendatory (rekəmen'deɪtəri) BNW *aanbevelend*
recompense ('rekəmpens) I ZN *vergoeding* II OV WW • *vergoeden*; *vergelden* • *belonen*
recompose (riːkəm'pəʊz) OV WW *opnieuw samenstellen*
reconcile ('rekənsaɪl) OV WW • *verzoenen*; *overeenbrengen* • *bijleggen* ★ ~ o.s. *to zich schikken in* ★ ~ **to**/**with** *verzoenen met*
reconcilement (rekən'saɪlmənt) ZN → **reconcile**
reconciliation (rekənsɪlɪ'eɪʃən) ZN *verzoening*
recondite ('rekəndaɪt) BNW *obscuur*; *diep(zinnig)*
recondition (riːkən'dɪʃən) OV WW • *herstellen*; *opknappen*; *renoveren*
reconnaissance (rɪ'kɒnɪsəns) ZN • *verkenning* • *verkenningspatrouille*
reconnoitre (rekə'nɔɪtə) I ZN *verkenning* II OV WW *verkennen*
reconquer (riː'kɒŋkə) OV WW *heroveren*
reconsider (riːkən'sɪdə) OV+ONOV WW • *heroverwegen* • *herroepen*
reconsideration (riːkənsɪdə'reɪʃən) ZN *heroverweging*
reconstruct (riːkən'strʌkt) OV WW • *opnieuw opbouwen* • *reconstrueren*
reconstruction (riːkən'strʌkʃən) ZN • *reconstructie* • *wederopbouw*
reconstructive (riːkən'strʌktɪv) BNW *reconstruerend*
record[1] ('rekɔːd) ZN • *verslag*; *verhaal* • *reputatie*; *antecedenten* • *opname*; *grammofoonplaat* • *record*; *hoogste prestatie* • *afschrift*; *document* • *getuigenis* ★ bear ~ of *getuigenis afleggen van* ★ beat/break/cut a ~ *een record breken* ★ keep a ~ of *aantekeningen houden van* ★ keep to the ~ *voet bij stuk houden* ★ off the ~ *vertrouwelijk* ★ on ~ *geboekstaafd* ★ travel out of the ~ *van 't onderwerp afdwalen* ★ ~ level *opnameniveau* ★ ~ library *platenuitleen*
record[2] (rɪ'kɔːd) OV+ONOV WW • *registreren*; *te boek stellen*; *optekenen*; *aantekenen* • *vastleggen* (op geluidsdrager); *een geluidsopname maken van* • *vermelden*
record-breaking BNW *die/dat een record breekt*; *record-*
recorder (rɪ'kɔːdə) ZN • *griffier* • *archivaris* • *rechter* • *(band)recorder* • *blokfluit*
recording (rɪ'kɔːdɪŋ) ZN *opname*
record-player ZN *platenspeler*; *grammofoon*
records ('rekɔːdz) ZN MV *archieven*
recount[1] ('riːkaʊnt) ZN *nieuwe telling*
recount[2] (rɪ'kaʊnt) OV WW *uitvoerig vertellen*
re-count ('riːkaʊnt) OV WW *opnieuw tellen*
recoup (rɪ'kuːp) I OV WW • *terugwinnen* • *vergoeden* ★ JUR. *inhouden* ★ ~ s.o. for *iem. iets vergoeden* ★ ~ from *verhalen op* II ONOV WW Z. *herstellen*
recourse (rɪ'kɔːs) ZN *toevlucht* ★ have ~ to *zijn toevlucht nemen tot*
recover (rɪ'kʌvə) I ZN *herstel* 〈schermen〉 II OV WW • *terugwinnen*; *terugkrijgen*; *terugvinden* • *schadevergoeding krijgen* • *inhalen* • *bijkomen*; *genezen* ★ ~ debts *betaald krijgen* ★ ~ one's feet/legs *weer op de been komen* ★ ~ o.s./one's senses *bijkomen*; *tot bezinning komen* ★ ~ sword *degen terugtrekken*

〈schermen〉 III ONOV WW *genezen*; *herstellen*; *bijkomen*; *er weer bovenop komen*
recoverable (rɪ'kʌvərəbl) BNW • *terug te krijgen* • JUR. *verhaalbaar*
recovery (rɪ'kʌvəri) ZN *herstel* ★ best wishes for your ~! *beterschap!* ★ beyond/past ~ *onherstelbaar*; *ongeneeslijk*
recreate ('riːkrɪeɪt) OV+ONOV WW *ontspanning geven/nemen*
re-create (riːkrɪ'eɪt) OV WW *herscheppen*
recreation (rekrɪ'eɪʃən) ZN • *speelkwartier* • *ontspanning*; *recreatie* • *vermaak*
recreational (rekrɪ'eɪʃənəl) BNW *recreatie-*; *recreatief*
recreation-ground ZN *speelterrein*; *speeltuin*
recriminate (rɪ'krɪmɪneɪt) I OV WW *met tegenbeschuldiging beantwoorden* II ONOV WW *elkaar beschuldigen*
recrimination (rekrɪmɪ'neɪʃən) ZN *tegenverwijt*
recross (riː'krɒs) OV WW *opnieuw oversteken*
recrudesce (riːkruː'des) ONOV WW *weer uitbreken*; *weer oplaaien*; *weer opleven*
recrudescence (riːkruː'desəns) ZN *opleving*
recrudescent (riːkruː'desənt) BNW *weer uitbrekend*
recruit (rɪ'kruːt) I ZN • *rekruut* • *nieuweling* II OV WW • *weer aanvullen* • *aanwerven*; *rekruteren* III ONOV WW • *rekruten (aan)werven* • OUD. *herstellen*; *herstel zoeken*
recruitment (rɪ'kruːtmənt) ZN • *rekrutering* • OUD. *herstel*
rectangle ('rektæŋgl) ZN *rechthoek*
rectangular (rek'tæŋgʊlə) BNW *rechthoekig*
rectification (rektɪfɪ'keɪʃən) ZN *rectificatie*
rectify ('rektɪfaɪ) OV WW • *recht zetten*; *verbeteren*; *herstellen* • *opnieuw distilleren* • *gelijkrichten*
rectilinear (rektɪ'lɪnɪə) BNW *rechtlijnig*
rectitude ('rektɪtjuːd) ZN • *rechtschapenheid* • *correctheid*
rector ('rektə) ZN • *rector* • *predikant* 〈v. anglicaanse Kerk〉
rectorship ('rektəʃɪp) ZN *ambt v. rector*
rectory ('rektəri) ZN • *predikantsplaats* • *pastorie*
recumbent (rɪ'kʌmbənt) BNW *(achterover)liggend*
recuperate (rɪ'kuːpəret) I OV WW *doen herstellen*; *er weer bovenop brengen* II ONOV WW *herstellen*; *er weer bovenop komen*
recuperation (rɪkuːpə'reɪʃən) ZN *herstel*
recuperative (rɪ'kuːpərətɪv) BNW *herstellend*; *herstellings-*
recur (rɪ'kɜː) ONOV WW • *terugkeren*; *terugkomen*; z. *herhalen* ★ ~ring decimals *repeterende decimalen* ★ ~ to *terugkomen op*; *zijn toevlucht nemen tot*
recurrence (rɪ'kʌrəns) ZN • *herhaling* • *toevlucht*
recurrent (rɪ'kʌrənt) BNW *telkens terugkerend*
recusant ('rekjʊzənt) ZN • *weigeraar* • GESCH. *iem. die anglicanisme afwijst*
recycle (riː'saɪkl) OV WW *opnieuw in omloop brengen*; *verwerken tot nieuw product*
recycling (riː'saɪklɪŋ) ZN ★ ~ container ~ *inleveren v. verpakkingsmateriaal/flessen tegen statiegeld*
red (red) I ZN *rood*; *(de) rode* ★ the red *verlies* ★ be in/get into the red *rood (komen te) staan* II BNW • *rood* • *rood* 〈huidskleur〉 ★ the red carpet *de rode loper* ★ a red carpet reception *een*

vorstelijke ontvangst ★ **red herring** *gerookte bokking; afleidingsmanoeuvre* ★ **red man** *roodhuid* ★ **red ribbon** *rood lint van Orde van Bath* ★ **red triangle** *de YMCA* ★ **be red on** *fel zijn op* ★ **redhead(ed)** *met rode kop; roodharig* ★ **red hat** *kardinaal(shoed); Britse stafofficier* ★ **red tape** *bureaucratie; bureaucratisch*

Red (red) **I** ZN ★ the Reds *de roden/rooien; communisten* **II** BNW ★ Red Cross *Kruis v. St.-George; Rode Kruis*

redact (rɪ'dækt) OV WW *redigeren; bewerken*
redaction (rɪ'dækʃən) ZN • *nieuwe uitgave* • *bewerking*
redbreast ('redbrest) ZN *roodborstje*
redbrick ('redbrɪk) ZN • ~ (university) *universiteit v. betrekkelijk recente datum*
redcoat ('redkəʊt) ZN GESCH. *Eng. soldaat*
redden ('redn) OV+ONOV WW *rood maken/worden*
reddish ('redɪʃ) BNW *roodachtig; rossig*
redecorate (ri:'dekəreɪt) OV+ONOV WW *opknappen; opnieuw schilderen en behangen*
redeem (rɪ'di:m) OV WW • *terugkopen; afkopen; vrijkopen; aflossen; inlossen* • *loskopen; verlossen* • *goedmaken* ★ ~ing feature *verzachtende omstandigheid*
redeemable (rɪ'di:məbl) BNW • *aflosbaar* • *inwisselbaar* • *uitlootbaar*
redeemer (rɪ'di:mə) ZN *verlosser*
redemption (rɪ'dempʃən) ZN • *aflossing* • *verlossing*
redemptive (rɪ'demptɪv) BNW *reddend*
redeploy (ri:dɪ'plɔɪ) OV WW *hergroeperen*
redevelop (ri:dɪ'veləp) OV WW • *opnieuw ontwikkelen* • *saneren* • *renoveren*
red-handed (red'hændɪd) BNW *op heterdaad*
red-hot (red'hɒt) BNW • *roodgloeiend* • *woedend* • *vurig*
rediffusion (ri:dɪ'fju:ʒən) ZN MEDIA *radio-/ tv-distributie*
redingote ('redɪŋgəʊt) ZN *overjas; mantel*
redirect (ri:daɪ'rekt) OV WW • *opnieuw richten* • *doorsturen*
rediscover (ri:dɪ'skʌvə) OV WW *herontdekken*
rediscovery (ri:dɪ'skʌvərɪ) ZN *herontdekking*
redistribute (ri:dɪ'strɪbju:t) OV WW *opnieuw distribueren*
redistribution (ri:dɪstrɪ'bju:ʃən) ZN *herdistributie*
red-letter ZN ★ ~ day *(kerkelijke) feestdag; geluksdag*
red-light BNW ★ ~ district *rosse buurt*
redneck ('rednek) ZN USA, MIN. *(blanke, conservatieve) arbeider* ‹in de zuidelijke staten› ★ ~ed *kleingeestig; bevooroordeeld*
redo (ri:'du:) OV WW *overdoen*
redolence ('redələns) ZN *geur; welriekendheid*
redolent ('redələnt) BNW *(wel)riekend* ★ ~ of *herinnerend aan; ruikend naar*
redouble (ri:'dʌbl) OV+ONOV WW (z.) *verdubbelen*
redoubtable (rɪ'daʊtəbl) BNW *geducht*
redound (rɪ'daʊnd) ONOV WW • *grotelijks bijdragen* • *toevloeien*
redraft (ri:'drɑ:ft) **I** ZN *gewijzigd ontwerp* **II** OV WW *opnieuw ontwerpen*
redraw (ri:'drɔ:) OV WW *opnieuw tekenen*
redress (rɪ'dres) **I** ZN *herstel; vergoeding* **II** OV WW *weer goedmaken; herstellen; vergoeden*

redskin ('redskɪn) ZN *roodhuid*
red snapper ZN *red snapper* ‹vissoort›
red-tapism ('redteɪpɪzəm) ZN *bureaucratie*
reduce (rɪ'dju:s) OV WW • *verlagen; verminderen; verzwakken* • *degraderen; verarmen* • *(terug)brengen; herleiden* • *tot inkeer doen komen; onderwerpen* • *zetten* ‹v. ledematen› ★ ~ d officials *afgedankte ambtenaren* ★ ~ to powder *fijn maken*
reducible (rɪ'dju:səbl) BNW *reduceerbaar; herleidbaar*
reduction (rɪ'dʌkʃən) ZN *vermindering*
reductive (rɪ'dʌktɪv) BNW *verminderend*
redundancy (rɪ'dʌndənsɪ) ZN • *overtolligheid* • *weelderigheid* ★ ~ pay/scheme *afvloeiingspremie/-regeling; vut*
redundant (rɪ'dʌndənt) BNW • *pleonastisch* • *weelderige* • *overtollig*
reduplicate (rɪ'dju:plɪkeɪt) **I** OV WW *herhalen* **II** OV+ONOV WW • *verdubbelen* • *redupliceren*
reduplication (rɪdju:plɪ'keɪʃən) ZN • *herhaling* • *verdubbeling*
reduplicative (rɪ'dju:plɪkətɪv) BNW • *herhalend* • *verdubbelend*
redwood ('redwʊd) ZN *sequoia(boom)*
re-echo (ri:'ekəʊ) OV+ONOV WW *weerklinken*
reed (ri:d) **I** ZN • *riet* • *tongetje* ‹v. muziekinstrument› • *weverskam* **II** OV WW • *riet maken van* • *tongetje zetten in* • *(met riet) dekken*
reedbunting ('ri:dbʌntɪŋ) ZN *rietmus*
re-edit (ri:'edɪt) OV WW *opnieuw wijzigen*
reedsparrow ('ri:dspærəʊ) ZN *rietmus*
re-educate (ri:'edjʊkeɪt) OV WW *herscholen*
re-education ZN *herscholing; omscholing*
reed-warbler ('ri:dwɔ:blə) ZN *rietzanger*
reedy ('ri:dɪ) BNW *schel*
reef (ri:f) **I** ZN • *reef* ‹zeilen› • *rif* • *goudhoudende kwartsader* ★ reef knot *platte knoop* **II** OV WW *reven*
reefer ('ri:fə) ZN • *platte knoop* • PLAT *joint*
reek (ri:k) **I** ZN • *stank* • *damp; rook* **II** ONOV WW • *stinken; rieken* ‹ook fig.› • *dampen; roken*
reel (ri:l) **I** ZN • *film(strook)* • *waggelende gang* • *Schotse dans* • *klos(je); haspel; spoel* ★ off the reel *vlot; zonder haperen* **II** OV WW • *opwinden* • *doen wankelen* ★ reel up *ophalen; inhalen* • ~ off *afrollen; afraffelen* **III** ONOV WW • *duizelen* • *wankelen; waggelen* • *de 'reel' dansen* ★ my head reels *'t duizelt me*
re-elect (ri:ɪ'lekt) OV WW *herkiezen*
re-election (ri:ɪ'lekʃən) ZN *herverkiezing*
re-eligible (ri:'elɪdʒəbl) BNW *herkiesbaar*
re-embark (ri:ɪm'bɑ:k) ONOV WW *weer aan boord gaan*
re-embarkation (ri:embɑ:'keɪʃən) ZN *het opnieuw inschepen*
re-emerge (ri:ɪ'mɜ:dʒ) ONOV WW *opnieuw verschijnen*
re-enact (ri:ɪ'nækt) OV WW • *weer opvoeren* • *weer instellen*
re-enactment (ri:ɪ'næktmənt) ZN *vernieuwing van wet*
re-enforce (ri:ɪn'fɔ:s) OV WW *versterken*
re-enter (ri:'entə) **I** OV WW *weer inschrijven*

ǁ ONOV WW *weer binnenkomen*
re-entrance (riːˈentrəns) ZN *herintreding*
re-entry (riːˈentri) ZN *herintreding*
re-establish (riːɪˈstæblɪʃ) OV WW *opnieuw vestigen*
re-establishment (riːɪˈstæblɪʃmənt) ZN • *nieuwe vestiging* • *herstelling*
reeve (riːv) **I** ZN *baljuw* **ǁ** OV WW *inscheren*
re-examination (riːɪɡzæmɪˈneɪʃən) ZN • *nieuw onderzoek* • *herexamen*
re-examine (riːɪɡˈzæmɪn) OV WW *opnieuw onderzoeken*
re-export (riːɪkˈspɔːt) OV+ONOV WW *herexporteren*
ref (ref) ZN INFORM. → **referee**
ref. (ref) AFK • referee *scheidsrechter* • reference *verwijzing*
reface (riːˈfeɪs) OV WW *van een nieuwe buitenlaag voorzien*
refashion (riːˈfæʃən) OV WW *een nieuwe vorm geven*
refection (rɪˈfekʃən) ZN *kleine maaltijd; versversing*
refectory (rɪˈfektərɪ) ZN *refter*
refer (rɪˈfɜː) **I** OV WW • *in handen stellen van; overdragen; toeschrijven* • *verwijzen* ★ ~ o.s. to *zich onderwerpen aan; zich toevertrouwen aan* **ǁ** ONOV WW ★ ~ring to *onder verwijzing naar* • ~ to *raadplegen; betrekking hebben op; zich wenden tot; een beroep doen op; zinspelen op; vermelden*
referable (rɪˈfɜːrəbl) BNW *toe te schrijven*
referee (refəˈriː) ZN *scheidsrechter*
reference (ˈrefərəns) ZN • *bevoegdheid* • JUR. *renvooi* • *het naslaan* • *verwijzingsteken* • *referentie* ★ book of ~ *naslagwerk* ★ ~ book *naslagwerk* ★ in/with ~ to *met betrekking tot; naar aanleiding van* ★ on ~ to *bij 't naslaan van* ★ without ~ to *zonder te letten op* ★ ~ library *handbibliotheek*
referendum (refəˈrendəm) ZN *volksstemming*
referral (rɪˈfɜːrəl) ZN *(door)verwijzing*
refill (ˈriːfɪl) **I** ZN • *navulling; hervulling* • *tweede portie* **ǁ** OV WW *navullen; hervullen*
refine (rɪˈfaɪn) **I** OV WW *zuiveren; verfijnen; raffineren; veredelen* **ǁ** ONOV WW • *zuiver worden; edel(er) worden* • ~ (up)on *uitspinnen; verbeteren*
refined (rɪˈfaɪnd) BNW *verfijnd; elegant; geraffineerd*
refinement (rɪˈfaɪnmənt) ZN *raffinement*
refiner (rɪˈfaɪnə) ZN *raffinadeur*
refinery (rɪˈfaɪnərɪ) ZN *raffinaderij*
refit[1] (ˈriːfɪt) ZN *herstel*
refit[2] (riːˈfɪt) OV WW *herstellen*
reflate (riːˈfleɪt) OV WW *reflatie veroorzaken* ★ a plan to ~ the economy *een economisch herstelplan*
reflect (rɪˈflekt) **I** OV WW *weerspiegelen; weergeven; terugkaatsen* ★ ~ credit (up)on *tot eer strekken* **ǁ** ONOV WW • *bedenken; (over)peinzen* • ~ (up)on *nadenken over; hekelen; aanmerkingen maken op; een blaam werpen op*
reflection (rɪˈflekʃən), **reflexion** ZN • *weerschijn; (spiegel)beeld* • *blaam* • *overdenking; 't nadenken; gedachte* ★ on ~ *bij nader inzien*
reflective (rɪˈflektɪv) BNW *nadenkend; peinzend*
reflector (rɪˈflektə) ZN *reflector*

reflex (ˈriːfleks) **I** ZN • *weerkaatst beeld of licht; spiegelbeeld; weerkaatsing* • *terugslag; afspiegeling* • *reflex(beweging)* **ǁ** BNW • *vanzelf reagerend* • *reflex-*
reflexion ZN → **reflection**
reflexive (rɪˈfleksɪv) BNW *wederkerend*
refloat (riːˈfləʊt) ONOV WW *weer vlot komen*
reform (rɪˈfɔːm) **I** ZN *beterschap; herziening* ★ Reform Act/Bill *(onterp-)kieswet van 1832* ★ ~ school *verbeteringsgesticht* **ǁ** OV WW • *hervormen; verbeteren; bekeren; tot inkeer brengen* • *afschaffen* **III** ONOV WW *zich bekeren*
re-form (riːˈfɔːm) OV+ONOV WW *(z.) opnieuw vormen*
reformal (rɪˈfɔːməl) BNW *hervormings-*
reformation (refəˈmeɪʃən) ZN • *hervorming* • *reformatie*
Reformation (refəˈmeɪʃən) ZN *Hervorming*
reformative (rɪˈfɔːmətɪv) BNW ★ USA ~ school *verbeteringsgesticht*
reformatory (rɪˈfɔːmətərɪ) BNW *hervormend* ★ USA ~ school *verbeteringsgesticht*
reformer (rɪˈfɔːmə) ZN *hervormer*
refract (rɪˈfrækt) OV WW *breken* ⟨v. licht⟩
refraction (rɪˈfrækʃən) ZN *(straal)breking*
refractive (rɪˈfræktɪv) BNW *brekend*
refractor (rɪˈfræktə) ZN • *brekende stof* • *lens; kijker*
refractory (rɪˈfræktərɪ) BNW • *onhandelbaar* • *moeilijk te bewerken*
refrain (rɪˈfreɪn) **I** ZN *refrein* **ǁ** ONOV WW • *z. onthouden* • ~ from *afzien van*
refresh (rɪˈfreʃ) OV+ONOV WW *(z.) opfrissen; (z.) verfrissen; (z.) weer jong/sterk, enz. maken* ★ ~ one's inner man *wat gebruiken*
refresher (rɪˈfreʃə) ZN • *hartversterking* • *opfrisser* • *extra honorarium* ★ ~ course *bijscholingscursus*
refreshing (rɪˈfreʃɪŋ) BNW • *verfrissend* • *aangenaam; verrassend*
refreshment (rɪˈfreʃmənt) ZN • *versterking* • *verfrissing* ★ ~ room *restauratie; koffiekamer*
refrigerant (rɪˈfrɪdʒərənt) **I** ZN *koelmiddel* **ǁ** BNW *verkoelend*
refrigerate (rɪˈfrɪdʒəreɪt) OV+ONOV WW *(af)koelen*
refrigeration (rɪfrɪdʒəˈreɪʃən) ZN *(af)koeling*
refrigerator (rɪˈfrɪdʒəreɪtə) ZN *koelapparaat; koeler; koelkast; koelwagen*
refrigeratory (rɪˈfrɪdʒərətərɪ) BNW *verkoelend*
refuel (riːˈfjuːəl) OV+ONOV WW *tanken*
refuge (ˈrefjuːdʒ) ZN • *toevlucht(soord)* • *redmiddel* • *vluchtheuvel* ★ central ~ *vluchtheuvel* ★ take ~ in *zijn toevlucht nemen tot*
refugee (refjʊˈdʒiː) ZN *vluchteling*
refund[1] (ˈriːfʌnd) ZN *terugbetaling*
refund[2] (rɪˈfʌnd) OV+ONOV WW *terugbetalen*
refurbish (riːˈfɜːbɪʃ) OV WW • *renoveren; weer (als) nieuw maken; opknappen* • *weer doen (op)leven*
refurnish (riːˈfɜːnɪʃ) OV WW *opnieuw meubileren*
refusal (rɪˈfjuːzəl) ZN *weigering* ★ first ~ *optie* ★ meet with ~ *geweigerd worden*
refuse[1] (ˈrefjuːs) **I** ZN *afval* ★ ~ dump *vuilnisbelt* ★ ~ collector *vuilnisophaler* **ǁ** BNW *waardeloos; weggegooid* ★ ~ iron *oud roest*
refuse[2] (rɪˈfjuːz) OV+ONOV WW *weigeren* ★ the horse ~s the fence *het paard weigert te*

springen
refuser (rɪˈfjuːzə) ZN *weigeraar*
refutable (ˈrɪfjuːtəbl) BNW *weerlegbaar*
refutation (refjuˈteɪʃən) ZN *weerlegging*
refute (rɪˈfjuːt) OV WW *weerleggen*
regain (rɪˈgeɪn) OV WW *herkrijgen; terugwinnen* ★ ~ *one's feet weer op de been komen*
regal (ˈriːgl) BNW *koninklijk*
regale (rɪˈgeɪl) **I** ZN • *feestmaal* • *verfijndheid* **II** OV WW • *onthalen* • ~ *with vergasten op* **III** ONOV WW ~ *on z. vergasten op*
regalia (rɪˈgeɪlɪə) ZN *regalia; koninklijke attributen; kroonjuwelen*
regality (rɪˈgælətɪ) ZN *koninklijke waardigheid*
regard (rɪˈgɑːd) **I** ZN • *aandacht; zorg* • *achting* • OUD. *starende blik* ★ *in/with* ~ *to met betrekking tot* ★ *without* ~ *to zonder te letten op* ★ *have* ~ *for rekening houden met* ★ *have* ~ *to in aanmerking nemen* ★ *pay no* ~ *to niet letten op* **II** OV WW • *bekijken; aankijken; beschouwen* • *in acht nemen* ★ *as* ~s *wat betreft* ★ ~ing *betreffende*
regardful (rɪˈgɑːdfʊl) BNW • *oplettend* • *attent; eerbiedig*
regardless (rɪˈgɑːdləs) **I** BNW *onattent; onachtzaam* **II** VZ ★ ~ *of zonder te letten op*
regards (rɪˈgɑːdz) ZN MV ★ *give my* ~ *to doe van mij de groeten aan*
regatta (rɪˈgætə) ZN *roeiwedstrijd; zeilwedstrijd*
regd. AFK *registered geregistreerd*
regency (ˈriːdʒənsɪ) ZN *regentschap*
Regency (ˈriːdʒənsɪ) ZN *Regency* ⟨tijdperk v. 1810 - 1820⟩
regenerate[1] (rɪˈdʒenərət) BNW *herboren*
regenerate[2] (rɪˈdʒenəreɪt) **I** OV WW *doen herboren worden; nieuw leven inblazen* **II** ONOV WW • *herboren worden* • *regenereren*
regeneration (rɪdʒenəˈreɪʃən) ZN *regeneratie*
regent (ˈriːdʒənt) ZN *regent*
regicide (ˈredʒɪsaɪd) ZN • *koningsmoord* • *koningsmoordenaar*
regime (reɪˈʒiːm) ZN *regime*
regimen (ˈredʒɪmen) ZN *leefregel; dieet*
regiment (ˈredʒɪmənt) **I** ZN *regiment* **II** OV WW *indelen in regimenten*
regimental (redʒɪˈmentl) BNW *regiments-*
regimentals (redʒɪˈmentlz) ZN MV *militair uniform*
regimented (redʒɪˈmentɪd) BNW *gereglementeerd*
region (ˈriːdʒən) ZN *streek; gebied* ★ *lower* ~s *onderwereld; hel* ★ *upper* ~s *hemel*
regional (ˈriːdʒənl) BNW *gewestelijk; regionaal*
register (ˈredʒɪstə) **I** ZN • *register; lijst* • *teller; (snelheids)meter* • *schuif* ⟨v. kachelpijp⟩ ★ ~ (office) *bureau v.d. burgerlijke stand; inschrijvingskantoor* ★ ~ *stove reguleerkachel* **II** OV WW • *(laten) inschrijven; aangeven* • *uitdrukken; tonen* • *(laten) aantekenen* ⟨v. brief⟩ ★ ~ *o.s. zich laten inschrijven op kiezerslijst* ★ ~ed *trademark gedeponeerd handelsmerk* **III** ONOV WW • *z. (laten) inschrijven* • *in zich opnemen* **IV** OV+ONOV WW *registreren* ⟨drukkerij⟩
registrar (ˈredʒɪstrɑː) ZN • *griffier* • *ambtenaar v.d. burgerlijke stand* • *bewaarder der registers; archivaris*

registration (redʒɪˈstreɪʃən) ZN *registratie* ★ ~ *number registratienummer; autokenteken*
registry (ˈredʒɪstrɪ) ZN • *registratie* • *archief* ★ ~ *office (bureau van de) burgerlijke stand* ★ *married at a* ~ *office getrouwd voor de wet*
regnant (ˈregnənt) BNW *regerend*
regress[1] (ˈriːgres) ZN *teruggang; achteruitgang*
regress[2] (rɪˈgres) ONOV WW *achteruitgaan*
regression (rɪˈgreʃən) ZN *terugkeer; verval; malaise*
regressive (rɪˈgresɪv) BNW *regressief*
regret (rɪˈgret) **I** ZN *spijt; berouw* **II** OV WW *betreuren* ★ **I** ~ *to say het spijt mij te moeten zeggen*
regretful (rɪˈgretfʊl) BNW *spijtig; treurig*
regretfully (rɪˈgretfʊlɪ) BIJW *met spijt/leedwezen*
regrets (rɪˈgrets) ZN MV *berouw; verontschuldigingen; spijt*
regrettable (rɪˈgretəbl) BNW *betreurenswaardig*
regrettably (rɪˈgretəblɪ) BIJW *jammer genoeg; helaas* ★ ~ *few of them attended the meeting helaas bezochten weinig van hen de vergadering*
regroup (riːˈgruːp) OV+ONOV WW *(z.) hergroeperen*
regular (ˈregjʊlə) **I** ZN • *vaste afnemer; vaste klant; stamgast* • *ordegeestelijke* • *beroepsmilitair* **II** BNW • *beroeps-; gediplomeerd* • *regulier* ⟨geestelijkheid⟩ • INFORM. *echt; doortrapt* • USA *gewoon; normaal* • *regelmatig; geregeld; vast* ⟨klant⟩ • *correct; zoals het hoort* ★ *keep* ~ *hours zich aan vaste (werk)uren houden* ★ ~ *battle formeel gevecht* ★ ~ *fellow prima vent* ★ ~ *treat waar genot*
regularity (regjʊˈlærətɪ) ZN *regelmatigheid*
regularization (regjʊləraɪˈzeɪʃən) ZN *regularisatie*
regularize (ˈregjʊləraɪz) OV WW *regulariseren*
regulate (ˈregjʊleɪt) OV WW *regelen; reguleren; reglementeren*
regulation (regjʊˈleɪʃən) ZN • *voorschrift* • *voorgeschreven* ★ ~ *speed maximum snelheid* ★ ~ *uniform modelkleding; dienstkleding*
regulative (ˈregjʊlətɪv) BNW *regulatief*
regulator (ˈregjʊleɪtə) ZN *regulateur*
regurgitate (rɪˈɡɜːdʒɪteɪt) **I** OV WW • *uitbraken* • *na-apen* **II** ONOV WW *terugstromen*
regurgitation (rɪɡɜːdʒɪˈteɪʃən) ZN *het (doen) terugstromen*
rehab (ˈriːhæb) **I** ZN INFORM. → **rehabilitation** ★ *in* ~ *aan het afkicken* **II** OV WW INFORM. → **rehabilitate**
rehabilitate (riːhəˈbɪlɪteɪt) OV WW • *rehabiliteren* • *revalideren* • *renoveren*
rehabilitation (riːhəbɪləˈteɪʃən) ZN • *rehabilitatie* • *revalidatie* • *ontwenningskuur; (het) afkicken* ★ ~ *of prisoners reclassering* ★ ~ *centre/clinic revalidatiecentrum; ontwenningskliniek; afkickcentrum* ★ *medical* ~ *revalidatie*
rehash (riːˈhæʃ) **I** ZN *herbewerking; oude kost* ⟨fig.⟩ **II** OV WW *weer uit de kast halen; opnieuw brengen*
rehearsal (rɪˈhɜːsəl) ZN • *repetitie; oefening* • FORM. *relaas* ★ *dress* ~ *generale repetitie*
rehearse (rɪˈhɜːs) OV WW • *herhalen; weer opzeggen* • *opsommen* • *repeteren* ⟨toneel⟩
rehouse (riːˈhaʊz) OV WW *een nieuw onderdak geven*

rehumanize (riːˈhjuːmənaɪz) ONOV WW *opnieuw beschaafd worden*

reign (reɪn) I ZN *regering* ★ ~ *of terror schrikbewind* II ONOV WW *regeren; heersen*

reimburse (riːɪmˈbɜːs) OV WW *terugbetalen; vergoeden*

reimbursement (riːɪmˈbɜːsmənt) ZN *terugbetaling*

reimport (riːɪmˈpɔːt) OV WW *weer importeren*

reimpose (riːɪmˈpəʊz) OV WW *opnieuw invoeren; opnieuw opleggen*

rein (reɪn) I ZN *teugel* ★ *give (the) rein(s) to de vrije teugel laten* ★ *draw rein stil houden; opgeven; zich intomen* ★ FIG. *a loose rein de vrije teugel* II OV WW • *besturen* • *beteugelen* • ~ **back/in** *inhouden*

reincarnation (ˈriːɪnkɑːˈneɪʃn) ZN *reïncarnatie*

reindeer (ˈreɪndɪə) ZN *rendier*

reinforce (riːɪnˈfɔːs) I ZN *versterking* II OV WW *versterken* ★ ~d *concrete gewapend beton*

reinforcement (ˈriːɪnˈfɔːsmənt) ZN *versterking*

reinsert (riːɪnˈsɜːt) OV WW *opnieuw tussenvoegen*

reinstate (riːɪnˈsteɪt) OV WW *herstellen*

reinstatement (riːɪnˈsteɪtmənt) ZN *herstel*

reinter (riːɪnˈtɜː) OV WW *opnieuw begraven*

reinterment (riːɪnˈtɜːmənt) ZN *herbegrafenis*

reinvest (riːɪnˈvest) OV WW *herinvesteren*

reinvestment (riːɪnˈvestmənt) ZN *herinvestering*

reinvigorate (riːɪnˈvɪɡəreɪt) OV WW *opnieuw (ver)sterken*

reissue (riːˈɪʃuː) OV WW *opnieuw uitgeven*

reiterate (riːˈɪtəreɪt) OV WW *herhalen*

reiteration (riːɪtəˈreɪʃən) ZN *herhaling*

reiterative (riːˈɪtərətɪv) BNW *herhalend*

reject (rɪˈdʒekt) OV WW • *verwerpen; afwijzen* • *uitbraken; uitwerpen; opgeven*

rejectable (rɪˈdʒektəbl) BNW *verwerpelijk*

rejection (rɪˈdʒekʃən) ZN *afwijzing*

rejoice (rɪˈdʒɔɪs) I OV WW *verheugen; vieren* II ONOV WW • *zich verheugen; feesten* • ~ **at** *zich verheugen over*

rejoicing (rɪˈdʒɔɪsɪŋ) ZN • *vreugde* • *feestelijkheden*

rejoicings (rɪˈdʒɔɪsɪŋz) ZN MV *feestvreugde*

rejoin¹ (rɪˈdʒɔɪn) OV WW *(bits) antwoorden*

rejoin² (riːˈdʒɔɪn) OV+ONOV WW *(z.) weer verenigen; z. weer vervoegen bij*

rejoinder (rɪˈdʒɔɪndə) ZN *(bits) antwoord*

rejuvenate (rɪˈdʒuːvɪneɪt) OV+ONOV WW *weer jong maken/worden*

rekindle (riːˈkɪndl) OV+ONOV WW *opnieuw ontsteken*

relabel (riːˈleɪbl) OV WW *opnieuw etiketteren*

relapse (rɪˈlæps) I ZN *terugval; instorting* II ONOV WW *(weer) instorten; (weer) terugvallen*

relate (rɪˈleɪt) I OV WW • *vertellen* • *(onderling) verband leggen* • ~ **to/with** *in verband brengen met* II ONOV WW *in verband staan*

related (rɪˈleɪtɪd) BNW *verwant*

relation (rɪˈleɪʃən) ZN • *betrekking; verhouding* • *(bloed)verwantschap* • *familielid* ★ *bear no ~ to in geen verhouding staan tot* ★ *be out of ~ to in geen betrekking of verhouding staan tot* ★ *in ~ to in verhouding tot*

relational (rɪˈleɪʃənl) BNW *verwant*

relationship (rɪˈleɪʃənʃɪp) ZN • *verhouding* • *verwantschap*

relative (ˈrelətɪv) I ZN • *familielid* • *betrekkelijk voornaamwoord* II BNW • *betrekkelijk* • *in betrekking staand* • *toepasselijk* • *respectief* ★ ~ **to** *evenredig aan/tot*

relativity (reləˈtɪvəti) ZN • *betrekkelijkheid* • *relativiteit*

relax (rɪˈlæks) OV+ONOV WW • *(z.) ontspannen* • *verslappen; verzachten* ★ ~ *the bowels laxeren*

relaxation (riːlækˈseɪʃən) ZN *ontspanning*

relay¹ (ˈriːleɪ) ZN • *aflossing* ⟨v. wacht, paarden⟩ • *relais* • *heruitzending* ★ ~ *race estafette*

relay² (ˈriːleɪ, rɪˈleɪ) OV WW *aflossen; relayeren*

re-lay (ˈriːleɪ) OV WW *opnieuw leggen*

release (rɪˈliːs) I ZN • *bevrijding; vrijgeving* • *nieuwe film/lp* • *uitlaat* • A-V *ontspanner* II OV WW • *loslaten; bevrijden; vrijlaten* • *vrijgeven* • *voor 't eerst vertonen* ⟨film⟩; *op de markt brengen* • JUR. *afstand doen van; overdragen; kwijtschelden* • ~ **from** *ontheffen van*

relegate (ˈrelɪgeɪt) OV WW • *verbannen* • SPORT *degraderen; overplaatsen* • *overdragen; verwijzen*

relegation (relɪˈgeɪʃən) ZN • *verbanning* • *overplaatsing*, SPORT *degradatie*

relent (rɪˈlent) ONOV WW *medelijden tonen; z. laten vermurwen*

relentless (rɪˈlentləs) BNW *meedogenloos*

relevance (ˈrelɪvəns) ZN *relevantie*

relevancy (ˈrelɪvənsi) ZN → **relevance**

relevant (ˈrelɪvənt) BNW *relevant; toepasselijk* ★ *be ~ op zijn plaats zijn; (ermee) te maken hebben* ★ ~ **to** *betrekking hebbend op*

reliability (rɪˌlaɪəˈbɪləti) ZN *betrouwbaarheid*

reliable (rɪˈlaɪəbl) BNW *betrouwbaar*

reliance (rɪˈlaɪəns) ZN • *vertrouwen* • *hoop*

reliant (rɪˈlaɪənt) BNW *vertrouwend* ★ ~ **on** *afgaand op*

relic (ˈrelɪk) ZN • *reliek; relikwie* • *overblijfsel*

relics (ˈrelɪks) ZN MV *overblijfselen; stoffelijk overschot*

relict (ˈrelɪkt) ZN *weduwe*

relief (rɪˈliːf) ZN • *verlichting; opluchting; welkome afwisseling* • *steun; hulp* • *ontzet; ontslag; ontheffing* • *aflossing* • *extra bus/trein* • *reliëf; plastiek* ★ ~ *fund rampenfonds; steunfonds* ★ ~ *train extra trein* ★ ~ *work werkverschaffing(sobject)* ★ *throw into ~ doen uitkomen* ★ ~ *road rondweg* ★ ~ *worker hulpverlener*

relieve (rɪˈliːv) OV WW ★ ~ *one's feelings lucht geven aan zijn gevoelens* ★ ~ *nature zijn behoefte doen* ★ ~d *opgelucht* ★ ~ *a p. of ontheffen van; ontslaan van; beroven van*

religion (rɪˈlɪdʒən) ZN • *godsdienst* • *godsvrucht* ★ *enter into ~ in het klooster gaan*

religious (rɪˈlɪdʒəs) BNW • *religieus* • *klooster-* • *kerkelijk* ★ *with ~ care met de uiterste zorg*

religiously (rɪˈlɪdʒəsli) BIJW • *godsdienstig* • *gewetensvol; nauwgezet*

reline (riːˈlaɪn) OV WW *van een nieuwe voering voorzien*

relinquish (rɪˈlɪŋkwɪʃ) OV WW • *opgeven; afstand doen van* • *loslaten*

relinquishment (rɪˈlɪŋkwɪʃmənt) ZN *het opgeven; afstand*

reliquary (ˈrelɪkwəri) ZN *reliekschrijn*

relish ('relɪʃ) **I** ZN • *kruiderij* • *smaak* • *aantrekkelijkheid* • *scheutje; tikje* ★ Worcester ~ *worcestersaus* ★ with great ~ *met groot genoegen* ★ no ~ for *geen gevoel voor / verlangen naar* **II** OV WW • *smakelijk(er) maken*; *kruiden* • *genoegen scheppen in; houden van*; *waarderen* • *verlangen naar* **III** ONOV WW • *smaken* • ~ of *zwemen naar*
relive (riːˈlɪv) OV WW *opnieuw beleven*
reload (riːˈləʊd) OV WW *herladen*
relocate (riːləʊˈkeɪt) OV WW • *verplaatsen* • *verhuizen*
relocation (riːləʊˈkeɪʃən) ZN • *verplaatsing* • *verhuizing*
reluctance (rɪˈlʌktns) ZN *tegenzin*
reluctant (rɪˈlʌktnt) BNW *onwillig* ★ ~ly *met tegenzin*
rely (rɪˈlaɪ) ONOV WW ★ you may rely (up)on it *wees daar maar zeker van* • ~ (up)on *vertrouwen op; afgaan op; rekenen op*
remain (rɪˈmeɪn) ONOV WW *(over)blijven; nog over zijn*
remainder (rɪˈmeɪndə) **I** ZN • *overblijfsel; rest(ant)* • JUR. *recht van erven* **II** OV WW *opruimen*
remains (rɪˈmeɪnz) ZN MV • *overblijfselen* • *nagelaten werken* • *stoffelijk overschot*
remake (rɪˈmeɪk) OV WW *overmaken*
remand (rɪˈmɑːnd) **I** ZN • *voorarrest* • *preventief gedetineerde* ★ ~ centre *verbeteringsgesticht; huis van bewaring* ⟨voor jeugdige delinquenten⟩ **II** OV WW ★ ~ (in custody) *terugzenden in voorarrest* ★ ~ on bail *onder borgstelling vrijlaten*
remark (rɪˈmɑːk) **I** ZN *opmerking* **II** OV WW *opmerken* **III** ONOV WW *opmerkingen maken*
remarkable (rɪˈmɑːkəbl) BNW *merkwaardig*
remarkably (rɪˈmɑːkəblɪ) BIJW *merkwaardig; opmerkelijk*
remarriage (riːˈmærɪdʒ) ZN *nieuw huwelijk*
remarry (riːˈmærɪ) ONOV WW *hertrouwen*
remediable (rɪˈmiːdɪəbl) BNW *te verhelpen*
remedial (rɪˈmiːdɪəl) BNW *verbeterend* ★ ~ measures *maatregelen tot herstel* ★ ~ teacher *speciale docent voor kinderen met achterstand en andere problemen*
remedy ('remɪdɪ) **I** ZN • *(genees)middel* • *(rechts)herstel* **II** OV WW *verhelpen; genezen*
remember (rɪˈmembə) **I** OV WW • *denken aan* • *bedenken* ⟨met fooi, legaat⟩ ★ ~ me to your parents *doe mijn groeten aan je ouders* **II** OV+ONOV WW *(z.) herinneren; nog weten; niet vergeten; onthouden* ★ ~ o.s. *tot bezinning komen*
remembrance (rɪˈmembrəns) ZN • *geheugen* • *aandenken*
remembrancer (rɪˈmembrənsə) ZN OUD. *iem. of iets dat aan iets herinnert*
remembrances (rɪˈmembrənsɪz) ZN MV *groeten*
remind (rɪˈmaɪnd) OV WW • *herinneren* ★ that ~s me! *dat is waar ook!* ★ ~ of *doen denken aan*
reminder (rɪˈmaɪndə) ZN • *waarschuwing* • *aanmaning*
remindful (rɪˈmaɪndfʊl) BNW *indachtig* ★ ~ of *herinnerend aan*
reminisce (remɪˈnɪs) ONOV WW *herinneringen ophalen; mijmeren*

reminiscence (remɪˈnɪsəns) ZN *herinnering*
reminiscent (remɪˈnɪsənt) BNW *met plezier terugdenkend* ★ be ~ of *(zich) herinneren (aan)*
remiss (rɪˈmɪs) BNW *nonchalant; lui*
remissible (rɪˈmɪsɪbl) BNW *vergeeflijk*
remission (rɪˈmɪʃən) ZN • *vermindering* • *vergeving*
remit (rɪˈmɪt) **I** OV WW • *vergeven* • *kwijtschelden* • *matigen; doen afnemen* • JUR. *verwijzen* • *overmaken* • *toezenden* **II** ONOV WW *afnemen*
remittal (rɪˈmɪtl) ZN JUR. *verwijzing naar andere rechtbank*
remittance (rɪˈmɪtns) ZN *overschrijving* ⟨v. geld⟩
remittee (rɪmɪˈtiː) ZN *ontvanger v. overschrijving*
remittent (rɪˈmɪtnt) BNW *op- en afgaand* ⟨v. koorts⟩
remitter (rɪˈmɪtə) ZN • *afzender* • JUR. *verwijzing naar andere rechtbank*
remnant ('remnənt) ZN • *rest; restant* • *coupon*
remodel (riːˈmɒdl) OV WW *opnieuw modelleren*
remonstrance (rɪˈmɒnstrəns) ZN • *protest* • *officieel bezwaarschrift*
remonstrant (rɪˈmɒnstrənt) **I** ZN • *protesteerder* • *remonstrant* **II** BNW • *protesterend* • *remonstrants*
remonstrate ('remənstreɪt) **I** OV WW *tegenwerpen* **II** ONOV WW *protesteren*
remorse (rɪˈmɔːs) ZN *wroeging; berouw* ★ without ~ *meedogenloos*
remorseful (rɪˈmɔːsfʊl) BNW *berouwvol*
remorseless (rɪˈmɔːsləs) BNW *meedogenloos*
remote (rɪˈməʊt) **I** ZN INFORM., TECHN. remote control *a.b.* ⟨afstandsbediening⟩ **II** BNW • *ver weg* • *afgelegen* ★ not the ~st idea *geen flauw idee* ★ ~ ages/antiquity *grijze verleden/oudheid* ★ ~ from *ver weg van*
remould (riːˈməʊld, riːˈmoʊld) OV WW *omvormen*
removable (rɪˈmuːvəbl) **I** ZN *afzetbaar rechter* **II** BNW • *afneembaar* • *afzetbaar*
removal (rɪˈmuːvəl) ZN *verwijdering; verplaatsing* ★ ~ van *verhuiswagen*
remove (rɪˈmuːv) **I** ZN • *bevordering* ⟨naar hogere klas⟩ • *tussenklas* • *status; trap; graad* • *afstand* **II** OV WW • *verwijderen; afnemen; wegnemen; er af doen* • *opruimen; uit de weg ruimen* ★ first cousin once ~d *achterneef* ★ ~ the cloth *de tafel afruimen* ★ ~ furniture *zich met verhuizingen belasten* **III** ONOV WW *verhuizen*
remover (rɪˈmuːvə) ZN • *verhuizer* • *vlekkenwater; afbijtmiddel* • *remover* ⟨v. nagellak⟩
remunerate (rɪˈmjuːnəreɪt) OV WW *(be)lonen*
remuneration (rɪmjuːnəˈreɪʃən) ZN *beloning*
remunerative (rɪˈmjuːnərətɪv) BNW *lonend*
Renaissance (rɪˈneɪsns, ˈrenəsɑːns) ZN *Renaissance*
renal ('riːnl) BNW *v.d. nieren; nier-*
rename (riːˈneɪm) OV WW *hernoemen*
renascence (rɪˈnæsəns) ZN *wedergeboorte*
renascent (rɪˈnæsənt) BNW *weer oplevend*
rend (rend) OV WW • *verscheuren; stukscheuren* • *klieven* ★ rend one's hair *zich de haren uittrukken*
render ('rendə) **I** ZN *vergoeding* **II** OV WW • *teruggeven* • *weergeven* • *betuigen; betonen* • *verlenen* ★ ~ good for evil *kwaad met goed vergelden* ★ ~ possible *mogelijk maken* • ~ down *smelten* ⟨v. vet⟩

rendering ('rendərɪŋ) zn *weergave*
rendezvous ('rɒndɪvu:) I zn • *afspraakje* • *samenkomst* II onov ww *samenkomen*
rendition (ren'dɪʃən) zn *uitvoering; weergave; vertaling*
renegade ('renɪɡeɪd) zn *afvallige; overloper*
renege (rɪ'ni:ɡ) ov ww *herroepen; intrekken*
renew (rɪ'nju:) ov ww *vernieuwen; hernieuwen* • *doen herleven* • *hervatten* • *vervangen; versen* • *verstellen* • *prolongeren; verlengen*
renewable (rɪ'nju:əbl) bnw • *vernieuwbaar* • *verlengbaar*
renewal (rɪ'nju:əl) zn • *vernieuwing* • *verlenging*
rennet ('renɪt) zn • *stremsel* • *renet* ⟨appel⟩
renounce (rɪ'naʊns) I ov ww • *afstand doen van; afzien van* • *verwerpen; niet meer erkennen; verloochenen; verzaken* ★ ~ the world *zich uit de wereld terugtrekken* II onov ww • jur. *afstand doen* • *verzaken* ⟨in kaartspel⟩
renouncement (rɪ'naʊnsmənt) zn *afstand*
renovate ('renəveɪt) ov ww *vernieuwen; herstellen*
renovation (renə'veɪʃən) zn *renovatie*
renown (rɪ'naʊn) zn *roem*
renowned (rɪ'naʊnd) bnw *vermaard*
rent (rent) I zn • *kloof; scheur* • *huur; pacht* ★ rent charge *erfpacht* II ww [verl. tijd + volt. deelw.] → **rend** ov ww *(ver)huren; (ver)pachten; in huur of pacht hebben*
rental ('rentl) zn *huursom; pachtsom* ★ ~ value *huurwaarde*
renter ('rentə) zn *huurder; pachter*
rent-free bnw *vrij van huur; pachtvrij*
rentier ('rɑ̃ntɪeɪ) zn *rentenier*
rent-roll ('rentrəʊl) zn • *register* • *pachtopbrengst*
renumber (ri:'nʌmbə) ov ww *vernummeren*
renunciation (rɪnʌnsɪ'eɪʃən) zn • *het afstand doen* • *akte v. afstand*
reoccupation (ri:ɒkjʊ'peɪʃən) zn *herbezetting*
reoccupy (ri:'ɒkjʊpaɪ) ov ww *opnieuw bezetten*
reopen (ri:'əʊpən) ov ww *heropenen*
reorder (ri:'ɔ:də) I zn *nabestelling* II ov ww • *nabestellen* • *weer op orde brengen*
reorganization (ri:ɔ:ɡənaɪ'zeɪʃən) zn *reorganisatie*
reorganize (ri:'ɔ:ɡənaɪz) ov+onov ww *reorganiseren*
rep (rep) I zn • *trijp* • *losbol* II afk • *representative vertegenwoordiger* • *repetition herhaling*
repaint (ri:'peɪnt) ov ww *overschilderen*
repair (rɪ'peə) I zn *onderhoud* ★ under ~ *in reparatie* ★ in good ~ *goed onderhouden* ★ out of ~ *slecht onderhouden* ★ ~ shop *reparatiewerkplaats* II ov ww • *herstellen* • *vergoeden; weer goedmaken* III onov ww • **to** z. *begeven naar*
repairable (rɪ'peərəbl) bnw *herstelbaar*
repairer (rɪ'peərə) zn *hersteller*
repairman (rɪ'peəmən) zn *(onderhouds)monteur*
repaper (ri:'peɪpə) ov ww *opnieuw behangen*
reparable ('repərəbl) bnw *goed te maken; te herstellen*
reparation (repə'reɪʃən) zn • *schadeloosstelling; herstelbetaling* • *reparatie*
repartee (repɑ:'ti:) zn • *gevat antwoord* • *gevatheid*
repass (ri:'pɑ:s) ov+onov ww *opnieuw voorbijgaan*
repast (rɪ'pɑ:st) zn form. *maaltijd*
repatriate (ri:'pætrɪeɪt) ov+onov ww *naar 't vaderland terugkeren/-zenden*
repay (rɪ'peɪ) ov ww • *terugbetalen* • *vergelden; vergoeden* • *nog eens betalen*
repayable (rɪ'peɪəbl) bnw *aflosbaar*
repayment (rɪ'peɪmənt) zn → **repay**
repeal (rɪ'pi:l) I zn *herroeping* II ov ww *herroepen*
repeat (rɪ'pi:t) I zn • *herhaling* • muz. *reprise; herhalingsteken* • *bis* ★ ~ (order) *nabestelling* II ov ww • *herhalen* • *nadoen; imiteren* • *opzeggen; navertellen* III onov ww • *repeteren* • *opbreken* ⟨v. voedsel⟩
repeated (rɪ'pi:tɪd) bnw *herhaald*
repeatedly (rɪ'pi:tɪdli) bnw *herhaaldelijk*
repeater (rɪ'pi:tə) zn • *herhaler* • *repeteergeweer* • *repetitiehorloge* • *versterker* • *verklikker* ⟨lamp⟩ • *repetitor* • usa *recidivist*
repel (rɪ'pel) ov ww *afslaan; terugdrijven; afstoten; terugslaan*
repellent (rɪ'pelənt) I zn *afweermiddel* II bnw *weerzinwekkend; onprettig*
repent (rɪ'pent) ov+onov ww *berouw hebben*
repentance (rɪ'pentəns) zn *berouw*
repentant (rɪ'pentənt) bnw *berouwvol*
repeople (ri:'pi:pl) ov ww *opnieuw bevolken*
repercussion (ri:pə'kʌʃən) zn • *reactie* • *terugslag; (onaangenaam) gevolg* • *weerklank*
repertoire ('repətwɑ:) zn • *repertoire; gehele werk* • *lijst van mogelijkheden* ⟨computer⟩
repertory ('repətəri) zn • *schat; verzameling* • *repertoire* ★ ~ theatre *repertoiretheater*
repetition (repɪ'tɪʃən) zn • *herhaling* • *opgegeven les* • *voordracht* • *kopie; duplicaat*
repetitious (repɪ'tɪʃəs) bnw *(zich) herhalend*
repetitive (rɪ'petɪtɪv) bnw → **repetitious**
rephrase (ri:'freɪz) ov ww *opnieuw formuleren*
repine (rɪ'paɪn) onov ww • *klagen* • ~ **against/at** *ontevreden zijn over*
replace (rɪ'pleɪs) ov ww • *terugzetten* • *vervangen*
replaceable (rɪ'pleɪsəbl) bnw *vervangbaar*
replacement (rɪ'pleɪsmənt) zn *vervanging*
replant (ri:'plɑ:nt) ov ww *herplanten*
replay ('ri:pleɪ) I zn • *overgespeelde wedstrijd* • *herhaling* ⟨v. beeldscène/geluidsfragment⟩ II ov+onov ww • *overspelen* • *opnieuw laten zien/horen; herhalen*
replenish (rɪ'plenɪʃ) ov ww *bijvullen; aanvullen*
replenished (rɪ'plenɪʃt) bnw *vol*
replenishment (rɪ'plenɪʃmənt) zn *aanvulling*
replete (rɪ'pli:t) bnw *vol; verzadigd*
repletion (rɪ'pli:ʃən) zn *verzadiging*
replica ('replɪkə) zn • *duplicaat* • *model* • *kopie v.d. kunstenaar zelf*
replicate ('replɪkeɪt) ov ww *een kopie maken van*
replication (replɪ'keɪʃən) zn • *repliek* • *'t maken van kopie(ën)* • *kopie* • *echo*
reply (rɪ'plaɪ) I zn *antwoord* II ov+onov ww • *antwoorden* • ~ **to** *beantwoorden*
repoint (ri:'pɔɪnt) ov ww *opnieuw voegen*
repopulate (ri:'pɒpjʊleɪt) ov ww *opnieuw bevolken*
report (rɪ'pɔ:t) I zn • *verslag* • *gerucht* • *roep;*

reputatie • knal; *schot* ★ ~ and accounts *jaarstukken; jaarverslag en jaarrekening* ★ by common ~ *naar algemeen gezegd wordt* ★ of common ~ *algemeen besproken* ★ of good ~ *met goede reputatie; goed bekend staand* ★ USA ~ card *(school)rapport* II OV WW • *verslag doen van; rapport uitbrengen van* • *melden; van z. laten horen; rapporteren; opgeven* • *vertellen; overbrengen* ★ it is ~ed *men zegt* ★ ~ed speech *indirecte rede* III ONOV WW • *verslag doen/ uitbrengen; rapport uitbrengen* • *verslaggever zijn* • ~ to *zich melden bij*
reportedly (rɪ'pɔ:tɪdlɪ) BIJW *naar verluidt*
reporter (rɪ'pɔ:tə) ZN • *verslaggever* • *rapporteur*
reposal (rɪ'pəʊzəl) ZN *kalmte*
repose (rɪ'pəʊz) I ZN *rust* II OV WW • *stellen* • *laten (uit)rusten* ★ ~ trust in *vertrouwen stellen in* III ONOV WW • *rusten* • *berusten*
reposeful (rɪ'pəʊzfʊl) BNW *rustig*
repository (rɪ'pɒzɪtərɪ) ZN • *opslagplaats; bewaarplaats* • *magazijn; depot* • *schat(kamer)* ⟨figuurlijk⟩
repossess (ri:pə'zes) OV WW *weer in bezit nemen; de huur of pacht opzeggen van*
repossession (ri:pə'zeʃən) ZN → **repossess**
repot (ri:'pɒt) OV WW *verpotten*
reprehend (reprɪ'hend) OV WW *berispen*
reprehensible (reprɪ'hensɪbl) BNW *laakbaar*
reprehension (reprɪ'henʃən) ZN *berisping*
represent (reprɪ'zent) OV WW • *voorstellen* • *voorhouden; wijzen op* • *vertegenwoordigen*
representation (reprɪzen'teɪʃən) ZN • *voorstelling* • *vertoog; bezwaar(schrift)* • *vertegenwoordiging; inspraak* ★ make ~s to *protest aantekenen bij*
representative (reprɪ'zentətɪv) I ZN *(volks)vertegenwoordiger* ★ House of Representatives *Huis v. Afgevaardigden* II BNW • *vertegenwoordigend; op vertegenwoordiging gebaseerd* • *representatief* • *kenmerkend; typisch*
repress (rɪ'pres) OV WW *onderdrukken; bedwingen*
repressed (rɪ'prest) BNW *onderdrukt; niet geuit; gefrustreerd*
repression (rɪ'preʃən) ZN • *onderdrukking* • *verdringing*
repressive (rɪ'presɪv) BNW *onderdrukkend*
reprieve (rɪ'pri:v) I ZN *gratie* II OV WW *gratie verlenen*
reprimand ('reprɪmɑ:nd) I ZN *officiële berisping* II OV WW *berispen*
reprint¹ ('ri:prɪnt) ZN *herdruk*
reprint² (ri:'prɪnt) OV WW *herdrukken*
reprisal (rɪ'praɪzəl) ZN *vergelding; represaille* ★ take ~(s) against *represaillemaatregelen nemen tegen*
reproach (rɪ'prəʊtʃ) I ZN • *verwijt* • *blaam; schande* II OV WW • *verwijten* • *berispen*
reproachful (rɪ'prəʊtʃfʊl) BNW *verwijtend*
reprobate ('reprəbeɪt) I ZN *verworpene* II BNW *verworpen; verdoemd; goddeloos* III OV WW *verwerpen*
reprobation (reprə'beɪʃən) ZN → **reprobate**
reprocess (ri:'prəʊses) OV WW *weer in productie brengen; opnieuw verwerken; van oud nieuw maken; hergebruiken*

reproduce (ri:prə'dju:s) I OV WW • *weergeven; reproduceren; kopiëren* • *(opnieuw) voortbrengen* II ONOV WW *zich voortplanten*
reproducible (ri:prə'dju:səbl) BNW *reproduceerbaar*
reproduction (ri:prə'dʌkʃən) ZN *reproductie*
reproductive (ri:prə'dʌktɪv) BNW • *reproducerend* • *voortplantings-*
reproof (rɪ'pru:f) ZN • *verwijt* • *berisping* • *afkeuring*
reprove (rɪ'pru:v) OV WW • *afkeuren* • *berispen*
reptile ('reptaɪl) I ZN • *(laaghartige) kruiper* • *reptiel* II BNW *kruiperig; slaafs*
reptilian (rep'tɪlɪən) I ZN • *reptiel* • *kruiper* ⟨fig.⟩ II BNW • *kruipend; reptiel-* • *gemeen; kruiperig; laag*
republic (rɪ'pʌblɪk) ZN *republiek*
republican (rɪ'pʌblɪkən) I ZN *republikein* II BNW *republikeins*
republication (ri:pʌblɪ'keɪʃən) ZN *heruitgave*
republish (ri:'pʌblɪʃ) OV WW *heruitgeven*
repudiate (rɪ'pju:dɪeɪt) OV WW • *verwerpen; afwijzen; niet (meer) erkennen* • *verstoten*
repudiation (rɪpju:dɪ'eɪʃən) ZN • *verwerping* • *verstoting*
repugnance (rɪ'pʌgnəns) ZN • *afkeer; weerzin* • *onverenigbaarheid*
repugnant (rɪ'pʌgnənt) BNW • *weerzinwekkend* • *(tegen)strijdig*
repulse (rɪ'pʌls) I ZN *nederlaag* II OV WW • *afslaan; terugslaan* • *afwijzen*
repulsion (rɪ'pʌlʃən) ZN • *tegenzin* • *afstoting*
repulsive (rɪ'pʌlsɪv) BNW *weerzinwekkend*
repurchase (ri:'pɜ:tʃɪs) OV WW *terugkopen*
repurify (ri:'pjʊərɪfaɪ) OV WW *opnieuw zuiveren*
reputable ('repjʊtəbl) BNW *fatsoenlijk; goed bekend staand*
reputation (repjʊ'teɪʃən) ZN *(goede) naam; reputatie*
repute (rɪ'pju:t) ZN *vermaardheid; (goede) naam; roep* ★ by ~ *bij gerucht* ★ I know him by ~ *ik heb veel over hem gehoord* ★ in bad ~ *slecht aangeschreven*
reputed (rɪ'pju:tɪd) BNW ★ his ~ father *zijn vermeende vader* ★ be ~ *bekend staan (als)*
reputedly (rɪ'pju:tɪdlɪ) BIJW *naar men zegt*
request (rɪ'kwest) I ZN *verzoek* ★ at your ~ *op uw verzoek* ★ by/on ~ *op verzoek* ★ in great ~ *zeer gezocht* ★ ~ stop *halte op verzoek* II OV WW *verzoeken*
requiem ('rekwɪem) ZN *requiem; uitvaartdienst*
require (rɪ'kwaɪə) OV WW • *eisen* • *nodig hebben; vereisen* ★ ~d *vereist; verplicht* ★ meet the ~s *aan de gestelde eisen voldoen*
requirement (rɪ'kwaɪəmənt) ZN *eis; vereiste*
requisite ('rekwɪzɪt) I ZN • *vereiste* ★ ~s *benodigdheden* II BNW *vereist*
requisition (rekwɪ'zɪʃən) I ZN *(op)vordering* ★ be in/under ~ *gevorderd worden* ★ bring into/call into/put in ~ *vorderen* II OV WW *vorderen*
requital (rɪ'kwaɪtl) ZN *vergelding*
requite (rɪ'kwaɪt) OV WW • *beantwoorden* • *vergelden; betaald zetten* ★ ~ like for like *met gelijke munt betalen*
reread (ri:'ri:d) OV WW *herlezen*
reroute (ri:'raʊt) OV WW *omleiden* ⟨v. verkeer⟩

rerun (ri:'rʌn) I ZN *herhaling* ⟨v. film, tv-programma e.d.⟩ II OV WW *herhalen* ⟨v. film, tv-programma e.d.⟩

resale (ri:'seɪl) ZN *wederverkoop*

rescind (rɪ'sɪnd) OV WW *opheffen*; *intrekken*; *herroepen*; *tenietdoen*; *nietig verklaren*

rescript (ri:'skrɪpt) ZN • *edict* • *kopie*

rescue ('reskju:) I ZN • *redding* • *hulp* ★ come to the ~ of ... ... *te hulp komen* II OV WW • *redden*; *bevrijden* • *gewelddadig terugnemen*

rescuer ('reskju:ə) ZN *redder*

rescue worker ZN *reddingswerker*

research (rɪ'sɜ:tʃ) ZN *(wetenschappelijk) onderzoek* ★ ~ paper *onderzoeksrapport*; *scriptie*

researcher (rɪ'sɜ:tʃə) ZN *onderzoeker*; *wetenschapper*

reseat (ri:'si:t) OV WW • v. *nieuwe zitplaatsen voorzien* • *weer doen zitten*

resell (ri:'sel) OV WW *opnieuw verkopen*

resemblance (rɪ'zembləns) ZN *gelijkenis*

resemble (rɪ'zembl) OV WW *lijken op*

resent (rɪ'zent) OV WW *kwaad zijn over*; *kwalijk nemen*

resentful (rɪ'zentfʊl) BNW • *kwaad*; *boos* • *lichtgeraakt*

resentment (rɪ'zentmənt) ZN *rancune*; *wrevel*

reservation (rezə'veɪʃən) ZN • *voorbehoud* • *indianenreservaat* • USA *reservering* • *reservatie* ★ central ~ *middenberm*

reserve (rɪ'zɜ:v) I ZN • *voorbehoud* • *gereserveerdheid* ★ ~ price *vastgestelde minimumprijs* ⟨bij afslag⟩ II OV WW • *reserveren*; *achterhouden*; *bewaren*; *wegleggen*; *sparen* • *voorbehouden*

reserved (rɪ'zɜ:vd) BNW *gesloten*; *gereserveerd*; *zwijgzaam*

reservist (rɪ'zɜ:vɪst) ZN *reservist*

reservoir ('rezəvwɑ:) ZN • *reservoir* • *reservevoorraad*

reset (ri:'set) OV WW • *opnieuw zetten* • COMP. *opnieuw opstarten*

resettle (ri:'setl) OV WW *opnieuw vestigen*

resettlement (ri:'setlmənt) ZN *nieuwe vestiging*

reshape (ri:'ʃeɪp) OV WW *een nieuwe vorm geven*

reshipment (ri:'ʃɪpmənt) ZN *hernieuwde inscheping*

reshuffle (ri:'ʃʌfəl) I ZN • *herverdeling* ★ a Cabinet ~ *portefeuillewisseling* II OV WW *herschikken*; *opnieuw schudden* ⟨kaartspel⟩

reside (rɪ'zaɪd) ONOV WW • *wonen*; *zijn standplaats hebben* • ~ in *berusten bij*

residence ('rezɪdəns) ZN • *woning* • *woonplaats*; *standplaats* • *residentie* ★ have/take up one's ~ *(gaan) wonen* ★ ~ required *functionaris moet ter standplaats wonen*

residence permit ZN *verblijfsvergunning*

residency ('rezɪdənsɪ) ZN *residentie* ⟨Indië⟩

resident ('rezɪdnt) I ZN • *inwoner*; *vaste bewoner* • *resident* ⟨Indië⟩ II BNW • *(in)wonend* • *inherent*; *gelegen*; *vast* ⟨v. inwoner⟩ ★ ~ bird *standvogel*

residential (rezɪ'denʃəl) BNW ★ ~ district *woonwijk* ★ ~ hotel *familiehotel* ★ ~ qualification *stemrecht als ingezetene(n)* ★ ~ street *straat met woonhuizen*

residentiary (rezɪ'denʃərɪ) I ZN *(geestelijke) die ter standplaats woont of moet wonen* II BNW *residentieplichtig*; *resident* ★ ~ house *ambtswoning*

residual (rɪ'zɪdjʊəl) I ZN *rest* II BNW *resterend*

residuary (rɪ'zɪdjʊərɪ) BNW *overblijvend* ★ ~ legatee *universeel erfgenaam*

residue ('rezɪdju:) ZN *rest*; *(netto) overschot*

resign (rɪ'zaɪn) I OV WW • *afstand doen van*; *overgeven* • *opgeven* ★ ~ o.s. to *zich onderwerpen aan*; *berusten in* II ONOV WW *ontslag nemen*; *aftreden*

re-sign (ri:'saɪn) OV+ONOV WW *opnieuw tekenen*

resignation (rezɪg'neɪʃən) ZN • *ontslag* • *berusting* ★ send in one's ~ *zijn ontslag indienen*

resigned (rɪ'zaɪnd) BNW *gelaten*

resilience (rɪ'zɪlɪəns) ZN *veerkracht*

resilient (rɪ'zɪlɪənt) BNW *veerkrachtig*

resin ('rezɪn) I ZN *hars* II OV WW *met hars bestrijken*

resinous ('rezɪnəs) BNW *harsig*

resist (rɪ'zɪst) I OV WW • *weerstand bieden aan*; *weren*; *bestand zijn tegen* • z. *verzetten tegen* II ONOV WW *weerstand bieden*; z. *verzetten*

resistance (rɪ'zɪstns) ZN • *verzet* • TECHN. *weerstand*

resistant (rɪ'zɪstnt) BNW *weerstand biedend*; *bestand*; *immuun* ★ shock ~ *stootvast*

resistible (rɪ'zɪstəbl) BNW *weerstaanbaar*

resistor (rɪ'zɪstə) ZN *weerstand(je)*

resoluble (rɪ'zɒljʊbl) BNW *oplosbaar*; *ontleedbaar*

resolute ('rezəlu:t) BNW *vastberaden*; *vastbesloten*; *ferm*

resolution (rezə'lu:ʃən) ZN • *besluit* • *resolutie* • *ontknoping* • *vastberadenheid*

resolvable (rɪ'zɒlvəbl) BNW • *oplosbaar* • *ontleedbaar*

resolve (rɪ'zɒlv) I ZN *besluit* II OV WW • *(doen) besluiten*; *beslissen* • *oplossen* ⟨probleem e.d.⟩ • *ontbinden*; *herleiden*; *scheiden* III ONOV WW • *besluiten*; *beslissen* • *zich oplossen*; *vanzelf verdwijnen* ⟨v. gezwel⟩

resolved (rɪ'zɒlvd) BNW *vastbesloten*

resonance ('rezənəns) ZN *resonantie*

resonant ('rezənənt) BNW • *holklinkend* • *weerklinkend*

resort (rɪ'zɔ:t) I ZN • *vakantieverblijf* • *toevluchtsoord* • *redmiddel* ★ in the last ~ *als niets meer helpt*; *in laatste instantie* ★ seaside ~ *badplaats aan zee* II ONOV WW ~ to *zijn toevlucht nemen tot*; *dikwijls bezoeken*

resound (rɪ'zaʊnd) OV+ONOV WW *(doen) weerklinken*; *galmen*

resounding (rɪ'zaʊndɪŋ) BNW • *luid klinkend*; *galmend* • *eclatant*; *daverend*

resource (rɪ'zɔ:s) ZN • *hulpbron* • *middel*; *toevlucht*; *uitweg* • *vindingrijkheid* • *ontspanning* ★ a man of ~ *iem. die zich goed weet te redden* ★ he is full of ~ *hij weet altijd raad*

resourceful (rɪ'zɔ:sfʊl) BNW *inventief*

resources (rɪ'zɔ:sɪz) ZN MV *(financiële) middelen* ★ I'm at the end of my ~ *ik zie geen uitweg meer*; *ik heb gedaan wat ik kon* ★ a man of no ~ *iem. die zich niet bezig kan houden*; *iem. zonder middelen*

respect (rɪ'spekt) I ZN • *eerbied*; *achting*; *respect*

• *opzicht* ★ human ~ *menselijk opzicht* ★ • of persons *aanzien des persoons* ★ • have ~ to *betrekking hebben op; in aanmerking nemen* ★ • in ~ of *met betrekking tot* ★ • with ~ to *met betrekking tot* ★ • without ~ to *zonder aandacht te schenken aan* ★ • in every/some ~ *in alle/zekere opzichten* II OV WW • *eerbiedigen* • *ontzien* • *betrekking hebben op* ★ • ~ o.s. *zelfrespect hebben* ★ • ~ persons *de persoon aanzien*
respectability (rɪspektəˈbɪlətɪ) ZN *fatsoen; fatsoenlijkheid*
respectable (rɪˈspektəbl) BNW • *te eerbiedigen* • *fatsoenlijk* • *behoorlijk*
respectful (rɪˈspektfʊl) BNW *eerbiedig* ★ yours ~ly *hoogachtend*
respecting (rɪˈspektɪŋ) VZ *wat betreft*
respective (rɪˈspektɪv) BNW *onderscheidenlijk; respectief*
respectively (rɪˈspektɪvlɪ) BIJW *respectievelijk*
respects (rɪˈspekts) ZN MV ★ • in all ~ *in alle opzichten* ★ • pay one's ~ *komen begroeten*
respiration (respɪˈreɪʃən) ZN *ademhaling*
respirator (ˈrespɪreɪtə) ZN • *ademhalings-/zuurstofmasker* • *gasmasker*
respiratory (ˈrespɪrətərɪ) BNW ★ • ~ organs *ademhalingsorganen*
respire (rɪˈspaɪə) I OV WW *inademen* II ONOV WW *herademen*
respite (ˈrespaɪt) I ZN *uitstel; opschorting; pauze* II OV WW *uitstel verlenen; opschorten*
resplendence (rɪˈsplendəns) ZN *luister; pracht*
resplendency (rɪˈsplendənsɪ) ZN → **resplendence**
resplendent (rɪˈsplendənt) BNW *schitterend*
respond (rɪˈspɒnd) ONOV WW • *antwoorden* • USA *aansprakelijk zijn* • ~ to *reageren op*
respondent (rɪˈspɒndənt) I ZN • *verdediger* • *gedaagde* II BNW *gedaagd*
response (rɪˈspɒns) ZN • *antwoord* • *reactie; weerklank* • *tegenzang; responsorium* ★ EUF. armed ~ *streng verboden toegang* ⟨indringers zullen worden beschoten⟩
responsibility (rɪspɒnsɪˈbɪlətɪ) ZN *verantwoordelijkheid*
responsible (rɪˈspɒnsɪbl) BNW • *verantwoordelijk* • *aansprakelijk* • *betrouwbaar; degelijk*
responsive (rɪˈspɒnsɪv) BNW • *antwoordend; als antwoord* • *reagerend* • *sympathiek*
rest (rest) I ZN • *steun; houder; statief* • *onderkomen* • *inventarisatie en balans; rest; reservefonds* • *rust* ★ at rest *in rust* ★ • lay to rest *te ruste leggen; begraven* ★ • put at/set at rest *geruststellen; regelen; een einde maken aan* II OV WW • *laten rusten; rust geven* • *steunen; liggen* III ONOV WW • *uitrusten; berusten* • *blijven* ★ rest assured that *u kunt er van op aan dat* ★ resting place *rustplaats* ★ it rests with you to decide *het is aan u om te beslissen*
restamp (riːˈstæmp) OV WW *opnieuw stempelen*
restart (riːˈstɑːrt) OV+ONOV WW *opnieuw beginnen/starten*
restate (riːˈsteɪt) OV WW *herformuleren*
restatement (riːˈsteɪtmənt) ZN *herformulering*
restaurant (ˈrestərɒnt) ZN *restaurant* ★ • ~ car *restauratiewagen*
restful (ˈrestfʊl) BNW • *rustig* • *kalmerend*

restitution (restɪˈtjuːʃən) ZN *schadeloosstelling*
restive (ˈrestɪv) BNW • *koppig; prikkelbaar; onhandelbaar* • *ongedurig*
restless (ˈrestləs) BNW • *ongedurig* • *rusteloos*
restock (riːˈstɒk) OV+ONOV WW *(opnieuw) aanvullen*
restoration (restəˈreɪʃən) ZN *restauratie*
Restoration (restəˈreɪʃən) ZN GESCH. *Restauratie* ⟨herstel v. Engels koningschap in 1660⟩
restorative (rɪˈstɒrətɪv) I ZN *versterkend middel* II BNW *herstellend; versterkend*
restore (rɪˈstɔː) OV WW • *herstellen; restaureren* • *teruggeven* • *weer op zijn plaats zetten* ★ • ~ to health *genezen*
restorer (rɪˈstɔːrə) ZN *restaurateur* ⟨v. kunstwerken⟩
restrain (rɪˈstreɪn) OV WW • *inhouden; weerhouden; in bedwang houden; bedwingen* • *gevangen zetten* • *beperken*
re-strain (riːˈstreɪn) OV WW *opnieuw zeven*
restrained (rɪˈstreɪnd) BNW *beheerst; rustig; kalm*
restrainedly (rɪˈstreɪnɪdlɪ) BIJW *gematigd*
restraint (rɪˈstreɪnt) ZN • *beperking* • *terughoudendheid* ★ • under ~ *in hechtenis; verpleegd in inrichting* ★ • without ~ *onbeperkt* ★ • ~ head ~ *hoofdsteun*
restrict (rɪˈstrɪkt) OV WW *beperken*
restricted (rɪˈstrɪktɪd) BNW • *beperkt* • *vertrouwelijk* ★ • ~ area *gebied met snelheidslimiet* ★ • ~ document *geheim document*
restriction (rɪˈstrɪkʃən) ZN *beperking*
restrictive (rɪˈstrɪktɪv) BNW *beperkend*
rest-room (ˈrestruːm) ZN USA *toilet* ⟨in openbare gelegenheden⟩
result (rɪˈzʌlt) I ZN • *gevolg; resultaat* • *afloop; uitkomst* II ONOV WW • ~ from *volgen uit* • ~ in *uitlopen op*
resultant (rɪˈzʌltnt) I ZN *resultante* II BNW *voortvloeiend*
resumable (rɪˈzjuːməbl) BNW *hervatbaar*
resume (rɪˈzjuːm) I OV WW *resumeren* II OV+ONOV WW *weer aanknopen/beginnen; hervatten; hernemen*
resumé (ˈrezjuːmeɪ) ZN • *resumé; samenvatting* • USA *curriculum vitae*
resumption (rɪˈzʌmpʃən) ZN *hervatting*
resumptive (rɪˈzʌmptɪv) BNW *hervattend*
resurface (riːˈsɜːfɪs) I OV WW *van nieuw wegdek voorzien* II ONOV WW *weer bovenkomen*
resurgence (rɪˈsɜːdʒəns) ZN *heropleving*
resurgent (rɪˈsɜːdʒənt) BNW *terugkerend; herlevend*
resurrect (rezəˈrekt) I OV WW *weer ophalen* II ONOV WW *weer levend worden*
resurrection (rezəˈrekʃən) ZN • *verrijzenis* • *opgraving* ★ • ~ man *grafschender*
resurrectionist (rezəˈrekʃənɪst) ZN *grafschender*
resuscitate (rɪˈsʌsɪteɪt) I OV WW *weer opwekken; bijbrengen; reanimeren* II ONOV WW *weer opleven; bijkomen*
resuscitation (rɪsʌsɪˈteɪʃən) ZN → **resuscitate**
resuscitator (rɪˈsʌsɪteɪtə) ZN → **resuscitate**
ret. AFK • retired *gepensioneerd* • returned *teruggezonden*
retail[1] (ˈriːteɪl) ZN *kleinhandel; en detail* ★ • ~

dealer *kleinhandelaar*
retail² (ri:'teɪl) **I** ov ww • *in 't klein verkopen* • *uitvoerig vertellen; oververtellen* **II** onov ww *in 't klein verkocht worden*
retailer ('ri:teɪlə) zn *kleinhandelaar*
retain (rɪ'teɪn) ov ww • *behouden; onthouden* • *tegenhouden; vasthouden* • *nemen* ⟨v. advocaat⟩ ★ ~ing fee *vooruitbetaald honorarium*
retainer (rɪ'teɪnə) zn • *vooruitbetaald honorarium* • *vazal* • jur. *retentie*
retake (ri:'teɪk) ov ww *opnieuw nemen*
retaliate (rɪ'tælɪeɪt) **I** ov ww *vergelden; wreken* **II** onov ww *wraak nemen* ★ ~ an accusation (upon a p.) *een beschuldiging terugkaatsen (op iem.)*
retaliation (rɪtælɪ'eɪʃən) zn *vergelding*
retaliative (rɪ'tælɪeɪtɪv) bnw *vergeldings-*
retaliatory (rɪ'tælɪeɪtə:rɪ) bnw → **retaliate**
retard¹ (rɪ'tɑ:d) ov ww • *ophouden; vertragen* • *vertraging hebben; later komen*
retard² ('rɪtɑ:d) zn min. *imbeciel*
retardation (rɪtɑ:'deɪʃən) zn • *achterlijkheid* • *vertraging*
retarded (rɪ'tɑ:dɪd) bnw *achterlijk*
retardment (rɪ'tɑ:dmənt) zn • *achterlijkheid* • *vertraging*
retch (retʃ) **I** zn *'t kokhalzen* **II** onov ww *kokhalzen*
retd. afk → **ret.**
retell (ri:'tel) ov ww *navertellen*
retention (rɪ'tenʃən) zn • *behoud* • *geheugen* • *retentie*
retentive (rɪ'tentɪv) bnw *vasthoudend* ★ ~ memory *sterk geheugen*
rethink (ri:'θɪŋk) **I** zn *heroverweging* **II** ov+onov ww *heroverwegen; nog eens bekijken*
reticence ('retɪsəns) zn • *zwijgzaamheid* • *terughoudendheid*
reticent ('retɪsnt) bnw *zwijgzaam; gesloten*
reticular (rɪ'tɪkjʊlə) bnw *netvormig*
reticulate (rɪ'tɪkjʊlət) bnw → **reticular**
retina ('retɪnə) zn *netvlies*
retinue ('retɪnju:) zn *gevolg*
retire (rɪ'taɪə) **I** zn ★ sound the ~ *de aftocht blazen* **II** ov ww • *terugtrekken; intrekken* • *ontslaan* **III** onov ww • *met pensioen gaan; ontslag nemen* • *zich terugtrekken; naar bed gaan* ★ ~ into o.s. *eenzelvig zijn; tot zichzelf inkeren*
retired (rɪ'taɪəd) bnw • *teruggetrokken* • *gepensioneerd* ★ ~ allowance/pay *pensioen* ★ ~ list *pensioenlijst*
retirement (rɪ'taɪəmənt) zn • *teruggetrokkenheid; afzondering; eenzaamheid* • *pensionering; pensioen*
retirement pension zn *ouderdomspensioen; AOW*
retiring (rɪ'taɪərɪŋ) bnw • *pensioen-* • *bescheiden* ★ ~ age *pensioengerechtigde leeftijd* ★ ~ room *toilet*
retort (rɪ'tɔ:t) **I** zn • *weerwoord* • *retort* **II** ov ww • *met gelijke munt betalen* • *vinnig antwoorden* • *in retort zuiveren* **III** onov ww *tegenbeschuldiging doen*
retouch (ri:'tʌtʃ) ov ww *retoucheren; bijwerken*
retrace (rɪ'treɪs) ov ww *volgen; (weer) nagaan* ★ ~ one's steps *op zijn schreden terugkeren*
retract (rɪ'trækt) **I** ov ww *intrekken; terugtrekken* **II** onov ww *ingetrokken (kunnen) worden*
retractable (rɪ'træktəbl) bnw *intrekbaar*
retractile (rɪ'træktaɪl) bnw *intrekbaar*
retraction (rɪ'trækʃən) zn *intrekking; herroeping*
retractor (rɪ'træktə) zn *terugtrekker* ⟨spier⟩
retrain (ri:'treɪn) ov ww *omscholen*
retread (ri:'tred) ov ww *van nieuw loopvlak voorzien*
retreat (rɪ'tri:t) **I** zn • *terugtocht* • *signaal tot terugtocht* • *taptoe* • *afzondering* • *retraite(huis)* • *wijkplaats* • *asiel* ★ in ~ *gepensioneerd* ★ beat a ~ *er vandoor gaan* **II** onov ww *terugwijken; (zich) terugtrekken*
retrench (rɪ'trentʃ) **I** ov ww • *besnoeien; verkorten* • *verschansen* **II** onov ww *bezuinigen*
retrenchment (rɪ'trentʃmənt) zn • *verschansing* • *bezuiniging*
retribution (retrɪ'bju:ʃən) zn • *vergelding; genoegdoening* • *vergoeding*
retributive (rɪ'trɪbjʊtɪv) bnw *vergeldend*
retrieval (rɪ'tri:vəl) zn *het terughalen*
retrieve (rɪ'tri:v) **I** zn *herstel* ★ beyond/past ~ *onherstelbaar* **II** ov ww • *terugkrijgen; terugvinden; terechtbrengen* • *herstellen* • *apporteren*
retriever (rɪ'tri:və) zn *retriever* ⟨jachthond⟩
retro- ('retrəʊ) voorv *retro-; terug-*
retroactive (retrəʊ'æktɪv) bnw *met terugwerkende kracht*
retrogradation (retrəʊgrə'deɪʃən) zn *teruggang*
retrograde ('retrəgreɪd) **I** zn • *gedegenereerde* • *teruggang* **II** bnw • *achteruitgaand* • *omgekeerd* **III** onov ww *achteruitgaan*
retrogress (retrə'gres) onov ww *achteruitgaan*
retrogression (retrə'greʃən) zn *achteruitgang*
retrogressive (retrəʊ'gresɪv) bnw *achteruitgaand*
retrospect ('retrəspekt) zn *terugblik* ★ in ~ *achteraf*
retrospection (retrə'spekʃən) zn → **retrospect**
retrospective (retrə'spektɪv) bnw *terugziend* ★ ~ effect *terugwerkende kracht*
retrovirus ('retrəʊvaɪərəs) zn *retrovirus*
return (rɪ'tɜ:n) **I** zn • *terugkeer* • *teruggave* • *tegenprestatie* • *retour(tje)* • *omzet; opbrengst; rendement* • *opgave; rapport; aangifte* ★ in ~ *als tegenprestatie; in ruil* ★ on ~ *in commissie* ★ by ~ mail/post *per omgaande* ★ ~ match *revanchewedstrijd* ★ ~ ticket *retourbiljet* ★ there's no ~ *er is geen weg terug* **II** ov ww • *terugplaatsen; teruggeven; terugzetten; terugsturen* • *beantwoorden; terugbetalen* • *opleveren* • *afvaardigen* • *naspelen* ⟨bij kaartspel⟩ ★ ~ the compliment *wederkerig v. dienst zijn; het compliment beantwoorden* ★ ~ guilty *schuldig bevinden* ★ ~ a ball/blow *terugslaan* ★ ~ like for like *met gelijke munt betalen* ★ ~ thanks *danken; dank brengen* ★ the liabilities were ~ed at £5000 *volgens 't accountantsrapport bedroegen de passiva £5000* ★ ~ing officer *voorzitter v. stembureau* **III** onov ww *terugkomen; teruggaan; terugkeren*
returnable (rɪ'tɜ:nəbl) **I** zn *fles e.d. met statiegeld* **II** bnw ★ is ~ *kan/moet ingeleverd worden*
returns (rɪ'tɜ:nz) zn mv *omzet; opbrengst*

- *teruggezonden goederen* • *(statistische) cijfers* • *lichte pijptabak* ★ many happy ~ (of the day)! *nog vele jaren!*
reunion (ri:'ju:njən) ZN • *hereniging* • *reünie*
reunite (ri:ju:'naɪt) OV WW *herenigen*
rev (rev) OV WW ★ rev up the engine *de motor sneller laten lopen*
Rev. (rev) AFK • Revelation *het boek der Openbaring* • Reverend *Eerwaarde*
revaluation (revælju:'eɪʃən) ZN *revaluatie*
revalue (ri:'vælju:) OV WW *revalueren; herwaarderen*
revamp (ri:'væmp) OV WW *vernieuwen; herschrijven*
rev-counter ZN *toerenteller*
reveal (rɪ'vi:l) OV WW • *openbaren; bekendmaken* • *verraden* ★ ~ o.s. *zich tonen; zich ontpoppen als*
revealing (rɪ'vi:lɪŋ) BNW *(veel) onthullend; veelzeggend* ★ ~ outfit *kleding die niets te raden laat*
revel ('revəl) I ZN • ~(s) *feest(en); braspartij* II ONOV WW • *pret maken* • ~ **away** *verbrassen; verspillen* • ~ **in** *genieten van; zwelgen in*
revelation (revə'leɪʃən) ZN *onthulling; openbaring*
reveller ('revələ) ZN *pretmaker*
revelry ('revəlrɪ) ZN *pretmakerij*
revenge (rɪ'vendʒ) I ZN • *wraak* • *revanche* II OV WW *wreken*
revengeful (rɪ'vendʒfʊl) BNW *wraakzuchtig*
revenue ('revənju:) ZN *(staats)inkomen; inkomsten; baten* ★ the ~ *de fiscus* ★ ~ officer *belastingambtenaar* ★ ~ tax *fiscaal recht*
reverberate (rɪ'vɜ:bəreɪt) OV+ONOV WW *terugkaatsen; weerkaatsen*
reverberation (rɪvɜ:bə'reɪʃən) ZN • *weerkaatsing* • *nagalm*
reverberator (rɪ'vɜ:bəreɪtə) ZN *reflector*
revere (rɪ'vɪə) OV WW *(ver)eren; met eerbied opzien tegen*
reverence ('revərəns) I ZN *eerbied; verering* II OV WW *eerbied hebben voor; verering hebben voor*
reverend ('revərənd) I ZN *geestelijke* II BNW *eerwaard(ig)* ★ the Reverend John Smith *de weleerwaarde heer J.S.* ★ (the) Reverend Father *(de) weleerwaarde pater* ★ the Most Reverend *Zijne Hoogwaardige Excellentie* ⟨aartsbisschop⟩
reverent ('revərənt) BNW *eerbiedig*
reverential (revə'renʃəl) ZN → **reverent**
reverie ('revərɪ) ZN *mijmering*
reversal (rɪ'vɜ:səl) ZN *het wisselen; ommekeer*
reverse (rɪ'vɜ:s) I ZN • *tegenovergestelde; omgekeerde* • *achterkant* • *tegenslag* • *achteruit* ⟨v. auto⟩ II BNW *tegenovergesteld; omgekeerd* ★ ~ gear *de achteruit* ⟨v. auto⟩ ★ MIL. ~ fire *rugvuur* ★ ~ side *achterkant* ★ ~ turn *inzet voor luchtaanval* III OV WW • *omkeren; omschakelen* • *achteruitrijden* • *herroepen; intrekken* ★ ~ a sentence *een vonnis vernietigen* IV ONOV WW • *achteruitrijden* • *linksom gaan dansen*
reverser (rɪ'vɜ:sə) ZN *stroomwisselaar*
reversible (rɪ'vɜ:səbl) BNW *omkeerbaar*
reversing light ZN *achteruitrijlicht*
reversion (rɪ'vɜ:ʃən) ZN • *terugkeer* • *recht v. opvolging*

revert (rɪ'vɜ:t) ONOV WW • *terugkeren; terugkomen* • *terugvallen* ⟨v.e. erfgoed aan oorspronkelijke schenker⟩ ★ ~ one's eyes *omzien*
revictual (ri:'vɪtl) OV WW *bevoorraden*
review (rɪ'vju:) I ZN • *recensie* • *inspectie; parade* • *tijdschrift* • *overzicht* • *herziening* ★ pass in ~ *de revue laten passeren* ★ under ~ *in kwestie* ★ ~ order *groot tenue* II OV WW • *nog eens onder de loep nemen; opnieuw bekijken* • *inspecteren* • *recenseren* • *herzien*
reviewer (rɪ'vju:ə) ZN *recensent*
revile (rɪ'vaɪl) I OV WW *uitschelden; tekeergaan tegen* II ONOV WW *schelden*
revise (rɪ'vaɪz) I ZN *revisie* II OV WW *nazien; herzien; reviseren* ★ Revised Version *herziene uitgave v.d. bijbel (1870-'84)*
reviser (rɪ'vaɪzə) ZN *herziener; corrector*
revision (rɪ'vɪʒən) ZN • *herziening* • *herziene uitgave*
revitalize (ri:'vaɪtəlaɪz) OV WW *nieuwe kracht geven*
revival (rɪ'vaɪvəl) ZN • *herleving* • *reprise* ⟨toneel⟩ ★ ~ of learning *renaissance*
revive (rɪ'vaɪv) OV+ONOV WW *(doen) herleven; (doen) bijkomen* ★ ~ a p.'s memory *iem.'s geheugen opfrissen*
revocable ('revəkəbl) BNW *herroepbaar*
revocation (revə'keɪʃən) ZN *herroeping*
revoke (rɪ'vəʊk) I OV WW *herroepen* II ONOV WW *verzaken* ⟨kaartspel⟩
revolt (rɪ'vəʊlt) I ZN *opstand* II OV WW *doen walgen* III ONOV WW • *in opstand komen* • *walgen*
revolting (rɪ'vəʊltɪŋ) BNW • *opstandig* • *weerzinwekkend*
revolution (revə'lu:ʃən) ZN • *omwenteling; toer; omloop* • *ommekeer; revolutie* ★ GESCH. the Revolution *de Revolutie van 1688* ⟨Engeland⟩; *de opstand v.d. Eng. kolonisten van 1775-'83* ⟨in de VS⟩
revolutionary (revə'lu:ʃənərɪ) I ZN *revolutionair* II BNW *revolutionair*
revolutionize (revə'lu:ʃənaɪz) OV WW *'n ommekeer teweegbrengen in*
revolve (rɪ'vɒlv) OV WW • *omwentelen; (om)draaien* • *overpeinzen*
revolver (rɪ'vɒlvə) ZN *revolver*
revolving (rɪ'vɒlvɪŋ) BNW ★ ~ door *draaideur* ★ ~ winds *dwarrelwinden*
revue (rɪ'vju:) ZN *revue*
revulsion (rɪ'vʌlʃən) ZN • *walging* • *ommekeer* • MED. *afleiding*
reward (rɪ'wɔ:d) I ZN *beloning; vergelding* II OV WW *belonen*
rewarding (rɪ'wɔ:dɪŋ) BNW *lonend; de moeite waard*
rewind (ri:'waɪnd) OV WW *opnieuw opwinden; terugspoelen*
reword (ri:'wɜ:d) OV WW *anders stellen*
rewrite (ri:'raɪt) OV WW *omwerken*
R.F., r.f. AFK radio frequency *radiofrequentie*
rhabdomancer ('ræbdəmænsə) ZN *wichelroedeloper*
rhapsody ('ræpsədɪ) ZN *rapsodie*
Rhenish ('ri:nɪʃ) ZN ★ ~(wine) *rijnwijn*
rhetoric ('retərɪk) ZN • *retorica* • *retoriek*

rhetorical (rɪ'tɒrɪkl) BNW *retorisch*
rheum (ru:m) ZN *slijm; speeksel; tranen*
rheumatic (ru:'mætɪk) I ZN *reumalijder* II BNW *reumatisch*
rheumatics (ru:'mætɪks) ZN MV *reumatiek*
rheumatism ('ru:mətɪzəm) ZN → **rheumatics**
rheumatoid ('ru:mətɔɪd) BNW *reumatoïde; reumatisch*
Rhine (raɪn) ZN *(de) Rijn*
rhino ('raɪnəʊ) ZN *neushoorn* ★ PLAT *ready* ~ *contant geld*
rhinoceros (raɪ'nɒsərəs) ZN *neushoorn*
rhododendron (rəʊdə'dendrən) ZN *rododendron*
rhombic ('rɒmbɪk) BNW *ruitvormig*
rhomboid ('rɒmbɔɪd) ZN *parallellogram*
rhomb(us) ('rɒmbəs) ZN *ruit*
rhubarb ('ru:bɑ:b) ZN *rabarber*
rhyme (raɪm) I ZN *rijm(pje); poëzie* ★ *without or reason zonder slot of zin; zonder enige reden* II OV WW *laten rijmen* III ONOV WW *rijmen*
rhymer (raɪmə) ZN *rijmer; rijmelaar*
rhyming ('raɪmɪŋ) BNW *rijmend* ★ ~ *slang rijmende slang* ★ ~ *couplet tweeregelig (rijmend) vers*
rhythm ('rɪðəm) ZN *ritme*
rhythmic(al) ('rɪðmɪk(əl)) BNW *ritmisch*
rib (rɪb) I ZN • *rib* • *nerf* • *richel* • *balein* • IRON. *vrouw* ★ *rib(s) of beef ribstuk* II OV WW • *van ribben voorzien* • INFORM. *plagen*
ribald ('rɪbld) BNW *onbehoorlijk; schunnig*
ribaldry ('rɪbəldrɪ) ZN *schunnige taal*
ribbed (rɪbd) BNW *gerib(bel)d* ★ ~ *vault kruisgewelf*
ribbing ('rɪbɪŋ) ZN *ribwerk*
ribbon ('rɪbən) ZN *lint; strook* ★ ~ *development lintbebouwing*
ribbonism ('rɪbənɪzəm) ZN *handelswijze van geheim Iers genootschap in 19e eeuw*
ribbons ('rɪbənz) ZN MV OUD. *teugels; flarden*
ribcage ('rɪbkeɪdʒ) ZN *ribbenkast*
rice (raɪs) ZN *rijst* ★ *rice milk rijstepap* ★ *rice paper rijstpapier* ★ *rice pudding rijstebrij*
rich (rɪtʃ) BNW • *rijk* • *vruchtbaar* • *kostbaar* • *machtig* (v. spijzen) • *vol; warm* (v. kleur, klank) ★ *rich in rijk aan*
riches ('rɪtʃɪz) ZN *rijkdom(men)*
richly ('rɪtʃlɪ) BIJW ★ *deserve a thing* ~ *iets dubbel en dwars verdienen*
richness ('rɪtʃnəs) ZN → **rich**
rick (rɪk) I ZN • *hoop hooi; hooimijt* • *verdraaiing; verstuiking* II OV WW • *ophopen* • *verstuiken*
• → **wrick**
rickets ('rɪkɪts) ZN *Engelse ziekte*
rickety ('rɪkətɪ) BNW • *wankel; gammel* • *lijdend aan Eng. ziekte*
ricochet ('rɪkəʃeɪ) I ZN ★ *by* ~ *v.d. weeromstuit* II OV WW *doen terugstuiten; keilen* III ONOV WW *terugstuiten*
rid (rɪd) OV WW • *bevrijden* ★ *be/get rid of af zijn/komen van* ★ ~ *of ontdoen van*
ridable ('raɪdəbl) BNW *berijdbaar*
riddance ('rɪdns) ZN ★ *good* ~ *to him die zijn we gelukkig kwijt*
ridden ('rɪdn) BNW [volt. deelw.] → **ride**
riddle ('rɪdl) I ZN • *raadsel* • *grove zeef* II OV WW • *raadsel oplossen* • *zeven* • *doorzeven*
• *ontzenuwen* ★ ~ *me ra, ra wat is dat?* III ONOV WW • *in raadsels spreken* • *raadsel opgeven*
riddled ('rɪdld) BNW *vol; bezaaid* ★ ~ *with gunshot met de volle lading hagel (erin)*
ride (raɪd) I ZN • *rit; reis; tocht* • *ruiterpad* • MIL. *afdeling rekruten te paard* ★ *take a p. for a ride iemand er tussen nemen* II OV WW • *laten rijden* • *berijden; te paard doortrekken* • *kwellen; verdrukken; tiranniseren* ★ *ride 150 lbs 150 lbs wegen in 't zadel* ★ *ride to death tot in 't oneindige doorvoeren; overdrijven* ★ *ride one's horse at af-/inrijden op* ★ *ride a p. on a rail iem. op een stang dragen* ⟨als marteling⟩ ★ *ride the whirlwind de opstand in de hand hebben*
• ~ **down** *afjakkeren; omverrijden; inhalen; uit de weg ruimen* • ~ **out** *doorstaan* III ONOV WW • *rijden* • *drijven; varen* • *voor anker liggen* ★ *ride at anchor voor anker liggen* ★ *ride bodkin tussen twee personen in te paard zitten* ★ *ride off on a side issue een zijweg inslaan* ⟨figuurlijk⟩ ★ *ride for a fall roekeloos handelen/rijden* ★ *let it ride! laat maar lopen!* ★ *let (the jack) ride (de boer) laten doorlopen* ⟨kaartspel⟩ ★ *the ship rides on the wind het schip gaat voor de wind* ★ *the moon is riding high de maan staat hoog aan de hemel* • ~ **at** *afrijden op*
rider ('raɪdə) ZN • *ruiter; (be)rijder* • *toegevoegde clausule; toevoeging* • WISK. *vraagstuk* ★ ~*less zonder ruiter*
ridge (rɪdʒ) ZN • *heuvelrug; bergkam* • *richel* • *vorst; nok*
ridged (rɪdʒd) BNW • *kamvormig* • *ribbelig*
ridicule ('rɪdɪkju:l) I ZN *spot* II OV WW *belachelijk maken*
ridiculous (rɪ'dɪkjʊləs) BNW *belachelijk*
riding ('raɪdɪŋ) ZN *district* ★ ~*breeches rijbroek* ★ *Little Red Riding Hood Roodkapje* ★ ~ *lamp/light ankerlicht*
riding-school ZN *ruiterschool; manege*
rife (raɪf) BNW *algemeen heersend* ★ *rife with vol van*
riffle ('rɪfəl) OV+ONOV WW • *schudden* ⟨bij kaartspel⟩ • *snel doorbladeren*
riff-raff ZN *gepeupel; tuig*
rifle ('raɪfəl) I ZN • *geweer* • *trek* ⟨in geweerloop⟩ ★ ~ *range schietbaan; draagwijdte* II OV WW • *plunderen* • *trekken* ⟨v. geweerloop⟩
• ~ **through** *doorzoeken*
rifleman ('raɪfəlmən) ZN *infanterist*
rifle-pit ZN *dekkingsgat*
rifling ('raɪflɪŋ) ZN *trek(ken)* ⟨in geweerloop⟩
rift (rɪft) ZN *spleet; scheur* ★ *there is a little rift within the lute er is een kleine wanklank; er loopt een streep door*
rig (rɪg) I ZN • *tuigage* • *boortoren; boorlokatie; booreiland; boorplatform* • *aankleding; kledij* • USA *span* • *foef; streek; zwendel* • *hoek* ⟨beurs⟩ ★ *I'm up to your rig ik heb jou door* II OV WW • *optuigen* ⟨v. schip⟩ • *uitrusten; uitdossen* • *monteren* • *manipuleren* ★ *rig the market kunstmatig prijsdaling of prijsstijging bewerken* • ~ **out** *optuigen* • ~ **up** *in elkaar flansen*
rigged (rɪgd) BNW *opgetuigd*
rigging ('rɪgɪŋ) ZN *tuigage*
right (raɪt) I ZN • *recht* • *rechterkant* ★ *to the* ~ *rechts* ★ *the* ~*s of the case de juiste toedracht*

right-about – riposte

v.d. zaak ★ be in the ~ *de zaak bij het juiste eind hebben*; *in zijn recht staan* ★ have a ~ to *recht hebben op* ★ do s.o. ~ *billijk zijn jegens iem.* ★ by/of ~ *rechtens* ★ by ~ of *krachtens* ★ in ~ of *vanwege* ★ on your ~ *rechts van je* ★ put/set to ~s *rechtzetten*; *in orde brengen* ★ mere ~ *bloot eigendom*; *eigendom zonder vruchtgebruik* **II** BNW ● *recht(s)* ● *rechtmatig*; *rechtvaardig* ● *in orde* ● *juist*; *goed*; *waar* ★ (that's) ~! *dat is juist!*; *gelijk heb je!* ★ ~ you are! *natuurlijk*; *gelijk heb je* ★ (all) ~ *goed!*; *afgesproken*; *in orde* ★ are you ~ now? *zit je goed?*; *ben je weer (helemaal) opgeknapt?* ★ Mr Right *de ware Jacob* ★ set/put ~ *verbeteren*; *in orde brengen/maken*; *terecht wijzen*; *gelijk zetten* ★ on the ~ side of forty *nog geen veertig (jaar oud)* ★ ~ side up *niet kantelen* ★ ~ whale *Groenlandse walvis* **III** OV WW ● *rechtzetten*; *herstellen*; *weer in orde brengen* ● *recht doen wedervaren*; *rehabiliteren* ★ it will ~ itself *het komt vanzelf weer in orde* ★ the ship ~ed itself *het schip kwam weer recht* **IV** BIJW ● *rechts* ● *precies*; *juist*; *goed* ● *helemaal* ● *direct* ★ ~ across *dwars over* ★ ~ away/off *direct* ★ Right Honourable *Zeer Geachte* ★ serves you ~! *net goed!*; *je verdiende loon!* ★ be/get in ~ with s.o. *bij iem. in een goed blaadje staan/komen*

right-about ('raɪtəbaʊt) BNW ★ do a ~ turn *rechtsomkeert maken* ★ send to the ~ *de laan uitsturen*; *laten inrukken* ★ ~ face *totale ommekeer*

right-and-left BNW + BIJW ● *aan/naar/van beide kanten* ● *aan/naar/van alle kanten* ★ ~ (shot) *schot uit beide lopen*

right-angled ('raɪtæŋgld) BNW *rechthoekig*

right-down BIJW ● *echt* ● *door en door*

righteous ('raɪtʃəs) BNW ● *rechtvaardig* ● PLAT *geweldig*; *cool* ● *rechtschapen*

rightful ('raɪtfʊl) BNW ● *rechtmatig* ● *rechtvaardig*

right-hand (raɪt'hænd) BNW *rechts* ★ ~ man MIL. *rechterman*; *rechterhand*

right-handed (raɪt'hændɪd) BNW *rechts*; *met de rechterhand*; *voor de rechterhand gemaakt*

right-hander (raɪt'hændə) ZN ● *iem. die rechts is* ● *klap met de rechterhand*

rightist ('raɪtɪst) **I** ZN *rechts georiënteerde* **II** BNW *rechts(georiënteerd)*

rightly ('raɪtlɪ) BIJW ● *terecht*; *juist* ● *rechtvaardig*

right-minded (raɪt'maɪndɪd) BNW *weldenkend*

rightness ('raɪtnɪs) ZN → **right**

right-wing BNW *rechts*; *tot de rechtervleugel behorend*

right-winger ZN *lid v.d. rechtervleugel*

rigid ('rɪdʒɪd) BNW ● *stijf* ● *onbuigzaam*; *streng*

rigidity (rɪ'dʒɪdətɪ) ZN *starheid*

rigmarole ('rɪgmərəʊl) **I** ZN ● *rompslomp* ● *gezwam*; *onzinnig verhaal* **II** BNW *onsamenhangend*

rigor ('rɪgə) ZN *koortsrilling*

rigorous ('rɪgərəs) BNW *streng*; *hard*

rigour ('rɪgə) ZN *strengheid*; *hardheid* ★ ~s *verschrikkingen*

rile (raɪl) OV WW *kwaad maken*

rill (rɪl) ZN *beekje*

rim (rɪm) **I** ZN ● *rand* ● *velg* ● *(bril)montuur* **II** OV WW *van een rand voorzien*

rime (raɪm) **I** ZN ● *rijm*; *rijp* **II** OV WW ● *rijmen* ● *met rijp bedekken*

rimless ('rɪmləs) BNW *zonder rand*

rind (raɪnd) **I** ZN ● *(kaas)korst*; *schors*; *schil* ● *(spek)zwoerd* ★ a thick rind *'n huid als een olifant* **II** OV WW *van de schors ontdoen*

rinderpest ('rɪndəpest) ZN *veepest*

ring (rɪŋ) **I** ZN ● *ring* ● *kring* ● *kliek*; *combinatie* ● *circus*; *(ren)baan* ● *klank* ● *gebel* ★ the ring *het boksen*; *de bokswereld*; *de bookmakers*; *het circus* ★ run rings round a p. *iem. ver achter zich laten* ★ there's a ring *er wordt gebeld* ★ three rings *driemaal bellen* ★ give a ring *bellen*; *opbellen* **II** OV WW ● *bellen*; *rinkelen*; *(laten) klinken*; *luiden* ● *weerklinken* ● *ringen* ● *omringen* ★ ring the bell *bellen* ★ ring (the curtain) down *eindigen*, *beëindigen*

ringbark ('rɪŋbɑːk) OV WW *ringen* ‹v. bomen›

ring-binder ZN *ringband*; *multomap*

ringer ('rɪŋə) ZN ● *klokkenluider* ● *werpring die om pin valt*

ring finger ZN *ringvinger*

ringleader ('rɪŋliːdə) ZN *raddraaier*

ringlet ('rɪŋlɪt) ZN *haarkrulletje*

ringleted ('rɪŋlətɪd) BNW *gekruld* ‹v. haar›; *krullend*

ringman ('rɪŋmən) ZN *bookmaker*

ringmaster ('rɪŋmɑːstə) ZN *pikeur*

ring road ZN *rondweg*

ringside ('rɪŋsaɪd) BNW *aan de kant v.d. ring* ‹bij boksen›

ringtail ('rɪŋteɪl) ZN ● *kiekendief* ● *jonge steenarend* ● *buidelrat*

ringtone ('rɪŋtəʊn) ZN *ringtoon*; *beltoon*

ringworm ('rɪŋwɜːm) ZN *ringworm*

rink (rɪŋk) **I** ZN ● *ijs(hockey)baan* ● *rolschaatsbaan* **II** ONOV WW *(rol)schaatsen*

rinse (rɪns) **I** ZN *spoeling* **II** OV WW *(om)spoelen*

riot ('raɪət) **I** ZN ● *oproer*, *rel* ● *vrolijke bende*; *losbandigheid* ● *overvloed* ● INFORM. *giller* ★ a riot of colour *bonte kleurenpracht* ★ run riot *de vrije loop laten*; *wild opgroeien/worden*; *doorslaan* **II** WW ● *riot out one's life er op los leven* ● ~ **away** *verbrassen* **III** ONOV WW ● *oproer maken*; *samenscholen* ● *de beest uithangen*

rioter ('raɪətə) ZN *relschopper*

riotous ('raɪətəs) BNW ● *oproerig* ● *losbandig* ● *luidruchtig* ● *welig*

rip (rɪp) **I** ZN ● *scheur*; *torn* ● *oude knol* ● *losbol*; *slet* **II** OV WW ● *laten gaan* ● *losscheuren*; *openscheuren*; *openrijten* ● *tornen* ● *splijten* ★ let it/things rip *de boel maar laten waaien* ★ the storm ripped the roof off *door de storm waaiden alle pannen van het dak* ● ~ **up** *openrijten* **III** ONOV WW ● *zich laten gaan* ● *snellen* ● *met de draad mee zagen* ★ let her rip *laat haar maar gaan*

riparian (raɪ'peərɪən) BNW *aan/op de oever*

rip-cord ('rɪpkɔːd) ZN *trektouw* ‹v. parachute›

ripe (raɪp) BNW *rijp*; *belegen* ★ ripe lips *volle rode lippen*

ripen ('raɪpən) OV+ONOV WW *rijp maken/worden*

rip-off ZN *afzetterij*; *zwendel*

riposte (rɪ'pɒst) **I** ZN *gevat antwoord* **II** ONOV WW *riposteren* ‹schermen› **III** OV+ONOV WW *ad rem antwoorden*

ripper ('rɪpə) ZN • tornmesje • INFORM. *prima vent/meid; prachtexemplaar*

ripping ('rɪpɪŋ) BNW *fantastisch; reuze★ ~ panel noodluik* ‹v. vliegtuig›

ripple ('rɪpl) I ZN • *rimpeling; golfje(s) • gekabbel; geroezemoes • repel★ it excited ~s of interest het wekte hier en daar/nu en dan wat belangstelling* II OV WW *repelen* III ONOV WW • *rimpelen • kabbelen; murmelen*

rip-roaring BNW *luidruchtig; oorverdovend*

ripsaw ('rɪpsɔː) ZN *schulpzaag*

riptide ('rɪptaɪd) ZN *tijstroom*

rise (raɪz) I ZN • *helling; verhoging • opslag* • *oorsprong; aanleiding • 't bovenkomen* • *stootbord★ prices are on the rise de prijzen gaan omhoog★ get/take a rise out of a p. iem. nijdig maken★ have/take its rise in zijn oorsprong vinden in★ give rise to aanleiding geven tot* II OV WW ★ *he did not rise a fish all day hij heeft de hele dag geen beet gehad* III ONOV WW • *groter/hoger worden; opkomen; (ver)rijzen; stijgen; wassen • (zich) opsteken; (zich) verheffen • boven komen • hoog zijn* • *uiteengaan* ‹v. vergadering› • *opstaan* • *opgaan; omhooggaan • opgroeien★ her colour rose zij kreeg (meer) kleur★ rise in arms de wapens opnemen★ rise in rebellion in opstand komen★ spirits rose de stemming werd beter★ rise upon the view in 't zicht komen★ rise in the world carrière maken★ rise and shine op en monter★ rise at a p. iem. staande hulde brengen • ~ from ontspringen uit; voortkomen uit • ~ to 't aankunnen★ he did not rise to the occasion hij wist niet wat hem te doen stond • ~ up in opstand komen*

risen (rɪzn) WW [volt. deelw.] → **rise**

riser ('raɪzə) ZN★ *an early ~ iem. die (altijd) vroeg opstaat*

risibility (rɪzəˈbɪlətɪ) ZN • *lachlust • gelach*

risible ('rɪzɪbl) BNW • *lachlustig • lach-*

rising ('raɪzɪŋ) I ZN • *opstand • gezwel; puist* II BNW *opkomend★ he is ~ 14 hij wordt 14★ ~ ground oplopend terrein*

risk (rɪsk) I ZN *risico; gevaar★ run risks gevaar lopen★ run the risk of het risico lopen te/van★ at the risk of voor risico van; op gevaar van★ put at risk in de waagschaal stellen* II OV WW *riskeren; wagen*

risky ('rɪskɪ) BNW *gewaagd*

rissole ('rɪsəʊl) ZN *rissole*

rite (raɪt) ZN • *rite • plechtigheid★ rites of passage overgangsriten*

ritual ('rɪtʃʊəl) I ZN • *ritueel • rituaal* II BNW *ritueel*

ritzy ('rɪtsɪ) BNW *chic; luxueus*

rival ('raɪvəl) I ZN • *mededinger; medeminnaar★ without a ~ ongeëvenaard* II BNW *mededingend; concurrerend* III OV WW *wedijveren met; trachten te evenaren*

rivalry ('raɪvəlrɪ) ZN *rivaliteit; wedijver*

rive (raɪv) OV WW *(vaneen) scheuren; rukken; splijten*

river ('rɪvə) ZN • *rivier • stroom*

riverbank ('rɪvəbæŋk) ZN *rivieroever; waterkant*

river-bed ('rɪvəbed) ZN *rivierbedding*

riverhorse ('rɪvəhɔːs) ZN *nijlpaard*

riverine ('rɪvəraɪn) BNW *rivier-*

riverside ('rɪvəsaɪd) I ZN *oever* II BNW *aan de oever*

rivet ('rɪvɪt) I ZN *klinknagel* II OV WW • *(vast)klinken • boeien* ‹ook fig.›; *vestigen* ‹de ogen›; *concentreren* ‹de aandacht› ★ *be ~ed vastgenageld zijn; vastzitten*

riveting ('rɪvɪtɪŋ) BNW *betoverend; meeslepend; fantastisch*

rivulet ('rɪvjʊlət) ZN *riviertje; beekje*

rixdollar (rɪksˈdɒlə) ZN *rijksdaalder*

rms. AFK *rooms kamers*

R.N. AFK • Royal Navy *Koninklijke Marine* • registered nurse *gediplomeerd verpleegkundige*

roach (rəʊtʃ) ZN • *voorn* • SCHEEPV. *gilling★ as sound as a ~ zo gezond als een vis*

road (rəʊd) ZN • *(straat)weg* • SCHEEPV. *rede★ in one's/the road in de weg★ get out of one's/the road uit de weg gaan★ on the road op/bij de weg; op weg; op de baan; op tournee★ one for the road afzakkertje★ give a p. the road iem. laten passeren★ take the road of voorrang hebben boven★* GESCH. *take to the road struikrover worden★ road roller wegwals★ road test proefrit★ road sense verkeersinzicht★ hit the road (weer) vertrekken★* PLAT *hit the road! wegwezen!★ there's no royal road to virtue de weg naar de volmaaktheid gaat niet over rozen*

roadblock ('rəʊdblɒk) ZN *wegversperring*

roadbook ('rəʊdbʊk) ZN *reiswijzer*

roadhog ('rəʊdhɒg) ZN *wegpiraat*

road-holding ZN *wegligging*

road-house ('rəʊdhaʊs) ZN *wegrestaurant*

roadpricing ('rəʊdpraɪsɪŋ) ZN *(het) rekeningrijden*

road-service ZN *wegenwacht*

road show ZN • *band/theatergroep op tournee* • *radio-/tv-programma op lokatie• promotietour*

roadside ('rəʊdsaɪd) I ZN *kant v.d. weg* II BNW *aan de kant v.d. weg*

roadsign ('rəʊdsaɪn) ZN *verkeersbord*

roadstead ('rəʊdsted) ZN *rede*

roadster ('rəʊdstə) ZN • *rijpaard • toerauto* • *toerfiets*

roadway ('rəʊdweɪ) ZN *rijweg*

roadworks ('rəʊdwɜːks) ZN MV *werk aan de weg(en); werk in uitvoering*

roadworthy ('rəʊdwɜːðɪ) BNW *geschikt voor het verkeer*

roam (rəʊm) I ZN *zwerftocht* ‹te voet› II OV+ONOV WW *zwerven (door)*

roamer ('rəʊmə) ZN *zwerver*

roan (rəʊn) I ZN *vos* ‹paard›; *bonte koe* II BNW *bont*

roar (rɔː) I ZN★ *set the table in a roar de gasten doen schateren* II ONOV WW • *loeien; razen* • *rollen* ‹v. donder› • *snuiven* III OV+ONOV WW • *brullen; bulderen • ~ again weergalmen*

roaring ('rɔːrɪŋ) BNW★ *~ forties onstuimig gedeelte v. Atlantische Oceaan (40° - 50° NB)★ ~ health blakende welstand★ ~ night stormachtige/luidruchtige avond/nacht*

roast (rəʊst) I ZN *gebraad★ rule the ~ de lakens uitdelen* II BNW *geroosterd* III OV WW *in de maling nemen* IV OV+ONOV WW • *braden; roosteren • branden*

roaster ('rəʊstə) ZN • *braadoven; roostoven*

• *koffiebrander* • *braadvarken* • *aardappel om te bakken*
roasting ('rəʊstɪŋ) ZN *uitbrander* ★ give s.o. a ~ *iem. de mantel uitvegen*
rob (rɒb) OV+ONOV WW • *(be)roven; (be)stelen* ★ rob Peter to pay Paul *een gat maken om het andere te stoppen* • ~ **of** *stelen van*
robber ('rɒbə) ZN *dief; rover*
robbery ('rɒbərɪ) ZN *roof; diefstal*
robe (rəʊb) I ZN • *kamerjas* • *toga; ambtsgewaad* • *robe; gewaad* • *lange babyjurk* ★ the long robe *(toga van) rechtsgeleerden of geestelijkheid* ★ gentlemen of the robe *rechtsgeleerden* II OV WW *(be)kleden; zich kleden*
robin ('rɒbɪn) ZN • *roodborstje* ★ round ~ *verzoekschrift met handtekeningen in een cirkel* ★ ~'s egg blue *turquoise*
robot ('rəʊbɒt) ZN • *robot* • *onbemand projectiel*
robust (rəʊ'bʌst) BNW • *fors; niet kinderachtig* • *inspannend*
rochet ('rɒtʃɪt) ZN *rochet; superplie*
rock (rɒk) I ZN • *rots(blok)*; *steen* • *kandij; suikerstok* • *rock(muziek)* ★ rock face *rotswand* ★ rock salmon *koolvis* ★ rock climbing *het bergbeklimmen* ★ on the rocks *op zwart zaad; met ijs ⟨v. drankje⟩; wankel; op springen* ★ lurking rock *blinde klip* II ONOV WW *schommelen; wiegen* III ONOV WW • *schommelen; wiegelen* • INFORM. *geweldig zijn*
Rock ('rɒk) ZN ★ the Rock *Rots v. Gibraltar*
rock-bottom (rɒk'bɒtəm) BNW *rotsbodem* ★ ~ prices *laagst mogelijke prijzen* ★ hit ~ *een absoluut dieptepunt bereiken*
rocker ('rɒkə) ZN • USA *schommelstoel* • *rocker* • *gebogen hout onder wieg* ★ off one's ~ *gek; niet goed wijs*
rockery ('rɒkərɪ) ZN *rotspartij*
rocket ('rɒkɪt) I ZN • *raket* • *raketsla; rucola* • *uitbrander* II ONOV WW *omhoog schieten*
rocket bomb ZN *V2-raket*
rocket launcher ZN *raketwerper; bazooka*
rock-garden ZN *rotstuin*
Rockies (rɒkɪz) ZN MV INFORM. *Rocky Mountains*
rocking ('rɒkɪŋ) BNW ★ ~ chair *schommelstoel* ★ ~ horse *hobbelpaard*
rock-oil ZN *petroleum*
rocky ('rɒkɪ) BNW • *rotsachtig* • *gammel; wankel* ★ the Rocky Mountains *de Rocky Mountains; het Rotsgebergte*
rod (rɒd) ZN • *staf; staaf; stang* • *hengelroede; hengelaar* • *roede* (± 5 m) ★ a rod in pickle for you *een appeltje met jou te schillen* ★ make a rod for one's own back *zijn eigen graf graven* ★ angling rod *hengel*
rode (rəʊd) WW [verleden tijd] → ride
rodent ('rəʊdnt) I ZN *knaagdier* II BNW *knagend*
rodeo (rəʊ'deɪəʊ) ZN *rodeo*
roe (rəʊ) ZN *ree* ★ hard roe *kuit* ★ soft roe *hom*
roebuck ('rəʊbʌk) ZN *reebok*
roentgenogram (rɒnt'genəgræm) ZN *röntgenfoto*
rogation (rəʊ'geɪʃən) ZN ★ Rogation days *kruisdagen* ★ Rogations *litanie v.d. kruisdagen* ★ Rogation Sunday *zondag voor hemelvaartsdag* ★ Rogation week *week voor hemelvaartsdag*

roger ('rɒdʒə) TW *begrepen* ⟨in mobiele communicatie in vluchtverkeer enz.⟩
rogue (rəʊg) ZN • *schurk* • *kwajongen* • *uitgestoten buffel/olifant*
roguery ('rəʊgərɪ) ZN *schelmenstreken*
roguish ('rəʊgɪʃ) BNW *schurkachtig*
roisterer ('rɔɪstərə) ZN *branieschopper*
role (rəʊl) ZN *rol*
roll (rəʊl) I ZN • *rol* • *buiteling* • *wals* • *krul* • *broodje; gebakje* • *lijst* • *tonneau* ★ roll (in the hay) *vrijpartij* ★ Swiss roll *opgerolde cake* II OV WW • *(op)rollen; wentelen; doen kronkelen* • *pletten; walsen* • ~ **along/on** *voortrollen* • ~ **over** *omver rollen; omver gooien* • ~ **up** *oprollen* III ONOV WW • *rollen; rijden* • *woelen* • *wentelen; kronkelen; golven* • *roffelen* ★ the bill is rolling up *de rekening loopt op* ★ he is rolling in money *hij zwemt in 't geld* ★ the mule tried to roll *de muilezel probeerde de last af te werpen* • ~ **along/on** *voortrollen* • ~ **out** *eruit rollen; zich ontrollen* • ~ **over** *omdraaien*
rollator (rəʊ'leɪtə) ZN *rollator*
roll-back ZN *prijsverlaging*
roll-call ('rəʊlkɔ:l) ZN *appel*
rolled (rəʊld) BNW ★ ~ beef *rollade* ★ ~ gold *doublé* ★ ~ oats *havermout*
roller ('rəʊlə) ZN *roller; rol(letje); wals* ★ ~ coaster *roetsjbaan* ★ ~-bearing *rollager* ★ ~-skate *rolschaats* ★ ~-towel *handdoek op rol*
rollick ('rɒlɪk) ONOV WW *dartelen; pret maken* ★ ~ing *dartel; uitgelaten*
rolling ('rəʊlɪŋ) BNW *golvend; deinend* ★ ~ stock *rijdend materieel* ★ ~ stone *zwerver*
rolling-pin ZN *deegrol*
roll-on ZN ★ ~ roll-off ferry *rij-op-rij-af-veerboot*
roll-top BNW ★ ~ desk *cilinderbureau*
roly-poly (rəʊlɪ'pəʊlɪ) I ZN ★ ~ (pudding) *vruchtenpudding* II BNW *mollig*
ROM (rɒm) AFK COMP. Read-Only Memory *ROM*
Romaic (rəʊ'meɪɪk) I ZN *Nieuw-Grieks* II BNW *Nieuw-Grieks*
Roman ('rəʊmən) I ZN • *Romein* • *rooms-katholiek* II BNW • *Romeins* • *rooms(-katholiek)* ★ ~ nose *arendsneus* ★ ~ numerals *Romeinse cijfers* ★ ~ balance/beam/steelyard *unster* ★ ~ collar *priesterboord* ★ ~ letter(s) *type romein; staande drukletter*
romance (rəʊ'mæns) I ZN • *romance* • *'t romantische* • *romantisch verhaal* II ONOV WW • *fantaseren* • *romantisch doen*
Romance (rəʊ'mæns) BNW *Romaans* ★ ~ languages *Romaanse talen*
Romanesque (rəʊmə'nesk) I ZN *romaanse stijl* II BNW *romaans*
Romania (rəʊ'meɪnɪə) ZN *Roemenië*
Romanian (rəʊ'meɪnɪən) I ZN • *Roemeen(se)* • *Roemeens* II BNW *Roemeens*
Romanic (rəʊ'mænɪk) I ZN *romaans* II BNW *romaans*
Romanist ('rəʊmənɪst) ZN • *roomsgezinde* • *romanist*
romantic (rəʊ'mæntɪk) I ZN *romanticus* II BNW *romantisch*
romanticism (rəʊ'mæntɪsɪzəm) ZN *romantiek*
romanticist (rəʊ'mæntɪsɪst) ZN *romanticus*
romanticize (rəʊ'mæntɪsaɪz) I OV WW *romantisch*

maken II ONOV WW *romantisch doen*
Romany ('rɒmənɪ) I ZN *zigeunertaal* II BNW *zigeuner-*
romp (rɒmp) I ZN • *stoeipartij* • PLAT *ruzie* • SPORT *gemakkelijke overwinning* II ONOV WW • *stoeien; ravotten* • *ruzie hebben* ★ romp past/ in/home *op zijn sloffen inhalen/winnen*
romper(s) ('rɒmpə(z)) ZN *kruippakje*
rompy ('rɒmpɪ) BNW *wild*
rood (ru:d) ZN • *wortel* • *biet* • *kern*; bron; *grondslag* ★ root crop *wortelgewas*; *wortel-/ rapen-/knollenoogst* ★ pull up by the roots *met wortel en tak uitroeien* ★ root and branch *grondig*; *totaal* ★ strike/take root *wortel schieten* ★ have its root(s) in *wortelen in* ★ be/lie at the root of *ten grondslag liggen aan* ★ root idea *kerngedachte*; *grondgedachte* ★ square root *vierkantswortel* ★ third etc. root *3e enz. machtswortel* II OV WW • *doen wortelschieten* • *doen grondvesten* • *omhoogwroeten*; *omwroeten* ★ rooted to the ground/spot *als kruisbeeld* ⟨op koorhek⟩ • *roede* (= 1/4 acre = ± 10 are)
rood-screen ('ru:dskri:n) ZN *koorhek*
roof (ru:f) ZN • *dak* ★ roof of the mouth *verhemelte* ★ be under a p.'s roof *iem.'s gast zijn* ★ roof rack *imperiaal* ★ roof garden *daktuin* II OV WW *onder dak brengen*; *overdekken*
roofage ('ru:fɪdʒ) ZN *dakwerk*
roofer ('ru:fə) ZN • *dakwerker* • *bedankbrief v. vertrokken gast*
roofing ('ru:fɪŋ) ZN • *dakbedekking* • *dekmateriaal*
roofless ('ru:fləs) BNW • *zonder dak* • *dakloos*
rooftop ('ru:ftɒp) ZN *dak*
rook (rʊk) I ZN • *roek* • *toren* ⟨schaakspel⟩ • *valsspeler* II OV WW • *afzetten; afleggen* • *vals spelen*
rookery ('rʊkərɪ) ZN • *roekennesten* • *kolonie* ⟨v. pinguïns, zeehonden e.d.⟩ • *krottenbuurt*
rookie ('rʊkɪ) ZN • *rekruut* • *groentje*
room (ru:m) I ZN • *kamer*; *zaal* • *ruimte*; *plaats* • *gelegenheid*; *aanleiding* ★ no room for hope *geen hoop meer* ★ no room to swing a cat *je kunt je er niet wenden of keren* ★ I prefer his room to his company *ik zie hem liever gaan dan komen* ★ there's room for improvement *er kan nog wel wat verbeterd worden* ★ room service *bediening op de (hotel)kamer* ★ changing room *kleedkamer* II ONOV WW USA *op (een) kamer(s) wonen* ★ room together *met iem. op één kamer wonen* ★ room with a p. *met iem. op één kamer wonen*
roomer ('ru:mə) ZN *kamerbewoner*
roomie ('ru:mɪ) ZN *roommate slapie*
rooming-house ZN USA *pension*
roommate ('ru:mmeɪt) ZN *kamergenoot*
roomy ('ru:mɪ) BNW *ruim*; *breed*
roost (ru:st) I ZN • *roest*; (kippen)stok • *nachthok* ★ go to ~ *op stok gaan* ★ at ~ *op stok*; *in bed* ★ his curses came home to ~ *zijn vloeken kwamen op zijn eigen hoofd neer* ★ he had his chickens come home to ~ *hij kreeg zijn trekken thuis* II OV WW *onderdak geven* III ONOV WW • *op stok gaan* • *huizen*
rooster ('ru:stə) ZN *haan*

aan de grond genageld • ~ out *te voorschijn brengen; opscharrelen; opsnorren* • ~ up *omwroeten* III ONOV WW • *inwortelen*; *wortelschieten* • *zich grondvesten* • *snuffelen* • USA *steunen* • ~ for *zich inzetten voor*
rootless ('ru:tləs) BNW • *ontworteld; ontheemd* • *zonder voorgeslacht*
rootstock ('ru:tstɒk) ZN *wortelstok*
rope (rəʊp) I ZN • *(dik) touw*; *kabel*; *koord* • *snoer* • *lasso* ★ the rope *de strop* ★ the ropes *de touwen* ⟨v. boksring⟩ ★ give a p. rope (to hang himself) *iem. de vrije hand laten (om zijn eigen ondergang te bewerken)* ★ lasso ★ rope of sand *zijden draadje* ★ twist a rope of sand *monnikenwerk doen* ★ know the ropes *weten waar men zijn moet*; *van wanten weten* ★ put a p. up to the ropes *iem. op de hoogte brengen* ★ on the high ropes *opgewonden*; *woedend*; *hautain* II OV WW • *(vast)binden* • *met 'n lasso vangen* • ~ in *binnenlokken*; *omsluiten; insluiten; afperken met touw; inpalmen*; *binnenhalen* • ~ up *vastbinden* III ONOV WW • *opzettelijk verliezen* ⟨paardenrennen⟩ • *draderig worden*
rope-ladder ZN *touwladder*
rope-railway ZN *kabelspoor*
rope-walk ZN *lijnbaan*
ropy ('rəʊpɪ) BNW • *als (dik) touw* • *draderig; slijmerig*
ro-ro ZN *rij-op-rij-af* ⟨veerboot⟩
rosary ('rəʊzərɪ) ZN • *rozenkrans* • *rozenpark*; *rozentuin*
rose (rəʊz) I ZN • *roos* • *rozet(venster)* • *roze* • *sproeidop* ★ rose of May *witte narcis* ★ gather roses *vreugde scheppen in 't leven* ★ under the rose *in vertrouwen*; *onder geheimhouding* II BNW *roze* III WW [verleden tijd] → **rise**
roseate ('rəʊzɪət) BNW *rooskleurig; roze*
rosebay ('rəʊzbeɪ) ZN • *azalea* • *oleander* • *wilgenroosje* • *rododendron*
rosebed ('rəʊzbed) ZN *rozenperk*
rosebud ('rəʊzbʌd) ZN • *rozenknopje* • *fris jong meisje* • USA *debutante*
rose-chafer ZN *rozenkevertje*
rose-coloured BNW *rooskleurig* ⟨ook fig.⟩
rose-drop ZN *huiduitslag*
rose-hip ZN *rozenbottel*
rosemary ('rəʊzmərɪ) ZN *rozemarijn*
roseola (rəʊ'zi:ələ) ZN • *rode uitslag bij mazelen* • *rode hond*
rose-rash ZN • *rode uitslag bij mazelen* • *rode hond*
rosette (rəʊ'zet) ZN *rozet*
rose-water ZN *rozenwater* ★ he got a ~ treatment *hij werd in de watten gelegd*
rose-window ZN *roosvenster*
rosewood ('rəʊzwʊd) ZN *rozenhout*
Rosicrucian (rəʊzɪ'kru:ʃən) I ZN *Rozenkruiser* II BNW *van de Rozenkruisers*
rosin ('rɒzɪn) I ZN *(viool)hars* II OV WW *met hars bestrijken*
roster ('rɒstə) ZN *dienstrooster*
rostra ('rɒstrə) ZN MV → **rostrum**
rostrum ('rɒstrəm) ZN • *spreekgestoelte*; *podium*; *publieke tribune* • *snavel*
rosy ('rəʊzɪ) BNW • *roze* • *rooskleurig*
rot (rɒt) I ZN • *rotheid*; *rotte plek* • *onzin* • *pech*

• leverziekte ⟨bij schapen⟩ **II** OV WW • doen rotten; bederven • er tussen nemen **III** ONOV WW • rotten; verrotten; bederven • onzin verkopen

rota ('rəʊtə) ZN *(dienst)rooster*

Rota ('rəʊtə) ZN *Rota* ⟨hoogste kerkelijke rechtbank⟩

Rotarian (roʊ'teərɪən) ZN *lid v. Rotary Club*

rotary ('rəʊtərɪ) **I** ZN *rotatiepers* **II** BNW • *roterend* • *volgens rooster* ★ *Rotary (Club) Rotary club*

rotate (rəʊ'teɪt) OV+ONOV WW • *draaien; wentelen* • *rouleren*

rotation (rəʊ'teɪʃən) ZN → **rotate** ★ ~ *of crops wisselbouw*

rote (rəʊt) ZN • *say by rote van buiten/machinaal opzeggen*

rotogravure (rəʊtəɡrə'vjʊə) ZN *rotogravure*

rotor ('rəʊtə) ZN *(draai)wiek v.e. helikopter*

rotten ('rɒtn) BNW • *(ver)rot* • *corrupt* • *waardeloos; beroerd; slecht* ★ ~ *borough Engelse stad met weinig of geen stemgerechtigden* ⟨mét de macht een parlementslid te kiezen⟩

rotten-ripe BNW *beurs*

rotten-stone ZN *poets-/polijstpoeder*

rotter ('rɒtə) ZN *mispunt; vent/vrouw van niks*

rotund (rəʊ'tʌnd) BNW • *rond; mollig; gezet* • *gezwollen; hoogdravend*

rotunda (rəʊ'tʌndə) ZN *rotonde*

rouble ('ru:bl) ZN *roebel*

roué ('ru:eɪ) ZN *losbol*

rouge (ru:ʒ) ZN • *rouge* • *rood poetspoeder*

rough (rʌf) **I** ZN • *oneffen terrein* • *ruwe klant* • *ijsnagel* • *voorlopige opzet; ruwe schets; klad* ★ *in the ~ globaal genomen; in ruwe staat* ★ *the ~(s) and the smooth(s) de aangename en onaangename kanten v.h. leven* ★ *take the ~ with the smooth 't nemen zoals 't valt* **II** BNW • *ruw; ruig • guur; stormachtig • onbeschaafd* • *hard; drastisch • globaal* ★ ~ *copy klad* ★ ~ *luck pech* ★ *give a p. a lick with the ~ side of one's tongue iem. een veeg uit de pan geven* **III** OV WW • *ruw maken* • *op scherp zetten* ★ ~ *it out 't uithouden* ★ ~ *it zich ontberingen getroosten; 't hard te verduren hebben* ★ ~ *s.o. up iem. in het harnas jagen*

roughage ('rʌfɪdʒ) ZN • *ruwvoer* • *vezelrijk voedsel*

rough-and-ready (rʌfən'redɪ) BNW • *onafgewerkt; eenvoudig; praktisch; bruikbaar* • *ongeneerd*

rough-and-tumble (rʌfən'tʌmbl) **I** ZN *gebakkelei; kloppartij* **II** BNW *onordelijk; in 't wilde weg; ongeregeld*

rough-cast ('rʌfkɑ:st) **I** ZN *ruwe pleisterkalk* **II** BNW • *ruw gepleisterd* • *niet nader uitgewerkt; in grove trekken* **III** OV WW *ruw pleisteren*

rough-dry ('rʌfdraɪ) **I** BNW ★ ~ *laundry onopgemaakte was* **II** OV WW *ongestreken laten opdrogen* ⟨v. was⟩

roughen ('rʌfən) OV+ONOV WW *ruw maken/worden*

rough-hew (rʌf'hju:) OV WW *een ruw ontwerp maken* ★ ~*n ruw; grof*

rough-house ('rʌfhaʊs) **I** ZN *keet; heibel* **II** OV WW *ongenadig op de kop geven* **III** ONOV WW *keet/heibel maken*

roughly ('rʌflɪ) BIJW *zowat; ongeveer* ★ ~ *speaking globaal genomen*

roughneck ('rʌfnek) ZN *ruwe klant*

rough-rider ZN *pikeur*

roughshod ('rʌfʃɒd) BNW *op scherp gezet* ★ *ride ~ over met voeten treden; ringeloren*

rough-spoken BNW *ruw in de mond*

roulette (ru:'let) ZN *roulette*

round (raʊnd) **I** ZN • *ronde; rondte; omvang; kring; reeks • sport* ⟨v. ladder⟩ • *snee; schijf; plak • canon • toer* ⟨breien⟩ ★ ~ *of fire salvo* ★ ~ *of ammunition patroon; granaat* ★ *in all the ~ of Nature in de hele natuur* ★ *go/make the ~ de ronde doen* ★ *in the ~ open en bloot* **II** BNW • *rond • afgerond* ★ ~ *trip rondreis; heen- en terugreis* **III** OV WW • *rond maken; ronden; afronden • varen om; komen om* ★ ~ **down** *afronden* ★ ~ **up** *bijeendrijven; razzia houden; oppakken* **IV** ONOV WW • *rond worden; z. ronden • z. omdraaien* ★ ~ **out** *boller worden* **V** BIJW • *rond; om • in 't rond; rondom* ★ *all ~ overal; in alle opzichten* ★ ~ *about in 't rond; langs een omweg* ★ *I'll be ~ at 6 ik kom om 6 uur* ★ *order the car ~ de wagen laten voorkomen* ★ *show s.o. ~ iem. rondleiden* **VI** VZ ★ ~ *the world de wereld rond*

roundabout ('raʊndəbaʊt) **I** ZN • *verkeersrotonde* • *draaimolen • omweg • omhaal* **II** BNW • *gezet* • *omslachtig; wijdlopig* ★ ~ *traffic rondlopend verkeer; éénrichtingsverkeer*

rounded ('raʊndɪd) BNW *(af)gerond; met ronde hoeken*

roundel ('raʊndl) ZN • *schijfje; rond plaatje* • *medaillon • rondeau*

rounder ('raʊndə) ZN • *zatlap* • *run* ⟨bij rounders⟩

rounders ('raʊndəz) ZN MV *soort honkbal*

round-eyed (raʊnd'aɪd) BNW *met grote ogen*

roundhouse ('raʊndhaʊs) ZN • USA *locomotiefloods* • GESCH. *gevangenis*

roundly ('raʊndlɪ) BIJW *botweg; rondweg; ronduit*

roundsman ('raʊndzmən) ZN • *bezorger* • USA *controleur v. wachtposten*

round-the-clock BNW + BIJW *de klok rond; de hele tijd door*

roundup ('raʊndʌp) ZN • *razzia • 't bijeendrijven* ⟨v. vee⟩

rouse (raʊz) **I** OV WW • *prikkelen • wakker maken; (op)wekken; opschrikken* • ~ **up** *opjagen; aanporren; wakker schudden* **II** ONOV WW • *wakker worden* ★ ~ *to s. wakker worden*

rouser ('raʊzə) ZN • *kanjer* • *iem. die wakker schudt*

rousing ('raʊzɪŋ) BNW *kolossaal*

roust (raʊst) OV WW USA ~ **out** *verdrijven; uitroeien*

roustabout ('raʊstəbaʊt) ZN • *(los) werkman; ongeschoolde arbeider* • USA *dokwerker; dekknecht* • *landarbeider* ⟨Australisch⟩

rouster ('raʊstə) ZN *dekknecht; dokwerker*

rout (raʊt) **I** ZN • *vlucht* • *bende* ★ *put to rout totaal verslaan* **II** OV WW *totaal verslaan*

route (ru:t) ZN • *route* • *marsorder* ★ *en ~ onderweg*

route-march ('ru:tmɑ:tʃ) ZN *(oefen)mars*

route planner ZN *routeplanner*

router ('raʊtə) ZN COMP. *router*

routine (ru:'ti:n) ZN • *routine* • *vaste regel* • *sleur*

★ ~ duties *dagelijkse plichten*
rove (rəʊv) I ZN *zwerftocht* II OV+ONOV WW *rondzwerven (door)*; *ronddolen (door)*; *dwalen (door)* ★ have a roving eye *(steeds) naar andere vrouwen/mannen kijken*
rover ('rəʊvə) ZN • *zwerver* • *zeeschuimer*
row[1] (raʊ) I ZN • *herrie*; *drukte* • *ruzie* ★ be in a row with *ruzie hebben met* ★ what's the row *wat is er aan de hand* ★ make/kick up a row *herrie schoppen* II OV WW *een standje maken* III ONOV WW *ruzie hebben*; *opspelen*
row[2] (rəʊ) I ZN • *rij* • *huizenrij*; *straat* • *roeitochtje* II OV+ONOV WW • *roeien (tegen)* • ~ **down** *inhalen bij het roeien*
row-de-dow ('raʊdɪdaʊ) ZN *herrie*
rowdy ('raʊdɪ) I ZN *lawaaischopper*; *ruwe klant* II BNW *lawaaierig*
rower ('rəʊə) ZN *roeier*
rowing[1] ('raʊɪŋ) ZN *uitbrander*
rowing[2] ('raʊɪŋ) ZN *het roeien*
rowlock ('rɒlək) ZN *dol(pen)*
royal ('rɔɪəl) I ZN *lid v. Koninklijk huis* II BNW • *konings-*; *koninklijk* • *schitterend*; *heerlijk* ★ Royal Academy/Society *Koninklijk Academie v. Schone Kunsten/Wetenschappen* ★ ~ blue *diepblauw* ★ ~ evil *klierziekte* ★ ~ fern *koningsvaren* ★ there's no ~ road to virtue *de weg naar de volmaaktheid gaat niet over rozen*
royalism ('rɔɪəlɪzəm) ZN *koningsgezindheid*
Royalist ('rɔɪəlɪst) I ZN *royalist*; *koningsgezinde* ★ USA economic ~ *aan eigen principes verbeten vasthoudend econoom* II BNW *koningsgezind*
Royals ('rɔɪəlz) ZN MV • the ~ *1e regiment infanterie*; *mariniers*
royalty ('rɔɪəltɪ) ZN • *vorstelijke personen* • *koningschap*; *koninklijke waardigheid* • *vergunning v.d. Kroon* • *royalty* ★ royalties *leden v. koninklijke familie*; *rechten door Kroon verleend*
r.p.m. (ɑːpiːˈem) AFK *revolutions per minute omwentelingen per minuut*
R.R. AFK *railroad spoorlijn*
R.S. AFK *Royal Society Academie voor Wetenschappen*
RSI (ɑːresˈaɪ) AFK COMP. *Repetitive Strain Injury RSI*; *herhalingsoverbelasting*
R.S.P.C.A. AFK G-B *Royal Society for the Prevention of Cruelty to Animals dierenbescherming*
Rt.Hon. AFK *Right Honourable Zeer Geachte*
Rt.Rev. AFK *Right Reverend zeereerwaarde*
rub (rʌb) I ZN • *poetsbeurt* • *moeilijkheid*; *hindernis* • *robber* ★ there's the rub *daar zit 'm de kneep* ★ give it a rub *het eens opwrijven* ★ I've given him a rub (down) *ik heb 'm eens onder handen genomen* ★ those who play at bowls must look for rubs *wie kaatst moet de bal verwachten* II OV WW • *poetsen*; *boenen* • *inwrijven*; *afwrijven* • *schuren* ★ rub one's hands *zich in de handen wrijven* ★ rub noses de *neuzen tegen elkaar wrijven* ★ rub elbows/shoulders with *in aanraking komen met* ★ rub a p. up the wrong way *iem. prikkelen*; *iem. kwaad maken* • ~ **down** *afwrijven*; *stevig afdrogen*; *roskammen* • ~ **in** *inwrijven*; *er in stampen* ⟨v. les⟩; *(blijven) doorzagen over* ★ rub

it in (to a p.) *het iem. inpeperen* • ~ **off** *eraf wrijven* • ~ **out** *eruit wrijven*; USA *om zeep helpen* • ~ **together** *tegen elkaar wrijven* • ~ **up** *opwrijven*; *opfrissen*; *fijnwrijven*; *door elkaar mengen/wrijven* III ONOV WW • ~ **along** *voortsukkelen*; *goed op kunnen schieten* • ~ **off** *er langzaam af gaan*; *er af slijten* • ~ **out** *door wrijven verdwijnen*
rub-a-dub ('rʌbədʌb) ZN *tromgeroffel*
rubber ('rʌbə) I ZN • *rubber* • *gum* • *elastiek* • INFORM. *condoom* • *robber* ⟨serie wedstrijden⟩ ★ USA ~s *overschoenen* ★ ~ plant *rubberplant*; *ficus* II BNW • *rubberen*; *van rubber* • *elastieken* ★ ~ band *elastiekje* III OV WW *met rubber overtrekken*; *met rubber voeren*
rubberneck ('rʌbənek) ZN USA *nieuwsgierige*
rubber-stamp ZN • *stempel* • FIG. *automaat*
rubbery ('rʌbərɪ) BNW *rubberachtig*
rubbing ('rʌbɪŋ) ZN DRUKK. *afdruk*
rubbish ('rʌbɪʃ) ZN • *rotzooi* • *onzin*
rubbishy ('rʌbɪʃɪ) BNW • *waardeloos* • *vol rotzooi* • *onzinnig*
rubble ('rʌbl) ZN • *puin* • *brokken natuursteen* • *gletsjerpuin*
rubicund ('ruːbɪkʌnd) BNW *blozend*
rubric ('ruːbrɪk) ZN *rubriek*
ruby ('ruːbɪ) I ZN • *robijn* • *robijnrood* II BNW • *robijnen* • *robijnrood*
ruche (ruːʃ) ZN *ruche*
ruck (rʌk) I ZN • *kreukel* • *(de) massa* II OV WW • *plooien* • ~ **up** *(ver)kreukelen* III ONOV WW *verkreukelen*
rucksack ('rʌksæk) ZN *rugzak*; *ransel*
ruction ('rʌkʃən) ZN *herrie*; *ontevredenheid*
rudder ('rʌdə) ZN • *roer* • *richtsnoer*
rudder-fish ZN *loodsmannetje* ⟨vis⟩
rudderless ('rʌdələs) BNW *stuurloos*
ruddy ('rʌdɪ) BNW • *verdomd(e)* • *rood*; *blozend* • *rossig*
rude (ruːd) BNW • *ruw* • *lomp* • *primitief*; *onbeschaafd*; *woest* • *hard*; *streng* • *krachtig*; *robuust* ★ rude things *grofheden* ★ be rude to someone *iemand beledigen*
rudeness ('ruːdnəs) ZN → **rude**
rudiment ('ruːdɪmənt) ZN *rudimentair orgaan*
rudimentary (ruːdɪˈmentərɪ) BNW • *rudimentair* • *in een beginstadium*
rudiments ('ruːdɪmənts) ZN MV • *eerste beginselen*; *kern* • *aanvangsstadium*
rue (ruː) OV WW *berouw hebben over/van*; *treuren om*
rueful ('ruːfʊl) BNW *verdrietig*; *treurig*
ruff (rʌf) I ZN • *Spaanse plooikraag* • *verenkraag* • *kapduif* • *kemphaan* II OV+ONOV WW *(telkens) introeven*
ruffian ('rʌfɪən) ZN *bullebak*; *schurk*; *woesteling*
ruffianism ('rʌfɪənɪzəm) ZN *gewelddadigheid*
ruffianly ('rʊfɪənlɪ) BNW *bruut*
ruffle ('rʌfəl) I ZN • *rimpeling* • *kanten manchet*; *(geplooide) kraag*; *jabot* II OV WW • *verfrommelen*; *verstoren*; *in de war brengen* • *verwarren* • *rimpelen* • *uit zijn humeur brengen* ★ ~ s.o. up *iem. kwaad maken* ★ ~ the leaves of a book *een boek doorbladeren* ★ ~ one's feathers *zijn veren opzetten*; *zich kwaad maken*
rug (rʌg) ZN • *(haard)kleedje* • *(reis)deken*

rugby ('rʌgbɪ) ZN *rugby*

rugged ('rʌgɪd) BNW • *ruw*; *hobbelig* • *hoekig* • *hard*; *stotend*; *nors* • USA *krachtig*

rugger ('rʌgə) ZN INFORM. *rugby*

ruin ('ruːɪn) I ZN • *ruïne*; *ondergang* • *wrak* ⟨figuurlijk⟩ • *ruin(s) ruïne* ★ bring to ruin *te gronde richten* ★ come/run to ruin *te gronde gaan* II OV WW • *ruïneren*; *vernielen*; *te gronde richten*; *verleiden*

ruination (ruːɪˈneɪʃən) ZN • *vernieling* • *ondergang*

ruinous ('ruːɪnəs) BNW • *verderfelijk* • *bouwvallig*; *in puin*

rule (ruːl) I ZN • *regel* • *streepje* • *liniaal*; *duimstok* • *heerschappij*; *bestuur* • bear rule *de scepter zwaaien* ★ by rule *volgens vaste regels*; *machinaal* ★ work to rule *modelactie houden* ★ rule of action *gedragsregel* ★ rule of the road *verkeersregels*; *het rechts/links houden* ★ as a rule *in de regel* ★ rule of thumb *vuistregel* ★ rule book *reglement* II OV WW • *heersen* • *trekken*; *liniëren* ★ rule the roost *de lakens uitdelen* ★ be ruled by *zich laten leiden door* ★ ~ **out** *uitsluiten* III ONOV WW *heersen*; *regeren* ★ the prices ruled high *de prijzen lagen hoog*

ruler ('ruːlə) ZN • *regeerder*; *heerser* • *liniaal*

rulership ('ruːləʃɪp) ZN *heerschappij*

ruling ('ruːlɪŋ) I ZN • *beslissing*; *rechterlijke uitspraak* • *liniëring* II BNW *leidend*; *heersend*

rum (rʌm) I ZN • *rum* • USA *sterke drank* II BNW *vreemd*; *raar* ★ a rum go *een gek/raar geval*

Rumania (ruːˈmeɪnɪə) ZN *Roemenië*

Rumanian (ruːˈmeɪnɪən) I ZN • *Roemeen(se)* • *het Roemeens* II BNW *Roemeens*

rumble ('rʌmbl) I ZN • *gerommel* • *storend signaal*; *brom* ⟨elektronica⟩ • *kattenbak* ⟨v. auto⟩ II ONOV WW • *rommelen* • ~ **out** *opdreunen*

rumbling ('rʌmblɪŋ) ZN • *gemopper* • *gerommel* ★ there were ~s of a war *er deden geruchten de ronde over een oorlog*

rumbustious (rʌmˈbʌstʃəs) BNW • *lawaaierig*; *druk* • *recalcitrant*

ruminant ('ruːmɪnənt) I ZN • *herkauwer* II BNW *overdenkend*; *bezinnend*

ruminate ('ruːmɪneɪt) I OV WW *(nog eens) overdenken* II ONOV WW *herkauwen*

rumination (ruːmɪˈneɪʃən) ZN *bezinning*

ruminative ('ruːmɪnətɪv) BNW *peinzend*

rummage ('rʌmɪdʒ) I ZN *rommel* • *sale vlooienmarkt*; *rommelmarkt* II OV WW • *doorsnuffelen* • *overhoop halen*; *rommel maken* • ~ **out** *opscharrelen* III ONOV WW *rommelen*; *snuffelen*

rummy ('rʌmɪ) I ZN *kaartspel* II BNW • *rumachtig* • *raar*

rumour ('ruːmə) ZN *gerucht*

rumoured ('ruːməd) BNW ★ it is ~ that *het gerucht gaat dat*

rump (rʌmp) ZN • *overschot(je)* • *staart(stuk)*; *achterste* • GESCH. the Rump *het Engelse Romp-parlement (midden 17e eeuw)*

rumple ('rʌmpl) I ZN *rimpel*; *kreukel* II OV WW *in de war maken*

rumpsteak ('rʌmpsteɪk) ZN *lendebiefstuk*; *entrecote*

rumpus ('rʌmpəs) ZN *hooglopende ruzie*; *tumult*; *herrie* ★ make/kick up a ~ *lawaai schoppen*

run (rʌn) I ZN • *looppas*; *galop*; *vaart* • *uitstapje* • *afstand* • *(ver)loop* • *looptijd* • *toeloop* • *run* ⟨bij cricket⟩ • *vrije toegang*; *vrij gebruik* • *(kippen)ren* • *school* ⟨vissen⟩ • *soort*; *stel* • *ladder* ⟨in panty⟩ • *stroompje* ★ run of office *ambtsperiode* ★ a run on *een plotselinge vraag naar* ★ at a run *op een drafje* ★ have a run for one's money *waar voor z'n geld krijgen* ★ in the long run *op den duur*; *uiteindelijk* ★ she was allowed the run of their house *zij mocht overal komen* ★ I cannot get the run of it *ik kan de slag niet te pakken krijgen* ★ have a run of bad luck *de wind tegen hebben* ⟨figuurlijk⟩ ★ the run of the market *verloop v.d. prijzen* ★ common run of men *gewone slag mensen* ★ she had a long run of power *ze was lang aan de macht* ★ the play had a run of 50 nights *het stuk werd 50 maal achter elkaar gespeeld* ★ there was a run on the bank *de bank werd bestormd* ★ get the run on a p. *iem. bij de neus nemen* ★ on the run *op de loop*; *in de weer*; *aan de gang* ★ a run on the continent *een uitstapje over 't Kanaal* ★ with a run *ineens* ★ have the run of one's teeth *de kost voor niets hebben* II OV WW • *lopen over* • *laten lopen*; *laten gaan*; *rijden*; *laten stromen* • *(na)jagen*; *achterna zitten* • *leiden*; *aan 't hoofd staan van*; *sturen* • *brengen* ⟨v. artikel, toneelstuk⟩ • *verkopen* • *laten meedoen* • *halen (door)*; *strijken met*; *snel laten gaan* • *rijgen* • *(binnen)smokkelen* ★ run to ground *vervolgen tot in 't hol*; *te pakken krijgen* ⟨figuurlijk⟩ ★ run s.o. home *iem. thuis brengen*; *doen wie er het eerste thuis is* ★ run blood *bloed verliezen*; *bloeden* ★ run s.o. close *iem. vlak op de hielen zitten* ★ run its course *gewoon doorgaan* ★ run errands *boodschappen doen* ★ run one's head against *met het hoofd lopen tegen* ★ run a race *deelnemen aan een wedstrijd*; *een wedstrijd organiseren* ★ run the show *de touwtjes in handen hebben* ★ run a thing fine/close *iets er net afbrengen* • ~ **down** *inhalen*; *overrijden*; *afgeven op* ★ he was much run down *hij was zo goed als op* • ~ **in** *inrijden* ⟨v. auto⟩; *erin brengen*; *inrekenen* • ~ **into** *laten vervallen tot*; *steken in* • ~ **off** *laten weglopen*; *uit de mouw schudden* ★ run s.o. off his legs *iem. v.d. sokken lopen* ★ run off a race *de eindwedstrijd houden* • ~ **out** *afrollen* ★ run o.s. out *z. buiten adem lopen* • ~ **over** *overrijden*; *laten gaan over* ★ run over an account *een rekening nalopen* • ~ **through** *doorsteken*; *doorhalen*; *er door brengen* • ~ **up** *doen oplopen*; *opdrijven*; *haastig bouwen*; *optellen* III ONOV WW • *hardlopen* • *z. haasten* • *doorlopen*; *uitlopen*; *z. snel verspreiden* • *een run maken* ⟨bij cricket⟩ ★ he who runs may read *dat zie je zo* ★ my blood ran cold *'t bloed stolde me in de aderen* ★ run dry *opdrogen*; *op raken* ★ run high *hoog oplopen/zijn*; *hooggespannen zijn* ★ feeling ran high *de gemoederen raakten verhit* ★ run low *op raken* ★ run low on ... *bijna geen ... meer hebben* ★ run smooth *gesmeerd gaan* ★ run strong *komen opzetten* ★ run too far *te ver doordrijven* ★ run wild *in 't wild opgroeien* ★ run for it *'t op een*

lopen zetten ★ it runs in the family *het zit in de familie* ★ run on the rocks *te pletter lopen* ★ run in one's head *iemand door het hoofd spelen*
• ~ **about** *heen en weer lopen; rondsjouwen*
• ~ **across** *(toevallig) tegenkomen* • ~ **after** *achternalopen* ★ much run after *zeer gezocht*
• ~ **at** *inrennen* • ~ **away** *weglopen; er vandoor gaan; op hol slaan* ★ run away with a lot of money *een hoop geld (gaan) kosten* ★ run away with voetstoots aannemen; z. laten meeslepen door* • ~ **back** *teruglopen* ★ run back over s.th. *iets nog eens nagaan* • ~ **down** *aflopen; leeglopen; op raken; uitgeput raken; vervallen* • ~ **for** *kandidaat zijn voor* • ~ **in** *binnenlopen* ★ run in to *inlopen op* • ~ **into** *in botsing komen met; vervallen tot; binnenlopen* ★ run into debt *schulden maken* ★ it runs into millions *'t loopt in de miljoenen* ★ run into five editions *vijf drukken beleven* • ~ **off** *de benen nemen; weglopen* • ~ **on** *doordraven; verbonden zijn; doorlopen; doorgaan* • ~ **out** *aflopen; op raken; op z'n eind raken; lekken/lopen uit; verlopen; ongeldig worden* ★ run out of gebrek krijgen aan* ★ we have run out of tobacco *onze tabak is op* • ~ **over** *even overwippen; overlopen* • ~ **through** *doorlopen; lopen door; doornemen* • ~ **to** *(op)lopen tot; gaan tot; toereikend zijn voor; z. kunnen permitteren* • ~ **together** *in elkaar lopen* • ~ **up** *oplopen; opschieten; krimpen* • ~ **(up)on** *steeds terugkomen op; gaan over; tegen 't lijf lopen* ★ run (up)on a bank *een bank bestormen*

runabout ('rʌnəbaʊt) **I** ZN • ~(-car) *toerwagentje* **II** BNW *zwervend*

runaround ('rʌnəraʊnd) ZN ★ he'll give me the ~ *hij zal me met een kluitje in het riet sturen*

runaway ('rʌnəweɪ) **I** ZN • *vluchteling* • *op hol geslagen paard* **II** BNW *op de vlucht; op hol* ★ ~ marriage/match *huwelijk waarbij bruid geschaakt is*

run-down BNW *vervallen; scheefgelopen*

rung (rʌŋ) **I** ZN • *sport* ‹v. ladder› • *spijl* **II** WW [volt. deelw.] → **ring**

run-in ('rʌnɪn) ZN • *aanvaring* ‹figuurlijk› • *einde* ‹v. wedstrijd›

runlet ('rʌnlɪt) ZN *stroompje*

runnel ('rʌnl) ZN • *goot* • *beekje*

runner ('rʌnə) ZN • *hardloper* • *renpaard*
• *loopvogel* • *snel schip* • *koerier* • *wisselloper; ordonnans; colporteur* • *gleuf; glijring*
• *uitloper; scheut* ‹v. plant› • *smokkelaar*
• *vluchteling*

runner bean ZN PLANTK. *pronkboon*

runner-up ZN *(gedeelde) tweede in een wedstrijd*

running ('rʌnɪŋ) **I** ZN *(verloop van de) wedstrijd* ★ be out of the ~ *er uit liggen* ★ make the ~ *aan de kop liggen* ★ take up the ~ *de leiding nemen* ★ be in the ~ *kans hebben* **II** BNW
• *doorlopend; achter elkaar* • *strekkend*

running-board ZN • *treeplank* • *loopplank*

run-of-the-mill BNW *doodgewoon; alledaags*

runt (rʌnt) ZN • *klein rund; dwerg; kriel*
• *uilskuiken* ★ runts *kleingoed*

run-through ('rʌnθruː) ZN • *herhaling* • *doorstoot* ‹biljart›

run-up ZN • *aanloop* • *(het) op gang komen*

runway ('rʌnweɪ) ZN • *sponning; groef* • *startbaan*
• *dierenlooppad*

rupee (ruːˈpiː) ZN *roepie*

rupture ('rʌptʃə) **I** ZN • *breuk; scheuring*
• *doorbraak* **II** OV WW • *een breuk veroorzaken*
• *doorbreken; verbreken* **III** ONOV WW *een breuk hebben*

rural ('rʊərəl) BNW *landelijk; plattelands-*

ruse (ruːz) ZN *list*

rush (rʌʃ) **I** ZN • *haast* • *toeloop; 't aanstormen; stormloop* • *plotselinge snelle aanval* • *aandrang*
• *drukte* • *trek* • USA *studentengevecht* ‹om de vlag› • *bies* • *greintje* ★ a rush for/on *plotselinge vraag naar* ★ be in the rush *meedoen* ★ rush of tears *tranenvloed* ★ not worth a rush *geen (rooie) cent waard* ★ rush order *spoedorder*
II BNW *biezen* **III** OV WW • *meeslepen* • *opjagen; overrompelen* • *bestormen; stormenderhand nemen* • *matten* ‹met biezen› ★ refuse to be rushed *zich niet laten haasten* ★ rush one's fences *overijld te werk gaan* ★ rush a p. out of 2 pounds *iem. 2 pond afzetten* ★ rush a bill through *een wetsontwerp erdoor jagen* **IV** ONOV WW • *(zich) haasten; jachten* • *overijld te werk gaan* • *stormen* • *(zich) dringen; z. een weg banen (door)* • *z. storten; stromen* ★ rush into print *naar de pen grijpen voor de krant* ★ rush into one's memory *plotseling voor de geest komen* • ~ **in** *binnenvallen* • ~ **on** *voortsnellen*
• ~ **out** *naar buiten stormen*

rush-hour ('rʌʃaʊə) ZN *spitsuur*

rush job ('rʌʃdʒɒb) ZN *haastklus*

rushlight ('rʌʃlaɪt) ZN • *nachtpitje* • *flauw glimpje*

rushy ('rʌʃɪ) BNW *vol biezen*

rusk (rʌsk) ZN *(scheeps)beschuit*

russet ('rʌsɪt) ZN • *roodbruin* • *goudrenet*

Russia ('rʌʃə) ZN *Rusland*

Russian ('rʌʃən) **I** ZN • *Rus(sin)* • *het Russisch*
II BNW *Russisch* ★ ~ salad *gemengde salade met mayonaise* ★ ~ boot *wijde laars*

rust (rʌst) **I** ZN *roest* **II** OV WW *doen roesten* **III** ONOV WW *roesten; verroesten; waardeloos worden*

rustic ('rʌstɪk) **I** ZN *buitenman; boer(enkinkel)*
II BNW • *landelijk* • *boers*

rusticate ('rʌstɪkeɪt) **I** OV WW • *schorsen* • *er landelijk doen uitzien* **II** ONOV WW *buiten (gaan) wonen*

rustication (rʌstɪˈkeɪʃən) ZN → **rusticate**

rustle ('rʌsl) **I** ZN • *geritsel; geruis* **II** OV WW • *doen ritselen; stelen* ‹vee› • USA ~ **up** *opscharrelen; in elkaar flansen* **III** ONOV WW *ruisen; ritselen*

rustproof ('rʌstpruːf) ZN *roestvrij*

rusty ('rʌstɪ) BNW • *roestig; verroest* • FIG. *stroef* ‹door gebrek aan oefening of studie› ★ his French is a little ~ *zijn Frans is een beetje stroef*

rut (rʌt) ZN • *karrenspoor; groef* • FIG. *sleur*
• *bronst* ★ in a rut *tot sleur geworden*

ruthless ('ruːθləs) BNW *meedogenloos*

rutted ('rʌtɪd) BNW *ingesleten* ‹v. weg›

rutting ('rʌtɪŋ) BNW *bronstig; bronst-*

rutty ('rʌtɪ) BNW *bronstig; bronst-*

RWD AFK Rear Wheel Drive *achterwielaandrijving*

rye (raɪ) ZN *rogge*

S

s (es), **S** ZN letter s★ S as in Sugar de s van Simon
S AFK● Saint Sint● second(s) seconde(n)
● shilling(s) shilling(s)● Society genootschap
● son zoon● South zuid● Small klein
⟨kledingmaat⟩
SA AFK● Salvation Army Leger des Heils● South
Africa Zuid-Afrika● South America
Zuid-Amerika● South Australia Zuid-Australië
sabbath ('sæbəθ) ZN ● sabbat ● rustdag; zondag
sabbatical (sə'bætɪkl) I ZN sabbatsjaar;
verlofperiode II BNW★ ~ year sabbatsjaar; ~
leave/term verlofperiode (voor studiereis e.d.)
saber ('seɪbə) ZN → **sabre**
sable ('seɪbl) I ZN ● sabeldier ● sabelbont ● zwart
II BNW● zwart● duister
sabot ('sæbəʊ,'sæbəʊ) ZN klomp
sabotage ('sæbətɑːʒ) I ZN sabotage II OV+ONOV
WW saboteren
saboteur (sæbə'tɜː) ZN saboteur
sabre ('seɪbə), **saber** I ZN● cavaleriesabel
● cavalerist II OV WW neersabelen
saccharin ('sækərɪn) ZN sacharine
saccharine ('sækəriːn) BNW● suikerhoudend
● zoet(sappig)
sacerdotal (sækə'dəʊtl) BNW priesterlijk
sachet ('sæʃeɪ) ZN ● sachet ● geurzakje
sack (sæk) I ZN ● zak ● ruime jas/mantel ● Spaanse
wijn★ INFORM. get the sack ontslagen worden;
eruit vliegen★ INFORM. give the sack ontslaan;
de laan uitsturen★ hit the sack naar bed gaan
II OV WW● in zak(ken) doen● de bons geven
● plunderen
sackcloth ('sækklɒθ) ZN jute; zakkengoed★ in ~
and ashes in zak en as
sackful ('sækfʊl) ZN zak★ a ~ of peat een zak turf
★ in ~s/by the ~ met zakken vol; in enorme
hoeveelheden
sacking ('sækɪŋ) ZN jute, paklinnen
sack race ('sækreɪs) ZN (het) zaklopen
sacral ('seɪkrəl) BNW heilig
sacrament ('sækrəmənt) ZN sacrament★ the
(Blessed/Holy) Sacrament de Eucharistie
sacramental (sækrə'mentl) I ZN sacramentale● ~s
sacramentaliën II BNW sacramenteel
sacred ('seɪkrɪd) BNW● heilig● gewijd
● onschendbaar★ ~ service godsdienstoefening
sacrifice ('sækrɪfaɪs) I ZN● (op)offering● offerande
★ make the great/last ~ voor zijn vaderland
sterven★ be sold at a ~ met verlies van de hand
gaan II OV WW (op)offeren III ONOV WW offeren
IV OV+ONOV WW met verlies verkopen
sacrificial (sækrə'fɪʃəl) BNW offer-
sacrilege ('sækrɪlɪdʒ) ZN heiligschennis
sacrilegious (sækrə'lɪdʒəs) BNW heiligschennend
sacrist ('seɪkrɪst) ZN koster
sacristan ('seɪkrɪstən) ZN → **sacrist**
sacristy ('sækrɪstɪ) ZN sacristie
sacrosanct ('sækrəʊsæŋkt) BNW● onschendbaar
● heilig
sacrosanctity (sækrəʊ'sæŋktətɪ) ZN
● onschendbaarheid● heiligheid
sacrum ('seɪkrəm) ZN heiligbeen

sad (sæd) BNW● droevig; treurig● hopeloos
● somber ⟨kleur⟩; vaal● klef ⟨brood⟩★ sad stuff
prulwerk
sadden ('sædn) I OV WW droevig maken II ONOV
WW droevig worden
saddle ('sædl) I ZN● zadel● beugel● lendenstuk
★ ~ cover zadeldek II OV WW● zadelen
● belasten; in de schoenen schuiven III ONOV WW
opzadelen
saddlebacked ('sædlbækt) BNW● met holle rug
● met zadeldak
saddlebag ('sædlbæg) ZN● zadeltas● tapijtstof
saddler ('sædlə) ZN zadelmaker
saddlery ('sædlərɪ) ZN zadelmakerij
sadism ('seɪdɪzəm) ZN sadisme
sadist ('seɪdɪst) ZN sadist
sadistic (sə'dɪstɪk) BNW sadistisch
sadly ('sædlɪ) BIJW droevig; jammer genoeg
sadness ('sædnəs) ZN ● verdriet● droevigheid
sadomasochism (seɪdəʊ'mæsəkɪzəm) ZN
sadomasochisme
sae AFK● stamped addressed envelope
antwoordenvelop● self addressed envelope
retourenvelop
safari (sə'fɑːrɪ) ZN safari
safe (seɪf) I ZN● brandkast● vliegenkast II BNW
● veilig● gerust● betrouwbaar● be on the safe
side het zekere voor 't onzekere nemen★ safe
and sound gezond en wel★ it is safe to touch je
kunt er gerust aankomen★ safe from beveiligd
tegen
safe-conduct (seɪf'kɒndʌkt) ZN vrijgeleide
safe-deposit ZN kluis★ ~ box safeloket
safeguard ('seɪfgɑːd) I ZN● vrijgeleide
● bescherming● beveiliging II OV WW
beschermen; beveiligen
safety ('seɪftɪ) ZN veiligheid★ ~ first! veiligheid
gaat vóór alles!
safety belt ZN veiligheidsgordel ⟨in auto⟩
safety catch ZN veiligheidssluiting
safety curtain ZN brandscherm
safety lock ZN veiligheidssluiting
safety net ZN vangnet
safety pin ZN veiligheidsspeld
saffron ('sæfrən) I ZN● saffraan(geel) II BNW
saffraan(geel) III OV WW● kruiden met saffraan
● saffraan(geel) kleuren
sag (sæg) I ZN● verzakking● doorhanging
● (prijs)daling II OV WW doen
doorbuigen/-zakken III ONOV WW
● doorbuigen/-zakken● afnemen● minder
worden● (scheef) hangen● ECON. goedkoper
worden
saga ('sɑːgə) ZN● (lang) verhaal● sage
● familiekroniek
sagacious (sə'geɪʃəs) BNW● schrander● wijs
sagacity (sə'gæsətɪ) ZN● scherpzinnigheid
● spitsvondigheid
sage (seɪdʒ) I ZN● wijze ⟨persoon⟩● salie II BNW
wijs
Sagittarius (sædʒɪ'teərɪəs) ZN Boogschutter
sago ('seɪgəʊ) ZN sago(palm)
said (sed) I BNW voornoemd(e) II [verl. tijd +
volt. deelw.] → **say**
sail (seɪl) I ZN● zeil● schip; schepen● zeiltochtje
● molenwiek★ 10 days' sail 10 dagen varen

★ make/take sail *uitvaren; (meer) zeilen bijzetten* ★ take in sail *zeil minderen; zich matigen* II ov ww • *besturen* • *zweven (door)* ★ sail the seas *de zeeën doorkruisen* III onov ww • *(uit)varen* • *zweven* • *stevenen* • *zeilen* ★ ~ *master schipper* ★ sail in the same boat *in 't zelfde schuitje varen* ★ it is smooth sailing *de zaak gaat vlot* ★ it's plain sailing *het gaat van een leien dakje; er is niets aan* ★ sail close to/near the wind *scherp bij de wind varen; iets doen/zeggen wat op 't kantje af is* ★ sailing ship *zeilschip* ★ ~ into *aanpakken*

sailable ('seɪləbl) bnw • *bevaarbaar*
sailcloth ('seɪlklɒθ) zn • *zeildoek*
sailer ('seɪlə) zn • *zeiler* • *zeilschip*
sailing ('seɪlɪŋ) zn • *het zeilen* • *bootreis* • *afvaart* ★ ~ *master schipper*
sailor ('seɪlə) zn • *zeeman* • *matroos* ★ be a good ~ *zeebenen hebben; weinig last v. zeeziekte hebben*
sailorly ('seɪləlɪ) bnw • *zoals het een zeeman betaamt* • *zeemanachtig*
saint (seɪnt) I zn • *heilige; sint* • *heilig boontje* ★ provoke a ~ *iemand 't bloed onder de nagels uithalen* ★ ~'s day *naamdag; heiligedag* ★ Latter-day Saints *mormonen* II ov ww *heilig verklaren* ★ it *vroom doen*
sainted ('seɪntɪd) bnw ★ my ~ father *vader zaliger*
sainthood ('seɪnthʊd) zn • *heiligheid*
saintly ('seɪntlɪ) bnw • *vroom* • *volmaakt*
sake (seɪk) zn ★ for the sake of ... *omwille van ...* ★ for my sake *om mijnentwil* ★ for God's/goodness'/heaven's sake *om 's hemelswil*
sal (sɑ:l) zn ★ sal volatile *vlugzout*
salable ('seɪləbl) bnw → **saleable**
salacious (sə'leɪʃəs) bnw • *wellustig; wulps*
salacity (sə'læsətɪ) zn • *wellustigheid*
salad ('sæləd) zn • *salade; sla* ★ your ~-*days de tijd dat je nog groen was* ★ ~ *cream slasaus* ★ ~ *dressing slasaus* ★ ~ *oil slaolie*
salamander ('sæləmændə) zn • *salamander* • *vuurgeest* • *roosterplaat* • *vuurijzer*
salami (sə'lɑ:mɪ) zn • *salami*
salami tactics zn mv • *salamitactiek*
salaried ('sælərɪd) bnw • *bezoldigd*
salary ('sælərɪ) I zn • *salaris* ★ unemployed ~ *wachtgeld* II ov ww • *bezoldigen*
sale (seɪl) zn • *verkoop* • *uitverkoop* • *verkoping; veiling* ★ on sale *in de uitverkoop* ★ sales uitverkoop* ★ for sale *te koop* ★ put up for sale *in veiling brengen* • on sale or return *in commissie* ★ bring-and-buy sale *rommelmarkt* ⟨voor een goed doel⟩
saleable ('seɪləbl), **salable** bnw • *verkoopbaar* ★ ~ value *verkoopwaarde*
saleroom ('seɪlru:m) zn • *verkoopruimte/-lokaal*
sales campaign zn • *verkoopcampagne*
salesgirl ('seɪlzgɜ:l) zn • *verkoopster* • *vertegenwoordigster* • *zakenvrouw*
saleslady ('seɪlzleɪdɪ) zn • *verkoopster*
salesman ('seɪlzmən) zn • *verkoper* • *vertegenwoordiger* • *zakenman*
sales manager zn • *verkoopleider*
sales talk zn • *verkooppraatje*
sales tax zn • *omzetbelasting*
sales volume zn • *omzet*
saleswoman ('seɪlzwʊmən) zn • *verkoopster* • *vertegenwoordigster* • *zakenvrouw*
salient ('seɪlɪənt) I zn • *saillant* II bnw • *(voor)uitspringend* • *in 't oog vallend*
saline ('seɪlaɪn) I zn • *zoutziederij* • *zoutoplossing* • *zoutmeer/-pan* II bnw • *zout(houdend)*
salinity (sə'lɪnətɪ) zn • *zoutgehalte*
saliva (sə'laɪvə) zn • *speeksel*
salivary ('sælɪvərɪ) zn • *speeksel-* ★ ~ glands *speekselklieren*
salivate ('sælɪveɪt) onov ww • *kwijlen*
sallow ('sæləʊ) I zn • *wilg* • *wilgenscheut* II bnw • *vaal/ziekelijk geel* III ov ww • *vaalgeel maken* IV onov ww • *vaalgeel worden*
sally ('sælɪ) I zn • *uitval* • *uitstapje* • *geestige zet* II onov ww • *een uitstapje maken* ★ ~ **forth** / **out** *er op uit trekken*
salmon ('sæmən) zn • *zalm* • *zalmkleurig* ★ ~ steak *moot zalm*
salmonella (sɒlmə'nelə) zn • *salmonella(bacterie)*
salon ('sælɒn) zn • *salon* • *foto-/schilderijententoonstelling*
saloon (sə'lu:n) zn • *zaal* • *salon* • *grote luxe kajuit* • usa *bar* • usa *sedan* ★ upper ~ *bovenste dek v. dubbeldekkerbus*
salsify ('sælsɪfɪ) zn • *schorseneer*
salt (sɔ:lt) I zn • *zout* • *geestigheid* ★ in salt *gepekeld* ★ an old salt *zeerob* ★ to be worth one's salt *efficiënt/capabel zijn* ★ take with a pinch/grain of salt *met een korreltje zout nemen* II bnw ★ salt beef *warm pekelvlees* ★ salt tears *bittere tranen* ★ salt cod *zoutevis* ★ salt junk *pekelvlees* III ov ww • *zouten; pekelen* • *pittig maken* ★ ~ **away** *wegzetten als appeltje voor de dorst* ★ ~ **down** *inpekelen; wegzetten als appeltje voor de dorst*
SALT (sɔ:lt) afk Strategic Arms Limitation Talks • *besprekingen over de vermindering van strategische wapens*
saltation (sæl'teɪʃən) zn • *'t springen; 't dansen* • *sprong* ⟨ook fig.⟩
saltcellar ('sɔ:ltselə) zn • *zoutvaatje*
salted ('sɔ:ltɪd) bnw • *gezouten* • *gehard* • *geestig* • *pittig*
saltern ('sɔ:ltn) zn • *zoutziederij*
saltpetre (sɒlt'pi:tə) zn • *salpeter*
saltwater ('sɔ:ltwɔ:tə) zn • *zeewater*
salty ('sɔ:ltɪ) bnw • *zout(ig)* • *pittig* • *pikant*
salubrious (sə'lu:brɪəs) bnw • *gezond*
salubrity (sə'lu:brətɪ) zn • *gezondheid*
salutary ('sæljʊtərɪ) bnw • *heilzaam*
salutation (sælju:'teɪʃən) zn • *(be)groet(ing)* • *aanhef* ⟨in brief⟩ ★ the Angelic Salutation *het weesgegroet*
salutatory (sə'lju:tətərɪ) bnw • *begroetende; openende*
salute (sə'lu:t) I zn • *groet* • *saluut(schot)* ★ take the ~ *de parade afnemen* II ov ww • *begroeten; huldigen* ★ the sight that ~d him *het schouwspel dat zich aan hem voordeed* III onov ww • *salueren; groeten*
salvage ('sælvɪdʒ) I zn • *berging(sloon)* • *redding* • *geborgen of geredde goederen* II ov ww • *bergen; redden* • *achterover drukken* ⟨door Amerikaans leger⟩

salvation (sæl'veɪʃən) ZN • *behoudenis; redding* • *zaligheid* ★ Salvation Army *Leger des Heils*
salvationist (sæl'veɪʃənɪst) I ZN *soldaat v.h. Leger des Heils* II BNW *m.b.t. Leger des Heils*
salve (sælv) I ZN • *zalf* • *pleister* ⟨figuurlijk⟩ II OV WW • *insmeren* • *sussen* • *verbloemen* • *helen*
salver ('sælvə) ZN *presenteerblad*
salvo ('sælvəʊ) ZN • *salvo* • *applaus* • *beding; voorbehoud* • *uitvlucht*
salvor ('sælvə) ZN • *berger* • *bergingsvaartuig*
Sam. AFK Samuel *Sam.*; Samuel ⟨bijbel⟩
SAM (sæm) AFK surface-to-air missile *grondluchtraket*
Samaritan (sə'mærɪtn) I ZN *Samaritaan(se)* II BNW *Samaritaans; uit Samaria*
same (seɪm) VNW • *zelfde* • *dezelfde; hetzelfde* ★ same here! *ik ook zo!* ★ all the same *precies 't zelfde; toch; niettemin* ★ just the same *in ieder geval; toch wel* ★ one and the same *precies de/het zelfde* ★ much the same *nagenoeg 't zelfde* ★ at the same time *tegelijk(ertijd); tevens* ★ same to you *van hetzelfde; insgelijks*
sameness ('seɪmnəs) ZN • *gelijkheid* • *eentonigheid*
samlet ('sæmlət) ZN *jonge zalm*
samovar ('sæməvɑː) ZN *samowaar*
sample ('sɑːmpl) I ZN • *monster; staal(tje)* • MUZ. *sample* II OV WW • *proeven* ⟨v. voedsel⟩ • *een monster geven/nemen v. iets* • *keuren* • *ondervinding opdoen van* • MUZ. *samplen*
sampler ('sɑːmplə) ZN • *merklap* • *keurmeester* • USA *monster(boek); staal(kaart)* • MUZ. *sampler*
sanatorium (sænə'tɔːrɪəm) ZN • *sanatorium; herstellingsoord* • *ziekenkamer* ⟨bijv. op school⟩
sanctification (sæŋktɪfɪ'keɪʃən) ZN • *heiliging* • *wijding*
sanctify ('sæŋktɪfaɪ) OV WW *heiligen; wijden* ★ sanctified airs *schijnheiligheid*
sanctimonious (sæŋktɪ'məʊnɪəs) BNW *schijnheilig*
sanction ('sæŋkʃən) I ZN *sanctie* II OV WW • *bekrachtigen* • *sanctie geven aan*
sanctity ('sæŋktətɪ) ZN • *heiligheid* • *onschendbaarheid*
sanctuary ('sæŋktʃʊərɪ) ZN • *heiligdom; kerk* • *allerheiligste* • *priesterkoor* • *vrijplaats* • *vluchtheuvel* ★ take/seek ~ *z'n toevlucht zoeken; asiel vragen*
sanctum ('sæŋktəm) ZN *heiligdom*
sand (sænd) I ZN • *zand* • *zandbank* • USA *fut* ★ sand dune *duin* ★ sands *zandkorrels; zandvlakte; strand; woestijn* ★ the sands are running out *de tijd is bijna om* II OV WW • *met zand bedekken* • *verzanden* • *~ down polijsten; schuren*
sandal ('sændl) ZN • *sandaal* • *sandelhout*
sandbag ('sændbæg) I ZN *zandzak* II OV WW • *met zandzakken versterken* • OUD. *aftuigen; neerslaan*
sandbank ('sændbæŋk) ZN *zandbank*
sandblast ('sændblɑːst) OV WW *zandstralen*
sandblind ('sændblaɪnd) ZN *bijna blind*
sandboy ('sændbɔɪ) ZN ★ OUD. as jolly as a ~ *zo vrolijk als een vogeltje*
sandcastle ('sændkɑːsəl) ZN *zandkasteel*
sander ('sændə) ZN *schuurmachine*

sandglass ('sændglɑːs) ZN *zandloper*
sandman ('sændmæn) ZN *Klaas Vaak*
sandpaper ('sændpeɪpə) I ZN *schuurpapier* II OV WW *schuren*
sandpiper ('sændpaɪpə) ZN *oeverloper* ⟨vogel⟩
sandpit ('sændpɪt) ZN *zandkuil*
sandspout ('sændspaʊt) ZN *zandhoos*
sandstone ('sændstəʊn) ZN *zandsteen*
sandstorm ('sændstɔːm) ZN *zandstorm*
sandwich ('sænwɪdʒ) I ZN • *sandwich* ⟨dubbele boterham⟩ • VULG. *trio(otje)* ★ ride/sit ~ *tussen twee anderen te paard zitten* ★ ~ course *cursus afgewisseld met praktijkstages* II OV WW • *inklemmen (tussen)* • *inschuiven*
sandwich-board ('sænwɪdʒbɔːd) ZN *advertentiebord*
sandy ('sændɪ) BNW • *zanderig* • *rossig*
sane (seɪn) BNW • *gezond* • *verstandig*
sang (sæŋ) WW [verleden tijd] → sing
sanguinary ('sæŋgwɪnərɪ) BNW *bloedig*
sanguine ('sæŋgwɪn) I ZN OUD. *(tekening in) rood krijt* II BNW • *optimistisch* • *opgewekt* • *fris; gezond* • *bloedrood*
sanguineous (sæŋ'gwɪnɪəs) BNW • *sanguinisch; temperamentvol* • *bloed-; bloedrood*
sanitary ('sænɪtərɪ) BNW *gezondheids-; hygiënisch* ★ ~ cup *papieren drinkbeker* ★ ~ towel/pad/USA napkin *maandverband*
sanitation (sænɪ'teɪʃən) ZN • *sanering* • *volksgezondheid* ★ ~ department *ministerie van volksgezondheid*
sanitorium (sænɪ'tɔːrɪəm) ZN USA *sanatorium*
sanity ('sænɪtɪ) ZN • *(geestelijke) gezondheid* • *gezond verstand* • JUR. *toerekeningsvatbaarheid*
sank (sæŋk) WW [verleden tijd] → sink
Santa (sæntə) ZN ★ ~ (Claus) *de kerstman*
sap (sæp) I ZN • *(levens)sap* • *kracht* • *spint(hout)* • *(overdekte) loopgraaf* • *ondermijning* • *zwoeger* • *sul* II OV WW • *uitputten* • *'t sap onttrekken aan* • *'t spint(hout) verwijderen van* III OV+ONOV WW • *ondergraven/-mijnen* • *zwoegen*
sapid ('sæpɪd) BNW • *smakelijk* • *niet smakeloos*
sapience ('seɪpɪəns) ZN *(schijn)wijsheid*
sapient ('seɪpɪənt) BNW *(waan)wijs*
sapiential (seɪpɪ'enʃəl) BNW ★ ~ books *enige boeken v.d. bijbel* ⟨Prediker/Spreuken⟩
sapless ('sæpləs) BNW • *zonder sap* • *zouteloos* ⟨figuurlijk⟩; *zonder pit*
sapling ('sæplɪŋ) ZN *jonge boom*
sapphic ('sæfɪk) BNW *saffisch, sapfisch; lesbisch*
sapphire ('sæfaɪə) I ZN *saffier* II BNW *saffierblauw*
sappy ('sæpɪ) BNW • *sappig* • *krachtig*
sapwood ('sæpwʊd) ZN *spint*
sarcasm ('sɑːkæzəm) ZN *sarcasme*
sarcastic (sɑː'kæstɪk) BNW *sarcastisch*
sarcophagi (sɑː'kɒfəgaɪ) ZN MV → sarcophagus
sarcophagus (sɑː'kɒfəgəs) ZN *sarcofaag*
sardine (sɑː'diːn) ZN *sardientje* ★ like ~s *als haring in een ton*
sardonic (sɑː'dɒnɪk) BNW *sardonisch; cynisch; bitter* ★ ~ laughter *hoongelach*
saree (sɑːrɪ) ZN → sari
sarge (sɑːdʒ) ZN INFORM. → sergeant
sari ('sɑːrɪ), **saree** ZN *sari* ⟨Indiaas kledingstuk voor vrouwen⟩

sartorial (sɑːˈtɔːriəl) BNW *kleermakers-; (maat)kledings-*
sash (sæʃ) ZN • *sjerp* • *schuifraam*
sash pulley ZN *raamkatrol*
sash window (sæsˈwɪndəʊ) ZN *schuifraam*
sassy (ˈsæsɪ) BNW USA *brutaal*
sat (sæt) WW [verl. tijd + volt. deelw.] → **sit** AFK USA *scholastic aptitude test* ≈ *havo/vwo-examen*
Sat. AFK • *Saturday zaterdag* • *Saturn Saturnus*
Satan (ˈseɪt(ə)n) ZN *Satan*
satanic(al) (səˈtænɪk(l)) BNW *satanisch*
satchel (ˈsætʃəl) ZN • *pukkel (schooltas)* • *geldtas*
sate (seɪt) OV WW *verzadigen* ★ *be sated with genoeg hebben van* ★ *my appetite was sated mijn eetlust was bevredigd; ik was voldaan*
satellite (ˈsætəlaɪt) ZN • *satelliet* • *aanhanger* ★ ~ *dish schotelantenne* ★ ~ *state satellietstaat*
satiable (ˈseɪʃəbl) BNW *verzadigbaar; te bevredigen*
satiate (ˈseɪʃɪeɪt) I BNW *verzadigd; zat* II OV WW *(over)verzadigen*
satiation (seɪʃɪˈeɪʃən) ZN *verzadiging*
satiety (səˈtaɪətɪ) ZN FORM. *oververzadiging* ★ *to* ~ *te overvloedig*
satin (ˈsætɪn) I ZN *satijn* ★ *white* ~ *judaspenning; jenever* II BNW *satijnen* III OV WW *satineren; het glanzig maken van papier*
satinette (sætɪˈnet) ZN *satinet*
satire (ˈsætaɪə) ZN *satire; hekeldicht*
satiric(al) (səˈtɪrɪk(l)) BNW *satirisch*
satirist (ˈsætərɪst) ZN • *satiricus* • *hekeldichter*
satirize (ˈsætɪraɪz) OV WW *hekelen*
satisfaction (sætɪsˈfækʃən) ZN • *tevredenheid* • *voldoening* • *voldaanheid* • *genoegen* • *genoegdoening* ★ *in* ~ *of ter voldoening van*
satisfactory (sætɪsˈfæktərɪ) BNW • *bevredigend* • *voldoende*
satisfied (ˈsætɪsfaɪd) BNW • *tevreden* • *voldaan* • *overtuigd* ★ ~ *with tevreden met*
satisfy (ˈsætɪsfaɪ) I OV WW • *overtuigen* • *tevreden stellen* • *bevredigen* • *stillen* ⟨v. honger⟩ ★ ~ *o.s. of zich overtuigen van* II ONOV WW • *voldoen(de zijn)* • *genoegdoening geven*
saturate (ˈsætʃəreɪt) I BNW • *verzadigd* • *intensief* II OV WW • *verzadigen* • *doordrenken*
saturation (sætʃəˈreɪʃən) ZN *(over)verzadiging*
Saturday (ˈsætədeɪ) ZN *zaterdag* ★ REL. *Holy* ~ *paaszaterdag*
saturnine (ˈsætənaɪn) BNW *somber; zwaarmoedig*
satyr (ˈsætə) ZN *sater*
sauce (sɔːs) I ZN • *saus* • USA, REG. *gestoofd fruit; compote* • INFORM. *brutaliteit* • USA, PLAT *alcohol* ★ *give a p.* ~ *iem. brutaliseren* ★ *serve with the same* ~ *met gelijke munt betalen* ★ *none of your* ~*! houd je brutale mond!* ★ *be on the* ~ *(te veel) zuipen* ★ ~ *for the goose is* ~ *for the gander gelijke monniken, gelijke kappen* II OV WW • *saus doen bij* • *kruiden; pittig of geurig maken* • *brutaliseren* • INFORM. ~*d bezopen*
sauceboat (ˈsɔːsbəʊt) ZN *sauskom*
saucebox (ˈsɔːsbɒks) ZN *brutale kerel; brutaal nest*
saucepan (ˈsɔːspən) ZN *steelpan*
saucer (ˈsɔːsə) ZN *schoteltje*
saucy (ˈsɔːsɪ) BNW • *brutaal* • *chic*

sauerkraut (ˈsaʊəkraʊt) ZN *zuurkool*
sauna (ˈsɔːnə) ZN *sauna*
saunter (ˈsɔːntə) I ZN *wandelingetje* II ONOV WW • *slenteren* • *kuieren*
saunterer (ˈsɔːntərə) ZN *slenteraar(ster)*
sausage (ˈsɒsɪdʒ) ZN • *worst(je)* • MIL. *kabelballon* ★ ~ *roll worstenbroodje*
sausagegrinder (ˈsɒsɪdʒgraɪndə) ZN *worstmachine*
sauté (ˈsəʊteɪ) I ZN *gerecht van licht gebakken hapjes* II BNW *licht gebakken* III OV WW *licht (en snel) bakken; sauteren*
savage (ˈsævɪdʒ) I ZN • *wilde* • *woesteling; barbaar* II BNW • *wild; primitief* • *wreed; fel* • *woest* III OV WW • *bijten* ⟨v. paard⟩: *vertrappen; aanvallen* • *(wild) aanvallen*
savagery (ˈsævɪdʒərɪ) ZN • *wreedheid* • *wilde staat*
savanna(h) (səˈvænə) ZN *savanne; (sub)tropische grasvlakte*
savant (ˈsævənt) ZN *(hoog)geleerde*
save (seɪv) I ZN SPORT *redding* II OV WW • *redden* • *bewaren; houden;* COMP. *saven* • *sparen* • *besparen* • *voorkómen* ★ *be saved zalig worden* ★ *save hay hooien* ★ *save one's skin zijn hachje redden* ★ *save o.s. zich ontzien* ★ *save me from ... praat me niet van ...* ★ COMP. *save as ... bewaren als ...* III ONOV WW *sparen* IV VZ *behalve* ★ *save for behoudens*
saveloy (ˈsævəlɔɪ) ZN *cervelaatworst*
saver (ˈseɪvə) • *spaarder* • *gedekte weddenschap*
saving (ˈseɪvɪŋ) I ZN *besparing* II BNW *karig* ★ ~ *clause voorbehoud* III VZ *behoudens* ★ ~ *your presence/reverence met uw welnemen*
savings (ˈseɪvɪŋz) ZN MV *spaargeld(en)* ★ ~ *account spaarrekening* ★ ~*-bank spaarbank*
saviour (ˈseɪvjə) ZN *verlosser*
savour (ˈseɪvə) I ZN • *smaak* • *aroma* • *zweem* • *aantrekkelijk tintje* II OV WW • *proeven* • *genieten (van)* III ONOV WW ~ *of smaken naar; rieken naar*
savoury (ˈseɪvərɪ) I ZN • *(pikant) tussengerecht* • *open tosti* II BNW • *smakelijk* • *hartig; pikant*
savoy (səˈvɔɪ) ZN *savooiekool*
savvy (ˈsævɪ) I BNW • *wijs* • *gewiekst; schrander* II OV+ONOV WW OUD. *snappen; begrijpen*
saw (sɔː) I ZN • *zaag* • OUD. *gezegde; spreuk* ★ *musical saw zingende zaag* II WW [verleden tijd] → **see** I OV WW • *(door)zagen* • *(door)snijden* ★ *saw a tree down een boom omzagen* II ONOV WW *zagen*
sawdust (ˈsɔːdʌst) ZN *zaagsel*
sawhorse (ˈsɔːhɔːs) ZN *zaagbok*
sawmill (ˈsɔːmɪl) ZN *houtzagerij*
sawn (sɔːn) WW [volt. deelw.] → **saw**
sawyer (ˈsɔːjə) ZN *houtzager*
sax (sæks) ZN *sax*
Saxon (ˈsæksən) I ZN *Angelsakser* II BNW *Angelsaksisch*
Saxony (ˈsæksənɪ) ZN *Saksen*
saxophone (ˈsæksəfəʊn) ZN *saxofoon*
saxophonist (sækˈsɒfənɪst) ZN *saxofonist*
say (seɪ) I ZN • *wat men te zeggen heeft* • *zeggenschap* II OV WW *opzeggen* III ONOV WW • *zeggen* ★ *I say! zeg!* ★ *well, I say nou, nou* ★ *says you volgens jou, dan* ★ *what does the letter*

say? *wat staat er in de brief?* ★ it says in the paper *in de krant staat* ★ that's to say *dat wil zeggen; tenminste* ★ you don't say so! *je meent het!* ★ what do you say to ... *wat zou je ervan zeggen als we eens ...* ★ say one's prayers *bidden* ★ say grace *dankgebed uitspreken voor/na de maaltijd* ★ it says much for *het pleit ten zeerste voor* ★ say on! *zeg op!* ★ say when! *zeg maar ho!; zeg maar tot hoe ver!* ★ when all is said and done *al met al* • **~ over** *opzeggen*

saying ('seɪɪŋ) ZN *gezegde* ★ as the ~ goes/is *zoals 't spreekwoord zegt*

say-so ZN • *toestemming* • *beslissingsrecht* ★ on my ~ *op mijn woord; met mijn toestemming* ★ have the final ~ on s.th. *uiteindelijk beslissen over iets*

sc. AFK *scilicet (that is to say) d.w.z.*

SC AFK • G-B Special Constable *hulppolitieagent* • USA South Carolina *South Carolina* 〈staat in USA〉

scab (skæb) ZN • *korstje; roofje* • *schurft* • *onderkruiper*

scabbard ('skæbəd) ZN *schede* ★ throw away the ~ *de zaak helemaal uitvechten*

scabby ('skæbɪ) BNW • *met korsten bedekt* • *schurftig*

scabies ('skeɪbiːz) ZN *schurft*

scabious ('skeɪbɪəs) BNW *schurftachtig*

scabrous ('skeɪbrəs) BNW • *ruw; oneffen* • *delicaat* • *schunnig; op 't kantje af*

scaffold ('skæfəʊld) ZN • *stellage; steiger* • *schavot*

scaffolding ('skæfəʊldɪŋ) ZN *steigers; stellage*

scalawag ('skæləwæg) ZN → **scallywag**

scald (skɔːld) I ZN *brandwond en/of blaar* II OV WW • *branden* 〈aan hete vloeistof of stoom〉 • *met heet water uitwassen* • *tegen de kook aan brengen* ★ FIG. like a ~ed cat *als de gesmeerde bliksem*

scalding ('skɔːldɪŋ) BNW *kokend (heet)* ★ ~ tears *hete tranen*

scale (skeɪl) I ZN • *(weeg)schaal* • *schub* • *schil; dop* • *schilfer* • *ketelsteen; tandsteen* • *talstelsel* • *maatstaf* • MUZ. *toonladder* • (pair of) ~s *weegschaal* ★ binary ~ *tweetallig stelsel* ★ ~ of notation *talstelsel* ★ the social ~ *de maatschappelijke ladder* ★ out of ~ *buiten proportie* ★ remove the ~s from s.o.'s eyes *iem. de ogen openen* ★ tip/turn the ~s *de doorslag geven* ★ on a large/small ~ *op grote/kleine schaal* II OV WW • *op schaal voorstellen* • *ontdoen van* 〈schaal, schil〉 • *aanpassen* • *(af)wegen; schatten* • *(be)klimmen* • **~ down/up** *verlagen/-hogen* III ONOV WW • *afschilferen* • *wegen; in verhouding zijn* • *aanslaan* 〈v. ketel〉

scallawag ('skælɪwæg) ZN → **scallywag**

scallion ('skæljən) ZN *sjalot*

scallop ('skæləp) I ZN • *sint-jakobsschelp; kamschelp* • *schulp* II OV WW • *in een schelp bakken* • *uitschulpen*

scallops ('skæləps) ZN MV *schulprand*

scallywag ('skælɪwæg), **scalawag**, **scallawag** ZN *deugniet; apenkop; rakker*

scalp (skælp) I ZN • *scalp* • *hoofdhuid* • *kale heuveltop* II OV WW • *scalperen* • *afmaken* 〈met kritiek〉 III ONOV WW USA, PLAT *zwart handelen in toegangskaartjes*

scalpel ('skælpl) ZN *scalpel; ontleedmes*

scaly ('skeɪlɪ) BNW *geschubd*

scam (skæm) I ZN INFORM. *bedrog; zwendel* II OV WW INFORM. *bedriegen* III ONOV WW INFORM. *bedrog plegen*

scamp (skæmp) I ZN *rakker; deugniet* II OV WW ★ ~ one's work *zijn werk afraffelen*

scamper ('skæmpə) I ZN *drafje* ★ take a ~ through *snel doornemen* 〈boek〉 II ONOV WW *hollen*

scampi ('skæmpɪ) ZN • *grote garnalen* • *garnalengerecht*

scan (skæn) I ZN • *(het) scannen; (het) (punt voor punt) afzoeken* • *scan; (met scanner gemaakte) opname* II OV WW • *aftasten; scannen; (punt voor punt) afzoeken* • *aandachtig/kritisch bekijken; scherp opnemen; doornemen*

scandal ('skændl) ZN • *schandaal; opspraak; laster* • *ergernis*

scandalize ('skændəlaɪz) OV WW *ergernis wekken bij; choqueren*

scandalmonger ('skændlmʌŋgə) ZN *kwaadspreker; roddelaar*

scandalous ('skændələs) BNW • *ergerlijk; schandelijk* • *lasterlijk*

Scandinavian (skændɪ'neɪvɪən) I ZN • *Scandinaviër* • *Scandinavisch* II BNW *Scandinavisch*

scanner ('skænə) ZN • *aftaster* 〈apparaat〉 • *scantoestel* • *radarantenne*

scansion ('skænʃən) ZN *scandering*

scant (skænt) I BNW *gering; karig* ★ ~ of breath *kortademig* II OV WW • *karig toemeten* • *krap houden*

scantling ('skæntlɪŋ) ZN • *standaardafmeting* • *kleine hoeveelheid*

scanty ('skæntɪ) BNW • *krap* • *schaars*

scapegoat ('skeɪpgəʊt) ZN *zondebok*

scapegrace ('skeɪpgreɪs) ZN • *deugniet* • *guit*

scapula ('skæpjʊlə) ZN *schouderblad*

scapular ('skæpjʊlə) I ZN *scapulier* II BNW *v.d. schouder(bladen)*

scar (skɑː) I ZN • *litteken* • AARDK. *steile rotswand* II OV WW • *een litteken bezorgen* 〈ook emotioneel〉 • *met littekens bedekken* ★ scarred *vol met littekens* III ONOV WW *een litteken vormen*

scarab ('skærəb) ZN *mestkever; scarabee*

scarce (skeəs) BNW • *schaars; zeldzaam* ★ make o.s. ~ *zich uit de voeten maken*

scarcely ('skeəslɪ) BIJW • *nauwelijks* • *haast niet* ★ ~ any *bijna geen*

scarceness (skeəsnəs) ZN → **scarcity**

scarcity ('skeəsətɪ) ZN *schaarste*

scare (skeə) I ZN • *schrik; vrees; angst* • *bangmakerij* ★ ~ story *ijzingwekkend verhaal; sensatieverhaal* II OV WW • *bang maken; verschrikken* • **~ away** *wegjagen* • **~ off** *wegjagen door bangmaken* III ONOV WW *bang worden* ★ she ~s easily *ze schrikt erg gauw*

scarecrow ('skeəkrəʊ) ZN • *vogelverschrikker* • *boeman*

scared (skeəd) BNW *bang*

scaremonger ('skeəmʌŋgə) ZN *onrustzaaier*

scarf (skɑːf) I ZN • *sjaal* • *sjerp* • *das*

• *houtverbinding* ⟨pen en gat⟩ **II** OV WW *lassen* ⟨v. hout⟩
scarfskin ('skɑ:fskın) ZN • *opperhuid*
scarify ('skærıfaı) OV WW • *omwerken* ⟨v. aarde/grond⟩ • *meedogenloos hekelen* • MED. *insnijdingen maken in*
scarlatina (skɑ:lə'ti:nə) ZN *roodvonk*
scarlet ('skɑ:lət) **I** ZN *scharlaken; vuurrood* **II** BNW *scharlaken; (vuur)rood* ★ ~ *fever roodvonk* ★ ~ *runner pronkboon*
scarp (skɑ:p) **I** ZN • *escarpe;* • *binnentalud v.e. gracht* • *steile rotswand* **II** OV WW *een steile helling/talud maken*
scarper ('skɑ:pə) ONOV WW *weglopen; 'm smeren*
scarves (skɑ:vz) ZN MV → **scarf**
scary ('skeərı) BNW • *schrikachtig* • *eng; schrikaanjagend*
scathe (skeıð) **I** ZN • *without* ~ *ongedeerd* **II** OV WW • *kwetsen* • *verpletteren* ⟨fig.⟩
scathing ('skeıðıŋ) BNW *vernietigend; bijtend*
scatter ('skætə) **I** ZN • *(uit)strooien; verstrooien; bestrooien* • *(ver)spreiding* ★ ~ *hope hoop doen vervliegen* **II** ONOV WW (z.) *verspreiden*
scatterbrain ('skætəbreın) ZN *warhoofd*
scatterbrained ('skætəbreınd) BNW *warhoofdig*
scattered ('skætəd) BNW *sporadisch*
scatty ('skætı) BNW *getikt*
scavenge ('skævındʒ) **I** OV WW • *doorzoeken* ⟨v. afval⟩ • *eten* ⟨aas⟩ **II** ONOV WW • *vuil ophalen* • *afval doorzoeken op zoek naar eten, enz.*
scavenger ('skævındʒə) ZN • *aaseter* • *aaskever* • *vuilnisman*
scenario (sı'nɑ:rıəʊ) ZN • *scenario* • *draaiboek*
scend (send) **I** ZN • *voorwaartse beweging* ⟨v. schip⟩ • *opwaartse beweging* ⟨v. schip⟩ **II** ONOV WW *opwaarts bewegen* ⟨v. schip⟩
scene (si:n) ZN • *tafereel; toneel* • *decor* • *scène* • *landschap* ★ ~ *of action plaats v. handeling* ★ *behind the* ~*s achter de schermen/coulissen* ★ *the* ~ *is laid/set in de scène speelt zich af in* ★ *quit the* ~ *v. het toneel verdwijnen* ★ *it's not my* ~ *het ligt mij niet; dat is niets voor mij* ★ *steal the* ~ *het toneel beheersen*
scenery ('si:nərı) ZN • *natuurschoon; landschap* • *decor(s)*
scenic ('si:nık) BNW • *in beeld* • *schilderachtig* • *verhalend; dramatisch* ★ ~ *route toeristische route*
scent (sent) **I** ZN • *geur; lucht* • *parfum* • *reuk* • *spoor* ★ *get* ~ *of de lucht krijgen van* ★ *he has a wonderful* ~ *for hij heeft een fijne neus voor* ★ *put off the* ~ *misleiden* ★ *be off the* ~ *twijfelen; onzekerheid voelen* **II** OV WW • *vermoeden* • *ruiken* • *met geur vervullen* • *parfumeren* **III** ONOV WW *snuffelen*
scentless ('sentləs) BNW *reukloos; zonder geur*
sceptic ('skeptık) **I** ZN *scepticus* **II** BNW *sceptisch*
sceptical ('skeptıkl), **skeptical** BNW *sceptisch*
scepticism ('skeptısızəm) ZN *scepticisme*
sceptre ('septə) ZN *scepter*
schedule ('ʃedju:l) **I** ZN • *tabel* • *aanhangsel* • *bijlage* • USA *dienstregeling; rooster* ★ *on* ~ *precies op tijd* **II** OV WW • *een tabel, enz. maken van* • *in een tabel, enz. opnemen* ★ *is* ~*d to leave now moet volgens de dienstregeling nu vertrekken*

schema ('ski:mə) ZN *schets; opzet; diagram; schema*
schematic (skı'mætık) BNW *schematisch*
scheme (ski:m) **I** ZN • *plan* • *schema* • *stelsel* • *(gemeen) spelletje; intrige* **II** OV WW • *beramen* • *intrigeren (tegen)* **III** ONOV WW *konkelen*
schemer ('ski:mə) ZN *intrigant*
scheming ('ski:mıŋ) BNW *listig; uit op slinkse streken*
schism ('s(k)ızəm) ZN • *schisma* • *(kerkelijke) afscheiding* • *sekte*
schismatic (s(k)ız'mætık) **I** ZN *iem. die een schisma veroorzaakt* **II** BNW *schismatiek*
schizophrenia (skıtsə'fri:nıə) ZN *schizofrenie*
schizophrenic (skıtsə'frenık) **I** ZN *schizofreen persoon* **II** BNW • *schizofreen* • *gespleten*
schmuck (ʃmʌk) ZN PLAT *schlemiel; mafkees*
scholar ('skɒlə) ZN • *leerling* • *geleerde* • *beursstudent*
scholarly ('skɒləlı) BNW • *wetenschappelijk* • *geleerd*
scholarship ('skɒləʃıp) ZN • *geleerdheid* • *studiebeurs*
scholastic (skə'læstık) **I** ZN • *scholasticus* • *jezuïetengraad in noviciaat* **II** BNW • *schools* • *school-; academisch* • *schoolmeesterachtig* • *scholastisch*
school (sku:l) **I** ZN • *school* • INFORM. *universiteit; faculteit* ★ *at* ~ *op school* ★ *skip/cut* ~ *spijbelen* ★ *lower* ~ *lagere klassen v. public school* ★ *public* ~ *particuliere kostschool; openbare basisschool* ⟨buiten Groot-Brittannië⟩ ★ USA *high* ~ ≈ *havo/vwo* **II** OV WW • *scholen* • *trainen* • *africhten* **III** ONOV WW BIOL. *in scholen gaan zwemmen*
school age ZN *leerplichtige leeftijd*
school bag ZN *schooltas*
schoolboy ('sku:lbɔı) ZN *schooljongen*
schooldays ('sku:ldeız) ZN MV *schooljaren/-tijd*
schoolfellow ('sku:lfeləʊ) ZN *schoolkameraad*
schoolgirl ('sku:lgɜ:l) ZN *schoolmeisje*
schoolhouse ('sku:lhaʊs) ZN USA, OUD. *schoolgebouw*
schooling ('sku:lıŋ) ZN • *onderwijs* • *scholing* • *dressuur*
school leaver ZN *schoolverlater*
schoolman ('sku:lmən) ZN • *scholasticus* • USA *onderwijzer; leraar*
schoolmaster ('sku:lmɑ:stə) ZN • *onderwijzer* • *leraar* • *hoofd v.e. school*
schoolmate ('sku:lmeıt) ZN • *schoolkameraad/-makker*
schoolmistress ('sku:lmıstrəs) ZN • OUD. *onderwijzeres* • *lerares*
school patrol ZN *verkeersbrigadier; klaar-over*
schoolroom ('sku:lru:m) ZN • *leslokaal* • *leskamer* ★ ~ *English schoolengels*
schools ('sku:lz) ZN MV • *de scholastieken* • *universitaire examens* ★ *be in for one's* ~ *voor zijn examen zitten*
schoolteacher ('sku:lti:tʃə) ZN *onderwijzer(es); leraar; lerares*
schoolwork ('sku:lwɜ:k) ZN *schoolwerk*
schooner ('sku:nə) ZN • *schoener* • USA *(groot) bierglas*
sciatic (saı'ætık) BNW *heup-*

sciatica (saɪˈætɪkə) ZN *ischias*
science (ˈsaɪəns) ZN • *natuurwetenschap(pen)* • *wetenschappelijk onderzoek* • *techniek; vaardigheid* ★ • *art theoretische en praktische vaardigheid* ★ the (noble) ~ *schermen; boksen* ★ veterinary ~ *diergeneeskunde*
science fiction ZN *sciencefiction*
scientific (saɪənˈtɪfɪk) BNW *(natuur)wetenschappelijk*
scientist (ˈsaɪəntɪst) ZN • *natuurkundige* • *bioloog* • *scheikundige* • *natuurfilosoof*
sci-fi (ˈsaɪfaɪ) ZN *science fiction*
scintillate (ˈsɪntɪleɪt) I OV WW *uitstralen* II ONOV WW • *fonkelen; schitteren* • *sprankelen*
scion (ˈsaɪən) ZN • *ent* • *spruit; telg*
scissors (ˈsɪzəz) ZN *schaar* ★ ~ and paste *knip- en plakwerk*
sclerosis (sklɪəˈrəʊsɪs) ZN *sclerose; (weefsel)verharding*
scoff (skɒf) I ZN • *spot* • *vreten* ★ the ~ of *de risee van* II OV WW • *bespotten* • *gulzig opeten* III ONOV WW • *schrokken* • ~ at *spotten met*
scoffer (ˈskɒfə) ZN *spotter*
scold (skəʊld) I ZN *feeks* II OV WW *'n uitbrander geven* III ONOV WW *schelden*
scolding (ˈskəʊldɪŋ) ZN *uitbrander*
sconce (skɒns) I ZN • *blaker* • *kop* • *bolwerk; schans* • *bep. boete* ⟨bij studenten in Oxford⟩ II OV WW *beboeten* ⟨bij studenten in Oxford⟩
scone (skɒn, skəʊn) ZN *klein rond cakeje*
scoop (skuːp) I ZN • *schop* • *schep(je)* • *lepel* • *hoos* • *spatel* • *kaasboor* • *kolenbak* • *baggeremmer* • *schoep* • *'t scheppen* ⟨in één beweging⟩ • *buitenkansje* • *winstje* • *primeur* ★ with a ~ *in één keer* ★ at one ~ *in één slag* II OV WW • *(uit)scheppen* • *hozen* • *naar z. toe halen* ⟨in één beweging⟩ • *opstrijken* • *te slim/vlug af zijn* • ~ out *uithollen* • ~ up *opscheppen*
scoopful (ˈskuːpfʊl) ZN *schep; lepel* ★ a ~ of sugar *een schep suiker*
scoop-wheel ZN *scheprad*
scoot (skuːt) ONOV WW • *rennen* • *'m smeren*
scooter (ˈskuːtə) ZN • *step* • *scooter* • USA *ijszeiljacht*
scope (skəʊp) ZN • *gebied; (draag)wijdte; bereik; strekking; omvang* • *gelegenheid* ⟨tot ontplooiing⟩ ★ free/full ~ *vrij spel*
scorbutic (skɔːˈbjuːtɪk) I ZN *scheurbuiklijder* II BNW *scheurbuik-; lijdend aan scheurbuik*
scorch (skɔːtʃ) I ZN • *schroeiplek* • *dolle rit* II OV WW • *(ver)schroeien* • *bijtend bekritiseren* III ONOV WW • *(ver)schroeien* • *woest rijden; scheuren*
scorcher (ˈskɔːtʃə) ZN • *snikhete dag* • PLAT *iets vernietigends* • INFORM. *iets heel bijzonders* • INFORM. *snelheidsduivel*
scorching (ˈskɔːtʃɪŋ) BNW • *snikheet; bloedheet* • *gloeiend (heet)*
score (skɔː) I ZN • *aantal punten* • *stand v. spel* • *kerf; kras; schram; striem* • *twistpunt* • *rake opmerking/zet* • *bof; treffer* • *partituur* • *filmmuziek* • *streep* • *twintigtal* • *rekening* ★ ~s of times *honderden keren* ★ by ~s *bij hopen* ★ on that ~ *wat dat betreft* ★ go off at ~ *het op een lopen zetten; van leer (beginnen te) trekken* ★ know the ~ *weten hoe de vork in de steel zit* ★ pay off old ~s *even afrekenen (met iem.)* ★ settle a ~ *een rekening vereffenen* II OV WW • *orkestreren; arrangeren* • *opschrijven; aantekenen* • *door-/onderstrepen* ★ ~ a goal *een goal scoren; een (doel)punt maken* III ONOV WW • *een punt maken (succes) behalen* • *winnen* • *boffen* • *scoren* ⟨drugs⟩ ★ ~ s.th. against/to a p. *iets op iem.'s rekening schrijven* • ~ off *bakzeil doen halen* • ~ out *doorhalen; wegstrepen* • ~ under *onderstrepen*
scoreboard (ˈskɔːbɔːd) ZN *scorebord*
scorecard (ˈskɔːkɑːd) ZN *scorekaart*
scorer (ˈskɔːrə) ZN • *(doel)puntenmaker; scorer* • *punteller*
scorn (skɔːn) I ZN • *(voorwerp v.) verachting* ★ think ~ of *min-/verachten* II OV WW *verachten* III ONOV WW *smalen*
scornful (ˈskɔːnfʊl) BNW *minachtend*
Scorpio (ˈskɔːpɪəʊ) ZN *Schorpioen* ⟨sterrenbeeld⟩
scorpion (ˈskɔːpɪən) ZN *schorpioen*
Scot (skɒt) ZN *Schot*
scotch (skɒtʃ) I ZN • *snee* • *wig* ⟨om wiel te blokkeren⟩ II OV WW *een eind maken aan* ⟨bv. geruchten⟩
Scotch (skɒtʃ) I ZN *whisky* ⟨uit Schotland⟩ II BNW *Schots* ★ ~ broth *vleesnat gebonden met gerst* ★ ~ cap *schotse muts/baret* ★ ~ fir *grove den* ★ ~ mist *zeer fijne motregen* ★ ~ tape *plakband*
Scotchman (ˈskɒtʃmən) ZN *Schot*
Scotchwoman (ˈskɒtʃwʊmən) ZN *Schotse*
scot-free (skɒtˈfriː) BNW • *ongestraft; straffeloos* • *ongedeerd* ★ go ~ *vrijuit gaan*
Scotland (ˈskɒtlənd) ZN *Schotland*
Scotland Yard (skɒtlənd jɑːd) ZN *Scotland Yard* ⟨hoofdbureau v.⟩ Londense politie⟩
Scots (skɒts), **Scottish** I ZN TAALK. *Schots* II BNW *Schots* III ZN MV → **Scot**
Scotsman (ˈskɒtsmən) ZN → **Scotchman**
Scotswoman (ˈskɒtswʊmən) ZN → **Scotchwoman**
scoundrel (ˈskaʊndrəl) ZN *schurk*
scoundrelly (ˈskaʊndrəlɪ) ZN *schurkachtig*
scour (ˈskaʊə) I ZN • *poetsbeurt* • *dysenterie* ⟨bij vee⟩ II OV WW • *(op)wrijven; (uit)schuren* • *reinigen* • *schoonkrabben/-vegen; dóórspoelen* ★ ~ the shops *in de winkels aflopen* III ONOV WW • *snellen door/langs* • *(rond)trekken (door)*
scourer (ˈskaʊərə) ZN *schuurspons*
scourge (skɜːdʒ) I ZN • *gesel* • *criticus* II OV WW *teisteren*
scout (skaʊt) I ZN • *verkenningsvaar-/vliegtuig* • *verkenner* • *padvinder* • *wegenwacht* • *verkenning* • *oppasser* ⟨in Oxford⟩ • USA *vent* ★ talent ~ *talentenjager* II OV WW • *verkennen* • *minachtend afwijzen; verwerpen* III ONOV WW • *op verkenning zijn* • ~ **(around)** for *speuren naar*
scoutmaster (ˈskaʊtmɑːstə) ZN • *patrouilleleider* ⟨verkennerij⟩ • *hopman*
scow (skaʊ) ZN *schouw*
scowl (skaʊl) I ZN *dreigende blik* II OV WW *laten blijken* III ONOV WW *dreigend kijken*
scrabble (ˈskræbl) I OV WW *bijeengraaien* II ONOV WW • *krabbelen* • *stoeien* • *graaien*
scrag (skræg) I ZN • *mager scharminkel* • *spichtige plant* • *halsstuk* • *hals* II OV WW • *ophangen* • *de*

nek omdraaien • *om de nek vastgrijpen* ⟨bij rugby⟩
scraggy ('skrægɪ) BNW *mager; schriel*
scram (skræm) ONOV WW *opkrassen* ★ ~! *donder op!* ★ *go ~ 'm smeren*
scramble ('skræmbl) I ZN • *gedrang; wedloop* • *motorcross* • *klimpartij* II OV WW *te grabbel gooien* ★ ~d *eggs roereieren* III ONOV WW • *klauteren* • *scharrelen; grabbelen* ★ ~ *through one's exam door een examen rollen*
scrambler ('skræmblə) ZN *geluidsvervormer*
scrambling ('skræmblɪŋ) BNW *slordig; verward*
scranny ('skrænɪ) BNW *spichtig*
scrap (skræp) I ZN • *ruzie; herrie* • *stukje* • *zweem; zier* • *(kranten)knipsel; uitgeknipt plaatje* ★ *on the ~ nijdig* ★ ~ *of paper vodje papier* ★ ~ *iron schroot; oud roest* II OV WW • *afdanken* • *aan de kant zetten* • *slopen* III ONOV WW *herrie/ruzie hebben*
scrapbook ('skræpbʊk) ZN *plakboek*
scrape (skreɪp) I ZN • *(het) krassen* • *schaafwond* • *krabbel(tje)* ★ *be in/get into a ~ in de knel zitten/raken* ★ ~ *the (bottom of the) barrel de laatste reserves bijeen schrapen* II OV WW • *schuren (langs)* • *(af)krabben; schrap(p)en* • *krassen* ★ ~ *one's chin zich scheren* ★ ~ *acquaintance with zich opdringen aan* ★ ~ *one's boots/shoes zijn schoenen schoonmaken* ★ ~ *one's plate rond helemaal leegeten* ★ ~ *away/off (er) afkrabben; wegkrabben* • ~ *down afschrap(p)en* • ~ *out uithollen/-krabben* • ~ *together/up bijeenschrapen* III ONOV WW • *schuifelen* • *schuren (langs)* • *zuinig doen/leven* • *krassen* ★ ~ *through an exam met de hakken over de sloot slagen* • ~ *through (het) nèt halen*
scraper ('skreɪpə) ZN *(voet)schrapper; (verf)krabber*
scrap-heap ('skræphiːp) ZN *hoop oud roest, enz.* ★ *go on the ~ afgedankt worden*
scraping ('skreɪpɪŋ) I ZN *gekras* II BNW *krassend*
scrapings ('skreɪpɪŋz) ZN MV • *afschrapsel; krullen* ⟨v. hout⟩; *restjes; kliekjes* • *afkrabsel*
scrappy ('skræpɪ) BNW • *onsamenhangend* • USA *vechtlustig*
scraps (skræps) ZN MV • *afval* • *kaantjes* • *schroot; oud roest*
scratch (skrætʃ) I ZN • *schram* • *(ge)kras* • *krabbeltje* • SPORT *startlijn* • SPORT *uitvaller* • *pruikje* ★ ~ *of the pen krabbel(tje)* ★ SPORT *come (up) to ~ aan de start verschijnen; klaar zijn; aan de eisen/voorwaarden voldoen* ★ *bring (up) to ~ klaar maken; aan de eisen laten voldoen* ★ *keep a p. up to ~ iem. achter de vodden zitten* ★ *start from ~ helemaal aan 't begin beginnen; zonder voorbereiding beginnen* ★ *Old Scratch de duivel* ★ ~ *race wedstrijd waaraan iedereen mag meedoen* II BNW *bij elkaar geraapt* III OV WW • *(z.) krabben* • *krassen* • *schrammen* • *schrappen* • *afgelasten* ★ ~ *a Russian and you find a Tartar ≈ al draagt een aap een gouden ring, het is en blijft een lelijk ding* ★ ~ *one's head zich achter 't oor krabben* ★ ~ *cat kat* ⟨figuurlijk⟩ • ~ *out doorhalen; wegschrappen* • ~ *together/up bij elkaar schrapen* IV ONOV WW *krassen*

scratch pad ZN USA *kladblok*
scratchy ('skrætʃɪ) BNW • *krassend* • *krabbelig* • *samengeraapt* • *ongelijk* ★ *a ~ record een gekraste grammofoonplaat*
scrawl (skrɔːl) I ZN *krabbel(tje)* II OV+ONOV WW *(be)krabbelen*
scrawny ('skrɔːnɪ) BNW *broodmager*
scream (skriːm) I ZN • *gil; schreeuw; (ge)krijs* • *giller* II ONOV WW • *gillen* • *krijsen* • *gieren* III OV+ONOV WW *gillen; krijsen; schreeuwen* ⟨boos⟩
screamer ('skriːmə) ZN • *krijser; giller* • USA *schreeuwende (kranten)kop* • *gierzwaluw*
scree (skriː) ZN *(berghelling met) steenslag*
screech (skriːtʃ) I ZN • *krijs* • *gil* II ONOV WW • *krijsen* • *knarsend piepen*
screed (skriːd) ZN • *lange en vervelende brief/toespraak* • *waslijst met klachten*
screen (skriːn) I ZN • *scherm; bescherming* • *(tussen)schot* • *ruit* ⟨v. auto⟩ • *koorhek* • *rooster; hor* ★ *small ~ beeldscherm* ⟨tv, monitor⟩ ★ *the big ~ het witte doek* ⟨bioscoop(scherm)⟩ ★ ~ *of indifference masker v. onverschilligheid* II OV WW • *doorlichten* • *vertonen* ⟨v. film⟩ • *verfilmen* • *af-/beschermen* • *maskeren* • *ziften* • *iem.'s antecedenten nagaan*
screen door ZN USA *hordeur*
screening ('skriːnɪŋ) ZN *doorlichting; onderzoek*
screenplay ('skriːnpleɪ) ZN *scenario; script*
screen print(ing) ('skriːn prɪnt(ɪŋ)) ZN *zeefdruk*
screen saver ZN *screensaver; schermbeveiliging(sprogramma)*
screenstar ('skriːnstɑː) ZN *filmster*
screen test ZN *proefopname* ⟨voor film, tv⟩
screenwasher ('skriːnwɒʃə) ZN *ruitensproeier*
screenwiper ('skriːnwaɪpə) ZN *ruitenwisser*
screenwriter ('skriːnraɪtə) ZN *scenarioschrijver*
screes (skriːz) ZN MV *puin*
screw (skruː) I ZN • *schroef; bout* • *kurkentrekker* • *draai(ing)* • SPORT *effect* • *vrek; uitzuiger* • PLAT *loon; salaris* • PLAT *sekspartner* ★ ~ *cap schroefdop* ★ ~ *clamp sergeant* ⟨lijmklem⟩ ★ ~ *cutter draadsnijder* ★ *there's a ~ loose de zaak zit niet (helemaal) goed* ★ *he has a ~ loose hij is niet helemaal snik* ★ *put the ~(s) on s.o. iem. de duimschroeven aanzetten* ★ FIG. *a turn of the ~ een verdere aanscherping* ⟨v.e. maatregel⟩ ★ PLAT *have a ~ neuken* II OV WW • *vastdraaien/-schroeven; aandraaien; opschroeven* • *omdraaien* • *onder pressie zetten* • *afpersen* • *effect geven* ⟨bij biljarten⟩ ★ ~ *(up) one's face z'n gezicht vertrekken* ★ ~ *up one's courage zich vermannen* • ~ *down dichtschroeven* • ~ *up nerveus maken; samenknijpen; verzieken; verfrommelen; verkreukelen; verpesten* • ~ *(around) rondlummelen; vreemdgaan* III ONOV WW • VULG. *neuken* • *met draaiende beweging lopen, enz.* • *vrekkig zijn* • ~ *up het verknallen*
screwauger (skruːˈɔːgə) ZN *schroefboor*
screwball ('skruːbɔːl) ZN USA, PLAT *halve gare*
screwdriver ('skruːdraɪvə) ZN *schroevendraaier*
screwed (skruːd) BNW *aangeschoten*
screwed-up BNW • *verfrommeld* • *verpest* • *van streek* ★ *he is ~ about his exam hij zit in zijn*

rats over zijn examen
screw-spanner ZN *Engelse sleutel*
screw-wrench ZN *Engelse sleutel*
screwy ('skru:ɪ) BNW • *kronkelend* • *krenterig* • *afgejakkerd* ‹v. paard› • *getikt*
scribal ('skraɪbl) BNW *m.b.t. het schrijven* ★ ~ error *schrijffout*
scribble ('skrɪbl) I ZN • *gekrabbel* • *kattebelletje* ★ scribbling block *kladblok* II OV WW • *pennen* • *(be)krabbelen* III ONOV WW • *een beetje aan schrijven doen* • *krabbelen*
scribbler ('skrɪblə) ZN (prul)schrijver
scribe (skraɪb) I ZN • *kraspen* • *(af)schrijver* • *klerk*; *secretaris* • *schriftgeleerde* II OV WW *ritsen* III ONOV WW OUD. *schrijven*
scrimmage ('skrɪmɪdʒ) I ZN • *scrimmage*; *worsteling om de bal* ‹bij rugby/american football› II OV WW *in de scrimmage brengen* ‹rugby› III ONOV WW • *vechten*; *worstelen*
scrimp(y) ('skrɪmp(ɪ)) I BNW *karig*; *krenterig* II ONOV WW *bezuinigen*; *karig zijn*
scrimshank ('skrɪmʃæŋk) ONOV WW *zich drukken*; *lijntrekken*
scrip (skrɪp) ZN • *recepis*; *voorlopig aandeel* • *waardebon* • OUD. *reistas*
script (skrɪpt) I ZN • *origineel geschrift* • *(blok)schrift* • *tekst*; *draaiboek* • *'t ingeleverde (examen)werk* ★ ~ girl *regieassistente* II OV WW *(uit)schrijven*
scriptorium (skrɪp'tɔ:rɪəm) ZN *schrijfzaal*
scriptural ('skrɪptʃərəl) BNW *m.b.t. de bijbel*
scripture ('skrɪptʃə) ZN • *de bijbel* • *bijbeltekst* • *heilig boek* ★ Holy Scripture *de Bijbel*
Scriptures ('skrɪptʃəz) ZN MV *de Bijbel*
scriptwriter ('skrɪptraɪtə) ZN *scenarioschrijver*
scrivener ('skrɪvənə) ZN • *schrijver* • *secretaris* • *notaris* • *geldschieter*
scroll (skrəʊl) I ZN • *(boek)rol* • *lijst* • *krul* • *volute* II OV WW • *op (boek)rol schrijven* • *scrollen*; *(op beeldscherm) op en neer (laten) schuiven*
scroll bar ZN COMP. *scrollbar*; *schuifbalk*
scroll saw ZN *figuurzaag*
scrotum ('skrəʊtəm) ZN *scrotum*; *balzak*
scrounge (skraʊndʒ) I ZN *scharrelaar* II OV WW *bietsen* III ONOV WW *achterover drukken*; *organiseren*
scrounger ('skraʊndʒə) ZN *bedelaar*; *klaploper*
scrub (skrʌb) I ZN • *in de groei belemmerd(e) dier/plant* • *snorretje* • *schrobber* • *dwerg* • *stakker* • *(terrein met) struikgewas* ★ a good ~ *een flinke beurt* ★ give a p. a good ~ *iem. eens goed onder handen nemen* II OV WW • *wassen* • *schrappen* • *schrobben* III ONOV WW • *schrobben* • *ploeteren* • ~ up *schrobben tot het steriel is* ‹v. handen v. chirurg›
scrubber ('skrʌbə) ZN • *schrobber* • VULG. *slet*; *lellebel*
scrubbing ('skrʌbɪŋ) ZN *schrobbeurt* ★ a good ~ *een flinke beurt*
scrub(bing) brush ('skrʌbɪŋbrʌʃ) ZN *schrobber*
scrubby ('skrʌbɪ) BNW • *klein*; *nietig* • *bedekt met struikgewas* • *borstelig*
scruff (skrʌf) ZN ★ seize/take by the ~ of the neck *bij 't nekvel pakken*
scruffy ('skrʌfɪ) BNW *smerig*; *min*

scrum(mage) ('skrʌm(ɪdʒ)) ZN *worsteling om de bal* ‹rugby›
scrumptious ('skrʌmpfəs) ZN *verrukkelijk* ‹vnl. eten›
scrunch (skrʌntʃ) I OV WW • *verfrommelen* • *ineenpersen* II ONOV WW *knerpen* ‹v. sneeuw›
scruple ('skru:pl) I ZN *gewetensbezwaar*; *scrupule*; *schroom* ★ have no ~s about ... *geen scrupules voelen over ...* ★ make no ~ to ... *er geen beletsel in zien om ...* II ONOV WW *aarzelen*; *schromen*
scrupulous ('skru:pjʊləs) BNW • *scrupuleus* • *angstvallig* • *(al te) punctueel*
scrutinize ('skru:tɪnaɪz) OV WW *kritisch onderzoeken*
scrutiny ('skru:tɪnɪ) ZN • *kritisch onderzoek* • *officieel onderzoek inzake (betwijfelde) juistheid v.e. stemming*
scuba ('sku:bə) ZN → **scuba diving**
scuba diving ZN *scubaduiken*
scud (skʌd) I ZN • *(het) snellen* ZN; *regenbui* II ONOV WW • *(voort)jagen*; *snellen* • *voor de wind gaan* • → **scud missile**
scud missile ZN MIL. *scudraket*
scuff (skʌf) I OV WW • *schaven*; *schuren* II OV+ONOV WW *sloffen*; *schuifelen*
scuffle ('skʌfəl) I ZN *handgemeen* II ONOV WW • *vechten*; *elkaar afrossen*
scull (skʌl) I ZN • *roeiriem*; *wrikriem* • *roeiboot (met 2 riemen per roeier)* II OV+ONOV WW • *roeien* • *wrikken*
sculler ('skʌlə) ZN • *roeier* • *wrikker* • *sculler*; *(eenpersoons)scull*
scullery ('skʌlərɪ) ZN *bijkeuken*
scullion ('skʌljən) ZN *keukenjongen*
sculpt (skʌlpt) OV WW *beeldhouwen*
sculptor ('skʌlptə) ZN *beeldhouwer*
sculptress ('skʌlptrəs) ZN *beeldhouwster*
sculptural ('skʌlptʃərəl) BNW • *(als) gebeeldhouwd* • *beeldhouwers-*
sculpture ('skʌlptʃə) I ZN • *beeldhouwwerk* • *beeldhouwkunst* II OV+ONOV WW *beeldhouwen*
scum (skʌm) I ZN • *schuim* • *uitschot* ★ scum of the earth *slijk der aarde* II OV WW *afschuimen* III ONOV WW *schuimen*
scummy ('skʌmɪ) BNW • *schuimachtig* • *gemeen*
scunner ('skʌnə) I ZN *afkeer* II OV WW *doen walgen* III ONOV WW *walgen*
scupper ('skʌpə) I ZN *spuigat* II OV WW *overrompelen en afmaken*
scurf (skɜ:f) ZN • *korst* • *hoofddroos*
scurrility (skə'rɪlətɪ) ZN • *schunnigheid* • *gemeenheid*
scurrilous ('skʌrɪləs) BNW • *gemeen*; *schunnig* • *grof*
scurry ('skʌrɪ) I ZN • *getrippel* • *draf* • *holletje* ★ a ~ of snow *sneeuwjacht* ★ ~ of dust *stofwolk* II ONOV WW • *dribbelen* • *zich haasten*
scurvy ('skɜ:vɪ) I ZN *scheurbuik* II BNW *gemeen*; *vuil*
scut (skʌt) ZN *kort staartje*
scutcheon ('skʌtʃən) ZN • *wapenschild* • *naam-/sleutelplaatje*
scuttle ('skʌtl) I ZN • *kolenbak* • *(scheeps)luik* • *(luik)gat* • *haastig geren* • *vlucht* II OV WW ★ ~ a p.'s nob *iem. een gat in de kop slaan* III ONOV WW • *gejaagd (weg)lopen* • *z. ijlings uit de*

voeten maken
scythe (saɪð) **I** ZN *zeis* **II** OV+ONOV WW *maaien*
SD AFK *South Dakota*
SE (es'i:) AFK *southeast(ern) zuidoost(elijk)*
sea (si:) ZN *zee* ★ the sea *het zeeleven; de grote vaart* ★ high seas *zee buiten territoriale driemijlenzone* ★ main sea *volle/open zee* ★ be at sea *de kluts kwijt zijn; varen* ★ put to sea *uitvaren* ★ take the sea *uitvaren* ★ within the four seas *in Groot-Brittannië* ★ find/get one's sea legs *zeebenen krijgen*
sea air ZN *zeelucht*
sea bass ZN *zeebaars*
seabed ('si:bed) ZN *zeebedding/-bodem*
sea bird ZN *zeevogel*
seaboard ('si:bɔ:d) ZN *kustlijn*
seaborne ('si:bɔ:n) BNW • *over zee vervoerd* • *overzees*
sea breeze ZN *zeebries*
sea calf ZN *zeehond*
sea chest ZN *scheepskist*
sea cock ZN *buitenboordskraan*
sea cook ZN *scheepskok*
sea dog ZN • *zeehond* • *zeerob; zeebonk*
seafarer ('si:feərə) ZN *zeeman/-vaarder*
seafaring ('si:feərɪŋ) **I** ZN *'t varen* **II** BNW *varend* ★ ~ man *varensgezel*
seafood ('si:fu:d) ZN *zeevis* ‹als gerecht›; *schaal-/schelpdieren* ‹als gerecht›
seafront ('si:frʌnt) ZN • *boulevard aan zee* • *zeekant*
sea-gauge ZN • *diepgang* • *peilinrichting*
seagoing ('si:gəʊɪŋ) BNW • *voor de grote vaart* • *zee-* ★ sea-going-gull *zeemeeuw*
sea horse ZN USA *zeepaardje; walrus; zeerob*
seal (si:l) **I** ZN • *(lak)zegel* • *bezegeling* • *stempel* • *afsluiter; sluiting* • *zeehond; zeehondenbont; rob* ★ return the seals *aftreden als minister* ★ given under my hand and seal *door mij getekend en gezegeld* ★ set one's seal to *sanctioneren* ★ receive the seals *minister worden* **II** OV WW • *be-/verzegelen* • *(dicht)plakken* • *stempelen* • *sluiten* ★ my lips are sealed *ik mag niets zeggen* ★ ~ **up** *sluiten*; *dichten; dichtsolderen* **III** ONOV WW *op robben jagen*
sealawyer ('si:lɔːrə) ZN *querulant*
sea legs ZN MV *zeebenen*
sealer ('si:lə) ZN • *robbenjager* • *ijker*
sea level ZN *zeespiegel*
sealing wax ('si:lɪŋwæks) ZN *zegelwas, -lak*
sea lion ZN *zeeleeuw*
Sea Lord ZN *hoge marineautoriteit*
sealskin ('si:lskɪn) ZN *robbenbont*
seam (si:m) **I** ZN • *naad* • *litteken* • AARDRIJKSKUNDE *dunne tussenlaag* ★ come apart at the seams *bij de naden losraken* **II** OV WW • *groeven* • *met littekens bedekken*
seaman ('si:mən) ZN • *zeeman* • *matroos*
seamanly ('si:mənli) BNW *als een zeeman*
seamanship ('si:mənʃɪp) ZN *bekwaamheid als zeeman; zeevaartkunde*
sea mile ZN *zeemijl; geografische mijl*
seamless ('si:mləs) BNW • *naadloos* • FIG. *probleemloos*
seamstress ('si:mstrɪs) ZN *naaister*

seamy ('si:mɪ) BNW • *met naad/naden* • *minder fraai* • FIG. *duister; onguur* ★ the ~ side *de zelfkant v. 't leven; de verkeerde kant; de keerzijde*
seance ('seɪɑ̃s, 'seɪɑːns) ZN • *seance* • *zitting*
sea needle ZN *geep*
sea nettle ZN *kwal*
sea pay ZN *gage*
seapiece ('si:pi:s) ZN *zeestuk* ‹schilderij›
seaplane ('si:pleɪn) ZN *watervliegtuig* ★ ~ carrier *vliegdekschip*
seaport ('si:pɔ:t) ZN *zeehaven*
sea power ZN *zeemogendheid; marine*
sear (sɪə) ONOV WW • *schroeien* • *verzengen* • *(doen) afstompen* • *kort aanbraden*
search (sɜ:tʃ) **I** ZN • *(het) zoeken; zoekactie* • *huiszoeking* • MED. *visitatie* ★ in ~ of *op zoek naar* **II** OV WW • *doorzoeken* • *nasporen* • *doordringen in* • *doorgronden* • *zoeken* ★ ~ a wound *sonderen* ★ ~ **for** *zoeken naar* ★ ~ **out** *grondig nasporen*
search command ZN COMP. *zoekopdracht*
search engine ZN COMP. *zoekmachine*
searching (sɜ:tʃɪŋ) **I** ZN *grondig onderzoek* ★ ~s of heart *wroeging* **II** BNW • *onderzoekend* • *streng* • *diepgaand; doordringend*
searchlight ('sɜ:tʃlaɪt) ZN *zoeklicht*
search party ('sɜ:tʃpɑ:tɪ) ZN • *zoektocht* • *reddingsploeg*
search warrant ZN *huiszoekingsbevel*
searing ('sɪərɪŋ) BNW • *heet; brandend* • *hitsig*
sea rover ZN *zeerover*
seascape ('si:skeɪp) ZN *zeegezicht*
seashell ('si:ʃel) ZN *(zee)schelp*
seashore ('si:ʃɔ:) ZN • *kust; strand* • *strook tussen hoog- en laagwaterlijn*
seasick ('si:sɪk) BNW *zeeziek*
seasickness ('si:sɪknəs) ZN *zeeziekte*
seaside ('si:saɪd) ZN *de kust* ★ ~ resort *badplaats* ★ go to the ~ *naar (een badplaats aan) de kust gaan*
season ('si:zən) **I** ZN • *jaargetijde* • *seizoen* • *moesson* • *(geschikte) tijd* ★ close ~ *gesloten jacht-/vistijd* ★ in ~ *op zijn plaats; verkrijgbaar* ‹v. seizoengevoelige goederen› ★ dead/off ~ *slappe tijd* ★ oysters are in ~ *nu is het de tijd voor oesters* ★ out of ~ *niet op zijn plaats; niet te krijgen* ★ should be laid up to ~ ... *moet nog (wat) liggen* ★ low/high ~ *laag-/hoogseizoen* ★ silly ~ *komkommertijd* **II** OV WW • *geschikt maken* • *kruiden* • *toebereiden* **III** ONOV WW • *geschikt worden* • *rijper worden* ‹vooral personen›
seasonable ('si:zənəbl) BNW • *geschikt* • *gelegen* • *op de juiste tijd (komend)* • *overeenkomstig de tijd v.h. jaar*
seasonal ('si:zənl) BNW • *seizoen-* • *volgens de wisseling v.d. jaargetijden* • *van een bepaald jaar*
seasoned ('si:zənd) BNW • *gekruid* • *gedroogd* • *belegen* • *uitgewerkt* ‹v. hout› • *gehard; doorgewinterd* • *verstokt* • *geroutineerd*
seasoning ('si:zənɪŋ) ZN • *(het) kruiden* • *kruiderij*
season's greetings ZN *kerst- en nieuwjaarsgroeten/-wensen*
season ticket ZN *seizoenkaart; abonnement*

seat (si:t) **I** ZN • zetel • zitting • (zit)plaats; stoel; bank • zitvlak • houding ⟨te paard⟩ • OUD. buiten(goed)★ keep your seats! zitten blijven! ★ take a seat *gaan zitten*★ the seat of the disease *de haard v.d. ziekte*• seat of war *toneel v.d. strijd* **II** OV WW • doen zitten; plaatsen; *een plaats geven* • v. zitting of zitvlak voorzien • *een zetel bezorgen* ⟨in het Parlement⟩★ seat o.s. *gaan zitten* ★ be seated *zitten; gelegen zijn* ★ a church seated for 5000 *'n kerk met 5000 zitplaatsen*
sea tangle ZN *zeewier*
seat belt ('si:tbelt) ZN *veiligheidsgordel*
seating ('si:tɪŋ) ZN★ ~ accomodation *zitplaatsen*
SEATO AFK South East Asia Treaty Organisation *Zuidoost-Aziatische Verdragsorganisatie*
sea urchin ZN *zee-egel*
seawall ('si:wɔ:l) ZN • zeedijk • strandmuur
seaward(s) ('si:wəd(z)) BNW + BIJW *zeewaarts*
seaway ('si:weɪ) ZN *vaarroute naar zee*
seaweed ('si:wi:d) ZN *zeewier*
seaworthy ('si:wɜ:ðɪ) ZN *zeewaardig*
sebaceous (sɪ'beɪʃəs) BNW *talg-* ★ ~ gland *talgklier*
sec (sek) **I** ZN *seconde; ogenblik* **II** BNW *droog* ⟨v. wijn⟩ **III** AFK • *secant snijlijn* • second(s) seconde(n) • secretary *secretaris*
secateurs (sekə'tɜ:z) ZN *snoeischaar*
secede (sɪ'si:d) ONOV WW *z. terugtrekken; z. afscheiden*
secession (sɪ'seʃən) ZN ★ War of Secession *Am. Burgeroorlog*
seclude (sɪ'klu:d) OV WW *afzonderen; uitsluiten*
secluded (sɪ'klu:dɪd) BNW *afgezonderd* ★ live a ~ life *een teruggetrokken leven leiden* ★ ~ spot *eenzaam plekje*
seclusion (sɪ'klu:ʒən) ZN ★ *afzondering* • *uitsluiting*
second[1] ('sekənd) **I** ZN • *de tweede* • seconde • MUZ. *tweede stem* • *begeleiding* ★ ~ tweede portie • secondant ★ ~ hand *secondewijzer* ★ be a good ~ *niet ver na no. 1 binnenkomen* **II** BNW • *ander* ★ *op tweede plaats komend* • *op één na* ★ be ~ to none *voor niemand onderdoen* ★ every ~ day *om de andere dag* ★ ~ ballot *herstemming* ★ ~ birth *wedergeboorte* ★ ~ childhood *kindsheid* ★ ~ cousin *achterneef/-nicht* ★ ~ self *tweede ik;* FIG. *rechterhand* ★ ~ sight *helderziendheid* ★ ~ string *reserve; slag om de arm* ★ ~ teeth *blijvend gebit* ★ on ~ thoughts *bij nader inzien* **III** OV WW *(onder)steunen; helpen* **IV** BIJW *ten tweede* **V** TELW *tweede*
second[2] (sɪ'kɒnd) OV WW MIL. *detacheren*
secondary ('sekəndərɪ) BNW • *bij-* • *bijkomend* • *secundair* • *voortgezet* ⟨v. onderwijs⟩ ★ ~ modern school ≈ *mavo/havo*
second best (sekənd'best) BNW • *op één na de beste* • *tweederangs*
second-class BNW • *tweede klas* • *tweederangs*
seconder ('sekəndə) ZN *voorstander*
second-hand (sekənd'hænd) **I** ZN *secondewijzer* **II** BIJW • *tweedehands* • *uit de tweede hand*★ buy s.th. ~ *iets tweedehands kopen* **III** BNW • *tweedehands* • *uit de tweede hand* ★ ~ news *nieuws uit de tweede hand*★ ~ coat *tweedehands jas*
second-in-command ZN • *onderbevelhebber* • *eerste officier* ⟨bij marine⟩ • LUCHTV. *tweede piloot*
secondly ('sekəndlɪ) BIJW *ten tweede*
second-rate (sekənd'reɪt) BNW • *tweederangs* • *inferieur*
seconds ('sekəndz) ZN MV • *tweede portie* ⟨bij maaltijd⟩ • *tweede soort*
secrecy ('si:krəsɪ) ZN *geheimhouding* ★ in ~ *in 't geheim*
secret ('si:krɪt) **I** ZN • *geheim* • REL. *secreta* ⟨in Heilige Mis⟩ ★ in the ~ *ingewijd* ★ in ~ *in 't geheim* ★ open ~ *publiek geheim* **II** BNW • *geheim* • *bedekt* • *vertrouwelijk* • *verborgen* ★ ~ service *geheime inlichtingendienst*
secretarial (sekrə'teərɪəl) BNW *van 'n secretaris/ secretaresse*
secretariat (sekrə'teərɪət) ZN *secretariaat*
secretary ('sekrətərɪ) ZN • *secretaresse* • *secretaris* • *minister* ★ USA Secretary of State *minister v. Buitenlandse Zaken*
Secretary General ZN *secretaris-generaal*
secretaryship ('sekrətərɪʃɪp) ZN *secretariaat*
secrete (sɪ'kri:t) OV WW • *verbergen* • *helen* • *afscheiden*
secretion (sɪ'kri:ʃən) ZN *afscheiding; uitscheiding(sproduct)*
secretive ('si:krətɪv) BNW • *terughoudend;* • *gesloten* • *geheimzinnig*
secretly ('si:krɪtlɪ) BIJW *geheim; in het geheim*
secretory (sɪ'kri:tərɪ) BNW *de afscheiding bevorderend; afscheidend*
sect (sekt) **I** ZN *sekte* **II** AFK section *sectie*
sectarian (sek'teərɪən) **I** ZN *(fanatiek) lid v.e. sekte* **II** BNW • *sektarisch* • *fanatiek*
sectarianism (sek'teərɪənɪzəm) ZN • *hokjesgeest* • *sektegeest*
section ('sekʃən) **I** ZN • *sectie; (ge)deel(te)* • *afdeling* • *lid* • *(baan)vak* • *groep* • *paragraaf* • *partje* ⟨v. citrusvrucht⟩ • *(door)snede* • USA *vierkante mijl* • USA *district; (stads)wijk* **II** OV WW • *in secties verdelen* • *een doorsnede tonen* • BIOL. *prepareren* • *arceren*
sectional ('sekʃənl) BNW • *in secties, enz. verdeeld* • *sectie-*
section mark ZN *paragraafteken*
sector ('sektə) ZN *sector*
secular ('sekjʊlə) **I** ZN • *wereldgeestelijke* • *leek* **II** BNW • *seculier* • *wereldlijk* • *eeuwenlang durend* • *onvergankelijk* • *seculair*
secularise ('sekjʊləraɪz) OV WW *seculariseren*
secularism ('sekjʊlərɪzəm) ZN *secularisme*
secure (sɪ'kjʊə) **I** BNW • *veilig* • *zeker* • *vast* **II** OV WW • *versterken* • *beveiligen* • *vastleggen/-zetten* • *op-/wegbergen* • *bemachtigen* • *(te pakken) krijgen* • *waarborgen*
securities (sɪ'kjʊərɪtɪz) ZN MV *fondsen; waardepapieren* ★ social ~ *sociale verzekering*
securities account ZN *effectenrekening*
security (sɪ'kjʊərɪtɪ) ZN • *veiligheid* • *geborgenheid* • *zekerheid* • *beveiliging* • *waarborg* • *onderpand* • ECON. *effect*★ on ~ of his house *met zijn huis als borg*
security blanket ZN *knuffeldeken*
Security Council ZN POL. *Veiligheidsraad* ⟨v.d.

Verenigde Naties›
security guard ZN *beveiligingsbeambte*
security risk ZN *veiligheidsrisico*
sedan (sɪ'dæn) ZN • *draagstoel* • *sedan* ★ ~ chair *draagstoel*
sedate (sɪ'deɪt) I BNW *bedaard*; *rustig*; *stil* II OV WW *kalmeren* ‹d.m.v. kalmeringsmiddel›
sedation (sɪ'deɪʃən) ZN *verdoving*; *slaaptoestand* ★ under ~ *onder kalmerende medicijnen*; *onder verdoving*
sedative ('sedətɪv) I ZN *kalmeringsmiddel* II BNW *kalmerend* ‹medicijn›
sedentary ('sedəntərɪ) I ZN • *iem. die een zittend leven leidt* • *huismus* ‹persoon› • *webspin* II BNW • *zittend* • *een vaste woon- of standplaats hebbend* ★ ~ bird *standvogel*
sedge (sedʒ) ZN *moerasgras*; *zegge*
sediment ('sedɪmənt) ZN *neerslag*; *bezinksel*
sedimentary (sedɪ'məntərɪ) BNW *sedimentair*
sedimentation (sedɪmən'teɪʃən) ZN *sedimentatie*; *bezinking*
sedition (sɪ'dɪʃən) ZN *opruiing*
seditious (sɪ'dɪʃəs) BNW *oproerig*
seduce (sɪ'dju:s) OV WW *verleiden*
seducer (sɪ'dju:sə) ZN *verleider*
seduction (sɪ'dʌkʃən) ZN *verleiding*
seductive (sɪ'dʌktɪv) BNW *verleidelijk*; *verlokkend*
sedulous ('sedjʊləs) BNW *ijverig*; *naarstig*
see (si:) I ZN *zetel* ‹m.n. van bisschop› ★ Holy See *Heilige Stoel* II OV WW • *zien* • *brengen* • *bezoeken* • (als gast) *ontvangen* • *zorg dragen voor* • *oppassen op* ★ seeing is believing *ik moet 't eerst zien* ★ see red *bloed (willen) zien* ★ he can see through a brick wall *hij heeft zijn ogen niet in de zak* ★ see s.o. to bed *iem. naar bed brengen* ★ see a p. through *iem. er door heen helpen* ★ see it through *tot 'n goed einde brengen*; *doorzetten* ★ see a p. home *iem. thuisbrengen* ★ I'll see him damned/hanged first! *hij kan doodvallen!* ★ he will never see fifty again *hij is over de vijftig* ★ see you (soon) *tot ziens* ★ I'll be seeing you *tot kijk* ★ see s.th. done *zorgen dat iets gedaan wordt* ★ mind you see the lights out *zorg dat 't licht uit is* ★ I have seen better days *ik heb betere dagen gekend* • ~ off *wegbrengen* • ~ out *uitlaten*; *overleven*; *doorzetten* • ~ through *doorzien* • ~ to *zorgen voor*; *zorg dragen voor* III ONOV WW • *zien*; *inzien*; *snappen* • *vinden*; *menen* ★ I see *zit dat zo!*; *ik begrijp het* ★ you see? *snap je?* ★ see if I don't *reken er op!* ★ see eye to eye with *het volkomen eens zijn met* ★ see fit/good to *het raadzaam achten om* ★ see into a millstone *de wijsheid in pacht hebben* • ~ after *zorgen voor* • ~ into *onderzoeken*; *inzicht hebben in* • ~ over *bezichtigen*
seed (si:d) I ZN *zaad* ★ go/run to seed *verlopen*; *in 't zaad schieten*; *de beste jaren gehad hebben* ★ raise from seed *kroost verwekken* ★ sow the good seed *het H. Evangelie prediken* II OV WW • SPORT *selecteren* • *ontpitten* III ONOV WW *zaad vormen*
seed bed ('si:dbed) ZN • *zaaibed* • *broeinest*
seedcake ('si:dkeɪk) ZN • *kruidkoek* • *lijnkoek*
seedcorn ('si:dkɔ:n) ZN • *zaaigraan* • USA *maïs*
seedless ('si:dləs) BNW *zonder pit(ten)*

seedling ('si:dlɪŋ) ZN *kiemplant*
seed potato ZN *pootaardappel*
seedsman ('si:dzmən) ZN *zaadhandelaar*
seedy ('si:dɪ) BNW • *vol zaad* • *sjofel*; *verlopen* ★ feel ~ *zich niet erg lekker voelen*
seeing ('si:ɪŋ) I BNW *ziend* II VW *aangezien*
seek (si:k) I OV WW • *trachten te bereiken/verkrijgen* ★ seek a p.'s life *iem. naar 't leven staan* ★ seek dead! *zoek!* ‹op jacht› ★ (much) sought after *(zeer) gewild* • ~ out *(op)zoeken* II ONOV WW ~ after/for *(af)zoeken naar*
seem (si:m) ONOV WW *schijnen* ★ it should/would seem *naar het schijnt*
seeming ('si:mɪŋ) BNW *schijnbaar*
seemingly ('si:mɪŋlɪ) BIJW *schijnbaar*
seemly ('si:mlɪ) BNW + BIJW *betamelijk*
seen (si:n) WW [volt. deelw.] → **see**
seep (si:p) ONOV WW *sijpelen*
seepage ('si:pɪdʒ) ZN *lekkage*
seer ('si:ə) ZN • *ziener* • *profeet*
seeress (sɪə'res) ZN *zieneres*
seesaw ('si:sɔ:) I ZN • *op- en neergaande beweging* • *schommeling* • *wip* II BNW *op- en neergaand* III ONOV WW • *wippen* • *weifelen* • *afwisselen*
seethe (si:ð) ONOV WW *zieden*; *koken* ‹v. woede›
see-through BNW *doorkijk-*; *doorschijnend*
segment ('segmənt) I ZN • *lid* ‹v. insect› • *segment*; *deel*; *stukje* II OV WW • *verdelen* • BIOL. *z. delen*
segmentation (segmən'teɪʃən) ZN • *segmentatie* • *celdeling*
segregate ('segrɪgeɪt) I BNW *gescheiden* II OV WW • *scheiden* • *afzonderen* • *sorteren* III ONOV WW *z. splitsen*
segregation (segrɪ'geɪʃən) ZN • *(af)scheiding* • *segregatie*
seigneur (seɪ'njɜ:) ZN *(land)heer*; *grootgrondbezitter*
seine (seɪn) ZN *zegen(visnet)*
seismic ('saɪzmɪk) BNW *aardbevings-*
seismograph ('saɪzməgrɑ:f) ZN *seismograaf*
seismology (saɪz'mɒlədʒɪ) ZN *seismologie*
seize (si:z) I OV WW • *grijpen*; *pakken*; *nemen* • JUR. *confisqueren* • *vatten* ‹begrijpen› • JUR. *in 't bezit stellen* ★ ~d of *in 't wettig bezit van* ★ ~d by/with *aangegrepen door*; *getroffen door* II ONOV WW • *vastlopen* • ~ up *het begeven* • ~ (up)on *aangrijpen*; *afkomen op*
seizing ('si:zɪŋ) ZN *afstraffing met karwats*
seizure ('si:ʒə) ZN • *inbeslagname* • *(machts)greep* • *aanval*; *vlaag* • MED. *verlamming*
seldom ('seldəm) BIJW *zelden*
select (sɪ'lekt) I BNW • *gedistingeerd* • *chic* • *select*; *uitgelezen* II OV WW *uitkiezen* III ONOV WW *kiezen*
selection (sɪ'lekʃən) ZN • *keuze*; *keur* • *bloemlezing* ★ natural ~ *teeltkeus*
selective (sɪ'lektɪv) BNW • *(uit)kiezend* • *op keuze gebaseerd* • *selectief*
selectivity (sɪlek'tɪvətɪ) ZN *selectiviteit*
selector (sɪ'lektə) ZN • *lid van keuzecommissie*; *selecteur* • *keuzeschakelaar* • *versnellingshendel/-pook*
self (self) I ZN • *(eigen) ik* • *persoon* • *(eigen) ik* • *persoon* ★ cheque drawn to self *cheque aan eigen order* II BNW *effen* III VOORV *zelf-* • *eigen-*

- van/voor zichzelf
self-abasement ZN zelfvernedering
self-absorbed (selfəb'sɔ:bd) BNW • in zichzelf verdiept • totaal in zichz. gekeerd
self-abuse (selfə'bju:s) ZN • zelfverwijt • zelfbevrediging ‹moralistisch beschreven›
self-acting (self'æktɪŋ) BNW automatisch
self-addressed BNW aan zichzelf geadresseerd ★ ~ envelope antwoord-/retourenvelop
self-advertise ONOV WW reclame maken voor eigen zaak
self-appointed (selfə'pɔɪntɪd) BNW • zonder autoriteit • zichz. opgelegd • zich opwerpend (als)
self-assertion (selfə'sɜ:ʃən) ZN • geldingsdrang • aanmatiging
self-assertive BNW assertief
self-assurance ZN zelfverzekerdheid
self-assured BNW zelfverzekerd
self-cent(e)red (self'sentəd) BNW egocentrisch
self-collected BNW bedaard
self-coloured (self'kʌləd) BNW effen
self-command (selfkə'mɑ:nd) ZN zelfbeheersing
self-complacency ZN zelfvoldaanheid
self-complacent (selfkəm'pleɪsənt) BNW zelfvoldaan
self-conceit (selfkən'si:t) ZN verwaandheid
self-conceited BNW verwaand
self-confessed BNW • openlijk • onverholen
self-confidence (self'kɒnfɪdns) ZN zelfvertrouwen
self-confident BNW vol zelfvertrouwen
self-conscious (self'kɒnʃəs) BNW • verlegen • zich van zichzelf bewust
self-contained (selfkən'teɪnd) BNW • autonoom • eenzelvig • vrij(staand) • afzonderlijk
self-contradictory BNW tegenstrijdig; met zichzelf in tegenspraak
self-control (selfkən'trəʊl) ZN zelfbeheersing
self-controlled BNW beheerst
self-defeating (selfdɪ'fi:tɪŋ) BNW zichzelf in de weg staand
self-defence (selfdɪ'fens), **self-defense** ZN • zelfverdediging • JUR. noodweer ★ the (noble) art of ~ boksen ★ in ~ uit noodweer
self-defense ZN → **self-defence**
self-denial (selfdɪ'naɪəl) ZN zelfverloochening; zelfopoffering
self-dependence (selfdɪ'pendəns) ZN zelfstandigheid
self-destruction (selfdɪ'strʌkʃən) ZN zelfvernietiging; zelfmoord
self-determination ZN • zelfbeschikking(srecht) • vrije wil
self-determined BNW onafhankelijk
self-discipline (self'dɪsɪplɪn) ZN zelfdiscipline
self-distrust (selfdɪs'trʌst) ZN gebrek aan zelfvertrouwen
self-distrustful ZN niet zeker v. zichzelf
self-drive (self'draɪv) BNW zonder chauffeur
self-educated (self'edju:keɪtɪd) BNW • autodidact • ontwikkeld zonder scholing
self-effacement ZN wegcijfering v. zichzelf; bescheidenheid
self-effacing (selfɪ'feɪsɪŋ) BNW bescheiden
self-employed (selfɪm'plɔɪd) BNW zelfstandig; zijn eigen baas

self-esteem (selfɪ'sti:m) ZN zelfrespect
self-evident (self'evɪdnt) BNW vanzelfsprekend
self-explanatory (selfɪk'splænətərɪ) BNW onmiskenbaar; (zonder meer) duidelijk ★ the phrase is ~ de uitdrukking verklaart zichzelf
self-forgetful (selffə'getfʊl) BNW zichz. wegcijferend; onbaatzuchtig
self-fulfilling (selfful'fɪlɪŋ) BNW vanzelf in vervulling gaand
self-governing BNW onafhankelijk; autonoom
self-government ZN zelfbestuur
self-help (self'help) ZN • onafhankelijkheid; zelfstandigheid • zichz. opgelegd
self-importance (selfɪm'pɔ:tns) ZN eigendunk
self-important BNW gewichtig (doend)
self-imposed (selfɪm'pəʊzd) BNW zichz. opgelegd
self-indulgence ZN genotzucht
self-indulgent (selfɪn'dʌldʒənt) BNW gemak-/genotzuchtig
self-inflicted (selfɪn'flɪktɪd) BNW zichzelf toegebracht
self-interest (self'ɪntrəst) ZN eigenbelang
self-interested BNW uit eigenbelang; zelfzuchtig
selfish ('selfɪʃ) BNW egoïstisch
selfless ('selfləs) BNW onbaatzuchtig
self-made (self'meɪd) BNW ★ ~ man iem. die zichzelf opgewerkt heeft
self-mastery (self'mɑ:starɪ) ZN zelfbeheersing
self-pity (self'pɪtɪ) ZN zelfbeklag/-medelijden
self-portrait (self'pɔ:trɪt) ZN zelfportret
self-possessed (selfpə'zest) BNW kalm; beheerst
self-possession ZN zelfverzekerdheid; zelfbeheersing
self-praise (self'preɪz) ZN eigenroem
self-preservation (selfprezə'veɪʃən) ZN zelfbehoud
self-raising (self'reɪzɪŋ) BNW zelfrijzend
self-recording (selfrɪ'kɔ:dɪŋ) BNW zelfregistrerend
self-regard (selfrɪ'gɑ:d) ZN egoïsme; eigenbelang
self-regarding BNW egoïstisch
self-reliance (selfrɪ'laɪəns) ZN zelfvertrouwen
self-reliant BNW onafhankelijk
self-respect (selfrɪ'spekt) ZN zelfrespect
self-respecting BNW zichzelf respecterend; met zelfrespect
self-restraint (selfrɪ'streɪnt) ZN zelfbeheersing
self-righteous (self'raɪtʃəs) BNW eigengerechtig
self-rule (self'ru:l) ZN autonomie
self-sacrifice (self'sækrɪfaɪs) ZN zelfopoffering
self-sacrificing BNW zelfopofferend
selfsame ('selfseɪm) BNW precies de-/hetzelfde
self-satisfaction (selfsætɪs'fækʃən) ZN eigendunk; zelfvoldaanheid
self-satisfied BNW zelfvoldaan
self-seeker ZN egoïst
self-seeking ('selfsi:kɪŋ) I ZN egoïsme II BNW egoïstisch
self-service ZN zelfbediening(s-)
self-starter (self'stɑ:tə) ZN • starter • startmotor
self-styled ('selfstaɪld) BNW zichzelf aangemeten
self-sufficiency BNW • onafhankelijkheid • autarkie
self-sufficient (selfsə'fɪʃənt) BNW • onafhankelijk • autarkisch • zelfgenoegzaam; verwaand
self-supporting (selfsə'pɔ:tɪŋ) BNW zichzelf bedruipend; in eigen behoeften voorziend

self-will ZN *eigenzinnigheid*
self-willed (selfwɪld) BNW *eigenzinnig*
sell (sel) I OV WW • *verkopen* • *verraden* • *er tussen nemen* ★ sell a p. a gold brick *knollen voor citroenen verkopen* ★ they sell like hot cakes/wild fire *ze gaan als warme broodjes over de toonbank* ★ sell short *te kort doen; onderschatten* ★ sell up a p. *de bezittingen van iem. (laten) verkopen* ★ sell s.o. a pup *knollen voor citroenen verkopen* • **~ off** *uitverkopen* II ONOV WW • *verkocht worden* ★ selling price *verkoopprijs; winkelprijs* • **~ out** *de idealen voor geld of roem laten varen; al zijn aandelen verkopen; (uit)verkopen; verraden*
sell-by date ZN *houdbaarheidsdatum; uiterste verkoopdatum*
seller ('selə) ZN • *verkoper; handelaar* • *verkoopsucces*
selling ('selɪŋ) ZN *verkoop*
selling agency ('selɪŋ) ZN *verkoopbureau*
selling point ZN *aanbeveling; positief aspect* ★ is a selling-point *strekt tot aanbeveling*
selling rate ('selɪŋ) ZN ECON. *laatkoers*
Sellotape ('seləteɪp) ZN *sellotape* ⟨plakband⟩
sell-out ZN • *uitverkochte voorstelling* • *verraad*
seltzer ('seltsə) ZN ★ ~ water *mineraalwater*
selvage ('selvɪdʒ) I ZN *zelfkant* II OV WW *voorzien v.e. zelfkant* ★ ~d *met een zelfkant*
selves (selvz) PERS VNW [MV] → **self**
semantics (sɪ'mæntɪks) ZN *semantiek; betekenisleer*
semaphore ('seməfɔː) I ZN • *seinsysteem met vlaggen* • *seinpaal* • *het seinen* II OV+ONOV WW *met vlaggen seinen*
semblance ('sembləns) ZN • *gedaante* • *schijn*
semen ('siːmən) ZN *sperma*
semester (sə'mestə) ZN *semester*
semi ('semɪ) VOORV *semi-; half-*
• → **semidetached**
semibreve ('semɪbriːv) ZN MUZ. *hele noot*
semicentennial (semɪsen'tenɪəl) BNW *vijftigjaarlijks*
semicircle ('semɪsɜːkl) ZN *halve cirkel*
semicircular (semɪ'sɜːkjʊlə) BNW *halfrond*
semicolon (semɪ'kəʊlən) ZN DRUKK. *puntkomma*
semiconductor (semɪkən'dʌktə) ZN *halfgeleider*
semi-conscious (semɪ'kɒnʃəs) BNW *halfbewust*
semidetached I BNW *halfvrijstaand* ⟨v. gebouw⟩ II ZN *halfvrijstaand gebouw*
semi-detached (semɪdɪ'tætʃt) BNW *half vrijstaand*
semi-final (semɪ'faɪnl) ZN *halve finale*
semi-finalist ZN *halvefinalist*
semimanufactured (semɪmænjʊ'fæktʃəd) BNW ★ ~ article *halffabrikaat*
seminal ('semɪnl) BNW • *primitief* • *kiem-; zaad-*
seminar ('semɪnɑː) ZN • *cursus; studiegroep; groep studenten* • *congres*
seminary ('semɪnərɪ) ZN • *seminarie* • *broeinest*
semi-official (semɪə'fɪʃəl) ZN *officieus*
semiotics (siːmɪ'ɒtɪks) ZN • TAALK. *semiotiek* • MED. *semiologie*
semiprecious (semɪ'preʃəs) BNW *halfedel-* ★ ~ stone *halfedelsteen*
semiquaver ('semɪkweɪvə) ZN *een zestiende noot*
Semite ('siːmaɪt) ZN *Semiet*
Semitic (sɪ'mɪtɪk) BNW *Semitisch*

semitone ('semɪtəʊn) ZN *halve toon*
semivowel ('semɪvaʊəl) ZN *halfvocaal*
semolina (semə'liːnə) ZN *griesmeel*
sempstress ('sempstrəs) ZN → **seamstress**
senate ('senɪt) ZN *senaat*
senator ('senətə) ZN • *senator* • *lid v.d. Am. Senaat*
senatorial (senə'tɔːrɪəl) BNW *senaats-*
send (send) I ZN → **scend** II OV WW • *verzenden; op-/versturen* • *doen gaan/worden* • *gooien* • *schieten* ★ send a p. away/packing *iem. de laan uit sturen* ★ send a p. to Coventry *iem. negeren; iem. gezamenlijk boycotten* ★ send a p. flying *iem. op de vlucht jagen* ★ send a p. crazy/mad *iem. gek maken* ★ send word *berichten* ★ send a p. about his business *iem. de laan uit sturen* ★ send forth leaves *bladeren krijgen* ★ God send that it may not be so *God geve dat het niet waar is* ★ send in one's card *zijn kaartje afgeven* ★ have one's name sent in *zich laten aandienen* • **~ down** *degraderen* ⟨wegens wangedrag⟩; *wegzenden* ⟨wegens wangedrag⟩; *naar beneden doen gaan/zenden* • **~ for** *laten komen* • **~ forth** *uitgeven/-zenden; afgeven* • **~ in** *inzenden* • **~ off** *af-/wegzenden; afgeven; uitgeleide doen* • **~ on** *doorsturen* • **~ out** *uitzenden; .verspreiden* • **~ over** *uitzenden* ⟨radio/tv⟩ III OV+ONOV WW *uitzenden*
sender ('sendə) ZN *afzender* ★ return to ~ *retour afzender*
send-off ('sendɒf) ZN • *uitgeleide* • *afscheid* • *gunstige recensie*
send-up ('sendʌp) ZN *parodie*
senescant (sɪ'nesnt) BNW *ouder wordend; vergrijzend*
senile ('siːnaɪl) BNW *seniel; ouderdoms-*
senility (sə'nɪlətɪ) ZN *seniliteit*
senior ('siːnɪə) I ZN • *oudere* • *superieur* • USA *vierdejaarsstudent* ★ he is my ~ by two years *hij is twee jaar ouder dan ik; hij heeft twee dienstjaren meer dan ik* ★ he is my ~ *hij heeft langere diensttijd dan ik; hij is ouder dan ik* II BNW • *oudere; oudste* • *senior* ★ ~ partner *oudste vennoot* ★ ~ school *topklassen v. het basisonderwijs* ★ ~ service *marine*
seniority (siːnɪ'ɒrətɪ) ZN • *hogere leeftijd* • *anciënniteit*
sennight ('senaɪt) ZN OUD. *(over een) week*
sensation (sen'seɪʃən) ZN • *gewaarwording* • *sensatie* ★ cause/make a ~ *opschudding verwekken* ★ he had no ~ in his left hand *hij had geen gevoel meer in zijn linkerhand* ★ ~ among the audience *grote reactie bij het publiek*
sensational (sen'seɪʃənl) BNW *sensationeel*
sensationalism (sen'seɪʃənəlɪzəm) ZN *sensatiezucht*
sensationalist (sen'seɪʃənəlɪst) BNW *sensatie-*
sense (sens) I ZN • *verstand* • *zintuig* • *betekenis* • *zin* • *besef* • *gevoel(en)* ★ ~ of duty *plichtsbesef* ★ ~ of locality *oriëntatievermogen* ★ common ~ *gezond verstand* ★ it does not make ~ *'t kan niet juist zijn; 't heeft geen betekenis* ★ are you out of your ~s? *ben je gek (geworden)?* ★ have you taken leave of your ~s? *ben je niet goed bij je hoofd?* ★ frighten s.o. out of his ~s *iem. de*

doodsschrik op het lijf jagen ★ talk ~ *verstandig praten* ★ take the ~ of the meeting *de algemene stemming bij een vergadering peilen* ★ ~ of *gevoel van/voor; besef van* ★ ~ organ *zintuig* ★ moral ~ *moraal* II OV WW • *(aan)voelen; bespeuren* • USA *begrijpen*
senseless ('sensləs) BNW • *bewusteloos* • *zinloos* • *onwijs*
sensibility (sensə'bılətı) ZN • *gevoeligheid* ‹v. kunstenaar›; *ontvankelijkheid* • *lichtgeraaktheid*
sensible ('sensıbl) BNW • *verstandig; praktisch* • z. *bewust van* • *voelbaar*
sensitive ('sensətıv) BNW *gevoelig* ★ ~ plant *kruidje-roer-mij-niet*
sensitivity (sensə'tıvətı) ZN *gevoeligheid*
sensitize ('sensətaız) OV WW *gevoelig maken*
sensor ('sensə) ZN *sensor; voeler; aftaster*
sensorial (sen'sɔ:rıəl) BNW *zintuiglijk*
sensory ('sensɔ:rı) BNW → **sensorial**
sensual ('sensjʊəl) BNW • *sensueel* • *lichtzinnig*
sensualist ('sensjʊəlɪst) ZN *zinnelijk iem.*
sensuality (sensjʊ'ælətı) ZN *sensualiteit*
sensuous ('sensjʊəs) BNW • *tot de zinnen sprekend* • *zins-* • *de zinnen strelend*
sent (sent) WW [verl. tijd + volt. deelw.] → **send**
sentence ('sentəns) I ZN • *zin* • JUR. *vonnis; oordeel; straf* ★ custodial ~ *gevangenisstraf* II OV WW JUR. *veroordelen; vonnissen* ★ ~ someone to one year in prison *iemand veroordelen tot een jaar gevangenisstraf*
sententious (sen'tenʃəs) BNW • *kernachtig; bondig* • *vol spreuken* • *gewichtig* • *waanwijs*
sentience ('senʃəns) ZN *waarnemingsvermogen*
sentient ('senʃənt) BNW *met waarnemingsvermogen/gevoel*
sentiment ('sentımənt) ZN • *weekhartigheid* • *toast* • *gevoel(en)* • *sentimentaliteit*
sentimental (sentı'mentl) BNW • *gevoelvol; wat tot 't hart spreekt* • *weekhartig* • *sentimenteel*
sentimentalist (sentı'mentəlıst) ZN *sentimenteel iem.*
sentimentality (sentımen'tælıtı) ZN *sentimentaliteit*
sentinel ('sentınəl) ZN *wacht(post); schildwacht* ★ stand ~ *op wacht staan*
sentry ('sentrı) ZN *wacht(post); schildwacht* ★ keep/stand ~ *op wacht staan*
sentry-box ('sentrıbɒks) ZN *schildwachthuisje*
sentry-go ZN ★ do ~ *ijsberen*
separable ('sepərəbl) BNW *scheidbaar*
separate[1] ('seprət) I ZN *afzonderlijk combineerbare kledingstukken* II BNW *gescheiden; afzonderlijk; apart* ★ ~ estate *eigen vermogen v.d. echtgeno(o)t(e)* ★ ~ maintenance *alimentatie*
separate[2] ('sepəreıt) I OV WW • *sorteren* • *(af)scheiden* • *afzonderen* • *ontbinden* ‹in factoren› ★ ~d milk *taptemelk* II ONOV WW • *uiteengaan* • *zich afscheiden*
separation (sepə'reıʃən) ZN *scheiding; (het) uit elkaar/uiteen gaan/zijn* ★ ~ allowance/pay *kostwinnersvergoeding* ★ judicial ~ *scheiding van tafel en bed*
separatism ('sepərətızəm) ZN *separatisme*
separatist ('sepərətıst) ZN *separatist*

separative ('sepərətıv) BNW *scheidend*
separator ('sepəreıtə) ZN • *centrifuge* • *roomafscheider*
sepia ('si:pıə) ZN • *sepia* • *inktvis*
sepsis ('sepsıs) ZN • *infectie* • *bloedvergiftiging*
Sept. AFK *september*
September (sep'tembə) ZN *september*
septenary (sep'ti:nərı) BNW *zeventallig; zevenjarig*
septennial (sep'tenıəl) BNW *zevenjarig; zevenjaarlijks*
septic ('septık) BNW • *septisch; infecterend* • *geïnfecteerd; ontstoken* ★ ~ matter *pus* ★ ~ tank *septictank; rottingsput*
septicaemia (septı'si:mıə) ZN *bloedvergiftiging*
septuagenarian (septjʊədʒə'neərıən) I ZN *zeventigjarige* II BNW *zeventigjarig*
sepulchral (sı'pʌlkrəl) BNW • *graf-* • *begrafenis-*
sepulchre ('sepəlkə) I ZN *graf* ★ white ~ *witgepleisterd graf; huichelaar* II OV WW • *begraven* • *tot graf dienen voor*
sepulture ('sepəltʃə) ZN *begrafenis*
sequel ('si:kwəl) ZN • *vervolg* • *gevolg; resultaat* ★ in the ~ *in de vervolgaflevering; later*
sequence ('si:kwəns) ZN • *volgorde* • *opeenvolging* • *reeks* • *gevolg* • *scène* ‹v. film›; *bedrijf* ‹toneel› • REL. *sequentia* • MUZ. *sequens* ★ in ~ *achter elkaar*
sequent ('si:kwənt) BNW • *(opeen)volgend* • *logisch volgend uit*
sequential (sı'kwenʃəl) BNW • *(erop)volgend* • *als gevolg; als complicatie*
sequester (sı'kwestə) I OV WW • JUR. *beslag leggen op* • *afzonderen* II ONOV WW SCHEIK. *sekwestreren*
sequestrate (sı'kwestreıt) OV WW • *in beslag nemen* • JUR. *beslag leggen op*
sequestration (si:kwəs'treıʃən) ZN • JUR. *beslaglegging* • *afzondering*
sequin ('si:kwın) ZN *lovertje; paillet*
sequoia (sı'kwɔıə) ZN *sequoia; mammoetcipres*
seraglio (se'rɑ:lıəʊ) ZN *serail; harem*
seraph ('serəf) ZN *seraf* ‹engel v.d. hoogste rang›
seraphic (sə'ræfık) BNW *serafijns*
seraphim ('serəfım) MV → **seraph**
Serb (sɜ:b) I ZN *Serviër* II BNW *Servisch*
Serbia ('sɜ:bıə) ZN *Servië*
Serbo-Croat (sɜ:bəʊ'krəʊæt) I ZN • *Servo-Kroaat* • *Servo-Kroatisch* II BNW *Servo-Kroatisch*
serenade (serə'neıd) I ZN • *serenade* • *pastorale cantate* II OV+ONOV WW *een serenade brengen*
serene (sı'ri:n) BNW • *rustig; bedaard; helder en kalm; sereen* • *doorluchtig*
serenity (sı'renətı) ZN • *sereniteit* • *doorluchtigheid*
serf (sɜ:f) ZN *slaaf; lijfeigene*
serfdom (sɜ:fdəm) ZN *slavernij; lijfeigenschap*
sergeant ('sɑ:dʒənt), **serjeant** ZN • *sergeant; wachtmeester* • *brigadier* ‹v. politie› ★ Sergeant at Arms *deurwaarder in Hoger en Lager Huis*
sergeant major (sɑ:dʒənt'meıdʒə) ZN *sergeant-majoor*
serial ('sıərıəl) I ZN *tv-serie; feuilleton* II BNW • *serie-* • *opeenvolgend* ★ ~ story *feuilleton; seriehoorspel*
serialize ('sıərıəlaız) OV WW *in afleveringen*

publiceren/uitzenden
seriatim (sɪərɪ'eɪtɪm) BNW + BIJW *punt voor punt*
series ('sɪəri:z) ZN • *serie(s)* • *reeks(en)*
seriocomic (sɪərɪəʊ'kɒmɪk) BNW • *half ernstig, half grappig* • *quasi-ernstig*
serious ('sɪərɪəs) BNW • *ernstig; serieus* • *belangrijk* ★ *zwaar* • *oprecht* • INFORM. *aanzienlijk* • PLAT *echt; absoluut* ★ are you ~? *meen je dat?* ★ ~ *money groot bedrag* ★ ~ *bad echt slecht*
seriously ('sɪərɪəslɪ) BIJW *in ernst; zonder gekheid* ★ ~ *wounded zwaargewond* ★ ~? *meen je dat?; werkelijk?*
seriousness ('sɪərɪəsnəs) ZN *ernst*
serjeant ('sɑ:dʒənt) ZN → **sergeant** → **sergeant**
sermon ('sɜ:mən) ZN *preek* ★ REL. Sermon on the Mount *Bergrede*
sermonize ('sɜ:mənaɪz) OV+ONOV WW *preken*
serotonin (ˌsɪərə'təʊnɪn) ZN BIOL. *serotonine*
serpent ('sɜ:pənt) ZN • *slang* • MIN. *kruiper* • *soort blaasinstrument* • *voetzoeker* ★ the Old Serpent *de duivel* ★ ~ *charmer slangenbezweerder*
serpentine ('sɜ:pəntaɪn) I ZN • *serpentine* • *serpentijn(steen)* • *een schaatsfiguur* II BNW • *slangachtig* • *kronkelend* ★ ~ *explanation ingewikkelde verklaring* III ONOV WW *slingeren; (z.) kronkelen*
serrated (se'reɪtɪd) BNW • *getand als een zaag* • *gezaagd*
serried ('serɪd) BNW ★ ~ *ranks gesloten gelederen*
serum ('sɪərəm) ZN *serum* ⟨(bloed)wei⟩
servant ('sɜ:vənt) ZN • *bediende; knecht; dienstbode; diena(a)r(es)* ★ public ~ *politieagent; brandweerman* ★ civil ~ *ambtenaar* ★ menial ~ *bediende; knecht*
serve (sɜ:v) I ZN SPORT *serve; service* II OV WW • *voldoende zijn (voor)* • *behandelen* • *in dienst zijn (bij)* • *baten* ★ *nothing would* ~ *him but the best hij was niet tevreden voor hij het beste had* ★ ~ *a need in een behoefte voorzien* ★ ~ *one's apprenticeship als leerling in dienst zijn; het vak leren* ★ *if memory* ~s *als ik me goed herinner* ★ *when occasion* ~s *als de gelegenheid zich voordoet* ★ ~ *an office een ambt bekleden* ★ ~ *a purpose beantwoorden aan een doel* ★ ~ *one's purpose in de kraam te pas komen* ★ *as the tide* ~s *wanneer 't getij gunstig is* ★ ~ *the purpose of dienst doen als* ★ ~s *you right net goed!* ★ ~ *a sentence een straf uitzitten* ★ ~ *a summons 'n dagvaarding betekenen* ★ ~ *time (in de gevangenis) zitten* ★ ~ *one's time zijn tijd uitdienen; zijn straf uitzitten* ★ ~ *s.o. a trick iem. een poets bakken* ★ ~ *as dienst doen als; dienen tot* ★ ~ *on a committee zitting hebben in een comité* ★ ~ *s.o. out even afrekenen met iem.* ★ ~ *s.o. with iem. bedienen van; it has* ~d *its turn 't heeft zijn dienst gedaan* ★ ~ *s.o. a turn iem. een dienst bewijzen* ★ ~ *out uitdelen; verstrekken* • ~ **round** *ronddelen; uitdelen* • ~ **up** *opdienen* III OV+ONOV WW • SPORT *serveren* • *bedienen* • *opdienen*
server ('sɜ:və) ZN • *ober; serveerster* • *misdienaar; koornaap* • *(serveer)lepel/-vork* • COMP. *server*
servers ('sɜ:və) ZN MV *bestek*
service ('sɜ:vɪs) I ZN • *dienst* • *dienstbetrekking* • *dienstbetoon* • *correcte behandeling* • *vakkundige verzorging* • *kerkdienst;*

kerkformulier • *liturgische muziek* • *betekening* ⟨v. vonnis⟩ • *servies* • SPORT *service; opslag* ★ at your ~ *tot uw dienst* ★ MIL. active ~ *actieve dienst* ★ civil ~ *overheidsdienst* ★ divine ~ *kerkdienst; godsdienstoefening* ★ plain ~ *stille (niet gezongen) kerkdienst* ★ can I be of ~ to you? *kan ik u van dienst zijn?* ★ can this be of any ~ to you? *heb je hier (nog) wat aan?* ★ On Her Majesty's ~ Dienst ⟨op poststuk⟩ ★ have seen ~ *een ervaren soldaat/zeeman zijn; veel gebruikt zijn* ★ local ~ *buurtverkeer* ★ military ~ *militaire dienst* ★ merchant ~ *koopvaardij(vloot)* II BNW • *dienst-* • *militair*
serviceable ('sɜ:vɪsəbl) BNW • *dienstig* • *bruikbaar*
service area ZN *stopplaats* ⟨aan autoweg⟩
service book ZN *kerkboek; missaal*
service charge ZN *administratiekosten; behandelingskosten*
service contract ZN *onderhoudscontract*
service dress ZN *diensttenue*
service flat ZN *verzorgingsflat*
service hatch ZN *doorgeefluik*
serviceman ('sɜ:vɪsmən) ZN • *(onderhouds)monteur* • *militair*
service pipe ZN *gas-, waterleiding*
service road ZN *ventweg*
service station ZN *benzine-, servicestation*
serviette (ˌsɜ:vɪ'et) ZN *servet*
servile ('sɜ:vaɪl) BNW • *slaafs* • *kruiperig* • *slaven-*
servility (sɜ:'vɪlətɪ) ZN • *kruiperigheid* • *slaafsheid*
serving ('sɜ:vɪŋ) ZN • *portie* • *bediening* ★ ~ *spoon/fork opscheplepel/-vork*
servitor ('sɜ:vɪtə) ZN • *dienaar* • *beursstudent*
servitude ('sɜ:vɪtju:d) ZN • *slavernij* • *dienstbaarheid*
servo- ('sɜ:vəʊ) VOORV *servo-*
sesame ('sesəmɪ) ZN *sesamzaad*
sesquipedalian (ˌseskwɪpɪ'deɪlɪən) BNW *1 1/2 voet (± 45 cm) lang* ★ ~ *words lange, pedante woorden*
session ('seʃən) ZN • *zitting(speriode)* • *bijeenkomst* • *academiejaar; schooljaar* • USA/SCHOTS *trimester* • SCHOTS *kerkenraad* • MUZ. *(jam)sessie* ★ be in ~ *zitting houden* ★ JUR. petty ~ *niet-voltallige zitting voor behandeling van kleine zaken*
sessional ('seʃənəl) BNW *zittings-*
sestet (ses'tet) ZN *sextet*
set (set) I ZN • *stel* ⟨bijeenhorende zaken⟩ • *toestel; installatie; apparatuur* • *servies* • *rij; serie* • *onderdeel v.e. partij* ⟨tennis, volleybal⟩ • *(het) vallen* ⟨v. kleding⟩; *snit* • *filmlokatie* • *ligging; stand* • *richting; loop* • *(wiskundige) verzameling* ★ make a ~ at *een aanval doen op* ★ set of partners (bridge)*paar* ★ set screw *stelschroef* ★ set of teeth *gebit* ★ the smart set *de jetset* II BNW • *bestendig* • *gestold* • *vast(gesteld); formeel* • *opgesteld* • *rustig; zelfverzekerd* • *eigengereid* • *strak; opeengeklemd* ★ set fair *bestendig* ★ be set on s.th. *ergens zijn zinnen op gezet hebben; verzot zijn op iets* ★ set in his ways *eigengereid* III OV WW • *poten; planten* • *te broeden zetten* • *aanzetten; scherpen* • *ophitsen* • *richten* • *opprikken* ⟨v. vlinders⟩ • *bezetten; versieren* • *z. vestigen; post vatten* ⟨v. mening⟩ • *zetten; stellen; plaatsen; instellen* • *uitzetten*

⟨v. wacht⟩ • **opeenklemmen** ⟨v. tanden⟩ • **vaststellen**; **opstellen** • **opgeven** • **gelijk zetten** ★ set sail *uitvaren* ★ set bounds to *paal en perk stellen aan* ★ set one's cap at *hengelen naar* ⟨figuurlijk⟩ ★ set eyes on *zien; aanschouwen* ★ set the table in an uproar *iedereen aan tafel doen schateren* ★ set one's face against *stelling nemen tegen* ★ set fire to *in brand steken* ★ set foot on *betreden* ★ set little/much by *weinig/veel waarde hechten aan* ★ set spurs to *de sporen geven* ★ set store by *grote waarde hechten aan* ★ he will not set the river on fire *hij heeft het buskruit niet uitgevonden* ★ set about rumours *geruchten verspreiden* ★ set at ease *op zijn gemak stellen* ★ set at rest *kalmeren; tot bedaren brengen* ★ set free *bevrijden; vrijlaten* ★ set going *op gang brengen* ★ set on edge *prikkelen; irriteren* ★ set on fire *in brand steken* ★ set right *in orde brengen; verbeteren; rechtzetten; rehabiliteren* ★ set loose *vrijlaten; loslaten* • **~ against** *stellen tegenover; opzetten tegen* • **~ apart** *reserveren; scheiden; opzij leggen/zetten* • **~ aside** *aan de kant zetten; afschaffen* • **~ at** *aanvallen; ophitsen tegen* • • **~ back** *terugzetten; achteruit zetten; hinderen* • **~ before** *voorleggen* • **~ by** *terzijde leggen; reserveren* • **~ down** *neerzetten; opschrijven* ★ set down as *beschouwen als; houden voor* ★ set down to *toeschrijven aan* • • **~ forth** *uiteenzetten* • • **~ forward** *vooruit helpen; vooruit zetten; verkondigen* • **~ off** *doen uitkomen; contrasteren; doen afgaan; aan 't ... brengen; afpassen; compenseren* ★ set off against *stellen tegenover* • **~ on** *ophitsen tegen* • **~ out** *uitstallen; klaarzetten; uiteenzetten* • **~ over** *(aan)stellen over* • **~ up** *rechtop zetten; opstellen; beginnen; instellen; aanheffen; aanvoeren; aan komen (dragen) met; z. aanschaffen; (er op na) gaan houden; er bovenop helpen; installeren; trots maken; veroorzaken; klaarzetten; onthalen op* ★ set up type *zetten* ⟨v. drukwerk⟩ ★ be set up with *trots zijn op* ★ set s.o. up in business *iem. in een zaak zetten* • **~ upon** *aanvallen* **IV** ONOV WW • **ondergaan** ⟨v. zon, maan⟩ • **vast worden; stollen; vrucht zetten** • **(blijven) staan** ⟨v. hond⟩ • **staan** ⟨v. kleren⟩; **vallen** ⟨v. kleren⟩ • **~ about** *beginnen; aanpakken* • **~ forth** *op weg gaan* • **~ in** *inzetten* • **~ off** *vertrekken* • **~ on** *oprukken* • **~ out** *vertrekken; beginnen; z. ten doel stellen* ★ set out on a journey *op reis gaan* • **~ to** *beginnen; aanvallen* ★ set to work *aan 't werk gaan* • **~ up** *er bovenop komen* ★ set up for *z. opwerpen als* ★ set up in business *een zaak beginnen*

setback ('setbæk) ZN • **tegenslag** • **inzinking**; **terugval**

setdown ('setdaʊn) ZN • **terechtwijzing** • **veeg uit de pan**

set-out ZN • **begin** • **zaak(je)** • **spul** • **drukte**

set point ZN setpoint; setpunt ⟨beslissend punt voor de set⟩

settee (se'ti:) ZN canapé; bank

setter ('setə) ZN setter ⟨(jacht)hond⟩

setting ('setɪŋ) ZN • **omlijsting; omgeving** • **achtergrond** • **arrangement** • **montering**; instelling; (het) zetten ⟨v. tekst⟩ • opzet • montuur • ~-pole *(schippers)boom*

settle ('setl) **I** OV WW • **regelen** • **vestigen** • **installeren** • **stichten** • **koloniseren** • **afdoen** • **vereffenen** • **beslissen; besluiten** ★ ~ one's children *zijn kinderen te paard zetten* ⟨fig.⟩ **II** ONOV WW • **vaste voet krijgen** • **gaan zitten** • **rustig worden** • **geregeld gaan leven** • *z. installeren/vestigen*; **vaste woonplaats kiezen** • **bezinken; neerslaan** ⟨in vloeistof⟩ • *z. vastzetten* ★ stand beer to ~ *bier neerzetten om helder te laten worden* • ~ o.s. *op z'n gemak gaan zitten; zich nestelen* • **~ down** *geregeld gaan leven; wennen; vast worden* • **~ in** *zich installeren/vestigen* • **~ out** *neerslaan* ⟨in vloeistof⟩ **III** OV+ONOV WW • **vaststellen** • **afspreken** • **ophelderen** • **(doen) bedaren** • **bedaren** • to sleep *gaan liggen om te slapen* • **~ down** *tot bedaren/rust komen* • **~ up** *(definitief) in orde brengen; vereffenen; afrekenen*

settled ('setld) BNW • **verrekend** • **bedaard** • **gevestigd** • **vast** • **bezadigd** ★ ~ habit *vaste gewoonte* ★ ~ matter *uitgemaakte zaak* ★ ~ weather *rustig, bestendig weer*

settlement ('setlmənt) ZN • *(het)* **zich vestigen** • **kolonie; nederzetting** • **overeenkomst** • **sociaal centrum in armenwijk** • **lijfrente** • **verrekening** • **het bedaren** ★ make a ~ with *een schikking treffen met* ★ in ~ of *ter vereffening van*

settlement-worker ZN maatschappelijk werk(st)er

settler ('setlə) ZN • **kolonist** • **bemiddelaar** • **beslissend woord** • **dooddoener** • **afzakkertje**

settlings ('setlɪŋz) ZN MV bezinksel; neerslag

set-to ('settu:) ZN • **bokswedstrijd** • **ruzie** ★ they had ~'s *zij hadden woorden*

set-up I ZN • **structuur** • **regeling** • **organisatie** **II** BNW • **gevestigd** • **gebouwd** • **verwaand**

seven ('sevən) **I** ZN zeven **II** TELW zeven

sevenfold ('sevənfəʊld) BNW zevenvoudig

seventeen(th) (sevən'ti:n(θ)) TELW zeventien(de)

seventh ('sevənθ) TELW zevende

seventieth ('sevəntɪəθ) TELW zeventigste

seventy ('sevəntɪ) **I** ZN *het getal zeventig* **II** TELW zeventig

sever ('sevə) OV WW • **(af)scheiden** • **afhouwen** • **verbreken** • ~ o.s. from *breken met*

several ('sevrəl) BNW • **verscheiden(e)** • **afzonderlijk** ★ they went their ~ ways *ieder ging zijn eigen weg* ★ ~ly *ieder voor zich; afzonderlijk; respectievelijk*

severance ('sevərəns) ZN • **verbreking** • **scheiding**

severance pay ZN ontslagvergoeding

severe (sɪ'vɪə) BNW • **streng** • **sober** • **hevig** • **ruw** ⟨v. weer⟩ • **meedogenloos; hard** ★ leave ~ly alone *zijn hand afhouden van*

severity (sɪ'verətɪ) ZN • **soberheid** • **strengheid** • **hevigheid**

sew (səʊ) OV WW • **naaien**; **vast-, innaaien** • **hechten** • **~ on/in** *aannaaien; aanzetten* • **~ up** *dichtnaaien* ⟨bijv. van wond⟩; *regelen*; USA/INFORM. *monopoliseren* ★ sewn up *doodop; kapot; stomdronken*

sewage ('su:ɪdʒ) **I** ZN • **rioolvuil/-water** ★ ~ farm *vloeiveld* ⟨v. rioolwaterzuivering⟩ **II** OV WW

bemesten/bevloeien met rioolwater
sewer¹ ('səʊə) ZN *naai(st)er*
sewer² ('suːə) ZN *riool*
sewerage ('suːərɪdʒ) ZN *riolering*
sewing ('səʊɪŋ) ZN • *(het) naaien* • *naaiwerk*
sewing machine ('səʊɪŋməʃiːn) ZN *naaimachine*
sewn (səʊn) WW [volt. deelw.] → **sew**
sex (seks) I ZN • *seks* • *geslacht* • *het seksuele* ★ the fairer sex *het zwakke geslacht* ★ sex appeal *seksuele aantrekkingskracht* ★ sex education *seksuele voorlichting* II OV WW *seksen* ⟨het geslacht determineren van dieren⟩
sexagenarian (seksədʒə'neərɪən) I ZN *zestigjarige* II BNW *zestigjarig*
sexbomb (seksbɒm) ZN *seksbom*
sexism ('seksɪzəm) ZN *seksisme*
sexist ('seksɪst) ZN *seksist*
sexless ('sekslɪs) BNW • *geslachtloos* • *seksueel ongevoelig*
sextet(te) (seks'tet) ZN • *sextet* • *zestal*
sexton ('sekstn) ZN • *koster* • *doodgraver*
sextuple ('sekstjuːpl) I ZN *zesvoud* II BNW *zesvoudig*
sexual ('sekʃʊəl) BNW *geslachtelijk*; *seksueel* ★ ~ intercourse *geslachtsverkeer*
sexuality (sekʃʊ'ælətɪ) ZN *seksualiteit*
sexy ('seksɪ) BNW *sexy*; *pikant*
sez (sez) WW ★ sez you *wat u zegt!*; *u zei?*
SF AFK Science Fiction *science fiction*
sh. AFK shilling(s) *shilling(s)*
shabby ('ʃæbɪ) BNW • *haveloos* • *onverzorgd* • *gemeen* • *vunzig* • *krenterig*
shabby-genteel ZN *kale chic*
shack (ʃæk) I ZN • *hut*; *keet* • *huisje* II ONOV WW ~ **up (with)** *samen (gaan) wonen (met)*; *hokken (met)*
shackle ('ʃækl) I ZN • *boei* • *kluister* • *belemmering* • *beugel* • *sluiting* • *isolator* II OV WW • *boeien* • *kluisteren* • *belemmeren* • *koppelen*
shad (ʃæd) ZN *elft* ⟨vis⟩
shaddock ('ʃædək) ZN *grapefruit*
shade (ʃeɪd) I ZN • *schaduw* • *schim* • *schakering*; *tint* • *nuance* • *lampenkap* • *scherm* • *stolp* • *zweem(pje)*; *schijntje* ★ I feel a ~ better *ik voel me een klein beetje beter* II OV WW • *beschaduwen*; *(over)schaduwen* • *afschermen* • *arceren* ★ ~ one's eyes *zijn hand boven de ogen houden* III ONOV WW • *(langzaam) donkerder worden* ★ ~ **into** *overgaan in*
shadiness ('ʃeɪdɪnəs) ZN • *onbetrouwbaarheid* • *schaduwrijkheid*
shading ('ʃeɪdɪŋ) ZN • *schaduw(partij)* • *(het) schaduwen* ⟨in tekeningen⟩ • *nuance*; *nuancering*
shadow ('ʃædəʊ) I ZN • *schaduw* • *schim* • *beeld* • *schijn(tje)*; *zweem* ★ may your ~ never grow less! *dat het je maar goed mag gaan!* ★ he's worn to a ~ *hij ziet er uit als een lijk* II OV WW • *schaduwen* • ~ **forth/out** *zijn schaduw vooruitwerpen*; *aanduiden*
shadowy ('ʃædəʊɪ) BNW • *schaduwrijk* • *onduidelijk*
shady ('ʃeɪdɪ) BNW • *schaduwrijk* • *duister* • *onbetrouwbaar* • *twijfelachtig*
SHAEF (ʃeɪf) AFK Supreme Headquarters Allied Expeditionary Forces *Hoofdkwartier van het Geallieerde Expeditieleger*
shaft (ʃɑːft) ZN • *schacht* • *stang* • *steel* • *pijl*; *schicht* • *zuil* • *disselboom* ★ ventilating ~ *luchtschacht*
shag (ʃæg) I ZN • *aalscholver* • PLAT *nummertje* ⟨seks⟩ • PLAT *bedgenoot*; *vriendje*; *vriendinnetje* • *shag(tabak)* II OV WW VULG. *neuken*
shaggy ('ʃægɪ) BNW *ruig(harig)*
shagreen (ʃæ'griːn) I ZN *segrijnleer* II BNW *van segrijnleer*
shah (ʃɑː) ZN *sjah*
shake (ʃeɪk) I ZN • *schok*; *ruk* • *(t)rilling* • USA *transactie* • *congé* • *milkshake* ★ in a ~/two ~s/ a brace of ~s *in een wip* ★ he was all of a ~ *hij stond te rillen als een rietje* II OV+ONOV WW • *(doen) schudden* • *schokken* • *trillen*; *beven* • *wankelen* • *vibreren* ★ USA ~ a hoof *dansen* ★ USA ~! *geef me de vijf!*; *je hand erop!* ★ ~ one's fist at a p. *iem. dreigen met de vuist* ★ ~ hands (with a p.) *(iem.) een hand geven* ★ ~ a foot *dansen* ★ ~ in one's shoes *beven v. schrik* • ~ **down** *af-/uitschudden*; *uitspreiden*; *tot een schikking komen*; *afpersen*; *(beginnen te) wennen*; *op orde komen* • ~ **off** *(van z.) afschudden* • ~ **out** *leeg-/uitschudden*; *leegschudden*; *uitspreiden* • ~ **up** *door elkaar schudden*; *wakker maken*
shakedown ('ʃeɪkdaʊn) ZN • *(politie)inval* • USA *afpersing* • *kermisbed* • *test* ★ shake-down flight *testvlucht*
shake-hands ZN *handdruk*
shaken ('ʃeɪkən) WW [volt. deelw.] → **shake**
shaker ('ʃeɪkə) ZN *shaker* ⟨voor cocktails⟩
shaky ('ʃeɪkɪ) BNW • *wankel* • *beverig* • *zwak* ★ ~ promise *vage belofte* ★ get off to a ~ start *moeizaam op gang komen*
shale (ʃeɪl) ZN *zachte leisteen* ★ ~ oil *schalieolie*; *leisteenolie*
shall (ʃæl) HWW *zal*; *zullen*; *zult*
shallop ('ʃæləp) ZN *sloep*
shallot (ʃə'lɒt) ZN *sjalot*
shallow ('ʃæləʊ) I ZN • *ondiepte* • *zandbank* II BNW • *oppervlakkig* • *ondiep* • *laag* III OV WW *ondiep, enz. maken* IV ONOV WW *ondiep, enz. worden*
shallow-brained BNW *leeghoofdig*
shallows ('ʃæləʊz) ZN MV *ondiepe plaats*; *ondiepte*
shalt (ʃælt) WW FORM. *(gij) zult* ★ thou ~ not kill *gij zult niet doden*
sham (ʃæm) I ZN • *namaak*; *schijn* • *verlakkerij* • *kitsch* • *komediant* II BNW • *vals* • *niet echt* • *voorgewend* III ONOV WW *simuleren*; *voorwenden* ★ sham dead/ill/sleep *zich dood/ziek/slapend houden*
shamble ('ʃæmbl) I ZN *schuifelende gang* II ONOV WW *sloffen*; *schuifelen*
shambles ('ʃæmblz) ZN • *slachthuis* • *bloedbad* • *janboel*; *bende*; *rotzooi*
shame (ʃeɪm) I ZN • *schaamte* • *schande* ★ for ~! *foei!*; *schaam je!* ★ put to ~ *beschamen* ★ ~ on you! *foei!*; *schaam je!* II OV WW • *beschamen* • *schande aandoen* III ONOV WW *z. schamen*
shamefaced (ʃeɪm'feɪst) BNW *bedeesd*; *schuchter*
shamefacedly (ʃeɪm'feɪsɪdlɪ) BIJW *beschaamd*
shameful ('ʃeɪmfʊl) BNW *schandelijk*
shameless ('ʃeɪmləs) BNW *schaamteloos*
shammy ('ʃæmɪ) ZN *gemzenleer*

shampoo (ʃæm'pu:) **I** ZN • *shampoo; haarwasmiddel* • *haarwassing; wasbeurt* **II** OV WW *'t haar wassen; shampooën*
shamrock ('ʃæmrɒk) ZN IERS *klaverblad* ⟨embleem van Ierland⟩
shandy ('ʃændɪ) ZN *shandy*
shank (ʃæŋk) **I** ZN • ANAT. *(scheen)been* • *schacht* • *steel* ★ on Shanks's mare/pony *met de benenwagen* **II** ONOV WW ~ **off** *afvallen* ⟨v. bloem⟩
shan't (ʃɑ:nt) SAMENTR shall not → **shall**
shantung (ʃæn'tʌŋ) ZN *shantoeng*
shanty ('ʃæntɪ) ZN • *hut; keet* • *matrozenlied* ★ ~ town *sloppen; krotten*
shape (ʃeɪp) **I** ZN • *vorm; gedaante* • *(lichamelijke) conditie* ★ take ~ *vaste vorm aannemen* **II** OV WW • *modelleren* • *vormen* • *scheppen* • *regelen* ★ ~ course *voor koers zetten naar* ★ ~ one's course accordingly *dienovereenkomstig handelen* • ~ **to** *aanpassen* **III** ONOV WW z. *ontwikkelen* ★ ~ well *er goed voorstaan* ★ it is shaping (up) well *het begint er aardig op te lijken*
shaped (ʃeɪpt) BNW *gevormd* • egg-~ *eivormig*
shapeless ('ʃeɪpləs) BNW • *vormeloos* • *wanstaltig*
shapely ('ʃeɪplɪ) BNW *goedgevormd; mooi; knap*
shard (ʃɑ:d) ZN *scherf*
share (ʃeə) **I** ZN • *(aan)deel; portie* • *ploegschaar* ★ ~s! *samen delen!* ★ go ~s *samen delen* **II** OV+ONOV WW *(ver)delen* ★ ~ and ~ alike *gelijk opdelen*
shareholder ('ʃeəhəʊldə) ZN G-B *aandeelhouder*
share-out ZN *uitdeling*
share price ZN *aandelenkoers*
shareware ('ʃeəweə) ZN COMP. *shareware*
shark (ʃɑ:k) **I** ZN • *haai* • *afzetter* • *inhalig mens* • USA *bolleboos* **II** OV WW • *afzetten* • *woekeren* • ~ **up** *bij elkaar schrapen*
sharp (ʃɑ:p) **I** ZN • *lange, dunne naald* • MUZ. *kruis* • *noot met kruis* • *zwendelaar; bedrieger* • USA *expert; kei* **II** BNW + BIJW • *scherp* • *puntig* • *goed bij; pienter* • *bits; vinnig* • *hevig* • *vlug* • *gehaaid* • *gemeen* • MUZ. *kruis; verlaagd; te laag* ★ ~ at sums *vlug in 't rekenen* ★ look ~! *vlug, opschieten!* ★ ~ practices *oneerlijke praktijken* ★ ~'s the word *opschieten geblazen, dus* ★ MUZ. A ~ *Ais* **III** OV WW MUZ. *halve toon verhogen* **IV** OV+ONOV WW *(be)zwendelen; oneerlijk doen*
sharpen ('ʃɑ:pən) OV WW • *scherp maken; slijpen* • *halve toon verhogen*
sharpener ('ʃɑ:pənə) ZN • *(punten-/messen)slijper*
sharper ('ʃɑ:pə) ZN • *bedrieger* • *oplichter* • *valsspeler*
sharp-eyed BNW • *scherpziend* • *oplettend*
sharp-set BNW • *hongerig* • *begerig*
sharpshooter ('ʃɑ:pʃu:tə) ZN *scherpschutter*
sharp-witted (ʃɑ:p'wɪtɪd) OV WW *gevat; scherpzinnig; ad rem*
shat (ʃæt) WW [verl. tijd + volt. deelw.] → **shit**
shatter ('ʃætə) OV WW • *verbrijzelen* • *vernietigen* ⟨ook fig.⟩ • *(in stukken) breken* • *schokken* ⟨v. zenuwen⟩ • *de bodem inslaan*
shatterproof ('ʃætəpru:f) BNW *onsplinterbaar*
shave (ʃeɪv) **I** ZN • *het scheren* • *schaafmes* • *afzetterij; bedriegerij* ★ it was a close ~ *'t was op 't nippertje; 't was op 't kantje af* ★ have a ~ *zich (laten) scheren* **II** OV WW • *(af)schaven* • *scheren langs* • *iets afdoen van* ⟨de prijs⟩ **III** OV+ONOV WW • *(zich) scheren* • *schaven* • ~ **off** *afscheren* • ~ **through** *er net nog doorglippen*
shaver ('ʃeɪvə) ZN *scheerapparaat*
shaving ('ʃeɪvɪŋ) ZN • *(het) scheren* ★ ~s *(hout)krullen*
shaving brush ZN *scheerkwast*
shaving cream ZN *scheercrème*
shaving soap ZN *scheerzeep*
shaving stick ZN *staaf scheerzeep*
shaving tackle ZN *scheergerei*
shawl (ʃɔ:l) ZN • *sjaal* • *omslagdoek*
she (ʃi:) PERS VNW • *zij* ★ who's she, the cat's mother? *wie mag zij dan wel zijn/wezen?* • *vrouwelijk* • *wijfjes-*
sheaf (ʃi:f) **I** ZN • *schoof; bundel* **II** OV WW • *tot schoven binden* • *bundelen*
shear (ʃɪə) OV WW • *scheren* ⟨v. wol⟩ • *villen* • *(kaal)plukken* • *knippen* ⟨v. metaal⟩ ★ shorn of *beroofd van*
shears (ʃɪəz) ZN MV *grote schaar* ★ pinking ~ *kartelschaar*
sheath (ʃi:θ) ZN • *schede* • G-B *condoom* • *omhulsel; hoes* ★ ~ knife *dolk*
sheathe (ʃi:ð) OV WW • *in de schede steken* • *steken in* • *intrekken* ⟨v. klauwen⟩
sheathing ('ʃi:ðɪŋ) ZN *neusbeslag*
sheaves (ʃi:vz) ZN MV → **sheaf**
shebang (ʃɪ'bæŋ) ZN • USA *zootje* • USA *hut; keet* ★ the whole ~ *het hele zootje*
shed (ʃed) **I** ZN • *schuur; keet* • *afdak* ★ shed **II** OV WW • *vergieten* • *afwerpen* • *verliezen* ⟨v. haar⟩ • *wisselen* ⟨v. tanden⟩ • *ruien* • z. *ontdoen van*
she'd (ʃi:d) SAMENTR she had, she would → **have** → **will**
she-devil ZN *duivelin*
sheen (ʃi:n) ZN *glans; pracht*
sheep (ʃi:p) ZN • *schaap* • *schapenleer* ★ you might as well be hanged for a ~ as a lamb *als je 't toch doet, doe het dan maar goed* ★ the black ~ *het zwarte schaap*
sheepcot(e) ('ʃi:pkəʊt) ZN *schaapskooi*
sheepdog ('ʃi:pdɒg) ZN *herdershond*
sheepfold ('ʃi:pfəʊld) ZN *schaapskooi*
sheephook ('ʃi:phʊk) ZN *herdersstaf*
sheepish ('ʃi:pɪʃ) BNW *schaapachtig; stom(pzinnig)*
sheepmaster ('ʃi:pmɑ:stə) ZN *schapenhouder*
sheepskin ('ʃi:pskɪn) ZN • *schapenleer* • *perkament* • *vacht* • USA *diploma*
sheepstation ('ʃi:psteɪʃən) ZN AUS. *schapenfokkerij*
sheer (ʃɪə) **I** ZN SCHEEPV. *zeeg* **II** BNW + BIJW • *pardoes* • *zo maar* • *louter; puur* • *niets anders dan* • *klinkklaar* • *loodrecht; steil* • *ijl; doorschijnend* **III** ONOV WW • *uit de koers lopen* ⟨v. schip⟩ • ~ **off** *uit de weg gaan*
sheers (ʃɪəz) ZN MV *mastbok; mastkraan*
sheet (ʃi:t) **I** ZN • *vel (papier)* • *blad* • *krantje* • *(glas)plaat* • *vlak(te)* • SCHEEPV. *schoot* • *laken* • *doodskleed* ★ the book is in ~s *het boek is gedrukt maar (nog) niet gebonden* ★ come down in ~s *in stromen neerkomen* ⟨neerslag⟩ ★ be a ~/three ~s in the wind *een (behoorlijk) stuk in de kraag hebben* ★ white ~ *boetekleed*

★ FIG. stand in a white ~ *het boetekleed aantrekken* II OV WW *met een laken, enz. bedekken* ★ ~ (home) *met schoot vastzetten* ⟨v. zeil⟩
sheet anchor ZN • *plechtanker* • FIG. *laatste redmiddel*
sheeting ('ʃiːtɪŋ) ZN *lakenstof; bekleding*
sheet lightning ZN *weerlicht*
sheet metal ZN • *gewalst metaal* • *plaatstaal; plaatijzer*
sheet music ZN MUZ. *bladmuziek*
sheik(h) ('ʃiːk) ZN *sjeik*
sheik(h)dom ('ʃeɪkdəm) ZN *sjeikdom*
shekel ('ʃekl) ZN *sikkel* ⟨munt/gewicht⟩
shekels ('ʃeklz) ZN MV INFORM. *poen; geld*
shelf (ʃelf) ZN • *plank; schap; vak* • ⟨rots⟩*rand* • *klip; zandbank* ★ continental ~ *continentaal plat* ★ on the ~ *aan de kant* ⟨gezet⟩
shelf company ZN *brievenbusfirma*
shelf life ZN *houdbaarheid* ⟨v. levenswaren e.d.⟩ ★ limited ~ *beperkte houdbaarheid*
shell (ʃel) I ZN • *schelp; schaal* • *dop; peul* • ⟨om⟩*huls(el)* • *granaat* • *geraamte; romp* • USA *patroon* ★ in the ~ *in de dop* ★ FIG. come out of one's ~ *loskomen* ★ blind ~ *blindganger* ⟨explosief⟩ II OV WW • *schillen; pellen; uit dop/schaal halen* • MIL. *bombarderen; onder artillerievuur nemen* III ONOV WW • ~ **off** *afschilferen* • ~ **out** *opdokken*
she'll (ʃiːl) SAMENTR she shall, she will → **shall** → **will**
shellac (ʃəˈlæk) I ZN *schellak* II OV WW *met schellak vernissen*
shell company ZN *lege vennootschap*
shell crater ZN *granaattrechter*
shellfire ('ʃelfaɪə) ZN *granaatvuur*
shellfish ('ʃelfɪʃ) ZN *schaal- en schelpdieren*
shellproof ('ʃelpruːf) BNW *bomvrij*
shell shock ('ʃelʃɒk) ZN *shocktoestand* ⟨in oorlog⟩
shell suit ZN ⟨*nylon*⟩ *trainingspak*
shelter ('ʃeltə) I ZN • *doorgangshuis; asiel* • *ligtent* • *beschutting; bescherming; onderdak* • *schuilplaats* • *tram-/wachthuisje* II OV WW • *beschutten* • ~ed life *onbezorgd leven* ★ ~ed trades *beschermde bedrijven* III ONOV WW ⟨*z. ver*⟩*schuilen*
shelve (ʃelv) OV WW • *op de plank zetten; wegzetten* • *aan de kant zetten; afdanken; pensioneren* • *van planken/schappen voorzien* • *glooien*
shelves (ʃelvz) ZN MV → **shelf**
shelving ('ʃelvɪŋ) ZN • ⟨*kast*⟩*planken; schappen* • *materiaal voor planken*
shenanigan (ʃɪˈnænɪɡən) ZN *foefje*
shenanigans (ʃɪˈnænɪɡənz) ZN MV • *verlakkerij* • *uitgelaten, dolzinnig gedoe; keet*
shepherd ('ʃepəd) I ZN *herder* ★ ~'s crook *herdersstaf* ★ ~'s pie *(ias) gehakt met puree* ★ ~'s plaid *wollen stof met zwarte en witte ruiten* II OV WW *hoeden; (ge)leiden*
sherbet ('ʃɜːbət) ZN • USA *sorbet; sherbet; bruispoeder* ⟨voor maken van frisdrank⟩ • *bier* ⟨Australisch⟩
sheriff ('ʃerɪf) ZN ≈ *baljuw* ★ High Sheriff ≈ *lid v. hoge vierschaar; (districts)politieofficier* ⟨in Amerika⟩

she's (ʃiːz) SAMENTR she is, she has → **be** → **have**
sh(h) (ʃ) TW *sst!*
shield (ʃiːld) I ZN • *schild* • *wapenschild* • *bescherming; beschermer* ★ the other side of the ~ *de andere kant v.d. zaak* II OV WW • *beschermen* • *de hand boven 't hoofd houden*
shier (ʃaɪə) BNW [vergrotende trap] → **shy**
shiest ('ʃaɪɪst) BNW [overtreffende trap] → **shy**
shift (ʃɪft) I ZN • *hulp-/redmiddel* • *truc; list* • *ploeg* ⟨v. arbeiders⟩ • *verband* ⟨v. metselwerk⟩ ★ by ~s *afwisselend* ★ the ~s and changes of life *de wederwaardigheden des levens* ★ ~ of crops *wisselbouw* ★ make (a) ~ to *het zo aanleggen, dat* ★ make ~ with/without *zich* ⟨*zien te*⟩ *redden met/zonder* II OV WW • ~ **key** *verstelltoets; hoofdlettertoets* ⟨v. typemachine⟩ III OV+ONOV WW • *veranderen (van); wisselen (van)* • *verschuiven; verleggen;* ⟨z.⟩ *verplaatsen* • z. ⟨*zien te*⟩ *redden* • *draaien* ★ the cargo ~ed *de lading begon te werken* ★ ~ one's ground *'t over een andere boeg gooien* ★ he can ~ his food *hij weet wel raad met zijn eten* • ~ **away** *wegwerken; er tussenuit knijpen*
shifter ('ʃɪftə) ZN • *draaier* • *toneelknecht*
shifting ('ʃɪftɪŋ) BNW ★ ~ sands *drijfzand*
shiftless ('ʃɪftləs) BNW • *zonder initiatief* • *onbeholpen*
shifty ('ʃɪftɪ) BNW *louche; onbetrouwbaar*
shilling ('ʃɪlɪŋ) ZN *shilling* (1/20£) ★ take King's/Queen's ~ *dienst nemen* ★ cut off a p. with a ~ *iem. onterven*
shilly-shally ('ʃɪlɪʃælɪ) I ZN *besluiteloosheid* II BNW *besluiteloos* III ONOV WW *weifelen; aarzelen*
shimmer ('ʃɪmə) I ZN *glinstering* II ONOV WW *glinsteren*
shimmy ('ʃɪmɪ) I ZN • *hemdje* • USA *shimmy* ⟨dans⟩ • *abnormale slingering* ⟨v. voorwielen⟩ II ONOV WW • *de shimmy dansen* • *abnormaal slingeren* ⟨v. voorwielen⟩; *trillen*
shin (ʃɪn) I ZN • *scheen* • *schenkel* ★ shin of beef *runderschenkel* ★ kick in the shins *tegen de schenen trappen* II ONOV WW *klauteren*
shin bone ('ʃɪnbəʊn) ZN *scheenbeen*
shindig, shindy ('ʃɪndɪɡ, 'ʃɪndɪ) ZN • ⟨*wild*⟩ *partijtje* • *herrie*
shine (ʃaɪn) I ZN • *zonneschijn* • PLAT *ruzie* ★ rain or ~ *weer of geen weer* ★ take the ~ out of *van zijn glans beroven; in de schaduw stellen* ★ USA take a ~ to *aardig/leuk beginnen te vinden* ★ ~, sir? *schoenen poetsen, meneer?* II OV WW ~ **up** *(op)poetsen* III ONOV WW • *schijnen* • *(uit)blinken* • *schitteren*
shiner ('ʃaɪnə) ZN • *iets dat blinkt* ⟨bijv. munt⟩ • *iemand die/iets dat doet blinken* • INFORM. *blauw oog*
shiners ('ʃaɪnəz) ZN MV INFORM. *poen*
shingle ('ʃɪŋɡl) I ZN • *dekspaan; plank* ⟨v. dak⟩ • *jongenskop* ⟨kapsel⟩ • *kiezelste(e)n(en)* • USA *naambord* ★ hang out one's ~ *zich vestigen als o.a. advocaat* II OV WW • *dekken* ⟨met dekspanen⟩ • ⟨z.⟩ *een jongenskop (laten) knippen*
shingles ('ʃɪŋɡlz) ZN MV MED. *gordelroos*
shingly ('ʃɪŋɡlɪ) BNW *vol kiezel(s)*
shin-guard ('ʃɪnɡɑːd) ZN *scheenbeschermer*
shining ('ʃaɪnɪŋ) BNW ★ ~ example *lichtend*

voorbeeld

shinty ('ʃɪntɪ) ZN SPORT *shinty* 〈soort hockey〉
shiny ('ʃaɪnɪ) BNW *glimmend*
ship (ʃɪp) **I** ZN *schip* ★ *when one's ship comes home als 't schip met geld binnenkomt* ★ *line-of-battle ship linieschip* ★ *ship breaker scheepssloper* ★ *ship broker scheepsmakelaar; cargadoor* ★ *ship's agency scheepsagentuur* **II** OV WW • *aan boord nemen* • *verzenden; expediëren* • *plaatsen* 〈v. mast, roer〉 ★ *ship a sea 'n stortzee overkrijgen* ★ *ship the oars de riemen inhalen* **III** ONOV WW • *aanmonsteren* • *aan boord gaan*
shipboard ('ʃɪpbɔːd) ZN *(scheeps)boord* ★ *on ~ aan boord*
shipbuilding ('ʃɪpbɪldɪŋ) ZN *scheepsbouw*
shipload ('ʃɪpləʊd) ZN *scheepslading; scheepsvracht*
shipmaster ('ʃɪpmɑːstə) ZN • *kapitein* • *kapitein-reder*
shipmate ('ʃɪpmeɪt) ZN • *scheepsmaat* • *kameraad*
shipment ('ʃɪpmənt) ZN • *(ver)zending* • *lading*
shipowner ('ʃɪpəʊnə) ZN *reder*
shipper ('ʃɪpə) ZN • *verscheper* • *importeur; exporteur*
shipping ('ʃɪpɪŋ) **I** ZN • *scheepvaart* • *de schepen* **II** BNW • *scheeps-* • *expeditie-* ★ *~-bill scheepsmanifest* ★ *~ agent expediteur* ★ *~-articles monsterrol* ★ *~-sample uitvalmonster*
shipshape ('ʃɪpʃeɪp) BNW + BIJW *netjes; in orde*
shipwreck ('ʃɪprek) **I** ZN *schipbreuk* ★ *make ~ schipbreuk lijden* **II** OV WW *schipbreuk doen lijden* **III** ONOV WW *schipbreuk lijden* ★ *~ed verongelukt*
shipwright ('ʃɪpraɪt) ZN *scheepsbouwer*
shipyard ('ʃɪpjɑːd) ZN *scheepswerf*
shire (ʃaɪə) ZN *graafschap* ★ *the Shires Leicestershire en Northamptonshire*
shirk (ʃɜːk) OV WW • *z. onttrekken aan* • *verzuimen* • *ontduiken* • *spijbelen* • *lijntrekken*
shirker ('ʃɜːkə) ZN *lijntrekker*
shirt (ʃɜːt) ZN • *(over)hemd* • *overhemdbloes* ★ *near is my ~, but nearer is my skin het hemd is nader dan de rok* ★ *give a p. a wet ~ iem. zich in het zweet laten werken* ★ *keep one's ~ on zich kalm houden* ★ *get a p.'s ~ off iem. nijdig maken* ★ *put one's ~ (up)on s.th. zijn laatste cent zetten op* ★ *tee ~ T-shirt*
shirt front ('ʃɜːtfrʌnt) ZN *front* 〈kledingstuk〉
shirt tail ZN *hemdslip*
shirty ('ʃɜːtɪ) BNW PLAT *nijdig*
shit (ʃɪt) **I** ZN • *schijt* • *rotzooi* • *onzin* • *hasj* ★ *(the) shits diarree* **II** ONOV WW *schijten* **III** TW VULG. *verdomme!; kut!*
shitty ('ʃɪtɪ) BNW VULG. *kloterig; klote-*
shiver ('ʃɪvə) **I** ZN • *rilling* • *scherf; splinter* ★ *~s gruzelementen* **II** OV WW • *killen* 〈zeilen〉 • *aan (duizend) stukken gaan/slaan; verbrijzelen* ★ *~ my timbers ik mag doodvallen ...* **III** ONOV WW *rillen; trillen*
shivery ('ʃɪvərɪ) BNW *rillerig*
shoal (ʃəʊl) **I** ZN • *school* 〈v. vissen〉 • *zandbank* ★ *in ~s bij de vleet* **II** BNW *ondiep* **III** ONOV WW • *samenscholen* • *ondiep(er) worden*
shock (ʃɒk) **I** ZN • *schok* • *ergernis; ontzetting*
• *zenuwinstorting* • *shock(toestand)* • *bos* 〈haar〉 ★ *~ absorber schokbreker* ★ *~ therapy shocktherapie* ★ *~ wave schokgolf; (lucht)drukgolf* **II** OV WW • *ergernis wekken* • *aanstoot geven* • *hevig ontstellen* ★ *be ~ed at zich ergeren aan; hevig ontsteld zijn door/over*
shocker ('ʃɒkə) ZN *gruwelroman/-film, enz.*
shock-headed (ʃɒk'hedɪd) BNW *met ruige haarbos*
shocking ('ʃɒkɪŋ) BNW • *schokkend* • *ergerlijk* • *gruwelijk* • *zeer onbehoorlijk*
shockproof ('ʃɒkpruːf) BNW *tegen schokken bestand*
shod (ʃɒd) WW [volt. deelw.] → **shoe** *geschoeid*
shoddy ('ʃɒdɪ) **I** ZN • *kunstwol* 〈uit lompen〉 • *imitatiegoed; prullen; kitsch* • *parvenu* **II** BNW • *prullerig; goedkoop-mooi* • *parvenuachtig*
shoe (ʃuː) **I** ZN • *schoen* • *hoefijzer* ★ *die in one's shoes een gewelddadige dood sterven* ★ *where the shoe pinches waar de schoen wringt* ★ *wait for dead men's shoes ≈ de een z'n dood is de ander z'n brood* ★ USA *athletic shoe tennisschoen* **II** OV WW • *schoeien* • *beslaan*
shoeblack ('ʃuːblæk) ZN *schoenpoetser*
shoe-blacking ZN *schoensmeer*
shoehorn ('ʃuːhɔːn) ZN *schoenlepel*
shoelace ('ʃuːleɪs) ZN *schoenveter*
shoemaker ('ʃuːmeɪkə) ZN *schoenmaker*
shoe polish ZN *schoensmeer*
shoeshine ('ʃuːʃaɪn) ZN • *poetsbeurt* • USA *schoensmeer*
shoestring ('ʃuːstrɪŋ) ZN USA *schoenveter* ★ *live on a shoe-string (budget) van erg weinig rond moeten komen*
shoetree ('ʃuːtriː) ZN *schoenspanner*
shone (ʃɒn) WW [verleden tijd] → **shine**
shoo (ʃuː) **I** OV WW *~ away verjagen; wegjagen* **II** ONOV WW *'ksj' roepen* **III** TW *ksj!*
shook (ʃʊk) **I** ZN *stel duigen/planken; losse krat* **II** WW [verleden tijd] → **shake** OV WW *verpakken in losse open krat*
shoot (ʃuːt) **I** ZN • *jacht* • *scheut; loot* • *stroomversnelling* • *stortplaats* • *vuilnisbelt* • *goot; kanaal* • *glijbaan* • *stortkoker* ★ *the whole ~ de hele zwik* **II** OV WW • *(af-/uit-/ver)schieten* • *doodschieten* • *aanschieten* • *uitbotten* • *(pijnlijk) steken* • *uitsteken; vooruitsteken* • *storten* • *leeggooien* • *jagen; afjagen* • A-V *filmen; kieken* • *opnemen* • *te water laten* • *spuiten* 〈v. heroïne〉 ★ *the whole ~ing match de hele santenkraam* ★ *~ing match schietwedstrijd* ★ USA *~! spreek op!* ★ *~ the bolt home de grendel dichtschuiven* ★ *a fool's bolt is soon shot een gek zijn kruit is gauw verschoten* ★ *I'll be shot if ik mag hangen als* ★ VULG. *~ a cat braken* ★ *~ crystals (heroïne) spuiten* ★ *~ a film een film maken* ★ *~ a line een heel rek bommen ineens loslaten; opscheppen* ★ *~ one's linen z'n manchetten laten zien* ★ *~ the moon met de noorderzon vertrekken* ★ *a ~ing star vallende ster* ★ *~ straight goed (kunnen) schieten* ★ *~ off one's mouth zijn mond voorbij praten; zwetsen* ★ *~ out one's lips de lippen minachtend krullen* ★ *~ up a town een stad terroriseren* ★ *~ ahead of voorbijschieten* • *~ up omhoog schieten* **III** ONOV WW *een geweer/pistool, enz. afvuren; schieten*

IV TW verdomme

shooter ('ʃu:tə) ZN • schutter; jager • vuurwapen

shooting ('ʃu:tɪŋ) I ZN • (het) schieten; schietpartij • (het) jagen; jacht(partij) • (het) opnemen, draaien ⟨v. film⟩; opname II BNW ★ ~ pains pijnlijke scheuten • jacht- • schiet- ★ ~ box jachthuis(je) ★ ~ gallery schiettent ★ ~ iron vuurwapen; blaffer

shooting range ZN schietbaan

shoot-out ZN schietpartij; vuurgevecht

shop (ʃɒp) I ZN • winkel • werkplaats ★ the shop de zaak; 't kantoor; de school ★ the other shop (onze) concurrent ★ talk shop over 't vak praten ★ all over the shop overal ★ be all over the shop de kluts kwijt zijn ★ mind the shop op de winkel passen; (de zaak) waarnemen ★ shut up shop de zaak sluiten; zijn mond (erover) dichthouden ★ come to the wrong shop aan 't verkeerde kantoor zijn ★ multiple shop grootwinkelbedrijf ★ closed shop bedrijf met verplicht vakbondslidmaatschap voor werknemers II OV WW • inrekenen • verlinken III ONOV WW • winkelen; boodschappen doen; shoppen • ~ **around** kijken en vergelijken ⟨in winkels⟩
IV TW volk!

shopaholic ('ʃɒpə'hɒlɪk) I ZN koopziek persoon II BNW koopziek

shop assistant ZN winkelbediende

shop floor (ʃɒp'flɔ:) ZN • shop-floor management arbeiderszelfbestuur; de arbeiders/bedrijfspersoneel

shop-gazing ONOV WW ★ be ~ winkels kijken

shopkeeper ('ʃɒpki:pə) ZN winkelier

shoplifter ('ʃɒplɪftə) ZN winkeldief

shoplifting ('ʃɒplɪftɪŋ) ZN winkeldiefstal

shopman ('ʃɒpmən) ZN • winkelier • winkelbediende

shopper ('ʃɒpə) ZN • koper; klant • boodschappentas (op wieltjes)

shopping ('ʃɒpɪŋ) ZN boodschappen; inkopen ★ ~ bag boodschappentas ★ ~ centre winkelcentrum ★ ~ list boodschappenlijstje

shop-soiled ('ʃɒpsɔɪld) BNW G-B licht beschadigd ⟨v. showmodel⟩

shop steward ZN vakbondsgedelegeerde

shopwalker ('ʃɒp'wɔ:kə) ZN ≈ winkelchef

shop window ZN etalage ★ he has everything in the shop-window hij is oppervlakkig

shopworn ('ʃɒpwɔ:n) BNW USA licht beschadigd ⟨v. showmodel⟩

shore (ʃɔ:) I ZN • kust • oever • strand • schoor; stut ★ on ~ aan land ★ in ~ (dichter) bij de kust ★ off ~ buitengaats; vóór de kust II WW [verleden tijd] → **shear** OV WW stutten

shoreline ('ʃɔ:laɪn) ZN kustlijn; oever; waterkant

shoreward(s) ('ʃɔ:wəd(z)) BNW + BIJW landwaarts

shorn (ʃɔ:n) WW [volt. deelw.] → **shear**

short (ʃɔ:t) I ZN • korte (voor)film • borrel • kortsluiting II BNW • kort; klein • kortaf • te kort; bekrompen; karig • brokkelig; bros • ECON. à la baisse ★ be very ~ with s.o. erg kortaf zijn tegen iem. ★ s.th. ... ~ een borrel ★ ~ bill kortzichtwissel ★ ~ circuit kortsluiting ★ be on ~ commons 't karig hebben ★ ~ drink borrel; cocktail; aperitief ★ for one ~ hour een uurtje ★ ~ mark v ⟨boven kort klinkerteken⟩ ★ ~ measure/weight (te) krappe maat/gewicht ★ ~ mile zowat een mijl ★ ~ paper korte zichtwissel(s) ★ at ~ range van dichtbij; op korte afstand ★ ~ rib valse rib; kotelet ★ give ~ shrift to korte metten maken met ★ ~ sight kortzichtigheid; bijziendheid ★ ~ story novelle ★ nothing ~ of a miracle alleen een wonder (nog) ★ ~ cut kortere weg (binnendoor) ★ somewhere ~ of London ergens in de buurt van Londen ★ in ~ supply beperkt leverbaar ★ ~ time verkorte werktijd ★ take ~ views niet verder kijken dan z'n neus lang is ★ ~ wind kortademigheid ★ make ~ work of kort metten maken met ★ be a penny ~ een stuiver te weinig hebben ★ for ~ kortweg; in 't kort ★ in ~ in 't kort; kortom ★ be ~ of s.th. gebrek hebben aan iets; zonder iets zitten ★ ~ of six nog geen zes ★ in the ~ run op korte termijn III BIJW • niet genoeg • plotseling; opeens ★ come/fall ~ (of) te kort schieten (in); niet voldoen (aan) ★ cut ~ besnoeien; een eind maken aan; afbreken; onderbreken ★ cut it ~ 't kort maken ★ jump ~ niet ver genoeg springen ★ run ~ op raken ★ run ~ of gebrek krijgen aan; zonder komen te zitten ★ sell ~ speculeren à la baisse ★ stop ~ opeens stilstaan ★ take s.o. up ~ iem. onderbreken ★ be caught/taken ~ overvallen worden; plotseling naar de wc moeten ★ turn ~ (round) zich plotseling omdraaien ★ little/nothing ~ of marvellous bijna/beslist wonderbaarlijk ★ ~ of lying I'll see what I can do for you ik zal mijn uiterste best voor je doen, maar ik ga me niet wagen aan een leugen ★ go ~ (of) gebrek hebben aan

shortage ('ʃɔ:tɪdʒ) ZN tekort ★ ~ of tekort aan ★ ~ of staff personeelstekort

shortbread ('ʃɔ:tbred) ZN sprits

shortcake ('ʃɔ:tkeɪk) ZN gebak met vruchten en room

short-change OV WW • afzetten • te weinig wisselgeld geven aan • bedriegen

short-circuit (ʃɔ:t'sɜ:kɪt) I ZN kortsluiting II OV WW • kortsluiten • verijdelen • bekorten

shortcoming ('ʃɔ:tkʌmɪŋ) ZN tekortkoming

shorten ('ʃɔ:tn) OV WW (ver)minderen

shortening ('ʃɔ:tənɪŋ) ZN • verkorting; verkorte vorm • bakvet

shortfall ('ʃɔ:tfɔ:l) ZN tekort; deficit

shorthand ('ʃɔ:thænd) ZN steno ★ ~ typist stenotypiste

short-handed (ʃɔ:t'hændɪd) BNW met te weinig personeel

shortish ('ʃɔ:tɪʃ) BNW nogal klein

shortlist ('ʃɔ:tlɪst) I ZN lijst van genomineerden; shortlist II OV WW nomineren; op de shortlist plaatsen

short-lived BNW • van korte duur • kortlevend

shortly ('ʃɔ:tlɪ) BIJW • binnenkort • kort daarna • in 't kort • kortaf

shortness ('ʃɔ:tnəs) ZN gebrek

short-range (ʃɔ:t'reɪndʒ) BNW op korte termijn; korteafstands-

shorts (ʃɔ:ts) ZN MV korte broek

short-set BNW gezet; gedrongen

short-sighted (ʃɔ:t'saɪtɪd) BNW • kortzichtig • bijziend

short-spoken BNW • kort aangebonden • kort van stof
short-staffed BNW onderbezet; met te weinig personeel ★ be ~ personeelstekort hebben
short-tempered BNW kortaangebonden; opvliegend
short-term (ʃɔːtˈtɜːm) BNW op korte termijn ★ ~ credit kortlopend krediet
short-winded (ʃɔːtˈwɪndɪd) BNW kortademig
shorty (ˈʃɔːtɪ) ZN kleintje ⟨persoon⟩
shot (ʃɒt) I ZN • schot • schutter • hagel; kogel(s) • A-V (korte) opname; beeldje • stoot; slag; worp • borrel • injectie; spuitje ⟨heroïne⟩ ★ take shots opnamen maken ★ like a shot grif; als de wind ★ be out of/within shot buiten/binnen schootsafstand zijn • INFORM. big shot hoge piet ★ have a shot at schieten op; een slag slaan naar ★ make/take/try a shot at een slag slaan naar ★ not by a long shot bij lange na niet ★ pay one's shot zijn (gedeelte v.d.) rekening betalen ★ put the shot kogelstoten ★ shot cartridge hagelpatroon ★ FIG. low shot slag onder de gordel II BNW changeant (geweven) • INFORM. uitgeput; afgedaan • INFORM. dronken III WW [verl. tijd + volt. deelw.] → **shoot**
shotgun (ˈʃɒtgʌn) ZN jachtgeweer
shotgun wedding ZN IRON. gedwongen huwelijk
shotproof (ˈʃɒtpruːf) BNW kogelvrij
shot-put ZN (het) kogelstoten
should (ʃʊd) HWW [verleden tijd] → **shall** ★ I wonder whether he ~ know ik ben benieuwd of hij 't wel weten moet
shoulder (ˈʃəʊldə) I ZN • schouder ★ hard ~ vluchtstrook; verharde berm ★ drag it in by the head and ~s het er met de haren bijslepen ★ give/show/turn a cold ~ met de nek aanzien; negeren ★ straight from the ~ op de man af ★ put/set one's ~s to the wheel zijn schouders eronder zetten; (flink) aanpakken ★ have broad ~s 'n brede rug hebben II OV WW op de schouder(s) nemen ⟨ook fig.⟩ ★ MIL. ~ arms! schouder 't geweer! III OV+ONOV WW duwen ⟨met de schouder⟩; dringen
shoulder blade (ˈʃəʊldəbleɪd) ZN schouderblad
shoulder strap (ˈʃəʊldəstræp) ZN • schouderband(je) • schouderbedekking; schouderklep
shouldn't (ˈʃʊdnt) SAMENTR should not → **shall**
shout (ʃaʊt) I ZN schreeuw ★ my ~! ik trakteer! II OV+ONOV WW • schreeuwen • juichen • trakteren ★ all is over but the ~ing de zaak is (zo goed als) beslist ★ ~ at schreeuwen tegen; uitjouwen • ~ **down** overschreeuwen
shove (ʃʌv) I ZN zet; duw II OV+ONOV WW • duwen • schuiven • (z.) dringen ★ ~ it! duvel op ★ ~ in one's pocket in de zak steken • ~ **off** opduvelen
shovel (ˈʃʌvəl) I ZN • (laad)schop • schepmachine II OV WW • scheppen • schransen
shovelful (ˈʃʌvlfʊl) ZN schop(vol)
shoveller (ˈʃʌvələ) ZN → **shovel**
show (ʃəʊ) I ZN • (uiterlijk) vertoon; de buitenkant; schijn • vertoning; voorstelling; revue; variété • tentoonstelling • schouwspel; optocht • INFORM. organisatie; zaak(je); spul • zweem(pje) ★ what's the show? wat is hier gaande? ★ give away the show de boel verklappen ★ give s.o. a fair show iem. een eerlijke kans geven ★ make a show of doen alsof; voorwenden; te koop lopen met ★ make a brave show goed voor de dag komen; een fraai schouwspel bieden ★ make a poor show een armzalig figuur slaan ★ he has no show at all hij heeft geen schijn van kans ★ run the show de baas zijn; de touwtjes in handen hebben ★ only for show voor 't oog ★ on show te zien; tentoongesteld ★ with some show of reason met enige grond II OV WW • (aan)tonen; tentoonstellen; uitstallen; laten zien; vertonen • wijzen; bewijzen • blijk geven van ★ show one's hand/cards zijn kaarten op tafel leggen ⟨figuurlijk⟩ ★ show a leg uit bed komen; een beetje voortmaken ★ show s.o. over the house iem. het huis laten zien • ~ **down** OOK FIG. de kaarten op tafel leggen • ~ **in** binnenlaten • ~ **off** pronken met • ~ **out** uitlaten • ~ **round** rondleiden • ~ **up** boven laten komen; rapport uitbrengen over; aan het licht brengen III ONOV WW • zich laten zien; te zien zijn; vertoond worden; showen • ~ **off** z. aanstellen; branie maken • ~ **up** z. vertonen; verschijnen ★ show up well een goed figuur slaan
showbiz (ˈʃəʊbɪz) ZN → **show business**
showboat (ˈʃəʊbəʊt) ZN showboot; drijvend theater
show business (ˈʃəʊbɪznəs) ZN amusementsbedrijf/-industrie
showcase (ˈʃəʊkeɪs) ZN vitrine
showdown (ˈʃəʊdaʊn) ZN • onthulling; ontknoping • confrontatie
shower (ˈʃaʊə) I ZN • bui • (stort)regen ⟨ook fig.⟩ • douche II OV WW • doen neerstorten; doen dalen • z. uitstorten ★ ~ s.th. upon a p. iem. met iets overstelpen III ONOV WW douchen
showery (ˈʃaʊərɪ) BNW buiig
showgirl (ˈʃəʊgɜːl) ZN • revuemeisje • mannequin
showing (ˈʃəʊɪŋ) ZN • voorstelling • opgave ★ on your own ~ zoals u zelf zegt
showman (ˈʃəʊmən) ZN • eigenaar v. circus e.d. • publieksspeler; aansteller
showmanship (ˈʃəʊmənʃɪp) ZN kunst om zijn nummer te verkopen
shown (ʃəʊn) WW [volt. deelw.] → **show**
show-off (ˈʃəʊɒf) ZN • opschepper; showbink • branie • vertoon
showpiece (ˈʃəʊpiːs) ZN 'paradepaard'; pronkstuk
showplace (ˈʃəʊpleɪs) ZN bezienswaardigheid
showroom (ˈʃəʊruːm) ZN toonzaal, -kamer; showroom
showy (ˈʃəʊɪ) BNW • opzichtig • schitterend • praalziek
shrank (ʃræŋk) WW [verleden tijd] → **shrink**
shrapnel (ˈʃræpnl) ZN • granaatsplinters • granaatkartets
shred (ʃred) I ZN reep; flard ★ not a ~ of evidence geen spoor v. bewijs II OV WW • aan flarden/ repen scheuren/snijden • rafelen ★ ~ded wheat gesponnen tarwe ⟨ontbijtgerecht met melk⟩
shredder (ˈʃredə) ZN shredder; papierversnipperaar
shrew (ʃruː) ZN • feeks • spitsmuis
shrewd (ʃruːd) BNW • schrander • gewiekst • scherp • vinnig ★ ~ guess een gissing die dicht

bij de waarheid is
shriek (ʃriːk) **I** ZN • *krijs* • *gil* **II** OV+ONOV WW • *gieren*; *krijsen*; *gillen*
shrift (ʃrɪft) ZN ★ *give short ~ to korte metten maken met*; *te kort doen*
shrill (ʃrɪl) **I** BNW • *schril*; *schel* • *gieren*; *gillen* **II** ONOV WW *schel/schril klinken*
shrimp (ʃrɪmp) ZN • *klein kereltje* • *garnaal*
shrine (ʃraɪn) ZN • *graf v.e. heilige* • *reliekschrijn* • *heiligdom*
shrink (ʃrɪŋk) **I** ZN USA, INFORM. *psych* ⟨psychiater⟩ **II** OV WW *doen krimpen* **III** ONOV WW • *(in elkaar) krimpen* • *verschrompelen* • *verminderen* ★ *~ on a tyre (round a wheel) een band heet om een wiel leggen* • *~ at huiveren voor* • *~ (back) from terugdeinzen voor*; *huiveren voor*
shrinkage ('ʃrɪŋkɪdʒ) ZN *be-/inkrimping*
shrive (ʃraɪv) OV WW • *biechten* • *biecht horen*
shrivel ('ʃrɪvəl) **I** OV WW *doen ineenschrompelen* **II** ONOV WW *ineenkrimpen*
shriven ('ʃrɪvən) WW [volt. deelw.] → **shrive**
shroud (ʃraʊd) **I** ZN • *doodskleed* • *waas*; *sluier* ★ *Holy Shroud lijkwade van Christus* **II** OV WW • *in doodskleed wikkelen* • *hullen* • *~ from verbergen voor*
shrouds (ʃraʊdz) ZN MV *want*
shrove (ʃrəʊv) WW [verleden tijd] → **shrive**
Shrove (ʃrəʊv) ZN *~ Tuesday Vastenavond*
shrub (ʃrʌb) ZN • *heester* • *punch*
shrubbery ('ʃrʌbərɪ) ZN *heesters*
shrug (ʃrʌɡ) **I** ZN *het schouderophalen* **II** OV WW ★ *~ one's shoulder de schouders ophalen* • *~ off naast zich neerleggen*; *negeren*
shrunk(en) (ʃrʌŋk(ən)) WW [volt. deelw.] → **shrink**
shuck (ʃʌk) **I** ZN • *dop*; *peul*; *schil* ★ *not worth a ~ geen cent waard* ★ USA *~s! verdorie!*; *waardeloos!* **II** OV WW • *doppen* • *~ off afschudden*; *verwijderen*; USA *oplichten*
shudder ('ʃʌdə) **I** ZN ★ *give me ~s doen huiveren* **II** ONOV WW *huiveren*; *rillen*
shuffle ('ʃʌfəl) **I** ZN • *schuifelende loop*; *geschuifel* • *verwisseling* • *draaierij* **II** OV WW • *schuiven* • *(eromheen) draaien* ★ *~ (the cards) de kaarten schudden*; *de taken anders verdelen* ★ *~ off the responsibility de verantwoordelijkheid van zich afschuiven* **III** ONOV WW • *niet stil (kunnen) zitten* • *schuifelen*; *sloffen*
shun (ʃʌn) OV WW • *(ver)mijden*; *ontlopen* • *links laten liggen*
shunt (ʃʌnt) **I** ZN *(het) rangeren* **II** OV WW • *aftakken* • *(op zijspoor) rangeren of gerangeerd worden* • *op de lange baan schuiven*
shunter ('ʃʌntə) ZN *rangeerder*
shush (ʃʊʃ) **I** OV WW • *sussen* **II** ONOV WW *stil zijn/worden* **III** TW *sst*
shut (ʃʌt) **I** BNW *dicht* **II** OV WW • *(z.) sluiten* • *dicht doen* ★ *shut up shop de zaak sluiten* ★ *shut the door upon de deur sluiten voor* • *~ down stopzetten* • *~ in klemmen*; *in-/opsluiten*; *het uitzicht belemmeren* • *~ off af-/uitsluiten* • *~ to dicht doen* • *~ up (helemaal) sluiten*; *opsluiten*; *insluiten*; *afsluiten*; *de mond snoeren*; *tot zwijgen brengen* **III** ONOV WW • *dicht gaan* ★ *shut up! hou je mond!* • *~ down stil gaan liggen* • *~ up z. (helemaal) sluiten*

shutdown ('ʃʌtdaʊn) ZN *stopzetting*; *stillegging*
shuteye ('ʃʌtaɪ) ZN *dutje*
shutter ('ʃʌtə) ZN • *scherm* ⟨voor raam⟩ • A-V *sluiter*
shuttle ('ʃʌtl) ZN • *schietspoel* • *schuitje* ⟨v. naaimachine⟩ • *service pendeldienst* ★ *space ~ ruimtependel* ★ *~ train pendeltrein*
shuttlecock ('ʃʌtlkɒk) ZN • *pluimbal* • *shuttle*
shy (ʃaɪ) **I** ZN *zijsprong* ★ *give a shy at (iem.) een steek onder water geven*; *een gooi doen naar* **II** BNW • *verlegen* • *schuw* • *verdacht* • *obscuur* ★ *be shy of zich niet inlaten met*; *vies zijn van* ★ *be shy verlegen zijn*; *te kort komen* **III** OV WW *gooien* **IV** ONOV WW • *schichtig worden* • *opzij springen* • *~ away from (terug)schrikken voor*
shyster ('ʃaɪstə) ZN • USA *beunhaas* • USA *advocaat v. kwade zaken*
Siamese (saɪə'miːz) **I** ZN • *Siamees* • *siamese kat* **II** BNW *Siamees* ★ *~ twins Siamese tweeling*
Siberian (saɪ'bɪərɪən) **I** ZN *Siberiër* **II** BNW *Siberisch*
sibilant ('sɪbɪlənt) **I** ZN *sisklank* **II** BNW *sissend*
sibling ('sɪblɪŋ) ZN • *broer* • *zuster*
sibyl ('sɪbɪl) ZN *waarzegster*; *profetes*
sice (saɪs) ZN • *zes* ⟨op dobbelsteen⟩ • ≈ *huisknecht-chauffeur* ⟨in India⟩
sick (sɪk) **I** ZN *braaksel* **II** BNW • *misselijk* • *ziekelijk*; *naar* • *zeeziek*; *ziek* • *wrang* • *luguber* ★ *sick headache hoofdpijn met misselijkheid* ★ *sick humour wrange/zwarte humor* ★ *sick parade ziekenrapport* ★ *I am sick of it ik ben het spuugzat* ★ *sick for smachtend naar* ★ *be sick at heart wee om 't hart zijn* ★ *turn sick misselijk worden* ★ *it makes him sick (to think about it) hij is er kapot van* ★ *be laid sick te ziek zijn om te werken* **III** ONOV WW • *braken* • *~ up uitbraken*
sickbay ('sɪkbeɪ) ZN *ziekenboeg*
sickbed ('sɪkbed) ZN *ziekbed*
sick call ZN • USA, MED. *ziekenbezoek* • USA, MED. *ziekterapport*
sicken ('sɪkən) **I** OV WW • *ziek maken* • *doen walgen* ★ *~ing walgelijk* ★ *be ~ing (for s.th.) iets onder de leden hebben* **II** ONOV WW • *ziek worden* • *walgen*
sickening ('sɪkənɪŋ) BNW *walgelijk*; *ziekelijk*
sickish ('sɪkɪʃ) BNW *een beetje ziek*
sickle ('sɪkl) ZN *sikkel*
sick leave ('sɪkliːv) ZN *ziekteverlof*
sick list ('sɪklɪst) ZN *ziekenlijst* ★ *be on the ~ onder behandeling v.d. dokter zijn*
sickly ('sɪklɪ) BNW • *ziekelijk* • *ongezond* • *wee*; *weeïg* • *bleek* ★ *~ sweet mierzoet* ★ *~ smile flauw lachje*
sickness ('sɪknəs) ZN • *ziekte* • *misselijkheid* ★ *~-related absence ziekteverzuim* ★ *sleeping ~ slaapziekte*
sickness benefit ZN *ziekengeld*
sick-ward ZN *ziekenzaal*
side (saɪd) **I** ZN • *kant*; *zijde* • *zijkant* • *wand* • *helling* • *aspect* • *partij* • *elftal*; *team* • *effect* ⟨bij biljart⟩ • *gewichtigheid*; *air* ★ *take sides (with) partij kiezen (voor)* ★ *side by side zij aan zij* ★ *by the side of naast* ★ *fault on the right side geluk bij een ongeluk* ★ *on the side of op de hand van* ★ *on the right side of 40 nog geen 40 jaar* **II** ONOV WW *~ with partij kiezen voor*
side-arms ('saɪdɑːmz) ZN *sabels*; *degens*

sideboard ('saɪdbɔ:d) ZN • *dressoir* • *buffet* ★ INFORM. ~s *bakkebaarden*

sideburn ('saɪdbɜ:n) ZN USA *bakkebaardje*

side business ZN *nevenactiviteit*

sidecar ('saɪdkɑ:) ZN • *zijspan* • *soort cocktail*

side dish ('saɪddɪʃ) ZN *bijgerecht*

side effect ('saɪdɪfekt) ZN *neveneffect; bijwerking*

side issue ('saɪdɪʃu:) ZN *nevenprobleem; bijzaak*

sidekick(er) ('saɪdkɪkə) ZN • *makker; kameraad*

sidelight ('saɪdlaɪt) ZN • *zijlicht; parkeerlicht* • *nevenaspect* • *bijkomstige informatie*

sideline ('saɪdlaɪn) ZN • *zijlijn* • *bijbaantje* • *nevenartikel* • *pensioen*

sidelong ('saɪdlɒŋ) BIJW • *van terzijde* • *zijdelings*

side-saddle ('saɪdsædl) ZN *damezadel*

sideshow ('saɪdʃəʊ) ZN • *nevenattractie* • *bijzaak*

side-slip ('saɪdslɪp) I ZN *(het) slippen, enz.* II OV WW LUCHTV. *dwars laten afglijden* III ONOV WW • *slippen* • LUCHTV. *dwars afglijden*

side-splitting ('saɪdsplɪtɪŋ) BNW *om je dood te lachen* ⟨grap⟩ ★ a ~ fit of laughter *een lachbui waar je pijn van in de zij krijgt*

sidestep ('saɪdstep) I ZN • *stap opzij* • *ontwijking* II OV WW *opzij gaan; ontwijken*

sidestroke ('saɪdstrəʊk) ZN • *zijslag* • *zijstoot*

sidetrack ('saɪdtræk) I ZN *zijspoor* II OV WW • *op een zijspoor zetten* ⟨ook fig.⟩ • *op de lange baan schuiven*

sidewalk ('saɪdwɔ:k) ZN USA *trottoir*

sideward(s) ('saɪdwəd(z)) BIJW *zijwaarts*

side whiskers ZN MV *bakkebaarden*

siding ('saɪdɪŋ) ZN • *rangeerspoor* • USA *zijplanken v.e. houten gebouw*

sidle ('saɪdl) ONOV WW • *zijdelings lopen* • *met eerbied/schuchter naderen*

SIDS AFK *sudden infant death syndrome wiegendood*

siege (si:dʒ) ZN • *belegering* • *beleg* ★ lay ~ to *belegeren* ★ raise the ~ *het beleg opheffen*

sieve (sɪv) I ZN • *zeef* • *loslippig iem.* II OV WW *zeven*

sift (sɪft) OV WW • *zeven; ziften* • *strooien* ⟨v. o.a. suiker⟩ • *nauwkeurig uitpluizen; uithoren*

sifter ('sɪftə) ZN *zeef(je)*

sigh (saɪ) I ZN *zucht* II ONOV WW • *zuchten* • ~ for *smachten naar*

sight (saɪt) I ZN • *(ge)zicht* • *schouwspel* • *bezienswaardigheid* • INFORM. *heleboel* ★ on ~, at (first) ~ *op het eerste gezicht* ★ in ~ *in zicht; in het gezicht* ★ INFORM. out of ~! *geweldig!* ★ FIG. out of ~, out of mind *uit het oog, uit het hart* ★ catch ~ of *beginnen te zien; in 't oog krijgen* ★ lose ~ of *uit 't oog verliezen* ★ know s.o. by ~ *iem. kennen van gezicht* ★ you're a ~ for sore eyes! *ik ben blij dat ik je (eens) zie* ★ what a ~ you look! *wat zie je eruit!* ★ raise/lower one's ~s *verwachtingen/ambities hoger/lager stellen* II OV WW • *in 't oog krijgen* • *observeren* • *(het vizier) stellen (van)*

sighted ('saɪtɪd) BNW *ziende*

sighting ('saɪtɪŋ) ZN *waarneming*

sightless ('saɪtləs) BNW *blind*

sightly ('saɪtlɪ) BNW *fraai*

sight-read OV+ONOV WW *van het blad spelen/zingen*

sightseeer ('saɪtsi:ə) ZN *toerist*

sightseeing ('saɪtsi:ɪŋ) ZN *bezichtiging van bezienswaardigheden* ★ ~ tour *rondrit voor toeristen* ★ ~ bus *bus voor rondritten*

sign (saɪn) I ZN • *teken* • USA *spoor* • *uithangbord* • *bordje* • *reclameplaat* ★ sign and countersign *geheime tekens v. verstandhouding* ★ in sign of *ten teken van* ★ make a sign *een teken geven* ★ sign language *gebarentaal* II OV WW *door een teken aanduiden* ★ sign one's name (to) *ondertekenen* ★ sign assent *toestemmend knikken* III ONOV WW • *in gebarentaal spreken* • ~ away *schriftelijk afstand doen van* • ~ in *de presentielijst tekenen* • ~ off *stopbod doen* • ~ on *stempelen bij de sociale dienst* • ~ on/up (for/to) *aanmonsteren (bij); tekenen* ⟨als o.a. lid⟩ IV OV+ONOV WW *ondertekenen*

signal ('sɪɡnl) I ZN • *verkeerslicht* • *sein; signaal* ★ ~ book/code *seinregister* ★ USA ~ cord *noodrem* II BNW • *schitterend* • *buitengewoon* • *opmerkelijk* ★ a ~ villain *aartsschurk* III OV WW • *seinen* • *door signalen/tekens te kennen geven* • *aankondigen* • ~ to *een wenk geven om*

signal box ('sɪɡnlbɒks) ZN *seinhuis*

signalize ('sɪɡnəlaɪz) I OV WW • *doen uitblinken* • *opluisteren* • *te kennen geven* II WKD WW ★ ~ o.s. *zich onderscheiden*

signaller ('sɪɡnələ) ZN *seiner*

signalman ('sɪɡnlmən) ZN *seinhuiswachter*

signatory ('sɪɡnətərɪ) I ZN *ondertekenaar* II BNW ★ the ~ Powers *de mogendheden die (het verdrag) ondertekend hebben*

signature ('sɪɡnətʃə) ZN • *handtekening* • *signatuur; ondertekening* • MUZ. *vóórtekening* ★ ~ tune *herkenningsmelodie*

signboard ('saɪnbɔ:d) ZN • *(uithang)bord* • USA *aanplakbord*

signer ('saɪnə) ZN *ondertekenaar*

signet ('sɪɡnɪt) ZN *zegel*

signet ring (sɪɡnɪtrɪŋ) ZN *zegelring*

significance (sɪɡ'nɪfɪkəns) ZN • *betekenis* • *gewichtigheid*

significant (sɪɡ'nɪfɪkənt) BNW *veelbetekenend* ★ ~ figure *elk cijfer behalve 0*

signification (sɪɡnɪfɪ'keɪʃən) ZN *betekenis*

signify ('sɪɡnɪfaɪ) OV WW • *betekenen* • *aanduiden* • *te kennen geven*

signpost ('saɪnpəʊst) ZN • *handwijzer; wegwijzer* • *stok v. uithangbord*

silage ('saɪlɪdʒ) I ZN *ingekuild veevoer* II OV WW *inkuilen*

silence ('saɪləns) I ZN • *stilte* • *(het) zwijgen* • *vergetelheid* ★ stunned ~ *oorverdovende stilte* ★ put to ~ *tot zwijgen brengen* ★ ~ gives consent *wie zwijgt, stemt toe* II OV WW *tot zwijgen brengen*

silencer ('saɪlənsə) ZN • *geluiddemper* • *knalpot* • *dooddoener*

silent ('saɪlənt) BNW • *stil* • *zwijgend* • *zwijgzaam* ★ ~ film *stomme film* ★ be ~ *zwijgen* ★ the Silent Service *de Britse Marine* ★ GESCH. William the Silent *Willem de Zwijger*

silhouette (sɪlu:'et) I ZN *silhouet; schaduwbeeld* II OV WW ★ be ~d against *zich aftekenen tegen*

silica ('sɪlɪkə) ZN *kiezelzuur*

silicate ('sɪlɪkeɪt) ZN *silicaat*

silicon ('sɪlɪkən) ZN *silicium*

silicone ('sılıkəʊn) ZN *silicone*
silk (sılk) I ZN *zijde* II BNW ★ you can't make a silk purse out of a sow's ear *je kunt geen ijzer met handen breken; je kunt van een boer geen heer maken*
silken ('sılkən) BNW • *zijdeachtig; zijdezacht* • *poeslief* • *zijden*
silks (sılks) ZN MV *zijden stoffen*
silkworm ('sılkwɜːm) ZN *zijderups*
silky ('sılkı) BNW → **silken**
sill (sıl) ZN • *drempel* • *vensterbank*
silly ('sılı) I ZN *onnozele hals* II BNW • *dwaas; idioot* • *flauw; kinderachtig* ★ become ~ *gek/seniel worden* ★ knock a p. ~ *iem. suf slaan* ★ spoil s.o. ~ *iem. schandalig verwennen* ★ the ~ season *de komkommertijd*
silo ('saıləʊ) I ZN • *(graan)silo* • *kuil voor groenvoer* II OV WW *inkuilen*
silt (sılt) I ZN *slib* II OV WW *doen dichtslibben* III ONOV WW *dichtslibben* IV OV+ONOV WW ~ up *dichtslibben*
silvan ('sılvən) BNW → **sylvan**
silver ('sılvə) I ZN • *(z.) geld* • *tafelzilver* ★ ~ leaf *bladzilver* II BNW • *zilveren* • *zilverachtig* ★ ~ paper *fijn wit zijdepapier; zilverpapier* ★ ~ plate *zilver servieswerk* ★ ~ foil *bladzilver* III OV WW • *foeliën* • *verzilveren* • *zilverwit maken* IV ONOV WW *zilverwit worden*
silver-plated (sılvə'pleıtıd) BNW *verzilverd*
silverside ('sılvəsaıd) ZN *beste stuk v. ossenhaas*
silversmith ('sılvəsmıθ) ZN *zilversmid*
silverware ('sılvəweə) ZN *tafelzilver; zilverwerk*
silvery ('sılvərı) BNW • *met zilveren klank* • *zilverachtig*
SIM (sım) AFK Subscriber Identity Module *sim*
simcard ('sımkɑːd) ZN *simkaart*
simian ('sımıən) I ZN *aap* II BNW *aap-; apen-*
similar ('sımılə) I ZN *gelijke* II BNW ★ ~ to *gelijk(vormig) aan; gelijkend op*
similarity (sımı'lærətı) ZN • *gelijkvormigheid* • *overeenkomst*
similarly ('sımıləlı) BIJW *evenzo; op dezelfde manier; gelijk*
simile ('sımılı) ZN *uitgebreide vergelijking* ⟨stijlfiguur⟩
similitude (sı'mılıtjuːd) ZN • *gelijkenis* • *evenbeeld*
simlock ('sımlɒk) ZN *simlock*
simmer ('sımə) I ZN *gesudder* II OV WW *laten sudderen* III ONOV WW • *sudderen* • *koken* ⟨v. woede⟩ • *zich verkneukelen*
simony ('saımənı) ZN *simonie*
simper ('sımpə) I ZN *onnozele glimlach* II ONOV WW *gemaakt/onnozel lachen*
simple ('sımpl) BNW • *eenvoudig; enkelvoudig* • *ongekunsteld* • *gewoon* • *onnozel* ★ it's ~ madness *het is gewoonweg dwaasheid*
simple-hearted (sımpl'hɑːtıd) BNW *oprecht; eenvoudig*
simple-minded (sımpl'maındıd) BNW • *eenvoudig* • *zwakzinnig*
simpleton ('sımpltn) ZN • *dwaas* • *sul*
simplicity (sım'plısətı) ZN • *eenvoud* • *ongekunsteldheid*
simplify ('sımplıfaı) OV WW *vereenvoudigen*
simplistic (sım'plıstık) BNW *simplistisch; oppervlakkig*

simply ('sımplı) BIJW *simpel(weg); eenvoudig(weg); domweg*
simulate ('sımjʊleıt) OV WW • *veinzen* • *nabootsen*
simulation (sımjʊ'leıʃən) ZN *simulatie*
simulator ('sımjʊleıtə) ZN • *simulant* • *simulator*
simultaneity (sıməltə'neıətı) ZN *gelijktijdigheid*
simultaneous (sıməl'teınıəs) BNW *gelijktijdig*
sin (sın) I ZN *zonde* • ugly as sin *spuuglelijk* ★ original sin *erfzonde* ★ seven deadly sins *zeven hoofdzonden* ★ like sin *van je welste* ★ mortal sin *doodzonde* II OV WW ★ sin one's mercies *zich ondankbaar gedragen* III ONOV WW *zondigen*
since (sıns) I BIJW • *sindsdien* • *geleden* ★ long ~ al *lang; lang geleden* II VZ *sinds; sedert* III VW *(aan)gezien*
sincere (sın'sıə) BNW *oprecht* ★ yours ~ly *met vriendelijke groeten*
sincerity (sın'serətı) ZN • *eerlijkheid* • *oprechtheid*
sinew ('sınjuː) ZN *pees*
sinews ('sınjuːz) ZN MV *spieren; spierkracht* ★ the ~ of war *dat waar de oorlog op drijft; geld*
sinewy ('sınjuːı) BNW • *pezig* • *gespierd; sterk*
sinful ('sınfʊl) BNW *zondig*
sing (sıŋ) I ZN USA *bijeenkomst om te zingen* II OV WW *bezingen* ★ sing another tune *uit een ander vaatje tappen* ★ sing s.o.'s praises *iem. ophemelen* III ONOV WW • *zoemen; suizen* ★ sing flat/sharp *vals zingen* ★ to sing for one's supper *moeten werken voor de kost* ★ sing small *een toontje lager zingen* ★ ~ of *bezingen* ★ ~ out *uitzingen; brullen* IV OV+ONOV WW *zingen*
singe (sındʒ) OV WW *afschroeien; (ver)schroeien* • have one's hair ~d *het haar laten onduleren* ★ FIG. ~ one's feathers/wings *de vingers branden*
singer ('sıŋə) ZN *zanger(es)*
Singhalese (sıŋə'liːz) I ZN *Singalees* II BNW *Singalees*
singing ('sıŋıŋ) ZN • *(het) zingen* • *gezang* • *zang(kunst)* ★ had a fine ~ voice *kon mooi zingen*
single ('sıŋgl) I ZN • *single* ⟨geluidsdrager met korte speelduur⟩ • *enkelspel* • *enkele reis* • *enkele bloem* • *één punt* • TAALK. *enkelvoud* • *vrijgezel* II BNW • *enkel; afzonderlijk* • *vrijgezel; alleenstaand* • *oprecht; rechtdoorzee* ★ ~ room *eenpersoonskamer* ★ ~ combat/fight *tweegevecht* ★ with a ~ eye *doelbewust* III OV WW ~ out *uitkiezen; eruit pikken*
single-breasted (sıŋgl'brestıd) BNW *met één rij knopen*
single-handed (sıŋgl'hændıd) BNW • *eigenhandig* • *zonder hulp v. anderen*
single-hearted (sıŋgl'hɑːtıd) BNW *oprecht; eerlijk*
single-minded (sıŋgl'maındıd) BNW *doelbewust*
singleness ('sıŋglnəs) ZN ★ ~ of mind/purpose *doelbewustheid*
single-seater (sıŋgl'siːtə) ZN *éénpersoonsauto/-vliegtuig*
singlet ('sıŋglət) ZN *singlet* ⟨(mouwloos) hemd⟩
singleton ('sıŋgltn) ZN • *één enkele kaart in een kleur* ⟨kaartspel⟩ • *éénling*
single-use BNW *wegwerp-* ★ ~ camera *wegwerpcamera*
singly ('sıŋglı) BIJW • *apart* • *één voor één*

singsong ('sɪŋsɒŋ) ZN • dreun • zangavondje
singular ('sɪŋgjʊlə) I ZN TAALK. enkelvoud(ig woord) II BNW • zonderling; vreemd • uniek • enkelvoudig • all and ~ allen en ieder in 't bijzonder ★ ~ly bij uitstek
singularity (sɪŋgjʊ'lærətɪ) ZN → **singular**
sinister ('sɪnɪstə) BNW • sinister • onheilspellend; akelig • kwaadaardig • onguur • linker-
sink (sɪŋk) I ZN • gootsteen; wasbak • riool; beerput • poel • sink of iniquity poel v. ongerechtigheid II OV WW • inlaten • investeren; steken in • amortiseren • doen zinken • laten zakken • in de grond boren • torpederen (ook fig.) • onder water aanbrengen • graveren ★ sink o.s./one's own interests de eigen belangen opzij zetten ★ sink differences geschilpunten laten rusten ★ sink or swim pompen of verzuipen; erop of eronder ★ we're sunk we zijn verloren ★ sunken cheeks ingevallen wangen ★ sunken eyes diepliggende ogen III ONOV WW • zinken; dalen; zakken • boren; graven • achteruitgaan; bezwijken • gaan liggen (wind) • ~ in tot iem. doordringen; bezinken; inzinken
sinker ('sɪŋkə) ZN • zinklood • USA donut
sinking ('sɪŋkɪŋ) ZN • (het) (doen) zinken • beklemd gevoel
sinking fund ZN amortisatiefonds
sinless ('sɪnləs) BNW zonder zonde
sinner ('sɪnə) ZN zondaar ★ as I am a ~ zowaar ik leef
Sinn Fein (ʃɪn 'feɪn) ZN POL. Sinn Fein (Ierse nationalistische partij)
sinology (saɪ'nɒlədʒɪ) ZN sinologie
sinuosity (sɪnjʊ'ɒsətɪ) ZN bocht(igheid)
sinuous ('sɪnjʊəs) BNW bochtig; kronkelend
sinus ('saɪnəs) ZN • holte • schedelholte
sip (sɪp) I ZN teugje; slokje II OV+ONOV WW nippen aan; met kleine teugjes drinken
siphon ('saɪfən), **syphon** ZN • hevel • sifon
sir (sɜː) I ZN mijnheer II OV WW met 'sir' aanspreken
Sir (sɜː) ZN Sir (titel) ★ Dear Sir Geachte heer, (in brief)
sire ('saɪə) I ZN • stamvader; (voor)vader • Sire II OV WW de vader zijn van (bij dieren)
siren ('saɪərən) ZN • sirene • zeekoe
sirloin ('sɜːlɔɪn) ZN lendestuk v. rund
sis (sɪs) ZN zus(je)
SIS (esaɪ'es) AFK Secret Intelligence Service Britse geheime dienst
sisal ('saɪs(ə)l) ZN sisal ★ ~ grass sisal
sissy ('sɪsɪ), **cissy** I ZN MIN. mietje II BNW MIN. mietjesachtig
sister ('sɪstə) ZN • zuster • non • hoofdverpleegster ★ the Weird/Three Sisters de Schikgodinnen
sisterhood ('sɪstəhʊd) ZN • zusterschap • vrouwenbeweging • congregatie
sister-in-law ('sɪstərɪnlɔː) ZN schoonzuster
sisterly ('sɪstəlɪ) BNW zusterlijk
Sistine ('sɪstaɪn, 'sɪstiːn) BNW ★ the ~ Chapel de Sixtijnse Kapel
sit (sɪt) I ZN houding te paard II ONOV WW • zitten • blijven zitten • zitten gaan (op o.a. paard) • liggen; zich bevinden • zitten te broeden ★ sit for an examination examen doen ★ sit heavy on bezwaren; zwaar zijn ★ sit ill on niet passen bij ★ sit in for vervangen; de plaats innemen van ★ sit in judgment stem in 't kapittel hebben ★ sit slightly/loosely on van weinig betekenis zijn voor ★ don't be sat on laat je niet op de kop zitten ★ sit on a p.'s head iem. onder de duim houden of negeren ★ sit on the fence van twee walletjes eten; geen partij kiezen ★ sit tight stevig in 't zadel zitten (ook fig.) ★ that will make him sit up daar zal hij van opfrissen/-kijken ★ sit well on goed passen bij ★ sit at home werkeloos thuis zitten ★ sits the wind there? waait de wind uit die hoek?★ sit down before het beleg slaan vóór • ~ back achterover gaan zitten • ~ down gaan zitten • ~ for poseren; vertegenwoordigen • ~ in bezetten; aan bezetting deelnemen; aanwezig zijn bij • ~ out niet deelnemen aan; buiten blijven; tot het eind toe blijven (bij); langer blijven dan • ~ under (geregeld) onder het gehoor zijn van • ~ up rechtop gaan zitten • ~ (up)on blijven; behandelen; beraadslagen over; zitting hebben in; op z'n nummer zetten; op de kop zitten
sitcom ('sɪtkɒm) ZN situation comedy komische tv-serie
sit-down (sɪt'daʊn) ZN • staking (waarbij de werkplaats bezet wordt) • adempauze
site (saɪt) I ZN • terrein; perceel; kavel • plaats; ligging; locatie • zetel • vindplaats (van informatie) (internet) II OV WW plaatsen
sit-in ('sɪtɪn) ZN bezetting
sitter ('sɪtə) ZN • model • oppas; babysitter
sitter-in ZN babysitter
sitting ('sɪtɪŋ) ZN • zittingsperiode • vaste plaats in de kerk • broedsel
sitting duck ZN gemakkelijk doelwit; eenvoudige prooi
sitting room ZN zitkamer
situate ('sɪtjʊeɪt) OV WW plaatsen
situated ('sɪtjʊeɪtɪd) BNW gelegen ★ be ~ on liggen aan/op ★ thus ~ in deze positie
situation (sɪtjʊ'eɪʃən) ZN • toestand; situatie • ligging; stand • gelegenheid • betrekking • EUF. problematische situatie; noodgeval
sit-up ZN sit-up (buikspieroefening)
six (sɪks) TELW zes ★ six of one and half a dozen of the other lood om oud ijzer ★ at sixes and sevens in 't honderd
sixfold ('sɪksfəʊld) BNW zesvoudig
six-footer (sɪks'fʊtə) ZN iem. die 1.80 m lang is
sixpence ('sɪkspəns) ZN zesstuiverstuk
sixpenny ('sɪkspənɪ) BNW • van zes stuivers • kwartjes- ★ ~ bit/piece zesstuiverstuk
sixpennyworth ('sɪkspənɪwɜːθ) BNW t.w.v. zes stuivers
sixteen (sɪks'tiːn) TELW zestien
sixteenth (sɪks'tiːnθ) BNW zestiende
sixth (sɪksθ) TELW zesde ★ ~ form bovenbouw v. middelbare school
sixthly (sɪksθlɪ) TELW ten zesde
sixties (sɪks'tiːz) ZN MV ★ the ~ de jaren zestig (v. de twintigste eeuw)
sixtieth ('sɪkstɪəθ) BNW zestigste
sixty ('sɪkstɪ) TELW zestig ★ like ~ als de donder
sizable ('saɪzəbl) BNW • nogal groot • aanzienlijk
sizar ('saɪzə) ZN beursstudent
size (saɪz) I ZN • grootte • maat • stijfsel ★ of some

size *behoorlijk groot* ★ is the size of *is zo groot als* ★ of a size *even groot* ★ what size do you take? *welke maat hebt u?* II OV WW • *naar grootte of maat sorteren* • *passend maken* • *stijven* • ~ **up** *taxeren; schatten; een beeld vormen van*

sizzle ('sɪzəl) I ZN • *gesis* • *onaangenaam persoon* II ONOV WW *sissen* ★ sizzling hot *bloedheet*

sizzler ('sɪzlə) ZN • *sisser* • *bloedhete dag* • PLAT *lekker stuk* • PLAT *knoert*

skate (skeɪt) I ZN • *schaats* • *vleet* ⟨vis⟩ II ONOV WW • *schaatsen* • *skaten* ★ ~ over *thin ice een gevoelig onderwerp behandelen*

skateboard ('skeɪtbɔːd) I ZN *rol-/schaatsplank; skateboard* II ONOV WW *skateboarden*

skater ('skeɪtə) ZN *schaatser*

skating rink ('skeɪtɪŋrɪŋk) ZN • *ijsbaan* • *rolschaatsbaan*

skeet (skiːt) ZN *(het) kleiduivenschieten*

skein (skeɪn) ZN • *knot; streng* • *vlucht wilde ganzen* • *warboel*

skeletal ('skelɪtəl) BNW • *skelet-; v.h. skelet* • *broodmager* • *schematisch*

skeleton ('skelɪtn) ZN • *geraamte; skelet* • *schema; kern* ★ ~ ⟨crew/regiment⟩ *kader* ★ a ~ in the closet/cupboard *een lijk in de kast* ⟨achtergehouden feit; onaangename verrassing⟩ ★ ~ key *loper* ★ ~ service *zeer beperkte dienst*

skeptical ('skeptɪkəl) BNW → **sceptical**

skerry ('skerɪ) ZN *klip; rif*

sketch (sketʃ) I ZN • *schets* ⟨afbeelding⟩ • TON. *sketch* ⟨humoristisch toneelstukje⟩ • FIG. *schets* ⟨kort verslag⟩ II OV WW • *schetsen* ⟨afbeelden⟩ • FIG. *schetsen* ⟨kort verslag geven⟩

sketchbook ('sketʃbʊk) ZN *schetsboek*

sketchy ('sketʃɪ) BNW *oppervlakkig; niet afgewerkt* ★ ~ meal *haastige maaltijd*

skew (skjuː) I ZN *schuinte* II BNW *schuin* III ONOV WW • *opzij gaan* • *hellen* • *van opzij kijken* ★ skewed vision *scheef beeld*

skewbald ('skjuːbɔːld) BNW *met witte vlekken*

skewer ('skjuːə) I ZN • *vleespen* • *spit* • *sabel* • *hoenderpen* II OV WW *doorsteken*

skew-eyed BNW *scheel*

ski (skiː) I ZN *ski* ★ ski lift *skilift* II ONOV WW *skiën*

skid (skɪd) I ZN • *'t slippen; slip* • *remblok; remschoen* • USA *weg v. boomstammen voor houttransport* • ~ mark *remspoor* II ONOV WW • *slippen* • *remmen* • USA *vervoeren over weg van boomstammen*

skid lid ('skɪdlɪd) ZN *veiligheidshelm*

skier ('skiːə) ZN • *skiër* • *hoge slag/bal* ⟨bij cricket⟩

skiff (skɪf) ZN *skiff* ⟨eenpersoonsroeiboot⟩

ski jump ZN *skischans*

ski jumping ZN *(het) ski-, schansspringen*

skilful ('skɪlfʊl) BNW *bedreven; bekwaam*

skill (skɪl) ZN *vaardigheid; (verworven) bedrevenheid*

skilled (skɪld) BNW *geschoold; vakkundig* ★ ~ labour *geschoold werk*

skillet ('skɪlɪt) ZN *koekenpan*

skilly ('skɪlɪ) ZN • *gortwater* • *watersoep*

skim (skɪm) OV WW • *langs (iets) strijken/scheren* • *afromen; afschuimen* • ~ **over** *vluchtig bekijken; oppervlakkig behandelen* ★ skimmed milk *magere melk* ★ skimmed money *zwart geld* ★ skim stones on the water *steentjes keilen* ★ OOK FIG. skim the cream off *afromen*

skimmer ('skɪmə) ZN *schuimspaan*

skimp (skɪmp) ONOV WW • *kort houden; karig bedelen* • *zuinig zijn; bekrimpen*

skimpy ('skɪmpɪ) BNW *krap; karig; krenterig*

skin (skɪn) I ZN • *huid* • *scheepshuid* • *vlies* • *schil* • *leren wijnzak* ★ inner/true skin *lederhuid* ★ outer skin *opperhuid* ★ keep a whole skin *het er levend afbrengen* ★ jump out of one's skin *buiten zichzelf zijn; zich doodschrikken* ★ save one's skin *het er levend afbrengen* ★ I would not be in your skin *ik zou niet graag in jouw schoenen staan* ★ thick skin *een dikke huid* ★ get under a p.'s skin *iem. irriteren; iem. fascineren* ★ by/with the skin of one's teeth *op 't kantje af; ternauwernood* ★ wear s.th. next to the skin *iets op 't blote lijf dragen* II OV WW • *villen* ⟨ook fig.⟩ • *ontvellen* • *stropen* • *pellen* ★ keep your eyes skinned *kijk goed uit je doppen* ★ skin a flint *op een cent doodblijven* • ~ **off** *uittrekken* ⟨v. kleren⟩ • ~ **over** *helen* III OV+ONOV WW *met (een) vel/vliesje bedekken/bedekt worden*

skin condition ZN *huidaandoening*

skin-deep (skɪn'diːp) BNW *oppervlakkig* ★ beauty is but ~ *schoonheid zit alleen maar aan de buitenkant*

skin-dive ('skɪndaɪv) ONOV WW *snorkelen*

skin-diver ZN *onderwaterzwemmer*

skin diving ZN *onderwatersport; duiksport*

skin-flick ('skɪnflɪk) ZN USA *seksfilm*

skinflint ('skɪnflɪnt) ZN *vrek; gierigaard*

skinful ('skɪnfʊl) ZN *leren (wijn)zak vol* ★ when he's got his ~ *als hij flink wat op heeft*

skin game ZN *oplichterij; afzetterij*

skinhead ('skɪnhed) ZN • *kaalkop* • *skinhead*

skinny ('skɪnɪ) BNW *broodmager; vel over been*

skint (skɪnt) BNW PLAT *blut; platzak*

skin-tight (skɪn'taɪt) BNW *strak over het lichaam*

skip (skɪp) I ZN • *sprong(etje)* • *dat wat overgeslagen is/moet worden/wordt* • *hiaat* • *mand* • *bak* • *kooi* ⟨in mijnschacht⟩ • *kiepkar* • *aanvoerder* ⟨bij bowlen⟩ II OV WW *overslaan* ★ skip the formalities *de formaliteiten laten voor wat ze zijn* ★ my heart skipped a beat *mijn hart sloeg over* III ONOV WW • *huppelen* • *(touwtje)springen* ★ skip (it) *er tussenuit knijpen* • ~ **over** *overslaan*

skipper ('skɪpə) I ZN • *schipper; (scheeps)kapitein* • SPORT *aanvoerder* • USA *commanderend onderofficier; sergeant* II OV WW *aanvoeren; bevel voeren (over)* ⟨als kapitein⟩

skipping-rope ('skɪpɪŋrəʊp) ZN *springtouw*

skirl (skɜːl) I ZN *geluid v.e. doedelzak* II ONOV WW *geluid maken v.e. doedelzak*

skirmish ('skɜːmɪʃ) I ZN *schermutseling* II ONOV WW *schermutselen*

skirt (skɜːt) I ZN • *rok* • *slip; pand* • *rand; buitenwijk; zoom* ⟨v. bos⟩ • PLAT *meid; griet* ★ divided ~ *broekrok* II OV WW • *bewegen langs de rand van* • *grenzen aan* • *vermijden* • *ontgaan*

skit (skɪt) I ZN • *schimpscheut* • *steek* • *parodie* II OV WW *hekelen; afgeven op*

skits (skɪts) ZN *hopen*

skitter ('skɪtə) ONOV WW rennen; snel bewegen; gaan als lopend vuur
skittish ('skɪtɪʃ) BNW • dartel; frivool • schichtig
skittle ('skɪtl) I ZN kegel ★ ~s kegelspel II OV WW ~ **out** snel één voor één eruit spelen
skive (skaɪv) ONOV WW zich drukken; niet komen werken
skivvy ('skɪvɪ) ZN PLAT dienstmeisje ★ skivvies (heren)ondergoed
skulk (skʌlk) ONOV WW • sluipen • op de loer liggen • z. verschuilen • z. onttrekken aan • lijntrekken
skull (skʌl) ZN • schedel • doodskop
skullcap ('skʌlkæp) ZN kalotje
skunk (skʌŋk) I ZN • bunzing • skunk • PLAT vuns; schoft II OV WW USA totaal verslaan
sky (skaɪ) I ZN • lucht; hemel • klimaat; streek ★ FIG. the sky's the limit ≈ er is geen grens aan de mogelijkheden II OV WW • hoog slaan • hoog hangen
sky-blue BNW hemelsblauw
skybox ('skaɪbɒks) ZN viploge ⟨boven aan stadiontribune⟩
skydiver ('skaɪdaɪvə) ZN parachutist in vrije val
skyey ('skaɪɪ) BNW • hemelhoog • hemelsblauw
sky-high BNW hemelhoog
skyjack ('skaɪdʒæk) OV WW kapen ⟨v. vliegtuig⟩
skyjacking ('skaɪdʒækɪŋ) ZN vliegtuigkaping
skylab ('skaɪlæb) ZN ruimtelaboratorium
skylark ('skaɪlɑːk) I ZN leeuwerik II ONOV WW • OUD. lol maken • de boel op stelten zetten
skylight ('skaɪlaɪt) ZN dakraam; bovenlicht
skyline ('skaɪlaɪn) ZN silhouet ⟨v. landschap/stad⟩
skyrocket ('skaɪrɒkɪt) I ZN vuurpijl II ONOV WW snel de hoogte ingaan; de hoogte in schieten
skyscraper ('skaɪskreɪpə) ZN wolkenkrabber
skyward(s) ('skaɪwəd(z)) BNW + BIJW hemelwaarts
skywriting ('skaɪraɪtɪŋ) ZN luchtschrijver; luchtschrift
slab (slæb) I ZN • platte steen • trottoirtegel • sectietafel • plak II OV WW met tegels plaveien
slack (slæk) I ZN • slap hangend deel v. touw of zeil • dood tij • slapte • kolengruis ★ I'm going to have a good ~ this afternoon vanmiddag neem ik het er eens van II BNW • slap • los • lui; traag; laks; loom ★ ~ water dood tij III OV+ONOV WW • treuzelen; lijntrekken • nalatig zijn (in) • lessen • ~ **away**/**off** vieren • ~ **off** verslappen; kalmpjes aan (gaan) doen • ~ **up** vaart minderen; het rustiger aandoen
slacken ('slækən) I OV WW • laten vieren • slap doen worden II ONOV WW • vieren • vaart minderen • afnemen • slap worden
slacker ('slækə) ZN lijntrekker
slacks (slæks) ZN MV vrijetijdsbroek
slag (slæg) I ZN • slons • slak(ken) • sintel(s) II ONOV WW slakken vormen
slain (sleɪn) WW [volt. deelw.] → **slay**
slake (sleɪk) OV WW • lessen • koelen • blussen ⟨v. kalk⟩
slalom ('slɑːləm) ZN slalom
slam (slæm) I ZN • harde klap • slem II OV WW • verslaan • slem maken ⟨bij kaartspel⟩ • USA/PLAT op de kop geven III OV+ONOV WW hard dichtslaan IV BIJW • met een harde klap • pardoes
slander ('slɑːndə) I ZN laster II ONOV WW (be)lasteren
slanderer ('slɑːndərə) ZN lasteraar; kwaadspreker
slanderous ('slɑːndərəs) BNW lasterlijk
slang (slæŋ) I ZN • TAALK. slang; Bargoens; platte taal • groeptaal; jargon II OV WW uitkafferen
slangy ('slæŋɪ) BNW TAALK. 'slangig' ⟨zoals in straattaal⟩
slant (slɑːnt) I ZN • helling • USA kijk ⟨op de zaak⟩ • steelse blik • steek onder water • kans • schuine streep ★ on a/the ~ schuin II OV WW schuin houden/zetten III ONOV WW schuin lopen/staan ★ ~ed eyes schuinstaande ogen
slanting ('slɑːntɪŋ) BNW schuin
slantwise ('slɑːntwaɪz) BNW schuin
slap (slæp) I ZN • klap ⟨met de vlakke hand⟩ • slag ★ OOK FIG. a slap in the face een klap in het gezicht ★ slap on the back schouderklopje; felicitatie(s) II OV WW • slaan • klappen; kletsen ★ she slapped him in the face ze sloeg hem (met de vlakke hand) in het gezicht III BIJW • pardoes • met een klap
slap-bang (slæp'bæŋ) I BNW • nonchalant • met de Franse slag II BIJW • pats; boem • zo maar • holderdebolder
slapdash ('slæpdæʃ) I ZN • nonchalance • geklodder II BNW • pardoes; zo maar ineens • lukraak III OV WW • maar raak doen • met de pet ernaar gooien
slap-happy BNW • INFORM. uitgelaten • INFORM. nonchalant; onbekommerd
slapstick ('slæpstɪk) I ZN slapstick ⟨platte humor⟩ II BNW • lawaaierig • boertig
slap-up ('slæpʌp) BNW • picobello • chic ★ ~ meal maaltijd met alles erop en eraan
slash (slæʃ) I ZN • houw; jaap • striem • schuine streep ⟨het teken /⟩ ★ VULG. have a ~ gaan pissen II OV WW • houwen; snijden; een jaap geven • striemen • drastisch verlagen/verminderen/inkorten ⟨bijv. v. prijzen/personeel/tekst⟩ ★ ~ed sleeve splitmouw ★ ~ing criticism meedogenloze kritiek
slasher ('slæʃə) ZN messentrekker; moordenaar ★ ~ film/movie griezel-/geweldsfilm
slat (slæt) ZN • dun latje ⟨v. o.a. jaloezie⟩ • LUCHTV. neusvleugel
slate (sleɪt) I ZN • lei(steen) • leikleur • USA voorlopige kandidatenlijst ★ clean the ~ schoon schip maken ★ ~ club onderlinge spaarkas II BNW leien III OV WW • USA kandidaat stellen • met leien dekken • uitvaren tegen • scherp kritiseren; met kritiek afmaken • bestemmen (als)
slate-pencil ZN griffel
slater ('sleɪtə) ZN leidekker
slating ('sleɪtɪŋ) ZN dakwerk v. lei
slattern ('slætn) I ZN • slons • slet II BNW slonzig
slatternly ('slætnlɪ) BNW slordig
slaty ('sleɪtɪ) BNW leiachtig
slaughter ('slɔːtə) I ZN • slachting • 't slachten • bloedbad II OV WW (af)slachten ★ ~ed prices afbraakprijzen ★ ~ed cabinetmaker tegen hongerloon werkende meubelmaker
slaughterer ('slɔːtərə) ZN • slachter • (massa)moordenaar
slaughterhouse ('slɔːtəhaʊs) ZN slachthuis
Slav (slɑːv) I ZN Slaaf II BNW Slavisch

slave (sleɪv) **I** ZN • *slaaf* • *slavin* ★ OOK FIG. ~ labour *slavenarbeid, -werk* **II** ONOV WW z. *afbeulen*
slave driver ZN OOK FIG. *slavendrijver*
slaver ('sleɪvə) **I** ZN • *slavenhandelaar* • *slavenschip* • *kwijl* • *strooplikkerij* **II** OV WW *kwijlen*
slavery ('sleɪvəri) ZN *slavernij*
slave trade ZN *slavenhandel*
Slavic ('slɑ:vɪk) **I** ZN *Slaaf* **II** BNW *Slavisch*
slavish ('sleɪvɪʃ) BNW *slaafs*
Slavonian (sləˈvəʊnɪən) BNW *Slavisch*
slavonic (sləˈvɒnɪk) BNW *slavisch*
slay (sleɪ) OV WW OUD. *doden* ★ be slain *sneuvelen*
sleazy ('sli:zɪ) BNW • *vies* • *louche en verlopen* • *vodderig* • *slonzig*
sled (sled) **I** ZN *slee* **II** ONOV WW • *sleeën* • *per slee vervoeren* ★ USA have a hard sledding *een zware dobber (aan iets) hebben; tobben*
sledge (sledʒ) ZN *slee*
sledgehammer ('sledʒhæmə) ZN *voorhamer*
sleek (sli:k) **I** BNW • OOK FIG. *glad* • *glanzend* **II** OV WW *glad maken; gladstrijken*
sleep (sli:p) **I** ZN *slaap* • go to ~ *in slaap vallen* ★ put to ~ *in slaap brengen; wegmaken* ⟨onder narcose⟩; *laten inslapen* ⟨euthanasie plegen⟩ ★ lose ~ *slaapgebrek lijden; te weinig slapen* ★ FIG. the big ~ *de lange slaap* ⟨de dood⟩ **II** OV WW • *inslapen* • *logies geven* • ⟨kunnen⟩ *bergen* • *laten slapen* ★ ~ away/off one's headache *zijn hoofdpijn door slapen kwijtraken* ★ ~ it off *zijn roes uitslapen* ★ the hotel can ~ 300 *het hotel heeft 300 bedden* **III** ONOV WW • *slapen* ★ ~ over/(up)on a matter *(nog eens) 'n nachtje slapen over een kwestie* ★ ~ like a log/top *slapen als een os* ★ ~ in *lang door blijven slapen*; z. *verslapen* • ~ out *niet thuis overnachten; niet intern zijn*
sleeper ('sli:pə) ZN • *slaper* • *slaapwagen* • *dwarsligger* ⟨tussen rails⟩ ★ heavy ~ *iem. die vast slaapt*
sleepless ('sli:pləs) BNW *slapeloos*
sleepwalker ('sli:pwɔ:kə) ZN *slaapwandelaar*
sleepwalking ('sli:pwɔ:kɪŋ) ZN *het slaapwandelen*
sleepy ('sli:pɪ) BNW • *slaperig* • *dromerig* • *melig*
sleepyhead ('sli:pɪhed) ZN *slaapkop*
sleet (sli:t) **I** ZN *hagel met regen; natte sneeuw* **II** ONP WW *hagelen; sneeuwen*
sleety ('sli:tɪ) BNW → **sleet**
sleeve (sli:v) ZN • *mouw* • *hoes* • *windzak* ★ laugh in one's ~ *heimelijk lachen* ★ have s.th. up one's ~ *iets achter de hand hebben* ★ wear one's heart upon one's ~ *het hart op de tong dragen*
sleeveless ('sli:vləs) BNW *zonder mouwen; mouwloos*
sleigh (sleɪ) ZN *slee*
sleight (slaɪt) ZN • *goocheltruc* • *handigheidje; slimmigheid*
sleight-of-hand ZN • *vingervlugheid* • *handigheid; truc*
slender ('slendə) BNW • *slank* • *dun* • *mager* • *zwak* • *karig* ★ ~ abilities *beperkte vermogens*
slept (slept) WW [verl. tijd + volt. deelw.] → **sleep**
sleuth (slu:θ) ZN *speurder; detective* ★ ~(-hound) *bloedhond; speurhond*
slew (slu:) **I** ZN • *draai; zwenking* • *poel; moeras*

II WW [verleden tijd] → **slay** OV+ONOV WW *omdraaien; zwenken*
slice (slaɪs) **I** ZN • *punt* ⟨pizza of taart⟩ • *snee; plak(je)* • *deel* • *stuk* • *visschep* • *spatel* ★ ~ of bread and butter *boterham* **II** OV WW • *in sneetjes snijden* • *afsnijden* **III** ONOV WW SPORT *onhandige slag maken met golfclub/roeiriem*
slicer ('slaɪsə) ZN • *snijder; snijmachine* ⟨bijv. voor brood⟩ • *schaaf* ⟨voor groenten enz.⟩
slick (slɪk) **I** ZN *olievlek* **II** BNW • *vlot* • *handig* • OOK FIG. *glad; soepel* • *gewiekst* **III** OV WW • *glad maken* • *polijsten* • ~ **down** *gladkammen* ⟨v. haar⟩; *plakken* **IV** BIJW • *precies* • *pardoes*
slicker ('slɪkə) ZN • USA *olie-/regenjas* • *gladjanus*
slide (slaɪd) **I** ZN • *(het) glijden, enz.* • *glijbaan/-plank* • *hellend vlak* • *glijbank* • *geleider* • *dia(positief)* • *objectglaasje* ⟨v. microscoop⟩ • A-V *chassis* • *schuifje* • *schuifraampje* • *aardverschuiving* • *(stoom)schuif* **II** ONOV WW • *schuiven* • *(uit)glijden* • ~ into sin *tot zonde vervallen* ★ let things ~ *Gods water over Gods akker laten lopen*
slide fastener ZN USA *rits(sluiting)*
sliding ('slaɪdɪŋ) BNW ★ ~ door *schuifdeur* ★ ~ rule *rekenliniaal* ★ ~ scale *variabele schaal* ★ ~ seat *glijbankje* ★ USA ~ time *variabele werktijd*
slight (slaɪt) **I** ZN • *geringschatting* • *kleinering* **II** BNW • *tenger* • *gering* • *klein* • *vluchtig* • *zwak* • *licht* ★ ~ not the ~est *absoluut niet* **III** OV WW *met geringschatting behandelen; kleineren*
slightly ('slaɪtlɪ) BIJW *enigszins*
slim (slɪm) **I** BNW • *slank* • *dun* • *zwak* • *slim* • *sluw* **II** OV WW *inkorten* ⟨v. programma⟩ **III** ONOV WW *aan de lijn doen*
slime (slaɪm) **I** ZN • *slijk* • *pek* • *slijm* **II** OV WW • *met slijm bedekken* • *glippen*
slimming ('slɪmɪŋ) ZN • *vermageringskuur* • *'t slank worden* • ~ *diet vermageringsdieet*
slimy ('slaɪmɪ) BNW • *vies; walgelijk* • *kruiperig* • *glibberig* • *(zo) glad (als een aal)*
sling (slɪŋ) **I** ZN • *(werp)slinger* • *lus; strop* • *mitella; draagverband* • *geweerriem* • *lus* • USA *grog* **II** OV WW • *slingeren* • *gooien* • *sjorren* • *in takel hangen* ★ ~ arms *aan de schouder ... geweer!* ★ ~ ink *in de krant schrijven*
slinger ('slɪŋə) ZN *slingeraar*
slink (slɪŋk) ONOV WW *sluipen*
slip (slɪp) **I** ZN • *vergissing* • *strook; reep(je)* • *onderjurk* • *onderbroekje* • *kussensloop* • SPORT *achtervanger* ⟨bij cricket⟩ • *slip road af-/oprit* ★ give a p. the slip *iem. ontglippen* ★ FIG. there's many a slip 'twixt the cup and the lip *men moet de huid niet verkopen vóór de beer geschoten is* ★ slip of the pen *schrijffoutje* ★ slip of the tongue *verspreking* ★ make a slip *misstap begaan* ★ slip of a boy *tenger jongetje* ★ slip of a room *klein kamertje* **II** OV WW • *toestoppen* • *loslaten* • *vieren* • *laten glijden* ★ she slipped him a note *ze stopte hem een briefje toe* ★ slip a coat on/off *een jas aanschieten/uitgooien* ★ slip s.th. over s.o. *iem. ergens mee de das omdoen* **III** ONOV WW • *los-/wegschieten; van zijn plaats schieten* • *ontijdig werpen* • *(uit)glijden*

• 'n fout maken • zich vergissen ★ the car is slipping along splendidly *de wagen loopt prima* ★ slip into another suit *vlug even een ander pak aanschieten* ★ let slip the dogs of war *de oorlog ontketenen* ★ it has slipped (from) memory/mind *het is me ontschoten* ★ slip carriage *treinrijtuig dat tijdens rijden wordt losgelaten*; *slipwagen* • ~ **away**/**out** *er tussenuit knijpen* • ~ **by** *ongemerkt voorbijgaan* • ~ **over** *overslaan* • ~ **up** *zich vergissen; wegstoppen* ⟨vooral in mouw⟩

slip-cover ('slɪpkʌvə) ZN *hoes*
slipknot ('slɪpnɒt) ZN *schuifknoop*
slip-on ('slɪpɒn) ZN ★ ~ shoe *instapschoen*
slipover ('slɪpəʊvə) ZN *slip-over; mouwloze trui; spencer*
slipper ('slɪpə) I ZN • *pantoffel* • *remschoen* II OV WW ★ in ~ed feet *met pantoffels aan*
slippery ('slɪpəri) BNW • *glad* • *glibberig* • *onbetrouwbaar* • *gewetenloos*
slippy ('slɪpi) BNW • *vlug* • *glad*
slipshod ('slɪpʃɒd) BNW *slordig*
slipslop ('slɪpslɒp) I ZN • FIG. *slootwater*; *slap goedje* • *weeïg gedaas/geschrijf*; *geroddel* II BNW • *slap* • *weeïg* • *waardeloos*
slipstream ('slɪpstri:m) ZN *luchtstroom; zuiging* ⟨achter bewegend voer-/vaartuig⟩
slip-up ('slɪpʌp) ZN *vergissing; misrekening*
slipway ('slɪpweɪ) ZN *scheepshelling*
slit (slɪt) I ZN *spleet*; *split* II OV WW • *af-/opensnijden* • *scheuren*
slither ('slɪðə) ONOV WW *glibberen; glijden*
slithery ('slɪðəri) BNW *glibberig*
sliver ('slɪvə) I ZN • *splinter* • *stuk(je)* • *reepje vis* ⟨als aas⟩ II OV WW • *splijten* • *een splinter/stukje afhalen van* • *in reepjes snijden of breken*
slob (slɒb) ZN • *luiwammes; vetzak*
slobber ('slɒbə) I ZN • *kwijl* • *dom, aanstellerig gepraat* II OV WW • *haastig afroffelen* • *bekwijlen* III ONOV WW • *knoeien* • *kwijlen* • *huilen*
slobbery ('slɒbəri) BNW • *kwijlerig* • *nat v. kwijl* • *slordig*
sloe (sləʊ) ZN • *sleedoorn* • *sleepruim*
slog (slɒg) I ZN *harde klap* II OV WW • *goed raken* • *hard slaan* • ~ **away at** *hard werken aan* • ~ **on** *ploeteren aan*
slogan ('sləʊgən) ZN • *strijdkreet* • *leuze* • *slagzin*
slogger ('slɒgə) ZN *iem. die hard slaat* • *zwoeger*
sloop (slu:p) ZN *sloep*
slop (slɒp) I ZN • *vervuild water* • *spoeling* ⟨veevoer⟩ II OV WW • *bekladden; bemorsen* • *morsen* • *kwakken; smijten* III ONOV WW *klotsen*
slop basin, **slop bowl** ZN *spoelkom*
slope (sləʊp) I ZN • *helling* • *talud* ★ on the ~ *schuin* II OV WW • *doen hellen* • *schuin zetten* ★ MIL. ~ arms! *geweer op schouder!* III ONOV WW • *hellen* • *schuin liggen/staan* • ~ **about** *rondhangen* • ~ **off** *er vandoor gaan*
sloping ('sləʊpɪŋ) BNW *schuin* ★ ~ shoulders *afhangende schouders*
sloppy ('slɒpi) BNW • *nat* • *drassig* • *slap* • *soppig* • *slordig* • *flodderig* • *sentimenteel*
slops (slɒps) ZN MV • *spoel-/waswater* • *slappe dranken* • *halfvloeibaar voedsel*; *pap*; *soep*
slosh (slɒʃ) I ZN PLAT *klap*; *bons* II OV WW ~ **on** *er dik opkwakken/-smeren*
sloshed (slɒʃt) BNW *dronken*
slot (slɒt) I ZN • *gleuf*; *sleuf* ⟨insteekplaats⟩ • *spoor* ⟨vooral van hert⟩ II OV WW • *gleuf maken in* • *ploegen* ⟨v. planken⟩
sloth (sləʊθ) ZN • *lui-/traagheid* • *luiaard* ⟨dier⟩
slothful ('sləʊθfʊl) BNW *lui; traag*
slot machine ('slɒtməʃi:n) ZN *(fruit)automaat*
slouch (slaʊtʃ) I ZN *slungelige gang/houding* ★ ~ hat *flambard* II ONOV WW • *slungelachtig doen* • *(slap) naar beneden hangen* • ~ **about** *rondlummelen*
slough[1] (slʌf) I ZN • *afgestoten slangenhuid* • *(wond)roof* • *korst* • *afgelegde gewoonte* II OV WW ~ **off** *de huid afwerpen* ⟨v. slang, reptiel⟩; *weg-/afvallen*; *laten vallen*; *opgeven* III ONOV WW • *afstoten* • *eraf vallen* • *vervellen* ★ ~ a habit *breken met een gewoonte*
slough[2] (slaʊ) ZN *moeras* ★ LIT. ~ of despair *vertwijfeling*
sloven ('slʌvən) ZN *slodderus; slons*
slovenliness ('slʌvənlinəs) ZN *slonzigheid*
slovenly ('slʌvənli) BNW *slordig*
slow (sləʊ) I BNW + BIJW • *saai* • *slap* • *langzaam* • *traag* ⟨v. begrip⟩ ★ the clock is (ten minutes) slow *de klok loopt (tien minuten) achter* ★ be slow to *niet vlug reageren op* ★ he is slow to anger *hij wordt niet gauw kwaad* ★ be not slow to *er vlug bij zijn (om)* ★ go slow *niet overijld te werk gaan; achter lopen* ★ slow and sure *langzaam maar zeker* ★ slow march *paradepas* ★ slow poison *langzaam werkend vergif* ★ be slow in *geen haast maken met; niet correct zijn in of met* II ONOV WW ~ **down**/**up** *vertragen; langzamer gaan, rijden of laten werken; kalm(er) aan (gaan) doen*
slowcoach ('sləʊkəʊtʃ) ZN • *treuzelaar* • *slome*
slowdown ('sləʊdaʊn) ZN • *slow-down strike* • *langzaam-aan-actie*
slow motion (sləʊ'məʊʃən) I ZN ★ in ~ *in een vertraagde opname*; *in vertraagd tempo* II BNW *vertraagd*
slowness ('sləʊnəs) ZN → **slow** *traagheid*
slow-worm ('sləʊwɜ:m) ZN *hazelworm*
SLR AFK single-lens reflex ★ SLR camera *spiegelreflexcamera*
sludge (slʌdʒ) ZN • *slik* • *drab* • *sneeuwmodder*
slue (slu:) ZN → **slew**
slug (slʌg) I ZN • *(naakt)slak* • *made* • *luilak* • *kogel*; *prop* • *regel zetwerk* • *klap*; *opstopper* • *pak slaag* II OV WW • *(ver)luieren* • *een klap geven*
sluggard ('slʌgəd) ZN *luiwammes*; *leegloper*
sluggish ('slʌgɪʃ) BNW • *lui* • *traag(werkend)* • *flauw* ⟨v. markt⟩
sluice (slu:s) I ZN • *sluis* • *sluiswater* • *waterkering* • *goudwastrog* • *bad* ★ have a ~ *zich 'ns lekker afspoelen* II OV WW • *sluizen aanbrengen in* • *bevloeien* • *af-/doorspoelen* • *wassen* • ~ **out** *laten uitstromen* III ONOV WW • *vrij doorstromen* ★ it is sluicing down *het regent pijpenstelen* • ~ **out** *uitstromen*
sluice gate ('slu:sgeɪt) ZN *sluisdeur*
slum (slʌm) I ZN • *slop; achterbuurt* ★ slum brat *boefje* II ONOV WW ★ go slumming *de sloppen intrekken* ⟨om de sfeer te proeven⟩

slumber ('slʌmbə) **I** ZN • *slaap* • *sluimering* **II** ONOV WW • *slapen* • *sluimeren*
slumb(e)rous ('slʌmbərəs) BNW • *slaperig* • *slaperig makend*
slummer ('slʌmə) ZN *bezoeker v. achterbuurt*
slummy ('slʌmɪ) BNW • *vervallen* • *vuil*
slump (slʌmp) **I** ZN • *plotselinge (sterke) prijsdaling* • *malaise* • *achteruitgang in populariteit* **II** ONOV WW • *plotseling sterk dalen* • *kelderen*
slung (slʌŋ) WW [verl. tijd + volt. deelw.] → **sling**
slungshot ('slʌŋʃɒt) ZN *soort ploertendoder*
slunk (slʌŋk) WW [verl. tijd + volt. deelw.] → **slink**
slur (slɜ:) **I** ZN MUZ. *verbindingsboogje*; *legatoteken* ★ cast a slur upon *een smet werpen op* **II** OV WW • *tot één lettergreep verbinden* • *in elkaar laten lopen* • *verdoezelen* • **~ over** *(losjes) over (iets) heen praten* **III** ONOV WW • MUZ. *legato spelen/zingen*; *slepen* • **~ over** *vervagen* **IV** OV+ONOV WW • **~ schrijven/uitspreken**
slurp (slɜ:p) **I** ZN *geslurp* **II** OV+ONOV WW *slurpen*
slurring ('slɜ:rɪŋ) BNW *slecht gearticuleerd*
slurry ('slʌrɪ) ZN *vloeistof-poedermengsel*; *brij*
slush (slʌʃ) ZN • *modder* • *sneeuwdrab/-modder* • *vals sentiment* • *waardeloos geklets*
slush fund ZN *smeergeldfonds*
slushy ('slʌʃɪ) BNW • *modderig* • *vals sentimenteel*
slut (slʌt) ZN MIN. *slet*
sluttish ('slʌtɪʃ) BNW *hoerig*
sly (slaɪ) **I** ZN ★ on the sly *in het geniep* **II** BNW • *link* • *geniepig* • *geslepen*; *sluw* ★ sly dog *sluwe vos*
slyboots ('slaɪbu:ts) ZN *slimme vos*; *sluw heerschap*
SM AFK sadomasochism *SM*
smack (smæk) **I** ZN • *smaak(je)* • *geur(tje)* • *tikje*; *tikkeltje* • *smak*; *klap (het) smakken* ⟨v. o.a. tong⟩; *klapzoen* • PLAT *heroïne* • *smak* ⟨vissersvaartuig⟩ • FIG. ~ in the eye *klap in 't gezicht* **II** ONOV WW • *kletsen* • *klappen* • *smakken* ★ ~ one's lips (over) *likkebaarden (bij)*; *smakken met de lippen* • **~ of** *rieken/smaken naar*; *doen denken aan* **III** BIJW ★ I had the wind ~ against me *ik had de wind pal tegen*
smacker ('smækə) ZN • *klapzoen* • *dreun* • G-B, INFORM. *pond* • USA/INFORM. *dollar*
small (smɔ:l) **I** ZN *smal, dun gedeelte* ★ the ~ of the back *onder in de rug* ★ in 't klein **II** BNW • *klein* • *kleingeestig* • *flauw* • *onbenullig* • *zwak* ⟨v. stem⟩ ★ ~ ad *kleine advertentie* ★ ~ beer *dun bier*; *onbenulligheid/-heden* ★ he thinks no ~ beer of himself *hij heeft een hoge dunk v. zichzelf* ★ ~ change *kleingeld* ★ ~ fry *klein grut*; *onbelangrijke mensen/dingen* ★ ~ hand *gewoon handschrift* ★ ~ print *de kleine lettertjes* ★ ~ hours *eerste uren na middernacht* ★ ~ blame to him *hij had groot gelijk* ★ ~ look ~ *beteuterd kijken* ★ on the ~ side *nogal klein* ★ sing ~ *een toontje lager zingen* ★ ~ talk *oppervlakkige conversatie* ★ live in a ~ way *bescheiden leven* ★ ~ whisky *kleintje whisky* ★ ~ wonder! *wat een wonder!* ★ ~ arms *individuele wapens* ★ ~ potatoes *onbelangrijk persoon/zaak*; *kleinigheid*
smallholder ('smɔ:lhəʊldə) ZN *kleine boer*

smallholding ('smɔ:lhəʊldɪŋ) ZN *klein (boeren)bedrijf*
smallish ('smɔ:lɪʃ) BNW *vrij klein*
small-minded (smɔ:l'maɪndɪd) BNW *kleingeestig*
smallness ('smɔ:lnəs) ZN → **small**
smallpox ('smɔ:lpɒks) ZN *pokken*
small-scale BNW *op kleine schaal*; *kleinschalig*; *miniatuur-*
small-time (smɔ:l'taɪm) BNW *derderangs*; *onbelangrijk*
smallwares ('smɔ:lweəz) ZN *garen en band*
smarmy ('smɑ:mɪ) BNW *flemerig*
smart (smɑ:t) **I** BNW • *bijdehand*; *slim* • *gevat*; *geestig* • *handig* • *vlug* • *behoorlijk* • *chic* • *vinnig* • *pijnlijk* ★ as ~ as threepence/a new pin *om door een ringetje te halen* **II** ONOV WW • *pijn doen* • *z. gekwetst voelen* • *lijden* • **~ for** *boeten voor* ★ you shall ~ for this! *daar zul je voor bloeden!*
smarten ('smɑ:tn) **I** OV WW • *opknappen* • *verbeteren* • **~ up** *mooi worden* **II** ONOV WW *opleven*
smartness ('smɑ:tnəs) ZN → **smart**
smash (smæʃ) **I** ZN • *smak*; *hevige klap/slag* • *smash* ⟨bij tennis⟩ • *vernieling* • *verpletterende nederlaag* • *botsing*; *ongeluk* • *catastrofe* • *soort cocktail* ★ come/go (to) ~ *op de fles gaan* **II** OV WW • *slaan*; *smashen* ⟨hoge bal hard neerwaarts slaan⟩ • *vernielen*; *verpletteren* • *vals geld maken* ★ ~ into a tree *tegen een boom botsen* ★ ~ things up *de boel kort en klein slaan* • **~ up** *kapot slaan* **III** ONOV WW • *kapot vallen*; *te pletter slaan*; *botsen* • *op de fles gaan* **IV** BIJW • *met een klap* • *pardoes*
smash-and-grab BNW ★ ~ raid *snelle overval*
smashed (smæʃt) BNW • *laveloos*; *stomdronken* • *onder de drugs*
smasher ('smæʃə) ZN • *iem. die alles breekt/kapot maakt* • *vernietigend(e) argument/slag* • *prachtexemplaar* • *kanjer* • *toffe vent*
smash-hit (smæʃ'hɪt) ZN *reuzesucces*
smashing ('smæʃɪŋ) BNW *geweldig*; *gaaf*
smash-up ('smæʃʌp) ZN *harde botsing/klap*
smattering ('smætərɪŋ) ZN • *have a ~ of* *een beetje weten van* • *speak a ~ of French* *een heel klein beetje Frans spreken*
smear (smɪə) **I** ZN • *veeg* • MED. *uitstrijkje* **II** OV WW • *besmeren*; *(in)smeren (met)* • *vuil maken* ★ ~ campaign *lastercampagne*
smeary ('smɪərɪ) BNW *vuil*; *vettig*
smell (smel) **I** ZN *reuk* • *lucht* • *geur*; *stank* ★ take a ~ at *ruiken aan* **II** OV+ONOV WW • *ruiken* ★ ~ a rat *lont ruiken* ★ ~ of the lamp *naar de lamp rieken* • **~ about** *rondsnuffelen* • **~ at** *ruiken aan* • **~ of** *ruiken naar* • **~ out** *opsporen*; *uitvissen*
smelling bottle ZN *reukzoutflesje*
smelling salts ('smelɪŋsɔ:lts) ZN *reukzout*
smelly ('smelɪ) BNW *vies ruikend*
smelt (smelt) **I** ZN *spiering* **II** WW [verl. tijd + volt. deelw.] → **smell** OV WW *smelten*
smelter ('smeltə) ZN *smelter* ⟨v. metaal⟩
smile (smaɪl) **I** ZN *glimlach* **II** OV WW *met een lach uitdrukken* **III** ONOV WW • *glimlachen* • **~ at** *lachen om*; *toelachen* • **~ away** *stil voor z. heen lachen*

smirch (smɜ:tʃ) I ZN *smet* II OV WW OUD. *bezoedelen*

smirk (smɜ:k) I ZN *gemaakt lachje* II ONOV WW *gemaakt/hautain lachen*

smite (smaɪt) I ZN ★ have a ~ at *een gooi doen naar* II OV WW • *slaan* • *treffen* ⟨ook fig.⟩ • *doden* • *kwellen* III ONOV WW ~ **upon** *treffen*; *slaan op*

smith (smɪθ) ZN *smid*

smithereens (smɪðəˈri:nz) ZN MV ★ smash to ~ *kort en klein slaan*

smithy (ˈsmɪðɪ) ZN *smederij*

smitten (ˈsmɪtn) WW [volt. deelw.] → **smite** ★ be ~ by *onder de indruk zijn van*; *verliefd zijn op*; *aangegrepen zijn door* ★ I am suddenly ~ with a desire for *ik krijg opeens zin in*

smock (smɒk) I ZN • *kiel* • *mouwschort* II OV WW *smokken*

smocking (ˈsmɒkɪŋ) ZN *smokwerk*

smog (smɒg) ZN *smog* (← smoke + fog)

smoke (sməʊk) I ZN • *rook*; *walm*; *damp* • *rokertje* ⟨sigaret e.d.⟩ • *rookpauze* ★ go up in ~ *in rook opgaan* ★ have a ~ *roken* ⟨sigaret e.d.⟩ ★ no ~ without fire *waar rook is, moet vuur zijn* ★ holy ~! *asjemenou!* II OV WW • *roken* ⟨sigaret e.d.⟩ • ~ **out** *uitroken* III ONOV WW *roken*; *walmen*

smoke bomb (ˈsməʊkbɒm) ZN *rookbom*

smoke detector ZN *rookmelder*

smoke-dried (sməʊkˈdraɪd) BNW *gerookt*

smoke-free ZN *rookvrij*

smokeless (ˈsməʊkləs) BNW *rookloos*

smoker (ˈsməʊkə) ZN • *roker* • *rookcoupé* • *concert waar gerookt mag worden*

smoke screen ZN *rookgordijn*

smokestack (ˈsməʊkstæk) ZN *schoorsteen* ★ USA ~ industry *zware industrie*

smoking (ˈsməʊkɪŋ) ZN *(het) roken* ★ no ~ *verboden te roken* ★ give up ~ *stoppen met roken*

smoking ban ZN *rookverbod*

smoking carriage ZN *rookcoupé*

smoking room ZN *rooksalon*

smoky (ˈsməʊkɪ) BNW *rokerig*

smolder (ˈsməʊldə) ZN USA → **smoulder** II ONOV WW USA → **smoulder**

smolt (sməʊlt) ZN *jonge zalm*

smooch (smu:tʃ) I ZN • *(klap)zoen* • *vrijpartijtje* II ONOV WW • *knuffelen*; *vrijen* • *(langzaam, dicht tegen elkaar) dansen*

smooth (smu:ð) I ZN ★ give one's hair a ~ *zijn haar gladstrijken* ★ take the rough with the ~ *het leven nemen zoals het is* II BNW + BIJW • *vloeiend*; *vlot* • *kalm* ⟨v. zee of water⟩ • *zacht* ⟨v. smaak⟩ • *vleiend* • *glad*; *effen* • *vlak* ★ everything went ~(ly) *alles ging gesmeerd* ★ ~ face *uitgestreken gezicht* ★ ~ tongue *mooiprater* ★ ~ words *mooie praatjes* III OV WW • *glad maken* • ~ **away/out** *glad-/wegstrijken*; *uit de weg ruimen* • ~ **down** *vergoelijken*; *goed praten* IV ONOV WW • *glad worden* • ~ **down** *tot rust komen* V OV+ONOV WW ~ **down** *bedaren*; *kalmeren*

smooth-faced BNW • *met uitgestreken gezicht* • *gladgeschoren*

smoothie (ˈsmu:ðɪ) ZN • *gladjanus*; *charmeur* • *shake van melk, yoghurt of ijs met vruchten*

smoothness (ˈsmu:ðnəs) ZN → **smooth**

smote (sməʊt) WW [verleden tijd] → **smite**

smother (ˈsmʌðə) I ZN • *verstikkende rook/stoom*; *walm* • *stof(wolk)* II OV WW • *in de doofpot stoppen* • *smoren*; *doven* • *verstikken*; *doen stikken* • *onderdrukken* ★ ~ed in smoke *in rook gehuld* ★ ~ a p. in blankets *iem. inpakken in dekens* • ~ **by/with** *overladen met* III ONOV WW *stikken*

smothery (ˈsmʌðərɪ) BNW *verstikkend*

smoulder (ˈsməʊldə), USA **smolder** I ZN *smeulend vuur* II ONOV WW *smeulen*

smudge (smʌdʒ) I ZN • *veeg*; *vlek* • *vuile vlek* • *rokend, walmend vuur* • **lippenstift** II OV WW • *vuil maken* • *bevlekken* • *vlakken*

smudgy (ˈsmʌdʒɪ) BNW → **smudge**

smug (smʌg) I ZN • *net persoon* • *studiebol*; *blokker* • *degelijke* II BNW • *(burgerlijk) netjes*; *precies*; *braaf* • *bekrompen* • *zelfingenomen*

smuggle (ˈsmʌgl) OV WW *smokkelen*

smuggler (ˈsmʌglə) ZN *smokkelaar*

smuggling (ˈsmʌglɪŋ) ZN *smokkel*; *het smokkelen*

smugness (ˈsmʌgnəs) ZN → **smug**

smut (smʌt) I ZN • *roetdeeltje* • *(zwarte) vlek* • *vuil(igheid)* • *pornografie* ★ talk smut *vieze praatjes verkopen* II OV WW • *bevuilen* • *brand veroorzaken* III ONOV WW • *vuil worden* • *brand krijgen*

smutty (ˈsmʌtɪ) BNW *vuil*

snack (snæk) I ZN • *snelle hap* • *(hartig) hapje* ★ go ~s *samen delen* II ONOV WW USA *iets tussendoor eten*

snack bar (ˈsnækba:) ZN *snackbar*; *cafetaria*; *snelbuffet*

snaffle (ˈsnæfəl) I ZN *trens* ★ ride on the ~ *met zachte hand regeren* II OV WW • *de trens aanleggen* • PLAT *gappen*; *mee-/wegpikken*

snafu (snæˈfu:) ZN USA/STRAATT. *situation normal: all f***ed up verwarring*; *chaos*; *gedonder*

snag (snæg) I ZN • *knoest* • *stronk* • *stomp* • *moeilijkheid* II OV WW • *meepikken* • *in de wacht slepen* III ONOV WW • *op een stronk varen* • *vast komen te zitten* • *van stronken zuiveren*

snagged (snægd) BNW *vol knoesten, enz.*

snaggy (ˈsnægɪ) BNW → **snagged**

snail (sneɪl) I ZN • *slak* • *treuzelaar* ★ at a ~'s pace *met een slakkengang* II ONOV WW *langzaam aan doen*

snailfish (ˈsneɪlfɪʃ) ZN *zeeslak*

snail mail ZN IRON. *(gewone) post* ⟨versus e-mail⟩

snail-paced BNW *met een slakkengang*

snake (sneɪk) I ZN • *slang* • *valsaard* ★ USA ~ fence *zigzag lopende afrastering* ★ plumber's ~ *ontstoppingsveer* ★ a ~ in the grass *een addertje onder 't gras* ★ raise/wake ~s *enorme herrie veroorzaken* ★ ~s and ladders ≈ *soort ganzenbord* II OV WW USA *slepen*; *sleuren* III ONOV WW *kronkelen*

snake bite (ˈsneɪkbaɪt) ZN *slangenbeet*

snake charmer (ˈsneɪktʃa:mə) ZN *slangenbezweerder*

snake-lizard ZN *hazelworm*

snake pit (ˈsneɪkpɪt) ZN • OOK FIG. *slangenkuil* • INFORM. *gekkenhuis*

snaky (ˈsneɪkɪ) BNW • *slangachtig* • *kronkelend* • *sluw*; *vals*

snap (snæp) **I** ZN • 't knappen • klik; tik • knipje; slot • fut; pit • korte periode • momentopname • kaartspelletje **II** BNW haastig **III** OV+ONOV WW • happen; bijten • snauwen • (doen) afknappen; breken • klikken • klappen • ketsen • knippen (met) • pakken • op de kop tikken • kieken ★ snap shut met een klik dichtgaan ★ snap out of it abrupt uit een roes ontwaken; abrupt van gewoonte/stemming veranderen ★ snap into it er op af vliegen • ~ **at** happen naar; toehappen; snauwen tegen • ~ **off** afbijten/-knappen/-snauwen ★ snap a p.'s head/ nose off iem. bits in de rede vallen; iem. afsnauwen • ~ **up** mee-/wegpikken; gretig aannemen **IV** BIJW • knap • krak • klik • pang ★ snap it went knap zei 't

snap-cap ('snæpkæp) ZN klappertje

snapdragon ('snæpdrægən) ZN • PLANTK. leeuwenbek • spelletje met Kerstmis

snap fastener ('snæpfɑ:snə) ZN drukknoop

snapper ('snæpə) ZN • bits antwoord • knalbonbon • snapper ⟨vissoort⟩

snappish ('snæpɪʃ) BNW • bijterig ⟨v. hond⟩ • vinnig

snappy ('snæpɪ) BNW pittig ★ make it ~ vlug, opschieten!

snapshot ('snæpʃɒt) **I** ZN • op aanslag gericht schot • momentopname **II** OV WW een kiekje nemen

snare (sneə) **I** ZN • strik • verleiding • snaar ⟨v. trom⟩ ★ ~ drum kleine trom **II** OV WW • strikken • vangen

snarl (snɑ:l) **I** ZN kwaadaardige grijns ★ in a ~ in de war **II** OV WW • verwarren • uitkloppen • ~ **up** vastlopen; in de knoop raken **III** ONOV WW • grommen • grauwen; snauwen • in de war raken

snarl-up ZN • verkeerschaos • warboel

snatch (snætʃ) **I** ZN • greep • korte periode • hapje • (brok)stuk ★ ~es of song flarden muziek ★ ~ of sleep kort slaapje ★ by ~es bij vlagen; te hooi en te gras **II** OV WW • pakken • grissen • pikken • happen • USA kidnappen • ~ **a** kiss een kusje stelen • ~ **away** wegrukken • ~ **up** bemachtigen; oppikken **III** ONOV WW • ~ **at** grijpen naar; aangrijpen

snatcher ('snætʃə) ZN gapper; jatter

snatchy ('snætʃɪ) BNW ongeregeld • zo nu en dan

snazzy ('snæzɪ) BNW geweldig; fantastisch

sneak (sni:k) **I** ZN • gluiperd • soepele sportschoen • JEUGDT. klikspaan • gauwdief • heimelijk; geheim • onverwacht ★ a ~ attack een onverhoedse aanval **III** OV WW • heimelijk (iets) doen • PLAT pikken **IV** ONOV WW • (weg)sluipen • z. achterbaks gedragen • klikken • ~ **up on** besluipen

sneaker ('sni:kə) ZN • gluiperd • klikspaan ★ ~s gymschoenen

sneaking ('sni:kɪŋ) BNW • stiekem • gluiperig ★ have a ~ sympathy for s.o. iemand diep in z'n hart wel mogen

sneak thief ZN • zakkenroller • insluiper

sneer (snɪə) **I** ZN • uitdrukking van minachting • sarcasme • schimpscheut • hatelijkheid **II** ONOV WW • spottend lachen • grijnzen • ~ **at** sarcastische opmerkingen maken over; bespotten; honen

sneerer ('snɪərə) ZN sarcast

sneeze (sni:z) **I** ZN nies(geluid) **II** ONOV WW niezen ★ not to be ~d at niet mis; de moeite waard; niet te versmaden

snick (snɪk) **I** ZN • tikje met bat ⟨bij cricket⟩ • (kleine) insnijding; keep **II** OV WW • inkepen • insnijding maken • afknippen • even aantikken met bat ⟨v. bal bij cricket⟩

snicker ('snɪkə) ONOV WW zacht grinniken

snide (snaɪd) BNW • gemeen • spottend; sarcastisch

sniff (snɪf) **I** ZN ★ take a ~ of fresh air een frisse neus (gaan) halen **II** OV WW • opsnuiven • in de gaten krijgen **III** ONOV WW • snuiven • de neus ophalen • ~ **at** ruiken aan; de neus optrekken voor

sniffle ('snɪfəl) **I** ZN gesnotter **II** ONOV WW snotteren

sniffy ('snɪfɪ) BNW • hautain • smalend • slechtgehumeurd • met een luchtje (eraan)

snifter ('snɪftə) ZN • PLAT borrel • stevige bries • PLAT cocaïnesnuiver

snigger ('snɪgə) **I** ZN gegrinnik **II** ONOV WW (gemeen) grinniken

snip (snɪp) **I** ZN • knip • stukje; snippertje • kleermaker • koopje **II** OV WW • (af-/ door)knippen • (af)knijpen ⟨met de nagels⟩

snipe (snaɪp) **I** ZN snip(pen) **II** ONOV WW op snippen jagen **III** OV+ONOV WW uit hinderlaag (dood)schieten

sniper ('snaɪpə) ZN sluipschutter

snippet ('snɪpɪt) ZN • snipper(tje); stuk(je) • fragment

snipping ('snɪpɪŋ) ZN • knipsel • fragment

snitch (snɪtʃ) **I** ZN • verklikker • snufferd **II** ONOV WW • klikken • gappen

snivel ('snɪvəl) **I** ZN huichelarij **II** ONOV WW • (huichelend) jammeren • grienen • jengelen • snotteren

snob (snɒb) ZN snob; parvenu

snobbery ('snɒbərɪ) ZN snobisme

snobbish ('snɒbɪʃ) BNW snobachtig; snobistisch

snog (snɒg) **I** ZN vrijpartij **II** ONOV WW knuffelen; vrijen

snook (snu:k) ZN snoek ★ cock a ~ een lange neus maken ★ ~s! loop heen!

snooker ('snu:kə) ZN • snooker • obstructiestoot • jonge cadet; groentje ★ play ~ snookeren

snoop (snu:p) **I** ZN bemoeial **II** ONOV WW • rondneuzen • de neus in andermans zaken steken

snooper ('snu:pə) ZN bemoeial

snooty ('snu:tɪ) BNW INFORM. verwaand

snooze (snu:z) **I** ZN • sluimerknop op elektrische wekker • dutje **II** ONOV WW • dutten • ~ **away** (ver)luieren

snore (snɔ:) **I** ZN (ge)snurk **II** ONOV WW snurken

snorkel ('snɔ:kl) **I** ZN snorkel **II** ONOV WW snorkelen

snort (snɔ:t) **I** ZN (ge)snuif **II** ONOV WW • briesen • ronken ★ ~ with laughter 't uitproesten • ~ **out** briesend uiten **III** OV+ONOV WW snuiven ★ ~ cocaine cocaïne snuiven

snorter ('snɔ:tə) ZN • iets geweldigs • geweldenaar • bulderende storm • scherp verwijt;

donderpreek
snorty ('snɔːtɪ) BNW *snuivend; briesend*
snot (snɒt) ZN • VULG. *snot* • VULG. *snotneus*
snot rag ZN *snotlap*
snotty ('snɒtɪ) I ZN *adelborst* II BNW • *snotterig* • *verwaand*
snout (snaʊt) ZN • *snuit* • *kokkerd* • PLAT *sigaret* • PLAT *tabak*
snow (snəʊ) I ZN • *sneeuw* • *sneeuwval* • PLAT *cocaïne; heroïne* ★ *snows sneeuw(buien/-massa's)* II OV WW • *besneeuwen* • INFORM. *vleien* III ONOV WW *sneeuwwit worden* ★ *be snowed under overstelpt worden* IV ONP WW *sneeuwen*
snowball ('snəʊbɔːl) I ZN *sneeuwbal* II OV+ONOV WW *sneeuwballen gooien (naar)* ★ *keep ~ing escaleren*
snowbird ('snəʊbɜːd) ZN *sneeuwvink*
snowblink ('snəʊblɪŋk) ZN *verblindende sneeuwvlakte*
snowboard ('snəʊbɔːd) I ZN *sneeuwsurfplank; snowboard* II ONOV WW *snowboarden*
snowboot ('snəʊbuːt) ZN *sneeuwlaars; moonboot*
snowbound ('snəʊbaʊnd) BNW • *ingesneeuwd* • *door sneeuwval opgehouden*
snow-capped ('snəʊkæpt) BNW *met besneeuwde top*
snow chain ZN *sneeuwketting*
snow-clad ('snəʊklæd), **snow-covered** BNW LIT. *besneeuwd*
snow-covered ('snəʊkʌvəd) BNW *besneeuwd*
snowdrift ('snəʊdrɪft) ZN • *sneeuwjacht* • *sneeuwbank*
snowdrop ('snəʊdrɒp) ZN *sneeuwklokje*
snowfall ('snəʊfɔːl) ZN *sneeuwval*
snowfield ('snəʊfiːld) ZN *sneeuwvlakte*
snowflake ('snəʊfleɪk) ZN • *sneeuwvlok* • *sneeuwvink*
snow goose ZN *sneeuwgans*
snow line ZN *sneeuwgrens*
snowman ('snəʊmæn) ZN *sneeuwpop*
snowplough ('snəʊplaʊ), USA **-plow** ZN *sneeuwploeg*
snowshed ('snəʊʃed) ZN *afdak boven spoorlijn* ⟨tegen lawines⟩
snowshoe ('snəʊʃuː) ZN *sneeuwschoen*
snowslide ('snəʊslaɪd) ZN *sneeuwlawine*
snowstorm ('snəʊstɔːm) ZN • *hevige sneeuwbui* • *sneeuwstorm*
snow-white BNW *sneeuwwit* ★ *Snow White Sneeuwwitje*
snowy (snəʊɪ) BNW • *sneeuwachtig* • *besneeuwd*
SNP AFK *Scottish National Party Nationale Schotse Partij*
S(n)r AFK *Senior Sr.; senior*
snub (snʌb) I ZN • *terechtwijzing* • *hatelijke opmerking* II BNW *stomp* III OV WW • *op z'n nummer zetten; neerzetten* • *bits/hooghartig afwijzen* • SCHEEPV. *vaart (doen) inhouden* ⟨door tros om paal te leggen⟩ • *vastleggen*
snuff (snʌf) I ZN • *stuk verbrande pit* • *snuif* • *snufje* ★ *take ~ snuiven* ★ *up to ~ niet van gisteren* II OV WW • *snuiten* ⟨v. kaars⟩ • *~ out uitdoven; een eind maken aan; uit de weg ruimen* ⟨v. persoon⟩ III ONOV WW *~ out er tussenuit knijpen; doodgaan*

snuff box ('snʌfbɒks) ZN *snuifdoos*
snuffers ('snʌfəz) ZN MV *snuiter*
snuffle ('snʌfəl) I ZN • *gesnuffel* • *neusgeluid* ★ *the ~(s) verstopte neus* II OV WW *snuffelen aan* III ONOV WW • *snuiven* • *snuffelen* • *door de neus praten; met neusgeluid praten/zingen*
snuff movie ZN *pornofilm met echte moord*
snug (snʌg) I ZN *gezellig plekje* II BNW • *behaaglijk; knus; gezellig* • *goed gedekt* ★ *be as snug as a bug in a rug een leventje hebben als een prins* ★ *he has a snug income hij verdient een aardig sommetje* ★ *lie snug lekker (warm) liggen; zich gedekt houden* III ONOV WW *z. behaaglijk nestelen; lekker (knus) gaan liggen*
snuggery ('snʌgərɪ) ZN • *gezellig plekje* • *knus hokje*
snuggle ('snʌgl) I OV WW *knuffelen* II ONOV WW *lekker (knus) gaan liggen; z. behaaglijk nestelen*
snugness ('snʌgnəs) ZN → **snug**
so (səʊ) I BIJW • *zo; aldus* • *dus* • *het; dat* ★ *I hope so dat hoop ik* ★ *just/quite so precies* ★ *it's so kind of you dat is heel vriendelijk van u* ★ *so am/did I ik ook* ★ *so I am/did dat ben/heb ik ook* ★ *five or so 'n stuk of vijf; ongeveer vijf* ★ *so and so Dinges; je-weet-wel* ★ *if so zoja; als dat zo is* ★ *so far, so good tot dusver gaat het goed* ★ *so much for today genoeg voor vandaag* ★ *so much for him en nu praten we niet meer over hem* ★ *so long tot ziens* ★ *and so on, and so forth enzovoorts* ★ *so that op-/zodat* ★ *so as to om* ★ *so what? en wat dan nog?* ★ *so so (maar) zozo* II VW • *zodat* • *als...maar* • *daarom*
soak (səʊk) I ZN • *plensbui* • *regen* • *zatlap* • *zuippartij* II OV WW • *zuipen* • *zat voeren* • *drenken* • *(door)weken* • *soppen* • *doordringen* • *soak o.s. zich verdiepen* ★ *soaked doornat; dronken* ★ *soaked through (with) doornat (van)* • *~ in opzuigen; absorberen* • *~ into doordringen in* • *~ off afweken; losweken* • *~ through doorsijpelen* • *~ up (doen) opzuigen; opnemen; gretig in z. opnemen; laten intrekken* III ONOV WW *~ in doordringen in*
soaker ('səʊkə) ZN • *plensbui* • *weekmiddel*
soaking ('səʊkɪŋ) BNW ★ *~ wet doornat*
soap (səʊp) I ZN • *zeep* • *soap bubble zeepbel* ★ *soap dish zeepbakje* ★ *soap opera melodramatische radio/tv-feuilleton* ★ *soft soap vleierij; zachte zeep* II OV WW • *inzepen* • *vleien* ★ *soap one's hands zich in de handen wrijven* ★ *soap a p. down iem. stroop om de mond smeren*
soapbox ('səʊpbɒks) ZN • *zeepbakje* • *zeepkist* ★ *~ orator zeepkistredenaar*
soapstone ('səʊpstəʊn) ZN AARDK. *zeepsteen; speksteen*
soapsuds ('səʊpsʌdz) ZN MV *zeepsop*
soapy ('səʊpɪ) BNW • *zeep-; vol zeep* • *zeepachtig* • *vleierig; zalvend* ★ *~ water zeepwater*
soar (sɔː) ONOV WW • *stijgen* • *zich verheffen* • *zweven*
sob (sɒb) I ZN *snik* II OV WW *snikken* III ONOV WW ★ *sob story sentimenteel verhaal*
sober ('səʊbə) I BNW • *nuchter* • *matig; sober* • *beheerst; rustig* • *stemmig* ★ *as ~ as a judge volkomen nuchter* ★ *~ suit stemmig pak* II OV

ww • ontnuchteren • doen bedaren • ~ **up** nuchter maken **III** onov ww • bedaren • nuchter worden • ~ **up** nuchter worden
soberize ('səʊbəraɪz) onov ww nuchter worden
sober-minded (səʊbə'maɪndɪd) bnw bezadigd
soberness ('səʊbənɪs) zn • nuchterheid • matigheid
sobersides ('səʊbəsaɪdz) zn • bezadigd man • nuchterling
sobriety (sə'braɪətɪ) zn • nuchterheid • gematigdheid
sobriquet ('səʊbrɪkeɪ) zn bij-/scheldnaam
sob stuff zn sentimentele kost
so-called (səʊ'kɔːld) bnw zogenaamd
soccer ('sɒkə) zn voetbal
sociability (səʊʃə'bɪlətɪ) zn gezelligheid
sociable ('səʊʃəbl) I zn • gezellige bijeenkomst • tweepersoonsbrik/-driewieler • S-vormige canapé **II** bnw • vriendelijk • prettig in de omgang • gezellig
social ('səʊʃəl) I zn gezellig avondje **II** bnw • sociaal; maatschappelijk • levend in maatschappij • gezellig ★ evil prostitutie ★ ~ science sociologie ★ ~ security bijstandsuitkering; sociale zekerheid ★ ~ service overheidsvoorziening ★ ~ studies sociale wetenschappen; gamma-vakken; maatschappijleer ★ ~ work maatschappelijk werk ★ ~ worker maatschappelijk werkende
socialism ('səʊʃəlɪzəm) zn socialisme
socialist ('səʊʃəlɪst) I zn socialist **II** bnw socialistisch
socialistic (səʊʃə'lɪstɪk) bnw min. socialistisch
socialite ('səʊʃəlaɪt) zn iem. die tot de grote wereld behoort
sociality (səʊʃɪ'ælətɪ) zn gemeenschapsgevoel
socialization (səʊʃəlaɪ'zeɪʃən) zn socialisatie
socialize ('səʊʃəlaɪz) I ov ww socialistisch inrichten **II** ov+onov ww • socialiseren • nationaliseren • z. sociabel gedragen; z. onder de mensen begeven
society (sə'saɪətɪ) I zn • maatschappij; samenleving • vereniging • genootschap • wereld van beroemdheden **II** bnw mondain; betreffende beroemdheden
society pages zn mv nieuwsrubriek over beroemdheden
sociological (səʊʃɪə'lɒdʒɪkəl) bnw sociologisch
sociologist (səʊʃɪ'ɒlədʒɪst) zn socioloog
sociology (səʊʃɪ'ɒlədʒɪ) zn sociologie
sock (sɒk) I zn • sok • zooltje ‹los in schoen› • toneellaars • het blijspel • snoepgoed • mep **II** ov ww slaan; raken ★ sock it to s.o. iem. er van langs geven **III** bijw ★ sock in the eye recht in/op zijn oog
socket ('sɒkɪt) I zn • gat • koker • stopcontact • (oog)kas ★ holte ★ ~ joint kogelgewricht ★ her arm had come out of its ~ haar arm was uit de kom (geschoten) **II** ov ww in holte/kas, enz. plaatsen/zetten
sod (sɒd) I zn • rotzak • graszode • grasveld ★ silly sod mafkees ★ under the sod onder de groene zoden **II** ov ww met zoden bedekken **III** onov ww ★ sod it! de pot op (ermee)! ★ vulg. sod him! hij kan de boom in! ★ vulg. sod off! rot op!; oplazeren!

soda ('səʊdə) zn • soda • frisdrank ‹met prik›; spuitwater • usa ijssorbet ★ washing soda soda ‹om mee te wassen› ★ baking soda natriumbicarbonaat
soda fountain zn sifon
sodality (səʊ'dælətɪ) zn broederschap
soda water zn sodawater
sodden ('sɒdn) zn • klef; doorweekt • stomdronken
sodium ('səʊdɪəm) zn natrium
sodomize ('sɒdəmaɪz) onov ww sodomie bedrijven
sodomy ('sɒdəmɪ) zn sodomie
sofa ('səʊfə) zn sofa
sofa bed zn bedbank
soft (sɒft) bnw + bijw • zacht; week • zachtaardig; verwijfd; sentimenteel • getikt; onnozel ★ soft goods manufacturen ★ soft job peulenschilletje ★ soft Johnny halve gare; hals ★ soft money papiergeld ★ soft nothings lieve woordjes ★ a soft option een makkie ★ soft rain gezapig buitje regen ★ soft sawder/soap mooie woorden ★ soft tack wittebrood ★ have a soft spot for een zwak hebben voor ★ soft thing kinderspel; voordelig zaakje; gemakkelijk baantje ★ soft wood zachte houtsoort; vurenhout ★ soft word vriendelijk woord ★ be soft with met zachtheid behandelen ★ soft in the head niet goed snik
softball ('sɒftbɔːl) zn softbal ‹soort honkbal›
soft-boiled bnw zachtgekookt
soften ('sɒfən) I ov ww • zacht(er) maken • vermurwen • ~ **up** murw maken **II** onov ww • zacht(er) worden • z. laten vermurwen
softener ('sɒfnə) zn • wasverzachter • zachtmakend middel
softening ('sɒfnɪŋ) zn het zacht(er) maken/worden ★ ~ of the brain hersenverweking
softhead ('sɒfthed) zn onnozele hals
soft-headed bnw onnozel
soft-hearted (sɒft'hɑːtɪd) bnw • weekhartig • toegeeflijk
softie ('sɒftɪ), **softy** zn doetje; sukkel; softie
softish ('sɒftɪʃ) bnw nogal zacht
softness ('sɒftnɪs) zn zachtheid
soft-pedal I zn klankdemper; sordino **II** onov ww • zachte pedaal gebruiken • inbinden • kalmeren
soft-spoken bnw • zacht gezegd • vriendelijk; sympathiek
software ('sɒftweə) zn software; programmatuur ‹voor (elektronische) apparatuur›
softy zn → softie
soggy ('sɒgɪ) bnw • drassig; nat • klef ‹brood of cake› • sullig
soil (sɔɪl) I zn • vlek; veeg • grond • vuil; drek • bodem ★ native soil geboortegrond **II** ov ww • vuil maken • met groenvoer voeren **III** onov ww vuil worden
soil pipe zn rioolbuis
soiree (swɑː'reɪ) zn soiree ★ musical ~ muziekavond
sojourn ('sɒdʒən) I zn verblijf(plaats) **II** onov ww verblijven
sol (sɒl) zn sol
sola ('səʊlə) zn ★ sola topi zonnehelm
solace ('sɒləs) I zn (ver)troost(ing) **II** ov ww

troosten
solar ('səʊlə) BNW m.b.t. de zon; zonne-; zons- * ~ system *zonnestelsel* * ~ panel *zonnepaneel*
sold (səʊld) WW [verl. tijd + volt. deelw.] → **sell**
solder ('səʊldə) I ZN *soldeer* II OV WW *solderen*
soldering iron ZN *soldeerbout*
soldier ('səʊldʒə) I ZN • *soldaat; militair* • *lijntrekker* ⟨bij de marine⟩ * ~ of fortune *avonturier* * she's a brave little ~ *zij houdt moedig vol ondanks alle tegenslag* * come the old ~ over *(proberen te) overdonderen* * go for a ~ *dienst nemen* * ~ crab *heremietkreeft* II ONOV WW • *dienen* ⟨als soldaat⟩ • ~ on *moedig volharden; stoer doorsjouwen*
soldierlike ('səʊldʒəlaɪk) BNW *krijgshaftig; soldatesk*
soldierly ('səʊldʒəlɪ) BNW *krijgshaftig; soldatesk*
soldiership ('səʊldʒəʃɪp) ZN *krijgskunst*
soldiery ('səʊldʒərɪ) ZN • *de militairen* • *soldatenbende*
sole (səʊl) I ZN • *zool* • *tong* ⟨vis⟩ * Dover sole *tong* II BNW *enig; enkel* III OV WW *(ver)zolen*
solecism ('sɒlɪsɪzəm) ZN • *ongemanierdheid* • *taalfout*
solely ('səʊllɪ) BIJW • *alleen* • *enkel*
solemn ('sɒləm) BNW • *plechtig* • *plechtstatig* • *ernstig* * a ~ ass *een idioot die belangrijk wil zijn*
solemnity (sə'lemnətɪ) ZN *plechtigheid*
solemnize ('sɒləmnaɪz) OV WW • *plechtig vieren* • *inzegenen* • *plechtig maken*
sol-fa ('sɒlfɑː) I ZN *solfège* II ONOV WW *zingen op do-re-mi, enz.*
solicit (sə'lɪsɪt) I OV WW • JUR. *uitlokken* ⟨als strafbaar feit⟩ • *dringend vragen (om)* • *lastig vallen* ⟨in ongunstige zin⟩ • *aanspreken* ⟨door prostituee⟩ II ONOV WW JUR. *z. prostitueren*
solicitation (səlɪsɪ'teɪʃən) ZN JUR. *uitlokking* ⟨als strafbaar feit⟩ • *dringend verzoek* • *het aanspreken op straat* ⟨als strafbaar feit⟩
solicitor (sə'lɪsɪtə) ZN • ≈ *advocaat-procureur* • *juridisch adviseur* • *notaris* • USA *colporteur*
Solicitor-General (səlɪsɪtə'dʒenrəl) BNW ≈ *advocaat-generaal*
solicitous (sə'lɪsɪtəs) BNW • *begerig* • *bezorgd* * ~ to *er op uit om*
solicitude (sə'lɪsɪtjuːd) ZN • *zorg* • *aandacht*
solid ('sɒlɪd) I ZN • *vast lichaam* • *stereometrische figuur* II BNW • *stevig* • *degelijk* • *gezond* ⟨principes⟩ • *eensgezind* • *kubiek* • *vast* • *massief* * be/go ~ for *eensgezind zijn in/voor* * a ~ hour *een heel uur lang* * USA the Solid South *het Democratische Zuiden*
solidarity (sɒlɪ'dærətɪ) ZN *solidariteit; saamhorigheidsgevoel*
solidify (sə'lɪdɪfaɪ) I OV WW • *in vaste toestand brengen* • *stevig/vast, enz. maken* II ONOV WW • *in vaste toestand komen* • *stevig/vast, enz. worden*
solidity (sə'lɪdətɪ) ZN *het solide/vast, enz. zijn*
solidus ('sɒlɪdəs) ZN • *het shillingteken* • *solidus* ⟨Romeinse of Frankische munt⟩
soliloquize (sə'lɪləkwaɪz) ONOV WW • *alleenspraak houden* • *in zichz. praten*
soliloquy (sə'lɪləkwɪ) ZN • *alleenspraak* • *'t in zichzelf praten*

solitaire ('sɒlɪteə) ZN • *solitairspel* • *patience*
solitary ('sɒlɪtərɪ) BNW • *eenzaam* • *enkel* • *alleenlevend* * take a ~ walk *alleen gaan wandelen* * ~ confinement *eenzame opsluiting; cellulaire gevangenisstraf*
solitude ('sɒlɪtjuːd) ZN *eenzaamheid*
solo ('səʊləʊ) ZN • *solo* • *alleen-*
soloist ('səʊləʊɪst) ZN *solist(e)*
solstice ('sɒlstɪs) ZN *zonnewende*
solubility (sɒljʊ'bɪlətɪ) ZN *oplosbaarheid*
soluble ('sɒljʊbl) BNW *oplosbaar* * ~ tablets *oplostabletten* * ~ glass *waterglas*
solution (sə'luːʃən) ZN • *oplossing* • *solutie*
solvable ('sɒlvəbl) BNW *oplosbaar*
solve (sɒlv) OV WW *oplossen* * ~ a vow *een gelofte inlossen*
solvency ('sɒlvənsɪ) ZN *solventie*
solvent ('sɒlvənt) I ZN • *oplossingsmiddel* • *tinctuur* • *iets dat verduidelijkt* II BNW • *oplossend* • ECON. *solvabel*
somatic (sə'mætɪk) BNW • *lichamelijk* • *lichaams-*
sombre ('sɒmbə) BNW *somber*
sombreness ('sɒmbənəs) ZN *somberheid*
some (sʌm) I BNW • *sommige* • *ongeveer; een* • *nogal wat; heel wat* • *een of ander(e); een zeker(e); wat; een paar; enige* * some day *op een (goeie) dag* * some time *op een (goeie) keer; nog wel 'ns (in de toekomst)* * some chap or other *een of andere vent* * some few *een paar* * some little way *een eindje* * some 40 people *ongeveer 40 mensen* * you'll need some courage *je zult behoorlijk wat moed nodig hebben* * he is some scholar *dat is me nog eens een geleerde* II VNW • *enige(n); sommige(n); een stuk of wat* • *een beetje; wat* III BIJW • *een beetje; een tikje*
somebody ('sʌmbədɪ) I ZN * a ~ *een heel iemand* II VNW *iemand*
somehow ('sʌmhaʊ) BIJW • *op één of andere manier* • *om de één of andere reden* * ~ or other *op de één of andere manier*
someone ('sʌmwʌn) VNW *één of andere persoon; iemand*
someplace ('sʌmpleɪs) BIJW *ergens*
somersault ('sʌməsɒlt) I ZN • *duikeling* • *salto mortale* II ONOV WW *duikelen*
something ('sʌmθɪŋ) VNW *iets; wat* * ~ dreadful *iets vreselijks* * ~ like *ongeveer; iets als* * ~ of *iets van; zo'n soort* * ~ or other *'t een of ander* * or ~ *of zoiets*
sometime ('sʌmtaɪm) BIJW • *te zijner tijd; wel 'ns een keer* ⟨in de toekomst⟩ • *te eniger tijd* • *vroeger; voorheen* * ~ or other *te zijner tijd; wel 'ns een keer* ⟨in de toekomst⟩
sometimes ('sʌmtaɪmz) BIJW *soms*
somewhat ('sʌmwɒt) BIJW *enigszins; een beetje*
somewhere ('sʌmweə) BIJW *ergens*
somnambulist (sɒm'næmbjʊlɪst) ZN *slaapwandelaar*
somnolence ('sɒmnələns) ZN *slaperigheid*
somnolent ('sɒmnələnt) BNW • *slaperig* • *slaapwekkend*
son (sʌn) ZN *zoon* * son of a bitch *klootzak* * son of a gun *stoere bink* * INFORM. old son *ouwe jongen*
sonar ('səʊnə) ZN *sonar*

sonata (sə'nɑ:tə) ZN *sonate*
sonatina (sɒnə'ti:nə) ZN *sonatine*
song (sɒŋ) ZN • *lied(je)* • *gezang* • *'t zingen* • *poëzie* • *lyriek* ★ Song of Songs *'t Hooglied* ★ burst into song *beginnen te zingen* ★ I got it for a song *ik kreeg 't voor een appel en een ei* ★ make a song (and dance) about *een hoop drukte/ophef maken over*
songbird ('sɒŋbɜ:d) ZN *zangvogel*
songbook ('sɒŋbʊk) ZN *zangbundel; liedbundel*
songful ('sɒŋfʊl) BNW • *melodieus* • *gaarne zingend*
songster ('sɒŋstə) ZN • *zanger; zangvogel* • *lyrisch dichter*
songstress ('sɒŋstrəs) ZN • *zangeres* • *zangvogel*
songwriter ('sɒŋraɪtə) ZN *tekstdichter en componist*
sonic ('sɒnɪk) BNW *geluid(s)-* ★ ~ barrier *geluidsbarrière*
son-in-law ZN *schoonzoon*
sonnet ('sɒnɪt) ZN *sonnet*
sonneteer (sɒnɪ'tɪə) ZN *sonnettendichter*
sonny ('sʌnɪ) ZN *ventje; kereltje*
sonority (sə'nɒrətɪ) ZN *sonoriteit*
sonorous ('sɒnərəs) BNW • *geluidgevend* • *klankvol; sonoor* • *melodieus* • *schoon klinkend*
soon (su:n) BIJW *spoedig; weldra; gauw* ★ as (so) soon as *zodra* ★ I would just as soon not go *ik ging net zo lief niet*
sooner ('su:nə) BIJW • *eerder* • *liever* ★ no ~ ... than *nauwelijks ... of* ★ ~ or later *vroeg of laat; vandaag of morgen* ★ the ~ the better *hoe eerder hoe beter*
soot (sʊt) I ZN *roet* II OV WW *beroeten*
sooth (su:θ) ZN ★ in ~ *waarlijk*
soothe (su:ð) OV WW • *sussen; kalmeren* • *vleien*
soothsayer ('su:θseɪə) ZN *waarzegger/-ster*
sooty ('sʊtɪ) BNW • *roetig* • *roetkleurig*
sop (sɒp) I ZN • *stukje brood in jus/melk, enz. gedrenkt* • *aanbod* (om iem. mee om te kopen) • *concessie* • *melkmuil* II OV WW • *soppen* • *drenken* • *doornat maken* • ~ **up** *opnemen/-zuigen*
sophism ('sɒfɪzəm) ZN *sofisme; drogreden*
sophist ('sɒfɪst) ZN *sofist; drogredenaar*
sophistic(al) (sə'fɪstɪk(l)) BNW *sofistisch*
sophisticate (sə'fɪstɪkeɪt) I ZN *geraffineerd persoon* II OV WW • *beredeneren* (met drogredenen) • IRON. *wijs doen* • *vervalsen; bederven* • *dokteren aan* (fig.)
sophisticated (sə'fɪstɪkɪtɪd) BNW • *intellectualistisch* • *waanwijs; pseudo-intellectueel* • *gekunsteld; onnatuurlijk* • *modern* • *geavanceerd; geraffineerd; subtiel*
sophistication (səfɪstɪ'keɪʃən) ZN • *pseudo-intellect* • *geavanceerdheid; subtiliteit; raffinement* • *drogreden*
sophistry ('sɒfɪstrɪ) ZN • *drogreden(ering)* • *sofisterij*
sophomore ('sɒfəmɔ:) ZN USA *tweedejaarstudent(e)*
soporific (sɒpə'rɪfɪk) I ZN *slaapmiddel; slaapverwekkend middel/medicijn/enz.* II BNW *slaapverwekkend* (middel)
sopping ('sɒpɪŋ) I BNW *doorweekt* II WW [tegenw. deelw.] → **sop**
soppy ('sɒpɪ) BNW • *kletsnat* • *drassig* • *futloos; week* • *sentimenteel*
soprani (sə'prɑ:nɪ) ZN MV → **soprano**
soprano (sə'prɑ:nəʊ) ZN *sopraan*
sorbet ('sɔ:beɪ) ZN *sorbet; vruchten(room)ijs met limonade*
sorcerer ('sɔ:sərə) ZN *tovenaar*
sorceress ('sɔ:sərəs) ZN *tovenares; heks*
sorcery ('sɔ:sərɪ) ZN *toverij; hekserij*
sordid ('sɔ:dɪd) BNW • *onverkwikkelijk* (kwestie) • *vuil* • *laag* • *gemeen*
sordidness ('sɔ:dɪdnəs) ZN *gemeenheid*
sore (sɔ:) I ZN • *zeer* • *pijnlijke plek* • *zweer* ★ old sores *oude wonden* ★ an open sore *een open wond* (ook fig.) II BNW • *zeer; pijnlijk* • *gevoelig* • *bedroefd* • *gekrenkt* • *ernstig; dringend* ★ sore head *hoofd met buil en en schrammen* ★ he was like a bear with a sore head *hij had gruwelijk de pest in* ★ sore point/subject *gevoelige kwestie; teer punt* ★ sore throat *keelpijn* III BIJW *zeer*
sorehead ('sɔ:hed) ZN *mopperaar*
sorely ('sɔ:lɪ) BIJW *erg*
soreness ('sɔ:nəs) ZN → **sore**
sorority (sə'rɒrətɪ) ZN USA *meisjesstudentenvereniging*
sorrel ('sɒrəl) I ZN • *vos* (paard) • *zuring* • *roodbruin* II BNW *roodbruin; rossig*
sorrow ('sɒrəʊ) I ZN • *verdriet; droefheid* • *leed(wezen); berouw* • *lijden* II ONOV WW *bedroefd zijn; treuren*
sorrowful ('sɒrəʊfʊl) BNW • *treurig* • *bedroefd*
sorrow-stricken BNW *onder smart gebukt*
sorry ('sɒrɪ) BNW • *bedroefd* • *treurig* ★ a ~ excuse *een pover excuus* ★ be/feel ~ for *spijt hebben van; 't vervelend vinden voor* ★ be/feel ~ for o.s. *met zichzelf te doen hebben; in de put zitten* ★ (I'm) (so) ~! *'t spijt me; neem me niet kwalijk*
sort (sɔ:t) I ZN *soort* ★ all sorts of *allerlei* ★ all sorts and conditions of men *mensen van allerlei slag* ★ a good sort *een goede vent* ★ he is a bad sort *hij deugt niet* ★ he's not my sort *ik moet 'm niet* ★ nothing of the sort *geen kwestie van* ★ a meal of sorts *schamele maaltijd* ★ a writer of some sort *een soort (van) schrijver* ★ it's sort of moist *'t lijkt wel vochtig; 't is wat vochtig, geloof ik* ★ he sort of refused *hij weigerde zo'n beetje* ★ out of sorts *niet lekker; uit zijn humeur; verdrietig* II OV WW • *sorteren* • *indelen* • ~ **out** *uitzoeken; sorteren* III ONOV WW ★ you're well sorted *jullie passen goed bij elkaar* • ~ **with** *passen bij*
sorter ('sɔ:tə) ZN *sorteerder*
sortie ('sɔ:tɪ) ZN • MIL. *uitval* • LUCHTV. *operatie* • *uitje; het even uitgaan*
SOS AFK *save our souls SOS; noodsignaal*
so-so ('səʊ-səʊ) BNW + BIJW *(maar) zozo*
sot (sɒt) ZN *zatlap*
sottish ('sɒtɪʃ) BNW • *bezopen* • *idioot*
souffle ('su:fəl) ZN MED. *hartruis*
soufflé ('su:fleɪ) ZN *soufflé*
sough (saʊ) I ZN • *gesuis* • *zucht* II ONOV WW *suiz(el)en*
sought (sɔ:t) WW [verl. tijd + volt. deelw.] → **seek**
soul (səʊl) I ZN • *ziel* • *geest* ★ not a soul *geen*

soul-destroying – space 452

levend mens; geen sterveling ★ he was the life and the soul of *hij was het middelpunt van* ★ he has a soul above ... *hij heeft hogere aspiraties dan ...* ★ not for the soul of me *met geen mogelijkheid* II BNW ★ soul brother *(mijn) zwarte broeder* ★ soul music *soul*
soul-destroying BNW *geestdodend*
soulful ('səʊlfʊl) BNW • *zielvol* • *met vuur* • *gevoelvol*
soulless ('səʊlləs) BNW *zielloos; dood(s)*
soul-searching ZN *gewetensonderzoek*
sound (saʊnd) I ZN • *geluid; klank* • *sonde* • *peiling* • *zee-engte* • *zwemblaas* ★ ~ wave *geluidsgolf* II BNW • *gezond* • *degelijk; flink* • *solide* • *betrouwbaar* • *rechtmatig* ★ safe and ~ *gezond en wel*; *behouden* ★ ~ asleep *vast in slaap* ★ ~ sleep *vaste slaap* ★ a ~ thrashing *een flink pak slaag* ★ of ~ mind *bij zijn volle verstand* III OV+ONOV WW • *laten horen* • *uitbazuinen* • *loden; sonderen* • *polsen* • *onderzoeken* • *onderduiken* ⟨v. walvis⟩ • *klinken* • *luiden* • *doen klinken* • *blazen op* • *peilen* ★ ~ the retreat *de aftocht blazen* ★ USA ~ off *zijn mening zeggen; z. laten horen* IV BIJW ★ ~ asleep *vast in slaap*
sound bite ZN *kernachtige uitspraak*
soundboard ZN *klankbord*
sound card ZN COMP. *geluidskaart*
sounder ('saʊndə) ZN • *jong wild zwijn*; *kudde wilde zwijnen* • COMM. *sounder* • *dieplood*
sounding ('saʊndɪŋ) I ZN • *peiling* • *gepeilde/te peilen plaats* • *zee-engte* ★ take ~s *peilen*; *loden* II BNW *(hol)klinkend*
sounding board ('saʊndɪŋbɔ:d) ZN OOK FIG. *klankbord; klankbodem*
soundless ('saʊndləs) BNW *geluidloos*
soundly ('saʊndlɪ) BIJW *gezond*; *degelijk* ★ ~ asleep *vast in slaap*
soundness ('saʊndnɪs) ZN → **sound**
soundproof ('saʊndpru:f) BNW *geluiddicht*
soundtrack ('saʊndtræk) ZN *geluidsband* ⟨v. film⟩; *filmmuziek*
soup (su:p) I ZN • *soep* ★ in the soup *in moeilijkheden* ★ NATK. primordial soup *oersoep* II OV WW ~ up *opvoeren*
soup kitchen ('su:pkɪtʃɪn) ZN • *gaarkeuken*; *centrale keuken* • MIL. *veldkeuken*
sour ('saʊə) I ZN • OOK FIG. *iets zuurs* • USA *alcoholische drank met citroen* II BNW • *zuur*; *wrang* • *nors* ★ USA/INFORM. be sour on *een hekel hebben aan* III OV WW *zuur maken* IV ONOV WW • *zuur worden* • USA ~ on *afkerig maken van* ★ the whole affair soured on me *de hele kwestie ging me danig tegenstaan*
source (sɔ:s) ZN OOK FIG. *bron*
source code ZN COMP. *broncode*
sourdough ('saʊədəʊ) ZN • *zuurdesem* • *ouwe rot*; *veteraan*
sourish ('saʊərɪʃ) BNW *zurig*
sourpuss ('saʊəpʊs) ZN *zuurpruim*
souse (saʊs) I ZN • *pekel* • *haring/varkenspoten, enz. in de pekel* • *onderdompeling* ★ a ~ *iem. kopje onder houden* ★ get a thorough ~ *doornat worden* II OV WW • *pekelen* • *onder water houden* III ONOV WW *doornat worden* IV BIJW ★ fall ~ into the water *(pardoes) in 't water vallen*
soused (saʊst) BNW • *bezopen; dronken* • *doornat*
soutane (su:'tɑ:n) ZN *toog; soutane*
south (saʊθ) I ZN *zuiden* ★ (to the) ~ of *ten zuiden van* II BNW • *zuid-* • *zuiden-* • *op 't zuiden* ★ South Sea(s) *Stille Zuidzee* III ONOV WW • *naar 't zuiden varen* • *door de meridiaan gaan*
South (saʊθ) I ZN ★ ~ Pole *zuidpool* II BNW ★ ~ African *Zuid-Afrikaan*
southbound ('saʊθbaʊnd) BNW *(op weg) naar het zuiden; zuidwaarts*
south-east I ZN *zuidoost(en)* II BNW *zuidoostelijk*
south-easter ZN *zuidooster* ⟨wind⟩
south-easterly BNW + BIJW *zuidoostelijk*
south-eastern BNW *zuidoostelijk*
south-eastward(s) BNW + BIJW *zuidoosten-*; *(in) zuidoostelijk(e richting)*
southerly ('sʌðəlɪ) BNW + BIJW • *zuidelijk*; *zuiden-* • *van 't zuid*
southern ('sʌðn) BNW • *zuidelijk* • *zuider-*
southerner ('sʌðənə) ZN *zuiderling*
southernmost ('sʌðnməʊst) BNW *meest zuidelijk*; *zuidelijkst*
southward(s) ('saʊθwəd(z)) BNW + BIJW *zuidwaarts*
south-west I ZN *zuidwest(en)* II BNW *zuidwestelijk*
south-wester ZN *zuidwester*; *zuidwestenwind*
south-westerly BNW + BIJW *zuidwestelijk*
south-western (saʊθ'westən) BNW *zuidwestelijk*
south-westward(s) BNW + BIJW *zuidwesten-*; *(in) zuidwestelijk(e richting)*
souvenir (su:və'nɪə) I ZN *souvenir* II OV WW PLAT *als 'souveniertje' meepikken*
souwester (saʊ'westə) ZN *zuidwester*
sovereign ('sɒvrɪn) I ZN • *soeverein* • *gouden munt* • *20 shilling* II BNW • *soeverein* • *hoogst* • *onovertroffen*
sovereignty ('sɒvrəntɪ) ZN • *soevereiniteit* • *oppergezag*
soviet ('saʊvɪət) ZN *sovjet*
sow[1] (saʊ) ZN • *zeug* • *grote gietgoot; gieteling*; *blok* ⟨metaal⟩ • *have the wrong sow by the ear de verkeerde te pakken hebben*; *'t bij 't verkeerde eind hebben* ★ as drunk as a sow *stomdronken* ★ sow bug *pissebed*
sow[2] (səʊ) OV WW • *zaaien* • *poten* ★ sow the wind and reap the whirlwind *wind zaaien en storm oogsten* ★ sow one's wild oats *z'n wilde haren nog niet kwijt zijn*
sower ('səʊə) ZN • *zaaier* • *zaaimachine*
sowing ('səʊɪŋ) ZN *zaaisel* ★ ~ machine *zaaimachine*
sown (səʊn) WW [volt. deelw.] → **sow**[2]
soy (sɔɪ) ZN *soja*
soybean ('sɔɪbi:n) ZN *sojaboon*
soy sauce ZN *ketjap*
sozzled ('sɒzəld) BNW *dronken*
spa (spɑ:) ZN • *badplaats; kuuroord* • *geneeskrachtige bron*
space (speɪs) I ZN • *ruimte* • *tijdsruimte*; *poos* • DRUKK. *spatie* II OV WW *op gelijke afstanden opstellen* • *spatiëren* ★ ~d payments *termijnbetaling(en)* III ONOV WW ~ out *in een roes raken* ⟨door drugs⟩

space-age ZN *ruimtetijdperk*
space bar ZN COMP. *spatiebalk*
spacecraft ('speɪskrɑːft) ZN *ruimtevaartuig*
spaceman ('speɪsmæn) ZN *ruimtevaarder; kosmonaut*
spacer ('speɪsə) ZN COMP. *spatiebalk*
spaceship ('speɪsʃɪp) ZN *ruimteschip*
space shuttle ZN *spaceshuttle*
spacesuit ('speɪssuːt) ZN *ruimte(vaarders)pak*
space travel ZN *ruimtevaart*
space wagon ZN AUTO. *ruimtewagen*
spacing ('speɪsɪŋ) ZN • *spatiëring; tussenruimte* • *spatie*
spacious ('speɪʃəs) BNW • *ruim; uitgestrekt* • *veelzijdig*
spade (speɪd) I ZN • *spade; schop* • *schoppenkaart* ★ call a ~ a ~ *'t kind bij de naam noemen* II ov ww *(om)spitten*
spadework ('speɪdwɜːk) ZN • *grondig werk* • FIG. *pionierswerk*
Spain (speɪn) ZN *Spanje*
spake (speɪk) ww [verleden tijd] OUD. -→ **speak**
spam (spæm) ZN • *spam* ⟨gekookte ham in blik⟩ • *spam* ⟨massa ongevraagde e-mail⟩
span (spæn) I ZN • *span* (± 23 cm) • *reik-/spanwijdte* • *vleugelbreedte* • *spanne; hoeveelheid* • *sjortouw* • USA *span* ★ bridge of four spans *brug met vier spanningen* ★ our life is but a span *ons leven is maar kort* II ww [verleden tijd] → **spin** I ov ww • *(om-/over)spannen; overbruggen* • *vastjorren* II ONOV ww *lopen* ⟨v. spanrups⟩
spangle ('spæŋgl) I ZN • *pailletje; lovertje* • *glinsterend spikkeltje* • PLANTK. *gal* ⟨op blad⟩ II ov ww • *met pailletje versieren* • *bezaaien* ★ star-~d banner *Amerikaanse vlag; met sterren bezaaide vlag*
Spanglish ('spæŋglɪʃ) ZN TAALK. *Spanglish* ⟨hybride taal: Engels/Spaans⟩
Spaniard ('spænjəd) ZN *Spanjaard; Spaanse*
spaniel ('spænjəl) ZN *spaniël; patrijshond* ★ tame ~ *laaghartige vleier*
Spanish ('spænɪʃ) BNW m.b.t. *Spanje; Spaans* ★ ~ castle *luchtkasteel* ★ ~ main *kust- en zeegebied N.O. v. Zuid-Amerika*
Spanish-American I ZN *Spaans-Amerikaan* II BNW *Spaans-Amerikaans*
spank (spæŋk) I ZN *klap* II ov ww *slaan* ⟨met platte hand⟩; *op achterwerk slaan* III ONOV ww ~ along *voortsnellen*
spanker ('spæŋkə) ZN • *draver* • *prachtkerel; pracht exemplaar* • *bezaan*
spanking ('spæŋkɪŋ) I ZN *billenkoek; pak voor de broek* II BNW • *straf* ⟨wind⟩ • *prima* • *flink* • *knaap van een ...*
spanner ('spænə) ZN *moersleutel* ★ adjustable ~ *Engelse sleutel; bahco* ★ open-end(ed) ~ *steeksleutel* ★ ring ~ *ringsleutel* ★ throw a ~ into the works *roet in 't eten gooien*
spar (spɑː) I ZN • *paal; mast* • *spaat* • *bokspartij* • *(woorden)twist* • *hanengevecht* II ONOV ww • *masten/palen plaatsen* • *bomen* • *boksen* • *twisten; (be)vechten* • ~ at *slaan/stompen (naar)*
spare (speə) I ZN *reserveonderdeel/-wiel* II BNW • *mager; schraal* • *reserve-* • *extra-* ★ ~ cash *geld over;* spaargeld ★ ~ room *logeerkamer* ★ ~ time *vrije tijd; tijd over* ★ ~ wheel *reservewiel* ★ ~ part *reserveonderdeel* ★ ~ part surgery *transplantatie v. organen* III ov ww • *(be)sparen* • *niet of weinig gebruiken* • *over hebben* • *missen* ★ can you ~ me ... *kun je ... even missen; kan ik ... van je hebben/krijgen* ★ ~ o.s. *zich ontzien* ★ ~ the rod and spoil the child *wie zijn kind lief heeft, kastijdt het* ★ enough and to ~ *in overvloed; meer dan genoeg*
sparerib ('speərɪb) ZN *sparerib*
sparing ('speərɪŋ) BNW • *matig* • *karig; zuinig*
spark (spɑːk) I ZN • *vonk; ontlading* • *sprankje* • *greintje* • *vrolijke Frans* II ONOV ww • *vonken (uitslaan)* • *uitgaan* • *fuiven* • *versieren* • *flirten*
spark(ing)-plug ('spɑːkɪŋplʌg) ZN *bougie*
sparkle ('spɑːkl) I ZN • *sprankje* • *schittering* II ONOV ww • *bruisen* • *sprankelen* • *schitteren* • *vonken schieten* • *mousseren* ★ sparkling wine *mousserende wijn*
sparkler ('spɑːklə) ZN • *sprankelende geest* • *diamant*
sparkling ('spɑːklɪŋ) BNW ★ ~ water *spuitwater* ★ ~ wines *mousserende wijnen*
Sparks ('spɑːks) ZN MV • PLAT *marconist* • PLAT *elektricien*
sparring ('spɑːrɪŋ) BNW ★ ~ match *bokswedstrijd* ★ ~ partner *tegenstander bij oefenwedstrijd*
sparrow ('spærəʊ) ZN *mus*
sparrowhawk ('spærəʊhɔːk) ZN *sperwer;* USA *torenvalk*
sparse (spɑːs) BNW • *schaars* • FIG. *dun gezaaid*
sparseness ('spɑːsnəs) ZN *schaarsheid*
sparsity ('spɑːsətɪ) ZN → **sparseness**
Spartan ('spɑːtən) I ZN *Spartaan* II BNW *Spartaans*
spasm ('spæzəm) ZN • *kramp* • *scheut* • *opwelling* ★ ~s of laughter *lachstuip*
spasmodic (spæz'mɒdɪk) BNW • *krampachtig* • *met vlagen; onregelmatig*
spastic ('spæstɪk) BNW • *kramp-* • *spastisch*
spat (spæt) I ZN • *slobkous* • *broed/zaad v. oesters, enz.* • *geschil; ruzie; controverse* II ww [verl. tijd + volt. deelw.] → **spit** II ONOV ww • *zaad schieten* ⟨v. oester⟩ • *kibbelen*
spatchcock ('spætʃkɒk) I ZN *geslacht en direct bereid gevogelte* II ov ww • *slachten en direct bereiden* • *nog even/vlug inlassen*
spate (speɪt) ZN • *overstroming* • *stroom; (toe)vloed* (fig.) ★ river is in ~ *de rivier is hoog/sterk gezwollen*
spatial ('speɪʃəl) BNW • *ruimtelijk* • *m.b.t. ruimte*
spatted ('spætɪd) BNW *met slobkousen aan*
spatter ('spætə) I ZN • *het bekladden, enz.* • *spat(je)* ⟨neerslag⟩; *buitje* II ov ww • *besprenkelen; bespatten* • *bekladden* (fig.) III ONOV ww *sprenkelen; kladden*
spatula ('spætjʊlə) ZN *spatel*
spawn (spɔːn) I ZN • *kuit* • *gebroed* • *zwamdraden/-vlok* II ov ww *voortbrengen* III ONOV ww • *kuit schieten* • *eieren leggen*
spawning-season ZN *rijtijd* ⟨paartijd v. vissen⟩
spay (speɪ) ov ww *steriliseren* ⟨v. dieren⟩
speak (spiːk) ov+ONOV ww • *spreken* • *zeggen* • *tegen elkaar spreken* • *praaien* • *getuigen van* • *geluid geven* ★ strictly ~ing *eigenlijk gezegd* ★ ~ a p. fair *voorkomend zijn tegen iem.* ★ so to

~ om zo te zeggen * (this is) B. ~ing u spreekt met B. * B. ~ing? spreek ik met B? * ~ one's mind oprecht zijn mening zeggen; geen blad voor de mond nemen * ~ **for** spreken namens/voor; bespreken; getuigen van; pleiten voor * ~ well for pleiten voor * that ~s for itself dat behoeft geen nader betoog; dat is vanzelfsprekend * ~ **of** spreken over * nothing to ~ of niets noemenswaards * ~ **out** hardop spreken; uitspreken; vrijuit spreken * ~ **to** aan-/toespreken; getuigen van * ~ **up** duidelijk zeggen; zijn mond niet meer houden; harder spreken

speak-easy ZN USA illegaal kroegje
speaker ('spi:kə) ZN • spreker • luidspreker
Speaker ('spi:kə) ZN voorzitter v. Huis v. Afgevaardigden
speakership ('spi:kəʃɪp) ZN voorzitterschap
speaking ('spi:kɪŋ) BNW spreek- * be on ~ terms with a p. iem. goed kennen * be no longer on ~ terms niet meer spreken tegen * ~ acquaintance oppervlakkige kennis * have a ~ knowledge of English Engels kunnen spreken
speaking trumpet ZN • spreektrompet • (scheeps)roeper
speaking tube ZN spreekbuis
spear (spɪə) I ZN • speer • piek • lansknecht * ~ side mannelijke linie II OV WW • doorboren • spietsen * aan de speer rijgen
spearhead ('spɪəhed) I ZN • speerpunt • spits ‹ook v. leger› II ONOV WW de spits afbijten
spearmint ('spɪəmɪnt) ZN kruizemunt
spec (spek) ZN → **specification** * on spec op de bonnefooi
special ('speʃəl) I ZN • special; extra-editie; extra prijs; extra trein • documentaire • hulpagent II BNW • speciaal • bijzonder • extra- * JUR. ~ verdict vonnis bij bijzondere rechtspleging * ~ areas noodgebieden * ~ committee commissie v. gedelegeerden * ~ constable (burger)hulpagent; politievrijwilliger * ~ delivery expressebestelling * ~ licence machtiging om huwelijk te sluiten zonder afkondiging, enz. * ~ pleading 't naar voren brengen v. extra bewijsmateriaal; spitsvondig geredeneer * ~ school school voor b.l.o.
specialism ('speʃəlɪzəm) ZN • specialisatie • specialisme
specialist ('speʃəlɪst) ZN • specialist * ~ service afdeling voor adviezen en diensten
speciality (speʃɪ'ælətɪ) ZN • specialiteit • bijzondere eigenschap • speciaal onderwerp/vak
specialization (speʃəlaɪ'zeɪʃən) ZN specialisatie
specialize ('speʃəlaɪz) ONOV WW • specialiseren • nader bepalen • voor bijzondere functie bestemmen • speciaal karakter aannemen * ~ **in** z. speciaal gaan toeleggen op
specially ('speʃəlɪ) BIJW speciaal; (in het) bijzonder
specialty ('speʃəltɪ) ZN • JUR. gezegeld contract • verpakt geneesmiddel
specie ('spi:ʃi:) ZN baar geld
species ('spi:ʃiz) ZN • soort(en) ‹levensvormen› • vorm
specific (spə'sɪfɪk) I ZN specifiek geneesmiddel II BNW • specifiek • soortelijk • soort- • bepaald
specifically (spə'sɪfɪkəlɪ) BIJW • specifiek • wat je noemt

specification (spesɪfɪ'keɪʃən) ZN specificatie
specificity (spesə'fɪsətɪ) ZN • het specifiek zijn • specifieke eigenschap
specifics (spə'sɪfɪks) ZN MV details
specify ('spesɪfaɪ) OV+ONOV WW • specificeren • nader bepalen
specimen ('spesəmɪn) ZN • staaltje; (voor)proef • voorbeeld; exemplaar * what a ~! wat een nummer/vent! * ~ copy present exemplaar
specious ('spi:ʃəs) BNW • schoonschijnend • (op 't oog) aanvaardbaar
speck (spek) I ZN • stippeltje • USA spek • vlekje; stip * ~ of dust stofje II OV WW (be)spikkelen
speckle ('spekl) I ZN spikkeltje II OV WW (be)spikkelen
speckless ('spekləs) BNW smetteloos
specs (speks) ZN → **spectacles**
spectacle ('spektəkl) ZN • tafereel; schouwspel • tafereel • gezicht * he is a sad ~ je krijgt medelijden als je hem ziet * make a ~ of o.s. zich (belachelijk) aanstellen; voor schut staan * ~ case brillendoos
spectacled ('spektəkld) BNW met een bril op * ~ cobra/snake brilslang
spectacles ('spektəklz) ZN MV bril
spectacular (spek'tækjʊlə) I ZN • schouwspel • show II BNW • opzienbarend; spectaculair • opvallend • sensationeel
spectator (spek'teɪtə) ZN toeschouwer
spectra ('spektrə) ZN MV → **spectrum**
spectral ('spektrəl) BNW • spookachtig • spook- • spectraal
spectre ('spektə) ZN spook(verschijning)
spectrum ('spektrəm) ZN spectrum
specula ('spekjʊlə) ZN MV → **speculum**
speculate ('spekjʊleɪt) ONOV WW • beschouwen • peinzen; mediteren • speculeren
speculation (spekjʊ'leɪʃən) ZN • beschouwing • speculatie
speculative ('spekjʊlətɪv) BNW speculatief * ~ market termijnmarkt
speculator ('spekjʊleɪtə) ZN speculant
speculum ('spekjʊləm) ZN speculum
sped (sped) WW [verl. tijd + volt. deelw.] → **speed**
speech (spi:tʃ) ZN • spraak; (het) spreken • speech; toespraak • geluid • taal * TAALK. part of ~ woordsoort * TAALK. figure of ~ stijlfiguur * free ~ het vrije woord * have ~ with spreken met * hold one's ~ zijn mond houden
speech day ZN prijsuitreiking ‹op school›
speechify ('spi:tʃɪfaɪ) ONOV WW speechen
speechless ('spi:tʃləs) BNW • sprakeloos • onuitsprekelijk • stom • stomdronken
speech-reading ZN (het) liplezen
speech recognition ZN COMP. spraakherkenning
speech therapist ZN logopedist
speech therapy ZN logopedie
speed (spi:d) I ZN • snelheid • spoed • versnelling • amfetamine * at full ~ met/op topsnelheid II ONOV WW • z. haasten; spoeden • (te) snel rijden • vooruitkomen • aanvuren • 't tempo opvoeren * ~ing ticket boete voor te snel rijden * God ~! het ga u goed!; God moge met u zijn! * ~ a guest iemand het beste wensen * ~ **up** het tempo opvoeren

speedboat ('spi:dbəʊt) ZN *raceboot*
speed bump ZN → **speed hump**
speed dating ZN *speeddaten*
speeder ('spi:də) ZN *snelheidsregulateur*
speed hump ZN *verkeersdrempel*
speeding ('spi:dɪŋ) ZN *(het) te hard rijden*
speed limit ZN *maximumsnelheid*
speedometer (spi:'dɒmɪtə) ZN *snelheidsmeter*
speed trap ZN *radarval*
speedway ('spi:dweɪ) ZN *motorracebaan; modderbaan*
speedwell ('spi:dwel) ZN PLANTK. *ereprijs*
speedy ('spi:dɪ) BNW • *met spoed* • *spoedig* • *snel*
spell (spel) **I** ZN • *toverspreuk* • *betovering* • *(korte) periode* • *tijdje* • *beurt* ★ *cold ~ periode v. koud weer; periode van kou* ★ ~ *of rain tijdje regen* ★ *take a ~ at the oars 'n tijdje roeien* ★ ~ *for beurtelings* **II** OV+ONOV WW • *spellen* • *ontcijferen* • *betekenen* • *aflossen* • *schaften* ★ *~s one o-n-e is de spelling van one* • ~ **out** *(voluit) spellen*
spellbinding ('spelbaɪndɪŋ) BNW *fascinerend*
spellbound ('spelbaʊnd) BNW • *als aan de grond genageld* • *betoverd* • *gefascineerd*
spelling ('spelɪŋ) ZN *spelling* ★ ~ *bee spelwedstrijd* ★ ~ *checker spellingcontrole, -checker*
spelt (spelt) **I** ZN *spelt (soort tarwe)* **II** WW [verl. tijd + volt. deelw.] → **spell**
spencer ('spensə) ZN • *korte overjas* • *slipover* • *gaffelzeil*
spend (spend) **I** ZN *uitgave* **II** OV WW • *ten koste leggen* • *doorbrengen* • *verbruiken* • *verspelen* • *uitgeven* • *besteden* ★ *~ing money zakgeld* ★ *the night is far spent de avond/nacht is bijna om* **III** WKD WW ★ *the storm has spent itself de storm is uitgeraasd* ★ ~ *o.s. zich uitputten/-sloven*
spendable ('spendəbl) BNW *te besteden*
spend-all ZN *verkwister*
spender ('spendə) ZN • *uitgever* ⟨v. geld⟩ • *opmaker* ★ *be a lavish ~ royaal met geld omgaan*
spendthrift ('spendθrɪft) **I** ZN *opmaker* **II** BNW *verkwistend*
spent (spent) **I** BNW *uitgeput; op; versleten; leeg* ⟨huls⟩ **II** WW [verl. tijd + volt. deelw.] → **spend**
sperm (spɜ:m) ZN *sperma(cel)*
spermaceti (spɜ:mə'setɪ) ZN *walschot*
sperm whale ZN *potvis*
spew (spju:) OV+ONOV WW *spuwen; (uit)braken*
sphere (sfɪə) **I** ZN • *bol* • *hemellichaam* • *sfeer* • *terrein* **II** OV WW • *omsluiten* • *in sfeer opnemen*
spheric(al) ('sferɪk(l)) BNW • *bolvormig* • *bolrond*
sphinx (sfɪŋks) ZN *sfinx*
spic BNW → **spick**
spice (spaɪs) **I** ZN • *vleugje; tikje* • *specerij* **II** OV WW • *kruiden* ⟨ook fig.⟩ • *prepareren*
spiciness ('spaɪsɪnəs) ZN *kruidigheid*
spick (spɪk), **spic** BNW ★ ~ *and span op orde; opgeruimd en netjes*
spicy ('spaɪsɪ) BNW • *kruidig; geurig* • *pikant; pittig*
spider ('spaɪdə) ZN • *spin* • *hoge treeft* • *braadpan* ⟨op hoge poten⟩ • *brik op hoge wielen* ★ ~ *line kruisdraad* ⟨v. kijker⟩

spidery ('spaɪdərɪ) BNW • *spinachtig* • *spichtig*
spiel (ʃpi:l, spi:l) **I** ZN • INFORM. *verhaal* • *speech* • *reclametekst* ★ *a salesman's ~ verkooppraatje* **II** OV WW • *afdraaien* ⟨v. speech⟩ • *ophangen* ⟨v. verhaal⟩
spiffing ('spɪfɪŋ) BNW *magnifiek; uitstekend*
spiffy ('spɪfɪ) BNW → **spiffing**
spigot ('spɪgət) ZN • *stop* • *tap*
spike (spaɪk) **I** ZN • *(metalen) punt* • *schoennagel* • *lange bout/spijker* • *piek* • *pen* • *aar* • *maïskolf* • MIN. *aanhanger v.d. High Church* **II** OV WW • *van punten, enz. voorzien* • *vastspijkeren; vernagelen* ★ ~ *a p.'s guns iem. 's plannen verijdelen*
spikes (spaɪks) ZN MV • *atletiekschoenen* ⟨met metalen punten⟩ • *metalen punten* ⟨op sneeuwbanden⟩ • USA *spijkerbroek*
spiky ('spaɪkɪ) BNW • *met scherpe punten* • *stekelig* ⟨ook v. personen⟩ • *fanatiek voor High Church*
spill (spɪl) **I** ZN • *(het) morsen* • *val(partij)* ★ ~ *of milk (beetje) gemorste melk* • *coffee ~s koffievlekken* ★ *the horse gave me a ~ 't paard wierp me af* **II** OV WW • *morsen* • *omgooien* • *gemorst worden* • *overlopen* • *uit 't zadel werpen* ★ ~ *the beans de boel verraden* ★ ~ *blood bloed vergieten* ★ *don't ~ your nonsense on me houd je onzin maar voor je*
spillage ('spɪlɪdʒ) ZN • *gemors* • *lozing* ⟨v. bijv. olie⟩
spillway ('spɪlweɪ) ZN *(water)overlaat*
spilt (spɪlt) WW [volt. deelw.] → **spill** ★ *be ~ afvallen; uitvallen* ★ *(it's) no use crying over ~ milk gedane zaken nemen geen keer*
spin (spɪn) **I** ZN • *draaiing* • *spinsel* • SPORT *effect* • *tochtje; ritje; dans* ★ *get into a spin lelijk in de knoei zitten* ★ *go for a spin een eindje gaan fietsen/rijden* **II** OV WW • *spinnen* ⟨draad⟩ • *snel doen/laten draaien* • *effect geven* ⟨aan bal⟩ • *opdissen* ⟨gegevens⟩ ★ *spin clothes kleren centrifugeren* ★ *spin a coin een munt opgooien* ★ *spin a yarn een sterk verhaal vertellen* • ~ **off** *uit de mouw schudden; afdraaien* ⟨ook fig.⟩; *(af)dalen* • ~ **out** *uitrekken/-spinnen* **III** ONOV WW • *snel draaien* • *rondtollen* • *snel lopen/ rijden/fietsen* • *zakken* ⟨voor examen⟩ ★ *send s.o. spinning iem. doen duizelen/tollen* • ~ **along** *voortrollen; voortpeddelen/-rollen* **IV** OV+ONOV WW *spinnen*
spina bifida ('spaɪnə'bɪfɪdə) ZN *open rug(getje)*
spinach ('spɪnɪdʒ) ZN *spinazie*
spinal ('spaɪnl) **I** ZN • *stekel* • *ruggengraat* **II** BNW *ruggen(graat)-* ★ ~ *cord ruggenmerg* ★ ~ *column ruggengraat*
spindle ('spɪndl) **I** ZN • *spoel; klos* • *spil; as; stang* • *spindle* ⟨voor cd's⟩ **II** ONOV WW • *in de lengte groeien* • *hoog opschieten* ⟨v. plant⟩
spindlelegs ('spɪndllegz) ZN *spillebeen*
spindly ('spɪndlɪ) BNW *spichtig*
spin doctor ZN • INFORM. *(politieke) woordvoerder* • INFORM. *mannetjesmaker; spindoctor*
spindrift ('spɪndrɪft) ZN • *opspattend zeewater; buiswater* • *sneeuwjacht*
spin-dry OV WW *centrifugeren*
spin dryer ZN *centrifuge*
spine (spaɪn) ZN • *stekel; doorn* • *ruggengraat*

• rug ⟨v. boek⟩
spine-chiller (spaɪn'tʃɪlə) ZN *griezelverhaal* ⟨film, roman⟩
spine-chilling (spaɪn'tʃɪlɪŋ) BNW *griezelig*; *huiveringwekkend*
spineless ('spaɪnləs) BNW *zonder ruggengraat* ⟨vooral fig.⟩; *futloos*
spinet (spɪ'net) ZN *spinet*
spinnaker ('spɪnəkə) ZN *ballonfok*
spinner ('spɪnə) ZN • *spinmachine* • *vormer* ⟨aardewerkindustrie⟩ • *tolletje* • *propellerdop* • *kunstvlieg* ⟨als aas bij vissen⟩
spinney ('spɪnɪ) ZN *bosje*; *struikgewas*
spinning ('spɪnɪŋ) **I** BNW ★ ~ house *spinhuis* ★ ~ wheel *spinnewiel* **II** ww [tegenw. deelw.] → **spin**
spin-off ZN *bijproduct*; *nevenproduct*; *derivaat*
spinster ('spɪnstə) ZN • *jongedochter* • *oude vrijster*
spiny ('spaɪnɪ) BNW • *stekelig* • *netelig*
spiral ('spaɪərəl) **I** ZN *spiraal* **II** BNW *spiraalvormig*; *spiraal-* ★ ~ staircase *wenteltrap* **III** OV WW *spiraalvormig maken* **IV** ONOV WW *spiraalvormig lopen*
spire ('spaɪə) ZN • *(toren)spits* • *punt* • *(gras)spriet* • *top* • *spiraal*
spirit ('spɪrɪt) **I** ZN • *geest* • *spook* • *(levens)moed*; *energie*; *pit*; *fut* • *spiritus*; *alcohol* ★ the poor in ~ *de armen van geest* ★ be in low ~s *somber zijn* ★ REL. Holy Spirit *Heilige Geest* **II** OV WW • *bezielen* • *opmonteren* • ~ away/off *heimelijk doen verdwijnen*; *wegtoveren*
spirited ('spɪrɪtɪd) BNW • *levendig*; *vurig* • *geanimeerd* • *pittig*
spiritism ('spɪrɪtɪzəm) ZN *spiritisme*
spirit lamp ZN *spirituslamp*
spiritless ('spɪrɪtləs) BNW • *levenloos* • *apathisch* • *zonder geest*
spirit-level ('spɪrɪtlevəl) ZN *waterpas*
spirits ('spɪrɪts) ZN MV • *gedistilleerde dranken*; *sterke drank* • *levensgeesten*; *gemoedsstemming* ★ in high ~ *opgeruimd*; *opgewekt* ★ in low ~ *neerslachtig* ★ out of ~ *neerslachtig*
spiritual ('spɪrɪtʃuəl) **I** ZN MUZ. ≈ *godsdienstig lied* **II** BNW • *geestelijk* • *intellectueel* • *spiritueel* • *fijnbesnaard* ★ Lords Spiritual *bisschoppen in 't Hoger Huis*
spiritualism ('spɪrɪtʃuəlɪzəm) ZN • *spiritualisme* • *spiritisme*
spiritualist ('spɪrɪtʃuəlɪst) ZN • *spiritualist* • *spiritist*
spiritualities (spɪrɪtʃu'ælətɪz) ZN MV • *kerkelijke inkomsten* • *kerkelijk recht* • *kerkelijk gezag*
spirituality (spɪrɪtʃu'ælətɪ) ZN • *spiritualiteit* • *geestesleven*
spiritualize ('spɪrɪtʃuəlaɪz) OV WW • *in geestelijke zin uitleggen* • *vergeestelijken*
spirituous ('spɪrɪtʃuəs) BNW • *alcoholisch* • *geestrijk* ★ ~ liquor *sterkedrank*
spirt (spɜːt) ZN → **spurt**
spit (spɪt) **I** ZN • *(braad)spit* • *landtong* • *steek* ⟨met spade⟩ • *speeksel* • *spuug* • *schuim* ⟨v. schuimwesp⟩ ★ the dead/very spit of his father *het evenbeeld v. zijn vader* ★ spit of rain *buitje/spatje regen* **II** OV WW *doorboren*; *aan spit steken* ★ spit it out! *kom/zeg op!* **III** ONOV WW ★ it is just spitting *er valt maar een druppeltje (regen)*

★ she's the spitting image of her grandmother *ze lijkt sprekend op haar grootmoeder* • ~ upon *verachten*; *spugen op* ⟨ook fig.⟩ **IV** OV+ONOV WW *blazen* ⟨v. kat⟩; *sputteren*; *spuwen*
spite (spaɪt) **I** ZN • *wrevel*; *rancune*; *wrok* • *boosaardigheid* ★ out of ~ *uit wraak* ★ (in) ~ of *in weerwil van*; *ondanks* ★ have a ~ against a p. *iets tegen iem. hebben* **II** OV WW • *dwars zitten* • *kwellen*; *pesten*; *plagen*
spiteful ('spaɪtfʊl) BNW • *rancuneus* • *hatelijk* • *uit haat*
spitfire ('spɪtfaɪə) ZN • *nijdas* • *driftkop* • *type jachtvliegtuig*
spittle ('spɪtl) ZN *speeksel*
spittoon (spɪ'tuːn) ZN *kwispedoor*; *spuwbak*
spitz (spɪts) ZN *spitshond*
spiv (spɪv) ZN *zwarthandelaar*
splash (splæʃ) **I** ZN • *plas* • *klets* • *kwak* • *plek* • *poeder* • *sensatie* ★ make a ~ *opzien baren*; *sensatie verwekken* ★ ~ of soda *scheutje spuitwater* ★ ~ of rye *slokje whisky* **II** OV+ONOV WW • *ploeteren* • *(be)spatten* • *rondspatten* • *kletsen* ⟨met water⟩ • *klateren* • *plenzen* ★ ~ a story over the front page *een verhaal met vette koppen op de voorpagina zetten* • ~ in (to) *binnen (komen) vallen*
splashdown ('splæʃdaʊn) ZN • *landing in zee* ⟨v. ruimtecapsule⟩ • *plons*
splatter ('splætə) **I** OV WW • *doen klateren/plassen* • *doen (op)spatten* **II** ONOV WW • *klateren*; *plassen* • *(op)spatten* • *sputteren*
splay (spleɪ) **I** ZN *afschuining* **II** BNW *schuin*; *wijd uitstaand* **III** OV WW • *afschuiven* • *schuin zetten* ★ ~ed *ontwricht*; *boeglam*
spleen (spliːn) ZN • *weltschmerz* • *milt* • *zwaarmoedigheid* • *gemelijkheid* ★ vent one's ~ *zijn gemoed luchten*
spleenless ('spliːnləs) BNW *opgeruimd v. geest*
splendid ('splendɪd) BNW • *prachtig* • *groots* • *prima* • *schitterend*
splendour ('splendə) ZN • *pracht* • *luister* • *glans*
splenetic (splɪ'netɪk) **I** ZN *zwaartillend iem.* **II** BNW • *humeurig* • *droevig/slecht gehumeurd*
splenic ('splenɪk) BNW m.b.t. *de milt* ★ ~ fever *miltvuur*
splice (splaɪs) **I** ZN • *las* • *houtverbinding* **II** OV WW • *splitsen* ⟨touw⟩ • *in elkaar vlechten* • *verbinden* ⟨hout⟩ • INFORM. *trouwen*
splicer ('splaɪsə) ZN *plakapparaat* ⟨voor beeld-/geluidsband⟩
splint (splɪnt) **I** ZN • *spaan* • *spat* ⟨paardenziekte⟩ • *spalk* **II** OV WW *het spalken*
splint-bone ZN *kuitbeen*
splinter ('splɪntə) **I** ZN • *splinter* • *scherf* ★ ~ group *splintergroep* **II** OV WW *versplinteren*
splinter bar ZN • *lamoen* • *disselboom* ⟨met twee armen⟩
splinter-proof BNW *scherfvrij*
splintery ('splɪntərɪ) BNW *schilferig*
split (splɪt) **I** ZN • *scheuring*; *breuk* • *scheur* • *split* • *afgescheiden groep/partij* • *(glas) whisky met spuitwater* • *aanbrenger*; *politiespion* **II** OV WW ★ ~ level (house) *woning met vloeren op verschillend niveau* **III** OV+ONOV WW • *splijten* • *(z.) splitsen* • INFORM. *uiteengaan* • *(z. ver)delen* • *samen doen (met)* • *klikken*

- *aanbrengen* ★ ~ *personality meervoudige persoonlijkheid* ⟨psychose⟩ • a ~ *second een fractie v.e. seconde* ★ ~ *vote stem(ming) op meer dan één kandidaat* ★ ~ *the difference 't verschil delen* ★ ~ *hairs/words muggenziften* ★ ~ (one's sides) with laughter *barsten v. 't lachen* ★ *this is the rock on which we* ~ *hier zullen we het nooit over eens worden; dit doet ons de das om* ★ TAALK. ~ *infinitive gedeeld infinitief*
splitting ('splɪtɪŋ) BNW ★ ~ *headache barstende hoofdpijn*
split-up ZN • *verbreking v.d. relatie; scheiding; breuk* • *opsplitsing* ⟨bijv. v. aandelen⟩
splodge (splɒdʒ) ZN • *bles* • *veeg; vlek* • *smet; spat*
splosh (splɒʃ) ZN *ping-ping*
splotch (splɒtʃ) ZN → **splodge**
splurge (splɜːdʒ) I ZN • *(kouwe) drukte* • *vertoon* II ONOV WW *met geld smijten*
splutter ('splʌtə) I ZN • *gesputter* • *tumult* II ONOV WW • *vochtig praten* • *sputteren*
spoil (spɔɪl) I ZN • *roof* • *buit* • USA *politieke protectie* II OV WW • *schaden* • *in de war sturen* • *verwennen* • *'n ongeluk slaan* • OUD. *beroven; plunderen* • *bederven* ★ be ~ing for *hunkeren naar*
spoiled (spɔɪld) BNW *verwend* ★ ~ *paper ongeldig (gemaakt) stembiljet*
spoiler ('spɔɪlə) ZN • *spoiler* ⟨auto⟩ • *vangscherm*
spoils (spɔɪlz) ZN MV *opbrengst; buit*
spoilsport ('spɔɪlspɔːt) ZN *spelbederver*
spoilt (spɔɪlt) WW [volt. deelw.] → **spoil**
spoke (spəʊk) I ZN • *spaak* II WW [verleden tijd] → **speak** OV WW • *v. spaken voorzien* • *met spaken tegenhouden*
spoken ('spəʊkən) I BNW *spreek-* II WW [volt. deelw.] → **speak**
spokesman ('spəʊksmən) ZN *woordvoerder*
spokesperson ('spəʊkspɜːsən) ZN *woordvoerder*
spokeswoman ('spəʊkswʊmən) ZN *woordvoerster*
spoliation (spəʊlɪ'eɪʃən) ZN • *plundering* • *roof*
spondaic (spɒn'deɪɪk) BNW *spondeïsch*
spondee ('spɒndiː) ZN *spondeus*
spondulicks (spɒn'djuːlɪks) ZN *duiten*
sponge (spʌndʒ) I ZN • *spons* • *sponsdeeg* • *Moskovisch gebak* • *klaploper* • *parasiet* ★ give it a ~ *spons het even af* ★ throw on the ~ *zich gewonnen geven* ★ ~ cake *Moskovisch gebak* ★ ~ bag *toilettas* II OV WW • *afsponsen* • ~ **down** *afsponsen* • ~ **out** *uitwissen* • ~ **up** *opnemen/-zuigen met een spons* III ONOV WW • *parasiteren* • ~ **off** *op (iemands) zak teren*
sponge-finger ZN *lange vinger* ⟨koekje⟩
sponger ('spʌndʒə) ZN INFORM. *klaploper*
spongy ('spʌndʒɪ) BNW *sponsachtig*
sponsor ('spɒnsə) I ZN • *peetoom/-tante* • *borg* • *sponsor* • stand ~ for *meter/peter zijn bij; borg staan voor* II OV WW • *borg staan voor* • *financieel steunen* ★ ~ed programme *(door derden) gefinancierd programma* • ~ed by *aangeboden door; onder auspiciën van*
sponsorship ('spɒnsəʃɪp) ZN • *auspiciën* • *het sponsor zijn* • *peetschap*
spontaneity (spɒntə'neɪətɪ) ZN *spontaniteit*
spontaneous (spɒn'teɪnɪəs) BNW • *spontaan* • *vanzelf; uit zichzelf*

spoof (spuːf) I ZN *parodie; satire* II OV WW *bij de neus nemen*
spook (spuːk) I ZN *spook* II OV WW *bang maken* ★ his horse was ~ed by the thunder *zijn paard schrok van de donder en sloeg op hol* ★ he is easily ~ed *er is niet veel voor nodig om hem te laten schrikken; hij is schrikachtig*
spooky ('spuːkɪ) BNW *spookachtig*
spool (spuːl) I ZN *spoel* II OV WW *op spoel winden* III OV+ONOV WW • ~ **back** *terugspoelen* ⟨v. film-/geluidsband⟩ • ~ **forward** *vooruitspoelen* ⟨v. film-/geluidsband⟩
spoon (spuːn) I ZN • *lepel* • *soort golfstick* • *roeiriem met gebogen blad* • *sul; halve zachte* • *verliefde kwast* • *vrijerij* ★ wooden ~ *paplepel; houten lepel die in Cambridge aan laatste op examenranglijst gegeven werd* ★ get the wooden ~ *onderaan staan; de poedelprijs krijgen* ★ be born with a silver ~ in one's mouth *van rijke ouders zijn; een gelukskind zijn* II OV WW *lepelen; scheppen* III ONOV WW *vrijen; verliefd doen/zijn*
spoonbill ('spuːnbɪl) ZN *lepelaar*
spoon-fed BNW *met de lepel gevoerd* ★ ~ industries *industrieën die met steun op de been gehouden worden*
spoon-feed OV WW • *voeren* ⟨met lepel⟩ • FIG. *voorkauwen*
spoonful ('spuːnfʊl) ZN *lepel* ⟨hoeveelheid⟩
spoons ('spuːnz) ZN MV *verliefd paartje* ★ be ~ on *dolverliefd zijn op*
spoony ('spuːnɪ) BNW *verliefd(erig)*
spoor (spʊə) I ZN *spoor* II ONOV WW *'t spoor volgen*
sporadic (spə'rædɪk) BNW *sporadisch*
sporadically (spə'rædɪklɪ) BIJW *sporadisch*
spore (spɔː) ZN • *spore* ⟨v. plant of zwam⟩ • *kiem*
sporran ('spɒrən) ZN SCHOTS *tasje gedragen op kilt* ⟨door Hooglanders⟩
sport (spɔːt) I ZN • *sport* • *spel* • *vermaak* • *jacht* • *fideel/sportief persoon;* USA *playboy* • FIG. *speelbal* • *speling der natuur* ★ make ~ of *voor de gek houden* ★ a regular ~ *een toffe knul; een beste vent* ★ old ~ *ouwe jongen* ★ be a good ~ *fideel/sportief zijn* ★ have good ~ *flink wat schieten* ⟨bij de jacht⟩ ★ in ~ *voor de grap* ★ ~s jacket *sportjasje* II OV WW • *dragen; pronken met* • *erop na houden* III ONOV WW *spelen; z. vermaken*
sporting ('spɔːtɪŋ) BNW • *sport-; jacht-* • *sportief* • *royaal* ★ ~ chance *eerlijke kans* ★ ~ column *sportrubriek*
sportingly ('spɔːtɪŋlɪ) BIJW *schertsend*
sportive ('spɔːtɪv) BNW • *speels* • *voor de grap* • *om te plagen*
sports ('spɔːts) ZN MV • *takken v. sport* • *sportwedstrijden* ★ athletic ~ *atletiek(wedstrijden)* ★ ~ car *sportwagen*
sportsman ('spɔːtsmən) ZN • *sportman; sportliefhebber* • *jager* • *sportieve kerel*
sportsmanlike ('spɔːtsmənlaɪk) BNW *sportief*
sportsmanship ('spɔːtsmənʃɪp) ZN *sportiviteit*
sportswear ('spɔːtsweə) ZN *sportkleding; vrijetijdskleding*
sportswoman ('spɔːtswʊmən) ZN *sportliefhebster*
sporty ('spɔːtɪ) BNW *sportief (uitziend)*

spot (spot) **I** ZN • *plek; plaats* • *spikkeltje* • *puistje* • *beetje; tikje* • ECON. *loco* • *acquit(bal)* ⟨bij biljarten⟩ • *reclameboodschap/-film/-tijd* • *neutje; drankje* • *vlek* ★ let's have a spot of lunch *laten we wat gaan eten* ★ spot cash *contant* ★ be in a (tight) spot *in de knoei zitten* ★ in a spot of trouble *in de narigheid* ★ knock the spots off *glansrijk de baas zijn* ★ on the spot *ter plaatse; direct er bij; op staande voet* ★ be on the spot *er als de kippen bij zijn; bijdehand zijn* ★ black spot *gevaarlijk verkeerspunt* ⟨waar veel ongelukken gebeuren⟩ ★ blind spot *blinde vlek; dode hoek; zwakke plek* ★ hot spot *gevaarlijk gebied; interessant, mooi gebied; hippe uitgaansgelegenheid* **II** OV WW • *vlek(ken) maken (op); een smet werpen (op)* • *stippelen* • *plaatsen; lokaliseren* • *in de gaten krijgen* • USA *ontvlekken* **III** ONOV WW • *vlekken krijgen; vlekken* • *spetteren*
spot ball ZN *stipbal* ⟨biljart⟩
spot check ZN *steekproef*
spotless ('spotlǝs) BNW *smetteloos*
spotlight ('spotlaɪt) **I** ZN • *spotlight* ⟨op toneel⟩ • *zoeklicht* ★ in the ∼ *in 't middelpunt v.d. belangstelling* **II** OV WW • *met zoeklichten beschijnen; in 't volle licht zetten* • *aller ogen richten op*
spot-on BNW INFORM. *precies juist; accuraat* ★ ∼, Dick *spijker op de kop, Dick!*
spotted ('spotɪd) BNW • *gevlekt; bont* • *met puistjes* • *verdacht* ★ ∼ dick *jan-in-de-zak; rozijnenpudding* ★ ∼ fever *nekkramp*
spotter ('spotǝ) ZN • *artillerieverkenner* ⟨vliegtuig⟩ • *rechercheur; stille* • *spion* • *controleur*
spotting ('spotɪŋ) ZN *vlekken*
spotty ('spotɪ) BNW • *geschakeerd* • *verdacht*
spouse (spaʊz) ZN • *echtgenoot; echtgenote* • *bruid(egom)* • *gade*
spout (spaʊt) **I** ZN • *tuit* • *spuit(gat)* • *goot; waterpijp* • *straal* • *lommerd* ★ up the ∼ *in de lommerd; in de knoei* **II** OV WW • *spuiten; gutsen; stromen* • *opzeggen* • *verkondigen*
sprain (spreɪn) **I** ZN *verstuiking* **II** OV WW *verstuiken*
sprang (spræŋ) WW [verleden tijd] → **spring**
sprat (spræt) ZN *sprot* ★ throw a ∼ to catch a herring/mackerel/whale *een spiering uitgooien om een kabeljauw te vangen*
sprawl (sprɔːl) **I** ZN • *luie houding* • *'t wijd uitlopen* • *spreiding* **II** OV WW *doen spartelen* **III** ONOV WW • *languit (gaan) liggen* • *naar alle kanten uitsteken* ⟨v. ledematen⟩ • *wijd uitlopen* • *spartelen*
spray (spreɪ) **I** ZN • *stuifwolk* • *wolk* ⟨parfum⟩ • *sproeier* • *verstuiver; vaporisator* • *bloemtakje; twijgje; toefje* **II** OV WW • *besproeien* • *verstuiven*
spray can ZN *spuitbus*
sprayer ('spreɪǝ) ZN *sproeier; vaporisator; verstuiver*
spray gun ZN *spuitpistool; verfspuit*
spread (spred) **I** ZN • *smeerbeleg* • *het spreiden, enz.* • *omvang; wijdte* • *breedte* • *fuif; traktatie* ★ sandwich ∼ *broodbeleg* ★ a nice ∼ *een rijkgedekte tafel* **II** OV WW • *verspreiden* • *verbreiden* • *(uit)spreiden* • *uitstrekken* • *smeren* • *dekken* • *wijd uit zetten* ★ ∼ one's wings *zijn vleugels uitslaan* ★ ∼ over 10 years *over 10 jaar uitsmeren/verdelen* • ∼ **out** *uitspreiden* **III** ONOV WW • *wijd uit (gaan) staan* • *z. verbreiden; z. verspreiden* **IV** WKD WW ★ ∼ o.s. *zich uitstrekken; zich uitsloven; zich verbreiden*
spreader ('spredǝ) ZN • *spatel* • *(water)verspreider*
spread-over ZN *(vakantie-/werktijd)spreiding*
spreadsheet ('spredʃiːt) ZN • *rekenblad; werkblad* • *calculatieprogramma*
spree (spriː) **I** ZN ★ shopping ∼ *winkelen met royale beurs* ★ on the ∼ *aan de zwier* **II** ONOV WW *boemelen*
sprig (sprɪɡ) ZN • *twijgje; takje* • *aigrette* • *telg; spruit* • *spijkertje* ⟨zonder kop⟩ • *jongmens*
sprigged (sprɪɡd) BNW *met takjes en loofwerk versierd*
sprightly ('spraɪtlɪ) BNW • *vrolijk* • *dartel*
spring (sprɪŋ) **I** ZN • *lente; voorjaar* • *veer; veerkracht* • *weerstand* • *sprong* • *bron; oorsprong* • *'t werken; werking* ⟨v. hout⟩ • *lek; spleet; kier; barst* • *meerkabel* • ∼s *periode v. springvloeden* ★ ∼ bed *springveren matras* ★ ∼ mattress *springverenmatras* ★ ∼ roll *loempia* **II** OV WW • *doen springen* • *plotseling aankomen met* • *opjagen* ⟨v. wild⟩ ★ ∼ a leak *lek beginnen te worden* ★ ∼ s.th. on a p. *iem. met iets op het lijf vallen* **III** ONOV WW • *springen* • *ontspringen* • *ontstaan; voortkomen* • PLANTK. *uitkomen; opschieten* • *kromtrekken; werken* ⟨v. hout⟩ • *barsten* ⟨v. hout⟩ ★ ∼ at a p. op iem. *afspringen* ★ where do you ∼ from? *waar kom jij ineens vandaan?* ★ the trap sprang shut *de val sprong dicht* ★ ∼ to fame *ineens beroemd worden* ★ ∼ to one's feet *plotseling opstaan* ★ tears sprang (in)to her eyes *tranen sprongen haar in de ogen* • ∼ **up** *opspringen; opveren; plotseling ontstaan; z. plotseling voordoen; opschieten* ⟨v. plant⟩
springboard ('sprɪŋbɔːd) ZN *springplank*
springbok ('sprɪŋbɒk) ZN *gazelle*
spring clean ZN *grote schoonmaak* **II** OV WW • *grondig schoonmaken* • *grote schoonmaak houden*
springer ('sprɪŋǝ) ZN • *gazelle* • *stormvis* • *oorsprong v. boog* • *ribbe v. gewelf* • *kleine patrijshond*
springhead ('sprɪŋhed) ZN *bron; oorsprong*
springlike ('sprɪŋlaɪk) BNW • *lente-* • *voorjaars(achtig)*
springtide ('sprɪŋtaɪd) ZN • *voorjaar* • *springtij*
springtime ('sprɪŋtaɪm) ZN *voorjaar*
springy ('sprɪŋɪ) BNW • *veerkrachtig* • *springerig*
sprinkle ('sprɪŋkl) **I** ZN *klein beetje; tikje* ★ chocolate ∼s *hagelslag* ★ ∼ of snow *licht sneeuwbuitje* **II** OV WW • *(be)sprenkelen; (be)strooien* **III** ONOV WW *motregenen*
sprinkler ('sprɪŋklǝ) ZN *strooier; sproeiwagen*
sprinkling ('sprɪŋklɪŋ) ZN → **sprinkle** ★ ∼-can *gieter*
sprint (sprɪnt) **I** ZN *sprint* **II** OV+ONOV WW *sprinten*
sprinter ('sprɪntǝ) ZN *sprinter*
sprit (sprɪt) ZN *zeilspriet*
sprite (spraɪt), **spright** ZN • *kabouter* • *fee* • *(bos)geest*

spritsail ('sprɪtseɪl) ZN *sprietzeil*
sprocket wheel ('sprɒkɪtwi:l) ZN *kettingwiel*
sprog (sprɒg) ZN • PLAT *rekruut* • PLAT *broekie*; *groentje*
sprout (spraʊt) **I** ZN *scheut; loot* ★ (Brussels) ~s *spruitjes* **II** OV WW ★ ~ *horns/hair hoorns/haar beginnen te krijgen* **III** ONOV WW *uitbotten; uitlopen*
spruce (spru:s) **I** ZN *spar(renhout)* ★ ~ *fir spar* **II** BNW *keurig; netjes* **III** OV WW ★ ~ (up) *netjes maken; opdirken*
sprung (sprʌŋ) **I** BNW • *gebarsten* • *aangeschoten* **II** WW [volt. deelw.] → **spring**
spry (spraɪ) BNW *vlug; kwiek; kittig* ★ look spry! *vlug!*
spud (spʌd) **I** ZN • *kort dikkerdje* • *wiedijzer* • *pieper* ⟨aardappel⟩ **II** OV WW • *rooien* • *wieden*; *uitsteken*
spume (spju:m) **I** ZN *schuim* **II** ONOV WW *schuimen*
spun (spʌn) **I** BNW ★ spun glass *glaswol* ★ spun silk *zijdegaren* **II** WW [verl. tijd + volt. deelw.] → **spin**
spunk (spʌŋk) ZN • *pit; moed; lef* • *drift* • *tonder*
spunky ('spʌŋkɪ) BNW *vurig; moedig* • *opvliegend*
spur (spɜ:) **I** ZN • *spoor* ⟨(metalen) uitsteeksel⟩ • *prikkel* • *uitstekende punt of tak* • *uitloper* • *verbindingsweg tussen twee autosnelwegen* ★ on the spur of the moment *spontaan*; *zo maar voor de vuist weg* ★ win one's spurs *(ge)ridder(d) worden*; *zijn sporen verdienen* **II** OV WW • *de sporen geven* ★ spurred *met sporen aan* • ~ **on** *aansporen*; *aanvuren* **III** ONOV WW • *spoorslags rijden*
spurge (spɜ:dʒ) ZN *wolfsmelk* ⟨plant⟩
spurious ('spjʊərɪəs) BNW *vals; niet echt*
spurn (spɜ:n) **I** ZN • *verachting* • *versmading* **II** OV WW • *(weg)trappen* • *verachten* • *versmaden* **III** ONOV WW ~ **at** *zich schamper verzetten tegen*
spurt (spɜ:t) **I** ZN • *by* ~s *bij vlagen* **II** ONOV WW • *spurten* • *alles op alles zetten* **II** OV+ONOV WW • *spuiten* • *spatten* ⟨v. pen⟩
sputter ('spʌtə) **I** ZN • *gesputter* • *gestamel* **II** OV WW *brabbelen* **III** ONOV WW *sputteren; spetteren; knetteren*
sputum ('spju:təm) ZN *sputum; opgehoest slijm*
spy (spaɪ) **I** ZN *spion* **II** OV WW ~ **out** *(stiekem) opnemen*; *verkennen* ★ spy out the land *terrein verkennen; poolshoogte nemen* **III** OV+ONOV WW • *(be)spioneren* • *(be)loeren* • *in 't oog krijgen* ★ I spy with my little eye *ik zie, ik zie wat jij niet ziet* ★ ~ **out** *proberen achter ... te komen* • ~ **(up)on** *bespioneren*
spy-glass ('spaɪglɑ:s) ZN *kijker*
spy-hole ('spaɪhəʊl) ZN *kijkgaatje*
squab (skwɒb) **I** ZN • *dikkerdje* • *mollig meisje* • *nestjong* ⟨v. duif of roek⟩ • *(zacht dik) kussen* **II** BNW • *plomp* • *kort en dik*
squabble ('skwɒbl) **I** ZN • *kibbelpartij* • *pastei* **II** ONOV WW *kibbelen; ruzie maken*
squad (skwɒd) ZN • *groep*; *ploeg* • MIL. *rot* • *(politie)patrouille* ★ IRON. awkward ~ *rekruten in opleiding*
squad car ZN USA *overvalwagen; patrouillewagen* ⟨politie⟩
squadron ('skwɒdrən) ZN • *eskadron* ⟨bij de cavalerie⟩ • *eskader* ⟨bij de marine⟩ • *escadrille* ⟨bij de luchtmacht⟩
squalid ('skwɒlɪd) BNW • *vunzig; smerig* • *gemeen*
squall (skwɔ:l) **I** ZN • *windstoot* • *vlaag* ★ FIG. look out for ~s *pas op dat je geen herrie (met hem) krijgt*; *weest op uw hoede* ★ white ~ *plotselinge waterhoos* **II** OV+ONOV WW • *gillen* • *brallen*
squally ('skwɔ:lɪ) BNW *winderig; stormachtig*
squalor ('skwɒlə) ZN • *vunzigheid; smerigheid* • *ellende*
squander ('skwɒndə) OV WW *verkwisten; vergooien*
squandermania (skwɒndə'meɪnɪə) ZN *geldsmijterij*
square (skweə) **I** ZN • *vierkant* • *kwadraat* • *plein*; *exercitieterrein* • *huizenblok* • *carré* • *winkelhaak*; *tekenhaak* • *vlaktemaat* (±9 m) • *conservatief* ★ by the ~ *precies* ★ on the ~ *in de haak*; *eerlijk* ★ be on the ~ *vrijmetselaar zijn* ★ out of ~ *niet in de haak*; *niet haaks* ★ ~ dance *quadrille* ★ be out of ~ *with the rest niet in overeenstemming met de rest zijn*; *uit de toon vallen* **II** BNW • *vierkant* • *stoer; stevig* • *eerlijk*; *oprecht*; *betrouwbaar* • *ondubbelzinnig* • *gelijk*; *quitte*; *in orde*; *in de haak* • *conservatief*; *conformistisch*; *burgerlijk* ★ ~ root *vierkantswortel* ★ ~ measure *vlaktemaat* ★ get a ~ deal *eerlijk behandeld worden* ★ get things ~ with s.o. *het in orde maken met iem.; met iem. afrekenen* **III** OV WW • *in kwadraat brengen* • *omkopen* • *bewerken* • *vierkant maken*; *recht/haaks maken* • *in orde maken*; *afrekenen* ★ ~ one's shoulders *zich schrap zetten* ★ ~ the circle *de oppervlakte v.d. cirkel berekenen*; *'t onmogelijke proberen* ★ ~ accounts *afrekenen* • ~ **to/with** *in overeenstemming brengen met*; *aanpassen aan* • ~ **up** *vereffenen*; *afrekenen*; *betalen* ★ ~ up to *zich schrap zetten tegenover* **IV** ONOV WW • *recht/haaks staan op* • *overeenstemmen* ★ ~ up at s.o. *zich schrap zetten tegen iem.*; *een vechtlustige houding aannemen tegen iem.* ★ ~ up to *energiek aanpakken* • ~ **with** *kloppen met* **V** BIJW • *vierkant* • *oprecht* • *vlak; ronduit*
square-built (skweə'bɪlt) BNW *met brede schouders*
squarely ('skweəlɪ) BIJW *vierkant*
square-shouldered BNW *met vierkante schouders*
square-toed (skweə'təʊd) BNW • *met vierkante, brede neus* ⟨schoeisel⟩ • *preuts* • *bekrompen*
square-toes ZN *preuts iem.*
squash (skwɒʃ) **I** ZN • SPORT *squash* • *pulp*; *moes*; *vruchtvlees v. pompoen* • *limonade* ⟨v. vruchtensap⟩ • *gedrang* ★ SPORT play ~ *squashen* **II** OV WW • *kneuzen* • *plat drukken* • *tot moes maken/slaan* • *de mond snoeren* • *dringen* **III** ONOV WW *geplet worden*
squash hat ZN *slappe hoed*
squashy ('skwɒʃɪ) BNW • *zacht* • *sentimenteel*
squat (skwɒt) **I** ZN *hurkende houding* **II** BNW *kort; gedrongen* **III** OV WW *kraken* ⟨v. huis, stuk land⟩ **IV** ONOV WW • *hurken* • *(gaan) zitten*; *gaan liggen* • *kruipen met lichaam tegen de grond*
squatter ('skwɒtə) ZN • *kraker* • *iem. die onrechtmatig een stuk land bewoont*
squaw (skwɔ:) ZN *(indiaanse) vrouw*

squawk (skwɔ:k) I ZN *schreeuw* II ONOV WW *krijsen*

squeak (skwi:k) I ZN *gepiep* ★ *it was a narrow* ~ *'t scheelde maar een haar* II ONOV WW *piepen* ★ PLAT ~ (on) *(iem.) verraden*

squeaker ('skwi:kə) ZN • *piepertje* • *jong vogeltje* • *verrader*

squeaky ('skwi:kɪ) BNW • *piepend* • *krakend*

squeal (skwi:l) I ZN *gil* II ONOV WW • *gillen* • *gieren* • *tekeergaan* • *een keel opzetten* • PLAT *verraden*

squealer ('skwi:lə) ZN • *schreeuwlelijk* • *jonge duif* • *aanbrenger* • *querulant*

squeamish ('skwi:mɪʃ) BNW • *(gauw) misselijk* • *kieskeurig* • *pijnlijk nauwgezet* • *overgevoelig*

squeegee ('skwi:dʒi:) I ZN • *vloertrekker* • A-V *rolstrijker* II OV WW • *zwabberen* • *rollen*

squeeze (skwi:z) I ZN • *kneep(je)* • *gedrang* • *(hand)druk* • *afdruk* ⟨v. munt⟩ • *hartelijke omhelzing* • *afpersing* ★ *put the* ~ *on a p. iem. onder druk zetten*; *chantage plegen op iem.* ★ *it was a* ~ *'t was 'n hele toer* ★ *at a* ~ *als 't er om gaat* II OV WW • *knijpen*; *uitknijpen* • *kneden* • *uitpersen*; *afpersen* • *pressen* • *uitzuigen* ⟨fig.⟩ • *(tegen z. aan)drukken* • *(bridge) eruit dwingen* ★ ~ *a p.'s hand iem. een stevige hand geven* ★ ~ *to death dooddrukken* ★ ~ *o.s. in zich nestelen in* III ONOV WW • *(z.) dringen* • **through** *'t met moeite halen*

squeezer ('skwi:zə) ZN • *(citroen)pers* • *uitzuiger*

squelch (skweltʃ) I ZN • *gevat antwoord* • *zuigend geluid* II OV WW • *de mond snoeren* • *verpletteren* • *de kop indrukken* III ONOV WW *zuigend geluid maken* ⟨als bij lopen door modder⟩

squib (skwɪb) I ZN • *voetzoeker* • *ontstekingspatroon* • *schotschrift* II OV WW *hekelen* III ONOV WW *voetzoeker of ontsteking afsteken*

squid (skwɪd) ZN • *pijlinktvis* • *kunstaas*

squiffy ('skwɪfɪ) BNW *aangeschoten*

squiggle ('skwɪgl) I ZN *golvend lijntje*; *slangetje* II ONOV WW • *krullen* • *kronkelen*

squint (skwɪnt) I ZN • *neiging* • *opening om van zijbeuk op altaar te kunnen zien* • *have a fearful* ~ *vreselijk scheel kijken* ★ *have a* ~ *at eventjes kijken naar* II BNW *scheel* III ONOV WW • *loensen*; *scheel kijken* • *(even) kijken* • *overhellen* ⟨fig.⟩ • ~ *at blikken naar*

squint-eyed (skwɪnt'aɪd) BNW • *scheel* • *scheef*

squire ('skwaɪə) I ZN • *landjonker* • GESCH. *schildknaap* ★ ~ *of dames galante ridder* ★ *the* ~ *de (land)heer v.h. dorp* II OV WW • *escorteren*; *attent/galant zijn voor*

squirm (skwɜːm) I ZN *(lichaamsge)kronkel* II ONOV WW • *wriemelen*; *kronkelen* • *iets op z'n hart hebben* • *niet op z'n gemak zijn*

squirrel ('skwɪrəl) ZN *eekhoorn*

squirt (skwɜːt) I ZN • *straal* • *spuitje* • *branieschopper* II OV+ONOV WW • *spuiten* • *sprietsen*

squirt gun ZN *waterpistool*

squish (skwɪʃ) ZN *soppend geluid*

SRN AFK *State Registered Nurse gediplomeerd verpleegkundige*

SS AFK • *Saints Sint* • *Schutzstaffel SS*

SSE AFK *south southeast zuidzuidoost*

SSW AFK *south southwest zuidzuidwest*

St. (sənt) AFK • *Saint Sint* • *Street straat*

Sta. AFK *Station station*

stab (stæb) I ZN *dolkstoot*; *doodsteek* ★ *stab in the dark slag in de lucht*; *gok* ★ *have/make a stab at 'n gooi doen naar* II OV+ONOV WW • *steken* ⟨vnl. met dolk, of van wond⟩ • *de doodsteek geven* • *afbikken* ★ *stab in the back in de rug aanvallen*

stabber ('stæbə) ZN • *messensteker* • *moordenaar* • *dolk*

stability (stə'bɪlətɪ), **stableness** ZN *stabiliteit*; *evenwichtigheid*

stabilization (steɪbəlaɪ'zeɪʃən) ZN *stabilisatie*

stabilize ('steɪbəlaɪz) OV+ONOV WW *stabiliseren*

stable ('steɪbl) I ZN *stal* II BNW • *hecht*; *vast* • *standvastig* • *stabiel* III OV WW *op stal zetten* IV ONOV WW *op stal staan*

stable boy ('steɪblbɔɪ) ZN *stalknecht*

stableman ('steɪblmæn) ZN *stalknecht*

stableness ('steɪblnəs) ZN → **stability**

stabling ('steɪblɪŋ) ZN • *stallen* • *stalling*

staccato (stə'kɑːtəʊ) BNW + BIJW *staccato*

stack (stæk) I ZN • *stapel*; *hoop* • *groep schoorstenen* ⟨op dak⟩ • *(schoorsteen)pijp* • *steile kale rots* • *(hooi)mijt* • *bepaalde houtmaat* (± 4.86 m³) II OV WW • *stapelen* • *opdracht geven met landen te wachten en op bepaalde hoogte te blijven* ★ ~ *the cards de kaarten steken*; FIG. *de zaak bekonkelen* • ~ **up** *opstapelen*; *optassen*

stacked (stækt) BNW *welgevormd*

stackyard ('stækjɑ:d) ZN *erf waar hooimijten staan*

stadium ('steɪdɪəm) ZN • *stadion* • *stadium*

staff (stɑ:f) I ZN • *staf (leidinggevend) personeel* • *stut* • *notenbalk* • *soort gips* ★ *editorial* ~ *redactie* ★ *the* ~ *of life het dagelijks brood* II OV WW *van personeel e.d. voorzien*

staff college ZN ≈ *militaire academie*

staff room ZN *docentenkamer*

Staffs. AFK *Staffordshire*

stag (stæg) I ZN • *(mannetjes)hert* • *os* • *beursspeculant* ★ *stag beetle vliegend hert* II OV WW • USA *stag it z'n vrouw thuis laten* III ONOV WW *speculeren*

stag beetle ZN *vliegend hert* ⟨insect⟩

stage (steɪdʒ) I ZN • *fase*; *stadium* • *objecttafel* ⟨v. microscoop⟩ • *stage*; *leertijd* • *diligence* • *toneel* • *podium* • *steiger* • *etappe*; *traject* • *stopplaats* ★ *go on the* ~ *bij het toneel gaan* ★ ~ *direction toneelaanwijzing* ★ ~ *door artiestenigang* ★ ~ *fright plankenkoorts* ★ ~ *whisper goed hoorbaar gefluister* ★ ~ *fever vurige bewondering voor toneel* II OV WW • *opvoeren* • *ten tonele/voor 't voetlicht brengen* • *ensceneren* • *op touw zetten*

stagecoach ('steɪdʒkəʊtʃ) ZN *diligence*

stagecraft ('steɪdʒkrɑ:ft) ZN • *toneelkunst* • *dramatiek*

stage dive ONOV WW *stagediven*

stage-manage OV WW *ensceneren*

stage manager (steɪdʒ'mænɪdʒə) ZN *toneelmeester*

stager ('steɪdʒə) ZN ★ *old* ~ *ouwe rot in 't (toneel)vak*

stagewright ('steɪdʒraɪt) ZN *toneelschrijver*

stagger ('stægə) I ZN • *wankeling* • *schok* v.

ontsteltenis ★ the ~s *duizeling; duizeligheid* ★ blind ~s *kolder* ⟨paardenziekte⟩ **II** ov ww • *doen wankelen • ontstellen • (doen) duizelen • zigzagsgewijs of om en om plaatsen* ⟨v. spaken in fietswiel⟩ ★ ~ed holidays *gespreide vakantie* ★ ~ed office hours *glijdende werktijden* **III** onov ww • *wankelen • waggelen*

staggerer ('stægərə) zn *vraag/gebeurtenis waar men van ondersteboven is*

staggering ('stægərɪŋ) bnw • *wankelend; weifelend • schrikbarend; onthutsend* ★ ~ blow *klap waar je van rondtolt*

staghound ('stæghaʊnd) zn *jachthond*

staging ('steɪdʒɪŋ) zn • *mise-en-scène • stellage; steiger(werk)*

stagnancy ('stægnənsɪ) zn *stagnatie*

stagnant ('stægnənt) bnw • *stilstaand • lui; traag;* fig. *dood*

stagnate (stæg'neɪt) onov ww • *stilstaan • alle fut kwijt zijn of kwijtraken • op 'n dood punt staan of komen • afstompen*

stagnation (stæg'neɪʃən) zn *stagnatie*

stag night zn *hengstenbal* ⟨vrijgezellenfeest voor bruidegom⟩

stag party zn *hengstenbal* ⟨vrijgezellenfeest voor bruidegom⟩

stagy ('steɪdʒɪ) bnw *theatraal*

staid (steɪd) bnw • *bedaard; bezadigd • degelijk*

stain (steɪn) **I** zn • *vlek; smet • blaam • kleurstof; verfstof; beits* **II** ov ww • *vlek(ken) maken op • kleuren; verven • beitsen • onteren; bezoedelen* ★ ~ed glass windows *gebrandschilderde ramen* **III** onov ww • *vlekken geven • afgeven* ⟨v. stoffen⟩

stainless ('steɪnləs) bnw • *vlekkeloos • vlekvrij; roestvrij*

stair (steə) zn • *trede • trap* ★ (flight of) ~s *trap* ★ ~ carpet *traploper*

staircase ('steəkeɪs), **stairway** zn *trap* ⟨constructie met treden⟩ ★ moving ~ *roltrap* ★ spiral ~ *wenteltrap*

stairway ('steəweɪ) zn *trap* ⟨constructie met treden⟩

stairwell ('steəwel) zn *trappenhuis*

stake (steɪk) **I** zn • *brandstapel • klein aanbeeldje • inzet • aandeel; belang(en) • paal; staak* ★ the ~ *de dood op de brandstapel* ★ ~s *hele inzet; pot; wedren* ★ be at ~ *op 't spel staan* ★ he has a ~ in the country *hij heeft belang bij het welzijn van 't land* **II** ov ww • *aan paal/staak (op)binden • afpalen • met palen omheinen* ★ ~ **off/out** *afpalen; inzetten; (op 't spel) zetten* ★ usa ~ **out** *onder bewaking stellen*

stale (steɪl) **I** zn *gier* ⟨v. vee⟩ **II** bnw • *niet fris meer; muf • verschaald • oud(bakken) • verlegen* ⟨v. goederen⟩ ★ ~ joke *ouwe mop* ★ one's mind gets ~ by ... *je wordt suf van ...* ★ sport go ~ *overtraind raken* **III** ov ww • *oud maken • doen verschalen* **IV** onov ww • *oud worden • verschalen • urineren* ⟨v. paard⟩

stalemate ('steɪlmeɪt) **I** zn • *pat(stelling) • schaakmat* **II** ov ww *pat zetten*

stalk (stɔːk) **I** zn • *stengel • steel • schacht* ⟨v. veer⟩ • *hoge schoorsteen* **II** ov ww • *besluipen* ⟨v. prooi⟩ • *(hinderlijk) achtervolgen; lastig vallen; stalken* **III** onov ww • *(statig) schrijden* • ook

fig. *voortschrijden*

stalker ('stɔːkə) zn • *sluiper • sluipjager • achtervolger; stalker*

stall (stɔːl) **I** zn • *(het) afglijden • afdeling in stal • box • koorbank • koorstoel • stalletje; kiosk; kraam • stallesplaats • plaats* ⟨v. mijnwerker⟩ • *handlanger* ⟨die bestolene aan de praat houdt⟩ • *smoesje* **II** ov ww • *stallen • op stal houden; vetmesten • in boxen verdelen • afzetten* ★ I'll ~ her *ik zal haar aan de praat houden* **III** onov ww • *vastrijden; vastlopen • afslaan* ⟨v. motor⟩ • *snelheid verliezen en afglijden*

stallage ('stɔːlɪdʒ) zn *staangeld*

stall-fed ('stɔːlfed) bnw *vetgemest*

stallholder ('stɔːlhəʊldə) zn • *geestelijke die recht heeft op koorstoel • kanunnik • kraamhouder*

stallion ('stæljən) zn *hengst*

stalwart ('stɔːlwət) **I** zn *getrouwe; trawant* **II** bnw • *robuust; stoer; struis • trouw*

stamen ('steɪmən) zn *meeldraad*

stamina ('stæmɪnə) zn • *(innerlijke) kracht • pit • energie • uithoudingsvermogen* ★ moral ~ *karaktervastheid*

stammer ('stæmə) **I** zn *het stotteren* **II** ov+onov ww • *stotteren • stamelen*

stammerer ('stæmərə) zn *stotteraar*

stammering ('stæmərɪŋ) bnw *stotterend*

stamp (stæmp) **I** zn • *stempel; merk • postzegel • (ge)stamp • stamper • soort; karakter* ★ bear the ~ *het stempel dragen* ⟨fig.⟩ ★ set one's ~ (up)on *zijn stempel drukken op* ★ ~ machine *hamermolen; postzegelautomaat* **II** ov ww • *(be)stempelen • frankeren; zegelen • stampen • karakteriseren; kenmerken* ★ ~ flat *plattrappen* ★ ~ed paper *gezegeld papier* ★ ~ed addressed envelope *gefrankeerde retourenvelop* ★ ~ **out** *uittrappen; vernietigen; verdelgen; uitroeien* **III** onov ww ★ ~ing ground *lievelingsplek(je)* **IV** ov+onov ww *stampen*

stamp collector ('stæmpkəlektə) zn *postzegelverzamelaar*

stampede (stæm'piːd) **I** zn • *wilde, massale vlucht* ⟨v. dieren⟩ • *paniek • sauve-qui-peut • toeloop, oploop; stormloop* • usa *massabeweging* **II** ov ww *paniek/vlucht veroorzaken* **III** onov ww *massaal op hol slaan*

stamper ('stæmpə) zn *breekmachine* ⟨v. erts of steen⟩

stance (stɑːns) zn *houding* ⟨bij golf⟩

stanch (stɑːntʃ) ov ww *stelpen*

stanchion ('stɑːnʃən) **I** zn • *stut • paal* • scheepv. *dekstijl* **II** ov ww • *stutten • aan paal binden*

stand (stænd) **I** zn • *tribune • standaard; rek; tafeltje; statief • gewas te velde • stand; stilstand; oponthoud • standplaats • standpunt • kraam; kiosk* ★ one-night ~ *één enkele voorstelling; korte affaire* ⟨figuurlijk⟩ ★ take one's ~ on *uitgaan van; zich baseren op* ★ make a ~ (against) *stelling nemen (tegen)* ★ be at a ~ *stil staan* ★ be at a ~ for *verlegen zitten om* ★ come to a ~ *tot stand komen* ★ take one's ~ post *vatten; zich op 't standpunt stellen* ★ ~ of arms *bewapening v. één soldaat* ★ ~ of colours *regimentsvaandel* **II** ov ww • *plaatsen; zetten • uithouden; verdragen; uitstaan • bestand zijn* *tegen* • **trakteren** *(op)* • he can ~ a good deal *hij kan heel wat hebben* • ~ **fire** *vijandelijk vuur trotseren; kritiek trotseren* ★ ~ s.o. in good stead *iem. goed van pas komen* • ~ **off** *tijdelijk ontslaan* • ~ **up** *(rechtop) zetten; opstellen; uitsteken* **III** ONOV WW • *staan; gaan staan* • *blijven staan; er (nog) staan* • *liggen* • *standhouden; geldig zijn; steek houden;* *gehandhaafd blijven* ★ ~ six feet *1 m 80 lang zijn* ★ ~ accused *beschuldigd zijn* ★ ~ alone *bovenaan staan; alleen staan* ★ ~ candidate *kandidaat zijn* ★ ~ a chance *kans hebben* ★ ~ corrected *erkennen dat men schuld heeft* ★ ~ one's ground *standhouden; niet toegeven; niet wijken* ★ ~ pat *vasthouden aan partijprincipes* ★ ~ (one's) trial *terechtstaan* ★ ~ at ease *op de plaats rust staan* ★ ~ in awe of *ontzag hebben voor; respecteren* ★ ~ off and on *kusthavens langsvaren* ★ it ~s to reason *het spreekt vanzelf* ★ ~ to lose/win *op verliezen/winnen staan* ★ ~ well with *goed aangeschreven staan bij; op goede voet staan met* • ~ **aside** *aan de kant staan; zich afzijdig houden* • ~ **at** *aangeven* ⟨v. meter⟩ • ~ **away** *weg gaan staan* • ~ **back** *achteruit gaan staan* • ~ **by** *erbij (blijven/gaan) staan; lijdelijk toezien; klaar (gaan) staan om te helpen; een handje helpen; in de buurt blijven* ★ ~ by one's friend *zijn vriend bijstaan* ★ ~ by one's promise *z. houden aan zijn belofte* • ~ **down** *teruggaan naar zijn plaats; z. terugtrekken* • ~ **for** *steunen; voorstaan; betekenen; symboliseren; kandidaat zijn voor; peter/meter zijn voor; verdragen* ★ I won't ~ for that *dat neem ik niet* • ~ **in** *kosten; komen (te staan) op; meedoen; niet achterblijven; zijn steentje bijdragen; naar land koersen* ★ ~ in with *één lijn trekken met* ★ ~ in for *waarnemen voor; invallen voor* • ~ **off** *aan de kant gaan staan; op een afstand blijven; z. afzijdig houden;* SCHEEPV. *afhouden* • ~ **on** *staan op; aanhouden; dezelfde koers houden* • ~ **out** *in 't oog vallen; volhouden; niet toegeven; standvastig zijn; zee kiezen* • ~ **over** *blijven liggen* • ~ **to** *blijven bij; trouw blijven* ★ ~ to it that *blijven volhouden dat* ★ ~ to one's guns *bij zijn standpunt blijven; niet toegeven* ★ ~ to one's word *woord houden* • ~ **up** *opstaan; rechtop blijven/gaan staan* • ~ **upon** *staan op; afgaan op*

standard ('stændəd) **I** ZN • *stamroos* • *standaard* • *vaandel* • *standaardmaat; maatstaf; norm* • *stelregel* • *stander* • *paal* • *heester op hoge stam* ★ raise the ~ of revolt *het sein tot revolutie geven* **II** BNW • *standaard;* • *normaal* • *algemeen erkend/gewaardeerd* • *op hoge stam* ★ ~ **English** *algemeen beschaafd Engels* ★ ~ **joke** *stereotiepe mop* ★ ~ **lamp** *staande (schemer-/lees-)lamp*

standard-bearer ('stændədbeərə) ZN • *vaandrig* • *leider*

standardization (stændədaɪ'zeɪʃən) ZN *standaardisering*

standardize ('stændədaɪz) OV WW • *normaliseren* • *als normaal vaststellen* • *algemeen erkennen*

standby ('stændbaɪ) **I** ZN • *hulp in nood; reserve* • *uitkomst* • *steun* **II** BNW • *nood- reserve-*

stand-in ('stændɪn) ZN • *invaller* • *plaatsvervanger*

standing ('stændɪŋ) **I** ZN • *duur; ouderdom* • *reputatie; aanzien* ★ of long ~ *wat al lang bestaat; van oudsher gevestigd* ★ ~ **room** *staanplaats(en)* **II** BNW • *staand* • *te velde staand* • *blijvend; voortdurend; permanent* ★ ~ **jump** *sprong zonder aanloop* ★ ~ **joke** *vaste grap* ★ ~ **orders** *reglement*

stand-offish (stænd'ɒfɪʃ) BNW • *terughoudend; gereserveerd* • *hautain*

standpoint ('stændpɔɪnt) ZN *standpunt*

standstill ('stændstɪl) ZN *stilstand* ★ be at a ~ *stilstaan; stilliggen* ★ come to a ~ *stil komen te liggen*

stand-to ('stændtu:) ZN MIL. *appèl*

stand-up ('stændʌp) **I** ZN • *staande boord* • *staande lunch* **II** BNW • ~ **comedian** *conferencier die staande voor een publiek grappen vertelt* • ~ **fight** *eerlijk gevecht* ★ ~ **row** *flinke ruzie*

stank (stæŋk) WW [verleden tijd] → **stink**

stannic ('stænɪk) BNW *tin-*

stanza ('stænzə) ZN *couplet*

staple ('steɪpl) **I** ZN • *hoofdmiddel van bestaan* • *hoofdproduct; hoofdexportartikel* • *kern; hoofdschotel* ⟨fig.⟩ • *grondstof* • *vezel* • *kram* • *hechtnietje* • *stapelplaats* **II** BNW • *hoofd- kern-* **III** OV WW • *(vast)nieten; krammen* • *sorteren* ⟨v. wol⟩

stapler ('steɪplə) ZN *nietmachine*

star (stɑ:) **I** ZN • *ster(retje)* • *gesternte* • *bles* ★ **stars and stripes** *vlag van de VS* ★ **star shell** *lichtkogel* **II** BNW • *ster-* • *hoofd-* • *eerste* **III** OV WW • *met sterren tooien/versieren* • *sterretjes zetten bij* • *als ster laten optreden* ★ starring *met in de hoofdrol* ★ star it *als ster optreden; de hoofdrol spelen* **IV** ONOV WW • *de hoofdrol spelen* • *als ster optreden*

starboard ('stɑ:bəd) ZN *stuurboord*

starch (stɑ:tʃ) **I** ZN • *zetmeel* • *stijfsel* • *stijfheid; stijve vormelijkheid* **II** OV WW *stijven*

starched ('stɑ:tʃt) BNW • *in de plooi* • *stijf; vormelijk*

starchy ('stɑ:tʃɪ) BNW • *zetmeelrijk* • *gesteven* • *vormelijk* ★ ~ **food** *meelkost*

star-crossed BNW *niet voor het geluk geboren; ongelukkig*

stardom ('stɑ:dəm) ZN *de status van ster*

stardust ('stɑ:dʌst) ZN • *kosmisch stof* • *sterrenhoop* ★ have ~ in one's eyes *tot over zijn oren verliefd zijn*

stare (steə) **I** ZN • *(hol) starende blik* • *blik* **II** OV+ONOV WW • *grote ogen opzetten* • *staren* • *(nieuwsgierig) kijken* ★ ~ a p. out of countenance *iem. de ogen doen neerslaan* ★ that will make him ~ *dat zal hem doen opkijken* ★ it ~s you in the face *'t ligt vlak voor je neus; 't is overduidelijk* • ~ **at** *aangapen*

starfish ('stɑ:fɪʃ) ZN *zeester*

stark (stɑ:k) **I** BNW • *absoluut; volkomen* • *spiernaakt* • *star; stijf* • *grimmig* ★ ~ **nonsense** *klinkklare onzin* **II** BIJW *volkomen* ★ ~ **blind** *stekeblind* ★ ~ **mad** *stapelgek* ★ ~ **naked** *spiernaakt*

starkers ('stɑ:kəz) BNW *spiernaakt*

starlet ('stɑ:lət) ZN *sterretje*

starlight ('stɑ:laɪt) ZN *sterrenlicht*

starling ('stɑːlɪŋ) ZN • spreeuw • paalbeschoeiing

starlit ('stɑːlɪt) BNW • door sterren verlicht • met sterren

starred (stɑːd) BNW • met ster/sterretje(s) • gesternd

starry ('stɑːrɪ) BNW • met sterren bezaaid • schitterend ★ ~ sky sterrenlucht

starry-eyed BNW in vervoering; euforisch

star-spangled ('stɑːspæŋɡld) BNW met sterren bezaaid ★ ~ banner vlag v. VS; (woorden uit) volkslied v. VS

star-studded BNW • bezaaid met sterren • FIG. met een sterrenbezetting ⟨toneel, film⟩

start (stɑːt) I ZN • vertrekpunt; beginpunt; start • voorsprong ★ by fits and ~s op ongeregelde tijden; onregelmatig ★ from ~ to finish van 't begin tot 't eind ★ get a ~ on a p. iem. vóór zijn ★ it gave me a ~ het deed me schrikken ★ give a p. a ~ iem. op weg helpen ★ give a p. a ~ in life iem. een opstapje geven ⟨fig.⟩ ★ wake up with a ~ wakker schrikken ★ make an early ~ (te) vroeg beginnen; vroeg op pad gaan II BNW • bezaaid met sterren • met veel sterren ⟨fig.⟩ III OV WW • aan de gang krijgen • op gang/weg helpen • aanzetten • opjagen ⟨v. wild⟩ • opperen • doen losraken ★ ~ another hare een nieuw onderwerp aansnijden • ~ **up** starten; aanzetten IV ONOV WW • (op)springen • (op)schrikken • vertrekken • aan de gang gaan • aanslaan ⟨v. motor⟩ • doen losraken ★ to ~ with om te beginnen ★ his eyes ~ed zijn ogen puilden uit ★ ~ into existence plotseling ontstaan ★ ~ing block startblok • ~ **at** schrikken van • ~ **for** vertrekken naar • ~ **from/with** uitgaan van • ~ **off/out** beginnen; aan 't werk gaan; vertrekken • ~ **up** opspringen; opschrikken; plotseling ontstaan; aanslaan; starten V OV+ONOV WW • beginnen (met) • starten; startsein geven ★ ~ working beginnen te werken ★ ~ to work beginnen te werken

START (stɑːt) AFK Strategic Arms Reduction Talks besprekingen tot vermindering van strategische wapens

starter ('stɑːtə) ZN • starter • deelnemer ⟨aan wedstrijd⟩ • begin • voorgerecht

starting ('stɑːtɪŋ) ~-gate starthek ★ ~-point uitgangspunt ★ ~-post startpaal ★ ~ price inzet vlak voor de start

startle ('stɑːtl) OV WW • opschrikken; doen schrikken • opjagen ★ be ~d schrikken

startling ('stɑːtlɪŋ) BNW • verrassend • ontstellend • alarmerend

starvation (stɑːˈveɪʃən) I ZN voedselgebrek II BNW honger-

starve (stɑːv) I OV WW • uithongeren • honger laten lijden ★ ~ a p. into submission iem. door uithongeren tot toegeven dwingen II ONOV WW • honger lijden; honger/trek hebben • niet eten; vasten • verhongeren • ~ **for** hunkeren naar; dorsten naar

starveling ('stɑːvlɪŋ) I ZN • hongerlijder • uitgehongerd dier II BNW • uitgehongerd • ondervoed

stash (stæʃ) OV WW verbergen; verborgen houden

state (steɪt) I ZN • staat • toestand • stand • staatsie; praal ★ ~ of affairs toestand; stand v. zaken ★ be in a terrible ~ vreselijk opgewonden/overstuur zijn ★ in ~ in pracht en praal ★ lie in ~ opgebaard liggen ★ United States (of America) Verenigde Staten (v. Amerika) II BNW • staats- • staatsie- III OV WW • verklaren; beweren • uiteenzetten • formuleren • opgeven

State (steɪt) ZN ★ USA ~ attorney officier v. justitie in een staat ★ ~ Department ministerie v. buitenlandse zaken der VS ★ ~ of the Union jaarlijkse toespraak v. president v.d. VS tot Congress ★ the ~s de VS ★ ~ Registered nurse gediplomeerd verpleegster

statecraft ('steɪtkrɑːft) ZN • staatkunde • staatkundig beleid

stated ('steɪtɪd) BNW • gegeven • vastgesteld ★ at ~ intervals op gezette tijden

stateless ('steɪtləs) BNW staatloos

stately ('steɪtlɪ) BNW • statig • imposant

statement ('steɪtmənt) ZN verklaring ★ ~ of affairs balansstaat

state-of-the-art BNW actueel; volgens de huidige stand van zaken; ultramodern

state-owned BNW staats-; overheids-; genationaliseerd

stateroom ('steɪtruːm) ZN • staatsiezaal • luxe hut

statesman ('steɪtsmən) ZN staatsman; politicus

statesmanly ('steɪtsmənlɪ) BNW als (van) een goed staatsman

statesmanship ('steɪtsmənʃɪp) ZN (goed) staatsmanschap; staatkunde

static ('stætɪk) BNW • statisch • in evenwicht

statics ('stætɪks) ZN MV • statica • luchtstoringen ⟨op radio⟩

station ('steɪʃən) I ZN • station • (stand)plaats • positie • post • depot • politiebureau • veeboerderij • statie • statiekerk ★ ~s of the Cross kruiswegstaties ★ naval ~ marinebasis ★ above one's ~ boven zijn stand ★ of ~ hooggeplaatst ★ ~ house politiebureau ★ terminal ~ eindstation II OV WW • opstellen • stationeren • post vatten

stationary ('steɪʃənərɪ) I ZN ★ MIL. stationaries vaste bezetting II BNW • stationair • stilstaand • vast • onveranderd

stationer ('steɪʃənə) ZN kantoorboekhandelaar

stationery ('steɪʃənərɪ) ZN • kantoorboekhandel • postpapier ★ Stationery Office staatsdrukkerij/-uitgeverij

Stationery Office ZN ≈ staatsdrukkerij en -uitgeverij

stationmaster ('steɪʃənmɑːstə) ZN stationschef

station wagon ('steɪʃənwæɡən) ZN stationcar

statistic(al) (stəˈtɪstɪk(l)) BNW statistisch ★ statistics statistiek

statistician (stætɪˈstɪʃən) ZN statisticus

statuary ('stætʃʊərɪ) I ZN • beeldhouwkunst • beeldhouwwerk(en) • beeldhouwer II BNW beeldhouw-

statue ('stætʃuː) ZN standbeeld

statuesque (stætʃʊˈesk) BNW statig

statuette (stætʃʊˈet) ZN beeldje

stature ('stætʃə) ZN gestalte; postuur ★ man of ~ man v. formaat

status ('steɪtəs) ZN • status • positie • rechtspositie

status bar ZN COMP. statusregel

status symbol ZN *statussymbool*
statute ('stætʃu:t) ZN • *wet* • *statuut* • *verordening* • *reglement*
statute book ('stætʃu:tbʊk) ZN ≈ *Staatsblad*
statute law ZN JUR. *geschreven recht*
statutory ('stætʃʊtərı) BNW • *statutair* • *volgens de wet*
staunch (stɔ:ntʃ) I BNW • *betrouwbaar* • *hecht* • *sterk* • *trouw* • *stoer* • *waterdicht* • *stelpend* II OV WW *stelpen*
stave (steɪv) I ZN • *duig* • *sport* ⟨v. ladder⟩ • *couplet* • *notenbalk* II OV WW ★ ~ a cask *een vat/ton maken* • ~ in *in duigen slaan; lek stoten of slaan* • ~ off *afwenden; opschorten*
staves (steɪvz) ZN MV → **staff**
stay (steɪ) I ZN • *verblijf* • *uitstel* • *uithoudingsvermogen* • *stut* • *steun* • SCHEEPV. *stag* ★ make a stay *blijven; zich ophouden* ★ put a stay on *een halt toeroepen aan; bedwingen* ★ the ship is in stays *'t schip gaat overstag* II OV WW • stay one's hand *zijn hand(en) afhouden* • *tegenhouden; terughouden* • *vertragen* • *uitstellen* ★ stay out the play *blijven tot het stuk uit is* ★ stay the course *'t uithouden; volhouden* ★ stay one's appetite *zijn eetlust/honger stillen* III ONOV WW • *blijven* • *logeren* ★ come and stay *kom(en) logeren* ★ it's come to stay *het is van blijvende aard gebleken* ★ stay to/for dinner *blijven eten* • ~ **behind** *achterblijven* ⟨ook in ontwikkeling⟩; *nablijven* ⟨op school⟩ • ~ **for** *wachten op* IV KWW ★ stay gone/away *wegblijven* ★ stay put *daar blijven* • ~ **in** *binnenblijven*
stay-at-home ('steɪəthəʊm) I ZN • *huismus* • *iem. die 't liefst thuis zit* ★ ~ mom ≈ *niet-werkende moeder* II BNW *ho(n)kvast*
stayer ('steɪə) ZN • *volhouder* • *langeafstandsrenner; wielrenner achter motor*
staying power ('steɪɪŋpaʊə) ZN *uithoudingsvermogen*
stays (steɪz) ZN MV *korset*
staysail ('steɪseɪl) ZN *stagzeil*
STD AFK • Sexually Transmissible Disease *soa; geslachtsziekte* • Doctor of Sacred Theology *doctor in de godgeleerdheid*
stead (sted) ZN *plaats* ★ it stood me in good ~ *'t is mij goed van pas gekomen*
steadfast ('stedfɑ:st) BNW • *standvastig; onwrikbaar* • *strak* ⟨v. blik⟩
steading ('stedɪŋ) ZN *boerenhoeve*
steady ('stedɪ) I ZN • *steun* • PLAT *vaste vrijer* II BNW • *stevig; vast* • *gestadig* • *bedaard; rustig; oppassend* • *trouw* ★ ~ does the trick *kalmpjes aan, dan breekt 't lijntje niet* ★ go ~ *vaste verkering hebben* ★ ~! *rustig (aan)!; maak je niet zo druk!* ★ SCHEEPV. keep her ~ *rechtzo die gaat* ★ SCHEEPV. ~ as you go *rechtzo die gaat* III OV WW ★ ~ the helm *'t roer in zelfde stand houden* IV ONOV WW ~ **down** *rustig/kalm worden*
steady-going BNW + BIJW *bedaard; bezadigd*
steak (steɪk) ZN • *runderlap; plat stuk vlees* • *filet* • *moot vis* ★ T-bone ~ *biefstuk v.d. rib*
steal (sti:l) I ONOV WW • *sluipen; glijden* • *onmerkbaar gaan of komen* • ~ **away** *ongemerkt voorbij gaan* • ~ **out** *er stilletjes*

vandoor gaan II OV+ONOV WW *stelen* ★ ~ a glance at *een steelse blik werpen op* ★ ~ a march on *vóór komen* ★ one may ~ a horse, another may not look over the hedge *de ene mag alles en de andere niets*
stealth (stelθ) ZN ★ by ~ *heimelijk; in stilte*
stealthy ('stelθɪ) BNW • *heimelijk* • *steels*
steam (sti:m) I ZN • *stoom* • *damp* • *wasem* ★ on/under one's own ~ *op eigen kracht; zonder hulp v. anderen* ★ to get up ~ *moed verzamelen;* FIG. *de mouwen opstropen* II OV WW *doen beslaan* ★ ~ed (up) *nijdig; opgewonden* III ONOV WW • *beslaan* • ~ **up** *beslaan*
steamboat ('sti:mbəʊt) ZN *stoomboot*
steamer ('sti:mə) ZN • *stoomboot* • *stoomkoker*
steam gauge ZN *manometer*
steam iron ZN *stoomstrijkijzer*
steamship ('sti:mʃɪp) ZN *stoomschip*
steam tug ZN *sleepboot(je)*
steamy ('sti:mɪ) BNW • *beslagen* • *nevelig*
stearin ('stɪərɪn) ZN *stearine*
steed (sti:d) ZN • *paard* • *strijdros*
steel (sti:l) I ZN • *staal; wetstaal* • *balein* ⟨in korset⟩ • *vuurstaal* ★ cold ~ *stalen wapens* ⟨zoals sabel, bajonet⟩ ★ a foe worthy of his ~ *een waardig tegenstander* II BNW *stalen; staal-* III OV WW • *stalen* • *harden*
steel band ZN MUZ. *steelband*
steel-clad ('sti:lklæd) BNW • *geharnast* • *gepantserd*
steelhead ('sti:lhed) ZN *regenboogforel*
steelify ('sti:lɪfaɪ) OV WW *tot staal maken*
steel-plated (sti:l'pleɪtɪd) BNW *gepantserd*
steels (sti:lz) ZN MV *staalfondsen*
steel wool ZN *staalwol*
steelwork ('sti:lwɜ:k) ZN *staalwaren*
steely ('sti:lɪ) BNW • *van staal* • *staalachtig*
steelyard ('sti:lja:d) ZN *unster* ⟨soort weegschaal⟩
steep (sti:p) I ZN • *steile helling* • *steile weg; steil pad* • *bad* • *loog* ★ in ~ *in de week; aan het weken* II BNW • *steil* • *abnormaal (hoog)* • *overdreven* ★ ~ story *kras verhaal* III OV WW • *indompelen; onderdompelen; weken; drenken* • FIG. *onderdompelen; drenken* ★ to ~ o.s. in *zich verdiepen in* ★ ~ed in debts *tot over de oren in de schulden* ★ ~ed in history *doordrenkt van het verleden* ★ ~ed in liquor *stomdronken*
steepen ('sti:pən) I ONOV WW *steil worden* II OV WW *steil maken*
steeple ('sti:pl) ZN • *spitse toren* • *torenspits*
steeplechase ('sti:pltʃeɪs) ZN • *wedren met hindernissen* • *terreinrit* ★ ~r *deelnemer aan steeplechase*
steeplejack ('sti:pldʒæk) ZN • *man die schoorstenen e.d. repareert* • *torenbeklimmer*
steer (stɪə) OV WW ★ ~ing gear *stuurinrichting; stuurorganen* ★ ~ing committee *stuurgroep; beleidscommissie*
steerage ('stɪərɪdʒ) ZN • *bestuurbaarheid* • *achtersteven* • *achterdek* • *tussendek*
steering wheel ('stɪərɪŋwi:l) ZN *stuur(wiel)*
steersman ('stɪəzmən) ZN *stuurman* ★ ~ship *bekwaamheid als stuurman*
stein (staɪn) ZN *bierkan; bierkroes*
stele (sti:l) ZN *(graf)zerk; grafzuil*

stellar ('stelə) BNW sterren-
stem (stem) I ZN • *stengel* • *stam* ⟨ook van woord⟩ • *steel* ⟨v. pijp⟩ • *schacht* • *boeg; voorsteven* ★ from stem to stern *van voor tot achter* II OV WW • *strippen* ⟨v. tabak⟩ • *van takken ontdoen* • *stremmen* • *stelpen* • *ingaan tegen* • *'t hoofd bieden aan* ★ stem the tide *'t tij doodzeilen; (moedig) optornen tegen* III ONOV WW • *afstammen* ★ ~ **from** *teruggaan op*
stemmer ('stemə) ZN *stripper*
stench (stentʃ) ZN *stank; (onaangename) lucht*
stencil ('stensɪl) I ZN • *stencil* • *sjabloon* • *mal* II WW *stencilen*
stenographer (stə'nɒgrəfə) ZN *stenograaf*
stenography (stə'nɒgrəfi) ZN *steno(grafie)*
stentorian (sten'tɔːrɪən) BNW ★ ~ *voice stentorstem*
step (step) I ZN • *interval* • MIL. *promotie* • SCHEEPV. *spoor(gat)* • *(voet)stap; pas* • *tred* • *tree; sport* ★ step by step *stap voor stap* ★ make/take a step *een stap doen* ★ watch one's steps *behoedzaam/voorzichtig te werk gaan* ★ FIG. false step *verkeerde stap* ★ get one's step(s) *promotie maken* ★ turn one's steps to *zijn schreden richten naar* ★ in step *in de pas* ★ keep step *in de pas blijven* ★ keep step to *lopen op (de maat v.)* ★ keep (in) step with *gelijke tred houden met* ★ fall into step *in de pas gaan lopen* ★ out of step *uit de pas* ★ break step *uit de pas gaan* II OV WW • *stappen* ★ step it *te voet gaan* • ~ **off**/**out** *afpassen* • ~ **up** *opvoeren; versnellen* III ONOV WW • *stappen; treden; trappen; opstappen* ★ step this way *wilt u maar volgen* ★ step high *steppen* ⟨v. paard⟩ ★ won't you step inside? *kom je er niet even in?* ★ step on the gas *gas geven* ★ step on it *voortmaken* ★ step short *met kleine(re) stappen lopen; de pas verkorten* • ~ **aside** *opzij gaan staan; afdwalen; een misstap doen* • ~ **aside**/**down** *af-/terugtreden* • ~ **back** *teruggaan* ⟨figuurlijk⟩; *z. terugtrekken* • ~ **between** *tussenbeide komen* • ~ **in** *er in stappen; naar binnen gaan; er even tussen komen* • ~ **off** *aantreden; stom doen* • ~ **out** *uitrijden*; MIL. *de pas verlengen; uitstappen; naar buiten gaan* ★ step out briskly *flink/stevig doorstappen* • ~ **outside** *naar buiten stappen; eruit gaan* • ~ **up** *naar voren komen; promotie maken* ★ step up to *erop af gaat*
stepbrother ('stepbrʌðə) ZN *stiefbroer*
stepdaughter ('stepdɔːtə) ZN *stiefdochter*
stepfather ('stepfɑːðə) ZN *stiefvader*
stepladder ('steplædə) ZN *trapje*
stepmother ('stepmʌðə) ZN *stiefmoeder*
stepparent ('steppeərənt) ZN *stiefouder*
steppe (step) ZN *steppe*
stepped (stept) BNW ★ ~ *gable trapgevel*
stepped-up BNW *opgevoerd*
stepping stone ('stepɪŋstəʊn) ZN • *steen om op te stappen* ⟨vnl. in meervoud⟩ • *eerste stap/sport v.d. (maatschappelijke) ladder*
steps (steps) ZN MV • *stoep* • *trapje* ★ flight/pair of ~ *trap; stoep; bordes*
stepsister ('stepsɪstə) ZN *stiefzuster*
stepson ('stepsʌn) ZN *stiefzoon*
stereo ('steriəʊ) I ZN • *stereotype* • *foto*; *driedimensionale foto/film* • *stereo* II BNW • *stereo(fonisch)* • *driedimensionaal* ★ ~ recording *geluidsopname in stereo*
stereophonic (steriəʊ'fɒnɪk) BNW *stereofonisch*
stereoscope ('steriəskəʊp) ZN *stereoscoop*
stereoscopic (steriə'skɒpɪk) BNW *stereoscopisch*
stereotype ('steriəʊtaɪp) I ZN *stereotype* II OV WW • *stereotype maken van* • *drukken van stereotype*
stereotyped ('steriətaɪpt) BNW *stereotiep*
sterile ('steraɪl) BNW • *onvruchtbaar* • *onproductief* • *steriel*
sterility (stə'rɪləti) ZN *steriliteit; (het) steriel zijn*
sterilization (sterəlaɪ'zeɪʃən) ZN *sterilisatie*
sterilize ('sterɪlaɪz) OV WW • *onvruchtbaar maken* • *steriliseren; kiemvrij (en houdbaar) maken*
sterling ('stɜːlɪŋ) BNW • *van standaardgehalte* • *onvervalst; echt* • *degelijk* ★ pound ~ *pond sterling* ★ ~ area *sterlinggebied*
stern (stɜːn) I ZN • *achtersteven; hek* • *achterste* ⟨v. dier⟩ • *staart* II BNW • *streng* • *hard*
sternmost ('stɜːnməʊst) BNW *achterst*
sternum ('stɜːnəm) ZN *borstbeen*
steroids ('stɪərɔɪdz, 'sterɔɪdz) ZN MV *steroïden*
stethoscope ('steθəskəʊp) I ZN *stethoscoop* II OV WW *met stethoscoop onderzoeken*
stevedore ('stiːvədɔː) OV WW *stuwadoor*
stew (stjuː) I ZN • *stamppot; stoofschotel* • *visvijver* • *oesterbed* ★ Irish stew *Ierse stoofpot* ⟨met aardappels, vlees en uien⟩ ★ be in a (regular) stew *(behoorlijk) in de rats zitten* II ONOV WW *'t benauwd hebben* ★ the tea is stewed *de thee heeft gekookt* ★ let him stew in his own juice/grease *laat hem maar in zijn eigen vet gaar smoren* III OV+ONOV WW *stoven*
steward ('stjuːəd) I ZN • *(orde)commissaris* • *rentmeester* • *beheerder* • *kelner* ⟨aan boord⟩ • *hofmeester* • *administrateur* II OV WW *beheren*
stewardess (stjuː'ədes) ZN • *stewardess* • *hofmeesteres*
stewardship ('stjuːədʃɪp) ZN *beheer*
stg. AFK *sterling*
stick (stɪk) I ZN • *stok; staaf; steel* • *tak* • *dirigeerstok* • *pijpje* • *lippenstift* • *zethaak* • *kruk; hannes; rare snijboon* ★ not a ~ was left standing *er werd geen steen op de andere gelaten* ★ cut one's ~ *(gaan) vertrekken* ★ be in a cleft ~ *in een moeilijk parket zitten* ★ get hold of the wrong end of the ~ *'t bij 't verkeerde eind hebben* ★ go to ~s *naar de knoppen gaan* ★ give the ~ *met de stok geven* ★ the ~ and the carrot ≈ *(naar willekeur) streng en vriendelijk* ★ a few ~s of furniture *een paar meubeltjes* II OV WW • *steken; zetten* • *vastplakken* • *uithouden; uitstaan* ★ I can't ~ him *ik kan hem niet zetten* ★ I won't ~ that *dat neem ik niet* ★ ~ pigs *varkens kelen; op wilde zwijnen jagen* ⟨met speer⟩ ★ ~ down an envelope *een envelop dichtplakken* ★ ~ bills affiches *aanplakken* • ~ **in** *inplakken; inlassen* • ~ **on** *plakken op; opplakken* ★ ~ on *it een overdreven prijs vragen; overdrijven* • ~ **out** *naar buiten/voren steken* ★ ~ it out *het uitzingen; het uithouden* • ~ **up** *overeind zetten; bedreigen; beroven; in de war brengen; in verlegenheid brengen* ★ ~ 'em up! *handen omhoog!* ★ that will ~ him up *daar zal hij geen raad mee weten*

III ONOV WW • *blijven hangen/steken/zitten; vast blijven zitten* • *klitten; kleven; plakken* ★ ~ *where you are blijf waar je bent* ★ ~ *at home thuis blijven* ★ *the nickname stuck hij hield de bijnaam* ★ ~ *in the mud treuzelen; niet met z'n tijd meegaan* • ~ **around** *in de buurt blijven* • ~ **at** *blijven bij; doorgaan met; volhouden; terugdeinzen voor* ★ ~ *at nothing staan voor niets* ★ ~ *at no scruples geen gewetensbezwaren kennen* • ~ **by** *trouw blijven; z. houden aan* • ~ **in** *blijven steken in; binnen blijven* • ~ **out** *naar buiten/voren steken* ★ *it* ~s *out a mile dat ligt er dik bovenop* ★ ~ *out for better terms/a higher price het been strak houden; niet toegeven* • ~ **to** *trouw blijven aan; blijven bij; volhouden; blijven hangen aan* • ~ **up** *overeind staan; aanhouden* ★ ~ *up for opkomen voor; in de bres springen voor* ★ ~ *up out of the water boven 't water uitsteken*

sticker ('stɪkə) ZN • *plakkertje; sticker; etiket* • FIG. *plakker* • *doorzetter* • *slagersmes*
sticking ('stɪkɪŋ) BNW • ~place/point *hoogtepunt; uiterste (punt)* ★ ~plaster *hechtpleister*
stick insect ZN *wandelende tak*
stick-in-the-mud ('stɪkɪnðəmʌd) ZN *conservatief*
stickleback ('stɪklbæk) ZN *stekelbaarsje*
stickler ('stɪklə) ZN ★ *be a* ~ *for erg staan op; een voorstander zijn van*
stick-on BNW *zelfklevend*
stick-up ('stɪkʌp) **I** ZN • USA *(gewapende) overval* • *opstaande boord* **II** BNW *opstaand*
sticky ('stɪkɪ) **I** ZN *geeltje (zelfklevend memoblaadje)* **II** BNW • *kleverig* • *klitterig* • *taai; lastig; penibel* • *aarzelend* ★ *be very* ~ *about s.th. veel bezwaren maken tegen iets* ★ *he'll come to a* ~ *end het zal slecht met hem aflopen*

stiff (stɪf) **I** ZN • *lijk* • *lummel; sufferd* • *waardepapier; geld* ★ *a big* ~ *een enorme kluns* **II** BNW • *stijf* • *onbuigzaam; stram* • *vormelijk; moeilijk* • *stroef; stevig; kras* ★ *keep a* ~ *expression ernstig blijven; zich goed houden* ★ ~ *subject (onderwerp/vak waar men) een hele kluif (aan heeft)* ★ *he bores me* ~ *hij verveelt me gruwelijk* ★ *it scared me* ~ *het joeg me de doodsschrik op het lijf* ★ ~ *denial hardnekkige ontkenning* ★ *keep a* ~ *upper lip zich flink houden* ★ ~ *market vaste markt* ★ ~ *climb hele klim* ★ ~ *demand forse eis* ★ ~ *price gepeperde prijs*
stiffen ('stɪfən) **I** OV WW • *stijf maken* • *meer ruggengraat geven* **II** ONOV WW *verstijven*
stiffener ('stɪfənə) ZN *hartversterking*
stiff-necked (stɪfˈnekt) BNW • *koppig; halsstarrig; hardnekkig*
stifle ('staɪfəl) **I** ZN • *achterkniegewricht* ⟨v. dier⟩ • *ziekte aan achterkniegewricht* **II** OV WW • *doen stikken* • *smoren* • *de kop indrukken* • *onderdrukken; inhouden* • *blussen; doven* **III** ONOV WW *(ver)stikken*
stifling ('staɪflɪŋ) BNW • *verstikkend* • *zwoel* • *benauwd*
stigma ('stɪgmə) ZN • *brandmerk* • *schandvlek* • *stigma; wondteken v. Christus* • *ademopening v. insect* • *bloedvin* • *huidvlek of huidplek* • *stempel* ⟨v. bloem⟩
stigmatic (stɪgˈmætɪk) BNW *gestigmatiseerd*
stigmatize ('stɪgmətaɪz) OV WW • *brandmerken* • *stigmatiseren*
stile (staɪl) ZN • *overstap* • *deurstijl* ★ *help a lame dog over a* ~ *een arme tobber een handje helpen*
stiletto (stɪˈletəʊ) ZN • *stiletto* • *schoen met naaldhak* ★ ~ *heel stilettohak; naaldhak*
still (stɪl) **I** ZN • *stilte* • *distilleerketel* • *filmfoto* **II** BNW • *stil; rustig* • *niet mousserend* ⟨v. wijn⟩ ★ ~ *waters run deep stille wateren hebben diepe gronden* ★ ~ *life stilleven* **III** OV WW • *distilleren* • *stillen* • *kalmeren* **IV** BIJW • *nog* • *nog altijd* • *toch; toch nog*
stillbirth ('stɪlbɜːθ) ZN *geboorte v. dood kind*
stillborn ('stɪlbɔːn) BNW *doodgeboren*
stilling ('stɪlɪŋ) ZN *opstand; stellage*
stilt (stɪlt) ZN *stelt* ★ *on* ~s *hoogdravend; bombastisch*
stilted ('stɪltɪd) BNW • *op stelten* • *hoogdravend*
stimulant ('stɪmjʊlənt) **I** ZN • *prikkel* • *opwekkend middel* **II** BNW *prikkelend*
stimulate ('stɪmjʊleɪt) OV WW • *prikkelen* • *(op)wekken* • *stimuleren* • *aansporen*
stimulation (stɪmjʊˈleɪʃən) ZN • *stimulatie* • *prikkeling*
stimulative ('stɪmjʊlətɪv) BNW • *stimulerend* • *prikkelend*
stimuli ('stɪmjʊlaɪ) ZN MV → **stimulus**
stimulus ('stɪmjʊləs) ZN *stimulans*
sting (stɪŋ) **I** ZN • *steek; beet* • *angel* • PLANTK. *brandhaar* • *wroeging* ★ *the breeze has a* ~ *in it de wind is verkwikkend* **II** OV WW *afzetten; 't vel over de neus halen* **III** ONOV WW • *pijn doen* • *knagen* **IV** OV+ONOV WW • *steken* • *prikken*
stinger ('stɪŋə) ZN • *klap die aankomt of pijn doet* • *vinnig antwoord*
stinging ('stɪŋɪŋ) BNW • *stekend* • *grievend* ★ ~ *blow gevoelige slag* ★ ~nettle *brandnetel*
stingless ('stɪŋləs) BNW *zonder angel*
stingy ('stɪndʒɪ) BNW *gierig; vrekkig*
stink (stɪŋk) **I** ZN *stank* ★ ~ *trap stankafsluiter* **II** OV WW ★ *you can* ~ *it a mile off het stinkt een uur in de wind* **III** ONOV WW • *stinken* • *waardeloos zijn; niet deugen* ★ ~*s in my nostrils ik kan 't niet luchten of zien* ★ ~ *of stinken naar*
stinker ('stɪŋkə) ZN • *rotvent; mispunt* • *stinkstok* • *stinkerd*
stinking ('stɪŋkɪŋ) BNW • *rot; gemeen* • *ontzettend* ★ ~ *drunk stomdronken*
stinks ('stɪŋks) ZN MV INFORM. *scheikunde*
stint (stɪnt) **I** ZN • *beperking* • *taak* • *opgelegde portie werk* • *strandloper* ⟨vogel⟩ **II** OV WW • *karig zijn met* • *karig toebedelen* ★ *don't* ~ *money spaar geen kosten* ★ ~ *a p. for money iem. kort houden*
stipend ('staɪpend) ZN • *salaris* • *bezoldiging*
stipendiary (staɪˈpendjərɪ) **I** ZN *bezoldigd politierechter* **II** BNW *bezoldigd* ★ ~ *magistrate bezoldigd politierechter*
stipple ('stɪpl) **I** ZN • *punteerts* • *punteeretswerk* **II** OV WW *punteren*
stipulate ('stɪpjʊleɪt) **I** OV WW • *bepalen* • *bedingen* • *erop staan* **II** ONOV WW ~ **for** *bedingen*
stipulation (stɪpjʊˈleɪʃən) ZN • *stipulatie* • *bepaling*

• *beding*

stir (stɜ:) **I** ZN • *beweging* • *beroering* • *sensatie*; *herrie* • *roerstaafje* • *bajes* ★ give it a stir *er in roeren*; *er in poken* ★ make a great stir *grote sensatie verwekken* ★ not a stir of air *bladstil* **II** OV WW • *verroeren* • *bewegen* • *poken* • *roeren* • *in beweging brengen* • *(op)wekken* • *werken op* ⟨de verbeelding⟩ ★ stir a p.'s blood *iem.'s bloed sneller doen stromen*; *iem. aansporen* ★ stir your stumps! *opschieten!*; *doorlopen!* • ~ **up** *door elkaar roeren*; *omhoog roeren*; *omhoog doen komen*; *opwekken*; *opruien (tot)*; *doen oplaaien* **III** ONOV WW • *z. verroeren* • *z. bewegen* • *wakker worden* ★ be deeply stirred *diep getroffen zijn*; *diep onder de indruk zijn* ★ nobody stirring yet? *is er nog niemand op?*; *is er nog niemand bij de hand?* ★ no news stirring *er is geen nieuws* ★ stir out (of the house) *buiten komen*; *'t huis uit komen*

stirrer ('stɜ:rə) ZN *roerapparaat* ★ an early ~ *iem. die altijd vroeg op is*

stirring ('stɜ:rɪŋ) BNW • *emotioneel* • *sensationeel* • *(veel)bewogen* • *druk*; *bedrijvig*

stirrup ('stɪrəp) ZN *stijgbeugel*

stirrup cup ZN *glaasje op de valreep*

stitch (stɪtʃ) **I** ZN • *steek* • *hechting* • *steek in de zij* ★ a ~ in time saves nine *werk op tijd maakt welbereid* ★ without a ~ of clothing *zonder een draad aan 't lijf* ★ drop a ~ *een steek laten vallen* ★ not a ~ on *zonder een draad aan 't lijf* ★ put a ~ in *(een wond) hechten* **II** OV+ONOV WW • *vastnaaien*; *(dicht)naaien* • *hechten* • *borduren*; *bestikken* • *stikken* • ~ **up** *dichtnaaien*; *vastnaaien* ★ ~ s.o. up *iem. er in luizen*

stitching ('stɪtʃɪŋ) ZN • *borduursel* • *naaisel*

stiver ('staɪvə) ZN *stuiver* ★ not worth a ~ *geen cent waard*

stoat (stəʊt) ZN • *hermelijn* • *wezel*

stock (stɒk) **I** ZN • *voorraad* • AGRAR. *veestapel* • ECON. *obligatie*; *fonds*; *aandelenkapitaal* • *afkomst* • CUL. *bouillon* • *schouderstuk* ⟨v. vuurwapen⟩ • PLANTK. *violier* ★ fat ~ *slachtvee* ★ in ~ *in voorraad* ★ lay/take in ~ *voorraad inslaan* ★ take ~ *inventaris opmaken*; *de stand v. zaken opnemen* (figuurlijk) ★ take ~ of s.o. *iem. opnemen*; *nagaan wat men voor zich heeft* ★ subject to ~ *being unsold zolang de voorraad strekt* ★ out of ~ *niet meer voorhanden*; *uitverkocht* ★ be the laughing ~ of everyone *door iedereen uitgelachen worden* **II** BNW • *voorhanden*; *voorraad-* • *gewoon*; *vast*; *stereotiep*; *afgezaagd* **III** OV WW • *inslaan* ⟨v. voorraad⟩; *in voorraad nemen* • *bevoorraden*; *voorzien van*; *uitrusten (met)* • *in voorraad hebben*

stockade (stɒ'keɪd) **I** ZN *palissade* **II** OV WW *palissaderen*

stock boy ZN *vakkenvuller*

stockbreeder ('stɒkbriːdə) ZN *veefokker*

stockbroker ('stɒkbrəʊkə) ZN *effectenmakelaar*

stockbroking ('stɒkbrəʊkɪŋ) ZN *effectenhandel*

stock car ('stɒkkɑː) ZN • *veewagen* ⟨aan trein⟩ • *seriemodel auto met speciale voorzieningen voor races*

stock company ZN • TON. *repertoiregezelschap* • ECON. *maatschappij op aandelen*

stock cube ZN *bouillonblokje*

stock exchange ZN • ECON. *effectenbeurs* • ECON. *beursnoteringen*

stock-farmer ZN *veefokker*

stockfish ('stɒkfɪʃ) ZN *stokvis*

stock girl ZN *vakkenvulster*

stockholder ('stɒkhəʊldə) ZN USA *houder v. aandelen/effecten*

stocking ('stɒkɪŋ) ZN • *kous* • *sok* ⟨v. paard⟩

stockinged ('stɒkɪŋd) BNW ★ ~ feet *kousenvoeten*

stock-in-trade (stɒkɪn'treɪd) ZN • *bedrijfsinventaris* • *goederenvoorraad* • *gereedschappen* ★ that's his ~ *daar weet hij wel weg mee*

stockist ('stɒkɪst) ZN *leverancier*

stockjobber ('stɒkdʒɒbə) ZN • *hoekman* • *beursspeculant*

stockjobbing ('stɒkdʒɒbɪŋ) ZN • *effectenhandel* • *speculatie*

stocklist ('stɒklɪst) ZN *beursnotering*

stock market ZN ECON. *effectenbeurs*

stockpile ('stɒkpaɪl) **I** ZN *(hamster)voorraad* **II** OV+ONOV WW *hamsteren*

stockpiling ('stɒkpaɪlɪŋ) ZN *voorraadvorming*

stockrider ('stɒkraɪdə) ZN *Australische veehouder te paard*; *Australische cowboy*

stockroom ('stɒkruːm) ZN *magazijn*

stocks (stɒks) ZN MV • *effecten* • *stapel* ⟨v. schip in aanbouw⟩ • *blok* ⟨historisch strafwerktuig⟩ ★ have money in the ~ *staatsobligaties hebben* ★ in the ~ *op stapel* ★ the Stocks *nationale schuld*

stock-still (stɒk'stɪl) BNW *doodstil*

stocktaking ('stɒkteɪkɪŋ) ZN • *inventarisatie* • *opmaken v. tussentijdse balans*

stocky ('stɒkɪ) BNW • *stevig* • *gezet* • *kort en dik*

stockyard ('stɒkjɑːd) ZN *omsloten ruimte voor vee op veemarkt*

stodge (stɒdʒ) **I** ZN • *machtige of zware kost* ⟨ook fig.⟩ • *zware maaltijd* **II** OV WW *volproppen* **III** ONOV WW • *gulzig eten* • *z. volproppen*

stodgy ('stɒdʒɪ) BNW • *zwaar*; *machtig* • *moeilijk verteerbaar*

stoic ('stəʊɪk) **I** ZN *stoïcijn* **II** BNW *stoïcijns*

stoical ('stəʊɪkl) BNW *stoïcijns*

stoicism ('stəʊɪsɪzəm) ZN *stoïcisme*

stoke (stəʊk) **I** OV WW • *stoken* • *brandstof/kolen bijgooien* **II** ONOV WW ★ ~ (up) *schransen*

stokehold ('stəʊkhəʊld) ZN *stookplaat*

stoker ('stəʊkə) ZN *stoker*

stole (stəʊl) **I** ZN *stola* **II** WW [verleden tijd] → **steal**

stolen ('stəʊlən) WW [volt. deelw.] → **steal**

stolid ('stɒlɪd) BNW • *bot* • *flegmatisch* • *onaandoenlijk*

stolidity (stə'lɪdətɪ) ZN • *flegmatisme* • *onaandoenlijkheid*

stomach ('stʌmək) **I** ZN • *maag*; *buik* • *(eet)lust* • *zin* ★ it turns my ~ *ik word er misselijk van* **II** OV WW • *verteren* • *verdragen* • *(voor lief) nemen*

stomach-ache ('stʌməkeɪk) ZN • *maagpijn* • *buikpijn*

stomp (stɒmp) ZN • USA *hospartij*; *gehos* • *stomp*

⟨soort jazzdans⟩

stone (stəʊn) **I** ZN • steen; natuursteen; kei • pit • Eng. gewichtseenheid ⟨6,35 kg⟩★ leave no ~ unturned geen middel onbeproefd laten; overal zoeken★ mark with a white ~ met een krijtje aan de balk schrijven★ operation for ~ operatie voor gal-, nier- en andere stenen★ throw ~s at met stenen gooien; bekladden★ ~'s throw steenworp★ ~ coal antraciet★ ~ pit steengroeve★ a rolling ~ gathers no moss blijven doet beklijven **II** BNW★ Stone Age stenen tijdperk **III** OV WW • stenigen★ met stenen gooien naar • ontpitten • plaveien

stone-blind (stəʊn'blaɪnd) BNW stekeblind

stone-cold BNW steenkoud★ ~ sober broodnuchter

stoned (stəʊnd) BNW • ontpit • zonder pit • stomdronken • onder de (invloed van) drugs

stone-dead (stəʊn'ded) BNW morsdood

stone-deaf (stəʊn'def) BNW stokdoof

stoneless ('stəʊnləs) BNW zonder pit

stonemason ('stəʊnmeɪsən) ZN steenhouwer

stonewalling (stəʊn'wɔːlɪŋ) ZN • niet actief genoeg batten ⟨cricket⟩ • obstructiepolitiek

stoneware ('stəʊnweə) ZN (extra hard) aardewerk

stonework ('stəʊnwɜːk) ZN metselwerk; steenwerk

stony ('stəʊnɪ) BNW (steen)hard; hardvochtig★ ~ broke op zwart zaad; blut

stony-faced BNW uiterlijk onbewogen; zonder een spier te vertrekken

stood (stʊd) WW [verl. tijd + volt. deelw.] →stand

stooge (stuːdʒ) **I** ZN • zondebok • zwarte schaap • stroman • leerling-vlieger • USA mikpunt; aangever ⟨v. conferencier⟩ **II** ONOV WW★ ~ (around) rondlummelen

stool (stuːl) **I** ZN • kruk • knielbankje; voetbankje • stilletje • stoelgang; ontlasting • wortelstoel • knoest • JACHT lokvogel★ he fell between two ~s hij miste zijn kans door te lang aarzelen★ ~ of repentance zondaarsbankje★ go to ~ stoelgang hebben **II** OV WW • USA lokken ⟨met lokvogel⟩ • USA, PLAT verlinken **III** ONOV WW (uit)stoelen ⟨v. plant⟩

stool pigeon ('stuːlpɪdʒən) ZN USA, PLAT lokvogel

stoop (stuːp) **I** ZN • kromme rug • gebukte houding • neerbuigendheid; vernedering • USA stoep★ he has a shocking ~ hij loopt vreselijk voorover **II** OV WW★ ~ one's head het hoofd buigen **III** ONOV WW • voorover houden • z. vernederen/verwaardigen • voorover lopen/staan/zitten • (z.) bukken

stooping ('stuːpɪŋ) BNW voorovergebogen

stop (stɒp) **I** ZN • (het) (doen) stoppen • stopplaats; halte • stilstand • pin; stopblikje; pal • TAALK. plofklank • diafragma • register ⟨v. orgel⟩; klep; demper • punt ⟨leesteken⟩★ put a stop to blokkeren; vasthouden; een eind maken aan★ without a stop zonder ophouden; zonder tussenpoos★ come to a (full) stop (helemaal) vast komen te zitten; (volkomen) tot stilstand komen★ make a stop stilstaan; halt houden; pauzeren★ full stop punt★ pull out another stop uit een ander vaatje (beginnen te) tappen★ pull out the sympathetic stop sympathiek worden; op 't gevoel werken **II** OV WW

• ophouden met; neerleggen ⟨werk⟩
• aanhouden; afzetten; stilleggen; beletten; weerhouden; doen ophouden; stil doen staan
• afsluiten; verstoppen; dichtstoppen
• versperren; stelpen; tegenhouden; MUZ. dempen • de leestekens plaatsen★ stop a cheque een cheque blokkeren★ stop one's ears zijn oren dichtstoppen; niet willen luisteren★ stop a gap als noodhulp/stoplap dienen★ stop it! hou op! ★ stop s.o.'s mouth iem. de mond snoeren★ stop payment ophouden te betalen; (uit)betaling staken★ stop s.o.'s salary iemands salaris inhouden★ stop a tooth een kies/tand vullen ★ stopped trumpet gedempte trompet★ stop wages loon inhouden★ stop the way de weg versperren★ stop s.o. from iem. beletten te • ~ **down** diafragmeren • ~ **out** afstoppen ⟨etsen, fotografie⟩ • ~ **up** doen verstoppen; dichtstoppen • be stopped up verstopt raken **III** ONOV WW • stoppen; ophouden; niet meer werken/gaan • stil (blijven) staan • logeren; blijven★ stop dead plotseling stilstaan★ stop short ineens stilstaan; plotseling ophouden
• ~ **at** logeren bij/te • ~ **in** binnenblijven • ~ **out** uitblijven • ~ **up** opblijven

stopcock ('stɒpkɒk) ZN afsluitkraan

stopgap ('stɒpgæp) ZN • stoplap • noodhulp • noodmaatregel • bladvulling • stopwoord

stop-go ZN G-B ECON. hollen-of-stilstaan-beleid

stop light ZN (rood) stoplicht

stop order ZN gelimiteerde order

stopover ('stɒpəʊvə) ZN USA reisonderbreking

stoppage ('stɒpɪdʒ) ZN inhouding; blokkering ★ there is a ~ somewhere de zaak stokt ergens ★ SPORT ~ time blessuretijd

stopper ('stɒpə) **I** ZN • stop • stopper ⟨om tabak in pijp te stoppen⟩ • meertouw • landvast★ put a ~ on een eind maken aan **II** OV WW stop op een fles doen

stopping ('stɒpɪŋ) ZN vulling ⟨v. tand, kies⟩ ★ ~-knife stopmes; plamuurmes★ ~-train stoptrein

stop press (stɒp'pres) ZN laatste nieuws; nagekomen berichten

storage ('stɔːrɪdʒ) ZN • opslag; (het) opslaan • opslagruimte • pakhuis • opslagkosten★ in cold ~ in koelhuis/-cel opgeslagen

storage battery/cell ZN accu(mulator)

store (stɔː) **I** ZN • voorraad • hoeveelheid • goederen • opslagplaats • magazijn; depot • USA winkel★ ~s warenhuis; mestvee★ lay in ~ voorraden vormen; reserves kweken★ USA mind the ~ op de winkel passen; (de zaak) waarnemen★ set great ~ by veel waarde hechten aan★ ~ of information vraagbaak★ ~ of knowledge schat(kamer) v. kennis/wetenschap★ have/hold in ~ in petto hebben ★ what the future may have in ~ for us wat de toekomst voor ons in petto heeft★ multiple ~ grootwinkelbedrijf **II** OV WW • bevoorraden • voorzien van 't nodige • opdoen • opslaan • kunnen bergen★ ~ the mind with knowledge de nodige kennis opdoen★ ~ cattle mestvee • ~ **up** opslaan; bewaren • ~ **with** voorzien van

storehouse ('stɔːhaʊs) ZN • pakhuis • voorraadschuur • schatkamer

storekeeper ('stɔːkiːpə) ZN • MIL. magazijnmeester • USA winkelier

storeroom ('stɔːruːm) ZN provisiekamer

storey ('stɔːrɪ) ZN • verdieping • etage ★ first ~ begane grond ★ second ~ eerste etage ★ FIG. the upper ~ bovenverdieping ⟨hersenen⟩

storeyed ('stɔːrɪd) BNW met verdiepingen

storied ('stɔːrɪd) BNW • met historische taferelen of opschriften versierd • befaamd

stork (stɔːk) ZN ooievaar

storm (stɔːm) I ZN storm; (hevige) bui/regen; noodweer ★ Storm and stress Sturm und Drang ★ take by ~ stormenderhand veroveren ★ ~ of applause stormachtig applaus ★ ~ in a tea-cup storm in een glas water II OV WW bestormen ★ ~ing party stormtroep III ONOV WW • woeden; razen • USA stormen ★ ~ at tekeer gaan tegen

stormbound ('stɔːmbaʊnd) ZN door storm/noodweer opgehouden

storm cloud ZN • donkere wolk • naderend onheil

stormcock ('stɔːmkɒk) ZN grote lijster

storm cone ZN stormkegel ⟨aan seinmast⟩

storm-stricken BNW • ~ area door natuurramp/noodweer/storm getroffen gebied

storm-tossed ('stɔːmtɒst) BNW OOK FIG. door de storm(en) geslingerd

storm troops ZN MV stormtroepen

stormy ('stɔːmɪ) BNW • stormachtig • storm- • woelig • heftig

story ('stɔːrɪ) ZN • verdieping • etage • verhaal • geschiedenis • legende • gerucht • leugentje • mop ★ short ~ novelle ★ the ~ goes het gerucht gaat / het verhaal wil ★ that's quite another/a different ~ nou nu liggen de zaken heel anders ★ but that's another ~ maar dat is weer een ander verhaal; maar dat staat erbuiten ★ to cut/make a long ~ short om een lang verhaal kort te maken

storybook ('stɔːrɪbʊk) ZN verhalenboek

story line ZN verhaallijn

storyteller ('stɔːrɪtelə) ZN • verteller • fantast; jokker

stoup (stuːp) ZN • kan • beker • wijwaterbak(je)

stout (staʊt) I ZN donker bier II BNW • dapper • krachtig • stoer • stevig • dik; gezet

stout-hearted (staʊt'hɑːtɪd) BNW • dapper • resoluut

stoutness ('staʊtnəs) ZN → stout

stove (stəʊv) ZN • kachel • brander • broeikas ★ oil ~ petroleumstel II WW [verleden tijd] → stave OV WW in broeikas kweken

stovepipe ('stəʊvpaɪp) ZN kachelpijp ★ stove-pipe (hat) hoge hoed

stow (stəʊ) OV WW • pakken • inpakken • (vakkundig) laden • opbergen; wegbergen ★ stow it! houd je mond!; laat 't! ★ stow that nonsense! houd op met die onzin! • ~ away opbergen; wegstoppen

stowage ('stəʊɪdʒ) ZN → stow stuwage(geld) ★ in safe ~ veilig opgeborgen

stowaway ('stəʊəweɪ) ZN verstekeling

str. AFK strait (zee)straat • stroke slag ⟨roeisport⟩

straddle ('strædl) I ZN • spreidstand; spreidsprong • vrijblijvende houding • ECON. stellage (dubbele optie) II OV WW • FIG. op de wip zitten • de kat uit de boom kijken ★ ~ a horse schrijlings te paard zitten ★ he stood straddling the ditch hij stond schrijlings over de sloot ★ ~ a ship een schip inschieten ★ ~ the white line midden op de weg rijden III ONOV WW wijdbeens (gaan) lopen/staan/zitten

strafe (strɑːf) I ZN • bombardement • beschieting • afstraffing II OV WW • bombarderen • beschieten • danig op de kop geven

straggle ('strægl) ONOV WW • slenteren • achterblijven • langzaam trekken of gaan; treuzelen; sjokken • verspreid of verward groeien/hangen/liggen • zwerven; afdwalen ★ the town ~s out into the country de stad breidt zich uit • ~ **behind** achterblijven; niet meekomen • ~ **in**/**out** in groepjes naar binnen/buiten komen

straggler ('stræglə) ZN achterblijver

straggling ('stræglɪŋ), **straggly** BNW • (in groepjes) verspreid • onsamenhangend • loshangend • onreglematig (gegroeid)

straight (streɪt) I ZN • recht stuk of traject • straatje ⟨bij pokeren⟩ ★ out of the ~ krom II BNW • eerlijk; oprecht • betrouwbaar • in orde; op orde • puur; onvermengd • recht • rechtstreeks • recht op de man af ★ keep one's face ~ geen spier vertrekken ★ get a thing ~ iets recht zetten; iets goed begrijpen ★ ~ hair sluik haar ★ ~ jet straalvliegtuig zonder schroef ★ put ~ in orde brengen ★ put o.s. ~ with the world zich rehabiliteren ★ ~ thinking logisch denken ★ USA vote the ~ ticket voor 't partijprogram stemmen ★ ~ whisky / whisky puur III BIJW • recht(streeks) • rechtop • direct • zonder omhaal/omwegen • ronduit ★ I'd better come ~ to the point ik val maar meteen met de deur in huis ★ ~ off rechtstreeks; direct ★ ~ on rechtdoor; rechttoe, rechtaan ★ ~ out ronduit ★ go ~ goed/netjes oppassen ★ hit ~ from the shoulder met een rechte treffen ⟨bij boksen⟩ ★ ride ~ dwars door 't terrein rijden ★ run ~ rechtschapen leven ★ shoot ~ gericht schieten

straightaway ('streɪtəweɪ) BIJW • meteen • zonder omhaal

straighten ('streɪtn) I OV WW • rechtmaken/-zetten/-leggen • strekken • in orde brengen • ~ (**out**) ontwarren • ~ **up** in orde brengen II ONOV WW • recht worden • rechttrekken • ~ **up** rechtop gaan staan

straightforward (streɪt'fɔːwəd) BNW • oprecht • ronduit • ongekunsteld; eenvoudig

straightness ('streɪtnəs) ZN → straight

strain (streɪn) I ZN • (over)belasting; OOK FIG. druk • (in)spanning • verrekking ⟨v. spier⟩ • verdraaiing ⟨v.d. waarheid⟩ • streven • afkomst; geslacht • aard; karakter(trek) • toon; melodie; stijl; trant ★ a ~ of melancholy iets droevigs ★ is a ~ on vergt heel wat van ★ in the same ~ op dezelfde toon; in dezelfde trant ★ put a ~ on o.s. zich geweld aandoen ★ of good ~ v. goede afkomst II OV WW • spannen • (op)rekken • inspannen • zwoegen • overspannen • (te) veel vergen van • forceren • op de spits drijven • verdraaien • verrekken • ~ one's ears de oren spitsen ★ ~ every nerve alle krachten inspannen; alle middelen te baat nemen ★ ~ the law de wet verkrachten ★ ~ a point een soepel *standpunt innemen; een oogje toedoen* ★ ~ to o.s./one's heart *tegen zich aan/aan 't hart drukken* **III** ONOV WW ● *z. inspannen* ● *turen* ● ~ **after** *streven naar; krachtig (na)streven* ● ~ **at** *rukken aan; trekken aan; moeite hebben met* ● ~ **through** *doorsijpelen; turen door* **IV** OV+ONOV WW ● *zeven* ● *filteren* ● ~ **off/out** *uitzeven; filtreren*

strained (streind) BNW ● *gewrongen* ● *geforceerd; gedwongen* ● *onnatuurlijk*

strainer ('streinə) ZN ● *zeef* ● *teems* ● *vergiet*

strait (streit) ZN ★ the Straits *Straat v. Malakka* ★ Straits of Dover *Nauw v. Calais* ★ be in a ~ *in moeilijkheden zitten* ★ ~(s) *zeestraat*

straitened ('streitnd) BNW ● *be in* ~ *circumstances 't niet breed hebben; er moeilijk voorzitten* ★ *be* ~ *for gebrek hebben aan*

straitjacket ('streitdʒækit) ZN *dwangbuis*

strait-laced (streit'leist) BNW *streng; stipt*

strand (strænd) **I** ZN ● *streep* ⟨in haar⟩ ● *strand* ● *vezel* ● *streng* ● *lok; wrong* **II** OV WW ● *aan de grond doen lopen; stranden* ● *twijnen* ★ *be* ~ed *(hulpeloos) vastzitten; stranden; aan de grond zitten* ⟨fig.⟩ **III** ONOV WW *vastlopen; stranden*

stranded ('strændid) BNW ● *getwijnd* ● *vastgelopen* ★ *hair* ~ *with grey haar met grijs erdoor*

strange (streindʒ) BNW ● *vreemd* ● *raar* ● *eigenaardig* ★ ~ *to say vreemd genoeg* ★ *be* ~ *to vreemd staan tegenover*

stranger ('streindʒə) ZN *vreemde(ling)* ★ ~ *to onbekend met; onbekend voor* ★ *he is no* ~ *to sorrow hij weet wat verdriet is* ★ *I spy* ~s *ik verzoek de tribunes te doen ontruimen* ⟨in het Lagerhuis⟩

strangle ('stræŋgl) OV WW ● *worgen* ● *knellen* ⟨om de nek⟩ ● *onderdrukken* ● *stikken*

stranglehold ('stræŋglhəʊld) ZN *wurggreep; macht*

strangler ('stræŋglə) ZN *wurger*

strangulate ('stræŋgjʊleɪt) OV WW *dichtknijpen; dichtknellen* ★ ~d *hernia beklemde breuk*

strangulation (stræŋgjʊ'leɪʃən) ZN ● *wurging* ● *economische druk*

strap (stræp) **I** ZN ● *riem(pje)* ● *band(je)* ● *lus* ⟨in tram of van laars⟩ ● *metalen band; beugel* ● MIL. *schouderbedekking* ● *the* ~ *aframmeling met riemen* **II** OV WW ● *afranselen* ● ~ (up) *met riem vastmaken; met hechtpleister hechten* ● ~ **together** *bij elkaar gespen*

straphanger ('stræphæŋə) ZN *passagier die aan de lus hangt*

strapless ('stræpləs) BNW *zonder schouderbandjes*

strapped (stræpt) BNW ● *vastgebonden; verbonden* ● INFORM. *platzak* ★ *be* ~ *for cash krap bij kas zitten*

strapper ('stræpə) ZN *struise kerel of vrouw*

strapping ('stræpɪŋ) **I** ZN ● *riemen; riemleer* ● *pleister* **II** BNW ● *potig* ● *struis*

strata ('streɪtə) ZN MV → **stratum**

stratagem ('strætədʒəm) ZN *list*

strategic (strə'ti:dʒɪk) BNW *strategisch*

strategics (strə'ti:dʒɪks) ZN *krijgstactiek*

strategist ('strætədʒɪst) ZN *strateeg*

strategy ('strætədʒɪ) ZN ● *strategie* ● *strijdplan; beleidsplan*

stratification (strætɪfɪ'keɪʃən) ZN *gelaagdheid*

★ *social* ~ *maatschappelijke gelaagdheid*

stratify ('strætɪfaɪ) OV WW *laag voor laag (op elkaar) leggen*

stratosphere ('strætəsfɪə) ZN *stratosfeer*

stratum ('strɑ:təm) ZN *(geologische) laag*

stratus ('streɪtəs) ZN *stratus*

straw (strɔ:) **I** ZN ● *stro(halm)* ● *rietje* ● *strootje* ● *strohoed* ★ ~s *which show the way the wind blows tekenen van de naderende storm* ★ *catch at a* ~ *zich aan een strohalm vastgrijpen* ★ *it's the last* ~ *that breaks the camel's back de laatste loodjes wegen het zwaarst* ★ *that's the last* ~ *dat is de druppel die de emmer doet overlopen* ★ *man of* ~ *stroman; stropop; karakterloos iem.* ★ *not worth a* ~ *geen rooie cent waard* ★ ~ *poll opiniepeiling* **II** BNW ● *strooien* ● *nietszeggend*

strawberry ('strɔ:bəri) ZN *aardbei* ★ *the* ~ *leaves de hertogskroon* ★ ~ *mark aardbeivlek* ⟨op huid⟩

strawboard ('strɔ:bɔ:d) ZN *strobord; karton*

stray (streɪ) **I** ZN ● *verdwaald persoon of dier* ● *zwerver; dakloze* **II** BNW ● *verdwaald* ● *sporadisch* ● *verspreid* ● *los(lopend)* ● *toevallig* ★ ~ *bullet verdwaalde kogel* **III** ONOV WW ● *(af)dwalen* ● *zwerven* ● *weglopen* ● FIG. *de verkeerde kant opgaan*

stray cat ZN *zwerfkat*

strays (streɪz) ZN MV *atmosferische storingen*

streak (stri:k) **I** ZN ● *streep* ● *flits* ● *beetje* ● *tik(keltj)e* ★ ~ *of lightning bliksemstraal* ★ *like a* ~ *als de weerlicht* ★ *the silver* ~ *het Kanaal* ★ *he has a* ~ *of humour in him hij heeft gevoel voor humor* **II** OV WW *strepen* **III** ONOV WW ● *snellen; ijlen* ● INFORM. *naakt over plein e.d. rennen* ● ~ **off** z. *uit de voeten maken*

streaker ('stri:kə) ZN *iemand die naakt over plein e.d. rent*

streaky ('stri:kɪ) BNW ● *gestreept* ● *geaderd* ● *doorregen*

stream (stri:m) **I** ZN ● *stroom* ● *beek(je)* ● *groep met zelfde leerprogram* ★ *down-/up-*~ *stroomaf-/-opwaarts* **II** OV WW *doen stromen* **III** ONOV WW ● *stromen* ● *wapperen* ● *lopen* ⟨v. ogen⟩ ★ ~ing *cold hevige verkoudheid*

streamer ('stri:mə) ZN ● *loshangende veer* ● *serpentine* ● *wimpel* ● *(lang) lint*

streamlet ('stri:mlət) ZN *stroompje*

streamline ('stri:mlaɪn) ZN *stroomlijn* ★ ~d *gestroomlijnd*

streamlined ('stri:mlaɪnd) BNW *gestroomlijnd*

street (stri:t) ZN *straat* ★ *the Street Fleet Street;* USA *Wall Street* ★ *in/on the* ~ *op straat* ★ ~ *corner work straathoekwerk* ★ *go on the* ~s *gaan tippelen; in de prostitutie gaan* ★ *man in the* ~ *de gewone man* ★ *he's not in the same* ~ *with you hij kan niet bij jou in de schaduw staan* ★ *that's exactly up my* ~ *dat is net iets voor mij* ★ ~ *orderly straatveger* ★ ~ *lighting straatverlichting* ★ ~ *value handelswaarde* ★ ~ *refuge vluchtheuvel*

Street Arab ('stri:tærəb) ZN ● *straatjongen* ● *dakloos kind*

streetcar ('stri:tkɑ:) ZN USA *tram*

streetlamp ('stri:tlæmp) ZN *straatlantaarn*

street-smart ('stri:tsmɑ:t) BNW *doorgewinterd*

⟨w.b. het grotestadsleven⟩
streetwalker ('stri:twɔ:kə) ZN *prostituee*
streetwise ('stri:twaɪz) BNW • *doorgewinterd* ⟨w.b. het grotestadsleven⟩
strength (strenθ) ZN • *kracht(en)* • *sterkte* • MIL. *sterktelijst* ★ in great ~ *in groten getale* ★ on the ~ of *krachtens*; *op grond van* ★ up to ~ *op volle sterkte* ★ brute ~ *ruw geweld*
strengthen ('strenθən) I OV WW *versterken* ★ ~ is a p.'s hands *iem. kracht geven* II ONOV WW *sterker worden*
strenuous ('strenjʊəs) BNW • *inspannend* • *krachtig* • *energiek* ★ ~ life *leven van zwoegen en strijd*
stress (stres) I ZN • *druk*; *spanning*; *gewicht* • *gespannenheid*; *stress* • *nadruk*; *accent* ★ under ~ of weather *in zwaar weer* II OV WW • *de nadruk leggen op* • *belasten* ★ I'd just like to ~ that ... *ik zou er alleen op willen wijzen dat ...*
stressful ('stresfʊl) BNW *vermoeiend*; *zorgelijk*; *zwaar*
stress mark ZN *accentteken*
stretch (stretʃ) I ZN • *uitgestrektheid* • *stuk* • *periode*; *duur* • *traject* • *afstand* • *wandeling* • *overdrijving* • *misbruik* • *een jaar dwangarbeid/gevangenisstraf* • SCHEEPV. *slag* ⟨bij laveren⟩ ★ at a ~ *aan één stuk* ★ at full ~ *helemaal gestrekt*; *tot 't uiterste gespannen* ★ by a ~ of language *door de taal geweld aan te doen* ★ give a ~ *zich uitrekken* ★ on the ~ *in spanning*; *gespannen* II OV WW • *(uit)pletten* • PLAT *ophangen* • *afleggen* ⟨v. lijk⟩ • *(uit)strekken* *(uitrekken*; *(op)rekken* • *spannen* • *(uit)leggen* • *overdrijven* ★ ~ o.s. *zich uitrekken* ★ ~ a p. on the floor *iem. vloeren* ★ ~ the law/truth *de wet/waarheid geweld aandoen* • ~ **forth** *uitsteken* III ONOV WW • *zich (uit)strekken* *(zich) uitrekken* • *reiken (tot)* • *lopen tot* • ~ **down to** *z. uitstrekken tot*; *lopen tot* • ~ **out** *flink aanpakken*
stretcher ('stretʃə) ZN • *brancard*; *draagberrie* • *opvouwbaar bed*; *stretcher* • *spanraam* • *spanner* ★ ~bearer *ziekendrager*
stretchy ('stretʃɪ) BNW • *langgerekt* • *elastisch*
strew (stru:) OV WW • *bezaaien* • *verspreid liggen op* • *(be)strooien*
strewn (stru:n) WW [volt. deelw.] → **strew**
stricken ('strɪkən) BNW • *getroffen* • *geteisterd* • *geslagen*; *verslagen* ★ ~ in years *hoogbejaard* ★ ~ field *veldslag*; *slagveld*
strickle ('strɪkl) ZN • *strekel* • *strijkbout*
strict (strɪkt) BNW • *strikt* • *stipt* • *nauwgezet* • *streng*
strictly ('strɪktlɪ) BIJW ★ ~ speaking *strikt genomen*
stricture ('strɪktʃə) ZN • *(ziekelijke) vernauwing*; *strictuur* • *kritiek* ★ pass ~s on *kritiek uitoefenen op*
stride (straɪd) I ZN OOK FIG. *(grote) stap* ★ take s.th. in one's ~ *iets en passant even meenemen/afdoen* ★ get into one's ~ *op dreef komen* II OV WW *schrijlings staan of zitten op* III ONOV WW • *grote stappen nemen* • *schrijden* • ~ **over** *stappen over*
stridency ('straɪdnsɪ) ZN *schelheid*
strident ('straɪdnt) BNW • *knarsend* • *schel*

strife (straɪf) ZN • *vijandige rivaliteit* • *strijd* • *conflict*
strike (straɪk) I ZN • *slag* • SPORT *slag* ⟨honkbal⟩ • *aanval* • *vondst* ⟨v. olie, erts enz.⟩ • *staking* ★ air ~ *luchtaanval* ★ lucky ~ *geluktstreffer* ★ unofficial ~ *wilde staking* ★ go on ~ *in staking gaan* II OV WW • *slaan (met)*; *raken* • *toevallig tegenaan lopen*; *aantreffen*; *stoten op*; *komen aan/bij* • *afbreken* ⟨v. tent⟩; *strijken* ⟨v. vlag, zeil⟩ • *zetten*; *stekken* • *afstrijken* ⟨v. zand in een maat⟩ • *aanslaan* • *aan de haak slaan* • *aanstrijken*; *aangaan* • *opvallen* • *opkomen bij* ★ how does his playing ~ you? *wat denk je van zijn spel?* ★ ~ a blow for *vechten voor* ★ ~ camp *opbreken* ★ ~ cuttings *stekken nemen* ★ ~ me dead/handsome/ugly if ... *ik mag doodvallen als ...* ★ ~ be struck dumb *verstomd staan* ★ ~ one's flag *zich overgeven*; *het onderspit delven* ★ ~ hands *de hand erop geven*; *met handslag bekrachtigen* ★ ~ it lucky *boffen* ★ ~ a different note *een andere toon aanslaan* ★ ~ oil *fortuin maken*; *olie aanboren* ★ ~ a pose *poseren* ★ ~ root(s) *wortel schieten* ★ ~ terror into every heart *alle harten met schrik vervullen* ★ ~ into a waltz *een wals inzetten* ★ ~ spurs into a horse *een paard de sporen geven* ★ ~ upon an idea *een idee krijgen* ★ ~ an attitude *een houding aannemen* ★ ~ an average *een gemiddelde nemen* ★ ~ a balance *balans opmaken* ★ ~ a bargain *een koop sluiten* ★ ~ a blow *een slag toebrengen* • ~ **down** *neerslaan*; *vellen* ★ be struck down *tegen de vlakte gaan* • ~ **off** *afslaan*; *drukken*; *afdraaien*; *doorhalen* ★ ~ s.o. off (the list) *iem. royeren* • ~ **out** *doorhalen* ★ ~ out a new idea *een nieuw denkbeeld ontwikkelen* ★ ~ out a new line *nieuwe wegen inslaan* • ~ **through** *doorhalen* ★ ~ through the darkness *door de duisternis dringen* • ~ **up** *aanheffen*; *sluiten* ★ ~ up the band! *muziek!* ★ ~ up a friendship *vriendschap aanknopen* III ONOV WW • *toeslaan*; *treffen* • *staken* • *afslaan* • *wortel schieten*; *z. vastzetten*; *z. vasthechten* ★ his hour has struck *zijn laatste uur heeft geslagen* ★ ~ home *raak slaan* ★ ~ into a street *een straat inslaan* • ~ **at** *slaan naar* ★ ~ at the root of *in het hart/de kern aantasten* • ~ **in** *naar binnen slaan* ⟨v. ziekte⟩; *er tussen komen*; *invallen* ★ ~ in with *meegaan met*; *z. aansluiten bij* • ~ **out** *armen en benen uitslaan* ★ ~ out for *krachtige pogingen doen om te bereiken* • ~ **up** *inzetten*; *beginnen te spelen/zingen*
strikebound ('straɪkbaʊnd) BNW *lamgelegd*; *gesloten*; *dicht* ⟨wegens staking⟩
strike-breaker ('straɪkbreɪkə) ZN • *stakingsbreker* • *werkwillige*
strike force ZN *aanvalsmacht*
strike fund ZN *stakingskas*
strike pay ZN *stakingsuitkering*
strike picket ZN *stakingspost*
striker ('straɪkə) ZN • *staker* • *slagpin* • *harpoen* • *strijkhout* • SPORT *slagman*; *spitsspeler*; *aanvaller*
striking ('straɪkɪŋ) BNW • *opvallend* • *markant*; *treffend*
string (strɪŋ) I ZN • *touw(tje)* • *koord* • *lijn* • *lint*

• band • veter • pees • snaar • vezel • draad ⟨v. boon⟩ • snoer; rij; reeks; file ★ pull ~s invloed aanwenden ★ touch the ~s de snaren roeren; bespelen ★ ~ of horses renstal ★ ~ of the tongue tongriem ★ have two ~s to one's bow twee pijlen op zijn boog hebben ★ on a ~ aan een touwtje ★ harping on the same ~ op 't zelfde aanbeeld hameren ★ FIG. first ~ voornaamste troef ★ I have a second ~ ik heb nog iets achter de hand ★ pull the ~s achter de schermen zitten; de eigenlijke macht hebben II OV WW • besnaren • bespannen • aan snoer rijgen • USA bij de neus nemen ★ strung up overgevoelig; hypernerveus ★ ~ facts together feiten met elkaar in verband brengen ★ highly strung hypernerveus; overgevoelig • ~ along aan het lijntje houden; beduvelen ★ ~ out in rij of reeks plaatsen • ~ up aan (elkaar) knopen; binden; spannen; overspannen maken; opknopen III ONOV WW • draderig worden • ~ along meedoen/-gaan • ~ out uitgespreid zijn
string band ZN strijkorkest
string bass ZN contrabas
string bean ZN snijboon
stringed (strɪŋd) BNW besnaard; snaar-
stringency ('strɪndʒənsɪ) ZN (geld)schaarste
stringent ('strɪndʒənt) BNW • bindend • knellend • streng; strikt • krap; moeilijk
stringer ('strɪŋə) ZN • correspondent ⟨v. krant⟩ • verbindingsbalk; verbindingsstijl
strings (strɪŋz) ZN MV USA beperkingen; bepaalde voorwaarden ★ the ~ de strijkers ⟨v. orkest⟩
stringy ('strɪŋɪ) BNW • draderig • pezig
strip (strɪp) I ZN • strook • lat • reep • landingsbaan • clubkleuren ★ magnetic ~ magneetstrip II OV WW • uitkleden • uittrekken • ontbloten • (af)stropen • (af)schillen • (er) afhalen • leeghalen ★ ~ a cow een koe leegmelken ★ ~ a tree een boom kaalvreten ★ ~ a p. naked iem. totaal uitschudden ★ ~ a sergeant een sergeant degraderen • ~ of ontdoen van III ONOV WW • zich uitkleden • doldraaien ⟨v. schroef⟩
strip cartoon ZN stripverhaal
stripe (straɪp) ZN • streep • chevron • striem
striped (straɪpt) BNW gestreept
stripes (straɪps) ZN MV INFORM. tijger
striplighting ('strɪplaɪtɪŋ) ZN • tl-buis • tl-verlichting
stripling ('strɪplɪŋ) ZN jongmens; jongeman
stripper ('strɪpə) ZN • stripteasedanser(es) • ontschorser
striptease ('strɪptiːz) ZN striptease
stripy ('straɪpɪ) BNW gestreept
strive (straɪv) ONOV WW • z. inspannen; vechten • strijden • ~ after/for streven naar
striven ('strɪvən) WW [volt. deelw.] → strive
strode (strəʊd) WW [verleden tijd] → stride
stroke (strəʊk) I ZN • slag ⟨ook zwemslag⟩; klap; houw • streek; haal; streling • MED. beroerte; cva • slag ⟨roeier⟩ ★ on the ~ of five op slag van vijven ★ ~ of genius geniale zet ★ ~ of luck buitenkansje; bof ★ be off one's ~ zijn draai niet hebben; de kluts kwijt zijn ★ row ~ als achterste man roeien; 't tempo aangeven II OV WW

strijken; aaien; strelen ★ ~ a p. down iem. kalmeren
stroll (strəʊl) I ZN wandeling(etje) ★ take a ~ wandeling maken II ONOV WW • slenteren • op z'n gemak lopen • wandelen • zwerven
stroller ('strəʊlə) ZN • wandelwagentje • wandelaar
strolling ('strəʊlɪŋ) BNW rondtrekkend
strong (strɒŋ) I BNW • sterk • krachtig • zwaar ⟨v. tabak, bier⟩ • vast ⟨v. geldkoers, prijzen⟩ • overdreven ★ be ~ on/for zeer gesteld zijn op ★ ~ language krachttermen ★ mathematics is not my ~ point ik ben niet sterk in wiskunde II BIJW ★ he's going it ~! hij overdrijft behoorlijk! ★ come it ~ overdrijven ★ I feel so ~ly about it mijn mening staat vast ★ still going ~ nog goed in vorm/conditie; nog steeds actief
strong-arm BNW hardhandig
strongbox ('strɒŋbɒks) ZN • geldkist • documentenkist • brandkast
strongheaded (strɒŋ'hedɪd) BNW koppig
stronghold ('strɒŋhəʊld) ZN • fort • burcht • bolwerk
strongman ('strɒŋmæn) ZN sterke man; leider
strong-minded (strɒŋ'maɪndɪd) BNW • zelfbewust • resoluut
strongroom ('strɒŋruːm) ZN kluis
strong-willed BNW vastberaden; wilskrachtig
strop (strɒp) ZN scheerriem
strophe ('strəʊfɪ) ZN • couplet • strofe
stroppy ('strɒpɪ) BNW • tegendraads • dwars; koppig
strove (strəʊv) WW [verleden tijd] → strive
struck (strʌk) WW [verl. tijd + volt. deelw.] → strike
structural ('strʌktʃərəl) BNW structureel
structure ('strʌktʃə) ZN • (op)bouw • bouwwerk • structuur
struggle ('strʌgl) I ZN worsteling ★ ~ for life/existence strijd om 't bestaan II ONOV WW • worstelen • vechten • tegenspartelen ★ ~ to one's feet met moeite opstaan ★ ~ into one's coat zich met moeite in zijn jas werken • ~ to moeite hebben om
strum (strʌm) I ZN getrommel; getjingel II OV+ONOV WW trommelen; tjingelen
strumpet ('strʌmpɪt) ZN OUD. hoer
strung (strʌŋ) WW [verl. tijd + volt. deelw.] → string
strut (strʌt) I ZN • schoor • trotse stap of gang • stut II OV WW stutten III OV+ONOV WW trots stappen
stub (stʌb) I ZN • stronk • stobbe • stompje • peukje II OV WW • de stronken verwijderen (uit) • stoten ★ stub out a cigarette een sigarettenpeukje uitdoven
stubble ('stʌbl) ZN stoppels
stubbly ('stʌblɪ) BNW stoppelig
stubborn ('stʌbən) BNW • hardnekkig • onverzettelijk • koppig • moeilijk te bewerken
stubby ('stʌbɪ) BNW → stub
stucco ('stʌkəʊ) I ZN pleisterkalk; stuc II OV WW stukadoren
stuck (stʌk) WW [verl. tijd + volt. deelw.] → stick
stuck-up (stʌk'ʌp) BNW verwaand
stud (stʌd) I ZN • dekhengst • fokstal; renstal

• *knop(je)*; *spijker*; *knoopje* • **verbindingsbout** • INFORM. *kanjer*; *stuk* ★ studs *beslag* **II** OV WW • *met knopjes beslaan/versieren* • **verspreiden over** • *bezaaien* ★ plain studded with trees *vlakte met overal bomen*

studbook ('stʌdbʊk) ZN *paardenstamboek*

student ('stju:dnt) ZN • *student* • *leerling* • *wetenschapper* ★ ~ nurse *leerling-verpleegkundige* ★ ~ in/of *iem. die studeert in*; *iem. die zich interesseert voor*

studentship ('stju:dntʃɪp) ZN • *'t student zijn* • *studiebeurs*

studied ('stʌdɪd) BNW • *bestudeerd* • *gemaakt* • *gekunsteld*

studio ('stju:dɪəʊ) ZN • *atelier* • *studio*

studious ('stju:dɪəs) BNW • *vlijtig*; *ijverig* • *studerend* • *vastbesloten* • *opzettelijk nauwgezet* ★ ~ of *verlangend naar*

study ('stʌdɪ) **I** ZN • *studie* • *etude* • *studieobject* • *studeerkamer* • *streven* ★ in a brown ~ *verstrooid*; *afwezig* ★ his face was a perfect ~ *zijn gezicht was volkomen de moeite v. 't studeren waard* ★ it shall be my ~ to *ik zal het tot mijn plicht rekenen*; *ik zal ernaar streven* ★ be a quick ~ *gemakkelijk (toneel)rollen leren* **II** OV WW • *(be)studeren* • *opnemen* • *rekening houden met* • *streven naar* • ~ **out** *uitvissen*; *uitpuzzelen* • ~ **to** z. *beijveren om* • ~ **up** *erin pompen*; *blokken* **III** ONOV WW *studeren* ★ ~ **for** the Bar *voor rechtbankadvocaat studeren* ★ ~ for the Church *voor geestelijke studeren*

stuff (stʌf) **I** ZN • *stof*; *materiaal* • *spul*; *goedje* • *waardeloze rommel* • *onzin* • OUD. *wol(len stof)* • *heroïne*; *cocaïne*; *hasj* ★ that's the (right) ~! *dat is 't*; *zo moet 't* ★ that's the ~ to give them *zo moet je ze aanpakken* ★ PLAT do your ~ *ga je gang* ★ green ~ *groente* ★ ~ and nonsense *klinkklare onzin* ★ man with plenty of good ~ in him *man met een hart van goud* ★ poor/sorry ~ *niet veel soeps* **II** BNW *wollen* ★ ~ gown *toga van gewoon advocaat* **III** OV WW • *(vol)stoppen* • *opvullen* • *stofferen* • *farceren* • *volproppen* • *opzetten* (v. dier) ★ ~ a p. (up) *iem. wat op de mouw spelden* ★ ~ o.s. *te veel eten* ★ he can get ~ed! *hij kan barsten!* ★ ~ed nose *verstopte neus* ★ USA ~ed shirt *opgeblazen idioot* **IV** ONOV WW • *schransen* • *schrokken*

stuffing ('stʌfɪŋ) ZN • *vulling* • *pakking* ★ knock the ~ out of s.o. *iem. van zijn stuk brengen*

stuffy ('stʌfɪ) BNW • *nijdig* • *benauwd*; *bedompt* • *verstopt* (v. neus) • *bot*; *stom*; *suf*

stultification (stʌltɪfɪ'keɪʃən) ZN *bespotting*

stultify ('stʌltɪfaɪ) OV WW • *belachelijk maken* • *teniet doen*

stumble ('stʌmbl) **I** ZN *misstap*; *struikeling* **II** ONOV WW • *struikelen* • *stuntelen* • *hakkelen* ★ stumbling block *struikelblok*; *handicap* ★ ~ through one's speech *zijn speech stuntelig afdraaien* ★ stumbling stone *steen des aanstoots* • ~ **across**/**(up)on** *toevallig aantreffen*; *tegen 't lijf lopen* • ~ **along** *voortstrompelen* • ~ **at** z. *niet kunnen verenigen met*; *in dubio staan wat betreft* • ~ **over** *zich ergens niet overheen kunnen zetten*; *vallen over* ⟨fig.⟩

stump (stʌmp) **I** ZN • *stomp(je)* • *(boom)stronk* • *peukje* • *wicketpaaltje* ⟨bij cricket⟩ • *doezelaar*

• *platform* ★ ~ oratory *bombast*; *retoriek* ★ POL. go on the ~ *campagne voeren* **II** OV WW • USA *uitdagen* • *in verlegenheid brengen* • *vastzetten* • *af-/uitgooien* ⟨bij cricket⟩ • *doezelen* ★ POL. ~ it *campagne voeren* ★ be ~ed for an answer *niet weten wat te zeggen* **III** ONOV WW • *klossen* • *onbehouwen lopen* **IV** OV+ONOV WW PLAT ~ **up** *betalen*; *dokken*

stumper ('stʌmpə) ZN • *lastig probleem* • *moeilijke taak*

stumps (stʌmps) ZN MV *benen* ★ stir your ~! *doorlopen!*

stumpy ('stʌmpɪ) BNW • *dik en kort*; *gezet* • *met stompjes*; *afgesleten*

stun (stʌn) OV WW • *bewusteloos slaan* • *bedwelmen* • *verdoven* ⟨v. hard geluid⟩ • *versteld doen staan*

stung (stʌŋ) WW [verl. tijd + volt. deelw.]→**sting**

stunk (stʌŋk) WW [verl. tijd + volt. deelw.]→**stink**

stunner ('stʌnə) ZN • *iets waar je van achterover slaat* • *kanjer* ★ PLAT *stuk*; *kei*; *reuzevent*

stunning ('stʌnɪŋ) BNW • *versuffend* • *oorverdovend* • PLAT *denderend* • *fantastisch* ★ OOK FIG. ~ blow *geweldige slag*

stunt (stʌnt) **I** ZN *stunt*; *opzienbarende actie* ★ ~ man *stuntman* ★ ~ woman *stuntvrouw* **II** ONOV WW • *stunten* • LUCHTV. *stunten* • *(acrobatische) toeren doen*

stunted ('stʌntɪd) BNW • *achtergebleven* ⟨in groei⟩ • *klein gebleven* • *dwerg-*

stupefaction ('stju:pɪfækʃən) ZN • *verdoving* • *verbijstering*

stupefy ('stju:pɪfaɪ) OV WW • *verdoven* • *afstompen* • *versuffen* • *stomverbaasd doen staan*

stupendous (stju:'pendəs) BNW • *verbluffend* • *enorm* • *kolossaal*

stupid ('stju:pɪd) **I** ZN *sufferd*; *stommerik* **II** BNW • *dom* • *stom* • *suf*

stupidity (stju:'pɪdətɪ) ZN *domheid*

stupor ('stju:pə) ZN • *verdoving* • *coma* • *apathie*

sturdy ('stɜ:dɪ) BNW • *fors*; *krachtig*; *stevig* • *struis* • *flink* • *stoer*

sturgeon ('stɜ:dʒən) ZN *steur*

stutter ('stʌtə) **I** ZN *gestotter* **II** OV+ONOV WW • *stotteren* • *stamelen* • ~ **out** *stamelend uitbrengen*

stutterer ('stʌtərə) ZN *stotteraar(ster)*

sty (staɪ) ZN • *strontje* ⟨op oog⟩ • *stal*; *kot*

style (staɪl) **I** ZN • *stijl* • *trant* • *model* • *distinctie*; *klasse* • *schrijfstift* • *etsnaald* • *aanspreekvorm* • *titulatuur* • *titel* ★ Old/New Style *Juliaanse/Gregoriaanse kalender* ★ that's the right ~ *zo moet 't* **II** OV WW • *adresseren als* • *aanspreken als* • *noemen* • *betitelen* ★ be ~d as *de titel dragen van*

styling ('staɪlɪŋ) ZN *vormgeving*; *modellering*; *styling*

stylish ('staɪlɪʃ) BNW • *stijlvol* • *chic*

stylist ('staɪlɪst) ZN *stilist*

stylistic (staɪ'lɪstɪk) BNW *stilistisch*

stylize ('staɪlaɪz) OV WW *stileren*

stylus ('staɪləs) ZN • *schrijfstift* • *naald* ⟨v. platenspeler⟩

stymie ('staɪmɪ) **I** ZN SPORT *moeilijke situatie* **II** OV WW *dwarsbomen*; *lamleggen* ⟨fig.⟩; *buiten spel zetten*

styptic ('stɪptɪk) **I** ZN • *bloedstelpend middel* • *aluinstift* **II** BNW *bloedstelpend*
suave (swɑːv) BNW • *hoffelijk* • *minzaam*
sub (sʌb) **I** ZN INFORM. *plaatsvervanger* **II** BNW *ondergeschikt* **III** ONOV WW • *invallen* • *~ for invallen*
sub- (sʌb) VOORV • *onder-; sub-* • *adjunct-* • *bij-* • *enigszins*
subaltern ('sʌbəltn) **I** ZN • *subalterne officier* • *ondergeschikte* **II** BNW *ondergeschikt*
subclass ('sʌbklɑːs) ZN *onderklasse*
subcommittee ('sʌbkəmɪtɪ) ZN *subcommissie*
subconscious (sʌb'kɒnʃəs) **I** ZN *onderbewustzijn* **II** BNW *onderbewust*
subcontract[1] (sʌb'kɒntrækt) ZN *toeleveringscontract*
subcontract[2] (sʌbkən'trækt) ONOV WW *een toeleveringscontract sluiten*
subcontractor (sʌbkən'træktə) ZN *onderaannemer*
subculture ('sʌbkʌltʃə) ZN *subcultuur*
subdivide ('sʌbdɪvaɪd) **I** OV WW *onderverdelen* **II** ONOV WW *z. splitsen*
subdivision ('sʌbdɪvɪʒən) ZN *onderverdeling; afdeling*
subdue (səb'djuː) OV WW • *temperen* • *verzwakken* • *onderwerpen* • *bedwingen* • *matigen* * ~d *gedempt; ingetogen; stemmig*
subeditor (sʌb'edɪtə) ZN *redacteur, ander dan hoofdredacteur*
subgroup ('sʌbɡruːp) ZN *subgroep(ering)*
subheading (sʌb'hedɪŋ) ZN *kopje; ondertitel*
subhuman (sʌb'hjuːmən) BNW *niet menselijk; dierlijk*
subject[1] ('sʌbdʒekt) **I** ZN • *onderwerp; thema* • *subject* ‹in de logica› • *voorwerp* • *(school)vak; vakgebied* • *reden; oorzaak* • *patiënt; proefpersoon* • *onderdaan* • *lijk* * ~ for *aanleiding tot* * end of ~! *discussie gesloten!* **II** BNW * ~ to *onderworpen aan; onderhevig aan* **III** BNW + BIJW * ~ to *afhankelijk van* * ~ to the consent of *behoudens toestemming van*
subject[2] (səb'dʒekt) OV WW • *onderwerpen* • *~ to blootstellen aan*
subject index ZN *zaakregister*
subjection (səb'dʒekʃən) ZN • *afhankelijkheid* • *onderwerping*
subjective (səb'dʒektɪv) BNW • *subjectief* • *onderwerps-*
subjectivity (sʌbdʒek'tɪvətɪ) ZN → **subjective**
subject matter ('sʌbdʒektmætə) ZN *(behandelde) stof; onderwerp; thema*
subjoin (sʌb'dʒɔɪn) OV WW *toevoegen*
subjugate ('sʌbdʒuɡeɪt) OV WW *onderwerpen*
subjugation ('sʌbdʒu'ɡeɪʃən) ZN *onderwerping*
subjunctive (səb'dʒʌŋktɪv) **I** ZN *aanvoegende wijs* **II** BNW * ~ mood *aanvoegende wijs*
sublease (sʌb'liːs) **I** ZN *onderverhuur(contract)* **II** OV WW *onderverhuren*
sublet (sʌb'let) OV WW *onderverhuren*
sub-lieutenant (sʌblef'tenənt) ZN *luitenant ter zee tweede klasse*
sublimate[1] ('sʌblɪmət) **I** ZN *sublimaat* **II** BNW *gesublimeerd*
sublimate[2] ('sʌblɪmeɪt) OV WW • *sublimeren* • *zuiveren* • *veredelen*

sublime (sə'blaɪm) **I** BNW • *verheven* • *subliem* • *hooghartig* **II** OV WW • *sublimeren* • *zuiveren* • *veredelen*
subliminal (sʌb'lɪmɪnl) BNW • *in een (zeer korte) flits* • *onder de bewustzijnsdrempel*
sublimity (sʌ'blɪmətɪ) ZN → **sublime**
submachine (sʌbmə'ʃiːn) ZN * ~ gun *machinepistool*
submarine (sʌbmə'riːn) **I** ZN *onderzeeër* **II** BNW *onderzees* **III** OV WW *torpederen vanuit onderzeeër*
submerge (səb'mɜːdʒ) OV WW • *onder water zetten* • *(onder)dompelen* * ~d rock *blinde klip* * ~d tenth *de paupers* **II** ONOV WW • *onder water gaan* • *onderduiken*
submergence (səb'mɜːdʒəns), **submersion** ZN • *onderdompeling* • *het onder water gaan*
submersible (səb'mɜːsɪbl) BNW *overstroombaar* * ~ boat *onderzeeër*
submission (səb'mɪʃən) ZN • *onderdanigheid* • *nederigheid*
submissive (səb'mɪsɪv) BNW *onderdanig*
submit (səb'mɪt) **I** OV WW • *vóórleggen* • *in het midden brengen* • *(menen te mogen) opmerken* **II** OV+ONOV WW *(z.) onderwerpen*
subnormal (sʌb'nɔːml) BNW *beneden de norm; achterlijk*
subordinate[1] (sə'bɔːdɪnət) **I** ZN *ondergeschikte* **II** BNW *ondergeschikt* * ~ clause *bijzin*
subordinate[2] (sə'bɔːdɪneɪt) OV WW * ~ to *ondergeschikt maken aan*
subordination (səbɔːdɪ'neɪʃən) ZN • *ondergeschiktheid* • *onderschikking*
subpoena (səb'piːnə) **I** ZN *dagvaarding* **II** OV WW *dagvaarden*
subscribe (səb'skraɪb) **I** OV WW • *bijeenbrengen* ‹v. geld› • *~ to z. abonneren op; onderschrijven* **II** OV+ONOV WW • *ondertekenen* • *intekenen* • *inschrijven* • *inschrijven voor* * ~ one's name *(to) ondertekenen*
subscriber (səb'skraɪbə) ZN • *intekenaar* • *inschrijver* • *abonnee*
subscription (səb'skrɪpʃən) ZN *abonnement* * ~ fee/rate *abonnementsprijs*
subsection ('sʌbsekʃən) ZN *onderafdeling*
subsequent ('sʌbsɪkwənt) BNW • *(daarop)volgend* • *later* * ~ to *volgend op* * ~ upon *volgend uit*
subsequently ('sʌbsɪkwəntlɪ) BIJW *daarna; later*
subserve (səb'sɜːv) OV WW • *dienen* • *bevorderlijk zijn voor*
subservience (səb'sɜːvɪəns) ZN • *kruiperigheid* • *onderdanigheid*
subservient (səb'sɜːvɪənt) BNW • *onderdanig* • *kruiperig* * ~ to *ondergeschikt aan*
subside (səb'saɪd) ONOV WW • *inzakken; (ver)zakken* • *(be)zinken* • *afnemen* ‹in hevigheid› • *bedaren* * ~ into a chair *zich in een stoel laten zakken*
subsidence ('sʌbsɪdəns) ZN • *bezinksel* • *afname* • *bedaring*
subsidiaries (səb'sɪdɪərɪz) ZN MV *hulptroepen*
subsidiary (səb'sɪdɪərɪ) **I** ZN • *hulpmiddel* • *dochtermaatschappij* **II** BNW • *hulp-* • *bij-* • *ondergeschikt* * ~ company *dochtermaatschappij* * ~ stream *zijrivier*
subsidization (sʌbsɪdaɪ'zeɪʃən) ZN *subsidiëring*

subsidize ('sʌbsɪdaɪz) OV WW *subsidiëren; geldelijk steunen*
subsidy ('sʌbsɪdɪ) ZN *subsidie*
subsist (səb'sɪst) I OV WW *provianderen* II ONOV WW • *bestaan* • *(voort)leven*
subsistence (səb'sɪstns) ZN • *bestaansminimum* • *bestaan* • *middel(en) van bestaan* • *kost(winning)* ★ ~ *allowance/money onderhoudstoelage*
subsoil ('sʌbsɔɪl) ZN *grond onder de oppervlakte; ondergrond*
subspecies ('sʌbspiːʃiːz) ZN *subspecies; onderklasse; ondersoort*
substance ('sʌbstns) ZN • *stof; substantie* • *wezen; essentie* • *hoofdzaak; kern* • *stevigheid; degelijkheid* • *vermogen* ★ JUR. USA controlled ~ ≈ *verdovend middel*
substance abuse ZN *drugsgebruik, -misbruik*
substandard (sʌb'stændəd) BNW • *substandaard* • *dialectisch; dialect-*
substantial (səb'stænʃəl) BNW • *essentieel* • *stevig* • *gegrond* • *flink* • *aanzienlijk* • *vermogend*
substantials (səb'stænʃəlz) ZN MV *'t wezenlijke; de hoofdzaken*
substantiate (səb'stænʃɪeɪt) OV WW • *de deugdelijkheid aantonen van* • *bewijzen* • *verwerkelijken*
substantiation (səbstænʃɪ'eɪʃən) ZN *verwerkelijking*
substantive ('sʌbstəntɪv) I ZN *zelfstandig naamwoord* II BNW • *zelfstandig* • MIL. *effectief* • *wezenlijk; aanzienlijk* ★ the ~ verb *het werkwoord 'zijn'*
substitute ('sʌbstɪtjuːt) I ZN • *vervanger* • *vervangmiddel* • *surrogaat* II OV WW • *vervangen* • *in de plaats stellen* • *substitueren*
substitution (sʌbstɪ'tjuːʃən) ZN *vervanging; substitutie*
substratum ('sʌbstrɑːtəm, sʌb'streɪtəm) ZN • *onderlaag* • *grond(slag)*
substructure ('sʌbstrʌktʃə) ZN *onderbouw; grondslag; fundament*
subsume (səb'sjuːm) OV WW *onder één noemer brengen; opnemen*
subtenant ('sʌbtenənt) ZN *onderhuurder*
subtend (sʌb'tend) OV WW • *staan tegenover* ⟨een hoek⟩ • *onderspannen* ⟨v. boog⟩
subtense ('sʌbtens) ZN • *staande zijde* • *koorde*
subterfuge ('sʌbtəfjuːdʒ) ZN • *uitvlucht* • *draaierij om eruit te komen*
subterranean (sʌbtə'reɪnɪən) BNW • *ondergronds* • *heimelijk*
subtilize ('sʌtɪlaɪz) I OV WW • *fijn uitspinnen* • *ijl maken; vervluchtigen* II ONOV WW *spitsvondig redeneren*
subtitle ('sʌbtaɪtl) I ZN • *ondertitel* ⟨v. film⟩ • *lagere titel* II OV WW *ondertitelen*
subtle ('sʌtl) BNW • *ijl; teer; (ver)fijn(d)* • *subtiel* • *zeer kritisch* • *spitsvondig* • *geraffineerd* • *sluw* ★ ~ *distinction uiterst fijne onderscheiding*
subtlety ('sʌtəltɪ) ZN *subtiliteit*
subtopia (sʌb'təʊpɪə) ZN *saaie, onaantrekkelijke woonwijk(en)*
subtract (səb'trækt) OV+ONOV WW • *aftrekken* • *afdoen*
subtraction (səb'trækʃən) ZN *aftrekking*

subtrahend ('sʌbtrəhend) ZN *aftrekker*
subtropical (sʌb'trɒpɪkl) BNW *subtropisch* ★ ~ *fruit zuidvruchten*
suburb ('sʌbɜːb) ZN *voorstad*
suburban (sə'bɜːbən) I ZN *inwoner v. voorstad* II BNW • *van/wonend in een voorstad* • *kleinsteeds* • *bekrompen* ★ ~ *line/service openbaar vervoer verbinding met voorstad*
suburbia (sə'bɜːbɪə) ZN *de (mensen in/van de) buitenwijken*
subvention (səb'venʃən) I ZN *subsidie* II OV WW *subsidiëren*
subversion (səb'vɜːʃən) ZN *omverwerping*
subversive (səb'vɜːsɪv) BNW *subversief*
subvert (səb'vɜːt) OV WW *omverwerpen*
subway ('sʌbweɪ) ZN • *tunnel* • USA *metro; ondergrondse*
subzero (sʌb'zɪərəʊ) BNW *onder nul*
succeed (sək'siːd) I ONOV WW • *slagen* • *succes hebben* ★ he ~ed in escaping *hij slaagde erin te ontkomen* II OV+ONOV WW • *opvolgen* • ~ *to volgen op* ★ ~ *to the throne of opvolger als vorst van*
success (sək'ses) ZN • *succes* • *goed gevolg* ★ achieve/meet with ~ *succes behalen/boeken*
successful (sək'sesfʊl) BNW • *succesvol, -rijk* • *geslaagd* • *voorspoedig* ★ be ~ in persuading s.o. *erin slagen iem. over te halen*
succession (sək'seʃən) ZN • *erfgenamen* • *nakomelingen* • *op(een)volging* • *serie* • *reeks* ★ *successie* ★ in ~ *achter elkaar* ★ in ~ to *als opvolger van*
successive (sək'sesɪv) BNW • *achtereenvolgend* • *successievelijk*
successively (sək'sesɪvlɪ) BIJW *achtereenvolgens; successievelijk*
successor (sək'sesə) ZN *opvolger*
succinct (sək'sɪŋkt) BNW *beknopt; bondig*
succory ('sʌkərɪ) ZN *cichorei*
succour ('sʌkə) I ZN • *helper* • *schuilplaats* II OV WW • *helpen; te hulp komen* • *bevrijden*
succulence ('sʌkjʊləns) ZN *sappigheid*
succulent ('sʌkjʊlənt) I ZN *vetplant; succulent* II BNW *sappig*
succumb (sə'kʌm) ONOV WW • *bezwijken* • ~ *to sterven aan; zwichten voor*
such (sʌtʃ) I BNW • *zulk (een)* • *zo'n* • *zo* • *zodanig; zo groot* • *degenen* • *zulks* ★ such as *zoals; zoals bijvoorbeeld* ★ another such *nog zo een* ★ in such and such a house *in dat en dat huis* ★ no such thing *niets v. dien aard; geen kwestie van* ★ such is life *zo is 't leven* ★ we note your remarks and in reply to such *wij hebben nota genomen van uw opmerkingen en in antwoord daarop* II BIJW • *such as zoals*
suchlike ('sʌtʃlaɪk) BNW *dergelijk; van dien aard*
suck (sʌk) I ZN • *(het) zuigen* • PLAT *sof* • *slokje* ★ sucks *snoep; mispoes* ★ take a suck at *nippen aan;* 'n slokje nemen van ★ what a suck! *lekker mis; wat een sof* II OV+ONOV WW • *opnemen* • *zuigen (op)* ★ suck a p.'s brains *de ideeën van iemand anders overnemen* ★ suck dry *uitzuigen; leegzuigen* ★ suck one's underlip *op z'n lippen bijten* ★ suck up to a p. *zich inlikken bij iem.* • ~ from *halen uit* • ~ in *inzuigen; in zich opnemen* • ~ out of *halen uit* • ~ up *opzuigen;*

opnemen; doen verdwijnen **III** ONOV WW *waardeloos zijn; niet deugen*
sucker ('sʌkə) ZN • USA *domme beursspeculant* • *groentje* • *sukkel* • *stommeling* • *zuigvis* • *zuignap; zuigleer; zuigbuis* • *spruit* • *loot* • *speenvarken* • *walvisjong* ★ Sucker State *Illinois*
suckle ('sʌkl) OV WW • *zogen* • *grootbrengen*
suckling ('sʌklɪŋ) ZN • *zuigeling* • *nog zuigend dier*
suction ('sʌkʃən) ZN *(het) zuigen; zuiging*
suction cup ZN *zuignap*
suction pump ('sʌkʃənpʌmp) ZN *zuigpomp*
sudatorium (sjuːdəˈtɔːriəm) ZN *zweetbad*
sudden ('sʌdn) **I** ZN★ (all) of a ~ *plotseling* **II** BNW • *plotseling* • *overijld*
suddenly ('sʌdnli) BIJW *plotseling*
suds (sʌdz) ZN MV *zeepsop*
sue (suː) **I** OV WW *een proces aandoen* **II** ONOV WW ~ **for** *smeken om*
suede (sweɪd) BNW *suède*
suet ('suːɪt) ZN *niervet*
suffer ('sʌfə) **I** OV WW • *ondergaan* • *(toe)laten* • *verdragen* • *uitstaan* ★ ~ fools gladly *laat de gekken in vreugde leven* **II** ONOV WW • *beschadigd worden* • *de martelsdood sterven; ter dood gebracht worden* • *te lijden hebben; lijden* • *boeten* • ~ **by** *schade lijden door; geschaad worden door* • ~ **from** *lijden aan*
sufferance ('sʌfərəns) ZN • *stilzwijgende toestemming; instemming* • *toelating* • OUD. *lijdzaamheid* ★ be admitted on ~ *ergens geduld worden* ★ bill of ~ *voorlopige invoervergunning*
sufferer ('sʌfərə) ZN • *lijder* • *slachtoffer*
suffering ('sʌfərɪŋ) ZN *beproeving; ellende*
suffice (səˈfaɪs) OV+ONOV WW • *voldoende zijn (voor)* • *tevreden stellen* ★ ~ it to say *wij mogen volstaan met te zeggen*
sufficiency (səˈfɪʃənsi) ZN • *'t voldoende zijn* • *voldoende hoeveelheid* • *voldoende om (van) te bestaan*
sufficient (səˈfɪʃənt) BNW *voldoende; genoeg*
suffix ('sʌfɪks) **I** ZN *achtervoegsel* **II** OV WW • *als suffix hechten aan* • *achtervoegen*
suffocate ('sʌfəkeɪt) **I** OV WW • *doen stikken* • *verstikken* ★ suffocating *zeer benauwd* **II** ONOV WW *stikken*
suffocation (sʌfəˈkeɪʃən) ZN *verstikking*
suffrage ('sʌfrɪdʒ) ZN • *stem* • *stemrecht* • *opinie* • *suffragium; bede*
suffragette (sʌfrəˈdʒet) ZN *suffragette*
suffuse (səˈfjuːz) OV WW • *overdekken* • *overgieten* ★ eyes ~d with tears *ogen vol tranen* ★ sky ~d with light *verlichte hemel*
suffusion (səˈfjuːʒən) ZN • *verspreiding; schijnsel* • *blos*
sugar ('ʃʊgə) **I** ZN • *suiker* • USA *schatje* • *mooie woorden;* vleierij • USA *heroïne* • USA *poen; geld* ★ icing/powdered ~ *poedersuiker* **II** OV WW • *(be)suikeren* • *stroop om de mond smeren* • *verbloemen* ★ ~ the pill *de pil vergulden*
sugar basin/bowl ZN *suikerpot*
sugar beet ZN *suikerbiet*
sugar-candy ('ʃʊgəkændi) ZN *kandij*
sugar cane ('ʃʊgəkeɪn) ZN *suikerriet*
sugar cube/lump ZN *suikerklontje*
sugar daddy ZN USA, HUMOR. *rijke oudere heer* ⟨vriend van jonge vrouw⟩
sugar estate ZN *suikerplantage*
sugar gum ZN *eucalyptus*
sugarplum ('ʃʊgəplʌm) ZN *suikerboontje; bonbon*
sugary ('ʃʊgəri) BNW • *suikerachtig* • *suikerzoet*
suggest (səˈdʒest) OV WW • *suggereren* • *opperen* • *wijzen op* • *doen denken aan* • *voorstellen* ★ ~ an idea *een idee aan de hand doen; op een idee brengen* ★ the idea ~s itself *'t idee komt vanzelf bij je op* ★ does the name ~ anything to you? *zegt de naam u iets?* ★ I ~ that *is het niet zo, dat* ★ I don't ~ that *ik wil niet zeggen dat* ★ ~ed list price *adviesprijs*
suggestible (səˈdʒestɪbl) BNW *gemakkelijk onder suggestie te brengen*
suggestion (səˈdʒestʃən) ZN • *indruk* • *werk* • *idee* • *suggestie* • *insinuatie* • *zweem; spoor* ★ that is full of ~ *daar zit heel wat in* ★ at/on the ~ of *op voorstel van*
suggestive (səˈdʒestɪv) BNW • *waar veel inzit; met veel stof tot nadenken* • *vol ideeën* • *suggestief* ★ ~ of *wat doet denken aan*
suicidal (suːɪˈsaɪdl) BNW *zelfmoord-; suïcidaal*
suicide ('suːɪsaɪd) ZN *zelfmoord(enaar)*
suit (suːt) **I** ZN • *aanzoek* • *aanklacht* • *proces* • *pak* • *mantelpak* • *reeks* • *stel* • *ameublement* • *kleur* ⟨in kaartspel⟩ • FORM. *verzoek* ★ suit of clothes *pak* ★ follow suit *kleur bekennen* ★ long/short suit *veel/weinig kaarten v. dezelfde kleur* ⟨bij kaartspel⟩; *iets dat men goed/slecht kent* ★ suit of armour *wapenrusting* ★ suit of harness *tuig* ⟨v. paard⟩ **II** OV WW • OUD. *verzoeken* • *naar de zin maken* ★ suit the action to the word *de daad bij 't woord voegen* • ~ **to** *aanpassen aan* • ~ **with** *voorzien van* **III** OV+ONOV WW • *conveniëren* • *passen (bij/voor)* • *staan* • *schikken* • *gelegen komen* ★ the part doesn't suit him *de rol ligt hem niet*
suitability (suːtəˈbɪləti) ZN • *geschiktheid* • *gepastheid*
suitable ('suːtəbl) BNW • *geschikt; gepast* • *passend*
suitcase ('suːtkeɪs) ZN *(platte) koffer*
suite (swiːt) ZN • *suite* ⟨kamer⟩ • *gevolg* ⟨vnl. van koning⟩ • MUZ. *suite* • *rij; serie; ameublement*
suited ('suːtɪd) BNW ★ ~ for/to/*geschikt voor* ★ be ~ to each other *bij elkaar passen*
suiting ('suːtɪŋ) ZN *kostuumstof*
suitor ('suːtə) ZN • *minnaar* • OUD. *verzoeker* • JUR. *eiser*
sulfa ('sʌlfə) ZN *sulfapreparaten*
sulk (sʌlk) **I** ZN • *mokken; pruilen* ★ to be in the sulks *aan het mokken zijn* **II** ONOV WW
sulky ('sʌlki) **I** ZN *sulky* ⟨harddraverswagentje⟩ **II** BNW • *nukkig; bokkig; onwillig* • *chagrijnig; pruilerig* • *somber* • *traag*
sullen ('sʌlən) BNW • *uit zijn/haar humeur; knorrig; nors* • *somber*
sullens ('sʌlənz) ZN MV ★ the ~ *boze bui; slecht humeur*
sully ('sʌli) OV WW • *een smet zijn op; bevlekken* • *vuil maken; bezoedelen*
sulphate ('sʌlfeɪt) ZN *sulfaat* ★ magnesium ~ *epsomzout*
sulphur ('sʌlfə) ZN • *zwavel* • *soort gele vlinder*
sulphuretted (sʌlfjʊˈretɪd) BNW ★ ~ hydrogen *zwavelwaterstof*

sulphuric (sʌlˈfjʊərɪk) BNW ★ ~ acid *zwavelzuur*
sulphurize (ˈsʌlfjʊəraɪz) OV WW • *zwavelen* • *vulkaniseren*
sulphurous (ˈsʌlfərəs) BNW • *heftig* • FIG. *geladen* • *zwavelachtig* • *hels*
sultan (ˈsʌltn) ZN *sultan*
sultana (sʌlˈtɑːnə) ZN • *sultane* • *maîtresse* ⟨v. vorst⟩ • *soort rozijn*
sultry (ˈsʌltrɪ) BNW *drukkend; zwoel* ⟨ook fig.⟩
sum (sʌm) I ZN • *som* • *totaal* • *kern; waar 't op neerkomt* ★ do sums *sommen maken* ★ good at sums *goed in rekenen* ★ in sum *in totaal* ★ the sum (and substance) of ... *de essentie van ...; in één woord* ★ sum total *totaal* ★ sums *rekenen* II OV WW ★ sum a p. up *zich 'n oordeel vormen over iem.* • ~ up *opsommen; optellen; samenvatten*
summarily (ˈsʌmərəlɪ) BIJW *summier; beknopt*
summarize (ˈsʌməraɪz) OV+ONOV WW *samenvatten*
summary (ˈsʌmərɪ) I ZN *samenvatting* II BNW • *kort* • *beknopt* • *summier* ★ do ~ justice/punishment to *standrechtelijk vonnissen/straffen* ★ deal ~ with *korte metten maken met*
summation (səˈmeɪʃən) ZN *optelling; totaal*
summer (ˈsʌmə) I ZN • *zomer* • *zoomer* • *schoorbalk* ★ Indian ~ *warme nazomer* ★ St. Martin's ~ *warme nazomer* II OV WW *weiden gedurende de zomer* III ONOV WW *de zomer doorbrengen*
summer house ZN *zomerhuisje*
summersault (ˈsʌməsɔːlt) ZN → **somersault**
summer school ZN *zomercursus*
summer time (ˈsʌmə taɪm) ZN • *zomertijd* • *zomer* ⟨seizoen⟩
summery (ˈsʌmərɪ) BNW *zomerachtig*
summing-up (sʌmɪŋˈʌp) ZN • *samenvatting* • *eindoordeel; (eind)conclusie* ⟨v. rechter⟩; *slotpleidooi* ⟨v. advocaat⟩
summit (ˈsʌmɪt) ZN • *top; toppunt* • *topconferentie*
summon (ˈsʌmən) OV WW • *dagvaarden* • *(op)roepen; bijeenroepen* • *verzamelen* • *bekeuren* • ~ up *vergaren; bijeenrapen; optrommelen*
summoner (ˈsʌmənə) ZN *deurwaarder*
summons (ˈsʌmənz) ZN MV • *oproep(ing)* • *dagvaarding* ★ answer a p.'s ~ *gevolg geven aan iem.'s oproep*
sump (sʌmp) ZN • *mijnput* • *oliereservoir* • *karter*
sumpter (ˈsʌmptə) ZN ★ ~ horse *lastpaard; pakpaard*
sumptuary (ˈsʌmptjʊərɪ) BNW ★ ~ law *weeldewet*
sumptuous (ˈsʌmptjʊəs) BNW • *kostbaar* • *overdadig* • *weelderig*
sun (sʌn) I ZN *zon* ★ against the sun *tegen de klok in* ★ with the sun *met de klok mee* ★ his sun is set *hij heeft zijn tijd gehad* ★ sun drawing water *waterig zonnetje* ★ sun visor *doorzichtig zonnescherm* ★ beneath the sun *(hier) op aarde* ★ sun lounge *serre* II OV+ONOV WW • *(zich) in de zon koesteren* • *zonnen*
Sun (sʌn) AFK Sunday *zondag*
sun-baked (ˈsʌnbeɪkt) BNW *zonovergoten; uitgedroogd*
sunbather (ˈsʌnbeɪðə) ZN *zonnebader*
sunbeam (ˈsʌnbiːm) ZN *zonnestraal*
sunblind (ˈsʌnblaɪnd) ZN *markies; jaloezie*

sunbow (ˈsʌnbəʊ) ZN *regenboogeffect*
sunburn (ˈsʌnbɜːn) ZN *zonnebrand; zonnebruin* ★ ~ed/~t *(ge)bruin(d) door de zon*
sundae (ˈsʌndeɪ) ZN USA *sorbet; coupe met vruchtenijs*
Sunday (ˈsʌndeɪ) ZN *zondag* ★ when two ~s come together *met sint-juttemis* ★ one's ~ best *z'n zondagse kleren; z'n paasbest* ★ Low ~ *beloken Pasen* ★ Mothering ~ *moederdag* ★ ~ paper *zondagskrant*
Sunday observance ZN *zondagsheiliging*
sun-deck ZN *zonneterras; boven-/zonnedek*
sunder (ˈsʌndə) I ZN *scheiding* ★ in ~ *in tweeën; van elkaar; gescheiden* II OV+ONOV WW *scheiden; splijten*
sundial (ˈsʌndaɪəl) ZN *zonnewijzer*
sundown (ˈsʌndaʊn) ZN USA *zonsondergang*
sundowner (sʌndaʊnə) ZN • *borrel* • AUS *landloper*
sun-dried (ˈsʌn-draɪd) BNW *in de zon gedroogd*
sundry (ˈsʌndrɪ) I ZN ★ all and ~ *allemaal en iedereen* ★ sundries *diversen* II BNW • *diverse; verscheiden(e)* • *allerlei*
sunfish (ˈsʌnfɪʃ) ZN *koningsvis*
sunflower (ˈsʌnflaʊə) ZN *zonnebloem*
sung (sʌŋ) WW [volt. deelw.] → **sing**
sunglare (ˈsʌngleə) ZN *verblindend zonlicht*
sunglasses (ˈsʌnglɑːsɪz) ZN *zonnebril*
sunk (sʌŋk) WW [volt. deelw.] → **sink**
sunken (ˈsʌŋkən) BNW • *ingevallen* • *diepliggend* • *hol* ★ ~ rock *blinde klip*
sunlamp (ˈsʌnlæmp) ZN • *hoogtezon* • *zonlichtlamp* ⟨voor filmopnames⟩
sunlight (ˈsʌnlaɪt) ZN *zonlicht*
sunlit (ˈsʌnlɪt) BNW *door de zon verlicht*
sunny (ˈsʌnɪ) BNW *zonnig* ★ ~ side *zonnige kant* ⟨ook fig.⟩
sunproof (ˈsʌnpruːf), **sunfast** BNW *lichtecht*
sunray (ˈsʌnreɪz) ZN *zonnestraal*
sunrise (ˈsʌnraɪz) ZN *zonsopgang*
sunroof (ˈsʌnruːf) ZN *open dak; schuifdak*
sunset (ˈsʌnset) ZN *zonsondergang* ★ ~ slow *avondrood* ★ ~ of life *levensavond*
sunshade (ˈsʌnʃeɪd) ZN • *parasol* • *zonnescherm*
sunshine (ˈsʌnʃaɪn) ZN • *zonneschijn* • *'t zonnige* ★ ~ roof *schuifdak* ★ OOK FIG. sunshiny *zonnig*
sunspot (ˈsʌnspɒt) ZN • *zonnevlek* • *sproet*
sunstroke (ˈsʌnstrəʊk) ZN *zonnesteek*
suntan (ˈsʌntæn) I ZN *gebruinde huid* II ONOV WW *bruinen; bruin branden*
suntanned (ˈsʌntænd) BNW *bruin; gebruind*
sun-up (ˈsʌn-ʌp) ZN USA *zonsopgang*
sunwise (ˈsʌnwaɪz) BIJW *met de klok mee*
sup (sʌp) I ZN → **bite** *slokje* II OV WW *nippen aan; met kleine teugjes drinken*
super (ˈsuːpə) BNW *grandioos; prima*
super- (ˈsuːpə) VOORV *super-; over-*
superable (ˈsuːpərəbl) BNW *te overkomen*
superabundance (suːpərəˈbʌndəns) ZN *grote overvloed*
superabundant (suːpərəˈbʌndənt) BNW • *meer dan overvloedig* • *in rijke mate*
superannuate (suːpərˈænjʊeɪt) OV WW • *ontslaan wegens leeftijd; pensioneren* • *afdanken* ★ ~d *gepensioneerd; afgedankt; verouderd* ★ be ~d *met pensioen gaan; van school gaan*

superannuation (su:pərænjʊ'eɪʃən) ZN
pensioning
superb (su:'pɜ:b) BNW • *voortreffelijk* • *zeer indrukwekkend* • *groots* • *meesterlijk* • *kolossaal*
supercargo ('su:pəkɑ:gəʊ) ZN *supercarga*
supercharger ('su:pətʃɑ:dʒə) ZN *compressor*
supercilious (su:pə'sɪlɪəs) BNW *verwaand*
supercup ('su:pəkʌp) ZN VOETB. *supercup*
super-duper (su:pə'du:pə) BNW *geweldig; grandioos*
supererogation (su:pərerə'geɪʃən) ZN ★ *works of ~ overdadige goede werken*
superfatted (su:pə'fætɪd) BNW ★ *~ soap overvette zeep*
superficial (su:pə'fɪʃəl) BNW *oppervlakkig*
superficiality (su:pəfɪʃɪ'ælətɪ) ZN *oppervlakkigheid*
superficies (su:pə'fɪʃi:z) ZN *oppervlakte(n)*
superfine ('su:pəfaɪn) BNW • *zeer fijn* • *uiterst geraffineerd* • *voortreffelijk*
superfluity (su:pə'flu:ətɪ) ZN *overtolligheid*
superfluous (su:'pɜ:flʊəs) BNW *overbodig; overtollig*
supergrass ('su:pəgrɑ:s) ZN *verrader; verklikker*
superheat (su:pə'hi:t) OV WW *oververhitten*
superhuman (su:pə'hju:mən) BNW *bovenmenselijk*
superimpose (su:pərɪm'pəʊz) OV WW • *(er) bovenop plaatsen* • *~ (up)on plaatsen op; bouwen op*
superinduce (su:pərɪn'dju:s) OV WW • *(eraan) toevoegen* • *(er nog bij) veroorzaken*
superintend (su:pərɪn'tend) OV+ONOV WW • *toezicht houden op* • *met controle belast zijn op*
superintendence (su:pərɪn'tendəns) ZN *toezicht*
superintendent (su:pərɪn'tendənt) ZN • *inspecteur* • *opzichter* • *directeur* • *hoofdinspecteur* ‹v. politie› ★ *medical ~ geneesheer-directeur*
superior (su:'pɪərɪə) I ZN • *meerdere* • *overste* II BNW • *uitmuntend* • *voortreffelijk* • *bijzonder goed* • *hoogstaand* • *ongenaakbaar; hautain* • *autoritair* • BIOL. *bovenstandig* ★ *~ letter/figure letter/cijfer boven de lijn* ★ *be ~ to verheven zijn boven; staan boven* ★ *~ to hoger/beter dan; machtiger dan*
superiority (su:pɪərɪ'ɒrətɪ) ZN • *overmacht* • *superioriteit* ★ *~ over voorrang boven*
superlative (su:'pɜ:lətɪv) I ZN • *overtreffende trap* II BNW • *allervoortreffelijkst* • *grandioos* • *buitengewoon* ★ *~ degree overtreffende trap*
superman ('su:pəmæn) ZN *superman*
supermarket ('su:pəmɑ:kɪt) ZN *supermarkt*
supermarket trolley ('su:pəmɑ:kɪt 'trɒlɪ) ZN *winkelwagentje*
supernal (su:'pɜ:nl) BNW *bovenaards*
supernatural (su:pə'nætʃərəl) I ZN ★ *the ~ het bovennatuurlijke* ★ *~ism geloof in het bovennatuurlijke* II BNW • *buitennatuurlijk* • *bovennatuurlijk*
supernumerary (su:pə'nju:mərərɪ) I ZN • *boventallige* • *surnumerair* • *figurant* II BNW • *boventallig* • *extra*
superordinate (su:pə'ɔ:dɪnət) BNW • *bovengeschikt; superieur* • TAALK. *hyperoniem*
superpose (su:pə'pəʊz) OV WW • *er boven(op) plaatsen* • *~ on plaatsen op*
superposition (su:pəpə'zɪʃən) ZN *superpositie*
superpower ('su:pəpaʊə) ZN *supermacht*
superscription (su:pə'skrɪpʃən) ZN • *opschrift* • *inscriptie*
supersede (su:pə'si:d) OV WW • *vervangen* • *in de plaats stellen of komen van*
supersensitive (su:pə'sensɪtɪv) BNW • *overgevoelig* • *hypersensitief*
supersession (su:pə'seʃən) ZN *vervanging*
supersonic (su:pə'sɒnɪk) BNW *supersonisch*
superstar ('su:pəstɑ:) ZN *superster; superstar*
superstition (su:pə'stɪʃən) ZN *bijgeloof*
superstitious (su:pə'stɪʃəs) BNW *bijgelovig*
superstructure ('su:pəstrʌktʃə) ZN • *bovenbouw* • *(op grondstelling opgebouwde) theorie*
supertax ('su:pətæks) I ZN *extra belasting boven bepaald inkomen* II ov ww *extra belasten*
supervene (su:pə'vi:n) ONOV WW *er (nog) bij/tussen komen*
supervention (su:pə'venʃən) ZN *tussenkomst*
supervise ('su:pəvaɪz) OV+ONOV WW • *met toezicht belast zijn* • *controleren* • *surveilleren* • *toezicht houden op*
supervision (su:pə'vɪʒən) ZN • *supervisie* • *controle*
supervisor ('su:pəvaɪzə) ZN • *inspecteur* • *(afdelings)chef* • *controleur* • *surveillant*
supervisory (su:pə'vaɪzərɪ) BNW • *toezichthoudend* • *controle-* • *toeziend*
supine ('su:paɪn) I ZN *supinum* II BNW • *achteroverliggend* • *traag; lui*
supper ('sʌpə) ZN *avondmaal; souper* ★ *the Last Supper het Laatste Avondmaal* ★ *the Lord's Supper de eucharistie; het Avondmaal* ★ *have ~ het avondmaal gebruiken* ★ *what's for ~? wat eten we vanavond?*
supplant (sə'plɑ:nt) OV WW • *(listig) verdringen* • *eruit werken*
supple ('sʌpl) I BNW • *buigzaam* • *soepel* • *lenig* • *gedwee* • *gewillig* • *kruiperig* • *sluw* II OV+ONOV WW *versoepelen*
supplement¹ ('sʌplɪmənt) ZN *supplement*
supplement² ('sʌplɪment) OV WW • *aanvullen* • *toevoegen*
supplementary (sʌplɪ'mentərɪ) BNW *aanvullend*
suppleness ('sʌplnəs) ZN *gratie; soepelheid; souplesse*
suppliant ('sʌplɪənt) I ZN • *smekeling* • *verzoeker* II BNW *smekend*
supplicate ('sʌplɪkeɪt) OV+ONOV WW • *nederig verzoeken of vragen* • *een nederig verzoek richten tot* • *~ for smeken om*
supplication (sʌplɪ'keɪʃən) ZN *smeekbede*
supplier (sə'plaɪə) ZN *leverancier*
supplies (sə'plaɪz) ZN MV *gevoteerde gelden; budget* ★ *vote ~ gelden voteren* ★ *food ~ voedselvoorziening* ★ *power ~ stroomvoorziening* ★ *water ~ watervoorziening*
supply¹ (sə'plaɪ) ZN • *voorraad* • *aanvullend artikel; bijbehorend artikel* • *proviandering; voorziening* • *vervanger* ★ *~ and demand vraag en aanbod* ★ *~ teacher vervanger* ★ *food supplies voedselvoorziening*
supply² (sə'plaɪ) I OV WW • *voorzien in* • *(kunnen) leveren* • *geven* • *aanvullen* • *vervullen* ★ *~ the*

demand *voldoen aan de (aan)vraag* ∗ ~ a want *in een lacune voorzien* ∗ ~ line *toevoerlijn* • ~ **with** *voorzien van* **II** ONOV WW *waarnemen*
supply³ ('sʌpli) BIJW → **supple**
support (sə'pɔ:t) **I** ZN *steun; ondersteuning* ∗ in ~ of *ter ondersteuning van* **II** OV WW • *steunen* • *stutten* • *staan achter* ⟨fig.⟩ ∗ *in stand houden* • *onderhouden* • *staande houden* • *volhouden* • *verdragen* • *uithouden* • *met succes weergeven; spelen*
supportable (sə'pɔ:təbl) BNW • *draaglijk* • *uit te houden*
supporter (sə'pɔ:tə) ZN • *aanhanger* • *partijgenoot* • *donateur* • *supporter* • HER. *schilddrager*
supportive (sə'pɔ:tɪv) BNW *(onder)steunend; hulpvaardig*
suppose (sə'pəʊz) OV WW • *veronderstellen* • *menen* • *denken* ∗ be ~d to *moeten* ∗ not be ~d to *niet mogen* ∗ ~ he knew *(en) als hij 't nu eens wist* ∗ the ~d teacher *de vermeende leraar* ∗ supposing *als; indien* ∗ always supposing *mits* ∗ ~dly *naar men mag aannemen; vermoedelijk*
supposition (sʌpə'zɪʃən) ZN *veronderstelling*
suppositional (sʌpə'zɪʃənəl) BNW *verondersteld; hypothetisch*
supposititious (sʌpɒzɪ'tɪʃəs) BNW • *vals; niet echt* • *onwettig* ⟨v. kind⟩
suppository (sə'pɒzɪtərɪ) ZN *zetpil*
suppress (sə'pres) OV WW • *onderdrukken* • *verbieden* ⟨v. krant, boek⟩ • *schrappen* • *achterhouden*
suppression (sə'preʃən) ZN *onderdrukking*
suppressive (sə'presɪv) BNW *onderdrukkend*
suppressor (sə'presə) ZN *onderdrukker*
suppurate ('sʌpjʊəreɪt) ONOV WW *etteren*
suppuration (sʊpjʊə'reɪʃən) ZN *ettering*
supra- ('su:prə) VOORV *voor-* • *boven-*
supremacy (su:'preməsɪ) ZN • *suprematie* • *hoogste gezag of macht*
supreme (su:'pri:m) BNW • *hoogste; opperste* • *laatst; uiterst* • *voortreffelijk* ∗ ~ fidelity *trouw tot in de dood* ∗ Supreme Pontiff *de paus* ∗ the Supreme Being *de Allerhoogste* ⟨God⟩ ∗ Supreme Court ≈ *de Hoge Raad*
supremely (su:'pri:mlɪ) BIJW → **supreme** *in hoge mate*
surcharge (s3:tʃɑ:dʒ) **I** ZN • *toeslag* • *boetesom* • *strafport* • *opcenten* • *opdruk* ⟨op postzegel⟩ • *overbelasting* • *overvraging* **II** OV WW • *extra laten betalen* • *v. opdruk voorzien* • *overvragen* • *overbelasten* • *overladen*
surcoat ('s3:kəʊt) ZN *wapenrok*
surd (s3:d) **I** ZN • *onmeetbaar getal* • *stemloze medeklinker* **II** BNW • *onmeetbaar* ⟨v. getal⟩ • *stemloos* ⟨v. medeklinker⟩
sure (ʃɔ:) **I** BNW • *zeker* • *verzekerd* ∗ he is sure to come *hij komt zeker* ∗ for sure *zeker* ∗ make sure *zich ervan vergewissen; eraan denken; niet vergeten* ∗ make sure of *zich verzekeren van* ∗ be sure *er zeker van zijn* ∗ to be sure *weliswaar; nog wel* ∗ I'm sure I didn't mean to *het was heus mijn bedoeling niet om* ∗ be sure to *denk eraan dat je* ∗ feel sure *ervan overtuigd zijn* **II** BIJW USA *(ja)zeker* ∗ as sure as eggs is eggs *zo zeker als 2 x 2 vier is* ∗ sure enough *zeker; nou en of*
sure-fire BNW *onfeilbaar; zeker* ∗ ~ winner *geheide winnaar*
sure-footed (ʃɔ:'fʊtɪd) BNW • *stevig op de benen* • *betrouwbaar*
surely ('ʃɔ:lɪ) BIJW • *gerust* • *zeker* ∗ ~ not *beslist niet*
surety ('ʃɔ:rətɪ) ZN *borg*
surf (s3:f) **I** ZN *branding* **II** ONOV WW *surfen*
surface ('s3:fɪs) ZN • *oppervlakte* • *buitenkant* ∗ of/on the ~ *aan de oppervlakte; oppervlakkig* ∗ break the ~ *aan de oppervlakte komen*
surface mail ZN *post via land of zee* ⟨niet-luchtpost⟩
surfboard ('s3:fbɔ:d) ZN *surfplank*
surfeit ('s3:fɪt) **I** ZN • *overlading; oververzadiging* • *walging* **II** OV WW *oververzadigen* **III** ONOV WW *zich overeten*
surfer ('s3:fə) ZN *surfer; windsurfer*
surfing ('s3:fɪŋ) ZN *(het) surfen*
surf-riding ZN *(het) surfen*
surge (s3:dʒ) **I** ZN • *hoge golven* • *stortzee* **II** ONOV WW • *(hoog) golven* • *deinen* • *opwellen; opbruisen*
surgeon ('s3:dʒən) ZN • *chirurg* • *arts* ∗ manipulative ~ *manueel therapeut* ∗ veterinary ~ *veearts*
surgery ('s3:dʒərɪ) ZN • *chirurgie* • *operatieve ingreep* • *spreekkamer* • *spreekuur* • *apotheek* ⟨v. arts⟩
surgical ('s3:dʒɪkl) BNW *chirurgisch* ∗ ~ case *instrumententas*
surly ('s3:lɪ) BNW • *humeurig* • *knorrig* • *nors*
surmise (sə'maɪz) **I** ZN • *gissing* • *vermoeden* **II** OV+ONOV WW • *gissen* • *vermoeden*
surmount (sə'maʊnt) OV WW • *overtrekken* ⟨v. berg⟩ • *te boven komen* • *staan op* ∗ ~ed by a crown *met een kroon erop*
surmountable (sə'maʊntəbl) BNW *overwinbaar*
surname ('s3:neɪm) **I** ZN • *achternaam* • *bijnaam* **II** OV WW • *bijnaam geven* • *bij achternaam noemen*
surpass (sə'pɑ:s) OV WW *overtreffen*
surpassing (sə'pɑ:sɪŋ) BNW *weergaloos*
surplice ('s3:plɪs) ZN *superplie* ∗ ~ fee *stipendium voor doop/huwelijk*
surplus ('s3:pləs) **I** ZN *teveel; overschot* **II** BNW *overtollig* ∗ ~ goods *legergoederen die niet meer gebruikt en daarom verkocht worden* ∗ ~ population *overbevolking* ∗ ~ value *meerwaarde*
surprise (sə'praɪz) **I** ZN • *verrassing* • *verbazing* ∗ to my ~ *tot mijn verwondering* ∗ take by ~ *overrompelen; bij verrassing (in)nemen* **II** BNW ∗ ~ visit *onverwacht bezoek* **III** OV WW • *verwonderen* • *verrassen* • *overrompelen* ∗ be ~d at *zich verwonderen/verbazen over* ∗ I should not be ~d if *het zou me niet verwonderen als* ∗ I'm ~d at you *ik sta van je te kijken* ⟨als verwijt⟩ ∗ ~ a p. into *iem. onverhoeds brengen tot*
surprising (sə'praɪzɪŋ) BNW • *verwonderlijk* • *wonderbaarlijk*
surreal (sə'rɪəl) BNW *surrealistisch*
surrealism (sə'rɪəlɪzəm) ZN *surrealisme*
surrealist (sə'ri:əlɪst) ZN *surrealist*

surrender (sə'rendə) **I** ZN *overgave* **II** OV WW
• *overgeven* • *opgeven* • *afstand doen van* ★ ~ a
policy *een polis afkopen* **III** ONOV WW • z.
overgeven • *capituleren*

surreptitious (sʌrəp'tɪʃəs) BNW *heimelijk*
⟨*verkregen*⟩; *clandestien*

surrogate ('sʌrəgət) **I** ZN • *(plaats)vervanger*
⟨speciaal v. bisschop⟩ • *vervangmiddel*;
surrogaat **II** BNW *vervangend* ★ ~ mother
draagmoeder

surround (sə'raʊnd) **I** ZN *vloerbedekking tussen
los kleed en wanden* **II** OV WW • *omringen*
• *omsingelen* • *omgeven*

surrounding (sə'raʊndɪŋ) BNW *naburig*

surroundings (sə'raʊndɪŋz) ZN MV *omgeving*

surtax ('sɜːtæks) **I** ZN *extra belasting* **II** OV WW
extra belasten

surveillance (sɜː'veɪləns) ZN *toezicht*

survey[1] ('sɜːveɪ) ZN • *overzicht* • *rapport*
• *onderzoek* • *expertise*

survey[2] (sə'veɪ) OV WW • *inspecteren* • *opmeten*
• *taxeren* • *in ogenschouw nemen*; *bekijken*
• *opnemen*

surveying (sər'veɪɪŋ) ZN • *landmeting*; *landmeter*
• *landmeetkunde*

surveyor (sə'veɪə) ZN • *opzichter* • *inspecteur*
• *landmeter* • *taxateur* ★ ~ship *inspecteurschap*

survival (sə'vaɪvəl) ZN • *het overleven* • *overblijfsel*
★ ~ of the fittest *het blijven voortbestaan van de
sterksten* ★ ~ kit *overlevingsuitrusting*

survive (sə'vaɪv) OV+ONOV WW • *overleven* • *nog
(voort)leven of bestaan*

survivor (sə'vaɪvə) ZN • *langst levende*
• *overlevende* • *geredde* ★ he was among the ~s
*hij behoorde tot degenen die niet omgekomen
waren*

susceptibility (səseptə'bɪlətɪ) ZN *ontvankelijkheid*

susceptible (sə'septɪbl) BNW • *ontvankelijk*
• *gemakkelijk te beïnvloeden* • *lichtgeraakt*
• *gauw verliefd* ★ ~ of *vatbaar voor* ★ ~ to
gevoelig voor

sushi ('suːʃɪ) ZN *sushi* ⟨Japanse snack⟩

suspect[1] ('sʌspekt) **I** ZN *verdachte* **II** BNW *verdacht*

suspect[2] (səs'pekt) **I** OV WW • *verdenken*
• *wantrouwen* **II** ONOV WW • *vermoeden*
• *geloven* • *argwaan koesteren*

suspend (sə'spend) OV WW • *opschorten*
• *verdragen* • *uitstellen* • *schorsen* • *tijdelijk
intrekken* ★ ~ payments *de betalingen staken*
★ be ~ed *zweven* ★ ~ed animation *schijndood*
★ ~ from *ophangen aan*; *ontheffen van*

suspender (sə'spendə) ZN *sokophouder*
• *jarretelle*

suspenders (sə'spendəz) ZN MV USA *bretels*

suspense (sə'spens) ZN • *(angstige) spanning*
• *onzekerheid* ★ ~ account *voorlopige rekening*

suspension (sə'spenʃən) ZN • *schorsing*; *(tijdelijke)
stopzetting* • SCHEIK. *suspensie* • TECHN.
ophanging ★ ~ of fighting *gevechtspauze* ★ ~
bridge *hangbrug* ★ ~ lamp *hanglamp*

suspensive (sə'spensɪv) BNW • *onzeker* • *hangende*
• *opschortend*

suspensory (sə'spensərɪ) BNW *opschortend* ★ ~
bandage *draagverband*; *suspensoir*

suspicion (sə'spɪʃən) ZN • *argwaan* • *wantrouwen*
• *verdenking* • *(flauw) vermoeden* • *spoortje*

• *tikkeltje* ★ lurking ~ *vaag vermoeden*

suspicious (sə'spɪʃəs) BNW • *verdacht*
• *achterdochtig* ★ be ~ of *wantrouwen*

sustain (sə'steɪn) OV WW • *steunen* • *verdragen*
• *doorstaan* • *lijden* • *in stand houden*; *staande
of gaande houden* • *volhouden* • *aanhouden*
• *staven*; *bevestigen* ★ ~ing food *versterkend
voedsel*

sustainable (sə'steɪnəbl) BNW *houdbaar*

sustained (sə'steɪnd) **I** BNW *aanhoudend*;
volhoudend **II** TW ★ USA ~! *(door rechter)
toegewezen!*

sustenance ('sʌstɪnəns) ZN *voeding*; *voedsel*

sustentation (sʌstən'teɪʃən) ZN ★ ~ fund
ondersteuningsfonds ⟨voor geestelijken⟩

sutler ('sʌtlə) ZN *marketentster*

suture ('suːtʃə) **I** ZN • *naad* • *hechting* **II** OV WW
hechten

svelte (svelt) BNW • *soepel*; *slank* • *welgevormd*

SW AFK *southwest(ern) zuidwest(elijk)*

swab (swɒb) **I** ZN • *zwabber*; *vaat-/wrijfdoek*; OOK
FIG. *dweil* • *wattenbolletje* • MED. *uitstrijkje* **II** OV
WW • *zwabberen* • MED. *uitstrijken*

swaddle ('swɒdl) OV WW • *inbakeren* • *inpakken*
⟨v. baby⟩

swaddling clothes ZN OUD. *windsels*; *luiers* ★ he
is just out of swaddling-bands *hij komt pas
kijken*

swag (swæg) ZN • PLAT *buit* • *guirlande*

swagger ('swægə) **I** ZN • *branie* • *opschepperij*
• *verbeelding* • *zwierigheid*; *gepronk* **II** BNW
chic, *zwierig* **III** ONOV WW • *branieachtig lopen*
• *opscheppen* • *pronken*

swain (sweɪn) ZN • *boerenzoon* • *aanbidder*

swallow ('swɒləʊ) **I** ZN • *slok* • *slikbeweging*
• *slokdarm* • *keelgat* • *zwaluw* ★ one ~ does not
make a summer *één zwaluw maakt nog geen
zomer* ★ ~ dive *zwaluwsprong* **II** OV WW
• *(in)slikken* • *verslinden* ★ ~ the bait *erin
vliegen* ★ ~ one's words *zijn woorden
terugnemen* ★ be ~ed up by *opgaan aan*
• ~ **down** *inslikken* ★ ~ **up** *verzwelgen* **III** ONOV
WW *slikken*

swallowtail ('swɒləʊteɪl) ZN • *zwaluwstaart*
• *koninginnenpage* ⟨vlinder⟩ • *rok* ★ ~ed
gevorkt; *in rok* ★ ~ed coat *rok*

swam (swæm) WW [verleden tijd] → **swim**

swamp (swɒmp) **I** ZN *moeras* **II** OV WW *vol of
onder water doen lopen* ★ be ~ed with
overstelpt worden met **III** ONOV WW
overstromen

swampy ('swɒmpɪ) BNW *moerassig*; *drassig*

swan (swɒn) ZN *zwaan* ★ LIT. Swan of Avon
Shakespeare ★ FIG. black swan *witte raaf* ★ mute
swan *knobbelzwaan*

swank (swæŋk) **I** ZN *branie* **II** ONOV WW
• *opscheppen* • *branie maken*

swanky ('swæŋkɪ) BNW • *opschepperig* • *piekfijn*;
chic

swansdown ('swɒnzdaʊn) ZN *zwanendons*

swanskin ('swɒnskɪn) ZN *molton*

swansong ('swɒnsɒŋ) ZN *zwanenzang*

swap (swɒp) **I** ZN *ruil(handel)*; *ruilobject* **II** WW
→ **swop**

sward (swɔːd) ZN *grasveld*

swarm (swɔːm) **I** ZN • *zwerm* • *troep* • *hoop*

II ONOV WW • *zwermen* • ~ **with** *wemelen van*
swarthy ('swɔːðɪ) BNW • *donker(bruin)* • *gebruind* • *zwart*
swash (swɒʃ) I ZN *geklots* II ONOV WW • *klotsen* • *kletsen* • *plonzen*
swashbuckler ('swɒʃbʌklə) ZN *ijzervreter*; *vuurvreter*
swashbuckling ('swɒʃbʌklɪŋ) I ZN *branie(schopperij)*; *bluf* II BNW *branieachtig*; *blufferig*
swastika ('swɒstɪkə) ZN *swastika*; *hakenkruis*
swat (swɒt) OV WW *(dood)slaan* ⟨v. vlieg⟩
swath (swɔːθ) ZN • *pol gras* • *strook gemaaid gras* ★ cut a wide ~ *een spoor van vernieling achter zich laten*
swathe (sweɪð) OV WW • *inbakeren* • *zwachtelen* • *omhullen*
sway (sweɪ) I ZN • *zwaai* • *invloed* • *overwicht* • *macht* • *heerschappij* ★ hold sway over *heersen over* II OV WW • *beïnvloeden* • *bewerken* • *(be)heersen* ★ be swayed by *zich laten beïnvloeden door* III OV+ONOV WW • *zwaaien* • *zwiepen* • *slingeren*
swear (sweə) I ONOV WW • *vloeken* • ~ **at** *vloeken op* II OV+ONOV WW • *onder ede verklaren* • *beëdigen* • *zweren* ★ ~ against *onder ede beschuldigen* ★ not enough to ~ by *een schijntje* ★ ~ to secrecy *onder ede geheimhouding laten beloven* • ~ **by** *zweren bij* • ~ **in** *beëdigen* • ~ **off** *afzweren* • ~ **to** *zweren op*
swear word ('sweəwɜːd) ZN *vloek*
sweat (swet) I ZN • *zweet* • *het uitzweten* • *zweetkuur* • *lastig werk* ★ be in a ~ *in de rats zitten* ★ in/by the ~ of one's brow *in het zweet des aanschijns* ★ it's an awful ~ *'t is een heel karwei* ★ no ~ *geen probleem* II OV WW • *doen zweten* • *afbeulen* • *uitbuiten* III OV+ONOV WW *zweten*
sweatband ('swetbænd) ZN *zweetband*
sweated ('swetɪd) BNW • *onderbetaald* • *tegen hongerloon gemaakt* ★ ~ labour *tegen hongerloon verrichte arbeid*; *slavenarbeid*
sweater ('swetə) ZN • *sportieve pullover* • *uitbuiter*, FIG. *slavendrijver*
sweat gland ZN *zweetklier*
sweating ('swetɪŋ) BNW ★ ~ bath *zweetbad* ★ ~ iron *zweetmes* ★ ~ system *uitbuitsysteem*
sweatshirt ZN *katoenen sporttrui*
sweatshop ('swetʃɒp) ZN *slavenbedrijf*; *uitzuigersbedrijf*
sweaty ('swetɪ) BNW *bezweet*
Swede (swiːd) ZN *Zweed*
Sweden ('swiːdn) ZN *Zweden*
Swedish ('swiːdɪʃ) BNW *Zweeds* ★ ~ drill *heilgymnastiek*
sweep (swiːp) I ZN • *koers* • *schoorsteenveger* • *smeerpoets*; *smeerlap* • *lange roeiriem* • *het vegen* • *bocht* • *draai*; *zwaai*; *slag* • *streek* • *omvang*; *bereik*; *sector* • *stroming*; *beweging* ★ give the room a ~ *de kamer vegen* ★ make a clean ~ of *flink opruiming houden onder* II OV WW • *vegen* • *snellen door*; *slaan over*; *woeden over*; *teisteren* • *bestrijken* • *afzoeken*; *afdreggen* • *wegvagen*; *drijven*; *voeren*; *meeslepen*; *in vervoering brengen* ★ ~ the board *met de hele inzet gaan strijken* ★ ~ a constituency *alle stemmen v.e. kiesdistrict op zich verenigen* ★ ~ the horizon with one's eyes *zijn ogen langs de horizon laten gaan* ★ ~ the keys/strings *zijn vingers over de toetsen/snaren laten glijden* ★ be swept along *meegesleept worden* ★ ~ the enemy before one *de vijand voor zich uit drijven* ★ ~ one's eyes over *zijn ogen laten gaan over* • ~ **away** *wegvagen* • ~ **off** *wegvoeren*; *met één streek wegvagen* ★ ~ one's hat off (one's head) *gracieus zijn hoed afnemen* ★ be swept off one's feet *ondersteboven geworpen worden*; *overdonderd worden* • ~ **up** *opvegen*; *aanvegen* • ~ **with** *meeslepen* III ONOV WW • *gaan*; *snellen*; *woeden* • *strijken over* • *vegen* • *statig schrijden* • *z. uitstrekken*; *met een wijde bocht lopen* ★ a new broom ~s clean *nieuwe bezems vegen schoon* • ~ **down on** *neerschieten op* ★ the cavalry swept down the valley *de ruiters snelden door het dal* ★ ~ out of the room *statig de kamer uitschrijden*; *de kamer uit vliegen* • ~ **along** *voortsnellen* ★ the wind swept along the windows *de wind suisde langs de ramen* • ~ **by** *voorbij schrijden/snellen* • ~ **over** *razen over*; *slaan over* • ~ **through** *gaan/snellen door* ★ fear swept through his limbs *angst voer hem door de leden*
sweeper ('swiːpə) ZN • *veger* • *straatveger*; *schoorsteenveger* • *veegmachine* • *libero* ⟨voetbal⟩
sweeping ('swiːpɪŋ) BNW • *overweldigend* • *radicaal* • *(te) veelomvattend* • *(te) algemeen* • *kolossaal* • z. uitstrekkend over een (grote) oppervlakte
sweeping-brush ZN *stoffer*
sweepings ('swiːpɪŋz) ZN MV • *opveegsels* • *uitvaagsel*
sweepstake(s) ('swiːpsteɪk(s)) ZN *sweepstake*; *wedren*
sweet (swiːt) I ZN • *bonbon*; *snoepje* • *dessert* • INFORM. *lieveling* • *het aangename* ★ ~s *snoep*; *dessert*; *aangename dingen*; *emolumenten* ★ USA ~ corn *suikermaïs* II BNW ★ ~ pea *lathyrus* ★ ~ pepper *paprika* ★ ~ potato *bataat* III BNW + BIJW • *lief* • *leuk* • *zoet* • *fris* • *heerlijk ruikend* • *fijn* • *zacht* ★ be ~ on *verliefd zijn op* ★ clean and ~ *netjes* ★ ~ one *lieve schat* ★ PLAT a ~ one *behoorlijke mep* ★ at one's own ~ will *net zo als je wilt*; *zo maar vanzelf* ★ have a ~ tooth *van zoet houden*
sweet-and-sour ZN *zoetzuur*
sweetbread ('swiːtbred) ZN *zwezerik*
sweeten ('swiːtn) I OV WW • *verzachten*; *veraangenamen*; *verlichten* • *zoet maken* ★ you like it ~ed? *suiker erin?* II ONOV WW *zoet worden*
sweetener ('swiːtənə) ZN • *zoetstof(tabletje)* • *douceurtje*
sweetening (swiːtnɪŋ) ZN • *suiker* • *zoetstof*
sweetheart ('swiːthɑːt) ZN • OUD. *liefste*; *schattebout* • *vriendje/vriendinnetje* ⟨romantisch⟩ • *verkering* ★ they are ~s *zij hebben verkering*
sweeting ('swiːtɪŋ) ZN *zoete appel*
sweetish ('swiːtɪʃ) BNW • *zoetig* • *vrij zoet*
sweetly ('swiːtlɪ) BIJW ★ the bike runs ~ *de fiets*

loopt lekker
sweetmeat ('swi:tmi:t) ZN *bonbon; snoepje*
sweetness ('swi:tnəs) ZN *zoetheid* ★ ~ **and light** *poeslief gedrag*
sweetroot ('swi:tru:t) ZN *zoethout*
sweet-scented (swi:t'sentɪd) BNW • *aromatisch* • *geurend* • *geparfumeerd*
sweet shop ('swi:tʃɒp) ZN *snoepwinkel; kiosk*
sweet-tempered (swi:t'tempəd) BNW *zacht; lief*
sweety ('swi:tɪ), **sweetie** ZN • *koekje; snoepje; bonbon* • *liefje*
swell (swel) I ZN • *crescendo* • *crescendo-diminuendo* • *zwelkast* • *dandy* • *chique meneer* • *hoge pier* • PLAT *kei* (in bepaald (school)vak) • *deining* II BNW • *eersteklas; prima* • *grandioos* • *chic* • *prachtig* III OV WW • *doen zwellen* • *opblazen* ★ ~ **to** ~ **the chorus of admiration** *in 't koor v. bewonderaars meezingen* IV ONOV WW • *zwellen* • *aanzwellen; opzetten; uitzetten* • *omhoog komen* • *uitdijen* • *bol gaan staan* • *zich opblazen*
swell box (swelbɒks) ZN MUZ. *zwelkast*
swelldom ('sweldəm) ZN *de chic*
swell-headed (swel'hedɪd) BNW *verwaand*
swelling ('swelɪŋ) I ZN • *zwelling; buil; gezwel* • *verhevenheid* • *heuveltje* • *buik* (v. vat) II BNW • *bolstaand* • *golvend*
swelter ('sweltə) ONOV WW *stikken v. de hitte*
sweltering ('sweltərɪŋ) I ZN *drukkende hitte* II BNW *snikheet*
swept (swept) WW [verl. tijd + volt. deelw.]
→ **sweep**
swerve (swɜ:v) I ZN • *afbuiging* • *afwijking* II OV+ONOV WW • *afbuigen; afwijken* • *zwenken*
swift (swɪft) I ZN • *gierzwaluw* • *hagedis* • *soort witte nachtvlinder* • *klos* II BNW + BIJW *snel* ★ ~ **to take offence** *gauw op zijn teentjes getrapt*
swift-footed (swɪft'fʊtɪd) BNW *snel ter been*
swig (swɪg) I ZN • *teug* II OV+ONOV WW PLAT *drinken; zuipen*
swill (swɪl) I ZN • *spoeling* • *drank v. slechte kwaliteit; spoelwater* ★ USA/PLAT *swell* ~ *fijne, chique spullen of kleding; heerlijkheden* II OV WW ~ **out** *uitspoelen* III ONOV WW *zuipen*
swim (swɪm) I ZN • (*het*) *zwemmen; zwempartij* • *kuil* (in rivier) *waar veel vis zit* ★ **have a swim** (*gaan*) *zwemmen* ★ **go for a swim** (*gaan*) *zwemmen* ★ **be in the swim** *meedoen; op de hoogte zijn van wat er zoal gebeurt* II ONOV WW • *zweven* • *duizelen* III OV+ONOV WW • *zwemmen* • *overzwemmen; laten zwemmen* • *drijven* ★ **swim with the tide** *meedoen met de rest* ★ **swim a p. a 100 yards** *100 yards tegen iem. zwemmen* ★ **she swam into the room** *zij kwam de kamer binnen zweven* ★ **eyes swimming with tears** *ogen vol tranen*
swimmer ('swɪmə) ZN • *zwemmer* • *zwemvogel*
swimming ('swɪmɪŋ) BNW *zwem-* ★ ~**ly** *van een leien dakje; gesmeerd*
swimming costume ZN *badpak; zwempak*
swimmingly ('swɪmɪŋlɪ) BNW *makkelijk; moeiteloos*
swimming pool ZN *zwembad*
swimsuit ('swɪmsu:t) ZN USA *badpak; zwembroek*
swindle ('swɪndl) I ZN • *zwendel* • *oplichterij* ★ **it's a** ~ *het is zwendel* II OV WW ★ ~ **money out of a p.** *iem. geld afzetten*
swindler ('swɪndlə) ZN *oplichter*
swine (swaɪn) ZN *zwijn(en)* ★ ~ **plague/fever** *varkenspest* ★ ~**'s snout** *paardenbloem*
swinebread ('swaɪnbred) ZN *truffel*
swineherd ('swaɪnhɜ:d) ZN *varkenshoeder*
swinepox ('swaɪnpɒks) ZN *waterpokken*
swing (swɪŋ) I ZN • (*het*) *zwaaien; zwaai; slag* • *schommel* • *vaart;* (*kwieke*) *gang* • *vlot ritme* • MUZ. *swing* • SPORT *slag* ★ ~ **of the pendulum** *wisseling v. de macht tussen politieke partijen; het heen en weer gaan* ⟨v. de publieke opinie⟩ ★ **in full** ~ *in volle gang; bruisend van activiteit* ★ **get into** ~ *op dreef komen; zijn draai krijgen* ★ FIG. **take one's** ~ **at s.th.** *iets te lijf gaan* ⟨een probleem aanpakken⟩ II OV+ONOV WW • *zwaaien* • *slingeren* • *schommelen* • *kwiek lopen* • *lustig marcheren* • *swingen* ★ **the door swung to** *de deur sloeg dicht* ★ ~ **a child onto one's shoulder** *een kind op zijn schouder wippen* ★ **there was no room to** ~ **a cat** (in) *je kon je er niet wenden of keren* ★ ~ **a hammock** *een hangmat ophangen* ★ ~ **into line** *in linie brengen of komen* ★ ~ **the lead** *zijn snor drukken; lijntrekken* • PLAT ~ **for** *opgehangen worden voor* • ~ **from** *hangen aan; bengelen aan* • ~ **on** *draaien om* • ~ **round** (*zich*) *omdraaien; omzwenken*
swing door (swɪŋ'dɔ:) ZN *tochtdeur*
swinge (swɪndʒ) OV WW *afranselen*
swingeing ('swɪndʒɪŋ) BNW • *formidabel* • *drastisch*
swinger ('swɪŋə) ZN • *levensgenieter* • *bon-vivant*
swinging ('swɪŋɪŋ) BNW • *actief; lustig; kwiek* • FIG. *bruisend*
swing state ZN USA, POL. OMSCHR. *staat waar Democraten noch Republikeinen een duidelijke meerderheid hebben*
swinish ('swaɪnɪʃ) BNW *beestachtig*
swipe (swaɪp) I ZN • *harde slag; mep* II OV+ONOV WW • *hard slaan* • *flink raken* • PLAT *gappen; wegpikken*
swirl (swɜ:l) I ZN *snelle beweging v. vis* II OV+ONOV WW *warrelen; wervelen*
swish (swɪʃ) I ZN *gesuis* II BNW • *exclusief* • PLAT *reuzechic* III ONOV WW • *ruisen* • *suizen* • *fluiten* ⟨v. kogel⟩ IV OV+ONOV WW *zwiepen*
Swiss (swɪs) I ZN *Zwitser(s)* II BNW *Zwitsers*
switch (swɪtʃ) I ZN • *schakelaar* • *knop* • (*spoor*)*wissel* • *twijg* • *roe* • *rijzweep* • *haarrol; valse haarlok* II OV WW ★ ~ **yard** *rangeeremplacement* III OV+ONOV WW • *aan de knop draaien;* (*over*)*schakelen* • *op ander spoor leiden; rangeren* • *slaan; zwiepen (met)* • *vlug omdraaien* • *grissen* • ~ **off** *uit-/afdraaien; uitschakelen; verbinding verbreken; andere richting geven; afleiden* • ~ **on** *aandraaien; inschakelen; aansluiten; verbinden* ★ ~**ed on** *met de ogen open; onder de invloed van drugs* • ~ (**on**/**over**) **to** *overgaan op*
switchback ('swɪtʃbæk) ZN • *zigzagspoorlijn* ⟨tegen helling⟩ • *roetsjbaan*
switchblade ('swɪtʃbleɪd) ZN ★ ~ **knife** *stiletto*
switchboard ('swɪtʃbɔ:d) ZN *schakelbord; telefooncentrale*

Switzerland ('swɪtsələnd) ZN *Zwitserland*
swivel ('swɪvəl) I ZN • *wervel* • *draaibank* • *wartel*
II ONOV WW ★ ~ *chair draaistoel* III OV+ONOV
WW *draaien (als) om een wervel*
swivel chair ZN *draaistoel*
swivel-eyed BNW *scheel*
swizzle ('swɪzəl) ZN *cocktail*
swizzle stick ('swɪzəlstɪk) ZN *swizzlestick; stokje om dranken te roeren*
swob (swɒb) I ZN → **swab** II WW
swollen ('swəʊlən) WW [volt. deelw.] → **swell**
swollen-headed (swəʊlən'hedɪd) BNW *verwaand*
swoon (swu:n) I ZN OUD. *flauwte* II ONOV WW
• OUD. *flauwvallen; in zwijm vallen* • *langzaam wegsterven*
swoop (swu:p) I ZN *forse ruk; slag* II ONOV WW
• ~ **down upon** *neerschieten op* ⟨als 'n roofvogel⟩; *aanvallen* • ~ **up** *(weg)grissen; (plotseling) klimmen*
swop (swɒp) I ZN ★ ECON. make a swop *een klap krijgen* II OV+ONOV WW • *verwisselen; (uit)wisselen* • *verruilen; (om)ruilen* ★ never swop horses while crossing the stream *voer geen nieuwe maatregelen in op een kritiek moment* ★ swop places *van plaats verwisselen*
★ swop yarns *elkaar verhalen vertellen*
sword (sɔ:d) ZN • *zwaard* • *degen* • *sabel* • PLAT *bajonet* ★ cross/measure ~s *de degens kruisen* ★ put to the ~ *over de kling jagen* ★ ~ of the spirit *'t Woord Gods* ★ Sword of State *Rijkszwaard* ★ ~ arm *rechterarm* ★ ~ belt *koppel* ★ ~ cane *degenstok; wandelstok met degen erin* ★ ~ cut *(litteken v.) sabelhouw; Schmiss* ★ ~ hand *rechterhand* ★ ~ law *militaire dictatuur* ★ ~ lily *gladiool*
swordbill ('sɔ:dbɪl) ZN *kolibrie*
swordfish ('sɔ:dfɪʃ) ZN *zwaardvis*
swordgrass ('sɔ:dɡrɑ:s) ZN *rietgras*
swordplay ('sɔ:dpleɪ) ZN • *(het) schermen* • *debat*
swordsman ('sɔ:dzmən) ZN *zwaardvechter; (geoefend) schermer* ★ ~ship *schermkunst*
swore (swɔ:) WW [verleden tijd] → **swear**
sworn (swɔ:n) I BNW • *gezworen* • *beëdigd* II WW [volt. deelw.] → **swear**
swot (swɒt) I ZN • *serieuze student; blokker*
• *karwei* II ONOV WW • *blokken* • *zwoegen*
swum (swʌm) WW [volt. deelw.] → **swim**
swung (swʌŋ) WW [verl. tijd + volt. deelw.]
→ **swing**
sybarite ('sɪbəraɪt) ZN *(verwijfde) genieter*
sycamore ('sɪkəmɔ:) ZN • *esdoorn* • *wilde vijgenboom* • USA *plataan*
syce (saɪs) ZN *koetsier*
sycophancy ('sɪkəfənsɪ) ZN • *pluimstrijkerij*
• *hielenlikkerij*
sycophant ('sɪkəfənt) ZN • *sycofant; aanbrenger*
• *vleier*
sycophantic (sɪkə'fæntɪk) BNW *kruiperig; als een hielenlikker*
syllabic (sɪ'læbɪk) BNW ★ ~ sound *klank die lettergreep kan vormen*
syllable ('sɪləbl) ZN *lettergreep; syllabe* ★ not a ~! *geen woord!; geen kik!*
syllabus ('sɪləbəs) ZN • *lijst* • *rooster; program*
• *syllabus* ⟨in de r.-k. kerk⟩ • *overzicht*
syllogism ('sɪlədʒɪzəm) ZN *syllogisme; sluitrede*

sylph (sɪlf) ZN • *luchtgeest* • *slank(e) meisje/vrouw*
sylvan ('sɪlvən), **silvan** BNW *woud-*
symbol ('sɪmbl) ZN • *symbool; zinnebeeld* • *teken* ⟨dat begrip, eenheid voorstelt⟩; *letter; cijfer*
• *geloofsbelijdenis*
symbolic(al) (sɪm'bɒlɪk(l)) BNW *symbolisch; zinnebeeldig* ★ be ~ of *'t teken zijn van*
symbolism ('sɪmbəlɪzəm) ZN *symboliek*
symbolize ('sɪmbəlaɪz) OV WW • *symbool zijn van*
• *symboliseren*
symmetric(al) (sɪ'metrɪk(l)) BNW *symmetrisch*
symmetry ('sɪmətrɪ) ZN *symmetrie; evenredigheid*
sympathetic (sɪmpə'θetɪk) I ZN *sympathische zenuw* II BNW • *hartelijk* • *prettig* • *sympathisch*
sympathize ('sɪmpəθaɪz) ONOV WW • *meevoelen*
• *sympathiseren* • *deelneming voelen* • ~ **with** *condoleren*
sympathizer ('sɪmpəθaɪzə) ZN • *aanhanger*
• *sympathiserende* • *deelnemende*
sympathy ('sɪmpəθɪ) ZN • *medegevoel* • *medeleven*
• *gelijkgestemde gevoelens* • *eensgezindheid*
• *solidariteit(sgevoel)* • *sympathie* • *deelneming*
• *medelijden* • *condoleantie*
• *aantrekkingskracht* • *correlatie*
symphonic (sɪm'fɒnɪk) BNW *symfonisch*
symphony ('sɪmfənɪ) ZN *symfonie* ★ ~ orchestra *symfonieorkest*
symposium (sɪm'pəʊzɪəm) ZN • *discussie* • *reeks artikelen van verschillende schrijvers over zelfde onderwerp* • *drinkgelag* • *kring; bijeenkomst v. filosofen*
symptom ('sɪmptəm) ZN • *symptoom*; MED. *klacht*
• *teken*
symptomatic (sɪmptə'mætɪk) BNW ★ be ~ of *wijzen op*
synagogue ('sɪnəɡɒɡ) ZN *synagoge*
sync (sɪŋk) ZN ★ be out of sync *niet gelijklopen*
synchromesh ('sɪŋkrəʊmeʃ) ZN *synchromesh*
synchronic (sɪŋ'krɒnɪk) BNW *gelijktijdig; synchroon*
synchronism ('sɪŋkrənɪzəm) ZN • *gelijktijdigheid; synchronisme* • *synchronische tabel*
synchronization (sɪŋkrənaɪ'zeɪʃən) ZN *synchronisatie*
synchronize ('sɪŋkrənaɪz) OV+ONOV WW
• *gelijktijdig (laten) gebeuren* • *samenvallen*
• *synchroniseren* • *gelijk zetten*
synchronizer ('sɪŋkrənaɪzə) ZN *flitscontact* ⟨aan camera⟩
synchronous ('sɪŋkrənəs) BNW → **synchronic**
syncom ('sɪnkɒm) ZN *communicatiesatelliet*
syncopate ('sɪŋkəpeɪt) OV WW *syncoperen*
syncopation (sɪŋkə'peɪʃən) ZN *syncopering*
syncope ('sɪŋkəpɪ) ZN • *flauwte; bezwijming*
• MUZ./LETTERK. *syncope*
syndic ('sɪndɪk) ZN • *magistraat* • *senaatslid v. universiteit* ⟨in Cambridge⟩ ★ the Syndics *De Staalmeesters*
syndicalism ('sɪndɪkəlɪzəm) ZN *syndicalisme*
syndicalist ('sɪndɪkəlɪst) ZN *syndicalist*
syndicate[1] ('sɪndɪkət) ZN • *syndiaat; belangengroepering; consortium* • *vakbond*
• *senaat v. universiteit* ⟨in Cambridge⟩
syndicate[2] ('sɪndɪkeɪt) OV WW • *tot syndicaat e.d. verenigen* • *gelijktijdig in verschillende kranten publiceren*

syndrome ('sɪndrəʊm) ZN *syndroom; ziektebeeld*
synod ('sɪnəd) ZN • *synode* • *kerkvergadering*
synonym ('sɪnənɪm) ZN *synoniem*
synonymous (sɪ'nɒnɪməs) BNW *synoniem; overeenkomend in betekenis*
synopsis (sɪ'nɒpsɪs) ZN *overzicht; korte samenvatting*
synoptic(al) (sɪ'nɒptɪk(əl)) BNW *beknopt* ★ Synoptic Gospels *Evangeliën v. Mattheus, Marcus en Lucas*
syntactic(al) (sɪn'tæktɪk(l)) BNW *syntactisch*
syntax ('sɪntæks) ZN *syntaxis; zinsleer*
synthesis ('sɪnθəsɪs) ZN *synthese; samenvoeging*
synthesize ('sɪnθəsaɪz) OV WW • *kunstmatig vervaardigen; samenstellen* • *samenvoegen*
synthesizer ('sɪnθəsaɪzə) ZN *synthesizer; elektronisch muziekinstrument*
synthetic(al) (sɪn'θetɪk(l)) BNW • *kunst-* • *gekunsteld* • *onoprecht* • *synthetisch*
synthetize ('sɪnθətaɪz) OV WW → **synthesize**
syphilis ('sɪfəlɪs) ZN *syfilis*
syphilitic (sɪfə'lɪtɪk) I ZN *syfilislijder* II BNW *syfilitisch*
syphon ('saɪfən) ZN → **siphon**
Syria ('sɪrɪə) ZN *Syrië*
Syrian ('sɪrɪən) I ZN • *Syriër* • *Syrisch* II BNW *Syrisch*
syringe (sɪ'rɪndʒ) I ZN • MED. *injectiespuit* • MED. *spuit(je)* ★ MED. hypodermic ~ *injectiespuit* ⟨onderhuids⟩ II OV WW MED. *inspuiten; bespuiten*
syrup ('sɪrəp) ZN • *stroop* • *siroop*
syrupy ('sɪrəpɪ) BNW *stroperig; weeig* ⟨fig.⟩
system ('sɪstəm) ZN • *systeem* • *stelsel* • *gestel* • USA *maatschappij* • *formatie* ⟨in geologie⟩ ★ nervous ~ *zenuwgestel; zenuwstelsel* ★ read on ~ *volgens werkschema studeren* ★ solar ~ *zonnestelsel* ★ COMP. operating ~ *besturingssysteem* ★ binary ~ *dubbelster*
systematic(al) (sɪstə'mætɪk(l)) BNW *systematisch; stelselmatig*
systematization (sɪstəmətaɪ'zeɪʃən) ZN *systematische inrichting; organisatie*
systematize ('sɪstəmətaɪz) OV WW *systematiseren; rangschikken*
system crash ZN COMP. *totale systeemstoring*
systemic (sɪ'stemɪk) BNW *het (hele) gestel/lichaam betreffende*
system requirements ZN [MV] COMP. *systeemeisen*
systems ('sɪstəmz) ZN MV • COMP. ~ analyst *systeemanalist*

T

t (ti:) I ZN *letter t* ★ T as in Tommy *de t van Theo* II AFK • it 't • tempo t • time *tijd*
ta (tɑ:) TW *dank u; dank je*
tab (tæb) I ZN • *label; etiket* • *rekening* ★ keep tab(s) on *in het oog houden; controleren* ★ USA pick up the tab *de rekening betalen* ★ put s.th. on the tab *iets op de rekening zetten* II OV WW *voorzien van label/etiket* III AFK • tabulator *tabulator* • tabloid (newspaper) *sensatiekrant*
tabard ('tæbəd) ZN • *tabberd* • *herautenmantel*
tabby ('tæbɪ) I ZN • *tabijn* • *cyperse kat* • *poes* • *roddelaarster* • *schelpencement* • *soort vlinder* II BNW *gestreept* III OV WW *moireren*
tabernacle ('tæbənækl) I ZN • *tabernakel* • *tent* • *bedehuis* ⟨o.a. bij methodisten⟩ • *mastkoker* ★ Feast of Tabernacles *Loofhuttenfeest* II OV WW *voorzien van koepel of hemel* III ONOV WW *tijdelijk verblijven*
tab key ZN *tabulatortoets*
table ('teɪbl) I ZN • *tafel* ⟨ook v. vermenigvuldiging⟩ • *het eten* • *plateau* • *tabel* • *handpalm* ★ ~ of contents *inhoudsopgave* ★ the ~s are turned *de rollen zijn omgedraaid* ★ he turned the ~ upon his opponent *hij versloeg zijn tegenstander met diens eigen argumenten* ★ go to ~ *aan tafel gaan* ★ go to the ~ *aan het Avondmaal deelnemen* ★ lay an account on the ~ *een verslag bespreken/ opschorten/uitstellen; opschorten; uitstellen* II OV WW • *rangschikken* • *indienen* ⟨v. voorstel, motie, enz.⟩ • USA *voor kennisgeving aannemen* III ONOV WW *eten*
tableau ('tæbləʊ) ZN • *tableau* • *tableau vivant*
tablecloth ('teɪblklɒθ) ZN *tafelkleed*
table lamp ZN *tafellamp*
tableland ('teɪblænd) ZN *plateau* ⟨hoogvlakte⟩
table linen ZN *tafellinnen*
table manners ZN MV *tafelmanieren*
table mat ('teɪblmæt) ZN *placemat*
table-plate ZN • *tafelbord* • *tafelzilver*
table-service ZN • *eetservies* • *bediening aan tafel*
tablespoon ('teɪblspu:n) ZN *eetlepel*
tablet ('tæblət) ZN • *tablet* • *gedenkplaat* • *wastafeltje* ★ ~s *aantekenboekje* ★ ~ of soap *stuk zeep*
table talk ZN *tafelgesprek*
table tennis ZN *tafeltennis*
table top ('teɪbltɒp) ZN *tafelblad*
tableware ('teɪblweə) ZN *tafelgerei; bestek*
tabloid ('tæblɔɪd) ZN *sensatie-, boulevardblad*
taboo (tə'bu:, tæ'bu:), **tabu** I ZN *taboe* ⟨verboden/ te mijden zaak⟩ ★ put under ~ *taboe verklaren; in de ban doen* II BNW • *verboden; taboe* • *heilig* III OV WW • *in de ban doen* • *verbieden*
tabouleh (tabu'leɪ) ZN CUL. *tabouleh*
tabu ZN → **taboo**
tabular ('tæbjʊlə) BNW • *tafelvormig* • *tabellarisch*
tabulate ('tæbjʊleɪt) OV WW *rangschikken in tabellen*
tabulator (tæbjə'leɪtə) ZN *tabulator; tabellentoets*
tachometer (tə'kɒmɪtə) ZN *snelheidsmeter;*

toerenteller

tacit ('tæsɪt) BNW *stilzwijgend*

taciturn ('tæsɪtɜ:n) BNW *zwijgend; stil* ★ William the Taciturn *Willem de Zwijger*

taciturnity (tæsɪ'tɜ:nətɪ) ZN *zwijgzaamheid*

tack (tæk) I ZN • *kopspijker* • *rijgsteek* • SCHEEPV. *hals* • *richting waarin schip vaart*; FIG. *gedragslijn* • *kleverigheid* ‹v. vernis› • *kost* ‹eten› • INFORM. *rotzooi*; *kitsch* ★ they got down to brass tacks *ze sloegen spijkers met koppen* ★ change one's tack *het over een andere boeg gooien* ★ hard tack *scheepsbeschuit* ★ soft tack *lekkere kost* ★ brass tacks *kern v.d. zaak* ★ try a different tack *een andere manier zoeken* II OV WW • *vastspijkeren* • *rijgen* • ~ **on** *losjes rijgen*; *terloops toevoegen* ‹figuurlijk› • tack onto *toevoegen* III ONOV WW • *v. koers veranderen* ‹figuurlijk› • *laveren*; *overstag gaan*

tackle ('tækl) I ZN • *takel* • *tuig*; *gerei* • PLAT *eten*; *drinken* • SPORT *tackle* II OV WW • *optuigen* ‹v. paard› • *(flink/met kracht) aanpakken* • *beginnen met* • *aanvallen* ‹aan tafel› • SPORT *tackelen* ‹fors aanvallen (en onderuit halen)›

tacky ('tækɪ) I ZN USA *schooier* II BNW • INFORM. *smakeloos*; *onhandig* • USA *havenloos* • *kleverig*

tact (tækt) ZN • *tact* • *tastzin*

tactful ('tæktful) BNW *tactvol*

tactic ('tæktɪk) ZN *tactiek*; *tactische zet*

tactical ('tæktɪkl) BNW *tactisch*

tactician (tæk'tɪʃən) ZN *tacticus*

tactics ('tæktɪks) ZN MV *tactiek*

tactile ('tæktaɪl) BNW • *tast-*; *tactiel* • *tastbaar* ★ ~ sense *tastzin*

tactless ('tæktləs) BNW *tactloos*; *ontactisch*

tactual ('tæktʃʊəl) BNW • *tactiel* • *met de tastzin verbonden*

tadpole ('tædpəʊl) ZN • *kikkervisje*; *dikkopje* • *amfibielarve*

ta'en (teɪn) SAMENTR taken → **take**

Taffy ('tæfɪ) ZN INFORM. *welshman*

tag (tæg) I ZN • *etiket*; *insigne*; *kenteken*; *label* • *rafel* • *aanhangsel* • *refrein* • *aanhaling* • *gemeenplaats*; *zegswijze* • *punt* ‹v. staart› • *krijgertje* ‹spel› • USA/PLAT *naam* • *metalen punt* ‹v. veter› • *lus* • *tag* ‹code(woord) voor opmaak v. tekst› II OV WW • *van labels/lusjes, enz. voorzien* • *etiketteren*; *markeren* • USA *bestempelen als* • *samenflansen* • *(af)tikken* ‹bij krijgertje spelen› III ONOV WW *op de voet volgen*

tag end ZN USA *restje*; *laatste stukje*

tag line ZN USA *clou*; *slogan*

tail (teɪl) I ZN • *staart* • *(uit)einde* • *sluitcode* • *pand* ‹v. jas› • *aanhang* • *(na)sleep* • *queue* • *steel* ‹v. hark› • *achterste* • ECON. *cijfers achter de komma* ★ keep your tail up! *kop op!* ★ turn tail *er vandoor gaan* ★ the tail wags the dog *de minst belangrijke persoon/partij neemt de beslissing* ★ they're chasing tail *ze zitten achter de wijven aan* II OV WW • *voorzien v. staart* • *v. steel ontdoen* ‹fruit› • *verbinden* • *in 't oog houden* • *schaduwen* • *de achterhoede vormen* • ~ **to** *vastmaken*; *z. voegen bij* III ONOV WW • *achter geraken* • ~ **after** *op de voet volgen* • ~ **away/off** *geleidelijk afnemen*

tailback ('teɪlbæk) ZN *file*

tailboard ('teɪlbɔ:d) ZN *laadklep*

tailcoat ('teɪlkəʊt) ZN • *jacquet* • *rok*

tail end (teɪl'end) ZN *(uit)einde*

tailgate ('teɪlgeɪt) I ZN • *achterklep*; *laadklep* ‹v. vrachtauto› • *benedensluisdeur* II OV WW *bumperkleven*

tailgater ('teɪlgeɪtə) ZN *bumperklever*

tailings ('teɪlɪŋz) ZN MV *afval*

tail lamp ('teɪllæmp), **tail light** ZN *achterlicht*

tailless ('teɪlləs) BNW *zonder staart*

tailor ('teɪlə) I ZN *kleermaker* ★ the ~ makes the man *de kleren maken de man* II OV WW *maken* ‹kleren› III ONOV WW • *kleermaker zijn* • *werken als kleermaker*

tailoring ('teɪlərɪŋ) ZN • *kleermakersbedrijf* • *kleermakerswerk*

tailor-made BNW • *op maat gemaakt* • FIG. *perfect geschikt*

tails (teɪlz) ZN MV • *jacquet*; *rok* • *muntzijde*

tail skid ('teɪlskɪd) ZN *staartsteun* ‹v. vliegtuig›

tailwise ('teɪlwaɪz) BIJW • *bij wijze v. staart* • *achteruit*

taint (teɪnt) I ZN • *smet* • *bederf* • *vlek* ★ hereditary ~ *erfelijke belasting* ★ with no ~ of *met geen spoor/zweem van* II OV WW • *bevlekken*; *bezoedelen* • *aantasten* ★ of a ~ed stock *erfelijk belast*

taintless ('teɪntləs) BNW *vlekkeloos*; *smetteloos*

take (teɪk) I ZN • *opname* • *ontvangst(en)* • *vangst* • *kopij* ★ he was on the take *hij liet zich omkopen* II OV WW • *nemen*; *gebruiken* ‹v. eten, drinken› • *maken*; *doen*; *innemen*; *kopen* • *aannemen* • *afnemen* • *betrappen*; *innemen* • *opnemen* • *meenemen* • *oplopen*; *vatten* ‹kou› • *behalen* • *treffen* • *begrijpen*; *beschouwen*; *opvatten*; *opnemen* • *aanvaarden* • *vergen*; *nodig zijn* ★ the actor takes the audience with him *de toneelspeler sleept het publiek mee* ★ we take you at your word *we geloven je op je woord* ★ FIG. she is taken with him *zij is weg van hem* ★ he was taken with a fever *hij kreeg koorts* ★ not to be taken *niet om in te nemen* ★ take comfort *zich (ge)troosten* ★ that takes little doing *'t valt nogal mee* ★ they were taken ill *ze werden ziek* ★ I'm sometimes taken like that *ik krijg soms zo'n bevlieging*; *ik heb soms dat gevoel* ★ he took his final exam *hij deed eindexamen* ★ I take it that *ik neem aan dat* ★ take it or leave it *kiezen of delen* ★ have your photo taken *je laten fotograferen* ★ take your time! *kalm aan!* ★ take it easy! *kalm aan!* ★ it takes a chemist to see this *je moet chemicus zijn om dit te begrijpen* • ~ **about** *rondleiden* • ~ **away** *wegnemen*; *meenemen*; *afnemen* ★ take o.s. away *er vandoor gaan* • ~ **back** *terugnemen*; *terugbrengen* • ~ **down** *afnemen*; *neerhalen*; *afbreken*; *voorbijstreven*; *opschrijven*; *'n toontje lager doen zingen* • ~ **for** *houden voor* • ~ **from** *aftrekken*; *afnemen van*; *slikken van* • ~ **in** *ontvangen* ‹v. geld›; *binnendringen*; *inademen*; *in z. opnemen*; *omheinen*; *beetnemen*; *bezoeken*; *bijwonen*; *innemen*; *binnenkrijgen* • ~ **off** *uittrekken*; *van 't repertoire nemen*; *afnemen*; *afzetten*; *opheffen*; *wegbrengen*; *ten grave slepen*; *afdruk maken*; *karikaturiseren* ★ take o.s. off *weggaan*;

z. v. kant maken • **~ on** aannemen; op z. nemen; overnemen • **~ out** uitnemen; verwijderen; aanvragen ★ he takes her out *hij gaat met haar uit; hij leidt haar ten dans* ★ take it out in goods *laten betalen met goederen* ★ take it out on s.o. *zich op iemand afreageren* ★ such a thing takes it out of you *zoiets grijpt je aan* • **~ over** overnemen; overbrengen ★ take s.o. over the shop *iem. de zaak laten zien* ★ take over to *verbinden met* • **~ round** rondleiden • **~ through** *doornemen* • **~ up** *opnemen; afhalen; opbreken* ⟨straat⟩; *opgraven; afbinden; betalen; inschrijven op* ⟨lening⟩; *snappen; arresteren; standje geven; ingaan op; reageren op; z. bemoeien met; bekleden; innemen; in beslag nemen; beginnen* ★ take up duties *een ambt aanvaarden* **III** ONOV WW • *worden* ★ the vaccine didn't take *de pokken kwamen niet op* • **~ after** *aarden naar; lijken op* • **~ off** *afnemen; opstijgen* • **~ on** *opgang maken; tekeer gaan* ★ take on with *'t aanleggen met* • **~ over** *overnemen* • **~ to** *z. begeven naar; vluchten naar; beginnen te; z. toeleggen op* ★ he takes to her *hij voelt z. tot haar aangetrokken* ★ take to drinking *aan de drank raken* • **~ up** *beter worden* ⟨v. weer⟩ ★ take up for *'t opnemen voor* ★ take up with *'t aanleggen met*

takeaway ('teɪkəweɪ) ZN • *afhaalmaaltijd* • *afhaalrestaurant*
take-down ZN *vernedering*
take-home BNW • **~** pay/wages *nettoloon*
take-in ZN *bedrieger(ij)*
taken ('teɪkən) WW [volt. deelw.] → **take**
take-off ZN • *vermindering* • *parodie* • *vertrek; start*
takeout ('teɪkaʊt) ZN • USA *afhaalmaaltijd* • USA *afhaalrestaurant*
takeover ('teɪkəʊvə) ZN *overname*
taker ('teɪkə) ZN *aannemer* ⟨v. weddenschap⟩ ★ no ~s for this article *geen kopers voor dit artikel* ★ any ~s? *wie biedt?*
take-up ZN *inbeslagneming*
taking ('teɪkɪŋ) **I** ZN • *(het) nemen; ontvangst* • INFORM. *drukte* **II** BNW • *aantrekkelijk; boeiend* • *besmettelijk*
takings ('teɪkɪŋz) ZN MV *verdiensten*
talc (tælk), **talcum (powder) I** ZN • *talk(poeder)* • *mica* **II** OV WW *talken*
tale (teɪl) ZN • *verhaal* • *geschiedenis* • *smoesje; sprookje; leugen* • OUD. *getal* ★ fairy tale *sprookje* ★ tale of a tub *praatje voor de vaak* ★ tell tales *kletsen; uit de school klappen; klikken* ★ tale bearer *klikspaan* ★ tale teller *verklikker; verteller*
talent ('tælənt) ZN • *talent* • OUD. *talent* ⟨Oud-Griekse munt⟩; *bep. gewicht in zilver* • *iem. met talent*
talented ('tæləntɪd) BNW *begaafd*
talents ('tælənts) ZN MV • SPORT *wedder* ⟨tegenover bookmaker⟩ • *begaafdheid*
talent scout/spotter ZN *talentenjager*
talisman ('tælɪzmən) ZN *talisman*
talk (tɔːk) **I** ZN • *gepraat* • *gesprek* • *voordracht* • *bespreking* • *praatjes; gerucht* ★ he is the talk of the town *iedereen praat over hem* ★ it made

plenty of talk *'t gaf veel stof tot praten* **II** OV WW • *spreken over* ★ talk out a bill *discussie over wetsontwerp rekken tot verdaging* ★ talk it out *het uitpraten* ★ talk o.s.'s head off *iem. de oren v.h. hoofd praten* ★ USA talk turkey *ronduit spreken; geen blad voor de mond nemen* ★ talk nineteen to the dozen *honderduit praten* ★ talk U.S. *Amerikaans praten* ★ talk business *spijkers met koppen slaan; over zaken praten* ★ talk shop *over je vak praten* ★ talk things over *de zaken bespreken* ★ I'll talk him out of it *ik zal 't hem uit het hoofd praten* • **~ away** *verpraten* ⟨v. tijd⟩ • **~ down** *tot zwijgen brengen* • **~ into** *overreden* • **~ up** **III** ONOV WW • *praten; spreken* ★ talk big/tall *opscheppen* • **~ about/of** *praten over* ★ get talked about *over de tong gaan* • **~ at** *onaangename dingen zeggen over iem. in diens bijzijn, maar niet tégen hem/haar* • **~ at/round** *iem. bepraten* • **~ away** *urenlang praten* • **~ back** *brutaal antwoord geven* • **~ down** *neerbuigend praten* ★ talk down to one's audience *afdalen tot het niveau v. zijn gehoor* • **~ to** *spreken tegen; ernstig praten* • **~ up** *ophemelen*
talkative ('tɔːkətɪv) BNW *praatziek*
talker ('tɔːkə) ZN • *prater* • *bluffer*
talkie ('tɔːkɪ) ZN *geluidsfilm; sprekende film*
talking ('tɔːkɪŋ) BNW *sprekend* ★ **~** shop *praatcollege*
talking point ZN *gespreksthema; discussiepunt*
talking-to ZN *strafpreek* ★ he got a sound ~ *er werd een hartig woordje met hem gesproken*
talk show ZN *praatprogramma* ⟨op tv, radio⟩
tall (tɔːl) BNW • *groot* • *hoog; lang* • PLAT *hoogdravend* • PLAT *prima* ★ talk tall *opscheppen* ★ a tall story *'n sterk/kras verhaal*
tallboy ('tɔːlbɔɪ) ZN • *hoge latafel* • *schoorsteen*
tallish ('tɔːlɪʃ) BNW *nogal hoog/lang*
tallow ('tæləʊ) **I** ZN • *talk* • *kaarsvet* ★ **~** candle *vetkaars* **II** OV WW • *besmeren met talk* • *mesten* ⟨schaap⟩
tally ('tælɪ) **I** ZN • *overeenstemming* • *duplicaat* • *merk* • *bordje* ⟨bij plant⟩ • *inkeping* • *kerfstok* • *rekening* • *aantal* ★ they fit like two tallies *ze passen precies bij elkaar* ★ PLAT he lives ~ with her *hij hokt met haar* ★ buy goods by the ~ *kopen bij 't dozijn, de honderd, enz.* **II** OV WW • *aanstrepen* • *controleren* • *etiketteren* • *optellen* **III** ONOV WW • *(in)kerven* • *aanstrepen* • *kloppen; stroken met*
talon ('tælən) ZN • *klauw* ⟨v. roofvogel⟩ • *talon* ⟨geldswaarde⟩ • *stok* ⟨kaarten⟩
talus ('teɪləs) ZN • *talud* • *helling*
TAM AFK *television audience measurement kijkcijfers*
tamable ('teɪməbl), **tameable** BNW *te temmen*
tambour ('tæmbʊə) **I** ZN • *trom* • *tamboereerraam* • *borduurwerk* **II** OV WW *borduren op tamboereerraam*
tambourine (tæmbə'riːn) ZN *tamboerijn*
tame (teɪm) **I** BNW • *tam; getemd* • *saai* ★ tame cat *lobbes; goedbloed* **II** OV WW *temmen*
tamer ('teɪmə) ZN *temmer*
tam-o'-shanter (tæmə'ʃɑntə), **tammy** ZN *Schotse baret*
tamp (tæmp) OV WW • *opvullen; stoppen* ⟨v. pijp⟩

• *aanstampen* ⟨v. grond⟩ • **~ out** *uitdoven* ⟨v. sigaret⟩

tamper ('tæmpə) **I** ZN *stamper* **II** ONOV WW **~ with** *heulen met; (met de vingers) zitten aan*; z. *bemoeien met; knoeien aan; omkopen; vervalsen*

tampon ('tæmpɒn) **I** ZN *tampon* **II** OV WW *tamponneren; bloed stelpen* ⟨met watten of gaas⟩

tan (tæn) **I** ZN • *run; fijngemalen eikenschors/-hout* • *(geel)bruine kleur* ★ PLAT *the tan het circus* **II** BNW • *geelbruin* • *zongebruind* **III** OV WW • *looien* • PLAT *afranselen* **IV** ONOV WW *bruin worden* ⟨v. huid⟩

tandem ('tændəm) ZN *tandem*

tang (tæŋ) ZN • *sterke smaak* • *lucht* • *zweem* • *soort zeewier* • *tikje* • *(onaangename) klank*

tangent ('tændʒənt) **I** ZN • WISK. *tangens* • *raaklijn* ★ *fly/go off at a* ~ *plotseling v. koers veranderen* **II** BNW *rakend*

tangential (tæn'dʒenʃəl) BNW • *tangentiaal* • *overijld* • *oppervlakkig*

tangerine ('tændʒəriːn) **I** ZN *mandarijn(tje)* **II** BNW *oranjerood*

tangibility (tændʒə'bɪləti) ZN *tastbaarheid*

tangible ('tændʒɪbl) BNW *tastbaar*

tangle ('tæŋgl) **I** ZN • *verwarring* • *verwarde toestand* • *wirwar* ★ *in a* ~ *in de war* ⟨haar⟩ ★ *all knots and* ~s *totaal in de war* **II** OV WW *in de war maken* • *get* ~d *in de war raken* **III** ONOV WW • *in de war raken* • ~d *ingewikkeld* ⟨v. proces⟩ • PLAT ~ **with** *omarmen; in conflict raken met*

tangly ('tæŋglɪ) BNW • *ingewikkeld; verward* • *bedekt met zeewier*

tangy ('tæŋɪ) BNW • *met scherpe, zurige smaak* ⟨bijv. citroen⟩ • *met onaangename smaak*

tank (tæŋk) **I** ZN • *reservoir; bassin* • USA *poel* • *tank* **II** OV WW • *be tanked up afgeladen zijn* **III** ONOV WW• *tanken; brandstof innemen* • PLAT *zuipen*

tankard ('tæŋkəd) ZN *(bier)pul*

tanked (tæŋkt), **tanked-up** BNW USA, PLAT *dronken*

tanker ('tæŋkə) ZN • *tankschip* • *tankwagen*

tankette ('tæŋket) ZN *kleine tank*

tank top ZN *(mouwloos) T-shirt; topje*

tanner ('tænə) ZN • *looier* • *zesstuiverstuk*

tannery ('tænərɪ) ZN *looierij*

tannic ('tænɪk) BNW *looi-* ★ ~ *acid looizuur*

tannin ('tænɪn) ZN *tannine; looizuur*

tanning ('tænɪŋ) ZN PLAT *pak slaag*

tantalize ('tæntəlaɪz) OV WW *doen watertanden*

tantamount ('tæntəmaʊnt) BNW *gelijkwaardig* ★ *it is* ~ *to het komt neer op*

tantrum ('tæntrəm) ZN *vervelende bui* ⟨humeur⟩; *woedeaanval* ★ *she went into one of her* ~s *ze kreeg weer een woedeaanval* • *get into/throw a* ~ *een driftbui krijgen; uit zijn hum raken*

tap (tæp) **I** ZN • *kraan* • *tikje; klopje* • USA *(leren) lap* ⟨voor schoenreparatie⟩ • *spon* • *gelagkamer* • *spul; goedje* • *on tap aangestoken* ⟨vnl. van biervat⟩; *altijd ter beschikking* **II** OV WW • *v. kraan voorzien* • *schroefdraad snijden in* • *aftappen* • *aansteken* ⟨v. vat⟩ • *aanbreken* ⟨v. fles⟩ • *exploiteren* • *handel vestigen* • *verzoeken;* *(iem. om iets) vragen* • *beginnen met* ⟨onderwerp⟩ • USA *lappen* ⟨schoenen⟩ • PLAT *bloedneus slaan* • *uithoren* ★ *tap a till geldlade lichten* • ~ **out** *uitzenden* **III** ONOV WW *zacht tikken; zacht kloppen*

tapas ('tɑːpɑːs) ZN [mv] CUL. *tapas*

tap-dancing ZN *(het) tapdansen*

tape (teɪp) **I** ZN • *lint* • *geluidsband* • *strook papier* ⟨v. telegraaftoestel⟩ • *telegrafische koersberichten* • PLAT *sterkedrank* ★ FIG. *red tape bureaucratische rompslomp* ★ *masking tape afplakband* ★ *adhesive tape plakband* ★ *magnetic tape geluidsband* **II** OV WW • *opnemen* ⟨op geluids- of beeldband⟩ • *met lint verbinden* ★ INFORM. *she got him taped zij had hem door*

tape deck ZN *bandrecorder*

tape-head ZN *opneemkop; wiskop*

tape measure ZN *rolmaat; meetlint*

taper ('teɪpə) **I** ZN • *kaars* • *waspit* • *zwak licht* • *taps toelopend voorwerp* • *geleidelijke vermindering* **II** BNW • *taps* • *afnemend* **III** OV WW • *taps/spits doen toelopen* • ~ **down**/**off** *uitlopen in punt; scherp toelopen* ★ ~ed *off to a point spits/in 'n punt uitlopend* **IV** ONOV WW *taps/spits toelopen* ★ ~ing *fingers spits toelopende vingers*

tape recorder ZN *bandrecorder*

tape recording ZN *bandopname*

tapestry ('tæpɪstrɪ) **I** ZN • *tapijtwerk* • *wandtapijt* **II** OV WW *met tapijt behangen*

tapeworm ('teɪpwɜːm) ZN *lintworm*

tapioca (tæpɪ'əʊkə) ZN *tapioca*

tapir ('teɪpə) ZN *tapir*

tapis ('tæpiː) ZN ★ *be on the* ~ *besproken (zullen) worden*

tapping ('tæpɪŋ) ZN *aftakking* ⟨v. elektriciteit⟩ ★ ~ *key seinsleutel*

taproom ('tæpruːm) ZN *gelagkamer*

taps (tæps) ZN [mv] *bep. signaal*

tapster ('tæpstə) ZN *tapper*

tap water ZN *leidingwater*

tar (tɑː) **I** ZN • *teer* • INFORM. *pikbroek* **II** OV+ONOV WW • *teren* • *zwart maken* ⟨figuurlijk⟩ ★ *they are tarred with the same brush/stick ze zijn met 't zelfde sop overgoten*

ta-ra TW INFORM., G-B *doei; doeg*

taradiddle ('tærədɪdl) **I** ZN INFORM. *leugentje* **II** OV WW INFORM. *bedotten* **III** ONOV WW INFORM. *jokken*

tarantula (tə'ræntjʊlə) ZN *tarantula; vogelspin; wolfsspin*

tardy ('tɑːdɪ) BNW • *laat* • USA *te laat* • *langzaam; traag* • *achterlijk*

tare (teə) ZN • *voederwikke* • *tarra(gewicht)*

target ('tɑːgɪt) **I** ZN • *schietschijf* • *seinschijf* ⟨bij spoorweg⟩ • *mikpunt* • *doel* • *productiecijfer* ★ *off the* ~ *ernaast* ★ *sitting* ~ *eenvoudig doelwit; gemakkelijke prooi* **II** OV WW *mikken/richten op*

target area ZN *doelgebied*

target date ZN *streefdatum*

tariff ('tærɪf) **I** ZN *(tol)tarief* ★ ~ *duty invoerrecht; uitvoerrecht* **II** OV WW • *tarief maken* • *belasten*

tarmac ('tɑːmæk) ZN *asfalt(weg)*

tarn (tɑːn) ZN *bergmeertje*

tarnish ('tɑ:nɪʃ) I ZN •matheid •aanslag II OV WW •bezoedelen •mat/dof maken III ONOV WW •mat/dof worden •aanslaan

tarot ('tærəʊ) ZN tarot

tarpaulin (tɑ:'pɔ:lɪn) ZN •zeildoek •dekkleed •hoed v. matroos •INFORM. pikbroek; matroos

tarragon ('tærəgən) ZN dragon; slangenkruid

tarry ('tɑ:rɪ) I ZN USA verblijf II BNW •teer- •teerachtig •geteerd ★ ~ fingered met lange vingers; diefachtig III OV WW ~ for wachten op IV ONOV WW

tart (tɑ:t) I ZN • PLAT slet •taart(je) ★ cherry tart kersenvlaai II BNW wrang; zuur; scherp ★ a tart old woman zuurpruim III OV WW ~ up opdirken

tartan ('tɑ:tn) ZN •(bep.) Schotse ruit; (geruite) Schotse wollen stof •plaid •Schotse Hooglander

tartar ('tɑ:tə) ZN •wijnsteen •tandsteen

Tartar ('tɑ:tə) I ZN •Tartaar •woesteling ★ INFORM. catch a ~ z'n mannetje vinden II BNW tartaars

tartaric (tɑ:'tærɪk) BNW ★ ~ acid wijnsteenzuur

task (tɑ:sk) I ZN •taak •huiswerk ★ take s.o. to task iem. onder handen nemen II OV WW •taak opgeven •veel vergen van

task bar ZN COMP. taakbalk

task force ZN strijdmacht met speciale opdracht

taskmaster ('tɑ:skmɑ:stə) ZN •opdrachtgever •opzichter •leermeester

taskwork ('tɑ:skwɜ:k) ZN •aangenomen werk •stukwerk

tassel ('tæsəl) I ZN •kwastje •katje ⟨v. wilg⟩ •bloesem •lint ⟨als bladwijzer⟩ II OV WW v. kwastje voorzien

taste (teɪst) I ZN •smaak(je) •slokje •INFORM. 'n weinig ★ I have lost my sense of ~ m'n smaak is weg ★ everyone to his ~ ieder z'n meug ★ there is no accounting for ~ over smaak valt niet te twisten ★ she has a ~ for drawing ze tekent graag ★ remark in bad ~ onkiese/onbehoorlijke opmerking ★ ~ buds smaakpapillen II OV WW •proeven ★ tasting knife kaasboor III ONOV WW smaken ⟨ook fig.⟩

taste bud ZN smaakpapil

tasteful ('teɪstfʊl) BNW smaakvol; v. goede smaak getuigend

tasteless ('teɪstləs) BNW •v. slechte smaak getuigend; smakeloos •smaakloos

taster ('teɪstə) ZN •proever •proefje •voorproever •beoordelaar; criticus

tasty ('teɪstɪ) BNW •kieskeurig • PLAT smaakvol •smakelijk •interessant

tat (tæt) I ZN •pony •hit • PLAT vod II OV+ONOV WW frivolitéwerk maken

tater ('teɪtə) ZN PLAT aardappel

tatter ('tætə) I ZN vod; lap II OV WW aan flarden scheuren III ONOV WW •aftakelen •aan flarden gaan

tattered ('tætəd) BNW haveloos

tattle ('tætl) I ZN •gebabbel •geklik II ONOV WW •babbelen •klappen; klikken

tattler ('tætlə) ZN •babbelaar •klikspaan •ruiter ⟨vogel⟩ • PLAT horloge

tattletale ('tætlteɪl) ZN •klikspaan • USA babbelaar

tattoo (tə'tu:) I ZN •taptoe •militair schouwspel •tatoeëring ★ beat the devil's ~ nerveus met de vingers trommelen ★ beat/sound the ~ taptoe slaan/blazen II OV WW III ONOV WW trommelen

tatty ('tætɪ) BNW kitscherig; smerig; sjofel; verward; slordig

taught (tɔ:t) WW [verl. tijd + volt. deelw.]→ **teach**

taunt (tɔ:nt) I ZN smaad; hoon II BNW hoog ⟨mast⟩ III OV WW beschimpen IV ONOV WW •honen •schimpen

Taurus ('tɔ:rəs) ZN Stier ⟨sterrenbeeld⟩

taut (tɔ:t) BNW •strak; gespannen •goed in orde •nauwgezet

tauten ('tɔ:tn) I OV WW spannen II ONOV WW z. spannen

tautology (tɔ:'tɒlədʒɪ) ZN tautologie ⟨herhaling met andere woorden⟩

tavern ('tævən) ZN taveerne; café; restaurant; herberg

taw (tɔ:) I ZN •knikkerspel •knikker •eindstreep bij knikkerspel II OV+ONOV WW looien

tawdry ('tɔ:drɪ) I ZN goedkope opschik II BNW •opzichtig •opgedirkt •smakeloos

tawny ('tɔ:nɪ) BNW •taankleurig ⟨geelbruin⟩ •getaand

tax (tæks) I ZN •belasting •proef ★ value-added tax belasting op toegevoegde waarde II OV WW •belasten •veel vergen van •op de proef stellen •vaststellen ⟨kosten⟩ •USA vragen •berekenen ⟨prijs⟩ •~ with beschuldigen van

taxability (tæksə'bɪlətɪ) ZN belastbaarheid

taxable ('tæksəbl) BNW belastbaar

tax assessment ZN belastingaanslag

taxation (tæk'seɪʃən) ZN belasting

tax bracket ZN belastingschijf

tax break ZN (tijdelijk) belastingvoordeel

tax collector ZN belastingontvanger

tax-deductible BNW aftrekbaar v.d. belastingen

tax-dodger ZN belastingontduiker

tax evasion ZN belastingontduiking

tax-free BNW belastingvrij

tax haven ZN belastingparadijs

taxi ('tæksɪ) I ZN taxi II ONOV WW ★ taxi strip/way startbaan III OV+ONOV WW •rijden; vervoeren in taxi •taxiën ⟨v. vliegtuig⟩

taxicab ('tæksɪkæb) ZN taxi

taxidermist ('tæksɪdɜ:mɪst) ZN iem. die dieren opzet

taxidermy ('tæksɪdɜ:mɪ) ZN taxidermie

taxi-driver ('tæksɪdraɪvə) ZN taxichauffeur

taximeter ('tæksɪmi:tə) ZN taximeter

taxi rank ZN taxistandplaats

taxman ('tæksmæn) ZN belastingambtenaar

taxpayer ('tækspeɪə) ZN belastingbetaler

tax return ZN belastingteruggave

tax-taker ZN belastingontvanger

TB ('ti:bɪ:) AFK tuberculosis tbc; tuberculose

tbsp. AFK tablespoonful eetlepel ⟨maat⟩

tea (ti:) I ZN •thee •lichte theemaaltijd •(vroege) avondmaaltijd • PLAT sterke drank ★ afternoon tea / five o'clock tea lichte maaltijd met thee, broodjes, zoetigheid ★ high tea warme maaltijd met thee ★ at tea bij de thee ★ have tea theedrinken; licht avondmaal gebruiken ★ make tea thee zetten ★ not for all the tea in China voor geen goud ter wereld II OV WW onthalen op thee III ONOV WW theedrinken

tea bag ZN theezakje

tea caddy ZN *theebus*
teacake ('ti:keɪk) ZN *theebroodje*
teach (ti:tʃ) OV+ONOV WW *onderwijzen; leren* ★ USA she ~es school *ze is onderwijzeres*
teachability (ti:tʃə'bɪlətɪ) ZN *ontvankelijkheid voor onderricht*
teachable ('ti:tʃəbl) BNW • *onderwijsbaar* • *leergierig*
teacher ('ti:tʃə) ZN *leraar; onderwijzer*
tea chest ZN *theekist; verhuis-/pakkist*
teach-in ZN *(politiek) debat/forum; podiumdiscussie*
teaching ('ti:tʃɪŋ) I ZN • *het onderwijs* • *leer* II BNW ★ the ~ profession *het ambt van leraar; de leraarsstand* ★ ~ hospital *academisch ziekenhuis*
tea cosy ZN *theemuts*
teacup ('ti:kʌp) ZN *theekopje* ★ storm in a ~ storm *in een glas water*
teak (ti:k) ZN • *teakboom* • *teakhout*
teakettle ('ti:ketl) ZN *theeketel*
teal (ti:l) ZN *taling* ⟨wilde eend⟩
tea leaves ZN MV *theebladeren* ★ read ~ de *toekomst voorspellen* ⟨vgl. koffiedikkijken⟩
team (ti:m) I ZN • *span* ⟨paarden, enz.⟩; *ploeg* • *werkgroep* • *elftal* • *bediening* ⟨v. kanon⟩ • *vlucht* ⟨vogels⟩ ★ team spirit *teamgeest* II ONOV WW • INFORM. ~ up *samen een team vormen* • INFORM. ~ up with *samenwerken met*
team-race ZN *estafetteloop*
teamster ('ti:mstə) ZN • *voerman* • USA *vrachtwagenchauffeur*
teamwork ('ti:mwɜ:k) ZN • *teamwerk* • *samenwerking*
tea party ZN *theevisite; theepartij*
teapot ('ti:pɒt) ZN *theepot*
tear[1] (teə) I ZN • *scheur* • *woest geren* • *woede* • USA *fuif* ★ she's never in a ~ *ze heeft nooit haast; ze is nooit kwaad* II OV WW •(*ver)scheuren* • *trekken (aan)* • *uitrukken* ⟨v. haren⟩ • *openrijten* ★ ~ in(to) the house *het huis binnenrennen* • PLAT ~ it *de boel bederven* ★ he could not ~ himself away *hij kon zich niet losmaken/vrijmaken* ★ torn between good and evil *in tweestrijd tussen goed en kwaad* • ~ apart *overhoop halen; verscheuren; kapotscheuren; afkraken* • ~ at *ruken aan* • ~ down *afbreken* ⟨v. gebouw⟩; *afscheuren* • ~ up *verscheuren; uitroeien* ★ ~ up the stairs *de trap opstormen* III ONOV WW • *razen; tekeergaan* • *rennen; vliegen; snellen* • *trekken* • *scheuren* • ~ about *wild rondvliegen* • ~ along *voortslepen; scheuren* ⟨v. auto⟩; *voortrennen*
tear[2] (tɪə) ZN • *traan* • *druppel*
teardrop ('tɪədrɒp) ZN *traan*
tearful ('tɪəfʊl) BNW • *vol tranen* • *betraand*
tear gas ZN *traangas*
tearing ('teərɪŋ) BNW *woest* ★ ~ pain *vlammende pijn* ★ be in a ~ hurry *een verschrikkelijke haast hebben*
tear jerker ('tɪədʒɜ:kə) ZN *smartlap; tranentrekker*
tearless ('tɪələs) BNW *zonder tranen*
tear-off ('teərɒf) BNW ★ ~ calendar *scheurkalender*
tea room ZN *lunchroom*

tear-stained BNW ★ ~ face *behuild gezicht*
tease (ti:z) I ZN • *plaaggeest* • *flirt* ⟨uitdagende vrouw⟩ II OV WW • *plagen* • *kwellen* • *kammen; kaarden* ⟨wol⟩ • VULG. *opgeilen* • ~ for *lastig vallen om* • ~ out *ontwarren*
teasel ('ti:zəl) I ZN • PLANTK. *kaarde(bol)* • *kaardmachine* II OV WW *kaarden*
teaser ('ti:zə) ZN • *plager* • INFORM. *moeilijk geval* • *kaarder* • *kaardmachine* • *advertentie*
tea service ('ti:sɜ:vɪs), **tea set** ZN *theeservies*
tea shop ZN • *theewinkel* • *lunchroom*
teaspoon ('ti:spu:n) ZN *theelepel*
teaspoonful ('ti:spu:nfʊl) ZN *theelepel* ★ two ~s of vinegar *twee theelepels azijn*
tea-strainer ZN *theezeefje*
teat (ti:t) ZN *tepel* ⟨v. dier⟩; *uier; speen*
tea towel ZN *thee-/droogdoek*
tea tray ZN *theeblad*
tea trolley ZN *theetafel op wielen; theeboy*
teazle ('ti:zəl) ZN → **teasel**
tec (tek) ZN INFORM. *detective*
tech (tek) ZN INFORM. *technische school;* ≈ *Hogere Technische School*
Tech. AFK Technical (College) *Hogere Technische School;* ≈ *hts*
technical ('teknɪkl) BNW • *technisch* • *vaktechnisch* ★ ~ school *technische school* ★ ~ offence *belediging volgens de wet*
technicality (teknɪ'kælətɪ) ZN • *technische term* • *technisch karakter* ★ only technicalities *slechts formaliteiten*
technically ('teknɪklɪ) BIJW *technisch*
technicals ('teknɪkəlz) ZN MV *technische details*
technician (tek'nɪʃən) ZN *technicus*
Technicolor ('teknɪkʌlə) ZN *technicolor*
technicoloured ('teknɪkʌləd) BNW • *met felle kleuren* • *overdreven*
technique (tek'ni:k) ZN • *techniek; werkwijze* • *manier v. optreden; handelen*
technocracy (tek'nɒkrəsɪ) ZN *technocratie*
technocrat ('teknəkræt) ZN *technocraat*
technological (teknə'lɒdʒɪkl) BNW *technologisch*
technologist (tek'nɒlədʒɪst) ZN *technoloog*
technology (tek'nɒlədʒɪ) ZN *technologie*
tectonic (tek'tɒnɪk) BNW • *de bouwkunde betreffend* • *aardverschuiving betreffend*
tectonics (tek'tɒnɪks) ZN MV *bouwkunde*
teddybear ('tedɪbeə) ZN *teddybeer*
tedious ('ti:dɪəs) BNW *saai; vervelend*
tedium ('ti:dɪəm) ZN • *saaiheid* • *verveling*
tee (ti:) I ZN SPORT *afslagpaaltje* ⟨golf⟩; *afslagplaatje* ⟨golf⟩ ★ to a tee *perfect* II OV WW • *klaarleggen* • ~ off *afslaan;* USA/INFORM. *ergeren* ★ tee'd off *pissig*
teeing ground ZN SPORT *afslagplaats* ⟨golf⟩
teem (ti:m) I OV WW TECHN. *storten* ⟨v. gesmolten metaal, e.d.⟩ II ONOV WW • *vol zijn* • ~ with *wemelen van*
teeming ('ti:mɪŋ) BNW • *vruchtbaar* • *wemelend*
teen (ti:n) I ZN *tiener* II BNW *tiener-*
teenage ('ti:neɪdʒ) BNW *tiener-*
teenager ('ti:neɪdʒə) ZN *tiener*
teens (ti:nz) ZN MV ★ be in one's ~ *in de tienerleeftijd zitten* ★ be out of one's ~ *boven de 19 zijn*
teeter ('ti:tə) I ZN USA *wip(plank)* II ONOV WW

- **wankelen** • USA **wippen**
teeth (ti:θ) ZN MV → **tooth**
teethe (ti:ð) ONOV WW *tanden krijgen*
teething ('ti:ðɪŋ) ZN *het tanden krijgen* ★ ~-*rash uitslag aan tandvlees* ★ ~-*ring bijtring* ★ ~-*troubles kinderziekten* ‹figuurlijk›; *eerste moeilijke periode*
teetotal (ti:'təʊtl) BNW • *geheelonthouders-*; *alcoholvrij* • INFORM. *geheel*
teetotalism (ti:'təʊtəlɪzəm) ZN *geheelonthouding*
teetotaller (ti:'təʊtələ) ZN *geheelonthouder*
tegument ('tegjʊmənt) ZN • *vlies* • *huid* • *bedekking*
tel. AFK *telephone telefoon*
tele- ('telɪ) VOORV *tele-*; *ver-*; *afstand-*
telecamera ('telɪkæmrə) ZN *televisiecamera*
telecast ('telɪkɑ:st) ZN *televisie-uitzending*
telecommunications (telɪkəmju:nɪ'keɪʃənz) ZN MV *telecommunicatieverbinding(en)*
telegram ('telɪgræm) ZN *telegram*
telegraph ('telɪgrɑ:f) I ZN • *telegraaf* • *seintoestel* II ONOV WW *telegraferen*
telegrapher (tə'legrəfə) ZN *telegrafist*
telegraphese (telɪgrə'fi:z) ZN *telegramstijl*
telegraphy (tɪ'legrəfɪ) ZN *telegrafie*
telemarketing ('telɪmɑ:kətɪŋ) ZN *telemarketing*; *telefonische klantenwerving*
telemeter (tɪ'lɪmi:tə) ZN *afstandsmeter*
telepathy (tɪ'lepəθɪ) ZN *telepathie*
telephone ('telɪfəʊn) I ZN *telefoon* ★ ~ *call telefoongesprek*; *telefonische oproep* ★ ~ *directory telefoongids* ★ ~ *exchange telefooncentrale* ★ *is he on the* ~? *is hij aangesloten?*; *is hij aan de telefoon/lijn?* ★ *a message on the* ~ *telefonische boodschap* II OV+ONOV WW *telefoneren*
telephone box ZN *telefooncel*
telephonic (telɪ'fɒnɪk) BNW *telefonisch*; *telefoon-*
telephonist (tɪ'lefənɪst) ZN *telefonist(e)*
telephony (tɪ'lefənɪ) ZN *telefonie*
telephoto (telɪ'fəʊtəʊ) ZN ★ ~ *lens telelens*
teleprinter ('telɪprɪntə) ZN *telex*
telescope ('telɪskəʊp) I ZN *verrekijker* II OV+ONOV WW • *in elkaar schuiven* • *inschuifbaar zijn*
telescopic (telɪ'skɒpɪk) BNW *telescopisch*
telethon ('telɪθɒn) ZN USA *tv-marathon*
Teletype ('telɪtaɪp) I ZN *telex* II OV+ONOV WW *telexen*
teletypewriter (telɪ'taɪpraɪtə) ZN *telex*
teleview ('telɪvju:) ONOV WW *televisie kijken*
televise ('telɪvaɪz) OV WW *uitzenden* ‹via televisie›
television ('telɪvɪʒən) ZN *televisie*
television set ZN *televisietoestel*
telework ('teləwɜ:k) ONOV WW *telewerken*
telex ('teleks) I ZN *telex* II OV+ONOV WW *telexen*
tell (tel) I OV WW • *zeggen* • *vertellen* • *(op)tellen* ‹v. stemmen› • *uit elkaar houden* ★ *can you tell them apart/one from the other? kun je ze uit elkaar houden?* • INFORM. *you're telling me! wat je (toch) zegt!* ★ *tell a person good-bye afscheid nemen van iem.* ★ *don't tell tales klap niet uit de school; je mag niet jokken* ★ *she will tell my fortune ze zal mij de toekomst voorspellen* ★ *tell the beads de rozenkrans bidden* • ~ *off een nummer geven*; *(na)tellen*; *aanwijzen* ‹voor bep. werk› ★ *I've told him off ik heb hem goed gezegd waar het op stond* II ONOV WW • *vertellen* • *zeggen* • *klikken* • *effect hebben*; *indruk maken* • *kassier* ★ *blood will tell bloed kruipt waar 't niet gaan kan* • *every shot told elk schot was raak* ★ *time will tell de tijd zal 't leren* ★ *you never can tell je kunt nooit weten* ★ *never tell me! dat maak je me niet wijs!* ★ *I will not tell on you ik zal het niet (van je) verklappen* ★ *his work tells on him je kunt 't hem aanzien dat hij hard werkt* ★ *it did not tell in the least with him 't maakte helemaal geen indruk op hem* ★ *stupid past telling onbeschrijfelijk dom* ★ *that would be telling! dat verklap ik je lekker niet!* • ~ *against pleiten tegen* • ~ *of getuigen van*
teller ('telə) ZN • *stemopnemer* ‹lid v.h. Parlement› • USA *kassier*
telling ('telɪŋ) BNW • *indrukwekkend* • *tekenend*
telling-off (telɪŋ'ɒf) ZN *uitbrander*
telltale ('telteɪl) I ZN • *kletskous* • *verklikker* ‹ook *waarschuwingsinstrument*› II BNW *verraderlijk* ‹bijv. houding› ★ *watch out for those* ~ *signs! let op die veelzeggende tekenen!*
telluric (te'ljʊərɪk) BNW *aards*
telly ('telɪ) ZN INFORM. *tv*
temerarious (temə'reərɪəs) BNW • *roekeloos* • *onbezonnen* • *vermetel*
temerity (tɪ'merətɪ) ZN • *onbezonnenheid* • *roekeloosheid*
temp (temp) I ZN *uitzendkracht* II ONOV WW *werken als uitzendkracht*
temp. AFK • *temperature temperatuur* • *tempore ten tijde van*
temper ('tempə) I ZN • *mengsel* • *bep. hardheid v. staal* • *aard*; *aanleg*; *natuur* • *stemming*; *humeur* • *boze bui* ★ *have a* ~ *zeer humeurig zijn* ★ *what a* ~ *he is in! wat heeft hij een boze bui!* ★ *lose one's* ~ *kwaad worden* ★ *have a hot* ~ *snel kwaad zijn* II OV WW • *bereiden*; *aanmaken* • *harden* ‹v. staal› • *matigen*; *verzachten* • *in toom houden* • MUZ. *temperen*
temperament ('tempərəmənt) ZN • *temperament*; *aard* • MUZ. *temperatuur*
temperamental (temprə'mentl) BNW • *aangeboren* • *onbeheerst*
temperamentally (tempra'mentəlɪ) BIJW ★ ~ *he is lazy van nature is hij lui*
temperance ('tempərəns) ZN • *matigheid* • *(geheel)onthouding* ★ ~ *drinks alcoholvrije dranken*
temperate ('tempərət) BNW *matig*; *gematigd* ★ ~ *zone gematigde luchtstreek*
temperature ('temprɪtʃə) ZN *temperatuur* ★ *he had a* ~ *hij had verhoging*
tempered ('tempəd) BNW • *bereid* • *gehard*
tempest ('tempɪst) I ZN OOK FIG. *storm* ★ USA ~ *in a teapot storm in een glas water* II OV WW • *stormen* • *in beroering brengen*
tempest-tossed BNW ★ *a* ~ *vessel een door storm heen en weer geslingerd vaartuig*
tempestuous (tem'pestjʊəs) BNW *onstuimig*; *stormachtig*
Templar ('templə) ZN GESCH. *tempelier*
template ('templət) ZN *mal*; *patroon*
temple ('templ) ZN • *tempel*; *kerk*; *synagoge* • *slaap* ‹v.h. hoofd› • Inner/Middle Temple

benaming voor twee v.d. gebouwen v.d. zgn. Inns of Court, Londen

tempo ('tempəʊ) ZN *tempo*

temporal ('tempərəl) **I** ZN *slaapbeen* ★ ~s *wereldlijk bezit* **II** BNW *tijdelijk* • *wereldlijk* • *de slaap v.h. hoofd betreffende* ★ the Lords Temporal *wereldlijke leden v. Hogerhuis*

temporality (tempə'ræləti) ZN *tijdelijkheid* ★ temporalities *wereldlijk bezit*

temporary ('tempərəri) **I** ZN *noodhulp*; *tijdelijk aangestelde kracht* **II** BNW *tijdelijk* ★ ~ officer *reserveofficier*

temporization (tempəraɪ'zeɪʃən) ZN *uitstel*

temporize ('tempəraɪz) ONOV WW • *trachten tijd te winnen* • *slag om de arm houden* • *z. schikken naar omstandigheden* • *tot 'n overeenkomst geraken*

temporizer ('tempəraɪzə) ZN • *tijdrekker* • *opportunist*

tempt (tempt) OV WW *verleiden*; *bekoren* ★ I am ~ed to discontinue this *ik voel er veel voor hiermee op te houden*

temptation (temp'teɪʃən) ZN *verleiding*; *bekoring*

tempter ('temptə) ZN • *(de) duivel* • *verleider*

tempting ('temptɪŋ) BNW *verleidelijk* ★ ~ offer *verleidelijk aanbod*

temptress ('temptrəs) ZN *verleidster*

ten (ten) **I** ZN • *tiental* • *boot met tien riemen* ★ the upper ten *de elite* **II** TELW *tien*

tenability (tenə'bɪləti) ZN • *houdbaarheid* ⟨bijv. v. argument⟩ • *verdedigbaarheid*

tenable ('tenəbl) BNW *houdbaar*; *te verdedigen*

tenacious (tɪ'neɪʃəs) BNW • *vasthoudend* • *kleverig* ★ FIG. be ~ of life *taai zijn* ★ a ~ memory *'n sterk geheugen*

tenacity (tɪ'næsəti) ZN • *vasthoudendheid* • *kleverigheid*

tenancy ('tenənsi) ZN • *huur*; *pacht* • *bekleden v. ambt* • *verblijf*

tenant ('tenənt) **I** ZN • *huurder*; *pachter* • *bewoner* • *bezitter* ★ ~ at will *naar willekeur opzegbare huurder* **II** OV WW *pachten*; *huren*

tenantless ('tenəntləs) BNW • *niet verhuurd* • *niet bewoond*

tenantry ('tenəntri) ZN • *gezamenlijke pachters* • *pacht* • *huizen in gezamenlijk bezit*

tend (tend) **I** OV WW • *bedienen* ⟨v. machine⟩ • *hoeden* ⟨dieren⟩ • *oppassen* ⟨op zieke⟩ • *zorgen voor* ★ USA they will tend the meeting *ze zullen de vergadering bijwonen* • ~ (up)on *(be)dienen* **II** ONOV WW • *z. uitstrekken* • *in de richting gaan van* • *geneigd zijn* • ~ to *neigen tot*

tendance ('tendəns) ZN *verzorging*; *zorg*

tendency ('tendənsi) ZN • *neiging*; *aanleg* • *tendens* • *stemming* ⟨op beurs⟩

tendentious (ten'denʃəs) BNW *tendentieus*

tender ('tendə) **I** ZN • *oppasser* • *politieauto* • *inschrijving*; *tender* • *aanbod*; *offerte* • *geleideschip* • *tender* ⟨v. locomotief⟩ • *betaalmiddel* ★ the work will be put up for ~ *het werk zal worden aanbesteed* **II** BNW • *teder*; *zacht* • *gevoelig* • *pijnlijk* • *liefhebbend* ★ ~ of *bezorgd voor* ★ his ~ years *prille jeugd* ★ the ~ passion *liefde* **III** OV WW *aanbieden* ★ he ~ed his resignation *hij diende z'n ontslag in* ★ ~ an oath to s.o. *iem. 'n eed opleggen* **IV** ONOV WW • ~ for *inschrijven op* ⟨werk⟩

tenderfoot ('tendəfʊt) ZN INFORM. *nieuweling*

tender-hearted BNW *teergevoelig*

tenderize ('tendəraɪz) OV WW *mals maken* ⟨v. vlees⟩

tenderloin ('tendəlɔɪn) ZN • *biefstuk v.d. haas*; *varkenshaas* • USA *rosse buurt*

tendon ('tendən) ZN • *pees* • *spanwapening* ⟨betonbouw⟩

tendril ('tendrɪl) ZN *scheut*; *rank*; *dunne twijg*

tenebrous ('tenɪbrəs) BNW *somber*; *duister*

tenement ('tenɪmənt) ZN • *woning* • *pachtgoed* • *als woning verhuurd deel v.e. huis* • *huurflat* ★ ~ house *huurkazerne*

tenet ('tenɪt) ZN *dogma*; *leerstelling*

tenfold ('tenfəʊld) BNW *tienvoudig*; *tiendelig*

tenner ('tenə) ZN • G-B, INFORM. *bankbiljet van tien pond* • USA/INFORM. *bankbiljet van tien dollar*

tennis ('tenɪs) ZN *tennis*

tennis-court ('tenɪskɔːt) ZN *tennisbaan*

tenon ('tenən) ZN *(houten) pen* ★ ~-and-mortise joint *pen-en-gatverbinding*

tenor ('tenə) ZN • *tenor* • *altviool* • *geest*; *strekking*; *bedoeling* • *gang* ⟨v. zaken⟩ • *afschrift*

tenpin ('tenpɪn) ZN • *kegel* ★ ~ bowling *bowlingspel*; *bowlen*

tenpins ('tenpɪnz) ZN MV *kegelspel met tien kegels*

tenpounder ('tenpaʊndə) ZN *bankbiljet van 10 pond*

tense (tens) **I** ZN TAALK. *grammaticale tijd* **II** BNW *(in)gespannen*; *strak* ★ those were ~ days *dat waren dagen v. spanning* **III** OV WW *spannen* ★ all ~d up *helemaal over zijn toeren*

tenseness ('tensnəs) ZN *spanning*

tensible ('tensəbl) BNW *rekbaar*

tensile ('tensaɪl) BNW *rekbaar*; *elastisch* ★ ~ strength *treksterkte*

tension ('tenʃən) ZN • *(in)spanning* • *spankracht*

tensity ('tensəti) ZN *spanning*

tensive ('tensɪv) BNW *spannend*

tensor ('tensə) ZN *strekspier*

tent (tent) **I** ZN • *tent* • *wondijzer* • *donkerrode Spaanse wijn* **II** OV WW *bedekken als een tent* **III** ONOV WW *kamperen in tent*

tentacle ('tentəkl) ZN • *voelhoorn* • *vangarm* • PLANTK. *klierhaar*

tentative ('tentətɪv) **I** ZN *poging*; *proef* **II** BNW • *experimenteel* • *voorlopig* • *voorzichtig* • *weifelend*

tenterhooks ('tentəhʊkz) ZN *spanhaak*; *klem*

tenth (tenθ) **I** ZN • *tiende (deel)* • *tiend(e)* ⟨belasting⟩ • MUZ. *decime* **II** TELW *tiende*

tenuity (tɪ'njuːəti) ZN • *slapheid* • *onbeduidendheid* • *dunheid*

tenuous ('tenjʊəs) BNW • *(te) subtiel*; *vaag* • *onbeduidend*

tenure ('tenjə) ZN • *eigendomsrecht* • *(periode v.) bezit* • *(ambts)periode* ★ during his ~ of office *gedurende zijn ambtsperiode*

tepee ('tiːpiː), **tipi** ZN *wigwam*

tepefy ('tepɪfaɪ) OV+ONOV WW *lauw maken/worden*

tepid ('tepɪd) BNW *lauw*

tepidity (te'pɪdəti) ZN *lauwheid*

tercentenary (tɜːsen'tiːnəri) BNW *driehonderdste*

gedenkdag
tercet ('tɜːsɪt) ZN *drieregelig vers*
tergiversate ('tɜːdʒɪvɜːseɪt) ONOV WW • *proberen te ontwijken* • *weifelen* • *afvallig worden*
tergiversation (tɜːdʒɪvɜː'seɪʃən) ZN • *afvalligheid* • *draaierij*
term (tɜːm) I ZN • *beperkte periode* • *trimester* • *vastgestelde dag* • WISK. *term* • *woord(en)* • *zittingsduur* ‹v. rechtbank› • OUD. *grens* ★ terms *verhouding*; *voorwaarden* ★ flattering terms *vleiende bewoordingen* ★ his term of office expired *zijn ambtsperiode liep af* ★ term has not yet started *de scholen/colleges zijn nog niet begonnen* ★ come to terms *het eens worden*; *toegeven* ★ keep terms *college lopen* ★ I'm on good terms with him *ik sta op goede voet met hem* ★ for a term of years *voor een aantal jaren* ★ they are in terms with one another *ze voeren onderhandelingen* ★ he only thinks in terms of money *hij denkt alleen maar aan geld* ★ surrender on terms *zich voorwaardelijk overgeven* ★ be on Christian/first name term *elkaar bij de voornaam noemen* ★ they met on equal terms *ze gingen op voet v. gelijkheid om met elkaar* ★ marry on equal terms *huwen in gemeenschap v. goederen* ★ they are not on speaking terms *ze praten niet (meer) met elkaar* ★ they were brought to terms *ze werden overtuigd* ★ ECON. landed term *vrij wal* II OV WW *(be)noemen*
termagant ('tɜːməgənt) I ZN *feeks* II BNW *feeksachtig*
terminable ('tɜːmɪnəbl) BNW • *wat beëindigd kan worden* • *opzegbaar* ‹bijv. contract›
terminal ('tɜːmɪnl) I ZN • *einde* • *eindpunt*; *terminal* ‹v. vliegveld, station, haven, computer› • *(pool)klem* ‹elektriciteit› II BNW • *slot-*; *eind-* • PLANTK. *eindstandig* • *periodiek*
terminate (tɜːmɪneɪt) I BNW • *tot einde komend* • *opgaand* ★ a ∼ decimal *opgaande tiendelige breuk* II OV WW • *beëindigen* • *opzeggen of aflopen* ‹v. contract›
termination (tɜːmɪ'neɪʃən) ZN • *afloop* • *einde*; *slot* • *besluit*
terminative ('tɜːmɪnətɪv) BNW • *eind-* • *afdoende*
terminology (tɜːmɪ'nɒlədʒɪ) ZN *terminologie*
terminus ('tɜːmɪnəs) ZN • *kopstation* • *eind(punt)* • OUD. *grensbeeld*
termite ('tɜːmaɪt) ZN *termiet*
tern (tɜːn) ZN • *stern* • *drietal*
terrace ('terəs) I ZN • *terras* • *bordes* • *huizenrij op helling* II OV WW • *vormen tot terras* • *voorzien v. terras*
terraced ('terəst) BNW *terrasvormig* ★ ∼ roof *terrasdak*; *plat dak* ‹v. oosters huis›
terrace house ZN *rijtjeshuis*; *eengezinswoning*
terrain (te'reɪn) ZN *terrein*
terrestrial (tə'restrɪəl) I ZN *aardbewoner* II BNW • *aards*; *ondermaans* • *land-* ★ ∼ globe *aardbol*; *globe*
terrible ('terɪbl) BNW *verschrikkelijk*; *ontzettend*
terribly ('terɪblɪ) BIJW • *vreselijk*; *verschrikkelijk*; *erg* • *geweldig*
terrier ('terɪə) ZN *terriër* ★ Jack Russell ∼ *jack-russellterriër*
terrific (tə'rɪfɪk) BNW • *uitstekend*; *erg goed* • *schrikbarend*
terrifically (tə'rɪfɪklɪ) BIJW *verschrikkelijk*
terrified ('terɪfaɪd) BNW *doodsbang* ★ ∼ of *doodsbang voor* ★ ∼ at *ontsteld over*
terrify ('terɪfaɪ) OV WW • *doodsbang maken* • *doen schrikken* ★ he was terrified into signing the contract *hij werd zo geïntimideerd dat hij het contract tekende*
terrifying ('terɪfaɪɪŋ) BNW • *afschuwelijk* • *geweldig*
territorial (terɪ'tɔːrɪəl) I ZN *soldaat van de vrijwillige landweer* II BNW • *territoriaal* • *land-*; *grond betreffende*
territory ('terɪtərɪ) ZN • *territorium*; *gebied* • ECON. *rayon* • USA *gebied dat nog niet alle rechten v.e. staat heeft* ★ mandated ∼ *mandaatgebied*
terror ('terə) ZN • *angst*; *paniek* • *terreur*; *verschrikking* • *pestkop* • IRON. holy ∼ *schrik van de familie* ‹persoon›
terrorism ('terərɪzəm) ZN *terrorisme*
terrorist ('terərɪst) I ZN *terrorist* II BNW *terroristisch* ★ ∼ attack *terroristische aanslag*
terrorize ('terəraɪz) OV WW *terroriseren*
terror-stricken BNW *hevig verschrikt*
terse (tɜːs) BNW *kort*; *beknopt*
tertian ('tɜːʃən) BNW ★ ∼ fever *derdendaagse koorts*
tertiary ('tɜːʃərɪ) I ZN • *het tertiaire tijdvak* • *lid v.d. Derde Orde* II BNW • *tertiair* • *v.d. Derde Orde*
terylene ('terɪliːn) ZN *synthetische textielvezel*
tessellated ('tesəleɪtɪd) BNW *met mozaïek(en) ingelegd*; *ingelegd*
tessellation (tesə'leɪʃən) ZN *mozaïekwerk*
test (test) I ZN • *test* • *proef(werk)*; *tentamen* • *wedstrijd* • *beproeving* • *toets(steen)* • SCHEIK. *reagens* • *schaal* ‹v. bep. dieren› ★ mental test *intelligentietest* ★ put to the test *op de proef stellen* ★ oral/written test *mondelinge/schriftelijke overhoring* II OV WW • *beproeven*; *op de proef stellen* • *toetsen* • MED. *onderzoeken* ★ test the water(s) *de stemming peilen*
testament ('testəmənt) ZN *testament*
testamentary (testə'mentərɪ) BNW • *testamentair* • *betrekking hebbende op Oude en Nieuwe Testament*
testator (te'steɪtə) ZN JUR. *erflater*
testatrix (te'steɪtrɪks) ZN JUR. *erflaatster*
test ban ZN *verdrag over het stoppen met nucleaire proeven*
test case ZN • *test*; *testcase* • *proefproces*
tester ('testə) ZN • *klankbord* • *baldakijn* • *iem. die test* • *hemel* ‹v. ledikant›
test flight ZN *testvlucht*
test-fly OV+ONOV WW *proefvlucht maken*; *invliegen v. vliegtuig*
test glass ZN *reageerbuisje*
testicle ('testɪkl) ZN *testikel*; *zaadbal*
testification (testɪfɪ'keɪʃən) ZN *getuigenis*
testify ('testɪfaɪ) I OV WW • *verklaren* • *getuigen van* • ∼ to *getuigen van*; *getuigenis afleggen van* II ONOV WW *getuigen*
testimonial (testɪ'məʊnɪəl) ZN • *getuigschrift* • *huldeblijk*
testimony ('testɪmənɪ) ZN • *getuigenis* • *bewijs*; *verklaring onder ede* • *de Tien Geboden*; *decalogus* ★ bear ∼ against *getuigen tegen*

★ bear ~ to *getuigen van*
test match ZN *testmatch* ⟨bij cricket, rugby⟩
test paper ZN *proefwerk*; USA *handschrift als bewijsstuk*
test pilot ZN *testpiloot*
test tube ZN *reageerbuisje*
test tube baby ZN *reageerbuisbaby*
testy ('testɪ) BNW *prikkelbaar*
tetanus ('tetənəs) ZN *tetanus*; *stijfkramp*
tetchy ('tetʃɪ) BNW *gemelijk*; *prikkelbaar*
tether ('teðə) **I** ZN ● *touw*; *ketting* ⟨v. grazend dier⟩ ● *gebied dat men kan bestrijken* ★ he is at the end of his ~ *hij is uitgepraat*; *hij is ten einde raad* ★ it is beyond my ~ *het gaat m'n begrip te boven* **II** OV WW *vastbinden* ★ she ~ed him by a short rope *ze hield hem kort*
tetrarch ('tetrɑːk) ZN *onderkoning*; *tetrarch*
Teuton ('tjuːtn) ZN ● GESCH. *Teutoon* ● *Germaan*; *Duitser*
Teutonic (tjuː'tɒnɪk) BNW ● *Teutoons* ● *Germaans* ● *Duits*
Texan ('teksən) **I** ZN *Texaan* **II** BNW *v. Texas*; *Texaans*
Tex-Mex I ZN ● *Tex-Mex* ● *Mexicaans-Texaans dialect* **II** BNW *Mexicaans-Texaans* ⟨culinair, muziek⟩
text (tekst) ZN ● *tekst* ● *onderwerp* ★ he stuck to his text *hij wilde v. geen wijken weten*
textbook ('tekstbʊk) ZN ● *leerboek* ● *tekstboek*
textile ('tekstaɪl) **I** ZN *textiel* **II** BNW *geweven*
text message ZN *tekstbericht*; *SMS* ★ send a ~ *een SMS'je versturen*
textual ('tekstʃʊəl) BNW ● *letterlijk* ● *m.b.t. de tekst*
texture ('tekstʃə) ZN ● *weefsel* ● *structuur* ⟨ook fig.⟩; *bouw*
TFT screen ZN *TFT-scherm*
Thai (taɪ) **I** ZN ● *Thai* ● *Thailander* **II** BNW *Thais*; *Thailands*
thalidomide (θə'lɪdəmaɪd) ZN ★ ~ baby *softenonkind*
Thames (temz) ZN *Theems* ⟨rivier⟩ ★ he won't set the ~ on fire *hij heeft het buskruit niet uitgevonden*
than (ðən) VW *dan* ★ larger than *groter dan*
thank (θæŋk) OV WW *(be)danken* ★ ~ you *dank u* ⟨bij aanneming⟩; *alstublieft*; *ga uw gang* ★ no, ~ you *nee, dank u* ⟨bij weigering⟩ ★ IRON. ~ you for nothing! *daar hebben we veel aan (gehad)!* ★ IRON. ~ you for the potatoes *wil je me de aardappels even aangeven* ★ I'll ~ you to mind your own business *bemoei je alsjeblieft met je eigen zaken*
thankee (θaeŋ'kiː) TW *bedankt!*
thankful ('θæŋkfʊl) BNW *dankbaar*
thankless ('θæŋkləs) BNW *ondankbaar*
thanks (θæŋks) ZN MV *dank* ★ many ~! *dank je wel!* ★ give/return ~ *danken* ⟨aan tafel⟩ ★ we received your letter with ~ *in dank ontvingen wij uw schrijven* ★ small ~ we had for it *we kregen stank voor dank* ★ ~ to your stupidity *als gevolg van jouw domheid*
thanksgiving ('θæŋksɡɪvɪŋ) ZN *dankzegging*
Thanksgiving ZN → **Thanksgiving Day**
Thanksgiving Day ('θæŋksɡɪvɪŋ deɪ) ZN *Thanksgiving Day* ⟨feestdag in USA en Canada⟩

thank-you speech ZN *dankwoord*
that (ðæt) **I** AANW VNW *dat*; *die* ★ who is that lady? *wie is die dame?* ★ that's that! *dat is dat*; *dat is klaar!* ★ that's right! *in orde!* ★ don't talk like that *zó moet je niet praten* ★ go, that's a good boy *ga maar, dan ben je een brave jongen* ★ he has that trust in you *hij heeft zoveel vertrouwen in je* ★ put that and that together *breng de dingen met elkaar in verband* ★ there was that in his manner *hij had iets in zijn optreden* ★ they did that much (at least) *zóveel hebben ze (in ieder geval) gedaan* **II** BETR VNW *die*; *dat*; *welk(e)*; *wat* ★ the book that I sent you *het boek dat ik je gezonden heb* ★ Mrs. Smith, Helen Burns that was *Mevr. Smith, geboren Helen Burns* **III** VW ● *dat* ● *opdat*
thatch (θætʃ) **I** ZN ● *(dak)stro* ● *rieten dak* ● INFORM. *dik hoofdhaar* **II** OV WW *met riet dekken*
thatcher ('θætʃə) ZN *rietdekker*
thatching ('θætʃɪŋ) ZN *dekriet*
thaw (θɔː) **I** ZN *dooi* **II** OV+ONOV WW *(doen)(ont)dooien*
the (ði) LW *de*; *het* ★ the more so as *te meer omdat* ★ he is the man for it *hij is dé man ervoor* ★ the more ..., the less ... *hoe meer ..., des te minder ...* ★ all the better *des te beter* ★ the stupidity! *wat stom!*
theatre ('θɪətə), **theater** ZN ● *theater*; *schouwburg* ● *toneel* ● *aula* ● *operatiezaal* ● *dramatische literatuur/kunst* ★ ~ of war *front* ★ MED. operating ~ *operatiekamer/-zaal*
theatregoer ('θɪətəɡəʊə) ZN *schouwburgbezoeker*
theatre seat ZN *klapstoel*
theatrical (θɪ'ætrɪkl) **I** ZN *acteur* **II** BNW *theatraal*; *toneel-*
theatricals (θɪ'ætrɪklz) ZN MV ● *toneel(zaken)* ● FIG. *vertoning* ★ private ~ *amateurtoneel*
thee (ðiː) PERS VNW OUD. *U*
theft (θeft) ZN *diefstal*
their (ðeə) BEZ VNW *hun*; *haar*
theirs (ðeəz) BEZ VNW *de/het hunne*; *hare* ★ she was a friend of ~ *zij was één v. hun vrienden* ★ it is not ~ to judge *het is niet aan hen om te oordelen*
theist ('θiːɪst) ZN *theïst*
theistic(al) (θiː'ɪstɪk(l)) BNW *theïstisch*
them (ðəm) PERS VNW *hen*; *hun*; *haar*; *ze*; *zich*
thematic (θɪ'mætɪk) BNW *thematisch*; *naar onderwerp gerangschikt* ★ ~ vowel *themavocaal*
theme (θiːm) ZN ● *onderwerp* ● *oefening*; *thema* ● TAALK. *thema*; *stam*
theme park ZN *amusementspark* ⟨rond één thema⟩
theme song ZN *titellied* ⟨v.e. film e.d.⟩; *herkenningsmelodie*
themselves (ðəm'selvz) WKD VNW *zich(zelf)* ⟨meervoud⟩
then (ðen) **I** ZN ● *by then tegen die tijd* ★ not till then *toen pas* ★ till then *tot die tijd* ★ every now and then *nu en dan* **II** BNW ● *the then King de toenmalige koning* **III** BIJW *daarop*; *toen*; *daarna*; *vervolgens* ★ then and there *direct*; *op staande voet* **IV** VW *dan* ★ if you didn't like it, then you should have gone *als je 't niet leuk*

vond, dan had je (maar) moeten gaan
thence (ðens) BIJW *vandaar; om die reden*
thenceforth (ðens'fɔ:θ), **thenceforward** BIJW *van die tijd af*
theocracy (θɪ'ɒkrəsɪ) ZN *theocratie*
theocratic (θɪə'krætɪk) BNW *theocratisch*
theologian (θɪə'ləʊdʒɪən) ZN *theoloog; godgeleerde*
theologic(al) (θɪə'lɒdʒɪk(l)) BNW *theologisch; godgeleerd*
theology (θɪ'ɒlədʒɪ) ZN *theologie; godgeleerdheid*
theorem ('θɪərəm) ZN *theorema; stelling*
theoretic(al) (θɪə'retɪk(l)) BNW *theoretisch*
theoretician (θɪərə'tɪʃən) ZN *theoreticus*
theoretics (θɪə'retɪks) ZN MV *theorie*
theorist ('θɪərɪst) ZN *theoreticus*
theorize ('θɪəraɪz) ONOV WW *theoretiseren*
theory ('θɪərɪ) ZN *theorie*
therapeutic (θerə'pju:tɪk) BNW *therapeutisch; geneeskrachtig*
therapeutics (θerə'pju:tɪks) ZN MV *therapie; therapeutiek*
therapist ('θerəpɪst) ZN *therapeut*
therapy ('θerəpɪ) ZN *therapie; behandeling*
there (ðeə) BIJW • *daar; er* • *daarheen* ★ INFORM. I've been ~ *ik weet er alles van* ★ he's not all ~ *hij is niet goed wijs* ★ it's neither here nor ~ *'t raakt kant noch wal* ★ ~ *and then* op staande voet ★ ~'s a game! *dat is nog eens spel!* ★ ~, ~! *kom, kom, rustig maar!* ★ ~'s a dear *je bent een beste meid* ★ ~ you are! *dáár ben je!; precies!* ⟨als bevestiging⟩; *alsjeblieft!* ⟨ter demonstratie⟩ ★ ~ it is *het is nu eenmaal niet anders* ★ from ~ *daarvandaan* ★ near ~ *daar in de buurt*
thereabouts ('ðeərəbaʊts) BIJW • *in de buurt* • *daaromtrent*
thereafter (ðeər'ɑ:ftə) BIJW • OUD. *daarna* • OUD. *daarnaar*
thereat (ðeər'æt) BIJW *daarop; daarnaar; bovendien*
thereby (ðeə'baɪ) BIJW • *daarbij* • *daardoor*
therefor (ðeə'fɔ:) BIJW OUD. *daarvoor*
therefore ('ðeəfɔ:) BIJW • *daarom* • *bijgevolg; dus*
therein (ðeər'ɪn) BIJW *daarin; erin*
thereof (ðeər'ɒv) BIJW *daarvan; ervan*
thereupon (ðeərə'pɒn) BIJW *daarna*
therm (θɜ:m) ZN *bepaalde warmte-eenheid*
thermal ('θɜ:ml) I ZN *thermiek* II BNW *warmte-* ★ ~ underwear *warmte-isolerend ondergoed* ★ LUCHTV. ~ barrier *warmtebarrière; warmtegrens*
thermic ('θɜ:mɪk) BIJW • *warmte-* • *heet* ⟨bron⟩
thermionic (θɜ:mɪ'ɒnɪk) BNW ★ ~ valve *radiolamp*
thermodynamics (θɜ:məʊdaɪ'næmɪks) ZN MV *thermodynamica*
thermometer (θɜ:'mɒmɪtə) ZN *thermometer*
thermonuclear (θɜ:məʊ'nju:klɪə) BNW *thermonucleair* ★ ~ bomb *waterstofbom*
thermoplastic (θɜ:məʊ'plæstɪk) BNW *thermoplast(isch)*
Thermos ® ('θɜ:məs) ZN *thermosfles*
thermostat ('θɜ:məstæt) ZN *thermostaat*
thermostatic (θɜ:mə'stætɪk) BNW ★ ~ control *(regeling met een) thermostaat*

thesaurus (θɪ'sɔ:rəs) ZN • *thesaurus; lexicon* • FIG. *schatkamer*
these (ði:z) AANW VNW *deze* ★ I've lived here ~ 3 years *ik woon hier al 3 jaar*
thesis ('θi:sɪs) ZN • *dissertatie* • *te verdedigen stelling* • LIT. *onbeklemtoond deel v.e. versvoet*
thews (θju:z) ZN MV *(spier)kracht; spieren*
thewy ('θju:ɪ) BNW *gespierd*
they (ðeɪ) PERS VNW *zij, ze* ⟨meervoud⟩; *men* ★ as they say *naar men zegt*
thick (θɪk) I ZN • *dikte* • INFORM. *domoor* • *hoogtepunt* • *kritieke deel van* ★ the ~ of the battle *'t heetst v.d. strijd* II BNW + BIJW • *dik* • *dicht begroeid* • *onduidelijk klinkend door slechte articulatie* • *dom* • FIG. *sterk; kras* • FIG. *schuin* ★ ~ type *vette letter* ★ they are very ~ together *ze zijn dikke vrienden* ★ ~ with bushes *vol struiken* ★ INFORM. lay it on ~ *drukte maken over; overdrijven* ★ speak ~ /with a ~ tongue *moeilijk spreken* ★ that's rather ~ *dat is (nogal) kras; dat is nogal schuin*
thicken ('θɪkən) OV WW • *verdikken* • *dikker/ talrijker worden* • *binden* ⟨v. saus, jus, soep⟩ ★ ~ing of the arteries *slagaderverkalking*
thickener ('θɪkənə) ZN *bindmiddel*
thicket ('θɪkɪt) ZN *struikgewas*
thick-faced (θɪk'feɪst) ZN *vette letter* ⟨type⟩
thickhead ('θɪkhed) ZN *domoor*
thickheaded (θɪk'hedɪd) BNW • *dikkoppig* • *dom*
thickly ('θɪklɪ) BIJW *met zware tong sprekend; moeilijk sprekend*
thickness ('θɪknəs) ZN • *dikte* • *laag*
thickset (θɪk'set) I ZN • *dichte haag* • *soort stof* II BNW • *dicht beplant* • *gedrongen* ⟨v. figuur⟩ • *sterk gebouwd*
thick-skinned BNW • *dikhuidig* ⟨ook fig.⟩ • *met brede rug* ⟨fig.⟩
thief (θi:f) ZN *dief*
thief-proof BNW *inbraakvrij*
thieve (θi:v) ONOV WW *stelen*
thievery ('θi:vərɪ) ZN *dieverij*
thieving ('θi:vɪŋ) ZN *diefstal*
thievish ('θi:vɪʃ) BNW *diefachtig*
thigh (θaɪ) ZN *dij*
thimble ('θɪmbl) ZN • *vingerhoed* • *dopmoer*
thimbleful ('θɪmblfʊl) ZN *vingerhoedje; heel klein beetje*
thin (θɪn) I BNW • *dun* • *mager* • *ijl* ⟨lucht⟩ • *doorzichtig* ★ thin excuse *pover excuus* ★ we had a thin time *we hadden het niet breed* ★ a thin joke *flauwe grap* ★ that's too thin *dat is al te doorzichtig* ★ thin ice *gevaarlijk terrein* ⟨figuurlijk⟩ ★ a thin attendance *geringe opkomst* II OV+ONOV WW • *dunner worden; verdunnen* • *vermageren* • ~ off *langzaam minder worden*
thine (ðaɪn) BEZ VNW • OUD. *uw; van u* • OUD. *de/ het uwe*
thing (θɪŋ) ZN • *ding; zaak; iets* • *wezen(tje)* ★ for one ~ ... for another ... *enerzijds ... anderzijds ...* ★ for one ~ he is stupid, for another he is clumsy *ten eerste is hij dom, ten tweede is hij onhandig* ★ neither one ~ nor another *noch dit, noch dat* ★ poor ~ *arm schepsel/schaap* ★ dear old ~ *(beste) jongen/meid* ★ dumb ~s

stomme dieren ★ he takes ~s too seriously *hij neemt het te zwaar op* ★ INFORM. I am not feeling at all the ~ *ik voel me niet in orde/goed* ★ ~s real *eigendom* ★ ~s English *wat op Engels betrekking heeft* ★ see ~s *hallucinaties hebben* ★ he knows a ~ or two *hij is bij de tijd* ★ the first ~ we did *het eerste dat we deden* ★ they made a good ~ of it *ze verdienden er een aardige duit aan* ★ how are ~s at home? *hoe gaat 't thuis?* ★ that ~ Smith *die S.; die vent van Smith* ★ the latest ~ in shoes *'t laatste snufje op 't gebied v. schoenen* ★ she had done any old ~ *ze had 't alles bij de hand gehad* ★ first ~s first *wat 't zwaarst is moet 't zwaarst wegen* ★ it is not quite the ~ *'t is niet zoals het hoort* ★ INFORM. no great ~s *niet veel zaaks*

think (θɪŋk) I ZN • just have a ~ about it *denk er 'ns even over na* II OV WW • *vinden; achten* • *geloven* • *z. herinneren* • *nadenken over* • *bedenken* • *denken* • ~ no harm *geen kwaad vermoeden* • ~ better of *z. bedenken* • I ~ you're right *ik geloof dat je gelijk hebt* • ~ **out** *uitdenken; ontwerpen (plan)* • ~ **over** *overdenken* • USA ~ **up** *bedenken; verzinnen* III ONOV WW • *denken* • *z. bedenken (erover) nadenken* • *z. voorstellen* • just ~! *stel je 'ns voor!; denk je 'ns even in!* ★ we ~ not *we denken/vinden v. niet* ★ ~ (alike) with s.o. *het met iem. eens zijn* ★ ~ing power *denkvermogen* ★ ~ hard *ingespannen denken* ★ ~ big *grootschalig denken* ★ ~ to o.s. *bij zichzelf denken* • ~ **about** *denken over* • ~ **of** *denken aan/over/van* ★ ~ little of s.o. *niet veel op hebben met; geen hoge dunk hebben v. iem.* ★ ~ little of s.th. *ergens de hand niet voor omdraaien*

thinkable ('θɪŋkəbl) BNW *denkbaar*
thinker ('θɪŋkə) ZN *denker*
thinking ('θɪŋkɪŋ) I ZN *het denken* ★ way of ~ *zienswijze* ★ put on your ~ cap *denk eens goed na* ★ ~s *gedachten* ★ wishful ~ *hoopvol denken* II BNW *(na)denkend*
thinner ('θɪnə) ZN *thinner; verdunner*
thin-skinned BNW *overgevoelig*
third (θɜːd) I ZN • *derde deel* • *zestigste deel v. seconde* • MUZ. *terts* • JUR. *derde deel v. nalatenschap voor weduwe* II TELW *derde* ★ ~ root *derde machtswortel* ★ ~ time (is) lucky (time) *driemaal is scheepsrecht*
third-class BNW • *derderangs* • *v.d. derde klas(se)*
thirdly ('θɜːdlɪ) BIJW *ten derde*
third-party BNW JUR. *m.b.t. derden* ★ ~ risks *WA-risico*
third-rate BNW *derderangs; inferieur*
thirst (θɜːst) I ZN ★ ~ after/for/of *dorst naar* II ONOV WW ~ after/for *dorsten naar*
thirsty ('θɜːstɪ) BNW *dorstig* ★ be ~ *dorst hebben*
thirteen (θɜːˈtiːn) TELW *dertien*
thirteenth (θɜːˈtiːnθ) TELW *dertiende*
thirtieth ('θɜːtɪəθ) TELW *dertigste*
thirty ('θɜːtɪ) TELW *dertig*
this (ðɪs) AANW VNW *dit; deze* ⟨enkelvoud⟩ ★ this, that and the other *van alles en nog wat* ★ to this day *tot nu toe* ★ from this to A. *v. hier naar A.* ★ it's John this and John that *het is John vóór en John na* ★ this much is true *dit is waar* ★ this is to you! *op je gezondheid!* ★ he can put this and that together *hij kan verband leggen tussen de dingen* ★ this many a day *al vele dagen* ★ this terrible *zo vreselijk* ★ before this *vroeger* ★ they'll be ready by this time *ze zullen nu wel klaar zijn* ★ for all this *niettegenstaande dit alles* ★ it is like this: … *'t zit zo:* …

thistle ('θɪsəl) ZN *distel* ⟨nationaal embleem v. Schotland⟩
thistly ('θɪslɪ) BNW *distelachtig; vol distels*
thither ('ðɪðə) I BNW *gene; verste* II BIJW *derwaarts*
tho' (ðəʊ) BIJW → **though**
thole (θəʊl) ZN *roeipen*
thong (θɒŋ) I ZN • *riem* • ~s *teenslippers* II OV WW *voorzien v. riem; slaan met riem*
thorax ('θɔːræks) ZN • *borstkas; thorax* • *borststuk* ⟨v. insect⟩ • GESCH. *kuras*
thorn (θɔːn) ZN • *doorn; stekel* • Oud-Eng. *letter voor th* ★ it is a ~ in my flesh *het is mij 'n doorn in het oog* ★ sit on ~s *op hete kolen zitten*
thorny ('θɔːnɪ) BNW • *doornachtig; stekelachtig* • *netelig*
thorough ('θʌrə) I BNW • *volkomen* • *grondig* • *degelijk* • *echt* • *doortrapt* ⟨bijv. schurk⟩ ★ a ~ policy *politiek die van geen compromis wil weten* II BIJW *door* III VZ *door*
thoroughbred ('θʌrəbred) I ZN • *volbloed paard* • *zeer beschaafd persoon* • *eersteklas auto, enz.* II BNW • *volbloed; rasecht* • *beschaafd*
thoroughfare ('θʌrəfeə) ZN (*hoofd*)*straat; hoofdweg* ★ no ~ *afgesloten voor verkeer; geen doorgaand verkeer*
thoroughgoing ('θʌrəgəʊɪŋ) BNW *grondig; flink*
thoroughly ('θʌrəlɪ) BIJW *door en door; grondig*
those (ðəʊz) AANW VNW • *die* ⟨meervoud⟩; *zij* ⟨meervoud⟩ • *degenen* ★ there are ~ who say *er zijn er die zeggen*
thou (ðaʊ) PERS VNW OUD. *gij* ⟨enkelvoud⟩; *u*
though (ðəʊ) I BIJW *maar toch; evenwel* ★ I wish you had told me ~ *ik wou toch maar dat je 't me gezegd had* II VW *ofschoon; niettegenstaande* ★ as ~ *alsof*
thought (θɔːt) I ZN • *gedachte* • *oordeel* • *het denken* • *'n klein beetje* ★ at a ~ *ineens* ★ there's a ~! *da's een idee!; daar zeg je wat!* ★ a ~ wider *'n tikje breder* ★ she gave the matter a ~ *ze dacht er eens over na; ze dacht over het geval na* ★ take ~ against *waken voor* ★ take ~ for *zorgen voor* ★ on second ~s *bij nader inzien* ★ have second ~s *naderhand van mening veranderen* ★ at the ~ *bij die gedachte* II WW [verl. tijd + volt. deelw.] → **think**
thoughtful ('θɔːtfʊl) BNW • *nadenkend; bedachtzaam* • *rijk aan oorspronkelijke gedachten* • *attent; tactvol*
thoughtless ('θɔːtləs) BNW *gedachteloos; onnadenkend; nonchalant*
thought-out BNW *weloverwogen* ⟨plan⟩
thought-reader ZN *gedachtelezer*
thousand ('θaʊzənd) TELW *duizend* ★ one in a ~ *één op de duizend* ★ a ~ thanks *duizendmaal dank* ★ a ~ to one *duizend tegen één* ★ the upper ten ~ *de elite*
thousandfold ('θaʊzəndfəʊld) BNW + BIJW *duizendvoudig*

thousandth ('θaʊzənθ) TELW *duizendste*
thraldom ('θrɔ:ldəm) ZN *slavernij*
thrall (θrɔ:l) I ZN *slavernij* ★ ~ of/to *slaaf van* II BNW ★ ~ to *verslaafd aan* III OV WW *tot slaaf maken*
thrash (θræʃ) I OV WW • *slaan; afranselen* • *verpletteren* • *dorsen* II ONOV WW • *stampen* ⟨v. schip⟩ • *slaan* • *rollen* • ~ **about** *wild om zich heen slaan; (zich in allerlei bochten) kronkelen; woelen*
thrashing ('θræʃɪŋ) ZN *pak slaag*
thread (θred) I ZN *draad; garen* ★ he had not a dry ~ on him *hij had geen droge draad aan z'n lijf* ★ ~ and thrum *alles/goed en slecht bij elkaar* ★ his life hangs by a ~ *z'n leven hangt aan een zijden draadje* ★ his coat was worn to a ~ *zijn jas was tot op de draad versleten* ★ USA/PLAT ~s *kleren* II OV WW • *v. schroefdraad voorzien* • *aanrijgen* ⟨kralen⟩; *een draad doen door* • *doorboren* ★ ~ the narrows *moeilijkheden te boven komen* III ONOV WW *draden spannen*
threadbare ('θredbeə) BNW • *(tot op de draad) versleten* • *afgezaagd* ⟨figuurlijk⟩
thready ('θredɪ) BNW • *draderig* • *dun; zwak; versleten*
threat (θret) ZN *bedreiging*
threaten ('θretn) OV WW • *(be)dreigen* • *dreigen met*
threateningly ('θretnɪŋlɪ) BIJW *dreigend*
three (θri:) I ZN *drietal* II TELW *drie* ★ REL. Three in One *Drie-eenheid*
three-cocked ZN ★ ~ hat *steek*
three-cornered BNW • *driehoekig* • *onbeholpen* ★ ~ hat *steek* ★ ~ rip/tear *winkelhaak*
three-decker ZN • *driedekker* • *trilogie*
three-dimensional BNW • *driedimensionaal* • *stereoscopisch* • *naar het leven; net echt*
threefold ('θri:fəʊld) BNW *drievoudig; in drieën; driedelig*
three-legged BNW *met drie poten*
threepence ('θrepəns) ZN *driestuiver(stuk)*
threepenny ('θrepənɪ) BNW • *driestuivers-* • *goedkoop* ⟨figuurlijk⟩; *sjofel*
three-phase BNW ★ ~ current *draaistroom*
three-piece BNW *driedelig*
three-ply BNW *triplex; driedubbel dik*
three-quarter BNW *driekwart*
threescore ('θri:skɔ:) TELW *zestig*
threesome ('θri:səm) ZN • *drietal* • *spel met drieën* ⟨golf⟩; *twee tegen één*
threnody ('θrenədɪ) ZN *klaagzang; lijkzang*
thresh (θreʃ) OV WW *dorsen* ★ ~ out a question *een kwestie grondig bespreken* ★ I'll try to ~ it out *ik zal er achter zien te komen*
thresher ('θreʃə) ZN • *dorser* • *dorsmachine*
threshold ('θreʃəʊld) ZN • *drempel* • *grens(gebied)* ★ on the ~ of *aan de vooravond van*
threw (θru:) WW [verleden tijd] → **throw** *gooide; wierp*
thrice (θraɪs) BIJW OUD. *driemaal; driewerf*
thrice-told BNW *versleten; afgezaagd*
thrift (θrɪft) I ZN • *zuinigheid; spaarzaamheid* • PLANTK. *Engels gras; strandkruid* II OV+ONOV WW *opsparen; besparen; zuinig zijn*
thriftless ('θrɪftləs) BNW *verkwistend*
thrifty ('θrɪftɪ) BNW • *zuinig* • *voorspoedig*

thrill (θrɪl) I ZN • *spanning* • *sensatie* • *ontroering; huivering* • *vertoning waar men koud van wordt* ⟨vnl. v. film⟩ II OV WW *aangrijpen* III ONOV WW • *aangegrepen/ontroerd worden* • *verrukt; zeer enthousiast zijn* • *huiveren* • ~ **through** *doordringen; doortrillen*
thriller ('θrɪlə) ZN *spannende (griezel-, misdaad-, sensatie)roman, -film enz.; thriller*
thrilling ('θrɪlɪŋ) BNW • *spannend* • *sensationeel*
thrive (θraɪv) ONOV WW *gedijen; voorspoed hebben*
thriven (θrɪvən) WW [volt. deelw.] → **thrive**
thriving ('θraɪvɪŋ) BNW • *voorspoedig* • *bloeiend*
throat (θrəʊt) I ZN *keel(gat); strot* ★ cut one's own ~ *z'n eigen glazen ingooien* ★ lie in one's ~ *verschrikkelijk liegen* ★ thrust s.th. down s.o.'s ~ *iem. iets opdringen* ★ it sticks in my ~ *'t zit me dwars* ★ full to the ~ *stampvol* ★ I have it up to my ~ *'t hangt me de keel uit* II OV WW *groef maken in*
throaty ('θrəʊtɪ) BNW • *keel-* • *schor* • *met vooruitstekend strottenhoofd*
throb (θrob) I ZN • *(ge)bons* • *(ge)klop* II ONOV WW • *pulseren; kloppen* ⟨vnl. v.h. hart⟩; *bonzen* ⟨vnl. v.h. hart⟩ • *ronken* ⟨v. machine⟩
throes (θrəʊz) ZN MV • *hevige pijn* • *(barens)weeën* ★ in the ~ of *worstelend met; midden in iets (zittend)*
thrombosis (θrɒm'bəʊsɪs) ZN *trombose*
throne (θrəʊn) I ZN • *troon* • *soevereine macht* II OV WW *op de troon plaatsen*
throng (θrɒŋ) I ZN • *menigte* • *gedrang* II ONOV WW • *z. verdringen* • *opdringen; toestromen*
throstle ('θrɒsəl) ZN • *lijster* • *spinmachine*
throttle ('θrɒtl) I ZN • *strot; keel; luchtpijp* • *smoorklep* • *gaspedaal* ★ open the ~ *gas geven* ⟨motorfiets⟩ II OV WW • *verstikken; smoren; worgen* • *lam leggen* ⟨figuurlijk⟩ III ONOV WW ~ **back/down** *gas minderen*
through (θru:) I BNW *doorgaand;* door- II BIJW • *klaar; er door* • *overal* • *helemaal* ★ it lasted all ~ *'t duurde de hele tijd* ★ wet ~ *doornat* ★ I am ~ *ik ben er door; ik ben klaar;* COMM. *ik heb verbinding* ★ USA I am ~ with you *met jou wil ik niets meer te maken hebben* III VZ • *via* ⟨personen, instanties, enz.⟩ • *door* • *door ... heen* • *door bemiddeling van* ★ it's all ~ them *'t komt door hen*
throughout (θru:'aʊt) VZ *door* ★ ~ the day *de hele dag door*
throughput ('θru:pʊt) ZN • *(totaal van) verwerkte gegevens* • *productie*
throve (θrəʊv) WW [verleden tijd] → **thrive**
throw (θrəʊ) I ZN • *worp; gooi* • *pottenbakkersschijf* • *breuk in aardlaag* ★ let me have a ~ at it *laat me 't eens proberen* II OV WW • *(uit)werpen; (weg)gooien; dobbelen* • *verslaan* • *twijnen; draaien* ⟨hout⟩; *vormen* ⟨aardewerk⟩ • *geven* ⟨feest⟩; *krijgen* ⟨toeval⟩; *maken* ⟨scène⟩ ★ met opzet verliezen ★ they were much ~n together *ze waren vaak bij elkaar* ★ ~ o.s. upon s.o.'s mercy *een beroep doen op iemands medelijden* ★ USA ~ the bull *onzin vertellen* ★ ~ feathers *ruien* ★ ~ the skin *vervellen* ★ ~ a vote *een stem uitbrengen* ★ ~ a kiss *een kushandje toewerpen* ★ they were ~n

idle *ze raakten werkloos; ze kwamen stil te liggen* ⟨fabrieken⟩ ★ ~ o.s. at a woman *een vrouw nalopen* ★ ~ idle *stilleggen; werkloos maken* ★ ~ into French *vertalen in 't Frans* ★ ~ into gear *inschakelen* ★ ~ o.s. into *zich met hart en ziel geven aan* ★ ~ two houses into one *twee huizen bij elkaar trekken* • ~ **about** *heen en weer gooien; smijten* ⟨met geld⟩ • ~ **away** *voorbij laten gaan; weggooien* ★ he ~s himself away on that woman *hij vergooit z. aan die vrouw* ★ it's all ~n away on him *niets is aan hem besteed* • ~ **back** *achteruitwerpen; terugzetten* ⟨met werk⟩; *kenmerken v. voorouders vertonen* ★ he was ~n back on his own resources *hij was helemaal op zichzelf aangewezen* • ~ **by** *weggooien* • ~ **down** *neerwerpen; slopen; vernederen;* USA *verwerpen* • ~ **in** *ingooien; er tussen gooien* ⟨opmerking⟩ ★ ~ in one's hand *'t opgeven* • ~ **off** *uitgooien* ⟨kleren⟩; *opleveren; produceren; uit de mouw schudden; de bons geven; afdanken* • ~ **on** *aanschieten* ⟨kleren⟩ ★ ~ on the brakes *krachtig remmen* • ~ **open** *openstellen* • ~ **out** *er uitgooien; schieten* ⟨bladeren⟩; *afgeven* ⟨hitte⟩; *opperen; verwerpen; in de war brengen* ★ ~ out of gear *uitschakelen* ★ ~n out of work *werkloos* • ~ **over** *in de steek laten* • ~ **to** *dichtgooien* • ~ **up** *opgooien; opschuiven; uitbraken; omhoog steken* ⟨hand⟩; *er aan geven* ★ ~ up one's cards *z. gewonnen geven* III ONOV WW • *gooien* ★ ~ **in** with *z'n lot verbinden met* • ~ **up** *braken*

throwaway ('θrəʊəweɪ) ZN *wegwerpartikel*
throw-away BNW *wegwerp-* ★ ~ remark *opmerking in het wilde weg*
throwback ('θrəʊbæk) ZN • *tegenslag* • *voorbeeld v. atavisme*
thrower ('θrəʊə) ZN • *twijnder* • *vormer* ⟨in pottenbakkerij⟩
throw-in ZN *inworp*
thrown (θrəʊn) WW [volt. deelw.] → **throw** ★ ~-outs *strooibiljetten; uitschot*
throw-off ZN *begin v. jacht/wedstrijd*
thru (θru:) BNW → **through**
thrum (θrʌm) I ZN • *drom* • *einde(n) v. draden v. weefsel* • *draad* • *rafel* • *franje* II OV WW *bedekken/versieren met franje* III OV+ONOV WW • *trommelen* • *krassen* ⟨v. viool⟩ • *neuriën; ronken*
thrush (θrʌʃ) ZN • *lijster* • *spruw*
thrust (θrʌst) I ZN • *stoot* • *steek* ⟨ook fig.⟩ • *aanval* • OUD. *zijwaartse druk* II OV+ONOV WW • *duwen* • *werpen* • *steken* • ~ o.s. in *tussenbeide komen* ★ ~ o.s. upon *zich opdringen* • ~ **from** *ontzetten uit* ⟨rechten⟩ • ~ **through** *doorworstelen*
thruster ('θrʌstə) ZN • *voordringer* • INFORM. *streber* • *(raket)aandrijver*
thud (θʌd) I ZN *doffe slag; plof* II ONOV WW *ploffen; dreunen*
thug (θʌg) ZN *(gewelddadige) misdadiger*
thuggery ('θʌgərɪ) ZN *ruw optreden; geweld(dadigheid)*
thumb (θʌm) I ZN • *duim* ★ rule of ~ *vuistregel* ★ INFORM. ~s up *goed zo!* II OV WW *beduimelen* ⟨v. boek⟩ ★ ~ a lift/ride *een lift (proberen te) krijgen* ★ ~ through a newspaper *een krant doorbladeren*
thumb-fingered ZN *onhandig*
thumbnut ('θʌmnʌt) ZN *vleugelmoer*
thumbtack ('θʌmtæk), **thumb-pin** ZN *punaise*
thump (θʌmp) I ZN • *zware slag* • *stomp* II OV+ONOV WW *beuken; stompen; erop slaan*
thumper ('θʌmpə) ZN *iets ontzaglijks* ⟨vooral een leugen⟩
thumping ('θʌmpɪŋ) BNW *geweldig*
thunder ('θʌndə) I ZN • *donder;* (ban)bliksem ★ ~s of applause *donderend applaus* • blood-and-~ novel *sensatieroman* II ONOV WW *donderen*
thunderbolt ('θʌndəbəʊlt) ZN • *bliksemstraal* • *(ban)bliksem* • *dondersteen*
thunderclap ('θʌndəklæp) ZN *donderslag*
thundercloud ('θʌndəklaʊd) ZN *onweerswolk*
thunderer ('θʌndərə) ZN *donderaar* ★ INFORM. the Thunderer *de Times*
thundering ('θʌndərɪŋ) BNW *kolossaal*
thunderous ('θʌndərəs) BNW *donderend*
thunderstorm ('θʌndəstɔ:m) ZN *onweersbui*
thunderstruck ('θʌndəstrʌk) BNW *(als) door bliksem getroffen*
thundery ('θʌndərɪ) BNW OOK FIG. *dreigend* ★ ~ sky *onweerslucht*
thurible ('θjʊərɪbl) ZN *wierookvat*
Thursday ('θɜ:zdeɪ) ZN *donderdag* ★ REL. Holy ~ *Witte Donderdag*
thus (ðʌs) BIJW • *op deze/die manier; zo; aldus* • *als gevolg van* ★ thus far *tot zo ver*
thwack (θwæk) I ZN *(harde) klap; dreun* II OV WW *een dreun geven*
thwart (θwɔ:t) I ZN • *tegenwerking* • *roeiersbank* II BNW + BIJW *dwars(liggend)* ⟨ook fig.⟩ III OV WW • *dwarsbomen* • *verijdelen* IV VZ OUD. *van de ene naar de andere kant van iets* ⟨literatuur, poëzie⟩
thy (ðaɪ) BEZ VNW OUD. *uw*
thyme (taɪm) ZN *tijm*
thyroid ('θaɪrɔɪd) BNW *schildvormig* ★ ~ (gland) *schildklier*
thyself (ðaɪ'self) WKD VNW OUD. *u zelf*
tiara (tɪ'ɑ:rə) ZN *tiara; diadeem* ★ ~ night *gala-avond* ⟨v. opera⟩
tibia ('tɪbɪə) ZN *scheenbeen*
tic (tɪk) ZN *tic*
tick (tɪk) I ZN • *(ge)tik* • *tekentje* ⟨om aan te strepen⟩ • *krediet* • *(bedden)tijk* • *teek* • *mispunt* • *ogenblik* ★ to the tick *op de seconde af* II OV WW ~ **off** *aanstrepen* ⟨op lijst⟩; *een standje geven* III ONOV WW • *tikken* • ~ **over** *stationair lopen* ⟨v. motor⟩ IV OV+ONOV WW *op de pof kopen*
ticker ('tɪkə) ZN • *strook papier* ⟨v. telegraaftoestel⟩ • IRON. *hart* • PLAT *horloge; klok*
ticker tape ZN *serpentine; ticker-tape* ★ ticker-tape parade *ticker-tape parade*
ticket ('tɪkɪt) I ZN • *kaartje* • *briefje* • *biljet* • *bon* • *bekeuring* • USA *kandidatenlijst v. politieke partij; partijprogram* • PLAT *diploma; brevet* • *paspoort* • MIL. *ontslag* ★ INFORM. that's the ~! *dát is het!* II OV WW • ~ **off** *v. etiket voorzien* • *prijzen* ⟨v. goederen⟩ • *v. kaartje voorzien* • *bekeuren*
ticket-collector ZN *conducteur; kaartjescontroleur*

ticket machine ZN *kaartjesautomaat*
ticket office ZN *plaatskaartenbureau*
ticket window ZN *loket*
ticking ('tɪkɪŋ) ZN *beddentijk*
tickle ('tɪkl) I OV WW • *kietelen* • *amuseren* • ~ **up** *aanzetten*; *opsmukken* II ONOV WW • *jeuken* • *aangenaam aandoen*
tickler ('tɪklə) ZN • *moeilijke kwestie* • *pook* • *hoeveelheid sterke drank* • *zakmes* • *aantekenboekje* • *herinnering*
ticklish ('tɪklɪʃ) BNW • *kittelig* • *netelig*; *teer*; *lastig* • be ~ *niet tegen kietelen kunnen*
tidal ('taɪdl) BNW *getij(den)-* ★ ~ **wave** OOK FIG. *vloedgolf*; *golf van emotie*
tidbit ('tɪdbɪt) ZN USA → **titbit**
tiddler ('tɪdlə) ZN *(klein) visje*
tiddly ('tɪdlɪ) BNW • *aangeschoten*; *beetje tipsy* • *nietig*; *klein*
tiddlywinks ('tɪdlɪwɪŋks) ZN MV *vlooienspel*
tide (taɪd) I ZN • *getij* • OOK FIG. *stroom* • OUD. *tijd* ★ **low/high tide** *laag/hoog tij*; *eb/vloed* ★ **the tide is in** *'t is hoog water* ★ **the tide is out** *'t is laag water* ★ **the tide of events** *loop der gebeurtenissen* ★ **he goes with the tide** *hij gaat met de stroom mee* ⟨figuurlijk⟩ ★ **they worked double tides** *ze werkten dag en nacht* II OV WW • ~ **off** *meevoeren op de stroom* • ~ **over** *te boven komen* ⟨v. tegenslag⟩ III ONOV WW *door de stroom meegevoerd worden*
tidemark ('taɪdmɑːk) ZN *(hoog-/laag-)waterlijn*
tidewater ('taɪdwɔːtə) ZN • *vloedwater* • *kuststrook*
tideway ('taɪdweɪ) ZN *eb* ⟨in stroombed⟩; *vloed*
tidings ('taɪdɪŋz) ZN MV *nieuws*; *bericht(en)*
tidy ('taɪdɪ) I ZN • *gootsteenbakje* • *prullenbakje*; *opbergdoosje*; *werkmandje* ★ **he gave his room a good tidy** *hij ruimde zijn kamer grondig op* II BNW • *netjes*; *proper* • *flink* ⟨v. bedrag⟩ III OV WW • *opruimen* • *in orde brengen* • ~ **away** *wegbergen* • ~ **up** *opruimen*; *opknappen*
tie (taɪ) I ZN • *(strop)das* • *touw(tje)*; *koord* • MUZ. *verbindingsbalk* ⟨in notatie⟩; *boogje* • SPORT *gelijk spel* • USA *lage schoen* • *handenbinder* ⟨aandacht opeisend persoon⟩ ★ **black tie** *smoking* ★ **white tie** *rok(kostuum)*; *avondkleding* II OV WW • *(vast)binden* • *verbinden* • *afbinden* ⟨v. slagader⟩ ★ **tie a knot** *knoop leggen* ★ **tie the knot** *huwelijk sluiten* ★ **tied to time** *gebonden aan tijd* • TECHN. ~ **in** *aansluiten* • ~ **up** *vastmaken*; *vastmeren*; *vastzetten* ⟨v. geld⟩; *verbinden*; *afbinden* ★ **tied up** *druk(bezet)* III ONOV WW • *gelijk aantal punten/stemmen behalen* • USA ~ **up with** *intiem zijn met* • ~ **with** *gelijk staan in wedstrijd met*; *kunnen wedijveren met*
tiebreak ('taɪbreɪk) ZN *beslissende extra game* ⟨tennis⟩
tied (taɪd) BNW *gebonden* ★ **tied cottage** *boerderijtje waarvan de huur wordt betaald met werken* ★ **tied house** *café v.d. brouwerij*
tie-dye OV WW *verven van geknoopte stof*
tie-on BNW *aangeknoopt* ★ ~ **label** *aanhangetiket*
tiepin ('taɪpɪn) ZN *dasspeld*
tier¹ ('tɪə) I ZN • *rij*; *rang* • *medespeler in wedstrijd* II OV WW *in rijen boven elkaar zetten*
tier² ('taɪə) ZN • *band* • USA *schort*

tierce (tɪəs) ZN • *terts* • *wijnmaat*; *vat* • *driekaart* • *derde positie bij schermen* • *officie van derde uur*
tie-up ('taɪʌp) ZN • *verband* • *verwikkeling* • USA *staking* • USA *stilstand*; *(verkeers)opstopping*
tiff (tɪf) I ZN • *slok* • *kwade bui* • *lichte onenigheid* • *ruzietje* ★ **he was in a tiff** *hij voelde zich beledigd* II ONOV WW • *slurpen* • *kwaad zijn*
tig (tɪg) I ZN • *tik* • *krijgertje* II OV WW *tikken* ⟨bij krijgertje⟩
tiger ('taɪgə) ZN • *tijger* • *formidabele tegenstander* ★ FIG. **paper** ~ *papieren tijger* ⟨loos dreigement⟩
tigerish ('taɪgərɪʃ) BNW *tijgerachtig*
tight (taɪt) BNW + BIJW • *stevig* • *dicht* • *vast* • *vol*; *overladen* ⟨v. programma⟩ • *krap* • *proper* • *gespannen* ⟨v. touw⟩ • *schaars* ⟨v. geld⟩ • *moeilijk* ⟨v. situatie⟩ • *zuinig* • *gierig* • *dronken* • *flink* ★ **this coat is a** ~ **fit** *deze jas zit vrij krap* ★ **it was as** ~ **as wax** *er was geen speld tussen te krijgen* ★ **a** ~ **match** *wedstrijd met twee even sterke ploegen* ★ ~ **spot** *netelige situatie* ★ **hold on** ~! *hou je goed vast!* ★ **she kept her son** ~ *ze hield haar zoon kort* ★ **he'll sit** ~ *hij zal voet bij stuk houden*
tighten ('taɪtn) I OV WW • *aanhalen*; *spannen* • *aandraaien* ⟨v. schroef⟩ • *verscherpen* ⟨v. maatregelen⟩ • INFORM. z. *inrijgen* ★ ~ **one's belt** *de buikriem aanhalen* II ONOV WW *krap worden* ⟨v. geldmarkt⟩
tight-fitting BNW *strak zittend*; *nauwsluitend*
tightknit (taɪt'nɪt) BNW *hecht verweven*
tight-lipped BNW *niet bereid een woord los te laten*; *met gesloten lippen*; *zwijgend*
tightness ('taɪtnəs) ZN *gevoel v. beklemming*
tightrope ('taɪtrəʊp) ZN *strakke koord*
tights (taɪts) ZN MV *maillot*; *tricot*; *panty*
tigress ('taɪgrəs) ZN *tijgerin*
tike (taɪk) ZN → **tyke**
tile (taɪl) I ZN • *dakpan* • *tegel* • *draineerbuis* ★ **he has a tile loose** *hij heeft ze niet allemaal op een rijtje* ★ **be on the tiles** *aan de zwier zijn* II OV WW • *met pannen dekken* • *plaveien* • *draineren* • *dekken* ⟨in vrijmetselaarsloge⟩ • *tot geheimhouding binden*
tiler ('taɪlə) ZN • *pannendekker* • *dekker* ⟨v.d. vrijmetselaarsloge⟩
tile window ZN • ~**s** [mv] *elkaar niet overlappende vensters*
tile yard ZN *pannenbakkerij*
tiling ('taɪlɪŋ) ZN • *het (be)tegelen* • *(de) pannen* • *tegels*
till (tɪl) I ZN • *geldlade* • *leem met stenen* ★ **till tapper** *ladelichter* II OV WW *bebouwen* ⟨v. land⟩ III VZ *tot*; *tot aan* ★ USA **ten till nine** *tien voor negen* IV VW *tot(dat)*
tillage ('tɪlɪdʒ) ZN • *(het) bebouwen* • *landbouw* • *gewas* • *geestelijk toezicht*
tiller ('tɪlə) I ZN • *roerpen* • *scheut*; *jonge tak* II ONOV WW *uitlopen*
tilt (tɪlt) I ZN • *aanval* • USA *loonsverhoging* • *huif* • *tent* • *overhelling*; *neiging* • *steekspel* • *ringrijden* ★ **full tilt** *met volle vaart* ★ **at a tilt** *schuin* II OV WW • *doen wippen*; *doen hellen*; *kantelen* • *zeil spannen* • *smeden* ★ **your hat is tilted** *je hoed staat schuin* III ONOV WW • *hellen*

• ringsteken; aan steekspel deelnemen • ~ at aanstormen op • ~ at/with lans breken met; aanval doen op

tilth (tɪlθ) ZN → **tillage**

timber ('tɪmbə) I ZN • hout • bomen • woud • balk • spant ⟨v. schip⟩ • beschoeiing • hekken ⟨bij wedren⟩ • PLAT lucifers ★ ~! van onderen! II BNW houten III OV WW beschoeien

timbered ('tɪmbəd) BNW • van hout • begroeid met hout

timbering ('tɪmbərɪŋ) ZN beschoeiing

timber yard ZN houtloods; houttuin

timbre (tæmbə) ZN timbre

timbrel ('tɪmbrəl) ZN tamboerijn

time (taɪm) I ZN • tijd • periode • keer • gelegenheid • maat ★ time after time keer op keer ★ many a time vaak ★ at one time I thought vroeger dacht ik ★ what a time I had getting it done! wat een moeite kostte het me dat gedaan te krijgen! ★ time and tide wait for no man neem de gunstige gelegenheid waar ★ keep time maat houden; in de pas blijven; op tijd lopen ★ beat time de maat slaan ★ mean time gemiddelde tijd ★ so that's the time of day! dus zo zit 't! ★ I had the time of my life ik heb een geweldige tijd gehad ★ time out of mind onheuglijke tijden ★ two at a time twee tegelijk ★ he knows the time of day hij kent de kneepjes van het vak ★ they had a hot time of it ze zaten lelijk in de klem ★ at the same time tegelijkertijd ★ at times nu en dan ★ at one time eens ★ in time op tijd; na verloop v. tijd; in de maat ★ by that time tegen die tijd ★ by this time zo zoetjes aan; ongeveer nu ★ for some time to come voorlopig ★ in due time te zijner tijd ★ in time to the music op de maat van de muziek ★ be behind one's time te laat zijn ★ talk against time praten om tijd te winnen ★ (right) on time (precies) op tijd ★ to time precies op tijd ★ USA come to time toegeven ★ out of time te laat; uit de maat ★ time out pauze; korte (spel)onderbreking; time-out ★ for the time being voorlopig ★ for old times' sake uit oude vriendschap ★ behind the times zijn tijd ten achter ★ since time immemorial sinds mensenheugenis ★ do time een gevangenisstraf uitzitten ★ any time elk ogenblik ★ any time! tot uw dienst!; graag gedaan! ★ close time besloten jacht-/vistijd ★ it's your time now nu heb je de gelegenheid ★ in the nick of time net op tijd ★ serve one's time in de gevangenis zitten ★ have a good time zich amuseren ★ those were the times! dat was nog eens 'n tijd! ★ time and again keer op keer ★ what's the time? hoe laat is het? ★ time is up de tijd is om ★ give s.o. the time of day iem. volkomen links laten liggen ★ the time of day op dit tijdstip ★ local time locale tijd ★ make/hit the big time een doorslaand succes zijn ★ big time lawyer succesvol advocaat ★ mess up s.th. big time iets gigantisch verknoeien ★ make a good time opschieten; vooruitgang boeken ★ make time with s.o. vreemdgaan met iem. II OV WW • controleren • regelen; vaststellen • controleren ⟨v. horloge⟩ • ~ out indelen III ONOV WW ~ with harmoniëren met

time bomb ZN tijdbom
time clock ZN prikklok
time-consuming BNW tijdrovend
time fuse ZN tijdontsteker
time-honoured ('taɪmɒnəd) BNW • eerbiedwaardig • aloud
timekeeper ('taɪmkiːpə) ZN • uurwerk • tijdwaarnemer
time lag ('taɪmlæg) ZN • tijdsverschil • vertraging
timeless ('taɪmləs) BNW • oneindig • tijdloos
time limit ZN tijdslimiet
timely ('taɪmli) BNW • tijdig; op het geschikte moment • actueel
time payment ZN betaling in termijnen
timepiece ('taɪmpiːs) ZN • klok; horloge
timer ('taɪmə) ZN tijdklokje; (keuken)wekkertje
time-server ('taɪmsɜːvə) ZN opportunist
time-sharing ZN gebruik om beurten ⟨v. gedeeld bezit, m.n. vakantiehuis⟩
time sheet ZN tijdkaart; rooster ⟨v. werkuren⟩
time signal ZN tijdsein/-signaal
time switch ZN tijdschakelaar
timetable ('taɪmteɪbl) I ZN • dienstregeling • rooster II OV WW indelen volgens rooster
time-work ('taɪmwɜːk) ZN werk op tijdloonbasis
time-worn ('taɪmwɔːn) BNW • versleten • afgezaagd
time zone ZN tijdzone
timid ('tɪmɪd), **timorous** BNW • bedeesd; verlegen; timide; bang(elijk)
timidity (tɪ'mɪdətɪ), **timidness** ZN • bedeesdheid; verlegenheid; timiditeit • angst
timing ('taɪmɪŋ) ZN • (het) timen ⟨op de juiste tijd(en) doen⟩ • (het) tijd opnemen • (het) maat houden
timorous ('tɪmrəs) BNW • bang; angstig • timide; schuchter
timpani ('tɪmpənɪ) ZN MV pauken
timpanist ('tɪmpənɪst) ZN paukenist
tin (tɪn) I ZN • tin • blik(je) • trommel • PLAT geld II BNW • tin can blik(je) • tin tack vertind spijkertje ★ tin wedding anniversary tienjarige bruiloft ★ put the tin hat/lid on s.th. iets plotseling afbreken ★ little tin god afgod ★ PLAT tin hat helm III OV WW • vertinnen • inblikken • MUZ. op band of plaat vastleggen
tin-clad ZN gepantserd schip
tincture ('tɪŋktʃə) I ZN • tinctuur • tikje • smaakje • kleur; tint II OV WW kleuren; verven
tinder ('tɪndə) ZN tondel ★ be like ~ opvliegen als buskruit
tinderstick ('tɪndəstɪk) ZN zwavelstokje
tine (taɪn) ZN • tand ⟨v. vork⟩ • tak ⟨v. gewei⟩
tinfoil ('tɪnfɔɪl) I ZN • bladtin • zilverpapier • aluminiumfolie II OV WW bedekken met bladtin
ting (tɪŋ) I ZN getingel II OV+ONOV WW tingelen
tinge (tɪndʒ) I ZN • tint; OOK FIG. kleur • zweem II OV WW een tintje geven
tingle ('tɪŋgl) I ZN tinteling II ONOV WW • tintelen • prikkelen; jeuken • tuiten ⟨v. oren⟩
tingling ('tɪŋglɪŋ) ZN getuit; (het) oorsuizen
tinhorn ('tɪnhɔːn) I ZN USA opschepper II BNW • PLAT ordinair • USA opschepperig
tinker ('tɪŋkə) I ZN • ketellapper • prutser • geknoei II OV WW oplappen III ONOV WW • liefhebberen

tinkerer – to

★ ~ing measures *lapmiddelen* • ~ **at/with** *prutsen aan*
tinkerer ('tɪŋkərə) ZN *knoeier*
tinkle ('tɪŋkl) I ZN • *(het) rinkelen; gerinkel* • JEUGDT. *plasje* II OV+ONOV WW • *tingelen; rinkelen*; JEUGDT. *plasje doen*
tinny ('tɪnɪ) BNW • *blikkerig; schel • derderangs* ★ ~ *car rammelkast*
tin-opener ZN *blikopener*
tinsel ('tɪnsəl) I ZN OOK FIG. *klatergoud* II BNW • *opzichtig • schijn-; vals* III OV WW *versieren met klatergoud*
tint (tɪnt) I ZN *tint* II OV WW *een tint geven*
tinted ('tɪntɪd) BNW *getint; gekleurd*
tinware ('tɪnweə) ZN *tinwaren; blikwaren*
tiny ('taɪnɪ) I ZN *klein kind; kleintje* II BNW *(zeer) klein*
tip (tɪp) I ZN • *eind(je) • punt • topje* ⟨v. vingers⟩ • *mondstuk* ⟨v. sigaret⟩ • *pomerans • oorbel • verguld penseel • fooi • in 't geheim verstrekte inlichtingen; wenk • lichte duw of slag • vuilnisbelt • schuine stand • kiepkar • foefje* ★ *she missed her tip ze miste haar doel* II OV WW • *fooi geven* • PLAT *achteroverslaan* ⟨v. glas drank⟩ • *schrijven* ⟨v. briefje⟩ • *voorspellen • doen hellen; kantelen • doen doorslaan* ⟨v. weegschaal⟩ • *wippen* ⟨met stoel⟩ • *even aanraken* • PLAT *toegooien* ⟨v. geldstuk⟩ • *inlichtingen in 't geheim verstrekken; wenk geven* ★ *tip the balance de doorslag geven* ★ PLAT *tip a man the wink iem. 'n wenk geven* ★ PLAT *tip us a yarn vertel eens wat* • ~ **off** *waarschuwen; een hint geven* • ~ **up** *schuin zetten* III ONOV WW • *hellen • omkantelen*
tip-and-run (tɪpən'rʌn) ZN *bepaalde vorm v. cricket* ★ ~-and-run raid *pijlsnelle luchtaanval*
tip-cart ('tɪpkɑ:t) ZN *kiepkar*
tip-off ZN • *waarschuwing • vertrouwelijke informatie*
tipper ('tɪpə) ZN *kiepauto*
tippet ('tɪpɪt) ZN • *stola • schoudermanteltje*
tipple ('tɪpl) I ZN • *sterke drank* • USA *kiepkar voor kolen* II OV+ONOV WW *pimpelen*
tippler ('tɪplə) ZN *pimpelaar*
tippy ('tɪpɪ) BNW • *woelig* ⟨v. zee⟩ • *met veel bladknoppen • vernuftig • keurig*
tipster ('tɪpstə) ZN *tipgever; informant*
tipsy ('tɪpsɪ) BNW *aangeschoten; dronken*
tiptoe ('tɪptəʊ) I ZN *punt(en) v.d. tenen* ★ *on* ~ *in spanning* II BNW • *op de tenen lopend • gespannen* III ONOV WW *op de tenen lopen/ staan* IV BIJW *op de tenen*
tip-top BNW *uitstekend; prima*
tip-up ('tɪpʌp) BNW • ~ **seat** *klapstoel*
TIR AFK Transport International Routier *internationaal wegtransport*
tirade (taɪ'reɪd) ZN *tirade; scheldkanonnade*
tire (taɪə) I ZN • USA *band* ⟨om wiel⟩ • OUD. *(hoofd)tooi* • USA *schort* II OV WW • *vermoeien • vervelen • tooien* ★ I (got) tired of it *ik werd 't beu* ★ *tire to death dodelijk vervelen; vermoeien* ★ *it makes me tired ik kan 't niet uitstaan* • ~ **out** *afmatten* ★ *tired out doodop* III ONOV WW • ~ **with** *iets/iem. beu worden; vermoeid worden van*
tired ('taɪəd) BNW • *moe • zat; verveeld* ★ *to be*

sick and ~ *het helemaal zat zijn*
tireless ('taɪələs) BNW *onvermoeibaar*
tiresome ('taɪəsəm) BNW *vervelend*
tiro ('taɪrəʊ) ZN → **tyro**
tissue ('tɪʃu:) ZN • *weefsel* ⟨v. stof of organisme⟩ • *zacht papieren doekje; servet*
tissue paper ZN • *zijdepapier • zacht vloeipapier • toiletpapier*
tit (tɪt) ZN • *mees* • VULG. *tiet; tepel* ★ *tit for tat leer om leer* ★ *blue tit pimpelmees*
titan ('taɪtn) I ZN *reus* II BNW → **titanic**
Titan ('taɪtn) ZN *titaan*
titanic (taɪ'tænɪk) BNW *reusachtig; titanisch*
titbit ('tɪtbɪt), USA **tidbit** ZN • *lekker hapje • interessant/pikant nieuwtje*; FIG. *juweeltje; iets moois*
tithe (taɪð) I ZN *tiende deel; tiend* ★ *take* ~s *tienden heffen* II BNW *tiende* • ~ *pig elk tiende varken* ⟨als belasting⟩ III OV WW *tienden betalen/heffen*
tithing ('taɪðɪŋ) ZN • *het heffen v. tienden • tien gezinshoofden • plattelandsdistrict*
titillate ('tɪtɪleɪt) OV WW *strelen; kietelen; prikkelen*
titillating ('tɪtɪleɪtɪŋ) ZN *amusant*
titillation (tɪtɪ'leɪʃən) ZN *prikkeling*
titivate ('tɪtɪveɪt) OV WW (z.) *opsmukken*
title ('taɪtl) I ZN • *titel • (eigendoms)recht • gehalte* ⟨v. goud⟩ ★ ~ **page** *titelpagina* ★ ~ **role** *titelrol* II OV WW • *betitelen • titel verlenen*
titled ('taɪtld) BNW *getiteld; met titel*
title deed ('taɪtldi:d) ZN *eigendomsakte*
titleholder ('taɪtlhəʊldə) ZN *titelhouder*
titmouse ('tɪtmaʊs) ZN *mees*
titter ('tɪtə) I ZN *gegiechel* II ONOV WW *giechelen*
tittle ('tɪtl) ZN *klein deel* ★ *not one jot or* ~ *geen tittel of jota*
tittle-tattle ('tɪtltætl) I ZN *gebabbel* II BNW *babbelachtig* III ONOV WW *babbelen*
titular ('tɪtʃʊlə) I ZN *titularis* ★ ~ *(saint) schutspatroon* II BNW *titulair; titel-* ★ ~ *character titulaire rol*
tizzy ('tɪzɪ) ZN INFORM. *(zenuwachtige) opwinding* ★ *in a* ~ *nerveus; gejaagd*
T-junction ('ti:dʒʌŋkʃən) ZN • *T-stuk • T-kruising*
tn AFK • *ton ton • town stad*
to (tə) I BIJW ★ *to and fro heen en weer* ★ *the door is to de deur is dicht* II VZ • *naar; tot; aan; tot aan • bij • tegen • in • op • van • om te* ★ *it's drawn to scale 't is op schaal getekend* ★ *he is equal to the occasion hij kan 't wel aan* ★ *your letter came to hand ik heb uw brief ontvangen* ★ *he was appointed to the post hij werd benoemd voor de betrekking* ★ *it fits you to a T 't zit je als gegoten* ★ *she sang to the piano ze zong begeleid op de piano* ★ *here's to you! op je gezondheid!* ★ *hold it to the light houd het tegen 't licht* ★ *that's nothing to him dat stelt voor hem niets voor; dat interesseert hem niets* ★ *ten to one tien tegen één; tien (minuten) voor één* ★ *they had the room to themselves ze hadden de kamer voor zich alleen* ★ *still one week to the end nog één week vóór we zijn 't einde zijn* ★ *there's nothing to him er zit niet veel bij* ★ *there's nothing to it dit klusje stelt niets voor; er steekt geen kwaad in; er is niets*

van waar ⋆ 3 is to 9 as 9 to 27 *3 staat tot 9 als 9 tot 27* ⋆ to the day *op de dag af* ⋆ they rose to a man *ze stonden als één man op* ⋆ it was hot to suffocation *'t was om te stikken* ⋆ USA/REG. to Chapman's *bij Chapman (in de winkel)* ⋆ I should like to go, but I have no time to *ik zou graag gaan, maar ik heb (er) geen tijd (voor)* ⋆ when I come to think of it *wanneer ik er aan denk* ⋆ the room looks to the south *de kamer ziet uit op het zuiden* ⋆ to arms! *te wapen!* ⋆ I told him to his face *ik heb 'm ronduit gezegd dat* ⋆ three to the minute *drie per minuut*

toad (təʊd) ZN • *pad* ⟨dier⟩ • *walgelijk persoon; vuilak*

toadstool ('təʊdstuːl) ZN *paddestoel*

toady ('təʊdɪ) I ZN *gemene vleier* II BNW *padachtig* III OV+ONOV WW *vleien*

toast (təʊst) I ZN • *heildronk* • *persoon op wie men toast* • *geroosterd brood* ⋆ she has him on ~ *zij heeft hem totaal in haar macht* ⋆ as warm as a ~ *lekker warm* ⋆ she was the ~ of the town *zij werd alom gevierd* II OV WW • *roosteren* • *verwarmen* • *dronk instellen op*

toaster ('təʊstə) ZN *broodrooster*

toastmaster ('təʊstmɑːstə) ZN *ceremoniemeester* ⟨bij een diner⟩

tobacco (tə'bækəʊ) ZN *tabak*

tobacconist (tə'bækənɪst) ZN • *sigarenwinkelier* • *sigarenfabrikant*

toboggan (tə'bɒgən) I ZN *bobslee* II ONOV WW *met slede helling afgaan; rodelen*

tocsin ('tɒksɪn) ZN • *alarmbel* • *alarmsignaal* ⟨ook fig.⟩

tod (tɒd) ZN ⋆ on one's tod *in/op z'n eentje*

today (tə'deɪ) BIJW • *vandaag* • *op de dag v. vandaag; tegenwoordig*

toddle ('tɒdl) I ZN *slakkengangetje* II OV WW ⋆ ~ one's way *kuierend afleggen* ⟨v. afstand⟩ III ONOV WW • *onzeker lopen* ⟨v. kind⟩ • *waggelen* • INFORM. *kuieren* • ~ round *komen aanlopen*

toddler ('tɒdlə) ZN *peuter; dreumes*

toddy ('tɒdɪ) ZN • *palmwijn* • *(cognac-/whisky-)grog*

to-do (tə'duː) ZN INFORM. *poeha; drukte*

toe (təʊ) I ZN • *teen* • *punt; neus* ⟨v. schoen⟩ ⋆ toe to toe *man tegen man* ⋆ INFORM. toes up *dood* ⋆ INFORM. turn up one's toes *'t hoekje omgaan* II OV WW • *aanraken met tenen* • *van een teen(stuk) voorzien* • ~ out *eruit schoppen* III ONOV WW • ~ in *x-benen hebben* • ~ out *o-benen hebben*

toecap ('təʊkæp) ZN *versterkte neus; neus* ⟨v. schoen⟩

toehold ('təʊhəʊld) ZN *greep; houvast*

toenail ('təʊneɪl) ZN *teennagel*

toff (tɒf) I ZN PLAT *chic/goed gekleed persoon* ⟨'het heertje'⟩ II OV WW PLAT ~ up *opdirken*

toffee ('tɒfɪ) ZN *toffee* ⋆ he couldn't sing for ~ *hij kon absoluut niet zingen*

toffee-nosed ('tɒfɪnəʊzd) BNW *snobistisch*

toffy ('tɒfɪ) ZN *toffee; tahoe*

tofu ('təʊfuː) ZN *tofoe; tahoe*

tog (tɒg) OV WW ~ out *uitdossen*

toga ('təʊgə) ZN *toga*

together (tə'geðə) BIJW • *samen; tegelijk* • *aaneen* ⋆ ~ with *met; alsmede; benevens* ⋆ for days ~ *dagenlang*

togetherness (tə'geðənəs) ZN *saamhorigheid; solidariteit*

toggery ('tɒgərɪ) ZN • PLAT *plunje* • *tuig* ⟨v. paard⟩ • USA *klerenwinkel*

toggle ('tɒgl) I ZN *dwarshoutje; knevel(tje)* II OV WW • *vastmaken (met dwarshoutje in lus e.d.); knevelen* • *aan-/uitschakelen, -zetten*

toggle switch ZN *kip-/tuimelschakelaar*

togs (tɒgz) ZN MV PLAT *plunje* • long togs *burgerkleding v. matroos*

toil (tɔɪl) I ZN *zware arbeid; inspanning* II ONOV WW • *hard werken* • ~ along *z. met moeite voortbewegen* • ~ at *zwoegen aan*

toiler ('tɔɪlə) ZN *zwoeger*

toilet ('tɔɪlət) ZN • *toilet* ⟨wc⟩ • *toilet* ⟨kleding en opmaak⟩

toilet paper ZN *toiletpapier*

toilet roll ZN *closetrol*

toilet set ZN *toiletgarnituur*

toilet-train OV WW *zindelijk maken* ⟨een kind⟩

toilful ('tɔɪlfʊl), **toilsome** BNW • *afmattend* • *zwoegend*

toils (tɔɪlz) ZN MV *netten;* OOK FIG. *strikken*

toil-worn BNW *afgesloofd*

token ('təʊkən) I ZN • *teken* • *bewijs* • *aandenken* • *tegoed-/waardebon* ⋆ by this ~ *evenzo; bovendien* ⋆ in ~ of *ten teken van* II BNW • *symbolisch* • *obligaat* ⋆ ~ payment *symbolisch bedrag ter betaling* ⋆ ~ woman *excuus-Truus*

told (təʊld) WW [verl. tijd + volt. deelw.] → **tell** ⋆ told out *blut; (dood)op* ⋆ 25 all told *25 alles bij elkaar*

tolerable ('tɒlərəbl) BNW • *draaglijk* • *tamelijk*

tolerably ('tɒlərəblɪ) BIJW *draaglijk; redelijk*

tolerance ('tɒlərəns) ZN • *verdraagzaamheid; tolerantie* • *'t dulden* • *speling* ⟨v. machine⟩

tolerant ('tɒlərənt) BNW *verdraagzaam; tolerant*

tolerate ('tɒləreɪt) OV WW *verdragen; toelaten*

toleration (tɒlə'reɪʃən) ZN *verdraagzaamheid*

toll (təʊl) I ZN • *tol(geld)* • *staangeld* • *schatting* • *aandeel* • *gelui; slag* ⟨v. klok⟩ ⋆ toll call *interlokaal gesprek* ⋆ death toll *aantal dodelijke slachtoffers* ⋆ take toll *tol heffen* ⋆ road toll *verkeersongelukken op de weg* II OV WW • *tol heffen* • *luiden* ⟨v. klok⟩ III OV+ONOV WW USA/REG. *lokken* III OV+ONOV WW • *tol heffen* • *luiden* ⟨v. klok⟩

tollhouse ('təʊlhaʊs) ZN *tolhuis*

Tom (tɒm) ZN • *mannetjesdier* • INFORM. *prostitué* ⋆ Tom, Dick and Harry *Jan en alleman;* Jan, Piet en Klaas ⋆ Long Tom *scheepskanon* ⋆ Tom Long *iem. die lang v. stof is* ⋆ Tom Thumb *Klein Duimpje* ⋆ Tom Tiddler's ground *luilekkerland; niemandsland* ⋆ peeping Tom *gluurder*

tomahawk ('tɒməhɔːk) I ZN *indianenstrijdbijl; tomahawk* II OV WW • *doden* • *de grond in boren*

tomato (tə'mɑːtəʊ) ZN • *tomaat* • USA, INFORM. *lekker stuk*

tomb (tuːm) I ZN • *graf* • *grafgewelf* • *(graf)tombe* ⋆ the Tombs *gevangenis; (staats)gevangenis van New York* ⋆ tomb house *grafkelder* II OV WW *begraven*

tombola (tɒm'bəʊlə) ZN *tombola; loterij*

tomboy ('tɒmbɔɪ) ZN *robbedoes; wilde meid*
tombstone ('tu:mstəʊn) ZN *grafsteen*
tomcat ('tɒmkæt) ZN *kater*
tome (təʊm) ZN *boekdeel*
tomfool (tɒm'fu:l) **I** ZN • *hansworst* • *domkop* **II** ONOV WW *z. dwaas aanstellen*
tomfoolery (tɒm'fu:ləri) ZN • *gekke streken* • *flauw gedoe*
Tommy ('tɒmi) ZN • G-B/INFORM. ~ (Atkins) *gewoon soldaat* ⟨bijnaam⟩
tommy gun ('tɒmɪɡʌn) ZN *pistoolmitrailleur*
tommyrot ('tɒmɪrɒt) ZN PLAT *onzin*
tomorrow (tə'mɒrəʊ) BIJW *morgen* ★ ~ morning *morgenochtend* ★ ~ is another day *morgen komt er weer een dag* ★ ~ come never *met sint-juttemis*
tom-tom ('tɒmtɒm) ZN *tamtam* ⟨handtrom⟩
ton (tʌn) ZN • 2240 Eng. pond (± 1016 kg) • USA 2000 Eng. pond (± 907 kg) • *boel; grote hoeveelheid* • (register) ton *scheepston*; ± 2,8 kubieke meter ★ come down on s.o. like a ton of bricks *hevig tegen iemand uitvaren*
tonal ('təʊnl) BNW *de toon betreffend; tonaal*
tonality (tə'nælətɪ) ZN • *toonaard* • *toonzetting*
tone (təʊn) **I** ZN • *toon* • *klank* • *tonus* • *klemtoon* • *gemoedstoestand* • *stemming*; *geest* • *tint* • *cachet* • COMM. engage tone *bezettoon* ★ fundamental tone *grondtoon* **II** OV WW • *kleuren* ⟨v. foto⟩ • *stemmen* ⟨v. instrument⟩ • *de juiste toon aangeven* • ~ **down** *temperen* • ~ **up** *bezielen*
tone control ZN *toonregeling* ⟨bij opname⟩
tone-deaf BNW *zonder muzikaal gehoor*
toneless ('təʊnlɪs) BNW • *toonloos*; *kleurloos* • *slap*
tongs (tɒŋz) ZN MV ★ (pair of) ~ *tang*
tongue (tʌŋ) **I** ZN • *tong* • *spraak* • *taal* • *geblaf* • *klepel* • *messing* ⟨v. plank⟩ • *dissel* ★ ~ in cheek *ironisch; spottend* ⟨v. opmerking⟩ ★ keep a civil ~ in your head! *hou je brutale mond!* ★ she found her ~ *ze kon weer spreken* ★ wag one's ~ *(te veel) kletsen* ★ her ~ is too long for her teeth *ze kletst maar raak* ★ the dog gave ~ *de hond sloeg aan* ★ hold your ~! *hou je mond!* **II** OV WW • MUZ. *staccato spelen* • *likken* **III** ONOV WW • *staccato-effecten produceren* • *aanslaan* ⟨v. hond⟩
tongue-tied ('tʌŋtaɪd) BNW • *met te korte tongriem* • *met een mond vol tanden* ⟨figuurlijk⟩
tongue twister ('tʌŋtwɪstə) ZN *lastig uit te spreken woord(en)*
tongue-wagging ZN *gekwebbel*
tonic ('tɒnɪk) **I** ZN • *tonicum; versterkend middel* • *tonic* ⟨frisdrank⟩ • MUZ. *grondtoon* **II** BNW • *toon-* • *versterkend* • *opwekkend* • *spankracht gevend* ★ ~ accent *klemtoon*
tonight (tə'naɪt) BIJW • *vanavond* • *vannacht*; *komende nacht*
tonnage ('tʌnɪdʒ) ZN • *tonnenmaat; laadruimte in schip* • *vracht per ton*
tonometer (tə'nɒmɪtə) ZN *stemvork*
tonsil ('tɒnsəl) ZN *(keel)amandel*
tonsillitis (tɒnsɪ'laɪtɪs) ZN *amandelontsteking*
tonsure ('tɒnʃə) ZN *tonsuur; kruinschering*
Tony ('təʊnɪ) ZN *Tony* ⟨theaterprijs in USA⟩
too (tu:) BIJW • *(al) te* • *ook*; *nog wel* ★ too bad erg

jammer ★ bad too! *en ook nog slecht!* ★ she is too too *ze is overdreven (sentimenteel)*
took (tʊk) WW [verleden tijd] → take
tool (tu:l) **I** ZN • OOK FIG. *werktuig*; *gereedschap*; *instrument*; *hulpmiddel* • *stempel* ⟨versiering op boek⟩ • PLAT *penis* • PLAT *stommeling* ★ tools *bestek* **II** OV WW • (*boek*) *voorzien van ingeperste versieringen* • *bewerken* **III** ONOV WW INFORM. *rijden*; *voortrollen* ⟨v. voertuig⟩
toolbar ('tu:lba:) ZN COMP. *werkbalk*
toolbox ('tu:lbɒks), **tool-locker** ZN *gereedschapskist*
tooling ('tu:lɪŋ) ZN *sierdruk*
toot (tu:t) **I** ZN • *getoeter* • USA *slok* • *braspartij* • *dwaas* **II** ONOV WW • *toeteren* • USA *drinken* • *aan de zwier zijn*
tooth (tu:θ) **I** ZN • *tand*; *kies* ★ cut teeth ⟨v. kind enz.⟩ *tanden krijgen* ★ have a sweet ~ *een zoetekauw zijn* ★ fight ~ and nail *uit alle macht/op leven en dood vechten* ★ he spoke through his teeth *hij sprak binnensmonds* ★ in the teeth of the wind *met de wind pal tegen* ★ they cast it in my teeth *ze verweten het mij* ★ in the teeth of these objections *niettegenstaande deze bezwaren* **II** OV WW *v. tanden voorzien*
toothache ('tu:θeɪk) ZN *tandpijn*; *kiespijn*
toothbrush ('tu:θbrʌʃ) ZN *tandenborstel*
toothcomb ('tu:θkəʊm) ZN *stofkam*
toothed (tu:θt) BNW *getand*
tooth fairy ZN *tandenfee* ⟨geeft een dubbeltje voor elke verloren melktand⟩
toothful ('tu:θʊl) ZN *scheutje*; *klein beetje*
toothless ('tʊθləs) BNW *tandeloos*
toothpaste ('tu:θpeɪst) ZN *tandpasta*
toothpick ('tu:θpɪk) ZN • *tandenstoker* • PLAT *bajonet*
toothpowder ('tu:θpaʊdə) ZN *tandpoeder*
toothsome ('tu:θsəm) BNW *smakelijk*
toothy ('tu:θɪ) BNW *getand*
tootle ('tu:tl) **I** ZN *getoeter* **II** ONOV WW *toeteren*
top (tɒp) **I** ZN • *top* • *kruin* • *deksel* • *dop* ⟨v. vulpen⟩ • *oppervlakte* • *tafelblad* • *bovenleer* ⟨v. schoen⟩ • *hoofd* ⟨v.h. gezin⟩ • *kap* ⟨v. rijtuig⟩ • *mars* ⟨v. schip⟩ • *tol* ⟨speelgoed⟩ ★ at the top of the page *bovenaan de bladzijde* ★ without top or tail *zonder kop of staart* ★ at the top of one's voice *uit volle borst* ★ on (the) top of the bus *boven in de bus* ★ on top of it all *tot overmaat v. ramp* ★ the tops *het allerbeste* ★ over the top *overdreven*; *extravagant* ★ big top *circustent* • FIG. on top of the world *in de zevende hemel* • black top *asfaltlaag* ★ curly top *krullenbol* **II** BNW • *bovenste* • *voornaamste* **III** OV WW • *bedekken* • *v. top voorzien* • *voltooien* • *groter zijn dan* • *overtreffen* • *de top bereiken* ★ to the top it all he failed *tot overmaat v. ramp lukte het hem niet* ★ he has topped it off *hij heeft 't voltooid* • ~ **up** *opladen* ⟨v. accu⟩; *bijvullen*
topaz ('təʊpæz) ZN • *topaas* • *topaaskolibrie* ★ false ~ *gele kwarts*
topcoat ('tɒpkəʊt) ZN • *overjas* • *bovenste verflaag*
top-drawer I ZN • *bovenste la* • FIG. *de hogere kringen* **II** BNW *hooggeplaatst*; *vooraanstaand*; *van goeden huize*

tope (təʊp) ONOV WW OUD. *pimpelen*
topee ('təʊpiː), **topi** ZN *tropenhelm*
toper ('təʊpə) ZN *pimpelaar*
top-flight BNW *eersteklas; beste; hoogste*
top hat ZN *hoge hoed*
top-heavy (tɒp'hevi) BNW OOK FIG. *topzwaar*
top-hole BNW INFORM. *prima*
topiary ('təʊpɪərɪ) BNW ★ PLANTK. ~ work *vormsnoei*
topic ('tɒpɪk) ZN *onderwerp v. gesprek*
topical ('tɒpɪkl) BNW • *actueel* • *plaatselijk* • *uitwendig* ⟨v. geneesmiddel⟩ ★ ~ song *actueel lied*
topicality (tɒpɪ'kælətɪ) ZN *actualiteit*
top-knot ('tɒpnɒt) ZN *haarknot/strik boven op hoofd*
topless ('tɒpləs) BNW *zonder bovenstukje; met blote borsten; topless*
topman ('tɒpmən) ZN • *hoge piet* • SCHEEPV. *marsgast*
topmost ('tɒpməʊst) BNW *bovenste*
top-notch ('tɒp'nɒtʃ) ZN *toppunt*
topography (tə'pɒɡrəfɪ) ZN *topografie; plaatsbeschrijving*
topper ('tɒpə) ZN • INFORM. *topper* ⟨geweldig goed iets of iemand⟩ • INFORM. *goeie vent* • INFORM. *hoge hoed* • PLAT *peukje van sigaar*
topping ('tɒpɪŋ) I ZN *toplaag* II BNW *tiptop; verrukkelijk* • USA *uit de hoogte*
topple ('tɒpl) I OV WW ~ down/over *omvergooien* II ONOV WW ~ down/over *omvallen*
top-ranking BNW *hooggeplaatst; elite-*
top-sawyer ZN • *bovenste v. twee zagers* • *hoge piet*
top-secret BNW *strikt geheim*
topside ('tɒpsaɪd) ZN *deel v. scheepszij boven waterlijn*
topsoil ('tɒpsɔɪl) ZN *bovengrond; toplaag*
topspin ('tɒpspɪn) ZN SPORT *topspin* ⟨tennis⟩
topsy-turvy (tɒpsɪ'tɜːvɪ) I ZN *verwarring* II BNW • *omgekeerd* • *in de war* III BIJW *op z'n kop*
top-up ('tɒpʌp) ZN PLAT *afzakkertje*
top-up card ZN *prepaid-kaart*
toque (təʊk) ZN *dameshoed; dopje*
tor (tɔː) ZN • *spitse heuvel* • *rotsachtige piek*
torch (tɔːtʃ) ZN *fakkel; toorts* ★ carry a/the ~ for s.o. *(onbeantwoorde) liefde voor iem. koesteren* ★ electric ~ *elektrische zaklantaarn*
torchlight ('tɔːtʃlaɪt) ZN *licht v.e. zaklantaarn* • *fakkel* ★ ~ procession *fakkeloptocht*
tore (tɔː) WW [verleden tijd] → **tear**[1]
torment[1] ('tɔːment) ZN *marteling* ⟨emotioneel, psychologisch⟩; *kwelling; plaag*
torment[2] (tɔː'ment) OV WW *martelen; kwellen*
tormentor (tɔː'mentə) ZN *beul; kwelgeest*
torn (tɔːn) WW [volt. deelw.] → **tear**[1]
tornado (tɔː'neɪdəʊ) ZN *wervelstorm; tornado*
torpedo (tɔː'piːdəʊ) I ZN • *torpedo* • *sidderrog* II OV WW *torpederen*
torpedo boat ZN ★ torpedo-boat destroyer *torpedo(boot)jager*
torpedo tube ZN *torpedolanceerbuis*
torpid ('tɔːpɪd) BNW • *verstijfd* • *in de winterslaap verkerend* • *traag*
torpidity (tɔː'pɪdətɪ) ZN • *traagheid* • *verdoving* • *apathie* • *gevoelloosheid*
torpor ('tɔːpə) ZN *apathie*
torque (tɔːk) ZN TECHN. *torsie*
torrent ('tɒrənt) ZN *stroom; stortvloed* ⟨ook fig.⟩ ★ it's coming down in ~s *'t regent dat 't giet*
torrential (tə'renʃəl) BNW *als een stortvloed*
torrid ('tɒrɪd) BNW • *door de zon verzengd* • *zeer heet* ★ ~ zone *tropische zone; hete luchtstreek*
torsion ('tɔːʃən) ZN *torsie; draaiing*
torsional ('tɔːʃənl) BNW *gedraaid*
torso ('tɔːsəʊ) ZN *torso; tors*
tort (tɔːt) ZN JUR. *onrechtmatige daad*
tortoise ('tɔːtəs) ZN *(land)schildpad*
tortoiseshell ('tɔːtəʃel) ZN • *schild v. bepaalde schildpadden* • *lapjeskat* • *geel, oranje en zwart gekleurde vlinder*
tortuous ('tɔːtʃʊəs) BNW • *gedraaid; verwrongen* • *slinks*
torture ('tɔːtʃə) I ZN *foltering, tortuur; marteling; kwelling* ★ death by ~ *marteldood* II OV WW • *martelen; folteren; kwellen* • *verdraaien* ⟨v. woorden⟩
torturer ('tɔːtʃərə) ZN • *folteraar* ⟨iem. die martelt⟩; *kwelgeest* • *verdraaier*
Tory ('tɔːrɪ) ZN • *lid v.d. Engelse Conservatieve Partij* • *conservatief* • USA *Britsgezinde*
Toryism ('tɔːrɪɪzəm) ZN *conservatisme*
tosh (tɒʃ) ZN • INFORM. *rommel* • INFORM. *kletspraat* • SPORT *gemakkelijke bal* ⟨bij cricket⟩
toss (tɒs) I ZN *(op)gooi* ⟨v.e. munt⟩ II OV WW • *de lucht in gooien* • *om iets opgooien; tossen* ⟨kruis of munt gooien⟩ ★ she tossed her head *ze wierp 't hoofd in de nek* ★ toss oars *riemen v. boot opsteken als groet* • INFORM. ~ down/off *achterover slaan* ⟨v. glas drank⟩ • ~ up *opgooien* III OV+ONOV WW • *slingeren* • *dobberen* • ~ about *heen en weer slingeren; woelen* ⟨in bed⟩
tosspot ('tɒspɒt) ZN INFORM. *zuiplap*
toss-up ('tɒsʌp) ZN *(op)gooi* ★ it's a ~ *'t is 'n twijfelachtig geval*
tot (tɒt) I ZN • *klein kind; hummeltje* • *borreltje; glaasje* • *optelsom* II OV WW • INFORM. *optellen* • ~ up *optellen* III ONOV WW • INFORM. *bedragen* • ~ up *oplopen tot*
total ('təʊtl) I ZN *totaal; geheel* II BNW *totaal; volslagen* III ONOV WW *bedragen* ★ the men ~ed one hundred *het aantal mannen bedroeg honderd*
totalitarian (təʊtælɪ'teərɪən) BNW *totalitair* ⟨vnl. van regime⟩
totalitarianism (təʊtælɪ'teərɪənɪzəm) ZN *totalitarisme* ⟨dictatoriale staatsvorm⟩
totality (təʊ'tælətɪ) ZN • *totaliteit* • *totaal bedrag*
totalizator ('təʊtəlaɪzeɪtə) ZN *toto*
totalize ('təʊtəlaɪz) OV WW *het totaal opmaken van*
tote (təʊt) I ZN INFORM. *totalisator* II OV WW USA *brengen; dragen; vervoeren* ★ tote fair *eerlijk handelen* ★ tote tales *uit de school klappen*
tote bag ZN *grote (boodschappen)tas*
tother ('tʌðə) SAMENTR OUD. the other → **other**
totter ('tɒtə) ONOV WW *waggelen; wankelen* ★ he ~ed to his feet *hij stond wankelend op*
tottery ('tɒtərɪ) BNW *wankel*
totty ('tɒtɪ) ZN PLAT *lekkere wijven*

touch (tʌtʃ) **I** ZN • *aanraking; betasting* • *contact* • *gevoel* • *tikkertje* • *wijze van iets aan te pakken* • *aanslag* ‹op instrument›; *penseelstreek* • OUD. *gehalte; proef; waarmerk* • INFORM. *diefstal* • *deel v. voetbalveld buiten zijlijnen* • *kleine hoeveelheid; ietsje* ★ it was a near ~ *'t hij ontsnapte ternauwernood* ★ I'm no ~ to him *ik kan 't niet halen bij hem* ★ ~ of nature *natuurlijke trek* ★ put to the ~ *op de proef stellen* ★ a ~ and go undertaking *'n riskante onderneming* ★ put the finishing ~ to *de laatste hand leggen aan* ★ it's warm to the ~ *'t voelt warm aan* **II** OV WW • *(aan)raken; (aan)roeren* • *aandoen* ‹v. haven›; *loskrijgen; stelen* • *uitwerking hebben op; betreffen; aankunnen; aantasten* ‹v. metaal› • *toetsen* ‹v. goud› ★ now you ~ the spot *nu leg je de vinger op de wond*; *nu is 't raak* ★ ~ wood *afkloppen* ★ he's ~ed *hij is 'n beetje getikt* ★ ~ the King's/Queen's coin *uit de staatsruif eten* ★ ~ glasses *klinken* ★ you always ~ lucky *jij boft altijd* ★ we couldn't ~ the sums *we konden de sommen onmogelijk maken* ★ ~ed with pity *door medelijden bewogen* ★ the flowers were ~ed with the wind *de bloemen hadden geleden van de wind* • ~ off *ruw schetsen; afvuren* • ~ up *afmaken; bijwerken; retoucheren; met zweep aanraken; opfrissen* ‹v. geheugen› **III** ONOV WW • *raken* • ~ at *aandoen* ‹v. haven› • ~ down *neerkomen; landen* • ~ on *even aanroeren* ‹v. onderwerp›

touch-and-go (tʌtʃən'gəʊ) **I** ZN • *riskante zaak* **II** BNW • *riskant* ‹v. kwestie, zaak› • *onbeslist*

touchdown ('tʌtʃdaʊn) ZN • *landing* ‹v. vliegtuig, ruimteschip› • SPORT *(het) scoren van punt* ‹bij Amerikaans voetbal›

touched (tʌtʃt) BNW • *ontroerd* • INFORM. *maf; gek*

toucher ('tʌtʃə) ZN • *treffer* ★ PLAT it was a near ~ *'t was op 't nippertje*

touching ('tʌtʃɪŋ) **I** BNW • *treffend; roerend* **II** VZ • *aangaande; betreffende*

touch-judge ('tʌtʃdʒʌdʒ) ZN • *grensrechter* ‹rugby›

touchline ('tʌtʃlaɪn) ZN SPORT • *zijlijn* ‹in rugby, voetbal›

touch-me-not ZN • *kruidje-roer-mij-niet* • *taboe*

touchscreen ('tʌtʃskri:n) ZN COMP. • *aanraakscherm*

touchstone ('tʌtʃstəʊn) ZN • *toetssteen; criterium*

touch-type ONOV WW • *blind typen*

touchy ('tʌtʃɪ) BNW • *(over)gevoelig* • *lichtgeraakt* • *teer*

tough (tʌf) **I** ZN USA • *misdadiger* **II** BNW • *taai* • *hardnekkig* • *moeilijk* • *lastig* ‹v. werk, opdracht› • USA *gemeen; misdadig* ★ ~ luck *tegenslag; pech (gehad)* ★ USA PLAT a ~ guy *'n zware jongen*

toughen ('tʌfən) OV+ONOV WW • *hard (doen) worden*

toughness ('tʌfnəs) ZN → **tough**

toupee ('tu:peɪ), **toupet** ZN • *toupet; haarstukje*

tour (tʊə) **I** ZN • *(rond)reis* • *uitstapje* • *tournee* • *ploeg* ‹v. werklieden in diensttijd› ★ tour of duty *diensttijd* ‹voor militairen›; *detachering* **II** OV+ONOV WW • *een (rond)reis maken (door)*

tourism ('tʊərɪzəm) ZN • *toerisme*

tourist ('tʊərɪst) ZN *toerist* ★ ~ ticket *rondreisbiljet* ★ ~ office *VVV-kantoor*

tourist class ZN • *toeristenklasse*

touristic ('tʊərɪstɪ) BNW *toeristisch*

tournament ('tʊənəmənt) ZN *toernooi*

tourney ('tʊənɪ) **I** ZN *toernooi* **II** ONOV WW • *deelnemen aan toernooi*

tousle ('taʊzəl) OV WW • *heen en weer trekken* • *stoeien* • *in de war brengen* ‹v. haar›

tout (taʊt) **I** ZN *zwarthandelaar* ‹in kaartjes› ★ PLAT keep the tout *op de loer liggen* **II** OV WW • *opdringerig aanprijzen* ‹denkbeelden, producten, mensen› • *opdringerig werven* ‹leden, medestanders›

tow (təʊ) **I** ZN • *(sleep)touw* • *sleepboot* • *werk* ‹hennep- en vlasvezels› ★ take in tow *op sleeptouw nemen* **II** OV WW • *slepen; trekken*

towage ('təʊɪdʒ) ZN *sleeploon*

toward ('təʊəd) BNW + BIJW • OUD. *leerzaam* • OUD. *gewillig* • OUD. *aanstaande* • OUD. *aan de hand*

towards (tə'wɔ:dz, tɔ:dʒ) VZ • *in de richting van; naar* • *jegens* • *voor* • *om te* • *tegen*

tow area ZN USA *wegsleepzone*

tow-car ZN *sleepwagen*

towel ('taʊəl) **I** ZN *handdoek* ★ throw in the ~ *de handdoek in de ring werpen; zich gewonnen geven* **II** OV WW PLAT *afranselen* ★ ~ dry *droogwrijven* **III** OV+ONOV WW *(z.) afdrogen*

towel horse, towel rack/rail ZN *handdoekrekje*

towelling ('taʊəlɪŋ) ZN • *badstof* • *'t afdrogen* • PLAT *pak slaag*

towel-roller ZN *handdoek op rol*

tower (taʊə) **I** ZN *toren* ★ the Tower (of London) *de Tower* ★ a ~ of strength *een rots in de branding* **II** ONOV WW *hoog uitsteken boven; z. hoog verheffen*

tower block ZN *torenflat; kantoorflat*

towering ('taʊərɪŋ) BNW • *verheven* • *torenhoog* • *geweldig* ‹v. woede›

tow(ing)-line ('təʊ(ɪŋ)laɪn) ZN • *jaaglijn* • *sleepkabel/-touw*

tow(ing)path ('təʊ(ɪŋ)pɑ:θ) ZN *jaagpad*

towing-vessel ZN *sleepboot*

town (taʊn) ZN • *stad* • *(dichtstbijzijnde) grote gemeente; centrum (v.d. stad)* ★ in town *in de stad* ★ she's come to town *ze heeft naam gemaakt* ★ go (in)to town *de stad ingaan; naar het centrum gaan* • INFORM. go to town on s.th. *zich uitsloven met iets* ★ be out on the town *'n avondje stappen* ★ man/woman about town *wereldwijze man/vrouw*

town clerk ZN *gemeentesecretaris*

town council ZN *gemeenteraad*

townee (taʊ'ni:), **townie** ZN *stedeling; stadsmens*

town hall ZN *stadhuis*

town house ZN *rijtjeshuis*

townscape ('taʊnskeɪp) ZN *stadsgezicht*

townsfolk ('taʊnzfəʊk), **townspeople** ZN *stedelingen*

township ('taʊnʃɪp) ZN • USA/CAN. *gemeente* • *zwart woonoord* ‹Z.-Afrika› • *stadsgebied*

townsman ('taʊnzmən) ZN *stedeling*

townspeople ('taʊnzpi:pl) ZN → **townsfolk**

town twinning ZN *jumelage* ‹vriendschapsband tussen steden›

toxaemia (tɒkˈsiːmɪə), **toxemia** ZN bloedvergiftiging; toxemie

toxic (ˈtɒksɪk) BNW giftig; vergiftigings-; toxisch

toxicity (tɒkˈsɪsəti) ZN giftigheid; toxiciteit

toxicology (ˌtɒksɪˈkɒlədʒi) ZN toxicologie; vergiftenleer

toxin (ˈtɒksɪn) ZN toxine ⟨bacteriële gifstof⟩

toy (tɔɪ) **I** ZN • (stuk) speelgoed • beuzelarij • speelbal **II** ONOV WW • spelen • beuzelen • liefkozen • ~ **with** lichtvaardig omspringen met; z. vermaken met; spelen met ★ I toyed with the idea for a while ik heb even met de gedachte gespeeld

toy dog ZN speelgoedhond; schoothondje

toyshop (ˈtɔɪʃɒp) ZN speelgoedwinkel

trace (treɪs) **I** ZN • (voet)spoor • ontwerp • streng ⟨v. paardentuig⟩ • kleine hoeveelheid ★ a ~ of water 'n klein beetje water ★ kick over the ~s opstandig worden **II** OV WW • volgen • ontwerpen • afbakenen ⟨v. gebied⟩ • nasporen • ~ **back** terugvoeren ★ he ~s his family back to zijn familie gaat terug tot • ~ **out** opsporen • ~ **over** calqueren

traceable (ˈtreɪsəbl) BNW na te gaan ★ ~ **to** terug te brengen tot

tracer (ˈtreɪsə) ZN MIL. lichtspoorkogel

tracery (ˈtreɪsəri) ZN GESCH. traceerwerk in gotiek • op traceerwerk lijkende lijnen ⟨vnl. op insectenvleugel⟩

trachea (trəˈkiːə) ZN luchtpijp

tracheae (trəˈkiːiː) ZN MV → **trachea**

tracing (ˈtreɪsɪŋ) ZN • kopie; doordruk • opsporing

tracing paper (ˈtreɪsɪŋpeɪpə) ZN calqueerpapier

track (træk) **I** ZN • spoor • weg; pad; baan • spoorbaan • race/renbaan • spoorwijdte • uitgestrektheid • nummer op een cd; spoor op een magneetband • rupsband ★ off the ~ het spoor bijster ★ INFORM. make ~s er vandoor gaan ★ keep ~ of s.th. iets in de gaten (blijven) houden ★ INFORM. he dropped off in his ~s hij viel ter plekke neer ★ the beaten ~ de gebruikelijke weg; het platgetreden pad ★ off the beaten ~ weg van de gebaande paden; ongebruikelijk ★ I am on his ~ ik ben hem op 't spoor **II** OV WW • het spoor volgen van; nasporen • slepen ⟨v. boot⟩ • sporen nalaten van/op • ~ **down/out** volgen; opsporen **III** ONOV WW sporen ⟨v. wielen⟩

tracked (trækt) BNW voorzien v. rupsbanden

tracker (ˈtrækə) ZN • opspoorder • speurhond • sleepboot

track event, track meet ZN atletiekwedstrijd

tracking station ZN grondstation ⟨ruimtevaart⟩

trackless (ˈtrækləs) BNW • spoorloos • ongebaand

tracksuit (ˈtræksuːt) ZN trainingspak; joggingpak

trackway (ˈtrækweɪ) ZN • gebaande weg • jaagpad

tract (trækt) ZN • gebied; uitgestrektheid • OUD. periode • ANAT. ademhalings-/spijsverteringsstelsel • verhandeling

tractability (ˌtræktəˈbɪləti) ZN handelbaarheid

tractable (ˈtræktəbl) BNW gemakkelijk te behandelen; volgzaam; gedwee

tractate (ˈtrækteɪt) ZN verhandeling

traction (ˈtrækʃən) ZN • (het) (voort)trekken; tractie • USA stedelijke openbare vervoermiddelen • (samen)trekking ⟨v. spier⟩ ★ lose ~ de grip verliezen

tractional (ˈtrækʃənl) BNW trek-

traction engine ZN landbouwmachine/-trekker

tractor (ˈtræktə) ZN tractor; trekker

trad (træd) AFK traditional traditioneel ⟨vooral v. muziek⟩

trade (treɪd) **I** ZN • (ruil)handel • beroep; vak; ambacht • bedrijf(stak); branche; zaken • (handels)transactie; SPORT transfer ★ by ~ van beroep ★ be in the ~ zaken doen ★ two of a ~ never agree vaklui hebben altijd verschil van mening ★ foreign ~ buitenlandse handel **II** OV WW • ruilen; verhandelen • USA ~ **away/off** verhandelen • USA ~ **in** inruilen **III** ONOV WW • handel drijven • ~ **on** misbruik maken van ⟨iemands goedheid⟩ • ~ **to** handel drijven met ⟨vnl. bep. land⟩

trade commissioner ZN handelsattaché

trade craft ZN vakkennis

trade deficit ZN tekort op de handelsbalans

trade embargo ZN handelsembargo

trade gap ZN tekort op de handelsbalans

trade-in (treɪd-ˈɪn) BNW inruil-

trade list ZN prijscourant

trademark (ˈtreɪdmɑːk) ZN handelsmerk

trade mission ZN handelsmissie

trade name ZN • handelsnaam (v. artikel); merknaam • firmanaam

trade-off ZN • compromis • ruiling

trade price ZN (groot)handelsprijs

trader (ˈtreɪdə) ZN • koopman • koopvaardijschip

trade return ZN handelsstatistiek

tradesfolk (ˈtreɪdzfəʊk) ZN winkeliers

tradesman (ˈtreɪdzmən) ZN winkelier

tradespeople (ˈtreɪdzpiːpl) ZN winkeliers

trades union ZN → **trade union**

trade union, trades union ZN G-B vakbond

trade unionist ZN G-B vakbondslid

trade wind ZN passaatwind

trading (ˈtreɪdɪŋ) ZN handel ★ ~ company handelsonderneming ★ ~ station/post handelsnederzetting; factorij

tradition (trəˈdɪʃən) ZN traditie

traditional (trəˈdɪʃənl) **I** BNW traditioneel **II** ZN MUZ. ≈ volksliedje

traditionally (trəˈdɪʃənli) BIJW traditioneel; traditiegetrouw

traduce (trəˈdjuːs) OV WW lasteren

traducer (trəˈdjuːsə) ZN lasteraar

traffic (ˈtræfɪk) **I** ZN • verkeer • (koop)handel **II** OV+ONOV WW • handeldrijven • verkwanselen

traffic circle ZN USA rotonde

traffic congestion ZN verkeersopstopping

traffic control ZN verkeersregeling

traffic island ZN vluchtheuvel

traffic jam ZN verkeersopstopping

trafficker (ˈtræfɪkə) ZN MIN. handelaar

trafficking (ˈtræfɪkɪŋ) ZN MIN. handel

traffic light ZN verkeerslicht

traffic sign ZN verkeersbord

traffic warden ZN parkeerwacht(er)

tragedian (trəˈdʒiːdɪən) ZN • treurspeldichter • treurspelspeler

tragedienne (trəˌdʒiːdɪˈen) ZN • treurspelschrijfster • treurspelspeelster

tragedy (ˈtrædʒədi) ZN • gebeurtenis • tragedie

• TON. *tragedie; treurspel*
tragic(al) ('trædʒɪk(l)) BNW *tragisch*
tragicomedy (trædʒɪ'kɒmɪdɪ) ZN *tragikomedie*
trail (treɪl) **I** ZN • *gebaand pad* • *spoor* • *aanhangsel* • *sleep* • *staart* • *reeks* • *kruipende tak v. plant* • *sleepnet* ★ on the ~ *op 't spoor* ★ vapour ~ *condensatiestreep v. vliegtuig* ★ off the ~ *'t spoor bijster* **II** OV WW • *slepen* • *(uit)rekken* • INFORM. *voor de gek houden* • *opsporen; volgen* • *plattrappen* ⟨v. gras⟩ **III** ONOV WW • (Z.) *slepen* • *kruipen* ⟨v. plant⟩ • ~ **along** (Z.) *voortslepen* • ~ **away/off** *wegsterven* ⟨v. geluid⟩ • ~ **off** *afdruipen*
trailer ('treɪlə) ZN • *speurhond* • *voorfilmpje* • USA *caravan* • *aanhangwagen* • *oplegger* • *kruipplant*
trailer park ZN USA *camper-/caravanterrein*
trailer truck ZN USA *trekker met oplegger*
trailing ('treɪlɪŋ) BNW ★ ~ wheel *sleepwiel*
train (treɪn) **I** ZN • *trein* • *reeks; rij* • *(na)sleep* • *(lange) staart* • *gevolg* • *lont* • *raderwerk* • by ~ *met de trein* ★ on the ~ *in de trein* ★ miss the ~ *te laat komen; achter het net vissen* ★ in ~ *aan de gang* ★ ~ of thought *gedachtegang* **II** OV WW • *opvoeden; grootbrengen* • *leiden* ⟨v. plant in bep. richting⟩ • *vormen; trainen* • *richten* ⟨v. kanon⟩ • OUD. *lokken* ★ ~ it *per trein gaan* • ~ **up** *inwerken* **III** ONOV WW • *trainen* • ~ **down/off** *vermageren door trainen* • ~ **for** *trainen voor; studeren voor* ★ ~ **off** *afwijken* ⟨v. kogel⟩ • USA ~ **with** *z. aansluiten bij*
trained ('treɪnd) BNW *ervaren; geschoold* ★ ~ nurse *gediplomeerd verpleegster*
trainee (treɪ'ni:) ZN *stagiair(e); trainee*
trainer ('treɪnə) ZN *trainer; oefenmeester; africhter*
training ('treɪnɪŋ) ZN *training; opleiding; oefening; scholing* ★ physical ~ *conditietraining* ★ be out of / in ~ *uit / in vorm zijn*
training camp ZN *opleidingskamp*
training college ('treɪnɪŋkɒlɪdʒ) ZN *pedagogische academie*
training school ZN OUD. *opleidingsschool*
trainman ('treɪnmæn) ZN USA *spoorwegbeambte*
train shed ZN *overdekt station*
traipse (treɪps) ONOV WW • *doelloos rondslenteren; zwerven; (rond)zwalken* • ~ **off to** *verzeild raken in*
trait (treɪ(t)) ZN • *(karakter)trek* • *(penseel)streek*
traitor ('treɪtə) ZN *verrader*
traitorous ('treɪtərəs) BNW *verraderlijk*
traitress ('treɪtrəs) ZN *verraadster*
trajectory (trə'dʒektərɪ) ZN *baan* ⟨v. projectiel⟩
tram (træm) **I** ZN • *tram* • *tramlijn* • *kolenwagen* ⟨in mijn⟩ • *inslag* ⟨zijden draad⟩ **II** OV WW *per kolenwagen vervoeren* **III** ONOV WW *met de tram rijden*
tramline ('træmlaɪn) ZN *tramlijn*
tramlines ('træmlaɪnz) ZN MV • *tramrails* • INFORM. *dubbele zijlijnen* ⟨tennis⟩
trammel ('træml) ZN • *passer voor ellips; stangpasser* • *visnet* • USA *haak in schoorsteen voor ketel* ★ ~s *belemmering*
tramp (træmp) **I** ZN • *landloper* • *zware stap* • *voetreis* • *vrachtschip op de wilde vaart* • USA

slet ★ on the ~ *de boer op; zwervend* **II** OV+ONOV WW • *trappen (op)* • *stampen* • *lopen* • *sjouwen* • *voetreis doen* • *ronddolen; zwerven (langs)* • ~ **down** *vertrappen*
trample ('træmpl) **I** ZN *gestamp; getrappel* **II** OV WW • *vertrappen; met voeten treden* ★ ~ out the fire *het vuur uittrappen* • ~ **down /under** *vertrappen*
trampoline (træmpə'li:n) ZN *trampoline*
tramway ('træmweɪ) ZN *tramrails; tramweg*
trance (trɑ:ns) **I** ZN • *trance; geestvervoering* • *hypnotische toestand* • MUZ. *trance* **II** OV WW *in vervoering brengen*
tranny ('trænɪ) ZN • *draagbare transistorradio* • INFORM. *transseksueel*
tranquil ('træŋkwɪl) BNW *kalm; rustig*
tranquillity (træn'kwɪlətɪ) ZN *kalmte*
tranquillize ('træŋkwɪlaɪz) OV WW *kalmeren; verzachten*
tranquillizer ('træŋkwɪlaɪzə) ZN *kalmerend middel*
trans- (træns) VOORV *trans-*; *over-* ★ transmission *overbrenging*
transact (træn'zækt) OV WW • *verrichten* • *onderhandelen* • *zaken doen*
transaction (træn'zækʃən) ZN • *transactie* • *handeling* • *schikking*
transatlantic (trænzət'læntɪk) BNW *transatlantisch*
transcend (træn'send) OV WW *te boven gaan; overtreffen*
transcendence (træn'sendəns), **transcendency** ZN *uitmuntendheid*
transcendent (træn'sendənt) BNW • *overtreffend* • *voortreffelijk*
transcendental (trænsen'dentl) BNW *bovenzinnelijk*
transcribe (træn'skraɪb) OV WW • *overschrijven* • *in bepaald schrift overbrengen* • MUZ. *bewerken*
transcript ('trænskrɪpt) ZN *afschrift*
transcription (træns'krɪpʃən) ZN • *'t overschrijven* • *afschrift* • MUZ. *arrangement*
transection (træn'sekʃən) ZN *dwarsdoorsnede*
transfer[1] ('trænsfɜ:) ZN • *overdracht; overbrenging*; SPORT *transfer* • *overmaking; overboeking; overschrijving* • *plakplaatje; overdrukplaatje* • *iem. die overgeplaatst / getransfereerd is* • *overdrachtsformulier*; USA *overstapkaartje* • *overstapstation* ★ ~ of power *machtsoverdracht*
transfer[2] (træns'fɜ:) **I** OV WW • *overdrukken* • *vervoeren* • *overdragen; overbrengen* • *overmaken; overschrijven* ⟨op rekening⟩ **II** ONOV WW *overstappen*
transferability (trænsfɜ:rə'bɪlətɪ) ZN *overdraagbaarheid*
transferable (træns'fɜ:rəbl) BNW *over te dragen* ★ not ~ *persoonlijk* ⟨v. kaart⟩
transferal (træns'fɜ:rəl), **transference** ZN *overdracht*
transferee (trænsfə'ri:) ZN *iem. aan wie overgedragen wordt*
transfer-man ZN OUD. *witkiel*
transferor (træns'fɜ:rə) ZN *overdrager*
transfer paper ZN *calqueerpapier*
transfer value ZN *overdrachtswaarde*

transfiguration (trænsfɪgjʊ'reɪʃən) ZN
verheerlijking v. Christus; gedaanteverandering
transfigure (træns'fɪgə) OV WW • *veranderen v. gedaante* • *verheerlijken*
transfix (træns'fɪks) OV WW *doorboren* ★ *we were ~ed we stonden als aan de grond genageld*
transform (træns'fɔ:m) I OV WW • *vervormen; omvormen* • *van gedaante doen veranderen* • WISK. *herleiden* II ONOV WW *van gedaante veranderen*
transformable (træns'fɔ:məbl) BNW *vervormbaar*
transformation (trænsfə'meɪʃən) ZN
• *(gedaante)verandering; transformatie*
• *vervorming;* TON. *changement; omzetting*
• *pruik*
transformer (træns'fɔ:mə) ZN • *hervormer*
• *transformator*
transformism (træns'fɔ:mɪzəm) ZN *evolutieleer*
transfuse (træns'fju:z) OV WW • *overbrengen*
• *overgieten* • *inprenten*
transfusion (træns'fju:ʒən) ZN • *(het) overbrengen*
• *transfusie* ⟨v. bloed⟩
transgress (trænz'gres) OV WW • *overtreden; schenden* • *zondigen*
transgression (trænz'greʃən) ZN • *overtreding*
• *schending*
transgressor (trænz'gresə) ZN *overtreder*
tranship (træn'ʃɪp) OV WW → **transship**
transience (trænzɪəns), **transiency** ZN *vergankelijkheid*
transient ('trænzɪənt) I ZN USA *passant* II BNW *vergankelijk; v. korte duur*
transillumination (trænsɪlu:mɪ'neɪʃən) ZN MED. *doorlichting*
transistor (træn'zɪstə) ZN *transistor(radio)*
transit ('trænzɪt) I ZN • *doortocht; doorvoer*
• *vervoer* • *doorgang door meridiaan* ★ *in ~ tijdens het vervoer* II OV+ONOV WW *gaan door/over*
transit circle ZN *meridiaancirkel*
transit duty ZN *doorvoerrechten*
transition (træn'zɪʃən) ZN *overgang(speriode)*
transitional (træn'zɪʃnəl) BNW *overgangs-; tussenliggend-*
transitive ('trænsətɪv) BNW *overgankelijk*
transitory ('trænsətərɪ) BNW • *niet blijvend*
• *vergankelijk; tijdelijk*
transit trade ZN *doorvoerhandel*
translatable (træns'leɪtəbl) BNW *vertaalbaar*
translate (træn'sleɪt) OV WW • *vertalen* • *z. laten vertalen* • *omzetten; omrekenen* • COMP. *converteren* • *verklaren; uitleggen; duidelijk zeggen* • *doorseinen* ⟨v. telegram⟩ • PLAT *oplappen* ★ *kindly ~ zeg het me duidelijk*
translation (træns'leɪʃən) ZN • *vertaling*
• *overdracht* ⟨v. goederen⟩ • *gravure* ⟨v. schilderij⟩ ★ *simultaneous ~ simultaanvertaling*
translator (træns'leɪtə) ZN • *vertaler* • *tolk* • COMP. *vertaalprogramma*
transliterate (træns'lɪtəreɪt) OV WW *overzetten in lettertekens v. andere taal*
translucence (træns'lu:səns), **translucency** ZN
• *doorschijnendheid* • *doorzichtigheid*
translucent (træns'lu:sənt) BNW • *doorschijnend*
• *doorzichtig* ⟨figuurlijk⟩

transmigrate (trænzmaɪ'greɪt) ONOV WW • *in ander lichaam overgaan* ⟨v. ziel⟩ • *verhuizen*
transmigration (trænzmaɪ'greɪʃən) ZN *(ziels)verhuizing*
transmissible (trænz'mɪsəbl) BNW
• *overbrengbaar* • *overerfelijk*
transmission (trænz'mɪʃən) ZN • *transmissie; overbrenging* • COMM. *uitzending* ⟨radio, tv⟩
• TECHN. *versnellingsbak*
transmit (trænz'mɪt) OV WW • TECHN. *geleiden*
• *overbrengen; overzenden; overmaken* ⟨v. geld⟩ • *overleveren* • *doorlaten* ⟨v. licht⟩
transmittal (trænz'mɪtl) ZN • *overbrenging*
• *overdracht*
transmitter (trænz'mɪtə) ZN *radiozender*
transmutable (trænz'mju:təbl) BNW *veranderbaar; verwisselbaar*
transmutation (trænzmju:'teɪʃən) ZN *transmutatie*
transmute (trænz'mju:t) OV WW • *veranderen*
• *verwisselen*
transom ('trænsəm) ZN *(raam met) dwarsbalk*
transparence (træns'pærəns), **transparency** ZN
• *doorzichtigheid; doorschijnendheid*
• *transparant; lichtbak*
transparent (træns'pærənt) BNW • *doorzichtig* ⟨ook fig.⟩ • *oprecht*
transpiration (trænspɪ'reɪʃən) ZN *transpiratie*
transpire (træn'spaɪə) I OV WW *uitzweten* II ONOV WW • *ontsnappen* • *uitlekken* • INFORM. *gebeuren*
transplant (træns'plɑ:nt) I ZN ★ *~ (operation) transplantatie* II OV WW • *verplanten; overplanten* • *overbrengen*
transplantation (trænsplɑ:n'teɪʃən) ZN
• *transplantatie* • *verplanting*
transport[1] ('trænspɔ:t) ZN • *transport*
• *gedeporteerde; vervoering* • *vlaag van emotie*
• *transportschip; verkeersvliegtuig* ★ *in ~s in vervoering*
transport[2] (træns'pɔ:t) OV WW • *vervoeren; transporteren* • *deporteren* • *verrukken*
transportable (træns'pɔ:təbl) BNW • *vervoerbaar*
• *met deportatie strafbaar*
transportation (trænspɔ:'teɪʃən) ZN • *transport*
• *deportatie* • USA *middelen v. vervoer*
• *reiskosten* • *openbaar vervoer*
transporter (træns'pɔ:tə) ZN • *vervoerder*
• *transportbedrijf*
transposal (træns'pəʊzəl) ZN • *verplaatsing*
• *omzetting*
transpose (træns'pəʊz) OV WW • *verplaatsen*
• *omzetten* • WISK. *overbrengen v. het ene lid v. een vergelijking naar het andere* • MUZ. *transponeren*
transposition (trænspə'zɪʃən) ZN *verplaatsing*
transship (træns'ʃɪp) OV WW *in ander schip laden; overladen*
transshipment ('trænʃɪpmənt, 'trɑ:nʃɪpmənt) ZN *overlading*
transudation (trænsju:'deɪʃən) ZN *doorsijpeling*
transude (træn'sju:d) ONOV WW *doorsijpelen*
transversal (trænz'vɜ:səl) I ZN *dwarslijn; transversaal* II BNW *dwars*
transverse ('trænzvɜ:s) I ZN *dwarsspier* II BNW *dwars* ★ *~ section dwarsdoorsnede*

transversely ('trænz'vɜ:slɪ) BNW • *(over)dwars* • *dwars*

transvestite (trænz'vestaɪt) ZN *travestiet*

trap (træp) I ZN • *val(strik)* • *strik(vraag)* • *autoval* ⟨radarcontrole⟩ • *stank-/stoomafsluiter* • *bunker* ⟨golf⟩ • *katapult* • PLAT *mond* • PLAT *oplichterij* II OV WW • *in de val laten lopen* • *'n val zetten* • *voorzien v. vallen* • *opsmukken*

trapdoor ('træpdɔ:) ZN *valluik*

trapeze (trə'pi:z) ZN *trapeze*

trapper ('træpə) ZN • *strikkenzetter; pelsjager* • *bediener v. valdeur in mijn* • INFORM. *rijtuigpaard*

trappings ('træpɪŋz) ZN MV • *sieraden; versierselen* • *vertoon* • *versierd paardentuig*

trappy ('træpɪ) ZN *verraderlijk*

traps (træps) ZN MV • *slaginstrumenten* • INFORM. *spullen; boeltje*

trash (træʃ) I ZN • *rommel; afval; bocht; rotzooi* • *tuig; nietsnut(ten)* • *snoeisel* ★ MIN. *white* ~ *blank tuig* ★ USA *talk* ~ *onzin praten* II OV WW • *snoeien* ⟨v. suikerriet⟩ • *kapot maken*; FIG. *afkraken*

trash can ZN USA *vuilnisbak*

trashy ('træʃɪ) BNW *waardeloos; snert-*

trauma ('trɔ:mə) ZN *trauma; verwonding; psychische schok*

traumatic (trɔ:'mætɪk) BNW *traumatisch*

traumatize ('trɔ:mətaɪz) OV WW *traumatiseren*

travel ('trævəl) I ZN • *reis* • *beweging* ⟨v. machineonderdeel⟩ • *slag* ⟨v. zuiger⟩ II OV+ONOV WW • *reizen* • *(z.) bewegen* • *(laten) gaan* • *afleggen* ⟨v. afstand⟩ • *vliegen* • *z. voortplanten* ⟨v. (geluids)golven⟩ • *vervoeren* ★ ~ *out of the record v. het onderwerp afdwalen* ★ *these things* ~ *badly deze artikelen kunnen slecht tegen vervoer*

travel agency ZN *reisbureau*

travel agent ZN *reisagent*

travel guide ZN *reisgids*

travel insurance ZN *reisverzekering*

travelled ('trævəld) BNW *bereisd*

traveller ('trævələ) ZN • *reiziger* • *loopkraan* ★ ~'s *cheque travellers cheque; reischeque*

travelling ('trævəlɪŋ) I ZN *(het) reizen* II BNW • *reizend* • *verplaatsbaar* ★ ~ *crane loopkraan* ★ ~ *companion reisgenoot*

travelling expenses ZN *reiskosten*

travels ('trævəlz) ZN MV *(het) reizen* • *reis(verhaal)*

travel-sick BNW *reisziek*

traverse¹ ('trævɜ:s) I ZN • *(het) doortrekken, oversteken* • JUR. *ontkenning* • *dwarsbalk, -stuk; traverse* • WISK. *transversaal* II BNW *dwars*

traverse² (trə'vɜ:s) I OV WW • *doortrekken* • *oversteken* • *tegenwerken* • JUR. *ontkennen* II ONOV WW *dwarslopen* ⟨v. paard⟩

travesty ('trævəstɪ) I ZN • *travestie* • *parodie* • *karikatuur* II OV WW *parodiëren*

trawl (trɔ:l) I ZN *sleepnet* II ONOV WW *treilen*

trawler ('trɔ:lə) ZN *treiler*

tray (treɪ) ZN • *presenteerblad* • *bak(je)* ★ *baking tray bakblik*

treacherous ('tretʃərəs) BNW • *verraderlijk* • *trouweloos*

treachery ('tretʃərɪ) ZN • *verraad* • *bedrog* • *trouweloosheid*

treacle ('tri:kl) ZN *stroop* II OV WW • *besmeren met stroop* • *stroop voeren* III ONOV WW *vangen met stroop*

treacly ('tri:klɪ) BNW • *stroopachtig* • *stroperig*

tread (tred) I ZN • *stap; tred* • *zool* ⟨ook van autoband⟩ • *loopvlak* ⟨v. wiel, lijn⟩ • *trede; sport* ⟨v. ladder⟩ II OV+ONOV WW • *stappen* • *(be)treden* • *heen en weer lopen* ⟨in kamer⟩ ★ ~ *underfoot met voeten treden* ★ ~ *in s.o.'s footsteps iem. navolgen* ★ ~ *on eggshells voorzichtig te werk gaan* ★ ~ *on air verrukt zijn* ★ *he* ~*s the stage hij is toneelspeler* ★ ~ *lightly iets omzichtig behandelen* • ~ **down** *vertrappen* • ~ **out** *uittrappen* ⟨v. vuur⟩; *dempen* ⟨v. opstand⟩ ★ ~ *out a path pad maken* • ~ **over** *scheef lopen* ⟨v. schoenen⟩

treadle ('tredl) I ZN • *trapper* ⟨v. naaimachine⟩ • *pedaal* II ONOV WW *trappen*

treadmill ('tredmɪl) ZN *tredmolen*

treason ('tri:zən) ZN *verraad*

treasonable ('tri:zənəbl), **treasonous** BNW *verraderlijk*

treasure ('treʒə) I ZN OOK FIG. *schat* II OV WW • *waarderen* • *bewaren als een schat*

treasure house ('treʒəhaʊs) ZN *schatkamer*

treasure hunt ZN *schatgraverij; vossenjacht* ⟨spel⟩

treasurer ('treʒərə) ZN • *thesaurier* • *penningmeester*

treasure trove ('treʒətrəʊv) ZN *gevonden schat* ⟨v. onbekende eigenaar⟩

treasury ('treʒərɪ) ZN • *schatkist; schatkamer* • *kas* • *ministerie v. financiën* ★ *First Lord of the Treasury minister-president van Engeland* ★ USA *Treasury Secretary minister v. Financiën* ★ ~ *note muntbiljet*

treat (tri:t) I ZN • *traktatie* • *feest* ★ *stand a* ~ *trakteren* • INFORM. *you look a* ~ *je ziet er beeldig uit* ★ IRON. *Dutch* ~ *gelegenheid waarbij ieder voor zichzelf afrekent* II OV WW • *behandelen* • ~ **to** *trakteren op* III ONOV WW • ~ **for** *onderhandelen* • ~ **of** *handelen over*

treatise ('tri:tɪs) ZN *verhandeling*

treatment ('tri:tmənt) ZN *behandeling* ★ *course of* ~ *behandelmethode* ★ *be under* ~ *in behandeling zijn*

treaty ('tri:tɪ) ZN *verdrag; overeenkomst* ★ *by private* ~ *onderhands*

treble ('trebl) I ZN • *(het) drievoudige* • *sopraan* II BNW • *drievoudig* • *sopraan-* • *hoge tonen* ⟨v. audioapparatuur⟩ ★ MUZ. ~ *clef g-sleutel* III OV WW *verdrievoudigen* IV ONOV WW *z. verdrievoudigen*

trebly ('treblɪ) BIJW *drievoudig*

tree (tri:) I ZN • *boom* • *kruis* ⟨v. Christus⟩ • *stamboom* • *houten leest; schoenspanner* ★ *they are up a tree ze zitten in de knel* • *weeping tree treurwilg* II OV WW • *in een boom jagen* ⟨v. dier⟩ • *in moeilijkheden brengen*

trefoil ('trefɔɪl) ZN *klaver; klaverblad*

trek (trek) I ZN • *uittocht* • *lange tocht* II ONOV WW • INFORM. *vertrekken* • *reizen* ⟨met ossenwagen⟩ • *trekken*

trellis ('trelɪs) I ZN *traliewerk* II OV WW *voorzien v. latten*

tremble ('trembl) I ZN *trilling* ★ *there was a* ~ *in*

her voice *haar stem beefde* ★ INFORM. I was all of a ~ *ik rilde over mijn hele lijf* II ONOV WW *trillen; rillen; beven* ★ his life ~s in the balance *z'n leven hangt aan een zijden draad* ★ he ~d with fear *hij beefde van angst*
trembler ('tremblə) ZN • *bangerik* • *sidderaal* • TECHN. *onderbreker*
trembles ('tremblz) ZN MV *rillingen; bibberatie*
tremendous (trɪ'mendəs) BNW • *verschrikkelijk* • *reusachtig*
tremor ('tremə) ZN • *beving* • *(t)rilling*; MED. *tremor* • *huivering*
tremulous ('tremjʊləs) BNW • *bevend* • *bedeesd*
trench (trentʃ) I ZN • *sloot* • *greppel* • *loopgraaf* • *groef* II OV WW • *loopgraven of greppels graven* • *omspitten* III ONOV WW • *inbreuk maken op* • *raken aan*
trenchancy ('trentʃənsɪ) ZN • *scherpzinnigheid* • *kracht*
trenchant ('trentʃənt) BNW • *scherp; snijdend* • *krachtig*
trench boot ZN *(hoge) rubberlaars*
trench coat ZN *trenchcoat* ⟨mil. regenjas met ceintuur⟩
trencher ('trentʃə) ZN • *broodplank* • *graver* ⟨v. loopgraven⟩
trencherman ('trentʃəmən) ZN IRON. *eter*
trend (trend) I ZN • *richting* • *trend; mode; tendens* • *strekking* • *loop* ⟨v. gebeurtenissen⟩ ★ ~ of thought *gedachtegang* ★ set a ~ *een trend (in gang) zetten* II ONOV WW • *gaan* ⟨in bepaalde richting⟩; *(af)buigen* • *neigen (towards naar)*
trendiness ('trendɪnəs) ZN *modieusheid*
trendsetter ('trendsetə) ZN *trendsetter*
trendy ('trendɪ) BNW • *modern; van deze tijd* • *modieus; in*
trepidation (trepɪ'deɪʃən) ZN • *opwinding; verwarring* • *beverigheid*
trespass ('trespəs) I ZN • *overtreding* • *binnendringing* II ONOV WW • *verboden terrein betreden; binnendringen* • *overtreding begaan; overtreden* • *zondigen* • *lastig vallen* • *beslag leggen op* ★ no ~ing *verboden toegang* ★ he ~ed against the law *hij overtrad de wet* ★ you ~ (up)on his hospitality *je maakt misbruik van zijn gastvrijheid*
trespasser ('trespəsə) ZN • *overtreder* ⟨v.e. wet⟩ • *indringer* ⟨op een terrein⟩ ★ ~s will be prosecuted *verboden toegang* ★ ~s will be shot *streng verboden toegang* ⟨indringers zullen worden beschoten⟩
tress (tres) I ZN • *tak; rank* • *haarvlecht; haarlok* II OV WW *vlechten*
trestle ('tresəl) ZN *schraag; bok* ★ ~ table *schraagtafel*
tri- (traɪ) VOORV *drie-; tri-*
triable ('traɪəbl) BNW • *te proberen* • *te berechten*
triad ('traɪæd) ZN *drietal; trits* • MUZ. *drieklank* • *Drie-eenheid*
trial ('traɪəl) I ZN • *proef(neming)* • *proefvlucht; proeftocht* • *beproeving; last* • *gerechtelijk onderzoek; verhoor* • *behendigheids-/oefenwedstrijd* ★ ~ and error *met vallen en opstaan* ★ on ~ *op proef; voor het gerecht* ★ make ~ of *beproeven* ★ I'll give you a ~ *ik zal* 't eens met je proberen ★ bring to ~ *voor de rechter brengen* ★ commit for ~ *naar openbare terechtzitting verwijzen* ★ he stood his ~ *hij stond terecht* ★ he'll move for a new ~ *hij zal in hoger beroep gaan* II BNW ★ ~ run *proefrit*

trial heat ZN *voorronde; halve finale*
trial period ZN *proefperiode*
trial trip ZN *proefvaart*
triangle ('traɪæŋgl) ZN • *driehoek* • *driepotige takel* • *triangel*
Triangle ('traɪæŋgl) ZN *Driehoek* ⟨sterrenbeeld⟩
triangular (traɪ'æŋgjʊlə) BNW • *driehoekig* • *drievoudig*
tribal ('traɪbl) BNW *(volks)stam-; tribaal*
tribalism ('traɪbəlɪzəm) ZN *stamverband*
tribe (traɪb) ZN • MIN. *troep* • *onderorde* ⟨bij dieren plantkunde⟩ • *stam* • *geslacht* • *klasse*
tribesman ('traɪbzmən) ZN *lid van stam*
tribulation (trɪbjʊ'leɪʃən) ZN *tegenspoed; beproeving*
tribunal (traɪ'bju:nl) ZN *rechterstoel; rechtbank*
tribune ('trɪbju:n) ZN • *tribune; spreekgestoelte* • *tribuun*
tributary ('trɪbjʊtərɪ) I ZN • *schatplichtige staat* • *zijrivier* II BNW • *bijdragend* • *schatplichtig* • *bij-; zij-*
tribute ('trɪbju:t) ZN • *bijdrage; schatting* • *huldeblijk* ★ floral ~s *bloemen als huldeblijk* ★ pay the last ~ *te laatste eer bewijzen aan* ★ their success is a ~ to their perseverance *hun succes getuigt van doorzettingsvermogen*
trice (traɪs) I ZN *ogenblik* ★ in a ~ *in 'n wip* II OV WW • SCHEEPV. *ophijsen en vastjorren* • SCHEEPV. ~ up *ophijsen en vastsjorren*
trick (trɪk) I ZN • *truc; list* • *handigheid* • *aanwensel; tic* • *poets; grap* • *slag* ⟨bij kaartspel⟩ • SCHEEPV. *(werk)beurt; dienst* ★ ~s of the trade *kneepjes v. 't vak* ★ he knows a ~ or two *hij is niet v. gisteren* ★ learn the ~ *de slag te pakken krijgen* ★ do the ~ *'t klaarspelen*; *'t gewenste resultaat opleveren* ★ play a ~ upon s.o. *iem. een streek leveren* ★ a ~ of thumb *handigheidje* ★ he never misses a ~ *hij laat geen kans/gelegenheid voorbijgaan* II OV WW • *bedotten; bedriegen; versieren; aankleden* • *grapjes uithalen* ★ she was ~ed out in a gaudy dress *ze was gekleed in een opzichtige jurk* ★ ~ out *versieren*
tricker ('trɪkə) ZN • *bedrieger* • *grappenmaker*
trickery ('trɪkərɪ) ZN *bedotterij*
trickle ('trɪkl) I ZN *straaltje* II OV WW *doen druppelen* III ONOV WW • *druppelen* • *druipen* • *sijpelen* ★ the news ~d in *het nieuws kwam langzaam binnen*
trick question ZN *strikvraag*
trickster ('trɪkstə) ZN • *bedrieger* • *grappenmaker*
tricksy ('trɪksɪ) BNW *schalks; speels*
tricky ('trɪkɪ) BNW • INFORM. *lastig* • *gewaagd* • *bedrieglijk* • *vol streken*
tricycle ('traɪsɪkl) ZN *driewieler*
trident ('traɪdnt) ZN *drietand*
tried (traɪd) BNW *beproefd*
triennial (traɪ'enɪəl) I ZN • *driejarige plant/periode* • *driejaarlijkse gebeurtenis* II BNW • *driejarig* • *driejaarlijks*
trier ('traɪə) ZN *volhouder; beproever*

trifle ('traɪfəl) **I** ZN • kleinigheid; beetje • cake in vla • siertint **II** OV WW ★ he ~s away his time *hij verknoeit zijn tijd* **III** ONOV WW • beuzelen • spelen ⟨met potlood of ander klein voorwerp⟩ • lichtvaardig behandelen ★ *she is not to be ~d with er valt niet met haar te spotten*

trifler ('traɪflə) ZN beuzelaar

trifling ('traɪflɪŋ) BNW onbeduidend

trig (trɪg) **I** ZN • remblok • INFORM. trigonometrie **II** BNW keurig; netjes **III** OV WW • remmen ⟨v. wiel⟩ • vastzetten ⟨v. wiel⟩ ★ *trig (up) opdirken; mooi maken*

trigger ('trɪgə) **I** ZN • trekker ⟨v. geweer⟩ • OOK MED. uitlokker; aanleiding ★ *pull the ~ de trekker overhalen; vuren* **II** OV WW • teweegbrengen; veroorzaken; in werking stellen ⟨bijv. v. alarm⟩ • afvuren ★ ~ *off op gang brengen; aanleiding geven tot*

trigger-happy ('trɪgəhæpɪ) BNW schietgraag

trigonometric(al) (trɪgənə'metrɪk(l)) BNW trigonometrisch

trigonometry (trɪgə'nɒmətrɪ) ZN driehoeksmeting; trigonometrie

trike (traɪk) ZN INFORM. driewieler

trilby ('trɪlbɪ) ZN slappe vilten hoed

trill (trɪl) **I** ZN • trilling • MUZ. triller **II** OV+ONOV WW trillen; vibreren

trillion ('trɪljən) ZN • triljoen • USA biljoen

trilogy ('trɪlədʒɪ) ZN trilogie

trim (trɪm) **I** ZN • (het) bijknippen • stuwage; (het) tremmen ⟨v. lading⟩ • USA etalagemateriaal ★ *in (perfect) trim goed gestuwd; in (uitstekende) conditie* ★ *be out of trim niet goed afgesteld zijn* ⟨vliegtuig, boot⟩ ★ *get the room into trim maak de kamer in orde* ★ *they were in fighting trim ze waren klaar voor de strijd* **II** BNW • netjes; goed onderhouden; in goede conditie • goed passend **III** OV WW • in orde brengen • opknappen; versieren • garneren • snuiten ⟨v. kaars⟩ • bijknippen ⟨v. haar⟩ • snoeien • INFORM. uitbrander geven • PLAT afzetten • SCHEEPV. lading verdelen; stuwen • tremmen ⟨v. kolen⟩ ★ *trim the fire vuur oppoken* ★ *trim s.o.'s jacket iem. afranselen* • ~ *in inpassen* • ~ *out uitdossen* • ~ *up opdirken* **IV** ONOV WW • zeilen naar de wind zetten; met alle winden meewaaien • ~ *to z. voegen naar* ⟨vnl. omstandigheden⟩

trimeter ('trɪmɪtə) ZN drievoetige versregel

trimmer ('trɪmə) ZN • snoeier • snoeimes • opmaakster ⟨vnl. van hoeden⟩ • politieke weerhaan • zware concurrent • aframmeling • uitbrander

trimming ('trɪmɪŋ) ZN • geschipper • garneersel • pak slaag

trimmings ('trɪmɪŋz) ZN MV • snoeisel • versierselen • toebehoren

trine (traɪn) **I** ZN • drietal • Drie-eenheid **II** BNW drievoudig

trinitarian (trɪnɪ'teərɪən) **I** ZN • belijder v. de leer van de Drie-eenheid • student v. Trinity College **II** BNW • betreffende de leer v.d. Drie-eenheid • drievoudig

trinity ('trɪnətɪ) ZN drietal

Trinity ('trɪnɪtɪ) ZN REL. (heilige) Drie-eenheid

trinket ('trɪŋkɪt) ZN sieraad ⟨aan 't lichaam gedragen⟩ • kleinood • ~ *box bijouteriedoosje*

trio ('tri:əʊ) ZN trio; drietal

trip (trɪp) **I** ZN • struikeling • trippelpas • reis(je); uitstapje • trip ⟨hallucinatorische ervaring⟩ **II** OV WW • doen struikelen; beentje lichten • ~ *up betrappen* **III** ONOV WW • trippelen • dansen • huppelen • uitstapje maken • struikelen • misstap begaan ★ *trip (it) dansen* ★ *I caught him tripping ik betrapte hem op een fout* ★ *trip the anchor anker lichten* ★ *her tongue tripped ze viel over haar woorden; ze versprak zich*

tripartite (traɪ'pɑ:taɪt) BNW drieledig; driedelig; tripartiet • driezijdig ⟨v. contract⟩ • *in triplo*

tripe (traɪp) ZN • (rol)pens ⟨als voedsel⟩ • PLAT rommel; snert • onzin

tripes (traɪps) ZN MV PLAT ingewanden; buik

triplane ('traɪpleɪn) ZN driedekker ⟨vliegtuig⟩

triple ('trɪpl) **I** BNW drievoudig; driedelig ★ ~ *crown pauselijke kroon/tiara* ★ ~ *time drieslagsmaat* ★ ~ *jump hink-stap-sprong* **II** OV WW verdrievoudigen **III** ONOV WW z. verdrievoudigen

triplet ('trɪplət) ZN • drieregelig vers • MUZ. triool • drietal • één v. drieling

triplets ('trɪpləts) ZN MV drieling

triplex ('trɪpleks) BNW drievoudig

triplicate[1] ('trɪplɪkət) ZN triplo **II** BNW drievoudig; *in drievoud*

triplicate[2] ('trɪplɪkeɪt) OV WW verdrievoudigen

tripod ('traɪpɒd) ZN • drievoet • statief ⟨v. fototoestel⟩ • altaar van Delfisch orakel

tripper ('trɪpə) ZN toerist • *day ~s dagjesmensen*

triptych ('trɪptɪk) ZN triptiek; drieluik

triptyque (trɪp'ti:k) ZN triptiek ⟨voor auto⟩

trite (traɪt) BNW afgezaagd; versleten; alledaags

triton ('traɪtn) ZN watersalamander

triturate ('trɪtjʊreɪt) OV WW tot poeder maken

triumph ('traɪəmf) **I** ZN • triomf • zegetocht **II** ONOV WW • triomferen • zegetocht houden

triumphal (traɪ'ʌmfəl) BNW triomferend; triomf- ★ ~ *arch erepoort* ★ ~ *chariot zegewagen*

triumphant (traɪ'ʌmfənt) BNW triomfantelijk; triomferend

trivet ('trɪvɪt) ZN driepoot

trivia ('trɪvɪə) ZN MV onbelangrijke dingen/zaken

trivial ('trɪvɪəl) BNW • alledaags • onbeduidend; *triviaal* ★ *the ~ round of life dagelijkse routine v. het leven* ★ *the ~ name of that plant is ... de populaire naam van die plant is ...*

triviality (trɪvɪ'ælətɪ) ZN trivialiteit

trivialize ('trɪvɪəlaɪz) OV WW bagatelliseren

trod (trɒd) WW [verl. tijd + volt. deelw.] → **tread**

trodden ('trɒdn) WW [volt. deelw.] → **tread**

troglodyte ('trɒglədaɪt) ZN • holbewoner • kluizenaar

Trojan ('trəʊdʒən) **I** ZN Trojaan **II** BNW Trojaans

troll (trəʊl) **I** ZN • trol • sleeplijn; aas **II** OV+ONOV WW • zingen ⟨v. canon⟩ • galmen • vissen • slenteren ★ *the melody ~s in my head het wijsje speelt me door 't hoofd* • ~ *for zoeken*

trolley ('trɒlɪ) ZN • wagentje; karretje; serveerwagen; winkelwagentje ★ *shopping ~ winkelwagentje*

trollop ('trɒləp) ZN • slons • prostituee

trombone (trɒmˈbəʊn) ZN *trombone*
troop (truːp) **I** ZN • *troep; menigte* • *afdeling v. cavalerie* • MIL. *marssignaal op de trom* ★ he got his ~ *hij werd tot ritmeester bevorderd* **II** OV WW • *in troepen formeren* **III** ONOV WW • *bijeenkomen* • *in troepen marcheren* • *wegtrekken*
troop carrier (ˈtruːpkærɪə) ZN *troepentransportvliegtuig*
trooper (ˈtruːpə) ZN • *cavalerist* • *cavaleriepaard* • *troepentransportschip* • USA *staatspolitieagent* ★ swear like a ~ *vloeken als een ketter*
trooping (ˈtruːpɪŋ) ZN ★ ~ the colour(s) *vaandelparade*
troopship (ˈtruːpʃɪp) ZN *troepentransportschip*
trophy (ˈtrəʊfɪ) ZN • *trofee; zegeteken; overwinningsbuit/-prijs*
tropic (ˈtrɒpɪk) ZN *keerkring* ★ Tropic of Cancer *kreeftskeerkring* ★ Tropic of Capricorn *steenbokskeerkring* ★ the ~s *de tropen*
tropical (ˈtrɒpɪkl) BNW • *tropisch* • *zinnebeeldig* • *hartstochtelijk* ★ ~ outfit *tropenuitrusting* ★ ~ year *zonnejaar*
trot (trɒt) **I** ZN • *draf* • INFORM. *tippel* • *dreumes* • *zetlijn* • USA *dans* • USA *spiekbriefje* ★ at a trot *op 'n draf* ★ at full trot *in volle galop* ★ shall we go for a trot *zullen we 'n eindje gaan lopen* ★ they'll keep you on the trot *ze zullen je wel aan de gang houden* ★ be on the trot/have the trots *diarree hebben* **II** OV WW • *laten draven of lopen* • *laten rijden ⟨op de knie⟩* ★ he trotted me round the town *hij nam me mee door de hele stad* ★ they trot you off your legs *ze laten je je dood lopen* • ~ out *laten (op)draven; weer te voorschijn halen; voor de dag komen met* ★ trot it out! *zeg op!* **III** ONOV WW *draven; lopen* ★ trot along! *maak dat je wegkomt!*
troth (trəʊθ) ZN • OUD. *erewoord* • OUD. *trouw*
trotter (ˈtrɒtə) ZN • *voet* • PLAT *loopjongen; loopmeisje* • *varkenspoot; schapenpoot*
trouble (ˈtrʌbl) **I** ZN • *kwaal; ongemak* • *onrust* • *last; pech* • *zorg* • *lastig persoon* • *verdriet* • ~s *onlusten* ★ no ~ (at all)! *graag gedaan!; geen moeite!* ★ make ~ *last veroorzaken* ★ get into ~ *zich moeilijkheden op de hals halen* **II** OV WW • *in beroering brengen* • *kwellen* • *lastig vallen* • *storen* ★ we'll ~ you to do this *wilt u zo goed zijn dat voor ons te doen?* **III** ONOV WW *z. bekommeren; z. moeite geven*
troubled (ˈtrʌbld) BNW • *verontrust* • *verdrietig* • *verstoord* ★ be ~ about *zich zorgen maken over* ★ be ~ with *last hebben van* ★ what a ~ look you wear! *wat zie je er bezorgd uit!* ★ fish in ~ waters *in troebel water vissen*
troublemaker (ˈtrʌblmeɪkə) ZN *onruststoker*
troubleshooter (ˈtrʌblʃuːtə) ZN *troubleshooter; probleemoplosser*
troublesome (ˈtrʌblsəm) BNW *lastig; vervelend*
trough (trɒf) ZN • *trog* • *pijp(leiding)* • *laagte tussen twee golven* • *dieptepunt*
trounce (traʊns) OV WW *afranselen; afstraffen*
trouncing (ˈtraʊnsɪŋ) ZN *afstraffing; pak slaag*
troupe (truːp) ZN *troep* ⟨v. toneelspelers, acrobaten⟩
trouper (ˈtruːpə) ZN *lid v. een troep*
trouser (ˈtraʊzə) ZN → **trousers** *broek-* ★ ~ pocket *broekzak*

trousered (ˈtraʊzəd) BNW *met broek aan*
trousers (ˈtraʊzəs) MV *broek* ★ (pair of) ~ *lange broek*
trouser suit ZN *broekpak*
trousseau (ˈtruːsəʊ) ZN *uitzet* ⟨v. bruid⟩
trout (traʊt) ZN *forel(len)* ★ ~ farm *forelkwekerij*
trove (trəʊv) ZN → **treasure trove**
trowel (ˈtraʊəl) **I** ZN • *troffel* • *schopje* ⟨voor planten⟩ ★ lay it on with a ~ *'t er dik opleggen* **II** OV WW • *werken met troffel* • *pleisteren*
troy (trɔɪ) ZN *troy (weight) gewichtsstandaard voor goud, zilver en edelstenen* ★ troy ounce *31.1 gram*
truancy (ˈtruːənsɪ) ZN *'t spijbelen*
truant (ˈtruːənt) **I** ZN *spijbelaar* ★ play ~ *spijbelen* **II** BNW • *spijbelend* • *rondslenterend* **III** ONOV WW • *spijbelen* • *rondslenteren*
truce (truːs) ZN *wapenstilstand* ★ ~ of God *godsvrede*
truck (trʌk) **I** ZN • *(zware) vrachtwagen; truck* • *(open) goederenwagon* • *wagenonderstel* ⟨v. trein⟩ • *ruil(handel)* • INFORM. *rommel* ★ pickup ~ *bestelwagen* **II** OV WW *vervoeren per vrachtwagen* **III** OV+ONOV WW • USA *een vrachtwagen rijden* • *(ver)ruilen; (ruil)handel drijven; in natura betalen* • USA/INFORM. *(op z'n gemak) doorgaan*
truckage (ˈtrʌkɪdʒ) ZN • *transportkosten* • *goederenvervoer per vrachtwagen*
trucker (ˈtrʌkə) ZN • *vrachtwagenchauffeur; trucker* • *vrachtwagenbedrijf* • USA *groentekweker*
truck farm ZN USA *groentekwekerij; tuinbouwbedrijf*
trucking (ˈtrʌkɪŋ) BNW ★ ~ business (company) *transportbedrijf*
truckle (ˈtrʌkl) **I** ZN *wieltje* ★ ~(-bed) *laag bed op wieltjes* **II** ONOV WW • ~ for *bedelen om* • ~ to *kruipen voor*
truckload (ˈtrʌkləʊd) ZN *(vracht)wagenlading*
truck system ZN *gedwongen winkelnering*
truculent (ˈtrʌkjʊlənt) BNW • *wreed* • *vernietigend* • *strijdlustig*
trudge (trʌdʒ) **I** ZN *gesjok* ★ on the ~ *aan de tippel* **II** OV WW *sjokkend afleggen* ⟨v. afstand⟩ **III** ONOV WW • *sjokken* • INFORM. *opstappen* • ~ out *op pad gaan*
true (truː) **I** BNW + BIJW • *waar* • *juist* • *zuiver* • *recht* • *vast* • *bestendig* ★ true to facts *volgens de feiten* ★ true to life *naar het leven* ★ true to nature *natuurgetrouw* ★ true to type *rasecht* ★ my watch goes true *m'n horloge loopt goed* ★ true copy *gelijkluidend afschrift* ★ ~ to *(ge)trouw aan* **II** OV WW • *gelijk maken* • *in juiste stand brengen* ⟨v. wiel, paal of balk⟩
true-blue (truːˈbluː) **I** ZN *betrouwbare kerel* **II** BNW • *eerlijk; trouw* • *(ras)echt; aarts-* • *orthodox*
true-born (truːˈbɔːn) BNW *echt*
true-bred (truːˈbred) BNW • *rasecht* • *gemanierd*
true-love ZN • *geliefde* • PLANTK. *eenbes*
truffle (ˈtrʌfəl) ZN *truffel*
truffled (ˈtrʌfld) BNW *getruffeerd*
truism (ˈtruːɪzəm) ZN • *onbetwiste waarheid* • *gemeenplaats*
trull (trʌl) ZN *prostituee*
truly (ˈtruːlɪ) BIJW • *waarlijk* • *goed* • *juist* • *terecht*

★ yours ~ *hoogachtend* ⟨bij ondertekening v. brieven⟩ ★ INFORM. yours ~ *ondergetekende; ik, mij*

trump (trʌmp) **I** ZN • *troef(kaart)* • INFORM. *fijne vent* • *trompet(geschal)* • SCHOTS *mondharmonica* • no ~(s) *sans atout* ⟨bij bridge⟩ ★ the last ~ *bazuin v. 't laatste oordeel* ★ the ~ of doom *bazuin v. 't laatste oordeel* ★ he was put to his ~s *werd tot 't uiterste gedreven* ★ it's turned up ~s *'t is goed uitgevallen; 't is meegevallen* **II** OV WW • *aftroeven* • *overtroeven* • ~ up *verzinnen* ⟨v. verhaal⟩

trumpery ('trʌmpərɪ) **I** ZN • *rommel*; *onzin* **II** BNW *prullerig; onbeduidend*

trumpet ('trʌmpɪt) **I** ZN • *trompet; bazuin* • *scheepsroeper* • *trompetgeschal* ★ the last ~ *bazuin v. 't laatste oordeel* **II** OV WW *uitbazuinen; met trompetgeschal aankondigen* ★ ~ forth s.o.'s praise *iemands loftrompet steken* **III** ONOV WW *trompetteren*

trumpeter ('trʌmpɪtə) ZN • *trompetter* • *loftuiter* • *trompetvogel*

truncal ('trʌŋkl) ZN • *stam*- • *romp*-

truncate ('trʌŋkeɪt) **I** BNW *afgeknot* **II** OV WW *besnoeien; afknotten*

truncation (trʌŋ'keɪʃən) ZN *beknotting*

truncheon ('trʌntʃən) ZN • *(gummi)stok* ⟨v. politieagent⟩ • *maarschalksstaf*

trundle ('trʌndl) **I** ZN • *wieltje* • *rolwagentje* • *rolbed* • *lantaarnrad* **II** OV WW • *doen rollen of rijden* • *iem. ontslag geven* ★ ~ a hoop *hoepelen* **III** ONOV WW *rollen; rijden*

trunk (trʌŋk) ZN • *boomstam* • *romp* • *schacht* ⟨v. zuil⟩ • *hoofdkanaal; hoofdlijn* ⟨vnl. van spoorweg⟩ • *slurf* ⟨v. olifant⟩ • *koffer* • USA *kofferruimte* ⟨v. auto⟩ • *fooienpot* • PLAT *neus* ★ OUD. ~ call *conversation interlokaal telefoongesprek*

trunk line ZN COMM. *hoofdlijn*

trunk road ZN *hoofdweg*

trunks (trʌŋks) ZN MV *sportbroek* ★ swim(ming) ~ *zwembroek*

truss (trʌs) **I** ZN • *spant; steun* • *bep. hoeveelheid* ⟨v. stro of hooi⟩ • *bos* • SCHEEPV. *rak* **II** OV WW • *(vast)binden; armen langs lichaam binden* • *versterken* ⟨v. (dak)constructie⟩ • *opmaken* ⟨v. gevogelte, voor het bereiden⟩

trust (trʌst) **I** ZN • *vertrouwen; hoop* • *krediet* • *stichting* • *trust* ⟨combinatie v. zelfst. ondernemingen⟩ • *voor ander beheerde goederen* • *pand* ★ goods on ~ *goederen op krediet* ★ they were committed to my ~ *ze werden toevertrouwd aan mijn zorgen* ★ he is in my ~ *hij is onder mijn hoede* ★ I don't take it on ~ *ik neem 't niet op goed geloof aan* **II** OV WW • *op goed geloof aannemen* • *toevertrouwen* • *krediet verschaffen* • *vertrouwen (op)* • *(v. harte) hopen* ★ ~ him for it! *laat dat gerust aan hem over!* ★ he'd it to me *ze vertrouwden het mij toe* ★ they ~ed me with it *ze vertrouwden het mij toe* **III** ONOV WW • ~ to o.s. *op eigen krachten vertrouwen* • ~ in *vertrouwen op*

trustee (trʌs'tiː) ZN • *(gevolmachtigd) beheerder; curator; executeur; regent* ⟨v. instelling⟩

trustful ('trʌstfʊl) BNW *vertrouwend*

trust fund ZN *(beheer)stichting*

trusting ('trʌstɪŋ) BNW *goedgelovig*

trustworthy ('trʌstwɜːðɪ) BNW *te vertrouwen; betrouwbaar*

trusty ('trʌstɪ) **I** ZN *bevoorrechte, z. goed gedragende gevangene* **II** BNW *betrouwbaar*

truth (truːθ) ZN • *waarheid* • *nauwkeurigheid* • *echtheid* • *waarheidsliefde; oprechtheid* ★ out of ~ *niet zuiver; scheef* ★ in ~ *inderdaad* ★ universal ~ *algemeen geldende waarheid*

truthful ('truːθfʊl) BNW • *waarheidlievend* • *getrouw* ⟨v. afbeelding⟩

truthless ('truːθləs) ZN *vals*

try (traɪ) **I** ZN *poging* ★ have a try *probeer 't eens* ★ let me have a try for it *laat mij eens proberen het te krijgen* **II** OV WW • *proberen* • *beproeven; testen* • *proeven* • JUR. *onderzoeken* • try-on room *paskamer* ★ don' try this at home *probeer dit thuis niet* ★ try it on with him! *kijk eens of hij het pikt!* ★ don't try your hand at it *probeer 't maar niet* • ~ out *(uit)proberen; proefrit of proefvlucht maken met* ★ try the matter out! *zet door!* **III** ONOV WW • ~ - *back terugkomen op; teruggaan om 't spoor te vinden* ⟨v. jachthonden⟩ • ~ for *solliciteren naar* • ~ on *passen* ⟨v. kleren⟩

trying ('traɪɪŋ) BNW • *lastig* ⟨v. gedrag⟩ • *zwaar; inspannend; vermoeiend*

try-on ('traɪɒn) ZN • *(het) passen* ⟨v. kleren⟩ • *poging tot bedrog*

try-out ('traɪaʊt) ZN • *proef* • *proefuit-/opvoering (voor publiek)* ⟨v. toneel, film⟩ • USA *wedstrijd*

tryst (trɪst) **I** ZN • *(plaats v.) samenkomst* • SCHOTS *markt* • *afspraak* **II** OV+ONOV WW • *een afspraak maken* • *een afspraak vaststellen*

tsar (zɑː) ZN *tsaar*

tsarina (zɑːˈriːnə) ZN *tsarina*

T-shirt ('tiːʃət) ZN *T-shirt*

T-square ('tiːskweə) ZN *winkelhaak; tekenhaak*

tsunami (tsuːˈnɑːmɪ) ZN *hoge vloedgolf veroorzaakt door een zeebeving* ⟨uit het Japans⟩

TT (tiːˈtiː) AFK Tourist Trophy *snelheidswedstrijd voor motoren*

TU (tiːjuː) AFK Trade Union *vakbond*

tub (tʌb) **I** ZN • *tobbe* • *vaatje; ton* • *badkuip* • *bad* • *schuit* • INFORM. *preekstoel* • INFORM. *auto* ★ lucky tub *grabbelton* **II** OV WW • *kuipen* • *in vaten doen* ⟨v. boter⟩ • *een bad geven* **III** ONOV WW • *een bad nemen* • PLAT *oefenen voor roeiwedstrijd*

tuba (tjuːbə) ZN *tuba*

tubby ('tʌbɪ) BNW • *rond; corpulent* • *hol klinkend*

tube (tjuːb) ZN • *pijp; buis* • *tube* • *tube* ⟨binnenband⟩ • USA, INFORM. *televisie* • G-B *metro* ★ bronchial tube *luchtpijp* ★ go down the tube *naar z'n grootje gaan* ★ a tube of paint *een tube verf*

tubeless ('tjuːbləs) BNW *tubeless; zonder binnenband*

tuber ('tjuːbə) ZN • *knol* ⟨v. plant⟩ • *gezwel* • INFORM. *aardappel*

tubercle ('tjuːbəkl) ZN • MED. *knobbel(tje)* • *knolletje* • ~d *met knolletje*

tubercular (tjuːˈbɜːkjʊlə), **tuberculous** BNW *tuberculeus* ★ ~ consumption *long-tbc*

tuberculosis (tjuːbɜːkjʊˈləʊsɪs) ZN *tuberculose;*

tb(c)
tuberculous (tju:'bɜ:kjʊləs) BNW → **tubercular**
tuberose ('tju:bərəʊz), **tuberous** BNW gezwelachtig
tube station ZN metrostation
tubing ('tju:bɪŋ) ZN • *buizenstelsel* • *(gummi)slang*
tub-thumping ('tʌbθʌmpɪŋ) ZN *bombast; demagogie*
tubular ('tju:bjʊlə) BNW *buisvormig* ★ ~ *boiler vlampijpketel* ★ ~ *steel furniture (stalen) buismeubelen*
tubule ('tju:bju:l) ZN *buisje*
TUC (ti:ju:si:) AFK Trade Unions Congress *Centrale Organisatie van Vakverenigingen*
tuck (tʌk) I ZN • *plooi* • *omslag* • *lekkers; snoep* II OV WW • *plooien* • *omslaan* • *opstropen* ⟨v. mouw⟩ • *instoppen* • *samentrekken; optrekken* • ~ *away verstoppen* • ~ *in instoppen; verorberen* • ~ *up instoppen; ophangen* ⟨v. misdadiger⟩ ★ PLAT *tucked up doodop; vermagerd*
tucker ('tʌkə) I ZN • PLAT *kost; eten* • *kanten kraag* II OV WW USA *vermoeien*
Tuesday ('tju:zdeɪ) ZN *dinsdag*
tufa ('tju:fə) ZN • *tuf(steen)* • *sedimentgesteente*
tuff (tʌf) ZN *tuf(steen)*
tuft (tʌft) I ZN • *bosje; groepje bomen* • *pool* • *student v. adel* II OV WW • *versieren met bosje* • *dóórsteken* ⟨v. matras⟩ III ONOV WW *groeien in bosjes*
tug (tʌg) I ZN • *ruk* • *grote inspanning* • *felle strijd* • *sleepboot* • *streng* ⟨v. trekpaardentuig⟩ • PLAT *beursleerling in Eton* ★ I felt a great tug at parting *scheiden viel me zwaar* II OV+ONOV WW • *rukken (aan); trekken* • *zwoegen* ★ he tugged him in *hij sleepte 'm met de haren erbij*
tugboat ('tʌgbəʊt) ZN *sleepboot*
tug-of-war (tʌgəv'wɔ:) ZN • *(het) touwtrekken* • *krachtmeting*
tuition (tju:'ɪʃən) ZN • *lesgeld* • *onderricht*
tulip ('tju:lɪp) ZN *tulp*
tumble ('tʌmbl) I ZN • *tuimeling* • *warboel* • *val* ★ everything was in a ~ *alles was in de war* II OV WW • *ondersteboven gooien* • *neerschieten* ⟨v. wild⟩ • PLAT *naar bed gaan met* • ~ *over omverrgooien* • PLAT ~ *to iets snappen* III ONOV WW • *tuimelen* • *woelen* ⟨in bed⟩ • *(in elkaar) vallen* • *duikelen* ★ it has ~d down *'t is ingestort* ★ ~ *in het bed inrollen* ★ ~ *out/up! opstaan!* ★ everything ~d about him *'t was alsof alles om hem heen instortte* ★ I ~d across on him *ik liep hem tegen 't lijf* • ~ *in instorten; binnenvallen*
tumbledown ('tʌmbldaʊn) BNW *bouwvallig*
tumble dryer/drier ZN *droogtrommel*
tumbler ('tʌmblə) ZN • *bekerglas* • *duikelaartje* • *acrobaat* • *droogtrommel*
tumbly ('tʌmblɪ) BNW *bouwvallig*
tumbrel ('tʌmbrəl), **tumbril** ZN • *munitiewagen* • *mestkar*
tumefaction (tju:mɪ'fækʃən), **tumescence** ZN *opzwelling*
tumid ('tju:mɪd) BNW *gezwollen*
tummy ('tʌmɪ) ZN JEUGDT. *buikje*
tumour ('tju:mə) ZN *gezwel; tumor*
tumuli ('tju:mjʊlaɪ) ZN MV → **tumulus**

tumult ('tju:mʌlt) ZN • *tumult; opschudding;* *beroering; rumoer* • *verwarring* • *oploop*
tumultuous (tjʊ'mʌltjʊəs) BNW • *lawaaierig; rumoerig* • *verward* • *oproerig*
tumulus ('tju:mjʊləs) ZN *grafheuvel*
tun (tʌn) I ZN *ton; kuip* II OV WW *kuipen*
tuna ('tju:nə) ZN *tonijn*
tundra ('tʌndrə) ZN *toendra*
tune (tju:n) I ZN • *toon* • *wijsje* • *stemming* • *melodie* • *harmonie* ★ in tune with *in overeenstemming met* ★ be in tune *zuiver gestemd zijn; in goede conditie zijn* ★ she sang in tune *ze hield goed wijs* ★ be out of tune with *niet in overeenstemming zijn met* ★ she sang out of tune *ze zong vals* ★ I'll make her change her tune *ik zal haar 'n toontje lager laten zingen* ★ he had to pay to the tune of £ 100 *hij moest maar liefst £ 100 betalen* ★ dance to s.o.'s tune *naar iemands pijpen dansen* II OV WW • *in bep. stemming brengen* • *zingen* • *afstemmen; stemmen* • *afstellen* • ~ *to afstemmen op; aanpassen aan* III ONOV WW • ~ *in woordje gaan meespreken; afstemmen* ⟨bij radio⟩ • ~ *up stemmen* ⟨v. instrument⟩; *beginnen met spelen of zingen; afstellen* ⟨v. apparaat⟩; *zich voorbereiden* • ~ *with harmoniëren met*
tuneful ('tju:nfʊl) BNW • *welluidend* • *muzikaal*
tuneless ('tju:nləs) BNW *onwelluidend*
tuner ('tju:nə) ZN • *stemmer* • *radio zonder versterker; tuner*
tune-up ZN TECHN. *afstelling* ★ give a car a ~ *een auto (opnieuw) afstellen*
tungsten ('tʌŋstn) ZN *wolfraam*
tunic ('tju:nɪk) ZN • *tunica* • *uniformjas* • *rok* ⟨v. bolgewas⟩ • *vlies dat orgaan omsluit*
tuning fork ('tju:nɪŋfɔ:k) ZN *stemvork*
tuning knob ZN *afstemknop*
tuning peg, tuning pin ZN *stemschroef* ⟨v. piano⟩
Tunisian (tjʊ'nɪzɪən) I ZN *Tunesische; Tunesiër* II BNW *Tunesisch*
tunnel ('tʌnl) I ZN • *tunnel* • *(mollen)gang* ★ ~ *shaft tunnelschacht* II OV WW *tunnel maken*
tunny ('tʌnɪ) ZN *tonijn*
tuny ('tju:nɪ), **tuney** BNW *welluidend*
tup (tʌp) I ZN *ram* II OV WW *dekken*
tuppence ('tʌpəns) ZN → **twopence** ★ I don't care ~ *het kan me geen lor schelen; ik geef er nog geen stuiver voor*
tuppenny ('tʌpənɪ) BNW OUD. *van twee pence*
turban ('tɜ:bən) ZN *tulband*
turbaned ('tɜ:bənd) BNW *met tulband*
turbid ('tɜ:bɪd) BNW • *troebel; dik* • *verward*
turbidity (tɜ:'bɪdətɪ) ZN • *troebelheid* • *verwardheid*
turbine ('tɜ:baɪn) ZN *turbine*
turbo ('tɜ:bəʊ) ZN • ~ *(-jet) turbinestraalvliegtuig*
turboprop ('tɜ:bəʊprɒp) ZN • *turbopropvliegtuig* • *schroefturbine*
turbot ('tɜ:bət) ZN *tarbot*
turbulence ('tɜ:bjʊləns) ZN • *onstuimigheid; beroering;* *turbulentie*
turbulent ('tɜ:bjʊlənt) BNW • *wervelend;* *onstuimig; turbulent*
turd (tɜ:d) ZN • *drol* • *rotkerel; rotmeid*
tureen (tjʊə'ri:n) ZN *soepterrine*

turf (tɜːf) **I** ZN • gras(tapijt) • graszode • IERS turf ★ the turf *de renbaan* ★ he is on the turf *hij is betrokken bij de rensport* ★ turf accountant *bookmaker* **II** OV WW • turf steken • graszoden leggen • begraven • PLAT ~ **out** *(iem.) eruit gooien*
turf-man ZN *iemand die aan rensport doet*
turfy ('tɜːfɪ) BNW • rensport- • veenachtig • houdend v. rensport
turgid ('tɜːdʒɪd) BNW *gezwollen; hoogdravend* ⟨v. taal⟩
turgidity (tɜːˈdʒɪdətɪ) ZN *hoogdravendheid*
Turk (tɜːk) ZN • *woesteling* • *Turk* • *rakker* ★ Turk's head *ragebol; knoop*
turkey ('tɜːkɪ) ZN • *kalkoen* • USA *fiasco; flop* • USA *domme gans* ★ talk ~ *duidelijke taal spreken; ter zake komen* • cold ~ *cold turkey* ⟨ontwenningsverschijnselen van drugs⟩; *harde waarheid*
Turkey ('tɜːkɪ) ZN *Turkije*
turkeycock ('tɜːkɪkɒk) ZN • *kalkoense haan* • *patser*
Turkish ('tɜːkɪʃ) BNW *Turks* ★ ~ delight *Turks fruit* ★ ~ towel *ruwe handdoek*
turmoil ('tɜːmɔɪl) ZN *verwarring; herrie; opwinding*
turn (tɜːn) **I** ZN • *draai(ing); wending; richting; bocht* • *keerpunt; verandering* • *beurt* • INFORM. *schok* • *vlaag, aanval* ⟨v. woede, ziekte⟩ • *nummer* ⟨v. voorstelling⟩; *toer* ⟨v. acrobaat⟩ • *wandelingetje; ritje; ronde* • *slag* ⟨in touw⟩ • MUZ. *dubbelslag teken* • *omgekeerde letter* ★ the turn of the century *de eeuwwisseling* ★ no left turn *linksaf slaan verboden* ★ they took turns *ze wisselden elkaar af* ★ he took his turn *het was nu zijn beurt* ★ it came to my turn *'t werd mijn beurt* ★ FIG. you're taking a turn for the better/worse *het gaat de goede/slechte kant op met jou* ★ it gave me quite a turn *'t bracht me totaal in de war* ★ he will do you a good turn *hij zal je 'n goede dienst bewijzen* ★ one good turn deserves another *de ene dienst is de andere waard* ★ turn of work *werkje* ★ FIG. turn of the tide *verandering in de algemene toestand* ★ turn and turn about *om beurten* ★ by/in turns *achtereenvolgens* ★ in the turn of a hand *in 'n ommezien* ★ on the turn *verzurend* ⟨v. melk⟩; *vergelend* ⟨v. bladeren⟩; *aan 't omslaan* ⟨v. weer⟩ ★ the meat was done to a turn *het vlees was precies gaar genoeg* ★ an elegant turn of phrase *een elegante formulering* ★ have I been talking out of turn? *heb ik (soms) iets verkeerds gezegd?* **II** OV WW • *omploegen* • *in één stuk afschillen* • *afwenden* • *omgaan, omtrekken* • *wegsturen, voeren; leiden* • *vormen* • *doen draaien; doen keren; omslaan; naar 't hoofd doen stijgen* • *richten; aanwenden* • *doen worden; veranderen; vertalen* ★ turn loose *afvuren* ★ turn a penny *een eerlijk stuk brood verdienen* ★ they turned me a compliment *ze maakten me een compliment* ★ it turned the day *het deed de kansen keren* ★ she didn't turn a hair *ze vertrok geen spier* ★ he turned his hand to anything *hij deed van alles* ★ he turns his hand to it *hij pakt 't aan* • ~ **back** *omslaan* • ~ **down** *indraaien; de bons geven; verwerpen; omslaan; lager/zachter zetten/draaien* • ~ **in** *inleveren; naar binnen draaien; ergens in jagen/sturen* • ~ **into** *veranderen in* • ~ **off** *uitdraaien; uitzetten; wegsturen; produceren; ophangen; in de echt verbinden; trouwen* ★ turn it off! *hou op!* • ~ **on** *opendraaien; aanzetten; (seksueel) opwinden/prikkelen; afhangen van* • ~ **out** *uitdraaien; naar buiten draaien; eruit gooien; binnenstebuiten keren; beurt geven* ⟨v. kamer⟩; *produceren; presteren; uitschenken* ★ a well turned-out man *een net gekleed man* • ~ **over** *kantelen; doorbladeren; omzetten* ⟨handel⟩; *(naar de kant rijden en) stoppen* ⟨met auto enz.⟩; *aan de kant gaan* ⟨met auto enz.⟩ ★ I'll turn it over *ik zal er over denken* ★ the boat was turned over *de boot sloeg om* • ~ **up** *opslaan; opzetten; omslaan; aan de oppervlakte brengen; openleggen* ⟨v. kaart⟩; *doen overgeven; misselijk maken; aan dek roepen; opgeven* **III** ONOV WW • *draaien; z. keren* • *z. richten* • *veranderen; worden; geel worden; zuur worden* ★ he turns after his mother *hij aardt naar zijn moeder* ★ he has turned off 70 *hij is al over de 70* ★ turn colour *verschieten v. kleur* ★ this made my head turn *dit deed me duizelen* • ~ **about** *ronddraaien* ★ turn about! *rechtsomkeert!* • ~ **aside/away/from** *z. afwenden van* • ~ **back** *terugkeren* ★ there's no turning back *er is geen weg terug* • ~ **down** *inslaan* • ~ **in** *naar bed gaan* • ~ **into** *inslaan; veranderen in* • ~ **off** *z. afkeren; afslaan* • ~ **on** *z. keren tegen* • ~ **out** *te voorschijn komen; blijken te zijn; opstaan; in staking gaan* • ~ **over** *z. omkeren* • ~ **round** *z. omdraaien* • ~ **to z.** *wenden tot; raadplegen; z. toeleggen op* ★ turn to account *zijn voordeel mee doen; benutten* • ~ **up** *z. voordoen; gebeuren*
turnabout ('tɜːnəbaʊt) ZN • *ommekeer* • USA *draaimolen*
turnback ('tɜːnbæk) **I** ZN *lafaard* **II** BNW *omgeslagen rand*
turncoat ('tɜːnkəʊt) ZN *overloper*
turner ('tɜːnə) ZN • *draaier* • *tuimelaar* ⟨duif⟩ • USA *gymnast; turner*
turning ('tɜːnɪŋ) ZN • *'t kunstdraaien* • *turnen* • *vouw* • *omslag* • *bocht* • *(zij)straat; afslag* ★ ~ lathe/loom *draaibank* ★ ~ point *keerpunt*
turnip ('tɜːnɪp) ZN *raap, knol* ★ he got ~s *hij kreeg de bons*
turnkey ('tɜːnkiː) ZN *cipier*
turn-off ('tɜːnɒf) ZN *afknapper; iets afschrikwekkends*
turn-on ZN *iets/iemand dat/die (seksueel) opwindt*
turnout ('tɜːnaʊt) ZN • *opmars; (het) uitrukken* • *staking* • *verzamelde menigte* • *opkomst* ⟨op vergadering, verkiezing⟩; *deelname* • *wisselspoor* • *(weg)verbreding* • *schoonmaakbeurt* • *productie* • *uitrusting* ★ coffee and turn-out *koffie en iets erbij*
turnover ('tɜːnəʊvə) **I** ZN • *omzet* • *omverwerping* • *verandering v. politiek* • *verloop* ⟨v. personeel⟩ • *omslag* ⟨v. envelop, kous⟩ • *appelflap* **II** BNW *omgeslagen*
turnover tax ZN *omzetbelasting*
turnpike ('tɜːnpaɪk) ZN *tolhek; tolweg*
turn-round ('tɜːnraʊnd) ZN • *(het) lossen en weer laden* ⟨v. schip⟩ • *omslag; ommekeer;*

ommezwaai
turn signal ZN USA *richtingaanwijzer*
turnstile ('tɜːnstaɪl) ZN *tourniquet; draaihek*
turntable ('tɜːnteɪbl) ZN *draaischijf; draaitafel* ★ ~ *ladder brandladder*
turn-up ('tɜːnʌp) I ZN • *opstaande rand* • *omslag* ⟨v. broek⟩ • *worp* ⟨v. dobbelsteen⟩ • *iets onverwachts* II BNW • *opstaand* • *omgeslagen*
turpentine ('tɜːpəntaɪn) ZN *terpentijn*
turpitude ('tɜːpɪtjuːd) ZN *verdorvenheid*
turps (tɜːps) ZN INFORM. *terpentijn*
turquoise (tɜːkwɔɪz) ZN MV *turquoise*
turret ('tʌrɪt) ZN • *torentje* • *geschuttoren*
turreted ('tʌrɪtɪd) BNW • *voorzien v. torentjes* • *torenvormig* • *spits* ⟨v. schelp⟩
turtle ('tɜːtl) I ZN • *zeeschildpad* • *schildpadsoep* II ONOV WW *omslaan* ★ turn ~ *omslaan; kapseizen*
turtle dove ('tɜːtldʌv) ZN *tortelduif*
turtleneck ('tɜːtlnek) ZN *col(trui)*
turtle-shell ('tɜːtlʃel) ZN *schildpad* ⟨stof⟩
turves (tɜːvz) ZN MV → **turf**
Tuscan ('tʌskən) I ZN *Toscaner* II BNW *Toscaans*
Tuscany ('tʌskəni) ZN *Toscane*
tusk (tʌsk) ZN *(slag)tand*
tusked (tʌskt) ZN *met slagtanden*
tussle ('tʌsəl) I ZN • *worsteling; strijd* II ONOV WW *vechten*
tussock ('tʌsək) ZN • *(gras)pol* • *(haar)lok*
tut (tʌt), **tut-tut** I ONOV WW *'kom, kom' roepen* II TW *kom, kom!*
tutelage ('tjuːtɪlɪdʒ) ZN *voogdij(schap)*
tutelary ('tjuːtɪləri) BNW *beschermend*
tutor ('tjuːtə) I ZN • *privéleraar; bijlesleraar* • *studiebegeleider; mentor* • *leerboek* ★ private ~ *privéleraar* II OV WW • *(bij)les geven* • *discipline uitoefenen* • *de voogdij hebben over* III ONOV WW *als privédocent werken*
tutorial (tjuːˈtɔːrɪəl) ZN • *werkcollege* • *leerprogramma*
tux (tʌks) I ZN INFORM. → **tuxedo** II OV WW ★ tux up o.s. *z'n smoking aantrekken*
tuxedo (tʌkˈsiːdəʊ) ZN USA *smoking* ★ ~ed in *smoking*
TV AFK television *tv*
TV guide ZN *tv-gids*
TV set (tiːviː set) ZN *televisie(apparaat)*
twaddle ('twɒdl) I ZN *kletspraat* II ONOV WW *kletsen*
twaddler ('twɒdlə) ZN *wauwelaar*
twain (tweɪn) ZN *twee(tal)*
twang (twæŋ) I ZN *getokkel* II ONOV+ONOV WW *snorren* ⟨v. pijl⟩ III OV+ONOV WW • *tjingelen; tokkelen* ⟨op instrument⟩ • *door de neus spreken* ★ ~ on a fiddle *zagen op viool* ★ ~ a bow *pijl afschieten*
twangy ('twæŋi) BNW *tjingelend*
tweak (twiːk) I ZN • *ruk* • PLAT *truc* II OV WW • *(draaien en) trekken aan* • *knijpen*
tweaker ('twiːkə) ZN INFORM. *katapult*
twee (twiː) BNW INFORM. *lief; mooi*
tweed (twiːd) ZN *tweed* ⟨ruig wollen weefsel⟩
tweedledum (twiːˈdlˈdʌm) ZN ★ ~ and tweedledee *lood om oud ijzer*
tweedy ('twiːdi) BNW *gekleed in kostuum v. tweed*
'tween (twiːn) → **between**
'tween-decks BNW *tussendeks*

tweeny ('twiːni) ZN *(tweede) dienstmeisje*
tweet (twiːt) ZN *getjilp*
tweeter ('twiːtə) ZN *tweeter; luidspreker voor hoge tonen*
tweezers ('twiːzəz) ZN MV ★ (a pair of) ~ *pincet*
twelfth (twelfθ) I ZN *twaalfde deel* II TELW *twaalfde*
Twelfth (twelfθ) BNW ★ ~ Night *Driekoningen*
twelve (twelv) TELW *twaalf*
twelvemonth ('twelvmʌnθ) ZN *jaar* ★ this day ~ *vandaag een jaar terug*
twen (twen) ZN *iem. tussen 20 en 30 jaar*
twentieth ('twentɪəθ) TELW *twintigste*
twenty ('twenti) TELW *twintig*
twerp (twɜːp) ZN • *vervelende vent; rotvent* • PLAT *geld; poen*
twice (twaɪs) BIJW *twee keer* ★ in ~ *in twee keer* ★ I'll think ~ before ... *ik zal me nog wel eens bedenken voordat ...*
twicer ('twaɪsə) ZN *drukker-letterzetter*
twice-told BNW ★ ~ tale *bekend verhaal*
twiddle ('twɪdl) I ZN *draai* II OV+ONOV WW *spelen met* ⟨klein voorwerp⟩ ★ ~ one's thumbs *met de duimen draaien; niets uitvoeren*
twig (twɪg) I ZN • *twijg* • *wichelroede* • INFORM. *hop* the twig *sterven* ★ in prime twig *netjes uitgedost* II OV WW INFORM. *begrijpen; snappen*
twiggy ('twɪgi) BNW • *als een twijg* • *vol twijgen* • *broodmager*
twilight ('twaɪlaɪt) ZN • *schemering; schemerlicht* • *obscuriteit* • *verval; slotfase* ★ the ~ of her career *de nadagen van haar carrière*
twin (twɪn) I ZN • *tweelingbroer/zus* • *één v. een paar* • *tegenhanger* ★ twins [mv] *tweeling* II BNW • *tweeling-* • *gepaard* III OV WW *z. innig verbinden met*
twin beds ZN MV *lits-jumeaux*
twine (twaɪn) I ZN • *getwijnd garen* • *draai* • *warboel* • *omstrengeling* II OV WW • *twijnen* • *vlechten* ⟨v. krans⟩ III ONOV WW *(z.) slingeren*
twin-engined (twɪnˈendʒɪnd) BNW *tweemotorig* ⟨v. vliegtuig⟩
twinge (twɪndʒ) I ZN *steek; pijnscheut* II ONOV WW • *pijn doen* • *knagen* ⟨v. geweten⟩
twinkle ('twɪŋkl) I ZN • *knippering* ⟨met oogleden⟩ • *trilling* ★ in a ~ *in een ommezien* ★ in the twinkling of an eye *in een ommezien* II OV WW • *knipperen* ⟨met ogen⟩ • *uitzenden* ⟨v. licht⟩ III ONOV WW • *flikkeren* • *snel heen en weer/op en neer gaan* • *fonkelen*
twinkling I ZN • *schittering; fonkeling* • *knippering* II WW [gerundium] → **twinkle**
twins (twɪnz) ZN MV → **twin**
twinset ('twɪnset) ZN *truitje met bijpassend vest; twinset*
twirl (twɜːl) I ZN • *(snelle) draai* • *krul* ⟨v. letter⟩ II OV+ONOV WW • *(rond)draaien*
twirler ('twɜːlə) ZN • *tol* • USA *majorette*
twist (twɪst) I ZN • *draaiing* • *kromming* • *afwijking; gril* • *twist* ⟨dans⟩ ★ the tube has got a ~ *de pijp is krom* ★ give it a ~ *geef er een draai aan* ★ ~ of the wrist *handigheidje* ★ a cruel ~ of fate *een wrede speling van het lot* II OV WW • *(in elkaar) draaien* • *vlechten* • *wringen* • PLAT *bedriegen* ★ ~ the lion's tail *Groot-Brittannië tergen* ★ ~ed intestine *kronkel*

in de darm ★ ~ drill *spiraalboor* **III** ONOV WW
• *draaien*; *kronkelen* • z. *wringen* • *vertrekken*
⟨v. gezicht⟩ • *de twist dansen*
twister ('twɪstə) ZN • USA *cycloon*; *tornado*
• INFORM. *bedrieger* • PLAT *kolossale leugen*
• *trekbal* ⟨bij biljart⟩
twisty ('twɪstɪ) BNW • *kronkelig* • *achterbaks*
twit (twɪt) **I** ZN • *verwijt*; *berisping* • *sufferd*;
sukkel **II** OV WW *verwijten*; *berispen*
twitch (twɪtʃ) **I** ZN • *zenuwtrekking* • *ruk*
• *pijnscheut* **II** OV WW *rukken of trekken* ⟨aan
mouw, om aandacht te trekken⟩ **III** ONOV WW
trekken ⟨v. spier⟩
twitter ('twɪtə) **I** ZN • *gesjilp* • *zenuwachtigheid*
★ they were all in a ~ *ze waren allemaal erg
opgewonden* **II** OV WW *piepen* **III** ONOV WW
• *sjilpen* • *met piepstem spreken*
two (tu:) TELW *twee(tal)* ★ two or three *enkele* ★ in
two twos *in 'n oogwenk* ★ divide into two *in
tweeën delen* ★ he knows how to put two and
two together *hij weet hoe de vork aan de steel
zit*
two-bit BNW USA *goedkoop*; *waardeloos*
two-dimensional BNW *tweedimensionaal*
two-edged (tu:'edʒd) BNW *tweesnijdend*
two-faced (tu:'feɪst) BNW • *met twee gezichten*
• *oneerlijk*; *huichelachtig*
twofold ('tu:fəʊld) BNW *tweevoudig*
two-handed (tu:hændɪd) BNW • *tweehandig*
• *voor twee handen* ⟨v. zwaard⟩ • *voor twee
personen*
two-party system ZN *tweepartijenstelsel*
twopence ('tʌpəns), **tuppence** ZN *dubbeltje* ★ he
doesn't care a ~ *hij geeft er geen zier om*
twopenny ('tʌpənɪ) BNW • *onbeduidend* • *ter
waarde v. twee stuivers* ★ ~ *halfpenny
goedkoop*; *onbeduidend*
two-piece BNW *tweedelig*
two-ply ('tu:plaɪ) BNW *tweelagig*
twosome ('tu:səm) **I** ZN *tweetal* **II** BNW *gedaan
door twee personen* ⟨vnl. van dans⟩
two-stroke ('tu:strəʊk) BNW ★ ~ motor *tweetakt
motor*
two-time ('tu:taɪm) **I** BNW *tweevoudig* **II** OV WW
USA *bedriegen*
two-tone BNW • *tweekleurig* • *tweetonig*
two-way (tu:weɪ) BNW ★ ~ cock *tweewegskraan*
★ ~ switch *hotelschakelaar* ★ ~ radio *apparaat
met zend- en ontvanginrichting*
tycoon (taɪ'ku:n) ZN USA *groot zakenman*;
magnaat; *tycoon*
tying ('taɪɪŋ) WW [tegenw. deelw.] → **tie**
tyke (taɪk), **tike** ZN • *straathond* • *ondeugend kind*
tympanic (tɪm'pænɪk) BNW ★ ~ membrane
trommelvlies
tympanum ('tɪmpənəm) ZN *trommelvlies*
type (taɪp) **I** ZN • *voorbeeld*; *type*; *model*
• *(zinne)beeld* • *beeldenaar* • *gegoten letter*
• *zetsel* • *lettervorm* ★ type foundry *lettergieterij*
II OV WW • *symboliseren* • *onderzoeken v. bloed
voor transfusie* **III** OV+ONOV WW *typen*
typecast ('taɪpkɑ:st) OV WW *typecasten*
⟨selecteren voor film-, tv-rol⟩; *steeds hetzelfde
soort rol laten spelen*
typeface ('taɪpfeɪs) ZN *lettertype*; *letterbeeld*
typescript ('taɪpskrɪpt) ZN *getypte tekst*; *typoscript*

typeset ('taɪpset) OV WW DRUKK. *zetten*
typesetter ('taɪpsetə) ZN • *letterzetter*
• *zetmachine*
typewrite ('taɪpraɪt) OV+ONOV WW *tikken*; *typen*
typewriter ('taɪpraɪtə) ZN *schrijfmachine*
typhoid ('taɪfɔɪd) **I** ZN *tyfus* **II** BNW *tyfeus*
typhoon (taɪ'fu:n) ZN *tyfoon* ⟨tropische cycloon⟩
typhus ('taɪfəs) ZN *vlektyfus*
typical ('tɪpɪkl) BNW *typisch*; *kenmerkend* ★ it is ~
of him *'t typeert hem*
typify ('tɪpɪfaɪ) OV WW *typeren*
typing ('taɪpɪŋ) BNW ★ ~ error/mistake *tikfout*
typist ('taɪpɪst) ZN *typiste*
typo ('taɪpəʊ) ZN • INFORM. *typefout* • INFORM.
drukker
typographer (taɪ'pɒgrəfə) ZN *drukker*; *grafisch
vormgever*
typographic (taɪpə'græfɪk) BNW *typografisch*
typographical (taɪpə'græfɪkl) BNW *typografisch*
typography (taɪ'pɒgrəfɪ) ZN *typografie*; *grafische
vormgeving*
typology (taɪ'pɒlədʒɪ) ZN *typologie*; *typeleer*
tyrannic(al) (tɪ'rænɪk(l)), **tyrannous** BNW
tiranniek
tyrannize ('tɪrənaɪz) OV+ONOV WW *tiranniseren*
tyranny ('tɪrənɪ) ZN *tirannie*
tyrant ('taɪərənt) ZN *tiran*
tyre ('taɪə) **I** ZN G-B *band* ⟨v. wiel⟩ ★ spare tyre
reserveband ★ IRON. spare tyre *zwembandje*
⟨vetrol⟩ **II** OV WW *band leggen om*
tyre chain ZN *sneeuwketting*
tyred (taɪəd) BNW *voorzien v. band(en)*
tyre gauge ZN *bandenspanningsmeter*
tyre lever ZN *bandenlichter*
tyre pressure ZN *bandenspanning*
tyre valve ZN *ventiel*
Tyrian ('tɪrɪən) BNW • *uit Tyrus* • *purperkleurig*
tyro ('taɪərəʊ), **tiro** ZN *beginneling*
tzar (zɑ:) ZN *tsaar*
Tzigane (tsɪ'gɑ:n) **I** ZN *Hongaarse zigeuner* **II** BNW
zigeuner-

U

u (ju:) ZN letter u ★ U as in Uncle *de u van Utrecht*
U (ju:) AFK • USA/AUSTR. University *universiteit* • universal *voor alle leeftijden* ⟨film⟩ • upper class *maatschappelijke bovenlaag*
UAE (ju:eɪˈriː) AFK United Arab Emirates *Verenigde Arabische Emiraten*
ubiquitous (juːˈbɪkwɪtəs) BNW *alomtegenwoordig*
ubiquity (juˈbɪkwətɪ) ZN *alomtegenwoordigheid*
U-boat (ˈjuːbəʊt) ZN *underwater boat onderzeeër; duikboot*
udder (ˈʌdə) ZN *uier*
UEFA (juːˈiːfə, juːˈeɪfə) AFK Union of European Football Associations Uefa ⟨Europese Voetbal Unie⟩
UFO (ˈjuːefəʊ) AFK unidentified flying object *onbekend vliegend voorwerp; vliegende schotel*
ufology (juːˈfɒlədʒɪ) ZN *literatuur/wetenschap omtrent ufo's*
ugh (əx) TW *bah!*
uglify (ˈʌglɪfaɪ) OV WW *lelijk maken*
ugliness (ˈʌglɪnəs) ZN *lelijkheid*
ugly (ˈʌglɪ) **I** ZN • *lelijk persoon; lelijkerd* • OUD. *scherm aan damesheod* **II** BNW • *verdacht; bedenkelijk* • *vervelend* • *dreigend* • *kwaadaardig* • *lelijk* ⟨v. aanzien⟩ ★ an ugly customer *een lastpak* ★ ugly duckling *lelijk eendje* ★ ugly tongues *boze tongen*
UK (juːˈkeɪ) AFK United Kingdom *Verenigd Koninkrijk; Groot-Brittannië*
ulcer (ˈʌlsə) ZN • *etterende zweer; ulcus* • FIG. *smet*
ulcerate (ˈʌlsəreɪt) WW *etteren; zweren* ★ ~d stomach *maagzweer* ★ alcohol was causing his stomach to ~ *door alcohol heeft hij een maagzweer gekregen*
ulceration (ʌlsəˈreɪʃən) ZN *zweer; verzwering*
ulcerative (ˈʌlsərətɪv), **ulcerous** BNW *zwerend; bedekt met zweren*
ulna (ˈʌlnə) ZN *ellepijp*
ulster (ˈʌlstə) ZN *lange herenwinterjas*
ult. AFK ultimo (of last month) *van de vorige maand*
ulterior (ʌlˈtɪərɪə) BNW • *aan de andere zijde; verderop* • *in de toekomst* • *heimelijk* ★ ~ motive/purpose *bijbedoeling*
ultimate (ˈʌltɪmət) **I** ZN • *uiterste* • *grond(principe)* • *eind-/slotresultaat* • *summum; toppunt* ★ in the ~ *ten slotte* **II** BNW • *uiterste* • *ultieme; laatste* • *definitief*
ultimately (ˈʌltɪmətlɪ) BIJW *ten slotte*
ultimatum (ʌltɪˈmeɪtəm) ZN • *ultimatum* • *besluit* • *grondbeginsel*
ultimo (ˈʌltɪməʊ) BNW *v.d. vorige maand*
ultra (ˈʌltrə) **I** ZN *extremist; radicaal* **II** BNW *extremistisch; uiterst(e)* **III** VOORV *ultra-; hyper-*
ultraist (ˈʌltraɪst) ZN *iem. met geavanceerde ideeën over godsdienst/politiek*
ultramarine (ʌltrəməˈriːn) **I** ZN *ultramarijn* **II** BNW • *overzees* • *ultramarijn*
ultramodern (ʌltrəˈmɒdən) BNW *hypermodern*
ultramontane (ʌltrəˈmɒnteɪn) BNW *aan de zuidzijde v.d. Alpen gelegen; Italiaans; Rooms*
ultramundane (ʌltrəˈmʌndeɪn) BNW • *buiten de wereld of 't zonnestelsel gelegen* • *tot het andere leven behorend*
ultrasonic (ʌltrəˈsɒnɪk) BNW *ultrasoon*
ultrasound (ʌltrəˈsaʊnd) ZN • *ultrasoon geluid* • MED. *echografie*
ultraviolet (ʌltrəˈvaɪələt) BNW *ultraviolet*
ululate (ˈjuːlʊleɪt) ONOV WW • *schreeuwen* • *jammeren*
ululation (juːljʊˈleɪʃən) ZN *geweeklaag; geschreeuw*
umbel (ˈʌmbl) ZN *bloemscherm*
umbelliferous (ʌmbəˈlɪfərəs) BNW *schermdragend*
umber (ˈʌmbə) **I** ZN • *omber* ⟨kleur v. aarde⟩ • *ombervogel* **II** BNW *omberkleurig* **III** OV WW *bruinen*
umbilical (ʌmˈbɪlɪkl) **I** ZN • *verbinding* • *schakel* **II** BNW • *navel-* • *centraal* ★ ~ ancestor *voorouder v.d. kant v.d. moeder* ★ ~ cord *navelstreng*
umbilicus (ʌmˈbɪlɪkəs) ZN *navel*
umbra (ˈʌmbrə), **umbrae** ZN • *schaduwkegel* • *kernschaduw* • *door gast meegebrachte ongenode gast* • *schim*
umbrage (ˈʌmbrɪdʒ) ZN • *aanstoot* • OUD. *schaduw; lommer* ★ take ~ *at aanstoot nemen aan* ★ give ~ to *aanstoot geven aan; ergeren* ★ take ~ *aanstoot nemen*
umbrella (ʌmˈbrelə) ZN • *paraplu* • *bedekking* ⟨v. kwal⟩ • *zonnescherm* • *tuinparasol* • *parachute* • *overkoepeling(sorgaan)*
umbrella stand ZN *paraplubak*
umph (ʌmf) TW *hm!*
umpire (ˈʌmpaɪə) **I** ZN *scheidsrechter; arbiter* **II** OV+ONOV WW *optreden als scheidsrechter*
umpteen (ˈʌm(p)tiːn) TELW • INFORM. *heel wat* • INFORM. *tig*
umpteenth (ˈʌm(p)tiːnθ) BNW *zoveelste*
un- (ʌn) VOORV *on-; niet* ★ unfair *oneerlijk*
'un (ən) → one
UN (juːˈen) AFK United Nations *VN; Verenigde Naties*
unabashed (ʌnəˈbæʃt) BNW • *niet verlegen* • *schaamteloos* • *onbeschaamd*
unabated (ʌnəˈbeɪtɪd) BNW *onverzwakt; onverminderd*
unable (ʌnˈeɪbl) BNW *niet in staat; onbekwaam*
unabridged (ʌnəˈbrɪdʒd) BNW *onverkort*
unacceptable (ʌnəkˈseptəbl) BNW • *onaanvaardbaar* • *onaannemelijk* • *niet welkom*
unaccommodating (ʌnəˈkɒmədeɪtɪŋ) BNW *niet inschikkelijk*
unaccompanied (ʌnəˈkʌmpənɪd) BNW *zonder begeleiding*
unaccomplished (ʌnəˈkʌmplɪʃt) BNW • *onvoltooid* • *onbeschaafd* • *onbegaafd*
unaccountable (ʌnəˈkaʊntəbl) BNW • *onverklaarbaar* • *niet verantwoordelijk* • *ontoerekenbaar*
unaccounted (ʌnəˈkaʊntɪd) BNW *onverantwoord* ★ ~ for *onverklaard; onverantwoord*
unaccustomed (ʌnəˈkʌstəmd) BNW • *ongewoon* • *niet gewend* ★ ~ to *niet gewend aan*
unacquainted (ʌnəˈkweɪntɪd) BNW • *onbekend* • *elkaar niet kennende*

unadopted (ʌnəˈdɒptɪd) BNW *niet geadopteerd* ★ ~ road *weg die niet onder beheer van plaatselijk bestuur valt*

unadulterate(d) (ʌnəˈdʌltəreɪtɪd) BNW *zuiver; echt* ★ an unadulterated villain *een doortrapte schurk*

unadvised (ʌnədˈvaɪzd) BNW *ondoordacht; onberaden*

unadvisedly (ʌnədˈvaɪzɪdlɪ) BIJW • *ondoordacht; onverstandig* • *niet bijgestaan*

unaffected (ʌnəˈfektɪd) BNW • *eerlijk; open; natuurlijk; ongedwongen* • *niet beïnvloed*

unafraid (ʌnəˈfreɪd) BNW *niet bang; onversaagd*

unaided (ʌnˈeɪdɪd) BNW *zonder hulp* ★ the ~ eye *het blote oog*

unalarmed (ʌnəˈlɑːmd) BNW *onbevreesd*

unalienable (ʌnˈeɪlɪənəbl) BNW *onvervreemdbaar*

unalive (ʌnəˈlaɪv) BNW *zonder leven* ★ ~ to *ongevoelig voor*

unallied (ʌnəˈlaɪd) BNW • *niet verwant* • *zonder bondgenoten*

unalloyed (ʌnəˈlɔɪd) BNW *onvermengd; zuiver*

unalterable (ʌnˈɔːltərəbl) BNW *onveranderlijk*

unaltered (ʌnˈɔːltəd) BNW *ongewijzigd*

unambiguous (ʌnæmˈbɪɡjʊəs) BNW *ondubbelzinnig; helder*

unambitious (ʌnæmˈbɪʃəs) BNW *bescheiden; niet eerzuchtig*

unamenable (ʌnəˈmiːnəbl) BNW • *onhandelbaar* • *onverantwoordelijk* • *niet vatbaar* ★ ~ to criticism *niet vatbaar voor kritiek*

unanimity (juːnəˈnɪmətɪ) ZN *eenstemmigheid*

unanimous (juːˈnænɪməs) BNW *eenstemmig*

unannounced (ʌnəˈnaʊnst) BNW *onaangekondigd*

unanswerable (ʌnˈɑːnsərəbl) BNW • *niet te beantwoorden* • *onweerlegbaar* • *niet verantwoordelijk*

unanswered (ʌnˈɑːnsəd) BNW • *onbeantwoord* • *niet weerlegd*

unappalled (ʌnəˈpɔːld) BNW *onvervaard*

unappeased (ʌnəˈpiːzd) BNW *niet bevredigd*

unappreciated (ʌnəˈpriːʃɪeɪtɪd) BNW • *niet gewaardeerd* • *miskend*

unapproachable (ʌnəˈprəʊtʃəbl) BNW • *ontoegankelijk* • *weergaloos*

unappropriated (ʌnəˈprəʊprɪeɪtɪd) BNW • *niet toegewezen* • *onbeheerd* ★ IRON. an ~ blessing *oude vrijster*

unapt (ʌnˈæpt) BNW • *ongeschikt; ongepast* • *onbekwaam* • *niet geneigd*

unarguable (ʌnˈɑːɡjʊəbl) BNW *ontegenzeggelijk*

unarmed (ʌnˈɑːmd) BNW *ongewapend*

unashamed (ʌnəˈʃeɪmd) BNW • *schaamteloos* • *onbeschroomd*

unasked (ʌnˈɑːskt) BNW *ongevraagd*

unaspiring (ʌnəˈspaɪərɪŋ) BNW *bescheiden*

unassailable (ʌnəˈseɪləbl) BNW *onaantastbaar*

unassertive (ʌnəˈsɜːtɪv) BNW *bescheiden*

unassisted (ʌnəˈsɪstɪd) BNW • *zonder hulp* • *ongewapend; bloot* ⟨oog⟩

unassuming (ʌnəˈsjuːmɪŋ) BNW *niet aanmatigend; bescheiden; pretentieloos*

unattached (ʌnəˈtætʃt) BNW • *niet gebonden; niet verbonden; los* • *alleenstaand; ongebonden* • *extern* • JUR. *onbezwaard*

unattended (ʌnəˈtendɪd) BNW • *niet vergezeld; zonder gevolg* • *onbeheerd* • *verwaarloosd*

unattractive (ʌnəˈtræktɪv) BNW *onaantrekkelijk*

unauthorized (ʌnˈɔːθəraɪzd) BNW • *niet gemachtigd* • *onwettig; niet echt*

unavailable (ʌnəˈveɪləbl) BNW • *niet geldig* • *niet beschikbaar; niet te spreken; niet toegankelijk*

unavailing (ʌnəˈveɪlɪŋ) BNW *vergeefs*

unavoidable (ʌnəˈvɔɪdəbl) BNW *onvermijdelijk*

unaware (ʌnəˈweə) BNW • *wereldvreemd* • z. *niet bewust van*

unawares (ʌnəˈweəz) BIJW • *onbewust; ongemerkt* • *onverhoeds* ★ they were taken ~ *ze werden (er door) overvallen/verrast*

unbalance (ʌnˈbæləns) I ZN *onevenwichtigheid* II OV WW *uit 't evenwicht brengen*

unbalanced (ʌnˈbælənst) BNW • *uit 't evenwicht* • *onevenwichtig* • ECON. *niet sluitend/vereffend* ⟨rekening⟩

unbated (ʌnˈbeɪtɪd) BNW → **unabated**

unbearable (ʌnˈbeərəbl) BNW *ondraaglijk; onduldbaar*

unbeaten (ʌnˈbiːtn) BNW • *ongeslagen* • *onovertroffen* • *onbetreden*

unbecoming (ʌnbɪˈkʌmɪŋ) BNW *ongepast* ⟨gedrag⟩ • *niet goed staand* ★ an ~ hat *een onflatteuze hoed*

unbeknown (ʌnbɪˈnəʊn) BNW INFORM. *onbekend* ★ ~ to *zonder medeweten van*

unbelief (ʌnbɪˈliːf) ZN *ongeloof*

unbelievable (ʌnbɪˈliːvəbl) BNW *ongelofelijk*

unbeliever (ʌnbɪˈliːvə) ZN *ongelovige*

unbelieving (ʌnbɪˈliːvɪŋ) BNW *ongelovig*

unbend (ʌnˈbend) OV+ONOV WW • *rechtbuigen/maken* • (z.) *ontspannen; losmaken; verslappen* • z. *laten gaan*

unbending (ʌnˈbendɪŋ) BNW • *ontspannend* • *onbuigzaam; hardnekkig*

unbent (ʌnˈbent) BNW • *niet gebogen; recht* • *niet onderworpen* • *slap* ⟨v. boog⟩

unbeseeming (ʌnbɪˈsiːmɪŋ) BNW *ongepast*

unbias(s)ed (ʌnˈbaɪəst) BNW *onbevooroordeeld*

unbidden (ʌnˈbɪdn) BNW *ongenood*

unbind (ʌnˈbaɪnd) OV WW *losmaken*

unbleached (ʌnˈbliːtʃt) BNW *ongebleekt*

unblenched (ʌnˈblentʃt) BNW *onverschrokken; niet wijkend*

unblenching (ʌnˈblentʃɪŋ) BNW *onversaagd*

unblushing (ʌnˈblʌʃɪŋ) BNW *schaamteloos*

unbolt (ʌnˈbəʊlt) OV WW • *ontgrendelen* • *bout(en) losdraaien*

unborn (ʌnˈbɔːn) BNW *ongeboren*

unbosom (ʌnˈbʊzəm) OV WW • *ontboezemen* • *uiten*

unbottle (ʌnˈbɒtl) OV WW *uitgieten* ★ ~ one's feelings *uiting geven aan z'n gevoelens*

unbound (ʌnˈbaʊnd) BNW *niet gebonden*

unbounded (ʌnˈbaʊndɪd) BNW • *onbegrensd* • *teugelloos*

unbridle (ʌnˈbraɪdl) OV WW • *aftomen* • *de teugel vieren*

unbridled (ʌnˈbraɪdld) BNW *ongebreideld*

unbroken (ʌnˈbrəʊkən) BNW • *ononderbroken* • *ongeschonden* • *(nog) niet gebroken*

unbuckle (ʌnˈbʌkl) OV WW *losgespen*

unbuilt (ʌnˈbɪlt) BNW • *ongebouwd* • *onbebouwd*

unburden – uncovered

* ~ site onbebouwd terrein
unburden (ʌn'bɜ:dn) ov ww • ontlasten • z. bevrijden van * ~ o.s. zijn hart uitstorten
unbutton (ʌn'bʌtn) ov ww • losknopen • uiten * ~ o.s. zijn hart uitstorten
uncalled (ʌn'kɔ:ld) BNW • niet geroepen • on(op)gevraagd * ongestort ⟨kapitaal⟩ • niet beroepen ⟨predikant⟩ * ~ for ongevraagd/ opdringerig; niet afgehaald ⟨pakje⟩; onnodig; ongemotiveerd
uncanny (ʌn'kæni) BNW • geheimzinnig • angstwekkend; griezelig • SCHOTS onvoorzichtig
uncaring (ʌn'keərɪŋ) BNW z. niet bekommerend om
unceasing (ʌn'si:sɪŋ) BNW onophoudelijk
unceremonious (ʌnserɪ'məʊnɪəs) BNW zonder complimenten; familiair
uncertain (ʌn'sɜ:tn) BNW onzeker; twijfelachtig; onbetrouwbaar
uncertainty (ʌn'sɜ:təntɪ) ZN twijfelachtigheid; onbetrouwbaarheid; onzekerheid
unchain (ʌn'tʃeɪn) ov ww ontketenen; loslaten
unchallengeable (ʌn'tʃælɪndʒəbl) BNW onbetwistbaar
unchallenged (ʌn'tʃælɪndʒd) BNW • ongewraakt; ongehinderd • onbetwist; onaangetast ⟨bijv. v. record⟩
unchangeable (ʌn'tʃeɪndʒəbl) BNW onveranderlijk; niet te veranderen
unchanged (ʌn'tʃeɪndʒd) BNW onveranderd
unchanging (ʌn'tʃeɪndʒɪŋ) BNW onveranderlijk; niet veranderend
uncharitable (ʌn'tʃærɪtəbl) BNW liefdeloos; onbarmhartig
uncharted (ʌn'tʃɑ:tɪd) BNW niet in kaart gebracht
unchaste (ʌn'tʃeɪst) BNW onkuis
unchecked (ʌn'tʃekt) BNW • niet gecontroleerd • onbelemmerd
uncivic (ʌn'sɪvɪk) ZN getuigend v. weinig burgerzin
uncivil (ʌn'sɪvɪl) BNW onbeleefd
uncivilized (ʌn'sɪvəlaɪzd) BNW onbeschaafd
unclaimed (ʌn'kleɪmd) BNW • onopgevraagd • niet opgehaald
unclassified (ʌn'klæsɪfaɪd) BNW • niet geclassificeerd; niet geregistreerd • niet (meer) geheim
uncle ('ʌŋkl) ZN • oom • PLAT lommerd * Uncle Sam ⟨personificatie van de USA⟩ * become the ~ over a p. iem. op 'n vriendelijke manier de les lezen * talk like a Dutch ~ iem. op een vriendelijke wijze de les lezen * JEUGDT. say/cry ~ zich gewonnen geven; een toontje lager zingen * Bob's your ~ klaar is Kees; dik voor elkaar
unclean (ʌn'kli:n) BNW • onrein; smerig • onkuis
uncleanly (ʌn'klenlɪ) I BNW • vuil • onkuis • onrein II BIJW vuil
unclear (ʌn'klɪə) BNW onduidelijk
unclose (ʌn'kləʊz) ov+onov ww openen; bekend maken/worden
unclouded (ʌn'klaʊdɪd) BNW onbewolkt * ~ happiness onverdeeld geluk
uncoil (ʌn'kɔɪl) ov+onov ww • afwikkelen • (z.) ontrollen
uncoloured (ʌn'kʌləd) BNW ongekleurd

uncome-at-able (ʌnkʌm'ætəbl) ZN • onbereikbaar • onverkrijgbaar
uncomfortable (ʌn'kʌmftəbl) BNW • ongemakkelijk • verontrustend • niet op zijn gemak
uncommitted (ʌnkə'mɪtɪd) BNW niet gebonden; neutraal
uncommon (ʌn'kɒmən) BNW ongewoon * not ~ly nogal eens
uncommunicative (ʌnkə'mju:nɪkətɪv) BNW gesloten; gereserveerd
uncompromising (ʌn'kɒmprəmaɪzɪŋ) BNW onverzoenlijk; niets ontziend; niet tot schikking bereid; niet inschikkelijk
unconcealed (ʌnkən'si:ld) BNW openlijk; onverholen
unconcern (ʌnkən'sɜ:n) ZN onbezorgdheid; onverschilligheid
unconcerned (ʌnkən'sɜ:nd) BNW • niet betrokken ⟨in/with in/bij⟩ • onverschillig ⟨about over⟩; onbezorgd
unconditional (ʌnkən'dɪʃənl) BNW onvoorwaardelijk
unconditioned (ʌnkən'dɪʃənd) BNW • onvoorwaardelijk • niet-geconditioneerd; natuurlijk
unconfined (ʌnkən'faɪnd) BNW vrij; onbeperkt
uncongenial (ʌnkən'dʒi:nɪəl) BNW • onsympathiek; onaangenaam • niet verwant
unconnected (ʌnkə'nektɪd) BNW losstaand; zonder verband; onsamenhangend
unconscionable (ʌn'kɒnʃənəbl) BNW ontzaglijk; onredelijk
unconscious (ʌn'kɒnʃəs) I ZN het onderbewustzijn II BNW • onbewust • bewusteloos * he was ~ of the danger hij was zich niet van het gevaar bewust
unconsciousness (ʌn'kɒnʃəsnəs) ZN bewusteloosheid
unconsidered (ʌnkən'sɪdəd) BNW • onbezonnen • ondoordacht
uncontested (ʌnkən'testɪd) BNW onbetwist
uncontrollable (ʌnkən'trəʊləbl) BNW • niet te beïnvloeden • niet te beheersen • onbeperkt * ~ laughter onbedaarlijk gelach
uncontrolled (ʌnkən'trəʊld) BNW • bandeloos • niet gecontroleerd • onbelemmerd
unconventional (ʌnkən'venʃənl) BNW onconventioneel; niet gebonden aan vormen; vrij
unconventionality (ʌnkənvenʃə'nælətɪ) ZN ongedwongenheid
unconvincing (ʌnkən'vɪnsɪŋ) BNW niet overtuigend
uncork (ʌn'kɔ:k) ov ww ontkurken; opentrekken ⟨v. fles⟩
uncountable (ʌn'kaʊntəbl) BNW • niet te tellen • ontelbaar
uncounted (ʌn'kaʊntɪd) BNW • talloos • niet geteld
uncouth (ʌn'ku:θ) BNW • OUD. onbekend; vreemd; eigenaardig • onhandig • OUD. woest; verlaten
uncover (ʌn'kʌvə) ov ww • ontbloten; bloot leggen • uit zijn schuilplaats drijven ⟨vos⟩ • MIL. zonder dekking laten
uncovered (ʌn'kʌvəd) BNW • onbedekt • ongedekt

uncreditable (ʌnˈkredɪtəbl) ZN *oneervol*

uncritical (ʌnˈkrɪtɪkl) BNW • *onkritisch* • *klakkeloos*

uncrowned (ʌnˈkraʊnd) BNW *ongekroond; nog niet gekroond* ★ ~ **king** *nog niet gekroonde koning; ongekroonde koning* ⟨fig.⟩

UNCTAD AFK United Nations Conference on Trade and Development *Unctad*

unction (ˈʌŋkʃən) ZN • *zalf* • *zalving;* 't *insmeren met 'n zalf(je); sacrament der zieken* • *vuur; animo* ★ **Extreme Unction** *Heilig Oliesel*

unctuous (ˈʌŋktʃʊəs) BNW • *vettig* • *zalvend* ⟨fig.⟩

uncultivable (ʌnˈkʌltɪvəbl) BNW • *onbebouwbaar* • *niet te beschaven/ontwikkelen*

uncultivated (ʌnˈkʌltɪveɪtɪd) BNW • *onbebouwd* • *onbeschaafd;* • *onontwikkeld*

uncultured (ʌnˈkʌltʃəd) BNW • *onbeschaafd; onontwikkeld* • *onbebouwd*

uncurbed (ʌnˈkɜːbd) BNW *tomeloos*

uncut (ʌnˈkʌt) BNW • *ongesnoeid* • *ongeslepen* ⟨diamant⟩ • *onverkort* • USA *niet versneden* ⟨drank⟩ • *onversneden* ⟨drugs⟩ • *niet opengesneden* ★ ~ **film/book/play** *ongecensureerd(e) film/boek/stuk* ★ ~ **pages** *onafgesneden pagina's* ⟨v. boek⟩

undaunted (ʌnˈdɔːntɪd) BNW *onverschrokken; onversaagd*

undeceive (ʌndɪˈsiːv) OV WW • FIG. *de ogen openen* • *ontgoochelen*

undecided (ʌndɪˈsaɪdɪd) BNW *onbeslist*

undeclinable (ʌndɪˈklaɪnəbl) BNW *onverbuigbaar*

undeclined (ʌndɪˈklaɪnd) BNW *onverbogen*

undefiled (ʌndɪˈfaɪld) BNW *rein; onbesmet*

undemonstrative (ʌndɪˈmɒnstrətɪv) BNW *gesloten; terughoudend*

undeniable (ʌndɪˈnaɪəbl) BNW • *ontegenzeglijk* • *niet te wraken* • *onberispelijk* • *niet te weigeren*

undenominational (ʌndɪnɒmɪˈneɪʃənl) BNW *niet tot een kerkgenootschap behorend* ★ ~ **school** *openbare school*

under (ˈʌndə) I BNW • *onder; beneden* • *onvoldoende* ★ ~ **classes** *lagere klassen* II BIJW *hieronder; (daar)onder* III VZ • *onder; lager/ minder dan; beneden* • *krachtens* • *onder beschutting van* ★ ~ **difficult circumstances** *onder moeilijke omstandigheden* • ~**secretary** *staatssecretaris*

underact (ʌndərˈækt) OV+ONOV WW • *bewust ingetogen acteren* • *niet goed spelen/vervullen* ⟨rol⟩

under-age (ʌndərˈeɪdʒ) BNW *jong; minderjarig*

underbid (ʌndəˈbɪd) OV WW • *minder bieden dan* • *te weinig bieden* ⟨bridge⟩

underbidder (ʌndəˈbɪdə) ZN *op één na hoogste bieder*

underbred (ʌndəˈbred) I BNW v. *inferieur ras* ⟨vooral paard⟩ II BNW • *onopgevoed* • *niet raszuiver*

underbrush (ˈʌndəbrʌʃ) ZN *kreupelhout*

undercarriage (ˈʌndəkærɪdʒ) ZN *landingsgestel* ⟨v. vliegtuig⟩; *onderstel* ⟨v. wagen⟩

undercharge (ʌndəˈtʃɑːdʒ) OV WW *te weinig berekenen*

underclothes (ˈʌndəkləʊðz) ZN MV *onderkleren*

underclothing (ˈʌndəkləʊðɪŋ) ZN *onderkleding*

undercoat (ˈʌndəkəʊt) ZN • *onderjas* • *grondverflaag; onderlaag* • USA *roestwerend middel*

undercover (ʌndəˈkʌvə) BNW *geheim; heimelijk* ★ ~ **agent** *geheim agent; infiltrant*

undercroft (ˈʌndəkrɒft) ZN *grafkelder; crypte*

undercurrent (ˈʌndəkʌrənt) I ZN • *onderstroom* • *verborgen invloed* • *onderstroom* II BNW *verborgen*

undercut¹ (ˈʌndəkʌt) ZN • SPORT *slag met tegeneffect* • *toespeling; steek onder water* • *ossenhaas*

undercut² (ʌndəˈkʌt) OV WW • *ondermijnen* • *van onderen uitdunnen* ⟨haar⟩; *wegkappen* • *ondergraven* • *onderbieden; goedkoper werken dan concurrent* • SPORT *bal v. onderen raken* ★ ~ **efforts** *pogingen ondermijnen* ★ ~ **competitors** *iets aanbieden tegen lagere prijs dan concurrenten*

underdeveloped (ʌndədɪˈveləpt) BNW *onderontwikkeld*

underdo (ʌndəˈduː) OV WW • *te kort/niet gaar koken* • *niet voldoende doen*

underdog (ˈʌndədɒg) ZN *verliezer; zwakkere; verdrukte*

underdone (ʌndəˈdʌn) BNW *niet doorbakken; niet gaar*

underdress (ʌndəˈdres) OV+ONOV WW (z.) *te dun/ te eenvoudig kleden*

underestimate (ʌndərˈestɪmeɪt) I ZN • *onderschatting* • *te lage waardering* II OV+ONOV WW • *onderschatten* • *te laag waarderen*

underexpose (ʌndərɪkˈspəʊz) OV WW *onderbelichten*

underfeed (ʌndəˈfiːd) OV WW *onvoldoende te eten geven* ★ **underfed children** *ondervoede kinderen*

underflow (ˈʌndəfləʊ) ZN → **undercurrent**

underfoot (ʌndəˈfʊt) BIJW *onder de voet(en)* ★ **crush** ~ *vernederen; vertrappen*

undergo (ʌndəˈgəʊ) OV WW *ondergaan; lijden* ★ ~ **radical political changes** *aan ingrijpende politieke veranderingen onderhevig zijn* ★ ~ **an operation** *een operatie ondergaan*

undergraduate (ʌndəˈgrædʒʊət) ZN • *eerstefase student* • FIG. *beginneling*

underground (ˈʌndəgraʊnd) I ZN • *metro* • *ondergrondse* ⟨(politiek) illegaal verzet⟩ • *radicale tegencultuur* II BNW • *ondergronds* ⟨onder de grond⟩ • *ondergronds* ⟨(politiek) illegaal⟩ • *radicaal; experimenteel* ★ ~ **activities** *geheime activiteiten* ★ ~ **movie** *avant-gardefilm* III BIJW • *ondergronds* ⟨onder de grond⟩ • *ondergronds* ⟨(politiek) illegaal⟩ ★ **go** ~ *onderduiken*

Underground (ˈʌndəgraʊnd) ZN *metro* ⟨in London⟩

undergrowth (ˈʌndəgrəʊθ) ZN *kreupelhout*

underhand (ʌndəˈhænd) BNW • *met de hand beneden de schouder* ⟨worp⟩ • *onderhands* • *heimelijk; slinks*

underhanded (ʌndəˈhændɪd) BNW • *met de hand onder schouderhoogte* • *onderbezet; met te weinig personeel*

underlay¹ (ˈʌndəleɪ) ZN *ondertapijt; onderlegger*

underlay² (ʌndəˈleɪ) WW [verleden tijd] → **underlie** OV WW *d.m.v. onderlegger steunen*

underlease ('ʌndəli:s) I ZN *onderverhuur* II OV WW *onderverhuren*

underlet (ʌndə'let) OV WW • *onderverhuren* • *onder de waarde verhuren*

underlie (ʌndə'laɪ) OV WW • *liggen onder* • *ten grondslag liggen aan*

underline (ʌndə'laɪn) OV WW OOK FIG. *onderstrepen*

underlinen ('ʌndəlɪnɪn) ZN *ondergoed*

underling ('ʌndəlɪŋ) ZN • MIN. *ondergeschikte* • MIN. *loopjongen*

undermanned (ʌndə'mænd) BNW *met onvoldoende bemanning/personeel*

undermentioned (ʌndə'menʃənd) BNW *hieronder vermeld*

undermine (ʌndə'maɪn) OV WW *ondermijnen*

undermost ('ʌndəməʊst) BNW + BIJW *alleronderste; op de onderste plaats*

underneath (ʌndə'ni:θ) I ZN *onderkant* II BNW *onder-* ★ the ~ *meaning de dieperliggende betekenis* III BIJW *hieronder; daaronder; beneden* ★ ~, I am very shy *eigenlijk, diep van binnen, ben ik erg verlegen* IV VZ *onder; beneden* ★ ~ the table *onder de tafel*

undernourish (ʌndə'nʌrɪʃ) OV WW *onvoldoende te eten geven* ★ ~ed *ondervoed*

underpants ('ʌndəpænts) ZN *onderbroek*

underpass ('ʌndəpɑ:s) ZN *onderdoorgang* ★ the ~ near the railway station *de onderdoorgang bij het station*

underpay (ʌndə'peɪ) OV WW *onderbetalen*; *niet voldoende uitbetalen*

underpin (ʌndə'pɪn) OV WW *onderbouwen*; *steunen*; *versterken*

underplay (ʌndə'pleɪ) OV WW • *onderwaarderen*, *bagatelliseren* • *duiken* ⟨kaartspel⟩

underplot ('ʌndəplɒt) ZN • *ondergeschikte intrige* ⟨v. verhaal⟩ • *kuiperij*

underpopulated (ʌndə'pɒpjʊ'leɪtɪd) BNW *te dun bevolkt*

underprivileged (ʌndə'prɪvəlɪdʒd) BNW *kansarm*

underquote (ʌndə'kwəʊt) OV WW *een lagere prijs bieden/vragen dan*; *onderbieden*

underrate (ʌndə'reɪt) OV WW • *onderschatten* • *te laag schatten*

unders ('ʌndəz) ZN MV *onderkleren*

underscore¹ ('ʌndəskɔ:) ZN *onderstreping*

underscore² (ʌndə'skɔ:) OV WW *onderstrepen*; FIG. *benadrukken*

under-secretary (ʌndə'sekrətərɪ) ZN *onderminister; tweede secretaris* ★ ~ of state *onderminister; staatssecretaris*

undersell (ʌndə'sel) OV WW • *goedkoper verkopen dan* • *onder de waarde verkopen*

underside ('ʌndəsaɪd) ZN *onderkant*

undersign (ʌndə'saɪn) OV WW *ondertekenen*

undersized (ʌndə'saɪzd) BNW *onder de gemiddelde maat*

understaffed (ʌndə'stɑ:ft) ZN *onderbezet*

understand (ʌndə'stænd) OV WW • *begrijpen* • *verstaan* • *(ergens uit) opmaken* ★ we could not make ourselves understood *we konden ons niet verstaanbaar maken* ★ an understood thing *iets dat vanzelf spreekt*; *iets dat men van te voren is overeengekomen* ★ it is understood that ... *stilzwijgend wordt aangenomen dat ...*; *naar we vernemen ...* ★ from what you say I ~ ... *uit wat je zegt maak ik op ...* ★ what do you ~ by this? *wat versta je hieronder?* ★ am I to ~ that you will not be present? *moet ik hieruit begrijpen dat je er niet bij zult zijn?*

understandable (ʌndə'stændəbl) BNW *begrijpelijk* (to voor)

understandably (ʌndə'stændəblɪ) BIJW *begrijpelijkerwijs*

understanding (ʌndə'stændɪŋ) I ZN • *begrip*; *verstand* • *verstandhouding* • *afspraak*; *overeenkomst* • *interpretatie* ★ on the ~ that ... *op voorwaarde dat ...* ★ come to/arrive at/reach an ~ *tot een overeenkomst komen*; *een regeling treffen* ★ this is beyond my ~ *dit gaat mijn verstand te boven* II BNW *begripvol*

understandingly (ʌndə'stændɪŋlɪ) BIJW *met kennis v. zaken*

understate (ʌndə'steɪt) OV WW • *te weinig zeggen* • *te laag opgeven* ⟨bedrag⟩ ★ he is understating his age *hij doet zich jonger voor dan hij is*

understatement (ʌndə'steɪtmənt) ZN • *constatering die iets (opzettelijk) te zwak uitdrukt* • *te lage opgave* ★ calling him incompetent would be an ~ *hem incompetent noemen is allesbehalve overdreven*

understood (ʌndə'stʊd) WW [verl. tijd + volt. deelw.] → **understand**

understudy ('ʌndəstʌdɪ) I ZN *doublure* II OV WW *doublure zijn voor*; *instuderen v.e. rol ter eventuele vervanging v.e. toneelspeler*

undertake¹ ('ʌndəteɪk) ONOV WW *begrafenissen verzorgen*

undertake² (ʌndə'teɪk) OV WW • *op z. nemen* • *ondernemen* • *z. verbinden* • *garanderen* • *borg staan* • *beweren* • USA *wagen*

undertaker¹ ('ʌndəteɪkə) ZN *begrafenisondernemer*

undertaker² (ʌndə'teɪkə) ZN *iem. die iets onderneemt*

undertaking (ʌndə'teɪkɪŋ) ZN • *verbintenis* • *lijkbezorging* • *onderneming* ★ ~ business *begrafenisonderneming* ★ ~ parlour *rouwkamer*

undertenant ('ʌndətenənt) ZN *onderhuurder*; *onderpachter*

underthings ('ʌndəθɪŋz) ZN MV *ondergoed*

undertone ('ʌndətəʊn) ZN • *gedempte toon* • *ondertoon* ⟨fig.⟩ • *lichte tint* ★ speak in an ~ *met gedempte stem spreken*

undertook (ʌndə'tʊk) WW [verleden tijd] → **undertake**²

undertow ('ʌndətəʊ) ZN *onderstroom*

undervalue¹ ('ʌndəvælju:) ZN *te kleine waarde*

undervalue² (ʌndə'vælju:) OV WW • *onderwaarderen* ⟨ook economie⟩ • *onderschatten*

underwater (ʌndə'wɔ:tə) BNW • *onder de waterlijn* • *onderzee(s)* • *onder water gelegen*

underwear ('ʌndəweə) ZN *ondergoed*

underweight (ʌndə'weɪt) I ZN • *ondergewicht* • *lichtgewicht* II BNW *onder 't (normale) gewicht; te licht* III OV WW *onderschatten*

underwent (ʌndə'went) WW [verleden tijd] → **undergo**

underwood ('ʌndəwʊd) ZN • *hout dat onder ligt* • *kreupelhout*

underwork (ˌʌndəˈwɜːk) **I** OV WW *te weinig laten werken* **II** ONOV WW *te weinig werken*
underworld (ˈʌndəwɜːld) ZN • *onderwereld* • *misdadigerswereld*
underwrite (ˌʌndəˈraɪt) **I** OV WW • *ondertekenen* ⟨polis⟩ • *afsluiten v. verzekeringen* • *syndiceren* • *(iets) onderschrijven* • *eronder schrijven* **II** ONOV WW • *verzekeringen afsluiten; assureren* • *verzekeringszaken doen*
underwriter (ˈʌndəraɪtə) ZN • SCHEEPV. *assurateur* • *iem. die niet geplaatste aandelen koopt*
underwriting (ˈʌndəraɪtɪŋ) ZN • *garantie* ⟨v. emissie⟩ • SCHEEPV. *assurantie*
undeserved (ˌʌndɪˈzɜːvd) BNW *onverdiend*
undesignedly (ˌʌndɪˈzaɪnɪdlɪ) BIJW *onopzettelijk*
undesigning (ˌʌndɪˈzaɪnɪŋ) BNW • *eerlijk* • *argeloos*
undesirability (ˌʌndɪzaɪərəˈbɪlətɪ) ZN *ongewenstheid*
undesirable (ˌʌndɪˈzaɪərəbl) **I** ZN *ongewenste persoon* **II** BNW • *niet begeerlijk* • *ongewenst* ★ ~ *aliens ongewenste vreemdelingen*
undetermined (ˌʌndɪˈtɜːmɪnd) BNW *onbeslist; besluiteloos*
undeterred (ˌʌndɪˈtɜːd) BNW *onverschrokken; niet afgeschrikt*
undeveloped (ˌʌndɪˈveləpt) BNW *onontwikkeld*
undid (ʌnˈdɪd) WW [verleden tijd] → **undo**
undies (ˈʌndɪz) ZN MV INFORM. *(dames)ondergoed*
undig (ʌnˈdɪg) OV WW • *opgraven* • *openen* ⟨v. graf⟩
undigested (ˌʌndɪˈdʒestɪd) BNW • *niet verteerd* • *onrijp* (fig.) • *verward*
undignified (ʌnˈdɪgnɪfaɪd) BNW *onwaardig; onbetamelijk; ongepast*
undiluted (ˌʌndaɪˈljuːtɪd) BNW *onverdund; puur*
undiscernible (ˌʌndɪˈsɜːnɪbl) BNW *onmerkbaar*
undiscerning (ˌʌndɪˈsɜːnɪŋ) **I** ZN *kortzichtigheid* **II** BNW • *geen onderscheid makend* • *kortzichtig*
undisciplined (ʌnˈdɪsəplɪnd) BNW • *ongedisciplineerd* • *onopgevoed*
undisputed (ˌʌndɪˈspjuːtɪd) BNW *onbetwist*
undissolved (ˌʌndɪˈzɒlvd) BNW • *onontbonden* • *onopgelost* • *onverbroken*
undistinguished (ˌʌndɪˈstɪŋgwɪʃt) BNW *onbetekenend; middelmatig*
undisturbed (ˌʌndɪˈstɜːbd) BNW *ongestoord; onverstoord*
undivided (ˌʌndɪˈvaɪdɪd) BNW *ongedeeld; onverdeeld*
undivulged (ˌʌndaɪˈvʌldʒd) BNW *geheim gehouden*
undo (ʌnˈduː) **I** OV WW • *uitkleden* • *teniet doen; ongedaan maken* • *losmaken; openmaken* • *ruïneren* **II** ONOV WW *losgaan/laten*
undoing (ʌnˈduːɪŋ) ZN *oorzaak v. ondergang/ongeluk*
undone (ʌnˈdʌn) BNW + BIJW • *on(af)gedaan* • *losgemaakt* • OUD. *geruïneerd* ★ *my shoelace came ~ mijn veter ging los* ★ *what is done cannot be ~ gedane zaken nemen geen keer*
undoubted (ʌnˈdaʊtɪd) BNW • *ongetwijfeld; ontwijfelbaar* • *onverdacht*
undraped (ʌnˈdreɪpt) BNW • *niet gedrapeerd* • *naakt*
undrawn (ʌnˈdrɔːn) BNW • *niet getekend* • *niet getapt* ⟨v. bier⟩ • *niet gemolken*
undreamed (ʌnˈdriːmd) BNW *onvermoed; onvoorstelbaar* ★ ~ *of niet te bevroeden; onvoorstelbaar*
undress¹ (ˈʌndres) **I** ZN • *negligé* • MIL. *klein tenue* **II** BNW • *m.b.t. het kleine tenue* • *alledaags*
undress² (ʌnˈdres) **I** OV WW *blootleggen; uit-/ontkleden* **II** ONOV WW • *uitkleden* • *blootleggen* • ~ *of ontdoen van*
undressed (ʌnˈdrest) BNW *ongekleed; uitgekleed* ★ *get* ~ *zich uitkleden*
undue (ʌnˈdjuː) BNW • *niet verschuldigd* • *niet vervallen* ⟨schuld⟩ • *ongepast* • *overdreven*
undulate (ˈʌndjəleɪt) **I** BNW • *gegolfd* • *golvend* **II** OV+ONOV WW • *(doen) golven* • *(doen) trillen*
undulation (ˌʌndjəˈleɪʃən) ZN *golving; trilling*
undulatory (ˈʌndjʊlətərɪ) BNW *golf-; golvend* ★ NATK. ~ *theory golftheorie*
unduly (ʌnˈdjuːlɪ) BIJW *overdreven; te zeer*
undying (ʌnˈdaɪɪŋ) BNW FORM. *onsterfelijk*
unearned (ʌnˈɜːnd) BNW *onverdiend* ★ ~ *income inkomen uit vermogen*
unearth (ʌnˈɜːθ) OV WW • *uit zijn hol jagen* ⟨dier⟩ • *opgraven; rooien* • *aan 't licht brengen; opdiepen*
unearthly (ʌnˈɜːθlɪ) BNW • *bovenaards* • *akelig; griezelig; spookachtig* ★ *at an* ~ *hour op een belachelijk laat/vroeg uur*
unease (ʌnˈiːz) ZN • *ongerustheid; angst; bezorgdheid* • *ongemak* • *onbehaaglijkheid*
uneasiness (ʌnˈiːzɪnəs) ZN • *ongerustheid; angst; bezorgdheid* • *ongemak* • *onbehaaglijkheid*
uneasy (ʌnˈiːzɪ) BNW • *ongerust* • *onrustig* • *ongemakkelijk; onbehaaglijk* ★ *sleep uneasily onrustig slapen* ★ ~ *about/at bezorgd over*
uneconomic(al) (ˌʌniːkəˈnɒmɪk(əl)) BNW *oneconomisch; onrendabel*
uneducated (ʌnˈedjʊkeɪtɪd) BNW • *ongeschoold; onontwikkeld* • *onbeschaafd*
unembarrassed (ˌʌnɪmˈbærəst) BNW • *onbelemmerd* • *onbezwaard* ⟨hypotheek⟩ • *vrijmoedig*
unemployable (ˌʌnɪmˈplɔɪəbl) BNW *ongeschikt voor werk*
unemployed (ˌʌnɪmˈplɔɪd) BNW • *werkloos* • *niet gebruikt* ★ *the* ~ *de werklozen*
unemployment (ˌʌnɪmˈplɔɪmənt) ZN *werkloosheid* ★ *technological* ~ *werkloosheid door automatisering*
unemployment benefit ZN *werkloosheidsuitkering*
unending (ʌnˈendɪŋ) BNW • *oneindig* • *onophoudelijk; zonder ophouden*
unengaged (ˌʌnɪnˈgeɪdʒd) BNW • MIL. *niet in gevecht* • *niet bezet; vrij* • *niet bezig*
unenviable (ʌnˈenvɪəbl) BNW *niet benijdenswaardig; onaangenaam*
unequal (ʌnˈiːkwəl) BNW • *onregelmatig* • *oneven* • *niet opgewassen tegen* • *ongelijk* ★ FORM. *they were* ~ *to this work zij konden dit werk niet aan*
unequalled (ʌnˈiːkwəld) BNW *ongeëvenaard*
unequals (ʌnˈiːkwəlz) ZN MV *personen/dingen van ongelijke stand/aard*
unequivocal (ˌʌnɪˈkwɪvəkl) BNW *ondubbelzinnig; duidelijk*

unerring (ʌnˈɜːrɪŋ) BNW *onfeilbaar*
UNESCO (juːˈneskəʊ), **Unesco** AFK United Nations Educational, Scientific and Cultural Organization *Unesco*
unethical (ʌnˈeθɪkəl) BNW *onethisch*
uneven (ʌnˈiːvən) BNW *ongelijk(matig)*
uneventful (ʌnɪˈventfʊl) BNW • *van jurk/pij ontdoen* • *van jurk/pij ontdoen* gebeurtenissen v. belang ★ these are ~ times *het zijn rustige tijden*
unexceptionable (ʌnɪkˈsepʃənəbl) BNW FORM. *onberispelijk; voortreffelijk*
unexceptional (ʌnɪkˈsepʃənl) BNW *gewoon; niet bijzonder*
unexpected (ʌnɪkˈspektɪd) BNW *onverwacht*
unexplained (ʌnɪkˈspleɪnd) BNW *onverklaard*
unexpressed (ʌnɪkˈsprest) BNW *onuitgedrukt*
unfading (ʌnˈfeɪdɪŋ) BNW • *wat niet verwelkt* • *kleurecht*
unfailing (ʌnˈfeɪlɪŋ) BNW • *zeker; vast • onfeilbaar* • *betrouwbaar; trouw* ★ ~ source *onuitputtelijke bron* ★ be ~ *altijd klaar staan*
unfair (ʌnˈfeə) BNW • *oneerlijk • onsportief*
unfaithful (ʌnˈfeɪθfʊl) BNW • *trouweloos* • OUD. *ongelovig • niet nauwkeurig* ★ an ~ translation *een onnauwkeurige vertaling*
unfaltering (ʌnˈfɔːltərɪŋ) BNW • *zonder te stotteren* • *niet aarzelend • onwankelbaar; vast*
unfamiliar (ʌnfəˈmɪljə) BNW • *onbekend* • *ongewoon* ★ ~ with *onbekend met*
unfamiliarity (ʌnfəmɪlɪˈærətɪ) ZN • *ongewoonheid* • *onbekendheid*
unfashionable (ʌnˈfæʃənəbl) BNW *niet modieus*
unfashioned (ʌnˈfæʃənd) BNW *niet bekoorlijk v. vorm; ongefatsoeneerd*
unfasten (ʌnˈfɑːsən) I OV WW *losmaken; openmaken* II ONOV WW *losraken*
unfathomable (ʌnˈfæðəməbl) BNW • *niet te peilen* • *ondoorgrondelijk*
unfathomed (ʌnˈfæðəmd) BNW • *niet gepeild* • *onmetelijk*
unfavourable (ʌnˈfeɪvərəbl) BNW *ongunstig*
unfeasible (ʌnˈfiːzəbl) BNW *ondoenlijk*
unfeeling (ʌnˈfiːlɪŋ) BNW • *ongevoelig* • *onsympathiek*
unfeigned (ʌnˈfeɪnd) BNW • *ongeveinsd* • *onvervalst; echt*
unfinished (ʌnˈfɪnɪʃt) BNW • *onaf; onafgewerkt; onafgedaan • onbewerkt • onvolledig*
unfit[1] (ˈʌnfɪt) BNW • *ongepast • ongeschikt* • *minderwaardig*
unfit[2] (ʌnˈfɪt) I BNW *niet in goede conditie* II OV WW *ongeschikt maken*
unfitted (ʌnˈfɪtɪd) BNW • *niet geschikt • niet uitgerust* ⟨fig.⟩
unfitting (ʌnˈfɪtɪŋ) BNW • *ongeschikt • ongepast*
unfix (ʌnˈfɪks) OV WW • *verwarren • losmaken* • *losgaan*
unflagging (ʌnˈflægɪŋ) BNW *onvermoeibaar; onverflauwd*
unflappable (ʌnˈflæpəbl) BNW *onverstoorbaar; flegmatiek*
unfledged (ʌnˈfledʒd) BNW • *onervaren • zonder veren; niet kunnen vliegen*
unflinching (ʌnˈflɪntʃɪŋ) BNW z. *niet gewonnen gevend; onversaagd*
unfold (ʌnˈfəʊld) OV+ONOV WW • *(z.) ontvouwen; (z.) uitspreiden • opengaan • openbaren* • *loslaten* ⟨schapen uit kooi⟩
unforeseen (ʌnfɔːˈsiːn) BNW *onvoorzien*
unforgettable (ʌnfəˈgetəbl) BNW *onvergetelijk*
unforgivable (ʌnfəˈgɪvəbl) BNW *onvergeeflijk*
unforgiving (ʌnfəˈgɪvɪŋ) BNW *onverzoenlijk*
unfortunate (ʌnˈfɔːtʃənət) I ZN *ongelukkige* II BNW *onfortuinlijk; ongelukkig*
unfounded (ʌnˈfaʊndɪd) BNW *ongegrond*
unfreeze (ʌnˈfriːz) OV WW *ontdooien*
unfrequent (ʌnˈfriːkwənt) BNW *zelden* ★ not ~ly *nog al eens*
unfrequented (ʌnfrɪˈkwentɪd) BNW *niet bezocht; eenzaam*
unfriendly (ʌnˈfrendlɪ) BNW *onsympathiek; nors; onvriendschappelijk* ★ ~ weather *slecht weer* ★ ~ welcome *koele ontvangst*
unfrock (ʌnˈfrɒk) OV WW • *van jurk/pij ontdoen* • *ontzetten uit priesterlijk ambt*
unfulfilled (ʌnfʊlˈfɪld) BNW *onvervuld; niet in vervulling gegaan*
unfurl (ʌnˈfɜːl) OV+ONOV WW • *(z.) ontrollen; (z.) ontplooien • uitspreiden* ★ to ~ the sails *de zeilen hijsen* ★ ~ a flag *een vlag ontvouwen*
unfurnished (ʌnˈfɜːnɪʃt) BNW *ongemeubileerd* ★ ~ with *niet voorzien van*
ungainly (ʌnˈgeɪnlɪ) BNW • *onbeholpen • lelijk*
ungenerous (ʌnˈdʒenərəs) BNW • *krenterig; gierig* • *kleinzielig; hard*
ungiving (ʌnˈgɪvɪŋ) BNW *onbuigzaam*
unglue (ʌnˈgluː) OV WW *losweken; losgaan*
ungodly (ʌnˈgɒdlɪ) BNW • *goddeloos; zondig* • *ergerlijk; onmenselijk* ★ an ~ hour *een onchristelijk uur*
ungovernable (ʌnˈgʌvənəbl) BNW *niet bestuurbaar; onhandelbaar*
ungraceful (ʌnˈgreɪsfʊl) BNW *niet charmant; lomp*
ungracious (ʌnˈgreɪʃəs) BNW • *onvriendelijk; niet aardig • afstotend • ondankbaar* ★ ~ answer *onbeleefd antwoord* ★ ~ task *ondankbare taak*
ungrateful (ʌnˈgreɪtfʊl) BNW • *ondankbaar* • *onaangenaam* ★ an ~ task *een ondankbare taak*
ungrounded (ʌnˈgraʊndɪd) BNW *ongegrond* ★ ~ in *niet onderricht in*
ungrudgingly (ʌnˈgrʌdʒɪŋlɪ) BIJW *zonder te mopperen*
ungual (ˈʌŋgwəl) BNW *nagel-; klauw-*
unguarded (ʌnˈgɑːdɪd) BNW • *niet beschermd* • *onvoorzichtig • onbewaakt*
unguent (ˈʌŋgwənt) ZN *zalf; smeersel*
ungulate (ˈʌŋgjʊlət), **ungulated** BNW *gehoefd* ⟨dier⟩
unhallowed (ʌnˈhæləʊd) BNW • *ongewijd; profaan • goddeloos; snood*
unhampered (ʌnˈhæmpəd) BNW *ongehinderd*
unhand (ʌnˈhænd) OV WW OUD. *loslaten* ★ ~ me *laat me los*
unhandled (ʌnˈhændld) BNW • *niet behandeld* • *onaangeraakt*
unhandy (ʌnˈhændɪ) BNW • *onhandig • moeilijk te hanteren*
unhappy (ʌnˈhæpɪ) BNW *ongelukkig; ongepast; noodlottig* ★ an ~ remark *een misplaatste opmerking*

unharness (ʌnˈhɑːnɪs) OV WW *uitspannen* ⟨paard⟩
unhealthy (ʌnˈhelθɪ) BNW • *ongezond* • PLAT *niet in de haak*
unheard (ʌnˈhɜːd) BNW • *ongehoord* • *niet verhoord* • *niet gehoord* ★ an ~-of assertion *een ongekende (verrassende) bewering* ★ an ~-of outrage *een schokkend vergrijp/schandaal*
unheeded (ʌnˈhiːdɪd) BNW *verwaarloosd; waar niet naar gekeken wordt*
unheeding (ʌnˈhiːdɪŋ) BNW *achteloos* ★ ~ of *niet lettend op*
unhelpful (ʌnˈhelpfʊl) BNW • *niet hulpvaardig* • *nutteloos*
unhesitating (ʌnˈhezɪteɪtɪŋ) BNW *zonder aarzelen; prompt*
unhinge (ʌnˈhɪndʒ) OV WW *ontwrichten; iem. uit z'n evenwicht slaan*
unhitch (ʌnˈhɪtʃ) OV WW • *uitspannen* ⟨paard⟩ • *losmaken; loslaten*
unhoard (ʌnˈhɔːd) OV WW ★ ~ a treasure *een schat opgraven; voor de dag halen*
unholy (ʌnˈhəʊlɪ) BNW • *goddeloos; zondig* • INFORM. *verschrikkelijk* ★ ~ noise *hels kabaal*
unhook (ʌnˈhʊk) OV WW *loshaken; losmaken*
unhoped (ʌnˈhəʊpt) BNW ★ ~ for *onverhoopt*
unhorse (ʌnˈhɔːs) OV WW • *van 't paard werpen* • *uitspannen*
unhurt (ʌnˈhɜːt) BNW *ongedeerd*
uni- (ˈjuːnɪ) VOORV *één-*
UNICEF (ˈjuːnɪsef), **Unicef** AFK United Nations International Children's Emergency Fund *Unicef*
unicorn (ˈjuːnɪkɔːn) ZN *eenhoorn*
unicycle (ˈjuːnɪsaɪkl) ZN *eenwieler*
unidentified (ʌnaɪˈdentɪfaɪd) BNW *niet geïdentificeerd* ★ ~ flying object *ufo; vliegende schotel*
unification (juːnɪfɪˈkeɪʃən) ZN *unificatie; eenmaking/-wording* ★ the ~ of Europe *de eenwording van Europa*
uniform (ˈjuːnɪfɔːm) I ZN *uniform* ★ out of ~ *in burger* ★ in full ~ *in groot tenue* II BNW • *uniform; eenvormig; gelijk* • *onveranderlijk; eenparig* ★ a ~ movement *een gelijktijdige beweging* III OV WW • *gelijkschakelen; eenvormig maken* • *kleden in uniform*
uniform dress ZN *uniform*
uniformed (ˈjuːnɪfɔːmd) BNW *in uniform*
uniformity (juːnɪˈfɔːmətɪ) ZN *uniformiteit; eenvormigheid*
unify (ˈjuːnɪfaɪ) OV WW • *verenigen* • *gelijkschakelen*
unilateral (juːnɪˈlætərəl) BNW *eenzijdig* ★ ~ declaration *eenzijdige verklaring*
unimaginable (ʌnɪˈmædʒɪnəbl) BNW *ondenkbaar*
unimaginative (ʌnɪˈmædʒɪnətɪv) BNW *zonder enige fantasie*
unimpaired (ʌnɪmˈpeəd) BNW *ongeschonden*
unimpeachable (ʌnɪmˈpiːtʃəbl) BNW • *onberispelijk* • *onbetwistbaar*
unimportant (ʌnɪmˈpɔːtnt) BNW *onbelangrijk*
unimpressed (ʌnɪmˈprest) BNW *niet onder de indruk*
unimpressive (ʌnɪmˈpresɪv) BNW *niet of weinig indrukwekkend*
unimprovable (ʌnɪmˈpruːvəbl) BNW • *onverbeterlijk* • *niet te benutten*
unimproved (ʌnɪmˈpruːvd) BNW • *niet verbeterd* • *niet ontgonnen* • *onbenut*
uninformed (ʌnɪnˈfɔːmd) BNW *niet op de hoogte* (gebracht); *niet ingelicht*
uninhibited (ʌnɪnˈhɪbɪtɪd) BNW *ongeremd; onbevangen; vrijmoedig*
uninitiated (ʌnɪˈnɪʃɪeɪtɪd) BNW *oningewijd; niet ingewijd*
uninspired (ʌnɪnˈspaɪəd) BNW *ongeïnspireerd; niet bezield; saai*
uninspiring (ʌnɪnˈspaɪərɪŋ) BNW *niet inspirerend; saai; oninteressant*
unintelligent (ʌnɪnˈtelɪdʒənt) BNW *niet intelligent; dom*
unintelligible (ʌnɪnˈtelɪdʒəbl) BNW *onbegrijpelijk*
unintended (ʌnɪnˈtendɪd) BNW *onbedoeld; onopzettelijk*
unintentional (ʌnɪnˈtenʃənl) BNW *onbedoeld; onopzettelijk*
uninterested (ʌnˈɪntrəstɪd) BNW *ongeïnteresseerd*
uninteresting (ʌnˈɪntrəstɪŋ) BNW *oninteressant*
uninterrupted (ʌnɪntəˈrʌptɪd) BNW *ononderbroken; ongestoord*
uninvited (ʌnɪnˈvaɪtɪd) BNW *ongenood; niet uitgenodigd*
uninviting (ʌnɪnˈvaɪtɪŋ) BNW *weinig aantrekkelijk*
union (ˈjuːnjən) ZN • *unie; verbond* • *vereniging;* (vak)bond; G-B (studenten)club, -sociëteit • *verbintenis; huwelijk* • *harmonie; eendracht* • TECHN. *verbindingsstuk* • (vlag met) vakbondsembleem • GESCH. *(armenhuis van) verenigde parochies* ★ ~ is strength *eendracht maakt macht* ★ monetary ~ *monetaire unie*
unionism (ˈjuːnjənɪzəm) ZN • *vakbeweging* • GESCH./POL. *unionisme*
unionist (ˈjuːnjənɪst) I ZN • *lid v.d. vakbond* • *voorstander v. (politieke) unie* II BNW • *verenigings-* • *unionistisch*
unionize (ˈjuːnjənaɪz) OV WW *verenigen tot een vakbond*
unique (jʊˈniːk) I ZN *iets unieks* II BNW • *buitengewoon; ongeëvenaard* • *uniek; enig* ⟨in soort⟩ • INFORM. *opmerkelijk* ★ a ~ figure *een opmerkelijke figuur*
uniquely (jʊˈniːklɪ) BIJW • *enkel* • *uniek* • *op zichzelf*
unisex (ˈjuːnɪseks) BNW *uniseks; gelijk* ⟨voor beide seksen⟩ ★ ~ clothing/dress *gelijke kleding voor mannen en vrouwen*
unison (ˈjuːnɪsən) ZN • MUZ. *eenklank* • FIG. *overeenstemming* ★ in ~ • MUZ. *unisono;* FIG. *eensgezind*
unit (ˈjuːnɪt) ZN • TECHN. *onderdeel* • *eenheid* ⟨groep⟩ • MIL. *afdeling* • USA *aandeel in een beleggingsmaatschappij*
unitarianism (juːnɪˈteərɪənɪzəm) ZN *leer v.d. unitariërs*
unitary (ˈjuːnɪtərɪ) BNW • *eenheids-* • *uniform*
unite (jʊˈnaɪt) I OV WW • *verenigen* • ~ in (doen) *verenigen in* II ONOV WW • *z. verenigen* • ~ with *iem./iets met z. verenigen*
united (jʊˈnaɪtɪd) BNW • *verenigd* • *eendrachtig*
unity (ˈjuːnətɪ) ZN • *eenheid* • *overeenstemming* ★ in ~ *eensgezind*
universal (juːnɪˈvɜːsəl) I ZN *algemeen principe*

II BNW *universeel; algemeen (geldend)* ★ ~ *film film voor alle leeftijden*
universality (ju:nɪvɜ:'sælətɪ) ZN *universaliteit; algemeenheid; alzijdigheid*
universalize (ju:nɪ'vɜ:səlaɪz) OV WW *algemeen maken*
universe ('ju:nɪvɜ:s) ZN • *universum* • FIG. *wereld*
university (ju:nɪ'vɜ:sətɪ) ZN *universiteit; hogeschool*
university extension ZN *volksuniversiteit*
university fee ZN *collegegeld*
university man, university woman ZN • *student* • *afgestudeerde*
university student ZN *student*
unjust (ʌn'dʒʌst) BNW *onrechtvaardig*
unjustifiable (ʌn'dʒʌstɪfaɪəbl) BNW • *niet te rechtvaardigen* • *onverantwoordelijk*
unjustified (ʌn'dʒʌstɪfaɪd) BNW • *ongerechtvaardigd* • *onverantwoord*
unjustly (ʌn'dʒʌstlɪ) BNW • *onrechtvaardig* • *ten onrechte*
unkempt (ʌn'kempt) BNW • *ongekamd* • *slordig; onverzorgd* ★ an ~ *appearance een onverzorgd uiterlijk*
unkept (ʌn'kept) BNW • *niet bewaard* • *niet onderhouden; veronachtzaamd* • *niet nagekomen* ★ ~ *of belofte* • *niet gevierd* ⟨v. feest⟩
unkind (ʌn'kaɪnd) BNW *onvriendelijk; onhartelijk; onaardig*
unknot (ʌn'nɒt) OV WW *losknopen; losmaken*
unknowing (ʌn'nəʊɪŋ) BNW *onkundig; dom; onontwikkeld* ★ ~ *of zich niet bewust van*
unknown (ʌn'nəʊn) **I** ZN *onbekende* ★ the ~ *het onbekende; de onbekende(n)* **II** BNW • *ongekend* • *onbekend* ★ an ~ *quantity een onbekende grootheid*
unlace (ʌn'leɪs) OV WW *losrijgen*
unlaid (ʌn'leɪd) BNW • *niet gelegd; niet gedekt* ⟨v. tafel⟩ • *rondwarend* ⟨v. spook⟩
unlatch (ʌn'lætʃ) OV WW *openen*
unlawful (ʌn'lɔ:fʊl) BNW *ongeoorloofd; onwettig*
unleaded (ʌn'ledɪd) BNW • *loodvrij* • *ongelood* ⟨v. benzine⟩
unlearn (ʌn'lɜ:n) OV WW *afleren; verleren*
unleash (ʌn'li:ʃ) OV WW *loslaten* ★ ~ *o.'s rage upon zijn woede op iem. koelen*
unleavened (ʌn'levənd) BNW *ongedesemd*
unless (ʌn'les) **I** VZ *behalve* **II** VW *tenzij*
unlettered (ʌn'letəd) BNW *ongeletterd*
unlicensed (ʌn'laɪsənst) BNW *zonder vergunning*
unlicked (ʌn'lɪkt) BNW • *ongemanierd* • PLAT *onovertroffen* ★ ~ *cub ongelikte beer*
unlike (ʌn'laɪk) **I** BNW *ongelijk* **II** VZ • *anders dan* • *in tegenstelling tot* ★ he is ~ *his father hij is anders dan zijn vader* ★ ~ *his promise, he came in tegenstelling tot zijn belofte kwam hij*
unlikelihood (ʌn'laɪklɪhʊd) ZN *onwaarschijnlijkheid*
unlikely (ʌn'laɪklɪ) BNW *onwaarschijnlijk* ★ they are ~ *to go zij gaan waarschijnlijk niet*
unlimited (ʌn'lɪmɪtɪd) BNW • *onbeperkt; niet begrensd* • *vrij*
unlink (ʌn'lɪŋk) OV WW *losmaken*
unlisted (ʌn'lɪstɪd) BNW *niet geregistreerd* ★ ECON. ~ *securities incourante fondsen*
unlive (ʌn'lɪv) OV WW ★ he tried to ~ his past *hij trachtte zijn verleden ongedaan te maken*
unload (ʌn'ləʊd) OV WW • *wegdoen* • *ontladen* • *lossen; aan de man brengen* ★ he ~ed his mind *hij stortte zijn hart uit*
unlock (ʌn'lɒk) OV WW • *openbaren* ⟨fig.⟩ • *ontsluiten* ★ ~ a mystery *een geheim ontsluieren*
unlooked-for (ʌn'lʊktfɔ:) BNW *onverwacht*
unloose(n) (ʌn'lu:s(ən)) OV WW • *ontspannen* • *losmaken*
unlovely (ʌn'lʌvlɪ) BNW • *onbeminnelijk* • *onaantrekkelijk; lelijk*
unlucky (ʌn'lʌkɪ) BNW • *ongelukkig* • *onzalig*
unmade (ʌn'meɪd) BNW • *niet opgemaakt* ⟨v. bed⟩ • *niet gemaakt*
unmake (ʌn'meɪk) OV WW • *tenietdoen* • *ruïneren* • *afzetten* ★ ~ a p. *iem. uit zijn functie ontheffen*
unman (ʌn'mæn) OV WW • *ontmannen* • *ontmoedigen*
unmanageable (ʌn'mænɪdʒəbl) BNW • *onhandelbaar; lastig* • *niet te besturen*
unmanly ('ʌn'mænlɪ) BNW • *slap* • *onmenselijk* • *verwijfd*
unmanned (ʌn'mænd) BNW *onbemand; onbeheerd*
unmannered (ʌn'mænəd), **unmannerly** BNW *ongemanierd*
unmarked (ʌn'mɑ:kt) BNW • *niet v.e. merk voorzien* • *onopgemerkt* • *niet opvallend*
unmarketable (ʌn'mɑ:kɪtəbl) BNW *onverkoopbaar*
unmarried (ʌn'mærɪd) BNW *ongetrouwd*
unmask (ʌn'mɑ:sk) OV+ONOV WW • *ontmaskeren* • (z.) *demaskeren*
unmasking (ʌn'mɑ:skɪŋ) ZN *demasqué; ontmaskering*
unmastered (ʌn'mɑ:stəd) BNW *teugelloos*
unmatchable (ʌn'mætʃəbl) BNW *niet te evenaren*
unmatched (ʌn'mætʃt) BNW • *ongeëvenaard; weergaloos* • *niet bij elkaar passend*
unmeaning (ʌn'mi:nɪŋ) BNW • *zonder betekenis* • *uitdrukkingsloos* ★ an ~ face *een uitdrukkingsloos gelaat*
unmeant (ʌn'ment) BNW *onopzettelijk*
unmeasured (ʌn'meʒəd) BNW • *ongemeten* • *onmetelijk* • *niet gematigd* • TAALK. *niet metrisch*
unmentionable (ʌn'menʃənəbl) **I** ZN *dat wat niet besproken kan/mag worden* **II** BNW • *onbeschrijflijk* • *niet (nader) te noemen*
unmentionables (ʌn'menʃənəblz) ZN MV • *ondergoed* • OUD. *broek*
unmerciful (ʌn'mɜ:sɪfʊl) BNW *ongenadig; onbarmhartig*
unmindful (ʌn'maɪndfʊl) BNW *onachtzaam; onattent; achteloos* ★ ~ of *zonder acht te slaan op; zonder te denken aan*
unmistakable (ʌnmɪ'steɪkəbl) BNW *onmiskenbaar*
unmitigated (ʌn'mɪtɪɡeɪtɪd) BNW • *onverminderd* • *absoluut* ★ an ~ lie *een doortrapte leugen*
unmoor (ʌn'mʊə) **I** OV WW *losgooien* ⟨de trossen v. schip⟩ **II** ONOV WW *het anker lichten*
unmount (ʌn'maʊnt) **I** OV WW *demonteren* **II** ONOV WW *afstijgen* ⟨paard⟩
unmounted (ʌn'maʊntɪd) BNW • *onbereden* • *niet gezet/gemonteerd* ★ ~ police *onbereden politie*

unmoved (ʌnˈmuːvd) BNW • onbewogen • niet verplaatst • onbeweeglijk • standvastig
unmoving (ʌnˈmuːvɪŋ) BNW • geen indruk makend • bewegingloos
unnamed (ʌnˈneɪmd) BNW niet met name genoemd; naamloos; onbekend ★ ~ fears vage gevoelens van angst; vage fobieën
unnatural (ʌnˈnætʃərəl) BNW onnatuurlijk; geforceerd; tegennatuurlijk
unnaturally (ʌnˈnætʃərəlɪ) BNW onnatuurlijk ★ not ~ vanzelfsprekend; uit de aard der zaak
unnecessary (ʌnˈnesəsərɪ) BNW • onnodig • overbodig ★ ~ care nodeloos veel zorg
unnerve (ʌnˈnɜːv) OV WW v. kracht beroven; verslappen; ontzenuwen
unnoted (ʌnˈnəʊtɪd) BNW • on(op)gemerkt • onbekend
unnoticed (ʌnˈnəʊtɪst) BNW onopgemerkt
UNO (juːnəʊ) AFK United Nations Organization *(Organisatie van de) Verenigde Naties*
unobservant (ʌnəbˈzɜːvənt) BNW onopmerkzaam ★ be ~ of niet in acht nemen
unobserved (ʌnəbˈzɜːvd) BNW onopgemerkt
unobserving (ʌnəbˈzɜːvɪŋ) BNW onoplettend
unobtainable (ʌnəbˈteɪnəbl) BNW • niet te krijgen; onverkrijgbaar • niet te bereiken; onbereikbaar
unobtrusive (ʌnəbˈtruːsɪv) BNW niet in-/opdringerig
unoccupied (ʌnˈɒkjʊpaɪd) BNW • onbewoond • onbezet • niet bezig
unofficial (ʌnəˈfɪʃəl) BNW officieus; niet geautoriseerd ★ ~ strike wilde staking
unopposed (ʌnəˈpəʊzd) BNW • ongehinderd • zonder tegenkandidaat
unorganized (ʌnˈɔːɡənaɪzd) BNW ongeorganiseerd
unorthodox (ʌnˈɔːθədɒks) BNW • ketters • onconventioneel; ongewoon; ongebruikelijk
unpack (ʌnˈpæk) OV+ONOV WW uitpakken
unpaid (ʌnˈpeɪd) BNW • niet betaald; onbezoldigd • ongefrankeerd
unparalleled (ʌnˈpærəleld) BNW zonder weerga
unpardonable (ʌnˈpɑːdənəbl) BNW onvergeeflijk
unparliamentary (ʌnpɑːləˈmentərɪ) BNW onparlementair ‹v. ook fig.›
unpassable (ʌnˈpɑːsəbl) BNW • onovertrefbaar • niet gangbaar ‹v. geld›
unpeg (ʌnˈpeɡ) OV WW • losmaken • ECON. vrijlaten ‹prijzen›
unperturbed (ʌnpəˈtɜːbd) BNW onverstoord
unplait (ʌnˈplæt) OV WW • de plooien halen uit • losmaken ‹v. haar›
unpleasant (ʌnˈplezənt) BNW onplezierig; onprettig; onaangenaam
unpleasantness (ʌnˈplezəntnəs) ZN onprettige toestand; wrijving
unpliable (ʌnˈplaɪəbl) BNW onbuigzaam
unpolished (ʌnˈpɒlɪʃt) BNW • ongepolijst • onbeschaafd
unpopular (ʌnˈpɒpjʊlə) BNW impopulair
unpracticable (ʌnˈpræktɪkəbl) BNW onuitvoerbaar
unpractical (ʌnˈpræktɪkl) BNW onpraktisch
unpractised (ʌnˈpræktɪst) BNW • ongeoefend; onervaren • ongebruikelijk
unprecedented (ʌnˈpresɪdentɪd) BNW • zonder precedent • weergaloos
unpredictable (ʌnprɪˈdɪktəbl) BNW onvoorspelbaar
unprejudiced (ʌnˈpredʒʊdɪst) BNW onbevooroordeeld
unprepared (ʌnprɪˈpeəd) BNW onvoorbereid
unpresentable (ʌnprɪˈzentəbl) BNW niet te tonen; ontoonbaar
unpretentious (ʌnprɪˈtenʃəs), **unpretending** BNW niet aanmatigend; bescheiden
unprevailing (ʌnprɪˈveɪlɪŋ) BNW • geen vat hebbend op • niet heersend • geen nut hebbend
unprincipled (ʌnˈprɪnsɪpld) BNW • zonder beginsel • gewetenloos
unproductive (ʌnprəˈdʌktɪv) BNW onproductief; weinig opleverend
unprofessional (ʌnprəˈfeʃənl) BNW leken-; niet professioneel
unprofitable (ʌnˈprɒfɪtəbl) BNW • geen voordeel opleverend • onproductief ★ ~ negotiations onvruchtbare onderhandelingen
unpromising (ʌnˈprɒmɪsɪŋ) BNW weinig belovend
unprompted (ʌnˈprɒmptɪd) BNW spontaan
unprotected (ʌnprəˈtektɪd) BNW onbeschermd
unprovable (ʌnˈpruːvəbl) BNW niet te bewijzen
unproved (ʌnˈpruːvd) BNW niet bewezen
unproven (ʌnˈpruːvən) BNW niet bewezen
unprovided (ʌnprəˈvaɪdɪd) BNW • niet voorzien • niet verschaft • niet voorbereid ★ ~ with niet voorzien van ★ ~ for onverzorgd
unprovoked (ʌnprəˈvəʊkt) BNW onuitgelokt; zonder uitdaging
unqualified (ʌnˈkwɒlɪfaɪd) BNW • onbevoegd • ongeschikt • onvermengd • onvoorwaardelijk
unquestionable (ʌnˈkwestʃənəbl) BNW onbetwistbaar
unquestionably (ʌnˈkwestʃənəblɪ) BIJW ongetwijfeld
unquestioned (ʌnˈkwestʃənd) BNW • niet ondervraagd • onbetwist
unquestioning (ʌnˈkwestʃənɪŋ) BNW onvoorwaardelijk ★ ~ obedience onvoorwaardelijke gehoorzaamheid
unquiet (ʌnˈkwaɪət) I ZN onrust II BNW • onrustig; rusteloos • ongerust
unquote (ʌnˈkwəʊt) I ONOV WW een citaat beëindigen II TW einde citaat
unravel (ʌnˈrævəl) WW ontknopen; ontwarren; uitpluizen
unread (ʌnˈred) BNW • ongelezen • ongeletterd
unreadable (ʌnˈriːdəbl) BNW onleesbaar
unready (ʌnˈredɪ) BNW • niet klaar • talmend; aarzelend • niet bereid
unreal (ʌnˈrɪəl) BNW irreëel; onwerkelijk
unrealistic (ʌnrɪəˈlɪstɪk) BNW onrealistisch
unreality (ʌnrɪˈælətɪ) ZN onwerkelijkheid
unreasonable (ʌnˈriːzənəbl) BNW • onredelijk • redeloos • ongegrond
unreasoning (ʌnˈriːzənɪŋ) BNW onnadenkend
unreclaimed (ʌnrɪˈkleɪmd) BNW • onveranderd • onontgonnen
unrecognized (ʌnˈrekəɡnaɪzd) BNW • niet erkend • niet herkend
unredeemable (ʌnrɪˈdiːməbl) BNW • REL. niet te verlossen • onaflosbaar • niet meer goed te maken

unredeemed (ʌnrɪ'diːmd) BNW • REL. *niet verlost* • ECON. *niet af-/ingelost* • *niet vervuld* ★ an ~ promise *een niet nagekomen belofte*

unrelated (ʌnrɪ'leɪtɪd) BNW • *niet verwant* • *geen verband met elkaar houdend*

unrelenting (ʌnrɪ'lentɪŋ) BNW *meedogenloos; onverbiddelijk*

unreliable (ʌnrɪ'laɪəbl) BNW *onbetrouwbaar*

unremitting (ʌnrɪ'mɪtɪŋ) BNW *aanhoudend; onverdroten*

unremunerative (ʌnrɪ'mjuːnərətɪv) BNW *niet lonend/rendabel*

unrepair ('ʌnrɪpeə) ZN *verval; slechte toestand*

unrequited (ʌnrɪ'kwaɪtɪd) BNW • *onbeantwoord* ⟨v. liefde⟩ • *niet-beloond*

unreserved (ʌnrɪ'zɜːvd) BNW • *openhartig; vrijmoedig* • *niet besproken* ⟨plaats⟩

unreservedly (ʌnrɪ'zɜːvɪdlɪ) BIJW *zonder voorbehoud*

unresponsive (ʌnrɪ'spɒnsɪv) BNW • *niet reagerend* • *niet sympathiek; ontoeschietelijk* ★ ~ to *niet reagerend op*

unrest (ʌn'rest) ZN *onrust; rusteloosheid* ★ ethnic ~ *etnische spanningen*

unrestrained (ʌnrɪ'streɪnd) BNW • *ongedwongen* • *onbeperkt; onbeteugeld*

unrestricted (ʌnrɪ'strɪktɪd) BNW • *onbeperkt; onbegrensd* • *zonder snelheidslimiet*

unrewarding (ʌnrɪ'wɔːdɪŋ) BNW *niet lonend; onrendabel; teleurstellend* ★ ~ task *ondankbare taak*

unrig (ʌn'rɪg) OV WW • SCHEEPV. *aftakelen* • INFORM. *uitkleden*

unrighteous (ʌn'raɪtʃəs) BNW • *onrechtvaardig* • *zondig*

unrip (ʌn'rɪp) OV WW *openscheuren*

unripe (ʌn'raɪp) BNW *onrijp*

unrivalled (ʌn'raɪvəld), **unrivaled** BNW *ongeëvenaard*

unrobe (ʌn'rəʊb) OV+ONOV WW • (z.) *ontkleden* • *mantel of toga afleggen of -nemen*

unroll (ʌn'rəʊl) OV+ONOV WW *ontplooien;* (z.) *ontrollen*

unroot (ʌn'ruːt) OV WW *ontwortelen*

unruffled (ʌn'rʌfəld) BNW • *ongerimpeld; glad* • *bedaard*

unruled (ʌn'ruːld) BNW • *niet geregeerd* • *ongelinieerd*

unruly (ʌn'ruːlɪ) BNW *onstuimig; onhandelbaar; lastig*

unsafe (ʌn'seɪf) BNW *onveilig; gevaarlijk; onbetrouwbaar*

unsaid (ʌn'sed) BNW *onuitgesproken; verzwegen*

unsanitary (ʌn'sænɪtərɪ) BNW *ongezond; onhygiënisch*

unsated (ʌn'seɪtɪd) BNW *onverzadigd*

unsatisfactory (ʌnsætɪs'fæktərɪ) BNW *onbevredigend*

unsatisfied (ʌn'sætɪsfaɪd) BNW *onbevredigd; ontevreden*

unsavo(u)ry (ʌn'seɪvərɪ) BNW • *walgelijk; onsmakelijk* • *onverkwikkelijk* ★ ~ case *onverkwikkelijk geval*

unsay (ʌn'seɪ) OV WW FORM. *herroepen*

unscathed (ʌn'skeɪðd) BNW *ongedeerd; onbeschadigd*

unscientific (ʌnsaɪən'tɪfɪk) BNW *onwetenschappelijk*

unscrew (ʌn'skruː) OV WW *losschroeven*

unscrupulous (ʌn'skruː'pjʊləs) BNW *gewetenloos*

unseal (ʌn'siːl) OV WW *openen*

unseasonable (ʌn'siːzənəbl) BNW • *abnormaal voor het seizoen* • *ongepast; ongelegen*

unseasoned (ʌn'siːzənd) BNW • *onvolgroeid* • *ongekruid* • *onervaren*

unseat (ʌn'siːt) OV WW • *doen vallen* • *van zetel beroven/verwijderen* • FIG. *wippen* ★ ~ a minister *een minister ten val brengen*

unsecured (ʌnsɪ'kjʊəd) BNW *ongedekt; onbeveiligd* ★ ~ creditors *concurrente crediteuren* ★ ~ debts *ongedekte schulden*

unseeing (ʌn'siːɪŋ) BNW *zonder (iets) te zien; blind* ⟨ook fig.⟩ ★ with ~ eyes *met wezenloze blik*

unseemliness (ʌn'siːmlɪnəs) ZN • *ongelegenheid* • *onaantrekkelijkheid* • *ongepastheid*

unseemly (ʌn'siːmlɪ) BNW • *ongelegen* • *ongepast* • *lelijk*

unseen (ʌn'siːn) I ZN *het onzichtbare* ★ the ~ *de geestenwereld* II BNW *ongezien* ★ an ~ translation *een onvoorbereide vertaling*

unselfish (ʌn'selfɪʃ) BNW *onbaatzuchtig*

unsent (ʌn'sent) BNW *niet verzonden* ★ ~ for *ongevraagd; niet genodigd*

unserviceable (ʌn'sɜːvɪsəbl) BNW *onbruikbaar*

unsettle (ʌn'setl) OV WW • (*beginnen te/doen*) *wankelen* • *van streek brengen* • *verwarren* • *schokken* • *onbestendig worden* ⟨weer⟩

unsettled (ʌn'setld) BNW • *onbestendig* • *onzeker* • *in de war* • *ongedurig* • *onbetaald* ⟨rekening⟩ • *niet nagelaten* ⟨bij testament⟩ • *zonder vaste woonplaats* ★ ~ weather *wisselvallig weer*

unsex (ʌn'seks) OV WW *castreren*

unsexed (ʌn'sekst) BNW *van geslachtloos*

unshaded (ʌn'ʃeɪdɪd) BNW • *onbeschaduwd* • *zonder scherm*

unshakable (ʌn'ʃeɪkəbl) BNW *onwankelbaar*

unshaken (ʌn'ʃeɪkən) BNW • *niet geschokt* • *onwrikbaar*

unshamed (ʌn'ʃeɪmd) BNW • *niet beschaamd (gemaakt)* • *schaamteloos*

unshapely (ʌn'ʃeɪplɪ) BNW *niet mooi gevormd; lelijk*

unshielded (ʌn'ʃiːldɪd) BNW *onbeschut; onverdedigd*

unship (ʌn'ʃɪp) WW • *ontschepen; lossen* • SCHEEPV. *onttakelen* • *losraken* • *van streek brengen*

unshipped (ʌn'ʃɪpt) BNW ★ ~ goods *niet verzonden goederen*

unshroud (ʌn'ʃraʊd) OV WW *onthullen*

unsightly (ʌn'saɪtlɪ) BNW *afzichtelijk; lelijk*

unskilful (ʌn'skɪlfʊl) BNW *onbekwaam*

unskilled (ʌn'skɪld) BNW • *onbedreven* • *geen bedrevenheid vereisend* ★ ~ labour *ongeschoolde arbeid*

unsociability (ʌnsəʊʃə'bɪlətɪ) ZN • *ongezelligheid* • *onverenigbaarheid*

unsociable (ʌn'səʊʃəbl) BNW • *ongezellig* • *niet bij elkaar passend*

unsocial (ʌn'səʊʃəl) BNW *niet sociaal voelend; onsociaal; eenzelvig*

unsolicited (ʌnsə'lɪsɪtɪd) BNW *ongevraagd*

unsophisticated (ʌnsə'fɪstɪkeɪtɪd) BNW

• *eenvoudig; ongekunsteld* • *onervaren*
unsound (ʌnˈsaʊnd) BNW • *ongezond; aangestoken; ziek; zwak* • *onbetrouwbaar; ondeugdelijk* • *vals* ★ of ~ mind *krankzinnig*
unsparing (ʌnˈspeərɪŋ) BNW • *kwistig; mild* • *meedogenloos* ★ he was ~ of his powers *hij spaarde zijn krachten niet*
unspeak (ʌnˈspiːk) OV WW *herroepen*
unspeakable (ʌnˈspiːkəbl) BNW • *onbeschrijfelijk* • *afschuwelijk*
unspecified (ʌnˈspesɪfaɪd) BNW *niet gespecificeerd*
unspoiled (ʌnˈspɔɪld), **unspoilt** BNW • *niet verwend* • *onbeschadigd* • *niet bedorven*
unspoken (ʌnˈspəʊkən) BNW *niet geuit* ★ ~ of *niet vermeld*
unstable (ʌnˈsteɪbl) BNW • *onvast • wankelbaar* ★ mentally ~ *(geestelijk) labiel*
unstained (ʌnˈsteɪnd) BNW • *ongeverfd* • *onbesmet*
unstamped (ʌnˈstæmpt) BNW • *ongestempeld* • *ongezegeld • ongefrankeerd* ★ ~ envelope *ongefrankeerde enveloppe* ★ ~ act *onbezegelde akte*
unsteady (ʌnˈstedi) I BNW • *onvast; instabiel; labiel • ongestadig • onsolide* ★ ~ on your feet *wankel ter been* ★ ~ behaviour *wisselvallig gedrag* II OV WW *onvast maken; veranderlijk maken*
unstick (ʌnˈstɪk) OV WW • *losweken* • LUCHTV./INFORM. *loskomen v.d. grond*
unstinted (ʌnˈstɪntɪd) BNW *royaal; kwistig; onbeperkt*
unstoppable (ʌnˈstɒpəbl) BNW *onstuitbaar; niet te stoppen*
unstrap (ʌnˈstræp) OV WW *(de riemen) losgespen (van); losmaken*
unstressed (ʌnˈstrest) BNW *zonder nadruk*
unstring (ʌnˈstrɪŋ) OV WW • *ontsnaren • los(ser) maken • ontzenuwen; verslappen* (zenuwen) • *van streek brengen*
unstuck (ʌnˈstʌk) BNW *los* ★ INFORM. the plan came ~ *het plan mislukte* ★ he has come ~ *het is 'm in z'n hoofd geslagen*
unstudied (ʌnˈstʌdɪd) BNW • *spontaan; natuurlijk* • *niet bestudeerd*
unsubstantial (ʌnsəbˈstænʃəl) BNW • *onwerkelijk* • *onsolide; niet degelijk* • *slap* (voedsel) ★ ~ food *eten dat de maag niet vult; een slappe hap*
unsubstantiated (ʌnsəbˈstænʃɪeɪtɪd) BNW *onbevestigd* ★ ~ accusation *ongefundeerde beschuldiging*
unsuccessful (ʌnsəˈseksfʊl) BNW *zonder succes; niet geslaagd* ★ my attempt was ~ *mijn poging slaagde niet; mijn poging strandde*
unsuitability (ʌnsuːtəˈbɪləti) ZN *ongeschiktheid*
unsuitable (ʌnˈsuːtəbl) BNW • *ongeschikt* • *ongepast*
unsuited (ʌnˈsuːtɪd) BNW *ongeschikt* ★ ~ to *niet passend bij*
unsung (ʌnˈsʌŋ) BNW • *niet gezongen • niet bezongen*
unsure (ʌnˈʃʊə) BNW *onzeker*
unsuspected (ʌnsəˈspektɪd) BNW • *onverdacht* • *niet vermoed*
unsuspecting (ʌnsəˈspektɪŋ) BNW *geen kwaad vermoedend; argeloos*
unsuspicious (ʌnsəˈspɪʃəs) BNW *niet wantrouwend; argeloos*
unswayed (ʌnˈsweɪd) BNW *onbevooroordeeld*
unswerving (ʌnˈswɜːvɪŋ) BNW *niet afwijkend; onwankelbaar*
unsympathetic (ʌnsɪmpəˈθetɪk) BNW *geen belangstelling tonend*
untackle (ʌnˈtækl) OV WW *uitspannen* ⟨v. paard⟩
untalked (ʌnˈtɔːkt) BNW ★ ~ of *onbesproken*
untangle (ʌnˈtæŋgl) OV WW *ontwarren*
untapped (ʌnˈtæpt) BNW *onaangesproken* ⟨fig.⟩; *(nog) niet aangeboord*
untarnished (ʌnˈtɑːnɪʃt) BNW • *onbezoedeld* • *onverbleekt • niet dof gemaakt*
untasted (ʌnˈteɪstɪd) BNW *niet geproefd; onaangeroerd* ⟨spijzen⟩ ★ the food was left ~ *het eten was onaangeroerd*
untaught (ʌnˈtɔːt) BNW • *niet onderwezen* • *onwetend*
untaxed (ʌnˈtækst) BNW • *onbelast • niet beschuldigd*
unteach (ʌnˈtiːtʃ) OV WW *afleren*
unteachable (ʌnˈtiːtʃəbl) BNW *hardleers*
untenable (ʌnˈtenəbl) BNW *onhoudbaar*
untenanted (ʌnˈtenəntɪd) BNW • *onbewoond* • *niet verhuurd*
untended (ʌnˈtendɪd) BNW *onverzorgd*
unthinkable (ʌnˈθɪŋkəbl) BNW • *ondenkbaar* • *onwaarschijnlijk*
unthinking (ʌnˈθɪŋkɪŋ) BNW *onbezonnen* ★ ~ moment *onbewaakt ogenblik*
unthinkingly (ʌnˈθɪŋkɪŋli) BIJW • *onbezonnen* • *zonder na te denken*
unthought (ʌnˈθɔːt) BNW *ondenkbaar* ★ ~ of *onvermoed*
unthrifty (ʌnˈθrɪfti) BNW • *verkwistend* • *onvoorspoedig*
unthrone (ʌnˈθrəʊn) OV WW *onttronen*
untidy (ʌnˈtaɪdi) BNW *slordig*
untie (ʌnˈtaɪ) OV WW • *bevrijden • losmaken*
until (ənˈtɪl) I VZ *tot (aan)* ★ wait ~ midnight *wachten tot middernacht* ★ ~ now I was not informed of this *tot nu toe was ik hier niet van op de hoogte gebracht* II VW *tot(dat)* ★ ~ I met him, I was very restless *ik was erg onrustig totdat ik hem ontmoette*
untilled (ʌnˈtɪld) BNW *ongecultiveerd*
untimely (ʌnˈtaɪmli) BNW • *niet op de juiste tijd; ongelegen* • *voortijdig*
untiring (ʌnˈtaɪərɪŋ) BNW *onvermoeid; onverdroten*
unto (ˈʌntʊ) VZ OUD. *tot; tot aan*
untold (ʌnˈtəʊld) BNW • *talloos; onnoemelijk veel/groot* • *(nog) niet verteld*
untouchable (ʌnˈtʌtʃəbl) I ZN • *iem. die/iets dat onaantastbaar is* • *het onaanraakbare* ★ REL. the caste of ~s in India *de kaste der paria's in India* II BNW • *ontastbaar • onrein* ⟨hindoeïsme⟩ • *onaanraakbaar*
untouched (ʌnˈtʌtʃt) BNW *onaangeraakt; onbewogen*
untoward (ʌntəˈwɔːd) BNW • *verdorven* • *onhandelbaar; eigenwijs • onfortuinlijk* ★ an ~ event *een ongelukkig voorval*
untrained (ʌnˈtreɪnd) BNW *ongeoefend*
untrammelled (ʌnˈtræmld) BNW *onbelemmerd*
untranslatable (ʌnˈtrænsˈleɪtəbl) BNW

onvertaalbaar
untravelled (ʌnˈtrævəld) BNW • *onbereisd* • *niet door reizigers bezocht*
untread (ʌnˈtred) OV WW ★ ~ one's steps *op zijn schreden terugkeren*
untried (ʌnˈtraɪd) BNW • *niet geprobeerd* • *onervaren* • JUR. *(nog) niet berecht/verhoord*
untroubled (ʌnˈtrʌbld) BNW • *ongestoord* • *kalm; onbewogen* ★ ~ conscience *zuiver geweten*
untrue (ʌnˈtruː) BNW • *onwaar* • *ontrouw*
untruth (ʌnˈtruːθ) ZN *onwaarheid*
untruthful (ʌnˈtruːθfʊl) BNW *leugenachtig*
untuned (ʌnˈtjuːnd) BNW • *ongestemd* • *niet afgestemd*
untuneful (ʌnˈtjuːnfʊl) BNW *onwelluidend*
untutored (ʌnˈtjuːtəd) BNW • *niet onderwezen* • *eenvoudig* • *onbeschaafd*
untwine (ʌnˈtwaɪn) OV WW • *ontstrengelen; losdraaien* • *losraken*
untwist (ʌnˈtwɪst) WW • *ontstrengelen; losdraaien* • *losraken*
unused[1] (ʌnˈjuːst) BNW *niet gewend*
unused[2] (ʌnˈjuːzd) BNW *ongebruikt*
unusual (ʌnˈjuːʒʊəl) BNW *niet gebruikelijk; ongewoon*
unusually (ʌnˈjuːʒʊəlɪ) BIJW *ongebruikelijk; ongewoon*
unutterable (ʌnˈʌtərəbl) BNW • *onuitsprekelijk* • *vreselijk*
unvaried (ʌnˈveərɪd) BNW *onveranderd; eentonig; zonder afwisseling; ongevarieerd*
unvarnished (ʌnˈvɑːnɪʃt) BNW • *niet gevernist* • *onverbloemd* ‹waarheid› • *onopgesmukt*
unvarying (ʌnˈveərɪɪŋ) BNW *eentonig; zonder afwisseling; onveranderlijk*
unveil (ʌnˈveɪl) I OV WW *ontsluieren; onthullen* II ONOV WW *de sluier afdoen*
unversed (ʌnˈvɜːst) BNW FORM. *onervaren*
unvoiced (ʌnˈvɔɪst) BNW • *onuitgesproken* • TAALK. *stemloos*
unvouched (ʌnˈvaʊtʃt) BNW ★ ~ for *niet gegarandeerd*
unwanted (ʌnˈwɒntɪd) BNW • *niet verlangd* • *niet nodig* ★ ~ pregnancy *(geval v.) ongewenste zwangerschap*
unwarrantable (ʌnˈwɒrəntəbl) BNW *niet te rechtvaardigen; onverantwoordelijk*
unwarranted (ʌnˈwɒrəntɪd) BNW • *onverantwoord* • *ongewettigd* • *niet gewaarborgd*
unwary (ʌnˈweərɪ) BNW *onvoorzichtig; onbezonnen*
unwatered (ʌnˈwɔːtəd) BNW • *zonder water* • *niet besproeid* • *niet verdund met water*
unwavering (ʌnˈweɪvərɪŋ) BNW *onwankelbaar; standvastig*
unwearable (ʌnˈweərəbl) BNW *niet te dragen*
unwearied (ʌnˈwɪərɪd) BNW *onvermoeid*
unwearying (ʌnˈwɪərɪɪŋ) BNW *onvermoeibaar*
unwelcome (ʌnˈwelkəm) BNW *onwelkom*
unwell (ʌnˈwel) BNW *onwel*
unwholesome (ʌnˈhəʊlsəm) BNW OOK FIG. *ongezond*
unwieldy (ʌnˈwiːldɪ) BNW • *log, lastig te hanteren* • *lomp*
unwifely (ʌnˈwaɪflɪ) BNW *zoals men v. een echtgenote niet verwacht*
unwilling (ʌnˈwɪlɪŋ) BNW • *met tegenzin* • *onwillig* ★ he was ~ to help me *hij was niet genegen met (te) helpen*
unwind (ʌnˈwaɪnd) I OV WW *afwinden* II ONOV WW • INFORM. *kalmeren* • *zich ontrollen*
unwise (ʌnˈwaɪz) BNW *onverstandig*
unwitting (ʌnˈwɪtɪŋ) BNW *zonder erg; onwetend*
unwittingly (ʌnˈwɪtɪŋlɪ) BIJW • *onopzettelijk* • *onbewust; zonder 't te weten*
unwomanly (ʌnˈwʊmənlɪ) BNW *onvrouwelijk*
unwonted (ʌnˈwəʊntɪd) BNW *ongewoon; niet gewend*
unworkable (ʌnˈwɜːkəbl) BNW • *onuitvoerbaar* • *niet te bewerken*
unworldly (ʌnˈwɜːldlɪ) BNW • *onwereldlijk; niet materialistisch* • *naïef* • *onwezenlijk*
unworried (ʌnˈwʌrɪd) BNW *niet geplaagd*
unworthy (ʌnˈwɜːðɪ) BNW *onwaardig; niet passend* ★ it is ~ of you *het siert u niet; het past u niet*
unwound (ʌnˈwaʊnd) I BNW *niet (op)gewonden; afgewonden* II WW [verl. tijd + volt. deelw.] → **unwind**
unwrap (ʌnˈræp) OV WW *loswikkelen*
unwritten (ʌnˈrɪtn) BNW *ongeschreven*
unwrought (ʌnˈrɔːt) BNW • *onbewerkt* • *niet afgemaakt*
unyielding (ʌnˈjiːldɪŋ) BNW *onverzettelijk*
unzip (ʌnˈzɪp) OV WW • *openritsen; losmaken* ‹v. ritssluiting› • COMP. *unzippen*
up (ʌp) I ZN *opwaartse beweging* ★ ups in the rent *renteverhogingen* ★ the ups and downs (of life) *voor- en tegenspoed (in het leven)* ★ on the up and up *aan de beterende hand*; USA *eerlijk, openhartig* II BNW • *op; omhoog* • *in rep en roer; in opstand* • *verstreken; afgelopen* • *aan de gang* • *opgebroken* ★ his blood is up *hij is razend* ★ the hunt is up *de jacht is begonnen* ★ he is well up in this subject *hij is goed in dit onderwerp thuis* ★ I was up for B. *ik was op weg naar B.* ★ the minister is up *de minister begint te spreken/is aan 't spreken* ★ the goods are up *de goederen zijn aangekomen* ★ it's all up with us *we zijn totaal verloren; de kans is verkeken; we zijn er bij* ★ (the) beer is up *'t bier is opgeslagen; het bier schuimt* ★ Parliament is up *'t parlement houdt geen zitting meer* ★ the tide is up *'t is hoog water* ★ what's up there? *wat is daar aan de hand?* ★ I was up for an exam *ik moest examen doen* ★ up stroke *slag omhoog* ★ up line *spoorlijn die naar boven loopt/naar een centraal punt gaat* ★ he is up on this matter *hij is op de hoogte van deze kwestie* III ONOV WW • *(plotseling) opspringen* • *(abrupt) verhogen* ★ up and do s.th. *plotseling iets doen* IV BIJW • *op; omhoog; naar boven* • *in/naar de stad* ‹i.h.b. Londen› ★ it is not up to much *'t is niet veel zaaks* ★ it is up to you *dat is uw/jouw zaak* ★ it is up to us to stop this *'t ligt op onze weg hier paal en perk aan te stellen* ★ she was up to all kinds of tricks *zij haalde allerlei streken uit* ★ it doesn't come up to what I expected *het beantwoordt niet aan wat ik verwachtte* ★ up there you can see it *daargindse kun je het zien* ★ up the royalists! *hoera voor de*

koningsgezinden! ★ as far as A. *in noordelijke richting tot A.* ★ the carriage was full up *het rijtuig was helemaal vol* ★ he lives two pair of stairs up *hij woont twee hoog* ★ from my birth up *van mijn geboorte af* ★ you will be up against much trouble *je zult tegenover veel moeilijkheden komen te staan* ★ up to the ceiling *tot aan 't plafond* ★ did he act up to his principles? *heeft hij overeenkomstig z'n principes gehandeld?* ★ he is not up to his work *hij kan z'n werk niet aan* ★ up till/to now *tot op heden* II vz *op* ★ up and down *op en neer; eerlijk* ★ up hill and down dale *heuvel op, heuvel af; bergop, bergaf*

up- (ʌp) VOORV *op-; naar*

up-and-coming (ʌpən'kʌmɪŋ) BNW *veelbelovend* ★ an ~ actress *een veelbelovende actrice*

up-and-down (ʌpən'daʊn) ZN *kritische, inspecterende blik van top tot teen* ⟨USA⟩ ~ answer *'n eerlijk en positief antwoord* ★ USA he is ~ with you *hij staat eerlijk tegenover je*

upbraid (ʌp'breɪd) OV WW *berispen; verwijten* ★ ~ for/with *iem. berispen om/wegens*

upbringing ('ʌpbrɪŋɪŋ) ZN *opvoeding*

upcast¹ ('ʌpkɑːst) I ZN • *worp omhoog* • *ventilatieschacht* ⟨bij mijn⟩ II BNW • *opgeworpen* • *opgeslagen* ⟨ogen⟩ ★ ~ eyes *hemelwaarts gerichte blik*

upcast² (ʌp'kɑːst) WW *opwerpen*

upcoming ('ʌpkʌmɪŋ) BNW *aanstaande; verwacht*

up-country (ʌp'kʌntri) BNW *onwetend; naïef* ★ *in het binnenland* ★ ~ regions *in het binnenland gelegen gebieden*

update¹ ('ʌpdeɪt) ZN • *nieuwtje* • COMP. *update; nieuwe versie*

update² (ʌp'deɪt) OV WW • *moderniseren; actualiseren; up-to-date maken* • COMP. *updaten*

upend (ʌp'end) OV WW • *op zijn kant zetten* • *omkeren* • *overeind komen/zetten* • *ondersteboven zetten*

upgrade (ʌp'ɡreɪd) I ZN • *helling naar boven* • COMP. *upgrade* ⟨nieuwe versie⟩ ★ on the ~ *stijgend; steeds beter wordend* II OV WW • *verbeteren* ⟨positie⟩ • *bevorderen* • *opwaarderen* • COMP. *upgraden* ⟨nieuwere versie installeren⟩ III BIJW *omhoog; bergop*

upheaval (ʌp'hiːvəl) ZN • *omwenteling* • *ontreddering*

upheld (ʌp'held) WW [verl. tijd + volt. deelw.] → **uphold**

uphill¹ ('ʌphɪl) I ZN *opwaartse helling* II BNW *moeilijk* ★ ~ work *zwaar werk*

uphill² (ʌp'hɪl) BIJW *moeizaam; bergopwaarts*

uphold (ʌp'həʊld) OV WW • *rechthouden; handhaven* • *steunen; verdedigen* • *bevestigen* ★ ~ a decision *een besluit verdedigen* ★ ~ a statement *een uitspraak bevestigen*

upholder (ʌp'həʊldə) ZN *handhaver; beschermer; hoeder*

upholster (ʌp'həʊlstə) OV WW • *meubileren* • *stofferen*

upholsterer (ʌp'həʊlstərə) ZN *stoffeerder*

upholstery (ʌp'həʊlstəri) ZN *stoffering; bekleding* • *gestoffeerde meubelen* • *stoffeerderij*

upkeep ('ʌpkiːp) ZN *onderhoud(skosten)*

upland ('ʌpland) I ZN *hoogland* II BNW *in/uit/van het hoogland*

uplift¹ ('ʌplɪft) ZN • *verheffing; veredeling* • *steun*

uplift² (ʌp'lɪft) WW • *opheffen* • *verheffen* ⟨i.h.b. geestelijk⟩

up-market BNW *exclusief; chic* ★ ~ shop *chique zaak*

upmost ('ʌpməʊst) BNW *hoogst*

upon (ə'pɒn) VZ • *op* • *meteen na(dat)* ★ walk upon the moon *op de maan lopen* ★ thousands upon thousands of birds *vele duizenden vogels* ★ upon entering the room, she sat down *meteen na binnenkomst in de kamer ging ze zitten*

upper ('ʌpə) I ZN • *bovengedeelte* ⟨v. schoen⟩ • USA/INFORM. *pepmiddel* II BNW *hoger; boven(ste)*

upper-class BNW *uit de hogere kringen; van goeden huize*

uppercut ('ʌpəkʌt) ZN *opstoot* ⟨boksen⟩; *uppercut*

uppermost ('ʌpəməʊst) BNW + BIJW *hoogst; boven*

uppish ('ʌpɪʃ) BNW • *verwaand; pedant* • *zelfverzekerd; vrijpostig*

uppity ('ʌpəti) BNW USA/PLAT *brutaal; verwaand*

upraise (ʌp'reɪz) OV WW *opheffen*

uprear (ʌp'rɪə) OV WW • *verheffen* • *grootbrengen*

upright ('ʌpraɪt) I ZN • *verticale post/stut* • *buffetpiano* II BNW • *recht; verticaal* • *eerbaar; oprecht; eerlijk* III BIJW *rechtop*

uprightness ('ʌpraɪtnəs) ZN • *opstaande stand* • *rechtschapenheid*

uprising ('ʌpraɪzɪŋ) ZN *opstand* ⟨rebellie⟩

uproar ('ʌprɔː) ZN *tumult; rumoer; lawaai*

uproarious (ʌp'rɔːrɪəs) BNW *lawaaierig; onstuimig* ★ ~ applause *stormachtig/tumultueus applaus*

uproot (ʌp'ruːt) OV WW *ontwortelen*

uprush ('ʌprʌʃ) ZN *opwelling; stroom*

upscale ('ʌpskeɪl) BNW USA *chic*

upset¹ ('ʌpset) ZN • *omkanteling; omslag* • *omverwerping; schok; ontsteltenis; onaangename verrassing* • *onenigheid* ★ ~ stomach • *indigestie* ⟨spijsverteringsstoornis⟩

upset² (ʌp'set) I BNW • *omvergeworpen* • *ongesteld* • *verstoord* ★ ~ price *minimumprijs* II OV WW • *omverwerpen; omgooien* • *in de war sturen* • *v. streek brengen* • *omslaan* ★ be ~ *omkantelen; omslaan; v. streek raken/zijn* ★ this meal has ~ my stomach *mijn maag is van streek door deze maaltijd*

upshot ('ʌpʃɒt) ZN *resultaat; eind van 't liedje* ★ the ~ of it is that ... *'t komt hierop neer dat ...* ★ in the ~ *uiteindelijk*

upside ('ʌpsaɪd) ZN *bovenkant*

upside-down (ʌpsaɪd'daʊn) BNW + BIJW • *ondersteboven* • *compleet in de war* ★ an ~ arrangement *een wanordelijke regeling* ★ everything was ~ *alles was in de war; alles lag ondersteboven*

upstage (ʌp'steɪdʒ) OV WW *in de schaduw stellen* ⟨fig.⟩; *naar de achtergrond dringen* ⟨fig.⟩; *overschaduwen* ⟨fig.⟩

upstairs (ʌp'steəz) I BNW *boven-* II BIJW • *de trap op; naar boven* • *de lucht in* • *in de lucht*

upstanding (ʌp'stændɪŋ) BNW *oprecht;*

hoogstaand
upstart ('ʌpstɑ:t) **I** ZN *parvenu* **II** BNW *opschepperig*
upstream ('ʌpstri:m) BNW *tegen de stroom op; stroomopwaarts*
upsurge ('ʌpsɜ:dʒ) ZN *opwelling; plotselinge toename*
upswing ('ʌpswɪŋ) ZN *toename; opleving*
uptake ('ʌpteɪk) ZN ∗ be quick at the ~ *snel van begrip*
uptight (ʌp'taɪt) BNW • *nerveus* • *kwaad* • *stijf; verkrampt* • *vormelijk*
up-to-date (ʌptə'deɪt) BNW *bijdetijds; bij(gewerkt); actueel* ∗ keep the books ~ *de boeken bijhouden*
uptown ('ʌp'taʊn) BIJW • *in/naar de bovenstad* • *naar de buitenwijken v.d. stad*
upturn ('ʌptɜ:n) **I** ZN • *omverwerping* • ECON. *opleving* • *omslag; v. broek/mouw* **II** OV WW • *omkeren; omgooien; omwoelen* • *opslaan; opzetten* ⟨kraag⟩
upward(s) ('ʌpwəd(z)) **I** BNW *stijgend* **II** BIJW *opwaarts; naar boven* ∗ this price and ~ *deze prijs en hoger* ∗ ~ of one hundred *meer dan honderd*
upwind ('ʌpwɪnd) BNW + BIJW *tegen de wind in*
uranium (jʊə'reɪnɪəm) ZN *uranium*
urban ('ɜ:bən) **I** M ⟨jeugdcultuur⟩ *urban* **II** BNW *stedelijk; stads-*
urbane (ɜ:'beɪn) BNW *hoffelijk; wellevend*
urbanite ('ɜ:bənaɪt) ZN *stedeling*
urbanity (ɜ:'bænəti) ZN • *beschaafdheid; wellevendheid* • *stadsleven* ∗ urbanities *beleefdheden*
urbanize ('ɜ:bənaɪz) OV WW *verstedelijken; urbaniseren*
urchin ('ɜ:tʃɪn) ZN *schelm; kwajongen*
urge (ɜ:dʒ) **I** ZN *aandrang; verlangen* **II** OV WW • *aansporen; aanzetten; aandrijven* • *ernstig verzoeken; aandringen op* • *als argument aanvoeren* ∗ he urged it on me *hij probeerde mij er van te doordringen* ∗ ~ on *voortdrijven; aanzetten*
urgency ('ɜ:dʒənsɪ) ZN • *dringende noodzaak* • *urgentie*
urgent ('ɜ:dʒənt) BNW *dringend; spoedeisend; urgent* ∗ we are in ~ need of *we hebben dringend behoefte aan*
uric ('jʊərɪk) BNW ∗ uric acid *urinezuur*
urinal (jʊə'raɪnl, 'jʊərɪnəl) ZN • *urinoir* • *urineglas; urinaal*
urinary ('jʊərɪnərɪ) **I** ZN *urinoir* **II** BNW *urine-*
urinate ('jʊərɪneɪt) ONOV WW *urineren*
urine ('jʊərɪn) ZN *urine*
URL AFK COMP. Uniform Resource Locator *url*
urn (ɜ:n) **I** ZN • *urn* • *graf* • *koffie-/theeketel* **II** OV WW *in een urn doen*
urology (jʊə'rɒlədʒɪ) ZN MED. *urologie*
Ursa ('ɜ:sə) ZN ∗ Ursa Major *Grote Beer* ∗ Ursa Minor *Kleine Beer*
us (ʌs) PERS VNW *ons*
US (ju:'es) AFK United States *Verenigde Staten*
USA (ju:es'eɪ) AFK United States of America *Verenigde Staten van Amerika*
usable ('ju:zəbl) BNW *bruikbaar*
usage ('ju:sɪdʒ) ZN • *gebruik; gewoonte*

• *behandeling* ∗ water ~ *waterverbruik*
USB AFK COMP. Universal Serial Bus *USB*
use¹ (ju:s) ZN • *gebruik; toepassing; verbruik* • *nut* • *gewoonte; usance* • *ritueel* ∗ it's no use to go/ going there *het heeft geen zin er heen te gaan* ∗ there's no use (in) talking *praten heeft geen zin* ∗ what's the use of it? *wat heeft 't voor zin of nut?* ∗ we have no use for your article *we kunnen uw artikel niet gebruiken* ∗ get/go out of use *in onbruik raken* ∗ put in(to) use *in gebruik nemen*
use² (ju:z) **I** OV WW • *gebruiken; benutten* • (iem.) *behandelen* • ~ **up** *opmaken; verbruiken; uitputten;* (iem.) *afmaken;* USA *toetakelen* ∗ he's used up *hij is op/versleten* ⟨fig.⟩ **II** HWW • *plegen* ∗ he used to live in A. *vroeger woonde hij in A.* ∗ used to *had de gewoonte om* ∗ he used not to do it *vroeger deed hij het niet* ∗ he didn't use to do it *vroeger deed hij het niet*
use-by ('ju:zbaɪ) BNW ∗ ~ date *uiterste houdbaarheidsdatum*
used (ju:zd) BNW • *tweedehands; gebruikt* • *gewend; gewoon*
useful ('ju:sfʊl) BNW *dienstig; nuttig; bruikbaar* ∗ PLAT ~ at *knap in* ∗ he made himself ~ *hij maakte zichzelf verdienstelijk*
useless ('ju:sləs) BNW • *nutteloos; onnut* • PLAT *niet in orde; niet gezond* • *in de put* ∗ I am feeling ~ *ik voel me beroerd*
user ('ju:zə) ZN • *gebruiker; verbruiker* • JUR. *gebruiksrecht*
user-friendly BNW *gebruikersvriendelijk*
user name ZN COMP. *gebruikersnaam*
usher ('ʌʃə) **I** ZN • *portier; zaalwachter* • *plaatsaanwijzer; ouvreuse* • *ceremoniemeester* • *paranimf* • *bruidsjonker* • *deurwaarder* **II** OV WW • *binnenleiden* • *aankondigen* • ~ **in** *inleiden*
usherette (ʌʃə'ret) ZN *ouvreuse*
USS (ju:es'es) AFK United States Ship *schip uit de VS*
usta ('ju:stə) SAMENTR used to (use²)
usual ('ju:ʒʊəl) **I** ZN ∗ he drank his ~ *hij dronk zijn gebruikelijke drankje* ∗ he's in his ~ *met hem gaat 't als vanouds* **II** BNW *gewoon; gebruikelijk* ∗ IRON. as per ~ (zo)als gewoonlijk ∗ as ~ (zo)als gewoonlijk
usually ('ju:ʒʊəlɪ) BIJW *gewoonlijk*
usufruct ('ju:zju:frʌkt) **I** ZN *vruchtgebruik* **II** OV WW *het vruchtgebruik hebben van*
usufructuary (ju:sjʊ'frʌktjʊərɪ) **I** ZN *vruchtgebruiker* **II** BNW ∗ ~ right *recht v. vruchtgebruik*
usurer ('ju:ʒərə) ZN *woekeraar*
usurious (ju:'ʒʊərɪəs) BNW *woekerachtig*
usurp (jʊ'zɜ:p) OV WW *z. aanmatigen; z. wederrechtelijk toe-eigenen*
usurpation (ju:zɜ:'peɪʃən) ZN *aanmatiging; usurpatie*
usurper (jʊ'zɜ:pə) ZN • *overweldiger* • *usurpator*
usury ('ju:ʒərɪ) ZN • *woekerrente* • *woeker*
Ut. AFK USA *Utah*
utensil (ju:'tensəl) ZN *gebruiksvoorwerp*
utensils (ju:'tensəlz) ZN MV *werktuigen* ∗ cooking ~ *keukengerei*
uterine ('ju:təraɪn) BNW • *baarmoeder-* • *met/van*

dezelfde moeder
uterus ('ju:tərəs) ZN *baarmoeder; uterus*
utilitarian (jʊtɪlɪ'teərɪən) **I** ZN *utilitarist* **II** BNW *nuttigheids-; utilitair*
utilitarianism (jʊtɪlɪ'teərɪənɪzəm) ZN *utilisme; nuttigheidsleer*
utility (ju:'tɪlətɪ) ZN • *(openbare) voorziening* • *nut* • *bruikbaarheid* ★ *utilities gebruiksvoorwerpen* ★ *public utilities openbare nutsbedrijven*
utility bill ZN *gas-, water-, elektrarekening*
utility clothing ZN *standaardkleding*
utility company ZN *nutsbedrijf*
utility man ZN *manusje-van-alles*
utility program ZN COMP. *hulpprogramma*
utility room ZN *bijkeuken*
utility vehicle ZN *open bestelwagen*
utilizable ('ju:tɪlaɪzəbl) BNW *bruikbaar*
utilization (ju:tɪlaɪ'zeɪʃən) ZN *(nuttige) aanwending; benutting*
utilize ('ju:tɪlaɪz) OV WW *gebruik maken van; benutten*
utmost ('ʌtməʊst) **I** ZN ★ *do one's* ~ *zijn uiterste best doen* ★ *at the* ~ *op z'n hoogst* **II** BNW *hoogste; uiterste; verste*
Utopia (ju:'təʊpɪə) ZN • *Utopia* • *utopie*
utopian (ju:'təʊpɪən) BNW *utopisch; utopistisch*
utter ('ʌtə) **I** BNW *volkomen; totaal; volslagen* **II** OV WW • *uiten; uiting geven aan* • *in omloop brengen*
utterance ('ʌtərəns) ZN • *uiting* • *uitspraak* • *manier v. (z.) uitdrukken; voordracht* ★ *they fought to the* ~ *ze vochten tot het bittere einde*
utterly ('ʌtəlɪ) BIJW *totaal; volkomen*
uttermost ('ʌtəməʊst) BNW *verste; hoogste; uiterste*
U-turn ('ju:tɜ:n) ZN • *ommezwaai van 180 graden* • FIG. *totale ommezwaai* ★ *no* ~ *keren niet toegestaan* ⟨in het verkeer⟩
uvula ('ju:vjʊlə) ZN *huig*
uvular ('ju:vjʊlə) BNW *huig-; uvulaar*

V

v (vi:) **I** ZN *letter v* ★ V as in Victory *de v van Victor* **II** AFK • *letter v* • *verse vers* • *versus (against) tegen* • *very zeer* • *vide (see) zie* • *volt(age) volt*
vac (væk) ZN • *vacation vakantie* • *vacuum cleaner stofzuiger* ★ the long vac *de grote vakantie*
vacancy ('veɪkənsɪ) ZN • *lege plaats/kamer* ⟨bijv. in pension⟩ • *vacature* • *leegte; ledigheid* • *wezenloosheid* ★ 'vacancies' '*kamer(s) vrij*' ★ stare into ~ *voor zich uitstaren*
vacant ('veɪkənt) BNW • *onbezet; leeg(staand)* • *lusteloos* • *wezenloos leeghoofdig; dom* • *vacant; openstaand*
vacate (və'keɪt) **I** OV WW • *vacant komen* • *neerleggen* ⟨v. ambt⟩ • *afstand doen van* • *ontruimen* ⟨v. huis⟩ • *annuleren* ⟨v. contract⟩ **II** ONOV WW USA *vakantie nemen*
vacation (və'keɪʃən) **I** ZN • USA *vakantie* • *afstand* • *ontruiming* • *annulering* ★ USA paid ~ *betaald verlof* **II** ONOV WW USA *vakantie hebben/nemen*
vaccinate ('væksɪneɪt) OV WW *vaccineren; inenten*
vaccination (væksɪ'neɪʃən) ZN *vaccinatie; inenting*
vaccine ('væksi:n) **I** ZN *vaccin; entstof* **II** BNW *koepok-*
vacillate ('væsɪleɪt) ONOV WW • *aarzelen* • *schommelen; wankelen*
vacillation (væsɪ'leɪʃən) ZN • *schommeling* • *aarzeling*
vacillator ('væsɪleɪtə) ZN *weifelaar*
vacua ('vækjʊəs) ZN MV → *vacuum*
vacuity (væ'kjʊətɪ) ZN • *(lucht)ledige ruimte* • *ledigheid* • *wezenloosheid*
vacuous ('vækjʊəs) BNW • *(lucht)ledig* • *leeghoofdig; wezenloos; dom*
vacuum ('vækjʊəm) **I** ZN *(lucht)ledige ruimte* ★ ~ bottle *thermosfles* ★ ~ cleaner *stofzuiger* **II** OV+ONOV WW INFORM. *stofzuigen*
vagabond ('vægəbɒnd) **I** ZN • *landloper; vagebond; zwerver* • *schelm* **II** BNW *zwervend* **III** ONOV WW INFORM. *zwerven*
vagabondage ('vægəbɒndɪdʒ) ZN • *landloperij* • *landlopers*
vagary ('veɪgərɪ) ZN *gril; kuur*
vagina (və'dʒaɪnə) ZN • *vagina; schede* • PLANTK. *(blad)schede*
vaginal (və'dʒaɪnl) BNW • *vagina-; vaginaal* • PLANTK. *schedeachtig*
vagrancy ('veɪgrənsɪ) ZN • *omzwerving; landloperij* • *afdwaling* ⟨figuurlijk⟩
vagrant ('veɪgrənt) **I** ZN *zwerver; vagebond* ★ ~ ward *asiel voor daklozen* **II** BNW • *zwervend* • *wild groeiend* • *afdwalend*
vague (veɪg) BNW *vaag; onbestemd; onbepaald*
vain (veɪn) BNW • *onbeduidend; leeg ijdel; prat (op)* • *vergeefs; nutteloos* ★ in vain *tevergeefs* ★ take a p.'s name in vain *iemands naam ijdel gebruiken*
vainglorious (veɪn'glɔ:rɪəs) BNW *ijdel; verwaand; grootsprakig*
vainglory (veɪn'glɔ:rɪ) ZN *grootspraak; verwaandheid*

vainly ('veɪnlɪ) BIJW • tevergeefs • ijdel
vale[1] (veɪl) ZN FORM. dal ★ this ~ of tears dit tranendal
vale[2] ('vɑːleɪ) TW vaarwel
valediction (vælɪ'dɪkʃən) ZN afscheid
valedictorian (vælɪdɪk'tɔːrɪən) ZN USA student die z'n afscheidsrede houdt
valedictory (vælɪ'dɪktərɪ) I ZN USA afscheidsrede II BNW afscheids-
valentine ('væləntaɪn) ZN • Valentijnslief(je) • Valentijnskaart ★ Valentine's Day Valentijnsdag ⟨14 februari⟩
valet ('vælɪt) I ZN bediende II ONOV WW bediende zijn
valetudinarian (vælɪtjuːdɪ'neərɪən) I ZN ziekelijk iem. II BNW ziekelijk; sukkelend
valiant ('væljənt) BNW dapper; moedig
valid ('vælɪd) BNW • valide; geldig • gefundeerd; deugdelijk
validate ('vælɪdeɪt) OV WW • geldig verklaren • bekrachtigen; bevestigen
validation (vælɪ'deɪʃən) ZN bevestiging
validity (və'lɪdətɪ) ZN • geldigheid • validiteit; deugdelijkheid
valise (və'liːz) ZN • valies • MIL. ransel
valley ('vælɪ) ZN • dal • GESCH. kiel
vallum ('væləm) ZN bolwerk
valorous ('vælərəs) BNW moedig
valour ('vælə) ZN moed; dapperheid
valuable ('væljʊbl) BNW • erg waardevol; kostbaar; v. grote waarde • te schatten
valuables ('væljʊblz) ZN MV waardevolle bezittingen; kostbaarheden
valuation (vælju'eɪʃən) ZN schatting; taxatie ★ at a ~ tegen taxatieprijs ★ put a ~ on waarderen; aanslaan
value ('væljuː) I ZN • waarde • valuta • verhouding v. licht en donker op schilderij ★ ~ in exchange ruilwaarde ★ ~ today valuta per heden ★ you get ~ for your money je krijgt waar voor je geld ★ to the ~ of £10 ter waarde van £10 ★ marketable ~ marktwaarde ★ appraised ~ taxatiewaarde II OV WW • waarderen; achten • schatten; taxeren ★ he ~s himself on it gaat er prat op
value judgement ZN waardeoordeel
valueless ('væljʊləs) BNW waardeloos
valuer ('væljʊə), **valuator** ZN taxateur
valve (vælv) ZN • klep; ventiel; schelp • radio-/tv-buis; tv-lamp ★ ~-connection ventielslangetje
valved (vælvd) BNW voorzien van klep(pen)
valvular ('vælvjʊlə) BNW • met klep(pen) • klep-
valvule ('vælvjuːl) ZN klepje
vamoose (və'muːs), **vamose** OV WW INFORM./USA er tussenuit knijpen
vamp (væmp) I ZN • INFORM. vamp; fatale vrouw; verleidster • MUZ. ad lib intro • bovenleer • lap(werk) II OV WW • nieuwe voorschoenen zetten aan • ~ up in elkaar flansen; improviseren; oplappen; inpalmen III ONOV WW INFORM. ~ up verstrikken; flirten
vampire ('væmpaɪə) ZN • vampier • uitzuiger ⟨figuurlijk⟩ • dubbel toneelluik ★ BIOL. ~ bat soort vleermuis
vampiric (væm'pɪrɪk) BNW vampierachtig
van (væn) I ZN • (bestel-/vracht)wagen; USA minibus • voorhoede • pioniers ⟨figuurlijk⟩ ★ moving van verhuiswagen II ONOV WW • leiden • vervoeren in een (bestel-/meubel-/post)wagen
vandal ('vændl) I ZN vandaal II BNW vandaals
vandalism ('vændəlɪzəm) ZN vandalisme; vernielzucht
vandalize ('vændəlaɪz) OV WW • schenden • vernielen
vane (veɪn) ZN • weerhaan • wimpel; vaan • wiek ⟨v. molen⟩ • schoep ⟨v. schroef⟩ • vizier ⟨landmetersinstrument⟩
vanguard ('vængɑːd) ZN voorhoede
vanilla (və'nɪlə) ZN vanille
vanish ('vænɪʃ) ONOV WW verdwijnen ★ ~ into smoke in rook opgaan ★ ~ into thin air in het niets verdwijnen
vanity ('vænətɪ) ZN • ijdelheid; verwaandheid • leegheid; zinloosheid • futiliteit • prul • USA toilettafel
vanity bag, **vanity case** ZN toilettas; beautycase
Vanity Fair ZN LIT. Kermis der IJdelheid
vanity plate ZN USA nummerplaat ⟨met zelfgekozen letter-/cijfercombinatie⟩
vanity unit ZN ingebouwde wastafel
vanman ('vænmən) ZN bestelwagenchauffeur
vanquish ('væŋkwɪʃ) OV WW overwinnen; bedwingen
vanquisher ('væŋkwɪʃə) ZN overwinnaar
vantage ('vɑːntɪdʒ) ZN vantage ⟨tennis⟩ ★ I have him at ~ ik heb 'n voorsprong op hem ★ ~ point voorsprong; gunstige positie
vapid ('væpɪd) BNW • geesteloos ⟨gesprek⟩ • verschaald ⟨bier⟩ ★ run ~ verschalen
vapidity ('væpɪdətɪ) ZN • geestloosheid • nietszeggende opmerking; flauwiteit
vapor ('veɪpə) ZN → **vapour**
vaporization (veɪpəraɪ'zeɪʃən) ZN verdamping
vaporize ('veɪpəraɪz) I OV WW • vaporiseren; verstuiven • doen verdampen • besproeien II ONOV WW verdampen
vaporizer ('veɪpəraɪzə) ZN verstuiver
vaporous ('veɪpərəs) BNW • dampig; damp- • FIG. opgeblazen; vaag
vapour ('veɪpə), USA **vapor** I ZN • damp • ijdele waan II OV WW doen verdampen III ONOV WW • verdampen • uitwasemen • grootsprakig zijn; opscheppen
vapouring ('veɪpərɪŋ) I ZN bluf II BNW snoevend
variability (veərɪə'bɪlətɪ) ZN 't veranderlijk zijn
variable ('veərɪəbl) I ZN WISK. variabele II BNW • variabel; veranderlijk; ongedurig
variables ('veərɪəblz) ZN MV veranderlijke winden
variance ('veərɪəns) ZN • onenigheid • verschil • tegenspraak ⟨in verklaring⟩ • afwisseling ★ they are at ~ ze zijn 't niet eens ★ at ~ with in strijd met ★ set at ~ tegen elkaar opzetten
variant ('veərɪənt) I ZN variant II BNW • afwijkend • veranderlijk
variation (veərɪ'eɪʃən) ZN • variatie • afwijking • variëteit; verscheidenheid • verandering
varicella (værɪ'selə) ZN waterpokken
varices ('værɪsiːz) ZN MV → **varix**
varicoloured ('veərɪkʌləd) BNW veelkleurig
varicose ('værɪkəʊs) BNW spatader- ★ ~ stocking steunkous; elastieken kous ★ ~ veins spataderen

varied ('veərɪd) BNW *gevarieerd; bont* ⟨v. kleur⟩

variegated ('veərɪəgeɪtɪd) BNW • *bont* ⟨v. kleur⟩
• *afwisselend* • *afgewisseld*

variegation ★ (veərɪə'geɪʃən) ZN *(kleur)schakering;
verscheidenheid* ⟨in kleur⟩

variety (və'raɪətɪ) ZN • *variatie* • *variëteit;
verscheidenheid* • *soort* • *variété*

variety store, variety shop ZN USA *bazaar*

variform ('veərɪfɔ:m) BNW *v. verschillende vorm*

variola (və'raɪələ) ZN *variola; pokken*

various ('veərɪəs) BNW • *verschillend; verscheiden*
• *afwisselend*

varix ('veərɪks) ZN *spatader*

varlet ('va:lət) ZN • OUD. *schurk* • GESCH. *page*

varmint ('va:mɪnt) ZN • IRON. *beest* • *rakker* ★ PLAT the ~ *de vos*

varnish ('va:nɪʃ) **I** ZN • *vernis; vernisje*
⟨figuurlijk⟩ • *schijn* • *glazuur* **II** OV WW
• *opsmukken; verbloemen* • *vernissen*

varsity ('va:sətɪ) ZN • *universiteit* • USA
universiteitsteam ⟨foot-, basketball⟩ ★ ~ match
roeiwedstrijd tussen Oxford en Cambridge

vary ('veərɪ) OV+ONOV WW • *variëren; veranderen*
• *anders worden/zijn* • *verschillen* • MUZ.
variaties maken op ★ vary inversely as
omgekeerd evenredig zijn met

vascular ('væskjʊlə) BNW *vaat-; vasculair* ★ ~
system *vaatstelsel*

vase (va:z) ZN *vaas*

vasectomy (və'sektəmɪ) ZN *vasectomie; sterilisatie*

Vaseline ® ('væsəli:n) ZN *vaseline*

vassal ('væsəl) **I** ZN • *vazal* • FIG. *slaaf* **II** BNW
• *slaafs*

vassalage ('væsəlɪdʒ) ZN • *leenmanschap*
• *dienstbaarheid*

vast (va:st) **I** ZN FORM. *eindeloze ruimte* **II** BNW
• *onmetelijk; reusachtig* • *veelomvattend*

vat (væt) **I** ZN **II** OV WW *in vat doen; kuipen*

VAT (vi: eɪ ti:, væt) AFK Value Added Tax *btw*
⟨belasting toegevoegde waarde⟩

Vatican ('vætɪkən) **I** ZN *Vaticaan* **II** BNW *Vaticaans*

vault (vɔ:lt) **I** ZN • *wijnkelder; gewelf; grafkelder*
• *kluis* ⟨bank⟩ • *sprong* **II** OV WW • *springen*
⟨steunend op handen of stok⟩ • *overwelven*

vaulted ('vɔ:ltɪd) BNW *gewelfd*

vaulter ('vɔ:ltə) ZN • *springer* • *kunstrijder*

vaulting ('vɔ:ltɪŋ) ZN *gewelf*

vaulting-horse ('vɔ:ltɪŋhɔ:s) ZN *paard*
⟨gymnastiek⟩

vaunt (vɔ:nt) **I** ZN *snoeverij* **II** OV WW *z. beroemen op* **III** ONOV WW *snoeven*

vaunter ('vɔ:ntə) ZN *snoever*

VC AFK • Vice Chairman *vice-voorzitter* • Vice Chancellor *vice-kanselier* ⟨i.h.b. universiteitsfunctionaris⟩ • Victoria Cross *Victoriakruis*

VCR (visi'a:r) AFK video cassette recorder
videorecorder

VD AFK venereal disease *geslachtsziekte*

've (v) WW → **have**

veal (vi:l) ZN *kalfsvlees*

vector ('vektə) ZN • WISK. *vector* • *bacillendrager*

vedette (vɪ'det) ZN • *vedette; beroemd persoon*
• *ruiterwacht* • *patrouilleboot*

veer (vɪə) **I** ZN *wending* **II** OV WW • *doen draaien*
• ~ **away/out** *vieren* ⟨v. kabel⟩ **III** ONOV WW
• *van koers veranderen* • *omlopen* ⟨v. wind⟩
• *draaien* • ~ **round** *een keer nemen*

veg (vedʒ) ZN INFORM. → **vegetable** INFORM.
→ **vegetarian** ★ meat and two veg *meal
maaltijd van vlees met aardappelen en groente*

vegan ('vi:gən) **I** ZN *veganist* **II** BNW *veganistisch*

vegetable ('vedʒɪtəbl) **I** ZN • *plant* • *groente* ★ ~s *groenten* ⟨ook aardappelen⟩ **II** BNW
• *plantaardig; planten-* ★ ~ earth/mould
teelaarde ★ ~ garden *moestuin* ★ ~ kingdom
plantenrijk

vegetarian (vedʒə'teərɪən) **I** ZN *vegetariër* **II** BNW
vegetarisch

vegetarianism (vedʒə'teərɪənɪzəm) ZN
vegetarisme

vegetate ('vedʒɪteɪt) ONOV WW • *groeien* ⟨als plant⟩ • *vegeteren* ⟨figuurlijk⟩

vegetation (vedʒɪ'teɪʃən) ZN • *vegetatie; het vegeteren* • *plantenleven; plantengroei*

vegetative ('vedʒɪtətɪv) BNW • *vegetatief;
vegeterend* • *planten-; plantaardig* • *groei-*
• MED. *onwillekeurig*

veggie ('vedʒɪ) **I** ZN *vegetariër* **II** BNW *vegetarisch*
★ ~ burger *vegetarische burger*

vehemence ('vi:əməns) ZN • *onstuimigheid*
• *vurigheid* • *heftigheid*

vehement ('vi:əmənt) BNW • *onstuimig; vurig*
• *heftig; hevig*

vehicle ('vi:ɪkl) ZN • *voertuig* • *drager; medium;
vehikel; geleider*

vehicular (vɪ'hɪkjʊlə) BNW *voertuig-* ★ JUR. ~
manslaughter *dood door schuld waarbij een voertuig betrokken is*

veil (veɪl) **I** ZN • *sluier; voile* • *gordijn; voorhang*
• *dekmantel* ⟨figuurlijk⟩ • *enigszins hese stem*
★ beyond the veil *na dit leven* ★ they drew a veil over it *ze deden er 't zwijgen toe* ★ she took the veil *ze werd non* **II** OV WW • *sluieren*
• *bedekken* ⟨figuurlijk⟩; *vermommen*

veiling ('veɪlɪŋ) ZN • *(stof voor) sluier* • *het non worden*

vein (veɪn) **I** ZN • *ader* • *nerf* • FIG. *stemming;
geest* • *vleugje* ★ there is a wilful vein in her *ze heeft iets eigenwijs over zich* ★ be in a talkative vein *op z'n praatstoel zitten* **II** OV WW
• *marmeren; aderen*

Velcro ® (velkrəʊ) ZN *(nylon) klittenband;
klittenbandsluiting*

veld(t) (velt) ZN *open vlakte*

vellum ('veləm) ZN • *perkament* • *manuscript op perkament*

velocity (vɪ'lɒsətɪ) ZN *snelheid*

velodrome ('velədrəʊm) ZN *wielerbaan*

velvet ('velvɪt) **I** ZN • *fluweel* • *zachte huid om groeiend gewei* ⟨bij een hert⟩ • *voordeel; winst*
★ be on ~ *op fluweel zitten* **II** BNW *fluwelen*

velveteen (velvə'ti:n) ZN *katoenfluweel*

velvety ('velvətɪ) BNW *fluweelachtig*

venal ('vi:nl) BNW *omkoopbaar*

venality (vi:'nælətɪ) ZN *omkoopbaarheid*

vend (vend) OV OV WW *verkopen; venten*

vendee (ven'di:) ZN *koper*

vender ('vendə) ZN *verkoper; venter*

vendetta (ven'detə) ZN *bloedwraak*

vending machine ('vendɪŋmə'ʃi:n) ZN *automaat*

vendor ('vendə) ZN • *verkoper* • *inbrenger in NV*

★ petrol ~ benzinepomp
veneer (vɪ'nɪə) **I** ZN • fineer(bladen); fineerhout
• vernisje ⟨figuurlijk⟩ **II** OV WW • fineren • met 'n vernisje bedekken ⟨figuurlijk⟩
venerable ('venərəbl) BNW • eerbiedwaardig
• hooggeerwaarde ⟨in anglicaanse Kerk, als titel v. aartsdiaken⟩
venerate ('venəreɪt) OV WW vereren
veneration (venə'reɪʃən) ZN verering
venereal (vɪ'nɪərɪəl) BNW venerisch; geslachts-
venesection (vi:nɪsekʃən) ZN aderlating
Venetian (vɪ'ni:ʃən) **I** ZN Venetiaan(se) **II** BNW Venetiaans
vengeance ('vendʒəns) ZN wraak ★ with a ~! van jewelste!; in het kwadraat; en hoe! ★ take ~ on/upon wraak nemen op
vengeful ('vendʒfʊl) BNW wraakzuchtig
venial ('vi:nɪəl) BNW vergeeflijk ★ ~ sin dagelijkse zonde
veniality (vi:nɪ'ælətɪ) ZN vergeeflijkheid
Venice ('venɪs) **I** ZN Venetië **II** BNW Venetiaans
venison ('venɪsən) ZN reebout; wildbraad
venom ('venəm) ZN • vergif • venijn
venomed ('venəmd) BNW vergiftig(d)
venomous ('venəməs) BNW • (ver)giftig • venijnig
vent (vent) **I** ZN • het lucht happen ⟨v. bever of otter⟩ • schoorsteenkanaal • split ⟨v. jas⟩
• uitweg; opening • luchtgat • vingergaatje ⟨v. instrument⟩ • anus ⟨v. vogel⟩ ★ he gave vent to his indignation hij gaf lucht aan/uitte z'n verontwaardiging **II** OV WW • gat boren ⟨in vat⟩
• lucht geven aan; uiten ★ vent itself 'n uitweg vinden **III** ONOV WW boven komen om adem te halen ⟨bever of otter⟩
ventage ('ventɪdʒ) ZN • vingergaatje ⟨in instrument⟩ • (lucht)gaatje
ventilate ('ventɪleɪt) OV WW • ventileren; luchten
• in 't openbaar bespreken ⟨figuurlijk⟩ • luchten ⟨v. grieven⟩
ventilation (ventɪ'leɪʃən) ZN ventilatie
ventilator ('ventɪleɪtə) ZN ventilator
ventral ('ventrəl) **I** ZN buikvin **II** BNW buik-
ventricle ('ventrɪkl) ZN • ventrikel; (lichaams-/orgaan-)holte • hartkamer
ventriloquism (ven'trɪləkwɪzəm) ZN het buikspreken
ventriloquist (ven'trɪləkwɪst) ZN buikspreker
ventriloquy (ven'trɪləkwɪ) ZN het buikspreken
venture ('ventʃə) **I** ZN • (riskante) onderneming
• risico • speculatie • inzet ★ at a ~ op goed geluk af **II** OV+ONOV WW • riskeren; wagen; op 't spel zetten ★ I ~ to differ with you ik ben zo vrij met je van mening te verschillen • ~ out z. buiten wagen
venture capital ZN risicodragend kapitaal
venturer ('ventʃərə) ZN • waaghals • avonturier
venturesome ('ventʃəsəm) BNW • riskant
• (stout)moedig; avontuurlijk; gedurfd ★ ~ undertaking gewaagde onderneming
venue ('venju:) ZN • zittingszaal • arrondissement
• sportontmoeting • terrein • rendez-vous
veracious (və'reɪʃəs) BNW • waarheidlievend
• waar
veracity (və'ræsətɪ) ZN • waarheid(sliefde)
• geloofwaardigheid
veranda(h) (və'rændə) ZN veranda

verb (vɜ:b) ZN werkwoord ★ linking verb koppelwerkwoord
verbal ('vɜ:bl) **I** ZN • TAALK. verbaal substantief
• bekentenis • ruzie **II** BNW • verbaal; mondeling
• woord(en)- • letterlijk • werkwoordelijk ★ ~ criticism tekstkritiek
verbalism ('vɜ:bəlɪzəm) ZN • uitdrukking
• nauwkeurige uitdrukkingswijze
• muggenzifterij
verbalize ('vɜ:bəlaɪz) OV WW verwoorden
verbatim (vɜ:'beɪtɪm) BNW woordelijk
verbiage ('vɜ:bɪɪdʒ) ZN woordenstroom
verbose (vɜ:'bəʊs) BNW breedsprakig; woordenrijk
verbosity (vɜ:'bɒsətɪ) ZN breedsprakigheid
verdancy (vɜ:dnsɪ) ZN • groenheid ⟨ook fig.⟩
• onbedrevenheid
verdant ('vɜ:dnt) BNW • groen ⟨figuurlijk⟩
• onbedreven; onervaren
verdict ('vɜ:dɪkt) ZN • uitspraak ⟨v. rechter⟩
• oordeel; beslissing ★ deliver/return a ~ uitspraak doen ★ he got a ~ hij werd niet schuldig bevonden
verdigris ('vɜ:dɪgrɪs) ZN kopergroen
verdure ('vɜ:dʒə) ZN groen; gebladerte
verge (vɜ:dʒ) **I** ZN • staf; spil ⟨in mechaniek⟩
• rand; berm • grens; kant • gebied
• schacht(zuil) ★ she was on the ~ of fainting ze viel bijna flauw **II** ONOV WW • neigen • lopen ⟨in de richting van⟩ • hellen • ~ on grenzen aan
verger ('vɜ:dʒə) ZN • koster • stafdrager
veriest ('verɪɪst) BNW [overtreffende trap] → **very**
verifiable ('verɪfaɪəbl) BNW verifieerbaar
verification (verɪfɪ'keɪʃən) ZN verificatie; bekrachtiging
verifier ('verɪfaɪə) ZN verificateur
verify ('verɪfaɪ) OV WW • verifiëren • de juistheid van iets controleren • bewijzen; bevestigen
verily ('verəlɪ) BIJW OUD. waarlijk
verisimilitude (verɪsɪ'mɪlɪtju:d) ZN • schijn v. waarheid • waarschijnlijkheid • schijnwaarheid
veritable ('verɪtəbl) BNW • echt; waar
verity ('verətɪ) ZN • waarheid • echtheid
verjuice ('vɜ:dʒu:s) **I** ZN sap v. onrijp fruit **II** OV WW ★ ~d zuur ⟨ook fig.⟩
vermiform ('vɜ:mɪfɔ:m) BNW wormvormig
vermilion (və'mɪljən) **I** ZN vermiljoen **II** BNW vermiljoen
vermin ('vɜ:mɪn) ZN • schadelijke dieren; ongedierte • schoelje
verminous ('vɜ:mɪnəs) BNW • vol ongedierte
• gemeen • vies • veroorzaakt door ongedierte ⟨ziekte⟩
vernacular (və'nækjʊlə) **I** ZN • landstaal
• technische taal • klare taal **II** BNW • inheems; vaderlands • aangeboren
vernal ('vɜ:nl) BNW lente-; voorjaars-
verruca (və'ru:kə) ZN wrat
versant ('vɜ:sənt) ZN helling
versatile ('vɜ:sətaɪl) BNW • veelzijdig (ontwikkeld)
• draaibaar • veranderlijk; onbestendig
versatility (vɜ:sə'tɪlətɪ) ZN • veelzijdigheid
• veranderlijkheid
verse (vɜ:s) **I** ZN • LIT. vers; versregel • poëzie
• MUZ. couplet ★ LIT. blank ~ blank/rijmloos vers **II** ONOV WW verzen maken; dichten

versed (vɜːst) BNW *ervaren; bedreven* ★ well ~ in *zeer bedreven in*

verse-monger ZN *rijmelaar*

verset (vɜːsɪt) ZN *(bijbel)vers*

versicoloured (ˈvɜːsɪkʌləd) BNW • *veelkleurig* • *met wisselende kleuren*

versification (vɜːsɪfɪˈkeɪʃən) ZN *verskunst; versbouw*

versifier (ˈvɜːsɪfaɪə) ZN *verzenmaker*

versify (ˈvɜːsɪfaɪ) ONOV WW *verzen maken*

version (ˈvɜːʃən) ZN • *versie* • *bewerking* • *vertaling* • MED. *'t keren v. de vrucht*

verso (ˈvɜːsəʊ) ZN • *linker bladzijde in boek* • *keerzijde* ⟨v. penning⟩

versus (ˈvɜːsəs) VZ *contra*

vertebra (ˈvɜːtɪbrə) ZN *wervel*

vertebrae (ˈvɜːtɪbreɪ) ZN MV → **vertebra**

vertebral (ˈvɜːtɪbrəl) BNW • *wervel-* • *gewerveld; vertebraal*

vertebrate (ˈvɜːtɪbrət) I ZN BIOL. *gewerveld dier; vertebraat* II BNW • *gewerveld* • *met ruggengraat* ⟨figuurlijk⟩

vertebration (vɜːtɪˈbreɪʃən) ZN • *verdeling in wervels* • *pit* ⟨figuurlijk⟩ *ruggengraat*

vertex (ˈvɜːteks) ZN • *(top)punt; kruin* • *hoekpunt*

vertical (ˈvɜːtɪkl) I ZN • *loodrechte positie* • *loodlijn* • *verticaal vlak* • *tophoek* II BNW • *verticaal; loodrecht* ★ ~ angle *overstaande hoek; tophoek*

vertices (ˈvɜːtɪsiːz) ZN MV → **vertex**

vertiginous (vəˈtɪdʒɪnəs) BNW • *duizelig (makend)* • *duizelingwekkend* • *wispelturig*

vertigo (ˈvɜːtɪɡəʊ) ZN *duizeling* ⟨vooral door hoogtevrees veroorzaakt⟩

verve (vɜːv) ZN *geestdrift; vuur*

very (ˈverɪ) I BNW • *waar; echt; juist; zelfde* • *zelfs* ★ he snatched it from under my very eyes *hij griste het vlak onder m'n ogen weg* ★ in this very room *in deze (zelfde) kamer* ★ the very fact that you lie ... *het feit dat je liegt alleen al ...* ★ you are the very man I want *je bent juist de man die ik hebben moet* ★ his very pupils say this *z'n eigen leerlingen zeggen het* ★ he is the very picture of his mother *hij is precies z'n moeder* ★ it's the very minimum you can do *het is 't allerminste wat je kunt doen* II BIJW • *aller-* • *zeer; heel* ★ they did their very best *ze deden hun uiterste best* ★ I was very pleased *ik vond 't buitengewoon aardig* ★ the very last drop *de allerlaatste druppel*

vesicle (ˈvesɪkl) ZN *blaar; blaasje*

vesper (ˈvespə) ZN • *vesper* • OUD. *avond* ★ Vesper *Avondster*

vespertine (ˈvespətaɪn) BNW *avond-*

vespiary (ˈvespɪərɪ) ZN *wespennest*

vespid (ˈvespɪd) ZN *wesp*

vessel (ˈvesəl) ZN • *vat* • *vaartuig; schip* ★ REL. a chosen ~ *een uitverkoren werktuig*

vest (vest) I ZN • USA *vest* • *vestje* ⟨over japon⟩ • *(onder)hemd* II OV WW • *bekleden* ⟨met macht⟩ • *begiftigen* ★ be vested in *berusten bij* ⟨v. bevoegdheid, macht⟩ ★ vested rights *onvervreemdbare rechten* III ONOV WW FORM. *zich kleden*

vestal (ˈvestl) I ZN • *Vestaalse maagd* • *kuise vrouw* • *non* II BNW • *Vestaals* • *maagdelijk*

vestiary (ˈvestɪərɪ) ZN *kleedkamer; garderobe*

vestibule (ˈvestɪbjuːl) ZN • *vestibule* • *portaal* ⟨v. kerk⟩ • *voorhof* ⟨ook van oor⟩

vestige (ˈvestɪdʒ) ZN • *spoor* • *teken; bewijs* • *rudiment*

vestigial (veˈstɪdʒɪəl) BNW *rudimentair*

vestment (ˈvestmənt) ZN • *(ambts)gewaad* • *priestergewaad* • *altaarkleed* ★ ~s *priestergewaad*

vest-pocket I ZN *vestzak* II BNW • *in zakformaat* • *miniatuur*

vestry (ˈvestrɪ) ZN • *sacristie* • *consistoriekamer* • *gemeenteleden* • *vergadering v. kerkgemeente/ parochieleden* ★ select ~ *parochiaal kerkbestuur*

vestryman (ˈvestrɪmən) ZN *kerkmeester; lid v.d. kerkenraad*

vesture (ˈvestʃə) I ZN • OUD. *kleding(stukken)* • JUR. *wat op het land groeit met uitzondering van bomen* II OV WW OUD. *(be)kleden*

vet (vet) I ZN → **veterinarian** → **veteran** II OV WW *behandelen; grondig onderzoeken*

vetch (vetʃ) ZN *wikke*

veteran (ˈvetərən) I ZN • *veteraan* • *oud-militair* ★ ~ car *antieke auto* II BNW • *oud; ervaren* • *vergrijsd in de dienst*

veteranize (ˈvetərənaɪz) ONOV WW *doen vergrijzen in dienst* ★ he became ~d *hij vergrijsde in dienst; hij werd opnieuw in dienst genomen*

veterinarian (vetərɪˈneərɪən) ZN • *dierenarts* • *veearts*

veterinary (ˈvetərɪnərɪ) BNW • *veterinair; diergeneeskundig*

veto (ˈviːtəʊ) I ZN *veto; verbod* II OV WW • *z. verzetten tegen* • *verbieden*

vex (veks) OV WW • *plagen; ergeren; hinderen* • *deining veroorzaken op zee* ⟨dichterlijk⟩ ★ he was vexed at it *hij ergerde zich erover* ★ a vexed question *veel besproken kwestie*

vexation (vekˈseɪʃən) ZN • *plagerij; kwelling* • *ergernis*

vexatious (vekˈseɪʃəs) BNW • *hinderlijk; ergerlijk* • *verdrietig*

vexillum (vekˈsɪləm) ZN • *Romeins vaandel* • *vlag* ⟨v. vlinderbloem⟩ • *wimpel aan bisschopsstaf* • *processievaan; processiekruis*

vexing (ˈveksɪŋ) BNW • *plagend* • *vervelend* • *ergerlijk*

VHF AFK Very High Frequency *FM*

via (vaɪə) VZ *via*

viability (vaɪəˈbɪlətɪ) ZN • *levensvatbaarheid* • *uitvoerbaarheid*

viable (ˈvaɪəbl) BNW • *levensvatbaar* • *uitvoerbaar*

viaduct (ˈvaɪədʌkt) ZN *viaduct*

vial (ˈvaɪəl) ZN *medicijnflesje* ★ pour out the vials of wrath *aan de woede lucht geven; z'n toorn luchten op*

viands (ˈvaɪəndz) ZN MV OUD. *levensmiddelen*

vibes (vaɪbz) ZN MV • INFORM. vibrations *uitstraling van gevoelens* • MUZ. *vibrafoon* ★ FIG. bad ~ *slechte vibraties; slechte sfeer*

vibrant (ˈvaɪbrənt) BNW • *trillend* • *vibrerend* • ~ **with** *trillend van*

vibrate (vaɪˈbreɪt) I OV WW *doen slingeren; doen trillen* II ONOV WW • *slingeren; schommelen* • *vibreren; trillen*

vibration (vaɪˈbreɪʃən) ZN • *trilling* • *vibratie*
vibrator (vaɪˈbreɪtə) ZN • *vibrator* • *triller*; *iem. die/iets dat trilt* • *tongetje in orgelpijp*
vibratory (ˈvaɪbrətəri) BNW *trillend*
vicar (ˈvɪkə) ZN • *predikant* ‹anglicaanse Kerk›; *dominee* ‹anglicaanse Kerk› • *plaatsvervanger* ‹r.-k. Kerk›; *vicaris* ★ ~ *of Bray iem. die met alle winden meewaait* ★ *Vicar of (Jesus) Christ de paus*
vicarage (ˈvɪkərɪdʒ) ZN • *predikantsplaats* • *pastorie*
vicariate (vɪˈkeərɪət) ZN • *vicariaat* • *predikantschap*
vicarious (vɪˈkeərɪəs) BNW • *plaatsvervangend* • *voor anderen gedaan*
vice (vaɪs) I ZN • *verdorvenheid*; *fout*; *gebrek*; *ondeugd* • JUR. *zedendelict* • *kuur* ‹v. paard› • *bankschroef* II BIJW ★ *vice versa vice versa*
vice- (vaɪs) VOORV *vice-*; *plaatsvervangend*
vice-chair ZN *vice-presidentschap*
vice-chairman ZN *vice-voorzitter*
vice-chancellor (vaɪsˈtʃɑːnsələ) ZN • *vice-kanselier* • *rector magnificus* ‹v. universiteit›
vicegerent (vaɪsˈdʒerənt) I ZN *plaatsvervanger* II BNW *plaatsvervangend*
viceregal (vaɪsˈriːgl) BNW *van een onderkoning*
viceroy (ˈvaɪsrɔɪ) ZN *onderkoning*
vice squad ZN *zedenpolitie*
vicinity (vɪˈsɪnətɪ) ZN *buurt*; *nabijheid*
vicious (ˈvɪʃəs) BNW • *(moreel) slecht* • *nukkig* ‹paard› • *gebrekkig* ‹stijl› • *nijdig* ‹stemming› • *venijnig*; *vals* ‹hond› ★ ~ *circle vicieuze cirkel*
vicissitude (vɪˈsɪsɪtjuːd) ZN *wisselvalligheid*
vicissitudinous (vɪsɪsɪˈtjuːdɪnəs) BNW *wisselvallig*
victim (ˈvɪktɪm) ZN *(slacht)offer* ★ *fall (a)* ~ *to 't slachtoffer worden van*
victimization (vɪktəmaɪˈzeɪʃən) ZN *het tot slachtoffer maken*
victimize (ˈvɪktɪmaɪz) OV WW *tot slachtoffer maken*
victor (ˈvɪktə) I ZN *overwinnaar* II BNW *zegevierend*
victoria (vɪkˈtɔːrɪə) ZN • *victoria* ‹rijtuig› • *grote waterlelie* • *soort duif* • *grote pruim* ★ *Victoria Cross militaire onderscheiding*
Victorian (vɪkˈtɔːrɪən) BNW • *Victoriaans*; *uit de tijd v. koningin Victoria* • *victoriaans* ‹preuts, hypocriet›
victorious (vɪkˈtɔːrɪəs) BNW *zegevierend*
victory (ˈvɪktərɪ) ZN *overwinning*
victual (ˈvɪtl) I ZN ★ ~s *proviand*; *levensmiddelen* II OV+ONOV WW • *levensmiddelen verstrekken* • *levensmiddelen innemen* • *eten*
victualler (ˈvɪtlə) ZN • *leverancier v. levensmiddelen* • *proviandschip* ★ *licensed* ~ *caféhouder met vergunning*
victualling (ˈvɪtlɪŋ) ZN • *proviandering* • *proviand*
video (ˈvɪdɪəʊ) I ZN • *video* ‹recorder› • *video* ‹cassette› • *video* ‹clip› II OV WW *op video opnemen*
videophone (ˈvɪdɪəʊfəʊn) ZN *beeldtelefoon*
vie (vaɪ) ONOV WW *wedijveren*
Vienna (vɪˈenə) I ZN *Wenen* II BNW *Wener*
Viennese (vɪəˈniːz) I ZN *Weense(n)*; *Wener(s)* II BNW *Wener-*; *Weens*
view (vjuː) I ZN • *(ver)gezicht*; *uitzicht* • *onderzoek* • *gezichtskring* • *standpunt* • *idee*; *denkbeeld* • *bedoeling* • *prentbriefkaart* • *kiekje* ★ *to the view openbaar* ★ *with the view of met de bedoeling om* ★ *with a view to met 't oog op* ★ *have views upon 'n oogje hebben op* ★ *in view in 't gezicht*; *zichtbaar* ★ *in view of in aanmerking genomen*; *gezien* ★ *have in view op 't oog hebben* ★ *on view te kijk*; *te bezichtigen*; *ter controle* ★ *leave out of view buiten beschouwing laten* II OV WW *bekijken*; *beschouwen* III ONOV WW *televisiekijken*
viewer (ˈvjuːə) ZN • *opzichter* • *kijker* • *bezichtiger*
view-finder ZN *zoeker*
viewpoint (ˈvjuːpɔɪnt) ZN • *standpunt* • *gezichtspunt*
vigil (ˈvɪdʒɪl) ZN • *vigilie*; *(nacht)wake* • *dag vóór een heiligendag* ‹vooral vastendag› ★ *keep* ~ *waken*
vigilance (ˈvɪdʒɪləns) ZN • *omzichtigheid*; *waakzaamheid* • MED. *slapeloosheid*
vigilant (ˈvɪdʒɪlənt) BNW *omzichtig*; *waakzaam*
vigilante (vɪdʒɪˈlæntɪ) ZN • *lid v.d. vrijwillige burgerwacht* • *Nachtwacht* ★ *neighbourhood* ~ *buurtpreventie*
vignette (vɪˈnjet) ZN • *vignet* • *portret met vervloeiende achtergrond* • *karakterschets* ‹figuurlijk›
vigorous (ˈvɪgərəs) BNW • *krachtig*; *vitaal*; *energiek* • *gespierd* ‹taal›
vigour (ˈvɪgə) ZN • *kracht*; *gezondheid*; *vitaliteit*; *activiteit*
vile (vaɪl) BNW • *walgelijk*; *verdorven*; *gemeen* • *afschuwelijk*; *vies* ‹weer of sigaar›
vilification (vɪlɪfɪˈkeɪʃən) ZN *laster*
vilify (ˈvɪlɪfaɪ) OV WW *belasteren*; *beschimpen*
villa (ˈvɪlə) ZN *villa*
village (ˈvɪlɪdʒ) ZN *dorp* ★ ~ *green dorpsplein*; *dorpswei*; *brink*
villager (ˈvɪlɪdʒə) ZN *dorpsbewoner*
villain (ˈvɪlən) ZN • *schurk* • IRON. *rakker* • GESCH. *horige*
villainous (ˈvɪlənəs) BNW • *schurkachtig*; *gemeen* • *abominabel*
villainy (ˈvɪlənɪ) ZN *schurkerij*
villein (ˈvɪlɪn) ZN *horige*
villeinage (ˈvɪlɪnɪdʒ) ZN *lijfeigenschap*
vim (vɪm) ZN • *wilskracht* • *fut* • *energie*
vindicate (ˈvɪndɪkeɪt) OV WW • *v. verdenking/blaam zuiveren*; *rehabiliteren* • *verdedigen*; *rechtvaardigen* ★ *has* ~d *to himself a place in literature heeft zich een plaats weten te veroveren in de letterkunde*
vindication (vɪndɪˈkeɪʃən) ZN • *rechtvaardiging* • *rehabilitatie*
vindictive (vɪnˈdɪktɪv) BNW *rancuneus*; *wraakgierig* ★ JUR. ~ *(of exemplary) damages boete opgelegd als straf en schadevergoeding*
vine (vaɪn) ZN • *wijnstok* • *klimplant*
vine-culture ZN *wijnbouw*
vine-fretter ZN *druifluis*
vinegar (ˈvɪnɪgə) I ZN *azijn* II BNW *zuur* ‹gezicht› III OV WW • *inmaken in azijn* • *verzuren* ‹ook fig.›
vinegary (ˈvɪnɪgərɪ) BNW *azijnachtig*; *zuur* ‹ook fig.›
vinery (ˈvaɪnərɪ) ZN • *druivenkas* • *wijnstokken*

vineyard ('vɪnjɑːd) ZN *wijngaard*
viniculture ('vɪnɪkʌltʃə) ZN *wijnbouw*
vinous ('vaɪnəs) BNW • *wijn-* • *wijnachtig*; *wijnkleurig* • *verslaafd aan wijn* • *spraakzaam door gebruik v. wijn*
vintage ('vɪntɪdʒ) I ZN • *wijnoogst* • *wijn uit bep. jaar* II BNW • *v. bep. jaar* ⟨kwaliteitsaanduiding v. wijn e.d.⟩ • *klassiek* ★ ~ *car oldtimer*; *klassieke auto* ★ ~ *wine zeer goede wijn* ⟨v. bep. jaar⟩
vintner ('vɪntnə) ZN *wijnhandelaar*
viny ('vaɪnɪ) ZN *wijnstok*
vinyl ('vaɪnəl) ZN *vinyl*
viol ('vaɪəl) ZN *viola*
viola (vɪ'əʊlə) ZN • MUZ. *altviool* • PLANTK. *viooltje*
violaceous (vaɪə'leɪʃəs) BNW • *viooltjesachtig* • *violetkleurig*
violate ('vaɪəleɪt) OV WW • *overtreden* • *breken* ⟨v. gelofte⟩ • *onteren*; *ontwijden*; *schenden*
violation (vaɪə'leɪʃən) ZN • *overtreding*; *schennis*; *inbreuk*
violator ('vaɪəleɪtə) ZN • *overtreder* • *schender*
violence ('vaɪələns) ZN *geweld(dadigheid)*; *gewelddaad* ★ *do/use* ~ *to geweld aandoen* ★ *domestic* ~ *huiselijk geweld*
violent ('vaɪələnt) BNW • *gewelddadig* • *hevig*; *heftig* • *hel* ⟨v. kleur⟩ ★ *die a* ~ *death gewelddadige dood sterven* ★ *lay* ~ *hands on o.s. de hand aan zichzelf slaan*
violet ('vaɪələt) I ZN • *violet* • *soort vlinder* • *viooltje* ★ *African* ~ *kaaps viooltje* II BNW *paars*
violin (vaɪə'lɪn) ZN *viool*
violinist (vaɪə'lɪnɪst) ZN *violist*
violist ('vaɪəlɪst) ZN *altist*
violoncellist (vaɪələn'tʃelɪst) ZN *cellist*
violoncello (vaɪələn'tʃeləʊ) ZN *cello*; *violoncel*
VIP AFK *Very Important Person vip*; *zeer belangrijk persoon*
viper ('vaɪpə) ZN *adder*
viperish ('vaɪpərɪʃ) BNW • *venijnig* • *adderachtig*
virago (vɪ'rɑːgəʊ) ZN *feeks*
virescent (vɪ'resənt) BNW • *groenachtig* • *groen wordend*
Virgil ('vɜːdʒɪl) ZN *Vergilius*; *Virgil*
virgin ('vɜːdʒɪn) I ZN *maagd* ★ *the Blessed Virgin de H. Maagd* ★ *the Virgin Mother de Heilige Maagd Maria*; *de Moedermaagd* ★ *the Virgin Queen koningin Elisabeth I* II BNW • *maagdelijk* • *onbevlekt*; *ongerept* • *onbetreden* ⟨gebied⟩ • *gedegen* ⟨metaal⟩ ★ *extra* ~ *extra virgine* ⟨(olijf)olie⟩ *uit eerste persing*
virginal ('vɜːdʒɪnl) BNW *maagdelijk*
virginals ('vɜːdʒɪnlz) ZN MV *spinet*
virginhood (vɜːdʒɪnhʊd), **virginity** ZN *maagdelijkheid*; *kuisheid*
Virginian (və'dʒɪnɪən) I ZN *Virginiër* II BNW *Virginisch* ★ ~ *creeper wilde wingerd*
viridescent (vɪrɪ'desənt) BNW *groenachtig*
virile ('vɪraɪl) BNW • *mannelijk*; *manmoedig*; *krachtig* • FORM. *fors*
virility (vɪ'rɪlətɪ) ZN *mannelijkheid*
virtu (vɜː'tuː) ZN • *liefde voor/kennis van de kunst* • *kunstwaarde* ★ *articles of* ~ *kunstvoorwerpen*
virtual ('vɜːtʃʊəl) BNW *virtueel*; *schijnbaar*; *potentieel (aanwezig)*

virtuality (vɜːtʃʊ'ælətɪ) ZN • *wezen*; *essentie* • *latent vermogen*
virtually ('vɜːtʃʊəlɪ) BIJW *zo goed als*
virtue ('vɜːtʃuː) ZN • *deugd(zaamheid)* • *(genees)kracht* • *(goede) eigenschap* ★ *make a* ~ *of necessity v. de nood een deugd maken* ★ *by/in* ~ *of krachtens*
virtuosi (vɜːtʃʊ'əʊsiː) ZN MV → **virtuoso**
virtuosity (vɜːtʃʊ'ɒsətɪ) ZN • *virtuositeit* • *virtuozen*; *kunstkenners*
virtuoso (vɜːtʃʊ'əʊsəʊ) ZN • *kunstkenner* • *virtuoos*
virtuous ('vɜːtʃʊəs) BNW *deugdzaam*
virulence ('vɪrʊləns) ZN • *kwaadaardigheid* • *heftigheid*
virulent ('vɪrʊlənt) BNW • *vergiftig*; *kwaadaardig* • *hevig*; *heftig*
virus ('vaɪərəs) ZN • *virus* • *(ver)gif*; *smetstof* • *kwaadaardigheid*
virus scanner ZN COMP. *virusscanner*
visa ('viːzə) ZN *visum*
visage ('vɪzɪdʒ) ZN *gelaat*
vis-à-vis (viːzə'viː) I ZN • *tegenhanger* • USA *partner* II BIJW *recht tegenover elkaar* III VZ *vis-à-vis*; *(recht) tegenover*
viscera ('vɪsərə) ZN *inwendige organen*
visceral ('vɪsərəl) BNW • *ingewands-* • *inwendig*
viscid ('vɪsɪd) BNW *viskeus*; *dikvloeibaar*
viscose ('vɪskəʊz) ZN *viscose*
viscosity (vɪ'skɒsətɪ) ZN *viscositeit*; *dikvloeibaarheid*
viscount ('vaɪkaʊnt) ZN *burggraaf*
viscountess (vaɪkaʊn'tɪs) ZN *burggravin*
viscous ('vɪskəs) BNW *viskeus*; *dikvloeibaar*
visibility (vɪzə'bɪlətɪ) ZN *zichtbaarheid* ★ ~ *good zicht goed* ⟨in verkeersinformatie of weerbericht⟩
visible ('vɪzɪbl) I ZN *iets zichtbaars* II BNW • *zichtbaar* • *duidelijk*; *merkbaar* ★ *I'm afraid he's not* ~ *'t spijt me, maar hij is niet te spreken*
visibly ('vɪzɪblɪ) BIJW *zichtbaar*; *zienderogen*
Visigoth ('vɪzɪgɒθ) ZN *West-Goot*
Visigothic (vɪzɪ'gɒθɪk) BNW *West-Gotisch*
vision ('vɪʒən) I ZN • *visie*; *inzicht* • *gezichtsvermogen*; *het zien* • *visioen*; *verschijning* • *beeld* ⟨op tv⟩ II OV WW • *zien* • *(z.) voorstellen als in een visioen* ★ *z. voor de geest halen*
visional ('vɪʒənəl) BNW • *v. een visioen* • *ingebeeld*
visionary ('vɪʒənərɪ) I ZN • *ziener* • *fantast* II BNW • *fantastisch* • *ingebeeld*
visit ('vɪzɪt) I ZN • *bezoek* • *inspectie*; *visitatie* • USA *praatje* ★ *domiciliary* ~ *huiszoeking* II OV WW • *bezoeken* • *inspecteren* • *visiteren* ★ ~ *ed* ★ ~ *ing hours bezoekuren* • ~ *with straffen met*; *omgaan met* • ~ *(up)on wreken* III ONOV WW • USA *'n praatje maken* • *logeren* ★ *they* ~ *at my house ze komen wel (eens) bij me thuis*
visitant ('vɪzɪtnt) I ZN • *trekvogel* • FORM. *bezoeker* II BNW OUD. *bezoekend*
visitation (vɪzɪ'teɪʃən) ZN • *visitatie* • *al te lang bezoek* • *inspectie* • *huisbezoek* ⟨v. geestelijke⟩ • *bezoeking*
visiting ('vɪzɪtɪŋ) I ZN *het bezoeken* II BNW ★ *I have no* ~ *acquaintences with him ik kom niet bij*

hem thuis ★ I am not on ~ terms with him *ik kom niet bij hem thuis* ★ SPORT ~ team *gasten*
visiting-card ZN *visitekaartje*
visitor ('vɪzɪtə) ZN • *gast*; *bezoeker* • *inspecteur* ★ ~s' book *gastenboek* ⟨in hotel⟩
visor ('vaɪzə) ZN • *vizier* ⟨v. helm⟩ • *klep* ⟨v. pet⟩ • *scherm voor ogen*
vista ('vɪstə) ZN • *vergezicht* • *perspectief* • *verschiet* • *terugblik*
visual ('vɪʒʊəl) I ZN COMM. *beeld* II BNW • *visueel*; *gezichts-*; *oog-* • *zichtbaar* ★ ~ arts *beeldende kunsten* ★ we witnessed it ~ly *we waren er ooggetuigen van*
visualization (vɪʒʊəlaɪ'zeɪʃən) ZN *visualisatie*; *verbeelding*
visualize ('vɪʒʊəlaɪz) OV WW *visualiseren*; *verbeelden*
visualizer ('vɪʒʊəlaɪzə) ZN *(reclame)ontwerper*
vital ('vaɪtl) BNW • *levens-* • *vitaal* • *noodzakelijk* • *levensgevaarlijk* ⟨verwonding⟩ ★ ~ statistics *bevolkingsstatistiek* ★ MED. ~ signs *levensfuncties* ⟨vnl. hartslag, bloeddruk⟩ ★ ~ parts *edele delen*
vitality (vaɪ'tælətɪ) ZN *vitaliteit*; *levensvatbaarheid*; *levenskracht*
vitalize ('vaɪtəlaɪz) OV WW *bezielen*
vitals ('vaɪtəlz) ZN MV • *het essentiële* • *edele delen*
vitamin ('vɪtəmɪn) ZN *vitamine*
vitaminize ('vɪtəmɪnaɪz) OV WW • *vitaminiseren* • *bezielen* ⟨figuurlijk⟩
vitiate ('vɪʃɪeɪt) OV WW • *bederven* ⟨v. lucht⟩ • *vervalsen* ⟨v. waarheid⟩ • *ongeldig maken* ⟨v. document⟩
viticulture ('vɪtɪkʌltʃə) ZN *wijnbouw*
vitreous ('vɪtrɪəs) BNW *glasachtig*; *glas-*; *glazen*
vitrification (vɪtrɪfɪ'keɪʃən), **vitrifaction** ZN • *het verglazen* • *glasvervaardiging*
vitrify ('vɪtrɪfaɪ) I OV WW *in glas doen veranderen* II ONOV WW *in glas veranderd worden*
vitriol ('vɪtrɪəl) ZN • *vitriool* • *sarcasme*
vitriolic (vɪtrɪ'ɒlɪk) BNW • *vitriool-* • *sarcastisch*; *sardonisch*; *bijtend*
vituperate (vɪ'tju:pəreɪt) OV WW • *(be)schimpen* • *(uit)schelden*
vituperation (vaɪtju:pər'eɪʃən) ZN *geschimp*; *scheldwoorden*
vituperative (vɪ'tju:pərətɪv) BNW *schimpend*
vivacious (vɪ'veɪʃəs) BNW *levendig*; *opgewekt*
vivacity (vɪ'væsətɪ) ZN *opgewektheid*
vivaria (vaɪ'veərɪə) ZN MV → **vivarium**
vivarium (vaɪ'veərɪəm) ZN • *aquarium* • *dierentuin*
viva voce (vaɪvə 'vəʊtʃɪ) I ZN *mondeling examen* II BNW + BIJW *mondeling*
vivid ('vɪvɪd) BNW *levendig*; *helder* ⟨v. kleur of licht⟩
vivify ('vɪvɪfaɪ) OV WW *levend maken*; *bezielen*; *opwekken*
viviparous (vɪ'vɪpərəs) BNW *levendbarend*
vivisection (vɪvɪ'sekʃən) ZN *vivisectie*
vivisectionist (vɪvɪ'sekʃənɪst) ZN *vivisector*
vixen ('vɪksən) ZN • *wijfjesvos* • *feeks*; *helleveeg*
vixenish ('vɪksənɪʃ) BNW *feeksachtig*
viz. (vɪz) AFK *videlicet namelijk*
VJ AFK MUZ. *video jockey vj*; *videojockey*
vocable ('vəʊkəbl) ZN *woord*
vocabulary (və'kæbjʊlərɪ) ZN • *woordenlijst* • *woordenschat*
vocal ('vəʊkl) I ZN *klinker(teken)*; *vocaal* II BNW • *vocaal* • *klinker-* • *stemhebbend* ⟨fonetiek⟩ • *mondeling* • *stem-* ★ ~ with *weerklinkend van* ★ ~ c(h)ords *stembanden* ★ ~ ligaments *stembanden* ★ ~ performer *stemkunstenaar*
vocalic (və'kælɪk) BNW *klinker-*
vocalist ('vəʊkəlɪst) ZN *zanger(es)*
vocality (vəʊ'kælətɪ) ZN • TAALK. *het stemhebbend zijn* • *stem(vermogen)*
vocalize ('vəʊkəlaɪz) OV+ONOV WW • IRON. *spreken*; *zingen*; *schreeuwen* • *stemhebbend maken*
vocation (və'keɪʃən) ZN • *roeping* • *beroep* ★ he has never had the sense of ~ *hij heeft nooit echt roeping gevoeld* ★ he mistook his ~ *hij heeft 't verkeerde beroep gekozen*
vocational (və'keɪʃənl) BNW • *roepings-* • *beroepsopleiding* ★ ~ guidance *beroepskeuzebegeleiding* ★ ~ teacher *vakonderwijzer*
vociferate (və'sɪfəreɪt) OV+ONOV WW *schreeuwen*; *brullen*; *razen*
vociferation (vəʊsɪfə'reɪʃən) ZN *geschreeuw*
vociferous (və'sɪfərəs) BNW *uitbundig*
vodka ('vɒdkə) ZN *wodka*
vogue (vəʊg) ZN *het algemeen in gebruik zijn*; *mode*; *populariteit*; *trek* ★ be in/the ~ *erg in de mode zijn* ★ have a great ~ *erg in de mode zijn* ★ out of ~ *uit de mode*
voice (vɔɪs) I ZN • *stem*; *spraak* • *geluid*; *geschreeuw* • *inspraak* • *stemhebbende klank* • *grammaticale vorm* ★ give ~ to *uiting geven aan* ★ have no ~ in the chapter *geen stem in het kapittel hebben* ★ be in ~ *goed bij stem zijn* ★ be out of ~ *niet bij stem zijn* ★ with one ~ *eenstemmig* ★ active/passive ~ *bedrijvende/ lijdende vorm* II OV WW • *uitdrukking geven aan* ⟨gevoelens⟩ • *weergeven* • *stemmen* ⟨v. orgel⟩ • TAALK. *stemhebbend maken* ⟨fonetiek⟩
voice-box ZN *strottenhoofd*
voiced (vɔɪst) BNW • *met stem* • TAALK. *stemhebbend* ⟨fonetiek⟩
voiceless ('vɔɪsləs) BNW • *stemloos* • *monddood*
voice-over ZN *voice-over*; *commentaarstem*
voice-part ZN *zangpartij/-stem*
void (vɔɪd) I ZN • *leegte* • *(ledige) ruimte* ★ talk in the void *in de ruimte praten* II BNW • *ongeldig*; *nietig* ⟨v. contract⟩ • *onbezet*; *ledig* • FORM. *nutteloos* ★ void of *zonder* ★ void of sense *zonder zin of betekenis* ★ fall void *vacant komen* III OV WW • *ongeldig maken/ verklaren* • *ledigen* • *lozen* ⟨v. urine⟩ • *ontlasten*
voidable ('vɔɪdəbl) BNW *ongeldig, enz. te maken*
vol. AFK *volume volume* ⟨deel uit reeks⟩
volatile ('vɒlə'tɪlətɪ) I ZN • *levendigheid* • *vluchtigheid* II BNW • *vluchtig* ⟨vloeistoffen⟩ • *levendig* • *wuft*; *wispelturig*
volatilize (və'lætɪlaɪz) I OV WW *doen vervliegen* II ONOV WW *vervliegen*
volcanic (vɒl'kænɪk) BNW *vulkanisch*
volcano (vɒl'keɪnəʊ) ZN *vulkaan* ★ an active ~ *een werkende vulkaan*
vole (vəʊl) I ZN *woelmuis* II ONOV WW *alle slagen halen* ⟨bij kaartspel⟩
volition (və'lɪʃən) ZN *(het) willen*; *wilskracht* ★ by

volitional – vulpine 540

his own ~ *uit vrije wil*
volitional (və'lıʃənəl) BNW *wils-; v. de wil*
volitive ('vɒlıtəv) BNW • *wils-* • *opzettelijk* • TAALK. *optatief*
volley ('vɒlı) I ZN • *salvo* • *stroom* ⟨figuurlijk⟩; *vloed* ⟨v. woorden⟩ • SPORT *volley* ⟨bij tennis⟩ II OV WW • *'n salvo afvuren* • *doen losbranden* • *uitstoten* ⟨v. geluid⟩ • SPORT *bal terugslaan vóór hij de grond heeft geraakt* ⟨bij tennis⟩ III ONOV WW • *tegelijk losbarsten* ⟨v. kanonnen⟩ • *losbranden* • *kronkelen* ⟨v. rook⟩
volleyball ('vɒlıbɔ:l) ZN *volleybal*
volt (vəʊlt) ZN • *volt* • *wending*
voltage ('vəʊltıdʒ) ZN *elektrische spanning* ★ ~*regulator spanningsregelaar*
voltaic (vɒl'teɪɪk) BNW *galvanisch* ★ ~ *pile zuil v. Volta*
volubility (vɒljʊ'bɪlətɪ) ZN *welbespraaktheid*
voluble ('vɒljʊbl) BNW • *woordenrijk* • *rad v. tong* • PLANTK. *kronkelend*
volume ('vɒlju:m) ZN • *volume; omvang; massa* • *geluidssterkte* • *boekdeel; schriftrol* • *jaargang* ★ ~ *of traffic verkeersaanbod* ★ ~s *of smoke massa* ⟨opkringelende⟩ *rook*
volume control ZN *volumeregelaar*
voluminous (və'lju:mɪnəs) BNW • *uit vele delen bestaande* • *productief* ⟨schrijver⟩ • *omvangrijk; lijvig*
voluntarism ('vɒləntərɪzəm) ZN *principe dat bep. sociale taken door vrijwilligers worden uitgevoerd*
voluntary ('vɒləntərɪ) I ZN • *vrijwillige bijdrage* ⟨in wedstrijd of werk⟩ • MUZ. *solofantasie op orgel* II BNW • *vrijwillig* • *opzettelijk* • *gecontroleerd* ⟨v. spierbeweging⟩
volunteer (vɒlən'tɪə) I ZN • *vrijwilliger* II BNW • *vrijwillig* • *vrijwilligers-* • PLANTK. *vanzelf opkomend* III OV WW *ten beste geven* ★ we ~ed *our services we boden vrijwillig onze diensten aan* IV ONOV WW z. *als vrijwilliger aanbieden*
voluptuary (və'lʌptʃʊərɪ) I ZN *wellusteling* II BNW *wellustig*
voluptuous (və'lʌptʃʊəs) BNW • *weelderig* ⟨v. vormen⟩ • *wellustig* • *heerlijk*
volute (və'lju:t) ZN • *rolschelp* • GESCH. *krul* ⟨als versiering⟩
voluted (və'lu:tɪd) BNW • *met krullen versierd* • *spiraalvormig*
vomit ('vɒmɪt) I ZN • *braaksel* • *braakmiddel* II OV+ONOV WW *braken*
voodoo ('vu:du:) I ZN *toverij* II OV WW USA *beheksen*
voracious (və'reɪʃəs) BNW *gulzig; vraatzuchtig*
voracity (və'ræsətɪ) ZN • *gulzigheid* • *vraatzuchtigheid*
vorteces ('vɔ:tɪsi:z) ZN MV → **vortex**
vortex ('vɔ:teks) ZN *draaikolk; maalstroom*
Vosges (vəʊʒ) ZN ★ the ~ *de Vogezen*
votary ('vəʊtərɪ) ZN • *ordebroeder/-zuster* • *aanbidder; liefhebber* ⟨v. sport of muziek⟩
vote (vəʊt) I ZN • *stem(ming)* • *gezamenlijke stemmen* • *stembriefje* • *stemrecht* • *begroting* ★ a vote of censure *motie v. wantrouwen* ★ vote in supply *toegestane gelden* ★ they took a vote on it *ze lieten erover stemmen* ★ a vote of this amount was passed *dit bedrag werd gevoteerd* ★ by ten votes *met een meerderheid van tien stemmen* ★ put to a/the vote *in stemming brengen* ★ proceed to the vote *tot stemming overgaan* ★ he was within a vote of obtaining the post *het scheelde maar één stem of hij had de baan gekregen* II OV WW ~ in *verkiezen* III OV+ONOV WW • *stemmen* • *vaststellen* • *toestaan* ⟨gelden⟩; *goedkeuren; voteren* • *vinden* • *voorstellen* ★ I vote that we go *ik stel voor dat we vertrekken* ★ they voted him a bore *ze vonden hem een vervelende vent* • ~ **down** *verwerpen* ⟨v. maatregelen⟩; *overstemmen* • ~ **for** *stemmen voor; stemmen op* • ~ **out** *door stemmen uitsluiten* ⟨v. persoon⟩
voter ('vəʊtə) ZN • *kiezer* • *stemgerechtigde*
votive ('vəʊtɪv) BNW *votief; gelofte-* ★ ~ offering *ex-voto*
vouch (vaʊtʃ) I OV WW *staven* ⟨v. bewering⟩ • *bewijs(stuk)* • *bon* • *vrijkaart* • *reçu* • *declaratie* ⟨voor vergoeding⟩ ★ ~ copy *bewijsnummer*
voucher ('vaʊtʃə) ZN • *(waarde)coupon* • *borg*
vouchsafe (vaʊtʃ'seɪf) OV WW z. *verwaardigen toe te geven/staan* ★ they ~d me a visit *zij verwaardigden zich mij 'n bezoek te brengen*
vow (vaʊ) I ZN *eed; gelofte* ★ be under a vow *zich plechtig hebben verbonden* ★ take the vow(s) *kloostergelofte afleggen* II OV+ONOV WW • *zweren* ★ his vowed enemy *zijn gezworen vijand* • ~ **to** *wijden aan*
vowel ('vaʊəl) ZN *klinker(teken)* ★ ~ gradation *ablaut* ★ ~ mutation *umlaut*
voyage ('vɔɪɪdʒ) I ZN *reis* • OOK FIG. ~ of discovery *ontdekkingsreis* II OV WW *bevaren* III ONOV WW *reizen*
voyager ('vɔɪɪdʒə) ZN *reiziger; zeevaarder*
voyeur (vwɑ:'jɜ:) ZN *gluurder; voyeur*
VP AFK Vice-President *vice-president*
VR AFK Victoria Regina *koningin Victoria*
vs AFK versus *tegen*
VS AFK veterinary surgeon *dierenarts*
VSOP AFK Very Special Old Pale ⟨*ouderdomsaanduiding van cognac*⟩
Vt. AFK Vermont
vulcanite ('vʌlkənaɪt) ZN *eboniet*
vulcanize ('vʌlkənaɪz) OV WW *vulkaniseren*
vulgar ('vʌlgə) I ZN ★ the ~ *de massa; de grote hoop* II BNW • *volks-; gewoon-; algemeen bekend* • *vulgair; ordinair; grof; laag* ★ ~ era *gewone* ⟨christelijke⟩ *jaartelling* ★ the ~ herd *de massa* ★ the ~ speech *de volkstaal*
vulgarian (vʌl'geərɪən) BNW *proleterig; ordinair*
vulgarism ('vʌlgərɪzəm) ZN • *plat gezegde* • *laag-bij-de-grondse manier v. doen*
vulgarity (vʌl'gærətɪ) ZN *vulgariteit*
vulgarization (vʌlgəraɪ'zeɪʃən) ZN • *vulgarisering* • *popularisatie* • *verruwing*
vulgarize ('vʌlgəraɪz) I OV WW • *vulgariseren* • *populariseren* • *verruwen* II ONOV WW *vulgair worden*
vulgate ('vʌlgeɪt) ZN *omgangstaal*
Vulgate ('vʌlgeɪt) ZN *Vulgaat*
vulnerability (vʌlnərə'bɪlətɪ) ZN *kwetsbaarheid*
vulnerable ('vʌlnərəbl) BNW *kwetsbaar*
vulpine ('vʌlpaɪn) BNW • *vosachtig; vossen-* • *listig; sluw; slim*

vulture ('vʌltʃə) ZN *gier*
vulva ('vʌlvə) ZN *vulva*
vying ('vaɪɪŋ) WW [tegenw. deelw.] → **vie**

W

w ('dʌblju:) I ZN *letter w* ★ W as in William *de w van Willem* II AFK *weight*
wacky ('wækɪ) BNW *idioot*; *vreselijk excentriek*
wad (wɒd) I ZN • *prop* • *vulsel* • *pakje bankbiljetten*; *geld* II OV WW • *opvullen*; *met watten voeren* • *tot een prop maken* • *dichtproppen*
wadding ('wɒdɪŋ) ZN • *opvulsel* • *watten*
waddle ('wɒdl) I ZN *waggelgang* II ONOV WW *waggelen*
wade (weɪd) I ZN *het doorwaden* II OV WW *doorwaden* III ONOV WW • *waden*; *baggeren (door)* ★ wade through a book *een boek doorworstelen* • ∼ **into** *te lijf gaan*
wader ('weɪdə) ZN • *waadvogel* • *waterlaars*
wading ('weɪdɪŋ) BNW ★ ∼ bird *waadvogel* ★ ∼ pool *pierenbadje*
w.a.f. AFK *with all faults voor eigen risico*
wafer ('weɪfə) I ZN • *wafel* • *hostie* • *ouwel* • *papieren zegel* II OV WW *met ouwel dichtplakken*
wafer-thin BNW *(zeer) dun*; *flinterdun*
wafery ('weɪfərɪ) BNW *wafelachtig*; *zo dun als een wafel*
waffle ('wɒfəl) I ZN • *wafel* • *geklets* ★ ∼ iron *wafelijzer* II ONOV WW *kletsen*
waft (wɒft, wɑ:ft) I ZN • *vleugje*; *rookwolkje*; *sliertje* • *noodvlag* II OV WW • *laten zweven*; *voeren* • *(over)brengen* III ONOV WW • *zweven* • OUD. *toewuiven*
wag (wæg) I ZN *grappenmaker* ★ with a wag of his head *hoofdschuddend* ★ play (the) wag *spijbelen* II OV WW • *heen en weer bewegen*; *schudden* • *kwispelen* ★ wag one's finger *de vinger dreigend heen en weer bewegen* ★ wag one's head *met z'n hoofd schudden* III ONOV WW • *heen en weer bewegen/gaan* • *kwispelen* ★ beards/chins/jaws/tongues are wagging *er wordt druk gepraat* ★ how wags the world? *hoe staat 't leven?*
wage (weɪdʒ) I ZN *loon* ★ wage(s) *loon* ★ minimum wage *minimumloon* II OV WW *voeren* ⟨vnl. van oorlog⟩
wage-earner ZN *loontrekker*; *loontrekkende*
wage freeze ZN *loonstop*
wager ('weɪdʒə) I ZN *weddenschap* ★ lay/make a ∼ *een weddenschap aangaan*; *wedden* II OV+ONOV WW *(ver)wedden*
wage rate ZN *loonstandaard*
wages-sheet ZN *loonstaat*
wage tax ZN *loonbelasting*
waggery ('wægərɪ) ZN *grappenmakerij*; *schalksheid*
waggish ('wægɪʃ) BNW *schalks*
waggle ('wægl) ZN → **wag**
waggon ('wægən) ZN → **wagon**
wagon ('wægən), **waggon** ZN • *wagen*; *wagon*; *woonwagen*; *veewagen* • USA *stationcar*; *bestelwagen*; *politiewagen* ★ covered ∼ *huifkar* ★ the Wagon *de Grote Beer* ★ IRON. be on the ∼ *van de blauwe knoop zijn* ⟨geen alcohol gebruiken⟩ ★ FIG. hitch one's ∼ to a star *hoog*

mikken
wagtail ('wægteɪl) ZN *kwikstaart*
waif (weɪf) ZN • *onbeheerd dier/goed; strandgoed* • *straathond* • *zwerver; dakloze* • *verwaarloosd kind* ★ waifs and strays *rommel; straatjeugd; daklozen*
wail (weɪl) I ZN *geweeklaag* II OV WW *jammeren* III ONOV WW • *jammeren; weeklagen* • *huilen; loeien* ⟨v. wind⟩
wainscot ('weɪnskət) I ZN *lambrisering* II OV WW *lambriseren*
wainscoting ('weɪnskətɪŋ) ZN *beschot*
waist (weɪst) ZN • *middel; taille* • USA *lijfje; bloes* • *smal(ler) middengedeelte*
waistband ('weɪstbænd) ZN *broeks-/roksband*
waistcoat ('weɪskəʊt) ZN *vest*
waist-deep (weɪst'di:p) BNW + BIJW *tot aan het middel*
waisted ('weɪstɪd) BNW *getailleerd*
waist-high BNW *tot aan het middel*
waistline ('weɪstlaɪn) ZN *taille*
wait (weɪt) I ZN • *wachttijd* • *pauze* ★ we had a long wait for *we moesten lang wachten op* ★ lie in wait for *op de loer liggen* II OV WW • *afwachten* • *bedienen* ★ he must wait our pleasure *hij moet wachten tot het ons schikt* ★ wait dinner for s.o. *met 't eten op iem. wachten* III ONOV WW • *wachten* • *bedienen* ⟨aan tafel⟩ ★ wait and see *rustig afwachten; de kat uit de boom kijken* ★ may good fortune wait upon you *moge het lot u gunstig zijn* ★ wait on Providence *kalm afwachten* • ~ for *wachten op* • ~ (up)on *bedienen; van dienst zijn; volgen op; gepaard gaan met*
waiter ('weɪtə) ZN • *kelner* • *presenteerblad* • *wachtende* • ~! *ober!*
waiting ('weɪtɪŋ) ZN • *(het) wachten* • *bediening* ★ in ~ *gereedstaand; dienstdoend*
waiting game ZN *afwachtende houding* ★ play a/the ~ *de kat uit de boom kijken*
waiting list ZN *wachtlijst*
waiting room ZN *wachtkamer*
waitress ('weɪtrəs) ZN *serveerster*
waive (weɪv) OV WW *afstand doen van; afzien van*
wake (weɪk) **waken** I ZN *(nacht)wake* ★ in the wake of *volgend op; in het spoor van* II OV WW • *wekken* • *oproepen* • IERS *waken bij* ★ ten leven wekken • ~ up *wakker maken/schudden* III ONOV WW • *wakker zijn; waken* • *opstaan* ⟨uit de dood⟩ • ~ up *wakker worden* ★ wake up to a consciousness/sense that *beginnen in te zien dat*
wakeful ('weɪkfʊl) BNW • *slapeloos* • *waakzaam; wakker*
wale (weɪl) I ZN • *ribbel* • USA *striem* II OV WW *striemen*
walk (wɔ:k) I ZN • *wandeling; manier v. lopen; gang* • *kippenren* • *wandelpas; stap* • *wandellaan(tje); wandelpad; levenswandel* • *ronde; wijk* ★ a ten minutes' walk *10 minuten lopen* ★ at a walk *stapvoets* ★ go for/take a walk *(gaan) wandelen* ★ walk of life *beroep; positie* II OV WW • *lopen/wandelen in/op* • *stapvoets doen gaan; laten stappen; uitlaten; opbrengen; lopen tegen* ⟨wedstrijd⟩ ★ walk it *te voet gaan* ★ walk the boards *aan 't toneel zijn* ★ walk the chalk *over de krijtstreep lopen* ⟨als bewijs dat men nuchter is⟩ ★ walk the hospitals *medicijnen studeren* ★ walk the plank *over de plank lopen* ⟨de zee in⟩; *(gedwongen) ontslag nemen* ★ walk the streets *flaneren; langs de straat lopen* • ~ off *wegbrengen* ★ walk one's legs off *lopen tot men er bij neervalt* ★ walk s.o. off his legs *iem. laten lopen tot hij er bij neervalt* III ONOV WW • *lopen; wandelen; stapvoets gaan* • *rondwaren* ★ walk with God *een godvruchtig leven leiden* ★ walk away from *gemakkelijk achter zich laten* ★ walk away with s.th. *er met iets vandoor gaan* ★ walk out on s.o. *iem. in de steek laten* ★ walk up! *komt dat zien!* ★ walk up to *naar toe lopen; op af lopen* ★ walk (out) with *verkering hebben met* • ~ about *wandelen* • ~ by *voorbijgaan* • ~ in *binnenlopen; eens aanlopen* ★ walk in! *binnen zonder kloppen!* • ~ into *er van langs geven; 'm raken; z. te goed doen aan* • ~ off *(kwaad) weglopen; niet meer meedoen* ★ walk off with *er vandoor gaan met* • ~ over *stapvoets over de baan gaan; gemakkelijk de overwinning behalen*
walkable ('wɔ:kəbl) BNW *te (be)lopen*
walkabout ('wɔ:kəbaʊt) I ZN • *rondgang* • *trek(tocht) van aboriginals* II ONOV WW *op trektocht gaan*
walker ('wɔ:kə) ZN • *voetganger; wandelaar* • *loopvogel* • *looprek*
walkie-talkie (wɔ:kɪ'tɔ:kɪ) ZN *walkie-talkie; draagbare zender*
walking ('wɔ:kɪŋ) BNW *wandel-* ★ ~ chair *loopwagentje; wandelwagentje* ★ ~ frame *looprek* ★ PLAT ~ papers/ticket *ontslag* ★ ~ stick *wandelstok*
Walkman ® ('wɔ:kmən) ZN *walkman*
walk-on BNW ★ ~ part *figurantenrol*
walkout ('wɔ:kaʊt) ZN *(het) (kwaad) weglopen* ⟨als protest⟩; *werkonderbreking*
walkover ('wɔ:kəʊvə) ZN *gemakkelijke overwinning*
walk-up ZN USA *flat/kantoor zonder lift*
walkway ('wɔ:kweɪ) ZN USA *doorgang; passage*
wall (wɔ:l) I ZN • *wand; muur* • *stadswal* ★ blank wall *blinde/kale muur* ★ wall of partition *scheidsmuur* ★ drive s.o. up the wall *iem. razend maken* ★ go/climb up the wall *woedend/gek worden; 'doordraaien'* ★ go to the wall *het onderspit delven; failliet gaan* ★ USA, INFORM. off the wall *gek* ⟨alleen predicatief⟩; *bizar* ★ FIG. be up against a brick wall *tegen een muur aanlopen* II OV WW • ~ in *ommuren* • ~ up *afsluiten met een muur; dichtmetselen*
wallaby ('wɒləbɪ) ZN • *kleine kangoeroe* • *Australiër*
wallet ('wɒlɪt) ZN • *portefeuille* • *tas; gereedschapstas*
wall fern ZN *eikvaren*
wallflower ('wɔ:lflaʊə) ZN OOK FIG. *muurbloem(pje)*
Walloon (wɒ'lu:n) I ZN *Waal* II BNW *Waals*
wallop ('wɒləp) I ZN • *klap; mep; opdonder* • *impact; invloed* • USA, INFORM. *bier* ★ pack a ~ *impact hebben* II OV WW • *hard slaan; afranselen* • *grondig verslaan; inmaken* ★ ~ across the head *op z'n kop geven* III BIJW

pardoes ★ go ~ *neerploffen*
walloping ('wɒləpɪŋ) **I** ZN *afranseling; pak slaag* **II** BNW *kolossaal*
wallow ('wɒləʊ) **I** ZN *poel* ‹voor dieren› **II** ONOV WW • *rollen* ★ ~ **in** (z.) *wentelen in* ★ ~ **in** *money zwemmen in het geld*
wall painting ('wɔːlpeɪntɪŋ) ZN • *muurschildering* • *fresco*
wallpaper ('wɔːlpeɪpə) ZN *behang(selpapier)*
wall socket ZN *stopcontact*
wall-to-wall BNW *kamerbreed*
wally ('wɒlɪ) ZN *sul; sukkel; idioot*
walnut ('wɔːlnʌt) **I** ZN • *walnoot* • *notenhout* ★ *over the ~s and the wine aan het dessert* **II** BNW *notenhouten*
walrus ('wɔːlrəs) ZN *walrus*
waltz (wɔːls) **I** ZN • *wals* • *dans* **II** ONOV WW • *walsen* • *dansen*
wampum ('wɒmpəm) ZN *(Indiaans) snoer van kralen/schelpen* ‹ook als geld›
wan (wɒn) BNW • *bleek; flets* • *flauw; ziekelijk*
wand (wɒnd) ZN • *dirigeerstok* • *(tover)staf* • *roede* ★ *magic wand toverstokje*
wander ('wɒndə) ONOV WW • *zwerven; dwalen; ronddolen* • *ijlen* • *afdwalen; van de hak op de tak springen* ★ ~ **in** *one's mind ijlen* • ~ **about** *de ronde doen* ‹v. gerucht›; *rondzwerven*
wanderer ('wɒndərə) ZN *zwerver; (rond)trekker*
wandering ('wɒndərɪŋ) BNW ★ ~ *kidney wandelende nier* ★ ~ *Jew wandelende Jood*
wanderings ('wɒndərɪŋz) ZN MV ★ *the* ~ *geijl; wartaal*
wanderlust ('wɒndəlʌst) ZN *zwerflust; reislust; treklust*
wane (weɪn) **I** ZN *het afnemen* **II** ONOV WW *afnemen; tanen*
wangle ('wæŋgl) **I** ZN *knoeierij* **II** OV WW • *voor elkaar prutsen; gedaan krijgen* • *knoeien met; vervalsen* **III** ONOV WW ~ **through** *zich er door heen (weten te) werken*
want (wɒnt) **I** ZN • *(het) ontbreken* • *behoefte* • *gemis; gebrek* ★ *want ad advertentie onder 'gevraagd'* ★ *be in want of nodig hebben* **II** OV WW • *missen; ontberen* • *nodig hebben; moeten; vereisen* • *wensen; willen* ★ *wanted gevraagd; gezocht* ‹door de politie› ★ *I want you to do it ik wil dat jij het doet* ★ *I want it done at once ik wil dat het direct gedaan wordt* ★ *the door wants painting de deur moet geverfd worden* ★ *you don't want to overdo it je moet het niet overdrijven* **III** ONOV WW *gebrek lijden* ★ *let him want for nothing laat 't hem aan niets ontbreken*
wanting ('wɒntɪŋ) **I** BNW *ontbrekend* ★ *be* ~ *ontbreken; mankeren; in gebreke blijven* ★ *be found* ~ *niet aan de verwachtingen blijken te voldoen* **II** VZ • *zonder* • *minus*
wanton ('wɒntən) **I** ZN *lichtekooi; lichtmis* **II** BNW • *speels* • *weelderig* • *wellustig* • *zinloos* • *onbeheerst* **III** ONOV WW • *speels zijn; gek doen* • *welig tieren*
WAP (wɒp) AFK Wireless Application Protocol *wap*
war (wɔː) **I** ZN *oorlog* ★ *war of nerves zenuwenoorlog* ★ *war to the bitter end strijd op leven en dood* ★ *at war in oorlog* ★ *be at war*
with *o.s. een innerlijke strijd voeren* ★ *go to war ten strijde trekken* ★ *levy/make/wage war upon oorlog voeren tegen* ★ *he has been in the wars hij is behoorlijk toegetakeld* **II** OV+ONOV WW *strijden (tegen); oorlog voeren (tegen)*
warble ('wɔːbl) **I** ZN *gekweel* **II** OV+ONOV WW • USA *jodelen* • *zingen; kwelen*
warbler ('wɔːblə) ZN • *tjiftjaf* • *zanger*
war crime ZN *oorlogsmisdaad*
war cry ZN *strijdkreet*
ward (wɔːd) **I** ZN • *(verzekerde) bewaring* • *curatele; voogdij* • *pupil* ‹v. voogd› • *stadsdistrict* • *zaal; afdeling* ★ *the child is in ward (to you) het kind staat onder (uw) voogdij* ★ *keep watch and ward over met uiterste zorg bewaren* ★ *casual ward doorgangshuis voor daklozen* **II** OV WW • *bewaren; behoeden* • ~ **off** *afweren; behoeden voor; pareren*
warden ('wɔːdn) ZN • *gouverneur* • *huismeester* • *bewaker* • *(parkeer)wacht* • ≈ *blokhoofd v. luchtbeschermingsdienst* • *soort stoofpeer*
warder ('wɔːdə) ZN • *cipier* • *staf* ‹v. vorst›
wardress ('wɔːdrəs) ZN *gevangenbewaarster*
wardrobe ('wɔːdrəʊb) ZN • *kleerkast* • *garderobe*
wardroom ('wɔːdruːm) ZN *officiersmess*
wardship ('wɔːdʃɪp) ZN *voogdij*
ware (weə) **I** ZN • *waar* • *aardewerk* ★ Tunbridge *ware ingelegd houtwerk* ★ INFORM. *wet ware menselijk brein* **II** BNW • OUD. *op zijn hoede* • *zich bewust* **III** OV WW OUD. *z. wachten voor* ★ *ware! pas op!*
warehouse ('weəhaʊs) **I** ZN *pakhuis; opslagplaats; magazijn* **II** OV WW *opslaan*
warfare ('wɔːfeə) ZN *oorlog(voering); strijd* ★ *wordy* ~ *woordenstrijd*
war guilt ZN *het schuldig zijn aan oorlog of oorlogsmisdaden*
warhead ('wɔːhed) ZN *projectielkop*
warhorse ('wɔːhɔːs) ZN • *strijdros* • *ijzervreter*
war law ZN *oorlogsrecht*
warlike ('wɔːlaɪk) BNW *oorlogszuchtig; krijgshaftig* ★ ~ *preparations voorbereidingen tot oorlog*
warlock ('wɔːlɒk) ZN *tovenaar*
warlord ('wɔːlɔːd) ZN *krijgsheer*
warm (wɔːm) **I** ZN ★ *give o.s. a warm zich wat warmen* ★ *have a warm zich wat warmen* ★ British (Service) *warm korte jekker* **II** BNW • *warm; heet* • *vurig; opgewonden; verhit* • *hartelijk* • *vers* ‹v. spoor› ★ *warm corner plekje waar 't heet toegaat* ★ *it was warm work het ging er heet toe* ★ *grow warm warm lopen* ★ *make it/things warm for 't vuur na aan de schenen leggen* **III** OV+ONOV WW • *(ver)warmen; warm maken/worden* ★ *warm s.o.'s jacket iem. een aframmeling geven* ★ *warm the heart of s.o. iem. opvrolijken* ★ *my heart warms to him ik begin wat voor hem te voelen* ★ ~ **up** *warm(er) / gezellig(er) / vurig(er) maken / worden;* OOK FIG. *opwarmen; verwarmen* ★ *warm up the engine de motor op temperatuur brengen* ★ *look like death warmed-up er als een levend lijk uitzien*
warm-blooded (wɔːm'blʌdɪd) BNW *warmbloedig*
warm-hearted (wɔːm'hɑːtɪd) BNW *hartelijk*
warming ('wɔːmɪŋ) ZN • *pak slaag* • *opwarming*

★ global ~ broeikaseffect
warmonger ('wɔːmʌŋgə) ZN oorlogshitser
warmongery ('wɔːmʌŋgərɪ) ZN oorlogshitserij
warmth (wɔːmθ) ZN • warmte • hartelijkheid
warn (wɔːn) OV+ONOV WW • waarschuwen ★ warn of waarschuwen voor ★ warn against waarschuwen tegen • ~ **against** waarschuwen tegen • ~ **of** waarschuwen voor
warning ('wɔːnɪŋ) ZN • waarschuwing; dreiging • opzegging ⟨v. baan, huur⟩; opzegtermijn ★ a month's ~ opzegtermijn v.e. maand ★ give s.o. a month's ~ iem. opzeggen met een maand opzegtermijn
War Office ZN G-B Ministerie van Oorlog
warp (wɔːp) I ZN • NATK. kromming • (psychische) afwijking • schering • werptros II WW • doen kromtrekken • vervormen; verkeerd richten; (verkeerd) beïnvloeden • SCHEEPV. verhalen • bevloeien III ONOV WW • kromtrekken • afwijken
warpaint ('wɔːpeɪnt) ZN • oorlogsbeschildering • IRON. groot tenue; gala
warpath ('wɔːpɑːθ) ZN oorlogspad
warrant ('wɒrənt) I ZN • machtiging • bevel(schrift) • rechtvaardiging; (rechts)grond; recht • waarborg • aanstelling ★ ~ of arrest bevel tot inhechtenisneming ★ ~ of attorney notariële volmacht ★ ~ of distress beslaglegging; dwangbevel ★ a ~ is out against... er loopt een arrestatiebevel tegen... II OV WW • rechtvaardigen; wettigen • waarborgen ★ I'll ~ you! daar kun je van op aan!
warrantable ('wɒrəntəbl) BNW gewettigd
warrantee (wɒrən'tiː) ZN degene aan wie iets wordt gewaarborgd
warranter ('wɒrəntə), **warrantor** ZN • waarborger • volmachtgever
warrant officer ('wɒrəntɒfɪsə) ZN • USA dekofficier • G-B ≈ adjudant-onderofficier • onderluitenant
warrantor ('wɒrəntɔː) ZN → **warranter** → **warranter**
warranty ('wɒrəntɪ) ZN • bewijs • rechtvaardiging • garantie
warren ('wɒrən) ZN • konijnenreservaat; gebied waar veel konijnen zitten • warnest ⟨figuurlijk⟩; doolhof ⟨figuurlijk⟩
warring ('wɔːrɪŋ) BNW • tegenstrijdig • strijdend
warrior ('wɒrɪə) ZN krijger ★ the unknown ~ de onbekende soldaat
warship ('wɔːʃɪp) ZN oorlogsschip
wart (wɔːt) ZN wrat ★ paint s.o. warts and all iem. (uit)schilderen precies zoals hij is
warthog ('wɔːthɒg) ZN wrattenzwijn
wartime ('wɔːtaɪm) I ZN oorlogstijd II BNW oorlogs-; in/onder de oorlog
warty ('wɔːtɪ) BNW wratachtig
war widow ZN oorlogsweduwe
war work ZN oorlogsindustrie
wary ('weərɪ) BNW behoedzaam ★ wary of op zijn hoede voor
was (wɒz, wəz) WW [verleden tijd] → **be**
wash (wɒʃ) I ZN • wasbeurt • was • deining; het spoelen • haarwater; lotion • laagje verf; muurverf • slootwater ⟨slappe thee⟩ • kletspraat

★ have a wash zich wassen II OV WW • nat afnemen; wassen; spoelen • besproeien; vochtig maken • uitzeven • uitschuren ⟨v. rivier⟩ ★ wash one's hands of niets te maken willen hebben met ★ be washed up aanspoelen ★ wash white witten • ~ **down** wegspoelen • ~ **out** uitwassen; uitspoelen; onmogelijk maken ★ washed out verkleurd; flets; bleek; futloos • ~ **up** afwassen III ONOV WW • wassen • gewassen kunnen worden • spoelen/stromen langs ★ wash ashore aanspoelen ★ your excuse won't wash je verontschuldiging houdt geen steek ★ wash overboard overboord slaan • ~ **out** door wassen eruit gaan • ~ **up** de afwas doen
washable ('wɒʃəbl) BNW (af)wasbaar
washbasin ('wɒsbeɪsən) ZN • wasbak • vaste wastafel
washboard ('wɒʃbɔːd) ZN wasbord
washcloth ('wɒʃklɒθ) ZN USA washandje
washer ('wɒʃə) ZN • wasser • wasmachine • sluitring; kraanleertje; pakking ★ ~ woman wasvrouw
washing ('wɒʃɪŋ) I ZN wasgoed II BNW wasbaar ★ ~-soda soda
washing-up (wɒsɪŋ'ʌp) ZN afwas ★ ~ liquid afwasmiddel
washland ('wɒʃlænd) ZN uiterwaard; vlietland
wash-leather ('wɒsleðə) ZN wasleer; zeem
washout ('wɒʃaʊt) ZN • bres; gat ⟨door waterwerking⟩ • fiasco; totale mislukking • mislukkeling
wash-pan ZN wasteiltje
washroom ('wɒʃruːm) ZN USA toilet; wc
washstand ('wɒʃstænd) ZN wastafel
washtub ('wɒʃtʌb) ZN wastobbe
wash-up ZN (de) afwas
washy ('wɒʃɪ) BNW • waterig; slap • verwaterd
wasp (wɒsp) ZN • wesp • nijdas
Wasp (wɒsp) AFK White Anglo-Saxon Protestant blanke Angelsaksische protestant ⟨doorsnee Amerikaan⟩
waspish ('wɒspɪʃ) BNW venijnig; nijdig; prikkelbaar
wasp-waist BNW wespentaille
wastage ('weɪstɪdʒ) ZN verkwisting
waste (weɪst) I ZN • verkwisting; verspilling • verwaarlozing • verbruik; verlies; achteruitgang; slijtage • afval • braakliggend land; wildernis ★ it's a ~ 't is zonde ★ watery ~ troosteloze watervlakte ★ go/run to ~ verwilderen; onbenut blijven; verloren gaan ★ toxic ~ giftig afval ★ the ~ of waters troosteloze watervlakte II BNW • woest; braak • niet meer nodig; afgewerkt; afval- ★ lay ~ verwoesten ★ lie ~ braak liggen III OV WW • verkwisten; verknoeien; verloren laten gaan • verwaarlozen; laten wegkwijnen; laten wegteren • verwoesten • USA, PLAT vermoorden; omleggen ★ ~ breath woorden verspillen • ~ **on** opmaken aan; verspillen aan IV ONOV WW • verloren gaan; afnemen; achteruitgaan • wegkwijnen; wegteren ★ the day ~s de dag loopt ten einde ★ ~ not, want not wie wat bewaart die heeft wat
wastebasket ('weɪstbɑːskɪt) ZN prullenmand
waste disposal ZN afvalverwerking

wasteful ('weɪstfʊl) BNW *verkwistend* ★ *be* ~ *of verkwisten*

waste-paper basket ZN *prullenmand*

waster ('weɪstə) ZN *verkwister*

wastrel ('weɪstrəl) ZN *nietsnut*

watch (wɒtʃ) **I** ZN • *wacht* • *qui-vive*; *waakzaamheid*; *hoede* • *nachtwake* • *horloge* ★ *set* ~ *over s.o. iem. laten bewaken* ★ *in the* ~*es of the night in de uren dat men 's nachts wakker ligt* ★ *be on the* ~ *for op de uitkijk staan naar* ★ *keep* ~ *on in de gaten houden* ★ *keep* ~ *and ward met uiterste zorg waken* ★ *Watch Committee gemeenteraadscommissie vnl. belast met politiezaken* ★ ~ *hand horlogewijzer* **II** OV WW • *bekijken*; *nakijken* • *in de gaten houden* • *bewaken*; *zorgen voor* • *afwachten* ★ *if you don't* ~ *it als je niet goed oppast* ★ *a* ~*ed pot never boils wachten duurt altijd lang* ★ ~ *s.o. home/in iem. nakijken tot hij naar binnen gaat* **III** ONOV WW • *kijken* • *op wacht staan* • *op zijn hoede zijn* ★ ~ *through the night de nacht doorwaken* ★ ~ *with s.o. bij iem. waken* • ~ *for uitkijken naar*

watch case ('wɒtʃkeɪs) ZN *horlogekast*

watch chain ('wɒtʃtʃeɪn) ZN *horlogeketting*

watchdog ('wɒtʃdɒg) ZN *waakhond*

watcher ('wɒtʃə) ZN • *bewaker* • *waker* • *poster* ⟨bij staking⟩

watchful ('wɒtʃfʊl) BNW *waakzaam* ★ *be* ~ *of in 't oog houden*; *behartigen*

watch glass ('wɒtʃglɑːs) ZN *horlogeglas*

watchmaker ('wɒtʃmeɪkə) ZN *horlogemaker*

watchman ('wɒtʃmən) ZN *nachtwaker*

watchstrap ('wɒtʃstræp) ZN *horlogebandje*

watchtower ('wɒtʃtaʊə) ZN *wachttoren*

watchword ('wɒtʃwɜːd) ZN • *wachtwoord* • *slogan*

water ('wɔːtə) **I** ZN • *water* ★ REL. *holy/lustral* ~ *wijwater* ★ *by* ~ *over 't water*; *over zee* ★ *throw cold* ~ *on een domper zetten op* ★ *that doesn't hold* ~ *dat houdt geen steek* ★ *still* ~*s run deep stille wateren hebben diepe gronden* ★ *struggle in great* ~*s in grote moeilijkheden zitten* ★ *be in deep* ~ *in moeilijkheden zitten* ★ *be in/get into hot* ~ *in moeilijkheden zitten/komen* ★ *it brings* ~ *to my mouth het doet me watertanden* ★ *that's* ~ *under the bridge zand erover* ★ *for all* ~*s van alle markten thuis* ★ *of the first* ~ *v.h. zuiverste water* ★ *make* ~ *lek zijn* ★ *make/pass* ~ *urineren* ★ *be at low* ~ *aan de grond zitten*; *op zwart zaad zitten* ★ *like* ~ *als water* ⟨in overvloed⟩ ★ *tread* ~ *watertrappelen* **II** OV WW • *besproeien*; *besprenkelen*; *water geven* • *van water voorzien* • *aanlengen* ★ ~*ed silk moirézijde* • ~ **down** *verwateren*; *verzachten*; *verbloemen* **III** ONOV WW • SCHEEPV. *water innemen* • *drinken* • *verwateren* ★ *it makes my mouth* ~ *het doet me watertanden*

water biscuit ZN *droog biskwietje*

waterborne ('wɔːtəbɔːn) BNW *over water vervoerd*

water bottle ('wɔːtəbɒtl) ZN • *karaf* • *veldfles*

water butt ZN *regenton*

water cannon ZN *waterkanon*

water cart ZN *sproeiwagen*

water colour ZN *aquarel*; *waterverf(schilderij)*

watercourse ('wɔːtəkɔːs) ZN *stroompje*

watercraft ('wɔːtəkrɑːft) ZN • *vaartuig* • *zwemkunst*

watercress ('wɔːtəkres) ZN *waterkers*

water engineering ZN *waterbouwkunde*

waterfall ('wɔːtəfɔːl) ZN *waterval*

water-famine ZN *watergebrek*

waterfowl ('wɔːtəfaʊl) ZN *watervogel(s)*

waterfront ('wɔːtəfrʌnt) ZN • *waterkant* • *havenkwartier*

watergate ('wɔːtəgeɪt) ZN • *waterpoort* • *vloeddeur v. sluis*

water gauge ('wɔːtəgeɪdʒ) ZN *peilglas*

water hole ZN *poel*; *drinkplaats*

watering can, **watering-pot** ZN *gieter*

watering place ZN • *drinkplaats* • *badplaats*; *kuuroord*

water level ('wɔːtələvəl) ZN • *waterniveau* • *waterpas*

water lily ZN *waterlelie*

water line ('wɔːtəlaɪn) ZN • *waterlijn* ⟨v. schip⟩ • *watermerk*

waterlogged ('wɔːtəlɒgd) BNW *vol van/met water*

Waterloo (wɔːtə'luː) ZN *beslissende nederlaag* ★ *meet one's* ~ ⟨ergens⟩ *zijn Waterloo vinden*

water main ZN *hoofdwaterleiding*

waterman ('wɔːtəmən) ZN • *veerman* • *roeier*

watermark ('wɔːtəmɑːk) **I** ZN *watermerk* **II** OV WW *van watermerk voorzien*

water meadow ('wɔːtəmedəʊ) ZN *overloopgebied*; *uiterwaard*

watermelon ('wɔːtəmelən) ZN *watermeloen*

watermill ZN *watermolen*

water motor ZN *waterturbine*

water pipe ZN *waterleidingsbuis*

water plane ZN *watervliegtuig*

water polo ZN *waterpolo*

waterpot ('wɔːtəpɒt) ZN • *gieter* • *waterkan*

waterproof ('wɔːtəpruːf) **I** ZN • *waterdichte stof* • *regenjas* **II** BNW *waterdicht*; *waterbestendig* **III** OV WW *waterdicht maken*

water-repellent BNW *waterafstotend*

water-resistant BNW *bestand tegen water*; *waterproof*

water seal ZN *(stank)afsluiter*

watershed ('wɔːtəʃed) ZN • *waterscheiding* • *stroombedding*

waterside ('wɔːtəsaɪd) ZN *waterkant*

water-ski ('wɔːtəskiː) **I** ZN *waterski* **II** ONOV WW *waterskiën*

waterskin ('wɔːtəskɪn) ZN *leren waterzak*

water splash ('wɔːtəsplæʃ) ZN *ondergelopen stuk weg*

waterspout ('wɔːtəspaʊt) ZN • *waterhoos*; *wolkbreuk* • *waterspuwer* • *afvoerpijp*

water supply ('wɔːtəsəplaɪ) ZN • *watervoorziening* • *watervoorraad*

water table ('wɔːtəteɪbl) ZN *grondwaterpeil*

watertight ('wɔːtətaɪt) BNW • *waterdicht* • *onaanvechtbaar*

water tower ZN *watertoren*

water vapour ZN *waterdamp*

water wagon ZN *sproeiwagen* ★ IRON. *be on the* ~ *van de blauwe knoop zijn*

waterway ('wɔːtəweɪ) ZN • *waterweg* • *vaarwater*

• SCHEEPV. *watergang*
water wheel ZN *waterscheprad*
water witch ZN *wichelroedeloper*; *stormvogeltje*
waterworks ('wɔːtəwɜːks) ZN
• *waterleiding(bedrijf)* • *fontein* ★ turn on the ~ *het op een janken zetten*
watery ('wɔːtərɪ) BNW • *waterig* • *wateracht ig* • *regenachtig* • *verwaterd*; *verbleekt*
watt (wɒt) ZN *watt*
wattage ('wɒtɪdʒ) ZN *wattage*
wattle ('wɒtl) I ZN • *(twijgen)horde*; *twijgenschot* • *teenwerk* • *Australische acacia* • *lel*; *halskwab* ★ land of the golden ~ *Australië* ★ ~-and-daub wall *wand v. rijshout en leem* II OV WW • *afzetten/bouwen/omgeven met gevlochten rijswerk* • *vlechten*
wave (weɪv) I ZN • *golf* • *golving* • *wuivend gebaar* • *vloedgolf* ★ wave of enthusiasm *opwelling v. enthousiasme* ★ medium wave *middengolf* ⟨radio⟩ ★ short wave *korte golf* ⟨radio⟩ II OV WW • *doen golven*; *doen wapperen* • *met een gebaar te kennen geven* • ~ aside *afwijzen* • ~ away *beduiden weg te gaan* III ONOV WW • *golven*; *wapperen* • *zwaaien*; *wuiven*
waveband ('weɪvbænd) ZN *golfband*
wavelength ('weɪvleŋθ) ZN *golflengte* ⟨ook fig.⟩ ★ OOK FIG. on the same ~ *op dezelfde golflengte*
waver ('weɪvə) I ZN • *wankeling* • *weifeling* II ONOV WW • *wankelen* • *flikkeren* • *aarzelen*; *weifelen* • *beginnen te wijken*
wavering ('weɪvərɪŋ) BNW • *wankelend* • *weifelend*
wavy ('weɪvɪ) BNW *golvend*
wax (wæks) I ZN • *was*; *(schoen)smeer* • *lak* • *oorsmeer* II BNW *was-*; *wassen* III OV WW • *boenen*; *met was inwrijven*; *poetsen* • *ontharen/epileren met was* IV ONOV WW • *toenemen* • OUD. *worden* ★ wax and wane *toenemen en afnemen*
wax cloth ZN *boendoek*
waxen ('wæksən) BNW • *wassen* • *wasbleek*
wax flower ('wæksflaʊə) ZN • *kunstbloem*; *wasbloem* • *bruidsbloem*
wax-modelling ZN *boetseren*
wax paper ZN *vetvrij papier*
waxpod ('wækspɒd) ZN *sperzieboon*
waxwork ('wækswɜːk) ZN • *wasmodellering* • *wasmodel*
waxworks ('wækswɜːks) ZN MV *wassenbeeldententoonstelling*
waxy ('wæksɪ) BNW • *wasachtig* • *wasbleek* • *opvliegend*; *nijdig*
way (weɪ) I ZN • *weg* • *richting*; *kant* • *eind(je)*; *afstand* • *wijze*; *manier (van doen)*; *gewoonte*; *methode* ★ he has a way with people *hij weet hoe hij met mensen om moet gaan* ★ she has a little way of *ze heeft er een handje van om* ★ she was in a (great) way *zij was (erg) van streek* ★ out of the way *uit de weg*; *afgelegen*; *ongewoon* ★ lose one's way *verdwalen* ★ make one's (own) way *zijn weg vinden* ★ put s.o. in the way of *iem. op weg helpen met*; *iem. de gelegenheid geven om* ★ in this way *zo(doende)*; *op deze manier* ★ in no way *in geen enkel opzicht* ★ we are all in the same way *we zitten allemaal in hetzelfde schuitje* ★ in a small way *op kleine schaal* ★ in a big way *op een grootse manier* ★ it isn't/doesn't come in my way *het ligt niet op mijn weg*; *het is niets voor mij* ★ he is in the retail way *hij is middenstander* ★ the ship has hardly any way on *'t schip komt bijna niet vooruit* ★ in the way of *op 't gebied van* ★ on the way (to) *op (de) weg (naar)*; *onderweg (naar)* ★ way of the Cross *Kruisweg* ★ in the way *in de weg* ★ it's not his way to *het is niets voor hem om* ★ that's only his way *zo doet hij nu eenmaal* ★ the way you look! *wat zie jij eruit!* ★ the way she dresses! *en dan moet je zien hoe ze zich kleedt!* ★ one/some way or (an)other *op de een of andere manier* ★ get/have one's way *zijn zin krijgen/hebben* ★ he has it all his own way with *hij kan doen wat hij wil met* ★ have it both ways *van beide kanten profiteren* ★ in a/some way *in zekere zin*; *in zeker opzicht* ★ things are in a bad way *de zaak zit niet goed*; *de zaak staat er beroerd voor* ★ give way '*t opgeven* ★ a long way off *een heel eind weg* ★ lose way *vaart verliezen* ★ make way *vooruit komen* ★ make way for *uit de weg gaan voor* ★ ways and means *budget* ★ get out of the way of *(er) uit raken* ★ he has a way of blinking *hij knippert altijd met zijn ogen* ★ put out of the way *uit de weg ruimen* ★ put o.s. out of the way *zichzelf/zijn eigen belangen opzij schuiven* ★ over the way *aan de overkant* ★ the other way round *andersom* ★ that way *zó* ★ that's the way *zó moet 't*; *zó hoort 't* ★ if you feel that way *als je er zó over denkt* ★ this way *hierheen*; *volgt U maar* ★ under way *aan de gang*; *onder zeil* ★ all the way from China *helemaal uit China* ★ go all the way '*het' doen* ⟨seks⟩ ★ by way of *door middel van*; *bij wijze van*; *via* ★ he is by way of engaged *hij is zo'n beetje verloofd* ★ by the way *tussen twee haakjes*; *overigens* ★ I can't make any way *ik kan maar niet op gang komen* ★ get s.o. out of the way *iem. opzij zetten* ★ give way to *wijken voor*; *voorrang verlenen* ★ the furthest way about is nearest home *de kortste weg is meestal niet de zekerste* ★ that's only by the way *dat is maar terloops*; *daar gaat het eigenlijk niet om* ★ be in the family way *in verwachting zijn* ★ STERRENK. Milky Way *Melkweg* ★ be on one's way *onderweg zijn*; *eraan komen* ★ go out of one's way *zich uitsloven* ★ find a way of doing s.th. *een manier vinden om iets te doen* ★ no way! *nooit!*; *nietes!*; *onmogelijk!* II BIJW USA *helemaal* ★ way down *helemaal naar beneden* ★ way back *lang geleden*
waybill ('weɪbɪl) ZN • *passagierlijst* • *vervoerbewijs*
wayfarer ('weɪfeərə) ZN *reiziger*; *trekker*
wayfaring ('weɪfeərɪŋ) ZN *het trekken*
waylay (weɪ'leɪ) OV WW • *op de loer liggen* • *opwachten*
wayleave ('weɪliːv) ZN *recht v. overpad voor openbare werken*
way-off BNW USA *afgelegen*
way-out (weɪ'aʊt) I ZN *uitgang* II BNW *ongewoon*; *excentriek*
ways (weɪz) ZN MV *scheepshelling*
wayside ('weɪsaɪd) I ZN *kant van de weg* II BNW *aan de kant v.d. weg*; *langs de weg*

wayward ('weɪwəd) BNW • *dwars* • *eigenzinnig* • *grillig*; *onberekenbaar*

W.C.C. AFK World Council of Churches *Wereldraad van Kerken*

we (wi:) PERS VNW *wij*, *we*

weak (wi:k) BNW • *zwak* • *slap* ★ weak point *zwak punt* ★ the weaker sex *het zwakke geslacht*

weaken ('wi:kən) OV+ONOV WW *verzwakken*; *zwak worden*; *verslappen*

weak-kneed (wi:k'ni:d) BNW *zwak*; *slap*; *karakterloos*

weakling ('wi:klɪŋ) ZN *zwakkeling*

weakly ('wi:klɪ) BNW *ziekelijk*; *zwak*

weak-minded (wi:k'maɪndɪd) BNW *zwakzinnig*; *imbeciel*

weakness ('wi:knəs) ZN • *zwak punt* • *zwakheid* ★ have a ∼ for *een zwak hebben voor*

weal (wi:l) ZN • *welzijn* • *striem* • *weal and woe wel en wee* ★ public weal *algemeen welzijn*

wealth (welθ) ZN • *rijkdom* • OUD. *welzijn*; *voorspoed*

wealthy ('welθɪ) BNW *rijk*

wean (wi:n) I ZN SCHOTS *kind* II OV WW • *spenen* • ∼ (away) from *doen vervreemden van*; *afwennen*

weanling ('wi:nlɪŋ) ZN *gespeend dier/kind*

weapon ('wepən) ZN *wapen* ★ smart ∼ *precisiewapen* ★ ∼ of mass destruction *massavernietigingswapen*

weaponry ('wepənrɪ) ZN *wapentuig*

wear (weə) I ZN • *dracht* • *slijtage* • *gebruik* • *sterkte* ★ 't dragen ★ wear and tear *slijtage* ★ fair wear and tear *normaal gebruik* ★ in wear *in gebruik* ★ in excellent state of wear *ziet er nog zeer goed uit* ★ much the worse for wear *danig versleten* II OV WW • *dragen*; *aanhebben*; *ophebben*; *gekleed gaan in* • *hebben*; *tonen* • *afslijten*; *uitschuren*; *uitslijten*; *verslijten* • *uitputten*; *afmatten*; *ondermijnen* ★ wear a troubled look *zorgelijk kijken* ★ I won't wear it *dat neem ik niet* ★ wearing apparel *kleding* • ∼ away *uitwissen*; *uitslijten* • ∼ down *(af)slijten*; *afmatten*; *geleidelijk overwinnen* • ∼ out *verslijten*; *afdragen*; *uitputten* III ONOV WW • *afslijten*; *verslijten* • *zich goed houden*; 't *uithouden* • *voortduren* ★ it will wear for ever *het gaat nooit kapot* ★ it won't wear very long *het zal niet lang meegaan* • ∼ away *slijten*; *omkruipen*; *langzaam om/voorbij gaan* • ∼ down *slijten* • ∼ off *(af)slijten*; *er af gaan* • ∼ on *vorderen*; *voorbijgaan* • ∼ out *slijten*; *uitgeput raken*

wearable ('weərəbl) BNW *(geschikt om) te dragen*

weariness ('wɪərɪnəs) ZN • *lusteloosheid* • *vermoeidheid* • *verveling*

wearing ('weərɪŋ) BNW • *moeizaam* • *vermoeiend*

wearisome ('wɪərɪsəm) BNW • *vervelend* • *vermoeiend*

weary ('wɪərɪ) I BNW • *moe* • *beu* • *lusteloos* • *vermoeiend* • *vervelend* ★ this ∼ life *dit afmattende leven* ★ ∼ of waiting *het wachten beu* ★ ∼ with waiting *moe v.h. wachten* II OV WW • *vervelen*; *vermoeien*; *afmatten* III ONOV WW • *moe worden* • ∼ for *hunkeren naar*

weasel ('wi:zəl) ZN *wezel*

weasel word ZN [meestal mv] *verhullend woord*

weather ('weðə) I ZN *weer* ★ have bad/good ∼ *slecht/goed weer hebben* ★ under the ∼ *in de put*; *niet lekker* ★ make heavy ∼ of *zich druk maken over* ★ it's April ∼ *'t is Jantje lacht Jantje huilt* ★ ∼ station *weerstation* ★ ∼ forecast *weerbericht* ★ ∼ cloth *regenzeil*; *windzeil* ★ ∼ strip *tochtlat*; *tochtstrip* II BNW *aan de windzijde* ★ have the ∼ (gauge) of *de loef afsteken* ★ keep one's ∼ eye open *op zijn qui-vive zijn*; *goed uitkijken* III OV WW • *doen verweren* • *aan weer en wind blootstellen* • *schuin leggen* 〈*zodat regen eraf loopt*〉 • *aan de windzijde omzeilen* ★ ∼ (out) a storm *een storm doorstaan* IV ONOV WW • *aan weer en wind blootgesteld zijn* • *verweren*

weather-beaten ('weðəbi:tn) BNW *verweerd*; *in weer en wind gehard*

weather-bound ('weðəbaʊnd) BNW *door slecht weer opgehouden*

weathercock ('weðəkɒk) ZN *windhaan*; *windwijzer*

weathering ('weðərɪŋ) ZN • *verwering* • *helling* 〈voor afloop van regenwater〉

weatherman ('weðəmæn) ZN *weerman*

weatherproof ('weðəpru:f) BNW *weerbestendig*

weather vane ('weðəveɪn) ZN *windwijzer*

weatherworn ('weðəwɔ:n) BNW *verweerd*

weave (wi:v) I ZN *weeftrant*; *patroon*; *dessin* II OV WW • *weven* • *vlechten* • *in elkaar zetten* III ONOV WW • *weven* • LUCHTV. *zwenken*

weaver ('wi:və) ZN *wever*

web (web) ZN • *web* • *weefsel* • COMP. *netwerk*; *internet* • *zwemvlies* • *baard* 〈v. sleutel, veer〉 • *rol papier*

web address ZN COMP. *webadres*

webbed (webd), **web-footed** BNW *met zwemvliezen*

webbing ('webɪŋ) ZN • *boordband* • *singel* 〈onder stoelzitting〉

webcam ('webkæm) ZN COMP. *webcam*

webcast ('webkɑ:st) ZN COMP. *live uitzending via het internet*

weblog ('weblɒg) ZN COMP. *weblog* 〈dagboek op internet〉

webmaster ('webmɑ:stə) ZN COMP. *webmaster*

webpage ('webpeɪdʒ) ZN COMP. *webpagina*

website ('websaɪt) ZN COMP. *website*

web wheel ZN *dicht wiel*

wed (wed) OV WW • *trouwen* • *verenigen*

we'd (wi:d) SAMENTR we had, we would → **have** → **will**

Wed. AFK Wednesday *woensdag*

wedded ('wedɪd) BNW *huwelijks-* ★ ∼ to *verknocht aan*

wedding ('wedɪŋ) ZN • *huwelijksplechtigheid* • *bruiloft*

wedding anniversary ZN *trouwdag* 〈als gedenkdag〉

wedding breakfast ZN *huwelijksmaal*

wedding cake ZN *bruiloftstaart*

wedding day ZN *trouwdag*

wedding ring ZN *trouwring*

wedge (wedʒ) I ZN • *wig* • *stuk kaas*; *taartpunt* • *sector* • *wedge* 〈golfstick〉 ★ the thin end of the ∼ *het eerste (nog onbelangrijke) begin* II OV WW • *proppen* • *een wig slaan/steken in*; *vastzetten*

• *splijten* ★ ~d (in) between *bekneld tussen* ★ ~ away *opzij dringen* ★ ~ o.s. in *zich indringen*
wedge-shaped (wedʒˈʃeipt) BNW *wigvormig*
wedgie (wedʒɪ) ZN ≈ *het bij de bilnaad snel omhoog trekken van iemands onderbroek* ⟨praktical joke⟩
wedlock (ˈwedlɒk) ZN • *huwelijk* • *echtelijke staat* ★ born in/out of ~ *(on)echt; (on)wettig* ⟨v. kind⟩
Wednesday (ˈwenzdeɪ) ZN *woensdag*
wee BNW *heel klein* ★ a wee bit *een heel klein beetje*
weed (wiːd) I ZN • *onkruid* • *tabak* • *marihuana* • *lange slungel* ★ the fragrant/soothing weed *tabak* ★ Indian weed *tabak* II OV WW • *wieden* • *zuiveren (van)* • ~ out *verwijderen*
weed-grown BNW *overwoekerd met onkruid*
weed killer (ˈwiːdkɪlə) ZN *onkruidverdelger*
weedy (ˈwiːdɪ) BNW • *vol onkruid* • *uitgegroeid; lang en mager; spichtig* • *niet sterk*
week (wiːk) ZN *week* ★ today week *vandaag over een week* ★ week of Sundays *een hele tijd; zeven weken* ★ look like a wet week *sip kijken* ★ REL. Holy Week *Goede Week*
weekday (ˈwiːkdeɪ) ZN *werkdag*
weekend (wiːkˈend) I ZN *weekeinde* II ONOV WW *een weekeinde doorbrengen*
weekender (wiːkˈendə) ZN • *weekendgast, -toerist* • *(sportief) overhemd* • *weekendtas*
weekly (ˈwiːklɪ) I ZN *weekblad* II BNW + BIJW *wekelijks*
ween (wiːn) OV WW OUD. *denken; menen*
weep (wiːp) I OV WW *betreuren* ★ weep tears *tranen schreien* II ONOV WW • *wenen (for om)* • *vocht afscheiden*
weepy (ˈwiːpɪ) BNW *huilerig*
weevil (ˈwiːvɪl) ZN *korenworm*
weevilled (ˈwiːvɪəd), **weevilly** BNW *aangetast door korenworm*
w.e.f. AFK with effect from *met ingang van*
weft (weft) ZN • *inslag* ⟨v. garen⟩ • *weefsel* • *web*
weigh (weɪ) I OV WW • *wegen; z. laten wegen* • *overwegen* • ~ anchor *het anker lichten* • ~ down *(terneer)drukken; doen (door)buigen* ★ be ~ed down by grief *onder verdriet gebukt gaan* • ~ out *afwegen* II ONOV WW • *gewicht in de schaal leggen; (mee)tellen* • *wegen* • ~ in *with in 't midden brengen* • ~ in/out *gewogen worden voor/na wedstrijd* • ~ with *tellen bij; gewicht in de schaal leggen bij* • ~ (up)on *(zwaar) drukken op; belasten*
weighage (ˈweɪɪdʒ) ZN *weegloon*
weighbeam (ˈweɪbiːm) ZN *unster*
weighbridge (ˈweɪbrɪdʒ) ZN *weegbrug*
weight (weɪt) I ZN • *gewicht* • *druk; last* • *presse-papier* ★ a great ~ from my mind *een pak van mijn hart* ★ it had no ~ with me *het legde bij mij geen gewicht in de schaal* ★ the ~ of evidence is against you *het bewijsmateriaal is bezwarend voor u* ★ pull one's ~ *z'n steentje bijdragen* ★ put on ~ *aankomen; zwaarder worden* ★ landed ~ *uitgeleverd gewicht* II OV WW • *beladen* • *verzwaren* • ~ down *vastleggen/vastmaken met een gewicht*
weighted (ˈweɪtɪd) BNW *met (een) speciale voorziening(en)* ★ be ~ in favour of *in het voordeel werken van*

weighting (ˈweɪtɪŋ) ZN *toelage; toeslag; standplaatstoelage*
weightlifter (ˈweɪtlɪftə) ZN *gewichtheffer*
weightlifting (ˈweɪtlɪftɪŋ) ZN *gewichtheffen*
weighty (ˈweɪtɪ) BNW • *zwaar* • *gewichtig; belangrijk*
weir (wɪə) ZN • *(stuw)dam* • *weer*
weird (wɪəd) BNW • *vreemd; onwerkelijk* • *akelig; griezelig; eng* ★ the ~ sisters *heksen; de schikgodinnen*
weirdo (ˈwɪədəʊ) ZN *rare snuiter; excentriekeling*
welch (weltʃ) WW → **welsh**
welcome (ˈwelkəm) I ZN *ontvangst; verwelkoming* ★ give s.o. a warm ~ *iem. hartelijk ontvangen; iem. een warme ontvangst bereiden* ⟨ook ironisch⟩ ★ overstay/outstay one's ~ *langer blijven dan gewenst* II BNW *welkom* ★ bid/make s.o. ~ *iem. welkom heten* ★ you're ~ *tot je dienst; graag gedaan; niets te danken* ★ you're ~ to my library *mijn bibliotheek staat je ten dienste* ★ you're (quite) ~ to take what steps you please *elke maatregel die je wilt nemen neem je maar* ★ you're ~ to your own opinion! *jouw mening interesseert mij geen zier!* III OV WW • *verwelkomen (to in); welkom heten; (graag) ontvangen* • ~ back *(opnieuw) begroeten*
weld (weld) I ZN *las* II OV WW • *lassen* • *samenvoegen* III ONOV WW *lasbaar zijn*
welder (ˈweldə) ZN *lasser*
weldless (ˈweldləs) ZN *naadloos*
welfare (ˈwelfeə) ZN • *voorspoed; welstand* • *welzijn* ★ ~ work *maatschappelijk werk* ★ ~ state *verzorgingsstaat* ★ be on ~ *in de bijstand zitten*
well (wel) I ZN • *het goede* • OOK FIG. *bron* • *(boor)put* • *trappenhuis; liftkoker, -schacht; lichtkoker; luchtkoker* • *diepte* • *advocatenbank* ★ wells *badplaats; kuuroord* ★ let well alone *als 't goed is laat 't dan zo* II BNW • *goed* • *wel; beter; gezond* • *in orde* ★ it's all very well to say ... but *dat kun je nu wel zeggen ... maar* ★ it would be as well to *het zou geen slecht idee zijn om* ★ perhaps it's just as well *misschien is 't wel beter zo* ★ well enough *goed; best* III ONOV WW *(omhoog) wellen; ontspringen* IV BIJW • *goed; wel; goed en wel* • *behoorlijk* • *een heel eind* ★ as well *ook (nog)* ★ as well as *evengoed als; zowel als* ★ I can't very well refuse *ik kan toch eigenlijk niet weigeren* ★ well done! *goed zo*
V TW • *nou* • *nou ja* • *och ja* • *welnu*
we'll (wiːl) SAMENTR we shall, we will → **shall** → **will**
well-adjusted BNW • *(geestelijk) evenwichtig* • *goed aangepast* • *goed geregeld*
well-advised (weləˈdvaɪzd) BNW *weloverwogen*
well-appointed (weləˈpɔɪntɪd) BNW *welvoorzien; goed ingericht; goed uitgerust*
well-balanced (welˈbælənst) BNW *evenwichtig* ⟨v. persoon⟩
well-behaved (welbɪˈheɪvd) BNW • *beschaafd* • *fatsoenlijk*
well-being (welˈbiːɪŋ) ZN *welzijn*
well-born (welˈbɔːn) BNW *v. goede familie*
well-bred (welˈbred) BNW *beschaafd* ★ ~ horse *stamboekpaard*

well-connected (welkə'nektɪd) BNW • *v. goede familie* • *met goede relaties*
well-defined BNW *goed aangegeven; duidelijk bepaald*
well-developed BNW *goed ontwikkeld*
well-dish ZN *vleesschaal met jusbakje*
well-disposed (weldɪ'spəʊzd) BNW *welgezind; gunstig gezind*
well-done (wel'dʌn) BNW *gaar; doorbakken*
well-earned BNW *welverdiend*
well-established BNW • *lang bestaand; lang gevestigd* • *solide*
well-favoured (wel'feɪvəd) BNW • *innemend* • *knap*
well-fed BNW *goed doorvoed*
well-founded (wel'faʊndɪd) BNW *gegrond*
well-grounded (wel'graʊndɪd) BNW • *goed onderlegd* • *gegrond*
wellhead ('welhed) ZN *bron*
well-heeled BNW *rijk*
wellies ('welɪz) ZN MV wellingtons *rubberlaarzen*
well-informed (welɪn'fɔ:md) BNW • *goed ingelicht; goed op de hoogte* • *deskundig*
wellington ('welɪŋtən) ZN ★ ~ (boot) *(hoge) rubberlaars*
well-intentioned (welɪn'tenʃənd) BNW • *welgemeend; goed bedoeld* • *welmenend*
well-judged (wel'dʒʌdʒd) BNW *verstandig; tactisch*
well-knit (wel'nɪt) BNW *stevig; solide*
well-known BNW *bekend*
well-lined BNW *goed gevuld* ★ ~ purse *dikke portemonnee*
well-looking BNW *knap*
well-made (wel'meɪd) BNW *goed gebouwd; goed gevormd*
well-mannered (wel'mænəd) BNW *welgemanierd*
well-marked (wel'mɑ:kt) BNW *duidelijk*
well-meaning (wel'mi:nɪŋ) BNW • *welmenend* • *goed bedoeld*
well-meant (wel'ment) BNW *goed bedoeld; welgemeend*
well-nigh (wel'naɪ) BIJW *nagenoeg*
well-off (wel'ɒf) BNW *goed gesitueerd; rijk; welgesteld*
well-oiled (wel'ɔɪld) BNW • *vleiend* • *dronken; in de olie*
well-padded (wel'pədɪd) BNW • *goed gestoffeerd* • *mollig*
well-preserved BNW *goed geconserveerd*
well-proportioned (wel'prəpɔ:ʃənd) BNW *goed geproportioneerd*
well-read (wel'red) BNW *belezen*
well-rounded (wel'raʊndɪd) BNW • *elegant* ‹v. stijl›*; sierlijk* ‹v. stijl› • *mollig*
well-set BNW *stevig gebouwd*
well-spoken (wel'spəʊkən) BNW *met beschaafde/ verzorgde uitspraak; verzorgd sprekend*
well-thought-of BNW *geacht; gerespecteerd*
well-thought-out BNW *weldoordacht*
well-thumbed BNW *beduimeld*
well-timed (wel'taɪmd) BNW • *op het juiste ogenblik; opportuun* • *berekend*
well-to-do (weltə'du:) BNW *welgesteld; rijk*
well-tried BNW *beproefd*
well-trodden (wel'trɒdn) BNW *veel betreden*

well-turned (wel'tɜ:nd) BNW *welgekozen*
well-wisher ('welwɪʃə) ZN • *vriend* • *begunstiger*
well-worn (wel'ɔ:n) BNW *afgezaagd*
welsh (welʃ) I OV WW *zijn woord niet houden* ★ ~ on a promise *zijn belofte niet nakomen* II ONOV WW *er vandoor gaan zonder (verloren weddenschap) te betalen*
Welsh (welʃ) I ZN *taal van Wales* ★ the ~ *de bewoners v. Wales* II BNW *van Wales* ★ ~ rabbit/ rarebit *toast met gesmolten kaas*
Welshman ('welʃmən) ZN *bewoner v. Wales*
welt (welt) I ZN • *boord* • *striem* • *rand leer* ‹ter versterking› II OV WW • *boorden; met welt versterken* • *striemen*
welter ('weltə) I ZN • *chaos; verwarring* • *extra zware belasting v. renpaard* • *weltergewicht* II ONOV WW *z. wentelen rollen* ★ ~ in gore *baden in het bloed*
welterweight ('weltəweɪt) ZN • *extra zware belasting v. renpaard* • *bokser* ‹weltergewichtklasse›
wen (wen) ZN • *uitwas; knobbel* • OUD. *grote, overbevolkte stad*
wench (wentʃ) ZN *meisje; deern*
wend (wend) OV WW ★ wend one's way to *zich begeven naar; zijn schreden richten naar*
went (went) WW [verleden tijd] → go
wept (wept) WW [verl. tijd + volt. deelw.] →weep
were (wə) WW [verleden tijd] → be
we're (wɪə) SAMENTR we are → be
weren't (wɜ:nt) SAMENTR were not → be
west (west) I ZN *westen* II NW + BIJW *west(en); westelijk* ★ west of *ten westen van* ★ go west *het hoekje om gaan*
West (west) BNW + BIJW ★ West End *het West End* ★ West Point *West Point* ‹militaire academie in de VS› ★ West Country *het Z.W. van Engeland* ★ West Bank *Westelijke Jordaanoever*
westbound ('westbaʊnd) BNW *westwaarts; (op weg) naar het westen*
westering ('westərɪŋ) BNW *naar 't westen koersend/neigend*
westerly ('westəlɪ) BNW + BIJW *westelijk*
western ('westn) I ZN • *westerling* • *western* II BNW • *westers* • *westelijk* ★ Western Empire *West-Romeinse Rijk*
westerner ('westənə) ZN *westerling*
westernize ('westənaɪz) OV WW *westers maken*
westernmost ('westənməʊst) BNW *meest westelijk*
westing ('westɪŋ) ZN *westelijke koers*
westward ('westwəd) BNW + BIJW *westwaarts*
wet (wet) I ZN • *nat(tigheid); plas* • INFORM. *borreltje* • *slappeling* II BNW • *nat; vochtig* • *regenachtig* • INFORM. *niet zindelijk* • INFORM. *zwak; slap* • INFORM. *dronken* • USA *met vrije drankverkoop* ★ wet through/to the skin / all soaking wet *door-, kletsnat* ★ FIG. wet behind the ears *nog niet droog achter de oren* III OV WW • *nat maken; bevochtigen*
wether ('weðə) ZN *hamel*
wetlook (wet) BNW *wetlook* ★ a ~ hairdo *een wetlook kapsel*
wetness ('wetnəs) ZN • *vochtigheid* • *versheid*
wet-nurse OV WW *voeden* ‹als min›
wetsuit ('wetsu:t) ZN *duikpak; surfpak*

wetting ('wetɪŋ) ZN ★ get a ~ *een nat pak halen*
we've (wi:v) SAMENTR we have → **have**
whack (wæk) I ZN • *smak; klap; mep* • *(aan)deel; portie* ★ have a ~ at *een slag slaan naar; proberen* II OV WW • *(er op) slaan; meppen* • *verdelen* ★ ~ed to the wide *doodop; kapot* • ~ up *arrangeren; in elkaar flansen*
whacked ((h)wækt) BNW *zeer moe; afgepeigerd*
whacker ('wækə) ZN • *kanjer* • *enorme leugen*
whacking ('wækɪŋ) I ZN *afranseling* II BNW *kolossaal*
whacky ('wæki) BNW → **wacky**
whale (weɪl) I ZN *walvis* ★ a ~ of *een hoop; geweldig; reusachtig* ★ very like a ~ IRON. *nee, maar dat geloof ik direct, zeg* ★ be a ~ on *een kei zijn in* ★ blue ~ *blauwe vinvis* II ONOV WW *op walvis jagen; walvissen vangen*
whaleboat ('weɪlbəʊt) ZN *walvisvaarder*
whalebone ('weɪlbəʊn) ZN *balein*
whaler ('weɪlə), **waleman** ZN *walvisvaarder* ‹ook schip›
whaling ('weɪlɪŋ) ZN *walvisvangst*
wham (wæm) I ZN *klap; dreun* II TW *boem; pats*
whang (wæŋ) I ZN *slag; dreun* II OV WW *slaan; beuken*
wharf (wɔ:f) I ZN *kade; laad-/lossteiger* II OV WW *aanleggen/lossen/opslaan aan de kade*
wharfage ('wɔ:fɪdʒ) ZN *kadegeld*
wharfinger ('wɔ:fɪndʒə) ZN • ≈ *veembaas* • *kademeester*
what (wɒt) I VR VNW *wat voor; welk(e); wat* ★ what time is it? *hoe laat is het?* ★ what do you call that? *hoe noem je dat?; hoe heet dat?* ★ what is today? *de hoeveelste is het vandaag?* ★ what's his name? *hoe heet hij?* ★ what's yours? *wat wil je drinken?* ★ he told me what is what *hij legde me (precies) uit hoe de zaak zat* ★ what little he knew *'t kleine beetje dat hij wist* ★ he made the best of what shelter could be found *hij profiteerde zoveel mogelijk van het beetje beschutting dat hij kon vinden* ★ what about *wat denk je van; hoe staat/zit het met* ★ what for? *waarom?; waarvoor?* ★ what if we ... *en als we nu eens ...* ★ what next? *wat zullen we nou krijgen?* ★ what of it? *wat zou dat?* ★ and what not *en wat al niet* ★ what though *wat hindert het als* ★ I'll tell you what *ik zal je eens wat vertellen* II BETR VNW *wat* ★ what with *bij; met; aangezien* ★ what with one thing and another *kortom* III TW *hè*
what-do-you-call-'em ('wɒdʒʊkɔ:ləm) ZN • *hoe heet ie ook weer* • *dinges*
whatever (wɒt'evə) I VNW • *wat/welke ... ook* • *wat/welke ... toch* ★ ~ does he want? *wat moet hij toch?* II TW *mij best!; boeien!*
whatnot ('wɒtnɒt) ZN *wat al niet; noem maar op*
whatsoever ('wɒtsəʊ'evə) BIJW *geen enkele; niets; niemand* ★ no money ★ *absoluut geen geld*
wheal (wi:l) ZN • *puistje* • *(tin)mijn*
wheat (wi:t) ZN *tarwe* ★ ~ belt *tarwe zone*
wheaten ('wi:tn) BNW *tarwe-*
wheatmeal ('wi:tmi:l) ZN *tarwemeel*
wheedle ('wi:dl) I OV WW • ~ s.o. out of s.th. *iets v. iem. aftroggelen* ★ ~ s.o. into *iem. door mooipraten krijgen tot* II ONOV WW *flemen; vleien; stroop om de mond smeren*
wheel (wi:l) I ZN • *wiel; rad* • *stuur* • *fiets* • *spinnewiel* • *pottenbakkersschijf* • *draaiende beweging; zwenking* ★ turn ~ *een radslag maken* ★ at the ~ *aan 't stuur; belast met de leiding* ★ ~s within ~s *zeer ingewikkelde zaak* ★ right ~! *rechts zwenken!* ★ to break s.o. on the ~ *iem. radbraken* ★ on (oiled) ~s *gladjes; gesmeerd* ★ big ~ *reuzenrad; hoge pief* II OV WW • *duwen; laten rijden; kruien; per as vervoeren* • *doen zwenken* ★ ~ one's bicycle *met de fiets aan de hand lopen* III ONOV WW • *rijden; rollen* • *fietsen* • *zwenken* ★ ~ and deal *(politiek/zakelijk) plannen smeden; intrigeren* • ~ round *(om)zwenken; z. omdraaien*
wheel-and-axle ZN *windas*
wheelbarrow ('wi:lbærəʊ) ZN *kruiwagen*
wheelbase ('wi:lbeɪs) ZN *wielbasis*
wheelchair ('wi:ltʃeə) ZN *rolstoel* ★ ~ access to all facilities *alle faciliteiten zijn toegankelijk voor rolstoelers*
wheelchair access ZN *toegangsmogelijkheid voor rolstoelers*
wheeled (wi:ld) BNW *met/op wielen*
wheeler ('wi:lə) ZN • *wagenmaker* • *achterpaard* • *kruier* • *wagenrijder*
wheeler-dealer I ZN *konkelaar; intrigant* II ONOV WW *konkelen; konkelfoezen; intrigeren*
wheelhouse ('wi:lhaʊs) ZN • *raderkast* • *stuurhut*
wheelie ('wi:li) ZN *wheelie* ‹het op één wiel rijden›
wheels (wi:lz) ZN MV *auto*
wheel tread ZN *loopvlak*
wheelwright ('wi:lraɪt) ZN *wagenmaker*
wheeze (wi:z) I ZN • *mop; grap(je)* • *foefje* II OV WW *hijgend uitbrengen* III ONOV WW • *piepen* ‹bij 't ademhalen› • *hijgen*
wheezy ('wi:zi) BNW *piepend; hijgend*
whelk (welk) ZN • *wulk* • *puistje*
whelp (welp) I ZN • *welp; jonge hond* • *kwajongen* II OV+ONOV WW *jongen; werpen*
when (wen) I ZN ★ the when and the where *de plaats en de tijd* II BIJW *wanneer* ★ say when *zeg maar hoeveel* ‹bij inschenken› ★ that's when *toen* III VW • *terwijl* • *toen* • *als*
whence (wens) I VR VNW *van waar vandaan* II BIJW *van waar* ★ ~ comes it that *hoe komt 't dat*
whencesoever (wenssəʊ'evə) VW *waar dan ook maar vandaan*
whenever (wen'evə), **whensoever** I BIJW *wanneer ook maar* II VW *telkens wanneer*
where (weə) I ZN *waar* ★ the ~ and when *de plaats en de tijd* II BETR VNW • *waar* • *waarheen* III BIJW *waar; waarheen* ★ that's ~ *daar* ★ this is ~ *hier* IV VW *terwijl* ★ ~ she is concerned *wat haar betreft*
whereabouts ('weərəbaʊts) I ZN MV *verblijfplaats* II BIJW *waar ongeveer*
whereas (weər'æz) VW • *terwijl toch; terwijl daarentegen* • *aangezien*
whereby (weə'baɪ) VNW *waardoor*
wherefore ('weəfɔ:) I ZN ★ every why has a ~ *ieder waarom heeft een daarom* ★ the whys and the ~s *de redenen waarom* II VW *waarom; daarom*
wherein (weər'ɪn) BIJW *waarin*

whereof (weər'ɒv) BIJW *waarvan*
whereon (weər'ɒn) BIJW *waarop*
wheresoever ('weərsou'evə) BIJW → **wherever**
whereupon (weərə'pɒn) I BIJW *waarop* II VW *waarna*
wherever (weər'evə), **wheresoever** I BIJW *waar toch (heen)* II VW *waar(heen) ook*; *overal waar(heen)*
wherewith(al) ('weəwıð(ɔ:l)) I ZN *middelen*; *geld* ★ he lacked the ~ to provide for his family *hij had de middelen niet om voor zijn gezin te zorgen* II BIJW *waarmede*
wherry ('werı) ZN • *lichte (roei)boot* • *wherry*
whet (wet) I ZN *prikkel*; *lust* II OV WW *scherpen*; *aanzetten*; *prikkelen*; *opwekken*
whether ('weðə) VW *of* ★ ~ ... *or of ... of*; *hetzij ... * ★ ~ *or no hoe dan ook*
whetstone ('wetstəun) ZN *slijpsteen*
whew (hwju:) TW
whey (weı) ZN *wei*
which (wıtʃ) I VR VNW *wie*; *wat*; *welk(e)* ★ I can't tell ~ is ~ *ik kan ze niet uit elkaar houden* II BETR VNW *die*; *welke*; *wat*; *hetwelk*
whichever (wıtʃ'evə) I VR VNW *welk(e)* II ONB VNW
whiff (wıf) I ZN • *ademtocht* • *zuchtje*; *vleugje* • *trekje* • *rookwolkje* • *sigaartje* • *lichte roeiboot* II OV WW • *opsnuiven* • *blazen* III ONOV WW • *blazen* • *licht ruiken*; *geuren* • *vissen met aas*
whiffet ('wıfıt) ZN • USA *klein hondje* • *onbeduidend stukje mens*
whiffy ('wıfı) BNW *onfris ruikend*
Whig (wıg) ZN *Whig*; *liberaal*
while (waıl) I ZN *tijd(je)*; *poosje* ★ the ~ *onderwijl*; *terwijl* ★ for a ~ *even* ★ in a little ~ *zo meteen*; *spoedig* ★ once in a ~ *af en toe* ★ worth ~ *de moeite waard* ★ it's not worth the/my ~ *het is (mij) de moeite niet waard* II OV WW ★ ~ *away the time de tijd doorkomen/verdrijven* III VW *terwijl*; *hoewel*
whilst (waılst) VW *terwijl*
whim (wım) ZN • *gril*; *nuk* • *lier* ⟨mijnbouw⟩
whimper ('wımpə) I ZN • *zacht gejank* • *gedrein* II OV+ONOV WW • *janken* • *dreinen*
whimsey ZN → **whimsy**
whimsical ('wımzıkl) BNW • *wispelturig* • *eigenaardig*
whimsicality (wımzı'kælətı), **whimsey** ZN *grilligheid*; *speelsigheid(je)*; *eigenaardigheid*
whimsy ('wımzı), **whimsey** ZN • *eigenaardigheid* • *gril*
whine (waın) I ZN • *gezeur* • *gejammer* II OV+ONOV WW • *jengelen*; *dreinen*; *janken* • *gieren*
whiner ('waınə) ZN *zeurpiet*
whinny ('wını) I ZN *gehinnik* II ONOV WW *hinniken*
whip (wıp) I ZN • *zweep* • *koetsier*; *menner* • *lid dat zwr oproep van stemming zijn partijleden oproept* • *oproeping door whip*; *partijdiscipline* • CUL. *mousse* ★ *three-line whip dringende oproep*; *dringend beroep* • *whip gin takelblok* II OV WW • *kloppen* • *de zweep leggen over*; *geselen*; *(af)ranselen*; *slaag verslaan*; *de baas zijn* • *omwoelen* ⟨v. touw⟩ • *overhands naaien* ★ *whip a stream afvissen* • ~ **in** *bijeendrijven*; *bij elkaar trommelen* • ~ **off** *weggrissen*; *uitgooien*; *wegdrijven* • ~ **out** *snel te voorschijn halen*; *eruit flappen* • ~ **up** *opwippen*; *haastig in elkaar zetten*; *opzwepen*; *aanvuren*; *bij elkaar trommelen* • *whip up a horse de zweep erover leggen* III ONOV WW • *wippen*; *schieten* • ~ **off** *er snel vandoor gaan* • ~ **round** *z. snel omdraaien* • ~ **up** *snel opstaan*; *opvliegen*
whipcord ('wıpkɔ:d) ZN • *zweepkoord* • *whipcord* ⟨soort stof⟩
whip hand ZN *rechterhand* ★ have the ~ of s.o. *de baas zijn over iem.*; *iem. in zijn macht hebben*
whiplash ('wıplæʃ) ZN • *zweepriem/-koord* • *zweepslag* ⟨spieraandoening⟩ ★ ~ injury *zweepslag* ⟨nekverstuiking⟩
whipped (wıpt) BNW ★ ~ cream *slagroom*
whipper-in (wıpə'rın) ZN *hondenleider* ⟨jacht⟩
whipper-snapper ('wıpəsnæpə) ZN MIN., OUD. *snotjochie*
whippet ('wıpıt) ZN • *whippet* ⟨kleine hazewind⟩ • *kleine tank*
whipping ('wıpıŋ) ZN • *pak slaag met zweep*; *afranseling* • *nederlaag* ★ ~ boy *zondebok*; GESCH. *jongen die slaag kreeg i.p.v. prinsje* ★ ~ top *drijftol*
whippy ('wıpı) BNW *zwiepend*; *lenig*
whip-round ZN *collecte*
whipsaw ('wıpsɔ:) ZN *trekzaag*
whirl (wɜ:l) I ZN • *werveling*; *draaikolk* • *roes* ★ my brain/head is in a ~ *mijn hoofd loopt me om* II OV+ONOV WW • *draaien* • *stuiven* • *(snel rond)draaien*; *snel rondgaan*; *rondtollen* • *snellen*
whirligig (wɜ:lıgıg) ZN • *tol*; *molentje* • *draaimolen* • *draaikever*; *schrijverke* ★ ~ of time *de mallemolen v.h. leven*
whirlpool ('wɜ:lpu:l) ZN *draaikolk*; *maalstroom*
whirlwind ('wɜ:lwınd) ZN *wervelwind*
whirr (wɜ:), **whir** (wɜ:) I ZN *een gonzend/snorrend geluid* II ONOV WW *gonzen*; *snorren*
whisk (wısk) I ZN • *bos(je)* • *kwast*; *plumeau* • *vliegenmepper* • *garde*; *eierklopper*; *(zeep)klopper* • *tik*; *veeg*; *snelle beweging* II OV WW • *tikken*; *zwaaien*; *zwiepen*; *slaan* • *(met snelle beweging) slaan*; *(op)kloppen* ★ ~ s.o. off *iem. meenemen* • ~ **away** *in een flits wegvoeren/-werken*; *wegflitsen* III ONOV WW • *z. snel bewegen*; *wegglippen* • ~ **round** *z. plotseling omdraaien*
whisker ('wıskə) ZN *snorhaar* ⟨v. kat/hond⟩ ★ by a ~ *op een haar na*; *met de hakken over de sloot*
whiskers ('wıskəz) ZN MV • *bakkebaarden* • *snorharen*
whisk(e)y ('wıskı) ZN • *whisky* • *sjees* ★ ~ toddy *whiskygrog*
whisk(e)y-peg ZN *whisky-soda*
whisper ('wıspə) I ZN • *gefluister* • *gerucht* ★ in a ~ *fluisterend* II OV+ONOV WW *fluisteren*
whisperer ('wıspərə) ZN *fluisteraar*
whispering ('wıspərıŋ) I ZN *gefluister* II BNW *fluisterend* ★ ~ gallery *fluistergewelf*
whist (wıst) ZN *whist* ⟨kaartspel⟩
whist-drive ZN *whistdrive* ⟨met wisselende partners⟩
whistle ('wısəl) I ZN • *gefluit* • *fluit(je)* ★ pay for one's ~ *leergeld geven* ★ wet one's ~ *z'n keel smeren* II OV+ONOV WW • *fluiten* ★ let s.o. go ~

whistleblower – wicker

iem. laten fluiten naar • ~ **for** fluiten naar ⟨fig.⟩
whistleblower ('wɪslbləʊwə) ZN • *fluitblazer* • FIG. *klokkenluider; verrader*
whistler ('wɪslə) ZN • *fluiter* • *dampig paard*
whistle-stop ZN • USA *stationnetje* • USA *gat; gehucht* ★ POL. ~ *tour bliksembezoek*
whit (wɪt) ZN • *no/not a whit geen zier*
Whit (wɪt) BNW *pinkster-* ★ Whit Monday *tweede pinksterdag* ★ Whit Saturday *pinksterzaterdag*
white (waɪt) I ZN • *wit; wit gedeelte* • *blanke* • *heroïne* ★ the ~s of their eyes *het wit van hun ogen* ⟨schietinstructie⟩ ★ MED. ~s *witte vloed* ★ TECHN. ~ *witgoed* II BNW • *wit; bleek; blank* ⟨huidskleur⟩ • *kleurloos* • *eerlijk; goed*
whitebait ('waɪtbeɪt) ZN *witvis*
Whitechapel ('waɪtʃæpl) ZN ★ ~ cart *bestelwagentje*
white-collar BNW *witteboorden-*
Whitehall ('waɪthɔːl) ZN *de (Britse) regering* ★ ~ese *ambtenarenjargon*
white-hot (waɪt'hɒt) BNW *witgloeiend*
whiten ('waɪtn) I OV WW *bleken* II ONOV WW *wit worden*
whitener ('waɪtnə) ZN *bleekmiddel*
whiteness ('waɪtnəs) ZN → **white**
whitening ('waɪtnɪŋ) ZN *krijtpoeder; witkalk polijstpoeder*
whites (waɪts) ZN MV → **white**
whitesmith ('waɪtsmɪθ) ZN • *blikslager* • *zilversmid*
whitewash ('waɪtwɒʃ) I ZN • *witkalk* • *rehabilitatie* • *vergoelijking* II OV WW • *witten* • *rehabiliteren* • *vergoelijken; schoonpraten; goed (proberen te) praten*
whither ('wɪðə) I ONB VNW *waarheen* II BIJW *waarheen; waarnaar*
whithersoever (wɪðəsəʊ'evə) BIJW *waarheen ook maar*
whiting ('waɪtɪŋ) ZN • *witkalk* • *wijting*
whitish ('waɪtɪʃ) BNW *witachtig; bleekjes*
Whitsun ('wɪtsən) I ZN *Pinksteren* II BNW *pinkster-* ★ ~ week *pinksterweek*
Whitsuntide ('wɪtsəntaɪd) ZN *Pinksteren; pinkstertijd*
whittle ('wɪtl) I ZN ⟨slagers⟩*mes* II OV WW • *(af)snijden; besnoeien* • ~ **away** *wegredeneren* • ~ **down** *besnoeien; verzwakken; ontzenuwen*
whiz(z) (wɪz) I ZN *gesuis; gefluit; gesnor* II ONOV WW *suizen; fluiten; snorren*
whiz(z)-bang ZN *kleine brisantgranaat*
whizz-kid, whizkid ZN *whizzkid* ⟨jonge expert⟩
who (huː) I VR VNW *wie* ★ know who is who *de verschillende personen kennen* II BETR VNW *die; wie*
W.H.O. AFK World Health Organization *Wereldgezondheidsorganisatie*
whoa (wəʊ) TW *ho!*
who'd (huːd) SAMENTR who had, who would → **have** → **will**
whodunnit (huː'dʌnɪt), **whodunit** ZN *detectiveverhaal* ⟨waarin de schuldvraag centraal staat⟩
whoever (huː'evə) VNW *wie ook maar* ★ ~ can it be? *wie kan dat toch zijn?*
whole (həʊl) I ZN *geheel* ★ the ~ of England *heel Engeland* ★ as a ~ *in zijn geheel* ★ on the ~ *over 't geheel genomen* II BNW • *(ge)heel* • *ongeschonden; gezond* ★ eat ~ *in zijn geheel opeten*
whole-hearted (həʊl'hɑːtɪd) BNW • *hartelijk* • *oprecht*
whole-hogger ZN *doorzetter*
whole-hoofed BNW *éénhoevig*
whole-length ZN *over de hele lengte* ★ ~ *portrait portret ten voeten uit*
wholemeal ('həʊlmiːl) BNW *volkoren*
wholeness ('həʊlnəs) ZN *heelheid*
wholesale ('həʊlseɪl) I ZN *groothandel* ★ by ~ *en gros* II BNW *in 't groot; massaal* ★ ~ *dealer grossier* III BIJW *zonder onderscheid; op grote schaal*
wholesale price ZN *groothandelsprijs*
wholesaler ('həʊlseɪlə) ZN *grossier*
wholesome ('həʊlsəm) BNW *gezond*
whole-time BNW ★ ~ *job volledige baan*
whole-wheat BNW *volkoren*
who'll (huːl) SAMENTR who shall, who will → **shall** → **will**
wholly ('həʊlɪ) BIJW *geheel*
whom (huːm) VR VNW → **who**
whoop (wuːp, huːp) I ZN • *uitroep* • *oorlogskreet* II ONOV WW *hoesten* III OV+ONOV WW *schreeuwen*
whoopee (wuː'piː) I ZN • USA *lol; feest* • USA *whisky* ★ make ~ *lol/pret maken; 'het' doen* ⟨seks⟩ II TW *joepie!*
whooping cough ('huːpɪŋkɒf) ZN *kinkhoest*
whoosh (wʊʃ) I ZN *stortvloed; stuivende stofwolk; windstoot/-vlaag; plons* II ONOV WW *suizen; flitsen; razen* III TW *zoef!*
whop (wɒp) OV WW • *(af)ranselen; slaan* • *verslaan*
whopper ('wɒpə) ZN • *enorme leugen* • *knaap; kanjer*
whopping ('wɒpɪŋ) I ZN • *pak slaag* • *nederlaag* II BNW *enorm; kolossaal*
whore (hɔː) I ZN • *hoer* II ONOV WW *hoereren*
whorehouse ('hɔːhaʊs) ZN *hoerentent; bordeel*
whoremonger ('hɔːmʌŋgə) ZN *hoerenloper*
whorl (wɔːl) ZN • *bladerkrans* • *rand*
who's (huːz) SAMENTR who is → **be**
whose (huːz) I VR VNW *van wie; v.wat; wiens; wiens; ervan; waarvan* II BETR VNW *waarvan; van wie/welke; wiens; wier*
who(so)ever (huː(səʊ)'evə) I VR VNW *wie (toch)* II ONB VNW *wie dan ook*
who've (huːv) SAMENTR who have → **have**
why (waɪ) I ZN • *reden* • ⟨'t⟩ *waarom* II BIJW *waarom* ★ why so *waarom (dan)* ★ that's/this is why *daarom* III TW *wat!; wel!; nou!*
wicca ('wɪkə) ZN *heks; hekserij*
wick (wɪk) ZN • *pit* ⟨v. kaars⟩ • *kous* ⟨v. lamp⟩ ★ PLAT dip one's wick *'m erin hangen* ⟨seks⟩ ★ get on s.o.'s wick *op iemands zenuwen werken*
wicked ('wɪkɪd) BNW • *slecht* • *gemeen; boosaardig* • *onaangenaam* • *ondeugend* • *gevaarlijk* • PLAT *wreed; vet* ★ a most ~ price *een schandalig hoge prijs*
wickedness ('wɪkɪdnəs) ZN → **wicked**
wicker ('wɪkə) ZN • *teen* • *vlechtwerk; mandwerk* ★ ~ chair *rieten stoel*

wickerwork ('wɪkəwɜːk) ZN *manden; mandwerk; vlechtwerk*
wicket ('wɪkɪt) ZN • *poortje; hekje* • *(onder)deur* • *wicket* ‹cricket› ★ be on a good ~ *er goed voor staan*
wide (waɪd) I ZN *bal die naast gaat* ‹cricket› ★ to the wide *volkomen* ★ be done to the wide *doodop zijn* II BNW • *wijd; breed • groot; ruim; uitgestrekt; uitgebreid* ★ wide of *ver naast* III BIJW • *wijdbeens • wijd open* ★ go wide *missen* ★ shoot wide *misschieten*
wide-angle BNW *groothoek-*
wide-awake¹ ('waɪdəweɪk) ZN *flambard*
wide-awake² (waɪdə'weɪk) BNW • *klaar wakker* • *uitgeslapen* ‹ook fig.›
wide-eyed BNW *met de ogen wijd open*
widely ('waɪdlɪ) BIJW *breed; wijd; op velerlei gebied* ★ vary ~ *sterk wisselen/variëren*
widen ('waɪdn) OV+ONOV WW *verbreden; wijder maken/worden*
wide-ranging BNW *breed opgezet*
widescreen ('waɪdskriːn) BNW *breedbeeld-* ★ ~ TV *breedbeeld-tv*
widespread ('waɪdspred) BNW *wijd verbreid; (nagenoeg) algemeen*
widow ('wɪdəʊ) I ZN *weduwe* ★ ~'s peak *haartres op voorhoofd* ★ the ~ *champagne* ★ grass ~ *onbestorven weduwe* ★ black ~ *zwarte weduwe* II OV WW • *tot weduwe/weduwnaar maken* ★ ~ed state *weduwschap* • ~ of *beroven van*
widower ('wɪdəʊə) ZN *weduwnaar*
widow(er)hood ('wɪdəʊəhʊd) ZN *weduwschap*
width (wɪdθ) ZN • *wijdte; breedte • ruimheid*
wield (wiːld) OV WW • *gebruiken; zwaaien* • *uitoefenen* ★ ~ the pen *de pen voeren; schrijven*
wife (waɪf) ZN *vrouw; echtgenote*
wifelike ('waɪflaɪk), **wifely** BNW *vrouwelijk; een vrouw passend*
wig (wɪg) I ZN *pruik* ★ wigs on the green *herrie; ruzie* II ONOV WW *op z'n nummer zetten*
wigged ('wɪgd) BNW *gepruikt*
wigging ('wɪgɪŋ) ZN *uitbrander*
wiggle ('wɪgl) I OV WW *doen wiebelen; (snel op en neer) bewegen* II ONOV WW • *wiebelen • wrikken*
wigwag ('wɪgwæg) I ZN *vlaggensein* II OV+ONOV WW USA *seinen* ‹met vlag›
wigwam ('wɪgwæm) ZN *wigwam*
wilco ('wɪlkəʊ) TW will comply *begrepen en akkoord* ‹communicatie›
wild (waɪld) I ZN *wildernis* ★ wilds *woeste gebieden* II BNW • *wild • schuw • razend; woest* • *verwilderd • onbeheerst; ondoordacht • ruw* • *dol* ★ go wild *razend worden* ★ run wild *verwaarloosd worden; in 't wild leven/opgroeien* ★ wild about *razend op/over* ★ wild with *dol van; woedend op* ★ wild goose *wilde gans* ★ wild boar *wild zwijn* ★ wild-goose chase *dwaze/ vruchteloze onderneming* ★ state of wild confusion *toestand v.d. grootste verwarring* ★ wild guess *gissing in 't wilde weg* ★ wild nonsense *klinkklare onzin* ★ wild story *fantastisch verhaal* ★ drive wild *razend maken* III BIJW *in 't wilde weg*
wildcat ('waɪldkæt) I ZN *wilde kat* II BNW • *financieel onbetrouwbaar • ECON. onsolide*

• *zwendel-* ★ ~ schemes *fantastische plannen; dwaze utopieën*
wildebeest ('wɪldəbiːst) ZN *gnoe*
wilderness ('wɪldənəs) ZN *wildernis*
wildfire ('waɪldfaɪə) ZN *Grieks vuur* ★ spread like ~ *zich als een lopend vuurtje verspreiden*
wildfowl ('waɪldfaʊl) ZN *wild gevogelte* ★ ~er *jager*
wilding ('waɪldɪŋ) I ZN *wilde vrucht* II BNW *in 't wild groeiend*
wildlife ('waɪldlaɪf) ZN *dierenwereld; dierenrijk*
wildness ('waɪldnəs) ZN → **wild**
wile (waɪl) I ZN *streek; list* II OV WW *lokken* ★ wile away the time *de tijd verdrijven*
wilful ('wɪlfʊl) BNW • *opzettelijk • koppig; dwars* ★ by ~ interest *puur uit interesse* ★ ~ murder *moord met voorbedachte rade*
wiliness ('waɪlɪnəs) ZN *listigheid; gehaaidheid; sluwheid*
will (wɪl) I ZN • *wil; wilskracht • testament* ★ of your own free will *uit eigen beweging* ★ with a will *energiek; vastberaden* ★ at (one's) will *naar willekeur* II OV WW • *nalaten; vermaken* • *dwingen* III OV+ONOV WW *willen* ★ I would he were gone *ik wou dat hij weg was* IV HWW • *zullen • willen* ★ he will sit there for hours doing nothing *hij kan daar uren niets zitten doen* ★ you will have your way *jij moet altijd je zin hebben* ★ he would sit by the fire *hij zat altijd bij de haard* ★ 'he has refused it' - '(think) he would' *'hij heeft geweigerd' - 'dat was te voorzien'* ★ it will be a hard job *'t zal wel een moeilijk karweitje zijn*
willie ZN → **willy**
willing ('wɪlɪŋ) BNW *bereid(willig); gewillig* ★ be ~ *wel willen*
willingly ('wɪlɪŋlɪ) BIJW *graag*
willingness ('wɪlɪŋnəs) ZN *bereidwilligheid*
will-o'-the-wisp (wɪləðə'wɪsp) ZN *dwaallichtje*
willow ('wɪləʊ) I ZN • *wilg* • *cricketbat* • *wolf* ‹wolbewerking› ★ wear/wield the ~ *'t bat hanteren* ★ weeping ~ *treurwilg* II OV WW *wolven* ‹wolbewerking›
willowy ('wɪləʊɪ) BNW • *vol wilgen • soepel*
willpower ('wɪlpaʊə) ZN *wilskracht*
willy ('wɪlɪ), **willie** ZN • *piemel; plassertje • lulletje; slome* ★ FIG. get the willies *het op de heupen krijgen*
willy-nilly (wɪlɪ'nɪlɪ) I BNW *onvermijdelijk* II BIJW *goedschiks of kwaadschiks*
wilt (wɪlt) OV+ONOV WW *(doen) verwelken; slap doen/gaan hangen*
Wilts. AFK *Wiltshire*
wily ('waɪlɪ) BNW *sluw*
wimp (wɪmp) ZN *doetje; sukkel; (onnozele) hals*
wimple ('wɪmpl) I ZN *kap* ‹v. non› II ONOV WW *in plooien neervallen*
win (wɪn) I ZN • *overwinning • succes* II OV WW • *winnen • behalen; verwerven; bereiken* ★ win s.o. over *iem. overhalen; iem. op zijn hand krijgen* ★ win one's spurs *zijn sporen verdienen* ★ win one's way *zich met moeite vooruitwerken/opwerken* ★ ~ back *terugwinnen* III ONOV WW • *winnen* ★ win by a head *met een hoofdlengte winnen* ★ win clear *er in slagen zich los/vrij te maken* ★ win hands

down *op zijn sloffen slagen/winnen* ★ win upon s.o. *iem. langzamerhand voor zich winnen* • ~ **out** *'t winnen* • ~ **through** *te boven komen; z. er doorheen slaan; met moeite bereiken*

wince (wɪns) **I** ZN • *huivering* • *haspel* **II** ONOV WW • *pijnlijk vertrekken* ⟨v. gezicht⟩ • *huiveren* ★ without wincing *zonder een spier te vertrekken*

winch (wɪntʃ) ZN • *lier; windas • kruk; handvat*

wind¹ (waɪnd) **I** ZN • *draai, kronkel; bocht • slag* ★ give s.th. a ~ *iets opwinden* **II** OV WW • *(op)winden; (omhoog)draaien* ★ ~ a tape back(wards) *een band terugspoelen* ★ ~ one's arm round *omhelzen; omstrengelen* ★ ~ a shawl round *een sjaal omdoen* • ~ **down** *naar beneden draaien* ⟨v. ruit⟩; *terugdraaien; verminderen* ⟨v. activiteiten⟩ • ~ **in** *opwinden; op een spoel winden; wikkelen in* • ~ **off** *afwenden; laten aflopen* • ~ **up** *op-, omhoogdraaien; opwinden, op stang jagen; beëindigen, besluiten, opheffen* **III** ONOV WW • *kronkelen; draaiend gaan; z. wenden/ slingeren* • ~ **down** *aflopen* ⟨v. veer⟩; *langzamer gaan lopen* • ~ **round** *kronkelen* • ~ **up** *terechtkomen*

wind² (wɪnd) **I** ZN • *wind • windstreek • lucht • zucht; adem • winderigheid • gezwets* • MUZ. ~s [mv] *blazerssectie* ★ in the ~'s eye / in the teeth of the ~ *pal tegen de wind in* ★ the ~ blows *de wind waait* ★ down ~ *vóór de wind* ★ bring up (a baby's) ~ *(een baby) een boertje laten doen* ★ get one's (second) ~ *(weer) op adem komen* ★ hit s.o. in the ~ *iem. in de maag stompen* ★ lose one's ~ *buiten adem raken* ★ recover one's ~ *op adem komen* ★ give ~ *winderigheid veroorzaken* ★ break ~ *winden laten* • ~/~s of change ≈ *kentering van het tij* ⟨historische verandering⟩ ★ be in the ~ *op til zijn* **II** OV WW • *buiten adem doen raken* • *laten boeren* ⟨v. baby⟩ ★ be ~ed *buiten adem zijn*

windage (ˈwɪndɪdʒ) ZN • *luchtweerstand* • *windinvloed • speling*

windbag (ˈwɪndbæɡ) ZN *windbuil; bluffer*

windbound (ˈwɪndbaʊnd) ZN *door tegenwind opgehouden*

windbreak (ˈwɪndbreɪk) ZN *windvanger/-scherm*

windbreaker (ˈwɪndbreɪkə) ZN USA *windjack*

windcheater (ˈwɪn(d)tʃiːtə) ZN G-B *windjack*

winder (ˈwaɪndə) ZN • *(op)winder • haspel* • *slingerplant*

windfall (ˈwaɪndfɔːl) ZN • *meevallertje • afgewaaid fruit* ★ ~ apples *afgewaaide appels*

winding (ˈwaɪndɪŋ) BNW *draaiend; kronkelend; bochtig* ★ ~ stairs/staircase *wenteltrap* ★ ~ up *einde; liquidatie* ★ ~ sheet *lijkwade*

wind instrument (ˈwɪndˌɪnstrəmənt) ZN *blaasinstrument*

windjammer (ˈwɪndˌdʒæmə) ZN *windjammer*

windlass (ˈwɪndləs) **I** ZN *windas; lier* **II** OV WW *opwinden; ophijsen*

windless (ˈwɪndlɪs) BNW *windstil*

windmill (ˈwɪndmɪl) ZN *windmolen*

window (ˈwɪndəʊ) ZN • *raam • loket • etalage* ★ ~s *ogen* ★ in the ~ *vóór 't raam; in de etalage* ★ INFORM. out of the ~ *afgeschreven; niet meer meetellend* ★ Venetian ~ *raam met zijvensters* ★ ~ dressing *(het) etaleren; reclame; bedrog* ★ leaded ~ *glas-in-lood* ★ venetian ~ *raam met zijvensters*

window box (ˈwɪndəʊbɒks) ZN *bloemenbak*

window catch ZN *spanjolet*

window dresser (ˈwɪndəʊdresə) ZN *etaleur*

windowed (ˈwɪndəʊd) BNW *met raam*

window frame (ˈwɪndəʊfreɪm) ZN *raamkozijn*

window ledge (ˈwɪndəʊledʒ) ZN *vensterbank*

windowpane (ˈwɪndəʊpeɪn) ZN *ruit*

window sash ZN *schuifraam*

window-shopping (ˈwɪndəʊʃɒpɪŋ) ZN *(het) etalages kijken*

window sill (ˈwɪndəʊsɪl) ZN *vensterbank*

windpipe (ˈwɪndpaɪp) ZN *luchtpijp*

windscreen (ˈwɪndskriːn) ZN • *voorruit* • *windscherm* ★ ~ wiper *ruitenwisser*

windshield (ˈwɪndʃiːld) ZN • *windscherm* • USA *voorruit*

windshield washer ZN *ruitensproeier*

wind spout ZN *windhoos*

windsurfing (ˈwɪndsɜːfɪŋ) ZN *(het) windsurfen*

windswept (ˈwɪndswept) BNW *winderig*

windward (ˈwɪndwəd) **I** ZN *loefzijde* ★ get to ~ of *de loef afsteken* **II** BNW *naar de wind gericht* ★ Windward Islands *Bovenwindse eilanden*

windy (ˈwɪndɪ) BNW • *winderig • breedsprakig; zwetsend • bang*

wine (waɪn) **I** ZN • *wijn • wijnrood* ★ Adam's wine *water* ★ in wine *dronken* ★ take wine with s.o. *op iemands gezondheid drinken* ★ mature wine *belegen wijn* ★ mulled wine *bisschopswijn* ★ good wine needs no bush *goede wijn behoeft geen krans* **II** ONOV WW *wijn drinken/schenken* ★ wine and dine *uitgebreid (laten) eten en drinken*

wine cellar ZN *wijnkelder*

wine glass (ˈwaɪnɡlɑːs) ZN *wijnglas*

wine grower ZN *wijnbouwer*

wine merchant ZN *slijter*

wine press (ˈwaɪnpres) ZN *wijnpers*

winery (ˈwaɪnərɪ) ZN *wijnzaak*

wineskin (ˈwaɪnskɪn) ZN *wijnzak*

wing (wɪŋ) **I** ZN • *vleugel • wiek • spatbord* • *omgeslagen punt v. boord* • LUCHTV. *groep* ⟨drie squadrons⟩ ★ his wings are sprouting *hij is te goed voor deze wereld* ★ clip the wings of *kortwieken; kort houden* ★ lend wings to *vleugels geven* ★ on the wing *op weg; onderweg; in de vlucht; op 't punt te vertrekken* ★ take wing *wegvliegen; vertrekken* ★ under the wing of *onder (de) bescherming van* **II** OV WW • *v. vleugels voorzien • doorklieven* • *afschieten • verwonden in arm/vleugel* ★ wing one's way *vliegen* **III** ONOV WW *vliegen*

wingbeat (ˈwɪŋbiːt) ZN *vleugelslag*

wing case ZN *vleugelschild*

wing chair ZN *oorfauteuil*

winged (wɪŋd) BNW *met vleugels; gevleugeld; vleugel-* ★ ~ god *Mercurius* ★ ~ horse *Pegasus*

winger (ˈwɪŋə) ZN *buitenspeler; vleugelspeler*

wingless (ˈwɪŋləs) BNW *ongevleugeld*

wing mirror ZN *buiten-/zijspiegel*

wings (wɪŋz) ZN MV • *(vliegers)vink • coulissen*

wingspan (ˈwɪŋspæn) ZN *vleugelspanwijdte*

wingspread ('wɪŋspred) ZN *vleugelspanwijdte*
wink (wɪŋk) I ZN • *knipoog* • *wenk* ★ I have not slept a wink *ik heb geen oog dichtgedaan* ★ tip s.o. the wink *iem. een wenk geven* II ov+ONOV ww • *knipperen*; *knipogen*; *flikkeren* ★ wink an eye *'n knipoogje geven* ★ wink the other eye *'n oogje toedoen*; *negeren* • ~ **at** *knipogen naar*; *oogluikend toelaten*; *door de vingers zien*
winker ('wɪŋkə) ZN *knipperlicht*
winkers ('wɪŋkəz) ZN MV *oogkleppen*
winkle ('wɪŋkl) I ZN • *alikruik* II OV WW ~ **out** *los-/uitpeuteren*, FIG. *uitkammen*
winner ('wɪnə) ZN • *winnaar*; *winnend paard* • *succes*
winning ('wɪnɪŋ) BNW • *winnend*; *succesvol* • *innemend*
winnings ('wɪnɪŋz) ZN MV *winst*
winnow ('wɪnəʊ) OV+ONOV WW • *wannen* • *ziften*
wino ('waɪnəʊ) ZN *zuiplap*
winsome ('wɪnsəm) BNW *innemend*; *sympathiek*
winter ('wɪntə) I ZN *winter* II OV+ONOV WW • *de winter doorbrengen* • *(laten) overwinteren*
winter sports ('wɪntəspɔːts) MV *wintersport*
wintertime ('wɪntətaɪm) ZN • *winter* 〈seizoen〉 • *wintertijd*
wintry ('wɪntrɪ) BNW • a ~ smile *een koele glimlach*
winy ('waɪnɪ) BNW • *wijn-*; *wijnachtig* • *wijnrood* • *dronken*
wipe (waɪp) I ZN • *veeg* • INFORM. *zakdoek* • give s.th. a wipe *iets afvegen*; *schoonvegen* ★ wipe in the eye *veeg uit de pan* II OV WW • *(af)vegen*; *afdrogen* ★ wipe the floor with s.o. *iem. zijn vet geven*; *iem. volkomen afmaken* ★ wipe one's eyes *zijn tranen drogen* ★ wipe s.o.'s eye *iem. een vlieg afvangen* • ~ **away** *wegvegen* • ~ **off** *uitwissen*; *afvegen* • ~ **out** *uitvegen*; *raderen*; *uitwissen*; *wegvagen*; *totaal vernietigen* • ~ **up** *afranselen*; *opvegen*; *opdeppen*
wipe-down ('waɪpdaʊn) ZN *afdroging*; *aframmeling*
wiper ('waɪpə) ZN • *afneemdoek* • *ruitenwisser*
wire (waɪə) I ZN • *(metaal)draad* • *strik* • *leiding* 〈bv. microfoon, zender〉 • *microfoon* 〈verborgen〉 • *telegram* ★ live wire *schrikdraad*; *energiek persoon* • *barbed wire prikkeldraad* ★ by wire *telegrafisch* • pull the wires *aan de touwtjes trekken* II ov ww • *met draad vastzetten/versterken*; *aan draad rijgen*; *draad leggen in* • *strikken* • *telegraferen* • *voorzien van bedrading*; *voorzien van verborgen apparatuur* • ~ **in** *met draad afsluiten/insluiten* III ONOV WW • *telegraferen* • ~ **in** *flink aanpakken*
wire blind ZN *hor*
wire bridge ZN *hangbrug*
wire cloth ZN *gaas*
wire-cutter(s) ('waɪəkʌtə(z)) ZN *draadschaar*
wire entanglement ZN *prikkeldraadversperring*
wire gauze ZN *gaas*
wire-haired (waɪə'heəd) BNW *ruwharig*
wireless ('waɪələs) I ZN • *draadloze telegrafie* • *draadloos telegram* • *radio* ★ ~ operator *marconist* II BNW • *draadloos* • *radio-* ★ ~ set *radiotoestel*
wire netting ZN *(kippen)gaas*
wirepuller ('waɪəpʊlə) ZN • *figuur achter de schermen* • *intrigant*
wiretap ('waɪətæp) ONOV WW *afluisteren* 〈v. telefoon〉
wiretapping ('waɪətæpɪŋ) ZN USA *het afluisteren* 〈v. telefoon〉
wire wool ZN *staalwol*
wiring ('waɪərɪŋ) ZN • *draadwerk* • *elektriciteitsdradennet*
wiry ('waɪərɪ) BNW • *draadachtig* • *stevig en soepel* • *gespierd* • *taai*
wisdom ('wɪzdəm) ZN • *wijsheid* • *wijs beleid* ★ ~ tooth *verstandskies* ★ cut one's ~ tooth *de gave des onderscheids krijgen*
wise (waɪz) I ZN OUD. *wijze*; *manier* ★ in no wise *geenszins* II BNW *wijs*; *verstandig* ★ wise guy *betweter*; *eigenwijs persoon* ★ wise saw *spreuk* ★ wise woman *zieneres*; *vroedvrouw* ★ be/get wise to *in de gaten hebben/krijgen* ★ be wise after the event *weten hoe 't zit, als 't gebeurd is* ★ no one will be the wiser (for it) *niemand zal er iets van in de gaten hebben* ★ put s.o. wise *iem. inlichten*; *iem. op de hoogte brengen* III ov+ONOV WW ~ **up** *iets door krijgen*
wiseacre ('waɪzeɪkə) ZN *betweter*; *eigenwijs iem.*
wisecrack ('waɪzkræk) I ZN • *grapje*; *mopje* • *spottende opmerking* II ONOV WW *geestig/sarcastisch uit de hoek komen*
wisecracker ('waɪzkrækə) ZN *grapjas*
wisely ('waɪzlɪ) BIJW *wijselijk*
wish (wɪʃ) I ZN *wens* II ov+ONOV WW • *wensen*; *toewensen* • *verlangen* ★ I wish him to come *ik verlang dat hij komt* ★ I wish (that) he were here *ik wou dat hij hier was* ★ don't you wish we were there? *zou je niet willen dat we er waren?* ★ wish o.s. (at home) *wensen dat men (thuis) was* ★ wish s.o. further (at the devil) *iem. naar het eind v.d. wereld wensen* • ~ **for** *verlangen*; *wensen*
wishful ('wɪʃfʊl) BNW *verlangend*
wish-wash ('wɪʃwɒʃ) ZN • *slappe thee*; *slootwater* • *leuterpraat*
wishy-washy ('wɪʃɪwɒʃɪ) BNW • *slap* • *besluiteloos*
wisp (wɪsp) I ZN • *(rook)sliert*; *zweem* • *troep* 〈vogels〉 • *bos(je)* • *piek* 〈v. haar〉 II ov ww • *(op)vegen*; *afvegen* III ONOV WW *(omhoog)kringelen* 〈v. rook〉
wispy ('wɪspɪ) BNW • *in bosjes*; *in slierten* • *piekerig*; *spichtig*
wistful ('wɪstfʊl) BNW • *treurig*; *droefgeestig* • *in zichzelf gekeerd*
wistfulness ('wɪstfʊlnəs) ZN → **wistful**
wit (wɪt) I ZN • *geest(igheid)*; *esprit* • *geestig persoon* • *verstand* ★ at one's wit's/wits' end *ten einde raad* ★ out of one's wits *door het dolle (heen)* ★ have one's wits about one *alert/pienter zijn* ★ live by one's wits *op een slimme manier aan de kost komen* ★ set one's wits to *het opnemen tegen*; *aanpakken* II ONOV WW ★ to wit *namelijk*
witch (wɪtʃ) ZN *heks* ★ ~ hunt *heksenjacht*
witchcraft ('wɪtʃkrɑːft), **witchery** ZN *hekserij*
witch doctor ('wɪtʃdɒktə) ZN *tovenaar*; *medicijnman*
witch hazel ('wɪtʃheɪzəl) ZN *Amerikaanse toverhazelaar*
witching ('wɪtʃɪŋ) BNW • *betoverend* • *tover-* ★ ~

hour *spookuur*
with (wɪð) vz • *met* • *van* • *bij* ★ wet with rain *nat van de regen* ★ with all her faults *ondanks al haar fouten* ★ I am with you *ik ben het met je eens* ★ are you with me? *kun je me volgen?*
withdraw (wɪð'drɔː) I ov ww • *terugtrekken* • *terugnemen* ★ ~ money from the bank *geld opvragen v.d. bank* II onov ww *z. terugtrekken*
withdrawal (wɪð'drɔːəl) zn • *het terugtrekken* • *het terugnemen* ★ ~ symptoms *ontwenningsverschijnselen*
withdrawn (wɪð'drɔːn) bnw • *teruggetrokken* • *verlegen*
withe (wɪθ) zn → **withy**
wither (wɪðə) ov+onov ww *(doen) verwelken; verschrompelen; verdorren; (uit)drogen* ★ ~ s.o. with a look *iem. vernietigend aankijken* ★ ~ed *dor; (uit)gedroogd* ★ a ~ing look *een vernietigende blik*
withers (wɪðəz) zn mv ★ my ~ are unwrung *hier hoef ik mij niets van aan te trekken*
withhold (wɪð'həʊld) I ov ww *terughouden; niet geven* II onov ww *z. weerhouden; z. onthouden*
within (wɪ'ðɪn) I bijw *(van) binnen; in huis* II vz *binnen (in)* ★ ~ call *te beroepen* ★ ~ the law *binnen de grenzen v.d. wet* ★ fight/run (well) ~ o.s. *zich sparen; niet zijn volle kracht ontplooien* ★ be saved ~ an ace of death *ternauwernood v.d. dood gered worden* ★ ~ a mile *nog geen mijl*
without (wɪ'ðaʊt) I bijw *(van) buiten* II vz • *zonder* • *(aan de) buiten(kant)* ★ be ~ *zonder zitten* ★ we can't do ~ him *we kunnen hem niet missen* ★ go ~ *het stellen zonder* ★ it goes ~ saying *het spreekt vanzelf*
withstand (wɪð'stænd) ov ww *weerstaan; weerstand bieden (aan)*
withy (wɪðɪ) zn • *(wilgen)teen* • *band v. twijgen*
witless (wɪtləs) bnw *onnozel; stupide; dom*
witness (wɪtnəs) I zn • *getuige* • *getuigenis* ★ ~ for the crown *getuigen à charge* ★ ~ for the defence *getuigen à décharge* ★ in ~ whereof *ten getuige waarvan* ★ bear ~ of/to *getuigenis afleggen van; getuigen van* II ov ww • *getuigen van* • *(als getuige) tekenen* • *getuige zijn van* ★ ~ Heaven *de Hemel zij mijn getuige*
witness box (wɪtnəsbɒks), **witness stand** zn *getuigenbank*
wits (wɪts) zn mv *verstand* ★ have one's wits about one *zijn hersens bij elkaar hebben* ★ out of one's wits *niet wijs; krankzinnig* ★ have quick wits *bij de pinken zijn; pienter zijn* ★ at one's wits' end *ten einde raad* ★ live by one's wits *van de wind leven; van leugen en bedrog leven*
witticism (wɪtɪsɪzəm) zn *geestigheid*
wittiness (wɪtɪnəs) zn *geestigheid*
wittingly (wɪtɪŋlɪ) bijw *opzettelijk; willens en wetens*
witty (wɪtɪ) bnw *geestig*
wives (waɪvz) zn mv → **wife**
wizard (wɪzəd) I zn • *tovenaar* • *goochelaar* • *genie* II bnw • *betoverend* • *knap; fantastisch*
wizardry (wɪzədrɪ) zn *toverkunst*
wizened (wɪznd) bnw *verdroogd; verschrompeld*
wo (wəʊ) tw *ho!*
wobble (wɒbl) I zn *een waggelende beweging* II ov ww *wiebelen met; schommelen met* III onov ww • *waggelen* • *weifelen*
wobbler (wɒblə) zn *weifelaar*
wobbly (wɒblɪ) bnw • *wiebelend* • *weifelend*
woe (wəʊ) zn • *smart; wee* • *rampspoed* ★ woes *leed; ellende* ★ woe is me *wee mij* ★ woe betide you *wee u*
woebegone (wəʊbɪgɒn) bnw *droevig; smartelijk*
woeful (wəʊfʊl) bnw *droevig; smartelijk; treurig*
wog (wɒg) zn min. *neger; kleurling*
woke (wəʊk) ww [verl. tijd + volt. deelw.] → **wake**
woken (wəʊkən) ww [volt. deelw.] → **wake**
wold (wəʊld) zn *open heuvelland*
wolf (wʊlf) I zn • *wolf* • *Don Juan* ★ cry wolf *loos alarm slaan* ★ keep the wolf from the door *zorgen dat men te eten heeft* ★ have the wolf by the ears *in een hachelijke positie zitten* II ov ww ~ down *opschrokken*
wolf-fish (wʊlffɪʃ) zn *zeewolf*
wolfish (wʊlfɪʃ) bnw • *wolfachtig* • *vraatzuchtig* • *wellustig*
wolfram (wʊlfrəm) zn *wolfraam*
wolf-spider (wʊlfspaɪdə) zn *tarantula*
wolverene (wʊlvə'riːn), **wolverine** zn • *wolverine; veelvraat* ‹dier› • *wolverinebont*
wolves (wʊlvz) zn mv → **wolf**
woman (wʊmən) zn • *vrouw* • *wijf; mens* • *werkster* ★ Women's Lib(eration) ≈ *Dolle Mina's; emancipatiebeweging* ★ a ~ doctor *een vrouwelijke dokter* ★ kept ~ *maîtresse* ★ there's little of the ~ in her *zij heeft weinig vrouwelijks*
woman-hater (wʊmənheɪtə) zn *vrouwenhater*
womanhood (wʊmənhʊd) zn • *(het) vrouw-zijn* • *vrouwelijkheid*
womanish (wʊmənɪʃ) bnw *verwijfd; sentimenteel*
womanize (wʊmənaɪz) I ov ww *verwijfd maken* II onov ww *achter de vrouwen aanzitten*
womanizer (wʊmənaɪzə) zn *rokkenjager; versierder*
womankind (wʊmənkaɪnd) zn *de vrouwen* ★ my ~ *de dames; mijn vrouw en dochters*
womanlike (wʊmənlaɪk), **womanly** bnw *vrouwelijk*
womb (wuːm) zn *baarmoeder; schoot*
women (wɪmɪn) zn mv → **woman**
womenfolk (wɪmɪnfəʊk) zn *vrouwvolk*
won (wʌn) ww [verleden tijd] → **win**
wonder (wʌndə) I zn • *wonder* • *verwondering* ★ he is punctual today for a ~ *hij is vandaag zowaar eens op tijd* ★ do/work ~s *wonderen doen* ★ no/small ~ that *geen wonder dat* II onov ww *verbaasd staan* • *zich afvragen* • *benieuwd zijn* ★ I ~ at you! *dat had ik niet van je gedacht* ★ I ~ why you never told me? *waarom heb je me dat eigenlijk nooit gezegd?* ★ I ~ whether you would let me know *zoudt u mij willen meedelen* • ~ at *zich verwonderen over*
wonderful (wʌndəfʊl) bnw • *wonderlijk* • *prachtig; schitterend* ★ you're ~ *dat vind ik fantastisch van je!*
wondering (wʌndərɪŋ) bnw *met verbazing; verwonderd*
wonderingly (wʌndərɪŋlɪ) bijw *verbaasd*

wonderland ('wʌndəlænd) ZN *wonderland; sprookjesland*
wonderment ('wʌndəmənt) ZN *verwondering*
wonder-worker ('wʌndəwɜːkə) ZN *wonderdoener*
wondrous ('wʌndrəs) BNW + BIJW *verwonderlijk; buitengewoon*
wonky ('wɒŋkɪ) BNW *wankel; onvast; onstabiel*
wont (wəʊnt) I ZN FORM. *gewoonte* II BNW FORM. *gewend; gewoon* III ONOV WW FORM. *gewoon zijn*
won't (wəʊnt) SAMENTR *will not* → **will**
wonted ('wəʊntɪd) BNW *gewoonlijk*
woo (wuː) OV+ONOV WW • *dingen naar de hand/gunst van* • *verleiden* • ~ **away** *weglokken*
wood (wʊd) ZN • *hout* • *bos* • *houtblazers* • *houten bal; cricketbal; golfclub (met houten kop)* ⋆ *from the wood van 't vat* ⋆ *be out of the woods uit de moeilijkheden zijn* ⋆ *don't halloo till you're out of the woods men moet de dag niet prijzen voor het avond is* ⋆ *touch / USA knock on wood! afkloppen!* ⋆ *laminated wood triplex; multiplex*
woodbind ('wʊdbaɪnd) ZN *wilde kamperfoelie*
woodbine ('wʊdbaɪn) ZN *wilde kamperfoelie*
wood-carving ('wʊdkɑːvɪŋ) ZN *houtsnijwerk*
woodchuck ('wʊdtʃʌk) ZN *bosmarmot*
woodcock ('wʊdkɒk) ZN *houtsnip*
woodcraft ('wʊdkrɑːft) ZN *kennis v.h. leven/de jacht in (de) bossen*
woodcut ('wʊdkʌt) ZN *houtsnede*
woodcutter ('wʊdkʌtə) ZN • *houthakker* • *houtsnijder*
wooded ('wʊdɪd) BNW *bebost*
wooden ('wʊdn) BNW • *houten* • *onbuigzaam; lomp; houterig; stijf* • *nietszeggend*
wooden-head ZN *stomkop*
wooden-headed BNW *stom; dom*
woodland ('wʊdlənd) I ZN • *bosland; bebost(e) terrein(en)* II BNW *bos-*
woodman ('wʊdmən) ZN • *boswachter* • *houthakker*
wood nymph ZN *bosnimf; soort nachtvlinder*
woodpecker ('wʊdpekə) ZN *specht*
woodpie ('wʊdpaɪ) ZN *bonte specht*
woodpile ('wʊdpaɪl) ZN • *houtmijt* • *stapel brandhout*
wood pulp ZN *houtpulp*
woodshed ('wʊdʃed) ZN *houtschuur*
woodsman ('wʊdzmən) ZN • *bosbewoner* • *houthakker* • *iem. die graag door de bossen dwaalt*
wood warbler ZN *fluiter* ⟨vogel⟩
woodwind ('wʊdwɪnd) ZN *houtblazerssectie* ⟨in orkest⟩
woodwork ('wʊdwɜːk) ZN *houtwerk*
woodworm ('wʊdwɜːm) ZN *houtworm*
woody ('wʊdɪ) BNW • *houtachtig;* • *hout-* • *bos-; bosrijk* • *bebost*
woodyard ('wʊdjɑːd) ZN • *houtopslagplaats* • *houthandel*
woof (wʊf) ZN • *inslag* • *weefsel*
woofer ('wuːfə, 'wʊfə) ZN *woofer; luidspreker voor lage tonen*
wool (wʊl) I ZN • *wol* • *wollen garen; wollen kleding* • *dons* • *kroeshaar* ⋆ *keep your wool on maak je niet dik* ⋆ *lose one's wool nijdig worden* ⋆ *go for wool and come home shorn van een kouwe kermis thuis komen* ⋆ *dyed in the wool door de wol geverfd* ⋆ *pull the wool over s.o.'s eyes iem. zand in de ogen strooien* II OV WW *plukken wol uit vacht bijten*
wool-fat ('wʊlfæt) ZN *lanoline*
wool-fell ('wʊlfel) ZN *schapenvacht*
wool-gathering ('wʊlgæðərɪŋ) ZN *verstrooidheid* ⋆ *his wits have gone ~ hij zit te dromen/suffen*
woollen ('wʊlən) BNW *wollen* ⋆ ~ *draper handelaar in wollen goederen* ⋆ ~ *drapery/draper's wolzaak*
woollens ('wʊlənz) ZN MV *wollen goederen*
woolly ('wʊlɪ) I ZN [vaak MV] *wollen kleding/ondergoed* II BNW • *wollig; donzig* • *wollig* ⟨vaag⟩
woolly-headed BNW *warhoofdig*
woolsack ('wʊlsæk) ZN • *wolbaal* • *ambt/zetel van Lord Chancellor in Hogerhuis*
woozy ('wuːzɪ) BNW • *licht in het hoofd; beneveld* • *wazig*
wop (wɒp) ZN MIN. *spaghettivreter* ⟨Italiaan⟩
Worcs. AFK *Worcestershire*
word (wɜːd) I ZN • *woord* • *bericht; boodschap; nieuws* • *bevel* • *parool; wachtwoord* ⋆ *words praat(jes)* ⋆ *the Word het Woord Gods* ⋆ *word of honour erewoord* ⋆ *four-letter word schuttingwoord* ⋆ *fair words mooie woorden* ⋆ *hot words boze woorden* ⋆ *give the word bevel geven; het wachtwoord geven* ⋆ *hang on s.o.'s words aan iemands lippen hangen* ⋆ *he is as good as his word je kunt van hem op aan* ⋆ *he hasn't a good word to say for anybody hij heeft op iedereen wat aan te merken* ⋆ *can I have a word with you? kan ik u even spreken?* ⋆ *have words with s.o. woorden hebben met iem.* ⋆ *in a word in één woord* ⋆ *the last word in het allernieuwste op 't gebied van* ⋆ *leave word een boodschap achterlaten* ⋆ *take s.o. at his word iem. op zijn woord geloven* ⋆ *to a word woordelijk* ⋆ *with the word meteen toen het gezegd was/werd* ⋆ *suit the action to the word de daad bij het woord voegen* ⋆ *by word of mouth mondeling* ⋆ *in so many words ronduit gezegd* ⋆ *(up)on my word! op m'n erewoord!; nee, nou wordt ie goed!* ⋆ *play upon words woordspelingen maken* ⋆ *put in a word for een goed woordje doen voor* ⋆ *quick is the word vlug zijn is de boodschap* ⋆ *mum's the word mondje dicht!* ⋆ *sharp's the word opschieten!* ⋆ *bandy words with disputeren met* ⋆ *beyond words onbeschrijfelijk* ⋆ *word of command bevel* ⋆ *eat one's words zijn woorden intrekken; zijn excuus maken* ⋆ *a word in one's ear wenk; aanwijzing* ⋆ *word painter woordkunstenaar* ⋆ *word processor tekstverwerker* ⋆ *say the word! zeg 't maar!* ⋆ *send word to s.o. iem. berichten* ⋆ *fair words butter no parsnips praatjes vullen geen gaatjes* ⋆ *word for word woord voor woord; woordelijk* ⋆ *receive word bericht ontvangen* II OV WW *uitdrukken; verwoorden; stellen*
word-blind ('wɜːdblaɪnd) BNW *woordblind*
wordiness ('wɜːdɪnəs) ZN *langdradigheid*
wording ('wɜːdɪŋ) ZN *bewoordingen; stijl; redactie*

wordless ('wɜːdləs) BNW • *zonder woorden* • *sprakeloos*

wordly ('wɜːdlɪ) BNW • *werelds* • *mondain* • *materialistisch* • *aards*

word-perfect (wɜːd'pɜːfɪkt) BNW *tekstvast* ⟨toneel⟩

word-splitting ('wɜːdsplɪtɪŋ) ZN *woordenzifterij*

word-square ('wɜːdskweə) ZN *woordvierkant*

wordy ('wɜːdɪ) BNW *breedsprakig*

wore (wɔː) WW [verleden tijd] → **wear**

work (wɜːk) **I** ZN • *werk; arbeid* • *naaiwerk; breiwerk; borduurwerk; werkstuk* ★ be in work *werk hebben*; *werken* ★ be at work upon *bezig zijn met; werken aan* ★ it's all in a day's work *'t is heel gewoon*; *'t hoort er zo bij* ★ have one's work cut out (for one) *een zware taak vóór zich hebben* ★ a nasty piece of work *'n klier* ★ all work and no play makes Jack a dull boy *de boog kan niet altijd gespannen zijn* ★ out of work *werkeloos* **II** OV WW • *laten werken* • *bedienen; drijven; bewegen; exploiteren* • *bewerken; kneden; smeden* • *tot stand brengen; ten uitvoer brengen; maken* ★ he'll work it *hij lapt 't 'm wel* ★ work one's passage *zijn overtocht met werken verdienen* ★ work one's way *zich een weg banen* ★ work one's way up *zich opwerken* • ~ **in** *er in werken; er tussen werken* ★ work in with *samengaan met* • ~ **into** *tot ... brengen* ★ work o.s. into z. *weten te dringen in* ★ work o.s. into a rage z. *woedend maken* • ~ **off** *van de hand doen; opknappen met; door werken verdrijven* • ~ **out** *uitwerken; berekenen; uitputten* • ~ **over** *aftuigen* • ~ **through** *(er) doorkomen*; z. *werken door; doornemen* • ~ **up** *opwerken; opbouwen; aanzetten; opruien; omhoog komen*; z. *omhoog werken; opkruipen* ★ work o.s. up into a passion z. *steeds nijdiger maken* **III** ONOV WW • *werken* • *gaan; functioneren; effect hebben* • *handwerken; borduren* • *(nerveus) trekken* ★ your theory won't work *jouw theorie gaat niet op* • ~ **at** *werken aan; doen aan* • ~ **down** *naar beneden gaan/groeien; zakken* • ~ **on** *dóórwerken; werken op* ★ work on a plan *volgens een plan werken* ★ the door works on a spring *de deur gaat dicht/open met een veer* • ~ **out** *uitkomen; trainen; lukken; aflopen* ★ work out at *neerkomen op* • ~ **round** *draaien* ⟨v. wind⟩; *bijdraaien*

workable ('wɜːkəbl) BNW • *te bewerken; verwerkbaar* • *bruikbaar* • *rendabel*

workaday ('wɜːkədeɪ) BNW *alledaags; saai*

workaholic (wɜːkə'hɒlɪk) ZN *workaholic; werkverslaafde; werkezel*

workaround ('wɜːkəraʊnd) ZN *omweg* ⟨om een probleem te omzeilen⟩

workbag ('wɜːkbæg) ZN *naaizakje*

work-basket ('wɜːkbɑːskɪt) ZN *naaimandje*

workbench ('wɜːkbentʃ) ZN *werkbank*

workbook ('wɜːkbʊk) ZN • *werkboek* • *instructieboek*

workday ('wɜːkdeɪ) ZN *werkdag*

worker ('wɜːkə) ZN *werker; arbeider* ★ ~ ant/bee *werkmier/-bij*

workflow ('wɜːkfləʊ) ZN *werkstroom* ⟨volgorde van bewerkingen⟩

workforce ('wɜːkfɔːs) ZN • *personeel* • *arbeidspotentieel; werkende bevolking*

workhorse ('wɜːkhɔːs) ZN *werkpaard*

workhouse ('wɜːkhaʊs) ZN • *werkinrichting/-huis* • USA *verbeteringsgesticht*

working ('wɜːkɪŋ) **I** ZN • *werking* • *bewerking* • *proces* ★ ~s of the heart *wat er in 't hart omgaat* ★ ~ account *exploitatierekening* ★ ~ capital *werkkapitaal* ★ ~ day *werkdag* ★ ~ week *werkweek* ★ ~ stock *bedrijfsmateriaal; werkvoorraad* **II** BNW • *werk-; bedrijfs-* • *werkend; praktisch; bruikbaar* ★ ~ classes *arbeiders(klasse)* ★ ~ knowledge *elementaire kennis* ★ ~ majority *regeerkrachtige meerderheid* ★ ~ conditions *arbeidsvoorwaarden/-omstandigheden*

workings ('wɜːkɪŋz) ZN MV *gedeelte/terrein onder exploitatie*

workload ('wɜːkləʊd) ZN *werklast; taak*

workman ('wɜːkmən) ZN • *werkman; arbeider* • *vakman* ★ a bad ~ always blames his tools *een slecht werkman geeft altijd zijn gereedschap de schuld* ★ Workmen's Compensation Act *Ongevallenwet*

workmanlike ('wɜːkmənlaɪk) BNW *vakkundig*

workmanship ('wɜːkmənʃɪp) ZN • *vakmanschap; technisch kunnen* • *techniek; werk* ★ of good ~ *goed afgewerkt*

workout ('wɜːkaʊt) ZN *(conditie)training*

workpeople ('wɜːkpiːpl) ZN • *werkvolk* • *personeel*

work permit ZN *werkvergunning*

works (wɜːks) ZN MV • *fabriek; bedrijf* • *binnenwerk* • *ingewanden* ★ First Commissioner of Works *Minister v. Openbare Werken* ★ faith and ~ *geloof en goede werken* ★ the ~ *de hele zaak* ★ give him the ~ *geef 'm de volle laag*

workshop ('wɜːkʃɒp) ZN • *werkplaats* • *workshop; studiegroep*

workstation ('wɜːkstetʃən) ZN *werkplek*

worktop ('wɜːktɒp) ZN *werkblad* ⟨in keuken⟩

work-to-rule (wɜːktə'ruːl) ZN ★ ~ action *modelactie; stiptheidsactie*

world (wɜːld) ZN *wereld* ★ a ~ of *een (hele) massa* ★ all the ~ (and his wife) *jan en alleman* ★ all over the ~ *overal ter wereld; de hele wereld door* ★ begin the ~ *het leven/zijn loopbaan beginnen* ★ the ~ to come *het hiernamaals* ★ for all the ~ as if/like *precies als(of)* ★ I'm not long for this ~ *ik zal 't niet lang meer maken* ★ how is the ~ using you? *hoe gaat het met je?* ★ in the ~ *ter wereld* ★ how/what/who in the ~ *hoe/wat/wie in 's hemelsnaam* ★ drunk to the ~ *stomdronken* ★ tired to the ~ *doodmoe* ★ carry the ~ before one *een overrompelend succes behalen* ★ lower ~ *aarde; hel* ★ think the ~ of *een hoge dunk hebben van* ★ out of this ~ *onwezenlijk goed* ★ (I wouldn't miss it) for the ~ *(ik zou het) voor geen goud (willen missen)*

world champion ZN *wereldkampioen*

world-class I ZN *wereldklasse* ★ a ~ cricketer *een cricketer van wereldklasse* **II** BNW *van wereldklasse*

world-court (wɜːld'kɔːt) ZN *Internationaal Gerechtshof*

world economy ZN *wereldeconomie*

world-famous BNW *wereldberoemd*
worldliness ('wɜːldlɪnəs) ZN → **worldly**
worldly ('wɜːldlɪ) BNW • *aards* • *materialistisch; werelds; mondain* ★ ~ minded *werelds*
worldly-minded BNW *werelds; aards*
worldly-wise BNW *wereldwijs*
world music ZN *wereldmuziek*
world population ZN *wereldbevolking*
world record ZN *wereldrecord*
World Series MV USA ⟨nationale honkbalfinale⟩
world trade ZN *wereldhandel*
World Trade Organization ZN *Wereldhandelsorganisatie*
world war ZN *wereldoorlog*
world-weary ('wɜːldˌwɪərɪ) BNW *levensmoe*
world-wide ('wɜːldwaɪd) BNW *wereldwijd; wereld-; over de hele wereld* ★ ~ difference *hemelsbreed verschil* ★ ~ reputation *wereldnaam*
World Wide Web ZN COMP. *internet*
world-wise BNW *wereldwijs; zakelijk*
worm (wɜːm) I ZN • *worm* • *schroefdraad* • *tongriem* • COMP. *wormvirus* • MIN. *rotzak* ★ food for the worms *voor de pieren; dood* ★ even a worm will turn *tenslotte kan men niet alles over zijn kant laten gaan; ik ben wel goed maar niet gek* ★ worm of conscience *wroeging* ★ I'm a worm today *ik ben vandaag niets waard* II OV WW • v. wormen zuiveren • v.d. tongriem snijden ★ worm o.s. into *zich op slinkse wijze weten te draaien/dringen in* ★ worm a secret out of s.o. *een geheim uit iem. weten te krijgen* ★ worm (one's way) through *zich door ... wriemelen*
worm cast ('wɜːmkɑːst) ZN *wormhoopje*
worm-eaten ('wɜːmiːtn) BNW • *wormstekig* • *versleten; verouderd*
worm gear ZN *wormoverbrenging*
wormwood ('wɜːmwʊd) ZN *alsem*
wormy ('wɜːmɪ) BNW • *wormachtig* • *wormstekig* • *vol wormen*
worn (wɔːn) WW [volt. deelw.] → **wear**
worn-out (wɔːnˈaʊt) BNW • *uitgeput* • *versleten*
worried ('wʌrɪd) BNW • *bezorgd; benauwd* • *afgetobd* ★ be ~ about s.th. *ergens over in zitten*
worrisome ('wʌrɪsəm) BNW *lastig; vervelend; zorgelijk*
worry ('wʌrɪ) I ZN • *zorg* • *tobberij; gezanik* ★ INFORM. no worries *(maak je) geen zorgen; geen probleem* II OV WW • *lastig vallen; vervelen; (aan 't hoofd) zaniken* • *verscheuren; (met de tanden) heen en weer rukken* ⟨v. hond⟩ ★ it worries me *ik maak me zorgen om* ★ ~ out a problem *een probleem na veel gepieker oplossen* ★ he was ~ing the loose button of his coat *hij zat steeds maar aan de losse knoop van zijn jas* III ONOV WW • *piekeren; z. zorgen maken* ★ don't ~ *trek je er niets van aan* ★ I should ~! *dat zal mij een zorg zijn!* ★ not to ~! *maak je geen zorgen!* • ~ **along** *moeizaam vooruit komen; voortscharrelen*
worrying ('wʌrɪɪŋ) BNW *zorgwekkend; zorgelijk*
worse (wɜːs) I ZN • *iets ergers; iets slechters* ★ from bad to ~ *v. kwaad tot erger* II BNW + BIJW *slechter; erger* ★ ~ off *(financieel) slechter af*

★ want ~ *harder nodig hebben* ★ he is none the ~ for it *het heeft hem geen kwaad gedaan* ★ I like him none the ~ for it *ik mag hem er even/ wel zo graag om* ★ much the ~ for wear *behoorlijk versleten* • the ~ for drink *dronken* ★ to make matters/things ~ *tot overmaat v. ramp* ★ little the ~ for wear *nog zo goed als nieuw*
worsen ('wɜːsən) OV+ONOV WW *slechter maken/ worden; verergeren*
worship ('wɜːʃɪp) I ZN • *verering; aanbidding* • *eredienst* ★ place of ~ *godshuis* ★ Your Worship *Edelachtbare* II OV WW *aanbidden* III ONOV WW *de godsdienstoefeningen bijwonen; naar de kerk gaan*
worshipful ('wɜːʃɪpfʊl) BNW • *eerbiedig* • *achtbaar* ⟨in titels⟩
worshipper ('wɜːʃɪpə) ZN • *vereerder* • *gelovige; kerkganger*
worst (wɜːst) I ZN *slechst(e); ergst(e)* II BNW + BIJW *slechtst; ergst; ziekst*
worsted (ˈwʊstɪd) ZN *wol; kamgaren*
wort (wɜːt) ZN • *kruid* • *wort* ⟨bij bierbereiding⟩
worth (wɜːθ) I ZN • *waarde* • *goede karaktereigenschappen* ★ two shillings' ~ of apples *voor twee shilling appels* II BNW *waard* ★ it's (not) ~ it *het is de moeite (niet) waard* ★ ~ knowing *wetenswaardig* ★ for all he is ~ *uit alle macht; zo hard hij kan* ★ it was as much as his place was ~ (not) to *het zou hem zijn baan kosten als hij (niet)* ★ he is ~ two millions *hij bezit twee miljoen* III OV WW
worthless ('wɜːθləs) BNW *waardeloos*
worthwhile ('wɜːθwaɪl) BNW *de moeite waard*
worthy ('wɜːðɪ) I ZN • *achtenswaardig persoon* • *beroemdheid; held* ★ my ~ *waarde heer; mijn waarde* II BNW • *waardig* • *waard* • *(achtens)waardig; braaf* ★ ~ of a better cause *een betere zaak waardig* ★ ~ of praise *prijzenswaardig*
would (wʊd) WW [verleden tijd] → **will**
would-be ('wʊdbiː) BNW • *zogenaamd; pseudo-* • *toekomstig; aspirant-*
wouldn't ('wʊdnt) SAMENTR would not → **will**
wound[1] (wuːnd) I ZN *wond* II OV WW *(ver)wonden; krenken*
wound[2] (waʊnd) WW [verl. tijd + volt. deelw.] → **wind**[1]
wove (wəʊv), **woven** WW [verl. tijd + volt. deelw.] → **weave**
woven ('wəʊvən) WW [volt. deelw.] → **weave**
wow (waʊ) I ZN • *succes; iets geweldigs* • *langzame jank* ⟨geluidstechniek⟩ II OV WW *overweldigen; in verrukking brengen; meeslepen* III TW *wow; jeetje*
W.P. AFK weather permitting *als het weer het toelaat*
wrack (ræk) ZN ⟨aangespoeld⟩ *zeewier*
wraith (reɪθ) ZN *geestverschijning; schim*
wrangle ('ræŋgl) I ZN *ruzie* II ONOV WW *ruzie hebben/maken; kiften; vitten*
wrangler ('ræŋglə) ZN • *ruziemaker* • USA *cowboy*
wrap (ræp) I ZN • *omhulsel* • *omslagdoek* • *wijde mantel* • *reisdeken* II OV WW • *inpakken; verpakken; wikkelen; hullen in* ★ wrapped in thought *in gepeins verzonken* • ~ **up** *afronden;*

hullen in; inwikkelen ★ *be wrapped up in geheel opgaan in* **III** ONOV WW ~ *up z. inpakken*
wrapper ('ræpə) ZN • *wikkel* • *adresbandje* • *omslag; losse kaft* • *dekblad* • *ochtendjas*
wrapping ('ræpɪŋ) ZN • *(in)pakmateriaal* • *omhulsel* ★ ~ *paper pakpapier*
wrath (rɒθ) ZN *toorn*
wrathful ('rɒθfʊl) BNW *toornig; verbolgen*
wreak (ri:k) OV WW *aanrichten* ★ ~ *vengeance upon s.o. wraak nemen op iem.*
wreath (ri:θ) ZN • *krans; guirlande* • *sliert; (rook)pluim*
wreathe (ri:ð) **I** OV WW • *vlechten; strengelen* • *bekransen* **II** ONOV WW *kronkelen*
wreck (rek) **I** ZN • *'t vergaan; schipbreuk* • *vernieling; ondergang* • *ruïne; wrak(stukken); overblijfsel* ★ *go to* ~ *and ruin te gronde gaan* **II** OV WW • *doen schipbreuk lijden; doen verongelukken* • *vernietigen* **III** ONOV WW *schipbreuk lijden; stranden; verongelukken*
wreckage ('rekɪdʒ) ZN • *wrakstukken* • *schipbreuk; ondergang*
wrecked (rekt) BNW *vergaan; verongelukt; gestrand*
wrecker ('rekə) ZN • *verwoester* • *berger* • *strandjutter*
wren (ren) ZN *winterkoninkje*
wrench (rentʃ) **I** ZN • *ruk; draai* • *ontwrichting* • USA *moersleutel* • *pijnlijke scheiding* ★ *it was a terrible* ~ *het viel mij zwaar* **II** OV WW • *draaien; rukken* • *ontwrichten; verstuiken* • *(ver)wringen; verdraaien*
wrest (rest) **I** ZN *stemsleutel* **II** OV WW • *wegrukken* • *verdraaien*
wrestle ('resəl) **I** ZN *worsteling* **II** OV+ONOV WW *worstelen (met)* ★ ~ *with God vurig bidden*
wrestler ('reslə) ZN *worstelaar*
wrestling ('reslɪŋ) ZN *het worstelen* ★ ~ *bout worstelpartijtje*
wretch (retʃ) ZN • *stakker* • *ellendeling* • *ondeugd*
wretched ('retʃɪd) BNW • *slecht; miserabel* • *ellendig; diep ongelukkig*
wrick (rɪk) **I** ZN *verrekking* **II** OV WW *verrekken*
wriggle ('rɪgl) **I** ZN *gekronkel; gewriemel* **II** OV WW ★ ~ *one's way kronkelend voortgaan* **III** ONOV WW • *draaien; (z.) kronkelen* ‹ook fig.›*; wriemelen* • ~ *along kronkelend voortgaan* • ~ *out z. eruit draaien*
wriggler ('rɪglə) ZN • *draaier* • *wriemelend insect/worm*
wring (rɪŋ) **I** ZN *draai* ★ *give s.th. a* ~ *iets uitwringen* **II** OV WW • *wringen* • *verdraaien* • *benauwen* ★ ~*ing wet kletsnat* ★ ~ *s.th. from/out of s.o. iem. iets afdwingen* ★ ~ *the neck of de nek omdraaien* ★ ~ *s.o.'s hand iem. (hartelijk) de hand drukken* • ~ *out uitwringen*
wringer ('rɪŋə) ZN *mangel* ★ *put through the* ~ *over de hekel halen; het vuur aan de schenen leggen*
wrinkle ('rɪŋkl) **I** ZN • *rimpel; plooi* • *tip; wenk* • *foefje* ★ *he put me up to a* ~ *or two hij gaf me een paar goede tips* **II** OV+ONOV WW *rimpelen; plooien* ★ ~ *up one's forehead zijn voorhoofd fronsen*
wrinkly ('rɪŋklɪ) BNW *kreukelig*
wrist (rɪst) ZN • *pols(gewricht)* • SPORT *polswerk*

wristband ('rɪstbænd) ZN *horlogebandje*
wristlet ('rɪstlət) ZN • *polsband; armband* • *handboei* ★ ~ *watch polshorloge*
wristwatch ('rɪstwɒtʃ) ZN *polshorloge*
writ (rɪt) **I** ZN • *bevelschrift; gerechtelijk schrijven* • *dagvaarding* • FIG. *gezag* • REL. *Holy/Sacred Writ Heilige Schrift* ★ *serve a writ on een dagvaarding betekenen aan* ★ *issue writs for election verkiezingen uitschrijven* **II** WW [verl. tijd + volt. deelw.] → **write**
write (raɪt) **I** OV WW • *schrijven* ★ *writing materials schrijfbenodigdheden* ★ *it is written er staat geschreven* ★ *it is written all over/on his face het staat hem op zijn gezicht te lezen* ★ ~ *down opschrijven; afkraken; uitmaken voor; neerzetten als* ★ ~ *down capital op kapitaal afschrijven* • USA ~ *in bijschrijven; stemmen* ‹namens een ander› • ~ *off vlug neerpennen; overschrijven; afschrijven* • FIG. ~ *off afschrijven; dumpen* • ~ *out uitschrijven; voluit schrijven* ★ ~ *out fair in 't net schrijven* ★ ~ *up bijwerken; bijhouden; prijzen; (te) uitvoerig beschrijven* **II** ONOV WW • *schrijven* • ~ *in schrijven* • ~ *in/off for schrijven om*
write-down ('raɪtdaʊn) ZN *afschrijving* ‹v. waarde›
write-off ('raɪtɒf) ZN • *total loss; verliespost* • *afschrijving*
writer ('raɪtə) ZN • *schrijver* • *handleiding om brieven e.d. te schrijven* ★ ~ *to the signet advocaat en procureur* ★ ~*'s cramp schrijfkramp*
writership ('raɪtəʃɪp) ZN *schrijverschap*
write-up ('raɪtʌp) ZN *rapport; recensie; kritiek*
writhe (raɪð) ONOV WW • *(z.) kronkelen* • ~ *with ineenkrimpen van*
writing ('raɪtɪŋ) **I** ZN • *schrift* • *geschrift; handschrift* • *stijl* ‹v. schrijven› ★ *in* ~ *schriftelijk* ★ *the* ~ *on the wall het teken aan de wand* ★ *put in* ~ *op schrift stellen* **II** BNW *schrijf-* ★ ~ *paper schrijfpapier; briefpapier* ★ ~ *table schrijftafel* ★ ~ *materials schrijfbenodigdheden*
writing pad ZN • *onderlegger* ‹op bureau› • *schrijfblok*
writings ('raɪtɪŋz) ZN MV *(literaire) werken*
written ('rɪtn) **I** BNW *schriftelijk* **II** WW [volt. deelw.] → **write**
wrong (rɒŋ) **I** ZN • *kwaad; onrecht; iets verkeerds* • *ongelijk* ★ *be in the* ~ *ongelijk hebben* ★ *put in the* ~ *in 't ongelijk stellen* ★ *the King can do no* ~ *de Koning is onschendbaar* **II** BNW + BIJW • *fout; mis; verkeerd; niet in orde* • *slecht* ★ *get in* ~ *with s.o. bij iem. in ongenade vallen* ★ *be in the* ~ *box 't mis hebben; in het verkeerde schuitje zitten* ★ *go* ~ *de verkeerde kant opgaan* ★ ~ *side out binnenste buiten* ★ *on the* ~ *side of 40 over de 40* ★ *be* ~ *ongelijk hebben; 't mis hebben* ★ *what's* ~*? wat scheelt eraan?* ★ *don't get me* ~ *begrijp me goed* ★ *get it* ~ *het bij het verkeerde eind hebben; het verkeerd opvatten* **III** OV WW • *verkeerd beoordelen* • *onrecht aandoen; onheus behandelen*
wrongdoer ('rɒŋduːə) ZN • *onrechtpleger* • *zondaar* • *deugniet*
wrongdoing ('rɒŋduːɪŋ) ZN • *kwaaddoenerij*

• *overtreding*; *delict*
wrongful ('rɒŋfʊl) BNW • *onrechtmatig* • *fout*
wrong-headed BNW *dwars*; *koppig*
wrongly ('rɒŋlɪ) BIJW • *ten onrechte* • *verkeerd*
wrote (rəʊt) WW [verleden tijd] → **write**
wrought (rɔ:t) I BNW *gewrocht* ★ ~ iron *smeedijzer* II WW [verl. tijd] → **work**
wrung (rʌŋ) WW [verl. tijd + volt. deelw.] → **wring**
wry (raɪ) BNW *scheef*; *verdraaid* ★ wry face *zuur gezicht* ★ smile wryly *lachen als een boer die kiespijn heeft*
wt AFK weight *gewicht*
wuthering ('wʌðərɪŋ) BNW *woest*; *onherbergzaam*
WW AFK World War *wereldoorlog* ★ WWI *Eerste Wereldoorlog* ★ WWII *Tweede Wereldoorlog*
WWW AFK www World Wide Web *www*
Wyo. AFK Wyoming ‹staat in USA›
WYSIWYG (wɪzi:'wɪg) AFK COMP. What You See Is What You Get *wysiwyg* ‹wat je (op het scherm) ziet, krijg je afgedrukt›

X

x (eks) ZN letter *x* ★ X as in X-mas *de x van Xantippe*
xenomania (zenəʊ'meɪnɪə) ZN *overdreven voorliefde voor wat uit 't buitenland komt*
xenophobia (zenə'fəʊbɪə) ZN *vreemdelingenhaat/-angst*
xerox ('zɪərɒks) I ZN • *(foto)kopie* • *(foto)kopieerapparaat* II OV+ONOV WW *fotokopiëren*
XL (eks'el) AFK Extra Large *extra groot* ‹kledingmaat›
Xmas ('krɪsməs) ZN INFORM. → **Christmas**
X-rated (eks'reɪtɪd) BNW USA *met klassering X* ‹verboden voor kinderen, wegens seks of geweld› ★ an ~ movie *een film voor volwassenen*
X-ray (eks'reɪ) I ZN • *röntgenstraal* • *röntgenfoto*; *röntgenonderzoek* II OV WW • *röntgenfoto maken (v.)* • *nauwkeurig onderzoeken*
XS AFK Extra Small *extra klein* ‹kledingmaat›
xylograph ('zaɪləgrɑ:f) ZN *houtsnede*
xylography (zaɪ'lɒgrəfɪ) ZN *houtsnijkunst*
xylonite ('zaɪlənaɪt) ZN *celluloid*
xylophone ('zaɪləfəʊn) ZN *xylofoon*

Y

y (waɪ) **I** ZN letter *y* ★ Y as in Yellow *de y van ypsilon* ★ y-road *driesprong* **II** AFK year *j(aar)*
Y2K AFK Year 2 Kilo *het jaar 2000*
yabber ('jæbə) ONOV WW → **jabber**
yacht (jɒt) **I** ZN *jacht* ★ ∼ club *zeilclub* **II** ONOV WW *zeilen met een jacht*
yachter ('jɒtə), **yachtsman** ZN *zeiler*
yachting ('jɒtɪŋ) ZN *zeilsport*
yachtsman ('jɒtsmən) ZN *zeiler in jacht; liefhebber v. zeilen*
yadda yadda ZN INFORM. *blabla*
yaffil ('jæfɪl), **yaffle** ZN *groene specht*
yager ('jeɪgə) ZN MIL. *jager*
yah (jɑː) TW ★ USA *ja* ● *och kom!*; *bah!* ★ yah, yah! *moet je (dat/haar/hem) horen!*
yahoo (jəˈhuː) ZN *bruut; beest* ⟨figuurlijk⟩
yak (jæk) **I** ZN ● *jak* ⟨soort rund⟩ ● INFORM. *geouwehoer* **II** ONOV WW INFORM. *ouwehoeren*
yam (jæm) ZN *yam*
yammer ('jæmə) ONOV WW *jammeren; klagen* ● *kakelen; veel praten*
yammerhead ('jæməhed) ZN *jammeraar*
yank (jæŋk) **I** ZN *ruk; stoot; klap* **II** OV WW ● *plotseling (weg)trekken; rukken; trekken aan* ● *gappen* ★ they yanked me off *ze brachten me haastig weg*
Yankee (jæŋk) **I** ZN ● **Yankee I** ZN ● *inwoner v. New England* ● *bewoner/soldaat v.d. Noordelijke Staten* ⟨in Am. burgeroorlog⟩ ● *inwoner v.d. VS; Amerikaan* ● *dialect v. New England* ● *whisky met stroop* ● PLAT/USA ∼s *Am. fondsen* ★ ∼ Doodle *yankee* **II** BNW *Amerikaans* ★ ∼ State *Ohio*
yap (jæp) **I** ZN *gekef* ★ give a yap *keffen* **II** ONOV WW ● *keffen* ● *kletsen*
yard (jɑː(d)) **I** ZN ● *yard* ⟨ca. 91 cm⟩ ● *ra* ● *erf; plaats(je)* ⟨bij huis⟩; *binnenplaats* ● *emplacement; werf* ● USA *tuin* ★ the Yard *Scotland Yard* ★ don't trust him a yard *vertrouw 'm voor geen cent* ★ he talked by the yard *hij praatte honderd uit* ★ yards of *een heleboel* ★ yard master *rangeermeester* **II** OV WW ● *naar afgesloten terrein brengen* ⟨v. vee⟩ ● *opslaan* ⟨v. hout⟩
yardage ('jɑːdɪdʒ) ZN ● *lengte in yards* ● *opslag-/stallingskosten*
yardbird ('jɑːdbɜːd) ZN USA *gedetineerde*
yardstick ('jɑːdstɪk) ZN ● *maatstok* ● *maatstaf* ⟨figuurlijk⟩
yardwand ('jɑːdwɒnd) ZN *ellenstok; meetstok*
yarmulke ('jɑːmʊlkə), **yarmulka** ZN *keppeltje*
yarn (jɑːn) **I** ZN ● *garen; draad* ● *sterk verhaal; lang(dradig) verhaal* ★ sportsman's yarn *vissersslatijn* ★ spin a yarn *een sterk verhaal vertellen* **II** ONOV WW *sterke verhalen vertellen*
yaw (jɔː) **I** ZN *slingeren; verlies v.d. koers* **II** OV WW *uit koers doen raken* **III** ONOV WW ● *slingeren* ⟨v. vliegtuig of schip⟩ ● *uit de koers raken*
yawl (jɔːl) ZN *jol*
yawn (jɔːn) **I** ZN ● *gapende afgrond* ● *geeuw* ● *vervelend iem.* ★ give a yawn *geeuwen* **II** OV WW *geeuwend (iets) zeggen* **III** ONOV WW *gapen; geeuwen*
yaws (jɔːz) ZN *frambroesia* ⟨tropische huidziekte⟩
yd. AFK yard(s) *yard*
ye (jiː) **I** PERS VNW OUD. *gij; u* **II** LW OUD. *de; het*
yea (jeɪ) **I** ZN ● *ja* ● *een stem vóór* ● USA *vóórstemmer* ★ USA yeas and nays *vóór- en tegenstemmers* **II** BIJW USA *ja zelfs*
yeah (jeə) TW *ja*
yean (jiːn) OV WW *werpen* ⟨lammeren⟩
yeanling ('jiːnlɪŋ) ZN *lam; geitje*
year (jɪə) ZN *jaar* ★ the year dot/one *het jaar nul* ★ a year from today *vandaag over 'n jaar* ★ it will be years first before ... *'t kan nog wel jaren duren voordat ...* ★ year after/by year *jaar na jaar* ★ at his years *op zijn leeftijd* ★ in years *bejaard* ★ year's mind *jaargetijde* ⟨r.-k. Kerk⟩
yearbook ('jɪəbʊk) ZN *jaarboek*
yearling ('jɪəlɪŋ) **I** ZN ● *eenjarig(e) dier/plant* ● USA *eerstejaarsstudent* **II** BNW *éénjarig*
year-long BNW *een jaar lang*
yearly ('jɪəlɪ) BNW + BIJW *jaar-; jaarlijks*
yearn (jɜːn) ONOV WW ● ∼ after/for *smachten naar* ● ∼ to(wards) *met liefde/medelijden vervuld zijn jegens*
yearning ('jɜːnɪŋ) **I** ZN ● *vurig verlangen* ● *diep medelijden* **II** BNW *smachtend*
yeast (jiːst) ZN ● *gist* ● *schuim* ⟨op golven⟩ ● *zuurdesem* ★ USA ∼ powder *bakpoeder*
yeasty ('jiːstɪ) BNW ● *gistend* ⟨ook fig.⟩ ● *oppervlakkig* ● *luchtig* ● *hoogdravend* ★ a ∼ conscience *onrustig geweten*
yegg ('jeg) ZN USA, PLAT *inbreker*
yell (jel) **I** ZN ● *gil; geschreeuw* ● INFORM. *iets vreselijk grappigs* **II** ONOV WW ● *schreeuwen* ● ∼ forth/out *uitbrullen* ● ∼ on *aanvuren met geschreeuw* ● ∼ with *gillen van*
yellow ('jeləʊ) **I** ZN ● *geel* ● *eigeel* **II** BNW ● *geel* ● *laf* ● *jaloers* ● *achterdochtig* **III** OV WW *geel maken* **IV** ONOV WW *vergelen; geel worden*
yellow-belly ZN ● *kikker* ● *Mexicaan* ● *halfbloed* ● *lafaard*
yellow-dog BNW ● *laf* ● *anti-vakbonds-*
yellowish ('jeləʊɪʃ), **yellowy** BNW *gelig*
yellowy ('jeləʊɪ) BNW *gelig*
yelp (jelp) **I** ZN ● *gejank* ● *keffer* **II** ONOV WW *keffen* ⟨als v. een hond⟩; *janken*
yen (jen) **I** ZN *yen* **II** ONOV WW PLAT/USA *intens verlangen*
yeoman ('jəʊmən) ZN ● *vrije boer; kleine landeigenaar; herenboer* ● *lid v.e. vrijwillige cavalerie* ● *titel v. bep. bediender aan 't hof* ● *bevaren matroos belast met toezicht op bep. afdeling* ● USA *onderofficier belast met de geestelijke verzorging aan boord* ★ ∼ of the guard *lid v.d. lijfwacht der Eng. koningen in 16e-eeuws uniform* ★ ∼('s) service *steun; goede dienst*
yeomanry ('jəʊmənrɪ) ZN ● *de yeomen* ● *vrijwillige cavalerie* ⟨v. kleine landeigenaars⟩
yep (jep) TW USA/INFORM. *ja*
yes (jes) **I** OV WW INFORM. *beamen* **II** TW *ja*
yes-man ZN *jaknikker; jabroer*
yesterday ('jestədeɪ) BIJW *gisteren* ★ the day before ∼ *eergisteren*
yesteryear ('jestəjɪə) ZN *verleden jaar*

yet (jet) I BIJW • *nog*; *tot nog toe* • *toch*; *nochtans* • *al* ★ as yet *tot nu/nog toe* ★ not yet *nog niet* ★ never yet *nog nooit* ★ need you go yet? *moet je al gaan?* ★ yet once (more) *nog eens* ★ even yet *zelfs nu nog* ★ nor yet *en ook niet* II VW *en toch*; *maar* ★ yet what is the use of it *maar waar dient dit voor*

yew (ju:) ZN *taxus*

YHA AFK Youth Hostel Association ≈ *Jeugdherbergcentrale*

Yid (jɪd) ZN MIN. *jood*

Yiddish ('jɪdɪʃ) I ZN *de jiddische taal* II BNW *jiddisch*

yield (ji:ld) I ZN • *'t toegeven* • *productie* • *opbrengst* • *oogst* II OV WW • *op-/voortbrengen*; *opleveren* • *geven*; *verschaffen* • *afstaan* ★ ~ precedence to *voorrang geven* ★ ~ the palm overtroffen *worden* ★ ~ justice to *recht doen wedervaren* ★ I ~ the point *ik geef het argument toe* • ~ up *opleveren*; *afstaan* ★ ~ up the ghost *de geest geven* III ONOV WW • *toegeven* • *z. overgeven* • *voorrang verlenen* • ~ to *bezwijken voor* ★ ~ to none *voor niemand onderdoen*

yielding ('ji:ldɪŋ) BNW • *vruchtbaar*; *productief* • *meegaand/-gevend*

yikes (jaɪks) TW *ai!* ⟨bij schrik of afschuw⟩

yippee (jɪ'pi:) TW *jippie!*

YMCA AFK Young Men's Christian Association *protestantse organisatie voor jongemannen*

yob (jɒb), **yobbo** ('jɒbəʊ), **yobbo** ZN • MIN. *vandaal* • MIN. *pummel*

yodel ('jəʊdl) I ZN *gejodel* II OV+ONOV WW *jodelen*

yoga ZN *yoga*

yogi ('jəʊgɪ) ZN *yogi*; *hindoestaans asceet*

yogurt ('jɒgət, jəʊgərt), **yoghurt**, **yoghourt** ZN *yoghurt*

yo-heave-ho ('jəʊhi:v'həʊ) TW *haal op!* ⟨matrozenroep⟩

yoke (jəʊk) I ZN • *juk* • *heup-/schouderstuk* ⟨v. kledingstuk⟩ II OV WW • *'t juk opleggen* • *aanspannen* ⟨v. ossen⟩ • *verbinden* ★ they do not yoke well *ze passen niet bij elkaar*

yoke elm ZN PLANTK. *haagbeuk*

yokel ('jəʊkl) ZN *boerenpummel*

yolk (jəʊk) ZN • *eidooier* • *wolvet*

yonder ('jɒndə) BIJW *ginds*; *daarginds*

yore (jɔ:) ZN ★ of yore *(van) voorheen* ★ in days of yore *in vroeger dagen*

Yorker ('jɔ:kə) ZN *inwoner van York*; *inwoner van New York*

Yorks. AFK *Yorkshire*

you (ju:) PERS VNW • *jullie*; *jij*, *je* • *u*; *gij* • *men* ★ you never can tell *je kunt/men kan nooit weten* ★ you people know that ... *jullie weten toch dat ...* ★ poor you! *arme ziel die je bent!*

you'd (ju:d) SAMENTR you had, you would → **have** → **will**

you'll (ju:l) SAMENTR you shall, you will → **shall** → **will**

young (jʌŋ) I ZN *jongen* ⟨v. dieren⟩ ★ the ~ *de jeugd* ★ with ~ *drachtig* II BNW • *jong*; *jeugdig* • *onervaren*; *nieuw* • *junior* ★ ~ mr. A. A. junior ★ he is still a ~ one *hij is nog onervaren* ★ the ~ ones *de jongeren*; *de jongelui*

youngish ('jʌŋɪʃ) BNW *jeugdig*; *vrij jong*

youngster ('jʌŋstə) ZN • *jongmens* • *jong broekje/ maatje* • *jonge officier* • *jong dier* ★ the ~s *de jongelui*

your (jɔ:) BEZ VNW *uw*; *je* ★ your novelist *je zogenaamd bekende romanschrijver*

you're (jʊə) SAMENTR you are → **be**

yours (jɔ:z) BEZ VNW *de/het uwe*; *jouwe* ★ you and ~ *gij en de uwen/uw bezittingen, enz.* ★ it was ~ to do this *het was aan u om dit te doen* ★ ~ is to hand *uw brief ontvangen* ★ ~ truly *hoogachtend*; IRON. *ondergetekende* ★ a friend of ~ *een vriend van jou/u* ★ what's ~? *wat wil je gebruiken?*

yourself (jɔ:'self) WKD VNW • *jijzelf*; *uzelf* • *u*; *zelf* ★ INFORM. how's ~? *hoe gaat 't?* ★ be ~! *kalm aan!*; *bedaar 'n beetje!*

yourselves (jɔ:'selvz) PERS VNW [mv] → **yourself**

youth (ju:θ) ZN • *jeugd* • *jongelui* • *jongeling* ★ from my ~ onwards (up) *van jongs af aan*

youthful ('ju:θfʊl) BNW *jeugdig*; *jong*

youth hostel ZN *jeugdherberg*; *stayokay* ®

you've (ju:v) SAMENTR you have → **have**

yowl (jaʊl) I ZN • *gejank* • *gemiauw* II ONOV WW *janken*; *huilen*; *miauwen*

yo-yo ('jəʊjəʊ) I ZN *jojo* II ONOV WW • *jojoën* • *op- en neergaan* • *weifelen*

yperite ('i:pəraɪt) ZN *yperiet* ★ ~ (gas) *mosterdgas*

yrs. AFK *years jaren* • *yours jullie*; *uw*

Yugoslav ('ju:gəslɑ:v) I ZN *Joegoslaaf* II BNW *Joegoslavisch*

Yugoslavia ('ju:gə'slɑ:vɪə) ZN *Joegoslavië*

yuk (jʌk) TW *gadverdamme!*

Yuletide ('ju:ltaɪd) ZN *kersttijd*

yummy ('jʌmɪ) I BNW INFORM. *lekker*; *heerlijk*; *prachtig* II TW *mmm!*

yum-yum (jʌm'jʌm) TW *mmm!*; *lekker*; *heerlijk*

yup ZN USA *young urban professional yup*

YWCA AFK Young Women's Christian Association *protestantse organisatie van jonge vrouwen*

Z

z (zed) ZN letter *z* ★ *Z as in Zebra* de z van Zaandam

zany ('zeɪnɪ) **I** ZN • halve gare • lolbroek **II** BNW • grappig; geinig • absurd

zap (zæp) **I** ZN • pit; pep; energie • schok; slag **II** OV WW • uitschakelen ⟨v. concurrent⟩; verslaan; vernietigen • plotseling hard slaan • diepe indruk maken op • opwarmen ⟨in magnetron⟩ • **~ through** doorspoelen ⟨video enz.⟩ **III** ONOV WW • snel bewegen; racen • zappen ⟨tv⟩

zeal (ziːl) ZN ijver; vuur

zealot ('zelət) ZN fanatiekeling; drijver; dweper

zealotry ('zelətrɪ) ZN fanatisme

zealous ('zeləs) BNW ijverig

zebra ('zebrə, 'ziːbrə) **I** ZN • zebra • USA/INFORM. scheids-/lijnrechter **II** BNW zwart-wit gestreept

zebra crossing ZN zebrapad

zebra wolf ZN buideIwolf

zebu ('ziːbuː) ZN Indisch bultrund

zed (zed) ZN de letter *z* ★ zed(-bar) Z-vormige stang

zenana (zɪ'nɑːnə) ZN harem ⟨in India⟩ ★ ~(-cloth) dunne stof

zenith ('zenɪθ) ZN toppunt

zephyr ('zefə) ZN • windje; koeltje • dunne sporttrui • zefier ⟨stof⟩ ★ Zephyr zefier

zero ('zɪərəʊ) **I** ZN • nul(punt) • laagste punt; dieptepunt • beginpunt • MIL. middernacht ★ be at zero op nul staan ★ fly at zero beneden 1000 voet vliegen ★ zero g toestand van gewichtloosheid ★ MIL. zero day datum v.e. operatie **II** ONOV WW richten ⟨geweer⟩

zero-hour ('zɪərəʊaʊə) ZN • MIL. uur nul • kritiek moment

zest (zest) ZN • iets pikants • pikante smaak • vuur • animo ★ zest for life levenslust ★ add a zest to kruiden ⟨ook fig.⟩; 't genot verhogen van

zigzag ('zɪgzæg) **I** ZN zigzag **II** BNW + BIJW zigzagsgewijs **III** ONOV WW • zigzaggen(d voortbewegen) • heen en weer/op en neer gaan

zilch (zɪltʃ) VNW niks; noppes

zillion ('zɪljən) ZN USA x miljoen; onbepaald groot aantal/getal ★ ~s of mosquitoes ontelbaar veel muggen

Zimmer frame ® ('zɪmə freɪm) ZN ≈ rollator

zinc (zɪŋk) **I** ZN zink ★ zinc plate gegalvaniseerd ijzer **II** OV WW met zink bedekken

zinciferous (zɪŋ'kɪfərəs), **zincous** BNW zinkhoudend

zincode ('zɪŋkəʊd) ZN • positieve pool • zinkplaat in elektrisch element

zing (zɪŋ) ZN energie; enthousiasme

Zingaro ('zɪŋgərəʊ) ZN zigeuner

Zionism ('zaɪənɪzəm) ZN • zionisme • streven naar autonome joodse staat

zip (zɪp) **I** ZN • ritssluiting • fut • gefluit/-snor ⟨v. kogels of pijlen⟩ **II** OV WW • COMP. zippen • **~ up** dichtritsen ★ could you zip me up? kun je de rits (op mijn rug) dichtmaken? **III** ONOV WW • vliegen; fluiten ⟨v. kogels⟩ • USA/INFORM. met energie werken

zip code ZN USA postcode

zipdrive ('zɪpdraɪv) ZN COMP. zipdrive

zip fastener ZN ritssluiting

zipper ('zɪpə) ZN • ritssluiting • tasje, enz. met ritssluiting

zither(n) ('zɪðə(n)) ZN citer

zodiac ('zəʊdɪæk) ZN dierenriem

zodiacal (zə'daɪəkl) ZN zodiakaal

zombie ('zɒmbɪ) ZN • levend lijk • apathisch iem.

zonal ('zəʊnl) BNW • m.b.t. zones • ingedeeld in zones

zone (zəʊn) **I** ZN • ring; zone; luchtstreek; gordel ★ zone of fire baan v. projectiel **II** OV WW • omgorden • in zones verdelen • toewijzen voor bep. gebied

zoning ('zəʊnɪŋ) ZN • handels-/industriewijken • indeling v. stad in woonwijken

zonked (zɒŋkt, zɑŋkt) BNW USA onder invloed ⟨v. alcohol of drugs⟩

zoo (zuː) ZN dierentuin ★ zoo man oppasser in dierentuin ★ the London Zoo de dierentuin van Londen

zoological (zəʊə'lɒdʒɪkl) BNW dierkundig ★ ~ garden dierentuin

zoologist (zəʊ'ɒlədʒɪst) ZN dierkundige

zoology (zəʊ'ɒlədʒɪ) ZN dierkunde

zoom (zuːm) **I** ZN 't steil klimmen v. vliegtuig **II** ONOV WW • PLAT vliegtuig snel en steil doen stijgen • zoemen • snel in prijs stijgen • A-V zoomen ★ zoom lens zoomlens ★ **~ in** (on) inzoomen (op)

zoomorph ('zəʊəʊmɔːf) ZN dierenafbeelding

zoomorphic (zəʊə'mɔːfɪk) BNW in dierenvorm

zoot (zuːt) BNW • opzichtig • modieus ★ USA zoot suit opzichtig twee- of driedelig herenkostuum met brede revers en wijde broekspijpen

zooter ('zuːtə) ZN fat; verwijfde man

zootomy (zəʊ'ɒtəmɪ) ZN ontleding v. dieren

zoster ('zɒstə) ZN • gordel • gordelroos

zucchetto (zuː'ketəʊ) ZN kalotje v. r.-k. geestelijke

zucchini (zuː'kiːnɪ) ZN USA courgette

zymosis (zaɪ'məʊsɪs) ZN • gisting • infectieziekte

zymotic (zaɪ'mɒtɪk) BNW • besmettelijk; infectie- • gistings-

Grammaticaal compendium

ONREGELMATIGE WERKWOORDEN

infinitief	o.v.t	volt. deelwoord	vertaling
abide	abode	abode	vasthouden aan, verdragen
arise	arose	arisen	ontstaan
awake	awoke	awoke	wakker worden
be	was/were	been	zijn, worden
bear	bore	borne	(ver)dragen
beat	beat	beaten	(ver)slaan
become	became	become	worden
begin	began	begun	beginnen
behold	beheld	beheld	aanschouwen
bend	bent	bent	buigen
bet	bet	bet	wedden
	betted	betted	
bid	bade	bidden	gebieden
bid	bid	bid	bieden
bind	bound	bound	binden
bite	bit	bitten	bijten
bleed	bled	bled	bloeden
blow	blew	blown	blazen, waaien
break	broke	broken	breken
breed	bred	bred	kweken, fokken
bring	brought	brought	brengen
broadcast	broadcast	broadcast	uitzenden
build	built	built	bouwen
burn	burned	burned	(ver)branden
	burnt	burnt	
burst	burst	burst	barsten
buy	bought	bought	kopen
cast	cast	cast	werpen
catch	caught	caught	vangen
choose	chose	chosen	kiezen
cling	clung	clung	zich vastgrijpen
come	came	come	komen
cost	cost	cost	kosten
creep	crept	crept	kruipen
cut	cut	cut	snijden
deal	dealt	dealt	(be)handelen
dig	dug	dug	graven
do	did	done	doen
draw	drew	drawn	tekenen, trekken
dream	dreamed	dreamed	dromen
	dreamt	dreamt	
drink	drank	drunk	drinken
drive	drove	driven	drijven, besturen
dwell	dwelt	dwelt	wonen
eat	ate	eaten	eten
fall	fell	fallen	vallen
feed	fed	fed	(zich) voeden
feel	felt	felt	(zich) voelen
fight	fought	fought	vechten
find	found	found	vinden
flee	fled	fled	vluchten
fling	flung	flung	smijten
fly	fled	fled	vluchten
fly	flew	flown	vliegen
forbid	forbade	forbidden	verbieden
forget	forgot	forgotten	vergeten
forgive	forgave	forgiven	vergeven
forsake	forsook	forsaken	in de steek laten
freeze	froze	frozen	(be)vriezen
get	got	got	krijgen, worden
		gotten (VS)	
give	gave	given	geven

Grammaticaal compendium

infinitief	o.v.t	volt. deelwoord	vertaling
go	went	gone	gaan
grind	ground	ground	malen, slijpen
grow	grew	grown	groeien, kweken, worden
hang	hung	hung	hangen
	hanged	hanged	ophangen
have	had	had	hebben
hear	heard	heard	horen
hide	hid	hidden	(zich) verbergen
hit	hit	hit	slaan, raken, treffen
hold	held	held	(vast)houden
hurt	hurt	hurt	pijn doen, bezeren
keep	kept	kept	houden, bewaren
kneel	knelt	knelt	knielen
knit	knit	knitted	breien
	knitted	knit	
know	knew	known	weten
lay	laid	laid	leggen
lead	led	led	leiden
lean	leant	leaned	leunen
	leaned	leant	
leap	leapt	leaped	springen
	leaped	leapt	
learn	learnt	learned	leren
	learned	learnt	
learned	learned		
leave	left	left	(ver)laten
lend	lent	lent	uitlenen
let	let	let	laten, verhuren
lie	lay	lain	liggen
light	lit	lighted	aansteken, verlichten
	lighted	lit	
lose	lost	lost	verliezen
make	made	made	maken
mean	meant	meant	bedoelen, betekenen
meet	met	met	ontmoeten
mow	mowed	mown	maaien
pay	paid	paid	betalen
put	put	put	leggen, plaatsen, zetten
quit	quit	quitted	ophouden, verlaten
	quitted	quit	
read	read	read	lezen
rid	rid	rid	bevrijden
ride	rode	ridden	rijden
ring	rang	rung	bellen, klinken
rise	rose	risen	opstaan, stijgen, rijzen
run	ran	run	rennen, lopen
saw	sawed	sawn	zagen
		sawed	
say	said	said	zeggen
see	saw	seen	zien
seek	sought	sought	zoeken
sell	sold	sold	verkopen
send	sent	sent	sturen, zenden
set	set	set	zetten, ondergaan
sew	sewed	sewn	naaien
		sewed	
shake	shook	shaken	schudden, beven
shave	shaved	shaven	scheren
		shaved	
shed	shed	shed	vergieten, storten
shine	shone	shone	schijnen, glanzen
shoot	shot	shot	schieten
show	showed	shown	tonen
		showed	
shrink	shrank	shrunk	krimpen
shut	shut	shut	sluiten
sing	sang	sung	zingen

infinitief	o.v.t	volt. deelwoord	vertaling
sink	sank	sunk	zinken, tot zinken brengen
sit	sat	sat	zitten
sleep	slept	slept	slapen
slide	slid	slid	glijden
smell	smelt	smelled	ruiken
	smelled	smelt	
sow	sowed	sown	zaaien
speak	spoke	spoken	spreken
spell	spelt	spelled	spellen
	spelled	spelt	
spend	spent	spent	uitgeven, doorbrengen
spin	spun	spun	ronddraaien, spinnen
spill	spilt	spilled	morsen
	spilled	spilt	
spit	spat	spat	spuwen
split	split	split	splijten
spoil	spoilt	spoiled	bederven, verwennen
	spoiled	spoilt	
spread	spread	spread	(zich ver)spreiden
stand	stood	stood	staan
steal	stole	stolen	stelen
stick	stuck	stuck	steken, kleven
sting	stung	stung	steken, prikken
stink	stank	stunk	stinken
	stunk		
stride	strode	stridden	schrijden, stappen
strike	struck	struck	slaan, treffen, staken
strive	strove	striven	streven
swear	swore	sworn	zweren, vloeken
sweat	sweat	sweated	zweten
	sweated	sweat	
sweep	swept	swept	vegen
swim	swam	swum	zwemmen
swing	swung	swung	zwaaien, slingeren
take	took	taken	nemen, brengen
teach	taught	taught	onderwijzen
tear	tore	torn	scheuren, rukken
tell	told	told	vertellen, zeggen
think	thought	thought	denken
thrive	throve	thrived	voorspoed hebben
	thrived	thriven	
throw	threw	thrown	gooien
thrust	thrust	thrust	duwen, stoten
understand	understood	understood	begrijpen, verstaan
wake	woke	woke(n)	wekken, wakker worden
wear	wore	worn	dragen
weave	wove	woven	weven
weep	wept	wept	huilen, wenen
wet	wet	wetted	nat maken
	wetted	wet	
win	won	won	winnen
wind	wound	wound	winden, draaien
wring	wrung	wrung	wringen
write	wrote	written	schrijven

HET ZELFSTANDIG NAAMWOORD, MEERVOUD EN VERKLEINVORM

In het Engels wordt een zelfstandig naamwoord meestal in het meervoud gezet door er een -s achter te plaatsen:
  1 house – 2 houses (huis)
  1 market – 2 markets (markt)
De meeste uitzonderingen zijn gemakkelijk te herkennen:
  1 victory – 2 victories (overwinning)
  1 bus – 2 buses (bus)

In het Engels wordt zelden een verkleinvorm (bv.'huisje') gebruikt, al komt het suffix '-let' nog weleens voor: 'starlet' (sterretje).

HET LIDWOORD

Terwijl het Nederlands twee bepaalde lidwoorden heeft ('de' en 'het'), is er in het Engels maar één: the.
  the bike of the girl – de fiets van het meisje
Het onbepaalde lidwoord ('een') komt in het Engels daarentegen in twee vormen voor:
a – wanneer er een medeklinker op volgt:
  a call, a great song
an – wanneer er een klinker of een *h* op volgt:
  an evening, an oval office, an hour

HET BIJVOEGLIJK NAAMWOORD

Het bijvoeglijk naamwoord wordt in het Engels niet verbogen:
  a big plane (een groot vliegtuig)
  the big plane (het grote vliegtuig)
  big planes (grote vliegtuigen)

HET BIJWOORD

Engelse bijwoorden worden gevormd door -ly te plakken achter een stam:
  the absolute majority (de absolute meerderheid)
  you are absolutely right (je hebt absoluut gelijk)
Als het bijvoeglijk naamwoord eindigt op een y, dan wordt deze vervangen door een i:
  a hasty answer (een haastig antwoord)
  he answered hastily (hij antwoordde haastig)

ENGELSE WERKWOORDEN

regelmatige werkwoorden

Het vervoegen van Engelse werkwoorden is in de regel heel simpel: voor de tegenwoordige tijd wordt altijd het hele werkwoord gebruikt. Alleen in de derde persoon enkelvoud komt er een -s achter. Voor de verleden tijd komt er in alle persoonsvormen -ed achter het hele werkwoord. Dus:

	tegenwoordige tijd	verleden tijd
I (ik)	work (ik werk)	worked (ik werkte)
you (jij, u)	work	worked
he/she/it (hij/zij/het)	works	worked
we (wij)	work	worked
you (jullie)	work	worked
they (zij)	work	worked

Het voltooid deelwoord wordt gevormd met -ed achter het hele werkwoord: I have worked (ik heb gewerkt).

HULPWERKWOORDEN

De hulpwerkwoorden 'be', 'have' en 'do' worden onregelmatig vervoegd:

	be		have		do	
	tegenw td	verl td	tegenw td	verl td	tegenw td	verl td
I (ik)	am	was	have	had	do	did
you (jij, u)	are	were	have	had	do	did
he/she/it (hij/zij/het)	is	was	has	had	does	did
we (wij)	are	were	have	had	do	did
you (jullie)	are	were	have	had	do	did
they (zij)	are	were	have	had	do	did

Andere hulpwerkwoorden ('shall', 'will') worden regelmatig vervoegd
Bij 'be' en 'have' worden persoonlijk voornaamwoord en hulpwerkwoord in de tegenwoordige tijd vaak samengetrokken; bij shall' en 'will' gebeurt dat zowel in de tegenwoordige als in de verleden tijd. Bij 'shall' en 'will' leidt dat tot identieke vormen:

	be	have	shall/will	
			tegenw td	verl td
I (ik)	I'm	I've	I'll	I'd
you (jij, u)	you're	you've	you'll	you'd
he/she/it (hij/zij/het)	he's	he has	he'll	he'd
we (wij)	we're	we've	we'll	we'd
you (jullie)	you're	you've	you'll	you'd
they (zij)	they're	they've	they'll	they'd

be
Engelse werkwoorden worden op twee manieren gebruikt: met de normale vervoeging of samen met het hulpwerkwoord 'be'.

Voor het uitdrukken van de algemene, normale gang van zaken kan men de normale vervoeging gebruiken:
 this is the building I work in (dit is het gebouw waar ik werk)

Voor het uitdrukken van iets dat op het moment zelf gaande is, wordt het werkwoord 'be' vervoegd en gevolgd door het hele (hoofd)werkwoord, waaraan -ing is toegevoegd (I am work+ing).
 I'm working now, but I will be ready soon (ik ben nu aan het werken, maar ik ben snel klaar)

have
Alle voltooide werkwoordsvormen worden vervoegd met 'have', ook als je in het Nederlands 'zijn' zou gebruiken:
 we have left (wij zijn weggegaan)
 I had fallen (ik was gevallen)

do
Om iets tegen te spreken kan 'do' worden gebruikt, gevolgd door het hele werkwoord:
 I dó think it's beautiful (ik vind wél dat het mooi is)
Op dezelfde manier kan iets worden benadrukt:
 I dó think it's beautiful (ik vind écht dat het mooi is)

De belangrijkste functie van 'do' is echter die in ontkennende en vragende zinnen.

ONTKENNENDE ZINNEN

In het Nederlands wordt een zin ontkennend gemaakt door er 'niet' of een ander ontkennend woord aan toe te voegen:
    ik woon hier – ik woon hier niet
In het Engels wordt hiervoor meestal het werkwoord 'do' gebruikt, gevolgd door de ontkenning:
    I live here – I do not live here
Maar als andere werkwoorden worden gebruikt die een *zijn* uitdrukken ('be', 'may', 'will'), blijven deze zo staan in de ontkennende zin:
    she is – not – at home (zij is – niet – thuis)
    we may – not – be abroad (we zijn wellicht – niet – in het buitenland)

Het is gebruikelijk om werkwoorden samen te trekken met 'not':
    I do not *wordt* I don't
    he/she/it does not *wordt* he/she/it doesn't

Dus ze worden aan elkaar geschreven en de o van not wordt vervangen door een apostrof (').
Hetzelfde gebeurt bij 'have':
    I have not *wordt* I haven't
Bij 'shall' en 'will' leidt het tot onregelmatige vormen:
    he shall not *wordt* he shan't
    we will not *wordt* we won't
Hetzelfde gebeurt ook bij de verleden tijd:
    I was not *wordt* I wasn't
    he had not *wordt* he hadn't
    we should not *wordt* we shouldn't
    you would not *wordt* you wouldn't

VRAGENDE ZINNEN

Meestal worden vragende zinnen gevormd met het werkwoord 'do', dat vervoegd wordt, gevolgd door het persoonlijk voornaamwoord en het hele werkwoord:
    do you work here? (werkt u hier?)
    does he like candy? (houdt hij van snoep?)
Maar deze regel gaat niet op als er werkwoorden worden gebruikt die een *zijn* uitdrukken ('be', 'may', 'will'):
    are you ill? (ben je ziek?)
    when will you be back? (wanneer zul je weer terug zijn?)
Ook bij andere hulpwerkwoorden gaat de *do*-regel niet op:
    have you seen her? (heb je haar gezien?)
    can you do this?

Om een vraag te beantwoorden, wordt het hulpwerkwoord herhaald dat in de vraag wordt gebruikt:
    – do you know that? (– weet je dat?)
    – yes, I do *of* – no, I don't (– ja *of* – nee)
Als vragende zinnen gevormd zijn met koppelwerkwoorden, worden deze herhaald:
    – are you from Holland? (kom je uit Nederland?)
    – yes, I am *of* – no, I'm not (– ja *of* – nee)

Als de vraag betrekking heeft op iets wat op dat moment gebeurt, wordt de -ing-constructie gebruikt:
    – is she baking cookies? (is ze koekjes aan het bakken?)
    – yes, she is *of* – no, she isn't (– ja *of* – nee)

Vragende zinnen met een voltooid deelwoord worden gevormd met 'have':
- have you seen her? (heb je haar gezien?)
- yes, I have *of* - no, I haven't (- ja *of* - nee)

Praktische tips

HET SAMENVOEGEN VAN WOORDEN

In het Nederlands worden dikwijls twee of meer woorden samengevoegd tot één woord. In het Engels wordt dat zelden gedaan. Twee woorden die samen één begrip vormen, staan in het Engels meestal los van elkaar:
food problem   voedselprobleem
insurance company   verzekeringsmaatschappij
Woorden die kort zijn of die erg veel gebruikt worden, worden dikwijls aan elkaar geschreven:
bus stop wordt: busstop
motor-car wordt: motorcar
Het verbindingsstreepje wordt wel gebruikt bij samengestelde bijvoeglijke naamwoorden:
a seven-year-old girl   een meisje van zeven jaar
on-the-job training   training binnen het bedrijf

HET AFBREKEN VAN WOORDEN

Bij voorkeur voorkomt men het afbreken van een woord aan het einde van de regel, door het woord aan het begin van de nieuwe regel te schrijven. Er zijn geen eenduidige regels voor het afbreken van woorden, maar de volgende regels worden het meest toegepast.

1 Niet afgebroken wordt:
a bij woorden met één lettergreep:
   care, week, love, enz.
b voor de uitgang *-ed* van de verleden tijd en het voltooid deelwoord:
c voor de uitgangen *cial, cian, cious, sion, tion* die in de uitspraak één lettergreep vormen:
   social, conscious, starvation, mission

2 Bij voorkeur worden niet afgebroken:
a woorden met één letter aan het begin of aan het eind:
   apart, above, windy, enz.
b korte woorden met twee lettergrepen:
   city, water, enz.
c woorden waarvan na het verbindingsstreepje twee letters zouden overblijven (met uitzondering van bijwoorden die eindigen op *-ly*):
   against, mixer, beauty, enz.

3 Indien een woord moet worden afgebroken, gebeurt dit bij voorkeur:
a na een klinker:
   fe-ver, de-pend
b voor de uitgang *ing:*
   think-ing, keep-ing

c tussen twee medeklinkers:
mil-lion, mes-sage, recom-mend
d voor het tweede deel van een samenstelling:
anti-hero, tele-phone, happi-ness

BRIEF
Hieronder ziet u een standaardmodel van een Engelse brief.

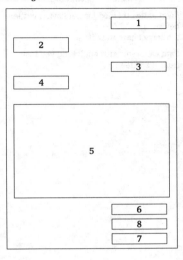

De verklaring van de cijfers is als volgt:

1 Het adres van de afzender.

2 Naam en adres van de geadresseerde.

3 De datum.
Hiervoor bestaan verscheidene schrijfwijzen: 10 April 2005/ 10th April 2005/ April 10, 2005/ April 10th, 2005.

4 De aanhef:
Dear Sir/Madam	Geachte Heer/ Mevrouw
Dear Sirs	Mijne Heren
Gentlemen	Mijne Heren (VS)
Dear Eileen	Lieve Eileen
Dear Mr Druce	Geachte Heer Druce
Dear Mrs Druce	Geachte Mevrouw Druce
Dear Miss Hunt	Geachte juffrouw Hunt
Dear Ms Green	Geachte Mevrouw Green (het is niet bekend of zij getrouwd is of niet)

De aanhef wordt gevolgd door een komma. In het Amerikaans volgt een dubbele punt.

5 De feitelijke boodschap.
Deze bestaat uit een inleiding, een boodschap en een afsluiting.

6 Een zakelijke brief eindigt met: *Yours faithfully, /Yours truly,* . Een informele brief eindigt met: *Yours sincerely,/ Yours,* .

7 De naam van de schrijver.

8 De handtekening.

Praktische tips

ENKELE UITDRUKKINGEN BIJ DE INLEIDING:

Bedankt voor je brief van ...	Many thanks for your letter of ...
Voor mij ligt je brief van ...	I have your letter of ... before me
	Your letter just to hand ...
Ik heb zojuist je brief van ... ontvangen.	I have just received your letter of ...
Ik was erg blij met je brief van ...	I was very pleased to have your letter of ...
Ik schaam me diep dat ik niet eerder geschreven heb.	I feel quite ashamed for not having written before. I'm sorry I haven't written.
Sorry dat ik zo lang niets van mij heb laten horen.	I am (very) sorry for not letting you hear from me before.